LES

NUITS DU PALAIS-ROYAL

PAR

Sir **PAUL ROBERT**

CONTINUÉES PAR L. DE VALLIÈRES

ILLUSTRATIONS PAR F. LIX, BEYLE, GILBERT, ETC.
Gravées sur bois par Trichon

PARIS
LIBRAIRIE DÉCEMBRE-ALONNIER
RUE SUGER, 20, PRÈS LA PLACE SAINT-ANDRÉ-DES-ARTS

LES

NUITS DU PALAIS-ROYAL

PAR

Sir **PAUL ROBERT**

CONTINUÉES PAR L. DE VALLIÈRES

ILLUSTRATIONS PAR F. LIX, BEYLE, GILBERT, ETC.

Gravées sur bois par Trichon

PARIS

LIBRAIRIE DÉCEMBRE-ALONNIER

RUE SUGER, 20, PRÈS LA PLACE SAINT-ANDRÉ-DES-ARTS

1869

LES

NUITS DU PALAIS-ROYAL

PARIS. — E. DE SOYE, IMPRIMEUR, PLACE DU PANTHÉON, 2.

ILLUSTRATIONS DE GILBERT

LES
NUITS DU PALAIS-ROYAL

PAR SIR PAUL ROBERT

(Continuées par Louis de Vallières).

Si Paris est la capitale de la France, le Palais-Royal fut longtemps la capitale de Paris : ce lieu où tous les plaisirs, toutes les séductions s'étaient donné rendez-vous, fut fertile en événements ; l'enceinte de ce palais fournit plus à l'histoire que bien des nations.

Sir Paul Robert, l'auteur des *Nuits du Palais-Royal*, est contemporain de l'époque où le Palais-Royal était dans toute sa splendeur.

Habitant de ce lieu, il en connut les moindres événements, les prodigieuses orgies qui s'y tinrent, et presque tous les personnages qui le fréquentaient.

Il pénétra dans tous les lieux publics et secrets de cet inextricable labyrinthe ; il passa de longues heures dans les maisons de jeu, ces enfers où les grincements des damnés se mêlaient au bruissement d'une pluie d'or, où venaient s'engloutir la

Administration : rue Suger, 20, à Paris.

fortune et l'honneur des plus riches familles ; il goûta les funestes délices de ces salons, de ces boudoirs où la volupté s'absorbait par tous les pores.

Son écrit est donc basé sur la plus stricte vérité. Nous sommes certain que le public y puisera les émotions les plus vives et les plus imprévues.

Nos lecteurs s'intéresseront à coup sûr aux personnages étranges évoqués par la plume saisissante de sir Paul Robert; la puissante personnalité de Pied-de-Fer, résumant le crime et le vice dans leur plus hideuse acception et la vertu dans ses plus dignes conceptions, leur produira la plus étrange impression; pendant que la douce figure de Régine viendra atténuer ce que les divers tableaux de ce livre ont de rude. Le type du juif Jérésu leur révélera un de ces côtés mystérieux du Paris inconnu que les romanciers, avec la plus vive imagination, ne sauraient créer. Les autres caractères qui gravitent autour des acteurs principaux achèveront de compléter ce tableau de la société parisienne : ici, ce sont les officiers du premier Empire, nobles débris persécutés pour l'attachement qu'ils conservent pour leur maître en exil; là ce sont ces nombreux individus qui, chaque matin, se lèvent sans savoir comment ils vivront ni où ils coucheront, exerçant des industries sans nom et ayant toujours un pied sur la pente du crime, etc., etc.

Les Nuits du Palais-Royal comprennent la période de 1800 à 1848, c'est-à-dire : le Consulat, l'Empire, la Restauration et le Gouvernement de Juillet, et forment une étude complète des mœurs parisiennes à cette époque.

Devenu possesseur du manuscrit de sir Paul Robert, nous avons dû y faire des adjonctions pour éclaircir certains faits, certaines peintures s'adressant aux contemporains de l'auteur; mais nous devons prévenir le lecteur que nous avons scrupuleusement respecté la narration, nous bornant à la compléter, sans lui enlever le cachet d'originalité qui en fait le principal mérite.

LOUIS DE VALLIÈRES.

CHAPITRE PREMIER.

L'orgie. — Un prince au violon.

En 1811, le Palais-Royal était dans toute sa splendeur ; là surtout se montraient en grand nombre les brillants uniformes des officiers de l'armée impériale qui s'y donnaient rendez-vous de tous les points de l'Europe ; des groupes de riantes et folles nymphes contribuaient à l'animation de ces lieux, où les nombreux comptoirs des marchands étaient remplis des minois les plus gracieux.

En ce temps-là, florissaient dans ces longues galeries une foule d'établissements oubliés aujourd'hui ; les fameux ventriloques Borel et Fitz-James s'enrichissaient par des lazzis incomparables, l'un dans une cave où la foule se pressait, l'autre dans un sombre galetas métamorphosé en café. De toutes parts on accourait vers ce point ; c'était un panorama inimitable, une sorte de carnaval perpétuel.

Dans la plupart des cafés circulaient de gentilles marchandes à la mine éveillée, portant dans une boîte d'acajou une foule de petits ouvrages de tabletterie qu'elles offraient de table en table aux consommateurs, recueillant force petite monnaie, propositions saugrenues, assaisonnées de propos lestes, auxquels les plus aguerries répondaient par un sourire narquois ou un geste significatif.

Au nombre de ces marchandes, était une charmante jeune fille; elle avait alors près de quinze ans. C'était une petite brune à la voix douce, au regard timide ; un mot un peu incongru suffisait pour l'effrayer; un geste la faisait trembler : on l'appelait Régine. Évidemment Régine était peu apte à exercer la profession qu'elle avait embrassée ; mais elle obéissait en cela à l'impérieuse nécessité. Elle était née en province de parents pauvres ; sa mère étant devenue veuve, envoya la jeune fille à Paris en la recommandant à une sœur de son mari dont elle avait quelquefois entendu parler, et dont elle était parvenue, non sans peine, à découvrir l'adresse. Félicie Caumont, c'était le nom de cette femme, avait été jolie ; elle avait fait successivement les délices des derniers *beaux fils* de la monarchie, des muscadins du Directoire, de la jeunesse dorée du Consulat et des petits maîtres des premiers jours de l'Empire ; mais une vieillesse précoce l'avait bientôt jetée aux derniers rangs de ces Laïs sans brevet que l'autorité a toujours été impuissante à soumettre à ses règlements.

La pauvre vieille fille végétait entre les serres d'un hideux coquin qui en avait fait sa proie sous le prétexte de la protéger, lorsque lui tomba des nues une jolie nièce de quatorze ans et demi; pour des êtres aussi dégradés, c'était presque une fortune. Félicie et Lauricot, l'homme qu'elle appelait son mari, tinrent conseil sur le meilleur parti à tirer de cette aubaine. On interrogea la pauvre enfant qui se montra très-ignorante et fort timide, et il fut décidé qu'on lui monterait, moyennant soixante francs, un magasin dans une boîte de deux pieds carrés, avec laquelle elle parcourrait les cafés du Palais-Royal, ce qui ne pouvait manquer, pensait-on, de la former promptement, et de la préparer à de plus hautes destinées. En conséquence, la gentille Régine, parée de son beau teint, de ses yeux vifs, de ses cheveux noirs tombant en boucles sur ses joues de rose et d'albâtre, arrivait chaque soir au Palais-Royal, un peu après le coucher du soleil, et sa boîte sous le bras parcourait les cafés, attendant à la fois avec impatience et terreur, que les douze coups de minuit vinssent lui donner le signal de la retraite. Alors elle s'engageait à tâtons et en tremblant dans l'escalier du passage Radziville, qui, comme deux énormes serpents roulés en spirales, s'appuie sur le sol et se perd sous les combles, au dixième étage[1]. Arrivée sur le dixième palier, elle s'arrêtait, frappait à une petite porte qui était presque aussitôt ouverte par Lauricot.

« Ah! ah! c'est la *môme*, disait-il d'une voix rauque et avinée. Félicie, avance à l'ordre et faisons l'appel. Voyons, ma fille, le *simple* a-t-il donné ce soir?... montré-nous les picaillons.... Six francs!... gueux de métier!... mon litre de blanc, mes deux litres de rouge, mon ordinaire et mon tabac recta!... pas un pion pour le garçon.... Coquin de sort!... c'est donc à dire qu'on ne se décarêmera jamais? »

Régine ne répondait rien, elle se retirait dans un cabinet noir qui lui servait de chambre à coucher, et là, après avoir dévoré le morceau de pain qui composait invariablement son souper, elle se couchait sur une misérable paillasse, et s'efforçait de chercher dans le sommeil l'oubli momentané de ses maux.

Un soir Régine venait de descendre dans le caveau du ventriloque Borel; entre deux séances de ventriloquie, elle parcourait les rangs serrés de tables, sollicitant timidement du regard et de la voix les amateurs, et mettant gracieusement sous leurs regards son magasin lilliputien. Trois personnages, dont deux d'un âge mûr et le troisième tout jeune encore, ne tardèrent pas à s'occuper d'elle beaucoup plus vivement que la pauvre petite ne l'eût désiré.

« Allons, messieurs, dit le plus âgé des trois, achetez quelque chose à cette charmante enfant.

— J'achèterais volontiers toute la boutique, dit le plus jeune, si la marchande se donnait par-dessus le marché.

— Le diable m'emporte, je crois qu'elle rougit, dit le troisième en lui prenant la main, tandis que les lèvres du plus jeune effleuraient le fichu de la timide marchande.

— Laissez-moi, je vous prie, dit-elle en s'efforçant de dégager sa main.... Monsieur, cela est

[1]. La maison du passage Radziville est une des plus hautes de Paris, elle a dix étages sur la rue de Valois et neuf sur la rue Neuve-des-Bons-Enfants. Un double escalier tournant conduit du sol aux combles; c'est une œuvre assez remarquable.

mal.... finissez.... c'est affreux!... Mon Dieu! mon Dieu!... »

Et malgré ses efforts, ses prières, ses cris couverts par les lazzis du ventriloque et les éclats de rire des spectateurs, les gestes et les paroles des trois personnages croissaient en vivacité. Tout à coup, un jeune homme placé à une table voisine s'élance vers la jolie marchande, la saisit d'un bras, prend la boîte de l'autre, et emporte le tout vers l'escalier en s'écriant :

« Si vous n'êtes pas contents, je vous attends dans le jardin. »

Tout cela s'était fait si promptement, que ce singulier protecteur de Régine était déjà hors du café avant que les trois individus auxquels il venait d'arracher la jeune marchande fussent revenus de leur surprise.

« De par tous les diables! l'insolent me le payera! s'écria enfin le plus jeune en frappant avec colère sur la table. Je lui apprendrai à se jouer aux gens qu'il ne connaît pas. »

A ces mots, il se leva, franchit d'un bond la distance qui le séparait de l'escalier; et il allait sortir lorsque ses deux compagnons parvinrent à le joindre et s'efforcèrent de le retenir.

« De grâce, calmez-vous, disait le plus âgé. C'est surtout en de telles circonstances que l'incognito le plus rigoureux doit être gardé. Songez, je vous en prie, qu'en vous faisant connaître vous nous perdez, lui et moi.

— Tu as raison, dit le jeune homme redevenu calme subitement. Déjà tout le monde nous regarde; il ne serait pas impossible que l'on m'eût reconnu : sortons, et allons achever la soirée ailleurs. »

Cependant Régine était arrivée avec son libérateur sous les arbres du jardin.

« N'ayez pas peur, mademoiselle, lui disait-il; vous ne me connaissez point; mais je vous connais, moi..... je sais combien vous êtes douce et charmante. Tenez, chaque soir, lorsque vous passez dans la galerie, je suis là, sur le seuil de ce magasin de joaillerie dont je suis l'un des commis. Souvent je vois la tristesse empreinte sur votre charmant visage, et alors je deviens triste aussi; lorsque vous paraissez contente, j'ai du bonheur jusqu'au lendemain. Quelquefois aussi, lorsque cela m'est possible, comme aujourd'hui, par exemple, je vais au café pour avoir le plaisir de vous voir plus longtemps.... »

La frayeur de Régine s'était dissipée comme par enchantement pour faire place à une douce émotion; ses mains étaient dans celles du jeune homme, et elle ne songeait pas à les retirer; son cœur battait plus vite que de coutume, et elle se sentait doublement heureuse du trouble délicieux qu'elle éprouvait et de l'obscurité qui lui permettait de le cacher.

« Je me nomme Adrien, dit le jeune commis.

— Et moi Régine, dit-elle d'une voix qui trahissait son émotion.

— Eh bien! reprit-il, Adrien aimera Régine tant qu'il vivra. »

La boîte de la gentille marchande avait été déposée sur une chaise ; elle dégagea ses mains de celles du jeune homme pour la reprendre.

« Ah! dit Adrien avec amertume, j'étais si heureux comme cela !

— Et moi aussi, dit-elle avec une naïveté charmante; mais je ne puis disposer de mon temps. »

Un léger frisson agita ses membres; la pauvre petite venait de penser au hideux Lauricot et aux injures qui l'attendaient si elle rentrait sans avoir fait une recette suffisante pour subvenir aux appétits de cette brute. Adrien serra avec force l'une des mains de la douce jeune fille.

« A demain, dit-il, ici, à cette place, et à la même heure.

— J'y viendrai pour vous remercier. »

Ils se séparèrent. Régine allait rentrer dans la galerie lorsqu'elle fut abordée par une grande et belle fille en costume de femme de chambre.

« C'est vous que je cherche, ma petite, dit-elle à la jeune marchande. Si votre boîte est bien garnie, ce sera tant mieux pour vous, car madame veut vous acheter une foule de choses, et comme elle n'est pas seule, vous pourrez bien ne rien remporter de tout votre magasin. Voulez-vous venir avec moi ?

— Est-ce bien loin ?

— A deux pas d'ici, au-dessus du café Valois. Soyez tranquille, on vous payera bien et sans marchander. »

Très-contente de pouvoir se dispenser de parcourir les cafés pendant le reste de cette soirée, Régine suivit sans hésiter la femme de chambre. Bientôt elle fut introduite dans un somptueux appartement ; on lui fit traverser plusieurs pièces richement meublées. D'abord un bruit confus de voix diverses arriva jusqu'à elle ; puis, à mesure qu'elle avançait, elle distinguait des cris de joie, des éclats de rire, des chants qui se mêlaient au bruit des verres.

Enfin une dernière porte s'ouvrit, et Régine, après un moment d'hésitation, entra dans un salon resplendissant de lumières. Là, autour d'une table chargée de fleurs au milieu desquelles flamboyait un énorme bol de punch, étaient assis trois hommes et un essaim de femmes à demi vêtues de gazes transparentes, les yeux brillants, le visage en feu, le rire sur les lèvres. La jeune marchande s'arrêta, car elle venait de reconnaître dans les trois hommes, ceux qui l'avaient si fort effrayée une heure auparavant, et dont les paroles et les actes avaient amené l'intervention d'Adrien. Elle voulut fuir, mais la femme de chambre avait fermé la porte de manière à rendre la retraite impossible.

« Mon Dieu ! ayez pitié de moi ! » dit la pauvre enfant, en tombant à genoux.

Ce cri de détresse fut accueilli par de bruyants éclats de rire.

Le plus jeune des hommes vint à elle, la releva et l'entraîna vers la table où il la fit asseoir près de lui.

« Princesses ! s'écrie-t-il, voici votre reine à toutes. Allons, mille diables ! qu'on crie comme au bon temps : *Largesse! et vive la reine !* moyennant quoi je vous livre le magasin de la petite à discrétion. »

Ces cris furent répétés sur tous les tons ; puis la boîte de la jeune marchande fut mise au pillage, et, en un clin d'œil, il n'y resta rien.

« Allons donc, mon enfant, dit encore le jeune homme, auquel, même pendant ces scènes de débauche, les deux autres, quoique plus âgés, témoignaient du respect ; allons, ma toute belle, mettons la crainte de côté. J'ai donc l'air bien terrible, que je vous fais une si grande peur ?... Holà ! du punch !... du feu partout. »

En un instant le salon parut embrasé, le piano, les tables à jeu, les guéridons étaient couverts de bols de punch enflammé ; les bougies furent éteintes, et au milieu de ces flammes bleuâtres, hommes et femmes commencèrent à danser en rond en se tenant par les mains. Régine essaya de résister, mais ses prières, ses cris étaient couverts par les éclats de rire et les chants des filles et des hommes qu'animaient de nombreuses libations et ces flammes alcooliques. A mesure que les flammes devenaient plus vives, plus corrosives, l'emportement des acteurs de cette scène étrange augmentait ; il arriva ainsi jusqu'à la frénésie ; alors, aux chants succédèrent des sons gutturaux, des cris inarticulés, et la ronde infernale continuait plus rapide et plus ardente à chaque instant ; bientôt les vêtements de gaze des danseuses tombèrent en lambeaux ; leurs cheveux épars flottèrent sur leurs épaules nues. Régine, emportée dans ce tourbillon, sentit son léger fichu s'envoler ; son gentil bonnet de rubans fut lancé dans l'espace. En vain d'une voix défaillante elle demandait grâce ; l'une de ses mains était serrée par celle du plus jeune des trois hommes ; l'une des bacchantes échevelées lui tenait l'autre, et bien que défaillante, mourant d'effroi, la pauvre enfant suivait le torrent. Enfin les chants et les cris cessèrent ; femmes et hommes tombèrent haletants sur les ottomanes, les canapés ; plusieurs demeurèrent sur le parquet. Régine s'évanouit dans les bras du jeune homme qui ne l'avait pas quittée ; mais elle reprit promptement l'usage de ses sens, et réunissant ses forces, elle tenta de se dégager des bras qui la retenaient :

« Monsieur, dit-elle, de grâce, ayez pitié de moi!... Si vous saviez combien je suis malheureuse!... mon Dieu! je n'oserai jamais reparaître chez ma tante!...

— Elle est donc bien féroce, cette tante-là?.....
Eh! mille diables! nous lui ferons entendre raison. Arrière les fâcheux, et vive la joie!

— Vive la joie! » répéta-t-on de toutes parts.

Ce cri sembla produire sur la plupart des acteurs de cette scène l'effet de la pile galvanique; presque tous se relevèrent; les verres furent remplis, vidés, brisés; des tables furent renversées, et l'alcool enflammé roula en sifflant sur le parquet. La flamme atteignit les meubles, serpenta autour des rideaux, et s'attacha aux lambris. Alors aux cris d'une joie féroce, effrénée, succédèrent des cris d'effroi, de désespoir; les vitres volèrent en éclats, et ces mots : Au feu! au feu! retentirent jusqu'au milieu du jardin du Palais-Royal, que parcouraient en ce moment de nombreux promeneurs. Des groupes se formèrent.

« Le feu.... le feu chez la Lévêque, se disait-on.

— Il n'y a pas de mal, s'écria un mauvais plaisant, le feu purifie tout. »

Cependant, malgré les efforts des trois hommes, qui avaient arraché les rideaux, les flammes qui dévoraient les volets intérieurs s'élançaient au travers des vitres brisées, et menaçaient l'étage supérieur. Les pompiers accoururent; le commissaire de police vint, décoré de son écharpe et escorté de plusieurs fusiliers. Aux sommations du magistrat, les appartements de la Lévêque s'ouvrent; les issues en sont gardées par les soldats; tandis que les pompiers éteignent le feu, le commissaire se dispose à interroger tout le personnel de la maison, et il pénètre à cet effet dans un salon voisin de celui où avait éclaté l'incendie, et où s'étaient réfugiés Régine, les trois hommes, ainsi que les autres personnes de la maison.

« Mon bon monsieur, dit la Lévêque en minaudant, ne soyez pas trop dur pour de bonnes filles qui, vous le savez, vous aiment de tout leur cœur.

— Qu'est-ce à dire, *je sais?*... Je ne sais qu'une chose, mes drôlesses, c'est que vous vous moquez de l'autorité comme de Colin-Tampon; cela ne peut pas durer, c'est moi qui vous le dis! D'abord vous n'avez pas de mœurs.... vous n'avez pas pour deux sous de mœurs.... Et c'est abominable pour des premiers sujets.... les premiers sujets d'un établissement modèle.... Pour peu que cela continue, vous tomberez au-dessous de la Valentin. Car enfin si cette dernière n'a pas d'aussi jolies filles, au moins elle ne met pas le feu à la maison.

— Mais, monsieur le commissaire, ce n'est pas nous qui sommes cause de ce malheur; ce sont ces trois messieurs, et je vous prie de le constater, afin qu'ils en subissent toutes les conséquences. Je ne les connais pas, moi, ces enragés qui ont mis ici tout sens dessus dessous, mais je ne veux pas les perdre de vue, et je crois que vous ferez bien de les mettre à l'ombre jusqu'à ce que l'on sache à quoi s'en tenir sur leur compte.

— Tu parles d'or, ma fille! s'écria le magistrat en dirigeant ses regards vers les trois individus que la fumée et le désordre l'avaient jusque-là empêché de voir.... Ah! ah! mes drôles, c'est donc vous qui troublez ainsi la paix publique et voulez mettre le feu à Paris?... Il vous en cuira, mes gaillards.... Procédons par ordre : voyons, vous, le gros gris, qui avez l'air de vous cacher le visage avec votre mouchoir de poche, qui êtes-vous? »

Le personnage ainsi interpellé hésita pour répondre : il jeta à la dérobée un regard sur le plus jeune de ses compagnons de débauche, puis il dit d'une voix assez assurée :

« Monsieur, je suis le premier chambellan de Son Altesse Monseigneur le grand-duc régnant de W...., cousin de l'impératrice Marie-Louise.

— Oh! fit le commissaire, la bouchée est trop forte, mon gaillard; nous ne l'avalerons pas.... Et vous à la perruque rouge, qui avez l'air d'un *ecce homo*, à qui l'on donnerait le bon Dieu sans confession, qui êtes-vous?

— Moi, monsieur, répondit le personnage ainsi interrogé, je suis le bibliothécaire de Son Altesse le grand-duc.

— Oui-dà! c'est une gageure; mais on n'en gagne pas avec moi. Vous n'êtes que de la Saint-Jean, mes mignons, et je vous le ferai voir.... Ah! vous êtes des chambellans, des bibliothécaires du grand-duc de W.... Eh! eh! vous allez voir que ce grand flandrin qui se mord les ongles sera le grand-duc lui-même.

— Je le suis, en effet, misérable, dit le jeune homme, et je te ferai repentir de ton insolence.

— Ah! c'est trop fort! s'écria le commissaire; qu'on m'empoigne ces trois individus, et qu'on les conduise au poste; nous les verrons bien penauds demain matin!... D'autant plus qu'il y a outrage à Sa Majesté Impériale et Royale Napoléon le Grand.... Mais quelle est donc cette poulette qui se cache là-bas derrière la porte?... Ici, mignonne; montrez-nous un peu ce minois. »

Régine était si tremblante qu'elle ne put faire un pas. Alors le commissaire s'avança vers elle, l'attira près de la cheminée, sur laquelle brûlaient plusieurs bougies, et la regarda attentivement.

« Eh! fit-il, c'est la petite marchande!... Il paraît, ma drôlesse, que nous mangeons à deux râteliers....

— Ah! monsieur, ayez pitié de moi, répondit

Régine en tombant à genoux, j'ai été attirée ici... c'est un horrible piége que l'on m'a tendu : je vous jure que j'ignorais quel était le lieu où l'on me conduisait....

— Ouais ! voyez-vous l'innocente, cela court depuis un an dans les caveaux du Palais-Royal, et ça ne sait pas ce que l'on fait ici. Nous régulariserons votre position, ma belle ; mais pour commencer vous irez passer trois mois à Saint-Lazare pour vous apprendre à respecter les règlements et à ne pas exercer sans patente.

— Commissaire, dit le plus jeune des trois hommes, ordonnez que l'on aille chercher pour nous une voiture de place, et laissez-nous partir ; gardez-vous d'attenter à la liberté de cette jeune fille, ou, je vous le jure, vous payerez cher votre outrecuidance.

— A d'autres, à d'autres, mauvais sujets !... Je vous trouve en flagrant délit, troublant l'ordre, brûlant les maisons, insultant la famille impériale, et j'irais vous mettre la bride sur le cou !... Avez-vous des papiers ? »

Le jeune homme regarda ses deux compagnons, qui répondirent par un signe négatif à ce regard interrogateur.

« J'en étais sûr, reprit le commissaire. Au violon, ces vagabonds, et la jeune innocente au dépôt de la préfecture. »

Le plus jeune des trois délinquants devint furieux ; il saisit une chaise, se mit en défense, et jura qu'il tuerait le premier qui oserait porter la main sur lui. Les deux autres essayèrent d'obtenir du commissaire qu'il revînt sur sa décision ; mais l'entêté commissaire ne voulut rien entendre, et, persuadé qu'il avait sous la main de mauvais sujets méritant une sévère leçon, il fit entrer les fusiliers et leur ordonna de conduire ces trois hommes au poste, tandis que ses agents iraient écrouer à la préfecture de police la pauvre Régine.

Il fallut bien se soumettre à la force, et dix minutes après les trois personnages étaient au violon.

« Ah ! Monseigneur, dit alors le plus âgé au plus jeune, combien je suis désolé d'avoir consenti à faire cette folle partie ! Si cela vient aux oreilles de l'empereur, il me fera jeter infailliblement dans un cul de basse-fosse, je suis un homme perdu !

— Allons donc ! mon vieil ami, au diable ces tristes prévisions. Est-ce à dire que mon bibliothécaire, un homme érudit, ne trouvera pas un expédient pour sortir de ce mauvais pas.... Alors à quoi sert l'érudition....

— Son Altesse a raison. Voilà pour toi une brillante occasion de montrer ta supériorité intellectuelle.

— Ce qui vaudra mieux, reprit le prince qui commençait à trouver sa situation plaisante, que de t'arracher les poils de ta perruque.

— Je ne sais qu'un moyen, c'est de nous faire réclamer par un citoyen patenté. Je vais envoyer chercher Barba, je lui ai acheté assez de livres pour être autorisé à lui demander ce service.

— J'aurais préféré le libraire Louvet.

— L'auteur de *Faublas*? demanda le prince.

— Oui, Monseigneur.

— Non, non, je préfère Barba, j'ai deux raisons pour cela : la première, c'est que Louvet, qui est un ancien représentant du peuple, serait capable, dans sa haine pour tout ce qui touche au trône, de compliquer notre situation. La deuxième c'est qu'il est mort !

— Est ce assez idiot ce que vous venez de dire là ?

— J'avoue que c'est triste pour un homme érudit et au violon.

— Barba ou Louvet, dit le prince, qui ne portait nullement attention à la conversation de ses deux compagnons de captivité, il m'importe peu, d'autant plus que l'un et l'autre iront se vanter partout demain d'avoir fait sortir du violon le grand-duc de W....

— Monseigneur, répondit le bibliothécaire, Barba est un gai compagnon qui comprendra parfaitement ; du reste, je réponds de lui comme de moi-même.

— Diable ! ça n'est pas fort rassurant ; mais enfin il faut bien faire bonne mine à mauvais jeu, et pourvu que l'aventure ne vienne pas aux oreilles de l'empereur, je me moque du reste.

Un peu avant minuit, le libraire Barba frappait à la porte du commissaire de police.

« Pardieu ! mon cher commissaire, vous faites de belles choses. Savez-vous bien, mon cher maître, qu'à l'heure qu'il est je ne placerais pas deux liards sur votre tête.

— Hein ? fit le commissaire ; que diable me chantez-vous là, cher ami ?

— Votre ami, moi ? ménagez vos termes, je vous prie !... moi l'ami d'un homme accusé et coupable du crime de lèse-majesté ?...

— Voyons, voyons, est-ce que je rêve ? Tâchons donc de nous entendre.

— C'est tout entendu : vous êtes un infâme conspirateur... c'est-à-dire que celui qui a fait sauter la rue Nicaise avec la machine infernale n'était que de la Saint-Jean auprès de vous.

— Barba, je vous en prie, pas de mauvaise plaisanterie là-dessus ; je sens un million d'épingles qui me chatouillent la plante des pieds rien qu'à vous entendre débiter ces sornettes.

— Que voulez-vous donc que je vous dise ?... Comment, malheureux ! vous avez fait arrêter le cousin de Sa Majesté l'impératrice des Français, et vous conservez la prétention d'avoir la tête solidement placée sur les épaules !

— Bien ! bien ! mauvais plaisant. Vous voulez parler de ces individus qui ont failli incendier le Palais-Royal, des intrigants, des malotrus.

— Si c'est là votre dernier mot, je vous déclare que je me rends à l'instant aux Tuileries, et que, avant qu'il fasse jour, vous pourrez bien être au donjon de Vincennes. »

Ces dernières paroles commencèrent à émouvoir un peu le brave magistrat.

« Diable ! se dit-il, est-ce qu'en effet j'aurais fait la sottise de.... ; c'est qu'il en pleut aujourd'hui des princes et des rois.... il en sort de dessous les pavés.... — Voyons, Barba, parlons sérieusement ; êtes-vous sûr que ces hommes ne soient pas des intrigants ? quant à moi, ils m'ont tout l'air de gens de bas étage : celui à la perruque rousse, par exemple, qui prétend être....

— Ce qu'il en est en effet, c'est-à-dire l'homme le plus érudit de notre époque, et de plus le bibliothécaire du grand-duc régnant de W.... Je dois le connaître puisque je suis son libraire. Je viens de l'aller voir au corps de garde où il m'avait fait appeler.... Je le répète, je ne voudrais pas, pour un million, être dans votre peau.

— Mon Dieu ! mon Dieu ! je suis perdu !... Mon cher Barba, je vous en prie, ne m'abandonnez pas. Tenez, voici l'ordre de mise en liberté.... moi je vais me cacher, je....

— Restez, au contraire ; peut-être obtiendrai-je votre pardon, à la condition que personne autre que nous ne saura un mot de cette affaire. »

Deux heures après Son Altesse le grand-duc, qui avait accompagné l'impératrice Marie-Louise, sa cousine, à Paris, où il devait rester encore quelque temps, Son Altesse, disons-nous, rentrait aux Tuileries avec l'espoir que son escapade resterait ignorée ; mais il comptait sans son illustre hôte.

« Monsieur mon cousin, lui disait le lendemain l'empereur, vous partirez aujourd'hui même pour retourner dans vos États, ou dès demain je vous y ferai conduire de brigade en brigade par la gendarmerie. »

CHAPITRE II.

Un protecteur.

La pauvre Régine avait passé une nuit affreuse dans la prison appelée Dépôt où elle avait été conduite, et qui était, à cette époque, le plus dégoûtant cloaque, le plus hideux séjour qui se puisse imaginer. Dès le matin, ne sachant à quel saint se vouer, elle se décida à braver la colère de Lauricot, et elle écrivit à sa tante pour lui apprendre ce qui lui était arrivé, et la prier de la faire sortir de l'horrible lieu où elle se trouvait.

Vers midi, le nom de Régine Caumont retentit dans le lugubre et froid galetas où elle était enfermée en compagnie d'êtres immondes, exhalant une odeur infecte. La jeune fille crut qu'enfin on lui faisait justice et qu'elle allait recouvrer la liberté ; mais arrivée au guichet, elle y trouva deux agents de police qui lui ordonnèrent de les suivre *au bureau des mœurs*.

Vers le milieu de la rue de Jérusalem, entre un écrivain public et un apothicaire, était une espèce de boutique séparée en deux dans sa hauteur par un plancher de sapin de six lignes d'épaisseur, de manière à former un rez-de-chaussée et un premier étage communiquant de l'un à l'autre par un escalier taillé dans le mur du fond. Le rez-de-chaussée était divisé en deux compartiments ; dans le premier, siégeaient une douzaine de chenapans au regard scrutateur, au visage sinistre, aux traits anguleux, au sourire infernal, aux formes herculéennes, à la voix rauque et avinée ; immonde engeance qui n'avait d'humain que la parole, faculté dont ils abusaient outrageusement. Ces gens-là s'appelaient *inspecteurs des mœurs*, et Dieu sait ce qu'ils inspectaient, les malheureux ! Le premier étage était occupé par les divinités du lieu, à savoir messieurs les officiers de paix Noël et Ducauroi, assistés du secrétaire Blanchelaine.

Dans le second compartiment du rez-de-chaussée, étaient incessamment entassées des femmes de tout âge ; les unes brillantes de jeunesse et de santé, au moins en apparence, vêtues de soie, coiffées d'élégants chapeaux ; les autres au visage hâve, au teint livide, aux mains osseuses, aux regards éteints, vêtues d'élégantes guenilles ou de haillons empuantis ; d'autres encore couvertes de fange, de plaies horribles et infectes ; toutes justiciables au même titre de l'illustre aréopage Noël, Ducauroi, Blanchelaine et compagnie. C'était là ce que, en langage administratif, on nommait à cette époque le *bureau des mœurs*.

Ce fut là que l'on conduisit la pauvre Régine.

« Voilà pourtant ce qui nous ruine, disait une grosse femme au visage enluminé en voyant passer la jeune fille que conduisaient les inspecteurs ; c'est jeune, c'est rose, ça pleure et ça ne paye pas patente ; luttez donc contre cela et faites vos affaires !... Pour peu que ça continue, il faudra fermer boutique.

— Mère Mauroi, fit un inspecteur, je te conseille de garder ta langue pour un usage ultérieur et non indiqué. Tu es franche du collier, je ne dis pas non ; mais tu devrais savoir que trop gratter cuit et que trop parler nuit. La particulière à laquelle tu fais allusion dans le moment se trouve être immensément en dehors des conditions voulues par la loi.

— C'est ça ; des lois pour les uns et des lois pour les autres, et nous payons pour avaler ça !

— Silence ! s'écria l'inspecteur d'une voix de tonnerre ; la mine respectueuse et le bec mort ! »

Pendant ce temps, Régine avait monté le petit escalier ; elle s'avançait les yeux baissés vers le bureau.

« Qu'est-ce que c'est? fit le vieux Noël en braquant son lorgnon sur la pauvre enfant.... Ah ! ah ! c'est de bonne heure, mon chou !... Eh bien ! nous avons donc mis sous le pied les ordonnances de monsieur Pasquier.

— Monsieur, répondit Régine en fondant en larmes, je ne sais de quoi l'on m'accuse ; mais je suis innocente, et loin que l'on ait quelque chose à me reprocher, c'est moi qui ai à me plaindre d'un horrible guet-apens....

— Ta, ta, ta, ta ! toujours la même rengaine ; si nous voulions les en croire sur parole, nous n'aurions ici que des Lucrèces... Regardez donc, Ducauroi, est-ce que nous avons déjà vu ça quelque part ?

— Je crois en effet avoir déjà remarqué ce minois futé. Mais c'est la première fois qu'elle nous passe dans les mains, nous serons indulgents : quinze jours à la petite Force et un délai de quinze autres jours pour payer l'inscription.... Blanchelaine, écrivez.

— Quoi ! monsieur, s'écria la jeune fille éplorée, vous allez m'envoyer en prison parce que j'ai eu le malheur d'être dépouillée par des voleurs, des scélérats... qui m'auraient tuée peut-être si la garde n'était arrivée.

— Silence ! fit Ducauroi ; les réclamations sont interdites.... J'ai peut-être été trop indulgent... Blanchelaine, avez-vous écrit ?

— Oui, monsieur.... sera écrouée pour un mois.

— Vous avez mis *un mois*? eh bien ! soit ; ce qui est écrit est écrit : je n'aime pas les ratures.... »

En ce moment une voiture s'arrêta devant ce misérable réduit qui ressemblait beaucoup plus à un cabaret destiné aux cochers de fiacre qu'au siège d'une puissance aussi redoutable. Un homme décoré de plusieurs ordres sortit de cette voiture, traversa les deux compartiments du rez-de-chaussée sans songer là-même à parole aux gens qui s'y trouvaient, et il arriva dans le bureau des officiers de paix, au moment où le secrétaire Blanchelaine demandait à Régine ses nom et prénoms.

« Est-ce donc ainsi, s'écria-t-il en se portant en face de ces hommes, que vous espérez faire respecter l'autorité ? votre conduite est indigne ! et si un nom illustre ne se trouvait compromis dans cette affaire, vous payeriez cher vos erreurs volontaires !...

— Monsieur ! fit le vieux Noël en se levant d'un air menaçant et secouant sa tête poudrée à frimats pour se donner un air de grand seigneur de l'ancien régime ; monsieur, savez-vous bien à qui vous avez l'honneur de parler ?

— J'ai la certitude de parler à des gens indignes des fonctions qui leur sont confiées.... Voici un ordre supérieur ; connaissez-vous cette signature ?

— Le duc de Rovigo ! s'écria Noël après avoir jeté les yeux sur le papier.

— Le ministre de la police ! fit Ducauroi en se cachant le visage dans ses mains.

— Monsieur le ministre ! dit Blanchelaine en tombant à genoux.

— Oui, reprit le personnage décoré, monseigneur le ministre vous ordonne de remettre entre mes mains la jeune fille arbitrairement arrêtée hier par le commissaire de police du Palais-Royal, laquelle se nomme....

— Régine Caumont, monsieur ! s'écria la gentille marchande qui avait compris que ce personnage lui venait en aide.

— Régine !... c'est mon affaire, dit une voix rauque partant du rez-de-chaussée....Voici ! présent à l'appel.... Balthazar Lauricot, ancien de Sambre-et-Meuse, surnommé le bourreau des crânes.

— Lauricot ! il va me tuer ! dit Régine avec l'accent de la terreur.

— Rassurez-vous, mon enfant, dit le monsieur décoré ; vous êtes désormais sous ma protection. »

Lauricot parut ; il était vêtu d'une longue houppelande républicaine, laquelle dérobait aux regards une culotte noire à quintuple courant d'air et dissimulait l'absence de gilet et de linge blanc. Le chef de ce vieux reître pur sang était couvert d'un poil de renard orné d'une queue à la Robespierre.

« Citoyens, dit-il en se dressant de manière à ce que le haut de son bonnet touchât le plafond, j'ai celui de venir réclamer la citoyenne ici présente, Régine Caumont.

— Et qui êtes-vous vous-même ? » demanda d'un ton absolu le personnage décoré.

Malgré son aplomb Lauricot hésita, cherchant une réponse convenable.

« Vous ne sauriez le dire, reprit l'homme aux décorations. Eh bien ! je vais, moi, étaler au grand jour vos titres à l'estime publique.... Vous êtes un de ces misérables qui vivent de l'abjection de pauvres femmes que vous tenez dans vos serres hideuses.... Arrière, mauvaise engeance ! arrière, vous dis-je, ou tout à l'heure il ne sera plus temps d'obéir.

— Ne nous fâchons pas, reprit Lauricot ; la petite a trouvé quelque chose de mieux ; eh bien ! y a pas mal à ça !... Écoute donc, Régine, tu peux bien dire à monsieur le vrai du vrai ; à savoir, ma fille, que je ne suis ton oncle qu'en détrempe....

« Si vous n'êtes pas contents, je vous attends dans le jardin. » (Page 3, col. 2.)

— Mon Dieu! mon Dieu! que vais-je devenir? s'écria Régine.

— Vous allez sortir d'ici avec moi, ma belle enfant, dit l'homme décoré, et désormais vous n'aurez plus rien à démêler avec ces infâmes.... Voulez-vous me suivre?

— Oh! de tout mon cœur!

— Partons donc, ma charmante; l'air manque ici, on y respire mal! »

Il entraîna la jeune fille jusqu'à sa voiture, dans laquelle il la fit monter.

« Voyons, mon bel enfant, » dit-il ensuite, tandis que la voiture marchait au pas, « que puis-je faire pour vous être agréable? Son Altesse le prince de W.... a eu des torts graves envers vous; mais Son Altesse veut les réparer. Que faire pour cela?... Vous ne pouvez songer à retourner près de votre tante.... Et puis votre profession de marchande n'est pas une profession : il faudrait apprendre un état.

— Oh! de tout mon cœur, monsieur! Par exemple, s'il était en votre pouvoir de me faire entrer chez une marchande de modes.... Tenez, monsieur, j'avais deviné le prince.... Tous ces idiots disaient : Fi! le misérable!... Et moi je me disais : Oh! oui, ce doit être un prince!... Ah! monsieur, il est si beau, et puis....

— Assez, assez, mon enfant, dit le personnage en souriant, ne vous montez pas l'imagination : tâchez même d'oublier que vous vous êtes trouvée face à face avec le grand-duc régnant de W.... Je crois, ma chère, que vous avez assez d'intelligence pour comprendre tout ce qu'il y a de grave dans votre position ; vous avez parlé de vous faire pensionnaire d'une marchande de modes; eh bien! choisissez le magasin où il vous plairait d'être.

— C'est qu'il faudrait une pension....

— Nous la payerons, ma belle; que cela ne vous inquiète pas. Y a-t-il quelque magasin qui vous plaise mieux que d'autres?

— Oh! oui; celui de Mme Mirabel, par exemple, dans les galeries de bois.

— Il vous plairait d'être la pensionnaire de cette dame?

— Oh! je m'en trouverais bien heureuse; mais....

— Il n'y a pas de mais, ma belle amie; avant une heure, vos vœux seront exaucés, et comme il ne faut pas que vous manquiez de quelque chose, voici cent louis que je suis chargé de vous remettre.

— Ah! monsieur!

— Prenez, mon enfant; cela vous appartient, et ce n'est pas moi qui vous le donne. »

En ce moment la voiture entrait dans la cour du Palais-Royal.

CHAPITRE III.

Modistes et bourgeois. — Les cabinets noirs du café de l'Empire.

Il serait difficile de se faire aujourd'hui une idée de ce qu'étaient, il y a cinquante-cinq ans, les galeries de bois du Palais-Royal, que remplace maintenant la galerie d'Orléans. C'était, pendant le jour, une sorte d'immense et sombre bazar, où se vendaient, au milieu des ténèbres, les choses les plus ordinaires et les plus incroyables. Le soir, ces galeries, sombres, lugubres, tant qu'avait brillé le soleil, devenaient resplendissantes de lumières. C'était là, dans ce lieu où se perpétuaient les mœurs de la Régence, que les élégants d'un certain ordre se pourvoyaient des objets de toilette les plus excentriques. Les provinciaux et les provinciales surtout, affluaient dans les magasins du Palais-Royal[1]. Par une conséquence toute naturelle de cet engouement, les boutiques de marchandes de modes étaient très-nombreuses dans ces galeries; venaient ensuite celles des libraires, vendeurs de nouveautés d'un autre genre : c'était là que trônait Mme Louvet, la veuve de l'auteur de *Faublas*, qui n'était autre que la belle Lodoïska, chantée dans ce joyeux poëme, là qu'étaient situées les librairies de Ponthieu, de Petit, de Mme Goulet, du fameux Ladvocat, qui fut l'éditeur de Casimir Delavigne, de Lamartine, de Mme de Genlis, du duc de Barante, de Chateaubriand, de Nodier, du vicomte d'Arlincourt, tous noms inscrits en lettres d'or sur une colonne de marbre blanc érigée dans la boutique du fastueux éditeur, mort dans la misère après avoir gagné des millions.

Les marchandes de modes et les libraires étant les personnages prépondérants de ce lieu, on comprend aisément qu'il y eût alors une sorte d'affinité entre ces deux honorables corporations.

La première demoiselle du magasin de Mme Mirabel, dont la douce Régine était devenue la pensionnaire, se nommait Esther; c'était une délicieuse Israélite aux beaux yeux noirs, aux longs cils, au galbe asiatique; l'une de ces créatures étranges envers lesquelles la nature a été à la fois avare et prodigue; qui ont des sens ardents et point de cœur, et dont la tête recèle toutes les malices de l'enfer. Cette fille s'était éprise tout d'abord d'une grande amitié pour Régine, qui la paya d'un sincère retour, et bientôt les deux jeunes filles se firent les confidences les plus intimes.

« Comment, ma chère, disait Esther à sa jeune amie, il est bien vrai que tu n'as jamais aimé?

— Ah! j'aurais bien aimé le prince de W.... mais....

1. Le fragment d'une chanson du temps peut donner une idée de cette vogue :

> J'avais mis mon joli chapeau,
> Ma robe de crêpe amarante,
> Mon châle et mes souliers ponceau,
> Ma tournure était élégante.
> Hélas! les dames du pays
> Ont critiqué cette toilette!
> Et pourtant, j'en ai fait emplette.
> Au Palais-Royal, à Paris!

— Quelle folie!... Est-ce qu'on aime ces personnages-là?

— Pourquoi non?

— Parce que nous ne sommes pour eux qu'une marchandise.... Pauvre enfant! tu ne connais, en amour, que le revers de la médaille.

— Et vous en connaissez donc la face! demanda Régine avec son ingénuité ordinaire.

— Oh! la petite curieuse!... Eh bien, oui, j'en connais tous les charmes, toutes les douceurs, et il ne tiendra qu'à toi d'être bientôt aussi avancée que moi sous ce rapport; car il y a par le monde.... c'est-à-dire au Palais-Royal, un homme charmant qui t'aime de tout son cœur, de toute son âme....

— Oh! je devine; c'est Adrien....

— Adrien! qu'est-ce que cela?

— Un commis joaillier de la galerie de Valois.

— Fi donc! est-ce qu'une demoiselle bien élevée a de ces faiblesses-là?... Un commis!

— Si vous le voyiez!... il est si gentil, si doux!...

— C'est possible; mais ce n'est pas avec cette monnaie-là qu'on mène une jolie fille au spectacle, au bal, chez le restaurateur.... Écoute, ma chère Régine, tantôt j'aurai une migraine affreuse; je demanderai à m'aller mettre au lit, et je prierai que l'on te permette de m'accompagner, afin que tu me donnes des soins. Sois discrète et je te promets une soirée charmante.

— Mais....

— Silence! je le veux; et tu ne regretteras pas le souper de Mme Mirabel, j'en suis sûre. »

Pendant le reste de la journée Régine fut en proie à une assez vive inquiétude que dominait pourtant la curiosité. Esther avait parlé de bals, de spectacles, mots si doux à l'oreille d'une jeune fille, et choses que la pauvre enfant ne connaissait que de nom. Allait-elle donc goûter ces plaisirs qu'elle avait tant de fois rêvés?... Mais à quel prix faudrait-il les acheter? n'y avait-il pas là quelque piége semblable à celui dans lequel elle était tombée chez la Lévêque?... Puis elle repoussait cette pensée : Esther pouvait être légère, mais elle n'était pas encore tombée si bas, et puisqu'elle ne devait pas la quitter il ne pouvait y avoir de danger.

Vers la fin du jour, Esther qui, depuis quelques heures paraissait souffrante, déclara qu'il lui était impossible de travailler davantage, et sur sa demande, Régine fut autorisée à l'accompagner. Elles traversèrent les galeries, entrèrent dans la cour. La belle juive se retourna à plusieurs reprises pour s'assurer qu'on ne les suivait point, puis elle entraîna rapidement sa jeune compagne dans la direction du Théâtre-Français.

« Au spectacle! dit Régine, dont la crainte se dissipa tout à fait, quel plaisir! »

Esther sourit. Toutes deux arrivèrent à l'extrémité de la cour devant une petite porte au-dessus de laquelle on lisait : *Entrée particulière*. La belle juive tira l'anneau d'une sonnette ; la porte s'ouvrit et toutes deux arrivèrent au pied d'un escalier assez sombre. Régine persuadée que c'était là l'une des entrées particulières du théâtre, suivit sa compagne sans hésitation. Au premier étage, un homme en tablier blanc vint au-devant d'elles et les introduisit dans une petite pièce qu'éclairait à peine une lampe mourante.

« Ce n'est pas le théâtre ! s'écria Régine effrayée.

— C'est mieux que cela quand on n'a pas dîné, sotte ! Tu seras de cet avis-là tout à l'heure. Nous allons nous mettre à table. »

Le tête-à-tête n'avait rien d'effrayant. Régine s'assit pensant que le garçon allait reparaître pour mettre le couvert. Presque aussitôt la lampe s'éteignit et les jeunes filles se trouvèrent dans l'obscurité la plus profonde..

« Où sommes-nous donc ? s'écria Régine tremblante.

— Dans un des cabinets noirs du café de l'Empire, ma chère, c'est-à-dire là où l'on dîne le mieux, à Paris.

— Mais, au moins, que l'on nous donne de la lumière.

— Oh ! rassure-toi, ma toute belle, nous ne mangerons pas à tâtons, je te le promets. »

Jusque-là la surprise de la jeune fille avait été plus grande que sa frayeur. Cependant elle voulut appeler le garçon pour demander que l'on rallumât la lampe éteinte, et déjà elle se levait pour ouvrir la porte, lorsqu'une sorte de sifflement se fit entendre ; une clarté éblouissante remplaça aussitôt les ténèbres ; une table admirablement garnie apparut aux regards des jeunes modistes, et deux hommes, le sourire sur les lèvres, s'avancèrent vers elles en leur offrant la main. Une cloison, en glissant sur le parquet, avait fait de deux cabinets une seule pièce : là était tout le prodige. La surprise de Régine fut au comble, lorsque, l'éblouissement passé, elle put regarder celui des deux personnages qui lui offrait la main.

« Ah ! s'écria-t-elle avec un ton de regret plein d'ingénuité, si ç'avait été le prince !

— Par malheur, mon bel ange, répondit le personnage, ce n'est que son bibliothécaire, comme vous voyez.

— Et vous ne perdrez pas au change, je vous le garantis, ma charmante, » dit l'autre personnage.

Régine regarda ce dernier, et reconnut un riche marchand voisin du magasin de modes où elle travaillait, ce qui la rassura un peu.

« Ne pensez-vous pas, reprit ce dernier, que l'homme le plus érudit de la France vaille un peu mieux que le petit souverain d'un coin de l'Allemagne ?...

— Mon cher ami, interrompit l'autre, ne saurais-tu parler d'esprit sans dire des bêtises grosses comme des montagnes ?

— Tant pis ! moi je n'ai d'esprit qu'au dessert.... A table donc, mes belles amies ! »

Il n'y avait pas dans tout cela de démonstrations bien effrayantes ; aussi Régine se mit-elle à table sans trop se faire prier. Les mets étaient délicieux, les vins exquis, les deux cavaliers spirituels et gais ; avant le second service, Régine subissait déjà l'influence de toutes ces excellentes choses ; au dessert toutes ses craintes avaient disparu.

Dans la maison même où cela se passait, mais plus bas que le rez-de-chaussée, à quinze pieds au-dessous du sol, une vingtaine d'hommes à figures suspectes entouraient un mauvais billard qu'éclairaient comme à regret quatre becs de quinquet dont le trop plein infect coulait sur les murs humides.

« Allons, messiés, disait un garçon au regard louche, au teint presque aussi huileux que les parois de ce bouge, allons, messiés, tenez vos mises pour la boule.

— Jérésu, cria un homme vêtu d'une longue houppelande, coiffé d'un chapeau déformé, et qui n'était autre que Lauricot, Jérésu, mets douze sous pour moi.

— Che foudrais bien, mossié Lauricot ; mais chai pas te l'archent.

— Comment, animal, tu n'as pas d'argent !.... tu as déjà reçu plus de vingt sous de pourboires.....

— Pien ! pien !... chai reçu bour boire.... et che garde bour manger.

— Mauvais rapia ! répliqua Lauricot en frappant avec la queue qu'il tenait sur une table garnie de verres ternes et de quelques cruchons de grès ; race de Judas ! je ne sais à quoi il tient que je te rabote les épaules avec cette trique pour les mettre de niveau !... Dépêche-toi d'obéir ou gare la grêle !

— Ça m'être défendu, messié Lauricot, ma barole d'honneur !

— Mais, triste-à-pattes que tu es, reprit Lauricot à demi-voix en s'approchant du garçon qui se disposait à tirer les billes du panier, tu sais bien que depuis longtemps on a des *faces* à volonté. Pars donc du pied gauche, file plus vite que ça jusqu'au magasin de Régine, et sous le prétexte de souhaiter le bonsoir à ta sœur Esther, dis à l'enfant que, par suite d'accidents imprévus, les poches de son oncle d'adoption sont veuves de toute espèce de monnaie. Il y a encore là une trentaine de napoléons, si tu m'en apportes le quart je te donne cent sous. »

Les yeux ternes de Jérésu brillèrent tout à coup comme deux tisons ravivés par le vent ; un sourire ironique passa sur ses lèvres minces et flétries.

« Il y affre qu'un bétite malher, dit-il, c'est

que Régine il être bas au magasin..... Esther non plus il être bas au magasin di tout.

— Qu'est-ce que ça signifie ? J'entrevois à ton air de me dire cela des événements de la plus haute gravité.... Est-ce que la petite aurait retrouvé son protecteur mystérieux ? Je soupçonne quelque tentative de séduction.... peut-être même, une séduction accomplie.,.. Ah ! comme cela m'irait de pouvoir repincer au demi-cercle ce pékin que j'ai rencontré à la préfecture ?... Écoute, Jérésu, ainsi que je te le disais tout à l'heure, il y a encore au moins trente napoléons présents à l'appel dans la bourse de ma jeune nièce : aide-moi à mettre la main dessus et je t'en donne le quart.

— Ça fait sept naboléons et temi....

— Bon, bon ; il sera temps de les compter quand nous les tiendrons. Il est clair maintenant que tu sais où sont les deux particulières ; il s'agirait donc de tomber là comme une bombe.

— Gomme deux pombes, messié Lauricot... à gause des sept naboléons et temi.... »

Pour la moitié de cette somme le drôle eût vendu et livré toute sa famille.

« Égoutez, reprit-il, Esther est une ponne fille ; moi auzi che suis ein ponne garçon.... Dans le chour che fais ses gommissions, toutes ses gommissions.... bour te l'archent. Ce matin j'affre porté eine lettre au messié marchand qui est pri lé magasin d'Esther, et le messié m'affre tonné eine lettre pour Esther... Gombrenez-vous, messié Lauricot !

— Je comprends que si tu n'en sais pas davantage, nous n'aurons pas besoin de serviettes pour nous torcher la barbe.

— Toucement ! toucement !... Avant de porter j'affre lu....

— A la bonne heure !... Dis-moi vite où sont les fauvettes, que je les déniche.

— Che poufoir bas tire ça, messié Lauricot.... Touchours à gause des sept naboléons et temi....

— Oh ! je te le ferai bien dire, s'écria le bandit en s'avançant les poings fermés vers le juif.

— Mais che pouvoir vous y gonduire, continua le garçon sans paraître ému par cette démonstration hostile. Touchours à gause de....

— Tais-toi donc, et marche vite, si tu ne veux pas sentir l'éperon.

— Che margerai abrès la poule.... Ça ne sera pas long.... y affre décha drois morts.... ça fa domber gomme la grêle.... c'haffre acrandi les plousses exbrès. »

On voit que Jérésu était un homme de précaution.

Pendant ce dialogue, la partie continuait, et Jérésu s'interrompait de temps en temps pour proclamer le résultat des coups :

« *Le teux mort ! le quatre mort !* » criait-il de sa voix aigre et gutturale.

Et à chaque fois qu'il proférait ces paroles, un des joueurs jetait la queue dans un coin et s'éloignait en blasphémant ; puis, à chaque coup, c'étaient des cris, des récriminations, des injures, des menaces. Tous ces hommes, au visage livide, aux traits contractés par les passions les plus viles, semblaient incessamment près de s'entre-dévorer comme des bêtes féroces ; mais la débauche avait usé en eux toute espèce d'énergie, et ceux-là même qui venaient d'échanger les plus grossières injures se rapprochaient à l'aspect de quelque honnête figure qui leur annonçait une dupe nouvelle à dépouiller.

Enfin la poule s'acheva ; un homme, vêtu d'une mauvaise redingote noire, luisante, et ornée de reprises perdues, bondit vers le garçon en poussant un cri de joie qui ressemblait à celui d'une bête fauve, et il se jeta avec avidité sur la corbeille qui contenait le montant des enjeux. C'était le gagnant. Il compta la somme, jeta sur le tapis quelques sous, que Jérésu ramassa avec non moins d'avidité, et le bruit des billes agitées dans le panier en forme de bouteille, annonça qu'une nouvelle partie allait commencer.

Cette fois le juif céda ses fonctions de marqueur à un autre garçon, et s'approchant de Lauricot :

« A brésent, dit-il, ché peux dravailler pour les sept naboléons et temi. Fenez barici afec moi. »

Ils sortirent par un escalier pratiqué dans l'épaisseur des murs et des voûtes, qui les conduisit dans une petite cour séparée seulement par des planches mal jointes de la grande cour du Palais-Royal ; puis, par un autre escalier ayant également issue sur cette cour, ils montèrent au premier étage.

Il était dix heures ; les deux jeunes filles et leurs amphitryons étaient encore à table, fêtant le dessert le plus galant, et faisant sauter les bouchons du champagne. Le boutiquier tenait parole : il avait presque de l'esprit. Le bibliothécaire était parvenu à se faire pardonner sa perruque et ses quarante-cinq ans. Il était si spirituel, si gai ; il disait si bien ces jolis riens qui plaisent tant aux femmes ; il laissait entrevoir à Régine une vie si douce et tant de plaisirs en échange d'un peu d'amour, que la tendre jeune fille, le champagne aidant, le trouvait charmant et presque jeune. Tout à coup les lampes s'éteignirent comme par enchantement ; il se fit un sifflement pareil à celui que Régine avait déjà entendu ; puis les lumières se remontrèrent plus éclatantes et un délicieux boudoir apparut aux regards émerveillés de Régine, qui s'y laissa entraîner presque sans résistance.

En ce moment la porte de cette pièce s'ouvrit

brusquement, et deux hommes entrèrent. A leur aspect, les jeunes filles jetèrent un cri d'effroi ; Régine tomba presque évanouie dans les bras du bibliothécaire ; Esther, plus aguerrie, osa regarder les nouveaux venus.

« Jérésu ! s'écriat-t-elle, quoi, malheureux ! c'est toi qui me livres ainsi !...

— Che lifre rien, Esther ; seulement che gonduis mossié Lauricot.... pour sept naboléons et temi....

— Il ne s'agit ni de vendre ni de livrer, s'écria Lauricot ; c'est un oncle et un frère indignés, qui viennent demander raison aux infâmes séducteurs de leur nièce et de leur sœur.

— Des raisons, des ponnes raisons, reprit Jérésu, et de l'archent afec !...

— Décidément, dit le bibliothécaire en riant, le Palais-Royal m'est funeste. Pourtant, mes drôles, je vais vous faire voir que je me souviens de mon ancien métier de dragon, et qu'on ne m'intimide pas facilement. »

A ces mots il s'élança sur le juif, le saisit par les oreilles, et le cloua sur la muraille, en même temps que d'un violent coup de pied il renversait Lauricot sur la table encore chargée de verres et de bouteilles.

« Mein god ! che suis azaziné ! criait Jérésu.

— Ah ! c'est comme ça que ça se joue, disait Lauricot en se relevant, eh bien ! la partie me va. Gare la casse !

— Je paye ! canaille, je paye ! criait de son côté le marchand. A combien estimez-vous le dommage ?... Deux modistes dont une juive, ce n'est pas la mer à boire... : Voyons, mon ami, disait-il en s'efforçant d'arracher Jérésu des mains du bibliothécaire, crois-tu que j'aie envie de traverser le Palais-Royal à cette heure entre quatre fusiliers ? Tenez, canaille ! ajouta-t-il en jetant quelques pièces d'or sur la table, je vous donne le choix entre ces dix louis et les galères à perpétuité. »

Lauricot s'empressa de quitter les bouteilles dont il s'était armé pour prendre l'or ; mais déjà les mains crochues du juif l'avaient escamoté.

« En ce cas, nous compterons là-bas, » dit Lauricot.

Et saisissant Jérésu, il le jeta sur ses épaules, et il l'emporta sans paraître ému des cris que poussait cette hideuse créature. Les amphitryons demeurés seuls cherchèrent alors des regards leurs jolies compagnes ; mais, profitant du bruit de la lutte, elles avaient disparu sans en attendre la fin.

Arrivées sous la galerie du Théâtre-Français, les deux jeunes filles furent séparées par la foule qui sortait du spectacle. D'abord Régine s'efforça de rejoindre sa compagne ; mais, ne l'apercevant point, elle s'en consola, et n'osant rentrer chez sa maîtresse à une heure aussi avancée, et dans le trouble où l'avait mise ce long dîner et ses suites, elle revint dans la grande cour et s'y promena, espérant que le grand air la calmerait un peu, et lui permettrait d'imaginer un expédient pour sortir de ce mauvais pas.

Elle marchait ainsi depuis un quart d'heure sans en être plus avancée.

« Mon Dieu ! disait-elle avec amertume, tandis que deux grosses larmes roulaient sur ses joues brûlantes, pourquoi donc permettez-vous que tant de méchants se liguent ainsi contre de pauvres filles !... comme s'il n'était pas déjà assez difficile de résister à la tentation !

— Que dites-vous, Régine ? » s'écria, en lui prenant le bras, un jeune homme qui, depuis quelques minutes, marchait doucement derrière elle sans qu'elle s'en fût aperçue.

La pauvre enfant jeta un cri de douleur et elle s'évanouit : elle venait de reconnaître Adrien.

CHAPITRE IV.

Un petit ménage. — Une femme perdue.

Le lendemain, au point du jour, Régine se réveillait aux côtés d'Adrien, dans une petite mansarde toute gracieuse et gentiment meublée.

« Ainsi il est bien vrai que tu n'as plus de chagrin ? disait le jeune homme en embrassant l'aimable enfant.

— Non, puisque tu me pardonnes.

— Oh ! de tout mon cœur, belle amie ; car tu as été dans tout cela bien plus à plaindre qu'à blâmer.... Et nous ne nous séparerons plus ?

— Jamais, jamais !... On est si bien ici !... Écoute, je sais faire une foule d'ouvrages à l'aiguille ; je travaillerai pour les magasins. Je gagnerai peu ; mais je dépenserai moins encore. Il me faudra si peu de chose, pourvu que je te voie tous les jours ! Ah ! c'est que si tu m'étais infidèle, je sens que je ne pourrais plus vivre.... et pourtant je sais que je n'ai pas le droit de.... »

Adrien l'interrompit en prenant un baiser sur ses lèvres vermeilles.

« J'entends, dit-il ensuite, qu'il ne soit jamais question de cela entre nous.

— Oh ! comme je vais m'efforcer de te rendre tout le bonheur que tu me donnes !... Vous verrez, monsieur, comme votre petit ménage sera bien tenu. Comme j'aurai soin de toi.... comme je vous dorloterai, les dimanches et les jours de fête, alors que nous passerons toute la journée sans être obligés de songer à autre chose.... que tu seras là, près de moi, que tu m'embrasseras....

— Comme cela !...

— Toujours ! toujours ainsi !... »

La joie, le bonheur, l'amour débordaient du

cœur de la jeune fille. Cette fois c'était sans regret, sans réserve, avec délices qu'elle se donnait à l'homme qui le premier avait fait battre son cœur. Elle commençait une vie nouvelle, et l'avenir semblait ne lui réserver que bonheur et plaisirs. Délicieuses illusions qui épanouissent l'âme, et qui doivent tomber ensuite une à une, comme les feuilles d'une rose.

Adrien sortit pour se rendre à son magasin; Régine s'occupa aussitôt de mettre tout en ordre, puis elle sortit à son tour afin de faire toutes les dispositions nécessaires pour s'établir de la manière la plus confortable possible dans ce petit réduit, métamorphosé par l'amour en paradis terrestre. Elle alla faire des offres de service dans divers magasins; sa gentillesse, sa douceur la firent remarquer; quelques ouvrages lui furent confiés, et dès ce jour-là même le petit ménage fut parfaitement organisé.

Dès lors les jours passèrent rapides et heureux; l'amour des jeunes amants, loin d'être diminué par la possession, s'avivait pour ainsi dire à chaque heure. Régine travaillait avec une ardeur toujours croissante. Le dimanche, après une journée passée près l'un de l'autre, conformément au programme de la jeune fille, on se permettait vers le soir une courte promenade, où l'on allait au spectacle. Enfin c'était un véritable ménage modèle, moins la consécration civile et religieuse. Adrien, tout entier à son amour, avait rompu avec ses camarades de plaisir; son exactitude, son intelligence lui valurent de plus en plus la bienveillance de son patron qui lui accorda bientôt une confiance illimitée.

Le bonheur embellit : en quelques mois la beauté de Régine, qui avait tant souffert jusque-là, se développa d'une manière vraiment extraordinaire; elle grandit un peu; son visage, presque rond, s'allongea en ovale; ses beaux yeux pleins de feu semblaient raconter la joie qui marquait chacun de ses jours.

Par une belle matinée de printemps, Régine, d'un pied blanc, leste et mignon, traversait le jardin du Palais-Royal, portant dans un galant petit panier de charmants ouvrages dont elle avait en quelque sorte maintenant le monopole, ce qui la mettait en situation de faire des économies assez importantes relativement au point de départ. Déjà elle était arrivée au passage du café de Foy; elle allait entrer dans la rue basse, lorsqu'elle aperçut une femme, à peine couverte de quelques guenilles tombant en lambeaux, qui marchait, ou plutôt se traînait avec peine sur le pavé noir et glissant. Touchée de compassion, la jeune ménagère porte la main au gentil sac de velours qui lui tient lieu d'escarcelle; elle en tire quelques pièces de monnaie et s'approche de la pauvre femme à laquelle elle les destine. Puis tout à coup elle s'arrête comme frappée de terreur : cette femme que la livrée de la misère semble écraser; cette femme qui paraît près de tomber d'inanition, c'est Félicie Caumont, c'est sa tante !

« Mon Dieu ! dit la fraîche jeune fille en prenant sous le bras pour la soutenir cette femme maigre, décharnée, vieillie avant l'âge par des excès de tout genre, mon Dieu ! ma bonne tante, est-ce bien vous que je vois? vous, dans cet état déplorable !... Ah ! je suis bien coupable de n'avoir pas deviné cela !

— Pauvre enfant ! répondit cette malheureuse en levant vers sa gentille nièce un regard éteint, tu me reconnais donc?... Ah ! je suis bien sûre que tu ne m'aurais pas abandonnée si ce scélérat de Lauricot.... Et lui aussi il m'a abandonnée, le monstre ! lui que j'aimais et à qui j'avais sacrifié mes dernières belles années ! lui que j'ai si longtemps nourri de mon travail, et que j'aurais nourri de mon sang si je l'avais pu !... Ma chère fille, je n'en puis plus; j'étais sur le point de tomber lorsque tu m'as soutenue.... c'est le bon Dieu qui t'envoie au secours de ta pauvre tante.... Peux-tu me faire prendre quelque chose? deux doigts de vin, ça me remettrait....

— Venez, venez; je vais vous conduire chez moi.

— Ah ! tu es bien heureuse, Régine, tu as un chez toi!... tu as un lit où tu peux dormir, une chaise pour t'asseoir, de bons vêtements pour te couvrir.... Moi je n'ai plus que la paille sur laquelle tu couchais, dans ce cabinet, fournaise ardente tant que dure l'été, horrible cage de glace pendant l'hiver ! mais c'est peut-être bien loin tou chez toi, et je vois un marchand de vin à deux pas d'ici.... »

La jeune fille devint toute tremblante à la seule idée d'entrer dans le cabaret que sa tante lui indiquait du doigt, et sur le seuil duquel étaient plusieurs cochers de fiacre dont les voitures stationnaient dans cette rue; le visage de sa tante, au contraire, prenait une certaine animation à mesure qu'elle approchait de ce lieu. Régine se résigna; elle entra avec sa tante dans ce cabaret, et jeta tout d'abord une pièce d'argent sur le comptoir en demandant un verre de vin.

« Tiens ! c'est la mère Lauricot, dit le cabaretier. Bonjour, ma vieille.... Quand est-ce donc que vous reprendrez ces chiffons et cette reconnaissance du Mont-de-Piété que vous m'avez laissés pour les trois derniers litres ?

— C'est bon, c'est bon ! répondit Félicie avec l'accent de la colère; qui a terme ne doit rien.

— Ah ! c'est que vous êtes une vieille *soiffeuse* qui n'avez pas de mémoire tant que vous pouvez vous la rafraîchir. »

Régine souffrait horriblement; sa tante prit sans hésiter l'énorme verre de vin épais que venait de lui verser le marchand, et elle l'avala d'un trait, comme si elle eût craint qu'on le lui enlevât.

Toutes deux sortirent ; la jeune fille amena Félicie chez elle et lui servit à déjeuner.

« Comme c'est gentil chez toi ! disait cette malheureuse tout en mangeant et se versant à boire à chaque instant, j'ai pourtant été comme ça !... mais sur la fin, ces gueux d'hommes m'en ont fait voir de cruelles !... Bast ! ça reviendra peut-être... A ta santé, ma fille ; est-ce que tu ne trinques pas avec moi ? »

Régine était anéantie ; elle pleurait. Cependant elle apprêtait des vêtements contre lesquels elle invita sa tante à échanger les sales guenilles qu'elle portait, puis elle lui remit de l'argent en l'engageant à la venir voir quelquefois, vers le milieu du jour, heure à laquelle Adrien était toujours absent, et elle promit de faire tout ce qu'elle pourrait pour la soulager.

Le soir même Félicie remontait en chantant les dix étages du passage Radziville : la malheureuse était ivre !... Le lendemain matin, avant qu'elle eût quitté la misérable paillasse qui lui servait de lit, Lauricot entra.

« Il paraît qu'il y a du quibus, s'écria-t-il, et que les pigeons reviennent au colombier ? Ça tombe bien ! j'ai justement eu hier un guignon d'enragé : trois raccrocs, coup sur coup ; enfoncé par des infirmes ! c'est dur, hein ? D'un autre côté rien à faire au 113 ; personne au biribi, pas un *pantre* à la roulette, et le bal sentimental orné de clercs d'huissiers et de garçons tailleurs.... Le bon temps s'en va, les bonnes choses passent ; le Français né malin, d'après le vaudeville, me produit l'effet de tourner au concombre.... Heureusement, ma vieille, que tu vas te faire le plaisir de m'offrir quelque chose.... une bouteille de blanc pour me rincer la bouche.... ça ne blanchit peut-être pas les dents, mais ça les allonge, et pour peu que l'on sache où déjeuner, on ne peut s'en priver sans faire tort à ses connaissances. »

Félicie lui raconta comment elle avait rencontré sa nièce, et ce qui était résulté de cette rencontre.

« Et pourtant, dit-elle en finissant, je ne devrais pas te dire cela, mauvais sujet, car tu t'es horriblement conduit envers moi.

— Chère amie, l'habitude est une seconde nature, ou plutôt c'est la première. Or, ayant contracté l'habitude de manger tous les jours, il est clair que lorsqu'il n'y a rien à mettre sous la dent, l'ordinaire de la maison m'est naturellement contraire. Mais puisque, selon les apparences, nous commençons à remonter sur l'eau, l'inconvénient disparaît et le volage revient :

On en revient toujours
A ses premiers amours !

vérité qui sera doublement démontrée tout à l'heure par notre présence à la petite cave de la rue Beaujolais.

— Ah ! méchant garnement, comme tu sais faire de moi ce que tu veux ! »

Ils sortirent, et le reste de l'argent donné par Régine fit les frais de cette réconciliation. Dès ce moment la joie, le bonheur que la jeune fille avait goûtés jusque-là dans son petit ménage commencèrent à s'altérer. La pauvre petite ne pouvait qu'à grand'peine suffire aux exigences de sa tante qui, poussée par Lauricot, revenait fréquemment à la charge. Elle travaillait beaucoup plus que dans les commencements, et elle ne faisait plus d'économies. Adrien ne tarda pas à s'apercevoir de ce changement ; il remarqua aussi que sa gentille compagne perdait chaque jour quelque chose de cette gaieté charmante qui lui seyait si bien et qu'il s'était senti si heureux de partager ; cela l'affligea profondément, mais il ne s'en plaignit point de peur, en essayant de découvrir ce mystère, de détruire le bonheur qui lui restait. Régine, d'ailleurs, était toujours la douce et naïve enfant des premiers jours ; elle avait pour lui autant d'amour, de dévouement ; comme toujours elle ne se trouvait heureuse que près de lui, que pouvait-il raisonnablement demander de plus ?

Plus d'une année s'était écoulée ainsi ; Lauricot était devenu de plus en plus insatiable ; Félicie, toujours en proie à cet amour, hideux chez une vieille femme, pour des plaisirs d'un autre âge, ne laissait ni paix ni trêve à la pauvre Régine. Adrien, s'imaginant qu'il ferait cesser la tristesse de cette dernière s'il pouvait être plus souvent près d'elle, avait profité de l'entière confiance que son patron avait en lui pour renoncer à son emploi de commis et lui substituer un commerce de courtage en bijoux qui lui réussissait parfaitement.

« Ma bonne petite, lui dit-il un jour, tu travailles trop ; cela t'assombrit, et je ne suis complètement heureux que lorsque je te vois gaie et contente. Travaille moins désormais, je t'en prie ; occupe-toi davantage de nos plaisirs, de notre bonheur. Mes affaires prospèrent ; nous sommes presque riches maintenant. Bien entendu que je ne compte pas à notre avoir les richesses qui me sont confiées ; cela serait trop beau ; car j'ai là, dans mon tiroir, pour plus de quarante mille francs de pierreries ; mais je puis mettre en ligne de compte les bénéfices que je ferai infailliblement sur ces objets. Et quand cela sera réalisé.... alors.... sans bruit, sans éclat, accompagné de quatre amis seulement, je conduirai ma jolie petite ménagère à la mairie du deuxième arrondissement, de là à l'église des Petits-Pères, pour qu'il ne nous manque rien, etc....

— Oh ! mon Adrien, mon ange bien-aimé, est-il bien vrai que tu aies cette bonne pensée ?...

Oui, oui ; je le lis sur ton front, dans tes yeux.... Jamais je ne pourrai te rendre tout le bonheur que tu me donnes ! »

A partir de ce moment Régine travailla tout autant que par le passé ; mais elle s'efforça de paraître travailler moins, pieuse tromperie qu'elle croyait faire tourner au profit de la bienfaisance, et qui ne favorisait que la plus sale débauche. La pauvre enfant reconnut enfin cette vérité, et s'armant d'une honorable résolution, elle refusa à son indigne tante tout ce qui lui sembla dépasser les bornes du nécessaire.

Un jour que Lauricot attendait Félicie dans l'un de ces repaires souterrains qui avoisinent le Palais-Royal, il la vit arriver l'air morne et découragé.

« Qu'est-ce qu'il y a donc, ma chère colombe numéro un ? s'écria-t-il ; est-ce que les tourtereaux en question menaceraient de couper criminellement les vivres à leurs parents infortunés ?... S'il en était ainsi, doublé trique-madame !...

— Eh bien ! oui, mange-tout ! tu as mis le doigt dessus, Régine n'a plus rien à elle, pas une balle, pas la monnaie d'un canon !

— Allons donc ! il m'est tombé dans l'oreille que son particulier fait des affaires d'or.

— D'or et de diamants, c'est vrai, à preuve qu'il y en a chez eux plein des boîtes en maroquin et à peau de chagrin ; mais c'est à lui et non à elle.... Elle dit qu'elle mourrait plutôt que d'y toucher.

— Et tu donnes dans ces godans-là, toi ?... Tu acceptes les frimes pour argent comptant, et tu avales ainsi les couleuvres sans les mâcher ?... A ton aise, princesse ; mais, quant à moi, je suis d'un autre tempérament. Et puis je parierais que tu as manqué d'éloquence, monnaie superlative dont je suis toujours parfaitement pourvu, particulièrement lorsque la fortune menace de me tourner le dos. En conséquence, tu vas me conduire près de l'infante en question, afin que je la raisonne.

— Y penses-tu, Lauricot ?... ce serait perdre cette pauvre enfant !

— Alors, chère amie, nous nous occuperons de la retrouver. Règle générale, les poulettes de cette trempe sont créées et mises au monde pour être incessamment perdues et retrouvées. Tel que tu me vois, Félicie, j'en ai perdu énormément, et je les ai toutes retrouvées, un peu plus haut, un peu plus bas, plus ou moins détériorées; mais toujours bonnes filles, comme toi, par exemple ; car c'est une qualité qui ne se perd pas, à moins que l'on devienne duchesse, ou au moins baronne, cas auquel on devient dévote, maussade et bête... c'est une triste fin que tu n'as pas à redouter.... Allons, encore un canon sur le pouce, et tu vas me conduire chez ma nièce par alliance.... Pauvre petite chérubine ! il me souvient de sa douce enfance.... mais c'est bête de s'attendrir comme ça !... A ta santé, chère amie. C'est le coup de l'étrier ! Et maintenant, en route pour les pays inconnus !... Divins pays aux montagnes d'or... Ah çà ! triple trique-dondaine ! est-ce que la dame de mes pensées refuserait d'optempérer à mes désirs brûlants, relativement à la connaissance du domicile d'une personne qui doit m'être chère à plus d'un titre ?... C'est que s'il en était ainsi, je me verrais dans la triste nécessité d'user de mes droits à la force du poignet. »

Félicie savait ce que cela voulait dire ; aussi s'empressa-t-elle de se montrer soumise, et dix minutes après, ces deux hieux types de la civilisation parisienne se dirigeaient vers la cour des Fontaines, où était situé le domicile d'Adrien.

CHAPITRE V.

Préjean. — Le café des Variétés. — La brigade de sûreté.

« Comme je n'aime pas à être interrompu, disait Lauricot pendant le trajet, et que deux femmes ne peuvent guère se trouver sans parler beaucoup, tu me feras le plaisir, chère amie, de demeurer en faction à un étage au-dessous de celui de Régine, et s'il survenait quelque fâcheux, tu tousserais de manière à le faire entendre. »

Félicie, malgré sa dégradation, n'était pas sans inquiétude sur les projets de cet homme qui, après une vie excessivement agitée, avait achevé de la plonger dans la plus vile abjection ; mais, lorsque Lauricot parlait, elle ne savait qu'obéir. Pourtant elle hasarda quelques timides objections.

« Ma reine, lui dit Lauricot en l'interrompant, vous savez que je ne permets pas d'observations sur les choses dont j'ai pris mon parti. Notre chère nièce est douée d'un penchant à l'ingratitude qui me paraît fort prononcé, et c'est là une infirmité morale dont j'ai la prétention de la guérir. Ayez donc foi en mon expérience et laissez-moi opérer, vous vous en trouverez bien, sinon....

— Nous voici arrivés, » dit Félicie tremblante.

Elle entra dans la maison où demeurait sa nièce ; le misérable la suivit jusqu'au quatrième étage ; puis d'un signe il la cloua sur le palier, et montant le reste des marches quatre à quatre, il arriva à la mansarde de Régine. En l'apercevant, la pauvre enfant jeta un cri d'effroi.

« Ah ! fit le misérable en accompagnant ses paroles d'un rire satanique, je savais bien, moi, qu'elle serait joyeuse de me revoir, cette chère enfant !... Mais hélas ! la vie est courte, et je n'ai que bien peu d'instants à accorder à la manifestation de si doux sentiments. Tu n'ignores pas, mon enfant, que ta respectable tante, vu le malheur des

Silence! fit le misérable (Page 17, col. 2).

temps, se trouve réduite à une situation fort peu opulente; toi, au contraire, tu as eu de la chance, et tu le méritais : on n'est pas jolie fille pour mourir de faim. Tu as mis le grappin sur un particulier bonasse et bien pensant, ça te revenait de droit.... »

Tout cela avait été débité par Lauricot avec un aplomb merveilleux. On eût dit un acteur en scène.

« Monsieur, s'écria Régine chez qui la frayeur faisait place à l'indignation, retirez-vous... sortez! sortez!...

— Qu'est-ce que c'est?... nous nous rebellons contre l'autorité presque paternelle!... nous repoussons les conseils affectueux de l'ami de notre enfance....

— Monsieur, vous ne m'êtes rien, je ne vous connais pas.

— En vérité?... Eh bien! foi de Lauricot, ça m'étonne; car, d'ordinaire, dit-il d'un ton tragique,

Mes pareils à deux fois ne se font pas connaître.

Je vais donc droit au fait, princesse! asseyez-vous, je vous prie, sur cette chaise, et souffrez que je vous fasse une ceinture avec ma cravate.... pas un mot, pas un cri, ou je vous tue!... Et comme votre tante est là dans l'escalier, qui attend le résultat de l'opération, notre affaire à tous sera excessivement claire.

— Mon Dieu! mon Dieu! ayez pitié de moi!

— De vous, mon infante! de vous qui n'avez pitié de personne!...

— Tenez, j'ai encore des bijoux, des objets de toilette d'un assez grand prix, je vais vous remettre le tout, mais au nom du ciel....

— Ne vous donnez pas la peine, chère petite; il suffit maintenant que je sache que tout cela est ici.... tenez, comme cela.... les mains sur le dos.... avec mon mouchoir de poche pour les préserver du froid.... il est d'hier, je l'avoue; mais je ne prends pas de tabac.... »

Régine se débattit un instant.

« Tuez-moi! tuez-moi plutôt! » disait-elle d'une voix étouffée.

Mais, sans être ému de ses paroles, Lauricot, chez qui le cynisme avait tué tout sentiment honnête, continuait à l'attacher fortement sur une chaise. Régine fit un dernier effort; elle poussa un cri terrible, et parvint à dégager ses mains des entraves qui les retenaient.

« Silence! » fit le misérable qui avait quitté le ton railleur et dont la voix sifflait entre ses dents.

Et comme l'infortunée jeune fille continuait à se débattre, il la saisit au cou de ses mains larges et noires, et la serra si violemment, qu'elle fut suffoquée et perdit connaissance. Alors Lauricot s'élança vers les meubles, en bouleversa les tiroirs, s'empara de l'argent, des bijoux qu'il y trouva, des écrins confiés à Adrien par son patron, et muni de ces richesses, il s'enfuit, se bornant à faire signe à Félicie, en passant près d'elle, de gagner au large le plus vite possible. Elle le suivit aussitôt, mais il descendit l'escalier avec une telle rapidité qu'elle le perdit de vue avant d'être parvenue au premier étage. Arrivée dans la rue, elle le chercha inutilement, le misérable avait disparu. Alors seulement, cette malheureuse comprit la criminalité de l'action qu'elle avait commise.

« Le monstre l'aura tuée ! » dit-elle.

Et cette pensée terrible ranimant quelque peu ses forces épuisées, elle revint sur ses pas et remonta l'escalier avec une rapidité dont on ne l'aurait pas cru capable. Elle entra dans la mansarde, courut à sa nièce qu'elle débarrassa de ses liens, et s'efforça de lui rendre l'usage de ses sens. Enfin, Régine rouvrit les yeux ; elle regarda autour d'elle, et, reconnaissant sa tante, elle la repoussa violemment.

« Retirez-vous ! retirez-vous ! s'écria-t-elle. Assassin, voleur !... Mon Dieu ! mon Dieu ! au secours !

— Régine, je t'en prie, calme-toi.... aie pitié de ta pauvre tante.... veux-tu donc que j'aille mourir en prison.... »

Mais la jeune fille ne l'entendait point ; en proie au plus violent désespoir, elle se roulait sur le carreau en se meurtrissant le visage. En ce moment Adrien entra.

« Qu'y a-t-il donc, grand Dieu ? qu'est-il arrivé ? » demanda-t-il en courant à Régine.

Il la prend dans ses bras, la porte sur son lit en la couvrant de baisers.

« Adrien !... mon bien-aimé ! nous sommes perdus !... Un scélérat, un assassin, guidé par cette femme dont j'ai le malheur d'être la nièce, a tout pris.... tout ce qui était à nous, tout ce que l'on t'avait confié....

— Sainte vierge ! dit l'horrible vieille en tombant à genoux, la malheureuse veut me faire guillotiner.... c'est la propre sœur de son père qu'elle mène à l'échafaud.... »

De plus en plus effrayé, Adrien regardait autour de lui, à la vue de ses meubles ouverts, des tiroirs bouleversés, il devina la vérité.

« Perdus ! perdus ! » répéta-t-il en demeurant immobile et comme anéanti.

Puis il reprit après un instant de ce terrible silence :

« Mais au nom de Dieu ! dites-moi donc comment cela est arrivé ? Peut-être le voleur n'est-il pas loin.... on pourrait l'arrêter.... parle, parle, Régine, je t'en conjure ! »

Alors la jeune fille, s'efforçant de maîtriser son désespoir, raconta ce qui s'était passé.

« Songe donc, mon enfant, disait ensuite la vieille qui était demeurée à genoux, et qui tremblait de peur d'être envoyée en prison, que si j'avais dû partager avec le scélérat, je ne serais pas à présent auprès de toi. »

L'âme d'Adrien était trop belle pour qu'il ne trouvât pas cette raison suffisante.

« Retirez-vous, madame, lui dit-il avec dignité en la relevant, vous êtes assez malheureuse d'avoir appartenu à un tel misérable, votre nom ne sera pas prononcé. »

C'est tout ce que voulait la vieille, qui se hâta de fuir au plus vite.

« Et maintenant, ma Régine, dit Adrien tâche de te remettre. Tout n'est peut-être pas perdu : je cours à la police pour qui il n'y a rien de caché, dit-on, et il est possible que le voleur soit arrêté avant la fin de la journée. »

La pauvre enfant fondait en larmes.

« Nous étions si heureux ! dit encore Adrien.

— Oui, oui, mon bien-aimé !... j'étais trop heureuse... Je n'avais pas mérité tant de bonheur, et je n'ai pas le droit de me plaindre pour moi ; mais toi, toi, mon Adrien, qu'as-tu fait pour mériter un pareil malheur ?... tu as eu pitié d'une pauvre fille, tu l'as aimée, tu as voulu l'élever jusqu'à toi pour la purifier... c'est donc là un crime aux yeux de Dieu. »

Dans sa douleur la pauvre fille approchait bien de la vérité, Adrien n'avait pas commis de crime, mais il subissait les conséquences rigoureuses de sa conduite : les lois de la morale sont immuables, et il éprouvait qu'on ne les brave pas impunément.

Une heure après cette scène, le jeune courtier se rendait près de la *police de sûreté*. La police de sûreté était ainsi nommée très-probablement à cause de son personnel qui était, à cette époque, presque entièrement composé de voleurs. Voici comment cette institution avait été créée. Le préfet de police de ce temps-là, qui était M. le chevalier Dubois, prédécesseur de M. Pasquier, depuis chancelier de la Chambre des pairs, M. Dubois donc, n'ayant rien de mieux à faire ce jour-là, avait agencé cet admirable syllogisme :

« Pour faire main basse sur les voleurs, il faut les connaître ; or, les honnêtes gens n'ont jamais de ces connaissances-là ; donc la police des voleurs doit être faite par d'autres voleurs. »

C'était à peu près l'histoire de M. Bonardin qui n'aimait pas les épinards, et qui en était enchanté, car s'il les eût aimés il en eût mangé, et, comme il ne pouvait pas les souffrir, cela eût été fort désagréable.

Quoi qu'il en soit, il y avait alors à Paris un homme qui s'était évadé du bagne et de plusieurs prisons ; nul ne connaissait mieux les ruses des malfaiteurs que, le premier, il a divisés par catégories. C'était une sorte d'Hercule, qui avait cent fois brisé ses fers sans autre secours que celui de ses muscles, et qui, d'un coup de poing, eût assommé un bœuf; cet homme s'appelait Vidocq. Ce fut à cet homme que le préfet s'adressa.

« Mon ami, lui dit-il, les voleurs infestent Paris; ils nous désolent; qu'en pensez-vous?

— Monsieur le préfet, je pense qu'ils font leur métier.

— Oui; mais le nôtre est de les mettre sous les verrous, et pour y parvenir, j'ai imaginé un moyen excellent, c'est d'attacher à mon administration les plus habiles d'entre eux. Comment trouvez-vous mon projet, mon gaillard?

— Monseigneur, je l'admire; c'est de la haute politique!...

— Non, c'est seulement de l'administration.

— Alors, c'est de l'administration transcendante!... tout ce qu'il y a de plus transcendant!...

— Bien! bien! on ne m'avait pas trompé; le drôle a de l'esprit.... Eh bien! je vous charge de recruter les sujets, et je vous en fais le chef. Vous recevrez vos instructions de moi directement, et si je suis content de vous, je demanderai au grand-juge votre grâce pleine et entière. »

Quelques jours après, la police parisienne possédait, sous le titre de *brigade de sûreté*, une institution modèle, dont le chef évadé du bagne, commandait une petite armée composée d'ex-forçats ou repris de justice. Les bureaux et l'état-major furent établis dans la petite rue Sainte-Anne, près de l'arcade donnant sur la cour de la Sainte-Chapelle[1]. Ce fut là que, le désespoir dans le cœur, Adrien se rendit.

« Hum! fit Vidocq, lorsque Adrien lui eut raconté les faits, êtes-vous bien sûr d'avoir été volé?

— Je ne vous comprends pas, reprit l'honnête jeune homme; je vous dis le crime, je nomme le coupable, je vous dis quelles sont ses habitudes, les lieux qu'il fréquente....

— Sans doute.... notre devoir est de le chercher, et nous le chercherons.... Mais ces lieux dont vous parlez sont des cafés, des maisons de jeu, etc., endroits où l'on ne pénètre guère sans

1. Nous devons dire que le service dit de sûreté, a été grandement amélioré par M. Gisquet.

« Trouvez-moi d'honnêtes gens qui consentent à faire ce métier, » disait un lieutenant-général de police à quelqu'un qui lui reprochait de n'employer que des hommes tarés.

M. Gisquet, pendant son édilité, a prouvé que le mot n'était pas juste, en épurant le personnel de son administration et en déclarant qu'à l'avenir nulle personne ayant subi une condamnation judiciaire, même la plus légère, ne pourrait être admise parmi les employés et les agents de la police. On marche encore aujourd'hui dans cette voie, et les choses n'en vont que mieux. Il se trouve pourtant encore des voleurs aux mœurs primitives qui croient qu'après avoir exercé leur *profession* pendant un certain temps ils sont devenus aptes à entrer dans la police de sûreté. Un d'eux, arrêté peut-être pour la dixième fois, disait, il y a peu de temps, à des agents dans le bureau de la permanence :

« Le métier devient mauvais, j'ai envie de demander à entrer chez vous, seulement quinze cents francs de traitement, c'est maigre! »

être obligé de faire quelque dépense.... Et pour tout cela, l'administration ne nous passe rien.

— Que ne le disiez-vous tout de suite? s'écria Adrien. Dans dix minutes, je vous remettrai l'argent nécessaire. »

Il sortit, alla vendre, sur le quai des Orfévres, sa montre et quelques menus bijoux qu'il portait.

« Prenez, monsieur, dit-il, en jetant sur le bureau les trois cents francs qu'il avait tirés de ces objets; et, pour Dieu, hâtez-vous! La question que vous m'avez faite d'abord m'a éclairé sur ma position; je comprends maintenant que de hideux soupçons peuvent s'élever contre moi.... Heureusement, il me reste un autre moyen de démontrer mon innocence.

— Soyez tranquille, jeune homme, dès ce soir, branle-bas général à votre intention!.... Le Lauricot sera pincé, dût-on l'aller chercher en enfer. »

Adrien, un peu rassuré, revint près de Régine qu'il s'efforça de consoler; il fit de tendres reproches auxquels on répondit par des larmes et des baisers; enfin on se résigna à attendre, en se berçant de l'espoir qu'on en serait quitte pour la peur.

Cependant Lauricot n'avait quitté la cour des Fontaines que pour se précipiter dans le labyrinthe des galeries de bois dont il connaissait assez bien les êtres pour qu'il les regardât comme un refuge assuré. Une fois sur ce terrain, où il se sentait le pied solide, il reprit son assurance ordinaire; il marcha lentement, coudoya les filles, lorgna les marchandes, et se donna des airs de mauvais drille, tout en regardant de temps en temps par-dessus son épaule pour s'assurer qu'on ne le suivait pas de trop près. Au bout de quelques minutes, il se trouva devant la boutique de Préjean; il y entra en s'écriant :

« Bonjour, maître! Mille dieux! il faut que je vous fasse mon compliment de la séance d'hier; votre tour des chats est ce que j'ai vu de mieux en ma vie.... C'est fort, c'est beau; ça enfonce Comus et ça dépasse Olivier[1].

— Oh! fit Préjean souriant, j'en ai de plus forts que ça dans mon sac.

— Je ne dis pas le contraire, mais le tour des chats[2] me plaît par-dessus tout, et j'ai bien mes

1. Comus, Olivier, Préjean, étaient les escamoteurs, ou si l'on veut, les professeurs de physique amusante le plus en vogue à cette époque. Préjean, qui se faisait remarquer surtout par une bonhomie charmante, donnait des séances à Tivoli, tant que durait l'été; l'hiver il se réfugiait dans les caveaux du café des Variétés, tenu par un nommé Patte, où il faisait, chaque soir, l'admiration de deux ou trois mille oisifs. Il avait en outre, dans les galeries de bois, une boutique où il vendait des boîtes à double fond, des sacs à la malice, des portefeuilles enchantés, etc., avec la manière de s'en servir.

2. Le tour des chats consistait en ceci : Préjean mettait des muscades sous un gobelet, puis il levait ce gobelet posé sur une table entièrement découverte, et il s'y trouvait, au

raisons pour cela, car j'ai étudié l'expérience à ce point, que cela m'a fait faire une nouvelle découverte....
— Ah! diable !
— C'est comme je vous le dis, mon cher maître. Pourtant, avant de me risquer à en faire l'essai, je veux vous voir de nouveau expérimenter sur les susdits chats. Je viens donc tout exprès vous prier de ne passer à cette expérience, ce soir, au café des Variétés, que lorsque vous me verrez parmi les spectateurs. Si le public s'impatientait et demandait l'expérience, vous pourriez dire que vous m'attendez pour la faire; j'aurai là de bons amis avec des mains en forme de battoirs, et au seul nom de Lauricot, on vous fera un bouquet dans le soigné, c'est moi qui vous le dis, indépendamment de l'indemnité préalable que je vous prie d'accepter. »

En parlant ainsi, il mit sur le comptoir de l'escamoteur-marchand deux des pièces d'or faisant partie du butin qu'il devait à son audacieux coup de main, puis il disparut.

Le soir même, la foule entourait l'estrade de l'adroit prestidigitateur. Déjà Préjean avait fait la plupart de ses tours à la satisfaction générale; il devait terminer la séance par le fameux tour des chats, et il cherchait du regard, parmi les spectateurs, l'homme qui s'était présenté chez lui. Ne l'apercevant point, il dit :

« Messieurs, nous suspendrons, si vous le voulez bien, la séance pendant quelques instants en faveur de M. Lauricot, l'un des amateurs les plus distingués de la prestidigitation, qui a bien voulu nous promettre son concours pour ce soir. Il ne peut tarder à paraître, et vous ne perdrez pas pour attendre, car ce savant amateur doit nous montrer un tour de sa façon.

— Bien tombé ! dit à son camarade l'un des agents de sûreté qui se trouvaient parmi la foule. Reste ici; moi je cours au bureau raconter la chose et chercher du renfort. C'est une belle prise qui nous fera honneur. »

Il partit en effet. Le chef de la brigade, instruit de ce qui se passait, lança vers le Palais-Royal le reste de ses agents; les cinq ou six issues du café furent gardées, et le gros de la brigade alla grossir le nombre des consommateurs qui entouraient l'estrade de Préjean et commençaient à s'impatienter.

Tandis que cela se passait, un homme, le visage presque entièrement caché par le haut d'un carrick à cinq collets, et la tête couverte d'une casquette de voyage, se présentait au bureau de la petite rue Sainte-Anne, où Vidocq, le chef de la brigade de sûreté, était seul. Une fois entré, cet homme écarta son carrick, ôta sa casquette, et d'une voix menaçante, il dit :

« Jules, est-ce bien sérieusement que tu fais la guerre aux amis ?
— Pied-de-Fer ! » s'écria le nouveau fonctionnaire en pâlissant et reculant de deux pas.
— Oui, Pied-de-Fer à qui tu dois la vie ; Pied-de-Fer qui t'a cédé son tour d'évasion ; Pied-de-Fer que tu fais traquer en ce moment....
— Que veux-tu ! il fallait bien en finir ; on m'a fait des offres et je les ai acceptées ; mais ce n'est pas à dire que je sois capable de vendre et livrer l'homme qui m'a fait recouvrer la liberté en faisant le sacrifice de la sienne. Bien loin de là : je puis te donner le moyen de vivre tranquillement à Paris, sans avoir désormais rien à craindre des *curieux* (agents de police). Consens à servir sous mes ordres.
— Plus tard, nous verrons. Pour le moment, la vie est douce, le ciel serein, et les pieds me démangent. Adieu ! »

Et il partit laissant le nouveau fonctionnaire stupéfait de cette apparition.

Cependant l'orage commençait à gronder autour de Préjean.
— Le tour ! le tour ! l'amateur promis !... criait-on de toutes parts.
— Ma foi, messieurs, dit en quittant son estrade l'escamoteur impatienté, le tour est fait, et c'est Lauricot qui nous l'a fait voir à tous. »

A ces paroles succéda un grand tumulte pendant lequel messieurs du service de sûreté eurent, dit-on, le malheur de se tromper souvent de poches. Il en résulta qu'un grand nombre d'amateurs de prestidigitation se trouvèrent en un instant débarrassés de leurs tabatières, de leurs bourses, de leurs montres, etc., nouveau tour qu'ils goûtèrent fort peu ; mais ils durent se consoler en se disant que les belles institutions coûtent toujours beaucoup à former, et que les bonnes choses ne se payent jamais trop cher[1].

Cependant l'infortuné Adrien était sur des charbons ardents. Heureusement un homme de vingt-deux ans, bien constitué, était, dans ce temps de lugubre et glorieuse mémoire, une marchandise rare et qui se payait cher.

Les marches, contre-marches, le canon et le bivouac faisaient de cette denrée une immense consommation. Les remplaçants militaires, quand on en trouvait, se payaient au poids de l'or[2].

---

lieu de muscades, d'énormes morceaux de grès six fois plus gros que le gobelet lui-même, et que l'escamoteur jetait avec colère aux pieds des spectateurs; puis il prenait de nouvelles muscades, les couvrait avec le même gobelet, promettant de les métamorphoser en amours aux ailes de flamme. Il levait de nouveau le gobelet, et il en sortait une myriade de petits chats, qui, effrayés par le bruit et la lumière, s'enfuyaient dans toutes les parties de la salle.

1. Vidocq, dans ses *Mémoires*, reconnaît lui-même que ses agents pour s'entretenir la main dépouillèrent plus d'une fois d'honnêtes bourgeois.
2. En 1813, les remplaçants ont été payés jusqu'à 25 000 fr.

Huit jours après le malheur qui lui était arrivé, Adrien se présenta chez son patron.

« Monsieur, lui dit-il, il ne me restait, pour vous indemniser, que mon corps ; je l'ai vendu, et voici les vingt mille francs que l'on m'en a donnés ; prenez-les à titre d'à-compte. On ne revient guère aujourd'hui de là où je vais ; si je meurs votre débiteur, au moins j'aurai conservé votre estime. »

A ces mots, il posa un portefeuille sur le comptoir, et avant que le joaillier stupéfait eût pu lui répondre, il avait disparu.

Régine, malade depuis le fatal accident qui avait détruit son bonheur, faillit mourir de désespoir lorsque Adrien vint lui annoncer qu'il partait pour les provinces Illyriennes où se trouvait alors le régiment dont il devait faire partie.

« Cher ange bien-aimé, lui disait-il en s'efforçant de la consoler, je te laisse gardienne de ce que j'ai de plus cher au monde. Fais donc qu'à mon retour je retrouve ces beaux yeux si vifs, ces joues si fraîches, et que ce cœur que je sens battre soit toujours à moi. »

Il se passa de longs instants sans que la pauvre enfant pût répondre, ses larmes et ses sanglots la suffoquaient.

CHAPITRE VI.

Madame de Bon-Secours. — Le bal sentimental ou incroyable.

La maladie de Régine fut longue ; la pauvre enfant, qui avait une horreur instinctive de l'hôpital, s'était résignée à accepter les services de sa tante, cause première de tous ses maux. Pour subvenir aux besoins les plus pressants, on vendit quelques bagues, une montre, échappées comme par miracle aux regard de lynx de Lauricot ; ensuite on fit argent de la petite pendule et des flambeaux dorés qui garnissaient le dessus de la cheminée ; puis enfin on s'en prit aux rideaux du lit, au linge, aux vêtements.

« Mon Dieu ! disait parfois l'infortunée jeune fille, faites-moi la grâce de m'appeler à vous.

— Ne dis donc pas des choses comme ça, ma fille ! s'écriait sa tante. Dieu de Dieu, une jeunesse avoir de ces idées-là !... Quand il ne tiendrait qu'à toi de te bien porter, et d'avoir des mille et des cents.... Ah ! si je revenais à cet âge-là....

— Ma tante, je vous en prie, faites-moi grâce de vos exhortations. Ma vie est pour toujours désenchantée ; ma jeunesse, que vous vantez, est flétrie. Un homme avait tenté de me réhabiliter, et pour le récompenser de son dévouement, je l'ai réduit au désespoir ; je l'ai forcé à aller chercher la mort loin de son pays, de sa famille, de tout ce qu'il aimait.... Malheureuse que je suis !...

— Écoute, ma fille, tout ce que tu dis là, je le disais il y a maintenant trente ans.... Dame ! je n'étais pas mal non plus à dix-huit ans, et l'on pourrait bien encore s'en apercevoir un peu, si j'avais un brin de toilette.... »

Ainsi chez cette femme l'âge n'avait pas dompté les hideuses passions, et cette misérable s'efforçait de corrompre la jeune fille par ses mauvais conseils.

Régine alors s'enfonçait autant que possible dans son oreiller pour n'en pas entendre davantage. Les jours, cependant, s'écoulaient de plus en plus tristes et décolorés ; la misère et son hideux cortège s'avançaient à grands pas. Tous les menus meubles avaient été successivement vendus lorsque Régine entra en convalescence. Malgré les privations qu'imposait le dénûment presque absolu de la tante et de la nièce, cette convalescence fut rapide, et la jeune fille eut enfin assez de forces pour reprendre le travail ; mais ses plus pauvres vêtements avaient seuls échappé au naufrage, et ce fut sous cette livrée de misère qu'il lui fallut se présenter dans les magasins. On était alors au commencement de l'hiver, époque à laquelle les commandes étaient fort restreintes ; d'un autre côté les marchands, pendant la longue maladie de Régine, avaient eu recours à d'autres ouvrières qu'ils jugeaient convenable de conserver, et la pauvre convalescente ne gagna plus que de quoi subvenir à ses plus impérieux besoins et à ceux de sa tante qui l'avait gardée pendant sa maladie, et dont elle ne se sentait pas le courage de se séparer.

« Ah ! disait quelquefois Félicie en soupirant, si jeunesse savait et si vieillesse pouvait, nous ne serions pas si souvent obligées de nous contenter d'un morceau de pain.

— Vous voyez pourtant, ma tante, lui répondit un jour Régine, que je fais tous mes efforts pour améliorer notre situation.

— Et c'est justement ce qui me désespère : tu te tues à courir pendant deux à trois jours pour trouver de l'ouvrage pour quelques heures. Ta santé revenait que ça faisait plaisir à voir, tu étais bien encore un peu pâle ; mais tu reprenais de l'embonpoint : de jolies petites couleurs roses commençaient à se remontrer sur tes joues, et voilà que, grâce à ces gueux de fabricants, que le diable confonde, tout cela s'en va.

— Et que puis-je donc faire à cela, mon Dieu !

— Ah ! voilà.... chacun a ses idées. Moi, tu le sais, je ne suis pas de ces bégueules qui croient qu'une jolie femme est perdue parce qu'elle a un protecteur....

— Ma tante, je vous en prie, ne me parlez jamais de cela.

— Mon Dieu, ma fille, ça n'est pas que je te pousse à mal faire.... mais enfin j'en ai connu de plus huppées qui... et puis toujours du pain sec, c'est un peu tannant. D'ailleurs, il me semble que tu dois savoir à quoi t'en tenir, et, Dieu merci, ce n'est pas moi qui suis cause de la chose... Tu me diras que le jeune homme était un joli garçon, qu'il t'aimait, qu'il a eu des malheurs à cause de toi....

— Je ne vous dirai qu'une chose, ma tante, c'est que j'ai juré de lui être fidèle.

— Fameuse raison! qui est-ce qui n'a pas juré ça un peu plus un peu moins?... moi qui te parle....

— Assez, assez! je ne veux pas en entendre davantage.

— Eh bien soit! mangeons du pain et buvons de l'eau, puisque cet ordinaire-là te convient. Je ne veux plus te dire qu'une chose, c'est que rien n'enlaidit une femme aussi vite que la misère. Tu t'en apercevras plus vite que tu ne penses; mais alors il ne sera plus temps, et à supposer que ton jeune homme revienne, quand il te retrouvera avec un teint de pain d'épice, les yeux creux, le menton pointu et la gorge plate, tu verras comment il pratiquera la fidélité, lui!... Ah! c'est que ces gueux d'hommes sont tous taillés sur le même patron. »

De tous les affreux arguments de Félicie ce dernier était le plus puissant. Ni le travail, ni les privations n'effrayaient Régine; mais la pauvre petite ne pouvait supporter l'idée de devenir laide; et la vieille mégère ayant trouvé le côté faible, ne se lassait pas de revenir à la charge. Régine pleurait alors; elle consultait son miroir, et, la crainte aidant, elle se disait que sa tante, sur ce point, pourrait bien avoir raison.

On eût dit que le destin avait placé près d'elle cette horrible vieille pour la faire déchoir encore.

L'hiver était des plus rudes et il devenait chaque jour plus difficile à la jeune fille de pourvoir à sa subsistance et à celle de sa tante. Enfin, vers le milieu du mois de janvier, l'ouvrage manqua tout à fait. On vendit encore toute la partie du mobilier que l'on put soustraire à l'œil vigilant du portier. La situation de ces deux femmes était horrible.

Un soir, elles étaient assises sur la misérable paillasse qui leur servait de lit. Félicie se tenait la tête baissée sur la poitrine et les mains cachées sous un lambeau de châle qui lui couvrait à peine les épaules. Régine pleurait. Depuis le matin, ni l'une ni l'autre n'avaient mangé; elles étaient glacées. Le thermomètre marquait dix degrés au-dessous de zéro, et la nuit pour ces infortunées se présentait menaçante, terrible.

« Il faut donc mourir de faim et de froid ! dit enfin la vieille en soupirant.

— Ma tante, je vous en conjure, ne m'ôtez pas le peu de courage qui me reste !.... Demain je ferai de nouveaux efforts, et.....

— Demain, Régine, nous serons mortes. Est-ce que tu ne sens pas, comme moi, que le froid te gagne le cœur?.... Mes pieds sont tellement engourdis qu'il me serait presque impossible de me tenir debout, et tout à l'heure, pour te parler, il m'a fallu faire un violent effort, tant mes dents étaient serrées..... Il n'y a plus, pour nous, qu'un moyen de salut; mais tu ne veux pas qu'on te parle de cela. »

En ce moment les yeux de Félicie brillaient d'un éclat étrange :

« Mais ce moyen, dit Régine qui luttait encore, serait lui-même tardif; un protecteur comme vous l'entendez ne s'improvise pas, et de qui d'ailleurs pourrais-je attirer les regards avec ces misérables vêtements ? »

Ces derniers mots firent bondir la tante : elle eut peine à modérer sa hideuse joie.

« Ma Régine, si ce n'est que cela qui te retient, nous sommes sauvées !.... Des robes, des châles, des bijoux, quand on a ton joli visage, tes beaux yeux, on trouve cela partout, à toute heure et au choix.....

— Oui, quand on a trouvé un protecteur comme vous l'entendez.

— Au contraire ! c'est pour en chercher un que l'on peut se procurer tout cela à la minute. Tiens, nous mourons de faim, de froid; on ne trouverait pas douze sous de tout ce qui me couvre, et ton costume ne vaut guère mieux que le mien; eh bien! dis un mot, dis que tu consens à me suivre ; que tu renonces à cette grosse bêtise qu'on nomme *parfait amour*, que tu veux être belle, vivre de la vie des belles, ne plus te creuser les yeux ni gâter tes jolis doigts, et dans un quart d'heure tu seras mise comme une princesse, et moi comme une douairière de bonne maison..... Et cette nuit qui se présente si affreuse, nous la passerons au bal ! Nous manquons de pain, et dans deux heures on nous servira les meilleurs mets, les vins les plus fins; nous n'avons pas une obole et demain nous aurons de l'or..... »

En disant toutes ces choses, Félicie s'animait, il y avait dans sa voix, dans ses modulations une sorte d'éloquence entraînante, et puis elle avait pour auxiliaires le froid, la faim, le désespoir..... Que l'on me montre les vertus que ces grands vainqueurs ne puissent réduire!

« Ma tante, répondit Régine à demi-voix et comme si elle eût craint de s'entendre proférer ces paroles qui lui enlevaient l'estime d'elle-même; ma tante, je suis prête à vous suivre.

— Sauvées! s'écria la vieille en s'élançant d'un bond jusqu'au milieu de la chambre et qui semblait avoir retrouvé ses jambes de quinze ans. Viens, viens, mon enfant; ne cherche rien, n'aie pas peur du froid..... viens vite ; Dieu, comme je vais être heureuse de te voir belle et brillante!..... Chère petite! digne d'un palais et s'exposer à mourir dans un grenier..... »

Elle s'empressa de gagner l'escalier, et la jeune fille la suivit tremblante et refoulant dans son cœur les sentiments honnêtes qui l'avaient jusque-là retenue sur le bord de l'abîme vers lequel elle était poussée par la fatalité. Arrivée dans la rue, Félicie prit sa nièce sous le bras et l'entraîna rapidement vers le Palais-Royal, et jusqu'au numéro 116, dont le rez-de-chaussée était occupé par un bijoutier, le premier étage et le second par *la Valentin*, rivale de la Lévêque. Au troisième demeurait une dame Philipaux, industrielle bien connue des nymphes sans emploi, des jeunes filles de bonne volonté, et des femmes galantes sur le retour auxquelles elle rendait chaque jour d'immenses services, ce qui lui avait valu le surnom de Madame de Bon-Secours. Ce fut à cet étage que Félicie s'arrêta; elle tira discrètement le cordon d'une sonnette et la porte s'ouvrit.

« Madame Philipaux, dit-elle à la maîtresse du lieu qui était venue elle-même lui ouvrir, je vous présente ma nièce. C'est jeune, c'est timide, mais gentil à croquer. Mettez-moi ça dans une robe de soie et vous m'en direz des nouvelles. Il ne lui manque que de l'expérience; mais je guiderai ses pas jusqu'à ce qu'elle puisse marcher seule, ce qui ne tardera pas. Pour son début, je veux lui faire voir le *bal sentimental*; mais pour cela, comme vous voyez, nous avons besoin de Madame de Bon-Secours..... Soyez tranquille, allez, les *choses* seront ménagées, et en supposant que nous ne vous les achetions pas demain, nous serons en état de vous en payer le loyer plutôt deux fois qu'une. »

Mme Philipaux était une femme d'environ cinquante ans, de large carrure. Sa tête, dont la face figurait assez bien la pleine lune, n'était séparée de son tronc que par un cou court et musculeux dont les plis graisseux ondulaient jusque sur la poitrine. Cette femme prit Régine par la main, sans répondre à la loquace Félicie, et la conduisit dans une pièce bien éclairée. Là, Madame de Bon-Secours s'arma de lunettes, dont elle enfourcha son nez court et taillé en biseau, et attirant la jeune fille vers une des lampes qui éclairaient cette pièce, elle l'examina attentivement.

« Hum! hum! fit-elle, ça n'est pas trop mal... taillée un peu trop à l'enfant... Redressez les épaules, ma fille... faisons un peu jouer ces prunelles... et le sourire donc, ma chatte?... Le coup d'œil sans sourire, ma petite, c'est de la salade sans huile.. Bien! à la bonne heure... Après ça, puisque Félicie sera là... pour le conseil s'entend, ça ne peut manquer de bien aller... Voyons, je vais vous donner ça dans le bon numéro : robe de lévantine noire, châle boiteux, chapeau rose à fleurs, collier, boucles et pendants d'oreilles assortis pour la petite. Toi, ma vieille, dit-elle à Félicie, robe de taffetas gorge-pigeon, châle bourre de soie et chapeau noir... Ça vous coûtera quinze francs jusqu'à demain midi, et les accidents à part, bien entendu. Ça vous va, n'est-ce pas? Eh bien! pas accéléré! En attendant l'ouverture du bal, je vous conseille d'aller au café Montansier[1]. C'est tout nouveau, c'est en vogue; la petite Cécile n'en sort presque pas et elle y fait ses orges, au point que, depuis huit jours elle est dans ses meubles... C'est le père Buzenet qui a tout fourni. Je vous le recommande pour le temps où vous en serez là, et ça ne sera pas long. »

A ces mots elle prit une lampe, ouvrit une porte, et elle introduisit Régine et sa tante dans une immense pièce, sur les murailles de laquelle se dessinaient en bosse de nombreux vêtements de femme. Sur un large guéridon, au milieu de cette pièce, étaient étalés pêle-mêle d'innombrables bijoux en cuivre doré, des diamants de verre, des perles soufflées, des pattes de lièvre, du rouge végétal, du blanc de céruse, de l'encre de Chine et du bleu d'indigo. Dans un coin, sur une sorte d'étagère, étaient rangés des souliers de toutes tailles, de tous cuirs, de toutes étoffes; depuis le veau ciré noir jusqu'au satin blanc; tous plus ou moins frais, plus ou moins déformés. D'un coup d'œil la Philipaux trouva, au milieu de ce tohu-bohu, tout ce qui convenait à ses nouvelles pratiques. Le tout fut étalé sur plusieurs chaises.

« Allons, mes enfants, dit la grosse industrielle, du nerf à la chose! je vous donne vingt minutes, pas un fichtre avec! *Débrouillez* vos couleurs comme vous l'entendrez. »

Félicie n'avait pas besoin d'être stimulée; elle semblait avoir subitement recouvré toute l'ardeur de sa jeunesse.

« Mon Dieu! disait-elle, tout en serrant le lacet du corset de Régine, où est donc le bon temps où j'étais mignonne comme cela?... gaie, légère, heureuse... Non pas, comme toi, ma chère petite, car en vérité tu fais une mine à porter le diable en terre; et si la Philipaux s'en apercevait, nous pourrions bien retourner mourir sur notre paillasse. »

Régine, effrayée par ces dernières paroles, et désormais engagée dans la voie funeste, s'efforça de paraître enjouée. La pauvre enfant se mentait à elle-même, ce qui est le plus hideux de tous les mensonges. La toilette se fit rapidement; les vingt minutes accordées par la maîtresse du lieu n'étaient pas expirées que la jeune fille et sa tante, parfaitement vêtues, traversaient le jardin pour se rendre au café Montansier. Arrivées dans ce lieu, elles se montrèrent d'abord au parterre, au foyer, partout un murmure flatteur accompagnait Régine.

---

1. La salle Montansier, aujourd'hui *Théâtre du Palais-Royal*, après avoir été fermée pendant longtemps, fut métamorphosée en café en 1813. Le théâtre fut conservé; mais on n'y jouait point, l'autorité ne voulant pas le permettre.

« Attention ! dit tout à coup Félicie à voix basse, attention, ma chère fille, nous sommes lorgnées par un gros monsieur décoré... Le voici qui vient par ici... Mais, malheureuse, tu souris comme si tu avais envie de pleurer !...

— Ma tante, je n'en puis plus ; je me sens défaillir...

— Du courage, mon enfant, je t'en prie. Crois-tu que je ne souffre pas aussi, moi ! J'ai l'estomac collé au dos, et depuis plus de deux heures mes boyaux crient de manière à se faire entendre d'une demi-lieue... Il est onze heures moins un quart, dans dix minutes le Bal sentimental sera ouvert, et j'espère qu'une fois là tous nos maux seront finis. . Le monsieur te regarde attentivement... Mon Dieu ! il ne tient qu'à toi que nous soyons à table avant une heure. »

En effet, un monsieur d'un âge mûr, à l'air distingué, vêtu d'une ample redingote bleue, boutonnée jusqu'au collet, et ornée, à l'une des boutonnières, d'un ruban rouge noué négligemment, avait fait quelques pas vers les deux infortunées chercheuses d'aventures. Mais tout à coup l'air décent de Régine, qui, malgré ses efforts, ne pouvait parvenir à suivre les instructions de sa tante ; cet air décent, mélancolique, ce charmant visage qui, sous les oripeaux de la débauche, respirait la douceur et la résignation, tout cela réuni frappa le monsieur d'un tel étonnement qu'il s'arrêta et parut hésiter.

« Ah ! fit la tante, ton air de précieuse l'a repoussé.... Nous ne souperons pas ! »

C'était horrible ! mais celle qui venait de faire cette réponse mourait de faim ; Félicie avait dit cela avec tant d'angoisse, de regret, de douleur, que Régine en fut touchée jusqu'au fond de l'âme ; réunissant toute la force de volonté dont elle était capable, elle parvint à prendre un air riant et décidé. Ce changement de front parut si extraordinaire au monsieur qu'il résolut de savoir à quoi s'en tenir, ne fût-ce que pour satisfaire sa curiosité. Il franchit donc les quelques pas qui le séparaient de ces deux femmes, et s'adressant à Félicie :

« Ces dames cherchent quelqu'un sans doute, dit-il ; si je pouvais leur être utile...

— Grand merci, monsieur, répondit-elle avec une hésitation affectée ; j'ai cédé aux instances de ma nièce qui mourait d'envie de visiter les curiosités du Palais-Royal ; il ne me reste plus qu'à lui faire connaître le café des Étrangers, et nous allons y souper. »

Cette provocation à brûle-pourpoint parut si étrange au monsieur, cela contrastait si fort avec le voile de tristesse qu'il avait remarqué sur le visage de la jeune fille et que ses efforts n'avaient pu entièrement faire disparaître, que la curiosité de ce personnage fut poussée au dernier point.

« Pardieu ! mesdames, dit-il, le hasard me sert en enfant gâté : j'avais résolu précisément de passer dans ce lieu le reste de la soirée, et je m'estimerais fort heureux, si vous me permettiez de vous y accompagner. »

Régine baissa les yeux et n'osa répondre ; mais sa tante était trop aguerrie pour ne pas saisir l'occasion aux cheveux.

« Quand nous refuserions, dit-elle en souriant, vous n'en seriez pas moins le maître de ne pas nous quitter : la voie publique vous appartient comme à nous, et tout le monde a le droit de se faire servir dans le lieu où nous nous rendons ; il vaut donc mieux faire les choses de bonne grâce... Régine, je te permets de prendre le bras de monsieur. »

La pauvre enfant obéit, non sans trembler beaucoup, et tous trois arrivèrent bientôt dans cet établissement où se trouvaient réunis café, restaurant, bal, salon de jeu, etc.; établissement connu, à cette époque, sous un nom impossible à écrire ; que les débauchés de bon ton se contentaient d'appeler le *bal sentimental*, et que nous essayerons de décrire.

Dans la galerie du café de Foy, à peu de distance de ce patriarche des cafés de Paris, une petite allée fort étroite, du côté de la galerie, une porte bâtarde, du côté de la rue basse, conduisaient à un large escalier. Ces deux entrées, l'escalier, sombres pendant le jour et la plus grande partie de la soirée, étaient tout à coup, vers onze heures du soir, inondés de lumière. Alors commençaient à se presser dans cet escalier des flots de jolies femmes, prêtresses de Vénus, desservant les temples nombreux élevés à cette déesse dans tous les environs ; de brillants officiers, des jeunes gens aux folles allures, des vieillards poussés par la luxure et la passion du jeu ; tout cela se précipitait vers le premier étage dans les immenses salons duquel se trouvaient réunies toutes les séductions capables d'égarer la raison et de dépraver le cœur. A l'entrée se trouvait une sorte de vestiaire où se déposaient les chapeaux, les cannes, les manteaux, les parapluies, etc. En entrant dans les salons, on se trouvait tout à coup plongé dans une vapeur enivrante ; tous les sens se trouvaient à la fois surexcités : en même temps que la vue était frappée des monceaux d'or qui circulaient incessamment sur les tapis verts, une musique voluptueuse se faisait entendre, et les nerfs olfactifs étaient agréablement affectés par l'odeur de mets délicieux. Puis des cris de joie, des éclats de rire, des provocations ardentes et incessantes à tous les plaisirs des sens ; et tout ce bruit, ce mouvement étaient cependant dominés par la voix lente des croupiers de jeu, annonçant le résultat de chaque coup, et par le bruit sec et métallique du râteau, attirant vers le centre l'or et l'argent des perdants.

Messiés, agetez-moi quelque chose? (Page 29, col. 2).

« Allons, ma chère fille, soufflait Félicie dans l'oreille de sa nièce, du courage encore seulement un petit quart d'heure... Après, quand nous aurons soupé, ça ira tout seul... tu verras, tu verras... je sais ce que c'est, va !

— Puisque vous venez ici pour souper, mesdames, dit le monsieur, allons nous mettre à table ; vous aurez ensuite le choix des plaisirs, et j'espère que vous voudrez bien me permettre de partager ceux auxquels vous donnerez la préférence. »

Régine ne put répondre ; elle était presque défaillante, ce qui l'obligeait à s'appuyer assez fortement sur le bras de son protecteur improvisé. On arriva au restaurant ; un souper des plus confortables fut commandé, servi avec une merveilleuse célérité. Les deux malheureuses femmes se donnèrent des peines inouïes pour dissimuler l'horrible faim qui, malgré elles, se montrait dans leurs regards, dans leur sourire, dans tous leurs mouvements. Félicie, grâce à sa longue expérience en pareille matière, se tenait fortement sur la défensive.

« Ma chère Régine, disait-elle, tout en dévorant avidement elle-même les mets qui lui étaient servis, songe, je t'en prie, à ton estomac qui est si faible.... mange peu, ma belle.... et arrose cela.... Le liquide passe toujours plus facilement.... Tu te réserves pour le champagne ?... eh bien ! soit, mais dès à présent, je ne te permets plus que des entremets sucrés. »

Le monsieur, cependant, faisait très-bien les choses : le cynisme de la tante contrastait si fort avec la modestie, la timidité de la nièce, que sa curiosité était de plus en plus vivement excitée. Il voulait maintenant, à quelque prix que ce fût, savoir la vérité, et il agit en conséquence.

« Il n'est pas encore une heure, dit-il en se levant, après un dessert très-prolongé ; le bal n'est pas fort animé ; vous plaît-il, belles dames, de passer quelques instants autour de cette table verte ?...

« Voyons, je commence : vingt francs au double zéro. »

La pièce d'or qu'il lança sur le tapis fut placée par l'un des croupiers sur la chance indiquée, et presque au même instant le *tailleur* dit de sa voix lente et impassible : — *Double zéro, noir, pair et passe !*

« Belles dames, dit le monsieur, en poussant vers ses deux compagnes les trente-six pièces d'or qu'on venait de lui jeter, j'ai joué ce coup pour vous, à vous donc le produit. »

Régine était immobile et comme frappée de stupeur ; mais sa tante, qui était depuis longues années à l'épreuve de pareilles émotions, ne se le fit pas répéter, et allongeant en même temps ses deux mains sur le tapis, elle attira à elle, par un mouvement saccadé et presque convulsif, cette fortune qui lui tombait du ciel.... ou de l'enfer.

« Maintenant, mon enfant, dit-elle bien bas à Régine, je n'ai plus d'avis à te donner : reste maîtresse de toi-même, et prends conseil des circonstances. »

Et tandis que le monsieur tentait de nouveau la fortune, à l'aide de quelques autres pièces d'or tirées de sa bourse, Félicie se perdait dans la foule et disparaissait.

« Ma tante!... où est donc ma tante ? s'écria Régine, lorsqu'elle s'aperçut de cette disparition.

— Calmez-vous, ma chère belle, dit le monsieur qui avait suivi de l'œil tout ce manége, et avait deviné une grande partie de la vérité; calmez-vous, nous la retrouverons sûrement.... dans la salle de bal, peut-être. »

Et arrondissant l'un de ses bras autour de la taille de la jeune fille, il l'entraîna rapidement, et alla tout d'un temps se joindre aux intrépides valseurs qui tourbillonnaient avec une effrayante rapidité.

Régine, déjà exaltée par le souper, par le vin généreux qu'elle avait bu après un long et cruel jeûne, partagea bien vite cette sorte d'enivrement qui naît du contact, de poses voluptueuses, son sang circula plus rapidement, son visage s'anima, ses yeux lancèrent des éclairs; la pauvre enfant était subitement arrivée de l'indifférence à une sorte de frénésie sans passer par la passion, sans savoir à quel sentiment, à quelle loi physique ou morale elle obéissait. A cette valse succédèrent des danses fantastiques, incroyables. Là semblaient être réunies toutes les plus belles filles *folles de leur corps*, comme on les appelait au bon temps, tentatrices aux épaules nues, au regard provocateur, au sourire satanique, dont le corps souple, élastique, décrivait, tantôt avec une gracieuse mollesse, tantôt avec un emportement indicible, des courbes fabuleuses, des ellipses impossibles, auxquelles succédaient les pas, les gestes, les mouvements les plus désordonnés, les plus incroyables. C'était un air embrasé, une flamme ardente que l'on respirait en ce lieu; c'était du vitriol qu'on avait dans les veines après y avoir passé quelques instants[1]. Régine subissait sans toute sa portée cette terrible influence ; la malheureuse ne s'appartenait plus. Ce fut donc sans opposer la moindre résistance que, à partir de ce moment, elle se laissa conduire partout où il plut à l'homme qui l'accompagnait, et le lendemain, lorsqu'elle rentra dans son triste domicile où l'attendait sa tante, son abjection était complète.

CHAPITRE VII.

Le Palais-Royal à la fin de l'empire. — Le nid d'une jolie femme. — Les Cent-Jours.

On était arrivé aux plus mauvais jours de l'empire : 1814 commençait. Une partie de la France était envahie ; on se battait à trente lieues de Paris. L'étoile du grand homme pâlissait ; l'immense édifice élevé par sa main puissante se détraquait de toutes parties, et une dernière et terrible catastrophe était imminente. Mais rien de tout cela ne s'apercevait au Palais-Royal : les plaisirs, en ce lieu, étaient toujours aussi vifs, aussi nombreux ; la foule s'y pressait aussi joyeuse, aussi ardente qu'aux jours de la plus haute prospérité. C'est qu'alors les jeunes hommes, incertains de l'avenir, s'empressaient de jouir du présent ; le bruit du canon qui s'entendait aux barrières les engageait à se hâter de vivre. Tout ce qui portait l'uniforme montrait particulièrement un incroyable mépris de la vie : on voyait des nuées de jeunes officiers s'abattre sur cette oasis demeurée intacte au milieu des ruines qui couvraient la France. Alors l'orgie prenait des proportions gigantesques : ces jeunes et braves fous vivaient pour vingt ans en une nuit, puis, vingt-quatre heures après, ils allaient se jeter gaiement sous le canon ennemi, et à ceux-là en succédaient d'autres. On se battait à Montmirail, à Bar-sur-Aube, à Fontainebleau, à Saint-Maur ; vingt mille Français tombaient chaque jour sous le feu des Russes, des Prussiens, des Autrichiens, des Saxons, des Anglais, etc., et le Palais-Royal ne changeait pas d'aspect ; ses légions de nymphes impures, loin de diminuer, grossissaient au contraire chaque jour ; l'or ruisselait sur les tapis verts avec autant d'abondance, et les maisons de plaisirs y étaient aussi nombreuses, aussi animées qu'aux jours où la France victorieuse faisait trembler l'Europe.

Régine avait beaucoup souffert ; le désespoir lui avait déchiré le cœur lorsque, revenue de l'enivrement de cette nuit dont les principaux événements ne lui apparaissaient plus que comme des songes lointains et affaiblis, elle put envisager l'abaissement dans lequel elle était tombée. Dans les premiers temps, elle avait souvent tenté de se relever ; mais la main de fer de la fatalité l'avait toujours refoulée dans l'abîme, où elle se débattait vainement.

Cependant l'aisance avait reparu au domicile de la jeune fille, aisance mêlée d'un désordre permanent que Félicie entretenait avec soin, de peur

---

[1]. Cet établissement, non-seulement toléré, mais protégé par l'autorité, avait été créé sous le Directoire ; il se maintint sous l'empire et pendant la Restauration. Les jeunes gens imberbes n'y étaient pas reçus ; mais les portes en étaient ouvertes aux femmes et aux filles de tout âge. C'était le lupanar le plus monstrueux qui ait jamais existé.

qu'un bien-être plus positif ne lui ravît tous les avantages de cette vie accidentée, excentrique qu'elle menait depuis plus de trente ans, et devenue maintenant nécessaire à ses instincts faussés, à ses sens obtus, usés par les excès de toute espèce.

Toutes deux avaient quitté la mansarde d'Adrien pour prendre un logement plus confortable, situé dans la maison voisine du café Lemblin, deux étages au-dessus des salons des *Frères Provençaux*. C'était un petit appartement composé de cinq pièces dont une était exclusivement destinée à Félicie; les quatre autres étaient une antichambre dont on avait retranché la moitié pour en faire une cuisine, une salle à manger, une chambre à coucher et un petit salon, le tout assez coquettement meublé, mais sentant d'une lieue l'artiste ou la femme galante, les deux classes de la société qui aient le plus de vénération pour la poussière, les toiles d'araignées, les choses heurtées, les rapprochements bizarres, les accouplements impossibles. Ainsi c'était, dans les deux premières pièces, d'élégants chapeaux, des capotes de soie, coiffant des bouteilles vides et des flambeaux graisseux, des souliers crottés sur une table à manger, un verre de cristal dont on avait fait un éteignoir, un châle de quelque prix remplaçant une vitre absente, et des croûtes de pâté moisies sur un cabaret de porcelaine de Sèvres. On voyait dans le salon des housses déchirées couvrant à demi d'élégants fauteuils tachés de vin, un canapé boiteux, une pendule sans aiguilles sous une cage de verre à demi brisée, quelques cadres appendus contenant des gravures coloriées dans le goût de l'époque, telles que *L'Amour fait passer le Temps, le Temps fait passer l'Amour, Héro et Léandre* en regard d'une *Madeleine repentante*, et un énorme tire-bottes trônant sur une table à jeu.

L'aspect de la chambre à coucher n'était pas moins étrange; ainsi, de six heures à midi, un poêlon de terre, noirci par la flamme et contenant un reste de café au lait, se prélassait sur une bergère de satin bleu entre les pieds de laquelle on pouvait apercevoir un vase de porcelaine ayant une destination diamétralement opposée. Quelques pipes admirablement culottées se jouaient sur une toilette parmi des flacons d'essences, des dentifrices, des cosmétiques de toute sortes; un groupe en albâtre représentant *Flore et Zéphire*, portait en sautoir un ceinturon d'épée ou un col noir à passepoil blanc que surmontait un tricorne à grains d'or ou d'argent selon l'arme à laquelle appartenait leur propriétaire; çà et là, sur les meubles, une sabretache sur une robe de gaze, un sabre accroché à une patère en compagnie d'une couronne de fleurs, et sur la cheminée gisaient pêle-mêle des fragments de biscuits, des bouquets fanés, des cheveux postiches, des morceaux de sucre tachés de café, des rubans, des épingles, des sous, des liards, un reste de vin, des fragments de côtelettes, des cornichons, des cerises à l'eau-de-vie, etc.

Ce désordre était devenu pour Régine une nécessité; la pauvre fille n'osant s'interroger, cherchait à s'étourdir par tous les moyens possibles, et elle allait passant sans cesse d'un amour, d'une fantaisie.... ou plutôt d'une nécessité à une autre, vivant dans une atmosphère embrasée dont une pluie d'or augmentait les ardeurs.

De son côté, Félicie avait presque retrouvé ses beaux jours : lorsque son visage couperosé avait reçu quelques couches suffisantes de blanc, de rouge, de bleu pour dessiner les veines, d'encre de Chine sur les sourcils, les cils et les commissures des yeux; qu'un chapeau noir doublé de soie rose jetait son reflet sur cet ensemble, et que ses mains sèches et ridées étaient emprisonnées dans d'étroits gants de chevreau, il lui arrivait encore d'attirer les regards et d'exciter la convoitise d'un débauché sur le retour. Quant à Régine, il faut bien le dire, dussent les moralistes nous reprocher d'être trop vrais, elle était toujours fraîche, rose et blanche quand même. De temps à autre, le remords pénétrait dans son cœur, et quelques larmes roulaient encore sur ses joues au souvenir d'Adrien; mais cela durait peu; c'était un faible accès qui cédait à la moindre distraction.

Le 30 mars 1814, les Parisiens furent réveillés par le canon qui tonnait dans un rayon d'une lieue et demie autour de la capitale, et cependant, telle était la confiance des citadins dans le génie du chef de l'État, qu'ils furent à peine émus. Le Palais-Royal, particulièrement, demeura dans sa quiétude parfaite, laquelle ne fut troublée un instant, vers cinq heures du soir, que par l'apparition d'une civière portée par deux hommes, et sur laquelle reposait un cadavre; c'était celui du malheureux ventriloque Fitz-James, qui avait eu le malheur de prendre la garde nationale au sérieux, et qui avait été se faire tuer sous les murs, ou plutôt sous les palissades qui entouraient Paris. L'émotion fut peu vive d'ailleurs, et ce soir-là même, le Palais-Royal était, comme toujours, resplendissant de lumières, et galvanisé par toutes les passions auxquelles le cœur de l'homme est accessible.

Le lendemain, cent mille Russes, Cosaques, Baskirs, Prussiens, Saxons, inondaient les rues de Paris; le Palais-Royal fut encombré des officiers de cette armée de vingt peuples. Ce fut une nouvelle ère; plus que jamais ce lieu devint l'asile privilégié de la joie, des plaisirs; plus que jamais, des flots d'or y roulèrent de toutes parts. Cela dura peu : à ces soldats au teint bruni par la fumée de la poudre, la poussière et le soleil, succédèrent des hommes aux formes surannées, à la désinvolture étrange, au langage d'un autre siècle ; sorte de revenants qui, sous le prétexte qu'ils avaient passé vingt-cinq années hors de la France, s'imaginaient qu'ils n'avaient plus qu'à s'y présenter pour en partager les richesses, et qui ne comprenaient pas qu'on pût leur refuser quelque chose.

« Mon enfant, disait Félicie à sa nièce, méfie-toi de ces individus qui portent de grosses épaulettes sur un habit à la française, et un chapeau rond sur des ailes de pigeon. Il n'y a rien à faire avec ces animaux moitié chien, moitié loup. La grande Modeste y a été prise trois fois, et la Picarde n'en veut plus, elle qui tirerait de la farine d'un sac à charbon. J'aimerais encore mieux te voir des officiers à la demi-solde ; au moins, de ce côté-là, s'il n'y a pas de comptant, il y a de l'espoir ; car tu sens bien, ma fille, que la chose de la politique ne peut pas rester sur ce pied-là.... Qui est-ce qui m'a bâti un gouvernement qui fait fermer les cafés le dimanche, et qui ne veut pas que de jolies filles qui n'ont que ça pour vivre, se promènent dans le jour.... Sans compter qu'il est question de les renvoyer tout à fait du Palais-Royal, sous prétexte que c'est la propriété d'un prince du sang.... Voilà-t-il pas du propre !... Je vous demande un peu à quoi leurs galeries et leur jardin ressembleraient, s'il n'y avait plus là ces bonnes filles si gaies, si rieuses ?... C'est donc là leur récompense pour avoir sauvé la patrie en apprivoisant les Cosaques ?... Le Palais-Royal sans femmes aimables ! mais ça serait quelque chose de pire que les Catacombes.... Ainsi, crois-moi, Régine, ne va pas t'aviser de prendre du sentiment pour ces bêtes à deux poils, soldats par un bout, et pékins par un autre, car tout ce gâchis-là ne peut pas durer, et tu ne tarderais pas à en faire ton *meâ culpâ*. »

Cette singulière prédiction ne devait pas tarder à s'accomplir : le 20 mars 1815 arriva ; les hommes aux ailes de pigeon s'envolèrent, et le Palais-Royal redevint ce qu'il avait été aux plus beaux jours de l'empire : les brillants uniformes reparurent, et le café Montansier offrit, dès ce jour, le spectacle le plus animé qu'on y eût vu jusqu'alors.

Un soir du mois de mai, Régine et sa tante étaient assises à la première galerie de cette salle, la jeune fille dégustant lentement une glace à la vanille, la vieille grignotant des macarons qu'elle arrosait de madère sec. Tout à coup un jeune officier s'élance d'un bond jusque sur le théâtre :

« Messieurs et mesdames, dit-il en s'avançant vers la rampe absente, moi et mes amis nous avons résolu de vous donner quelques échantillons de notre talent en fait de poésie nationale. A l'exemple des anciens bardes, nous chanterons nos vers nous-mêmes ; nous comptons sur vous pour les chœurs ; vous ne les savez pas ; mais vous êtes trop bons Français pour ne pas les deviner. »

Trois salves d'applaudissements répondirent à cette allocution ; puis le jeune officier, d'une voix mâle et bien timbrée, commença ainsi :

Croyez-vous que Louis puisse être
Roi d'une grande nation ?

Le public en chœur.

Non, non, non ; non, non, non, non !

L'officier.

Mais il pourrait fort bien, peut-être,
Gouverner un petit canton ?

Chœur.

Non, non, non ; non, non, non, non !

L'officier.

Alors que le diable l'entraîne
Au sombre palais de Pluton !

Chœur.

Bon, bon, bon ; bon, bon, bon, bon !

L'officier.

Et chantons tous à perdre haleine
Vive le grand Napoléon !

Chœur.

Bon, bon, bon ; bon, bon, bon, bon !
Bon, bon !

Cinq couplets de la même force succédèrent à celui-là et furent salués par d'innombrables applaudissements. Puis un vieux sergent, portant de larges balafres sur le visage et trois chevrons sur ses manches, succéda à l'officier, et d'une voix de tonnerre, sur l'air de *Mon père était pot*, il dit :

Vous qui vantez ces Bourbons,
Nourris par l'Angleterre,
Soyez tondus, tendres moutons,
Quant à moi, sans mystère,

Je me f.... du roi
Du comte d'Artois ;
Et du duc d'Angoulême.
D'la duchess' aussi,
Du duc de Berry,
Et de ceux qui les aiment [1] !

L'enthousiasme était au comble, et les applaudissements continuaient, lorsqu'une sorte de crétin, aux yeux ternes, au visage anguleux s'arrêta devant la table près de laquelle Régine et sa tante étaient assises.

« Mamzelle, fit-il d'une voix gutturale, che faudrais tous tire quelque jose.

— Jérésu ! s'écria Félicie, va-t'en, oiseau de mauvaise augure !

---

1. Tout cela est rigoureusement historique. Rien n'a été changé à ces couplets chantés à la salle Montansier (alors café) pendant les *Cent-Jours*.

—Au gondraire, au gondraire, matame Félicie, c'être de pon aucure.... à preufe, gue le mossié il m'affre tonné ein naboléon.... Il être tans le chartin, le mossié.... Il être pien chentil.... pien chentil.... et rige ! pien rige, pien rige ! et il vous attendre dout te suite.

— C'est un prince étranger ! s'écria Félicie en se levant et entraînant Régine, tu serais princesse.... j'en ai toujours eu le pressentiment ! »

CHAPITRE VIII.

Une fantaisie du prince.

C'était quelques instants avant le coucher du soleil; deux hommes se promenaient dans le jardin de l'Élysée-Bourbon, alors nommé Élysée-Napoléon. L'un, qui ne paraissait pas avoir plus de vingt-cinq ans, parlait avec une sorte de vivacité, et en homme accoutumé à se faire obéir; l'autre, qui approchait de la cinquantaine, hasardait respectueusement quelques observations que son interlocuteur semblait goûter fort peu.

« C'est une fantaisie très-innocente, disait le plus jeune, et n'ai-je pas à oublier d'assez vifs chagrins ? Ces promenades faites incognito me plaisent par-dessus toutes choses, et puis j'aime ce lieu de plaisirs, et je veux le revoir.... C'est une visite d'adieu que je vais lui faire.

— Mais si l'empereur apprenait.... Sa majesté est si bien servie....

— Bien servie ?... peut-être, mon ami.... Mais ce n'est pas de cela qu'il s'agit. Dans une heure il fera nuit; arrange-toi pour qu'une voiture de place nous attende près de la place de la Révolution....

— Et puis, monseigneur, vous savez que le Palais-Royal ne nous est pas favorable; il vous souvient sans doute de cette soirée....

— Et c'est parce qu'il m'en souvient que je veux prendre ma revanche. Crains-tu que nous nous trouvions là en pays de connaissance ? Mais c'est précisément ce que je désire et ce que j'espère, moi ! Je serais enchanté, par exemple, de retrouver cette petite fille que j'avais si bien apprivoisée, après lui avoir fait si grand peur. Encore une fois c'est une fantaisie sans conséquence. Après tout, l'empereur ne prétend pas probablement me tenir en chartre privée; et d'ailleurs, excepté lui, toi, mon vieil ami, et quelques serviteurs fidèles, tout le monde ignore ma présence à Paris.... Allons, allons, on ne sait pas ce qui peut arriver, et le plaisir est toujours bon à prendre. Je suis bien sûr que si mon ex-bibliothécaire me savait si près de lui et en pareilles dispositions, il ne se ferait pas prier pour prendre sa part du gâteau.

— Cela prouve, monseigneur, que les gens qui ont le plus d'esprit ne sont pas toujours les plus sages.

— Que le diable emporte toi et tes sentences ! Tiens, transigeons : si nous trouvons la petite, je te promets de ne pas chercher d'autres aventures; je l'emmène; je l'installe dans ce pied-à-terre que tu m'as fait meubler rue de Provence. C'est convenu, n'est-ce pas ?

— Puisque Votre Altesse le veut absolument....

— Pars donc; sors par le jardin, et ne perds pas de temps; c'est le cas aujourd'hui de vivre vite. »

Une heure après, les mêmes personnages, après avoir parcouru les galeries de bois, et lorgné sans succès toutes les gentilles marchandes de modes de ce lieu, traversaient le jardin, se dirigeant vers la salle Montansier. Déjà ils étaient arrivés sous le péristyle, près la rue Beaujolais, lorsqu'un homme, qui rôdait entre les lourdes colonnes de cet endroit, sombre alors à toute heure du jour et de la nuit, s'approcha avec une sorte d'hésitation.

« Messiés, dit-il à demi-voix, agetez-moi guelque jose.... j'affre de chelis bédits insdrumenis de noufelle infension.... et des chélis bédites lifres gontenant la manière de z'en zervir....

— Que diable nous veut cet homme ? dit le plus jeune des deux chercheurs d'aventures.

— Le drôle, répondit l'autre, veut nous vendre des choses sans nom et des livres de mauvais lieu.

— C'être pas mauvais, au gondraire.... c'être pon bour la zanté.... Che les fends à l'épreufe.

— Allons, laisse-nous; ce n'est pas là ce que nous cherchons.

— Vous gerchez guelgue jose ?.... drès pien ! che fais drouver dout te suite.... Le Balais-Royal c'être mon bays à moi.... Foulez-vous des chélis pédites.... ou pien andre jose.... che gonnaître tout ici....

— Eh bien ! voyons, drôle; je vais mettre ton savoir à l'épreuve : Qu'est devenue une petite marchande, qui courait avec sa boîte dans les cafés, il y a trois ou quatre ans, et qu'on appelait Régine ? »

Un sourire grimaça sur les lèvres minces de Jérésu, car c'était lui; il comprit qu'il y avait quelque argent à tirer de ces personnages.

« Réchine, dit-il, c'être eine pien chélie bersonne.... et moi che suis ein pauvre tiable.... Le gommerce il fa pas du tout, et j'affre pas engore tiné.

— Prends ceci, interrompit le jeune homme en mettant une pièce d'or dans la main du juif, et hâte-toi de répondre plus clairement. »

Jérésu, par un reste d'habitude, fit sonner la

pièce entre ses dents pour s'assurer qu'elle était de bon aloi, et deux petits rayons jaillissant de ses yeux de chat, illuminèrent son visage bistre.

« Glairement, messié! drès glairement.... C'être pas tifficile, et si le gommerce il allait.... Mais che suis ein pauvre tiable!

— Je crois que l'animal se moque de nous!... Parle ou je t'assomme. »

Jérésu se baissa et glissa la pièce d'or dans son soulier de peur que l'on tentât de la lui reprendre, puis il dit en se relevant et indiquant du doigt le café Montansier:

« Là messié.... là, aux bremières loches. »

Le plus jeune des deux personnages fit un mouvement pour s'élancer vers l'entrée du café, mais son compagnon le retint.

« Y pensez-vous, monseigneur, lui dit-il à demi-voix. Il y a peut-être là des officiers qui vous ont vu en Allemagne; vous serez infailliblement reconnu. »

Jérésu ne perdit pas un mot de cette allocution. A ce mot *monseigneur* ses oreilles s'étaient dressées comme celles d'un renard aux aguets, et cependant il feignait de s'éloigner comme s'il n'eût rien compris à cette exclamation, lorsque le jeune homme l'arrêta par le bras.

« Puisque tu sais où elle est, lui dit-il, va la trouver et arrange-toi de manière à l'emmener là sous les arbres.... Vingt autres francs si tu réussis; des coups de canne si tu échoues. »

Cette fois le juif ne se le fit pas répéter, et nous avons vu comment Félicie l'accueillit. Tous trois arrivèrent bientôt dans le jardin, Jérésu reçut la récompense promise, et il se perdit dans l'ombre.

« Le prince! dit Régine en se laissant entraîner vers la partie la moins éclairée du jardin, j'en avais le pressentiment!...

— Un prince!... un vrai prince! disait Félicie en suivant sa nièce de près; c'est donc bien vrai que le bon temps est revenu tout à fait!

— Silence! fit le compagnon du prince; que jamais un mot de cette aventure ne sorte de votre bouche, ou vous pourriez payer bien cher votre indiscrétion.

— Vous vous souvenez donc de moi, ma toute belle? demanda le plus jeune des deux personnages à la jeune fille lorsqu'ils furent suffisamment à l'abri des oreilles indiscrètes.

— Ah! monsieur... le prince.... votre altesse.... est-ce qu'on peut oublier ces choses-là?

— Et vous voulez bien que nous renouvelions connaissance?

— Oh! mais.... fit Régine en hésitant, il ne faudrait pas faire de folies.... vous devez vous souvenir....

— Je ne veux me rappeler que votre gentillesse, et pour vous ôter toute espèce de crainte, ce sera chez vous que nous souperons.... bien sagement.

— Chez moi.... c'est que.... votre....

— Chez vous, c'est-à-dire dans le domicile que je vous destine.... vous quitterez l'autre pour vous installer dans celui-ci.... où vous ne recevrez que moi....

— Ah! monseigneur!

— Pas de monseigneur, jamais, en aucun temps.

— Eh bien!... monsieur le prince.... je ferai tout ce que vous voudrez, et je serai bien heureuse!

— Je crois que l'on nous espionne, dit l'autre personnage en se rapprochant des deux interlocuteurs; il me semble avoir vu un homme ramper le long de ces treillages.

— Il en sera pour ses frais, répondit le prince, car nous ne resterons pas davantage ici; partons. »

Ils commencèrent tous quatre à marcher rapidement, et ils arrivèrent bientôt près du Théâtre-Français où stationnait une simple voiture de place dans laquelle ils montèrent.

« Rue de Provence! cria le jeune homme au cocher.

— Il ouplie te dire le numéro, fit tout bas Jérésu en sortant de derrière une borne où il se tenait accroupi depuis quelques secondes; mais c'èdre égal; che fais te zafoir tout de te même. »

Et au moment où le cocher fouettait ses chevaux, il s'élança derrière le fiacre qui l'emporta.

Dix minutes après, la voiture s'arrêta devant l'une des plus belles maisons de la rue de Provence. Nos quatre personnages mirent pied à terre; la porte s'ouvrit: le concierge, sur un signe du monsieur âgé, fit entendre un long coup de sifflet, et presque aussitôt un domestique sans livrée descendit du premier étage, et s'avança respectueusement un flambeau à la main. Bientôt Régine et sa tante furent introduites dans un charmant appartement dont le prince fit traverser toutes les pièces à la jeune fille pour la conduire jusqu'à un délicieux boudoir tendu de satin bleu avec des étoiles d'or, et faiblement éclairé par des lampes d'opale en forme de cassolettes posées sur des trépieds d'argent d'un admirable travail.

Félicie était restée dans le salon, dont elle admirait la tenture, les tapis, les tableaux, pendant que le monsieur qui l'avait accompagnée donnait des ordres au domestique.

« Un prince pour de vrai! se disait-elle de temps en temps, quelle chance! Ah! si j'avais eu ce bonheur-là dans ma jeunesse!... Je n'ai plus qu'une crainte, c'est que Régine ne sache pas mener sa barque.... Cette enfant-là a des idées si singulières!... Et puis, c'est un peu drôle qu'on ne voie qu'un domestique dans un si bel appartement.... Après ça, il est certain qu'un prince qui va en partie fine n'a besoin ni de tambours ni de trompettes.... c'est surtout dans ce cas-là qu'on n'est bien servi que par soi-même. »

Elle fut interrompue dans ses réflexions par le monsieur qui l'avait accompagnée, et qui l'invita à passer dans la salle à manger où se trouva servi, comme par enchantement, le souper le plus galant qui se puisse imaginer. Régine et le prince parurent presque en même temps : les yeux de la jeune fille étaient humides de plaisir, tous ses traits respiraient le bonheur.

Cependant Jérésu n'avait pas lâché prise; il rôdait dans la rue de Provence, ne perdant pas de vue le fiacre, non plus que la maison devant laquelle il était arrêté. Vers deux heures du matin, il remarqua qu'il se faisait un certain mouvement de lumières sur plusieurs des fenêtres du premier étage. Il se rapprocha, et bientôt il vit sortir les deux personnages suivis d'un troisième qu'à sa marche respectueuse il jugea être un domestique, bien qu'il prît place dans la voiture avec les deux autres. Le juif se cramponna de nouveau derrière le fiacre qui partit, roula pendant un quart d'heure et s'arrêta aux Champs-Élysées, à l'entrée de l'allée Marigny. Jérésu s'élançant à terre alla se cacher derrière un arbre; puis, comme le jour commençait à poindre, il suivit du regard les trois personnages qu'il vit entrer à l'Élysée.

« Pon! pon! se disait-il à demi-voix en se frottant les mains et sondant alternativement les profondeurs de ses poches pour s'assurer de la présence des deux pièces d'or, c'être te la bonne oufrage bour messié le gomte. A brésent ché buis m'aller goucher, la chournée il affre été assez longue. »

Et cette créature hideuse et malfaisante se retira dans son bouge pour y attendre que la nuit lui permît de reprendre l'exercice des honteuses industries qui la faisaient vivre.

CHAPITRE IX.

Trahison. — Une prise d'assaut.

La scène est maintenant dans un hôtel du faubourg Saint-Germain, deux heures après le coucher du soleil. Un homme de moyenne taille, au front large, qui surplombait des yeux ardents ombragés par d'épais sourcils croisés, et auquel un nez pointu et le bas du visage mince et allongé donnaient un air de finesse et de ruse inexprimables; cet homme se promenait lentement dans l'une des pièces les plus retirées de l'hôtel. Il paraissait enseveli dans de profondes méditations, ce qui n'empêchait pas qu'il jetât de temps en temps les yeux sur la pendule placée au milieu de la cheminée, comme s'il eût été dans l'attente de quelque grave événement.

« C'est mon opinion, disait-il en se frappant le front, et j'y persiste plus que jamais ; tout cela n'est que le résultat d'un mouvement militaire, d'une conspiration de caserne dans de grandes proportions. Cela n'a point de racines : l'intimidation peut contenir, mais elle ne féconde point. Le colosse est toujours de bronze, mais il a des pieds d'argile.... Plus tard, tous ces étourneaux qui paraissent si impatients de se brûler les ailes, m'accuseront de trahison, les sots ! qui s'attachent aux mots, et n'envisagent les choses que sous le point de vue le plus borné et le plus faux à la fois.... Ces gens-là se croient des héros hauts de cinquante coudées, quand ils ont hurlé le mot patrie! Patrie, sots! qu'est-ce que cela? Il y a quelques mois, cela voulait dire la France, les deux tiers de l'Italie, la Belgique, la Hollande, alors que la France se composait de cent vingt départements, que Rome était la deuxième ville de l'empire, et qu'Amsterdam en était la troisième.... Aujourd'hui cela a diminué de moitié.... Ah! grands enfants que vous êtes, votre patrie est bien élastique!... quoi qu'en puissent dire aujourd'hui les cerveaux brûlés, la France est à Gand!... C'est pour la France de Gand que je travaille, et l'avenir prouvera que la raison est de mon côté. »

Il marcha encore pendant quelques minutes sans articuler un mot; puis jetant, pour la centième fois, les yeux sur la pendule :

« Bientôt neuf heures ! dit-il, et je suis encore seul !... »

En ce moment, un domestique parut, s'inclina sans prononcer un mot, et sur un signe du maître, il introduisit deux personnes derrière lesquelles Jérésu entra presque en rampant.

« Eh bien ! dit le maître, il paraît que ces terribles bonapartistes, ces invincibles sabreurs commencent à n'être plus aussi sûrs d'eux-mêmes que dans les premiers jours : on se donne beaucoup de mouvement aux Tuileries : Bonaparte cherche à s'entourer de tous les membres de sa famille, ce qui semble prouver qu'il se défie un peu de ses amis. Lucien, le prince de Canino, est arrivé depuis plusieurs jours, et j'ai certaines raisons pour croire qu'un parent de l'impératrice est caché dans quelque coin de Paris, où il garde, par ordre suprême, le plus strict incognito. De toutes parts se montrent des symptômes d'opposition formidables.... Le roi compte sur notre zèle, messieurs : à mesure que l'échafaudage de l'insurrection se détraque, les royalistes se fortifient; mais il ne faut pas que ces succès, en quelque sorte préliminaires, nous éblouissent; et par malheur il me semble que votre zèle diminue : la prétendue famille impériale est mal observée ; presque tous ses membres ont échappé à vos investigations.

— C'est qu'aussi, monsieur le comte, répondit celui des trois personnages qui était entré le premier, nous avons de bien graves préoccupations : la police impériale déploie une activité qui nous oblige à faire face de dix côtés à la fois....

— Ah ! Flotras, interrompit le monsieur qu'on appelait M. le comte, je vous croyais plus fort que cela !... Comment, vous croyez à une *police impériale*?... Vous n'avez pas encore deviné que *la chose* qui porte ce nom est à nous !... Oh ! mais c'est aussi par trop de candeur ! Je ne m'étonne plus que tant de choses nous échappent, et qu'un prince de la famille, par exemple....

— Celui-là il affre bas éjabé à moi, messié le gomte, dit Jérésu en se faisant jour à travers les deux personnages qui l'avaient précédé.

— Toi ! mon basset, s'écria le comte en souriant, tu aurais mis le nez sur la voie ?... Ne faites pas les dédaigneux, messieurs ; ce scorpion-là a piqué plus d'un talon rouge de nouvelle fabrique.... Voyons donc quelle nouvelle lumière nous promet ce flambeau d'Israël.... Allons parle, maître escogriffe.

— Ah ! mossié le gomte, c'hêtre bas ein escogriffe di dout ; c'hêtre ein baufre tiable....

— Bon ! bon, faites-nous grâce du protocole ; nous savons ce que cela veut dire.

— Ça fouloir tire, mossié le gomte, gué le gommerce il fa pas di tout, di tout !... Ah ! si le gommerce il allait.... Et engore guand il fa, les fabrigants ils nous édranglent.... sous brédexte qu'ils gourent tes tangers en fabriquant te la marjandize brohibée !

— Que le diable t'emporte, pourceau ! Est-ce pour avoir occasion de nous débiter ces balivernes que tu te poses en homme capable ?

— Che me bose pas, mossié le gomte ; mais c'hêtre peut-être gabaple tout te même, à preufe que che peux fous dire que le pédit prince en guestion, il être à l'Élysée *Naboléon*....

— Bourbon, drôle !

— Pourpon, c'est chuste.... c'est gue ça jamge si souvent.

— Et comment diable as-tu pénétré en ce lieu ?

— J'affre bas bénétré ; mais le brince il être sorti et il être fenu au Balais-Royal où che fends des bétites instruments pour la zanté....

— Oh ! la bonne plaisanterie ! il t'en a acheté, peut-être ?

— Non, mossié le gomte.... parce gue le gommerce il fa bas di tout.... et che suis ein baufre tiable....

— C'est compris ; tu veux de l'argent : eh bien ! parle, et l'on t'en donnera....»

Cela commença à délier la langue à Jérésu, qui raconta qu'après avoir reconnu le prince de W....

au Palais-Royal, il l'avait épié, était grimpé derrière la voiture, et avait enfin vu entrer cet important personnage à l'Élysée-Bourbon. Il eut soin d'arranger son récit et de grossir les choses, afin de se donner le plus d'importance possible ; mais il ne dit pas un mot de la rue de Provence, afin de pouvoir revenir là-dessus, et de tirer ainsi deux moutures du même sac.

« Très-bien ! très-bien ! s'écria le comte. Messieurs, il ne faut pas que ce personnage soit perdu de vue un instant. Le dénoûment ne peut se faire attendre bien longtemps, et lorsque l'heure sera venue, il sera bon de savoir où mettre la main.

— Oh ! fit Jérésu, che zaurai pien où mèdre les miens ; mais, en attendant, che zuis un baufre....»

Le comte l'interrompit en lui jetant quelques écus, et en lui montrant la porte par laquelle il était entré.

La joie de Régine et de sa tante avait été bien vive, mais elle devait être de courte durée ; en un mois, le prince ne fit à la rue de Provence que deux visites. Il est vrai que chaque fois il avait laissé un rouleau d'or sur la cheminée de la chambre à coucher, et que, de plus, il avait fait à la jeune fille l'abandon de ce qu'il appelait son *pied à terre*, délicieux appartement destiné à ses plaisirs. Mais l'ennui se montrait sous toutes les formes au milieu de ce somptueux mobilier. Régine, depuis qu'elle se croyait la maîtresse d'un prince, avait pris une femme de chambre, une cuisinière ; sa manière de vivre était devenue régulière, et elle avait fait vendre le mobilier de son petit appartement de la maison des Frères Provençaux, contre l'avis de sa tante, qui pensait qu'en pareil cas ce n'était pas trop d'avoir deux cordes à son arc.

« Ma foi, disait la vieille Félicie, le proverbe a raison, *il n'y a pas de belle cage*. Tout ça c'est beau, c'est riche ; mais c'est toujours la même chose. Ça ne vaudra jamais les soirées au Palais-Royal.

— Mais, ma tante, faisait observer Régine, il faut bien songer à faire une fin.

— Une fin, jour de Dieu !... Tu n'as pas encore dix-neuf ans, et tu songes à faire une fin !... Comme si le commencement n'était pas toujours le meilleur !... Quant à moi, je déclare que j'aimerais autant la mansarde de la Cour des Fontaines ou celle du passage Radziville que toutes ces belles pièces où il faut rester à bâiller, en songeant à toutes les jolies petites parties que....

— Oh ! ne me tentez pas, je vous en prie ; ne sentez-vous pas que je dois être observée ? Pour moi, je n'en doute pas : on épie ma conduite ; je ne sors guère sans être suivie, je m'en suis aperçue, et j'ai la certitude qu'une démarche hasardée peut compromettre mon avenir.... Ma tante, souvenez-vous d'Adrien, et ne me poussez pas de nouveau dans la mauvaise route.

Elle tomba sur le parquet. (Page 37, col. 1.)

— Tu es bien la maîtresse de tes actions. Dirait-on pas que c'est moi qui.t'ai perdue? Dieu merci, ma mignonne, ce n'est pas à moi que tu as demandé conseil pour....

— Mon Dieu! il ne me manquait plus que ces reproches!...

— Allons, voyons, ma fille, ne te désole pas comme ça pour des bêtises : le fait est, après tout, que la prison n'est pas trop dure; et si le prince venait plus souvent.... avec ce gros gris qui m'a serré la main.... C'est qu'il est bien conservé au moins, ce gros-là!...»

Et la vieille fille s'efforçait de ronger son frein.

Le temps s'écoulait; Waterloo vint détruire les espérances des partisans de Napoléon. Vinrent ensuite successivement la proclamation de Napoléon II, la capitulation de Paris et le reste.

Louis XVIII était de retour aux Tuileries; sa maison militaire était encore ce que l'avait faite l'ordonnance du 23 mai 1814, laquelle débutait ainsi :

« Louis, par la grâce de Dieu, roi de France et de Navarre, etc.

« Considérant que le trône doit être environné de splendeur, avons ordonné et ordonnons, etc. »

Suivait une série d'articles qui décrétaient la création de six compagnies de gardes du corps, des chevau-légers, des mousquetaires, des gardes de la porte, des cent-suisses ou gardes du corps à pied, etc., etc.

Dans le principe, on n'avait pas été fort scrupuleux touchant la moralité du personnel de ces brillantes compagnies; beaucoup de gens y avaient été admis qui n'avaient d'autre mérite que d'avoir crié bien haut : *Vive le roi!* C'était quelque chose de très-mêlé que cette maison militaire; quelques frêles rejetons des plus illustres familles de France y étaient coudoyés par des croquants auxquels on eût fait beaucoup trop d'honneur en les prenant pour des cadets de Gascogne; de braves soldats auxquels la paix était venue enlever tout espoir d'avancement s'y trouvaient sur la même ligne que des *bravi* qui avaient fait toutes leurs campagnes sur le pavé de Paris. Une faible partie de cette maison militaire avait suivi le roi à Gand, le reste s'était tenu à l'ombre, attendant que quelque événement décisif leur permît de prendre une résolution sans se compromettre. Il en résulta ceci, c'est que Louis XVIII, parti de Gand avec l'arrière-garde des armées ennemies, se trouva d'abord environné d'un fort petit nombre de ces messieurs de sa maison; mais à mesure qu'il avançait vers le centre de la France, ce nombre grossissait. A vingt lieues de Paris, les compagnies se retrouvèrent presque au complet; en entrant dans la capitale, elles étaient plus que complètes. Les gardes qui revenaient de Gand étaient, en général, calmes, graves, tolérants comme de braves gens qui ont pu se tromper, mais qui ont cru obéir à leur conscience, à la voix de l'honneur, et qui trouvent tout naturel qu'il y ait dans les rangs de leurs ennemis ou de leurs adversaires d'autres gens non moins braves et non moins loyaux qu'eux. Les autres, au contraire, étaient quelque chose comme des tapageurs d'estaminet, des gens avides de bruit, d'éclat, de fumée, courant au-devant des applaudissements de la multitude, et qui avant de mettre l'épée hors du fourreau ont l'air de crier au monde entier : *Regarde-moi !*

Ces derniers, ainsi que nous l'avons dit, étaient les plus nombreux. Or, il est convenu que le nombre fait la force et que la force fait la loi.

Il résulta de tout cela que ces casseurs d'assiettes qui s'étaient tenus à l'écart pendant quatre-vingt-dix-neuf jours, trouvèrent non-seulement naturel, mais même indispensable de se montrer le centième. En conséquence ils se donnèrent rendez-vous au Palais-Royal, près du rond-point où est aujourd'hui le bassin.

« Messieurs, s'écria l'orateur de la troupe lorsqu'elle fut assez compacte pour que le succès de l'expédition ne pût être douteux, les Bonapartistes nous ont insultés ! ils nous ont chansonnés !... Ils ont osé dire qu'ils nous auraient battus à Waterloo si nous y avions été... Je propose de leur donner une leçon sévère !... Nous pourrions les aller trouver au café Lemblin où ils sont toujours en grand nombre ; mais ce café est ouvert, et l'on pourrait nous accuser d'avoir reculé devant la difficulté. Le café Montansier, au contraire, est fermé[1], eh bien ! c'est à travers ces murailles qu'il faut nous faire jour !... En avant donc ! Vive le roi !... A bas l'ogre de Corse !... »

Il faut peu de chose pour mettre la tête à de jeunes fous ; ces cris furent mille fois répétés et la colonne s'ébranlant, alla se ruer sur les portes de la salle Montansier qui furent brisées en un instant. Les assaillants pénétrèrent de toutes parts dans la place, que personne ne défendait, et à défaut d'ennemis ils s'en prirent aux meubles : tables, lustres, comptoirs, glaces volèrent en éclats sous les lames de sabres, et ce qui ne pouvait être brisé, était lancé dans le jardin, par les fenêtres littéralement hachées.

Tandis que ces furieux faisaient justice, l'arme au poing, des glaces innocentes et des paisibles banquettes, une nuée d'individus, à la figure sinistre, de ces gens qu'on est sûr de retrouver dans les émeutes, quel qu'en soit le motif, dans les troubles de toute espèce, cette force latente, permanente, horrible, que Dieu laisse vivre pour nous aider à comprendre les distances ; une nuée de ces misérables, dis-je, profitant de la brèche ouverte, firent irruption dans l'appartement du maître de la maison, appartement qu'ils traitèrent un peu plus mal encore que le café ne l'était par les gardes du corps. Ces derniers jetaient les meubles par les fenêtres ; la tourbe qui était entrée après eux, mettait dans ses poches tout ce qui pouvait y entrer[1].

« Ferme sur la chanterelle ! criait un homme qui semblait commander à ces bandits ; le point de ralliement est chez Bichonnet, à la grande cave de la rue Quiberon[2]... On *revidera*[3] et gare aux *effaroucheurs !* » (complices de mauvaise foi). L'homme qui parlait ainsi était Pichelet.

Le pillage dura encore quelque temps ; puis, une heure après le départ des gardes du corps, les voleurs, à qui ils avaient fait si beau jeu, se retirèrent chargés comme des mulets, sans que l'autorité s'en émût ou tentât d'inquiéter leur retraite. Jérésu n'avait pas manqué de se glisser parmi ces bandits, et comme il connaissait les aîtres, il avait fait un riche butin qu'il ne se souciait pas de partager avec les moins habiles ou les moins heureux ; aussi, à peine hors de la maison livrée au pillage, commençait-il à tourner le dos au lieu du rendez-vous indiqué par Pichelet, lorsque ce dernier le saisit au collet en s'écriant :

« Halte-là ! je t'ai vu mettre la main sur l'argenterie ; montre-nous ça.

— C'haffre pas d'archenterie, messié Pichelet ; ch'affre que guelgues pédites choses.

— Qu'est-ce que c'est !... tu oses te rebeller contre ton maître !... Qu'on me dépouille ce roquet avorté ! Je le mets hors la loi ; il n'aura rien ! »

Dix bras se tendirent aussitôt vers Jérésu ; le rusé coquin se jeta sur les genoux, renversa les plus forts en leur passant entre les jambes, et rampant comme une vipère, il allait peut-être parvenir à s'échapper lorsque Pichelet le saisit de nouveau et le lança sur les dalles où il le maintint avec son pied. Un quart d'heure après Jérésu, meurtri, dépouillé, mais furieux, animé d'un ardent désir de vengeance, se dirigeait vers la préfecture de police.

« Dant bire ! dant bire ! disait-il en marchant de toute la vitesse de ses longs pieds, les pons ils bayeront bour les mauvais... Heureusement que j'affre des brodecteurs, et te ponnes bédites affai-

---

1. L'autorité avait en effet jugé convenable de faire fermer cet établissement afin d'éviter une collision imminente.

1. Tout cela est de la plus rigoureuse exactitude ; on peut s'en assurer en consultant les journaux du temps.
2. Aujourd'hui rue Montpensier.
3. *Revider*, en langage de banquistes, de revendeurs, d'enchérisseurs aux ventes, veut dire réunir tout le butin fait sur l'ennemi, et le partager ensuite par parties égales. Par malheur, *l'ennemi* c'est le *volé*.

res que ch'affre mis en rézerve. Ah! ah! nous allons foir! »

CHAPITRE X.

Les serviteurs de la bonne cause. — Une expédition de la police.

Dès les premiers jours de le deuxième restauration, la police politique prit une extension immense; on enrôlait les agents par centaines, aussi les conspirations commencèrent-elles à pleuvoir dru comme grêle : il y eut la conspiration de l'aigle, celle de l'épingle noire, celle des vieux patriotes, celle des jeunes patriotes, celle des cannes Germanicus, celle de la violette, celle des œillets rouges, etc., etc.

Le Palais-Royal, rendez-vous des officiers à demi-solde qui se trouvaient à Paris, était particulièrement l'objet d'une surveillance très-active; en conséquence les agents qui connaissaient bien ce lieu jouissaient près de leurs patrons d'une certaine considération. Jérésu était donc considéré à la cour de la rue de Jérusalem, et ce fut vers ce lieu qu'il se dirigea en songeant aux moyens de réparer le déficit causé à ses poches par l'intègre Pichelet. Ce moyen était d'autant plus facile à trouver, qu'à l'exemple des hommes de quelque capacité, Jérésu ne disait jamais jusqu'à son dernier mot; il avait la conscience : c'est-à-dire la mémoire abondamment garnie de toutes sortes de restrictions; ses réserves étaient là rangées par catégories et par ordre de date, de telle sorte qu'il y pouvait puiser en tout temps, et à tout événement, le pour et le contre se trouvant casés chacun en son lieu et en disponibilité.

Arrivé sous la voûte de la rue de Nazareth, le rusé mécréant s'arrêta afin de repasser son thème; il souriait tout en agençant les diverses parties du récit qu'il voulait faire; ses longs pieds plats frappaient le pavé en signe de satisfaction, et ses mains sèches se crispaient dans ses poches vides.

Après un temps d'arrêt de quelques minutes, le rusé personnage obliqua à droite, franchit le seuil de la porte, et traversant la cour, s'avança vers une porte vitrée faisant face à l'entrée principale; ayant poussé cette porte il traversa une salle basse, faisant à droite et à gauche un signe d'intelligence aux cinq ou six individus qui s'y promenaient de long en large, les regards fixés sur un faisceau de sonnettes, et, arrivé au pied d'un escalier sombre, il s'élança avec l'agilité d'un chat jusqu'au premier étage; là il gratta à une porte pleine qui s'ouvrit aussitôt :

« Ah! ah! s'écria un personnage de haute taille, le visage encadré dans un collier de barbe noire, et la boutonnière ornée d'un ruban rouge, c'est notre sapajou de la Forêt-Noire [1]... Avance ici, maraud! Tu as fait tes orges aujourd'hui, j'espère... Sais-tu bien, mon drôle, que tu as joué là un rôle à te faire mettre du plomb dans la tête?

— J'affre bas fait des orches, messié Flotras, dit Jérésu en baissant les yeux d'un air contrit et comme s'il se fût efforcé de retenir ses larmes, che suis endré tans la salle Mondansier bour le pon motif...

— Oui! et pour récolter quelques bonnes bouteilles... Mais c'était en pays ennemi; on te le pardonne.

— Merzi, merzi, messié Flotras... J'affre bas regolté de pouteilles di tout, mais audre chose... tes bons goups de bieds, tes bons goups de boings... Che suis bresque mort... bresque dout à fait mort!... che fas aller à l'hôbidal... Mais avant che feux rentre ein ternier zervice à la ponne gause.

— Diable! mais c'est très-beau ce que tu fais là, Jérésu! Parle, mon ami, parle, et si cela en vaut la peine, au lieu de te laisser aller à l'hôpital, nous te ferons traiter chez toi.

— C'est gue... messié Flotras...

— Quoi donc?

— Ch'aimerais mieux audre jose...

— Eh bien! parle donc, animal!

— Voizi la jose : l'embéreur... ah! bardon! bardon! l'uzurbadeur, il affre des frères, des sœurs et des cousins, n'est-ce pas?

— Belle nouvelle!

— Pon, pon! la nouvelle il être bas là; l'uzurbadeur il être hors la loi, et ses frères et ses cousins auzi hors la loi... buisgue le roi il affre dit : *Ch'ortonne de gourir sus!*

— Très-bien, Jérésu!... ces gens-là sont hors la loi, tout ce qu'il y a de plus hors la loi.

— Alors, messié Flotras, guand eine bersonne il être hors la loi, il n'affre blus rien en brobriété, n'est-ce bas?

— Absolument rien : son corps même ne lui appartient plus.

— Ni ses meuples, ni ses pijoux... ni sa femme, ni son geval, ni son pœuf, ni...

— Ah! c'est trop fort! le pendard se moque de moi! Arrive au fait, ou je te fais chasser.

— Fous safez bien que ch'affre tégouvert gu'ein barent te la femme te l'uzurbadeur, il édait à l'Élysée?... Eh bien, à brésent, ch'ai dégouvert qu'il avait engore ein autre tomicile.

[1] On appelait la *Forêt-Noire*, au Palais-Royal, les sombres galeries qui avoisinaient le Théâtre-Français. Dans les quelques boutiques dont ces galeries étaient garnies, les lampes brûlaient le jour comme la nuit. Là rôdaient constamment un certain nombre de misérables de l'espèce de Jérésu.

— Ah! ah!

— Afec tes belles meuples au goufernement, des dableaux, des dapis au gouvernement, et eine chélie pedide femme...

— Aux frais du gouvernement?...

— Chustement, messié Flotras.

— Diable! mais la chose en vaut la peine; il faut se hâter de mettre la main là-dessus. Dis-nous donc bien vite où se trouve tout cela.

— C'est que... messié Flotras, che foudrais...

— Hein?... Le drôle va me faire des conditions peut-être.

— Ne fous fâchez bas, pour l'amour te tié!... c'est que che foudrais faire bardie te l'exbédition, parce gue...

— Ah! je comprends; tu as une revanche à prendre. Après tout c'est bien naturel. Cela est même nécessaire; ainsi c'est convenu, tu assisteras le commissaire de police... Voyons les noms et l'adresse afin que nous remplissions les mandats. »

D'après la charte qui garantissait la liberté individuelle, la police et ses agents ne pouvaient pénétrer dans le domicile d'un citoyen qu'en vertu d'un mandat délivré par le procureur du roi ou par un juge d'instruction; mais afin de simplifier les choses, les agents supérieurs avaient toujours un certain nombre de ces mandats signés en blanc. C'était un moyen pour tourner la difficulté; on violait l'esprit de la loi; mais on en respectait la lettre.

Les mandats nécessaires furent donc bâclés en un clin d'œil, les ordres donnés, les voitures requises, et un commissaire se mit immédiatement en campagne, escorté d'une nuée d'escogriffes en tête desquels se tenait Jérésu, impatient de s'indemniser des rigueurs de la justice distributive de Pichelet. Toute cette bande arriva au nouveau domicile de Régine au moment où la jeune fille et sa tante allaient se mettre à table, ce qui arrivait régulièrement quatre fois par jour, à la sollicitation de Félicie et venait à l'appui de cette sentence d'un profond observateur : *il n'y a rien de plus élastique que le cœur d'une femme galante, si ce n'est son estomac.* A peine la porte fut-elle ouverte, et le magistrat eut-il fait quelques pas à l'intérieur, suivi de ses gens, que la femme de chambre et la cuisinière se précipitèrent vers la salle à manger en jetant un cri d'alarme. Régine demeura muette d'épouvante à la vue du magistrat ceint de son écharpe, dont les extrémités balayaient le parquet à mesure qu'il s'avançait gravement vers le centre des opérations auxquelles il était préposé; mais Félicie, au contraire, se retourna comme une louve blessée.

« Qu'est-ce que cela signifie? s'écria-t-elle en s'élançant au-devant de cette bande d'envahisseurs. Ne faites point un pas de plus, coquins! ou c'est à moi que vous allez avoir affaire... Ah! voici ce Judas de Jérésu!... Je devine tout maintenant... mais je n'en permets pas davantage, jour de Dieu!... Nous n'avons rien à craindre; la police n'a rien à voir à nos affaires, attendu que nous méprisons la voie publique... nous la méprisons souverainement!... Le pavé de Paris est au préfet; on sait ça; eh bien! qu'il le mange... ou qu'il prenne garde qu'on ne le lui fasse manger!... Quant à toi, Jérésu, sois tranquille, je te garde un petit souvenir d'amitié qui te redressera les os s'il ne les casse pas...

— Silence! fit le commissaire en frappant sur le parquet avec sa canne à pomme d'ivoire... Peste! ma vieille, vous avez la langue bien pendue, comme on disait au bon temps... Silence! au nom du roi!... Nous avons ici à instrumenter; et, d'abord, qu'on nous livre les clefs des meubles.

— Drès pien! s'écria Jérésu, il nous faut les glés t'abord.

— Point de résistance, reprit le commissaire en voyant Félicie s'emparer d'un couteau, point de rébellion, ou je vous fais mettre les menottes et je vous emballe préalablement!... Ah! mes drôlesses, vous vous entendez avec l'usurpateur et sa clique pour voler Sa Majesté le roi très-chrétien, et vous croyez qu'il n'y a plus, après cela, qu'à poignarder les fonctionnaires du gouvernement pour se tirer d'affaires? »

Félicie, à bout de son courage, commença à trembler de tous ses membres; Régine semblait anéantie. Les clefs furent livrées par la femme de chambre, et alors commença une de ces exécutions comme il s'en faisait au bon temps que les cerveaux brûlés de cette époque avaient la prétention de ramener; c'est-à-dire que l'on prit sans compter tout ce que l'on put emporter, et que l'on mit les scellés sur tout le reste, *de tout quoi,* comme on dit au Palais, on dressa un semblant de procès-verbal, lequel devait être immédiatement enseveli dans une sorte de capharnaum appelé les archives de la préfecture, sous la garde d'un honnête archiviste, trop honnête, par Dieu! pour être placé en tel lieu, d'où il résultait que le brave archiviste gardait les archives à la manière de M. Raoul-Rochette, le conservateur des médailles de la Bibliothèque royale, qui les laissa voler.

« Pon! pon! disait Jérésu en bourrant ses poches d'or, d'argent, de bijoux, d'argenterie, d'objets de toute espèce, che fais faire insgrire au brocès-ferbal. »

Et il allait d'une pièce à l'autre tandis que le commissaire comptait et examinait les meubles, et s'efforçait d'établir que le tout avait été enlevé au garde-meuble de la couronne.

« Tailleurs! criait insolemment le rusé coquin, j'affre l'audorisation de messié Flotras!... L'affaire il èdre à moi... ein pelle affaire! mais ch'en affre engore une audre pien plus pelle... tépêchons celle-zi bour gommencer l'audre.

— Maintenant, mes princesses, dit le commissaire, vous allez nous suivre.

— Qu'avons-nous donc fait, grand Dieu! s'écria Régine à laquelle le désespoir rendit quelque force.

— On vous le narrera, belle innocente! répliqua le magistrat; le moment des conversations particulières n'est pas venu. Par le flanc droit et file à gauche! »

Une demi-heure après, toute la bande faisait irruption dans l'hôtel de la rue de Jérusalem, et Régine et sa tante comparaissaient devant le monsieur au collier de barbe noire, lequel décida que la jeune fille serait provisoirement écrouée à la salle Saint-Martin, et que Félicie serait envoyée à la Salpêtrière pour y être détenue administrativement jusqu'à nouvel ordre.

« Ah! s'écria la pauvre vieille fille en entendant cet arrêt, autant valait me condamner à mort... Et dire que le bon Dieu aurait pu me faire mourir six mois plus tôt s'il l'avait voulu!... juste au-dessus du café des Aveugles, entre Véry et les Frères-Provençaux, et à deux pas de la petite cave de la rue de Beaujolais!... Adieu, Régine, nous ne nous reverrons plus!... Je ne t'accompagnerai plus sous ces bons petits arbres du Palais-Royal qui laissent si bien passer le soleil entre leur feuillage... Nous ne flânerons plus, au clair de la lune, devant la Rotonde.... Adieu les flûtes de Suleau, les échaudés d'Ozanne... Adieu toutes mes joies! toutes ces douces choses qui me rajeunissaient!... »

La malheureuse fondait en larmes : il lui avait fallu se faire violence pour consentir à vivre momentanément loin du Palais-Royal; l'idée d'être condamnée à ne plus revoir ce lieu dont elle avait fait sa patrie, était un supplice qu'elle ne se sentait pas la force de supporter. Tout à coup, ses larmes se séchèrent; ses yeux devinrent hagards; ses membres se roidirent; elle tomba sur le parquet en poussant des cris aigus. En vain Régine s'efforça de la secourir, de la rappeler à la raison en lui prodiguant des consolations; l'infortunée ne l'entendait plus, et bientôt elle expira au milieu des plus affreuses convulsions du désespoir.

Tandis que l'homme à la barbe noire envoyait sans scrupule à la Morgue le cadavre de la pauvre Félicie comme s'il eût été trouvé sur la voie publique, et que Régine, grâce à quelques pièces d'or, obtenait à grand'peine un misérable grabat dans une cellule noire et infecte, Jérésu retournait à son bouge, espèce de trou ménagé sous un escalier tournant, et que lui abandonnait par charité la portière de l'une des maisons suspectes de la petite rue du Rempart, à quelques pas du Théâtre-Français. Après avoir tiré le cordon, la portière, apercevant le juif, frappa aux vitres de sa loge pour attirer son attention, et ouvrant le vasistas, elle dit :

« Jérésu, j'ai une lettre pour vous?

— Che rezois bas de lettres... fous zavez pien, m'ame Philotet, gue che rezois chamais te lettres.

— Mais elle ne coûte rien; il y a *P. P.*, ce qui veut dire *franco* en abrégé... j'ai vu ça tout de suite..... Quand on a été pendant dix ans dans le haut commerce...

— Ah! gomme za, che rezois... che rezois touchours gomme za! »

Il prit la lettre dont la suscription portait plusieurs timbres de diverses couleurs; puis il alla se placer sous l'espèce de lampion qui brûlait dans une niche au pied de l'escalier; et, après avoir rompu les deux cachets qui fermaient cette lettre, il lut :

« Jérésu,

« Je sais que tu es un rusé filou, un fieffé vo-
« leur, l'un des plus adroits coquins qui exploi-
« tent quotidiennement le Palais-Royal; mais je
« suis plus fort que toi, et c'est pour cela que je
« n'hésite pas à t'envoyer un billet de mille francs
« que tu trouveras sous ce pli... »

Ici, Jérésu s'arrêta; il tourna le feuillet, et il laissa échapper une sorte de cri sauvage à la vue d'un billet de banque de mille francs.

« Qu'est-ce qu'il y a donc? fit la portière en passant la tête à travers le vasistas demeuré ouvert.

— Rien, rien, matame Philotet..... che lis la lettre..... che la lis un beu haut, foilà dout. »

Et il continua à lire.

« Sur cette somme, il y aura dix napoléons
« pour toi, à condition que tu te conformeras aux
« instructions que je vais te donner...

— Oh! oh! fit le juif en levant d'un air de dédaigneuse pitié ses épaules dépareillées, il tit qu'il est fort, et il gommence par tonner l'archent... »

Il reprit sa lecture.

« Tu dois connaître, tu connais, j'en suis sûr,
« une jeune fille, autrefois marchande ambulante
« au Palais-Royal. Il faut que tu découvres sur-le-
« champ la retraite de cette petite, nommée Ré-
« gine Caumont, que tu saches exactement quelle
« est sa conduite, sa position de fortune. Tu lui
« donneras, en tout état de cause, huit cents francs
« sur les mille que je t'adresse, et tu te feras don-
« ner un reçu. Ce reçu, tu le mettras sous enve-
« loppe, avec une note sur la situation de la jeune
« fille, ses mœurs, etc., et tu écriras sur ce pa-
« quet l'adresse que voici : à Monsieur A... B...,
« poste restante, à Cologne.

« Maintenant, voici ce qu'il me reste à te dire :
« Si tu ne te conformes pas exactement aux in-

« structions que je te donne ; si tu gardes un sou
« de plus que la somme qu'il me plaît de t'al-
« louer, ou si, ne trouvant pas la jeune fille, tu
« ne déposes pas sous son nom, chez un banquier,
« la somme qui lui est destinée, avant la fin du
« mois courant, on te trouvera mort comme une
« bête malfaisante, dans quelque ruisseau ou au
« coin de quelque borne. Songe qu'il faut que je
« sois bien sûr de t'atteindre et de te punir s'il le
« faut, pour que je n'hésite pas à confier la somme
« contenue dans cette lettre à un effronté coquin
« de ton espèce. Règle-toi là-dessus, et hâte-toi
« d'obéir à ton maître.

« A... B... »

— Mon tié! mon tié! dit Jérésu en s'efforçant de contenir sa joie, le ponheur il m'égraze! »

Et il alla se jeter sur la paille de sa niche, de peur que la joie ne lui arrachât quelque exclamation qui pût le trahir.

CHAPITRE XI.

La Prison. — L'importance d'un espion.

Sous l'empire et pendant les premières années de la restauration, la prison de la préfecture de police était divisée en deux parties bien distinctes : le Dépôt, proprement dit, et la salle Saint-Martin. Rien n'était plus horrible que ce *Dépôt* où l'on jetait chaque matin les voleurs, les vagabonds, les filles publiques, les ivrognes, les enfants abandonnés, les gens sans aveu, ramassés pendant la nuit sur la voie publique, et déposés jusqu'au jour dans les divers corps de garde de Paris. C'était là aussi que l'on déposait les individus arrêtés en vertu de mandats, quels que fussent les crimes et délits qui leur étaient imputés.

Ce dépôt se composait de trois grandes chambres dans chacune desquelles étaient entassés pêle-mêle enfants, hommes faits et vieillards ; dans une quatrième pièce étaient parquées les jeunes filles et les femmes. Chacune de ces chambres formait un carré long, aux extrémités desquelles étaient placés d'énormes baquets destinés à recevoir les excréments de trois ou quatre cents malheureux composant le personnel du lieu. Le long des murs latéraux était étendue de la paille humide, souillée de toutes sortes d'impuretés impossibles à nommer.

Un infortuné jeté dans cet enfer y passait le premier jour sans recevoir d'aliments, et comme il arrivait que beaucoup étaient arrêtés précisément parce qu'ils s'étaient trouvés pendant plusieurs jours sans pain, il n'était pas rare que quelqu'un d'eux mourût de faim avant d'avoir pu prendre part à la distribution de soupe et de pain qui ne se faisait qu'une fois en vingt-quatre heures. On ne s'occupait point de ceux-là, et ils mouraient sans qu'on y fît attention.

En revanche, ceux qui avaient quelque argent, ou dont les vêtements représentaient quelque valeur, étaient impitoyablement rançonnés par le *prévôt de la chambre*, titre qui appartenait de droit au plus ancien prisonnier.

A peine entré, le nouvel hôte de cet affreux séjour était sommé de payer sa *bienvenue*; si, pour satisfaire à cette exigence, il tirait quelque argent de sa poche, on se jetait sur lui, on lui prenait jusqu'au dernier sou, et après avoir fait mine d'appeler le gardien, qui ne venait point, précisément parce qu'il savait de quoi il s'agissait, le prévôt déclarait gravement que la cantine n'était pas ouverte, et il empochait l'argent dont il donnait quelques parcelles aux misérables qui l'avaient secondé. Si l'homme nouvellement écroué était sans argent, avait des habits de quelque valeur, alors le prévôt mettait ces vêtements, l'un après l'autre, à l'enchère, à haute et intelligible voix ; il les adjugeait au plus offrant, et dès que le mot *adjugé* était prononcé, on sommait le malheureux de se dépouiller de l'objet ainsi vendu. Cela ne s'arrêtait qu'à la chemise ; quelquefois même le patient était dépouillé sans pitié de ce dernier voile....

Cela, messieurs mes contemporains à moi, qui ai été contemporain des hommes de cette époque, cela se passait à moins de cinquante mètres des salons du préfet de police !... Et je ne dis pas tout ; je ne parle pas, je ne puis parler des femmes, des filles jetées dans ce lieu par le crime, la misère ou la fatalité. Je ne dis pas cela, parce que *cela ne peut pas se dire;* il y a des bornes que l'honnêteté ne peut pas dépasser, même quand il s'agit de stigmatiser le vice, le crime, la barbarie et ses fauteurs [1]. Pourtant je m'attends à une objection, et je veux y répondre :

« La loi veut que toute personne arrêtée soit interrogée par un magistrat dans les vingt-quatre heures.

— La loi veut cela, en effet ; mais les interprètes de la loi ont trouvé la chose impraticable, et voici comment ils ont tourné la difficulté : la loi dit *vingt-quatre heures*, c'est qu'elle a voulu dire un *jour* ; mais un jour complet, un jour *franc*, c'est-à-dire indépendant du jour qui le précède et de celui qui le suit. Donc, le jour de l'entrée en prison ne compte pas, non plus que celui de la sortie de la transformation du mandat d'arrestation en mandat de dépôt ; à plus forte raison ne doit-on pas compter le temps passé chez le commissaire

---

[1]. Il est juste de dire que tout cela a été bien changé et amélioré depuis quarante ans.

ou au corps de garde; en conséquence, les vingt-quatre heures dont parle la loi signifient un peu plus de quatre jours, et pourvu que cela ne passe pas la semaine, le dimanche ne comptant point, nous sommes dans la légalité !... »

Remarquez, je vous prie, que je dis les faits du passé et que je ne les discute point.

Cette fois, ainsi que nous l'avons dit, ce n'était point dans cette partie du dépôt qu'on avait écroué Régine : grâce à la bourse qu'elle avait sauvée du naufrage, c'était à la salle Saint-Martin qu'on l'avait écrouée. La salle Saint-Martin était composée de huit ou dix chambres ou cellules, situées au-dessus de la voûte qui sépare la première cour de l'hôtel de la préfecture de la seconde, et qui est attenante aux anciennes cuisines de M. Pasquier. La plupart de ces chambres contenaient deux ou trois lits; quelques-unes seulement étaient destinées à ne recevoir que chacune un prisonnier. Ce fut dans l'une de ces dernières qu'on enferma la pauvre Régine, sans avoir égard à ses cris, à ses larmes, à son désespoir, à la faveur qu'elle réclamait de passer la nuit en prières près des restes inanimés de sa tante.

La pauvre enfant passa une nuit affreuse, l'une de ces nuits sans sommeil et sans consolation, connues seulement de ceux qui en ont subi les angoisses, et dont les heureux du jour sont impuissants à se peindre les tortures. Il faisait déjà jour depuis longtemps, lorsqu'un bruit de serrures et de verrous vint distraire l'infortunée Régine de ses douloureuses pensées.

La jeune fille s'élança aussitôt de dessus le lit où elle s'était étendue sans quitter ses vêtements, et la porte de la cellule s'étant ouverte, elle vit entrer un homme de trente-cinq ans environ, de taille moyenne, aux cheveux blonds, au regard doux et bienveillant.

« Ma belle demoiselle, dit-il, vous m'excuserez de me présenter si matin; mais j'étais inquiet sur votre compte, et ma femme qui allaite notre dernier a passé une si mauvaise nuit, que je n'ai pas osé la réveiller pour l'envoyer près de vous...

— Que me voulez-vous, monsieur? demanda Régine qui, en raison de sa position, s'effrayait de tout.

— Mon Dieu ! c'est bien simple : c'est moi qui suis Champwel, le concierge de la salle Saint-Martin. Il en meurt tant de l'autre côté (le Dépôt) que nous tâchons, ma femme et moi, qu'il en meure le moins possible par ici, afin de faire compensation... Je sais bien que les lits sont mauvais, qu'il y a des puces, il est même possible que les souris vous aient empêchée de dormir; mais fort heureusement les rats ont le bon esprit de préférer la cuisine de M. le préfet à la nôtre. Il y a une foule de gens qui nous en veulent à cause de cela, mais sauf le respect que je vous dois, c'est bête comme tout de nous en vouloir à propos de choses auxquelles nous ne pouvons rien : M. le préfet nous loue les grabats et le reste; nous sous-louons le tout aux locataires qu'il nous envoie, moyennant un bénéfice de tant pour cent... c'est le commerce réduit à sa plus simple expression. Ainsi, ma chère demoiselle, rassurez-vous, et si vous avez de l'argent, demandez tout ce qui vous fera plaisir... Il y a, dans la cour de la Sainte-Chapelle, à deux pas d'ici, près de la cour des Comptes, un limonadier-restaurateur chez lequel on trouve d'excellentes choses... C'est un très-brave homme, qu'on appelle Étienne Pasquier, comme l'avant-dernier préfet... je crois même entre nous qu'ils sont un peu parents... Quand il vous plaira de demander à déjeuner, vous n'aurez qu'à frapper trois coups, et je serai à vos ordres [1].

— Merci, monsieur, répondit Régine, encore tremblante de la frayeur que lui avait causée tout d'abord cette apparition. En ce moment, je n'ai absolument besoin que de solitude et de silence.

— Oui, oui, je comprends; à cause de la scène d'hier au soir, n'est-ce pas? La chose a pu être douloureuse, j'en conviens; mais, ma chère demoiselle, on ne vit pas avec les morts, et quand on a fait son temps... mais ma femme vous dira ça tout à l'heure beaucoup mieux que moi. Seulement, dans le cas où elle négligerait de vous en instruire, je vous prierais de prendre en considération nos six enfants dont l'aîné ne parle pas encore assez distinctement pour être envoyé à l'école, et qui sont tous gentils à croquer, vous verrez! »

Ce geôlier était incontestablement un habile homme, qui avait senti que l'intimidation était peu propre à favoriser l'écoulement du numéraire dont ses pensionnaires pouvaient être pourvus, et qui quittait une voie usée pour se jeter dans une voie nouvelle : c'était un humanitaire de ce temps-là.

Régine commençait à ressentir l'influence de ce langage si étrange en pareil lieu, et déjà ses craintes avaient fait place à une sorte de compassion, lorsque du premier étage s'éleva une voix de femme qui fit entendre ces paroles.

« Champwel! une visite pour le numéro neuf !

— Justement pour vous, ma belle demoiselle, dit le concierge à Régine; permettez que j'aille au-devant de la personne... »

[1]. Tous ces détails, qui pourront paraître futiles à certains lecteurs, ont au moins le mérite de la plus scrupuleuse exactitude : le concierge Champwel et le limonadier Étienne Pasquier ne sont pas plus des êtres de raison que la salle Saint-Martin et le bureau des mœurs ne sont des créations de l'imagination.
Et maintenant, si l'on me demande pourquoi, à propos du Palais-Royal, j'essaye de peindre les limbes de la rue de Jérusalem, je répondrai qu'à cette époque, des splendeurs du palais, si mal à propos alors appelé royal, aux monstrueux cabanons de l'hôtel de la préfecture de police, il n'y avait qu'un pas, vérité surabondamment démontrée dans cet ouvrage.

Il avait à peine donné un tour de clef, que les pas du visiteur se firent entendre sur le palier.

— Par ici, monsieur, » dit Champwel en rouvrant la porte.

Le personnage ne répondit point, mais il continua à s'avancer, jusqu'à ce qu'il se trouvât faire face avec la prisonnière.

« Jérésu, s'écria-t-elle, en cachant son charmant visage avec ses mains.

— Mon tié foui, mam'zelle Réchine, z'est ce baufre Jérésu, gui a eu toutes zortes de malheurs à gause de fous... mais qui fous aime pien tout de même.

— Mais, misérable, vous faisiez hier partie des gens qui me pillaient, qui m'ont amenée ici....

— Che faisais partie... c'être frai! che faisais bartie bour vous brotéger.... malhérésement ch'affre bas pu faire grand'chose ; mais chai zollicité... ch'ai réglamé, tonné, tempêté!... et ch'ai obtenu de fenir fous voir bour vous consoler... Et à brésent che fas dravailler bour fous faire mèdre en liperté...

— Mais vous êtes donc bien puissant ici? demanda la jeune fille, tandis que sur son visage, dans son geste, se manifestait le dégoût insurmontable que lui inspirait ce personnage.

— Ch'être bas buissant, mam'zelle Réchine ; mais dans la *Forêt-Noire*, ch'ai appris à hurler avec les loups... Tam! che zuis ein baufre tiable. Et buis ch'ai te la bazience... che rezois tes pons goups de bieds, tes pons goups de boings, tes pons goups de pâtons ; mais z'est égal, che fas douchours ; si on me chasse, che me gouche à la porte, et che rébète ma betite andienne chusqu'à che gu'on m'égoute dranquillement et qu'on me tonne raison... Et buis engore che gonnais ein pon afocat, ein grande afocat... mais il lui faut ein boufoir bour agir, et il m'affre tonné ein babier dimbré tout planc gue foilà bour gue fous égriviez le boufoir, moyennant guoi il dit gue fous zerez lipre temain. »

Et le rusé coquin présenta à la pauvre fille une feuille de papier timbré, en même temps qu'il tirait de sa poche un carnet contenant de l'encre et des plumes. Régine ne put cacher l'embarras qu'elle éprouvait, car l'amour-propre survit, chez la femme, à toutes les douleurs du corps et de l'âme : la jeune enfant était fort peu lettrée, et Jérésu avait compté là-dessus.

« Oh! reprit-il, c'èdre bas tifficile ; il y a affre qu'à mettre au pas du babier : *abbroufé l'égriture zi-tessus*, et signer. »

Régine écrivit de son mieux ces quelques mots qui, une heure après, étaient précédés d'un reçu de huit cents francs, expédié à Cologne avec une lettre dans laquelle il était dit que la jeune marchande avait manifesté l'intention de profiter de cette bonne fortune pour retourner dans son village.

Au bout de trois mois, l'autorité songea enfin à s'occuper de l'affaire de la pauvre fille que l'on n'avait jusque-là interrogée que pour la forme ; comme on ne savait trop de quoi l'accuser, on prit le parti de lui rendre la liberté, en déclarant de bonne prise tout ce qu'on lui avait donné, et on lui délivra, par forme de compensation, un passe-port d'indigente, lequel lui donnait droit à trois sous par lieue, à la condition qu'elle quitterait Paris dans les vingt-quatre heures.

CHAPITRE XII.

Une apparition.

A deux lieues de Fontainebleau, sur la route de cette ville à Malsherbes, on aperçoit, au midi et à une assez grande distance dans les terres, une charmante habitation moderne, entée sur les ruines d'un château gothique, ancienne résidence des comtes de Souvrecœur. Une longue avenue, plantée de chaque côté d'une double haie de peupliers et fermée d'une barrière, conduisait de cette route à une grille nouvellement restaurée, mais dont le style moyen âge avait été conservé, œuvre de ce nouvel âge d'or où d'habiles ouvriers s'efforçaient d'ennoblir leur métier en l'élevant à la hauteur de l'art, et sous les mains puissantes et intelligentes desquels le fer semblait plus malléable que la cire elle-même. Cette grille donnait entrée sur une cour spacieuse, à l'extrémité de laquelle s'élevait, sur le sommet d'une petite colline, un corps de logis cintré, terminé, à chaque extrémité, par un pavillon en forme de tourelle.

Dans les anciens fossés, qui avaient été conservés, coulait maintenant l'eau vive et limpide d'un ruisseau voisin dont le cours naturel avait été habilement détourné. Un double perron, garni d'élégantes rampes, conduisait à un péristyle bien ordonné d'où l'on apercevait, à travers les vitraux gothiques d'une vaste galerie moderne, des jardins en amphithéâtre, et à l'horizon un parc immense, percé de belles allées dont l'œil était impuissant à mesurer l'étendue.

Par une belle soirée du commencement de mars 1814, un homme d'un aspect étrange traversait d'un pas rapide le parc de Souvrecœur ; son pantalon, d'étoffe brune et grossière, était recouvert jusqu'au genou par les longues tiges de ses bottes en cuir brut ; une espèce de shako ou plutôt de casquette d'un cuir à peu près semblable, garnie d'une double visière, lui couvrait la tête, enfoncée qu'elle était jusque sur les sourcils ; de chaque côté de cette calotte pendaient des espèces

Plus de cartouches. (Page 46, col. 2.)

de gourmettes en peau de renard qui cachaient les oreilles et la plus grande partie du visage.

Sous la visière de cette singulière coiffure cependant brillaient de larges et vives prunelles qui semblaient percer l'obscurité du bois; un nez long et proéminent qui prenait racine entre ces yeux ardents, semblait s'appuyer à sa base sur d'épaisses moustaches jadis noires et qui commençaient à grisonner, de même que la barbe longue et touffue qui lui couvrait le menton. Par-dessus une espèce de veste en peau de mouton, ce personnage portait une sorte de pelisse en grosse étoffe de bourre, à peu près semblable au vêtement que les rouliers nomment *limousine*.

A une ceinture qui serrait le haut du pantalon était attaché un couteau de chasse à deux tranchants, enfermé dans un fourreau de fer, et deux pistolets de combat dont la forme élégante et les riches incrustations contrastaient singulièrement avec l'aspect presque sauvage de cet homme qui, après avoir pénétré dans le parc par l'une des nombreuses brèches faites au mur, s'avançait à grands pas, en suivant sans hésiter des sentiers à peine tracés, ce qui annonçait une connaissance parfaite de la topographie de ces lieux.

Bientôt cet homme arriva près du jardin; d'un bond il franchit le saut-de-loup qui l'en séparait, puis il escalada le mur à hauteur d'appui qui régnait sur le bord du fossé, et en quelques instants il se trouva au milieu du vaste parterre qui s'étendait sous les balcons du château.

Là il s'arrêta un instant comme pour s'orienter.

« Il se peut que le marquis ne soit pas encore parti, se dit-il, et peut-être ferais-je bien d'attendre que la nuit soit plus avancée : les domestiques ne sont pas nombreux, et j'arriverais facilement jusqu'à la chambre à coucher de Mme de Gastelar.... mais ce serait trois ou quatre heures de perdues, et le mal faisait de si rapides progrès quand je suis parti.... Allons, il n'y a plus à hésiter : il faut à ce brave garçon un bon lit, un habile chirurgien, des médicaments de bon aloi, des soins de toutes sortes et de tous les instants; et par les cinq cents diables!... il trouvera tout cela ici.... Le pis qui puisse m'arriver après tout, c'est qu'on me prenne pour un voleur, et, en conscience, ce ne serait pas me faire une grosse injure. La chose, d'ailleurs, serait sans conséquence, puisque d'un mot je puis imposer silence à quiconque ici oserait me menacer.... Allons donc! de la prudence, mais plus d'hésitation.

Il continua alors à s'avancer avec précaution le long d'une terrasse plantée de tilleuls, et il arriva ainsi jusque sous les balcons du château dans lequel semblaient régner les ténèbres, aucune lumière ne se montrant dans toute l'étendue de l'habitation, si ce n'est à deux fenêtres du premier étage de la tourelle orientale, à travers les vitres desquelles on apercevait une pâle lueur semblable à celle d'une lampe mourante.

Ce fut vers ce point que se dirigea l'étrange personnage dont nous venons de parler. Arrivé sous ces fenêtres, il mesura de l'œil la distance qui les séparait du sol, puis tirant de dessous son grossier manteau plusieurs fortes chevilles de fer très-aiguës, il en enfonça successivement deux dans les interstices des pierres de la muraille; puis montant de la première sur la seconde, il en ficha une troisième, et continuant le même manége, il arriva jusqu'au balcon dont il escalada la grille.

En ce moment un bruit de voix partant de l'intérieur étant venu jusqu'à lui, il se coucha sur les dalles du balcon, et il écouta attentivement.

« C'est une tyrannie, monsieur! disait une voix de femme bien accentuée. M'obliger à rester ici presque seule, lorsque déjà, depuis huit jours, les éclaireurs de l'armée des alliés se sont montrés dans les environs....

— Et c'est précisément à cause de cela qu'il faut que vous y restiez, madame, répondit une voix d'homme qui semblait habituée au commandement.

— Ainsi, vous n'avez nul souci des dangers auxquels je vais être exposée?

— Oh! madame la marquise, voilà qui est indigne de vous : je vous croyais plus jalouse de votre réputation de femme forte.

— Cela veut dire probablement que je dois m'attendre à voir se renouveler pour moi cette vie de tortures que des insensés m'avaient faite il y a quinze ans?... Eh bien! je vous déclare que je ne l'accepte pas.

— Et moi, madame, je ne serais pas disposé à en accepter les conséquences.

— Encore cette horrible accusation?

— Non, madame, je n'accuse pas; seulement je me souviens, et je m'étonne que vous qui avez fait de si dangereuses campagnes, qui avez assisté à de si terribles scènes, manifestiez des craintes si vives à propos d'un danger imaginaire. Les alliés ne sont pas nos ennemis, à nous. Ce sont les sauveurs de la France, les restaurateurs de la monarchie, et notre mission, à nous, mandataires du roi, du chef de l'auguste famille des Bourbons, notre devoir est de préparer les voies à ces courageux libérateurs. Déjà le marquis de Chabannes, plénipotentiaire de Sa Majesté Louis XVIII, parcourt la Flandre et l'Artois, où il fait partout arborer le drapeau blanc; un avis du quartier général russe m'annonce qu'il est question de me confier une mission semblable pour la Champagne et la Bourgogne, et l'on me mande de Paris que je suis attendu pour demain au comité royaliste; mais, pendant mon absence, des émissaires seront sûrement envoyés ici : il faut qu'ils trouvent à qui parler, et vous seule pouvez me seconder.

— Puisqu'il le faut, monsieur, je me conformerai à vos ordres, répondit la dame d'un ton fort radouci.

— Et ce sera sans le moindre danger, belle amie.... Tenez, voici un talisman qui suffira pour vous mettre à l'abri de tout danger. »

L'homme qui avait escaladé le balcon leva doucement la tête, et grâce au léger écartement d'un rideau mal fermé, il vit le personnage appelé M. le marquis par son interlocutrice, présenter à cette dernière un parchemin revêtu de plusieurs cachets :

« Écoutez le contenu de cette pièce, dit le marquis. »

Et il lut :

« Moi, Alexandre 1er, empereur de toutes les
« Russies, ordonne à tous et à chacun de respecter,
« et de protéger au besoin, le porteur du présent,
« lui, sa famille, ses gens et ses biens quels qu'ils
« soient, et tout particulièrement le château de
« Souvrecœur, ses habitants et ses dépendances,
« car telle est ma volonté expresse.

« Signé : ALEXANDRE. »

« Cela, madame, reprit le marquis, est traduit, à mi-marge, en allemand, en anglais et en français. Il vous suffira de montrer cet ordre aux plus terribles vainqueurs pour qu'ils se prosternent devant vous. Et maintenant vous savez le reste : j'emmène mes trois dévoués serviteurs, trois de ces braves gens que vous avez vus à l'œuvre autrefois sous les ordres du Petit-Duc, du terrible Pied-de-Fer....

— Ah! vous êtes bien cruel ce soir, monsieur, s'écria la dame avec amertume. Voulez-vous donc absolument m'obliger à user de représailles en vous rappelant la rue Saint-Nicaise?

— Eh, bon Dieu! tout cela ne me prouve qu'une chose, c'est que nous combattions alors, vous et moi, l'ennemi commun avec des armes différentes, et je ne sais point de soldats que l'on puisse offenser en leur rappelant leurs hauts faits.... Adieu donc, marquise.... De grâce, que la colère ne contracte pas davantage ce charmant visage pour lequel on se damnerait sans hésiter si on ne l'était déjà.... Donnez-moi cette jolie main en signe de paix, et tâchons de ne pas nous rappeler que nous sommes époux, afin que nous demeurions amants. »

A ces derniers mots, le visage de la dame, sur lequel la fureur s'était peinte, se rasséréna tout à coup, et elle tendit la main à son mari, qui s'écria avec enthousiasme :

« Madame, votre époux le marquis de Gastelar sera bientôt premier ministre.

— J'en accepte l'augure, méchant que vous êtes.

— Et nonobstant cette méchanceté imaginaire

que vous me reprochez, vous voulez bien m'être en aide?

— Toujours et de toutes mes forces. »

Le marquis pressa à plusieurs reprises la main de sa femme sur ses lèvres; puis il sortit, et tout rentra dans le silence.

« Il paraît, se dit mentalement l'homme couché sur le balcon, que je ne suis pas le seul qui se souvienne du passé. Tout à l'heure, chère amie, nous pourrons bien continuer le chapitre que vous avez empêché le marquis d'achever. »

Cependant la dame se promenait pensive dans le salon que venait de quitter le marquis.

C'était une femme d'une taille élevée qui était alors dans tout l'éclat de sa beauté, bien qu'elle eût plus de trente ans. Maintenant qu'elle pouvait donner un libre cours à ses pensées, ses beaux yeux noirs semblaient lancer des flammes; un rouge de feu couvrait son visage de chaque côté duquel tombaient de longues boucles de cheveux noirs dont les extrémités se jouaient sur son col d'albâtre.

A sa respiration courte, oppressée, à son geste menaçant, aux quelques rides qui se montraient sur son front, on pouvait deviner combien était violente son émotion.

« Me sera-t-il donc toujours impossible de rompre avec le passé! s'écria-t-elle tout à coup; cet infâme viendra-t-il sans cesse me jeter à la face le souvenir de ces jours.... de ces nuits terribles.... Le monstre ose se plaindre des sanglants sacrifices que je lui ai faits, alors que les victimes se taisent!... Ai-je donc tué pour le plaisir de tuer?... Non! le ciel et l'enfer en sont témoins : j'ai tué pour être libre et pour être riche, ce qui est la même chose.... Mais non, je n'ai pas tué; je n'ai fait que renverser les obstacles qui se dressaient devant moi, qui menaçaient mon avenir.... Oh! toutes ces pensées me brûlent, me corrodent le cerveau ; c'est une flamme ardente qui court dans mes veines.... De l'air, de l'air ou je meurs!... »

Sa main saisit convulsivement l'espagnolette d'une fenêtre et la fit jouer; au même instant l'homme du balcon se releva et apparut comme un spectre à la marquise qui poussa un cri, se couvrit le visage de ses deux mains en reculant de quelques pas, et fut tomber dans un fauteuil.

« Diable! dit l'homme en s'avançant vers la dame, il faut, ma belle, que vous soyez devenue bien timide, ou bien que mon nouvel uniforme me rende bien affreux.... mais, au moins, j'espère que vous me reconnaîtrez à la voix.

— Retirez-vous, malheureux!... ne m'obligez pas à appeler du secours!...

— Allons donc! assez de façons comme ça, je vous prie.... Est-ce donc à dire, triple feu d'enfer! que les battus payeront toujours l'amende?... Non, par les cinq cents diables, il n'en sera pas ainsi!... Écoutez, ma belle Frédégonde, je viens vous demander un asile, non pas pour moi, mais pour un brave enfant.... un jeune officier auquel j'ai sauvé la vie une fois déjà; qui mourrait si je le laissais où il est, et qui doit vivre parce que.... parce que je le veux.

— Infâme! va-t'en! va-t'en! » s'écria la marquise en bondissant de son siége.

Et elle tira de dessous ses vêtements un poignard qui étincela dans ses mains; mais, tout à coup une pâleur livide couvrit son visage si animé quelques secondes auparavant; son regard devint terne, ses genoux fléchirent, et elle alla retomber presque mourante dans le fauteuil qu'elle venait de quitter.

« Je suis un infâme, c'est vrai, dit l'homme en manteau de bourre, en s'arrêtant au milieu du salon et croisant ses bras sur sa poitrine; mais, qu'êtes-vous donc, vous, ma belle?... Il paraît que vous avez oublié notre histoire à tous deux : eh bien! je vais vous la rappeler sommairement. C'était en 1798; j'avais bravement fait les campagnes d'Italie ; j'étais chargé de lauriers, mais je n'avais pas le sou. De mauvais garnements que j'avais connus autrefois dans les tripots voisins du Palais-Royal, et que j'y retrouvai en quittant le régiment, me parlèrent alors d'une espèce de corps franc qui venait de succéder aux chouans, comme les chouans avaient succédé aux Vendéens, et qui faisait en ce moment une campagne très-lucrative contre les coffres du gouvernement, des *chauffeurs* enfin, car j'aime à appeler les choses par leur nom, c'est le moyen de s'entendre. On avait fait de grands coups, me dit-on; mais il en restait encore de bons à faire. Cela devait me convenir; car, ainsi que je le disais, ma bourse était vide et j'avais les passions vives. Je consentis à prendre de l'emploi, et l'on me présenta au Petit-Duc, qui avait alors son quartier général près de Versailles, et dont vous étiez la charmante maîtresse.... »

La marquise fit un violent effort pour interrompre le narrateur.

« Bandit! dit-elle d'une voix étouffée, je te ferai repentir de ton audace!

— Calmez-vous donc, chère belle; il me semble que je n'ai encore rien dit qui puisse justifier ce grand courroux : le Petit-Duc était le chef, le maître, si vous voulez, des chauffeurs, et vous étiez la maîtresse du maître; c'était pardieu! un assez bel emploi.... D'ailleurs, plus tard, la position s'est régularisée : vous étiez sa maîtresse, vous êtes devenue sa femme; personne n'a rien à redire à cela. C'était, il faut en convenir, une récompense que vous avez bien méritée. Enfer du diable! il me souvient de vous avoir vue à l'œuvre, alors qu'il s'agissait de faire parler ces animaux de fermiers qui faisaient les récalcitrants et ne voulaient pas dire où étaient leurs épargnes; avec quelle ardeur vous attisiez le feu sous les pieds de ces vilains.... Car, à défaut de l'argent de la république, nous nous contentions de celui de ses sujets; mais, ma foi! à la guerre comme à la guerre! Par malheur cette guerre devint rude, et nous eûmes de cruels revers; dix de nos plus braves compagnons tombèrent pour ne plus se relever; trente-cinq autres furent faits prisonniers presque en même temps. Avez-vous donc aussi oublié tous ces intrépides compagnons? Nézel, Mariotte, le Petit-Boucher des chrétiens, le Boulanger noir, et trente autres jugés, condamnés à Paris par le premier conseil de guerre de la dix-septième division militaire, et presque tous exécutés.... Avez-vous oublié l'admirable courage avec lequel ils se sont tus, alors que d'un mot ils pouvaient vous perdre, vous qui les abandonniez[1]?... Enfin, il fallut quitter la partie. Vous étiez en fonds: le Petit-Duc parvint aisément à faire rayer son nom et le vôtre de la liste des émigrés, puis il vous épousa, racheta la plus grande partie des biens de sa famille et de la vôtre, et vous vîntes vous établir au château de Souvrecœur. Cependant, dès les premières expéditions, le capitaine m'avait bien jugé; il me fallait un nom de guerre, et il me donna celui de Pied-de-Fer, en échange du mien, Charles Baillor; plus tard, il fit de Pied-de-Fer son premier lieutenant; puis enfin, quand il fallut renoncer à la guerre, il me donna asile ici....

— Ah! s'écria la marquise avec des larmes dans la voix, vous voulez donc être sans pitié pour moi.

— C'est selon, belle dame; nous aviserons là-dessus quand il en sera temps. Pour le moment, il s'agit de prendre position.... Vous étiez bien belle alors, madame! presque aussi belle que vous l'êtes maintenant; vos beaux yeux allumèrent un feu terrible dans mon cœur; je parvins à me faire aimer, et vous fûtes à moi.... Oh! rassurez-vous, ce ne sont pas ces droits-là que je viens revendiquer:... Ardents comme nous l'étions tous deux, nous devions nous irriter du moindre obstacle. Votre mari eut le malheur de montrer quelque jalousie; ce fut son arrêt de mort. Un soir, là, sous les tilleuls de cette terrasse, je me plaignais de la rareté de nos entrevues que la surveillance de votre mari menaçait de rendre bientôt tout à fait impossibles; je vous tenais dans mes bras, nos lèvres brûlantes se touchaient. — Eh bien! tue-le! me dites-vous en jetant vos bras sur mes épaules, tue-le, afin que je ne sois qu'à toi!

---

1. Tous ces détails sont historiques. Le 4 germinal an VII, vingt-huit de ces bandits furent condamnés à Paris, par le 1ᵉʳ conseil de guerre de la 17ᵉ division militaire. L'un d'eux, nommé Nézel, dit en entendant la sentence qui le condamnait à la peine de mort: « Quand j'aurais des têtes « depuis Paris jusqu'à Lyon, on pourrait les couper toutes « et j'en redevrais encore quelques-unes »

— Le lâche! le lâche! dit la marquise d'une voix étouffée.

— Lâche! moi?... Oh! vous savez bien que vous mentez. Un lâche aurait fui; je restai, et le lendemain on ramassait dans le parc le cadavre de votre mari dont la tête était traversée par une balle. Un garde caché dans le fourré avait été témoin de cet événement; on m'arrêta. Je pouvais vous perdre d'un mot; je me tus. On me condamna aux travaux forcés, et je me laissai conduire au bagne sans proférer une plainte; toutes mes souffrances étaient dominées par l'amour: je souffrais pour vous, à cause de vous, et je me sentais presque heureux de souffrir. Mon courage, mon adresse, ma force devaient me faire recouvrer promptement la liberté: après deux ans de captivité, je parvins à m'évader; mais déjà depuis six mois vous aviez épousé M. de Gastelar.... Le dégoût de la vie me saisit; j'allai à Paris où je cherchai à vous oublier en me jetant à corps perdu dans les excès de toute espèce. Je devins, sous le nom de Lauricot, un bandit de bas étage, un pilier de tripot et de maison de débauche; ma force physique était toujours la même; mais mon énergie s'éteignit graduellement; je ne pensais plus à vous que pour vous accabler de malédiction et de mépris, et j'étais devenu moi-même l'un des êtres les plus méprisables du monde. Il fallait quelque grand événement pour me retremper; cet événement ce fut l'apparition des armées alliées sur le territoire français. J'entendais dire que des bandes de cosaques irréguliers, marchant en avant, levaient des contributions sur les villages, pillaient, rançonnaient et faisaient un butin immense. Cela me rappela nos anciennes expéditions: je parvins à réunir quelques-uns de nos vieux compagnons, j'en recrutai de nouveaux, et je formai une compagnie de cosaques dont je me fis le capitaine.... Vous voyez, madame, que nous servons toujours sous le même drapeau.

— Je ne comprends pas cette nouvelle accusation.

— Ne niez pas. Est-ce que depuis quinze jours que je rôde dans ces environs, je n'ai pas eu le temps de savoir à quoi m'en tenir? Monsieur le marquis est l'un des plus solides champions du comité royaliste qui s'agite à Paris... Ne savez-vous pas que je suis aussi un peu diplomate? Peut-être même suis-je un peu devin, car je pourrais vous dire tout ce qui s'est passé dans ce château depuis huit jours.... Je pourrais même vous dire ce que contient ce parchemin que j'aperçois à travers la gaze de votre fichu.... »

L'effroi de la marquise était à son comble; elle quitta avec effort son fauteuil, et elle se mit à genoux.

« Charles! Charles! s'écria-t-elle, au nom du ciel ne soyez pas sans pitié!... Oui, je suis bien coupable... oui, j'ai mérité votre colère... vous êtes le maître de ma vie, de ma fortune, de mon honneur... mais vous n'êtes pas un homme sans cœur...

— Je l'ai été, grâce à vous.... Je devrais peut-être dire *comme vous* ; mais il m'en est revenu un peu. Relevez-vous donc, je vous en prie, et laissez de côté cette lame trop lourde pour votre jolie main. »

En parlant ainsi, il s'empara du poignard que Mme de Gastelar avait laissé tomber à ses pieds, puis il releva la marquise qu'il replaça sur son fauteuil.

« C'est la paix que vous demandez, reprit-il ensuite, et c'était la paix que je venais vous offrir ; nous serons donc bientôt d'accord. Vous donnerez, dans ce château, un asile à mon protégé qui y sera en sûreté, grâce à ce parchemin.... Je le viendrai voir quelquefois ; et pour le reste, nous prendrons conseil des circonstances. Voilà mes conditions.

— Je les accepte, répondit-elle en lui tendant la main. »

Pied-de-Fer prit cette main blanche et mignonne comme pour la porter à ses lèvres ; mais il la quitta presque aussitôt, et s'élança vers le balcon en s'écriant :

« Le diable m'emporte ! Je crois qu'elle tenterait Dieu le père ! »

La marquise se leva et s'avança vers la fenêtre ; Pied-de-Fer avait disparu, emportant les chevilles de fer à l'aide desquels il avait pu pénétrer près de son ancienne maîtresse.

CHAPITRE XIII.

Un champ de bataille.

Le 11 février 1814, l'armée française, qui depuis six mois combattait dans la proportion de un contre cinq, chassait les Russes et les Prussiens des environs de Montmirail, et mettait l'armée des alliés en pleine déroute. Toutefois, ce n'était pas sans faire lui-même des pertes énormes, que Napoléon obtenait ce brillant résultat : pendant six heures on se disputa le terrain pied à pied ; l'infanterie faisait feu presque à bout portant ; les artilleurs se mitraillaient à portée de pistolet. Pour avancer comme pour reculer, il fallait marcher sur des monceaux de cadavres. Le village de Marchais venait d'être enlevé pour la quatrième fois par deux bataillons que le feu de l'ennemi avait réduits de moitié. Ces braves soldats paraissaient résolus à s'y faire tuer tous jusqu'au dernier, et déjà depuis deux heures ils s'y maintenaient sous une grêle de balles, de boulets, de mitraille. Le canon russe faisait surtout d'affreux ravages dans les rangs de celui de ces bataillons qui s'était déployé autour de l'église, dans laquelle les blessés français, russes, prussiens, etc., étaient entassés pêle-mêle, et déjà l'une des compagnies de ce bataillon ne comptait plus qu'une douzaine d'hommes, commandés par un jeune sous-lieutenant, seul officier qui ne fût pas entièrement hors de combat, bien qu'un éclat d'obus l'eût atteint à la tête, qu'entourait un mouchoir ensanglanté.

« Sacredieu ! caporal Leribois, disait le jeune officier à l'un des plus vieux soldats du bataillon, dans un moment où l'ennemi leur laissait un peu de répit, ce serait bien le cas de se rafraîchir d'un verre d'eau-de-vie ; à force d'avaler de la poudre, j'ai les parois du gosier qui se touchent.... Est-ce que votre femme et votre fille sont aujourd'hui dans les traînards ?

— Elles sont là dedans, mon lieutenant, répondit le caporal en montrant l'église, et la besogne ne leur manque pas. D'ailleurs il fait trop chaud ici pour les femmes, et je leur ai recommandé de se tenir au frais jusqu'à nouvel ordre.

— Bon ! depuis quand la mère Leribois et la gentille Marie ont-elles peur du feu ? Est-ce que pour elles comme pour vous les boulets russes et prussiens ne sont pas de vieilles connaissances ? Je me souviens qu'à Dresde, pendant que la terre tremblait sous le canon, Marie, le baril en sautoir et le verre à la main, suivait sa mère dans les rangs.

— C'est vrai, lieutenant ; mais il y a déjà longtemps que nous avons du malheur, et maintenant j'ai peur.

— Vous, caporal ?... je ne veux pas vous offenser ; mais je dis que ça n'est pas vrai.

— Eh bien ! si ; j'ai peur des balles et des boulets pour ma femme et pour ma fille... Ah ! vous ne savez peut-être pas, vous, lieutenant, ce que c'est que de trembler pour la vie de tout ce qu'on aime dans le monde. »

Le jeune officier allait répliquer, lorsque le combat qui s'était ralenti un instant recommença avec furie.

« Serrez les rangs ! cria le jeune sous-lieutenant, qui faisait le coup de fusil comme un simple grenadier. »

Et à sa voix les tristes débris de sa compagnie se serrèrent pour faire face à l'ennemi qui chargeait avec tant d'impétuosité, qu'en un instant les abords de l'église furent jonchés de nouveaux cadavres. Au plus fort de cette dernière attaque, deux femmes apparurent tout à coup, portant chacune un baril en sautoir, un verre à la main et une carabine sur l'épaule.

« Arrière ! enfants, leur cria le caporal Leribois dès qu'il les aperçut, arrière !... Il pleut du fer et du plomb !

— Eh bien! soit, répondit la plus âgée des deux vivandières, il y a assez longtemps que nous sommes sous le parapluie, n'est-ce pas, Marie?

— Il y a trop longtemps, mère, répondit la jeune fille, et je suis bien sûre que l'on nous attend par ici.

— Marie! cria le caporal, qui venait de faire feu, et passait l'arme à gauche pour charger, la compagnie n'a plus soif; regarde!

— Morts!... tous morts! dit la jeune fille. O mon Dieu, vous nous abandonnez! »

En effet la compagnie entière était anéantie : les derniers soldats et le sous-lieutenant venaient de tomber sous une volée de mitraille, ce qui n'empêchait pas le vieux caporal, resté seul, de brûler méthodiquement ses cartouches, sans trop se presser, afin que chacune de ses balles atteignît le but.

« Père, dit Marie en lui tendant un verre d'eau-de-vie, repliez-vous; vous voyez bien que vous ne pouvez tenir seul ici.

— Je crois que tu as raison, mon enfant, répondit le vieux soldat après avoir vidé le verre d'un seul trait; mais nous ne devons laisser ici que ce qu'il nous est impossible d'emporter.... Tiens, justement, voici le lieutenant qui en rappelle.... Non d'un bon Dieu! je ne veux pas le laisser achever par ces chiens enragés quand j'ai encore deux paquets de cartouches sur les reins.... Allons, enfants, la carabine au bout des bras! »

Les deux femmes et le brave caporal firent feu en même temps sur quelques cavaliers ennemis qui s'avançaient, puis ils s'élancèrent vers le sous-lieutenant qui, atteint d'une balle à la poitrine, était tombé sur le coup, mais n'avait pas perdu connaissance et cherchait à se relever. Les deux vivandières le soutinrent chacune sous un bras et l'entraînèrent vers l'une des extrémités du village où se trouvait leur petite charrette. Le caporal marchait derrière afin de soutenir la retraite, ce qui lui donna occasion de brûler ses dernières cartouches, toujours sans s'émouvoir et en choisissant son homme pour chaque coup. On arriva ainsi jusqu'à la charrette dans laquelle le jeune officier fut placé le moins mal possible; les deux femmes se tinrent près de lui, et le vieux soldat sauta sur le brancard, tenant son fusil d'une main et de l'autre son sabre, à l'aide duquel il ne tarda pas à stimuler l'ardeur du vieux cheval de réforme qui composait à lui seul tout l'attelage. La charrette commença à rouler ainsi vers le lieu où l'on supposait que se trouvait l'ambulance; mais il était difficile de s'orienter dans ces chemins vicinaux qui se croisent en tous sens, et dans lesquelles se ruaient pêle-mêle artillerie, infanterie, cavalerie, exécutant les mouvements stratégiques commandés par l'ordre de bataille, et se faisant jour par tous les moyens possibles à travers les convois de vivres, de munitions de guerre, de blessés.

« En plaine! cria Leribois dont la charrette se trouvait enclavée dans une longue suite de chariots et de caissons; tranchons dans le vif, mille milliards de dieux! ou nous n'arriverons que pour nous faire enterrer.

— Et comment faire pour quitter le chemin? demanda Marie.

— Comment? Sacré triple diable! je vais vous le faire voir. »

Et saisissant le moment où la charrette roulait sur une partie du chemin qui se trouvait de niveau avec la plaine, il tourna court, piqua le cheval avec la pointe de son sabre au lieu de le frapper du plat, et la charrette se trouva lancée à l'aventure au milieu de terres labourées. Le malheureux cheval, dont le sang ruisselait, marcha encore pendant quelques instants; mais bientôt ses forces furent entièrement épuisées, et il tomba pour ne plus se relever. Presque en même temps apparut à l'horizon une nuée de ces Cosaques irréguliers auxquels les paysans français faisaient la chasse comme à des bêtes fauves, espèces d'oiseaux de proie qui voltigeaient sur les flancs et à une grande distance des corps d'armée, pillant, fourrageant, tuant, brûlant, rançonnant, faisant parfois le coup de fusil de très-loin, mais n'arrivant jamais sur le champ de bataille qu'après le dernier coup de canon, à l'instar des corbeaux que l'odeur de la poudre fait fuir, et qui sont attirés par la putréfaction des cadavres.

« Les Cosaques! cria Marie.

— Et plus de cartouches! dit le caporal avec désespoir. N'en avez-vous pas encore quelques-unes, enfants?

— Pas une! pas une!

— Alors, reprit Leribois, je vais battre le briquet. Ça m'a quelquefois réussi, après le passage de la Bérésina : une étincelle, un peu de fumée, il n'en faut pas davantage, les trois quarts du temps, pour se débarrasser de ces misérables moucherons du pays de la neige. »

Et là-dessus le brave caporal se mit à faire jouer la batterie de son fusil dont le canon était vide; mais cette fois la ruse fut sans succès. Il en fut de même des balles envoyées par quelques tirailleurs éloignés qui escortaient les convois suivant la route; quelques-uns de leurs coups portèrent; deux ou trois hommes tombèrent, par-ci, par-là; mais les autres n'en continuèrent pas moins de pousser en avant. Le caporal les voyant arriver toujours chargeant, sauta à bas de la charrette, s'adossa contre l'une des roues, mit un genou en terre, croisa la baïonnette et attendit la mort d'un front calme et serein, comme ces héros de l'antiquité qui s'estimaient heureux de mourir pour leur famille et leur patrie.

« Ils arrivent, ils arrivent! criaient Marie et sa mère.

— Je le vois bien, triple Dieu! répondait Leribois. A toi mon sabre, femme; toi, Marie, prends l'épée du sous-lieutenant, et puis, ma foi, que le bon Dieu fasse le reste, et advienne que pourra! »

Et cependant la nuée de Cosaques avançait menaçante et semblait grossir à chaque pas. Bientôt un hourra terrible se fit entendre, et cette bande hideuse fondit sur la charrette. Leribois tomba le premier, percé d'outre en outre d'un coup de lance; sa femme et sa fille se retranchèrent d'abord derrière la charrette, puis elles s'élancèrent à toutes jambes et parvinrent à gagner la route où défilaient les convois escortés. Tandis que cela se passait, le jeune sous-lieutenant s'efforçait de soulever sa tête ensanglantée, et saisissant l'un des pistolets cachés sous sa capote, il disait d'une voix faible et presque éteinte :

« A moi! à moi donc, vampires!... Oh! les lâches! qui ont peur d'un mourant! »

Ces paroles furent entendues par le chef de la bande qui vint droit au jeune officier.

« Vous avez donc bien grande envie de mourir, mon garçon? dit-il froidement au jeune sous-lieutenant.

— Un Français! un Français? s'écria le jeune homme, ah! c'est horrible. »

Et il lâcha la détente, mais le coup ne partit point.

« Alors, mon cher, dit le chef de la bande, je vais vous épargner le déplaisir d'en voir et d'en entendre davantage. »

Et prenant à son tour un des pistolets attachés par des courroies au devant de la selle de son cheval, il en dirigea le canon vers le front du jeune officier.

« Pas encore! s'écria le sous-lieutenant, en relevant avec le fourreau de son épée l'arme qui le menaçait. »

Puis, par un violent effort, il se souleva, se mit à genoux sur la paille qui garnissait la charrette, et croisant les mains, il s'écria en levant les yeux vers le ciel.

« Adieu, ma mère! Adieu, Régine!... »

Ce dernier nom, prononcé à haute et intelligible voix, produisit sur le commandant des Cosaques un effet prodigieux; son bras tendu s'abaissa sans lâcher la détente de l'arme, tandis que de l'autre main il serrait la bride de son cheval de manière à le faire cabrer; et comme ses gens arrivaient âpres à la curée, il se tourna vers eux en s'écriant :

« Halte! repos! »

Tous s'arrêtèrent; le chef seul fit encore un pas en avant, puis se levant sur ses éperons et se penchant ainsi vers le jeune officier :

« Lieutenant, lui dit-il, êtes-vous Parisien? »

— Un Français! s'écria de nouveau le jeune homme; ah! c'est trop de honte!

— Des scrupules!... il est charmant! Au point où nous en sommes la chose a vraiment son prix!... Voyons, mon brave, laissez-vous tirer d'un mauvais pas et dites-moi si vous êtes de Paris; que diable! cela ne vous empêchera pas de mourir si vous en avez tant d'envie.

— Je suis Français! cria le jeune homme en réunissant toutes ses forces.

— Oh! je reconnais le Parisien! Français de Paris, n'est-ce pas?... Français de la cour des Fontaines?...

— Est-ce un rêve? se dit le jeune homme après avoir entendu ces paroles; suis-je bien ici sur un champ de bataille, à la merci d'une sorte de chef de bande commandant à des bêtes fauves déguisées en soldats?...

— Mais parle donc, malheureux! dit l'officier qui écoutait haletant. Tu as nommé Régine; est-ce la Régine du Palais-Royal?

— Régine! Régine!... oui, oui!... oh! je ne veux plus mourir! Vous ne me tuerez pas vous qui connaissez Régine.... O mon Dieu! je suis dans le délire.... j'ai le transport au cerveau.... »

Et le pauvre jeune homme, affaibli par la perte de son sang, retomba sur la paille qui garnissait le fond de la charrette et perdit connaissance.

« C'est lui! se dit le chef de bande, et, le diable m'emporte! c'est un brave garçon!... Qu'est-ce que ça signifie, maître Pied-de-Fer! est-ce que vous seriez assez sot pour vous attendrir pour si peu? Eh bien! oui! au diable les manières et tout ce qu'on est convenu d'appeler le *respect humain*.... Je veux être bon prince, et sacredieu! la rencontre en vaut bien la peine! »

Sur un signe qu'il fit, celui de ses hommes qui était le plus près de lui mit pied à terre.

« Il faut remplacer ce cheval mort et emmener la charrette, dit-il. »

Ses hommes parurent trouver l'ordre quelque peu extraordinaire, car déjà deux ou trois d'entre eux avaient exploré la voiture, dont la cargaison ne leur avait pas paru mériter qu'ils se missent en frais de transport. Mais pour tous le commandement du chef était la loi suprême; en conséquence l'un des cavaliers attela son cheval à la charrette de la vivandière en remplacement du pauvre vieux coursier mort si honorablement sur le champ de bataille; puis tous ces oiseaux de proie prirent leur volée, et deux heures après ils s'abattaient à trois lieues de là, dans une ferme où maîtres et valets les recevaient le chapeau à la main. Par l'ordre du chef jeune officier français fut placé dans le meilleur lit de la maison, et un exprès fut envoyé au bourg voisin pour en amener un chirurgien qui pût panser le blessé dont l'état empirait à chaque instant.

CHAPITRE XIV.
Un coin du cœur humain.

Il en est des malfaiteurs les plus endurcis comme des femmes galantes, qui ont parfois des retours de vertu, tout en conservant leurs amants. Rien n'est absolu en ce monde; les meilleures natures ne sont pas à l'abri d'une mauvaise pensée, et les plus mauvaises peuvent céder à un bon sentiment.

C'est ce qui était arrivé à Pied-de-Fer : enfant, ou plutôt bohémien de Paris, il était, comme on l'a vu, devenu successivement soldat, chauffeur, assassin, voleur de bas étage, puis enfin chef d'un corps franc, avec lequel il faisait la guerre à son pays sous la protection tacite des puissances étrangères toujours prêtes à accepter des auxiliaires quels qu'ils fussent.

Dans le même temps, le régiment où servait Adrien quittait l'Italie pour rejoindre la grande armée, à la vive satisfaction du jeune soldat, plus amoureux que jamais, et qui brûlait du désir de se distinguer afin de revenir près de sa chère Régine, paré de l'épaulette et de ce ruban rouge qui déjà avait opéré tant de prodiges. Malgré sa qualité de remplaçant, qui était une grande défaveur, il était promptement parvenu, grâce à son instruction, à son courage, à sa bonne conduite, au grade de sous-officier ; l'intrépidité dont il avait fait preuve à la bataille de Lutzen, en enlevant, à la tête de quelques hommes, une batterie ennemie, lui avait valu la croix d'honneur, et peu de temps après il était fait officier sur le champ de bataille de Bautzen.

Par malheur cette campagne, commencée d'une manière si brillante, devait se terminer par d'épouvantables revers. L'armée dut rentrer en France, défendant pied à pied le terrain contre des forces innombrables, grossissant ou se renouvelant à chaque instant.

Pied-de-Fer avait commencé ses opérations stratégiques de l'autre côté du Rhin. Afin d'assurer l'écoulement du butin qu'il ne pouvait manquer de faire, il s'était associé avec des juifs de Francfort et de Cologne auxquels il expédiait de temps à autres d'énormes cargaisons d'objets de toute espèce, ne gardant que l'or et l'argent dont il faisait de temps en temps des dépôts considérables dans des lieux déserts, et connus de lui seul.

Une fois en France, il tint la campagne avec la plus grande facilité, ayant soin, comme nous l'avons dit, d'éviter tout engagement sérieux, ce qui lui était d'autant plus facile qu'il se faisait, lui et les siens, Russes ou Français, selon l'exigence des cas, se trouvant ainsi confondus avec une foule de corps francs qui surgissaient de toutes parts.

On comprend tout le parti que pouvait tirer un tel homme des marches et contremarches continuelles des armées belligérantes.

Au milieu de tout ce mouvement, ou plutôt de ce bouleversement général, il s'était créé des points d'appui, des retraites où on le recevait en libérateur ; partout où il se trouvait obligé de séjourner quelque temps, il ne manquait pas de prendre sous sa protection quelque gros propriétaire campagnard, quelque riche fermier où il s'établissait avec son monde et qu'il défendait au besoin contre les bandes qui survenaient.

Par ce moyen il s'était ménagé, depuis les portes de Paris, pour ainsi dire, jusqu'au delà du Rhin, des retraites et des amis sur lesquels il pouvait compter.

Telle était la situation des choses, lors de la bataille de Montmirail, où le régiment d'Adrien fut presque entièrement anéanti; Pied-de-Fer qui, dans certains cas, payait volontiers de sa personne, avait cédé dans cette circonstance, à un sentiment qui jusqu'alors lui avait été à peu près inconnu : le nom de Régine, le souvenir des souffrances de cette pauvre enfant, de sa dernière entrevue avec elle, alors qu'il l'avait laissée presque mourante après s'être emparé des diamants qui lui avaient permis de se faire chef de bande, tout cela, plus, peut-être, le courage et l'admirable résignation du jeune officier, avait fait vibrer dans son cœur une de ces cordes que l'on aurait pu croire brisées depuis longtemps par le crime et la débauche.

Aux paroles prononcées avec tant de candeur par le brave sous-lieutenant, le bandit avait senti sa poitrine s'élargir, son sang avait circulé tout à coup avec plus de vitesse et de chaleur : cet homme, qui n'aimait plus rien, qui avait renoncé à toutes les douces joies du monde, venait de trouver un but; une puissance secrète venait de lui révéler que désormais il ne tuerait plus pour tuer, qu'il ne volerait plus pour voler ; il lui sembla qu'il y aurait encore quelques heures de bonheur pour lui, d'un bonheur intime, inappréciable, à faire de ce brave jeune homme un des élus de cette terre, comme lui-même en était un des maudits.

« Merci, diable, ou merci, Dieu, disait-il entre ses dents, pendant que la charrette de la vivandière roulait vers l'une des fermes où il était assuré de trouver un asile inviolable ; toujours est-il, enfant, que tu es à moi.... Va ! je te ferai la vie large et belle.... On t'a fait officier, chevalier de la Légion d'honneur; eh bien ! moi, je te ferai

Oh! restez, restez, je vous en conjure. (Page 55, col. 2).

prince, je te ferai roi, moi qui ne suis qu'un homme.... peut-être même quelque chose de moins.... Oh! je te dois bien cela pour m'avoir ravivé l'âme, moi qui ne vivais plus que par la chair! »

On arriva à la ferme, où, ainsi que nous l'avons dit, Pied-de-Fer, ses gens, et le reste, avaient été reçus chapeau bas, comme des seigneurs et maîtres.

Adrien fut installé dans la meilleure chambre de la maison. Tandis que plusieurs des hommes de l'audacieux bandit couraient au bourg voisin, Pied-de-Fer se tenait près du blessé, sur le visage duquel il jetait de l'eau fraîche, en même temps qu'il lui tenait dans les narines une serviette imprégnée de vinaigre.

Au bout de quelques instants, Adrien ouvrit les yeux, puis, peu à peu, la connaissance lui revint, et il regarda autour de lui avec étonnement.

« Bon! voilà que ça revient, dit Pied-de-Fer. Eh bien! mon brave, comment vous trouvez-vous? »

Mais Adrien continuait à promener des regards étonnés sur tout ce qui l'environnait. Bientôt cependant, le souvenir de tout ce qui s'était passé depuis le matin lui revint.

« Ah! dit-il d'une voix faible, encore ce misérable! un Français qui aide à égorger ses frères....

— La tête est encore faible, dit Pied-de-Fer en l'interrompant, et ça n'est pas étonnant avec une balle dans les côtes et le crâne en compote.... Retirez-vous tous; pour qu'il puisse se remettre il faut avant tout du silence, du calme..Je resterai seul près de lui jusqu'à l'arrivée du médecin. »

Les gens de la ferme obéirent, et Pied-de-Fer continua à donner ses soins au blessé.

« Mon brave, lui dit-il doucement, vous voyez bien que je ne suis pas un égorgeur si enragé, puisqu'il ne tenait qu'à moi de vous faire sauter la cervelle, et que vous voici dans un bon lit, chez de braves gens qui me sont dévoués, et qui vous soigneront comme leur fils, par la seule raison que je le veux et sans s'inquiéter de ce que vous êtes. Plus tard nous causerons de tout cela. Pour le moment je ne vous demande que votre parole de ne pas chercher à vous évader.

— Ainsi, je suis votre prisonnier?

— Prisonnier sur parole, c'est-à-dire libre comme l'air, dès que vous aurez promis de ne pas me quitter sans mon consentement.

— Mais cela ne vous rapportera rien, tandis que....

— C'est mon affaire, triple diable! et le temps de s'expliquer là-dessus n'est pas encore venu.... Oh! oh! mon garçon, vous n'êtes pas au bout des surprises qui vous attendent....

— Il est vrai que tout ceci est bien extraordinaire....

— Assez causé. Votre parole?

— Je vous la donne, répondit le jeune homme, pour l'amour de Régine.... Mais dites-moi, je vous en prie....

— Plus un mot!... voici que vos lèvres blanchissent de nouveau.... Flairez ce mouchoir et ne bougez pas.... Ah! mille chiens d'enfer! si j'étais derrière cet animal de chirurgien, comme je lui ferais sentir l'éperon. »

En parlant ainsi, il rajustait de son mieux les bandes de toile placées sur les blessures du jeune officier, et il s'efforçait de lui faire avaler un peu de vin pour lui rendre quelques forces.

Il était encore occupé de ces soins deux heures après, lorsqu'un bruit de chevaux se fit entendre; c'était ceux des deux hommes que Pied-de-Fer avait envoyés à la recherche d'un chirurgien, et qui, faute de mieux, amenaient en croupe le curé de Marchais qu'ils avaient trouvé, une trousse à la main, pansant les blessés dont son église était remplie.

Cet excellent homme avait d'abord fait quelque difficulté de quitter les malheureux au milieu desquels il était depuis le matin, et dont quelques-uns avaient été ramassés par lui sous le feu de l'ennemi; mais l'un des bandits ayant menacé de l'attacher à la queue de son cheval et de l'emmener ainsi mort ou vif, il s'était résigné.

« Mille millions de diables! s'écria Pied-de-Fer en voyant entrer, au lieu du chirurgien qu'il attendait, un homme en soutane et en rabat, où est mon bancal que j'apprenne à ces chiens à marcher droit et à obéir à leur maître.... Un prêtre!... canaille!... ils m'amènent un prêtre quand je demande un chirurgien!... »

Et déjà il avait saisi son sabre déposé dans un coin de la chambre.

Mais le curé, sans paraître effrayé de cette démonstration, marcha droit à lui, et lui saisissant le bras il lui dit froidement:

« Calmez-vous, s'il vous plaît, et laissez cette lame dans le fourreau. Pensez-vous qu'il n'ait pas été assez répandu de sang aujourd'hui?

— Allez au diable! répliqua Pied-de-Fer furieux; c'est un chirurgien qu'il me faut!

— Eh bien! où avez-vous vu qu'il soit interdit aux médecins de l'âme d'apprendre à guérir les plaies du corps?... Mais c'est déjà trop de paroles, ajouta le digne curé en dépliant sa trousse et ouvrant une petite pharmacie portative. Il s'agit de secourir ce blessé, n'est-ce pas? »

Et il s'avança vers le lit où Adrien était couché.

« Hum! hum! fit-il après avoir examiné le coup de feu, il y a là un morceau de plomb qu'il faudra aller chercher un peu loin; mais, avec l'aide de Dieu, nous le trouverons. Allons, monsieur, faites appel à toute votre fermeté. »

Adrien était tellement affaibli par la quantité de sang qu'il avait perdu que la parole lui manqua lorsqu'il voulut répondre; mais le curé le comprit au mouvement de ses lèvres, et choisissant dans sa trousse son meilleur bistouri il *débrida* la plaie en faisant d'une main ferme une large incision, puis il suivit avec une sonde le chemin qu'avait fait la balle, qu'il parvint, après quelques efforts, à atteindre, à saisir et à extraire.

Adrien, pendant toute cette opération, n'avait pas fait un mouvement, mais à peine fut-elle terminée, que ses yeux se fermèrent de nouveau et il s'évanouit.

« Ah! mille noms de Dieu! il va mourir! s'écria Pied-de-Fer en se tordant les poignets avec rage et en serrant les dents.

— Et s'il devait en être ainsi, lui dit tranquillement le prêtre, pensez-vous que vos blasphèmes fussent capables de le retenir en ce monde? Il est possible que l'heure de ce jeune homme vienne bientôt, mais elle n'est pas venue. »

Et tout en parlant ainsi il plaçait un premier appareil sur la blessure; il pansa ensuite celle que le jeune officier avait précédemment reçue à la tête, puis il écrivit quelques prescriptions, et il fit mine de se retirer en promettant de revenir le lendemain.

Pied-de-Fer ne pouvait répondre; ce grand coupable, qui eût affronté tous les périls de ce monde, toutes les colères du ciel et de l'enfer, était tout à coup devenu humble et tremblant; c'est à peine si osait-il lever les yeux sur le vénérable prêtre qu'il avait d'abord si rudement accueilli.

« Monsieur le curé, dit-il enfin d'une voix tellement émue qu'elle était à peine intelligible, j'ai eu tort, et je vois que le proverbe a raison : *L'habit ne fait pas le moine*. Ne me gardez pas rancune, et prenez cette bourse pour les besoins du culte.

— Je la prends pour les pauvres, monsieur, et ils sont nombreux, car la guerre nous a ruinés.

— Et vous me pardonnez?...

— Je n'ai point à vous pardonner, car vous ne m'avez point offensé; mais je prierai Dieu afin qu'il vous fasse miséricorde. »

Ces paroles, prononcées d'une voix grave et douce par un vieillard au front large, au regard vif et pur, et dont les vêtements étaient tout souillés du sang des victimes qu'il s'était efforcé d'arracher à la mort, tout cela acheva de troubler Pied-de-Fer, qui s'empressa de sortir afin que ses gens ne pussent remarquer cette vive émotion dont il était honteux.

« Mille tonnerres! disait-il quelques instants après, en parcourant les environs de la ferme, voilà une journée qui me donnerait presque l'envie de devenir honnête homme. Par malheur, il y a longtemps que la retraite est coupée de ce côté-là.... C'est égal, on ne peut pas toujours tuer, toujours piller; ça devient fatigant, ennuyeux, et il me semble qu'il y a moyen de se distraire en prenant de temps en temps le contre-pied de la chose... D'autant plus que j'ai maintenant à moi seul plus d'or, de bijoux, de diamants que n'en possède le plus riche nabab.... Et il ne faudrait qu'une once de plomb ou six pouces de fer un peu rudement envoyés à mon adresse pour que cela fût perdu pour tout le monde.... Mille Dieux ! si le pauvre garçon en réchappe, il sera curieux de voir la mine qu'il fera en apprenant qu'il est devenu tout d'un coup millionnaire.... Par malheur nous n'allons pas pouvoir rester ici bien longtemps; on marche sur Paris, et les chiens que j'ai sous mes ordres ne sont pas d'humeur à arriver tous les jours les derniers à la curée.... Pourtant il est indispensable que je ne perde pas de vue ce brave enfant.... Allons, mille diables ! qui vivra verra !... Est-ce que par hasard je serais déjà assez vieux pour me faire ermite?... »

Et s'efforçant d'écarter les pensées importunes qui, pour la première fois, surgissaient dans son cerveau, le bandit rentra dans la ferme pour donner des ordres à son monde.

Cependant Adrien, dont quelques heures de repos et les soins les plus actifs avaient amélioré la situation, s'efforçait de deviner le motif de l'intérêt que ce chef de bande prenait à lui.

« Évidemment il connaît Régine, se disait-il ; c'est en entendant le nom de cette pauvre enfant qu'il a relevé l'arme destinée à m'achever.... Cher ange bien-aimé qui m'a sauvé la vie !... Et pourtant cet homme est un infâme, qui porte les armes contre sa patrie.... Et je suis le prisonnier de ce monstre !... »

Le jeune homme passa toute la nuit au milieu de l'agitation produite par ces pensées. Au point du jour, la porte de sa chambre, où brûlait une lampe, s'ouvrit lentement; un homme entra avec précaution, s'avança sur la pointe du pied, et fit signe de se retirer à une grosse servante qui veillait près du blessé.

Cet homme était Pied-de-Fer.

« Eh bien ! mon cher enfant, dit-il en s'efforçant de rendre sa voix douce, comment nous trouvons-nous ce matin?

— Assez bien, monsieur... monsieur.... Mais vous ne m'avez pas dit votre nom.

— Soyez tranquille, mon brave ami ; vous le saurez quand il en sera temps, et vous verrez alors que les plus noirs ici ne sont pas les plus diables.

— Soit. Parlons donc d'autre chose, de Régine, par exemple, bonne et tendre enfant que vous connaissez, j'en suis sûr, puisque vous m'avez parlé de la cour des Fontaines....

— Eh ! mon garçon, qu'est-ce qu'il y a là d'extraordinaire, une petite marchande qui....

— Non, non! vous parliez de la cour des Fontaines : Régine n'était pas marchande alors !... »

Le jeune officier en parlant ainsi s'efforça de se dresser sur son séant; une vive rougeur colora les pommettes de ses joues et son regard devint menaçant.

« C'est vrai, c'est vrai, dit Pied-de-Fer effrayé de l'exaltation du jeune homme ; c'est que je l'ai connue auparavant, et puis ensuite... ensuite j'en ai entendu parler.... par.... par quelqu'un de sa connaissance.... Eh bien ! voyons, vous l'aimez cette chère petite ?... Mille diables ! il n'y a pas de mal à cela.... D'autant moins de mal que les choses peuvent s'arranger à la satisfaction générale. Mais le temps n'est pas venu de nous occuper de cela. Voyons, mon brave enfant, ajouta-t-il en se frappant la poitrine, est-ce que vous ne sentez pas quelque chose là qui vous dit que nous ne devons plus nous séparer.... et que moi, qui ai subi toutes les tortures de ce monde, je suis destiné à vous faire vivre de la vie des élus ?

— Comment voulez-vous que je comprenne ces énigmes?

— Oui, enfant, tu as raison ; c'est encore une énigme, et il en doit être ainsi pendant quelque temps. Mais il est toujours l'heure de prendre ses précautions; écoute donc : Si d'aventure une balle venait à me trouer la peau, ou qu'un boulet, blanc ou bleu, du nord ou du sud, vint à me couper en deux, ce qui pourrait parfaitement arriver avant ta complète guérison; alors, mon brave enfant, tu irais trouver le curé de Marchais qui s'est fait ton chirurgien, et tu lui demanderais les papiers qui lui auront été confiés pour t'être remis dans cette circonstance ; tu briseras le cachet du paquet, et tu liras.... Ah ! ah ! tu fronces le sourcil, ce me semble ! tu ne veux pas, monsieur le sous-lieutenant, que je te tutoie, moi ton maître et seigneur !... Il faudra pourtant bien en prendre votre parti, mon cher garçon, car il n'en sera pas autrement désormais.... Et puis j'ai votre parole, et nous verrons un peu, monsieur le chevalier de la Légion d'honneur, comment vous savez tenir la foi jurée. Vous êtes mon prisonnier, tonnerre ! mon prisonnier, à moi, chevalier ! Vous ne l'avez pas oublié, j'espère ?

— Non certes ; mais je m'aperçois que, pour un soldat de la Sibérie, vous avez l'esprit subtil, et que vous éludez aisément la question. Ainsi je parlais de Régine....

— Oui, oui, et nous en reparlerons. Pour le moment, pas une question de plus ; je n'y répondrais pas. Qu'il te suffise de savoir que le curé de Marchais a reçu de moi, cette nuit même, le paquet dont je t'ai parlé. »

Plusieurs jours s'écoulèrent à partir de ce moment, pendant lesquels les armées belligérantes se livrèrent à des opérations stratégiques sans résultat.

Le brave et digne ecclésiastique venait chaque

jour visiter le blessé de la ferme, dont la situation s'améliorait peu, au grand désespoir de Pied-de-Fer que les manœuvres des diverses armées devaient bientôt obliger à quitter le pays.

« La guérison sera, dans tous les cas, fort longue, lui dit un jour le curé qu'il interrogeait; peut-être même ne sera-t-elle jamais complète, et il n'est pas impossible que la mort du jeune officier soit prochaine, car tout danger de mort n'a point disparu. De plus savants que moi pourront vous en dire davantage. »

Pied-de-Fer se le tint pour dit, et dès lors il se mit à chercher un asile pour son protégé. Bientôt il fallut aller en avant; la ferme fut évacuée, et le blessé fut, avec les plus grandes précautions possibles, transporté à six lieues de là.

« Dussé-je marcher avec mes seules forces, avait dit l'empereur de Russie, je suis sur la route de Paris, et je ne ferai point un pas en arrière. »

Ce fut alors que l'ex-chauffeur, dans une de ces longues et audacieuses excursions qu'il faisait souvent à la tête des plus déterminés garnements de sa bande, pénétra jusqu'au château de Souvrecœur qui lui rappelait à la fois de si doux instants et de si terribles jours; il étudia les environs, qu'il connaissait déjà depuis longues années, et il pénétra même jusque dans l'intérieur de l'ancien manoir; bientôt, à l'aide de quelques pièces d'or, il eut des intelligences dans la place; il sut ce qu'avait été le marquis de Gastelar, devina ce qu'il devait être, et deux jours ne s'étaient pas écoulés depuis qu'il avait pénétré jusque-là, que déjà il avait résolu de faire de ce château la résidence inviolable de son protégé, de ce jeune homme dont, presque malgré lui, et sans s'en rendre compte, il avait fait son idole.

L'amitié des hommes de cette trempe, lorsque l'amitié peut se faire jour dans leur cœur, acquiert promptement toute la violence de leurs autres passions, violence qui s'accroît encore en raison de la nouveauté de ce sentiment.

Ainsi Pied-de-Fer maintenant, Pied-de-Fer qui avait eu des compagnons et point d'amis, des compagnes de plaisirs et point de maîtresses; cet homme que pendant quinze ans on eût pu croire sans entrailles, ce voleur, cet assassin, eût volontiers jeté sa vie dix fois au vent en une heure pour défendre celle du jeune officier qu'il avait failli tuer lui-même quelques jours auparavant.

Le cœur humain est ainsi fait : le pourquoi de cela serait peut-être facile à trouver, mais il serait difficile à dire.

Telle était donc la situation des choses, lorsque le 25 mars, vers six heures du soir, une carriole d'osier assez mal suspendue, mais dont les banquettes avaient été remplacées par de bons matelas, et qui était escortée par une vingtaine d'hommes armés, se présenta à l'entrée principale du château de Souvrecœur.

La grille s'ouvrit sans difficulté sur un mot du chef du détachement, et quelques instants après Adrien, couché dans l'une des chambres du pavillon oriental, recevait la visite d'un médecin renommé, mandé tout exprès de Fontainebleau.

CHAPITRE XV.

Séduction.

« Juliette, disait la marquise de Gastelar à sa femme de chambre, Juliette, vous mentez! Je vous sais incapable de résister à la tentation.... et d'ailleurs je vous ai vu sortir de la chambre de notre nouvel hôte.

— Eh bien! madame la marquise, je l'avoue.... mais ce n'est pas ma faute ; c'est le docteur qui l'a voulu.

— Quel nouveau conte me faites-vous là ?

— Oh! cette fois, madame la marquise, je dis l'exacte vérité : il fallait tailler des compresses, des bandes de linge de toute sorte, et ce n'était ni Henri, votre valet de pied, que l'on a installé près du blessé, ni Jean, votre cocher, ni le concierge, ni le jardinier qui pouvaient se charger de cela.

— Il n'y a donc pas de femme ici ? s'est écrié le médecin, impatienté de la maladresse de Henri. Il n'y a que madame la marquise et sa femme de chambre. — Eh bien! a-t-il répliqué, que l'on aille chercher l'une ou l'autre.

— L'insolent !

— Je ne pouvais souffrir que l'on allât chercher madame la marquise, et je me suis mise à la disposition de ce terrible docteur auquel on ne peut résister quand on l'a entendu.

— C'est cela, vous vous êtes dévouée. Mais pourquoi avoir menti?

— C'est que madame la marquise avait l'air si fâché....

— Et ce n'était pas sans raison. Je vous avais recommandé la plus grande réserve envers les étrangers que les graves circonstances de ce moment peuvent nous obliger à recevoir, et voilà ce jeune officier à peine arrivé que vous allez lui faire visite.... Voyons, puisque le mal est fait, il servira au moins à quelque chose ; vous pourrez me dire quel est ce personnage.

— Oh! oui, madame la marquise : c'est un beau jeune homme brun qui a le regard doux comme celui d'une jeune fille.... Il est bien pâle, et ça se conçoit, car il a au côté droit une blessure large comme la main, et une autre à la tête qui est plus grave encore.... il faut qu'il se soit bien battu, car son habit est percé, déchiré de tous côtés; ses épaulettes sont noircies et sentent la poudre, et sa croix d'honneur est coupée en deux d'un coup de sabre....

— Oh! oh! il paraît, mademoiselle, que vous n'avez pas perdu votre temps; vous avez vu tout cela en coupant des bandes?

— C'est que.... il m'a fallu aussi les placer.... Le docteur prétend que Henri n'a pas la main assez légère.

— Et ce beau blessé ne parle donc pas?

— Oh! pardonnez-moi : il m'a bien remercié, puis il a dit : — Je ne sais à qui je dois la généreuse hospitalité que l'on m'accorde ici; je ne sais s'il me sera possible de faire entendre à mes hôtes l'expression de ma reconnaissance. Veuillez donc, docteur, et vous, mademoiselle, être mes interprètes près des généreux maîtres de cette maison.

— Il a dit cela?

— Oui, madame la marquise, et c'était trop, il a failli s'évanouir après avoir prononcé la dernière parole, et le médecin, après l'avoir grondé, lui a défendu de proférer un mot.... souffrir et se taire....

— C'est trop de moitié, n'est-ce pas?

— Madame la marquise....

— Je te pardonne, Juliette. Eh! mon Dieu! l'occasion, la curiosité, la solitude sont de si puissants provocateurs!... Mais, mademoiselle, il ne faut pas que cela aille plus loin.

— Pauvre jeune homme! qui donc le pansera?

— Ce ne sera pas toi, Juliette.... il ne faut pas que ce soit toi.

— Mais le docteur assure que le concours d'une femme lui est nécessaire.... madame la marquise prendra donc la peine.

— Pourquoi non? Pensez-vous, mademoiselle, que les devoirs de l'hospitalité me soient étrangers? Que cela ne vous inquiète donc pas, et ayez soin de faire avertir le docteur, dès qu'il paraîtra, que je désire le voir. »

Au moment où Mme de Gastelar achevait de donner cet ordre, Henri vint annoncer que le médecin entrait dans la cour du château et allait mettre pied à terre.

C'était un vieillard de soixante-cinq ans environ, presque entièrement chauve; mais qui, sous ses sourcils gris, avait conservé des prunelles ardentes qui semblaient lire jusque dans les plus profonds replis du cœur de la personne qu'il examinait; sa taille était moyenne; il avait les épaules larges, la démarche vive et assurée, et l'ensemble de sa physionomie annonçait en lui le sentiment d'une supériorité qu'il ne voulait pas dissimuler.

« Je sais bien, madame, dit-il en entrant dans le salon où l'attendait la marquise, je sais bien que j'ai manqué aux lois de la politesse; mais cela vient de ce que ceux de l'humanité me paraissent plus sacrés.

— Oh! nous savons, répondit Mme de Gastelar, que vous êtes un terrible homme, faisant fort peu de cas des gens qui se portent bien; mais l'excuse vous manque ici, car je suis malade.

— Vous, belle dame? demanda le docteur en attachant son regard perçant sur les yeux noirs et scintillants de la marquise; vous êtes malade?... En effet, reprit-il après quelques instants de silence, il y a en vous quelque chose d'exubérant....

— C'est donc une exubérance d'ennui; car l'ennui me dévore.... mais c'est un mal que vous ne pouvez connaître, mon cher monsieur Brimont, et contre lequel la science est impuissante.

— La science est toute-puissante, madame; mais, par malheur, elle ne nous a pas dit son dernier mot.... Pardon, j'ai à Fontainebleau trois cents blessés qui m'attendent, et le mal de ces braves gens a une cause plus sérieuse que l'ennui....

— Oh! méchant! comme vous me faites beau jeu pour que je me fâche.... Eh bien! non, monsieur l'Esculape, je ne me fâcherai pas, et au contraire je vous seconderai de toutes mes forces ici.... Vous voudrez donc bien m'annoncer à mon hôte que je n'ai pas encore eu l'honneur de voir.

— Je suis à vos ordres, madame. »

Et tous deux se dirigèrent aussitôt vers la chambre d'Adrien.

« Monsieur, dit le médecin en entrant, j'ai l'honneur de vous présenter une charmante consolatrice, Mme de Gastelar, dont vous êtes le pensionnaire. »

Adrien fit un effort pour se soulever, et ses regards rencontrèrent presque aussitôt ceux de la marquise qui mollement penchée en avant s'avançait sur la pointe du pied.

« Madame, dit-il d'une voix quelque peu tremblante, il y a dans mon installation ici quelque chose que je n'ai pas bien compris, et dont j'éprouve le besoin de vous demander pardon.

— C'est pourtant chose toute simple, monsieur, répondit la marquise; le château de Souvrecœur est un asile toujours ouvert à l'infortune.

— C'est qu'en vérité ma situation est étrange, reprit Adrien; me voici en France, chez de bons Français, je n'en saurais douter, et pourtant je suis prisonnier....

— Hein? fit le docteur en fronçant ses sourcils gris; prisonnier!... prisonnier de qui?...

— Ah! docteur, dit la marquise en accompagnant ses paroles de son plus gracieux sourire, vous voulez nous faire une querelle de mots; mais, pour mon compte, je ne l'accepte pas.... »

Puis s'avançant doucement vers le lit du blessé, elle ajouta :

« Voyons, monsieur, vous êtes mon prisonnier à moi; vous m'appartiendrez corps et âme jusqu'à votre guérison.... Le docteur pourra seul lever votre écrou.... Cela vous paraît donc bien effrayant?

— Ah! madame, c'est votre esclave soumis que je veux être.... mais je voudrais savoir....

— Nous répondrons à toutes vos questions, monsieur, interrompit Mme de Gastelar; mais avec la permission du docteur, s'il vous plaît. Jusqu'à ce qu'il l'ait donnée, nous serons sourde et muette, mais nous aurons cœur et âme à votre intention.... Docteur, n'est-ce pas ainsi que vous l'entendez?

— J'entends, belle dame, que vous avez grande envie de m'enlever l'honneur de cette belle cure, afin de vous guérir vous-même de la maladie dont vous vous plaigniez tout à l'heure. C'est, par ma foi, fort ingénieux; mais il ne faut pas aller trop vite. »

Le malin docteur accompagna ces dernières paroles d'un sourire sarcastique et d'un regard perçant que la marquise essaya d'éviter en faisant encore un pas vers le lit du blessé.

« A l'œuvre donc, mon bel auxiliaire, » reprit M. Brimont.

Il prit la main d'Adrien, compta les pulsations, puis il examina les yeux, appuya légèrement l'oreille sur la poitrine du blessé, auquel il adressa ensuite quelques questions. Enfin, il leva l'appareil qui couvrait tout un côté de la tête du jeune homme, et Mme de Gastelar, attentive au moindre signe, prépara de ses doigts mignons et effilés les linges nécessaires; quelques secondes après, elle tremblait d'émotion en écartant les cheveux noirs du blessé des bords de la plaie; un instant l'une de ses mains s'appuya sur le front d'Adrien, qui, ébloui, fasciné, saisit cette main par un mouvement imperceptible, la fit glisser sur son visage et l'appuya sur ses lèvres brûlantes.

« Celle-ci va bien! dit le docteur, tout entier en ce moment à l'examen de la blessure; elle ne m'inquiète plus. A l'autre maintenant. Voyons, belle dame, nous avons encore ici besoin de vos jolies mains si légères.... mais, corbleu! il ne faut pas trembler. »

L'émotion de Mme de Gastelar était telle, que le médecin eût pu entendre les battements de son cœur, s'il n'eût été entièrement absorbé, le digne homme, par la pensée que le coup de feu dont Adrien avait été atteint entre la cinquième et la sixième côtes droites, devait être presque nécessairement mortel. Bientôt pourtant son front se dérida; un éclair de joie brilla sur son visage, lorsque la compresse enlevée permit de voir les bords rosés de la blessure tendant à se resserrer.

« Vrai Dieu! s'écria-t-il avec enthousiasme, je reconnais là la main d'un prince de la science!... C'est un Dieu, c'est le diable, ou c'est Larrey en personne qui le premier a mis le doigt là!

— C'est tout simplement, répondit Adrien, un pauvre curé de campagne,. M. le curé de Marchais, qui a extrait la balle après avoir élargi l'ouverture, afin que le sang, trouvant une issue, ne m'étouffât point.

— Peste! si les curés de campagne en sont là, nous ferons bien, nous autres, d'apprendre à dire la messe.... Toujours est-il que vous êtes sauvé!... Eh bien! belle dame, est-ce la crainte de demeurer sans emploi qui vous émeut si fort?... Oh! rassurez-vous, la guérison est certaine; mais elle n'est pas accomplie; elle ne peut même s'accomplir sans votre aide; vous ferez seule désormais ce que nous faisons ensemble aujourd'hui. Tant pis pour vous, belle dame! voilà ce que c'est que de se jeter tête baissée dans l'inconnu. Ah! vous avez imaginé peut-être que c'était tout roses!... La leçon profitera, je l'espère.... Eh bien! madame la marquise, ne voulez-vous pas préparer cette charpie?... Songez donc que vous allez opérer seule désormais, pendant quinze jours au moins; peut-être plus; au point où en sont les choses, je ne saurais affirmer, mais j'ai la certitude que cela ira bien. »

Il s'assit devant une table pour écrire ses prescriptions, pendant que Mme de Gastelar recouvrait d'un mouchoir de soie les linges dont la tête d'Adrien était enveloppée.

« J'espère que vous voudrez bien dîner avec moi, docteur? dit-elle ensuite en s'approchant de la table.

— Non, belle dame; car si je dînais ici, il y a là-bas plus d'un pauvre diable qui irait souper dans l'autre monde. Mais vous pourrez bien ne pas manquer de convives; car l'Empereur et son armée s'avancent, dit-on, à marches forcées pour secourir Paris, menacé par le prince de Schwartzemberg à la tête de deux cent mille hommes.... Le temps n'est pas aux plaisirs comme vous voyez. »

Il acheva d'écrire, puis se levant, il ajouta :

« Soyez assez bonne pour veiller à ce que ces prescriptions soient exactement suivies.

— J'y veillerai, docteur, soyez sans inquiétude sur ce point. »

Elle allait ajouter quelque chose, mais déjà M. Brimont avait repris son chapeau, sa cravache; quelques secondes après, il enfourchait sa monture et piquait des deux.

Demeurée seule près d'Adrien, Mme de Gastelar feignait de ranger les quelques fioles déposées sur les meubles, attendant avec impatience et non sans inquiétude que son jeune hôte voulût ou osât lui adresser la parole.

De son côté Adrien était dans une situation d'esprit à peu près semblable : la beauté de la marquise avait fait sur lui une vive impression, et bien qu'il ignorât la cause de l'intérêt qu'elle lui témoignait, il y avait dans sa position quelque chose qui flattait son amour-propre et lui faisait pressentir d'agréables distractions.

« Madame, dit-il enfin d'une voix dont l'émotion pouvait, à la rigueur, être mise sur le compte de sa faiblesse, je m'estime heureux de pouvoir vous exprimer moi-même toute la reconnaissance pour les soins qui me sont prodigués.

— On n'a fait, monsieur, que remplir un devoir et vous avez le cœur trop haut placé pour ne pas le comprendre.... Mais vous devez avoir besoin de repos; le docteur n'a pas permis un long entretien....

— Mais il ne l'a pas défendu non plus, interrompit vivement Adrien. Je vous en prie, madame, ne faites pas cesser si vite le seul instant de bonheur que j'aie goûté depuis longtemps....

— Plus bas! plus bas! monsieur, ou j'userai des droits que le docteur m'a remis.... Il faut pourtant s'entendre; mais une garde a bien le droit de se tenir au chevet de son malade. »

Et les yeux baissés, le sourire sur les lèvres et les joues couvertes d'une délicieuse rougeur, l'enchanteresse s'approcha du lit.

« Oh! reprit le jeune homme, j'avais deviné que vous étiez aussi bonne que belle. »

Elle s'assit en posant comme par inadvertance l'une de ses mains sur le bord de l'oreiller, de sorte qu'Adrien n'eut qu'à se pencher un peu pour appuyer de nouveau ses lèvres sur cette charmante main.

« Je vous écoute, monsieur, dit-elle en dégageant ses doigts mignons de la douce étreinte qui les retenait.

— Et moi je vous admire, je vous ai....

— Monsieur, dit-elle en s'empressant de l'interrompre, on doit pardonner les fantaisies d'un malade, mais il n'est pas défendu de le rappeler à la raison. Vous aviez, si j'ai bien compris, quelques explications à me demander.

— Il est vrai, car ma situation est vraiment des plus singulières. Blessé sur le champ de bataille, emporté par de braves gens qui voulaient me sauver, je tombai aux mains d'une bande de Cosaques commandés par l'homme le plus extraordinaire que l'on puisse imaginer. C'est un Français; il suffit de l'entendre parler pour n'en point douter, et il fait la guerre à la France. Cet homme allait me tuer; je prononce un mot, il relève son arme, me fait transporter dans une maison, me fait donner toutes sortes de soins, enfin il me traite avec toute la tendresse d'un père, et cependant je ne suis que son prisonnier : il m'a fait donner ma parole de ne pas tenter de recouvrer ma liberté. Cet homme est bien puissant sans doute; je l'ai vu jeter l'or sans compter pour payer le moindre service; il est l'ennemi de la France, et c'est lui qui m'a fait transporter ici, dans un lieu où l'ennemi n'a pas encore pénétré.... J'avoue que cela confond ma raison, et vous êtes si bonne que peut-être vous voudrez bien me donner le mot de cette énigme. »

La marquise écoutait attentivement. Un instant la colère se montra dans son regard; mais ce ne fut qu'un éclair.

« Monsieur, répondit-elle avec l'apparence du calme le plus complet, de grands événements sont sur le point de s'accomplir; tel qui peut vous paraître en ce moment l'ennemi de la France, travaille à son bonheur. Je n'en puis dire davantage : ces secrets ne m'appartiennent point.... Et puis cela est bien sérieux; votre tête se fatiguerait.... je vais donc....

— Oh! restez, restez, je vous en conjure. Après tout la prison est si douce, la gardienne est si charmante, qu'on ne saurait ici regretter la liberté.

Il s'empara de nouveau d'une main qu'on lui abandonna, et que, cette fois, il pressa tour à tour sur son cœur et sur ses lèvres.

« Enfant! dit la marquise en se penchant doucement vers l'oreiller, c'est de la déraison, vous aggravez votre mal....

— Oh! ma vie, ma vie tout entière pour quelques instants d'un pareil bonheur! »

Il essaya de se soulever; ses bras se tendirent vers la séductrice dont les regards enflammés le fascinaient.

En ce moment des pas lourds et pressés se firent entendre dans la pièce voisine; presque aussitôt la porte de la chambre s'ouvrit, et Pied-de-Fer parut.

« Mille diables! dit-il en jetant sur un fauteuil sa hideuse casquette de cuir, c'est plus que je n'en demandais! »

Au premier bruit, Adrien avait laissé retomber sa tête sur l'oreiller, et la marquise avait subitement composé son visage; mais elle comprit au regard que lui jeta Pied-de-Fer qu'il lui avait suffi d'entrevoir la vérité pour la deviner tout entière.

« Monsieur, dit-elle en se levant, si vous avez à m'entretenir, je vous attendrai chez moi.

— C'est inutile, marquise, je n'ai pas de temps à perdre. Les événements vont un train d'enfer; avant trois jours tout sera fini.... Cette vie m'allait si bien!... Heureusement je me suis préparé d'autres passe-temps; mais ceux-là, madame, je ne veux pas les partager avec vous. »

Mme de Gastelar lui jeta un regard terrible en se dirigeant vers la porte et elle sortit.

« J'espère, monsieur, dit Adrien indigné de la brutalité de Pied-de-Fer, j'espère qu'il vous plaira enfin de m'expliquer les choses extraordinaires qui se passent autour de moi, depuis que je suis votre prisonnier. Cela est devenu intolérable, et si vous refusez de me satisfaire, je chercherai et je trouverai probablement le moyen de vous y contraindre.

— Le diable m'emporte! s'écria Pied-de-Fer en riant dans sa hideuse barbe, je crois que l'enragé me menace!... Prends garde, enfant, cette femme qui vient de sortir, c'est le diable en personne. J'aimerais mieux te savoir dix Régine...

— Régine! s'écria Adrien; ah! oui, parlez-moi d'elle, pauvre petite! ou plutôt laissez-moi l'aller revoir....

— Et allez donc! sacredieu!... le voilà parti!... Heureusement qu'on ne va ni vite ni loin avec une balle dans le ventre.

— Nous sommes si près de Paris, et il vous serait si facile de m'y faire transporter!...

— Enfant, il n'est pas temps de toucher cette corde-là.... Le séjour de Paris en ce moment est excessivement malsain... pour certains tempéraments.... »

Ils furent interrompus par un bruit de chevaux qui entraient dans la cour du château, bruit auquel succéda celui de fourreaux de sabres retentissant sur le pavé. Pied-de-Fer s'avança vers une fenêtre.

« La vieille garde! s'écria-t-il presque aussitôt. Sacré mille diables! il ne fait pas bon ici.... Enfant, souviens-toi que j'ai ta parole et que je la garde. »

A ces mots il jeta une lourde bourse sur le lit du blessé, puis il s'élança vers la porte et disparut.

CHAPITRE XVI.

Le droit du plus fort.

C'était en effet un détachement de grenadiers à cheval de la vieille garde impériale qui avait déterminé la retraite précipitée de Pied-de-Fer.

Ce jour-là même, Napoléon était arrivé à Fontainebleau, où les vivres manquaient depuis plusieurs jours, et des détachements avaient été immédiatement envoyés dans tous les environs pour faire les réquisitions nécessitées par le déplorable état des affaires.

Les autorités locales avaient été convoquées; elles avaient délivré des mandats, et c'était muni de l'une de ces pièces que le commandant du détachement se présentait au château de Souvrecœur. Mme de Gastelar achevait de donner des ordres pour que les vivres et les fourrages requis fussent livrés aux soldats, lorsqu'une espèce de courrier entra au galop dans la cour.

C'était un homme bien vêtu, portant au bras gauche une sorte de bracelet blanc formé de longs rubans que la rapidité de sa course faisait flotter en arrière, une cocarde de même couleur était attachée à son chapeau rond, et de chaque côté du collet de son habit noir se dessinait une large fleur de lis appliquée à la hâte à l'aide de deux épingles en croix.

Le sous-officier qui commandait le détachement de grenadiers demeura d'abord immobile de surprise à la vue de ce personnage.

« Mille tonnerres! s'écria-t-il après quelques instants, est-ce que nous allons recommencer la Vendée?... il ne manquerait plus que cela!... Si l'on ne m'avait pas donné des ordres si précis, je ne sortirais certainement pas d'ici sans savoir à quoi m'en tenir sur ce muscadin de l'ancien régime; mais, à bon entendeur salut! la blanchaille n'est pas tombée dans l'œil d'un aveugle, et nous saurons bientôt d'où sortent ces oiseaux de mauvais augure.... A cheval, et au galop! »

Tandis que les grenadiers reprenaient le chemin de Fontainebleau, escortant les munitions qu'ils avaient obtenues, le personnage à la cocarde blanche pénétrait chez la marquise à laquelle il remettait la lettre suivante :

« Victoire! madame; Paris a capitulé; on s'occupe en ce moment de former un gouvernement provisoire, le comité est, en ce moment, tout-puissant, car Talleyrand est des nôtres. Encore quelques jours et le trône des Bourbons sera relevé. Le comte d'Artois, débarqué à Bordeaux, le 12 mars, nous arrivera dans peu de jours, avec le titre de lieutenant général du royaume, et dès lors votre mari pourra prétendre à tout. Hâtez-vous donc de venir me joindre; grâce au sauf-conduit que je vous ai remis, vous pourrez franchir toutes les lignes sans difficulté.

« C'est surtout au moment d'événements du genre de ceux qui se préparent, qu'une femme comme vous est un trésor inestimable. Ce trésor est à moi, et je brûle du désir de le revoir. Venez donc, de grâce, belle amie : ce ne sera pas, je pense, me faire un grand sacrifice que de quitter cette triste solitude où j'ai été obligé de vous laisser, en prévision d'événements qui ont été beaucoup plus rapides que je ne l'espérais. Venez, mon bel ange, mon cœur vous appelle et mes bras vous sont ouverts.

« Marquis DE GASTELAR. »

Cette lettre qui eût été accueillie par la marquise avec joie quelques jours auparavant la laissa froide et mécontente. C'est que depuis vingt-quatre heures la situation de l'altière châtelaine s'était prodigieusement modifiée : cette solitude où elle avait passé un hiver rigoureux, se débattant contre de terribles souvenirs, des regrets amers et d'incessants remords, s'était pour elle subitement métamorphosée en séjour délicieux; ses passions ardentes,

Garçons, dit-il ensuite, voici le prêt du dernier mois. (Page 63, col. 1).

quelque temps assoupies, s'étaient tout à coup ravivées, un puissant élément leur avait rendu toute leur énergie. Son front se plissa légèrement en lisant ce message; ses lèvres se serrèrent, et ses ongles rosés se firent jour comme involontairement à travers le papier.

— Madame, dit le personnage, M. le marquis, dont j'ai l'honneur d'être l'aide de camp, m'a chargé de vous dire qu'il ne demande qu'une réponse verbale. Dois-je lui rapporter que madame la marquise va s'empresser de se rendre à ses vœux?

— Il le faut bien, répondit Mme de Gastelar en froissant violemment la lettre sans s'occuper de l'étonnement qui se peignait sur le visage de son interlocuteur. M. le marquis eût été mieux avisé de ne pas partir seul... mais je lui pardonne les ennuis auxquels il m'avait condamnée. Dites-moi, monsieur, les routes sont-elles sûres?

— Parfaitement, madame: les troupes impériales et l'armée des alliés s'observent; mais depuis trois jours, on n'a pas tiré un coup de fusil, et le calme est tel que j'ai pu arriver jusqu'ici sans quitter les couleurs de Henri IV et de Louis le Grand.

— Retournez donc, monsieur, et annoncez ma venue: je vous suivrai de près. »

L'aide de camp improvisé repartit aussitôt, et une heure après, la marquise, qui s'était assurée de la disparition de Pied-de-Fer, revenait près d'Adrien.

« Ah! mon bel ange consolateur! s'écria le jeune homme, je craignais que la visite de ce singulier personnage vous empêchât de revenir....

— Il paraît qu'il n'est resté ici que bien peu de temps après mon départ?

— Le bruit des pas de chevaux et des fourreaux de sabre traînant sur le pavé a suffi pour le faire fuir.... Mais, de grâce, apprenez-moi quel est cet homme étrange qui parle en maître; partout où il se trouve, il fait trembler d'un mot les gens qui l'entourent, et fuit comme un lièvre au bruit des armes?

— Oh! ce serait une histoire fort peu intéressante, et surtout beaucoup trop longue pour que je pusse le faire aujourd'hui; car, dans quelques heures, je serai loin d'ici.

— Vous partez! s'écria Adrien en se soulevant sur ses coudes, vous me quittez?... aujourd'hui même? mais la fatalité qui me poursuit ne me fera donc jamais ni paix ni trêve?

— Calmez-vous, monsieur, et écoutez-moi. »

Mme de Gastelar s'approcha du lit, et elle reprit la place qu'elle avait occupée avant l'arrivée de Pied-de-Fer; son charmant visage s'illumina du plus doux regard et s'embellit du plus gracieux sourire.

Cette fois Adrien s'empara sans hésiter et comme d'un bien qu'on est heureux de recouvrer, de la main qui effleurait son oreiller.

« Mon Dieu ! dit-il avec effusion, j'étais si heureux ce matin !... Oh ! vous ne voudrez pas me faire passer ainsi de la joie au désespoir.

— Vraiment, répondit-elle, ce vilain homme avait bien raison de vous appeler enfant ! nous nous connaissons d'aujourd'hui, et voici que mon départ va vous dépiter comme un enfant qui voit s'envoler un papillon qu'il a à peine aperçu.

— Hélas ! la comparaison n'est que trop juste : papillon brillant, vous allez prendre votre essor vers des régions dont l'accès m'est interdit....

— Cela est beaucoup plus simple : je vais à Paris.

— Paris ! dit-il en s'efforçant de maîtriser l'émotion nouvelle que ce seul mot faisait naître en lui, vous allez à Paris, mon pays bien-aimé !

— Mes ordres sont donnés ; ma berline de voyage est douce et commode, et dans deux heures on y mettra les chevaux !

— Oh ! vous êtes bien cruelle de me tourner ainsi le poignard dans le cœur !

— Vous devriez dire plutôt que je suis bien folle, car je pensais à profiter de cette circonstance pour vous rendre à votre famille, à vos amis, à.... »

Un éclair de joie brilla sur le visage d'Adrien, mais presque aussitôt il devint plus sombre qu'il ne l'avait été jusque-là.

« Hélas ! fit-il, vous ignorez donc que je suis prisonnier sur parole de cet homme incompréhensible qui était ici il y a une heure ? Il doit y avoir là-dessous quelque mystère d'iniquité, je le pressens ; mais je suis lié par ma parole.... cela est bien affreux !

— Vous êtes, au contraire, plus libre que vous ne l'avez jamais été. Écoutez, mon jeune ami : les alliés sont à Paris ; la déchéance de Napoléon a été proclamée, et le gouvernement provisoire a déclaré que tous les soldats de l'usurpateur étaient déliés de leurs serments. N'est-ce pas assez pour rassurer votre conscience ? Voici le reste : les puissances alliées ont solennellement déclaré qu'elles n'avaient jamais entendu faire la guerre à la France, mais seulement à Napoléon, et à l'appui de cette déclaration, elles ont ordonné que tous les prisonniers français fussent renvoyés dans leurs foyers. Vous voyez bien que vous ne pouvez plus être le prisonnier de personne.

— Il serait vrai ?

— Voici la confirmation de toutes ces nouvelles, répondit-elle en présentant au jeune officier quelques journaux que lui avait remis l'aide de camp de son mari... Et maintenant, monsieur, ajouta-t-elle en baissant les yeux, tandis qu'elle abandonnait au jeune homme ses deux mains qu'il couvrait de baisers, maintenant si nous nous séparons pour ne plus nous revoir, c'est que vous l'aurez voulu.

— Mais ce serait horrible !... à vous, belle et tendre amie, c'est à vous que je veux être corps et âme.... Tenez, voici que je me sens plein de force, de santé.... Le docteur n'a-t-il pas dit ce matin que j'étais sauvé ?

— Mon Dieu, dit-elle en essayant de cacher son charmant visage avec l'une de ses mains qu'elle était parvenue à dégager doucement de celles d'Adrien, mon Dieu ! je vais faire une grande folie.

— Eh quoi ! des craintes maintenant !... de l'hésitation !... Oh ! je n'hésite pas, moi, pour jurer de vous adorer toujours et de vous consacrer ma vie entière. »

Et puisant dans l'exaltation les forces qui lui manquaient, il se mit sur son séant et attira doucement vers lui la tête de la marquise. Presque aussitôt leurs lèvres se rencontrèrent ; mais le pauvre blessé était trop faible pour supporter une commotion si violente ; tout son sang reflua vers le cœur, ses lèvres blêmirent, ses bras cessèrent d'étreindre les épaules d'albâtre de la charmante femme, et il retomba sur l'oreiller. La marquise effrayée s'empressa de le secourir ; elle lui fit respirer des sels, et elle parvint assez promptement à lui rendre l'usage de ses sens.

« N'avais-je pas raison de dire que je faisais une immense folie ? reprit-elle en se tenant cette fois hors de la portée du jeune officier.

— Vous voulez donc me faire mourir de regrets ? demanda Adrien dont les joues commençaient à reprendre une légère nuance de vermillon.

— Je veux que vous viviez, au contraire ; je veux vivre aussi, moi !... mais pour qu'il en soit ainsi, il faudrait ne point faire de folies, et nous ne faisons pas autre chose depuis ce matin.... Voyons, enfant, promettez d'être sage, et je vais vous envoyer Henri, qui vous habillera, vous enveloppera d'un ample manteau, et aidera à vous transporter dans ma voiture.... Vous voyez bien, monsieur, que l'on n'est pas si terrible que vous le disiez tout à l'heure....

— Oh ! je n'ai rien dit, je ne veux rien dire, sinon que vous êtes mon ange gardien, mon ange sauveur, mon ange bien-aimé.... »

Pour arrêter ce flot d'hyperboles, la marquise posa l'une de ses mains sur les lèvres du jeune homme, puis, légère comme une sylphide, elle prit son vol vers la porte et disparut.

Une heure après, alors que les ténèbres de la nuit étaient traversées par la lumière des étoiles dont le scintillement annonçait un temps beau et froid, Adrien était transporté par Jean, le cocher et Henri, le valet de pied et l'homme de confiance de la marquise, de la chambre à la berline dans laquelle tout était disposé afin que le blessé se ressentît le moins possible des fatigues du voyage.

Presque aussitôt la marquise et sa femme de chambre, Juliette, descendirent le perron et prirent place, Mme de Gastelar près du jeune officier, et la camériste sur le devant, en face de sa maîtresse.

« Jean, dit la marquise, vous savez que nous prenons la poste à Fontainebleau ; vous n'avez donc pas à ménager vos chevaux.

— Madame la marquise, nous serons à la poste dans trois quarts d'heure. »

Il monta sur le siége, fit entendre son fouet, et la berline roula bientôt dans l'avenue de peupliers, puis sur la route, à droite et à gauche de laquelle on apercevait, se prolongeant à une immense distance, les feux des bivouacs de l'armée française encore nombreuse et imposante, malgré deux ans de combats incessants contre toutes les forces de l'Europe. Quoique bien faible encore, Adrien se sentait capable de supporter facilement le mouvement de la voiture jusqu'à Paris, vers lequel tendaient tous ses désirs, toutes ses pensées.

Un léger frémissement de Mme de Gastelar vint l'arracher aux pensées qui l'occupaient.

« Le froid vous fait mal, peut-être.... Voulez-vous que je lève la glace ? dit-il en étendant le bras.

— Merci, répondit la marquise en posant sa main sur celle du jeune homme ; je n'ai pas froid ; mais nous traversons la forêt, et.... on n'est pas femme impunément.

— Oh ! grâce à vous, ma belle protectrice, je me sens maintenant la force de tenir mon épée, et d'ailleurs c'est l'armée française qui nous environne, nous n'avons donc rien à craindre. »

La voiture continuait à rouler, et bientôt elle entra dans la forêt de Fontainebleau ; à mesure que l'on avançait, l'obscurité devenait plus profonde ; mais le cocher qui connaissait parfaitement la route continuait à stimuler vigoureusement ses chevaux. Tout à coup une lumière assez vive apparut à quelque distance comme si elle fût sortie de dessous terre, puis elle s'avança rapidement jusque sur le bord de la route.

« Halte ! » cria une voix de stentor qui domina le bruit des chevaux et de la voiture.

Loin d'obéir à ce commandement, le cocher fouetta ses chevaux ; mais au même instant un coup de feu se fit entendre, et le malheureux mortellement atteint tomba de son siége ; deux hommes saisirent aussitôt les rênes des chevaux et la voiture s'arrêta.

Au bruit du coup de feu la marquise avait jeté un cri ; mais elle se remit promptement, et le poignard qui ne la quittait point brilla dans sa main. Adrien, malgré son extrême faiblesse, saisit son épée, et il venait d'ouvrir la portière, lorsqu'un homme, allongeant le bras, promena dans l'intérieur de la voiture la lanterne qu'il tenait à la main, et en même temps une voix connue fit entendre ces paroles :

« Pincés au vol !... Ne te presse pas, enfant ; nous allons t'aider à descendre. Quant à vous, madame, remettez, s'il vous plaît, dans son étui ce joujou qui brille à votre main et qui ne doit désormais trouer la peau de personne. »

Pied-de-Fer n'avait pas achevé de parler, que déjà Adrien s'était élancé hors de la voiture, et la voyant environnée de cavaliers armés jusqu'aux dents, il marcha à celui dont il se trouvait le plus rapproché ; mais à peine eut-il fait deux ou trois pas que ses forces trahirent son courage ; la blessure qu'il portait au côté se rouvrit, un flot de sang s'en échappa, et il fut obligé de s'appuyer contre l'une des roues de la berline pour ne pas tomber.

« Ah ! ah ! monsieur le chevalier de la Légion d'honneur, reprit Pied-de-Fer en venant à lui pour le soutenir, c'est ainsi que vous tenez votre parole !... Il n'y a pas de quoi se vanter, mon garçon.

— La paix est faite, répondit Adrien à qui il restait à peine la force d'articuler, et je ne puis être maintenant le prisonnier de personne.

— Enfer du diable ! tu es le mien.... Ils ont fait la paix, dis-tu ? mais je ne l'ai pas faite, moi !... Mille tonnerres ! madame la marquise, vous n'avez pas perdu votre temps, et je vous reconnais là ; mais vous aviez affaire à plus fort et à aussi fin que vous.... Est-ce que, par hasard, vous auriez peur de manquer, là-bas, de beaux garçons disposés à se laisser piper pour vos menus plaisirs ? Allons donc ! la monnaie du Petit-Duc, de Pied-de-Fer et de quelques autres ne vous manquera pas encore de sitôt.

— Arrière ! arrière ! infâme bandit, cria Mme de Gastelar.

— Eh ! ma toute belle, répliqua-t-il tout en faisant respirer des sels au jeune officier, est-ce donc une chose si commune qu'un bandit comme Pied-de-Fer ? Non, cela n'est pas commun, n'est-ce pas ?... Vous le savez, vous qui avez étudié la matière.... Tonnerre de Dieu ! ne bougez pas, ma charmante, ou, par les cinq cents diables, vos patrons, je vous jette pieds et poings liés en croupe derrière l'un de mes hommes. »

La marquise rugissait comme une lionne ; mais elle n'essaya pas de mettre pied à terre, car elle savait que les menaces de Pied-de-Fer n'étaient jamais vaines.

« Crois-moi, enfant, disait le bandit à Adrien qu'il venait de faire asseoir sur le revers d'un fossé ; tu peux me croire, car je n'ai pas intérêt à te tromper ; eh bien ! si tu te laisses piper par cette sirène, tu es perdu. Tu es pauvre, tu n'as que ton honneur et ta vie, qui peut-être ne tient qu'à un fil; eh bien! elle te déshonorera, et bientôt, quand sa fansaisie sera satisfaite, tu ne seras qu'un jouet qu'elle brisera pour le remplacer par un autre.

— Tu mens! tu mens, scélérat! cria de nouveau Mme de Gastelar en se tordant les bras avec fureur sans vouloir entendre les prières de Juliette qui la suppliait de se calmer.

— Mais il n'en sera pas ainsi, tonnerre de Dieu! continuait Pied-de-Fer sans s'occuper des cris et des injures de la terrible châtelaine; tu as mieux à faire, triple diable! Il faut te guérir d'abord, afin de pouvoir goûter ensuite toutes les joies du monde : tu es jeune et brave ; et je te ferai riche et noble....

— Noble? interrompit Adrien, mais qui êtes-vous donc?

— Ça ne te regarde pas, enfant : tu es orphelin, je veux être ton père.... mieux que cela, plus que cela.... Tout ce qui te manque pour être parfaitement heureux, moi seul puis et veux te le donner.... Tu aimes une jeune fille douce, bonne, charmante, Régine. »

Ce nom produisit sur le jeune officier un effet magique ; il oublia en un instant la scène terrible qui venait de se passer ; il n'entendit plus les imprécations ni les cris de rage de la marquise.

« Régine ! s'écria-t-il, ah! oui, c'est pour elle, c'est pour ma Régine bien-aimée que je veux vivre ! »

Un cri aigu, comme le sifflement d'une vipère, partit de la voiture demeurée ouverte, et au même instant, Mme de Gastelar, se dégageant des bras de sa femme de chambre qui tentait de la retenir, s'élança à terre et arriva d'un bond jusqu'à Pied-de-Fer.

Elle levait le bras pour le frapper, lorsque le vigoureux bandit se retournant la saisit à bras-le-corps et la désarma, puis il la reporta dans la voiture et fit placer deux hommes à ses côtés; par son ordre un troisième monta sur le siége du cocher, prit les rênes et fouetta les chevaux.

Vingt minutes après la berline s'arrêtait à l'entrée de la ville; là les trois hommes l'abandonnèrent, se jetèrent dans la forêt et disparurent tandis que les deux femmes criaient de toutes leurs forces au secours!

CHAPITRE XVII.

Demi-Confidence.

Adrien, étendu sur une espèce de litière formée de branches d'arbres recouvertes de plusieurs manteaux, traversait la forêt, porté par quatre hommes vigoureux. Pied-de-Fer marchait à pied près de lui. Douze ou quinze cavaliers bien montés marchaient en avant, et vingt autres formaient l'arrière-garde.

« Maintenant, enfant, disait à Adrien son singulier protecteur, maintenant que tu as vu un échantillon de la douceur de ce démon caché sous la peau d'un ange, j'espère que tu ne m'en veux pas de t'avoir arraché de ses griffes.

— En vérité, je m'y perds, répondit le jeune homme; il y a des moments où je suis tenté de croire que tout cela n'est qu'un rêve, qu'une hallucination produite par l'affaiblissement de mon cerveau.... Ce qui me parait incontestable c'est que votre conduite envers moi est plus étrange encore que celle de cette femme.

— Assez, là-dessus ; ce n'est pas de moi qu'il faut t'occuper en ce moment.

— Mais il est impossible que je ne m'en occupe pas, de même qu'il m'est impossible d'avoir foi en vos paroles. Ainsi vous me promettez toutes les joies du monde, et abusant de ma faiblesse et d'une parole surprise, vous refusez, contre toute raison et justice, de me rendre la liberté; vous me parlez de Régine et....

— Eh! oui, oui, sacredieu! je te parle de tout cela, je te promets cela et je te le donnerai; mais il faut me laisser faire, et ne pas me demander d'explications impossibles en ce moment.

— Mais au moins dites-moi tout ce que vous savez de Régine. Il est certain que vous la connaissez mieux que vous n'avez voulu l'avouer jusqu'à présent.

— Oui, le moment serait bien choisi pour mettre le feu aux poudres, pour t'enflammer le sang; tu te crois fort en ce moment parce que la fièvre te galope. Assez causé, pas un mot de plus avant que le médecin ait donné son avis.

— Encore un mot seulement : n'est-il pas vrai que c'est le nom de Régine qui vous a fait relever votre arme au moment où vous alliez m'achever sur le champ de bataille de Montmirail?

— C'est un peu ça, peut-être, et autre chose encore. Tais-toi donc, enfant; tout ce qui se passe maintenant ne te dit-il pas que le temps est proche où il n'y aura plus de secrets entre nous? »

Adrien n'insista pas, car sa faiblesse était telle, malgré la fièvre qui le dévorait, que sa voix ne pouvait dominer le bruit des pas de ses porteurs, broyant les feuilles sèches et les broussailles au travers desquelles se dirigeait cet étrange cortège.

On cheminait ainsi depuis une heure, lorsqu'un qui vive? fortement accentué se fit entendre; la tête de colonne fit halte; les porteurs d'Adrien s'arrêtèrent aussitôt, et Pied-de-Fer s'élançant sur le cheval dont, en marchant, il n'avait cessé de tenir la bride, partit comme un trait. Le blessé se souleva avec effort pour regarder autour de lui, et il aperçut près d'un feu de bivouac une cinquantaine d'individus armés et équipés de la même manière que ceux qui formaient son escorte.

Au bout de deux minutes, les porteurs se mirent en marche; mais après avoir fait une centaine de pas ils s'arrêtèrent de nouveau, la litière fut posée sur un monceau de feuilles sèches, puis le blessé en fut enlevé avec précaution et transporté dans une espèce de hutte construite avec beaucoup de soin et garnie d'un lit doux sur lequel on plaça le jeune officier.

« Pas un mot de trop, mille millions d'enfer ! cria au dehors une voix qu'Adrien reconnut pour celle de Pied-de-Fer, pas un geste, pas un grognement, tas de gibiers de bourreau ! ou, sacré mille dieux ! je vous mange les entrailles à tous avec mon sabre en guise de fourchette !... Ah ! vous n'êtes pas contents, mauvais chiens hargneux, tas de meurt-de-faim dont le moins bien partagé est plus riche qu'un conseiller d'état... vous faites la grimace quand il s'agit de m'obéir, sous prétexte que la paix est faite, et que vous êtes pressés d'aller manger bêtement dans les tripots de Paris l'or que je vous ai fait gagner !... Mais vous savez bien, canaille, qu'il n'y aura de paix pour vous qu'autant que je le voudrai bien. Est-ce bien entendu, et pour n'y plus revenir ?... »

Il se tut, et pas un murmure, pas une syllabe menaçante ne répondit à son interpellation.

« A la bonne heure ! reprit-il d'un ton radouci, c'est comme ça que je vous veux.

— Il n'y a plus à en douter, se disait de son côté Adrien, je suis au pouvoir d'un chef de bandits.... Mais cette femme, à la fois si charmante et si redoutable, si j'en crois ce personnage extraordinaire, cette femme serait donc sa complice ? Non, cela est impossible.... En vérité, il y a de quoi confondre l'imagination. »

Il fut interrompu dans ses réflexions par un qui-vive que suivit le cliquetis des armes qu'il avait vues en arrivant dans ce lieu, rangées en faisceaux à quelque distance du feu.

Un instant il espéra qu'il s'agissait d'une attaque qui pourrait lui rendre la liberté ; car, malgré les promesses brillantes que lui avait faites Pied-de-Fer et le dévouement qu'il lui montrait, son plus ardent désir était de se retrouver au milieu de ses frères d'armes ; mais son espoir fut promptement déçu : tandis que l'on remettait les armes en faisceaux, Pied-de-Fer, qui s'était éloigné, revenait vers la hutte, précédant le docteur Brimont qu'il avait envoyé chercher et dont l'arrivée avait causé ce mouvement.

« Docteur, on a dû vous dire qu'il s'agissait de secourir le blessé que, hier encore, vous avez vu au château de Souvrecœur ; il va vous sembler bien étrange de le retrouver dans une cabane au milieu de la forêt; mais je vous préviens d'avance que, sur ce point, nous ne répondrons à aucune des questions que vous pourrez nous faire.

— Hum ! fit le docteur en promenant son regard scrutateur sur les gens qui l'environnaient, vous ne pourrez au moins m'empêcher de deviner, et il ne me faudra pas faire de grands efforts pour y parvenir.

— A votre aise, répliqua Pied-de-Fer en se retournant et regardant fixement le médecin, à votre aise : supposez, devinez tant qu'il vous plaira ; mais, tonnerre du diable ! que rien de ce que vous pourrez imaginer ne vous passe les lèvres. »

M. Brimont s'arrêta à son tour.

« La prière a pu me faire venir jusqu'ici, dit-il ; mais il n'y a point de menace capable de me faire faire un pas contre ma volonté ! »

Pied-de-Fer fit une horribla grimace, et il porta vivement les mains à ceinture, mais, se ravisant tout à coup, il s'efforça de sourire.

« Docteur, reprit-il, nous sommes forts tous les deux, mais d'une manière différente ; ne nous fâchons donc pas, car nous y perdrions l'un et l'autre. Vous êtes trop homme de bien pour qu'une parole inconsidérée vous fasse refuser les secours de votre art à un brave enfant qui s'est battu comme un lion pour la défense de tous, et qui va mourir si vous ne vous hâtez d'arriver jusqu'à lui.... Et puis, docteur, continua-t-il en tirant une poignée d'or d'une de ses poches, ce n'est pas un service gratuit que je vous demande pour mon protégé ; vous pouvez mettre vos visites au prix qu'il vous plaira ; ne vous gênez pas : je puis payer pour moi, pour lui, et pour tous ceux que vous soignez et qui n'ont rien à vous offrir en échange de la santé que vous leur rendez. »

Le regard du médecin s'adoucit subitement : il sourit même à la vue de cette main tellement pleine d'or, que quelques-unes des pièces qu'elle contenait se montraient entre les doigts.

« Corbleu ! fit-il, je ne suis pas avare, mais l'or a son prix, et le proverbe est sage : *Il vaut mieux tenir que courir*.... Pour les pauvres, s'il vous plaît, ajouta-t-il en ôtant son chapeau et le tendant vers son interlocuteur.

— Docteur ! s'écria Pied-de-Fer en ouvrant la main sans hésiter, j'ai eu tort, j'en conviens ; permettez que je double la dose.... Et puis sauvez-le, je la centuplerai, si vous l'exigez. »

Quelques secondes après, tous deux entraient dans la hutte qu'occupait le jeune officier ; le médecin s'approcha du blessé qu'il examina attentivement, puis se tournant vivement vers Pied-de-Fer.

« Misérable ! dit-il, ne voyez-vous pas qu'en

l'arrachant du château pour l'amener ici, vous l'avez tué?

— Oh! c'est cette femme de l'enfer, qui l'a tué! s'écria le bandit en se frappant violemment la poitrine.... mais, s'il doit mourir, par les tripes du diable! je lui ferai expier tous ses péchés d'un seul coup!....

— Point de bruit! dit le docteur en l'interrompant; on peut encore espérer quelque chose de cette énergique nature. »

Il leva les appareils, pansa les blessures avec le plus grand soin, et fit prendre à Adrien quelques gouttes d'un cordial qui le ranima, puis il sortit après avoir fait aux questions du jeune officier quelques réponses évasives.

« Eh bien! lui dit, quand il fut dehors, Pied-de-Fer qui l'avait suivi.

— Écoutez-moi : à moins qu'il ne survienne de graves accidents, votre blessé peut être transporté maintenant dans un lieu plus convenable; mais quoi qu'il arrive, sa guérison complète, si elle doit avoir lieu, sera excessivement longue. Cette rechute a eu de graves conséquences, une obstruction au foie est imminente, je pourrais dire inévitable. Entre nous, je pense que la France est un pays très-malsain pour lui.... et pour vous.

— Prenez garde, docteur! un homme de votre mérite ne doit pas se laisser imposer par les apparences.

— Il ne s'agit pas d'apparences; mais de réalité. Au point où nous en sommes, toute réticence est ridicule. Mon avis est donc que, à raison des derniers événements, autant que pour le rétablissement de votre protégé, vous feriez bien de partir avec lui pour l'Italie : vous marcheriez à très-petites journées.... L'or aussi fait des prodiges; avec des soins, de la prudence, vous arriveriez jusqu'à Florence.... Une fois là, le jeune officier est sauvé.... à la condition pourtant de suivre, pendant un an au moins, un régime sévère.

— Merci, docteur! merci pour ces bonnes paroles.... avant vingt-quatre heures nous serons partis. D'ici là, je vous demande le secret.

— Il me sera facile de le garder; vous ne m'avez rien confié.

— A la bonne heure; mais vous m'avez menacé de deviner, et je vous crois homme à tenir parole.

— Bon! nous avons fait la paix depuis, et j'ai trop de besogne en ce moment pour m'occuper d'autre chose.

— Écoutez, dit Pied-de-Fer en prenant la main du médecin et la serrant cordialement, vous allez au nord, et dans quelques heures je ferai route pour le midi; mais la terre n'est pas si grande que deux hommes marchant en sens opposé ne puissent se rencontrer; si cela arrive, vous verrez que j'ai de la mémoire.

— Tant mieux, répondit le docteur, en souriant, je ne suis pas fâché d'avoir des amis partout. »

Et saisissant la bride de son cheval qu'un des hommes de Pied-de-Fer tenait à quelques pas de la hutte, il sauta en selle et s'éloigna rapidement. Pied-de-Fer, les bras croisés sur la poitrine, se promena pendant quelques minutes autour du feu du bivouac; contre son habitude, il tenait la tête baissée, et semblait réfléchir profondément.

Tout à coup il s'arrêta, promena ses regards autour de lui, et prenant dans sa veste de peau de mouton un sifflet d'argent, il en tira à deux reprises un son aigu qui vibra dans l'air à une grande distance.

Aussitôt tous les hommes présents montèrent à cheval; d'autres arrivèrent à la hutte de divers points; toute la troupe se forma sur deux rangs. Pied-de-Fer se promena encore silencieusement pendant quelques instants sur le front de bandière, puis il s'arrêta vers le milieu, et d'une voix haute et ferme :

« Garçons, dit-il, nous avons fait ensemble un rude métier; mais au moins nous savions pourquoi nous risquions notre peau, avantage que n'avaient pas tant de braves gens qui, dans ces dernières années, ont semé leurs os sur tous les points de l'Europe. De ce *pourquoi* vous avez une partie dans vos ceintures; le reste est à deux pas d'ici et nous allons l'examiner tout à l'heure, car le temps de compter est venu. Cela fait, je vous congédie en masse. Les chemins sont libres, et d'ailleurs il vous suffira de dire aux avant-postes russes ou prussiens que vous abandonnez l'armée impériale pour retourner dans vos foyers, pour que des sauf-conduits vous soient délivrés sans la moindre difficulté[1]. Je me suis procuré, sur ce point, les renseignements les plus exacts. Vous êtes bien heureux, garçons, car je devine bien que vous allez prendre le chemin de Paris, la ville sans pareille, qui doit être en ce moment un véritable pays de Cocagne pour des drilles de votre espèce. Prenez garde pourtant d'avoir une trop grande intempérance de langue; et n'oubliez pas que nos amis Nézel, Mariotte, le *Boucher des Chrétiens* et vingt-cinq autres seraient peut-être encore tous aujourd'hui parmi nous, si quelques vanteries hors de saison ne les avaient menés à la place de Grève.... Garçons, je suis content de vous, et vous le serez de moi tout à l'heure, j'en suis sûr.... Allons, quatre hommes de bonne volonté.... »

Personne ne bougea.

« Cela veut dire, reprit Pied-de-Fer, que vous

1. Afin de diminuer les forces de Napoléon en favorisant la désertion, les alliés faisaient délivrer, aux avant-postes, des sauf-conduits à tous les soldats français qui s'y présentaient. On vit alors déserter des compagnies entières.

êtes tous également disposés à m'obéir. Bravo, garçons ! c'est comme ça qu'on est fort et qu'on arrive à bonne fin.... Allons, Lambert, ton chef de file et la file d'après, pied à terre et suivez-moi. »

Les hommes qu'il indiquait obéirent ; tous cinq s'éloignèrent, puis au bout d'un quart d'heure ils reparurent, chacun d'eux pliant sous le poids d'immenses sacoches à travers desquelles se dessinaient des disques qui pouvaient donner une idée de l'importance de leur contenu. Tous ces sacs furent vidés sur la terre, battue et ferme en cet endroit. Pied-de-Fer, sans prendre la peine de compter, divisa ce monceau d'or et d'argent en autant de parties qu'il avait d'hommes sous ses ordres.

« Garçons, dit-il ensuite, voici le prêt du dernier mois. C'est un peu plus pour chacun que les cinq sous par jour du vrai soldat... Pied à terre ! défilez la parade, et qu'en passant chacun prenne sa part. »

Cette manœuvre fut exécutée avec autant d'ordre que s'il se fût agi de quelque mouvement stratégique, car Pied-de-Fer était là le sabre au poing, les pistolets à la ceinture, et tous le savaient capable de passer sa lame au travers du corps ou de faire sauter la cervelle au premier qui eût tenté de dépasser le commandement.

« Et maintenant, garçons, dit-il lorsque cette opération fut terminée, nous sommes quittes ; rompez les rangs, et au revoir !... car nous devons nous rencontrer encore, ne fût-ce qu'en enfer. »

Il avait à peine achevé de prononcer ces mots, que la bande entière était dispersée, et s'éloignait joyeusement, à l'exception de Lambert qui était demeuré près de son chef.

« Tu es donc bien sûr que rien ne nous manque ? lui demanda ce dernier.

— Très-sûr. D'abord nous avons des passe-ports excellents ; ceux du comte Romansof, du baron Alexiowitz, son fils, et de Nicolas Toupiachef, leur intendant.... Trois pauvres sires qui ont jugé à propos de nous montrer les dents, ce qui fait qu'ils n'y ont plus mal.

— Assez ! assez ! passe là-dessus.

— Tous trois se rendaient en Italie lorsqu'ils ont eu le désagrément de nous rencontrer en chemin, ce qui les a mis dans la nécessité de changer leur itinéraire : ils allaient voir le pape ; nous les avons envoyés faire visite au bon Dieu, ce qui fait qu'ils ont toutes sortes d'excellentes raisons pour ne pas se plaindre. Croyez-vous donc qu'il soit bien difficile, avec des papiers de cette nature et de l'or dans ses poches, de se faire servir au doigt et à l'œil ? Quant à moi, ça m'a paru excessivement simple : la voiture nous attend à cent pas d'ici, sous la garde d'un paysan qui va se trouver bien heureux d'hériter de votre cheval et du mien dont nous n'avons plus que faire, et qu'il

serait imprudent de chercher à vendre. Les coffres de cette voiture sont remplis de linge, de vêtements de toute espèce. L'intendant Toupiachef montera sur le siége ; M. le comte et M. le baron se placeront dans l'intérieur le plus commodément possible, et fouette cocher !... Le cocher et l'intendant, c'est moi. Sur ce ne perdons pas de temps, je vous prie ; car dans une heure et demie, il fera jour. »

Tout cela s'était passé si près de la hutte, qu'Adrien avait pu presque tout entendre, et même en voir une partie, grâce à l'énorme feu dans lequel brûlaient des arbres entiers ; aussi était-il en proie à une vive agitation lorsque Pied-de-Fer s'approcha de son lit.

« Enfant, lui dit le bandit, nous allons quitter la France ; c'est l'avis du docteur : il assure que tu ne pourras arriver à une guérison complète que sous le beau ciel de l'Italie. De mon côté, j'ai des raisons pour m'éloigner pendant un certain temps. Dès que tu pourras écrire, tu enverras ta démission au ministère de la guerre...

— Quoi ! s'écria le jeune homme, vous avez pu croire que je consentirais à briser ainsi mon avenir pour me mettre à la discrétion d'un...

— Comme militaire, tu n'as plus d'avenir, enfant, interrompit brusquement Pied-de-Fer : les Bourbons remontent sur le trône ; la noblesse reprend ses droits, ce qui signifie que les nobles seuls pourront désormais porter l'épée. On croirait, sous le nouveau régime, te faire une grande grâce en te conservant le grade que tu as acquis au prix de ton sang, et tu ne serais toujours qu'un misérable officier de fortune que les nouveaux venus regarderaient avec dédain. Consens à me suivre, et quand tu reviendras, tu seras noble aussi, tu seras prince, si tu le veux, et tu seras assez riche pour vivre en prince....

— Mais je ne puis ni ne veux accepter cette fortune dont je ne connais pas la source, ou plutôt....

— Écoute, enfant, interrompit de nouveau Pied-de-Fer avec une gravité et une mesure dont on ne l'eût pas cru capable, écoute : lorsque le temps sera venu de toucher cette corde-là, je jure, par le ciel et l'enfer, que tu n'auras rien à regretter. Crois-moi, enfant, et après avoir fait tête à la mauvaise fortune, ne te roidis pas contre la bonne. Je ne te parle pas de mon honneur ; il y a bien longtemps que j'en ai fait bon marché, et tu l'as deviné ; mais le tien doit demeurer intact.... c'est ma volonté autant que la tienne.... Je sais bien que tout cela te semble extraordinaire, et ça l'est en effet. Eh bien ! si tu refuses de m'en croire sur parole, je te rends la tienne : dis que tu refuses de venir avec moi chercher en Italie la santé, le bonheur et la fortune qui t'y attendent.... Dis cela, enfant, et n'oublies pas, si tu guéris, de faire visite au curé de Marchais. »

A ces mots, Pied-de-Fer prit tranquillement un pistolet dans sa ceinture, l'éleva lentement, mais sans hésitation, et il en appuya l'extrémité du canon sur son front.

« Que faites-vous? s'écria le jeune officier.

— Rien encore, enfant; j'attends que tu te décides.

— Mais, au nom de Dieu! dites-moi qui vous êtes; la raison de ce vif intérêt que vous prenez à moi. Vous le savez, il n'y a au monde qu'un seul être qui puisse me faire aimer la vie, une pauvre enfant près de laquelle j'ai passé une année de bonheur, du bonheur le plus réel, le plus complet que l'on puisse goûter en ce monde, et qu'un événement déplorable m'a forcé d'abandonner. C'est au nom de cette femme, de ma Régine bien-aimée que vous m'avez fait accepter vos services; c'est en promettant de me la rendre bientôt que vous m'avez en quelque sorte forcé de vivre, et au lieu de me conduire à Paris, voilà que vous parlez de mettre trois ou quatre cents lieues entre elle et moi.

— C'est que, encore une fois, le temps n'est pas venu de vous réunir, et que, en ce moment, le séjour de Paris me serait encore plus funeste qu'à toi.... Est-ce qu'il n'y a pas, dans ces dernières paroles, tout ce qu'il faut pour te faire deviner ce que je ne puis ni ne veux te dire? Guéris d'abord, et je jure sur ma tête de te rendre cette femme. Je l'irai chercher; je te l'amènerai de gré ou de force, morte ou vive. Désormais tu n'auras pas une volonté, tu ne formeras pas un désir qui ne puissent être satisfaits.... mais, après tout, je t'ai rendu ta parole; tu es libre de refuser tout cela. Parle! »

Il avait baissé son arme; mais il tenait toujours son doigt sur la détente; son visage annonçait le calme et la résignation. Adrien ne se sentit pas le courage de pousser ce malheureux à l'accomplissement du suicide auquel il paraissait si fermement résolu.

« Allons, dit-il, le sort en est jeté, nous irons ensemble en Italie.

— Merci, enfant! » dit Pied-de-Fer en remettant son pistolet dans sa ceinture.

Puis, allongeant la tête hors de la cabane, il appela Lambert qui parut aussitôt.

« Nous sommes prêts maintenant, lui dit-il; aide-moi donc à transporter jusqu'à la voiture monsieur le baron....

— Baron? interrompit Adrien avec l'accent de la surprise.

— Sois tranquille, reprit Pied-de-Fer, ce n'est pas un titre que je te donne; je te le prête seulement pour quelque temps; nous l'échangerons ensuite contre un autre qui sera bien à toi, car nous l'aurons payé. »

Il fallut habiller le blessé, et son uniforme était tellement percé, déchiré, taché de poudre et de sang qu'il trouva tout simple qu'on y substituât d'autres vêtements; mais il fut plus difficile de le faire consentir à mettre dans sa poche la croix d'honneur qu'il était, à juste titre, si fier de porter. Il s'y décida cependant lorsque Pied-de-Fer lui eut représenté qu'ils seraient obligés de traverser les cantonnements des armées alliées, et qu'il fallait se soustraire autant que possible aux investigations et aux tracasseries des autorités de toute sorte, jusqu'à ce que l'on eût franchi la frontière. Le jour commençait à poindre, lorsqu'ils arrivèrent au carrefour où les attendait la voiture qui s'éloigna bientôt doucement sous la conduite de Lambert.

CHAPITRE XVIII.

Les Enfants du Feu.

La tentative qu'avait faite Mme de Gastelar d'emmener Adrien à Paris n'avait été que le résultat d'une fantaisie qui, une fois satisfaite, eût promptement fait place à une autre; mais, irritée par la difficulté, cette fantaisie prit bientôt les proportions d'une passion violente.

Au milieu des honneurs, des fêtes, des plaisirs de toute sorte dont elle était environnée, la marquise ne songeait qu'au jeune officier qui lui avait été enlevé, alors qu'il semblait lui promettre de charmer si délicieusement ses loisirs; elle voyait sans cesse ce charmant visage bruni par les fatigues de la guerre, et quelque peu amaigri par la souffrance, mais animé par les regards de flamme de beaux yeux noirs dans lesquels se peignaient si bien toutes les voluptés de l'amour.

Un feu dévorant circulait dans les veines de cette femme redoutable qui eût embrasé le monde pour satisfaire une seule des passions qui fermentaient dans son cœur. Persuadée que Pied-de-Fer ne manquerait pas de venir à Paris dissiper le produit de ses brigandages, elle l'avait fait chercher activement pendant plusieurs mois; mais bientôt d'autres événements l'avaient obligée de remettre à une époque plus éloignée le soin de ses vengeances.

Le marquis, arrivé au faîte des honneurs, avait succombé dans un duel, puis, à la suite du renversement du gouvernement royal, Mme de Gastelar avait été contrainte d'aller chercher un asile dans l'une de ses terres, la plus éloignée de Paris, et d'y attendre qu'une seconde restauration lui permît en même temps de reparaître dans le monde et de reprendre ses recherches.

Dix-huit mois s'étaient donc écoulés depuis la disparition d'Adrien et de son mystérieux protec-

Madame, répondit-il, en reculant de quelques pas. (Page 67, col. 2.)

teur, lorsque la marquise apprit dans les bureaux du ministère de la guerre, que le jeune officier avait envoyé sa démission datée de Lyon; mais là se bornaient les renseignements que l'on avait pu lui donner.

« Oh! disait-elle parfois dans ses excès de fureur et de désespoir, avec quelle joie je donnerais la moitié de ma vie pour faire sentir à ce hideux brigand la pointe acérée de mon poignard dont il a osé mépriser les coups!... Qu'a-t-il fait de ce charmant et courageux enfant?... comment est-il parvenu à étouffer le feu qui vivifiait ce jeune cœur?... quel lien secret attache l'un à l'autre ces deux hommes si dissemblables?... ne pourrai-je jamais pénétrer ce mystère?... Par le ciel ou par l'enfer il faut que je le découvre! deux hommes ne peuvent ainsi disparaître sans laisser des traces. La police me secondera; je donnerai un million s'il le faut pour les atteindre. »

Mais la police avait alors autre chose à faire que de rechercher les voleurs, assassins, malfaiteurs de toute sorte qui foulaient en toute sécurité le pavé de Paris et autres lieux; nouvelle Pénélope, elle passait laborieusement son temps, ainsi qu'on l'a vu plus haut, à faire et défaire de gigantesques et magnifiques conspirations, ce qui lui permettait de sauver régulièrement la France assez régulièrement quatre fois par semaine. Toutefois on ne laissa pas de faire des promesses à la marquise; on prit même son argent, et l'on n'en rendit rien, afin de conserver les bonnes traditions; mais de ce Pied-de-Fer dont elle avait décliné tous les noms, prénoms et pseudonymes, on n'eut garde de lui donner la plus légère nouvelle.

Henri, le valet de pied, l'homme de confiance, l'âme damnée de Mme de Gastelar, s'était aussi mis en campagne. C'était un homme adroit, fin, délié, ne manquant ni d'esprit ni d'audace; quoique peu lettré, il savait beaucoup; il avait fait une étude assez profonde du cœur humain, et la pratique lui avait fait connaître que le chemin le plus sûr et le plus facile pour arriver à la fortune, consiste à flatter et à servir les passions de plus puissant que soi. Henri connaissait une grande partie des antécédents de sa maîtresse; en s'efforçant de renouer les fils de cette lugubre et coupable odyssée, brisés çà et là par de longues réticences de sa maîtresse, il était parvenu à faire d'importantes découvertes.

« Madame la marquise, dit-il un jour à cette femme, dans le cœur de laquelle il était parvenu à lire presque couramment, peut-être le but vers lequel je marche avec tant d'ardeur pour votre service, peut-être ce but, dis-je, est-il encore éloigné; mais j'ai maintenant la certitude d'être sûr la voie.

— Il se pourrait?... Oh! parle, parle vite!... Ne vois-tu pas que l'ardeur du feu qui me consume augmente chaque jour?... Ne vois-tu pas que mes joues se creusent, que les rides naissantes cachées sous les boucles de mes cheveux menacent d'envahir mon front?... Je ne dors plus; mes nuits et mes jours se consument en impuissantes colères.... ma voix s'altère, mes regards s'éteignent.... *Je deviens laide*, Henri! conçois-tu le degré de souffrance où il faut que je sois arrivée pour que ces exécrables mots puissent sortir de ma bouche?... Parle donc! déjà l'espoir d'une vengeance prochaine me ranime et me donne une vie nouvelle.

— C'est qu'il y aura nécessairement dans mon récit des choses bien.... terribles.... Il faut donc que madame la marquise me permette de tout dire.

— Tout! tout sans restriction.... Va, tu n'es plus mon serviteur, mais bien mon ami.... ami que je ferai riche et puissant en raison de son dévouement.... Je t'écoute, Henri; j'ai soif de tes paroles....

— Voici donc ce qui m'est arrivé : A plusieurs reprises je m'étais aperçu que, soit que madame la marquise sortît du spectacle ou de quelque réunion, un homme bien vêtu, mais à la démarche commune, aux allures grossières, suivait la voiture, d'assez loin il est vrai, mais d'un pas rapide, infatigable, qui annonçait une grande habitude des exercices violents. Deux fois cet homme s'arrêta à la porte de l'hôtel, et de la loge du suisse, je pus le voir examiner attentivement l'extérieur des bâtiments et, autant qu'il le pouvait, l'intérieur de la cour. Je pensai qu'il y avait de ce côté quelque découverte à faire ; mais plus d'un mois s'écoula sans que l'homme reparût. Je ne pensais donc plus à lui ; avant-hier, selon mon habitude et toujours dans l'intérêt de madame la marquise, vêtu de mes plus mauvais habits, un chapeau crasseux sur l'oreille, et une énorme pipe à la bouche, je visitais quelques-uns de ces bouges du Palais-Royal et de ses environs qui retentissent encore du nom redouté de Lauricot. J'avais hasardé quelques questions ; les réponses avaient été insignifiantes, et je remontais l'escalier humide et graisseux de l'une de ces cavernes pour revenir à l'hôtel, lorsqu'une large et pesante main s'appuya sur mon épaule. Je me retournai brusquement, et à la lueur de la lampe fumeuse qui éclairait tant bien que mal cette partie du repaire, je reconnus l'homme qui avait à plusieurs reprises suivi la voiture.

— Tu cherches quelqu'un ou quelque chose, me dit-il ; mais tu es trop serré, et tu oublies que, faute de parler, on meurt sans confession.

— Que voulez-vous dire?

— Rien, sinon que les *Enfants du feu* ne demanderaient pas mieux que de devenir les *Enfants de la veuve*.

— C'est une énigme, répliquai-je.

— Eh bien! marche, et on s'expliquera plus haut. »

Et comme je ne me pressais pas assez à son gré, il m'enlaça dans ses bras nerveux et me porta tout d'un trait jusque sur le pavé de la rue. Là il reprit :

« Plus de façons ; ta marquise s'emb.... s'ennuie ; nous sommes dix qui l'avons vue bâiller à l'Opéra, et ça n'est pas étonnant, il lui faut des aventures au naturel ; pas de poignards de fer-blanc, mais de bonnes lames d'acier bien trempé.... Et, sacredieu ! elle a raison : est-ce que nous avons été créés et mis au monde, nous autres, pour nous amuser avec ces joujoux de petite fille?... Dis-lui donc que les *Enfants du feu* sont à son service. Nous ne sommes que dix ; mais nous avons tous connu le *Petit-Duc* ; plus tard Pied-de-Fer nous accordait son estime.... Enfin les eaux sont basses, et si nous avons des bras solides, il nous manque une tête....

— Écoutez, répondis-je à cet homme, j'ai la conviction que vous vous trompez entièrement sur le compte de la personne dont vous parlez et dont je suis un des serviteurs ; mais cela n'empêche pas que je sois un bon compagnon, capable de vous rendre service. Il vous faut un chef, dites-vous ; mais Pied-de-Fer que j'ai aussi un peu connu, moi, est-il donc introuvable?

— Si j'avais la certitude de me tromper, dit-il en faisant un quart de conversion pour mieux me voir de face, ne fût-ce que d'un demi-point, tu ne serais pas en vie dans une minute.... Mais non, reprit-il après m'avoir regardé avec attention, tu es bien l'homme de confiance de la *Petite-Duchesse*. Elle cherche Pied-de-Fer, nous le savons ; pourquoi? c'est ce que le diable en personne ne pourrait deviner, car elle en sait plus que lui.... N'importe, elle a besoin de quelque chose et nous aussi ; eh bien ! qu'elle soit à nous, et nous serons à elle, et tout ira bien pour elle et pour nous.

— Mais, dis-je, en baissant la voix de manière à ne pouvoir être entendu, qui me répondra de la sincérité de vos paroles?

— Personne ; mais ce n'est pas nécessaire pour que l'on s'entende. Que la Petite-Duchesse se promène demain, vers la fin du jour, au jardin du Palais-Royal, sous les arbres, près du café de Foy. Tu pourras la suivre à distance ; mais dès qu'elle aura pris le bras d'un homme qui viendra lui adresser quelques mots, il faudra t'éloigner. Maintenant, bonsoir, et à bon entendeur, salut! »

« Je me proposais de faire encore quelques observations, ajouta Henri ; mais déjà ce singulier personnage avait disparu. »

La marquise avait écouté ce récit avec la plus grande attention ; son visage s'était à plusieurs reprises couvert d'une vive rougeur, ses regards ardents s'étaient arrêtés comme deux rayons de feu sur la physionomie du narrateur.

« Et tout cela est exact? fit-elle après un long silence.

— Madame la marquise douterait-elle de mon dévouement?

— Non, Henri, non, je n'en doute pas. »

Elle se tut, appuya son visage sur ses deux mains, puis se relevant comme un arc dont la corde vient de se rompre :

« Écoute, dit-elle, j'irai à ce rendez-vous; je prendrai le bras de l'homme dont on t'a parlé ; mais tu ne me perdras pas de vue, et si je me retourne violemment vers toi, tu accourras me dégager du bras de cet homme, dusses-tu pour cela faire de sa poitrine un fourreau pour ce poignard.

— Je le ferai, madame, dit Henri en prenant l'arme qu'elle lui présentait.

— Oh! s'écria-t-elle en bondissant sur le parquet, je touche au but!... Eh bien! oui, ils ont raison ces Enfants du feu; c'était le temps alors des tortures horribles et des joies immenses.... Oui, je le regrette ce temps où, après huit jours de souffrances et de privations, mon âme s'épanouissait au contact de monceaux d'or.... Enfants du feu, je reviens à vous.... je vous rendrai la puissance que vous avez perdue, je vous régénérerai!... Ne me quitte pas, Henri; l'heure approche, et il me tarde de mettre le pied sur cette terre brûlante où je dois être attendue. »

Elle procéda à sa toilette sans le secours de ses femmes, et après avoir jeté un long voile vert sur la passe de son chapeau, elle sortit de l'hôtel, à pied et suivie seulement de son confident. Un quart d'heure après elle se promenait sous les arbres du jardin du Palais-Royal.

Le soleil était couché depuis quelques minutes ; le soir s'assombrissait, et déjà Henri commençait à craindre d'avoir été pris pour dupe par quelqu'un des malfaiteurs vulgaires auxquels ce lieu et ses environs servaient ordinairement de refuge, lorsqu'il aperçut un homme coiffé d'un chapeau à larges bords qui abordait la marquise; cette dernière s'arrêta d'abord, puis elle fit un pas en arrière ; mais bientôt elle s'inclina doucement, puis elle prit le bras que lui offrait l'homme qui l'avait abordée.

« Bravo! fit Henri en s'arrêtant un instant, ma fortune est en bon chemin. »

Il suivit à distance le couple qui marchait d'un pas pressé; il le vit ainsi traverser le jardin en diagonale, gagner la rue du Lycée par l'extrémité des galeries de bois. Puis la marquise et son guide montèrent une sorte de perron encaissé entre deux murs; Henri, craignant de les perdre de vue, doubla le pas; mais lorsque, à son tour, il arriva sur la marche la plus élevée du perron, ce fut vainement qu'il chercha du regard Mme de Gastelar et le cavalier qui l'avait entraînée ; ils avaient disparu.

Henri, frappé de stupeur, demeura pendant quelques instants immobile sur la dernière marche de l'escalier qu'il venait de franchir; puis enfin il fit quelques pas en avant, s'avança dans une espèce d'allée étroite et sombre, et apercevant un petit réduit mal éclairé par une chandelle jaune et longue, placée contre les vitres, il y entra.

Une vieille femme à la démarche pesante, au visage terreux, à l'air hargneux, s'avança aussitôt du fond de ce chenil d'où s'exhalait une odeur fétide, et saisissant la porte, comme pour défendre l'entrée de cette misérable demeure :

« Combien vous en faut-il? dit-elle, en plaçant la chandelle dont elle s'était armée sous le visage de Henri afin de l'examiner plus à l'aise.

— Madame, répondit-il, en reculant de deux pas à l'aspect de cette figure hideuse, je voulais vous prier de me dire....

— Encore un *simple!* grommela la vieille ; si le guignon s'en mêle, nous ne sommes pas au bout.

— De me dire, continua le valet, où est entrée une dame qui a dû passer tout à l'heure devant votre fenêtre.

— Allez donc, bel innocent, répondit-elle de sa voix aigre et cassée. Je suis sourde, muette et aveugle ; je donne d'une main en recevant de l'autre : il y a trente ans qu'on sait ça au Palais.... En voilà un étourneau!... d'où vient-il qu'on le ramène!... C'est étonnant comme la jeunesse devient bête.

— Vieille furie ! s'écria ce dernier, tu comptes sans ton hôte, et tu vas voir que je ne suis pas d'humeur à me payer de mauvaises raisons. Une dame, le visage couvert d'un voile vert, est entrée ici il n'y a pas trois minutes ; elle s'appuyait sur le bras d'un homme de ma taille. Puisque, selon les apparences, vous êtes la portière de cette maison....

— Portière! portière! interrompit la vieille dont la fureur augmentait à chaque parole de son interlocuteur, Anne Jovelet, portière!... Attends, va-nu-pieds, que je t'apprenne à vivre ! »

Ses deux mains sèches, osseuses, armées d'ongles noirs et crochus, s'élevèrent aussitôt à la hauteur du visage de Henri, qui, déjà presque effrayé par la lueur phosphorescente que lançaient dans l'obscurité les yeux éraillés et injectés de sang de cette hideuse créature, avait fait quelques pas en arrière, et qui arriva ainsi à reculons au milieu de la petite cour qu'il avait traversée après avoir monté le perron.

« C'est donc un coupe-gorge que cette maison, dit-il, en battant ainsi en retraite. Cela en a tout l'air, et nous saurons bientôt ce qu'en pense le commissaire de police, » ajouta-t-il en élevant la voix. »

Il avait à peine prononcé ces mots, que plusieurs fenêtres s'ouvrirent à l'étage le plus élevé de la maison, et il en partit des projectiles tels que pots à fleurs, tuiles et débris de vaisselle qui vinrent en sifflant se broyer sur le pavé de la cour. Henri, qui avait fait halte, s'empressait de tourner les talons, lorsqu'un fragment de brique l'atteignit à la tête et le renversa. Malgré la violence du coup et le sang qui s'échappait à flots de la blessure, il se releva assez promptement pour éviter de nouvelles atteintes, et il parvint à gagner la rue basse, où il étancha le sang qui ruisselait sur son visage et l'aveuglait.

Il s'assit ensuite sur une borne, à quelque distance de cette maison diabolique, et songea à ce qu'il devait faire dans cette difficile circonstance. Évidemment il n'avait menacé d'avoir recours à l'autorité que pour se donner une contenance : il ne pouvait appeler la police à son aide sans perdre Mme de Gastelar; mais, d'un autre côté, s'il l'abandonnait dans ce repaire, n'était-elle pas également perdue, et toutes ses espérances à lui anéanties? Sa perplexité était grande. Enfin il résolut, malgré la violence du mal que lui faisait la blessure qu'il avait reçue, de se placer en faction près du perron où il avait perdu de vue la marquise, et il se rassura quelque peu en pensant que c'était là tout ce que cette dernière avait pu attendre de lui.

Plus de quatre heures s'étaient écoulées; les passants devenaient rares, la nuit était froide. Henri persistait cependant dans sa résolution, bien qu'il eût vu s'éteindre successivement toutes les lumières de cette fatale maison; mais bientôt la douleur qu'il ressentait à la tête devint si vive qu'il reconnut l'impossibilité de demeurer là sans courir le risque de s'évanouir, ce qui eût singulièrement augmenté les embarras de sa situation.

« Après tout, se dit-il, s'il devait résulter quelque mal pour Mme de Gastelar de cette démarche, ce mal est certainement accompli, et je porte, quoi qu'il arrive, les marques sanglantes de mon dévouement. Puisque les événements sont plus forts que moi, advienne que pourra. »

Et il reprit en chancelant le chemin de l'hôtel où il arriva sans autre malencontre. Mais ce fut en vain qu'il tenta de réparer quelque peu par le sommeil ses forces épuisées, la crainte et la souffrance le tinrent éveillé; il songeait à toutes les conséquences que devait avoir la disparition de la marquise, et son sang s'allumait, d'amers regrets lui étreignaient le cœur, à la pensée de son avenir perdu.

Déjà il faisait jour depuis longtemps et il n'avait encore pu parvenir à se tracer un plan de conduite satisfaisant pour les éventualités qu'il prévoyait, lorsque Juliette vint lui dire que sa maîtresse le demandait.

« Madame la marquise est à l'hôtel? s'écriat-il en levant vivement la tête de dessus son oreiller.

— Sans doute, répondit la femme de chambre, qui parut fort surprise de cette question. Est-ce que madame ne passe pas toutes les nuits chez elle?... Mais qu'avez-vous donc? ajouta-t-elle avec effroi, en apercevant le mouchoir ensanglanté qui couvrait la tête de Henri.

— Un accident.... un malheur.... qui m'est arrivé hier soir, répondit-il en balbutiant. Le vent était violent; une énorme tuile m'est tombée sur la tête. J'en suis encore tout étourdi et mes paroles doivent s'en ressentir. Dites cela à madame la marquise, ma chère Juliette; mais ajoutez que je vais néanmoins me rendre à ses ordres. »

Il se leva à la hâte, tandis que Juliette retournait près de sa maîtresse.

« Il est clair maintenant, se dit-il, que cette maison infernale, où l'on a failli me tuer, a deux issues, et qu'elle est la retraite ordinaire des *Enfants du feu;* mais que signifiaient donc les paroles de cette vieille mégère : *Combien vous en faut-il?* Qu'importe après tout? Le danger est passé, et la fortune ne m'abandonne pas. »

Quelques instants après il entrait chez Mme de Gastelar, qu'il trouva étendue sur une chaise longue.

Elle paraissait accablée de fatigue : sa pâleur était plus maladive que de coutume; son regard paraissait éteint, et ses lèvres, comme flétries par un accès de fièvre, semblaient ne s'ouvrir qu'avec effort pour livrer passage à sa voix affaiblie. Sur un fauteuil, près du lit, étaient étendus des vêtements souillés de terre, d'huile et de cette matière visqueuse qui s'attache aux murs des lieux souterrains. C'étaient ceux que la marquise portait la veille; le voile vert était en lambeaux, et le chapeau, déformé, semblait avoir été foulé aux pieds. Rien de tout cela n'échappa à Henri, et il paria que sa maîtresse avait, comme lui, failli être victime de quelque guet-apens; aussi fut-il fort surpris lorsque la marquise lui dit, en s'efforçant de sourire :

« Henri, je vais rajeunir, car l'espérance m'est revenue. Oh! je suis forte maintenant! plus forte que je n'ai jamais été; et ma puissance doit grandir encore. C'est un peu à vous que je dois ce changement, mon ami, et ma reconnaissance ne vous manquera pas.... pourvu, toutefois, ajouta-t-elle en reprenant le ton impérieux qui lui était ordinaire, pourvu que votre dévouement et votre discrétion soient toujours les mêmes.

— Madame la marquise sait bien que ma vie lui appartient.

— Vous le dites, et je veux vous croire, en attendant que le moment soit venu de vous mettre à l'épreuve d'une manière décisive.... Tenez, reprit-elle après un instant de silence et en indiquant deux rouleaux d'or placés sur son somno, prenez ceci ; c'est un faible échantillon de la manière dont je veux, à l'avenir, récompenser vos services. »

Comme Henri faisait quelques pas pour prendre l'objet désigné, elle s'aperçut qu'il avait la tête à demi enveloppée, et lui demanda ce qui lui était arrivé ; il raconta alors comment il avait tenté de pénétrer dans la maison où elle-même était entrée en compagnie de l'inconnu dont elle avait pris le bras.

« La vieille a son prix, dit en souriant Mme de Gastelar, lorsqu'il eut fini son récit, *sourde, muette* et *aveugle!* Je veux pourtant qu'elle sache qu'il n'est pas prudent de tuer les gens sans nécessité.... Ah ! j'oubliais : prenez cette défroque et brûlez le tout sur-le-champ, sans témoins et de manière à ce qu'il n'en reste pas de vestige. »

Elle indiquait du doigt, en parlant ainsi, les vêtements souillés qu'elle avait portés la veille. Henri fit un paquet de ces objets et il se retira.

« Voilà qui est tout à fait incompréhensible, se disait-il en jetant l'un après l'autre au feu allumé dans sa chambre robe, dentelles, châle, voile, etc., madame la marquise se dit enchantée de ce qui lui est arrivé hier soir, et pourtant tout prouve qu'elle a eu à soutenir quelque lutte violente. Une simple chute n'eût pas écrasé ce chapeau, mis ce voile en lambeaux, enduit toutes les parties de sa robe de cette boue tenace qui ne ressemble pas à celle des rues de Paris.... Et d'où viendrait cette fatigue dont elle paraît accablée ? Ce qui me paraît hors de doute, c'est que nous touchons à quelque grand événement.... Fortune, ne m'abandonne pas ! »

CHAPITRE XIX.

Aux bords de l'Arno.

A deux lieues à l'est de Florence, près de l'Arno, et sur le penchant d'une colline, s'élève une délicieuse villa dont les jardins s'étendent jusqu'aux bords du fleuve.

Là, le ciel est toujours serein, et le parfum des fleurs embaume en tout temps l'air pur de ce paradis terrestre. Du soleil, de l'eau, de l'air, des bosquets et des fleurs ; une riante habitation, à la fois suave, légère, coquette, qui semble raconter au ciel les joies des mortels heureux qu'elle abrite, tel est l'ensemble de ce charmant séjour, créé par le prince del' Mafilioni vers le milieu du dix-huitième siècle ; restauré, embelli dans les premières années du dix-neuvième, par le comte Joanni Doria, dernier rejeton de l'illustre famille de ce nom ; entièrement abandonné pendant les dernières années de l'Empire français, et enfin acquis au mois de juillet 1814 par un sous-lieutenant d'infanterie, Adrien Boisemond, chevalier de la Légion d'honneur, arrivé tout récemment à Florence, escorté d'un prétendu oncle jurant à lui seul en un jour plus que tout un régiment de dragons en une campagne, et d'un intendant qui n'entendait guère en comptabilité du sabre et l'économie de la baïonnette.

On comprend aisément, d'après ces faits, que le voyage d'Adrien, Lambert et Pied-de-Fer avait été heureux, et que tous les trois étaient arrivés sans emcombre dans le grand-duché de Toscane, où Pied-de-Fer, qui avait repris son vrai nom de Baillor, s'était mis tout d'abord à l'œuvre pour réaliser les promesses qu'il avait faites à son enfant d'adoption, en achetant pour lui la villa Mafilioni.

Grâce à sa jeunesse, à la constitution énergique dont il était doué, à la douceur du climat, à la pureté de l'air, et surtout aux soins d'un médecin distingué, Adrien était promptement entré en convalescence ; mais cette convalescence devait être excessivement longue, et toute espèce d'émotion devait être évitée avec soin.

Le jeune officier cependant insistait vivement pour que Pied-de-Fer accomplît la plus importante des promesses qu'il lui avait faites.

L'ex-bandit temporisa d'abord autant qu'il le put, arguant tantôt des dispositions préliminaires importantes, tantôt de l'ordre du docteur qui interdisait toute espèce d'émotion vive.

« Non, disait Adrien dans ses moments d'exaltation, rien ne pourra me retenir ici. Reprenez vos présents ; je ne veux point, à ce prix, de la fortune que vous m'offrez. Toutes les jouissances de la vie dont vous m'entourez ont pour compensation des douleurs immenses, des remords qui me tordent le cœur.... Puis-je vivre en prince quand Régine.... pauvre enfant, âme de ma vie! expire peut-être de douleur et de misère en m'accusant de lâcheté ?

— Patience, enfant, répondait Pied-de-Fer, je n'ai pas pu prendre l'engagement de tout faire en un jour. Ta fortune est belle, la santé te revient ; l'amour aura son tour. Il ne me manque maintenant que de te voir joyeux.... Tiens, seulement quand je te vois sourire, il me semble que j'entre dans une vie nouvelle.... Que je te voie donc bientôt noble, riche, puissant, heureux.... mille millions de diables ! mais ce bonheur complet auquel tu aspires, je donnerais ma peau, mon sang, mes entrailles pour te le procurer à l'instant même.

— D'autant plus, disait Lambert, qui assistait quelquefois à ces discussions, et qui avait voix consultative, d'autant plus qu'il y aurait économie de temps et de travaux. Je ne parle pas d'argent, parce que, sous ce rapport-là, nous pouvons donner tête baissée en plein carré sans craindre de passer au travers.

— Et cette fortune, dit le jeune homme avec dégoût, n'ai-je pas à en rougir?

— Non, sur ma tête et sur la tienne, enfant! répliqua un jour le vieux partisan répondant à cette question si souvent formulée. Tiens, lis continuat-il en tirant de sa poche et présentant à Adrien une lettre timbrée de France et dont le cachet avait été récemment brisé; lis! cela est écrit par un brave et digne homme que tu ne dois jamais oublier, le curé de Marchais. »

Adrien prit la lettre et lut :

« Monsieur,

« L'homme qui, de son propre mouvement,
« songe et travaille comme vous le faites à racheter
« ses fautes et.... je dois dire *ses crimes*, cet
« homme, quelle que soit l'immensité de ses ini-
« quités, ne doit pas désespérer de trouver grâce
« devant Dieu. C'est le cas, pour lui, de se rap-
« peler qu'il y a plus de joie dans le ciel pour un
« pécheur qui se repent que pour dix justes qui
« n'ont point failli.

« Vous me demandez mon concours pour dis-
« siper les terreurs de conscience d'un jeune et
« brave officier à la conservation duquel j'ai eu le
« bonheur de concourir, et c'est avec une bien
« vive satisfaction que je me rends à votre désir.
« En le traitant comme vous le faites, en vous ef-
« forçant de lui faire oublier par les douces joies
« et les plaisirs permis des malheurs immérités
« qui lui ont fourni l'occasion de se grandir aux
« yeux des hommes et de Dieu ; en agissant ainsi,
« monsieur, je le déclare hautement, vous ne faites
« qu'accomplir un devoir sacré, et c'est en toute
« sûreté de conscience que M. le chevalier Adrien
« Boisemond peut accepter les justes compensa-
« tions dont Dieu a jugé convenable de vous faire
« en cette circonstance le dispensateur.

« Je pourrais, si vous me l'aviez permis, en dire
« davantage pour rassurer le brave jeune homme
« qui motive entre nous cette correspondance ;
« mais vos secrets ne m'appartiennent pas, et je
« ne puis les produire sans votre autorisation.

« Fasse le ciel, monsieur, que vous persévériez
« dans la voie où vous êtes entré, et puisse M. le
« chevalier Boisemond se montrer toujours aussi
« digne que maintenant de l'immense fortune qui
« l'attend en en usant comme il convient à votre
« légataire universel. C'est un des vœux les plus
« ardents de votre bien dévoué frère en Jésus-
« Christ. »

A mesure qu'Adrien avançait dans cette lecture, son visage devenait radieux. Lorsqu'il eut entièrement lu, il pressa tour à tour la lettre sur ses lèvres et sur son cœur; puis, tendant la main à Pied-de-Fer qui jusque-là avait épié ses moindres mouvements :

« Eh bien! oui, ami, lui dit-il, j'attendrai. Voilà que je respire plus à l'aise, que je regarde sans hésiter autour de moi.... Vous ne savez pas tout ce que me faisait souffrir la pensée de ne m'être pas comporté en homme de cœur et d'honneur. Maintenant il n'y a plus qu'une chose qui puisse me faire souffrir.... l'absence de Régine!

— Cela s'arrangera comme le reste, enfant, je te le promets; mais pour le moment je ne puis bouger d'ici. Il y a là-bas trop de gens qui me connaissent.... qui me cherchent peut-être. Écrire serait encore plus désastreux. Cependant j'ai songé à un moyen qui nous permettra, je l'espère, d'avoir bientôt des nouvelles de cette pauvre petite. Je le répète, l'important, c'est que tu guérisses, et pour cela il te faut des distractions, de la joie; eh bien! mille diables! qui est-ce qui empêche que tu aies cela? Est-ce que tu n'as pas de bonnes voitures qui te portent à Florence quand tu le veux? de jolies gondoles avec lesquelles tu remontes ou tu descends le fleuve à volonté?... Est-ce que tu n'es pas reçu avec distinction dans tous les palais où il te plaît de te présenter?... Je voudrais bien voir, sacré mille dieux! que quelqu'un de ces nobliots, de ces princes à deux mille écus de rente, s'avisât de traiter de prince à ministre un chevalier de la Légion d'honneur qui peut jeter un million au vent si ça lui fait plaisir.

— Il faut bien que je le répète, puisque vous l'oubliez sans cesse, Baillor, répliqua Adrien, je ne puis considérer votre fortune comme étant la mienne. Certes, la lettre du bon prêtre de Marchais m'a pleinement rassuré sur les obligations que j'ai contractées envers vous ; j'ai compris une partie de cette lettre; peut-être ai-je deviné l'autre; mais je n'ai rien vu là qui m'autorise à jeter par les fenêtres l'or qui ne m'appartient pas.

— Ah! tu n'as pas vu cela? Eh bien! tonnerre du diable! si tu ne l'as pas vu là, je te le ferai voir ailleurs! Je le jure sur ma tête, et tu sais ce que valent mes promesses. Tu peux donc, en attendant, lâcher de l'avant, et ferme sur la chanterelle. Et c'est à la condition que tu en agiras ainsi, que je te promets des nouvelles de Régine.

— Je vous ruinerai donc, puisqu'il le faut, dit en souriant Adrien.

— Oh! je t'en défie, enfant! Essaye toujours, je n'en demande pas davantage, quant à présent. »

Pied-de-Fer avait en effet imaginé un moyen assez simple d'avoir des nouvelles de Régine sans se découvrir; c'était d'envoyer Lambert à Cologne, où il avait avec plusieurs juifs d'importants comptes à régler, et de faire, de là, écrire à Paris; mais plusieurs raisons s'opposaient à ce qu'il mît ce projet à exécution avant le printemps.

Cette époque arrivée, on apprit le retour de Napoléon à Paris, événement prodigieux qui, en ébranlant de nouveau l'Europe, couvrait la terre de soldats et rendait les communications plus difficiles que jamais; il fallut donc attendre encore.

Adrien était au désespoir.

« La France reprend les armes, disait-il, l'armée va de nouveau faire des prodiges, et je n'y serai point!... Avec quelle joie je donnerais maintenant tout le reste de ma vie pour recouvrer des forces qui me permissent de partir sur-le-champ! Oh! ce serait bien le cas, ami, de jeter un million au vent, comme vous dites que j'en ai le droit et le pouvoir.

— Par malheur, répondait froidement Pied-de-Fer, les millions ne guérissent que de la pauvreté, et la pauvreté ne guérit de rien, au contraire! »

Et comme les docteurs appelés à la villa avaient les meilleures raisons du monde pour être de cet avis, et que le jeune officier était incapable de faire deux étapes à pied, force lui fut de se résigner.

Enfin, après quelques mois, l'horizon politique s'éclaircit de nouveau, Lambert partit pour Cologne d'où fut expédiée la lettre de Pied-de-Fer à Jérésu, comme on l'a vu dans notre premier volume.

La réponse du juif fut présentée triomphalement par Pied-de-Fer au chevalier qui était alors presque entièrement rétabli, et dont elle adoucit les chagrins. Le brave garçon couvrit de baisers la signature de sa bien-aimée, dont il était bien loin de soupçonner l'abjection.

« Quoi donc maintenant, disait-il, s'oppose à ce que mon bonheur soit complet?

— Rien, absolument rien, répondit Pied-de-Fer; seulement, monsieur le chevalier, je vous demanderai la permission de terminer, avant de me mettre en campagne pour aller chercher votre femme, de terminer, dis-je, une petite négociation que j'ai entamée avec notre saint-père le pape.

— Vous négociez avec la cour de Rome! s'écria Adrien, dont l'exclamation peignait la surprise.

— Oui, mon garçon; c'est une petite satisfaction d'amour-propre que j'ai voulu me donner. Sa Sainteté est gênée, et je suis en train de lui prêter de l'argent.

— Quelle mauvaise plaisanterie!

— Je ne plaisante pas, enfant: l'affaire est en bon chemin; j'ai la certitude qu'elle sera promptement terminée, car je ne demande pas un sou d'intérêt.... Mais assez là-dessus pour aujourd'hui; je te ferai part du résultat, et tu verras que, pourvu que l'on veuille, il n'est pas si difficile qu'on le pense communément d'aller au paradis.

— Et ensuite?...

— Ensuite, je te laisse à Florence, et je pars. Bien entendu, chevalier, que vous me donnerez votre parole de m'attendre tranquillement en Toscane; j'ai des raisons pour exiger cela.

— Quand donc toutes ces réticences cesseront-elles, et me parlerez-vous à cœur ouvert?

— Quand, enfant? répondit Pied-de-Fer avec une tristesse subite et inexprimable, quand?... Bientôt peut-être.... Et puis, quoi qu'il arrive, le curé de Marchais ne te fera pas faute. »

Or, à cette époque, le pape, de retour à Rome, après un assez long séjour forcé au château de Fontainebleau, s'occupait activement à rétablir ses affaires temporelles, et particulièrement ses finances: l'argent étant le nerf de tout gouvernement, vérité que Pie VII était trop habile pour méconnaître. Comme toujours, la cour de Rome distribuait gratuitement aux fidèles une foule de ces choses qui ne lui coûtaient rien; mais, vu le malheur des temps, elle en vendait en outre une honnête quantité, quand elle trouvait acquéreur.

On ne vendait pas de duchés, de marquisats, ni de comtés, mais on vendait le droit d'en acheter.

Depuis quelque temps, l'attention de Pied-de-Fer s'était portée de ce côté, et il avait écrit au cardinal chargé du portefeuille des finances, pour offrir au gouvernement de lui prêter un million de francs pour cinq ans et sans intérêt, à la condition que Sa Sainteté lui accorderait, à lui, toutes les indulgences imaginables, et des lettres de noblesse à la personne que le prêteur désignerait. La chose assez simple en apparence, présentait pourtant quelques graves difficultés; mais par la raison qu'il est avec le ciel des accommodements, Pied-de-Fer pensait que le Vatican ne serait pas plus terrible, et il attendait avec confiance le résultat de l'entreprise.

CHAPITRE XX.

Recherches.

Vers la fin du mois de décembre 1815, un personnage sans suite, mais dont l'importance se révélait par sa manière de commander et de lever toutes les difficultés en prodiguant l'or, ce personnage, disons-nous, entrait dans Paris et se faisait conduire à l'hôtel Meurice.

C'était alors le temps où, comme nous l'avons vu plus haut, la France était assez régulièrement sauvée de deux jours l'un, par un certain nombre de fonctionnaires spéculant sur la peur qui les tourmentait et qu'ils faisaient aisément partager aux personnages les plus haut placés.

Un voyageur arrivant d'Italie, où presque toute la famille de Napoléon s'était réfugiée, et qui commandait et payait en prince, ne pouvait manquer d'éveiller l'attention de ces chercheurs, inventeurs et perfectionneurs de conspirations.

« Ah! ah! fit-il, aux premiers mots que lui adressa respectueusement le maître de l'hôtel, touchant son individualité, je comprends. Tenez, voici mon passe-port, signé par le cardinal-ministre des affaires étrangères à Rome; vous y verrez que je suis chargé, moi, il signor Baillordini, de messages importants pour son excellence le nonce du pape. Je vous autorise à montrer ce passe-port à tous les drôles de la police qui voudront le voir; mais dites-leur bien en même temps que s'ils avaient l'impudence de m'interpeller en personne, monseigneur le nonce se chargerait de leur faire donner sur les ongles, et de leur montrer au besoin que les soldats du pape ne sont pas aussi manchots qu'on le croit dans votre pays de damnés. »

Il n'en fallut pas davantage pour que Pied-de-Fer, que l'on a sans doute reconnu, fût désormais à l'abri des investigations que, plus que tout autre, il avait à redouter, qui pourtant ne pouvait le dispenser d'agir avec la plus grande circonspection pour atteindre le but qu'il se proposait; car il n'avait pour tous renseignements sur Régine, que ce qu'en avait écrit Jérésu, et il ne savait point au juste de quel pays était la jeune fille.

Le plus simple eût été sans doute de s'adresser à Jérésu, mais c'était en même temps le moyen le plus sûr de se faire livrer pieds et poings liés à la police, et Pied-de-Fer savait parfaitement que le juif était homme à vendre et à livrer son père pour un écu. Il résolut donc d'opérer seul et de marcher avec précaution du connu à l'inconnu.

En conséquence, le soir même de son arrivée à Paris, il se rasa avec soin, fit l'acquisition d'une perruque blonde qui le rajeunit de dix ans; s'habilla avec élégance, et enveloppé dans un ample manteau, il se mit en campagne et se rendit d'abord à la maison de la cour des Fontaines où trois ans auparavant il avait laissé la pauvre Régine mourante et la vieille Rosalie haletant au milieu de l'escalier. Là, il interrogea la portière, vieille femme assez peu ingambe, mais dont la langue était d'une agilité remarquable.

« Ah! oui, dit-elle, lorsqu'il lui eut dit l'objet de sa visite, je me souviens maintenant; vous voulez parler de ce gentil petit ménage du bon Dieu qui demeurait au cinquième. On disait pourtant qu'ils avaient passé devant l'église et s'étaient dispensés de faire visite à la mairie, et il paraît que c'était vrai, car ils n'ont pas bien fini, les chers agneaux....

— Fini! dit Pied-de-Fer, la jeune femme serait-elle morte?

— Je ne dis pas ça; on ne meurt pas pour mal avoir; mais pas moins si la jeune femme avait eu le courage de se périr, ça lui aurait évité bien des malheurs. Pauvre petite malheureuse! en a-t-elle enduré! Figurez-vous qu'après que son jeune homme l'a eu quittée sous prétexte qu'on lui avait volé des diamants qui n'étaient pas à lui.... Comme si on pouvait voler dans une maison comme celle-ci, tenue et gardée au doigt et à l'œil, j'ose m'en flatter, jouissant depuis vingt ans de la confiance du propriétaire de père en fils.... Oui, monsieur, vingt ans! c'était en 95, l'année du grand hiver, à preuve que ma fontaine a éclaté comme un coup de canon....

— Bien, bien; mais Régine?

— Elle était toute neuve, monsieur, dans une chemise blanche comme de la neige....

— La jeune femme?

— Non; ma fontaine.... Quant à la petite personne, c'est une autre paire de manches; elle est tombée malade, et sa tante qui la soignait a été obligée de tout vendre, tout! jusqu'aux matelas que la vieille emportait par petits paquets dans ses poches.... Et puis, après la maladie, plus de trois mois sans ouvrage, et des semaines entières sans pain! Vous comprenez bien qu'en pareil cas, il n'y a pas de vertu qui tienne.... D'autant que la vertu n'était peut-être pas son fort à cette jeunesse....

— Et que sont-elles devenues? demanda Pied-de-Fer, en interrompant de nouveau la narratrice.

— Ah! dame! vous sentez bien que dans ces affaires-là, une honnête femme ne peut pas voir des choses qui.... parce que.... c'est toujours très-délicat. Tout ce que je sais, c'est que la tante et la nièce qui n'avaient que de mauvaises loques pour se couvrir, se sont envolées un soir qu'il gelait à pierre fendre. Je les attends jusqu'à minuit, personne! Je me dis que sûrement elles sont allées se noyer, et je fais un bout de prière à leur intention. Mais voilà que le lendemain vers midi, je les vois revenir mises comme des princesses; elles me payent leur loyer tout en or, et elles déménagent le jour même, ce qui n'était pas difficile, vu qu'il n'y avait guère chez elles que les quatre murs.

— Et vous ignorez ce qu'elles sont devenues?

— Je l'ai ignoré d'abord, et puis ensuite il y a des choses qu'une honnête femme..., d'autant plus qu'elles allaient dans des lieux que la pudeur m'empêche de nommer.... Il paraît tout de même que ça allait: elles demeurèrent d'abord, en sortant d'ici, dans la maison des Frères-Provençaux; puis elles allèrent se loger dans un superbe hôtel de la Chaussée-d'Antin. Mais comme dit le proverbe, ce qui vient de la flûte s'en retourne au tambour. Un beau jour la police s'est mise à leurs trousses; on les a arrêtées, et la vieille est morte en prison.

— Mais Régine? Régine? s'écria Pied-de-Fer en frappant avec impatience sur la petite table devant laquelle la portière était assise.

Que t'est-il donc arrivé, mon brave ami ? (Page 80, col. 1.)

— Eh! eh! monsieur, prenez garde à ce que vous faites.... Dirait-on pas que vous me l'avez donnée à garder!... Jour de Dieu, j'aime mieux qu'elle vous soit quelque chose qu'à moi....

— Allons, ne nous fâchons pas, dit Pied-de-Fer en s'efforçant de sourire, et en tirant de sa poche quelques écus qu'il déposa sur la table. Si j'ai causé quelque dommage, je puis le réparer. Remettez-vous, ma bonne, et achevez cette histoire que vous racontez si bien. »

La vieille s'empressa de poser sur les écus le tricot dont elle s'occupait, puis elle reprit, mais cette fois avec une sorte de déférence :

« J'ai bien vu tout de suite que vous êtes un homme comme il faut. D'ailleurs cette pauvre petite avait tant souffert, et puis ces gueux d'hommes, sauf le respect que je vous dois, quand ça veut quelque chose, ça vous prend des airs et des manières à damner les saintes du paradis.... Je ne dis pas pour ça qu'elle soit damnée, cette chère mignonne, mais bien sûr pourtant qu'elle n'est pas précisément dans la voie du salut, vu que la bonne du premier l'a rencontrée l'autre jour aux ombres chinoises en compagnie d'un monsieur qui avait des diamants aux doigts, une chaîne d'or en travers de la poitrine, et qui disait à chaque instant : *Yes, yes! les petites personnages il était amusant beaucoup fort.*

— Et puis? fit Pied-de-Fer.

— Et puis, mon neveu, le petit Lamberquin, un vrai Cupidon, qu'est malin comme un singe et qui est officier....

— Vous avez un neveu officier?

— En pied! au café des Mille-Colonnes, pour la fabrication des glaces, plombières, punchs à la romaine et autres ingrédients qui demandent des hommes à talent....

— Bon, bon; je comprends. Ce neveu a vu récemment Régine?

— La semaine dernière il lui a servi du punch aux œufs.... encore une friandise qui demande de la capacité.... Elle était dans le petit salon de Vénus, toujours en compagnie du *goddam* susdit. Enfin, pas plus tard qu'hier, je l'ai vue, moi, de mes propres yeux vue, manger des petits pâtés, chez Suleau, le pâtissier du perron.... Encore un homme de talent celui-là! toujours avec son Anglais, qui disait, pendant que j'achetais un biscuit pour mes serins : *Madame la pâtisse, vos petites pattes il était beaucoup fort bons....* Ah! ah! sont-ils farces ces Anglais!...

— Et vous ne savez pas où elle demeure? demanda Pied-de-Fer.

— Pas précisément, mais du moment qu'elle passe tout son temps au Palais-Royal, faut bien croire que cette chère linotte a son lit quelque part par là. On peut s'informer.

— Eh bien! soyez assez bonne pour prendre

vous-même ces informations. Il ne faudrait pas avoir l'air d'y attacher une grande importance; cependant les plus petits détails pourraient avoir leur prix, et je ne suis pas homme à marchander. Quand reviendrai-je pour en savoir davantage? »

Et il ajouta quelques écus à ceux qu'il avait déjà jetés sur la table.

« Je pourrais aller après-demain porter à monsieur une réponse satisfaisante à chacune de ses questions, répondit la portière en faisant une profonde révérence.

— Non. C'est moi qui viendrai. Après-demain à pareille heure. Surtout que la jeune fille ne puisse pas soupçonner les démarches dont elle est l'objet.... C'est une affaire de famille qui ne doit pas s'ébruiter.

— Monsieur peut être tranquille là-dessus; la discrétion c'est mon fort à moi.... Ah! si je n'étais pas si discrète, dans une maison comme celle-ci, avec trente locataires dont plusieurs jolies femmes dont les maris sont en Amérique, ou autres lieux plus ou moins inconnus....

— Sans doute, sans doute, interrompit Pied-de-Fer; en vérité c'est merveille que de trouver une loge si bien occupée.... Ainsi, c'est convenu, je reviendrai après-demain à pareille heure. »

Et il partit sans attendre de réponse, de peur que l'honnête portière ne trouvât moyen de recommencer son panégyrique qui n'eût probablement pas fini de sitôt.

« Allons, se disait Pied-de-Fer en regagnant instinctivement le Palais-Royal, la journée n'aura pas été perdue.... Pauvre cher brave enfant qui m'attends à Florence, plein d'impatience et d'amour, comme cette langue de vipère t'aurait ardé le cœur si tu avais pu l'entendre!... Oh! il faut que tu ignores cela toujours, car je suis la cause première du mal, et tu ne me pardonnerais pas de.... Allons donc! il signor Baillordini, voilà de la capucinade indigne d'un homme de votre caractère.... Comme si la vertu des femmes n'était pas une chimère rêvée uniquement par des cerveaux malades! Il est clair que lorsque la petite reverra Adrien qu'elle croit avoir perdu pour toujours, lorsqu'elle le reverra, dis-je, brillant de jeunesse et de santé, avec la croix d'honneur sur la poitrine, riche, noble, et plus amoureux que jamais, lorsqu'elle le verra ainsi, elle se prendra à l'aimer plus que jamais, parce que.... J'ignore complètement le *parce que;* mais il est constant que le cœur de la femme est ainsi fait. Il ne s'agit donc toujours, en réalité, que de retrouver cette chère mignonne qui, à ce qu'il paraît, a trouvé le moyen de se rendre la vie douce quand même. Après tout, s'il en était autrement, je dois me rendre cette justice que ce ne serait pas ma faute; car il me semble que je l'avais admirablement préparée à ne voir la vie que du bon côté.... Mais, sacredieu! qui m'em-

pêche de pousser, ce soir, mes recherches un peu loin? Depuis trois ans que l'on m'a perdu de vue dans ces parages, on ne m'y reconnaîtra pas sous cette perruque de jouvenceau, et je puis sans danger visiter ces lieux où j'ai passé tant de jours.... c'est-à-dire tant de nuits qui avaient bien leur prix.... Et cependant, je m'étais encroûté au milieu de ces lâches coquins qui n'ont jamais le courage de leur position.... Bast! ce sont des folies de jeunesse auxquelles il ne faut plus penser; j'étais tombé; mais j'ai rebondi si haut que le point de départ doit s'effacer.... La petite, me disait ce vieux cerbère déguisé en femme, la petite prend quelquefois des glaces au café des Mille-Colonnes.... C'est d'assez bon goût; ça annonce qu'elle s'est formée.... nous allons donc pousser une reconnaissance de ce côté. »

Quelques instants après il entrait dans d'immenses salons tout éblouissants de lumière; là, au milieu du salon principal, siégeait, sur un véritable trône, une femme à l'air angélique, aux formes divines, véritable chef-d'œuvre de la création. Partout étincellent l'or, l'argent et le cristal; le feu jaillit des parures des femmes qui circulent au bras de leurs cavaliers, ou qui prennent place autour des tables chargées de vases d'argent, de vermeil admirablement ciselés et contenant des rafraîchissements délicieux.

Un provincial tombé de sa maison enfumée au milieu de ces splendeurs eût pu se croire transporté dans un royaume de fées[1].

Pied-de-Fer circulait lentement au milieu de toutes ces merveilles, regardant attentivement les femmes, suivant du regard les hommes auxquels il trouvait quelque chose de la tournure britannique. Mais tandis qu'il observait ainsi, un personnage aux manières dégagées, et qui semblait être un habitué de ce lieu, le suivait et l'observait lui-même avec le plus grand soin. Pied-de-Fer, après avoir tout examiné, alla s'asseoir à l'un des

---

1. Le café des Mille-Colonnes avait été fondé par un sieur Romain, sot, manchot, brutal, qui n'avait d'autre mérite que d'être le mari de la plus jolie femme de Paris. Les époux Romain avaient d'abord tenu le café du Bosquet, rue Saint-Honoré, sorte de cabaret que la beauté de la cabaretière avait mis en vogue et qui avait fait courir tout Paris. Romain, enivré d'un si grand succès, vint s'établir au Palais-Royal, où il fonda le café des Mille-Colonnes, dont le luxe dépassait tout ce qu'on avait vu jusqu'alors en ce genre. Le siège qu'occupait, en 1816, Mme Romain dans son comptoir de marbre incrusté d'or, était un véritable trône, meuble qui avait été mis à l'encan à la suite de prodigieuses vicissitudes, et qu'un admirateur de la belle limonadière paya dix-huit mille francs.

Le trône s'usa, la jolie femme vieillit; peu à peu les salons devinrent déserts, et le tout fut vendu par autorité de justice. moins le personnel qui devint ce qu'il put. Mme Romain, séparée de son mari, en 1822, se retira dans un couvent, où elle mourut le jour où Romain lui-même expirait des suites d'une chute de cheval. Mme Romain est l'héroïne d'une chanson qui retentit sur tous les points de la France et même de l'Europe de 1806 à 1810, et dont

angles du salon principal. Presque en même temps l'homme qu'il n'avait pas remarqué vint s'asseoir devant la table voisine de celle devant laquelle s'était placé ce protégé du pape d'une espèce peu ordinaire. Alors les regards de Pied-de-Fer tombèrent pour la première fois sur le visage de cet homme dont la vue lui causa une sorte d'émotion dont il chercha à se rendre compte.

« J'ai vu cela quelque part, se disait-il tout en buvant à longs traits le punch qu'il s'était fait servir; mais où? Il m'est impossible de me le rappeler. Après tout, il n'y a rien de bien extraordinaire, car j'ai probablement vu et connu la plus grande partie des gens qui fréquentent ces parages.... C'est qu'il me regarde avec une persistance.... Sacré mille diables! je n'ai pas non plus les yeux pourris, et je veux le lui faire voir. »

Tous deux dès lors s'observèrent réciproquement avec une scrupuleuse attention ; mais la patience ne tarda pas à manquer à Pied-de-Fer, et il se disposait à interpeller assez rudement son voisin, lorsque celui-ci, qui venait de payer sa consommation, se leva, marcha précipitamment vers la porte et sortit.

« Je m'en doutais, se dit alors il signor Baillordini, cet homme n'est qu'un curieux désœuvré. D'ailleurs, s'il en était autrement, il en serait pour ses frais, car il ne me rencontrerait certainement pas deux fois au même endroit. »

Il sortit à son tour, et remontant la galerie, il arriva bientôt au péristyle donnant sur la rue Beaujolais. Comme il marchait lentement, regardant autour de lui à la manière des provinciaux pour qui tout est nouveau, un homme vêtu d'une redingote dont le temps et la crasse avaient détruit la couleur primitive, et la tête couverte d'un chapeau jadis noir et tournant maintenant au roux fauve, cet homme, disons-nous, qui semblait tourner autour des noires colonnes de ce lugubre lieu, s'approcha le dos voûté, le cou tendu et les mains garnies d'objets qu'on ne pouvait distinguer.

« Messié, fit-il en même temps d'une voix sépulcrale et traînante, foulez fous ajeter guelque jose?... c'haffre tes cholis bedits insdruments....

— Jérésu! se dit mentalement Pied-de-Fer en jetant sur son épaule un pan de son manteau de manière à s'en couvrir la moitié du visage, ah! mauvais coquin, quel plaisir j'aurais à te briser les os! car tu as menti et tu as fait un faux en me répondant à Cologne, je n'en saurais douter maintenant. Or on peut pardonner à un homme fort alors même qu'il abuse de sa force, mais être berné par un hideux animal de cette espèce, c'est à s'en ronger les poignets jusqu'aux coudes. Patience! misérable pourceau, tu ne perdras pas pour attendre. »

Et comme le juif avançait toujours dardant les regards de ses yeux de chat à travers les ténèbres, Pied-de-Fer fit brusquement demi-tour, et malgré le vent du nord qui couvrait les arbres de givre en sifflant au travers des branches, il gagna le milieu du jardin qui était presque entièrement désert. Déjà, tout en marchant lentement, il était arrivé au méridien et l'obscurité devenant à chaque instant plus profonde, en cet endroit surtout où les lumières des boutiques ne pouvaient pénétrer, il se disposait à regagner la galerie de l'ouest, à la hauteur du café Corazza, lorsqu'un léger bruit partant des treillages qui garnissaient le derrière des galeries de bois attira son attention ; il fit demi-tour de manière à être masqué par le dernier arbre de la contre-allée, et il écouta.

« C'est lui, j'en suis sûre, disait une voix qui ressemblait à un souffle poussé par la rage à travers des dents égales, courtes et serrées.

— Non, répondit une autre voix; j'ai vu celui-ci de près il y a une heure et je me suis assuré que vous étiez dans l'erreur.

— Les lâches! reprit la même voix basse et sifflante, ils le laisseront échapper!

— Eh bien! faut-il frapper? »

Pied-de-Fer dégagea son bras droit de dessous son manteau, saisit un poignard court, fin et acéré, et il s'avança lentement mais sans hésiter vers l'endroit d'où lui avaient semblé venir les voix; mais malgré tous les efforts qu'il fit pour percer l'obscurité, il ne vit personne. Après s'être arrêté un instant, il longea les treillages qui défendaient l'entrée des jardinets entretenus par les boutiquiers des galeries de bois.

Un instant il crut entendre un bruit de feuilles sèches froissées sous des pas précipités; il s'appuya alors contre le treillage, très-serré en cet endroit, et s'y cramponnant des mains et des pieds il essaya de regarder de l'autre côté. Le bruit avait cessé et les jardinets étaient déserts.

« Est-ce que par hasard je serais devenu peureux? se dit en souriant l'ex-bandit en revenant sur ses pas. En vérité cela en a un peu l'air. La peur rend bête, et je n'avais pas le sens commun de croire que des personnages invisibles s'occupaient de moi. Ma présence à Paris ne peut intéresser que la police, et si elle en était instruite, elle ne ferait pas tant de façons pour s'emparer de ma personne. Au diable les sottes terreurs! J'es-

---

voici le premier couplet que nous rapportons comme modèle de l'esprit du temps :

> Vénus a donc quitté Cythère,
> Pour choisir un autre séjour;
> De l'amour cette aimable mère
> A Paris réside en ce jour.
> « Viens, suis-moi, dit-elle au mystère,
> Car tu sais garder un secret :
> Je veux être limonadière
> Du joli café du Bosquet. »

Suivaient quatre strophes de la même force, dont nous jugeons convenable de faire grâce au lecteur.

père bien d'ailleurs ne pas faire un long séjour ici, donc le danger, si danger il y a, sera bientôt passé. »

Pied-de-Fer, malgré ce raisonnement, ne laissa pas de prendre toutes les précautions imaginables pour ne pas être reconnu. Ainsi, à l'exception de la visite qu'il lui fallait faire au nonce du pape, chez lequel il se rendit dans une voiture bien fermée, il ne sortit point pendant le jour suivant; il évita même de se montrer trop souvent à son hôte, et il ne voulut être servi que par un seul domestique.

Le lendemain, lorsque approcha l'heure du rendez-vous donné par la portière de la cour des Fontaines, il eut soin de prendre un costume différent de celui qu'il avait porté la veille; il anima son visage bistre d'une légère teinte de rouge, ajusta avec beaucoup de soin sa perruque blonde, puis la tête couverte d'un chapeau à larges bords, il sortit à pied malgré la pluie fine et glacée qui commençait à tomber.

Quelques minutes après, il arrivait au Palais-Royal par la rue Montpensier.

Le chemin le plus convenable pour se rendre de là à la cour des Fontaines eût été l'une des galeries de bois; mais ces galeries, à cette heure, étaient resplendissantes de lumière et encombrées de promeneurs, deux choses que Pied-de-Fer s'était, comme nous venons de le dire, promis d'éviter autant que possible.

La grande cour lui offrait encore une voie de communication directe; mais le souvenir de ce qui lui était arrivé l'avant-veille dans le jardin le poussa presque à son insu de ce côté, et comme pour se prouver à lui-même que la peur ne pouvait avoir prise sur lui, il se mit en devoir de traverser le jardin en marchant au plus près possible du treillage entremêlé d'arbustes et de plantes grimpantes desséchées, derrières lesquelles il lui avait semblé avoir entendu les paroles et le bruit de pas qui lui avaient fait mettre le poignard à la main.

Tout, de ce côté, était sombre et silencieux.

On n'entendait au loin que le roulement des tambours du Sauvage, établi dans un caveau près de la Rotonde, et faisant à lui seul concurrence aux six aveugles du caveau voisin.

A ce roulement incessant se mêlaient les clameurs, les cris de joie, les exclamations de toute sorte des femmes éparpillées aux quatre points cardinaux de cet immense bazar. Puis, un bourdonnement continu partant des rangs serrés des promeneurs :

« Qu'il fût question de moi ou d'un autre, se disait involontairement l'ancien chauffeur, les paroles que j'ai entendues ici n'en sont pas moins étranges. »

Il fit encore quelques pas, puis il s'arrêta brusquement. Il venait d'entendre de nouveau ce bruit de feuilles mortes froissées qui, une première fois, avait si fort éveillé son attention.

« Justement je suis au même endroit, » se dit-il.

Il s'approcha davantage du treillage, et il y touchait presque, lorsqu'une petite barrière s'ouvrit; avant que Pied-de-Fer eût le temps de se reconnaître, une sorte de sac en cuir lourd et épais lui tomba sur la tête et l'emprisonna jusqu'à la ceinture : l'ouverture du sac se resserra alors si violemment, que l'ex-chauffeur perdit la respiration avant d'avoir pu pousser un cri ; il n'entendait plus rien qu'un sourd bourdonnement; sa langue se dilatait; il lui semblait que ses yeux sortaient de leurs orbites. Il essaya pourtant encore de se défendre en lançant ses pieds en avant et en arrière; mais ce dernier effort acheva d'épuiser ses forces, il tomba, se roula un instant sur la terre froide et humide, puis il s'évanouit.

CHAPITRE XXI.

Opérations souterraines.

Lorsque Pied-de-Fer reprit connaissance, il était dans une vaste salle souterraine, éclairée par une lampe attachée à la voûte.

En regardant autour de lui il aperçut, à l'extrémité de cette salle, une femme entourée de plusieurs hommes qui semblaient tenir conseil; puis, çà et là, des pioches, des pinces, des tonneaux vides et des monceaux de terre nouvellement remuée.

Il tenta de faire un mouvement, mais il avait les mains fortement liées sur le dos, et ses jambes étaient également garrottées.

Il parvint pourtant à s'asseoir sur le sol où il s'était trouvé étendu, et ses regards s'étant de nouveau dirigés vers le groupe de personnages qu'il n'avait d'abord fait qu'entrevoir, il reconnut la marquise de Gastelar, et, successivement, tous les hommes qui l'environnaient.

« Ah ! tonnerre du diable ! s'écria-t-il en faisant d'inutiles efforts pour briser ses liens, si j'avais seulement un bras de libre, comme je vous apprendrais à vivre, vils crétins.... Quant à vous, ma belle, qui vous avisez de jouer au roi détrôné, je vous préviens que vous ne jouirez pas longtemps de votre victoire. Je ne sais où je suis, mais j'ai des amis plus fidèles que vous, lâches que vous êtes; ils me cherchent maintenant, j'en suis sûr ; ils me trouveront, quelque profonde que soit la retraite où vous m'avez mis, et alors malheur à vos os à tous ! »

Les hommes, qui semblaient s'entretenir à

demi-voix, se turent, et il se manifesta parmi eux une sorte d'hésitation. La marquise, qui avait son poignard à la main, bondit au milieu d'eux, en s'écriant d'une voix altérée par la fureur :

« Il vous appelle lâches, et il a raison, puisque vous hésitez à le tuer, lui qui vous eût livrés tous si, grâce à moi, vous ne l'eussiez prévenu. Quoi ! après des travaux inouïs, nous touchons au succès de l'entreprise la plus hardie, entreprise qu'il vous eût fallu abandonner si je n'étais venue à votre aide ; encore quelques heures, et vous pourrez entrer dans les caves de la Banque de France, vous partager les millions qui y sont déposés, et vous tremblez devant un homme qui vous menace ! »

C'était en effet à l'exécution de cet audacieux projet que travaillaient ces hardis coquins, débris de la bande de chauffeurs connue sous le nom d'*Enfants du feu*, et qui avaient tous fait partie des partisans commandés par Pied-de-Fer.

Anne Jovelet, la mère d'un de ces hommes, était une ex-tricoteuse de la Convention, l'une de ces furies qu'aux mauvais jours de notre révolution on appelait les *aboyeuses de la guillotine*, et dont les fonctions, secrètement et largement rétribuées, consistaient à suivre les charrettes qui conduisaient à l'échafaud les victimes de la Terreur, et à accabler ces malheureux d'injures et d'imprécations, pour éviter que le peuple s'émût en leur faveur.

Elle avait, à cet horrible métier, gagné assez d'argent pour acheter la maison où, depuis trente ans, elle faisait métier de vendre, aux femmes du Palais-Royal et des environs, du rouge, du blanc, du bleu, du noir, toutes sortes de cosmétiques, objets de toilette secrète, etc.

Cette maison, située rue de Valois, avait une issue secrète sur la rue Neuve-des-Bons-Enfants.

C'était là que s'étaient réfugiés, en arrivant à Paris, en 1814, un assez grand nombre des hommes licenciés par Pied-de-Fer dans la forêt de Fontainebleau. Tous étaient alors chargés d'or, et Jovelet, un d'eux, n'avait pas eu beaucoup de peine à déterminer sa mère à donner asile à tous ceux de ses compagnons qu'il avait réunis. Les autres locataires avaient été renvoyés, et tout alla à merveille tant que l'argent ne manqua pas, c'est-à-dire pendant près d'une année.

Les finances ayant commencé à manquer, on avait fait quelques expéditions dans le genre de celles qu'avait commandées autrefois le Petit-Duc, et, plus récemment, Pied-de-Fer ; mais l'ordre, qui se rétablissait sur tous les points de la France, rendait ces expéditions de plus en plus difficiles et dangereuses.

Ce fut alors que l'une des fortes têtes de cette fraction de bande conçut le projet de pénétrer dans les caves de la Banque de France, à l'aide d'une galerie souterraine qui, partant des caves de la maison Jovelet, lesquelles étaient très-profondes, aboutirait sous les bâtiments de la Banque, en traversant le jardin de cet établissement dans sa partie la plus étroite, et en passant sous la rue Neuve-des-Bons-Enfants.

Ce projet ayant été mûrement examiné, discuté et adopté, on avait réuni le plus d'argent possible et l'on s'était mis à l'œuvre. Trois ou quatre fois par semaine, une de ces énormes charrettes servant au transport des vidanges de Paris s'arrêtait vers le milieu de la nuit, tantôt devant l'entrée principale de la maison Jovelet, rue de Valois, tantôt devant l'issue qu'elle avait en face du jardin de la Banque de France ; des hommes chargeaient cette charrette de ces sortes de tonneaux appelés *tinettes*, et qui, depuis des siècles, ont le privilége d'asphyxier quotidiennement les Parisiens, privilége dont n'usaient pas celles-ci, par la raison qu'elles ne contenaient que de la terre provenant de la galerie souterraine en cours d'exécution.

Tout alla bien d'abord ; on travaillait avec ardeur, et quelques soirées seulement étaient consacrées au plaisir. La galerie était déjà arrivée jusqu'au mur d'enceinte de la Banque, lorsque l'argent manqua.

Les travailleurs reconnurent en même temps la nécessité d'avoir, dans la place où ils voulaient pénétrer, des intelligences, afin de ne point être exposés à faire fausse route, le point vers lequel ils devaient se diriger ne leur étant pas positivement connu.

En conséquence les travaux avaient été suspendus, et tous les compagnons s'étaient mis en campagne afin de retrouver Pied-de-Fer ou quelque autre chef des anciennes associations dont ils avaient fait partie et dont les ressources fussent suffisantes pour mener à bonne fin cette entreprise pour l'exécution de laquelle ils n'avaient pas d'abord suffisamment calculé leurs forces et leurs ressources.

Tel était le concours d'événements qui avait amené la rencontre d'un des *Enfants du feu* avec Henri, l'homme de confiance de la marquise, et qui avait déterminé cette dernière elle-même à se faire la protectrice de ces hommes dont elle connaissait l'audace et l'énergie, et qu'elle voulait mettre au service de son amour et de sa vengeance, passions qui, plus que jamais, lui brûlaient le cœur.

Ces explications étaient nécessaires pour faire comprendre au lecteur la scène dont nous avons esquissé une partie au commencement de ce chapitre, et quelques-unes de celles qui l'ont précédée ; cela explique comment Mme de Gastelar s'était laissé entraîner dans cette maison de la rue de Valois, où Henri avait presque en même temps été si rudement accueilli. Initiée dès ce soir-là même à tous les nouveaux travaux de ses anciens complices, la marquise n'avait pas hésité à leur promettre aide et protection, à la condition qu'ils lui seraient dévoués désormais et la serviraient dans ses entreprises particulières avec autant d'ardeur que s'il s'agissait des intérêts de l'association entière.

A partir de ce moment, l'argent ne manqua plus aux gens de la maison Jovelet, de même que le concours de ces gens fut acquis à la marquise. De tout cela était résulté la découverte de la présence de Pied-de-Fer à Paris et son enlèvement.

Revenons maintenant à la situation dans laquelle se trouvaient ces personnages enfermés dans la cave de la maison Jovelet. Pied-de-Fer est là, pieds et poings liés, assis sur le sol; la marquise, entourée des Enfants du feu, gourmande ces derniers et leur reproche leur lâcheté, parce qu'ils hésitent à tuer l'homme qu'elle regarde comme son plus cruel ennemi.

Pendant que cela se passe, plusieurs escouades d'agents du service dit de sûreté sortent d'un bouge dont nous avons déjà parlé et qui servait de repaire à la brigade entière dans la petite rue Sainte-Anne, près de l'arcade de la cour de la Sainte-Chapelle. L'une de ces escouades gagne le quai des Orfèvres, traverse le Pont-Neuf, la place de l'École, et arrive à la rue de Valois après avoir traversé le Louvre et parcouru la rue Froidmanteau; une autre se dirige vers le même point en passant par la rue Croix-des-Petits-Champs, la place des Victoires et le passage Radziville; enfin une troisième, après avoir traversé le cloître Saint-Honoré, débouche dans la rue de Valois par la cour des Fontaines.

Minuit sonnait à l'horloge du Palais-Royal et à l'église des Petits-Pères, au moment où ces trois corps d'armée faisaient leur jonction devant les fenêtres des cuisines du café Valois.

« Attention à l'ordre, dit le chef d'une voix sourde après avoir réuni tout son monde. Toi, Roupelon, tu vas frapper là, tu vois, à cette porte vitrée, au-dessus de l'escalier de pierre où tu vois briller quelque chose qui ressemble à une chandelle; tu demanderas du rouge, du bleu, du blanc, toutes les couleurs qui te passeront par la cervelle, et tu tâcheras de saisir la vieille par le cou et de l'étrangler avant qu'elle ait pu faire un mouvement.

— Eh! fit Roupelon, une vieille femme, vous croyez donc que c'est si facile à conduire? ah bien oui! c'est plus coriace que le diable, j'ai presque coupé le sifflet à la dernière qui est passée par mes mains avant d'avoir pu en obtenir un *oui* ou un *non*.

— Mais il ne s'agit pas d'obtenir quelque chose ici, reprit le chef. Il faut seulement examiner les lieux et la personne en question; puis, quand tu auras bien examiné, de saisir la vieille et de faire le signal.

— Mais si je la tue en la saisissant?

— Ça te regarde; mais il est certain que, dans tous les cas, les bêtes mortes sont muettes, ce qui est très-rassurant.

— En avant donc! dit Roupelon; je me risque. »

Et il se dirigea vers la maison indiquée.

Cependant la situation de Pied-de-Fer était des plus terribles; la marquise ordonnait de le tuer, et elle se montrait très-disposée, en cas de refus, à séparer sa cause de la leur.

« Quoi! reprenait-elle avec rage, vous hésitez encore?... Arrière donc, infâmes! je me ferai justice moi-même! »

Elle avait à peine prononcé ces paroles, qu'un coup de sonnette fit retentir la voûte souterraine.

« Chut! silence! un signal de la mère Jovelet! dirent en même temps tous les hommes qui entouraient cette furie.

— Raison de plus pour ne plus hésiter, misérables!... »

La sonnette s'agita avec une violence extraordinaire; c'était le cri d'alarme.

« Au large! au large! crièrent les hommes, ou nous sommes perdus!

— Oui, au large! » répéta la marquise.

Et s'élançant vers Pied-de-Fer, d'un coup de son poignard elle le fit retomber sur le sol humide en même temps qu'un de ses complices brisait la lampe suspendue à la voûte.

Au bruit causé par ces violences succéda celui de pas pressés, puis il se fit un assez long silence.

Pied-de-Fer, qui n'avait été que légèrement atteint par le poignard de Mme de Gastelar, se releva promptement; par un effort désespéré il parvint à briser les liens qui lui serraient les poignets, puis il se débarrassa de ceux qui lui liaient les jambes, et porta les mains à ses poches pour y prendre les armes qui ne le quittaient jamais; mais il reconnut qu'on lui avait tout enlevé pendant son évanouissement, armes, papiers, bourse. Il cherchait à tâtons autour de lui afin de se faire une arme de quelqu'un des instruments qu'il avait aperçus sur le sol, lorsqu'un bruit de pas se fit entendre de nouveau en même temps qu'un cliquetis d'armes. Presque aussitôt des coups violents retentirent à l'une des extrémités de la salle souterraine, et Pied-de-Fer ayant dirigé ses regards de ce côté, aperçut une lumière avez vive à travers les ais mal joints d'une lourde porte.

« Ouvrez, au nom de la loi! dit une voix forte et grave.

— C'est la police et la force armée; je suis perdu! se dit Pied-de-Fer, qui venait de s'armer d'une pince. Mais cette pièce doit avoir une autre issue, puisque tous ces lâches gredins ont pu prendre la fuite. »

Et, protégé en cela par les rayons lumineux qui arrivaient jusqu'à lui, il chercha cette issue ; mais il n'avait encore rien découvert, lorsque la serrure de la porte céda sous les coups du lourd marteau dont était armé l'un des hommes qui se faisaient entendre : dix soldats, la baïonnette au bout du fusil, et une vingtaine d'agents de police entrèrent aussitôt. Pied-de-Fer, entouré, sommé de se rendre, et reconnaissant l'impossibilité de résister, jeta la pince de fer qu'il avait prise et déclara qu'il n'avait pas l'intention de se défendre, et qu'au contraire il remerciait la Providence qui lui envoyait des libérateurs.

« Car, ajouta-t-il en s'adressant au commissaire qui commandait cette expédition, vous reconnaîtrez aisément, monsieur, que, loin de faire partie des malfaiteurs que vous cherchez, je suis une de leurs victimes. Ils allaient m'assassiner lorsque vous vous êtes fait entendre. Voici les liens dont je suis parvenu à me débarrasser, et dont mes poignets et mes jambes portent les marques sanglantes. Un premier coup de poignard m'a même été porté et m'a blessé à l'épaule droite, comme vous pouvez le voir. »

Il avait à peine achevé de parler, qu'un homme de haute taille, qui se tenait près du commissaire, prit un flambeau des mains d'un agent, s'approchant vivement du plaignant :

« Bien joué ! s'écria-t-il ; mais chacun son métier. Ne bouge pas, Pied-de-Fer ! ou au premier mouvement suspect, tu es mort ! »

L'ex-chauffeur comprit alors que ses protestations seraient inutiles, et comme d'ailleurs, soit qu'il prouvât ou qu'il ne prouvât point sa non-complicité dans cette affaire, il n'en était pas moins de bonne prise, il ne répliqua point et se laissa de nouveau lier les mains.

Cependant on cherchait de tous côtés l'issue par laquelle avaient pu passer les autres malfaiteurs. A l'une des extrémités de cette cave, on trouva un puits, sur le bord duquel s'appuyait l'extrémité d'une échelle ; deux hommes bien armés et munis de flambeaux s'engagèrent courageusement dans cette voie.

Au fond du puits, s'ouvrait une galerie qu'ils parcoururent. C'était le chemin par lequel les complices de Mme de Gastelar espéraient arriver aux caves de la Banque de France ; mais, ainsi que nous l'avons dit, cette galerie n'était pas achevée, et les chercheurs n'y trouvèrent que des outils de mineurs.

Enfin un des soldats qui sondait les murs de la salle souterraine, en frappant avec la crosse de son fusil, fit tourner sur elle-même une énorme pierre qui, en se déplaçant, donnait issue dans la cave de la maison voisine ; mais ce fut vainement que l'on dirigea les recherches de ce côté ; il s'était écoulé assez de temps pour que les fuyards fussent hors d'atteinte.

Il fallut donc que l'on se contentât de la capture de Pied-de-Fer et de la mère Jovelet, laquelle jurait ses grands dieux qu'elle était l'innocence même.

Cependant la marquise était de retour chez elle, où elle s'occupait à déchiffrer les papiers trouvés sur Pied-de-Fer ; elle trouva parmi eux la lettre écrite par Jérésu, envoyée à Cologne, et expédiée de là à Florence. Plusieurs autres lettres étaient écrites en italien, et Mme de Gastelar entendait fort peu cette langue ; mais toutes étaient adressées à la villa Mafilioni ; plusieurs étaient datées de Florence, et ces dernières ne portaient point de timbre, donc elles avaient été envoyées par une autre voie que celle de la poste ; or, comme ces dernières portaient des dates fort rapprochées l'une de l'autre, la marquise en conclut que la villa Mafilioni était située près de Florence, puisque des lettres étaient envoyées presque chaque jour par un exprès, de cette ville aux habitants de la villa.

Cette découverte lui fit oublier le danger auquel elle venait d'échapper, et tous ceux qu'elle pouvait courir encore si quelqu'un de ses complices était arrêté.

« A Florence ! disait-elle dans l'excès de sa joie en froissant contre son cœur ces lettres qui devaient servir à l'accomplissement du désir le plus ardent qu'elle eût jamais ressenti. C'est à Florence qu'il l'a conduit, c'est là que je vais le revoir ; qu'importe le reste !... Mort ou vif, d'ailleurs, cet implacable Pied-de-Fer est maintenant entre les mains de la justice, je n'ai donc plus à le redouter.... Ame de ma vie, je vais te revoir !... Que je te serre dans mes bras, que le feu de tes lèvres brûle de nouveau mes lèvres, que nos âmes se confondent, et que le ciel et la terre s'abîment ensuite afin que je meure dans l'ivresse du bonheur ! »

Elle passa le reste de la nuit à faire ses préparatifs de départ. Un peu avant la fin du jour elle fit appeler Henri.

« Je vais partir, lui dit-elle ; peut-être le voyage que je vais faire durera-t-il longtemps. Je vous écrirai pour vous donner des instructions, et vous faire connaître le lieu où vous devrez m'adresser vos réponses. Aujourd'hui même les hommes que vous savez.... les Enfants du feu, puisque déjà vous les connaissez sous ce nom, se présenteront ici ; car il est arrivé une catastrophe : la justice a voulu se mêler de leurs affaires ; leur liberté est menacée. Il pourrait même arriver que la mienne le fût un peu plus tard, et c'est surtout au courant de tout cela que vous devrez me tenir. Vous direz à ces hommes que, quoi qu'il arrive, je ne les abandonnerai point, que je veille sur eux ; mais que, pour que ma protection soit efficace, il faut que je m'abstienne de les voir pendant quelque temps.... Tenez, il y a dix mille francs dans ce sac; vous leur remettrez cette somme en leur recommandant la plus grande prudence. Quant à votre fortune, à vous Henri, elle est dès aujourd'hui assurée. Allez maintenant, et faites en sorte que les chevaux de poste soient ici au point du jour. »

Une heure après, et tandis que l'on écrouait Pied-de-Fer à la prison de la Force où il avait été conduit avec toutes les précautions imaginables, la marquise de Gastelar roulait vers l'Italie.

CHAPITRE XXII.

Deux amours.

Adrien était maintenant plein de vigueur et de santé; il attendait avec impatience le retour de Pied-de-Fer; mais il ne doutait pas que ce dernier lui tînt parole, et son cœur battait délicieusement à la pensée qu'il allait enfin revoir Régine, cette douce et charmante enfant qu'il aimait si tendrement, et loin de laquelle il avait tant souffert depuis près de trois ans.

« Allons, se disait-il un matin, en endossant son habit de chasse pour aller courir la campagne, distraction qu'il préférait à toutes les autres, encore quelques jours et je jetterai pour longtemps cette casaque aux orties. Voilà bientôt un mois que mon vieil ami est parti, et six semaines sont le maximum qu'il s'est accordé à lui-même.... Ah! ce sera bien alors que je pourrai me croire l'enfant gâté de la Providence. »

Et tout en achevant sa toilette de chasse, il donnait carrière à une foule de pensées de ce genre, lorsque Lambert parut : il était pâle ; la plus vive émotion se peignait dans tous les traits de son visage.

« Que t'est-il donc arrivé, mon brave ami? s'écria le jeune homme en s'avançant à sa rencontre et lui tendant affectueusement la main.

— Monseigneur, répondit-il, il faut que je quitte votre altesse, et....

— Oh! mon vieux Lambert, fais-nous grâce, je t'en prie, de ces qualifications ridicules; je veux qu'il soit bien entendu, une fois pour toutes, qu'entre nous il n'y a de *monseigneur* et d'*excellence* que pour rire.

— Telle est votre volonté, monseigneur, je le sais; mais permettez-moi de rappeler à votre altesse que j'ai juré à Pied-de-Fer.... c'est-à-dire au signor Baillordini, de lui obéir jusqu'à la mort, et il m'a ordonné de ne jamais oublier qu'en vous adressant la parole, je parlais au prince de Mafilioni.

— Allons, soit! j'avalerai l'*excellence* et le *monseigneur*, en riant ou en faisant la grimace, selon les circonstances ; mais tu parles de me quitter, et, sur ce point, je te déclare positivement, je ne veux rien entendre.

— Il faut pourtant que vous consentiez à cela, monseigneur.

— Oh! sacredieu! voilà qui est trop fort! Puisque je suis *ton seigneur*, tu dois m'obéir, n'est-ce pas? Eh bien! je t'ordonne de rester près de moi pour y faire tout ce qu'il te plaira.... Te voilà bien attrapé, n'est-il pas vrai, mon bon Lambert?

— Monseigneur oublie que je dois d'abord obéissance à un autre que son excellence.

— Bon, bon, qu'à cela ne tienne; je me charge d'arranger toutes ces peccadilles avec mon bon Pied-de-Fer....

— Il signor Baillordini, s'il plaît à votre excellence.

— Soit, soit! j'arrangerai tout cela dès qu'il sera revenu. Ainsi n'en parlons plus, et reste.

— Mais, monseigneur, reprit Lambert d'une voix de plus en plus altérée, peut-être que si je restais il ne reviendrait plus.

— Que dis-tu? s'écria Adrien en changeant de visage, comme s'il eût senti un fer rouge lui traverser les entrailles, ne plus revenir, lui! Oh! c'est impossible, à moins qu'il ne meure!

— Et peut-être aussi mourrait-il, monseigneur, répliqua Lambert, avec l'accent de la plus amère douleur. »

En entendant ces dernières paroles, Adrien lança loin de lui l'équipage de chasse qu'il était occupé à examiner avec une certaine attention, et se redressant avec vigueur :

« Que voulez-vous dire, Lambert? s'écria-t-il ; lui, mon père d'adoption, ne plus revenir! Donner sa vie pour satisfaire quelqu'une de mes fantaisies!... Oh! non, non! je ne le veux pas.... C'est que, vois-tu, Lambert, il y a maintenant entre lui et moi un pacte de vie et de mort.... Et pourtant tous ses secrets ne sont pas les miens!...

— C'est pour cela que je dois me mettre en route sans vous en dire davantage, monseigneur. Que votre excellence ne cherche donc pas à me retenir, que surtout elle ne m'ordonne pas de rester, car, à mon grand regret, je serais dans la nécessité de vous désobéir. »

Adrien croyait rêver; il passa à plusieurs reprises sa main droite sur son front mouillé d'une sueur froide.

« Pardieu! dit-il après quelques instants, c'est une singulière destinée que la mienne! Je n'ai pas connu mon père ; j'étais encore bien jeune, j'avais douze ans à peine, lorsque ma mère jeune et belle! je m'en souviens, mon Dieu! disparut tout à coup, m'abandonnant dans un hôtel garni. De braves

Frère, vous me croyez un honnête homme. (Page 87, col. 2.)

gens eurent pitié de moi et me vinrent en aide : d'incroyables événements s'enchaînèrent, et voilà que le pauvre orphelin est devenu prince par la grâce de notre saint-père le pape !... Tout cela est-il donc bien vrai? N'est-ce pas plutôt du délire, de la folie?

— Non, non, répondit Lambert; tout cela est vrai; tout cela est positif, et vous saurez quelque jour le pourquoi de toutes ces choses qui paraissent maintenant si extraordinaires à votre excellence.... Mais pour que vous le sachiez, monseigneur, il est indispensable que je parte à l'instant même.

— Allez donc, mon ami, je ne vous retiens plus; mais n'oubliez pas que vous me laissez ici l'âme navrée, et ne manquez pas de dire à mon père d'adoption, que vous allez rejoindre sans doute, que je l'attends, et que, depuis son départ, je compte les secondes. Mon Dieu ! je croyais être si près de la fin de mes maux. »

Lambert s'inclina, et il sortit triste et silencieux. Car, lui aussi, cet homme de sang, ce complice des plus grands coupables du siècle qui commençait, lui aussi s'était en quelque sorte régénéré.

En quittant Adrien, il s'empressa de jeter dans un sac de nuit du linge, quelques vêtements indispensables, et il se rendit en toute hâte à Florence, où il prit chez les principaux banquiers, des lettres de crédit sur Paris, puis il fit immédiatement route pour la France.

« Toutes mes prévisions se sont donc réalisées, se disait-il en donnant un libre cours à ses tristes pensées : « C'est trop tôt, lui avais-je dit ; beaucoup de nos anciens compagnons sont certainement encore à Paris ; s'ils te rencontrent, ils mettront à leur silence des conditions que tu ne pourras accepter, ou bien ils te livreront à la police, à laquelle la plupart d'entre eux appartiennent sans doute maintenant. N'oublie pas, d'ailleurs, que tu as, dans la marquise de Gastelar, une ennemie puissante, qui te cherche sans doute, et qui donnerait la moitié de sa fortune avec joie pour te faire disparaître de ce monde. Je sais quelles sont ta force, ton adresse, ta résolution; mais on ne maîtrise pas le hasard avec tout cela. » Il n'a voulu rien entendre, et voilà que, dans quelques jours peut-être, alors que la justice de Dieu lui a pardonné, la justice des hommes va te livrer au bourreau !... Espérons pourtant, car le désespoir est impuissant; espérons, puisqu'il espère lui-même. »

Il tira de son portefeuille une lettre qu'il avait déjà lue plusieurs fois, et il la relut avec la plus grande attention ; elle était ainsi conçue :

« Je sais tout ce que je risque en t'écrivant,
« mon bon Lambert; mais je n'ai pas le choix
« des moyens. Si cette lettre te parvient, comme
« je l'espère, je puis être sauvé; si elle est inter-
« ceptée, je suis perdu sans retour, et peut-être

« même t'entraînerai-je dans ma chute. C'est un
« coup de partie, et je ne suis pas libre de ne point
« jouer.
« Tu avais grandement raison de redouter cette
« furie vomie par l'enfer, et j'avais grand tort de
« compter sur ma force et ma prudence, car je
« suis tombé comme un sot sous le premier coup
« qu'elle m'a porté. Bref, je suis écroué à la pri-
« son de la Force ; il s'agit d'en sortir, pour aller
« respirer en poste l'air si bon de la liberté, ou
« pour être traîné dans une charrette à la place
« de Grève ; telle est la question, il n'y a pas de
« terme moyen. Toutefois, je ne désespère de rien :
« espère aussi, mon vieil ami ; car, après avoir
« lu ce qui précède, tu devras connaître le chemin
« du salut aussi bien que moi. Adieu ! bon cou-
« rage et bonne chance ! »

Lambert examina de nouveau le cachet de cette
lettre, qu'il avait rompu avec le plus grand soin,
et il demeura convaincu qu'elle n'avait point été
ouverte avant de lui être remise.

« Après tout, se dit-il, en s'efforçant de repousser les craintes qui l'assiégeaient, après tout,
nous avons fait souvent de plus grands miracles
que celui que je vais tenter d'accomplir, et s'il est
vrai, comme le disait un fermier général, qu'on
ne pend pas un homme qui a cent mille écus de
rente, nous sommes encore loin de la corde.... —
Eh ! postillon, tu trottes, drôle !... au galop, sacredieu !... je paye tout double, y compris tes chevaux
si tu les crèves. »

Tandis que l'intendant de Mafilioni roulait
ainsi vers la capitale de la France, Adrien, son
fusil sous le bras, se promenait tristement sur le
bord de l'Arno.

« Tout ce qui m'arrive, pensait-il, est empreint
d'une singulière fatalité ! Tandis qu'autour de moi
s'accomplissent comme par enchantement les choses
les plus incroyables, les plus impossibles, d'autres,
dont la réalisation me semble si facile, et me
rendrait si heureux, sont incessamment entourées
d'obstacles toujours renaissants ! Quoi de plus simple, en apparence, que la venue, dans cette habitation, de ma Régine bien-aimée. Eh bien ! tout se
réunit pour que ce vœu, le plus ardent de mon
cœur, ne puisse s'accomplir ; on dirait que toutes
les puissances de la terre ont intérêt à ce que mon
bonheur ne puisse être complet. D'abord, c'est un
homme qui ne veut pas que je retourne en France
avant mon entier rétablissement, et auquel la reconnaissance me fait une loi d'obéir. Plus tard,
la guerre semble éclater tout exprès pour me
barrer le chemin. Je veux écrire, et l'on me montre une lettre annonçant que la pauvre enfant a
quitté Paris pour retourner au lieu de sa naissance,
dont j'ignore le nom. Enfin, mon généreux protecteur part pour l'aller chercher ; il promet de
revenir promptement, à la condition que je ne
quitterai pas l'Italie, et voilà que Lambert me fait
entendre ces désolantes paroles : *Si je restais ; il
ne reviendrait plus ; peut-être aussi qu'il en mourrait !* Ah ! je crains bien d'avoir deviné toute la
vérité : certes, aux yeux de Dieu, Pied-de-Fer
doit avoir racheté le plus grand nombre de ses
fautes passées ; mais les hommes ont aussi le droit
de lui en demander compte. Alors, quoi qu'en dise
le vénérable curé de Marchais, toute cette souillure ne rejaillirait-elle pas jusqu'à moi ? »

Cette pensée jetait dans l'âme du jeune homme
une inquiétude terrible et un trouble qu'il se sentait impuissant à maîtriser. Cette crainte, toutefois, n'était pas fondée, grâce aux mesures prises
par Pied-de-Fer.

En habile homme qu'il était, l'ex-chauffeur
avait prévu toutes les éventualités. En général,
les grands seigneurs d'Italie étaient fort mal dans
leurs finances à cette époque. Or, de grands seigneurs sans argent s'inquiètent fort peu de la moralité de l'homme qui peut leur en prêter, pourvu
qu'il en prête. Il est juste de dire qu'en général ils
sont beaucoup plus scrupuleux quand il s'agit de
rendre, et l'on ne doit pas oublier que nous ne
parlons ici que des grands seigneurs italiens.

Pied-de-Fer qui savait tout cela autant qu'homme
du monde, avait commencé par faire un prince en
prêtant de l'argent au pape, c'est-à-dire au cardinal ministre des finances de sa sainteté ; puis, au
nom de ce prince de sa façon, il en avait prêté au
grand-duc de Toscane, et à toutes les illustrations
de sa cour, bien sûr que tant qu'Adrien n'exigerait
pas de remboursement, sa noblesse ne serait pas
contestée, et, qu'en cas de malencontre, les défenseurs haut placés ne lui manqueraient pas.

C'est au moyen de cet ingénieux procédé que, à
l'exemple de Pied-de-Fer, beaucoup de gens que
nous ne voulons pas nommer se sont faits barons,
comtes ou marquis, ce qui prouve jusqu'à l'évidence
que l'argent donne de l'esprit, vérité surabondamment démontrée, et que Pied-de-Fer avait depuis
longtemps reconnue.

Adrien, qui ne faisait pour ainsi dire qu'entrer
dans la vie, ignorait encore tout cela, et il craignait ; il possédait des millions, et il craignait,
le candide jeune homme ! Cela, pourtant, ne l'empêchait pas d'être plus amoureux que jamais, et
de ressentir tous les tourments que peut causer l'absence de l'objet aimé.

Bientôt il renonça à toutes les distractions, à
tous les plaisirs auxquels il s'était livré jusque-là :
il passait des jours entiers à penser à Régine ; la
nuit, il en rêvait ; il revoyait partout, à chaque
seconde, cette taille si fine, ce pied si mignon, ce
délicieux visage qui semblait respirer la candeur,
et, comme l'amour se nourrit surtout d'illusions,
et n'admet pas d'impossibilités, il s'attendait à la

revoir, plus fraîche et plus jolie que lorsqu'il avait quitté Paris.

Un soir, quelques instants après le coucher du soleil, du haut du balcon où Adrien s'était placé, ses regards s'étaient dirigés vers le chemin de Florence ; il se disait que c'était par là que devait lui arriver le bonheur.

Tout à coup un nuage de poussière s'élève à l'horizon ; bientôt apparaît une voiture ; à chaque instant elle devient plus visible ; plus de doute, c'est vers la villa qu'elle se dirige. Adrien rougit et pâlit tour à tour ; son cœur bat de manière à lui rompre la poitrine.

Une tête de femme se montre à la portière ; si c'était Régine !... La voiture entre dans la cour ; Adrien s'élance dans l'escalier, il arrive au bas du perron au moment où la portière s'ouvre.

« Régine ! » s'écria-t-il en tendant les bras.

Une femme saisit l'une des mains ainsi tendues, et saute légèrement à terre. Adrien demeure immobile de surprise ; il ne peut que faire entendre ces mots :

« Madame de Gastelar.

— Oui, monsieur ; malgré la manière un peu brusque dont nous nous sommes quittés, je n'ai pas voulu venir à Florence sans vous revoir, et ma première visite est pour votre altesse....

— Oh ! madame la marquise, laissons, je vous prie, ce titre....

— J'avoue que j'ai été quelque peu surprise d'apprendre que j'avais eu l'honneur de donner asile, dans mon pauvre domaine de Souvrecœur, à une si haute illustration. J'entendais parler autour de moi d'un jeune officier français qui, pour se faire soldat, avait caché un nom illustre sous l'obscur pseudonyme d'Adrien. Blessé après avoir fait des prodiges de valeur, il était venu se rétablir ici. C'était, disait-on, un cavalier charmant, spirituel.... peu constant dans ses affections.... vous voyez que je ne pouvais pas me tromper. »

Adrien, mal remis de la déception qu'il venait d'éprouver, se trouva quelque peu embarrassé pour répondre à ce compliment.

« Mon désir le plus grand, madame, répondit-il, avec un peu d'hésitation, serait de vous faire oublier ici le fâcheux événement que vous venez de rappeler. »

Il porta à ses lèvres la main de la marquise et s'aperçut du léger frémissement qu'elle n'avait pu maîtriser, puis il la conduisit au salon où il la laissa un instant après lui avoir demandé la permission d'aller donner quelques ordres, que nécessitait l'absence de son intendant.

Mme de Gastelar avait parfaitement entendu l'exclamation d'Adrien lorsqu'il s'était élancé vers la voiture en tendant les bras ; c'était la seconde fois que le nom de Régine frappait et le cœur et l'oreille de la marquise, car elle avait compris tout d'abord qu'il s'agissait d'un premier amour, et la jalousie avait dès lors stimulé l'ardeur de sa passion ; mais elle était trop habile pour ne pas dissimuler ses souffrances, aussi était-elle parfaitement calme lorsqu'Adrien revint près d'elle.

« Si madame la marquise n'a pas d'engagements antérieurs, dit-il en rentrant, et que ce séjour ne lui paraisse pas trop indigne d'elle....

— Oh ! c'est impossible, interrompit-elle vivement, quoique je sois seule, pourtant, et parfaitement maîtresse de mes actions, monsieur de Gastelar étant mort depuis plus d'un an ; mais vous savez, monsieur, ajouta-t-elle en souriant et en essayant de nouveau la puissance de son irrésistible regard ; vous savez que, contrairement à l'opinion populaire, les amis de nos amis ne sont pas toujours nos amis, et je craindrais que certain personnage dont, il y a dix-huit mois, vous subissiez l'influence....

— Oui, je comprends, interrompit à son tour Adrien, qui se sentait mal à l'aise sur ce terrain. Ce brave ami a des formes un peu rudes ; mais au fond, aujourd'hui du moins, c'est le meilleur homme du monde, et bien que j'ignore complétement la nature et la cause de vos dissentiments, je suis persuadé qu'il me serait facile de vous amener à une réconciliation complète.

— Jamais ! jamais ! » s'écria-t-elle en se levant vivement.

La fureur remplaça dans ses yeux l'expression de douceur et de tendresse qu'elle leur avait donnée quelques secondes auparavant.

« Oh ! calmez-vous, de grâce, dit Adrien avec le ton du regret le plus vif, et soyez assez bonne pour me pardonner cette indiscrétion. La personne dont il est question d'ailleurs n'est pas en Italie en ce moment. Peut-être même, ajouta-t-il, en étouffant un soupir, lui sera-t-il impossible d'y revenir de longtemps. »

La marquise, dans sa vive émotion, avait fait quelques pas ; le jeune homme lui prit la main, la ramena jusqu'au divan qu'elle avait quitté, et il s'y assit près d'elle. Comme il tenait toujours cette main si douce, aux doigts blancs et effilés, aux ongles rosés, elle fit un effort pour la dégager ; mais il la retint.

« Oh ! fit-il, c'est une cruauté que je n'ai pas méritée. Permettez-moi de me souvenir que j'ai été un jour plus heureux.

— Mais il faudrait vous souvenir en même temps qu'une terrible blessure vous tenait cloué sur un lit de douleur ; blessure dont vous paraissez être parfaitement guéri.

— C'est que l'on guérit de celles-là, madame ; mais il n'en est pas de même de toutes celles qui m'ont été faites dans le même temps. »

Adrien s'animait. La marquise était si belle !

De ces beaux yeux noirs s'échappaient des regards si pleins de volupté ! Sa parole était si séduisante, et le sourire qui effleurait ses lèvres vermeilles laissait voir deux rangées de perles si parfaites!... Et puis, le pauvre garçon s'ennuyait horriblement, et depuis dix-huit mois il n'avait pas trouvé pareille occasion de se distraire de ses chagrins.

Enfin, il faut tout dire, la présence de cette femme charmante, le souvenir des délicieux instants qu'il avait passés près d'elle, de ceux plus délicieux encore qu'elle lui avait fait entrevoir alors que l'intervention de Pied-de-Fer était venu tout détruire ; tout cela, et mille autres choses que nous ne pourrions dire, avaient fait oublier subitement au pauvre Adrien sa bien-aimée Régine que, une heure auparavant, il appelait à grands cris, en lui tendant les bras.

Le cœur de l'homme est ainsi fait : toutes les passions y trouvent place, et ne s'excluent pas. Sans doute, l'âme est faite pour commander au corps ; l'esprit a mission de dominer la chair ; mais notre imperfection est telle, qu'il ne faut bien souvent qu'un regard lancé par de beaux yeux pour intervertir les rôles. Dieu seul est parfait, et nous ne sommes pas des dieux.... Hélas! mesdames, vous en savez quelque chose!...

« Ainsi, reprit le jeune homme, qui s'était tellement rapproché que la suave haleine de la marquise se jouait dans sa chevelure, ainsi, vous me restez?... Vous consentez à redevenir mon ange consolateur?...

— Avez-vous donc de si cuisants chagrins ?

— Non, je n'en ai plus, je n'en puis plus avoir, mais n'est-ce rien que dix-huit mois passés dans cette solitude ? N'est-ce pas un supplice bien cruel que cette nuit de l'âme, dans laquelle j'ai été pendant si longtemps plongé, après avoir entrevu toutes les félicités du ciel ?

— Oh! fit la marquise en souriant, que voilà bien les exagérations d'une tête folle et oublieuse ! A-t-on employé la violence pour vous transporter dans vos domaines et vous y retenir ? »

Adrien demeura quelques instants sans répondre ; un mouvement convulsif agita tout son corps, et une pâleur subite succéda à l'animation de son visage.

Il sentait qu'on pouvait aisément tromper Mme de Gastelar, lui laisser croire qu'il était d'une naissance illustre ; que ses biens, de même que sa personne, étaient d'origine princière ; mais la loyauté, la candeur qui lui étaient naturelles, l'emportèrent promptement sur l'orgueil dont il avait senti l'aiguillon.

« Madame, dit-il en baissant les yeux, le titre que je porte et que j'ai le droit de porter aujourd'hui ; les biens que je possède, rien de tout cela ne m'appartenait lorsque vous voulûtes bien me donner l'hospitalité dans votre château de Souvrecœur. Permettez-moi, toutefois, de ne pas être plus explicite sur ce point ; c'est toute une histoire, histoire brûlante que j'ai juré de ne point aborder, et sur laquelle je ne prendrai point la liberté de vous adresser la moindre question, bien qu'il me soit démontré, madame, que, dans les mystères que je n'ai fait qu'entrevoir, vous ayez pénétré profondément. »

Ce fut au tour de la marquise de changer de couleur ; les muscles de son charmant visage se contractèrent, un éclair de fureur passa dans ses yeux ; mais ce ne fut qu'un éclair.

« Mon jeune ami, dit-elle après quelques instants, en se penchant mollement sur l'épaule du jeune homme, je n'ai ni le droit ni la volonté de vous demander vos secrets.... Eh ! mon Dieu ! est-il donc si important de savoir d'où vient le bonheur, pourvu qu'il vienne ?

— Oh! je savais bien que vous êtes un ange !

— Le vôtre ?

— Le mien.

— Maintenant ?

— Toujours! toujours! »

On vint annoncer que le souper était servi. Adrien offrit la main à la marquise.

« Nous serons seuls, comme ici, lui dit-il, comme toujours.... si vous le voulez. »

Un imperceptible serrement de main répondit à ces paroles. Le repas fut divin, en ce sens que le corps y prit peu de part, et la nuit qui suivit acheva de transporter nos personnages dans les régions éthérées.

CHAPITRE XXIII.

Un Sauveur.

Cependant, Lambert continuait à rouler vers Paris avec toute la vitesse imaginable, ne s'arrêtant que le temps nécessaire pour changer de chevaux et pour se faire donner quelque nourriture qu'il mangeait toujours courant.

Le huitième jour au matin il franchissait la barrière d'Enfer.

« Où faut-il vous conduire ? lui demanda le postillon.

— Toujours tout droit.

— Mais ce n'est pas une adresse, ça.

— C'est la mienne ; roule.

— Mais, si vous dépassez Paris, il faut que....

— Roule donc ! roule, sacré mille dieux ! est-ce que je te paye pour raisonner.

— C'est que si vous n'avez pas d'hôtel attitré, je vous conseillerais...

— Garde tes conseils et fouette tes chevaux, ou je mets pied à terre et te laisse là.

— Voilà encore un drôle d'original, pensait le postillon en faisant claquer son fouet ; tant mieux, il n'y a que ceux-là qui payent bien. »

Et, sous l'impression de cette pensée, il parvint à faire prendre le galop à ses rosses. Il parcourut ainsi la rue d'Enfer, l'ancienne place Saint-Michel et la rue de la Harpe.

« Halte ! lui cria Lambert, dès qu'il fut arrivé à la hauteur de la rue Saint-Severin.

— Quel numéro, monsieur ?

— Halte ! te dis-je.... Que le diable brûle cet enragé questionneur ! »

La voiture s'arrêta, Lambert mit pied à terre, prit son sac de nuit, paya le postillon et lui tourna le dos. Quelques instants après, il entrait dans la rue Zacharie, l'une de ces sombres et tortueuses ruelles qui serpentent entre la rue de la Harpe et la place Maubert.

C'était dans cette rue que Lambert était né quarante-cinq ans auparavant, de Jacques Lambert, chantre de Saint-Severin, lequel, grâce à la superbe voix de basso-taille qu'il possédait, cumulait cet emploi avec celui de choriste à l'Opéra, dînant ainsi de l'Église et soupant du théâtre, à l'exemple de ces abbés de ruelles qui fabriquaient un opéra-comique entre deux messes.

La femme de Jacques Lambert n'avait donné à son mari, en vingt ans de mariage, que deux enfants ; un garçon d'abord, Jérôme Lambert, celui-là même dont nous venons de raconter l'arrivée en poste, et douze ans après, une fille que l'on nomma Suzanne.

L'abondance régnait dans cette famille, car, indépendamment de l'argent que rapportait au chef le double emploi qu'il faisait de sa voix, sa femme, monteuse de bonnets très-renommée dans le quartier, pouvait faire et faisait, sur le produit de son travail, d'importantes économies.

Aussi Jacques avait-il mis son fils au collége, d'où Jérôme n'était sorti que pour entrer en qualité de clerc chez maître Thomas Duclosier, procureur, docteur en l'un et l'autre droit (*in utroque jure*), dont la sombre et poudreuse étude occupait tout le rez-de-chaussée d'une des plus vastes maisons de la rue de la Vieille-Draperie, vis-à-vis le Palais de Justice.

Jérôme venait d'atteindre à la dignité de second clerc chez maître Duclosier, lorsque la révolution éclata, et vint jeter le trouble dans sa famille : la fermeture des églises enleva d'abord à Jacques le meilleur de ses deux emplois ; le second lui fut retiré peu de temps après, à cause de sa qualité d'homme d'église qui le rangeait naturellement dans la catégorie des suspects.

D'un autre côté, les femmes de la riche bourgeoisie avaient renoncé aux *bonnets montés* dont les sans-culottes trouvaient la forme aristocratique. Enfin les procureurs furent supprimés, et Jérôme retomba à la charge de sa famille, puis il se fit soldat. Ce fut à cette époque qu'il fit la connaissance de Baillor, depuis surnommé Pied-de-Fer, comme lui soldat de la république, et servant dans le même régiment. Lorsqu'il revint à Paris, six ans après, son père avait été guillotiné comme atteint et convaincu d'avoir servi la messe dans une cave où quelques prêtres de sa paroisse avaient élevé un autel à l'exemple des premiers pasteurs chrétiens réfugiés dans les catacombes de Rome ; sa malheureuse mère était morte de chagrin peu de temps après, et la jeune Suzanne vivait seule de son travail comme ouvrière en dentelles, profession que le cynisme, la grossièreté des mœurs de cette époque, rendaient fort peu productive.

Tant de malheurs immérités jetèrent le désespoir et la rage au cœur de Jérôme ; il se sentit dévoré d'une soif de vengeance inextinguible, et il alla grossir les rangs des chouans qui commençaient à reparaître.

Plus tard, il entra dans la bande des chauffeurs, commandée par le Petit-Duc, où il retrouva Pied-de-Fer. Lors de la dispersion de cette bande, il se réfugia en Prusse où il prit du service.

C'était dans les rangs de l'armée prussienne que Pied-de-Fer l'avait retrouvé, près de Mayence, vers la fin de 1813. Il n'avait pas hésité à quitter l'uniforme prussien pour se joindre à son ancien camarade, et dès lors ils s'étaient liés de cette amitié robuste, inaltérable, particulière aux natures énergiques.

Il y avait donc quinze ans que Lambert était absent de Paris, qu'il avait juré de ne jamais revoir, lorsque la lettre de Pied-de-Fer était venue l'arracher aux douceurs de la retraite qu'il partageait avec Adrien.

Le voici donc dans cette petite rue Zacharie, où se sont écoulées ses plus belles années. La rudesse de la vie qu'il a menée depuis vingt ans ; les péripéties de ce long et sanglant drame, n'ont pas tellement anéanti chez lui toute sensibilité qu'il ne se sente assez vivement ému à l'aspect de ces noires maisons, éclairées par des fenêtres à coulisses, et dont quelques-unes sont ornées de vitraux enchâssées dans des bandes de plomb serpentant entre les châssis.

Il examine les boutiques, il interroge du regard ces allées humides, fangeuses, et il sent son cœur s'épanouir ; il n'est pas jusqu'à l'air épais, nauséabond qu'il respire, qui ne lui cause une sorte de bien-être, dont il ne songe pas à se rendre compte. Enfin ses regards s'arrêtent sur la maison où il est né.

« Rien n'est changé, se dit-il, les visages seuls ont vieilli ; j'aperçois bien là, dans sa boutique de teinturier, le père Certaud ; ce sont bien au deuxième étage, ces fenêtres par lesquelles j'ai lancé dans l'espace tant de bulles de savon....

C'est là, qu'il y a quinze ans, j'ai laissé cette bonne Suzanne, pauvre, mais résignée, gaie, presque heureuse. Depuis je ne lui ai pas une seule fois donné de mes nouvelles.... Qu'est-elle devenue? »

Il passa sa main sur ses yeux et s'approcha du teinturier qu'il interrogea....

« Mlle Lambert, répondit ce dernier, est maintenant Mme Hochelin; il n'y a pas d'autre changement chez elle, sinon qu'après le mari sont naturellement venus les poupons; quatre en sept ans, tous vivants.... »

Lambert n'en entendit pas davantage; il se précipita dans l'allée, monta rapidement l'escalier et alla frapper à la porte du deuxième étage, qui s'ouvrit aussitôt.

« Suzanne!
— Jérôme! »

Ces deux exclamations se firent entendre en même temps, puis le frère et la sœur s'embrassèrent étroitement.

« Mon pauvre Jérôme! comme te voilà vieilli! s'écria Suzanne après la première expression de joie.

— Que veux-tu, Suzon, le temps, la guerre, la fatigue, les chagrins.

— Ah! oui, les chagrins!... Cela m'a bien vieillie aussi, moi!

— Tu es donc malheureuse, ma bonne Suzon?

— Je suis heureuse mère, car j'ai de charmants enfants; heureuse épouse, car mon mari est un excellent homme, et nous nous aimons encore comme au premier jour; mais la fortune ne nous a pas traités en enfants gâtés. Mon mari, employé au ministère de la justice, a perdu sa place lors du retour des Bourbons; il est aujourd'hui greffier d'un juge d'instruction....

— Greffier d'un juge d'instruction! reprit Lambert, sur le visage duquel passa comme un éclair de joie.

— Oh! ne crois pas que ce soit là quelque chose de bien merveilleux: quinze cents francs d'appointements et point d'avancement possible, par conséquent point d'avenir. Deux années passées sans emploi ont épuisé nos ressources; il a fallu faire des dettes.... Mais je suis folle de te dire cela, mon Jérôme. Aujourd'hui, je veux tout oublier, je veux être tout entière au bonheur de te revoir, de t'embrasser.... »

Elle se jeta de nouveau dans ses bras.

« Et toi, mon bon frère, reprit-elle, la fortune enfin s'est-elle décidée à te faire bon visage?

— Moi, répondit Jérôme en hésitant, comme un homme qui songe un peu tard à sonder le terrain sur lequel il a mis le pied, moi.... pas précisément. Je ne suis pas pauvre, pourtant; mais j'ai eu à subir des maux d'un autre genre... Nous parlerons de tout cela plus tard; en attendant je me constitue ton pensionnaire, ma bonne Suzanne, à la condition que tu recevras d'abord le premier trimestre de ma pension. Tiens, ajouta-t-il, en lui remettant entre les mains une bourse assez lourde, prends ceci, nous compterons quand elle sera vide. »

Suzanne ouvrit de grands yeux; sa respiration demeura un instant suspendue; elle ne pouvait répondre. C'est qu'à travers les réseaux elle voyait briller l'or dont cette bourse était remplie.

« Jérôme, dit-elle enfin en rougissant et en baissant les yeux, je ne sais si mon mari ne se formaliserait pas de....

— Se formaliser! interrompit Lambert, je voudrais bien voir que....

— Mon mari est le maître chez lui, interrompit à son tour Suzanne, en relevant la tête avec cette fierté inséparable de tout cœur honnête, et en rendant à son frère cette bourse dont l'aspect l'avait d'abord troublée....

— Sans doute, répondit Lambert, dans le cerveau duquel fermentait déjà un vague projet, dont l'exécution dépendait d'une foule de circonstances qu'il ne pouvait embrasser d'un seul coup d'œil, sans doute, Suzon, ton mari est, et doit toujours être le maître chez lui; mais son omnipotence ne saurait aller jusqu'à l'empêcher de recevoir un présent de ton frère, eh bien! je ne paye rien, cette bourse est le présent que je t'offre. De cette manière, je reste sur mon terrain, et ton mari demeure libre de m'accorder ou de me refuser l'hospitalité.... Mais, est-ce que je ne le verrai pas bientôt, ce cher beau-frère? »

La pauvre femme sentit que son sang circulait avec plus d'abondance. Cet or était bien à elle et il y avait là de quoi faire oublier tant de douleurs, tant de privations!... Pour la dixième fois, elle embrassait son frère lorsque son mari entra.

Lambert se leva, alla à lui, et lui tendit la main comme à un ancien ami qu'on est heureux de revoir. Au bout de quelques instants, on eût dit une famille qui ne devait jamais se séparer....

Plusieurs jours s'écoulèrent, pendant lesquels ces joies de famille eurent leur cours. Toutefois, Lambert n'avait pas perdu de vue pendant une seconde le but qu'il s'était proposé en arrivant à Paris; il avait pu faire savoir son arrivée à Pied-de-Fer, et il n'était pas une de ses pensées, pas une de ses actions, qui ne tendît à la délivrance de ce dernier.

« Mais, c'est un métier de cheval que vous faites-là, cher beau-frère, disait-il à Hochelin, un jour que ce dernier, parti de chez lui vers neuf heures, n'y rentrait qu'à cinq heures du soir, apportant sous son bras de la besogne pour les deux tiers de la nuit.

— Oui, frère, cela est vrai; et encore si, à l'aide

d'un travail de galérien, si, renonçant à tous les plaisirs de la vie pour faire une machine à remuer la plume, je pouvais reconquérir la paix de l'âme que j'ai perdue....

— Que dites-vous, mon cher Hochelin?

— La vérité ! Tenez, hier encore, le juge interrogeait un grand coupable, Baillor, surnommé Pied-de-Fer, un ancien chauffeur, arrêté au moment où il tentait de pénétrer dans les caves de la Banque de France, au moyen d'une galerie souterraine.... Eh bien ! en écrivant les réponses de cet homme, je me prenais à envier son sort; car, au moins, lui, ne joue que sa peau.... Mais qu'avez-vous donc, frère?

— Rien, rien, répondit Lambert, qui venait de lever les yeux vers le ciel, en s'essuyant le front, subitement couvert d'une sueur abondante; seulement, je ne puis entendre de sang-froid qu'un digne et honnête père de famille comme vous envie le sort d'un voleur de grand chemin.

— Cela est pourtant vrai, dit Hochelin en ouvrant la liasse de papiers pour se mettre au travail. Pardon, cher frère, mais je suis forcé de rompre un peu brusquement cet entretien : j'ai là trois rapports à rédiger pour la chambre du conseil, et demain matin, à neuf heures et demie, il faut que je sois là pour recueillir des interrogatoires qui ne finiront probablement pas avant la nuit. »

Lambert se retira, non par discrétion; mais pour réfléchir, et se préparer à quelque événement grave dont les formes étaient encore indécises; mais dont le fond était arrêté.

Il passa ainsi trois jours, sortant peu, se montrant fort réservé sur son passé et ses desseins pour l'avenir, et ne négligeant rien pour se mettre le plus avant possible dans les bonnes grâces de son beau-frère qui, tout en se montrant très-liant, demeurait sombre et restait étranger aux petites félicités que Lambert s'efforçait de semer sur son chemin.

Le quatrième jour était un dimanche, jour de repos pour Hochelin; ce jour-là, Lambert l'entraîna au Rocher de Cancale, où il commanda un déjeuner à la fois des plus confortables et des plus distingués.

Les deux convives furent d'abord assez peu communicatifs, puis le chambertin aidant, les langues se délièrent, et l'on devint, de part et d'autre, très-expansif.

« Voyons, mon cher frère, dit Lambert, lorsqu'il crut le terrain suffisamment préparé, vous avez des chagrins, que, jusqu'à présent, vous n'avez pas jugé convenable de me confier. Et pourtant, ami, j'ai la conviction que le remède serait près du mal, si vous vouliez parler.

— Lambert! s'écria Hochelin, lisez-vous donc dans mon cœur à travers les parois de ma poitrine ?

— Mon cher ami, j'ai lu quelquefois à travers des ténèbres plus épaisses; mais ici ma perspicacité n'a rien à faire. Ma sœur souffre, mon cher Hochelin ; elle souffre du mal qui vous tue : je donnerais la moitié de ma vie pour vous sauver tous deux; mais on ne guérit pas les gens qui ne veulent pas être guéris, car il faut au moins que le médecin sache où appliquer le remède. »

Le greffier mit ses coudes sur la table; appuya son visage sur ses mains; il demeura ainsi pendant quelques secondes sans proférer un mot.

« Mon cher Hochelin, reprit Lambert, les hommes sont ainsi faits, et j'ai eu souvent l'occasion de le reconnaître; tel repousse aujourd'hui l'aide qui pourrait le sauver, et se perd demain pour n'avoir pas su mettre un moment la confiance à la place de l'orgueil ou de la crainte; nous sommes tous deux en ce moment sur cette limite dont je parle.

— Mais, s'écria Hochelin en relevant la tête et montrant des yeux à demi hagards, si déjà j'étais assez avancé dans la pente, qu'il fallût un miracle pour me sauver?

— L'argent fait bien des miracles, répondit Jérôme, et, sous ce rapport, mon cher frère, je suis peut-être un grand thaumaturge. Ayez donc confiance et me dites où est le mal afin que je m'empresse de le faire cesser. »

Hochelin était dans un état affreux; parfois, aux paroles de Lambert, le nuage qui planait sur son front se dissipait; mais c'était une éclaircie qui durait peu, et le visage du greffier reprenait presque immédiatement sa lugubre expression.

Cependant Lambert avait demandé du champagne, et il pressait son beau-frère de lui faire raison. Ce dernier buvait, mais il demeurait aussi sombre. Lambert, pourtant, ne désespérait de rien.

« Frère, dit enfin Hochelin en étouffant un soupir, je vais tout vous dire, car je ne puis supporter davantage l'affreux secret qui pèse sur ma conscience, et je suis décidé d'ailleurs à en finir avec la vie.

— Parlez, mon ami, parlez, afin que je vous aide à chasser ces pensées funèbres. »

Hochelin se recueillit un instant, puis il reprit :

« Frère, vous me croyez un honnête homme, et je suis un voleur, un faussaire, un malheureux couvert de crimes. Vous savez que j'ai été longtemps sans emploi : les dettes que je fis alors sont beaucoup plus considérables que ma femme ne le croit; pendant ces mauvais jours j'ai eu recours au jeu et j'ai fait des pertes énormes. Lorsque l'emploi que j'occupe maintenant me fut accordé, je repris courage; mais je ne tardai pas à acquérir la certitude qu'il me serait absolument impossible de combler l'abîme. Que faire en effet avec cent vingt-cinq francs par mois, lorsque l'on doit pourvoir aux besoins d'une femme et de quatre enfants? Tout espoir d'avancement est interdit au greffier d'un juge d'instruction, et lorsque l'âge lui a enlevé la possibilité de travailler, on le jette à la porte sans s'inquiéter de ce qu'il deviendra, sans lui faire l'aumône de la plus misérable pension; il est enfin plus maltraité que le dernier garçon de bureau.

« Cependant il fallait apaiser mes créanciers, j'avais signé des lettres de change, on pouvait user contre moi de la contrainte par corps, et me faire perdre ainsi mon emploi. J'étais au désespoir, je voulais me tuer, lorsque le juge auquel je suis attaché fut chargé d'une affaire de faux billets de banque; les coupables étaient arrêtés; une liasse de ces billets faux avait été saisie; j'en pris dix et je parvins à les passer. L'instruction de cette affaire se continue en ce moment; mais elle touche à sa fin; il faudra représenter ces billets. Pour comble de malheur, un de mes créanciers à qui j'ai donné quatre de ces billets a reconnu depuis qu'ils étaient faux, et il menace de me dénoncer si d'ici à quelques jours je ne le désintéresse pas complètement.... Vous voyez bien qu'il faut que je meure.... »

Lambert, en écoutant cette confidence, faisait des efforts inouïs pour déguiser la joie qu'elle lui causait.

« Frère, dit-il après quelques instants de silence, la somme est considérable; mais je ne désespère point de pouvoir la mettre à votre disposition.

— Il se pourrait!... ô généreux ami!...

— Ne vous réjouissez pas trop promptement, car je serai dans la nécessité en vous rendant ce service de mettre votre reconnaissance à une assez rude épreuve.

— Eh! ne suis-je pas dès ce moment à vous corps et âme, à vous, mon sauveur, mon ange tutélaire... Parlez, parlez, je vous en conjure.

— Écoutez-moi, Hochelin, et surtout que l'émotion que vous éprouvez en ce moment ne vous empêche pas de m'entendre, et de me répondre catégoriquement. Songez que, maintenant, j'ai le droit de tout vous dire, et que vous n'avez plus celui de me cacher ou de me refuser quelque chose. »

Le greffier, qui déjà était fort pâle, pâlit encore davantage; son cœur battit avec violence; un nuage passa sur ses yeux, et peu s'en fallut qu'il ne perdit connaissance. C'est que le malheureux, qui s'était cru sauvé, venait d'entrevoir les portes de l'enfer béantes et prêtes à lui livrer passage.

« J'écoute, répondit-il du ton d'un condamné qui va entendre sa sentence.

— Quelque extraordinaire que vous paraisse ce que je vais vous dire, vous ne me ferez point de questions, et vous me garderez le secret le plus inviolable.

— Je le promets, et je dois vous faire remarquer que ces préliminaires sont de trop, à présent que je me suis mis à votre discrétion.

— C'est vous qui libellez les ordres de mise en liberté des prévenus, quand il y a lieu, et qui, après les avoir fait signer, les remettez à l'huissier afin qu'il aille lever l'écrou.

— Cela se passe ainsi en effet, répondit le greffier sur le front duquel la sueur commençait à perler.

— Le juge a tant de travaux que, bien certainement, il signe tout cela de confiance et sans en prendre lecture?

— Quelquefois.... mais hâtez-vous, de grâce; je me sens mal.... voyez avec quelle violence battent mes tempes; il me semble que mon crâne va éclater.

— Allons donc, frère, remettez-vous; ce n'est pas ici le cas de manquer d'énergie. Je vous répète que les dix mille francs dont vous avez un si grand besoin seront dès aujourd'hui à votre disposition, et si cette somme n'était pas suffisante pour que vous n'eussiez plus rien à craindre, on y ajouterait quelque chose; mais le secret est la première des conditions pour atteindre ce résultat, et il ne suffit pas que vous ne disiez rien, il faut encore que vos pensées ne puissent se lire sur votre visage. Si cela est au-dessus de vos forces, n'en parlons plus, car, encore une fois, ce n'est qu'à ce prix que je puis vous sauver.

Cette allocution n'était pas de nature à remettre l'infortuné Hochelin, qui était dans un état affreux; mais Lambert, que la faiblesse de cet homme commençait à effrayer, voulait avoir tout d'un coup la mesure de ce qu'il pouvait rester d'énergie dans ce cœur envahi par le désespoir. Hochelin demeura quelques instants sans répondre, puis tout à coup il releva la tête, ses regards prirent une expression terrible, il cessa de trembler, et il dit d'une voix assurée :

« On ne peut être maître de ses premières impressions : le soldat le plus brave peut trembler en allant au feu; mais il ne recule pas. Parlez et comptez sur moi; je serai fort et impénétrable.

— A la bonne heure donc! voilà l'énergie qui convient à un homme! Eh bien! mon ami, c'est un ordre de mise en liberté qu'il faut que le juge auquel vous êtes attaché signe sans le lire.

— S'il s'agit de quelque pauvre diable sous le coup d'une prévention légère, il sera mis en effet en liberté au moyen de cette pièce; mais il n'en serait pas ainsi d'un grand coupable : l'huissier, alors même qu'il ne soupçonnerait pas la fraude, croirait à une erreur, et il ne manquerait pas de la signaler. De toutes manières je serais perdu, et je n'aurais sauvé personne.

— Perdu, vous? allons donc, mon cher Hochelin, voilà que nous retombons dans les exagéra-

Mes os sont plus durs que les tiens. (Page 94, col. 1.)

tions : on reconnaîtrait que l'erreur vient de vous, et l'on n'est pas pendu pour erreur, tandis que.... regardez. »

Il tira son portefeuille de sa poche, y prit une liasse de billets de banque, et il fit lire à son beau-frère ces terribles mots imprimés sur tous : *La loi punit de mort les contrefacteurs.* Hochelin lut sans rien perdre du calme qu'il avait recouvré; son parti était pris.

« Oui, dit-il; je sais cela : la loi punit de mort les contrefacteurs et leurs complices, et je suis un de ces derniers; mais toute peine infamante serait pour moi la mort, et en outre, ajouta-t-il avec un sourire amer, j'aurais la peine de me tuer.

— Si la chose est impossible, dit froidement Lambert en remettant les billets dans son portefeuille et le portefeuille dans sa poche, n'en parlons plus.

— Parlons en, au contraire, et cherchons à vaincre la difficulté : vous exigez un entier dévouement ; je puis , moi, exiger une entière franchise, quel est le prisonnier qu'il s'agit de faire évader.

— C'est Pied-de-Fer, répondit Lambert. Et maintenant que j'ai prononcé ce nom, je dois vous dire que notre salut à tous deux dépend de celui de cet homme.

— L'enfer a exaucé mes vœux! s'écria Hochelin; j'avais envié la position de ce grand scélérat, et voici que je deviens son complice. Mais comment se fait-il....

— N'oubliez pas nos conventions, frère : je vous ai interdit le droit de me faire des questions.

— C'est juste. Cherchons donc un expédient ; car celui que vous aviez imaginé est absolument impraticable.

— En savez-vous un autre?

— Voyons!... je pourrais, par exemple, avoir égaré la minute de l'un de ses interrogatoires; il faudrait l'interroger de nouveau; il reviendrait donc au palais.

— Oui; sous bonne escorte, et en plein jour?

— Sans doute; il y viendrait le jour; mais il pourrait bien n'en sortir que le soir : cela dépend un peu de moi.

— Attendez, mon ami; on l'emmènerait dans l'une de ces voitures d'osier appelées paniers à salade[1]?

— Comme d'habitude; avec un huissier sur le devant, un gendarme par derrière, et un postillon sur l'un des deux chevaux. Or un postillon se grise....

[1]. Les voitures qui transportaient alors les prisonniers, à Paris, ne ressemblaient à celles de nos jours que par la forme; c'était tout simplement des voitures d'osier, comme des carrioles de fermiers, garnies d'une grille de fer sur le devant, et fermées, sur le derrière, d'une porte en osier tressé, garnie d'un énorme verrou. C'est de là que vient à ces voitures le nom de *panier à salade*. (Note de sir Paul Robert.)

— Et un gendarme n'est pas à l'épreuve de la balle.

— Vous iriez jusqu'au meurtre !...

— J'irais jusqu'à l'enfer pour le sauver.

— C'est juste, répliqua le greffier; je sens maintenant qu'une fois entré dans cette voie, on ne doit plus s'arrêter. Mais vous pourriez, je pense, ne pas tout d'abord aller jusque-là : cette prison roulante dont il est question n'est pas tellement solide, qu'il soit nécessaire, pour la mettre en pièces, de tuer les gens qui l'escortent.

— C'est vrai, frère, le meurtre ne peut s'excuser que par la nécessité; je ne l'oublierai pas, soyez tranquille.... Ainsi voici qui est convenu : Pied-de-Fer sera conduit au Palais....

— Il aurait pu l'être demain lundi si mes mesures avaient été prises; c'est donc une affaire remise à huitaine.

— Huit jours !

— Pas une heure de moins; en voici la raison : du mardi au samedi les extractions sont nombreuses, attendu que les chambres de police correctionnelle siégent; le lundi, elles chôment. Les extractions de prévenus sont donc beaucoup moins nombreuses ce jour-là; or, l'important n'est-il pas que votre protégé soit seul dans la voiture?

— Bravo! frère, c'est maintenant que vous vous montrez homme, et que votre intelligence est complète!... A huitaine donc, comme disent les jugeurs.

— A huitaine, dites-vous? et c'est là tout? Mais dans huit jours je serai moi-même sous les verrous !

— Nous ne vous y laisserons pas mettre, répliqua Lambert en tirant de nouveau de sa poche le portefeuille dont il avait montré le riche contenu. Tenez, mon ami, ajouta-t-il en présentant à Hochelin plusieurs billets de banque, commencez par désintéresser ce créancier qui vous menace ; reprenez les billets que vous lui avez remis. Il manquera encore cinq mille francs de billets faux; eh bien! nous les remplacerons par de bons billets; cela viendra à la décharge des accusés; mais on ne pourra vous soupçonner d'avoir pris de faux billets pour les remplacer par de bons. Ce sera une bonne action dont vous ne devrez compte à personne.

— Vrai Dieu ! s'écria Hochelin, le vice, je le reconnais, a des splendeurs auxquelles la vertu ne saurait atteindre. Vous me sauvez, frère, et je vous sauverai; c'est parole échangée, et cette parole, ce n'est pas moi qui la violerai.

— Hochelin, dit Lambert en lui prenant la main et la serrant fortement, vous êtes un brave garçon qui valez vingt fois plus que je ne saurais vous payer. Toutefois ne soyez pas si absolu dans vos appréciations : il n'est pas d'homme vertueux qui ne puisse devenir un grand coupable, et il n'est pas de coupable qui ne puisse devenir homme de bien. Nous allons nous quitter; retournez chez vous, et faites en sorte que l'on ne puisse soupçonner à votre air la moindre partie de ce qui vient de se passer. Quant à moi, je vais faire mes préparatifs; car il faut que Pied-de-Fer soit instruit de notre projet, et ce n'est pas là le plus facile. Adieu. »

CHAPITRE XXIV.

A quoi servent les philanthropes.

La philanthropie commençait, à cette époque, à être fort en vogue dans notre beau pays de France; on se faisait philanthrope pour être quelque chose. Le métier, d'ailleurs, était facile et bon : on visitait les prisonniers, on quêtait pour les galériens, on écrivait sur tout cela de gros volumes qui n'avaient pas le sens commun et que l'on vendait fort cher, la philanthropie aidant; et il en résultait que le philanthrope, au bout de l'année, avait grossi son pécule d'une vingtaine de mille francs.

Malgré la vie qu'il avait menée dans ces derniers temps, et peut-être même à cause de cette vie, Lambert était fort au courant de toutes ces choses; il savait les noms de trois ou quatre des plus fameux philanthropes de Paris, lesquels, pour tenir la tête fraîche, les pieds chauds, l'estomac bien garni, et courir le monde dans une bonne voiture, n'avaient autre chose à faire que quelques lourdes tartines touchant la réforme pénitentiaire, et un grand nombre de phrases creuses à l'endroit de ces honnêtes voleurs expiant sous les verrous les torts de la civilisation. Lambert était particulièrement édifié sur les prouesses d'un de ces Vincents de Paul au petit pied, lequel recevait de toutes sortes de personnages haut placés, force billets de banque destinés à soulager de grandes infortunes, en raison de quoi il distribuait çà et là quelque menue monnaie, force paires de sabots et quelques misérables chemises, le tout par le canal de son valet de chambre, espèce de Petit-Jean chargé de la nourriture des chevaux, et qui, comme le suisse d'Amiens,

.... Aurait, vaille que vaille,
Par-dessus le marché fourni même la paille.

Ce saint homme, ce philanthrope moderne, dont le nom était proclamé chaque jour par les cent voix de la renommée, avait été d'abord clerc d'huissier; puis il avait fait l'usure; puis enfin la philanthropie moderne s'était révélée à lui, et il marchait maintenant dans cette voie où il avait déjà pieusement ramassé trente mille livres de rentes.

C'est à ce vertueux citoyen que l'ancien chauffeur résolut de s'adresser.

Il loua donc une voiture, s'habilla magnifiquement, et vint se présenter chez cet ami des hommes qui depuis qu'il était riche et avait ses entrées en haut lieu, s'intitulait le baron de Jolibret.

« Monsieur, lui dit-il tout d'abord, nous sommes frères, la philanthropie nous unit de son lien simple et puissant. Comme frère, je vous aime ; comme philanthrope je vous admire, comme riche capitaliste, je viens vous demander conseil sur le placement de mes fonds.

— Monsieur, fit le baron, en fronçant le sourcil, me prenez-vous pour un banquier?

— Oui, monsieur, pour le banquier des malheureux, des infortunés qui gémissent dans les fers : ils ont faim, et vous leur donnez à manger ; ils ont soif, et vous leur donnez à boire ; ils ont froid et vous les réchauffez, selon les admirables paroles de l'Évangile. C'est à cela, je le sais, toute la France le sait, que vous employez votre fortune.

— Monsieur, dit le baron, dont le visage se rasséréna tout à coup, je n'ai en cela d'autre mérite que d'obéir à mes convictions, que de suivre les impulsions de mon cœur. La loi est athée, monsieur ; elle frappe quand elle devrait moraliser ; j'essaye, moi, de guérir les maux qu'elle fait ; ce qu'elle menace d'anéantir, je m'efforce de le vivifier ; je travaille à moraliser les infortunés qu'elle abrutit, et c'est avec joie que j'emploie à cela mon intelligence et ma fortune.

— Et c'est aussi à cela que je veux employer la mienne, reprit Lambert ; et n'étant pas doué de cette haute intelligence qui empêche d'errer, je viens vous supplier de guider mes premiers pas dans cette sainte voie. Nous visiterons d'abord, s'il vous plaît, les prisons de Paris, à l'infortunée population desquelles je destine une centaine de mille francs.... Croyez-vous, monsieur, que l'on puisse faire quelque chose par là avec cent mille francs?

— On peut faire des merveilles, mon cher monsieur, répondit le baron dont les petits yeux gris commençaient à briller comme des vers luisants dans les ténèbres.... La somme est-elle entièrement disponible?

— Entièrement. J'en ai même une partie sur moi que je vais vous supplier d'employer pour le mieux et à la plus grande gloire de la philanthropie. Dès que nous aurons visité les prisons de Paris, nous conférerons sur l'emploi du tout. »

A ces mots, Lambert présenta au baron de Jolibret le reste de la liasse des billets qu'il avait entamée pour Hochelin ; il y en avait dix. Le baron les prit, les compta, les déposa soigneusement dans un petit coffret en palissandre, placé sur sa cheminée ; puis il vint à Lambert, les bras ouverts, et le pressa à plusieurs reprises contre son cœur.

« C'est le doigt de Dieu! s'écria-t-il, c'est le doigt de Dieu, frère, qui vous a conduit vers moi!... Je vous proclame philanthrope au premier chef.... Je dirai vos vertus dans mon journal ; je les crierai sur les toits.... Hosanna! hosanna! gloire à l'envoyé du Très-Haut!...

— Vous voulez donc bien vous charger de l'emploi de cette petite somme? reprit modestement Lambert.

— De celle-ci, frère, et de toutes celles que vous voudrez consacrer à cette grande et belle œuvre de régénération, à laquelle je travaille de toutes mes forces.

— Et quand commençons-nous nos visites apostoliques?

— Dès demain.... dès aujourd'hui, si vous le désirez.

— A demain donc, frère.... Y a-t-il pour cela quelque formalité à remplir?

— Aucune.... vrai Dieu! il ferait beau voir que l'on refusât l'entrée de ces limbes à des hommes comme nous!... Quelques fonctionnaires ont tenté d'abord de mettre des entraves à l'exercice de ce saint ministère ; mais, Dieu aidant, nous avons renversé les obstacles, et.... je suis heureux de vous l'apprendre, frère, la philanthropie commence à prendre racine à la cour.... On doit cela à mon journal.... Lisez-vous mon journal, frère?

— Je le lis.... ou plutôt je le dévore,.... Je m'en inspire.... je m'en nourris....

— C'est en effet la nourriture spirituelle qui convient le mieux aux belles âmes.... Voulez-vous prendre un abonnement?

— J'en prendrai quatre, si vous voulez bien le permettre, répondit Lambert en tirant sa bourse. Cela fait?

— Une misère.... deux cents francs.... Mais il me reste encore quelques exemplaires de mon grand ouvrage.... dix francs, avec la remise.... et je donne le treizième.... Ensemble, trois cent vingt francs.... Je vais faire mettre le paquet dans votre voiture.

— Et par où commencerons-nous demain? demanda Lambert en comptant seize pièces d'or. Je serais bien aise de trancher tout de suite dans le vif. Les âmes fortes, vous le savez mieux que moi, n'ont pas besoin d'être préparées aux vives émotions.

— Cela étant, nous commencerons par la Force. Nous verrons là de ces natures énergiques, de ces hommes qui seraient des demi-dieux s'ils n'étaient devenus des forçats.... J'ai dit cela dans mon journal, monsieur.

— C'est une bien belle phrase, exclama Lambert sans quitter sa position humble.

— Et une grande pensée, monsieur!... aussi

l'ai-je répétée dans mon grand ouvrage.... Vous verrez cela; ce sont de ces œuvres qui restent. »

Le baron avait raison; ces écrits, quelque nauséabonds qu'ils fussent, n'étaient pas de ceux dont on pouvait dire :

Sacrés ils sont, car personne n'y touche.

On ne les lisait pas, il est vrai, mais on en achetait pour être à la mode, et ils *restaient*, précisément parce qu'on ne les lisait point.

« Je n'abuserai pas plus longtemps aujourd'hui de vos précieux instants, monsieur, dit Lambert en quittant le siége qui lui avait été offert.

— Eh! mon digne ami, s'écria le baron, en lui tendant de nouveau les bras, ne me faites-vous point l'honneur de me laisser votre carte?

— J'accours de la province pour me chauffer au soleil de votre gloire, répondit humblement l'ancien chauffeur; ma première sortie a été pour vous, et je n'ai même pas songé encore à choisir un logement décent. Souffrez donc que ce soit moi qui vienne à vous.... Demain, vers midi, n'est-ce pas?

— Je vous attendrai avec impatience. »

Ils s'embrassèrent et Lambert sortit.

« Sur ma tête, se disait ce dernier en congédiant la voiture de louage, et en retournant pédestrement à la rue Zacharie, sur ma tête, je ne me croyais pas aussi fort que cela. Maintenant, je ne dois plus douter du succès; car, dès que l'on commence ainsi, on doit bien finir. »

De son côté, le baron de Jolibret était dans la jubilation.

« Divine philanthropie! s'exclamait-il en s'étendant voluptueusement dans son fauteuil à la Voltaire, philanthropie trois ou quatre fois sainte, voilà de tes traits!... Dix mille trois cent vingt francs d'un seul coup de filet! c'est-à-dire trois ou quatre mois de cette bonne et confortable vie, de cette vie soyeuse, moelleuse, rêveuse, amoureuse, délicieuse!... Et dire qu'il y a par le monde une foule de gens mal pensants, illettrés, et sans savoir-vivre, qui ont une désagréable propension à prendre le plus respectable philanthrope pour un chevalier d'industrie!... De l'industrie, manants!... mais je me ferais scrupule d'en avoir; ce sont les gens qui viennent se jeter à ma tête qui sont industrieux. Évidemment, ces gaillards-là commencent par bâtir une foule de châteaux en Espagne, puis, le rêve s'évanouit, et ils viennent à moi pour que je les aide à poser des premières pierres de monuments plus solides.... Mais je n'en pose plus, mes chers agneaux !... J'ai peut-être eu ce tort-là autrefois, quand j'avais mon chemin à faire; mais aujourd'hui!... aujourd'hui je fais ...c'est-à-dire, je vends mon grand ouvrage; je fais rédiger mon journal, et je vis de la bonne vie: *je laisse vivre la bête*, comme disent les gens d'esprit.... Demain donc, mon ardent néophyte, nous vous montrerons *ces grands martyrs de la civilisation*, comme on dit en philanthropie; nous leur ferons dire des merveilles, puis, nous verrons venir vos cent mille livres! hi! hi! hi! hi! Ce monsieur est pressé de donner ses cent mille francs aux voleurs qui sont sous les verrous, de peur que ceux qui sont libres ne l'en dépouillent! Gribouille, mon ami, tu es dépassé, toi qui te jetais à la rivière de peur d'être mouillé par la pluie!... Ah! doucement, reprenons haleine.... c'est que c'est dangereux de rire comme cela! Il n'en faudrait pas davantage pour troubler une digestion bien commencée.... »

Le philanthrope digéra doucement pendant le reste de la journée; sa soirée fut charmante, sa nuit divine; il dormit la grasse matinée, et son valet de chambre achevait de l'habiller au moment où Lambert arriva.

« Et arrivez donc, mon très-cher! dit le charmant baron à son ami de la veille. Je me disposais à vous attendre.... Firmin, ajouta-t-il, en s'adressant au valet, faites ouvrir ces huîtres d'Ostende qui me sont arrivées hier soir.... Cela, mon cher collègue, arrosé de bon vin de Sauterne, est le meilleur antidote de l'air pestilentiel auquel nous allons nous exposer tout à l'heure.... Ah! ah! ce n'est pas tout roses!... Firmin, vous recommanderez à Gervais de soigner les filets de perdreaux.... Pas de truffes grises, surtout.... noires, toutes noires!... Vous ne sauriez croire, mon très-cher frère en philanthropie, la différence qu'il y a entre les deux espèces. C'est ce qui m'a fait dire un jour, chez l'illustre Grimod de la Reynière que les *grises* ne sont bonnes que pour les *gris*. Le mot a fait fureur; on le répétait quinze jours après à la table de Cambacérès.... Allons nous mettre à table, cher ami. »

Lambert n'eut garde de se faire prier; tout cela s'accordait trop bien avec ses vues pour qu'il n'abondât pas dans ce sens. On déjeuna donc assez longuement; le philanthrope émérite ne songea guère à se ménager, tout joyeux qu'il était de l'aubaine de la veille, et comptant assez sur sa supériorité incontestable pour rétablir l'équilibre le cas échéant.

Lambert, au contraire, se tint sur la défensive, tout en dissimulant de son mieux cette réserve; de sorte que lorsque les deux apôtres de l'humanité se mirent en chemin, pour faire leur première visite à ces grands martyrs de l'humanité, l'un avait précisément la force qui manquait à l'autre pour marcher droit, ce qui n'empêcha pas qu'ils fussent parfaitement accueillis par les autorités du lieu; car, ainsi que l'avait judicieusement remarqué le baron de Jolibret, la philanthropie commençait à prendre racine à la cour, et l'on était alors excessivement courtisan à tous les degrés de l'échelle sociale.

Pendant que tout cela se passait, Pied-de-Fer se tenait sur la défensive ; il savait que Lambert avait reçu sa lettre et était arrivé à Paris ; mais il connaissait l'intelligence de cet ami dévoué, et il était sûr que pour atteindre le but qu'il se proposait, ce compagnon, dont la capacité avait été si souvent mise à l'épreuve, ne marcherait pas dans les sentiers battus. D'un autre côté, il sentait la nécessité de se tenir en garde contre les piéges que ne pouvait manquer de lui tendre la marquise de Gastelar.

« Elle tremble sans doute, pensait-il ; car mon arrestation peut lui être aussi fatale qu'à moi même. Toutefois, elle est trop habile pour ne pas comprendre que je ne parlerai qu'à la dernière extrémité ; en conséquence, elle mettra tout en œuvre pour m'imposer un silence éternel avant que j'en sois arrivé là. »

Ces prévisions ne tardèrent pas à se vérifier.

Un jour que Pied-de-Fer rentrait dans sa cellule, après s'être promené quelques instants dans la cour, il fut très-surpris de trouver sur la mauvaise table qui formait la partie la plus importante de son mobilier, un paquet assez volumineux ; il s'empresse d'en ôter l'enveloppe, et un énorme pâté s'offre à ses regards.

Il n'ignore pas que rien n'arrive aux prévenus sans avoir été scrupuleusement visité au premier guichet ; cependant le pâté est intact, il n'est pas une de ses faces qui présente la moindre solution de continuité ; il soulève ce pâté à plusieurs reprises, et il croit reconnaître que son poids est plus considérable que s'il ne contenait que des viandes cuites.

« C'est un piége, se dit-il ; mais il est grossier, je ne mordrai pas à l'hameçon. »

Il prit le pâté, descendit au guichet intérieur, et demanda à parler au directeur de la prison, homme fort dur, mais très-accessible, contre l'ordinaire des fonctionnaires de cette espèce.

« Monsieur, lui dit Pied-de-Fer, vous voudrez bien constater que ce pâté n'a pas été ouvert, et comme il n'a pu être confectionné ici, il est donc incontestable que je ne puis savoir ce qu'il contient. Mais j'ai des ennemis puissants desquels mon innocence est connue ; ils savent que, malgré les terribles préventions qui s'élèvent contre moi, je ne redoute pas le grand jour de la justice, et ils cherchent certainement tous les moyens de me perdre avant que ce jour soit venu. Ce présent, arrivé jusqu'à moi, sans que je sache par quelle voie, m'est donc doublement suspect, et c'est à ce titre que je vous le remets. »

Le directeur entra dans une grande colère, et voulut appeler les gardiens pour leur reprocher leur défaut de surveillance ; mais Pied-de-Fer lui représenta que ce serait l'exposer, lui prisonnier, à de terribles représailles.

Le directeur, furieux, se rendit néanmoins à ses raisons, et, d'un coup de poing, il brisa le pâté. Aussitôt une foule d'objets divers frappa ses regards ; c'étaient des limes anglaises, un poignard, plusieurs clefs admirablement fabriquées, une corde de soie, roulée en pelote, et un papier sur lequel était tracé le plan de la prison, et un itinéraire d'évasion fort détaillé.

« Peste ! fit le directeur, rien n'y manque, et cela a bien plus l'air d'être l'œuvre d'un ami que celle d'un ennemi. »

Il parlait encore lorsqu'un beau chien de Terre-Neuve qui lui servait en quelque sorte de garde du corps poussa des cris plaintifs en se roulant sur le carreau ; quelques instants après il était mort. Le pauvre animal avait mangé quelques débris de la croûte de pâté tombés aux pieds de son maître, il était empoisonné.

L'affaire devenait des plus graves ; la justice fut saisie, on fit une enquête ; mais on ne put rien découvrir.

A quelque temps de là, Pied-de-Fer, en se couchant, sentit dans son lit le froissement d'un papier ; il le prit, l'ouvrit et y lut ces mots :

« Demain matin, immédiatement après l'ou-
« verture des cellules, le guichet intérieur ne sera
« occupé que par deux gardiens ; l'un sera endormi,
« l'autre se laissera bâillonner et dépouiller de sa
« veste et de sa casquette d'uniforme au moyen
« desquelles on arrivera sans encombre dans
« la rue. »

Pied-de-Fer fit de ce billet ce qu'il avait fait du pâté ; le directeur chassa ceux des gardiens dont la fidélité lui était suspecte ; on redoubla de surveillance, ce qui n'empêcha pas Pied-de-Fer de trouver, peu de jours après, son portrait grossièrement crayonné sur les murs de sa cellule, avec cette inscription au dessous : *Traître. — Bon à tuer.* L'ex-chauffeur se contenta d'effacer ces quatre mots et d'y substituer ces deux vers :

Cet animal est fort méchant ;
Quand on l'attaque, il se défend.

Ces provocations avaient cessé, l'instruction du procès de Pied-de-Fer était presque terminée ; il attendait avec impatience que Lambert lui donnât signe de vie ; lorsqu'un jour, faisant sur le préau sa promenade habituelle, il y trouva un nouveau prisonnier, détenu depuis la veille seulement à propos d'une rixe de cabaret.

C'était un homme de haute taille et de large carrure. Après avoir fait quelques tours, cet homme vint droit à Pied-de-Fer, le mesura d'un regard farouche et dit d'une voix menaçante :

« Pourquoi me regardes-tu ainsi ? »

L'ex-chauffeur comprit qu'il y avait encore de la marquise sous jeu.

« Garçon, répondit-il tout en se disposant à la lutte, je ne veux pas t'empêcher de gagner l'argent qu'on t'a donné, ou que l'on t'a promis, pour m'ôter le goût du pain ; mais je te préviens que j'ai les os durs.

— Vous voyez que c'est lui qui me provoque, cria le nouveau venu aux autres prisonniers. »

On vit briller dans sa main droite un long couteau qu'il leva en s'élançant sur Pied-de-Fer ; ce dernier para du bras gauche, qui fut percé de part en part, et malgré la gravité de sa blessure, il prit son adversaire à bras le corps, en même temps qu'il lui saisissait le bras droit avec les dents pour l'empêcher de frapper. Tous deux roulèrent sur le pavé ; mais Pied-de-Fer, qui était parvenu à désarmer son adversaire, bondit tout à coup et se releva comme une balle élastique, puis, revenant sur l'assassin, et lui appuyant sur la poitrine ce pied terrible auquel il devait son nom de guerre :

« Je t'avais prévenu, dit-il, que mes os étaient plus durs que les tiens. »

Un craquement horrible se fit entendre ; les côtes du vaincu étaient broyées ; on l'emporta mourant à l'infirmerie.

La blessure de Pied-de-Fer était une preuve irrécusable du guet-apens auquel il avait échappé ; le cas de légitime défense était évident ; aussi cette affaire n'eut-elle pas d'autres suites.

« Voilà qui va bien, se disait-il ; mais la hyène n'en restera pas là, et Lambert ne paraît pas. »

C'était sa plainte habituelle, et, peut-être, la répétait-il mentalement, pour la millième fois, au moment où l'on annonçait à M. le directeur la visite de M. le baron de Jolibret et d'un autre philanthrope prodigieusement riche et excessivement distingué.

Les geôliers, gardiens et porte-clefs de tout grade exécraient les philanthropes, et ils avaient deux fois raison ; car les philanthropes étaient devenus une puissance, non pas une puissance pensante, mais une puissance parlante et griffonnante, dont les élucubrations hypocrites vantaient sans cesse les hautes vertus de messieurs les galériens au grand détriment des gens préposés à leur garde, et s'efforçaient de démontrer la nécessité de canoniser au plus tôt les forçats, d'ouvrir les prisons, et de ferrer solidement geôliers, gendarmes et argousins.

Mais si la gente geôlière détestait ces écrivailleurs, elle ne les en craignait pas moins : les geôliers ne pouvaient rien contre les philanthropes, qui étaient bien en cour, tandis que les philanthropes faisaient et défaisaient des geôliers sans beaucoup de difficulté.

Aussi nos deux visiteurs furent-ils reçus avec un apparent empressement chez le directeur de la Force.

« Monsieur, dit à ce dernier le baron de Jolibret en se rengorgeant, j'ai l'honneur de vous présenter un philanthrope de la haute école ; l'un de ces hommes rares, comme la nature en produit trop peu ; un homme auquel l'humanité tout entière élèvera un jour des autels ; c'est monsieur.... »

Le baron s'arrêta tout court ; il ne savait pas encore le nom du personnage dont il faisait un si brillant panégyrique.

« Votre nom, mon illustre ami ? demanda-t-il en se tournant vers son compagnon.

— Lambertini.

— Lambertini.... je l'avais sur les lèvres, le savant, le sage, le docte, le vertueux Lambertini, lequel désire vivement visiter la maison confiée à votre direction, direction sage et humaine, je me plais à le reconnaître, et même à le proclamer en haut lieu toutes les fois que l'occasion s'en présente.

— Je fais de mon mieux, monsieur le baron, et je sais que vous me tenez compte de mes bonnes intentions.

— Certainement, mon très-cher.... quand elles émanent d'hommes comme vous, cela a son prix. Mais je ne m'en contente pas toujours avec d'autres.... Eh ! eh ! l'enfer est pavé de bonnes intentions.... j'ai dit cela dans mon grand ouvrage.... Ainsi vous permettez que mon illustre ami....

— Je suis à vos ordres, messieurs, et j'aurai l'honneur de vous conduire partout où il vous plaira d'aller. »

On commença à parcourir la prison, ce qui est bien la plus insupportable, la plus nauséabonde exploration qui se puisse faire. Comme, après avoir traversé le guichet intérieur, les deux visiteurs entraient sur l'un des préaux, le baron aperçut deux hommes chargés d'une énorme marmite en cuivre rouge qu'ils portaient à l'aide d'un morceau de bois ressemblant au timon d'une voiture, lequel passait horizontalement sous l'anse de la marmite et reposait à chaque extrémité sur l'une des épaules des porteurs.

« Ah ! ah ! dit-il, nous arrivons justement pour assister à la distribution des vivres.... Je suis sûr que c'est délicieux.... monsieur le directeur ne souffrirait pas que cela fût mauvais. Mon cher Lambertini, nous y goûterons. »

Lambert répondit par un signe affirmatif auquel le baron répliqua par un hoquet de fâcheux augure. Lambert lui prit vivement le bras.

« Vous sentez-vous mal ? lui demanda-t-il à voix basse.

— Mon illustre ami.... hoc !.., ça n'est rien.... hoc !... Je crois pourtant que je ne me suis pas assez défié de l'ostende.... hoc ! hoc !... la verte et la cancale ne me font jamais cet effet-là.... Quant à la soupe, vous comprenez que nous ferons semblant d'y goûter, parce que.... hoc! vous sentez bien qu'après le champagne.... quelle horrible odeur! »

Lambert commençait à être fort inquiet; c'était un peu comme cela qu'il voulait le baron; mais la péripétie de la digestion, rendue laborieuse par les spiritueux, arrivait trop promptement.

« Au nom de Dieu, tâchez de vous contenir, disait-il tout bas à son trop intempérant patron; une indisposition de cette nature, ici, vous perdrait de réputation, et j'en mourrais de désespoir.

— Soupe! soupe! crièrent les porteurs en déposant leur marmite au milieu d'un assez large corridor. »

En un instant on vit paraître une myriade de malheureux, armés d'écuelles de bois, qui, tous, se dirigèrent vers la marmite; mais, arrivés à une certaine distance de cet énorme vase, dont le couvercle venait d'être enlevé, ils s'arrêtèrent.

C'était quelque chose de navrant de voir tous ces visages hâves, allongés, déformés par la faim, la douleur et le désespoir, et qui, comme des âmes en peine, tournaient autour de ce vase fascinateur sans oser en approcher.

« Si personne n'en veut, on va lever la séance, dit l'un des deux porteurs qui était armé d'une énorme cuillère à pot. »

Un enfant de seize ans s'approcha, tenant une écuelle de chaque main.

« Pour moi et pour mon père, » dit-il.

Une cuillerée de bouillon houleux tomba dans chacune des écuelles.

« La marmite es écumée! crièrent en chœur tous les autres prisonniers, en avant! »

Tous se précipitèrent vers le distributeur, et en un instant tout le contenu de la marmite passa dans les écuelles que tendaient ces malheureux.

Voici l'explication de cette scène, qui serait inintelligible pour beaucoup de lecteurs sans ce corollaire : La soupe distribuée aux prisonniers était alors composée de bouillon animalisé avec des viandes immondes dont les honnêtes gens ne voudraient pas nourrir leurs chiens, et dans lequel on faisait bouillir des haricots à moitié dévorés par les vers, des lentilles dans lesquels les pucerons se trouvaient dans la proportion de 80 sur 100. Quand cet affreux potage avait suffisamment bouilli, tous ces hideux insectes formaient une croûte à la superficie; cette croûte était la part de ceux que l'on servait les premiers.

Pendant cette distribution, un regard avait été échangé entre Lambert et l'un des prisonniers qui avait reçu la soupe; Pied-de-Fer avait reconnu son compagnon, son ami, et au lieu de retourner dans sa cellule, il s'était mis à manger sa soupe à l'un des angles du corridor.

« Nous ne pourrons pas goûter le potage, dit Lambert au baron, car il n'y en a plus.

— Eh bien, tant mieux, mon ami; car.... hoc! ce doit être une bien affreuse chose... après déjeuner. »

Et comme les vapeurs du vin faisaient à chaque instant de nouveaux progrès, il tomba sur les genoux.

« M. le baron est frappé d'apoplexie! » s'écria Lambert.

Le directeur, qui avait fait quelques pas en avant, revint précipitamment vers les deux philanthropes.

« Ah! c'est un double malheur, dit-il, car on ne manquera pas de me l'imputer; tous les journaux libéraux vont crier à l'assassinat... Ici, Larose, Marcillac, Roulon!... »

Dix porte-clefs accoururent; le directeur leur fit emporter le baron de Jolibret, qui avait tout à fait perdu connaissance; et comme cet accident lui causait la plus vive inquiétude, il suivit le cortège sans trop s'occuper de ce qui pouvait se passer derrière lui. Lambert, profitant de cette circonstance, s'approcha de Pied-de-Fer, sous prétexte de goûter le potage que celui-ci mangeait lentement :

« Tu risques trop, dit Pied-de-Fer à demi-voix.

— Et crois-tu donc qu'il soit possible de te tirer d'ici sans risquer quelque chose? »

Pendant qu'ils échangeaient ces paroles à voix basse, Lambert prenait la cuillère du prisonnier et lui glissait en échange une bourse bien garnie et un poignard court et facile à cacher, mais d'une trempe supérieure et mise à l'épreuve.

En même temps il plongeait la cuillère dans l'écuelle et goûtait résolûment cet affreux brouet dont le baron, en dépit de sa philanthropie, n'avait pu supporter l'odeur après boire.

« Ce potage est vraiment très-bon, dit-il, de manière à être entendu des gardiens qui rôdaient à quelque distance, et bon nombre d'honnêtes gens en feraient volontiers leur ordinaire. »

Puis, baissant la voix :

« Lundi prochain, on vous conduira au palais. Au retour la voiture sera attelée.... »

Haut :

« Voilà pourtant, mon ami, ce que vous devez à la philanthropie, vertu divine et bien autrement ingénieuse que la simple charité! »

Bas :

« Je serai là, tenez-vous sur vos gardes et vous serez sauvé. »

Tout cela n'avait pas duré une minute.

Lambert s'avança alors vers un des gardiens, et le pria de le conduire près du baron, ajoutant que l'inquiétude qu'il éprouvait l'obligeait à remettre la visite de la maison à un autre jour.

« Il est pourtant juste que je paye ma bien-venue, reprit-il après avoir fait quelques pas ; je respecte trop les règlements pour me permettre de donner directement quelque chose aux prisonniers ; mais je veux faire connaissance avec vous, mes amis, et voici de quoi boire à ma santé. »

Tous les porte-clefs tendirent la main en même temps ; Lambert mit une pièce d'or dans chacune de ces mains rapaces, et il se dirigea vers l'appartement du directeur. Lorsqu'il arriva près du baron, ce dernier venait de rouvrir les yeux, grâce à l'infirmier-major de la maison, homme intelligent qui, à certains symptômes, avait reconnu la cause du mal, et venait de faire avaler au malade quelques gouttes d'ammoniaque liquide étendues dans un verre d'eau.

« Ah ! fit l'honorable Jolibret en regardant autour de lui, j'ai cru que j'allais mourir !

— Et c'eût été une mort bien glorieuse, dit Lambert, comme celle du soldat sur la brèche ; mais pour la gloire et le bien de l'humanité, il vaut mieux que vous viviez, mon illustre ami, et grâce au ciel, vous voici hors de danger ; dans quelques instants on pourra vous transporter jusqu'à votre voiture. »

Un quart d'heure après, en effet, tous deux roulaient vers le domicile du baron.

« Mon ami, disait ce dernier à Lambert qui l'aidait à monter l'escalier de son appartement ; mon cher ami, défiez-vous des huîtres d'Ostende ; elles manquent de sel, et le sel est éminemment digestif.... Il ne faut pas que ce que je vous dis là vous étonne ; c'est tout simplement de la philanthropie élevée à la troisième puissance. »

A partir de ce moment, les heures coulèrent bien lentement pour Pied-de-Fer et pour Lambert.

Ce dernier eut soin de faire de fréquentes visites à M. de Jolibret, et de le tenir en haleine par la perspective des cent mille francs qu'il se disait plus disposé que jamais à employer en œuvres philanthropiques ; il s'occupa en même temps avec la plus vive sollicitude des préparatifs qui devaient assurer le succès du coup audacieux qu'il méditait.

« Frère, lui dit Hochelin le dimanche suivant, tout marche comme vous le désirez ; demain, l'homme sera au palais, et j'ai arrangé les choses de telle sorte qu'il n'en sortira qu'un peu après la fin du jour.

— Mon ami, répondit Lambert en lui mettant un portefeuille contenant une somme double de celle qu'il lui avait promise, il n'y a point de fautes qui ne puissent être effacées par de bonnes actions ; c'est une vérité dont j'ai besoin d'être convaincu et que je vous engage à ne point oublier. S'il arrivait que, par suite de l'événement qui se prépare, votre emploi vous fût enlevé, j'en serais promptement instruit, et j'y remédierais aussitôt. Peut-être même conviendrait-il que vous prissiez l'initiative sur ce point ; c'est à quoi je réfléchirai. Adieu. »

Ce jour-là, il fit aussi ses adieux à sa sœur.

« Mon bon Lambert, lui dit-elle en pleurant, le bonheur était revenu ici avec toi ; il s'en ira avec celui qui l'avait apporté.

— Rassure-toi, Suzanne ; de loin comme de près je veillerai sur toi, et le temps n'est peut-être pas éloigné où nous devons être réunis pour ne plus nous quitter. »

Tant pis pour le lecteur qui pensera que c'est là de la sensiblerie hors saison ; car celui-là croit à la gangrène du cœur humain, et il nie l'évidence en refusant d'admettre que le mal est partout à côté du bien.

Pied-de-Fer montra beaucoup de mauvaise humeur en apprenant qu'on venait le chercher de la part du juge d'instruction.

« Il me semble qu'il serait temps que ces promenades finissent, dit-il brusquement à l'huissier ; c'est bien assez pour un malheureux prévenu d'être privé de sa liberté sans qu'on le livre ainsi chaque jour à la curiosité publique.

— Bast ! fit l'huissier, c'est une distraction.

— Mais cette distraction me déplaît, et vous pourriez bien la réserver pour ces gens sans cœur pour lesquels ces promenades sont des parties de plaisir.

— Peste ! pensa l'huissier, on n'accusera pas celui-ci de songer à séduire ses gardes ! »

Le prisonnier monta de fort mauvaise grâce dans la voiture, et il passa la journée presque entière dans l'endroit appelé souricière, où devant les gendarmes et les autres détenus, il ne cessa de donner des preuves d'une vive contrariété.

Enfin on le conduisit devant le juge, et grâce au greffier dont la plume avait souvent besoin d'être taillée et qui se faisait répéter deux ou trois fois les mêmes phrases, il faisait nuit lorsqu'on le ramena à la souricière qui était entièrement évacuée, et où il attendit l'une des voitures de transport.

La nuit était déjà fort sombre lorsqu'on vint l'extraire de la lugubre salle d'attente.

La carriole est là, et la joie fait battre le cœur du captif lorsqu'il reconnaît qu'il n'a point de compagnon de voyage.

« L'heure est venue où le sort de ma vie entière doit se décider, dit-il en s'armant de son poignard, qu'il était parvenu à dérober pendant huit jours à tous les regards ; à moi le courage, l'audace qui m'ont tant de fois sauvé des plus grands périls ! »

La voiture roulait ; le gendarme chargé de l'escorte marchait derrière au petit trot, et semblait être dans une parfaite quiétude. On parcourut ainsi le quai aux fleurs, le pont Notre-Dame, le

Je tiens le serpent, dit-il à Lambert. (Page 101, col. 2.)

quai de Gèvres, la place de l'Hôtel-de-Ville; puis la voiture s'engagea sous l'arcade Saint-Jean, qui n'existe plus maintenant; les chevaux ralentirent le pas pour franchir la rue du Monceau-Saint-Gervais; puis arrivés près de l'église ils reprirent le trot.

La voiture venait de franchir la place Beaudoyer, et le gendarme était à la hauteur de la rue des Barres, lorsqu'un homme passa à côté de lui en le serrant de près. Presque au même instant, son cheval s'abattit et inonda le pavé de son sang.

Le gendarme, dont la cuisse était engagée sous sa monture, fit de vains efforts pour se dégager, mais en un instant les passants et les boutiquiers s'attroupèrent autour de lui; on le releva et il fut transporté dans une boutique du voisinage.

Cependant la voiture roulait toujours; elle était arrivée vis-à-vis la rue de Jouy, lorsque le porteur du postillon s'abattit comme celui du gendarme. Les passants s'attroupèrent de nouveau; mais tandis qu'on secourait le postillon dont le cheval avait été frappé au cœur, Lambert, armé d'une sorte de hache d'armes, s'élança sur la portière verrouillée qu'il brisa en un clin d'œil; Pied-de-Fer, auquel la chute du postillon avait donné le signal, bondit comme un tigre sur le pavé.

L'huissier, de son côté, ayant ressenti la secousse, se hâta de quitter la place qu'il occupait sur le devant de la voiture, séparé de l'intérieur par une grille; mais avant qu'il eût mis pied à terre, Pied-de-Fer et son libérateur avaient disparu.

Lorsque les fugitifs se crurent en sûreté, Pied-de-Fer tendit la main à Lambert.

« Toi seul pouvais me sauver, lui dit-il; je te dois maintenant trois fois plus que la vie. Arrêtons-nous un moment et respirons.

— Pas encore, répondit Lambert; ne livrons rien au hasard, car si vous étiez repris, il n'y aurait plus de chances de salut.

— Marchons donc, » répliqua Pied-de-Fer en doublant le pas.

Ils arrivèrent bientôt dans le cloître Saint-Honoré; Lambert conduisit Pied-de-Fer au cinquième étage d'une maison ayant son entrée vers le milieu d'un sombre passage, et il l'introduisit dans un petit logement qu'il avait loué et meublé depuis quelques jours.

« Maintenant, dit-il, nous pouvons causer et délibérer tranquillement, tandis que, pour nous chercher, on va explorer les hôtels garnis et faire courir sur toutes les routes. Quant à moi, voici mon avis : nous passerons ici huit jours sans franchir le seuil de la porte de cette chambre; j'ai fait des provisions en conséquence. Dans huit jours nous sortirons de Paris chacun par une barrière différente, et nous nous rejoindrons à Orléans, sur la place du Martroi, à l'hôtel de l'Europe. Là nous ferons viser les passe-ports dont je me suis muni à Florence, en alléguant que des lettres que nous avons trouvées en arrivant à Orléans nous mettent dans la nécessité de repartir pour l'Italie, sans avoir été jusqu'à Paris, ainsi que nous nous le proposions.

— Huit jours, répondit Pied-de-Fer, et pourquoi perdre un temps si précieux? Il ne me faudrait peut-être que vingt-quatre heures pour retrouver Régine sans laquelle ce pauvre enfant ne peut vivre ; déjà j'étais sur ses traces....

— Oui; mais on était sur les vôtres, et vous savez ce qui en est advenu.

— Mais si Adrien nous voit revenir seuls, rien ne pourra le retenir à Florence, et tu le sais, Lambert, c'est par lui que je suis régénéré. C'est lui qui a réveillé mon âme si longtemps engourdie ; il m'a fait entrevoir des joies nouvelles, et je me suis pris à aimer la vie, moi qui en avais fait si bon marché jusque-là ; par lui, à cause de lui, je suis presque devenu un homme de bien, et je puis me dire : Il y a au monde un cœur honnête qui m'aime, un digne garçon, plein d'honneur, qui n'a jamais failli, et qui m'appelle son père ; qui est joyeux près de moi, et que mon absence attriste.... Oh! tu me comprends, Lambert, car tu l'aimes aussi toi, ce brave enfant, et tu as ressenti quelque chose de tout cela.

— Eh bien ! ce sont là autant de raisons qui doivent vous porter à ne pas risquer de nouveau votre liberté. Lui-même, l'excellent jeune homme, si l'on pouvait le consulter sur ce point, serait, j'en suis sûr, de mon avis. Puisque vous avez été dépouillé de vos papiers avant de tomber aux mains de la police, il n'est pas probable que votre retraite près de Florence soit connue ici. Le fût-elle d'ailleurs, les autorités du grand-duché vous protégeraient efficacement. Laissons donc passer l'orage ; dans quelque temps vous me donnerez vos instructions ; je reviendrai seul, et ce que vous voudrez faire, je le ferai. »

Ce ne fut pas sans peine que Pied-de-Fer se rendit à ces raisons ; mais enfin il se laissa persuader.

Ce jour-là même, Henry mettait à la poste, pour Florence, une lettre ainsi conçue :

« Madame la marquise,

« J'espère ne pas être assez malheureux pour que vous doutiez de mon dévouement, et je crois, en outre, vous avoir donné quelques preuves de capacité. De plus, j'ai suivi, à la lettre, toutes vos instructions ; l'audace ne m'a pas manqué un instant, et pourtant j'ai échoué complètement. Aucun des moyens que vous aviez imaginé n'a pu réussir : la bête a senti le piège, puis elle a tenu tête aux chiens. Et Dieu sait pourtant quel dogue j'avais mis à ses trousses! eh bien! il a été éventré du premier coup de boutoir.

« Ce Pied-de-Fer est un rude jouteur, madame la marquise : le pâté a été remis au geôlier sans avoir été ouvert ; le billet n'a pas eu meilleure chance ; quant à Jorgo, ce terrible boxeur qui s'est fait arrêter tout exprès pour gagner les cinquante louis que je lui avais comptés, et les cinquante autres que je devais lui remettre après l'expédition, il s'est laissé tuer comme un sot, sans que sa mort ait servi à quelque chose, puisque Pied-de-Fer a pu invoquer le cas de légitime défense où il se trouvait.

« Tout cela ne serait rien, madame la marquise, sans un autre événement infiniment plus grave ; on pouvait se consoler de n'avoir pas réussi tant qu'il était possible de recommencer. Mais j'apprends à l'instant que Pied-de-Fer a réussi à s'évader : la police est à ses trousses : de mon côté j'ai mis tout mon monde sur pied. Le Palais-Royal est le point que je fais garder avec le plus de soin ; j'y suis de ma personne, et j'ai la presque certitude que je ne perdrai pas mon temps.

« Veuillez, je vous en prie, madame la marquise, m'envoyer de nouvelles instructions, et une lettre de crédit sur votre banquier Ces Enfants du Feu sont de terribles gens qu'il est fort difficile de satisfaire. On a pu obtenir la mise en liberté d'Anne Jovelet, qui avait quelques accointances parmi le personnel de la police, et qui a constamment soutenu qu'elle ignorait ce qui se passait dans ses caves. Toutefois, je la crois observée de près, et elle menace de faire des révélations si on ne l'indemnise suffisamment.

« Avisez, madame la marquise ; quant à moi, je suis sur la brèche, et j'y resterai, quoi qu'il puisse arriver, afin que vous ne puissiez en aucun cas douter du dévouement de votre humble serviteur. »

CHAPITRE XXV.

Deux ennemis en présence.

L'arrivée de la marquise de Gastelar à la villa Mafiolini avait été pour Adrien l'aurore d'une vie nouvelle.

La marquise avait fait somptueusement meubler une maison à Florence ; mais pour la forme seulement, car elle ne quittait point la villa où Adrien était sans cesse environné de toutes les séductions que pouvait imaginer l'esprit ardent et fertile de cette femme.

Adrien respirait la volupté par tous les pores, et il succombait sous la puissance de cette espèce de narcotique qui énerve les organisations les plus énergiques, et qui engourdit les plus terribles douleurs.

Parfois, pourtant, il lui arrivait encore de penser à Régine; mais ces pensées n'étaient plus qu'un pâle reflet de celles qui lui avaient tant de fois brûlé le cœur; les beaux jours qu'il avait passés près de cette charmante enfant ne lui apparaissaient plus que comme un rêve à demi effacé.

Lambert, Pied-de-Fer lui-même, ce père adoptif qui lui avait fait prendre rang parmi les puissants de la terre, n'éveillaient plus chez lui que des souvenirs confus, couverts d'un nuage qui chaque jour semblait devenir plus épais.

« Ame de mon âme, cœur de mon cœur, lui disait un jour la marquise, pendant un de ces longs et délicieux tête-à-tête dont elle savait varier les charmes à l'infini, pourquoi faut-il qu'un caprice d'enfant nous ravisse la plus grande partie du bonheur que nous pourrions goûter? Comme toi, ami, je me sens mieux vivre sous ce beau ciel d'Italie; mais la campagne de Naples n'est-elle pas aussi un pays enchanté?... Là, nous serions ignorés du monde entier; nous n'aurions plus à redouter, moi le retour, toi la censure de cet homme envers lequel il te crois lié parce que tu le connais mal. Serait-ce que tu veux absolument pénétrer ce mystère! Eh bien, j'ai soulevé un coin du voile, et je le déchirerai tout entier bientôt, j'en prends l'engagement.... Enfant chéri! à Naples seulement nous serons entièrement l'un à l'autre.

— Divine amie, quelles délices inconnues me réserves-tu donc!

— Adrien! ma vie, mon Dieu! Dis que tu ne veux être qu'à moi!... que nous vivrons et mourrons ensemble.... Tu parles de délices!... Oh! j'en sais une source intarissable à laquelle nous puiserons ensemble, sans cesse et toujours.... Dis, dis, enfant, que tu es prêt à m'accompagner.

— Amie, laisse-moi donc m'enivrer de tes douces paroles, de tes promesses brûlantes.... Arrière les ennuis!... Le feu de tes regards me brûle le cœur.... Oui, je suis à toi.... à toi, toujours!...

— Oh! non, non, tu n'es pas à moi!... Je ne tiens que la seconde place dans ton cœur....

— La première, la première!... partout et toujours! »

La passion débordait le cœur du jeune homme; il prit la marquise dans ses bras et l'emporta sous le berceau de fleurs qui ombrageait la terrasse sur laquelle s'ouvraient les fenêtres du salon où ils se trouvaient.

En ce moment, le jour commençait à baisser; deux hommes arrivés à Florence une heure auparavant n'avaient pris que le temps de changer de chevaux, et maintenant ils suivaient le chemin qui conduisait de cette ville à la villa Mafiolini.

C'étaient Lambert et Pied-de-Fer qui avaient heureusement échappé aux dangers d'une longue route.

« Je ne sais ce que j'éprouve, disait ce dernier, je ne suis plus qu'à quelques pas de mon enfant bien-aimé, et je crains d'arriver jusqu'à lui. Et pourtant, Lambert, je me sens autant et plus d'énergie qu'aux jours les plus terribles de notre vie passée.

— Pardieu! je comprends cela; mais....

— Ah! tu comprends.... merci, Lambert! merci mon brave ami.... C'est qu'en vérité, malgré la force et l'énergie que je me sens il y a des moments où je crains de tomber en enfance.... En vérité, le premier choc m'épouvante; qu'allons-nous lui dire à ce pauvre enfant quand il nous demandera ce que nous avons fait de sa femme bien-aimée?

— Bast! nous lui dirons que la jeune personne demande un délai; puis, nous parlerons chasse, voyages, théâtre, musique, et comme il est incontestable qu'une passion chasse l'autre....

— Mais, si nous n'allions rien chasser du tout?

— Alors, sacré mille diables! nous nous rabattrons sur la raison; c'est mon fort à moi : vous me laisserez faire, et je démontrerai clairement à son altesse la nécessité où elle se trouve de chasser sur ses terres, en attendant la venue de l'oiseau capricieux après lequel il soupire, et que, je le dirai du moins, nous avons été impuissants à apprivoiser. Son altesse voudra des nouvelles, des détails, on lui en fera. Est-ce que ce n'est pas ainsi que les choses se pratiquent ordinairement à l'endroit des princes qui ont la prétention d'en savoir plus qu'on ne veut leur en apprendre?

— Diable! maître Lambert, je ne vous croyais pas de cette force!... Mais là, franchement, mon vieux camarade, tu crois donc à la possibilité de lui faire entendre raison sur ce point?

— J'en suis sûr, pourvu que vous ne veniez pas jeter des bâtons dans les roues de mes raisonnements.

— Je serai muet.

— Justement, il sera nuit fermée lorsque nous arriverons; il sera seul. Nous lui parlerons de sa bien-aimée; sur ce point vous me laissez pérorer, vous bornant à approuver mes paroles par une pantomime plus ou moins expressive; puis, vous appuyez vigoureusement et éloquemment mes conclusions : son excellence est convaincue, et nous lui enlevons une promesse de sagesse à la baïonnette. »

Ils continuaient à marcher et déjà, à travers le crépuscule, la villa se dessinait à leurs regards, lorsque Pied-de-Fer s'écria :

« Mille millions de diables! est-ce que mes pressentiments seraient justifiés!

— Qu'avez-vous donc? demanda Lambert en se rapprochant de lui.

— Écoute, mon ami, depuis le jour où la police est venue m'arracher des griffes de cette furie qui voulait me poignarder; depuis surtout le jour où tu m'as fait connaître ta présence à Paris, une crainte n'a cessé de me tourmenter. La marquise m'avait fait dépouiller des papiers qui se trouvaient sur moi, et quelque insignifiants qu'ils fussent, ils pouvaient, sinon lui faire connaître sur-le-champ la retraite que j'avais choisie, au moins la mettre sur la voie.

— Et qu'importe! nous sommes forts ici : les ministres du grand-duc feraient de la diplomatie pendant des siècles, avant de consentir à ce qu'on nous fît tomber un cheveu de la tête.

— Oui; mais ces ministres ne sont que des hommes, et ... tiens, regarde.... à travers les jasmins qui couvrent la petite terrasse de l'est....

— Je vois quelque chose de blanc, des formes indécises qui s'agitent sous le feuillage.

— Lambert, je vois mieux que toi, et je n'en doute plus : c'est une femme!

— Tant mieux! Je donnerais beaucoup pour que son excellence eût ici quelque affaire de cœur.

— Mais cette femme, si c'était la Gastelar?... Appuyons à droite, mon ami, nous ferons halte derrière ce bouquet de platanes que j'aperçois à une portée de fusil, et nous pourrons délibérer.... Je ne sais ce qui va arriver; mais il me semble que nous touchons à quelque grand événement. »

Un instant leur suffit pour arriver au lieu indiqué; là, ils mirent pied à terre et s'assirent sur le gazon.

« Je crois, dit alors Pied-de-Fer, que nous ferons bien d'attendre ici que la nuit soit entièrement venue; nous laisserons alors nos chevaux et nous pénétrerons dans la villa en escaladant le mur du nord afin d'arriver ensuite au corps de logis protégé par la charmille. Nous prendrons ensuite conseil des circonstances.

— Allons, reprit Lambert en riant, quoiqu'il soit assez peu agréable de batailler contre des moulins à vent, je n'ai pas de raison suffisante pour refuser le Sancho, alors que vous voulez absolument marcher sur les traces du héros de la Manche. »

Pied-de-Fer ne répliqua point; la sueur ruisselait sur son visage dont les muscles étaient agités de mouvements convulsifs, ainsi que cela lui arrivait toujours à l'approche de quelque grave événement ; s'assit, laissa tomber sa tête sur sa poitrine, et donna un libre cours aux pensées qui l'assaillaient.

A chaque instant, la nuit devenait plus sombre; bientôt la villa ne leur apparut plus que comme une masse informe; puis, enfin, les ténèbres l'enveloppèrent complétement.

« Prends tes pistolets et partons, » dit Pied-de-Fer en se levant brusquement.

Lambert obéit; tous deux s'armèrent, puis ils partirent après avoir attaché les chevaux à un des arbres près desquels ils s'étaient reposés. L'escalade d'un mur de dix à douze pieds d'élévation n'était pas une opération bien difficile pour des hommes de cette trempe.

Pied-de-Fer, après avoir monté sur les épaules de Lambert, arriva d'un bond sur le faîte du mur, s'y plaça sur le ventre, et se penchant autant que possible, il tendit la main à son compagnon, qui le joignit sans beaucoup d'efforts.

Tous deux sautèrent ensuite dans le jardin, et s'avancèrent avec précaution.

Il n'y avait plus personne sur la terrasse de l'est ; le plus profond silence régnait partout; et on ne voyait de lumière que dans la chambre d'Adrien, à travers les persiennes à demi fermées, et cette lumière était bien faible.

« J'ai grand'peur, dit Lambert en riant, que nous ne trouvions pas même les moulins à vent.

— Silence, fit Pied-de-Fer; ne vois-tu pas une ombre se dessiner sur les rideaux de la deuxième fenêtre?

— En effet, je crois apercevoir quelque chose comme cela.

— C'est l'ombre d'une femme.

— Je ne dis pas non ; mais je ne suis pas de force à reconnaître le sexe d'une ombre à une si grande distance; et entre nous, mon cher maître, j'ai dans l'idée que le dernier mauvais tour que vous a joué cette diable de femme vous a quelque peu brouillé la cervelle.

— Ne ris pas, Lambert; il est certain que la terre est maintenant trop petite pour que cette femme et moi y puissions vivre en paix.... Encore l'ombre; regarde! regarde ! c'est bien sa taille svelte, ses mouvements arrondis.... Toute cette désinvolture à damner les saints.... Oh! je donnerais la moitié du temps qui me reste à vivre pour voir et entendre ce qui se passe là sans que ma présence pût être soupçonnée.

— Est-ce donc chose si difficile pour qu'il faille la payer si cher? J'aperçois justement l'échelle double du jardinier qui va nous permettre d'atteindre la terrasse; j'ai au doigt un diamant qui semble avoir été taillé exprès pour couper les vitres. Nous pénétrons ainsi dans le salon du premier étage, d'où nous descendons au rez-de-chaussée afin de nous glisser dans l'escalier dérobé qui conduit au cabinet de toilette de son altesse; de là....

— C'est cela! c'est cela! interrompit Pied-de-Fer; je crois, en effet, que l'émotion que m'a causée cette apparition diabolique m'ôte une partie de mes moyens. A l'œuvre, garçon ; ne perdons pas une seconde. »

L'itinéraire que Lambert venait de tracer fut ponctuellement suivi ; tous deux arrivés à l'escalier dérobé quittèrent leurs chaussures, puis ils montèrent lentement et en retenant leur haleine.

Lambert tourna doucement le bouton de la porte du cabinet de toilette.

Ils s'aperçurent alors que la porte qui, de cette pièce, donnait entrée dans la chambre à coucher, était entr'ouverte, de telle sorte qu'un rayon de lumière pénétrait dans le cabinet.

Pied-de-Fer fit signe à Lambert de s'arrêter, puis se couchant lui-même à plat ventre sur le parquet, il braqua sur l'ouverture ses deux yeux dont les regards purent ainsi pénétrer dans toutes les parties de la chambre à coucher.

Il aperçut d'abord Adrien, à demi vêtu, étendu sur un divan et profondément endormi ; puis une femme qui se promenait à pas lents, et qui, en ce moment, lui tournait le dos.

Arrivée à l'extrémité de l'appartement, elle s'arrêta un instant, puis elle fit demi-tour.

Peu s'en fallut qu'un cri de rage ne s'échappât de la poitrine de Pied-de-Fer, lorsqu'il reconnut la marquise.

Elle tenait un papier qu'elle froissait avec colère entre ses doigts crispés.

« Sauvé ! disait-elle, sauvé !... quand je le croyais anéanti ! Ainsi me voici de nouveau à la discrétion de cet homme qui a tous mes secrets.... Et il va venir m'arracher cette proie, me ravir l'amour de ce demi-dieu, amour qui s'est spontanément ravivé dans mes bras, et qui semblait ne devoir s'éteindre jamais !... »

En prononçant ces dernières paroles, les éclairs de ses yeux se dirigeaient sur Adrien, dont le sommeil était toujours aussi profond.

Puis s'arrêtant et se frappant le front :

« Oh ! non, non ! cela ne sera point. Ce sommeil si profond doit durer plus de quatre heures encore, et c'est plus qu'il n'en faut pour que mes ordres soient exécutés.... Dans une heure, au plus tard, la voiture sera ici.... Nous partons ensemble. Et si, au réveil, il revendiquait sa liberté, s'il refusait de me suivre.... Eh bien ! malheur à lui, malheur à moi.... Je le tuerais !... »

A ces mots, l'une de ses mains agitées par un mouvement fébrile s'éleva à la hauteur de sa poitrine, et saisit le manche d'un poignard, comme toujours caché sous la gaze et la soie qui lui couvrait la poitrine. Puis elle s'approcha d'un guéridon sur lequel elle prit une bouteille dont elle examina le contenu.

« C'est beaucoup, reprit-elle, un demi-verre de plus et il était mort.... Mais peut-être est-il écrit qu'il faut qu'il meure aujourd'hui. »

Elle se tut de nouveau et parut écouter attentivement.

« J'avais cru entendre le roulement de la voiture, dit-elle en s'approchant d'une fenêtre dont la persienne n'était pas entièrement fermée. Encore quelques instants, cela ne peut tarder. »

Elle avait à peine prononcé ces derniers mots, lorsque Pied-de-Fer se leva et alla vers Lambert, qu'il entraîna à l'angle le plus éloigné de la porte.

« Je ne m'étais pas trompé, lui dit-il ; c'est elle !... C'est cet horrible démon vomi par l'enfer pour me tourmenter. Elle est instruite de mon évasion. Adrien est là, endormi par elle.... empoisonné peut-être ! Elle attend une voiture pour l'enlever, et s'il se réveille, s'il résiste, elle se propose de le tuer !... Te moqueras-tu encore de mes pressentiments ?... Suis-moi, maintenant ; ma résolution est prise : tu vas voir ! »

Cela dit, il poussa violemment la porte entr'ouverte, et vint tomber comme une bombe à deux pas de Mme de Gastelar, dont il étreignit fortement la taille, et qu'il commença par désarmer.

« Je tiens le serpent, dit-il à Lambert qui le suivait ; hâte-toi de l'empêcher de siffler. »

Lambert saisit un des cordons de soie qui faisaient jouer les rideaux, le coupa à la hauteur d'un mètre avec le poignard qui était tombé à ses pieds, puis il en fit deux tours sur le cou de la marquise, et il se disposait à l'étrangler, lorsque Pied-de-Fer l'arrêta.

« Infâme vipère, dit alors ce dernier, je puis, tu le vois, t'écraser la tête, et je le ferai au premier cri qui t'échappera, au premier mot que tu tenteras de prononcer. Je ne te permets de parler que pour répondre aux questions que je te ferai. Mais avant tout nous allons te mettre dans l'impossibilité de jouer des pieds et des mains. »

Un frémissement de rage agita tout le corps de Mme de Gastelar ; mais elle ne répondit pas autrement.

Lambert coupa encore deux ou trois cordons semblables au premier, à l'aide desquels la marquise fut solidement garrottée et attachée sur un fauteuil.

« Maintenant, reprit Pied-de-Fer, nous pouvons délibérer sur le sort de cette hyène.

— Quant à moi, dit Lambert, je crois qu'il faudrait l'expédier tout de suite, sauf à délibérer après.

— Tu as peut-être raison, mon ami ; mais il me répugne de faire l'office de bourreau.... Voilà ce que c'est que de devenir honnête homme mal à propos.

— Si nous ne devons pas le tuer, autant vaut lui rendre la liberté sur-le-champ, car elle nous échappera tôt ou tard.

— Qu'importe si, d'ici là, nous l'avons mise dans l'impossibilité de nuire ? »

Et, se tournant vers la marquise, il ajouta :

« Vous voyez, ma belle, que je suis bon prince. Mon droit, mon devoir, peut-être, serait de vous faire sauter la cervelle à l'instant même, à vous qui vouliez me poignarder parce que vous ne trouviez pas parmi nos anciens compagnons une main qui osât se lever sur moi : à vous qui m'avez envoyé un pâté empoisonné, qui avez payé des tueurs pour m'égorger en prison, le tout pour me punir d'avoir été amoureux de votre belle personne, et d'avoir eu pitié de vous alors que, d'un mot, je pouvais vous envoyer à l'échafaud.... Eh bien, je vous aurais pardonné tout cela; mais vous avez voulu m'enlever mon fils adoptif, ce brave enfant qui m'aime. Peut-être même êtes-vous parvenue à remplacer dans son cœur l'amour filial par la haine ?... Oh! s'il en était ainsi!... S'il devait me haïr à cause de toi, exécrable vampire! mille diables ! je te ferais souffrir toutes les tortures de l'enfer avant de te tuer, de peur que Satan, qui t'a pétrie, eût pitié de toi. »

En parlant ainsi, son regard s'enflammait, ses cheveux se dressaient sur sa tête, et l'on voyait aisément à l'agitation convulsive de ses mains, qui serraient les pommeaux de ses pistolets, quelle violence il faisait pour ne pas céder.

« Voyons, reprit-il après quelques instants, tâchons d'être calmes comme il convient à des juges; car nous allons vous juger, madame !... Dites-nous d'abord depuis combien de temps vous êtes ici?

— Vous pouvez m'imposer silence, répondit la marquise à demi suffoquée par la fureur, mais vous ne me ferez point parler malgré moi, et je vous déclare que je ne répondrai à aucune de vos questions.

— Vous voulez donc, marquise, nous obliger à employer ces moyens anodins dont nous avons fait autrefois, vous et moi, un si fréquent usage, quand il s'agissait de faire dire aux gens ce qu'ils avaient résolu de taire.... Vous savez, alors que vos jolies mains ardaient si bien les manants assez mal appris pour vous refuser quelque chose ?

— Je suis en ton pouvoir, dit-elle d'une voix qui semblait altérée bien plus par la fureur que par la crainte; eh bien, tue-moi, misérable! tue-moi, afin que je cesse de souffrir, en cessant de te voir et de t'entendre.

— Sacré mille diables! s'écria Pied-de-Fer en saisissant un de ses pistolets, je crois qu'elle a raison, et que c'est ce que nous avons de mieux à faire : morte la bête, mort le venin.... Qu'en penses-tu, Lambert?

— Je pense qu'en toutes choses il faut considérer la fin, et je me dis que ce serpent ne cessera de mordre que lorsqu'on lui aura arraché les dents.

— Arrachons donc et ne tuons pas ; ne recommençons point le passé, car, en revenant sur nos pas, le pied pourrait nous glisser dans le sang. »

Il se croisa les bras sur la poitrine, réfléchit pendant quelques instants, et relevant la tête il reprit d'un ton solennel :

« Oui, c'est assez, c'est trop de sang. Cette femme n'est dangereuse que parce qu'elle est belle; elle va cesser de l'être. Il faut qu'en se réveillant ce brave enfant qu'elle a séduit et qui s'est probablement endormi dans ses bras, il faut, dis-je, qu'il recule d'horreur à l'aspect de cette infâme à laquelle le diable a donné les traits d'un ange.... Non, madame, je ne vous tuerai point; vous aurez, comme moi, le temps de vous repentir, et vous ferez pénitence dans la solitude; car votre visage sera désormais aussi hideux que votre âme, et si vous ne fuyez le monde, le monde vous fuira, tant votre aspect inspirera de goût. C'est là votre sentence, madame! Après l'exécution la liberté vous sera rendue; et si alors vous osez formuler la moindre plainte contre moi, j'y répondrai en déroulant aux yeux de tous l'histoire de votre vie; je fournirai à la justice les preuves de ce que j'avancerai, et vous n'échapperez pas au bourreau, car vous pourriez dire comme Nézel, notre complice à tous deux : *Quand j'aurais des têtes depuis Paris jusqu'à Lyon, on pourrait me les couper, et j'en redevrais encore.*

— Oh! le lâche! dit la marquise, mutiler une femme sans défense....

— Tout condamné a le droit de maudire ses juges; usez de ce droit, marquise, car l'arrêt est irrévocable. »

Il se tourna alors vers Lambert, à qui il dit quelques mots à voix basse. Ce dernier sortit de la chambre, et il revint un instant après, apportant une fiole hermétiquement bouchée et un petit stylet à lame courte et effilée.

Pied-de-Fer prit la fiole, la déboucha, et afin de s'assurer que la liqueur qu'elle contenait n'avait rien perdu de sa puissance, il en versa quelques gouttes sur la table ; aussitôt le liquide bouillonna ; il s'en dégagea une fumée âcre et il se fit dans le bois de la table une sorte de sillon qui s'étendit jusqu'à ce que la dernière goutte de cette liqueur corrosive se fût évaporée.

La marquise, qui suivait du regard tous les mouvements de son ennemi, poussa un cri d'effroi.

« Charles! Charles! s'écria-t-elle, oh ! par pitié, tue-moi !... Oui, oui, j'ai mérité la mort.... Je t'ai trahi, j'ai voulu te poignarder ; j'ai tenté de t'empoisonner.... J'avouerai tous les crimes dont tu voudras m'accuser. Mais, je t'en conjure, épargne-moi cet horrible supplice. »

Un sourire infernal effleura les lèvres de Pied-de-Fer.

« Tiens-lui la tête, » dit-il à Lambert.

Ce dernier alla se placer derrière le fauteuil sur lequel Mme de Gastelar était attachée, il enleva le peigne qui retenait les longs cheveux noirs de la marquise, et saisissant fortement les tresses de ses cheveux, il tint la tête de la patiente renversée sur le dos du fauteuil. Une pâleur livide était répandue sur ce visage si animé un instant auparavant.

« Charles! Charles! dit-elle encore avec l'accent du désespoir, souviens-toi que tu m'as aimée!... Mon Dieu! mon Dieu!... Pense que toi aussi tu as besoin qu'on te pardonne. »

Pied-de-Fer, qui avait fait appel à toute son énergie, se sentit néanmoins vivement ému ; ce fut d'une main tremblante qu'il introduisit le stylet dans la fiole rempli d'acide sulfurique, et ce tremblement augmenta lorsqu'il étendit la main vers le visage de la patiente, de sorte que la goutte d'acide qui perlait à l'extrémité du stylet s'en détacha, et tomba sur le front de la marquise. Le cri que lui arracha la douleur fut tellement aigu, perçant, qu'il fit cesser le sommeil léthargique d'Adrien.

« Qu'est-ce donc? dit-il en ouvrant les yeux et promenant autour de lui des regards étonnés.

— Adrien! mon ange bien-aimé, sauve-moi! » s'écria Mme de Gastelar, à laquelle la voix du jeune homme venait de rendre quelque espoir.

Adrien s'élança vers la marquise ; mais à peine eut-il fait deux pas qu'il se trouva face à face avec Pied-de-Fer.

« Mon père! dit-il en passant la main sur ses paupières encore lourdes, n'est-ce pas un rêve?

— Oui, c'est ton père, enfant! ton père qui est arrivé assez tôt pour te sauver, pour t'arracher aux griffes de ce démon.

— Adrien! cria de nouveau la marquise, ils vont me tuer.... Sauve-moi! sauve-moi! »

Le jeune homme, se dégageant des bras de Pied-de-Fer, arriva d'un bond près du fauteuil sur le dossier duquel la tête de Mme de Gastelar était toujours renversée ; car Lambert n'avait pas lâché prise, et il attendait, calme, impassible, le dénoûment de cette scène étrange, que venait compliquer le réveil d'Adrien.

« Que faites-vous! s'écria ce dernier.

— Monseigneur, répondit Lambert avec ce sang-froid qui ne l'abandonnait jamais, j'obéis à celui qui vous a fait prince, et je l'aide à sauver votre excellence.

— Oui, enfant, reprit Pied-de-Fer en venant se placer devant le jeune homme, je te sauve en mettant dans l'impossibilité de nuire cet exécrable démon. Tu ne sais presque rien de la vie de cette femme. Écoute : à quinze ans, elle était la maîtresse d'un chef de bandits ; je l'ai vue aider à égorger des vieillards dont les filles étaient en même temps violées par ses complices. Devenue la femme du bandit qui l'avait eue pour maîtresse, elle le fit assassiner par un homme dont elle avait fait son amant. Cet homme, c'était moi!... D'un mot, je pouvais la perdre, je me tus, et pendant que j'expiais au bagne son crime et le mien, elle épousait le marquis de Gastelar. Plus tard, au château de Souvreccœur, elle tenta de te séduire. Enfin, depuis, alors que je cherchais ta Régine bien-aimée, cette chère et tendre enfant, dont tu as juré de faire ta femme, cette infâme a successivement employé contre moi le fer et le poison ; elle m'a mis dans la nécessité de quitter Paris sans avoir vu Régine.... Pauvre jeune fille! elle est morte peut-être de la morsure de cette vipère! »

Adrien sentait ses cheveux se hérisser ; la sueur ruisselait sur son visage ; il était haletant, et il demeurait immobile, doutant du témoignage de ses sens.

« Et sais-tu ce qu'elle allait faire de toi, reprit Pied-de-Fer, lorsque je suis arrivé comme par miracle pour lui arracher sa proie? Elle t'avait endormi, empoisonné peut-être à l'aide d'un breuvage dont voici le reste ; elle attendait sa voiture pour t'enlever.... Écoute! j'entends le fouet du postillon.... Il n'emmènera qu'un monstre hideux, que nous lui livrerons pieds et poings liés....

— Adrien! cria la marquise, qui semblait reprendre ses forces, Adrien, serais-tu donc aussi un lâche?... Ainsi, ils seront trois pour égorger une femme!

— Non, non, nous ne vous égorgerons pas, Satan, et vous le savez bien, triple Dieu! »

Puis, se tournant vers Adrien, il ajouta :

« Enfant, tu es riche, libre et noble ; quoi qu'il puisse arriver, je n'ai ni la volonté ni le pouvoir de révoquer ce qui a été fait.... Eh! que m'importe l'avenir si je dois voir s'évanouir mon plus beau rêve !... Choisis donc entre elle et moi, entre la femme qui n'a d'autre but que celui de te faire servir à ses plaisirs, et l'homme qui voudrait te voir le maître du monde. »

Il sembla au jeune homme que ses yeux se dessillaient ; il sentit la honte monter sur son front en songeant à la mollesse dans laquelle il avait vécu pendant ces derniers temps.

« Père, dit-il, j'ai failli être ingrat. Pardonnez-moi, et ne soyez pas sans pitié pour elle.

— Regarde! regarde! » cria la marquise.

Et comme Lambert venait de quitter sa chevelure, elle pencha la tête en avant et montra à Adrien son front que la goutte d'acide avait sillonné aussi profondément que l'eût fait un fer rouge.

« Ils veulent me défigurer, reprit-elle ; ils veulent que je devienne un objet d'honneur.... Adrien, fais qu'ils me tuent, et mon dernier soupir sera pour toi !

— Père, dit le jeune homme, mes yeux viennent de s'ouvrir à la lumière : je hais ma faiblesse; je veux venger Régine, dont nulle autre ne saurait occuper la place dans mon cœur ; mais cette ennemie que vous semblez tant redouter n'est qu'une femme....

— Dis donc une furie qu'il faut empêcher de nuire.

— Soit ; mais est-il donc si nécessaire pour cela que vous vous métamorphosiez en valet d'exécuteur des hautes œuvres ?... N'avez-vous pas des amis puissants disposés à faire tout ce que vous voudrez ? »

Ces dernières paroles décidèrent du sort de Mme de Gastelar ; Pied-de-Fer s'avança vers elle et lui délia les mains.

« Lambert, dit-il, en se tournant vers son ami, descends et renvoie cette voiture qui vient de s'arrêter à la grille, sans répondre aux questions que l'on pourra te faire ; donne en même temps des ordres pour que l'on aille chercher nos chevaux où nous les avons laissés.... Quant à vous, madame, vous allez, ici même, écrire vos confessions sans en rien omettre.... Au besoin, ma mémoire viendra en aide à la vôtre ; vous terminerez cet écrit en demandant pardon à Dieu et aux hommes des crimes que vous avez commis. Cela fait, je vous conduirai moi-même à Florence ; je vous garantis la vie sauve, et vous conserverez votre beauté. Pour tout le reste, point de conditions.... Je vous donne deux minutes pour réfléchir. »

Il tira sa montre, qu'il déposa sur la table, et il s'arma de nouveau de sa terrible fiole et du stylet, puis il fit quelques pas afin de prendre dans un secrétaire ce qu'il fallait pour écrire.

« Ah! dit à demi-voix la marquise en jetant à Adrien un de ces regards de flamme dont elle avait tant de fois éprouvé la puissance, moi qui te croyais un demi-dieu ! »

Le jeune homme se rapprocha d'elle ; il était dans un état affreux ; ses tempes battaient avec violence ; il lui semblait que son crâne allait faire explosion.

Heureusement Pied-de-Fer revint aussitôt près de la table, et devinant ce qui se passait dans le cœur de son fils adoptif, il dit d'une voix empreinte à la fois de colère et de bonté :

« Enfant, l'heure est venue de choisir entre l'ange qui t'attend et le monstre qui te poursuit.

— A toi! à toi, ma Régine ! s'écria Adrien en s'arrachant par un violent effort à la séduction qui l'enlaçait de nouveau.

— Écrivez donc, madame, reprit Pied-de-Fer. Point d'hésitation surtout, car j'ai ouï dire que la douleur avive la pensée, et, vous le voyez, je suis tout prêt à user de ce procédé. »

Et il lui montrait la fiole d'acide dans lequel le stylet était plongé.

Il fallait obéir ; elle prit la plume et commença à écrire rapidement. Pied-de-Fer, qui se tenait derrière elle, lisait les phrases au fur et à mesure qu'elle les traçait, et de temps en temps il lui imposait des rectifications.

« Doucement, madame, disait-il ; vous oubliez que c'est vous qui avez si bien grillé les pieds du fermier Queste, dont vous parlez ici, que la peau en est tombée comme un bas.... On vous nommait Rose à cette époque. Il y a dix-sept ans de cela, et la rose a mûri.... Vous oubliez encore que Varennes, l'ancien bourreau de Toulouse, vous a emportée jusque dans la forêt de Saint-Germain, alors que vous étiez ivre et que les gendarmes allaient vous saisir [1]. »

Et la malheureuse femme écrivait, arrosant de sueur et de larmes de rage le papier dépositaire de ses terribles confidences.

Le jour était venu depuis longtemps et elle écrivait encore.

Lambert étant revenu, Pied-de-Fer lui confia la garde de la prisonnière, et il courut lui-même à Florence d'où il revint vers le milieu du jour.

« Eh bien, madame ? dit-il en entrant dans la chambre qu'Adrien avait quittée, et où Lambert se tenait muet, froid, impassible.

— Ah ! Charles, répondit-elle en tournant vers lui son visage altéré par la veille, la crainte et la souffrance ; Charles, vous êtes bien impitoyable ! »

Mais le feu de ses regards vint s'éteindre sur la physionomie pâle et froide de cet homme dont le cœur était depuis longtemps invulnérable.

« Vous avez écrit ? reprit-il de son ton le plus rude.

— Tout, Charles !... et les fautes de ma jeunesse, qui n'ont été des crimes que parce que la fatalité m'avait jetée parmi vous autres, démons insatiables ; et mes fautes d'une autre époque qui ne fussent point devenues des crimes si vous n'étiez parvenu à faire parler l'amour plus haut que le devoir ; et d'autres encore qui trouveraient aisément leur excuse aux yeux de quiconque a un peu profondément exploré le cœur humain.... Mais je n'ai point cherché d'excuses : vous avez exigé une abnégation entière, un sacrifice complet ; j'ai obéi. Lisez. »

Il prit le cahier qu'elle lui présentait, le lut attentivement d'un bout à l'autre, le plia et le mit dans l'une de ses poches, puis il reprit avec un sang-froid effrayant :

« Madame, votre voiture est partie, mais la

---

1. Varennes, ancien bourreau de Toulouse, fut arrêté à Paris, dans la salle du conseil de guerre, le 19 ventôse an VII, au moment où, du milieu de l'auditoire où il était placé, il faisait des signes d'intelligence aux chauffeurs dont il avait été le complice. Il fut condamné à la peine de mort et exécuté.

L'Anglais tira deux pistolets de ses poches (Page 107, col. 1.)

mienne nous attend. Il est vrai que l'itinéraire est changé ; vous vouliez aller à Naples, et c'est à Florence que je vais vous conduire.

— Alors, dit-elle de sa voix la plus douce, vous pourriez vous dispenser de m'accompagner.

— M'en dispenser, mère du diable !... me croyez-vous en démence ?... Levez-vous, madame, et faites un adieu solennel à toutes les joies de ce monde.

— Mon Dieu ! mon Dieu ! » cria-t-elle en tombant à genoux.

Pied-de-Fer fit un signe à Lambert ; tous deux en même temps saisirent cette femme et l'emportèrent jusqu'à la voiture qui attendait.

Une heure après, cette voiture s'arrêtait devant un sombre portail, à l'extrémité d'un des faubourgs de Florence.

Lambert mit pied à terre et agita le cordon d'une sonnette ; la porte s'ouvrit, et la voiture traversa une première cour assez spacieuse ; puis elle entra dans une autre plus petite, pavée de pierres de lave, dans les interstices desquelles se montraient de petites touffes d'herbe menue et jaunâtre.

La voiture s'arrêta devant un perron de granit, garni d'une rampe de fer rongée par le temps. Pied-de-Fer sortit de la voiture, gravit les marches et frappa à une porte basse garnie d'un guichet de fer qui s'ouvrit, et à travers lequel il parlementa un instant, puis il revint à la voiture et montrant à la marquise la porte qui s'ouvrait :

« Madame, lui dit-il, c'est vous que l'on attend.

— Grand Dieu ! suis-je donc prisonnière ?

— Madame, répondit-il en tirant de sa poche un ordre ministériel qu'il présenta à la supérieure, vous êtes dès ce moment une *fille repentie* pour laquelle les portes de l'éternité viennent de s'ouvrir. Allez donc, et que le ciel vous fasse miséricorde ! »

Deux sœurs converses qui accompagnaient la supérieure vinrent prendre sous les bras la marquise qui se sentait défaillir, et lui firent franchir le seuil de la porte, qui se referma aussitôt.

« Oh ! c'est maintenant que je suis fort ! se disait Pied-de-Fer en retournant à la villa Mafioli... Arrière craintes et chagrins ! l'avenir est à nous. »

CHAPITRE XXVI.

Le spleen.

A cette époque, on mourait énormément à Paris, où il y avait, comme toujours, un grand nombre de médecins célèbres.

Les médecins n'empêchaient pas de mourir ; mais ils disaient de quoi l'on mourait. Ils avaient examiné, étudié, analysé la chose, et ils avaient appelé cela le typhus ou fièvre typhoïde.

S'ils n'eussent pas pris cette peine, on n'en serait mort ni plus ni moins; mais alors on eût été tué par une chose sans nom, ce qui eût été désagréable et infiniment peu scientifique.

On mourait donc beaucoup du typhus; mais on mourait aussi d'autre chose; on commençait même à mourir du spleen....

Le spleen à Paris!

Il est vrai qu'il venait d'y être tout récemment importé par nos amis les Anglais qui, plus tard, nous communiquèrent le choléra, et qui nous donneraient la peste d'un très-grand cœur s'il leur était possible de nous faire ce présent.

Un jour, l'un de ces médecins célèbres dont nous parlions tout à l'heure fut appelé près d'un riche Anglais, lord Barstley, membre du parlement, lequel, pour chasser l'ennui qui le dévorait dans sa brumeuse patrie, était venu à Paris où il s'ennuyait trois fois davantage.

« Mon hami, dit l'Anglais; voulez-vous guérir moâ?

— Si je le veux, milord! c'est mon droit et mon devoir.... De quelle maladie êtes-vous atteint?

— Je pouvais plus manger, je pouvais plus boâre!....

— C'est probablement le typhus....

— Je pouvais plus rire....

— Encore un symptôme de typhus; les gens qui en sont atteints ne rient jamais.... Il est vrai qu'il n'y a pas beaucoup de quoi.

— J'en avais souvent de petites envies de.... de petites fantaisies de pendre moâ par le cou.

— Ceci est grave; ceci est beaucoup plus grave, milord! vous avez le spleen; il vous faut des distractions.

— Justement je voulais demander à vous de distraire moâ.

— Cela entre peu dans les attributions d'un docteur, milord; il y a d'ailleurs tant de moyens de se distraire à Paris, qu'il ne s'agit que de choisir. Il vous faut de violentes émotions, je le vois; eh bien! jouez; prenez part aux graves questions de la politique qui s'agitent; occupez-vous de quelque grande entreprise; tâchez de vous passionner enfin pour quelqu'un ou pour quelque chose, à propos de tout, à propos de rien.... Avez-vous des enfants, milord?

— Non.

— Eh bien! tâchez d'en avoir et vous êtes sauvé.

— Je étais célibataire.

— Raison de plus : faites une maîtresse; faites en sorte qu'elle vous trompe; battez-vous avec votre rival; il n'y a pas de spleen qui résiste à ce régime. »

Ce jour-là même lord Barstley emplit ses poches d'or et de banknotes, puis il alla au Palais-Royal et entra dans une maison de jeu.

Autour d'une longue table verte, taillée en losange, étaient rangés une cinquantaine d'individus de tout âge : les uns au teint hâve, au regard éteint, jetaient de temps à autre quelques écus sur des chiffres brodés en jaune sur le tapis vert; d'autres, le visage couvert de sueur, les cheveux hérissés, les yeux ardents, injectés de sang, jetaient leur argent sur le tapis, en accompagnant de blasphèmes formulés à mi-voix leurs pantomimes qui exprimaient la rage et le désespoir.

D'autres encore étaient rayonnants de joie.

Le centre de la table était occupé par quatre croupiers dont un faisait courir une bille d'ivoire dans un cylindre de cuivre divisé en trente-huit compartiments portant chacun un numéro correspondant à un de ceux brodés sur le tapis.

Chaque fois que la bille était lancée, le plus profond silence se faisait parmi les joueurs dont les yeux étaient braqués sur le cylindre : on n'entendait que ces paroles psalmodiées par la voix monotone du croupier :

Faites votre jeu, messieurs. Rien ne va plus.

Autour de cette table circulaient, comme des âmes en peine, d'autres personnages vêtus d'habits râpés, luisants au bas des manches et au collet, et dont la coupe ancienne eût suffi pour attester les longs services.

L'horrible passion du jeu avait sillonné leurs visages de rides profondes; leurs cheveux avaient blanchi longtemps avant l'âge.

C'étaient des joueurs ruinés qui venaient s'imposer volontairement le supplice de Tantale.

Lord Barstley prit place près de l'un des croupiers, et il commença à semer son or sur le tapis avec un flegme qui fit sourire toute la galerie.

D'abord il eut des alternatives de perte et de gain; mais bientôt la chance tourna tout à fait en sa faveur, et à chaque coup le monceau d'or placé devant lui grossissait.

La foule entourait cet heureux joueur, et ne cessait de s'étonner du sang-froid de cet homme qui avait l'air aussi triste, aussi ennuyé en ramassant son or que s'il eût fait la plus maussade besogne du monde.

Lord Barstley s'était mis au jeu à dix heures; à minuit il avait fait sauter deux fois la banque; il gagnait cinquante mille francs, et il bâillait à se décrocher la mâchoire.

Les croupiers se donnaient au diable; le chef de partie avait quitté son cabinet pour venir surveiller la taille; les *bouts de table* tenaient leur râteau au port d'arme, et les garçons servants profitaient de la préoccupation générale pour baptiser deux fois la bière qu'ils devaient servir aux *pontes*.

Tout à coup l'Anglais se lève, tire son portefeuille, jette sur son tas d'or les billets qu'il a apportés, et pousse le tout sur l'une des chances.

« Milord, dit le croupier, la banque ne peut pas tenir une si forte somme.

— Mon hami, jetez le petite boule, répondit l'Anglais.

— Je vous dis qu'il ne nous est pas permis de tenir une aussi forte somme.

— Goddam ! s'écria lord Barstley sur les joues duquel commença à poindre une légère nuance de vermillon, goddam ! je voulais jouyer encore plus fortement !

— Impossible, milord.

— Goooddam !... je disais à vous de jeter le petite boule !...

— Et moi je vous répète que je n'en ferai rien, à moins que vous ne commenciez par ramasser les neuf dixièmes de cette somme. »

L'Anglais tira deux pistolets de ses poches, les arma, en prit un de chaque main.

Le vermillon de ses joues était devenu un peu plus vif.

« Mon hami, dit-il au croupier, voulez-vous jeter le petite boule tout de suite.... tout de suite ? »

Les quatre croupiers quittèrent leurs sièges et prirent la fuite en criant à l'assassin.

Au même instant, un choc violent suivi d'un long cliquetis de verre brisé fit retentir la salle : les lampes venaient de voler en éclat, et à leur clarté blafarde succédaient les ténèbres les plus profondes.

Les moins intrépides joueurs s'étaient précipités vers l'escalier ; mais beaucoup étaient demeurés dans la salle, et avant que les gendarmes, placés comme d'ordinaire dans l'antichambre, eussent pu se faire jour à travers cette foule effrayée, l'argent, l'or, les billets qui couvraient la table avaient été enlevés ; les voleurs, ou les joueurs les plus audacieux, ce qui est à peu près la même chose, avaient fait littéralement *table rase*.

Enfin, deux gendarmes, accompagnés des hommes du vestiaire [1], armés de flambeaux, arrivèrent sur le lieu du désastre, et il fut constaté que les lampes avaient été brisées sur tous les points à la fois par d'audacieux bandits qui avaient ainsi profité de l'incident soulevé par l'Anglais pour opérer ce coup de main.

Les portes furent gardées, le commissaire de police arriva bientôt ; mais il ne trouva plus que lord Barstley, parfaitement dévalisé, mais toujours calme, impassible, et répondant gravement à toutes les questions :

« Je voulais jouyer piou fortement.... Jetez le petite boule, je priai vous.

— Mais, monsieur, vous voyez qu'il n'y a plus rien sur la table ; vous-même, à ce qu'il paraît, êtes la victime des voleurs. »

Alors seulement l'honorable gentleman s'aperçut qu'il ne restait rien sur le tapis de l'or et des billets qu'il y avait déposés.

« Je comprenais, dit-il sans rien perdre de son impassibilité ; un autre jour je jouyerai plus fortement tout de suite. »

A ces mots il se leva, demanda son chapeau, et sortit d'un air aussi complètement ennuyé que celui qu'il avait montré en arrivant.

Il était alors deux heures du matin, et, à partir de minuit, on ne pouvait entrer au Palais-Royal ou en sortir que sur deux points opposés, par le perron faisant face à la rue Vivienne, et par l'extrémité des galeries de bois donnant sur la rue de Valois. Lord Barstley se dirigeait vers cette dernière issue, en songeant au peu de succès de cette première partie de l'ordonnance du docteur, et comme le spleen n'empêche pas toujours d'avoir le sens commun, il convenait mentalement que, des moyens qu'on lui avait indiqués comme propres à combattre son mal, il avait choisi d'abord le plus mauvais.

Quelle influence pouvait avoir en effet la perte de quelques milliers de francs sur l'esprit d'un homme possédant plus d'un million de revenu ?

« Faire une maîtresse, se disait-il, le docteur en parle à son aise.... Pour avoir des maîtresses, il faut en chercher.... Chercher ! comme si je ne m'ennuyais pas déjà assez. »

Les pensées du gentleman suivaient leur cours dans cette direction, lorsqu'il arriva à l'extrémité

---

[1]. Il y avait alors au Palais-Royal, et il y a eu jusqu'à la fin de 1837 quatre maisons de jeu ; quatre autres existaient sur différents points de la ville. Ces huit tripots étaient affermés par un sieur Bénazet, moyennant une somme énorme qui figurait au budget de la ville de Paris, et en outre un pot-de-vin de deux mille francs par jour qui étaient déposés chaque matin sur la cheminée de la chambre à coucher du roi, lequel, lorsqu'il se levait de bonne humeur, faisait cadeau de cette somme à la première personne dont le visage lui agréait.

« Belle dame, dit un jour Louis XVIII à Mme D. C. qui le quittait après un long entretien en particulier, belle dame, vous oubliez quelque chose, » et il lui montrait du doigt les deux rouleaux d'or. La belle dame les prit, les rompit, et, tout en folâtrant, elle se mit à en compter le contenu.

« Ah ! Sire, s'écria-t-elle tout à coup, comme on vole Votre Majesté ! » En effet, les rouleaux ne contenaient que neuf cents francs chacun : les sujets avaient été volés ; le roi était volé, la belle dame fut volée ; mais il est permis de croire qu'elle en volait d'autres : c'est l'éternelle histoire des ricochets.

Ce pot-de-vin cessa d'être payé en 1830, lors de l'avènement de Louis-Philippe, qui, plus tard, fit fermer ces tripots.

Dans chacune de ces maisons, le vestiaire était tenu par des hommes à l'air humble et obséquieux auxquels on jetait en sortant quelque menue monnaie, quand on n'avait pas tout laissé sur le tapis vert, et qui faisaient des fortunes en prêtant sur gages aux joueurs malheureux. Tout cela a disparu ; le Palais-Royal, devenu horriblement triste, a-t-il gagné en moralité ce qu'il a perdu en joies folles ? C'est ce que nous verrons plus tard. (*Note de Sir Paul Robert.*)

de la première galerie de bois. Un faible bruit de pas, accompagné du frôlement d'une robe de soie, le tirèrent tout à coup de sa méditation : ses yeux, baissés vers les dalles, reprirent leur position horizontale, et, à la lueur du réverbère qui éclairait la jonction des deux galeries, il aperçut quelque chose de léger, d'aérien, une sorte d'ombre qui semblait s'avancer vers lui sans toucher le sol.

Lord Barstley s'arrêta ; l'ombre continua à s'avancer rapidement, et tous deux se trouvèrent bientôt si près l'un de l'autre, que l'Anglais put voir et admirer un frais et charmant visage de jeune fille, sortant d'une longue plisse brune, qui laissait voir à son extrémité inférieure de charmants petits pieds emprisonnés dans des souliers de satin.

« Oh! oh! miss, fit lord Barstley en étendant les bras pour barrer le passage à cette charmante sylphide ; miss du cœur à moâ, je voulais accompagner vous bien fort!... »

La jeune femme s'arrêta, jeta un regard effrayé sur l'Anglais, et recula de quelques pas.

« Monsieur, dit-elle d'une voix légèrement altérée par la frayeur, laissez-moi passer, je vous prie. Je comprends votre erreur ; cependant, à la rapidité de ma course, vous auriez dû voir que je n'avais nul désir de m'arrêter. »

Cela dit, elle tenta de forcer le passage ; mais l'idée était venue au gentleman que l'occasion était favorable pour essayer de la seconde prescription du docteur.

« Miss, dit-il, j'étais dans le admiration, dans le enchantement.... et je voulais payer cher, beaucoup cher, le enchantement.... »

A ces mots, il mit les mains dans ses poches et comme elles plongeaient dans le vide, il se souvint qu'il venait d'être dépouillé de tout l'argent dont il s'était muni ; il sonda son gousset de montre qu'il trouva dans le même état que ses poches, puis il passa la main sur sa poitrine, et reconnut que sa chemise était veuve d'une fort belle épingle en diamants.

« Oh! oh! oh! fit-il en frappant du pied : French dog! french dog!

— Monsieur, dit la jeune femme de plus en plus effrayée, ne m'insultez pas, je vous en conjure ; je ne suis pas ce que vous me croyez, et si vous continuez, je vais appeler du secours. »

Le sang de lord Barstley commençait à circuler un peu plus vite que de coutume ; il sentit son cœur battre, ce qui ne lui était pas arrivé depuis longtemps, et il en conclut que la seconde prescription du docteur devait être beaucoup plus efficace que la première.

Cette pensée, assaisonnée d'un désir naissant, le rendit tout à coup humble et presque suppliant.

« Miss, miss, dit-il d'un accent pénétré, je voulais être le jockey.... je voulais être le petit dog à vous !... Je donnai à vous beaucoup fort des guinées.... Oh!... et des banknotes.... toujours, toujours'! »

La jeune femme commença à trembler un peu moins fort ; elle fit même deux ou trois pas en avant, et dit d'une voix douce qui s'accordait divinement avec la charmante expression de son visage :

« Je vois, monsieur, que je n'ai aucune violence à redouter de votre part, et je vous pardonne bien sincèrement de m'avoir prise pour une chercheuse d'aventures : l'heure et le lieu où vous me rencontrez sont cause de votre erreur. Soyez assez bon pour me donner votre bras jusqu'à ma porte, afin que je ne sois pas exposée à quelque autre méprise du même genre. »

Lord Barstley offrit son bras avec empressement, et il sortit de la galerie en passant d'un air triomphant devant la sentinelle placée à quelque distance, et dont le colloque de ces deux personnages venait d'attirer l'attention.

Cinq minutes après, ce grand conquérant d'outre-Manche arrivait avec ce qu'il croyait être sa conquête, à la porte bâtarde d'une maison de la rue du Pélican.

La jeune dame tira violemment le bouton d'une sonnette ; la porte s'ouvrit et la sylphide s'élança dans l'allée.

« Miss, miss! s'écria le gentleman en voyant que sa conquête lui échappait comme une anguille qui glisse dans la main du pêcheur, voulez-vous dire quelque chose à moâ?... Je tuer moâ tout de suite si...

— Ne tuez personne, milord, dit la belle inconnue en approchant son visage des barreaux de la porte ; voici en deux mots l'explication de ce qui vient de se passer : vous m'avez prise pour une bayadère de bas étage et je suis la sultane du Café des Circassiennes, au Palais-Royal. J'espère que vous sentez la différence. »

Et, sans ajouter un mot, elle s'enfonça dans l'ombre et disparut.

Lord Barstley demeura immobile et muet comme si les dernières paroles de la sylphide l'eussent pétrifié, et ses mains ne reprirent un peu de mouvement, après quelques instants, que pour caresser les pommeaux des pistolets enfoncés dans les poches de son pantalon.

« Non, murmura-t-il après quelques instants, je voulais pas encore tuer moâ présentement.... Je voudrais être le sultan de la sultane, goddam ! et je chercherai demain le *Circassiennes Coffee House*.... Oh! oh!... le docteur il était pas trop coquin.... Je commençai à avoir envie de rire.... Eh !... »

Et en effet l'honorable gentleman se mit à rire avec la grâce d'une porte de prison qui grince en roulant sur ses gonds. Ce fut dans cette disposition d'esprit qu'il rentra à son hôtel où il se coucha et dormit huit heures de suite, rêvant Circassiennes, bayadères, sultanes, harem, et entrevoyant de temps en temps le paradis de Mahomet, peuplé de houris de toutes les couleurs, qui lui faisaient les yeux en coulisses et lui tendaient les bras.

Évidemment la médication ordonnée par le docteur commençait à opérer, et le spleen était à moitié vaincu.

Lord Barstley sentit que ce n'était pas le cas de s'arrêter en si bon chemin ; aussi, après un déjeuner confortable, se mit-il résolûment en campagne à l'effet de parachever la conquête si heureusement commencée entre les galeries de bois et la rue du Pélican.

Il arriva bientôt au Palais-Royal qu'il commença à parcourir, le jarret tendu et le nez au vent, cherchant une enseigne qui le mît sur la voie du bienheureux séjour où il devait revoir la nymphe dont il était épris.

Enfin il lit à la hauteur d'un premier étage ces mots tracés en grosses lettres blanches sur fond bleu : *Café des Circassiennes.*

Aussitôt il traverse la galerie, franchit une courte allée ; il s'élançait dans l'escalier lorsque le portier l'arrêta sur la première marche en le saisissant par l'une des basques de son habit.

« Où allez-vous, monsieur?

— Goddam! je voulais voir le petite sultan!...

— Pas mal!... En voilà encore un oiseau bien éduqué ! D'abord il n'y a pas de sultane ici tant que le jour dure.... Le soir, je ne dis pas, parce que dès que le soleil se couche, je ferme les yeux ; c'est la consigne, d'autant plus que la nuit tous les chats sont gris.

— Gooddam! taisez-vous! ou je boxai tout de suite extraordinairement.... »

Le portier ne tenant pas compte de l'avertissement, l'Anglais lui détacha une ruade si furieuse, que le malheureux descendit sur le dos les quelques marches qu'il avait montées, emportant dans sa chute la basque de l'habit qu'il avait saisie.

Aux cris de cet homme, aux jurements du gentleman, les voisins accoururent. Lord Barstley ne voulut rien entendre ; il était venu voir *le petite sultan; il voulait le voir tout de suite.*

Enfin on parvint à lui faire comprendre que le café des Circassiennes n'était ouvert que le soir.

« La sultane, milord, lui dit le maître de la maison, n'est visible ici que de cinq heures du soir à une heure du matin ; le reste du temps elle reçoit, si cela lui plaît, chez elle, rue du Pélican, 25 ; demander Mlle Régine.

— Bien ! disait l'Anglais en se rendant à son hôtel pour y changer de vêtements, je commençai à mieux porter moâ ! »

Comme toutes les choses nouvelles, le café des Circassiennes avait alors une très-grande vogue, bien qu'il n'eût rien de merveilleux. Au milieu d'un salon assez bien décoré et éclairé, se tenait un groupe de jeunes et jolies filles en costume asiatique des plus brillants et des plus décolletés.

Ces prétendues Circassiennes étaient parfaitement civilisées et familiarisées avec tous les accidents de la vie ; c'étaient elles qui servaient les consommateurs, échangeant, de cinq heures du soir à minuit, force gaillardises, coups d'œil significatifs, billets doux, serrements de main, etc.

Quelques-unes avaient été recrutées dans les petits restaurants des environs du Palais-Royal ; les autres étaient des femmes galantes sans emploi, qui avaient accepté celui de Circassienne comme moyen d'en trouver un autre.

La plus jolie de toutes trônait dans un superbe comptoir ; son costume était beaucoup plus brillant que celui des autres auxquelles elle commandait en souveraine.

On l'appelait la Sultane ; cette sultane, ainsi qu'on l'a déjà deviné, c'était Régine.

Sortie de prison avec un passe-port de mendiante et quelques écus dans sa poche, la pauvre fille ne s'était pas senti le courage de retourner près de sa mère ; elle avait d'abord marché au hasard, roulant dans sa tête toutes sortes de sages projets ; car, malgré la vie qu'elle avait menée, son cœur n'était pas corrompu ; elle avait honte de ses désordres passés qui n'étaient que la conséquence rigoureuse de la corruption générale, et elle n'avait pas cessé un instant de détester la débauche à laquelle elle avait été entraînée presque toujours malgré elle.

Régine marchait donc depuis un quart d'heure, et elle avait déjà pris force bonnes résolutions, lorsque levant la tête et regardant autour d'elle elle s'aperçut que le hasard, trop souvent complice du diable, l'avait conduite près du Palais-Royal.

Cela toutefois ne changea rien à ses bonnes dispositions.

« Oui, se dit-elle, c'est décidé ; je travaillerai. Je vais, dès aujourd'hui, chercher un emploi ; j'irai, s'il le faut, dans tous les bureaux de placement de Paris ; j'accepterai ce qui se présentera ; je serai servante, s'il le faut. Mais, ajouta-t-elle en jetant un regard attristé sur ses vêtements en lambeaux, même pour être servante, il me faudrait une mise plus convenable, et j'ai trop peu d'argent pour acheter ce qui m'est indispensable. »

Cette réflexion lui rappela tout naturellement madame Philipaux, dite de Bon-Secours, chez laquelle sa tante l'avait conduite, alors que toutes deux étaient sur le point d'expirer de misère. Elle pensa que cette femme aurait pitié de son dénûment, et d'ailleurs il ne lui fallait que des choses fort modestes dont le loyer ne pouvait être élevé et à l'achat desquelles elle consacrerait ensuite les premiers produits de son travail.

Voici donc la jeune fille traversant ce jardin et ces galeries où elle avait passé successivement de si cruels et de si doux instants ; il n'est pas une de ces arcades, pas une de ces allées mal ombragées par de chétifs tilleuls qui ne lui rappelle quelque souvenir.

C'est ici que, pour la première fois, la voix d'un homme a fait battre son cœur ; c'est là qu'Adrien lui a juré de l'aimer toujours....

Pauvre Adrien ! qu'est-il devenu. Il est mort sans doute à quelqu'une de ces terribles batailles après lesquelles la terre demeurait jonchée de cadavres....

Ah ! s'il eût vécu, s'il fût revenu avant que la misère et la faim, ces puissances irrésistibles, eussent achevé de perdre cette pauvre enfant, que son amour avait rendue si heureuse, et qui depuis avait si chèrement expié ce bonheur !...

Telles étaient les tristes pensées qui assaillaient Régine ; elle se sentait la tête brûlante ; son cœur était gros de soupirs et de larmes.

« Allons, se dit-elle en apercevant la maison où demeurait madame Philipaux, il faut oublier tout cela ; si je montrais un visage triste à cette femme, peut-être n'en obtiendrais-je rien, et il faut absolument qu'elle me vienne en aide. »

Elle s'essuya le visage, s'efforça de prendre un air riant, et monta résolûment les trois étages qui séparaient du sol les magasins de madame de Bon-Secours.

« Eh ! c'est cette Régine, s'écria madame Philipaux, en ouvrant au premier coup de sonnette, la porte de son domicile. Pauvre enfant, comme la voilà faite, elle qui devrait rouler voiture avec laquais galonnés !... Je vois ce que c'est, tu n'as pas suivi les conseils de Félicie qui avait tant d'expérience ; tu auras donné dans le sentiment, et alors bernique ! Il n'en faut pas davantage pour se faire couper les vivres. C'est toujours là ce qui vous perd, vous autres : ce qui vous vient de la flûte vous le repassez au tambour, et quand la musique vient à cesser, votre serviteur de tout mon cœur.... Allons, c'est égal, tout n'est pas perdu ; quand on est bâtie comme toi, ma chatte, il y a toujours moyen de revenir sur l'eau. Conte-moi donc ce qui t'est arrivé.

— Il m'est arrivé toutes sortes de malheurs, ma chère dame Philipaux ; on nous a arrêtées, ma tante et moi, sous prétexte que nous conspirions ; on nous a dépouillées de tout. Ma pauvre tante n'a pu supporter ce malheur ; elle est morte en prison, et moi je n'ai été mise en liberté qu'aujourd'hui même. Je suis sans ressources ; mais je ne perds pas courage, je sais travailler....

— Qu'est-ce que tu nous chantes là, Régine ?... Belle ressource !... Travailler, c'est-à-dire te picoter les doigts, t'exterminer les yeux seize heures par jour pour gagner douze sous ? Si c'est comme ça que tu veux te relever, je te souhaite beaucoup de plaisir, mais je ne te prêterai pas une guenille sur pareille hypothèque.

— J'ai l'intention de chercher une place....

— Ça, à la bonne heure, je ne dis pas.... parce que une chose n'empêche pas l'autre ; l'important est de se mettre en vue. Eh bien ! voyons, tu as manqué d'être princesse ; moi, si tu veux être bonne fille, je te fais sultane d'emblée.... J'espère qu'en voilà un emploi un peu corsé.... Tu acceptes, n'est-ce pas ?

— Expliquez-vous, je vous en prie.

— Oh ! ce sera bientôt fait : Devaux, le limonadier que tu connais aussi bien que moi, a remplacé les garçons de son café par des Circassiennes ; il a métamorphosé sa dame de comptoir en sultane. C'est moi qui ai fourni les costumes.... Tout ce qu'il y a de mieux ; pas une tache de vin, et des perles soufflées grosses comme des avelines.... Les simples ont mordu ; le café ne désemplit pas, de cinq heures à minuit.... Malheureusement.... c'est-à-dire heureusement.... la sultane a été enlevée avant-hier par un boyard de la Valachie... Un vrai boyard, ma fille !... battant monnaie et coupant des têtes à volonté. Bref, la place est vacante ; je te la donne. Cent francs par mois ; liberté entière de minuit à cinq heures du soir.... Sans compter que si tu es bien raisonnable, le père Buzenet te meublera, à crédit, un amour de logement, rue du Pélican. »

La pauvre Régine n'eut pas le courage de refuser, et le soir même elle était proclamée sultane des Circassiennes de contrebande.

CHAPITRE XXVII.

L'amour à l'anglaise.

Buffon a dit que le chat est le plus persévérant des animaux ; c'est là une des erreurs du grand naturaliste : l'animal le plus persévérant n'est pas le chat, c'est l'Anglais.

Lord Barstley, ainsi qu'on l'a vu, possédait cette qualité au plus haut degré ; aussi s'empressa-t-il, après avoir changé d'habit, de revenir au café des Circassiennes ; il y arriva à cinq heures précises et n'en sortit qu'après minuit, au moment où Régine elle-même, enveloppée de sa pelisse, se disposait à regagner son domicile.

Pendant cette longue séance, le gentleman s'était fait reconnaître de la jeune fille ; il avait même pu causer avec elle assez longuement, car le maître de la maison était, sous ce rapport, d'une grande tolérance.

Toutefois la fin de la soirée était venue sans que l'enfant de la Grande-Bretagne eût sensiblement avancé ses affaires, car jusqu'alors, et malgré les conseils de Mme Philipaux, la gentille sultane avait résisté à la tentation, et s'était contentée du mince budget qui lui était accordé par le maître de l'établissement dont sa gentillesse et ses manières gracieuses avaient singulièrement augmenté la vogue.

L'expérience que la pauvre enfant avait acquise était un bouclier contre lequel devaient échouer les séductions ordinaires, et l'on comprend qu'au premier aspect lord Barstley ne devait pas être un séducteur bien dangereux.

« Miss, miss, dit-il lorsque tous deux furent arrivés au bas de l'escalier, vous voulez donc que je tuayai moâ?

— Oh! je serais désespérée que ce malheur vous arrivât, répondit-elle, car vous me paraissez être un excellent homme; mais justement parce que je me sens de l'estime pour vous, je dois vous dire que vous feriez de vaines tentatives pour obtenir plus que je ne vous ai accordé jusqu'à ce moment, et pour que vous soyez tout à fait fixé sur ce point, je vous déclare que mon cœur n'est pas libre, et que nul ne remplacera jamais le bien-aimé à qui je l'ai donné.

— Oh! oh! alors je chercherai lui particulièrement....

— Vos recherches seront sans succès, milord, car il doit être mort.

— Goddam! fit l'Anglais qui avait toujours présentes à la pensée les prescriptions du docteur, goddam! c'était dommage entièrement. »

Et le gentleman se félicitait intérieurement tout en exprimant ce regret, car il se disait qu'il était impossible qu'une si jolie fille vécût longtemps avec les morts.

Pourtant il n'insista pas, et il se borna à réclamer la faveur de reconduire la jolie sultane jusqu'à son domicile, ainsi qu'il l'avait fait la veille, ce qui lui fut accordé sans difficulté.

Lord Barstley passa le reste de la nuit à agencer les diverses parties d'un projet qu'il avait conçu en regagnant son hôtel; au point du jour il était sur pied, et pendant cette journée entière il ne prit pas un instant de repos.

A cinq heures précises, il était assis à la table la plus voisine du trône occupé par la gentille sultane.

Son visage semblait exprimer une sorte de satisfaction, de contentement de soi-même qui ne lui était pas ordinaire; il sourit même à plusieurs reprises en dégustant le punch d'assez mauvais aloi qu'on lui avait servi.

Évidemment la médication ordonnée par le docteur opérait rapidement, et le spleen était vaincu.

Pendant la soirée, il fit à Régine force compliments dont quelques-uns étaient presque spirituels.

A minuit il était au bas de l'escalier et offrait son bras à Régine qui l'acceptait sans hésiter, tant ce personnage lui paraissait peu dangereux.

Arrivé dans la galerie, l'Anglais tourne brusquement à gauche.

« Non, non, dit Régine en riant : rappelez-vous nos conventions : c'est chez moi que vous devez me conduire.

— Yès, yès, fit lord Barstley en souriant presque d'aussi bonne grâce que l'eût fait un dandy de premier choix, je savais parfaitement; mais chez vous il était par ici présentement.

— Laissez-moi, monsieur! reprit la jeune fille en quittant brusquement le bras de l'Anglais.

— Miss, dit-il, écoutez-moâ : la tapissier de vous il est un grand coquin qui avait emporté les meubles de vous.

— Comment, Buzenet m'aurait joué un tour pareil! mais je ne lui devais rien.

— C'était justement pour cela qu'il avait pris tout. Mais j'avais trouvé un autre pas coquin véritablement, qui avait réparé le mal. Tenez, miss, ajouta le gentleman en tirant de sa poche un trousseau de clefs qu'il présenta à la jeune fille, vous allez entrer chez vous : je baiserai votre main jolie fort, et j'irai beaucoup tristement à l'hôtel de moâ. »

Régine demeura immobile de surprise, et force fut au gentleman de s'arrêter.

« C'est là une énigme dont il faut que je sache le mot, dit-elle.

— Yès, miss, et je voulais le dire quand il plaira à vous de recevoir moâ. Venez, venez. »

Elle se laissa conduire; lord Barstley, après l'avoir fait entrer dans une allée, vers le milieu de la galerie, la conduisit jusqu'au deuxième étage; là, devant une porte à deux battants, il s'arrêta, baisa respectueusement la main de la jeune fille, puis il agita le cordon d'une sonnette.

« Miss, dit-il, voici l'appartement de vous.... Adieu! »

A ces mots il s'élança dans l'escalier et disparut.

Presque au même instant, la porte s'ouvrit; une femme de chambre parut, s'inclina et se rangea respectueusement pour laisser passer la gentille sultane.

« Voyons, lui dit Régine en riant, faites-moi les honneurs de chez moi, ma chère, puisque telle est votre mission. »

La femme de chambre s'inclina de nouveau, ferma la porte, et fit traverser successivement à Régine un charmant salon, un cabinet de toilette, et l'introduisit dans une chambre à coucher, le tout meublé avec un goût exquis et une élégance, une richesse telles, que la jeune fille se frottait les yeux à chaque pas, pour s'assurer qu'elle ne rêvait point.

« Et vous êtes bien sûre que tout cela est à moi? dit-elle à la camériste.

— Je sais que tout cela, plus le cabinet de bain, le boudoir et la salle à manger ; je sais, dis-je, que tout cela appartient à Mlle Régine Caumont dont j'ai l'honneur d'être la très-humble servante.

— Un boudoir!... ah! voyons, voyons, ma chère. »

Elle fut aussitôt introduite dans ce sanctuaire qu'éclairait la douce lumière d'une lampe d'albâtre. C'était un délicieux petit réduit, tendu de satin bleu tendre à franges d'or, parsemé d'étoiles d'argent; d'immenses glaces appuyées sur le parquet, s'élevant jusqu'au plafond, et artistement disposées, reflétaient à l'infini les divans, les meubles de fantaisie, les vases précieux, les fleurs rares qu'une main intelligente avait placés çà et là avec autant de goût que de profusion.

« Ah! dit la gentille sultane en se laissant tomber sur l'un de ces siéges voluptueux, c'est une folie; il faudrait avoir vingt-cinq mille francs de rente pour vivre convenablement dans un si charmant séjour....

— Mademoiselle, interrompit la femme de chambre, d'un air toujours respectueux, voici des papiers que votre notaire m'a chargé de vous remettre. »

Régine prit et lut ces papiers : c'était un contrat qui lui assurait vingt-cinq mille francs de revenu au capital de cinq cent mille francs placés par première hypothèque sur des propriétés sises à Paris, et valant dix fois cette somme; plus une lettre écrite en anglais qu'elle ne pouvait comprendre, mais au bas de laquelle se trouvait la traduction suivante :

« Je vous dois la vie, et bientôt, peut-être, vous devrai-je le bonheur. Souffrez donc que je vous témoigne ma reconnaissance pour ces bienfaits dont l'un s'est accompli à votre insu, et dont l'autre, s'il plaît à Dieu, s'accomplira par votre volonté.

« Acceptez, je vous en conjure, ce témoignage de ma reconnaissance; acceptez sans scrupule, car tout cela n'équivaut pas à la moitié de mes revenus d'une année.

« En échange de ce faible présent, je ne demande, pour l'avenir, que la faveur de vous voir, de vous entendre, de vous parler.... non pas toujours, ce serait trop de bonheur ; mais quelquefois, lorsque vous vous sentirez le courage de donner audience à un homme qui vous aime, mais qui ne peut espérer de vous plaire.

« Si cependant il vous plaisait de ne jamais me recevoir, je ne me plaindrais pas, et je n'en serais pas moins jusqu'à mon dernier soupir votre meilleur et reconnaissant ami.

« BARSTLEY.
« Hôtel de l'Europe, rue Saint-Honoré. »

« Mais c'est charmant, dit la jeune fille après avoir relu ces quelques lignes; qui croirait que l'on peut dire d'aussi jolies choses en anglais!... Il n'y a qu'une seule chose là dedans que je ne comprends point : il me dit qu'il me doit la vie; mais il n'y a que deux jours que je le connais, et nous n'avons parlé que de choses folles. »

Elle se leva, entra dans sa chambre à coucher, en examina les meubles, et trouva dans un des tiroirs du secrétaire plusieurs rouleaux d'or.

Il s'en fallait beaucoup que la pauvre enfant fût à l'abri d'une pareille séduction.

« Mon Dieu! dit-elle en tombant sur ses genoux, vous m'êtes témoin que je ne voulais plus faillir; je voulais m'efforcer de redevenir digne de lui.... Digne!... oh! cela est impossible maintenant, et pourtant jamais mon cœur n'a appartenu à d'autres que lui!... Adrien! mon bien-aimé, si tu peux me voir et m'entendre du haut du ciel où tu dois avoir trouvé place, tu me pardonneras, car toujours il m'a fallu céder à une puissance plus forte que ma volonté. »

Elle se prosterna; son beau front s'appuya sur le tapis de la chambre, et des larmes brûlantes inondèrent son charmant visage ; puis peu à peu cette violente douleur s'apaisa; le remords cessa de lui mordre le cœur; elle se releva, s'assit, et levant les yeux sur l'une des immenses glaces dont son appartement était garni, elle sourit au reflet de son charmant visage que ses larmes embellissaient encore.

Sa femme de chambre entra pour lui offrir ses services.

Il est si doux de se sentir vivre ainsi, dans une douce et moelleuse atmosphère, où chaque pas, chaque mouvement que l'on fait est un plaisir nouveau!...

Régine se laissa faire en s'efforçant d'oublier ce qui s'était passé depuis sa dernière entrevue avec le parent du plus grand homme de notre siècle ; mais ce fut vainement qu'elle chercha le calme et le sommeil, la nuit entière s'écoula sans qu'il lui fût possible de fermer les yeux.

Au point du jour elle était sur pied, parcourant son appartement dans tous les sens, ouvrant tous les meubles et ne cessant de s'extasier sur la générosité de cet enfant de la Grande-Bretagne.

« Mais, dit-elle en riant lorsque sa femme de chambre parut, il faut au moins que je connaisse mes gens; êtes-vous seule ici, mon enfant?

— Mademoiselle a, en outre, un valet de pied et une cuisinière.

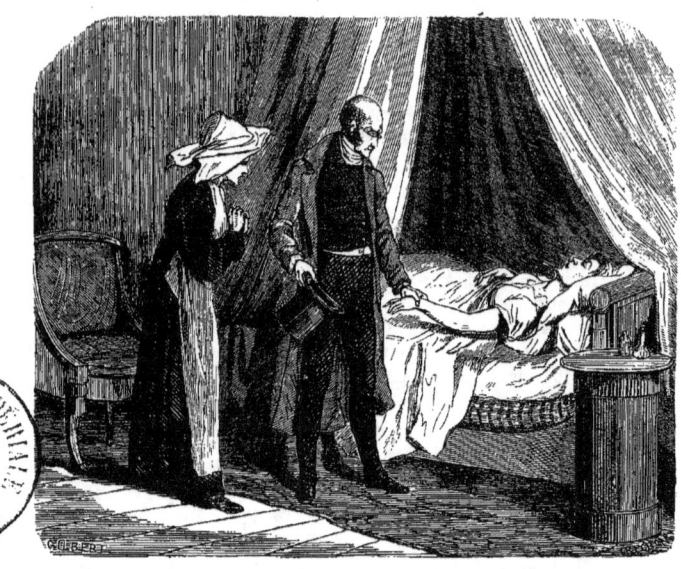

« Elle est morte, » dit-il. (Page 118, col. 2.)

— Oh l'excellent homme ! »

Les remords de la jolie fille s'étaient assoupis ; elle voyait s'ouvrir devant elle un avenir tout resplendissant de fortune et de bonheur, et le souvenir d'Adrien ne lui apparaissait plus que comme un point dans l'espace.

Elle s'approcha d'un élégant bureau, et prenant la plume, elle écrivit :

« Milord,

« La fortune ne m'éblouit pas ; mais j'ai le
« cœur assez bien placé pour n'être pas insen-
« sible à un noble procédé. Nous avons à causer
« de choses graves. Venez. »

Lord Barstley n'était pas un homme ordinaire ; s'il avait quelques-uns des travers de l'aristocratie anglaise, il en avait aussi toutes les nobles qualités ; il était généreux, loyal, incapable d'une action basse dans quelques circonstances que ce fût.

Obéissant toujours à ses seules inspirations, il n'avait jamais songé à régler sa conduite sur celle d'autrui.

Le désir de posséder Régine n'avait été chez lui, d'abord, qu'une fantaisie née du besoin de distraction et des conseils d'un médecin ; mais cette enveloppe britannique si impassible, si froide en apparence, cachait un cœur chaud qui, attiédi par une vie trop molle, trop uniforme, s'était promptement avivé au contact de la charmante jeune fille que le hasard avait jetée sur son chemin.

En un mot, la fantaisie avait fait place au sentiment le plus vif, et l'honorable gentleman était tout simplement amoureux fou de la gentille sultane.

Le billet de Régine lui mit au cœur plus de joie qu'il n'en avait ressenti dans toute sa vie ; car nonseulement il lui permettait d'espérer un bonheur complet ; mais il le confirmait en même temps dans la bonne opinion qu'il avait conçue de la jeune fille après quelques heures d'entretien.

Il accourut donc aussitôt. Son visage était rayonnant, le spleen avait entièrement disparu. Lorsqu'il entra, Régine vint au-devant de lui et lui tendit la main.

« Milord, lui dit-elle, ce serait un crime de tromper un aussi honnête homme que vous : quelque chose qui arrive, j'ai la certitude que je n'aurai jamais à me repentir d'avoir accepté vos bienfaits ; mais il serait possible qu'un jour vous vous repentissiez de ce que vous faites aujourd'hui, et cette crainte seule suffirait pour me rendre malheureuse. J'ai donc pris la résolution de vous dire ce que je suis, ce que j'ai fait. C'est la plus grande preuve d'estime que je puisse vous donner.

— Oh! oh! miss, répondit-il en pressant contre son cœur la main de la pauvre enfant qu'il n'avait pas quittée; oh! oh! je savais que vous étiez un ange certainement.... que vous avez de l'esprit beaucoup, et que je aimais vous toujours piou fortement.... Je voulais pas en savoir davantage.

— Et si pourtant j'étais indigne de vos bienfaits?

— Si vous étiez indigne, miss de mon cœur, vous ne diriez pas ces choses-là à moâ.... Toujours, toujours digne.... jolie.... et bonne encore extraordinairement!

— En vérité, milord, je suis bien heureuse de trouver en vous un aussi noble cœur.

— Et je serai aussi beaucoup heureux si vous aimez moâ. »

Régine baissa les yeux, rougit et ne fit aucun effort pour dégager sa main sur laquelle le gentleman appuyait ses lèvres pour la millième fois.

Lord Barstley ajouta :

« Et beaucoup heureux encore si vous permettez à moâ de venir ici souventement.

— Eh! milord, est-ce à moi de vous dire que vous êtes ici chez vous?

— Non, non !... je étais ici chez la souveraine à moâ. »

Le gentleman s'échauffait de plus en plus, et Régine commençait à s'apercevoir que la reconnaissance pouvait remplacer sans trop de désavantage un sentiment plus tendre.

Ils passèrent ensemble une journée charmante, pendant laquelle Régine envoya au café des Circassiennes sa démission, et, dès ce moment, elle reprit cette douce vie qu'elle avait menée rue de Provence, alors qu'elle régnait sur le cœur d'un roi.

Chaque jour lord Barstley découvrait chez la jeune fille quelque nouvelle qualité.

Il lui avait donné des maîtres de toute sorte, et c'était avec un véritable enthousiasme, un bonheur tout nouveau pour lui, qu'il suivait les progrès rapides de cette charmante enfant. Deux années s'écoulèrent ainsi, sans que le plus léger nuage vînt assombrir cet intérieur qui était parfait, sauf ce que la morale pouvait y trouver à reprendre.

Au bout de ce temps, Régine devint enceinte; lord Barstley pensa devenir fou de joie en apprenant cet événement qui comblait tous ses vœux.

Régine, au contraire, s'en attristait, et elle se prenait à maudire sa vie passée en songeant que son enfant n'aurait point de père.

Le gentleman, qui s'aperçut de ce changement, voulut en savoir la cause, et Régine la lui dit avec cette naïveté charmante qu'elle avait conservée.

« Goddam!... goooddam !... s'écria alors lord Barstley, en serrant les poings, tandis que son visage prenait la teinte d'un homard soumis à l'ébullition; je voulais sécher tout de suite ces jolis petites yeux.... Vous dites que l'enfant de moâ il n'avait pas de père.... taisez-vous..., taisez-vous ! Cet enfant il était celui de milord Barstley, membre du parlement, goddam ! Je donnerai à lui toute la fortune de moâ !

— Mais, dit Régine, ce sera toujours un enfant naturel. »

Le gentleman se mit à marcher à grands pas, en se frappant successivement le front et la poitrine; Régine pleurait et s'efforçait de le calmer.

« Pour Dieu ! lui disait-elle, ne parlons plus de cela : nous l'aimerons tant que les torts de sa naissance disparaîtront sous notre amour. »

Lord Barstley marcha encore quelques instants en montrant une vive agitation, puis il s'arrêta tout à coup, devint calme en apparence, et prit la main de la jeune fille qu'il plaça sur son cœur :

« Ame de la vie à moâ, dit-il, donne un fils à l'homme qui t'aime, et ce fils sera pair d'Angleterre.

— Oh! merci! merci! » s'écria Régine en tombant à genoux.

Lord Barstley la releva, la prit dans ses bras et la couvrit de baisers.

Puis il la déposa sur un fauteuil, s'éloigna de quelques pas, et revenant vers elle, il dit gravement :

« Milady Barstley, voulez-vous donner votre main à moâ ? »

La surprise et la joie de Régine furent telles qu'elle faillit perdre connaissance.

Cinq mois après, elle donnait le jour à un fils que le gentleman reconnut et qu'il fit inscrire au registre de l'état civil sous le nom de Henri Barstley.

Dès ce moment, il annonça hautement son mariage avec Régine Caumont, et peu de temps après, il fit un voyage en Angleterre afin de remplir les formalités nécessaires à la conclusion de cette alliance.

« Ah! se disait Régine lorsqu'il revint près d'elle, c'est trop de bonheur, cela m'effraye !... »

CHAPITRE XXVIII.

Mort et résurrection.

De retour à la villa Mafiolini, Pied-de-Fer y trouva Adrien accablé de tristesse.

« Enfant, lui dit-il, je sais le mal que peut faire cette femme; ce n'est pas de l'amour qu'elle t'a jeté au cœur, c'est du vitriol qu'elle a fait circuler dans tes veines. Mais, ajouta-t-il en tirant de sa poche le manuscrit qu'il avait exigé de la marquise, voici ce qui doit achever de te guérir.

— Oh! par grâce, reprit le jeune homme, ne

m'obligez pas à lire le récit de ces horribles choses; j'en ai trop entendu déjà : de pareilles monstruosités, si je les avais souvent sous les yeux, me feraient haïr la vie; n'est-ce pas assez du chagrin qui me broie le cœur ? »

Pied-de-Fer laissa retomber le bras qui tendait à Adrien le papier dont il venait de parler; son visage prit tout à coup une expression d'indicible douleur; les rides de son front se creusèrent, son regard s'éteignit, ses lèvres blêmirent, et il dit d'un accent qui peignait les tortures de son âme :

« Enfant, à l'exception d'une seule, n'ai-je pas rempli toutes les promesses que je t'avais faites? Tu étais brave, intelligent, plein de cœur et d'honneur ; je t'ai fait noble, riche et puissant.... Tout cela n'est pas le bonheur, il est vrai; mais il me semble que c'est un peu le chemin qui y conduit.

— Pardon ! pardon, père ! s'écria Adrien, en lui tendant les bras. Non, je ne suis pas un ingrat ; mais j'avoue que ces derniers événements m'ont navré le cœur; il me semble toujours voir cette femme se tordant dans les convulsions du désespoir, tandis que, pour elle, se préparait le plus épouvantable des supplices. Je vois son front sillonné par cette liqueur infernale ; j'entends encore ce cri terrible que lui arracha la douleur; je l'entends vous demander grâce, implorer mon secours, à moi qui l'aurais défendue contre le monde entier.... Et il y a des moments où je suis tenté de croire que j'ai commis une lâcheté.

— Toi, lâche ! dit Pied-de-Fer, en pressant son fils adoptif contre sa poitrine, qui oserait t'accuser de lâcheté ? Tu as été fasciné par ce monstre ; tu lui as cru un cœur, à elle qui n'a que des sens ; elle allait te perdre, comme elle m'a perdu moi-même, comme elle en a perdu tant d'autres, lorsque je suis arrivé pour te sauver. Désormais cette infâme est morte pour le monde ; les portes de la maison où elle va expier ses crimes, ne s'ouvriront jamais devant elle.... Et pourtant je ne suis pas impitoyable, moi! Oh ! non ; moins que personne je n'aurais le droit de l'être, j'ai trop à me faire pardonner pour ne pas pardonner moi-même ; si elle n'eût menacé que ma vie, je lui en aurais peut-être fait bon marché ; mais c'était ta vie à toi qu'elle menaçait ; c'est ton honneur qu'elle eût flétri.... Oui, elle n'eût été satisfaite qu'en te voyant descendre à son niveau.... Mais encore une fois elle ne compte plus au nombre des vivants ; la mort même ne fera point cesser sa captivité, car le cimetière où elle sera déposée se trouve dans l'enceinte du couvent, et cette enceinte est inviolable.... Ces détails t'affligent, enfant; n'en parlons plus, et, je t'en conjure, oublie cette sirène.

— L'oublier ! mais tout ce qui m'entoure me la rappelle, je la vois, je l'entends partout ici.

— Eh bien ! partons, courons le monde. Les distractions ne nous manqueront pas, et plus tard....

— Père, pourquoi ne me parlez-vous pas de Régine?

— Nous en parlerons, et nous la chercherons ensemble ; mais il faudra prendre le chemin le plus long pour nous rendre au lieu où nous pouvons espérer de la retrouver. Tu sais maintenant à quels dangers je viens d'échapper, grâce au dévouement de ce brave Lambert. Ma vie, pendant six mois, a été incessamment menacée ; elle serait de nouveau ainsi que la tienne si nous retournions maintenant à Paris où Mme de Gastelar a laissé des agents de ses volontés, puissants et dévoués. Mille pièges nous seraient incessamment tendus. Il faut laisser au temps le soin de disperser ces hommes que l'or de la marquise a réunis bien plus encore que l'instinct de la conservation. Je les connais, car j'ai eu le malheur d'être le chef de plusieurs d'entre eux ; dès que l'argent manquera, leur dévouement fera défaut, et cela arrivera bientôt, car la détention de la marquise sera tellement rigoureuse qu'elle tenterait vainement de donner signe de vie au dehors. Dès aujourd'hui, et par mes soins, le bruit va se répandre qu'elle est partie pour Naples, bruit que confirmeront les préparatifs qu'elle avait faits pour l'enlever. Plus tard, les journaux de Naples annonceront que la marquise de Gastelar, Française de haute distinction, a malheureusement péri dans une excursion au Vésuve qu'elle avait entreprise en compagnie d'un jeune seigneur dont le nom est inconnu. Pendant ce temps nous parcourrons l'Europe. Tu n'as que vingt-quatre ans, enfant, Régine n'en a que vingt-deux, et lorsque vous vous retrouverez, un long avenir de bonheur s'ouvrira encore devant vous. »

Il se fit un long silence.

Adrien semblait accablé; on eût dit que ses forces physiques et ses forces morales étaient près de l'abandonner ; il se laissa tomber sur un siége, appuya son front sur ses mains, et demeura muet et immobile.

Pied-de-Fer comprit tout le mal qui pouvait résulter de cet affaissement, et se roidissant contre la douleur qu'il ressentait lui-même, il s'écria de l'air le plus riant qu'il put prendre :

> Nous allons parcourir le monde
> On nous verra de toute part
> Courtiser la brune et la blonde....

« Allons, mon jeune seigneur, faites vos préparatifs. Eh ! eh ! il me semble que je vais rajeunir.... Je t'en prie, enfant, regarde-moi.... A la bonne heure donc, sacredieu ! A ton âge, voir du pays, courir les aventures, n'est-ce pas l'une des plus délicieuses choses?

— Vous avez raison, père, répondit Adrien ; il faut que je quitte cette habitation ; j'y souffrirais trop. Partons, partons le plus promptement possible.

— Bravo ! bravo ! fit Pied-de-Fer, voici que nous entrons en convalescence. »

Il s'empressa de donner des ordres ; les préparatifs de voyage se firent comme par enchantement, et le soir même Pied-de-Fer et son fils adoptif traversaient Florence, se dirigeant sur Venise.

Pendant que cela se passait, la marquise de Gastelar faisait retentir d'imprécations et de menaces le couvent des filles repenties ; sa fureur arriva bientôt à un tel degré, que l'on fut obligé de recourir à la force pour la préserver de ses propres excès.

Trois vigoureuses sœurs converses se rendirent dans sa chambre et lui déclarèrent qu'elle encourait les plus sévères punitions si elle continuait à enfreindre les règlements, d'après lesquels le plus rigoureux silence devait être observé dans toutes les parties de la maison.

« Eh bien, soit ! dit-elle, torturez-moi ; continuez l'œuvre du bandit qui m'a remise entre vos mains, et si, au jour de la justice, on ne trouve pas le coupable, on trouvera ses complices. »

Instruite de ces menaces, la supérieure se rendit près de sa nouvelle pensionnaire.

« Ma sœur, lui dit-elle, vous êtes ici en vertu d'un ordre ministériel dont copie en bonne forme nous a été remise ; nous n'avons pas à rechercher les motifs qui ont fait prendre cette décision à son excellence, notre devoir est d'obéir, et nous obéissons. Les menaces que vous proférez ne pourraient avoir d'autre résultat que de rendre votre captivité plus étroite. Résignez-vous donc, et ne nous mettez pas, je vous en prie, dans la nécessité d'user des moyens qui sont à notre disposition pour vous rappeler à la modération et à l'obéissance dont personne ici ne s'écarte impunément.

— Oh ! s'écria de nouveau la marquise, cet ordre dont vous parlez, ne vous sauvera pas : la religion du ministre a été surprise ; les réclamations de l'ambassadeur français ne se feront pas attendre. Frappez donc, frappez !... La certitude d'être bientôt vengée me donnera le courage de supporter les plus affreux tourments.

— C'est une folle furieuse, » pensa la supérieure.

Et elle tourna les talons en faisant un signe d'intelligence aux sœurs converses.

Ces dernières s'avancèrent aussitôt vers le lit sur lequel était étendue madame de Gastelar ; l'une prit la marquise à bras-le-corps, une autre lui saisit fortement les mains, et une troisième la fit entrer dans une camisole de force.

Le procédé eut tout le succès qu'on en attendait : madame de Gastelar promit de se taire et rendit ainsi inutile l'emploi du bâillon qu'une des sœurs avait déjà tiré de sa poche.

« Ces femmes ont certainement des instructions particulières, se dit la marquise ; elles ne cherchent qu'un prétexte pour me pousser aux dernières limites du désespoir ; elles sont gagnées par mon ennemi, et je tenterais vainement de les mettre dans mes intérêts ; il faut changer de batteries. »

Pendant tout le reste de la journée, elle refusa de répondre aux diverses questions qui lui furent faites ; le lendemain, elle refusa obstinément la nourriture qui lui fut offerte.

Le troisième jour sa faiblesse était si grande, en apparence du moins, qu'elle ne pouvait soulever sa tête de dessus son oreiller, et elle persistait à ne vouloir rien prendre.

Le médecin de la maison fut averti, et il arriva près de la prisonnière vers la fin du troisième jour ; la faiblesse de la marquise était alors réellement effrayante.

Le docteur lui prit la main et, tout en consultant son pouls, il lui fit plusieurs questions.

« Monsieur, lui répondit la marquise, un médecin est, dans certains cas, un confesseur auquel on doit tout dire ; mais rien ne saurait obliger une pénitente à se confesser devant témoins. »

Le médecin fit un signe aux sœurs converses, qui se retirèrent.

« Madame, dit-il ensuite, je vous écoute, et moi seul puis vous entendre.

— Je ne vous connais pas, reprit la marquise dont la voix reprit un peu de fermeté ; je ne vous ai jamais vu ; mais j'ai entendu parler dans le monde, à Florence, du docteur Alberti, et au portrait qu'on m'en a fait, je devine que ce docteur c'est vous.

— En effet, madame, reprit le médecin surpris et flatté à la fois, je me nomme Alberti ; mais ce n'est pas de moi, je pense, que vous aviez à me parler....

— Pourquoi non, monsieur ? Si ce que j'ai ouï dire est vrai, vous êtes un homme de cœur.... Pardon pour cette formule ; il ne faut que vous voir pour substituer l'affirmative au doute.

— De grâce, madame, parlons de vous.

— Il le faut bien, monsieur. Je suis la marquise de Gastelar, et il est impossible que, depuis six mois, vous n'ayez pas quelquefois entendu prononcer mon nom à Florence. Accordez-moi quelque attention, je vous en conjure !...

— Eh ! madame, quelle plus grande preuve d'intérêt puis-je vous donner, que de vous écouter, malgré la sévérité de la règle de cette maison qui impose aux pensionnaires un silence absolu, et ne leur permet de parler, en cas de maladie, que pour dire au médecin le mal qu'elles ressentent ?

— C'est une condescendance dont vous n'aurez pas à vous repentir, docteur ; je me hâte, écoutez : je suis riche, j'ai plus de cent mille francs de revenu. J'habite à Florence depuis huit mois ; je fuyais alors un ennemi puissant, qui depuis a découvert ma retraite. Bref je suis victime d'une affreuse machination.... et maintenant je vous avouerai franchement que la perte de ma liberté est le seul mal que je ressente.

— Et par malheur c'est le seul dont je ne puisse tenter de vous guérir.

— Aussi n'est-ce pas là le service que j'attends de vous, docteur. Tout ce que je voudrais, pour le moment, c'est que vous ne pussiez douter de ma véracité. Écrivez donc à Paris, je vous en supplie, à mon notaire, par exemple, maître Berthaud, rue du Faubourg-Saint-Honoré ; demandez lui quelle est la fortune de la marquise de Gastelar, et priez-le de vous donner quelques autres détails du même genre.

— Vous oubliez, madame, que je ne suis pas homme d'affaires ; je suis seulement médecin.

— Je n'oublie pas cela, monsieur, mais je pense qu'il est un acte qu'une personne sage ne doit pas faire, avant d'avoir consulté son confesseur, son médecin et son notaire ; cet acte, c'est un testament. Quelque rigoureuses que soient les règles de cette maison, j'espère qu'on y peut formuler ses dernières volontés.

— Cela ne se refuse à personne.

— Eh bien ! je le répète, monsieur, la dure captivité à laquelle je suis réduite est mon seul mal ; mais, je le sens, ce mal sera mortel s'il se prolonge, et il se prolongera, car mes ennemis sont plus puissants que moi.... Au nom de Dieu, docteur, aidez-moi à mourir afin que je ne souffre pas trop, et je vous aiderai à vivre en vous léguant la moitié de ma fortune. »

Le docteur Alberti était un très-honnête homme ; mais les plus honnêtes gens ne sont pas exempts de faiblesses.

La marquise avait, disait-elle, plus de cent mille francs de revenu, et elle promettait la moitié de sa fortune, en récompense de quelques petits services qui, bien que défendus par le règlement de la maison, semblaient pourtant tout à fait innocents ; un million pour un péché véniel ! il y avait de quoi faire succomber un saint, et cependant le docteur résista ; c'est-à-dire qu'il fit semblant de résister, et ne promit rien ; mais le soir même il écrivait à Paris : huit jours après il recevait la lettre que voici :

« Monsieur,

« Il suffit que vous m'ayez écrit au nom de Mme la marquise de Gastelar pour que je m'empresse de vous répondre. Madame la marquise, absente de Paris depuis longtemps, désire savoir quel est l'état de ses affaires et le chiffre auquel s'élève sa fortune ; et il est tout naturel qu'elle vous charge de me demander cela, puisque je suis administrateur de la plus grande partie de ses biens.

« Les propriétés de Mme la marquise peuvent valoir de cinq à six millions ; mais comme il y a parmi ces propriétés beaucoup de valeurs mortes, telles que son hôtel à Paris, sa terre de Souvrecœur et quelques autres habitations de plaisance, et qu'en outre plusieurs de ses terres ne rapportent que 2 et 1/2 ou 3 pour 100, les revenus ne s'élèvent pas au delà de 115 à 120 mille francs par an.

« Je sais qu'en outre Mme la marquise a des fonds placés dans plusieurs maisons de banque de Paris ; mais je n'en saurais dire le chiffre.

« Je profite de cette circonstance, monsieur, pour vous prier d'être mon interprète auprès de Mme la marquise, et de lui faire agréer l'expression de mon profond respect, etc. »

C'est donc bien vrai, se disait le docteur Alberti, enfermé dans son cabinet, le front appuyé sur ses mains, et les regards attachés sur cette lettre : c'est donc bien vrai !... Elle possède six millions, et elle veut me léguer la moitié de sa fortune !... Mais cette femme est encore loin de la vieillesse ; elle vivra peut-être plus que moi.... Et puis ses héritiers naturels ne manqueraient pas d'attaquer le testament ; ils diront que la testatrice était atteinte d'aliénation mentale, et le lieu même de sa mort suffirait pour justifier leurs prétentions.

Il se leva et se mit à marcher à grands pas ; la sueur ruisselait sur son visage ; le sang lui montait au cerveau avec violence ; puis, tout à coup, il refluait vers le cœur. Alors à la vive coloration de ses traits succédait une pâleur livide ; il était haletant ; ses jambes fléchissaient et ses mains cherchaient un appui.

« Des millions ! répétait-il d'une voix sourde ; c'est-à-dire fortune, honneurs, puissance ! toutes les jouissances de la vie, que ne me donneront jamais la science et le travail.... Toucher du doigt à tout ce bonheur ; n'avoir qu'à vouloir pour le posséder.... Mon Dieu ! mon Dieu ! vous n'avez pas fait le cœur de l'homme pour être mis à une si rude épreuve.... »

Il passa ainsi une heure dans la plus terrible agitation ; pendant une heure entière, la probité lutta dans son cœur contre l'amour de l'or et toutes les joies qu'il avait rêvées, et que son imagination, exaltée par cette lettre, lui faisait entrevoir plus séduisantes que jamais.

Au bout d'une heure cette agitation se calma ; le docteur s'assit devant son bureau, relut cette lettre qui l'avait jeté dans un si grand trouble, et il dit d'une voix presque calme :

« Le sort en est jeté ; je serai riche.... je serai un des heureux de la terre. »

Il réfléchit encore pendant quelques instants, puis il se leva de nouveau, alla prendre dans une armoire, dont la clef ne le quittait point, une fiole qu'il choisit au milieu d'un grand nombre d'autres, et la mit dans une de ses poches après l'avoir soigneusement enveloppée. Il sortit ensuite, se rendit à la maison des filles repenties, et alla tout d'abord visiter Mme de Gastelar.

« Docteur, lui dit la marquise, vous êtes donc inexorable ?

— Madame, répondit-il à voix basse, je suis seulement prudent. »

Un éclair de joie passa sur le visage de la prisonnière. Le médecin reprit :

« Feignez d'être beaucoup plus malade aujourd'hui que les jours précédents ; vers le soir vous demanderez un prêtre et vous vous confesserez.... cela est toujours facile. Lorsque le prêtre se retirera, je viendrai vous faire une nouvelle visite, et si votre confiance en moi est entière....

— Elle est absolue, docteur.

— Eh bien ! espérez, car l'heure de votre délivrance est proche.

— Oh ! merci ! merci !...

— Silence, madame ! n'oubliez pas que le mal dont vous n'avez cessé de vous plaindre doit faire aujourd'hui des progrès terribles, et qu'en vous confessant, vous devez parler de manière à faire croire que la vie est près de vous échapper. »

La marquise ne lui répondit que par un signe d'intelligence.

Il la quitta aussitôt, et se rendit près de la supérieure à laquelle il dit que la maladie de la nouvelle pensionnaire lui donnait des craintes sérieuses.

« La croyez-vous en danger de mort ? demanda la religieuse.

— Pas précisément à cette heure ; mais le mal fait des progrès si rapides qu'il serait prudent de prévenir votre révérend directeur. Quant à moi, je reviendrai plusieurs fois la voir dans le cours de la journée. »

Les choses se passèrent comme il le désirait : Mme de Gastelar feignit d'être atteinte d'une grande faiblesse, et lorsque, sur l'invitation de la supérieure, le directeur se rendit près d'elle, elle le supplia d'une voix presque entièrement éteinte, de vouloir bien l'entendre en confession sur-le-champ, sa faiblesse qui augmentait à chaque instant lui faisant craindre d'être bientôt dans l'impossibilité de parler.

Le digne ecclésiastique y consentit bien volontiers ; puis il lui administra les derniers sacrements en présence de la supérieure et des sœurs converses qui furent édifiées de la piété et de la résignation qu'elle montrait.

Vers la fin du jour, le médecin revint, ainsi qu'il l'avait promis ; la religieuse qui gardait la malade lui dit que depuis deux heures cette dernière ne parlait plus, et qu'elle semblait avoir entièrement perdu connaissance.

Le docteur prit un verre dans lequel il versa le contenu de la fiole qu'il avait apportée, puis s'approchant de la malade, il lui souleva la tête et lui mit le bord du verre entre les lèvres.

« Buvez, madame, dit-il de manière à n'être entendu que d'elle, buvez, et vous êtes sauvée ! »

La marquise avala sans hésiter tout ce que le verre contenait, et à peine eut-elle la tête reposée sur l'oreiller, que ses paupières s'appesantirent, sa respiration s'affaiblit, ses pensées cessèrent d'être lucides ; enfin son corps fut frappé d'un engourdissement général, son cœur cessa de battre, et toute espèce de sentiment s'éteignit.

Le docteur s'était éloigné sous le prétexte de préparer une potion ; lorsqu'il revint près du lit, il leva de nouveau la tête de la malade.

« Elle est morte, dit-il.

— Morte, répéta la sœur converse.

— Bien morte. Ne vous ai-je pas dit ce matin qu'elle ne passerait pas la journée ?... maintenant ma présence ici est inutile, tout ce qui reste à faire vous regarde. »

Il sortit ; mais avant de franchir la porte de la première cour, il entra chez le jardinier de la maison, qui remplissait aussi les fonctions de fossoyeur.

« Eh bien ! Fido, lui dit-il, voici encore une aubaine, notre nouvelle pensionnaire vient de mourir.

— Vous appelez cela une aubaine, signor Alberti ; il serait plus juste de dire une corvée.

— Allons donc, père Fido, croyez-vous que j'ai oublié les services que vous avez rendus à la science alors que j'étais étudiant et que vous apportiez à l'amphithéâtre ces beaux cadavres de femmes sur lesquels j'ai tant travaillé.

— Plus bas ! plus bas ! je vous en conjure, signor Alberti.

— Eh ! mon brave Fido, ce n'est pas une menace que je veux vous faire ; c'est un service que je viens vous demander. J'ai besoin de ce nouveau sujet pour compléter quelques études anatomiques et si, au lieu de le porter à l'amphithéâtre vous alliez le déposer dans mon cabinet, je vous payerais généreusement.

— Il est à vous, signor. Demain, à pareille heure, ma petite carriole s'arrêtera à votre porte. »

La mort de Mme de Gastelar avait été constatée et l'acte mortuaire ayant été transcrit sur le registre de la maison, ses dépouilles mortelles furent abandonnées aux sœurs converses qui l'ensevelirent. Le lendemain, vers la fin du jour, Fido, que l'on avait prévenu, arriva portant sur son épaule une bière qu'il déposa près du lit de la morte, et dans laquelle il arrangea le cadavre avec précaution ; puis il cloua le cercueil, et se tournant vers la supérieure qui priait ainsi que plusieurs religieuses qui l'accompagnaient :

« Sainte mère, dit-il, la journée a été chaude ; permettez donc à votre serviteur de disposer de ces restes mortels qui pourraient compromettre la santé des vivants.

— Faites, Fido. L'aumônier est à la chapelle, et je vais m'y rendre moi-même. »

Le cercueil, posé sur un brancard et recouvert d'un drap noir, fut porté à la chapelle, où se fit l'office des morts ; puis on le transporta au cimetière et il fut descendu dans la fosse creusée par Fido.

La supérieure jeta un peu de terre sur le cercueil ; les autres religieuses en firent autant tandis que le chapelain psalmodiait le *De profundis clamavi ad te, Domine.*

Ce lugubre chant terminé, l'officiant et les religieuses se retirèrent lentement, laissant au fossoyeur le soin de mettre quelques pieds de terre entre la morte et les vivantes ensevelies sous les murs du cloître, en attendant qu'à la captivité de ces dernières succédât le repos éternel.

Fido fit d'abord mine d'examiner ses outils, et tirant un marteau de sa poche, il se mit à chasser un clou qui semblait destiné à consolider l'union du fer de sa bêche à la hampe dont il était emmanché. Cela dura jusqu'à ce qu'il eût acquis la certitude d'être demeuré seul dans le cimetière ; alors il sauta dans la fosse, dressa le cercueil contre le talus, le souleva, et réunissant ses forces, le poussa jusqu'à la surface du sol.

« Après tout, disait-il en chargeant la bière sur ses épaules, la terre n'y perdra rien ; s'il y a quelques os de moins ici, il y en aura quelques-uns de plus ailleurs ; dans tous les cas, mieux vaut vivre un peu aux dépens des morts que de voler les vivants. »

Il arriva bientôt au pavillon qu'il occupait entre la première et la seconde cour, y déposa son fardeau, et revint combler la fosse vide. Deux heures après, la petite charrette qui servait à l'approvisionnement de la maison, s'arrêtait à la porte du docteur Alberti qui avait éloigné ses domestiques sous divers prétextes, et attendait impatiemment l'arrivée du fossoyeur.

« Bien, Fido, dit-il en s'empressant d'ouvrir la porte ; vous êtes de parole, et je ne manquerai pas non plus à la mienne.... Mais prenez garde, mon ami, ayez soin de ne pas vous heurter contre les murs et ne remuez la bière qu'avec précaution.

— Oh ! docteur, répondit Fido en accompagnant ses paroles d'un sourire qui illumina ses petits yeux verts et ronds comme ceux d'une chouette ; docteur, il n'y a pas de danger que je la blesse, et dans tous les cas elle ne s'en plaindra pas.

— Mais je m'en plaindrais, moi, Fido ; car il est très-important pour l'étude que je veux faire, que les chairs ne soient ni meurtries ni entamées, et qu'elles aient conservé toute leur élasticité.... Marchez doucement, je vous en prie.... bien.... Posez cela sur le parquet comme s'il s'agissait d'une caisse de verre.... C'est cela.... et maintenant, mon brave, voici la récompense promise, c'est-à-dire trois fois autant que ce sujet vous eût été payé à l'amphithéâtre.... Je n'ai pas besoin de vous recommander la discrétion.

— Vous savez, signor Alberti, que je passe les trois quarts de ma vie avec les morts ; cela habitue au silence. »

Il prit sans compter les écus que lui présentait le docteur, les mit dans sa poche et se retira. Dès qu'Alberti fut seul, il s'empressa de déclouer la bière ; il coupa dans toute sa longueur le linceul qui enveloppait la marquise, et, après l'avoir transportée sur un lit de repos qu'il avait préparé lui-même, il l'examina avec anxiété.

« Point de rigidité, dit-il ; Dieu soit loué !... Je craignais l'asphyxie. La couleur des lèvres annonce que la circulation n'est pas entièrement suspendue.... Il y a de la chaleur dans la région du cœur.... avant deux heures elle parlera.... Le coup était hardi : il n'y a peut-être pas quatre sujets sur dix capables de supporter l'épreuve.... *Audaces fortuna juvat !* Sur mon âme, la science aura pris un singulier chemin pour me conduire à la fortune ! »

Il prit un flacon et une cuiller préparés près du lit, entr'ouvrit les lèvres de la marquise, lui desserra quelque peu les dents, et parvint à lui faire avaler quelques gouttes d'éther ; puis il frictionna les membres, et, appuyant ensuite ses lèvres sur celles de la marquise, il respira fortement, afin de rétablir le jeu des poumons.

Au bout de quelques minutes, Mme de Gastelar respirait pleinement ; bientôt l'engourdissement diminua ; les joues couvertes d'une pâleur livide, s'animèrent légèrement ; enfin, après de nouvelles frictions et l'emploi répété de l'éther, la marquise ouvrit les yeux, ses lèvres s'agitèrent ; mais elle ne put parler, tant sa faiblesse était grande.

Il était facile néanmoins de reconnaître qu'elle avait entièrement recouvré l'usage de ses sens.

« Madame, lui dit Alberti, j'avais promis de vous sauver, et vous êtes sauvée ; vous êtes ici chez moi, et nul ne viendra vous y chercher, car votre mort a été constatée ; vous avez été ensevelie et mise en terre. Je vous avais tuée, je vous ai ressuscitée ; il s'agit maintenant de vous rendre les forces que vous avez perdues, et ce ne sera pas difficile, car j'ai préparé un cordial d'une efficacité certaine. »

Il prit une bouteille, versa une partie de son contenu dans un verre et l'approcha des lèvres de la malade, après l'avoir aidée à se soulever.

Elle but, et l'effet du cordial fut tellement prompt, qu'elle put immédiatement faire entendre au médecin quelques paroles de remercîment.

« Maintenant, lui dit Alberti, il ne vous faut qu'un peu de repos; je passerai le reste de la nuit près de vous, et dans quelques heures nous pourrons nous entretenir plus longuement.

— Docteur, je vous obéirai partout et toujours.

— Oh! madame, je n'en demande pas tant, et pourtant je pourrai vous paraître bien exigeant.

— Jamais, jamais!

— J'en accepte l'augure; mais n'oubliez pas que le silence et le repos vous sont maintenant indispensables. Je vous quitte afin de préparer tout ce qui vous est nécessaire. »

Mme de Gastelar lui tendit la main, en accompagnant ce geste d'un de ces sourires dont elle connaissait la puissance; mais, à sa grande surprise, Alberti ne toucha point cette main; il s'inclina simplement et sortit.

Au bout de quelques instants il apparut, apportant des vêtements de femme, qu'il plaça près du lit de repos, et quelques comestibles qu'il déposa sur une table; puis il s'arrangea dans un fauteuil le plus commodément possible, et bientôt il parut être profondément endormi.

Il faisait jour depuis longtemps lorsque le docteur s'éveilla; il trouva la marquise entièrement habillée et assise sur le lit de repos.

« Mon très-cher hôte, lui dit-elle, vous êtes un véritable dieu qui m'avez parfaitement ressuscitée. C'est à peine si je ressens une légère courbature qu'un peu d'exercice fera disparaître. Maintenant j'attends vos conseils.... je devrais dire vos ordres. »

A la grande surprise de la marquise, Alberti ne lui répondit point; il se leva, se croisa les bras sur la poitrine, et se mit à marcher lentement comme pour se recueillir et stimuler ses pensées.

Cela dura un quart d'heure.

Mme de Gastelar était dans une anxiété impossible à décrire; les derniers événements lui avaient enlevé presque toute son énergie; elle tremblait, et elle cherchait vainement la cause de cette secrète terreur qu'elle éprouvait pour la première fois.

Enfin Alberti s'approcha d'elle et s'arrêta.

« Madame, lui dit-il, vous m'avez offert la moitié de votre fortune pour prix d'un service insignifiant; vous me l'eussiez donnée tout entière pour prix de votre liberté.

— Docteur, répondit-elle en essayant vainement de dissimuler sa vive émotion, docteur, je suis toujours dans les mêmes dispositions : je ferai mon testament quand vous voudrez, et je l'écrirai sous votre dictée.

— Un testament est encore plus facile à révoquer qu'à faire : et puis les héritiers naturels ont pour eux la justice et la chicane. Enfin vous pouvez vivre encore cinquante ans. C'est une véritable dérision.

— Eh bien! monsieur, mettez vous-même un prix au service que vous m'avez rendu.

— Tout à l'heure, madame, nous y arriverons; il s'agit d'abord de bien poser la question.... Votre fortune s'élève à plus de cinq millions.

— Je ne saurais dire au juste....

— Mais je le sais, moi, et cela suffit. »

Le tremblement de la marquise devint plus violent; son front se couvrit de sueur; elle sentit qu'elle allait s'évanouir.

Alberti, sans rien perdre du calme qu'il avait montré jusque là, prit un flacon de sels et lui en plaça l'orifice sous les narines.

« Prenez ce flacon, lui dit-il, et gardez-le, car je n'en suis qu'à l'exorde de mon discours.

— Ah! docteur!... moi qui vous comparais à Dieu!...

— Et vous aviez raison; car je suis Dieu pour vous : votre vie m'appartient; je puis vous laisser vivre, vous permettre de reprendre votre titre, votre fortune, votre rang dans le monde; je puis aussi vous tuer à l'instant, mettre votre corps en lambeaux, faire de vos ossements un superbe squelette articulé qui serait le pendant de celui que vous voyez là, à travers la glace de cette armoire; je puis encore vous faire subir une captivité mille fois plus terrible que celle à laquelle je vous ai arrachée; enfin, je puis vous ôter la raison, faire succéder à votre dangereuse beauté une laideur hideuse, éteindre vos sens l'un après l'autre ou tous à la fois... vous voyez bien, madame, que je suis votre Dieu.... Revenons à votre fortune, elle est de plus de cinq millions; voici une lettre de votre notaire qui le dit positivement. Mais on ne vend pas toujours les choses ce qu'elles valent quand il faut les vendre vite; j'estime donc que la vente de vos biens peut produire trois millions. Vous vouliez me donner la moitié de ces biens; je n'en demande que le tiers; mais ce tiers je le veux en espèces; je veux qu'il me soit envoyé ici, et jusqu'à ce que je l'aie reçu, je vous retiendrai en otage.... Voilà ce que je veux, madame, cette volonté est immuable. »

Par un violent effort, Mme de Gastelar était parvenue à vaincre cette terreur qui avait d'abord paralysé tous ses moyens; elle sourit, ses yeux que la frayeur avait ternis reprirent subitement tout leur éclat. Elle se leva, fit un pas vers le docteur et lui prit la main qu'elle serra doucement dans les siennes.

« N'est-ce donc que cela, *mon Dieu?* dit elle

Ses forces l'abandonnèrent encore. (Page 127, col. 1.)

avec cette inflexion de voix, ce timbre harmonieux, cette onction de verbe qu'elle seule possédait et dont elle connaissait la puissance; est-ce vraiment là tout ce que vous demandez à votre esclave humble et soumise?

— Je demande un million; rien de plus, rien de moins, répondit Alberti en se roidissant contre la séduction dont il commençait à ressentir les vagues atteintes.

— Donnez-moi donc ce qu'il me faut pour écrire, et fasse le ciel que je ressente plus d'une fois encore le bonheur de vous obéir. »

Le médecin la conduisit vers un petit bureau placé à l'une des extrémités de son cabinet; elle y prit place, saisit une plume, et d'une main ferme et rapide, elle écrivit :

« Monsieur Berthaud,

« Il me faut, dans le plus bref délai possible,
« douze cent mille francs. Vous avez ma procu-
« ration générale ; agissez comme vous le trouve-
« rez convenable : empruntez, vendez s'il le faut
« la moitié de mes biens, et acceptez le prix qu'on
« vous en offrira. Tout sera bien, pourvu que la
« somme que je vous demande me parvienne
« promptement; ne lésinez pas ; taillez en plein
« drap, et songez que chaque quart d'heure de
« retard sera pour moi un siècle de supplice. »

Et elle signa; puis elle mit la suscription et présenta la lettre à Alberti, en lui disant :

« Et maintenant, mon seigneur et maître, qu'ordonnez-vous à votre humble esclave ?... Enfermez-moi, si vous le trouvez convenable, dans quelque cachot souterrain, condamnez-moi à vivre dans les ténèbres, imposez-moi toutes les privations imaginables, et je ne me plaindrai point pourvu qu'il me soit permis d'entendre de temps en temps votre voix....

— Madame, répondit le docteur en redoublant d'efforts pour demeurer froid et impassible; madame, il s'agit ici d'affaires et le sentiment est hors de saison. »

Elle s'inclina respectueusement, et deux larmes percèrent à travers les longs cils noirs qui ombrageaient ses beaux yeux.

Alberti prit la lettre, il sortit, et la marquise entendit la serrure de la porte résonner sous un triple tour de clef.

CHAPITRE XXIX.

Revanche.

Trois semaines s'écoulèrent, pendant lesquelles la captivité de la marquise de Gastelar fut des plus rigoureuses; le docteur, afin que sa conduite ne pût être contrôlée, avait renvoyé ses domestiques, et, prétextant une grave indisposition, il s'était fait suppléer par un de ses frères, de sorte qu'il avait pu garder à vue sa prisonnière. Au bout de ce temps, la réponse de M⁰ Berthaud arriva; elle était accompagnée de lettres de change sur les plus riches banquiers de Florence.

Le notaire annonçait que, vu l'urgence, il n'avait rien vendu, mais qu'il avait emprunté en faisant prendre hypothèque sur les principales propriétés de sa noble cliente; il faisait observer que, par suite de cette opération, les revenus de Mme de Gastelar allaient se trouver réduits de moitié, les intérêts à servir, y compris les droits de commission, frais d'actes, etc., s'élevant à plus de cent mille francs pour la première année et à soixante mille pour les années suivantes.

Ce fut après avoir composé son maintien, et en affectant la plus grande froideur, qu'Alberti présenta à la marquise cette missive et les lettres de change, afin qu'elle les passât à son ordre.

Mme de Gastelar, au contraire, se montra plus douce, plus aimable, plus reconnaissante encore qu'elle n'avait fait jusque-là.

« Docteur, dit-elle, en montrant la joie la plus vive, vous vous êtes défié de moi, et je ne m'en plains pas, car la vie est pleine de déceptions; mais, maintenant, j'espère que vous m'accorderez quelque estime. Quant à moi, ma reconnaissance, mon dévouement vous sont acquis : ils seront éternels. »

Le médecin ne put répondre; le rouge de la honte couvrait son front, et il n'osait lever les yeux sur sa prisonnière.

Plus que jamais il sentait qu'on ne franchit pas impunément la ligne qui sépare l'honnête homme du malfaiteur, et que le courage du crime ne s'acquiert pas facilement.

La marquise endossa les lettres de change sans les lire, puis elle les présenta au docteur.

« Mon cher sauveur, lui dit-elle, d'où vient donc cette tristesse qui assombrit votre visage? Je me sens si heureuse, qu'il me semble que mon bonheur devrait se refléter sur tout ce qui m'environne.... Et maintenant qu'ordonnez-vous de moi? Vous voyez qu'il me reste ici deux cent mille francs : s'il vous plaît de m'imposer de nouveaux sacrifices, c'est avec joie que je les ferai; car, je le répète, mon plus grand bonheur, désormais, sera de vous obéir partout et toujours.

— Madame, répondit Alberti, en s'efforçant de surmonter son trouble, nous avons fait un marché ; les conditions en sont remplies. Dans quelques heures je mettrai à votre disposition les deux cent mille francs qui vous appartiennent, et vous pourrez retourner en France.

— Mon cher seigneur et maître, je n'ai point d'affection qui me fasse désirer de revoir la France, et.... puisque vous ne voulez pas absolument le deviner, il faut bien que je vous le dise, ma captivité ici, près de vous, m'est mille fois plus chère que la liberté que vous voulez me rendre. »

Ces dernières paroles furent articulées d'une voix tremblante; en les prononçant, la marquise se tint les yeux baissés et une vive rougeur couvrit son beau visage.

Le docteur reprit quelque assurance; à défaut d'amour, l'amour-propre commença à lui chatouiller le cœur; les traits de son visage s'éclaircirent, son regard devint brillant.

« Madame, dit-il, rappelez-vous de grâce ce que vous disiez tout à l'heure : *la vie est pleine de déceptions....* »

Il prit la main de Mme de Gastelar et l'effleura de ses lèvres.

« Que puis-je donc faire, reprit-elle d'une voix de plus en plus émue, que puis-je donc faire pour qu'il vous soit désormais impossible de douter de ma sincérité? On a dit que le cœur d'une femme est un mystère impénétrable, et ce qui se passe en ce moment entre nous est sans doute une preuve à l'appui de cette opinion.... Le bonheur se ressent et ne s'analyse point. »

Elle leva sur le docteur ses beaux yeux humides de volupté.

Alberti se sentit maîtriser par une puissance inconnue contre laquelle venaient se briser toutes ses résolutions.

Il prit de nouveau la main de la marquise, l'appuya sur son cœur qui battait violemment.

« Ah! s'écria-t-il, si vous me trompiez, votre vengeance serait bien cruelle!

— Hélas! je vous le demande de nouveau, que puis-je faire pour que vous croyiez à ma sincérité?

— Ce que vous pouvez faire? je vous le dirai tout à l'heure. »

Faisant alors un violent effort sur lui-même, il se dirigea vers la porte et sortit.

Le grand air calma un peu l'agitation du docteur, et il se présenta successivement chez les divers banquiers sur lesquels les lettres de change dont il était porteur avaient été tirées; tous y firent honneur.

Alberti revint chez lui avec une énorme liasse de billets de banque et ses poches pleines d'or.

Entrant dans son cabinet, il trouva la marquise assise et le front appuyé sur ses mains.

Au bruit des pas du docteur elle leva la tête; son visage était baigné de larmes.

L'émotion d'Alberti se raviva tout à coup.

« Madame, dit-il d'une voix mal assurée, je vous apporte les deux cent mille francs....

— Et vous me chassez! » interrompit-elle vivement.

L'accent avec lequel ces quatre mots furent prononcés annonçait une douleur si vraie, si profonde, que le docteur sentit s'évanouir toute sa résolution.

« C'est à moi à vous demander grâce, dit-il, en s'approchant timidement de sa belle captive; vous vous disiez mon esclave, et c'est moi qui suis le vôtre. »

Il s'assit près d'elle; l'un de ses bras s'arrondit sur cette taille de guêpe.

La marquise ne pleurait plus; mais le feu de ses regards faisait étinceler quelques larmes demeurées suspendues comme des perles à l'extrémité de ses longs cils, tandis qu'un sourire divin passait sur ses lèvres vermeilles. Il n'en fallait pas tant pour achever de le rendre fou.

Alberti n'était pas à l'épreuve d'une si violente tentation.

« Je suis à toi, à toi pour toujours! s'écria-t-il, cédant à la passion qui fermentait dans son cœur. Commande, ordonne; c'est moi désormais qui veux obéir aveuglément à tes volontés!... »

Un long silence succéda à cette explosion: la marquise avait vaincu, et elle songeait à profiter de sa victoire.

Dès le lendemain il fut convenu que Mme de Gastelar n'étant pas en sûreté à Florence, retournerait à Paris où l'accompagnerait le docteur Alberti, assez riche désormais pour renoncer à l'exercice de sa profession, et dont l'union projetée avec la marquise devait quadrupler la fortune si facilement acquise.

Toutefois l'amour n'aveuglait pas tellement Alberti qu'il l'empêchât de mettre son million à l'abri des événements qui pouvaient naître de sa nouvelle résolution: il plaça donc cet argent dans les fonds publics, et il en déposa les titres chez un notaire; puis, tranquille sur ce point, et tout entier désormais à l'espérance et à l'amour, il partit en compagnie de sa prisonnière qui, jusque-là, n'avait cessé d'être humblement soumise à ses moindres volontés.

Le voyage fut rapide et charmant; Mme de Gastelar, usant de toutes les ressources de son esprit, se sentait chaque jour plus forte; elle recouvrait toute son énergie à mesure qu'Alberti perdait quelque chose de la sienne.

Mais le docteur était maintenant sous l'influence de cette femme; l'amour l'aveuglait, et il ne s'apercevait pas que les rôles étaient entièrement changés; tout ce qu'il redoutait maintenant c'était de ne pas posséder entièrement le cœur de cette femme qu'il adorait.

« Belle amie, lui disait-il quelquefois, est-il bien vrai que vous me pardonnez l'espèce de violence que je vous ai faite?

— Alberti, répondait-elle en souriant, de tout ce qui s'est passé à Florence, il n'y a qu'une chose que je n'ai pas oubliée, c'est que vous m'avez en même temps sauvé la vie et rendu la liberté. Vous vous êtes montré fort, résolu, énergique.... C'est ainsi que je vous aime, mon cher sauveur.

— Ah! vous êtes aussi bonne, aussi généreuse que belle! Et maintenant je n'ai qu'un regret, c'est de ne pas vous avoir vengée, c'est de n'avoir pas tenté d'écraser vos ennemis.

— Rassurez-vous sur ce point, mon cher Alberti, la vengeance ressemble souvent à la justice, plus elle est lente plus elle est sûre.

— J'espère qu'elle ne s'accomplira pas sans moi?

— J'en fais le serment le plus solennel.

— Alors, pourquoi ne pas me dire....

— A Paris seulement je n'aurai plus de secrets pour vous, bien-aimé docteur; n'insistez pas jusque-là, je vous en prie, et laissez-moi vous ménager une surprise.

— Oh! vous savez bien que je ne puis avoir d'autre volonté que la vôtre. »

Pendant ces fréquents entretiens, une sorte de joie satanique brillait sur le visage de la marquise; mais cela passait comme un éclair, et échappait à l'observation du docteur.

Enfin nos voyageurs arrivèrent à Paris, où Henri, d'après les instructions de sa maîtresse, avait tout disposé pour les recevoir. Alberti fut installé dans l'un des plus beaux appartements de l'hôtel de Gastelar, et à partir de ce moment, il se considéra comme le maître de la maison.

« Enfin, tendre amie, disait-il le soir même à la marquise, le moment est venu où je dois savoir vos plus secrètes pensées....

— Soyez tranquille, mon ami, je songe aux moyens de vous tenir parole: ne voulez-vous pas me laisser au moins le temps de me recueillir?

— Je vous laisse donc, reprit-il tristement.

— Oui, car nous avons tous deux besoin de repos. »

Il lui prit la main, la serra tendrement et dit en soupirant:

« A bientôt, n'est-ce pas?

— Oh! oui, à bientôt! » répliqua-t-elle vivement.

Au moment où elle prononçait ces mots, un éclair de cette joie satanique dont nous parlions tout à l'heure jaillit de ses yeux, et son corps fut agité d'un léger frémissement qu'Alberti ressentit comme un choc électrique.

Il retint la main que Mme de Gastelar voulait retirer.

« Vous tremblez, lui dit-il.

— Pensez-vous que je puisse voir arriver froidement l'heureux instant après lequel j'ai tant soupiré? »

Elle baissa les yeux et se laissa mollement attirer dans les bras du docteur qui la serra contre son cœur, il déposa un baiser sur ses lèvres ; puis elle se dégagea de cette douce étreinte et répéta :

« A bientôt. »

Et pendant qu'Alberti se dirigeait en soupirant vers la porte, elle disait mentalement :

« Oui, à bientôt !... car l'heure de la vengeance est proche. »

Elle fit appeler Henri, qui parut aussitôt.

« Où en sommes-nous avec les Enfants-du-Feu ? lui demanda-t-elle sans autre préambule.

— Je crois, madame la marquise, que vous en serez bientôt débarrassée.

— Qui vous a dit que j'en fusse embarrassée ? » dit-elle en se levant brusquement.

Elle jeta sur cet homme un regard si terrible, qu'il en fut effrayé et recula d'un pas.

« Si ce n'était madame la marquise, c'était moi qu'ils embarrassaient fort, répondit-il en tremblant. Ces gens-là seraient capables de dévorer en un mois le revenu de la France, et j'étais hors d'état de les satisfaire....

— Passons, passons.... Que sont-ils devenus ?

— J'ai eu l'honneur d'écrire à madame la marquise que Jorgo, le plus terrible de tous, s'est sottement fait tuer par Pied-de-Fer. Après cet événement six sont partis pour Londres, appelés qu'ils étaient par deux de leurs anciens confrères qui sont devenus constables, ce qui va, à ce qu'ils assurent, changer singulièrement la face de leurs affaires à tous. Il ne reste plus à Paris que la mère Jovelet, son fils et le vieux Canardier.

— Eh bien ! il faut que vous m'ameniez ces deux derniers le plus tôt possible.

— Ce ne sera pas difficile, car ils ne manquent pas de me faire visite chaque soir avant dix heures. »

Il parlait encore, lorsqu'une espèce de cri de chouette se fit entendre dans la rue sous les fenêtres de Mme de Gastelar.

« Justement les voici, reprit Henri.

— C'est bien ; allez les recevoir ; retenez-les, et à minuit vous les introduirez ici. »

Henri sortit pour exécuter cet ordre, et la marquise, ayant fait jouer un ressort caché dans la moulure d'un lambris, la porte d'une armoire secrète s'ouvrit.

Mme de Gastelar en tira plusieurs instruments étranges.

Ce fut d'abord de petites chaînes d'acier fort solides garnies à chaque extrémité d'une espèce de bracelet fermé par un cadenas ; une sorte de tampon de peau en forme de poire auquel étaient attachés deux fragments de sangle dont un armé d'une large boucle ; puis un énorme flacon rempli d'une liqueur limpide et une lourde bague qu'elle mit au doigt annulaire de sa main gauche.

Elle examina avec soin toutes ces choses, s'assura que les chaînes étaient en bon état, ouvrit et referma à plusieurs reprises les cadenas, puis elle demeura en contemplation devant ces objets comme s'ils lui eussent rappelé de doux et riants souvenirs.

« Oui, murmurait-elle, c'était le temps des violentes émotions.... L'heureux temps où je me sentais vivre en une heure plus que je n'ai vécu depuis en dix ans !... temps de passions terribles qui brûlaient mon cœur et qui depuis ont refroidi chaque jour.... Tout cela va donc renaître en quelques instants !... »

A mesure qu'elle contemplait ces singuliers instruments, ses prunelles ardentes s'injectaient de sang, ses joues s'enflammaient et de ses mains crispées elle serrait convulsivement son mouchoir et le portait à ses narines horriblement dilatées, comme pour alimenter par le parfum qui s'en exhalait cette joie féroce qu'elle craignait de voir s'éteindre trop promptement.

Deux heures s'écoulèrent ainsi.

Henri parut et annonça les deux hommes qu'il avait mission d'amener, et qui parurent aussitôt.

« Vous êtes les bienvenus, amis, leur dit Mme de Gastelar ; j'ai besoin de ces cœurs et de ces bras qui me sont restés fidèles.... Restez, Henri : cela s'adresse aussi à vous. Ecoutez donc : vous savez tous l'usage que je fais de ma fortune ; vous savez qu'elle est presque autant celle de mes amis, de mes serviteurs fidèles que la mienne....

— *Presque*, c'est vrai, interrompit Jovelet en appuyant avec intention sur l'adverbe. Après ça, reprit-il vivement, il est certain que les généraux doivent en avoir un peu plus que les soldats, c'est mon opinion individuelle.

— Silence, Jovelet ! reprit la marquise d'une voix stridente et impérative ; si vous aviez eu le courage de tuer Pied-de-Fer, j'aurais aujourd'hui un million à votre service ; est-ce donc à vous à vous plaindre ?

— Tuer Pied-de-Fer, murmura le vieux Canardier, c'est bien aisé à dire.

— Et c'était chose facile à faire, répliqua la marquise dont les paroles sifflaient entre ses dents ; c'était chose facile quand nous le tenions pieds et poings liés.

— Mais, sacré mille dieux ! s'écria Canardier, tuer un ami, c'est donc chrétien ça ?... quant à moi, j'aimerais mieux me faire sauvage et manger du gendarme à perpétuité. »

La marquise était haletante ; une légère écume blanchâtre se montrait aux commissures de ses lèvres devenues livides.

Elle s'efforça néanmoins de faire bonne contenance, et elle reprit le plus froidement qu'elle put :

« Ce million dont je parle ce n'est pas Pied-de-Fer qui me l'a enlevé, quoiqu'il soit un peu cause de l'aventure. Je tiens le voleur, ici, dans cet hôtel....

— Alors l'affaire est claire, dit Jovelet : montrez-moi l'individu ; je vais lui tâter le pouls du côté du gosier.

— Après quoi, ajouta Canardier, je le mets dans un sac, en compagnie de cinq ou six pavés, et je vais le glisser douillettement au fond du canal.

— Il n'y a à cela qu'un inconvénient, reprit Mme de Gastelar : c'est qu'en jetant l'homme à l'eau on y jetterait le million, et qu'il serait impossible de le repêcher.

— Diable ! exclama Canardier.

— Ça se complique, dit Jovelet.

— C'est très-simple, au contraire, mes amis : l'homme qui m'a volé un million est ici ; mais le million qu'il m'a volé n'y est pas. Où est-il ? C'est ce qu'il faut l'obliger à nous dire, et j'espère que vous n'avez pas oublié l'art de faire parler les gens qui ne veulent rien dire.... Quand nous saurons cela, nous aviserons.... Allons, enfants, ajouta-t-elle en montrant du doigt les objets qu'elle avait tirés de l'armoire secrète ; vous connaissez ces joujoux ? en avant !

— En avant ! » répétèrent les trois hommes.

Et suivant la marquise tous trois sortirent de l'appartement et s'élancèrent avec précaution dans l'escalier.

Henri, qui sur un signe de sa maîtresse s'était armé du grand flacon et d'un candélabre garni de bougies, marchait le premier ; les deux auxiliaires suivaient, et la marquise fermait la marche.

Ils arrivèrent ainsi à la porte de l'appartement occupé par Alberti ; Mme de Gastelar présenta à Henri une clef que celui-ci introduisit dans la serrure ; la porte s'ouvrit sans bruit, tous quatre entrèrent. Henri déposa le flacon et le candélabre qu'il portait, sur une table ; Mme de Gastelar y joignit les objets dont nous avons parlé, en faisant un signe d'intelligence à ses deux autres compagnons. L'un de ces derniers saisit le tampon de cuir, l'autre s'empara des chaînes garnies de bracelets et de cadenas, et tous deux se glissèrent près du lit dans lequel le docteur italien dormait profondément.

Tout à coup un long et sourd gémissement se fit entendre, puis le lit s'agita violemment.

Presque au même instant les rideaux s'ouvrirent et laissèrent voir Alberti se débattant dans les liens qu'il s'efforçait vainement de rompre. Le tampon de cuir en forme de poire lui avait été enfoncé dans la bouche, position dans laquelle le retenaient les sangles bouclées derrière la tête ; une chaîne lui serrait les jambes à la hauteur des chevilles, une autre lui tenait le bras gauche collé sur les côtes ; le bracelet d'une troisième chaîne lui serrait le poignet droit ; l'autre extrémité de cette dernière étreignait fortement le jarret du même côté, de sorte que ce bras conservait la faculté de se mouvoir de droite à gauche et de bas en haut, mais jusqu'à la hauteur de la ceinture seulement.

Indépendamment de la lumière projetée par le candélabre, la chambre était encore éclairée par la lumière de plusieurs bougies placées sur la cheminée, et que Henri avait allumées sur un signe de sa maîtresse, de sorte que Alberti, lorsque les rideaux de son lit s'ouvrirent, put voir la marquise debout et souriant comme Satan sur les ruines du monde.

Éperdu, hors de lui, le docteur leva la tête et essaya de crier ; mais il ne put faire entendre qu'une sorte de grognement qui provoqua l'hilarité de Jovelet et de Canardier.

« Docteur, lui dit la marquise, vous avez voulu faire le Dieu, et vous n'êtes qu'un enfant maussade, qui avez besoin de leçons sévères. Écoutez : il y a maintenant à cette heure même deux mois que vous me teniez ce langage impudent : « Votre vie m'appartient.... Je puis vous tuer à l'instant même, mettre votre corps en lambeaux, faire de vos ossements un squelette articulé... Je puis vous ôter la raison, éteindre vos sens tous à la fois ou l'un après l'autre.... » Voilà ce que vous me disiez, et tout ce luxe de phrases avait pour but de me voler un million, et vous me l'avez volé en effet. Mais le jour de la restitution est venu ; le Dieu s'est fait homme, l'homme est devenu un sot, et le sot sera puni par où il a péché.... Allons, grand homme, asseyez-vous sur ce lit, prenez la plume, et donnez, s'il vous plaît, plein pouvoir à notre notaire, maître Berthaud, de retirer, pour notre compte, ce gentil million des mains dans lesquelles vous l'avez déposé. »

Alberti commença à s'agiter violemment, comme un homme tourmenté d'un songe pénible.

« Oh ! vous êtes bien éveillé, lui dit la marquise, qui devinait ce qui se passait en lui. Hâtez-vous, croyez-moi, d'exécuter l'ordre que je viens de vous donner, et, pour commencer, asseyez-vous : vous avez juste assez de liberté pour exécuter ce mouvement et pour tenir une plume.... »

Le docteur se souleva et parvint assez facilement à s'asseoir ; aussitôt Henri lui présenta un petit pupitre garni de tout ce qu'il fallait pour écrire, et sur lequel se trouvaient, en outre, plusieurs feuilles de papier timbré et le modèle de l'acte qu'on lui demandait. Alberti prit la plume, et d'une main rapide, que l'on pouvait croire plutôt agitée par la colère que par la crainte, il écrivit ces mots :

« Je vois que je suis victime d'un affreux guet-apens. Si vous me tuez, vous n'aurez commis qu'un crime de plus, et celui-là ne demeurera pas impuni ; mais vous n'obtiendrez rien. »

Et il jeta la plume avec colère.

« Le pauvre homme ! s'écria dédaigneusement la marquise après avoir lu ces mots, le pauvre homme ! qui croit que nous sommes gens à l'en tenir quitte pour si peu !... Docteur, la colère est mauvaise conseillère ; elle ne manque jamais de mettre quelque méchante affaire sur les bras à ceux qui s'y laissent aller. Les intelligences supérieures s'en défendent dans toutes les circonstances. Voyons, mon grand vainqueur, que serait-il advenu si j'avais refusé d'écrire à mon notaire alors que j'étais en votre puissance ? M'eussiez-vous tuée ?... Je ne vous crois pas assez sot pour cela. Aussi ai-je bien compris tout d'abord ma situation, et je me suis empressée de vous accorder plus que vous ne me demandiez. Suivez, croyez-moi, ce salutaire exemple... ; mais hâtez-vous, car je ne suis patiente que lorsqu'il faut l'être.... Eh ! mon Dieu ! il y a quelques heures vous étiez disposé, non-seulement à me rendre ce que vous m'aviez volé, mais à me donner vos biens, votre personne, la dernière goutte de votre sang, votre âme..., à me sacrifier votre salut éternel pour un baiser.... Pour la dernière fois, je vous engage à obéir. »

Alberti ne répondit point et ne fit pas un mouvement.

« A vos postes, enfants, reprit Mme de Gastelar ; je vais allumer le feu sacré. »

A ces mots elle versa dans un vase d'airain le contenu du grand flacon qu'avait apporté Henri, puis elle en approcha la flamme d'une bougie, le liquide prit feu aussitôt ; des flammes bleuâtres irisées couvraient sa surface, bientôt elles s'élevèrent en pétillant.

Pendant ce temps, Jovelet et Henri avaient saisi le docteur et avaient fait décrire à son corps un quart de conversion, de sorte qu'il se trouva couché en travers du lit, les jambes étendues dans l'espace au-dessus de la flamme, et la tête appuyée sur le bord opposé. Tandis qu'ils le maintenaient dans cette position en appuyant fortement sur ses épaules, Canardier lui saisissait les jambes à la hauteur des genoux, et Mme de Gastelar activait la combustion de l'alcool en l'agitant avec la lame de son poignard. Aux premières atteintes du feu, Alberti réunissait ses forces tenta de se dégager ; mais les poignets par lesquels il était maintenu n'en étaient pas à leur coup d'essai sur ce point, et les forces du patient, quintuplées par le désespoir, ne purent le dégager de leurs étreintes.

« Quand tu voudras écrire, l'ami, lui dit Jovelet, tu nous feras signe de la tête.

— Ne te presse pas, mon garçon, ajouta Canardier ; moi j'aime à faire durer le plaisir.... Et puis ça me rappelle mon bon temps.... »

Cependant la flamme alcoolique enveloppait les pieds du malheureux Alberti ; les chairs rougirent, se gonflèrent, puis la peau crépita et commença à se fendre. Le patient coupait entre ses dents le tampon enfoncé dans sa bouche, et poussait de sourds gémissements ; mais il ne faisait aucun signe à Jovelet qui épiait les mouvements de son visage.

« Ça va bien, ça va bien, reprit Canardier après quelques secondes ; mais c'est le cas de faire vie qui dure et de ne pas brûler le rôti. »

Il leva les pieds du patient de manière à ce qu'ils fussent frappés seulement par l'extrémité de la flamme.

« Halte ! fit Jovelet, voici qu'il tourne de l'œil. »

Vaincu par la douleur, le docteur venait de s'évanouir. La marquise tira de sa poche un flacon de sels qu'elle donna à Henri ; le vase d'alcool fut éloigné.

Il se passa quelques instants sans que le patient reprit connaissance ; enfin sous l'influence des sels il rouvrit les yeux ; mais loin de se soumettre aux ordres de la marquise qui le pressait de nouveau de prendre la plume, la colère qu'il avait montrée d'abord parut se ranimer.

« Bravo, mon garçon, lui dit Canardier : il paraît que tu es solidement trempé, et j'aime ça, moi !... Ne t'impatiente pas, nous allons passer à *la seconde acte.* »

Les pieds et les jambes de l'infortuné docteur furent replacés sur les flammes, et cette horrible torture continua ; mais le docteur n'essaya pas de faire un mouvement, et il ne fit pas entendre un seul de ces gémissements étouffés que l'excès de la douleur lui avait arrachés d'abord.

Il s'écoula ainsi deux minutes qui durent paraître deux siècles au malheureux Alberti.

« Méfiez-vous, vous autres, dit encore Canardier en s'adressant à ses complices ; il pourrait bien ne pas aller loin ; car le voici qui ôte ses guêtres. »

Et il montrait du doigt la peau des jambes du patient qui, après s'être crevée et roulée sur elle-même, semblait près de se détacher complètement.

Bientôt les yeux d'Alberti se fermèrent de nouveau ; sur l'ordre de la marquise on lui ôta son bâillon et l'on parvint encore une fois à lui rendre l'usage de ses sens.

Alors il essaya de crier ; mais sa faiblesse était si grande qu'il ne put faire entendre que quelques exclamations dominant à peine le bruit qui se faisait autour de lui.

« Alberti, lui dit Mme de Gastelar, tu m'as menacée d'éteindre mes sens, je pourrais user de représailles ; mais je n'en ferai rien ; car tu cesserais de souffrir, et c'est par la souffrance que je veux te forcer à m'obéir. »

Elle fit un signe à ses complices qui s'empressèrent d'envelopper les pieds et les jambes du docteur dans du coton brut imprégné d'huile d'olive ; tel fut l'effet de cet appareil si simple que la douleur horrible qui torturait ce malheureux cessa presque instantanément ; mais avec la douleur s'en alla l'énergie qui l'avait soutenu jusqu'à ce moment ; cette force de volonté presque surhumaine qu'il avait montrée l'abandonna tout à coup ; ses yeux secs et ardents, tant qu'avait duré le supplice, se mouillèrent de larmes, et il s'écria :

« Mon Dieu ! je respire !

— La séance est suspendue pour une heure, dit Mme de Gastelar ; que tout soit préparé pour la reprise.

— La reprise ? dit Alberti, que pouvez-vous donc de plus sinon me tuer ?

— Vous le saurez quand l'heure sera venue.

— Mais quoi qu'il arrive, il faudra toujours, pour vous assurer l'impunité, que vous m'ôtiez la vie. »

La marquise leva dédaigneusement les épaules, et ne répliqua point.

Cependant le docteur s'affaiblissait de plus en plus ; il en vint bientôt à ne pouvoir supporter l'idée seule d'être soumis de nouveau aux tortures qu'il avait si courageusement endurées.

« Oh ! c'est assez, reprit-il ; j'écrirai ce que vous voulez, ne fût-ce que pour obtenir d'être expédié plus promptement. »

Henri et Jovelet le soulevèrent ; le pupitre fut de nouveau déposé sur ses genoux, et dans cette situation, il copia la procuration dont il avait le modèle sous les yeux.

« Mes fautes ont été grandes, dit-il, après avoir achevé d'écrire ; mais l'expiation est terrible, que Dieu ait pitié de moi ! »

Ses forces l'abandonnèrent encore, et il s'évanouit pour la troisième fois....

. . . .

Les biens du docteur Alberti avaient été vendus depuis longtemps et ses fonds retirés des mains des dépositaires en vertu d'une procuration générale en bonne forme, lorsqu'un jour, de grand matin, on trouva devant l'entrée de la maison des Filles repenties, à Florence, un coffre d'une grande dimension, portant le nom de la supérieure de cette maison.

On porta ce coffre à son adresse, et la religieuse Fido appela Fido pour le lui ouvrir.

Sous la caisse de bois était une autre caisse en plomb ; Fido eut beaucoup de peine à ouvrir cette dernière qui était parfaitement soudée : enfin il parvint à soulever avec sa pioche la paroi supérieure.

Aussitôt une odeur méphitique se répandit dans la salle où se faisait cette opération, en présence de la supérieure seule ; le jardinier fossoyeur faillit en être asphyxié ; mais la curiosité l'emportant sur la crainte, il parvint à lever entièrement la lame de plomb.

Alors apparut aux regards de Fido et de la religieuse un cadavre presque entièrement putréfié, percé de dix coups de poignard dans la région du cœur, et sur lequel était étendu, au-dessous de la poitrine, un parchemin portant ces mots tracés en lettres rouges :

Docteur Alberti. — Avis aux lâches et aux traîtres !

La religieuse et le fossoyeur effrayés, convinrent de garder le silence sur cet événement ; la fosse creusée pour la marquise fut rouverte et servit de sépulture au docteur, que déjà ses concitoyens avaient oublié, tant les morts vont vite !

CHAPITRE XXX.

Retour au centre.

Cependant Adrien et Pied-de-Fer parcouraient le monde, selon le programme de ce dernier.

Ils avaient visité toute l'Italie ; il n'était pas une vallée, pas une montagne de la Suisse qu'ils n'eussent parcourues ; puis ils avaient exploré l'Allemagne, la Hollande, la Belgique ; et après un assez long séjour à Bruxelles, ils s'étaient embarqués à Ostende pour Londres.

Deux mois s'étaient écoulés depuis leur arrivée dans cette brumeuse capitale, où, à l'exemple des grands de ce monde dont ils faisaient partie par la grâce du pape, ils avaient gardé l'incognito, se contentant de leurs noms primitifs, et vivant le plus confortablement possible dans l'un des meilleurs hôtels, tenu par un Français et fréquenté presque exclusivement par les voyageurs de cette nation.

Pendant toutes ces pérégrinations, Pied-de-Fer s'était vainement efforcé de faire oublier à son fils adoptif les derniers événements qui les avaient, en quelque sorte, obligés à s'éloigner du beau ciel de Florence.

« Père, disait Adrien un jour que Pied-de-Fer lui reprochait cette tristesse, il ne me manque qu'une chose pour être l'homme le plus heureux du monde, et j'avoue que je ne puis comprendre cette persévérance avec laquelle, depuis plus de quatre ans, vous m'avez interdit l'accès de Paris. Il y a là un nuage qui me dérobe constamment la vérité, et c'est vainement que je m'efforce de dissiper ces ténèbres. Écoutez : il a pu y avoir chez moi, depuis notre première rencontre, surprise des sens, exaltation momentanée, entraînement, quelque chose de violent ressemblant à de l'amour; mais je le reconnais avec bonheur, je le proclame avec joie, mon cœur n'a jamais cessé d'être à Régine, à ma Régine bien-aimée, charmante enfant que vous connaissez, j'en ai la certitude.... Et ici les ténèbres s'épaississent de nouveau. Vous connaissez ma Régine; où et comment l'avez-vous connue?... C'est vainement que j'ai formulé cette question de mille manières; je n'ai jamais obtenu que des réponses évasives.... Et ne sentez-vous pas que cette question ne revient à chaque instant sur mes lèvres, que parce qu'elle me brûle le cœur?... Père, je suis peut-être bien coupable de vous dire ces choses; eh bien! faites qu'elles ne puissent jamais me revenir à la pensée; dissipez ces ténèbres dont je parle; enfin laissez-moi aller à Paris où vous ne pourriez peut-être reparaître sans danger.

— Oui, oui, enfant, dit Pied-de-Fer; oui, tu iras.... mais accorde-moi un peu de temps, je t'en conjure.... Crois-tu donc que je sois moins impatient que toi de la revoir? Est-il possible que tu n'aies pas encore deviné que moi aussi j'ai beaucoup à me faire pardonner par cette pauvre enfant?

— Vous!

— Moi!... Pied-de-Fer qu'on appelait, en 1813, Lauricot.

— Lauricot?... fit Adrien en passant la main sur son front comme pour rappeler un souvenir presque évanoui; oui, c'est un nom fatal....

— C'était alors le mien, mon enfant, c'était celui de l'homme qui te volait les diamants que ton patron t'avait confiés....

— Mon Dieu!... Mon Dieu!...

— Oui, que Dieu te soit en aide, c'est là ce que je lui demande depuis le jour où le brave curé de Marchais t'a extrait de la poitrine cette balle qu'il lui a fallu aller chercher si loin... Et maintenant, enfant, vas-tu me haïr?

— Vous haïr, moi, PÈRE?... je vous admire.... oui, je vous admire, je vous aime....

— Mais dis donc que tu me pardonnes.

— Le pardon souille, père, et vous êtes en chemin de vous laver des souillures passées.... Et puis, pour avoir le droit de dire *je vous pardonne*, il me faudrait renoncer à tous les biens dont vous m'avez comblé.

— Assez, assez, enfant, je sens que trop de bonheur me rendrait fou.

— Ainsi j'irai à Paris?

— Bientôt; encore quelques jours, et peut-être irons-nous ensemble.... Cela n'est pas indifférent; car je suis convaincu que tu ne pourrais rien sans moi.

— J'attendrai, père, j'attendrai; mais si c'était encore une déception, j'en mourrais! »

Plusieurs jours s'écoulèrent encore pendant lesquels Pied-de-Fer ne cessa d'être en proie à la plus vive anxiété.

La tristesse d'Adrien augmentait et sa santé s'altérait sensiblement; la situation devenait intolérable.

« Mille diables! disait un jour l'ancien chef de bande, il n'est pas si facile qu'on le pense de se faire homme de bien, et je crois que j'ai entrepris là une rude besogne.... mais je ne reculerai pas, sacredieu! Dans huit jours je serai à Paris; je vais en donner avis à Lambert, afin qu'il vienne m'y joindre, et ce sera bien le diable si nous ne réussissons pas, maintenant que ce démon femelle, cette marquise de l'enfer est muselée pour l'éternité. »

Il sonna; un garçon de service parut.

« J'aurai des lettres pour le courrier d'aujourd'hui, lui dit-il, ne manquez pas de les venir prendre. »

Il écrivit en effet, et très-longuement, car il était fort important qu'il n'y eût pas de malentendu, de sorte que sa lettre n'était pas encore fermée lorsque le domestique, qui avait déjà pris plusieurs lettres chez les voyageurs occupant les appartements voisins, se présenta chez Pied-de-Fer selon l'ordre qu'il en avait reçu.

« Je finis à l'instant, lui dit ce dernier; attendez. »

Le garçon obéit; il attendait depuis quelques secondes, lorsqu'un coup de sonnette partit d'un appartement voisin.

« Je reviens à l'instant, » dit cet homme.

Et déposant sur un meuble les lettres dont il était chargé, il sortit pour répondre à cet appel. En ce moment même Pied-de-Fer fermait sa lettre, et il se leva pour la joindre à celles déjà réunies par le garçon. Tout à coup il s'arrête, pâlit, ses cheveux se hérissent.

« Oh! c'est un rêve! c'est un rêve! dit-il d'une voix altérée en passant la main sur son visage.... mais non, c'est bien là son nom, son titre.... »

Il prit une des lettres dont la suscription avait frappé ses regards, et pour la troisième fois, il lisait ces mots qui lui causaient une si vive émotion : *Madame la marquise de Gastelar, rue du Faubourg-Saint-Honoré, à Paris*, lorsque le garçon reparut.

« J'ai changé d'avis, lui dit Pied-de-Fer; je ne mettrai rien à la poste aujourd'hui. »

Et en parlant ainsi, il mettait dans sa poche sa propre lettre et celle dont il s'était emparé. Le domestique reprit sans les compter les paquets qu'il avait déposés sur le meuble, et il se retira.

Il se passa quelques instants sans que Pied-de-Fer brisât le cachet sous lequel il devait trouver l'explication de ce nouveau mystère.

« Allons donc! s'écria-t-il comme s'il eût été

La foule prit la fuite dans tous les sens. (Page 130, col. 2.)

honteux de cette hésitation, est-ce que je tournerais à la ganache? A la guerre comme à la guerre, sacredieu ! »

Il déchira l'enveloppe, essuya la sueur qui ruisselait sur son visage et lui troublait la vue, puis il lut ce qui suit :

« Madame la marquise,

« J'ai enfin retrouvé la piste que j'avais perdue en Belgique. Au moment où j'écris ces lignes, je ne suis séparé de la chambre à coucher de votre plus terrible ennemi que par une cloison tellement mince, que, pour peu qu'il élève la voix, pas un mot de ce qu'il dit ne m'échappe. Son jeune compagnon demeure avec lui, et ils n'ont pas d'autres domestiques que ceux de l'hôtel.

« Cette Régine, dont vous avez déjà entendu parler, est le sujet de presque tous leurs entretiens, et, d'après ce que j'ai entendu aujourd'hui même, il est certain qu'ils se disposent à se rendre prochainement à Paris, persuadés qu'ils sont qu'ils n'ont rien à craindre de vous.

« C'est donc le cas de frapper le grand coup.

« Cela sera difficile, car ces deux personnages ne se quittent presque pas; mais toutes mes mesures sont prises, et j'espère y parvenir.

« Il est donc très-probable que je suivrai cette lettre de près, et que lorsque vous la recevrez le vieux sera au diable et le jeune à votre discrétion.

« J'espère, madame la marquise, que vous serez satisfaite de mon zèle, et que vous voudrez bien conserver vos bonnes grâces à votre respectueux serviteur.

« HENRI. »

« Je l'ai déjà dit, pensa Pied-de-Fer en achevant cette lecture, cette femme est le diable en personne. Ainsi il est certain qu'elle s'est évadée de la maison des Filles repenties, une prison où pas une évasion n'avait eu lieu depuis sa fondation, qui remonte à plus de deux cents ans!... Ah ! triple sot que je suis ! qu'importait, après tout, un peu de sang de plus ou moins.... N'était-ce pas assez que j'eusse à me débattre contre toute cette plèbe de la police parisienne, sans avoir sans cesse à craindre la piqûre de ce scorpion? Il s'agit maintenant de nous tenir sur nos gardes, et c'est assez difficile quand on ignore de quel côté on doit être attaqué.... Mais que serait-ce donc, mille tonnerres ! si cette lettre ne m'était tombée sous les yeux?.. Une bonne femme reconnaîtrait là le doigt de Dieu, l'intervention de la Providence... et, le diable m'emporte ! je suis presque tenté de croire que la bonne femme aurait raison. Ce qu'il y a de certain, quant à présent, c'est que nous marchons, Adrien et moi, sur un terrain habilement miné, dont l'explosion ne se fera pas attendre. Il n'y a donc pas un instant à perdre : à l'œuvre ! »

Il courut chez Adrien, qu'il trouva sombre, triste, découragé, comme il n'avait cessé de l'être depuis qu'il avait quitté la villa Mafiolini.

« Enfant, lui dit-il à demi-voix, en lui montrant la lettre interceptée, voici qui te guérirait radicalement, si tu ne l'étais déjà, de cette passion éphémère, il est vrai, mais ardente et corrosive que t'avait jeté au cœur la femme que Lambert voulait retrancher du nombre des vivants, et que j'ai eu la faiblesse de laisser vivre, alors qu'il m'était si facile de la rejeter pour toujours dans l'enfer d'où elle est sortie.

— Mais c'est horrible, s'écria le jeune homme après avoir lu.

— Silence ! fit Pied-de-Fer en baissant encore la voix; silence, car c'est ici le cas de dire que les murs ont des oreilles. Sortons, nous irons faire un tour à Hyde-Park. »

Ils sortirent avec précaution et s'éloignèrent de l'hôtel. A plusieurs reprises et sous différents prétextes, Adrien se retourna pour voir si quelqu'un les suivait; il n'aperçut que des passants qui paraissaient très-affairés et ne semblaient pas faire la moindre attention à lui non plus qu'à son compagnon.

Mais tout à coup, au coin d'une rue, ils se trouvèrent environnés par un groupe de gens de mauvaise mine; en un clin d'œil on parvint à les séparer, et Adrien se trouva poussé à droite tandis que Pied-de-Fer était entraîné à gauche.

Deux constables parurent alors; l'un s'approcha d'Adrien, comme pour le protéger et lui dit à l'oreille :

« Monsieur, je suis le très-humble serviteur d'une personne qui brûle du désir de vous voir ; suivez-moi, et dans dix minutes vous embrasserez Mlle Régine....

— Régine, dites-vous?

— Un ange, monsieur... un ange du ciel, qui vous attend à genoux.

— Oh ! Régine ! Régine ! s'écria Adrien en saisissant convulsivement le bras du constable. »

Et, traversant la foule qui s'ouvrait devant l'agent de l'autorité qui lui servait de guide, Adrien s'éloignait rapidement, lorsque tout à coup ce cri retentit jusqu'à lui : *Trahison ! trahison !*

Il n'en fallut pas davantage pour lui rappeler la lettre tombée si miraculeusement entre les mains de son père adoptif; d'un seul bond, il s'élança à dix pas du constable, et en un clin d'œil il eut rejoint Pied-de-Fer qu'on entraînait.

« Bravo ! enfant, cria ce dernier, et maintenant, ferme sur la chanterelle ! »

A ces mots, il mit les mains dans ses poches, et les en sortit presque aussitôt armées chacune d'un pistolet double; Adrien en fit autant, puis ils se mirent dos à dos, et la foule effrayée par cette espèce de bataillon carré composé de deux hommes, prit la fuite dans tous les sens.

« Retournons à l'hôtel, enfant, dit Pied-de-Fer, il ne faut pas que ce Henri nous échappe. Mais point de bruit, point d'esclandre ; que d'aucune façon les torts ne soient de notre côté. »

Ils reprirent en effet le chemin de leur hôtel, et ils y arrivèrent promptement; mais ce fut en vain qu'ils passèrent le reste du jour et la nuit entière à attendre l'auteur de la lettre interceptée : il ne reparut pas.

« Enfant, dit Pied-de-Fer à Adrien, il n'arrivera pas à Paris avant nous. Un bateau à vapeur amarré sur le quai près de la grosse tour, doit partir à dix heures du matin pour Boulogne, c'est le seul, j'en suis sûr, et avec de l'or j'avancerai le départ de deux heures au moins. Cet Henri aura suivi la voie ordinaire : il sera parti de Londres pour Douvres; avec le vent d'est qui souffle, il ne peut pas être à Calais avant soixante heures... Partons, partons, enfant, et que Dieu nous conduise ! »

C'était la première fois qu'Adrien lui entendait invoquer Dieu, et il en tira un heureux présage.

« Père, disait-il, pendant qu'on embarquait leur bagage, je veux vous le dire afin que vous en preniez votre part, la joie que je ressens est immense ; il me semble que je n'ai jamais été aussi heureux qu'aujourd'hui.... Revoir la France, mon Dieu!... revoir Régine.... car nous la retrouverons, n'est-ce pas?... oh oui ! je sens aux battements de mon cœur que nous ne devons plus être longtemps séparés. Oh! c'est maintenant que je respire, c'est maintenant que je vis!... Mon Dieu, donnez-moi la force de supporter tant de bonheur ! »

La traversée se fit avec plus de promptitude encore que Pied-de-Fer ne l'avait espéré.

Arrivés à Boulogne, ils partirent à franc étrier; douze heures après, ils entraient à Paris. Cette fois il s'agissait d'aller droit au but, sans tâtonnements, sans hésitation ; Pied-de-Fer l'avait résolu ainsi.

« Les ménagements, les précautions m'ont été nuisibles, disait-il à Adrien tout en galopant; cette fois nous allons opérer à force ouverte, et, sacrebleu ! rien que d'y penser, cela me rajeunit... Est-ce que ces moyens-là ne sont pas aussi un peu de ton goût, enfant ?

— Moi, père, je me sens si heureux à mesure que j'approche de Paris; les pensées tourbillonnent si violemment dans mon cerveau qu'il me serait impossible de raisonner. Je veux revoir Régine pour ne la jamais quitter ; chaque pas que je fais me rapproche d'elle, quant aux moyens, qu'importe, pourvu qu'ils soient prompts?...

Commandez, père, commandez, et j'obéirai; c'est en vérité tout ce que je puis faire, la raison m'échappe.

— Paris! Paris! s'écria tout à coup le postillon qui galoppait devant eux; dans quel quartier, mes maîtres?

— Rue du Faubourg Saint-Honoré, répondit Pied-de-Fer, et toujours au galop.

— Au galop dans Paris?... Et les accidents? la marmaille, les flâneurs?... On voit bien que vous venez de loin, et que vous ne savez pas qu'il y a maintenant des gens qui n'ont d'autre métier que de se faire écraser. Vous criez: *gare! gare!* et vous croyez qu'ils vont se ranger contre les murailles.... Au contraire, ils se jettent à plat ventre sur le pavé; les chevaux leur passent sur le corps, c'est tout ce qu'ils veulent; la police correctionnelle est là pour payer le tour..... Des billets de mille francs, allez donc!... ça ne leur coûte rien à ces hommes noirs.... C'est pourquoi, voyez-vous, une fois la barrière, au petit trot, comme les sapins et pas un fichtre avec!

— Au galop! mille tonnerres! au galop! s'écria Pied-de-Fer en se dressant sur ses étriers.... casse, brise, sacrebleu! je paye tout, les flâneurs, les juges, le diable.... marche donc!

— Dès que ça peut se jouer comme ça, dit le postillon, marchons, ça me va. »

On continua donc à galoper jusqu'au milieu de la rue du Faubourg Saint-Honoré.

« Halte! et pied à terre! » cria de nouveau Pied-de-Fer. Le postillon obéit et mit pied à terre; Adrien en fit autant. Pied-de-Fer s'était déjà élancé sur le pavé; il détacha rapidement sa valise, seul viatique qu'il eût voulu prendre, le reste de son bagage devant arriver par une voie moins rapide.

Il paya le postillon en lui ordonnnant de tourner bride sur le champ, de sorte qu'ils se trouvèrent tout à coup, Adrien et lui, sur le pavé de la capitale sans savoir au juste de quel côté diriger leurs pas.

« Qu'as-tu donc, enfant? demanda Pied-de-Fer.

— Je respire, père; je respire ici à pleine poitrine; oh! je vous en prie, laissez-moi bondir sur ce pavé plus doux pour moi que tous les tapis du levant.

— C'est trop tôt, enfant; ces joies te viendront un peu plus tard. Pour le moment c'est de l'énergie qu'il nous faut.

— Mais....

— Veux-tu m'obéir?

— Toujours! toujours! »

Pied-de-Fer regarda autour de lui et apercevant à cent pas de là l'enseigne d'un hôtel garni, il se dirigea rapidement vers ce point. Adrien le suivit.

« Enfant, lui dit Pied-de-Fer, il y a des choses qu'un général d'armée ne dirait pas à son père; je suis, maintenant, dans ce cas : l'affaire est sérieuse; il faut que chacun soit à son poste; je te place à ce balcon, et dès qu'arrivera cet Henri...

— Sus, sus! père, je comprends.

— Sus, à la gorge, et sans pitié!... Tiens, regarde; il s'agit d'un serpent auquel les deux battants de la porte de cet hôtel sont ouverts: dès qu'il aura mis le pied sur le seuil, il ne sera plus temps de l'arrêter.... et si nous ne l'arrêtons pas, enfant, tout est perdu.

— Eh bien! je l'arrêterai au passage!

— Enfant! que Dieu t'entende!...

— Je l'arrêterai, père, et il faudra bien qu'il nous apprenne ce que nous ignorons.

— Hélas! ami, je n'ignore rien. »

Quelques instants après, Adrien était installé au premier étage de l'hôtel devant lequel ils s'étaient arrêtés.

CHAPITRE XXXI.

Découvertes.

Deux heures après son arrivée à Paris, Pied-de-Fer entrait chez la vieille portière de la cour des Fontaines qui lui avait autrefois donné des renseignements sur Régine.

« Peut-être ne me reconnaissez-vous pas, ma chère dame, lui dit-il. Quant à moi, je vous remets parfaitement; je crois, en vérité, que vous avez rajeuni.

La vieille se leva, rajusta ses lunettes et examina ce personnage.

« Attendez donc, répondit-elle après quelques instants, il me semble que.... Mais non l'autre était blond.

— C'est cela, ma chère dame, j'étais blond la dernière fois que j'ai eu le plaisir de vous voir; mais les fatigues, les voyages.... l'effet des climats divers.... bref, je suis maintenant d'un brun passablement argenté, n'est-ce pas?

— Il me semble que je vous reconnaissais à la voix.

— Et vous allez me reconnaître aux gestes très-probablement. »

A ces mots, il tira de sa poche quelques écus qu'il jeta, comme la première fois, sur la petite table qu'il avait failli briser d'un coup de poing; puis il ajouta :

« J'étais venu dans ce temps-là vous demander des renseignements sur une jeune personne qui avait demeuré dans cette maison, et qui s'appelait Régine. Eh bien! c'est exactement le même motif qui m'amène aujourd'hui, et nous allons, si vous le voulez bien, reprendre l'entretien où nous l'avons laissé à cette époque.

— Ah! sainte Vierge! c'est pourtant vrai que c'est bien vous!... la voix, les yeux, les manières comme il faut.... Il me semble maintenant que c'était hier.... Vous deviez revenir le surlendemain.... même que j'avais fait prévenir mon neveu, le petit Lambrequin.... Dieu de Dieu! en a-t-il fait des courses à votre intention, ce chérubin!... parce que, moi d'abord, j'étais sûre que vous reviendriez, vu qu'un homme comme il faut n'a que sa parole. Je lui disais : Lambrequin, va toujours et ne t'inquiète de rien : le monsieur reviendra, et plus nous lui en dirons, plus il sera satisfait. S'il ne revenait pas, ce serait un abus de confiance, et je mettrais une main au feu qu'il en est incapable.... Et là-dessus l'enfant trottait que c'était une bénédiction.... Pas moins, ça ne lui a pas réussi, à ce cher Cupidon.

— Il n'a rien découvert?

— Au contraire; mais toujours pour le roi de Prusse, que ça me faisait une peine.... Ah! monsieur, vous m'avez coûté bien des larmes!

— Nous réparerons tout cela, répondit Pied-de-Fer pendant que la vieille faisait semblant d'essuyer ses yeux avec son mouchoir à tabac. Ainsi votre neveu avait découvert la demeure de Régine!

— Certainement; mais il y a si longtemps de cela que les oiseaux ont pu prendre leur volée et changer de nid. Cependant il n'y a pas encore trois mois que j'ai vu Régine descendre d'une superbe voiture au perron du Palais-Royal; une bonne qui l'accompagnait portait dans ses bras un joli enfant; c'était le fils de Régine, ainsi que me l'apprit le valet de pied que j'interrogeai un instant après.

— L'enfant de Régine! s'écria Pied-de-Fer; êtes-vous bien sûre de cela?

— Tout ce que je puis vous dire de plus là-dessus, c'est que l'enfant et la jeune femme se ressemblent comme deux gouttes d'eau.... Dam! qu'est-ce qu'il y a donc là d'extraordinaire? Vous savez le proverbe, n'est-ce pas: *Tant va la cruche à l'eau*.... D'ailleurs, le valet de pied m'a assuré que la jeune personne était sur le point d'épouser son Anglais.... En voilà une de chance!...

— L'épouser! mille millions de diables! » exclama Pied-de-Fer.

Et il accompagna ce juron d'un si terrible coup de poing sur la table que les ais se disjoignirent.

« Miséricorde! s'écria la vieille, est-ce donc ma faute si ce jobard d'Anglais se laisse piper par une....

— Silence, sacré tonnerre!... Tenez, voici pour votre table, voici pour vous, pour votre neveu. Maintenant je ne vous demande qu'une chose : Où demeurait Régine lorsque votre neveu découvrit sa retraite?

— Au Palais-Royal, toujours. Il paraît que c'est un endroit qui lui porte bonheur, à cette jeunesse.... Quand je dis jeunesse.... elle peut bien être maintenant entre les vingt-quatre et les vingt-cinq; mais elle n'a pas changé, et je crois, Dieu me pardonne, qu'elle est maintenant plus gentille que du temps où elle était ma locataire.... Après ça, la misère n'embellit pas; tandis que.... »

Pied-de-Fer était déjà loin avant que la portière eût achevé sa phrase.

Ces nouveaux renseignements bouleversaient tous ses projets. Régine mère! Régine mariée!...

« Mais aussi, se disait-il, pourquoi avoir temporisé? Ma liberté, ma vie étaient menacées.... Eh! triple enfer! est-ce que je n'avais pas joué cela mille fois sur un coup de dés?... Mon Dieu! mon Dieu! arriver si près du bonheur et ne pouvoir le saisir!... C'était sacredieu bien la peine de me convertir et de devenir un ami de notre saint-père le pape!... Bast! arrive qui plante; je reprends mon enveloppe de chenapan, et, mille dieux! gare la bombe! »

Et comme pendant ce monologue il arpentait rapidement le terrain, s'en remettant en quelque sorte à son instinct du soin de le guider, il arriva bientôt devant la Rotonde, au Palais-Royal.

Le jour finissait; les galeries commençaient à s'illuminer; on ne voyait plus circuler dans le jardin qu'un très-petit nombre de ces vingt mille individus qui se lèvent à Paris chaque matin sans savoir où ils mangeront pendant le jour, où ils coucheront la nuit suivante, et qui cependant dînent amplement, couchent dans de bons lits et ne sont privés d'aucune des douceurs de la vie.

Pied-de-Fer s'arrêta en ce lieu afin de reprendre haleine et de dresser ses batteries, chose assez difficile, puisqu'il ne savait au juste sur quel point les diriger.

« Imbécile que je suis, s'écria-t-il tout à coup; je me mets le cerveau à l'envers, comme s'il n'y avait pas là, à deux pas de moi, un homme capable de me guider, de me piloter parfaitement.... Il est vrai que cet animal, plus ou moins raisonnable, serait capable de vendre son père, ainsi que je le disais autrefois; mais, mille diables! il ne me vendrait, moi, qu'autant que je ne pourrais payer ma peau le double de ce qu'il en tirerait ailleurs... Sur ce, demi-tour à droite; marche! »

Le récit de la vieille portière avait rendu à Pied-de-Fer toute son énergie : il ne ressentait plus rien de ses fatigues; son imagination pleine de sève lui montrait un horizon immense et sans nuages; il se sentait invulnérable.

Ce fut dans cette disposition d'esprit qu'il parcourut successivement les sombres colonnades qui s'étendaient alors comme aujourd'hui des magasins de Corcelet au café Lemblin, et du café de Chartres à la salle Montansier.

« Rien ! rien ! se disait-il à mesure que ses recherches approchaient de leur terme; mon Dieu ! est-ce que cette dernière ressource me manquerait?... Mais c'est impossible; cet homme-là avait tout ce qu'il faut pour nager constamment entre deux eaux et opérer à coup sûr.... Oh ! je le trouverai. »

Il parcourut de nouveau le jardin dans toute sa longueur; traversa les galeries de bois à leur extrémité; passa devant la boutique de Chevet, le célèbre marchand de comestibles, qui commençait à avoir une certaine importance politique, la gastronomie constitutionnelle datant à peu près de cette époque; longea les magasins du libraire Barba, et s'enfonça dans une des allées de cette *forêt noire* dont nous avons déjà parlé, et où brûlaient, à toute heure du jour, quelques lampes à la flamme rougeâtre et nébuleuse.

A peine avait-il fait quelques pas sur ce terrain, que les accents d'une voix bien connue frappèrent ses oreilles :

« J'affre doudes sordes de cholies joses, messiés, disait cette voix; j'affre de bédides lifres drès insdructifs... de bédides instruments pour le sandé...

— Jérésu ! s'écria Pied-de-Fer; je te tiens donc, animal !

— Vous me denez trop fort, messié Lauricot !... Mein God !...

— Tu me reconnais donc, drôle? demanda Pied-de-Fer, qui, par précaution, avait d'abord saisi le juif à la gorge.

— Ah ! messié Lauricot, che reconnaîtrais fotre boignet sur sent mille....

— Justement. Tu me reconnaîtrais sur cent mille pour me vendre le plus cher possible ; c'est pourquoi je vais te briser les os par précaution.

— Ah ! messié Lauricot, le pon demps il est passé.... A brésent, foyez-fous, on ne me tonnerait pas fingt-cinq francs d'un homme gomme fous !...

— Écoute ! je n'ai pas le temps de faire des phrases; tu pourrais me vendre vingt-cinq francs ; je t'en donne cinq cents pour être à moi.

— Oh ! ch'être à fous, ch'être à fous, gorps et âme...

— Jérésu, ne parlons pas des absents. Écoute, bandit : tu as reçu il y a quatre ans un billet de mille francs qui ne t'était pas destiné; tu l'as gardé.

— Oh ! oh ! messié Lauricot, ché suis en règle.

— Pardieu ! je le sais bien ; mais cela ne m'empêcherait pas de te casser les reins si je n'avais pas quelque chose de mieux à faire pour le moment...

— Oh ! oh ! messié Lauricot !...

— Silence ! tu sais où est Régine ?

— Oh ! messié Lauricot !...

— Là-dessus il n'y a pas à m'en faire avaler : tu sais où elle est, il faut que tu me le dises.

— Et buis ?

— Et puis c'est là tout ce que je te demande, à moins pourtant que, un peu plus tard, je ne te trouve bon à quelque autre chose. »

Jérésu baissa la tête et parut réfléchir.

« Pas de grimaces, reprit Pied-de-Fer, parle ou sinon gare à tes os !

— Mais si che ne sais bas ?

— C'est impossible ; tu sais tout ce qui se passe ici. Parle donc, coquin, parle, ou....

— Et les zing zents francs, messié Lauricot ?

— C'est juste, tiens prends; mais plus d'hésitation, mille diables, ou sinon.... »

Jérésu dès lors ne se fit plus prier; il raconta l'emprisonnement et la mise en liberté de Régine, en escamotant autant que possible l'épisode du billet de mille francs envoyé de Cologne.

Puis il dit les faits et gestes de lord Barstley, ce pair d'Angleterre qui s'était guéri du spleen en devenant amoureux d'une prétendue Circassienne.

« Bon ! bon ! s'écria Pied-de-Fer, je sais tout cela ; mais après?

— Abrès... Dam ! le milord est devenu engore un beu blus fou qu'avant, et il a voulu épouser la Circassienne.

— Mais l'a-t-il épousée?... Parle donc, mille tonnerres !

— Bas engore ; mais les pans ils être affichés, et demain....

— Oh ! demain ! c'est mon affaire. Maintenant, conduis-moi à la demeure de Régine. Pendant que j'entrerai chez elle, tu iras promptement chercher une voiture de place, et tu reviendras m'attendre à la porte où tu m'auras laissé.... Tu sais nos conventions; j'oublie tout le passé si tu m'obéis exactement; si tu tentes de me tromper, je te brise les os.... Marchons. »

Il s'en fallait de beaucoup que Jérésu fût parfaitement tranquille; l'histoire de l'emprisonnement de la jeune fille, la manière dont il lui avait escamoté un reçu, sa présence parmi les agents de police lorsque l'appartement de la rue de Provence avait été en quelque sorte livré au pillage ; tout cela revenait à la mémoire du juif, et il se disait que si la moitié seulement de ces méfaits arrivait à la connaissance de Lauricot, ce dernier oublierait probablement lui-même les conventions faites, et il se demandait s'il ne serait pas plus prudent de crier au voleur et de faire arrêter cet homme dont la vue seule le faisait trembler.

« Est-ce que tu ne m'as pas entendu? dit Pied-de-Fer en le saisissant au collet. Comment, pourceau, je devrais t'étrangler sans autre forme de procès, au lieu de cela, je veux te donner, d'ici à demain, plus d'or que tu n'en as touché dans ta vie entière, et tu hésites à m'obéir?...

— Ah! temain, temain.... c'être pien loin, messié Lauricot.... Et buis mamzelle Régine il bourrait pien m'en fouloir.... et....

— Ce n'est pas sans raison; mais elle te pardonnera, j'en prends l'engagement pour elle.... Ne vois-tu pas que les choses sont bien changées, et que le Lauricot d'aujourd'hui n'est plus celui d'autrefois.... Marche! marche!... »

Et il poussa devant lui ce hideux personnage, dont la rapacité parvint à faire taire la frayeur, et tous deux arrivèrent à la maison où trois ans auparavant lord Barstley avait installé la jeune fille d'une manière si originale.

Pied-de-Fer entra tandis que Jérésu allait chercher une voiture.

L'ex-chauffeur n'était pas sans inquiétude sur le résultat de l'entrevue qu'il allait avoir avec la pauvre enfant qu'il avait tant fait souffrir autrefois; mais il n'y avait pas à reculer.

« Prévenez votre maîtresse, dit-il à la domestique qui vint lui ouvrir, qu'une personne de sa connaissance lui apporte des nouvelles de sa famille, et désire lui parler sur le champ.

— Des nouvelles de ma famille! s'écria la jeune fille lorsque ces paroles lui furent rapportées, c'est impossible.... Quel est cet homme? Qu'il dise son nom..., ou plutôt qu'il revienne demain matin; je ne veux recevoir personne en l'absence de milord. »

De l'antichambre où il était, Pied-de-Fer entendit ces dernières paroles; il comprit tout le danger de sa position : si à l'instant même il ne pénétrait jusqu'à Régine, son projet échouait; il lui faudrait tout avouer à Adrien, et renoncer au bonheur qu'il avait espéré si longtemps et dont il était maintenant si près.

« Allons, se dit-il, je ne voulais pas trop brusquer les choses; mais puisqu'il le faut, à la guerre comme à la guerre! »

Et sans attendre le retour de la domestique, il ouvrit brusquement la porte du salon, fit deux pas, s'arrêta, et il dit d'une voix ferme.

« La personne qui m'envoie se nomme Adrien Boisemont.

— Adrien!... Adrien! s'écria Régine en pâlissant. Non, non, je connais cette voix; ce n'est pas celle d'Adrien.... »

Son émotion était si violente qu'elle n'en put dire davantage; elle retomba sur le fauteuil qu'elle venait de quitter.

Pied-de-Fer, qui tenait son chapeau de manière à cacher une partie des traits de son visage, s'avança comme pour secourir la jeune femme et lui dit à demi-voix :

« Si vous refusez de m'entendre un instant sans témoins, demain peut-être Adrien sera mort.

— Lauricot!... c'est Lauricot!... dit-elle d'une voix défaillante.

— Oui, Régine, c'est Lauricot qui vient se mettre à votre merci.... Cet homme, ce misérable, que d'un mot vous pouvez livrer à la justice, envoyer à l'échafaud, cet homme est là, à vos pieds, vous suppliant de l'entendre un instant. »

En parlant ainsi, il s'était mis à genoux.

La surprise et l'effroi de Régine étaient à leur comble; mais le dernier de ces sentiments fit bientôt place à la pitié; elle reprit un peu d'assurance et elle fit signe à la domestique de se retirer; puis tendant sa main encore tremblante vers son interlocuteur :

« Levez-vous, dit-elle; je n'ai plus peur.

— Merci, merci, enfant!... Lui aussi m'a pardonné.... Oh! vous êtes dignes l'un de l'autre.

— De qui donc parlez-vous? demanda-t-elle avec anxiété.

— D'Adrien qui n'a pas cessé de t'aimer; d'Adrien Boisemont, que Napoléon a fait chevalier de la Légion d'Honneur, que notre saint-père le pape a fait prince, et que j'ai fait millionnaire, moi!...

— Le malheureux est en démence! dit-elle avec un accent de douloureuse pitié.

— Oui, je dois vous paraître fou, reprit Pied-de-Fer se relevant; mais quelques mots suffiront pour vous montrer que j'ai toute ma raison, et que je n'ai pas non plus perdu la mémoire : je vous avais laissée évanouie et garrottée sur une chaise dans votre petit logement de la cour des Fontaines; j'emportais tout ce que vous possédiez, tout ce que possédait Adrien et les bijoux qui lui avaient été confiés. Ce ne devait pas être mon dernier crime; seulement je changeai de manières; mes opérations s'agrandirent. Le temps était à la guerre, et je fis la guerre, ce qui est toujours un excellent métier pour les gens qui n'ont rien à perdre et qui sont toujours prêts à jouer leur peau à pile ou face. Un an après j'étais presque aussi riche que les souverains qui passaient leur temps à faire égorger réciproquement leurs sujets, fantaisie pour laquelle je leur servais d'auxiliaire, moi et une compagnie de sacripans sortis de l'enfer où, fort heureusement, ils sont tous retournés maintenant. Ce fut à cette époque que je rencontrai sur le champ de bataille de Montmirail un jeune officier décoré et dangereusement blessé. Comme malgré ses blessures il continuait à se défendre et paraissait avoir pris la résolution de se faire tuer, je me disposais à lui faire sauter la cervelle, lorsqu'il s'écria : *Adieu, Régine!*

— Mon Dieu!... il se pourrait!

— C'était Adrien, continua Pied-de-Fer, cet adieu me le fit croire, et j'eus bientôt la certitude que je ne m'étais pas trompé. Je ne sais alors ce qui se passa en moi, ce fut comme une sorte de transformation ; le tigre se trouva soudainement métamorphosé en agneau. L'enveloppe demeura la même ; c'était tout ce qui restait de l'ancien bandit : je me sentis fasciné, dominé par ce brave enfant que j'avais voulu tuer ; j'entrevis un bonheur infini, une joie sans bornes à demeurer près de lui, à le combler de biens ; il me semblait qu'il était devenu subitement une portion de moi-même, quelque chose comme l'âme de mon âme. Dès lors le miracle était presque accompli ; Lauricot, Pied-de-Fer, ou plutôt Baillor qui est mon vrai nom, allait devenir homme de bien.... Cela peut bien vous paraître incroyable, à vous, pauvre enfant, que j'ai tant fait souffrir....

— Oh ! ne parlons pas de moi, je vous en conjure ! Parlez-moi de lui ; dites-moi où il est, ce qu'il fait, comment il a pu s'écouler un si long temps sans qu'il m'ait donné de ses nouvelles ?... Oh ! j'en mourrai de douleur, de regret et de repentir !...

— D'abord il fallait songer à le guérir ; sur l'avis du médecin je l'emmenai en Italie. Pendant qu'il se rétablissait, la guerre éclata de nouveau. Ensuite je ne pouvais venir à Paris sans courir de grands dangers, et je ne pouvais me résoudre à le laisser partir seul. Et puis je craignais.... ce qui est arrivé, que l'isolement, l'abandon, les mauvais conseils.... ne vous eussent poussée....Il en serait mort, le brave garçon, et le cas échéant, je voulais qu'il ignorât que vous aviez pu l'oublier. D'autres événements qu'il serait trop long de vous raconter se sont encore réunis pour m'empêcher de retrouver vos traces, mais enfin vous voici, tout peut se réparer.

— Il est trop tard, » répondit en sanglotant Régine dont le beau visage était baigné de larmes.

Elle se leva, fit signe à Pied-de-Fer de la suivre et le conduisit dans sa chambre à coucher où elle lui montra un charmant enfant endormi dans un berceau de satin.

« C'est mon fils, » reprit-elle.

Puis levant les yeux sur un portrait placé au-dessus du berceau, elle ajouta :

« Et voilà son père.... l'homme qui m'a tirée de la fange pour m'élever jusqu'à lui, et dont, dans quelques jours, je serai la femme légitime.

— Non, non ! cela ne sera pas ! s'écria Pied-de-Fer. Enfer du diable ! quand je devrais reprendre mon ancien métier.... »

Son visage s'anima, ses poings se resserrèrent, et de ses yeux jaillirent des éclairs menaçants. Régine effrayée recula vers le salon.

« Ne craignez rien, chère enfant, reprit-il en faisant d'incroyables efforts pour se contenir.... Non, vous ne pouvez désormais avoir rien à craindre de moi ; mais il est impossible aussi que vous veuilliez réduire au désespoir un brave jeune homme qui n'a d'autre tort que de vous aimer toujours.... Voyons, ce qui est fait est fait ; mais il ne faut pas aller plus loin dans cette voie. Adrien doit ignorer tout cela. Votre enfant deviendra plus tard son fils adoptif ; j'arrangerai cela. Et l'avenir de cet enfant n'en sera pas moins brillant, car je le répète, maintenant que vous ne me croyez plus privé de raison, la fortune d'Adrien est immense, le pape l'a décoré de tous ses ordres et l'a fait prince....Il est vrai que cela m'a coûté un million ; mais j'en aurais donné deux s'il l'avait fallu.... Consentez donc à quitter à l'instant cette demeure ; rendez à ce brave Anglais tout ce que vous tenez de sa générosité, et dans quinze jours vous serez la femme du prince de Mafiolini, de l'homme qui le premier a fait battre votre cœur, et que vous aimez toujours, j'en suis sûr. »

La résolution de Régine commençait à être assez fortement ébranlée.

« Oh ! si vous me trompiez ! s'écria-t-elle en revenant près de son fils.

— Qu'y gagnerais-je, enfant ? Il est vrai que, à cause du passé, vous pouvez m'en croire capable ; mais alors je serais donc l'émissaire de personnes intéressées à vous enlever votre protecteur ; ces personnes m'auraient gagné à prix d'argent ?... Eh bien ! regardez, se vend-on quand on possède un portefeuille si bien garni ? »

A ces mots, il tira en effet de sa poche un énorme portefeuille, l'ouvrit et montra à Régine une liasse de billets de banque.

« Ceci, continua-t-il, n'est qu'un bien mince échantillon de ce que je possède, de la fortune qui vous attend, et, cela est si vrai, que vous pouvez dès à présent, et avant de sortir d'ici, disposer de ce portefeuille et de son contenu. »

Il le jeta sur un fauteuil et se retira à l'extrémité de l'appartement.

Régine ne doutait plus qu'il eût dit la vérité ; elle sentait renaître dans son cœur tout l'amour que lui avait inspiré Adrien, et qui n'avait été qu'assoupi jusque-là ; mais cela ne faisait qu'accroître ses regrets sans lui donner de sécurité.

« Il faudrait le tromper, dit-elle après un assez long silence, et je ne pourrai jamais m'y résoudre.

— Aimez-vous mieux le tuer ? Eh bien ! je vous déclare qu'il vous suffira pour y réussir de repousser les conseils que je vous donne en ce moment : tromper un malade pour le sauver c'est une pieuse fraude dont la conscience la plus délicate ne saurait s'alarmer.... Au nom de Dieu, laissez-vous conduire. Ne repoussez pas et pour lui et pour vous le bonheur qui est si près de vous....

— Mais mon enfant ! mon enfant !...

« — Il faudra, en sortant d'ici, me le confier ; avant une heure il sera pourvu d'une excellente nourrice. Vous le verrez souvent, puis, je le répète, il deviendra plus tard le fils adoptif d'Adrien. C'est moi qui arrangerai cela.... Ah ! sacredieu ! j'ai fait des choses plus difficiles.... Ainsi plus d'hésitation. »

Régine s'approcha du berceau de l'enfant qu'elle contempla avec amour, puis ses regards s'attachèrent sur le portrait de son bienfaiteur, elle tomba à genoux et s'efforça de se recueillir un instant ; mais son émotion était trop vive, un combat trop violent se livrait dans son cœur entre les sentiments divers qui s'y produisaient pour qu'elle pût recouvrer en ce moment le calme qui lui aurait été si nécessaire.

« De grâce, de grâce, pour l'amour de vous et de lui, dit Pied-de-Fer d'une voix suppliante qui contrastait singulièrement avec la rude enveloppe qu'il avait conservée, ne tardez pas davantage. »

A son tour il lui tendit la main pour la relever ; la pauvre enfant pouvait à peine se soutenir ; les larmes qu'elle s'efforçait de refouler retombaient sur son cœur qu'elles déchiraient.

« Mon Dieu ! dit-elle encore, si vous me trompiez !... je mourrais, et tous mes maux seraient finis, mais lui !... »

Et elle tendait les bras vers son fils qui venait de s'éveiller et lui souriait.

Pied-de-Fer qui ne marchait jamais sans armes, tira de sa poche ses pistolets et il les présenta à la jeune mère.

« Tenez, lui dit-il, prenez ces armes ; nous marcherons à quelques pas de distance, l'un de l'autre, moi devant, vous derrière ; si un quart d'heure après notre sortie d'ici vous n'êtes pas dans les bras d'Adrien, faites-moi sauter la cervelle. »

Elle repoussa les armes avec effroi.

« Que faire donc, mille diables ! s'écria-t-il en se tordant les bras avec désespoir.

— Reprenez ces armes, ce portefeuille, je vous suivrai.... Mais je veux au moins lui écrire, ajouta-t-elle en jetant de nouveau sur le portrait de lord Barstley un regard dans lequel se peignait la plus vive reconnaissance. »

Elle s'approcha d'un secrétaire, et elle écrivit, car ce n'était plus la pauvre fille illettrée d'autrefois.

Lord Barstley ayant résolu d'en faire sa femme, avait voulu la préparer à la haute position qu'elle devait occuper ; il lui avait donné des maîtres de toutes sortes, et Régine était véritablement devenue une femme accomplie. Elle écrivit donc ce qui suit :

« Milord,

« Je vous quitte ; nous ne devons jamais nous revoir ! Au nom du ciel, ne m'accusez pas d'ingratitude : j'emporte dans mon cœur tous les sentiments que vous y avez fait naître ; respect, reconnaissance, vénération. Je vous l'ai dit bien des fois, milord, je vous aime comme j'aurais aimé mon père, et cet amour-là ne s'affaiblira jamais. Mais les événements sont plus forts que tous les sentiments que je vous ai voués ; je ne puis être lady Barstley, et peut-être cela est-il bien pour vous. Cette union pouvait être pour vous la source de bien des chagrins, et c'est pour moi une consolation de penser que je vous les évite par un sacrifice volontaire.

« Adieu donc, milord ! c'est le cœur navré, les yeux baignés de larmes et la main agitée par la plus douloureuse émotion que je trace ce dernier mot, adieu ! »

Elle ferma cette lettre, sonna sa femme de chambre et lui recommanda de la porter sur-le-champ à son adresse.

Elle se dépouilla ensuite de tous les bijoux qu'elle portait, jeta un châle sur ses épaules, et prenant son fils dans ses bras, elle fit signe à Pied-de-Fer qu'elle était prête à le suivre.

Ils sortirent.

Arrivés au bas de l'escalier, ils y trouvèrent Jérésu qui attendait, selon l'ordre qui lui avait été donné. Pied-de-Fer tira de sa poche une lourde bourse à travers les réseaux de laquelle brillait l'or dont elle était remplie, et il la mit dans les mains du juif.

« Écoute, lui dit-il, et songe que tu réponds sur ta tête de l'exécution des ordres que je vais te donner. Tu vas monter dans la voiture qui attend, et te rendre avec cet enfant au bureau général des nourrices.... Ce bureau sera fermé ; mais il y a dans cette bourse de quoi faire ouvrir toutes les portes. Tu choisiras une femme jeune, forte, qui ait le teint coloré, le regard vif, de belles dents ; tu lui donneras le double des gages qu'elle demandera, et après lui avoir payé trois mois d'avance tu iras l'installer dans un hôtel voisin. Tout cela peut être fait en deux heures. A minuit je te retrouverai à la petite cave de la rue Beaujolais.... N'oublie pas surtout que dès le moment ta peau m'appartient, et que si tu n'exécutais pas ponctuellement tout ce que je viens de t'ordonner, il n'y aurait pas de puissance au monde capable de te soustraire au châtiment que tu aurais mérité. De ta fidélité dépendent ta fortune et ta vie. Marche ! »

Il prit les bras de Régine l'enfant que la jeune mère couvrait de larmes et de baisers, et le remit au juif qui venait de monter en voiture. Il donna ensuite le bras à la jeune femme qui tremblait plus fort que jamais, et tous deux se dirigèrent vers la rue du faubourg Saint-Honoré, où ils arrivèrent

Les quatre hommes l'emportèrent jusque dans la rue. (Page 140, col. 1.)

sans avoir échangé une parole, chacun d'eux se livrant tout entier aux pensées, à la crainte et à l'espérance qui les agitaient.

« C'est ici, » dit enfin Pied-de-Fer en s'arrêtant devant l'hôtel où il avait laissé Adrien.

Ils entrèrent, montèrent au premier étage et s'arrêtèrent dans l'antichambre.

« Maintenant, reprit le guide de Régine, quelques pas seulement vous séparent d'Adrien. Peut-être serait-il bon que je le préparasse au bonheur de vous revoir, de peur que la commotion fût trop forte. Je ne vous demande qu'une minute. »

Régine consentit à attendre, car la manière dont Pied-de-Fer en avait agi avec le juif, la bonne apparence de cet hôtel où il l'avait conduite, l'avaient presque entièrement rassurée; elle s'assit et Pied-de-Fer entra dans la pièce où il avait laissé Adrien.

« Rien encore, dit ce dernier en l'apercevant; je n'ai pas quitté le balcon, et je n'ai vu entrer et sortir que des domestiques en livrée. Notre homme avait perdu nos traces, et peut-être nous cherche-t-il encore en Angleterre.

— Eh bien! laissons-le chercher et ne nous occupons plus de lui ni d'*elle*, enfant, car j'ai retrouvé le bien qu'ils voulaient t'enlever.

— Grand Dieu! il serait vrai? Régine....

— Est dix fois plus jolie que lorsque tu l'as quittée.

— Vous l'avez vue?

— Je lui ai parlé, et....

— Achevez, achevez, je vous conjure.

— Et la voici, reprit Pied-de-Fer en ouvrant la porte de l'antichambre.

— Régine!

— Adrien!... »

Les deux amants s'élancèrent dans les bras l'un de l'autre, et ils se tinrent longtemps embrassés sans pouvoir parler....

« Sacredieu! enfants, soyez donc raisonnables, disait l'ancien bandit; je crois, le diable m'emporte, que vous me feriez venir les larmes aux yeux, et ma vieille réputation de sacripan serait tout à fait perdue. »

Après ces premiers transports, les jeunes gens s'assirent bien près l'un de l'autre sur une causeuse, et les questions, les réponses commencèrent à se croiser rapidement.

Plus d'une fois pourtant, Régine hésita dans ses réponses; mais cela était mis sur le compte de l'émotion, du trouble causés par la joie, le bonheur de se revoir.

Cela durait déjà depuis une heure; Pied-de-Fer qui faisait une singulière figure, pensa que cette scène pouvait encore se prolonger fort longtemps et il n'était pas homme à s'y opposer. Il avait d'ailleurs besoin de revoir Jérésu à qui il avait assigné un rendez-vous.

« Écoute, dit-il à Adrien, il me reste quelques affaires indispensables à terminer; peut-être ne rentrerai-je que fort tard, ainsi je laisse à ta charge tous les soins de l'intérieur. Cet hôtel est vaste; si l'appartement où nous sommes n'est pas distribué comme tu le voudrais, comme il convient à notre nouvelle situation.... à l'augmentation de la famille et.... à mille autres choses que je prévois ou que je ne prévois pas, fais-en préparer un autre, deux autres, autant que tu voudras. Cela te regarde entièrement.

— Ainsi il est donc bien vrai que nous ne nous quitterons plus ! s'écria Adrien dont le visage resplendissait de joie.

— Je l'espère, » répondit Régine en baissant les yeux.

Pendant que cela se passait, Jérésu, parti du Palais-Royal, roulait, en compagnie de l'enfant de lord Barstley, vers la rue Sainte-Apolline où était situé alors le grand bureau de nourrices.

Le juif tenait l'enfant dans ses bras, et il caressait cette longue bourse toute pleine d'or que lui avait remise Pied-de-Fer.

« Quel tommage, murmurait-il, d'être opliché de tonner doutes ces pelles naboléons bour ein marmaille te rien di tout !... Lauricot a dit qu'il ferait ma fortune; mais les broverpes ils dit : Il fallait mieux tenir que gourir, et les broverpes ils affre chamais tort. Au lieu de me tonner quelque jose, il bourra pien m'enfoyer promener et me tire que ch'être engore pien heureux qu'il ne me gasse bas les reins.... Pon, pon.... mais j'affre engore des brodecteurs, des pons brodecteurs. »

En ce moment le fiacre fut obligé, à cause d'un embarras de voitures, de s'arrêter devant un riche magasin de la rue des Fossés-Montmartre; la lumière qui jaillissait à travers les glaces du magasin éclaira l'intérieur, et l'or contenu dans la bourse scintilla de nouveau aux yeux de Jérésu.

Dès lors sa résolution fut prise : il mit pied à terre, paya le cocher, revint sur ses pas avec l'enfant jusqu'à la Place des Victoires.

Là il prit une autre voiture, se fit conduire rue d'Enfer, et déposa l'enfant endormi dans le tour de l'hospice des Enfants-Trouvés.

Une demi-heure après il entrait à la préfecture de police dont les êtres, comme on sait, lui étaient parfaitement connus; il pénétrait dans les bureaux du secrétariat, et demandait à parler sur-le-champ à monsieur l'inspecteur général.

« Ah! ah! c'est toi, maître drôle! s'écria ce dernier lorsqu'il vit paraître le juif. Sais-tu, double coquin, qu'il tient à fort peu de chose que je ne t'envoie au bagne ?

— Oh! oh! messié Flotras!... gu'est-ce gu'il a tonc fait ce pauvre Chérésu ?

— Ce que tu as fait, bandit, suffirait pour que tu fusses pendu si nous n'avions pas le bonheur de vivre sous un gouvernement aussi paternel.

— Oh! mein god! j'affre fendu touchours tes chélis bédites instruments pour....

— Oui! et aussi des portraits de l'usurpateur, des cannes plombées, des livres infâmes....

— Le gommerce il fa si mal, messié Flotras !... le gommerce, il fa bas di tout, di tout.... Ah! si le gommerce il allait!... Et buis che dravaille touchours bour la ponne gause.:...

— Bon, bon; c'est sûrement dans l'intérêt de la bonne cause que tu es devenu un des plus audacieux bandits de la forêt Noire ?... que tu recrutes des dupes pour les tripots clandestins, et que tu vends des cannes plombées aux Carbonari ?

— Touchours, touchours, messié Flotras.... che fends à perte, touchours à berte, ma barole t'honneur !...

— Ah! ah! et tu te retires sur la quantité ?

— Bas souvent, bas souvent, messié Flotras; c'est pour ça que che suis un bauvre tiaple.... Il faut pien voir ces chens-là bour les gonnaître; il faut leur insbirer de la gonfiance.*... c'est chustement comme ça que ch'ai técouvert....

— Tu as fais une découverte ? Parle, mon garçon, parle !

— Et si ch'afais bas fendu des gannes plombées....

— Bien, bien, nous te passons cela.

— Si ch'afais bas fendu tes bordraits de l'usurpateur....

— N'en parlons plus, et dis-nous ta découverte.

— Ah! messié Flotras, che zui touchours un bauvre tiaple....

— Je comprends parfaitement ce que cela veut dire; mais tu sais bien, mon gaillard, que nous n'achetons pas chat en poche.

— Oh! c'èdre bas ein jat; c'èdre ein crand, ein drès-grand zélérat.... et ein garbonaro bar-dessus le margé.

— Diable! cela promet.

— Ein crand prigand, foleur, azazin... qui s'est éfadé du pagne.... qui s'est éfadé de brison. .. ein garbonaro qui a des millions dans ses poches....

— Et tu sais où est cet homme-là ?

— Il est neuf heures, et che sais où il sera à minuit.... mais che suis ein pien bauvre tiaple....

— La peste étouffe le pleureur !... Parle, drôle, parle vite, ou je vais te faire serrer les pouces de manière à te délier la langue.

— Che barle, che barle, messié Flotras. Cet crand zélérat c'être le fameux Lauricot, dit Bied-de-Fer, dit....

— Pied-de-Fer !... l'audacieux brigand qui s'est évadé de la Force ?...

— Brécisément, messié Flotras.
— Tu es sûr qu'il soit à Paris?
— Mieux gue ça, je suis sûr qu'il sera à minuit à la bédite cave de la rue Peaucholais.
— Diable! il n'y a pas un instant à perdre.... Et tu penses que cet audacieux bandit a des relations avec les Carbonari?
— Touchours! touchours, le zélérat!... Guand che fous tis qu'il a tes millions dans ses boches....
— Quand tu dis cela, tu exagères, à coup sûr, et c'est là justement ce qui m'empêcherait d'ajouter foi au reste; mais comme, en tout état de choses, le bandit est bon à prendre, je vais donner des ordres.
— Et si la brise il être ponne?
— On te traitera en conséquence, maître drôle. »

Cependant Pied-de-Fer cheminait lentement vers le Palais-Royal, se repaissant intérieurement de la joie de ces pauvres enfants qu'il était parvenu à réunir.

L'avenir lui apparaissait comme un horizon qu'un seul nuage bien lointain pouvait obscurcir....

La marquise!

« Allons donc! se disait-il en s'efforçant de secouer cette pensée importune, le diable m'emporte, Pied-de-Fer, je crois que vous devenez poltron.... Avoir peur d'une femme, mille millions du diable!... Et que viendrait-elle faire à Florence où nous allons retourner?... N'est-elle pas là hors la loi?... Et puis Lambert et moi nous nous tiendrons sur nos gardes, et c'est un passe-temps comme un autre.... C'est la guerre, et la guerre c'est la vie.... Halte-là, Pied-de-Fer! Il me paraît, mon gaillard, qu'il faut peu de chose pour que le pied vous glisse dans le sentier du bien.... Gardez de l'énergie, car il vous en faut plus qu'à tout autre pour mener à bien vos projets d'honnête homme: mais que la soif de sang se taise.... Enfants! vous êtes ma joie! que vous soyez heureux, que Dieu me pardonne, et j'aurai assez vécu! »

Il était arrivé dans le jardin si bien enfermé entre ces galeries étincelantes que surmontent des montagnes de pierres; il promenait autour de lui un regard mélancolique; d'inexprimables regrets venaient successivement lui froisser le cœur.

Il reprit bientôt:

« Oui, j'étais un enfant maudit, un être immonde.... Et pourtant c'est ici, c'est dans ce temps-là que j'ai réellement vécu!... Où retrouverai-je maintenant ces émotions de chaque jour, de chaque instant.... C'était de la dépravation, soit! mais qui me dira où la dépravation commence et où elle finit?... »

Bientôt les grilles se fermèrent; le bruit des barres de fer, des boulons, des clavettes retentissait sur la devanture des magasins; des cafés seuls s'élançaient encore des rayons de lumière qui allaient se perdre dans les ténèbres du jardin, et à ce bruit de ferraille se mêlaient les derniers roulements de tambour dont retentissaient les voûtes du caveau du Sauvage.

« Rien n'est changé, reprenait Pied-de-Fer en passant devant le café Lemblin et celui de la Rotonde pour se rendre à l'extrémité *ouest* de la rue Beaujolais où il croyait retrouver Jérésu; rien n'est changé; seulement j'ai vieilli.... oh! j'ai horriblement vieilli.... »

Il en était là de ce monologue lorsqu'il arriva à l'extrémité de la rue Beaujolais. Le cabaret, appelé la *Petite Cave*, où il avait donné rendez-vous à Jérésu, était l'un de ces repaires si nombreux dans les rues basses, qui environnent le Palais-Royal; la salle principale était située à vingt pieds au-dessous du sol; on n'y pénétrait qu'après avoir traversé la première pièce où se trouvait le comptoir, et qui communiquait avec la rue basse par un escalier formé de vingt marches en pierre sur lesquelles venait se perdre la lumière mourante d'une veilleuse placée dans l'intérêt de la régie des tabacs à l'extrémité inférieure de l'escalier.

Pied-de-Fer, en mettant le pied sur la première marche de cet escalier, enfonça son chapeau sur ses yeux et tint son mouchoir sur sa bouche, car il prévoyait qu'il allait se trouver là en pays de connaissance; et il pénétra ensuite sans hésiter dans ces limbes où il avait passé, autrefois, tant d'heures au milieu des créatures les plus abjectes.

Il entre, traverse d'un pas ferme la première pièce, et pénètre dans la seconde en homme habitué de ces lieux souterrains.

Déjà il était au milieu de cette seconde pièce sous les voûtes de laquelle s'élevait une épaisse vapeur alcoolique, et il cherchait du regard Jérésu qui devait avoir eu le temps d'exécuter ses ordres, lorsque tout à coup, quatre hommes surgissant des quatre points cardinaux de ce souterrain, se jetèrent sur lui et le renversèrent avant qu'il eût le temps de se mettre en défense.

« Allons donc, pégriots! s'écria-t-il en s'efforçant de maîtriser sa fureur, est-ce qu'on se comporte ainsi entre amis?... Mettez-moi ou laissez-moi mettre à table, mille diables! Je ne m'envolerai pas à travers les voûtes, et nous nous expliquerons. »

Il parlait encore, que déjà une forte corde lui serrait les jambes, et que ses bras, saisis à la fois par quatre poignets vigoureux, étaient ramenés et attachés sur son dos.

« Assez, assez, dit-il à ceux qui le serraient de manière à lui faire entrer la corde dans les chairs, vous voyez bien que je ne résiste pas.

— Et tu fais bien, lui répondit le chef de l'expédition en lui enlevant les pistolets et le poignard qu'il portait, tu fais bien, car si tu avais seulement touché à ces joujous, tu serais mort.... Allons, vous autres, en route. »

Les quatre hommes qui avaient garrotté Pied-de-Fer, l'emportèrent jusque dans la rue ; à un signal donné, une voiture qui attendait à quelque distance s'approcha ; les agents y déposèrent leur prisonnier, se placèrent deux à ses côtés, les trois autres en face de lui ; la voiture partit, et deux heures après le prisonnier était enfermé dans l'une des salles de cette horrible prison appelée *le Dépôt*, et étendu sur la paille où il faisait semblant de dormir afin de pouvoir se livrer tout entier à ses réflexions.

« Heureusement, se disait-il, que ces animaux-là m'ont déficelé, et qu'après avoir vidé mes poches et fait une revue exacte de mes habits, ils n'ont pas eu l'idée de regarder sous mon toupet.... Cela ne me sauvera pas ; mais ils seront sauvés, eux, ces braves enfants ; car, de deux choses l'une, ou dans huit jours je serai libre ou je serai mort, et dans l'un comme dans l'autre cas, ils n'auront plus rien à craindre de cette exécrable femme, sans laquelle nous eussions été tous si heureux.... Après tout, je n'ai pas trop à me plaindre ; il faut bien en finir, et j'ai plus vécu pendant ces cinq dernières années que pendant tout le reste de ma vie.... La nuit est déjà fort avancée ; le jour ne tardera pas à poindre ; préparons-nous. »

Il souleva la perruque artistement faite qu'il portait ; et il en tira un petit carnet aussi mince que la lame d'un couteau.

Aux premières lueurs du jour, et alors que tous ses compagnons de captivité étaient profondément endormis, il ouvrit ce carnet ; et sur un carré de papier d'une finesse extraordinaire, il écrivit avec un crayon gros comme une épingle.

Il roula ensuite le papier, remit le carnet dans le lieu d'où il l'avait tiré, et il attendit.

Bientôt la plupart des malheureux qui l'environnaient quittèrent leur couche empuantie et commencèrent à se promener dans cette affreuse sentine afin de rendre quelque souplesse à leurs membres engourdis ; des conversations s'engagèrent.

« Eh ! père Gordioux, dit le prévôt de la chambrée à un vieillard à peine vêtu, fort occupé à extraire de ses cheveux blancs les brins de paille dont ils étaient ornés, père Gordioux, c'est donc aujourd'hui que vous nous brûlez la politesse ?

— Dame ! répondit le pauvre homme, puisqu'on ne veut pas me garder.... L'ordinaire de la maison n'est pas tout ce qu'il y a de mieux ; mais enfin, avec ça on vivote, et ça vaut mieux que de mourir de faim.

— Alors, quand on a ces idées-là, au lieu de faire semblant de demander l'aumône, on refait un simple, deux simples, trois simples, jusqu'à ce qu'on soit paumé, et quoi qu'il arrive on est à l'abri du besoin.

— Ah ! oui ; mais ne fait pas ça qui veut, prévôt ; c'est plus fort que moi, je ne peux pas m'y décider... Et pourtant c'est vrai que messieurs les voleurs sont fièrement heureux ! La liberté pour eux c'est comme les vacances pour les écoliers ; à la rentrée des classes ça n'est pas tout à fait si doux ; mais c'est encore bien bon de dormir et de manger !... Je me suis dit ça bien des fois.... mais tenez, rien que d'y penser, la main me tremble et le cœur me bat. On ne se refait pas, prévôt : chacun à sa destinée, et puisque la mienne est de mourir de faim, il faut bien que je m'y conforme. »

Presque tous les prisonniers s'étant levés, Pied-de-Fer, à la faveur du bruit, du mouvement, s'approcha sans affectation du vieillard, et ils causèrent à voix basse pendant quelques instants.

Tout à coup les traits de ce dernier s'épanouirent, la joie brilla sur son visage, et lorsqu'un gardien vint l'appeler pour le mettre en liberté, il semblait avoir recouvré toute la vigueur de sa jeunesse.

Cependant, pour Adrien et pour Régine, ces dernières heures s'étaient rapidement envolées ; jamais joie n'avait été plus vive que la leur ; jamais ils n'avaient goûté un bonheur plus complet.

A cette félicité si grande succéda bientôt pour Adrien une vive inquiétude lorsqu'il apprit que Pied-de-Fer n'était pas rentré.

Que pouvait-il donc lui être arrivé ?

Qu'avait-il pu faire pendant toute une nuit ?

Certes il devait comprendre l'inquiétude causée par cette longue absence ; mais alors elle n'était donc point volontaire.

Cette dernière pensée fut pour Adrien comme un coup de poignard qui lui déchira le cœur ; il sortit de son appartement de peur que Régine, remarquant son agitation, l'altération de ses traits, ne lui fît des questions auxquelles il ne pouvait ni ne voulait répondre.

Déjà il était arrivé sur le seuil de la porte de l'hôtel ; il promenait à droite et à gauche ses regards inquits, lorsqu'il fut abordé par une espèce de mendiant couvert de haillons, qui depuis quelques minutes rôdait aux environs de l'hôtel, et qui, bien qu'à la dérobée, avait examiné le jeune homme de manière à bien voir ses traits, son costume et sa démarche.

« Monsieur, lui dit-il, vous demeurez dans cet hôtel ?

— Oui ; mais pourquoi cette question ?

— Vous le saurez, si vous voulez me dire votre nom ; mais tout de suite, sans hésiter. »

Adrien fut d'abord choqué de cette double indiscrétion, et il allait tourner le dos au mendiant lorsqu'une pensée subite l'arrêta.

« Je me nomme Adrien Boisemont, répondit-il; mais à votre tour vous allez....

— Pas un mot de plus, s'il vous plaît, monsieur ; il serait de trop et je n'y répondrais pas; j'en ai fait le serment, et la probité est une faiblesse dont je suis trop vieux pour guérir. Tenez, monsieur, ceci est pour vous. »

A ces mots, il se découvrit, et tira de dessous la coiffe crasseuse de sa casquette délabrée un papier roulé qui eût facilement tenu dans le tuyau d'une plume. Adrien déroula ce papier, reconnut aussitôt l'écriture de Pied-de-Fer, et il lut :

« Enfant, donne dix louis au porteur et renvoie-le sur-le-champ. Garde-toi surtout de l'interroger et ne lis ce qui suit que lorsqu'il se sera éloigné. »

Adrien tira sa bourse, y prit dix louis et les présenta au mendiant qui se frotta les yeux à plusieurs reprises avant de tendre la main ; enfin il prit l'or, tourna les talons sans pouvoir articuler un mot de remerciement, et il s'éloigna d'un pas chancelant en essuyant les larmes de joie qui ruisselaient dans les rides creusées sur son visage amaigri bien moins par les années que par la misère, la douleur et les privations. Adrien reprit avidement sa lecture :

« Ne t'inquiète pas de moi, ne me cherche pas et pars sur-le-champ avec Régine pour la villa Mafiolini. Je ne puis dire au juste quand je vous rejoindrai ; mais je te donnerai de mes nouvelles d'ici à très-peu de temps. Partez donc tous deux, aujourd'hui même ; il le faut absolument : je le veux. De ton obéissance à cet ordre ou plutôt à cette prière, enfant, dépend notre avenir à tous. Adieu ! »

Ce singulier message n'était pas de nature à rassurer beaucoup Adrien ; mais il ne lui permettait pas d'hésiter. Quelques instants après l'avoir reçu il montait, en compagnie de Régine, dans une bonne berline de voyage attelée de chevaux de poste, qui bientôt sortit de Paris par la barrière du Midi.

CHAPITRE XXXII.

Résignation.

Régine avait renoncé sans regret à tous les biens dont l'avait comblée lord Barstley ; elle avait retrouvé Adrien beau, riche, titré, et plus aimable, plus amoureux que jamais ; elle allait devenir sa femme, vivre dans l'opulence, sous le plus beau ciel du monde, et cependant un léger nuage de tristesse voilait encore son joli visage, et il lui fallait de temps en temps faire de cruels efforts pour refouler les larmes près de perler sous ses cils.

Sa tendresse maternelle était vivement alarmée, et la manière évasive dont Adrien lui avait répondu, lorsqu'elle lui avait demandé pourquoi Pied-de-Fer ne les accompagnait point, n'avait fait qu'augmenter son inquiétude au lieu de la calmer.

En vain cherchait-elle à se rassurer en se rappelant la loyauté, la générosité que Pied-de-Fer avait montrées dans cette circonstance ; vainement encore elle se disait que quoi qu'il arrivât, elle retrouverait les traces de son fils par Jérésu, ses efforts étaient infructueux, et sa tristesse allait croissant.

Adrien, de son côté, ne dissimulait qu'avec la plus grande peine les craintes qu'il avait conçues.

Il se disait qu'il avait fallu à Pied-de-Fer un motif bien puissant pour demeurer à Paris, alors que le but qu'ils s'étaient proposé était atteint.

Ce billet singulier, écrit au crayon sur un morceau de papier de soie ; la manière mystérieuse avec laquelle il lui avait été remis, et cette recommandation de quitter Paris sur-le-champ, tout cela était peu propre à le rassurer.

« Le malheureux était environné de tant de dangers, se disait-il, qu'il n'aura pu s'y soustraire, son dévouement l'a perdu peut-être, et il ne veut pas que je sache la vérité de peur que ses souffrances nouvelles ne troublent mon bonheur.... Il me tarde de pouvoir consulter Lambert ; lui seul peut désormais éclaircir ce mystère. »

Ce fut sous l'impression de ces tristes pensées que les amants passèrent le premier jour.

Mais ensuite le plaisir de se sentir si près l'un de l'autre, le doux espoir, la presque certitude de ne plus se quitter, la perspective d'un avenir brillant, d'un bonheur que rien ne semblait devoir altérer, tout cela leur ramena la joie au cœur ; à mesure qu'ils s'éloignaient de Paris leurs visages se rassérénaient, car le cœur humain est ainsi fait que les sentiments les plus vifs n'y jettent que de faibles racines.

Une fois hors de France, ils ne voyagèrent plus qu'à petites journées et arrivés à la villa Mafiolini, plongés dans les délices de cette vie intime, au milieu de cette nature admirable, sous l'influence vivifiante de ce soleil de Toscane, leurs regrets et leurs craintes s'affaiblirent, et il n'en resta plus dans leur âme qu'un reflet presque insaisissable.

Adrien, cependant, s'était empressé, à son arrivée, de communiquer à Lambert les craintes que lui avaient fait concevoir la disparition de Pied-de-Fer et le billet qu'il en avait reçu.

« Et votre excellence sait-elle, demanda Lambert avec anxiété, vers quel point de Paris il s'est dirigé après l'avoir laissée à cet hôtel du faubourg Saint-Honoré.

— Je l'ignore absolument, et la manière dont ce billet m'est parvenu, les recommandations qu'il contient et qui, pour moi, devaient être des ordres, ne m'ont pas permis d'aller à la découverte. »

Lambert relut le billet pour la troisième fois, et il s'écria avec douleur :

« Pas un mot pour moi !... Il est vrai que cette fois, la chose serait bien plus difficile ; mais ignore-t-il donc que j'irais sans hésiter le rejoindre en enfer s'il m'y faisait appeler ?... Qu'importe ! j'irai à Paris. Je vous écrirai souvent, monseigneur, et je supplie votre altesse de me donner avis de son côté des nouvelles qu'elle pourrait recevoir. »

Lambert partit donc de nouveau pour Paris ; mais beaucoup plus triste cette fois, beaucoup plus accablé qu'il ne l'était la première ; on eût dit que son énergie avait été entièrement usée par les derniers événements, et que l'incertude où il était sur le sort de son ami était pour lui plus cruelle que de le savoir encore une fois privé de la liberté.

Cette tristesse réagit d'abord sur Adrien ; mais cela ne fut encore que passager, et puis ne fallait-il pas qu'il songeât à remplir le vœu le plus cher à son cœur ? qu'il fît les préparatifs de cette union tant désirée, que son père adoptif avait voulue aussi fortement que lui-même, et qu'il avait travaillé à réaliser en courant les plus grands dangers ?

Il y avait là une source de distractions si vives ; il est si difficile près de la femme qu'on aime, dont on est aimé, de s'occuper d'autre chose que de cet amour et de l'objet qui l'a fait naître et dont les caresses l'avivent sans cesse !...

Le mariage devait avoir lieu sans pompe, sans éclat ; Adrien, on peut se le rappeler, l'avait ainsi décidé à une époque où il était loin de prévoir à quelle situation élevée il devait arriver et par quel étrange concours de circonstances il devait y être poussé.

Les préparatifs ne furent donc pas longs : les deux amants reçurent la bénédiction nuptiale, la nuit, dans la chapelle de la villa, en présence de quatre personnes choisies parmi les personnages distingués de la cour du grand-duc avec lesquels le jeune prince s'était lié dès la première année de son séjour dans ce beau pays.

Puis tout entiers aux joies ineffables de la lune de miel, joies qui, pour leur être connues depuis longtemps déjà, n'en étaient pas moins vives, les nouveaux époux se tinrent dans la retraite, et ne parurent dans le monde qu'à de rares intervalles, et autant seulement qu'il le fallait pour que les convenances ne fussent pas blessées.

L'instruction de Régine, les talents qu'elle avait acquis étaient à chaque instant pour Adrien le sujet d'une nouvelle et délicieuse surprise ; il lui enseigna l'italien qu'il avait lui-même appris très-rapidement, et dès lors la jolie Régine, devenue princesse de Mafiolini, fut une femme du monde charmante, accomplie, dont Adrien était fier, le pauvre garçon ! comme s'il eût lui-même opéré ce prodige.

Cependant Pied-de-Fer, calme et résigné à son sort, quel qu'il pût être, mais non découragé, attendait le dénoûment de ce drame.

Toujours fort et prudent, il se tenait prêt à tout, à recouvrer sa liberté s'il en trouvait ou si on lui en fournissait le moyen, ce qui lui paraissait excessivement difficile, sinon impossible ; à mourir s'il devait en être ainsi.

Après avoir subi, à la préfecture de police, un interrogatoire, pour la forme seulement, puisque son identité n'était point contestée, on le conduisit à la Force ; là, on le déposa dans un lieu redoutable appelé la Fosse aux Lions, où sont gardés avec une vigilance extraordinaire les malfaiteurs incorrigibles contre lesquels les plus terribles châtiments ont été impuissants ; qui dix fois ont brisé les fers du bagne, percé les murs des cachots, soutenu des luttes incroyables avec la force armée, et qui ne se regardent jamais comme vaincus par la société à qui ils ont déclaré une guerre à mort.

Enfermés sous de triples murailles, chargés de fers sous le moindre prétexte, ne pouvant rien recevoir du dehors, ne respirant pour ainsi dire que sous les regards des gardiens armés, l'espérance ne les abandonne pas.

Surexcités par la haine, le désir de la vengeance et toutes les horribles passions qui fermentent sans cesse en eux, leur infernal génie leur fait braver toujours, vaincre souvent les difficultés les plus insurmontables, entreprendre et exécuter des travaux surhumains, capables d'effrayer l'imagination la plus puissante, en présence desquels il faut reconnaître que l'enfer a aussi ses prodiges.

Pied-de-Fer retrouva dans ce lieu quelques-uns de ses anciens compagnons, gens qui l'avaient vu à l'œuvre, qui savaient de quelle énergie il était doué et connaissaient sa vivacité d'esprit, sa force physique, et l'admirable fécondité de son imagination dans les grandes occasions.

Des ouvertures lui furent faites dès le premier jour ; on tenta de le faire entrer dans une association dont le but est facile à deviner, et dont on voulut lui faire connaître les moyens ; mais dès les premiers mots, il interrompit l'orateur.

« Garçons, dit-il, vous me connaissez assez pour être sûrs que je ne puis être un obstacle à l'exécution de vos projets ; mais je n'y veux point prendre part. Je vieillis ; mes facultés s'usent, et je sens que le temps du repos est venu pour moi. Ce repos aurait pu être plus doux ; mais tel qu'il est je m'en contente : j'attends, je vois venir, et je laisse faire ; il n'en faut pas espérer davantage de ma part. J'ai vieilli vite, je suis caduc, et bientôt tout sera fini pour moi. »

Ces paroles inspirèrent de la défiance ; Pied-de-Fer, épié jour et nuit par les gardiens, le fut en même temps par ses compagnons ; mais il ne s'en inquiéta point, son calme demeura le même ; on finit par s'y accoutumer, et au bout de quelques jours sa position devint un peu plus tolérable.

Conduit chez le juge d'instruction il répondit ainsi aux questions qui lui furent adressées :

« Les faits que l'on me reproche peuvent et doivent être divisés en trois catégories : la première se compose d'actions épouvantables, je le reconnais, mais qui sont maintenant couvertes par la prescription ; les actes de la seconde catégorie peuvent être interprétés de plusieurs manières ; s'il s'y trouve des circonstances aggravantes, il y en a aussi de très-atténuantes ; enfin les faits de la troisième catégorie sont entièrement faux en ce qui me concerne. Voilà la vérité en gros ; mais il vous faut des détails, je les donnerai, des preuves, je les produirai. Je vais, à l'instant même, écrire quelques lignes que vous voudrez bien, après les avoir lues, faire tenir à leur adresse. Dans quelques jours un paquet cacheté vous arrivera d'Italie ; donnez-moi votre parole de n'en rompre le cachet que huit jours après l'avoir reçu et en ma présence, et je m'engage à vous faire connaître la vérité tout entière. Ne vous offensez pas de ces conditions, je vous en prie, elles sont une nécessité de ma position.

— Écrivez donc, dit le magistrat, et il sera fait ainsi que vous le demandez. »

Pied-de-Fer écrivit à un notaire de Florence chez lequel il avait déposé avant d'entreprendre son voyage plusieurs paquets cachetés, et le pria d'envoyer au magistrat, dont il indiqua la demeure, l'un de ces paquets portant pour suscription : *affaires intimes*.

Le paquet arriva, Pied-de-Fer fut conduit de nouveau près du juge.

« Je vais donc briser le cachet ? dit ce dernier.

— Pas encore, monsieur, je vous en conjure ; il manque ici une personne qui doit être présente à cette ouverture ; une femme... je me trompe, une furie échappée de l'enfer, dont la vie entière est un tissu de monstruosités incroyables.

— Point de déclamations inutiles, interrompit le juge. Dites quelle est cette personne, articulez les faits à sa charge, et nous aviserons.

— Elle se nomme la marquise de Gastelar, et demeure à Paris, rue du Faubourg-St-Honoré. »

Le magistrat bondit sur son siège.

« Oh ! c'est impossible ! s'écria-t-il. Songez à ce que vous dites. Vous ignorez sans doute que le marquis de Gastelar était l'ami le plus dévoué du roi ; que sa veuve jouit à la cour de la plus haute faveur et de la considération la mieux méritée. Votre position ne peut être qu'aggravée par une pareille calomnie.

— Très-bien, fit Pied-de-Fer en souriant ; je m'attendais à tout cela, et vous n'y avez pas manqué. Eh bien ! cette femme était, à quinze ans, la maîtresse du fameux *Petit-Duc*, qui commandait une bande de chauffeurs dont je faisais partie....

— Ta, ta, ta... interrompit de nouveau le juge, récriminations insignifiantes. Si c'est à cela que doivent se borner vos révélations, nous pouvons passer outre. Le fait que vous articulez, fût-il vrai, ne signifierait pas grand'chose ; car on n'est pas bien sûr aujourd'hui que ce qu'on appelait *les chauffeurs* n'aient pas été les plus persévérants, les plus intrépides défenseurs du trône et de l'autel.... D'ailleurs votre animosité s'explique : vous êtes l'assassin du premier mari de la marquise, et c'est précisément pour ce fait que vous avez été condamné et envoyé au bagne.

— Oui, j'ai tué le mari, à la sollicitation de la femme qui était devenue ma maîtresse. Plus tard, cette femme m'a fait enlever, jeter dans un caveau où elle voulait m'assassiner parce que j'avais arraché de ses griffes de démon un jeune et brave officier qu'elle avait séduit. J'étais dans ce caveau au milieu des complices de cette furie dont quelques-uns avaient été mes compagnons autrefois, lié, garrotté sans défense, elle me frappa d'un coup de poignard que je parai avec mon bras lequel fut traversé de part en part ; elle allait redoubler lorsque la police qui avait découvert ce repaire y fit tout à coup irruption. Tous prirent la fuite ; je fus seul arrêté. On découvrit dans ce caveau l'ouverture d'une galerie souterraine qui se prolongeait jusque dans les bâtiments de la Banque de France, et l'on m'accusa d'être le chef d'une bande qui avait tenté de pénétrer par cette voie jusqu'aux coffres de la banque. Il n'en était rien : le chef, c'était la marquise. »

Le juge paraissait distrait ; il fit un mouvement d'impatience.

« Écoutez, écoutez, monsieur ! dit Pied-de-Fer de cette voix qui avait tant de fois imposé à ces bandes de démons dont il avait été le chef. Écoutez, et n'oubliez pas surtout ce que je vous ai dit lors de notre dernière entrevue, à savoir que je ne veux rien avancer que je ne puisse prouver. Je continue : pendant que j'étais sous les verrous, un pâté empoisonné m'a été envoyé ; ce fait a été l'objet d'une instruction. Le pâté venait de la marquise qui, dans le même temps, tenta de me faire assassiner. Enfin il y a un an au plus, cette affreuse vipère fut enfermée à Florence, dans une maison de filles repenties d'où elle n'a pu sortir qu'à l'aide d'un nouveau crime....

— Assez de divagations comme cela, dit le juge

en interrompant le prévenu pour la troisième fois.

— Encore un instant, monsieur ; souffrez que je pose mes conclusions, comme on dit ici. Je demande que la marquise de Gastelar soit arrêtée, qu'elle me soit confrontée sur-le-champ, et je prends l'engagement de lui arracher l'aveu des crimes dont je l'accuse. Cela, je le sais, ne me sauvera pas ; mais à chacun selon ses œuvres.

— Je ne vois dans tout cela que des phrases, répliqua le juge.

— Mais j'ai cité des faits judiciairement constatés.

— Quelques-uns des faits ont été constatés, c'est possible ; mais la culpabilité de la personne que vous accusez ne l'a jamais été.

— Eh bien ! elle va l'être... Rompez le cachet, maintenant, et lisez ! »

Le juge prit le paquet envoyé de Florence, et après avoir ouvert la triple enveloppe qui en cachait le contenu, il déplia un cahier de papier composé de plusieurs feuilles couvertes d'une écriture de femme serrée et menue.

« Quel fatras ! dit-il avec humeur.

— Eh ! monsieur, s'écria Pied-de-Fer presque furieux, ne lisez pas ce fatras, je m'en moque ; mais tous les diables d'enfer n'empêcheront pas que vous l'ayez reçu, que j'en sache le contenu, et vous serez bien obligé de le joindre aux pièces du procès. »

Le magistrat se décida enfin à jeter les yeux sur le cahier qu'il venait de déplier, et il lut :

« Je demande pardon à Dieu et aux hommes des crimes horribles que j'ai commis, et dont ce qui suit est la relation sincère. Ma situation est telle en ce moment, que peut-être ma mort suivra de bien près cette confession faite avec la sincérité d'un cœur repentant. »

Avant de continuer, le juge courut à la dernière page, et il parut frappé de stupeur en y trouvant la signature de la marquise.

« Oh ! vous n'êtes pas au bout, » dit Pied-de-Fer, qui suivait de l'œil tous les mouvements du magistrat.

Ce dernier revint effectivement à la première page, et il reprit sa lecture avec la plus grande attention.

De temps en temps il pâlissait, ses cheveux se dressaient, et il était obligé de s'arrêter pour respirer et essuyer la sueur qui inondait son visage.

Pied-de-Fer, au contraire, recouvrait peu à peu le calme qui l'avait abandonné un moment.

« Encore quelques instants, se disait-il mentalement, et le plus difficile sera fait. Adrien, ce brave enfant qui m'avait fait aimer la vie après m'avoir presque réconcilié avec la société... Adrien, la seule créature honnête qui m'ait aimé, n'aura plus à redouter les morsures de ce serpent, et Régine sortira enfin pour toujours de cette fange où je l'avais précipitée... Pauvres enfants que j'ai tant fait souffrir, soyez heureux !... Le curé de Marchais fera le reste.... Oh ! je me sens maintenant plus fort sur ce terrain-là que je l'étais autrefois sur un autre bien différent.... »

Il fut interrompu dans ses réflexions par une exclamation du juge qui s'écria en posant de nouveau le cahier sur son bureau.

« Mais c'est horrible !... c'est incroyable !...

— Et pourtant tout cela est vrai, dit le prévenu ; et peut-être même n'est-ce pas toute la vérité. »

Le juge couvrit son visage de ses deux mains, réfléchit un instant, puis il dit à demi-voix :

« Il n'y a plus à hésiter ! »

Ouvrant alors brusquement l'un des tiroirs de son bureau, il y prit une formule de mandat d'arrêt imprimée ; il la remplit, la signa, et agita d'un mouvement convulsif la sonnette dont le cordon pendait à côté de lui.

Un garçon de bureau parut.

« Tenez, lui dit-il en lui présentant le mandat, portez ceci à la préfecture, et dites que l'on fasse diligence, car il s'agit d'une affaire de la plus haute gravité. »

Une heure s'écoula pendant laquelle le juge relut deux fois cette confession écrite par Mme de Gastelar en présence de Lambert et de Pied-de-Fer, et qu'elle leur avait remise à titre de rançon pour sa vie et sa beauté qui avaient couru successivement de si grands dangers.

Pied-de-Fer était assis dans un coin obscur du cabinet et gardé à vue par un gendarme ; le greffier profitait de la circonstance pour prendre un peu de repos et s'étendre sur sa chaise, douceurs d'autant plus grandes qu'elles ne lui étaient permises qu'à de bien rares intervalles ; le magistrat méditait quelques-uns des principaux passages de l'écrit qu'il avait sous les yeux, lorsqu'il se fit tout à coup un certain mouvement dans la pièce qui précédait le cabinet du juge ; presque aussitôt le porte s'ouvrit et une femme parut sur le seuil. Pied-de-Fer poussa un cri de joie ; il venait de reconnaître la marquise.

CHAPITRE XXXIII.

Une halte.

Lambert, on s'en souvient sans doute, devinant aux paroles d'Adrien le nouveau malheur arrivé à Pied-de-Fer, avait repris le chemin de Paris. Mais cette fois il ne pressait pas les postillons, il ne demandait pas que l'on crevât les chevaux.

En proie à une tristesse profonde, il lui semblait, au contraire, que les jours passaient trop

Monsieur le curé, je viens vous demander l'hospitalité. (Page 146, col. 1.)

rapidement, et que les distances étaient trop vite franchies; on eût dit qu'une puissance secrète le poussait vers la capitale de la France, en même temps que le sentiment de la conservation le retenait sur le chemin.

Pourtant, cette nature énergique n'avait pas faibli; seulement elle se concentrait pour laisser à l'intelligence une place plus large.

Lambert se demandait s'il était bien raisonnable d'aller disputer au bourreau la tête d'un homme qui, depuis plus d'un demi-siècle, fatiguait la terre du poids de son existence, et si, au lieu de tenter de l'arracher à la justice, il ne ferait pas mieux, lui Lambert, de satisfaire à la vindicte publique en se livrant pieds et poings liés pour mourir près de lui, en même temps que lui.

« Car après tout, se disait-il, nous sommes encore bien au-dessous de cette société que nous regardons par-dessus l'épaule, comme pour nous vanter d'être arrivés plus vite que le commun des hommes à ce haut degré de dépravation.... Le mal est d'avoir pris la partie pour le tout, d'avoir rendu l'humanité tout entière responsable des fautes, des crimes de quelques-uns. Et puis il y a l'orgueil, ce péché capital, comme on me disait quand j'étais enfant, l'orgueil qui fait que l'on rejette les conseils d'hommes supérieurs, précisément parce qu'on s'obstine à nier cette supériorité.... Pied-de-Fer, lui, avait reconnu cette supériorité de la pensée sur l'action, du cerveau sur les bras.... Et comment en était-il arrivé là ? Uniquement pour avoir eu une conférence nocturne avec un desservant de village, le curé de Marchais.... Pardieu! voici la première idée qui surgit dans mon cerveau depuis mon départ de Florence. C'est pourtant bien simple, car là est la clef de voûte.... Oh! brave curé, comment se fait-il qu'il ne soit pas évêque.... il est pourtant certain que Pied-de-Fer n'aurait eu pour cela... Eh bien! non, je suis un sot, voici que je retombe dans ces calomnies vulgaires de l'école voltairienne : *Écrasons l'infâme!* comme ils disaient, et l'infâme les aidait à mourir!...

Lambert fit ainsi plus de cent lieues, se débattant sous le galimatias philosophique, résultat ordinaire d'une éducation incomplète, et il n'en était guère plus avancé, lorsque tout à coup un choc violent jeta sur le côté la chaise de poste dans laquelle il roulait.

« Pardieu, mon garçon, dit-il au postillon qui venait l'aider à sortir de la voiture après être parvenu à se dégager lui-même de dessous son porteur, je vois avec plaisir que tu es expert à verser les voitures dans le lieu, ou à peu près, où elles doivent s'arrêter.

— Dame! monsieur, c'est la faute du gouvernement; si vous pouviez juger par vous-même comme les routes sont mal entretenues.

— Sans doute, cela est à toucher au doigt; les

routes étant fort mal entretenues, et les postillons l'étant beaucoup trop bien, il en résulte les belles choses que voici, à savoir une voiture brisée, un voyageur moulu.... Mais c'est le cas d'agir plus que de parler : voyons, si je ne me trompe, nous ne devons pas être loin de Montmirail ?

— Deux petites lieues, notre maître, deux toutes petites.

— Et le village de Marchais doit se trouver tout près d'ici, sur la gauche ?

— Tout près comme vous dites, la preuve que s'il faisait nuit fermée, nous verrions d'ici la lumière briller aux fenêtres du presbytère.

— Très-bien, reprit Lambert qui, pendant ce dialogue, était parvenu à se tirer de la voiture, et qui déjà avait sa valise sous le bras ; alors tu peux t'en aller au diable.

— Mais, notre maître, vous....

— Moi je vais où il me plaît, interrompit Lambert en lui mettant un louis dans la main. T'es chevaux n'ont aucun mal, et, cahin, caha, la voiture peut être traînée jusqu'au prochain relais. Marche donc, et laisse-moi en paix. »

Le postillon se disposait à répliquer, mais déjà Lambert, quittant la grande route, s'était jeté dans un chemin de traverse, et en un instant il fut hors de la portée de la voix.

« Va, mon homme, va, chemine, dit le malencontreux automédon lorsqu'il fut un peu revenu de sa surprise ; le fait est que ça n'est pas ton bagage qui t'empêchera de courir.... En voilà encore un paroissien un peu singulier !... Allons, noirot, un coup de collier, hop !... Et dire que ça parle français comme toi-z et moi. Hop ! hop !... Je vois la malice, c'est un Anglais déguisé.... Eh bien, à revoir, milord goddam !... Hue ! grisotte.... Bast ! il n'y a qu'une soupente de cassée, toujours la même... En v'là une qu'est archi-payée ! Allons, noirot, grand train ; nous retournons à l'écurie. »

Cependant Lambert s'avançait rapidement vers le village en prenant pour guide le clocher qui se dessinait encore dans le crépuscule.

Un quart d'heure après il frappait à la porte du presbytère ; une vieille servante vint ouvrir, et presque aussitôt Lambert se trouva en présence du vénérable pasteur.

« Monsieur le curé, lui dit-il, je viens vous prier de m'accorder l'hospitalité ; ce n'est pas que les auberges manquent dans le pays, ou que je sois dépourvu du viatique qui permet d'y trouver place, mais c'est que j'ai à vous parler de choses importantes, et voici une lettre de créance qui vous dira à peu près qui je suis.

En parlant ainsi, il tira de son portefeuille un carré de papier portant une signature au-dessous d'un large cachet. A peine le curé eut-il jeté les yeux sur cette espèce de talisman, que son visage s'épanouit.

« Soyez le bienvenu, monsieur, s'écria-t-il ; vous ne pouviez arriver plus à propos ; car n'ayant pas reçu de réponse aux dernières lettres que j'ai écrites en Italie, j'ai pris, il y a vingt-quatre heures, le parti de briser le cachet de la pièce de réserve, ce qui fait que je suis maintenant mille fois plus embarrassé qu'auparavant. Vous savez sûrement de quoi je veux parler ?

— Parfaitement, monsieur le curé.... Mais nous ne sommes pas seuls, et....

— Ah ! c'est juste.... Charlotte, va mettre le couvert, ma bonne vieille.... Nous causerons en soupant. »

Charlotte s'empressa d'obéir sans faire la moindre objection ; mais il eût été facile de reconnaître à l'expression de son visage que les dernières paroles de l'étranger l'avaient vivement blessée.

« C'est que, voyez-vous, reprit le pasteur, c'est une vieille amie qui a constamment partagé les misères et les joies qu'il a plu à Dieu de m'envoyer, et la pauvre bonne femme doit être un peu surprise d'apprendre si brusquement que j'ai des secrets pour elle. La vérité est que je ne lui ai jamais celé que ceux qui ne m'appartiennent point, et de ce nombre est celui dont nous avons à nous entretenir. »

Ces paroles que le vieillard avait prononcées avec intention, produisirent tout l'effet qu'il en attendait : le visage de Charlotte se rasséréna, et le zèle qu'elle apporta dans l'accomplissement des ordres formulés par son maître fit voir à ce dernier qu'elle lui tenait compte de sa bienveillante explication.

« Monsieur, reprit le bon prêtre lorsqu'il fut seul avec Lambert, je ne vous dirai point que je regrette de ne pouvoir vous traiter en prince, car je préfère l'humble condition où il a plu à Dieu de me placer à celle du plus glorieux et du plus puissant souverain ; mais je sens que vous allez vous trouver assez mal ici, accoutumé que vous devez être, depuis cinq ans, à toutes les splendeurs de la vie princière.

— Si je comprends bien, répondit Lambert en souriant, cela veut dire que le signe de reconnaissance que j'ai eu l'honneur de vous présenter comme lettre de créance ne vous paraît pas suffisant, et que vous craindriez de vous livrer en commençant l'explication. J'approuve ce scrupule, et je vais vous donner toute satisfaction : je me nomme Jérôme Lambert. C'est à moi que, dans son testament qu'il vous a remis, Charles Baillor, dit Pied-de-Fer, c'est à moi, dis-je, qu'il impose l'obligation de vous donner tous les éclaircissements nécessaires à l'accomplissement de ses dernières volontés....

— Maintenant, je ne doute plus, interrompit le pasteur ; car testament a été écrit ici, en ma présence, sous mes yeux, et vous ne pourriez en connaître le contenu; si vous n'étiez l'homme que vous dites, car il y a vingt-quatre heures que j'en ai brisé le cachet, suivant en cela la recommandation du testateur.

« Monsieur le curé, m'avait-il dit, je désire que vous ne preniez connaissance de cet acte qu'après ma mort; cependant, comme je puis mourir dans quelque coin du monde, sans que jamais vous en soyez informé, vous pourrez briser le cachet dans le cas où je serais plus d'un an à vous donner de mes nouvelles par une voie quelconque et vous agirez, du reste, selon les inspirations de votre conscience. »

« Maintenant, puisque vous connaissez les dispositions faites par le testateur, vous devez comprendre mon embarras. »

Lambert comprit que ces dernières paroles étaient encore l'expression d'un léger doute qu'il devait dissiper.

« Tenez, monsieur le curé, s'écria-t-il, jouons cartes sur table : il est clair que vous ne pouvez avoir grande confiance en moi qui ne dois être à vos yeux qu'un bandit, et qui arrive chez vous comme un mendiant, alors que vous me croyiez le commensal des plus grands princes d'Italie.

— Oh! je n'ai pas voulu dire....

— Non; et vous ne l'avez pas dit, parce que vous êtes un bon et excellent homme qui connaissez le cœur humain; mais je le dis, moi, parce que cela doit être ainsi. La lecture du testament de Baillor a mis en quelque sorte à votre disposition une fortune immense, fabuleuse!...

— Ah! monsieur, près de cent cinquante millions!... Plus qu'il n'en faudrait pour acheter un royaume! Cela confond l'imagination.

— Sans compter qu'il en a oublié une notable partie dont j'ai tenu note.... Voilà que nous commençons à nous entendre, et tout à l'heure le dernier nuage sera dissipé.... Vous souvient-il, monsieur le curé, de la nuit qui suivit la bataille de Montmirail?

— Ah! mon fils, pourquoi réveiller ces douloureux souvenirs?... Je vois encore les dalles de ma chère église inondées de sang, partout des morts, des mourants....

— Oui, et au milieu de tout cela, un brave et vigoureux compagnon, tête nue, la soutane retroussée et attachée sur la ceinture, afin que ses mouvements fussent libres.... une trousse à la main, taillant, pansant, bénissant; envoyant au ciel les plus maltraités, relevant le courage de ceux qui pouvaient guérir.... C'était vous, monsieur le curé!... Vous étiez encore dans votre église, au milieu de cette scène de désolation, lorsque je vins vous prier.... Oh! je m'en souviens, j'avais le sabre à la main, la menace à la bouche; dix hommes déterminés m'accompagnaient et rien de tout cela ne put vous intimider. Il s'agissait de venir à plus d'une lieue d'ici secourir un brave jeune homme qui est aujourd'hui le prince de Mafiolini. Vous vîntes, mais après vous être assuré que tous les malheureux que vous aviez recueillis avaient été secourus....

— Mais, interrompit de nouveau le digne prêtre dont ces paroles blessaient la modestie, il me semblait que nous avions à parler d'autre chose?

— Certainement, monsieur le curé; soyez tranquille, nous y arrivons. Vous voilà donc près du jeune officier; Pied-de-Fer veut trouver à redire sur votre habit, et d'un mot vous le clouez comme un enfant qui ne sait pas sa leçon. Il sent l'éperon et ne regimbe pas, lui qui eût fait tête au grand diable; et, dans le cours des deux nuits suivantes, il apporte à votre presbytère environ trois cent cinquante mille francs.

— Oui, oui, c'était le chiffre annoncé; mais comme il paraît qu'il avait pris sans compter, il s'était trompé de quelque chose : il y avait quatre cent soixante mille francs! près d'un demi-million.... Et j'ai dormi là-dessus, moi qui n'avais jamais possédé cent louis!... Je le vois encore; il arrive, ayant sur la croupe de son cheval une énorme valise, plus deux immenses sacoches pendantes sur les épaules de l'animal, et lui battant le poitrail.

« — Monsieur le curé, dit-il, vous m'avez inspiré une grande confiance; on ne sait qui meurt et qui vit, et j'ai là quelques jaunets que je serais bien aise de mettre en sûreté.

« — C'est-à-dire, lui répondis-je, que vous m'avez jugé capable de faire un bon recéleur, et que vous venez sans plus de façon me proposer la chose.

« — Monsieur le curé, reprit-il en souriant, je comprends l'erreur et je ne suis pas homme à vous en vouloir pour si peu : l'erreur est le partage de l'homme, disait le Petit-Duc, et les curés n'en sont pas exempts.... Or, il s'y connaissait celui-là ! mais enfin la vraie vérité est que vous m'avez donné l'envie de devenir honnête homme, et je veux essayer.... J'ai mes idées là-dessus, des idées à moi, que vous ne pourriez ni partager ni comprendre. Mais ce que vous pouvez parfaitement faire, c'est de recevoir les cinquante mille écus environ que j'ai là, et à peu près autant que je vous apporterai la nuit prochaine, et d'en user comme vous l'entendrez. Vous me disiez hier : « Les pauvres sont nombreux; car la guerre nous « a ruinés. » Eh bien! avec ces quelques louis, on peut faire quelque chose, diminuer un peu le mal.

« — Mais, dis-je, c'est le prix du sang, le produit du vol, du pillage dont vous voulez me faire dépositaire.

« — Je serais vraiment fort embarrassé de vous dire au juste d'où et de qui cela vient, répliqua-t-il; mais j'ai ouï dire autrefois, quand j'étais enfant, qu'il est des cas où la fin peut pardonner les moyens; or, la fin ici, monsieur le curé, c'est de secourir les malheureux, c'est de vêtir ceux qui sont nus, de donner à manger à ceux qui ont faim, de relever les chaumières, de consoler les veuves et les orphelins.... Tenez, voyez l'effet du contact, voilà que je vous fais un sermon.... Ça serait édifiant, sur ma parole; mais j'aime mieux m'occuper d'autre chose. Ainsi vous acceptez ma proposition, c'est chose convenue, et voici la première partie de la bagatelle; à demain le reste. » A ces mots, et sans attendre ma réponse, il jette sur le pavé de ma cour la valise et les sacoches.

« Le lendemain, à minuit, il frappait de nouveau à ma porte, et une nouvelle valise, de nouvelles sacoches allèrent rejoindre celles que j'avais déposées dans un coin de ma cave. Cet homme extraordinaire me fit encore plusieurs autres visites, car il semblait se plaire ici. La dernière fois qu'il y vint, il écrivit son testament, cet acte étrange, inouï, qui me jette aujourd'hui dans de si grandes perplexités.... Mais enfin, parlons de son âme; comment est-il mort?

— Il n'est pas mort, monsieur le curé.

— Ah! Dieu soit loué!... Et il reprendra ses millions, n'est-ce pas?

— J'en doute; car il peut vivre en prince sans s'occuper de cela; et sa fin est peut-être bien prochaine.

— Mon Dieu! il faudra donc que je succombe sous le poids de cet immense fardeau!

— Est-il donc si difficile de donner de l'argent?

— Oui, monsieur; cela est difficile pour l'homme qui, en toutes choses, consulte sa conscience: il en est de l'argent comme des langues dont parlait Ésope; c'est à la fois la pire et la meilleure chose, et il est toujours plus facile de la faire servir au mal qu'au bien. Ah! vous ne savez pas toutes les peines que m'a données la distribution de cet or jeté malgré moi! D'abord la tâche fut facile; la guerre avait fait tant de victimes! mais un demi-million tient beaucoup plus de place qu'on ne croit communément: au bout de six mois, il n'y avait plus un mendiant à deux lieues à la ronde de ma paroisse, j'avais fondé deux écoles, l'église était réparée à neuf, toutes les ornières des chemins vicinaux étaient comblées, et il me restait encore plus de cent mille francs dont je ne savais que faire; car, comprenez bien, mon cher monsieur, que l'écueil était près du port, et qu'il me fallait examiner les choses de près pour ne pas courir le risque, en secourant les malheureux, de venir en aide à l'oisiveté, à la paresse, à toutes les mauvaises passions que le malheur des temps avait singulièrement grossies. J'avais pris l'engagement tacite de faire quelque bien avec cet argent, et je reconnus bientôt qu'il pouvait être une cause de désolation. Ne sachant comment me tirer de là, je plaçai les cent mille francs; mais il y a cinq ans de cela; les intérêts se capitalisent, cela grossit d'une manière effrayante, j'en suis épouvanté. C'est à ce sujet que j'écrivis à plusieurs reprises dans ces derniers temps à M. Baillordini (c'est ainsi qu'il se nomme maintenant, comme vous savez). N'obtenant point de réponse, j'ai lu le testament, et cette lecture m'a navré le cœur. Cent cinquante millions!... Et vous dites encore que ce n'est pas tout!... Mais rien que d'y penser, cela me donne des vertiges.... Tenez, je vous en prie, mon cher monsieur, ne me mettez pas à une si rude épreuve.... J'ai la conviction que je m'en tirerais mal.... Et puis je me fais vieux, je suis entouré de braves gens qui m'aiment; voulez-vous donc que je n'aie pas de temps à leur consacrer?

— Eh! mon cher monsieur, n'avez-vous donc pas toujours le droit de renoncer à la succession, et de mettre le testament en d'autres mains? J'espère pourtant que vous n'en ferez rien; mais enfin, c'est une éventualité qui doit vous rassurer quelque peu. Maintenant donc, parlons d'autre chose : Pied-de-Fer est en ce moment sous la main de la justice, à Paris, et je vais me livrer pour le rejoindre et mourir avec lui. »

Les derniers mots de cette phrase étaient à peine articulés, lorsque le curé de Marchais, se levant vivement, abaissa ses regards flamboyants sur son interlocuteur :

« Mon fils, dit-il, en s'efforçant de maîtriser la violente émotion qu'il éprouvait, vous ne ferez pas cela: l'homme ne doit mourir que lorsque Dieu le veut; le suicide est un crime, et l'action que vous méditez est un suicide. Trouvez-vous donc que Dieu vous accorde trop de temps pour vous repentir et faire pénitence?... Pauvre insensé, vous voulez mourir et vous ne savez pas souffrir!... Non, non, mon ami, mon frère, vous ne ferez pas cela, je vous en prie, je vous en conjure.... c'est pour les pécheurs repentants comme vous qu'il y a des joies dans le ciel.... Allez donc et vivez afin de m'être en aide dans les immenses travaux qui me sont imposés.

— Allons, dit Lambert, après un assez long silence, voici encore une ressource qui m'échappe.

— Du courage, mon fils! une longue vie de désordres ne peut s'expier en quelques jours.

— Mais ils vont le tuer, lui! exclama Lambert, en se levant à son tour.

— Cela n'arrivera que si Dieu le permet, mon fils; croyez bien que la justice des hommes ne saurait prévaloir contre la justice divine. Luttez, mon enfant; que l'homme fort succède à l'homme coupable, et laissez-moi cette consolante espérance qu'un jour je pourrai vous dire, à vous et à lui :

« Enfants, je vous absous, au nom du Père, du Fils et du Saint-Esprit ! »

La figure du vieillard était en ce moment si majestueuse, il y avait tant d'onction dans ses paroles, que Lambert, frappé d'admiration, ne trouva rien à répliquer.

« Mais, au moins, dit-il, après quelques instants, je puis tenter de le secourir?

— Sans doute, pourvu que *secours*, ici, ne signifie pas révolte contre les lois divines et humaines.

— Allons, que notre destinée s'accomplisse ! s'écria Lambert. Demain, monsieur le curé, avant de me remettre en route, je déposerai entre vos mains un paquet cacheté que je préparerai cette nuit, et que vous auriez la bonté d'expédier au prince Mafiolini, à Florence, dans le cas où six mois se seraient écoulés sans que vous ayez eu des nouvelles de moi ou de Pied-de-Fer. Soyez sûr qu'alors le prince vous viendrait promptement en aide pour l'accomplissement de l'immense tâche dont vous parliez tout à l'heure. »

Le curé se leva à son tour et conduisit son hôte dans la chambre que Charlotte avait préparée, et où il fit apporter tout ce qu'il fallait pour écrire.

Le lendemain, au point du jour, Lambert remit au digne prêtre le paquet cacheté, qu'il avait annoncé, puis, après avoir glissé quelques louis dans la poche du tablier de Charlotte, sans que la bonne fille s'en aperçût, il se dirigea vers Montmirail, et reprit la poste pour Paris.

CHAPITRE XXXIV.

Un fou.

L'évasion de Pied-de-Fer n'avait eu aucune conséquence fâcheuse pour le greffier Hochelin ; il ne s'était pas élevé le moindre soupçon contre ce fonctionnaire qui, grâce aux libéralités de Lambert, avait désintéressé ses créanciers et était maintenant en paix avec tout le monde, excepté avec lui-même ; car s'il avait eu la faiblesse du crime, il n'avait pas su en acquérir l'énergie : le remords l'écrasait ; ses facultés mentales, qui n'avaient jamais été d'une grande puissance, s'affaissaient sous le fardeau de sa conscience.

Il semblait être en proie à une sorte de terreur permanente, presque toutes ses nuits étaient sans sommeil, son oreille était sans cesse tendue au moindre bruit, et à chaque heure du jour ses yeux hagards semblaient chercher autour de lui l'ennemi invisible qui le tourmentait.

Il avait néanmoins conservé son emploi, car le travail seul avait le pouvoir d'apporter quelque adoucissement à ses maux.

Les caresses de sa femme, de ses enfants, lui étaient devenues insupportables.

La bonne Suzanne était au désespoir.

« Mon ami, je t'en conjure, lui disait-elle parfois, fais-moi connaître la cause de tes chagrins ; si je ne puis les faire cesser, au moins je les partagerai, et quelque grands qu'ils puissent être, je souffrirai moins de les connaître que de les ignorer.

— Je n'ai rien.... rien, vous dis-je, répondait-il d'un air distrait ou impatienté.

— Mais tu ne dors plus, tu manges à peine. On ne peut vivre ainsi.

— Eh bien ! quand on ne peut plus vivre, on meurt !... Oui, on meurt.... et alors on est à l'abri de toutes ces persécutions.

— Mon Dieu ! est-il possible que tu reçoives ainsi mes prières, l'expression de mes craintes !... Oui, oui, je le vois trop, il se passe en toi quelque chose d'extraordinaire.... Et pourtant tout est riant autour de nous : nos enfants grandissent, ils seront l'appui de notre vieillesse, car ils auront toutes tes qualités. Cette année, nous avons pu faire quelques économies, et....

— Ah ! oui, nous y voilà, de l'argent ! toujours de l'argent !... Mais vous voyez bien que c'est cela qui me tue !... De l'argent, de l'or, des billets de banque.... pour que l'on jette mon âme au diable et mes cendres au vent.... »

Alors l'infortuné devenait furieux, il poussait des cris affreux, se déchirait la poitrine, s'arrachait les cheveux, et cela durait jusqu'à ce que l'entier épuisement de ses forces le fît tomber sans mouvement sur le parquet.

Au palais, ainsi que nous l'avons dit, les souffrances de ce malheureux étaient moins vives ; le travail à peu près mécanique auquel il se livrait avec ardeur maîtrisait en quelque sorte la pensée ; cependant il n'était pas rare que sa plume cessât tout à coup de reproduire les questions du juge ou les réponses du prévenu ; sa tête alors tombait lourdement sur la table de bois noircie qu'il appelait son bureau, quelques mouvements nerveux, épileptiques, agitaient ses membres ; mais cela durait peu, et l'opération appelée interrogatoire pouvait se continuer après une courte interruption.

« Vous êtes malade, Hochelin, lui avait dit le juge à plusieurs reprises ; demandez un congé, vous l'obtiendrez facilement, et le repos vous guérira.

— Le repos me tuerait, monsieur, répondait le malheureux greffier. Non, non, je vous en supplie, point de congé, point de vacances ; c'est déjà trop des dimanches et des fêtes.

— Voilà un brave et digne homme, se disait à part lui le respectable magistrat ; il faudra que je dise un mot touchant ses vertus mirifiques aux gens composant le comité des prix Montyon. »

Et le brave juge continuait à instruire des procès (on appelle cela instruire!), et Hochelin continuait à sténographier les questions du juge et les réponses du prévenu. Mais, évidemment, la machine s'usait avec une rapidité prodigieuse, et la plus légère cause pouvait déterminer une violente explosion.

Telle était la situation de Hochelin et de sa famille, lorsque Lambert arriva rue Zacharie, portant, comme la première fois, sa valise sous son bras.

« Ah! mon bon Jérôme, lui dit Suzanne en l'embrassant avec effusion, sois le bienvenu! Une première fois tu es apparu ici pour en chasser les soucis, les chagrins; puis tu es parti, et le bonheur que tu nous avais apporté a disparu en même temps que toi.

— Qu'y a-t-il donc, Suzon? le tonnerre est-il tombé sur votre maison?

— Ah! si ce n'était que cela, on saurait au moins où est le mal, et l'on pourrait essayer d'y porter remède.

— Explique-toi donc, ma chère enfant; il est bien peu de maux sur cette terre auxquels on ne puisse porter remède avec de l'argent, et s'il ne s'agit que de cela....

— Oh! je sais que tu es bon et généreux, trop généreux même, car j'ai peur que cette générosité ne soit la cause principale de la maladie de Hochelin.... de sa démence, hélas! puisqu'il faut appeler les choses par leur nom. »

Alors la pauvre femme raconta à son frère tout ce qui s'était passé dans son intérieur depuis le jour où lui, Jérôme, avait subitement disparu.

« Oh! voilà bien l'espèce humaine, s'écria Lambert en accompagnant ses paroles d'un geste de dégoût: menaçante, superbe un instant, faible, misérable, lâche le reste du temps!

— Mais, Jérôme, songe donc à ce que tu dis: c'est de Hochelin que je parle, de mon mari, si bon, si dévoué....

— Tu as raison, Suzanne; le mal que j'éprouve à te voir affligée me rend injuste.... Voyons donc, que lui est-il arrivé, à ce bon Hochelin?

— Je te l'ai dit, Jérôme, je crois qu'il est menacé de perdre la raison.

— Et il est toujours greffier?

— Grâce au ciel; car il n'est heureux et calme que là, au palais, la plume à la main et l'oreille tendue. Mais ici, mon Dieu!... Mais tu vas malheureusement pouvoir en juger, car l'heure de son retour approche. »

En ce moment un bruit inusité se fit entendre dans l'escalier, puis on frappa violemment à la porte de l'appartement.

Suzanne s'empressa de l'ouvrir, et un spectacle déplorable s'offrit aussitôt à ses regards et à ceux de Lambert : Hochelin, les bras et les jambes fortement liés, était apporté sur une civière par deux vigoureux portefaix; ces derniers déposèrent leur fardeau au milieu de la première pièce.

Le malheureux greffier était dans un état affreux; sa bouche écumait, et ses pupilles horriblement dilatées donnaient à son visage un aspect effrayant.

Tout à coup ses regards s'arrêtèrent sur Lambert, qui s'était approché pour aider les porteurs à débarrasser cet infortuné des liens qui lui ôtaient l'usage de ses membres.

« Ah! vous voilà, frère! s'écria-t-il. C'est juste, je vous attendais.... Toute peine mérite salaire, et vous savez cela, vous! Ah! mais, c'est que je ne l'ai pas marchandé cette fois! Hé, hé, hé! »

Et un rire frénétique fit horriblement grimacer son visage livide, qu'illuminaient deux jets d'une lumière étrange surgissant des orbites de ses yeux creusés par les veilles et les tortures morales.

« Hochelin! mon bien-aimé! criait Suzanne à genoux près du brancard; que t'est-il donc arrivé?

— Que demandez-vous, femme? répondit le pauvre insensé. Ne savez-vous pas que j'avais vendu mon âme au diable et mon corps au bourreau?... Vous l'aviez oublié, peut-être, mais je m'en suis souvenu, moi! Ah, ah! le vieux serpent a fait une laide grimace, n'est-ce pas? Eh bien, madame, cette grimace, c'était de l'or pour vous et l'enfer pour moi!

— Il est fou! mon Dieu! complètement fou! criait Suzanne en fondant en larmes. »

Mais déjà Lambert, à travers les manifestations de cette folie, avait pressenti quelque épouvantable vérité le touchant de près.

« Voyons, frère, dit-il en lavant avec de l'eau fraîche les tempes et les yeux du pauvre insensé; remettez-vous, et tâchez de nous dire ce qui est arrivé.

— Rien; nous avons suivi le programme, voilà tout.... Oh! je n'oublie pas, moi! Je vous ai demandé si vous iriez jusqu'au meurtre, et vous m'avez répondu : « J'irai jusqu'à l'enfer. » Je m'en suis souvenu.... Ah! ah! Et à cette heure le juge est mort, et Pied-de-Fer est libre.... Ah! ah! Est-ce bien fait, mon maître? A moi donc les billets de banque.... Je les ai bien gagnés, cette fois. »

Suzanne, dans le désespoir qui l'accablait, continuait à attribuer au délire, à la démence, ces paroles dont il lui était impossible de trouver le sens.

Lambert, au contraire, s'efforçait vainement de dissimuler la vive impression qu'elles produisaient sur lui; il fit quelques pas dans l'appartement pendant qu'on achevait de débarrasser Hochelin de ses liens pour le porter dans son lit; puis il s'arrêta devant Suzanne, et plongeant à plusieurs reprises dans ses poches ses mains qu'il en retirait à chaque fois pleines d'or, il dit en jetant cet or sur un fauteuil :

« Suzanne, je t'en conjure, du calme et du silence. Tes questions achèveraient de tuer ce malheureux.

— Mais, mon Jérôme, dit la pauvre femme avec une expression de douleur impossible à rendre; ne vois-tu donc pas que l'infortuné est fou? »

Lambert la prit dans ses bras et dit en la pressant contre son cœur :

« Ma bonne Suzanne, je comprends toute ta douleur, et pourtant, s'il est fou, il est moins malheureux que nous. »

A ces mots il appuya ses lèvres sur le front pâle de sa sœur, et avant qu'elle eût pu lui demander l'explication de ces tristes paroles, il avait disparu.

CHAPITRE XXXV.

Meurtre.

Lambert, ne doutant pas qu'il fût arrivé quelque événement extraordinaire au palais, ne fit qu'un bond de la rue Zacharie au café d'Aguesseau, qui s'appelait alors le café Thémis, rendez-vous ordinaire des avocats sans cause, des justiciables de la police correctionnelle, des journalistes qui commençaient à fréquenter ces parages, et des sommités oisives de la salle des Pas-Perdus.

Il y avait foule autour de l'énorme poêle placé entre deux colonnes au milieu de la salle du rez-de-chaussée.

Près de ce poêle, de chaque côté d'une longue table de marbre, étaient alignés des joueurs de dominos, discutant avec la galerie l'événement du jour en même temps que l'influence du double-six.

« Cinq et quatre, messieurs, criait un libraire du palais, et je soutiens que ce pauvre Hochelin est atteint de folie furieuse. Ah! messieurs, vous ne savez pas... Cinq partout... Vous ne pouvez pas savoir comme moi... Le jeu est fermé... Trente à quarante-cinq... Il est même impossible que vous puissiez savoir... Domino... J'ai gagné... Permettez alors que je profite de mes avantages pour vous raconter la chose. »

Tous les habitués du café s'empressèrent de se grouper autour du libraire, qui s'exprima ainsi :

« Messieurs, je pose en principe que la chose est excessivement grave. D'abord il y a mort d'homme, et qui plus est cet homme est mort.... c'est-à-dire un homme, lequel juge est un homme, lequel homme est mort.... C'en est assez déjà pour vous faire comprendre.... vous comprenez, n'est-ce pas? »

En réponse à cette interpellation, il se fit parmi l'auditoire une espèce de grognement approbatif, et l'orateur reprit :

« Lorsque les gendarmes qui étaient, selon l'usage, à la porte du cabinet, sont entrés pour connaître la cause du bruit qu'ils avaient entendu, ils trouvèrent le magistrat mort, étranglé sur son fauteuil, à l'exemple de ces anciens qui mouraient sur leur chaise.... leur chaise....

— Leur chaise curule, dit avec satisfaction un ex-employé de la ferme des tabacs qui avait fait ses humanités.

— *Cumul* soit, reprit le libraire avec un aplomb superbe. Toujours est-il qu'on le trouva mort ; près de lui était Hochelin, qui se roulait sur le parquet en s'efforçant de se briser la tête, et au fond, à deux pas de la fenêtre, Mme la marquise de Gastelar, qui était là on ne sait pourquoi ni comment, elle-même ayant déclaré qu'elle ignorait entièrement pourquoi le juge l'avait fait appeler. Quant à Pied-de-Fer, ce fameux brigand avait jugé convenable de sortir par la fenêtre, afin de ne pas déranger les gendarmes qui attendaient à la porte ; à l'aide d'une gouttière, il avait gagné le haut de l'escalier particulier de la sixième chambre, et il est très-présumable qu'à l'heure qu'il est il court encore malgré le poids de l'énorme crime qu'il vient d'ajouter à tous ceux qu'il avait déjà commis. Rien n'est plus exact que cette relation que Mme la marquise a daigné faire elle-même à M. le procureur du roi. »

C'était ainsi, en effet, que Mme de Gastelar avait raconté l'événement ; mais les choses s'étaient passées tout autrement.

On se souvient de l'effet produit sur le juge par le manuscrit que Pied-de-Fer avait fait venir d'Italie et qui n'était autre chose que les confessions de la marquise.

Epouvanté de cette longue série de crimes inouïs, il avait lancé un mandat contre cette grande coupable, qui, amenée devant lui, se trouva de nouveau face à face avec son redoutable ennemi.

« Madame, lui dit Pied-de-Fer, vous avez eu tort de penser que mes paroles sont de celles qui s'envolent ; vous voyez qu'elles restent, aussi bien que vos écrits. »

Et il montrait du doigt le cahier que tenait le magistrat.

« En vérité, dit la marquise, j'ai peine à croire que je sois éveillée. Mais j'espère, monsieur, ajouta-t-elle en se tournant vers le magistrat, que vous voudrez bien m'apprendre la cause ou le prétexte de cette étrange avanie.

— Madame, répondit le juge, si la relation que j'ai sous les yeux n'était qu'un jeu de l'imagination, il serait déjà bien horrible que vous eussiez pu l'écrire ; mais les faits sont trop précis, ils s'accordent trop bien avec diverses circonstances connues de tout le monde pour ne pas être vraies. Ce n'est pas ainsi qu'on invente. Il s'agit donc de savoir d'abord si vous reconnaissez cette écriture pour être la vôtre. »

Mme de Gastelar regarda sans manifester la moindre émotion le cahier, et répondit sans hésiter :

« C'est là mon écriture, et je n'ai rien inventé.

— Oh! c'est monstrueux! s'écria le juge. Écrivez, Hochelin. »

Mais Hochelin n'entendait plus rien, et c'était par un mouvement nerveux et purement machinal que sa main continuait à faire voler la plume sur le papier.

La vue de Pied-de-Fer avait d'abord ravivé ses terreurs et ses remords, et c'était par des efforts inouïs qu'il était parvenu une heure à conserver l'apparence du sang-froid ; mais les premiers mots de la lutte qui s'engageait achevèrent d'égarer sa raison : il pâlit, ses dents se serrèrent, sa plume se brisa dans ses doigts crispés, et les pupilles de ses yeux énormément dilatées annoncèrent une crise prochaine et terrible.

La table sur laquelle il écrivait était placée de telle sorte, que le juge ne pouvait voir sans se déranger le visage de son greffier. Il ne s'aperçut donc pas de ce changement de physionomie. Mais Pied-de-Fer, attentif à tout ce qui se passait autour de lui, en fut vivement frappé ; il pensa que Lambert avait pu de nouveau déterminer son beau-frère à le servir, et il se tint prêt à tout événement.

« Ainsi, madame, reprit le juge en baissant la tête et appuyant son front sur sa main comme s'il eût redouté de rencontrer les regards d'une si grande criminelle ; ainsi, vous vous reconnaissez coupable de tous les forfaits....

— Je dis, monsieur, que l'écriture que vous me représentez est bien la mienne ; je dis que je n'ai rien inventé des monstruosités que contient cette relation, et cela par la raison toute simple que je l'ai écrite sous la dictée d'infâmes bandits au pouvoir desquels je suis tombée lors d'un voyage que j'ai fait en Italie, ce qu'il me sera très-facile de prouver. Le but de ces misérables était sans doute de m'obliger plus tard à retirer cet écrit de leurs mains au prix qu'il leur aurait plu d'en demander.

— C'est fort ingénieux, dit Pied-de-Fer ; mais il faudrait tâcher d'expliquer comment il se fait, qu'au lieu de vous vendre cet autographe on l'ait livré à la justice.... Et ne savez-vous pas, d'ailleurs, madame, que j'ai mille moyens de faire connaître la vérité? Vous n'en aviez qu'un, vous, pour m'imposer silence, et je dois vous rendre la justice de déclarer que vous avez tenté plus d'une fois d'en user ; mais j'étais sur mes gardes et j'y suis toujours, car j'ai la fantaisie de ne pas vouloir mourir seul. »

Ces dernières paroles produisirent sur Hochelin un effet extraordinaire ; le sang lui monta violemment à la tête, ses veines se gonflèrent, ses yeux semblèrent près de sortir de leur orbite.

« Non, non, il ne mourra pas! s'écria-t-il en serrant les poings et s'en frappant le front. Vous voyez bien, ajouta-t-il en s'élançant vers le juge, vous voyez bien que si vous l'envoyez à l'échafaud il m'y entraînera avec lui.... Est-ce qu'il ne m'a pas acheté?... Ah! ah! vous voulez donc que je vole le diable?... Mais je ne veux plus voler, moi!

— Le malheureux a le délire! » dit le juge en proie à une vive émotion.

Et il étendit le bras pour saisir le cordon de la sonnette, afin d'appeler les gendarmes ; mais il n'avait pas encore accompli ce mouvement que déjà Hochelin l'avait saisi à la gorge, et les forces de ce malheureux étaient tellement exaltées par la démence furieuse à laquelle il était en proie, qu'en un instant l'asphyxie fut complète. Pied-de-Fer, qui n'avait pas perdu un mouvement de cet homme, saisit vivement le manuscrit placé sur le bureau du magistrat, puis il s'élança vers l'unique fenêtre de cette pièce située sous les combles, et il disparut.

La marquise hésitait sur le parti qu'elle devait prendre ; mais le juge, dans les dernières convulsions de l'agonie, avait enfin saisi le cordon de la sonnette.

Les gendarmes parurent ; mais déjà le magistrat était mort, et Hochelin se roulait sur le parquet en poussant des cris sauvages et inarticulés.

Averti sur-le-champ, le procureur du roi se rendit en toute hâte sur le lieu de cette épouvantable scène, dont Mme de Gastelar pouvait seule maintenant raconter les détails, circonstance qu'elle était trop habile pour ne pas faire tourner à son avantage.

Elle raconta donc que Pied-de-Fer, qu'on avait eu le tort de laisser sans gardes, s'était jeté sur le magistrat et l'avait étranglé ; que ce greffier, frappé de terreur, était tombé évanoui, et que, quant à elle, son effroi avait été tel qu'il lui avait été impossible de jeter un cri.

Elle finit en sollicitant la permission de se retirer, disant qu'elle ignorait pourquoi on l'avait fait appeler en ce lieu.

Aucune circonstance ne démentant ce récit, elle put retourner sur-le-champ à son hôtel, tandis que l'on transportait Hochelin chez lui, comme nous l'avons dit plus haut, et que de nombreux agents couraient dans toutes les directions à la recherche de Pied-de-Fer.

Ma bonne Suzanne, tu n'as plus de mari. (Page 156, col. 1.)

CHAPITRE XXXVI.

A l'ennemi !

« Ce qu'il y a de plus clair dans tout cela, dit Lambert après avoir écouté attentivement le récit du libraire et les commentaires de son auditoire, c'est que Pied-de-Fer est libre. Il ne s'agit plus que de découvrir quel chemin il aura pris, et, bien que difficile, la chose ne me paraît pas impossible. »

Et il sortit du café afin de donner un libre cours à ses réflexions.

Lambert parcourait à grands pas les quais de la rive droite de la Seine en réfléchissant sur ce qu'il devait faire dans une conjoncture si difficile, et déjà il avait successivement adopté et rejeté plusieurs expédients, lorsqu'il lui vint enfin une idée à laquelle il s'arrêta.

« En campagne, se dit-il, que fait un corps de troupes qui s'est égaré et ne sait où rejoindre le gros de l'armée? Il marche au canon; c'est de règle, par la raison que le danger que l'on voit en face est moins redoutable que celui dont on est menacé sans savoir de quel côté il viendra. Or, le canon pour moi comme pour Pied-de-Fer dans la situation présente est sous les murs de l'hôtel Gastelar. »

Il se dirigea donc vers la rue du Faubourg-Saint-Honoré.

Arrivé en vue de la demeure de la marquise, il commença à marcher avec plus de précaution, regardant autour de lui, de peur de tomber dans quelque embuscade; car bien que cette terrible femme dût, selon les apparences, ignorer la présence de Lambert à Paris, il n'était pourtant pas absolument impossible qu'elle en fût instruite, et ses batteries devaient, dans ce cas, être dressées avec beaucoup de soin.

« Plus de lumière nulle part, se dit-il après avoir passé et repassé sous les fenêtres de l'hôtel ; tous les volets intérieurs fermés, au mois d'août, et il est onze heures!... L'ennemi s'est-il retranché ou a-t-il gagné au large? c'est ce qu'il est important de savoir, car la guerre va certainement recommencer et devenir plus active que jamais.... Attendons; le hasard me servira peut-être. »

Il s'éloigna, revint sur ses pas, s'approcha à plusieurs reprises de la porte cochère, avec la résolution de frapper pour pénétrer dans l'intérieur; mais chaque fois sa main s'arrêta au moment de toucher le marteau, et il passa outre, ne se sentant pas assez maître de lui-même pour conserver tout le sang-froid nécessaire pendant une visite si hasardeuse.

« Et pourtant, se disait-il, en s'approchant une dernière fois avec colère de cette porte, c'est là qu'il faut le frapper et l'anéantir pour éviter qu'il ouvre un abîme sous nos pas.... »

Cette fois, sa main crispée avait saisi le marteau ; il allait le laisser retomber lourdement, lorsque, tournant la tête comme pour s'assurer par un dernier examen du calme et de la solitude qui l'environnaient, il aperçut l'ombre d'un homme d'une haute taille que la lumière d'un réverbère projetait à quelque distance sur le côté de la rue opposé à celui où il se trouvait.

Bientôt il aperçut l'homme lui-même qui, couvert d'une blouse, coiffé d'un bonnet de laine et armé d'un fouet de roulier, descendait lentement la rue.

Arrivé à quelques pas de la porte de l'hôtel, ce personnage ralentit lentement sa marche, et comme Lambert, il regarda autour de lui. Lambert reposa le marteau sans frapper, et demeura un moment immobile ; l'autre personnage s'arrêta alors tout à fait, comme s'il eût voulu défier l'espèce d'investigation dont il était l'objet.

« Allons donc ! se dit Lambert après un instant d'hésitation ; après tout, ce n'est qu'un homme, et si j'ai le moyen de le faire parler, j'ai aussi le moyen de le faire taire dans le cas où il en voudrait trop dire ; voyons donc ! »

A ces mots, il glissa sa main gauche dans l'une des poches de son pantalon, passa sa main droite sous son gilet, et ayant ainsi saisi le pommeau d'un pistolet et la garde d'un poignard, il fit demi-tour, et marcha droit à l'homme qui semblait être arrivé là si mal à propos.

Ce dernier demeura immobile ; mais Lambert n'étant plus qu'à quatre ou cinq pas de lui, il étendit le bras, et indiquant le côté opposé de la rue :

« Au large ! dit-il d'un ton qui semblait ne point admettre de réplique.

— Mais.... fit Lambert d'une voix émue et presque tremblante.

— Au large ! répéta l'homme à la blouse.

— Pied-de-Fer ! dit Lambert d'une voix plus tremblante encore, est-ce bien toi ? »

L'autre ne fit qu'un bond de l'endroit où il se trouvait jusqu'à son interlocuteur ; tous deux se tendirent les bras, et il se passa quelques secondes sans qu'aucun d'eux pût répondre aux questions de l'autre.

« Mille carcasses de marquises ! s'écria enfin Pied-de-Fer, je m'étonne de te trouver là ; comme si déjà une fois tu ne m'avais pas tiré des griffes de cette fille du diable, alors que je me disposais à partir pour le royaume de son père.... Oui, oui ! tu devais deviner, tu devais venir.... Tu as deviné, tu es venu, et encore une fois tu m'as sauvé !...

— C'est-à-dire, répondit Lambert, que j'étais disposé à tout entreprendre pour atteindre ce but ; mais à peine étais-je à Paris, que la chose se faisait sans moi !...

— Sans toi, mais toujours par toi, car c'est Hochelin, ton beau-frère, qui s'est dévoué pour mon salut.

— Pauvre Hochelin !...

— Nous en reparlerons. Ce qu'il faut faire avant tout, c'est de mettre cette vipère de marquise dans l'impossibilité de nuire pour toujours.... D'abord, elle a peur : c'est bon signe. A peine hors du Palais de justice, je me suis procuré ce déguisement, et je suis venu rôder par ici : je l'ai vue rentrer à son hôtel d'où elle sortait une heure après en berline de voyage, précédée d'un courrier ; mais ce n'est pas pour rien qu'on m'appelle Pied-de-Fer : les chevaux galopaient ; je marchais, moi, et je suis arrivé en même temps qu'eux à la barrière de Fontainebleau.

— La route de l'Italie !

— Oui ; mais c'est aussi celle du château de Souvrecœur. Et puis, en partant pour l'Italie, elle eût pris des chevaux de poste, et ce sont ses propres chevaux qui l'emmenèrent. Je suis revenu pour m'assurer que son départ n'est pas une feinte, et aussi parce qu'il n'eût pas été sage, après ce qui s'est passé tantôt au Palais, de battre, la nuit, le pavé d'une grand'route dans un rayon trop rapproché de la capitale.

— Mais il me semble que le pavé de Paris n'est guère meilleur.

— N'as-tu pas un gîte ?

— Hélas ! oui ; mais un bien triste aujourd'hui ; la maison de mon beau-frère Hochelin, le greffier.

— Mon sauveur.... je veux le voir. »

Et sans attendre de réponse, Pied-de-Fer entraîna rapidement son ami dans la direction du quartier Saint-Jacques. Chemin faisant, il raconta à Lambert comment les choses s'étaient passées dans le cabinet du juge d'instruction.

« Je l'avais deviné, répondit Lambert, car l'infortuné Hochelin est fou, fou furieux ! Et c'est moi qui l'ai mis en cet état ; il va mourir, et c'est moi qui l'aurai tué.... Et pourtant je suis las de tuer, moi !

— Crois-tu que je ne sois pas autant fatigué que toi de cette vie, ami ? Il faut y rester, pourtant, il le faut, parce que nous n'avons pas accompli la tâche que nous nous sommes imposée ; il le faut, parce que nos enfants adoptifs, si nous déposions le fardeau maintenant, le porteraient plus lourd que nous. L'espoir d'entraîner avec moi cette enragée, me faisait, il y a moins de douze heures encore, accepter volontiers l'échafaud que j'entrevoyais dans une perspective peu éloignée ; mais aux premières réponses qu'elle fit au juge instructeur, je compris bien vite que son génie infernal la tirerait de là, et encore une fois je me promettais de chercher le moyen de reculer le sacrifice, lorsque ce malheureux fou est venu se jeter entre la justice et nous. Le résultat de ce dernier événement sera qu'on me traquera avec un peu plus d'activité, et que cette vipère aura un peu plus beau jeu contre nous qu'elle ne l'avait auparavant. Mais la chance peut tourner, et j'ai le pressentiment que cela arrivera bientôt. Voyons d'abord Hochelin, car il reste quelque chose à faire par là.

— J'y ai pourvu.... en partie du moins, dit Lambert ; j'ai remis à Suzanne la plus grande partie de l'or que j'avais sur moi, et en vérité je ne vois pas de quelle utilité notre visite peut être à ce malheureux dans l'état où il est.

— Qui sait, ami ? J'ai ouï dire que la démence furieuse n'est pas ordinairement permanente, et qu'il n'est pas rare qu'après une crise violente le malade jouisse de quelques instants d'une lucidité parfaite.

— Et puis, n'est-ce pas risquer beaucoup que de nous montrer dans ces parages ?

— On n'est jamais plus à l'abri des recherches que nous avons à redouter, que lorsqu'on se place dans le voisinage des individus qui en sont chargés ; il y a longtemps que je sais à quoi m'en tenir sur ce point. »

Minuit sonnait à l'église Saint-Séverin, lorsqu'ils arrivèrent à la rue Zacharie, dans laquelle ils s'engagèrent sans hésiter, mais non sans avoir l'oreille et le regard tendus vers toutes les anfractuosités d'où pouvait surgir quelque ennemi.

Arrivé à la maison de son beau-frère, Lambert fit jouer le secret de la porte de l'allée, car les maisons de ces ruelles du vieux Paris sont en général dépourvues de portiers, puis il entra.

Pied-de-Fer le suivit, et ils montèrent au deuxième étage et sonnèrent doucement. Suzanne vint ouvrir.

« Ah ! je le disais bien, mon Lambert, s'écria-t-elle, que tu ne m'abandonnerais pas dans un pareil moment.... Et pourtant la manière dont tu es parti m'a donné une bien vive inquiétude.... »

En ce moment, elle s'aperçut que Lambert n'était pas seul, elle se tut, et les deux amis entrèrent dans la première pièce.

« Eh bien ! dit Lambert, comment est ce pauvre malade ?

— Bien, mon ami, calme, plein de raison.. Il a demandé un prêtre qui a passé une heure près de lui, et le médecin a jugé convenable de lui faire ôter la camisole de force.... Je ne sais pourquoi ; mais cela me paraît être de mauvais augure !... Entre, mon ami.... »

Elle le conduisit à la chambre à coucher. Hochelin était couché paisiblement ; près de lui étaient agenouillés ses deux enfants, une petite fille et un jeune garçon, dont les larmes coulaient sur les mains de leur père qu'ils pressaient contre leurs lèvres.

« Mon ami, dit Suzanne, voici mon frère. »

Hochelin tourna la tête lentement et avec effort ; son regard terne, vitré s'arrêta sur Lambert, et il voulut lui tendre la main ; mais il put à peine soulever son bras droit qui retomba aussitôt.

Il parvint pourtant à faire signe à sa femme et à ses enfants de se retirer.

Lorsqu'ils furent sortis, il dit d'une voix si faible qu'il fallait être près de lui pour l'entendre :

« Mon ami, ne m'interrompez pas, car ma langue s'embarrasse.... La paralysie vient de m'atteindre.... Et vous savez pourquoi je meurs.... Je ne vous reproche pas ma mort, elle est la conséquence de mon organisation ; mais je ne laisse à ma femme, à mes enfants que de bien faibles économies. Vous êtes riche, s'il faut en croire les apparences ; l'homme que vous servez, que nous avons servi ensemble, l'est au moins.... Sans doute, la source de cette fortune n'est pas pure ; mais ne serait-ce pas l'épurer autant qu'elle peut l'être, que de la faire servir à secourir les victimes des moyens employés pour....

— Soyez tranquille, frère ; dès aujourd'hui, Suzanne et vos enfants seront pour toujours à l'abri du besoin.... Et vous-même, lorsque vous serez rétabli....

— Moi, interrompit Hochelin dont la voix était de plus en plus faible, moi je vais mourir.... mourir en paix, car j'ai confessé mes fautes et j'en ai obtenu le pardon....

— Vous avez dit toute la vérité ? s'écria Lambert effrayé.... même sur ce qui est arrivé aujourd'hui ?

— Même cela.... bien que ce malheur ne puisse pas m'être imputé à crime ; car, Dieu le sait, je n'avais pas ma raison.... Rassurez-vous pourtant, car je n'ai autorisé la révélation de ces choses que sur votre demande formelle.... »

Cela ne rassura que fort peu Lambert qui craignait fort que cette révélation n'eût pour conséquence immédiate de rendre la maison Hochelin fort peu sûre pour lui et son ami, et son premier mouvement fut d'en sortir à l'instant même ; mais il le réprima aussitôt et il demeura auprès du moribond.

« Mais, mon cher Hochelin, dit-il de sa voix la plus douce, êtes-vous bien sûr que la marquise de Gastelar, Pied-de-Fer et vous fussiez les seules personnes qui sachiez comment ce dernier événement s'est accompli ?

— J'en suis très-sûr ; car en recouvrant la raison j'ai conservé la mémoire de tous mes actes de folie. Il y avait d'abord un gendarme dans le cabinet ; il était placé près de Pied-de-Fer ; mais lorsque la marquise arriva, le juge, avant de l'interroger, et par déférence pour cette femme qu'il ne pouvait croire coupable, fit signe au gendarme de sortir et de se tenir à la porte.... Lambert, vous êtes sans doute aussi un grand coupable ; mais je ne puis me résoudre à vous croire un homme sans cœur.... ma femme.... mes.... en....fants.... »

Il n'en put dire davantage ; ses lèvres s'agitèrent encore quelques secondes, mais sans produire aucun son ; puis ses yeux se voilèrent entièrement, et un long soupir s'exhala de sa poitrine, c'était le dernier.

Lambert prit encore une fois la main de ce malheureux, et il la serra dans les siennes, puis il se disposa à sortir ; comme il ouvrait la porte, il se rencontra avec Suzanne qui attendait là avec impatience qu'il lui fût permis d'entrer ; il la prit dans ses bras, l'entraîna dans la pièce voisine et la réunit à ses enfants.

« Mes chers amis, dit-il à ces derniers, votre père est mort ; toi, ma bonne Suzanne, tu n'as plus de mari.... »

Les sanglots éclatèrent ; Lambert, élevant la voix pour les dominer, continua :

« Mais tant que je vivrai, il vous restera à tous un ami sur lequel vous pourrez compter. Malheureusement les circonstances les plus impérieuses m'obligent à vous quitter à l'instant même.... »

Il fut interrompu par les enfants qui se jetèrent à ses genoux en le suppliant de ne pas les abandonner ; en même temps Suzanne lui jeta ses bras autour du cou en poussant des cris de désespoir ; Pied-de-Fer lui-même parut surpris, et n'osant pourtant mêler sa voix à ce concert de douleur, il interrogea Lambert du regard.

« Il le faut, reprit ce dernier, la nécessité la plus impérieuse l'exige. J'espère vous revoir bientôt, mes chers enfants ; mais comme il est impossible de prévoir les événements, je veux que vous puissiez attendre mon retour sans trop d'impatience.... Ecoute-moi, ma bonne Suzon, continua-t-il en se dégageant doucement des bras de sa sœur, je sens combien il doit t'être pénible d'entendre parler d'argent dans un pareil moment ; mais la nécessité sera encore mon excuse. »

A ces mots, il prit, dans un volumineux portefeuille, un paquet de billets de banque, qu'il glissa dans la poche de la veuve éplorée.

« Et maintenant, adieu sœur, adieu enfants !... En sortant je vais éveiller quelques voisins et les prier de venir près de vous.... Adieu !... Mon cœur a été mis à de bien nombreuses et bien cruelles épreuves ; mais jamais douleur plus poignante ne l'avait déchiré.... Adieu !... »

Pied-de-Fer, qui, depuis quelques instants, tordait dans ses mains son bonnet de laine, se leva le premier et se dirigea vers l'escalier.

Lambert le suivit, frappa à la porte de plusieurs voisins avec lesquels il échangea quelques paroles, puis tous deux sortirent de la maison et s'en éloignèrent sans savoir vers quel lieu ils dirigeaient leurs pas.

Le jour commençait à poindre, lorsqu'ils s'arrêtèrent en même temps et comme s'ils n'eussent eu à eux deux qu'une seule et unique pensée ; ils s'orientèrent et reconnurent qu'ils n'étaient qu'à une faible distance de la barrière du Maine. Pied-de-Fer fut le premier qui rompit le silence.

« Passons-nous outre ? demanda-t-il.

— Ce n'est pas mon avis, répondit Lambert. L'événement d'hier a dû faire prendre toutes sortes de mesures pour te couper la retraite, et peut-être suis-je moi-même signalé, car Hochelin s'est confessé.

— Il a bien fait, dit Pied-de-Fer d'une voix sombre et en baissant les yeux vers la terre.

— C'est aussi mon opinion, mais il n'en est pas moins vrai que cela peut nous être funeste.

— Oui, reprit Pied-de-Fer en suivant sa pensée sans répondre à l'observation de Lambert ; oui, tous ces hommes pour lesquels j'ai ressenti tant de haine et de mépris valent mieux que nous. »

Et pendant quelques secondes il demeura comme anéanti, les deux mains appuyées sur le manche de son fouet.

« Mais non.... mais non ! s'écria-t-il tout à coup en faisant appel à son énergie ; le temps n'est pas venu. Marchons !

— Où allons-nous ?

— Jusqu'au premier cabaret que nous trouverons ouvert. Dans quelques heures nous serons hors de Paris, et ce soir nous coucherons à Fontainebleau ; demain matin nous serons sous les murs de Souvrecœur.

— Mais il faudrait d'abord sortir de Paris.

— Et nous en sortirons, mille diables ! Si ce n'est avec les vivants, ce sera avec les morts. »

Lambert ne comprit rien à ces dernières paroles, mais obéissant à l'ascendant que Pied-de-Fer n'avait pas cessé d'exercer, dans les circonstances difficiles, sur tout ce qui l'environnait, il le suivit sans faire la moindre observation. Dix minutes après, ils étaient attablés dans un cabaret borgne de la rue du Cherche-Midi.

« Il y a temps pour tout, dit Pied-de-Fer en remarquant la tristesse profonde de son ami. Pour le moment nous avons besoin de forces, car la journée sera rude. Buvons. »

Il remplit les verres, prit celui de Lambert, le lui mit dans la main et l'obligea à lui faire raison, puis il reprit :

« Ne penses-tu pas que nous devons marcher droit au but, sauf à revenir sur nos pas après l'avoir atteint ?

— Et ce but est au château de Souvrecœur ?

— Il serait au bout du monde, si cette fille de l'enfer avait eu le temps et la volonté de s'y rendre.

— Je comprends, il s'agit de s'emparer de la marquise.

— Et de la juger sans nous laisser aller cette fois à cette sensiblerie qui nous a été si fatale. Point de demi-mesure, mille morts! pas de sotte commutation de peine. D'ailleurs, je me chargerai de l'exécution.... Buvons! La nuit a été mauvaise, et nous avons plus de quinze lieues à faire aujourd'hui. »

A une première bouteille en succéda une seconde, et malgré l'innocuité de ce breuvage, Lambert ne tarda pas à secouer la tristesse qui l'accablait et à oublier le passé pour ne s'occuper que de l'avenir. Il mangea sans trop se faire prier la moitié d'un pâté que Pied-de-Fer avait envoyé chercher.

Vers neuf heures ils étaient encore à table, lorsqu'un certain mouvement qui se faisait dans la rue attira les regards de Pied-de-Fer; il regarda par la fenêtre, puis ôtant sa blouse, il la roula et la mit dans une des poches de la redingote qu'il portait dessous; l'autre poche reçut le bonnet de laine.

« Qu'y a-t-il donc? demanda Lambert visiblement ému.

— Ne t'ai-je pas dit que si nous ne sortions pas de Paris avec les vivants, nous en sortirions avec les morts? Eh bien, regarde, voici un brave individu que l'on porte à sa dernière demeure, et qui est assez bien accompagné ; nous allons nous joindre au cortége, et ... »

Lambert, sans en entendre davantage, s'élança hors de la table et jeta un écu sur le comptoir.

« C'est bien, dit-il au marchand qui s'apprêtait à compter, je prendrai le reste en revenant. »

Ils se mêlèrent aisément à la foule, parvinrent à se placer tout près du corbillard, et la tête nue, le mouchoir sur les yeux comme pour étancher leurs larmes, ils marchèrent paisiblement avec le cortége.

« Monsieur, dit après quelques instants à Pied-de-Fer, sans respect pour sa douleur apparente, un gros bonhomme qui semblait bien plutôt être de noces que d'enterrement, monsieur était un ami du défunt?

— Oui, monsieur.... un vieil ami.... un très-vieil ami.

— Du temps qu'il était dans les fourrages, je parie?

— Justement, je l'ai connu dans ce temps-là.

— Ah! monsieur, quel homme terrible c'était alors!... Croiriez-vous bien qu'il m'a fait manger deux mille écus de trèfles blancs et dix mille francs d'avoine en un an?... C'est un peu dur à digérer, n'est-ce pas? Mais on ne doit pas garder rancune aux morts.

— C'est un bon sentiment, monsieur....

— D'autant plus que je n'ai plus à craindre la concurrence qu'il était homme à me faire de nouveau, si la fantaisie lui était venue de se remettre dans la partie.... Et justement mes magasins de Paris sont pleins.... sans compter mes magasins de réserve à Essonne, rue de Paris, des magasins superbes.... Mais j'y pense, c'est peut-être vous qui lui donniez des conseils, au père Piétrat?

— Quelquefois.... Je crois même lui en avoir donné de très-fructueux.

— Pardieu, je m'en suis bien aperçu.... Deux mille écus de trèfles blancs.... Hé, hé! monsieur, je ne suis pas plus ingrat que le père Piétrat, et si vous vouliez me permettre de vous faire quelques visites....

— Je m'en tiendrai pour très-honoré, monsieur, » répondit chaleureusement Pied-de-Fer qui commençait à entrevoir que cette rencontre pourrait lui être bonne à quelque chose.

Il mit la main dans sa poche comme pour y prendre son portefeuille.

« Maladroit que je suis! reprit-il; je n'ai ni papier ni crayon.... Mais ça n'est pas surprenant, puisque le trouble, l'émotion m'ont fait oublier jusqu'à mon chapeau.

— Oh! le malheur n'est pas grand, reprit l'honnête marchand de fourrages en tirant son portefeuille et le présentant à son interlocuteur. Il y a un carnet; veuillez écrire votre adresse sur la dernière page.

— O Préjean, mon maître! dit mentalement Pied-de-Fer en recevant le portefeuille. Que le souvenir de ces bons tours que tu faisais si bien me soit en aide dans cette circonstance difficile, et j'aurai fait un grand pas vers l'affranchissement après lequel je soupire. »

Il écrivit lentement sans cesser de marcher, puis au moment où le convoi franchissait la barrière en présence des hommes du poste, des préposés de l'octroi, et probablement de quelque agent de sûreté embusqué près de là, il remit ostensiblement le portefeuille au marchand en même temps qu'il feignait de s'essuyer les yeux. Une heure après, les deux amis arpentaient la grande route, se dirigeant vers Fontainebleau.

« Je persiste pourtant à croire, disait Lambert, qu'il serait plus prudent de marcher la nuit.

— C'est ce que nous allons savoir, répondit Pied-de-Fer en tirant de sa poche des papiers que, de la main gauche, il avait adroitement extraits du portefeuille du marchand, pendant qu'il écrivait de la main droite. Voici d'abord plusieurs lettres.... Monsieur, monsieur Hartaux.... Il s'appelle Hartaux et il a des magasins à Essonne.... C'est déjà quelque chose.... mais voici mieux.... un passe-port!... J'en avais le pressentiment.... Je m'appelle Hartaux; je vais visiter mes magasins à Essonne, et j'y conduis un amateur distingué qui doit me faire des achats considérables. L'amateur distingué, c'est toi ; appelle-toi comme tu voudras, ça te regarde : le pavillon est suffisant pour couvrir la marchandise.

— Ah! mon maître! toujours mon maître! » s'écria Lambert.

Pied-de-Fer remit sa blouse, troqua son bonnet de laine contre un chapeau au prochain village, et ils continuèrent à marcher, ne faisant que de courtes haltes et parlant peu, car chacun d'eux avait assez de ses propres pensées.

CHAPITRE XXXVII.

Expiation.

Vingt-quatre heures après avoir franchi la barrière de Paris, Lambert et Pied-de-Fer arrivaient sous les murs de Souvrecœur sans avoir éprouvé d'obstacles sérieux, grâce au passe-port si adroitement enlevé.

« Est-ce que nous allons droit au château? demanda Lambert.

— Non, pardieu! ce n'est pas le cas de brûler nos vaisseaux. Il nous faut ici plus de prudence que de force, et peut-être serons-nous obligés de passer un assez long temps en observation ; mais nous allons tout à l'heure trouver un gîte sûr et commode d'où nous pourrons observer, et où nous pourrons attendre sans trop d'ennui. Tu dois te souvenir que, alors que nous explorions ou que nous exploitions la Champagne en compagnie des Russes, des Prussiens et autres, j'ai quelquefois fait, seul, d'assez longues excursions de ce côté. Je cherchais alors à me ménager un asile pour les mauvais jours que je prévoyais, et je me rapprochais de cette furie d'enfer avec laquelle je méditais une alliance que nos intérêts communs pouvaient alors rendre solide. Ce fut pendant ces pérégrinations que je fis la connaissance d'un habitant de ces environs, rude compagnon, braconnier intrépide, vivant de tout et de rien. Nous devions nous comprendre; plusieurs fois il me reçut chez lui, et chaque fois je payai généreusement l'hospitalité qu'il m'accorda. Rien n'est plus favorable aux coups de main de toute sorte que la singulière habitation qu'il s'est faite. C'est une petite chaumière, solidement construite, adossée aux ruines d'un ancien aqueduc, dans lesquelles il s'est pratiqué des cachettes introuvables, des issues que nul ne saurait deviner. Peut-être cet homme, qu'on nomme Triquart, est-il peu aimé dans les environs; mais on le craint, et chacun s'efforce de demeurer en bonne intelligence avec lui : les gardes ferment les yeux sur ses expéditions à l'encontre des lièvres et chevreuils, sous le prétexte des services qu'il leur rend, bien qu'en réalité ces services se bornent à leur enlever les meilleures pièces. Il y a longtemps que je ne l'ai vu ; mais les hommes de ce calibre ne changent point ou changent peu. »

Ils continuèrent à marcher en longeant les murs du parc du château jusqu'à l'extrémité de ce parc, point où ils n'étaient séparés de la forêt que par le mur, dont les anciennes brèches n'avaient pas été réparées, et qui, depuis dix ans, s'étaient considérablement agrandies, circonstance que Pied-de-Fer remarqua avec satisfaction.

Ils se jetèrent alors dans la forêt, et marchèrent encore pendant un quart d'heure, ne suivant aucun sentier battu, puis ils arrivèrent au pied d'une colline où semblaient entassés d'énormes masses de rochers sur lesquels végétaient des lierres et quelques mousses.

« Nous voici près de l'arsenal, dit Pied-de-Fer.

— Mais, fit Lambert, je ne vois que des rochers.

— C'est justement entre ces rochers que passait l'ancien aqueduc. Cinquante hommes là dedans, sur une étendue d'un quart de lieu, tiendraient une armée entière en échec. Regarde à droite, maintenant. »

Lambert dirigea ses regards du côté indiqué, et aperçut une maisonnette dont la façade était défendue par une forte palissade. Ils s'en approchèrent, et Pied-de-Fer, ramassant une pierre, en frappa trois coups sur une espèce de guichet qui s'ouvrit peu d'instants après, et laissa voir de l'autre côté deux prunelles ardentes roulant sous des sourcils grisonnants, et dont l'aspect ne semblait annoncer rien de bon.

« Eh! mon vieux brave, dit Pied-de-Fer, 1814 est-il déjà si loin de nous que les amis de ce temps-là ne puissent se reconnaître?

— Pied-de-Fer, dit Triquart, dont le regard cessa aussitôt d'être menaçant.

— Pied-de-Fer et un autre bon garçon de même farine, qui viennent sans façon vous demander s'il serait possible de goûter votre vin et de casser les reins à un lièvre sous prétexte de déjeuner.

— Si c'est possible, mon fils, répondit Triquart en s'empressant d'ouvrir la porte, toujours! toujours! attendu que, pour les amis, quand il n'y en a plus il y en a encore. Seulement, ajouta-t-il pendant que les voyageurs entraient dans l'habitation, nous remplacerons le lièvre par un quartier de chevreuil que je vais retirer du four. »

Le couvert fut dressé en un instant sur une table formée d'une large planche clouée sur quatre pieux plantés au milieu de l'unique pièce de l'habitation, et tous trois firent honneur au déjeuner fort substantiel du braconnier.

« Voyons, dit Triquart après avoir été remplir

pour la troisième fois sa cruche de grès d'un vin du pays passablement généreux, voyons, est-ce que j'aurais la chance que vous ayez par ici quelque affaire comme au temps passé ?

— Précisément, et comme je sais quel homme vous êtes je m'explique. Il nous importe de ne pas perdre de vue, d'ici à quelque temps, le château de Souvrecœur, et de savoir ce qui s'y passe sans que personne puisse soupçonner notre présence dans ces environs. C'est une retraite sûre qu'il nous faut. Et voici pour le premier terme, ajouta-t-il en jetant sa bourse sur la table.

— C'est dit ! s'écria Triquart dont les prunelles recommencèrent à étinceler. Ce soir, il y aura ici trois lits au lieu d'un, faits de bonne bruyère bien sèche, et les provisions de bouche ne vous manqueront pas plus que les munitions ; car on ne sait pas ce qui peut arriver. Il est rare que je passe une nuit entière ici, et il est bon d'être toujours prêt à recevoir les curieux selon leur mérite. Indépendamment de ce qu'il y a là-bas sous les pierres, et de mon fusil double qui ne me quitte pas, vous avez là sous la main deux farceuses de carabines qui n'ont jamais boudé. Pour les balles et le reste, il n'y a, comme dit le proverbe, qu'à se baisser et en prendre. »

A ces mots il quitta la table, souleva une assez large pierre qui cachait l'entrée d'un petit caveau à l'une des extrémités de la pièce, et fit voir aux amis un énorme pot de grès rempli de poudre et soigneusement couvert, et un sac plein de balles de tous calibres.

« Vous pourrez aussi changer de costume à volonté, car ma garde-robe est bien montée, ajouta-t-il en ouvrant un grand bahut qui était la pièce la plus importante de son mobilier. »

Et il étala aux yeux de Pied-de-Fer et de Lambert de longues vestes de peau de chèvre, des culottes de peau de daim sans apprêt, des bonnets de peau de renard, et une foule d'autres objets du même genre.

« Maintenant, reprit le braconnier, je vais vous montrer la manière d'ouvrir les portes de dedans comme de dehors, et vous serez les maîtres comme moi, ni plus ni moins.

— Merci, merci, mon brave.

— Voilà comme je suis, moi. Les paroles ne font pas les affaires, et je ne sais pas tourner autour du pot.... Allons, donnez-moi un coup de main, car il faut qu'avant la fin du jour j'aille dire deux mots au travers du ventre d'un marcassin que j'ai promis au vieux Jamblouis pour les noces de sa fille. »

Le reste de la journée fut en effet employé à arranger toutes choses comme les voulait Triquart ; puis cela terminé, ce singulier personnage prit son fusil et sortit, laissant ses hôtes se reposer sur les lits que la fatigue leur fit trouver délicieux.

Pied-de-Fer, avec sa sagacité ordinaire, avait deviné juste ; c'était à Souvrecœur que s'était retirée Mme de Gastelar, non par suite d'un projet quelconque, mais précisément, au contraire, parce qu'elle n'en avait point.

Malgré l'incroyable énergie dont cette femme était douée, l'habitude qu'elle avait de se jouer des plus grands dangers, elle ne pouvait se dissimuler que la partie était, en ce moment, très-mauvaise pour elle, et que, soit que Pied-de-Fer fût repris, soit qu'il parvînt à se soustraire aux recherches de l'autorité, cette dernière affaire aurait nécessairement des suites graves qui l'exposeraient à d'imminents dangers.

La chose valait la peine qu'on y réfléchît mûrement, et pour cela il fallait d'abord que la marquise se mît à l'abri des velléités possibles du parquet à l'encontre de sa liberté.

Voilà pourquoi elle était partie pour Souvrecœur, ne mettant dans le secret de son départ que Henri qui devait la précéder en courrier, mais sans changer de chevaux, et son cocher qu'elle devait garder et consigner au château jusqu'à ce qu'elle eût pris une détermination.

« Landrin, dit-elle au cocher, vos chevaux peuvent-ils aller jusqu'à Souvrecœur d'une traite ?

— Impossible, madame la marquise.

— Comment impossible ; mais j'ai ouï dire qu'il est de misérables chevaux de fiacre qui font jusqu'à vingt lieues en un jour ?

— La belle malice ! des haridelles !... des chevaux de 45 francs.

— Et vous prétendez que de bons chevaux ne peuvent faire ce que font les haridelles !...

— Oh ! ils le peuvent, madame la marquise, mais alors les bons chevaux deviennent des rosses, et voilà !

— Ils deviendront ce qu'ils pourront, Landrin : je veux partir dans un quart d'heure. »

Sa volonté fut faite et le lendemain elle pouvait prendre, à Souvrecœur, avec Henri qui l'y avait précédée, quelques mesures provisoires.

« Mon ami, lui dit-elle, il s'agit de récapituler nos forces : Nous pouvons toujours compter sur Jovelet et le vieux Canardier ?

« Compter sur.... Hum ! ce serait plutôt *compter avec* qu'il faudrait dire. Ces gens-là ne sont jamais contents, bien que Mme la marquise leur donne sans compter.

— Mais que font-ils donc de tant d'argent ?

— Ah ! que sais-je moi ! ils ont toujours quelques infortunés à soulager.... Aujourd'hui c'est la veuve de Nézel ; demain, les enfants de Mariotte auxquels il s'agit de faire une position.... Puis c'est une messe de bout de l'an pour le *Boulanger Noir*, ou bien un frère revenant de l'étranger qu'il faut secourir.

— Où diable la bienfaisance va-t-elle se nicher !... Mais enfin nous pouvons toujours compter sur ces deux hommes, moyennant de l'argent.

— Oui, madame la marquise, moyennant beaucoup d'argent.

— Beaucoup soit, ce n'est pas le cas de marchander. Vous allez retourner à Paris, où vous tiendrez ces deux braves garçons en haleine, en même temps que vous vous ménagerez des intelligences au parquet du procureur du roi.... Ce n'est pas difficile ; il y a là bon nombre de petits employés sans consistance, qui doivent être faciles à circonvenir ; tous les jours vous m'écrirez ce qui se passera en ce lieu, lorsqu'il y sera question de moi ou de quelque chose qui me touche, et si le fait était important vous monteriez aussitôt à cheval et vous vous rendriez ici à franc étrier.... Tenez, voici une lettre de crédit au moyen de laquelle vous obtiendriez de M. Berthaud, mon notaire, les sommes qui vous seront nécessaires.... Partez, veillez, moi je vais réfléchir. »

La fortune du hardi coquin était en trop bon chemin pour qu'il s'avisât d'élever de nouvelles difficultés ; il partit donc, et Mme de Gastelar se trouva dans la plus complète solitude.

Plusieurs jours s'écoulèrent pourtant sans qu'elle eût rien arrêté : elle avait appris successivement la mort du greffier et la marche de l'instruction sur l'assassinat du juge ; mais de Pied-de-Fer, pas la moindre nouvelle, si ce n'est qu'on s'attendait à l'arrêter un jour ou l'autre ; formules ordinaires en pareil cas, dont on abusait outrageusement dans ce même temps à l'endroit du général Mina, ce fameux chef de guérillas qui, chaque soir régulièrement, devait être pris sans faute le lendemain matin par le général Donadieu.

La marquise était trop habile pour se faire illusion sur ces captures toujours immanquables et toujours manquées ; elle n'avait d'ailleurs aucun intérêt à ce que Pied-de-Fer perdît sa liberté, à moins que ce ne fût pour tomber en sa puissance à elle.

C'était donc vers ce dernier point que tendaient toutes ses pensées, toutes les combinaisons de son infernal génie.

Mais parfois ces réflexions changeaient tout à coup d'objet ; et en pensant à Pied-de-Fer, et comparant cette énergie intelligente, de toutes les heures, de tous instants, à la nullité relative de tout ce qui l'entourait, elle se sentait saisie par une sorte de respect ; malgré elle-même alors, elle planait par la pensée de Pied-de-Fer au-dessus de tous, et elle se prosternait mentalement devant lui, ce qui pourtant ne l'eût pas fait reculer devant quelque nouveau crime ayant pour but l'anéantissement de ce personnage qu'elle admirait.

Pied-de-Fer, de son côté, imposait silence à son impatience ; deux jours entiers s'écoulèrent sans qu'il sortît de la maisonnette de Triquart. Lambert, moins préoccupé, avait déjà accompagné le braconnier à l'affût.

Le soir du troisième jour, la lune était superbe, ce qui promettait une chasse à la fois agréable et abondante, il suivit de nouveau son hôte, laissant Pied-de-Fer commenter les quelques renseignements qu'il était parvenu à se procurer.

« Et moi aussi, dit ce dernier après leur départ, et moi aussi je vais chasser.... chasser une bête fauve, et fasse Dieu ou le diable qu'elle s'offre à mes coups ! »

Il sortit alors de l'habitation, laissant près d'une des fenêtres de la chaumière une longue chandelle jaune allumée, et destinée à lui servir de fanal au retour.

Il se jeta tout d'abord dans la forêt, gagna le mur du parc, et franchissant une des nombreuses brèches dont nous avons parlé, il s'avança vers les jardins, sans pourtant quitter le taillis de peur d'être aperçu, et il arriva ainsi sur le bord du fossé qu'il avait franchi si lestement dix ans auparavant, alors qu'il s'agissait de trouver un asile pour le jeune lieutenant, qu'il avait fait depuis millionnaire et prince.

« Pas une fenêtre éclairée, se dit-il en s'arrêtant sur le revers du fossé ; car les aîtres me sont connus.... Mais non, il ne faut rien jeter au hasard ; c'est le cas de laisser la prudence du serpent dominer la fureur du lion. »

Il s'assit sur le gazon, et les bras croisés, la tête penchée sur sa poitrine, il continua à donner cours à ses pensées ; puis après quelques instants il se leva et ses regards se dirigèrent de nouveau vers le château à l'intérieur duquel semblait toujours régner l'obscurité la plus complète ; mais sur la terrasse plantée de tilleuls, qui se trouvait alors dans son rayon visuel, il crut apercevoir quelque chose de semblable aux ondulations d'un nuage s'agitant sur la surface de la terre ; bientôt les formes indécises de cet objet se dessinèrent plus nettement, et au bout de quelques minutes, il vit distinctement une femme s'avançant d'un pas lent vers l'extrémité de la terrasse dont il n'était séparé lui-même que par le fossé.

« La marquise ! se dit-il tout à coup ; ah ! ce dédommagement m'était bien dû. »

Il se laissa aussitôt glisser dans le fossé, gravit ensuite le talus opposé en se cramponnant au gazon et aux arbustes, et arrivé au niveau de la terrasse, il continua à suivre du regard la marquise, car c'était elle, en effet, qui s'avançait lentement, mais d'un pas assuré, la tête haute et le regard tendu vers le ciel, comme pour y chercher des inspirations au profit de l'enfer.

Elle arriva bientôt à l'extrémité de la terrasse, et elle se trouva si près de Pied-de-Fer, qu'il pou-

Il n'est pas mort ! s'écria-t-il. (Page 164, col. 1.)

vait entendre le bruit de ses pas et le frôlement de sa robe.

Il lui fallut faire un violent effort sur lui-même pour ne pas se lever aussitôt et saisir enfin cette proie qui lui avait si souvent échappé ; mais il avait encore la moitié du corps sur le talus avant de mettre le pied sur le sol, un faux pas pouvait le faire redescendre de plusieurs pieds; le bruit de cette descente forcée eût attiré l'attention de Mme de Gastelar et encore une fois l'occasion était manquée. Pied-de-Fer s'efforça donc de se contenir; il retint son haleine, comprima les battements de son cœur, et ferma les yeux, car l'aspect de cette femme lui donnait des vertiges.

La marquise s'arrêta, demeura pendant quelques instants immobile, une sorte de soupir fiévreux exprimant à la fois la souffrance et la menace, s'exhala de son sein, puis elle retourna lentement sur ses pas, se dirigeant ainsi vers le château.

En l'entendant s'éloigner, Pied-de-Fer rouvrit les yeux et acheva de grimper sur la terrasse, il détacha la large ceinture de cuir qui lui ceignait les reins, puis il s'élança comme un trait vers Mme de Gastelar, et lui jeta sa ceinture autour du corps.

« Pas un cri, lui dit-il, en même temps qu'il lui serrait les bras contre le corps de manière à les briser, pas un mot ou la mort ! »

Malgré cette menace, la marquise essaya d'appeler du secours ; mais la voix lui manqua, et elle ne put faire entendre qu'un sourd gémissement, puis elle perdit connaissance, et elle serait tombée si Pied-de-Fer ne l'eût soutenue d'un bras vigoureux en même temps qu'il achevait de la garrotter fortement.

« Oh ! tu es donc à moi, serpent maudit ! disait-il d'une voix stridente en jetant sur ses épaules ce corps souple et gracieux qui semblait alors entièrement inanimé.... Et maintenant toutes les puissances de l'enfer ne pourraient te soustraire au châtiment que tu as tant de fois mérité.... Encore quelques instants, et tous mes vœux seront comblés ; marchons, marchons.... »

Ses forces herculéennes augmentées par l'exaltation lui faisant mépriser les obstacles, il franchit d'un bond le fossé, s'élança dans le parc et gagna la forêt.

Là il s'arrêta, non que ses forces fussent épuisées, mais pour voir si sa proie était morte ou vivante, afin d'agir en conséquence.

Il déposa son fardeau sur l'herbe, desserra un peu la ceinture de cuir dont il avait fait un si terrible usage, et à l'aide d'une branche d'arbre en guise d'éventail, il agita l'air au-dessus du visage immobile et décoloré de Mme de Gastelar.

D'abord cela n'eut aucun résultat ; la marquise demeurait froide et immobile.

« Pourtant elle n'est pas morte, se disait Pied-de-Fer, dont la main, en desserrant les liens, venait de sentir un faible battement du cœur, mais la halte était nécessaire. »

Il agita l'air encore pendant quelques instants, jusqu'à ce qu'un léger mouvement de la marquise annonça qu'elle commençait à reprendre l'usage de ses sens.

« Le proverbe a raison, dit-il presque haut, les chats, les femmes et les serpents sont, de tous les animaux de la création, ceux qui meurent le plus difficilement.

— Mon Dieu! dit la marquise d'une voix encore bien faible, cela est donc bien vrai! ce n'est pas un rêve!

— Oui, madame, répondit gravement Pied-de-Fer; il est bien vrai que le jour de l'expiation est arrivé.... Avant une heure, nous aurons vidé cette vieille querelle.... Dans une heure, de la Rose des chauffeurs, de la femme du Petit-Duc, de la maîtresse de Pied-de-Fer, de la séductrice d'Adrien, de la femme adultère et meurtrière, de l'empoisonneuse, de cette exécrable ennemie du genre humain, il ne restera rien.... rien! pas même les formes de ce corps qui a tant recruté pour l'enfer.... Tâchez pourtant de conserver un peu de calme, madame, car nous ne sommes pas encore arrivés au lieu du sacrifice.

— Charles, Charles, dit la marquise en faisant un effort inutile pour se soulever, écoute.... Oui, je t'avoue, j'ai mérité ta colère, ta haine; eh bien! à ce moment suprême, alors que rien ne peut me soustraire à tes coups, je veux que tu le saches, toi seul as été l'homme selon mon cœur. Oui, j'ai voulu te tuer, je t'ai trahi, j'ai mis ta tête à prix, j'ai donné accès dans mon cœur à toutes les passions désordonnées qui tourmentaient mon cerveau; mais, Charles, souviens-t'en, tu me dédaignais alors.

— Assez de phrases, madame; ne vous mettez pas inutilement en frais d'éloquence, car, quoi que vous puissiez dire, je suis et je resterai invulnérable. Et puis, madame la marquise, c'est aussi me croire par trop candide.... Écoutez, je puis vous pardonner et je vous pardonne en effet tous vos crimes envers moi.

— Ah! je te reconnais à ce trait, mon brave et généreux compagnon.

— Ne vous hâtez pas de chanter victoire, madame. Je puis vous pardonner vos perfidies, sauf à laisser continuer entre nous le duel qui dure depuis si longtemps; mais il y a de par le monde deux braves et dignes enfants dont il m'importe d'assurer l'avenir. Assez!.... Madame la marquise, vous sentez-vous les forces nécessaires pour marcher?

— Peut-être, avec un peu d'aide.... Mais où voulez-vous donc me conduire, Charles?

— A quelques centaines de pas d'ici; mais vous y conduire ou vous y porter m'est égal, et, mille carcasses de diables! je crois que la séduction commence à se faire sentir. Halte là! triple enfer! vous ne marcherez pas, vous ne marcherez plus, madame! »

Et appuyant sans pitié le genou sur la poitrine de cette dangereuse sirène, il serra de nouveau la large ceinture de cuir dont il l'avait entourée, reprit sur ses épaules ce fardeau vivant, et continua son chemin. Dix minutes après, il entrait dans l'habitation de Triquart. Deux escabeaux se trouvaient placés à l'extrémité de la chaumière; il posa la marquise sur l'un et s'assit sur l'autre. Mme de Gastelar semblait avoir recouvré toutes ses forces; son visage était légèrement animé, ses beaux yeux noirs étaient pleins de feu; elle paraissait calme, quoique toujours privée de l'usage de ses bras, car plus que jamais Pied-de-Fer se défiait d'elle et de lui-même.

« Eh bien! mon seigneur et maître, dit-elle en souriant, est-ce ici que vous devez me dire ce que vous voulez de moi? Hâtez-vous donc de formuler votre demande, afin que l'on se hâte de vous l'octroyer. Et puis, Charles, ajouta-t-elle d'un ton plus sérieux, ces liens sont bien ignobles et bien indignes de vous.

— Madame, dit Pied-de-Fer d'un ton solennel, quittez ce ton qui ne saurait convenir à de grands coupables dont la dernière heure est proche. Nous allons mourir, madame! et maintenant que l'arrêt est prononcé, épargnez-vous la peine de le combattre, car cette fois il est sans appel, sans commutation possible. »

La marquise, dont les bras seuls étaient privés de mouvement, se leva en jetant un cri de détresse.

« Ne voulez-vous ou ne pouvez-vous donc comprendre, madame, reprit Pied-de-Fer en la forçant à s'asseoir de nouveau, que vous n'avez aucun secours à espérer, et que le reste de cette scène doit se passer entre Dieu et nous? »

C'était la première fois que le nom de Dieu sortait des lèvres de Pied-de-Fer autrement qu'accompagné d'un blasphème. Il alla prendre la chandelle qui brûlait près de l'âtre, et la montrant à Mme de Gastelar:

« Voici, dit-il, l'instrument de notre délivrance ou de notre punition. »

Il revint près de la marquise, leva la pierre qui cachait l'entrée du caveau aux munitions, découvrit le pot de grès et enfonça dans la poudre la chandelle jusqu'à un pouce de la flamme.

Madame de Gastelar, arrivée au plus haut paroxysme de la frayeur, se leva de nouveau et tenta de s'élancer vers la porte. Pied-de-Fer la ramena encore une fois, puis il s'assit devant elle sans cesser de lui tenir les mains, de sorte que la chandelle brûlait entre eux, et que l'explosion devait les anéantir en même temps.

« Eh ! madame, lui disait-il avec un sang-froid désolant, en êtes-vous donc à apprendre que les gens de notre sorte sont sujets à quelques maladies de plus que les autres hommes ? »

La marquise, comme si elle eût eu honte de sa faiblesse, s'efforça de se montrer calme ; elle arrangea ses vêtements, autant que pouvaient le lui permettre ses bras fortement serrés contre le corps au-dessous du coude ; puis elle regarda en souriant la chandelle dont la flamme se rapprochait à chaque seconde du niveau de la poudre....

« Charles, fit-elle en jetant des regards de flamme sur Pied-de-Fer, on ne ment pas en présence de la mort, quand cette mort est inévitable. Eh bien ! ici, alors qu'une étincelle échappée de cette mèche peut m'anéantir entre deux syllabes, je déclare, je confesse, ou plutôt je m'accuse de n'avoir jamais aimé que toi.... Pour d'autres, j'ai pu avoir des fantaisies, des caprices, jamais d'amour. Si j'ai attenté à ta vie, c'est qu'entre l'amour que tu m'avais inspiré et la haine la plus violente, il ne saurait y avoir de terme moyen.... Charles ! je t'aime ! et je me sens heureuse de mourir avec toi.... Et pourtant, après une réconciliation sincère, que de bonheur nous offrirait l'avenir ! »

Mais Pied-de-Fer s'était prémuni ; il devait être impitoyable.

« C'est mal prendre votre temps pour faire du roman, madame, répliqua-t-il en serrant convulsivement les mains de la marquise dans les siennes. Regardez et assurez-vous que nos instants sont comptés.... Encore deux minutes, trois, peut-être.... Je me repens, moi, et j'attends ! »

La force factice dont la marquise s'était armée disparut bientôt devant cette résolution froide, absolue ; la malheureuse éclata en sanglots, fit des efforts surhumains pour se dégager des étreintes de son ennemi ; mais Pied-de-Fer, toujours impassible et froid, en apparence, du moins, se bornait à la maintenir sur son siége, sans répondre à ses plaintes, à ses exclamations et à ses injures.

« Madame, dit-il, si mon coup d'œil n'a rien perdu de sa justesse, nous avons encore soixante secondes au plus pour voir, entendre, sentir ce qui se passe en ce monde ; usez de ce qui vous reste, madame, car désormais vous n'userez ni n'abuserez de rien.

— Grâce ! grâce ! Charles, s'écria-t-elle en tombant à genoux.

— Madame, j'ai trop fait grâce, et peut-être me l'a-t-on fait trop longtemps à moi-même.

— Mais au plus grand criminel on ne refuse pas quelques minutes pour se recueillir.

— Je vous avais prévenue, et vous avez perdu un quart d'heure en discours insensés. »

La malheureuse était dans un état affreux : une frayeur indicible était peinte sur son visage devenu hideux par la contraction des muscles.

Obéissant à l'instinct de la conservation, elle se traîna sur les genoux et parvint à s'éloigner un peu du foyer de mort qui la menaçait ; mais ses poignets engagés dans ceux de Pied-de-Fer comme dans des serres d'acier, craquèrent dans la pression qui les retenait, et la douleur physique la ramena sur le bord du caveau.

« Vingt secondes encore, dit Pied-de-Fer.

— Charles, tu m'accusais de n'avoir point de cœur, et tu es sourd à cette explosion de l'âme qui te crie : *Amour et pardon.*

— Oui, sourd.... sourd et impitoyable comme le destin.... Et par les cinq cents diables ! de quoi s'agit-il donc ? La mort, ma très-belle complice, n'est-elle pas notre plus ancienne connaissance ? Pour moi, je ne puis oublier que je vous ai vue pour la première fois le jour.... ou plutôt la nuit où vous couliez du plomb fondu dans les oreilles d'un vieux chevalier de Saint-Louis qui refusait obstinément de dire ce qu'il avait fait de l'argent touché par lui vingt-quatre heures auparavant.

— Charles ! Charles ! le feu ! la mort ! ah !... »

A ces cris, à cette dernière exclamation, succédèrent un jet de flamme et une explosion terrible ; le toit de l'habitation fut lancé dans les airs ; la façade s'écroula ; les portes et les fenêtres furent jetées au loin ; puis à cet horrible fracas succéda le silence le plus profond, le silence de la mort.

CHAPITRE XXXVIII.

Une vieille connaissance.

L'explosion fut parfaitement entendue de Lambert et de Triquart qui n'étaient pas, en ce moment, à plus de cinquante pas de la chaumière.

« C'est un coup de mine, dit le braconnier.

— Y a-t-il donc des mineurs dans les environs ? demanda Lambert.

— Je n'en connais point par ici, et cependant ce bruit ressemble parfaitement à celui qui se fait sur un autre point, alors qu'on emploie la poudre pour faire sauter les roches de grès dont on fait des pavés. »

Puis tournant ses regards dans la direction de son habitation :

« Le feu, le feu, s'écria-t-il, c'est ma poudrière qui a sauté.... Courons, courons ! »

Ils arrivèrent à la maisonnette au moment où les flammes commençaient à se communiquer aux solives, mais la citerne construite au dedans des palissades étant pleine d'eau, il leur fut facile d'éteindre l'incendie avant qu'il eût fait de grands progrès. Triquart ayant allumé deux torches de sapin goudronné dont il avait toujours provision pour visiter les ruines qu'il appelait son arsenal, ils purent chercher la cause du sinistre.... D'abord ils trouvèrent, étendu à quelque distance de la porte le cadavre de la marquise; pas un de ses membres n'était resté entier; sa poitrine était horriblement broyée et déchirée; mais, par une bizarrerie singulière, l'explosion avait respecté son visage qui, n'ayant subi aucune mutilation, était fort reconnaissable. A l'autre extrémité de la chaumière, assis et adossé contre le mur, était Pied-de-Fer qui semblait ne donner aucun signe de vie; ses membres étaient intacts, mais sa tête était dans un état affreux; de chaque côté de la face, la peau des joues brûlée et détachée à la hauteur des yeux lui tombait jusque sur la poitrine; il portait au front une large plaie d'où le sang s'échappait abondamment, et il avait une partie du nez emportée.

Lambert lava avec soin ces plaies rendues plus hideuses encore par la poudre qui y avait pénétré et s'étendait sur les chairs vives en couche noire et huileuse; il étancha le sang, couvrit de linge la blessure du front, puis il s'efforça de faire pénétrer un peu d'eau entre les lèvres tuméfiées et déchirées de ce malheureux.

Au bout de quelques instants, Pied-de-Fer poussa un soupir.

« Il n'est pas mort! s'écria-t-il.

— Qu'il soit mort ou non, répondit le braconnier, je n'en suis pas moins dans un terrible embarras, et je veux que le diable me rompe les côtes si je sais comment en sortir.

— Nous allons nous en occuper, » dit Lambert qui continuait à donner à son ami d'actifs secours.

Pied-de-Fer fit un mouvement, étendit le bras comme pour chercher la main de Lambert, puis il l'éleva à la hauteur de ses yeux comme pour faire comprendre qu'il ne pouvait voir. En effet, ses paupières étaient tellement tuméfiées, qu'il était impossible de les disjoindre. Enfin, après d'assez longs efforts, il parvint à articuler ces mots:

« Et la marquise?

— Morte, lui répondit Lambert.

— Merci... Je puis mourir aussi, et c'est maintenant ce que j'ai de mieux à faire.

— Allons donc, est-ce que ces paroles sont dignes de Pied-de-Fer? Il faut vivre, mille dieux... Je le veux; et moi aussi je sais imposer ma volonté quand il le faut.... Et maintenant, à nous deux, continua-t-il en se tournant vers Triquart. Réglons d'abord les intérêts matériels. Avec vingt-cinq louis on bâtirait ici deux cabanes semblables à celle-ci; en voici cinquante; maintenant il faut aller prévenir l'autorité; elle voudra savoir comment cela est arrivé, et vous ne le lui direz point, par la raison que vous n'en savez rien et que vous êtes incapable de le deviner. Il ne faudra pas non plus parler de moi ni de mon compagnon. Voici la version qu'il faut adopter : Vous étiez absent de chez vous depuis plusieurs heures; à votre retour, vous avez trouvé les choses dans l'état où elles sont en ce moment. Vous présumez que pendant votre absence, cette dame, dont le cadavre est là, aura pénétré dans votre demeure après s'être égarée dans la forêt; que ne trouvant personne, elle aura cherché quelques provisions, et qu'en cherchant, elle aura involontairement mis le feu à votre provision de poudre.... Pour débiter cela avec assurance et le soutenir partout et toujours, j'alloue cinquante autres louis que voici. Cela est-il entendu?

— A la vie, à la mort! répondit le braconnier en tendant la main à Lambert. Aussi bien il doit y avoir du vrai là dedans; car il n'est pas présumable que l'on se mette en cet état pour son propre plaisir. Pourtant il y a une petite difficulté, comment cacher votre compagnon?

— Vous ne le cacherez point; mais vous allez m'aider à le transporter au travers de la forêt jusqu'à Fontainebleau. Là, nous nous quitterons, et vous irez faire votre déclaration.

— Allons, je suis à vos ordres, répondit Triquart en serrant dans sa ceinture de cuir l'or qu'il venait de recevoir.

— Eh bien! dit Lambert en se penchant vers son ami, le projet n'est-il pas raisonnable?

— Je te reconnais là, ami, répondit Pied-de-Fer, en lui tendant la main. C'est d'autant mieux arrangé que nous avons là une vieille connaissance sur laquelle je crois pouvoir compter.

— J'y ai pensé. Ainsi, nous allons fabriquer une civière, et....

— Non, mon ami, je me sens capable de marcher, pourvu que vous me souteniez et me dirigiez; car si je dois vivre je ne reverrai plus le jour.

— Bast! j'ai vu des gens dans un plus mauvais état, et qui n'ont rien perdu du tout. Hâtons-nous, car il faut que tout cela soit terminé avant la fin de la nuit. »

Lambert déchira sa chemise, il en fit des compresses et des bandes à l'aide desquelles il pansa le moins mal possible les plaies de son ami; puis Triquart et lui le prirent chacun sous un bras, et l'on se mit en marche. Ils restèrent longtemps en chemin, car le trajet était de plus de deux lieues, et ils ne pouvaient marcher que très-lentement. Enfin, une heure avant que l'aube parût, ils arrivèrent à l'entrée de la ville.

« Connaissez-vous le docteur Brimond? demanda Lambert au braconnier.

— Si je le connais! qui est-ce donc, à dix lieues

à la ronde, qui ne connaît pas cette providence des pauvres gens?

— Et il exerce toujours la médecine?

— Est-ce qu'il pourrait y renoncer? c'est sa vie ça, c'est ce qui fait sa force, sa vigueur. Il faut le voir, avec ses soixante-quinze ans, sauter à cheval comme un hussard, faire dix lieues par la pluie, la neige, et arriver gai, gaillard, et toujours mettre la main à l'œuvre.

— Bien que je l'aie peu vu, je le reconnais à ce portrait, dit Pied-de-Fer; conduisez-nous jusqu'à la porte de sa demeure, et nous nous séparerons là; car il ne faut pas que le docteur sache que je viens de chez vous. »

Cinq minutes après, Triquart, après avoir échangé une cordiale poignée de main avec chacun des deux amis, tournait les talons, se dirigeant vers la commune de laquelle dépendait son habitation. Dès qu'il fut éloigné, Lambert sonna, une vieille servante vint demander qui était là.

« Dites au docteur, répondit Lambert, que ce sont de vieilles connaissances à lui, qui ont le plus pressant besoin des secours de son art.

— Belle aubaine! marmonna la vieille; encore des visites et des ordonnances pour le roi de Prusse.... et une belle heure encore pour déranger les gens.

— Vous vous trompez, ma bonne, répliqua Lambert, nous sommes mieux pourvus d'argent que de santé, et vous en saurez quelque chose si vous vous hâtez de nous recevoir. »

Il avait touché la corde sensible, et bien que le jour ne fît que commencer à poindre, la vieille se décida à ouvrir et à aller réveiller son maître, ainsi que Lambert l'en pria en lui glissant un écu dans la main.

M. Brimond ne tarda pas à paraître.

« Docteur, lui dit Lambert, il y a maintenant un peu plus de dix ans que, dans la forêt qui entoure votre ville, et au milieu de gens à mine suspecte, qui vous promettaient leur amitié, vous leur répondiez qu'il était bon d'avoir des amis partout; c'est une vérité dont nous faisons aujourd'hui l'expérience, et c'est à la fois comme amis et comme clients que nous nous présentons à vous.

— En effet, répondit M. Brimond, après s'être frotté les yeux, et avoir regardé Lambert attentivement, je crois me rappeler confusément.... c'était en 1814, n'est-ce pas?

— Précisément, docteur. Napoléon était encore ici. La besogne ne vous manquait pas alors; mais vous y alliez de si grand cœur qu'indépendamment des blessés qui vous entouraient, vous secouriez encore quelques-unes des victimes de cette grande conflagration qui n'appartenaient à aucune des puissances belligérantes en nom.... Ne faites pas d'effort de mémoire, docteur; car, j'en suis bien

sûr, il ne me faudra qu'un mot pour vous rappeler le château de Souvrecœur et les personnes que vous y avez vues à cette époque.

— Et que j'ai vues aussi ailleurs, n'est-il pas vrai?... au bivouac dans la forêt....

— Eh bien! docteur, c'est un service de même nature que celui que vous nous rendîtes alors, que nous venons vous demander : les secours de votre art et le secret le plus absolu. Un accident terrible, arrivé cette nuit même, a mis l'ami que vous voyez, mais dont vous ne sauriez reconnaître les traits, dans un état affreux. »

A ces mots, Lambert écarta les linges qui couvraient le visage de Pied-de-Fer, et fit voir à M. Brimond ces chairs noires et déchirées, ces lambeaux de peaux détachées, ces lèvres, ces paupières brûlées qui présentaient un aspect hideux.

« Hâtez-vous, je vous en prie, docteur, dit Pied-de-Fer, car je souffre horriblement, et la fièvre qui me brûle est si ardente qu'il me semble à chaque instant que mon crâne va éclater.

— Je reconnais cette voix, dit M. Brimond. Mais qu'est-il donc arrivé? Parlez, parlez, enfants. »

Sans attendre de réponse, il s'élança vers son cabinet, y entra et en sortit presque aussitôt, apportant une trousse et diverses substances.

« Ce que vous voyez, reprit Lambert, a été produit par l'explosion d'une certaine quantité de poudre. »

Cela se voit de reste, vraiment. Mais il était donc couché sur la mine?

« Docteur, reprit Pied-de-Fer, je vous dirai, moi, tout ce que vous désirez, tout ce que vous devez savoir; et encore pourrez-vous en entendre parler d'autre part, car je n'ai pas été le plus maltraité dans cette circonstance. Consentez à me recevoir comme pensionnaire, et soit que je meure ou que vous me sauviez, que cela soit ignoré de tout le monde, excepté de l'ami qui m'a accompagné jusqu'ici, et qui va nous quitter tout à l'heure.... Tu entends, Lambert?

— Parfaitement, » répondit ce dernier en plongeant sa main droite et une partie du bras dans les profondeurs d'une immense poche pratiquée sous la partie gauche de sa redingote.

Il tira de ces profondeurs un sac de peau et une sorte de gros étui en cuir.

« Maintenant, mon cher monsieur, dit-il au médecin, maintenant que nous nous entendons sur les points les plus importants, il s'agit de parler à cœur ouvert et de jouer cartes sur table. Et cela ne doit pas être difficile, car vous, vous êtes un homme trop supérieur pour ne pas sentir et avouer qu'il y a de l'argent au fond de toute question.

— Mon ami, répondit M. Brimond avec le plus

grand calme, il n'y a au fond d'une question que ce qu'on a voulu y mettre ; mais j'avoue pourtant qu'il est bien peu de choses en ce monde qui ne puissent être représentées par de l'argent. Venez donc m'aider, car ce que je comprends très-bien en ce moment, c'est qu'il ne faut pas aller chercher d'aide au dehors.

— Achevons donc de nous entendre, docteur. Deux mille écus pour la cure et autant pour la pension du malade, cela vous paraît-il convenable ? »

La tête du vieux médecin se redressa comme s'il eût entendu les trompettes du jugement dernier.

« Mes vieux amis, dit-il en souriant, mon domicile est inviolable légalement; dans deux heures il le sera matériellement. »

Puis étendant ses mains sur la face du blessé :

« A nous deux.... ou plutôt à nous trois, dit-il. Je ne vous exhorte pas au courage, car c'est chose, j'en suis sûr, dont vous êtes toujours bien pourvus.

— Moitié en or, continua Lambert en ouvrant son sac de peau, et moitié en billets. Est-ce bien ainsi, monsieur ? »

Le docteur, sans cesser de préparer ses substances et ses instruments, jeta un coup d'œil à la dérobée sur l'or et les billets que Lambert tendait sur un guéridon.

« Bien, bien, dit-il en réprimant sur ses lèvres un sourire dont le reflet se montra dans ses yeux, laissez ces choses toujours futiles quand même, et occupons-nous ensemble de la vie de ce brave garçon, qui pourrait bien être quelque peu chancelante. »

Il s'avança vers le blessé, examina attentivement les plaies de son visage, sonda celle du front, qui lui parut être la plus dangereuse, et au bout de quelques minutes il déclara qu'il avait la certitude de pouvoir rendre à Pied-de-Fer figure humaine.

« Vous aurez beau faire, docteur, dit Pied-de-Fer en souriant malgré la douleur intolérable qu'il ressentait; vous ne me rendrez pas ma face primitive. Ce n'est pas que je m'en plaigne, car, en vérité, elle n'était pas belle.

— Et ! vraiment, mon cher, votre visage futur, sachez-le, ne saurait ressembler avec votre visage d'autrefois.... Et tenez, mon garçon, je crois que vous n'avez pas envie de vous en plaindre; car si je ne me trompe, l'extérieur et l'intérieur, bien que par des raisons diverses, ont chez vous un égal besoin d'être renouvelés. Et, vrai Dieu, vous serez servi à souhaits; voici d'abord un nez absent; il n'en reste que les cartilages que nous allons recouvrir aux dépens de quelque partie voisine; les yeux pourront bien être quelque peu éraillés, et les commissures de la bouche ne seront pas absolument irréprochables; mais la réparation sera complète, si ce n'est, ainsi que je viens de le dire, que votre signalement futur sera en désaccord avec votre signalement passé.

« Bien, bien, mon cher maître; taillez en plein drap, et que cela ne vous préoccupe point; je saurai toujours, au besoin, me faire reconnaître. »

Le docteur ne répliqua rien ; mais il se mit à l'œuvre, et il commença par détacher complétement quelques lambeaux de chair que le feu avait presque entièrement détruits, puis il tailla sur le front qui était la partie la moins maltraitée, un morceau de peau qu'il détacha, retourna, et dont il couvrit les cartilages du nez après les avoir remis à vif en les débarrassant de tous les corps étrangers qui s'y étaient attachés.

Tout cela fut rapproché et contenu par des bandelettes agglutinatives; les lèvres et les paupières furent nettoyées et pansées de la même manière, puis le docteur, aidé de Lambert, porta le blessé dans une pièce voisine où il fut mis en possession d'un excellent lit.

« Maintenant, ami, dit Pied-de-Fer à son compagnon, pars, sors de France, cours rassurer ces braves enfants, et annonce-leur mon retour prochain.... car, vois-tu, mon brave garçon, je commence à croire que ce diable doit avoir le dessous; mais, pour qu'il en soit ainsi, il ne faut pas que nous tombions sous la main de ses suppôts. Quant à ce qui me regarde personnellement, je suis tranquille désormais; je serai ce que je voudrai, et tu le sais d'ailleurs, je suis ici à deux pas de mes plus riches possessions. Écris-moi sous le couvert du curé de Marchais, et envoie-moi de la même manière tous les papiers qui peuvent m'être nécessaires, et que tu obtiendras aisément de la cour de Rome moyennant un nouveau délai de cinq ans pour le remboursement du million que me doit le Saint-Père.... Ce brave docteur a raison; il est bon d'avoir des amis partout.... Adieu, car je sens que je m'affaiblis considérablement. Ce que je ne t'aurai pas dit, tu le devineras ; n'es-tu pas habitué à cela ? »

Il tendit la main à Lambert qui la serra avec effusion dans les siennes, puis ce dernier partit après avoir de nouveau recommandé son ami aux soins du docteur. M. Brimond avait déjà pris toutes les précautions convenables pour que son pensionnaire fût chez lui à l'abri de toutes recherches ; il s'était assuré que les deux amis n'avaient été vus de personne à leur arrivée ; deux énormes dogues, ordinairement enchaînés, furent lâchés dans la cour, et la gouvernante reçut l'ordre de n'ouvrir la porte extérieure à qui que ce fût avant d'en avoir prévenu son maître.

Huit jours se passèrent ainsi; dès le troisième Pied-de-Fer était déjà en état de se lever.

« Diable! lui dit ce jour-là M. Brimond, l'affaire, à ce qu'il paraît, est beaucoup plus grave que je ne l'avais imaginé.... La marquise de Gastelar, la châtelaine de Souvrecœur est morte !...

— Je le sais, docteur.

— Je le crois pardieu bien; car j'ai été requis pour assister à la levée du cadavre, et constater le genre de mort de cette femme, et il m'a été facile de reconnaître que vous avez été tous deux victimes du même accident.

— Quelqu'un a-t-il dit cela ?

— Qui pourrait le dire, puisque selon les apparences, personne n'a été témoin de cet événement ? aussi, M. le procureur du roi paraissait-il disposé à ne pas donner d'autres suites à cette affaire, lorsqu'en fouillant les vêtements de cette femme afin de ne rien négliger pour constater son identité, on trouva dans une poche un portefeuille contenant des papiers mystérieux, de nature à attirer toute l'attention de la justice; ce sont des lettres desquelles semble résulter la preuve que la marquise était affiliée à une sorte de société secrète appelée *Les Enfants du Feu*... Cela aura certainement beaucoup de retentissement.

— Et si je ne me trompe, docteur, vous seriez fort aise que je fusse loin d'ici lorsque ce retentissement arrivera.

— Je vous l'ai dit : vous êtes en sûreté chez moi; mais il faudra bien en sortir; alors il y aura danger, et ce danger sera certainement plus grand dans quinze jours que maintenant.... C'était une bien singulière femme que cette marquise !...

— C'était une furie qui avait lassé de ses crimes, de ses épouvantables cruautés, la terre et le ciel.

— Et vous étiez son ami ! exclama le docteur, dont le visage se contracta légèrement.

— J'étais son ennemi le plus redoutable ; il fallait qu'un de nous deux disparût de cette terre ; peut-être eût-il été bien que nous en sortissions tous deux en même temps. Le jugement de Dieu en a décidé autrement. Et maintenant, monsieur, combien estimerez-vous qu'il faille encore de temps pour que je sois en état de monter à cheval ?

— Quatre jours au plus, répondit vivement M. Brimond, dont le visage assombri depuis le commencement de ce colloque, se rasséréna tout à coup.

— Eh bien ! docteur, faites que, au milieu de la quatrième nuit, un cheval m'attende à l'entrée de la forêt, et avant l'aurore du cinquième jour, vos craintes auront cessé. »

Ainsi que nous l'avons dit, M. Brimond était un vieillard plein d'énergie et de loyauté, capable de tenir sa parole au péril même de sa vie ; mais cela n'empêchait pas qu'un hôte comme Pied-de-Fer, dans les circonstances que nous venons de rapporter, ne lui donnât d'assez vives inquiétudes.

Il redoubla donc de soins, usa de toutes les ressources que lui suggérèrent ses connaissances acquises et sa haute intelligence, et dès le cinquième jour, la plupart des plaies du blessé étaient entièrement cicatrisées; la fièvre avait complétement disparu; les forces étaient revenues en même temps que l'appétit, et lorsque, au moment fixé par lui-même, il prit congé du docteur, il semblait avoir recouvré toute la vigueur de sa jeunesse.

CHAPITRE XXXIX.

La peur.

On était alors au plus fort de l'action de la comédie de quinze ans : les journaux libéraux avaient ressuscité les jésuites dont ils continuaient avec le plus grand succès à bourrer leurs abonnés; les carbonari se recrutaient jusque parmi les magistrats; les gendarmes allaient à la messe, et les hommes d'État en faveur faisaient leurs pâques le plus ostensiblement possible, ce qui n'empêchait pas l'athéisme de courir les rues. La France était divisée en deux camps bien tranchés : les gens en place d'une part, et ceux qui voulaient en avoir, de l'autre.

Il n'y avait pas un village où les deux partis ne fussent parfaitement dessinés.

Le village de Marchais avait donc, comme les autres, ses *libéraux* et ses *ultra*.

Au nombre des premiers, étaient M. le maire et son adjoint, que la vente des biens nationaux avait enrichis, et qui, mourant de crainte d'être obligés de rendre gorge, faisaient la grosse voix comme les poltrons qui chantent quand ils ont peur ; quelques vieux soldats façonnés au plus intolérable despotisme, et qui se croyaient essentiellement libéraux, parce qu'ils avaient servi Napoléon, puis encore quelques petites ambitions déçues, quelques plaideurs mécontents, tous grands admirateurs du *Constitutionnel*, rédigé par d'anciens censeurs impériaux qui s'engraissaient aux dépens de tous ces pauvres moutons de Panurge, en se posant chaque matin dans leur fauteuil en victimes de leur désintéressement et de leur immense amour de la liberté. Dans l'autre camp, était le notaire qui, lors d'un voyage à Paris, avait été fait chevalier du lys, puis, le maître d'école qui s'inclinait sous la férule universitaire, quelques jacobins convertis et de riches fermiers dont les enfants peuplaient les petits séminaires.

Le curé de Marchais était un si excellent homme que pendant longtemps il avait été également aimé et estimé des deux partis ; mais peu à peu le souvenir du bien qu'il avait fait s'effaça dans l'esprit du maire et de sa coterie ; le journalisme aidant, on en vint à se demander d'où lui étaient venues les sommes considérables dont il avait usé sans contrôle, et l'on finit par décider qu'évidemment l'excellent homme avait été acheté par les jésuites.

« Messieurs, disait un soir le maire en se rengorgeant, le prêtre est prêtre avant tout ; partout et toujours.... c'est l'opinion de Manuel : ce qui explique les efforts faits par le curé pour nous enrôler sous les drapeaux de l'obscurantisme.... Vous avez vu avec quel art perfide il a cherché à s'insinuer dans l'esprit des petites gens en faisant réparer les chemins vicinaux.... Cet homme-là est bien dangereux. N'est-ce pas votre avis, père Simon?

— Oui-da ! que c'est un malin, exclama le père Simon. A preuve qu'il n'a pas un pouce de bien au soleil, et qu'avec le revenu de sa cure qui ne va pas à quinze cents francs, il achète des bons Dieux de deux cents pistoles, des robes de dentelle à la Vierge, et des jaquettes neuves tous les mois à l'enfant Jésus.... Moi, j'ai dans l'idée que la poule du grand Albert lui a passé par les mains.... Dame ! ça s'est vu, ça !

— Sorcier ou jésuite, et peut-être même l'un et l'autre, dit gravement l'adjoint.... Ce serait peut-être le cas de frapper un coup d'État.... Ceci, messieurs, est de la haute politique, comme dit Benjamin Constant.

— D'autant plus que je suis l'autorité, ajouta le maire.

— Oui, reprit l'adjoint, d'autant plus que *nous sommes l'autorité*.

— C'est donc à dire, s'écria Jean Minet, vieux soldat de Sambre-et-Meuse, que le conseil municipal a été créé et mis au monde pour faire des fifres au roi de Prusse ? »

En ce moment, le garde-champêtre arriva tout essoufflé au milieu de l'assemblée.

« Eh bien ! dit-il, en se plaçant au milieu de la réunion, en v'là du nouveau ! c'te fois nous l'tenons, y faudra qui s'explique.... Moi, on ne m'ôtera pas de la tête qui s'entend avec l'diable, et à preuve que j'en ai encore l'épaule presque démantibulée et ma veste qui sent le roussi.

— Fouinet, dit le maire avec sévérité, je sais bien qu'il n'est pas donné à tout un chacun d'avoir la parole en main comme un quelqu'un éduqué à fond ; mais le respect pour tes supérieurs est incohérent à ta position dont auquel tu as l'air d'en manquer.

— Dame ! reprit le garde, c'est que ça fait un fier effet de s'trouver entre quatre zyeux avec des particuliers d'un acabit pareil.

— Attention au commandement, s'écria Jean Minet impatienté, la parole a été donnée à l'homme pour s'expliquer vivement et substantivement, comme disait le sergent. Donc, si Fouinet se permet de récidiver ses discours intempestifs, j'aurai celui de lui faire prendre le chemin de la porte en le pilotant avec l'enveloppe de mon pied.

— Sacristi ! ça vous est bien aisé à dire, et je voudrais vous y voir, vous autres !... Faut donc que vous sachiez que sur les huit heures et demie, un tantinet avant le lever de la lune, moi, Jérôme Fouinet, décoré de ma plaque et dans l'exercice de mes fonctions, me trouvant sur la grande route, au lieu dit le clos du Chin.... »

Ii Jean Minet se mit à siffler le chant du départ en agitant en mesure son pied droit croisé sur la gauche, et *enveloppé* selon son expression, d'un énorme sabot ferré.

« Doucement, M'sieu Jean Minet, fit le garde en s'interrompant, v'là que j'y arrive, et vous allez voir que vous n'aurez pas perdu pour attendre... Étant donc au lieu susdit, j'y aperçois un individu long comme un jour sans pain, et noir comme les cinq cents diables qui allait au grand trot sur un grand brigand de cheval encore plus noir que lui... ça commence, n'est-ce pas ?...

— Oui, répondit Jean Minet, ça commence ; mais il faut que ça finisse plus vite que ça ou sinon...

— Bon, bon ! vous n'auriez pas été si rude au vis à vis du particulier en question ; c'est moi qui vous le dis... Étant donc orné de ma plaque, et le cheval trottant, moi je me mets à galoper étant toujours dans l'exercice de mes fonctions, si bien que ça faisait *trot ! trot ! trot !* par devant, et *pataud ! pataud ! pataud !* par derrière. Mais voilà que le *trot ! trot ! trot !* s'arrête roide comme une balle, et comme j'allais toujours du *pataud*, je viens donner en plein du devant de moi susdit fonctionnaire dans le derrière du susdit animal plus noir que son maître.

— Abordage complet ! fit Jean Minet.

— Du tout ! du tout ! ni bords ni bordages ; mais tout en plein, v'lan !... Alors le cheval n'a plus bougé ; l'animal sentait sa supériorité ; mais voilà que l'homme saute à terre, vient droit à moi, me prend par l'épaule gauche avec sa main droite, qu'on aurait dit un étau carabiné, et m'ayant fait pirouetter moi et ma plaque dans l'exercice de nos fonctions, il me regarde sous le nez avec des yeux qui brûlaient et il me dit d'une voix qui ne ressemble pas plus à celle d'un chrétien qu'à la trompette du marchand de vulnéraire suisse :

« — Que me veux-tu ? »

« Vous en croirez ce que vous voudrez ; mais je veux que l'enfer me brûle si ce n'était pas le diable en personne.

« — Et qu'as-tu répondu ? mille millions de gibernes ! » s'écria Jean Minet en se levant, la menace aux yeux, aux lèvres et aux poings.

Je m'estime heureux d'avoir été trompé. (Page 174, col. 2.)

— Ma foi, je n'en sais rien au juste, mais je crois que je lui ai dit : Monsieur le diable, c'est moi, Jérôme Fouinet, dans l'exercice de mes fonctions de garde-champêtre.

« — Ah! ah! a-t il fait, c'est bon; le garde-champêtre a le droit d'être curieux; c'est dans ses attributions. Mais il ne faut pas passer les bornes. Tiens, prends et file. »

— Moi j'ai pris... c'était une pièce de cent sous.

— Oui, s'écria Jean Minet, tu as pris et tu as filé comme un péquin.

— Justement, j'ai filé, c'est-à-dire que j'ai laissé le grand noir trotter sur la lisière du clos du Chin; mais en même temps je me suis jeté dans la ruelle à Maingaut, et je suis arrivé avant lui sur la place de l'église; je me suis caché sous le portail, et j'ai vu le grand diable entrer au presbytère, lui et son cheval. Alors j'ai été sonner à la porte sous prétexte de dire à M. le curé que la lampe du chœur était éteinte; au premier mot, Charlotte m'a rebouisé si bien que j'ai été obligé de battre en retraite jusqu'au bord du cimetière; mais au premier coup d'œil j'avais vu le grand noirot qui tendait une main à M. le curé, tandis que de l'autre il jetait par terre les sacoches qui pendaient à l'arçon de la selle.

— Tu as vu cela, Fouinet? demanda le maire.

— Comme je vous vois, ni plus ni moins.

— Et tu ne lui as pas demandé son passe-port? s'écria Jean Minet.

— Bien au contraire; j'ai filé tout bas, et me v'là.

— J'opine, dit l'adjoint, pour que la chose soit prise en considération.

— D'autant plus, dit Jean Minet, qu'il y a du *sit nomen* sous jeu, vu le cheval noir et les sacoches.

— Mes enfants, dit le maire à demi-voix, laissons dormir le cheval et bouillir le mouton. La journée de demain nous en apprendra davantage; qui vivra verra; je crois que nous touchons à un grand événement. »

A ces mots, l'assemblée se sépara.

Pendant ce temps, Pied-de-Fer et le curé s'entretenaient chaleureusement dans la salle à manger du presbytère.

« Mon cher fils, disait le bon pasteur, est-ce bien vous que je revois? Mon Dieu, je ne sais qui je dois croire de mes yeux ou de mes oreilles.

— Croyez-en votre cœur, mon père, car c'est un sixième sens qu'on ne trompe point.

— Ainsi donc, mon fils, vous revenez à moi corps et âme?

— Corps et âme, répondit Pied-de-Fer; mais il serait bon, peut-être, que ma présence ici fût ignorée. Il faut peu de chose pour monter l'imagination à ces braves paysans, et vous savez que j'ai d'excellentes raisons pour ne pas aimer à parler longuement de moi ni des autres. Mais, avant tout, veuillez vous charger des sacoches que j'ai recueillies chemin faisant dans un coin où elles dormaient depuis dix ans. Vous distribuerez cela, mon très cher maître, en attendant que nous prenions les arrangements que nécessitent les circonstances; car je compte sur vous, monsieur le curé.

— Eh! mon cher fils, il n'est pas aussi facile de faire le bien que vous l'imaginez, et c'est ce que je disais à votre ami il y a peu de temps.

— Eh! vraiment, je sais de reste déjà que le métier d'honnête homme n'est pas si facile qu'on l'imagine communément : mais je compte sur vous, mon bon père, pour me mettre dans la voie, et vous verrez de quel pas j'y marcherai. Le temps des réticences est passé. Mon père, vous sentez-vous les forces et le courage nécessaires pour explorer la conscience d'un des plus grands criminels de notre temps?

— C'est mon devoir, répondit l'excellent homme d'une voix quelque peu altérée, et avec l'aide de Dieu j'espère pouvoir l'accomplir.

— Vous pourrez donc me consacrer toute votre nuit? reprit Pied-de-Fer.

— Je l'espère!

— Et c'est sans regret que vous me faites ce sacrifice?

— N'ai-je pas promis à Dieu de consacrer ma vie au salut de ses enfants? Quelles que soient vos fautes, la voie du repentir ne saurait vous être fermée, et elle doit vous conduire au pardon. »

En ce moment, la gouvernante vint annoncer que le souper était servi, et le curé emmena son hôte dans la salle à manger, en faisant signe à Charlotte de se retirer, ordre muet qu'il accompagna d'un geste de regret dont la bonne vieille le remercia mentalement du fond du cœur.

Le repas dura peu de temps; car Pied-de-Fer n'était encore que convalescent, et ses forces n'étaient pas entièrement revenues.

Cependant la nuit entière se passa sans que ni lui ni le pasteur eussent quitté la place qu'ils avaient prise devant la table; le soleil se levait lorsqu'ils se retirèrent pour prendre un peu de repos, et lorsque, deux heures après, la vieille Charlotte vint pour s'occuper des soins ordinaires, elle ne fut pas peu surprise de retrouver les mets intacts et les bouteilles pleines.

Ce jour-là étant un dimanche, le curé monta en chaire ainsi qu'il en avait l'habitude, et, après les formules ordinaires, il dit :

« Mes chers frères, plusieurs fois déjà je vous ai demandé de joindre vos prières aux miennes en faveur d'un inconnu bienfaiteur de cette commune. Depuis dix ans, mes frères, mes chers enfants, je me suis efforcé de distribuer d'une manière équitable les sommes qui m'avaient été confiées à cet effet.

« J'ai fait pour le mieux; mais il se peut que ce mieux ne soit pas parfaitement bien, car nous ne sommes pas parfaits, et peut-être le suis-je moins qu'un autre.

« Notre cher pays a eu bien à souffrir des maux de la guerre il y a dix ans, et, quoique les plaies les plus vives aient été cicatrisées, il en est peut-être qui nous sont demeurées inconnues.

« Je suis bien heureux, mes chers enfants, d'avoir à vous annoncer qu'une somme assez considérable m'a de nouveau été remise pour être employée de la même manière. Je fais donc un appel à ceux d'entre vous qui peut-être souffrent en silence; qu'ils s'adressent à moi sans hésiter, ou à M. le maire qui serait déjà dépositaire de la somme, si le temps ne m'avait manqué pour me rendre près de lui; mais qui voudra bien, je l'espère, m'aider dans l'accomplissement de cette œuvre difficile. »

A peine ces dignes paroles étaient-elles prononcées qu'un homme gros, court, joufflu, haut en couleurs, et les cheveux grisonnants, se leva du milieu du banc de l'œuvre, et dit brutalement :

« Monsieur le curé, le maire de Marchais se respecte.... Le maire de Marchais ne se vend pas.... Le maire de Marchais ne reçoit pas clandestinement, au milieu de la nuit, des hommes noirs portant en croupe de quoi acheter les consciences.... Le maire de Marchais obéit à la loi et non au pape. »

De violents murmures succédèrent à ces paroles; mais ils cessèrent lorsque le curé, tombant à genoux, dit d'une voix non menaçante, mais grave et ferme :

« Prions, mes frères. »

Et de ce même ton qui pouvait donner une idée de la sérénité de son âme, il récita cinq fois l'oraison Dominicale, accompagné de la presque totalité des assistants.

Puis il retourna à l'autel, et le saint sacrifice s'accomplit sans autre scandale.

« Ah! mille millions de diables! s'écria Pied-de-Fer lorsque le bon prêtre, de retour au presbytère, lui eut raconté ce qui s'était passé; je le savais bien, moi, que toute cette sale engeance, qu'on appelle l'humanité, ne vaut pas une prise de tabac!

— Je vous en conjure, mon fils, ne blasphémez pas! Peut-être ai-je mérité ce qui est arrivé. J'aurais dû, sans doute, réclamer dans le principe le concours de l'autorité temporelle.... Mon fils, n'oubliez pas que l'erreur et la passion sont le domaine des hommes, et que nul sur cette terre n'est irréprochable.

— Ça ne paraît pas très-clair, répliqua Pied-de-Fer, mais ce qui me paraît incontestable, c'est que ces gens-là vont crier, clabauder, déblatérer, inventer mille histoires ridicules.... Mais, par les tripes de Satan ! j'y mettrai ordre....

— Est-ce donc ainsi que vous espérez expier les fautes de votre vie passée ? dit sévèrement le curé.

— Oui, oui.... c'est vrai; je dois être calme.... je veux l'être.... Après tout, ça n'est pas difficile ; qu'est-ce que c'est que les paroles de ces paltoquets qui se dressent de toute leur hauteur pour mordre un digne homme comme vous, au talon.... vous, monsieur le curé, vous pardonnez.... c'est bien, c'est beau.... et ça doit être comme cela ; mais il y a là-dessous une affaire qui me regarde particulièrement ; il ne faut pas que pour mes beaux yeux, qui ont maintenant l'avantage d'être fort laids, vous vous exposiez à être insulté par un tas de tourne-à-gauche dont le moins mauvais ne serait pas digne de secouer la poussière de vos souliers.... J'irai donc les trouver ; ils ne se vendent pas, disent-ils ; eh bien ! je veux les acheter tous, jusqu'au dernier, si cela me plaît.... toujours avec calme, comme je vous disais, et argent comptant bien entendu. »

Quarante-huit heures s'écoulèrent pendant lesquelles les partis s'agitèrent sourdement ; le troisième jour, le maire convoqua le conseil municipal :

« Messieurs, dit-il, après avoir ouvert la séance, la commune est en danger, les jésuites nous débordent de toutes parts ; ils arrivent par escadrons dans le presbytère, ainsi qu'il résulte d'un procès-verbal du garde champêtre ici présent.... de tout quoi j'interpelle le susdit Jérôme Fouinet, de déclarer le vrai de la chose.

— C'est la vérité, dit Fouinet : des hommes noirs, des sacoches..., des poignets qui serrent comme des tenailles, et des grands diables de chevaux hauts comme des greniers à foin !... Ah ! mais c'est que je me suis montré....

— Ce n'est pas tout, reprit le maire : le château de Chaligny était en vente.... C'est juste, le comte est mort ruiné, sa femme et ses enfants sont sur la paille..., des nobliaux qui regardaient les patriotes par-dessus l'épaule.... On l'a adjugé hier, avec ses dépendances.... Quarante hectares, rien que ça. Eh bien ! savez-vous qui est-ce qui s'est rendu adjudicataire de la chose ?.... Monsieur le curé de Marchais.... Et dire que mon domaine de Boisgaillard est en vente depuis six ans sans qu'il se présente un acquéreur.... J'espère qu'en voilà de la manigance !... Qu'est-ce que vous en dites, père Simon ? »

Le père Simon ne disait rien ; mais il se mordait les lèvres jusqu'au sang en pensant qu'il avait une grande diable de prairie aride, attenante au domaine de Chaligny, dont il mourait d'envie de se débarrasser, et qu'il aurait probablement vendue à l'acquéreur du château s'il n'avait été de l'opposition.

« Et vous, Jean Minet, reprit le maire quelque peu décontenancé, n'avez-vous pas un mot pour flétrir ces viles manœuvres?

— Euh ! euh! fit le vieux soldat, il s'agirait de connaître au juste le port d'armes des particuliers.... Quant à votre domaine de Boisgaillard, je sais bien que c'est un cheval à l'écurie, qui mange plus qu'il ne rapporte.... Et quant à ce qui est des hommes noirs, quoiqu'ils sortent de dessous terre, comme dit Béranger, il n'est pas bien sûr que ce soit leur faute si le blé ne pousse pas dans les pierres. »

La défection était imminente; le maire devint successivement pâle, rouge bleu, violet.

Il s'empressa de lever la séance de peur que les choses n'allassent plus loin ; mais dès le lendemain il partait pour le chef lieu du département où il se présenta successivement à l'évêché et chez le procureur du roi.

CHAPITRE XL.

Une réparation.

Fort de sa conscience et de son désir de faire le bien, le curé de Marchais distribuait de son mieux les richesses dont on l'avait fait le dispensateur. Pied-de-Fer s'était installé au château de Chaligny, qu'il avait fait acheter, et qui était d'autant plus à sa convenance qu'un quart de lieue seulement le séparait du presbytère, où il passait presque tout son temps.

« Mes confessions ne peuvent pas être l'affaire d'un jour, mon cher père, avait-il dit au saint homme, et je serais bien heureux de me tenir près de vous sans pourtant vous donner trop d'embarras. Veuillez donc faire pour moi l'acquisition de ce domaine dont la vente est annoncée; achetez le mobilier si on veut le céder; payez-le le prix qu'on en demandera, et soyez assez bon pour assurer toutes les personnes de la maison que je leur conserverai leurs emplois et leurs gages, s'il leur convient de rester dans la situation où elles se trouvent. Je ne veux pas que mon installation dans ce pays cause le moindre chagrin. »

Et, bien que le bon pasteur craignît les suites de la scène ridicule que le maire lui avait faite au milieu de l'église, il ne crut pas devoir, dans ces circonstances, refuser son concours à cet homme revenu de si loin dans la voie du bien.

Tous ces arrangements étaient terminés ; Pied-de-Fer, depuis plusieurs jours, avait reçu de Lambert les nouvelles les plus satisfaisantes, et tous les papiers nécessaires pour être désormais à l'abri de toutes espèces de poursuites.

Parmi ces papiers si précieux relativement à la position de celui auquel ils étaient adressés, se trouvait une lettre autographe du pape, qui louait le signor Baillordini de son désintéressement.

Puis venaient, de la part du cardinal ministre des affaires étrangères quelques missions diplomatiques sans importance, mais qui témoignaient de l'estime que l'on faisait, à la cour de Rome, du personnage auquel elles étaient confiées. Pied-de-Fer était donc en pleine sécurité ; au moral comme au physique, il était entré dans une voie nouvelle où, à chaque pas, les tortures du repentir devaient être adoucies par les joies de la réparation.

Chaque jour il passait plusieurs heures près du curé de Marchais, pendant lesquelles ce dernier écoutait, muet et impassible en apparence, l'histoire incroyable, mais vraie, que ce dernier lui faisait de sa vie passée.

Puis tous deux s'évertuaient à trouver des moyens nouveaux pour élaguer le mieux possible, au profit du malheureux, cette surabondance de capitaux qui donnait au bon curé de si vives inquiétudes.

« Lorsque nous n'aurons plus d'autre moyen, monsieur le curé, disait Pied-de-Fer, nous nous adresserons à l'autorité supérieure ; nous fonderons des prix de vertu qui seront quelquefois décernés à d'infâmes brigands, et l'on couronnera probablement en notre nom quelques chastes rosières qui auront mis leurs bâtards aux Enfants-Trouvés ; mais l'intention nous sauvera, et puis l'important, je crois, après nous être occupés des grandes infortunes que nul ne peut nier, est de remettre en circulation ces valeurs mortes depuis dix ans, et dont le seul mouvement suffirait pour contribuer puissamment à la prospérité d'une notable partie de la France ; d'ailleurs, il ne me paraît pas bien prouvé qu'il y ait dans notre belle patrie, comme disent les marchands de phrases creuses, il ne me paraît pas bien prouvé, dis-je, qu'il y ait sous le beau ciel de notre pays que le brouillard nous cache si souvent, autant d'hôpitaux et d'hospices qu'il serait nécessaire : nous en fonderons, monsieur le curé, et nous ferons en sorte que dans ceux-là le vin généreux de l'ordonnance ne soit jamais remplacé par de l'eau rougie, et que la vie d'un pauvre père de famille n'y soit jamais à la merci des caprices d'une tête folle qu'un dépit amoureux aura transformée en sœur du pot.

— Mon fils ! mon fils ! est-ce ainsi que vous prétendez vous affranchir des mauvaises pensées ? C'est vous qui vous posez en accusateur !

— Oui, oui.... vous avez raison ; je suis une bête féroce, c'est convenu ; mais c'est que je me souviens.... comme si j'avais le droit de me souvenir, moi !... Allons, n'en parlons plus, j'oublierai toutes ces choses-là ... Donc nous fonderons des hôpitaux, des maisons de refuge, des ateliers où les travailleurs trouveront de l'ouvrage en tout temps. Tout cela, bien entendu, avec le concours de l'autorité supérieure, comme je le disais tout à l'heure. Et pourtant, monsieur le curé, s'il nous suffisait de dire : Que la lumière se fasse ! pour qu'elle se fît. »

Les jours s'écoulaient donc partie en examen de conscience, et partie en projets de bonnes œuvres ; mais l'orage grondait non loin de là : le maire avait trouvé le procureur du roi dans les dispositions les plus favorables aux pourfendeurs de jésuites ; pauvre avocat sans cause jeté par la faveur au siège d'un tribunal de première instance, cet intègre magistrat s'indignait de la meilleure foi du monde de sa nullité, et chaque jour il demandait au ciel de faire surgir dans son ressort quelqu'une de ces mirobolantes affaires qui attirent l'attention de la France entière.

« Ainsi, monsieur le maire, dit-il après avoir écouté l'exposé de l'officier municipal, le personnage en question serait éminemment suspect ?

— Dame ! ayez celui de peser la chose : un individu qui n'a pas figure humaine, qui se permet des voies de fait envers le garde-champêtre dans l'exercice de ses fonctions ; qui achète des curés, des consciences et des châteaux de trois cent mille francs ; hein ? j'espère que c'est un peu rude ; sans compter qu'on ne sait d'où il vient ni où il va, et qu'il sème de l'argent sur son chemin sous prétexte que les impôts écrasent les pauvres gens.

— Je tiens le fil ! c'est un agent du comité directeur, un carbonaro, un chef de vente !

— Prrrrrreut ! vous y êtes pas mal ! un malin qui reçoit des lettres du pape larges comme mes deux mains, par l'entremise de ce vieil abbé Favrot, qui commence à ne plus savoir ce qu'il fait, et qui se croit toujours au temps où les cosaques nous mettaient à feu et à sang.

— Tout cela est, en effet, de la plus haute gravité. Bien que ruinée, dépouillée de tous ses biens, la famille de Chaligny est très-puissante.... Parente par alliance du ministre de la justice, la comtesse, veuve et jeune, peut encore prétendre à un brillant avenir. Il faut mettre une digue aux empiétements de ces gens qui ne respectent rien. Monsieur le maire, la justice instruira, et il vous sera tenu compte de votre sollicitude pour la bonne cause. »

M. le maire se redressa, aspira bruyamment une prise de tabac qu'il roulait entre ses doigts depuis un quart d'heure, et, tout gonflé de son importance improvisée, il se rendit à l'évêché où cette scène se renouvela entre lui et le grand vicaire qui gérait le diocèse en l'absence du prélat que ses devoirs législatifs dispensaient de la résidence; seulement, le rusé magistrat de village fit quelques variantes à sa thèse.

« Monsieur, dit il, vous savez sans doute que je suis l'homme de la conciliation : je n'affiche pas une dévotion exagérée, mais cela ne m'empêche pas d'être bon catholique, comme aussi en ma qualité de premier magistrat de ma commune, je ne puis pas voir sans chagrin que les affaires de la religion y soient les plus mal menées.

— Que me dites-vous là, monsieur le maire ?

— S'il n'y avait que moi, je ne m'en plaindrais pas ; mais nous avons des femmes, des enfants.... Ce bon abbé Favrot a sûrement été un excellent pasteur de son temps ; mais, entre nous, je crois que la tête n'y est plus. Le pauvre homme se laisse maintenant gouverner par le premier venu, et il donne tête baissée dans les contes que lui font des intrigants dont les menées pourraient bien partir de haut, et que je surveille en conséquence.

— Et c'est fort bien fait, monsieur le maire, dit le grand vicaire ; cette vigilance vous honore, et c'est avec un bien vif plaisir que je vois en vous un digne et sage défenseur du trône et de l'autel si violemment attaqués par ces prétendus libéraux qui vivent de quelques phrases creuses, et qui, pour la plupart, n'ont ni foi ni loi. »

M. le maire se bourra de nouveau le nez d'une large prise pour dissimuler la grimace que lui faisaient faire ces dernières paroles, et, éludant ainsi de son mieux la question, il reprit :

« C'est au point, monsieur, que le pauvre bon homme de curé croit avoir sans cesse des millions à distribuer aux habitants de la commune, et que, il y a huit jours, il annonçait cela au prône, en invitant les nécessiteux à s'adresser à lui ou à moi, à leur choix, comme s'il n'y avait absolument qu'à se baisser pour en prendre.

« Ce n'est pas pourtant qu'il n'y ait quelque chose de vrai là-dessous ; car le curé reçoit chez lui et cache autant que possible à tout le monde un grand diable d'escogriffe, laid comme péché mortel, qui vient on ne sait d'où, dont personne ne sait le nom, qui ne sort que la nuit....

« Tenez, monsieur l'abbé, je crois, entre nous, qu'il est temps d'ouvrir les yeux....

« Le pays est menacé, miné, près de sauter, peut-être.... d'autant plus que l'horizon politique se rembrunit de plus en plus, comme chacun peut le voir dans le *Constitutionnel.* »

Le grand vicaire fronça subitement le sourcil, et M. le maire sentit qu'il avait dit une sottise ; mais il n'était pas assez habile pour la réparer, et il se borna à ajouter qu'il se serait déjà présenté depuis longtemps au presbytère à l'effet d'interroger, comme il en avait le droit, les intrus qui pouvaient s'y trouver à quelque titre que ce fût, s'il n'avait

pensé qu'il valait mieux s'en remettre de ce soin à l'autorité ecclésiastique, dont il respecterait toujours les prérogatives.

A ces dernières paroles, le front du grand vicaire se dérida.

« Cela est bien, cela est très-louable, s'écria-t-il vivement, et nous aurons désormais à cœur de vous prouver que vous avez bien fait d'agir et de parler ainsi. »

Là-dessus, le maire se retira et regagna *in petto* son village, où il attendit l'effet de ces promesses, dont il n'eut garde de faire part au conseil municipal sur lequel quelques paroles mal sonnantes lui avaient fait perdre une partie de son influence.

Il est bien vrai que le pouvoir enivre comme le vin, comme l'amour, comme la fumée de la poudre, comme la vue du sang et du carnage ; mais il faut pour cela du mouvement, de l'action, choses rares en province, où la vie des puissances de quatrième ou cinquième ordre est ordinairement d'une monotonie désespérante.

Là les petites haines sont vivaces, mais les fortes passions s'y engourdissent dans un milieu trop calme, trop tiède, à raison de l'énergie nécessaire à leur entretien ; pourtant il arrive aussi qu'une circonstance imprévue les réveille, et alors elles deviennent d'autant plus ardentes qu'elles ont plus longtemps sommeillé.

Telle était la situation dans laquelle se trouvait le procureur du roi : l'espoir d'une brillante affaire qui lui permettrait de déployer, en présence de l'élite de la population du chef-lieu, toutes les ressources de son éloquence, de se faire admirer par les femmes, envier par les hommes, en même temps qu'il montrerait une capacité digne d'un siège plus élevé ; cela, disons-nous, suffit pour le tirer de sa torpeur habituelle, et il commença par s'agiter en un jour plus qu'il ne l'avait fait jusque-là en deux ans.

C'est que jusqu'alors il ne s'était agi, pour lui, que de misérables intérêts, de la vie ou de l'honneur de quelques pauvres diables ; c'est qu'il n'avait eu à combattre, le plus souvent, que la plate et nauséabonde phraséologie des avocats nommés d'office.

Donc, ce *chef de parquet* (style de palais), sentant qu'il s'agissait cette fois de se mesurer avec quelque forte tête, songea à préparer son succès. En conséquence, afin de reconnaître l'ennemi, il commença par délivrer un mandat de perquisition au château de Chaligny, motivé sur la clameur publique qui accusait, disait le mandat, le nouvel acquéreur de ce domaine de certains méfaits diversement appréciés.

Cela fait, il requit la brigade de gendarmerie pour l'accompagner, puis il se mit en route pour le château de Chaligny, faisant les vœux les plus ardents pour que, grâce à lui, la France comptât un grand criminel de plus.

Pied-de-Fer vivait, depuis quelques jours, d'une vie entièrement nouvelle; il avait reçu une lettre de Lambert, heureusement arrivé à la villa Mafiolini où il avait trouvé Adrien et Régine un peu inquiets pour des raisons différentes ; mais du reste toujours aussi amoureux et aussi heureux. Lambert s'était heureusement acquitté des négociations dont son ami l'avait chargé; il avait obtenu du cardinal ministre des affaires étrangères à la cour de Rome tout ce qu'il avait sollicité, et en outre une lettre autographe du cardinal ministre des finances au signor Baillordini, dans laquelle Son Éminence louait chaleureusement ce dernier de son admirable désintéressement.

Ce jour-là, Pied-de-Fer était à table avec le vénérable curé de Marchais, auquel il avait voulu faire les honneurs de son nouveau domaine, lorsqu'un domestique vint tout effaré annoncer qu'un certain nombre de gendarmes cernaient le château, et qu'un monsieur tout en noir habillé s'avançait en compagnie d'un brigadier.

« Ah ! dit le digne pasteur, les injures et les menaces du maire m'avaient fait pressentir quelque prochaine catastrophe; j'ai grand'peur que nous ayons manqué de prudence.

— Rassurez-vous, mon père ; quelque chose qui arrive, vous ne pouvez avoir personnellement rien à redouter, et je n'ai moi-même que fort peu de chose à craindre des hommes maintenant. Il est impossible que l'on songe à vous demander compte de votre présence ici, et je suis prêt à répondre à toutes les questions qui pourraient m'être adressées. »

Comme il achevait de prononcer ces paroles, le procureur du roi et le brigadier de gendarmerie entrèrent; le premier déclina sa qualité et réclama que la clameur publique et l'importance des intérêts qui lui étaient confiés ne lui avaient pas permis toutes les modifications qu'il aurait voulu dans l'accomplissement d'un devoir toujours pénible.

« Vous n'ignorez certainement pas, monsieur, ajouta-t-il, en regardant attentivement Pied-de-Fer dont le visage mutilé pouvait défier toutes les investigations, vous ne pouvez ignorer que le devoir d'un bon citoyen.... d'un honnête homme, est de se conformer aux lois de son pays, et cependant, vous y avez gravement manqué : vous êtes venu établir dans cette contrée votre domicile, sans faire aux autorités compétentes la déclaration voulue. Bien loin de là, vous vous êtes environné de mystères, au point que l'honnête et paisible population au milieu de laquelle vous êtes tombé comme des nues, ignore jusqu'à votre nom et votre nationalité. Et puis on parle hautement de tentatives de corruption dont vous vous seriez rendu coupable, de distribution d'argent ayant pour but d'armer les classes pauvres contre les riches. Et remarquez que tout cela arrive dans un moment où les ennemis du roi s'agitent de toutes parts, où l'on conspire à la fois dans la rue, dans les boutiques et dans certains salons, où les révolutionnaires inondent la France de phamphlets incendiaires, tandis que les carbonari aiguisent leurs poignards. Vous en conviendrez, cela est grave, excessivement grave, et ne justifie que trop les mesures que j'ai cru devoir prendre. »

Un sourire imperceptible passa sur les lèvres noires et tailladées de Pied-de-Fer.

« J'avoue, monsieur, répondit-il sans paraître ému, sans faire le moindre mouvement qui pût trahir sa pensée, j'avoue que le premier des griefs que vous venez d'énumérer est fondé ; mais si j'ai négligé de remplir cette formalité, c'est que je pensais que l'hospitalité que m'avait accordée M. le curé de Marchais, un des hommes les plus justement honorés de notre temps, était un fait suffisant pour me mettre à l'abri du soupçon; je n'ai point tenté de corrompre, mais j'ai tenté, avec l'aide de M. le curé, de rendre la corruption plus difficile en diminuant le nombre de malheureux que l'indigence mène trop souvent à la dépravation. Je dis cela, monsieur, parce que vous m'y forcez; car je n'ai ni le droit ni la volonté de m'en faire un mérite. Il vous importe de savoir mon nom, ma nationalité ? Voici qui va vous édifier parfaitement sur ce point. »

A ces mots il prit dans une de ses poches un portefeuille d'assez grande dimension d'où il tira un paquet dont l'enveloppe portait des timbres de diverses couleurs et un large cachet armorié qui avait été brisé, et il le présenta au magistrat ; ce dernier le prit d'une main mal assurée ; il lut les divers papiers placés sous cette enveloppe, puis il remit le tout à Pied-de-Fer en s'inclinant.

« Je m'estime heureux d'avoir été trompé dans cette circonstance par le bruit public, monsieur, dit-il après un long silence. Cela prouve surabondamment qu'il est des fatalités auxquelles rien ne peut nous soustraire.... Une autre preuve de cette vérité pourrait être tirée de votre installation dans ce château.

— Que voulez-vous dire ? demanda Pied-de-Fer.

— Oh ! mon Dieu, c'est un simple rapprochement qui se présente tout naturellement à l'esprit. Ainsi, je n'en doute plus, monsieur, vous êtes venu dans ce pays avec la louable intention d'y répandre des bienfaits, et par une de ces fatalités auxquelles nous sommes tous soumis, vous avez commencé votre œuvre en jetant le désespoir au sein de la famille la plus honorable et la plus digne d'intérêt. »

Pied-de-Fer était si loin de s'attendre à une pareille sortie, que le calme qu'il avait montré d'abord l'abandonna, et il bondit sur son siége, comme s'il se fût agi d'une de ces luttes terribles qui avaient rempli les trois quarts de sa vie.

Il réprima promptement ce mouvement et ne prononça pas un mot; mais à défaut de parler, son regard disait suffisamment qu'il attendait l'explication de ces étranges paroles.

« Cela ne saurait vous offenser, monsieur, reprit de son ton le plus gracieux le magistrat qui voyant lui échapper la proie qu'il avait convoitée, cherchait vaguement à trouver une compensation quelconque à ce désappointement; vous ignoriez, voilà tout, et bien certainement M. le curé avait oublié, car autrement il n'eût pas manqué de vous engager à faire tout le contraire de ce qui a été fait. »

Le digne pasteur leva sur le jeune et prétentieux magistrat ses grands beaux yeux, miroir fidèle de ses nobles sentiments et de son intelligente pensée, et comme Pied-de-Fer, il attendit la suite de cet exorde.

« Je me hâte de m'expliquer, messieurs, fit le magistrat en reprenant d'une manière presque imperceptible ce ton de supériorité qu'il avait montré tout d'abord. Monsieur le comte de Chaligny, bien jeune encore, avait suivi son père dans l'émigration. Aux premiers jours de l'Empire, son père étant mort sur la terre d'exil, il voulut revoir sa patrie, seul bien qui lui restât, bien funeste toutefois, puisque sur cette terre l'attendait la misère et peut-être l'échafaud. Le succès toutefois, sembla vouloir justifier l'audace qu'il puisait dans ses nobles sentiments; à son arrivée en France, il parvint à se faire rayer de la fatale liste des émigrés; puis, le domaine de Chaligny n'ayant pas été vendu, lui fut rendu. Mais ce que l'Empire intelligent lui avait rendu, l'Empire extravagant le lui ravit de nouveau. Il était ici au commencement de 1814, lui, sa femme, ses trois enfants, vivant de peu, car ce domaine, malgré sa vaste étendue, est presque une valeur morte. Les armées étrangères apparurent, et une nuit, nuit de sang et de désolation, un parti de cosaques s'abattit sur cet asile patriarcal : le château fut pillé, on n'y laissa que les quatre murs; une partie des bois qui l'entoure, fut livrée aux flammes. Le comte indigné, essaya de se défendre, et reçut un coup de lance au travers du corps : sa vie fut longtemps en danger, et avant qu'il fût convalescent, sa ruine était à peu près complète.

« La Restauration étant accomplie, M. de Chaligny se produisit; le roi le distingua; une mission diplomatique lui fut confiée; il se hâta trop de servir le roi et la France; sa blessure qui n'était que dangereuse devint mortelle. Il vécut pourtant encore plusieurs années; mais ses ressources s'épuisèrent, et le rejeton d'une des plus nobles familles de France, mourut insolvable. Voilà pourquoi ce domaine fut mis en vente. Mais de vieux soutiens de la monarchie résolurent de sauver du naufrage ce noble débris; on s'entendit pour que l'enchère ne fût pas poussée trop haut.... C'était une pieuse fraude, messieurs, car il s'agissait de conserver aux enfants du comte la terre qui porte leur nom. Des mesures avaient été prises en conséquence; c'était chose faite, lorsque monsieur le curé est arrivé et a poussé le domaine à un prix supérieur à sa véritable valeur. Il a bien fallu se retirer devant un si terrible adversaire, et.... vous savez le reste.... Mon Dieu! tout cela est parfaitement légal; mais la légalité qui est pourtant une chose fort respectable, ne saurait empêcher que la comtesse et ses enfants ne soient aujourd'hui dans une position déplorable. »

Le magistrat, comme on voit, avait parlé longuement sans être interrompu, quelque incisives qu'eussent été quelques-unes de ses paroles.

Lorsqu'il eut fini, le curé, dont le visage patriarcal s'était quelque peu rembruni pendant ce récit, fit un mouvement pour se disposer à répondre; mais déjà Pied-de-Fer avait repris la parole; sa voix était à la fois moins haute et moins ferme, et la sueur perlait sur son front balafré.

« Monsieur, dit-il, merci; tous les torts sont à moi. Grâces vous soient rendues pour m'avoir mis dans la possibilité de réparer le mal que j'ai fait involontairement. »

Se tournant alors vers le curé :

« Mon père, continua-t-il, veuillez prendre la plume, et écrire qu'en vous rendant adjudicataire du château de Chaligny et de ses dépendances, vous n'étiez que le mandataire de madame la comtesse, à laquelle appartient le prix d'acquisition que vous avez remis au notaire. »

Le bon pasteur ne put retenir un mouvement d'indignation; mais Pied-de-Fer n'eut pas l'air de s'en apercevoir et il continua :

« Et vous direz vrai, monsieur le curé. Tout cela est à madame la comtesse de Chaligny; je m'étais abstenu de vous le dire, afin de ménager une agréable surprise à vous et à quelques autres personnes, mais monsieur le procureur du roi m'a forcé dans mes retranchements.

— Quoi! monsieur, s'écria le magistrat, il se pourrait que....

— Oh! mon cher monsieur, cela est bien moins extraordinaire que vous pourriez le croire; c'est, on peut le dire, d'une simplicité primitive. Pourtant, je dois vous l'avouer, il y a un secret là-dessous, un secret que tous les parquets de France et de Navarre tenteraient vainement de pénétrer. Mme la comtesse elle-même ne peut pas, ne doit pas y être initiée. Qu'importe, après tout, pourvu que le résultat soit ce qu'il doit être!... Veuillez donc écrire, je vous en prie, monsieur le curé, afin que M. le procureur du roi ait le plaisir de remettre, aujourd'hui même, cette déclaration à Mme la comtesse. »

Le bon pasteur ne savait où il en était, un instant il fut tenté de croire qu'il était victime d'une mystification; mais ses regards ayant rencontré ceux de Pied-de-Fer, il rejeta cette pensée, et un domestique ayant apporté ce qu'il faut pour écrire, il écrivit et signa d'une main assurée la déclaration qu'on lui demandait, et que Pied-de-Fer remit au magistrat.

« Assurez Mme la comtesse, lui dit-il, qu'il n'a pas dépendu de moi que cette réparation fût faite plus tôt; que demain au point du jour elle pourra se présenter dans ce domaine qui est le sien, celui de ses enfants et dans lequel je ne reparaîtrai jamais à moins qu'il lui plaise d'en ordonner autrement. »

Monsieur le procureur du roi était dans un état difficile à décrire; il s'était présenté en redresseur de torts, et en moins d'une heure il en était venu à regretter de ne pouvoir se poser en solliciteur.

« Ah! monsieur! s'écria-t-il, comme s'il eût été animé d'un saint enthousiasme, il est donc bien vrai qu'il ne faut pas désespérer de notre belle France, puisqu'on y trouve encore de ces grands caractères, de ces nobles cœurs qui doivent faire l'admiration du monde!

— Monsieur le procureur du roi, répliqua Pied-de-Fer, en accompagnant ces paroles d'un sourire douteux, je devine combien vous devez être impatient de rassurer sur son avenir cette noble famille dont vous nous avez si bien dit les malheurs et les vertus. Souffrez donc que je vous prie d'accomplir cette mission le plus promptement possible. J'aurai, si vous voulez bien le permettre, l'honneur de vous accompagner jusqu'au bout de l'avenue qui conduit à la grande route, car il se peut que j'aie encore quelque chose à vous dire touchant cette affaire, et je ne voudrais pas vous faire perdre un instant. Je vous demande dix secondes pour aller me préparer.... Quant à M. le curé, j'espère qu'il voudra bien être assez bon pour attendre mon retour, car nous aurons aussi à nous entretenir des gens qu'il aime, c'est-à-dire des malheureux.

— Je vous attendrai tant que vous le voudrez, mon fils, répondit le pasteur; est-ce qu'il serait possible de refuser quelque chose à un homme dans la poitrine duquel bat un si noble cœur! »

Pied-de-Fer sortit du salon, mais il y revint promptement, et il sortit avec le procureur du roi qui déjà avait congédié les gendarmes, et donné ordre au cocher de la voiture qui l'avait amené, d'aller l'attendre à l'extrémité de l'avenue.

« Monsieur, dit Pied-de-Fer au magistrat lorsqu'ils furent seuls, ce que vous avez dit de Mme de Chaligny me fait croire que la situation de cette dame vous est parfaitement connue; il se pourrait qu'elle ne pût sur-le-champ reprendre d'une manière convenable possession de ce domaine. Cette difficulté peut paraître d'abord facile à lever; car j'ai vingt mille francs à remettre à cette dame; mais il est présumable qu'elle ne consentira pas à recevoir cette somme sans savoir d'où elle vient, à quel titre elle lui est acquise, et sur ce point je dois être muet; mais si vous affirmiez, vous, monsieur, sur votre parole de magistrat que Mme la comtesse peut recevoir cet argent sans enfreindre les lois de la plus scrupuleuse délicatesse, il est certain que cela serait suffisant pour faire cesser toute hésitation. De mon côté, je vous jure sur ce que je puis avoir de sacré qu'en affirmant cela à Mme de Chaligny vous ne direz rien qui ne soit parfaitement vrai; mais c'est là tout ce que je puis.

— Et cette réserve elle-même, monsieur, n'est-elle pas la meilleure preuve de votre véracité?... Mais, en vérité, tout cela tient du prodige!

— Tout cela, ainsi que j'ai déjà eu l'honneur de vous le dire, est de la plus grande simplicité. Ainsi, monsieur, vous voulez bien vous charger de la conclusion de cette affaire?

— Si les choses sont ainsi sans réserve?...

— Sans aucune réserve, monsieur sans la moindre arrière-pensée. Vous comprenez qu'en tout cela il ne doit y avoir que des paroles échangées sans témoins, et qu'il ne faut pas qu'il en soit confié un mot au papier.

— Cela suffit! s'écria le magistrat sans songer à dissimuler la nuance d'enthousiasme qui se mêlait à sa raison ordinairement si froide. Je serais indigne du ministère qui m'est confié si je vous refusais mon concours dans cette circonstance. Ainsi donc je vous attendrai....

— Oh! je ne veux pas vous donner cette peine, interrompit vivement Pied-de-Fer; j'ai la somme sur moi, souffrez que je vous la remette à l'instant même, et ce sera ainsi un secret entre Dieu et nous. »

Le procureur du roi s'arrêta et regarda fixement son interlocuteur comme pour s'assurer qu'il n'avait pas affaire à un fou ou à un mystificateur; mais ses doutes cessèrent entièrement lorsqu'il vit Pied-de-Fer compter les billets de banque qu'il venait de tirer de sa poche.

« C'est cela, dit ce dernier; il y en a bien vingt. Je n'oserais affirmer que Mme la comtesse n'ait pas droit à d'autres sommes provenant de la même source; mais si cela est, le débiteur se libérera certainement en temps utile. »

Et il présentait la liasse de billets au magistrat, qui la prit d'une main tremblante. Les rôles étaient entièrement changés.

C'est trente francs, dit-il. (Page 181, col. 2.)

« Oh! se disait le magistrat en remontant en voiture, quoi qu'il arrive, je suis sur la bonne voie.

« Le crédit de la comtesse m'est assuré, et cet homme mystérieux n'est-il pas lui-même un appui sur lequel je puis compter? »

De retour au château, Pied-de-Fer y retrouva le bon curé qui l'attendait.

« Mon bon père, lui dit-il, me voici encore une fois sans asile; mais j'espère que vous voudrez bien me rendre pour quelques jours ce petit coin de votre presbytère où j'ai commencé ma régénération sous l'influence de vos sages et onctueuses paroles.

— Ma maison est l'asile du pauvre, répondit en souriant le saint homme, et au train dont vous y allez vous ne pouvez manquer d'y avoir bientôt des droits incontestables.

— Il faudrait pourtant que vous voulussiez bien me permettre d'empiéter sur ces droits, car j'ai encore le malheur, vous le savez du reste, d'être l'homme le plus riche des quatre-vingt-six départements. Mais à force de réparer, nous arriverons à quelque chose de décent, de supportable.... Monsieur le curé, veuillez prendre mon bras; nous ne saurions rester ici plus longtemps en l'absence des maîtres. »

Ils partirent, et pendant quelques minutes tous deux gardèrent le silence.

« Ainsi, mon fils, dit enfin le curé, c'était encore une réparation?

— Hélas! oui; ce n'est que cela.... C'est moi qui, en 1814, suis tombé comme la foudre sur ce domaine; c'est un de mes hommes qui a frappé le comte. Le butin fut immense, et bien certainement la réparation n'est pas complète; mais avec l'aide de Dieu et la vôtre, mon père, elle se complétera, je l'espère.

— Et moi j'oserais presque dire que j'en suis sûr, répondit l'abbé. Oui, oui, l'œuvre doit s'accomplir; on ne s'arrête pas dans la voie où vous êtes entré. Marchez donc avec confiance. »

Ils arrivèrent bientôt au presbytère où les attendait une scène d'un autre genre : les récits, les plaintes du maire avaient fermenté dans la pensée du grand vicaire, et après avoir analysé, examiné les faits, il résolut de faire un exemple. Il se rendit donc au presbytère de Marchais, où la vieille Charlotte le reçut de son mieux, et il y était depuis une heure lorsque le curé et son hôte y arrivèrent. Après les compliments d'usage, le grand vicaire témoigna le désir d'entretenir le pasteur en particulier.

« Monsieur, dit humblement ce dernier, à la sévérité inaccoutumée de vos paroles, et à raison de certains faits que je ne veux pas qualifier, je devine que vous croyez avoir de vifs reproches à me faire. Si je les mérite, la punition ne saurait être trop sévère. Parlez donc sans ménagement, je vous en supplie.

— Monsieur, répliqua le représentant de l'évêque, tout le monde sait le bien que vous avez fait, et personne ne songe à s'en plaindre. Mais peut-être n'en est-il pas de même des nouveaux présents que vous vous proposez de faire à vos paroissiens, et dont l'annonce que vous avez faite au prône a été la cause d'un déplorable scandale.

— Cela est vrai, et je le regrette amèrement, mais le scandale n'est pas venu de moi.

— C'est une question qu'il nous appartient de résoudre, répliqua sévèrement le grand vicaire, et peut-être était-ce le cas de faire l'application de ces paroles : *Timeo Danaos et dona ferentes*. En général, monsieur le curé, vous vous souciez trop peu de vos supérieurs ecclésiastiques, et vous avez trop de confiance en vos propres lumières; il en résulte peut-être qu'en croyant servir Dieu vous travaillez au profit du diable, et que vous secondez à votre insu les ennemis de l'autel et du trône. »

A ces mots, Pied-de-Fer, qui était demeuré jusque-là calme, impassible et la tête baissée, se leva vivement, et comme poussé par une puissance irrésistible :

« Ah! mon bon père, s'écria-t-il en se tournant vers le curé, vous aviez bien raison de dire que le bien est plus difficile à faire que le mal. »

Puis s'adressant au grand vicaire :

« Monsieur, lui dit-il, monsieur le curé n'a rien annoncé qu'il ne puisse accomplir, et j'ose dire que les ennemis de Dieu et du roi sont les gens qui ont osé jeter ces doutes et ces préventions dans votre esprit.

— Qui êtes-vous, monsieur? demanda amèrement le représentant du prélat; qui êtes-vous, pour vous immiscer dans cette affaire?

— Je suis la cause dont vous blâmez l'effet, répliqua Pied-de-Fer dont l'énergie native se remontra tout à coup. Serait-ce donc que l'admirable dévouement de M. le curé de Marchais vous inspirerait une louable jalousie? S'il en est ainsi, dites la chose franchement, et l'on vous donnera les moyens de l'imiter. Mais, je vous en préviens, votre curiosité n'en sera pas plus satisfaite : cela vous convient-il, monsieur? »

Pendant cette apostrophe, le visage du grand vicaire avait changé trois fois de couleur.

« Je doutais encore, s'écria-t-il en se levant brusquement ; mais je ne doute plus : au reste, monseigneur en décidera pour l'avenir ; mais dès à présent, monsieur le curé, vous vous abstiendrez, s'il vous plaît, des actes de votre ministère. »

A ces mots il s'élança vers la porte, se jeta dans la voiture qui l'attendait et qui l'emporta aussitôt.

« Ah! s'écria le digne pasteur après quelques instants de stupéfaction, fallait-il donc que j'arrivasse à la fin de ma carrière pour subir cette humiliation ! »

Pied-de-Fer sentit la flamme de la colère lui monter au cerveau en entendant cette exclamation, et peu s'en fallut qu'il ne s'élançât sur les traces du grand vicaire pour le ramener aux pieds du curé de Marchais; mais déjà il avait appris à se contenir, à refouler ses élans qui l'avaient rendu si terrible autrefois.

« Eh bien ! s'écria-t-il, qui nous empêche d'aller à Paris, nous aussi? Nous y serons avant lui, et je le jure sur ma tête, l'évêque vous entendra d'abord ou….

— Oh ! non, jamais ! pas de violence !... Voudriez-vous que je renonçasse au calme de ma conscience qui est maintenant la seule consolation qui me reste?

— Et quel danger un voyage à Paris peut-il faire courir à votre conscience? demanda Pied-de-Fer. Est-ce donc une violence coupable que de prendre la poste pour demander justice aux gens qui sont chargés de la rendre? Est-il donc défendu aux serviteurs de Dieu de repousser la calomnie? Non, cela est impossible, et quelle que soit mon ignorance des lois canoniques, je ne puis croire que l'abnégation qu'elles commandent puisse aller jusqu'à l'absurdité…. Partons donc, je vous en conjure ! ne me réduisez pas au désespoir en courbant la tête sous le malheur qui vous menace et dont je serais la cause première. »

Le bon curé hésita ; mais Pied-de-Fer répondit à toutes ses objections avec cette conviction entraînante que donne le sentiment d'une bonne cause, et il parvint à faire taire les scrupules de ce vertueux vieillard dont la haute raison ne pouvait manquer de dominer promptement la douleur. Et comme il n'est guère de difficultés physiques que l'or ne puisse vaincre, deux heures après le saint homme et l'ex-bandit étaient en chaise de poste et faisaient route pour Paris.

« Mon bon père, disait Pied-de-Fer, chemin faisant, il est sans doute déplorable qu'un homme comme vous puisse avoir besoin de la protection d'un misérable de mon espèce, mais le monde est ainsi fait, et nous n'y pouvons rien changer. J'espère donc que vous voudrez bien me permettre, au besoin, de dire à monseigneur le nonce du pape le motif de votre voyage à Paris. Si cela ne suffisait point, j'en écrirais à la cour de Rome…. ou plutôt j'irais trouver moi-même le saint-père.

— Êtes-vous fou, mon ami? fit le saint homme d'une voix sévère; cela ne peut être, et dans ce cas le mensonge est en même temps un blasphème.

— Et cela n'est ni l'un ni l'autre; mais je n'ai pas droit d'exiger que l'on me croie sur parole ; seulement je vous prie de ne pas juger sur les apparences. »

Le curé était loin d'être convaincu; mais il n'en demanda pas davantage; car ce qu'il savait des faits et gestes de son compagnon de voyage était suffisant pour qu'il dût croire possibles, sinon vraisemblables, les choses les plus extraordinaires, et ils continuèrent à rouler vers Paris, où ils arrivèrent le lendemain.

CHAPITRE XLI.

Recherches.

Quelques louables que fussent les intentions de Pied-de-Fer, alors qu'il s'efforçait d'entraîner à Paris le curé de Marchais, elles n'étaient pourtant pas entièrement désintéressées. Il n'avait pas cessé un instant de penser à la douleur maternelle de la pauvre Régine qui depuis si longtemps n'avait eu aucune nouvelle de son enfant, qui n'en pouvait demander à personne, que le silence sur ce point torturait horriblement, et qu'une seule indiscrétion pouvait perdre. Aussi, une fois installé au presbytère de Marchais, il s'était empressé d'écrire à Lambert à ce sujet, et il en avait promptement reçu, en même temps que d'autres pièces importantes, une procuration générale de Régine Caumont, revêtue de toutes les formalités nécessaires et dans laquelle le nom du mandataire était demeuré en blanc. Il s'agissait donc maintenant de faire usage de cette pièce pour retrouver l'enfant de lord Bastley et de le faire adopter par Adrien.

Dès lors tous les vœux de Pied-de-Fer étaient exaucés sur cette terre, et il ne devait plus s'occuper que de mériter et d'obtenir le pardon de sa vie passée. Tout cela, comme on voit, était dans l'ordre moral ordinaire, si bien résumé par ces mauvais vers :

Encore aujourd'hui la folie,
Et je serai sage demain.

Quoi qu'il en soit, Pied-de-Fer avait d'abord pensé que le curé de Marchais pourrait lui être utile dans cette occurrence, et cette opinion avait été fortement avivée par la sévérité du grand vicaire, tant il est vrai que l'égoïsme est inhérent à notre nature; l'égoïsme, c'est le calcul, c'est la raison, c'est l'agrément de la matière inerte; l'enthousiasme est la raison de l'âme, c'est par lui que nous touchons alors même que la raison nous tient les pieds dans la fange.

Chemin faisant, Pied-de-Fer avait dressé ses plans; en arrivant à Paris, il ordonna au postillon de se diriger vers l'hôtel de Rome, rue de Grenelle.

Lorsqu'ils y furent arrivés, Pied-de-Fer, laissant son vénérable compagnon de voyage dans le salon où ils devaient être reçus, s'empara de l'hôte qu'il pria de lui faire voir les appartements qui étaient vacants, et sortit avec lui.

« Mon bon père, dit-il au saint homme lorsqu'il revint près de lui, il ne convient pas que je repose sous le même toit que vous; mais il ne saurait m'être interdit de m'occuper quelque peu de votre bien-être : j'ai donc choisi votre appartement, et l'on va vous y conduire. Je prendrai gîte ailleurs; mais avant de vous quitter, je vous demande en grâce de ne faire aucune démarche avant de m'avoir revu; il ne s'agit d'ailleurs que d'un délai de trente-six heures au plus.

— Apparemment, répondit le curé, que vous jugez convenable qu'il en soit ainsi, et comme vous connaissez bien mieux que moi ce pays dont il me semble que le sol me brûle les pieds, je n'ai rien à objecter. »

Trente-six heures se passèrent donc pendant lesquelles le curé de Marchais lut tranquillement son bréviaire, se reposa des fatigues du voyage dans un excellent lit, et fit honneur aux repas qui lui furent exactement servis à ses heures habituelles, mais dont le menu différait quelque peu de l'ordinaire confié aux soins de la bonne Charlotte.

Pendant ce temps, Pied-de-Fer faisait de la diplomatie; et comme ses poches, son portefeuille étaient abondamment garnis d'arguments irrésistibles, il ne trouvait aucun obstacle sérieux, de sorte que les trente-six heures étaient expirées lorsque le curé reçut l'invitation de se présenter chez son évêque. Il fut très-bien reçu par ce dernier, qui, lorsque le pasteur entra, fit quelques pas au-devant de lui, et lui dit en souriant :

« Qu'y a-t-il donc, monsieur le curé, et comment se fait-il qu'un homme de votre mérite soit en désaccord avec notre grand vicaire ?

— Cela vient peut-être, monseigneur, répondit modestement le saint homme, de ce que je me suis cru obligé, il y a quelque dix ans, d'accepter une mission au-dessus de mes forces, et peut-être aussi de ma trop grande incapacité dans les affaires d'argent. Dépositaire de sommes considérables, et chargé de les faire servir à l'instruction, à l'amélioration, au bien-être des pauvres de ma paroisse, je me suis efforcé de remplir cette tâche; je croyais m'en être acquitté jusqu'alors d'une manière satisfaisante, mais il paraît que je m'étais trompé, puisque les autorités municipales, dans ces derniers temps, se sont tout à coup levées contre moi, et que, sur leur plainte, M. le grand vicaire m'a menacé de votre colère.

— Oui, oui, je sais : il y a eu malentendu; mais notre volonté est qu'il n'en soit plus question, et que tout cela soit regardé comme non avenu.

— Ah! monseigneur! bénie soit votre volonté qui détourne de mes lèvres ce calice d'amertume!

— Je fais justice, et voilà tout, monsieur le curé. Mais il s'agit donc de sommes bien considérables, puisque vous avez tant de peine à en trouver l'emploi?

— Très-considérables, monseigneur : près d'un demi-million; de sorte qu'après avoir réparé tous les maux que la guerre nous avait faits, après être parvenu à éteindre la mendicité, après avoir assuré de bons gîtes, du pain et du travail à mes plus pauvres paroissiens, et obtenu encore quelques autres améliorations, il me restait un peu plus du cinquième de la somme totale, que j'ai placé dans l'intérêt des pauvres. Mais je n'avais plus de pauvres; alors le capital a doublé. Cela m'a beaucoup tourmenté, monseigneur; mais je suis heureux de pouvoir, aujourd'hui, avec l'assentiment de la personne à qui ces sommes appartiennent, vous supplier de vouloir bien en accepter le dépôt pour en user comme en décidera votre haute sagesse.

— Ainsi, c'est deux cent mille francs....

— Oui, monseigneur, et en voici les titres bien en règle dont je vais vous faire cession à l'instant même, si je suis assez heureux pour que vous veuilliez le permettre.

— Faites, monsieur le curé, faites, et nous aviserons.... quant à ceci bien entendu, car, pour le reste, il nous plaît qu'il n'en soit plus question, et nous allons donner des ordres pour qu'à l'avenir vous ne releviez que de nous, sans intermédiaire aucun. »

Le digne pasteur saisit la main que lui présentait son évêque, baisa l'anneau sacré dont elle était ornée, puis il tira de dessous sa soutane les titres dont il avait parlé, et il en écrivit la cession sous la dictée du prélat lui-même; puis il se retira comblé de louanges par ce dernier, et emportant l'heureuse certitude d'être désormais à l'abri de toute investigation malveillante.

Aussi le visage de ce bon prêtre était-il rayonnant de joie lorsque Pied-de-Fer parut.

« Vous aviez raison, lui dit-il, c'était à monseigneur que je devais m'adresser : non-seulement il m'a rendu toute justice, mais encore il a bien voulu se charger de l'administration de ces deux cent mille francs que j'ai placés il y a six ans, et dont l'emploi me paraissait si difficile. Quant au nouveau dépôt que vous avez fait au presbytère, je n'en ai pas parlé....

— Bien, bien, mon bon père; tout est bien, puisque vous êtes satisfait.

— Si satisfait que je ne désire rien plus ardemment que de retourner à Marchais afin de consoler cette pauvre Charlotte, qui.... La pauvre vieille en serait morte!...

— Je comprends cette impatience, dit humblement Pied-de-Fer, et pourtant je venais vous supplier de vouloir bien consacrer un jour à une affaire qui m'intéresse au plus haut degré, et j'hésitais d'autant moins qu'il s'agit d'une bonne œuvre.

— Et pourquoi donc tous ces préambules, alors? Dites, dites vite.... Je me sens si heureux qu'il me semble impossible que je ne réussisse pas, quelles que soient les difficultés que je doive surmonter.

— Oh! c'est bien simple, reprit Pied-de-Fer, il s'agit tout simplement de rendre à une mère éplorée son fils, qui lui a été enlevé par un concours de circonstances fatales que je dois vous faire connaître. »

Il raconta alors au saint homme comment, après qu'il eut confié le fils de Régine et de lord Barstley à Jérésu, ce misérable l'avait fait arrêter, lui Pied-de-Fer, afin de n'avoir pas à répondre de l'emploi qu'il avait fait de l'argent qu'on lui avait remis.

« Malgré l'espèce de métamorphose que mon visage a subie, ajouta-t-il, il est impossible que je m'adresse directement à cet homme, à cause de la nature des questions que je serais dans la nécessité de lui adresser. Il s'agit de l'obliger à dire ce qu'il a fait de l'enfant, de retrouver cette innocente victime de fautes et de crimes qui ont précédé sa naissance, et voici, pour rendre la chose plus facile, une procuration de la mère qui vous autorise à agir à ses lieu et place.... J'ai fait prévenir Jérésu qu'un riche étranger l'attendait ici; l'espoir de vendre quelques-unes des hideuses productions dont la police tolère le débit ne peut manquer de l'attirer.... Et tenez, je crois l'entendre; permettez que je me retire dans ce cabinet. »

C'était en effet Jérésu dont les longs pieds plats résonnaient sur les marches de l'escalier, et qui entra presque aussitôt.

« Messié, dit-il, votre gonfiance il êdre bien placé.... J'affre toujours ein azordiment gomblet de chélis bédites indruments.... de chélis bédides lifres.... Bermettez gue che vous fasse foir.... »

Et plongeant ses longues mains osseuses dans les profondeurs inconnues des poches dont étaient ornée sa redingote grasse et rapiécée, il se disposait à en tirer plusieurs objets, lorsque le curé l'arrêta et lui dit gravement :

« Ce n'est pas le contenu de vos poches, ce sont vos paroles que je veux acheter. Je suis disposé à les bien payer si elles sont sincères; mais n'oubliez pas que si vous essayiez de me tromper, rien ne saurait vous soustraire à la punition que vous auriez méritée. Écoutez donc attentivement : il s'agit de savoir ce qu'est devenu un jeune enfant qui vous fut confié dans une des maisons du Palais-Royal, il y a près de deux ans. »

En entendant ces paroles auxquelles il était si loin de s'attendre, Jérésu demeura pétrifié : ses mains demeurèrent dans ses poches comme pour défendre au besoin le hideux butin dont elles étaient garnies; ses yeux verts s'ouvrirent outre mesure, son visage tanné s'allongea, puis, après être demeuré pendant trois ou quatre secondes dans un état d'immobilité complète, il marcha à reculons vers la porte.

« Faites bien attention à ce que je vous dis, reprit le bon curé : on vous pardonne le passé, et l'on ne vous demande qu'un peu de franchise que l'on payera généreusement.... Voyons, mon ami, ajouta le saint homme en faisant briller entre ses doigts quelques pièces d'or, qu'avez-vous fait de cet enfant?

— Ah! messié, ch'étais ein pien paufre tiaple, foyez-vous.... ch'affre berdu la pourse, et quand la pourse il affre été berdue, j'affre berdu la tête.... Et puis le pédite il criait fort, fort, touchours il affre pien faim, et moi j'affre blus la pourse, mein God !...

— Cela se comprend. Ensuite ?

— Ensuide.... ensuide, le gommerce il fa bas di tout, di tout!... Et c'èdre pien malheureux hour les bauvres tiaples gomme moi, qui n'affrent bas engore tècheûné....

— C'est certainement très-fâcheux; mais nous y remédierons tout à l'heure, pourvu que vous consentiez à parler.

— Barler! barler! c'èdre pien aisé à tire; mais guand ein baufre tiaple il barle, ses baroles ils s'envolent, et après son esdomach il èdre engore ein beu blus greux.

— Cela veut dire que vous voulez des arrhes ; eh bien, soit, dit le bon pasteur en lui présentant une pièce de vingt francs. Prenez ceci, et hâtez-vous. »

Jérésu prit la pièce d'or, la regarda attentivement, passa l'une de ses longues mains crasseuses sur son front bas et fuyant, comme pour rappeler ses souvenirs, puis il reprit :

« La bédite il bleurait pien fort.... et moi aussi che bleurais.... gar le gommerce il allait bas di tout, di tout! Alors ch'ai bordé l'enfant à la maison de la rue d'Enfer.

— Quelle est cette maison ?

— Oh! c'èdre ein maison suberbe, afec des crantes guisines, des chelis perceaux, des pelles nourrices....

— Et cette maison s'appelle ?

— Ça s'abbelle l'hosbice des Enfants-Droufés.... Ein pien pel hosbice.... afec tes crans fenêdres crillées.... »

En ce moment, un rugissement terrible se fit entendre; Pied-de-Fer, incapable de se contenir plus longtemps, s'élança hors du cabinet où il s'était réfugié ; mais avant qu'il en eût franchi la porte, Jérésu avait gagné l'escalier, et la frayeur lui donnant des ailes, il fut bientôt hors de vue.

« Heureusement, dit Pied-de-Fer, que si ce vil pourceau a dit vrai, nous pouvons désormais nous passer de lui. Grâce à la procuration que je vous ai remise, vos réclamations seront sûrement prises en considération.... C'est une bonne œuvre, monsieur le curé. »

Le digne homme ne répondit pas un mot, mais il prit son chapeau, sa canne, et se dirigea vers la porte en faisant signe à Pied-de-Fer de le suivre. Un quart d'heure après, ils arrivaient à l'hospice des Enfants-Trouvés.

CHAPITRE XLII.

Charité municipale.

Le pasteur et Pied-de-Fer se présentèrent dans les bureaux de l'administration.

« Monsieur, dit ce dernier en s'adressant à un personnage qui, à leur arrivée, avait relevé ses lunettes sur son front et placé sa plume derrière son oreille, nous désirons avoir des renseignements sur un enfant déposé dans cette maison le 19 septembre....

— C'est trente francs pour l'ouverture du livre, répondit le bureaucrate en rabaissant ses lunettes et reprenant sa plume.

— Quoi! dit le curé de Marchais avec un accent de surprise qui ressemblait quelque peu à de l'indignation, on ne saurait ouvrir un registre dans l'asile des pauvres à moins de trente francs?

— C'est le règlement, et voilà.

— Alors, dit Pied-de-Fer, les infortunés que la misère force à déposer ici leurs enfants ne doivent pas pouvoir souvent vous en demander des nouvelles.

— Eh bien! ils s'en passent.

— Mais si le sort de ces pauvres enfants est inconnu de leurs parents, ces derniers ne peuvent les reprendre?

— Alors nous les gardons, voilà tout [1]. »

Pied-de-Fer sentit le sang lui monter au visage, et il eût bien volontiers donné le triple de la somme qu'on lui demandait pour pouvoir administrer une certaine correction à l'insolent gratte-papier; mais il se contint, et dit en jetant six pièces de cinq francs sur le bureau :

[1]. Avant 1830, l'administration agissait ainsi; mais depuis cette époque tout cela a été changé, et les malheureux qui ont été obligés d'abandonner leurs enfants n'ont rien à débourser pour les reprendre.

— Ouvrez donc ce livre sur-le-champ, je vous prie. »

L'employé acheva sans répondre la ligne qu'il avait commencée, ramassa l'argent, l'examina, le compta, le mit dans le tiroir de son bureau ; puis il alla prendre au milieu d'une rangée de registres celui de l'année indiquée, et le feuilleta lentement. Au bout de dix minutes, il se moucha, toussa, se bourra le nez de tabac et dit :

« Si c'est un garçon que vous demandez, ce doit être celui-ci, car c'est le seul qui ait été déposé dans le tour le 19 septembre de cette année-là. Voici l'inscription : « Enfant du sexe masculin, âgé de six mois environ, richement vêtu : bonnet de dentelle, langes de mérinos fin, couches de batiste.... enveloppé dans une pelisse de soie ouatée. » Mais voici qui est plus positif : « La chemisette de l'enfant porte en toutes lettres brodées sur la poitrine Henri Barstley. »

— C'est cela même, interrompit Pied-de-Fer.

— Eh bien, messieurs, si c'est de celui-là que vous voulez avoir des nouvelles, je vous dirai que l'enfant est vivant et qu'il doit avoir des dents, car voilà près de deux ans qu'il est en nourrice. »

A ces mots, il ferma le registre, le remit à l'endroit où il l'avait pris, et revint s'asseoir devant son bureau.

« Mais ce n'est pas là tout, mille diables ! s'écria Pied-de-Fer en serrant les poings. Nous avons la procuration en bonne forme de la mère de cet enfant, et nous voulons qu'il nous soit rendu.

— Ah ! c'est autre chose, fit le bureaucrate en relevant de nouveau ses lunettes ; il faut faire le compte, et cela sera long : nous avons les mois de nourrice, l'entretien, les frais de voyage et de médecin.... Cela ira bien à cinq ou six cents francs.

— Mais je vous dis que c'est sa mère qui veut le reprendre.

— Eh bien, monsieur, que sa mère paye, » dit sèchement le bureaucrate.

Pied-de-Fer jeta un billet de banque sur le bureau en réprimant un mouvement d'impatience.

Le bureaucrate consulta de nouveau ses registres en montrant beaucoup de mauvaise humeur, Pied-de-Fer compta la somme, le curé produisit son titre ; mais ce titre n'était pas suffisant, car il n'établissait pas la maternité de Régine, et il devait être en outre accompagné de quelques autres pièces moins importantes.

On en référa au directeur, qui voulut bien faire l'honneur au curé de Marchais de croire qu'il ne prenait pas sous sa protection un aventurier sans feu ni lieu, et le saint homme consentant à engager sa responsabilité, ordre fut donné dans les bureaux de passer outre et de remettre au digne pasteur un ordre pour la nourrice afin d'abréger autant que possible les formalités.

Ce jour-là même, Pied-de-Fer acheta une bonne berline de voyage, prit la poste, et ramena le pasteur dans son presbytère.

CHAPITRE XLIII.

Deux rivaux.

Nous avons laissé le procureur du roi, M. Beuzelin, ayant en poche l'acte et les vingt mille francs qui devaient rétablir la fortune de Mme de Chaligny, et songeant à tirer pour lui-même tout le parti possible de cet événement. D'abord il n'avait pensé qu'au crédit que cette dame pouvait avoir à cause de ses alliances ; mais ce retour subit de fortune lui fit concevoir des espérances plus hardies ; il se rappela que Mme de Chaligny était jolie, très-jolie même, et qu'elle n'avait que trente ans.

« Je ne suis pas noble, il est vrai, pensa-t-il, et ma fortune est mince : raison de plus pour saisir l'occasion de réparer ce double tort. Je suis jeune aussi et célibataire, donc les choses pourraient facilement s'arranger.... D'abord on va me devoir de la reconnaissance, ce qui est un acheminement tout naturel à quelque chose de mieux. Je puis d'ailleurs me poser en protecteur et faire durer le plaisir, comme on dit. Qui pourrait s'opposer à cela ? Ce singulier personnage, qui n'a peut-être pas la conscience bien nette, ne vient-il pas de me dire que la remise de ces vingt mille francs est un secret entre Dieu et nous !... D'ailleurs je n'en veux rien garder ; seulement il faudrait fractionner la somme afin de tenir la reconnaissance en haleine, me poser en protecteur et me rendre indispensable.... Évidemment je serais un sot d'en agir autrement.... Le sort en est jeté, marchons ! »

Sur ce, M. Beuzelin examina et compta de nouveau les billets de banque qui lui avaient été remis, et il en fit avec beaucoup de soin deux parts fort inégales ; puis il prépara pendant le reste du chemin une entrée en matière tout émaillée de fleurs de rhétorique, où le style de palais se trouvait merveilleusement mêlé à ce langage semi-mondain, semi-mystique, qui était si fort en vogue sous la Restauration. Ce fut dans cette situation d'esprit que le soir même il se présenta chez la jeune veuve.

« Madame, dit-il, j'espère que lorsque vous saurez le sujet qui m'amène, vous me pardonnerez de m'être présenté chez vous en habit de voyage.... En me faisant magistrat, le roi m'a chargé de veiller aux intérêts de tous ; il m'a fait tout particulièrement le protecteur de la veuve et de l'orphelin, et je me suis promis dès lors de ne jamais manquer à cette noble mission. La mort de monsieur le comte vous ayant mise dans une position fâcheuse....

— De grâce, monsieur, où voulez-vous en venir? interrompit la comtesse : je n'ai fait entendre aucune plainte; je n'ai rien fait pour provoquer cette pitié dont vous me menacez et dont je ne veux point.

— Ce n'est pas à la pitié que j'ai obéi, madame, c'est l'admiration qui m'a poussé. Cette douleur muette, cette noble résignation que vous n'avez cessé de montrer, madame, ne pouvaient échapper à ma sollicitude. Je me mis à l'œuvre, je fis des enquêtes, je fouillai les greffes et les études, j'examinai une foule d'actes, de titres, et j'eus enfin le bonheur, l'immense joie, madame, de reconnaître que la succession de monsieur le comte se composait d'un actif beaucoup plus considérable que vous ne l'avez cru jusqu'alors.

— Merci, monsieur, merci pour vos généreux travaux; mais j'ai horreur des procès....

— Aussi n'est-ce pas de procès qu'il s'agit, madame. Aurais-je donc troublé votre calme retraite pour vous initier aux tourments des luttes judiciaires?... Non; le ciel m'a mieux inspiré : j'ai lutté seul afin que la défaite, si elle était possible, ne pût atteindre que moi; et dans ce cas, madame, vous n'eussiez jamais entendu parler de ce que j'ai tenté. Mais, grâce au ciel, il n'en devait pas être ainsi; mes efforts ont été couronnés d'un premier succès, et à l'heure où j'ai l'honneur de vous parler, madame, il vous est loisible d'aller reprendre possession de votre terre de Chaligny. »

La joie, la surprise de la jeune veuve furent d'autant plus grandes, qu'elle était loin de s'attendre à une pareille conclusion; elle se leva, pâlit, voulut parler, et retomba sur son siége sans avoir pu articuler un mot.

« De grâce, madame, remettez-vous, dit le magistrat; cela est beaucoup plus simple que vous ne l'imaginez : l'intérêt de la justice, le pouvoir dont je suis investi.... et un autre sentiment encore, me faisaient une loi d'en agir ainsi.... Et voici, madame, le titre qui vous assure sans conteste la possession du domaine de Chaligny. »

A ces mots, il tira de sa poche la déclaration du curé de Marchais, qu'il présenta respectueusement à la comtesse.

« Ah! monsieur, s'écria-t-elle, comment reconnaître un pareil service?... Cela est donc bien vrai, mon Dieu! mes chers enfants rentreront dans le domaine qui porte leur nom et celui de leurs ancêtres. Monsieur, je veux qu'à l'avenir et à jamais votre nom soit vénéré d'eux; je veux qu'ils vous admirent, qu'ils vous aiment, vous, leur sauveur, leur second père!...

— Madame! madame, fit le magistrat en se levant, c'est trop de bonheur en un jour. Pourtant, je vous en conjure, n'oubliez jamais ces dernières paroles, qui vont être pour moi désormais comme l'aurore du plus beau jour de ma vie. »

Mme de Chaligny baissa les yeux et ne répliqua point; peut-être regrettait-elle les paroles que lui avait arrachées l'enthousiasme, et songeait-elle au moyen de les rétracter; mais Beuzelin ne lui en laissa pas le temps.

« Ce n'est pas tout, madame, dit-il en tirant de sa poche cinq billets de banque de mille francs; il me faut encore vous remettre cette somme, laquelle, selon toutes les apparences, n'est qu'un faible à-compte de celle que j'espère être assez heureux pour vous faire recouvrer.

— Mais, monsieur, dit la comtesse émue jusqu'aux larmes, cela tient du prodige.

— Et pourtant, madame, s'il plaît à Dieu, et s'il vous plaît surtout, nous n'en resterons pas là.

— Mais ne puis-je savoir....

— Rien, madame, rien que les résultats; dans ces circonstances, j'ai dû et je devrai encore me montrer tour à tour sévère et indulgent envers certains personnages. Or, je n'ai pas le droit d'être indulgent, moi... mais j'ai pensé que c'était le cas de faire l'application de cet axiome : *La lettre tue et l'esprit vivifie;* je m'en suis donc tenu et je m'en tiendrai à l'esprit sur ce point, et si madame la comtesse veut bien me permettre de lui faire mes visites quelques fois....

— Eh! monsieur, n'êtes-vous pas désormais l'ami de la maison, notre seconde Providence?...

— Et le second père de vos chers enfants, c'est vous qui l'avez dit. »

La comtesse baissa les yeux sans répondre; son charmant visage se couvrit d'une rougeur subite.

« Ah! madame, reprit Beuzelin, ne vous rétractez pas, je vous en conjure; car le ciel m'est témoin que si je n'ai pas mérité ce titre, j'ai la ferme volonté de ne rien négliger pour m'en rendre digne. »

A ces mots, il se leva, s'approcha de la comtesse, lui baisa la main et se retira.

Mme de Chaligny, ayant pris l'avis de sa famille sur ce singulier événement et la conduite qu'elle devait tenir, l'avis unanime fut qu'elle allât s'installer dans ce domaine, que la justice du pays lui faisait recouvrer d'une manière si inespérée; cela contraria quelque peu les projets du procureur du roi, dont les visites avaient été fréquentes à partir du premier jour, et qui allait se trouver séparé de la dame de ses pensées par un intervalle de sept lieues.

Mais les vacances étaient proches, et il comptait sur ces jours de loisir pour mener à bonne fin cette entreprise, du succès de laquelle dépendait tout son avenir.

De son côté, la jolie veuve se trouvait être

dans les meilleures dispositions possibles à l'égard du jeune magistrat; cela ne dépassait pourtant pas les bornes de la reconnaissance : Beuzelin était à ses yeux un homme de bien, un magistrat intègre, une sorte de Providence faite homme qu'elle révérait, mais rien de plus ou rien de moins.

Vainement elle se représentait le dévouement de cet homme, son zèle, sa respectueuse affection, la pureté apparente de ses intentions, la délicatesse qu'il apportait dans l'expression de ses sentiments : tout cela laissa son cœur calme et muet.

Beuzelin, sur ce point, ne se faisait pas illusion ; c'était un de ces cœurs de glace, qui se laissent traîner à la remorque par le cerveau ; il savait parfaitement bien à quel point il en était, et il avait disposé ses batteries pour faire que la reconnaissance ne laissât point de place à d'autres sentiments. Il revint donc, apportant une nouvelle somme de cinq mille francs.

« Ne me remerciez pas, dit-il, car vos bonnes et douces paroles m'ont seules empêché de reculer devant les difficultés immenses qui se présentaient ; il pouvait surgir des poursuites, si elles s'étaient faites ouvertement, un immense scandale, devant lequel j'aurais reculé certainement à cause de vous, madame ; mais j'ai été assez heureux pour éviter cet écueil, et pour voir mes efforts couronnés de succès.... succès qui porte avec lui sa récompense, puisque, grâce à lui, il m'est possible de vous dire que le plus ardent de mes vœux serait de vous consacrer ma vie tout entière.

— Monsieur, monsieur! cela est bien peu magistral, dit la comtesse en souriant.

— Ainsi vous ne voulez pas me permettre l'espérance ?

— Je veux que vous comptiez toujours sur ma reconnaissance, mon amitié inaltérable.

— Et vous consentez à me donner asile pour le temps des vacances ?

— D'autant que j'ai l'espérance que plusieurs de mes parents viendront passer cette saison ici. »

Le temps des vacances arriva, et Beuzelin vint s'installer au château de Chaligny.

« Que risqué-je, après tout ? se disait-il : je joue sur le velours; car cet homme qui me disait que le dépôt qu'il me confiait était un secret entre Dieu, lui et moi, cet homme a disparu, et l'on ne sait ce qu'il est devenu. Est-il mort ? ma sécurité est complète ; s'il est vivant, et qu'il ose parler, n'ai-je pas dix moyens pour un de lui imposer silence ? »

Mais, quoi qu'il fît, la jeune veuve était calme toujours, et bien qu'ils vécussent sous le même toit, les choses demeuraient dans le même état, et le magistrat, au mieux dans l'esprit de la comtesse, n'avait pas fait le moindre progrès dans son cœur.

Pied-de-Fer avait disparu, il est vrai, mais avec l'intention bien arrêtée de revenir promptement. C'est qu'un sentiment tout nouveau pour lui s'était éveillé dans son cœur : jusque-là, depuis sa régénération, il lui avait semblé que le bonheur de ses enfants d'adoption suffirait pour le rendre heureux ; son dévouement, pour atteindre ce but, avait été jusqu'à faire le sacrifice de sa vie, et voilà qu'il se sentait maîtrisé par une puissance invincible, lui, l'homme fort, qui n'avait jamais connu de maître ; et qu'une femme, qu'autrefois il avait entrevue au milieu du pillage, de l'incendie et du massacre et dont il n'avait pas même gardé le souvenir, tenait maintenant la plus large place dans son cœur.

« Oui, je reviendrai, se disait-il en quittant le presbytère du bon curé de Marchais pour aller reprendre chez la nourrice, près de Dijon, l'enfant de Régine ; je reviendrai, il le faut.... Pauvre jeune femme !... Je me souviens maintenant !... Non, non, la réparation que je me suis imposée n'est pas suffisante. Mes enfants bientôt n'auront plus besoin de moi, car ils n'ont plus à redouter cet affreux serpent, auquel je suis parvenu à écraser la tête. Lambert d'ailleurs est un ami sûr, dévoué, presque un autre père qui ne les quittera pas si je l'en prie, tandis que je laisse ici une faible femme à la merci, en quelque sorte, de ce procureur du roi, qui m'a tout l'air de n'être qu'un tartuffe dont je crois avoir deviné les projets.... Oh ! s'il osait !... non, non, la réparation n'est pas complète, et je sens que ma présence ici est nécessaire. »

C'est dans cette disposition d'esprit que Pied-de-Fer arriva chez la nourrice à laquelle la charité municipale avait confié l'enfant de Régine et de lord Barstley. Il trouva cet enfant dans les meilleures conditions de santé, se le fit rendre en vertu des pouvoirs dont il était porteur, et prit, avec lui, la route de l'Italie.

CHAPITRE XLIV.

Opérations souterraines.

Le départ de Lambert avait jeté quelque tristesse à la villa Mafiolini ; son retour et les nouvelles qu'il y apporta, bien que la vérité s'y trouvât quelque peu déguisée et fardée, y ramenèrent l'espérance et la joie.

« N'avez-vous donc rien de particulier à me dire ? lui demanda Régine dès qu'elle put se trouver seule avec lui.

— Rien, madame ; mais il ne faut pas que cela

Quel est donc ce grand homme noir. (Page 186, col. 2.)

vous afflige : c'est le cas de se rappeler le proverbe : *Point de nouvelles, bonnes nouvelles*.

— Mais au moins vous êtes sûr qu'*il* reviendra bientôt?

— Parfaitement sûr; car bien que l'accident qui lui est arrivé soit très-grave, il était entièrement hors de danger lorsque je l'ai quitté, et en ce moment il doit être parfaitement en état de s'occuper de ses amis, ce qu'il ne manquera pas de faire, vous pouvez y compter.

— Dieu le veuille! dit la pauvre mère en levant vers le ciel ses beaux yeux sur lesquels roulaient de grosses larmes; Dieu le veuille, car les forces me manquent. »

Ces paroles ne surprirent point Lambert, car Pied-de-Fer n'avait pas de secrets pour lui, mais elles le chagrinèrent vivement; il se dit que de cette fausse position, il ne pouvait résulter rien de bon, de durable; que la vérité percerait tôt ou tard le voile dont Pied-de-Fer voulait l'envelopper, et que le bonheur de tous serait alors remis en question.

Adrien était le seul dont la joie fût pure, complète : on le trompait, et il était heureux précisément parce qu'il était trompé, ce qui est notre lot à tous, grands enfants que nous sommes.

Enfin, Pied-de-Fer arriva. Ce fut une grande joie pour tous, et en même temps une grande surprise, lorsqu'il mit pied à terre tenant dans ses bras un jeune enfant.

Lambert fut le premier à l'embrasser; Adrien hésitait, tant le vieux chauffeur était devenu méconnaissable; Régine faillit se trahir, car elle avait reconnu son fils et elle s'était élancée vers lui; mais l'émotion de tous était si vive, que ce mouvement ne fut pas remarqué.

« Mes enfants, dit Pied-de-Fer, j'ai changé de visage, comme vous voyez, et il n'y a pas grand mal à cela, n'est-ce pas? Je suis un peu plus laid que par le passé, voilà tout; mais, mille diables! je n'ai pas changé de cœur.... C'est toujours ce cœur que tu sais, ce cœur que tu as repétri, enfant! ajouta-t-il en serrant Adrien dans ses bras.... Maintenant, reprit-il en riant, après quelques instants de silence, j'ai l'honneur de vous présenter mon compagnon de voyage. Je ne vous dirai pas son nom, par la raison infiniment simple qu'il n'en a point.... Mais tu lui donneras le tien, Adrien; tu l'adopteras; c'est une grâce que je te demande et que tu accorderas à ton vieil ami, n'est-ce pas? L'histoire de ce pauvre petit peut être faite en deux mots, écoutez : Il est dans la situation où serait ton fils, si tu en avais eu un alors que ce scélérat de Lauricot t'a volé si indignement, et si le susdit brigand t'avait fait sauter la cervelle à Montmirail. S'il en avait été ainsi, poursuivit-il en montrant Régine, cette pauvre petite serait morte de chagrin, et l'enfant eût été seul au monde. Eh bien! c'est précisément le cas où se trouve celui-ci, et il s'y trouve par la faute de ce même brigand de Lauricot.... Voyons, enfants, ne voulez-vous pas m'aider un peu à réparer, autant que possible, le mal qu'a fait ce misérable? »

Il n'avait pas achevé de parler, que déjà l'enfant était dans les bras de Régine, qui l'accablait de caresses et pleurait de joie.

« Père, répondit Adrien en serrant dans ses mains celles de Pied-de-Fer, est-ce que je puis avoir d'autre volonté que la vôtre? Il nous manquait un enfant pour que notre bonheur fût complet; et, comme toujours, c'est vous qui venez au-devant de nos vœux.... Tu seras sa mère, n'est-ce pas, ma Régine?

— Oh! oui, oui, je suis sa mère; sa mère bien heureuse! s'écria la jeune femme....Pauvre petit, nous ne nous quitterons plus.

— Quant à moi, enfants, reprit Pied-de-Fer, il faudra que je vous quitte encore.... pour longtemps peut-être; mais lorsque je reviendrai, de Lauricot et de Pied-de-Fer il ne restera rien que quelques bonnes actions; les mauvaises seront effacées. »

Dès lors tout prit une vie nouvelle à la villa Mafiolini, et Pied-de-Fer se félicitait de son ouvrage, sans songer au peu de solidité de cet échafaudage, que le plus léger revers pouvait renverser.

Lambert, moins repentant du passé, mais plus calme et plus prudent que son ami, était loin de partager sa sécurité.

« A votre place, lui disait-il, j'aurais voulu que son altesse sût toute la vérité.

— Mais c'eût été lui enfoncer le poignard dans le cœur.

— Bast! on guérit aisément de ces blessures-là ; elle eût été d'ailleurs moins dangereuse que celle qu'il pourra devoir au hasard. La franchise pouvait faire tout pardonner. Le prince lui-même n'était pas sans reproches, et ses fautes l'eussent rendu indulgent.... Après tout, ce qui est fait est fait, et son altesse n'est pas la première à qui pareil malheur soit arrivé, et c'est une consolation qui suffit au plus grand nombre.

— C'est vrai, Lambert; mais pour en arriver là, pour dire toute la vérité, nous avons du temps devant nous. Laissons ces chers enfants savourer leur bonheur. Le temps est un grand maître qui fait toujours bien les choses. Je vais partir pour achever la tâche que je me suis proposée, tâche à la fois bien difficile et bien douce. Si vous m'écrivez, toi et mes enfants, adressez vos lettres au curé de Marchais, elles m'arriveront quelque part que je sois. Nous n'avons maintenant plus rien à redouter; il ne me manque que d'avoir achevé mon expiation pour être l'homme le plus heureux du monde; mais y arriverai-je ! Peut-être le saurai-je bientôt.... »

Et il partit.

Cette fois le vieux chauffeur n'avait pas la fantaisie d'acheter un château; il s'était contenté d'une petite habitation au milieu d'un jardin assez vaste où il vivait seul, ne recevant d'autres visites que celles du curé de Marchais; encore étaient-elles rares, Pied-de-Fer se rendant chaque jour au presbytère où il passait de longues heures. Tout le temps qu'il ne passait pas près du bon pasteur, il l'employait en promenades, en explorations, en travaux de jardinage ; car son activité, son énergie étaient toujours les mêmes, et il avait autant besoin d'occuper son corps que son esprit, afin de maintenir l'un par l'autre. Il jouissait d'abord d'une liberté complète ; que personne ne songeait à troubler depuis la visite que lui avait faite le procureur du roi, et l'éclatante justice qui avait été rendue au curé par son évêque.

Pied-de-Fer, dans ses promenades, parcourait souvent les environs du château de Chaligny; plusieurs fois même il était entré dans les jardins sous le prétexte de consulter le jardinier, le vieux Norbert, sur quelques questions d'horticulture. Déjà à plusieurs reprises, madame de Chaligny avait aperçu cet homme dont la physionomie était si remarquable; Pied-de-Fer, de son côté, avait pu revoir cette femme à laquelle l'attachait un lien secret ; il avait admiré cette taille souple, gracieuse, ce beau visage ovale dont les grands yeux noirs et veloutés semblaient jeter l'animation sur tout ce qui l'entourait.

« Quel est donc ce grand homme noir qui vient vous voir quelquefois? demanda Mme de Chaligny à son jardinier.

— Madame la comtesse, répondit Norbert, c'est le monsieur qui a été mon maître pendant près de deux mois, à partir du jour de l'adjudication du château.

— Ah! bien ; c'est ce personnage qui a été forcé par M. Beuzein de reconnaître mes droits, et qui s'est empressé d'abandonner le château de peur que....

— Oh ! pardonnez-moi, madame la comtesse ; je jurerais sur ma tête que celui-là n'a jamais eu peur de sa vie. Quant à la manière dont il a abandonné le château, tout le monde sait ici qu'en cela il n'a obéi qu'à sa seule volonté, et j'étais là, moi.... c'est-à-dire que j'étais dans l'antichambre dont je renouvelais les arbustes. M. le procureur pouvait bien avoir dit quelque chose; mais il ne disait plus rien ; c'était M. Baillordini qui dictait à M. le curé l'écrit qui devait vous assurer la propriété du domaine.... Et c'était beau, ce qu'il disait, madame ; c'était superbe.... Et comme il est parti, le digne homme ! il n'a seulement pas voulu qu'on lui parlât d'une foule de choses qu'il avait fait déposer çà et là, dans les armoires et dans les serres,.... car il aime les plantes, madame la comtesse, et un homme qui aime véritablement les plantes est presque toujours un honnête homme.

— Eh ! monsieur Norbert, on voit, de reste, qu'il vous traitait bien, et que vous êtes reconnaissant.

— Oui, madame la comtesse, je lui suis reconnaissant pour le respect qu'il vous porte; j'en ai quelquefois pleuré de joie, moi, vieux serviteur de votre maison !

— Ce monsieur vous a donc quelquefois parlé de moi ?

— Quelquefois.... pour ce qui est du jardinage s'entend. Il me demandait si madame la comtesse ne ferait pas réparer les serres.... Il avait l'air aussi de me demander.... Quant à ça, ça n'était peut-être pas bien de sa part.

— Il avait l'air de vous demander quoi ?

— Bast ! des paroles en l'air.... comme on en dit, histoire de parler.

— Eh bien ! je veux savoir ces paroles.

— Dame ! il me disait que peut-être madame la comtesse.... vu que le château a été pillé pendant la guerre. .. ça pourrait bien être que les revenus de madame.... et alors il a ajouté : « Mais c'est impossible, un magistrat. »

— Cet homme est peut-être malheureux, dit la jeune veuve, et je me reproche de n'avoir pas encore songé à cela.... mais c'est la faute de M. Beuzelin, qui prétend que je ne saurais, sans me compromettre gravement.... Dites-moi, mon bon Norbert, ne vous serait-il pas possible de savoir au juste, et de moi seule, quel est cet homme, d'où il vient, pourquoi il s'est fixé dans ce pays où personne ne le connait ?

— Oh ! là-dessus, madame la comtesse, il faudrait être plus malin que je ne le suis pour lui en faire dire aussi long. Ce que je sais bien, c'est qu'il passe plus de la moitié de son temps avec M. le curé de Marchais, qui est le plus digne homme qu'on puisse trouver à trente lieues à la ronde et même ailleurs ; d'après ça, si le proverbe ne ment pas, vous savez : Dis-moi qui tu hantes, et....

— Et vous ignorez entièrement de quoi il vit ?

— Dame !... on dit pourtant qu'il était très-riche ; mais depuis quelques années il a tant donné, tant donné.... Et, ma foi, à toujours prendre et ne jamais rien mettre.... Allez, il y en a plus de quatre dans le pays, et des plus huppés, dà ! pour qui l'herbe serait bien courte s'il n'avait pas travaillé à la faire pousser. »

Une vive rougeur couvrit le visage de Mme de Chaligny, qui s'efforça vainement de dissimuler l'effet qu'avait produit sur elle ces dernières paroles de Norbert.

« Après ça, reprit celui-ci, il a peut-être tort de venir ici sans la permission de madame la comtesse, et....

— Non, non, interrompit vivement la jeune veuve, il n'a pas tort, et je ne veux pas que vous lui disiez un mot qui puisse l'empêcher de se présenter ici aussi souvent qu'il le voudra ; mais je veux en même temps qu'il ignore toujours que je vous ai parlé de lui.

— Oh ! pour ça, madame la comtesse doit bien sentir qu'un homme accoutumé à vivre avec des plantes.... ça vit pourtant ; mais ça ne parle pas, ce qui fait qu'en s'occupant de ces individus-là, on s'habitue à faire la conversation en dedans. »

Mme de Chaligny sourit et s'éloigna après avoir fait au bonhomme un léger signe de satisfaction.

« Cet homme est vraiment étrange, se disait-elle en continuant sa promenade ; je ne sais quel effet produit sur moi la vue de ce visage mutilé qu'illuminent des yeux ardents, de ce front si large dont le fer et le feu n'ont pu faire disparaître l'empreinte de l'intelligence, de ces lèvres sur lesquelles se montre parfois un sourire qui ressemble à un cri de désespoir.... Qu'y a-t-il donc, mon Dieu, entre cet homme et moi ?... Je n'ose me faire cette question sans trembler.... Il avait acheté ce domaine et il me l'a rendu ; et probablement les dix mille francs que m'a remis M. Beuzelin viennent encore de lui.... »

Ici Mme de Chaligny s'interrompit tout à coup ; il lui sembla entendre quelque bruit derrière la charmille près de laquelle elle passait, et elle s'empressa de rentrer. Une heure après, elle dînait avec le magistrat. Ce dernier paraissait sombre et rêveur.

« Qu'avez-vous donc, mon cher hôte ? lui demanda la charmante châtelaine ; vous paraissez triste comme un chant de mort.

— Oui, madame, répondit-il en soupirant, la tristesse m'accable.... c'est que je vois s'envoler ces derniers beaux jours sans qu'un mot d'espérance vienne soutenir mon courage. Les feuilles jaunissent, bientôt elles joncheront la terre, et avec elles tomberont mes plus douces illusions....

— Oh ! j'étais injuste, reprit Mme de Chaligny en riant, je vous reprochais un chant de mort, et c'est une idylle que vous nous faites.

— Ah ! madame, c'est trop de cruauté !... Encore quelques jours, et il me faudra quitter ce séjour pour aller loin de vous reprendre de lugubres travaux, sans que vous ayez payé mon dévouement, mon amour si tendre et si respectueux, du moindre retour.

— Je vais être sérieuse, puisque vous le voulez absolument, répliqua la comtesse. Je vous dirai donc qu'une seconde épreuve m'effraye d'autant plus que la première a été heureuse. J'ai pour vous, mon très-cher hôte, toute l'estime imaginable, à laquelle se joint une grande reconnaissance et une amitié bien vive.... je dirais presque trop vive. Mais, je vous en conjure, ne me pressez pas pour un engagement plus sérieux.

— Dites au moins, je vous en conjure, reprit vivement M. Beuzelin en saisissant une main de la comtesse et la pressant contre son cœur, dites qu'un jour.... bientôt.... lorsque vous ne pourrez plus douter de l'immensité de mon dévouement, de mon amour mis à de nouvelles épreuves, dites qu'alors cet engagement ne vous effrayera plus. »

Mme de Chaligny était vivement émue ; car il y avait dans les paroles de M. Beuzelin une certaine chaleur, une sorte d'exaltation fébrile, dont elle ne pouvait soupçonner la véritable cause.

« Monsieur le magistrat, dit-elle en rougissant bien fort et tremblant un peu, vous êtes un grand enfant, et il est vraiment bien heureux que j'aie de la raison pour deux.... Allons, monsieur, dépêchez-vous de redevenir aimable et gai, *à ces causes* nous examinerons et nous aviserons.

— Et vous me permettez de vous aimer, de vous le dire....

— Eh ! monsieur, suis-je donc assez puissante pour maîtriser vos sentiments, et pour empêcher un grand orateur de parler ? »

M. Beuzelin insista encore ; mais il ne put rien obtenir de plus, la comtesse se tenant toujours sur la défensive, et ne souffrant point que son interlocuteur donnât à ses paroles une valeur autre que celle qu'elle leur donnait elle-même. Le magistrat était néanmoins assez satisfait du résultat de cette dernière tentative ; on l'autorisait tacitement à parler de son amour ; on avouait avoir pour lui une amitié bien vive, *trop vive peut-être!* Cela n'était-il pas une sorte de précaution oratoire qui devait bientôt être suivie d'un aveu sans restriction ? M. Beuzelin se félicitait donc du grand pas qu'il venait de faire vers l'accomplissement de ses projets ; et la comtesse s'étant retirée chez elle, il sortit et se dirigea vers le parc, afin de donner un libre cours à ses pensées, surexcitées par ce succès.

Depuis un quart d'heure, le magistrat se promenait sous les arbres séculaires du parc ; le soleil venait de disparaître à l'horizon, le jour allait finir, et Beuzelin, tout entier à ses projets, à ses espérances, continuait à s'éloigner du château. Il en était à près d'un quart de lieue, lorsque la nuit le surprit, alors il s'empressa de revenir sur ses pas, et il marcha, dès lors, avec plus de rapidité, sans pourtant cesser de donner cours à ses pensées.

Il n'était plus qu'à quelques centaines de pas du château, et il se demandait mentalement s'il ne serait pas convenable de supposer un nouveau recouvrement de quelques milliers de francs en faveur de la comtesse, afin de l'entretenir dans les dispositions où elle se trouvait à son égard.

« Oui ! mais, s'écria-t-il, en se parlant à lui-même, rendre cet argent, ne serait-ce pas l'enrichir elle, et m'appauvrir en même temps, et élever ainsi un nouvel obstacle à l'accomplissement de mes désirs, au lieu d'aplanir ceux qui existent ? »

A ces mots, qu'il venait de prononcer d'une manière très-intelligible, succéda tout à coup cette exclamation : « *Voleur !* » qui retentit aux oreilles du magistrat comme la trompette du jugement dernier. M. Beuzelin s'arrêta ; une sueur froide couvrit son visage, ses genoux fléchirent, et il fut obligé de s'appuyer contre un arbre pour éviter de tomber. Pourtant faisant appel à tout ce qu'il avait de courage, et réunissant ses forces, il se releva et dit à haute voix :

« Qui ose m'outrager ici ? »

Il n'obtint point de réponse, et il se remit en marche, en cherchant à se convaincre qu'il avait été abusé par son imagination ou quelque effet d'acoustique. Mais à peine avait-il fait cinquante pas, que ce mot terrible, *voleur!* retentit à son oreille, et il partait de si près cette fois, que le magistrat crut sentir l'haleine de celui qui l'avait prononcé ; mais quoiqu'il se fût retourné brusquement, il ne vit personne. Il continua à marcher en doublant de vitesse, et en arrivant au château, il s'empressa de se retirer dans sa chambre, afin d'éviter les questions qu'aurait pu provoquer l'agitation et la terreur auxquelles il était en proie. Il entre donc chez lui un flambeau à la main, et la première chose qui frappe ses regards, c'est encore ce terrible mot : « *Voleur !* » tracé en lettres blanches sur les vitres de la principale fenêtre.

« Ah ! c'en est trop, dit-il en s'élançant vers la fenêtre et effaçant de ses doigts crispés, ce mot qui résumait toute une longue et honteuse accusation.... Je trouverai ce misérable qui ose s'attaquer à moi, et la vengeance ne me manquera pas.... C'est cet homme mystérieux, je n'en puis douter ; eh bien ! qu'il parle donc ! qu'il ose mesurer sa parole contre la mienne ; qu'il m'accuse ouvertement, et je répondrai ; et je lui demanderai compte de sa vie passée, et cette fois, l'or qu'il prodigue ne le sauvera pas !... »

Il s'approcha du balcon afin de respirer, car la colère le suffoquait, et comme il s'appuyait sur la grille, il entendit encore résonner au loin ce mot *voleur!* qui, comme une pointe acérée, lui déchirait les entrailles. La nuit tout entière se passa sans qu'il lui fût possible de prendre le moindre repos ; il forma successivement mille projets plus extravagants les uns que les autres, sans s'arrêter à aucun.

« Après tout, se dit-il, lorsqu'il eut recouvré quelque calme, c'est un duel ; eh bien ! j'en accepte les chances, et dès aujourd'hui, je serai sur mes gardes. »

Trois jours s'étaient écoulés sans que cet événement eût eu d'autres suites, lorsque Pied-de-Fer vint voir de nouveau le jardinier Norbert. Ils causaient horticulture en parcourant un des points les moins fréquentés du jardin, lorsqu'au détour d'une allée Mme de Chaligny leur apparut subitement. En l'apercevant, Pied-de-Fer s'inclina respectueusement et fit mine de se retirer.

« Restez donc, je vous en prie, monsieur, dit la comtesse en rougissant quelque peu ; c'est bien le moins que vous ayez conservé ici le droit d'asile. »

Pied-de-Fer voulut répondre ; mais cet homme, doué d'une volonté si forte, d'une si terrible énergie, se trouva subitement faible et tremblant comme un enfant ; son regard toujours si ardent, si assuré, se baissa vers la terre, et ce fut à grand' peine qu'il parvint à articuler ces mots :

« Madame, c'est trop de bonté.

— D'ailleurs, reprit la jolie châtelaine, il ne serait pas impossible que nous eussions ensemble quelques affaires à régler, et malgré la confiance que j'ai en mon honorable mandataire, confiance dont il est si digne....

— Si digne ! interrompit Pied-de-Fer en relevant brusquement la tête et accompagnant ces paroles d'un sourire sardonique qui passa comme un éclair.

— Auriez-vous quelques griefs contre lui, monsieur ? demanda vivement la comtesse en faisant signe au jardinier de s'éloigner.

— Je n'ai pas dit cela, madame, répondit Pied-de-Fer qui s'était remis peu à peu.

— Eh bien ! monsieur, c'est moi qui vous prie de me donner des éclaircissements sur certains faits. De grâce, ne me les refusez pas !

— Et si pourtant, madame, ces éclaircissements étaient de nature à troubler votre repos ?... Non, non, je ne ferai rien qui puisse compromettre votre bonheur.... Je me tairais alors même que votre voix qui me brûle le cœur m'ordonnerait de de parler. »

L'émotion de la comtesse devint si grande, qu'il se passa quelques instants sans qu'il lui fût possible de répliquer ; la voix de Pied-de-Fer produisait sur elle un effet impossible à décrire, et semblait lui rappeler quelque songe pénible à demi effacé de sa mémoire. De son côté, le vieux routier s'animait de plus en plus : ses yeux, maintenant, ne se baissaient plus vers la terre, ils s'étaient levés vers la jolie veuve avec une expression indéfinissable, et que l'on eût pu également attribuer à l'amour ou à la pitié.

« Et pourtant, reprit-il, comme en se parlant en lui-même, s'il n'y avait pas d'autre moyen d'éviter le piége.... Mais il me faudrait la promesse du secret le plus absolu.... et aussi la promesse d'un généreux pardon, quelque coupable que je puisse vous paraître.

— Coupable ! de quoi donc, mon Dieu ?

— Eh ! madame, où est donc l'homme qui n'a jamais failli ? »

Mme de Chaligny se tut, et parut réfléchir comme pour se fortifier dans une résolution subite, puis elle dit :

« Je promets tout !... Mais vous avez parlé de piége, et j'ai d'autre part de tristes pressentiments. Promettez-moi donc à votre tour de me défendre contre les ennemis secrets que je puis avoir et que vous paraissez connaître.

— Moi ! s'écria Pied-de-Fer auquel ces paroles rendirent toute son énergie, je jure sur ma tête, par le ciel et par l'enfer, que tant que le cœur me battra, vous n'aurez rien à redouter des lâches, des hypocrites et des traîtres qui oseraient vous menacer !

— Votre main, monsieur, » dit la comtesse en s'efforçant de se mettre à la hauteur de ce langage.

De ses mains larges et noires, Pied-de-Fer saisit la main blanche et mignonne que lui tendait la jolie châtelaine, qui reprit, non sans trembler bien fort :

« Demain, de minuit à une heure, je vous attendrai chez moi ; vous connaissez les aîtres.... les portes seront ouvertes du côté de l'escalier de service.... Il ne s'agira donc que de pénétrer jusqu'au pied de cet escalier ; mais vous êtes trop homme de résolution pour trouver là un obstacle invincible.

— Madame, j'irais en enfer si vous l'ordonniez. Si, à l'heure dite, je n'étais pas au rendez-vous que vous daignez m'assigner, c'est que je serais mort. »

Mme de Chaligny fit un mouvement de terreur, et Pied-de-Fer fut surpris d'avoir prononcé ces dernières paroles, expression d'un pressentiment qui avait tout à coup pénétré dans son esprit.

« Adieu donc, » monsieur, dit la comtesse après un moment de silence.

Et, dégageant sa main que tenait toujours son interlocuteur, elle fit à ce dernier un gracieux signe de tête, et elle s'éloigna légère comme une gazelle.

« Ainsi, s'écria Pied-de-Fer en se frappant violemment le front, tous mes efforts n'auront abouti qu'à faire de moi, l'homme fort et sans peur, une femmelette, un damoiseau.... un soupirant d'amour, quelque chose de semblable à ces mannequins de salon, ces chanteurs de romances, ces crétins sans volonté et par conséquent sans puissance !... Il y a dix ans.... cette femme en avait à peine seize alors.... elle était belle, éplorée.... Ses grands yeux noirs, baignés de larmes, se levaient sur moi et demandaient merci.... Mais j'étais l'homme fort alors, l'homme sans pitié, sans foi, sans remords.... Et je ne fis ni grâce ni merci.... Puis, je partis et j'oubliai. Mais voici que la fatalité me ramène près de cette femme et me jette à ses genoux pieds et poings liés.... Et pour que l'expiation soit complète, je l'aime! Ainsi ma prétendue régénération n'aura été qu'une chimère; j'aurai vieilli, et la dépravation de l'homme aura fait place à la dépravation du vieillard impuissant... Oh! que j'avais raison de mépriser l'espèce humaine! »

Il s'éloigna lentement, accablé d'une tristesse profonde et du plus déplorable découragement qu'il eût encore ressenti. Ce fut dans cette disposition d'esprit qu'il arriva au presbytère de Marchais, où il fut accueilli comme de coutume.

« Mon bon père, dit-il, ayez pitié de moi; vous m'avez cru un homme fort, et je ne suis qu'une poule mouillée.

— Qu'est-il donc arrivé? demanda le pasteur.

— Rien ou presque rien, sinon que je me sens effrayé de ma faiblesse. Je me croyais capable de renverser des montagnes, et il n'a fallu qu'un fétu en travers sur mon chemin pour me démontrer le néant de cette puissance que je croyais posséder... Mon père, mon père, je ne serai jamais l'homme juste que vous m'avez fait entrevoir!...

— Et de quel droit prétendriez-vous à la perfection? répondit le saint homme de la voix sévère qu'il savait prendre quand les circonstances l'exigeaient. Vous êtes un grand coupable, mon fils, mais les coupables pullulent en ce monde, et il en est bien peu qui aient le courage d'examiner leur conscience et de se rendre justice.... Vous avez été un bandit, un voleur de grand chemin, et vous n'imaginez pas qu'il y ait quelque chose de plus horrible.... Eh! mon Dieu! quelle estime faites-vous donc de ces gens sans cœur comme nous en avons vu dans la maison placée sous le patronage de saint Vincent de Paul? C'était là quelque chose de bien affreux, n'est-ce pas? Eh bien! ce n'était rien en comparaison d'autres crimes, de crimes qui se renouvellent tous les jours, et dont les auteurs, parés de l'estime publique, semblent inaccessibles aux remords.

— Quoi! mon bon père, vous croyez qu'il y ait de par le monde beaucoup de gens qui ne valent pas mieux que moi?

— J'en sais d'aussi coupables.... de plus coupables même, mon ami, et ceux-là ne se repentent pas!... Car le commencement de ma vie a été aussi fort agité. Écoutez, je veux vous en raconter quelque chose; cela, peut-être, vous rendra un peu de confiance en vous-même. »

Pied-de-Fer s'assit près du bon prêtre, qui commença son récit.

CHAPITRE XLV.

Un vampire.

— Le premier ami que j'eus dans le monde, reprit le bon curé après avoir suffisamment recueilli ses souvenirs, s'appelait Achille Charnetat; comme moi il était âgé de dix-huit ans alors : il étudiait la médecine, et nous suivions les mêmes cours, car je ne me destinais pas alors au sacerdoce; je me sentais une vocation assez prononcée pour l'art de guérir, ce qui explique comment vos gens, après la bataille de Montmirail, m'ont trouvé la trousse à la main. J'étais chirurgien avant d'être prêtre, voilà tout le mystère. Charnetat et moi, fûmes bientôt étroitement liés.

Un jour que nous dînions ensemble chez un de ces modestes traiteurs, qui pullulent dans le quartier Latin et qui sont encore à peu près aujourd'hui ce qu'ils étaient il y a cinquante ans, nous vîmes entrer dans la salle sombre et basse où nous étions attablés, un homme d'un âge mûr, et une jeune fille d'une physionomie qui eût été gracieuse, si l'empreinte de la misère et de la dégradation ne se fût montrée sur son visage. C'étaient deux de ces bohémiens qui parcourent les cabarets, les cafés borgnes, les restaurants de dernier ordre, sollicitant des maîtres de ces établissements, la permission de déployer leurs talents devant les consommateurs présents, faveur qui leur est d'autant plus volontiers accordée, qu'une distraction quelconque aide toujours un peu la digestion des mets plus ou moins douteux, préparés dans ces officines.

L'homme tira de dessous la redingote qui le couvrait, un mauvais violon, et il accompagna, tant bien que mal, la voix faible et presque éteinte de la jeune fille, qui chantait une plaintive romance au milieu du bruit causé par le cliquetis des fourchettes, les cris des garçons et des cuisiniers, et les conversations engagées à haute voix et sur tous les tons.

Tout à coup la jeune chanteuse s'arrêta au milieu d'un couplet; elle pâlit, et fut obligée, pour ne pas tomber, de s'appuyer sur la table près de laquelle elle se trouvait.

« Allons, Séraphine, du courage, mon enfant, dit le joueur de violon. L'honorable société sera indulgente : recommençons cela. »

La pauvre enfant ne put répondre, tant sa faiblesse était grande.

« Cette fille se meurt d'inanition ! » s'écria Achille qui se trouvait placé de manière à voir tous les détails de cette scène.

Nous nous levâmes en même temps pour la secourir, et un flacon de sels que j'avais sur moi, fit bientôt rouvrir les yeux à la chanteuse; un peu d'animation reparut sur son visage. Achille lui tâta le pouls.

« Vous avez faim, mon enfant, lui dit-il, à voix basse. On va vous servir à dîner : mangez doucement, et cela ne sera rien. »

Puis, après m'avoir consulté du regard, et sans s'inquiéter des chuchoteries, des rires moqueurs des autres consommateurs, il fit asseoir la jeune fille, l'homme qui l'accompagnait, à notre table, et leur fit servir à dîner.

« Je suis bien reconnaissant de votre bonté, messieurs, nous dit l'homme au violon, mais voilà Séraphine assez remise pour faire sa recette, et pour de pauvres gens comme nous, quelques sous sont précieux. »

La jeune fille se leva aussitôt, et tirant de sa poche un petit plateau en cuivre, autrefois argenté, elle se disposait à faire le tour de la salle, lorsque Achille la retint.

« Restez et mangez, mon enfant, lui dit-il, nous nous chargerons de combler le déficit qui en résultera pour vos finances. »

Et pour dissiper tout à fait l'inquiétude qui se peignait sur la physionomie de l'homme au violon, il tira sa bourse, et versa la moitié de l'argent qu'elle contenait, dans le petit plateau que Séraphine tenait à la main. Je suivis cet exemple. Un éclair de joie brilla dans les yeux de cette malheureuse enfant; son visage se rasséréna complétement. Son compagnon laissa également paraître le plaisir qu'il ressentait, et tous deux commencèrent à manger avec une telle avidité que nous fûmes obligés de leur rappeler à plusieurs reprises les dangers qui pourraient résulter de cette précipitation.

« Cette jeune personne est sans doute votre fille? demanda Achille au bohémien, lorsque l'estomac de ce dernier parut être à peu près satisfait.

— Oui, monsieur, » répondit l'homme en soupirant.

Puis après avoir jeté successivement sur Achille et sur moi, un regard perçant, il reprit :

« Je devine tout ce que vous vous disposez à me dire : vous allez me représenter que je fais faire à mon enfant un misérable métier; qu'elle serait plus heureuse dans un atelier, et que, pour mon compte, je ferais beaucoup mieux de travailler que d'écorcher les oreilles des gens, pour en obtenir une aumône souvent insuffisante aux besoins les plus impérieux.

— C'est, en effet, ce qui vient tout d'abord à la pensée en voyant combien sont précaires vos moyens d'existence, lui répondis-je, et, vous fit-on ces observations, que vous auriez tort de les prendre en mauvaise part.

— Eh! mon Dieu, reprit-il, cela ne saurait me surprendre. C'est le thème ordinaire; je l'ai mille fois entendu répéter sur tous les tons et dans toutes les langues de l'Europe. »

Nous fîmes un mouvement de surprise.

« Oui, messieurs, reprit-il, comme pour répondre à notre pensée, dans toutes les langues de l'Europe, car je les parle toutes, ainsi que la plupart des langues anciennes, le grec, l'hébreu, le syriaque, le chaldéen.... Vous voyez que je ne pèche pas par ignorance ; mais est-ce ma faute si quelques notes écorchées sur un violon sont payées plus cher que vingt leçons de grammaire polyglotte? »

Notre étonnement allait croissant; Achille Charnetat surtout semblait recueillir avec avidité les paroles du bohémien, et je crus m'apercevoir un instant que ma présence lui était importune ; mais je m'empressai de repousser cette pensée.

Après un instant de silence, le joueur de violon continua :

« Messieurs, tout cela n'est rien ; on peut pardonner aux hommes de la génération nouvelle de mépriser les langues anciennes; mais, ce qui est réellement honteux pour cette génération, c'est de la voir se traîner dans l'ornière des connaissances acquises depuis des siècles, en même temps qu'elle s'obstine à fermer les yeux à la lumière nouvelle.... Messieurs, je vois que je parle à des hommes lettrés, intelligents, je m'expliquerai sans réserve. Et d'abord croyez-vous au magnétisme animal? A cette sublime découverte qui n'est pas due à Mesmer, comme on le croit communément, mais que ce savant a produite au grand jour, et qu'on ne peut pas plus nier maintenant que la lumière du soleil! »

Achille et moi nous partîmes d'un éclat de rire, car les rêveries allemandes, comme on appelait cela alors, n'avaient pas cours parmi les savants, et nous croyions fermement être des savants, nous qui ne savions rien!

« Oh! riez, riez, messieurs, reprit l'homme au violon en accompagnant ses paroles d'un indicible sourire dans lequel se montraient le sarcasme et la pitié; il vous faut de la joie pour votre argent, c'est juste. Moquez-vous donc, ne vous gênez point ; mais souffrez que je vous le dise, tout cela ne m'enpêchera point d'être l'homme le plus puissant du monde, lorsque j'aurai trouvé le point d'affinité qui existe nécessairement entre cette enfant et moi.... Alors les secrets les mieux gardés me seront connus ; je trouverai les trésors les mieux cachés ; les plus secrètes pensées des grands aussi bien que celles des petits seront à ma discrétion.... Messieurs, que je trouve cela, et je serai Dieu, sauf l'immortalité, qui serait le mal le plus horrible, et que je n'aurai pas à craindre.

— C'est un fou! dis-je à demi-voix en me penchant vers mon ami.

— Oui, monsieur, oui, s'écria le joueur de violon, qui avait entendu ces paroles, fou!... je suis fou de douleur, de regrets.... Songez donc, je vous en prie, que cette enfant est accessible au sommeil magnétique, et qu'en cet état sa lucidité est immense; d'autres l'ont mise devant moi dans cet état de somnambulisme parfait, et alors il s'est produit des merveilles.... mais moi, moi, je suis impuissant! Et cependant tous les éléments de la science me sont connus.... Mais pouvais-je consentir à laisser ce trésor aux mains de gens qui m'en auraient dépouillé sans merci? Non! j'ai dit : Je chercherai, et je cherche!... Et puis, ma Séraphine est si bonne, si douce, si résignée!... Si je vous ai dit ces choses, messieurs, c'est que je vous ai crus aussi éclairés que généreux, et il m'est venu à la pensée que peut-être vous pourriez m'être en aide ailleurs qu'ici, car savez-vous ce qu'il me faudrait pour faire le dernier pas qui me sépare de cette fortune immense que j'entrevois? presque rien : un peu de repos, la possibilité de multiplier les expériences, ce à quoi s'oppose le défaut d'asile et la nécessité de courir après le pain de chaque jour.... »

Je ne riais plus; ce malheureux me faisait pitié, et il me semblait que mon ami devait éprouver le même sentiment; aussi fut-ce avec la plus vive surprise que j'entendis Achille répondre très-sérieusement à cette espèce de bohémien :

« Venez chez moi; mon logement se compose de trois pièces; j'en mettrai deux à votre disposition, et je tâcherai que ma pension suffise aux besoins de tous. Je mets à cela une condition, c'est que je prendrai part à vos travaux, à toutes les expériences que vous ferez. »

Le visage du saltimbanque s'illumina d'une joie si vive qu'il parut entièrement transformé; je regardai la jeune fille, elle était triste, abattue; on eût dit que l'on venait de marchander sa vie. Tout cela prenait une tournure singulière dont je fus presque effrayé. Je pris Achille à l'écart, et je lui demandai comment il pouvait se résoudre à héberger ces aventuriers, dont il n'avait sûrement rien à espérer.

« Qui sait? me répondit-il; nous avons peut-être tort de condamner sans examen. Comme toi, j'ai ri d'abord des discours de cet homme; mais tout à l'heure je me suis demandé si nous étions sages, nous qui accusions ce malheureux de folie; s'il était sage, dis-je, de condamner ainsi sans examen, et si Newton, Christophe Colomb., Galilée, n'étaient pas des fous de cette trempe-là. Que risqué-je, après tout? Je demeure le maître, et il me faudra peu de temps pour savoir à quoi m'en tenir. »

Ces paroles m'affligèrent; je pensai que la jeune fille, peu jolie pourtant, était l'unique cause de cette singulière détermination, et je fis encore quelques tentatives pour faire revenir mon ami sur sa résolution; mais tout fut inutile.

« Il faut voir, me dit-il; les voies nouvelles au temps où nous vivons, sont peut-être les meilleures; s'il en est autrement, eh bien! on en est quitte pour revenir sur ses pas. Ainsi, mon cher Nestor, ne t'épuise pas en efforts superflus, le sort en est jeté : je tenterai l'aventure. Toi, reste sage, continue à fouler le vieux sentier, et si je me fourvoie, je reviendrai vers toi; et si au contraire la fortune me sourit du côté où je vais la chercher, je t'appellerai à moi, et nous ferons bonne route. »

Les choses se firent comme il le voulait; l'homme qui se nommait Pierre Grenaux, et la fille Séraphine allèrent s'installer chez Achille Charnetat; ils firent d'assez nombreuses expériences; j'assistai à quelques-unes, et j'avoue que je fus étrangement surpris de leur résultat, car cela tenait du prodige; c'était avec la plus grande difficulté qu'on parvenait à endormir la jeune fille; mais, dès qu'elle était sous l'influence de ce sommeil magnétique, il arrivait des choses vraiment prodigieuses : ainsi, un soir qu'elle était en cet état, Achille mit ma main droite en contact avec la main gauche de la jeune fille, puis il l'interrogea sur ce qui se passait en moi, et ce ne fut pas sans terreur que j'entendis la somnambule formuler d'une voix intelligible toutes les secrètes pensées qui m'agitaient en ce moment.

La joie, le bonheur, débordaient du cœur de mon ami; mais je remarquai que le père de la jeune fille semblait plus que jamais accablé de tristesse; j'en conclus que le malheureux avait cherché inutilement ce point d'affinité avec la somnambule qui devait, à son dire, le rendre si puissant, et que, probablement, ce que le vieillard avait cherché avec tant d'ardeur, avait été découvert par Charnetat.

Les choses étaient en cet état depuis quelque temps, et j'étais fort surpris que mon ami, qui n'était pas plus riche que moi, pût subvenir à ses dépenses et à celles de ses hôtes, sans que cela l'empêchât de satisfaire de folles fantaisies; je lui voyais de l'or, en petite quantité, il est vrai, mais cela se renouvelait de manière à ce qu'il n'en manquât point... Je vous l'avoue, mon cher fils, de singulières terreurs m'assaillirent; je crus qu'il s'adonnait à la magie... car je croyais à la magie, et je me mis à prier pour lui avec ferveur; je l'eusse même très-volontiers exorcisé s'il eût voulu le permettre.... Mais bientôt toutes mes conjectures furent renversées. Un matin, j'arrivai chez Charnetat, je le trouvai seul, cela me surprit, et je m'empressai de lui demander des nouvelles de ses hôtes.

« La fille a disparu, me répondit-il légèrement, et comme le père m'était d'une inutilité complète, attendu que je n'ai l'intention d'apprendre ni le syriaque ni le chaldéen, je l'ai prié d'aller ailleurs *déployer ses talents*, talents très-grands peut-être,

Puis une détonation se fit entendre. (Page 187, col. 2.)

mais que je prise peu parce qu'ils ne rapportent rien... Ah! je te vois venir; tu t'apprêtes à me faire un sermon; eh bien! mon cher ami, fais-moi le plaisir de garder ton éloquence pour une meilleure occasion.

Je demeurai muet et immobile d'indignation, car je sentais vaguement que la conduite d'Achille, dans cette affaire, était plus coupable encore qu'il ne le disait; je résolus de rompre avec lui, et il se passa un assez long temps, sans que je le visse ailleurs qu'aux cours où nous nous rencontrions forcément. Il continuait à étudier avec ardeur, mais ses habitudes n'étaient plus les mêmes. Il vivait d'une manière presque opulente, achetait tous les livres et les instruments nécessaires à sa profession, et il avait tout à fait abandonné le petit traiteur de la rue St-Jacques.

— Que t'ai-je donc fait, mon cher Nestor? me demanda-t-il un jour que nous nous rencontrâmes; tu m'évites comme si j'étais atteint de la peste.

— C'est que notre manière de vivre n'est plus la même, lui répondis-je; je suis toujours le pauvre étudiant, et tu tranches du fermier général..

— Oui, répliqua-t-il avec une sorte d'insouciance, sous ce rapport, ma position s'est beaucoup améliorée... des arrangements de famille me permettent de disposer d'un revenu assez considérable... Mais, méchant garçon que tu es, ce devrait être une raison pour que nous fussions plus amis que jamais, ma bourse, quoique mieux garnie qu'autrefois, n'en est pas moins à ton service... Tu loues des livres que tu ne peux garder le temps nécessaire, tandis que ma bibliothèque est à ta disposition, aussi bien que ma table, qui est un peu mieux servie que la meilleure des Vatels de la rue St-Jacques. Viens donc chez moi, je le veux.

Je me laissai entraîner, et nous redevînmes aussi intimes que nous l'avions été auparavant. J'étais pourtant assez mécontent de l'irrégularité de sa conduite : il faisait de fréquentes absences; il lui arrivait souvent de passer la nuit hors de chez lui, et si je l'interrogeais à ce sujet, il ne faisait que des réponses évasives. Du reste, l'état de ses finances ne paraissait pas souffrir de ses irrégularités, il continuait à dépenser beaucoup d'argent, et ne faisait point de dettes.

Un jour, j'allai chez lui assez tard dans la soirée, sans pouvoir le trouver; j'y retournai le lendemain, il n'était point rentré; la seconde nuit se passa sans qu'il reparût.

Mon inquiétude s'accrut, je fis des recherches qui furent sans résultat. Six jours se passèrent; le septième, un commissionnaire m'apporta une lettre dont je reconnus aussitôt l'écriture; elle était de Charnetat. Il me disait que, se rendant chez lui à une heure assez avancée de la nuit, il s'était pris de querelle, vers le Pont-Neuf, avec des officiers qui, ainsi que lui, avaient un peu trop amplement soupé.

« Le guet voulait intervenir, ajoutait-il, mais nous n'étions pas d'humeur à lui laisser prendre cette liberté, et nous nous réunîmes contre ces pauvres diables; j'ai eu le malheur d'en blesser un fort grièvement, et d'être arrêté et désarmé par les autres, tandis que les officiers, premiers auteurs de tout le mal prenaient la fuite. Je suis donc sous les verrous. Si je ne t'ai pas fait part plus tôt de cet événement, c'est que j'espérais à chaque instant être mis en liberté; mais il paraît que la blessure du soldat tourne mal, et ma captivité pourrait bien se prolonger, malgré le crédit de quelques personnages haut placés, qui s'intéressent vivement à moi. Ne néglige rien, je t'en conjure, pour pénétrer jusqu'à moi aussitôt que cette lettre te parviendra; il est de la plus haute importance que je te voie aujourd'hui même, et rien ne saurait te donner l'idée de l'impatience avec laquelle je vais t'attendre. Je t'envoie la clef de mon secrétaire; tu y trouveras une somme suffisante pour lever toutes les difficultés. Ne ménage rien. La fièvre me brûle quand je pense au temps qui va s'écouler d'ici à ce que je te voie, et tu comprendras cela quand tu sauras la véritable cause de mon impatience. »

Je m'empressai de me conformer à ces instructions, et deux heures après la réception de cette lettre, j'étais près du prisonnier. Je le trouvai dans un état presque alarmant : une pâleur mortelle couvrait son visage; les pupilles de ses yeux étaient injectées de sang, et il semblait agité de mouvements convulsifs. Dès qu'il m'aperçut, il s'élança vers moi, et m'entraîna dans un coin où il était possible de causer sans être entendus des autres prisonniers ni des gardiens.

« Mon ami, me dit-il, d'une voix altérée, tu vas me maudire, me détester, car il faut que je te fasse l'aveu d'une faute horrible....

— Parle, lui répondis-je, et je tâcherai, au lieu de te haïr, de te plaindre, et de te pardonner.

— Écoute donc, et tâche d'être assez maître de toi pour ne pas m'interrompre, car chaque seconde qui s'écoule peut compromettre mon avenir. Cours à Chaillot; chemin faisant, garnis tes poches d'une bouteille de vin, de quelques pâtisseries.... Sur le quai, deux cents pas environ avant la barrière, tu remarqueras un mur blanc, nouvellement récrépi, vers le milieu duquel est une porte verte dont voici la clef.

— Après être entré, tu trouveras accroché derrière cette porte un trousseau de clefs; ce sont celles de la maison située entre cour et jardin entièrement isolée. Entre dans ce logis, monte au premier étage. Dans une première pièce, tu trouveras tout ce qu'il faut pour obtenir de la lumière, qui te sera nécessaire, fit-il grand jour. Pénètre dans une seconde pièce, tu y trouveras une femme, mourant de faim, c'est Séraphine.... Tu n'auras pas à craindre des regards indiscrets, car elle n'a pu avoir de communication avec qui que ce soit; les fenêtres sont murées, les murailles matelassées....

— Mais cela est horrible ! m'écriai-je.

— Cela, mon ami, est tout simplement le résultat de mon immense amour de la science. Ce que le père de Séraphine avait cherché vainement, je l'ai trouvé, moi : la jeune fille s'est donnée à moi corps et âme, ma puissance sur elle est infinie; sur d'autres et par elle, elle est immense.... N'ai-je pas dû prendre toutes les précautions imaginables pour qu'un pareil trésor ne puisse m'être dérobé?... Mais pars, pars, je t'en conjure.... elle se meurt; elle est morte peut-être. »

J'étais frappé de terreur, mes cheveux se hérissaient, une sueur froide inondait mon visage, mais il n'y avait pas à hésiter; je fis appel à tout ce que j'avais de force et de courage, et je partis. Après m'être conformé ponctuellement aux instructions qui m'avaient été données, je pénétrai, muni d'une bougie allumée, dans cette chambre mystérieuse qui devait être le terme de ma course.

D'abord, je ne vis rien, la lumière que je portais ne dissipant qu'imparfaitement l'obscurité de ce lieu; mais mes yeux s'habituèrent promptement à ces demi-ténèbres, et je pus m'assurer que rien n'avait été négligé pour faire de ce lieu une sorte de tombeau d'où il fut impossible de se faire entendre au reste des vivants.

Il est vrai qu'on y avait réuni tout ce qui peut rendre la captivité moins pénible; les meubles en étaient élégants, un riche tapis couvrait le parquet et je vis çà et là, jetés sur des fauteuils, des vêtements de femme, d'une grande richesse; une lampe d'un très-beau travail était suspendue au plafond; ce devait être le soleil qui ne devait pas pouvoir briller pendant plus de quarante-huit heures sans être ravitaillé, et il y avait sept jours qu'il n'avait pu l'être.

Cependant, je n'apercevais point la malheureuse captive, à laquelle j'apportais des secours; tout à coup, un sourd gémissement frappa mes oreilles; je m'élançai vers l'alcôve d'où ce bruit était parti; j'en écartai les rideaux, et un spectacle épouvantable s'offrit à mes regards : la jeune fille était étendue sur son lit dont le désordre annonçait la longue et terrible agonie de cette infortunée; elle avait les lèvres ensanglantées : la malheureuse avait tenté de se dévorer les poignets !.. Je m'empressai de la soulever, j'essayai de lui faire avaler un peu de vin; mais je ne pus y parvenir, et au bout de quelques instants elle expira.

J'étais encore près du lit, ne sachant à quoi m'arrêter, lorsqu'un bruit de pas se fit entendre dans l'escalier; presque aussitôt un homme parut; c'était Charnetat, dont la mise en liberté avait été ordonnée quelques instants après notre entrevue, et qui était accouru en toute hâte.

« Eh bien! dit-il, en s'arrêtant près de la porte, et m'interrogeant du regard.

— Elle est morte, lui répondis-je, morte de la mort la plus horrible.... Approche, approche, viens contempler ton ouvrage. »

Il avança avec un calme qui me fit frissonner, examina attentivement le cadavre, et demeura pensif pendant deux ou trois minutes, puis il dit avec un très-grand sang-froid :

« Après tout, cela ne peut m'être imputé à crime. Je n'ai pas fait violence à la volonté de cette femme; elle avait consenti à vivre ainsi; sa mort est le résultat d'un cas fortuit.

— Mais, malheureux, m'écriai-je, ne pouvais-tu pas me faire plus tôt cette confidence ?

— Oh! mon ami, répliqua-t-il, tu es aussi par trop candide. En te confiant cela, je mettais mon avenir, ma fortune, ma puissance à ta discrétion ; donc, je ne devais parler qu'à la dernière extrémité. J'avais pris mon essor ; qui sait où je serais parvenu !... Et voilà que la fatalité vient me couper les ailes.... Mon cher Nestor, au lieu de me faire des reproches, tu ferais bien mieux de me donner un bon conseil. Que diable faire de cette femme ? »

Je ne pus répondre, j'étais anéanti.

« Et, mais j'y pense, reprit-il, après un instant de silence, c'est un sujet superbe.... qui a toutes ses dents.... nous pourrons en faire ensemble un très-beau squelette articulé.... »

Je n'en pus entendre davantage ; j'avais des vertiges ; la raison m'abandonnait ; je m'élançai vers la porte et je pris la fuite. Dès ce moment, j'abandonnai l'étude de la médecine, et j'entrai au séminaire. Dix ans après, j'étais prêtre ; alors je revis Charnetat il était riche, il avait changé de nom, et il se faisait appeler *monsieur le comte*.

« J'espère, au moins, lui dis-je, dans l'intérêt de votre salut, que vous vous êtes imposé une sévère pénitence en expiation de.... »

Il ne me permit pas d'achever.

« Eh! Monsieur l'abbé, dit-il en m'interrompant, ne savez-vous pas qu'il est des folies de jeunesse dont un homme qui se respecte ne doit pas se souvenir.

— Mais la justice pourrait avoir meilleure mémoire que vous, repris-je sévèrement.

— Monsieur, répliqua-t-il, en me tournant le dos, il y a prescription. »

Cet homme vit encore, mon cher fils, dit le bon curé, après avoir achevé son récit ; il est riche, honoré ; il est ce qu'on est convenu d'appeler une des illustrations de la France, et il ne se repent pas ; vous voyez donc, mon ami, que vous auriez tort de désespérer, car Dieu, source de toute justice, ne saurait traiter aussi sévèrement le coupable qui se repent, que celui qui persévère. »

Mais ce fut inutilement que le pasteur s'efforça de dissiper le trouble dans lequel Pied-de-Fer était plongé, et ce dernier, contre l'ordinaire, se retira sans emporter la moindre consolation.

CHAPITRE XLVI.

L'homme fort.

Le procureur du roi, Beuzelin, n'était pas demeuré inactif ; menacé, et se sentant éminemment vulnérable, il avait promptement cherché les moyens de faire tête à l'ennemi. Le lendemain du jour où cette épithète terrible de *voleur* avait retenti à ses oreilles, et s'était montrée à ses yeux sur les vitres de sa chambre, il avait cherché des auxiliaires, capables de le seconder puissamment, et grâce à un certain esprit d'observation qui, chez lui, pouvait passer pour du métier, il en avait trouvé d'assez redoutables aux gens que lui-même pouvait craindre. Ce fut d'abord à la femme de chambre qu'il s'adressa.

« Marie, lui dit-il sévèrement, votre conduite n'est pas régulière ; vous compromettez gravement les intérêts, et même la sûreté personnelle de votre maîtresse.

— Moi, monsieur....

— Ne cherchez pas à nier, et songez que je suis accoutumé à lire dans les yeux et sur le front des coupables. Vous recevez souvent un homme dans votre chambre....

— Ah! monsieur, au nom du ciel, ne me perdez pas !....

— Cet homme, c'est Jean, le valet de pied, un ivrogne qui met la cave au pillage.,..

— Oh! grâce ! grâce, monsieur, je vous en conjure !

— Eh bien! oui, j'aurai pitié de vous, je tairai ces désordres, et j'userai même de mon influence pour que Mme la comtesse consente à un mariage qui pourra réparer la plus grande partie du mal, mais à la condition que vous me serez dévoués tous deux. Je sais qu'on cherche à entraîner Mme de Chaligny dans des démarches inconsidérées ; il m'importe de l'en garantir ; mais pour cela, il est indispensable que je sache tout ce qui se passe autour d'elle. »

Ces conditions furent acceptées, et ce jour-là même, Beuzelin sut que *l'homme noir* avait été vu la veille, dans les jardins du château, à l'heure où la comtesse elle-même s'y était promenée.

« Je l'avais deviné, se dit-il, cet homme n'a voulu que me faire servir d'instrument à l'accomplissement de ses projets.... Oh! je lui montrerai qu'il s'est attaqué à forte partie.... « C'est un secret entre le ciel et nous, » m'avait-il dit, et ce secret, il s'apprête à le violer s'il ne l'a violé déjà... Et pourtant s'il sait la vérité, il doit comprendre que je ne puis revenir sur mes pas, et que je suis dans la nécessité de faire tête à l'orage.... Ah! si je pouvais savoir quel est ce personnage... C'est un Italien de distinction, s'il faut s'en rapporter aux papiers dont il est porteur; mais qu'est-il venu faire ici? Quelle relation peut-il y avoir eu autrefois entre lui et la famille de Chaligny!... Il faut bien l'avouer, je me suis laissé trop facilement éblouir : il était, en quelque sorte à ma discrétion, et il est parvenu à changer les rôles.... Mais je prendrai ma revanche.... Il le faut, car il y va de plus que la vie.... »

A ces mots il bondit d'une extrémité à l'autre de sa chambre, saisit convulsivement son fusil de chasse et s'assura que les deux canons en étaient chargés.

« Et cette fois continua-t-il comme poussé par une sorte de frénésie, cette fois, ce sera un secret entre le ciel et moi seul!... »

Il déposa l'arme, se laissa tomber sur un fauteuil, et la réaction qui succéda à cette exaltation fiévreuse, fut telle, qu'il passa plusieurs heures immobile, la pensée inerte, et comme anéanti. Enfin, les forces lui revinrent, et il sortit, bien résolu à ne reculer devant aucune extrémité. Madame de Chaligny, ayant prétexté une indisposition pour ne pas paraître au dîner, Beuzelin se présenta chez elle vers la fin du jour; mais Marie vint lui dire, de la part de sa maîtresse, qu'elle était trop souffrante pour le recevoir.

« Et pourtant, madame n'est pas malade, ajouta la camériste infidèle; elle n'est pas au lit. Seulement, depuis hier, elle paraît bien inquiète, et parfois bien impatiente ; elle se promène dans sa chambre ; elle a pris successivement plusieurs livres, et elle les a rejetés avant d'en avoir tourné un feuillet. Souvent aussi elle parle seule. « Moi qui le regardais comme un ange tutélaire! disait-elle ce matin, et ce ne serait qu'un... Mon Dieu, mon Dieu ! cela est impossible et pourtant.... »

— Et pourtant? répéta Beuzelin, attendant avec anxiété la fin de cette phrase.

— Elle s'est arrêtée là, reprit Marie. Quelques instants après, elle disait. « Oh non ! non ! celui-là n'est pas un homme ordinaire.... Enfin, ce soir, en regardant la pendule, elle disait : « Encore trente heures et le voile sera levé. »

— Non, non, il ne le lèvera pas ! s'écria Beuzelin qui s'oubliait....

Puis, se reprenant :

« Le misérable qui s'agite dans l'ombre viendra se briser contre l'homme sage qui veille.., Oui, oui, madame, quoi que vous en disiez, je suis et je serai votre ange tutélaire.... C'est bien, Marie, je suis content de vous ; envoyez Jean chez moi afin que je lui donne des instructions. »

Jean, sous l'empire de la crainte et stimulé par la promesse d'une récompense, se montra non moins dévoué que Marie. Vers minuit, il vint dire à Beuzelin qu'il avait aperçu l'homme noir rôdant aux environs de la petite grille du jardin et ayant l'air d'examiner les murs et d'en mesurer la hauteur.

« Très-bien! s'écria le magistrat; retirez-vous, et faites en sorte que je puisse sortir d'ici, à toute heure, et y rentrer sans obstacle, à l'insu de tout le monde.... N'oubliez pas que la dot de Marie dépendra de votre zèle et surtout de votre discrétion. »

Jean sortit, et Beuzelin courut de nouveau à son fusil; dans chacun des canons duquel il glissa deux balles, puis il sortit furtivement. Il marcha longtemps dans l'ombre, se dirigeant vers le lieu qui lui avait été indiqué, et prêtant l'oreille au moindre bruit.

« Après tout, se disait-il comme pour faire taire le dernier cri de sa conscience, ce n'est qu'un duel et je n'ai pas été le provocateur.... Et puis pourquoi tout ce mystère?... Évidemment il y a là quelque trame coupable; ainsi, de toutes manières, la partie est égale.... Et puis enfin la fatalité a prononcé. »

Il continua à marcher lentement, s'abritant des rares rayons de la lune, cachée sous d'épais nuages, en se serrant contre les charmilles ou s'arrêtant sous les plus hauts arbustes.

Il passa ainsi la plus grande partie de la nuit, mais toutes ses recherches furent vaines, et il regagna son appartement comme il en était sorti, la tête en feu et la rage dans le cœur. Depuis quelques jours, sa santé s'altérait visiblement; les rides de son front se creusaient, ses lèvres minces étaient flétries par la fièvre, et ses prunelles ardentes roulaient dans un cercle sanglant. Le jour parut sans qu'il eut pu prendre le moindre repos. La plus grande partie de cette journée s'écoula comme la précédente, et les terreurs du magistrat grossissaient à chaque instant. Dans l'après-midi, Marie se présenta chez lui.

« Il se passe quelque chose d'extraordinaire, lui dit-elle : Mme la comtesse est dans une agitation extrême qu'elle ne songe pas même à dissimuler. Elle ne sortira pas de sa chambre, et pourtant elle s'est parée avec presque autant de soin que si elle devait aller en visite.

— Et quelqu'un s'est-il présenté chez elle? demanda Beuzelin presque épouvanté.

— Jusqu'à présent, non, mais il viendra quelqu'un, bien certainement. D'abord, madame m'a dit qu'elle n'avait plus besoin de moi pour le reste de la journée, et qu'elle se mettrait au lit toute seule. Je suis sortie par les appartements; mais ensuite, voulant voir si les portes de l'escalier de service étaient fermées, je remontai de ce côté; toutes les portes, jusqu'à la dernière, dont j'étais bien sûre d'avoir poussé le verrou, étaient seulement poussées. Arrivée à celle de ces portes qui ouvre sur la chambre de Mme la comtesse, je me suis arrêtée et j'ai écouté. Madame parlait, mais à demi-voix; de sorte que je n'ai pu entendre que quelques mots prononcés plus haut que les autres: « Le sort en est jeté, disait-elle ; ma foi en lui est entière.... J'ai un pied dans l'abîme, lequel?.. Celui-ci, au moins, a de l'enthousiasme, de l'énergie, du cœur ; l'autre n'est qu'une machine à réquisitoires... Mais, Monsieur, dit Marie en s'interrompant, vous ne m'écoutez pas. »

Beuzelin était en proie aux plus violentes tortures, et de sa main droite passée sous son gilet, il se déchirait la poitrine.

« Je vous écoute, Marie, répondit-il d'une voix altérée, pas une de vos paroles ne m'échappe. Parlez, parlez.... que disait-elle encore ?

— Elle a dit : « Si cela était, quelle belle âme j'aurais deviné sous cette laide enveloppe !

— Oh! plus de doute, plus de doute! s'écria Beuzelin, en se frappant violemment le front de ses deux mains.... C'est bien, ma fille, retirez-vous. »

Marie sortit, et cet homme put donner un libre cours à l'expression de sa fureur.

« Oui, dit-il, c'est un duel... un duel à mort... et il faut que l'issue en soit prompte, car ces tortures me tuent !... Ah! madame la comtesse, vous êtes bien ingrate? mais j'étoufferai ce complot dans lequel vous vous êtes jetée aveuglément, et vous verrez, madame, que cette machine à réquisitoires est un plus rude jouteur que vous ne l'avez imaginé. »

Exalté à la fois par le jeûne, l'insomnie, la haine et la crainte de l'infamie, cet homme semblait un ange de ténèbres, terrible et menaçant. Pendant quelques heures, il fut dans un état de surexcitation difficile à décrire; mais ensuite, il parvint à recouvrer quelque raison ; alors il calcula les résultats probables de cette guerre occulte dans laquelle il s'était jeté; à défaut de courage, il appela les mathématiques à son aide, et il trouva que la balance était en sa faveur. Vers le milieu de la soirée, il reprit son fusil, en renouvela les capsules, puis, comme la veille, il sortit furtivement, ouvrit la grille dont il s'était fait donner la clef et alla s'embusquer à cinquante pas du château derrière une haie bordant le sentier qu' conduisait de ce lieu à la maisonnette qu'occupait Pied-de-Fer.

« Il passera infailliblement par ici, se dit-il; autrement il lui faudrait traverser le village et faire plus d'une lieue inutilement, il viendra jusque-là ; mais il n'ira pas plus loin ! »

Une sueur froide lui couvrit le visage, et à certains instants il sentait la résolution lui manquer ; mais alors il se disait qu'il n'y avait pas d'autre moyen de sortir de la situation périlleuse dans laquelle il se trouvait. A la vérité, on ne pouvait l'accuser ouvertement de vol, car il n'existait aucun témoignage à sa charge; en justice il n'y aurait eu qu'une question de chiffres entre lui et son accusateur, et ses antécédents, sa qualité de magistrat eussent suffi pour anéantir l'accusation ; mais la femme et la fortune qu'il avait convoitées lui échappaient. Et puis, Mme de Chaligny était, ainsi que nous l'avons dit, parente par alliance du ministre de la justice, et cela suffisait pour qu'il fût à jamais perdu si elle acquérait la certitude de l'action honteuse qu'il avait commise. Ces réflexions remontaient son imagination.

« Le mystère dont cet homme s'entoure, se disait-il encore, peut faire supposer qu'il a d'autres ennemis redoutables auxquels sa mort pourra être attribuée.... Et puis, il le faut ; c'est l'arrêt du destin. »

Pour la dixième fois il venait de formuler mentalement ces arguments, lorsque minuit sonna à l'horloge du château; presque aussitôt un bruit de pas se fit entendre, et au bout de quelques secondes, les regards de Beuzelin s'efforçant de percer l'obscurité, aperçurent un homme de haute taille s'avançant d'un pas rapide, en même temps que ses oreilles furent frappées d'une espèce de murmure de voix; il retint son haleine, écouta attentivement, et ces paroles prononcées à demi-voix arrivèrent jusqu'à lui,

« J'aurais dû régler ma montre sur cette horloge, cinq minutes de perdues !...

— C'est lui! se dit Beuzelin en abaissant lentement son arme; pas de faiblesse.... Être ou n'être pas, voilà la question. »

En ce moment, Pied-de-Fer ne se trouvait qu'à quatre ou cinq pas de la haie entre les branches de laquelle l'assassin avait choisi la place de son arme ; une seconde s'écoula encore, puis une détonation se fit entendre. Pied-de-Fer chancela, porta la main à sa poitrine et fit mine de s'avancer vers le point d'où le coup était parti, mais presque aussitôt ses jambes fléchirent et il tomba sans pousser un seul cri, sans faire entendre le moindre gémissement. Beuzelin s'avança vers lui le poussa du pied à plusieurs reprises, le frappa de la crosse de son fusil; la victime ne donna pas le moindre signe de vie.

« Allons, dit l'assassin en accompagnant ces paroles d'un rire frénétique, les dieux sont pour moi... s'il y a des dieux ! »

Car ce misérable appartenait à cette école d'athées dont la philosophie du dix-huitième siècle avait si déplorablement multiplié les adeptes; il pensait que Dieu n'était pas ; mais qu'on avait assez bien fait de l'inventer ; sous un gouvernement dominé par les prêtres, il s'était fait dévot par nécessité, c'est-à-dire hypocrite ; la religion trouvait place dans tous ses réquisitoires, et il se moquait plus ou moins agréablement, en petit comité des pères de la foi, de la grâce efficiente, etc. Il faut bien le dire, les hommes et les choses de ce temps n'ont été que mensonge ; il n'y avait de conviction nulle part : aussi, au moindre choc, l'édifice s'est-il écroulé.

Retourner au château, déposer son fusil dans sa chambre et changer de vêtements fut, pour Beuzelin, l'affaire de quelques minutes. Cela fait, il sortit de nouveau de chez lui, et gagna sans bruit l'escalier dérobé dont les portes avaient été laissées ouvertes. Arrivé près de l'appartement de la comtesse, il s'arrêta et prêta l'oreille. Madame de Chaligny était en ce moment dans une grande agitation; elle allait à chaque instant de ses fenêtres demeurées entr'ouvertes à la porte par laquelle devait arriver le visiteur, qu'elle attendait avec autant d'impatience que d'inquiétude.

« Est-ce qu'il ne viendrait pas! disait-elle à demi-voix. Oh! c'est impossible.... Pour ne pas venir, il faudrait qu'il fût mort; ce sont ces dernières paroles.... Le voici, sans doute.... »

La jolie châtelaine qui venait d'entendre quelque bruit dans l'escalier, s'avança de nouveau vers la porte qui s'ouvrit brusquement. Beuzelin parut, et madame de Chaligny poussa un cri de surprise.

« Ce n'est pas moi que vous attendiez, madame, dit-il en s'avançant gravement.

— Aussi, monsieur, répondit la comtesse en s'efforçant de se remettre, aussi ai-je le droit de vous demander le motif qui vous fait ainsi manquer aux bienséances.

— Ce motif, madame, c'est l'intérêt que je prends à votre personne, à votre fortune, à votre honneur.... Souffrez que je vous le dise, madame; encore quelques instants, et vous alliez compromettre tout cela.

— Monsieur, je ne souffrirai pas....

— Madame, vous avez bien souffert que je rétablisse votre fortune; vous souffrirez, je l'espère que je vous la conserve. Je vous avais dit : Il y a là une affaire ténébreuse que vous ne devez point connaître; vous ne pourriez, sans vous exposer à de graves dangers, essayer de soulever le voile. Et pour reconnaître mes bons avis, mes loyaux services, vous m'avez cru capable de mensonge.... et peut-être même de quelque chose de plus odieux. Mais qu'ai-je donc fait, mon Dieu! pour que vous me traitiez ainsi?.... Je vous aime et j'ai osé vous le dire, voilà tout mon crime. »

Madame de Chaligny se sentit désarmée; elle se dit qu'en effet Beuzelin s'était montré bien dévoué, et qu'il n'était pas bien de l'avoir si légèrement cru capable d'une action infâme.

« Il y a quelque chose de vrai dans tout cela, mon cher Mentor, dit-elle d'une voix fort radoucie ; mais, mon cher hôte, ce n'est pas une raison pour me traiter comme vous feriez d'un de vos justiciables pris en flagrant délit.

— Eh! puis-je être calme alors que votre vie est en danger! De grâce, appelez vos gens, ordonnez que les portes demeurées ouvertes soient exactement fermées, et que l'on fasse bonne garde. Quant à moi, je me coucherai sur le palier de cette chambre, et il faudra me passer sur le corps pour arriver jusqu'à vous. »

Cependant Pied-de-Fer, bien qu'atteint d'une balle dans la poitrine, n'était pas mort; il ne s'était pas même évanoui, et il n'avait feint d'être sans mouvement que pour donner le change à son assassin qu'il avait parfaitement reconnu, et ne pas s'exposer à de nouveaux coups. Dès que Beuzelin se fut éloigné, Pied-de-Fer se releva, banda avec sa cravate la terrible blessure qu'il avait reçue, et il essaya de marcher.

« Le coup est mauvais, se dit-il, et la balle n'est pas loin du cœur; mais si dans cinq minutes le sang ne m'a pas étouffé, j'aurai encore au moins vingt-quatre heures à vivre, donc, je ne suis pas dispensé de remplir mes engagements. Elle m'attend! »

Et malgré l'atroce douleur qu'il ressentait, il s'avança vers le château, et parvint à escalader le mur peu élevé qu'il avait soigneusement examiné la veille, et dont il avait remarqué les anfractuosités. Il s'avança ensuite vers le corps de logis, et grâce aux instructions qu'il avait reçues, il parvint aisément jusqu'à l'escalier.

Madame de Chaligny, effrayée des dernières paroles de Beuzelin, étendait le bras pour saisir le cordon d'une sonnette, lorsque la porte de l'escalier dérobé s'ouvrit de nouveau, et livra passage à Pied-de-Fer qui s'avança gravement vers son assassin.

« Monsieur, lui dit-il, vous avez eu raison de croire que les morts seuls ne reviennent pas; mais vous avez failli dans l'application du précepte, comme vous le voyez. »

Beuzelin était dans un état affreux; son sang qui lors de l'apparition de Pied-de-Fer, avait reflué vers le cœur, se portait maintenant avec violence au cerveau ; ses artères battaient à se rompre, et ses yeux semblaient près de sortir de leurs orbites.

« Monsieur, reprit Pied-de-Fer, vous avez commencé par être voleur, et vous êtes devenu assassin. C'est la route ordinaire, j'en sais quelque chose, mais pour la suivre avec quelque succès, il faut être doué d'un certain courage, et vous êtes un lâche.... je ne vous demande pas de réparation, car les gens de votre sorte ne sont à craindre qu'une fois. J'exige seulement que vous quittiez ce pays, et je vous préviens que les choses sont arrangées de telle sorte, que vous n'y pourrez reparaître sans que votre tête coure de grands dangers. »

Beuzelin ne répondait rien ; ses oreilles sifflaient, des flammes lui passaient devant les yeux ; la respiration lui manquait ; la congestion cérébrale avait commencé. Tout à coup il chancela comme un homme ivre, étendit les bras comme pour chercher un point d'appui, et il tomba à la renverse, foudroyé par l'apoplexie. Madame de Chaligny, tremblante, éperdue, jeta un cri d'effroi.

« Rassurez-vous, madame, lui dit Pied-de-Fer, après s'être penché vers son assassin ; il est mort, et c'est ce qui pouvait lui arriver de plus heureux ; car la vie n'eût été pour lui qu'une terrible expiation. Et moi aussi, madame, je vais peut-être mourir, continua-t-il, en écartant ses vêtements, et montrant sa poitrine ensanglantée, plus que ce misérable, j'ai besoin de pardon. Pardonnez-moi donc, madame, je vous en conjure, car, de toutes les victimes que la fatalité a jetées sur mon passage, vous êtes celle que j'ai le plus cruellement offensée. »

L'effroi de la comtesse était à son comble, et pourtant, elle ne songeait plus à s'éloigner ; il se passait en elle quelque chose d'indéfinissable ; la voix de cet homme qui, lors de leur première rencontre, lui avait causé une si vive émotion, venait en ce moment d'évoquer un affreux souvenir.

« Comment donc m'auriez-vous offensée à mon insu, et sans me connaître ? demanda-t-elle d'une voix tremblante.

— C'est un pardon que j'implore, et vous allez me maudire.... Eh bien ! j'aurai néanmoins le courage de tout dire. C'est en 1814 ; une horde de soldats ou de bandits pillaient ce château....

— Mon Dieu ! s'écria la comtesse, voilà donc la cause de ce trouble dont je ne pouvais me rendre compte.... Mon Dieu ! est-ce assez de honte !

— La honte est pour le coupable, madame, et ce coupable, c'est moi... Vous étiez ici, dans cette chambre où je venais d'entrer ; vous me demandiez grâce à genoux, et les mains jointes ; vous offriez de me livrer vos bijoux, de me dire où avaient été cachés les objets les plus précieux ; mais j'étais gorgé d'or ; j'étais ivre de poudre et de sang, et vous étiez si belle !.... vos cris, vos prières, vos larmes, furent inutiles....

— Oh ! c'est affreux !

— Madame, il doit être permis à un mourant de tout dire ; il lui est surtout permis de rappeler ses fautes et d'en solliciter le pardon. Une autre raison encore m'oblige à parler : je veux que vous sachiez qu'en vous rendant cette terre, je n'ai fait qu'un acte de restitution, restitution fort incomplète, et qui n'eût pas été entière alors même que cet homme qui gît à nos pieds n'eût pas gardé la moitié de la somme qu'il devait vous remettre.

— Monsieur, dit Mme de Chaligny, dont le charmant visage s'était couvert d'une vive rougeur, et qui n'osait plus lever les yeux sur son interlocuteur, votre conduite fut bien horrible, mais votre repentir est trop sincère pour qu'on ne vous accorde pas ce pardon que vous demandez si bien. Quant au fait qui le motive, que ce soit entre nous un secret éternel.

— Ce sera un secret que vous posséderez seule dans quelques heures.... Cet homme ne m'a pas tué sur le coup, mais ma blessure est mortelle, je le sens, et j'ai trop d'expérience en cette matière pour me tromper.

— Mais on peut avoir du secours.... aller chercher un chirurgien.

— Non, non.... il ne faut pas pour vous, madame ; il ne faut pas, pour la mémoire de cet homme que vous avez honoré de votre amitié, et il est bon même pour moi que personne ne puisse soupçonner la vérité sur les événements de cette nuit. Ma mort pourra être attribuée à un accident de chasse. Celle de cet homme est toute naturelle ; dès que je serai sorti, vous appellerez vos gens, vous le ferez porter dans sa chambre, et vous enverrez chercher un médecin qui constatera l'apoplexie.... Adieu, madame ! Je n'ose vous demander un souvenir, un regret....

— Faites mieux ; laissez-moi l'espérance de vous revoir.

— Je jure de ne rien négliger pour qu'il en soit ainsi ; mais, quoi qu'il arrive, il y a pour moi dans ces paroles plus de bonheur que je n'en osais espérer. »

A ces mots, il se dirigea vers l'escalier, et il marchait avec tant d'assurance que la comtesse ne pouvait croire qu'il fût en danger de mort. C'est qu'il y avait dans cette rude nature une force de volonté qui faisait taire la douleur. Il sortit donc du château comme il y était entré, et regagna sa demeure. Là il débanda la plaie qu'il avait à la poitrine, et la laissa saigner afin de n'être pas surpris par une hémorrhagie intérieure qui eût pu l'enlever en quelques instants, puis il la pansa à l'aide de compresses ; mais, bien qu'il se sentît très-faible, il résolut de ne se mettre au lit qu'après avoir écrit à Lambert.

« Ami, lui mandait-il, quand tu liras ces lignes, j'aurai vécu. J'espère que tu recevras cette nouvelle comme un brave garçon que tu es. Tu sais, d'ailleurs, quel cas je faisais de la vie ; et cependant je touchais au moment où elle pouvait devenir douce et heureuse ; j'avais achevé mes confessions, réparé quelques-unes de mes plus grandes fautes autant qu'elles pouvaient l'être, et, le bon curé aidant, je crois que j'aurais fini par me croire quelque peu homme de bien ; mais je ne laissais pas de m'apercevoir que le diable est un rude jouteur qui ne lâche pas si facilement les compagnons sur lesquels il a mis la griffe, et, tout bien examiné, je crois que le mieux était de partir comme je fais.

« Au reste, mon garçon, j'accomplis ma destinée ; je tombe sous les coups de la justice : c'est un procureur du roi qui me tue..... C'est là une énigme dont tu ne sauras probablement jamais le mot, et tu feras très-bien de ne pas le chercher. Pourtant, comme il ne serait pas absolument impossible que tu l'apprisses un jour, je veux, j'exige, j'ordonne que tu agisses toujours comme si tu l'ignorais.

« Je laisse ici d'assez grands intérêts à régler ; mais je compte sur toi, et je crois que tu arrangeras cela parfaitement. A cet effet, je t'ai nommé mon exécuteur testamentaire.

« Montre cette lettre à mes braves enfants ; qu'ils sachent que la position que je leur ai faite est une des plus grandes consolations que j'éprouve en ce moment.

« Sois bon prince avec notre saint-père le pape, à propos de ce million que le cardinal ministre doit toujours me rembourser à la manière de ces barbiers qui mettent sur leur enseigne : *Demain on fera la barbe pour rien*. Ce n'est pas le cas de se brouiller avec des gens qui sont tout-puissants là-haut.

« Adieu, mon ami, adieu, mes braves enfants. Pensez à moi, mais ne me regrettez pas de trop, car j'ai la conviction que tout est pour le mieux. »

Il plia cette lettre, mit en ordre quelques papiers, et envoya dire au curé de Marchais qu'il le priait de venir près de lui, et qu'il se hâtât, afin de le trouver en vie. Il venait de se mettre au lit lorsque le saint homme arriva.

« Mon père, examinez cette blessure, sondez-la, et dites-moi franchement ce que vous en pensez. Si je ne me trompe, en laissant la balle où elle est, je puis encore vivre quelques heures. »

Le pasteur ouvrit sa trousse, sans laquelle il ne sortait jamais, introduisit une sonde dans le trou fait par la balle, et reconnut qu'elle avait atteint le poumon gauche, et s'était probablement arrêtée près de la colonne vertébrale.

« Mon cher fils, dit-il, l'extraction est impossible, et fût-elle possible qu'elle serait peut-être inutile, et qu'à coup sûr elle augmenterait le danger où vous êtes.

— Ainsi il ne me reste plus qu'à bien mourir, et vous m'aiderez, n'est-ce pas, mon bon père ?

— Rien n'est encore désespéré, mon fils ; j'ai connu des gens qui ont gardé pendant plus de quarante ans une balle dans les entrailles sans en être beaucoup incommodé, et tous les médecins savent qu'on peut parfaitement vivre avec un seul poumon. Pourtant je ne veux pas vous cacher que votre situation est des plus graves, et que vous devez vous préparer à passer dans un monde meilleur.

— C'est aussi mon opinion ; mais j'ai grand' peur que nous ne soyons pas d'accord sur un autre point ; c'est qu'avant de mourir, je dois faire un mensonge.

— Eh ! mon cher fils, qui peut, en ce moment, vous pousser à commettre une mauvaise action ?

— Ah ! voilà la difficulté ; c'est que je crois que cette action que vous croyez mauvaise, sera bonne. Voici de quoi il s'agit : je veux que l'on croie que ma mort est causée par un accident de chasse ; ce sera un mensonge, car j'ai été assassiné par le procureur du roi, ce Beuzelin auquel j'avais confié vingt mille francs pour les remettre à madame de Chaligni, et qu'il a voulu garder en vue de s'en servir comme aide pour obtenir la main de la comtesse..... Lui aussi est mort, foudroyé par une attaque d'apoplexie dans la chambre même de cette dame. Il faut donc que tout cela soit ignoré pour sauver l'honneur de deux familles, bien qu'en réalité madame de Chaligny soit restée pure comme la lumière du soleil. Je vais donc dire, devant les premières personnes qui entreront ici que je me suis blessé en chassant. »

Le bon curé sourit tristement, et ce fut de grand cœur qu'il pardonna ce pieux mensonge.

« Maintenant, mon père, dit Pied-de-Fer dont la voix s'affaiblissait, je vous prie de vous charger de ces lettres et de les faire parvenir à leur adresse.... Votre main, mon père ; ma voix se trouble ; mais j'ai encore du poignet »

Et il serra la main du bon prêtre qui se retira tristement après avoir posé un premier appareil sur la terrible blessure du moribond.

CHAPITRE XLVII.

Madame de Chaligny.

Le cœur de la femme a des mystères impénétrables. Le danger de mort où se trouvait Pied-de-Fer fut pour Mme de Chaligni, qu'il avait autrefois si horriblement outragée, souillée, un sujet de tristesse profonde et d'amers regrets qui bientôt se trahirent de mille manières. D'abord elle se conforma à tout ce que cet homme extraordinaire lui avait recommandé avant d'aller attendre la mort dans sa demeure. Instruite de la mort de son chef, la famille Beuzelin ayant envoyé une députation au château, le corps du procureur du roi lui fut remis ; mais la comtesse ne se montrait point ; elle demeura confinée dans son appartement où, dès le lendemain du tragique événement que

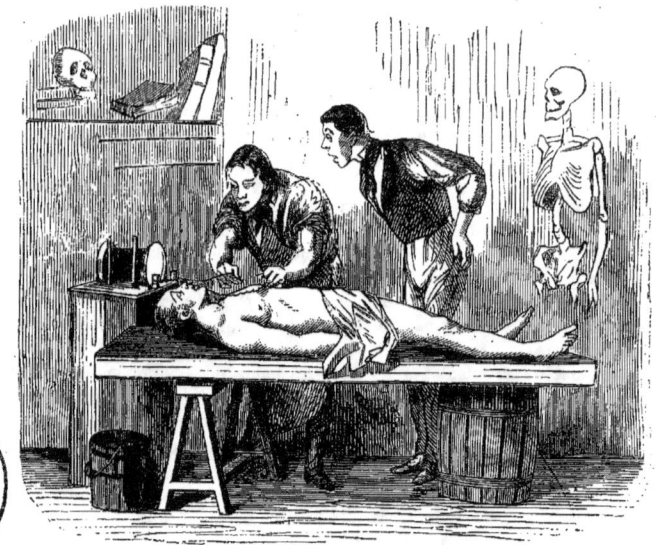

La poitrine se souleva, les yeux s'ouvrirent. (Page 204, col. 2.)

nous venons de rapporter, elle fit appeler le jardinier Norbert.

« Mon ami, lui dit-elle, d'après les apparences M. Baillordini avait pour vous beaucoup d'estime ?

— Je le crois, madame la comtesse, et je m'en trouve très-honoré.

— Et savez-vous le malheur qui lui est arrivé ?

— Un malheur ?

— Affreux, M. le curé me l'a fait savoir ce matin ; il paraît qu'étant à la chasse, il a voulu franchir un fossé en s'appuyant sur son fusil, et que le coup étant parti, la charge lui a traversé la poitrine.

— Oh ! s'écria Norbert, c'est à décourager les honnêtes gens ; il n'y a qu'à eux que ces choses-là arrivent.

— Est-ce la mort de M. le procureur du roi qui vous fait dire ça.

— Oh ! pour celui-là, madame la comtesse je ne le regrette guère : un homme dur, sec, au regard sournois.... Oh ! pardon, madame la comtesse ; voilà ce que c'est quand on a la vérité sur les lèvres mais je n'en dirai pas davantage.

— Et moi, Norbert, je vous prie de tout dire.

— Dame ! c'est que.... et puisqu'il est mort.

— Mon ami, c'est surtout aux morts qu'on doit la vérité. Parlez donc, je le veux.

— Eh bien ! madame la comtesse, puisqu'il faut tout dire, je jure devant Dieu que j'ai vu, à onze heures du soir, M. Beuzelin sortir avec son fusil sous le bras ; il n'allait pas à l'affût ; car il n'y avait point de lune ; à minuit j'ai entendu un coup de feu partir du chemin creux. M. Beuzelin est rentré dix minutes après, et voilà qu'aujourd'hui M. Baillordini que j'ai vu bien portant hier un peu après la fin du jour, est dangereusement blessé d'un coup de fusil.... Il n'en aurait pas tant demandé, lui, pour faire empoigner les gens..... mais puisqu'il est mort....

— Vous avez raison, Norbert, puisqu'il est mort, il faut respecter la douleur de sa famille. Cela n'empêche pas toutefois que vous alliez demander des nouvelles de ce monsieur qui fut votre maître pendant quelques mois, et vous pourrez venir me dire ce que vous aurez appris.

— Hum ! fit le vieux jardinier quand la comtesse l'eut laissé seul, voici une permission qui ressemble bien à un ordre ; dans tous les cas, c'est au moins une invitation, et je vais en profiter. »

Et il se rendit à l'habitation de Pied-de-Fer.

Le blessé était toujours dans un état des plus alarmants ; mais quand on lui eut dit que le visiteur appartenait à Mme de Chaligny, il voulut le voir et l'entendre, et quand il sut que cet homme était presque l'envoyé de la comtesse, son visage qui portait l'empreinte de la souffrance se rasséréna subitement.

« Maintenant, dit-il d'une voix bien faible, je ne voudrais plus mourir. »

Puis répondant au jardinier d'un ton plus élevé.

« Merci mon ami; vous avez pensé à moi, et que je meure ou que je vive je ne vous oublierai pas. »

Tout cela fut fidèlement rapporté à Mme de Chaligny qui se hâta de congédier le vieux jardinier parce qu'il ne vit pas couler les larmes qui, malgré elle, roulaient sous ses paupières. Pendant plusieurs jours elle resta enfermée dans son appartement sans vouloir recevoir personne, et elle n'en sortit que le dimanche qui suivit ce malheureux événement pour se rendre à la messe paroissiale. Une expression de tristesse profonde était répandue sur toute sa physionomie; ses yeux semblaient fatigués par la veille et les larmes, et ses vêtements entièrement noirs faisaient ressortir la pâleur inaccoutumée de son visage. Vers le milieu de l'office divin, le vénérable curé étant monté en chaire, suivant sa coutume, dit d'une voix altérée :

« Mes frères, nous avons à prier pour M. Charles Baillordini, le bienfaiteur de cette paroisse, qui est en ce moment en grand danger de mort. Nous lui devons l'entretien des routes, la fondation des écoles, le soulagement des pauvres, et peut-être bientôt lui devrons-nous davantage. Puisse Dieu le conserver à ses frères reconnaissants ! Prions ! »

Mme de Chaligny fut la première qui tomba à genoux, le front appuyé sur le mouchoir qu'elle tenait à la main, et quand elle se releva, ses yeux étaient rouges et humides.

En sortant de l'église le bon pasteur alla voir son malade, et fut fort surpris de l'état dans lequel il le trouva : le crachement de sang avait cessé; le pouls était normal, et les lèvres de la plaie étaient d'un bon aspect.

« Dieu soit loué! s'écria-t-il : je me suis trompé : l'écume sanguinolente que la respiration amenait à vos lèvres m'avait fait croire que le poumon était atteint; il ne l'est pas, et tous les mauvais symptômes ont disparu. Mon cher fils, votre guérison me paraît assurée.

— Merci, merci, mon bon père. Peut-être pourtant eût-il mieux valu qu'il en fût autrement, car je suis plus loin que jamais du calme que j'ai tant désiré, et dont, je le sens maintenant, je ne jouirai jamais. Je vous l'ai dit déjà, je me croyais un homme fort, et je ne suis qu'un enfant maussade que les plus grands bienfaits de la Providence ne sauraient satisfaire.... Si je vis, la plus amère souffrance sera désormais mon partage.

— Eh bien, mon fils, c'est justement pour cela qu'il faut vivre. Priez mon ami, entrez franchement et complètement dans le giron de notre sainte religion qui offre tant de consolations à ceux qui se repentent.

— Oui, oui, je prierai; car je crois maintenant : ma conversion est votre œuvre, mon père, et cette œuvre est presque un miracle; pourtant je ne puis vous le cacher, les joies de ce monde font battre mon cœur plus violemment que jamais, je ne suis plus le malfaiteur d'autrefois; mais, en me transformant j'ai senti naître en moi de nouveaux besoins, des désirs insensés, qui ne peuvent être assouvis, et qui, dans ma situation présente, vont être incessamment avivés. Quarante-six hivers ont passé sur ma tête; mes mauvaises passions sont éteintes; mais il m'en vient une autre qui, bien qu'innocente, doit me torturer jusqu'à ma dernière heure.

— Je vous l'ai dit, mon cher fils, il n'y a point de mal moral que la solitude et la prière ne puissent vaincre.

— Oui, la solitude; et puis, vous me l'avez dit aussi, souffrir c'est expier.... Je vivrai donc s'il le faut. »

Le bon curé se retira joyeux de la guérison prochaine de son malade; mais inquiet néanmoins de la situation morale dans laquelle il l'avait trouvé. Quelle était cette passion nouvelle dont Pied-de-Fer ressentait si violemment les atteintes? le digne pasteur n'avait osé le demander, et il se perdait en conjectures; puis enfin il pensa que la faiblesse du blessé et peut-être un reste de fièvre avaient pu lui causer un peu d'exaltation, et il se rassura.

Plusieurs jours s'écoulèrent; le mieux persista, Pied-de-Fer guérit. Il était sur pied depuis plusieurs jours lorsque, un matin, le curé de Marchais reçut la lettre suivante, accompagnée de plusieurs paquets cachetés.

« Mon père, décidément la mort ne veut pas de moi; mais vous l'avez dit, et je le sens, la solitude m'est nécessaire. Je vais la chercher dans un lieu d'expiation dont le souvenir m'est venu à propos. Cela ne doit rien changer à la situation des choses. Je serai là-bas au lieu d'être ici, voilà tout. Recevez, je vous en prie le dépôt des paquets cachetés que je fais entre vos mains, et qui ne doivent être ouverts qu'après ma mort, dont tous les intéressés seront instruits lorsqu'elle sera arrivée; mes mesures sont prises pour qu'il en soit ainsi. Mon très-respecté régénérateur, je vais chercher l'oubli de toutes choses, à l'exception de vos bienfaits. Ma reconnaissance pour vous, mon père, sera toujours sans bornes. »

« Que la volonté de Dieu soit faite, se dit le digne prêtre; ce malheureux est dans une bonne voie; je prierai pour qu'il y persévère. »

Pied-de-Fer avait pris la route de Paris; il voulait revoir et dire un dernier adieu à cette Babylone au sein de laquelle il avait tant vécu, respirer encore une fois dans cette atmosphère enivrante, avant d'y renoncer pour toujours. Sa première pensée, en mettant le pied sur le pavé de la capitale, fut pour la famille Hochelin, ce malheureux greffier qui, deux fois, lui avait sauvé la vie ; il voulait savoir si la sœur de Lambert était dans une situation convenable, et il se dirigea vers la rue Zacharie ; mais à peine eût-il marché pendant quelques minutes qu'il se sentit affaibli, la respiration lui manqua, ses membres se roidirent ; il se sentit la poitrine serrée comme dans un étau, et il tomba sans connaissance sur le pavé. En ce moment passait une civière sur laquelle deux hommes portaient un cholérique, à l'Hôtel-Dieu.

« Encore un ! dit l'un des porteurs en s'arrêtant ; je crois bien que son affaire est faite ; mais puisque nous ne sommes qu'à deux pas du parvis, il ne nous en coûtera pas davantage. »

Ils ramassèrent Pied-de-Fer, l'étendirent à côté du moribond qu'ils transportaient et allèrent les déposer tous deux à l'Hôtel-Dieu qui en ce moment regorgeait de mourants.

CHAPITRE XLVIII.

Une résurrection.

C'était au mois d'avril 1832 ; l'art médical était dans toute sa splendeur : nous avions la peste sous le nom de choléra, et pas un médecin ne pouvait dire d'où et comment cela venait, non plus que les moyens de s'en garantir. Tous ces gens-là étaient bacheliers ès lettres, docteurs ès sciences ; ils en avaient les brevets en poche, ce qui n'empêchait pas bon nombre d'entre eux de crever comme des mousquets trop chargés. Entre nous, il n'y avait pas grand mal : c'était une chance de plus de guérison pour les malades. Du 4 au 12 avril, il mourut à Paris, dix-huit cents personnes par jour. C'était effrayant, n'est-ce pas ? Je suis de cette opinion, et c'était aussi l'avis de toutes les belles dames et des hommes de loisirs qui se rencontraient à Tortoni, dans les foyers des théâtres, dans les salons particuliers et ailleurs ; car la peste n'avait rien changé aux habitudes du monde parisien : il n'y avait chaque jour que dix-huit cents personnes de moins dans la capitale, voilà tout !

L'industrialisme d'ailleurs n'avait pas à se plaindre, car cette calamité publique avait fait naître une foule d'industries nouvelles qui, comme les vers du cercueil, s'épanouissaient sur ce monceau de cadavres : on vendait des sachets, des flacons, des pastilles contre le choléra ; on répandait dans certains endroits qui puaient un peu des flots de chlore qui puait horriblement ; puis c'était de soi-disant chimistes qui analysaient toutes sortes de choses, et racontaient gravement dans les journaux ce qu'ils avaient trouvé dans les saucisses, les pieds de mouton ou le fromage de Brie. Les anatomistes pratiques avaient surtout donné à leur commerce une extension prodigieuse : les plus belles dents se donnaient pour 15 fr le 0/0 ; il n'était pas d'étudiant en médecine de première année qui ne pût se donner la satisfaction d'avoir dans sa mansarde un squelette humain parfaitement articulé. C'est qu'alors les sujets abondaient ; on les ramassait au coin des rues ; en en chargeait des charrettes à quatre chevaux ; car le choléra était aristocrate : c'était particulièrement contre les pauvres qu'il sévissait, et les pauvres, en général, vivent et meurent où ils peuvent.

A cette époque, un étudiant en médecine, nommé Vernia, demeurait au cinquième étage d'une maison, rue du Marché-Neuf, à deux cents pas de l'Hôtel-Dieu. — C'était l'un de ces hommes d'une volonté énergique, logeant une âme ardente dans un corps chétif. Échappé d'une mauvaise pension de province, il était arrivé à Paris avant d'avoir achevé sa quatrième, et ne sachant pas l'orthographe. Le fond de sa bourse lui avait servi, en arrivant, à prendre sa première inscription ; puis il s'était créé des ressources de toutes sortes, aidant à faire tourner les chevaux de bois, le dimanche, servant comme garçon de salle à à l'heure du dîner chez un restaurateur, et vivant de pain et d'eau, pour suivre les cours, louer les livres et acheter les instruments nécessaires à cette profession de médecin qui était son rêve de tous les instants. A cet homme comme à beaucoup d'autres, le choléra vint en aide : un infirmier lui dit un jour :

« Les *sujets* abondent, comme vous savez, et nous en faisons à peu près ce que nous voulons, car les *Pompes Funèbres* sont sur les dents. Je puis vous fournir au moins trois cadavres chaque jour ; logez-vous de manière à pouvoir les faire macérer, puis vous les monterez : malgré l'abondance, cela aura toujours tôt ou tard son prix, et nous partagerons. »

Vernia n'eut garde de rejeter une proposition si avantageuse : il vendit sa montre d'argent, le plus propre de ses deux habits, les draps et les rideaux de son lit, et, avec le produit de tout cela, il parvint à s'installer tant bien que mal dans une petite maison, près de la barrière des Fourneaux. L'infirmier tint parole ; les *sujets* abondèrent ; Vernia les faisait macérer dans des tonneaux enfoncés dans la terre de son jardin, puis il fabriquait de superbes squelettes auxquels rien ne manquait ; il en vendait beaucoup à Paris, et il faisait même des envois dans les départements. Cela allait admirablement ; la maison de commerce prospérait : les deux associés gagnaient jusqu'à cinquante francs par jour.

Un soir, vers le milieu du mois de mai, la voiture s'arrêta comme de coutume devant la petite maison. Vernia vint ouvrir la porte.

« Il faut songer à nous approvisionner, lui dit l'infirmier ; ça ne va plus aussi bien : il n'en est mort que sept cents hier. J'ai eu soin de doubler la dose ; en voici cinq dont un n'est pas encore refroidi.... Sujet superbe, quarante-cinq ans au plus, cinq pieds six pouces et toutes ses dents ! Je le lorgnais déjà quand on nous l'a apporté ; deux heures après, il achevait de tourner de l'œil.

— Et vous lui avez accordé un tour de faveur pour passer de la salle des morts à la charrette.

— C'est qu'en vérité, il en vaut bien la peine, regardez ! »

Il souleva l'un des cadavres étendus dans la voiture, et l'étudiant éleva la lanterne qu'il portait pour voir le sujet qu'on lui vantait.

« C'est pardieu vrai ! dit-il après lui avoir posé la main sur la poitrine, il n'est pas encore refroidi.... Belle taille !... un peu maigre, tant mieux, la macération en sera plus prompte.... »

Pendant qu'il parlait, l'infirmier avait chargé le cadavre sur son dos ; il le transporta dans la petite salle basse et le laissa lourdement tomber sur une longue table où il devait subir une première préparation.

« Qu'est-ce ? dit Vernia, il m'a semblé entendre un gémissement.

— Bah ! les oreilles vous tintent.

— C'est possible ; mais avant qu'il ne soit arrivé à l'état rigide, j'ai bien envie de faire l'essai sur lui de cette belle pile galvanique que j'ai achevée hier. »

C'est qu'en effet, ainsi que nous l'avons dit, Vernia était un de ces étudiants qui, possédés par une vocation irrésistible, sacrifient tout à l'art ; rien ne l'arrêtait ; il eût enfoncé le scalpel dans les entrailles de son père pour y étudier le mécanisme de la vie. Tout l'argent qu'il avait gagné depuis son association avec l'infirmier il l'avait employé à acheter ou à fabriquer une foule d'instruments nécessaires à ses études, et tout récemment il avait achevé une pile de Volta qui, tant à cause de ses dimensions que de la perfection de son exécution, devait avoir une force prodigieuse.

« Je crois, dit l'infirmier, que vous feriez mieux de dormir pendant deux ou trois heures, afin de vous mettre à la besogne au point du jour.

— Soyez tranquille, mon vieux Barnabé, l'un n'empêchera pas l'autre. Dormir n'est pas vivre, et je suis bien sûr que vous ne songerez plus au sommeil quand vous verrez fonctionner ma pile.... D'ailleurs j'ai là une vieille bouteille de rhum achetée à votre intention, qui suffira pour vous empêcher de trouver le temps trop long.

— Eh bien ! versez, et voyons de quoi il s'agit. »

Pendant que Barnabé avalait d'un trait un énorme verre de rhum, Vernia faisait ses dispositions. L'infirmier, stimulé par l'alcool, le seconda bien efficacement, et les deux pôles de la pile galvanique, furent appliqués aux extrémités du cadavre. Après quelques secondes la poitrine se souleva, les yeux s'ouvrirent ; les narines se dilatèrent comme pour faciliter la respiration [1].

« Oh ! c'est cela ! c'est cela ! disait Vernia tout radieux ; ma pile est parfaite !... mon vieux Barnabé, nous ferons des miracles avec cela !

— Ma foi, dit Barnabé, il me semble que, pour commencer nous en faisons un d'une belle force, car voilà le mort ressuscité !

— Allons ! n'allez-vous pas vous effrayer ? vous qui depuis vingt ans, avez l'habitude de vivre au milieu des morts ou des mourants ?

— C'est vrai que j'en ai bien vu, monsieur Vernia ; mais je n'en ai pas encore vu ressusciter ; et.... ça me fait un certain effet....

— Bon, bon ! voici le remède à ce mal. »

En parlant ainsi, l'étudiant prit la bouteille de rhum, et il emplit de nouveau le verre de l'infirmier qui, comme la première fois le vida d'un trait ; mais cette opération terminée, et son rayon visuel se trouvant dirigé sur la face du cadavre, il jeta un grand cri, et laissa tomber à ses pieds le verre vide qui se brisa en mille pièces.

« Miséricorde ! s'écria-t-il, il va parler ! »

En effet, l'énorme pile galvanique agissant toujours sous la direction de Vernia, exalté par ces merveilles, la respiration normale s'était rétablie dans le cadavre sur lequel il expérimentait ; tout à coup le sujet, appuyant ses poignets sur la table où il était étendu, se mit sur son séant, et pendant quelques instants il roula autour de lui des yeux qui semblaient sortir de leurs orbites. L'étudiant lui-même, malgré son exaltation, en fut effrayé ; il recula de deux pas, et demeura dans une sorte d'extase devant ce prodige qu'il venait d'accomplir ; car le cadavre était réellement revenu à la vie ; seulement la pensée ne surgissait pas encore dans son cerveau, c'était tout ce qui lui manquait.

« Si nous ne mettons pas sur-le-champ trois pieds de terre sur ce coquin-là, s'écria Barnabé, nous sommes perdus.

— Barnabé ! dit l'étudiant d'une voix stridente, j'enterrerais cinquante vivants pour garder un mort comme celui-là !... oh ! la science, la science !

---

[1]. Une expérience semblable a été faite en 1816, à l'amphithéâtre de l'École de Médecine, sur le cadavre d'un supplicié. « La tête ayant été rapprochée du tronc, dit le docteur Demerson qui était présent, il fut soumis à l'action de la pile galvanique ; alors les yeux s'ouvrirent, la poitrine se souleva, les lèvres s'agitèrent.... L'impression que fit sur moi ce spectacle extraordinaire ne s'effacera jamais !... »

elle n'a pas dit son dernier mot ; il y a tout un pays de prodiges à explorer.... Dieu veuille que sur cette terre trois fois sainte je sois appelé à faire les premiers pas!

— Eh! eh! fit l'infirmier, cela ne vaudrait pas le commerce de dents et de squelettes articulés.

— Cela, Barnabé, me ferait presque l'égal de Dieu!

— Mais ça ne ferait pas augmenter les sujets!... Vous voilà bien, vous autres.... Vous voyez la gloire dans le lointain, et vous courez après elle, comme s'il suffisait de toucher le bas de sa robe pour avoir des millions. »

Il n'avait pas achevé que ce cadavre qui, dans le silence de la nuit, et sous l'influence du fluide magnétique, venait de se dresser, commença à articuler quelques mots.

« Qu'est-ce ? dit-il ; que me veut-on ?... J'ai froid. »

Vernia, malgré l'espèce de terreur qui s'était emparée de lui, alla prendre dans une pièce voisine quelques vêtements dont il couvrit ce singulier hôte sur lequel la pile galvanique venait d'agir si puissamment.

« Monsieur, dit-il après s'être un peu rassuré, on vous a cru mort ; c'est malheureux pour vous ; mais j'espère que vous rendrez témoignage à ma pile galvanique qui vous a rappelé à la vie.

— Où suis-je donc ?... Que me veut-on ?...

— Monsieur vous êtes chez un honnête étudiant en chirurgie qui se disposait à promener innocemment le scalpel sur votre individu. La vie et la mort étant le système du monde réduit à sa plus simple expression, il reste à en connaitre la cause et le principe; or...

— Ah! fit Barnabé qui, tout tremblant, s'était blotti dans un coin, je veux croire au purgatoire, car on en revient.

— Est-ce donc là que vous m'avez pris ? demanda le ressuscité, alors ce doit être un peu loin, car je suis horriblement fatigué, et il me semble avoir les os rompus. »

Vernia alla prendre un verre d'eau ; il jeta quelques gouttes d'éther dedans, et il le présenta à l'inconnu, qui en avala plusieurs gorgées.

« Que le diable l'emporte, marmottait Barnabé, avec sa pile *mécanique!* Perdre un sujet comme ça.... Il valait vingt-cinq francs comme un liard ! C'est que je le voilà tout à fait revenu.... Une autre fois je prendrai mes précautions. »

Cependant l'ex-cadavre, maintenant plein de vie, était descendu de dessus la table avec l'aide de l'étudiant ; il s'était assis et continuait à regarder autour de lui.

« Je commence à me réchauffer, dit-il, cela va bien. »

Barnabé quitta alors le coin où il s'était blotti, et s'approchant de Vernia, il lui dit à voix basse.

« Nous voici dans de beaux draps avec votre diable de mécanique! croyez-vous donc que c'est en ressuscitant les gens que vous ferez fortune ?... Cet homme-là va jaser ; je serai chassé de l'hôpital et notre établissement sera flambé!... je serais d'avis de lui passer honnêtement un lacet autour du cou....

— Qu'osez-vous dire ? fit l'étudiant épouvanté.

— Dame ! ça ne serait que juste ; car enfin il est inscrit au nombre des morts... D'ailleurs songez aux propos : si cet homme-là parle, il nous en cuira, et comment voulez-vous qu'il se dispense de parler s'il reprend sa place parmi les vivants ?.. Tenez, j'ai justement dans ma poche un bout de corde neuve.

— Pas un mot de plus, Barnabé! »

Ces paroles furent dites avec un accent qui imposa à l'infirmier ; il se tut, et attendit avec inquiétude le dénoûment de cette aventure. Vernia s'approcha du ressuscité.

« Monsieur, lui dit-il, votre retour à la vie me met dans une mauvaise position : je n'avais aucun droit de m'emparer de vous, et si l'on apprend cette sorte de détournement, moi et ce brave homme qui est infirmier, nous nous trouverons dans un mauvais cas. Cela est embarrassant, car je comprends parfaitement que vous allez être dans la nécessité de parler, et de faire constater votre identité.

— Doucement, doucement! Voici que la mémoire me revient et j'entrevois que nous pourrons nous entendre ; et peut-être ne s'agirait-il pour cela que de savoir comment je suis arrivé ici.

— Oh! rien n'est plus facile à expliquer, dit Barnabé : vous aviez le choléra, on vous a transporté à l'Hôtel-Dieu, et vous y êtes mort. Or, comme les gardiens de la salle des morts font nécessairement leurs petits profits.... sans que ça nuise à personne.... et que vous étiez un sujet parfaitement distingué....

— Je commence à comprendre : vous m'avez admis dans les petits profits, et au lieu d'être conduit au cimetière j'ai été amené ici ?

— Justement, monsieur le mort, et c'est un fameux service que je vous ai rendu, puisque, si j'avais agi autrement, vous auriez maintenant quatre pieds de terre sur le corps.

— De sorte que ma mort est maintenant bien constatée sur le registre de l'état civil?

— Parfaitement ; car il parait, d'après ce que m'a dit le camarade chargé de vous transporter, qu'on a trouvé sur vous de bons papiers bien en règle et une bourse pas mal garnie... mais ces choses-là n'arrivent pas jusqu'à la salle des morts.

— Alors, il vous serait facile de demander et d'obtenir au nom de ma famille, une expédition de mon acte de décès revêtu de toutes les formalités qui constituent l'acte authentique?

— Rien de plus facile, en payant les frais bien entendu.

— Eh bien, mon ami, ayez cette pièce; apportez-la moi dans deux jours ici, et quoique je sois en ce moment dépourvu de tout, j'aurai alors de quoi vous récompenser généreusement, de manière à ce que vous ne regrettiez pas ce *beau sujet qui valait vingt-cinq francs comme un liard*, et qui vous vaudra plus de louis que vous n'espériez en tirer de francs.

« Quant à vous, monsieur, ajouta le ressuscité en s'adressant à Vernia, j'espère que vous voudrez bien m'accompagner jusqu'au lieu où je dois trouver l'argent dont j'ai besoin pour vous témoigner ma reconnaissance; et me prêter jusque-là les vêtements nécessaires. Je ne demande que cela pour mettre demain dix mille francs à votre disposition. »

Vernia comprit que dans la position où il se trouvait, il ne pouvait rien refuser à son singulier hôte; il était d'ailleurs trop fier et trop heureux de la cure merveilleuse qu'il avait opérée pour ne pas suivre cette aventure jusqu'au bout. Et puis cet étrange personnage parlait avec tant d'assurance! et il promettait dix mille francs ! vingt fois plus d'or que le pauvre étudiant n'en avait jamais possédé.

« Tout cela est bien bizarre, dit-il : mais malgré tout, vos paroles m'inspirent de la confiance; et je me mets à votre disposition. »

Puis s'adressant à l'infirmier auquel la promesse de dix mille francs avait fait dresser les oreilles, et qui avait cessé de trembler,

« Maintenant, Barnabé, tout est pour le mieux et nous vous attendrons après-demain à pareille heure. Vous savez ce qu'on attend de vous et la récompense qui vous est promise....

— Bon, bon; ce qui est dit est dit; mais vous comprenez bien que pour aller vite et arriver à temps, il ne faut pas marcher à tâtons.... avec ça que ces gratte-papier de l'état civil sont agréables comme les chiens de basse-cour!... J'aurai beau leur dire le jour et l'heure de la mort de monsieur le ressuscité, si je n'y joins pas les noms, prénoms, âge, etc., il y a grande chance pour qu'ils me renvoient à Pâques où à la Trinité, et alors....

— Qu'à cela ne tienne, interrompit l'ex-cadavre; écrivez je vous prie, mon cher hôte : *Charles Baillord, dit Lauricot, dit Pied-de-Fer, âgé de quarante-six ans*. Je n'ajouterai qu'un mot c'est que tout ce qui se passe entre nous en ce moment est un secret dont la révélation vous serait plus funeste qu'à moi; car je serai bientôt dans un asile inviolable. »

Barnabé partit, Vernia prépara tant bien que mal un lit à son hôte, auquel un cordial énergique avait rendu toutes ses facultés, et le reste de la nuit se passa tranquillement.

« J'avais bien raison, pensait Pied-de-Fer, d'écrire au curé de Marchais que la mort ne veut pas de moi. C'est que, sans doute, la pénitence n'a pas été suffisante, et que je dois, avant d'arriver au repos suprême que j'appelle de tous mes vœux, accomplir le sacrifice que je me suis imposé; eh bien, encore quelques jours et ce sacrifice sera consommé. Il est vrai qu'il va me falloir encore déguiser quelque peu la vérité ; mais je n'agirai ainsi que pour assurer le bonheur, la tranquillité de ceux que j'aime, et cela suffit à me rassurer : Si Adrien, Régine, Lambert savaient que je vais vivre loin d'eux avec la résolution de ne plus les revoir, peut-être souffriraient-ils longtemps; s'ils me croient mort, au contraire, ils m'oublieront promptement : les morts vont vite et ne reviennent point sur leurs pas.... Il ne s'agit plus que de décider où j'irai prendre l'argent qui m'est nécessaire. Quel est le plus près de Paris celui des dépôts qui me restent, indépendamment de ceux indiqués à mes héritiers dans mon testament?... Près d'Essonne..,. oui ; j'ai mis là des sacs sans compter.... Oh! nous étions alors un peu pressés de gagner au large : le duc de Raguse (Marmont) venait de traiter avec les Russes qui le serraient de près, alors qu'en avant on entendait le canon de Paris, et nous n'avions pas de temps à perdre pour nous disperser dans les villages voisins et changer de peau.... Hum! c'est un peu loin.... douze lieues! mais mon hôte me fera bien les avances d'une chaise de poste.... à Essonne donc ! »

Et là-dessus l'ancien chauffeur s'endormit paisiblement, sous l'influence du cordial dont Vernia lui avait administré une nouvelle dose. Les choses se passèrent comme il l'avait prévu : l'étudiant se procura une voiture. Vers la fin du jour ils arrivèrent près d'Essonne ; Pied-de-Fer fit arrêter à cinq ou six cents pas des premières maisons.

« C'est là, dit-il, à droite sous ce bouquet de frênes où nous avions bivouaqué la veille....Vous avez un couteau, n'est-ce pas?

— J'en ai deux très-solides, répondit Vernia qui avait à peu près deviné de quoi il s'agissait.

— C'est plus qu'il n'en faut; car la chose doit se trouver presque à fleur de terre. »

Le postillon, généreusement payé, reçut l'ordre de conduire la voiture à l'auberge de la poste, puis les deux voyageurs, quittant la route, gagnèrent le lieu indiqué par Pied-de-Fer. Cinq minutes après les deux couteaux apportés par Vernia déchiraient la terre avec ardeur. Bientôt, sous leurs coups, un léger son métallique se fit entendre, puis à la faible clarté de la lune qui commençait à poindre des flots d'or apparurent s'épanchant à travers des sacs éventrés par l'humidité pendant le long séjour qu'ils avaient fait sous le sol.

« Prenez, prenez, dit Pied-de-Fer, nous compterons plus tard. »

Tous deux emplirent leurs poches, leurs mouchoirs, et après que Vernia se fût assuré qu'il ne restait rien dans la terre fraîchement remuée, ils allèrent reprendre leur voiture. Le lendemain, au point du jour, ils étaient de retour au domicile de l'étudiant. Barnabé y arriva peu de temps après ; il avait fait merveille : l'expédition de l'acte de décès qu'il apportait était irréprochable.

« Maintenant, dit le ressuscité, réglons nos comptes : j'avais dit pour vous mon cher hôte, dix mille francs ; prenez en douze ; puis six pour ce trembleur de Barnabé, qui voulait éventrer la poule aux œufs d'or. »

Le visage de Vernia était rayonnant ; Barnabé croyait rêver.

« Il ne me reste plus, reprit Pied-de-Fer, qu'à vous demander un léger service : veuillez, s'il vous plaît écrire la lettre que je vais vous dicter. »

L'étudiant se mit à son bureau, et il écrivit.

« Monsieur le curé, la personne dont je joins ici l'acte de décès est morte dans mes bras ; à sa dernière heure, elle m'a prié de vous instruire de sa mort, afin que vous puissiez faire part de cet événement le plus tôt possible à S. A. le prince Mafiolini, à sa villa de Mafiolini près de Florence avec prière d'envoyer près de vous, monsieur le curé, monsieur Lambert à qui il vous autorise de remettre le dépôt que le décédé a fait entre vos mains.

« Je m'acquitte de cette mission, monsieur le curé, et j'ai l'honneur d'être votre respectueux serviteur. »

— Très-bien, dit Pied-de-Fer ; veuillez mettre sous ces lignes une signature absolument illisible ; puis la lettre et l'acte de décès sous enveloppe avec cette adresse : « Monsieur le curé de Marchais en son presbytère, à Marchais, département de la Marne. »

Tout cela étant fait, il prit la lettre, se leva, et ajouta :

« Encore merci, mon cher hôte ; merci une dernière fois, car nous ne devons plus nous revoir. Quant à vous, monsieur Barnabé, je vous pardonne l'usage que vous vouliez faire de ce bout de corde neuve qui se trouvait si à propos dans votre poche.... Vivez en paix, mes amis, et puissé-je bientôt y vivre moi-même. »

Cela dit, il sortit et disparut. Deux jours après, le curé de Marchais recevait la lettre écrite par Vernia, en même temps que Pied-de-Fer commençait son noviciat au couvent de la Trappe.

CHAPITRE XLIX.

Dernières volontés.

La lettre écrite par Vernia et l'acte mortuaire qui l'accompagnait, avaient jeté la désolation à la villa Mafiolini. Régine fondait en larmes ; le cœur d'Adrien se brisait. Lambert parut d'abord anéanti ; mais quelques instants lui suffirent pour recouvrer en apparence son calme ordinaire.

« Je partirai avec toi, mon cher Lambert, dit le prince.

— Monseigneur, répondit respectueusement Lambert, il ne m'appartient pas de m'opposer aux volontés de Votre Altesse ; mais je la prie de remarquer que le seigneur Baillordini semble avoir exprimé le désir que je me rende seul en France. Donc, si Votre Altesse veut m'en croire, elle restera ici. Quant à moi, je partirai aujourd'hui même ; dans quinze jours Votre Altesse recevra ma première lettre, et elle pourra alors prendre une détermination. »

L'avis était sage ; Adrien s'y conforma, et Lambert partit seul. Dix jours après, il arrivait chez le curé de Marchais, qui l'accueillait en vieille connaissance.

« Il est mort en homme de cœur et en homme de bien, lui dit le pasteur ; ses derniers jours ont été employés à réparer quelques-unes de ses plus grandes fautes, et j'espère que Dieu lui a pardonné comme il a pardonné lui-même à celui qui l'a frappé.

— Ainsi sa mort aurait été le résultat d'un crime ?

— Je le crois, mais nul ne connaît le coupable, et la victime, avant de quitter ce pays, s'est efforcée de faire croire que la blessure qu'il portait à la poitrine avait été causée par un accident de chasse. Depuis, mes yeux se sont ouverts ; je crois avoir entrevu la vérité, et ma conviction est qu'il sera bien de ne jamais chercher à en savoir davantage sur ce point. »

Le saint homme remit à Lambert tous les papiers que Pied-de-Fer avait confiés à sa garde. Parmi eux se trouvait un manuscrit volumineux portant cette suscription :

« *Ce cahier contient* MES CONFESSIONS ; *je désire qu'il soit remis, après ma mort, au prince Mafiolini (Adrien Boisemont), qui y trouvera d'utiles enseignements, et l'explication de faits importants. J'impose néanmoins au prince l'obligation de ne pas lire avant 1844 les trente dernières pages de cet écrit, lesquelles sont sous bande et cachetées.* »

D'autres pièces contenaient la nomenclature

des dépôts d'or et d'argent faits par le chef de bande, de 1813 à 1814 ; la topographie des lieux, les plans de plusieurs, et l'indication des marques auxquelles on pouvait reconnaître le gisement de ces trésors. Le bon pasteur conduisit ensuite Lambert chez le notaire, entre les mains duquel il avait déposé le testament de Pied-de-Fer, et il fut procédé à l'ouverture de cette pièce dont les principaux articles étaient ainsi conçus :

« J'institue le prince Mafiolini (Adrien Boisemont) mon légataire universel, à la charge par lui de se conformer aux dispositions suivantes :

« Il sera prélevé par et pour Jérôme Lambert, que je nomme mon exécuteur testamentaire, sur mes capitaux, la somme qui lui conviendra et qui pourra s'élever jusqu'à moitié desdits capitaux.

« Un million de francs, également prélevé sur lesdits capitaux, sera remis au digne curé de Marchais pour en user comme bon lui semblera. Je désire fort qu'il en emploie une partie à rendre son intérieur plus confortable qu'il ne l'est ; mais ce n'est pas une condition que je lui impose, ma volonté étant avant tout, qu'il use de cette somme à son gré, et sans aucune espèce de contrôle.

« Le prince Mafiolini, mon légataire universel, et Jérôme Lambert, mon exécuteur testamentaire, qui connaissent la source de la fortune que je laisse, ne devront jamais l'oublier dans l'emploi qu'ils en feront. Je m'en rapporte à eux sur ce point. »

Suivaient un assez grand nombre d'autres dispositions moins importantes: mais toutes empreintes d'un sentiment d'expiation très-prononcé. Le dernier article était ainsi conçu :

« Je déclare avoir contracté envers le comte de Chaligny, il y a déjà longtemps, une dette considérable dont je ne saurais préciser le chiffre. A raison de cet emprunt, qui a dû être fort préjudiciable, dans la suite, au comte et à sa famille, et en l'absence de toute espèce de titres, je lègue à Mme de Chaligny, maintenant veuve, une somme de cinq cent mille francs. Ceci n'étant qu'une restitution, je n'y mets aucune condition ; j'exprime seulement le désir que la moitié de cette somme soit employée par Mme de Chaligny à constituer un majorat en faveur de celui de ses fils né vers la fin de 1814. »

Presque tous les assistants étaient à la fois frappés d'étonnement par l'énumération de tant de richesses, et par la prodigieuse générosité avec laquelle elles étaient distribuées. Lambert et le curé étaient les seuls qui ne parussent pas surpris.

Les formalités pour l'envoi en possession furent bientôt remplies, car Lambert était muni de pleins pouvoirs de la part du prince. Cela terminé, l'exécuteur testamentaire partit pour accomplir sa mission, mission difficile, délicate et périlleuse, car des bords du Rhin jusqu'aux environs de Paris Pied-de-Fer avait disséminé des valeurs considérables qu'il fallait retirer secrètement, de manière à ne pas éveiller les soupçons de l'autorité. Le transport de ces valeurs n'était pas non plus sans péril, et Lambert fut obligé plusieurs fois d'aller à Paris et de revenir sur ses pas. A chaque voyage à la capitale il effectuait des dépôts chez plusieurs banquiers qui déjà avaient reçu d'autres dépôts de Pied-de-Fer. Il plaça aussi des sommes immenses dans les fonds publics de la France, de l'Angleterre, de l'Autriche, de la Hollande, de l'Espagne et de Naples. En trois jours, la mort de Pied-de-Fer fit monter le cinq pour cent de trois francs, et il en résulta une sorte de perturbation dans les finances.

Deux mois s'étaient écoulés pendant lesquels Lambert n'avait point donné de ses nouvelles au curé. On commençait à croire, à Marchais que le fameux testament n'était qu'une mystification. Le bon curé et Mme de Chaligny étaient les seuls qui eussent confiance ; le maire et le conseil municipal ne tarissaient pas en sarcasmes.

« Eh! eh! faisait le maire en se frottant les mains, m'est avis que le particulier est plus malin qu'eux tous... Attendez, mes mignons, c'est comme pour jouer de la flûte, il n'y a qu'à souffler et remuer les doigts... Pour le quart d'heure, vos millions font leur tour de France, et quand on est si lourd on ne va pas vite... Attendez, ils arriveront à Pâques ou à la Trinité... Qu'est-ce que vous en dites, père Simon?

— Je dis, mosieu l'maire, qu' les alouettes qu'ils attendent toutes rôties pourraient bien n' pas avoir encore leurs plumes.

— Ce qui prouve *ostensiblement*, disait Jean Minet, que quand on compte sur les souliers d'un mort, on court grand risque d'aller longtemps pieds nus.

— Et alors, reprenait monsieur le maire en se rengorgeant, et tout surpris d'avoir tant d'esprit, et alors les héritiers ne sont plus que des va-nu-pieds. »

Le notaire, lui, ne disait rien ; mais il n'en pensait pas moins, et il désespérait tout à fait du legs de cinq cents louis qui lui était fait à titre d'honoraires et de bon souvenir.

Cet esprit de doute et de dénigrement se propageait d'une manière déplorable et peu s'en fallait qu'on ne rît au nez du bon pasteur, lorsque le dimanche, il demandait à ses paroissiens de prier pour l'âme de feu Charles Baillord, bienfaiteur de la paroisse.

Tel était l'état de choses à Marchais, lorsqu'on vit arriver dans le village une lourde berline de voyage attelée de quatre chevaux de poste conduits par deux postillons dont les coups de fouets re-

Jérésu, la Picarde, Riboulot et Pichelet. (Page 211, col. 1.)

tentissaient au loin. Un cercle de curieux se forma autour de la voiture, lorsqu'elle s'arrêta à la porte du notaire. Lambert mit aussitôt pied à terre, tenant sous son bras un énorme portefeuille, et il fit transporter devant lui, de la voiture à l'étude du notaire, trois lourdes malles.

« Monsieur, dit Lambert au garde-notes, j'apporte avec moi un million en or, cinq cent mille francs en argent, et quinze cent mille francs en billets de banque. Veuillez faire mettre ces malles en sûreté et m'accompagner ensuite au presbytère et au château de Chaligny. Avant tout, pourtant, je vais vous compter la somme à laquelle vous avez droit. »

A ces mots, il ouvrit une des malles, en tira plusieurs sacs pleins d'or, et compta dix mille francs au notaire qui lui en donna quittance. Tous deux montèrent ensuite en voiture, Lambert emportant les sacs, et ils se rendirent au presbytère.

« Hélas, dit le bon curé en regardant avec une sorte d'effroi l'or et les billets que comptait Lambert, je me fais vieux et la tâche est bien lourde; mais, avec l'aide de Dieu, il n'est rien qu'on ne puisse espérer d'accomplir.

— Monsieur le curé, lui dit Lambert, vous avez fait de plus grands miracles....

— Je n'ai été que l'instrument de Dieu, mon fils; c'est un guide qui ne trompe pas. »

Le notaire n'entendait rien, toutes ses facultés semblaient s'être réunies dans l'organe de la vue; jamais ses yeux n'avaient été frappés de la vingtième partie des richesses en ce moment étalées devant lui. Il fallut que Lambert l'arrachât à sa contemplation pour l'emmener chez Mme de Chaligny.

La tristesse profonde dont les traits de la jolie châtelaine étaient empreints ne se dissipa point à la vue de l'or, qu'après quelques civilités préliminaires, le notaire et Lambert comptèrent devant elle. Au bout de quelques instants, une certaine animation se manifesta sur son visage, son regard devint plus vif, ses lèvres s'agitèrent à plusieurs reprises sans qu'un mot s'en échappât; il était aisé de voir qu'elle se faisait une violence extrême pour ne pas faire quelque question à laquelle elle brûlait du désir d'obtenir une réponse.

« Monsieur, dit-elle enfin, en s'adressant à Lambert, une chose m'afflige en tout ceci, c'est d'ignorer la nature de la dette contractée par M. Baillord envers le comte, mon mari; mais vous qui étiez son ami, vous pour qui, ainsi que le dit le testament, il n'avait rien de caché, ne pouvez ignorer cela; instruisez-m'en donc, je vous prie; ce sera un service duquel je vous serai fort reconnaissante.

— Je l'ignore complétement, madame; la vie de Baillord, mon ami, a été, ainsi que la mienne, fort agitée, mais nous avons passé parfois plusieurs années loin l'un de l'autre, et très-probablement c'est pendant une de ces longues séparations que cette dette a été contractée. »

Le regard scrutateur de la comtesse s'attacha sur le visage de Lambert, pendant que celui-ci répondait, mais ce visage demeura impassible, et celui de Mme de Chaligny reprit sa pâleur primitive.

Une réaction s'opéra dès lors dans le village, ce fut avec ferveur que l'on pria pour l'âme de ce bon monsieur Baillordini, chaque fois qu'au prône le prêtre prononça ce nom; monsieur le maire déclara que décidément l'autel était établi sur le trône, et le conseil municipal jura en masse qu'il étranglerait sans miséricorde tous les *hommes noirs* qui, selon la prédiction du *Constitutionnel, sortiraient de dessous terre* dans l'étendue de la commune de Marchais.

Tout cela terminé, Lambert reprit la route de l'Italie, et il arriva bientôt à la villa Mafiolini. Là, ce fut de nouveaux récits et de nouvelles douleurs. Adrien examina avec attention tous les papiers qui lui furent remis ; mais bien que quelques-uns fussent de la plus haute importance à raison de l'immense fortune qu'ils lui assuraient, l'attention du prince se porta particulièrement sur le manuscrit qui contenait les confessions de Pied-de-Fer.

« Quoi ! s'écria-t-il après avoir lu la suscription de ce cahier, il a voulu avoir des secrets pour moi, même au delà du tombeau ! »

Régine, appuyée sur le dos du fauteuil de son mari, avait lu en même temps que lui cette suscription, et son instinct de mère lui avait subitement révélé que son bonheur dépendait de ce secret.

« Oh ! tu respecteras sa volonté, n'est-ce pas ? s'écria-t-elle en joignant les mains.... Il nous aimait tant ! il nous a donné tant de bonheur pour nous faire oublier les quelques maux qu'il nous avait causés.

— Je la respecterai, » répondit tristement Adrien en passant sa main sur son front, comme pour refouler une pensée importune.

Lambert, afin d'opérer une diversion utile, appela alors son attention sur le testament.

« Eh ! mon bon Lambert, je vois parfaitement que tu es maintenant aussi riche que moi..., ou plutôt que je suis maintenant aussi riche que toi. Le partage sera bientôt fait ; je t'en laisse tout le soin, et j'accepte à l'avance tout ce que tu voudras me proposer.

— Votre Altesse trouve donc ce partage nécessaire ? demanda tristement Lambert.

— Pardon ! pardon ! mon ami, s'écria Adrien en se levant vivement et lui tendant la main ; que les choses restent comme elles ont été jusqu'à ce moment, je ne désire rien de plus. Seulement il faut prévoir l'avenir, les accidents ; je pense donc qu'il serait bien d'acheter quelques vastes propriétés, les unes sous ton nom, les autres sous le mien ; quant aux revenus généraux, tu les administreras comme par le passé.... Mais ensuite, il faut bien que je te l'avoue, mon bon Lambert, les beaux jours que j'ai passés en Italie n'ont pu me faire oublier la France ; c'est en France seulement que je puis être véritablement heureux, et j'ai l'intention d'aller vivre à Paris.... »

A ces mots Régine trembla et pâlit ; heureusement elle était placée de manière à ce que le prince ne pût voir son visage ; aussi continua-t-il :

« Et je serais désespéré, mon bon Lambert, que ce projet ne s'accordât pas avec tes vues.

— La France est aussi ma patrie, monseigneur, et Votre Altesse sait que plus de dix années se sont écoulées depuis notre première entrevue à Montmirail ; rien ne s'oppose donc à ce que je m'établisse à Paris où je suis né, où j'ai une sœur qui m'aime.... »

Le malaise de Régine augmentait à chaque instant. Paris était aussi pour elle le pays par excellence, le Paradis terrestre ; mais à combien de dangers pouvait l'exposer un séjour prolongé dans cette ville ! que de déplorables rencontres elle pouvait y faire ! à combien d'humiliations elle allait être exposée ! Comment éviter là qu'Adrien apprenne la vérité ? Et dès lors tout son amour ne se changerait-il pas en mépris ?... Toutes ses fautes pouvaient en un instant être mises au grand jour ; et il n'y aurait plus personne pour la défendre, pour dire avec quel courage elle avait résisté avant de succomber. Ainsi, elle aurait compromis, perdu l'avenir de son fils sans la moindre compensation !

Ces douloureuses pensées se pressaient, se heurtaient dans le cerveau de cette malheureuse mère ; peu s'en fallait qu'elle ne maudît la faiblesse qui lui avait fait accepter la position brillante dans laquelle elle se trouvait en échange de celle que voulait lui faire l'homme généreux près duquel elle n'eût jamais eu à rougir, et dont elle avait déchiré le cœur en reconnaissances des bienfaits qu'elle en avait reçus. Heureusement son trouble, son agitation, furent remarqués par Lambert, le seul qui pût comprendre, à raison des confidences que lui avaient faites Pied-de-Fer, la nature des craintes qu'elle éprouvait.

« Je crois pourtant, monseigneur, dit-il en jetant à Régine un coup d'œil d'intelligence, que la transition serait bien brusque si Votre Altesse quittait cette paisible villa pour se jeter aussitôt dans le tourbillon du monde, au milieu du bruit, du tumulte de Paris, et peut-être madame la comtesse regretterait-elle cette solitude qui semble tant lui plaire. Il y aurait alors le moyen de tout concilier; je partirai que'ques jours avant vous, j'achèterai dans les environs de Paris une maison de plaisance où la vie pourra être celle que l'on mène ici, et d'où l'on pourra, en une heure, venir prendre part aux fêtes, aux plaisirs de la capitale.

— Oh! vous êtes un excellent homme, monsieur Lambert, s'écria Régine, et je vous remercie de cette bonne pensée. Pour moi, je l'avoue, la campagne a des charmes auxquels je ne trouverais, à Paris, aucune compensation. Ainsi, tout le monde sera satisfait.... que dis-tu de ce projet, mon Adrien?

— Je dis, s'écria Adrien en riant, qu'il sent son Lambert d'une lieue, c'est-à-dire qu'il est excellent.... Pars donc, mon ami, nous nous mettrons en route quinze jours après toi, et nous laisserons cette habitation dans l'état où elle se trouve, car je veux y venir souvent; qu'est-ce que les distances quand on peut se faire un chemin d'or!... »

Huit jours après, l'infatigable Lambert repartait pour la France. Une nouvelle ère commençait pour ces trois personnages dont l'avenir ne devait pas être moins orageux que le passé.

CHAPITRE L.
Retour au Palais-Royal.

Un long temps s'est écoulé depuis le départ de Régine pour l'Italie; le Palais-Royal a subi bien des modifications; mais c'est toujours cette cité que l'on pourrait croire entée sur Sodome et Gomorrhe, autour de laquelle règnent des rues basses et fangeuses, qui peuvent être considérées comme la banlieue de cette capitale, et qui sont habitées par des industriels d'une espèce inconnue partout ailleurs : c'est là qu'on trouve des cafés étranges, des restaurants incroyables établis dans des caves infectes, éclairées par des soupiraux prenant jour au niveau des ruisseaux; hideuses *tavernes* ou *cavernes* (l'un et l'autre peuvent se dire), où vient s'alimenter une population usée, blafarde, parlant une langue inconnue au reste du monde; où se pressent des femmes dont les visages s'abritent sous des chapeaux impossibles, que surmontent des fleurs fanées ou des plumes fabuleuses; où des vieillards hideux sont traînés à la remorque par des jeunes gens aux traits livides, au dos voûté, aux cheveux rares; toutes physionomies impossibles à décrire, dont la diversité est immense et sur la plupart desquelles semble stéréotypé le sourire de Méphistophélès.

Dans un de ces réduits immondes étaient réunis quatre personnages, trois hommes et une femme, autour d'une table couverte d'une nappe graisseuse et maculée. Celui de ces personnages qui semblait présider la réunion était un homme de cinquante ans environ, gros, court, au regard narquois, au visage rouge et bourgeonné; il avait la voix haute et la parole brève toutes les fois qu'un asthme, passé depuis longtemps à l'état chronique, ne l'obligeait pas à parsemer la musique de ses discours de points d'orgue intempestifs. Il avait été tour à tour cuisinier et garçon servant au café du Sauvage, souteneur de filles, marchand de cannes et de chaînes de sûreté. Cet homme, que l'on a déjà entrevu au commencement de notre récit, se nommait Pichelet. Le second de ces individus s'intitulait le capitaine Riboulot. C'était un de ces restes dégénérés de l'armée impériale, devenu pilier de maisons de jeu, rançonnant les gagnants sous prétexte des conseils qu'il disait leur avoir donnés, et acceptant des lettres de change à raison de vingt sous par mille écus, au profit des nombreux industriels ayant des millions en perspective, et rien en caisse. Le troisième était Jérésu, ce vieux juif frisant maintenant la cinquantaine, et qui était toujours le même : petit, maigre, les yeux ardents, le cuir tanné. Il avait débuté, — le lecteur s'en souvient sans doute, — par être garçon de billard au café des Variétés, immense caverne où l'autorité tolérait autrefois deux théâtres, des chanteurs, des escamoteurs, parmi lesquels se faisait remarquer le fameux Préjean. En 1815, Jérésu s'était fait agent de police, alors que la réaction royaliste rendait le métier bon; plus tard, en 1830, il avait vendu de ces livres immondes dont des voix rauques et empestées criaient les titres hideux jusque sous les fenêtres de Louis-Philippe. C'était : *Le duc de Bordeaux, bâtard*; *Une chemise de femme chez l'archevêque*, etc. Puis il s'était fait marchand de feu ou allumeur de cigares, cicérone des maisons de plaisirs, et par-dessus tout filou au premier chef.

L'aspect de cet homme, ou plutôt de ce crétin, était extraordinaire, surtout à cause du costume dont il était affublé. Sur son pantalon de drap d'une couleur inconnue, tombait une sorte de redingote rongée par le temps, à l'extrémité inférieure, de manière à figurer des franges fantastiques auxquelles pendaient des filaments d'une boue noire et durcie par le temps; ses longs pieds plats se perdaient dans d'énormes souliers dont les quartiers se repliaient sur des talons absents, et sa tête se cachait sous une énorme casquette en feutre gris qui datait des derniers jours du Directoire.

La femme qui complétait cette réunion était une ex-célébrité; en 1816, on l'appelait *la Picarde*; c'était une des nymphes les plus connues du temple dont la Lévêque était la grande prêtresse. A cinquante ans la Picarde avait eu l'idée de se faire honnête femme ; cela lui avait mal réussi. N'est pas honnête femme qui veut. Elle était maintenant gardeuse d'enfants au Palais-Royal, et comme elle avait, par réminiscence, le cœur excessivement sensible, elle donnait aux petits oiseaux une partie des tartines destinées aux enfants confiés à sa garde.

« Hum ! disait Pichelet en versant dans son verre les dernières gouttes d'un liquide bleuâtre dont quatre bouteilles avaient déjà été consommées, hum ! est-ce que le vin manquerait ?

— C'est impossible, dit Riboulot, puisque nous avons les coudées franches. Garçon, du vin !

— Chai bas gonfiance, grogna Jérésu, chai bas peaugoup gonfiance.

— Eh bien ! on s'en passera de ta confiance, s'écria la Picarde qui venait de vider d'un trait son verre rempli par Riboulot ; oui, on s'en passera.... Verse, capitaine, encore deux doigts pour mon biscuit.... Est-ce que Baldaquin qui est un homme, un vrai homme, a besoin de la confiance d'un gringalet de ton acabit ?... Si tu n'es pas content, décarre plus vite que ça.... c'est la Picarde qui te le conseille.... toujours la même, franche comme *l'ombre !*... ces gueux de biscuits, ça pompe tout....

— Le fait est, reprit Pichelet, que Baldaquin est connu pour ne pas manquer à sa parole. Il a dit : j'y serai à six heures au plus tard ; nourrissez-vous en m'attendant et ne vous inquiétez pas du reste. Nous avons encore plus d'une demi-heure devant nous.

— Pien ! pien ! grogna de nouveau Jérésu ; mais les Paldaquin ils brobosent, et le bréfet de bolice il tispose.

— Qu'entends-tu par ces paroles ? demanda Pichelet.

— Oui, s'écria Riboulot, qu'entends-tu par ces paroles ? je *t'assomme* de le dire.

— Tam ! c'être pien facile à gomprendre : buisque Baldaquin il affre pesoin de nous, c'est gu'il affoir une affaire pien crante, et les affaires crantes c'être toujours tangereux.

— Tu raisonnes comme une huître. D'abord les grandes affaires sont toujours moins chanceuses que les petites ; ensuite la chose dont Baldaquin s'occupe en ce moment n'est pas susceptible des désagréments dont tu parles : Baldaquin est à la recherche d'une Circassienne de circonstance, passée odalisque au profit d'un Anglais, et qui s'est éclipsée depuis nombre d'années, elle et son petit. C'est pour retrouver ces susdits objets que Baldaquin réclame notre concours.

— Tiens, tiens, tiens ! c'est peut-être sa femme qui lui aura brûlé la politesse autrefois.

— Picarde, fit Pichelet d'un ton sévère, tu fais tort à tes connaissances féminines ; si Baldaquin avait perdu sa moitié, il ne la chercherait pas :

un homme supérieur ne commet pas de ces petitesses-là. Si Baldaquin cherche, c'est qu'il est payé pour cela ; nous chercherons avec lui, et nous serons payés idem, car les jaunets ne manquent pas : je lui en ai vu plein ses poches.

— Ma foi, reprit la Picarde, je n'y comprends rien du tout ; mais ça m'a l'air de promettre pas mal d'agrément.... Je crois que j'ai un reste de biscuit dans le gosier.

— Et sur quel terrain chasserons-nous ces bêtes-là ? demanda le capitaine.

— C'est justement pour nous mettre sur la voie qu'il nous a donné rendez-vous ici.

— C'était donc ein pien chéli femme, cette Circassienne ? demanda Jérésu.

— Oui, il paraît que c'était quelque chose comme ça il y a une vingtaine d'années. Quant à moi, je n'en sais pas davantage ; mais Baldaquin pourra nous en dire plus long s'il le juge à propos.... Justement le voici. »

Baldaquin était un homme de trente ans environ, d'une taille élevée, d'une assez jolie figure ; il était vêtu avec une sorte d'élégance ; des bagues de prix brillaient à ses doigts ; une chaîne d'assez bon goût serpentait sur son gilet ; il avait les yeux noirs, le regard perçant, et il s'exprimait avec une certaine facilité ; mais les locutions triviales abondaient dans ses discours et décelaient son origine de bohémien de Paris.

« Bravo, vieux ! dit-il en entrant, je vois que l'on a compté sur moi, et que vous ne me prenez pas pour un de ces pégriots n'ayant les trois quarts du temps un pétard à leur service.... Garçon, du vin ! Saluez donc ce maître ; ajouta-t-il en saisissant la casquette du juif qu'il jeta sous la table, tandis qu'il tendait l'autre main à la Picarde. Et maintenant, mes amis, causons. Qui est-ce d'entre vous qui se souvient du café des *Circassiennes*, fondé, il y a vingt-cinq ans, près de la galerie vitrée, par un nommé Devaux, particulier très-connu dans Paris, où il possédait toutes sortes de choses, y compris des jolies filles de toutes les couleurs ?

— Ah ! Dieu de Dieu ! s'écria la Picarde, c'était le vrai bon temps ! Telle que vous me voyez, j'ai manqué de passer sultane en chef des Circassiennes ; mais Devaux voulait un nez à la Roxelane, et j'avais l'inconvénient de prendre du tabac. C'est la petite Régine que l'on choisit.

— Tu as connu Régine ?

— Bast ! un petit bout de femme avec un minois chiffonné de rien du tout.

— J'affre aussi gonnu peaugoup la bétite, dit Jérésu ; j'affre gonnu son Anglais.... C'est moi qui affre mis son bétite garçon en nourrice.

— Toi, Jérésu ?... Alors il est bien vrai qu'il ne faut mépriser personne, et qu'il n'y a pas un animal sur terre qui ne soit bon à quelque chose....

Et sais-tu ce qu'il est devenu, cet enfant, qui doit avoir aujourd'hui près de vingt ans ?

— Je l'affre perdu te vûe dout à fait.

— Mais au moins tu pourrais retrouver la nourrice.

— Oh ! oh ! fit Jérésu, en accompagnant ces exclamations d'un sourire qui ressemblait à la plus hideuse grimace.

— Parle donc, vieux pourceau ; tu auras le temps de rire ensuite, à moins qu'il ne me prenne la fantaisie de te casser les reins pour te rappeler au respect que tu me dois.

— On m'avait tonné te l'archént, gomprenez-vous?... Peaucoup te l'archent, et le bétite enfant afec.

— Bon, bon, je comprends, l'argent destiné à la nourrice a passé au bleu. Après ?

— Oui, l'archent il affre passé au pleu.... et le bétite aussi. Il être....

— Le brigand l'a escofié ! Tout est perdu !... Mais au moins je vais me donner la satisfaction de te tambouriner la peau ! »

A ces mots Baldaquin se leva, saisit le juif au pantalon et au gilet, vers le milieu du ventre, l'enleva à bras tendu et le lança contre la muraille ; il se disposait à le relever à grands coups de bottes, mais Jérésu, horriblement meurtri, s'écria :

« Non, non, Mézié Paltaquin, j'affre bas esgoffié di tout !... Che l'affre bordé aux Enfants-Trouvés.

— C'est à peu près la même chose, dit Baldaquin, en reprenant son siége aussi tranquillement que s'il eût fait la chose la plus simple du monde. Pourtant, il y a encore une chance sur mille, ce qui vaut mieux que de n'en plus avoir du tout.... Reprends ta place, vide ton verre et écoute attentivement. »

Le juif obéit de son mieux ; les trois autres firent silence, et Baldaquin reprit :

« Vous savez quelle est ma profession : je suis cicérone ; je devine l'italien, je baragouine un peu l'allemand, j'écorche l'anglais d'une manière assez satisfaisante, moyennant quoi je jouis du privilége de guider les étrangers dans Paris, et de les conduire partout où ils ne voudraient pas aller. Il y a quelque temps, un gentleman de Londres me fait appeler à l'hôtel des Princes. « Mon ami, me dit-il en très-bon français, on m'a assuré que vous saviez votre Paris sur le bout du doigt, et que vous étiez l'homme connaissant le mieux le Palais-Royal, les mœurs de ce lieu, sa chronique scandaleuse, etc., etc.

« — On vous a dit vrai, milord : issu de l'alliance d'une clarinette du café des aveugles avec une bouquetière du Perron, j'ai été élevé sous les combles de la salle Montansier.

Nourri dans le sérail, j'en connais les détours.

Où faut-il vous conduire ?

« — Il faut m'écouter sans m'interrompre. Il y a vingt ans, un membre du parlement britannique vint à Paris ; il devint amoureux d'une jeune fille nommée Régine, qui trônait alors dans un comptoir du café des Circassiennes. Il l'enleva, la fit conduire dans un appartement somptueux qu'il avait fait préparer tout près de ce café. Ils vécurent ensemble pendant trois ans. Régine devint mère. Lord Barstley reconnut comme son fils naturel l'enfant auquel elle donna le jour ; puis il eut la folie de vouloir épouser cette femme. Mais un jour, avant que les préparatifs de cette alliance fussent terminés, la mère et l'enfant disparurent. Lord Bartsley les fit chercher, et ne pouvant les retrouver, il quitta Paris pour n'y plus revenir. Il s'agit aujourd'hui de retrouver l'enfant de Régine, et cela doit vous être plus facile qu'à tout autre, car cette fille avait sûrement de nombreuses connaissances au Palais-Royal, peut-être même y avait-elle des parents ; tous ne sont certainement pas morts ; vous en retrouverez, vous qui connaissez si bien le personnel de ce lieu. Et d'ailleurs, pour arriver à ce résultat, l'argent ne vous manquera pas. Voici mes conditions : Si vous retrouvez l'enfant de Régine, ou si, d'après vos recherches, sa mort peut être constatée, vous recevrez vingt mille francs. Voici le quart de cette somme ; vous n'en aurez pas davantage si vous échouez dans vos recherches. Cela vous convient-il ? »

« En parlant ainsi il avait mis cinq rouleaux d'or sur le guéridon près duquel il était assis. Vous connaissez Baldaquin, mes chers agneaux ; vous savez que ce n'est pas un pénitent à bouder contre son ventre quand on lui offre de bons morceaux ; j'ai donc accepté d'abord, sauf à réfléchir ensuite. Le résultat de mes réflexions a été la résolution de m'entourer de vos lumières, et vous voyez que, du premier coup, je n'ai pas eu la main trop malheureuse. Maintenant, comment allez-vous opérer ? je n'en sais rien ; mais je pense qu'il serait bien d'agir chacun de son côté, jusqu'à ce que nous ayons obtenu des renseignements suffisants pour nous concerter et réunir nos efforts au besoin. Ainsi, pas de conseil pour le moment, mais deux repas par jour avec le vin à discrétion, et à chacun un échantillon de la munificence de milord.

A ces mots il leur jeta à chacun une pièce d'or, et il appela le garçon pour demander la carte.

« Ché fais eine réflexion, dit Jérésu après avoir empoché la pièce.

— Voyons, demanda Baldaquin.

— Pourquoi donc vous-êtes vous mis si fort en golère guand vous avez cru que chavais esgofié le bétite ?

Baldaquin se mordit les lèvres ; il sentit que la colère l'avait rendu indiscret, et peu s'en fallut qu'il n'envoyât de nouveau le juif contre la muraille ; mais il se contint et se contenta de répondre :

« Parce que je te sais assez adroit pour être sûr que, dans ce cas, il serait impossible de constater la mort de l'individu, et qu'alors il eût fallu renoncer à arracher une nouvelle plume à ce canard de la Tamise. »

Jérésu eut l'air de se payer de cette raison, et Baldaquin sortit, promettant à ces quatre personnages de les revoir le lendemain à la même heure et au même lieu. La vérité est que Baldaquin avait un grand intérêt à ce que le personnage à la recherche duquel il était ne fût pas mort. Surpris de la mission qui lui avait été donnée, et soupçonnant quelque grand mystère dont la découverte pouvait l'enrichir d'un seul coup, il avait écrit à Londres où se trouvait alors un de ses amis, bohémien émérite, qui avait cherché là un refuge contre les exigences du procureur du roi et les tracasseries de la police parisienne, et il avait reçu de cet ami la réponse que voici :

« Ton lord Barstley est un original qui s'est brûlé la cervelle il y a trois mois. Il laisse une fortune que l'on évalue à un million de revenu, et voici la principale clause de son testament qui est, du reste, fait dans les formes prescrites par la loi, et tout à fait inattaquable :

« Je lègue tous mes biens, meubles et immeu-
« bles, présents et futurs à Henry Barstley, né à
« Paris de Régine Caumont, et reconnu par moi
« sur les registres de l'état civil. Si pourtant Henry
« Barstley était mort lors de l'ouverture de ma
« succession, ou s'il mourait avant d'avoir atteint
« sa majorité, le présent legs serait nul et non
« avenu, et mes dits biens seraient à ma sœur
« unique, milady Sorlbrun, qui deviendrait ainsi
« ma légataire universelle, à la charge par elle
« de se conformer aux dispositions suivantes,
« etc. »

« Je me trompe fort, seigneur Baldaquin, ou c'est là tout ce qu'il vous importe de savoir. Si je puis te seconder, ne me ménage pas, je t'en prie. J'entrevois quelque belle affaire dont il faudra s'occuper en même temps des deux côtés du détroit. Toutefois il y aura certainement de grandes difficultés à vaincre, car l'exécuteur testamentaire de lord Barstley est, dit-on, un habile jurisconsulte qui jouit d'une grande réputation d'intégrité. Par bonheur il est vieux, impotent, et il ne sortira certainement pas de Londres pour aller à la recherche du légataire dont les intérêts lui sont confiés.

« Adieu, grand maître, j'attends de toi l'acceptation formelle des offres de service que je te fais.

« Le chevalier de GRAFERING. »

CHAPITRE LI.

Découvertes.

Vingt-quatre heures se sont écoulées depuis que Baldaquin a fait connaître aux quatre autres personnages le but de la réunion, et pour la seconde fois ils sont tous réunis autour de la même table, couverte de la même nappe, tachée du même vin ; tous, disons-nous, à l'exception de Jérésu qui a fait défaut, ce qui donne d'assez vives inquiétudes à Baldaquin, lequel s'efforce pourtant de n'en rien laisser paraître. L'extérieur de ce dernier n'a pas changé ; mais celui de l'un de ces trois convives a subi d'assez importantes modifications : la Picarde a fait emplette d'un tour blond hasardé, et des rubans roses se jouent dans les plis capricieux de son bonnet, roussi par le temps ; Pichelet a échangé sa casquette de loutre contre un chapeau gris réformé, et Riboulot, la tête haute, la poitrine cambrée, montre avec ostentation son ruban rouge renouvelé, et le col en crinoline qui lui écorche le menton et le dessous des oreilles.

« Eh bien ! voyons, mes chers agneaux, dit Baldaquin, où en sommes-nous ?

— Nous en sommes, repondit Pichelet dont les prunelles noires étincelaient sous des sourcils grisonnants, nous en sommes, de mon côté, à un degré que j'ose dire un peu distingué, et pas du tout manchot. Ayant réfléchi à la chose pendant la nuit, j'ai dressé mon plan, et ce matin, un peu avant huit heures, j'ai pris le chemin de la rue de Jérusalem....

— Comment ! s'écria Baldaquin en bondissant sur son siège, tu as été mettre l'affaire sous le nez de la police ?... Mais tu es donc devenu plus bête qu'une carpe tombée en enfance ?

— Baldaquin, répliqua vivement Pichelet dont les sourcils se froncèrent en même temps que les commissures de ses lèvres minces et flétries se rapprochaient de ses oreilles, Baldaquin, je te respecte, à cause de tes talents connus ; mais je ne te reconnais pas le droit d'écorner les anciens, qui seraient tes maîtres si l'on pouvait changer de peau comme on change d'habit.

— C'est juste, dit la Picarde ; si jeunesse savait et si vieillesse pouvait !... Et pourtant il y a des jeunesses qui savent bien des choses !...

— Voyons, reprit Baldaquin en se radoucissant, voyons, vieux, ne te fâche pas, et dis-nous les choses au plus juste.

— Me voilà donc à l'hôtel de Jérusalem, reprit Pichelet désarmé ; je traverse la première cour, j'entre dans la seconde ; je monte quatre marches, je passe derrière un paravent, et j'entre dans une grande salle sombre, garnie depuis le parquet jusqu'au plafond de tablettes chargées de dossiers rangés par ordre alphabétique.

— Et personne ne t'avait arrêté au passage? interrompit de nouveau Baldaquin.

— Impossible; je venais de boire le vin blanc avec le garçon de bureau, faisant en ce moment, à mon égard, les fonctions de grand maître des cérémonies. Une fois en ce lieu je regarde, j'admire.... Règle générale, mon garçon, il faut toujours admirer ce qu'un *simple* se donne la peine de nous montrer pour rien, surtout quand on a besoin de lui. Garde cela pour ta gouverne. J'admire donc, pendant que le garçon de bureau balaye. A force de balayer, il sort de cette pièce pour entrer dans une autre; alors je saute sur une échelle double qui est justement placée au point favorable, et après cinq minutes de recherche, je trouve un petit dossier portant sur sa chemise le nom de Régine Caumont.

— Et tu t'en es emparé? demande Baldaquin avec anxiété.

— Fi donc! répond Pichelet, est-ce qu'un homme qui se respecte fait de ces petitesses? Risquer de se faire mettre au clou pour quinze centimes de papier! Je n'ai rien pris, mon fils, mais j'ai lu et j'ai copié au crayon ce que voici. »

Baldaquin prit le papier que lui présentait Pichelet, et il lut :

« Régine Caumont. Arrêtée au Palais-Royal en « 1811. — Mise en liberté par ordre supérieur.— « 1814 et 1815, fille entretenue. — 1816. Entrete-« nue par un riche Anglais. — 1819. Accouchée « d'un enfant mâle. — 1820. Disparue. L'enfant « mis aux Enfants-Trouvés. »

— Et voilà ce que tu as trouvé à toi tout seul! s'écria Baldaquin en froissant le papier avec colère. Mais tu n'as donc pas entendu ce que ce mauvais coquin de Jérésu nous disait hier! C'était ça ni plus ni moins. C'était bien la peine de se jeter dans les griffes de la *rousse!*

— Baldaquin, répondit Pichelet en croisant ses bras sur sa poitrine et en secouant la tête avec dédain, je te croyais plus fort que ça. J'en demande pardon à l'honorable société; mais il est certain que, sous le rapport de la lecture, tu te comportes comme une huître dépourvue de toute espèce d'index pour tourner le feuillet.

— C'est juste, dit l'amphytrion après quelques secondes; il y a quelque chose sur le verso. voyons :

« On a acquis la certitude que cette fille n'est « pas étrangère au fameux Baillord, dit Lauricot, « dit Pied-de-Fer, audacieux brigand, évadé plu-« sieurs fois du bagne et des prisons de Paris, et « et qui n'a pu être repris depuis sa dernière « évasion. Cette fille, probablement affiliée à la « bande de Pied-de-Fer, a disparu le jour même « de la dernière arrestation de ce bandit, aban-« donnant le riche mobilier que lui avait donné « l'Anglais qui l'entretenait. Tout semble prouver « qu'elle avait le plus grand intérêt à prendre la « fuite. Les traces de l'un de ces personnages « feront immanquablement trouver les traces de « l'autre. »

« Eh bien! qu'est-ce que tu vois de favorable là dedans? demanda Baldaquin.

— J'y vois, répondit Pichelet, que nous avons deux pistes au lieu d'une, Lauricot m'étant particulièrement connu.

— Et tu sais où le trouver?

— Pas encore, attendu que, depuis longtemps, il n'a pas jugé convenable de faire connaître sa résidence à ses anciens amis; mais Paris ne s'est pas fait en un jour, et on ne fait pas le tour du monde avec un monaco. »

Baldaquin mit la note dans sa poche en faisant une assez laide grimace.

« Et dire que ce vieux gueux de Jérésu ne viendra pas! s'écria-t-il en se tournant pour la vingtième fois vers la porte.

— Sois calme, mon chéri, lui dit alors la Picarde, en essayant un sourire qui, de ses lèvres bleues, s'étendit jusqu'à ses joues empourprées; fais-nous seulement rafraîchir la parole d'un verre de quelque chose, et on te remettra du baume dans le cœur.

— Tu sais quelque chose de mieux? demanda Baldaquin.

— C'est indubitable et conséquent, dit à son tour Riboulot; manœuvrant sous mes ordres, la victoire s'est naturellement montrée sur toute la ligne.... Mais il me semble que je ne vois rien venir.

— Quatre verres de rhum! » cria Baldaquin en frappant sur la table avec sa canne.

Les verres furent apportés, emplis et vidés avec une rapidité et une précision remarquables.

« Il y a plus d'étoffe que de liquide, dit la Picarde en égouttant son verre dans le creux de sa main pour garder l'odeur alcoolique qui réjouissait ses organes; mais Baldaquin n'est pas un rat, et j'espère que nous y reviendrons. Voici donc la chose : le Palais-Royal ayant été interdit aux jolies femmes qui en ont fait, pendant si longtemps, le plus bel ornement, j'ai pris ma retraite, comme vous savez.... Ce n'est pas qu'avec un peu de toilette j'aurais pu.... le capitaine est là pour le dire; mais l'ingratitude du gouvernement m'avait humiliée.... Ah! la politique a fait bien des victimes? n'est-ce pas, capitaine?

— Patience; on les mettra au pas, répondit Riboulot en enfonçant sur son front chauve un chapeau dont la transformation de noir en rouge était fort avancée.

— Malheureusement, reprit la Picarde, mon

exemple ne fut pas suivi ; presque toutes ces malheureuses victimes de l'arbitraire, comme dit le capitaine, se sont réfugiées dans les environs ; nous pouvions faire une nouvelle révolution ; elles n'ont réussi qu'à faire augmenter les loyers dans les rues Villedo et autres ; mais à tout péché miséricorde : je leur ai pardonné. Naturellement, après la séance d'hier, j'ai senti que c'était de leur côté que je devais me tourner ; car il y en a encore pas mal du bon temps qui ont connu Régine. Alors j'ai commencé les visites, et j'ai délié les langues avec des gouttes de fil en trois.... Ça filait roide ; la moitié du jaunet y a passé....

— Mais arrive donc au fait ! s'écria Baldaquin impatienté.

— M'y voilà.... c'est que j'ai un cheveu dans la gorge.... Ces scélérats-là ont des petits verres dont le contenu tiendrait dans une dent creuse....

— Allons, dit Baldaquin, un verre de rhum pour chasser le cheveu.

— Baldaquin, tu es mon estime !... Il y a longtemps que je l'ai dit : tu es un homme, un vrai homme.... Donc nous en étions à la cinquième tournée ; on parlait de Régine et de son Anglais de la salle Montansier, de la Lévêque et de tout le tremblement ; mais, quant à la position actuelle de l'ancienne petite marchande, rien ! ça commençait à me vexer, et je demandais une autre tournée pour avaler la douleur, lorsqu'arriva la mère Philipans, l'ancienne madame de Bon-Secours.... En voilà une qui a soulagé l'humanité souffrante ! C'est une victime, celle-là, une vraie victime du gouvernement ; en nous chassant de nos domiciles respectifs, on a ruiné son établissement. Alors la misère est venue, la pauvre vieille n'a plus rien, et on lui refuse sa retraite à la Salpêtrière !...

— Que le diable te rogne la langue ! dit Baldaquin en frappant violemment sur la table ; crois-tu que je sois d'humeur à écouter tes complaintes à perpétuité ? Parle de l'affaire en question, ou tais-toi.

— Ah ! Baldaquin, reprit la Picarde, je ne te reconnais plus. Je n'avais pas encore entendu un mot de ce que tu me demandes, quand je fis venir la seizième tournée, et il y a un quart d'heure que tu nous fais attendre la troisième invasion de ces coquilles de noix qu'ils appellent ici des petits verres.

— Garçon, du rhum ! et laisse-nous la bouteille, fit Baldaquin pour toute réplique.... Et maintenant, Picarde mon cœur, arrive à la finale ou sinon....

— Ne te fâche pas, mon fils, je voyais bien qu'i y avait erreur. Maintenant tu vas entendre la fiu finale : les bons comptes font les bons amis. »

A ces mots, la Picarde remplit et vida son verre deux fois de suite sous le prétexte de n'avoir plus à s'interrompre, puis elle reprit :

« Voilà donc la mère Philipans qui arrive ; elle entend qu'on parle de Régine. « Attendez donc, attendez donc, qu'elle fait, je l'ai connue aussi moi.... Un chérubin et un vrai cœur de bonne fille, et à preuve, vous allez voir ! Il y a une quinzaine de jours je rôdais aux environs de la *forêt noire*, derrière le Théâtre-Français, dans ce désert qu'ils appellent à présent la galerie de Nemours, je cherchais ce vieux gueux de Jérésu pour tâcher de lui vendre quelques fanfreluches qui me restent de mon bon temps, et qui lui allaient comme un gant, à lui qui est resté dans la partie comme un crabe dans son trou. Ne le trouvant pas, je m'en retournais, et j'étais déjà arrivée au jardin, quand un grand laquais galonné sur toutes les coutures, arrive en courant jusqu'à moi.

« — Vous êtes madame Philipans, qu'il me dit.

« — Pour vous servir si j'en étais capable, jeune homme.

« — C'est pas ça ; voici une lettre à votre adresse avec quelque chose dedans. » Là-dessus, il reprend sa course et disparaît. J'ouvre le paquet et j'y trouve dix louis, dix beaux louis tout neufs, à la face du monarque actuel !... et puis ces mots écrits au crayon, tenez, lisez ça.

« Je tends la main la première ; je prends le papier et je lis : « Vous êtes malheureuse et je suis « riche. Vous m'avez sauvé la vie le 26 jan-« vier 1814, à quel prix ?... Je veux l'oublier et ne « me souvenir que du bienfait. Acceptez ce petit « présent. Pareille somme vous sera remise tous « les trois mois, à condition que vous ne cherche-« rez pas à savoir de qui cela vous vient. »

« J'empoche comme de juste, continue la mère Philipans, j'arrive chez moi, je cherche mes registres.... car vous savez, mes enfants, si j'avais de l'ordre !... Et je trouve à la date du 26 janvier 1814 : *Loué à Félicie Caumont et sa nièce Régine !....* etc.... Et pas d'autre article ce jour-là ! Il y a vingt ans que Félicie est morte ; c'est donc cette bonne fille de Régine qui s'est souvenue de madame de Bon-Secours.... Je ne devrais peut-être pas dire ça, vu le billet au crayon, mais tant pis ! je risque le paquet, et après nous la fin du monde. »

— Et tu as gardé le billet au crayon ! demanda Baldaquin.

— Un peu ! à preuve que le voici. Mais il paraît qu'ici leurs bouteilles sont de la même fab..que que leurs verres.... Verse le reste, capitaine. »

Pendant que Riboulot versait, Baldaquin s'emparait du papier que montrait la Picarde ; il en lut le contenu, l'examina en tous sens.

« C'est un commencement, dit-il à demi-voix, mais qui est-ce qui comblera la lacune ?

Écoutez donc, mes chères colombes. (Page 221, col. 2.)

— Rien de plus facile, dit Riboulot : je fais garder à vue la mère Philipans, et quand le grand laquais viendra lui apporter son second quartier, je l'empoigne, et je lui serre les pouces pour le faire parler.... Est-ce que nous sommes devenus manchots, par hasard?...

— Capitaine, tu n'es pas de ce siècle, tâche de te persuader cela, mon vieux, interrompit Baldaquin. Au lieu de parler, l'homme pourrait crier, et il n'en faudrait pas davantage pour que l'autorité vint mettre le nez dans l'affaire, et nous en souffler les avantages, en nous accordant, par forme de compensation, les agréments de la Force et de la Conciergerie, suivis de la correctionnelle et du reste. Il serait mieux de le faire *filer* (suivre) : mais une faction de trois mois à faire!... Et quand même on mettrait la Philipans dans la confidence, on n'y gagnerait pas un jour.... Et ce vieux chien de Jérésu qui ne paraît point! »

Il avait à peine fait entendre cette exclamation, que la porte s'ouvrit, et la hideuse figure du juif apparut aux regards de tous.

« Eh! arrive donc, vieux bouc! lui cria Baldaquin.

— Ah! messié Paldaquin, c'est gue ché suis fadigué.... ché suis derriplement fadigué.

— Tant mieux, c'est bon signe : les animaux de ton acabit ne sont pas disposés à faire quelque chose pour rien. Voyons, tu as été à l'entrepôt de la rue d'Enfer [1], n'est-ce pas?... Rien à faire par là, j'y avais été avant toi, et je n'en suis pas plus avancé : l'enfant a été remis à un personnage, porteur de la procuration de sa mère, lequel a signé sur les registres d'une manière absolument illisible; voilà ce que j'ai appris; et tu n'as pu en apprendre davantage de ce côté.

— C'est chuste, messié Paltaquin; mais alors, ch'affre été d'un autre gôté....

— Et tu as fait des découvertes?

— Des tégouverdes superbes; c'est à tire qu'il n'y a blus qu'à tendre la main pour brendre les fingt mille palles....

— Explique-toi donc, triple Dieu!

— Zertainement gue che m'expliguerai.... che m'expliguerai dout à l'heure.... Mais fous allez toucher les fingt mille palles, fous messié Paltaquin, et moi che suis....

— Tu es un mauvais gueux à qui je vais briser les os, si tu ne t'exécutes pas à l'instant.... Il serait un peu drôle qu'un galeux de ton espèce eût la prétention de me rançonner. »

A ces mots, Baldaquin, les poings fermés, fit deux pas vers Jérésu, qui ne parut pas ému le moins du monde, et qui répliqua fort tranquillement :

1. Nom que les gens du peuple donnaient à l'hospice des Enfants-Trouvés, et qui était alors parfaitement justifié par la manière dont il était administré.

« Che ranzonne bas, messié Paltaquin, che ranzonne bas di tout.... Mais fous safez pien gue le gommerze il fa bas, et ch'ai été opliché de tébenser les fingt francs.... et engore guelgues bediles choses....

— Mais, vieux pourceau, je ne demande pas mieux que de t'indemniser, de te payer même généreusement si tu es arrivé à un résultat très-satisfaisant; seulement, je ne veux pas acheter chat en poche, et si je te soupçonnais l'intention de me faire avaler une couleuvre quelconque.

— Au gondraire, messié Paltaquin, au gondraire.... c'être moi qui foudrais afaler quelque chose, fu gue che n'affre rien afalé tebuis ze madin.

— A table donc, race du diable, et mets les morceaux doubles, ou sinon!... »

A ces mots, l'amphitryon frappa de nouveau sur la table, qui, par son ordre, fut couverte en un instant d'un ordinaire très-confortable, eu égard au lieu et au personnage. Jérésu mangea avidement, vida la bouteille qu'on lui avait servie, et termina le repas par un soupir de satisfaction.

« Eh bien! qu'as-tu à dire maintenant? lui demanda Baldaquin qui sentait la patience lui échapper.

— Che tis que za fa mieux, messié Paltaquin, za fa peaugoub mieux.

— Parle donc alors, vieux rat.... Tu as découvert les traces du personnage?...

— 'Chusdement.... mais les draces il êdre ein peu longues.... il êdre même drès-longues, et les fingt francs sont bassés au pleu!... Le bersonnache qui affre emhordé l'enfant, il êdre en Champagne, et on fa bas en Champagne afec des zouliers zans dalons. »

Jérésu avait en effet découvert que l'un des personnages qui avaient réclamé l'enfant de Régine était le curé de Marchais, et il n'avait eu besoin pour cela que de se rendre à l'hôtel de Rome, dont le maître, en consultant ses anciens registres d'après les dates données par le juif, avait aisément trouvé le nom et la profession de cet excellent homme. Le rusé coquin raconta tout cela à Baldaquin; mais en ayant soin de déguiser le nom de l'hôtel et celui du village où demeurait le curé.

« Cela mérite d'être pris en considération, dit ensuite Baldaquin considérablement radouci.... On pourrait écrire à ce curé....

— Et pien sûr il ne rebondrait bas, interrompit le juif.

— Eh bien! tu iras le trouver; mais n'oublie pas que si tu avais le toupet de me prendre pour un *simple*, je te casserais les reins sans miséricorde, quand je devrais pour cela t'aller chercher au bout du monde.... Là-dessus, mes chers agneaux, je lève la séance; mais je ne vous congédie pas. Chacun a fait pour le mieux; continuez,

et demain, à pareille heure, nous reprendrons l'entretien. »

Le lendemain, Jérésu, lesté de quelques louis, roulait vers Montmirail.

CHAPITRE LII.

Intérieur d'artistes.

Il était dix heures du soir; le théâtre du Palais-Royal était à cette époque dans toute sa splendeur : quelques lions se montraient aux loges d'avant-scène; les stalles de l'orchestre étaient suffisamment garnies de financiers de troisième et quatrième ordre, de ces loups-cerviers qui tranchent du pacha, de huit heures du soir à minuit, et qui emploient le reste du temps à fabriquer de fausses nouvelles et à hurler dans ce repaire qu'on appelle la *Bourse*.

C'était quelque chose d'étrange que l'aspect qu'offrait alors l'ensemble de ces stalles vers le milieu de la soirée. Là étaient en majorité les fronts bas, les yeux saillants et les nez courts. Ces personnages avaient à ce théâtre leurs créatures, charmantes filles qui n'avaient d'artistes que le nom, dont tout le talent consistait à s'approcher le plus possible de la rampe pour montrer un pied leste, un œil mutin et deux rangées de perles entre des lèvres roses, bonnes créatures du reste, remplissant de leur mieux leurs fonctions d'odalisques dans ce harem en commandite.

Il était dix heures, disons-nous; une de ces prétendues actrices venait de quitter la scène, après y avoir débité tant bien que mal un rôle de quinze lignes et un couplet boiteux; elle regagnait sa loge lorsqu'elle fut arrêtée au passage par une femme grande, sèche, noire, aux yeux ardents, aux formes anguleuses.

« Floretta, dit-elle en saisissant la jeune fille par un bras, tu as encore fait de l'œil à la petite flûte.

— Eh bien! quand cela serait, répondit Floretta, y aurait-il pas grand mal? Ce pauvre Gédéon! il est si gai, si amusant!...

— Mais, malheureuse, est-ce avec sa gaieté que nous payerons un loyer de 1000 fr.?.... Voilà donc la récompense que tu me réservais, à moi, ta pauvre mère, qui me suis saignée des quatre membres pour payer ton engagement.... Et dire que ce beau jeune homme de l'avant-scène te mange des yeux depuis huit jours..., un homme charmant..., qui a des boutons de chemise en brillants et....

— Ah! ouiche! il est encore joliment charmant votre jeune homme! il me fait parfaitement l'effet d'un croquemort endimanché qui se croit là dans l'exercice de ses fonctions.... Et puis, est-ce que je puis l'aller chercher, moi, ce beau désolé ?

— Mais au moins tu pourrais avoir l'air de le voir, de t'apercevoir qu'il t'applaudit et qu'il se meurt d'envie de te parler. Hier, par exemple, il t'a jeté son bouquet de violette, et tu l'as repoussé du pied ; eh bien! moi qui étais là, derrière le manteau d'arlequin, je l'ai ramassé ce bouquet ; et sais-tu ce qu'il y avait dedans ?... Je ne voulais pas te le dire afin de te punir par où tu avais péché.... et puis ça pouvait être du faux.... Il y avait une épingle en brillant, rien que ça ! Et du vrai diamant, je l'ai fait voir au bijoutier. Mais ce n'est pas tout : j'ai parlé à son valet de pied, à son cocher.... deux hommes superbes en livrée orange du plus bel effet, et j'ai su qu'il s'appelle le comte Henri, et qu'il est le fils d'un prince !... Et voilà ce que tu repousses pour une petite flûte, malheureuse enfant que tu es.... sans égards pour ta pauvre mère qui s'est sacrifiée pour toi !... Ah! si on en avait fait autant pour moi dans le temps!... Tiens, Floretta, tu me réduis au désespoir !...

— Allons, voyons, maman, dit la jeune fille d'un ton semi-railleur, semi-affectueux, ne vous désolez pas ainsi ; c'est bête comme tout de se faire du mal pour ce monsieur qui a toujours l'air de s'amuser dans sa loge comme un glaçon dans une limonade.

— Ah! c'est que tu ne connais pas ces caractères-là ; c'est du feu sous la cendre, c'est....

— Eh bien! c'est bon ; je tâcherai de lui donner de l'air et nous verrons. »

Et là-dessus la jeune fille fit une pirouette, tourna le dos à sa mère et alla se mêler à un groupe d'autres artistes comme elle qui récapitulaient les *avantages* de la soirée ; puis elle rentra dans sa loge, où sa mère l'attendait, et d'où elles sortirent toutes deux après le dernier acte de la représentation. Tout en parcourant le couloir conduisant à la sortie des artistes, la mère continuait ses lamentations.

« Dire, répétait-elle en s'essuyant les yeux, dire que sans cette maudite petite flûte nous aurions voiture.... une bonne voiture bien chaude, bien douce, qui nous attendrait là.... Je ne peux pas penser à cela sans que le cœur m'en saigne.

— Allons, maman, vous avez tort de lui en vouloir à ce bon Gédéon, un brave camarade qui me soutient et me fait soutenir par tout l'orchestre dans les airs difficiles.... Et puis il est si gentil !... D'ailleurs c'est un artiste de mérite, on ne peut pas lui ôter ça....

— Oui, un artiste à neuf cents francs d'appointement ; il te donnera voiture avec ça.

— Et pourquoi pas, madame Kram ? pourquoi pas ? dit Gédéon qui les suivait de près et avait entendu une partie du colloque. Avec les soixante-quinze francs de mon mois, je puis avoir un superbe remise pendant trois jours, et vous en octroyer la jouissance pleine et entière pendant les dites soixante-douze heures ; mais j'ai trop de savoir-vivre pour me permettre de telles familiarités.... D'autant plus que ce qui vient de la flûte.... vous savez le proverbe.... Il est vrai que

Je ne possède hélas ! en France
Que neuf cents francs, mon instrument,
Et l'espérance !...

Oui l'espérance, la douce espérance d'obtenir une place dans votre cœur, charmante Floretta.... Et encore cet autre espoir que mon talent ne sera pas toujours méconnu, et que l'on rendra enfin justice à mon embouchure ; car c'est surtout de ce côté que je ne crains pas de rival.... Mon bel ange, ne me ferez-vous pas la faveur d'accepter mon bras ?... Oui, quoi qu'on en puisse dire, je serai votre appui partout et toujours.... Dans les airs en *si majeur* surtout.... Hein, comme je vous ai aidée ce soir ! Le chef d'orchestre grognait ; il prétendait que j'avais pris les noires pour des blanches à cause de vous.

— Eh bien! oui, tyran, lui ai-je répondu, prends ma tête ; mais laisse-moi te dire que, pour elle, je serais capable de métamorphoser en rondes toutes les triples croches du répertoire.... Floretta, tant d'amour n'aura-t-il pas sa récompense ? »

La jeune fille qui avait quitté le bras de sa mère pour prendre celui du musicien, lui répondit par un langage muet dont elle possédait toute l'intelligence ; car son éducation qui avait été commencée de bonne heure était en ce moment des plus complètes.

Gédéon comprit à demi-mot, et Mme Kram fit semblant de ne s'apercevoir de rien ; car toutes ses espérances reposaient sur cette malheureuse enfant, et sur le chemin plus ou moins rapide qu'elle ferait dans cette voie honteuse où elle l'avait lancée.

Gédéon était un de ces hommes de ce qu'on appelait alors la jeune France qui sont devenus artistes comme ils seraient devenus maçons, qui ont appris à déchiffrer une partition ou à manier un pinceau comme ils auraient fait de la truelle ou du rabot, une de ces pauvres natures sans inspiration qui ne savent de l'art que le nom, et ne se distinguent que par l'extravagance de leur costume et la sottise prétentieuse de leur jargon. Sa gaieté était celle d'un loustic de régiment ou d'un rapin de troisième ordre. Mais il avait une sorte de faconde qui pouvait être prise pour de la verve, tant que l'instrument n'avait pas besoin d'être remonté. Gédéon s'était constitué, au théâtre, le protecteur de Floretta, dont la voix un peu faible avait surtout besoin de la protection de l'orchestre qui lui était accordée en vertu des droits de la camaraderie, le violon ne pouvant refuser à la flûte le service que celle-ci serait appelée à lui rendre prochainement.

Floretta avait été séduite par l'entrain et par la bonne humeur du musicien; les choses suivirent leur cours en ce sens, et la mère de Floretta en vint bientôt à réclamer l'assistance de Gédéon.

Le comte Henri avait jeté un nouveau bouquet plus richement garni que le premier, et cette fois la jeune fille l'avait ramassé en même temps qu'un coup d'œil avait fait comprendre à Henri que son hommage était accepté. Deux jours après tout avait changé d'aspect chez Floretta; la gentille comédienne n'avait pas encore la voiture rêvée par sa mère; mais elle était en bon chemin pour l'obtenir, car le comte Henri, bien qu'âgé de vingt ans à peine, disposait, d'après les apparences, d'une fortune considérable; il était galant, généreux, s'enthousiasmait facilement.

Une seule chose obscurcissait aux yeux de Floretta toutes ces belles et bonnes qualités; Henri était mélancolique, triste même, et lorsque le sourire apparaissait sur ses lèvres, il n'était ordinairement que le précurseur d'un soupir qui semblait annoncer d'amers regrets ou de cuisantes pensées.

Floretta avait pris une femme de chambre, Mme Kram avait résigné une partie de ses fonctions entre les mains d'une cuisinière de choix; on avait renouvelé l'ameublement de l'appartement voisin des salons de Véfour.

Mais tout cela était précaire, il n'y avait rien de positivement arrêté. Henri faisait de riches présents; il oubliait des rouleaux d'or sur la toilette de Floretta, ou il glissait un billet de banque dans les boucles soyeuses des cheveux de la jolie fille; mais il n'avait pris aucun engagement, et c'était là qu'il s'agissait de l'amener.

« Monsieur Gédéon, disait un jour Mme Kram au musicien, c'est bien mal à vous d'empêcher ainsi une pauvre jeune fille de faire son chemin. Dire qu'il s'en faut de si peu qu'elle ait un avenir assuré, et qu'elle est sans cesse sur le point de tout sacrifier à une amourette qui ne peut la mener à rien.

— Qu'est-ce que vous dites donc, madame Kram?... L'amour de l'art, l'amour de l'artiste aidant, la mènera aux premiers emplois, c'est moi qui vous le dis; de même que la haine de l'artiste suffirait pour la perdre à jamais.... Ah! vous ne savez pas ce que c'est qu'un *fa* lancé pour un *la* en temps utile, qu'une chanterelle qui casse au milieu d'un couplet à effet, qu'un canard de clarinette au moment d'une entrée!...

— Oui, oui, M. Gédéon, je comprends : vous nous avez été très-utile.... vous nous avez rendu service.... mais il me semble que vous n'avez pas à vous en repentir : Floretta vous adore....

— C'est-à-dire que nous nous adorons, et voilà justement pourquoi elle a passé sur le ventre à toute la troupe de fer-blanc pour obtenir un rôle un peu chicolard et chocnosophe dans la pièce nouvelle : elle a suivi mes instructions, et elle est arrivée.... Elle grandit, je grandis.... Encore un petit peu de temps, et je quitte la petite flûte pour la trompette à piston.... Alors nous devenons des géants; nous faisons l'admiration de toutes les têtes couronnées de l'Europe et autres départements.... Nous amassons une fortune colossale; nous humilions les directeurs; nous les obligeons à ramper à nos pieds comme des reptiles sans domicile connu.... Tels sont mon programme et mes convictions.... Et les convictions font l'homme, madame Kram!

— C'est superbe, je ne dis pas non; mais il me semble qu'il serait très-agréable d'avoir, pour attendre toutes ces belles choses, une trentaine de mille livres de rentes, une bonne voiture et tout ce qui s'ensuit; eh bien! il est certain que Floretta aurait bien vite tout cela si vous le vouliez.

— Tiens, tiens, tiens! c'est une idée comme une autre; en effet, je ne vois pas trop ce qui pourrait m'empêcher d'économiser quelques centaines de mille francs sur mes appointements payables par douzièmes de soixante-quinze livres chacun.... Madame Kram, la chose mérite d'être examinée; j'y penserai, je vous en donne ma parole d'honneur.

— Ah! Gédéon, que vous êtes un terrible homme! je veux dire que si vous vouliez vous donner la peine de raisonner un peu Floretta, vous lui feriez aisément comprendre tout le tort qu'elle se fait en manquant si souvent d'égards envers M. le comte qui est si bon, si généreux.... Il n'en serait ni plus ni moins pour vous, un homme d'esprit.... un artiste.

— Nécessairement d'autant plus que la chose est généralement reçue comme affaire de goût.... question d'art sous le point de vue philosophique. Mais vous comprenez que pour faire de la morale à cette chère petite, j'aurais besoin de la voir plus souvent, et qu'il ne faudrait pas me répondre chaque fois que je viens ici : Mademoiselle est sortie, ou mademoiselle dort, etc., etc., etc.

— Eh bien! vous aurez les coudées franches, mais à condition....

— Je ne demande pas huit jours pour en faire la plus raisonnable des jolies femmes. »

Dès ce moment, Gédéon eut accès à toute heure dans la maison de Floretta, et il eut d'autant moins de peine à convaincre la jolie fille de la nécessité de bien accueillir son riche protecteur, que la pauvre petite commençait à s'apercevoir du néant de cet esprit si joyeux, si ridicule en apparence, et qui n'était en réalité qu'une espèce d'horloge, répétant les mêmes choses aux mêmes heures, et n'était original qu'au premier tour du cadran.

Henri gagnait donc dans l'esprit et même dans le cœur de Floretta tout ce que le musicien y perdait; bientôt elle n'en vint à ne supporter ce dernier que comme une nécessité; puis enfin, vint le moment où elle voulut rompre entièrement avec lui : mais alors l'homme-horloge, la machine à jouer de la flûte s'imposa, et ce qu'il perdait en amour, il voulut qu'on le lui comptât en espèces; des scènes violentes éclatèrent : Floretta manqua ses entrées, chanta faux, eut la voix couverte dans les finales à effet. Gédéon avait fait appel à la camaraderie, et la jeune comédienne sentit bien vite qu'elle tenterait vainement de soutenir la guerre contre de si terribles puissances. Elle essaya de se faire un appui du directeur; mais le directeur *digérait*, tandis que le régisseur *dirigeait* :

Quand Auguste avait bu, la Pologne était ivre.

Et les plaintes de la pauvre enfant se perdaient dans l'espace.

Et maintenant, n'est-il pas honteux, horrible d'entendre la plupart de ces fauteurs de prostitution, de dépravation, vanter l'amélioration morale de l'art et des artistes dramatiques?... L'art est ce qu'il est, vandales! et il reste ce qu'il est en dépit de vos efforts pour l'abâtardir; quant aux artistes, aujourd'hui comme autrefois, ils forment deux catégories bien distinctes : l'une composée de gens de cœur, doués d'un esprit élevé, de nobles instincts ; l'autre, se vautrant dans les plus hideux sentiers du vice, et que le monde repousse toujours à juste titre comme objets de dégoût.

Henri semblait être toujours amoureux dans les mêmes termes; c'est-à-dire que son amour se tenant toujours dans les mêmes limites, se traduisait par des paroles affectueuses, une grande générosité, peu d'exigences et point de jalousie, dernière observation que Floretta ne tarda point à faire, et qui lui causa une sorte de douleur, de désenchantement, de désillusion dont elle n'avait pas eu l'idée jusqu'alors. Elle se prit à aimer Henri, toujours triste, il est vrai, mais jeune, beau, dont toutes les actions et le langage étaient empreints d'une délicatesse exquise. Et à mesure que son esprit se modifiait en ce sens, Gédéon lui devenait de plus en plus insupportable; ce qui ne l'empêchait pas, lui, de devenir de plus en plus exigeant, et cela alla si loin, que Floretta se sentit indignée à la fois du rôle qu'il jouait, et de celui qu'il lui faisait jouer. Des querelles hideuses éclatèrent, mais ne purent avoir pour résultat de dégager la jeune fille des serres du vautour qui le premier s'était emparé d'elle.

En vain Mme Kram fit-elle, dans cette circonstance, alliance avec sa fille. Gédéon se maintint dans la position qu'il avait prise : il se passait peu de jours sans qu'il mît effrontément à contribution cette jeune fille si fatalement poussée à l'abjection la plus complète.

« Écoutez donc, mes chères colombes, répondait-il, lorsque la mère et la fille se réunissaient pour lui reprocher sa mauvaise conduite ; ce qui est écrit en *ré majeur* ne se joue pas en *mi bémol*, et ce n'est pas pour récolter des laitues qu'on sème des carottes. Diable! mes houris, parce qu'on veut changer d'air, ce n'est pas une raison pour briser l'instrument. Je pouvais parfaitement agir en tyran, mépriser la fortune et conserver mes droits dans toute leur intégrité, je pouvais vous imposer des lois : j'ai mieux aimé être bon prince, et en reconnaissance de tant de bons procédés, vous manifestez l'intention de me traiter en chien d'aveugle ; mais, je vous le déclare, je n'accepte pas la position.... mille millions de trombonnes! la première clarinette fera quinze cents canards, vous entendrez péter un nombre indéterminé de chanterelles, la basse vous assommera, le hautbois vous écorchera, la trompette à piston vous disséquera avant que vous soyez parvenues à me faire rompre d'une semelle.... Mes enfants, l'or est une chimère ; c'est une vérité de vaudeville proclamée par un académicien, et dont vous ne faites pas assez de cas. Mon Dieu! je ne suis pourtant pas si terrible ; qu'est-ce que je vous demande après tout? de partager le gâteau, et voilàlà! Un peu d'amour et du quibus en suffisante quantité, moyennant quoi : paix perpétuelle, protection envers et contre tous.

— Mais je n'en veux point de ta protection, misérable! lui cria un jour la jeune fille.

— Vrai, bichette? fit-il avec un sourire goguenard ; eh bien! nous verrons comment tu t'en passeras ce soir. »

Ce soir-là même, en effet, la pauvre enfant manqua toutes ses entrées : elle chanta faux, sa voix fut couverte dans tous les mots à effet, et les *chut! chut!* remplacèrent les applaudissements ordinaires. Le lendemain Henri, déjeunant avec la gentille comédienne, s'efforçait de la consoler du revers de la veille ; contre l'ordinaire, il était presque gai, sa parole était enjouée et facile ; Floretta ne l'avait pas encore vu aussi aimable. Tout à coup cet épanchement de douce gaieté fut interrompu par des cris violents partant de l'antichambre.

« Vous n'entrerez pas! criait Mme Kram.

— Qu'est-ce que c'est? fit une voix avinée, est-ce que nous ne sommes pas ici dans nos domiciles respectifs.... Ah! ah! vous n'en avez donc pas assez de l'échantillon?... On vous a pourtant donné un *la* passablement soigné ; eh ! allez donc! les amis de nos amis vous en montreront plus que vous n'en voulez voir.

— Sortez, malheureux ! sortez sur-le-champ!

— Que je sorte, moi, Gédéon, élève du Conservatoire et autres lieux connus? Allons donc! Tenez, ma vieille, je ne serai pas dur, vu la circonstance d'un ami qui m'attend quelque part où je l'ai laissé en gage : dix roues de derrière, autrement dit cinquante balles, et je respecte l'incognito du particulier dont j'entends résonner la fourchette.... »

Il avait à peine prononcé ces dernières paroles lorsque la porte de la salle à manger s'ouvrit avec violence et livra passage à Henri qui s'élança sur Gédéon et le saisit au collet.

« Que veux-tu, misérable? Que demandes-tu? s'écria le comte en secouant violemment le musicien.

— Je suis chez moi et je veux y être le maître, répondit Gédéon en s'efforçant de se dégager.... Cette femme est à moi et non à vous ; la preuve, c'est que vous la payez et que je ne la paye pas, moi !

— Infâme! tu veux donc que je t'écrase sous mes pieds.... que je te serre la gorge avec tes sales paroles?... »

Mme Kram s'empressait de fermer les portes et les fenêtres, tandis que Floretta suppliait Henri de faire grâce à cet infâme.

« Eh! pourquoi, ma toute belle, disait Henri, m'empêcher d'écraser cet insecte qui vous a souillée et qui a la prétention de vous souiller encore?... Crie merci, misérable! crie grâce, et merci aux genoux de cette pauvre enfant; demande-lui pardon ; promets d'être désormais respectueux envers elle, ou, sur mon âme, je vais t'écraser comme une chenille !... »

Mais Gédéon était incapable d'entendre ces conditions ; la terreur avait paralysé ses membres, et il ne lui restait de force que pour pousser des cris sauvages. Henri furieux le prit à bras-le-corps pour le jeter dans l'escalier ; mais alors les cris redoublèrent, les voisins accoururent et arrachèrent Gédéon des mains du jeune comte; puis comme le musicien continuait à hurler et à crier à l'assassin, la force armée arriva bientôt sur le lieu de cette scène.

Or, lecteurs, savez-vous ce que c'est que la force armée dans la capitale du monde civilisé? Savez-vous ce que c'est qu'un sergent ou un caporal suivi de quatre hommes portant la baïonnette au bout du fusil? Ce sergent ou ce caporal, c'est un juge souverain ; les quatre hommes qui le suivent sont les exécuteurs des sentences qu'il improvise. La charte, qui est une vérité, comme chacun sait, dit : Le domicile d'un citoyen est inviolable; ce qui n'empêche pas le caporal et ses quatre hommes de violer toutes sortes de domiciles sans plus s'occuper de la charte que de leur première cartouche. La charte dit que nul ne peut être arrêté sans mandat, hors le cas de flagrant délit, ce qui n'empêche pas le caporal et ses quatre hommes d'arrêter partout et toujours à la réquisition du premier venu. Voilà comment, après trois ou quatre révolutions, on entend la liberté individuelle dans *notre belle France* qui me fait, à moi, l'effet d'un fort sot pays[1]. (*J'invoque la liberté des opinions.*)

Donc, aux cris de Gédéon, le caporal et ses quatre hommes arrivèrent : le musicien hurlait; le jeune comte ne disait rien ; donc Gédéon était le plaignant. Ainsi jugea le caporal, qui, faisant l'application de sa doctrine, ordonna à ses hommes de saisir le comte Henri et de l'emmener au poste ; ce qui fut aussitôt exécuté.

CHAPITRE LIII.

Fragment des confessions de Pied-de-Fer.

Le lendemain de la scène que nous venons de rapporter, le comte Henri entrait chez son père adoptif, le prince Mafiolini qui l'avait fait appeler.

« Mon cher Henri, dit le prince, je doute encore de mes yeux, de mes oreilles ; il me semble que j'ai rêvé. Est-il bien possible que toi, d'ordinaire si posé, si calme, tu te sois fait arrêter dans un mauvais lieu, à la suite de violences incroyables et qu'on ne pardonne qu'aux gens de mœurs grossières? Ce bon Lambert voulait me cacher cette déplorable aventure; mais dans sa précipitation à voler à ton aide, il a laissé tomber le billet que tu lui avais écrit du corps de garde, et c'est moi qui l'ai ramassé. Et puis je t'ai vu d'ici descendre de voiture, le visage souillé, les mains ensanglantées, les vêtements en désordre.... Que t'est-il donc arrivé, mon ami? c'est de toi que je veux le savoir.

— Presque rien, mon bon père, répondit le jeune homme en baissant la tête pour dissimuler autant que possible la rougeur qui couvrait son visage. Une rencontre fâcheuse.... Personne, vous le savez, n'est entièrement à l'abri des insultes de certains misérables qui se font un point d'appui de leur abjection même.... Un cas fortuit, tout à fait imprévu....

— Oh! Henri, tu es mal habile à dissimuler, mon ami, et je t'en félicite sincèrement. Ne tente donc pas l'impossible, et dis-moi vrai. Voyons : il s'agit d'une figurante, beauté facile, près de laquelle tu aurais cherché des distractions. Si c'était là tout, je ne t'en parlerais point ; je laisse-

---

1. Nos lecteurs se rappelleront que ceci était écrit il y a une trentaine d'années. L. de V.

rais à ta raison le soin de t'éclairer, de te démontrer le danger de ces relations si faciles en apparence, et dont les conséquences peuvent être si graves; mais toi, l'enfant au noble cœur, aux généreux instincts, te faire le champion d'une créature flétrie par la débauche, aller te prendre corps à corps avec un de ces hommes dont le contact même involontaire est une souillure, cela n'est pas dans l'ordre des faits ordinaires de la vie : il faut qu'il se soit opéré dans ton esprit quelque grande perturbation.

— Eh bien! oui, mon père, s'écria le jeune homme en relevant la tête; oui, je souffre.... je souffre horriblement.... Et j'ai cherché un adoucissement, un dérivatif au mal qui me dévore.

— Tu souffres, enfant, reprit Adrien après un silence de quelques instants, tu souffres, et tu es muet avec moi.... et tu sembles fuir la présence de ta bonne mère adoptive, ma bien-aimée Régine, qui t'aime comme le fruit de ses entrailles, et à laquelle un bienheureux hasard t'a fait si ressemblant!... Mais c'est presque un crime, Henri! »

Le jeune comte se jeta dans les bras de son père adoptif.

« Je suis bien coupable, dit-il, mais je craignais tant de vous affliger!... Père, je suis amoureux!...

— Pardieu! je m'en doutais bien, interrompit Adrien en souriant; mais c'est là une douce maladie que le temps guérit toujours parfaitement sans le concours des médecins. Maintenant je devine tout le reste : tu es amoureux; la dame de tes pensées te tient rigueur; cela te désole, et tu cherches des compensations parmi les beautés faciles qu'éclaire le soleil de la rampe. Mais cela, Henri, n'excuse pas les violences auxquelles tu t'es livré; cela ne pouvait ou ne devait pas te faire oublier le respect de toi-même, le respect que tu dois au nom que tu portes.... au mien.

— Non, non, mon bon père, cela ne m'excuse pas; mais vous ne savez qu'une faible partie de mes tourments. Voici la vérité tout entière : Vous savez que nous avons souvent rencontré dans le monde, l'hiver dernier, la baronne de Hersdelberg....

— Oui.... Hersdelberg.... nom fâcheux.... Pourtant il est possible qu'il n'y ait pas identité.... Continue, Henri.

— Ce que vous dites me rappelle que vous évitiez cette dame; mais moi, mon bon père, je la recherchais; une puissance irrésistible m'attirait près d'elle; car là était un ange, Wilhelmine, fille unique de la baronne, blonde, au regard céleste, à la parole divine, dont la main tremblait dans la mienne, lorsque nous allions prendre place à un quadrille, dont la belle et pure voix était délicieusement émue lorsque nous chantions ensemble, dont l'haleine embaumée m'a soufflé ce mot qui s'est gravé dans mon cœur : j'aime!... Ah! mon bonheur était trop grand pour être durable. Je m'étais fait présenter chez Mme de Hersdelberg dont les soirées sont toujours fort brillantes; je n'en manquais pas une, et j'y étais toujours parfaitement accueilli, lorsqu'un soir, au moment où je venais d'entrer dans le salon, Mme de Hersdelberg me fit inviter à passer dans son appartement.

« Monsieur, me dit-elle dès que nous fûmes seuls, des amis de ma famille ont appelé mon attention sur vous. Vous vous faites appeler le comte Henri, et je me crois suffisamment autorisée à vous demander si cette qualité vous a été transmise par vos auteurs.

— Cette qualité m'appartient, ai-je répondu, et j'y joins celle de fils adoptif du prince Mafiolini. Mais quels sont, je vous prie, madame, la cause et le but de cette espèce d'interrogatoire?

— La cause, monsieur le comte, vous la savez aussi bien que moi; le but, le voici : Je supplie son altesse, votre père d'adoption, et je vous supplie vous, monsieur le comte, de cesser vos visites ici. Je vous demande pardon de la nécessité où je me trouve d'en agir ainsi, monsieur; mais le malheur des temps est la seule cause de tout ceci. Ce n'est pas ma faute si la noblesse du prince ne remonte pas à trente ans, et si la vôtre, monsieur, est quelque peu douteuse.... Veuillez donc, monsieur, me pardonner ces paroles fâcheuses, et vous conformer aux vœux de la famille Hersdelberg dont je suis l'interprète. »

Je m'inclinai et je partis, la honte sur le front et la mort dans le cœur.... Mais voilà que vous pâlissez, la sueur perle sur votre front.... Ah! j'aurais dû me taire, accepter vos reproches et me taire toujours!....

— Non, enfant, non, il ne fallait pas te taire, et tu as bien fait de parler, s'écria Adrien.... La baronne de Hersdelberg!... Ah! c'est le ciel qui la jette ainsi sur mon passage.... Console-toi, Henri, cette femme si altière, si insolente, avant vingt-quatre heures elle sera à mes genoux, aux tiens si tu le veux; elle nous demandera pardon; elle implorera notre pitié....

— Non, non, mon père; qu'il n'en soit pas ainsi, je vous en conjure; n'infligez pas à la baronne un si rude châtiment, qui rejaillirait sur Wilhelmine, la douce et divine enfant.... La baronne m'a fait horriblement souffrir, il est vrai; si je n'avais été retenu par la crainte de vous affliger, vous, mon bon père et ma mère bien-aimée, je me serais fait soldat, j'aurais quitté la France; comme vous, père, j'aurais payé de mon sang le titre que je porte.... Mais je songeais à vous, à la douleur que vous eussiez ressentie.... Et pourtant cela eût été digne de votre fils, je souffrirais aujourd'hui de votre douleur et de la mienne; mais je n'aurais pas à rougir devant vous....

— Ne parlons plus de cela, Henri; il n'y aurait à rougir de cet accident que s'il devait se renouveler, et je suis tranquille sur ce point. Mais parlons de ta Wilhelmine ; tu es donc bien vivement épris de cette blonde enfant?

— Je l'aime à ce point, mon père, que, sans elle, il ne peut y avoir de bonheur pour moi en ce monde.

— Et tu es sûr d'être aimé?

— Mon bon père....

— Oui, oui, c'est entendu ; on est toujours sûr de cela, dans le commencement, sauf à en rabattre quelque chose plus tard. Au reste, j'approuve ton choix, mon ami; je l'approuve parce que je me souviens, un peu confusément il est vrai, des goûts et de l'esprit de Mlle de Hersdelberg, et qu'il serait injuste de la rendre responsable de l'injure que sa mère nous a faite. Calme-toi donc, mon ami, car je puis te donner l'assurance que tout cela s'arrangera à ta satisfaction; et pour commencer, l'altière baronne nous fera des excuses écrites.

— Oh! mon père....

— Il faut qu'il en soit ainsi, Henri. J'aime ta générosité; mais la raison vaut mieux. Va, enfant, accorde quelque repos à ton cerveau, et compte sur un bon résultat.

— Mais si la demande que vous voulez faire m'attirait sa haine....

— La haine de la jeune fille? C'est impossible. Elle t'aime, et l'objet aimé n'a jamais tort; c'est un axiome de mon jeune temps qui a conservé toute sa valeur. Quant à la baronne, je la ferai tellement humble et soumise que tu n'auras jamais à la redouter. Laisse-moi maintenant, enfant; j'ai besoin d'être seul. Demain, à pareille heure, j'aurai à te donner de bonnes nouvelles. »

Henri s'étant retiré, le prince s'enferma dans son cabinet; là il prit dans un coffre-fort une cassette d'ébène de laquelle il tira un manuscrit assez volumineux et soigneusement enveloppé; il l'ouvrit, et pour la millième fois peut-être, depuis quinze ans, il relut ces lignes écrites sur la première page :

« Ce cahier contient mes confessions; je désire
« qu'il soit remis le plus promptement possible
« au prince Mafiolini (Adrien Boisemont), qui y
« trouvera d'utiles enseignements et l'explication
« de faits importants. J'impose néanmoins l'obli-
« gation au prince de ne pas lire avant l'année
« 1841 les trente dernières pages de cet écrit, les-
« quelles sont sous bandes et cachetées. »

« Encore un an, dit-il en soupirant, et ce grand secret me sera enfin révélé! Dieu sait avec quelle impatience j'attends la venue de ce grand jour, et pourtant je n'y saurais penser sans éprouver une sorte de terreur.... Mais il s'agit d'autre chose en ce moment ; relisons donc ce qui concerne cette fière baronne de Hersdelberg; car c'est bien son nom qui est écrit là; c'est bien d'elle qu'il est question. Malheureuse femme, tu crois ce terrible secret ignoré de tous; tu ne doutes pas que le temps et la mort aient anéanti jusqu'aux moindres traces de ton crime, et tu oublies que la volonté de Dieu suffit pour faire, des ténèbres les plus profondes, jaillir la lumière. »

Adrien feuilleta le manuscrit pendant quelques instants ; puis il s'arrêta à une page sur la marge de laquelle était attaché un billet de quelques lignes dont l'encre avait jauni.

« C'est ici que cela commence, dit-il encore, relisons donc. »

Et il lut :

« .... C'était au commencement de 1804 ; le Petit-Duc m'avait confié le commandement d'une subdivision de la compagnie, et je ne négligeais rien pour me montrer digne de cette destination. Nous exploitions alors le département de l'Eure, et je m'étais signalé par quelques brillants coups de main, en dépit de toute la gendarmerie du pays et de deux régiments de cavalerie mis à nos trousses par le gouvernement consulaire qui commençait à nous faire une rude guerre. Il est vrai que, d'un autre côté, nous étions admirablement servis. Retirés et parfaitement en sûreté dans le château de Goury, à quatre lieues de Vernon, nous avions pour auxiliaires une partie des gentillâtres du pays, récemment venus de l'émigration, pendant laquelle ils avaient achevé de se ruiner, et que le premier consul avait appelés à certains emplois dans l'espoir d'opérer une fusion qui était impossible, manquant du courage nécessaire pour se mettre dans nos rangs. Quelques-uns de ces personnages nous servaient d'espions et nous renseignaient en même temps sur les mesures prises contre nous, et sur l'opportunité des expéditions projetées. Nous savions au juste le jour où les caisses des receveurs de l'enregistrement étaient le mieux garnies, combien il se trouvait de numéraire dans celles des percepteurs de contributions, etc., et les diverses brigades envoyées contre nous ne recevaient pas un ordre, ne faisaient pas un mouvement sans que nous en fussions instruits sur-le-champ.

« Ainsi que je l'ai dit, nous ne nous en tenions pas toujours aux caisses publiques; à défaut de l'argent de la république, nous nous rabattions volontiers sur celui de ses sujets, et en cela, nous étions encore parfaitement renseignés par les honnêtes gens dont je viens de parler, lesquels faisaient leur métier en conscience, moyennant un droit de tant pour cent sur le produit des expéditions qui leur était religieusement payé; car nous étions, sous ce rapport, de très-honnêtes bandits

J'entendis derrière moi les pas d'un cheval. (Page 225, col. 1.)

qui nous serions fait scrupule de manquer à nos engagements, ce qui nous maintenait en grande estime dans un certain monde.

« Nous étions donc au château de Goury depuis quelques jours, moi et les hommes sous mes ordres, parmi lesquels était Nezel le *Boulanger-Noir*[1], et plusieurs autres des plus redoutables de la bande. J'avais eu, ce jour-là, la fantaisie de chasser dans les environs, et vers le soir, mon fusil double sous le bras, et mon carnier bien garni, je revenais au château. Déjà je n'étais plus qu'à quelques pas de l'entrée principale, lorsque j'entendis derrière moi les pas d'un cheval lancé au galop. D'un même temps, j'arme mon fusil et je me retourne. Le cheval s'arrête aussitôt; il était monté par une femme qui me parut jeune, quoique je ne pusse voir les traits de son visage cachés par une sorte de demi-voile attaché à son chapeau d'amazone. « Aurions-nous quelque chose à nous « dire, madame? » lui demandai-je aussitôt. C'était la locution ordinaire entre nous et nos affidés, une sorte de mot d'ordre permanent que nous avions adopté pour les cas ordinaires, indépendamment de nos autres signes de reconnaissance. J'attendais une réponse, et je tenais mon fusil armé, crainte de surprise. La réponse ne vint pas; mais je vis tomber à mes pieds quelque

1. Bandits fameux connus sous le nom de chauffeurs.

chose de blanc et fort peu volumineux, et au même instant, la mystérieuse amazone tourna bride et disparut. Je ramassai alors l'objet tombé à mes pieds; c'était un carré de papier dans lequel on avait enveloppé une pièce de monnaie afin de pouvoir le lancer à une certaine distance. Un billet jeté par une belle inconnue, c'était un commencement d'aventure qui promettait; je rentrai en toute hâte, et dès que je fus seul, je lus ce singulier message ainsi conçu :

« Le château de Broville, près de Vernon, sur
« la rive gauche de la Seine, est habité depuis
« huit jours par le nommé Bourjol, ancien four-
« nisseur des armées de la république, qui a
« acheté ce domaine pour y enfouir ses immenses
« richesses, produits de la plus honteuse rapine.
« Demain soir, samedi, et pendant toute la nuit et
« la journée du dimanche, Bourjol sera presque
« seul au château, des mesures étant prises pour
« en éloigner ses gens, afin que l'on puisse en
« toute sécurité faire dégorger la sangsue, ce qui
« ne sera pas facile. C'est le cas d'employer les
« grands moyens et de ne pas oublier que les
« morts sont muets. »

« Ce n'était pas une aventure de ce genre que j'avais espéré, et je fus un peu désappointé, mais je n'en fis pas moins mes préparatifs pour l'expédition indiquée.

« Le samedi, à onze heures du soir, mes douze hommes et moi, pénétrions dans le château de Broville, par la fenêtre d'un pavillon extérieur attenant à la grille d'entrée ; un quart-d'heure après, deux femmes de service et un domestique, étaient étendus pieds et poings liés, dans une salle basse ; à onze heures et demie, je brisais d'un coup de pied la porte de la chambre à coucher de l'ex-fournisseur républicain Bourjol qui n'était pas encore couché ; au premier bruit, il s'était armé de pistolets. Lorsque nous entrâmes, il fit feu ; mais au moment où il allongeait le bras, je relevai son arme avec le canon de ma carabine, et sa balle alla frapper le plafond.

« Assez de gestes, lui dis-je, en achevant de le désarmer, c'est d'autre monnaie que cela qu'il nous faut : tu as pillé la république, et tu as bien fait, aussi nous aurons des égards pour ta personne, et nous te traiterons en bon camarade, pourvu que tu te comportes convenablement. Tu as acheté des maisons, des terres, tu les garderas ; nous nous contenterons pour notre part du numéraire enfoui ici.

« — Vous êtes dans l'erreur, répondit-il, il y a huit jours à peine que je suis ici ; le château est presque entièrement démeublé ; il est en outre mal gardé, et quelques-uns de ces murs tombent en ruines. Vous conviendrez que le lieu serait assez mal choisi pour déposer des trésors en supposant que je fusse aussi riche que vous le croyez.

« — C'est déjà trop raisonner, triple diable ! s'écria Nezel, qui était toujours le plus impatient de la bande. C'est de l'argent qu'il nous faut.

« — Je vous jure, répliqua le fournisseur, que je n'en ai pas d'autre ici que celui que voici. »

« Et il tira de sa poche une bourse assez bien garnie, qu'il me présenta.

« Puisque tu ne veux pas parler dans le bon style, reprit Nezel, nous allons te dégourdir la langue, en commençant par l'autre bout de ton individu. »

« A ces mots, il saisit une chaise qu'il brisa, et la jeta dans la cheminée pour raviver le feu qui était allumé ; deux autres préparèrent des cordes ; nous allions procéder à une de ces exécutions qui nous avaient si justement mérité le nom de chauffeurs, et cette fois, la résistance semblait devoir être longue, car la victime paraissait ne pas manquer de résolution.

« Vous me tuerez, nous dit-il, avec beaucoup de sang-froid, et vous aurez pris une peine inutile, car, je vous le répète, il n'y a pas d'argent ici.

« — Nous sommes trop bien informés pour ne pas savoir que tu mens, lui dis-je à mon tour ; tiens, lis, et hâte-toi de t'exécuter si tu ne veux pas que l'on te dégraisse d'une autre manière. »

« Pour le convaincre de l'inutilité de ses dénégations, je lui présentai le billet dont j'ai rapporté plus haut le contenu. Il le prit d'une main assurée, et s'approcha de l'un des flambeaux placés sur la cheminée ; mais, à peine eut-il jeté les yeux sur l'écriture, qu'il fut saisi d'une espèce de tremblement convulsif, ses yeux devinrent hagards, ses cheveux se hérissèrent, il serra les poings, et s'en frappa violemment le visage, en s'écriant :

« Ma femme, mon Dieu ! ma femme !... l'âme de ma vie ; l'élue de mon cœur... c'est elle qui m'assassine !... »

« Et, profitant de la surprise que nous causaient ces paroles, il saisit le pistolet que j'avais posé sur un meuble après le lui avoir enlevé, et il se fit sauter la cervelle.

« Pendant que Nezel poussait du pied ce malheureux, pour s'assurer qu'il était mort, je repris le billet resté dans sa main crispée, et je le remis dans ma poche, quoiqu'il fût taché de sang, me réservant d'éclaircir plus tard ce mystère si j'en trouvais l'occasion. Ce fut inutilement ensuite que nous usâmes de notre moyen ordinaire pour obtenir des trois domestiques des renseignements sur le lieu où étaient déposées les richesses de leur maître ; les malheureux ne savaient rien, et après de longues et infructueuses recherches, nous fûmes contraints de nous contenter du faible butin qui s'était d'abord offert à nos regards.

» Quatre ans après, j'arrivais à Paris après mon évasion du bagne. Les chauffeurs n'existaient plus comme bandes ; un grand nombre de mes anciens compagnons avaient été arrêtés, jugés, condamnés, exécutés ; d'autres erraient misérablement sur tous les points de l'Europe ; les moins malheureux, et les plus prudents, ceux qui avaient fait des économies, vivaient assez tranquillement à Paris, attendant que quelque événement favorable leur permît de se remettre en campagne ; je les retrouvai assez facilement, et, l'un d'eux, grâce au souvenir de cette autorité que j'avais exercée, et peut-être aussi en considération de la vigueur de mes poignets et de l'usage que j'en savais faire, me rendit un dépôt assez important que j'avais fait autrefois dans une de nos retraites communes ; c'était une malle assez bien garnie, dans laquelle je retrouvai au milieu d'autres papiers, le billet ensanglanté qui avait causé la mort du fournisseur républicain. Je songeai alors à tirer parti de cette pièce, pour rétablir mes finances, fort délabrées en ce moment. Je pris des informations, et j'appris bientôt que mademoiselle de Mafredan, fille du ci-devant comte de ce nom, et veuve de l'ancien fournisseur Bourjol, avait épousé, après un an de veuvage, le baron de Hersdelberg, en ce moment attaché à la légation prussienne à Paris. J'écris aussitôt à la belle baronne pour en obtenir audience. Il s'agissait, disais-je, de choses de la plus haute importance, de papiers sérieux dont le hasard m'avait rendu dépositaire, et qui pouvait compromettre l'honneur et la fortune de personnes qui devaient être bien chères à Mme de Hersdelberg. L'entrevue m'est accordée. Nous voici tête-à-tête.

« La baronne était alors une des plus jolies femmes de Paris; à peine étais-je entré dans le salon où elle m'attendait que son regard perçant s'attacha sur moi. Je ne sais si elle m'avait vu avant le jour où son mystérieux billet m'avait été lancé si singulièrement, mais je compris au mouvement de sa physionomie qu'elle ne me reconnaissait point; quant à moi, je reconnus parfaitement en elle l'amazone de Goury.

« — Monsieur, je vous écoute, dit-elle en m'indiquant de la main un siège placé à une certaine distance de celui qui lui était destiné.

« — Madame, répondis-je, je suis un fort triste orateur, et quoique je sache parfaitement ce que je viens faire ici et ce que j'y dois dire, je ne sais trop comment m'y prendre pour commencer convenablement.... Il s'agit d'une femme issue de noble famille, qui était belle et jeune au temps où se sont passés les événements que je veux rappeler, et qui est jeune et belle encore aujourd'hui. Fille d'un comte, le malheur des temps l'obligea à épouser un roturier. Ce dernier était vieux, laid, commun; mais il était amoureux et riche....

« — Monsieur, dit sévèrement la baronne en m'interrompant, est-ce pour me faire un conte à dormir debout que vous m'avez demandé un entretien particulier?

« — Je me doutais bien de ce qui arrive, repris-je; mon commencement ne vaut rien, et voilà ce que c'est que de vouloir forcer la nature; je redeviens donc moi-même, et je dis rondement : le mari était un ancien fournisseur des armées; sa femme qui le détestait le fit assassiner, et elle épousa ensuite un baron prussien.... Pensez-vous encore que cela ait l'air d'un conte, madame ? Dans tous les cas, je crois qu'il serait plutôt de nature à troubler votre sommeil qu'à le provoquer.

« — Quoi, misérable ! s'écria la baronne en se levant hors d'elle-même, c'est pour m'outrager aussi indignement que vous vous introduisez chez moi !... Oh! je vous ferai repentir de tant d'audace et d'infamie.

« Elle s'élança vers le cordon d'une sonnette.

« — Madame, lui dis-je en lui saisissant le bras, s'il entre quelqu'un ici avant que j'en sois sorti, vous êtes perdue. Vous m'entendrez jusqu'au bout; vous ferez droit à mes justes réclamations, ou cette belle tête que le feu de la colère anime en ce moment tombera bientôt sous la main du bourreau.... Madame, vous avez fait assassiner votre mari; mais vous n'avez pas payé l'assassin, et je viens vous offrir de vous donner quittance.

« Mme de Hersdelberg se laissa retomber sur son fauteuil sans répliquer un mot; son regard si vif tout à l'heure s'éteignit, une pâleur mortelle succéda à la rougeur qui avait d'abord animé ses traits.

« — Oh! c'est affreux, dit-elle avec des larmes dans la voix; insulter ainsi une femme sans défense; mais ni les outrages, ni les menaces ne m'empêcheront d'obtenir justice; on fera des accusations portées par un infâme calomniateur le cas qu'elles méritent.

« — Remettez-vous, madame, et causons tranquillement, car je suis venu non pour déclarer la guerre, mais pour demander la paix, et c'est pour l'obtenir que je prétends réduire la question à sa plus simple expression. J'étais, madame, il y a quatre ans, un assez rude compagnon dont l'audace était connue de beaucoup de gens. J'avais établi mon quartier-général au château de Goury. Un jour, tout près de cette habitation, une charmante amazone m'aborda, et, sans prononcer un mot, me jeta un billet que je ramassai. Ce billet contenait, ou à peu près, l'ordre de tuer, et....

« — Mon Dieu ! mon Dieu ! n'aurez-vous point pitié de moi !...

« — Et je ne tuai point, repris-je; mais la victime désignée vit le billet, reconnut l'écriture de sa femme, et tel fut le désespoir de ce malheureux qu'il se fit sauter la cervelle. L'auteur de cet écrit promettait un riche butin à l'homme, déterminé auquel il s'adressait; le butin fut nul ou à peu près; il y a donc compte à faire, d'autant plus que cet auteur est riche, et que son complice est en ce moment dans une position de fortune très-fâcheuse.

« — En résumé, dit Mme de Hersdelberg qui s'était un peu remise, c'est de l'argent, et vous appuyez cette demande d'une fable plus ou moins vraisemblable.

« — Je l'appuie sur un titre, madame; car ce billet, je l'ai gardé. Il est en ce moment entre les mains de mon compagnon fidèle qui en ferait l'usage que je lui ai indiqué, si ma liberté était menacée.

« — Et quel prix mettez-vous à cet objet, demanda-t-elle presque bas.

« — Un prix bien élevé; car je suis résolu à ne m'en dessaisir qu'après une longue suite de bons procédés.

« — Eh bien! dit la baronne en recouvrant subitement toute son énergie, que ce secret demeure éternellement entre nous, et tant que vous n'exigerez pas de choses impossibles, vous serez satisfait.

« L'entretien dura encore quelques instants, et il fut suivi de beaucoup d'autres du même genre. Ma position financière s'améliora rapidement; mon exigence fut sans bornes, et depuis longtemps déjà l'orgueilleuse baronne n'avait plus rien à me refuser lorsque la guerre éclata entre la France et la Prusse ; le baron partit pour Berlin, emmenant sa femme avec lui, et il ne me resta de cette prospérité passagère que ce billet que j'ai conservé avec soin, et que je joins à ce récit comme pièce justificative. »

Le billet teint de sang était en effet attaché à la marge de ce feuillet du manuscrit. Adrien l'en détacha, l'examina attentivement et le mit dans son portefeuille ; puis il replaça le manuscrit des confessions de Pied-de-Fer dans le coffre, sonna son valet de chambre, et ordonna de mettre les chevaux ; une demi-heure après, il se faisait annoncer chez Mme de Hersdelberg.

CHAPITRE LIV.

Orgueil et remords.

Le programme proposé par Lambert après la mort de Pied-de-Fer, avait été suivi ; une vaste et somptueuse habitation située à Auteuil, avait été achetée au nom du prince Mafiolini ; là, vivaient depuis quinze ans Adrien, Régine, Lambert et Henri, le fils de Régine qui seule connaissait l'origine de cet enfant. Rien, pendant ces quinze années, n'avait troublé la paix et le bonheur qui régnaient dans cet asile. Régine, concentrant toutes ses affections sur son mari et sur son fils, vivait dans la retraite, loin du monde et des plaisirs bruyants de Paris, où elle ne faisait que de courtes et rares apparitions, ce qui ne l'avait pas empêchée d'acquérir promptement les formes et le langage de la haute société, qualités qui relevaient encore sa bonté, sa douceur inaltérables, et qui étaient appréciées par la société assez nombreuse que le prince recevait pendant l'été ; car, à la sollicitation de Régine, il n'avait pris, à Paris, qu'un pied à terre, ce qui lui permettait d'aller dans le monde sans l'obliger à avoir lui-même un jour de réception, mais ce qui, en même temps, lui attirait pendant la belle saison, un assez grand nombre de ces frêlons accoutumés à jouir des charmes de la villegiature sans bourse délier.

Rien n'avait manqué à l'éducation du fils de Régine et de lord Bastley ; élevé dans cette délicieuse habitation, il avait eu les professeurs les plus célèbres, et s'était livré de bonne heure aux études sérieuses, vers lesquelles le portait la nature de son esprit, qui trahissait son origine britannique.

A défaut d'état civil régulier, Adrien en avait fait établir un à Florence, pour cet enfant sur l'origine duquel Pied-de-Fer s'était tu ; à la sollicitation de Régine on lui avait donné le nom de Henri, qui était celui qu'il avait réellement reçu lors de sa naissance ; le prince y ajouta celui de Adrien Boisemont qui lui appartenait ; il l'adopta, lui constitua un majorat considérable, et lui acquit le titre de comte.

La position de ce jeune homme n'avait donc rien de précaire, et il fut facile à Adrien de le produire dans le monde, sans redouter les investigations des méchants ou des envieux. Et cependant ces investigations avaient été fatales au jeune comte dans la circonstance la plus imposante où il se fût trouvé depuis qu'il était homme : les assiduités de Henri près de Wilhelmine et l'émotion de cette dernière lorsque Henri était près d'elle, n'avaient pas échappé à la baronne de Hersdelberg qui, à l'orgueil aristocratique, joignait toute la morgue germanique de ces principicules qui pullulent en Allemagne. Elle avait voulu savoir quels étaient ce prince Mafiolini, ce comte Henri dont personne à Paris ne connaissait l'origine, bien qu'ils fussent reçus partout, leurs titres ne pouvant être contestés, et leur immense fortune, le noble usage qu'ils en faisaient, le grandiose de leur intérieur jetant autour d'eux cette sorte d'auréole qui éblouit le vulgaire, et séduit les natures privilégiées elles-mêmes. Elle avait donc écrit en Italie, d'où des renseignements précis lui étaient bientôt arrivés.

Les titres de ces deux personnages étaient réels, disait le correspondant de la baronne ; mais ils étaient de bien fraîche date : il avait plu au pape, vers 1815, de faire d'un petit lieutenant de l'armée, un prince, et dix ans plus tard, il avait plu à ce prince de nouvelle fabrique de faire un comte *ejusdem farinæ*. Mais d'où sortaient ces gens-là ? on ne savait ; on ne leur connaissait point de famille, et, selon toute apparence, ils ne s'en connaissaient pas eux-mêmes, cela était même certain quant à Henri dont l'acte d'adoption, par un artifice de style de son rédacteur, évitait de nommer le père et la mère naturels. « Tout est mystère autour de ces gens-là, disait le correspondant de la baronne, mais au fond de ce mystère tout est certainement roture. »

Tels étaient les faits qui avaient précédé la scène, dans laquelle Mme de Hersdelberg avait congédié Henri, et les choses en étaient à ce point lorsque le prince se fit annoncer chez la baronne qui n'osa refuser de le recevoir.

« Dans les circonstances présentes, madame, dit le prince, ma visite doit vous paraître étrange, et elle l'est en effet ; aussi je ne l'eusse point faite s'il ne se fût agi que des intérêts de mon fils ou des miens, ou de l'estime que vous faites de nous. Mais une question brûlante surgit de ce conflit, question, pour vous, de vie ou de mort, d'honneur ou d'infamie, ce qui, dans la position que vous occupez, est la même chose.

— Votre *Altesse*, répondit Mme de Hersdelberg

avec une intention marquée, votre altesse débute par un énigme dont sa loyauté l'oblige à me dire le mot.

— Sans doute, il me faudra le dire, Mme la baronne, et pourtant, cela est bien difficile; mais, heureusement les difficultés ne m'effraient pas, moi à qui il a fallu tant vaincre pour devenir ce que le vulgaire veut bien appeler un grand de la terre.... Ces derniers mots vous font sourire, et je le conçois : comme les gens de haute science, vous avez voulu remonter du connu à l'inconnu; et vous n'avez pas songé, madame, que ces sortes d'investigations pouvaient vous être plus fatales qu'à nous....

— Monsieur! monsieur! je suis chez moi.

— Je ne l'oublie pas, madame; c'est chez vous, sans témoins, que vous m'entendrez, ce qui est fort heureux pour l'honneur du nom que vous portez.... Ne m'interrompez pas, je vous prie. Qu'avez-vous appris contre nous? que nous sommes les premiers de notre race? Eh! madame, ne trouvez-vous pas que cela vaille mieux que d'en être les derniers? Il est si difficile qu'une longue lignée demeure sans tache! Il est bien peu de généalogies nobiliaires qui puissent soutenir la comparaison avec celle d'un homme de rien ; dans celle de ce dernier, on ne trouve que misère, servage, abjection, souffrances; dans l'autre, ce n'est à chaque pas que violences, adultère, assassinat....

— Monsieur, s'écria la baronne, je n'en entendrai pas davantage.... Je vous....

— Vous m'entendrez jusqu'au bout, madame, dit le prince avec un ton d'autorité qui ne permettait pas de réplique. Il le faut, je le veux!... Je n'ai pas eu besoin de fouiller bien avant dans votre passé, Mme la baronne, pour justifier les paroles que vous venez d'entendre; il m'a été facile de trouver le nom du fournisseur républicain Bourjol, près de celui du baron de Hersdelberg....

— Oh! c'en est trop! s'écria la baronne en se levant de nouveau; il me plaît, monsieur, de ne point vous recevoir, de défendre ma porte à votre fils ; c'est mon droit, j'en use; les raisons qui me font agir ainsi ne regardent personne, et les récriminations sont inutiles : pensez de moi ce que vous voudrez, mais retirez-vous.... Je vous l'ordonne !

— Et il est fort heureux pour vous, madame, que je ne veuille pas obéir à cet ordre.... Je vous disais qu'il est peu de grandes lignées sans tache, et j'ai, à l'appui de cette opinion, une pièce qui vous est connue, madame.... »

En parlant ainsi, Adrien prit dans son portefeuille le billet qu'il avait détaché des confessions de Pied-de-Fer.

« Madame, reprit-il en dépliant ce papier jauni dont une quadruple raie noire marquait les anciens plis, ce n'est pas toujours un bonheur que de connaître ses auteurs, et les quelques lignes que voici suffiraient à votre fille pour lui faire maudire sa mère. »

La baronne se leva et tendit la main vers le prince; elle était haletante, ses genoux fléchissaient. Adrien déplia le billet avec précaution, tout en suivant de l'œil les mouvements de Mme de Hersdelberg, et il reprit :

« Il y a trente ans, madame, cet écrit eût pu être votre arrêt de mort; aujourd'hui il peut déshonorer deux familles, les entacher d'infamie.... Regardez, madame la baronne de Hersdelberg ; reconnaissez-vous cette écriture? C'est celle de Mme Bourjol, la femme d'un fournisseur des armées de la république; le sang dont ce papier est taché est celui du fournisseur lui-même que sa femme a fait assassiner. »

La baronne se laissa retomber sur son siége et parut s'évanouir; mais au moment où Adrien s'approchait d'elle pour la secourir, elle bondit comme un serpent qui trouve enfin à sa portée la proie qu'il a convoitée et s'attachant de ses deux mains longues et sèches aux bras du prince, elle s'efforça de lui arracher ce fatal billet dont l'aspect seul lui ôtait presque l'usage de la raison. Bien qu'Adrien ne fût pas sur ses gardes, il put néanmoins dégager celle de ses mains qui tenait le fatal billet, tandis que de l'autre il repoussait cette femme sur les traits de laquelle se peignaient à la fois la fureur et l'effroi.

« Point de violences, madame, lui dit-il froidement, et surtout n'appelez personne à votre aide ; car, de mon côté, je n'aurais qu'un mot à jeter au vent, pour que les fidèles serviteurs qui m'ont accompagné chez vous accourussent à mon aide, quand ils devraient, pour cela, passer sur le corps à tous les gens de votre maison. Écoutez-moi : je ne suis pas venu à vous dans des intentions hostiles; j'ai voulu vous dire : Il est vrai que ma noblesse ne date que d'hier; mais les gens qui vous ont instruite de cette particularité ont pu vous apprendre que le titre que je porte n'a pas été acquis au prix que vous coûte celui de baronne allemande.

— Monsieur, dit Mme de Hersdelberg en s'efforçant de paraître calme, il est indigne d'un homme bien élevé de venir ainsi exploiter la faiblesse d'une femme sans défense. J'entrevois, à travers tout ce que vous venez de me dire, quelque affreuse calomnie ; j'ai les nerfs très-irritables, et le peu de mesure de vos paroles m'avait exaspérée ; mais j'ignore encore ce que vous voulez et de quoi vous me menacez. Parlez donc, monsieur, et je vais m'efforcer de vous écouter tranquillement, bien qu'en définitive tout l'odieux de cette scène doive retomber sur vous.

— Je me suis donc trompé, madame, reprit Adrien, en pensant qu'il vous avait suffi d'un coup d'œil pour reconnaître cet écrit ? Je croyais avoir trop fait en vous disant son origine; c'était une erreur, il faut bien que je la répare ; je vais donc être plus explicite, et vous n'aurez pas à vous en plaindre, puisque vous m'y obligez. Ce billet est de votre écriture; le sang qui le tache est celui de votre mari; l'homme auquel il a été adressé était chef d'une de ces bandes que le malheur des temps avait fait surgir sur plusieurs points de la France... Cet homme vous avait fait crédit du sang de votre mari. Plus tard, vous avez acquitté cette dette; je sais comment, madame la baronne; mais je me respecte trop pour le dire. Comment ces faits-là sont-ils connus de moi qui étais enfant lorsqu'ils se sont passés ? C'est ce que je ne dirai pas davantage, à moins que vous ne m'y obligiez, et alors ce serait malheur à vous. Écoutez, madame la baronne, la vie est, pour beaucoup, une longue et terrible épreuve; tel qui n'eût point failli dans des circonstances ordinaires, peut avoir la raison troublée par certains événements qui le dépouillent de son libre arbitre.... C'est ce qui vous est arrivé, j'en ai la ferme conviction.... »

Mme de Hersdelberg avait renoncé au dédain et à la menace; son visage était inondé de larmes qui ruisselaient jusque sur sa poitrine.

« Hélas ! dit-elle d'une voix entrecoupée de sanglots, je croyais avoir assez cruellement expié les fautes de ma vie !

— Et je le crois comme vous, madame; c'est pourquoi, loin d'accepter la guerre que vous nous avez déclarée, je suis venu près de vous, animé d'un esprit de conciliation que vous avez malheureusement méconnu d'abord. A mes yeux nul n'est solidaire des fautes d'autrui, et il n'en est pas que le repentir ne puisse effacer.... Madame, prenez cette main que je vous tends sans hésiter. Le contact d'un honnête homme purifie. »

La baronne saisit la main que lui tendait Adrien et la pressa contre son cœur.

« Oh ! dit-elle en sanglotant, j'ai été bien coupable et bien injuste envers vous. Mais, par pitié, que votre générosité ne se borne pas à l'oubli des injures en ce qui me regarde.

— Je le répète, madame, nul n'est solidaire des fautes d'autrui, c'est pourquoi je vous demande pour mon fils adoptif, le comte Henri, la main de Mlle Wilhelmine de Hersdelberg. C'est, vous le sentez, toute une négociation à renouer; mais cela sera facile, car les principaux fils n'ont pas été rompus; ces pauvres enfants s'aiment quand même.

— Qu'il soit fait, comme vous le désirez, prince, tel est maintenant mon vœu le plus cher.... Mais ne me ferez-vous pas la grâce de brûler devant moi ce hideux papier ? »

Et elle tendit de nouveau la main pour saisir le billet qu'Adrien tenait toujours.

« Pardon, madame la baronne, dit-il en élevant le papier pour le mettre hors d'atteinte; nous le brûlerons, s'il vous plaît, après la bénédiction nuptiale; le brûler maintenant serait une nécessité pour vous seule ; après le mariage, ce sera une nécessité pour vous, pour moi et pour eux; cela ne pourra donc manquer de s'accomplir.... Et puis, comme je le disais tout à l'heure, madame, nous avons à renouer d'importantes négociations : après ce qui s'est passé, Henri ne peut reparaître chez vous sur une simple invitation; il nous faut, je ne dirai pas des excuses, le mot serait mal choisi, mais quelque chose qui sorte des formules ordinaires.

— Écrire, monsieur ! vous me demandez d'écrire après ce qui se passe entre nous ?...

— Oui, madame, je le demande; mais je jure sur l'honneur que les lignes que vous allez écrire aujourd'hui et celles que vous avez tracées dans un accès de fièvre, il y a trente-six ans, seront anéanties le même jour.... N'oubliez pas, je vous prie, madame la baronne, que l'alliance que je vous offre est celle du prince Mafiolini, pure de tout antécédent fâcheux, et que désormais l'honneur de votre maison ne saurait subir la moindre atteinte sans que l'honneur de la mienne s'en ressentit.

— Dictez donc, monsieur, dit la baronne en se dirigeant d'un pas mal assuré vers une table où se trouvait tout ce qu'il faut pour écrire.

— Je me contenterai de vos inspirations, madame, répondit Adrien. »

Mme de Hersdelberg écrivit, et une heure après le prince faisait lire à son fils bien-aimé une lettre ainsi conçue :

« J'ai été bien injuste et surtout bien légère, monsieur le comte, lors de notre dernière entrevue; j'ai dû vous blesser cruellement. Je vous en demande pardon, et vous me pardonnerez en songeant que j'étais souffrante à ce point que la douleur m'ôtait la conscience des paroles qui pouvaient m'échapper. Prouvez-moi que vous ne gardez pas rancune à votre vieille amie en ne négligeant rien pour qu'elle vous soit chère à un titre plus doux. »

CHAPITRE LV.

Un loup dans la bergerie.

Cependant les conciliabules présidés par Baldaquin se continuaient dans la rue de Valois; mais les choses, malgré l'intelligence du président et les efforts des autres membres de cette réunion, demeuraient dans un *statu quo* déplorable. Toutefois, à l'aide des premiers renseignements obtenus, et sur le vu du billet au crayon écrit par Régine à la mère Philipaux, Baldaquin était parvenu à obtenir d'un nouveau subside du personnage qui le mettait en œuvre, lequel était lui-même l'agent du comte Farsterstern, neveu de feu lord Barstley et son unique héritier, du chef de sa mère morte aussi récemment, à défaut de Henri de Barstley, fils de Régine et objet de recherches si actives.

« Mon cher Varburton, avait écrit récemment le jeune comte à cet agent, les heures, les jours, les semaines s'écoulent, et je ne vois point s'aviver ce rayon d'espérance que vous aviez fait briller à mes yeux. Encore dix mois, et cet enfant maudit, ce hideux bâtard, s'il vit, pourra me dépouiller de la riche succession de mon très-honoré et très-insensé oncle. Qu'il meure ensuite, ce fruit de la débauche, et les vingt-cinq millions composant la fortune de lord Barstley deviendront la proie de quelques viles courtisanes du plus bas étage. Vous le voyez, mon ami, l'honneur de la famille est compromis en même temps que sa fortune. Il faut que cet impur rejeton d'une noble souche tombe, afin que la séve demeure intacte ; il faut que le mal soit coupé sa racine. Jamais acte de ce genre n'aura été plus légitime ; hors de là il n'y a pour nous que ruine, scandale et désordre. Qu'il meure donc, ce brandon de corruption et de discorde, si déjà la terre n'a reçu ses abjectes dépouilles.

« Par malheur, les dépêches que je reçois de vous, mon très-cher ami, sont fort peu rassurantes. Vous êtes sur la voie, me dites-vous, mais vos indices sont bien faibles, et, encore une fois, le temps s'écoule avec une rapidité effrayante. Au nom de Dieu, ne ménagez rien, prodiguez l'or; trouvez cet avorton, passez, et qu'il ne soit plus.

« Il ne faut pas toutefois que ma légitime impatience vous jette dans le découragement ; je sais que vous êtes un ami fidèle et dévoué, et je compte que vous me mettrez en situation de reconnaître *royalement* les services que vous m'aurez rendus.

« Au moment de clore ce message, j'apprends que l'attorney Riwelcovent, exécuteur testamentaire de mon oncle, lord Barstley, est dans un état des plus fâcheux, et que, dans la prévision d'une mort prochaine, il vient de prendre des mesures pour trouver le légataire universel ou faire constater sa mort, le cas échéant. Les recherches, de ce côté, seront certainement molles, et par conséquent peu redoutables ; cependant le hasard a des caprices si étranges, qu'il se pourrait que la lumière se fît d'abord de ce côté ; à tout événement, je vous donne le nom et l'adresse du mandataire à Paris de l'attorney Riwelcovent ; c'est un avocat appelé Guilmeraux, qui jouit à Paris d'une certaine réputation. Vous voyez, Varburton, que, de

mon côté, je ne m'endors pas. Adieu ; j'attends avec impatience de vos nouvelles. »

« Tout cela marche bien lentement, disait de son côté Varburton à Baldaquin.

— Eh ! milord, répondit ce dernier, croyez-vous donc que ce soit chose si facile que d'explorer le Palais-Royal ? C'est un monde, milord, un monde tout entier et presque généralement inconnu : au rez-de-chaussée et au premier, l'industrie ; au second et au troisième, une aristocratie particulière, usée, malingre, qui ne pourrait vivre ailleurs que dans cette atmosphère de gaz, de poussière, de fumée, de tabac, de hoquets affreux et d'énivrants soupirs ; au quatrième et au cinquième, les amours faciles, les arts en déshabillé ; sous les combles, la misère la plus incroyable, misère ignorée du monde entier, que l'on soupçonne d'autant moins qu'elle s'abrite dans le quartier le plus riche de la capitale.... Et le Palais-Royal, milord, se compose de deux cents maisons dans chacune desquelles se trouvent ces diverses variétés ; et il a fallu se faire jour partout, car les gens que nous cherchons ont, selon les apparences, passé par ces divers étages ; il y avait en eux un peu de tout cela.

— C'est vrai ; mais il me semble que par cela même on devait arriver plus promptement à un résultat satisfaisant.

— Et nous y arriverons, milord ; j'ai en ce moment un éclaireur en campagne qui tient la piste ; j'en recevrai bientôt quelque avis que je m'empresserai de vous transmettre.... Mais les gens que j'ai mis en campagne me coûtent cher, milord, et il faudra encore, s'il vous plaît, modifier un peu le programme. »

Et cette modification s'était accomplie par un nouvel à-compte de cent louis que Baldaquin avait encaissés, et dont la réunion au caveau de la rue de Valois s'était quelque peu ressentie ; de sorte que ces divers personnages étaient toujours dans de bons termes, et que les dîners de Lucullus, à trente-deux sous par tête, se continuaient à la satisfaction générale.

Pendant que cela se passait, Jérésu arrivait au village de Marchais et se présentait chez le bon curé, alors octogénaire, toujours servi par Charlotte, cette brave fille qui ne l'avait pas quitté depuis plus d'un demi-siècle, et dont la mort seule pouvait le séparer. Le juif était trop adroit pour dire tout d'abord le motif de sa visite.

« Messié le guré, dit-il, fous ne me regonnaissez bas, je gombrends, c'est gue che zuis un baufro diaple....

— Attendez donc, mon ami, interrompit le bon pasteur ; il me semble que je me rappelle.... confusément il est vrai ; mais bien certainement votre physionomie, le son de votre voix, votre accent tudesque surtout réveillent en moi des souvenirs...

mais le plomb des années est tombé là-dessus, et c'est un poids bien lourd à soulever. »

Jérésu avait toute la finesse nécessaire pour comprendre dès les premiers mots, qu'il obtiendrait que bien difficilement les renseignements qu'il venait chercher; mais il ne se découragea pas, et bien sûr d'être sur la voie la plus sûre pour arriver au résultat qu'il se proposait, il se disposa à déployer toutes les ressources de son esprit pour ne pas quitter la piste sans avoir pied ou aile de la proie qu'il poursuivait.

« Oui, oui, messié le guré, dit-il avec cet air de componction qui lui était ordinaire, les zoufinirs il êdre guelquefois pien lourds, et c'est chustement à gause de ça que che viens brès de fous.... Che suis un baufre tiaple.... un pien baufre tiaple, messié le guré....

— Ah! oui, fit le bon pasteur en souriant, je me rappelle ce refrain pour l'avoir entendu dans une autre circonstance. Mais, je vous en prie, mon cher monsieur, dispensez-vous de toutes les précautions oratoires, et dites-moi, le plus brièvement possible, ce qui vous amène; il va faire nuit et j'ai fait quatre lieues aujourd'hui pour visiter quelques malades; il n'en faut pas davantage à un septuagénaire pour avoir besoin de repos.

— C'être bas des brégautions, messié le guré; c'être de crantes férités, reprit le juif dont rien ne pouvait modifier le ton et le langage, et guand on est un baufre diaple, qu'on a fait zinquante lieues, et que le gommerce il fa bas.... le gommerce il fa bas di dout, di dout, messié le guré....

— Eh bien! interrompit de nouveau le saint homme, quand on a fait cela dans les circonstances que vous dites, on peut avoir besoin d'un souper passable et d'un lit, et vous trouverez cela ici; mais, je vous en prie de nouveau, dites-moi le plus brièvement possible le sujet de votre visite. »

Jérésu se tut pendant quelques instants; il cherchait le chemin le plus facile pour aborder la question.

« A l'hôdel de Rome, reprit-il bientôt, guand fous afez foulu safoir la férité, fous safez pien, messié le guré, que che l'affre dite dout de suite.

— C'est vrai, je me souviens que vous avez parlé aussitôt après avoir serré soigneusement dans votre poche l'argent qui venait de vous délier la langue....

— J'affre tit la férité.... rien que la férité,... mais che l'affre pas tit dout endière, et à brésent che feux la tire.... Quand j'affre bris l'enfant de mamzelle Réchine bour le border guelgue bart,... fous safez, là où fous afez été le chercher....

— Qui vous a dit que j'eusse été le chercher? » demanda sévèrement le pasteur.

Puis se radoucissant tout à coup, et portant la main sur son front vénérable, il reprit :

« Mon cher monsieur, vous avez dû vous apercevoir déjà que le sujet de cet entretien m'est pénible ; abrégez donc si vous ne voulez pas que j'y renonce. Ce que j'ai pu faire à l'époque que vous rappelez, ne saurait vous intéresser, et je n'en veux pas parler. C'est ma volonté, et vous perdriez votre temps à tenter de me faire changer de résolution sur ce point.

— Pien, pien, dit Jérésu avec cette apparente résignation qui lui avait réussi dans tant de circonstances ; che barlerai bas de fous tidout, messié le guré; mais che barlerai de moi, barce que si che suis un baufre tiaple, che suis auzi ein honnête homme.... ein pien honnête homme.... Che tisais donc guand j'affre bordé le betit enfant, il faisait froid; l'enfant il édait enfeloppé, et sous l'enfeloppe il y afait des babiers.... Blusieurs babiers.... que j'affre cardés, barce que la maison gue fous safez il être faite bour les enfants....

— Et vous avez ces papiers? demanda vivement le bon vieillard.

— Che les affre téposés en lieu sûr jusqu'à ce que che buisse les remèdre en mains brobres à cette betite enfant qui toit êdre pientôt macheur.

— Je ne crois pas que cela était utile, et si c'est un conseil que vous venez me demander, je crois qu'il est convenable de laisser ces papiers où vous les avez mis pendant quelques temps, un an, par exemple, à moins que vous n'ayez assez de confiance en moi pour me les remettre sans me demander compte de l'usage que j'en ferais.

— Imbossible, messié le guré!... Guel malheur?... ch'affre churé de les remettre en mains brobres.... fous gombrenez?... ein serment, ein crant serment.... Ah! si ch'affre bas fait ein crant serment....

— Et vous avez eu d'autant plus tort de le faire qu'il vous sera très-probablement impossible de le tenir.

— Ah! mein god! Est-ce gue le betite enfant il zerait défenu mort?

— Assez sur ce point, dit avec autorité le vieillard qui soupçonnait les intentions du juif. Vous n'obtiendrez pas de moi un mot de plus sur ce sujet.

— Ah! messié le guré!... Et tire gue j'affre fait cinguante lieues pour za, et que le gommerce il fa pas.... barce que si le gommerce il allait.

— Cela serait absolument la même chose, n'est-ce pas? dit le pasteur en souriant. Mais tout cela n'empêchera pas que nous allions nous mettre à table et que vous puissiez ensuite vous reposer et réfléchir à votre aise sur l'objet de votre voyage. Ma bonne Charlotte, mets un couvert pour monsieur.... Comme nous sommes de vieilles connaissances, ce sera sans cérémonie, n'est-ce pas? et vous trouverez bon que je ne me prive pas de la société de cette vieille amie? »

La porte s'ouvrit. (Page 235, col. 1.)

Ces dernières paroles déridèrent un peu le front de la bonne vieille qui aimait peu les visiteurs, et éprouvait pour celui-ci plus de répulsion qu'elle n'en avait encore ressenti pour d'autres. On se mit à table, et tout en mangeant, le pasteur demanda à son hôte des nouvelles de la capitale; Jérésu répondit de son mieux; mais si le pasteur l'eût examiné attentivement, il n'eût pas manqué de remarquer la préoccupation de ce personnage dont le regard perçant se promenait furtivement autour de lui, comme pour étudier la topographie du lieu. Cela n'échappa point à Charlotte qui, à mesure que la soirée avançait, sentait s'augmenter le dégoût et le secret sentiment de terreur que l'aspect de cet homme lui avait fait éprouver tout d'abord; elle suivait tous les mouvements de Jérésu, épiait ses regards, et cherchait à deviner, aux mouvements de sa physionomie, ses pensées et ses projets.

« Je ne vous retiens pas, mon cher hôte, dit le pasteur après le repas, car nous avons tous deux besoin de repos. La nuit porte conseil, et j'espère que demain vous serez décidé à suivre la marche que je vous ai indiquée. S'il en était autrement, il est bien entendu que nous n'échangerons plus un mot de cette affaire.

— Ah! répondit Jérésu en soupirant, si je n'affre pas fait un crant zerment! »

Et comme Charlotte, qui venait de s'armer d'un flambeau, l'invitait à la suivre, il salua le curé et sortit de la salle à manger, non sans en avoir de nouveau examiné les issues; il en fit autant en passant devant les autres pièces. Il chercha, en outre, à obtenir quelques renseignements de Charlotte, en vantant la bonne tenue du presbytère, la disposition des appartements, et, quelque réservée que fût la bonne vieille, il parvint à lui en faire dire assez pour qu'il connût assez bien la distribution de cette habitation.

Onze heures venaient de sonner à l'horloge de l'église; le bon pasteur dormait du sommeil du juste. Charlotte, retirée dans sa chambre, avait depuis longtemps achevé ses prières; mais elle ne s'était pas couchée, et l'inquiétude vague qu'elle ressentait suffisait pour la tenir éveillée; mais, en bonne ménagère, elle avait éteint sa lampe, et étendue dans un fauteuil, elle attendit que le sommeil se fît sentir. Une heure s'écoula encore; le plus profond silence régnait dans l'habitation dans toutes les parties de laquelle était répandue l'obscurité la plus complète.

Tout à coup une lumière assez vive éclaira les vitres de la chambre où était Jérésu. Le juif s'était levé avec précaution; il venait, à l'aide d'une allumette chimique, de se procurer de la lumière, et il s'était habillé sans faire le moindre bruit.

Il s'assit devant une table, tira des profondeurs de ses immenses poches plusieurs objets qu'il examina attentivement. C'était un trousseau de fausses clefs de toutes les dimensions, des vrilles anglaises, des limes fines, un énorme couteau catalan, et quelques autres ustensiles à l'usage des malfaiteurs de la plus dangereuse espèce. Jérésu examina soigneusement tous ces instruments, les mit en ordre dans une espèce de trousse qu'il plaça sous son bras, puis, les pieds nus, et son flambeau à la main, il sortit de sa chambre et s'avança sans bruit dans la direction de l'appartement du curé.

Il n'eut besoin que de tourner le bouton de la première porte pour pénétrer d'abord dans la chambre à coucher du pasteur, puis dans une autre pièce assez vaste, qui était à la fois la pharmacie, le cabinet de travail et l'oratoire de cet excellent homme. Là, le juif remarqua un lourd secrétaire à cylindre, vieux meuble de robuste construction, qui d'ordinaire sert en même temps de bureau et de coffre-fort. Ce fut devant ce meuble qu'il s'arrêta; il examina les gardes de la serrure, sur lesquelles il ajusta une des clefs de sa trousse à l'aide de quelques coups de lime. Bientôt le cylindre tourna, et Jérésu put commencer l'inventaire des objets que renfermait cette espèce de forteresse intérieure où se trouvaient particulièrement de nombreux papiers soigneusement mis en ordre et étiquetés; sur plusieurs dossiers, il lut successivement les noms de Pied-de-Fer, Baillord, Baillordini, Lambert, Mafiolini. Il lut plusieurs lettres dont il s'empara, et dont la plus importante et la plus récente avait été écrite par Lambert, et était ainsi conçue :

« Mes inquiétudes deviennent plus vives chaque jour, mon cher monsieur le curé. La majorité du comte Henri est proche, et proche aussi est le moment où il sera permis au prince de lire les pages réservées des Confessions de Pied-de-Fer. Or, je ne doute pas que ces pages contiennent la vérité sur la naissance du comte. Mon vieil ami aura pensé qu'après vingt années ce secret pouvait être révélé sans danger. Ah! que vous aviez bien raison de lui dire alors que la vérité était la meilleure chose partout et toujours!... Le prince était amoureux; il eût pardonné. Et d'ailleurs, les fautes de la pauvre femme eussent été bien atténuées par les causes, si récentes alors, dont elles étaient la conséquence. En sera-t-il de même aujourd'hui, alors que l'action du temps a quelque peu refroidi les cœurs, et que l'âge des illusions est passé?

« Il fallait dire la vérité tout de suite ou ne la point dire du tout ; Pied-de-Fer a été retenu par la crainte d'affliger son fils adoptif et d'ajouter de nouvelles souffrances à celles qu'il avait causées, et il n'a pas songé que les chagrins de la vieillesse sont les plus cuisants et les plus incurables de tous.

« Et le jeune comte ne sera-t-il pas en droit de se plaindre? Fils reconnu d'un pair d'Angleterre qui l'eût infailliblement légitimé, il n'aurait pas aujourd'hui à craindre sur son origine les investigations des méchants, investigations qui ont failli lui être fatales tout récemment, à propos de son mariage, qui doit être prochain. Je tremble quand je pense qu'il ne faut qu'une ligne, un mot, pour renverser tout notre échafaudage de bonheur, et je suis parfois tenté de m'emparer du manuscrit de Pied-de-Fer par un moyen quelconque, et de le jeter au feu.

« Conseillez-moi, je vous en prie, monsieur le curé; car si je ne suis pas bien sûr de croire en Dieu, je crois en vous, j'ai foi en vos paroles, et c'est avec la plus vive impatience que j'attends de votre bonté quelques lignes qui ne manqueront pas d'aider à ma conversion complète. »

Cette lettre portait le timbre de Paris et une date récente ; c'était donc à Paris même qu'était cet héritier de lord Barstley. Il vivait, il s'appelait le comte Henri, il avait été adopté par un grand personnage ! Cette lettre, pour Jérésu, valait cent mille francs et plus; aussi, dès qu'elle fut en sa possession, il se disposa à retourner à sa chambre.

Cependant Charlotte avait été vivement surprise par l'apparition de la lumière dans la chambre où le juif avait été couché. Placée de telle sorte que de son fauteuil ses regards pouvaient s'étendre sur une des façades intérieures de la maison, elle avait pu voir la projection de la lumière, puis l'ombre d'un homme se dessiner sur les rideaux des fenêtres. Effrayée d'abord, elle demeura immobile ; mais le sentiment du danger qui les menaçait, son maître et elle, lui rendit promptement sa présence d'esprit : elle comprit que si elle criait pour appeler du secours, le malfaiteur aurait le temps de s'échapper, et que, pour protéger sa fuite, il n'hésiterait pas à frapper. Les clefs étant ordinairement sur les portes à presque toutes les pièces de l'habitation, cette circonstance lui fit adopter une résolution. Elle monte doucement l'escalier, s'arrête à la porte de son maître, ne doutant pas qu'il se fût dirigé de ce côté. Elle écoute attentivement, rien ne trouble le silence de la nuit.

Charlotte entre dans la chambre où le bon pasteur continue à dormir paisiblement ; elle s'avance vers le cabinet de travail ; plus de doute! c'est là qu'est le voleur; elle entend distinctement le frôlement des papiers : il a donc ouvert le secrétaire, le seul meuble de la maison qui soit exactement fermé et dont le curé ait toujours la clef sur lui ; c'est donc certainement un voleur, et probablement un assassin; il n'y a plus à hésiter. Au moment même où Jérésu se dispose à sortir, Charlotte saisit vivement la clef, la tourne deux fois dans la serrure, puis elle s'écrie :

« A moi ! monsieur le curé, le scélérat est pris ! Venez m'aider à pousser les meubles contre la porte, et tenez bon tandis que je vais aller chercher du secours.... J'aurais parié que c'était un brigand. »

A ces cris, au bruit de la serrure, Jérésu s'élance sur la porte ; mais il est trop tard, elle est fermée, et déjà les meubles s'entassent derrière de telle sorte, qu'il faudrait une force surhumaine pour l'enfoncer.

« Messié le guré, s'écria le juif de toute la force de ses poumons, égoudez-moi, et n'abbelez bersonne ou fous êdes bertu !... Che ne fous temante rienti dout, gue la bermission te m'en aller ; mais audrement, che fous fais meddre aux calères.... c'edre gomme ch'ai l'honneur de fous le tire.... afec ein pon betit chugement pour enlèfement te mineur, subbression t'enfant, faux bar supsdidution de bersonne, et engore t'audres chélis bedides choses gue che brouferai guand che foudrai gondre fous, gondre ein zertain Lampert, et engore t'audres.

— Le misérable s'est sûrement emparé de mes papiers, dit le vieillard effrayé.

— Bon ! bon, il faudra qu'il les rende tout à l'heure, quand nous aurons main forte, s'écria Charlotte en se disposant à sortir. »

Mais le curé l'arrêta ; il était effrayé des menaces du juif qui continuait ainsi :

« Et on fous temantera tes noufelles te messié Laurigot.... ou Bied-te-Fer, ein crand pricand éfaté tu pagne, et gui édait te fotre gonnaissance bardigulière, et on fous temantera engore t'audres bédides choses ; barce gue les chuges il edre gurieux, douchours, douchours gurieux !...

— Reste, ma bonne Charlotte, dit le saint homme, c'est un piége que nous tend ce misérable, je n'y veux pas tomber. Grâce à Dieu, la peur n'a jamais eu de prise sur mon âme, et il me reste assez de force pour contenir ce furieux. D'ailleurs, il sera toujours temps d'appeler à notre aide. Aide-moi à retirer ces meubles afin d'ouvrir la porte.

— Ouvrir la porte, bonne sainte Vierge, mais le brigand va nous égorger.

— Non, non, sois tranquille sur ce point, ce n'est pas pour cela qu'il est venu. Ouvrons, te dis-je. »

La porte s'ouvrit ; Jérésu apparut, tenant à la main son couteau catalan ; mais il n'osa faire un pas, il tremblait, et pouvait à peine parler. Le vieillard s'avança vers lui sans hésiter ; d'un poignet encore vigoureux, il le saisit au collet, et avant que la frayeur eût permis à ce misérable de faire un mouvement, le curé l'avait désarmé.

« Malheureux, lui dit-il, je pourrais, je devrais peut-être te livrer à l'autorité, et les infamies que tu as proférées contre moi tout à l'heure retomberaient sur ta tête ; mais cela aurait l'air d'une vengeance, et Dieu veut que l'on pardonne. Pourtant je ne te rendrai la liberté que lorsque tu m'auras restitué les papiers dont tu viens de t'emparer. »

Jérésu demeura muet et immobile ; sa frayeur s'apaisait, et il cherchait un expédient pour sortir de ce mauvais pas, tout en conservant le précieux butin qu'il avait fait.

« Ne vois-tu pas, reprit le curé, que si j'appelais mes voisins, qui s'empresseraient d'accourir, tu serais perdu sans retour ? Là, sont les fausses clefs à l'aide desquelles tu as perpétré le vol, et puis ce couteau dont tu étais armé.... Plusieurs personnes t'ont vu entrer chez moi, on sait que je t'ai donné l'hospitalité, et les papiers mêmes que tu m'as dérobés seraient autant de témoins qui déposeraient contre toi, sans que tu en puisses faire l'usage que tu méditais. »

Jérésu hésitait toujours. Alors le pasteur le saisit à bras le corps, le colla contre le mur, et s'adressant à sa gouvernante :

« Allons, ma bonne Charlotte, dit-il, il est toujours temps de prendre son bien là où on le trouve, prends tes meilleurs ciseaux, ouvre du haut en bas les poches de ce mauvais garnement, et n'y laisse pas un papier grand comme l'ongle.

— Ne goubez-bas ! ne goubez bas, s'écria le juif, fous n'afez à fait vaincu par cet acte de vigueur ; che fais fous rendre dout.... abzolument dout !...

— A la bonne heure donc ! » fit le saint homme en lâchant prise.

Jérésu commença alors à tirer de ses poches un à un les objets qu'elles contenaient ; il espérait ainsi en gagnant un peu de temps qu'il parviendrait à escamoter au moins une de ces lettres dont il se proposait de tirer un si grand parti ; mais déjà le pasteur avait examiné ses dossiers ; il savait au juste combien de pièces en avaient été enlevées, et il ne lui fit pas grâce d'une seule. Cette opération terminée, il fit signe à Charlotte, qui tenait toujours sa lampe, d'ouvrir la marche, puis prenant le juif par les épaules il le fit descendre l'escalier en le poussant devant lui, et il ne le quitta qu'après l'avoir mis hors de la maison dont la porte fut aussitôt soigneusement refermée.

« Mein god ! disait le misérable, en se dirigeant vers la grande route, mein god ! ch'ai bas de janze !... mais c'est égal ; Paltaguin zerait pien gontent te savoir bour fingt-zing louis ce gue ch'ai abbris dout à l'heure bour rien tidout.... Mais les Paltaguin ils zont pas forts ; ils zont bas bien forts les Paltaguin ! et c'est bas pien sûr gu'il dienne les fingt mille francs ?... »

CHAPITRE LVI.

Surprise.

Depuis la rixe dans laquelle Henri s'était souillé au contact de Gédéon, le jeune comte n'avait plus reparu au Palais-Royal. Mme Kram et Floretta étaient au désespoir : la mère, femme sans cœur, sans entrailles, chez laquelle la sensualité tenait la place de l'âme, regrettait amèrement cette vie confortable à laquelle il allait falloir renoncer, ces longs repas aux desserts sans fin, ce mobilier somptueux, et toutes ces satisfactions de vanité, cette puissance matérielle que l'or seul peut donner aux gens de cette sorte. La fille pleurait le bon et affectueux jeune homme, aux formes distinguées, au langage épuré, à l'esprit fin et délicat; car, ainsi que nous l'avons dit, l'indifférence de Floretta avait été de courte durée : un amour vrai, dégagé de tout autre sentiment, avait promptement pénétré dans son cœur, et il en était résulté un commencement de métamorphose morale. D'abord, elle souffrit en silence; puis elle écrivit, et à sa première lettre en succédèrent plusieurs autres; mais le comte ne répondit à chacune de ses épîtres que par un billet de mille francs, enfermé sous enveloppe. Du reste, pas un mot. La pauvre fille avait le cœur navré; Gédéon lui faisait horreur, et pourtant elle ne voulait pas rompre entièrement avec lui, de peur que la haine de cet homme ne rendît sa position plus intolérable encore, en lui faisant perdre cette position d'artiste, prestige auquel elle devait la connaissance de Henri, par suite, ce commencement de régénération qui s'était opérée en elle.

Quant à Mme Kram, Gédéon était pour elle un monstre affreux, une bête fauve, un vampire dont il fallait se débarrasser à tout prix; aussi les scènes violentes entre elle et le musicien se renouvelaient-elles tous les jours.

« C'est affreux, c'est abominable, disait-elle; un homme jeune, fort, s'attacher comme une sangsue à deux pauvres femmes qui ne lui doivent rien; leur enlever leurs ressources, leur ôter le pain de la main.

— Maman seconde, répondait Gédéon, trop parler nuit, et trop manger n'est pas sage; c'est un proverbe réduit aux deux tiers, dont vous avez par trop négligé l'application, ce qui est cause de l'état présent dont vous vous plaignez.... Plaignez-vous-en donc; mais vous plaindre de moi, ingrate! Vous plaindre d'un homme qui vous a sacrifié sa réputation, son avenir.... ses appointements!... Oui, madame, ses appointements!... mangés.... c'est-à-dire bus sous les espèces de bière, petits verres, grogs froids et chauds, et autres gargarismes, en vue de rendre l'orchestre favorable à ma déesse, depuis la caisse roulante jusqu'au premier violon....

— Mauvais garnement! vous oubliez que vous en avez mangé la moitié au moins à nous faire fausser, chuter, siffler.... Gédéon, ne me poussez pas à bout ou je vous dévisage!

— Cette moitié, maman seconde, je l'ai sacrifiée pour vous ramener dans la bonne voie, et pour y ramener en même temps cette chère brebis égarée, alors que les faveurs de Plutus vous troublaient le cerveau au point de vous faire méconnaître les mérites d'Apollon. Ah! oui, vous m'avez fait faire une consommation pyramidale de chanterelles, becs de clarinettes, cordes de basse, etc.; c'est une justice à vous rendre que vous vous êtes montrées excessivement coriaces; mais la poulette est redevenue tendre; nous avons fait la paix.... Au reste, si j'en crois mes yeux éblouis de la splendeur qui m'environne, les finances sont encore dans un état satisfaisant; et d'ailleurs, à défaut de ce boxeur de comte, j'ai en vue un fils de pair de France.

— Vrai, Gédéon?

— Madame! c'est comme j'ai l'honneur de vous le dire!... ce qui fait que je n'hésite pas à solliciter de votre bienveillance accoutumée le minime quibus nécessaire à la consolidation du grand édifice que j'élève à petit bruit, trois médailles, quinze livres réduites en francs; c'est modeste, hein? mais la modestie est la pudeur du talent! »

Et la femme sèche, la femme au cœur de pierre, escomptant l'avenir à l'aide des produits du présent, se laissait rançonner par ce souffleur de notes, qui avait l'art de la maintenir entre la crainte et l'espérance.

Floretta était moins facile à convaincre et à entraîner.

« Désormais, avait-elle dit à Gédéon, désormais, je ne t'accorderai rien!... rien, si ce n'est de l'argent, quand j'en aurai, pour payer tes services.

— Eh! ma reine! qui t'en demande davantage? Un présent gracieux, un doux regard, un tendre soupir.... Mon Dieu! les amis ne sont pas des Turcs! »

Les choses demeurèrent en cet état pendant quelque temps; un dernier rayon d'espérance restait à Floretta, elle ne pouvait croire que Henri l'eût si promptement oubliée, qu'il eût renoncé à elle pour toujours. Son amour-propre a cruellement souffert, pensait-elle, il faut lui laisser le temps de se guérir, et elle attendait; et elle baisait et pressait sur son cœur les enveloppes écrites de la main du jeune comte. Mais les jours passaient lentement, et il ne venait toujours que des billets de banque élégamment enveloppés;

puis il ne vint plus rien; les lettres de la charmante jeune fille demeurèrent sans réponse aucune.

« Tu le vois, mon enfant, disait Mme Kram, nous sommes ruinées, nous serons bientôt sans ressources, et cela pour de mauvais drôles; ce sale Gédéon dont tu as eu la sottise de t'amouracher tout d'abord.... Je t'avais pourtant bien dit : mon enfant, n'oublie pas que le plaisir et la fantaisie ne doivent marcher qu'en second ordre. Pense au solide d'abord; prends une position, le reste sera à ta volonté. Mais non, ta mauvaise tête t'a entraînée; tu as commencé par donner en plein dans la bande noire, et voilà que nous serons bientôt sur le pavé.

— Oh! ne vous plaignez pas, ma mère, répondait la jeune fille, car je souffre plus que vous.... Que pouvez-vous regretter? un appartement somptueux, une vie matérielle abondante? Mon Dieu! cela peut se trouver partout. Mais où retrouverai-je, moi, cet ange bien-aimé, aux douces paroles, au cœur de flamme, aux embrassements voluptueux, divins?... Henri! te revoir, t'entendre me pardonner, te presser contre mon cœur, et mourir!...

— Ah! fille dénaturée, qu'oses-tu dire?... Est-il possible que la nature soit ainsi sacrifiée à l'amour? Voyons, Floretta, remets-toi; tâche d'avoir le sens commun, mon enfant, ça ne peut jamais nuire, tandis que le sentiment à ce degré-là, vois-tu, c'est bête, c'est affreusement bête. Tiens, écoute, mon enfant, si tu veux reprendre confiance en ta bonne mère, si tu veux l'aimer, lui donner carte blanche, eh bien! elle te rendra ce que tu regrettes si fort.... ce que tu ne regretterais pas si tu avais suivi ses conseils; mais ce qui est fait est fait.

— Quoi! vous pourriez ramener Henri!

— Je l'espère, mon enfant. Règle générale, vois-tu, un homme n'est qu'un homme, et les hommes, même ceux qui paraissent le plus terribles, sont toujours disposés à prendre la forme qu'on veut leur donner. Partant de là, j'irai trouver le comte; je lui dirai tes larmes, tes regrets, ton désespoir, et à moins qu'il n'ait un cœur de tigre.... Mais il n'a pas un cœur comme cela, n'est-ce pas?

— Oh! ma mère, un dieu! Ne l'avez-vous pas vu? N'avez-vous pas entendu sa belle, grave et majestueuse voix?... Ah! c'est un dieu! et moi, je ne suis qu'un ange déchu!...

— Dieu de Dieu! est-il possible de se déprécier comme ça, quand on est ce que tu es! Mais c'est égal, je ne m'en dédis pas : j'aurai le courage de l'aller trouver, ce tigre que tu adores et qui fait couler tes larmes; je lui dirai : Disposez de moi....

— Fameuse idée!... et s'il n'en dispose pas?

— Floretta, si tu respectais ta mère, tu te dispenserais de l'interrompre. C'est égal, je continue : Disposez de moi, mais rendez la vie à Floretta qui vous adore et se meurt d'amour.

— Vrai! vous diriez cela?

— Je t'en donne ma parole d'honneur!

— Ah! ma mère, je vous devrai deux fois la vie!

— Sois tranquille, mon enfant, nous compterons plus tard. »

Mme Kram, tout en se disposant à se rendre à Auteuil, ne se dissimulait point ce que cette démarche avait d'odieux; elle avait assez vécu, et dans des atmosphères assez diverses, pour avoir une idée des convenances, et elle sentait que le premier mouvement du jeune comte lui serait défavorable; mais elle espérait faire disparaître facilement cette impression fâcheuse en alléguant la tendresse maternelle qui la faisait s'identifier aux souffrances de son enfant. Ce fut après s'être préparée dans ce sens qu'elle se présenta chez Henri; ce dernier la reçut froidement, et lui fit signe de s'asseoir sans lui adresser la parole, car il craignait que le dégoût que lui inspirait cette femme ne se trahît dans ses paroles.

« Monsieur le comte, dit-elle, ma visite vous surprend, et c'est à juste titre; car vous ne pouvez comprendre de quel dévouement, de quelle abnégation d'elle-même une mère est capable pour son enfant.... lorsque, surtout, cet enfant est souffrant, désespéré, lorsque le désespoir flétrit sa beauté, égare sa raison, et menace de le tuer. »

Ici, les yeux encore assez beaux de Mme Kram se mouillèrent de larmes. Henri se sentit ému : naturellement bon, généreux, il oublia ce que la démarche de cette mère avait de hideux pour ne s'occuper que de sa douleur en apparence, si vive et si vraie.

« Que vous est-il donc arrivé? demanda-t-il vivement en approchant son siége de celui de cette mère éplorée.

— Hélas! monsieur le comte, ce qui nous est arrivé n'a rien que de très-ordinaire dans la situation où nous sommes. En consentant à laisser ma fille suivre la carrière dramatique, je ne me suis pas dissimulé les dangers de cette profession; j'ai prévu les conséquences de ma faiblesse; mais je n'ai pas eu le courage d'affliger ma fille unique et bien-aimée. Je fus bien coupable, sans doute, plus coupable qu'elle; eh bien! fasse le ciel que je sois la seule punie, et je bénirai la main qui me frappera pourvu qu'elle épargne mon enfant chéri!... »

La voix de Mme Kram fut couverte par ses sanglots, et l'émotion du jeune homme devint telle, qu'il prit affectueusement les mains de cette femme, et la pria de continuer en promettant qu'il ferait tout ce qu'il serait possible de faire pour adoucir ce violent chagrin.

« Ah! monsieur le comte, ne comprenez-vous pas que votre absence est la cause de tout le mal?... Oui, c'est votre absence qui tue cette pauvre Floretta.... Au nom de Dieu! que ma fille, que ma Floretta bien-aimée vive. »

A ces mots, Mme Kram se jeta aux pieds de Henri qui s'empressa de la relever. Le jeune comte n'avait pas assez vécu pour faire le cas qu'il fallait d'une semblable scène, et son inexpérience jointe à son bon naturel fut cause qu'il se trouva dans un grand embarras.... Depuis que la maison de la baronne lui avait été rouverte, il ne quittait presque pas la douce et charmante Wilhelmine dont l'image remplissait son cœur.

Le mariage ne devait être célébré qu'après que Henri aurait atteint sa majorité; mais cette alliance avait été annoncée presque officiellement dans le monde, et l'honnête jeune homme était si exclusivement amoureux, qu'il ne se fût pas pardonné même un semblant d'infidélité à sa jolie fiancée.

Pourtant, il était trop vivement touché de la douleur de cette mère, de ce désespoir qui menaçait de tuer l'aimable enfant, dans les bras de laquelle il avait lui-même cherché l'oubli de ses chagrins, pour refuser à ces infortunées toute espèce de consolation, et le biais dans ces circonstances était fort difficile à trouver. Henri tenta d'abord d'en appeler à la raison.

« Ma chère dame, dit-il, je prends certainement une part bien vive à votre affliction, une part d'autant plus vive que j'en suis en partie la cause, bien involontairement pourtant. Mais que puis-je faire à tout cela? A quoi vous mènerait une telle liaison en se prolongeant? Vous sentez que je me dois à ma famille, que la position que j'occupe dans le monde, m'impose des obligations, et que de ma conduite dépend tout mon avenir. Certes, je suis disposé à améliorer autant que possible le sort de Floretta; je conserverai toujours d'elle un agréable souvenir, et je ferai en sorte qu'elle n'ait pas à redouter l'avenir; mais là doivent se borner nos relations.

— Ainsi, monsieur le comte, vous la tuez!... c'est sans pitié, sans remords, que vous la condamnez à mourir?... Mon Dieu! mon Dieu!... Quand il ne faudrait qu'un mot de vous pour la sauver! »

Henri s'était levé, il marchait à grands pas; la sueur perlait sur son front.

« Eh bien! j'irai, dit-il, après un assez long silence.

— Oh! merci, merci, monsieur le comte.... Vous voir, vous entendre, mon Dieu, c'est tout ce qu'elle veut.... Pauvre chérie! Dans l'état affreux où elle est, que pourrait-elle vouloir de plus?

— A demain donc. D'ici là j'aurai fait quelques arrangements dont je vous ferai part.

— Merci, monsieur le comte, merci pour cette bonne nouvelle que je vais porter à cette chère enfant.... Oh! comme je vais la rendre heureuse, avec quelle impatience elle va compter les heures, les minutes!... »

Mme Kram se retira laissant Henri assez mécontent de lui-même, et roulant dans sa tête mille projets bizarres pour sortir de cette position dont, à cause de son inexpérience, il s'exagérait l'importance et le danger. Déjà elle était arrivée au bas de l'escalier lorsqu'une riche voiture s'arrêta devant le perron; un valet de pied ouvrit la portière, abattit le marche-pied, et une femme richement vêtue, belle encore quoique déjà sur le retour, mit pied à terre et monta aussitôt le perron, de sorte qu'en arrivant à la dernière marche, elle se trouva face à face avec Mme Kram. Presque au même instant cette double exclamation se fit entendre : *Esther! Régine!* C'est qu'en effet, après vingt années de séparation, les deux pensionnaires de Mme Mirabel, la marchande de modes du Palais-Royal, venaient de se rencontrer et de se reconnaître.

L'émotion de Régine fut si vive que ses genoux fléchirent et qu'il lui fallut s'appuyer sur le bras du valet qui la suivait. Esther, de son côté, était haletante, et comme dans l'attente de quelque grand événement. L'imminence du danger rendit bientôt à la princesse Mafiolini toute sa présence d'esprit.

« Venez, Esther, venez, dit-elle à Mme Kram, en lui faisant un signe d'intelligence pour qu'elle se tût. Nous causerons chez moi.

— Chez elle! pensa Mme Kram; je suis ici chez elle! Ah! c'est un rêve sans doute. »

Et tout en suivant Régine, elle se frottait les yeux.

Elle fut bientôt introduite dans un appartement somptueux où tout respirait la richesse, l'élégance et la grandeur; Régine lui fit traverser plusieurs pièces, puis toutes deux entrèrent dans un délicieux boudoir dont la princesse poussa la porte.

« Est-ce bien toi que je revois, Régine? s'écria alors la mère de Floretta; toi au milieu de tout ce luxe, de toutes ces richesses.... dans cet admirable palais où tu sembles commander en souveraine?...

— Hélas! oui, ma chère Esther; je suis bien la Régine d'autrefois, l'ancienne petite marchande, la petite modiste des galeries de bois. La fortune m'a traitée en enfant gâtée, et Dieu m'est témoin pourtant que je n'ai jamais désiré ces grandeurs : j'aurais été plus heureuse dans la médiocrité. Te dire comment cela est arrivé serait trop long; mais telle a été la marche des événements, que je suis aujourd'hui la princesse Mafiolini, la femme du prince le plus riche de l'Europe. Voilà mon histoire en deux mots.... Mais toi, où en es-tu de cette longue histoire de la vie ? Et d'abord dis-moi par quel miracle je t'ai rencontrée ici ?

— Mon Dieu, c'est bien simple, répondit Mme Kram qui avait eu le temps de se remettre, et mon histoire est si courte que je puis commencer par le commencement. J'avais depuis quelque temps quitté Mme M***, lorsque j'épousai un négociant allemand qui fit de ruineuses spéculations, et après quatre années de ménage, me laissa veuve avec un enfant, une fille qui fait aujourd'hui ma consolation. Il me fallut de nouveau travailler pour vivre, pour élever mon enfant. Bref, je fus obligée d'accepter, dans un théâtre secondaire, le modeste emploi d'ouvreuse de loges.... Mon Dieu ! c'est bien terrible de dire cela devant une si grande dame....

— Parle, parle, ma bonne Esther : la grande dame, il est vrai, ne ressemble guère à la jeune fille que tu as connue ; elle a beaucoup perdu et quelque peu acquis.... Et, à tout prendre, la grande dame est plus justement effrayée de son élévation que tu ne l'es de ta mauvaise fortune.... Achève donc, je t'en prie.

— Oh ! le reste est bien simple : il y a quelques jours, dans l'exercice de mes modestes fonctions, je trouvai sur la banquette d'une loge d'avant-scène un brillant monté en épingle ; je pris des informations sur la personne qui avait occupé cette loge ; j'appris que c'était M. le comte Henri, un jeune seigneur demeurant à Auteuil, et je suis venue aujourd'hui pour lui rendre ce bijou. Mais M. le comte, avec une grâce charmante, m'a priée de le garder en récompense de ma probité.... Et voilà ce bijou, ajouta Mme Kram en détachant de son châle l'épingle qu'elle avait trouvée dans le premier bouquet de violettes.

— Oh ! mon bien aimé Henri ! je te reconnais à ce trait, s'écria Régine en joignant les mains. Écoute, ma bonne Esther, tout cela doit te paraître bien mystérieux ; ce l'est en effet, et tout doit, pour toi, rester à l'état de mystère. Je t'en conjure, ne cherche pas à pénétrer plus avant. Tu es pauvre ? Eh bien ! je te ferai riche ; j'assurerai ton avenir, à la condition qu'il ne t'échappera pas un mot de ce que tu sais de mon passé.... Va, Esther, tu ne sais pas tout ce que cette fortune, que tu crois si digne d'envie, me cause de tortures et d'insomnies.... Et pourtant je suis heureuse ; j'ai de la joie de te revoir.... Ah ! c'est que je me reporte par la pensée à cet heureux temps.... mais ne parlons pas de cela. Donne-moi ton adresse, ma chère Esther, afin que je puisse aller te voir, te prouver que la princesse n'a pas dégénéré ; qu'elle a toujours ce bon cœur de jeune fille que tu lui as connu. »

Elle parlait encore lorsqu'on frappa légèrement à la porte du boudoir, qui s'ouvrit presqu'aussitôt. Henri parut, et à peine eut-il aperçu Mme Kram, qu'il fit une volte en arrière, comme s'il eût mis le pied sur un serpent.

« Pardon, ma bonne mère, dit-il, je vous croyais seule.

— Tu t'es trompé, mon Henri ; mais cela ne doit pas t'émouvoir beaucoup, puisque tu retrouves ici la personne qui était chez toi il y a quelques minutes.

— Ma mère !

— Oui, monsieur le comte, interrompit Mme Kram, qui avait recouvré toute sa présence d'esprit ; comme je sortais de chez vous pour vous remettre cette épingle que vous m'avez priée de garder, j'ai eu le bonheur de rencontrer son altesse, qui a bien voulu reconnaître en moi son ancienne marchande de modes.

— Ah ! fit Henri, qui parut soulagé d'un poids énorme, cela s'explique.

— Oui, mon Henri, dit la princesse, c'est ma bonne Esther, et il m'est bien doux de la retrouver à propos de l'acte de probité qu'elle vient d'accomplir, et dont tu l'as récompensée comme il convient, mon cher fils.

— Je suis heureux, ma mère, d'avoir fait selon votre désir, et désormais madame devra nous regarder comme des protecteurs dont l'appui ne lui faillira point.

— Tu l'as dit, Henri, s'écria Régine. Oui, elle peut désormais compter sur nous. Va, mon Henri, il en sera pour l'avenir comme pour le passé : tout pour toi ou par toi !... Et je ne demande à Dieu que de m'agrandir le cœur, afin que je t'aime davantage.

— Oh ! ma bonne mère ! s'écria Henri en se jetant dans les bras de Régine, combien j'aime ces douces paroles que j'ai déjà tant entendues.... Ma bonne mère, que mes lèvres touchent les vôtres, que votre cœur batte sur mon cœur....

— Adieu, Esther, fit la princesse en se tournant vers Mme Kram, qui venait de se lever. Je ne te retiens pas, ma chère, mais j'espère te revoir bientôt. »

Ce fut la joie dans le cœur que Mme Kram retourna chez elle : maîtresse d'un grand secret, elle pouvait désormais compter sur sa puissante amie. *Je te ferai riche*, lui avait dit la princesse ; et cette promesse qui résonnait encore à son oreille, lui faisait entrevoir un avenir de félicité plus grande qu'elle n'eût osé l'espérer. Désormais ce serait elle qui serait l'abeille pourvoyeuse ; elle n'aurait plus à se plier aux caprices de Floretta qui, de son côté, aurait toutes sortes de moyens pour retenir dans ses filets le jeune et généreux comte. Toutes deux allaient donc en même temps et du même pas marcher à la fortune. Quelle délicieuse perspective !

La mère de Floretta était encore sous l'impression de ces riantes pensées, lorsqu'elle arriva au

Palais-Royal. Comme elle rentrait chez elle et traversait l'antichambre, alors qu'il faisait déjà presque nuit, son oreille fut frappée d'une sorte de sourd grognement.

« Qui est là? demanda-t-elle presque effrayée.

— C'êdre moi, Esdher; c'êdre ton baufre frère Jérésu qui être fadigné, prisé, rombu, moulu.... baufre Jérésu! il affre fait zinguante lieues à bied.... afec tu pain et de l'eau.

— Oh! alors, je suis tranquille sur ton compte; tu n'es pas homme à faire cinquante lieues pour rien.

— Bour rien, Esdher, bour rien ti dout, ma barole t'honneur?

— Oh! la belle garantie!

— Z'est à dire que j'affre fait les zinguante lieues bour guelgue chose, et ce guelque chose, che l'affre drouvé; mais j'affre édé folé après, folé gomme tans ein pois, Esdher.... barce que j'affre bas de la janze. Du sais pien, Esdher, que j'affre chamais te la janze.

— Ce que je sais, c'est que tu n'es pas avare de plaintes. Mais c'est égal, je suis trop heureuse aujourd'hui pour vouloir te quereller.... Telle que tu me vois, Jérésu, je suis l'amie, mais l'amie intime d'une très-grande dame, d'une princesse qui s'occupe en ce moment de faire ma fortune.

— Eine brincesse, Esdher! s'écria Jérésu qui, oubliant tout à coup sa fatigue, devint tout yeux et tout oreilles, eine fraie brincesse?

— La plus riche princesse de l'Europe, rien que cela, la princesse Mafiolini.

— Hein? s'écria le juif, en bondissant de son siége et s'élançant vers sa sœur, c'êdre la brincesse Mafiolini gue tu gonnais?

— Certainement.... mais je ne puis pas en dire davantage là-dessus, parce que.... c'est un secret.... un très-grand secret.

— Et zette brincesse il temeure à Baris?

— Qu'est-ce que cela te fait? demanda à son tour Mme Kram, qui commençait à craindre d'en avoir trop dit.

— Rien, Esdher; c'êdre zeulement bar indérêt bour toi, barce gue guand les brodecdeurs ils zont loin des brodégés, ils affrent la mémoire gourte.

— Oh! la princesse ne m'oubliera pas; elle a de bonnes raisons pour cela.... Et puis il n'y a qu'un pas d'ici Auteuil, et au besoin le comte Henri mettrait sa voiture à notre disposition.

— Le gomde Henri, mein God!

— Certainement; un jeune homme charmant qui adore Floretta.... Mais tout cela ne te regarde pas; et il ne faut pas qu'à l'avenir on te voie ici plus souvent que par le passé, parce que.... le décorum.... Écoute, Jérésu, ce n'est pas ma faute si tu as gardé ta nature primitive, ton jargon maussade et ton costume de mendiant.

— Non, Esdher, dit Jérésu dont le visage rayonnait d'une joie sinistre, non c'êdre bas ton faute; c'êdre la faute du zort..... ch'affre chamais te la janze, moi! Mais za me fait blaisir dout te même te de foir heureuse.... ein si grand plaisir, gue che ne me zens blus fatigué di dout. Ch'étais fenu bour tiner, et l'appétit affre tisparu aussi.... alors che m'en fais....

— Et qui te presse donc? demanda Mme Kram surprise et inquiète à la fois du changement qui venait de s'opérer sur le visage et dans le langage de Jérésu.

— Oh! rien, bresque rien.... guelgues bédites affaires de ma gombétance. »

Esther allait insister pour le retenir, car elle connaissait l'homme, et cette précipitation lui semblait de mauvais augure; mais elle avait à peine ouvert la bouche, que Jérésu était déjà dans l'escalier, et il disparut en un clin d'œil.

CHAPITRE LVII.

Corsaires contre Corsaires.

Si la rencontre d'Esther avait contrarié la princesse Mafiolini, elle ne lui avait pas inspiré une crainte bien vive, car elles ne s'étaient pas revues depuis que Régine avait quitté le magasin de modes des galeries de bois, et il n'était pas présumable qu'Esther connût le secret de l'élévation de son ancienne compagne au rang qu'elle occupait maintenant, non plus que les diverses circonstances qui avaient précédé cet événement.

Mais à cette légère contrariété succéda une véritable terreur, lorsque le lendemain Jérésu se présenta chez la princesse. Le juif, cependant, ne fut pas très-explicite sur l'objet de sa visite : selon sa coutume, il commença par se plaindre de sa position de fortune, ou plutôt de sa prétendue misère. Il avait, disait-il, connu Mlle Régine dans une brillante voiture qui était passée près de lui quelques jours auparavant; il avait pris quelques informations, et il venait féliciter la princesse, persuadé qu'elle voudrait bien se souvenir des petits services qu'il avait eu le bonheur de lui rendre autrefois, pour de l'argent, et qu'elle accorderait quelques secours à un *baufre tiaple que messié Lauricot-Bied-te-Fer affait autrefois agusé pien inchustement*.

Ces dernières paroles, en rappelant à Régine que ce hideux personnage n'ignorait rien des principaux événements de sa vie, la terrifièrent. Mais ce fut bien autre chose, lorsque Jérésu ajouta comme pour se justifier :

« La preufe gue chédais bas goubaple, c'est gue messié Bied-te-Fer affre redrouvé le bédit enfant

Puis il saisit cette masse inerte, la jeta sur son épaule. (Page 242, col. 1.)

guand il a foulu, et gue ce baufre bédit il êdre auchourd'hui ein crand zeigneur.

— Au nom de Dieu! mon ami, s'écria la princesse éperdue, pas un mot de plus.... Vous êtes venu pour me demander un secours; prenez cette bourse, et laissez-moi votre adresse, afin que je puisse vous rendre la vie douce.... car cette petite somme n'est qu'un faible échantillon des bienfaits dont je vous veux entourer en souvenir et par reconnaissance des petits services dont vous parliez tout à l'heure; mais n'oubliez pas que s'il vous arrivait de parler de moi à qui que ce fût, de prononcer mon nom hors d'ici, vous n'auriez plus à compter sur moi.

— Chamais, chamais ein mot! dit Jérésu avec une sorte d'enthousiasme excité par la rondeur de la bourse pleine d'or qui venait de passer des mains de Régine dans ses mains à lui, qui se crispaient de joie sur les réseaux de soie à travers lesquels scintillaient de nombreuses pièces d'or. Che zerai touchours votre esclave zoumis, moi, Jérésu.... Bédite rue du Rempart.... Ah! matame la princesse, fous verrez gue Jérésu il êdre ein honnête homme, ein pien honnête homme.... gabaple te se faire gasser les pras et les champes pour fous servir....'

— Bien, bien, mon ami; je vous crois, et vous verrez que je ne promets pas en vain. »

Le juif se retira la joie dans le cœur, et Régine put donner un libre cours aux tristes pensées qui se pressaient dans son cerveau, aux terreurs secrètes qui lui étreignaient le cœur. Désormais, pour elle, plus de bonheur; toute sécurité lui était enlevée, et la révélation de ce grand secret qu'elle avait cru ignoré du monde entier, allait être incessamment suspendue sur sa tête comme l'épée de Damoclès.

Il faisait nuit lorsque Jérésu sortit de l'habitation princière; sa joie était telle, qu'elle débordait.

« Ah! se disait-il à demi-voix en parcourant assez lentement le chemin de traverse bordé de haies épaisses qui conduit à la grande route; mamzelle Réchine il s'attendait bas à ça!... Ah! ah! ah! la crante brincesse Mafiolini il n'affait bas gombté sur Jérésu; mais Jérésu il gombte sur lui-même, et il fait gompter les audres guand il veut! Brincesse, il êdre brincesse cette bédite porte-balle! et il affre fait son fils gomte!... et tout le monte il afale ça! Mais Jérésu il afale gue ce gu'il feut afaler, lui! Jérésu il sait pien gue le gomte Henri il affre fait eine bédite séjour aux Enfants-Trouvés.... C'êdre bas Jérésu gui brendra l'enfant d'un goddam bour le fils d'un brince italien!... Ces pêtises-là c'êdre pon bour les Paltaguin.... barce que les Paltaguin il êdre bas fort!... Oh! il êdre bas fort ditout, les Paltaguin.... »

Un rire guttural, satanique, succédait à ces paroles, lorsque le juif se sentit saisir à la gorge, en même temps que ces mots sifflèrent à ses oreilles :

« Baldaquin est plus fort que toi, vieux pourceau !... »

Jérésu n'en put entendre davantage : la pression était si forte, que la respiration lui manqua ; il perdit connaissance et tomba à la renverse.

Baldaquin, car c'était lui qui avait suivi le juif et avait entendu son monologue, Baldaquin bâillonna Jérésu, lui lia les pieds et les mains, ce qui fut l'affaire d'un instant ; puis il saisit cette masse inerte, la jeta sur son épaule et l'emporta au pas de course ; il parcourut ainsi le reste du chemin vicinal où cette scène venait de se passer, traversa la chaussée de Sèvres à Paris, et poursuivant sa course à travers les jardins qui, sur ce point, bordent la Seine, il arriva sur la berge de la rivière et déposa son fardeau sur le gravier. Tirant alors de sa poche une corde menue et bien savonnée, armée à l'une de ses extrémités d'un nœud coulant, il passa cette espèce de lasso au cou du juif, puis il lui ôta son bâillon et lui jeta de l'eau sur le visage pour lui rendre l'usage de ses sens.

« Tu vois, lui dit-il ensuite, que Baldaquin est plus fort que tu ne l'imaginais. Je t'avais dit : Si tu me trompes, je te briserai les os, dussé-je, pour cela, t'aller chercher au bout du monde ; tu as voulu me tromper, et me voici en train de tenir ma parole. Eh bien ! malgré tout cela, je me sens en velléité de te faire grâce ; mais c'est à la condition que tu me diras la vérité tout entière. Et ce serait inutilement que tu tenterais de me tromper, car je te suivais tout à l'heure dans le chemin creux, je t'avais suivi d'abord jusqu'à l'habitation du prince Mafiolini ; j'ai repris la piste lorsque tu es sorti, et pas une des paroles que t'arrachait la joie ne m'a échappé. Je sais donc maintenant tout ce qu'il m'importe de savoir ; cependant il y a certains détails qui peuvent rendre mes opérations ultérieures plus faciles : dis-les, et je te laisse, avec la vie, l'or que tu viens d'extorquer à l'expetite marchande denrée princesse.... Parle donc, mais n'oublie pas ceci : si je m'aperçois que tu hésites, si tu tentes de dissimuler quelque chose, je tire le lacet et je t'envoie nourrir les poissons. »

En parlant ainsi, Baldaquin qui avait un pied appuyé sur la poitrine du juif et qui tenait de ses deux mains l'extrémité de la corde qu'il lui avait passée autour du cou, tira cette corde de manière à en faire sentir la pression à ce malheureux étendu sur le sable et à peine revenu de son évanouissement.

« Grâce, grâce ! messié Paltaquin, fit-il d'une voix défaillante ; che tirai tout.... tout ce gue fous foudrez, messié Paltaguin.

— Parle donc, et n'élève pas trop la voix, ou je te coupe la respiration. »

Le juif eut l'air de se recueillir un instant, non qu'il eût besoin de rappeler ses souvenirs, les événements étant trop récents pour qu'il en eût oublié la moindre partie, mais parce que cela lui faisait gagner un peu de temps, et qu'il n'était pas absolument impossible que quelque passant lui vînt en aide en forçant Baldaquin à prendre la fuite. Par malheur pour lui, l'obscurité était profonde, et le sifflement du vent entre les arbres dépouillés de feuilles suffisait pour que la voix ne pût se faire entendre du bord de la rivière à la grande route, bien que ces deux points ne fussent séparés que par des jardins déserts à cette heure et entourés de simples haies.

« Parleras-tu, vieux bouc ! » s'écria Baldaquin en appuyant le talon de sa botte sur la poitrine du patient.

Jérésu poussa un soupir, non de douleur, mais de regret, et il raconta lentement à demi-voix comment il avait découvert la demeure de Régine, comment, celle-ci, devenue princesse, avait fait adopter par le prince son mari l'enfant qu'elle avait eu de lord Barstley, et que l'on appelait le comte Henri.

— Et ce comte Henri va chez ta sœur Esther ? demanda Baldaquin.

— Chustement.... et à brésent vous bouvez aller doucher les fingt mille francs ; mais moi che bourrais fous en faire doucher guarante mille, zent mille, teux zent mille, si fous fouliez bartacher....

— Triple brute ! répondit Baldaquin et en pesant de tout son poids sur la poitrine du juif en même temps qu'il tirait fortement la corde ; triple brute ! qui me crois assez bête pour me mettre à sa discrétion ! »

La respiration de Jérésu s'arrêta, une sorte de bourdonnement lointain résonna à ses oreilles, ses yeux devinrent saillants, sa langue s'allongea, et son cœur cessa de battre.

« Voici ton affaire faite, » reprit tranquillement Baldaquin en détachant la corde qui serrait le cou de sa victime et la mettant dans sa poche. Et maintenant, mon garçon,

Voici comment on descend gaîment
Le fleuve de la vie !

A ces mots, il poussa du pied le juif, qui roula dans la rivière et disparut.

Cependant, fidèle à sa promesse, Henri passait la soirée près de Floretta, qu'il s'efforçait de consoler. D'abord il fit appel à la raison ; il parla de l'avenir, de la haute position artistique à laquelle la jeune actrice pouvait arriver avec du travail, de la persévérance et quelque protection. Cette protection serait pour elle active, incessante ;

elle ne lui faillirait jamais, car jamais lui, Henri, n'oublierait les instants qu'il devait à cette gentille enfant; mais lui aussi devait songer à son avenir, à sa famille. En définitive, il offrait son amitié, son appui lorsqu'il serait utile à l'élévation de Floretta, et sa bourse toutes les fois qu'elle serait nécessaire. Cela était certainement fort séduisant, puisque le comte ne demandait absolument rien en échange, et qu'il entendait laisser à sa jolie protégée toute sa liberté. Aussi Mme Kram, qui assistait à cette conférence, laissa-t-elle éclater son admiration pour tant de générosité.

« Songe donc, ma Floretta, disait-elle, que M. le comte t'aimera toujours..., qu'il ne voudra pas que tu souffres.... qu'il ne souffrira pas que tes pauvres petits pieds se meurtrissent sur le pavé de Paris....

— Hélas ! oui, Henri, interrompit la jeune fille, dont les beaux yeux étaient baignés de larmes ; vous m'aimerez toujours, c'est-à-dire que vous prendrez à moi tout l'intérêt que l'on prend au bien-être d'un vieux serviteur dont les services ne sont plus opportuns, et vous m'ouvrirez votre bourse en expiation d'une erreur de jeunesse.... Mon Dieu ! mon Dieu !... il est bien vrai que je ne mérite pas davantage, moi, pauvre enfant souillée, alors que je n'avais pas encore la conscience d'une telle souillure....

— Floretta ! Floretta ! s'écria Mme Kram en s'efforçant d'interrompre sa fille.

— Taisez-vous, ma mère ! n'est-ce pas assez de cette flétrissure dont je me jouais naguère et qui me tue aujourd'hui ? Voulez-vous encore m'interdire la plainte ?... Oui, vous avez raison, Henri, je suis indigne de vous, si noble, si grand.... Mais cela ne peut empêcher que je vous aime d'un amour aussi grand, aussi désintéressé, aussi pur que serait celui d'une vierge.... O mon Henri bien-aimé ! tu as raison ; je ne suis pas digne d'être ta compagne ; souffre seulement que je sois ton esclave soumise ; que je te voie, que je t'entende quelquefois.... Et, par pitié, ne me parle jamais de cette liberté que je maudis !... »

La pauvre enfant fondait en larmes ; Mme Kram était terrifiée et n'osait prononcer un mot. Henri se sentit ému jusqu'au fond de l'âme ; en vain tenta-t-il de se faire une égide du souvenir de la tendre Wilhelmine ; tous ses efforts de vertu vinrent se briser contre cette séduction nouvelle ; son cœur était devenu un foyer ardent dont les flammes embrasaient son cerveau, il tremblait ; ses paroles entrecoupées étaient comme un souffle brûlant qui l'enivrait en s'exhalant.

« Floretta ! Floretta ! je t'aime, dit-il enfin en pressant convulsivement la jeune fille contre son cœur.... Oui, je t'aime comme tu veux, comme tu dois être aimée ! »

La gentille actrice sourit tristement ; un éclair de bonheur brilla dans son regard, dont le feu fit étinceler les larmes qui perlaient à l'extrémité de ses longs cils. Mme Kram se retira en dissimulant sa joie par un profond soupir....

Deux heures après, le comte se promenait dans le jardin du Palais-Royal, attendant que la brise calmât quelque peu les émotions de cette orageuse soirée ; il s'était arrêté près du bassin, dont la gerbe jaillissante, inclinée par le vent, le couvrait d'une pluie fine qu'il recevait avec une sorte de volupté, lorsqu'il fut abordé par un homme à l'allure dégagée, au maintien hasardé, aux formes indécises : c'était Baldaquin.

« Monsieur, dit ce personnage sans se découvrir, mais en portant la main à son chapeau incliné sur l'oreille, c'est, si je ne me trompe, à monsieur le comte Henri que j'ai l'honneur de parler?

— Je suis, en effet, le comte Henri, monsieur, répondit le jeune homme.

— Beau nom, beau titre, monsieur ! mais dont il ne serait pas difficile pourtant d'augmenter le lustre....

— Que voulez-vous dire ? s'écria Henri en rompant d'une semelle et se mettant en défense comme pour repousser une insulte.

— Bravo ! très-bien ! fit Baldaquin en examinant la pose de son interlocuteur.... Seulement le pied gauche est un peu trop rapproché du pied droit, les poignets se tiennent un peu trop haut, de sorte qu'il n'y aurait plus que cela à faire : *une, deux !* »

Et le mot *deux* était à peine prononcé, que le comte tombait à la renverse. Il se releva furieux et s'élança sur son adversaire ; mais celui-ci évita le choc en faisant un mouvement de côté, puis il alla à Henri le chapeau à la main.

« Monsieur le comte, dit-il avec le plus grand calme, on peut être très-fort à ce jeu-là et perdre contre moi ; ainsi, que cela ne vous fâche pas : vous n'avez pas fait de bruit, vous n'avez pas appelé à votre aide ; je vous tiens pour un brave jeune homme.... On vous a appris à vous servir d'une épée ; moi j'ai appris à me servir de mes poings et de mes pieds ; c'est moins noble, mais c'est plus sûr. Je vais vous prouver maintenant qu'en vous abordant je n'avais aucune mauvaise intention : vous êtes riche, monsieur le comte, je le sais ; mais il ne tiendrait qu'à vous, et un peu à moi peut-être, que votre fortune soit triplée ou quadruplée en quelques jours. J'aborde la question franchement : combien donneriez-vous à la personne qui ajouterait, à ce que vous possédez, une vingtaine de millions ?... »

Henri, croyant avoir affaire à un fou, leva les épaules en signe de pitié et tourna les talons ; mais son interlocuteur revint promptement à lui.

« Je parle sérieusement, monsieur le comte, dit-il, et vous auriez grand tort de ne pas attacher à mes paroles l'importance qu'elles ont réellement. »

Henri s'arrêta; sa curiosité commençait à être vivement excitée.

« Eh! quelle importance, dit-il, puis-je attacher aux paroles d'un fou qui vient, la nuit, sur la voie publique, me barrer le passage pour m'offrir des millions du ton d'un homme qui demanderait à un voyageur la bourse ou la vie?

— Oui, cela est vrai; j'avoue que le début n'a pas été séduisant; c'est que je ne suis pas très-éloquent de mon naturel, bien que j'aie plusieurs langues à mon service; et puis il s'agit de choses positives qui n'admettent pas de tergiversations. Vous êtes très-riche, monsieur le comte, je le sais; quelle est l'origine de cette immense fortune? Je l'ignore, et j'ai l'audace de croire que vous n'en savez pas beaucoup plus que moi sur ce point. Il n'en est pas de même de la fortune que je vous offre; je sais d'où et de qui elle vient.... Que si le lieu où nous sommes vous semble absolument mal choisi pour une conférence de ce genre, je m'excuserai sur la nécessité d'agir vite, sur le hasard qui m'a mis sur vos traces ce soir, et je vous demanderai un rendez-vous pour demain. Ne me refusez pas, je vous en prie, monsieur le comte, et vous verrez que je ne suis pas un compagnon à dédaigner dans beaucoup de circonstances.

— Eh bien ! dit le jeune homme forcé en quelque sorte de prendre au sérieux cette scène étrange, puisque vous me connaissez, il vous sera facile de venir chez moi : je vous y attendrai.... Sous quel nom vous ferez-vous annoncer?

— Sous le mien, monsieur le comte, Baldaquin, fils de Roger Baldaquin, en son vivant première clarinette au café des Aveugles.... Je ne descends pas de haut, comme vous voyez; mais enfin je sais de qui je procède, et c'est un avantage que j'ai sur beaucoup de gens. »

Henri releva la tête et serra les poings; mais ce ne fut qu'un mouvement involontaire et trop rapide pour être remarqué.

« Je vous attendrai demain matin, dit-il.

— Et vous pouvez être sûr que je ne manquerai pas au rendez-vous, monsieur le comte. »

Cette fois Baldaquin souleva son chapeau et s'inclina, puis faisant brusquement demi-tour, il disparut avant que le jeune comte eût eu le temps de lui rendre son salut et de lui donner son adresse.

CHAPITRE LVIII.

A corsaire corsaire et demi.

Baldaquin se disposait à continuer ses opérations avec autant de calme, de tranquillité, de confiance en lui-même et d'insouciance de l'avenir, que s'il n'eût fait, la veille, que les choses les plus simples, les plus légales et les plus innocentes du monde.

« Ce jeune homme-là a du bon, se disait-il en donnant à sa toilette un peu plus de soin que de coutume; il y a de l'étoffe, et pour peu qu'il y mette de rondeur et de bonne volonté, nous nous entendrons certainement.... Ce n'est pas à dire pourtant qu'il faille jeter aux chiens les vingt mille francs de ce finaud de milord Warburton, non plus que les éventualités qu'il est assez raisonnable de prévoir ; la partie est maintenant assez sérieusement engagée pour que l'on doive jouer serré.... Baldaquin, mon garçon, te voilà lancé dans la haute, et il s'agit de te tenir décemment et sans balancier dans cette région distinguée où ton intelligence t'a fait pénétrer.... Ceci est de la haute diplomatie, si j'ose m'exprimer ainsi, c'est-à-dire que nous sommes en position de faire de l'or avec des paroles, profession très-connue dans Paris et dans laquelle j'ai la juste prétention de ne pas être manchot.... Mais n'est-ce pas être un peu bien outrecuidant, comme disent nos vaudevillistes moyen âge, que de lutter ainsi contre les anciens du métier?... Allons donc, Baldaquin! est-ce que tu aurais la petitesse de prendre dans certains cas, des mouches pour des crocodiles ! Du tout, au contraire !...

En avant, marchons
Contre leurs canons!

« Est-ce que nous autres enfants de Paris n'avons pas été créés et mis au monde tout exprès pour faire la barbe à tous les malins de l'Europe et autres lieux circonvoisins?... Et j'ose dire que c'est là un devoir que j'ai toujours rempli à ma satisfaction particulière depuis ma plus tendre enfance.... D'ailleurs, comme disaient nos respectables ancêtres, le vin est tiré, il faut le boire : buvons ! »

Sur ce, il descendit de son troisième étage, se jeta dans le premier cabriolet de place qu'il rencontra et se fit conduire à Auteuil.

Henri avait passé une nuit fort agitée : les ouvertures singulières que lui avait faites cet étrange personnage, avaient éveillé en lui mille pensées. Bien des fois, depuis qu'il avait l'âge de raison, il avait cherché à percer l'obscurité qui enveloppait sa naissance; souvent même il en avait dit quelque chose à son père adoptif; mais ce dernier avait toujours éludé la question.

« Tu es mon fils, Henri, lui avait-il dit un jour que le jeune homme se montrait plus pressant que de coutume; ton acte de naissance en fait foi; que t'importe le reste? Peut-être ta naissance a-t-elle été environnée de quelques particularités oubliées aujourd'hui, et qu'il faut laisser dans l'ombre. Ne sommes-nous pas heureux, ma bien-aimée Régine et moi, de t'avouer pour notre fils? Qu'importe le reste? Crois-moi, Henri, n'en cherche pas davantage; ne t'occupe pas d'un passé couvert de ténèbres, et marche avec confiance vers l'avenir qui ne peut manquer d'être pour toi heureux et brillant. »

Ces paroles étaient sages, le jeune comte le reconnaissait; mais il ne lui était pas toujours possible de changer le cours de ses pensées, et de là venait cette mélancolie habituelle, cette réserve si peu en rapport avec son âge et sa position de fortune. Les singulières paroles de Baldaquin avaient donné aux pensées habituelles de Henri un nouveau degré de vivacité. Comment cet homme le connaissait-il? D'où viendrait cette immense fortune dont il semblait pouvoir disposer si facilement? Et pourquoi était-ce à lui, Henri, qu'il venait l'offrir? Évidemment il y avait là-dessous quelque secret qui touchait au mystère de sa naissance. Tourmenté de ces réflexions, en proie à la plus vive anxiété, le jeune homme s'était levé au point du jour, et il comptait les secondes en attendant l'arrivée de ce singulier personnage qu'il ne se rappelait pas avoir vu avant la rencontre de la veille. Neuf heures sonnaient, lorsqu'on annonça Baldaquin qui fut introduit sur-le-champ, et telle était l'impatience de Henri, qu'il vint à sa rencontre jusqu'à la porte de son appartement.

« Vous voyez que je suis de parole, monsieur le comte, dit le rusé cicérone, et cela doit vous convaincre de l'importance de l'affaire dont j'ai eu l'honneur de vous entretenir hier. Nous reprendrons donc, s'il vous plaît, les choses où nous les avons laissées, et je prendrai la liberté de vous répéter cette question : Que donneriez-vous à l'homme qui ajouterait à la fortune que vous possédez la bagatelle d'une vingtaine de millions?

— Et comment voulez-vous que je réponde à cette question si je ne connais d'abord la source de cette fortune, à quel titre elle pourra m'appartenir, et quels actes il me faudra accomplir pour qu'elle devienne ma propriété?

— Justement; c'est là la difficulté. Car si je vous dis tout cela, je me mets à votre discrétion, ce qui serait indigne d'un diplomate.... Je sais bien qu'à votre place je ne ferais pas tant de façons.... Vingt millions et des scrupules, c'est trop de moitié, telle est mon opinion individuelle; mais tout le monde n'a pas la force de mettre le pied sur le préjugé; les hommes forts sont plus rares qu'on ne l'imagine....

— Monsieur, vous vous oubliez, interrompit sévèrement le comte.

— Ah! oui.... c'est juste.... mais pour s'entendre il faut parler, même quand on fait de la diplomatie. Ainsi, nous conviendrons que si, par mes soins, vous entrez *légalement*, sans difficulté, sans porter atteinte aux lois de la probité, en possession de la bagatelle en question, vous m'assurerez cinquante mille francs de rente, au capital de douze cent mille francs.... car il faut que tout le monde vive, et ce ne serait pas le cas de dire que vous n'en voyez pas la nécessité. Cette convention sera l'objet d'un acte notarié dans lequel interviendra votre tuteur, attendu le défaut de majorité....

— Et comment savez-vous que je ne suis pas majeur?

— Merci, monsieur le comte; mais j'ai le malheur d'être un peu moins candide que vous avez l'air de le croire; la candeur a son prix, mais en affaire c'est traître en diable, ce qui est cause que je m'en suis défait de bonne heure. Je sais donc cela, je sais bien d'autres choses que vous ignorez, et qui vous surprendront singulièrement lorsque je vous en ferai part, ce qui arrivera immédiatement après la signature de l'acte en question. Et maintenant je n'ajouterai plus un mot. Cela doit se résoudre par *oui* ou *non*. »

Henri était dans une cruelle perplexité; une lutte violente se livrait dans son esprit entre le brûlant désir d'accroître sa fortune, mais de pénétrer ce secret qui le tourmentait, et la crainte d'affliger son père adoptif, qui s'était toujours opposé à ce qu'il tentât de lever ce voile mystérieux; il n'avait encore pris aucune résolution, lorsque le prince Mafiolini entra.

« Venez-moi en aide, mon cher père, s'écria le jeune homme en se levant vivement. Aussi bien c'est à vous qu'il appartient de répondre à la proposition qui m'est faite. »

Et il rapporta à Adrien tout ce qui venait de se passer entre lui et le personnage qui était présent. Le front du prince se fronça en entendant ce récit, son visage se rembrunit, et il jeta un regard scrutateur sur Baldaquin, qui n'en parut pas ému le moins du monde, et se jouait avec la chaîne d'or qui serpentait sur son gilet, tout en battant du bout de sa botte la mesure de quelque refrain qu'il chantait mentalement.

« Il y a à cela bien des objections à faire, dit le prince, sans cesser de regarder attentivement Baldaquin.

— Les opinions sont libres, répliqua ce dernier. Pour moi je n'y vois que vingt millions à prendre et à garder..... sauf le denier de la reconnaissance qui me sera alloué.... La reconnaissance, je le sais, est la mémoire du cœur; mais vous n'ignorez pas que les plus doux sentiments peuvent se résumer par des espèces sonnantes, sans que la morale en souffre aucunement. Cela, d'ailleurs, vous dispensera de vous attendrir au souvenir de ce grand service que vous m'aurez payé. »

Il se fit un assez long silence, pendant lequel Adrien se livra à ses réflexions; mais ce fut vainement qu'il chercha le mot de cette énigme.

« Cela est tout à fait inconcevable, dit-il enfin, et j'ajouterai que le résultat annoncé est d'une invraisemblance telle, que la pensée a de la peine à s'y arrêter. Il faudrait au moins savoir sur quoi cela est basé, quel est le point de départ....

— C'est-à-dire, interrompit Baldaquin, qu'il faudrait vous dire la moitié d'une chose pour rien, afin de vous aider à deviner l'autre moitié gratis.... Ça me paraît pas mal ingénieux, mais peu substantiel; en conséquence, si c'est là votre dernier mot.... »

Et prenant son chapeau qu'il avait déposé sur un fauteuil, il fit mine de se retirer.

« Il est vrai, dit vivement Henri, qui voyait avec regret s'évanouir l'espoir de pénétrer le mystère qui pesait sur sa vie, il est vrai qu'on ne courrait aucun risque à accepter la proposition, tout étant conditionnel....

— Et le ridicule, mon ami?... Ne sens-tu pas que si l'on nous savait sérieusement à la recherche de ce trésor fantastique, nous deviendrions la risée de tous les salons de Paris?... Décidément, monsieur le cicérone, si vous ne voulez vous expliquer plus clairement que cela, vous ne serez point notre guide.

— Il faudra bien que je m'en console, répondit Baldaquin en accompagnant ces paroles d'un sourire narquois, et j'espère que cela ne me sera pas trop difficile. D'ailleurs, je ne regretterai pas ma démarche : des gens qui refusent un million de revenu, c'est une curiosité qui vaut bien la peine qu'on se dérange.

— De deux choses l'une, dit encore Adrien : ou nous avons des droits à cette fortune, ou nous n'en avons point; ces droits, s'ils existent, ne peuvent être anéantis; une fortune aussi considérable ne peut passer inaperçue d'un propriétaire à un autre, et le prince Mafiolini est assez connu dans le monde pour que l'on sache où le trouver.

— Et c'est justement ce que l'on se gardera bien de faire, » dit Baldaquin en se dirigeant vers la porte.

Là, il s'arrêta, salua lentement, espérant toujours que le prince changerait enfin de langage : mais Adrien se tut, et Henri n'osa pas montrer le regret qu'il éprouvait, de sorte que l'audacieux cicérone fut contraint d'accomplir sa retraite, sans espoir de pouvoir revenir prochainement sur ses pas.

« Décidément, se dit-il, je m'étais trompé, et il est bien vrai qu'il y a sous la calotte des cieux des individus assez ennemis d'eux-mêmes pour mépriser la fortune.... Et quelle fortune ! un peu plus d'un million de rentes, rien que ça !... Et ça se croit des hommes.... Allons donc, vous me faites parfaitement l'effet, mes chers mignons, de concombres hors d'âge, ou de melons avariés.... Le pire de l'affaire c'est que je me trouve ainsi naturellement réduit aux vingt mille francs du milord, lesquels sont même déjà passablement ébréchés, après avoir entrevu cinquante mille francs de revenu !... Il est vrai que c'est là un parti désespéré, auquel j'aurai toujours le temps de revenir. »

Malgré ce raisonnement et le reste d'espoir auquel il s'efforçait de se cramponner, Baldaquin rentrait assez tristement chez lui, lorsque sa portière lui remit une lettre timbrée de Londres. Il reconnut sur-le-champ l'écriture de son ami le chevalier de Grafering, et dans son impatience il s'arrêta tout près de la loge pour rompre le cachet de cette missive qui lui arrivait si à propos; puis, tout à coup, il bondit dans cette loge, et tremblant de colère, le regard menaçant, les poing serrés,

« Madame Benoît, dit-il, cette lettre a été ouverte?

— Eh bien, après? fit le cerbère femelle en relevant la tête, et mettant ses lunettes comme pour mieux observer l'ennemi; depuis quand que les honnêtes concierges sont responsables de ces gueux de facteurs, tous jésuites vendus au gouvernement?... Allez, monsieur Baldaquin, on voit bien que vous êtes un jeune homme de peu d'expérience : si vous aviez été victimé par les gouvernements, comme moi, en la personne de feu Benoît, frotteur libéral en son vivant, vous sauriez dont sont capables tous ces grippe-Jésus qui ont inventé un cabinet noir pour lire les lettres à la vapeur, et tous les autres ingrédients chimiques....

— Mais, vieille autruche ! répliqua Baldaquin de plus en plus furieux, ce n'est pas à la poste que cette lettre a été ouverte, puisque le pain à cacheter avec lequel on a rattaché l'empreinte en cire est encore frais.

— Dame ! après ça, dit la vieille à qui l'air menaçant de son interlocuteur faisait perdre son assurance ordinaire, vous sentez bien qu'on a naturellement ses petites provisions à faire.... Ça n'est pas avec ce que donnent aujourd'hui ces rats de propriétaires qu'on peut se faire servir, bien sûr. Étant donc obligée de vaquer à mes affaires domestiques, j'avais mis votre lettre au carreau du vasistas, l'adresse en dehors, pour que vous puissiez la voir et la prendre en mon absence, et à mon retour je l'ai retrouvée où je l'avais laissée. Foi d'honnête femme, je n'en sais pas davantage. »

Baldaquin examina de nouveau le cachet; mais soit qu'il se fût trompé d'abord, soit que le pain à cacheter placé sous la cire eût achevé de sécher pendant la discussion, sa conviction fut quelque peu ébranlée; il se dit que ce pain à cacheter avait pu être placé d'abord et recouvert ensuite d'un sceau en cire par l'auteur de la lettre lui-même, et renonçant pour le moment à pousser un peu plus loin ses investigations, il ouvrit la lettre et lut ce qui suit :

« Que fais-tu donc, mon garçon? Que sont devenues cette énergie et cette activité que je t'ai connues au bon temps où je foulais avec insouciance les rives un peu crottées de la Seine? L'affaire valait pourtant bien la peine qu'on s'en occupât, et j'en sais quelque chose, car depuis ma dernière lettre je n'ai cessé de travailler pour toi, bien que tu aies jugé à propos de ne pas me donner signe de vie. Il est vrai qu'en cas de mort je me réservais cette part de ta succession sous bénéfice d'inventaire.

« J'avais bien raison de soupçonner quelque belle affaire, dont il faudrait s'occuper en même temps des deux côtés du détroit. Afin de savoir à quoi m'en tenir, j'ai cultivé la connaissance du vieil attorney Rewelcovent, l'exécuteur de lord Barstley, et j'ai manœuvré de telle sorte que me voici en train de faire fortune à la fois pour toi et pour moi.... Eh bien! messire Baldaquin, ne reconnaissez-vous pas à ce trait votre vieil ami ?

« Voici comment cela est arrivé : après m'être mis aussi avant que possible dans les bonnes grâces du vieux jurisconsulte, moyennant quelques consultations dont je n'avais pas besoin, et que je payai fort cher, je parlai négligemment et sans avoir l'air d'ajouter la moindre importance aux faits de la riche succession Barstley ; je dis que, dans mon enfance, j'avais beaucoup entendu parler de ce lord à Paris, et que plus tard j'avais connu son fils naturel.

« — En vérité? s'écria Rewelcovent, vous connaissez Henri Barstley?... Mais alors c'est le ciel qui vous a envoyé près de moi.... Depuis trois mois, je fais chercher sans succès ce jeune homme ; j'ai écrit à ce sujet à mes correspondants en France ; les recherches continuent ; mais je commence à désespérer. Et ne serait-ce pas déplorable que cette immense fortune fût recueillie par ce comte de Farterstein, un homme horrible, perdu de débauches et de crimes?... Oui, monsieur, de crimes ; puisque le mot m'est échappé, je ne le retirerai point. Il n'a pas encore trente ans, et il s'est déjà souillé de plusieurs meurtres.... et peut-être sa mère elle-même, l'infortunée Gorlbrun, comtesse de Farterstein.... mais les preuves manquent et il faut se taire.... Et maintenant, de grâce, parlez-moi de ce jeune homme dont j'attends des nouvelles avec tant d'impatience. »

« Je répondis que j'avais perdu de vue ce personnage depuis trop longtemps pour en donner quelque nouvelle certaine ; mais que j'en écrirais en France, et que j'avais la certitude d'en recevoir assez promptement des renseignement satisfaisants.

« — Faites cela, monsieur, me dit avec feu le vieil avocat ; faites-le promptement, je vous en conjure, et surtout ne soyez pas retenu par les sacrifices d'argent qu'il faudra faire ; car le testament, par un article spécial, me donne toute latitude sur ce point, et j'y puis consacrer, s'il me plaît, jusqu'au quart de la succession.... »

« Comprenez-vous, seigneur Baldaquin? le quart d'une succession s'élevant à un chiffre fabuleux! vingt-cinq millions au moins !... Et en présence d'une telle perspective, vous vous amusez, selon toute probabilité, à retourner les poches de quelques misérables touristes anglais ou allemands !... Mais, malheureux, tu veux donc être renié par tous les hommes forts au milieu desquels tu brillais naguère d'un si vif éclat?... Voyons, mon ami, redeviens toi-même ; il me semble que si tu le voulais bien sérieusement, il nous serait maintenant facile de voir la couleur des bank-notes de ce vieux bonhomme qui se jette si volontiers dans nos bras. Cherche, déterre, invente de manière à justifier une première saignée à la fameuse succession. La chose une fois en train marchera d'elle-même. Je suis sur des charbons ardents, en attendant de tes nouvelles.... »

« Prrrt! fit Baldaquin après avoir lu, voilà qui va nous faire chanter une autre gamme.... D'abord, mon cher lord Varburton, vous voudrez bien attendre encore un peu ce grand résultat que vous croyez obtenir à si bon marché.... Enfant de la lumière, je me tourne vers le soleil levant....

« C'est du Nord aujourd'hui que viennent les guinées !... Soyez les bienvenues, mes jeunes fillettes !... Sur ce ne perdons pas un moment, car ce coquin de chevalier serait capable de ne laisser que les écailles de l'huître qu'il a si bien pêchée en eau trouble. »

Et sans plus de réflexion, Baldaquin fit sur-le-champ ses préparatifs de voyage, ce qui ne fut pas long, les gens de cette sorte se tenant d'habitude prêts, à tout événement, à mettre la frontière entre eux et messieurs les gens du roi ; race lente de sa nature, attendant d'ordinaire que les oiseaux soient envolés pour songer à fermer la cage. Ses malles furent faites en un clin d'œil, son passeport visé une heure après, et le soir même il prenait place dans la malle-poste de Calais.

Douze heures après, il arrivait à Calais, il venait de mettre pied à terre, et sa valise sous son bras il se dirigeait vers le port, lorsque derrière lui retentirent sur le pavé de la cité normande encore endormie les pas précipités d'un personnage qui semblait le suivre de près. Baldaquin se retourna vivement, et il aperçut un homme enveloppé dans un ample manteau qui semblait suivre le même chemin que lui, mais qui s'arrêta lui-même presque aussitôt, se mit à regarder les enseignes des boutiques et les numéros des maisons, comme pour s'orienter, et qui fit mine ensuite de retourner sur ses pas.

« Allons donc, Baldaquin! fit le cicérone, après un moment de réflexion, est-ce que par hasard tu serais accessible aux peurs paniques? Ça serait quelque chose de joli!... »

Quelques instants après il arriva sur le port, et comme en ce moment un café s'ouvrait, il y entra afin de donner satisfaction aux exigences de son estomac, en même temps que ses réflexions pourraient tranquillement suivre leur cours.

« A quelle heure partira le paquebot de Douvres? demanda-t-il au garçon qui lui servait à déjeuner.

— Dans vingt minutes, monsieur, et si vous voulez y prendre place, il serait bon d'y faire tout de suite porter vos bagages, car les passagers seront nombreux, et il y aura encombrement.

— Bien, bien, fit Baldaquin en expédiant rapidement son déjeuner, ce n'est pas de cela qu'il s'agit. »

En un clin d'œil la volaille froide qu'il s'était fait servir fut engloutie, aidée en cela par une abondante ingurgitation de Bordeaux corroborée de quelques verres de rhum. Le paquebot démarrait au moment où il arrivait au bord du canal; déjà la planche de l'embarcadère avait été enlevée; mais Baldaquin n'était pas homme à s'arrêter pour si peu; il prit son élan, franchit la distance de trois ou quatre mètres qui déjà séparait le quai du navire, et vint tomber comme une bombe au beau milieu des passagers de l'arrière.

« Soyez calme, mon ami, dit-il au contrôleur attiré par la rumeur des passagers, nous allons régulariser les choses.... Ce n'est pas ma faute si votre marée, comme vous appelez cela, arrive ici à des heures indécentes.... Ce n'est pas à Paris qu'on oserait en agir ainsi : monsieur le préfet de police ne le souffrirait pas. »

Puis en Parisien pur sang qu'il était, et sans daigner s'apercevoir des sourires moqueurs provoqués autour de lui par son excentricité, il se mit à parcourir le bâtiment, chose nouvelle pour lui, mais à laquelle il ne trouvait rien d'extraordinaire.

« Ça n'est pas mal, disait-il, ça n'est vraiment pas mal pour un bateau de province. Je crois, le diable m'emporte! que c'est presque aussi bien que le bateau à vapeur de Paris à Montereau.... N'est-ce pas votre avis, monsieur, dit-il en se tournant vers un personnage qui franchissait en ce moment la ligne de démarcation établie au milieu du pont et quittait l'aristocratie de l'arrière pour se glisser parmi la plèbe qui garnissait l'avant? »

Mais au lieu de répondre, l'individu ainsi interpellé rabattit sur son visage la visière de sa casquette, et il disparut.

« Je ne me trompe pas, pensa Baldaquin, c'est l'homme au grand manteau que j'ai entendu marcher derrière moi lorsque je suis descendu de voiture.... Est-ce que par hasard il y aurait là quelque nœud gordien du genre de celui que j'ai si bien dénoué il y a trois jours sur les bords de la Seine?... Bast! le vieux juif est maintenant aux filets de Saint-Cloud, à moins qu'il n'ait passé outre, ce qui est d'autant plus possible que les susdits filets m'ont toujours paru quelque peu apocryphes, personne ne les ayant vus, bien que tout le monde en parle comme d'article de foi.... Quant au prince Mafiolini et à son fils adoptif, ils ont des mœurs, des préjugés.... néant!... Il y aurait encore milord Varburton.... Celui-là a du nerf, mais il ne sait rien.... Et pourtant il me semble qu'avant de se cacher sous la visière de cette vieille casquette, ces deux yeux m'ont regardé d'un certain air.... Attention, Baldaquin! nous ne sommes pas ici dans les circonstances ordinaires de la vie! Tu ne dois pas oublier, mon garçon, qu'il y a en toi, pour le moment, l'étoffe d'un millionnaire, et même quelque chose de plus.... »

Là-dessus Baldaquin se mit en devoir de visiter toutes les parties du navire; il explora l'arrière et l'avant, les chambres, les cabines, mais ce fut vainement qu'il chercha l'homme au manteau, ce dernier demeura introuvable.

A midi on arriva à Douvres. A peine débarqué, Baldaquin courut vers le premier cockney prêt à partir, et quelques instants après il roulait vers Londres.

La voiture dans laquelle il avait pris place n'était pas encore arrivée au premier relais, lorsque notre cicérone parisien mettant la tête à la portière fut éclaboussé par un cheval lancé à fond de train qui dépassait la voiture emportant un cavalier enveloppé dans un manteau dont le collet d'astrakan relevé lui cachait le visage jusqu'aux yeux.

« Nom d'un diable! fit le Parisien en s'essuyant le front, encore l'homme au manteau!... Il paraît qu'il est encore plus pressé que moi d'arriver.... Mais qu'était-il donc devenu sur le paquebot, et quand en est-il donc sorti?... Cela n'est pas du tout rassurant.... Pourtant il ne faut pas non plus se créer des fantômes et s'effrayer outre mesure : un homme n'est qu'un homme, et je ne crois pas que beaucoup puissent se vanter d'être plus solides que moi. Et puis là-bas nous serons deux.... Deux qui en valent cinquante dans les circonstances présentes. Galope, mon garçon, et si nous avons

Une vague le renversa. (Page 255, col. 1.)

quelque chose à démêler ensemble, ce n'est pas à la course que je t'attraperai. »

Il faisait nuit lorsque Baldaquin mit le pied sur le pavé de Londres; il fut aussitôt abordé par une sorte de commissionnaire qui lui dit en très-bon français :

« Si monsieur n'a pas d'hôtel attitré, j'aurai l'honneur de le conduire....

— C'est un cicérone, se dit mentalement Baldaquin ; entre confrères on se doit des égards. »

Puis, répondant à la question :

« Vous me conduirez s'il vous plaît, dit-il, dans Georges Square, à l'hôtel des Trois-Couronnes. »

L'officieux s'inclina en signe d'obéissance, et, sous sa conduite, Baldaquin arriva bientôt à l'hôtel indiqué, où depuis longtemps déjà le chevalier de Grafering avait établi son domicile.

« Vive Dieu ! mon maître, s'écria le chevalier en tendant la main à son ancien ami, il paraît que nous n'avons rien perdu de notre capacité, et que nous avons toujours bon pied, bon œil, esprit subtil et poignet solide. Mais d'abord, as-tu reçu ma lettre ?

— C'est justement parce que je l'ai reçue que me voici.

— Alors, je devine le reste : tu as trouvé l'héritier de lord Barstley ?

— Peut-être, mon garçon ; mais, dans tous les cas, je crois qu'il serait prudent de vendre promptement la découverte afin de ne pas perdre dessus.... jusqu'à quelle somme pourrait-on pousser la chose près de ton attorney ?

— Jusqu'à un chiffre fabuleux, mon ami ; mais il faudrait que cela fût sagement conduit, et tu me parais un peu bien pressé.

— Et j'ai mes raisons, mon fils; nous ne sommes pas les seuls à la recherche de ce personnage; si je ne l'avais pas trouvé, je l'aurais inventé ; d'autres le trouveront ou l'inventeront bientôt ; alors, il y aura un procès ; ce sera le diable à démêler, et nous courrons fort le risque de n'avoir que les écailles de l'huître.

— Nous nous hâterons donc autant que possible, ami, et je ne trompe fort, ou nous serons bientôt en situation de mener sur cette terre de douleur une vie douce, confortable, joyeuse, comme il appartient à des gens d'esprit, qui ont pour une cinquantaine de mille livres sterling de bien au soleil.... Demain matin j'irai voir cet excellent exécuteur testamentaire ; je préparerai les voies, et tout ira bien, à moins que le diable ne s'en mêle ; encore, ne serait-ce pas une raison pour nous faire abandonner la partie.

— A demain donc, et qui vivra verra. Après tout, l'oiseau est un peu lourd pour prendre si vite sa volée, et il pourra chercher quelque temps avant de trouver la voie. »

Le chevalier comprit peu ces paroles par lesquelles Baldaquin faisait allusion à Henri, à sa loyauté et à son respect pour les volontés de son père adoptif; mais il n'en demanda point l'explication. Pris ainsi à l'improviste, et connaissant l'habileté de son compagnon, il sentait le besoin de réfléchir, de se faire un plan de campagne qui pût lui assurer un résultat satisfaisant.

Mais, tandis que le chevalier réfléchissait, et que Baldaquin se reposait de ses fatigues, Varburton arrivé à Londres, une heure et demie avant le cicérone parisien, conférait avec le comte de Farsterstein.

« Le drôle a tenté de me jouer, disait Varburton; mais nous le tenons maintenant, et tous les diables de l'enfer ne sauraient l'arracher de nos mains.... Ah! maître fourbe, tu t'avises de manger à trois râteliers !... et tu as la prétention de jouer ton maître!...

— Ainsi, interrompit le comte, vous croyez que cet homme a trouvé le bâtard ?

— Cela est hors de doute, et comme le drôle est fin, il a songé à tirer de sa découverte le plus grand parti possible. Ainsi, tandis que je le payais grassement, afin qu'il ne songeât pas à travailler pour d'autres, il s'entendait avec un chevalier de Grafering, lequel est parvenu à s'emparer de l'esprit de l'exécuteur testamentaire, choisi par votre oncle.... Ces coquins-là ne manquent pas d'adresse, comme le voit Votre Seigneurie ; mais ils ne pouvaient être à la hauteur de l'homme que vous honorez de votre confiance....

— Dites de mon amitié, Varburton.

— Merci, milord.... obligé de me servir de ce maître fripon, j'eus le soin en même temps de me tenir sur mes gardes de tous côtés.... Il serait vraiment déplorable, pour un homme de quelque capacité d'être pris pour dupe par un paltoquet de cette sorte.... Donc, je faisais éclairer les démarches de cet homme. Cela d'abord ne me servit pas à grand'chose ; il n'y a pas d'espion tellement habile qui puisse suivre un homme pied à pied sans éveiller le soupçon, et j'avais beau me multiplier, je ne pouvais être partout en même temps, mais je m'étais assuré des points importants, de telle sorte que le drôle ne pût recevoir une seule lettre avant qu'elle m'eût été communiquée. J'eus bientôt la certitude qu'il jouait un double jeu, et qu'il avait obtenu d'un chevalier de Grafering qui réside à Londres, des détails assez précis sur la situation des choses relatives à la succession de votre oncle. Bientôt, lui-même m'annonça qu'il était sur les traces de ce bâtard que, pour son malheur, le diable a jeté sur le chemin de Votre Seigneurie. Je redoublai de soins, et il y a deux jours, une nouvelle lettre de Londres, adressée à ce Baldaquin, lui ayant annoncé que ce vieux fou de Rewelcovent était résolu à prodiguer l'or pour trouver ce prétendu fils de votre oncle, et à faire toutes les extravagances qui lui sont permises par le testament, je résolus de ne plus perdre mon homme de vue. S'il a découvert le bâtard, me dis-je, il s'empressera d'aller plumer ce vieil oison d'attorney, et toutes nos espérances seront anéanties.... à moins qu'un vigoureux compagnon ne lui barre le chemin. Cet homme de résolution, ce sera moi. Toutes mes conjectures se vérifièrent : il partit ; je le suivis à franc étrier; j'étais sur le paquebot lorsqu'il y arriva au moment où il démarrait, et je me tins, pendant la traversée, dans la chambre du capitaine qui est une de mes vieilles connaissances. Maintenant, nous savons qu'il est à l'hôtel des Trois-Couronnes, et à présent tout est pour le mieux.

— Oui, oui, Varburton, tout est pour le mieux ; car déjà John et Patrick s'apprêtent, et je viens d'examiner moi-même la voiture que vous savez. Mon yack est à l'ancre à trois encablures de la grève, et vous allez en prendre le commandement... Vous êtes un ami précieux, Varburton, et si j'ai hâte de recueillir cette riche succession; c'est surtout afin de vous faire une position indépendante et en rapport avec votre mérite.

— Que le ciel exauce les vœux de Votre Seigneurie !

— Et il les exaucera, mon ami, pourvu que vous lui aidiez tant soit peu, car, de toutes les puissances, celle-là, je crois, est celle qui a le plus besoin d'être aidée. »

En ce moment, deux grands gaillards entrèrent chez le comte, et, s'arrêtant à la porte, ils s'inclinèrent respectueusement. C'étaient deux hommes de vingt-cinq à trente ans, taillés en hercules, et dont le visage haut en couleurs était surmonté d'une forêt de cheveux roux : leur taille colossale, leurs larges épaules, la vigueur des muscles qui se dessinaient sur leur cou et se faisaient deviner sur leurs membres, tout cela contrastait singulièrement avec leur air humble et soumis.

« C'est vous qui porterez la parole, John, dit le comte en s'adressant à l'un d'eux. Avez-vous bien retenu les instructions que vous a données sir Varburton ?

— Parfaitement, Votre Seigneurie.

— Il ne faut pas perdre de vue que vous aurez affaire à un Français, c'est-à-dire à un animal fin, rusé, auquel l'adresse tient lieu de force, et qui glisse entre les doigts de qui veut le saisir, comme une anguille dans la main du pêcheur novice.

— Oh! fit John en accompagnant ses paroles d'un sourire qui repoussa les commissures de ses lèvres jusqu'à ses oreilles, oh! Votre Seigneurie sait bien que Patrick et moi ne sommes pas des novices, et quant aux anguilles, il est certain qu'elles passeraient plutôt au travers d'une muraille qu'elles ne sortiraient de ces poignets-là. »

Et il montrait complaisamment ses énormes poings, armes terribles emmanchées de manière à tuer un bœuf d'un seul coup.

« Bien, John, très-bien.... Et j'imagine que Patrick est tout à fait dans les mêmes sentiments.

— Votre Seigneurie sait que Patrick ne parle guère, répliqua John en montrant son collègue qui baissait la tête et broyait sans s'en apercevoir les bords de son chapeau dans ses larges mains; mais s'il a la tête faible, cela ne l'empêche pas d'avoir les meilleurs poignets de l'Irlande qui, sous ce rapport, ne le cède pas à la vieille Angleterre.

— Un mot encore, John, dit le comte : la marée est pour onze heures moins un quart; le douanier que vous trouverez en arrivant à la hauteur du yack est à moi. Il ne faudrait donc pas vous effrayer de difficultés apparentes. Mon nom vous servira de passe. Et d'ailleurs, en cas d'erreur, un douanier est un animal très-exposé à se noyer.... Vous savez cela, John, ou vous devez le savoir, car il ne se passe pas de semaine sans qu'on en trouve quelqu'un dans la Tamise.

— C'est entendu, Votre Seigneurie; un douanier n'est qu'un douanier; c'est mon opinion et aussi celle de Patrick qui serait bien embarrassé d'en avoir une autre.... Je jure Dieu que dans deux heures la marchandise sera à bord du gracieux yack, quand il faudrait, pour cela, passer sur le ventre à une armée de constables....

— Il ne faut pas vous faire illusion, John : la tête, en cette occurrence, doit vous être bien plus utile que les poings. D'ailleurs le personnage parle passablement l'anglais, n'est-ce pas, Varburton?

— C'est-à-dire, milord, qu'il écorche admirablement notre belle langue; mais il ne s'agit pas ici d'une lutte de puristes, cet homme sait assez d'anglais pour comprendre tout ce qu'on lui dira, et pour y répondre tant bien que mal; ce qui est bien suffisant, car dès qu'il sera à bord, c'est à moi seul qu'il aura affaire; et il y a mille raisons pour que nous nous entendions alors parfaitement.

— Allez donc, John, reprit le comte; les chevaux doivent être mis, et mon cocher a reçu ordre de n'entendre que ce que vous lui direz, et de vous obéir ponctuellement. N'oubliez pas ceci : la douceur et la persuasion d'abord; la force en cas d'insuccès; la mort, s'il le faut; mais à la dernière extrémité seulement. Enfin, mort ou vif, il faut que cet homme soit à mon bord avant minuit.

— Et il y sera, Votre Seigneurie, » dit John en s'inclinant.

Patrick s'inclina pour imiter son camarade, puis obéissant à l'impulsion que lui donna ce dernier en lui appuyant ses larges mains sur les épaules, il fit demi-tour et sortit poussé par John.

« Il pleut, dit l'Irlandais en arrivant dans la cour et respirant à pleine poitrine, ce qui ne lui était pas arrivé depuis une demi-heure.

— Il pleut des guinées, god dam ! dit John, et par les mille diables, ce n'est pas le cas de se mettre à l'abri. »

CHAPITRE LIX.

Résurrection.

Il était un peu plus de dix heures du soir, et Baldaquin, fatigué des travaux précédents et de la rapidité avec laquelle il avait franchi la distance de Paris à Londres, se disposait à se mettre au lit, lorsqu'il entendit frapper à la porte de sa chambre; il ouvre aussitôt, il voit entrer son hôte, suivi de deux personnages roides et guindés.

« Monsieur, dit le maître de l'hôtel qui parlait français, il paraît qu'il se trouve dans la contexture de votre passe-port quelque irrégularité; c'est du moins l'avis de ces messieurs avec lesquels vous pouvez vous expliquer.

— Que le diable vous emporte, vous et ces prétendus messieurs ! s'écria Baldaquin en mauvais anglais; est-ce qu'on dérange ainsi les gens au milieu de la nuit?... J'ai, à Londres, dix répondants, dont l'un, l'attorney Rewelcovent, vaut mieux, à lui seul, que tous les constables des trois royaumes unis.... D'ailleurs, mon passe-port est excellent.

— Cela ne saurait vous dispenser de nous suivre au bureau de police de la paroisse, dit l'un des deux personnages qui suivait l'hôtelier. Il est d'ailleurs peu éloigné d'ici, et nous avons une voiture pour vous y conduire. Il n'est même pas besoin que vous vous occupiez de votre toilette : nous savons tous, et le magistrat sait comme nous, ce que c'est qu'un voyageur fatigué, près de se mettre au lit.... En pareil cas, on a de l'humeur, et l'on est nécessairement peu rigoureux sur l'article des bienséances.

— Hâtons-nous donc d'en finir, répliqua Baldaquin en endossant son paletot qu'il boutonna jusqu'au menton.... Vous avez une voiture, dites-vous?

— Qui nous attend à la porte de l'hôtel.

— Marchons donc, et que votre magistrat se tienne bien, car je veux lui apprendre ce qu'il en coûte pour troubler ainsi à propos de bottes le repos d'un citoyen libre....

— Libre ! répéta l'agent en dissimulant un sourire.

— Libre! dit son compagnon en faisant suivre cette exclamation d'un grognement étrange.

— Eh! marchez donc, mille dieux! s'écria Baldaquin en les poussant vers la porte, est-ce qu'il me convient de discuter avec des valets de votre sorte? »

Les deux prétendus agents froncèrent le sourcil et serrèrent les poings ; mais ils ne se retournèrent point avant d'être arrivés à la voiture qui stationnait devant l'hôtel.

« Montez, monsieur, » dit celui des agents qui jusque-là avait porté la parole.

Et de sa longue et large main il ouvrit la portière ; il allait abattre le marchepied, lorsque Baldaquin s'élança dans l'intérieur et se jeta sans façon sur la banquette du fond, siége élastique et doux.

« Diable! dit-il, c'est une justice à vous rendre, vos fiacres valent un peu mieux que les nôtres. »

Il avait à peine prononcé ces paroles, que les deux personnages étaient installés sur le devant, et que les chevaux étaient lancés au grand trot.

« A la bonne heure, dit encore Baldaquin ; il est présumable que nous ne serons pas longtemps en chemin.... Mais ce n'est pas là un dédommagement suffisant, et j'aurai certainement raison de cette avanie.... »

Les deux hommes ne répondirent point, et Baldaquin se mit à siffler une valse pour tuer le temps. Cependant la voiture continuait à rouler avec rapidité ; elle avait déjà traversé plusieurs rues dans lesquelles resplendissait la lumière du gaz, et depuis quelques minutes elle parcourait un quartier plus sombre où les boutiques étaient aussi rares que les lanternes. Baldaquin commençait à trouver le chemin un peu long ; mais il avait entendu dire souvent que Londres était plus grand que Paris, et il continuait à siffler, espérant à chaque instant que les chevaux allaient enfin s'arrêter. Les rues que la voiture parcourait étaient de plus en plus désertes, les lanternes plus rares, et loin de s'arrêter, les chevaux semblaient redoubler encore plus de vitesse.

« Çà, triple nom du diable! dit-il, moitié français, moitié anglais, est-ce que nous n'arriverons pas bientôt? »

Les deux hommes assis sur la banquette de devant se regardèrent, puis l'un d'eux dit à l'autre :

« Je crois qu'il est temps. »

En parlant ainsi il allongea la jambe droite vers le fond, et appuya le pied en certain endroit.

Au même instant un bruit sec semblable à celui que produit la détente d'une arme à feu se fit entendre, deux espèces de bras de fer sortirent des parois de la voiture, saisirent Baldaquin à la poitrine et le serrèrent avec tant de violence qu'il faillit en perdre la respiration, et comme en ce moment un jet de lumière pénétra dans la voiture, il vit ses deux compagnons tenant leurs poings fermés à la hauteur de la poitrine et prêts à frapper.

« Ah! s'écria-t-il, en faisant un violent et inutile effort pour se dégager, si je sentais la terre sous mes pieds et que mes mouvements fussent libres, je ne craindrais pas le dénoûment.... Mais que diable me veulent ces deux dogues? »

— Patrick, dit le personnage qui seul avait parlé jusque-là, il ne faut pas le tuer ; mais s'il t'injurie de nouveau, tu pourras lui casser la mâchoire, pour l'honneur de l'Irlande. »

Patrick ramassa ses poings à la hauteur de ses épaules en faisant entendre un grognement très-significatif; mais Baldaquin se tut.

« Cela, pensa-t-il, m'a tout l'air d'être la suite de ma rencontre avec l'homme au manteau, et je suis évidemment au pouvoir d'un homme puissant; car il doit en coûter cher pour faire mouvoir les machines humaines que j'ai en face et les bras de fer qui me brisent les côtes... On peut pourtant essayer de parlementer. »

Il se recueillit un instant, et s'efforçant de paraître calme, il dit :

« Messieurs, je ne sais ce que vous voulez de moi, ce n'est certainement pas de l'argent; car je possède à peine trente guinées, et si j'eusse pensé que cela pût vous être agréable, je me serais empressé de vous les offrir. Je suis évidemment victime d'une méprise que vous ne tarderez pas à reconnaître. Dans tous les cas, vous vous exposez à de graves dangers : j'ai ici des amis puissants qui remueront ciel et terre pour savoir ce que je suis devenu. Ils savent ce que je suis venu faire à Londres; mes ennemis, si j'en ai, sont encore mieux connus d'eux que de moi, et leur conduite sera sévèrement examinée. Il est encore temps d'éviter tout cela; acceptez ma bourse et laissez-moi libre et je vous jure de ne pas dire un mot de cette aventure. D'ailleurs je ne vous connais pas; j'ai à peine vu vos figures, et vous pouvez être dans deux heures bien loin d'ici.

— Oh! oh! trente guinées! fit John avec dédain. Est ce que nous sommes des hommes à nous vendre trente guinées, Patrick? »

Patrick répondit par un nouveau grognement, et il continua à se tenir en garde.

« Il faudra pourtant bien que l'on me dise ce que l'on veut de moi, reprit Baldaquin, vous refusez mon argent qui vaut un peu mieux que ma peau, donc ce n'est pas ma vie qui est menacée....

— Silence! fit John.... Patrick, s'il ajoute un mot, je te charge de le faire taire. »

La voiture roulait depuis quelques instants sur le bord de la Tamise et la lune, en se dégageant un instant de dessous les nuages noirs et humides qui couraient au ciel, permit à Baldaquin d'apercevoir une forêt de mâts et de cordages.

« Nous voici sur le port et notre course ne se ralentit pas, pensa le cicérone, est-ce que ces deux dogues auraient l'intention de me faire prendre un bain dans la Tamise, semblable à celui que j'ai administré à ce sale bouc de Jérésu? Cela me paraît tourner singulièrement au tragique. »

Il en était là de ses réflexions lorsque la voiture s'arrêta.

« Patrick, dit John, je vais lui lier les pieds et les mains; pendant ce temps, va voir si la chaloupe est là. »

Patrick ouvrit la portière et descendit de la voiture, tandis que John tirait tranquillement de dessous les coussins une pelote de corde neuve.

« N'allez pas vous aviser de faire le récalcitrant, dit-il, car je préviens Votre Seigneurie qu'au moindre mot, au plus petit mouvement suspect, je lui fais avaler la moitié de ses dents. »

Baldaquin fit un effort désespéré; le ressort qui lui serrait la poitrine se brisa, et une lutte terrible s'engagea dans la voiture. La force de l'Anglais était bien supérieure à celle de son adversaire, mais la souplesse et l'agilité de ce dernier compensaient cet avantage; esquivant adroitement les premiers coups, Baldaquin saisit John à la gorge et parvint à l'entraîner hors de la voiture. Tous deux roulèrent sur le pavé; Baldaquin se releva lestement et il se crut sauvé; mais au moment où il se retournait pour prendre la fuite, il se trouva face à face avec Patrick qui, d'un seul coup de poing, le renversa sur le pavé, où il demeura sans mouvement. John reprit son peloton de corde, et Baldaquin ayant été solidement garrotté fut transporté dans une chaloupe qui venait de toucher au rivage et qui s'en éloigna aussitôt. L'infortuné cicérone, qui avait repris connaissance pendant le trajet, commença à se rassurer un peu, et bientôt quelques paroles échangées entre Patrick et John le convainquirent qu'on n'en voulait pas à sa vie.

« Tu as frappé trop fort, disait ce dernier à l'Irlandais; sais-tu bien que s'il n'en revenait pas, je n'oserais reparaître devant milord.

— Euh! fit Patrick, les morts ne parlent pas.

— Et c'est justement pour cela qu'il faut que ce chien vive. Que diable voudrais-tu que milord en fît s'il ne parlait plus? Crois-tu que ce soit là une de ces carcasses dont on fait des reliques?... Heureusement je l'entends respirer. »

Baldaquin sentit la main de John s'appuyer sur sa poitrine, et presque au même instant Patrick puisant de l'eau dans son chapeau lui inonda le visage.

Bientôt la chaloupe accosta un navire mouillé à peu de distance du rivage; Baldaquin fut enlevé avec précaution du fond de la barque où il était demeuré étendu pendant le trajet, et transporté à bord du bâtiment, qui était un de ces yacks élégants comme en possèdent quelques-unes des sommités de l'aristocratie anglaise, sorte de palais flottants qui réunissent la solidité à l'élégance, et qui sont, pour la plupart des personnages qui en possèdent, ce qu'étaient les petites maisons pour les roués de la régence.

« Qu'on le descende dans ma chambre, » dit une voix qui semblait avoir l'habitude du commandement.

Quelques secondes après, Baldaquin était doucement déposé sur les coussins d'un divan. Alors seulement il ouvrit les yeux, et il laissa échapper une exclamation de surprise en voyant devant lui, debout, le sourire sur les lèvres et les bras croisés sur la poitrine, lord Varburton.

« Milord, dit le cicérone, il y a une demi-heure que je vous ai deviné... Malheureusement il n'y a qu'une demi-heure.... Oh! vous êtes un rude jouteur, milord, et je sais maintenant par qui ont été décachetées les lettres de mon ami le chevalier de Grafering.... Je reconnais l'homme au manteau.... Mais, milord, souffrez que je vous le dise; c'est là beaucoup de bruit pour rien : il me semble que nous étions de taille à nous entendre.

— Ah! il vous semble cela, maître drôle!... Je devais compter avec vous, peut-être?

— Pourquoi non, milord? Est-ce qu'un plus puissant ne compte pas avec vous? Mais je crois le temps mal choisi pour ergoter. Voyons, que voulez-vous de moi?

— Je veux qu'on me livre ce que j'ai acheté, ce que vous espériez vendre une seconde fois à ce vieux fou de Rewelcovent.

— Fou? pas tant, milord, dites *honnête homme*, et je vous passe le mot; mais il y a une foule d'honnêtes gens qui sont en même temps très-habiles, ce qui est désastreux pour nous; et je crois que le vieil attorney est un de ces honnêtes gens-là.

— Soit; mais nous avons coupé les ailes à son habileté.... Pauvre moineau, l'aigle te tient dans ses serres, et il ne te fera ni trêve ni merci. Tu as trouvé Henri Barstley, et tu as violé les conventions faites entre nous; c'est un crime pour lequel je puis te juger, te condamner et te faire exécuter; car je suis roi absolu à bord du yack qui nous porte en ce moment. Eh bien! j'oublierai la trahison, je pardonnerai la fourberie si, contre le solde des vingt mille francs promis, tu me dis ce qu'il faut que je sache....

— Oh! milord, fit Baldaquin qui reprenait courage, je suis donc à vos yeux un bien pauvre hère que vous vous donniez si peu de peine pour cacher ce piège?... Vous êtes roi à bord de ce navire, roi absolu? Dieu garde Votre Majesté, afin que nous puissions traiter quand nous serons à terre. »

Varburton se mordit les lèvres, frappa du pied avec colère, et tourna le dos à son interlocuteur, mais il revint bientôt à la charge.

« Bonjour, Baldaquin, dit-il en quittant le ton majestueux qu'il avait pris jusqu'alors, vous l'avez dit, nous étions dignes de nous comprendre ; mais le plus beau ciel peut avoir ses nuages. Soyons amis : je vous avais promis 20 000 fr., j'en donnerai quarante ; mais plus de réserve.

— Ici, milord, je ne dirai rien.

— Mais, misérable, je puis te faire hacher sous mes yeux !

— Je le sais, parbleu bien! mais je suis en même temps bien convaincu que vous n'en ferez rien : est-ce que milord Varburton serait assez sot pour égorger ainsi la poule aux œufs d'or?

— Mais que veux-tu donc, misérable?

— Le partage, milord, le partage en tiers bien entendu ; c'est-à-dire aux environs de sept millions cinq cent mille francs.... Bagatelle qui me permettra de me faire député, pair de France, voire même ambassadeur, en considération de mon petit talent de polyglotte que mes concitoyens auront la bonté de ne voir qu'à travers le microscope de ma fortune.... Vous voyez, milord, que je comprends la vie.... à terre, je vous en prie ; j'ai le mal de mer.

— Et tu auras bientôt le mal du diable ! s'écria Varburton. Écoute, ton secret est maintenant dans cette chambre ; mais il sera bientôt sous les voûtes d'un caveau souterrain.... Encore vingt-quatre heures, et la damnation éternelle commencera pour toi.... Veux-tu parler?

— A terre, milord, répondit le Baldaquin d'une voix moins assurée ; à terre, nous pourrons nous entendre. »

Ce qui affaiblissait ainsi le Parisien n'était pas la crainte que lui inspirait son adversaire, qu'il était bien sûr de ramener dans les voies douces, quand il le voudrait ; mais c'est que déjà, depuis quelques instants le vent, soufflant avec violence, faisait craquer les mâts ; le léger steamer, qui descendait la Tamise à toute vapeur, était violemment secoué par la houle, et le tangage de plus en plus violent annonçait une de ces tempêtes qui chaque année couvrent de débris les côtes de la Manche.

Battu par une mer furieuse, l'élégant navire fit d'abord bonne contenance ; sa machine excellente et d'une grande puissance luttait énergiquement contre les vagues, et l'on continuait à marcher rapidement. Varburton, au premier signe de danger, avait laissé son prisonnier pieds et poings liés dans sa chambre, et s'était élancé sur le pont.

A chaque instant, le vent augmentait de violence, des vagues monstrueuses couvraient le pont et écrasaient les tambours des roues, qui furent bientôt entièrement brisés et emportés ; les roues fonctionnaient toujours, mais le navire souffrait horriblement ; au bout d'une heure, le gouvernail fut emporté en même temps qu'un coup de vent renversait la cheminée et qu'une vague énorme, embarquant par l'avant, couvrait le pont et inondait la machine. Le feu fut éteint, les roues s'arrêtèrent.

Cependant Varburton continuait à commander avec beaucoup de sang-froid. Tout l'équipage était aux pompes. A chaque coup de tangage, des craquements sinistres se faisaient entendre, et bientôt un homme annonça qu'il y avait trois pieds d'eau dans la cale, et que le jeu des pompes était insuffisant.

« Il paraît, se disait Baldaquin qui, de la chambre où on l'avait laissé, entendait tout ce qui se passait, il paraît que je ne dois rien perdre pour attendre, et qu'à défaut des poings de ces enragés boxeurs, les moyens pour m'expédier ne manqueront pas ; mais au moins, de cette manière, ce sera en compagnie que j'entreprendrai le grand voyage, et il ne serait pas encore absolument impossible de s'arrêter en chemin. Essayons. »

Il se traîna vers une glace qu'il brisa d'un violent coup de coude ; puis, sur un des fragments demeurés dans le cadre, il frotta, par un mouvement de va-et-vient, ses poignets liés sur son dos afin de couper la corde qui les attachait.

Ce fut une opération terrible, car la corde était tellement serrée que le verre entrait dans les chairs presque à chaque mouvement : le sang ruisselait sur le parquet, des lambeaux de peau se détachaient, et l'infortuné cicérone endurait des douleurs atroces ; mais il eut le courage de persévérer, et enfin ses liens tombèrent. Il coupa ensuite, à l'aide d'un canif qu'il prit sur le bureau du capitaine, la corde qui lui serrait les jambes, puis, à l'aide de son mouchoir, il pansa tant bien que mal ses blessures et arrêta le sang.

Cependant la tempête ne diminuait pas de violence ; l'eau montait avec une rapidité effrayante, et le jour commençait à paraître, lorsqu'à un choc terrible succédèrent un long craquement et des cris de détresse ; en même temps l'eau pénétra dans la chambre où se trouvait Baldaquin, qui s'élança sur le pont.

« La chaloupe à l'eau ! » cria Varburton.

L'ordre était à peine exécuté, que le navire sombra.

Il y eut alors un instant de confusion qui ne permit pas à Varburton de s'apercevoir de la présence de son prisonnier sur le pont. Tout l'équipage se précipita dans la chaloupe ; Baldaquin voulut suivre ce mouvement, mais au moment où il s'élançait de la dunette encore hors de l'eau, Varburton, d'un coup d'aviron, le repoussa dans la mer. Le cicérone revint promptement sur l'eau.

« Ça n'est pas fini ! cria-t-il en nageant vigoureusement vers la terre, dont il était fort peu éloigné ; j'aperçois le drapeau tricolore ; c'est bon signe ! »

Après des efforts inouïs, il parvint à prendre pied sur la grève ; mais presque aussitôt une vague grosse comme une montagne le renversa et l'entraîna en se retirant.

Trois fois il toucha ainsi la terre sans pouvoir s'y cramponner ; il était couvert de contusions ; ses membres déchirés teignaient de sang l'écume au milieu de laquelle il se débattait ; ses forces étaient épuisées ; encore une fois il toucha la terre, et cette fois il allait en être emporté pour n'y plus revenir vivant, lorsque des marins accourus sur la côte au secours des naufragés, parvinrent à le saisir et à le sauver.

Une heure après, Baldaquin était à Boulogne, où les soins que nécessitait sa position lui étaient prodigués, tandis que Varburton et ses gens parvenaient à entrer dans le port.

Les médecins firent d'abord leur office, puis vint l'autorité qui voulut savoir quelle espèce de gens on avait empêchés de se noyer. Baldaquin n'hésita pas à décliner ses noms et qualités, et grande fut sa surprise lorsqu'il vit le commissaire qui l'interrogeait, relever brusquement la tête de dessus le papier où il écrivait les réponses et l'examiner avec une sorte de terreur qu'il tentait vainement de dissimuler.

« Baldaquin ! répéta-t-il d'une voix émue, profession d'interprète ?

— Interprète et cicérone, monsieur le commissaire ; je cumule, comme vous voyez.

— Vous cumulez, en effet, reprit le magistrat.... Il n'y a que cinq jours que vous avez quitté Paris, n'est-il pas vrai ?

— Cinq jours, cela est exact, répondit Baldaquin un peu surpris, et vous voyez que je n'ai pas perdu de temps, car je revenais de Londres lorsque la tempête nous a assaillis.

— Et voudriez-vous dire quelles sont les raisons qui vous ont fait entreprendre ce voyage ?

— Oh ! monsieur le commissaire, cela serait long à dire, et n'a absolument rien qui puisse vous intéresser. »

Le commissaire, dont le visage s'était considérablement rembruni, fit un signe à l'espèce de secrétaire qui l'assistait, lequel disparut sur-le-champ et revint bientôt accompagné de deux gendarmes.

« Oh ! oh ! fit le cicérone en apercevant les tricornes, cela se complique singulièrement !... Est-ce que par hasard les battus devraient payer l'amende ? »

Il fut interrompu dans ses réflexions par le magistrat qui, après avoir consulté à voix basse le médecin, invita le naufragé à se vêtir de ses habits, qu'on avait eu le temps de sécher, et à le suivre.

« Le diable m'emporte si j'y comprends quelque chose, se dit encore Baldaquin ; mais cela ne peut tarder à s'éclaircir, et malheur à ce coquin de Varburton s'il a trop parlé ! Et que diable pourrait-il dire, sinon qu'il a voulu me faire assassiner et que lui-même a mis un peu la main à l'œuvre afin d'en accélérer l'accomplissement ? Mais on ne dit pas ces choses-là ; donc il y a évidemment malentendu. »

Baldaquin eut tout le loisir de faire ces raisonnements et beaucoup d'autres encore ; car, arrivé à la prison de la ville, il y fut mis au secret et n'en sortit deux heures après que pour être dirigé sur Paris. Heureusement il lui restait assez d'argent pour se faire transporter par la diligence en compagnie des gendarmes qui avaient mission de ne pas le perdre de vue un seul instant, et auxquels d'ailleurs il ne songeait pas à échapper, tant il était persuadé que son arrestation était le résultat d'une erreur ou d'une dénonciation calomnieuse de Varburton qu'il lui serait excessivement facile de pulvériser.

A plusieurs reprises il tenta d'obtenir des gendarmes quelques renseignements : mais ces honorables agents de la force publique ne savaient absolument rien de ce qu'il leur demandait ; ils étaient droits, roides, guindés, sérieux comme des autruches, ne disaient rien et n'en pensaient pas davantage, conformément à l'ordonnance qui veut qu'un honnête soldat regarde à quinze pas devant soi sans rien voir, et qui punit sévèrement toute intempérance de langue se manifestant pendant le service. Baldaquin finit par en prendre son parti.

« Après tout, pensa-t-il, il faudra bien que l'on me dise le mot de l'énigme, et qu'on me fasse la grâce de m'interroger. »

Enfin on arriva à Paris, et de nouveau le hardi cicérone fut mis au secret le plus rigoureux.

« Est-ce que par hasard, pensa-t-il alors, ces imbéciles-là me prendraient pour quelque dangereux conspirateur ? Ils en seraient pardieu bien capables ; la peur rend si bête ! »

Il brodait encore sur ce thème, lorsqu'on vint le chercher pour le conduire devant le juge d'instruction. Après les formalités d'usage, ce magistrat lui demanda quel avait été l'emploi de son temps pendant la journée du 25 novembre précédent.

« Le vingt-cinq ? » dit-il en faisant une volte en arrière.

Il venait de se rappeler, en une demi-seconde, cette scène terrible à laquelle il avait mis fin en précipitant Jérésu dans la Seine.

« Oui, reprit le juge ; il importe que nous sachions où et comment vous avez passé cette journée.

— Permettez au moins que j'y pense : les actions des gens de ma sorte ne sont pas tellement importantes qu'on en doive tenir un registre.... Ce jour-là, je n'ai pas trouvé de client.... car les flâneurs nous font une concurrence désastreuse, à nous autres cicérones qui ne comptons pour vivre que sur l'amour des beaux-arts, nos connaissances acquises, et la générosité des touristes dont les bourses à triples mailles sont de plus en plus cadenassées. Alors j'ai dû aller prendre l'air au Palais-Royal et déjeuner avec quelque chose comme le *Journal des Débats* ou autre viande creuse.... De là j'ai été étudier la Vénus de Milo.... un buste admirable, monsieur !... le plus beau buste de l'antiquité.... Je ne sais pas s'il vous est arrivé d'étudier ce torse vraiment divin.... Vous me direz que le beau n'est pas dans vos attributions; c'est parfaitement juste; mais il n'en est pas ainsi de nous autres, qui devons être prêts à parler toujours et sur tout....

— Oui, oui, c'est une faculté dont vous abusez quelque peu en ce moment. Vous n'avez sûrement pas passé la journée entière à admirer la Vénus de Milo ?

— C'est excessivement vrai, la Vénus étant un objet que l'on voit toujours avec un nouveau plaisir, mais qu'on quitte volontiers pour un dîner à trente-deux sous. Le reste va de soi-même; après le dîner, une poule à l'estaminet Hollandais, établissement modèle où l'on s'enfume dans un océan de caporal de sept heures à minuit.

— Ainsi, vous prétendez n'être pas sorti de Paris ce jour-là ?

— J'affirme qu'il n'est pas une des cinquante-deux barrières de la capitale qui puisse se flatter d'avoir eu l'honneur de ma visite.

— Vous ne seriez donc pas allé à Auteuil ? Vous n'auriez pas fait, près de ce village, la rencontre d'une certaine personne ?...

— Ceci est de l'hébreu tout pur, et j'ai toujours eu une antipathie prononcée pour les langues mortes.

— Et alors vous ignorez complétement ce qu'est devenu le nommé Jérésu ?...

— Jérésu ? qu'est-ce que c'est que ça ?... De l'hébreu, toujours de l'hébreu : je n'y comprends rien. »

En ce moment, et sur un signe du magistrat, la porte d'une pièce voisine s'ouvrit, et l'on vit paraître Jérésu.

« Touchours, touchours, messié Paltaquin, dit-il de sa voix gutturale et sinistre, touchours te l'hépreu.... Barce gue les Hépreux il être forts... il être très-forts !... »

Baldaquin pâlit, tout son sang reflua vers le cœur : il serait tombé si les gendarmes qui l'accompagnaient ne l'eussent soutenu.

« Eh bien ! demanda le juge au prévenu lorsque ce dernier fut un peu remis de cette violente émotion, persistez-vous à nier que vous ayez attenté à la vie de cet homme ? »

Baldaquin eut assez de présence d'esprit pour éluder la question.

« On m'a fait horriblement souffrir en prison, dit-il, et vous voyez ce qui en résulte : je suis faible, j'entends à peine, ma vue se trouble, et la mémoire me manque.... Tout cela s'expliquera, mais il faut, avant tout, me donner le temps de me rétablir. »

Le juge insista; mais Baldaquin ferma de nouveau les yeux, laissa tomber sa tête sur sa poitrine et ne répondit plus un mot. Force fut bien de l'emmener et de le reconduire à la prison. Le lendemain Varburton qui, lui aussi, était revenu à Paris, recevait de la main d'un inconnu un billet écrit au crayon presque illisible; mais qu'il parvint pourtant à déchiffrer; voici ce qu'il contenait :

« Je suis en prison, une accusation capitale pèse
« sur ma tête. Sauvez-moi, et je me mets à votre
« discrétion. Hâtez-vous, car je ne suis plus le
« seul maître du secret qu'il vous importe de con-
« naître. »

« Te sauver ! s'écria l'Anglais; Dieu me damne si je fais une telle sottise ! Vienne le mot, et au diable l'animal ! »

CHAPITRE LX.

Une scène d'hôpital.

Au moment où Jérésu, poussé par Baldaquin, roulait dans la rivière, une barque montée par deux pêcheurs, glissait silencieusement sur le fleuve, à peu de distance du lieu où ce crime s'accomplissait.

« As-tu entendu ? demandait l'un de ces deux hommes à son compagnon.

— J'ai entendu, j'entends encore, et je crois même voir la chose, répondit l'autre; ça m'a tout l'air d'un barbillon à deux pieds, qui trouve l'eau trop froide.... Nage ferme ! et nous tenons les vingt-cinq balles[1]. »

C'était, en effet, le juif auquel l'immersion avait rendu le sentiment, et qui, revenu à la surface, se débattait violemment, tandis que Baldaquin s'éloignait d'un pas rapide. En un instant, la barque eut atteint la victime; les pêcheurs saisirent Jérésu par ses habits, et parvinrent à le hisser dans le bateau où il demeura sans mouvement.

« Mille dieux ! fit un des pêcheurs, est-ce qu'il nous ferait la farce de mourir avant d'avoir été présenté au commissaire ?

1. A Paris, l'autorité donne vingt-cinq francs de prime à quiconque sauve une personne en danger de se noyer; la prime n'est que de quinze francs si le sauveteur ne retire de l'eau qu'un cadavre.

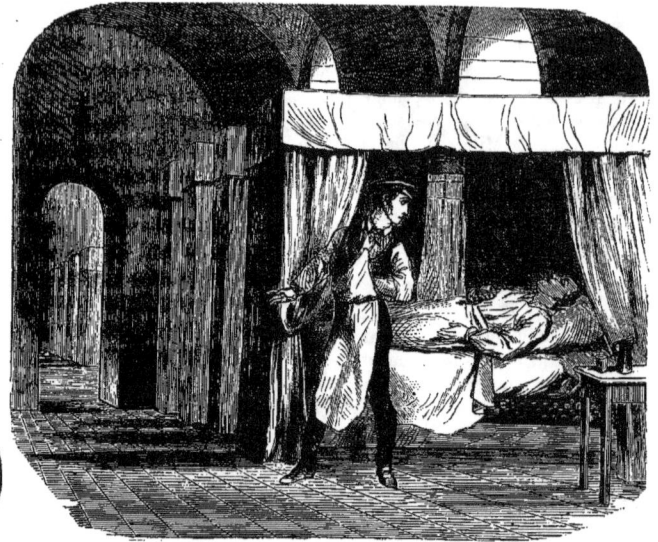

Une joie sinistre brillait sur sa figure. (Page 260, col. 1.)

— Ce serait dix francs qu'il nous volerait, ajouta l'autre, car il vivait quand je l'ai empoigné, à preuve qu'il s'est cramponné à mon bras, de manière à y laisser des marques. Dépêchons-nous de le porter au poste de la barrière, et on fera jouer les outils avant que le commissaire vienne. »

Ils se hâtèrent d'abord, et après avoir amarré leur barque au rivage, ils emportèrent Jérésu, et se dirigèrent le plus rapidement possible vers la barrière Chaillot, dont ils étaient peu éloignés. Là, on administra à Jérésu tous les secours usités en pareil cas, et grâce à la boîte fumigatoire, ce malheureux ne tarda pas à rouvrir les yeux ; mais la commotion cérébrale qu'il avait éprouvée, semblait avoir paralysé ses autres organes, et ce fut inutilement qu'on l'interrogea ; on n'en obtint aucune réponse, et sur l'avis du médecin qui avait été requis, on le transporta à l'hôpital le plus voisin.

Deux jours se passèrent sans que sa position parût s'améliorer ; mais, le troisième jour, la parole et la mémoire lui revinrent en même temps, et il raconta comment il avait été assailli, en sortant de chez le prince Mafiolini, par Baldaquin, dont il dit l'adresse et la profession.

Or, pendant que sa déclaration était longuement libellée, qu'elle passait des mains du commissaire à celle du préfet de police, et de celle-ci au procureur du roi, le cicérone roulait vers Calais. Il est vrai qu'on eût pu faire jouer le télégraphe ; mais on ne songea pas à se donner tant de peine pour si peu. Ah ! s'il se fût agi de quelque emprunt forcé, fait à la caisse d'un loup cervier alimentée par la ruse et le mensonge, c'eût été autre chose! En pareil cas, le télégraphe brave le brouillard, les gendarmes crèvent les chevaux, et messieurs les gens du roi lancent la foudre sous les espèces de mandats, commissions rogatoires, etc., etc. On happe le voleur, on le ramène en poste, et l'on chante dans les bureaux de la rue de Jérusalem des *Te Deum* avec accompagnement de gratifications, félicitations et congratulations. Et c'est justice : puisqu'on a élevé un temple à la fraude, ne doit-on pas, avant tout, protection aux prêtres qui le desservent?

Donc, pendant que Jérésu se rétablissait, Baldaquin arrivait à Londres, où, par ricochets, Varburton lui appliquait, sans s'en douter, la loi du talion. Puis enfin, il était tombé aux mains de l'autorité, comme nous l'avons dit.

Varburton rêvait aux moyens de pénétrer jusqu'à Baldaquin qui, à raison de ses blessures, avait été placé à l'infirmerie de la prison. Cela était assez difficile ; mais Varburton connaissait son siècle ; il savait les droits, prérogatives et immunités des avocats.

Varburton savait toutes ces choses, et bien d'autres encore : en conséquence, il se fit avocat de son autorité privée ; ce fut sous ce titre qu'il se présenta au guichet de la prison ; aussitôt, les porte-clefs s'inclinent, les gardiens forment son escorte, et il arrive sans difficulté près du lit de douleur du prisonnier, où on le laisse, afin qu'ils puissent s'entretenir en toute liberté.

« Je comptais sur vous, milord, dit Baldaquin ; vous êtes de ces hommes pour lesquels il n'y a rien d'impossible. Vous avez dû voir que je ne suis pas non plus de ceux qui se laissent abattre facilement. Vous savez de quoi l'on m'accuse ?

— Je m'en suis informé, répondit Varburton, et la chose ne me paraît pas grave.

— C'est-à-dire qu'à ma place vous auriez l'espoir de vous tirer d'affaire ?

— Avec un peu d'aide bien entendu ; et cet aide dont vous avez besoin, je viens vous l'offrir. »

Ces paroles suffirent pour que Baldaquin qui était fort abattu, se ranimât tout à coup.

« Ainsi, dit-il, vous consentez à oublier le passé ? Vous acceptez l'alliance ?

— Ne sentez-vous pas, Baldaquin, que lorsque deux hommes de notre trempe se sont rencontrés, qu'ils ont pu se juger, ils ne doivent plus se quitter ?... qu'il doit se faire entre eux un pacte que rien ne saurait rompre ?

— Voilà qui est parler, mille dieux !... mais alors que prétendez-vous faire du comte de Farsterstein ?

— Je veux que sa fortune soit triplée, afin que la part de chacun soit suffisante lorsque l'heure de compter sera venue.

— C'était là précisément ce que je vous offrais, milord, et pourtant vous avez refusé.

— J'étais le plus fort et vous me faisiez des conditions.

— Et qu'avez-vous imaginé pour me tirer d'ici ?

— Une chose toute simple : le désistement de l'homme qui vous accuse. C'est une question d'argent. Le fait matériel subsistera toujours ; mais il aura changé de nature ; il ne s'agira plus que d'une rixe, et la provocation étant avouée, vous sortirez d'affaire blanc comme neige.

— A l'œuvre donc, mon maître !

— Je m'y mettrai sur-le-champ.... mais il est bien entendu qu'il ne doit plus y avoir de secret entre nous.... Vous concevez que le temps presse ; ce que vous avez découvert il y a quelques jours, peut être découvert par un autre demain, aujourd'hui même. Ce vieux Rewelcovent est entêté en diable, et si une fois l'homme qu'il cherche est envoyé en possession, tout est perdu. »

Cela modifia quelque peu la joie de Baldaquin qui avait espéré un instant pouvoir garder son secret jusqu'au jour où il serait libre. Obligé de se résigner il voulut au moins avoir par avance quelques miettes de ce magnifique festin où il avait espéré pouvoir prendre la première place.

« Je suis prêt à m'exécuter, milord, dit-il d'une voix moins assurée.... Comme vous le disiez tout à l'heure, nous devons désormais compter l'un sur l'autre.... mais notre position respective est bien différente....

— Pas tant, vive Dieu ! ce qui vous arrive aujourd'hui peut très-bien m'arriver demain, et c'est alors qu'on est heureux de pouvoir compter sur un homme capable. Ne comprenez-vous pas d'ailleurs qu'en raison même de l'usage que l'on doit faire de votre secret, il aurait toujours la même valeur, alors même que l'on voudrait se passer de vos services actifs, ce qui serait une fort mauvaise combinaison ?... J'ai du reste apporté, à tout événement, la somme que je vous ai promise ; la voici. »

A ces mots, Varburton prit son portefeuille, et en tira quinze billets de banque de mille francs ; il les compta avec soin et les remit à Baldaquin, sur le visage duquel l'aspect de cette soyeuse monnaie fit jaillir un éclair de joie.

« Comme il serait sans doute difficile de changer cela ici, reprit Varburton, je vais y joindre ma bourse dans laquelle se trouvent une quarantaine de louis. Au point où nous en sommes, les scrupules seraient hors de saison. Prenez donc et hâtez-vous de guérir ; c'est désormais le point le plus important. »

Baldaquin prit l'or et les billets qu'il cacha sous son oreiller.

« C'est gentil, se dit-il mentalement, mais qu'il y a loin de là au million que j'avais rêvé !

— C'est un à-compte dont je vous débiterai, mon cher collègue, dit l'Anglais, qui semblait deviner la pensée de son interlocuteur. Hâtez-vous maintenant de parler, afin que votre mise en liberté se fasse attendre le moins possible. »

Baldaquin ne pouvait plus reculer ; il dit donc tout ce qu'il savait de Régine, de Henri et du prince Mafiolini.

« J'ai tenté de tirer d'un sac deux moutures, ajouta-t-il, et comme la même pensée pourrait vous venir, je dois vous dire qu'il n'y a rien à faire avec ces gens-là ; une nouvelle tentative pourrait les mettre sur la voie, et tout serait perdu, car ils ne lâcheraient pas un sou.... Allez donc, maintenant ; me voici tout à fait à votre discrétion.

— Et ne suis-je pas à la vôtre aussi ? Il est vrai qu'en me perdant il vous faudrait renoncer à tout espoir de salut. Mais c'en est trop sur ce point. Adieu, vous aurez bientôt de mes nouvelles. »

A peine Varburton fut-il parti que Baldaquin ressentit quelques atteintes de regret, mais il s'efforça de les repousser.

« Après tout, se dit-il, c'était le plus sage parti ; que pouvais-je faire sans argent ? Maintenant, au moins, en supposant que Varburton m'abandonne, je pourrai faire jouer ce levier qu'il m'a laissé.

J'ai là de quoi acheter et payer ce vieux chien de Jérésu si mal à propos ressuscité.... Et d'ailleurs, puisqu'il vit, je n'étais plus le maître du secret.... C'est une leçon : une autre fois, je me souviendrai que les juifs ont la vie dure, et je n'économiserai pas la corde.... Sois tranquille, vieux marsouin, si l'on te repêche, tu pourras avoir la langue longue, mais tu ne t'en serviras pas. Il est pourtant vrai que l'argent donne de la force et de l'esprit; je suis déjà un autre homme depuis que cette bourse et ces chiffons sont sous mon oreiller.... Ma foi, arrive que plante, l'oiseau ne s'envolera pas sans qu'au moins je lui aie tiré une plume de l'aile.... »

Et comme pour récréer sa vue attristée par le lugubre aspect des verrous et des barreaux, il tira son trésor de sa cachette, et il se mit à compter l'or, à examiner les billets l'un après l'autre, et à les comparer entre eux pour s'assurer de leur bon aloi. En ce moment le chirurgien major entra dans la chambre, garnie de plusieurs lits, mais que Baldaquin occupait seul en ce moment. Cet infirmier était un homme de trente ans, au regard sombre, aux formes athlétiques, dont la vie, faute d'un peu d'argent, n'avait été qu'une longue suite de tortures; doué d'une intelligence remarquable, il avait voulu embrasser une profession libérale; mais il était pauvre, et la science coûte cher dans notre beau pays, où les savants pullulent, comme on sait.

A force de privations, il était parvenu à prendre ses inscriptions à la Faculté de médecine, et il avait étudié avec ardeur cette science qui a la prétention d'éloigner la mort, et qui est souvent insuffisante à faire vivre ceux qui l'exercent.

L'élève fut bientôt capable d'être maître; il avait les connaissances nécessaires, mais il n'avait plus d'argent, et un diplôme de docteur coûte quinze cents francs; celui d'officier de santé est coté cent écus. C'est un prix fait dont on ne peut rien rabattre. Un imbécile, un ignorant, qui passe ses examens par substitution de personnes, qui achète les quelques phrases de mauvais latin qu'on appelle une thèse, et qui a quinze cents francs pour payer son diplôme, pourra en toute sécurité empoisonner les gens, leur couper bras et jambes pour ses menus plaisirs, il a quinze cents francs : *dignus est intrare!*...

Donc, notre homme n'ayant que de la capacité et point d'argent, ne fut pas jugé digne d'entrer dans cette grande corporation de tueurs brevetés. Il songea alors à se faire apothicaire; mais il n'y a plus d'apothicaires, il n'y a que des pharmaciens, ce qui est bien différent, et il en coûte également fort cher pour avoir le droit de vendre du chiendent au poids de l'or et d'empoisonner les malades, *selon l'ordonnance;* tant il est vrai que nous sommes un peuple essentiellement libéral, éminemment spirituel, et qu'il ne nous manque,

pour toucher à la perfection, qu'un peu de sens commun.

En attendant qu'il pût acheter le titre de médecin, notre homme se fit infirmier, la plus rude, la plus dégoûtante des professions. Heureusement, il mourait beaucoup de monde dans l'hôpital où il était. Il est vrai qu'en cela les médecins étaient admirablement secondés par les infirmiers, qui vendaient du vin et de l'eau-de-vie aux fiévreux et s'instituaient légataires de tout ce qu'ils pouvaient voler aux mourants[1]. Le personnage dont il s'agit faisait les fonctions de sa charge avec tout le zèle nécessaire pour être le plus tôt possible en situation d'y renoncer; mais il faut bien mettre des sous l'un sur l'autre pour amasser quinze cents francs, et il commençait à désespérer d'y parvenir lorsqu'il obtint la place d'infirmier-major de prison.

Baldaquin, à la vue de l'infirmier, ramassa vivement ses billets et son or et les mit sous la couverture; mais quelque prompt que fût ce mouvement, ces richesses, avant de disparaître, avaient frappé la vue du major, qui, dès lors, se sentit tourmenté d'une idée fixe, terrible, indomptable, qui ne lui laissa plus de repos.

« Certainement, pensait-il, tout le monde ignore que cet homme possède une somme si considérable. C'est contraire au règlement, et je pourrais saisir or et billets; mais à quoi cela m'avancerait-il?... Ah si ce coquin-là avait une bonne gastrite aiguë, une phthisie pulmonaire au troisième degré, ou une fièvre typhoïde bien corsée! Mais bast! dans deux jours il sera sur pied, et alors plus d'espoir... Je pourrais bien encore lui faire acheter mon silence; mais s'il était mis en liberté, il me dénoncerait... Il n'y a qu'une congestion cérébrale qui puisse lever toute difficulté.... Eh bien! elle lui viendra! Je serai docteur!... Et alors je guérirai tant que je pourrai, afin qu'il y ait compensation.... Le drôle est pourtant vigoureusement constitué, et si le médecin, pour constater la mort, le regardait d'un peu près... Par bonheur, c'est un ignorant. »

Le reste de la journée se passa pourtant sans que cet homme fût entièrement déterminé; mais enfin, vers le soir, voyant Baldaquin endormi, la tentation devint si forte qu'il n'y put résister davantage. Il alla à la pharmacie, prit un flacon

---

1. Dans plusieurs circonstances, nous avons cru devoir rappeler à nos lecteurs que sir Paul Robert écrivait cet ouvrage il y a environ une quarantaine d'années. Si nous avons laissé subsister quelques-unes de ses observations, quoiqu'elles manquassent maintenant de justesse, c'est pour que nos lecteurs puissent se rendre compte des progrès accomplis dans ces derniers temps. Les abus qui ont pu exister autrefois dans les examens de la faculté de médecine ont disparu depuis longtemps; quant à l'administration de l'assistance publique, tout le monde peut se rendre compte des efforts qu'elle ne cesse de faire pour modifier la position de ceux qui ont recours à elle.

bouché avec le plus grand soin, et une plume qui lui tomba sous la main; puis il revint près du malade, qui dormait toujours. Il voulut déboucher le flacon, mais sa main tremblait de telle sorte qu'il ne put y parvenir; une pâleur mortelle couvrait son visage, et la sueur ruisselait sur son front.

« C'est singulier, se disait-il, cela ne m'a pas encore produit cet effet.... Il est vrai qu'à l'hospice les moyens étaient plus doux; mais, après tout, le résultat était le même, et il y a encore cet avantage ici que très-probablement je ne ferai qu'empiéter sur les droits du bourreau.... D'ailleurs, c'est pour le bien de l'humanité, c'est afin qu'elle ne soit pas privée plus longtemps des lumières que j'ai si laborieusement acquises.... Le crime, si crime il y a, sera celui de nos institutions, qui semblent faites tout exprès pour tenir la lumière sous le boisseau. »

Après s'être rassuré par ces sophismes cyniques, qui ne font défaut à aucun criminel, il se leva et s'approcha de nouveau de Baldaquin.

Il ne tremblait plus; une joie sinistre brillait dans ses yeux. A la pâle lueur d'une petite lampe placée au milieu de la chambre, il examina le contenu de la fiole; il en ôta le bouchon en ayant soin de détourner la tête, et ayant trempé la plume dans la liqueur, il passa lentement cette plume sur les lèvres entr'ouvertes du malade endormi.

Les yeux de Baldaquin s'ouvrirent démesurément et se refermèrent aussitôt; ses membres se roidirent, sa poitrine se souleva avec effort, et il exhala un faible soupir : c'était le dernier. L'infirmier s'empara de l'or et des billets qu'il avait convoités, puis il donna avis au directeur de la mort du malade. La mort fut constatée et attribuée, comme l'avait pensé l'infirmier, à une congestion cérébrale....

Quelques jours après, par suite de ce crime, on comptait un docteur de plus.

« Tout marche à merveille, écrivait Varburton au comte de Farsterstein. De votre beau yack qui valait plus de dix mille livres sterling, il ne reste plus une planche; mais dès à présent la succession de votre oncle est à vous. J'ai trouvé l'obstacle, je le couve des yeux; il ne fait pas un mouvement que je n'en sois instruit; bientôt je soufflerai dessus, et tout sera fini.

« Je dois rendre justice au hasard qui m'est venu en aide pour le service de votre seigneurie. Le drôle dont je m'étais emparé, et qui m'avait échappé lors du naufrage, me donnait une inquiétude assez vive. Il ne manquait ni d'audace, ni d'esprit; et bien que je lui eusse arraché son secret, tout n'était pas dit avec lui; il avait la prétention de compter avec nous : une attaque d'apoplexie vient de l'envoyer compter avec le diable.

« A bientôt, milord; quand votre seigneurie me recevra, j'aurai grandi d'une coudée, mais je n'en serai pas moins son serviteur. »

CHAPITRE LXI.

Un tueur.

Régine avait perdu le repos; les plus tristes pressentiments l'agitaient. Jérésu, toujours insatiable, n'avait pas manqué de faire valoir le terrible danger qu'il avait couru pour rançonner cette malheureuse mère. Pourtant il n'avait pas dit tout ce qu'il savait, de peur de provoquer un éclat qui eût rendu inutile la discrétion qu'il faisait payer si cher. Mais ce qu'il disait était plus que suffisant pour infliger les plus cruelles tortures au cœur de la pauvre femme qui, après avoir goûté toutes les joies de ce monde, se trouvait réduite, au sein de l'opulence et de la grandeur, à craindre pour la vie de son fils, et à voir la honte, l'infamie incessamment sur sa propre tête.

Les exigences de Jérésu étaient devenues intolérables; ses visites à la princesse se multipliaient d'une manière scandaleuse.

« Mon ami, lui dit un jour Régine, qui en était réduite aux expédients pour dissimuler ses dépenses devenues énormes, le prince est fort riche sans doute, et je puis moi-même disposer, sans contrôle, de sommes considérables; mais depuis un mois je vous ai remis plus de cent mille francs, et cela dépasse de beaucoup trop mon budget pour que l'attention du prince ne soit pas éveillée bientôt. Vous devez être maintenant dans une position de fortune très-satisfaisante; faites-moi trêve, je vous en prie.

— Et bourtant, matame la brincesse, répondit le juif, che zuis douchours un baufre tiaple.... barce que le gommerce il fa bas.... le gommerce il fa bas ti dout.

— Je sais parfaitement cela, répliqua Régine en souriant, en dépit de la tristesse qui l'accablait: car il y a un peu plus de vingt-cinq ans que je vous l'ai entendu dire pour la première fois; mais il me semble que vous devez être maintenant en situation de quitter les affaires.

— Chamais, chamais, matame la brincesse. Les israélites ils guittent chamais les affaires, barce que l'israélite il èdre philandhrobe, bartessus dout.

— C'est une vertu dont je fais grand cas, mais j'avoue que je comprends peu la philanthropie qui se fait payer si cher.... Et puis vous n'avez ni femme, ni enfants.

— Douchours, douchours tes enfants, au gondraire.... Dous les enfants d'Israel, il êdre mes enfants.... Che les borde tans mon gœur....

— Et vous leur distribuez votre argent ?

— Guelguefois.... guand le gommerce il va bas....

— Et comme le commerce ne va jamais, à votre gré du moins, vous prétendez me mettre sur les bras tous vos coreligionnaires ? Mais, mon cher Jérésu, songez-y donc, c'est de la démence.

— Ah ! mein God ! fit le juif en levant les yeux vers le ciel, il êdre donc pien frai gu'il n'y affre blus de regonnaissance zur la derre.... Zi au lieu te me laisser assassiner, étrangler, noyer, ch'affais tit tout ce gu'on me temantait, ch'aurais à brésent teux cent mille francs, drois cent mille.... un million beut être ! Et les enfants d'Israël ils auraient ti bain.... Et le bauvre Jérésu, il fiendrait bas à moidié mort tendre la main....

— Et savez-vous, demanda Régine effrayée, de quelle nature est l'intérêt que ces gens-là ont à découvrir le secret de la naissance de mon fils ?

— Che bourrais pien le découvrir, répondit le rusé coquin ; mais gomme le gommerce il fa bas....

— Assez ! assez ! » interrompit Régine.

Et courant à son secrétaire elle y prit tout l'argent qui s'y trouvait et le donna au juif.

« Sachez donc cela, le plus promptement possible, lui dit-elle, et je vous promets de ne plus compter dès que vous m'aurez instruite. Allez, mon cher Jérésu, je vous en conjure, ne perdez pas une minute....

« Oh ! reprit-elle quand le juif fût parti, il y a du malheur dans l'air que nous respirons ici !... Mon Dieu ! mon Dieu ! que votre bras puissant dissipe ces nuages épais qui s'amoncèlent sur nos têtes !... Oui, oui, mon cœur me le dit, la vie de mon fils est menacée ; mais par qui et pourquoi ? O mon Dieu, reprenez tous les biens que vous m'avez donnés ; prenez ma vie même si cela est nécessaire pour expier mes fautes ; mais laissez vivre mon Henri, et éloignez de son jeune et noble cœur les souffrances qui déchirent le mien. »

Elle se jeta éperdue dans un fauteuil, et ses yeux se baignèrent de larmes. Après quelques instants, elle songea à Lambert, ce vieil ami de Pied-de-Fer, qui était toujours son ami dévoué à elle et celui d'Adrien ; elle se dit que lui seul pouvait lui venir en aide dans cette circonstance ; car il connaissait tout son passé, et il avait été lui-même soumis à de si rudes épreuves, le cœur humain lui était si bien connu, qu'il devait être, plus qu'aucun autre, capable de déjouer les projets de ces ennemis inconnus qui s'agitaient dans l'ombre. Après s'être un peu remise, Régine le fit prier de passer chez elle.

« Mon cher Lambert, lui dit-elle, nous sommes menacés de quelque terrible catastrophe. Pourquoi ? que nous veulent les gens qui nous menacent ? Je ne sais ; mais le secret de la naissance de mon fils est pour beaucoup dans tout cela ; j'en ai la certitude, et peut-être même sa vie est-elle menacée. Il ignore cela, le pauvre brave enfant ! Dieu veuille qu'il l'ignore toujours ! Mais qui le gardera du danger qui le menace, si ce n'est vous, ami Lambert, vous, notre providence à tous ?

— J'avais deviné cela, madame, répondit Lambert ; les visites si fréquentes que ce vieux juif fait à votre altesse, son air joyeux quand il sort d'ici, tout cela m'avait donné l'éveil, et vingt fois déjà j'ai été tenté de prendre ce pourceau par les oreilles pour l'obliger à parler et à me dire ce qui l'amène ici ; mais j'hésitais à cause de vous, madame ; c'était chez votre altesse qu'il venait ; c'était par votre ordre qu'il était introduit, et cela m'arrêtait.... Il faut que ce soit le diable qui ait mis sur vos traces ce misérable, qui seul, après nous, sait quelque chose de la naissance de votre fils.

— Non, il n'est pas le seul, Lambert, et la tentative d'assassinat dont il a failli être victime prouve assez que d'autres ont pénétré ce mystère.... Évidemment on en veut à la vie de mon Henri ; veillez sur lui, je vous en conjure !... Mon Dieu ! le pauvre enfant est si heureux, et à son bonheur présent il est si près d'ajouter un autre bonheur grand, immense comme le monde, l'amour et la possession d'une femme aimante et pure.... Oh ! faites que cette joie lui soit gardée, mon bon Lambert !... J'ai foi en vous, et je me sens moins effrayée en pensant que vous ne nous abandonnerez pas.... Vous le sauverez, mon brave ami ; et vous me sauverez moi-même.... N'est-ce pas que vous allez veiller sur mon Henri ? Dites-moi cela, afin que je recouvre un peu de calme, afin que je vive ; car il y a longtemps que je ne vis plus, ami Lambert.

— Madame, répondit Lambert avec une sorte de solennité qui ne lui était pas ordinaire, j'ai appartenu à Dieu d'abord, puis au diable ; à vous ensuite ; c'est-à-dire à mon vieil ami Pied-de-Fer, avant comme après sa régénération, à son fils d'adoption, dont mentalement j'ai fait aussi le mien, à vous, madame, qui vous êtes si bien relevée, et qui êtes sortie si belle et le cœur si pur de cet enfer où Satan vous tenait sous ses pieds. Ainsi, madame, que votre altesse compte sur moi. J'ai veillé jusqu'alors ; mais je vais redoubler de vigilance, et malheur aux misérables qui tenteront de vous nuire ! Ils ne m'échapperont pas ; je mettrai à nu leurs machinations ténébreuses, et s'il le faut, je me ferai juge et bourreau.

— Merci, merci, Lambert ; ces paroles me rassurent.... Ah ! j'avais besoin de vous entendre je me sens forte près de vous, mon vieil ami. Mon Dieu! quelle sera donc la récompense d'un si noble dévouement?

— Ne la cherchez point, madame, car je l'ai trouvée, moi! La récompense, c'est d'avoir des amis, de savoir qu'on tient une place dans certains cœurs.... Tenez, rien que de penser à cela, voici que je me sens jeune comme il y a trente ans; aussi jeune et plus fort, car l'expérience est l'institutrice par excellence.... Madame, je supplie votre altesse de reprendre sa vie douce et habituelle; de faire taire l'imagination, d'être calme, douce et bonne, comme toujours; et afin que votre altesse m'accorde cela, je lui promets, je lui jure que dès aujourd'hui je ne perdrai pas de vue un seul instant son fils bien-aimé, le comte Henri, que j'aime aussi moi, de toute mon âme, sans que j'aie encore songé à me demander pourquoi; mais cela est facile à trouver; je l'aime parce qu'il est jeune et beau, parce qu'il est votre fils, et qu'il a le cœur haut placé.... Ainsi donc, madame, vivez en paix, car dès ce moment Lambert veille. »

Régine tendit sa main au vieil ami de Pied-de-Fer, qui la pressa sur ses lèvres, puis Lambert sortit laissant cette tendre mère, non pas calme et tranquille, mais un peu rassurée.

. . . .

Varburton venait d'apprendre la mort de Baldaquin....

« God dam ! fit-il, est-ce que nous aurions des amis inconnus par là? Ça serait diabolique, car il faudrait partager, et j'ai toujours eu une juste horreur du partage. Allons, mille tempêtes ! C'est le cas de frapper vite et fort; ne perdons pas un instant, partons. »

Et il sortit. Cinq heures sonnaient en ce moment; à cinq heures vingt minutes, il arrivait rue de la Lune, et pénétrait au fond d'une sombre et étroite allée.

« M. de Birmolan est-il chez lui? demanda-t-il à une vieille femme qui faisait là fonctions de Cerbère.

— Belle question ! répondit la vieille, puisque vous connaissez M. de Birmolan, vous devez bien savoir qu'il a l'habitude de se lever à six heures du soir et de se coucher à cinq heures du matin, à l'exception des jours d'extra.

— Au troisième, n'est-ce pas?

— Au-dessus de l'entresol, monsieur. »

Varburton s'élança dans l'escalier, et bientôt il fut près du personnage qu'il cherchait.

« Eh bien! mon cher de Birmolan, dit-il à ce dernier qui était sorti de son lit pour lui ouvrir la porte, quoi de nouveau? est-ce que cette scélérate de fortune s'obstinerait à nous tourner le dos?

— Ma foi, milord, la fortune est une rusée que l'on s'attache d'autant plus fortement, qu'on la corrige sans merci; mais je crois, sacredieu, que le moyen devient insuffisant. Depuis trois jours je perds, moi, milord, entendez-vous cela? je perds constamment à la bouillotte, à l'écarté, au trente et un!...

— Bravo! Je vous trouve, mon très-cher, dans d'excellentes dispositions : les cartes sont chanceuses, voyez-vous, ou plutôt, elles le sont moins que jamais : les grecs dégénèrent; les gens qui s'intitulent honnêtes, valent mieux qu'eux.... je veux dire qu'ils sont plus habiles.... Ce n'est pas étonnant; ces gens-là sont posés; ils possèdent.... Ah! si vous possédiez, vous, mon cher de Birmolan !...

— Eh! mon cher, je possède un habit noir encore fort passable, des bottes vernies, dont les talons sont irréprochables, un chapeau Gibus, et deux chemises blanches!...

— Euh! euh! c'est quelque chose; mais c'est peu, et si l'on vous offrait, pour joindre à cela, deux ou trois cents louis....

— Offrez, milord, et que le diable m'emporte si je les refuse; car, dans ces moments-là, je vendrais mon âme.... mais encore, faudrait-il trouver acquéreur.

— Est-ce que vous auriez renoncé, mon très-cher, aux avantages de ce poignet de fer qu'on vous connaît? de ce coup d'œil si sûr qui vous a fait une réputation?...

— J'ai encore tout cela, tout cela perfectionné même; j'ai tué, la semaine dernière, onze pigeons sur douze, à Tivoli; j'ai touché Grisier trois fois en une séance, tout cela pour le roi de Prusse! Que voulez-vous, milord, on ne se bat plus : les maris trompés vont demander des dommages-intérêts en police correctionnelle; les pigeons qu'on essaie de plumer portent plainte au parquet; il n'est pas permis aux cartes d'avoir un tiers de ligne de plus ou de moins que l'ordonnance ne porte.... Tenez, entre nous, Paris n'est plus qu'une pétaudière, que les hommes d'esprit feront bien d'abandonner à son malheureux sort; c'est-à-dire au sort que lui feront les boutiquiers, race maudite; toujours à cheval sur les chiffres; voulant savoir le pourquoi de chaque chose, jouant à six liards les dix fiches, et toujours prêts à se faire tuer pour six sous.

— Bravo! mon cher; je suis enchanté de vous trouver de cette belle humeur; car je viens justement vous offrir l'occasion de faire valoir ces talents divers que vous possédez à un degré si éminent.

— Que votre seigneurie soit donc la bienvenue! et viennent les guinées afin que je me retrempe.

— Soyons calme, mon cher. Vous connaissez la baronne de Hersdelberg?

— Peuh! qui est-ce qui ne connaît pas cela? la fine fleur des douairières allemandes, une femme adorable.... autrefois, et chez laquelle on joue un jeu d'enfer.... quand on a de l'argent ; mais il y a trente-six heures que ma bourse est vide.

— Eh bien ! nous la remplirons, mon cher maître, et vous jouerez ce soir chez la baronne au jeu que vous voudrez et tant que vous le voudrez....

— Ah ! milord, c'est Dieu ou le diable qui vous envoie.

— C'est peut-être l'un et l'autre.

— Mais ce n'est pas pour rien que vous voulez me donner tant de joie ?

— C'est au moins pour fort peu de chose : il s'agit d'assister dans quelques heures à la soirée de la baronne ; d'écouter attentivement le nom des personnes qu'on annoncera, et de ne pas perdre de vue le comte Henri qui ne manquera pas d'y venir.... Ce comte est un damoiseau.... un de ces beaux esprits incompris.... sot, enfin. Or, vous détestez les sots, mon cher de Birmolan.

— Je les exècre, et je les tue quand je puis.

— Et c'est justement là de quoi il s'agit : faites-vous une bonne querelle avec cet étourneau, et demain matin mettez-lui quatre pouces d'acier entre les côtes. Cela vous maintiendra en vénération ; on saura ce que vous valez ; on vous fera place partout ; les hommes n'oseront plus vous regarder ; mais les femmes vous mangeront des yeux.... Quant à moi, je vous garderai mon amitié et j'y ajouterai deux cents louis que voici.... A propos, ce prétendu comte n'est qu'un bâtard, issu d'un riche Anglais et d'une fille entretenue ; cela pourra vous aider à lui émouvoir la bile.

— Maître diable ! il faudra bien que ce monsieur s'émeuve ; car je me sens maintenant capable de soulever le monde. Je vous donne rendez-vous demain à six heures chez Véfour. Vous saurez alors ce que je vaux. »

Jérésu n'était pas le seul personnage dont Régine eût à subir les exigences ; Mme Kram faisait aussi de fréquentes apparitions à la maison princière d'Auteuil, et elle n'en sortait jamais les mains vides. Mais cela n'était, pour cette femme, qu'une sorte de compensation aux chagrins que lui causait sa fille : plus éprise que jamais de Henri, Floretta avait quitté le théâtre, et bien que le jeune comte se montrât toujours généreux, il s'en fallait de beaucoup qu'il réalisât toutes les espérances de cette femme avide. Gédéon, d'ailleurs, continuait à rançonner la mère et la fille qui, pour éviter des scènes qui eussent éloigné Henri, achetaient le silence de ce misérable. Et puis Mme Kram espérait toujours que Floretta reviendrait à d'autres sentiments, qu'elle se fatiguerait de la solitude dans laquelle elle vivait, que son nom reparaîtrait quelque jour sur l'affiche ; et en prévision de cet événement, elle était bien aise de conserver l'appui du musicien.

« Mes petits anges, leur disait Gédéon, c'est très-bien de jouir du présent, mais il faut un peu penser à l'avenir et ne pas dire : « Fontaine, je ne boirai pas de ton eau. » Le gâteau dont vous me laissez palper quelques miettes ne durera pas toujours, tandis que je vous porterai éternellement dans mon cœur. Je serai toujours là, ferme sur ma chanterelle !... Ah ! mes chères amours, vous ne savez pas tout ce que la reconnaissance pourrait me faire avaler de doubles croches dans un jour sans pain ! Mais un jour viendra où vous rendrez justice à mes sentiments distingués. »

Cela n'était pas de nature à rassurer beaucoup Floretta attristée par la rareté des visites de Henri auquel elle s'abstenait pourtant de reprocher ses longues absences, de peur de l'éloigner tout à fait, ce qui serait infailliblement arrivé ; le jeune homme se reprochait la faiblesse qui l'avait fait renouer avec cette pauvre enfant. Son cœur était tout entier à Wilhelmine à laquelle il eût sacrifié le monde entier, et qu'il ne quittait presque pas ; car Mme de Hersdelberg protégeait maintenant cet amour qui faisait sa sécurité.

Les soirées de la baronne étaient toujours brillantes ; le prince Mafiolini y assistait quelquefois, et il y avait présenté Lambert sur la demande de ce dernier. Cette demande l'avait un peu surpris, car l'ancien compagnon de Pied-de-Fer avait peu les formes du monde ; il aimait ses aises et se pliait difficilement aux exigences de l'étiquette. Mais dès ce moment ses goûts semblèrent se modifier, et Henri le rencontra fréquemment dans les salons. Un soir, tous deux étaient chez Mme de Hersdelberg ; la réunion était nombreuse ; Wilhelmine venait de se mettre au piano ; Henri était près d'elle, lorsque ces paroles prononcées derrière lui vinrent frapper son oreille :

« Quel est donc ce petit monsieur qui paraît si content de sa personne ?

— Monsieur, répondit une voix que le jeune homme reconnut pour être celle de Lambert, parlez moins haut, car le petit monsieur dont vous parlez a l'oreille fine, le coup d'œil juste, le poignet solide, et il n'en faut pas davantage pour corriger un insolent, quelle que soit sa taille. »

Le personnage auquel s'adressait cette réponse prit son lorgnon, le braqua alternativement sur l'un et l'autre de ses yeux, et vint regarder Lambert en face. Lambert saisit la main qui tenait le lorgnon et la serra si fortement que le verre se brisa :

« Voici, ajouta-t-il, un échantillon de ce que vous trouverez au bout des bras du petit monsieur. »

Il n'avait pas encore achevé ces mots que le jeune comte s'était élancé au milieu du groupe qui s'était formé autour des deux interlocuteurs.

vêtements qui les couvrent, et cependant ils sont presque toujours assez bien vêtus : des garde-robes abondamment pourvues leurs sont ouvertes dans certains quartiers, et particulièrement aux abords du Palais-Royal, dans la rue de Chartres, par exemple ; dans les petites rues du Rempart et du Pélican ; là une paire de bottes se loue dix sous par jour, un pantalon quinze sous, un habit de deux à six francs, ainsi du reste, y compris les chaussettes et la chemise ; et ces gens ainsi vêtus payent exactement le loyer des objets qu'ils portent, par la raison que s'ils agissaient autrement, cette ressource, qui est tout pour eux, leur serait enlevée.

Mais d'où leur vient l'argent avec lequel ils payent? De mille sources diverses : d'une foule d'aventures, d'intrigues, qui se nouent et dénouent chaque jour, des billets de faveur qu'ils arrachent à force d'importunité aux auteurs et aux acteurs, des cartes d'entrée à la Chambre des députés, qu'ils obtiennent des législateurs nouvellement élus, de leur adresse au jeu, des querelles qu'ils se font à propos ; au palais, ils racolent des plaideurs pour certains avocats ; à la Bourse, ils vendent des promesses d'actions.

Tels étaient Biscoin et Guillon, les témoins ordinaires de Birmolan, témoins précieux initiés à toutes les ruses de ce spadassin, escamotant adroitement une balle, et substituant une mauvaise amorce à la bonne, sachant jeter en l'air une pièce de monnaie de manière à ce qu'elle tombe toujours du côté demandé par l'homme qu'ils servaient. Ils parlaient avec assez de facilité, portaient tant bien que mal un costume à demi fashionable ; mais nés dans la fange d'un des faubourgs de Paris, ils avaient conservé un certain cachet de leur abjection primitive, et c'était à cela que pensait Birmolan en demandant des gants pour cacher leurs ongles en deuil et leurs mains à l'épreuve du savon ponce.

« Messieurs, leur dit Birmolan, il ne s'agit pas de faire peur à un niais pour le proclamer ensuite brave entre les braves, lui offrir à déjeuner, le faire jouer au dessert et lui gagner son argent. La chose s'est faite à la satisfaction générale, c'est une justice que je me plais à vous rendre ; mais c'était si facile ! Aujourd'hui, l'intimidation ne me réussirait pas, et dût-elle réussir, qu'il ne faudrait pas l'employer. C'est à la force du poignet que l'affaire doit se décider. Il faut du sang, et j'ai deux adversaires, c'est grave, c'est excessivement grave ; mais je suis tranquille, car je compte sur votre amitié pour moi.... »

Ici, Biscouin et Guillon se regardèrent en allongeant les lèvres et fronçant le sourcil. Birmolan n'eut pas l'air de s'en apercevoir, et il reprit :

« Oui, messieurs, j'ose compter beaucoup sur votre amitié.... et un peu, je l'avoue, sur une dizaine de louis que je me fais un vrai plaisir de vous offrir, moitié avant le combat, moitié après la victoire. Voici en outre dix francs pour des gants, afin que vos mains ne ressemblent pas trop à celles d'un épicier dans l'exercice de ses fonctions, ou d'un maçon sans ouvrage. »

A ces mots, il étala sur sa table de nuit la somme annoncée, et les visages des aventuriers se déridèrent.

« A la bonne heure, dit Guillon, il est juste, en pareil cas, de compter les uns sur les autres ; c'est notre opinion personnelle et collective.

— Mais il ne faut pas oublier, ajouta Birmolan, que le plus fort de la besogne est pour moi.

— Bast ! fit Biscouin, qu'est-ce que c'est que ça ? Il n'y a dans tout cela qu'une chose désagréable ; c'est le dénoûment, surtout quand il se fait en cour d'assises, et là nous serions tous égaux, devant....

— Ne dis donc pas de bêtises comme ça, interrompit Guillon ; ça serait capable de nous porter malheur.... Voyons, chevalier de Birmolan, racontez-nous la querelle, afin que nous n'ayons pas l'air de tomber de la lune, ou d'arriver de Quimper-Corentin. »

Birmolan raconta ce qui s'était passé chez Mme de Hersdelberg, sans en rien omettre.

« Diable, reprit Guillon, il nous sera difficile d'obtenir le choix des armes, car vous êtes évidemment le provocateur.

— Oh ! mon garçon, voilà qui n'est pas fort ! dites donc que je me suis *fait provoquer* ; j'ai dit : quel est ce petit monsieur ? mais il y avait vingt messieurs de toute sorte de tailles, et on peut parfaitement soutenir que ce mot ne s'adressait pas à celui qui l'a relevé. Tenez-vous sur ce terrain, et n'en bougez pas, mille dieux ! car l'un de ces deux hommes a un poignet à broyer les pierres, et s'il lui prenait fantaisie de tirer l'épée, la partie serait d'autant plus mauvaise, que je n'ai pas le libre exercice de ma main droite. Il faut absolument leur faire accepter le pistolet. Partez donc ; choisissez un fiacre un peu propre, et allez à Auteuil, chez le prince Mafiolini. C'est au fils adoptif de ce personnage qui se fait appeler le comte Henri, que j'ai affaire, et à une espèce de grison, qu'on appelle monsieur Lambert, et qui demeure aussi chez le prince. Vous voyez qu'il ne s'agit pas ici de rentiers du Marais ou de bonnetiers retirés du commerce, et qu'il faut soigner le style et les manières : pas trop de gestes, la parole brève, une politesse froide, de l'aplomb ; retenir de temps en temps votre respiration pour que le sang vous monte quelque peu au visage ; cela fait bien, on a l'air d'avoir la fibre sensible et de se faire violence pour ne pas se cabrer tout à fait. Partez ; je ferai, en vous attendant, les préparatifs nécessaires, afin que cela soit promptement terminé, car j'ai hâte d'en finir. »

Les deux aides-tueurs partirent; une heure après, ils arrivaient à Auteuil, et étaient introduits chez le comte, près duquel Lambert était déjà depuis près d'une heure.

« Soyez les bienvenus, messieurs, leur dit Lambert qui avait le regard moqueur et le sourire sur les lèvres. Peste! M. de Birmolan choisit bien ses ambassadeurs, et il ne regarde pas à la dépense! Des gants, monsieur le comte!... ces messieurs ont des gants.... des gants neufs, même!... »

Henri ne comprenait rien à ce singulier persiflage; mais il s'en était remis entièrement à Lambert du soin de cette affaire à travers laquelle il entrevoyait d'étranges choses, et il lui laissa le champ libre.

« Messieurs, répondit Guillon en se donnant tout l'aplomb possible, la plaisanterie, souffrez que je vous le dise, est ici tout à fait hors de saison. Que M. le chevalier de Birmolan fasse bien les choses, cela ne doit surprendre personne; mais que vous ayez l'air de nous prendre pour ses laquais, voilà ce que nous ne saurions souffrir, et nous faisons toutes nos réserves sur ce point, en vous priant de nous faire connaître vos témoins, afin que nous puissions nous entendre.

— Pas mal, ma foi! pas mal du tout, monsieur Guillon; mais, de grâce, abstenez-vous de nous jeter le gant au visage, car monsieur le comte est quelque peu nerveux, et je craindrais pour lui l'aspect de ces laides verrues que vous savez. »

Guillon rougit et pâlit successivement; il pensa être tombé dans un piége de police, et il se crut perdu.

« Remettez-vous, de grâce, reprit Lambert du même ton; on peut parfaitement avoir des mains d'allumeur et des verrues aux doigts et être de fort braves gens, mais dans ce cas les gants ne gâtent rien, au contraire. »

Biscouin, à son tour, se sentit mal à l'aise, et voulut prendre la parole pour s'étourdir un peu. Mais Lambert l'interrompit au premier mot :

« Expliquons-nous donc, messieurs, dit-il, car nous voulons faire nos affaires nous-mêmes : Monsieur le comte sera mon témoin et je serai le sien, le second sera tout à fait impassible, et il n'est pas nécessaire de nous en occuper. D'ailleurs de quoi s'agit-il? De fixer l'heure, le lieu et le choix des armes : il est huit heures; à midi monsieur le comte et moi nous vous attendrons près de la mare d'Auteuil, dans le bois. Quant aux armes, je suis assez de l'avis de ces vieux soldats qui prétendent que chacun doit manger la soupe avec sa cuillère, et pourtant, je puis vous assurer qu'une fois sur le terrain, nous n'aurons pas de contestation sur ce point. J'espère que cela doit vous paraître satisfaisant. »

Biscouin et Guillon s'inclinèrent en signe d'assentiment; ils se retirèrent assez mécontents du succès de leur démarche et quelque peu inquiets des suites qu'elle pouvait avoir. Mais ils avaient encore cinq louis en perspective!

« J'espère que cela s'est bien passé et que nous allons en finir promptement, dit Birmolan lorsque ses témoins furent de retour. Je ne sais pourquoi cette diable d'affaire me chiffonne.

— Ma foi, chevalier, répondit Guillon, je n'en suis pas très-flatté non plus, et je crois que vous vous êtes frotté à de mauvais coucheurs. Le vieux surtout me fait l'effet d'un dur-à-cuire renforcé, et c'est lui qui tranche et décide tout ; le comte n'a pas plus l'air de s'occuper de cette querelle que si elle ne le regardait pas. J'ai cru que ce vieux renard allait lire toute notre histoire sur nos visages.

— Allons donc! vous seriez-vous laissé intimider par hasard ? il ne manquerait plus que cela.

— Nous avons au contraire parlé comme des anges, dit à son tour Biscouin, et pourtant il y avait bien de quoi se démonter. Croiriez-vous que cet homme a dit en propres termes à Guillon qu'il avait bien fait de se ganter pour cacher ses verrues !

— Diable ! vous auriez-il rencontré quelque part?....

— Je suis sûr de ne l'avoir jamais vu ; mais quand cela serait, où aurait-il su que les gants que nous portons nous avaient été donnés par vous? Peste! a-t-il dit, des gants! des gants neufs, même! M. de Birmolan fait bien les choses !

— Que le tonnerre vous écrase ! s'écria Birmolan en frappant du pied avec colère ; vous avez certainement fait ou dit quelque sottise !

— Nous n'avions même pas dit encore quel était l'objet de notre visite, reprit Guillon ; mais après ce qui s'était passé entre vous, cela pouvait se deviner. Au reste, j'ai répondu comme il convenait, en déclarant qu'à raison de ces paroles blessantes, nous faisions toutes réserves pour notre compte.

— Très-bien. Au reste ce n'était pas vous compromettre beaucoup, car je me sens un besoin démesuré de casser la tête à ce grison, et c'est une raison de plus pour que je ne le manque pas. Qu'il sache ou non qui vous êtes, je veux que l'enfer me brûle si dans deux heures il est capable d'en dire un mot. Partons. »

Longtemps avant l'heure indiquée, le comte et Lambert se promenaient dans le bois, où Henri s'efforçait d'obtenir que son vieil ami lui dît les motifs de sa singulière conduite.

« Vous d'ordinaire si sérieux, si posé, mon bon Lambert, lui disait-il, vous avez fait avec ces messieurs l'écolier goguenard ; cela est incroyable ! Il me semble qu'au point où nous en sommes vous pourriez, sans inconvénient, me dire enfin le mot de toute cette énigme.

— Non, monsieur le comte, cela vous priverait de la surprise.

— Cela m'attriste et m'afflige profondément. Je suis riche, jeune, aimé ; il semble que je devrais être heureux, et je souffre ; il me semble qu'une sorte de voile funèbre m'enveloppe de toutes parts et devient plus épais à mesure que je m'efforce de le soulever. Tout se rembrunit autour de moi ; souvent, lorsque ma bonne et tendre mère-adoptive me regarde à la dérobée, je surprends une larme dans ses yeux ; mon père, lui aussi, devient sombre et soucieux. C'est vainement que je l'ai supplié de me confier le secret de ma naissance, qu'il était peut-être nécessaire que j'ignorasse avant d'être homme, mais que je devrais savoir maintenant.

— Et comment le prince vous l'apprendrait-il, s'il l'ignore ? Vos questions l'affligent, et elles sont probablement la seule cause de cette tristesse dont vous parlez. Croyez-moi, évitez de dire devant lui un mot qui ait trait à cela.

— Eh bien ! ce qu'il ignore, vous le savez, vous, mon cher Lambert, ce qui se passe aujourd'hui même le prouve.... Mon Dieu ! cet homme que nous allons voir tout à l'heure n'aurait-il fait, en m'insultant si cruellement, que proférer une affreuse vérité ?

— Écoutez, monsieur le comte, répliqua Lambert d'un ton solennel, ce que je sais, ce que je consens à vous dire, c'est que votre mère est.... était un ange de douceur et de bonté, une de ces âmes d'élite dont Dieu est avare. Votre père était grand, noble, généreux ; il avait place parmi les plus hautes illustrations de son temps. Le reste est un secret qui ne m'appartient pas....

— Oh ! merci, merci, mon vieil ami !.... Mais, je vous en conjure, plus de réticences ; la vérité, la vérité tout entière.... Songez que d'un mot vous pouvez faire de ce jour le plus beau de ma vie.

— Je vous ai tout dit, monsieur le comte, tout ce que je pouvais vous dire.

— Mais, Lambert, vous avez dit : votre mère est.... Comprenez-vous combien ce mot involontaire m'a jeté de joie au cœur. »

Lambert baissa la tête et demeura muet. En ce moment, de Birmolan et ses témoins arrivèrent. Lambert, dès qu'il les aperçut, tira de dessous son manteau, les épées qu'il avait apportées.

« Prenez vos pistolets, monsieur le comte, dit-il, assurez-vous des capsules, et allons au-devant de ces messieurs. Quant à vous, Félix, dit-il au valet de chambre, qui, jusque-là, s'était tenu à l'écart, prenez cette épée, et suivez-nous à distance. »

Les adversaires furent bientôt en présence.

« Ces épées sont inutiles, dit Birmolan à Lambert qui avait déjà mis la lame hors du fourreau ; le choix des armes m'appartient ; j'ai apporté mes pistolets, et je vois que M. le comte a les siens. Fixez la distance, et nous allons charger les armes.

— Doucement ! doucement, s'écria le vieux routier ; diable ! monsieur de Birmolan, vous êtes bien pressé de gagner vos cinq cents louis. »

Le spadassin pâlit, se mordit les lèvres, et parut un peu décontenancé ; mais il se remit promptement.

« D'où sortent donc ces gens ? dit-il, en levant les épaules ; est-ce que l'on s'insulte sous les armes ?

— Je conçois votre empressement, continua Lambert ; mais ça n'est pas notre faute, s'il vous a plu de faire si bon marché de notre peau. Cinq cents louis, vous verrez que nous valons mieux que cela.... Il est vrai que les gants, les pistolets et la voiture, sont payés à part ; mais nous n'avons pas, pour nous hâter, les mêmes raisons que vous. »

Birmolan était anéanti ; il voulut répliquer, et ne fit que balbutier quelques mots sans suite. Mais il parvint encore à refouler la terreur qui paralysait son audace ordinaire.

« La peur vous a sans doute fait rêver tout cela, dit-il, en essayant de faire sourire ses lèvres pâlies ; mais je ne suis pas d'humeur à entendre de telles balivernes. Finissons-en, ou bien je vais me retirer, car la vue des lâches me fait mal.

— Ah ! nous sommes des lâches ! » s'écria Lambert en lui saisissant le bras.

Et le secouant rudement, il fit tomber les balles que Birmolan avait placées dans la manche de son habit, pour remplacer celles que ses témoins devaient escamoter.

« Nous sommes des lâches, continua Lambert ; nous qui n'hésitons pas à venir trouver au milieu d'un bois, trois assassins payés pour nous tuer !... des saltimbanques qui escamotent les balles et les capsules de leurs adversaires, de sales coquins qui, pour un instant, ont dissimulé leur crasse, moyennant un écu.... des échappés du bagne qui se contentent de dix louis pour aider à égorger des braves gens.... A genoux, coquin, ou je vais te marquer au front ! »

Biscouin et Guillon, effrayés de se voir ainsi découverts, prirent la fuite à toutes jambes. Birmolan fit un violent effort pour se dégager ; mais au même instant Lambert lui fouetta le visage avec son épée et le renversa.

« A genoux, coquin ! répéta-t-il, confesse ton crime, et je te permettrai d'aller te faire pendre ailleurs. Mais il me faut la vérité tout entière. Si tu tentes de me tromper, et tu vois que j'en sais assez pour le reconnaître, je te livre à la justice, qui aura à te demander compte du sang que tu as, jusqu'ici, impunément versé. »

Henri s'était approché, sa surprise était extrême.

« Mon ami, dit-il, en s'adressant à Birmolan, avouez que vous avez menti en m'adressant hier ces sales injures que vous n'avez sûrement pas oubliées, avouez cela et je vous dirai merci. »

Birmolan comprit bien qu'il n'avait plus que ce moyen de salut, et il était trop habile pour n'en pas profiter, ou pour se compromettre davantage par une trop grande intempérance de langue.

« Ma foi, monsieur le comte, dit-il d'un air résigné, je voudrais pouvoir vous dire que j'ai menti ; sur mon âme, dans la position où je me trouve, je ne mâcherais pas les mots ; mais la vérité est que je n'en sais rien. Ce monsieur que je ne connais pas, mais qui doit nécessairement être de la famille du diable, en sait, sur cette affaire, autant que moi. Un personnage est venu me trouver ; il a exploité ma détresse en m'engageant à vous faire une querelle : l'insulte avait été formulée par lui-même.... C'est une affaire sale, j'en conviens ; mais vous devez me rendre cette justice que j'y ai mis des formes.

— Des formes de tueur, répliqua Lambert. En définitive, vous avez vendu notre peau cinq cents louis.... Il est vrai que vous en demandiez mille ; mais le chiffre ne fait rien à l'affaire. Ce qu'il nous importe de savoir, c'est la raison, la cause prédominante de tout ceci. En termes plus simples, qui veut faire tuer le comte Henri? et pourquoi veut-on le faire tuer?

— Messieurs, dit Birmolan qui recouvra en ce moment cette sorte de courage que donne le sang qui monte au cerveau, je ne connais pas l'homme et j'ignore la cause.

— Alors, mon drôle, dit Lambert, vous perdrez le solde de cinq cents louis. Il est vrai que vous n'avez pas rempli les conditions du marché.

— Messieurs, répliqua le spadassin, en se relevant, je n'ai jamais demandé grâce, et je vous la demande à vous. Je vous ai dit tout, tout ce que je sais. »

Lambert comprit alors qu'une plus longue explication pourrait initier Henri aux secrets qu'il devait ignorer, et il n'insista pas.

« Va-t'en, misérable, dit-il, va-t'en, et si tu revois les gens qui t'ont payé, dis-leur bien que nous sommes sur nos gardes, que tous leurs projets nous sont connus, et que s'ils bronchent, nous les ferons mettre entre quatre murailles. »

Lambert disait cela au hasard, car il ignorait entièrement la cause première de toutes ces intrigues ; mais il croyait en savoir assez pour pouvoir se remettre aisément sur les traces de ce complot, et il n'insista point, de peur que Henri ne pénétrât plus avant.

« Retirons-nous, monsieur le comte, dit-il ; vous devez être satisfait, maintenant que vous voyez l'infamie du misérable qui avait osé vous salir. »

Ils partirent, et Birmolan, la rage dans le cœur, s'empressa d'aller retrouver Varburton.

« Milord, dit-il en serrant entre ses mains crispées les pistolets qu'il avait rapportés, milord, cela est atroce !.... Ou vous avez affaire au diable en personne, ou vous êtes un exécrable traître.

— Hein ! fit Varburton en se dressant de toute sa hauteur.

— Cela veut dire, répliqua Birmolan, que vous m'avez vendu ou que vous êtes vendu vous-même. Écoutez : de toutes les paroles que nous avons échangées depuis trente-six heures, il n'y en a pas une qui soit ignorée de ces deux personnages avec lesquels vous m'avez fait mettre aux prises.... Milord, je vous en préviens, ils sont plus forts que vous : s'ils eussent été moins forts, ils ne m'eussent pas rendu la liberté.... car j'étais leur prisonnier, moi qui n'ai jamais pu supporter le moindre frein.

— Oh ! oh ! fit Varburton, cela m'a tout l'air d'être la queue de quelque terrible panique, et si j'avais su, mon cher, que vous fussiez accessible à la peur....

— Triple millions de diable ! milord, je ne connais la peur que d'aujourd'hui, et je n'ai fait cette connaissance qu'à cause de vous. Prenez garde que je vous en demande raison.... Mais non, il faut se réunir contre l'ennemi commun, et je me livre à vous.

— Sur mon âme, Birmolan, voilà la seule parole raisonnable que vous ayez prononcée. Nous avons échoué la première fois, nous réussirons la seconde ; ce n'est qu'une question de temps, et nous sommes assez jeunes tous les deux pour en attendre la solution.... Il ne faudrait pourtant pas me demander cinquante louis pour chaque défaite ; car alors je me trouverais nécessairement dans l'impossibilité de payer le succès.... Tenons-nous cois jusqu'à nouvel ordre.

— Ordre de qui? demanda Birmolan.

— Mon cher, répondit Varburton, je paye précisément pour avoir le droit de me taire. »

CHAPITRE LXII.

Un philtre.

« Milord, écrivait Warburton au comte de Farsterstein, le drôle est beaucoup plus coriace que je ne l'avais imaginé, et voilà qu'après la mise en œuvre d'un expédient, admirable surtout à cause de sa simplicité et de son infaillibilité apparente, je n'en suis guère plus avancé. Je sais, comme Votre Seigneurie, et comme tous les hommes forts, qu'on ne fait bien ses affaires que soi-même; mais ici la chose est à peu près impossible : il ne suffit pas, en effet, que ce personnage se retire de votre soleil; il faut qu'il ait l'air de s'en retirer tout naturellement, sans apparence de violence calculée, et c'est là une difficulté immense, d'autant plus que le drôle est riche et admirablement servi. Mais il ne saurait l'être aussi bien que Votre Seigneurie, et il n'est de difficulté que ne puisse vaincre mon dévouement. Il faut se hâter toutefois, car l'échec que je viens d'éprouver pourrait avoir des suites graves, et je soupçonne fort ce vieux fou de Rewelcovent, d'avoir mis la main en même temps que nous sur ce prétendu fils de votre très-honorable oncle, lord Barstley, dont les excentricités amoureuses et paternelles nous ont taillé tant de besogne.

« Mais, pour se hâter, pour faire ces choses vite et bien, il faut trois choses : de l'argent, de l'argent, et encore de l'argent. Or, j'en suis à mes dernières guinées, ce dont j'enrage de grand cœur, car j'ai fait la découverte d'un vieux juif qui a accès dans la maison du prince Mafiolini, père adoptif de l'homme que vous savez; mais il faudrait être fou pour compter sur un juif quand on a la bourse vide. Je vais donc finir par où j'aurais dû commencer; à un homme d'élite comme l'est Votre Seigneurie, tant de circonlocutions sont inutiles, et je vous demande pardon de cette intempérance de phrases. Envoyez-moi donc, s'il vous plaît, sans le moindre retard, une lettre de crédit qui me mette à même d'agir largement. Il y a vingt-cinq millions au bout de tout cela, et Votre Seigneurie n'aura bientôt plus qu'à tendre la main pour les prendre. »

Six jours après avoir écrit cette lettre, Warburton avait de nouveau plein ses poches; son portefeuille était gorgé de billets de banque.

« Cette fois, se dit-il, donnant suite ainsi à une idée qu'il avait mûrie, cette fois, il ne faut pas aller nous mettre à la merci d'un étourneau. Pourtant Birmolan ne manque pas de vigueur, il faut le reconnaître, mais il est trop pressé d'arriver, et voilà les belles choses qui en résultent, c'est que je suis obligé de me cacher, et de changer de nom...... Heureusement, toutes les voies sont ouvertes à l'homme qui peut payer; tout chemin mène à Rome, et qu'importe l'itinéraire, pourvu que l'on arrive en temps utile? »

Ce jour-là même, vers six heures, alors que la nuit commençait à tomber, Warburton frappait à la porte d'un misérable appartement au troisième étage de la rue des Moineaux. Un homme de cinquante ans environ, de moyenne taille, au front large, sur lequel tombaient quelques rares cheveux gris, et dont les yeux enfoncés sous les sourcils, et les formes amaigries, annonçaient le travail, la méditation, les privations et la misère, cet homme vint ouvrir.

« Bonsoir, docteur, fit Warburton, il y a bien longtemps que je n'ai eu le plaisir de vous voir; mais nous allons réparer le temps perdu; car je viens tout exprès pour causer avec vous quelques instants.

— Alors milord, je suis désolé que vous vous soyez dérangé, car je n'ai pas le temps de causer. Je cherche en ce moment la solution d'un problème....

— Eh bien ! tant mieux répliqua Warburton, car j'ai dans ma poche la solution de tous les problèmes possibles. »

A ces mots, il introduisit le pouce et l'index dans l'une des poches de son gilet; il en tira une pincée de pièces d'or qu'il présenta à son interlocuteur, et il se retourna pour fermer la porte.

« Pardon, milord, dit le docteur, j'ai eu tort d'oublier que vous étiez un homme généreux, un de ces êtres exceptionnels qu'on rencontre trop rarement. Mais vous le savez, le malheur m'a rendu pessimiste.

— Le malheur ! dites donc l'entêtement : je pose en principe qu'un médecin ne peut être pauvre que quand il ne veut pas être riche. Il y a maintenant des gens qui couvrent les murs de Paris de leurs affiches, et qui remplissent les journaux de l'Europe de leurs annonces, et qui gagnent des millions par la simple promesse de guérir d'une maladie qui n'existe plus.

— Sans doute ! mais ces gens-là payent leurs affiches ; ils payent leurs annonces; ils font faire de gros livres qu'ils impriment à leurs frais, et auxquels ils mettent leur nom; ils prennent à leur solde les poëtes en réputation, pour chanter leur gloire nauséabonde ; pour faire tout cela, il faut de l'argent, beaucoup d'argent, et je n'en ai point; et si j'en avais, j'hésiterais maintenant à le jeter à cette aire de vent.

— Je le crois pardieu bien ! Est-ce qu'un homme de votre mérite doit suivre les sentiers battus ? D'autres guérissent les malades, eh bien ! faites-en, vous !

— Chut!... j'y ai pensé, milord; car, entre nous, la médecine légale est une des plus grosses bêtises de notre époque, et la toxicologie est encore dans l'enfance. Vous pensez bien que je fais peu de cas des théories et des prétendues expérimentations d'Orfila, et que j'estime, comme il convient, cette niaiserie qu'on appelle *l'appareil de Marsh*, et qui répond oui et non sur la même question, de manière à être toujours de l'avis du plus grand parleur.

— Parbleu ! s'écria Warburton, je suis enchanté

La voici, milord. (Page 275, col. 1.)

de vous trouver dans cette disposition d'esprit, mon cher docteur.... Mais nous sommes bien près de la porte.....

— Beaucoup trop près, milord; veuillez donc me suivre dans mon cabinet, nous pourrons y causer à l'aise. »

Warburton suivit le docteur, et bientôt, tous les deux entrèrent dans une sorte de galetas où, sous le large manteau d'une cheminée antique, gisaient pêle-mêle une foule de creusets, de cornues et d'instruments assez bizarres, en grès, en verre, en fer, en cuivre, en plomb, etc., près de là, une large table était couverte de fioles de toutes les dimensions, les unes étaient pleines de liqueurs, et les autres vides. Sur trois planches, suspendues horizontalement avec des cordes, le long d'une muraille noire, humide et nue, étaient jetés sans ordre, des bouquins crasseux et des brochures nouvelles, et une longue table noire posée sur deux tréteaux était chargée de feuilles de papier éparses, de cahiers jaunes et huileux, couverts d'une écriture menue, serrée, presque illisible.

Le vieillard aux mouvements anguleux, aux formes osseuses, tira de dessous cette table deux tabourets à demi dépaillés, disloqués et raccommodés avec de vieilles cordes; c'étaient les seuls siéges qu'il y eût dans ce galetas que le docteur appelait son cabinet; il en présenta un à Warburton et s'assit sur l'autre.

« Docteur Bianco, dit l'Anglais, je renouvelle la question, et je la précise au moyen d'une comparaison : on lit, dans je ne sais quelle chronique, qu'un chirurgien habile, mais très-pauvre, eut recours au procédé que voici : le soir, il sortait de chez lui armé d'un poignard et enveloppé d'un manteau. Il frappait de son poignard les premières personnes qu'il rencontrait, rentrait chez lui à la hâte, jetait son manteau, sortait par une autre porte, et s'empressait de secourir les blessés qu'il faisait transporter chez lui; par ce moyen, il parvint à augmenter sa maigre clientèle, et il ramassa beaucoup d'argent; car son poignard ne s'adressait qu'aux gens aisés et capables de bien payer les soins qu'il leur prodiguait, après les avoir rendus nécessaires. Eh bien! je demande s'il ne serait pas possible de faire pour la médecine ce que cet habile homme faisait pour la chirurgie.

— Et c'est aussi ce que j'ai cherché, milord, après avoir reconnu, en entrant dans la carrière, que le métier de guérisseur ne valait rien, à cause de l'immense concurrence, du charlatanisme éhonté qui s'étale à grands frais sur les murailles et aux dernières pages des journaux, à cause surtout de ce stupide esprit de routine, que comprennent si bien les bateleurs quand ils crient à l'entrée de leur baraque : *Voyez le monde ! Suivez le monde !* Et les moutons de Panurge *voient* et *suivent !* Tout cela reconnu, j'ai songé à la contrepartie de cet art que j'avais étudié, je me suis dit que si les gens qui ont de la fortune, tiennent à la vie et payent cher les soins donnés à leur santé, ils sont assez ordinairement entourés d'autres personnages dont les intérêts s'accommodent mal des cures merveilleuses; que ces derniers payeraient bien cher une phthisie pulmonaire, une gastrite aiguë, etc., qui iraient droit à l'adresse indiquée, et j'ai travaillé en ce sens; mais la difficulté est immense : on sait bien comment une arme blesse et tue; on ne saura jamais la cause première du choléra, de la fièvre typhoïde; on ne saura jamais pourquoi telle personne a des tubercules au poumon, ou un anévrisme de l'aorte; la science ne dira jamais d'une manière nette ce qui rend un homme épileptique, cataleptique; les causes de la peste noire, la fièvre jaune, resteront éternellement inconnues. Voilà pourquoi, milord, il y a tant d'empoisonneurs proprement dits. Ces gens qui payeraient si cher une phthisie au troisième degré, une apoplexie foudroyante, en sont réduits à recourir aux toxiques, et ce sont des empoisonneurs; si, au lieu de faire avaler de l'arsenic, ils avaient pu inoculer au sujet quelque bonne affection cancéreuse, ou une dose suffisante de choléra asiatique, ils seraient tout simplement une *famille éplorée*, essuyant ses larmes, afin de compter l'actif de la succession.

— Docteur! docteur! s'écria Warburton plein d'admiration pour ces odieuses théories, vous êtes le plus savant homme et le plus grand logicien que je connaisse.

— Hélas! milord, je ne suis qu'un bien pauvre homme, il y a vingt-cinq ans que je poursuis sans relâche ce fantôme dont je vous parle; un demi-siècle n'a pas encore passé sur ma tête, et je touche presque à la décrépitude; j'ai passé bien des jours sans pain, bien des hivers sans feu. J'ai vendu successivement tout ce que je possédais, patrimoine, meubles, bijoux, linge, vêtements; et à mesure que cette misère devenait plus grande, les causes étaient plus incessantes; car il m'avait fallu renoncer à faire ce qu'on appelle le praticien : quelle *pratique*, en effet, eût fait appeler, eût cru devoir payer un docteur en souliers percés! Et, je persévérais, pourtant, parce que j'espérais!

— Et cet espoir, demanda timidement Warburton, n'est sûrement pas entièrement éteint?

— Non, il vit toujours, milord, répondit le docteur en souriant amèrement; il vit parce qu'il a trouvé de l'aliment; je n'ai pas découvert les causes de tout, mais j'en ai aperçu quelques-unes.

— J'en étais sûr, s'écria l'Anglais.

— Par malheur, reprit le docteur, ce ne sont pas les plus importantes. Ainsi, dans ces derniers temps, on a découvert que la gale a pour cause un insecte qu'il a plu à quelques-uns d'appeler *acarus*, lequel se loge, se multiplie sous le derme, est cause des pustules et des démangeaisons; il y avait vingt ans que je savais cela, mais la gale ne tue pas! Cela, toutefois, m'a mis sur la voie pour autre chose, et j'ai trouvé aussi la cause de la lèpre.

— Diable! fit Warburton, c'est déjà bien.

— Mais, milord, la lèpre ne tue pas! Il est vrai pourtant que les médecins qui la traitent la rendent presque toujours mortelle.

— Est-ce tout? demanda l'Anglais.

— Oh! milord! songez donc que je travaille à cela depuis vingt-cinq ans! Ces choses sont le résultat des premières années seulement.

— Eh! parlez donc, mon très-cher docteur.... Mon Dieu, je sais bien que tout cela vous a coûté fortune, santé, plaisirs.... Vous avez lutté en homme fort, et il serait bien temps vraiment que vous vécussiez en homme heureux.... Docteur, j'ai là deux mille écus que je vous offre de grand cœur.... »

Il tira sa bourse, l'ouvrit et y puisa deux poignées d'or qu'il étendit sur la table noire.

« Et que me demandez-vous pour cela, milord? dit le docteur en souriant.

— Pour cela, rien, savant Bianco, répondit Warburton; mais pour ceci quelque chose, ajouta-t-il en achevant de vider la bourse.

— Eh bien, parlez : j'ai là la petite vérole bouchée à l'émeri, la fièvre scarlatine en poudre, l'aliénation mentale en bonbon.

— Tout cela est bien long! fit Warburton avec découragement.

— Eh bien! milord, dit le docteur en se dressant sur ses pointes; doublez la somme, et je vous donnerai ma dernière découverte, l'hydrophobie!

— La rage, docteur?

— La rage, milord; la moins connue des maladies mortelles, et, par conséquent, la plus sûre.

— Mais cela doit être fort difficile à administrer! demanda l'Anglais.

— Rien de si facile, au contraire : il ne s'agit que de mettre une poudre impalpable en contact avec la personne: l'effet doit être immédiat; les choses sont combinées de telle sorte que le virus ne peut pas demeurer à l'état latent.... Vous comprenez, du reste, milord, qu'il peut arriver à tout le monde d'être mordu par un chien enragé....

— Docteur, docteur! vous êtes un grand homme!

— Et un homme pauvre, milord!

— Mais je vous ferai riche!

— Dépêchez-vous donc, milord, car, encore une fois, je touche à la décrépitude, et c'est là une maladie dont on ne guérit point. »

Warburton attaqua sans ménagement la liasse de billets de banque que contenait son portefeuille, il couvrit de ce précieux papier l'or qu'il avait jeté sur le sapin noirci; puis, tout à coup, il dit en se retournant :

« Mais cette poudre?

— La voici, milord, répondit tranquillement le docteur qui tenait entre ses mains un bocal à demi plein de poudre impalpable. Combien en voulez-vous tuer, je vous prie? »

Warburton se dressa comme un tigre blessé.

« Qui vous a dit que je voulusse tuer quelqu'un? demanda-t-il.

— Oh! mon cher maître, je conviens que cela serait de trop; est-ce que ce qui se passe entre nous depuis un quart d'heure ne m'en a pas dit plus que toutes les phrases possibles? Milord, vous faiblissez!... Prenez garde, c'est en marchant comme cela qu'on trébuche. Après tout, il n'y a rien de fait, si vous voulez qu'il en soit ainsi; mais prenez garde alors : je ne vous ai dit que des mots; vous chercherez vainement les choses, et quand il me plaira, les choses vous trouveront aisément, vous, milord! »

L'homme maigre et décrépit s'était dressé de toute sa hauteur; d'humble et soumis il était devenu fier et menaçant; Warburton trembla.

« Eh! docteur, fit-il en s'efforçant de comprimer la colère qui l'agitait, qui donc a provoqué cette violence et ces menaces?... Voyez, j'admire vos travaux; je couvre d'or vos manuscrits sans seulement demander à en lire un mot, je vous proclame le plus savant homme du monde, et voilà que vous répondez à cet hommage mérité, par des menaces..... Mais prenez donc tout cela, docteur; la vue de ces choses, je le sais, donne des vertiges. »

Et il poussa l'or et les billets vers son interlocuteur qui prit le tout et le plongea dans les profondeurs d'une des poches de l'habit qui semblait collé sur ses os.

« Et la poudre? fit Warburton.

— La voici, milord, répondit le docteur en lui présentant le bocal; peut-être ne vous en faudra-t-il pas le quart de ceci pour atteindre le but que vous vous proposez; mais j'espère que nous nous reverrons, et ce sera compte à faire. »

Warburton prit le bocal, l'enveloppa avec soin dans un foulard qu'il tira de sa poche; puis il prit congé du docteur, et il se hâta de retourner chez lui.

« Pauvres savants! se disait-il, race de Petit-Jean. Ce qu'ils savent le mieux, c'est le commencement! Et ils se perdent dans les nuages. A nous donc, aux hommes forts l'application; pauvres auteurs de théories, que feriez-vous sans nous? »

CHAPITRE LXIII.

Amour et mort.

L'horizon se rembrunissait de plus en plus chez le prince Mafiolini. La scène qui avait eu lieu à la dernière soirée de la baronne de Hersdelberg était promptement venue à la connaissance du prince et de Régine; Henri et Lambert s'étaient donc trouvés dans la nécessité d'en dire les suites. Le vieux compagnon de Pied-de-Fer mit, dans le récit qu'il fit de cette affaire, toutes les réticences possibles; il arrondit les angles, adoucit les faits par des conjectures, et s'efforça de démontrer que la chose n'avait rien que de très-ordinaire. Qu'y avait-il, après tout, selon sa manière de présenter les choses? Un misérable qui cumulait les professions de spadassin et d'escroc; qui avait compté sur la jeunesse du comte, sur la vive et inévitable émotion que cause toujours une première affaire. Ce misérable avait demandé grâce, il ne pouvait désormais se présenter dans le monde; sa disparition était suffisante pour laver l'injure faite à Henri; donc, tout était pour le mieux, et il ne fallait plus songer à cela.

Mais il s'en fallait que ce fût là l'opinion de Henri, qui y pensait beaucoup, qui y pensait toujours, et qui rêvait sans cesse aux moyens de déchirer le voile dont Lambert n'avait fait que soulever un coin.

De son côté, Régine était au désespoir; ce secret qu'elle s'était efforcée de contenir s'échappait de toutes parts : en vain élevait-elle des digues d'or pour s'assurer de la discrétion d'Esther et de Jérésu, la vérité éclatait plus loin, sous la forme la plus insolite, en même temps qu'il lui devenait impossible de satisfaire aux exigences incessantes du couple israélite qui lui faisait horreur,

« Mon cher Lambert, disait-elle tristement au vieil ami de Pied-de-Fer, dans leurs entretiens secrets, il est bien vrai que le bien ne peut résulter du mal : mon bonheur fut fondé sur le mensonge, il y a près de dix-huit ans de cela; c'est bien long, et peut-être, à cause de cette longanimité de la Providence, n'ai-je pas le droit de me plaindre. Pourtant, mon Dieu! cela a passé comme un rêve.... Le jour de la vérité est proche, je le sens, et ce jour doit être celui de ma mort.

— Oh! oh! faisait Lambert, d'autant plus respectueux que les événements lui permettaient de l'être moins, comment Votre Grâce peut-elle se laisser aller à ces exagérations? Je dis, moi, je soutiens, je maintiens qu'il n'y a pas au monde une femme plus pure que celle du prince Mafiolini.... Pauvre femme, qu'avez-vous donc fait? Vous avez menti tacitement pour ne pas affliger l'homme que vous aimiez, et pour assurer un heureux avenir au fils de vos entrailles.... Madame, au nom de Dieu, oubliez les mauvais jours de votre jeunesse, et détournez vos regards de ces misérables qui vous effrayent. Pensez-vous que Lambert ne les ait pas flairés, qu'il n'ait pas mis le pied sur l'ouverture de leur tanière? Eh bien! rassurez-vous, Lambert a fait cela; il tient cette hideuse engeance sous son poignet qui n'est pas encore vermoulu, et par les trente mille diables! nous verrons ce qui en résultera. »

Car Lambert, malgré le respect qu'il s'efforçait de montrer, s'animait aisément à la pensée que des scélérats pussent tenter à la vie de ce jeune homme si bon, si brave, si généreux; et puis cette situation, ces événements l'obligeaient à certains retours vers un passé avec lequel il avait entièrement rompu, et qu'il se fût trouvé heureux d'oublier complétement, et cela seul eût suffi pour éveiller cette haine pour la société qu'il avait nourrie si longtemps, qu'il croyait éteinte et qui n'était qu'engourdie. Il se repentait amèrement de la conduite qu'il avait tenue envers ce Birmolan en songeant qu'il eût pu le forcer à dire toute la vérité : il n'eût fallu pour cela que pénétrer chez lui après le départ de l'Anglais dont il avait perdu la piste, l'étreindre dans ses mains de fer et lui prouver que ses projets d'assassinat étaient dévoilés.

« Et maintenant, se disait-il, je saurais tout, j'aurais mis le doigt sur la plaie, et je n'en serais pas réduit aux conjectures. »

Cela était vrai : les assurances qu'il donnait à Régine n'avaient encore aucun fondement réel; seulement il en était venu, par induction, à se persuader que le juif Jérésu et Mme Kram n'étaient pas étrangers à ce qui s'était passé; mais il comprenait bien que ces deux personnages ne pouvaient avoir aucun intérêt direct à la mort de Henri; l'impulsion venait d'ailleurs; d'où? Il ne savait, mais il cherchait, et il espérait trouver.

De tous les personnages intéressés dans ce mystérieux drame dont les causes et le but semblaient environnés de ténèbres impénétrables, Adrien était le plus malheureux; lui aussi cherchait la vérité, et il redoutait de la trouver; un pressentiment lugubre le tourmentait; il sentait instinctivement que la découverte qu'il poursuivait lui serait funeste, et une fatalité plus puissante que son instinct le poussait vers ce but. Vingt fois déjà, depuis la fatale soirée de Mme de Hersdelberg, il avait tiré de son coffret d'ébène les confessions de Pied-de-Fer, vingt fois sa main tremblante avait été sur le point de briser le sceau qui en enveloppait les dernières pages; mais toujours il était parvenu à comprimer les élans de cette curiosité qui faisait bouillonner son cerveau et retombait sur son cœur comme une lave ardente.

Cependant, la scène qui s'était passée chez Mme de Hersdelberg avait retenti dans le monde; la disparition de Birmolan, en laissant intact l'honneur du comte Henri, n'avait pourtant pas satisfait tout le monde, et la famille des Hersdelberg avait menacé la baronne de la mettre au ban de sa maison si elle persistait dans ses projets d'alliance avec les Mafiolini. Henri pourtant avait revu Wilhelmine, de tendres serments avaient été renouvelés.

« Henri, vous êtes triste, avait dit l'angélique jeune fille, en prenant entre ses doigts blancs et effilés les mains du comte.

— Et pourtant je suis heureux, mon ange chéri; vous m'aimez, je le sais; je vois cet aveu dans l'azur de vos yeux, il fait trembler vos lèvres roses, et il retentit encore dans mon cœur, qui a peine à contenir tant de bonheur.... Et c'est l'excès de ce bonheur qui m'effraye.

— Oh! monsieur le penseur, vous êtes plus enfant que moi!

— Je veux être tout ce que vous voudrez que je sois, ma Wilhelmine adorée.... Je veux vivre par vous et pour vous.

— Et, moi, monsieur, je veux que vous chassiez cette mélancolie qui se peint sur votre visage, et qui me fait mal.... Mon Henri, n'ai-je pas assez souffert alors que votre vie était menacée, alors qu'il vous fallut l'aller jouer contre cet affreux spadassin?... Henri, pour Dieu, mon Henri, que je voie se dissiper ce nuage. »

Sa voix tremblait, de ses beaux yeux, à travers ses longs cils humides partaient des éclairs qui jetaient dans l'âme du jeune homme une volupté indicible. Henri entoura d'un bras tremblant d'émotion la taille de guêpe de Wilhelmine; leurs visages se penchèrent l'un vers l'autre, leurs lèvres se touchèrent, et dans un long baiser se révélèrent de suprêmes délices.

« A toi, ma Wilhelmine! à toi pour toujours!

— A toi, mon Henri! à toi sur la terre et dans le ciel. »

Un léger bruit les tira de cette divine extase : Mme Hersdelberg entra. Son visage, ordinairement soucieux, était plus sombre que de coutume. Les amants échangèrent un regard plein de flamme, et après quelques instants, Henri se retira, comme s'il eût craint qu'une parole de la baronne lui enlevât quelque chose de cette immense félicité qui l'enivrait.

Déjà depuis quelques instants le jeune comte marchait à grands pas sur l'asphalte du boulevard, coudoyant sans pitié les passants, lorsqu'une petite main divinement gantée se posa sur son bras.

« Floretta! » dit-il presque brusquement.

Il s'arrêta pourtant, comprima le mouvement de contrariété près de lui échapper, et refoula dans son cœur tout le bonheur qu'il venait de savourer à longs traits.

« Il faut bien, dit la jeune actrice, d'une voix douce, dans laquelle des larmes se devinaient, il faut bien que Floretta vienne à vous, Henri, puisque vous ne venez pas à elle. »

Un regard suppliant accompagna ses paroles. Le comte se sentit ému d'une vive compassion : il n'avait jamais eu de véritable amour pour Floretta, près de laquelle l'avait poussé le seul besoin de se distraire; mais il ne pouvait oublier tout l'amour qu'il lui avait inspiré, et les efforts qu'avait faits cette pauvre enfant pour se rendre digne de lui autant qu'elle pouvait l'être : il semblait, en effet, qu'elle se fût épurée au contact du jeune comte; ce n'était plus cette vive et hardie jeune fille à l'allure provocatrice, à la parole égrillarde, elle était toujours jolie, un léger voile de tristesse tempérait maintenant ce qu'il y avait d'un peu trop accentué dans ses traits; sa parole était douce, ses expressions choisies.

« Ma belle amie, répondit Henri, ma volonté n'est pour rien dans l'absence dont vous vous plaignez si obligeamment. Par malheur, le monde est ainsi fait que l'homme, le plus indépendant et par position et par volonté, n'est pas toujours sûr de pouvoir consacrer quelques heures aux gens qu'il aime le mieux.

— Oui, répliqua Floretta, je sais que vous avez eu de graves affaires dans ces derniers temps. Vous ne pouviez pas venir me voir, *moi*; mais j'espérais quelques lignes, un mot, moins même, quelque chose qui m'apprît que vous viviez; mais rien! rien!.. Henri, vous avez été plus qu'indifférent, vous avez été cruel! »

Il y avait tant de vérité dans ces paroles, tant de douce émotion dans la voix qui les prononçait; cela annonçait une si admirable résignation, que le comte se sentit vivement ému.

« Ma belle amie, dit-il, j'ignorais que vous eussiez appris....

— Oui, c'est vrai; vous pouviez croire que j'ignorais tout cela, car je ne vais pas dans le monde, moi!... Mais, Henri, je vous en prie, pardonnez-moi cette indiscrétion, j'ai obligé ma mère à tout mettre en œuvre pour savoir.... Henri, je serais morte si elle n'eût pu me parler de vous, et si elle eût essayé de déguiser la vérité, je l'aurais devinée.

— Chère Floretta! Et vous avez pu me croire indifférent, insensible à tant de témoignages de tendresse!

— Henri, mon bien-aimé, ne dites rien d'indigne de vous! Vous ne m'aimez pas!... mon Dieu, cela est tout simple; vous ne pouviez oublier le lieu où vous m'avez trouvée, l'ignoble métier que j'y faisais.... Cela peut se racheter, se pardonner; mais s'oublier, jamais! Eh bien! j'accepte cette fatalité, Henri; mais laissez-moi vous aimer, faites que je puisse vous le prouver quelquefois, et je ne me plaindrai pas; car je n'ai pas même le droit de me plaindre....

— Enfant, enfant c'en est trop, interrompit le comte en serrant tendrement la petite main posée sur son bras. N'êtes-vous pas toujours la jolie Floretta?... Et quand je le voudrais, pourrais-je oublier ces doux instants, ces ravissantes soirées, ces....

— C'est justement ce que je m'efforce d'oublier, moi, Henri; mais je m'en souviendrai toujours si cela vous plaît : je serai, si vous le voulez, la Floretta d'autrefois; et pourtant je crois que celle d'aujourd'hui vaut mieux.

— Vous êtes adorable, belle amie; je le savais, mais jamais peut-être vous ne m'en avez donné de si charmantes preuves.

— Eh bien! mon ange aimé, donne-moi le reste de ce jour, afin que je puisse croire que tu dis vrai.

— De ce jour, c'est impossible : j'ai promis à ma bonne mère que je reviendrais dîner, et, c'est une si grande joie pour elle de m'avoir à ses côtés!... Floretta, laisse-moi être bon fils afin que le plaisir que je viendrai ensuite goûter près de toi, soit sans mélange.

— A ce soir donc?

— A ce soir. »

Le charmant visage de la jeune actrice parut comme environné d'une auréole de joie. En ce moment l'amoureux couple arrivait au perron du Palais-Royal; un doux regard, un serrement de main furent échangés; puis Floretta s'élança dans dans le passage, tandis que le comte se jetait dans un cabriolet de place pour retourner à Auteuil.

A son arrivée, son valet de chambre lui remit une lettre, elle était de la baronne de Hersdelberg et ainsi conçue :

« Monsieur le comte,

« Je ne retire point ma parole; mais de graves
« considérations m'obligent à ajourner l'exécution
« de nos projets. La famille de Hersdelberg s'est
« vivement émue de l'insulte qui vous a été faite
« chez moi. Que vous vous soyez conduit, dans
« cette circonstance, en homme de cœur, personne n'en doute; mais cette grave affaire a réveillé bien des susceptibilités que je m'étais
« efforcée d'écarter; elle fait naître les bruits les
« plus étranges, les conjectures les plus incroyables. Le temps apaisera tout cela, je l'espère.
« Peut-être y aurait-il un autre moyen de lever

« les difficultés; ce serait de dissiper le nuage qui
« enveloppe tout cela, et peut-être encore votre
« père adoptif n'aurait-il qu'à souffler dessus pour
« qu'il s'évanouisse; mais j'ai lieu de croire qu'il
« n'en fera rien. Toutefois, je lui écris dans ce
« sens, et je vais attendre en Allemagne, avec
« Wilhelmine, qu'il ait pris une décision.

« Toutes vos bonnes qualités me sont connues,
« monsieur le comte, et je serai toujours prête à
« rendre témoignage à votre bon cœur; mais il
« me faut obéir à une volonté plus puissante
« que la mienne. »

« J'espère que vous serez assez généreux pour
« prendre ma défense auprès du prince dans le cas
« où il se croirait le droit de m'accuser. Attendons
« et espérons. »

Ce jour-là même, dans l'après-midi, Warburton qui n'avait rien oublié des renseignements que lui avait donnés Baldaquin, se rendit dans la petite rue du Rempart où depuis trente-cinq ans Jérésu demeurait. Le vieux juif ne sortant ordinairement, comme les oiseaux de nuit, qu'après le coucher du soleil, était assis sur son lit, c'est-à-dire sur la dégoûtante paillasse qui formait à elle seule la partie la plus importante du mobilier garnissant le trou sombre et humide qui lui servait de refuge; il comptait sa recette de la veille, et se préparait aux travaux de la soirée lorsqu'il entendit prononcer son nom devant la loge de la portière, Mme Philotet, devenue bien vieille, très-sourde et presque aveugle.

« Jérésu? dit-elle après s'être fait répéter ce nom, il doit être dans sa niche ; voyez sous l'escalier, à côté de la porte de la cave.

— Fieille pête ! grommela le juif, za vous ferait écorger ! »

Aussitôt il prit les quatre coins d'un lambeau de couverture sur lequel étaient étalés quelque menue monnaie d'argent, des sous, plusieurs piles de pièces de six liards étagées par quatre, un certain nombre de petites boîtes en carton, et quelques objets étranges soigneusement enveloppés ; il fourra le tout dans un énorme pot de grès ébréché sur lequel il jeta la vieille et crasseuse houppelande qui couvrait depuis tant d'années ses membres grêles et difformes; puis il ouvrit la porte de son misérable réduit à laquelle Warburton venait de frapper.

« Mon ami, lui dit tout d'abord l'Anglais en affectant un ton de supériorité qu'il jugeait convenable en cette circonstance, j'ai besoin de vos services, et je suis disposé à les payer largement.

— Ah ! fit Jérésu qui croyait avoir affaire à une dupe facile à exploiter, j'affre rendu peaugoup te zervices, peaugoup, peaugoup, et j'affre douchours été dupe, douchours, douchours tupe te mon bon g'reur...

— Oui, oui, reprit Warburton, je comprends; cela veut dire que désormais vous voulez être payé d'avance; j'y avais pensé avant de venir vous trouver. Je vous payerai donc, mon ami; je vous payerai généreusement. Mais il ne faudrait pas prendre texte de cela pour tenter de me tromper.

— Oh! oh ! messié, j'affre chamais drombé bersonne !... chamais, chamais !

— Très-bien ; mais alors ce sont les gens qui se sont trompés sur votre compte. Qu'importe, après tout, d'où soit venue l'erreur? Ce que je veux, moi, c'est qu'il n'y ait pas entre nous d'erreur, de malentendu possible. Je suis juste, et je veux bien convenir que Baldaquin n'était qu'un sot. »

A ce nom de Baldaquin, le juif se rappelant le terrible danger qu'il avait couru, l'espèce de miracle qui l'avait arraché à la mort, se prit à trembler de tous ses membres ; il crut voir se dresser devant lui l'ombre de ce terrible adversaire.

« Paldaquin ! dit-il d'une voix haletante et entrecoupée par la terreur, messié, messié, ne barlez bas de ze zélérat...

— Et pourquoi donc? Cela ne tue pas ; il a voulu vous étrangler, vous noyer, et il est mort à cette heure, tandis que vous êtes bien portant ; cela prouve incontestablement que vous étiez plus fort que lui.

— Oh! fit le juif, dont un sourire involontaire vint effleurer les lèvres d'un bleu livide.

— Oui, mon ami, reprit Warburton, vous étiez plus fort que lui ; mais je suis plus fort que vous... »

Les traits du juif se contractèrent; mais Warburton n'eut pas l'air de s'en apercevoir, et il continua :

« J'imagine que vous avez toujours accès dans la maison du prince Mafiolini, car ce sont là de bonnes connaissances avec lesquelles un homme d'esprit ne rompt pas.

Jérésu jeta sur son interlocuteur un regard perçant; le cuir tanné de son visage se crispa davantage, mais il ne dit pas un mot.

« Ce dont il s'agit est excessivement simple, reprit Warburton qui ne voulait s'avancer que prudemment et sans se livrer, le comte Henri, fils adoptif du prince, va bientôt être majeur, et pour des raisons qu'il est inutile de dire parce qu'elles ne peuvent vous intéresser, certaines personnes désirent ardemment que le jeune comte se marie avant cette époque. Je dis que cela ne vous intéresse pas, et j'ai tort, car le comte aime votre nièce Floretta, et vous êtes trop bon parent pour ne pas désirer une alliance avec ce jeune homme qui sera quelque jour un des personnages les plus riches et, par conséquent, les plus puissants du royaume.

— Mais, dit Jérésu, guelle influence foulez-fous qu'ein paufre tiable gomme moi il puisse afoir tans cette affaire?

— Mon Dieu, c'est bien simple : le comte est amoureux ; il faudrait qu'il le fût davantage ; assez enfin pour épouser.

— Jé gombrendre pas, dit le vieux juif après quelques instants de silence.

— Allons donc! fit Warburton, vous qui, depuis trente ans, avez vendu tant et de si singulières choses, vous ne pouvez ignorer qu'il existe certaines préparations qui agissent aussi puissamment sur le moral que sur le physique ; ces sortes de philtres sont connus depuis des siècles, et….

— Oh! interrompit Jérésu en souriant de nouveau et secouant la tête en signe d'incrédulité, le demps des philtres il être bassé avec celui des zorciers.

— Vous avez tort de croire cela : il n'y a pas de sorciers ; mais il y a des savants, des chimistes pour lesquels la nature n'a pas de secrets. Et pourquoi d'ailleurs serait-il impossible de composer un philtre amoureux? Ne connaissez-vous pas la propriété qu'ont les cantharides?

— Oui, répondit Jérésu en regardant en-dessous, de manière à lire sur le visage de son interlocuteur, l'impression qu'allaient produire ses paroles, oui mais che zais gue les gandharites emboisonnent. »

Warburton leva dédaigneusement les épaules.

« Eh! sans doute, reprit-il, il en est des cantharides comme d'une foule d'autres choses qui peuvent produire beaucoup de bien ou beaucoup de mal ; cela dépend de la dose ; ce qui vivifie par un usage modéré, tue quand on en abuse. D'ailleurs, il ne s'agit ici, ni de cantharides, ni de tout autre poison, non plus que d'une substance alimentaire quelconque ; nous ne voulons pas tuer les gens, mais les marier, au contraire, en faisant des vœux pour que leur postérité soit longue et nombreuse comme celle d'Abraham. Il suffirait, pour cela, de jeter dans les vêtements du jeune comte, dans ses gants, dans son chapeau… ou mieux encore entre les draps de son lit, une substance inoffensive que voici. »

A ces mots, il tira de sa poche un flacon qui contenait une partie de la poudre qu'il avait obtenue du docteur Blanco ; le juif tendit la main ; mais l'Anglais remit le flacon dans sa poche.

« Un instant, dit-il. Tout à l'heure c'était trop lentement, maintenant c'est trop vite. Il est bon, avant tout, que vous sachiez à quoi vous vous engagez : je ne suis pas un Baldaquin ; je n'étrangle pas les gens ; je ne cherche pas à les noyer après avoir surpris leurs secrets ; j'ai un autre moyen de faire justice de ceux qui cherchent à me tromper, qui me gênent ou me déplaisent ; je les ruine! »

Un léger frisson parcourut le corps du juif ; mais il s'efforça de dissimuler l'impression que cette menace faisait sur lui, et il dit en riant :

« En ze gas, fous zeriez pien emparrazé te fous fencher, de moi ; où il n'y affre rien, le roi y berd zes troits.

— Allons donc! fit l'Anglais, quand on a les secrets d'une des plus riches princesses de l'Europe, et qu'on sait les garder, il faudrait être trente fois sot pour demeurer pauvre ; mais vous n'êtes ni pauvre ni sot : avant-hier encore vous faisiez vendre à 120 fr. le 5 pour cent que vous aviez acheté à 118 il y a quelques semaines, et il ne faudrait pas beaucoup chercher ici pour y trouver certaine liasse de petits papiers soyeux, et bon nombre de coupons de Naples achetés à la baisse. »

Le juif faillit s'évanouir ; ce n'était plus pour lui qu'il craignait, c'était pour son or ; ce n'était pas son corps, son âme que l'on menaçait, c'était son Dieu! Et pour comble de malheur, il voyait bien qu'il n'y avait pas moyen de faire prendre le change à l'homme qui venait de lui porter un coup si terrible. Warburton parlait avec trop d'assurance, il articulait trop nettement les faits, pour qu'il fût possible de le dissuader, ou seulement de l'amener au doute.

« Ah! messié, messié! s'écria Jérésu dont les lèvres tremblaient, sonchez gu'il y affre blus de guarante ans gue che dravaille… guarante ans gue ch'affre bassés izi… zans feu l'hifer, zans air l'édé… z'édre pien chuste gue c'haffre amazé guelgues bédides choses bour mes fieux choürs.

— Très-bien ; et à ces petites choses, vous avez ajouté l'or, les billets de la princesse, et même quelques-uns de ses diamants… »

Les yeux du juif se fermèrent ; sa tête tomba sur sa poitrine ; il lui sembla qu'il allait mourir ; mais l'Anglais comprit aussitôt qu'il n'arriverait à rien par la menace, et il ajouta avec une apparente bonhomie :

« Eh bien! à tout cela, vous allez pouvoir ajouter encore une centaine de louis que je suis prêt à vous compter ; mais retenez bien ceci : si vous n'exécutez pas les conventions du traité, si vous en déviez d'une ligne, d'un mot, d'un geste, la princesse apprendra que vous la trompez, le prince saura que vous rançonnez sa femme ; il vous accusera de vol, d'escroquerie, et vous ne sauverez pas un sou. »

Jérésu avait souvent bravé les menaces de Pied-de-Fer, de Baldaquin, et de beaucoup d'autres personnages redoutables ; il avait dix fois en cela risqué sa vie ; mais son or! son or, grand Dieu! l'objet de son culte, de ses adorations incessantes, risquer de perdre cela! Il eût plutôt tenté d'escalader le ciel.

« Che ferai dout ce que fous foudrez, dit-il d'une voix presque éteinte, dout, dout, en chénéral... Mein god!... ayez bidié te moi... gar che zuis ein paufre tiaple...

— Un pauvre diable qui joue à la bourse et qui pourrait avoir voiture s'il le voulait, interrompit Warburton en souriant. Écoutez, mon ami, je ne désire qu'une chose, c'est que vous soyez bien convaincu qu'il vous est impossible de me tromper, et que je n'aurais qu'un mot à dire pour vous dépouiller même de ce qui peut vous appartenir légitimement. Vous pouvez voir que je n'agis pas légèrement, et qu'en venant vous trouver je savais parfaitement à quel homme j'allais avoir affaire. Mais si je suis un ennemi redoutable, je suis en même temps un ami sûr... Faut-il maintenant que je vous compte les cent louis ? »

Le visage de Jérésu se rasséréna quelque peu.

« Puisque fous safez dout, dit-il, fous n'ignorez bas qu'on n'endre bas chez le gomde Henri gomme on veut...

— Cela vous regarde; je vous donnerai le temps nécessaire. Le comte, d'ailleurs, va quelquefois chez votre sœur, et on l'a rencontré souvent dans ces parages avant le lever du soleil. Voici le flacon et l'or. »

Le juif tendit les deux mains, et engloutit dans les profondeurs de ses poches les deux rouleaux d'or que l'Anglais avait ouverts pour lui en montrer le contenu ; puis il prit le flacon et il se mit en devoir de le déboucher; mais Warburton l'en empêcha.

« Vous ne l'ouvrirez qu'au moment de vous en servir, lui dit-il. Allez, maintenant, et n'oubliez pas que jusqu'à ce que vous en ayez fait l'usage convenu, pas une de vos démarches, pas une de vos actions, même les plus simples, ne me seront ignorées. »

Il ouvrit la porte et disparut.

Il se passa quelque temps avant que Jérésu pût se remettre de cette chaude alarme; tout ce qui venait de se passer lui paraissait si extraordinaire qu'il lui sembla un instant avoir rêvé; mais il tenait bien le flacon, et il sentait dans ses poches la pesanteur de l'or; le doute n'était pas possible. Enfin il en prit son parti, et bien qu'il ne fît pas encore entièrement nuit, il se rendit au Palais-Royal, et monta chez sa sœur, ainsi que cela lui arrivait souvent, depuis qu'ils avaient besoin de s'entendre au sujet de cette poule aux œufs d'or qu'ils exploitaient de concert.

Mme Kram était absente, et Floretta, contre l'ordinaire, fit bon accueil à son oncle : elle se sentait si heureuse! La joie qui remplissait son cœur débordait, et tout, autour d'elle, se ressentait de son bonheur. Légère comme un oiseau, elle voltigeait du salon à son boudoir, du boudoir à sa chambre, d'une glace à une autre; elle rajustait ses cheveux, déplaçait et replaçait une épingle, puis elle courait au balcon, et ses yeux cherchaient au loin, et elle murmurait :

« Henri!... mon Henri!...

— Est-ce gue messié le gomde il doit fenir? demanda Jérésu.

— Je l'attends, répondit Floretta... Il ne peut tarder... Mon bon oncle, vous nous laisserez, n'est-ce pas?... Nous avons tant de choses à nous dire !

— Messié le gomde, il ne doit donc bas resder longtemps?

— Toute la soirée, et même... »

Elle s'arrêta, baissa les yeux, et se mordit les lèvres; la joie, l'espérance, lui avaient arraché trois syllabes de trop.

« Pien! pien! fit Jérésu; je ne fous temande bas vos secrets. »

La jeune fille retourna au balcon; le juif continua à se promener de long en large dans le salon ; puis, saisissant le moment où Floretta, penchée vers la rue, s'efforçait de voir à travers l'ombre crépusculaire qui commençait à se faire, il se glissa furtivement dans la chambre de sa nièce.

« Puisqu'il s'agit de mariage, se dit-il, che grois gue l'ogasion il être suberpe! »

D'une main il écarta les doubles rideaux de mousseline et de soie destinés à protéger les mystères de l'alcôve ; de l'autre main il prit dans une de ses poches le flacon qui lui avait remis Warburton, et l'ayant débouché avec précaution, il en répandit le contenu entre les draps de batiste. Cela fait, il retourna près de Floretta et prit congé d'elle sous le prétexte de n'être pas impertun.

Cependant la nuit était tout à fait venue, et Henri ne paraissait point; la joie si expansive de Floretta diminuait, et la gradation devenant de plus en plus rapide, son visage s'assombrit, et ses longs cils se mouillèrent de larmes; les minutes lui semblaient des heures, les heures étaient des siècles.

« Oh! disait-elle avec l'amertume de la plus violente douleur; il est donc bien vrai qu'il ne m'aime pas ! »

La soirée entière s'écoula ainsi. Bientôt les grilles du jardin se fermèrent; Floretta pleura encore longtemps; puis, cédant enfin aux sollicitations de sa mère, elle se mit au lit.

La lettre de Mme de Hersdelberg avait mis Henri au désespoir; mille projets plus violents les uns que les autres, surgissaient dans sa tête en feu; il se disait que tout était mystère autour de lui, et il voulait sortir à tout prix de ces ténèbres. Cependant il n'avait encore pris aucune résolution, lorsque Lambert se présenta chez lui.

« Vous le voyez, mon vieil ami, lui dit le comte, en lui présentant la lettre de la baronne qu'il te-

Voyez à la porte de la cave. (Page 278, col. 1.)

nait ouverte, le résultat de mon duel n'a satisfait personne, et me voici encore plus malheureux que jamais.

— Et quand je vous aurais laissé assassiner, monsieur le comte, les choses en seraient-elles mieux ?

— Je crois, mon cher Lambert, qu'il y a des nécessités qu'il faut subir.

— Il est certain qu'en subissant celle-là, vous eussiez été parfaitement affranchi de toutes les autres ; mais cela n'eût pas fait le compte des gens qui vous aiment, monsieur ; cela eût été, je crois, un mauvais moyen pour donner des forces et du courage à votre bonne mère dont la santé s'est fort altérée dans ces derniers temps.

— Oui, oui ! s'écria le jeune homme, dont les yeux se mouillèrent de larmes ; elle aussi souffre, ce bon ange à la garde duquel Dieu a confié mon enfance.... Mon père lui-même est devenu triste ; un soupir lui échappe quand il me serre la main.... La fatalité plane sur nous, mon vieil ami, et nous nous débattons misérablement sous sa main de fer.

Ce qui est horrible à penser, c'est que je sois la cause de ce mal. Dieu m'est témoin pourtant que je cherche avec ardeur la lumière, que je l'appelle à grands cris, avec la résolution de porter seul le fardeau de cette vie qui me vient je ne sais d'où.... que tant de braves et dignes gens s'efforcent de me faire douce et heureuse, et qui depuis si longtemps déjà n'est pour moi qu'une série d'amères déceptions et de souffrances.

— Oh ! répliqua avec calme le vieux routier, voilà bien l'exagération ordinaire aux jeunes gens, aux amoureux surtout ! Croyez-moi, monsieur, le meilleur moyen d'empêcher vos amis de souffrir, c'est de repousser de votre esprit ces pensées tristes qui sentent la fièvre, que les beaux yeux d'une jolie fille ont la propriété de donner à un sage de vingt ans. Tâchons de raisonner plus simplement : Mme de Hersdelberg va en Allemagne ; eh bien ! il me semble que l'Allemagne n'est pas au bout du monde....

— Oh ! mon ami, mon cher Lambert, vous avez raison ; j'irai.... je suivrai leurs traces.... Je vais partir sans délai....

— Doucement ! doucement !... vous voilà parti, et cela, sans songer seulement aux gens que vous laissez ici, sans songer au chagrin que peut leur donner votre absence ?... Laissez-moi négocier cela ; je ferai les choses comme il faut, auprès de leurs Excellences, et je me fais fort d'obtenir leur consentement à ce voyage, à la condition que vous me permettrez de vous accompagner.

— De tout mon cœur. Hâtez-vous donc, mon vieil ami.... Il me tarde d'entendre le fouet des postillons.... Je vais faire mes préparatifs. »

Et Henri, pour tromper un peu l'impatience

qui le tourmentait, ordonna qu'on fît ses malles, et voulut présider lui-même à cette opération. Il n'avait plus qu'une pensée : partir, courir sur les traces de Wilhelmine, braver tous les obstacles pour la revoir....

Et pendant ce temps, Floretta attendait et pleurait ; le bruit de chacune des grilles du jardin que l'on fermait lui déchirait le cœur.

Lambert n'eut pas de peine à obtenir le consentement du prince et de Régine au voyage projeté ; quelque chagrin que cette dernière dût ressentir en voyant s'éloigner d'elle son fils bien-aimé, elle approuvait sa résolution, espérant qu'il échapperait plus sûrement ainsi aux coups dont il était menacé, sans qu'elle pût comprendre la raison de tant de sourdes menées et de tentatives criminelles. Lambert vint ensuite annoncer au jeune comte le résultat de sa démarche.

« Nous pourrons partir demain dans l'après-midi, dit-il ; vous aurez donc tout le temps nécessaire pour vous informer de la route qu'a prise Mme Hersdelberg, du point vers lequel elle se dirige, et de faire les visites d'adieu que vous croirez nécessaires. »

Ces dernières paroles rappelèrent à Henri la promesse qu'il avait faite à Floretta. Il tira sa montre avec anxiété ; il était un peu plus de minuit.

« Pauvre enfant ! se dit-il, comme elle doit souffrir !... Demain ma première visite sera pour elle. »

La nuit lui parut longue, car il dormit peu ; au point du jour, il était sur pied ; avant huit heures, il sonnait à la porte de Mme Kram ; la domestique qui vint lui ouvrir avait les vêtements en désordre, les traits de son visage étaient bouleversés.

« Ah ! monsieur le comte ! s'écria-t-elle, quel malheur ! quel affreux malheur !

— Qu'est-il donc arrivé ? » demanda le jeune homme avec anxiété.

La domestique allait répondre, lorsque des cris aigus suivis de hurlements épouvantables se firent entendre, et Henri s'élança vers l'appartement de Floretta d'où partait tout ce bruit ; il pénétra dans la chambre à coucher, et là un spectacle horrible s'offre à ses regards : Floretta, les yeux hagards, le visage tuméfié, les lèvres bleues, se débat violemment sur son lit en poussant des cris terribles ; deux hommes ont peine à la contenir ; une matière blanche, visqueuse s'écoule par les commissures de ses lèvres ; les muscles de son cou sont tendus à se rompre ; son corps bondit, ses membres se tordent. Mme Kram éperdue fond en larmes en demandant à grands cris, à un médecin qui paraît saisi de frayeur, de sauver sa fille.

Après quelques instants, la malheureuse enfant semble se calmer un peu ; Henri s'approche d'elle et essaye de lui faire entendre de douces paroles ; mais à peine a-t-elle reconnu sa voix qu'elle lui fait signe de s'éloigner.

« Retire-toi, mon Henri, dit-elle d'une voix stridente ; je brûle, mon Dieu !... C'est le venin d'un serpent qui circule dans mes veines.... Ne m'approche pas, ou tu mourras avec moi.... »

D'affreuses convulsions succédèrent à ces paroles. Le médecin s'approchant alors de cette infortunée, lui souleva avec précaution la lèvre supérieure, puis il bondit subitement en arrière :

« L'hydrophobie ! dit-il avec effroi, la rage !... Cela n'est pas douteux.... »

Floretta fit un dernier effort comme pour s'élancer sur les personnes qui l'environnaient ; tout le monde se précipita vers la porte, à l'exception de Henri aux pieds duquel la malheureuse vint tomber.

« A toi ! » dit-elle.

Puis elle se tordit dans une nouvelle convulsion, sa tête frappa violemment le parquet, et elle expira.

CHAPITRE LXIV.

Au nord.

Épouvanté, terrifié par l'horrible scène à laquelle il venait d'assister, Henri jeta sa bourse dans les mains de Mme Kram, et il sortit, hors de lui et sans savoir ce qu'il faisait. Lorsque l'émotion, sous l'empire de laquelle il était, eut diminué de violence, il songea à ses projets de voyage, et il courut chez Mme de Hersdelberg pour tenter d'obtenir quelques renseignements. D'abord il aperçut, sous la remise, la voiture de ville et la voiture du voyage.

Mme et Mlle de Hersdelberg sont donc parties en chaises de poste ? demanda-t-il à un domestique de la baronne.

— Non, monsieur ; Mme la baronne a tout simplement loué le coupé de la diligence de Bruxelles.

— De Bruxelles ?... Ce n'est donc pas en Allemagne que ces dames se rendent ?

— Ah ! dame, je ne sais pas si Bruxelles est en Allemagne ; mais comme c'est moi que l'on a envoyé retenir le coupé, je suis bien sûr du nom de la ville. »

Henri n'insista pas ; il comprit que la baronne ne lui avait écrit qu'elle allait en Allemagne que pour le dépister dans le cas où il voudrait la joindre. Cela ne fit qu'accroître l'inquiétude qui le tourmentait. Évidemment c'était lui qu'on fuyait, et l'on avait pris des précautions pour rendre toute correspondance impossible.

« Mon Dieu ! se dit-il avec amertume, suis-je donc maudit ? Je ne vois autour de moi que terreur et désolation.... Qui suis-je ? qu'ai-je fait ? que me veut-on ? L'être le plus misérable du monde peut se faire ces questions et les résoudre ; moi, je n'en sais rien, je ne puis rien ! »

A son retour à Auteuil, il se rendit près de son père adoptif qui l'avait fait appeler ; Régine était là, dans le cabinet du prince, assise sur une ottomane, et essuyant les larmes brûlantes qui coulaient sur ses traits, beaux encore, mais amaigris, fatigués, et portant l'empreinte d'une douleur profonde.

« Henri ! lui dit le prince, vous allez nous quitter ; souvenez-vous, dans quelque circonstance que vous vous trouviez, que vous avez un père qui vous aime, une mère qui va pleurer votre absence. Lambert m'a tout dit : Vous allez rejoindre la baronne de Hersdelberg et votre fiancée : peut-être vaudrait-il mieux attendre ici leur retour ; mais je connais les tourments que cause l'absence de la femme qu'on aime, et je ne m'oppose pas à ce voyage. Je sais que vous ne ferez rien d'indigne de vous ; cependant je vous recommande de ne prendre aucune décision dans les circonstances sans consulter Lambert, notre vieil et fidèle ami, dont le dévouement est si admirable. Il y a plus, *je veux, j'exige* que vous m'adressiez chaque jour un compte rendu de vos relations avec la baronne, et que vous vous conduisiez envers elle de manière à observer les instructions que je vous adresserai. Me promettez-vous de respecter ma volonté, Henri ? »

Le jeune comte se jeta dans les bras de son père adoptif qui l'embrassa avec effusion, puis il alla s'asseoir près de Régine, qui l'attira à elle, appuya la tête de son fils bien-aimé sur son sein et le couvrit de larmes et de baisers.

Cette scène durait depuis quelques instants, lorsque les chevaux de poste entrèrent dans la cour de l'habitation. Lambert vint dire que le postillon attendait, et dix minutes après le jeune homme et son mentor roulaient vers le nord, dans une confortable berline, abondamment garnie par le vieux routier de provisions de toute espèce.

Henri n'avait rien dit au prince, ni à Régine, de l'horrible scène dont il avait été témoin chez Mme Kram ; mais dès que la voiture eut traversé Paris, il raconta cet événement à Lambert.

« Elle s'est donc empoisonnée ? demanda ce dernier.

— Elle est morte hydrophobe ; le médecin l'a déclaré.

— Bast ! les médecins sont comme les avocats : ils disent toujours un peu comme veulent les gens qui les payent.... Elle se portait bien hier ?

— Je l'avais laissée pleine de joie et de santé.

— Alors le médecin est un âne ou un menteur.... Peut-être même quelque chose de pis. Il n'y a pas besoin d'avoir étudié pour savoir qu'on ne devient pas enragé spontanément, et quand on a été mordu, les accidents graves et la mort sont toujours précédés de symptômes qui annoncent l'absorption du virus.... Ne deviez-vous pas souper avec elle, hier ?

— Oui.

— C'est cela ! » fit Lambert.

Il appuya son front sur ses deux mains et parut s'enfoncer dans une profonde méditation. En vain le jeune comte lui adressa plusieurs questions, il n'en put obtenir une seule réponse. Bientôt la voiture s'arrêta pour changer de chevaux.

« Déjà si loin de Paris ! s'écria Lambert en relevant vivement la tête. Diable ! ce n'est pas le moyen de trouver ce que je cherche.... »

Puis après quelques secondes il ajouta :

« Mais ils sont si ardents à la curée, qu'ils pourront bien venir nous chercher où nous serons. Tant mieux, mille dieux ! nous aurons le pied sur un terrain neutre ; et quand il s'agirait du diable en personne, je lui ferais voir que j'ai la peau plus dure que lui.

— Mais de qui parlez-vous donc ? s'écria Henri impatienté.

— Ne faites pas attention à cela, monsieur le comte.... je rêvais.... C'est que je me suis tant hâté de faire les préparatifs du voyage que, hier, j'ai oublié de dîner, et ce matin je n'ai pas encore déjeuné.... Et comme dit le proverbe : A estomac vide, cerveau creux.... Ce qui fait que, avec votre permission, je vais casser les os à une certaine poularde qui dort dans le coffre, entre quelques flacons de chambertin, auxquels, si vous voulez m'en croire, nous dirons un mot ensemble.

— Je n'ai pas faim, dit le comte.

— C'est justement à cause de cela qu'il faut boire. Je vais mettre le couvert. »

La poularde et les bouteilles furent tirées du coffre ; Lambert étendit une serviette sur les coussins de devant, et le couvert fut dressé en un clin d'œil. Il fallut bien que Henri fît raison à son compagnon de voyage, qui, passant subitement de la méditation à la gaieté, but aux amours du comte et aux charmes de sa fiancée. Mais le vieux routier s'efforça vainement de faire oublier au jeune homme les mystérieuses paroles qui lui étaient involontairement échappées ; ce dernier ne prit pas le change, et il insista.

« Eh bien, c'est vrai ! Aussi bien, je commence à croire qu'il vaut mieux vous dire la vérité.

— Oh ! parlez, parlez, je vous en conjure !

— C'est excessivement simple, dit Lambert : on voulait vous tuer il y a quelques jours avec une balle ; on a voulu vous tuer hier avec du poison : car je ne crois pas le moins du monde à cette prétendue hydrophobie ; et quant à cette pauvre jeune personne, qui pouvait avoir intérêt à ce qu'elle mourût ?

— Mais il y a donc des gens qui ont intérêt à ce que je meure, moi? demanda vivement le comte.

— Il me semble, monsieur le comte, que cela doit vous être parfaitement démontré : l'homme qui vous a insulté chez Mme Hersdelberg était payé pour cela; il l'a avoué, et n'eût-il pas voulu en convenir, je le savais, moi, avant qu'il vous envoyât ses témoins.

— Continuez, je vous en supplie, dit Henri, qui recueillait avidement les moindres paroles de son compagnon. Vous saviez qu'on en voulait à ma vie, donc vous ne pouviez ignorer pourquoi ?

— Et cependant j'ignorais cette cause, et je l'ignore encore aujourd'hui. La manière dont ce misérable vous avait provoqué m'avait semblé avoir quelque chose de prémédité : cela éveilla mes soupçons; je le suivis; je pénétrai, sans être vu de lui, jusqu'à la porte de son misérable logement, où l'attendait un personnage qui m'est inconnu, et qui est parvenu à m'échapper. C'était ce dernier qui payait le tueur. Le métier d'écouteur aux portes ne me convient guère ; mais il s'agissait de vous, il y allait de votre vie ; je m'étais résigné, et, pour un débutant, j'avais parfaitement réussi ; pas un mot des conditions du marché ne m'était échappé : voilà ce qui explique ma conduite dans cette affaire.

— Et ne pensez-vous pas, mon cher Lambert, demanda le comte, que tout cela se rattache à la manière mystérieuse dont j'ai été jeté dans le monde ?

— Je ne le crois pas.

— Et que vous semble de cette fortune de vingt millions qu'un inconnu est venu m'offrir?

— C'était très-probablement une tentative d'escroquerie que la sagesse du prince a déjouée. »

Henri réfléchit pendant quelques instants, puis il reprit :

« Vous avez sans doute des raisons pour penser ainsi, mon vieil ami ; mais comme je ne les connais point, je n'en puis apprécier le mérite, et j'avoue que pour moi il y a entre ces événements une corrélation presque évidente, et je suis plus que jamais résolu à tout braver pour éclaircir ce mystère.

— Et vous avez tort, monsieur le comte. Savez-vous si le résultat des démarches que vous pourriez faire en ce sens ne déchirerait pas le cœur des personnes qui vous sont chères et qui vous aiment comme un fils ?... Et s'il devait en être ainsi ; si en agissant de la sorte vous deviez les réduire au désespoir, détruire leur bonheur, changer leur amour en haine, empoisonner tout leur avenir, qui peut être encore long et heureux ; si tout cela devait arriver, que vous on fussiez bien sûr, ne renonceriez-vous pas à ces recherches ?... Ne répondez pas, je répondrai bien pour vous, monsieur le comte ; j'affirmerai sans hésiter que vous aimeriez mieux vous faire tuer mille fois que d'être la cause de tant de malheurs.

— Merci, Lambert, dit le jeune homme en prenant la main de son compagnon et la serrant fortement ; merci, je saurai souffrir.

— Et puis, qui sait ? il y a dans la vie tant de circonstances fortuites qui peuvent se combiner de manières si diverses, qu'il ne serait pas impossible que tout cela s'expliquât à votre entière satisfaction, au moment où vous vous y attendriez le moins. A parler franchement, je crois que cela arrivera, et je vous promets de travailler de toutes mes forces à ce qu'il en soit ainsi. Sur ce, et avec votre permission, je prononce la clôture de la discussion, comme on dit dans ces grandes réunions de phraseurs qui font un si ennuyeux et déplorable usage du don de la parole. »

Évidemment ces derniers mots de Lambert avaient pour but de changer le cours des idées de Henri ; ce dernier le comprit, et il essaya d'entrer dans cette voie nouvelle ; mais il était trop vivement préoccupé pour soutenir une conversation insignifiante et n'ayant aucun trait aux préoccupations qui dominaient son esprit. Lambert s'en aperçut promptement, et il feignit de s'endormir afin de lui laisser toute liberté.

La nuit vint; au point du jour on franchit la frontière ; quelques heures après on arrivait à Mons, où nos voyageurs descendirent à l'hôtel de la Croix-d'Or pour y déjeuner, car il y avait alors douze heures que Lambert avait englouti les derniers débris de la poularde, et les flacons de chambertin étaient vides.

« Dans les conjonctures où nous nous trouvons, monsieur le comte, disait-il très-sérieusement, nous avons besoin de toutes nos ressources d'esprit, et, ainsi que je l'ai souvent expérimenté, et que je le disais hier, pour que le cerveau soit calme, il faut que l'estomac soit convenablement lesté.

— C'est votre opinion individuelle, dit Henri en souriant.

— Basée sur une longue expérience, monsieur le comte : la débilité du corps entraîne la débilité de l'esprit, c'est un axiome physiologique vieux comme le monde. Cependant, si ce temps d'arrêt vous contrariait....

— Eh! mon cher Lambert, ne savez-vous pas depuis longtemps que je ne puis avoir d'autres volontés que les vôtres? Déjeunons donc aussi longuement que vous le voudrez. C'est, après tout, une distraction qui a son prix. »

Comme ils entraient dans la salle à manger de l'hôtel, ils aperçurent à l'extrémité de la longue table qui en occupait le centre, un homme assis, devant lequel étaient un verre et trois bouteilles de bordeaux vides. C'était un individu de haute taille, dont la tête était couverte d'une casquette de voyage enfoncée sur les sourcils, et dont le bas du visage était couvert d'une longue et épaisse barbe noire au milieu de laquelle la bouche s'ouvrait comme un trou dans la fourrure d'un ours. L'extrémité du nez était la seule partie du visage que l'on pût voir assez distinctement. Au bruit des pas des nouveaux venus, ce personnage releva quelque peu la visière de sa casquette; mais à peine ses regards vifs et perçants eurent-ils rencontré le jeune comte, qu'il rabattit brusquement sa coiffure, se leva, et abandonnant son verre à demi plein, il se dirigea vers la porte en essuyant ses moustaches avec son mouchoir, de manière à ce que la moindre partie de son visage ne pût être vue.

« Diable ! fit Lambert lorsque cet homme fut sorti ; voici un monsieur dont le visage semble terriblement redouter la lumière.

— Peut-être le malheureux est-il atteint de quelque infirmité repoussante, dit Henri ; et pourtant il me semble que cette taille, cette encolure, cette démarche appartiennent à quelqu'un qui ne m'est pas absolument inconnu.

— J'allais dire la même chose ; j'ai certainement vu cela quelque part.... Il est vrai que j'ai été très-fréquemment dans le monde depuis quelque temps, et il y a dans les salons tant de gens qui se ressemblent. »

On se mit à table, et l'on parla d'autre chose ; mais Lambert fut dès lors fort préoccupé, et bien qu'il s'efforçât de n'en rien laisser voir, cela n'échappa point à Henri. Le déjeuner venait à peine de commencer, lorsque le vieux mentor se leva et sortit, sous le prétexte de s'assurer de l'exactitude des postillons, qui ne devaient pas tarder à mettre les chevaux. Il sortit, et comme il s'approchait de la berline qui stationnait devant l'hôtel, il aperçut ce même personnage qui examinait les armoiries peintes sur les panneaux, lesquelles se composaient d'une croix d'honneur surmontée d'une couronne de prince, avec cette devise : *De moi, moi*.

« C'est cela ! fit l'inconnu à demi-voix.

— Quoi, *cela ?* » demanda Lambert en franchissant lestement la distance qui le séparait de cet homme.

Mais déjà ce dernier avait renfoncé sa casquette sur ses sourcils ; d'un bond il s'élança vers un cheval de main qu'un domestique tenait à quelques pas de là, sauta en selle et disparut avec la rapidité d'une flèche.

« Je me trompe fort, ou nous sommes éventés, pensa Lambert. Eh bien ! tant mieux, cela finira plus promptement. »

Et il alla se remettre à table.

« Eh bien ! lui demanda Henri, les choses sont-elles dans un état satisfaisant ?

— Très-satisfaisant, monsieur le comte. Tenez, je ne sais trop pourquoi, mais j'ai un pressentiment que ce voyage nous sera favorable.

— Partons donc, si le bonheur nous attend.

— Je crois, au contraire, qu'il ne faut pas nous presser : tout vient à point à qui sait attendre. Et puis je crois, monsieur le comte, que je deviens quelque peu épicurien ; la vie me paraît douce à table, près des gens que j'aime.... Buvons !

— Buvons, mon brave ami, fit le jeune homme.

— Aussi bien, ce laffite est délicieux ; et ce n'est pas une des moindres bizarreries de notre temps que les meilleurs vins ne se trouvent que là où l'on n'en récolte point.

— Voici une réflexion qui trouvera certainement place dans mes impressions de voyage, dit Henri.

— Vous écrirez vos impressions ? Tant mieux ! c'est une distraction de plus, et je suis d'avis qu'on n'en a jamais trop.... Pourtant, je ne vous conseille pas de manger tout exprès des beefsteaks d'ours pour faire lever le cœur à vos lecteurs, à l'exemple de cet homme illustre, qui a déjà publié plus de volumes que Voltaire n'a écrit de pages.

— Ce n'est pas une plaisanterie, mon cher Lambert ; mon père m'a fait promettre de lui écrire chaque jour et de lui rendre compte de toutes mes relations avec Mme de Hersdelberg. »

Lambert fronça légèrement le sourcil, vida lentement son verre que Henri venait de remplir, et, après avoir réfléchi pendant quelques secondes, il reprit :

« A Dieu ne plaise, monsieur le comte, que j'aie la prétention de vous apprendre la valeur des mots ; vous savez mieux que moi que cette valeur est toute relative, qu'elle emprunte toute son importance au sujet, à la matière, à la convenance.... Je condamne radicalement toutes restrictions mentales, et j'aimerais mieux me battre contre une armée que de mentir ; mais j'admets qu'il est avec les choses de ce monde des accommodements.... Tenez, voilà que je m'embrouille, et j'aime mieux parler franchement : il ne faut pas écrire à son Excellence tout ce qui vous arrivera.

— Mais je l'ai promis.

— Eh bien, vous ne tiendrez point : votre parole n'en sera pas moins pure. Que diable ! si quelqu'un vous avait fait promettre de faire certaine chose, et que vous apprissiez ensuite que cette chose dût mettre quelqu'un au désespoir, est-ce que vous la feriez ?... Non ! Donc vous n'écrirez pas tout.

— Et qui m'indiquera ce que je dois omettre ?

— Moi ! Écrivez tout ce que vous voudrez, mais relisons ensemble avant d'expédier.

— Ainsi, dit Henri avec l'expression du plus profond découragement, je dois toujours marcher dans les ténèbres.

— Toujours, non ! Je le répète, monsieur le

comte, il ne faut qu'une circonstance fortuite pour que la vérité tout entière vous apparaisse sans vous causer ni chagrin ni regrets.... J'entends les postillons.... Encore une bouteille, si vous le voulez permettre ; il est possible que j'aie besoin d'inspiration sur le chemin, et les conseils de ce vieil ami m'ont toujours été favorables. »

Henri se sentait moins malheureux ; les paroles de Lambert lui faisaient entrevoir le bonheur dans un avenir prochain, et il y avait dans le langage de ce vieil ami une telle sorte de candeur, de raison puissante, de persuasion, qu'il acceptait sans hésiter ses paroles comme articles de foi.

Ce fut dans ces dispositions d'esprit que nos voyageurs remontèrent en voiture. Ils arrivèrent à Hall dans l'après-midi.

« Où sommes-nous ? demanda Henri.

— Dans le pays des miracles, monsieur le comte, répondit Lambert ; c'est-à-dire à deux pas de l'église de Notre-Dame de Hall, laquelle Notre-Dame a arraché à elle seule plus de victimes à la mer et aux incendies, plus d'âmes à Satan, que dix autres thaumaturges ensemble. Au reste, il ne tient qu'à vous d'avoir une idée juste de ces grandes et belles actions naïvement peintes sur les murailles de l'église avec texte au-dessous. »

Henri ne paraissait pas disposé à mettre pied à terre, lorsqu'un postillon vint ouvrir la portière.

« Messieurs, dit-il, il y a un ressort de cassé à votre voiture.

— Diable ! fit le jeune homme, voici un fâcheux contre-temps.

— La réparation ne demandera qu'une heure ou deux, reprit le postillon ; on ne fera que réunir les fragments sans les souder, et cela suffira pour aller jusqu'à Bruxelles.

— Allons, dit Lambert en sautant sur le pavé, il était dit que nous visiterions Notre-Dame de Hall. »

Henri mit pied à terre à son tour, et tous deux se dirigèrent vers l'église toujours très-fréquentée à raison des nombreux pèlerinages et neuvaines qu'y font incessamment les habitants du pays, à dix lieues à la ronde. Au moment d'entrer dans l'église, Lambert s'étant retourné aperçut le postillon, qui leur avait annoncé l'accident, causant avec un personnage vêtu d'une blouse et tenant à la main un de ces lourds bâtons de voyage qu'affectionnent les paysans. Cela n'avait rien qui pût le surprendre ; mais l'homme à la blouse s'étant retourné, Lambert reconnut ce visage barbu, et ce nez se montrant seul sous la visière d'une casquette de cuir, qu'il avait vu à Mons dans la salle à manger de l'hôtel de la Croix-d'Or, puis ensuite près de la berline, examinant les armes du prince Mafiolini. Il laissa entrer Henri dans l'église ; mais au lieu de le suivre, il courut vers la voiture.

« C'est convenu ! » disait l'homme à la blouse au moment où Lambert n'était plus qu'à quelques pas de lui.

Le postillon fit un signe affirmatif, et cette fois encore, au moment où Lambert allait lui adresser la parole, le mystérieux inconnu s'élança sur le cheval qui l'attendait près de là, piqua des deux et disparut.

« Que vous disait donc cet homme ? demanda Lambert au postillon.

— C'est un maquignon qui a des chevaux à vendre, répondit ce dernier, et qui a besoin de moi pour pousser à la roue.... Que voulez-vous, les affaires sont si difficiles. »

Lambert insista ; mais il ne put pas obtenir autre chose, et force lui fut de rejoindre, sans être plus avancé, le jeune comte, qui, entré dans l'église, était fort surpris de ne le pas voir près de lui.

« Je vous cherchais, ami Lambert, dit Henri ; qu'étiez-vous donc devenu ?

— J'ai voulu m'assurer que l'on s'occupait de réparer la voiture, répondit ce dernier, et avant d'entrer ici, je suis retourné sur mes pas. Tout va bien, nous pouvons maintenant examiner ces merveilles en vrais touristes ; peut-être trouverez-vous ici quelques inspirations pour vos impressions de voyage.

— Au point de vue de l'art, tout cela est bien pauvre, et les légendes qui accompagnent ces fresques sont écrites d'une manière inintelligible.

— C'est que vous oubliez que nous ne sommes plus en France, monsieur le comte, mais bien dans ce beau royaume de Belgique où l'on ne parle aucune espèce de langue, morte ou vivante. Ces gens-là, on l'a dit avant moi, ne sont ni Français, ni Allemands, ni Espagnols, ni Hollandais ; mais ils sont un peu de tout cela ; imitateurs sordides et inintelligents, ils ont pris, à chacun de ces peuples auxquels ils ont successivement appartenu, ce qu'ils ont de plus mauvais, et ils en ont fait un tout détestable. Rien n'égale la morgue, l'insolence et l'ingratitude de ces parvenus ; ils ne seraient rien sans nous autres Français : nous les avons faits indépendants, nous les enrichissons avec notre industrie, notre littérature qu'ils dénaturent ; ils ont contrefait nos lois, notre administration. Non-seulement ce peuple bâtard est incapable de produire, mais il souille tout ce qu'il tente de s'approprier : il n'est pas un chef-d'œuvre de nos grands écrivains qu'il n'ait outrageusement défiguré ; nous avons prodigué notre sang et notre or pour reconquérir les villes qu'il s'était laissé enlever.... Eh bien ! voyez comment ces buveurs de bière, ces mangeurs de patates et de stokfisch nous traitent. »

Et Lambert, en parlant ainsi, montrait du doigt cette inscription placée à l'entrée de l'église : *Les chiens et les Francillons n'entrent pas dans la maison du Seigneur. Francillons*, dans la langue de ces brutes, ajouta-t-il, signifie Français. »

Le jeune homme était muet de surprise, rouge d'indignation.

« Partons, dit-il, partons, et que leur Notre-Dame ait pitié d'eux ; ils en ont en vérité grand besoin. »

Ils se dirigèrent vers la porte par laquelle ils étaient entrés ; mais quelques-unes de leurs paroles ayant été entendues, ils se trouvèrent tout à coup environnés d'un groupe d'hommes au visage large et plat, au regard terne, aux cheveux d'un roux fauve, qui se mirent à hurler en chœur :

« *Francillons, hurah ! hurah ! dog Francillons, hurah !* »

A mesure qu'ils avançaient vers leur voiture, le groupe qui les environnait devenait plus nombreux ; Lambert avait d'autant plus de peine à empêcher Henri de s'élancer sur cette lourde et hideuse meute, qu'il mourait d'envie lui-même de la châtier comme elle le méritait.

Enfin il arriva près des chevaux, s'empara du fouet d'un postillon, et tomba à bras raccourci sur cette tourbe fangeuse qui se dispersa en poussant des cris d'effroi.

« Est-il possible, disait Henri, que l'on puisse venir volontairement au milieu d'un peuple semblable !

— Il ne faut pas être exclusif, répondit Lambert ; l'ensemble ne vaut rien, mais il se compose de nuances diverses ; et puis il est bon de connaître un peu de tout : on va bien visiter les Hottentots et les Kalmouks. »

Ils partirent, et le soleil était encore sur l'horizon lorsqu'ils arrivèrent à Bruxelles, où ils descendirent à l'hôtel Bellevue, vis-à-vis du parc et près du palais du roi.

Le confort de cette maison, connue de toutes les célébrités voyageuses de l'Europe, réconcilia un peu le jeune comte avec son pays sur lequel il n'avait encore fait pour ainsi dire que poser le pied, et ce fut assez gaiement qu'il se mit à table avec Lambert, pour qui, depuis longtemps, le dîner était une des affaires importantes de la vie.

Pendant que cela se passait, l'homme à la blouse, à longue barbe et à la casquette rabattue s'installait autant bien que possible à l'auberge de l'Étoile, au marché aux Herbes, tenue par Van Strobans, gros Hollandais assez débonnaire, regrettant fort le roi Guillaume et faisant, à sa manière, la guerre au gouvernement de Léopold, en ne recevant dans son établissement que les journaux de l'opposition, plus le *Handesblad*, soutien de la bonne cause, écrit en hollandais le plus pur, et en faisant prédominer la cuisine hollandaise sur la cuisine française : on mangeait chez lui des canards rôtis farcis de confitures de groseilles et de marmelade de pommes, de prodigieux civets de lièvre assaisonnés au sucre et au raisin de Corinthe, et la classique soupe à la bière, près de laquelle le plus intrépide glouton français se laisserait certainement mourir de faim.

Meinher Van Strobans faisait en outre de l'opposition en donnant asile à certains personnages totalement dépourvus de passe-ports et autres papiers quelconques qui venaient chez lui se délasser de leurs luttes avec la douane, et auxquels il n'hésitait pas à donner, au besoin, un certificat de nationalité et de civisme.

Il résultait de tout cela que les affaires du gouvernement n'en allaient pas beaucoup plus mal, et que celles de Strobans en allaient beaucoup mieux.

L'homme dont nous parlons était déjà à table depuis quelques instants lorsque le postillon auquel il avait parlé à Hall vint le rejoindre.

« Ils sont à l'hôtel de Bellevue, dit le postillon ; la voiture est sous la remise, et le plus âgé des deux a dit qu'on pouvait la placer derrière celles qui s'y trouvaient déjà, attendu que pendant leur séjour à Bruxelles ils loueraient une voiture de ville. C'est tout ce que je puis vous dire.

— Et c'est tout ce que je veux savoir, mon garçon. Il m'importait d'arriver ici avant eux, de savoir où les trouver. Voici le pourboire promis.

— Et bien gagné, je m'en vante : car il y a plus d'une heure que j'aurais quitté Bruxelles, sans votre commission. J'avais beau trotiner tout doucement, puis mettre mon porteur au pas, vous n'étiez toujours qu'à une portée de fusil devant moi. Mes messieurs se plaignaient....

« Fouette donc, postillon !... »

N'y avait pas à dire non ; les règlements sont là, et nous avons déjà bien assez des chemins de fer pour nous ruiner sans nous faire mettre à pied. Alors je me suis dit : Faut trouver un moyen. Et en entrant à Anderlech j'ai arrêté :

« Un trait cassé ! »

Le trait était tout neuf ; je l'ai coupé pour avoir le droit de le raccommoder, ce qui vous a fait gagner une bonne demi-heure.... Le trait est perdu ; mais j'avais confiance en vous, et voilà.

— Très-bien, mon ami, dit l'homme à la blouse en faisant perler le faro dans de longs et larges verres, tandis que de l'autre main il tirait de sa poche une pièce d'or ; avalez le coup de l'étrier, et prenez ceci pour vos peines. »

Le postillon prit la pièce, vida le verre, sortit et se remit en selle.

Quelques instants après, l'homme à la blouse et à la casquette rabattue écrivait cette lettre :

« Salut et joie ! à milord Warburton, son féal et dévoué de Birmolan.

« Il ne faut jurer de rien, milord. J'avais quitté

Paris en jurant de ne m'occuper de ma vie de cette diable d'affaire si importante pour vous, et qui a failli me jouer un si mauvais tour ; eh bien ! voici qu'au moment où je m'y attendais le moins, je me trouve en situation de prendre une revanche complète contre ces mauvais coucheurs qui m'ont si rudement traité.

« J'étais depuis quelques jours en Belgique, c'est-à-dire sur la frontière où m'avaient appelé certaines affaires internationales ; vous comprenez, milord ? de ces affaires difficiles qui se vident fréquemment à coups de carabine. Heureusement les braves gens n'échouent pas toujours, et j'ai réussi ; j'ai même fait sans m'en douter d'une pierre deux coups ; pendant que les douaniers me cherchaient et ne me trouvaient point, moi qui ne cherchais rien, j'ai trouvé quelque chose, à savoir ces deux enragés qui m'ont fait une si belle algarade au bois de Boulogne. Ils sont ici, je les couve des yeux, et j'ai à ma disposition une douzaine de ces enfants perdus accoutumés à gagner en quelques heures de quoi vivre un mois dans l'abondance.

« J'espère que vous me comprenez, milord ; et ce serait, en vérité, bien à vous de saisir l'occasion de me dédommager de cet accident que vous savez. J'attendrai pourtant de vos nouvelles, car il est bien entendu que je ne ferai pas la guerre à mes dépens, et puis j'imagine que vous pouvez avoir à me donner quelques instructions particulières à ce sujet. Hâtez-vous toutefois ; on ne sait pas ce qui peut arriver, et les oiseaux pourraient parfaitement s'envoler avant qu'on ait fait les dispositions nécessaires pour les saisir. C'est le cas de prendre l'occasion par les cheveux. J'attends donc, milord ; mais je ne puis attendre longtemps. Heureusement vous avez l'intelligence vive et le portefeuille bien garni, et c'est aux gens de votre sorte que l'on peut dire avec sécurité : *A bon entendeur salut !* »

CHAPITRE LXV.

Guet-apens.

Dès le lendemain de son arrivée à Bruxelles, Henri se mit à la recherche de Mme de Hersdelberg : il alla aux messageries, et prit des informations ; la baronne et sa fille étaient bien arrivées dans la capitale de la Belgique ; mais après avoir mis pied à terre, elles s'étaient éloignées aussitôt en recommandant aux employés leurs malles qu'elles avaient envoyé chercher quelques heures après, de sorte que l'on ignorait absolument où elles s'étaient logées.

Henri et son ami Lambert parcoururent alors tous les hôtels garnis de Bruxelles, et ils n'en furent pas plus avancés ; nulle part on ne connaissait la baronne, et partout, au nom de Hersdelberg, on répondait par le classique *kan nit versten*.

« Que le diable emporte ces animaux ! disait le jeune comte ; c'est bien la peine de piller la France et les Français pour demeurer bêtes comme des huîtres d'Ostende ! Ces gens-là n'ont donc qu'une note dans la voix et qu'un mot dans leur langue ?

— Ils en ont peut-être deux, monsieur le comte, dit Lambert, mais ils gardent les autres pour une meilleure occasion. Ah ! si nous leur parlions anglais, ce serait différent : le Belge se prosterne devant l'Anglais qui le méprise, et il dédaigne le Français qui le nourrit, qui le défend…. Mais, en vérité, cela ne vaut pas la peine qu'on se mette en colère, et j'aime mieux penser à autre chose. Ainsi il doit y avoir ici une direction de la police. Sous le roi Guillaume, cet emploi avait pour chef un chevalier Kniff, qui jouait à l'homme d'État comme les gardes nationaux de Paris jouent au soldat, et auquel on fit beaucoup trop d'honneur, lors de la révolution de 1830, en brûlant sa voiture et mettant sa tête à prix. Celui d'aujourd'hui ne vaut peut-être pas mieux ; mais enfin il peut faire mouvoir quelques ressorts, et moyennant finances…. Règle générale, en Belgique, un Français ne peut marcher que l'argent à la main.

— Voyons donc M. le directeur, » dit tristement Henri.

Quelques instants après nos voyageurs s'acheminaient vers l'hôtel de ville ; ils y arrivèrent bientôt, pénétrèrent dans les bureaux de ce qu'on appelle la permanence, et arrivèrent sans beaucoup de difficulté jusqu'au personnage dont ils espéraient obtenir quelques renseignements.

« La baronne de Hersdelberg ? dit ce personnage après avoir attentivement écouté l'exposé des motifs faits par Henri…. Nous pouvons avoir cela…. Nous devons même avoir cela…. Hersdelberg…. Pardieu !… A moins pourtant qu'elle ne voyage sans passe-port…. car il y a comme cela, savez-vous, une foule de gens qui négligent de mettre du papier dans leur poche, peu soucieux qu'ils sont des nécessités…. gouvernementales et internationales…. Mais je les flaire, moi !… de très-loin même, quelquefois….

— Alors, monsieur, dit Henri, il vous sera très-facile de nous rendre le service que nous réclamons de votre obligeance….

— Bien entendu, interrompit Lambert, que les frais de recherche seront à notre charge. Précisons les choses : Nous avons la certitude que Mme la baronne de Hersdelberg est à Bruxelles, ou dans les environs de cette ville ; nous désirons connaître le domicile de cette dame, et nous met-

La fiole, il être là. (Page 299, col. 1.)

tous cent louis à la disposition des agents qui pourront nous le faire connaître.

— Nous la trouverons, messieurs! Est-ce que nous n'avons pas mission de tout savoir?... Ah! ah! voyez-vous, ce ne serait pas sous notre administration qu'on volerait Maneking-Piss[1], nous y avons mis bon ordre : il est gardé par deux sentinelles.... vous aurez votre baronne avant huit jours.

— Huit jours! »

C'était huit siècles pour le jeune comte; mais il fallait se soumettre à la nécessité, et attendre. Henri s'ennuyait horriblement dans cette lourde atmosphère de bière et de houille, au milieu de cette population inerte, sous ce ciel gris, sur cette terre humide et froide. Lambert, dont la vie avait été si agitée, et qui avait autrefois vécu pendant assez longtemps dans ce pays, Lambert, beaucoup

moins impatient d'ailleurs, par la raison qu'il n'était pas amoureux, s'efforçait de créer des distractions à son jeune compagnon; il l'entraînait dans de longues excursions hors de la ville, et saisissait toutes les occasions de fatiguer le corps, afin de donner quelque calme à l'esprit. Henri lui savait gré de ses bonnes intentions; mais rien ne pouvait l'arracher à cette idée fixe, d'autant plus ardente, qu'elle semblait devenir à chaque instant plus difficile à réaliser. Les recherches continuaient à demeurer sans résultat, et la police belge ne trouvait rien, par la raison que les polices, en général, ne trouvent jamais que ce qu'elles ne cherchent pas, et *vice versa*.

Birmolan, lui aussi, cherchait; il voulait savoir ce que Lambert et le jeune comte étaient venus faire à Bruxelles, et cela lui fut d'autant plus facile à pénétrer, que Lambert allait partout, demandant si on pouvait lui indiquer la demeure de Mme la baronne de Hersdelberg, qui devait être nouvellement arrivée de Paris.

« Ah! ah! pensa de Birmolan, il paraît que les choses ont changé de face : la baronne a quitté Paris; ces messieurs la cherchent, et ne peuvent trouver ses traces, donc, elle se doute de leur poursuite, et cherche à les éviter. Dans de semblables circonstances, une complète réconciliation entre cette grande dame et moi, ne serait probablement pas difficile; et alors je prendrais une

---

1. Maneking-Piss est une statue en bronze, que les habitants de Bruxelles ont en grande vénération; elle représente un petit garçon tenant sa jaquette troussée, et.... distribuant l'eau claire de la fontaine sur laquelle il est placé. Il y a 50 ans environ, Maneking-Piss disparut; la ville fut dans la consternation; la police fit des efforts inutiles pour découvrir ce qu'il était devenu. Quelques bonnes femmes expliquèrent la chose, en disant qu'il avait été enlevé au ciel. On cria au miracle, et tout fut dit. Deux ans après, on retrouvait Maneking-Piss dans l'arrière-boutique d'un chaudronnier, mort, en odeur de sainteté, après avoir fait, pendant longues années, l'honnête métier de receleur.

revanche complète. Mais, pour cela, il faudrait que je connusse moi-même la retraite où se cache cette fière baronne, et il paraît que cela n'est pas facile à découvrir : cherchons ! »

Birmolan chercha, et comme il était homme à n'être retenu par aucune espèce de scrupule, il eut bientôt trouvé un expédient.

« Quel que soit le motif qui ait obligé la baronne à quitter Paris, se dit-il, et quelque rigoureux que soit l'incognito qu'elle s'impose ici, il faut bien que ses lettres lui parviennent, et elle ne va certainement pas les prendre elle-même à la poste; elle les fait nécessairement prendre par un domestique; ce domestique doit être un Belge; ce Belge est nécessairement stupide. Donc, le résultat est infaillible. »

Dès le lendemain, de Birmolan, affublé d'une livrée de fantaisie, vint s'embusquer à la porte de l'administration des postes; là, chaque fois qu'il voyait arriver quelque rouge, large et plate figure, portant une insigne quelconque de domesticité, il s'avançait vivement vers elle, en disant, d'un air semi-mystérieux :

« Ne venez-vous pas chercher les lettres de Mme la baronne de Hersdelberg?

— *Ney!* » répondait la plate figure.

Et de Birmolan passait à une autre. Cela durait depuis une heure, lorsqu'arriva une sorte de paysan auquel notre chevalier d'industrie adressa la même question.

« *Yau!* répondit ce dernier, après qu'il se fut passé assez de temps, pour que la question eût pénétré à travers une énorme épaisseur matérielle, jusqu'à son intelligence atrophiée.

— Alors, reprit de Birmolan, c'est vous que je cherche. Allez prendre les lettres; vous me les remettrez, car Mme la baronne m'attend; puis, vous irez à la place de Louvain, chez le bausse Van Reaswal, qui vous remettra un paquet pour votre maîtresse.... Voici deux *guldes* (florins) pour en payer le port, et vous rafraîchir d'un *alf liter faro*. Allez et ne perdez pas un instant. »

Pendant que de Birmolan parlait, les traits du valet belge s'épanouissaient : parler *guldes* et *faro*, à cette engeance, c'est animer la matière.

L'envoyé de la baronne alla donc, sur-le-champ, prendre les lettres, les remit sans hésiter au rusé chevalier, et se dirigea en toute hâte vers la place Louvain, tandis que de Birmolan entrait tranquillement dans un estaminet voisin, où, après avoir brisé, sans hésiter, un cachet très-soigneusement apposé, il lut ces lignes, écrites à Mme de Hersdelberg, par son intendant :

« Madame la baronne,

« Il n'y a ici absolument rien de nouveau. Personne n'a été surpris de votre départ, accoutumé qu'on est, à vos fréquentes absences de Paris.

« M. le prince Mafiolini ne s'est pas présenté; mais M. le comte Henri est venu le jour même du départ de madame la baronne. Cet incident n'a pas eu d'autres suites ; le comte n'est pas revenu et il n'a envoyé personne. Ainsi, de ce côté, tout est dans un état parfaitement normal, et madame la baronne n'a pas à s'en occuper.

« Je prendrai donc la liberté de passer à la question financière : j'ai en ce moment cent mille francs en caisse, et si madame la baronne se détermine à faire l'acquisition de cette maison de Laaken, où elle s'est retirée, je pourrai lui faire passer cette somme sur-le-champ.... »

« Parfait ! se dit de Birmolan, voici en trois lignes ce qu'il m'importait de savoir. Mme la baronne de Hersdelberg est à Laaken, à une lieue d'ici ; elle y occupe une habitation qui est à vendre ; cela ne peut pas être difficile à trouver. C'est une femme qui ne manque pas d'énergie ; si elle a quelque intérêt à se débarrasser de ces personnages, elle me fera beau jeu, et nous ferons d'une pierre deux coups ; ma revanche sera complète, et la confiance de Warburton me reviendra tout entière. Marchons. »

Dix minutes après, notre chevalier d'industrie roulait en cabriolet sur les bords du canal, se dirigeant vers Laaken, résidence royale qui est au palais du monarque belge, à Bruxelles, ce que Saint-Cloud est aux Tuileries.

Arrivé là, il se mit en quête d'une habitation de plaisance à vendre, et habitée depuis peu de temps par une dame française et sa fille; et comme il n'épargnait pas les *guldes*, afin de délier plus facilement les langues, il eut bientôt trouvé ce qu'il cherchait.

C'était une maison située sur le bord du canal, entre cour et jardin, le tout environné de murs surmontés d'une forte grille dont tous les barreaux se terminaient en fer de lance. L'architecture de cette maison était d'un style sévère : bâtie sous l'Empire, par un riche financier qui y avait, disait-on, déposé d'immenses trésors, elle était devenue, depuis 1815, la propriété d'un carrossier célèbre [1], grand admirateur des romans d'Anne Radcliff, et dont l'imagination bizarre avait fait de cette demeure une de ces mystérieuses retraites comme il s'en trouve tant dans les livres de la romancière anglaise.

C'était partout des trapes, des portes secrètes, des porte-voix traversant les murailles, les planchers, et construits de manière à ce qu'un mot prononcé à voix basse, un simple soupir, pût être entendu d'une extrémité de la maison à l'autre.

Vingt ans s'étant écoulés depuis la mort de l'o-

---

[1] M. Simons qui, devenu millionnaire, avait épousé Mlle Candeil, une des plus gracieuses actrices du Théâtre-Français, laquelle, après avoir abandonné la carrière dramatique, publia plusieurs romans fort remarquables.

pulent carrossier, toutes ces choses excentriques étaient en assez mauvais état, beaucoup même étaient entièrement ignorées des propriétaires actuels.

Telle qu'elle était enfin, cette maison avait plu à Mme de Hersdelberg, à laquelle une imagination quelque peu germanique, certains souvenirs lugubres et terribles, et les menaces du prince de Mafiolini, faisaient rechercher la solitude.

La baronne s'était donc installée là, et là soupirait la tendre Wilhelmine, douce et charmante recluse, ne concevant rien à la conduite de sa mère et n'osant lui en demander l'explication.

Ce ne fut pas sans peine que Birmolan parvint à pénétrer dans cette maison.

Arrivé devant la porte principale, toute bardée de fer, il souleva et laissa retomber à trois reprises le lourd marteau dont elle était armée. Un guichet s'ouvrit à travers lequel un domestique sans livrée demanda ce qu'on voulait.

« J'ai des lettres pour Mme la baronne, répondit le chevalier.

— Eh bien ! donnez-les et attendez.

— Il faut que je les remette moi-même.

— Mme la baronne ne reçoit personne. »

Et le guichet se referma. Mais de Birmolan n'était pas homme à se tenir pour battu à si peu de frais.

Il recommença à frapper de manière à ébranler les murailles, et il continua jusqu'à ce que le guichet se fût ouvert de nouveau.

« Allez dire à Mme la baronne, s'écria le chevalier d'un ton de maître, qu'une personne qui arrive de Paris a les choses les plus importantes à lui communiquer, et demande à lui parler à l'instant même.

— Ce n'est pas ma consigne, » répondit tranquillement le cerbère.

Et il se disposait à refermer le lourd guichet ; mais Birmolan le repoussa avec force.

« Malheureux ! s'écria-t-il, vous voulez donc la ruine et la mort de votre maîtresse ?

— Je veux exécuter ma consigne.

— Si je vous donnais les lettres adressées à la baronne, vous les lui porteriez ?

— Tout de suite.

— Eh bien ! attendez quelques secondes, et je vais vous en donner une. »

Il déchira un feuillet de son agenda, et il écrivit au crayon :

« Madame,

« Il est des situations tellement graves que, devant elles, disparaissent toutes ces susceptibilités qui naissent d'une civilisation raffinée, et que les organisations supérieures estiment ce qu'elles valent.

« Le hasard, aidé d'un peu d'adresse, peut-être, a fait tomber entre mes mains plusieurs lettres à vous adressées. J'ai poussé l'audace jusqu'à en ouvrir une.... Il le fallait !... Vous comprendrez, j'en suis sûr, toute la valeur de ce mot, madame ; *il le fallait*. Ce qu'il faut maintenant, ce qui est indispensable, c'est que vous me donniez audience à l'instant même, afin que je vous remette vos lettres d'abord, et que nous puissions nous entendre pour le reste.... Madame, le chevalier de Birmolan attend à votre porte que vous lui permettiez de vous présenter ses hommages respectueux. »

La surprise de Mme de Hersdelberg fut grande, à la lecture de ce billet ; mais sa résolution fut promptement prise ; elle ordonna que le chevalier fût introduit.

« Madame la baronne, dit-il, ainsi que vous l'avez vu en lisant les quelques lignes que j'ai pris la liberté de vous adresser, j'ai été bien osé... Je viens vous demander oubli pour le passé et pardon pour le présent.... Voici vos lettres, madame ; une d'elles est ouverte ; j'y cherchais un indice qui me permît d'arriver jusqu'à vous, et je n'y ai pas vu autre chose.

— J'attends l'explication de cet étrange procédé pour le qualifier comme il convient, répondit la baronne.

— A la suite de ma rencontre avec le comte Henri, reprit de Birmolan, d'étranges bruits se répandirent sur moi ; on parlait de pistolets préparés, de témoins gagnés, etc. Le vrai de tout cela, c'est que le combat n'a pas eu lieu et que ce n'est pas moi qui l'ai refusé. Je n'en devins pas moins l'objet d'actives recherches ; mes adversaires étaient riches, par conséquent puissants ; je courais le risque de passer cinq ou six mois en prison ; il fallait quitter Paris. Je vins donc en Belgique où fort heureusement j'ai des amis. J'y eus bientôt aussi des ennemis, car j'y rencontrai le comte et ce M. Lambert, espèce de plastron qui ne le quitte point.

— Henri est à Bruxelles ? demanda vivement Mme Hersdelberg.

— Et c'est vous, madame, qu'ils y viennent chercher, j'en ai acquis la certitude. J'ai compris alors que pour que madame la baronne vînt s'enterrer toute vive dans ce pays ; pour que ces deux hommes cherchassent si obstinément à découvrir sa retraite, il fallait qu'il y eût entre eux quelque mystérieuse affaire.... »

Un léger frisson agita la baronne ; ce mouvement involontaire n'échappa point à Birmolan qui n'eut pas l'air néanmoins de s'en être aperçu et qui continua :

« J'avais dès lors un double motif pour venir à vous, belle dame ; d'abord pour vous donner avis des démarches faites par le comte et son plastron à votre intention, ensuite pour vous offrir alliance contre l'ennemi commun. En cela j'ai pu errer; mais l'intention doit me faire absoudre. Je n'avais pas le choix des moyens; et j'ai été assez heureux pour ne pas être obligé de rompre deux cachets. »

Il se fit un assez long silence pendant lequel Mme de Hersdelberg parut réfléchir profondément; à plusieurs reprises son visage changea de couleur; un instant ses yeux se voilèrent, ses lèvres blanchirent : elle sembla près de s'évanouir; mais bientôt le sang qui avait reflué vers le cœur reprit son cours; la baronne essuya la sueur qui perlait sur son front, puis tendant la main à Birmolan :

« Chevalier, dit-elle, j'accorde la paix; mais l'alliance est impossible : le comte Henri n'est pas mon ennemi.

— Et vous le fuyez, cependant?

— Cela est vrai; mais je ne le hais point, et Wilhelmine l'aime. J'ai solennellement promis au jeune comte la main de cette chère enfant, et maintenant ce mariage est impossible : votre malheureuse querelle avec Henri a réveillé toutes les susceptibilités des Hersdelberg; plusieurs riches héritages nous seraient enlevés par cette alliance. D'un autre côté, je ne puis retirer ma parole, sans courir des dangers mille fois plus grands encore..., dangers d'autant plus imminents et plus terribles, que je n'en puis dire à personne la nature.... Et pourtant, chevalier, il me semble que, dans ces conjonctures, l'aide d'un homme d'intelligence et de résolution, comme vous, est chose trop précieuse pour être repoussée.... Je l'accepterais donc, mais à certaines conditions.

— J'écoute, madame.

— D'abord, il faudrait vous contenter d'une partie de la vérité, de ce que je puis dire enfin, et me pardonner toutes sortes de réticences.

— Je serai ce que vous voudrez que je sois, madame, et je ferai tout ce que vous voudrez que je fasse.

— Je stipule, avant tout, que la vie du comte Henri sera sauve.

— Euh!... » fit de Birmolan, en prolongeant le son démesurément.

Et il se tut.

« Soit, reprit-il, après un silence prolongé: on ne le tuera pas. Mais je ne puis pas prendre l'engagement de l'empêcher de mourir.

— Il ne faut pas qu'il meure. Écoutez : le prince Mafiolini possède un papier précieux, sur lequel la main d'une femme a tracé quelques lignes, il y a bien longtemps; il me faut ce papier.

— Eh! madame, voici l'issue : le prince, dit-on, chérit son fils adoptif; nous prenons le fils adoptif comme otage, et nous exigeons la remise de ce billet.

— Oh! tout cela est aisé en théorie.

— Et je ne vous demande qu'une coopération en quelque sorte passive, pour que l'exécution s'accomplisse au gré de tous.

— Ah! chevalier, si vous parveniez à me faire recouvrer cette lettre....

— Belle dame, ce prince de pacotille en eût-il trente, semblables, que je les lui enlèverais toutes à la baïonnette. A l'œuvre, je vous prie; il faut que ce soir même, le comte Henri soit ici.... dans cette chartreuse si intelligemment choisie par vous madame la baronne, et dès lors les obstacles s'aplaniront comme par enchantement, à la condition pourtant que vous ferez quelques cas de mes conseils.

— Chevalier, vous allez être ma Providence.

— J'accepte le titre et l'emploi, belle dame, d'autant plus volontiers, que j'en sais assez maintenant pour mener les choses à bien.... Ne voulez-vous pas me faire la grâce de me présenter à votre charmante fille?

— J'espère que vous n'avez pas l'intention de l'initier à toute cette affaire?

— Pas précisément, mais quelques lignes écrites par elle, pourraient nous être d'un grand secours.... Le comte connaît probablement l'écriture de sa fiancée, et s'il en recevait un billet mystérieux, à peu près conçu en ces termes :

« Henri, j'apprends que vous me cherchez; ve-
« nez, suivez seul le porteur de ce billet. Je vous
« attends. »

— Mon cher chevalier, vous ne vous défiez pas assez des amoureux; ils sont capables de tout.... Hélas! j'en sais bien quelque chose! Il faut que Wilhelmine ne sache pas un mot de tout cela. Vous ne devez compter que sur vous-même.

— Et au moins aussi sur votre bon vouloir, madame la baronne. Par exemple, il faut que je puisse pénétrer ici à toute heure.

— Oh! cela vous sera beaucoup plus facile que vous ne l'imaginez : suivez-moi, je vous prie. »

A ces mots, la baronne s'avança vers l'extrémité du salon, frappa du pied sur le parquet, à un certain endroit; et aussitôt un des lambris glissa sur lui-même, et démasqua un escalier dérobé. Mme de Hersdelberg revint sur ses pas pour prendre deux des bougies qui garnissaient les candélabres du salon, et se munir d'allumettes.

« Ne vous étonnez pas, chevalier, dit-elle, le voyage que nous allons faire est d'assez long cours, pour que ces provisions nous soient indispensables. »

Elle alluma les deux bougies, en donna une à Birmolan, et elle commença à descendre l'escalier étroit, sombre et tortueux.

Le chevalier n'était pas trop rassuré; la paix

entre lui et la baronne était trop récente pour qu'il ne craignît pas quelque ruse de guerre, et ce fut avec une répugnance visible, qu'arrivé au bas de l'escalier, il s'engagea à la suite de Mme de Hersdelberg, sous une large voûte souterraine dont les parois étaient enduites de cette humidité visqueuse, causée par l'absence de l'air vital.

« En vérité, chevalier, je crois que vous tremblez, dit en souriant la baronne.

— Madame, répondit de Birmolan, je pourrais vous dire comme le célèbre Bailli, *c'est de froid*; mais j'avouerai bien volontiers que je n'étais pas préparé à cette excursion dans le domaine des gnomes?

— Allons, rassurez-vous; les gnomes ici sont de bonnes gens, fort peu sorciers. Songez surtout que je vous donne en ce moment une grande preuve de confiance; car ce passage souterrain, j'ai lieu de le croire, n'est connu que de moi. J'avais entendu parler de la bizarre imagination qui avait présidé à la construction de cette demeure; mais il m'a fallu chercher beaucoup, pour découvrir quelque chose, car les gens mêmes auxquels elle appartient, ne connaissent, ni toutes ses issues, ni tous les mystères de son intérieur. En ce moment, nous sommes sous les murs du jardin… Encore quelques pas, et nous voici à un des pavillons extérieurs, dont les murailles sont flanquées; pavillons que le constructeur avait destinés aux gardes-chasse; mais qui sont depuis longtemps inhabités. »

En parlant ainsi, la baronne arriva au pas d'un escalier de pierre; elle en monta les premières marches, toucha du doigt une des larges dalles qui semblaient former clef de voûte, et qui, glissant horizontalement, laissa pénétrer la lumière du jour dans cette voie souterraine; tous deux entrèrent dans une salle assez vaste, c'était le rez-de-chaussée du pavillon, qui n'était séparé du canal que par le chemin de hallage.

« Maintenant, dit Mme de Hersdelberg, vous comprenez que les verrous intérieurs de ce lieu n'étant pas poussés, il vous suffira d'une clef pour arriver jusqu'au salon où je vous ai reçu et où vous ne trouverez personne que moi, les deux domestiques qui nous servent, ma fille et moi, étant à ma discrétion, et ne pouvant pénétrer dans les appartements réservés sans mon ordre exprès. Lorsque je n'y serai point, vous frapperez légèrement avec une pièce de monnaie sur la glace, qui fait face à la cheminée. J'entendrai…. Ainsi, il est bien entendu que les résultats que nous voulons obtenir, sont ceux-ci : pour vous, faire cesser les poursuites dont vous êtes l'objet, à tort ou à raison….

— Oh! madame!…

— Chevalier! c'est ici le cas de jouer cartes sur table. L'énergie ne me manque pas; j'en ai donné de grandes preuves…. que vous connaîtrez un jour. Ainsi, cessation des poursuites, quant à ce qui vous regarde; restitution d'un papier important que possède le prince, et duquel dépend mon honneur et mon repos; mettre tout en œuvre pour atteindre ce double but, à la seule condition qu'il n'y ait pas mort d'homme… Les morts ne reviennent pas, chevalier, je le sais comme vous; mais ils laissent souvent des traces qui deviennent pour les vivants des stigmates ineffaçables…. A ces conditions donc, marchez droit au but…. ou plutôt marchons; car dès ce moment il y a solidarité entre nous.

— Et je l'accepte de bon cœur, madame. »

Ils retournèrent chez Mme de Hersdelberg, par la même voie souterraine, sans que, cette fois, de Birmolan parût ému; puis, la baronne donna au chevalier la clef du pavillon, et ils se séparèrent, en échangeant de nouveau la promesse de marcher de conserve.

« Sacredieu! se disait de Birmolan en retournant à Bruxelles, il faut convenir que depuis quelques jours, le hasard me sert avec une générosité merveilleuse…. Beau prince Mafiolini, nous tirerons d'abord, à titre de rançon, une ou plusieurs plumes dorées de vos ailes, non compris ce chiffon auquel là baronne attache tant d'importance, et que nous ne serons pas assez sot pour lui remettre au prix coûtant, et tout cela n'empêchera pas, je l'espère, que nous gagnions la prime offerte par Varburton; que ce M. Lambert, qui a les cheveux gris, et le poignet si vert, apprenne, à ses dépens, qu'on ne s'attaque jamais impunément à des gens de notre mérite, et que toujours la fortune et les flots sont changeants.

Il n'était encore que trois heures de l'après-midi lorsque de Birmolan arriva chez son hôte, Van Strobans, à l'enseigne de l'Étoile, rendez-vous ordinaire, comme on l'a dit plus haut, d'une certaine quantité d'honnêtes gens vivant en très-mauvaise intelligence avec les douaniers, et toujours disposés à quelque rude coup de main, pourvu qu'il y eût quelques os de douaniers à briser et quelques écus à recevoir.

A peine entré dans l'estaminet, le chevalier y aperçut deux de ses plus vieilles connaissances, à savoir, un grand et lourd Hollandais, que ses connaissances intimes appelaient *le Jef*, abréviation de son prénom *Joseph*; mais qui avait tant de fois changé de nom propre depuis son apparition sur la terre classique des patates, qu'il lui eût été impossible de dire lequel lui appartenait réellement; l'autre était meinher Wod, qu'on appelait aussi le capitaine, homme d'un sang-froid admirable, capable d'assommer un bœuf d'un coup de poing, sans cesser pour cela d'aspirer gravement et méthodiquement la fumée de la large pipe qui semblait clouée à ses lèvres.

« Pardieu, mes braves, leur dit le chevalier, il semble que mon étoile me conduise comme par la main ; j'ai besoin de vos services, et voilà que je vous trouve réunis alors que je vous croyais bien loin d'ici et chacun sur un point différent.

— L'homme n'est sûr de rien, répondit gravement meinher Wod ; il n'en est pas un qui puisse dire aujourd'hui où il sera demain ; il n'y a pas douze heures que j'étais à Quiévrain avec douze cents kilos de tabac, et me voici à Bruxelles avec rien.

— Ainsi va le monde, capitaine ; les extrêmes se touchent, et l'on n'est jamais plus près de la fortune que lorsqu'on ne possède rien.

— La fortune, reprit Wod, après un long silence nécessaire à la production de sa pensée, j'y ai cru, mais je n'y crois plus, godferdum !... Les Francillons de la frontière sont devenus plus chiens que nos chiens à tabac[1], et si ça continue, j'irai me faire loup de mer dans les parages de Batavia.

— Oh ! fit de Birmolan, en lui frappant sur l'épaule, je sais que vous êtes un rude compère fort peu embarrassé de votre personne, et sur lequel on peut compter quand il s'agit de quelque hardi coup de main productif ; je sais aussi que vous êtes discret et que vous n'entendez jamais que ce que l'on veut dire. Je sais enfin ce que vous valez, vous et le Jef....

Il s'arrêta, regarda autour de lui, puis il reprit plus bas :

« J'ai une affaire d'or à vous proposer, mais le *bausse* (maître de la maison) nous écoute. »

Meinher Wod lança trois ou quatre bouffées de fumée avant de faire entendre un mot, puis se tournant lentement vers l'hôte :

« Godferdum ! meinher Strobans, il me semble que je vous ai demandé ma carbonate de trois heures et mon verre de lambic[2]. »

Strobans se leva et demeura immobile, car de-

---

1. Les Belges font la contrebande à l'aide de forts chiens bien dressés, qu'ils chargent de tabac ou de toute autre marchandise prohibée, et qu'ils lancent à travers champs. Les douaniers tuent chaque année un grand nombre de ces chiens ; mais lorsque les contrebandiers n'en perdent qu'un sur trois, ils font encore d'excellentes affaires.
2. Les Hollandais sont sans contredit les plus insatiables mangeurs de l'Europe : ils déjeunent à huit heures, dînent à midi, collationnent à quatre heures, soupent à six heures, et dans chaque entr'acte, ils absorbent assez régulièrement trois *carbonates* (morceaux de viande à moitié cuits sur des charbons ardents et posés entre deux tartines de pain minces comme du papier), un déluge de café édulcoré de sucre candi, des myriades de tartines beurrées, des monceaux de poisson cru, salé, et des flots de bière de toute espèce.
Un stathouder, quelque peu fanfaron, prétendait que l'armée hollandaise était de force à battre l'armée française : « Que vous battiez notre armée, lui répondit l'ambassadeur de France, c'est impossible. Si vous parliez de la manger, je serais moins tranquille. »

puis le dîner qui se faisait à midi, meinher Wod avait déjà absorbé plusieurs carbonates très-raisonnablement arrosées de faro, lambic, mars et louvain, quatre espèces de bières plus ou moins fortes, dont se gorge à toute heure le Hollandais, Néerlandais, Flamand ou Brabançon ; mais après un effort suprême d'intelligence, le vieux bausse comprit que sa présence gênait les trois personnages actuellement en conférence, et il se retira.

« Voici de quoi il s'agit, reprit de Birmolan, en se tournant alternativement vers le Jef et le capitaine, afin de s'assurer qu'ils le comprenaient ; j'ai besoin d'amener à Laaken, de gré ou de force, un jeune homme attendu par une dame.... une grande dame qui sait payer ses plaisirs.

— Si elle paye, dit le capitaine, je suis prêt ; dites-moi où est le personnage, indiquez-moi la demeure de la dame, et je me charge de lui apporter son galant sur mon dos ou sous mon bras, en voiture ou en canot, à son choix.

— Ce n'est pas cela, mon brave ; il n'est pas question de prendre tant de peine. Ayez seulement une barque que vous monterez tous deux, sans autre équipage, et qui attendra à l'entrée de l'*Allée-Verte*, un peu avant la fin du jour. Un ou deux hommes se présenteront, vous les prendrez à votre bord, et vous ferez route vers Laaken, de manière à n'arriver qu'à un demi-quart de lieue de cette résidence qu'à la nuit fermée ; là, un homme muni d'une petite lanterne vous attendra sur le bord du canal, ce sera moi ; vous débarquerez vous et vos passagers, et vous exécuterez sans hésiter les ordres que je vous donnerai. »

Le capitaine aspira quelques bouffées de fumée de tabac, afin d'avoir le temps de construire sa phrase, puis il répondit avec un admirable sang-froid :

« Meinher, je me bats, et alors je tue ; mais je n'assassine pas.

— Eh ! mon brave, qui vous parle d'assassiner ? il ne faudrait même pas tuer, diable ! cela ne ferait pas mon compte !

— Alors me voici.... et le Jef aussi ; nos bras, nos jambes, nos têtes....

— J'accepte les jambes et les bras, et voici de quoi leur donner toute l'élasticité possible. »

A ces mots, il tira de sa poche une poignée d'or qu'il jeta sur la table devant laquelle tous trois étaient assis.

Les yeux du Jef, ternes et morts d'habitude, s'illuminèrent soudainement ; le capitaine demeura impassible ; mais cependant une légère rougeur apparut sur les pommettes de ses joues, et sa large main s'étendit lentement sur les pièces qu'elle couvrit d'abord et qu'elle enveloppa en se crispant.

« Comptons, dit le Jef.

— Après, » fit le capitaine en emprisonnant les

pièces d'or dans une des poches pratiquées dans sa vareuse.

Le Jef ne répliqua point, il était accoutumé à l'obéissance passive.

« Il n'y a pas un instant à perdre, » dit de Birmolan.

En ce moment meinher Strobans apportait la carbonate demandée ; le capitaine la prit entre le pouce et l'index, et dédaignant, vu la gravité des circonstances, de l'envelopper dans les tartines classiques, il la roula comme une cigarette et l'avala comme une huître.

« Dans un quart d'heure, dit-il ensuite, la barque attendra à l'entrée de l'Allée-Verte. Partons. »

Le Jef se leva pour obéir à ce dernier ordre, et tous deux sortirent de l'auberge de l'Étoile. De Birmolan, demeuré seul, écrivit ces quelques lignes sur un carré de papier :

« Henri, vous cherchez le bonheur, je le cherche
« aussi, et tous deux nous l'aurons trouvé, ce soir
« si vous suivez ces instructions : une barque est
« amarrée au quai de l'Allée-Verte, près de la
« grille qui sert de porte à la ville, de ce côté ;
« allez là, dites aux hommes qui montent cette
« barque, ce seul mot *Laaken* ; ils vous recevront
« à bord, et une heure après, ami, Wilhelmine
« vous pressera contre son cœur. Ayez confiance
« en la main qui a tracé ces lignes ; elle m'obéit
« et elle est fidèle. »

Ce billet, mis sous enveloppe parfumée, fut adressé au comte Henri, à l'hôtel Belle-Vue. Henri était seul lorsqu'on lui remit ce singulier message, Lambert ayant, sur quelques indices, entrepris seul une excursion extra muros.

« Voici qui est bien extraordinaire, pensa le jeune homme, si ce billet vient de ma bien-aimée Wilhelmine, comment se fait-il qu'il ne soit pas écrit de sa main ? Pourquoi tant de mystères et de précautions ?... Mais sot que je suis ! s'écria-t-il, après quelques instants, à quoi bon me battre les flancs sur ces questions, alors que je puis en aller chercher la solution sur-le-champ ? Quoi de plus simple ; une barque m'attend, elle me conduira près de Wilhelmine qui ne pouvait écrire elle-même de peur que sa lettre ne tombât en des mains ennemies, et qui m'attend, comptant assez sur le courage de l'homme qu'elle aime, pour ne pas songer à le rassurer sur ce que cet appel peut avoir d'insolite.... Mon Dieu ! est-ce que j'aurais peur ? »

Cette dernière pensée produisit sur Henri un si terrible effet que, sans plus réfléchir, il saisit son chapeau, l'enfonça violemment sur sa tête, et sortit de l'hôtel en courant comme un insensé et se dirigeant vers le canal ; il arriva bientôt près de l'Allée-Verte, où il aperçut tout d'abord la barque indiquée, amarrée à une trentaine de pas de la grille.

« C'est bien cela, se dit-il, et qu'ai-je à craindre avec ces deux hommes qui paraissent si calmes ? Quel désastre pourrait m'atteindre sur ces eaux si tranquilles ?... Oh ! ce serait une horrible lâcheté que d'hésiter un instant ! »

Alors s'avançant vers le bord, il dit d'une voix assurée : *Laaken* !

En entendant ce mot d'ordre, les deux hommes qui semblaient dormir dans la barque, se levèrent ; l'un deux sauta à terre ; c'était le capitaine.

« Nous vous attendions, dit-il en montrant la barque ; entrez, s'il vous plaît.

— Enfin, je trouve donc à qui parler ! dit le jeune comte ; vous êtes les envoyés de Wilhelmine ?

— *Kanifersten, meinher*, répondit le capitaine, en mettant tranquillement entre ses dents le tuyau de sa lourde pipe.

— Oh ! vous me comprenez, j'en suis sûr, reprit Henri ; mais vous avez sans doute ordre de ne point répondre à mes questions, et je n'insiste pas. Partons !

— *Yau, meinher*, » fit le capitaine, en indiquant du doigt le canot d'où il venait de sortir.

Henri sauta lestement dans cette embarcation, le capitaine l'y suivit et s'empara de deux rames, le Jef l'imita, et le frêle esquif sembla voler sur les eaux tranquilles du canal. Cela dura peu : à un quart de lieue de Bruxelles, les rameurs se ralentirent tout à coup ; on n'avançait plus que mollement, puis on s'arrêta tout à fait.

« Nous n'avançons pas ! s'écria le comte ; que l'un de vous me donne ses rames.

« *Hooum* ! fit le capitaine, qui est-ce qui se croit en droit de commander à mon bord ?.... Hooum !... Jef, je te permets de dormir pendant que je vais me reposer ; quant à ce monsieur, il acquerra ici un peu de patience, chose qui pourra lui être fort utile par la suite.... c'est mon opinion.

— Voyons, voyons, mes amis, dit le jeune comte, dont le sang était en ébullition, mais qui sentait la nécessité de se contenir, il ne s'agit pas ici de se quereller, de faire les fiers à bras, vous êtes de braves gens ou mariniers, comme vous voudrez, incapables d'une mauvaise action, et vous hâterez sur ma seule prière, j'en suis sûr, de me conduire au lieu où je suis attendu, et que bien certainement vous connaissez mieux que moi. J'ai d'ailleurs l'intention de vous récompenser de vos peines comme il convient en semblable occurrence. »

Le Jef et meinher Wod se regardèrent et ne répondirent point ; et comme en ce moment plusieurs barques se trouvaient très-près d'eux, ils se mirent à ramer avec ardeur ; mais dès qu'ils furent hors de la portée de la voix de ces barques et qu'ils eurent perdu de vue les dernières maisons du faubourg, ils se croisèrent les bras, et le canot demeura immobile.

« Si les forces vous manquent, reprit Henri, que l'un de vous me cède sa place. »

En parlant ainsi, il s'apprêtait à saisir deux des rames pendantes.

« Nous faisons comme il nous plaît, dit meinher Wod en le repoussant.

— Eh bien! mettez-moi à terre! s'écria le jeune comte indigné.

— Vous irez à terre quand il le faudra. D'ici là, soyez calme, et laissez-nous tranquilles ! »

Henri pensa qu'ils n'en agissaient ainsi qu'à raison des instructions qu'ils avaient reçues de l'auteur du mystérieux billet, et il s'efforça d'attendre patiemment la fin de l'aventure; mais lorsque la nuit fut presque entièrement venue, il commença à se repentir d'avoir agi si légèrement, et saisissant le moment où les deux rameurs allumaient leurs pipes, il sauta dans l'eau afin de gagner le bord à la nage; déjà il était revenu à la surface, et il allongeait une première brassée, lorsque meinher Wod lui asséna sur la tête un coup de rame qui l'étourdit.

Il se serait infailliblement noyé, si presque en même temps, le Jef ne l'eût saisi par le collet de son habit.

Tous deux réunirent leurs efforts pour le hisser dans la barque, et ils parvinrent à lui rendre l'usage de ses sens, en lui faisant avaler de force du genièvre, exécrable liqueur dont ils avaient fait provision.

« C'est votre faute, lui dit fort tranquillement le capitaine en allumant sa pipe; nous n'en voulons pas à votre vie.

— Que me voulez-vous donc? dit Henri, qui perdait beaucoup de sang par la blessure que lui avait faite la rame, et qui se sentait près de s'évanouir de nouveau; est-ce l'argent et les bijoux que je porte qui vous tentent? Que ne le disiez-vous, j'aurais acheté vos services au prix qu'il vous aurait plu d'y mettre, et vous n'eussiez pas commis un crime inutile.

— De l'argent et des bijoux ne gâtent jamais rien, » dit le Jef, en tendant avidement la main.

Henri tira sa montre et sa bourse qu'il lui remit, et aux dernières lueurs du crépuscule, il put voir rayonner la joie sur ce visage au ton pâteux et au regard hébété.

« Maintenant que vous n'avez plus de raisons pour me retenir, dit le jeune homme, persuadé qu'il avait affaire à des voleurs, j'espère que vous voudrez bien me mettre à terre; vous pourriez même me conduire jusqu'à la ville sans danger pour vous, car je vous donne ma parole d'honneur que je ne dirai rien à personne de ce qui vient de se passer entre nous.

— Le Jef a raison, dit meinher Wod en fourrant dans l'une des immenses poches de sa vareuse la bourse qu'il avait arrachée des mains de son compagnon, il a raison d'affirmer que l'or et l'argent ne gâtent jamais rien ; mais il aurait eu tort de promettre quelque chose; aussi ne vous a-t-il rien promis. Moi je veux bien vous promettre de vous mettre à terre dans trois quarts d'heure. Après cela, vous pourrez raconter tout ce que vous voudrez à Dieu, au diable et aux hommes; je m'en moque comme de ma première pipe. »

Il fallut bien qu'Henri se résignât; car il se sentait trop faible pour engager une lutte contre ces deux hommes.

Il s'enveloppa la tête avec son mouchoir, et il attendit qu'il plût à ces misérables de disposer de lui.

La barque demeura encore immobile pendant vingt minutes, après quoi le Jef et meinher Wod reprirent les rames et s'avancèrent rapidement vers Laaken.

L'obscurité était si profonde que les deux rameurs ne pouvaient voir à quelle distance ils se trouvaient du point que leur avait indiqué de Birmolan, et ils s'arrêtaient de temps en temps pour tâcher de découvrir, à travers les ténèbres, le signal convenu.

Cependant Henri s'affaiblissait de plus en plus, car son sang ne cessait de couler.

« Si vous ne vous hâtez pas de me mettre à terre, dit-il d'une voix presque éteinte, je n'y arriverai pas vivant. Songez que ma disparition va causer d'actives recherches, auxquelles vous n'échapperez pas, et que vous n'avez d'autre moyen de salut que d'accepter la promesse que je vous ai faite de garder le silence aux conditions que je vous ai dites.

— Godferdum ! s'écria Wod, ces chiens de Francillons sont tous les mêmes et croient toujours valoir mieux que d'autres. Si vous avez une parole, nous en avons une aussi, goddum ! et vous le verrez bien.

— J'aperçois la lanterne, dit le Jef.

— Eh bien ! à terre, » répondit Wod.

Et presque aussitôt la barque toucha le bord. De Birmolan s'avança et dit à demi-voix :

« Est-ce vous, capitaine?

— Moi et le reste, répondit Wod. Allons, garçon, qui avez tant d'envie de toucher la terre, le moment est venu de vous satisfaire. »

Henri fit un effort pour se lever; mais il était si faible qu'il retomba sur l'arrière de la barque.

« Qu'a-t-il donc? demanda de Birmolan en dirigeant vers le comte la lumière de sa lanterne.

— Il a pris un bain dans le canal, répondit meinher Wod, pour nous brûler la politesse, et j'ai été obligé de le rappeler à l'ordre avec mon aviron ; mais goddum ! je crois qu'il est toujours assez bon pour ce que vous en voulez faire. »

Il saisit violemment l'aubergiste à la gorge. (Page 309, col. 2.)

À ces mots il saisit le malheureux Henri à bras-le-corps, et le porta sur le chemin de hallage.

« Assez, bon! s'écria de Birmolan vivement inquiet ; mais ce n'est plus qu'un cadavre !

— Pas encore, dit d'une voix faible le jeune comte qui venait de reconnaître de Birmolan ; mais il en sera bientôt ainsi, je pense, car je suis incapable de me défendre, et me voilà au pouvoir d'un assassin.

— Le fait est, répliqua le chevalier en faisant briller aux rayons de sa lanterne le large couteau catalan dont il était armé, que le lieu serait propice et l'opération facile ; mais sacredieu ! cela ne ferait pas trop mon compte pour le moment.... Et pourtant, monsieur le comte de je ne sais quoi, je sens encore sur mon visage le froid de cette lame d'épée qu'y a appliqué votre plastron, alors que....

— Alors qu'il vous a dit de si rudes vérités que vous entendîtes en tremblant comme un larron pris au piège, interrompit Henri. Mais que me voulez-vous donc, monsieur le tueur ? Puisque vous avez la prétention de me si bien connaître, vous devez savoir que ma fortune est considérable, que j'en use largement, et que je suis homme à vous donner plus d'argent pour me servir, que d'autres vous en promettent pour me tuer.

— Nous reparlerons de cela, monsieur, répliqua de Birmolan, qui n'était pas homme à repousser une ouverture de ce genre, et qui se sentait capable de manger à toutes sortes de râteliers, pourvu qu'ils fussent bien garnis. Pour le moment, il s'agit, non pas de vous tuer, mais, au contraire, de vous empêcher de mourir. Appuyez-vous sans crainte sur mon bras ; laissez-vous conduire, et vous recevrez bientôt tous les secours dont vous avez besoin. »

Cela dit, de Birmolan prit à l'écart meinher Wod, avec lequel il échangea quelques phrases. Le capitaine sauta ensuite dans la barque où l'attendait le Jef, et le chevalier revint vers Henri, qu'il aida à se relever et qu'il conduisit dans le pavillon, d'où ils pénétrèrent, par la voie souterraine, dans le salon où Mme de Hersdelberg avait introduit le chevalier quelques heures auparavant.

De Birmolan frappa sur la glace ; un panneau de la boiserie glissa en s'enfonçant dans l'épaisseur de la muraille, et la baronne parut.

CHAPITRE LXVI.

Un ange d'Israël.

La mort si terrible de Floretta avait mis Mme Kram au désespoir ; car, malgré son abjection, malgré les horribles souillures dont elle avait environné l'enfance de sa fille, cette femme était douée de l'amour maternel à un haut degré.

Le cœur humain est quelque chose de si bizarre, il s'y entasse de si incroyables contrastes, de si grandes vertus s'y trouvent en contact avec de si épouvantables instincts, que cela ne saurait paraître étrange à quiconque cherche à mettre en pratique ce sage précepte : *Connais-toi toi-même.*

Le bonheur de Floretta avait été constamment le but de cette malheureuse mère, et comme dans son esprit, d'après ses instincts, qui sont, hélas ! ceux du plus grand nombre, bonheur et fortune sont une seule et même chose, elle s'était résignée à prendre la voie la plus courte, bien qu'elle fût aussi la plus fangeuse, pour y arriver.

Elle s'était dit que Floretta serait toujours trouvée assez pure quand elle serait riche, que les accidents de sa jeunesse seraient regardés comme les escapades d'un fils de famille, et qu'après tout, sa qualité d'artiste dramatique ferait passer sur bien des choses.

Il faut bien le reconnaître, ces prévisions ne manquent pas de justesse, et telle est la morale du monde, à ce moment où les moralistes pullulent, qu'à moins d'accidents imprévus, Mme Kram avait parfaitement raisonné. Maintenant, la vie de cette femme n'avait plus de but ; l'âge lui avait ôté sa beauté, la mort venait de lui enlever l'objet de ses dernières et de ses plus vives affections; désormais elle ne pouvait rien aimer, et elle ne serait aimée de personne : le néant l'environnait, et la souffrance qui torturait son cœur ne devait plus finir.

En quelques jours les cheveux de cette infortunée blanchirent ; ses joues se creusèrent ; le feu de ses yeux, naguère si vifs encore, s'éteignit ; elle n'avait pas quarante-cinq ans, et elle toucha bientôt à la décrépitude. Enfin sa faiblesse devint telle, qu'il lui fut impossible de quitter sa chambre, et, au bout de quelque temps, elle mourut de consomption en remerciant Dieu de lui ôter cette vie, qui lui était devenue insupportable.

La succession de Mme Kram échut à Jérésu, et elle était considérable, car les sommes provenant de la générosité de Henri s'étaient prodigieusement grossies de celles dont Régine avait cru devoir payer la discrétion de son ancienne compagne, et cette dernière était presque arrivée à cette situation qu'elle croyait être le bonheur, lorsque sa fille lui avait été enlevée.

Jérésu était un infâme misérable qui avait cent fois mérité la potence ; c'était un scélérat accoutumé à ne reculer devant rien pour augmenter les richesses qu'il entassait ; le remords n'avait point de prise sur lui, son avarice insatiable lui tenait lieu de tout autre sentiment.

Cependant, lorsque cette nouvelle fortune lui arriva, après la mort si étrange de sa nièce, celle presque aussi surprenante de sa sœur, il eut peur ; cette prospérité lui sembla trop grande pour n'être pas bientôt suivie de quelque immense revers ; et sous l'influence de cette idée, il songea à quitter la France.

Quelque circonstance fortuite pouvait, en effet, faire découvrir la cause de la mort de Floretta ; une indiscrétion de l'auteur principal de ce crime pouvait le mettre sous la main de la justice, et Jérésu sentait que bien qu'il n'eût été, lui, que le complice involontaire de cet empoisonneur, qu'il ne connaissait point, il lui serait impossible de faire croire à son innocence.

Une circonstance vint bientôt le confirmer dans ses projets d'émigration : un soir qu'il sortait de chez lui pour vaquer à ces hideuses occupations habituelles, que la fortune n'avait pu lui faire abandonner, il fut abordé par un homme qu'il ne reconnut pas d'abord, et qui lui dit à demi-voix :

« Rentrez chez vous ; il faut que je vous parle. »

Jérésu, tourmenté des craintes dont nous avons parlé, tressaillit ; il jeta autour de lui un regard effrayé ; mais, voyant que l'homme qui lui adressait la parole était seul, et sachant bien, à cause de ses vieilles accointances avec l'hôtel de la rue de Jérusalem, comment les choses se passent quand il s'agit de mettre quelque honnête homme de son espèce sous la main de la justice, il se rassura un peu ; pourtant, cette façon d'agir lui paraissait suspecte ; il essaya d'éviter cet entretien qu'on lui demandait, et dont il n'augurait rien de bon.

« Messié, dit-il, che suis ein paufre tiaple ; le gommerce il fa pas beaugoub, et, en me redenant, fous bouvez me faire perdre le cain de la chournée....

— Assez, assez, vieux roué, interrompit l'inconnu ; marche, rentre chez toi ; je te suis. »

Ces paroles ayant été prononcées d'une voix un peu plus élevée que les premières, Jérésu reconnut le personnage qui lui avait remis la fiole dont le contenu avait produit de si terribles effets. Il comprit, en même temps, qu'il n'y avait pas à hésiter, et il tourna aussitôt ses pas vers son domicile, dont il n'était que peu éloigné.

L'étranger le suivit ; quelques secondes après, tous deux étaient assis dans ce misérable trou, sur la paille infecte qui servait de lit au juif millionnaire.

« Ah ! messié, messié ! s'écria Jérésu en se laissant tomber sur cette couche immonde, gu'est-ce que fous afez fait ?... Mein God ! mein God ! ch'être au tésesboir !

— Diable ! fit Warburton, un juif qui se désespère parce qu'on le fait héritier de huit ou dix mille francs de rentes, le fait est curieux, et je suis bien aise de pouvoir l'observer de près.

— Ah! messié, répliqua Jérésu, gu'est-ce gue l'archent en gombaraison des zentiments de famille?... Ch'avais eine sœur, ch'avais eine nièce, et à brésent ch'affre blus rien ti dout, ti dout! Ah! c'être ein crand malheur.

— C'est un malheur qui vous fait riche, et il y a au moins compensation. D'ailleurs, de quoi pourriez-vous vous plaindre quant au reste? je vous avais donné des instructions claires, précises, que, selon toutes les apparences, vous avez suivies maladroitement, sans jugement, sans tact....

— Mais fous tisiez que c'édait ein phildre?...

— Et l'événement a bien prouvé que je disais vrai, mille dieux! Est-ce ma faute, si vous l'avez administré à la personne qui en avait le moins besoin.... Mais c'est là un fait accompli; n'en parlons plus.

— Oui, oui, aggombli? s'écria Jérésu, dont les terreurs sans cesse renaissantes depuis la mort de sa nièce avaient affaibli le cerveau, peaugoub drop aggombli !... oh! mein God ! mein God !...

— Mon ami, dit froidement Warburton, je vous avais pris pour un homme énergique et capable, et je reconnais avec regret que vous n'êtes qu'un sot. Or, les bêtes étant mille fois plus compromettantes que les méchants, je veux qu'il n'y ait désormais rien de commun entre nous. Qu'est devenue, je vous prie, la fiole du contenu de laquelle vous avez fait un si stupide usage?

— La fiole il êdre là, répondit le juif, sans songer à repousser l'injure, courbé qu'il était sous la hideuse puissance de la peur; mais il êdre vide.... Ah! zi ch'affre su, zi ch'affre su!...

— Gardez ces démonstrations hypocrites pour une autre occasion; c'est une fiole que je suis venu chercher. Plus tard, maître coquin, nous pourrons avoir d'autres comptes à régler. Allons, cette fiole! »

Jérésu se leva tout tremblant; puis il se pencha vers un angle de l'ignoble niche où il avait passé presque toute sa vie, et il en tira une fiole qu'il présenta humblement à Warburton, lequel ne la prit qu'après s'être assuré qu'il n'y avait à son gant aucune solution de continuité.

« Écoutez-moi, dit-il ensuite, s'il arrive que qui que ce soit sache ce qui s'est passé entre nous à propos de cette fiole, vous n'aurez à attendre aucune pitié des gens que vous aurez trahis; la moindre indiscrétion sera pour vous un arrêt de mort. Pourtant, quelque peu intelligent que vous vous soyez montré dans cette circonstance, ce n'est pas à dire que nous renoncions à mettre en œuvre à notre profit certaines particularités connues de vous seul. Sur ce point vous devrez vous montrer docile.... Vous comprenez bien, mon garçon, que tous les Baldaquin de Paris ne sont pas de la pâte de celui qui s'est borné à vous faire prendre un bain, alors que son poignet de fer pouvait vous ôter la respiration pour l'éternité.

— Mein God! mein God! s'écria le juif en se réfugiant vers la porte de son trou.

— Ici, misérable! dit d'une voix impérieuse Warburton; ici, ou tu es mort! »

Le juif se laissa tomber sur ses genoux et s'avança en rampant.

« Écoute, lui dit l'Anglais; ce que tu as manqué par ta faute ou par ta sottise, un autre l'exécute en ce moment. Mais n'oublie pas ceci : nous aurons, très-prochainement peut-être, besoin de toi. Alors il nous faudra de l'obéissance, du dévouement, ou.... tu comprends ?· »

Jérésu ne comprenait que trop bien; il était dans une situation d'esprit épouvantable.

A travers les menaces qui se formulaient à ses oreilles d'une manière imparfaite, il entrevoyait la perte de tout ce qu'il possédait, le bagne et peut-être l'échafaud. Rassemblant alors tout ce qui lui restait d'intelligence, il comprit que la chose la plus importante pour lui, dans ces conjonctures, était de gagner du temps, et, pour arriver à ce résultat, il promit à Warburton tout ce que celui-ci voulut.

L'Anglais se retira satisfait, persuadé qu'il était d'avoir fait disparaître toutes les traces matérielles du crime dont il redoutait les suites. Quant à Jérésu, pour la première fois, depuis de longues années, il passa la soirée chez lui, méditant sur ce qu'il devait faire pour échapper aux dangers dont il était environné.

Ses méditations se prolongèrent pendant la nuit entière; au point du jour, sa résolution était prise : il allait réaliser tout ce qu'il possédait, et quitter la France pour n'y plus revenir. En conséquence, le matin, il réunit tout ce qu'il avait de coupons de rentes trois et cinq pour cent, emprunt belge, emprunt romain, coupons de Naples, obligations de Piémont, billets de banque, espèces d'or et d'argent.

Le vieux lambeau de couverture qui cachait la paille de son lit était littéralement couvert de ces diverses valeurs; Jérésu les contempla avec amour, les palpa voluptueusement, les compta lentement; puis après une longue extase il en fit en soupirant plusieurs paquets qu'il déposa dans les immenses poches de sa vieille houppelande, et il sortit.

Jérésu est un israélite de la fine espèce, et nous l'avons montré tel qu'il est ; à Dieu ne plaise cependant que nous ayons eu l'intention de faire rejaillir sur tout un peuple l'odieux de cet épouvantable type : Jérésu n'est pas un infâme dans notre pensée, nécessairement parce qu'il est israélite; chrétien, mahométan, etc., il serait le même homme, la foi religieuse étant la chose dont s'occupent le moins ces natures abâtardies, dégénérées et annihilées par les passions les plus sordides.

Muni de toutes ces valeurs, Jérésu arrivait vers 11 heures du matin à la Chaussée-d'Antin.

Or, il est un homme à Paris qui, observant la loi de Moïse, est grand parmi les grands ; cet homme, qui n'est que baron, pourrait être roi, car il pourrait acheter un royaume. Cet homme est plus puissant qu'aucun des souverains du globe : il tient dans son portefeuille les destinées des nations ; à sa voix, l'Europe pourrait se couvrir de soldats, l'Océan de vaisseaux ; il pourrait, en se jouant, disposer de dix couronnes, faire et défaire des rois, des empereurs, des papes, des grands seigneurs ; il pourrait mettre sous son pied toutes les puissances du monde. Grand, noble et digne cœur ! il aime mieux leur être en aide, leur ouvrir sa caisse, et soutenir de sa toute-puissance leur puissance, si souvent chancelante.

Il se fait doux et humble, lui, l'homme fort et puissant, parce que sa nature et son immense supériorité lui permettent d'être indulgent.

Et cet homme, dont la volonté pourrait changer la face du monde et dont les souverains de l'Europe implorent la bienveillance, savez-vous quelles sont ses joies, ses délassements, ses plaisirs ?

Ses plus grandes joies sont celles du père de famille ; c'est au milieu de sa femme et de ses enfants que son front s'épanouit, que son regard intelligent s'anime ; après avoir donné aux affaires le temps qu'il s'est promis de leur accorder toujours, c'est parmi les fleurs d'un médiocre parterre qu'il vient se délasser ; c'est avec bonheur qu'il voit s'ouvrir ces tulipes dont il a lui-même planté les oignons ; il guette l'épanouissement des premières fleurs de ses lilas, et une rose qui s'ouvre sous ses yeux lui donne du bonheur pour deux jours.

Cet homme est l'ange d'Israël, et cet ange se nomme James Rothschild [1].

Le temps que M. le baron de Rothschild consacre aux affaires est aussi consacré à la bienfaisance, et le bruit de ses bienfaits ne se répand point, attentif qu'il est à ce que sa main gauche ignore ce que donne sa main droite.

Que de marchands ont été sauvés par lui de la ruine et du déshonneur ! que de pères de famille dont il a fait la fortune en leur donnant part à ces colossales opérations financières auxquelles lui seul peut se livrer ! car lui, l'homme deux ou trois cents fois millionnaire, est d'un abord plus facile que le moindre commis de ministère ; sa porte où viennent frapper les rois est toujours ouverte aux indigents, et ces derniers sont plus sûrs que les premiers d'obtenir ce qu'ils viennent y chercher.

M. de Rothschild, quand il s'agit de bienfaisance, ne fait acception ni de parti, ni de religion ; cependant ses coreligionnaires sont, de sa part, l'objet d'une bienveillance particulière ; il aime à faire fructifier leurs épargnes, et les plus pauvres sont toujours ceux qu'il traite le mieux.

C'était donc à M. de Rostchild que Jérésu s'était autrefois adressé pour faire valoir ses économies, et son air de bonhomie, la fable qu'il avait débitée sur la source de cet argent, acquis, disait-il, à la sueur de son front, par un travail incessant et à peine rétribué, le désir qu'il avait manifesté de grossir ce pécule, non pour lui, accoutumé à vivre de peu, mais afin d'être en aide aux membres de sa nombreuse famille encore plus pauvres que lui, tout cela avait intéressé le grand financier, et il avait consenti à seconder cet homme qui montrait de si louables sentiments.

Depuis, néanmoins, M. le baron avait témoigné quelque surprise du rapide accroissement de la fortune de Jérésu ; mais ce dernier avait toujours donné, sur ce point, des explications satisfaisantes ; c'était une dame à qui il avait sauvé la vie, et qui, plus tard, atteinte d'une maladie incurable, l'avait fait son légataire universel.

« Et buis, messié le paron, disait-il, che dravaille touchours, gomme ein geval, et engore ch'affre eu tout plein de ponheur à gause te vous, et doute ma famille il vous aime et vous fénère gomme un sauveur. »

Et M. de Rothschild accordant à un homme d'autant moins d'attention qu'il était moins nécessiteux, n'en demandait pas davantage ; il continuait l'œuvre commencée sans savoir à quel chiffre s'élevait la fortune de ce rusé coquin, et ce fut en riant qu'il lui dit un jour :

« Il me semble, maître Jérésu, que vous êtes maintenant assez riche pour renouveler votre garde-robe, et qu'il serait temps de reconnaître les bons et longs services de votre houppelande en lui accordant une honorable retraite.

— Ch'affre bensé à ça, messié le paron, j'y affre pensé pien zérieusement ; mais il fallait ein drousseau à ma plus jeune nièce et le bremier drimestre de za bension ; alors che me zuis tit : Chérésu, tu garteras tes fieux habits, et ta nièze il aura dout ce qu'il lui faut.

— Allons, c'est bien, mon brave ; à ce prix-là on peut porter des guenilles. »

Jérésu venait donc frapper pour la dernière fois à la porte du grand financier, et il était plein de sécurité ; car dans ces derniers temps, occupé d'immenses affaires, M. de Rothschild ne lui avait fait aucune question, et entraîné par cette noble habitude de prêter aide aux petits et aux faibles, il avait continué à admettre cet homme pour une petite part dans ses opérations les plus fructueuses.

---

[1]. Ceci a été écrit en 1845.

« Mossié le paron, dit-il lorsqu'il eut été introduit dans le cabinet de ce père des pauvres, che fiens vous subblier te me rentre un ternier service : la blus crande bardie te ma famille il être à Baris ; mais ma fieille mère il être à Fienne en Audriche.... et pien fieille, pien fieille ; elle nous abbelle dous pour lui fermer les yeux, et nous allons bardir de Baris pour n'y refenir chamais.... C'être le tépart de l'Égypte bour la terre promise ; ainsi nous tevons emborder tout.... »

Jérésu fit semblant de s'essuyer les yeux ; mais M. de Rothschild, qui le regardait attentivement, demeura convaincu qu'il ne s'y était pas montré une larme, et des soupçons graves s'élevèrent dans son esprit sur la sincérité antérieure de cet homme, qui pour adieux à son bienfaiteur tentait de le tromper au profit de la plus hideuse cupidité.

« Voyons, mon ami, dit-il gravement, dites-moi le plus vite possible ce que vous attendez de moi ; car d'autres affaires réclament mes soins.

— Oh ! mein God ! c'être bien zimple, dout ce qu'il y affre de plus zimple.... Ch'affre dant trafaillé, dant économisé pour ma baufre fieille mère, et aussi bour doute la famille, gue nous afons à nous tous une bedite fortune.... Zette fortune, elle foudrait la transporter à Vienne, et che fiens vous brier, messié le paron, te me tonner bour tout ⊕ela, zans frais, te bonnes lettres de grédit sur l'Audriche. »

A ces mots, il tira de dessous sa houppelande une immense sacoche dans laquelle il avait entassé toutes les valeurs dont nous avons parlé plus haut, et qu'il vida sur le bureau de M. de Rothschild.

Ce dernier fut épouvanté en voyant cette fortune aux mains de cet homme si nécessiteux en apparence, et, rampant toujours, il commença à croire qu'il avait été, à son insu, en aide à quelque grand misérable.

« Mais vous êtes immensément riche, Jérésu ! s'écria-t-il.

— Ah ! messié le paron, une famille dout endière, une crante famille !...

— Mais, mon ami, ma famille, à moi, qui est nombreuse aussi, vivrait avec le revenu de ces valeurs.

— Ah ! messié le paron !

— Cela est positif, et je suis coupable de vous avoir laissé acquérir tant de richesses, dont vous n'avez pas fait jusqu'ici un usage convenable.

— Ch'affre soudenu ma fieille mère, messié le paron, et toute ma crante famille.... avec tes bédits enfants en nourrice, tes crands enfants en penzion.... et d'autres engore qui sont mariés....

— Il me semble que vous auriez pu en outre secourir les pauvres sans que cela vous gênât, et vous ne l'avez point fait.

— Oh ! oh !...

— Et cela est d'autant plus affreux, reprit le savant financier, que le blâme que vous encourez rejaillit sur vos coreligionnaires.... Ce sont des torts graves, Jérésu, il faut les réparer. »

Jérésu était muet et tremblant ; ses longues mains sèches et osseuses s'étendirent à plusieurs reprises vers les valeurs considérables étendues sur le bureau comme pour les saisir et les soustraire au péril dont les paroles de M. de Rothschild semblaient les menacer ; mais au moment d'exécuter une sorte de razzia, son audace faiblissait, et il essuyait avec une sale guenille la sueur qui couvrait son front étroit et fuyant.

« D'où vient donc cette terreur qui se peint sur votre visage ? demanda le baron ; seriez-vous entièrement insensible aux maux de vos frères ? voudriez-vous me faire repentir de vous avoir tendu une main secourable ? »

Jérésu allait essayer de répondre, lorsqu'un domestique vint annoncer M. l'abbé X...., curé de la paroisse. M. de Rothschild ordonna qu'on le fit entrer sur-le-champ, et, quittant son bureau, il vint au-devant de l'homme de Dieu.

« Monsieur le baron, dit l'abbé X...., ma visite, j'en suis sûr, ne vous surprendra pas, quand vous saurez que je quête pour les pauvres.

— Soyez le bienvenu, monsieur le curé, répondit le grand financier en présentant un siége au digne ecclésiastique ; vraiment c'est la main de Dieu qui vous conduit ; car vous arrivez dans le moment le plus favorable qui se puisse imaginer. »

Et montrant du geste les rouleaux d'or, les billets de banque et les autres valeurs que Jérésu avait rangés par catégories, il ajouta :

« Au moment où l'on vous annonçait, monsieur le curé, je disais qu'il y avait là une large part pour les pauvres ; et c'est maintenant mon avis plus que jamais.... Qu'en dites-vous, maître Jérésu ? »

Mais Jérésu était incapable de répondre ; sur sa physionomie terreuse et livide se peignaient toutes les terreurs de l'avare menacé dans ses plus chères affections ; ses regards étaient fixes, ses lèvres tremblantes ; l'épée de Damoclès, suspendue sur sa tête, ne lui eût pas inspiré de craintes si hideuses.

« Oh ! fit-il d'une voix défaillante, pour les ghrédiens ! bour les ghrédiens !...

— Mon ami, répliqua le baron, la bienfaisance est de toutes les religions, et c'est toujours obéir à Dieu que de soulager les pauvres. Croyez-moi, ne laissez pas échapper sans en avoir profité cette occasion de mériter l'estime des honnêtes gens. »

A ces mots, il prit, parmi les valeurs classées par Jérésu, une liasse de billets de banque, et tout en jouant avec ce paquet soyeux, il ajouta :

« Vous donnerez bien ceci, n'est-ce pas?.. pour des infortunés qui prieront pour votre bonne vieille mère, maintenant en danger de mort ?

— Mais, messié le paron, s'écria Jérésu au désespoir, z'être bour des ghrédiens, des ghrédiens, mein God!...

— Pour des pauvres, chrétiens ou non, mon fils, dit le curé.

— Oh! oh!... mein God!... Mais il y affre là zinguante-quatre mille francs, messié le paron, reprit Jérésu hors d'haleine et près de s'évanouir.

— Eh bien! mon ami, cela, à juger d'un coup d'œil, ne forme guère que la cinquième partie du tout, et, en vérité, ça n'est pas trop. »

A ces mots, il allongea la main vers la bourse de velours que le curé tenait ouverte, et il y laissa tomber la liasse de billets.

« Ah! ah! ah! s'écria Jérésu avec l'accent d'un homme qu'on égorge, mein God, mein God!... che zuis ein homme berdu!... berdu! dout à fait berdu, ah!... »

Il se laissa tomber sur le parquet et s'y tordit dans les convulsions du plus hideux désespoir.

Le curé s'empressa de le secourir, et aidé de M. de Rothschild et d'un domestique, il parvint à l'asseoir dans un fauteuil.

« Berdu! berdu! criait le malheureux en continuant à se débattre.

— Monsieur le baron, dit le curé en ôtant de la bourse la liasse de billets, cela eût fait bien des heureux sans doute; mais, en conscience, je ne crois pas pouvoir accepter cette aumône.

— Acceptez-la, monsieur le curé, répondit le financier; c'est moi qui vous l'offre. J'avais besoin de m'éclairer sur le moral de cet homme, et je sais maintenant à quoi m'en tenir. »

Il sonna, le domestique parut.

« Que l'on m'apporte cinquante-quatre mille francs, » dit-il.

Cinq minutes après, un sous-caissier venait compter sur le bureau du maître les cinquante-quatre billets de banque.

« Jérésu, dit M. de Rothschild, voici vos billets, votre or, vos coupons de rente, etc. Prenez le tout et sortez d'ici. Vous êtes un infâme au contact duquel vos frères ne peuvent que se salir.... Mon Dieu! quand donc les enfants d'Israël comprendront-ils que la richesse ne doit être pour eux qu'un élément de réhabilitation ! »

Et il essuyait deux larmes brûlantes qui roulaient sous ses paupières.

Le curé était muet d'admiration, et son âme s'élevait vers Dieu pour le remercier d'avoir mis de si nobles cœurs sur la terre afin de racheter la hideur du plus grand nombre.

Quant à Jérésu, en proie à une sorte de frénésie, il entassait dans sa sacoche toutes les valeurs éparses sur le bureau du baron, y compris les cinquante-quatre mille francs destinés à remplacer la liasse que M. de Rothschild avait si généreusement laissée tomber dans la bourse du curé.

« Monsieur le baron, dit l'abbé X.... avec dignité, nos pauvres prieront pour vous, et je ferai comme eux.

— Merci, monsieur, merci!... Et moi aussi je prie pour tous, et je vous remercie de la confiance avec laquelle vous vous êtes présenté chez moi. »

Le curé se retira; Jérésu le suivit de près.

« Adié! adié! messié le paron, dit-il d'une voix mal assurée, et qui dénotait les souffrances morales qu'il venait d'endurer; ch'être bas assez fort pour fous.... Zinquante-quatre mille francs, oooh!... à tes ghrédiens encore !... che l'aïfre échabbé belle! »

Et il reprit le chemin de son fameux domicile; mais en y arrivant, il aperçut Warburton qui l'attendait sur le seuil.

CHAPITRE LXVII.

L'embarras des richesses.

L'aspect de Warburton produisit sur le juif l'effet de la tête de Méduse; il demeura immobile et comme pétrifié.

C'est qu'il sentait instinctivement que cet homme ne pouvait venir à lui avec des intentions bienveillantes; son retour si prompt annonçait nécessairement quelque événement grave, et probablement la péripétie du lugubre drame qui avait commencé lors de sa première visite.

En vain Warburton, les bras croisés sur la poitrine et le regardant en face, lui faisait signe d'entrer chez lui où lui-même se disposait à le suivre, Jérésu ne bougeait pas, et de ses longs bras il serrait dans une violente étreinte la sacoche cachée sous sa sale et nauséabonde houppelande.

L'Anglais fit quelques pas, et l'immobilité de Jérésu fit place à une agitation horrible à voir : ses dents claquaient, ses genoux fléchissaient; et les os de ses membres grêles semblaient près de se disloquer; il se sentait défaillir, et il serait tombé sans le danger que lui semblait courir cette fortune qu'il portait ne l'eût fait en quelque sorte se cramponner à la vie.

« Que signifient ces simagrées? demanda Warburton lorsqu'il fut tout près de Jérésu. Ne vous ai-je pas dit hier que je pourrais avoir besoin quelque jour de renseignements qu'il n'est possible qu'à vous de donner? Eh bien! ce moment que je ne pouvais préciser est venu. Vous connaissez la princesse Mafiolini, vous connaissez le comte Henri; vous n'ignorez aucune des particularités de leur vie entière....

— Ah! mein God! c'haffre jamais édé si safant.

— C'est ce que nous verrons tout à l'heure; rentrez : une explication de cette nature, vous le comprenez bien, ne peut avoir lieu dans la rue.

— Ch'êdre malade, bien malade, répliqua Jérésu; che me zens bien mal.... Addentez à temain, che fous en brie.

— Impossible. J'ai l'excellente habitude de ne pas remettre au lendemain ce que je puis faire le jour même. »

Et comme le juif continuait à trembler horriblement, Warburton s'approchant de lui jusqu'à le toucher, ajouta :

« Voulez-vous que je vous soutienne?

— Che marcherai! che marcherai! » exclama Jérésu, qui voyait la main de l'Anglais s'étendre vers la saillie que faisait l'énorme sacoche cachée sous sa houppelande.

Et galvanisé en quelque sorte par cette terreur nouvelle, il commença à marcher et entra bientôt dans le trou humide qui composait tout son logement.

Là il se laissa tomber sur le fumier qui lui servait de lit, et levant vers l'Anglais resté debout son visage sur lequel se peignait une angoisse inexprimable :

« Barlez à brésent, messié, dit-il; barlez, che crois que ch'aurai assez te forze bour fous rébondre.

— Eh! mon cher, répondit Warburton, en accompagnant ses paroles d'un regard satanique, ne voulez-vous point vous soulager d'abord en déposant ce lourd paquet dont le poids semble vous écraser?

— C'êdre bas ein baguet, messié.... c'êdre.... c'êdre....

— Assez, assez; si je voulais absolument savoir ce que c'est, est-ce que je n'y aurais pas mis l'œil et la main? »

Jérésu poussa un cri qui ressemblait au sifflement d'un serpent, et se renversant sur sa paille il se tordit en serrant convulsivement sa sacoche.

« Sordez! sordez! dit-il d'une voix stridente, ou che fais crier au foleur.... à l'azazin....

— Mais ce misérable est donc devenu fou! dit Warburton.... Écoute-moi donc, triple brute : je ne veux rien de ce que tu possèdes; mais je veux savoir ce que tu sais; il faut que cela soit écrit et soit revêtu d'un caractère authentique; il faut enfin que tes déclarations sur les divers événements relatifs aux personnes que j'ai nommées tout à l'heure, soient faites en présence d'un notaire qui en dressera acte.

— Messié, messié, fous foyez pien gue che n'en buis blus.... gue che fais mourir pientôt.... Mein God! mein God! ch'êdre ein homme mort! dout à fait mort! »

L'état de Jérésu semblait en effet très-alarmant. Les diverses secousses qu'il avait subies dans ces derniers temps, avaient gravement altéré les organes de ce malheureux, déjà viciés par une misère volontaire, et les privations de toutes sortes qu'il s'était imposées pendant sa vie entière.

Impitoyable toujours, Warburton ne pouvait être touché de la situation de cet homme qu'il méprisait comme un être immonde, et s'il ne se fût agi que de ménager la santé du juif, il l'eût bien obligé à marcher et à le suivre; mais il était à craindre que les forces de Jérésu s'épuisassent entièrement, avant qu'il eût pu faire cette déclaration qu'il en exigeait, et comme, du reste, il lui semblait impossible que cet homme lui échappât, tant à cause de l'état anormal dans lequel il se trouvait, que dans la crainte qu'il devait avoir de lui, Warburton ne fit point usage des moyens de vengeance qu'il avait, il n'hésita pas à aller lui-même requérir l'assistance d'un notaire et des témoins nécessaires.

Il sortit donc en ordonnant au juif de l'attendre, et bien persuadé d'ailleurs que cet ordre était superflu, l'état de ce moribond paraissant empirer à chaque instant.

Mais à peine fut-il sorti, que Jérésu, par un effort suprême, se leva, parvint à comprimer l'agitation nerveuse qui lui avait momentanément ôté l'usage de ses membres, et après avoir ajouté à la sacoche, dont il ne s'était pas séparé un instant, quelques sales guenilles qui composaient toute sa garde-robe, il s'enfuit, abandonnant pour toujours le trou où il avait si longtemps vécu de cette vie ignoble, horrible, incroyable, que nous avons racontée.

Lorsqu'il fut assez loin de son domicile, pour être sûr que Warburton ne trouverait pas ses traces, il s'arrêta, et s'assit sur un des bancs de pierre placés devant la porte d'un hôtel, afin de réfléchir, et prendre une détermination.

« Monsieur le baron, pensa-t-il, n'a pas voulu m'échanger ces valeurs contre des lettres de crédit; mais des coupons de rentes se vendent partout; des billets de la banque de France se changent dans tous les pays, et l'or peut faire le tour du monde, sans rien perdre de sa valeur.... Il n'y a que l'argent qui me gêne, et je vais le changer contre de l'or; puis je formerai une balle de menues marchandises, et ma sacoche, cachée au milieu de la balle, je roulerai tout doucement vers l'Allemagne. »

Puis sa pensée s'animant à l'espoir d'échapper à tous les dangers, et de mettre son trésor en sûreté, il se leva résolûment, et recommença à marcher en marmottant.

« Et che mancherai te pon sauerkraut gui êdre bas ger.... Et che brentrai ein chéli poudigue bour fentre tes chélis bédits insdruments.... Et che me figerai te dous les Paltaguins et autres.... Oh! oh!!! mein God! »

Il avait recouvré toutes ses forces, et ce fut d'un pas allègre qu'il alla changer son argent contre de l'or, et qu'il fit les acquisitions nécessaires à l'exécution du projet qu'il avait conçu. Le soir même il couchait à trois heures de Paris; vers le milieu du quatrième jour il arrivait à Soissons.

Accablé de fatigue et de besoin, son premier soin fut de chercher une auberge de modeste apparence, où il pût espérer de réparer ses forces à peu de frais.

Bientôt il aperçut dans un faubourg, une vieille enseigne en tôle peinte, suspendue à une potence en fer, et qui balancée par le vent, faisait entendre des sons aigres, et d'autant plus aigus, que le silence le plus complet semblait régner dans cette maison, isolée des autres habitations.

Sur cette enseigne, on distinguait encore une large croix, jadis rouge; mais dont la peinture, lavée, durant longues années, par la pluie, la neige et la grêle, avait perdu toute sa vivacité.

C'était en effet l'auberge de la Croix-Rouge, et le calme, l'isolement de cette maison, déterminèrent Jérésu à y entrer.

Il y fut reçu par une femme maigre, décharnée, aux yeux hagards.

Le juif, trop fatigué pour faire attention à la physionomie de cette femme, posa sa balle sur une table, et demanda à souper.

Tout à coup la femme s'approche de la table devant laquelle il s'était assis, le regarde avec une expression de frayeur impossible à peindre, et s'écrie :

« Malheureux! malheureux! savez-vous où vous êtes?... savez-vous quelle est cette maison?

— C'èdre, che grois, l'auperche te la Croix-Rouche, répondit Jérésu fort surpris.

— Oui, oui, et cette auberge est toujours tenue par Pierre Lenoir.... Vous savez, Pierre Lenoir.... Oh! vous le connaissez bien, n'est-ce pas? »

Jérésu pensa que cette femme le prenait pour un autre individu, et il ne s'en occupa pas davantage; mais tout à coup, cette malheureuse se mit à rugir comme une lionne, et ses longs hurlements n'étaient interrompus que par ces cris : « A l'assassin! au secours! » qu'elle poussait d'une voix étouffée.

Un homme sortit alors d'une pièce voisine; il s'élança vers cette furieuse, et voulut lui couvrir la bouche pour étouffer ses cris; mais tous ses efforts étaient vains.

« Ah! oui, c'est toi, Pierre Lenoir, disait-elle en se débattant; je te reconnais, tu as du sang aux mains.... Mais il n'est pas mort; il faut que tu achèves de le tuer; il est là, tiens; vois comme la lame de son couteau brille. »

Et elle montrait Jérésu qui, effrayé, s'était, en effet, armé d'un couteau qu'il avait trouvé sur la table.

L'homme qui venait de paraître, était Pierre Lenoir; la malheureuse aliénée était sa femme. Mais, qu'était-ce que Pierre Lenoir ?

. . . .
. . . .

Une famille de Bohémiens qui avait séjourné pendant plusieurs semaines aux environs de Soissons, vivant comme vivent toutes ces tribus nomades, de rapines et d'impôts levés sur les trop crédules paysans, disparut tout à coup, abandonnant à l'entrée de l'un des faubourgs de la ville un enfant qui, peut-être, avait été dérobé, peccadille que ces honnêtes gens se permettent volontiers, ou qui, peut-être aussi, leur appartenait légitimement; mais dont pour le moment la possession leur était sans doute devenue un embarras trop grand, en raison de leurs perpétuelles pérégrinations.

C'était un garçon d'environ deux ans; on le trouva profondément endormi sur un banc de pierre à la porte d'un pauvre maître d'école.

Le brave magister qui n'avait pas d'enfants déclara qu'il se chargerait de celui que la Providence lui envoyait ainsi, et il le porta à sa femme qui se prit bientôt à aimer le jeune orphelin comme s'il eût été son fils. Il fallut lui donner un nom : on l'appela Pierre, en souvenir de la couche peu douillette sur laquelle il avait été trouvé endormi; et plus tard, ses cheveux noirs et crépus qui décelaient une origine méridionale, lui firent donner le surnom de Lenoir.

Pierre montra de bonne heure une grande intelligence; il comprenait avec une facilité merveilleuse toutes sortes de questions, même celles sur lesquelles son esprit était le moins exercé.

Il n'avait pas encore dix ans, que déjà le brave magister Thomas Babois, son père adoptif, n'avait plus rien à lui enseigner.

Du reste, Pierre n'avait ni les défauts, ni les qualités de son âge : il était sombre, méditatif, ne prenait jamais part aux jeux de ses camarades.

Il arrivait parfois qu'à une pensée soudaine son visage s'illuminait; ses yeux noirs semblaient

Ce flacon contient la foudre. (Page 309, col. 1.)

lancer des éclairs; mais cela ne durait qu'un moment, et son air de mélancolie ordinaire reprenait promtement le dessus.

On eût dit qu'une passion toute virile avait fait irruption dans ce cœur d'enfant.

C'est qu'en effet Pierre était dès lors sous l'influence d'une passion terrible, violente comme l'amour, indomptable comme la haine, insatiable comme l'orgueil : le malheureux n'avait rien, et il était tourmenté du désir de posséder; la cupidité commandait en souveraine dans le cœur du jeune bohémien; il aimait l'or comme on aime Dieu, par instinct et sans le connaître, car chez Thomas Babois, l'or était inconnu.

Sans se montrer trop fier de la supériorité que son intelligence lui donnait sur ses camarades, il savait la mettre à profit. Il était auprès du magister le canal des grâces, et il le faisait payer : à l'un il faisait donner une partie de son goûter qu'il vendait à un autre; de celui-ci il obtenait quelque jouet; à celui-là il extorquait une plume, un crayon, quelques feuilles de papier, toutes choses qu'il cachait soigneusement jusqu'à ce qu'il trouvât l'occasion de les échanger contre quelques sous.

Le malheureux était dès lors la rapacité incarnée. Néanmoins il se montrait doux, soumis, dévoué même envers ses parents adoptifs, et bien qu'il se sentît souvent tourmenté de la tentation de s'approprier une partie des faibles épargnes de l'honnête magister, il n'y succombait point : sa raison, dans ces circonstances, venait en aide à sa cupidité; il sentait la nécessité de se conserver un point d'appui, et de ne pas compromettre légèrement sa réputation d'honnêteté, seule chose qui pût le mener à ses fins; car dès lors Pierre avait un but, la fortune, et bien qu'elle ne lui apparût que comme un point dans l'espace, il se sentait assez de persévérance pour y arriver.

Pierre Lenoir atteignit ainsi sa douzième année; il était question de le mettre en apprentissage, lorsque sa mère adoptive, déjà fort âgée, mourut presque subitement; le magister ne lui survécut que fort peu de temps, et de nouveau, Pierre se trouva seul dans le monde. Il se montra fort sensible à cette perte, et peut-être l'était-il d'autant plus que le magister n'ayant fait aucune disposition testamentaire, quelques collatéraux étaient venus s'abattre comme une nuée de corbeaux sur la maison mortuaire.

Pierre priait, agenouillé près des dépouilles mortelles de son père adoptif, lorsque ces gens avides se présentèrent.

« Eh! mon Dieu! leur dit-il fort tranquillement et sans quitter la position où il se trouvait, que venez-vous chercher ici? Mes bons et dignes protecteurs étaient si pauvres qu'à grand'peine nous nous procurions le pain de chaque jour, et le chétif mobilier qu'ils laissent ne suffira probablement pas pour payer les loyers.

— Et voilà ce que c'est, s'écria l'un des héritiers, que d'admettre des intrus dans sa famille.

— Vous pouvez m'injurier à votre aise, répliqua Pierre, qui versait des larmes abondantes, car vous ne sauriez m'affliger plus que je le suis; mais vous me tuerez plutôt que de me faire quitter cette chambre avant que mon pauvre père en soit sorti pour aller à sa dernière demeure.... Mon Dieu, prenez patience; ce ne sera pas long, car j'entends déjà tinter les cloches. »

Les héritiers ne virent pas d'inconvénient à laisser prier et pleurer à son aise ce pauvre enfant dont le désespoir semblait si vrai; ils se répandirent dans la maison, de la cave au grenier, pour y procéder à une sorte d'inventaire provisoire.

Dès que Pierre se vit seul, il prit un trousseau de clefs placé sous le chevet du défunt, et bondit vers une vieille armoire, comme un tigre qui a vu sa proie près de lui échapper; il prit dans un tiroir un sac de toile contenant une trentaine d'écus; il plaça le sac sous ses vêtements, entre sa peau et sa chemise, puis il se remit à genoux près de la bière de son bienfaiteur, qu'il accompagna ensuite à l'église et au cimetière.

Pendant tout le reste du jour, il erra par la ville, roulant dans sa tête une foule de projets et ne s'arrêtant à aucun. Le soir il revint instinctivement à la maison du magister; il s'assit sur ce banc de pierre qui lui avait servi de berceau, et il recommença à pleurer amèrement, car la cupidité qui s'étendait sur ce jeune cœur comme une tache d'huile, n'en avait pas encore exclu tout bon sentiment. Cependant il lui fallut songer à trouver un gîte; il entra fort triste à l'auberge de la Croix-Rouge, qui faisait face à la maison du magister.

« Ah! ah! te voilà garçon! fit le père Roussel, le maître de l'auberge. Pardieu! je pensais à toi il n'y a pas un quart d'heure.... Eh bien! voyons, que vas-tu faire maintenant?

— Hélas! vous le savez, monsieur Roussel, je suis orphelin, et je n'ai pu encore apprendre à travailler.

— Mais on dit que tu lis comme un curé, et que tu écris comme un notaire : c'est quelque chose ça! et avec de la bonne volonté....

— Oh! la bonne volonté n'est pas ce qui me manque.

— Tant mieux, garçon; alors nous pourrons nous entendre : moi, je ne sais ni a ni b, ma fille Marguerite n'en sait pas plus que moi, bien qu'elle ait été longtemps à l'école; mais elle tient de famille, elle a la tête un tantinet dure. Si bien que depuis que Dieu m'a pris ma défunte, tout ici va un peu à la diable.... Si tu entrais à mon service, ta besogne ne serait pas trop rude, et tu ne manquerais de rien. »

Un éclair de joie brilla sur le visage de Pierre; mais il réprima promptement cette émotion, de peur que le père Roussel n'en profitât pour lui faire des conditions moins avantageuses.

« Voyons, garçon, reprit l'aubergiste, douze gros écus par an, nourri comme moi, et les petits profits, ça te va-t-il?

— J'accepte, monsieur Roussel.

— Tope! Pierrot! C'est marché fait; tu es à moi d'aujourd'hui. »

Pierre fut installé à l'instant même. Plus que jamais, il lui fallut se tenir en garde contre la tentation; car les occasions de faillir devenaient plus fréquentes à mesure que sa passion grandissait.

Plein de confiance dans l'honnêteté de l'orphelin, l'aubergiste le laissait souvent seul dans la chambre dont les meubles n'étaient point fermés, et ce n'était plus quelques écus qui se trouvaient ainsi à sa discrétion, mais une somme considérable; car la Croix-Rouge était bien achalandée.

Le père Roussel gagnait beaucoup d'argent, et, n'entendait rien aux affaires, il thésaurisait plutôt que de placer ses fonds. Toutefois Pierre ne laissait pas de grossir ses profits par une foule de petits moyens qui, bien que n'étant pas tout à fait innocents, ne pouvaient le compromettre : chargé de la comptabilité générale, il enflait légèrement chaque note de voyageur, prétextant erreur lorsqu'il y avait réclamation, et empochant le supplément quand cela passait inaperçu.

Du reste, il se montrait, jeune homme, ce qu'il avait été enfant, ami de l'ordre et du travail, attentif à ses devoirs, soumis et respectueux envers son maître. Le vieux Roussel était très-content de lui, et il ne faisait rien sans le consulter.

Quant à Marguerite, bien qu'elle fût plus âgée que Pierre, de quatre ou cinq ans, elle se montra bientôt fort sensible aux égards, aux petits soins que ne cessait de lui prodiguer l'orphelin.

La pauvre fille avait le malheur d'être laide; mais sous cette enveloppe grossière, battait un cœur ardent. Pierre avait vu promptement tout le parti qu'il pouvait tirer de cette disposition, et il se berçait de l'espérance qu'un jour l'auberge de la Croix-Rouge serait à lui.

Pourtant cet avenir si brillant ne lui faisait pas négliger le présent, et son petit trésor grossissait chaque jour; car il était devenu plus hardi, à mesure que sa réputation lui avait paru mieux établie, et il faisait sans façon, main basse sur une foule de petits objets.

Malheur au voyageur qui oubliait quelque chose à la Croix-Rouge : Pierre n'avait jamais rien trouvé, et il ne venait à personne la pensée de soupçonner la probité d'un si brave garçon dont tout le monde faisait l'éloge, et qui comptait autant d'amis comme l'auberge avait de pratiques.

Aujourd'hui c'était un mouchoir de poche, demain un parapluie, un autre jour une serviette ; et tout ce même butin était déposé en lieu sûr, à l'abri de tous les regards, en attendant l'apparition de Samuel Bucas, marchand forain qui, depuis un quart de siècle, avait coutume de loger, deux fois par an, à la Croix-Rouge, savoir à Pâques et à la Toussaint.

Samuel Bucas était un de ces marchands nomades, dont la vie est un problème, et qui peut-être ont donné naissance à la fable du Juif Errant.

Samuel qui avait longtemps porté la balle, courait maintenant le pays avec une petite carriole toujours bien garnie de mercerie, de menue quincaillerie, de bijoux en cuivre, etc.

De même que Pierre Lenoir, Samuel Bucas s'était fait une grande réputation de probité ; on ne parlait qu'avec une sorte de respect de ce digne homme qui, pendant vingt ans, n'avait cessé de marcher courbé sous le faix d'une lourde balle, et qui n'était arrivé qu'à grand'peine, après de si rudes travaux, à faire l'acquisition d'une voiture et d'un cheval, choses qui paraissaient être maintenant le plus clair de son bien.

La première fois que Pierre et Samuel se virent, ils se sentirent, malgré la grande différence d'âge qui existait entre eux, attirés l'un vers l'autre par une sorte de secrète sympathie ; ils ne s'étaient rien dit, que déjà ils se comprenaient ; bientôt ils n'eurent plus rien de caché l'un pour l'autre, et chaque semestre, à partir de cette époque, le marchand forain acheta pour moitié de leur valeur les objets adroitement détournés et soigneusement gardés par Pierre, dont les économies grossissaient toujours.

Mais combien ce petit trésor lui paraissait chétif lorsqu'il le comparait à la fortune amassée par le père Roussel ! et au prix de combien de privations avait-il réuni ce maigre pécule !

Pour lui, depuis qu'il était au monde, il n'y avait eu ni fêtes, ni plaisirs ; il n'avait pas un ami parmi les jeunes gens de son âge ; on ne l'avait jamais vu ni aux bals de la ville, ni aux fêtes des villages voisins....

Et comme, malgré tant d'efforts, de soins, d'abnégation, il était encore loin du but !

Pierre soupirait en faisant ces réflexions ; mais il ne se sentait pas découragé.

Cependant les années s'écoulaient ; Pierre Lenoir était maintenant un homme, et l'on s'étonnait dans le voisinage qu'un garçon si capable, et dont l'intelligence avait fait de la Croix-Rouge la meilleure auberge du pays, ne songeât pas enfin à travailler pour lui.

Samuel Bucas lui-même finit par trouver la conduite de son jeune ami extraordinaire.

« Çà, garçon, lui dit-il un jour, à qui songes-tu donc ? Tu as sous la main une fille unique dont le père est assez riche pour acheter tout un quartier de la ville, et tu n'as pas l'air de te douter que c'est là un butin qui te revient de droit ?

— Il y a longtemps que j'y pense, mon vieux Samuel, répondit Pierre, et j'aurais déjà parlé, si je ne craignais de tout compromettre par trop de précipitation.

— A la bonne heure, trop de précaution ne saurait nuire ; mais la crainte me paraît hors de saison, car déjà la fille est si bien à toi que tu la pourrais prendre sans permission.

— Et bien m'en garderai-je vraiment ! es-tu fou, Samuel, de me pousser dans cette voie ?... Ne vois-tu pas comme moi que le père Roussel est vert, ingambe, bien constitué, et capable de vivre encore vingt ans ?... Que si je prenais la fille sans lui demander la permission, il serait homme à me la laisser sur les bras sans tirer à notre intention un sou de son escarcelle ?

— Tu as peut-être raison. Parle donc au père Roussel, et hâte-toi, car cette fille-là est de celles que l'on épouse pour les beaux yeux de leur dot. »

C'était vers la Toussaint que Samuel parlait ainsi ; Pierre résolut de suivre ce conseil, et deux jours après le départ du juif, croyant avoir suffisamment préparé les voies, il risqua le compliment près de l'aubergiste.

« Monsieur Roussel, lui dit-il, j'ose croire que mon attachement, mon dévouement vous sont assez connus ; vous m'avez dit cent fois que vous me regardiez comme votre enfant...

— Je l'ai dit, Pierre, et je le répète, n'es-tu pas bien traité ? Te manque-t-il quelque chose ? Parle, mon garçon, ne te gêne pas.

— Eh bien ! monsieur Roussel, il ne tient qu'à vous que je devienne tout à fait votre fils....

— Ouais ! quelle gamme me chantes-tu là, garçon ? fit l'aubergiste qui était à mille piques de s'attendre à ce compliment.

— Je vous dis la vérité, monsieur Roussel ; j'aime Mlle Marguerite, votre fille, et je n'ai pas besoin de me justifier, car j'ai toujours eu pour elle autant de respect que d'amour ; mais je dois tout vous dire, c'est de l'aveu même de Mlle Marguerite, que je viens vous prier de m'accorder sa main. »

Le père Roussel fronça d'abord le sourcil, puis il se prit à sourire de pitié, et il laissa tomber ces mots en levant les épaules :

« Qui es-tu ! Qu'as-tu, toi qui me demandes ma fille ?

— Qui je suis, monsieur Roussel, vous le savez aussi bien que moi, ou plutôt vous ne le savez pas plus que moi, et vous êtes trop honnête homme pour vouloir me reprocher le mystère de ma naissance ; quant à ce que j'ai, ne vous déplaise, cela pourrait bien dépasser deux mille écus. »

La surprise de l'aubergiste fut si grande qu'il ne put répliquer sur-le-champ ; mais s'étant remis, il dit :

« Deux mille écus ! maître drôle !... Et où as-tu pris tant d'argent ?

— Mes parents, répliqua Pierre avec assurance, n'étaient pas aussi pauvres qu'on l'imaginait, et la preuve, c'est que le vieux magister Babois, mon père adoptif, trouva dans mes vêtements trois mille francs en or ; il était trop homme de bien pour songer à s'approprier cette somme : il la garda donc soigneusement, et il me la remit avant de mourir. Depuis, j'y ai joint le produit de mon travail sans jamais en rien distraire, et je serais heureux maintenant de pouvoir offrir le tout à Mlle Marguerite.

— Assez, Pierre !... Pas un mot de plus, si tu veux que nous restions amis. Je donne à ma fille cent mille francs ; elle peut épouser un notaire, et je la déshériterais tout à l'heure, si je croyais qu'elle pût penser à un garçon d'auberge. »

Ces dernières paroles semblèrent à Pierre un fer ardent qui lui passait dans les entrailles ; mais toujours maître de lui-même, il dévora sa douleur, et il se contenta de répliquer :

« Soit, monsieur Roussel, n'en parlons plus. »

De la part de tout autre, cette apparente résignation aurait pu faire naître des soupçons ; mais l'aubergiste n'en parut pas surpris, tant il était accoutumé à la soumission de l'orphelin.

Près de six mois s'étaient écoulés ; on était au mardi de Pâques ; et Pierre fort triste depuis quelque temps, mais toujours aussi actif et persévérant, s'occupait de soins divers à l'auberge de la Croix-Rouge, lorsque le bruit d'une voiture qui entrait dans la cour attira son attention ; il sort aussitôt, et un éclair de joie illumine son visage lorsqu'il reconnaît la carriole du vieux Samuel.

Il s'élance dans la cour, aide au vieux marchand à mettre pied à terre.

« Bonjour, maître ! dit Samuel en riant.

— Toujours valet comme devant, mon bon Bucas, répondit Pierre.

— Hum ! je m'en doutais : le vieux Roussel est orgueilleux, il t'a refusé sa fille.... Je crois que j'avais raison d'abord, et que tu aurais mieux fait de prendre que de demander.

— Et où en serais-je maintenant ? A attendre les souliers d'un mort en mangeant ce que je possède : je ne suis pas homme à jouer si gros jeu.

— Mais s'il y avait moyen de jouer à coup sûr ?

— Que veux-tu dire, mon bon Bucas ?...

Quoi ! il y aurait un moyen de.... Parle, je t'en prie !

— C'est assez pour le moment ; viens ce soir dans ma chambre, et nous en reparlerons. »

A ces mots, Samuel tourna les talons, et il se rendit dans la salle de l'auberge, où il fut reçu comme une vieille connaissance qu'on est bien aise de revoir.

Selon son habitude, Samuel soupa à la table de son hôte, en compagnie de Marguerite et de Pierre, et il se montra ce soir-là plus joyeux que de coutume ; il semblait être en verve de gaieté, et il buvait fréquemment, invitant l'aubergiste à lui faire raison ; le père Roussel n'avait garde de refuser, et il vidait son verre tout d'une haleine, tandis que Bucas laissait le sien plein aux deux tiers, de sorte qu'il n'en vidait qu'un contre son hôte trois.

Pierre, qui s'était aperçu de ce manége, ne comprenait rien à la conduite de son ami ; il pensait pourtant que Samuel avait l'intention de dire un mot en sa faveur, mais il n'en fut rien ; et Marguerite s'étant retirée, le marchand forain continua à parler gaillardement, riant et versant rasade à tout propos ; si bien que le père Roussel finit par s'endormir sur la table, ce qui lui arrivait assez fréquemment quand il trouvait à qui parler pour vider quelques bouteilles.

Pierre, selon son usage lorsqu'il voyait son maître en cet état, le prit à bras le corps, le chargea sur son épaule, et l'alla mettre au lit ; puis s'étant assuré que tout le monde dormait dans la maison, il se rendit à la chambre de Samuel.

Ce dernier était debout, les bras croisés sur la poitrine : il avait l'air pensif et le regard étincelant.

« Pierre, dit-il à Lenoir, Roussel est un ingrat ; il te doit la plus grande partie de sa fortune, et il te paye tes services par le mépris.

— Je le sais bien.

— Il t'humilie, toi qui l'as fait riche....

— C'est vrai.

— Eh ! ne sais-tu pas que le plus chétif vermisseau se redresse contre l'oppresseur qui menace de l'écraser ?

— Samuel, ce n'est pas à toi que je cacherai quelque chose : la vérité est que depuis le jour où le père Roussel m'a refusé sa fille, le désir de me venger est entré dans mon cœur et n'en est plus sorti.

— Eh bien ! si tu es homme à le satisfaire, je t'en donnerai les moyens. »

Pierre pâlit ; une sueur froide lui couvrit le visage.

Samuel n'avait encore rien dit des moyens qu'il prétendait employer ; mais depuis longtemps Lenoir lisait à livre ouvert dans la pensée de cet homme.

« Tais-toi, Bucas, dit-il d'une voix altérée, il faudrait être sorcier pour opérer à coup sûr, et je ne crois pas aux sorciers.

— Et en cela tu as tort, mon garçon; car les sorciers sont nombreux aujourd'hui, et il ne se passe pas de jour qu'ils n'opèrent mille merveilles; seulement ils ont changé de nom : les gens qu'on appelait des sorciers autrefois, sont aujourd'hui des chimistes.... Et puis serait-ce donc un si grand miracle que la mort subite du père Roussel? A son âge l'apoplexie est de mise, aussi bien qu'une goutte qui remonte dans l'estomac, un anévrisme qui se rompt, une congestion cérébrale, etc., sans compter bien d'autres choses, telles que le tétanos, le choléra plus ou moins asiatique, la combustion spontanée, que personne n'a vue, et à laquelle tout le monde croit....

— Samuel! Samuel! fit Pierre effrayé, es-tu donc le diable en personne?

— Je suis ton ami, Pierre, et je veux te rendre service.

— Eh bien! parle donc, Satan!... ou plutôt ordonne, et j'obéirai.

— Doucement, mon garçon; pour que chacun soit le fils de ses œuvres, il faut mettre un prix à chaque chose.

— Je comprends; tu veux ta part de l'héritage.... eh bien! encore une fois, parle.... et hâte-toi, de peur que le cœur ne me manque.

— Écoute, Pierre, j'espère que tu n'es pas un enfant : je veux être de moitié partout.

— De moitié, vieux loup-cervier!... Mais sais-tu bien que Roussel possède plus de trois cent mille francs?

— Je sais cela, et je sais aussi que, sans mon aide, tu ne toucheras pas une miette de ce riche gâteau.

— A la bonne heure.... mais moitié, mon bon Samuel, c'est exorbitant.

— Eh bien, reste garçon d'auberge, et n'en parlons plus. »

Pierre réfléchit; il se dit qu'une fois maître de la maison, il lui serait bien facile de faire composer Bucas, qui n'aurait aucun moyen pour faire valoir ses prétendus droits!

« Voyons, mon vieux Samuel, reprit-il doucement, moitié est-ce ton dernier mot?

— Absolument.

— Allons, c'est marché fait, parle maintenant, je t'écoute.

— Tu fais bien, car nous n'avons pas un instant à perdre. Tu vois ce petit flacon bouché avec le plus grand soin; il contient la foudre.... »

Pierre retira brusquement la main, que déjà il avait avancée pour prendre le flacon.

Bucas n'eut pas l'air de s'apercevoir de ce mouvement de frayeur, et il continua : « Il te suffira de tremper dans ce flacon une fine aiguille et d'en piquer les narines du vieux Roussel. Hâte-toi, et demain.... la succession sera ouverte.

— Tu seras au moins présent à l'exécution?

— Oui vraiment, car tu serais homme à tout compromettre. »

Pierre prit le flacon et l'aiguille que lui présentait Samuel; ce dernier s'arma d'un bougeoir dans lequel une chandelle achevait de se consumer, et tous deux, pieds nus et retenant leur haleine, se dirigèrent vers la chambre où l'aubergiste dormait de ce sommeil de plomb causé par l'ivresse, et que les moyens ordinaires seraient impuissants à faire cesser.

Pierre s'avança vers le lit, puis il recula de quelques pas : ses cheveux se hérissèrent; ses membres s'agitèrent par un mouvement convulsif.

« Enfant! dit Bucas, encore dix minutes d'hésitation et tout est perdu! et cette fortune que tu convoites, que tu as achetée au prix de tant de sacrifices, elle t'échappe sans retour. »

Ces paroles étaient à peine prononcées, que Lenoir se sentit saisi d'une sorte de frénésie; il s'élança vers le vieux Roussel, qui dormait toujours du sommeil le plus profond, et ayant trempé sa longue aiguille dans le flacon, il l'introduisit violamment dans les narines du malheureux aubergiste.

Samuel s'attendait à une mort instantanée; car le flacon qu'il avait remis à Pierre contenait de l'acide prussique; mais soit que ce poison eût perdu, par l'évaporation, une partie de sa puissance foudroyante, soit qu'il eût été injecté à trop faible dose, à peine Roussel en fut-il atteint, qu'au lieu de passer du sommeil à la mort, il commença à se débattre sur son lit; il se souleva même à plusieurs reprises, et fit entendre quelques sons inarticulés.

« Tu m'as trompé, Samuel! dit Pierre dont les traits étaient bouleversés.

— Enfant! ne vois-tu pas qu'il se débat contre la mort qui va le saisir? Tu as le poignet solide; serre-lui la gorge pendant une demi-minute, et tout sera fini. »

Pierre était haletant; son trouble était inexprimable; il hésita.

Mais bientôt faisant un violent et dernier effort sur lui-même, il retomba près du lit, et saisit violemment l'aubergiste à la gorge.

Le malheureux vieillard se débattit encore un instant, puis ses bras qu'il avait instinctivement jetés en avant, retombèrent pesamment sur les couvertures; son cœur cessa de battre....

Il était mort.

« A toi le reste, Satan! dit Pierre en se tournant vers Bucas; je vais t'attendre dans ta chambre. »

Samuel, toujours armé de son bougeoir, s'approcha tranquillement du lit, afin de faire disparaître toute trace de violence; il s'aperçut alors qu'en se débattant Roussel avait passé l'un des doigts de sa main droite dans l'une des boucles d'oreilles de Pierre, et qu'elle était restée à ce doigt crispé par la douleur. A cette vue, le visage du vieux misérable s'épanouit.

« Ah ! maître Pierre, se dit-il, tu hésitais à me promettre le partage égal ! Eh bien ! c'est moi qui n'en veux plus, maintenant; tu es à moi, mon drôle !... tu m'appartiens corps et biens, et tu seras désormais mon esclave soumis. »

Il prit le bijou resté au doigt de la victime, et tout étant dans un état convenable, il se retira dans sa chambre pour y attendre le jour.

Deux heures après tout était en mouvement comme d'habitude à l'auberge de la Croix-Rouge; les servantes et les valets d'écurie allaient et venaient dans la maison.

Tout à coup de grands cris se firent entendre dans l'escalier qui conduisait aux étages supérieurs; ces cris étaient poussés par Marguerite qui, ne voyant pas paraître son père à l'heure ordinaire, était entrée dans sa chambre et venait de reconnaître que Roussel était mort.

Le bruit de cet événement se répandit aussitôt; un médecin fut appelé; il examina le cadavre et déclara que le vieil aubergiste avait succombé à une attaque d'apoplexie foudroyante.

Pendant trois jours, Pierre Lenoir ne quitta pas le lit, et on attribua tout naturellement son indisposition à la douleur que lui causait la mort de son bienfaiteur.

Bucas se montra également fort affligé, et en sa qualité de l'un des plus vieux amis du défunt, il réclama le triste honneur de l'ensevelir, ce qui lui fut accordé sans difficulté.

Il accompagna ensuite les dépouilles mortelles du malheureux Roussel jusqu'au champ de repos, puis prétextant des affaires et les exigences de son commerce, il partit.

Depuis plusieurs mois, Marguerite était devenue la femme de Pierre, et ce dernier se trouvait possesseur d'une fortune assez considérable, car le père Roussel avait plus amassé qu'on ne le croyait; mais il s'en fallait de beaucoup que cette fortune eût procuré à Lenoir le bonheur qu'il en attendait; la crainte et les remords lui torturaient le cœur; il voyait partout le vieux Roussel se débattant contre la mort, et il était sans cesse obsédé de la crainte que quelque incident imprévu ne dévoilât les mystères de cette nuit terrible pendant laquelle il avait assassiné son maître; il devint sombre, brusque; la moindre chose l'irritait et le faisait entrer en fureur.

Marguerite fut la première à souffrir de ce changement d'humeur; elle s'en plaignit d'abord; puis, la pauvre femme se résigna.

Un instant Pierre eut l'idée de vendre l'auberge et de quitter le pays; puis, il craignit que cela n'éveillât les soupçons, et d'ailleurs Samuel ne pouvait tarder à reparaître pour exiger l'exécution de la convention faite; frustré de ses espérances, garderait-il toujours ce fatal secret dont leur vie à tous deux dépendait ?

Et, d'un autre côté, Lenoir se révoltait à l'idée d'être obligé de partager cette fortune acquise au prix de tant de terreurs.

Un soir, Pierre était tristement assis au coin de l'âtre de sa cuisine; absorbé par ses lugubres pensées de chaque jour, il n'avait pas entendu ouvrir la porte, et il bondit de frayeur en sentant une main s'appuyer sur son épaule.

« Ah ! c'est toi Samuel, dit-il en reconnaissant le vieux marchand ; que le diable te brise les os !... tu m'as fait une peur....

— Tu as peur, toi ?... Allons donc, n'es-tu pas maintenant Pierre le fort et le riche?

— Riche? pas autant que tu le crois, Bucas ; mais assez pourtant pour que tu sois toujours bien traité ici sans qu'il t'en coûte rien.

— Bien, bien; tout cela sera facile à vérifier, les scellés étaient mis quand je suis parti; on a dû faire un inventaire, et j'espère que tu ne te feras pas *tirer l'oreille pour exécuter nos conventions.* »

Bucas avait appuyé à dessein sur ces dernières paroles qui firent tressaillir Lenoir. Toutefois il se remit promptement, et dit avec un air de bonhomie :

« De quelles conventions veux-tu parler, mon bon Samuel ? Nous n'avons à démêler ensemble aucune affaire d'intérêt, que je sache.... à moins que je ne l'aie oublié ; j'ai si peu de mémoire depuis quelque temps.... Mais alors tu seras en mesure de me remettre sur la voie, tu me montreras tes titres....

— Prends garde, Pierre, interrompit Bucas, ne joue pas avec le feu. Tu demandes des titres ; tiens, regarde, en voici un qui te paraîtra suffisant.

— Qu'est-ce que cela ? Une boucle d'oreille que je t'ai vendue et que tu m'a payée; nous sommes quittes.

— Oui, Pierre; c'est l'une de tes boucles d'oreilles que j'ai soigneusement gardée.... Et sais-tu où est l'autre ?... Je vais te l'apprendre : elle est demeurée au doigt de Roussel, qui te l'a arrachée en se débattant, et elle est enterrée avec lui.... Que dis-tu de cela, mon garçon ? Ne trouves-tu pas qu'il y a là de quoi faire un petit acte d'accusation capable de te rendre la mémoire?

— Grâce, grâce ! Samuel, dit Lenoir, dont le visage était couvert de sueur. Ce soir, quand tout dormira, nous compterons.... Tu auras ta part.... Mais moitié, mon bon Bucas, cela est-il raisonnable ?

— Non vraiment; aussi je veux quelque chose de mieux.

— Il te faudrait tout, peut-être, vieux serpent?

— Pourquoi non, mon fils, tu paraissais bien tout à l'heure disposé à t'en accommoder; je ne suis pas plus difficile que toi.

— Prends garde à ton tour, Bucas! ne me pousse pas au désespoir.

— Allons, rassure-toi; je serai plus traitable que tu ne l'aurais été. Ainsi, à ce soir, car je veux partir demain de grand matin.

Cette soirée parut à Pierre horriblement longue; enfin vint l'heure du souper, après lequel Marguerite se retira, laissant son mari et le vieux marchand vider une bouteille de vin fin.

« Maintenant, dit Samuel, il me semble que nous pourrons parler d'affaire.

— Pas ici, mon vieux Bucas; les murs pourraient avoir des oreilles.... Tu sais que la fortune du père Roussel se composait principalement d'argent comptant; n'ayant encore rien décidé sur l'emploi que j'en ferai, je l'ai provisoirement déposé dans un caveau dont j'ai seul la clef. Nous pourrons, là, causer à l'aise en vidant une autre bouteille, si le cœur t'en dit. Tu me feras tes conditions, et j'espère que, malgré le petit nuage de tantôt, nous demeurerons bons amis. »

Il se leva, prit une chandelle et sortit de la salle; Samuel le suivit, et ils arrivèrent bientôt dans un caveau.

Pierre fit sauter le bouchon d'une bouteille et posa sur une futaille deux verres qu'il avait apportés; mais Samuel refusa de boire et demanda où était l'argent.

« Je vais te le montrer, » répondit Lenoir.

Il passa derrière Bucas comme pour y prendre une pioche déposée contre le mur, et tirant promptement de dessous ses vêtements un long couteau de cuisine dont il s'était muni, il en frappa le marchand, qui tomba en poussant un cri terrible.

Cependant Marguerite ne dormait pas; l'air préoccupé de son mari et de Samuel, pendant le souper, lui avait fait soupçonner quelque mystère.

Le cri de Bucas arriva jusqu'à elle; elle s'élança hors du lit, et poussée par une force irrésistible, elle descendit dans la cave, guidée par le bruit sourd des coups de pioche, dont Lenoir frappait le sol du caveau.

Bientôt un spectacle horrible s'offre aux yeux de cette infortunée : à deux pas du cadavre de Bucas, étendu sur la terre et baigné dans son sang, un homme est occupé à creuser une fosse; c'est Pierre, c'est son mari !

« Malheureuse! s'écrie ce dernier, qui vient de tourner la tête, c'est la mort que tu viens chercher ici! »

Ramassant aussitôt le couteau ensanglanté déposé près du cadavre, il s'élance vers la pauvre femme, la saisit, et lève le bras pour frapper.

« Grâce! grâce! Pierre, s'écria-t-elle; que t'ai-je fait pour que tu veuilles me tuer? »

Lenoir s'arrêta.

Il venait de comprendre qu'un double meurtre lui serait presque impossible à cacher.

« Eh bien! dit-il, jure sur le salut de ton âme de ne jamais révéler ce que tu vois en ce moment. »

La jeune femme, plus morte que vive, fit en tremblant le serment qu'exigeait son mari, qui voulut en outre, pour établir une sorte de complicité, qu'elle l'aidât à déposer le cadavre dans la fosse qu'il acheva de creuser.

Le lendemain, dans la matinée, Lenoir alla lui-même avertir les autorités de la disparition du marchand forain.

« Nous venions de souper ensemble, dit-il, lorsqu'il sortit pour satisfaire un léger besoin, et il n'a pas reparu. »

On fit des recherches qui n'eurent aucun résultat, et personne ne pensa à soupçonner Pierre, qui continuait à jouir d'une excellente réputation.

D'ailleurs les marchandises de Bucas furent trouvées intactes, et l'on trouva même dans le coffre de sa carriole une somme assez considérable, circonstance qui seule eût suffi pour détruire tous les soupçons.

Pierre continua donc à vivre comme par le passé; mais les remords firent bientôt d'affreux ravages sur sa personne : ses cheveux blanchirent subitement, ses joues se creusèrent, son dos se voûta.

En même temps sa femme devint languissante; parfois sa raison s'égarait; elle avait des visions qui lui faisaient jeter des cris épouvantables.

On s'étonnait que dans l'état de santé où ils étaient tous deux, ils continuassent à tenir l'auberge de la Croix-Rouge, qu'ils eussent trouvé à vendre facilement; des propositions avantageuses furent même faites à Pierre pour le décider à céder cet établissement, mais il les rejeta constamment.

Bientôt cette maison, naguère si animée, offrit l'aspect d'un tombeau; l'humeur des maîtres en éloignait les voyageurs; l'herbe poussait dans la cour; les volets ne s'ouvraient jamais qu'à demi, et une sorte de silence lugubre régnait à l'intérieur, silence interrompu seulement de temps à autre par la malheureuse femme dont la raison s'altérait de plus en plus.

Tel était l'état des choses à l'auberge de la Croix-Rouge, lorsque Jérésu s'y présenta; la ressemblance que Marguerite avait trouvée entre ce dernier et le vieux Bucas, avait déterminé un de ces accès de folie furieuse qui, à mesure qu'elle avançait en âge, devenaient plus fréquents.

S'étant dégagée des mains de son mari, elle

continuait à crier à l'assassin, et en se débattant contre les êtres imaginaires qui lui semblaient vouloir attenter à sa vie, elle brisait les meubles et faisait un bruit épouvantable.

Lenoir sentit, en regardant Jérésu, grandir toutes ses terreurs.

Bucas lui apparut tout sanglant, il crut voir son beau-père lui présenter la boucle d'oreille qu'il lui avait arrachée en rendant le dernier soupir sous sa main parricide : mais l'instinct de la conservation dominant enfin sa frayeur, il courut à Marguerite, qui continuait à crier en répétant les mots :

— *Bucas! assassin! caveau!*

« Malheureuse! s'écrie Pierre, tu veux donc que nous allions tous deux mourir sur l'échafaud ? »

Elle ne l'entendit pas; Pierre, au désespoir, tente de serrer la gorge à cette insensée; mais une vieillesse précoce a détruit ses forces physiques; Marguerite s'échappe facilement de ses mains, et elle s'élance dans la rue où de nouveau elle fait retentir l'air de ses cris.

Les voisins s'assemblent autour d'elle, on l'interroge.

« Bucas! Bucas! répond-elle; vous savez le vieux Bucas.... que Pierre a assassiné.... Il est là.... là.... chez nous.... Il est ressuscité.... Pierre l'avait pourtant bien tué.... Oui, oui.... il lui a coupé le cou.... et il m'a fait jurer de n'en rien dire.... »

Cependant, Pierre éperdu, s'était empressé de fermer la porte de la maison.

« Mon ami, dit-il à Jérésu, qui n'était pas moins effrayé que lui, un grand danger me menace en ce moment; vous seul pouvez me sauver.... Si vous le faites, je vous récompenserai généreusement.

— Ch'êdre douchours prêt à rentre service aux honnêtes chens, répondit le juif. Mais la recombense il gâte rien....

— Le temps presse! écoutez-moi. Un homme qui vous ressemblait, porte-balle comme vous, logeait ici il y a quelques années. Il disparut, et vous entendez que cette folle m'accuse de l'avoir assassiné, en même temps qu'elle croit le reconnaître en vous. La ressemblance est grande, en effet.... Cet homme s'appelait Bucas; ses papiers sont en ma possession, je vais vous les remettre. Consentez, je vous en conjure, à passer pour cet homme. Tâchez d'expliquer comment vous, Bucas, avez été obligé de partir précipitamment d'ici en abandonnant votre voiture, les marchandises et l'argent qu'elle contenait....

— Ch'exbliguerai, ch'exbliguerai drès-bien, » répondit Jérésu, qui entrevoyait la vérité et sentait tout le parti qu'il pourrait tirer de cette aventure.

L'aubergiste se hâta d'aller prendre dans un meuble, où il était enfermé avec soin, un portefeuille qu'il remit au juif.

En prenant ce portefeuille, Jérésu remarqua qu'il était taché de sang.

Cependant Marguerite continuait à crier et à divaguer au milieu des voisins rassemblés.

« Oui, oui, répétait-elle, il a tué Bucas, et Bucas est ressuscité.... Il vient nous annoncer notre dernière heure. L'enfer est ouvert, le diable nous attend.... Mais moi, je n'ai tué personne.... Pierre est le seul assassin! assassin! assassin! assassin!... »

Enfin, les forces manquèrent à cette malheureuse; elle tomba sur le pavé et s'évanouit.

Les voisins voulurent la porter chez elle; mais Pierre, peu rassuré par l'assistance que Jérésu consentait à lui prêter, avait fermé les portes de sa maison, et dans son trouble il refusait d'ouvrir aux voisins qui, vivement émus de ce qu'ils venaient d'entendre, se rappelaient la singulière disparition du porte-balle, et paraissaient fort disposés à croire Pierre beaucoup moins étranger à cet événement qu'il n'était parvenu à le persuader autrefois.

Ce fut Jérésu qui alla ouvrir.

« Le voilà! le voilà! s'écria aussitôt Marguerite, qui venait de rouvrir les yeux.... Est-ce que vous ne le reconnaissez pas? Bucas! Bucas! vous savez bien que ce n'est pas moi qui vous ai tué.... Non, non.... le couteau avait du sang, je l'ai lavé; mais le sang y restait toujours.... et je l'ai jeté dans le puits.... Voilà ce qu'il faut dire au diable qui vous envoie. Marguerite est innocente! innocente! innocente!....

— Pon! pon! fit Jérésu, qui s'efforçait de conserver sa présence d'esprit, le tiable il affre pon tos; mais il n'être pas si noir gu'on le tit, et fous avez dort te fous dourmenter si fort. Me foilà refenu; mais che ne fous temande rien : ni ma foiture, ni mon geval, ni mes marjandises, ni mon archent. »

Il y avait, en effet, entre Bucas et Jérésu une ressemblance singulière, et qui devint bien plus grande aux yeux des personnes présentes lorsqu'elles entendirent le juif donner en quelque sorte spontanément ces détails.

« C'est lui!

— C'est bien lui!

— C'est le vieux Bucas! » se disaient entre eux les voisins de l'aubergiste qui avaient connu le vieux porte-balle.

Jérésu, profitant de cette disposition d'esprit, leur raconta de l'air le plus candide qu'il put prendre comment, ayant besoin de quelques marchandises pour achever sa tournée dans le département, il avait pris place dans la diligence sans en rien dire à personne, espérant être de retour à Soissons le lendemain; mais en courant pour faire

Je suis donc bien changée. (Page 315, col. 2.)

ses emplettes à Paris, il avait été renversé par une voiture dont les roues lui avaient passé sur le corps et l'avaient en outre grièvement blessé à la tête.

On l'avait, dit-il, transporté à l'hôpital, où il était resté plus d'un an.

Enfin, on l'avait guéri ; mais sa blessure à la tête lui avait fait perdre entièrement la mémoire, et ce n'avait été qu'après un traitement de plusieurs années qu'un médecin célèbre était enfin parvenu à lui faire recouvrer cette faculté.

« Maintenant ch'être ruiné, dit-il en terminant, et che regommence à border la palle. »

Après avoir entendu ce récit, personne ne douta plus de la véracité du juif.

En vain Marguerite continuait à crier :

« Regardez son cou... il a le cou coupé, et j'ai jeté le couteau dans le puits.... Pierre ! Pierre ! tu sais bien que tu lui as coupé le cou ! ... Avoue-le, avoue-le donc, maudit ! »

On porta cette malheureuse dans son lit, où ses forces étant épuisées, elle ne tarda pas à s'endormir.

Lorsque Pierre et Jérésu furent seuls, ce dernier dit à l'aubergiste :

« Che grois gue che fiens fous rendre ein crand service.

— Cela est vrai, répondit Pierre Lenoir ; cette maudite folle, avec ses cris et ses victimes, serait capable de faire pendre le plus honnête homme du monde.

« Je vous remercie, mon brave, d'avoir si bien compris et joué le rôle convenable, et vous pouvez vous reposer ici tant qu'il vous plaira sans songer à délier les cordons de votre bourse. »

Jérésu voulait mieux que cela : aussi répliqua-t-il, en jetant sur son hôte un de ces regards sinistres et menaçants qui annonçaient l'avantage de sa position et le parti qu'il prétendait en tirer :

« Ch'être ein paufre tiable, et le gommerce il fa bas ti dout, ti dout !.... Ah ! si le gommerce il allait che rendrais dout plein te services bour rien ti dout ; mais guand le gommerce il fa bas, che rends tes services bour te l'archent, touchours, touchours, bon tout l'archent.... Et che grois gue Samuel Bucas te aurait te l'archent beaugoup, beaugoup de l'archent !

— Vous êtes dans l'erreur, mon ami ; Samuel n'avait qu'un millier de francs que l'on a trouvés dans le coffre de sa voiture. Peut-être était-il riche ; mais on a toujours ignoré où il avait déposé ses fonds.

— On l'aurait zûrement técouvert, reprit le juif, si on afait gonsulté ce bordefeuille. »

Et il montrait, en parlant ainsi, le portefeuille de Bucas que Pierre lui avait donné, afin qu'il pût convaincre au besoin l'autorité qu'il était le vieux porte-balle. Pierre fit un mouvement pour le saisir, mais Jérésu le replongea dans une des immenses poches de sa houppelande.

« Soyez dranguille, dit-il, che zais pien qu'il y affre tu zang ; mais le zang il me fait bas beur.... Et pien ! che saurai pien le faire tisbaraître ; ch'affre une ponne bétide brocédé bour ça... ça ne fous goudera gue tix mille francs.

— Que voulez-vous dire ? s'écria Pierre effrayé.

— Imbossible à moins.... tix bédites mille francs, barce gue le gommerce il fa bas.

— Mais vous êtes encore plus fou que Marguerite, s'écria Pierre en se levant et serrant les poings. Rendez-moi sur-le-champ ce portefeuille, ou je le prendrai moi-même où vous venez de le mettre. »

Jérésu courut vers la porte qu'il entr'ouvrit.

« C'èdre mon ternier mot, dit-il, ayant un pied sur le seuil et l'autre à l'intérieur, tix mille francs pour tédacher le bordefeuille et ne bas tire de gui che le diens.... Pien endentu gue che le garderai bar-tessus le margé. Si za vous gondrarie, n'en barlons blus ; mais alors che fais tire à dous ces bonnes chens que c'affre menti, et che borderai le bordefeuille au brogureur du roi.

— De grâce, mon ami, restez et écoutez-moi, dit Pierre en s'efforçant de paraître calme. »

Le juif rentra, mais il exigea que la porte demeurât ouverte ; alors il s'expliqua nettement :

« Vous avez tué Bucas, dit-il dans son jargon tudesque ; vous l'avez volé, et la preuve, c'est que ce portefeuille taché de sang était entre vos mains. On retrouvera aisément dans votre puits le couteau qui a servi à consommer le crime, et l'on fera bien aussi parler cette pauvre femme qui n'est pas aussi folle que vous le dites. Si je me tais, vous demeurez riche et dranquille.... et non-seulement je me tairai à la condition que j'ai dite, mais je partirai sur-le-champ, et je ne reparaîtrai jamais dans ce pays. »

Pierre Lenoir était en proie aux plus violentes tortures ; il s'efforçait vainement de dissimuler ses souffrances ; les muscles de son visage se contractaient, ses bras se tordaient ; un tremblement convulsif agitait ses lèvres entr'ouvertes.

Jérésu, de son regard caverneux qu'animait l'espoir de grossir son trésor, suivait tous les mouvements de l'aubergiste ; c'était quelque chose d'impossible à décrire que cette scène muette entre deux hommes également avides, qui n'avaient jamais eu d'autre amour que celui de l'or ; on eût dit deux rivaux furieux, se disputant les faveurs d'une maîtresse adorée, et prêts à s'entr'égorger au reflet d'une pièce d'or, comme d'autres au sourire d'une femme.

Jérésu avait remis sa balle sur son dos, et il se tenait près de la porte.

Pierre était debout, le dos appuyé contre la muraille, les bras croisés sur la poitrine et le regard attaché sur son adversaire.

« Bourreau ! s'écria enfin l'aubergiste, c'est donc ma vie qu'il te faut ! »

Et il bondit comme un tigre vers le juif qui franchit aussitôt le seuil de la porte.

« Rentre, rentre, reprit Pierre d'une voix stridente ; je vais te satisfaire. »

Mais Jérésu était trop effrayé pour s'aller mettre sous la main de ce furieux.

« Che fais fous attendre sur la crante blace, répondit-il, ch'attendrai chusqu'à la fin du chour, et zi che ne fois rien fenir, ch'irai foir messié le brogureur tu roi. »

Et il s'éloigna.

Cependant les cris de Marguerite, les paroles qu'elle avait proférées dans la rue, au milieu de la foule frappée de stupeur, avaient éveillé l'attention de l'autorité.

La plupart des voisins de l'aubergiste avaient cru, il est vrai, reconnaître Bucas dans la personne de Jérésu ; mais quelques-uns n'avaient pas partagé cette erreur : l'accent tudesque de Jérésu leur avait paru beaucoup plus prononcé que celui de Samuel, et les plus raisonnables entrevoyaient à travers tout cela quelque mystère d'iniquité.

Le juge de paix, informé de ces diverses circonstances, crut devoir se rendre au domicile de Pierre Lenoir ; mais lorsqu'il arriva, les portes de l'auberge de la *Croix-Rouge* étaient fermées, et ce fut inutilement que l'on y frappa à plusieurs reprises.

Alors le magistrat requit l'assistance des gendarmes et d'un serrurier.

Ce dernier ouvrit les portes, et le juge de paix parcourut la maison ; il n'y trouva que l'infortunée Marguerite, toujours couchée, mais ne dormant plus, et dont le délire avait cessé....

D'abord cette malheureuse femme ne répondit que par des larmes aux questions qui lui furent faites ; mais lorsqu'on lui eut rappelé tout ce qu'elle avait dit, elle s'écria :

« Mon Dieu ! mon Dieu ! est-il possible que j'aie dit cela ?... Ah ! il m'avait bien prédit que je l'entraînerais à l'échafaud !... Ne me demandez plus rien.... rien !... Pierre ! Pierre ! où es-tu ? Ils vont te prendre, Pierre !... »

Et elle retomba dans le délire.

Cependant les recherches continuaient ; mais on ne trouvait point l'aubergiste, et le juge de paix allait se retirer, lorsqu'un des gendarmes qui l'accompagnaient crut entendre quelques sourds gémissements ; tous écoutent, et l'on reconnaît que ce bruit vient des caves, le seul lieu que l'on n'ait pas encore visité.

Muni de flambeaux et bien accompagné, le juge

de paix pénètre sous les voûtes, guidé par le bruit qui se fait entendre beaucoup plus distinctement à mesure qu'il avance ; il pénètre enfin dans un caveau dont la porte était entr'ouverte, et là il trouve Pierre étendu sur le sol, que son sang inonde ; le long couteau dont il s'est frappé est encore dans sa main droite, et, bien que la grande quantité de sang qu'il a perdu l'ait beaucoup affaibli, il a conservé l'usage de ses sens.

« Je vous attendais, dit-il d'une voix défaillante.... J'ai bien senti que la malheureuse me perdait.... et j'ai fait la besogne du bourreau. »

Pendant qu'on transporte le mourant sur son lit, l'une des personnes présentes s'empresse d'aller prévenir le curé de la paroisse, qui arrive en toute hâte.

A la vue du prêtre, Pierre paraît plus calme ; il se recueille un instant ; puis il demande que toutes les personnes qui l'entourent s'approchent de lui, et d'une voix presque éteinte, mais sans hésitation, il fait l'aveu de ses crimes.

« Mon fils, dit le prêtre, vous êtes un grand coupable ; mais la miséricorde de Dieu est infinie.

— Ne parlons pas de cela, monsieur le curé ; je n'ai voulu, en vous racontant ma vie, que m'imposer une torture qui me fît mourir plus vite.... Comment se fait-il qu'il me soit si difficile de mourir, à moi qui depuis deux ans n'ai plus que le souffle ?

— Mon fils, c'est en cela qu'il faut reconnaître la main de Dieu qui vous soutient, afin de vous faire entrer dans la voie du salut.

— Non, non, répliqua le moribond, il ne peut y avoir de pardon pour moi, car je ne me repens pas.

— Malheureux !

— Que voulez-vous ! Il n'y a pas de raisonnement qui puisse m'empêcher de sentir comme je sens.... Il est certain que si tout était à recommencer je ne ferais pas autrement.... Vivre sans posséder, pour moi ce n'est pas vivre, et, en tuant pour acquérir, j'obéissais à une puissance irrésistible. »

Le curé fit de vains efforts pour ramener ce misérable à d'autres sentiments ; depuis longtemps il n'y avait place que pour l'amour de l'or dans ce cœur pétrifié.

« Laissez-moi, dit-il encore en articulant avec peine chaque parole ; tout sera fini dans un instant.... Je vois l'enfer qui s'ouvre pour me recevoir.... Que ma destinée s'accomplisse.... »

Et il expira.

L'autorité ayant fait pratiquer des fouilles dans le caveau où Pierre Lenoir s'était suicidé, on y trouva les ossements de Samuel, le marchand forain, et, quelques pas plus loin, on découvrit, profondément enterrés, de larges pots de grès, remplis de pièces d'or et d'argent.

On exhuma aussi le cadavre du père Roussel, et la boucle d'oreille qu'il avait arrachée à son assassin fut trouvée sur l'os de son index droit, ce qui acheva de confirmer tous les détails de cette lugubre histoire.

Tandis que tout cela se passait, Jérésu attendait sur la place, persuadé que Pierre Lenoir, d'après ce qui s'était passé, ne manquerait pas de l'y venir trouver, mais le soleil se coucha sans qu'il eût rien aperçu.

Vers le soir, des groupes s'étant formés sur la place, le juif s'y mêla, et comme déjà il n'était question dans toute la ville que de l'auberge de la *Croix-Rouge* et des découvertes qui venaient d'y être faites, la vérité lui fut bientôt connue.

« Mein god ! s'écria-t-il, ch'affre mis la pouchée drop forte ; mais c'hai touchours te pons babiers, et Samuel Bucas beut foyager liprement. »

CHAPITRE LXVIII.

Une vieille connaissance.

Tandis que Henri tombait dans le piége tendu par de Birmolan, et passait du bateau de meinher Wod à la mystérieuse habitation de Laaken, Lambert continuait ses recherches ; car bien qu'il ne fût pas amoureux, il n'était pas moins impatient que le comte de revoir la baronne de Hersdelberg.

Ce soir-là même, comme en revenant à l'hôtel, il traversait la place du Théâtre-Royal, la pensée lui vint de passer le reste de la soirée au spectacle, où la présence du roi avait attiré beaucoup de monde, et où il était possible qu'il trouvât la baronne.

Lambert entre, parcourt la salle dans tous les sens, mais son espoir est encore déçu ; sa lorgnette, successivement braquée sur toutes les loges, ne lui fait apercevoir aucun visage connu.

Il se retirait tristement du corridor des premières loges qu'il avait explorées avec soin, lorsqu'il se trouva tout à coup face à face avec une femme d'un âge avancé, au visage ridé, au regard éteint, mais qui conservait pourtant dans son maintien quelque chose de vif et de décidé qui était comme le reflet de jours meilleurs trop rapidement passés.

Cette femme, qui avait déjà examiné Lambert lors de sa première apparition dans le corridor, s'arrêta tout à coup devant lui.

« Je suis donc devenue bien changée, dit-elle, en accompagnant ses paroles d'un sourire en même temps qu'elle essuyait une larme, puisque Lambert ne me reconnaît pas ? »

Le vieux routier s'arrêta, regarda cette femme, et chercha à rappeler ses souvenirs, puis il s'écria :

« Est-ce bien vous, Sophie ?

— Ah ! fit la vieille femme, les années ne m'ont donc pas tout ôté, et il reste assez pour que vous reconnaissiez cette Sophie près de laquelle vous vous trouviez si heureux, alors que....

— Silence ! fit Lambert.

— Bast ! dit la vieille, il y a prescription : les étouffeurs de l'an XII et leurs compagnes ne peuvent avoir rien à démêler avec le gouvernement constitutionnel.... Pauvre Lambert !... mais c'est qu'il est encore droit et vert comme s'il sortait de *Sambre-et-Meuse*.

— Je ne vous ferai pas le même compliment, ma bonne Sophie, répondit l'ancien compagnon de Pied-de-Fer ; mais je n'en suis pas moins très-content de vous rencontrer. Venez souper avec moi ; nous nous souviendrons ensemble, et cela a son prix ; car les plus mauvais jours ne sont pas ceux qu'on se rappelle avec le moins de plaisir. »

Comme le spectacle était près de finir, Sophie dit quelques mots à une ouvreuse de loges, sa collègue, et elle sortit avec Lambert.

Quelques instants après ils étaient tous deux à table dans un cabinet du restaurant de *l'Aigle-Noir*, et la vieille Sophie, à la sollicitation de Lambert, lui racontait l'histoire de sa vie :

« Tu venais de quitter l'armée, mon bon Lambert, et nous nous suivions ; je te suivis parmi les chauffeurs ; mais après la catastrophe qui envoya à l'échafaud Mariotte, Nezel, le Boulanger-Noir et tant d'autres, il fallut nous séparer : j'aimais le plaisir, la liberté, la joie était mon élément ; j'étais jolie, on le disait du moins, je ne manquais pas d'esprit : je me fis comédienne, et bien persuadée que nul n'est prophète en son pays, je m'engageais au théâtre de Saint-Pétersbourg, sous les auspices d'un homme d'esprit, excellent comédien. Il s'appelait Frogères, et il était le favori de l'empereur de Russie. Je ne veux rien dire de mes succès, j'aurais trop l'air de me vanter, et pourtant !...

— Oh ! je devine, ma chère Sophie. J'ai connu Frogères à Paris ; c'était un excellent homme, très-serviable, grand admirateur des jolies femmes plus ou moins émancipées ; mais, à cette époque, ce n'était déjà plus un jeune homme, et, à Saint-Pétersbourg, il devait commencer à grisonner.

— Justement ; mais comme il avait trop d'esprit pour ne pas sentir que sa verve commençait à fléchir, il se hâta de faire une petite fortune avec laquelle il revint en France, où il eut la sagesse de renoncer au théâtre. Je le suivis. Hélas ! les plus belles années de ma vie étaient déjà passées, et la fortune ne m'était pas venue. Je m'engageai successivement dans plusieurs troupes ; de l'emploi des ingénues je passai à celui des grandes coquettes ; puis l'heure sonna où je dus m'accommoder des grandes utilités, que je quittai pour faire les duègnes, et puis enfin le jour vint où il fallut me contenter d'ouvrir les loges aux gens qui m'avaient admirée sur la scène. Tous mes amis, mes vieilles connaissances ont successivement disparu ; je suis seule au monde. Eh bien ! mon cher Lambert, tu me croiras si tu le veux ; mais il y a encore des moments où il me semble que tout n'est pas fini pour moi sur cette terre. Et puis, j'aime à me souvenir : comme nous étions jeunes, ardents, hardis surtout.... Dans ce temps-là, — il ne faut pas faire la grimace pour cela, mon vieil ami ; mon Dieu ! je sais bien que nous faisions un vilain métier.

— Eh ! pourquoi diable parler de ce temps-là ? s'écria Lambert avec humeur. Parce qu'on a fait des folies.... et même quelque chose de pis, ce n'est pas à dire qu'on soit incorrigible. Il y a un siècle que j'ai renoncé à tout cela. »

Lambert ne mentait que des trois quarts : il y avait juste vingt-cinq ans qu'il avait commencé à s'amender, se modelant en cela, tant bien que mal, sur Pied-de-Fer, qu'il avait toujours reconnu pour son maître.

« Et vraiment, reprit Sophie, je pense bien qu'il y a longtemps que tu en as fini avec tous ces gens qui n'étaient guère bons qu'à se faire couper le cou. A voir comme tu fais les choses ce soir pourtant, il est permis de croire que tu ne t'es pas retiré les mains vides. Mais en supposant que je me trompe, tu ne serais pas encore fort à plaindre. Je t'ai dit que la fortune n'était pas venue quand je perdis mon excellent protecteur, et c'est vrai ; mais lui n'était pas au dépourvu, et de sa magnificence passée il me laissa quelques vestiges.... Digne homme ! Et j'ai conservé cela ; je l'ai même un peu augmenté ; il y en avait assez pour un, et je crois qu'il y en aurait maintenant assez pour deux.

— Merci, Sophie, interrompit Lambert en souriant ; la fortune m'a mieux traité que toi, et si quelques centaines de louis pouvaient te rendre plus heureuse, je me ferais un grand plaisir de te les offrir.

— Des centaines de louis ! dit la duègne hors d'âge. Monsieur Lambert, seriez-vous un agent de change ou un notaire parisien en déconfiture, par hasard ?

— Mon Dieu, non ; je suis tout simplement l'intendant, le factotum et peut-être un peu le gouverneur d'un des plus riches héritiers de France.

— Et vous faites vos orges, mauvais sujet ?

— Je les avais faites auparavant, ma chère.

Mais tu ne m'as pas dit, ma bonne Sophie, s'il y a longtemps que tu es à Bruxelles.

— Il n'y a guère qu'un peu plus de dix ans.

— Alors tu dois connaître tous les gens comme il faut du pays.

— C'est au point qu'il n'y a pas ici une personne dont je ne puisse dire le nom en lui ouvrant sa loge. Mais, bast ! à quoi bon nous occuper de cela !... Je suis reine aujourd'hui.

— Cela est, au contraire, très-intéressant. Les personnes du pays t'étant si bien connues, il t'est facile de remarquer les étrangers....

— Il n'y en a pas un que je ne puisse nommer à sa seconde apparition au théâtre.

— Et parmi les derniers venus, ma toute bonne, ne saurais-tu quelqu'un du nom de Hersdelberg ?

— Attends-donc.... oui.... une femme de mon âge à peu près..... avec une jeune personne blonde et blanche, et....

— Sophie ! s'écria Lambert enchanté, tu es la perle des femmes ! Tu vaux mieux, à toi seule, que toutes les polices du monde connu, et j'aurais donné mille louis pour te rencontrer trois jours plus tôt. »

La vieille comédienne demeura muette et immobile ; la joie l'inondait ; elle se sentait rajeunir.

« Je ne m'en dédis pas, reprit Lambert ; mille louis seront à ta disposition, à la condition que tu découvriras et que tu me feras connaître l'adresse de cette baronne. »

La joie de Sophie parut se calmer quelque peu.

« Cela me sera probablement difficile, dit-elle ; car je ne puis guère quitter le théâtre avant que tous les spectateurs ne soient sortis. Cependant, pour toi, mon bon Lambert, je ferai de mon mieux.... Mais est-ce que par hasard il y aurait des affaires de cœur entre cette vieille baronne et toi !... Je ne parle pas de la jeune fille blonde et blanche, et pourtant je ne voudrais jurer de rien, mauvais sujet !

— C'est assez de folies, ma bonne vieille. Je compte sur toi, et voici mon adresse.... C'est entendu, n'est-ce pas ; ma porte et ma bourse te sont également ouvertes dès ce moment.... Mais j'exige de la discrétion.

— Je serai muette pour vous plaire, seigneur !... comme aux beaux jours de ces expéditions, alors qu'une parole hasardée pouvait faire tomber cinquante têtes. »

Il était tard lorsque Lambert et Sophie se séparèrent très-satisfaits l'un de l'autre.

« La baronne est ici, se disait le vieux routier en se dirigeant vers l'hôtel de *Belle-Vue;* c'est déjà beaucoup que d'être sûr de cela ; car je commençais à croire qu'elle n'avait passé par Bruxelles que pour rompre les chiens....

« Le comte passera, j'en suis sûr, une nuit délicieuse, et en vérité, il en a besoin, car il sèche sur pied depuis quelque temps. »

Deux heures sonnaient à l'église Guttemberg, sur la place Royale, au moment où Lambert rentrait.

Son premier soin fut de demander au domestique qui vint lui ouvrir, à quelle heure le comte Henri était revenu, et il ne fut pas médiocrement surpris d'apprendre qu'il n'avait pas reparu depuis l'heure du dîner.

Pourtant il ne conçut pas une grande inquiétude de cette absence.

« Le pauvre enfant avait grand besoin de distractions, se dit-il, et peut-être en a-t-il trouvé ; un bonheur n'arrive jamais seul : il sera certainement rentré avant que je me lève. »

Et il alla se mettre au lit, d'où il ne sortit qu'assez tard, grâce aux suites de la rencontre qu'il avait faite la veille.

Mais il commença à n'être pas tranquille quand il apprit que le comte n'était pas rentré.

La journée s'écoula ; vers le soir, Lambert, désespéré, courut à la permanence ; il offrit tout l'argent qu'on exigerait pour qu'on se mît sur-le-champ à la recherche de Henri, dont il dit la disparition singulière.

La police éminemment belge se montra merveilleusement disposée à recevoir le plus d'argent possible ; mais, comme elle ne pouvait répondre du succès et que le vieil ami de Pied-de-Fer savait déjà à quoi s'en tenir sur le degré d'habileté de cette mauvaise contrefaçon de l'établissement de la rue de Jérusalem à Paris, il fut très-réservé dans ses avances.

La nuit se passa encore sans nouvelles.

Quarante heures environ s'étaient écoulées depuis la disparition du jeune homme, et Lambert allait sortir de l'hôtel de *Belle-Vue*, disposé à mettre la ville sens dessus dessous pour retrouver Henri, lorsque Sophie parut.

« Qu'y a-t-il de nouveau ? lui demanda le vieux routier ; hâte-toi, je t'en prie, ma chère Sophie, car je ne puis t'accorder que bien peu d'instants. Je crois que c'est le diable qui nous a poussés dans cet exécrable pays.

— Ah ! Lambert, fit la vieille comédienne ; moi, qui me suis exposée pour vous à tant de dangers....

— Autrefois, oui, je le sais bien ; mais il ne doit plus être question de cela.... Chacun de nous jouait sa peau : beaucoup l'ont perdue, et nous avons conservé la nôtre. Mais, par les trente mille diables ! pour ce qui me regarde, il y a des moments où je regrette de n'avoir pas été des autres.

— Lambert, vous recommandez la discrétion, et voilà que vous bavardez comme une pie borgne ou une servante en vacances. Je ne viens pas te parler du temps passé, bourru !... et pourtant....

Mais non, je suis sotte d'avoir de ces souvenirs-là.... Je viens, monsieur, vous dire que j'ai découvert la retraite de votre baronne...
— De Mme de Hersdelberg? interrompit Lambert en changeant tout à coup de ton et de visage.
— Voyez quel effet ça lui fait, reprit Sophie. Ah! grand scélérat que vous êtes.... Mais il est des erreurs qu'il faut savoir pardonner.... et moi-même....
— Parle, parle, je t'en prie, ma vieille amie.
— Voici donc ce qui m'est arrivé.... Il faut pourtant que je reprenne les choses d'un peu haut : vous comprenez bien, mon cher Lambert, que, depuis le temps où nous nous sommes perdus de vue, mon cœur n'a pas été sans affections.... Mon Dieu! nous sommes si faibles et si bonnes, nous autres femmes.... Notre cœur, malheureusement, ne se refroidit point en vieillissant....
— Que le diable emporte la folle! s'écria Lambert en frappant du pied avec impatience.
— Oh! l'ingrat!... Mais je veux que tout à l'heure tu me demandes pardon, méchant! Donc à cause de cette sensibilité, de ce cœur demeuré jeune, l'isolement a toujours été pour moi la chose la plus insupportable.... J'ai aimé, j'ai beaucoup aimé, j'ai aimé immensément.... On m'a trahie souvent; mais, je l'avoue, les consolations ne m'ont jamais manqué. Ce serait une longue, une bien longue histoire.... Rassurez-vous, seigneur Lambert, je ne vous la ferai point. »
Lambert respira à pleine poitrine, comme s'il se fût trouvé soulagé d'une crainte terrible, et l'ouvreuse de loges continua :
« Qu'il vous suffise de savoir que dans ces derniers temps, je fis la connaissance d'un homme de haute capacité.... Sa vie, comme la nôtre, a été excessivement agitée, et pourtant il a conservé la force et l'ardeur de la jeunesse. Son éducation laisse peut-être quelque chose à désirer; mais il a les épaules larges comme une étude académique, des jarrets infatigables, et des poignets à briser un rocher : ce qui lui est très-avantageux dans sa position présente.
— C'est assez, Sophie, s'écria Lambert, je n'ai pas le temps d'entendre de pareilles balivernes. Au revoir! »
Il allait sortir; la vieille comédienne le retint, et après lui avoir lancé un regard courroucé, elle s'écria :
« Vous mériteriez bien, monstre! que je vous laisse aller!... Je n'en ferai rien, et vous m'écouterez jusqu'au bout, je le veux! L'homme dont je vous parle est connu ici sous le nom de meinher Wod; ailleurs, sur la frontière, par exemple, où il est obligé de passer la plus grande partie de son temps, on l'appelle autrement. Cet homme exècre les douaniers; mais dans son cœur plein d'énergie, il est resté un peu de place pour l'amour, et quand meinher Wod est à Bruxelles, Sophie cesse de vivre dans la solitude. Bref, en te quittant après notre souper à l'*Aigle-Noir*, mon cher Lambert, je trouvai meinher Wod chez moi. Il paraissait agité, et lançait des bouffées de fumée dix fois plus épaisses qu'à l'ordinaire; je remarquai en outre que ses mains et ses habits étaient tachés de sang. Après s'être plaint du retard que j'avais mis à rentrer :

« Madame, me dit-il d'un ton solennel, vous m'avez parlé quelquefois d'une maison du village de Laaken, qui ressemble assez à un château fort de l'ancien temps, et où vous avez passé plusieurs mois.

« Cela était vrai; la maison dont parlait meinher Wod est celle qui a appartenu au carrossier Simons, et où la bonne Candeille, sa femme, ancienne comédienne, m'avait donné asile pendant plusieurs mois dans un de ces moments difficiles que vous savez.

« Puisque vous connaissez cette maison, ajouta-t-il, il vous sera facile de savoir quels sont les gens qui l'habitent maintenant.

« Je pense, en effet, que cela sera aisé, lui répondis-je; mais qu'est-il donc arrivé qui ait rapport à cette maison?

« God dam! répliqua-t-il en colère, les affaires d'hommes ne regardent pas les femmes. Demain matin nous prendrons le bateau de Wilworde jusqu'à Laaken, et vous vous arrangerez de manière à savoir quels sont les gens qui demeurent dans cette maison. Le reste ne vous regarde pas.

« Il n'y avait pas à répliquer, car meinher Wod, qui n'a pas la parole très-facile, a, par compensation, la main très-lourde, ainsi que je vous l'ai dit. Nous partîmes hier matin; arrivé à Laaken, je pris des informations, et jugez de ma surprise, de ma joie, lorsque j'appris que la personne qui a loué cette maison singulière, est précisément cette baronne de Hersdelberg que vous cherchez!
— Pardon, pardon, ma vieille amie, dit Lambert; j'ai eu tort de te brusquer; mais si tu pouvais savoir ce que je souffre, quelle est l'inquiétude qui me dévore!...
— Calme-toi, Lambert; je n'ai pas besoin de savoir cela pour te pardonner. N'ai-je pas aussi besoin d'indulgence, et l'histoire de meinher Wod....
— Je ne veux pas savoir son histoire, ma bonne; mais une circonstance m'a frappé dans ton récit : les mains et les habits de cet homme, m'as-tu dit, étaient tachés de sang.
— Cela est vrai.
— Et tu ne sais pas quelle en était la cause?
— Je n'en sais rien, mais, contre l'ordinaire, le sommeil de meinher Wod fut bien agité; il rêva tout haut, et je l'entendis dire distinctement en se débattant : « Le voilà, faites-en ce que vous voudrez.

Godferdum ! est-ce que ce Francillon va mourir pour une tape sur l'oreille ?... A bas la lanterne ! Voulez-vous vous faire pendre ?... Ah ! les voilà entrés.... Allons, capons, du nerf.... » Il dit encore beaucoup d'autres choses que je n'ai pas retenues, mais comme j'étais déjà disposée à rompre avec lui, cela m'a déterminée, et....

— Gardez-vous-en bien, ma chère Sophie, interrompit vivement Lambert, intrigué au plus haut point par ce qu'il venait d'entendre.

— Ah ! mon ami, c'est mal !

— Non, non ; tout cela est plus grave et me touche de beaucoup plus près que vous ne pouvez l'imaginer.... Qu'a donc de particulier, ma chère amie, cette maison que vous appelez *singulière ?*

— C'est tout simplement une habitation construite de manière à rendre possibles et même vraisemblables tous les événements racontés dans les romans d'Anne Radcliff, et je suis peut-être maintenant la seule personne qui en connaisse tous les mystères ; encore aurais-je besoin de faire appel à tous mes souvenirs pour me rappeler ces trapes, ces souterrains, ces portes secrètes, et tant d'autres choses dont j'ai ri de si bon cœur avec cette bonne Candeil.

— Oh ! c'est un miracle, un véritable miracle ! s'écria Lambert. Sophie, je ne vous quitte plus !

— Vrai ? Eh bien, au diable meinher Wod ! Lambert, il me semble que je vais redevenir jeune !

— Oui, oui, je le veux bien, dit le vieux routier qui, à raison de l'idée fixe qui le tourmentait, était incapable de comprendre la pauvre femme. Mais il faut d'abord et tout de suite me conduire à cette maison ; il faut que j'y entre, et que je parle à la baronne....

— Ah! le malheureux ! fit Sophie avec désespoir, c'est à la baronne qu'il pense, et je jure Dieu qu'elle a dix ans de plus que moi !

— Mais partons donc ! reprit Lambert en poussant la pauvre femme vers la porte. Il y a là un mystère d'iniquité qu'il faut que je découvre.... Et si j'arrivais trop tard !... Mille millions d'enfers ! Partons, partons ! »

Il prit Sophie à bras-le-corps, l'entraîna sur le palier, lui fit descendre l'escalier sans lui donner le temps de se reconnaître, et lui fit faire au pas de course le trajet de la place Royale au canal. Là, ils s'embarquèrent, et une heure après ils mettaient pied à terre près du pont de Laaken, à l'endroit même où le comte Henri, grièvement blessé et se soutenant à peine, avait été remis aux mains de de Birmolan.

« Nous voici arrivés, » dit Sophie, indiquant la maison dont nous avons parlé plus haut.

Lambert fit le tour de cette maison et des jardins dont elle était environnée, puis il alla conduire sa compagne dans la maison d'un traiteur, située à quelque distance du château royal, et revenant ensuite à la porte principale de l'espèce de forteresse qu'occupait Mme de Hersdelberg, il frappa résolûment.

Lorsque la porte ferrée eut retenti sous les coups du lourd marteau, le guichet s'ouvrit, et les choses se passèrent à peu près de la même manière que deux jours auparavant, alors que de Birmolan était venu demander à parler à la baronne ; mais Lambert, pas plus que de Birmolan, n'était homme à se laisser éconduire, et lorsqu'on lui eut répondu que Mme de Hersdelberg ne recevait personne et qu'il vit le guichet près de se refermer, il passa au travers la lourde canne dont il était armé, et obligea ainsi le cerbère à lui donner plus longue audience.

« Il faudra pourtant qu'elle me reçoive, dit-il, et si elle y met de la mauvaise volonté, je me présenterai si bien accompagné et au besoin les murailles ne nous gêneront guère : si l'on refuse de nous ouvrir les portes, nous passerons par la brèche, et alors gare à tes os, portier de malheur ! »

Le roux et gros Flamand, auquel était confiée la garde de la porte, ne parut pas très-effrayé de cette menace ; il saisit la canne de Lambert et s'efforça de l'attirer à lui.

Lambert qui, comme on le sait, avait des poignets d'une solidité peu commune, retint la canne d'une main, et de l'autre tira un pistolet de sa poche.

« Ouvre, ou tu es mort ! » s'écria-t-il.

Le gros Flamand commença à comprendre que la chose était sérieuse ; il lâcha la canne et se jeta de côté pour éviter l'arme qui le menaçait.

« Monsieur, dit-il, en devenant humble d'insolent qu'il s'était montré d'abord, il m'est défendu d'ouvrir ; on me chasserait bien certainement si je vous laissais entrer. Madame la baronne ne reçoit personne, mais on peut lui écrire. Écrivez donc, et je remettrai votre billet sur-le-champ. »

Lambert écrivit au crayon :

« Madame la baronne,

« On me refuse votre porte, et d'après les découvertes que j'ai faites depuis hier, cela m'étonne peu. Le comte Henri, avec lequel je suis venu de Paris à Bruxelles il y a peu de temps, a disparu subitement ; mais je suis sur ses traces, ou au moins sur celles des assassins. J'ai à vous entretenir de cela, madame, et d'autres choses encore.

« Donnez-moi donc audience sur-le-champ, je vous en prie ; car le moindre retard pourrait être funeste pour tous. »

Il signa, plia le papier, et le remit au portier, qui fut contraint d'aller le porter à sa maîtresse, sans avoir fermé le guichet, Lambert l'ayant voulu ainsi.

Mme de Hersdelberg fut frappée de terreur par ces quelques lignes. Son embarras était d'autant plus grand que de Birmolan, son complice, était parti pour Paris en vue d'obtenir du prince Mafiolini, d'après un plan très-habilement conçu, une rançon considérable et la restitution du billet au moyen duquel Adrien tenait la baronne sous sa dépendance, billet qui pouvait devenir, dans les mains du chevalier d'industrie, une source de richesse inépuisable.

Elle comprit cependant, à la tournure des phrases, que Lambert ne savait pas toute la vérité.

« Mais s'il ne la sait pas, se dit-elle, il la saura certainement bientôt : il dit être sur la voie, et il le prouve en venant ici. S'il demeure libre, il découvre tout et je suis perdue. Que faire cependant? Il est armé et je suis seule ! Est-il bien vrai, Harsken, qu'il vous ait menacé de ses pistolets?

— C'est le vrai du vrai, madame la baronne, et ce malheureux l'aurait fait comme il le disait, si j'étais resté devant le guichet. C'est un vieux rude, savez-vous, un satan, quoi ! Il dit que si on ne lui ouvre pas la porte, il abattra la muraille ; et, sur mon salut, il en est bien capable, le Francillon. »

Mme de Hersdelberg réfléchit encore pendant quelques instants, en se promenant les bras croisés, puis elle s'arrêta tout à coup.

« Faites-le entrer, » dit-elle.

Le portier demeura immobile et comme pétrifié.

« Ne m'avez-vous pas entendue? lui demanda la baronne.

— Jésus ! s'écria le portier, que Dieu vous garde, notre dame ; car le mécréant ne vient sûrement pas à bonne intention. »

La baronne lui fit signe de sortir.

« Amenez-le, dit-elle ; je l'attendrai dans mon cabinet du rez-de-chaussée. »

Le gros Flamand, fort peu rassuré, se mit pourtant en devoir d'obéir.

Bientôt la lourde porte extérieure roula sur ses gonds, et Lambert fut introduit dans une antichambre, puis dans un petit salon d'attente, et enfin dans le cabinet qu'avait désigné Mme de Hersdelberg.

La baronne était debout, la tête haute, l'air grave ; elle ne fit pas un mouvement lorsque Lambert parut.

« Madame, dit ce dernier, ce n'est pas ma faute si, en arrivant à votre porte, je me suis souvenu de mon ancien métier de soldat ; vous logez dans une véritable forteresse, et vous avez des sentinelles qui ne veulent rien entendre.

— Monsieur, répondit la baronne qui s'était préparée, je loge où il me plaît ; je donne à mes gens les ordres qu'il me convient, et je ne sais rien qui puisse excuser les violences inouïes que vous vous êtes permises. »

Lambert avait trop vécu pour prendre le change et se laisser imposer par ces paroles.

« Il est fâcheux, madame la baronne, répliquat-il, que vous m'ayez si peu compris. Ce n'est pas le cas de faire de la diplomatie, et je vais m'expliquer nettement : vous avez quitté Paris, évidemment en vue de rendre impossible le mariage du comte Henri avec Mlle de Hersdelberg. Vous annoncez que vous partez pour l'Allemagne, et vous venez vous cacher dans un village de la Belgique ; le comte, amoureux fou, vole sur les traces de sa fiancée ; je le suis, nous arrivons à Bruxelles ; nous vous cherchons en vain. Peut-être allionsnous en prendre notre parti, et en vérité c'était ce qu'il y avait de mieux à faire, quand tout à coup le comte disparaît ; je le cherche, et je découvre que cette disparition coïncide avec certaine visite qu'a dû vous faire un monsieur Wod, qui est rentré chez lui.... ou ailleurs, l'esprit troublé et les vêtements ensanglantés. Ces faits sont graves, madame, et j'ai le droit de vous en demander l'explication ; que vous me contestiez ou non ce droit, je le prends et j'en use. Qu'avez-vous fait du comte Henri, madame la baronne de Hersdelberg? »

Une pâleur mortelle couvrit le visage de la baronne ; ses lèvres décolorées tremblèrent.

« L'insolent ! se dit-elle. Oh ! je te ferai repentir de tant d'audace !

— Oh ! s'écria de son côté Lambert, en mettant les mains dans ses poches et caressant ses pistolets, quel dommage de n'avoir en face qu'une femme ! »

A peine eut-il prononcé ces mots que la baronne frappa violemment du pied. Au même instant le plancher s'ouvrit, Lambert disparut et glissa lentement dans un long conduit de toile semblable à ces longs sacs ouverts qui servent au sauvetage des maisons incendiées en Angleterre. Il arriva ainsi dans un caveau où régnait la plus profonde obscurité.

« Mille diables ! fit-il en touchant le sol, cette femme est donc la reine de l'enfer!... »

Étendant les bras, il commença à marcher à tâtons, et fit le tour de la chambre souterraine en sondant les murs avec la crosse d'un de ses pistolets ; mais sur toute leur étendue, il n'obtint qu'un son mat qui lui ôta tout espoir de trouver une issue. Il voulut ensuite se cramponner au long tuyau de toile dans lequel il avait glissé pour arriver dans cette lugubre demeure ; mais cette toile avait disparu et ce fut en vain qu'il tendit les bras en l'air, il ne trouva rien à saisir.

Alors se repliant sur lui-même, il se calma subitement et fit appel à sa raison.

« Maintenant, se dit-il, il est certain que Henri a été traité comme moi, et qu'il se trouve dans la

Malheureuse ! c'est la mort que tu viens chercher ici ! (Page 311, col. 1.)

même position. Si seulement nous pouvions nous rejoindre ; j'ai toujours là ces bons pistolets qui n'ont jamais manqué de parole.... Mais encore il faudrait qu'ils trouvassent à qui parler ; le mieux est d'attendre. »

Il s'assit sur le sol, et tenant un pistolet de chaque main, il donna un libre cours à ses réflexions.

Cependant les heures s'écoulaient, et Sophie, demeurée seule dans la salle du traiteur, était dévorée d'inquiétude. La nuit qui était venue, avait assombri son imagination ; ses deux voyages successifs à Laaken, les rapprochements qu'elle faisait, l'inquiétaient ; un instant elle songea à pénétrer dans la maison mystérieuse dont elle connaissait les issues secrètes ; mais la crainte de perdre son emploi au théâtre l'emporta sur toute autre considération ; elle reprit le chemin de Bruxelles, et alla vaquer à ses fonctions d'ouvreuse ; mais elle ne cessa d'être en proie à la plus vive anxiété, et telle était sa situation d'esprit lorsque, en rentrant chez elle, vers minuit, elle y trouva meinher Wod.

« Madame, lui dit le capitaine, puisque vous connaissez si bien cette maison de Laaken où nous sommes allés hier, vous devez savoir qu'il y a à cette habitation des entrées secrètes ?

— En effet, répondit Sophie vivement émue, j'en connais plusieurs.

— Cela étant, ma belle, vous voudrez bien me suivre à l'instant même....

— Miséricorde ! que prétendez-vous ?

— Je prétends qu'on m'obéisse, godferdum ! » s'écria meinher Wod en ôtant sa pipe de sa bouche et serrant les poings.

Sophie se redressa ; elle n'avait plus peur ; le souvenir de son ancien métier lui était subitement revenu.

« Pas de menaces ! dit-elle ; j'ai vu de près des compagnons plus redoutables que vous, et pas un ne m'a fait trembler. »

Et en parlant ainsi elle prit sur un meuble quelque chose qui étincela dans sa main. Meinher Wod se radoucit tout à coup.

« Goddam ! fit-il, je vous aime mieux comme cela. Gardez cet outil ; il ne sera peut-être pas de trop là-bas. »

Ces dernières paroles furent pour l'ancienne comédienne comme un trait de lumière ; elle comprit que si Lambert n'avait pas reparu, c'est qu'il était tombé dans quelque piège et que maintenant sa vie était menacée ; mais, comme toutes les femmes, elle avait l'esprit du moment, et elle se garda bien de demander des explications au contrebandier ; seulement elle fit appel à toute son énergie, surexcitée par la promesse de mille louis que Lambert lui avait faite, et elle résolut, quoi qu'il arrivât, de se tenir sur ses gardes, et de ne prendre conseil que des circonstances.

« Je suis prête, dit-elle résolûment.

— Partons donc, reprit le capitaine; le Gef doit nous attendre depuis plus d'une heure. »

Ils sortirent et se mirent en marche.

Il s'agissait toutefois de choses beaucoup plus simples que Sophie ne l'avait imaginé.

Meinherr Wod avait vu la douane d'ordinaire, sans difficulté dans le pavillon ayant issue sur le chemin de halage; depuis il s'était orienté, il avait pris langue, et il avait appris que cette maison mystérieuse était habitée par une riche Française, qui en avait payé le loyer d'avance, et dont la vie retirée semblait étrange à tout le monde.

Meinherr Wod, qui volait la douane d'ordinaire, s'était senti en verve de dépasser quelque peu la limite de ses opérations habituelles ; son gros bon sens lui disait que les habitants de cette maison, quels qu'ils fussent, devaient avoir assez d'affaires sur les bras pour n'en pas chercher de nouvelles.

En conséquence il avait fait part au Gef de son projet de visite nocturne en ce lieu où l'argent ne devait pas manquer, et c'était à l'exécution de ce projet qu'il voulait associer Sophie afin de pénétrer facilement dans la place.

CHAPITRE LXIX.

La rançon.

« Beau prince Mafiolini, avait dit de Birmolan, dans la mystérieuse habitation de Mme de Hersdelberg, nous tirerons d'abord, à titre de rançon, une ou plusieurs plumes dorées de vos ailes, non compris ce chiffon auquel la baronne attache tant d'importance et que nous ne serons pas assez sot pour lui vendre au prix coûtant. »

Fidèle à ce programme, et muni de papiers qui devaient le mettre à l'abri des investigations qu'il eût pu redouter, il reprit le chemin de Paris où il arriva bientôt.

Là, grâce à l'état encore assez satisfaisant de ses finances, il trouva facilement un logement où il pût être à l'abri des recherches de l'autorité, à supposer que l'autorité s'occupât de lui, ce dont il était permis de douter, l'autorité étant de sa nature fort oublieuse des intérêts privés. Birmolan était d'ailleurs un assez habile comédien, se grimant à merveille, et sachant faire des eaux brunes et blondes et de toutes les espèces de cosmétiques un merveilleux usage.

« Quant au prince, se disait-il, je n'ai pas besoin de prendre de grandes précautions pour l'aborder; il m'a si peu vu que ma physionomie doit lui être à peu près inconnue. Il me suffirait peut-être de changer de nom, chose excessivement facile aux gens qui en ont ordinairement plusieurs à leur service.... Et pourtant l'affaire n'est pas sans danger : le prince est riche, il le prouve; il est brave, on le dit, et s'il lui prenait la fantaisie de pousser les verrous et de me faire serrer les pouces.... Mais non ; il ne fera pas cela quand il saura que son fils d'adoption est entre les mains de mes amis, et répond de moi corps pour corps. Et puis il faut bien risquer quelque chose, et j'aime assez qu'un succès soit assaisonné de quelque danger. »

Là-dessus de Birmolan s'habilla de manière à dérouter les physionomistes dont l'œil exercé aurait pu pénétrer sous les cosmétiques qu'il employait si habilement : par-dessus un gilet à larges revers, il endossa une redingote à boutons de métal; une longue cravate blanche, après avoir fait deux fois le tour de son cou, vint tomber sur un antique jabot brodé; un large feutre lui couvrit le front jusqu'aux yeux, lesquels étaient eux-mêmes abrités par des lunettes vertes entoilées de soie de même couleur, et il arma sa main d'un de ces joncs du dix-huitième siècle que Voltaire mit à la mode.

Ce fut dans cet équipage qu'il se présenta chez le prince Mafiolini.

Adrien était triste; le silence de Henri l'affligeait et la santé de Régine lui donnait de vives inquiétudes.

C'est qu'en effet la malheureuse Régine était dans un état déplorable : elle savait que la vie de son fils bien-aimé était menacée, et le secret qu'elle eût voulu emporter dans la tombe, était maintenant connu de tant de gens qu'il lui semblait impossible qu'Adrien ne fût pas prochainement initié à ce mystère.

Que deviendrait-elle alors? Comment soutiendrait-elle les regards de cet homme qui lui avait donné son nom, qui l'avait faite riche, puissante, honorée, et auquel elle avait apporté en échange la honte et les regrets?

Déchirée de remords, tourmentée d'une crainte incessante, privée de la présence de cet enfant bien-aimé, cause de ses souffrances, et qu'elle chérissait, la malheureuse Régine sentait chaque jour diminuer ses forces morales et physiques. Parfois elle était tentée d'aller se jeter aux pieds d'Adrien, de lui avouer toute la vérité, et de lui demander le pardon de ses fautes. Mais elle était retenue par la crainte d'affliger ce cœur généreux, cet ange de bonté à qui elle devait tant d'heureux jours.

« Régine, lui disait quelquefois le prince, j'ai eu tort de désirer la fortune ; elle est venue et le bonheur s'est envolé.... Oh! que de grand cœur je donnerais ce titre si lourd et les dix-neuf vingtièmes des richesses qui font de moi un des grands de ce monde, pour retrouver ma chambrette de la cour des Fontaines, ma gentille ménagère de ce temps-là.... ces heureux jours et ces douces nuits.

— Ami, disait Régine, vous oubliez que depuis, plus de vingt ans ont passé sur nos têtes.

— Oui, je l'oublie, et je voudrais l'oublier toujours. Près de toi, ma Régine, je suis toujours jeune ; le son de ta voix suffit pour faire battre mon cœur plus vite, et en te voyant il me semble que nous en sommes encore aux premiers jours. »

Ces doux entretiens qui rendaient Adrien si heureux, aggravaient encore les souffrances de la pauvre Régine ; les griffes de fer du remords lui déchiraient horriblement le cœur, et pour comble de tortures elle était forcée de dissimuler, et de montrer un visage riant alors que dans son âme régnait la nuit du désespoir.

Telle était la disposition d'esprit des deux époux lorsque Birmolan se présenta, costumé comme nous l'avons dit, à l'habitation princière d'Auteuil.

On lui dit d'abord que Son Excellence ne recevait personne, mais il insista et affirma que le prince n'hésiterait pas à le recevoir quand il saurait qu'il lui apporterait des nouvelles de son fils adoptif.

Ce fut en effet ce qui arriva. Un valet de pied vint le chercher pour le conduire auprès du prince.

« Vous avez, monsieur, des lettres pour moi ? dit Adrien en allant, tant son impatience était grande, au-devant du visiteur.

— Je n'ai point de lettres, répondit l'audacieux coquin ; mais il n'y a que quarante-huit heures que j'ai quitté M. le comte Henri, et non-seulement, je puis répondre d'une manière satisfaisante aux questions qu'il vous plairait de me faire sur lui, mais je puis dire quelle est en ce moment la position de M. le comte, d'une façon plus certaine qu'il ne le ferait lui-même ; car il ne sait ni où il est, ni ce qu'on lui veut.

— Voici une singulière énigme et un langage bien étrange, dit Adrien.

— Que Votre Excellence pourtant ne s'en étonne pas trop, répliqua Birmolan, car ce qui me reste à lui dire est bien plus étrange encore.

— Je vous écoute, monsieur, dit le prince en indiquant un siége à son interlocuteur.

— Souffrez, reprit Birmolan, que je prenne quelques précautions oratoires ; elles sont indispensables ici. En venant dans votre demeure, en vous disant pourquoi j'y viens, je me livre en quelque sorte à vous pieds et poings liés ; mais j'ai fort heureusement un otage pour garantir ma liberté. Si, après m'avoir entendu, vous vous livriez à quelque violence envers ma personne ; si vous étiez assez mal inspiré pour me mettre aux mains de l'autorité, le comte Henri serait perdu : que

je sois vingt-quatre heures sans écrire aux gens qui peuvent disposer de sa vie, et il est mort.

— Misérable ! s'écria le prince en se levant brusquement.

— A votre aise, monsieur, dit tranquillement Birmolan ; je permets les injures, surtout en tête-à-tête ; cela est sans conséquence ; mais si j'en juge par cet échantillon, notre conversation sera très-orageuse ; car vous ne savez rien encore, et vous tonnez déjà.

— Oh ! je vois parfaitement de quoi sont capables les gens de votre trempe !

— Non, vous ne savez rien, prince, reprit Birmolan avec le plus grand sang-froid et en se levant à son tour. Eh bien ! sachez qu'il ne tient qu'à moi que jamais vous n'entendiez parler de votre fils adoptif. Vous pouvez m'accuser de l'avoir tué ; mais les preuves vous manqueront, et d'ailleurs, je pourrai toujours vous donner le démenti le plus éclatant, et quand il me plaira renverser d'un mot l'accusation.... Ne sentez-vous donc pas qu'avant de hasarder une démarche du genre de celle que je fais en ce moment, j'ai dû, à moins de n'être qu'un sot, prendre toutes mes précautions ? Or, prince, j'ai la fatuité de croire que je ne suis pas un sot. Mais, croyez-moi, quittons ce ton qui ne peut être celui des gens de bonne compagnie ; nous gagnerons à nous entendre. Après tout, il ne s'agit que d'une question d'argent, et vous êtes, dit-on, l'homme le plus riche de l'Europe.

— Oui, monsieur, répondit Adrien en s'efforçant de contenir son indignation, oui, je suis riche ; mais je fais de ma fortune l'usage qu'il me plait, et je ne me laisse point rançonner.

— C'est trop de mots pour peu de chose, reprit Birmolan qui tâchait de paraître sûr de lui quoi qu'il tremblât fort sous son déguisement. Tâchez de rester calme, prince, et de m'accorder quelque attention. Vous avez par le monde de terribles ennemis. Vous êtes riche, mais vous êtes seul, ou à peu près ; eux sont riches et nombreux.

— Je ne sais si j'ai des ennemis, répliqua Adrien ; mais je suis bien sûr de n'avoir jamais rien fait qui pût autoriser qui que ce soit à prendre cette qualité.

— Ce que vous avez pu faire, ce que vous avez fait à ces gens-là, je n'en sais rien. Ce que je sais, ce que je viens vous dire, c'est que votre fils, le comte Henri, est en leur pouvoir, et qu'ils se trouvent ainsi en situation de gagner le million qu'on leur offre.... Oh ! c'est très-facile : un chétif clou d'épingle enfoncé dans le crâne du cher comte ; un boulet de trente-six attaché à ses pieds et un bain de mer au large....

— Ainsi, interrompit Adrien, vous osez vous dire l'envoyé de ces infâmes assassins, et vous avez compté sur mon amour paternel pour me rançonner.

— Ma foi! prince, vous avez dit le mot *rançonner*. Je n'aurais jamais osé le dire ; c'est bien de rançon qu'il s'agit. Encore une fois, je vous prie de remarquer que je ne ressemble pas à une mouche venant donner tête baissée dans une toile d'araignée ; je sais parfaitement toutes les conséquences que peut avoir la démarche que je fais ; et, en conscience, si la conscience peut être invoquée à ce propos, je ne me suis déterminé à venir à vous qu'avec la conviction que vous ne nous pousseriez pas aux extrémités dont j'ai parlé. »

Adrien était en proie à l'exaltation la plus violente ; il se leva pour respirer plus librement et faire appel à sa raison que la colère dominait. Birmolan fit mine de se retirer comme s'il eût pris ce mouvement pour un congé, bien qu'il n'en crût rien.

« Restez! » lui dit le prince du ton le plus absolu.

Il s'arrêta.

« Vous étiez venu pour me faire une proposition, reprit Adrien ; quelle est-elle ?

— Je crois que Votre Excellence entre dans la bonne voie, et je l'en félicite. C'est surtout en affaires que la colère est mauvaise conseillère.... Quant à la proposition que je venais vous faire, je la dirai nettement, sans ambage. J'ai dit que pour moi et les miens, le comte Henri représentait un million, et cela est parfaitement vrai. Pourquoi, comment en est-il ainsi ? je n'ai pas à m'en expliquer, mais vous pourrez reconnaître, plus tard, que telle est l'exacte vérité. Eh bien! voyez quel est notre désintéressement : nous nous contenterons du dizième de cette somme, si vous voulez bien y joindre un chiffon de papier qui a joué un certain rôle entre vous et la baronne de Hersdelberg....

— Oh! je l'avais deviné, s'écria le prince, Henri est au pouvoir de cette misérable.

— Et de quelques autres, Excellence, dit froidement le bandit.

— Oh! mais elle n'est pas introuvable cette femme, et j'en sais assez maintenant pour déchirer le voile qui couvre toute cette hideuse intrigue.

— Et moi, monsieur, j'ose affirmer que vous ne savez encore rien.

— Ce que nous ignorons encore, on vous le fera dire. »

En parlant ainsi Adrien saisit le cordon d'une sonnette ; presque aussitôt deux valets parurent à la porte. Birmolan était sur ses gardes ; il tira deux pistolets de ses poches, et dit en s'avançant :

« Malheur à qui tente de me barrer le passage! »

Mais à peine avait-il prononcé ces mots qu'Adrien saisissant un jonc qui se trouvait près de son bureau, en porta un coup si violent sur les mains du bandit, que les pistolets tombèrent sur le parquet. Les valets s'en emparèrent.

« Prince, dit Birmolan quand il fut un peu remis de cette rude secousse, vous jouez un mauvais jeu : pour être invulnérable, je n'ai qu'à me taire, ce qui n'est pas difficile, et si je me tais, votre fils adoptif est mort. »

Adrien s'était un peu calmé ; ces derniers mots de Birmolan le firent réfléchir : il comprit tout le danger qu'il pouvait y avoir à donner à l'autorité connaissance de cette ténébreuse affaire, et il sentit la nécessité de transiger avec cet homme, quelque dégoût qu'il lui inspirât.

« Mais encore, dit-il, pour accepter ce marché, encore faudrait-il que je fusse assuré de sa loyale exécution.

— Très-bien ; je comprends cette crainte ; vous doutez de ma loyauté, et il est certain que mes antécédents ne sont pas de nature à vous rassurer. Eh bien, la confiance que vous n'avez pas en moi, je l'aurai en vous ; faites-moi un billet conditionnel portant que vous me payerez la somme que je demande, à laquelle vous joindrez l'écrit qu'on ne peut mentionner, mais pour la remise duquel on s'en rapporte à votre honneur, lorsque le comte Henri sera de retour près de vous. »

Adrien hésitait encore ; il craignait quelque nouveau piége, mais il se convainquit promptement qu'il n'y avait pas d'autre issue. Il fit le billet, et Birmolan se retira parfaitement libre.

« La séance a été orageuse, se dit le bandit lorsqu'il fut dehors ; mais nous avons déjà quelque chose d'à peu près assuré. Au besoin on s'en contentera. Cela toutefois n'est pas une raison suffisante pour jeter de côté Warburton qui est resté le maître dans toute cette affaire. Voyons donc où nous en sommes de ce côté. »

Warburton était bien un peu démonté ; la disparition de Jérésu lui avait inspiré de vives craintes ; il était désorienté ; le terrain manquait tout à fait sous ses pieds, lorsque la lettre de Birmolan était venue lui rendre un rayon d'espérance qui fut avivé par l'air radieux de son complice lorsqu'il entra dans son appartement. Ce dernier, en effet se sentait maintenant assez fort pour traiter maintenant de puissance à puissance avec celui dont il n'avait été que l'agent secondaire.

« Oh! oh! fit Warburton, je lis sur votre visage que nous avons pris notre revanche.

— Pas encore, répondit Birmolan ; mais à dire vrai, la partie n'a jamais été plus belle : je tiens le personnage ; j'en puis faire ce que je voudrai ; mais encore, mon cher, faut-il savoir où l'on va et ce qu'on fait, et vous ne m'avez jusqu'ici montré les choses que par l'infiniment petit bout de la lorgnette.

— Diable! maître de Birmolan, il paraît que vous avez pris du goût pour la musique ; mais po me faire chanter, mon ami, il faudrait au moins commencer par me mettre en voix, et vous n'avez encore rien dit qui puisse produire cet effet.

— Je n'en saurais pourtant dire davantage avant de savoir ce qu'il y a au bout de tout cela.

— Il y aura quelque chose de très-gentil ; deux mille livres sterling que nous partagerons.

— Peuh!...

— Vous faudrait-il le tout, maître Gargantua ?

— Ce ne serait encore que bien peu de chose.

— Parlons sérieusement, mon ami. Le personnage est en votre pouvoir, dites-vous ; c'est quelque chose, c'est beaucoup même ; mais ce n'est pas tout : il ne s'agit pas simplement de faire disparaître le personnage, il faut que sa mort et son identité soient judiciairement constatées, ce qui ne sera pas facile ; car on ne peut espérer que les Mafiolini nous soient en aide pour y parvenir. Ce vieux coquin de Jérésu tient le premier fil de toute cette affaire ; mais il s'est effrayé, et il a pris la fuite. Vous voyez que nous ne sommes pas si près du but que vous sembliez le croire tout à l'heure, et que, si nous ne marchons ensemble, nous n'arriverons à rien.

— Que faut-il faire, alors?

— Il faudrait que ce pauvre garçon mourût tranquillement et tout naturellement dans son lit, le plus promptement possible.

— Bon.... On l'aiderait un peu au besoin. Après?

— Après, la justice, mise sur la voie par les confidences qui lui seront faites, interviendra, et il faudra bien que, rendant hommage à la vérité, la princesse Mafiolini avoue que le comte Henri est le fruit de ses amours avec lord Barstley, avec lequel elle vivait dans la plus étroite intimité alors qu'elle occupait au Palais-Royal le somptueux appartement qu'il lui avait donné.

— Et c'est là tout ?

— Absolument tout. Cela fait, une grande injustice est réparée ; les héritiers naturels de lord Barstley entrent en possession de ses biens, et il ne nous reste plus qu'à palper la récompense de nos travaux. Vous le voyez, mon ami, tout cela va de soi ; il n'y a que le point de départ qui présente certaines difficultés.

— S'il n'y en a pas d'autres je réponds du succès : avant huit jours le jeune comte sera de retour à l'habitation de son père adoptif.

— Et avec un peu d'adresse, si vous le voulez, il n'y arrivera que pour se mettre au lit.

— Hum ! c'est autre chose....

— C'est tout et ce n'est rien.... Une simple expérience de chimie.

— Rien que cela ?

— Pas davantage. »

Il ouvrit un meuble, en tira une petite fiole.

« Tenez, dit-il en la présentant à Birmolan, voici le chef-d'œuvre du plus grand des chimistes des temps modernes : deux gouttes ingurgitées chassent la vie doucement, lentement, sans secousse, et cela ne laisse pas la moindre trace.

— Diable ! fit Birmolan, cela mérite qu'on y pense.

— Pensez-y donc tout de suite : en pareil cas il est toujours plus dangereux de temporiser que d'agir ; le moment favorable passe vite, et le plus ordinairement il ne se représente pas. »

Warburton, en parlant ainsi, prêchait un converti : Birmolan avait parfaitement compris tout d'abord le parti qu'il pouvait tirer de la situation.

« Tout cela est d'une limpidité magnifique, se disait-il : je vais d'abord rendre le chérubin à son père adoptif, ce qui le constitue mon débiteur d'un assez joli denier, et l'oblige à me rendre ce chiffon dont je ne sais pas le contenu, mais que la baronne paraît disposée à bien payer, ce qui fait deux moutures d'un sac, sans compter la fin de l'affaire qui est encore un peu dans les nuages. »

Ces réflexions passèrent comme un éclair dans le cerveau de ce mauvais drôle qui, reprenant promptement la parole, dit à Warburton en lui tendant la main :

« Maître, ma confiance en vous est dès ce moment si complète, que j'accepte les yeux fermés, et que je me mets à l'œuvre sans vous demander d'arrhes. Dans huit jours, nous serons les maîtres absolus du champ de bataille. »

Et les deux bandits se séparèrent très-contents l'un de l'autre.

CHAPITRE LXX.

Délivrance.

Un peu remis de la secousse qu'il avait ressentie en prenant possession de la demeure souterraine où il avait été rapidement transporté, Lambert qui avait jugé approximativement de l'étendue de la maison, se mit à mesurer à tâtons celle du lieu où il se trouvait.

« La maison a au moins cent mètres de large, se dit-il, et je n'en trouve pas ici plus de soixante ; donc il existe d'autres salles voûtées. Or, il me paraît à peu près démontré que le comte a été attiré dans ce guêpier et qu'il doit habiter dans la même région que moi : essayons de nous faire entendre. »

A ces mots Lambert mit dans sa bouche l'index et le médium de chacune de ses mains, et il fit entendre un de ces coups de sifflet aigus, stridents dont les industriels de grand chemin ont seuls le secret ; puis il écouta.

Un autre coup de sifflet lui répondit; mais si faiblement qu'à peine il était perceptible.

« Il est là, se dit Lambert en se tournant vers le point d'où le son était venu ; ah ! si je pouvais seulement le rejoindre ! «

Et il se remit à marcher à grands pas dans son cachot. Arrivé à une des extrémités, son pied heurta contre une pierre qui sembla fléchir sous le coup.

« Voilà qui paraît peu solide, » dit-il.

Et reculant de deux pas, il porta sur cette pierre un coup plus vigoureux. Aussitôt la paroi du mur s'ouvrit, et un rayon de lumière apparut.

« Êtes-vous là, comte ? dit Lambert.

— O Lambert! mon sauveur !...

— Votre sauveur, comte, je n'en sais rien, car je suis ici dans les mêmes conditions que vous ; mais c'est déjà quelque chose que nous soyons réunis, et puis j'ai conservé mes pistolets, ce qui peut nous être d'un grand secours.—Mais voyons, puisque le jour vient de ce côté, peut-être ne serait-il pas impossible de s'y frayer un passage.... Tout cela est vieux et vermoulu ; j'ai remarqué, quand le parquet a manqué sous mes pieds que le bois se fendillait de toutes parts ; le reste n'est probablement pas plus solide. Essayons. »

A ces mots, il se dirigea vers une espèce de soupirail garni de barreaux; d'une main vigoureuse il en saisit un, et le secoua avec tant de force que quelques secondes lui suffirent pour l'arracher ; Henri ne voulut pas être en reste ; une seconde, une troisième de ces barres de fer tombèrent à leurs pieds. Le passage était libre ; ils le franchirent, et se trouvèrent dans une petite cour sans issue extérieure, mais sur laquelle prenaient jour par d'étroites fenêtres les salles basses de la maison.

« Si nous ne pouvons aller plus loin, dit Lambert, voyons au moins où nous sommes. »

Et tirant une bague de son doigt, il se servit du diamant qui y était enchâssé pour couper une des vitres, puis il ouvrit la fenêtre et sauta à l'intérieur. Henri le suivit.

« Marchons doucement, dit le vieux routier; peut-être n'avons-nous pas grand'chose à craindre, mais il est toujours sage de se tenir sur ses gardes, et plus dans cette maison maudite que partout ailleurs. »

Ils arrivèrent à une porte intérieure entr'ouverte ; la baronne de Hersdelberg était là, dans la pièce voisine, seule et semblant abîmée dans ses pensées.

« Il faut nous présenter en maîtres, » dit Lambert.

Et prenant un de ses pistolets, il fit feu de manière à ce que la balle allât frapper le plafond. Presque en même temps un cri perçant se fit entendre. La baronne s'évanouissait. Henri bondit et fut tomber aux genoux de cette malheureuse femme, en même temps que Wilhelmine qui, de sa chambre, avait entendu le cri de sa mère. Les tendres soins de sa fille rendirent bientôt à Mme de Hersdelberg l'usage de ses sens.

« Madame, madame ! lui dit Henri, de grâce, ne voyez pas en moi un ennemi ! On vous a trompée, ou peut-être avez-vous obéi à des nécessités qu'il ne m'appartient pas de juger....

— Ma mère, ma mère ! disait de son côté Wilhelmine, je ne sais comment il a pu t'offenser; mais, au nom de Dieu, pardonne-lui, car il m'aime et je l'aime !... Je l'aime, ma mère, et je veux être à lui ! »

Les mains de Wilhelmine et de Henri s'étaient rencontrées et se tenaient serrées; ils restaient à genoux, le front baissé comme des coupables qui attendent leur arrêt.

Mais déjà la baronne avait recouvré toute sa présence d'esprit et sa force de volonté ; elle se souvint alors de la promesse que lui avait faite Birmolan ; encore vingt-quatre heures peut-être, et elle allait être en possession de ce terrible billet encore ensanglanté après plus de trente ans, et alors elle n'aurait plus rien à redouter.

Pourtant il fallait répondre.

« Monsieur le comte, dit-elle, je n'ai pas à m'excuser près de vous, car je ne sais qui vous a introduit chez moi. Quant à ce monsieur, ajouta-t-elle en montrant Lambert qui se tenait le poing sur la hanche, il a insulté une femme qui s'est défendue comme elle l'a pu. Laissons au temps le soin d'éclaircir tout cela.

— Ah ! madame, dit Lambert d'une voix sombre, vous osez invoquer la lumière ! C'est plutôt l'ombre éternelle qu'il vous faudrait. »

La baronne baissa la tête et ne répliqua point; mais il était aisé de lire sur sa physionomie l'espoir de reprendre bientôt l'offensive.

« Mon bon Lambert, dit Henri, retirez bien vite, je vous en prie, ces mauvaises paroles.... Je suis si heureux !

— Soit, répondit Lambert, on peut toujours faire des excuses à une femme, et je prie bien sincèrement madame la baronne de me pardonner. »

La nuit était venue pendant cette scène ; une grosse servante flamande apporta des flambeaux ; Mme de Hersdelberg lui adressa, en allemand, quelques paroles qui éveillèrent les soupçons de Lambert.

« Monsieur le comte, dit le vieux routier, je crois qu'il serait temps de nous retirer; madame la baronne nous permettra, je l'espère, de lui faire demain une nouvelle visite pendant laquelle nous aurons à nous entendre sur beaucoup de choses, afin qu'il ne soit plus question de ce qui s'est passé ici depuis deux jours. Quant à moi je promets d'en garder le secret le plus absolu; vous êtes certainement dans les mêmes dispositions, et cela doit suffire pour rassurer madame la baronne.

— Que pourrais-je donc craindre, monsieur? dit d'un ton ironique Mme de Hersdelberg qui avait eu le temps de se remettre complétement; on a violé mon domicile; on s'est introduit chez moi de vive force; je veux bien oublier cela; mais après l'insulte je ne saurais souffrir la menace. »

Cette audace ne pouvait qu'augmenter encore les craintes de Lambert; il avait hâte de sortir de cette maison maudite; mais, près de Wilhelmine Henri oubliait le danger qu'il avait couru, et il ne songeait qu'à obtenir de Mme de Hersdelberg le renouvellement de la promesse qu'elle avait faite au prince.

« Monsieur le comte, lui dit-elle, j'ai donné ma parole au prince, et je ne l'ai point retirée. Je ne suis absolument pour rien dans ce qui s'est passé ici depuis trois jours. Vous avez des ennemis puissants qui m'ont imposé leur volonté. Je n'en puis dire davantage sur ce point, si non que, depuis quelques jours, j'ai partagé les dangers que vous avez courus.

— Mais qu'ai-je donc fait à ces gens qui me poursuivent de leur haine? Par pitié, madame, puisque vous en savez quelque chose....

— N'insistez pas là-dessus, je vous en prie, monsieur le comte, interrompit Lambert; madame la baronne ne peut tout dire; il est des secrets qu'il faut, pour l'honneur des familles, emporter dans la tombe. »

Mme de Hersdelberg tressaillit; elle venait de comprendre que cet homme connaissait son passé, et elle se repentit un instant de n'avoir pas coupé le mal dans sa racine en tenant loyalement la parole qu'elle avait donnée au prince, ce qui lui eût permis d'anéantir la preuve de son infamie; mais elle se rassura quelque peu en pensant que peut-être en ce moment Birmolan obtenait pour rançon du comte ce billet qui lui avait causé de si terribles craintes depuis le jour où Adrien le lui avait mis sous les yeux.

« S'il a fait diligence, se disait-elle, il ne peut tarder à paraître; peut-être avant une heure sera-t-il ici.... Alors la position changerait complétement, et cet homme, comme il vient de le dire, emporterait son secret dans la tombe. »

Elle achevait de faire cette réflexion lorsqu'une porte s'ouvrit avec fracas, et le Gef et meinherr Wod parurent conduits par Sophie.

« Lambert, cria cette dernière, je me charge de celui-ci; à toi l'autre! »

Et d'un coup de poignard elle fit rouler le Gef sur le parquet, tandis que Lambert sautait à la gorge du capitaine qui tomba à son tour à demi étranglé.

« Des cordes! fit l'ancien compagnon de Pied-de-Fer.

— Fouille-les, mon vieil ami dit l'impétueuse Sophie; ils en ont dans leurs poches; le capitaine ne marche jamais sans cela. »

Les deux bandits avaient en effet tout ce qu'il fallait pour les garrotter solidement, ce que Lambert fit rapidement avec l'aide de Henri, tandis que Sophie faisait respirer des sels à la baronne et à Wilhelmine qui s'étaient évanouies.

On crut le Gef mort; mais il n'en était rien: le poignard avait glissé sur sa poitrine; la peur seule l'avait terrassé.

« Que diable allons-nous faire de ces deux drôles? se dit Lambert.

— Mais probablement ce qu'on fait ordinairement de ce gibier. Il ne faut pas que le bourreau perde ses droits.

— Non, monsieur le comte, l'autorité ne doit pas savoir un mot de tout cela. Ces misérables n'iront certainement pas se vanter de ce qui leur est arrivé, et pour des raisons que je ne puis dire, nous devons, comme eux, garder le silence.

— Serai-je donc toujours environné de mystères?

— La lumière se fera quelque jour; je vous le jure sur tout ce que je puis avoir de sacré. Prenez patience; l'heure n'est pas venue; mais peut-être ne tardera-t-elle pas à sonner. »

Il parlait encore lorsque, par la porte restée ouverte, apparut Birmolan tout radieux du succès qu'il avait obtenu, mais qui changea subitement de visage en reconnaissant Lambert.

« Morbleu! s'écria ce dernier en s'élançant sur lui, il paraît que le ciel est aujourd'hui avec les honnêtes gens. »

Et le pistolet au poing, montrant de l'autre main les bandits immobiles sur le parquet:

« Voilà, mon gentilhomme de contrebande, dit-il, comment vous serez corsé dans cinq minutes, à moins que vous n'aimiez mieux prendre un bain dans le canal avec une balle dans la tête.

— Que me voulez-vous? demanda Birmolan en essayant de payer d'audace, ne vous ai-je pas, sur le terrain, donné toute satisfaction?

— L'ancien compte est réglé, je le reconnais; vous en avez, maître drôle, emporté l'acquit sur votre visage; mais votre arrivée ici au milieu de la nuit prouve suffisamment que vous vous êtes rattrapé aux branches.... Mille diables! je ne sais à quoi il tient que j'en finisse une fois pour toutes avec cette sale engeance!... Allons, drôle, à genoux! » Ses yeux étaient braqués sur ceux de Birmolan, et il avait le doigt posé sur la détente de son arme.

« C'est un guet-apens, dit le spadassin qui essaya de payer d'audace, mais il n'est pas d'injure qu'on ne puisse laver, vous le verrez quelque jour. »

En parlant ainsi il voulut prendre quelque chose dans sa poche; mais Lambert lui saisit la main au passage, et avec le reste des cordes trouvées sur meinherr Wood, il le garrotta comme il avait fait des deux autres.

« Maintenant, dit-il, procédons à l'inventaire. » Il fouilla dans les poches de Birmolan, en tira un portefeuille qu'il ouvrit, et grande fut sa surprise lorsque, sur le premier papier qui frappa ses regards, il reconnut l'écriture d'Adrien.

« Ah! fit Birmolan avec un air de dédain qui eût paru comique en toute autre circonstance, tuer ses adversaires, c'est bien.... mais les voler!... Et ces gens-là se disent gentilshommes !

— Madame, dit Lambert à la baronne, après avoir lu le contenu du papier dont il venait de s'emparer, vous êtes évidemment complice d'une infâme trahison. Votre vie maintenant et celle de ces misérables nous appartiennent, et peut-être ferions-nous bien de vous livrer à la justice....

— Oh! Henri! Henri! » s'écria Wilhelmine en tendant vers le comte des mains suppliantes que le jeune homme s'empressa de saisir et de presser sur son cœur.

Lambert indécis sur la conduite qu'il avait à tenir examinait tour à tour les acteurs de cette scène étrange. Un grand combat se livrait en lui-même, lorsqu'en ce moment Birmolan fit un si violent effort pour briser ses liens, que ses bras jetés en arrière firent ouvrir ses vêtements sur la poitrine, et que les regards de Lambert, attirés par ce mouvement, aperçurent une étoile tatouée sur cette poitrine.

« Serait-ce un des nôtres? » se dit-il frappé d'étonnement. Et se rapprochant de cet homme étendu sur le parquet, il dit à voix basse : « *Partout!*

— *Toujours!* » répondit Birmolan, non moins étonné.

Plus de doute : c'était le mot d'ordre de la bande qu'avait commandée Pied-de-Fer, et qui s'était dispersée près de Fontainebleau après l'entrée des armées alliées à Paris; cette étoile tatouée sur la poitrine était le signe de reconnaissance imposé par le chef à tous ceux qu'il admettait dans les rangs du corps interlope qu'il avait si habilement conduit à travers les armées belligérantes, et la poitrine de Lambert lui-même en était ornée. Le vieux routier, d'abord muet de surprise, se remit promptement, et s'adressant à la baronne éperdue :

« Rassurez-vous, madame, ce que j'ai dit que nous devrions faire nous ne le ferons point; nous sommes gens miséricordieux qui savons compatir aux faiblesses humaines, ainsi que vous l'allez voir. »

A ces mots, tirant de sa poche un couteau, il coupa les cordes qui liaient les mains de Birmolan, et il lui tendit la main pour l'aider à se relever; puis s'adressant de nouveau à Mme de Hersdelberg :

« Madame, nous vous demandons l'oubli de ce qui s'est passé ici depuis deux jours; c'est un rêve qui doit s'effacer complètement. Dans quelques heures, nous reprendrons le chemin de Paris, et s'il vous plaît d'y revenir en même temps que nous, je puis vous assurer que le prince Mafiolini sera très-heureux de vous y revoir et de faire cesser pour toujours l'inquiétude qu'il a eu le malheur de vous causer. Quant à ces pourceaux, ajouta-t-il en montrant du pied le Gef et meinherr Wod étendus sur le parquet, ils seront trop heureux qu'on les envoie se faire pendre ailleurs. »

Et les ayant dégagés de leurs liens comme il l'avait fait de Birmolan :

« Allons, sur pied, coquins, reprit-il, et qu'on n'entende plus parler de vous. »

On ne saurait peindre la surprise causée à tous ces personnages par un dénoûment si inattendu; Henri lui-même se demandait si son vieil ami avait perdu la raison, et Sophie fut saisie de frayeur en voyant le Gef et meinherr Wod sur pied; mais les deux coquins s'empressèrent de reprendre le chemin par lequel ils étaient venus.

« Je comprends votre étonnement, monsieur le comte, continua Lambert; mais je ne puis vous donner ici l'explication de ce qui vient de se passer. Je vous dirai seulement que je viens de reconnaître en cet homme que voici un ancien frère d'armes qui va bien regretter de s'être fait votre ennemi, et qui ne l'eût jamais été si nous nous étions reconnus lors de la rencontre dont vous vous souvenez; mais il y avait alors plus de vingt ans que nous ne nous étions vus, et il s'était passé tant de choses pendant ce temps !

— Ma foi, dit Birmolan, à parler franchement, j'aurais mieux aimé que cette reconnaissance se fît plus tard.

— Soyez tranquille, lui dit Lambert, nous retournerons ensemble à Paris, et il ne tiendra qu'à vous que le prince fasse honneur à sa signature; il ne vous faut, pour cela, qu'avoir en moi une confiance entière.

— Lambert! s'écria Sophie, tu vas m'abandonner, et meinherr Wod me tuera....

— Je n'abandonnerai personne, ma bonne Sophie; il y aura place pour nous tous à l'hôtel, et nous n'en sortirons que pour nous rendre à Paris. » Pendant que tout cela se passait, le jour était venu; la reconnaissance s'était complétée entre Lambert et Birmolan.

Ce dernier avait pris le bon parti d'accorder toute confiance à son ancien compagnon; il accepta l'hospitalité qui lui était offerte, et tous les quatre retournèrent à Bruxelles tandis que Mme de Hers-

Il saisit la canne de Lambert.... (Page 319, col. 2.)

delberg, se soumettant à la nécessité, faisait ses préparatifs de départ, résolue qu'elle était maintenant de racheter le fatal écrit que possédait le prince, au prix qu'il y avait mis, c'est-à-dire en consentant au mariage de sa fille avec le jeune comte.

Tous avaient grand besoin de repos; mais Lambert était trop impatient de s'entretenir avec son ancien compagnon pour songer à se mettre au lit.

« Mon cher garçon, lui dit-il quand ils furent arrivés à l'hôtel, nous avons nécessairement beaucoup de choses à nous dire; laissons dormir le comte et cette bonne fille qui m'est si dévouée, et déjeunons pour raviver nos souvenirs.... Il est vraiment extraordinaire que je ne vous aie pas reconnu lors de notre première rencontre à Paris.

— Cela prouve que nous avons été à bonne école pour apprendre à changer de visage, sans compter que j'étais déjà d'une assez jolie force en cette matière lorsque Pied-de-Fer m'enrôla. »

Ils se mirent à table; Lambert usa cette fois du talent qu'il avait de délier les langues, en les arrosant largement. Birmolan fut bientôt parfaitement lancé.

« Puisque vous voulez me mieux connaître, dit-il, je commencerai par le commencement; cela vous donnera l'idée de ce qu'on peut faire de moi. Je commence :

« On est toujours l'enfant de quelqu'un. C'était l'opinion de Beaumarchais; c'est aussi la mienne, et je prétends que mon père était noble. Or comme il serait difficile de me prouver le contraire, attendu que personne ne l'a jamais connu non plus que moi, ma qualité de gentilhomme est parfaitement établie : les parchemins des plus grands seigneurs ne valent pas mieux que cela.

« Ceci est de la philosophie transcendante.... car ma qualité de gentilhomme n'exclut pas en moi celle de philosophe : je suis essentiellement philosophe de ma nature, et aussi par tempérament; la philosophie est le seul milieu où je puisse me trouver à l'aise, et c'est de ce point de vue que vous devez considérer les divers événements de ma vie.

« A quinze ans, je me fis soldat; à dix-huit j'avais déjà parcouru l'Allemagne et l'Italie; mais je n'en étais pas plus avancé : mes économies se réduisaient à zéro, et pour toute récompense de mon courage et de mon bon vouloir, on m'avait octroyé les galons de caporal. Il commençait à me sembler excessivement stupide qu'un homme comme moi fût employé à tuer les gens à raison de sept sous par jour.

« En 1809, nous traversions la Flandre pour nous rendre à la grande armée. De la grande et de la petite j'en avais déjà par-dessus les épaules. Je compris enfin que, pour arriver à la fortune, j'avais pris le plus long, et surtout le plus mauvais chemin, et je résolus d'en changer. Ce n'était pas chose facile ; mais j'avais dès lors l'habitude de sauter à pieds joints par-dessus les difficultés.

« Vers le milieu de mai, nous arrivâmes à Alost, une de ces bonnes villes de la Belgique accoutumées à obéir à tout le monde, et que les Français n'avaient pas encore perdu l'habitude de traiter en pays conquis. Mon billet de logement m'envoya à l'hôtel du *Roi d'Espagne*, bon logis, ma foi, où mes galons de laine firent merveille : j'y eus place non-seulement au feu et à la lumière, comme c'était mon droit, mais encore à la table de mes hôtes qui était à l'ordinaire du régiment ce que le soleil est à une étoile nébuleuse. L'heure du repas venue, j'allai me coucher, mais j'attendis vainement le sommeil : j'étais agité, inquiet ; une voix intérieure me disait que le moment était venu de rompre ce joug qui, depuis quatre années m'avait métamorphosé en automate.

« Vers minuit, je me levai ; m'abandonnant à cette sorte d'instinct qui me poussait à une position meilleure, je m'habillai et sortis de ma chambre, sans avoir de projet arrêté. Arrivé au premier étage, un gémissement vint frapper mon oreille ; je regarde autour de moi : la porte du principal appartement était entr'ouverte. Je me glisse en rampant par cette ouverture, et bientôt, à travers les vitres d'une seconde porte, une figure angélique m'apparaît : c'était celle d'une jeune et belle femme qui, à la lumière d'une lampe, écrivait rapidement. Elle s'arrêta bientôt, lut à demi-voix les lignes qu'elle avait tracées, et, grâce au silence de la nuit, j'entendis ces mots :

« Au moment où je t'écris, mon Julien, le
« monstre a un pied dans la tombe ; avant une
« heure, ce despote si terrible ne sera plus qu'un
« peu de boue, et avant trois jours je serai dans
« tes bras. »

« La jeune femme se tut pendant un instant ; laissa retomber sur la table la lettre qu'elle tenait, et joignant convulsivement les mains elle reprit :

« Oui, oui, il faut qu'il meure ! mes souffrances
« ne peuvent être éternelles !... »

« Elle se leva, s'avança vers un lit dont elle écarta les rideaux, et j'aperçus le visage d'un homme maigre, décharné, qui semblait n'avoir plus que le souffle.

« Il bat toujours ! dit-elle avec impatience, après
« avoir posé sa jolie main sur le cœur du mori-
« bond.... Oh ! c'est trop souffrir !... le ciel me
« pardonnera ! »

« Je la vis alors distinctement serrer, entre le pouce et l'index de sa main gauche, les narines du malade, tandis que, de la main droite, elle lui appliquait son mouchoir sur la bouche. »

— Diable ! c'était fort ! s'écria Lambert, qui se reportait instinctivement à son ancien métier.

— Naturellement ! dit Birmolan ; c'était une idée de femme.... Ah ! il faut le reconnaître, ces cerveaux-là sont bien supérieurs aux nôtres, lorsqu'il s'agit d'un crime domestique !... Je continue :

« Cinq minutes après, elle s'éloigna du lit, c'était horrible à dire, elle était presque radieuse ; mais, au même instant j'ouvris la porte vitrée, et pénétrant brusquement dans l'appartement, je m'emparai de la lettre dont j'avais entendu lire un fragment.

« — Mon Dieu ! je suis perdue ! s'écria la jeune femme, en m'apercevant.

« — Ne vous effrayez pas ainsi, belle dame, lui dis-je à demi-voix, et ne brouillons pas les cartes faute de nous entendre. Vous venez de rendre un dernier service à monsieur votre mari ; cela se voit tous les jours : quand on ne marie pas les filles, dit le proverbe, elles se marient elles-mêmes ; la sagesse des nations aurait pu ajouter : quand les maris ne meurent pas assez vite, on les tue.

« — Monsieur !...

« — Pas d'exclamations, point de phrases ; de la franchise, du bon vouloir, et tout ira pour le mieux. Nous pouvons parfaitement nous entendre : vous venez de rompre très-discrètement avec votre mari ; mais je veux rompre avec mon régiment.... Vous aviez un maître odieux ; j'offre d'être votre esclave soumis.

« — Mais, monsieur, cela est affreux !

« — Vraiment ? Eh bien, prenons que je n'ai rien dit ; mais alors je vais appeler les gens de l'hôtel, requérir les autorités.... »

« J'avais déjà fait un pas vers la porte ; la vertueuse femme me saisit le bras :

« — Faites vos conditions, monsieur, me dit-elle froidement.

« — D'abord, j'exige une confession sincère.

« — Écoutez, me dit-elle brusquement : jeune, je fus unie malgré moi, et presque de vive force, au comte van Hermelast, vieillard décrépit et maussade.

« — Assez ; je devine : le mari est mort ; l'amant attend.... Mais, chère belle, cela ne fait mon compte qu'à demi.... Franchement, l'amant vaut-il mieux que moi qui n'ai que vingt ans ? »

« La veuve de fraîche date baissa les yeux et fit des efforts incroyables pour rougir. Fort heureusement les caporaux de l'armée impériale ressemblaient quelque peu à messieurs les pages de l'ancien régime, qui ne doutaient et ne s'étonnaient de rien.

« — Belle dame, dis-je après avoir effleuré de mes lèvres ces doigts mignons qui venaient d'expédier si lestement un comte pour l'autre monde, il est vraiment déplorable de se montrer tout à coup si positif ; mais je ne me suis pas fait cette position. Seulement, et pour l'amour de vous, je l'accepte de toute mon âme..., Pouvez-vous disposer de quelques louis en ma faveur ? »

« Elle alla prendre dans la poche du pantalon du défunt une bourse qu'elle me remit. Je baisai derechef ses jolis doigts effilés.

« Plus vieux, cette femme m'eût épouvanté par sa tranquillité d'esprit.

« — Et ma lettre? dit-elle.

« — C'est un gage précieux que je veux conserver.

« — Pour me perdre ! répondit-elle vivement en lançant un coup d'œil chargé d'éclairs.

« — Pour vous sauver, charmante amie. Cette lettre porte pour souscription : *Monsieur Jules de Blerys, rue d'Anjou, à Paris.*

« — Eh bien?

« — D'ici à quatre jours, je vous aurai débarrassé de cet homme-là.

« — Monsieur ! j'ai plus de courage que vous ne l'imaginez; je ne me laisserai pas torturer ainsi.

« — Prenez garde, en parlant si haut, de réveiller le mort.... mais je vois dans vos beaux yeux que vous serez raisonnable.... Adieu, comtesse de van Hermelast; dans un mois, à partir de ce jour, le baron de Boisgelane vous attendra à Paris, rue Richelieu, hôtel des *Ambassadeurs*. Un des priviléges de ma position dans le monde est de pouvoir prendre le nom qui me convient, par la raison que l'état civil n'a pas jugé à propos de m'en donner un. »

« Donc le baron de Boisgelane, après avoir échangé son uniforme contre des vêtements bourgeois, roulait vers la capitale de la France, tandis que la jolie comtesse éplorée, échevelée, à demi morte de désespoir, faisait décemment enterrer ce bon van Hermelast, mort pour avoir eu le nez pincé par une jolie femme.

— Diable! dit Lambert pendant que Birmolan reprenait haleine et vidait son verre, c'était une maîtresse femme!

— Flexible comme un roseau. Il est vrai que celles-là ne rompent jamais. Vous allez voir :

« M. Jules de Blerys était un fort joli garçon de vingt-cinq ans environ, grand, bien taillé. J'allai le voir le jour même de mon arrivée à Paris, et il me fit tout d'abord l'effet d'un quartier de roche tombé dans mon chemin. Mon parti fut pris sur-le-champ.

« — Monsieur, lui dis-je, le comte van Hermelast est mort.

« — Mort !

« — Oui, monsieur; sa femme l'a tué.

« — Monsieur, prenez garde à ce que vous dites.

« — Si le mot vous fait peur, je dirai qu'elle l'a aidé à mourir en l'étouffant.

« — Mais c'est horrible !

« — Et j'ajouterai que vous êtes gravement compromis dans cette affaire.... Connaissez-vous cette écriture ? »

« Je lui montrais la lettre de la comtesse.

« — Donnez, donnez, monsieur, » s'écria-t-il.

« Je remis la lettre dans ma poche, ce que voyant le jeune homme s'élança vers moi pour me l'arracher. Je l'arrêtai court en lui montrant le canon d'un pistolet.

« — Un pas de plus, et vous êtes mort ! lui dis-je tranquillement. Cette lettre que je garde sera ma justification. Vous voyez que je suis armé de toutes pièces; maintenant choisissez entre la paix et la guerre.... La paix toutefois ne peut se faire entre nous qu'à une condition, c'est que vous quitterez la France sur-le-champ pour y revenir dans un an au plus tôt.

« — Mais au moins il serait juste de me donner quelques explications.

« — Je crois m'être suffisamment expliqué : vous êtes l'amant de la comtesse, et la comtesse a tué son mari pour vivre avec son amant; il n'y a rien de plus simple et de plus clair au monde que cela ; j'en puis démontrer l'évidence sans la moindre peine, et dans une heure, si je le veux, vous serez entre les mains de la justice, de même que, si cela me plaît, cette affaire ne sera connue que de nous trois.... Quand partirez-vous, monsieur?

« — Demain j'aurai quitté Paris; dans quatre jours je serai en Italie.... non que je craigne pour moi; mais elle !... je veux la sauver. »

« Le lendemain, Jules de Blerys était parti, mais la comtesse n'arrivait pas, et cela commençait à me donner des inquiétudes d'autant plus vives que la bourse qu'elle m'avait donnée était vide. Depuis huit jours déjà je faisais bon visage à mauvais jeu, lorsque je vis arriver chez moi un petit vieillard en perruque blonde qui, sans me donner le temps de le reconnaître, s'écria .

« — Monsieur le baron, je vous trouve, je vous tiens, je ne vous quitte plus !... ma fille vous attend, vous désire; elle a soif de votre présence; vous êtes le seul dont elle veuille entendre des consolations.... Pauvre enfant ! il n'y a que huit jours qu'elle a perdu son mari ; le comte van Hermelast! un homme superbe, monsieur ! qui n'avait qu'un pouce de plus que moi, et dont la circonférence égalait trois fois la mienne.

« — Monsieur, dis-je en réprimant l'envie de rire qui me torturait, je comprends toute la douleur de Mme la comtesse.

« — Un homme qui l'adorait !

« — Je le crois.

« — Un mari qu'elle chérissait.... Ce mariage était ce que j'avais fait de mieux dans ma vie, monsieur !

« — Monsieur, je vous en félicite sincèrement.

« — Il n'y a pas de quoi, monsieur le baron. »

« C'était aussi mon avis, mais je n'en dis rien. D'ailleurs le petit vieillard à la perruque blonde ne m'en eût pas laissé le temps.

« — J'espère, dit-il avec une volubilité toujours croissante, que monsieur le baron me fera l'honneur aujourd'hui même de venir dîner chez moi.

« — Monsieur....

« — Mon Dieu, je sais bien que sur ce point, je fausse l'usage; mais ma fille, monsieur! ma fille qui se meurt de douleur!... ma fille qui peut-être sera morte demain si vous ne venez aujourd'hui! »

« Il n'y avait rien à répliquer à cela, et quoique bien persuadé que les femmes, en pareil cas, ne meurent jamais de douleur, je me disposai à suivre le petit vieillard qui jurait ses grands dieux qu'il ne me quitterait pas avant de m'avoir mis en présence de Mme la comtesse sa fille, laquelle était au désespoir d'avoir perdu son noble époux, événement auquel, comme vous savez, j'avais fortuitement assisté.

« Vous riez, mon vieux compagnon, à votre aise; nous ne sommes pas au bout, et il ne faut pas oublier que je n'avais que vingt ans. Je continue :

« Il fallait bien suivre ce petit vieillard qui s'attachait à moi. Il m'importait d'ailleurs de revoir cette vertueuse veuve sur laquelle je fondais de grandes espérances; car rien ne donne plus d'habileté à l'homme qu'une certaine dose d'intelligence sans argent.

« Après une demi-heure de marche, car mon guide allait à pied, nous arrivâmes dans une des plus silencieuses rues du Marais. Là je retrouvai la jolie femme que j'avais vue pour la première fois à Alost, et je m'aperçus aisément, à l'épanouissement de son charmant visage, de l'heureux effet que produisait sur elle l'espèce de métamorphose qui s'était opérée en moi.

« Le petit vieillard nous laissa seuls tout d'abord, l'excellent père qu'il était.

« Puis, au bout de quelque temps, il vint nous prévenir que le dîner était servi.... Que cela ne vous étonne pas : nous étions chez un petit rentier du Marais qui économisait chaque année la moitié de ses mille écus de revenu, et qui, en mariant sa fille, en avait fait métier et marchandise. Il est juste de dire que la charmante femme avait largement profité de ces généreux sentiments.

« Tout le domestique de M. Bernard, père de Mme van Hermelast, se composait d'une sorte de cordon bleu.

« Cette femme vive, leste, fringante, âgée de vingt-cinq ans à peine, attira d'abord mon attention; cette attention redoubla lorsque je vis cette jolie fille jeter sur moi des regards étonnés; puis enfin je reconnus dans la servante de M. Bernard la cantinière du régiment dans lequel j'avais fait mes premières armes. La situation se compliquait : les yeux de Rose, l'ex-cantinière, commençaient à lancer des éclairs; la foudre approchait; car Rose avait été mes premières amours, et, depuis Adam, les femmes ont la faiblesse de prendre cela au sérieux.

« Quoi qu'il en soit, j'étais mal à l'aise à table; la comtesse s'en aperçut. Mon avenir était compromis par une cuisinière; il fallait que cela finît promptement.

« Cependant M. Bernard se donnait beaucoup de mouvement pour traiter de son mieux l'illustre ami de Mme la comtesse, sa fille....

« — Rose, changez le couvert de M. le baron.... Rose n'oubliez pas le madère pour coup du milieu.... Rose, etc. »

« Et Rose tournait autour de la table, servait tout de travers, et continuait à me regarder avec des yeux brillants comme des escarboucles.

« Entre deux services, je quittai la table sous un léger prétexte, et j'allai à la cuisine.

« — Ma chère Rose, dis-je à cette bonne, je remercie le hasard qui nous réunit; mais j'ai le plus grand intérêt à ce que l'on ignore ici que nous sommes d'anciennes connaissances.

« — Oui, je comprends, Francis, vous faites fi de la cantinière, à présent que l'on vous appelle monsieur le baron gros comme le bras!

« — Mon Dieu, ma chère amie, c'est un héritage que j'ai fait; je suis devenu baron sans y penser. Cela se voit tous les jours; et vous-même, Rose, vous pourriez parfaitement devenir baronne. »

« Le visage de Rose s'épanouit; je crus qu'elle allait me sauter au cou, et je fis un pas en arrière.

« — Rose! cria M. Bernard, hâtez vos croquettes, mon enfant, et songez un peu à ma perruque poudrée : les circonstances ne me permettent pas un négligé trop prolongé.

« — Que le diable l'emporte! fit Rose.... Francis, est-il bien vrai que vous m'aimez toujours?

« — Comment aurais-je pu oublier de jolis yeux dont partent des éclairs qui pénètrent jusqu'au cœur!

« — Ce serait trop de bonheur; je n'ose pas y croire....

« — Rose! cria de nouveau M. Bernard, est-ce que vous auriez manqué vos croquettes?.... Je n'entends pas bruire la fritture.

« — Sacrédié! fit Rose, j'ai une terrible envie d'aller lui jeter mon tablier au visage!

« — Ne faites pas cela, folle! »

« Afin de la calmer, j'arrondis mon bras autour de sa taille, et mes lèvres effleurèrent les siennes. C'était trop; je mettais ainsi le feu aux poudres. Rose perdit la tête tout à fait.

« — Rose ! Rose ! cria de toutes ses forces M. Bernard, voulez-vous me faire donner au diable ! M. le baron ne s'est absenté que pour un instant ; il va revenir, et je parierais que vos croquettes sont manquées ! »

« Rose se mit à l'œuvre ; mais la tête n'y était plus : d'une main saisissant la perruque de cérémonie, elle la jeta dans la friture, tandis que, de l'autre, elle poudrait les croquettes à grands coups de houppe. En ce moment M. Bernard entrait dans la cuisine où il ne parut pas aussi surpris de me trouver que je l'aurais cru.

« — J'en étais sûr ! s'écria-t-il en courant vers le fourneau, les croquettes sont manquées. »

« Puis saisissant l'écumoire pour mieux s'assurer du malheur qu'il redoutait, il tira de la friture l'infortunée perruque dans un état difficile à décrire.

« Les grandes douleurs sont muettes : le rentier demeura quelques instants comme anéanti.

« Rose atteinte d'un rire fou, se roulait sur sa table de cuisine.

« — Monsieur, dis-je en m'approchant du petit vieillard dont je venais de saisir au passage un sourire sardonique qui m'avait fort surpris, monsieur, je m'étais aperçu que cette pauvre fille n'avait pas toute sa tête, et c'est pour m'en assurer que je suis venu près d'elle. Soyez sans inquiétude toutefois ; je suis un peu médecin, et je vais la remettre dans son état normal.

« — Jamais, monsieur le baron, jamais ! »

« La vérité est que je prenais là un engagement téméraire ; mais je venais d'apercevoir sur les lèvres du malin vieillard un sourire qu'il s'était vainement efforcé de dissimuler ; et une sorte de pressentiment m'avertissait que je devais faire bonne contenance tout en me tenant sur mes gardes. Je repris donc en conservant tout l'aplomb que j'avais montré jusque-là :

« — Vous verrez, monsieur, que dans dix minutes, il n'y paraîtra plus.

« — Mais vous ne voyez donc pas qu'elle est frite, frite à l'huile, monsieur le baron ! »

« Et le malin vieillard me montrait sa perruque fumante entre une salade et les débris d'un chapon.

« La situation ne pouvait se prolonger sans amener une explication que je voulais éviter à tout prix.

« — Rose, dis-je en m'approchant de l'ex-cantinière, si tout cela ne finit à l'instant même, je pars, et vous ne me reverrez jamais. »

« Rose se calma, demanda pardon à son maître. Ce dernier eut l'air de se résigner, puis nous allâmes nous remettre à table où la jolie comtesse nous attendait.

« Le dîner se prolongea ; au dessert, le bon père se retira sous le prétexte d'aller réparer le désastre causé par la folie de Rose. C'était le moment d'entrer franchement en matière ; je n'hésitai pas davantage.

« — Belle dame, dis-je à la comtesse, souffrez que nous parlions un peu de nos affaires. »

« La jolie veuve sourit dédaigneusement. Je pris l'une de ses mains qu'elle m'abandonna volontiers ; mais, contre l'ordinaire, je me sentis tout à coup embarrassé ; cette élocution facile qui m'était naturelle me fit défaut, et je balbutiai quelques mots sans suite ; une indicible expression de sarcasme se montra sur le visage de la comtesse, et je crus sentir au cœur le froid d'une lame de poignard.

« — Madame, dis-je enfin, vous savez quelle position nous a faite le hasard, et un peu aussi notre volonté.

« — Je sais, répondit-elle avec ce même sourire qui m'avait glacé tout d'abord, je sais que vous m'avez promis d'être mon esclave soumis.... Ce sont, je crois, vos expressions, et j'avoue qu'au moment où vous me les fîtes entendre, elles me parurent contraster singulièrement avec l'habit que vous portiez.

« — Oh ! laissons là cet habit, belle dame, répliquai-je en reprenant peu à peu toute mon assurance ; j'espère vous prouver aisément que j'en puis porter d'autres. Quant à l'engagement d'être votre esclave, je le maintiens ; mais vous comprenez qu'il ne peut être que conditionnel : il ne faut pas que tous les avantages soient d'un seul côté. Vous êtes riche et belle ; je n'ai rien. Avec vous et par vous je puis aussi arriver à la fortune ; mais jusque-là, je me trouve dans la nécessité de demander.... d'exiger même....

« — Retirez vite ce mot, monsieur ! on ne m'impose pas deux fois ; c'est déjà beaucoup trop d'une. »

« Cette sortie me parut singulièrement audacieuse.

« — Madame ! m'écriai-je, vous oubliez votre lettre à M. de Blerys.

« — Ah ! le bon billet qu'a La Châtre ! s'écria-t-elle en éclatant de rire.... Par malheur, ou plutôt par bonheur pour vous, monsieur le caporal, cette lettre n'existe plus. »

« Le feu de la colère commençait à me monter au visage ; je voulus confondre l'impudente, et je cherchai mon portefeuille pour y prendre cette lettre si précieuse pour moi ; mais il m'avait été enlevé.

« — Je suis donc dans une caverne de voleurs ! » dis-je en me levant brusquement.

« Et je voulus prendre les pistolets de poche sans lesquels je ne marchais pas depuis que j'étais à Paris ; mais les pistolets étaient absents comme le portefeuille....

« Remarquez, dit ici Birmolan en s'interrompant, que ces sortes d'affaires ne réussissent jamais.... Je ne sais quel imbécile a dit : *les paroles s'envolent, et les écrits restent*.... Vous savez bien que les écrits ne restent pas plus que les paroles, vous, puisque ce doux billet de cent mille francs que vous savez a passé de ma poche dans la vôtre.

« — Que cela ne vous tourmente pas, répondit Lambert : ce qui est à César sera rendu à César.... pourvu que César soit sage. Continuez. »

Et Birmolan reprit son récit :

« La comtesse continuait à rire comme une folle, et ma fureur augmentait d'autant.

« — Oh ! m'écriai-je, vous n'aurez pas aussi bon marché de moi que vous l'espérez. »

« Je saisis deux bouteilles, et m'adossant contre la muraille :

« — Vous me tuerez, dis-je, ou je ne sortirai d'ici que lorsqu'on m'aura remis la lettre qui m'a été enlevée.

« — Vous oubliez que vous me l'aviez volée, répondit la comtesse. Prenez garde au bruit que vous faites ; les passants, s'ils étaient moins rares dans cette rue, pourraient croire à quelque violence, requérir l'autorité, et il y aurait ce soir un déserteur de plus dans les prisons de Paris. »

« J'étais véritablement pris comme dans une souricière ; mais toujours armé de mes bouteilles, je continuais à montrer la résolution de pousser plus loin l'aventure. Tout à coup la porte d'une espèce de placard glissa sur le mur qui me faisait face, et démasqua un escalier dérobé ; un homme parut. C'était M. Bernard, le petit rentier, si franchement badaud en apparence.

« Il n'avait, cette fois, aucune espèce de perruque, et l'on pouvait voir que ses cheveux, assez courts, étaient d'un très-beau noir. Il me sembla aussi que les rides de son visage avaient disparu. Évidemment j'avais affaire à des gens trop habiles pour ne pas songer à capituler ; il ne s'agissait plus que d'obtenir les conditions les moins défavorables, et je pensai que la violence était un mauvais moyen pour y parvenir.

« — Allons, dis-je, je suis battu, et j'en conviens franchement ; mais aussi c'était trop d'avoir à lutter à la fois contre un ange et le diable. »

« La comtesse me paya de ce compliment par un gracieux sourire qui n'avait rien de moqueur, et je repris :

« — Je pourrais me relever et prendre peut-être l'offensive ; car nous n'avons encore ni l'un ni l'autre dit notre dernier mot ; mais je crois que la paix sincèrement conclue sera plus favorable à chacun de nous. D'ailleurs il me paraît impossible que vous ne me teniez pas compte des quelques services que je vous ai rendus comme par exemple de vous avoir débarrassée de ce Jules de Blerys.... Dans les circonstances où vous vous trouvez, madame, cette liaison vous eût été nécessairement fatale. »

« La comtesse regarda en riant M. Bernard. Presque aussitôt une porte s'ouvrit et un homme entra ; je reconnus Jules de Blerys.

« — Ah ! m'écriai-je, c'est une abominable trahison !

« — Rassurez-vous, cher monsieur, me dit Jules ; nous ne sommes pas si terribles que vous qui voulez tuer tout le monde. Nous ne tuons personne sans nécessité, et en vérité vous n'êtes pas assez redoutable pour que nous usions envers vous de ce moyen extrême. Vous êtes un grand enfant qui avez voulu faire la loi à des hommes. Vous méritiez une leçon ; elle n'a pas été bien sévère ; mais vous agirez sagement en ne vous mettant pas dans le cas d'en recevoir une seconde, qui serait beaucoup moins bénigne. Allez donc en paix, et ne péchez plus. »

« Et, en parlant ainsi, du doigt il me montrait la porte. J'étais furieux, hors de moi. Je pris mon chapeau et je sortis sans trop savoir ce que je faisais. J'avais à peine descendu quelques marches de l'escalier que je me trouvai en face de Rose, armée d'un long couteau. Elle me prit la main.

« — J'ai tout entendu, me dit-elle en m'entraînant dans la cuisine. Vrai Dieu ! il faut que cela finisse, et que j'en aie le cœur net aujourd'hui ! Écoute, Francis ; il y a un an que je suis au service de ce M. Bernard qui est bien l'animal le plus étonnant, le plus original que l'on puisse voir : tantôt il vit seul comme un loup, tantôt il reçoit des gens de toute sorte qui, pendant des semaines entières ne quittent pas sa maison où l'on fait bombance de manière à me mettre sur les dents ; puis ils s'envolent comme des moineaux, eux et lui, et M. Bernard ne reparaît ici qu'après plusieurs jours. Alors il recommence à vivre en vrai rentier du Marais, afin de faire, dit-il, des économies sur ses mille écus de rente. J'ai d'abord donné là dedans ; mais ça ne pouvait pas durer, et depuis ce matin, voyant ici beaucoup de mouvement, j'ai commencé à écouter aux portes.... C'est un vilain métier, je le sais ; mais l'oreille me démangeait depuis si longtemps !... Et c'est pour vous, Francis.... c'est-à-dire monsieur le baron, car j'ai entendu tout ce qui vient de se passer, et j'étais prête à vous défendre si cela avait plus mal tourné. »

« Ici la bonne fille fut interrompue par un bruit de pas, de portes et de serrures.

« — Tenez, reprit-elle, les voilà qui prennent leur volée, comme je vous le disais tout à l'heure, et maintenant il n'y a plus que vous et moi dans la maison. »

« J'embrassai de bon cœur cette bonne Rose, qui me le rendit bien.

« — Ma foi! lui dis-je, à la guerre comme à la guerre ! »

« Et je m'armai d'un lourd couperet.

« — Qu'allez-vous faire, Francis?

« — Je vais prendre ma revanche, chère belle, et nous partagerons le butin, s'il y en a. »

« Le visage de Rose redevint rayonnant.

« — Et tu me feras baronne! dit-elle en me sautant au cou.

« — Je te ferai comtesse, mon ange; ça sera quelque chose de mieux, et il ne m'en coûtera pas davantage.

« — Je vais te conduire. Marchons »

« Les portes cédèrent promptement à nos efforts. Lorsque nous fûmes arrivés dans le cabinet de Bernard, Rose me montra un immense coffre-fort qui, bien des fois, me dit-elle, avait attiré son attention. J'en fis, sans beaucoup de peine, sauter la serrure, et aussitôt un spectacle éblouissant s'offrit à nos yeux : l'énorme coffre était presque entièrement rempli de pièces d'or de toute espèce : louis, doubles louis, pièces de vingt et de quarante francs françaises et italiennes.

« Dans un coin du coffre était une liasse de papiers ; je l'ouvris : elle était entièrement composée de billets de banque. Nous demeurâmes en extase devant tant de richesses.

« — Ma chère belle, dis-je enfin, je ne sais à quoi il tient que je ne te fasse duchesse.... voire même princesse tout d'un trait.... A l'œuvre donc ! ce n'est pas le cas de parlementer. »

« Je m'emparai de la liasse précieuse, puis je jetai l'or par poignées dans le tablier de Rose, qui s'était mise plus aisément que je ne l'avais espéré à la hauteur des circonstances.

« Une heure après, nous étions loin de cette maison, nous nous établîmes confortablement dans un bel hôtel du faubourg Saint-Honoré sous le nom de comte et comtesse de Béterli.

« Dès lors Rose eut des chapeaux, des robes de soie, des cachemires, des diamants et une voiture. Le bonheur embellit ; il rajeunit même, et elle était si heureuse de s'entendre appeler *madame la comtesse !*

« Malheureusement il y avait en elle quelque chose qui ne pouvait se modifier ; c'était cette voix quelque peu rauque, ce geste décidé et ce langage énergique de sa première profession. Mais à cette époque les gens comme il faut se faisaient de tous bois, et à vrai dire, ils n'en valaient pas moins pour cela.

« J'étais riche, je menais un grand train, je me montrais généreux ; il n'en fallait pas davantage pour m'attirer tous les regards et tous les cœurs. On nous loua, on nous cajola, on nous chanta.

« Rose était transportée au cinquième ciel ; car la pauvre fille prenait tout cela au sérieux ; elle avait fini par se croire réellement une grande dame, ce qui pourtant ne préjudiciait en rien à ses anciennes habitudes, et n'empêchait pas quelques bons gros jurons de se faire jour par-ci par-là dans ses discours, surtout lorsqu'elle parlait d'abondance ; mais cela même donnait du piquant à ses manières, et puis il ne manquait pas alors de grandes dames qui avaient naguère porté le baril en sautoir et versé le verre de *fil en trois* aux soldats de la République, et quelques-unes étaient si haut placées qu'il eût été dangereux de faire la satire des autres.

« Une année s'écoula ainsi ; l'année la plus heureuse, peut-être, que je dusse passer en ce monde.

« Un soir, nous assistions Rose et moi à un bal donné par une des notabilités de l'empire, le duc de ***, diplomate de haut bord, c'est-à-dire une de ces ganaches fameuses qui tenaient alors dans l'empire français la place que tiennent les pions sur un échiquier, et qui ne s'en croyaient pas moins des hommes de Plutarque.

« J'avais pris place à une table de jeu ; Rose dansait avec le duc. Tout était pour le mieux. Mais tandis que je perdais beaucoup d'argent, le duc cherchait à gagner du terrain près de la comtesse de ma façon.

« — Comtesse, disait le grand seigneur impatienté par une trop longue résistance, il faut choisir entre la guerre et l'amour ; ce sont, je crois, deux choses que vous connaissez également bien.

« — Ce serait donc un double avantage que j'aurais sur vous, répondit Rose qui avait parfaitement compris l'allusion.

« — Est-ce un défi ? répliqua le diplomate.

« Et profitant d'une confusion de figures, sa main tenta de s'égarer.

« — Pas de gestes ! fit Rose dont le naturel reprenait le dessus, pas de gestes ou je tape !

« Au même instant le bruit d'un soufflet retentit.

« Le duc chancela et cria au meurtre.

« — Morbleu ! disait Rose à la foule qui l'entourait, croyez-vous que je me laisserai traiter comme une catin par un pékin de cette espèce ?

« C'était du plus haut comique ; mais cela devait finir mal. Je voulus me lever pour aller au secours de cette pauvre fille qu'on voulait chasser, quand je me sentis clouer sur mon siège par une main de fer, en même temps que ces terribles paroles m'étaient adressées :

« — Halte-là, monsieur le comte ; vos billets de banque sont faux !

« Je me retournai pour voir le personnage qui avait mis la main sur moi, et je vis un officier de gendarmerie qui tenait les huit ou dix billets que j'avais perdus au jeu.

« — C'est une mauvaise plaisanterie ! m'écriai-je en m'efforçant de faire bonne contenance.

« — Vous vous en expliquerez avec monsieur le procureur impérial, répondit l'officier de gendarmerie en m'entraînant.

« Une heure après, j'étais sous les verrous. »

Birmolan s'arrêta pour vider son verre.

« Je vois, lui dit Lambert, que votre vie avait été très-agitée lorsque Pied-de-Fer vous fit entrer dans nos rangs.

— Elle n'a jamais cessé de l'être, comme vous l'allez voir.... versez encore : j'ai la langue sèche, et nous ne sommes pas encore au plus chaud. »

Les verres furent de nouveau remplis et vidés, et Birmolan reprit son récit.

CHAPITRE LXXI.

Découvertes. — Changement de front.

« Ma position était des plus dangereuses ; je sentis qu'il me fallait une prudence extrême pour ne pas l'aggraver encore ; et je répondis aux premiers interrogatoires que l'on me fit subir avec une telle circonspection, que les interrogateurs ne furent guère plus instruits après m'avoir entendu qu'ils ne l'étaient auparavant : je n'avouai et ne niai rien d'abord, me réservant de prendre conseil des circonstances qui pourraient survenir pendant l'instruction. J'étais intérieurement fort content d'avoir pu conserver autant de présence d'esprit, et ce sang-froid avait réellement son mérite ; car, une fois sous les verrous, je n'avais en apparence d'autre alternative que d'en sortir pour me faire fusiller comme déserteur avec toutes les circonstances aggravantes ou de me laisser guillotiner comme falsificateur de ces précieux chiffons au revers desquels on lisait ces mots peu rassurants : *la loi punit de mort le contrefacteur*.

« Du reste, la captivité m'était douce ; car d'après un antique usage des geôles, les grands criminels ou les prisonniers supposés tels, sont traités avec beaucoup plus d'égards que ces pauvres diables qui ne mettent la main sur le bien d'autrui que pour assouvir leur faim. Sous les verrous, les gens sur lesquels pèse une accusation capitale sont, pour ainsi dire, les seigneurs du lieu ; à eux les faveurs, les soins de toute sorte : guichetiers, gardiens ou porte-clefs adoucissent autant que possible leur voix pour parler à ces puissances devant lesquelles ils ont l'habitude de s'incliner : j'avais été naturellement classé dans cette catégorie, et je m'en trouvai bien.

« Cependant l'instruction se faisait lentement ; la captivité quelque douce qu'elle fût, commençait à me sembler bien lourde, et je roulais dans ma tête les projets les plus violents pour sortir de l'engourdissement moral qui me gagnait, lorsque, un matin, je vis entrer dans ma cellule le directeur de la prison.

« — Mon ami, me dit-il, vous êtes certainement né coiffé.... habillez-vous vite pour me suivre : monsieur le gouverneur de la banque de France est chez moi ; il veut vous interroger, et je gagerais qu'avec un peu de tact vous en obtiendrez tout ce que vous voudrez.

« — C'est un piége, me dis-je ; je vais me tenir sur mes gardes, et le voir venir. »

« Je m'habillai ; je suivis M. le directeur ; et après avoir traversé les guichets intérieurs et le greffe, je fus introduit dans le salon d'un appartement très-confortable où je vis un personnage qui semblait attendre impatiemment. Dès qu'il m'aperçut, il s'élança brusquement vers moi, me prit par la main et m'attira dans l'embrasure d'une fenêtre. Avant d'avoir fait deux pas, j'avais reconnu M. Bernard ; il avait cette fois une perruque à frimats, et sous ses épais sourcils ses petits yeux brillaient comme deux tisons.

« — Diable ! dis-je à demi-voix pendant qu'il m'entraînait, il paraît que le petit rentier du Marais a fait une prompte fortune.

« — Silence ! me répondit-il sur le même ton. J'aurais pu te tuer, malheureux ! je l'aurais dû même. Personne ne m'eût demandé compte de toi.... Mais ce n'est pas de cela qu'il s'agit en ce moment. Je suis venu pour te demander de choisir entre la guerre et la paix ; et pour que tu ne sois pas tenté de te livrer à quelque intempestive extravagance, je commence par t'avertir qu'en ce moment ma personne est ici réputée inviolable. Je me suis présenté sous le nom et le titre du gouverneur de la banque de France ; c'était le seul moyen de te parler sans témoin : ma voiture est à la porte ; mes gens m'attendent, et maintenant tu crierais, tu hurlerais que je suis un voleur, un faussaire, etc., que, d'un mot, je n'en ferais pas moins ouvrir toutes les portes devant moi. »

« Tant de sang-froid et d'audace provoquèrent mon admiration ; je sentis que j'étais bien loin d'atteindre si haut.

« Bernard s'aperçut de l'impression que ses paroles produisaient sur moi, et il reprit avec bonhomie.

« — Mon Dieu ! mon garçon, nous ne sommes pas des aigles ; mais seulement de braves gens qui travaillons à réparer les torts de la fortune. Cette capricieuse déesse a un Landeau sur les yeux, tandis que nous sommes clairvoyants, et nous profitons de nos avantages, c'est très-rationnel cela. Écoute maintenant, et retiens bien ce que je vais te dire : si tu nous dénonces, nous pourrons bien courir quelque danger ; mais nous parviendrons à conjurer l'orage, et toi tu seras

Arrestation de Jérésu. (Page 344, col. 2.)

perdu sans retour, tandis que si tu ne dis rien de nous, sauf à te laisser condamner seul, nous te serons en aide, et ce qui se passe en ce moment peut te donner une idée de ce que nous pouvons et de ce que nous osons.... Et puis, monsieur le baron, cela pourra vous apprendre à vivre, et vous montrer qu'on a tort de se placer du premier jet au-dessus des maîtres.... En ce moment par exemple il ne tiendrait qu'à moi de vous faire jeter au cachot?...

« — Et moi, ne puis-je pas vous démasquer, vous et...

« — Enfant! vous êtes ici comme prévenu d'un crime capital, et j'y suis, moi, de ma propre volonté.... Encore une fois, les gens et la voiture de M. le gouverneur de la Banque de France l'attendent en bas.... Est-ce qu'il y a des phrases de bandit qui puissent tout d'un coup prévaloir contre cela?

« — Mais encore que voulez-vous de moi?

« — Que vous vous taisiez, monsieur le baron; que vous ne disiez pas d'où venaient les billets de banque trouvés en votre possession.

« — Et si l'on me condamne?

« — Laissez-vous condamner. L'important pour vous c'est que le jugement ne soit pas exécuté, et il ne le sera pas.

« — Mais Rose parlera.

« — Rose est libre et hors de France, et, si vous êtes docile à mon avis, bientôt il ne tiendra qu'à vous de la rejoindre. »

« Je réfléchis pendant quelques instants : qu'avais-je à gagner en avouant toute la vérité? Rien. En me taisant, il me restait au moins quelque espoir de n'être pas tout à fait abandonné.

« — Eh bien! dis-je à Bernard, je me tairai, pourvu que vous fassiez en sorte qu'on me traite bien ici. »

« Le prétendu gouverneur de la Banque me serra la main à la dérobée :

« — Il y a entre nous, dit-il, des torts réciproques; peut-être les plus grands sont-ils de notre côté; mais vous verrez que nous saurons les réparer.

« — Je compte sur vous, répondis-je. Advienne que pourra. »

Bernard satisfait se dirigea vers la porte.

« — Monsieur le gouverneur ! s'écria le directeur, souffrez que.... »

« M. le gouverneur était disposé à souffrir toutes sortes de choses, excepté à respirer plus longtemps l'atmosphère de ces lieux; il gagna au large le plus vite possible, escorté des autorités de la prison qui ne le quittèrent qu'après l'avoir vu monter dans la voiture armoriée qui l'attendait.

« — Eh bien! me dit le directeur en revenant près de moi, il paraît que cela va bien?

« — Je n'en sais trop rien, répondis-je.

« — Bah ! M. le gouverneur m'a remis cent louis pour que l'on soigne votre table.... monsieur, je prendrai la liberté de vous dire que vous n'êtes certainement pas un homme ordinaire.... Cent louis !... cent louis vieux style, soit deux mille quatre cents francs !... A quelle sauce monsieur veut-il manger le turbot ce matin ? »

« Et, en attendant que j'eusse résolu cette grave question, M. le directeur me reconduisit, la casquette à la main jusqu'à ma cellule.

« Je ne vis plus le prétendu gouverneur de la Banque de France ; mais je lui tins parole, et le jour du jugement arrivé, je me bornai à soutenir que j'étais innocent du fait que l'on m'imputait, sans récriminer contre les vrais coupables.

« A vrai dire, les pièces à conviction manquaient : les billets faux étaient là ; mais on n'avait rien découvert des moyens de fabrication, que j'ignorais moi-même. Des juges m'eussent acquitté faute de preuves suffisantes ; malheureusement il y avait là douze individus, propriétaires, marchands, etc., dont les tiers ne savait pas lire ; ces gens-là, c'était le jury, et le jury n'est pas obligé de dire pourquoi il condamne ou il absout, obligation qui pourrait le mettre souvent en grand embarras.

« Ces braves gens, en vue probablement de ne contrarier personne, répondirent oui à toutes les questions, et le président prononça la sentence qui me condamnait à la peine de mort.

« Se faire tuer les armes à la main ; défier la mort alors qu'on a le cœur broyé par le désespoir ou qu'on a le cerveau embrasé par la colère, cela n'est rien ; c'est dans notre nature.

« Mais entendre un homme déclarer froidement, du ton d'un moine qui psalmodie, qu'on sera mis à mort en réparation d'un fait qui n'a causé la mort de personne, c'est là un supplice mille fois plus horrible que la mort elle-même ; et ce supplice je l'ai subi, et il n'était que le prélude d'un autre plus atroce encore !...

« Quarante jours s'écoulèrent pendant lesquels j'attendis vainement l'apparition de Bernard.

« J'avais toujours la ressource des révélations ; malheureusement il ne me semblait pas qu'elles puissent avoir une grande efficacité. Pourtant je n'avais pas perdu toute espérance, lorsqu'un matin on vint m'annoncer que mon pourvoi en cassation était rejeté....

« Oh ! si j'avais pu sortir à l'instant même de cette vie qui commençait à m'être un horrible fardeau !... S'il m'avait été possible de me frapper au cœur ou de me loger une balle dans le cerveau !...

« Mais non, c'était lentement qu'il me fallait marcher à la mort, après avoir subi les longs et inutiles préparatifs dus à la cruauté raffinée de je ne sais quels législateurs.

« J'en étais là ; les aides du bourreau m'avaient lié les mains sur le dos ; le froid des ciseaux qui abattaient mes cheveux me glaçait le crâne ; une sueur froide et visqueuse me couvrait le visage. N'espérant plus rien de Bernard, j'allais demander à faire des révélations qui, selon toute probabilité, ne m'eussent pas sauvé, lorsqu'il se fit tout à coup un certain mouvement parmi les gens qui assistaient à mon agonie.

« La main qui promenait les ciseaux sur ma tête s'arrêta, on me délia les bras.

« — Qu'est-il donc arrivé ? » demandai-je d'une voix dont je tentais vainement de dissimuler l'altération.

« L'exécuteur et ses aides me regardèrent sans me répondre, puis ils firent quelques pas en arrière.

« Alors une sorte de greffier s'approcha de moi, et me donna lecture des lettres de commutation qui m'étaient accordées, et substituaient à la peine de mort prononcée contre moi, celle mille fois plus terrible des travaux forcés à perpétuité !... »

Birmolan s'interrompit de nouveau, au souvenir de ces terribles instants, un tremblement convulsif l'avait saisi ; sa langue s'embarrassait. Lambert fit de nouveau pétiller le champagne dans les verres. Il aspirait à la fin de cette histoire, espérant qu'elle lui révélerait, ou du moins qu'elle lui laisserait entrevoir la véritable cause de la conspiration ourdie contre le jeune comte Henri ; car la conduite de Mme de Hersdelberg lui était maintenant suffisamment expliquée : le mystère qui enveloppait la naissance de Henri, sa noblesse douteuse, d'une part, et d'autre part la crainte que le prince Mafiolini n'usât du mystérieux billet qu'il possédait lui avait fait prendre la résolution de quitter Paris, dans l'espoir qu'une longue absence suffirait pour le soustraire aux dangers qu'elle pouvait craindre de ce côté, sans qu'elle courût le risque de faire perdre à sa fille, par une mésalliance, la riche succession des Hersdelberg dont Wilhelmine était l'unique héritière. Mais cela n'expliquait point la tentative d'assassinat préméditée contre le jeune comte par Warburton et Birmolan.

« — Chassons ce fâcheux souvenir, dit Lambert.

« — Jusque-là, reprit le bandit, je n'avais fait en quelque sorte que me défendre ; maintenant j'amassais de la haine, et j'avais soif de vengeance.

« En attendant j'étais au bagne ; dans un de ces affreux tombeaux de vivants auxquels on a tout ôté avant de les ensevelir, tout jusqu'à leur nom ! Mon abattement fut grand d'abord ; en entrant dans cet enfer j'avais laissé l'espérance à la porte.

« Bientôt mes traits se flétrirent, mon regard

s'éteignit. Je ne sentais plus; la pensée ne trouvait plus place dans mon cerveau débilité.

« Deux années s'écoulèrent ainsi. J'avais pourtant conscience de ma situation; il me restait tout juste assez d'intelligence pour que je pusse prévoir ma fin certaine et m'en féliciter. Enfin mes forces m'abandonnèrent tout à fait sous l'action d'une fièvre lente.

« Le médecin du bagne me crut perdu, et il m'envoya mourir à l'hôpital.

« J'étais depuis huit jours dans un lit passable, et bien que ma chaîne fût rivée, selon l'usage, à un anneau de fer scellé dans le mur, le repos m'avait quelque peu ranimé. Tous les soins imaginables m'étaient d'ailleurs prodigués par les religieuses de la salle où j'avais été déposé, et peu à peu je me sentis renaître sous l'influence de cette charité si douce.

« Un soir, alors que le jour finissait, et que la nuit n'était pas encore assez sombre pour que les réverbères fussent allumés, une de ces religieuses s'approcha de mon lit.

« — Francis, dit-elle en allongeant le bras vers moi, prenez cet étui, il contient de quoi couper vos fers. Sous le chevet de votre lit est un costume semblable à celui que je porte. Vous comprenez le reste : demain, un peu avant le jour, soyez prêt, et j'espère vous conduire sain et sauf hors d'ici.

« Bien que ces mots me fussent pour ainsi dire soufflés dans l'oreille, il me sembla reconnaître la voix qui me les faisait entendre ; je fis un effort pour me soulever ; la sœur écarta sa large coiffe qui lui couvrait la plus grande partie du visage.

« — Rose ! Rose ! murmurai-je, est-ce bien toi ?

« — Silence !... Les mauvais coquins m'avaient fait quitter la France ; mais, avec de l'or, on revient de loin.

« — Et tu viens me sauver ?

« — J'espère y parvenir. Dans tous les cas, je serai munie d'une paire de bons pistolets, et s'il arrivait que nous fussions découverts.... un pour toi, l'autre pour moi. Quoi qu'il arrive nous ne nous quitterons plus.... Mais c'est déjà trop causer. Adieu. »

« Elle disparut, et je demeurai en extase devant cet admirable dévouement ; je cherchais à le comprendre, comme si le cœur de la femme n'était pas à la fois la chose la plus incompréhensible et la plus admirable du monde ! Il me sembla que les forces m'étaient subitement revenues comme par miracle, et je me mis à travailler avec ardeur à l'œuvre de ma délivrance.

« L'étui que Rose m'avait remis contenait d'excellentes limes anglaises à l'aide desquelles je parvins sans beaucoup de peine à me débarrasser de mes fers.

« J'étais sur pied, vêtu du déguisement que j'avais trouvé sous mon chevet, et je me tenais accroupi entre le lit et la muraille lorsque Rose, marchant à pas comptés en égrenant son chapelet, arriva près de moi. Au premier mot, je quittai ma retraite, et me laissai conduire silencieusement.

« Nous arrivâmes sur le palier où se trouvaient une sentinelle et un groupe d'infirmiers.

« — Ma mère, me dit Rose, donnez-moi votre bras.... Ces lampes éclairent à peine, et vous pourriez tomber. »

« Je me rapprochai d'elle, et nous arrivâmes à la porte extérieure au moment où les médecins entraient ; nous passâmes au milieu d'eux sans coup férir. Nous sortîmes de la ville sans plus de difficulté : l'habit que nous portions nous mettait à l'abri du soupçon.

« A un quart de lieue de là, nous entrâmes dans une chaumière où nous attendaient un bon déjeuner, des habits d'hommes et des passe-ports parfaitement en règle. Rose avait tout prévu ; à force de dévouement et d'audace, elle avait pu pourvoir à tout. Je me sentais entièrement guéri ; la joie m'avait réchauffé le cœur ; mon sang circulait plus rapidement, et je respirais à pleins poumons l'air de la liberté. Cinq jours après nous arrivions sains et saufs à Paris.

« La bande de faussaires dirigée par ce Bernard qui avait si audacieusement pénétré jusqu'à moi en prison, en se présentant comme gouverneur de la Banque de France, cette bande, dis-je, était parvenue à faire évader Rose, arrêtée en même temps que moi, et dont elle craignait par-dessus tout le babil ; puis on l'avait fait passer en Hollande, et embarquer pour les États-Unis d'Amérique, en la lestant d'une trentaine de mille francs. Puis, à force d'adresse, d'or et de corruption, Bernard avait obtenu que la peine de mort prononcée contre moi fût commuée. Après quoi il ne s'était plus occupé de nous, espérant bien qu'il n'en entendrait plus parler. Mais Rose, contrariée d'être obligée de renoncer à la vie de comtesse, qui lui plaisait fort, avait juré de retrouver M. le comte et de recommencer avec lui cette douce vie qu'elle regrettait tant, et elle était parvenue à réaliser tout cela par la raison que *ce qu'une femme veut Dieu le veut*, ainsi que l'a proclamé la sagesse des nations.

« Malheureusement trente mille francs ne sont pas une somme inépuisable ; c'est même un assez faible viatique quand on a à parcourir tout le chemin que Rose avait dû faire pour me retrouver, de sorte qu'à notre arrivée à Paris, il nous restait à peine le dixième de cette somme.

« Il fallut songer à remonter nos finances. Je fis quelques bonnes connaissances dans le monde interlope auquel j'appartenais, et comme je ne manquais ni d'aplomb ni d'adresse, je parvins à me tenir à flot; mais ce n'était pas le bon temps dont Rose avait rêvé le retour : les diamants et les voitures ne revenaient pas.

« La pauvre fille ne pouvait s'en consoler; son caractère s'aigrit; l'harmonie cessa de régner entre nous, et un bon jour ma chère libératrice disparut en emportant la caisse.

« Nous touchions à la fin de 1813.

« Ce fut alors que je fis connaissance de Pied-de-Fer; il recrutait alors pour former l'espèce de corps franc qu'il avait imaginé, et ce n'était pas cinq sous par jour qu'il promettait à ses soldats, c'était de l'or à pleines poches, un ordinaire de chanoine, et peu de dangers à courir.

« Dans la position où je me trouvais, il ne m'en fallait pas tant pour me séduire; il me suffit de dire à Pied-de-Fer quelque chose de mes antécédents pour être admis dans cette légion merveilleuse. Je reçus le mot d'ordre; on me tatoua sur la poitrine le signe de reconnaissance, et peu de jours après nous entrâmes en campagne.

« Tout alla bien d'abord: on suivit le programme; le butin était abondant, et nous avions pour magasins de vivres toutes les fermes des contrées que nous parcourions. Mais bientôt la chance m'abandonna: blessé dans une rencontre, deux jours avant la bataille de Montmirail, je tombai au pouvoir des Prussiens, et quand, après de longues souffrances, je parvins à leur échapper, les armées alliées étaient à Paris, et il me fut impossible de retrouver Pied-de-Fer.

— Parbleu! s'écria Lambert, voilà qui explique comment il se fait que nous ne nous soyons pas connus à cette époque.

« Tandis que Pied-de-Fer était en Champagne, j'opérais sur un autre point avec une partie de nos hommes, et ce ne fut qu'après Montmirail que nous parvînmes à nous rejoindre.

— Et lors du licenciement, répliqua Birmolan, vous deviez être tous bien lestés, tandis que de cet immense butin, je n'eus pas un denier.

— En pareille circonstance, dit Lambert, les absents devaient nécessairement avoir tort ; mais, ajouta-t-il en souriant, nous n'invoquerons pas la prescription, bien qu'elle nous soit acquise, si au lieu d'être contre nous, vous consentez à être franchement avec nous. C'est un changement de front complet que je vous demande.

— Et tout ce que je viens de vous dire montre assez ma volonté de me mettre entièrement à votre disposition. Pour ne vous rien céler, je suis las de n'être qu'un instrument dans les mains de gens qui valent moins que moi; j'aspire au repos, et si vous faites, comme vous l'avez dit, que le prince remplisse ses engagements envers moi, je n'en demanderai pas davantage. Vous saurez tout ce que je sais, en ce qui vous regarde.

— Et vous nous aiderez à en apprendre davantage? C'est un changement de front complet que je demande.

— Tout ce que je viens de vous dire ne prouve-t-il pas que je suis dès ce moment à votre entière disposition?

— Allons donc prendre le repos dont vous devez avoir autant besoin que moi. Après-demain nous serons à Paris. »

CHAPITRE LXXII.

Une résurrection.

Pied-de-Fer faisait des efforts surhumains pour se briser le corps et l'âme, afin de se mettre au niveau des hommes au milieu desquels il vivait; mais cette vie ascétique ne faisait qu'augmenter la violence de la passion qui lui brûlait le cœur. Il semblait qu'il eût emporté du château de Chaligny la robe de Nessus, et il endurait des tortures inouïes; car rien n'est plus implacable qu'un jeune cœur qui bat sous une vieille enveloppe. Tout est impuissant contre cette tyrannie impitoyable, incessante qui s'impose et qui fait taire toutes les autres aspirations de l'âme.

Contre cet ennemi terrible, Pied-de-Fer avait courageusement, mais inutilement combattu. Honteux de sa défaite, il fallut bien pourtant qu'il s'avouât vaincu.

« Mon père, dit-il au supérieur, après plusieurs mois de lutte, je reconnais que je me suis trompé : j'avais cru trouver ici le repos, et les plus terribles tortures de l'âme m'y assiègent.

— Tant mieux, mon fils; plus l'expiation sera rude en ce monde, et plus vous serez près du bonheur éternel.

— Mon père, j'ai marché longtemps dans une voie plus rude : j'y ai fait beaucoup de mal et peu de bien. Ici je ne fais rien. Vous m'avez appris à croire en Dieu, et je sens que la volonté de Dieu me pousse vers un autre horizon.

— Mon fils, nous ne sommes pas des geôliers : par deux fois, lors de votre baptême en entrant ici, vous avez renoncé à Satan, à ses pompes et à ses œuvres. Maintenant vous regrettez d'avoir pris cet engagement; notre règle vous semble trop pesante..... Que la volonté de Dieu soit faite en toutes choses ! Pour sortir de ce monastère les portes vous sont ouvertes. »

Pied-de-Fer était honteux de ce manque de résolution; mais la passion qui le torturait l'emporta, et ce jour-là même, à la tombée de la nuit, il sortit de ce tombeau de vivants où l'on croit rendre hommage au Créateur en étouffant tous les sentiments généreux qu'il a jetés au cœur de l'homme.

De quel côté va-t-il diriger ses pas ?...

Les ressources ne lui manqueront pas pour la vie matérielle; car il lui suffira de fouiller ses souvenirs pour retrouver encore plus d'un de ces riches dépôts qu'il a autrefois confiés à la terre, et dont il n'a donné à Lambert qu'une nomenclature incomplète. Mais c'était la vie de l'âme qu'il cherchait après avoir cru y renoncer pour toujours; et cette sorte de résurrection n'allait-elle pas jeter le trouble chez tous ceux qu'il aimait?

Cette femme dont l'image lui brûlait le cœur, et qui lui avait accordé un si généreux pardon alors qu'il semblait mourir, ne s'indignerait-elle pas maintenant de ce qu'elle croirait être une mystification?

Telles étaient les pensées qui pourtant étaient impuissantes à l'arrêter; une force invincible le poussait, et il marchait avec une rapidité prodigieuse, le jour et la nuit, ne s'arrêtant nulle part, et n'ayant d'autres aliments qu'un pain noir que, selon l'usage, on lui avait donné en sortant de la Trappe, et l'eau des ruisseaux qui se trouvaient sur son passage.

Ce fut ainsi qu'il arriva, vers la fin du septième jour, aux abords du village de Marchais. Là, à l'aspect des tourelles du château de Chaligny, dont les derniers rayons du soleil doraient le sommet, il s'arrêta et sortit comme d'un rêve. Ses regards ne pouvaient se détacher de cette habitation vers laquelle s'élançait son âme tout entière.

« Là, se disait-il, là sont la vie et le bonheur.... Et je ne foulerai plus ce sol sacré que j'ai souillé jadis, et où j'ai reçu depuis, de l'ange de mes rêves, un généreux pardon.... Et, pour cette femme, je ne suis plus qu'un peu de poussière, moins que cela peut-être, car rien ne s'éteint aussi vite que la pitié!... »

En ce moment l'*Angelus* sonna au clocher de Marchais; Pied-de-Fer se sentit saisi d'un violent désir d'aller se jeter aux pieds du vieux pasteur qui, tant de fois déjà, lui avait prodigué des consolations; mais il s'arrêta à la pensée que sa présence serait pour le bon curé une cause d'embarras des plus graves. N'était-ce pas lui, ce vénérable apôtre, qui avait reçu de Paris l'acte mortuaire de cet homme dont l'excentrique générosité avait eu tant de retentissement dans la contrée? lui qui l'avait publié, confirmé de la manière la plus authentique? Et, après le bruit que ferait cette incroyable résurrection, Mme de Chaligny voudrait-elle garder le legs qu'elle avait accepté?

Ces considérations l'arrêtèrent. Il allait se retirer lorsque, sur le balcon du château, un jeune homme apparut. Pied-de-Fer sentit alors son cœur battre à lui briser la poitrine; une pensée soudaine lui était venue :

« C'est peut-être mon fils! »

La commotion fut si violente, que Pied-de-Fer, affaibli par une marche surhumaine et une alimentation insuffisante, se sentit défaillir et tomba au pied de l'arbre contre lequel il s'était appuyé.

Un homme qui passait près de là, le voyant s'affaisser sur lui-même accourut pour le secourir. Cet homme était le garde champêtre Jérôme Fouinet. Comme il se baissait, ses regards se rencontrèrent avec ceux de Pied-de-Fer qui déjà avait rouvert les yeux; il se releva aussitôt, poussa un cri d'effroi et prit la fuite à toutes jambes.

Une heure après Fouinet tombait comme une bombe chez M. le maire, où s'achevait gravement une partie de piquet à trois.

« Je le disais bien! s'écria-t-il après avoir soigneusement fermé la porte, qu'y avait de la gabgie dans tout ça! y vous a fait accroire qu'il était mort.... comme si le diable mourait!... C'est pas moi qu'a jamais donné là d'dans.

— Quinte *major*! fit le père Simon.... Vous verrez que c't'animal-là m'empêchera de faire le point Est-ce que tu as encore vu des feux follets danser au clair de la lune?

— Mieux qu'ça, m'sieu Simon, et faut pas avoir l'air d'en rire; car c'est sur vot'bien, dans vot'grand'pièce de trèfle, à côté du château.... soyez sûr qu'il y paraîtra.

— Tonnerre! fit Jean Minet en posant sa pipe sur la table, il y a vingt-cinq ans que ça porte un briquet sur la fesse, et ça ne donnerait pas un bouillon à un lapin sans avoir peur d'être mordu. Parle donc, capon!

— Oui, parle, dit le maire en mêlant les cartes pour dissimuler le mauvais jeu qui lui était échu, parle, et n'oublie pas une autre fois que mon domicile remplit les fonctions d'hôtel de ville, et qu'on ne doit pas y entrer comme un âne dans un moulin. »

Ceci dit d'un ton digne, M. le maire posa le paquet de cartes sur la table, afin que son partner pût faire la coupe.

« Je n'dis pas, m'sieu l'maire, reprit le garde champêtre d'un ton humble, pas moins vrai que m'sieu l'curé vous a mis d'dans en vous faisant accroire que son grand diable noir, qui a du feu dans les yeux, était mort en donnant tout son bien aux pauvres.

— Mais, triste à patte que tu es, reprit Jean Minet avec un éclat de voix formidable, s'il ne l'avait pas donné, le conseil municipal n'aurait pas augmenté ton traitement. »

Cette observation parut frapper le garde champêtre.

« J'sais bien, vingt-trois francs; six centimes par jour.... Eh ben! vrai ça n'm'a pas profité, c'qui prouve que l'argent qui passe par ces griffes-là s'envole avec le vent.

— Assez causé, dit Jean Minet en se levant. Tu es sûr d'avoir vu le particulier?

— Vu comme j'vous vois en chair et en os.
— Alors tu vas me conduire sur le terrain, à seule fin que je lui dise deux mots entre quat'zyeux.
— Nous irons tous ! s'écria le maire animé d'un bel enthousiasme, et saisissant habilement l'occasion d'interrompre la partie qu'il était sur le point de perdre. La sûreté publique est compromise ; c'est aux magistrats à se montrer !
— V'la ma quinte *major* flambée ! » fit douloureusement le père Simon.

Cette douleur passa inaperçue ; l'élan était donné ; tous se mirent en marche sous la conduite de Fouinet, armé d'une lanterne et tremblant de tous ses membres ; ils arrivèrent bientôt à l'endroit où Pied-de-Fer s'était affaissé un instant.

« C'est là, dit le garde champêtre en montrant le pied de l'arbre en même temps qu'il tournait la tête d'un autre côté, afin de ne pas se trouver de nouveau face à face avec le diable.
— Mille Dieux ! fit Jean Minet, en ramassant un mouchoir de fine toile de Frise, si c'est le diable qui a passé par là, il paraît qu'il ne se mouche pas du pied. »

On chercha pendant quelques instants sans trouver rien autre chose ; mais cet objet, qui ne pouvait appartenir à personne du village, n'en produisit pas moins une vive impression.

« Il y a à tout d'même anguille sous roche, dit le père Simon ; on n'peut pas nier ça. »

M. le maire tira son écharpe de sa poche, s'en ceignit les reins, et s'emparant de la trouvaille, il la déclara saisie comme pièce à conviction.

« A conviction de quoi ? demanda Jean Minet.
— A conviction ! c'est clair, répondit le maire en se rengorgeant. Il s'agit maintenant de veiller au grain et de voir venir, à seule fin de montrer au gouvernement que la magistrature de Marchais n'a pas les yeux dans sa poche.
— N'empêche pas, dit le père Simon, que ma quinte *major* est flambée.
— Naturellement, père Simon. En politique, c'est comme ça que ça s'joue. Attendons la lumière, et que les perturbateurs soient enfoncés ! Voilà mon sentiment. »

Et là-dessus ces fonctionnaires irréprochables rentrèrent chez eux, ayant conscience d'avoir rempli un grand devoir.

Cependant Pied-de-Fer, promptement revenu de sa faiblesse, s'était réfugié dans une des plus infimes auberges des environs. Il y passa la nuit et la plus grande partie du lendemain ; mais le soir, obéissant à une attraction irrésistible, il se dirigea vers le château.

Qu'allait-il faire ?
Il n'en savait rien.

Depuis longtemps déjà ce n'était plus à la raison qu'il obéissait, mais à la folle et tyrannique passion qu'il avait inutilement tenté de vaincre. Ce fut dans cette situation d'esprit qu'il arriva près de l'habitation de Mme de Chaligny.

Le soleil était couché depuis quelques instants ; Pied-de-Fer venait de s'arrêter derrière les murs du parc pour attendre que le crépuscule lui permît de s'avancer davantage sans faire de fâcheuse rencontre, lorsqu'une voiture passa rapidement. Au même instant ces exclamations se firent entendre :

« Lui !... Lui ! mon Dieu ! »

Pied-de-Fer reconnut la voix de Mme de Chaligny, et n'étant plus maître de lui-même, il s'élança vers la voiture, mais il s'arrêta presque aussitôt.

« Qu'allais-je faire ? pensa-t-il ; est-ce qu'un mur de fer ne me sépare pas du reste des vivants ?... Cette femme, cet ange m'a pardonné le passé ; m'eût-elle pardonné l'acte de démence que je viens d'être sur le point d'accomplir ?... Et pourtant je pourrais commencer avec bonheur une vie nouvelle. N'ai-je pas complétement dépouillé le vieil homme ?... Je ne suis plus Baillord, je ne suis plus Lauricot ; je ne suis plus Pied-de-Fer. Je suis l'homme sans nom, l'homme nouveau dont le passé est à jamais enfoui dans les limbes de l'oubli.... Oui, tout cela est vrai ; mais *Elle* !... à ses yeux, n'est-ce pas ma mort qui a complété l'expiation ?... Pauvre fou ! tu te débats vainement contre le destin ! »

Et comme, tout en donnant ainsi un libre cours à ses lugubres pensées, Pied-de-Fer s'était remis en marche vers le château, il arriva bientôt à la grille des jardins près de laquelle il aperçut le jardinier Norbert qui, à son aspect, recula de quelques pas.

« Est-ce un rêve ! s'écria le brave homme.
— Non, mon ami ; c'est une réalité.
— Monsieur Baillord !... Mais votre mort a été annoncée en chaire par notre vénérable curé qui pleurait en donnant lecture de votre acte de décès.
— Je le sais, mon ami. J'ai voulu mourir, et la mort n'a pas voulu de moi. Je n'en suis pas moins mort pour tout le monde, excepté pour vous, Norbert, que je crois capable de garder un secret.... Je suis encore assez riche pour vous récompenser généreusement du service que je viens vous demander : me promettez-vous de garder le silence ?
— Si ce n'est que cela ! répondit en hésitant l'honnête jardinier qui n'était pas du tout rassuré.
— Cela et la faculté de me promener quelquefois le soir dans ces jardins.
— Mais alors on vous reconnaîtra ; j'aurai manqué à mes devoirs, et je serai chassé.
— Si cet incident arrivait, je saurais vous indemniser ; mais je ferai en sorte que cela n'arrive point.

— A vrai dire, reprit Norbert qui commençait à se rassurer, je crois que Mme la comtesse me pardonnerait, car votre mort l'a profondément affligée, et elle ne parle pas de vous sans que les larmes lui viennent aux yeux.... et puis elle aime les fleurs que vous aimez, et elle passe souvent de longues heures sous le berceau où vous aviez l'habitude de vous reposer. »

Pied-de-Fer ne pouvait en croire ses oreilles, et cependant sur son visage bronzé se peignait la joie la plus vive. Pendant ce colloque le crépuscule étant devenu un peu plus sombre, Norbert ajouta :

« Maintenant qu'il fait presque nuit, je crois que vous pourriez risquer la promenade sans crainte d'être vu. »

Pied-de-Fer entra; il foulait avec délices ces allées parfumées en se repaissant de la pensée que Mme de Chaligny lui avait donné quelques larmes de regret et qu'elle et lui respiraient en ce moment le même air, lorsque les fenêtres donnant sur le balcon s'ouvrirent. Au léger bruit qui se fit Pied-de-Fer leva involontairement les yeux, et ses regards se rencontrèrent avec ceux de la comtesse qui rentra aussitôt en disant à demi-voix :

« Lui! encore lui!... Pourquoi toujours cette douloureuse vision? »

Puis un peu de superstition se mêlant au sentiment qui la dominait, elle se dit mentalement :

« Sont-ce des prières que demande cette âme à la fois si coupable et si belle?... Oh! j'ai prié, je prie et je prierai toujours pour elle, car elle a mérité son pardon, et je lui ai pardonné.... »

Et comme en ce moment son second fils arrivait près d'elle, elle frémit à la pensée qu'il devait le jour à l'outrage que lui avait fait cet homme qu'elle pleurait.

Pied-de-Fer disparut; mais il demeura présent à la pensée de la comtesse qui chercha vainement le sommeil, et passa la nuit entière dans une agitation fiévreuse qu'elle n'avait pas encore ressentie; effrayée, craignant pour sa raison qu'elle sentait fléchir, elle alla le lendemain matin frapper à la porte du presbytère, et la vieille Charlotte l'introduisit près de son vénérable maître.

« Mon père, dit-elle avec effusion, vous êtes à la fois le médecin de l'âme et du corps, et c'est à ce double titre que je vous supplie de me secourir.

— C'est m'estimer trop haut, madame; mais si dans la sphère où il a plu à Dieu de me placer, je puis vous être utile, parlez et comptez sur mon dévouement absolu.

— Mon Dieu! le trouble de mon âme est tel que les expressions me manquent.... Je voulais d'abord vous parler d'un.... infortuné dont la fin tragique et les bienfaits ont causé dans ce pays une vive émotion.

— Oh! dit le digne prêtre, celui-là a noblement racheté ses fautes, et j'ai la ferme espoir que Dieu les lui a pardonnées.

— Je l'espère aussi, et pourtant, depuis quelques jours, son souvenir s'impose à ma pensée avec une persistance qui m'effraye; je le vois partout; je l'entends même....

— Ce sont des hallucinations qui doivent avoir pour cause le mal qu'il vous avait fait autrefois. Je croyais pourtant qu'il l'avait réparé depuis, autant qu'il était en lui.

— A Dieu ne plaise que j'accuse celui qui s'est montré envers moi le plus généreux des hommes.... Le trouble de mon âme a une autre cause.... Mon père, secourez-moi! Oh! c'est un affreux secret, et ce secret me tue.... »

L'exaltation de la comtesse allait croissant; la sueur ruisselait sur son visage, ses paroles étaient saccadées, la respiration lui manquait.

Le vieillard s'en effraya; il courut à sa petite pharmacie et en rapporta des sels que, dans son empressement, il fit respirer à Mme de Chaligny sans songer à fermer la porte de son cabinet où cette scène se passait. La comtesse rouvrit les yeux, et le saint homme revenait vers la porte pour réparer son oubli, lorsque la vieille Charlotte vint tomber à genoux devant lui en s'écriant :

« Un revenant!... oui, monsieur le curé, il est là!... il m'a parlé.... vous allez le voir.... mon Dieu, ayez pitié de nous!

— Charlotte, dit sévèrement le vieillard, que signifie cette extravagance? Il avait à peine prononcé ces paroles, que Pied-de-Fer parut.

— Monsieur le curé, dit-il, pardonnez-moi d'avoir causé à cette excellente femme une si grande frayeur.... Je suis un revenant en effet; mais je ne reviens pas d'aussi loin qu'elle l'a cru. »

D'un geste le bon pasteur fit relever Charlotte et la renvoya à ses travaux culinaires si malencontreusement interrompus; puis il jeta sur les principaux acteurs de cette étrange scène un regard scrutateur qui semblait leur demander s'ils ne jouaient pas en ce moment une misérable comédie.

Pied-de-Fer allait répondre à cette muette interrogation lorsque la comtesse éperdue vint se jeter dans ses bras.

« Pardonnez-lui, s'écria-t-elle, pardonnez au père de mon enfant!

— Oh! fit Pied-de-Fer en la pressant sur son cœur, c'est plus de bonheur que je n'en ai jamais mérité. »

La stupéfaction du curé était à son comble; il semblait attendre une explication. Pied-de-Fer s'empressa de la donner, en racontant en peu de mots l'attentat dont il s'était autrefois rendu coupable sur la personne de Mme de Chaligny, la manière miraculeuse qui l'avait fait surgir du milieu des morts, les efforts infructueux qu'il avait faits pour consacrer à Dieu seul le reste de sa vie.

« La situation va devenir difficile, dit le bon pasteur. Je ne doute pas de vos intentions; vous croyez pouvoir tout réparer par une union légitime, et ce serait en effet le meilleur moyen de tout effacer. Mais on n'épouse pas un mort, un homme dont le décès est constaté de la manière la plus authentique, et votre vie, mon ami, a été tellement agitée qu'il ne serait peut-être pas prudent d'en provoquer le minutieux examen....

— Mon père, interrompit Pied-de-Fer, vous savez maintenant toutes mes fautes, et vous savez aussi l'expiation.

— Oui, mais cela ne suffit pas à lever les difficultés que je prévois. Votre état civil ne peut être rétabli que par un jugement, ce qui, je le répète, peut avoir un fâcheux retentissement. Et pourtant il faut que la lumière se fasse sur toute cette affaire, car me voici dans la nécessité, sous peine d'être justement accusé de mensonge, de dire la vérité à mes paroissiens que j'ai involontairement trompés. C'est un devoir que rien ne saurait me dispenser de remplir. »

Sous le poids de ces paroles, Pied-de-Fer s'assombrit; Mme de Chaligny fondait en larmes.

« Il y aurait peut-être moyen de tout arranger, reprit le bon prêtre : vous savez, mon ami, le bonheur d'être connu personnellement de notre saint Père le pape, et la manière dont, grâce à vous, j'ai été autrefois accueilli par monseigneur le nonce montre assez tout ce que vous pourriez obtenir de la cour de Rome. Or Sa Sainteté a le double pouvoir de vous rendre devant Dieu toute la pureté de l'âme, et de vous donner dans ce monde une position inattaquable.

— Mon père, dit Pied-de-Fer, vous avez fait naître en moi le repentir, vous m'avez donné l'amour du bien, de vous devait me venir le bonheur. Je partirai aujourd'hui même pour m'aller jeter aux pieds du saint Père, et je reviendrai bientôt purifié et moins indigne de la vertueuse compagne qui m'est promise.

— Allez, dit la comtesse en lui tendant la main, tous mes vœux vous accompagnent. »

Puis s'adressant au bon pasteur, elle le remercia avec effusion, et se retira. Peu d'instants après Pied-de-Fer sortait du village et se dirigeait vers Paris, se proposant de visiter, chemin faisant, quelques-unes des riches cachettes qu'il avait plus ou moins volontairement oubliées.

CHAPITRE LXXIII.

L'homme aux poisons.

Nous avons laissé Jérésu sortant de la funèbre auberge de la *Croix-Rouge*, muni des papiers de Bucas le porte-balle, avec lesquels il se croyait assuré de gagner la frontière sans encombre. Mais il n'en devait pas être ainsi.

La France qui avait voulu, pendant un certain temps, *vivre libre ou mourir* était alors soumise au plus rigoureux régime du passe-port. Il n'y avait plus de voleurs sur les grands chemins; mais les gendarmes s'y rencontraient à chaque pas, et le vieux juif n'avait pas fait une lieue, courbé sous la balle qui renfermait toutes ses richesses, lorsque, à un coude de la route, il se trouva face à face avec une brigade de gendarmes d'aussi mauvaise humeur qu'un chasseur qui revient bredouille, après avoir arpenté six lieues de terrain.

Ce n'était pas sans raison qu'ils avaient de l'humeur ces braves soutiens de l'ordre : à cette époque, comme aujourd'hui, notre belle France était constellée d'un assez bon nombre d'honnêtes caissiers, boursiers, coulissiers, etc., ayant pour devise *sauvons la caisse;* or un de ces pigeons voyageurs avait été signalé sur cette ligne, et la force publique suait depuis vingt-quatre heures dans ses bottes à l'écuyère sans avoir rencontré une plume; aussi fut-ce avec l'accent de la plus vive satisfaction qu'à l'aspect du vieux porte-balle, le brigadier cria :

« Halte-là ! »

Jérésu ne se le fit pas répéter ; car il avait, comme tous les gens de sa caste et de son calibre, l'autorité en grande vénération, quand il ne se sentait pas assez fort pour la braver.

« Avez-vous des papiers ? demanda le brigadier.

— Touchours, touchours, répondit Jérésu, des pons babiers bour gagner honnêtement ma paufre vie.... »

Et il posa à ses pieds sa lourde balle d'où sortit un son argentin.

« Foilà, monsieur le prigatier, fit-il en tirant du portefeuille dont il s'était emparé la veille un passe-port crasseux.

— Périmé ! fit le brigadier, après y avoir jeté un coup d'œil, archipérimé !.... le dernier visa remonte à deux ans.... »

Jérésu commença à trembler.

— C'est que le gommerce il va pas, dit-il, le gommerce il va pas di tout, et les basse-borts ils sont gers. Deux francs ! mein god ! ça ne se troufe pas sous le bied d'un geval.

— Possible, fit en fronçant le sourcil le briga-

Mort de Rose.

dier qui avait entendu résonner le contenu de la balle; mais, ça peut se trouver ailleurs, et vu la gravité des circonstances nous devons perquisitionner. »

Lui et ses hommes mirent aussitôt pied à terre, et la balle fut ouverte.

« Messié, Messié ! criait Jérésu saisi de frayeur, che suis ein honnête homme.... ein homme de bien.... ein graud homme de pien.... »

Mais le gendarme n'en continuait pas moins à fouiller la balle, et bientôt il mit la main sur l'or et les valeurs qu'elle contenait.

« Mein god ! mein god ! criait Jérésu, c'être mon bien.... che l'affre cagné à la sueur de mon front.... c'être du pain pour mes fieux chours.

— Hum ! fit le brigadier en remuant l'or et secouant les billets de banque, m'est avis qu'il y a là de quoi faire la bonne bouche. Quant au pain, mon garçon, vous en aurez sur la planche.... Tonnerre ! il paraît que vous n'y alliez pas de main morte !... Je sais bien que quand on met la main à la pâte, il en reste aux doigts, mais vider le pétrin c'est trop fort. »

Jérésu n'entendait plus rien ; en proie au plus violent désespoir, il se roulait dans la poussière du chemin en faisant retentir l'air de ses cris :

« Mein god ! mein god ! j'affre dravaillé bendant carante ans !... carante crandes années....

et à bresent che suis berdu ! tout à fait berdu.... égorgé, assassiné !... »

Mais le brigadier était trop glorieux de sa capture pour se laisser attendrir ; il ferma soigneusement la précieuse balle, fit lier le vieux juif en croupe derrière un de ses hommes, et il alla triomphalement déposer le tout aux pieds de M. le procureur du roi.

« Et le caissier, le caissier ? fit avec anxiété le magistrat.

— Naturellement, répondit le brigadier, le caissier ne vole pas sur nos traces ; mais je crois que nous tenons la caisse, ce qui est une consolation assez gentille.... Je suis même disposé à croire que le magot a fait des petits, car, à en juger à vue de nez, il y a là au moins le double de la somme avec laquelle il s'est envolé.

— J'être pas gaissier, cria Jérésu en se laissant tomber sur sa balle et s'y cramponnant malgré les liens qui lui serraient les bras ; j'affre chamais été gaissier.... che suis ein paufre diable.... et guand le gommerce il allait.... mais le gommerce il va plus di tout.... »

Ces paroles étaient tellement stéréotypées dans le cerveau du vieux drôle qu'elles sortaient de sa bouche sans qu'il songeât à l'effet qu'elles devaient produire en présence des richesses que le brigadier, en ouvrant la balle, venait d'étaler aux yeux du magistrat.

« Un pauvre diable! dit ce dernier, mais alors cela ne peut vous appartenir.

— Ah! j'affre tant dravaillé pendant carante ans!... carante grandes années!

— Si cela est vrai, il vous sera facile de vous faire réclamer; on ne travaille pas pendant quarante ans sans être connu de quelques gens honorables, et l'on n'amasse pas une si grosse somme sans qu'ils sachent quelque chose des travaux qui l'ont produite. »

Ces paroles furent pour le vieux juif une planche de salut qu'il saisit avidement.

« Ah! dit-il, j'avais autrefois te pien pelles gonnaissances; ch'étais l'ami de messié Flotras.... fous savez messié Flotras, le pras troid du bréfet de bolice....

— Mais c'est de l'histoire ancienne, cela.

— Oui, oui, de l'histoire, te la ponne histoire. Ah! c'était le pon temps; mais à présent le gommerce il va pas....

— A présent, interrompit le magistrat, notre devoir est de mettre ces valeurs en sûreté et votre personne sous les verrous. »

Et il fit un signe au brigadier qui, saisissant Jérésu au collet, l'arracha de dessus sa balle et le remit malgré lui sur ses jambes.

« Mais j'affre encore d'autres belles gonnaissances, cria le juif, eine brincesse.... eine crande brincesse....

— Une princesse? dit le magistrat en faisant signe au brigadier de lâcher prise. »

Jérésu recouvra toute sa présence d'esprit; il sentit qu'il avait saisi la bonne branche, et il s'y cramponna.

« Eine crante brincesse, reprit-il, qui va à la cour.

— A la cour!...

— Et qui fait des prigadiers, des brocureurs du roi et des ministres guand ça lui fait plaisir.... Ah! mais! guand son altesse elle saura gomment on traite son bauvre Jérésu.... »

Le brigadier coupa la corde qui liait les bras du prisonnier, et la voix du magistrat s'adoucit considérablement.

« Calmez-vous, mon ami, dit-il, notre devoir nous oblige souvent à de grandes sévérités; mais les honnêtes gens ont toujours droit à notre appui. Nous nous empresserons donc d'écrire à cette grande dame dont vous nous direz le nom, et en attendant sa réponse, vous serez traité avec la plus grande bienveillance. Quant à ces valeurs considérables, elles vont être mises sous scellé en votre présence, et elles vous seront rendues intégralement. »

Jérésu se sentait sur la voie du salut; il n'en voulut pas sortir, et il nomma sans hésiter la princesse Mafiolini, à laquelle le procureur du roi s'empressa d'écrire.

La lettre du magistrat fut pour Régine une douloureuse surprise; elle avait bien chèrement jusqu'alors acheté le silence de cet homme; ce n'avait été qu'avec beaucoup de peine qu'elle était parvenue à dissimuler la cause de ses prodigalités, et voilà qu'elle était obligée de payer de sa personne pour faire rendre la liberté à ce misérable qui savait tout son passé, et pouvait la perdre. Elle eût pu garder le silence, mais ne pas répondre, c'était obliger Jérésu à parler. Elle répondit donc, et affirma la moralité de cet infâme dont elle savait toute la hideur.

« Oh! se dit Jérésu quand il fut libre, je faisais une crande sottise en m'éloignant de Baris. Warburton il être touchours là; mais les Warburton ne sont pas plus forts que les Paldaguin, et les Paldaguin ils sont enfoncés. »

Et il reprit le chemin de la capitale, bien décidé à faire tête à l'orage si l'orage éclatait.

La joie régnait à la maison princière d'Auteuil.

Lambert et Henri étaient de retour; Mme de Hersdelberg arriva presque en même temps qu'eux, et fit une gracieuse visite au prince qui déjà instruit par Lambert de ce qui s'était passé, voulut bien se contenter des explications qu'elle donna. Il n'y avait eu dans tout cela, dit-elle, qu'un très-regrettable malentendu; des brigands s'étant de vive force introduits chez elle pendant la visite que lui faisaient Lambert et le comte Henri, elle avait un peu perdu la tête et ne se rappelait que confusément ce qui s'était passé; peut-être dans sa frayeur avait-elle fait une fâcheuse confusion, et elle en présentait ses excuses bien sincères.

Adrien ne pouvait être dupe de tout cela; la démarche que Birmolan avait faite près de lui était suffisante pour lui montrer toute la vérité; mais il fallait, pour le bonheur de son fils, qu'il parût satisfait, et la baronne se retira enchantée de la réception qu'il lui avait faite.

Régine était presque heureuse; le retour de son fils semblait lui avoir donné une vie nouvelle, la mort d'Esther (Mme Kram) la disparition de Jérésu lui avaient rendu quelque tranquillité d'esprit.

Malheureusement cette douce quiétude devait être de courte durée. Warburton s'étonnait de ne pas revoir Birmolan; une lettre qu'il reçut de Londres vint encore augmenter la crainte qu'il avait de lui voir échapper la proie que déjà tant de fois il avait été sur le point de saisir.

« Que devenez-vous? que faites-vous? lui écrivait le comte de Faterstein, héritier naturel de lord Barstley; le jour fatal approche; encore quelques mois; et le maudit bâtard sera majeur, et rien ne pourra s'opposer à son envoi en possession de cette immense fortune dont ce vieux fou de Bartsley m'a dépouillé d'un trait de plume. Vous étiez sur la voie, me disiez-vous ; le bâtard ne pouvait vous échapper : est-ce le cœur ou la main qui vous a manqué ? ou bien votre avenir ne vous a-t-il pas paru suffisamment assuré ? Cent mille livres sterling sont pourtant une cuirasse qui peut braver bien des coups.

« Eh bien ! je doublerai la dose si je reçois la bonne nouvelle avant la fin de l'année. N'oubliez pas que nos adversaires s'agitent ; le vieil attorney Rewelcovent, exécuteur testamentaire, n'en veut pas démordre, son agent, le chevalier de Grafering, est sur le continent depuis un mois, et vous paraissez n'en rien savoir ; je paye pourtant, il me semble, assez grassement pour que les yeux et les oreilles ne nous manquent pas. Ne perdez pas de vue ceci : si Grafering parvient à découvrir le bâtard, tout est perdu. »

« Et ce coquin de Birmolan qui ne revient pas ! dit Warburton en froissant la lettre qu'il venait de lire.... Et ce vieux juif qui a disparu.... J'ai eu tort de le malmener ; il avait accès dans la maison Mafiolini, et la mort de Floretta montrait assez ce qu'on pouvait faire de lui. Il faut tâcher de le retrouver. »

Et il ouvrait la porte pour sortir de chez lui, quand il se trouva face à face avec Birmolan.

« Eh bien ! fit-il, où en sommes-nous ?

— Je crois, milord, que nous en sommes au commencement de la fin.

— Au commencement, c'est trop peu.... Comment ! vous teniez le personnage, et....

— C'est-à-dire que je croyais le tenir, et que c'était lui qui me tenait.

— Quel diable de conte me faites-vous là ?

— Ne vous déplaise, milord, ce conte est de l'histoire. Vous ne connaissez pas assez ces gens-là ; ils ont plus grand flair que vous ne sauriez imaginer.

— Ainsi l'affaire est manquée ?

— Je ne dis pas cela. Ce qu'on n'a pu faire hier peut se faire demain.

— Vous savez donc où retrouver le personnage ?

— Il n'y a pas une heure que je lui ai parlé.

— Alors finissons-en ; le temps presse ; demain, dans quelques heures peut-être il ne sera plus temps. Mais il ne faut pas oublier que cela doit se faire de manière à ce que l'autorité n'y puisse mettre l'œil.

— Voilà justement la difficulté. »

Warburton réfléchit pendant quelques secondes, puis il reprit :

— Vous avez accès près du comte ?

— A toute heure maintenant.

— Eh bien ! revenez ici ce soir. Nous sommes près du but ; demain nous aurons atteint. »

Cette démarche de Birmolan n'était pas une trahison ; seulement il voulait ne pas se faire de Warburton un ennemi qui pouvait être d'autant plus redoutable qu'il connaissait tout le passé de cet aventurier dont il avait souvent payé les services. Mais s'il avait des ménagements à garder de ce côté, il sentait en même temps de quelle importance il était pour lui de ne pas compromettre la situation que lui avait faite Lambert, ce rude joueur qui devait faire payer au prince le billet souscrit par ce dernier pour la rançon du comte. Il était donc sur la brèche, tendant une main de chaque côté, et toujours prêt à prendre conseil des circonstances pour l'avenir en conservant le présent.

Warburton au contraire sentait la nécessité de ne plus temporiser, et de frapper un coup décisif.

« Parbleu ! se dit-il, je suis un grand sot d'avoir négligé, dans ces derniers temps, l'homme de la rue des Moineaux. Ce n'est certes pas sa faute si la chose qu'il m'avait vendue, n'a pas amené le résultat qu'on en espérait ; le vieux juif a péché par excès de zèle ; mais ce qui ne s'est pas fait hier peut se faire aujourd'hui ; seulement il ne faut pas user de la même substance ; l'effet en est trop étrange, d'autant plus que les chiens enragés sont assez rares à Paris, et que les cas d'hydrophobie ont la propriété de mettre sur pied toute la faculté de médecine, sans compter les innombrables canards qu'ils font naître dans les journaux des quatre-vingt-six départements ; mais il ne doit pas être difficile de trouver quelque chose d'aussi actif et de moins compromettant. »

Il s'arrêta à cette idée, et une heure après, il arrivait près du docteur Bianco, ce savant qui, ne voulant pas mourir de faim en vendant de la santé, vendait de belles et bonnes maladies au plus juste prix.

La situation de ce savant ne s'était pas améliorée ; elle était au contraire plus fâcheuse que jamais. Il était parvenu à mettre en bouteilles une assez belle collection de maladies mortelles ; mais le débit en était difficile. Il est parfaitement clair qu'on n'achète pas la phthisie aiguë, le cancer, l'anévrisme ou l'apoplexie, pour s'administrer à soi-même ces aimables choses, ce qui fait que la vente et l'achat en sont également dangereux et difficiles. Cette vérité surabondamment démontrée par l'expérience au docteur Bianco, l'honnête savant avait cherché autre chose sans pourtant renoncer complétement à l'exploitation de ses découvertes antérieures.

Warburton trouva le docteur dans un état d'exaltation extraordinaire :

« *Eureka !* je l'ai trouvé ! » criait-il en arpentant à grands pas son misérable logis.

Son visage était en feu ; la sueur ruisselait sur son front dénudé.

« Qu'avez-vous donc trouvé, docteur? demanda Warburton avec le calme d'un homme qui médite une affaire importante.

— Des millions, milord! des centaines, des milliers de millions!...

— Et je parierais que vous n'avez pas déjeuné?

— Bah! une misère : je n'y ai seulement pas pensé.

— Les millions vous ont ôté l'appétit?

— Non, milord; mais ils m'ont réjoui le cœur, et l'estomac s'est tu.

— Eh bien! docteur, si vous voulez, nous allons nous mettre à table chez Véfour, et nous parlerons à loisir de ces millions et de quelque autre chose, si vous le voulez bien. »

Bianco accepta avec empressement : le malheureux parlait de centaines de millions comme s'il les tenait, et il n'avait pas mangé depuis vingt-quatre heures.

« Voyons, docteur, disait Warburton, attaquons cette salade de homard.... c'est un apéritif des plus vifs.... »

Mais Bianco n'avait aucun besoin d'apéritifs; il dévorait! Il se fit donc un assez long silence ; toutefois le visage du docteur demeurait rayonnant, et il était aisé de voir qu'une idée suprême dominait toutes ses autres impressions.

« Ainsi, docteur, dit Warburton en versant un premier verre de champagne, vous allez être riche?

— Euh! euh! fit le savant avec une moue dédaigneuse.

— Est-ce que vos millions sont déjà envolés?

— Milord, je sais où ils sont; j'ai en quelque sorte la main dessus; mais....

— Ah! il y a un *mais*....

— Milord, vous pouvez le faire disparaître.

— C'est-à-dire que je pourrais vous faire palper les millions?

— Vous l'avez dit.

— Eh! parlez donc! J'ai trop d'estime pour vous pour vous faire attendre.

— M'y voici : vous savez ce que c'est que le diamant?... du charbon; du charbon le plus pur.

— C'est une hypothèse.

— Une réalité, docteur; une réalité aussi incontestable que la lumière du soleil.

— J'accorde cela; passons.

— Nous y voici : l'essence du charbon est le gaz carbonique, donc le gaz carbonique, condensé par la compression, doit donner le diamant.

— Le malheur, objecta Warburton, c'est qu'il pourrait fort bien ne pas faire ce qu'il doit.

— Il le fait, milord, et en voici la preuve. »

A ces mots le savant tira de sa poche un petit sac de peau dont il versa le contenu sur son assiette; c'était des rubis gros comme des pointes d'épingles; mais de vrais rubis, coupant le verre, ainsi que Warburton put s'en assurer.

« Que manque-t-il à cela? reprit Bianco; la grosseur qui permet la taille; c'est-à-dire un condensateur assez puissant; et cela coûterait cher.... Et j'ai brûlé hier mes derniers morceaux de charbon.

— Nous voici dans le vif; n'en sortons point : vous avez besoin de ma bourse, et j'ai besoin de votre science....

— Pour faire du diamant?

— Non, répondit Warburton en souriant; faire du diamant, cela pourrait nous mener trop loin ; le ramasser me semble beaucoup plus simple.

— Le ramasser?

— Positivement.

— Ma foi, je ne comprends pas.

— C'est pourtant bien simple : vous voulez vous donner la peine de faire du diamant, quand il n'y a qu'à se baisser pour en prendre.

— Où cela?

— A vos pieds.

— Ah!...

— C'est bien simple. Vous rappelez-vous notre dernière entrevue?

— Parfaitement.

— Nommons les choses par leur nom : vous m'aviez vendu la rage?

— Comme je vous aurais vendu autre chose. J'ai bien le droit de vendre le fruit de mes veilles; l'usage qu'on peut en faire ne me regarde pas. »

On voit qu'au point de vue du cynisme dans le crime, ces deux hommes étaient faits pour s'entendre.

« C'est juste. Vous aviez vendu l'arme; ce n'est pas votre faute si on l'a trop chargée. Seulement ce qui devait se faire alors est à recommencer aujourd'hui.

— Ah! la composition aurait-elle manqué son effet? dit le docteur blessé dans son amour-propre.

— Au contraire. Elle ne l'a que trop bien produit. C'était trop violent; cela appelle l'attention, tandis qu'une chose qui fasse arriver tout doucement, en quelques jours, au même résultat....

— Ne vous avais-je pas donné le choix?

— C'est vrai. J'ai mal choisi, voilà tout, et je ne veux pas dire autre chose, sinon que nous pourrions nous entendre pour une autre affaire de ce genre.

— Eh bien! vrai, je n'ai pas mieux que cela. Songez donc : la gorge serrée, la déglutition impossible; la parole ne se produisant que par une sorte d'aboiement.... Tous les symptômes irrécusables.... C'est le chef-d'œuvre du genre; qui oserait le nier?

— Ce n'est pas moi, docteur, reprit Warburton en remplissant les verres. Je rends à votre génie le plus complet hommage ; seulement je vous demande autre chose.

— Oui, oui, dit Bianco dont, après un long jeûne, le champagne surexcitait doublement le cerveau ; je comprends parfaitement. Mais c'est véritablement d'une simplicité primitive. D'abord vous me mettez en état d'acheter du charbon....

— Des diamants, fit Warburton en riant.

— Oui, des diamants devant lesquels vous vous inclinerez un jour.

— C'est chose convenue : diamants ou charbon que me donnez-vous en échange ?

— A votre choix, pourvu que le charbon vienne !... Oh ! ce charbon, c'est la puissance suprême ;... on dit que l'électricité le détrônera.... Mais l'électricité c'est encore le charbon ; c'est la puissance suprême sous une autre forme....

— Bien, bien, fit Warburton pour apaiser ce lyrisme scientifique ; voyons quelles sont les choses parmi lesquelles vous me donnerez à choisir.

— Attendez donc.... j'ai d'abord les perles épileptiques. C'est sûr, mais c'est un peu long. J'ai ensuite les gouttes nerveuses qui amènent tout doucement la contraction du cœur jusqu'au résultat désiré.... J'ai ensuite, en petites fioles, les névralgies incurables, les cancers....

— Je vous arrête là. Le cancer ne pardonne pas ?

— Jamais.

— Et l'on ne sait pas d'où cela vient ?

— Napoléon en est mort à Sainte-Hélène ; est-ce qu'on s'est demandé d'où ça lui est venu ?

— Eh bien ! docteur, cinquante louis pour le charbon contre la fiole du cancer. »

Et l'horrible marché fut conclu.

Mais alors Warburton eut des scrupules dans le choix de l'agent qu'il allait employer, il se prit à réfléchir.

La tenue de Birmolan ne lui inspirait plus de confiance. Il regrettait Jérésu dont le patelinage arrivait si doucement au but, et il se mit en quête du vieux juif, en même temps que ce dernier s'acheminait vers son ancienne niche de la petite rue du Rempart, de sorte que vers la fin d'un beau jour d'été tous deux se trouvèrent face à face à la porte de cette sombre demeure sous les murs humides de laquelle Jérésu avait croupi pendant quarante ans, et vers laquelle il revenait joyeux, tant est puissant le charme des lieux où l'on a souffert.

« Non, non, disait le vieux juif en entrant dans la ruelle tortueuse dont il avait pendant tant d'années respiré l'atmosphère empuantie, non che ne veux bas guitter Paris.... Paris, c'être la vie, le gommerce, la joie, l'archent.... Ah ! Paris, Paris ! »

Et il entra radieux dans l'allée fétide qui conduisait à son immonde réduit ; mais en cet instant une main de fer le saisit à l'épaule.

Jérésu se retourna et poussa un cri d'effroi ; il avait reconnu Warburton.

« Messié, messié ! fit-il en essayant de montrer quelque assurance, che suis un paufre diable ; mais che n'affre chamais fait de mal à bersonne.

— Et qui donc t'accuse, vieux drôle ? Est-ce que si j'avais contre toi le moindre grief sérieux, je ne t'aurais pas déjà broyé ? J'ai besoin de causer avec toi pour te faire gagner de l'argent, beaucoup d'argent.... J'espère qu'après ce préambule, tu m'écouteras tranquillement.

— Oui, oui ; mais ch'ai pas te la chanze ; ch'ai pas te la chanze di tout, di tout. »

Et le vieux misérable pliait presque sous la charge des valeurs qu'il portait.

« Assez de cette rengaine, dit Warburton en le poussant vers le dessous d'escalier qui depuis si longtemps lui servait de logement. Jérésu était maintenant beaucoup plus tranquille ; il avait pris le sage parti de placer tous ses capitaux, ce qui ne l'avait pas empêché de se présenter chez Mme de Mafiolini, un peu pour la remercier de la protection qu'elle lui avait accordée, et beaucoup pour l'apitoyer sur ses prétendus malheurs.

— Mais, lui dit Régine, je vous croyais à l'aise, Jérésu ; soit dit sans reproche, je vous ai bien souvent ouvert ma bourse, et la mort d'Esther et de sa malheureuse jeune fille dont vous étiez l'unique héritier a dû vous mettre dans une position de fortune très-passable.

— Oui, oui, répondit le vieux juif ; je defrais avoir à brésent du pain bour mes fieux chours ; mais cette bauvre Esther elle était si ponne !... elle était trop ponne : l'archent lui fondait tans la main.... tans les deux mains, matame la brincesse.... Et quand l'archent il était fontu, elle faisait des dettes ; et gomme ce baufre Jérésu il êdre ein honnête homme, ein crant honnête homme.... »

Régine ne put s'empêcher de sourire.

« Oh foui ! reprit le juif en accompagnant cette affirmation d'un gros soupir, ein pien honnête homme qui a eu de crands malheurs zant que za paraisse, il affre payé les dettes de sa paufre sœur, de sa paufre nièce, et il affre fait gonsdruire ein gaveau, ein crand gaveau pour toute la famille, et za lui a goûté les yeux te la tête. Et, après za, il est bardi à bied bour aller foir sa paufre mère, et il affre été débouillé bar tes prigands, tes crands prigands qui ne lui ont laissé que les yeux bour bleurer ! Mais heureusement Jérésu il gonnaissait eine brincesse, eine crante brincesse qui afait eu aussi tes crands malheurs, tes malheurs gu'il gonnaît, lui, Jérésu ; mais dont il ne tirait rien guand on defrait lui arracher la langue....

— Assez, assez, interrompit Régine ; il n'est pas nécessaire de remonter si haut vers le passé. Vous possédez un secret ; gardez-le, ma protection est à ce prix, et elle ne vous manquera pas. Mais vous devez comprendre, mon ami, qu'il est des nécessités de positions auxquelles il faut obéir. Venez ici quand il vous plaira; mangez à l'office ou à la cuisine tant que vous voudrez. Des ordres seront donnés dès aujourd'hui pour qu'on ne vous y refuse rien. Mais ce sont des bornes que vous ne pourriez dépasser sans me causer de grands ennuis. Nous nous verrons moins souvent, mais nous resterons amis; cela doit suffire à vous rassurer. »

Ces bienveillantes paroles furent accompagnées de quelques louis que Régine glissa dans la main du juif qui se retira le cœur gonflé de joie. La cuisine et l'office lui étaient ouverts dans cette grande maison où l'on devait boire et manger tant d'excellentes choses!... Et il allait pouvoir se dispenser de dépenser un sou de ses revenus!... Mais c'était le paradis.

Telle était la situation d'esprit de Jérésu quand il rentra dans son logis où Warburton arriva presque aussitôt que lui. Cette fois le juif fut beaucoup moins effrayé de l'apparition de cet homme.

« Mon ami, dit l'Anglais, nous nous sommes trompés une fois; cela m'a donné de l'humeur et à vous aussi probablement; mais c'est une raison de plus pour tenter de réparer le mal que nous avons fait involontairement. ».

Le juif qui avait tant vécu dans le monde interlope, devina dès les premiers mots de quoi il s'agissait, et il se tint sur ses gardes.

« Le philtre était trop violent, continua Warburton, ou vous l'avez employé à trop forte dose; toujours est-il qu'il a eu un effet désastreux. C'est un échec que nous devons réparer, et j'en apporte les moyens.

— Oh! pensa Jérésu, les Warburton, il êdre pas fort non plus! »

Et il sourit dans sa barbe en ayant bien soin de n'en rien laisser voir.

« Il paraît, reprit l'Anglais, que le jeune comte est d'une nature très-froide.... glaciale, qui, soit dit entre nous, fait le désespoir d'une grande dame, dévorée, à son endroit, de la flamme la plus ardente.... Vous comprenez, n'est-ce pas?

— Certainement! mais che ne gombrends blus bourguoi le gommerce il va blus ti dout guand j'affre douchours des cholis betits insdruments....

— Ce n'est pas la question, interrompit Warburton: la grande dame est prise....

— Pardieu! z'est douchours gomme cela: les crantes tames et les bapillons za se brend tans les toiles d'araignées.

— Toujours est-il que nous la tenons, et qu'il y a un million au bout de tout cela. »

Cela n'était pas de nature à séduire Jérésu qui savait le néant de ces récompenses fabuleuses; mais il ne laissa pas de sourire à cette offre séduisante, sauf à en faire l'usage qu'il jugerait convenable.

« Je suppose, reprit l'Anglais, qu'en raison des relations qui ont existé entre votre nièce et le comte Henri, et de certains services que vous avez pu rendre à ce dernier dans ce temps-là, il vous est toujours facile de pénétrer près de lui.

— Touchours; messié le gomte il a touchours de crantes pontés bour ce bauvre Jérésu gui a eu tant de crands malheurs!

— Eh bien! il s'agirait de faire chez lui ce que vous avez fait chez Floretta. Cette fois il n'y a de danger pour personne; le philtre que voici est tout ce qu'il y a de plus anodin, et il suffirait d'ailleurs d'en verser quelques gouttes dans le chapeau du comte, ou dans ses bottes ou dans ses gants; la grande dame fera le reste, et en attendant le succès complet, elle donne un petit àcompte. »

Et d'une main Warburton fit briller quelques louis aux yeux du juif, tandis que de l'autre il lui présentait la fiole que lui avait vendue Bianco. Jérésu prit le tout sans se faire prier, car, aux premières paroles de l'Anglais, il avait pris une résolution qui devait lui être profitable sans qu'il y eût pour lui le moindre danger à courir.

« Za tombe pien, dit-il; messié le gomte il m'a chargé d'eine betite gommission, et che dois le foir temain.

— Vous comprenez bien, répéta Warburton, quelque gouttes dans les gants, le chapeau ou les bottes.... Peut-être serait-il plus sûr de les lui faire prendre dans un aliment quelconque: un verre d'eau ou de vin, une tasse de café, de chocolat; mais cela ne vous serait peut-être pas aussi facile.

— Oh! Jérésu, il affre fait d'audres choses pien blus tifficiles que za. Temain matin za sera une chose faite. »

L'Anglais se retira, et ce jour-là même il écrivait au comte de Farterstein pour lui faire savoir où en étaient les choses:

« Cela m'aura coûté cher, lui mandait-il, horriblement cher; mais le bâtard aura demain un bon cancer dans l'estomac, ce qui est bien préférable à un coup d'épée, et nous laissera le temps de prendre toutes les mesures nécessaires pour que l'identité du personnage soit bien constatée. Mais il serait urgent de remonter mes finances, car on ne fait rien dans ce pays sans avoir toujours l'or à la main. C'est un détail de petite portée d'ailleurs, maintenant que le riche héritage ne peut plus vous échapper.... Vous savez, monsieur le comte, que le cancer ne pardonne pas; mais je le répète, cela est hors de prix, et et ma bourse est vide. »

Jérésu ne manqua pas de se rendre le lendemain à Auteuil; mais au lieu d'aller aux cuisines ou à l'office où il avait maintenant ses entrées; il se présenta chez Henri qui fut un peu surpris de cette singulière visite, bien que Jérésu eût fait quelquefois près de lui les fonctions de messager d'amour, au temps de sa liaison avec Floretta.

« Messié le gomte, dit le juif, n'abandonnant pas son protocole ordinaire ; che suis ein pien baufre tiable qui affre eu doutes sortes de malheurs.... te crands malheurs !... »

Henri crut à une demande de secours, et il ouvrit un meuble pour y prendre quelque argent ; mais Jérésu reprit :

« Mais za ne m'embêche bas d'aimer à rendre zervice guand l'ogasion se brésente, et z'est bour za gue che fiens brès de fous.

— Pour me rendre service !... à moi ?

— Mon tieu foui ; barce que ch'affre dégouvert ein zélérat, ein crand zélérat gui m'affre offert te l'or blein mes boches bour faire une vilaine chose à messié le gomte. Mais Jérésu il manche bas de ce bain-là.... Ah ! si ch'affre foulu mancher de ce bain-là, che zerais bas ein si bauvre tiable.... »

Le comte, que le bavardage du juif avait d'abord impatienté, devint subitement très-attentif.

« Parlez, mon ami, dit-il. Je sais que certaines gens s'agitent autour de moi avec de mauvaises intentions. Nous avons déjà saisi quelques-uns des fils de cette intrigue, et nous récompenserions généreusement la personne qui nous ferait connaître les causes et les auteurs de ces coupables menées.

— Foici la chose, » fit Jérésu en montrant la fiole que lui avait remis l'Anglais.

Et il raconta tout ce que Warburton lui avait dit. Comme il achevait son récit, Lambert entra.

« Venez, mon ami, lui dit le jeune comte ; peut-être allons-nous enfin découvrir pourquoi tant de gens en veulent à ma vie. Je ne sais encore ce que contient cette fiole ; mais d'après ce que je viens d'entendre, ce doit être un poison des plus subtils. »

Jérésu répéta tout ce qu'il venait de dire, et Henri parla de recourir à la police pour avoir enfin raison des malfaiteurs qui déjà tant de fois avaient attenté à sa vie.

« Malheureusement, dit Lambert, cela est impossible. Je vous l'ai déjà dit, il est pour nous tous de la plus haute importance que l'autorité ne sache rien de tout cela.

— Mon Dieu ! fit le comte avec l'accent du désespoir, ne pourrai-je donc jamais pénétrer ce mystère d'iniquité ?

— Vous saurez un jour toute la vérité, monsieur le comte ; mais vous ne sauriez l'apprendre aujourd'hui sans que cela cause la plus vive affliction à tous ceux qui vous aiment. En attendant je me charge de pourvoir à votre sûreté, et nous saurons dans quelques heures ce que contient cette fiole. »

Jérésu fut généreusement récompensé ; mais il se garda bien de rentrer à son domicile où Warburton ne pouvait manquer de se rendre pour savoir comment les choses avaient tourné.

Lambert de son côté alla trouver Birmolan dont il espérait obtenir quelques éclaircissements ; car bien que ce dernier ignorât de qui Warburton était l'agent et la cause qui faisait agir le chef ou les chefs de cet étrange complot, il pouvait puissamment aider à la découverte de la vérité. On sait que, lors de sa dernière entrevue avec l'Anglais, celui-ci lui avait dit de revenir sans s'expliquer davantage.

Birmolan s'en était étonné, et n'ayant rien de mieux à faire il s'était mis à épier les démarches de son ex-complice.

« Voyons, lui dit Lambert, voici le moment de nous servir et peut-être de rentrer en possession de ce gentil billet dont la perte vous a été si sensible. »

Et il lui raconta la tentative d'empoisonnement qui venait d'échouer. Birmolan prit le flacon et l'examina.

« Voilà qui sent son Bianco d'une lieue, dit-il. Non-seulement je sais qui a composé cette drogue ; mais je sais encore par quelles mains elle a passé avant d'arriver jusqu'à vous. Vous devez tenir cela d'un vieux juif qui a élu domicile dans un chenil de la rue du Rempart.

— C'est vrai, répondit Lambert qui ne put dissimuler son étonnement. Et savez-vous aussi quelle est la nature de cette liqueur ?

— Non ; mais celui qui l'a composée va nous le dire. Veuillez me suivre. »

Et sans plus de préambule il conduisit son ancien compagnon chez le vieux chimiste.

« Docteur, dit-il à ce dernier, après avoir fermé prudemment la porte derrière lui et son compagnon ; vous étiez plus prudent autrefois. »

Le vieillard pâlit et devint tremblant ; néanmoins, il répondit avec assez d'assurance mêlée d'une teinte d'ironie.

« Que voulez-vous, les bonnes traditions se perdent. Autrefois j'administrais moi-même ; c'était plus sûr ; mais les gens de la nouvelle école ont gâté le métier. Tout le monde s'en mêle, jusqu'aux fabricants d'allumettes chimiques qui nous font concurrence. Je suis encore le seul qui vende des maladies toutes faites ; mais les meilleurs toxiques se vendent au rabais, et les cancres qui ont en vue une succession font leur besogne eux-mêmes. Et maintenant pourquoi me reprocher d'être trop facile si vous avez besoin de moi ? »

Lambert quelque bronzé que fût son cœur fut effrayé de ce cynisme.

« Nous voudrions savoir ce que contient cette fiole, docteur, rien que cela, dit Birmolan en mettant sous les yeux du docteur le flacon donné par Jérésu au comte Henri. »

Le vieux misérable trembla un peu plus fort en

reconnaissant le flacon qu'il avait vendu la veille à Warburton.

« Remarquez, reprit Birmolan avec le plus grand calme, que nous ne demandons pas à qui vous l'avez vendu ; vous n'avez pas non plus à redouter que rien de cela vienne aux oreilles de l'autorité. Nous vous demandons au contraire de garder le plus profond silence envers tout le monde, nous exceptés ; j'ajoute que nous promettons d'être aussi discrets que vous. »

Ces paroles rassurèrent quelque peu Bianco.

« Mon Dieu ! dit-il, le contenu de cette fiole est tout simplement une de ces bonnes liqueurs à succession qui font sûrement les affaires des gens qui s'en servent avec discrétion ; c'est de l'élixir de cancer, c'est-à-dire tout ce que j'ai trouvé de mieux dans ce genre-là. Maintenant si vous aimiez mieux autre chose de plus prompt ou de plus lent, je pourrais vous offrir un assez joli choix. Remarquez, je vous prie, qu'il n'y a rien d'égal à cela parmi tous les toxiques si souvent et si sottement employés depuis quelques années. — Que pouvez-vous attendre, par exemple, de l'acide prussique qui s'évapore aussi promptement et même plus promptement que l'éther ; de l'acétate de morphine qui produit des taches noires au cuir chevelu ; de la nicotine qui brûle, et de tant d'autres substances brutales qui ne valent pas la peine d'être nommées ? Mes compositions, au contraire, font leur œuvre discrètement, dans un temps limité : j'ai des pleurésies de neuf à quinze jours ; des épilepsies de tous les degrés, des.... »

Le docteur s'animait en faisant la nomenclature de ces précieuses choses ; l'enthousiasme le gagnait ; il fallut que Birmolan l'interrompît :

« Oh ! fit-il, je sais quel homme précieux vous êtes.

Le docteur s'inclina légèrement devant cet éloge rendu à son savoir.

« Ainsi, dit Lambert qui jusqu'à ce moment avait rempli le rôle d'auditeur, quelques gouttes de cette liqueur dans un breuvage quelconque....

— Des breuvages ? interrompit dédaigneusement le docteur ; cela est bon pour les empoisonneurs vulgaires, les ignorants de la plus grossière espèce. Mes produits s'absorbent par les pores.

— Eh bien, dit Birmolan à Lambert, puisque vous avez une revanche à prendre, gardez l'élixir.

— Je me garderais bien d'en user, répondit le vieux routier ; je ne veux pas tuer cet homme-là ; mais seulement le faire parler. Ce que vous ne savez pas, nous le lui ferons dire ; il suffira pour cela que nous sachions où le trouver. Je crois que nous touchons au but, et quand nous l'aurons atteint, vous verrez que je suis homme de parole. »

Un éclair de joie brilla sur le visage de Birmolan qui avait toujours à la pensée le billet de cent mille francs qu'il avait si singulièrement obtenu, et qu'on lui avait non moins singulièrement enlevé.

« Nous le trouverons aisément, dit-il, pourvu qu'il ignore la découverte que nous avons faite aujourd'hui.

— Bianco se taira, j'en suis sûr ; mais le juif ?

— Je me charge de lui, dit Lambert : il s'estimera trop heureux qu'on ne l'envoie pas au bagne, où il devrait être depuis un demi-siècle. Dans deux jours nous serons maîtres, maîtres absolus de la situation.

— Sacredieu ! fit Birmolan au moment où ils allaient se séparer, vous avez eu de la chance tout de même de vous être fait honnête homme tout d'un coup il y a vingt ans ! Je commence à croire que c'est un métier meilleur qu'il n'en a l'air, et pour peu que le prince ne fasse pas la grimace à la vue du billet que vous savez, je me jette dans la conversion jusqu'au cou !

— Tant il est vrai, répondit Lambert en souriant, que rien n'est plus facile que de se faire homme de bien quand on a les poches pleines. Mais il ne faudrait pas que ces bonnes dispositions vous empêchassent de me seconder ce soir dans une opération quelque peu irrégulière, sauf à vous convertir complètement ensuite. Cette opération ne sera peut-être pas sans danger ; mais vous en avez certainement pris part à de beaucoup plus périlleuses pour obtenir des résultats moins fructueux.

— Parlez, répondit vivement le bandit en cours de conversion ; je n'ai pas encore eu le temps de me rouiller tout à fait, et je viens de vous prouver, je crois, que vous pouvez compter sur moi, comme je compte sur la promesse que vous m'avez faite.

— Je ne puis vous en dire davantage en ce moment. Qu'il vous suffise de savoir que ladite opération peut singulièrement contribuer à la réalisation de vos espérances. Ne venez pas à Auteuil ; le prince, probablement, n'a pas encore oublié votre dernière visite, et cela ferait un mauvais effet ; mais quand il saura ce que vous m'aurez aidé à faire pour lui, et votre tendance à une vie meilleure, il aura pour vous d'autres sentiments, et la récompense promise ne se fera plus attendre. Ainsi, attendez-moi ce soir chez vous, et j'espère que tout ira bien. »

CHAPITRE LXXIV.

Une arrestation arbitraire.

Lambert s'était montré reconnaissant envers Sophie, son ancienne maîtresse, qui lui était si

Arrière, Satan! c'est toi qui m'as perdu. (Page 360, col. 1.)

courageusement venue en aide dans la maison mystérieuse de Laaken : il l'avait confortablement installée dans une petite habitation peu éloignée de la villa d'Auteuil que le prince occupait. Ce fut là qu'il se rendit en quittant Birmolan.

« Ma bonne Sophie, dit-il à la vieille compagnonne, il faudra peut-être nous souvenir ce soir de notre ancien métier.

— Vrai ? eh bien, ça m'ira. Je m'étiole dans la solitude, et il me semble que le mouvement, le bruit me rajeuniraient.

— Du bruit, ma fille, il en faudra faire le moins possible ; mais peut-être les émotions n'en seront-elles pas moins vives. L'action se passera ici même.

— Hum ! alors il ne faudra pas oublier que les vivants qu'on a eu le plus de peine à faire parler pendant l'opération, sont précisément ceux qui parlent trop après. C'était l'opinion du Petit-Duc, et il s'y connaissait, celui-là !

— Je te promets que, l'opération terminée, personne n'aura envie d'en parler. Ainsi je puis compter sur ton concours, ta fermeté et ta discrétion ?

— Et sur mes poignets au besoin. Ne t'ai-je pas montré là-bas, chez cette baronne enragée, qu'ils sont encore solides quand la moutarde me monte au nez ?

— Tiens-toi donc prête. Vers minuit une voiture s'arrêtera à la porte. Fais en sorte qu'il y ait du feu dans l'âtre, et que la porte s'ouvre sans bruit et se ferme de même. »

Lambert, au fait, depuis longtemps, de la façon dont la police procède aux arrestations, n'hésita pas à employer ce moyen pour s'emparer de Warburton : c'était jouer gros jeu, car une simple hésitation dans l'exécution du complot pouvait le trahir et le perdre.

A dix heures du soir, une voiture sans armoiries et les stores en bois levés sortait de l'habitation du prince.

La voiture était vide ; sur le siège se tenait un cocher italien qui ne connaissait pas un mot de français, et dévoué. Lambert tout de noir habillé se tenait près de lui pour lui indiquer la route à suivre.

La voiture gagna les Champs-Élysées, traversa la place de la Concorde, gagna la rue de Rivoli et s'engagea dans une de ces petites rues borgnes composées en partie de maisons sans nom et d'hôtels où l'on logeait à la nuit, que l'édilité moderne a fait disparaître depuis peu.

Le cocher arrêta ses chevaux devant un hôtel garni, indiqué par une lanterne rouge qui se balançait au bout d'une potence.

Birmolan, qui depuis plus d'une heure veillait à une fenêtre du deuxième étage, entendit prononcer son nom, reconnut la voix et descendit rapidement. Après un court entretien à voix basse avec Lambert, il le remplaça sur le siége, tandis que celui-ci s'installait dans la voiture qui, après ce court temps d'arrêt, repartit au galop. Dix minutes après la voiture s'arrêtait devant un hôtel meublé de la rue Blanche.

Birmolan sauta à bas du siége et ouvrit la portière de la voiture. Lambert descendit gravement, ayant une sorte de serviette d'avocat sous le bras; seulement au lieu d'être bourrée de dossiers, elle contenait un casse-tête et une paire de pistolets.

On peut dire que Lambert s'était transformé pendant les dix minutes qu'il était resté seul dans la voiture; il était couvert d'un ample pardessus sous lequel on apercevait un bout d'écharpe tricolore.

« Attention ! dit à voix basse l'ancien chauffeur en passant à Birmolan sa serviette.

— As pas peur, » dit celui-ci qui malgré son aplomb n'était pas sans inquiétude sur les suites de cette affaire.

Lambert se contenta de répondre par un mouvement d'épaules qui témoignait combien peu lui semblaient fondées les craintes de son complice, et entra dans le vestibule de l'hôtel en homme habitué à commander.

« Dites à M. Chanoine, le propriétaire de l'hôtel, que je désire lui parler. » Le domestique intimidé par les hautes manières de Lambert le fit entrer dans le salon de l'hôtel avec Birmolan, tandis qu'il courait prévenir son patron.

Au bout d'un instant d'attente, qui parut horriblement long à Birmolan, M. Chanoine arriva. C'était un petit homme, haut en couleur, à l'œil réjoui. Il voyait un client d'importance dans Lambert. Aussi s'avança-t-il d'un air empressé vers nos deux personnages; mais il fut désagréablement surpris lorsque Lambert lui dit :

« Monsieur Chanoine, je suis commissaire de police aux délégations judiciaires, » et en même temps il entr'ouvrait son pardessus, et montrait son écharpe; « je suis chargé de procéder à une arrestation.

— Monsieur, dit M. Chanoine, je suis à votre disposition.

— Je n'attendais pas moins d'un fidèle serviteur du roi. Vous avez chez vous, depuis quelque temps, un individu qui prend le nom de Warburton...

— Un Anglais, interrompit vivement M. Chanoine.

— Il se dit Anglais, c'est un Corse !

— Un Corse ! exclama M. Chanoine. Un pays de Fieschi. »

Il n'y avait pas un mois que les boulevards avaient été ensanglantés par l'explosion de la machine infernale.

« Et de plus, continua Lambert avec la même gravité, un conspirateur; cet homme est-il ici ?

— Il est rentré depuis une heure.

— Très-bien, vous allez nous conduire à sa chambre. Vous devez avoir une double clef.

— Oui, monsieur....

— Vous allez nous accompagner, et surtout faites en sorte que personne ne nous dérange ; du reste la maison est cernée ; à la moindre alerte, mes agents envahiraient l'hôtel, il faut éviter tout esclandre dans votre intérêt.

— Oui, monsieur.

— Eh bien ! montons....

— Mais, monsieur, fit observer timidement M. Chanoine, cet homme est peut-être armé....

— N'ayez aucune crainte, vous viendrez derrière nous. Où est la clef ?

— La voici, monsieur, dit le maître d'hôtel, qui présenta un trousseau de clefs à Lambert. C'est celle marquée numéro 4.

— Très-bien ! C'est au premier, au second ?

— Au premier, la porte à droite. »

Lambert monta suivi de l'hôtelier ; Birmolan sa serviette sous le bras, fermait la marche ; Lambert introduisit doucement la clef dans la serrure. Une sueur froide lui perla sur le front : Warburton était renfermé et avait dû laisser la clef dans la serrure.

Un instant il eut peur d'échouer.

Il se pencha à l'oreille de M. Chanoine :

« Frappez fort et dites-lui que vous lui apportez une lettre qui vient d'arriver d'Angleterre. »

Celui-ci exécuta tant bien que mal l'ordre de Lambert.

« Attendez un instant ! je suis couché, dit l'Anglais. »

Ce moment d'attente fut terrible pour les deux principaux acteurs de cette scène. On entendit Warburton s'approcher, puis la clef tourner dans la serrure. A peine l'Anglais avait-il entrebâillé la porte que Lambert l'étreignait à la gorge d'une main, tandis que de l'autre, il lui fermait la bouche.

« Au nom de la loi, je vous arrête, » lui dit-il.

Pendant une seconde, il se passa dans cette chambre une scène impossible à décrire. Lambert avait brusquement poussé Warburton vers le lit, tandis que Birmolan venant en aide à son ancien chef lui liait les pieds et les mains ; un épais bâillon fut posé sur sa bouche ; puis les deux complices roulèrent Warburton dans la couverture du lit, l'un prit la tête et l'autre les pieds ; l'Anglais essaya bien de faire quelques soubresauts, mais son ancien complice l'ayant piqué avec son poignard, il se tint tranquille.

L'escalier fut descendu rapidement. M. Chanoine, complice bien innocent de cet enlèvement, ouvrit la portière ; on jeta Warburton plutôt qu'on ne l'assit dans la voiture, Lambert se plaça près de lui, tandis que Birmolan remontait sur le siége près du cocher.

« Monsieur Chanoine, je vous attends après-demain à midi à mon bureau à la Préfecture, dit effrontément Lambert. Quant à votre couverture, un de mes agents vous la rapportera demain. »

Ceci dit, la voiture partit au galop.

« Et maintenant, cher monsieur, dit Lambert à son prisonnier, je vous engage à vous tenir tranquille, sinon je me verrais forcé, à mon grand regret, d'user de moyens qui me répugneraient, mais que ma sûreté me forcerait d'employer. »

Après une heure de course, la voiture arrivait à la porte de la petite maison de Sophie, la demie d'onze heures sonnait à l'église d'Auteuil. Lambert avait mis une heure à accomplir cette expédition.

« Quel dommage! se dit-il en descendant de voiture, que ce vieux Pied-de-Fer ne soit plus là; lui seul était capable de comprendre les difficultés d'une pareille entreprise. »

CHAPITRE LXXV.

Catherine Hamel.

Sophie, cette femme dont la vie avait été tant agitée, était douée d'une rare énergie; ses passions ardentes lui avaient fait bien des fois braver la justice de Dieu et des hommes, ainsi qu'on l'a pu voir dans le récit qu'elle fit à Lambert lors de leur rencontre au théâtre de Bruxelles; mais, dans ce moment d'épanchement, elle n'avait pas tout dit, et nous devons la faire mieux connaître.

C'était au commencement de 1805; les chauffeurs, les voleurs de diligences, dernière expression du parti royaliste après les chouans, avaient complétement disparu lorsque, dans le petit bourg de Berville, en Normandie, vint s'établir une jeune et belle femme qui se faisait appeler Catherine Hamel.

D'où venait cette femme? quel était son passé? aucun habitant du pays ne le savait : arrivée seule dans cette contrée, elle y avait acheté une petite et charmante habitation, et pendant quelque temps elle avait mené la vie la plus retirée.

On ne la voyait guère qu'à l'église, et sur le seuil de son habitation à certains jours qu'elle avait assignés aux pauvres de la contrée pour leur distribuer ses aumônes.

Cette vie édifiante, consacrée en partie à la bienfaisance, devait éloigner d'elle tout soupçon fâcheux.

Catherine avait déjà passé un assez long temps dans cette solitude, lorsqu'un jour le fils d'un fermier du voisinage, Ferdinand Ertfel, se présenta chez elle.

« Madame, lui dit-il d'un air modeste, mais avec l'assurance d'un homme qui a conscience de ce qu'il vaut, vous êtes si bonne, vous répandez tant de bienfaits dans ce pays, que sans avoir l'honneur d'être connu de vous, je n'hésite pas à venir vous demander un service. »

Une autre femme eût pu paraître étonnée de cette entrée en matière, mais Catherine se contenta de répondre après avoir quelque peu examiné le jeune homme :

« Je vous remercie de cette confiance, monsieur, et je m'estimerai heureuse de pouvoir vous être utile. Que faut-il faire pour cela? »

Une vive rougeur couvrit le visage de Ferdinand, et son regard ayant rencontré celui de Catherine, il reprit en baissant les yeux :

« Mon père m'a fait étudier; je devais entrer au séminaire; mais telle n'était pas ma vocation.... Aujourd'hui des raisons, qu'il serait trop long de vous faire connaître, me font désirer de quitter mon pays. J'ai ouï dire qu'il s'agit d'une expédition pour reconquérir nos anciennes colonies, et j'ai pensé qu'avec votre protection je pourrais obtenir la faveur d'en faire partie. Tel est l'objet de ma visite. »

La voix du jeune homme d'abord assurée s'était promptement altérée; ses traits s'étaient rapidement empreints d'une douleur qui semblait immense.

Catherine, en l'écoutant, avait senti battre son cœur avec une violence qui, depuis assez longtemps ne lui était plus ordinaire; elle devina qu'un amour malheureux poussait ce jeune homme à s'expatrier, et ce ne fut pas sans peine qu'elle dissimula le regret qu'elle en ressentait.

« Monsieur, répondit-elle avec hésitation, peut-être n'avez-vous pas assez réfléchi avant de prendre une pareille détermination : si je comprends bien, il s'agit d'enlever un fils à son père, de jeter le deuil dans une honorable famille, et vous me demandez de me rendre complice de cette action. »

Le jeune homme essaya de répliquer, mais il ne put que balbutier quelques mots sans suite.

« Vous souffrez, mon jeune voisin, reprit Catherine, à laquelle le trouble de son interlocuteur donnait de l'assurance. Eh bien! dites-moi la cause de vos chagrins; nous chercherons ensemble les moyens de les faire cesser, et nous en trouverons sûrement de plus efficaces que celui auquel vous vous proposiez d'avoir recours.

— Je ne l'espère pas, madame; mais je n'aucune raison de vous taire la cause de mon désespoir. »

Enhardi par l'affectueuse bienveillance de Catherine, le jeune Ertfel lui raconta alors comment une jeune fille du pays, Rose Verdore, avait fait naître l'amour dans son cœur. Par malheur, le père de Rose et celui de Ertfel étaient ennemis irréconciliables, et soit que Rose partageât la haine de son père pour les Ertfel, soit qu'elle obéît seulement à la crainte, toutes les tentatives du jeune homme pour obtenir d'elle la plus légère espérance, avaient été vaines.

Catherine, sur cette première confidence, ne lui offrit que de bien vagues consolations; elle lui dit que rien n'était durable, l'amour pas plus que la haine; qu'il ne devait pas être impossible de réconcilier les deux pères, et elle laissa entrevoir que peut-être elle tenterait quelque jour d'accomplir cette œuvre.

Ertfel néanmoins sortit de chez elle un peu moins malheureux qu'il n'y était entré, et, à partir de ce moment, il y revint chaque jour.

Depuis que Catherine habitait Berville, tous ses efforts avaient tendu à enterrer en quelque sorte l'ancienne maîtresse des chauffeurs; le rôle qu'elle s'était tracé était bien difficile à suivre, les violentes passions qui fomentaient en elle manquèrent plus d'une fois de la trahir. Aussi Catherine s'effraya-t-elle de la passion nouvelle qui venait de naître dans son cœur, et qui grandissait à chaque instant; mais bientôt emportée par l'amour des sens, et par une continence que l'intérêt seul commandait, elle s'y livra avec toute l'ardeur, avec tout l'emportement qui lui étaient naturels, et bientôt elle usa de toutes les séductions imaginables pour détrôner Rose dont elle était devenue la rivale.

Ferdinand lui-même subit le charme de cette fascination, que Catherine exerçait sur ceux qui l'approchaient.

« J'ai peur, lui dit un jour Ferdinand, de deviner ce qui se passe dans votre cœur. »

Ces simples mots furent pour Catherine l'éclair précurseur de l'orage.

« Eh bien! oui je t'aime, Ertfel! lui dit-elle, je t'aime comme je n'ai jamais aimé, moi qui croyais être désormais invulnérable à l'amour; et il faut que ma passion soit immense puisque mon cœur ne peut la contenir; puisque me voici près de me jeter à tes genoux, alors que tu es près de moi immobile et muet! alors que ta main est froide dans la mienne.... Alors que cet aveu qui me brûle les lèvres est impuissant à jeter un éclair de bonheur sur ton visage assombri. »

Cette déclaration subite jeta Ferdinand dans une profonde perplexité. Catherine se trompait quand elle disait que ses mains restaient froides dans les siennes, non; mais le pauvre jeune homme avait deux passions dans le cœur, qu'il cherchait à unir, quoiqu'elles fussent dissemblables. Près de Rose, il se sentait craintif, tant la vertu a d'empire sur le cœur; près de Catherine, il se sentait capable de tout entreprendre pour arriver à la posséder. Il sentait tout cela confusément sans pouvoir l'analyser, mais qui se traduisait ainsi dans son esprit :

« Avoir Rose pour femme; avoir Catherine pour maîtresse. »

« Ah! Catherine, si vous connaissiez Rose....

— Je la connais et je la hais, répondit Catherine avec un accent sauvage; je la hais parce qu'elle me vole ton amour; mais, non, cette fille ne saura t'aimer plus que moi.... Tu doutes, dit Catherine en voyant Ferdinand prêt à faire un geste de dénégation; eh bien! je vais t'en donner une preuve : tu aimes Rose de toutes les forces de ton âme, et tu aspires à sa possession, eh bien! tu la posséderas et c'est à moi que tu le devras! oui, à moi seule; trouve une femme qui piétine sur son cœur comme je le fais en ce moment, qui jette une rivale dans les bras de celui qu'elle aime, et dis-moi si celle qui s'immole ainsi, n'est pas celle qui aime le plus ?...

— Vous ferez cela! lui dit Ferdinand, qui tout entier à son amour pour Rose, ne vit pas ce qu'il y avait d'odieux dans cette proposition de Catherine.

— Je t'aime jusqu'au crime, » lui dit-elle en lui prenant la tête entre ses mains avec un mouvement frénétique et en l'attirant vers elle....

A partir de ce moment, Ferdinand ne fut plus qu'une sorte de jouet entre les mains de Catherine.

A partir de ce moment aussi Catherine commença son œuvre ténébreuse; sa dissimulation profonde, ce masque d'honnêteté dont elle savait se revêtir le visage; ses pratiques pieuses devant lesquelles elle ne reculait pas; ses abondantes aumônes, toute sa vie extérieure en un mot servait à inspirer le respect au vulgaire. Il ne fut donc pas difficile à Catherine de se lier avec Rose, son père même parut enchanté des relations qui s'établissaient entre sa fille et la maîtresse de Ferdinand; le malheureux était loin de songer que cette intimité devait perdre son enfant.

Bientôt Rose en vint à ne pouvoir plus se passer de Catherine qui était devenue la confidente de ses plus secrètes pensées, de son amour pour Ferdinand; Catherine exploita ses confidences, et un jour que Rose était chez elle Ferdinand averti parut tout à coup devant elle.

« Vous ici! fit-elle surprise, et jetant un regard courroucé sur sa fausse amie. Serait-ce un piège? lui demanda-t-elle.

— Un piège! fit Catherine qui parut indignée de ce soupçon.

— Rose, dit Ferdinand, il n'y a que moi de coupable, depuis plusieurs jours, je vous suis, j'ai entendu vos confidences. Pourquoi feindre, puisque je sais que vous m'aimez? »

Et en parlant ainsi, il avait pris les mains de la jeune paysanne.

« Vous n'avez rien à craindre. Catherine nous aime et personne ne la soupçonnera jamais de protéger nos rendez-vous. »

Rose s'était bien promis de ne plus venir chez Catherine. Peut-être malgré le violent amour qu'elle éprouvait pour Ferdinand se serait-elle tenu parole ; mais celle-ci fut si convaincante, si entraînante que Rose semblable à l'oiseau que fascine le serpent reprit le chemin de la maison de son amie.

Ferdinand trop jeune pour comprendre, admirait, dans son aveuglement, les complaisances coupables de Catherine, complaisances qu'il élevait à la hauteur d'un immense sacrifice.

Et lorsqu'il lui témoignait sa gratitude, elle lui répondait d'une voix résignée :

« Ami, je suis heureuse de ton bonheur. »

Mais lorsqu'elle était seule, sa prétendue résignation disparaissait pour faire place à la plus violente colère.

« Que ne puis-je tuer cette femme ! disait-elle, que ne puis-je lui déchirer les chairs avec mes ongles et mes dents ; à mes tourments sans nom, il me faut pour les calmer être témoin d'une grande douleur.... Que ne puis-je les voir tous deux honteux, indignés de leur amour, en proie au remords et la honte.... »

Les événements devaient malheureusement servir la haine de Catherine.... et un jour Rose avoua en pleurant à son amant et à Catherine qu'avant peu, elle ne pourrait cacher les suites de sa faute.

Ferdinand eut un beau mouvement :

« Catherine ! lui dit-il, c'est à vous de finir ce que vous avez si bien commencé ; chargez-vous de négocier la réconciliation de nos pères, et faites en sorte qu'ils ne s'opposent plus à notre union.

— Oui, fais cela, bonne Catherine, toi seule peux me sauver du déshonneur.

— J'aviserai, » répondit Catherine d'une voix sombre.

En ce moment Rose eut peur de s'être trompée sur le caractère de son amie. Ce simple mot la jeta dans une profonde perplexité, et pour la première fois la pauvre enfant se demanda si elle n'avait pas été la dupe de quelque intrigue affreuse.

Ce fut à partir de ce moment aussi que Catherine sentit qu'elle devait brusquer la situation. Elle avait dit à Ferdinand dans un moment d'épanchement qu'elle l'aimait jusqu'au crime. La passion l'aveuglant, les anciens instincts de la compagne des chauffeurs prirent le dessus et elle n'hésita pas pour triompher des derniers scrupules de son amant de faire pénétrer dans son cœur le démon de la jalousie. Un soir que seul près d'elle Ferdinand la suppliait de ne plus tarder à s'entremettre auprès de son père et de celui de Rose, elle parut tout à coup plus violemment émue de ses sollicitations qu'elle ne l'avait été jusqu'alors.

« Écoute, ami, lui dit-elle en ayant l'air de se faire violence pour articuler ces mots, écoute, et ne me presse plus de mettre le comble à ton malheur. Rose a pu avec toi céder à l'entraînement des sens, mais elle ne t'aime point.

— Ah ! Catherine, pourquoi calomnier cet ange ?

— Je m'attendais bien à te trouver incrédule ; nul mieux que moi ne sait combien l'amour est aveugle. Le temps, en pareil cas, fait plus que l'évidence : ne me crois pas et attends.

— Attendre ! mais ne savez-vous pas dans quel état se trouve ma Rose chérie ?

— Et si tu n'étais pour rien dans sa grossesse, Ertfel ?

Le jeune homme bondit sur son siége, ses cheveux se hérissèrent ; il poussa un rugissement terrible, puis jetant sur Catherine Hamel un regard menaçant :

« Tais-toi, démon ! lui cria-t-il, tais-toi ! ou je ne répondrais plus de moi....

— Oh ! fit-elle, c'est ainsi que je t'aime, mon Fernand. Mais pourquoi n'attendrais-tu pas que la lumière se fît ? hélas ! j'attends bien, moi dont le cœur se brise depuis si longtemps ! »

Ses beaux yeux s'emplirent de larmes ; elle couvrit de ses deux mains son visage brûlant, en paraissant faire des efforts pour étouffer ses sanglots.

L'aspect de cette immense douleur calma un peu Ertfel ; il fit quelques excuses à cette femme sacrifiée, puis il reprit le fusil avec lequel il était sorti de chez lui sous prétexte de chasser, et il sortit.

Il faisait nuit ; l'obscurité était profonde ; Ferdinand Ertfel marchait à grands pas, le cœur en proie à d'affreuses tortures et le cerveau plein de sinistres pensées.

« Si cela était vrai pourtant, se disait-il ; si Rose me trompait !... Oh ! ce ne serait pas assez de tous les tourments de l'enfer pour punir un tel crime !... »

Puis repassant dans sa pensée les diverses circonstances de ses dernières entrevues avec sa maîtresse, il sentit le doute pénétrer plus profondément dans son cœur. Rose avait pleuré, et il avait été impuissant à sécher ses larmes ; elle avait allégué diverses raisons pour ne lui accorder que de courts instants, et elle avait paru le quitter sans regret. L'imagination ardente du jeune homme, s'emparant de ce texte, en vint promptement au plus haut degré d'exaltation, et déjà il ne doutait presque plus que cette jeune fille qu'il adorait l'eût indignement trompé, lorsqu'une voix qu'il reconnut pour celle de Rose vint frapper son oreille.

Ertfel s'arrête d'abord ; puis il s'approche d'une haie qui séparait le jardin de Verdore du chemin qu'il suivait. Presque en même temps il entendit le bruit d'un baiser. « Adieu, mon ange, » dit ensuite Rose de sa voix la plus douce. Un second baiser se fit entendre, puis tout rentra dans le silence.

Ertfel haletant sentit tout à la fois les serpents de la jalousie, de la rage et du désespoir lui mordre le cœur ; son fusil s'abaissa dans la direction du bruit qu'il avait entendu, et il fit feu.

Un seul cri succéda à la détonation.

Le meurtrier s'enfuit éperdu, et dans son trouble, au lieu de se rendre à l'habitation de son père, il revint près de Catherine.

« Vous aviez raison, s'écria-t-il en jetant au loin son arme ; elle me trompait, et je l'ai tuée !

— Grand Dieu ! que dites-vous ?

— La vérité. Rose vient de recevoir le prix de sa trahison, et je vais me livrer à la justice.... Je vous en prie, consolez mon père, et gardez-moi votre amitié. Cela m'aidera à supporter les tourments qui m'attendent.

— Ertfel, âme de ma vie, repousse cette horrible pensée !... Non, non, tu ne livreras pas au bourreau cette tête chérie !...

— Vaut-il mieux attendre que la force armée s'empare de moi ? »

Catherine se laissa tomber sur un siége, appuya son front sur ses blanches mains comme pour solliciter la pensée, puis se relevant vivement :

« Je te sauverai ! dit-elle.

— Eh ! que m'importent maintenant la liberté, la vie !...

— Mon Fernand, je t'en conjure, ne parle pas ainsi, s'écria Catherine en accompagnant ses paroles des plus tendres caresses ; songe à ton père, à ta mère qui te chérissent ; à moi qui t'aime plus que ma vie.... Retourne chez toi ; efforce-toi de dissimuler ton émotion ; viens me voir comme de coutume, et ne t'occupe pas du reste. Je te sauverai, te dis-je.... Tu ne me réponds pas.... tu persistes dans ton affreuse résolution.... Eh bien ! nous mourrons ensemble : si tu dis que tu es le meurtrier, j'affirmerai que je suis ta complice. C'est de notre vie à tous deux que tu vas disposer. »

L'exaltation du jeune homme avait fait place à la stupeur ; il demeurait immobile et muet.

Les vives caresses de Catherine, ses pleurs, ses baisers brûlants parvinrent enfin à le tirer de cet état ; il reprit quelque calme, put envisager sa position sous tous les aspects, et il consentit à suivre les conseils de Catherine Hamel, et à se laisser guider par elle.

Cependant, au bruit du coup de feu, le père Verdore et ses deux fils aînés étaient accourus dans le jardin. Comme le père y entrait, il rencontra son dernier fils, le petit Joseph, enfant de six ans, qui fuyait épouvanté, et il lui demanda ce qui était arrivé.

« Je n'en sais rien, père, répondit l'enfant. Avant de me coucher, j'étais allé embrasser ma bonne sœur Rose, comme je fais toujours. Elle était dans le jardin ; elle me prit dans ses bras et m'embrassa sur les deux joues. Je n'avais encore fait que deux ou trois pas pour revenir à la maison quand j'ai entendu un coup de fusil ; Rose est tombée en jetant un grand cri. »

Le père et ses deux fils aînés coururent au lieu indiqué par l'enfant, et ils trouvèrent la malheureuse jeune fille étendue sans mouvement sur le sol. Ils la relèvent, la transportent au logis, et reconnaissent avec désespoir qu'elle a la poitrine traversée par une balle. La mort avait dû être instantanée.

La nouvelle de cet événement qui semblait inexplicable se répandit promptement. Catherine Hamel, en sa double qualité de voisine et d'amie de Rose, fut une des premières à se rendre près du père Verdore ; elle offrit de se charger du petit Joseph, qui, dans un pareil moment, ne pouvait être qu'un embarras pour ces braves gens, et cette offre fut acceptée avec d'autant plus d'empressement que Catherine, par ses bonnes œuvres, sa vie régulière en apparence, s'était attiré l'estime de tous les habitants de Berville.

La justice arriva bientôt sur les lieux ; le crime fut constaté ; mais on ne trouva rien qui pût faire soupçonner la famille, et le procureur impérial venait de se rendre chez le maire de la commune pour y continuer l'instruction, lorsque Catherine, tenant par la main le petit Joseph, arriva près de lui.

« Monsieur, lui dit-elle, il est affreux sans doute qu'un enfant porte témoignage contre son père. Par malheur il peut se faire que, dans l'intérêt de la justice, on soit obligé de ne pas s'arrêter à des considérations de cette nature, et c'est ce qui arrive aujourd'hui.

— Mon devoir est de ne rien négliger pour arriver à la découverte de la vérité, répondit le magistrat. Je vous écoute.

— Cet enfant a été témoin du meurtre de sa sœur, reprit Catherine ; la malheureuse jeune fille est tombée sous les coups de son père.

— Serait-il possible !

— Hélas ! je dois le dire : avant même que cet enfant m'eût dit ce qu'il a vu, ma conviction était formée sur ce point. La victime m'avait fait certaines confidences : elle était peu surveillée ; elle s'absentait souvent.... enfin sa conduite était peu régulière. Il y a quelque temps, son père et ses frères aînés s'aperçurent que l'embonpoint de Rose augmentait. Ils la pressèrent de questions ; elle avoua qu'elle était enceinte, et ce qui mit le comble à la colère de ces trois hommes c'est qu'elle dit ne pas savoir au juste quel était le père de l'enfant qu'elle portait. Des menaces terribles lui furent faites; elle vint me confier ses chagrins, et j'essayai de la consoler. Maintenant, monsieur, cet enfant vous dira le reste. »

Il ne vint pas un seul instant à l'idée du magistrat que cette femme mentait, tellement le ton de sa voix était naturel.

« Voyons, mon ami, dit le magistrat au petit Joseph, vous savez qu'il est vilain de mentir; dites-nous donc bien la vérité. Qu'est-il arrivé à votre sœur Rose pendant qu'elle était dans le jardin?

— J'allais lui dire bonsoir, répondit l'enfant; elle pleurait; pourtant je ne lui avais pas fait de chagrin.... »

Le pauvre petit s'arrêta là ; il leva les yeux sur Catherine, et il aperçut entre ses mains une jolie bonbonnière dont il avait déjà goûté le contenu, et qui lui avait été promise. Après un instant de silence, il reprit en baissant les yeux et en rougissant bien fort :

« Je venais de la quitter quand papa est arrivé et lui a tiré un coup de fusil. Puis mes grands frères sont venus et ils l'ont emportée. J'ai eu peur d'être grondé, et j'ai été me coucher sans que l'on m'eût vu.

— Et tout cela est bien vrai? » demanda le magistrat.

Le petit Joseph hésita à répondre; il regarda de nouveau Catherine, puis il répondit en rougissant plus fort que la première fois :

« Oui, monsieur, c'est bien vrai.

— C'est qu'il serait bien affreux de faire un pareil mensonge, et le bon Dieu ne vous le pardonnerait qu'autant que vous conviendriez d'avoir menti. »

L'enfant demeura immobile, muet, et les yeux baissés sur la terre.

« Le pauvre petit est si timide, dit alors Catherine, que peut-être il ne faudrait pas le presser beaucoup pour le faire se rétracter; mais, pour moi sa véracité ne peut être douteuse, car c'est absolument de la même manière qu'il m'a raconté les faits, et je suis prête à en déposer sous la foi du serment si cela vous paraît dès à présent nécessaire. »

Elle prêta serment en effet, et fit une déposition si habilement agencée, que la culpabilité du père et des deux frères aînés de la victime parut chose certaine au magistrat, qui les fit arrêter.

Plusieurs mois s'écoulèrent. Enivré d'amour et de plaisir par Catherine Hamel, Ertfel avait presque oublié son crime. Pourtant il arrivait quelquefois que par un rapide retour sur lui-même, il devenait sombre et silencieux.

« Ami, lui disait-elle alors, pourquoi ce nuage sur ton beau front? mon dévouement n'est-il pas immense comme mon amour? que faut-il encore que je fasse pour te rendre complètement heureux?

— Catherine, lui répondit-il un jour, l'amour passe, mais le remords ne meurt point.

— Encore ces fantômes!.... Sois donc homme, mon Fernand! Écoute, il est un moyen de faire cesser toute crainte : épouse-moi. Je suis assez riche pour que nous allions vivre hors de France, dans une retraite que tu choisiras, où nous n'aurons plus à craindre les suites du passé, et où notre bonheur sera complet.

— Ah! ce sont les portes du ciel que tu m'ouvres, Catherine, alors que j'ai un pied dans l'enfer! répondit le jeune homme.... Oui, tu seras ma femme; nous quitterons la France, et nous vivrons de la vie des élus. »

Catherine Hamel était radieuse, elle allait atteindre au comble de ses vœux; elle vendit son habitation; l'union des deux amants fut officiellement annoncée, et l'on s'occupa des préparatifs de ce *plus beau jour de la vie*.

Cependant des cinq enfants du malheureux Verdore, un, la tendre Rose, avait succombé sous les coups d'un assassin; les deux aînés étaient en prison avec le père, et le plus jeune était mort de misère. Le petit Joseph, abandonné de tout le monde, s'était fait mendiant; il parcourait le canton, tendant la main, et offrant de raconter, pour un morceau de pain, les prétendus détails de la mort de sa sœur.

Un jour, il y avait fête chez le père Ertfel; on célébrait chez lui les fiançailles de son fils et de Catherine, lorsqu'un petit mendiant se montra à la porte de l'habitation, et, d'une voix souffreteuse, offrit de raconter sa légende pour un peu de pain.

« Qu'il entre! » s'écrièrent les invités.

Car on ne se lassait pas d'entendre le récit d'un crime tel qu'il ne s'en était pas commis, de mémoire d'homme, dans la contrée. Ferdinand Ertfel, le héros de la fête, fut le seul qui ne sembla point partager la curiosité générale; il manifesta même son dégoût pour de semblables récits, et il dit qu'il était bien mal de prendre plaisir à entendre cette sorte de complainte; mais la majorité n'étant pas de cet avis, l'enfant fut introduit, et il commença son récit.

D'abord Ertfel écouta avec une apparente indifférence; mais lorsque le jeune garçon en vint au coup de fusil qu'il disait avoir été tiré par son père, le fiancé donna tous les signes de la plus violente agitation. Catherine, qui l'observait avec la plus vive anxiété, s'approcha de lui.

« Ami, je t'en conjure, lui dit-elle à voix basse, tâche de te contenir.... Veux-tu donc nous précipiter tous deux dans l'abîme quand nous sommes si près d'atteindre à la félicité suprême? »

Ces paroles frappèrent l'oreille du meurtrier sans qu'il eût l'air de les comprendre; d'un geste impérieux il imposa silence à l'enfant. Puis, tout à coup, en proie à une sorte de délire, il se leva, ses yeux s'injectèrent de sang; il jeta sur l'assemblée des regards terribles, et s'écria avec un accent indicible :

« Non, non! cela dépasse les forces humaines !... J'aimerais mieux subir dix fois la mort.... Misérable enfant! qui te pousse à accuser ton père innocent?... »

Puis, son exaltation croissant, il reprit avec une sorte de fureur :

« Oui, oui !... Verdore et ses deux fils sont innocents !... moi seul.... »

Catherine effrayée vint se jeter dans ses bras, et elle s'efforça d'arrêter sur ses lèvres l'aveu prêt de lui échapper; mais elle ne put y parvenir.

« Arrière, Satan ! fit le jeune homme en se dégageant violemment de son étreinte. C'est toi qui m'as poussé dans l'enfer !... Oui, c'est moi, moi seul qui suis l'assassin de Rose.... Je l'ai tuée, elle que j'aimais plus que ma vie, et voici la misérable qui m'a poussé à commettre ce crime.... Le jour de la vérité est arrivé; puisse celui de la justice ne pas se faire attendre ! »

Il serait impossible de se faire une juste idée de l'effet produit sur l'assemblée par ces terribles paroles; tous les auditeurs demeurèrent muets, immobiles, et comme frappés de la foudre. L'enfant, effrayé, s'était enfui ; Catherine était pâle et tremblante; on eût dit qu'elle venait d'entendre son arrêt de mort.

« Le malheureux a perdu la raison, dit le père Ertfel après quelques instants de silence.

— Hélas ! s'écria Catherine Hamel, qui s'empressa de saisir cette faible planche de salut, il y a déjà quelque temps que je me suis aperçue de ce dérangement de cerveau. Je m'efforçais pourtant de douter de mon malheur.... Il n'est maintenant que trop vrai.... Ah! c'est affreux!

— Catherine ! reprit Ferdinand Ertfel d'une voix terrible, espères-tu donc tromper Dieu ? »

A ces mots, il s'élança vers la porte, et disparut.

Quelques heures après, il se livrait à la justice, et demandait comme grâce suprême qu'on mît en liberté Verdore et ses deux fils injustement emprisonnés depuis cinq mois; mais messieurs du palais n'ont point tant de hâte : ne faut-il pas observer les formes? Il fallut faire une nouvelle instruction, puis un supplément d'instruction.

Enfin la chambre de mise en accusation rendit un arrêt de non-lieu qui fit cesser la captivité des Verdore père et fils, puis un autre arrêt qui renvoyait Ferdinand Ertfel devant la cour d'assises du département de la Seine-Inférieure.

Devant ses juges, Ertfel ne se démentit pas un seul instant. Il persista à se dire coupable du meurtre de Rose; mais il ne dit rien qui pût compromettre Catherine Hamel, et ce fut sans la moindre émotion apparente qu'il entendit prononcer l'arrêt qui le condamnait à la peine de mort. Ce fut avec le même calme, la même résignation qu'il monta dans la charrette qui devait le conduire à la place du Vieux-Marché, lieu ordinaire, à Rouen, des exécutions.

Déjà le funèbre cortége avait fait la moitié du trajet, lorsqu'une femme, jeune et belle, saisissant le moment où il avait été obligé de s'arrêter, tant était grande la foule qui se pressait autour du patient et de son escorte, se cramponna à l'une des roues, et s'élança dans la charrette en disant d'une voix éclatante :

« Ami ! j'aurais dû mourir seule, car seule je suis coupable. Puisqu'il n'en peut être ainsi, nous mourrons ensemble.

— Arrière! arrière ! » s'écria le condamné qui venait de reconnaître Catherine Hamel.

Puis s'adressant au prêtre qui l'accompagnait :
— Mon père, dit-il, voici la femme qui m'a perdu.

— Pardonnez-lui, mon fils, dit le prêtre, afin que Dieu vous pardonne à tous deux. »

Puis s'adressant à Catherine, il ajouta :
« Femme, laissez le coupable repentant mériter le pardon de son crime. »

Déjà, deux des gendarmes qui escortaient le condamné avaient mis pied à terre pour s'emparer de cette femme qu'ils croyaient folle ; mais avant qu'ils eussent pu la saisir, un poignard étincela dans sa main.

« Adieu ! mon Fernand, » s'écria-t-elle.

Et elle tomba sur le pavé qu'elle inonda de son sang.

« Le diable m'emporte ! dit un des gendarmes, je crois que voilà du gibier de notre connaissance.

— Sophie la Chauffeuse; s'écria l'autre; en voilà une qui nous a fait trimer !

— Et qui peut se vanter d'avoir vu le feu !

— J'ai bien envie de lui serrer les pouces.

— Bah ! elle est morte.

— Laisse donc tranquille ! Est-ce que ça meurt, ça ? »

En effet Sophie — car c'était elle — n'était pas morte, mais seulement blessée grièvement, et elle reprit connaissance pendant qu'on la transportait à l'hôpital où on la fit garder à vue. De son côté, en voyant jaillir le sang de sa maîtresse, Ferdinand Ertfel s'était évanoui. Ce fut en cet état qu'il arriva sur la place du Vieux-Marché où il fut exécuté avant d'avoir recouvré l'usage de ses sens.

La pauvreté dégrade l'âme ; c'est là une vérité déplorable que l'observateur doit reconnaître.

Je te défends d'ouvrir. (Page 270).

Réduite à la misère par suite de la longue détention de ses trois principaux membres, la famille Verdore ne fut plus dès lors qu'une famille de mendiants qui, après une vie misérable, s'éteignit successivement sous les verrous où la main de la fatalité l'avait jetée innocente, et où elle devait mourir coupable de toutes les fautes qui naissent de la misère, cette lèpre hideuse qui ulcère le cœur et tue l'intelligence.

CHAPITRE LXXVI.

Une scène de chauffeurs.

Reconnue par les gendarmes, il semblait que Sophie ne dût quitter l'hôpital que pour la prison. Cela l'inquiéta peu d'abord; mais dès qu'elle se sentit revenir à la vie, elle s'y cramponna, comme un noyé qui cherche où s'accrocher quelque part; elle regarda autour d'elle pour trouver une issue, et comme une jolie femme trouve toujours assez facilement ce qu'elle cherche, il arriva que le chirurgien qui pansait la blessure s'en fit une qu'elle seule pouvait guérir, et à la guérison de laquelle elle ne voulut consentir qu'au grand air de la liberté.

Or, un jeune chirurgien, doublé d'un amoureux, étant nécessairement en fonds d'expédients, celui-ci parvint aisément à violer tout doucement la consigne qui s'opposait à ce que le papillon étendît ses ailes, et Sophie, libre, paya consciencieusement le prix de sa liberté.

Ce fut alors qu'elle se fit comédienne, et qu'elle se rendit en Russie d'où elle retomba graduellement au rang d'ouvreuse de loges au grand théâtre de Bruxelles.

C'est dans la petite habitation isolée que cette singulière femme devait à la libéralité de Lambert que vient d'être introduit Warburton bâillonné et garrotté.

« Maintenant, dit Lambert en coupant la corde qui réunissait derrière la tête les deux extrémités du bâillon, maintenant ce n'est plus de votre silence que nous avons besoin, ce sont au contraire vos paroles que nous voulons entendre.

— Ouf! fit l'Anglais en respirant à pleine poitrine, c'est fâcheux pour vous, mes drôles; mais, sur mon âme, vous vous êtes trompés d'adresse; un homme comme moi peut se laisser surprendre; mais se laisser effrayer, jamais! Et il devrait bien le savoir, ce grand niais de Birmolan, maintenant passé dans les rangs des marionnettes dont je tiens tous les fils, et que je fais jouer comme il me plaît.

— Milord, dit Birmolan qui se sentit humilié, vous avez tort de parler ainsi: nous avons joué au plus fin ; vous avez perdu la partie ; et vous auriez meilleure grâce à vous montrer beau joueur.

— Trêve de récriminations ! fit Lambert avec autorité ; je vais nettement poser la question : Warburton, vous êtes un empoisonneur, et je vous tiens ; je tiens le fabricant du poison ; je tiens le misérable par lequel vous avez tenté de faire administrer ce poison qui s'appelle le *cancer* ; de tout cela je puis faire une botte et la jeter au bourreau.

Cette violente sortie n'abattit nullement le flegme de l'Anglais.

« Si vous pouviez faire cela, répliqua Warburton en souriant, je serais maintenant aux mains de la justice, et je n'y suis point.

— Mais vous êtes aux mains de justiciers plus sûrs et plus implacables.... Oh ! ne vous y trompez pas, vous n'avez rien à gagner au change : la justice pourrait fort bien n'obtenir de vous que des réponses insignifiantes aux questions qu'il lui plairait de vous faire ; nous, au contraire, nous avons la prétention de vous faire dire toute la vérité, et comme vous êtes un coquin intelligent, j'espère que vous ne nous obligerez pas à user de moyens extrêmes. Vous allez donc nous dire quelles sont les raisons qui vous ont fait attenter à la vie du comte Henri.

— Et si je ne les dis pas, vous me tuerez, n'est-ce pas ? Et quand vous m'aurez tué, trouverez-vous ces raisons-là dans ma peau ?

— Mon garçon, dit Lambert, dont les mauvais instincts prenaient le dessus, ce que vous ne savez pas ou ce que vous oubliez, c'est que nous possédons l'art de faire parler les muets.

Ah ! » fit Warburton sans se déconcerter.

Pendant ce temps Sophie activait le feu qui pétillait dans l'âtre en jetant de temps en temps un regard interrogateur à Lambert.

« Il faut en finir, dit ce dernier, et faire votre confession, si vous ne voulez mourir dans l'impénitence finale.

— Oh ! je suis parfaitement sûr que vous n'oserez pas me tuer.

— Puisqu'il le faut, reprit Lambert, nous allons passer au grand interrogatoire. »

Et saisissant les jambes du patient tandis que Birmolan le tenait par le milieu du corps, il lui approcha les pieds de la flamme.

Sophie regardait cette scène comme si elle y eût été étrangère, seulement elle veillait à ce que le feu ne tombât pas.

En ressentant les atteintes de la flamme Warburton poussa un cri terrible.

« Voilà la chanson qui commence, marmotta Sophie ; nous connaissons cet air-là.

— Silence ! dit gravement Lambert ; autrefois, nous étions des infâmes ; aujourd'hui nous accomplissons un devoir. »

Lambert prenait au sérieux son rôle de justicier.

« A la bonne heure ; mais, comme dit la chanson :

« C'est toujours quelque chose qu'un joli souvenir ! »

Mais le diable m'emporte ! Voilà qu'il tourne de l'œil !...

— Tais-toi, dit encore Lambert ; tais-toi ou je t'écrase ! » Et son poing crispé se leva sur cette femme.

« Tonnerre ! fit-elle, meinher Wod n'aurait pas fait mieux ; ce n'était guère la peine de changer de maître ! »

Pendant qu'elle parlait Lambert avait éloigné de la flamme les pieds de Warburton.

« Si l'échantillon est suffisant, dit-il, nous n'irons pas plus loin. Parlerez-vous maintenant ?

— Que pourrais-je vous dire que vous ne sachiez déjà ? Votre comte Henri est un obstacle qu'on veut faire disparaître, voilà tout.

— Un obstacle à qui, à quoi ?

— Là-dessus sa mère pourra vous en dire beaucoup plus long que moi.... Mais, de par tous les diables ! coupez donc ces cordes qui m'entrent dans la chair.

— Nous les couperons tout à l'heure, milord, quand nous serons un peu mieux renseignés. Que diable ! on ne fait pas cent lieues pour venir tuer un homme sans savoir pourquoi, et c'est ce pourquoi que nous voulons savoir. La rupture des cordes que nous aurions peut-être dû serrer un peu plus fort, ne tient qu'à cela.

— Que puis-je dire, si je ne sais rien ?

— Sophie, dit tranquillement Lambert, il ne faut pas laisser le feu s'éteindre. »

Et Sophie s'empressa de jeter dans l'âtre une brassée de menu bois, tandis qu'au lieu de couper les cordes, comme le demandait l'Anglais, Birmolan s'assurait qu'elles n'avaient rien perdu de leur solidité.

« Vous devez comprendre, reprit tranquillement Lambert, que nous ne pouvons parlementer plus longtemps.... Sophie, souffle le feu. »

Et il rapprocha de l'âtre les pieds du patient que Birmolan tenait toujours par le milieu du corps.

« Il est diablement dur à parler, murmurait Sophie, qui depuis que Lambert l'avait menacée n'osait plus faire de réflexions à haute voix. »

Warburton sentit qu'il devait se soumettre.

« Voyons, fit-il, est-ce qu'il n'y aurait pas avec les plus forts quelques accommodements ?

— Je ne dis pas non, fit Lambert.... Parlez.

— Malheureusement, reprit Warburton, je ne puis compter sur la foi des traités. Voyons pourtant : que donneriez-vous à l'homme qui vous mettrait aujourd'hui même en possession d'une fortune de vingt-cinq millions ?

— L'appât est trop grossier, mon garçon, dit froidement Lambert, parlons d'autre chose.

— Mais c'est précisément de cela qu'il faut parler : je suis là au cœur de la question.... vingt-cinq millions, peut-être plus, mais rien de moins.

— Sornettes! fit Lambert.... Sophie, des copeaux dans l'âtre. »

Et une belle flamme jaillit presque aussitôt dans le foyer, en même temps que les pieds du patient étaient de nouveau ramenés sur ce point.

« Écoutez! écoutez! fit Warburton fou de terreur; les vingt-cinq millions sont à vous, et vous ne m'en donnerez que ce que vous vous voudrez.

— Hum! fit Birmolan, cela mérite d'être examiné.

— Soit! dit Lambert; examinons. Mais il me semble que vingt-cinq millions doivent tenir de la place, et les poches de ce monsieur sont bien plates.

— Écoutez-moi, et n'attisez plus ce feu qui ne peut désormais vous servir à rien. Lord Barstley est mort....

— Marlborough aussi, dit Lambert ironiquement.

— Oui, mais il y a cette différence que Marlborough n'a pas fait de testament, et que lord Barstley en a fait un qui institue son fils naturel, issu de sa liaison avec Régine Caumont, son légataire universel.... Et lord Barstley était un des plus riches pairs d'Angleterre.... Mais desserrez donc ces cordes qui me martyrisent!

— Tonnerre! exclama Sophie, voilà que ça tourne en eau de boudin!

— Vingt-cinq millions! se disait Birmolan; c'est un rêve! »

Lambert seul avait conservé son sang-froid. Il porta la main aux cordes qui liaient son prisonnier, mais ce fut seulement pour s'assurer qu'elles étaient solides.

« Mon ami, dit-il à Warburton, je vois avec plaisir que vous entrez dans la bonne voie.... quant à desserrer les cordes, c'est ce que nous nous empresserons de faire après avoir entendu votre dernière confidence; car vous devez avoir beaucoup de choses à nous dire.

— Sans doute; mais il me faut pour cela toute liberté d'esprit.

— Ce qui prouve que vous l'avez tout entière, dit Lambert, c'est que vous ne nous avez encore dit qu'une partie de la vérité. Parlez, soyez plus franc et nous serons plus doux. Ce n'est pas en nous tenant la pointe au corps que nous sortirons de cette impasse.

— La pointe au corps! vous osez dire cela à un homme que vous tenez sous le pied!

— Sacredieu! fit Lambert, vous avez raison, et j'ai manqué de courtoisie. Relevez-vous donc, milord, et causons s'il vous plaît. »

Et d'un geste, écartant Birmolan et Sophie, il prit Warburton sous les bras et le fit asseoir sur un fauteuil.

« C'est déjà mieux, dit l'Anglais; mais ces maudites cordes m'entrent toujours dans les chairs. »

Lambert alla vers la porte, la ferma à double tour, et mit la clef dans sa poche; puis il s'assura que les volets étaient solidement fermés, et revenant près de Warburton, il coupa les cordes qui lui liaient les mains sur le dos.

« Maintenant, dit-il, j'espère que nous pourrons nous entendre?

— Oh! fit Warburton, vous êtes un parfait gentleman, et je suis bien sûr que vous ne refuserez pas un verre d'eau à un homme si cruellement éprouvé. »

Cela parut si naturel à Lambert qu'il fit aussitôt signe à Sophie d'apporter l'eau que l'Anglais demandait. Ce dernier, d'une main saisit le verre, en même temps que de l'autre il tirait de sa poche un flacon dont il versa le contenu dans l'eau, et il avala d'un trait ce mélange. Lambert effrayé lui saisit le bras; mais il était trop tard, le verre était vide.

L'effet de ce breuvage fut prodigieux : Warburton parut foudroyé; ses muscles se détendirent, et son corps tout entier, frappé d'une complète inertie, s'affaissa et alla rouler sur le parquet.

« Le malheureux s'est empoisonné! dit Lambert.

— Ma foi fit Birmolan, c'était peut-être ce qu'il avait de mieux à faire.

— Diable! ce n'est pas mon avis; plus que jamais, peut-être, nous avions besoin de lui.

— Vous en direz ce que vous voudrez, marmotta Sophie avec humeur; mais il est certain qu'autrefois nous faisions un peu mieux les choses.

— Silence, mille diables! Donnez-moi du vinaigre. »

Sophie obéit, mais ce fut inutilement que, aidé de son ancienne maîtresse et de Birmolan, Lambert s'efforça de rappeler à la vie ce corps inerte et complètement privé de sentiment.

« Il est mort, bien mort, reprit-il après quelques instants.

— Il ne faut pas trop se fier aux apparences, dit Birmolan. Bianco, à ma connaissance, en a ressuscité de beaucoup plus morts que cela. »

Ces paroles furent pour le vieux chauffeur comme un trait de lumière.

« Cet homme! s'écria-t-il, oui! c'est lui qu'il nous faut, et nous allons l'avoir, dussions-nous l'enlever de vive force.... La voiture est là; venez.... »

Et saisissant Birmolan par le bras, il l'entraîna vers la porte.

« Alors c'est moi que l'on sacrifie! cria Sophie.

— Sotte! c'est au contraire sur toi que je compte pour rester maître du terrain.... aurais-tu peur des morts par hasard? Ça serait nouveau!

— Pas plus des morts que des vivants; tu le sais bien, toi qui m'as vue tant de fois à l'œuvre; mais je n'aime pas à travailler seule.

— Rassure-toi; nous serons de retour dans quelques instants, et tout ira bien. »

A ces mots, il ouvrit la porte, sauta sur le siège de la voiture, et reprit ses fonctions de cocher, tandis que Birmolan s'étendait mollement dans la voiture en se félicitant de la tournure que prenaient les choses; car il avait toujours en perspective ce mignon billet dont la restitution lui était promise.

Ils étaient à peine sortis, lorsque Sophie crut entendre un léger froissement sur le parquet.

« Hein? fit-elle, est-ce que cet animal-là en rappellerait par hasard?... On aurait vu plus fort que ça! »

Elle prit un flambeau et s'approcha de Warburton toujours étendu sur le parquet.

« Non, reprit-elle, il paraît qu'il a pris le parti d'avaler sa langue, et que la digestion aura été trop difficile. Mais alors qu'est-ce que Lambert veut faire de ça? »

Et du bout du pied elle poussa dédaigneusement l'Anglais qui presque aussitôt fit entendre une sorte de grognement. Sophie, qui était beaucoup moins timorée qu'elle n'avait voulu le paraître, abaissa son flambeau vers le visage de Warburton.

« Tiens, tiens! fit-elle avec une certaine complaisance, mais pour un goddam, il n'est pas trop mal ce grand blond-là.... Lambert est certainement un brave garçon, pas encore trop usé sur les coutures, mais il prend maintenant des airs d'homme comme il faut qui ont déjà failli me faire regretter meinher Wod.... Ah! c'est celui-là qui n'est pas doux!... un vrai tord-boyau! mais ceux de cette trempe ont du bon, et puis les faibles femmes n'ont pas été créées et mises au monde pour mordre éternellement dans la même pomme, ce qui serait un paradis par trop monotone.... Pauvre garçon! voilà qu'il étend les bras!... A quoi sont exposés les cœurs sensibles, mon Dieu!... Voyons, monsieur l'Anglais, est-ce que vous vous sentez mieux? »

Cette fois l'excellente femme ne repoussa pas Warburton du pied; mais elle entr'ouvrit son gilet et dénoua sa cravate pour qu'il respirât plus librement. L'effet de ces faibles secours se manifesta promptement : les membres de Warburton qui semblaient atteints d'une roideur cadavérique se détendirent en un instant; ses yeux s'ouvrirent; il se leva et regarda autour de lui. Quoiqu'assez difficile à effrayer, Sophie eut peur.

« Monsieur l'Anglais, fit-elle, c'est moi qui vous ai rappelé à la vie.... Vous alliez mourir, et je vous ai sauvé!

— Pauvre sotte! dit l'Anglais en accompagnant ces paroles d'un sourire diabolique, croyez-vous donc que j'aie perdu un mot de ce qui s'est dit ici depuis une heure?... Les deux bandits qui étaient avec vous tout à l'heure sont maintenant chez le docteur Bianco; qu'ils en reviennent ou qu'ils y restent cela m'importe peu. Ce qu'il me faut c'est la liberté. »

Et d'un bond il s'élança sur la porte.

La vieille compagnonne de Lambert comprenant vaguement les choses fâcheuses qui pouvaient résulter de l'évasion de cet homme, courut à lui, et le saisit à bras-le-corps; mais la pauvre fille comptait en ce moment sans les cinquante hivers qui avaient passé sur sa tête; d'un poignet vigoureux Warburton la lança contre la muraille, puis saisissant un chenet de fer dans l'âtre, il s'en servit pour briser la serrure de la porte extérieure, et Sophie n'était pas encore remise de la violente secousse qu'elle avait ressentie, que le vigoureux fils de la Grande-Bretagne était déjà bien loin.

Tandis que cela se passait Birmolan et Lambert arrivaient chez Bianco fort occupé en ce moment à brûler ses derniers morceaux de charbon pour en faire des rubis.

« Docteur, dit le vieux routier, nous nous sommes conformés à la lettre du proverbe : *Passez-moi la manne et je vous passerai le séné*. Bien mieux, nous vous avons passé *l'hydrophobie* qui a tué la malheureuse Floretta, le *cancer* qui, fort heureusement, n'a pas encore été expérimenté, et beaucoup d'autres inventions propres à dépeupler le monde; mais voici qu'un de vos clients vient d'être foudroyé près de nous par une de vos infernales compositions, et nous ne sommes pas d'humeur à endosser la responsabilité de cet événement.

— Foudroyé? dit Bianco en accompagnant cette interrogation d'un sourire d'incrédulité.

— Positivement. Warburton est mort, et voici le flacon dans lequel était contenue la substance qui l'a tué.

— Mort?

— Mort, mort! vous dis-je.

— Et enterré?

— Vous savez parfaitement que cela nécessite certaines formalités, et c'est précisément ce qui nous amène près de vous. On fera l'autopsie; on trouvera le poison, et nous serons obligés de vous faire connaître....

— S'il ne s'agit que de cela, cher monsieur, dit le docteur de son ton le plus narquois, vous pouvez dormir sur les deux oreilles : on ne fera pas d'autopsie, on ne trouvera pas de poison, et l'on n'enterrera personne, par la raison que le prétendu foudroyé galope en ce moment vers l'Angleterre, après vous avoir régalés d'une jolie petite mystification.

— J'affirme que lorsque nous l'avons quitté la roideur cadavérique s'était déjà manifestée.

— Ce qui prouve que l'ami Warburton, pour vous échapper, n'avait pas hésité à s'administrer une petite catalepsie anodine qu'il avait en poche depuis huit jours, et dont l'effet instantané ne devait pas durer plus de quelques minutes.

— Mille tonnerres! je ne suis pas éloigné de croire, docteur, que vous êtes le diable en personne.

— Un bien pauvre diable alors, dit tristement Bianco; car voici que je n'ai plus de charbon et mon escarcelle est vide.

— Eh bien, venez avec nous, et nous la remplirons plutôt deux fois qu'une.... mais il nous faut le Warburton: s'il est mort, vous le ressusciterez, s'il s'est évadé, nous le chercherons.... Ah! mille dieux! avec lui nous touchions au but.... la lumière allait se faire, et nous voici retombés dans les ténèbres.

— Pas tout à fait, dit Birmolan, qui jusque-là avait gardé le silence, à moins que vous me comptiez pour rien, et je crois avoir prouvé que je vaux quelque chose de mieux que cela. Certes, je ne suis pas initié à tous les secrets de ce maître coquin; mais peut-être en sais-je assez pour que, en remontant du connu à l'inconnu, nous parvenions à atteindre le but. En pareille matière, il ne faut être dédaigneux des petits moyens, car c'est presque toujours par eux qu'on arrive au succès. Ne savez-vous pas que je suis impatient de faire une fin? Cherchons donc, et si vous ne trouvez pas, je trouverai moi. »

Ils partirent, et le docteur Bianco ne fit aucune difficulté de les accompagner: Lambert n'avait-il pas dit:

« Nous remplirons votre escarcelle plutôt deux fois qu'une? »

Et ces paroles étaient capables de faire faire des miracles à ce vieux fou qui avait trouvé à la fois tant d'horribles et de sublimes choses.

Malgré l'affirmation du docteur touchant la mort de l'Anglais, Lambert ne fut pas médiocrement surpris de la disparition de ce prétendu cadavre qu'il avait confié à la garde de Sophie, et de trouver la vieille servante affaissée dans un coin de la salle où s'étaient passées les scènes précédentes.

« Ne vous l'avais-je pas dit? fit Bianco en ramassant le flacon que Warburton avait laissé tomber sur le parquet. »

Et il fit lire sur l'étiquette de ce flacon ces mots: « catalepsie anodine, » puis il reprit:

« C'est néanmoins un rude champion! Il n'a pas hésité; et deux gouttes de plus il était mort! Ah! si la clientèle de cette trempe était plus nombreuse.... mais les trembleurs seront toujours en majorité.... Et voilà pourquoi le diamant est si difficile à faire et le charbon si cher!... »

Lambert comprit cette réclamation indirecte, il mit plusieurs pièces d'or dans la main du vieux chimiste.

« Au revoir, docteur, lui dit-il. Quoi qu'il arrive, nous aurons sûrement besoin de vous, et alors vous pourrez renoncer à la fabrication des diamants et des dangereuses choses que vous savez....

— Y renoncer!.... Renoncer à cette immense part de la puissance divine! Jamais!... Ah! je sais; partageant l'opinion de ces gens du monde qui pourrissent dans l'ignorance, et qui ne sont bons qu'à engraisser le sol de leur fumier, vous me croyez fou! Là où je vois des merveilles, vous ne voyez que le néant.... mon front est sorti de l'éther, et le vôtre est à peine sorti du limon.... Je le sais: vos pareils ont calomnié monsieur Cagliostro, et tant d'autres bienfaiteurs de l'humanité qu'ils ne pouvaient comprendre. Que je parvienne à réhabiliter la mémoire de ces apôtres de l'humanité, et cela suffira à ma gloire: Cagliostro faisait des diamants, et j'en fais!... Mesmer a découvert le magnétisme animal, et moi, ce fluide divin, je le soumets à ma volonté; je l'emprisonne quand il me plaît; je le fais agir ou je l'anéantis, à mon gré.... Vous voyez bien que nous ne procédons pas de la même nature.... Cela toutefois ne m'empêche pas de demeurer votre obligé.

— En attendant, se dit mentalement Birmolan, il empoche l'argent, et il ne promet rien.

Et c'était une mauvaise pensée, car alors même qu'elle se produisait, Bianco administrait à Sophie un cordial qui lui rendait le complet usage de ses sens.

« La séance a été assez rude, dit Lambert après avoir réfléchi pendant quelques instants. Docteur, je vous remettrai chez vous en passant. J'en ferai autant pour vous, Birmolan; mais ne dormez pas trop profondément; car nous avons beaucoup à causer, et je vous attendrai au point du jour. »

CHAPITRE LXXVII.

Une confession.

Birmolan fut exact au rendez-vous.

Il trouva Lambert enfoncé dans de profondes réflexions, et presque découragé par le néant des efforts qu'il avait faits pour pénétrer le mystère qui l'enveloppait ainsi que tous ceux qu'il aimait. Une partie de la vérité lui était connue: il savait parfaitement que le comte Henri était le véritable fils de Régine, et que Pied-de-Fer avait enlevé cette dernière à l'affection d'un homme qui l'avait possédée, pour la rendre à l'amour d'Adrien, et que c'était là, de la part du vieux chef de bande, une réparation autant complète que possible, quoique bien tardive, des chagrins qu'il avait causés à ces pauvres enfants ; mais cela n'expliquait pas les attentats dont le jeune comte avait failli tant de fois être victime.

De son côté Birmolan savait qu'il s'agissait d'un legs fait au comte Henri par un personnage puissant au préjudice de ses héritiers naturels, lesquels paraissaient résolus à mettre en œuvre tous les moyens possibles, même les plus coupables, pour faire disparaître le jeune comte avant sa majorité. Mais quel était ce puissant personnage ? quels étaient ces héritiers naturels ? Birmolan n'en savait que ce que Warburton avait bien voulu lui dire.

Cependant on ne pouvait douter qu'ils fussent bien résolus à ne pas abandonner la partie ; ils s'étaient trop avancés pour reculer, et maintenant que Warburton avait recouvré sa liberté, on devait croire que cet habile coquin n'avait pas de désir plus ardent que de prendre une prompte revanche.

D'un autre côté, bien que la paix fût faite avec la baronne de Hersdelberg, bien qu'on se fût juré de part et d'autre l'entier oubli du passé, le mariage de Wilhelmine et de Henri ne semblait pas près de se conclure : la baronne trouvait sans cesse quelque nouveau prétexte pour temporiser et ce qu'on savait du passé de cette femme n'était pas de nature à rassurer pour l'avenir.

Henri, à la vérité, était maintenant reçu chez Mme de Herdelsberg ; mais avec une froideur marquée à laquelle l'amour de Wilhelmine ne faisait pas une compensation suffisante.

C'est surtout chez les natures énergiques que l'influence du moral sur le physique est désastreuse ; chez elles, comme on le dit communément, la lame use promptement le fourreau. Le comte était triste ; sa santé s'altérait sensiblement. Régine et Adrien se désolaient ; seul, Lambert se roidissait contre les obstacles qui semblaient se multiplier chaque jour.

Après avoir obtenu de Birmolan tous les renseignements que celui-ci pouvait donner, il prit une résolution suprême, et se rendit près de la princesse Mafiolini qui n'avait jamais autant regretté qu'en ce moment son obscurité d'autrefois.

« Madame, lui dit-il, vous souffrez, et je viens aviver vos souffrances pendant quelques instants, en vue de les faire cesser pour toujours.

— Mon vieil ami, répondit Régine, je vous remercie de cette généreuse pensée, de cette illusion qui prouve la bonté de votre cœur ; mais le mal a maintenant de trop grandes racines.

— Nous les extirperons, madame, si vous avez en moi une confiance entière, absolue.... C'est beaucoup demander ; mais la situation est celle que des confidences incomplètes ne pourraient que m'égarer davantage dans ce labyrinthe dont je cherche vainement l'issue. Écoutez-moi d'abord sans vous offenser de mes paroles : je sais les malheurs de votre jeunesse.... je sais que le comte Henry n'est pas votre fils adoptif, mais bien votre véritable fils. »

Lambert après ces paroles baissa la tête, autant pour ne pas être témoin de la confusion de la princesse que pour cacher son trouble.

« Mon Dieu ! mon Dieu ! n'aurai-je jamais suffisamment expié cette faute !

— L'expiation a été plus que suffisante, et c'est pour cela qu'elle doit cesser. Vous savez comme moi, madame, tous les pièges qui ont été tendus à votre fils, tous les attentats dont il a failli être victime ; mais la cause de tout cela vous l'ignorez probablement ? Moi, j'en sais déjà quelque chose. Permettez-moi de m'exprimer nettement ; ce n'est qu'à ce prix que nous pouvons arriver à la découverte de la vérité. C'est une confession à deux que nous allons faire. Je commence : le comte Henry est le fils naturel d'un riche Anglais....

— Mon Dieu ! répéta Régine en se couvrant le visage de ses deux mains....

— De grâce, madame, ne vous offensez pas ; songez qu'il s'agit de la vie de votre fils, de votre tranquillité. Cet homme est mort, et, par testament, il a légué à l'enfant, dont vous êtes la mère, toute sa fortune, qui est immense, s'il se présente pour la recueillir avant d'avoir atteint la majorité. Il n'y a pas de temps à perdre, car M. le comte, si je ne me trompe, touche à sa vingt et unième année.

— Mort ! l'excellent homme !... en me maudissant sans doute !... Ah ! j'ai été bien ingrate envers lui !...

— Ce n'est pas vous qui fûtes coupable ; mais celui qui vous a poussée dans cette voie, celui qui vous a arrachée à votre paisible demeure pour vous jeter aux bras de l'homme que vous aimez, et qui s'est toujours montré si digne de votre amour ; et ce coupable aussi est mort, après s'être réhabilité devant Dieu et devant les hommes. Que votre conscience se rassure donc. Je continue : — Ce riche Anglais, dont j'ignore le nom, a des héritiers naturels que je ne connais pas davantage, et dont les coupables manœuvres vous ont déjà causé de si grandes douleurs, et qui pourraient vous en causer de plus terribles encore. Maintenant voici mon projet : si j'avais seulement les noms des personnages, et que je fusse muni de tous les actes nécessaires, j'irais en Angleterre ; je ferais reconnaître les droits de M. le comte ; je signalerais à la justice du pays les misérables dont nous avons subi les audacieuses tentatives, et je reviendrais tranquillement ici, où nous n'aurions plus rien à redouter de leur part. Il ne se serait opéré qu'un léger changement : la fortune de votre maison serait doublée ; mais j'ai toutes sortes de moyens pour expliquer de la manière la plus satisfaisante cet accroissement subit de richesses. »

Cette révélation, ainsi que l'annonce de la mort de lord Bartsley avait jeté Régine dans un profond abattement. Après quelque temps d'un silence que Lambert respecta, elle lui dit :

« Lambert, mon digne ami, faites ce que vous croirez le plus convenable. Comment avez-vous pu douter de ma confiance en vous, après tous les services que vous nous avez rendus ?... Vous devez le savoir : il y a, dans l'histoire de ma jeunesse, de bien tristes épisodes que mon fils et mon mari doivent ignorer toujours. Hélas ! Pied-de-Fer le savait, lui qui m'avait mis les pieds dans l'abîme ; pourquoi ne vous les dirais-je pas à vous qui voulez m'en tirer ? »

Et Régine, tantôt le visage inondé de larmes, tantôt souriant tristement, commença l'histoire de ses jeunes années ; elle dit la trahison d'Esther ; ses gentilles et si douces amours avec Adrien ; le vol des diamants par Lauricot, les tortures qui s'en étaient suivies pour elle et sa tante pendant le terrible hiver de 1812 à 1813 ; puis sa rencontre avec lord Barstley, les excentricités de cet excellent homme ; la naissance de Henry, et tout ce qui s'en était suivi jusqu'à son mariage avec Adrien.

Dans le cours de son récit, Régine dut nécessairement parler de Jérésu ; chaque fois qu'il entendit prononcer ce nom, Lambert fronça le sourcil ; et lorsque Régine eut cessé de parler :

« Jérésu, demanda-t-il, n'est-ce pas ce vieux juif que je vois depuis quelque temps rôder dans les cuisines et manger à l'office ?

— Lui-même, mon bon Lambert. Que voulez-vous ! Je suis forcée de ménager cet homme ; car tout ce que je viens de vous dire, il le sait.

— Il en sait même plus que vous là-dessus ; car c'est lui qui, afin de s'approprier l'or que lui avait donné Pied-de-Fer pour lui trouver une nourrice, a déposé votre fils à l'hospice des Enfants-Trouvés d'où l'a tiré Pied-de-Fer avec l'aide du vénérable curé de Marchais.

— Le misérable ! sa sœur avait bien raison de le croire capable de tout !

— De tout ce qui est imaginable, reprit Lambert, et même de ce qui ne l'est pas. Maintenant que mes instructions sont complètes, je vais me procurer les actes nécessaires, pour me mettre en campagne, et je ne prendrai pas de repos que je n'aie assuré votre sécurité, et celle de ceux que nous aimons ; mais il faut absolument qu'auparavant je vous débarrasse de cet homme dont la présence ici ne pourrait tarder à vous être fatale.

— Mon ami, je vous en prie, ne vous faites pas un ennemi de cet homme ; si vous saviez combien il est redoutable !

— Ne craignez rien, madame, je sais trop bien son histoire pour qu'il ose me résister, et puis il y aurait trop de danger à ce qu'il restât ici pendant mon absence, car s'il devait parler, il ne manquerait pas de profiter de cette circonstance, tandis que si vous voulez bien le faire appeler, vous verrez que j'en aurai promptement raison.

— Ma présence est-elle donc indispensable ?

— Elle est au moins nécessaire : elle peut servir à obtenir l'aveu de faits graves que peut-être il oserait nier en votre absence.

— Qu'il en soit donc ainsi. »

Sur un ordre donné, Jérésu qui dînait fort confortablement à l'office, fut amené par un valet, que d'un signe, la princesse renvoya aussitôt, après quoi Lambert débuta ainsi :

« Écoutez-moi bien, Jérésu ; j'espère vous trouver docile à ma volonté ; la voici : dans trois jours vous aurez quitté Paris pour n'y revenir jamais.

— Mein god ! Gu'est-ce gu'il a donc engore fait ce baufre Jérésu ?

— Tout ce que vous avez fait, mon drôle, je pourrais le détailler ; mais cela serait trop long. Qu'il vous suffise de savoir que toute votre vie m'est connue, et que si vous refusez de m'obéir, vous irez pourrir au bagne, à moins que je n'envoie votre tête au bourreau, ce qui serait à la fois plus juste et plus expéditif. »

Cette menace fut reçue par le juif avec le plus grand sang-froid ; pas un muscle de son visage ne tressaillit.

« Ah ! messié Lampert, finit-il par dire, abrès le crant service gu'il vous affre rendu ? Matame la brincesse elle sait pien que Jérésu il affre touchours rendu des crants services à tout le monde, guand le gommerce il allait.... et aussi guand il allait bas.... Fous foulez dong gue ce baufre tiable il aille tendre la main de borde en borde chusqu'à la frontière ?... Mein god ! c'être dong bien frai que les brincesses et les brinces, ils n'affre chamais été que te crants ingrats !.... Mais non, c'être bas bossible.... Eine brincesse, eine crante brincesse que j'affre gonnue bas blus haute que ça !...

— Insolent drôle ! fit Lambert, si tu dis un mot de plus sur ce ton, avant une heure tu seras sous les verrous. Alors on te demandera compte de tous les vols, de toutes les infamies, de tous les crimes que tu as commis ; alors on saura par qui ta nièce Floretta a été empoisonnée ; on voudra savoir la cause de la mort de ta sœur Esther, probablement due à la même cause.... On te demandera d'où te viennent les capitaux énormes que tu possèdes.

— Chamais, chamais, ch'ai bossédé des gabitaux !... Ah ! guand le gommerce il allait !... Mais il y affre si longtemps gue le gommerce il fa plus !... Et puis j'affre chamais emboisonné bersonne ; pien au gondraire, buisque ch'affre touchours vendu te cholis betits instruments pour....

— Pas un mot de plus, ou je t'écrase comme une chenille.... Crois-tu donc que Bianco ne sache pas par qui a été administré le poison de l'hydrophobie qu'il était si fier d'avoir trouvé? et que Warburton ne se souvienne pas d'avoir vu dans ton chenil près d'un million de valeurs que tu as inutilement tâché d'entraîner en Allemagne, et que tu n'as conservées que grâce à la protection d'une personne qui fut si souvent victime de tes vols, de tes infâmes trahisons ? »

Jérésu semblait écrasé, anéanti; il essaya pourtant encore d'atténuer les méfaits qu'on lui reprochait.

« Ah! messié Lampert, dit-il, ch'étais dans ce demps-là ein si haufre tiable !... Et à brésent si ch'affre un beu de paiu bour mes fieux chours....

— Silence. Voici mon arrêt : si, dans quarante-huit heures à partir de ce moment, tu sors de Paris, te dirigeant vers l'Allemagne, tu pourras emporter tout ce que tu possèdes, à quelque titre que ce soit, et l'on t'y aidera si cela est nécessaire, et si, après avoir franchi la frontière, tu t'avises de rentrer en France, ce ne sera, sois-en sûr, que pour t'y faire enterrer, la tête séparée du tronc. Maintenant va-t'en, et n'oublie pas que tu seras observé de très-près. »

Jérésu se retira sans oser répliquer, effrayé qu'il était par la masse de preuves que Lambert venait d'invoquer contre lui.

« Mein god ! se disait-il mentalement, le baufre Chérésu il afre donc bien fieilli bour que les Lampert, les Warburton, les Biango, ils aient la brétention de le chouer ainsi bar-dessous la chambre !.... Allons dong !.... Dirait-on bas gue ces brinces de bagotille ils affrent cent mille hommes bour garder leurs frondières ! Foui, foui, Chérésu il ira en Hallemagne ; mais il en refientra guand il foudra, et ils payeront les frais du foyage.... Ah ! ah ! il fera pien foir gu'il n'être pas engore tout à fait mort, ce baufre Chérésu.... Et il fa gommencer par mettre en zûreté ses bédites faleurs gu'il affre gagnées à la zueur te son front.... Messié Rothschild il être pien riche ; mais la panque de France il être aussi riche et aussi zolite gué lui, et il rezoit toutes les faleurs gu'on veut lui gonfier.... Ah ! vous foulez forcer ein paufre tiable à voyager en hiver.... Quand le gommerce il fa bas de tout. »

Ce fut en effet dans ce sens que le vieux juif fit ses dispositions, et il partit sans craindre d'être dépouillé en chemin comme cela avait failli lui arriver lors de sa première tentative d'émigration.

De son côté Lambert recueillait, à Paris, toutes les pièces authentiques qui pouvaient constater le véritable état civil du comte Henry, puis il se rendit près du curé de Marchais, demeuré dépositaire des papiers trouvés dans les langes du fils de Régine ainsi que des certificats délivrés par l'administration des Enfants-Trouvés, et dont le témoignage personnel pouvait être de la plus grande importance.

CHAPITRE LXXVIII.

Malheurs de Jérésu.

Dix heures venaient de sonner à l'horloge du bourg de Hauren, en Alsace ; le silence de la nuit n'était interrompu que par les rafales du vent du nord qui, soufflant avec violence, chassait d'épais tourbillons de neige et imitait les roulements du tonnerre en s'engouffrant dans les cheminées les plus élevées.

A l'une des extrémités de ce bourg, dans une habitation presque entièrement isolée, deux femmes, placées devant l'âtre où achevaient de se consumer quelques maigres tisons, s'entretenaient en filant.

Une de ces femmes était Marguerite Duprutz, veuve de l'ancien bailli de Hauren. C'était une femme d'environ soixante-dix ans, grande, sèche, dont le système osseux se dessinait en bosse à travers sa peau jaune et ridée.

L'autre était Catherine Pensol, servante de la veuve, et un peu plus vieille qu'elle.

« Voilà un rude hiver, disait la servante ; nous ne sommes encore qu'au 9 décembre, et déjà il fait aussi froid qu'au plus fort du grand hiver de 1812 à 1813. Il y a vingt-cinq ans de cela. Vous en souvenez-vous, notre dame ? Pour moi, je vivrais mille ans que je ne l'oublierais point.

— Et comment ne m'en souviendrais-je pas, moi, Catherine, de cette terrible époque ? J'avais trente-cinq ans alors ; le pays était rempli de soldats de toutes les nations qui brûlaient jusqu'à la paille de nos lits ; les voleurs, les déserteurs et surtout les juifs marchaient par grandes bandes à la suite des Cosaques, et achevaient de nous piller. Car les affaires de la France n'étaient pas belles alors, et les troupes maîtresses de notre province la traitaient beaucoup plus rudement que les autres, sous le prétexte que nous étions Allemands, et qu'en servant la France nous avions trahi notre véritable patrie. Mais les juifs étaient de tous les plus âpres à la curée. Aussi presque tous ceux qui sont restés dans le pays sont-ils riches main-

Warburton arriva presqu'aussitôt que Jérésu. (Page 344, col. 1.)

tenant.... Et dire qu'on ne fera jamais rendre gorge à ces mécréants qui continuent à accaparer l'or et l'argent, et à voler, mendier et offenser Dieu après l'avoir crucifié !

— Que voulez-vous, notre dame ! le proverbe aura toujours raison : la besogne serait trop longue, s'il fallait tuer tout ce qui est gras de la graisse d'autrui.

— Mais au moins devrait-on dégraisser ceux-là, et leur faire rendre gorge au profit des honnêtes gens qu'ils ont indignement pillés autrefois.... Sais-tu bien, Catherine, que si on faisait cet acte de justice, ma part de butin pourrait bien être de dix mille livres au moins, et du double si l'on y comprenait les intérêts ? »

En prononçant ces dernières paroles, les petits yeux de la vieille veuve devinrent presque aussi brillants que la lampe fumeuse qui éclairait à demi la salle basse où avait lieu cet entretien qu'accompagnait le bruit monotone des rouets; ses doigts se crispèrent sur sa quenouille; son visage anguleux se dérida quelque peu, et un sourire indescriptible effleura ses lèvres minces et flétries.

« Pour moi, reprit la vieille Catherine, je ne conçois pas qu'on laisse ainsi vivre en paix ces tueurs de Dieu qui commettent journellement toutes sortes de crimes, et c'est une grande vérité que depuis la mort de feu Monsieur le bailli notre maitre, il n'y a plus de justice dans le pays. »

Cependant le vent semblait redoubler de violence; il en vint un coup si terrible, qu'un long craquement se fit entendre dans toute la maison, et que plusieurs briques, détachées du sommet de la cheminée, vinrent tomber dans l'âtre, et éteignirent les tisons en soulevant un nuage de cendres.

« Sainte Vierge ! s'écria la veuve, sommes-nous arrivées à notre dernière heure !... Mon Dieu ! quelles réparations il me faudra faire faire à la toiture ! Ce temps maudit me mettra à la besace ! Faudra-t-il que la veuve d'un magistrat soit réduite à mendier son pain ! »

En ce moment, plusieurs coups furent frappés à la porte extérieure; Catherine se leva instinctivement.

« Garde-toi d'ouvrir, lui dit sa maîtresse en la retenant par sa jupe de laine. A cette heure, et par un temps pareil, il n'y a que des voleurs et des juifs qui puissent être dehors. »

Comme elle achevait de parler, on frappa plus fort.

« Ouvrez, pour l'amour de Dieu ! cria une voix du dehors; aidez-nous à sauver la vie à un voyageur que nous avons trouvé presque mort dans la neige.

— N'ouvre pas, Catherine, je te le défends ! répéta la veuve en se cramponnant au jupon de sa servante.... qu'ils aillent plus loin. Il s'agit sûrement de quelque mendiant, et tu sais parfaitement que nous n'avons rien à donner.

— Mais, dit Catherine, c'est peut-être un corps et une âme à sauver.

— Qu'ils se sauvent comme ils l'entendent.... Mon Dieu, si ces brigands continuent à frapper ainsi, ils briseront la porte.... Vierge Marie! quel désastre !... Je n'en serai certainement pas quitte à moins de dix pistoles. »

Comme elle achevait de parler, de nouveaux coups beaucoup plus violents se firent entendre; et soit que les verrous eussent été mal poussés, ou qu'ils manquassent de solidité, la porte s'ouvrit, et livra passage à deux hommes qui en portaient un troisième paraissant évanoui.

« Vous n'avez donc pas plus d'humanité que les loups de la forêt? dit avec indignation un de ces étrangers.... Allons, sacrebleu ! vieilles harpies, du vin et du feu! Vous voyez bien que ce malheureux est en danger de mort; et qu'il n'y a pas un instant à perdre pour le secourir. »

La maîtresse de la maison voulut s'élancer hors de chez elle pour appeler à l'aide contre ces envahisseurs; mais le second des deux hommes valides la retint, ce qui effraya si fort la vieille avare, qu'elle retomba tremblante sur son fauteuil de cuir, sans pouvoir jeter un cri. Catherine, presque aussi effrayée que sa maîtresse, était restée debout, immobile, et, les mains jointes, elle se demandait ce qui allait arriver.

Cependant les deux hommes avaient déposé leur compagnon évanoui près du foyer ; tandis que l'un d'eux jetait sur les chenets un fagot tout entier, l'autre furetait dans les armoires, et ayant trouvé plusieurs bouteilles de vin et du sucre, il versa le tout dans une grande casserole ; puis ayant fait chauffer ce mélange, il en fit avaler un verre au moribond qui rouvrit les yeux, et sortit peu à peu de l'engourdissement que le froid lui avait causé.

« Où zuis-che dong? demanda-t-il avec un accent tudesque des plus prononcés.

— Nous sommes ici à Hauren, lui répondit un de ses sauveurs. Quant aux gens qui habitent cette maison, à en juger par l'échantillon que nous avons sous les yeux, ils ressemblent plus à des bêtes féroces qu'à des chrétiens.

— Et gomment zuis-che fenu izi ?

— Nous vous y avons apporté après vous avoir trouvé presque mort dans la neige, sur la route de Vedelsheim où nous demeurons, et où nous allons retourner. Mais vous, qui êtes-vous, et où allez vous?

— Moi, je m'abbelle Jérésu.... Ch'ai des babiers, parce gue che suis ein honnête homme, un pien honnête homme, et che vais en Hallemagne hour cagner ma baufre vie. Buisgue fous allez à Vedelsheim che vais faire route afec fous, et gomme fous êtes des praves chens, de pien praves chens, fous bermettrez au bauvre Jérésu de goucher tans ein goin de granche ou d'égurie.

— Soit. La paille ne nous mâque pas, et nous ne sommes pas gens à laisser mourir un homme faute d'un verre de vin. »

Puis se tournant vers la veuve et la servante,

« Eh bien ! mes vieilles, reprit-il, est-ce que vous ne boirez pas avec nous le coup de l'étrier? Approchez-vous, il n'en sera ni plus ni moins, et maintenant que le malade est sur pied, il y en a pour tout le monde.

— Ah ! Catherine, fit la vieille Duprutz, tu seras cause de ma mort !... Tu n'avais pas mis la barre de fer à la porte.... trois bouteilles de vin du Rhin ; toute ma provision de sucre.... Un feu à brûler la province.... Miséricorde, quel pillage ! sans compter ce qu'ils ont pu mettre dans leurs poches.... Tes gages d'une année n'y suffiront pas !

— Mes gages ! s'écria à son tour la servante plus effrayée par ce que venait de dire la maîtresse que par les autres événements de la soirée ; vous auriez le cœur de retenir les gages d'une pauvre servante qui travaille depuis plus de cinquante ans pour gagner un morceau de pain.... Oh! notre dame, vous ne me ferez pas ça. »

Et la vieille servante se tordait les mains plutôt qu'elle ne les joignait, attendant avec anxiété que sa maîtresse rétractât cette sentence ; car l'avarice avait également desséché le cœur de ces deux femmes.

« Puisque vous n'y voulez pas goûter, reprit en jetant une pièce de cinq francs sur la table celui qui venait faire l'invitation, nous le boirons à votre santé. »

Les verres furent successivement remplis et vidés, puis les trois personnages sortirent.

Dès qu'ils furent partis, Catherine alla fermer la porte et ne manqua pas de l'étayer avec une barre de fer disposée en arc-boutant; puis elle revint près de sa maîtresse qui continuait à se désespérer.

« Écoute, Catherine, dit cette dernière, il n'y a qu'un moyen de réparer ce désastre ; c'est d'aller porter plainte au procureur du roi contre ces affreux bandits.

— Malheureusement nous ne les connaissons pas.

— Oh ! je crois bien les avoir reconnus, moi ! D'abord je suis sûre que ce sont des juifs; il n'y a que ces bourreaux de Notre Seigneur capables de traiter ainsi des chrétiennes, et de faire main basse aussi audacieusement sur le bien d'autrui. N'as-tu pas entendu les deux plus enragés dire qu'ils demeuraient à Vedelsheim?

— C'est vrai. Voilà déjà un indice.

— Eh bien, moi j'ai reconnu ces deux brigands pour être les frères Treumann.

— Treumann.... Vous avez raison, notre dame, dit Catherine toujours en proie à la terreur que lui causait la menace d'une retenue sur ses gages.... Et d'ailleurs, comme vous le dites, il n'y a que des gens sans foi ni loi capables de commettre de si grands crimes.

— Ainsi tu as bien reconnu Treumann?

— Je crois en effet que je l'ai reconnu.

— Mais il faut dire que tu en es sûre.

— Eh bien, je le dirai. Puisque vous l'avez reconnu, vous, je ne pourrai pas être en défaut.

— Quant au troisième qui avait l'air si pauvre, et qui a dit se nommer Jérésu, je suis bien sûre d'avoir entendu un cliquetis d'écus dans ses poches lorsque les deux autres l'ont étendu devant le feu. Alors il me paraît juste que ces coquins-là paient pour eux-mêmes et pour ceux de leurs bandes qui nous ont tant pillés autrefois.

— Oh oui, bien juste, notre dame !... car alors je suis bien sûre que vous ne songeriez plus à retenir les gages de votre servante.

— J'y ajouterais plutôt quelque chose, Catherine; mais il faudrait, pour cela, bien formuler notre plainte, et soutenir notre dire sans tergiverser. Te sens-tu capable de cela, Catherine ?

— Bien sûrement, notre dame ; des scélérats qui ont failli m'enlever une année de gages !... On avait bien raison autrefois de brûler vifs ces échappés de l'enfer !

— Le bon temps reviendra peut-être, et c'est une bonne œuvre que d'y aider.... Va te coucher, ma fille ; demain nous irons chez M. le procureur du roi, dont le père était ami de feu M. le bailli, mon époux.... Ah ! ah ! un peu de patience et de bonne volonté, et nous parviendrons à faire rendre gorge à ces pillards.... »

Le lendemain en effet le procureur du roi reçut la plainte de la veuve et de sa servante qui, à raison de sa pauvre intelligence, encore affaiblie par l'âge, en était venue à se persuader que les trois hommes qui l'avaient tant effrayée étaient des bandits de la pire espèce. Dans cette plainte la veuve Duprutz déclarait que, entre dix et onze heures du soir, trois hommes, après avoir forcé l'entrée principale de sa maison, avaient pénétré dans l'appartement où elle se tenait avec sa servante ; qu'ils les avaient sommées de leur servir à boire, et de leur remettre tout l'argent qui pouvait être dans la maison ; que sur leur refus d'obéir elles avaient été horriblement maltraitées par ces brigands, qui avaient ensuite ouvert les armoires et s'étaient emparés d'une somme de trois mille livres en espèces, de toute l'argenterie qu'ils avaient pu trouver, ainsi que d'une foule d'autres objets, et qu'ils s'étaient ensuite retirés en menaçant la maîtresse et sa servante de les brûler vives si elles les obligeaient, par leurs cris, de revenir sur leurs pas.

« J'ai parfaitement reconnu deux de ces malfaiteurs, dit en finissant cette affreuse harpie ; ce sont les frères Treumann, demeurant à Vedelsheim ; quant au troisième, c'est un vieux juif qu'ils appelaient Jérésu, et dont les poches étaient tellement pleines d'écus qu'il fallut l'aider à se relever lorsqu'il se fut réchauffé devant l'âtre. »

Le procureur du roi était un de ces jeunes magistrats ardents, ambitieux, impatients d'arriver, saisissant avidement toutes les occasions de faire preuve de zèle ; l'affaire lui parut *magnifique* (style de parquet) ; il ordonna une descente de justice ; on examina les lieux ; des procès-verbaux mirobolants furent dressés ; on arrêta les deux frères Treumann ; Jérésu, qui cheminait bien lentement, eut bientôt le même sort, et malheureusement pour lui, on trouva dans ses poches, indépendamment des sacs d'écus dont il les avait lestées, la cuillère qui avait servi à lui administrer le vin chaud chez la veuve Duprutz, et sur laquelle il avait instinctivement mis la main en reprenant connaissance près du foyer. Les deux frères Treumann, qui n'étaient réellement pour rien dans cette affaire, et que la misérable et avide veuve n'avait signalés que parce qu'elle les savait riches, prouvèrent aisément leur alibi, et furent mis en liberté ; mais Jérésu contre lequel s'élevaient des charges les plus accablantes, fut renvoyé devant la cour d'assises qui le condamna à la peine des travaux forcés à perpétuité.

Rien ne saurait peindre la hideuse terreur dont fut frappé ce misérable en entendant prononcer contre lui la condamnation qu'il avait méritée depuis tant d'années ; il s'affaissa sur lui-même, d'horribles crispations tordirent ses membres, et de ses lèvres convulsivement agitées sortirent des hurlements inarticulés. Puis, dans un moment lucide, comme il s'en produit toujours après une grande secousse morale, il se pourvut en cassation ; mais le pourvoi fut rejeté.

CHAPITRE LXXIX.

La chaîne. Le bagne.

Jérésu fut dirigé sur Bicêtre aussitôt après le rejet de son pourvoi. A cette époque, l'horrible chaîne, c'est-à-dire le transport à pied des forçats par les routes et les villes qui conduisaient aux trois bagnes, Brest, Rochefort et Toulon, avait encore lieu.

Ce que nous allons raconter est donc de l'histoire ancienne ; mais la génération qui n'a pas vu ces faits, en lisant notre récit, rendra un plus grand hommage au législateur qui a supprimé la chaîne d'abord, les bagnes ensuite.

Le château-prison de Bicêtre est situé au village de Gentilly; ce château est d'une antiquité constatée par une charte de 1290. Elle porte que cette maison appartenait à un ancien évêque de Paris, et s'appelait la Grange aux Gueux; mais ce château était devenu dans la suite la propriété de Jean, évêque de Winchester (en Angleterre), et ensuite par corruption Bicêtre. Les historiens ajoutent qu'il a toujours gardé ce nom depuis, quoiqu'il ait été plusieurs fois démoli et rebâti et qu'il ait appartenu à différents maîtres.

Jean, duc de Berry, fit élever en ce lieu un château, pendant le règne de Charles V; sous Charles VI, les bouchers de Paris, suscités et armés en faveur du duc de Bourgogne, le pillèrent et abattirent la plus grande partie de cet édifice qui fut encore relevé et tomba encore en ruines.

Louis XIII, dit Moréri dans son *Dictionnaire*, fit construire en la place un superbe hôpital pour des soldats estropiés à la guerre. On les en a tirés depuis et l'on y renferma tous les mendiants de la capitale, lorsque Louis XIV eut fait bâtir pour les soldats hors d'état de continuer leurs glorieux travaux, l'hôtel des Invalides, monument digne de sa grandeur et de sa munificence.

Vers la fin de la Restauration s'élevait, près de l'église du château, un vaste édifice composé de deux corps de bâtiments. C'était dans cette espèce de Capharnaüm qu'étaient mêlés et confondus des prisonniers politiques que l'on n'aurait jamais dû y enfermer, des réclusionnaires que la loi soumettait à des travaux utiles, et des condamnés aux fers qui attendaient le départ de la chaîne.

Pendant longtemps ce quartier de misère eut pour médecin principal le docteur Lafranque.

Les voleurs, même les plus incorrigibles, avaient pour lui le plus grand respect. Un jour ce docteur s'étant laissé escamoter sa montre, à Paris, arrive à Bicêtre de mauvaise humeur. Il avait à visiter quelques détenus de la caste de ceux auxquels il attribuait sa mésaventure, et ne se montrait pas très-doux ce jour-là; ils s'informent familièrement de la cause de sa mauvaise humeur; il la leur apprend, en leur reprochant que, tandis qu'il a pour eux plus de soins qu'il ne mérite, leurs collègues, pour récompense, lui ont volé son bijou. Eux de rire, de le plaisanter à leur manière, de prétendre même que ce ne sont pas des voleurs qui l'ont dérobé :

« Pourquoi, lui dit un des prisonniers, n'avez-vous pas étranglé votre montre?

— Étranglé ma montre! répéta le docteur surpris, qui ne comprenait rien à leur langage.

— Mais oui, quand on est quelque part où il faut de la prudence, on tord d'un tour ou deux son gousset avec la montre dedans, et cela déroute les plus habiles escamoteurs.

— Bien obligé, répondit le docteur; mais c'était hier qu'il fallait m'apprendre cela.

— Allons! allons! dirent les voleurs, consolez-vous. »

Et aussitôt l'un de ces drôles en appelant un qui *était de service* pour recevoir les rapports de Paris, lui conta l'aventure du docteur.

« Il faut que sa montre soit retrouvée, lui dit-il, il y va de notre honneur! »

Ce mot dans la bouche d'un tel individu est précieux à enregistrer.

La montre fut néanmoins retrouvée et rendue au docteur.

. . . .

Dans cette prison, le mot horrible de cachot est insuffisant pour peindre les abîmes creusés par la main des hommes.

L'on y descendait par un sombre escalier qui conduisait à deux longs et ténébreux corridors, que la noire imagination d'un romancier n'aurait pu concevoir ni décrire.

Dix-sept portes épaisses et formidables roulaient sur leurs gonds énormes, à droite et à gauche de ces voûtes souterraines : construites en pierre de taille, étroites, humides, malsaines, chaudes en été, froides en hiver, le soleil ne les éclaire jamais, et à peine un faible rayon du jour peut-il y pénétrer.

Dans quelques-unes de ces fosses où la douleur et le désespoir dévorent l'homme, à la place des lions de Daniel on voyait une chaîne rouillée suspendue à la muraille par de forts crampons : elle a servi le despotisme de plus d'un ministre sous des rois qu'ils trompaient.

Le malheureux qu'on précipitait dans ces antres funèbres, souvent fermés à l'espérance, comme les enfers, n'avait d'autre nourriture que du pain noirâtre et de l'eau du grand puits; d'autre société que celle des insectes et des animaux immondes qui cherchaient à s'abreuver de son sang; d'autres distractions que ses amers souvenirs, ses remords douloureux ou ses craintes éternelles! Et lorsqu'il était englouti dans le dernier de ces abîmes, trente-trois portes étaient fermées sur lui!

Maintenant nous voici arrivé à la partie la plus pénible de notre récit, à l'histoire du départ de la chaîne, et c'est d'après le récit fait par un témoin oculaire que nous racontons :

Vers la fin de mai 1814, je me rendis à Bicêtre; c'était le jour du départ. Je trouvai les gardiens endimanchés, les travaux suspendus et la garde doublée; tous les prisonniers étaient renfermés dans leurs cabanons, les cours étaient désertes, et le silence régnait dans toute la prison.

Tout à coup, vers onze heures, ce silence fut interrompu par l'ouverture de la grille qui donnait sur la grande cour, et par l'arrivée des lourdes charrettes où étaient les fers ; venaient ensuite le capitaine de la chaîne, ses trois lieutenants, une douzaine de sbires armés de bâtons et de sabres, des officiers de paix, et plusieurs agents de police.

Aussitôt, et tandis que les gardes traînaient et préparaient les longues chaînes sur le pavé retentissant, la cloche sinistre se faisait entendre : les condamnés arrivaient à la file, et étaient remis à leurs nouveaux gardiens, qui les faisaient asseoir à terre, alignés vingt-six par vingt-six.

En ce moment presque tous les détenus étaient à leurs fenêtres, attirés par l'oisiveté, regardant, les uns avec compassion, les autres avec indifférence, un tableau que des spectateurs libres, hommes et femmes, contemplaient avidement par les croisées des employés de la maison.

Midi sonne : des sbires, la tête et les bras nus, rangent une chaîne devant chaque cordon futur, et le ferrage commence.

Un énorme collier de fer, attaché aux branches de la chaîne pesante, est posé sur le front du forçat, comme la couronne du malheur, et lorsqu'on s'est assuré que sa tête ne peut passer à travers, le carcan s'ouvre, embrasse étroitement son col, s'arrête sur une enclume que les cyclopes appuyent contre le dos du patient immobile ;

Et leurs énormes bras lèvent de lourds marteaux,
Qui tombent à grand bruit et rivent les anneaux.

Dès qu'on les eut ferrés, ils se levèrent à un signe de tête de leur chef, furent alignés sur plusieurs rangs, et le concierge, *l'état-major*, les agents de police, procédèrent à l'appel ainsi qu'à la revue.

Ces derniers jetaient sur chaque galérien un regard scrutateur, afin de le reconnaître un jour, si, s'échappant du bagne, il revenait à Paris, comme cela arrivait fort souvent autrefois. Quand la revue fut terminée, on ordonna à ces malheureux de se déshabiller jusques et y compris la chemise, pour revêtir les habits du voyage.

Les voilà nus.... leur chaîne est leur seul vêtement. C'est horrible !

Vous croyez sans doute que ces dames élégantes et venues tout exprès avec ces citadins pour voir enchaîner des misérables, vous croyez, dis-je, qu'elles vont se retirer? Elles n'en sont séparées que par une si petite distance qu'elles peuvent aisément lire les lettres gravées par un fer brûlant sur ces épaules encore rouges.... La pudeur parle, des prisonniers murmurent....

Qu'importent à ces dames la pudeur et l'indignation, quand il s'agit de satisfaire leur curiosité? Elles restent : une ou deux, cependant, un peu moins philosophes, tirent un léger rideau.

Enfin les condamnés sont revêtus de leurs habits de toile à serpillière, placée seule entre leur corps et cette chaîne qui pèse vingt-cinq livres sur chacun d'eux : alors le ciseau du barbier coupe leurs cheveux de façon que leur tête paraît sillonnée.

On leur sert sur le pavé leur maigre repas, tandis que les gardes vont prendre le leur, et ensuite chaque cordon se promène dans la cour; on va s'asseoir sur les bancs qui l'environnent; on se presse autour des barreaux de l'avide cantinier.

Ceux qui ont quelque argent boivent, avec un vin frelaté, l'oubli passager de leurs maux.

La plupart gardent un profond silence; quelques-uns pleurent; d'autres s'enivrent, chantent, dansent, se querellent ensuite et finissent par se battre.

Et l'on voit des forçats l'un sur l'autre acharnés,
Se battre avec les fers dont ils sont enchaînés.

Mais bientôt les sbires paraissent, et une grêle de coups de canne tombe au hasard sur les épaules du tapageur ou de l'homme paisible. Tel est le prélude des orages qu'ils essuyeront pendant la route.

Le lendemain, dès le lever du jour, et après une nuit passée sur la pierre que recouvre un peu de paille, ces malheureux furent placés, les jambes pendantes, sur de longs chariots découverts.

La grille s'ouvrit, et, sous l'escorte de leurs gardes et de la gendarmerie, ils partirent ainsi pour le bagne.

Quatorze ans après, c'est-à-dire en 1828, j'assistai de nouveau à cet affreux spectacle : les acteurs n'étaient plus les mêmes et les scènes furent différentes.

La chaîne rassemblée ce jour-là à Bicêtre, se composait de cent quarante-neuf condamnés, dont trente-neuf aux travaux forcés à perpétuité.

A midi une trentaine de gardes-chiourmes entrèrent dans la cour où devait s'opérer le ferrement.

Une charrette les précédait et portait les chaînes, les colliers et les anneaux destinés aux forçats.

Au bruit de ce sinistre cortège tous les prisonniers de Bicêtre accoururent en foule aux fenêtres; ils se groupèrent au dedans des barreaux, hissés et cramponnés les uns au-dessus des autres, et attendirent avec une avide curiosité l'arrivée des galériens qui étaient désignés pour le départ, et le hideux spectacle qui allait, pour quelques moments, rompre l'uniformité d'une longue détention.

Parmi ces spectateurs impassibles, combien n'en étaient-ils pas qui assistaient à une représentation dans laquelle ils devaient bientôt être acteurs eux-mêmes, ou dans laquelle ils avaient déjà figuré !

Quelques acclamations sans suite, quelques

phrases d'argot inintelligible pour ceux qui n'étaient pas encore initiés au secret du langage du bagne, passèrent d'une fenêtre à l'autre.

Elles se composaient pour la plupart de courtes réponses faites par les *anciens* aux nouveaux venus. Les unes et les autres étaient brèves; elles étaient presque toujours suivies d'un silence qui laissait deviner l'attente où à un signal donné les forçats arrivaient sans mot dire, et allaient se placer en rang dans une cour voisine. Ils étaient bientôt suivis par ceux d'entre eux qui, punis pour insubordination ou toute autre faute, étaient restés au cachot jusqu'au moment du ferrement.

Ces derniers entrèrent dans la cour un à un, et cet instant semblait leur offrir un plaisir par comparaison. Ils étaient presque tous couverts de tresses de paille qu'ils avaient roulées autour d'eux pour se garantir du froid ou de l'humidité.

Un nommé Barreau fils, condamné avec son père pour crime d'assassinat sans préméditation, en était entièrement couvert, il s'en était même fait un bonnet à la Robinson; il débuta, en traversant la cour, par faire ce qu'on appelle *la roue*, et au bout de deux trois tours exécutés avec ses bras et ses jambes, il se trouva placé à son rang et parut immobile.

On l'applaudit des fenêtres, et les bravos des forçats déjà rassemblés dans la cour vinrent se mêler aux acclamations des visiteurs, étonnés de son agilité ou plutôt de son insouciance.

Parmi tous les forçats, celui qui d'abord attirait le plus l'attention des spectateurs, était un nommé Ducroc, qui avait été condamné par la cour d'assises de la Seine à dix ans de travaux forcés, pour vol avec effraction.

C'était un jeune homme de vingt-deux à vingt-cinq ans; il était vêtu d'une blouse bleue, mais par-dessous ce grossier vêtement on apercevait un pantalon de drap noir très-propre, des bottes élégantes. Sa cravate surtout était mise avec une recherche et un art que l'on n'est pas accoutumé à rencontrer dans un pareil lieu.

Il arriva en chantant une ariette de l'opéra de *Jeannot et Colin*. Sa voix était pure et sonore, et il semblait mendier les applaudissements de ses camarades, fort amateurs en général de musique et de romances nouvelles.

Ducroc était accouplé à ce Barreau fils. Tous deux paraissaient être les plus effrontés coquins de la bande. Leurs figures enfantines contrastaient d'une manière affligeante avec ces fers qu'ils agitaient en se jouant. Ils semblaient se faire un point d'honneur de les porter avec aisance.

Au milieu des rangs était un assez bel homme qui pouvait bien avoir une quarantaine d'années, dont les regards armés d'impudence annonçaient une âme encore plus criminelle que dégradée.

C'était le nommé Quentin, le plus célèbre voleur de cette époque. Il subissait une troisième condamnation.

Deux fois échappé du bagne de Brest, il avait été arrêté cette troisième fois pour vol à main armée sur la grande route; mais il ne détroussait les voyageurs qu'en plein jour, et avait le soin de ne jamais charger les armes dont il se servait pour les effrayer.

Il était de Bordeaux et appartenait à une famille honorablement connue dans le haut commerce. Envoyé à Paris à l'âge de dix-huit ans pour y faire son droit, il fut d'abord dupe de quelques fripons dont il devint ensuite l'ami; devenu escroc à son tour, il fut bientôt leur complice et ensuite leur modèle.

Un premier vol le mit sous la main de la justice. Perdu de réputation par l'application qui lui fut faite d'une peine infamante, et envoyé au bagne de Brest pour y subir sa condamnation, il parvint, en trompant la vigilance des gardes-chiourmes, à s'échapper.

Assez heureux pour arriver jusqu'à Paris, il trouva le moyen, à l'aide d'un faux nom, d'usurper pendant quelque temps une sorte de considération, au moyen de laquelle il parvint à faire bon nombre de dupes. Repris, condamné, reconduit à ce même bagne de Brest, il parvint une seconde fois à s'évader.

Cette fois, ce ne fut pas Paris qu'il choisit pour théâtre de ses méfaits, mais toutes les campagnes environnantes.

Un dernier crime l'y ramenait enfin pour le restant de ses jours.

Ce même Quentin, alors réduit au dernier degré d'abjection, habitait encore au mois de mai 181...., un des plus élégants appartements de la rue Taitbout, où plus d'une femme galante se disputa l'honneur de sa conquête.

Son voisin de droite était un malheureux domestique, c'est-à-dire un valet de chambre qu'une seule faute, après douze ans d'une conduite irréprochable, avait plongé dans un abîme.

Son maître, M. le baron Du..., officier supérieur au corps royal d'état-major, dans un moment de colère le dénonça pour vol. Il essaya, mais en vain, de faire fléchir en sa faveur la sévérité des lois; il n'était plus temps, le ministère public s'était emparé de l'affaire.

La justice avait eu son cours.

Ce valet de chambre était du reste bien coupable.

Plus loin était un homme dont la figure portait l'empreinte de la douleur et du remords; il avait été condamné à dix ans de travaux forcés et à la marque, comme coupable *d'imprudence de papier marqué* (c'est-à-dire pour faux en écriture de commerce). Cet homme, impatient de faire fortune, s'engagea dans des spéculations beaucoup au-dessus de ses moyens, qui étaient naturellement bornés, et se voyant à la veille de faire faillite, il avait cru pouvoir prévenir ce malheur en altérant plusieurs lettres de change, dans la seule intention d'en accélérer ou d'en retarder le paiement; de sorte qu'en voulant éviter un malheur que nous voyons arriver journellement, il se voua à l'infamie.

Celui qui le suivait immédiatement était encore un ancien forçat que son adresse, sa force de corps, son courage, sa persévérance et ses moyens d'exécution avaient mis en renom dans la bande dont il était le chef.

Ce malheureux, que la nature avait si heureusement doué à quelques égards, et qui n'aurait pu manquer de s'enrichir dans une profession honorable et laborieuse, allait finir une vie si indignement commencée, dans la misère et l'opprobre.

Venait ensuite un homme dont l'aspect seul inspirait la terreur.

Le désordre de son vêtement, l'expression cruelle de son regard, le distinguaient de tous les autres. Cet homme était peut-être le plus grand scélérat qui soit jamais entré dans les cachots de Bicêtre.

Trois fois le glaive des lois s'était levé pour en faire justice, et toujours quelques circonstances atténuantes avaient sauvé sa vie.

C'était une véritable bête féroce : il se serait volontiers nourri de chair humaine, et il n'était pas un prisonnier avec lequel il n'ait eu quelque altercation, qui ne portât l'empreinte de ses dents.

Le dernier crime qui le reconduisit au bagne, était d'avoir dévoré le sein de sa maîtresse dans un accès de jalousie.

Le jour du lendemain devait éclairer le départ de la chaîne.

A peine le jour commençait-il à paraître, que tous les forçats ferrés de la veille descendirent dans la cour de Bicêtre. Après une visite minutieuse de leurs chaînes, ils montèrent sur les charrettes destinées à les transporter, et bientôt l'ordre du départ fut donné. Ils firent tous des signes d'adieu aux prisonniers. L'un d'eux s'écria :

« Adieu les amis, nous allons commander les logements *au Pré*, au revoir ! »

Et ces mots furent accueillis avec des éclats de rire.

Puis les chants commencèrent, et ils ne cessèrent qu'au moment où la chaîne parvint à l'endroit où les curieux ne se trouvèrent plus qu'en petit nombre.

Villejuif traversé, tous gardèrent le plus morne silence.

Ce fut ainsi que Jérésu fit le trajet de Bicêtre à Toulon ; objet des railleries de la part de ses compagnons d'infortune, il courba la tête.

Le remords de toutes les mauvaises actions qu'il avait commises commençait-il à envahir son âme ?

Hélas ! nous ne le croyons pas, car Jérésu appartenait à ces natures indomptables, qui se prétendent en lutte avec la société, et qui considèrent leurs attentats contre elle comme un droit.

Le soir lorsque la triste caravane s'arrêtait pour coucher dans quelque grange ou sous les hangards des marchés, car il n'y avait pas de prison assez grande pour la recevoir, Jérésu ne pouvait prendre aucun repos; ses compagnons avaient changé son nom en celui de Judas.

Jérésu baissait la tête à toutes ces insultes et ne répondait pas; mais une colère immense fermentait dans son âme; et les projets de vengeance les plus insensés venaient assaillir son cerveau brûlant.

Après trente-quatre jours d'une marche pénible la chaîne arriva presqu'en vue de Toulon ; les condamnés couchèrent au Brula, petit hameau distant de quatre lieues de Toulon.

Un détachement de gardes-chiourmes et de gendarmes de la compagnie maritime, fut à sa rencontre jusqu'à Ollioules, à une lieue de la ville, tandis qu'un autre détachement l'attendait au quartier de Castineau, sur le bord de la mer.

Bientôt arrivèrent les autorités qui devaient assister à cette triste cérémonie, ainsi qu'un certain nombre d'anciens forçats dits chaloupiers qui devaient procéder à la toilette des nouveaux venus.

Le capitaine Thierry qui commandait cette triste caravane fut le premier qu'on aperçut. C'était le plus singulier type qu'on puisse rêver. Le spectacle de tant de douleurs auquel il assistait depuis nombre d'années n'avait pu lui enlever sa gaieté native. A Paris, c'était chez l'exécuteur Sauran qu'il descendait, et plus d'une fois, il arriva que ces deux hommes qui exerçaient des professions si terribles, surent tout en remplissant le devoir que la loi leur imposait, le concilier avec les égards dus à l'humanité et au malheur.

A la vue du capitaine, les chaloupiers s'empressèrent autour de lui ; ces malheureux qu'il avait conduits les années précédentes, et qui n'avaient plus que peu de temps à faire, venaient le saluer espérant qu'il leur apportait quelques nouvelles de leurs parents ou de leurs connaissances.

« Bonjour, capitaine ! s'écriaient-ils tous à la fois, en l'aidant à mettre pied à terre.

— Bonjour, mes enfants, bonjour, mes amis, » répondait-il à ses vieilles connaissances.

Un condamné, entre autres, s'était attaché à ses pas; il lui demandait des nouvelles de sa famille : le capitaine l'aperçut :

« J'ai une lettre et quinze francs pour toi, lui

dit-il. Combien as-tu encore de temps à passer ici ?

— Deux mois, » dit le forçat dont les traits s'étaient illuminés de joie.

Quelques autres forçats s'étaient approchés du cabriolet comme pour examiner son état de délabrement.

Le capitaine, auquel rien n'échappait, s'aperçut de leur manœuvre.

« Ne vous amusez pas à chercher, leur dit-il charitablement, car je vous connais et je n'y ai rien laissé qui mérite le pillage. »

Un concert de protestations s'éleva du groupe des forçats.

« C'est bon ! c'est bon ! je sais que vous êtes tous plus honnêtes les uns que les autres ; mais je ne tiens pas à vous tenter. »

En ce moment, le sous-préfet de Toulon et le commissaire du bagne s'approchèrent du capitaine.

« Eh bien ! capitaine, lui demanda le sous-préfet, nous amenez-vous des personnages marquants ?

— Non, messieurs, répondit-il, cette chaîne est extrêmement pauvre. Le plus remarquable comme type est un misérable juif, un Allemand du nom de Jérésu, qui a rôdé pendant une trentaine d'années sous les arcades du Palais-Royal. Je dois vous dire que dans tous mes voyages à Paris, je ne manquais pas de le rencontrer, et chaque fois je me disais : Pour sûr, un de ces matins, ce gaillard-là est destiné à faire le voyage de Toulon avec moi.

— C'était une idée arrêtée chez vous ?

— Oui. Seulement, je ne crois pas qu'il sera longtemps votre pensionnaire.

— Vous le croyez capable d'organiser une évasion ?

— Non, car il manque d'audace. Mais la nostalgie l'emportera.

— Comment, fit le commissaire surpris, après avoir habité plus de trente ans Paris, vous croyez qu'il songe à l'Allemagne ?

— Oh ! non, dit le capitaine. Je crois connaître l'homme, il mourra de chagrin de ne plus pouvoir rôder sous les arcades. Du reste, c'était la dernière originalité de la Restauration, après la disparition de Chodruc-Duclos.

— On le surveillera, dit le commissaire.

— Ont-ils fait les mutins, vos hommes ? demanda le sous-préfet.

— Au contraire, ce sont de véritables moutons ; au surplus, dit le capitaine en montrant son bâton de cornouiller, le juge de paix du bois de Boulogne m'accompagne toujours, et sa justice est aussi prompte que sévère ; mais je n'ai pas eu besoin de lui. »

A midi la chaîne arrivait. Jérésu, sur lequel les regards du sous-préfet et du commissaire s'arrêtèrent, était dans un état affreux. Et si Lambert l'eût vu en ce triste état, il eût été capable de lui pardonner et de s'employer pour sa délivrance.

Mais Lambert était loin, et des soucis plus graves l'occupaient en ce moment.

« Il faut l'envoyer d'urgence à l'hôpital, dit le sous-préfet qui, en fonctions depuis peu à Toulon, n'avait encore pu s'habituer à tant de misères.

— Remercie monsieur le sous-préfet, Jérésu, pour la marque de bonté qu'il te donne. »

Le malheureux qui avait les yeux fixés à terre, les leva à peine.

« Merci, pour le bauvre Jérésu, dit-il ; mais il m'affre tué le cœur en m'abelant Jutas.

— Qu'est-ce qu'il dit ? demanda le sous-préfet au capitaine, car il avait peine à comprendre le baragouin de ce malheureux.

— Il dit que ses camarades l'ont tué en l'appelant Judas.

— Il a donc vendu quelqu'un ?

— Je ne sais, dit le capitaine.

— Jérésu, affre blutôt besoin d'in tombe qué d'in lit.

— Allons, déferrez-le vivement, dit le capitaine ; les insultes de ses compagnons de chaîne, et un peu le soleil du Midi sont bien capables de le faire déraisonner. »

Il fallut porter Jérésu à l'hôpital, car son corps était couvert de plaies, et ses pieds étaient affreusement gonflés.

Pendant ce temps les autres forçats s'avançaient sur deux rangs pressés et observés par de nombreux gardiens. Les gardes-chiourmes, le fusil chargé sur l'épaule, côtoyaient le bord de la mer pour empêcher toute évasion de ce côté.

Tout ce que la misère humaine a de plus hideux et de plus affligeant semblait réuni sur ce triste cortége ; le crime avait perdu tout son effronterie, le repentir avait usé toute sa résignation, l'abattement était peint sur toutes ces figures décomposées par le chagrin, la souffrance et le malheur ; un silence morne régnait autour d'eux, et n'était troublé que par le bruit monotone et effrayant des fers.

La journée de la veille avait été horrible ; ces malheureux avaient essuyé douze heures de pluie, et leurs vêtements en lambeaux en étaient encore imprégnés ; leurs yeux étaient fixes et hagards ; un seul sentiment les occupait, ils semblaient se demander entre eux, s'ils n'avaient pas éprouvé pendant six semaines tous les genres de tourments et s'ils devaient s'attendre à de nouveaux supplices.

Ce n'est plus ce Blusto, qui riant aux éclats, déclarait qu'il fallait bien s'amuser pour se distraire ; celui qui, au sortir de Bicêtre, déclamait contre ses juges est muet ; celui qui parlait avec

Le malheureux s'est empoisonné. (P. 263, col. 2.)

indifférence de son crime, en paraît épouvanté ; tous, abattus, consternés, défilent dans le silence de la stupeur; ils passent deux à deux, enchaînés par le cou et par le milieu du corps; un gardien les compte au fur et à mesure qu'ils entrent sous la tente préparée pour les recevoir; ils sont là trois cent douze que leurs crimes ont mis au rang des parias ; et il en est qui, comme Jérésu, peuvent à peine se soutenir; leurs jambes enflées et la pâleur de leur teint indiquent assez combien de souffrances ils ont eu à éprouver.

Cependant on ne voyait nulle part des signes de désespoir, et cela s'explique parfaitement, ils ont tant souffert dans les cachots et en route, que leurs peines à venir ne sont rien pour eux.

Ils arrivent à leur destination : c'est la tombe pour le malheureux, que la mort vient délivrer d'une longue et pénible agonie; il en est même quelques-uns qui commencent à reprendre un peu de gaieté. De ce nombre est un forçat d'une quarantaine d'années qui au sortir du bagne, y rentre après une seconde condamnation.

« Te voilà, dit un des gardes-chiourmes qui le reconnut ?

— Eh oui, répondit le misérable en riant, je ne puis vous quitter, vous êtes de si braves gens. »

Cependant les chaloupiers procèdent à la toilette, ils semblent se livrer à cette opération avec un certain plaisir. On dirait qu'ils sont satisfaits de voir augmenter le nombre des criminels dont ils font partie.

Les uns leur coupent les cheveux, et dix à douze coups de ciseaux suffisent pour cela ; d'autres, à grands coups de marteau dérivent la cravate, et la position des patients est alors très-périlleuse, car s'ils faisaient le moindre mouvement en arrière, ou si l'ouvrier n'était pas très-adroit, ils auraient infailliblement la tête fendue.

Enfin d'autres leur rivent au pied l'anneau qu'ils ne doivent plus quitter jusqu'à la sortie du bagne, et auquel on attache ensuite la chaîne qui sert à les accoupler : elle pèse environ trente livres. Chaque homme a donc environ quinze livres à traîner partout où il ira ; si leur conduite s'améliore, on leur supprime l'accouplement et ensuite la chaîne.

Ce travail une fois terminé, les forçats furent établis par escouade de dix hommes, et on leur ordonna de se dépouiller de leurs vêtements, ou plutôt de leurs loques infectes. On forma un tas de tous ces objets auxquels on mit le feu. Ils eurent à passer une nouvelle inspection ; ils avaient tous leur petit pécule dans une main et un morceau de pain dans l'autre. Le premier qui s'avança sous le regard inquisiteur du capitaine Thierry tenait dans sa main une cinquantaine de sous.

« Tu n'as que cela ? lui demanda le capitaine.

— Rien autre, dit celui-ci après une seconde d'hésitation.

— Ce que tu pourrais chercher à soustraire, dit un garde-chiourme, serait perdu pour toi si on le trouve.

— Je n'ai rien, dit de nouveau le forçat avec un peu plus d'assurance.

— C'est ce dont nous allons nous assurer, » dit le capitaine.

Et en même temps, il saisit le morceau de pain que tenait le forçat et le partagea en deux, cinq pièces de cinq francs tombèrent à terre ; le capitaine les jeta sur la table des commis chargés de la comptabilité.

Le forçat était atterré ; son visage reflétait un tel désespoir que le capitaine se laissa aller à un sentiment de pitié, il reprit une des pièces de cinq francs et la lui rendit.

« Tu es un nouveau venu, lui dit-il, je te pardonne d'avoir voulu me tromper ; mais prends garde à toi à l'avenir, » ajouta-t-il, en le faisant approcher de la table où l'on inscrit les noms.

Un autre avait caché plusieurs pièces d'or dans sa bouche, mais elles furent bientôt découvertes et remises au commis.

Enfin on leur permit de s'habiller, mais cela n'eut lieu qu'après qu'ils eurent tous été soigneusement épongés dans une grande cuve. C'est là, au moment de se vêtir de cette livrée de l'infamie, que l'on pouvait distinguer la différence des condamnations. Il en est quelques-uns qui n'osaient placer sur leur tête le signe de leur réprobation ; mais bientôt le froid les forçait à se couvrir et à surmonter le peu de pudeur qui leur restait.

Pendant qu'on procédait à la visite, les malheureux que leur nudité exposait encore à la rigueur de l'air, regardaient avec des yeux d'envie ceux qui étaient déjà couverts dans le bateau ; ils tremblaient de tous leurs membres et cependant ils ne se plaignaient pas, car ils savaient que pour un seul mot ils seraient aussitôt punis de vingt-cinq coups de bâton sur les reins.

Enfin le bateau se mit en mouvement et ils s'éloignèrent de ce rivage que la plupart des passagers ne devaient plus revoir. Il était alors trois heures.

Au moment où les nouveaux venus débarquaient sur le quai de l'Arsenal, un cortége funèbre en traversait les cours ; c'était celui d'un forçat porté par quatre de ses camarades ; sa bière était recouverte d'une croix et d'un drap mortuaire ; un sentiment de douleur se peignit sur toutes les figures des nouveaux forçats ; ils apprenaient en même temps comment on entre dans ce lieu de misère et comment on en sort.

CHAPITRE LXXX.

Mort de Jérésu.

Trois jours après l'arrivée de la chaîne à Toulon, les individus qui en faisaient partie furent répartis dans les différents ateliers de l'arsenal et reçurent la nourriture ordinaire composée de fèves et de pain, et bientôt il ne fut plus possible de distinguer le nouveau venu de l'ancien. Tous ces malheureux ressentaient déjà cette insensibilité et cette dépravation qu'ils ne font qu'acquérir de plus en plus avec le temps.

Ils arrivent à parler de leur crime comme d'une action toute naturelle.

Le bagne, c'était alors le hideux spectacle de tout ce qu'on peut concevoir de dégradation et d'abrutissement dans l'espèce humaine, et s'il est permis de s'étonner de quelque chose, c'est qu'il y ait des hommes qui, sortis des galères, ne se mettaient pas bientôt dans le cas d'y être ramenés.

Flétris aux yeux de la société, rejetés de son sein, habitués pendant de longues années à supporter et à braver l'ignominie, ils étouffaient entièrement le cri de la conscience, si faible déjà à leur entrée au bagne, ce cri qui seul pouvait les arrêter, et perdaient ainsi tout sentiment de morale et de dignité.

La surveillance qu'on exerçait sur les condamnés était des plus actives, et nos lecteurs pourront s'en convaincre en lisant les passages suivants que nous empruntons à un curieux ouvrage qui parut à la fin de la Restauration sous le nom de *Vidocq dévoilé* :

« Chaque garde ou agent de surveillance des chiourmes ne doit jamais avoir plus de cinq couples à conduire ; leur nombre doit donc être le dixième de celui des forçats ; ils sont enrégimentés et forment cinq compagnies, mais ils n'ont de chefs militaires que jusqu'au grade de sergent-major, connu sous le nom d'adjudant.

« Autrefois ils n'avaient pas la qualité de militaires : ces sergents et sergents-majors s'appelaient *argousins* et les soldats *pertuisaniers*. Ils sont soumis à des chefs civils connus sous la dénomination de *cômes* et *sous-cômes*, qui forment à peu près le dixième du nombre des gardes ; enfin tous sont sous les ordres immédiats d'un commissaire de marine, remplissant, à leur égard, les fonctions de colonel. C'est lui qui dirige tout ce qui est relatif au bagne.

« Dès le matin, les gardes casernés à côté du bagne entrent dans les salles et en font sortir les condamnés qu'ils doivent conduire à *la fatigue*. On leur a déjà distribué un pain de deux kilogrammes pour quatre : ils ne doivent rentrer que le soir, et n'ont que ce morceau de pain pour se nourrir pendant tout le jour.

« A la fin de leur journée, ils ont encore une pareille quantité de pain, de la soupe, trois onces de légumes secs et trois quarts de litre de vin. Il en est qui, au moyen de leur pécule, se procurent quelquefois de la viande ou tout autre mets de leur choix ; mais il y en a peu qui puissent le faire régulièrement.

« Le principal but de la translation des chaînes à Toulon fut d'éviter le danger toujours imminent qu'offrait l'oisiveté de ces hommes flétris.

« Cependant on ne livra d'abord à des occupations extérieures que ceux qui présentaient quelque garantie morale (si on peut se servir de ce mot) ; mais bientôt sentant de plus en plus l'avantage du travail et de la distraction qu'il opérait dans ces têtes toujours pleines de projets criminels, on se décida à les faire presque tous sortir. On ne compte, terme moyen, que deux cents forçats, qui forment la bande des suspects, sur lesquels on ne peut se fier assez pour les livrer à *la fatigue*. Continuellement assis sur leurs bancs, ils emploient leur temps à fabriquer des objets de curiosité ou d'utilité, qu'ils font vendre aux habitants de la ville. Il y en a qui sont d'une adresse extraordinaire ; on est même forcé de les empêcher de travailler, pour qu'ils ne portent pas de préjudice aux ouvriers de la ville. Le produit de la vente de ces objets est versé dans les mains des administrateurs, s'il est trop fort ; mais on ferme les yeux sur les futilités qui ne peuvent leur servir qu'à se procurer quelques soulagements.

« Dans la saison rigoureuse, ils achètent un gilet, des bas, ou toute autre partie d'habillement qui puisse les garantir du froid ; car en toute saison, on ne leur délivre qu'un pantalon de toile et une veste. Le changement dans la température, dit-on, n'est pas assez grand pour en amener un dans leur costume. Cependant il est facile de remarquer les souffrances qu'ils éprouvent pendant l'hiver.

« Ceux des forçats sur lesquels on peut le plus compter sont envoyés hors de l'arsenal ; ils traversent même la rade pour aller à Saint-Mandrier travailler dans les établissements dépendants de la marine royale. Les autres restent dans l'intérieur, où les moyens de surveillance sont plus faciles ; ils évitent ainsi au gouvernement l'emploi d'un grand nombre d'ouvriers ; de sorte que, loin d'être une charge pour l'État, les forçats procurent un avantage réel.

« Les dépenses, à la vérité, sont assez fortes. Il y a environ quatre cents gardes à la solde de 50 centimes par jour, plus les chefs, dont les uns ont 600 fr., les autres 1200 fr. et jusqu'à 1800 fr. par an. On peut évaluer à une centaine les traitements à 1000 fr. par an. Il faut ajouter à ces dépenses les appointements des chefs supérieurs, le traitement des condamnés eux-mêmes et la légère rétribution qu'ils reçoivent pour salaire, laquelle va de 15 sous à 6 francs par mois, selon leur habileté et l'atelier auquel ils sont employés. Mais toutes ces dépenses qui sont estimées à 20 sous par jour pour chaque forçat, sont compensées avec avantage par l'économie d'ouvriers qu'ils procurent au gouvernement. Ils ne se livrent pas, il est vrai, au travail avec cette ardeur que des hommes libres y apporteraient, mais ils sont stimulés par la crainte du bâton et celle de la privation de leur salaire.

« Ils cherchent quelquefois à se faire remarquer par leur bonne conduite ou par leur ouvrage, afin de pouvoir obtenir la faveur de devenir *payols*, titre qui, les assujettissant à des occupations moins pénibles, leur donne encore un certain ascendant sur leurs camarades. Ils sont dans ce cas employés à l'administration intérieure du bagne, au service de l'hôpital. Quelques-uns même sont occupés dans les bureaux. On leur permet alors de se vêtir de linge fin, toujours en conservant les couleurs ; leurs chaînes sont allégées, ils sont découplés : en un mot, ils jouissent d'un peu de liberté, si toutefois on peut appeler de ce nom la position d'un homme qui ne doit jamais sortir du bagne qu'avec une autorisation et toujours suivi d'un garde.

« Au retour des chaînes de la fatigue, pendant que les *payols* procèdent aux distributions, d'autres galériens font entendre une harmonie qui ramène la gaieté dans le cœur de ces malheureux, ou du moins qui en chasse les idées sinistres dont ils sont obsédés. Le bagne offre des ressources on ne peut plus variées ; tous les états, toutes les professions s'y trouvent réunis, la musique lui paye principalement son tribut. On a cru pouvoir la mettre à profit, et cette résolution qui d'abord peut paraître futile, produit cependant d'heureux résultats.

« Une fois, les musiciens reçurent la nouvelle chaîne en jouant l'air : *Où peut-on être mieux*, etc.

« Ce singulier à-propos ramena la sérénité sur tous ces visages, où se peignaient la souffrance et la honte en caractères affreux.

« On serait cependant dans une grande erreur, si l'on se figurait que depuis cette innovation les galériens sont devenus d'honnêtes gens. Il faut les voir journellement pour se former des idées exactes sur une réunion pareille. Occupés pendant tout le jour à des travaux plus ou moins pénibles, ils rentrent dans leurs salles pour méditer, soit sur quelque projet d'évasion, soit sur le moyen de se défaire de quelques vieux clous, qu'ils ont pu soustraire à la surveillance des gardiens.

« Ces soustractions sont extrêmement fréquentes; presque tous se livrent à ce genre de commerce, et on n'en sera pas surpris lorsqu'on saura que plus des deux tiers des galériens sont au bagne par suite de condamnations pour vols. Ce sont surtout ceux qui sont employés hors de l'arsenal qui font ce trafic, appelé *camelote*. Les moyens de se défaire des objets volés sont tous plus ou moins adroits ou singuliers.

« Le plus usité consiste à mettre le vieux fer dans un endroit convenu avec la *cameloteuse*; celle-ci vient le prendre, et le remplace par la somme qu'elle juge convenable; le lendemain, le forçat examine ce qu'on a laissé, et met de nouveaux objets si le prix lui convient. Dans le cas contraire, il laisse l'argent et ne met plus rien.

« La *cameloteuse* sait ce que cela signifie, et augmente, si elle le juge à propos; le lendemain, le galérien revient encore, et s'il ne trouve pas de changement, il rompt toute liaison avec cette receleuse, et en cherche une autre. Par là ils évitent des colloques qui pourraient les faire découvrir, entourés, comme ils le sont toujours, de nombreux gardiens.

« Un des principaux sujets de méditations est de chercher les moyens de s'évader.

« Cependant, quoique le nombre des détenus soit toujours considérable, on ne compte guère qu'une quarantaine de désertions par an, la plupart n'étant jamais consommées; les coupables du moins ne tardent pas à être repris. Ce sont principalement ceux employés hors de l'arsenal, qui peuvent tromper la vigilance de leurs agents.

« Un jour plusieurs couples se dirigeaient vers Saint-Mandrier, en traversant la rade; arrivés au milieu du trajet, en face le goulet, ou entrée de la rade, ils se saisissent du garde, l'étendent au fond du bateau, après l'avoir garrotté et bâillonné. Ils abordent la côte à quelques lieues de Toulon, se débarrassent de leurs chaînes, s'en servent pour attacher le garde à un arbre, et se sauvent dans les bois.

« Des paysans trouvèrent bientôt le patient, qui donna l'alarme, et les habitants des campagnes voisines, excités plus encore par le sentiment de leur propre sûreté, que par la somme de cent francs accordée à tout individu qui arrête un forçat évadé, furent bientôt à la piste des déserteurs, qui ne tardèrent pas à se trouver encore sous les coups de bâton.

« C'est par là qu'on commence leur punition. Traduits ensuite devant un tribunal maritime spécial, ils sont condamnés à trois ans d'augmentation de peine.

« Quant au bâton, peine fort usitée, elle est infligée, soit en vertu d'une ordonnance de police de l'intendant de la marine, soit en vertu des ordres du commissaire du bagne; deux exécuteurs, pris parmi les forçats sont chargés de l'administrer. Pour prévenir la terrible vengeance que tôt ou tard ils ne pourraient éviter, on les choisit dans les salles les plus éloignées de celles dans lesquelles ils sont chargés de faire les exécutions.

« La punition consiste en vingt-cinq coups, mais ces malheureux s'y habituent, et même il y en a qui prennent un abonnement : tous les jours, ils auraient à en recevoir, ils préfèrent accumuler, et, à un jour convenu, ils déclarent eux-mêmes le nombre de coups qu'ils ont mérités, et l'exécuteur fait son devoir.

« Ils trompent rarement dans ce dénombrement, on serait même tenté de croire que la bonne foi n'est pas bannie de ces cœurs fermés à tout sentiment vertueux. Ils gardent scrupuleusement leur parole, mais ils ont leur formule sacramentelle; s'ils ne juraient pas par *foi de forçat!* ils ne se croiraient pas liés; cette expression, qui est l'injure la plus grave que les gens du peuple puissent leur adresser, est pour eux un titre d'honneur qui rend leur promesse sacrée. Ils obtiennent même quelquefois, sous la garantie de ce serment, un peu moins de gêne.

Quelques *bonnets verts*, qu'on se hasarde à mettre à *la fatigue*, obtiennent quelquefois d'y être envoyés, mais on a soin de les entourer de *moutons* (espions), qui rendent compte à l'autorité de leurs moindres propos. Il n'est cependant presque jamais arrivé que ceux qui sont liés par ce serment cherchent à s'évader, mais le temps convenu expiré, il faut s'empresser de le faire renouveler. Beaucoup ne veulent pas y consentir.

« Ils ne se sentent pas la force, disent-ils, de tenir plus longtemps leur promesse, » ils rentrent à *la gêne* ordinaire.

« On a de la peine à concevoir un pareil contraste, surtout lorsqu'en parcourant les salles, on ne les entend parler que des crimes qu'ils ont commis, en avouant tous ceux que la justice n'a pu encore découvrir, mais qui ne sont pas dans le cas d'aggraver leur peine. Ils se moquent des condamnés que leur naïveté a convaincus devant les tribunaux, et s'instruisent mutuellement des moyens à employer pour échapper aux recherches de la justice, ou pour commettre des vols avec plus ou moins d'audace ou d'adresse. »

C'est dans cet enfer que Jérésu devait finir ses jours. Cet homme qui avait tant de fois déjoué les coups de la justice, se trouvait cette fois condamné pour un crime qu'il n'avait pas commis.

La nuit qu'il passa à l'hôpital fut une nuit sans sommeil; il voyait danser devant lui le spectre de la pauvre Floretta, il la voyait poursuivie par des molosses, la gueule dégoûtante de bave, et la malheureuse fuyait devant eux; il lui semblait qu'elle courait tout autour de la salle, et malgré ses efforts, il ne pouvait se lever pour aller à son secours.

Le jour lui ramena un peu de calme; mais cette fois s'il ne fut pas assailli par des songes, il le fut par le cri de sa conscience.

« Je n'ai plus rien à espérer, se disait-il, nulle main ne sera assez puissante pour me tirer d'ici ; du reste personne ne s'intéresse à moi, j'ai aimé l'argent non pour les jouissances qu'il procure, mais pour sa possession. Je suis puni par là. Je possède un million et je ne puis l'avoir, et j'expie au bagne un crime que je n'ai pas commis. Oh ! pourquoi n'ai-je plus vingt ans ? Que faire ici ? attendre la mort, mieux vaut aller au-devant d'elle. »

Et le malheureux, alors qu'il n'était l'objet d'aucune surveillance, s'étrangla avec son mouchoir, en tournant un morceau de bois autour, ainsi que trente ans avant l'avait fait Pichegru.

« J'avais dit de le surveiller, » se contenta de répondre le capitaine Thierry, lorsqu'il apprit la mort de Jérésu.

Morte la bête, mort le venin, dit le proverbe ; comme toujours le proverbe passa *à côté de la vérité* : *Jérésu était mort;* mais ses traces restaient vives en attendant qu'une main puissante vînt les effacer.

CHAPITRE LXXXI.

Un nouveau personnage.

Warburton était Anglais, et par conséquent tenace; en sortant de la maison d'Auteuil où il avait été si rudement traité, il essaya de marcher quelque peu, mais bientôt les souffrances qu'il éprouvait à la plante des pieds par suite des brûlures qu'il avait endurées, le forcèrent de s'arrêter et de s'asseoir sur une borne au bord du chemin.

Alors il se prit à réfléchir sur sa situation présente et à récapituler les faits accomplis :

« J'ai agi comme une brute, dit-il après quelque temps de réflexion et presque à haute voix. Je me suis laissé jouer par un Birmolan, il n'est pas jusqu'à ce drôle de Jérésu qui se soit moqué de moi. J'ai risqué l'échafaud, tout cela pour arriver à tomber entre les mains des ennemis que j'aurais dû abattre et leur raconter des faits qu'ils auraient toujours dû ignorer. Mais le plus difficile en ce moment, c'est de me rendre à Paris. »

En ce moment Warburton vit une ombre se dresser devant lui.

Il eut un léger tressaillement : en sa qualité d'Anglais, il ne croyait pas aux fantômes, mais il avait une horrible peur des voleurs.

« Monsieur, dit l'ombre, vous me paraissez un fort galant homme. »

L'Anglais ne répondit pas, mais il essaya d'examiner le visage de son interlocuteur, ce qui lui fut assez difficile par suite de l'obscurité qui régnait en cet endroit, néanmoins cet ombre lui parut appartenir au corps d'un honnête bourgeois.

« .... Seulement, continua l'ombre sans s'inquiéter du silence de l'Anglais, vous avez un défaut c'est de réfléchir tout haut.

— Ah ! daigna répondre Warburton.

— Et cela sans vous inquiéter s'il y a quelqu'un près de vous.

— Si bien ? demanda l'Anglais.

— Si bien, reprit l'ombre avec la plus exquise politesse, que je suis au courant de votre situation.

— Et....

— Et que je crois pouvoir vous être de quelque utilité.

— Mais, monsieur, dit l'Anglais, si vous avez si bien entendu ce que j'ai dit, je ne crois pas que dans mes réflexions j'aie fait appel aux services de quelqu'un.

— Je vois, monsieur, continua l'ombre avec le plus grand sang-froid, que la morgue britannique ne vous fait pas défaut, alors même que vous êtes dans une situation des plus critiques. Je ne vous demande pas votre secret, ni comment il se fait qu'un gentleman aussi distingué que vous paraissez l'être, se trouve sur la route d'Auteuil à près de minuit sans chaussures. Je suis trop discret pour vous adresser des questions à ce sujet.... Je ne vous fatigue pas, dit l'ombre changeant subitement de ton.

— Au contraire, dit l'Anglais fortement intrigué.

— Du moment que je suis assez heureux pour vous être agréable, je continue : vous cherchez à rentrer dans Paris, moi je cherche à en sortir.

— Vraiment.

— Il y a cinq heures que je suis sorti de la préfecture de police, sans la permission du gendarme qui m'accompagnait. »

L'Anglais fit un haut-le-corps.

« Autrement dit vous vous êtes évadé, dit-il ; mais je dois vous prévenir avant d'aller plus loin, que j'ai laissé ma bourse à l'hôtel.

— Oh ! monsieur, pour un gentleman ! fit l'ombre.

— Tenez, dit l'Anglais, votre histoire peut être fort drôle, mais si vous voulez bien vous me la raconterez chez moi. »

En ce moment une voiture passa au grand trot....

« Eh ! eh ! dit l'inconnu, il me semble que

c'est maître Birmolan qui conduit la voiture ou tout au moins qui sert de guide au cocher.... »

L'Anglais en entendant prononcer le nom de Birmolan n'avait pu s'empêcher de tressaillir.

« Vous connaissez Birmolan? demanda-t-il.
— Si je le connais! un bien pauvre sire.... ajouta-t-il d'un ton écrasant de dédain.
— Savez-vous où il va en ce moment?
— Non, et je ne cherche pas à le savoir.
— Il va en compagnie d'un autre coquin chercher mon cadavre ou tout au moins essayer de le rappeler à la vie.
— Tiens, tiens, mais en ce cas, il va furieusement être attrapé.... Mais pardon, vous m'avez parlé de finir notre histoire chez vous.
— Oui, mais c'est le tout de s'y rendre.
— Vous demeurez loin!
— Rue Blanche.
— Hum! fit l'inconnu qui réfléchit. Voici le moyen que je vous propose; c'est de vous porter jusqu'à la barrière des Bons-Hommes, là à n'importe quel prix nous trouverons bien une voiture pour nous conduire rue Blanche. »

Cette proposition ayant été acceptée par l'Anglais, l'inconnu l'enleva et le plaçant sur son dos; il accomplit assez gaillardement la longue course qu'il avait à faire pour arriver jusqu'à la barrière. Là ils trouvèrent une voiture où ils prirent place.

Nous renonçons à peindre la figure que fit M. Chanoine lorsqu'il vit entrer son locataire porté sur les bras d'un individu qui lui était complétement inconnu, alors qu'il le croyait sous les verrous.

« M. Chanoine, dit Warburton avec un grand calme, veuillez monter avec moi. »

Le maître d'hôtel abasourdi, et qui était prêt à se mettre au lit, prit un flambeau et conduisit à sa chambre l'Anglais.

« Maintenant veuillez fermer la porte. »

M. Chanoine accomplit docilement cet ordre, et pendant que l'individu qui avait si heureusement conduit Warburton à son hôtel, lui enveloppait la plante des pieds dans l'ouate, il parla ainsi à M. Chanoine tout tremblant :

« Savez-vous, monsieur, ce que vous avez fait ce soir : vous avez prêté la main à une arrestation arbitraire. Vous vous êtes fait le complice d'individus qui voulaient me dépouiller, mais, dit Warburton en souriant malgré les souffrances que lui faisaient éprouver ses brûlures, ils ne sont parvenus qu'à me dépouiller la plante des pieds.
— Grands dieux! fit M. Chanoine avec toutes les marques de son visible intérêt.
— Assez de ces témoignages qui se comptent à la fin du mois sur la carte à payer. »

M. Chanoine ne parut pas scandalisé de cette façon de parler de l'Anglais.

« Savez-vous, monsieur Chanoine, quelle peine vous avez encourue ce soir en prêtant la main à ces deux hardis coquins?...
— Monsieur, je vous en prie, veuillez m'écouter, ces deux hommes avaient un aplomb qui m'a fait perdre le mien, et puis cette écharpe....
— M. Chanoine! cria l'Anglais sans s'arrêter aux supplications de l'hôtelier, en Angleterre vous seriez pendu; en France, il y a des travaux forcés.
— Mais, monsieur, je croyais avoir tellement affaire à un commissaire de police sérieux que je lui ai laissé emporter une couverture de lit, n'est-ce pas là une preuve de confiance et qui plaide en faveur de ma bonne foi. A propos, l'avez-vous rapportée?
— Rapporté quoi? demanda Warburton.
— Ma couverture.
— L'intérêt vous domine donc bien que vous vous inquiétez plus de votre couverture que des désagréments que j'ai éprouvés par votre faute.
— Oh! monsieur.
— Monsieur Chanoine, je veux bien oublier ce qui s'est passé, mais j'y mets pour condition que vous n'en parlerez que quand je vous le permettrai.
— Oui, monsieur, je le jure!
— Très-bien.
— Voici monsieur, dit-il en désignant l'inconnu, qui va rester près de moi jusqu'à ce que je sois entièrement guéri. N'est-ce pas, docteur?
— Certainement.
— Vous lui monterez un lit dans la seconde pièce.
— Oui, monsieur.
— Et vous oublierez de le considérer comme un de vos locataires. C'est-à-dire que vous oublierez de lui présenter un de ces sots papiers auquel il faut confier son nom, son âge, son lieu de naissance, etc.
— Oui, monsieur.
— Et maintenant, montez-nous de quoi souper.
— Et vous croyez que cet homme va se taire? demanda l'inconnu lorsque M. Chanoine fut sorti.
— Oui, répondit froidement l'Anglais, la crainte de perdre sa clientèle lui fera garder le silence.
— Enfin, je le veux bien. Mais j'aimerais autant que nous fussions autre part; j'ai toujours vécu dans une profonde horreur des hôtels garnis. »

Un garçon qui entra avec un poulet froid, une assiette garnie de charcuterie d'un appétissant aspect mit fin à la conversation; on approcha une table du lit de Warburton; le couvert fut vivement dressé.

« Nous sonnerons si nous avons besoin de quelque chose, dit l'inconnu au garçon. Je vois, cher monsieur, à l'impatience qui brille dans vos yeux, dit-il tout en attaquant la volaille, que vous avez hâte de savoir à qui vous avez affaire. Je vais vous satisfaire avec une brièveté et une franchise qui vont peut-être vous paraître étranges, mais un moraliste a dit avec beaucoup de raison que le faux peut être vraisemblable. Je me nomme Joseph Raflard.

— Raflard, dit Warburton, il me semble que ce nom ne m'est pas étranger.

— Comment, monsieur, mon nom serait connu de vous, dit M. Raflard en s'inclinant avec grâce, j'étais loin de m'attendre à tant d'honneur.

— Voyons, pardon, ne veuillez pas vous formaliser de ce que je vais vous dire.

— Allez! Allez!

— Vous ou votre homonyme avez été, il y a une quinzaine d'années, le héros d'une histoire de faux billets de banque.

— C'est moi, Monsieur, cour d'assises de la Seine, troisième session de l'année 182...

— Mais il a été prouvé que l'accusation portée contre vous était fausse; les billets qu'on vous accusait d'avoir falsifiés étaient bons....

— Je puis vous confier qu'ils étaient faux, dit M. Raflard le plus tranquillement du monde.

— Faux ! s'écria l'Anglais ; mais les souches qu'on a consultées et auxquelles les découpures des billets saisis s'adaptaient parfaitement étaient donc également fausses.

— Je n'ai jamais rien compris à cette affaire-là. Le premier expert nommé avait déclaré les billets faux, et le brave homme était dans le vrai. Bien des fois, je me suis demandé comment cette substitution de billets sérieux à des billets faux avait pu se produire pendant l'instruction, je l'ai toujours ignoré. C'est à un homme du nom de Hochelin, greffier du juge d'instruction, à qui je dus mon salut ; un jour que j'étais à l'instruction, il me dit rapidement pendant que le juge était dans la pièce voisine : « Demandez la contre-expertise. » Je le regardai abasourdi. La contre-expertise! on avait saisi sur moi vingt billets de banque, que je savais parfaitement faux. Je le regardais d'un air ahuri. Mais lui sans s'inquiéter de mon ébahissement me fit signe de la tête de faire ce qu'il me disait. Aussi lorsque le juge entra je me décidai à parler :

« Monsieur le juge d'instruction, dis-je, je suis un honnête homme, j'appartiens à une honnête famille, on m'accuse d'avoir mis en circulation de faux billets de banque; l'expert qui a examiné les billets est un âne....

« — Veuillez parler avec plus de respect d'un homme auquel la justice a délégué une partie de ses pouvoirs, me dit le juge d'instruction en prenant un air digne et en rajustant ses lunettes.

« — Par respect pour vous, monsieur, je l'appellerai ignare. Les billets sont bons. Je demande une contre-expertise.

« Le juge me regarda par-dessus ses lunettes, je crois qu'en ce moment il devait se demander si je devenais fou.

« — C'est votre droit, finit-il par dire. Avez-vous les pièces? demanda-t-il à son greffier.

« — Oui, monsieur, répondit celui-ci avec une certaine vivacité.

« Il y a une chose qui m'a frappé, je dois vous dire, c'est l'empressement avec lequel le greffier fit sauter le scellé, alors que c'eût été le juge qui eût dû faire cette opération délicate.

« — Ce sont bien là vos billets? me demanda le juge d'instruction.

« Un nuage me passa sur les yeux, car à la seule vue du millésime, je venais de m'apercevoir que la liasse de billet avait été changée. Mais par qui cela avait-il pu être fait? Je jetai un coup d'œil rapide sur le greffier, je ne m'aperçus que d'une chose, c'est qu'il grattait consciencieusement un pâté d'encre. Alors sa figure qui était un peu pâle en ce moment me revint à la mémoire, et je me rappelais l'avoir vu plusieurs fois au fameux 113 du Palais-Royal. Ce greffier était un joueur. Mais cela ne voulait pas dire qu'il était assez riche pour substituer dans mon intérêt un paquet de vrais billets de banque.

« — Sont-ce bien là vos billets, répéta le juge qui paraissait s'impatienter de mon silence.

« — Oui, oui, monsieur, répondis-je vivement.

« — Vous voulez une contre-expertise?

« — Je la réclame à grands cris!

« J'étais comme fou! La mort qui quelques instants se dressait devant moi avait disparu. J'entrevoyais la liberté. Le greffier grattait toujours son pâté d'encre.

« — Monsieur, dis-je au juge, quand ferez-vous cette expertise?

« — Ce n'est pas en mon pouvoir, elle aura lieu à l'audience.

« — A l'audience! dis-je, dans combien de jours?

« — Dans cinq jours.

« — Cinq jours, mais c'est la mort.

« Alors une idée folle me passa par la tête, Sous ce scellé du juge d'instruction, je venais de songer avec effroi qu'on avait fait une substitution : si le même fait dans le sens contraire allait se produire. A cette idée un frisson glacial me passa par tout le corps.

— Je demande à emporter les billets dans ma prison ! m'écriai-je.

« — Pour les détruire.... dit le juge d'un air malin et qui croyait toujours avoir entre les mains de faux billets.

« — Les détruire! m'écriai-je, alors qu'ils sont la preuve de mon innocence, alors qu'ils vont la proclamer! Oh! non, mais j'ai tellement peur qu'un accident vienne les détruire en attendant le jour des débats, que je ne sais quel moyen vous proposer pour les garantir contre tout accident.

« — Monsieur a peut-être peur qu'on les lui change, dit le greffier d'un ton goguenard.

« J'avais apporté tant de feu à ma défense que le juge, qui d'après la déclaration de l'expert me croyait coupable, commençait un peu à douter.

« Il sonna.

« Dites donc au caissier du greffe de monter, » dit-il au garçon.

Celui-ci ne tarda pas à arriver. C'était un petit homme à la mine grassouillette, paraissant toujours marcher sur ses pointes pour se grandir.

« — Êtes-vous fort connaisseur en billets de banque? lui demanda le juge.

« — Assez, dit le caissier en se rengorgeant, pour n'avoir pas laissé entrer un billet faux dans ma caisse depuis vingt-cinq ans.

« — Voici un prévenu qui prétend que l'expert s'est trompé, et que les billets qu'on a saisis sur lui et qu'il a déclarés faux sont bons, excellents.

« — Voyons, fit le caissier, qui prit la liasse des mains du juge d'instruction. Le premier est bon!

« — Vous l'entendez! m'écriai-je.

« Le juge me fit signe de la main de me tenir en repos.

« — Le deuxième, dit le caissier, en continuant de feuilleter, est archi-bon.

« — Sauvé! m'écriai-je....

« — Un instant! un instant! s'écria le juge d'instruction qui se refusait encore de croire à mon innocence, il y en a vingt à vérifier. et jusqu'à présent on n'en a vu que deux.

« — L'expert de la banque n'en est pas moins un imbécile puisqu'il les a déclarés tous faux.

« Je dois dire que cette fois le juge d'instruction ne crut pas devoir me rappeler le respect qu'on doit aux délégués de la justice.

« En ce moment, un garçon à la mine effarée entra sans frapper.

« Monsieur, monsieur, dit-il au caissier, M. le procureur général est à votre caisse, il est furieux que vous vous soyez absenté.

« — J'y vais, j'y cours.... Et il sortit aussitôt emportant les billets.

« — Et mes pièces à conviction que vous emportez? lui cria le juge.

« — Il va changer mes billets! m'écriai-je.

« Je voulus courir après lui, mais le gendarme qui m'accompagnait me prit le bras et me força à demeurer en place.

« — N'ayez aucune crainte il va les rapporter, dit le juge en souriant de ma frayeur, et qui commençait à croire à mon innocence.

« Le caissier demeura absent près de quinze minutes. Cette absence me parut durer un siècle.

« — Ils sont tous bons, dit-il en rentrant.

« — Tous bons, répéta le juge d'instruction.

« — Merci, mon Dieu, m'écriai-je en prenant le ton et la pose d'une victime, d'avoir fait luire mon innocence.

« — C'est extraordinaire, fit le juge.

« Je vis que le caissier lui faisait signe de passer dans la pièce qui touchait à son cabinet. Je tendis l'oreille pour saisir ce qu'il pouvait avoir à lui dire.

« — Vous savez, lui disait-il bas, et ayant peine à étouffer une violente envie de rire, que ce ne sont pas vos pièces à conviction que je vous rapporte.

« — Comment ça?

« — C'est le procureur général qui les a emportées : il venait pour toucher cinquante-cinq mille francs, et, dans mon trouble, je lui ai remis vos vingt billets de mille avec vingt-cinq à moi.

« — Diable d'homme, qu'avez-vous fait?...

« — Puisqu'ils sont tous bons.

« — Vous en êtes sûr?

« — Du moins les dix premiers sont bons.

« — Vous êtes charmant avec les dix premiers.

« — N'ayez aucune crainte, ils sont tous bons. Votre prévenu est un honnête homme. Dites donc, cher, il me vient une idée.

« — Laquelle?

« — Si l'on allait arrêter le procureur général pour émission de faux billets de banque, ce serait drôle.

« — Oh! oui, dit le juge, et tous deux se mirent à rire aux éclats.

« Je dois vous le dire, je partageai en moi-même l'hilarité de ces deux dignes magistrats.

« — Sacrédié, dit tout à coup le juge d'instruction en s'arrêtant de rire, c'est égal, je voudrais bien que cette affaire fût terminée.

« — Bah! bah! fit le caissier en sortant.

« — Monsieur, dis-je au juge d'instruction quand il fut rentré dans la pièce où j'attendais, je vous demande la permission de parapher tous les billets. C'est mon droit, vous ne pouvez me le refuser.

« Il me jeta un regard inquisiteur. Je crois qu'en ce moment, il crut moins à mon innocence.

« — C'est en effet votre droit, me dit-il. Hochelin, passez une plume au prévenu.

« Je mis mon paraphe sur les vingt billets. Cinq jours après je passais en cour d'assises. L'expert fut bafoué comme il méritait de l'être. Il essaya de dire que les billets qu'on lui présentait à l'audience n'étaient pas ceux qu'on lui avait donné à vérifier lors de l'instruction, ce doute le fit mettre à la porte de l'audience. Le ministère public renonça à la parole, et je fus acquitté sur l'heure par le jury.

Le gendarme était là. (Page 387, col. 1.)

« Le lendemain, j'allais à la Banque avec mes pièces à conviction, et on me les échangeait sans difficulté contre mille louis. »

— Cette histoire est extraordinaire, dit l'Anglais; et vous n'avez jamais cherché à savoir qui avait pu opérer cette substitution en votre faveur?

— Si, dit Raflard; quelques jours après ma sortie de prison, je fus chez ce Hochelin; il demeurait rue de la Huchette. Aussitôt qu'il me vit, il me fit passer dans une pièce à part.

« — Que voulez-vous? me demanda-t-il brusquement.

« — Je viens vous remercier....

« — Vous ne me devez pas de remercîments. Vous êtes un faussaire.

« — C'est possible, mais dites-moi au moins le nom de l'homme qui m'a sauvé de l'échafaud.

« — Vous tenez à le savoir, me dit-il en me poussant dehors.

« — Oui.

« — Eh bien! c'est M. Pied-de-Fer, » me dit-il avec un rire satanique, et en me jetant la porte presque sur le nez.

« Je fus abasourdi. Pied-de-Fer était un voleur célèbre, un ancien chef de bande de chauffeurs que je n'avais jamais connu, et je n'avais fait que l'apercevoir à la Force, sans jamais lui avoir parlé.

« Cet homme avait réussi à s'évader quelque temps avant ma mise en jugement. Assurément le greffier se moquait de moi; il devait être insensé. Du reste, le malheureux mourut fou; Pied-de-Fer ayant été repris plus tard, fut ramené devant le même juge d'instruction qu'il étrangla, net et parvint à se sauver; le spectacle de ce meurtre produisit une telle impression sur le greffier qu'il en devint fou furieux et mourut deux jours après. Voici ma première histoire.

— Elle est curieuse, dit Warburton, d'autant plus qu'il s'en détache quelque chose de mystérieux. Mais il vous sera difficile d'en avoir le dernier mot, Pied-de-Fer et Hochelin étant morts. J'attends votre seconde histoire.

— Ma seconde est mon évasion de la préfecture, il y a six heures à peu près. Je dois débuter par vous dire que je suis l'époux d'une femme charmante; il y a quinze ans que nous sommes ensemble, et nous nous aimons autant que le premier jour que nous nous sommes connus.

— Deux vrais tourtereaux, » dit l'Anglais en faisant une grimace.

Cette grimace venait de la souffrance que lui faisaient éprouver ses brûlures.

« Je crois, dit-il, que vous feriez bien de changer la ouate et de mettre un peu d'huile. J'ai les pieds en feu.

— Avec plaisir, cher monsieur. »

Et M. Raflard s'empressa de quitter la table

où il se comportait assez vaillamment pour donner ses soins à l'Anglais.

« Ce matin à six heures, dit-il, quand il eut fini d'envelopper soigneusement les pieds de Warburton, je fus désagréablement surpris de voir entrer chez moi deux estafiers porteurs d'un mandat d'arrêt. Je dois vous dire que depuis dix ans, je faisais le commerce du sucre et du café; mais j'avais un défaut, c'était de jouer à la Bourse. J'étais heureux dans mon commerce et malheureux à la Bourse. Monsieur, j'ai quarante-cinq ans ; veuillez bien noter cela, je suis habitué à un certain confort, et avant-hier je fis un inventaire exact et je m'aperçus que je pouvais désintéresser tous mes créanciers, mais que ceci fait, il ne me resterait pas un sou. Je fis part de cette situation à ma femme : c'est une femme forte sur laquelle les préjugés n'ont aucune prise.

« — Et si tu ne payais personne, me dit-elle, combien te resterait-il ?

« — Quatre cent mille francs, répondis-je.

« — Peut-on vivre en Angleterre avec le revenu de cette somme et en mordant un peu au capital? »

« Un rayon de lumière commençait à pénétrer dans mon cerveau.

« — Je le crois, dis-je après un instant de réflexion, employé à savoir de quelle façon je pourrais réaliser mes fonds.

« — Eh bien! alors réalise au plus vite, et partons. »

« Ce modèle des épouses est parti, il y a trois jours, avec les quatre cent mille francs ; je m'apprêtais à aller la rejoindre, lorsque ce matin à six heures je fus enlevé par deux agents et dirigé sur la préfecture de police. Pendant que je m'interrogeais pour savoir qui avait pu lire dans mon plan et l'arrêter au moment décisif, on me fit entrer dans un cabinet où se trouvait un monsieur. Je ne sais quelles étaient les fonctions de cet employé ; mais après m'avoir jeté un coup d'œil indifférent, il sonna : un gendarme parut.

« — Conduisez monsieur au cabinet de M. Gerlier, » lui dit-il.

« M. Gerlier est à la préfecture chargé de l'interrogatoire des prévenus. C'est lui qui fait l'instruction sommaire.

« Alors une idée de salut me passa par la tête : ce fut d'abuser de la bonne foi du gendarme. C'était canaille, mais je savais ce qui m'attendait, j'étais sous le coup d'une accusation de banqueroute frauduleuse, il y allait des travaux forcés; en présence d'une semblable perspective la générosité devient de la stupidité.

« Je dois vous dire qu'on arrive aux bureaux des différents commissaires par un large escalier au haut duquel règne une galerie et sur cette galerie donnent les portes d'entrées. Arrivé sur le palier nous étions seuls, je me tournai avec aplomb vers mon gendarme :

« — Mon ami, lui dis-je, je vous remercie bien de m'avoir accompagné jusqu'ici.

« — Comment! me dit le gendarme stupéfait.

« — Pardon, mon ami, lui dis-je en tâchant de sourire de la façon la plus naturelle du monde, est-ce que vous croiriez par hasard que je suis votre prisonnier? On ne vous a pas dit de me garder ; on vous a dit de m'accompagner, c'est-à-dire de me montrer le chemin du bureau de mon ami, M. Gerlier. On ne vous a pas dit autre chose.

« — C'est vrai, dit le gendarme. Cependant, pour des commissions semblables, on prend un garçon de bureau et non un gendarme de service. »

« Je voyais qu'il n'était pas tout à fait convaincu.

« — Si vous tenez à m'accompagner chez mon ami, entrez avec moi.

« — Non ! répondit-il brusquement.

« — Enfin, finit-il par dire, entrez. »

« Je vis bien qu'il allait attendre ma sortie.

« Je pris mon courage à deux mains et j'entrais bravement dans le bureau de M. Gerlier en affectant une myopie désespérante, me cognant aux chaises et aux tables.

« — Pour avoir un passe-port.... dis-je.

« — Mais ce n'est pas ici ! me cria le commissaire, qui paraissait très-mécontent d'être dérangé dans la rédaction de je ne sais quel procès verbal.

« — Oh ! monsieur, je vous en prie, lui dis-je d'un ton humble, veuillez m'excuser; je suis myope, et tellement que c'est à peine si je puis me conduire ; par moments avec des étourdissements, auxquels je suis sujet, je ne vois pas à me conduire, et tenez en ce moment même je n'y vois pas.... Je crois même que je vais tomber.

« — Mais quel est donc l'imbécile qui vous a indiqué mon bureau pour celui des passe-ports ? me demanda le commissaire.

« — C'est un garçon, mais je me serai trompé ; c'est certain, je suis encore une fois, monsieur, désolé du dérangement que je vous cause, mais je ne puis faire un pas ; veuillez me permettre de m'asseoir.

« — Asseyez-vous, asseyez-vous, me dit-il d'un ton plus radouci. Il y a longtemps que vous êtes sujet à cette espèce de coups de sang ? me demanda-t-il avec un semblant d'intérêt.

« — Dix ans, monsieur ; dix ans, répondis-je.

« — C'est long, il faut suivre un traitement.

« — J'en suis un, monsieur, mais cela ne me fait rien ; je suis d'une sobriété à rendre des points à un chameau, et c'est triste à dire, cela n'apporte aucune amélioration à ma position. »

« Je cherchais à tirer la conversation en longueur, pensant que mon gendarme finirait par être convaincu en ne me voyant pas sortir de l'inutilité de sa faction : je finis enfin par ne trouver rien de mieux que de prier ce brave M. Gerlier de mettre le comble à ses bontés, en voulant bien me conduire jusqu'au bas de l'escalier ; il fit bien un peu la grimace, mais il ne refusa pas. Point essentiel.

« Le gendarme était là, caché dans un coin ; mais comment pouvait-il soupçonner que l'homme qu'on lui avait donné à conduire fût un criminel, lorsqu'il le voyait passer s'appuyant sur le bras du commissaire de police, et qu'il l'assurait de son dévouement et le remerciait du bon accueil qu'il lui avait fait ; toute espèce de soupçon devait tomber, aussi me laissa-t-il passer sans dire mot.

« Je sortis au plus vite de Paris ; je possédais vingt francs, je ne pouvais aller loin avec cette somme. Je restai tout le reste de la journée dans un cabaret d'Auteuil, attendant que les rues fussent désertes pour rentrer dans Paris. Je vous vis sortir de la petite maison d'Auteuil d'une façon qui me donna beaucoup à penser ; car c'est assez rare de voir un homme sortir pieds nus avec un chenet à la main ; je vous suivis de près. Vous savez le reste.

— Maintenant qu'allez-vous faire? demanda Warburton.

— Je ne sais, dit Raflard ; tâcher de gagner l'Angleterre, et d'y rejoindre ce modèle des épouses au plus vite, car je craindrais que si elle venait à apprendre qu'il me fût arrivé quelque accident, elle ne cherchât à s'étourdir dans les bras d'un autre.

— Cela vous sera assez difficile en ce moment de sortir de France ; votre évasion a dû faire du bruit, et les ports d'embarquement doivent être surveillés. Je vais vous faire une proposition ?

— J'attends la proposition, avec l'aplomb d'un soldat sous les armes.

— C'est celle de vous mettre à mon service. »

M. Raflard, quoiqu'il fût dans une situation à tout accepter, n'en fit pas moins un haut le corps. Ce mouvement de répulsion n'échappa pas à Warburton.

« Monsieur Raflard, lui dit-il, je suis lord, et pourtant de dures nécessités m'ont contraint de me mettre à la solde d'un haut personnage. Votre esprit inventif me plaît. Jusqu'à ce jour, je n'ai eu pour collaborateurs que des coquins, je veux essayer d'un gentleman. Maintenant ce n'est point une menace que je vais vous faire, mais un avis que je vous donne ; si vous acceptez ma proposition, vous me devez la plus grande fidélité ; du reste, j'ai pour vous y rappeler certains moyens : ainsi, si vous veniez à me trahir, l'homme pour le compte duquel j'opère, est assez puissant pour vous faire enlever de n'importe quelle partie du monde où vous vous seriez réfugié, et vous mettre entre les mains de la police française.

— Énumérez les conditions ! répondit M. Raflard, et ne craignez pas de me blesser en traitant largement la question des appointements.

— Cinq cents francs par mois, tout le temps que vous resterez avec moi. Deux mille francs le jour où je vous remercierai, et je prends ici l'engagement de vous faire sortir de France. »

Raflard eut l'air de réfléchir un instant :

« Tapez là, milord, dit-il en lui tendant la main. Je m'accroche à vous comme l'huître au rocher. »

L'Anglais toucha à peine du bout du doigt ceux de M. Raflard.

« Maintenant, dit-il, veuillez m'écouter avec la même attention que j'ai apportée à votre récit, car vous me paraissez homme de bon conseil. »

Et alors Warburton raconta à Raflard cette chasse à l'héritage, dans laquelle avait succombé Baldaquin et Floretta.

« L'homme que nous avons à combattre, dit-il en terminant, a été assez fort pour détacher le chevalier Birmolan de mon service, et c'est lui hier soir qui m'a enlevé d'ici avec l'aide de l'ingrat Birmolan et m'a transporté dans cette maison isolée où en me chauffant la plante des pieds, ils sont parvenus à m'arracher une partie de mon secret, c'est-à-dire l'intérêt que j'avais à faire disparaître le comte Henry.

— Milord, dit Raflard qui avait apporté la plus grande attention au récit de son nouveau maître, si vous voulez m'en croire, vous me permettrez d'aller me reposer, et demain matin, nous verrons aux moyens à employer pour rattraper le terrain perdu. Mais je vois à l'impatience qui brûle dans vos yeux que vous voulez avoir mon sentiment à cet égard. Eh bien ! le voici : le prince Mafiolini est un prince de carton, dont la femme a fait ses farces dans sa jeunesse ; je ne parle pas du chevalier Birmolan qui doit avoir des états de service à la préfecture de police, la façon dont il a été traité par Lambert au bois de Boulogne lors de son duel avec le comte Henry, me fait supposer qu'il n'y a chez lui aucune espèce de sentiment élevé ; pour ce qui est de Lambert, ce Caleb du prince Mafiolini, il a une façon de faire parler les gens qui me rappelle les procédés qu'on mettait sur le compte du fameux Pied-de-Fer. Vous avez agi comme un enfant, milord, veuillez me pardonner ma franchise ; sachez que s'il y a dans Paris vingt mille coquins, ils sont connus de la police ; si elle ne les prend pas, c'est qu'elle redoute les acquittements scandaleux ; vous avez créé une police au lieu de vous servir de celle qui est à la solde de l'État, cela vous eût coûté moins cher et vous n'auriez pas à vous reprocher la mort de Floretta. Il fallait prendre ce monde-là par la crainte du scandale. Je suppose que demain j'aille trouver le prince Mafiolini et que je lui tienne à peu près ce langage : « Vous êtes prince, c'est possible, mais en tout cas la princesse, votre femme, a fait les délices des habitués des galeries de bois; un Anglais excentrique l'a tirée de la boue, l'a élevée jusqu'à lui et en a eu un enfant, le comte Henri; à son lit de mort, cet Anglais a institué cet enfant pour son seul héritier : il y a vingt-cinq millions à palper.... Tenez-vous à les avoir? S'il dit oui, nous savons à quoi nous en tenir, cet homme n'a de noble que le titre, et nous lui envoyons une sommation par huissier; vous voyez d'ici le scandale. La princesse Mafiolini, dame de charité, ayant le titre d'Altesse, etc., obligée d'avouer qu'elle a fait ses farces; mais c'est d'un drôle à pouffer de rire, les petits journaux ont de quoi se défrayer pendant quinze jours. Le Palais d'Auteuil est considéré comme un coupe-gorge, l'association du chevalier de Birmolan avec le factotum du prince continue d'édifier le public et de montrer sous son véritable jour ces soi-disant grands personnages. Rappelez-vous, milord, qu'en France, il y a une arme plus terrible que le poignard, c'est le ridicule. Donnez-moi carte blanche, et dans quinze jours, ce monde-là sera obligé de prendre la fuite poursuivi par les quolibets et le mépris. »

— Je ne crois pas à votre moyen, je ne le saisis pas bien.

— Voulez-vous me donner deux jours?

— Je ne vous donnerai pas une heure, car demain Lambert et de Birmolan partiront pour l'Angleterre, et dans cinq jours, avec les renseignements qu'ils m'ont arrachés, ils peuvent être en possession de l'héritage.

— Je n'insiste pas, milord, dit Raflard, mais vous viendrez à mon plan, » et il alla se coucher.

CHAPITRE LXXXII.

Une succursale de la préfecture de police.

Warburton dormait profondément lorsqu'un coup sec frappé à la porte de sa chambre le réveilla.

« Entrez! » cria-t-il.

Un vieux monsieur, vêtu d'une douillette puce, les jambes flottantes dans un pantalon de satin noir et les pieds chaussés dans des escarpins à boucles d'acier, la tête couverte d'une perruque blanche qu'il ne cherchait pas à dissimuler et qu'il portait bravement comme si elle eût été inhérente à son crâne chenu, entra. On eût bien donné à ce bonhomme soixante-dix à quatre-vingts ans; c'était un vieillard coquet, un ancien beau, il s'appuyait sur une canne à pomme d'or; la seule chose disparate qu'il y eût dans sa personne c'étaient des lunettes garnies de toile verte; de son ancienne jeunesse, il ne restait au vieillard que de forts sourcils encore noirs, qui donnaient à son visage naturellement placide un cachet de volonté.

L'entrée de ce vieillard intrigua assez Warburton.

« Vous vous trompez de porte probablement, monsieur, dit-il.

— Non, non, dit le vieillard. C'est bien à lord Warburton que j'ai l'honneur de parler.

— Oui, monsieur.

— Si vous le voulez bien, cher lord, nous allons causer. »

Et le singulier vieillard, sans en avoir reçu l'ordre, traîna péniblement un fauteuil près du lit où était couché l'Anglais, et s'y installa commodément.

« Il paraît, cher monsieur, dit-il lentement et d'une voix chevrotante, en puisant dans une tabatière d'or une large pincée de tabac, que nous avons voulu jouer avec des gens plus forts que nous? et nous en avons été punis. Nous avons voulu faire traverser la poitrine du petit comte Henry par ce farceur de Birmolan, et c'est presque le contraire qui est arrivé; et enfin dernier trait de ce drôle, trait qui a dû profondément vous peiner, vous avez vu ce traître Birmolan, que vous avez comblé de vos faveurs, passer à l'ennemi et abuser de la confiance que vous aviez mise en lui au point d'indiquer votre domicile à ce gueux de Lambert, lequel, pour compléter des renseignements incomplets, n'a pas hésité à vous faire chauffer la plante des pieds. Ah! ah! nous ne sommes pas forts. »

Warburton, pâle, assis sur son lit, écoutait ce singulier homme avec ébahissement et sans songer à l'interrompre.

« Et maintenant qu'allons-nous faire pour rattraper tous les points perdus? Voilà la question? Ah çà! milord, dit tout à coup le vieillard en quittant sa voix cassée, est-ce que vous allez me laisser causer longtemps sans m'interrompre? »

Et en parlant ainsi, le vieux bonhomme fit sauter sa perruque et ses lunettes.

« Raflard! s'écria Warburton avec un soupir de soulagement. Oh! bien joué.

— Et oui, c'est Raflard, dit celui-ci en riant aux éclats; c'est Raflard qui a voulu vous donner une preuve de son savoir-faire. Il y a une chose que j'ai oublié de vous dire, c'est que j'ai deux domiciles à Paris, le premier officiel, le second privé : dans le domicile privé je ne suis connu que sous le nom de Bonnard. Ce dernier domicile a toujours été ignoré de Mme Raflard, qui m'arracherait les yeux si jamais elle venait à l'apprendre; ce matin, pendant que vous dormiez, je vous ai emprunté cinq cents francs dans votre portefeuille, comme avance de gages, j'ai demandé une voiture, je me suis fait conduire chez M. Bonnard d'où je suis sorti ainsi déguisé pour aller à la découverte.

— Je ne vous aurais jamais reconnu. Vous avez un talent de grime fort remarquable.

— Votre seigneurie me flatte:

— Non, parole d'honneur. Enfin qu'avez-vous découvert?

— J'ai découvert que mes créanciers m'ont fait mettre en état de faillite. Ensuite, j'ai eu la satisfaction de lire dans le Droit des détails inédits sur mon évasion d'hier; d'après le journaliste, j'ai terrassé le gendarme qui, malgré sa conduite courageuse, a été arrêté; mais il paraît qu'on est sur ma trace. La police du Havre, prévenue par le télégraphe, m'attend à ma descente de la diligence; comme vous voyez, je puis demeurer tranquille ici. Comprenez-vous comme cette conduite de la police est intelligente; le seul homme qui pouvait me découvrir, on le fourre dedans, et on m'avertit charitablement que les ports d'embarquement sont surveillés; mais en ce cas ces imbéciles se figurent donc que je ne sais pas lire! Après m'être lesté l'estomac d'une tasse de chocolat, je suis allé à l'agence de renseignements.

— Qu'est-ce que c'est que ça?

— L'agence des renseignements est une sorte de préfecture de police au petit pied qui, au lieu d'être à la disposition du gouvernement, est à la disposition de tout individu qui peut payer grassement : les maris qui soupçonnent leurs femmes de donner des coups de canif dans leur contrat; les filles entretenues qui doutent de la fidélité de leurs amants, les créanciers qui éprouvent des doutes sur la solvabilité de leurs débiteurs, les pères qui veulent savoir si leurs fils jouent à la Bourse, forment la clientèle de cet établissement modèle, créé par un ancien agent de la police de sûreté ; je suis donc allé là afin qu'on nous donne des renseignements sur tous les personnages qui sont en relation avec nous.

— Et vous croyez obtenir tous les renseignements qui les concernent?

— A peu de chose près.

— Et quand recevrez-vous ces renseignements?

— A midi. »

L'Anglais regarda à sa montre:

« Il est midi moins cinq.

— Alors on ne va pas tarder à arriver. »

En ce moment, et comme si Raflard eût eu un talisman à sa disposition, on frappa à la porte.

« Ces messieurs de l'agence, dit-il, sont en avance ou votre montre retarde, milord. »

Un homme au visage de fouine entra dans la chambre, discret, tenant une lettre à la main :

« Lord Warburton.

— Donnez, dit Raflard.

— C'est qu'il y a quelque chose à recevoir, dit l'individu qui ne paraissait pas vouloir se dessaisir de sa lettre qu'il tenait de la même main qu'un chapeau crasseux et à bords mous.

— Combien? demanda Warburton.

— Cinquante francs, milord.

— En voici cinquante-cinq, dit Warburton, et débarrassez-moi de votre laide figure au plus vite. »

L'agent du bureau des renseignements ne parut pas se formaliser de cet accueil, et se retira en saluant jusqu'à terre.

« Ah! dit Raflard lisant : Note concernant les habitants de la maison d'Auteuil : « Le prince Mafiolini, fortune colossale, Français quoique portant un nom italien, on croit qu'il a servi sous Napoléon Ier, bien vu à la nonciature ; sa femme n'est autre chose que Régine Caumont, qui a trôné au café des Circassiennes; elle avait été avant la maîtresse d'une altesse allemande; a été la maîtresse de lord Barstley. Tout porte à supposer que le prince ignore la conduite antérieure de sa femme.

« Lambert. Cet individu qui se croit inconnu à Paris, et qui est le factotum du prince, n'est autre que l'ancien lieutenant de Pied-de-Fer. La police, qui a une revanche à reprendre avec Pied-de-Fer, le surveille et le laisse libre, espérant un jour ou l'autre qu'il lui servira à s'emparer du célèbre chauffeur qui a mis le comble à ses crimes en étranglant un juge d'instruction. A la préfecture on ne croit pas à la mort de Pied-de-Fer.... Depuis quelque temps Lambert est en très-bons termes avec un nommé Birmolan, qui prend parfois le titre de chevalier, cet homme a été soldat ; on a peine à comprendre que Lambert et Birmolan se soient réunis, surtout depuis une insulte que Lambert lui a faite devant témoins ; l'auteur de la note serait assez incité à penser que Birmolan a fait partie du corps de partisans organisé par Pied-de-Fer lors de l'évasion; il est d'autant plus porté à le croire qu'à cette époque il faisait partie de la contre-police du château et qu'il refila Birmolan pendant quelque temps. Le prince Mafiolini doit ignorer le passé de Pied-de-Fer; quoique grande dame, la police qui ne perd jamais ses droits a toujours l'œil sur la princesse. »

— C'est tout? demanda l'Anglais.

— Tout. Vous voyez, milord, que cela est consciencieusement fait.

— Ah! cher monsieur Raflard, dit Warburton qui eut un moment d'expansion dont il se repentit, il est vrai, un instant après, si je vous eusse connu il y a six mois, j'eusse économisé à lord Farsterstein plus de cent mille francs, et nous tiendrions l'héritage.

— Ah! dit tout à coup Raflard, je n'avais pas vu, il y a au bas de la lettre un tournez s'il vous plaît. Grands dieux !

— Qu'avez-vous? demanda l'Anglais.

— Rue de la Huchette, lut Raflard rapidement, demeure la veuve Hochelin, sœur de Lambert. Cette femme est également surveillée depuis longtemps. Des agents prétendent que Pied-de-Fer et Lambert y ont été vus le soir même de l'assassinat du juge d'instruction.

— Eh bien, dit froidement l'Anglais, qu'est-ce qu'il y a d'étonnant à ce que Lambert ait une sœur veuve du nommé Hochelin ?

— Comment, vous ne comprenez pas, milord, que Lambert étant le beau-frère d'Hochelin, c'est lui qui a dû substituer à mes billets faux, des billets valables…. Mais dans quel but? » se demanda Raflard qui devint songeur.

L'Anglais eut peur un instant que Raflard, par reconnaissance, passât dans le camp ennemi, ainsi que l'avait déjà fait Birmolan.

« Attendez! dit-il. Il est impossible que Lambert ou Pied-de-Fer songeassent à vous délivrer alors que vous leur étiez totalement inconnu.

— Cependant…. fit Raflard, les vingt mille francs sont là pour attester leur intervention. »

Warburton, nous l'avons dit, était un homme méthodique et qui savait déduire admirablement les conséquences d'un fait.

« Il y a deux hypothèses, dit-il après un instant de réflexion : la première, c'est que dans la prison votre figure soit revenue à Pied-de-Fer et qu'il ait donné l'ordre à Lambert de vous sauver par l'entremise d'Hochelin. Cette hypothèse ne tient pas un seul instant debout, car alors qu'il était en prison, Pied-de-Fer avait assez à s'occuper de sauver sa tête sans songer à sauver celle d'un individu qui lui était totalement inconnu.

— C'est vrai, dit Raflard; mais les vingt mille francs.

— Pas si vite, pas si vite. Deuxième hypothèse.

— Voyons-la.

— Vous m'avez dit qu'Hochelin le greffier était joueur.

— C'était un des plus fidèles habitués du 113.

— Eh bien! il avait joué avec vos pièces à conviction, et pour sauver son beau-frère de l'infamie, Lambert dut faire les fonds nécessaires. »

Warburton avait, comme on voit, deviné juste. Raflard demeura songeur un instant.

« Ce que vous dites là est une révélation, dit-il après un instant de silence, car je me rappelle qu'à ma sortie de prison on parlait, en en faisant des gorges chaudes, de l'aventure arrivée à des croupiers du 113, qui avaient reçu en payement trois ou quatre billets faux. »

Un garçon de l'hôtel qui entra avec une lettre, en ce moment, arrêta le cours de la conversation.

« L'individu qui a apporté cette missive n'a pas voulu monter, dit-il; il réclame cent francs, il dit qu'il y a deux lettres dans l'enveloppe.

— Les voici, dit Warburton en fouillant dans sa bourse; lisez vite, maintenant que le garçon est sorti.

— Ah! dit Raflard, c'est la note concernant l'habitante de la petite maison d'Auteuil, où l'on vous a décortiqué la plante des pieds. Je lis : « Cette femme a été ouvreuse de loges à Bruxelles; elle est depuis un mois à Auteuil, elle a été installée par un nommé Lambert; son âge donnerait à supposer qu'elle a pu bien être la maîtresse de ce dernier ou de Pied-de-Fer. Les notes de la police impériale de 1811 donnent trois femmes aux chauffeurs de l'an VII; d'après certains rapprochements, on serait tenté de la prendre pour Sophie, si c'est elle….

— Mais certainement, dit Warburton en interrompant, je me rappelle très-bien avoir entendu ce damné Lambert lui donner ce nom.

« Elle aurait trempé, continua de lire Raflard, dans l'assassinat d'une jeune fille; elle fut reconnue et arrêtée au moment de l'exécution de l'assassin; mais transportée à l'hôpital de Rouen, elle s'en échappa. Ces derniers faits ne doivent être acceptés que sous bénéfice d'inventaire. » Voilà tout ce qu'il y a concernant Sophie : Note concernant Jérésu.

— Je suis assez curieux de savoir ce qu'on dit de ce gredin.

— Jérésu, demeurant à Paris, rue Basse-du-Rempart, espion; n'a rendu que de mauvais services à la police; a déposé il y a quatre mois, à son départ de Paris, sous le nom de Jérésu Reimloss, une somme de près de un million à la Banque de France; hier le journal de Toulon annonçait le suicide d'un forçat du nom de Jérésu, arrivé au bagne de la veille. Est-ce le même?

— Un million! s'écria Warburton. Et Jérésu serait mort ! il se serait suicidé au bagne.

— Pardon, cher maître.

— Vous dites….

— Je dis pardon, cher maître.

— Pourquoi ce changement de ton vis-à-vis de moi, monsieur Raflard? demanda Warburton avec hauteur; il me semble que vous vous oubliez.

— Veuillez vous rappeler une fois pour toutes, cher maître, que l'intimidation n'a jamais réussi avec moi. Si j'ai changé de ton, c'est que dans la précieuse enveloppe se trouve un troisième papier vous concernant….

— Qui me concerne! s'écria Warburton, qui oublia toutes les questions de préséance en un instant. Et de quel droit vous êtes-vous permis de faire fouiller dans ma vie ?

— J'ai pour habitude, cher monsieur, de ne jamais faire d'affaire avec personne sans au préalable m'être enquis de sa valeur. Écoutez : « Warburton, Anglais, à Paris depuis huit mois, n'a par lui-même aucun moyen d'existence ; prend le titre de lord qu'il n'a aucun droit de porter; a employé un nommé Baldaquin, et en dernier lieu le chevalier Birmolan, dans des affaires louches; on le croit surveillé par la police. Homme de peu de valeur.

— Ou c'est vous qui avez fourni une partie des éléments de cette note, dit l'Anglais furieux, ou cela tient de la magie.

— Sur l'honneur, je n'ai fourni aucune note, » dit gravement Raflard.

Il faut avouer que ce serment dans la bouche d'un tel individu n'avait pas grande valeur. Mais Warburton s'en contenta.

« Eh bien, monsieur Raflard, je crois que ce qu'il y a de mieux à faire, c'est de mettre le détroit entre nous et les gens de la rue de Jérusalem. Je n'aime pas les curieux.

— Vous n'y pensez pas, quitter Paris en ce moment.

— Je n'y pense pas! s'écria l'Anglais, mais si cette agence est si bien informée, la préfecture de police doit l'être bien mieux. Peut-être connaît-elle mes relations avec l'homme aux poisons et n'attend-elle que le moment favorable pour m'arrêter. Il faut partir, entendez-vous, partir ce soir, dans une heure; que dis-je? de suite.

— Pas si vite, pas si vite; partez si bon vous semble, moi je reste. Et le million de Jérésu.

— Le million de Jérésu? demanda l'Anglais; est-ce que vous avez la prétention de forcer les caves de la Banque?

— On a essayé cela, il y a une vingtaine d'années, mais dame police a eu vent de l'affaire, et l'exécution a été manquée; j'ai un moyen plus sûr, et ce moyen, c'est une procuration qui m'a été donnée par Jérésu Reimloss, en ce moment domicilié à Francfort-sur-le-Mein, pour retirer le million qu'il a déposé à la Banque de France.

— Comment vous êtes-vous procuré une pièce aussi importante?

— Cher monsieur, si je sais me grimer, je sais également imiter l'écriture d'autrui d'une façon remarquable, et depuis longtemps la calligraphie n'a plus de secret pour moi. Ce matin je suis allé rue Basse-du-Rempart, domicile de feu Jérésu; et là, pour deux louis, j'ai corrompu la portière; j'ai fouillé le bouge de cet homme infect, et dans un coin, sous des loques, j'ai trouvé ce petit carnet.... Ce carnet qui est à souche lui a été délivré par la Banque pour pouvoir retirer à sa volonté les sommes déposées. Comprenez-vous?

— Aôh! vous êtes un homme merveilleux, dit l'Anglais avec admiration.

— Je le sais, très-cher.... Maintenant habillez-vous, nous allons nous rendre à la Banque; la procuration est au nom de Warburton, esquire, domicilié à Londres, et présentement à Paris; vous avez le carnet, il s'agit de remplir les blancs, et il tendit une plume à l'Anglais; celui-ci, dominé par Raflard, écrivit docilement tout ce qu'il lui dit; il est midi et demi, la Banque ferme à trois heures, il faut qu'à une heure le million soit entre nos mains; il y a cinq cent mille francs pour vous et cinq cent mille francs pour moi.

— Et à deux heures, nous partons pour Londres.

— Vous voulez donc me faire tomber dans la gueule du loup, vous ne vous rappelez donc plus que les ports me sont interdits.

— C'est juste. Que faire?

— Attendre, dit Raflard.

— Mais où, puisque votre diable de note dit que je suis surveillé?

— Et le domicile immaculé de M. Bonnard?

— Sauvé! s'écria l'Anglais, qui, oubliant ses brûlures, sauta à bas du lit et s'habilla en un tour de main.

— Et maintenant attention, il s'agit d'enlever à la Banque un million sans la faire crier. Le dieu des fripons a les yeux fixés sur nous. Tâchons d'être dignes! et surtout de réussir. »

Et les deux hardis coquins montèrent dans une voiture de remise des plus confortables, et se firent conduire à la Banque.

CHAPITRE LXXXIII.

Deux coquins à l'œuvre.

« L'expédition que nous sommes en train de faire, mon cher Warburton, disait Raflard pendant que la voiture roulait, est une preuve évidente du progrès dans l'art d'extorquer de l'argent. Voici comment vous allez vous y prendre : vous allez entrer bravement dans la grande cour de la Banque, et tournerez à gauche; vous présenterez le feuillet sur lequel est écrit la somme à retirer : neuf cent quatre-vingt-dix-huit mille francs. N'ayez aucune crainte pour ce qui est de la signature, Reimloss, elle est de Jérésu; la fausse est sur la procuration; comme il est plus que probable que la Banque de France n'a pas de relation avec le bagne de Toulon, et que le papier des pensionnaires de cet établissement n'a pas cours chez elle, elle ignore la mort de Jérésu. Le dragon de la Banque préposé aux dépôts aurait-il appris qu'un nommé Jérésu est mort au bagne qu'il ne pourrait un seul instant lui venir à l'idée que le Jérésu de Toulon fût le Reimloss déposant à la Banque. Je tiens, cher monsieur, à vous donner toutes ces explications pour vous montrer qu'il n'y a nul danger.

— Mais, dit l'Anglais, dans l'esprit duquel passa un doute, pourquoi n'y allez-vous pas? »

Raflard eut un sourire de pitié pour cette réflexion.

« Ah çà, cher insulaire de mon cœur, croyez-vous que c'est parce que votre figure m'a séduit que je vous fais partager dans l'affaire Jérésu Reimloss ? mais sachez que s'il m'avait été possible d'aller à la Banque, sans être reconnu, je faisais l'affaire seul....

— Aôh ! fit l'Anglais.

— Aôh ! tant que vous voudrez, c'est comme cela. »

La voiture en ce moment entrait dans la rue Taitbout. Raflard qui, quoique déguisé, avait prudemment baissé les stores, souleva le petit coussin qui cachait la glace de derrière et aperçut un homme qui courait dans la direction de la voiture.

Dans une situation ordinaire, un homme courant dans la rue Taitbout après une voiture, cela n'avait rien d'extraordinaire ; mais Raflard et son ami étaient loin, comme on sait, d'être dans une situation ordinaire.

« Je crois qu'on nous suit, dit-il en se pinçant le nez, ce qui était chez lui le signe d'une préoccupation profonde.

— Diable ! fit l'Anglais. Et le million ?

— Nous allons le toucher. Pardieu....

— Mais puisque vous prétendez que nous sommes suivis. Assurément ce ne peut être que par la police.

— Ou Lambert ?

— Mais il faut le tuer, cet homme. C'est le seul moyen d'avoir le repos.

— Un peu de patience, dit Raflard, il s'agit de voir si réellement cet homme nous suit. Cocher, dit-il en se penchant à la glace de devant, continuez de rouler comme si de rien n'était, nous sommes poursuivis par un garde de commerce, il y a quarante francs pour vous si vous parvenez à le dépister.

— Où sont les quarante francs ? demanda le cocher, un vieux routier capable de toutes les ruses, et en continuant de fouetter son cheval ; si l'on veut faire marcher le cheval, faut lui donner l'avoine et non lui tenir le picotin à distance.

— Voilà vingt francs, dit Raflard.

— Votre défiance m'humilie, dit le cocher continuant de parler sans tourner la tête. C'est ce grand qui est à soixante pas derrière nous, qui vous suit ?

— Oui, dit Raflard.

— Il y a dix minutes que j'attends qu'il s'accroche derrière la voiture pour lui cingler un coup de fouet ; mais n'y a pas de danger qu'il nous rattrape ; on dirait d'un égoutier embarrassé dans ses bottes. Pas fort le garde du commerce, pas fort....

— Voilà les autres vingt francs.

— Merci, bourgeois.

— Vous allez prendre le boulevard, la rue de Hanovre, vous ne vous arrêterez qu'une seconde au détour de la rue, le temps que nous puissions descendre, et vous continuerez votre route tout droit par les Champs-Élysées, le bois de Boulogne.

— Histoire d'amuser le mouchard. Compris.

— Maintenant, ami Warburton, dit Raflard, attention à opérer une descente un peu chocnosofe ! »

La voiture traversa le boulevard au galop. L'homme signalé par Raflard perdit un peu de terrain, mais il s'accrocha à une voiture qui suivait la même direction que la voiture qui conduisait Warburton et Raflard.

« Voici le pavillon de Hanovre, l'individu ne peut nous voir, la main sur le bouton, descendez le premier, une, deux.... »

Le cocher, au risque de briser les jambes de son cheval, l'arrêta court. Raflard sauta lestement à terre, Warburton en fit autant, mais le contre-coup le lança de quelques pas en avant ; heureusement que Raflard l'arrêta à temps, sans ce secours il se brisait la tête sur le pavé. Du manche de son fouet le cocher ferma la portière, tout en excitant son cheval.

Ce temps d'arrêt avait duré six secondes environ.

Raflard et Warburton entrèrent vivement dans le café et se placèrent derrière une vitre ; ils virent passer au galop l'individu qui les suivait.

« Le cocher avait raison, dit Raflard, on dirait d'un cavalier démonté ; est-ce un agent de Lambert ? est-ce un agent de la préfecture ? »

En ce moment, une voiture s'arrêta près du café, et un individu qui se trouvait dedans siffla l'homme qui intriguait si fort Raflard, et le fit monter avec lui.

A sa vue, Raflard devint blanc comme le linge.

Dans l'homme de la voiture, il venait de reconnaître M. Gerlier, le commissaire aux délégations judiciaires qui l'avait si complaisamment aidé à descendre la veille l'escalier de la préfecture.

« Je l'ai échappé belle, dit-il, en voyant la voiture du commissaire suivre celle qu'il venait de quitter ; heureusement que son cheval est une rosse, il n'est pas prêt de rattraper la voiture que nous venons de quitter. »

Raflard était, comme on a déjà pu le voir, l'homme des coups décisifs.

« Il est une heure cinq, se dit-il en consultant sa montre, Gerlier et son acolyte en ont pour deux heures avant de s'apercevoir de la supercherie, car ils ne vont pas s'amuser à arrêter la voiture ; ils sont trop fins pour cela.

— Ces messieurs désirent.... demanda un garçon, qui vint interrompre le monologue de Raflard.

Raflard noyant ses remords....

— Mon ami le chevalier n'est pas ici, dit Raflard d'une voix cassée, et comme je n'ai pas le temps de l'attendre, allez me chercher une voiture fermée. Voilà pour vous, » et il donna cinq francs au garçon.

Au bout d'un instant, une seconde voiture était à la disposition de Raflard et de Warburton, qui y montèrent et se firent conduire place des Victoires.

« Très-cher, la Banque est en face, dit Raflard à son complice au moment où la voiture s'arrêta; faites appel à votre flegme britannique, modérez votre joie au moment de toucher la riche proie que nous convoitons, surtout pour éviter tout soupçon prenez le temps de compter ; enfin sachez vous montrer à la hauteur de votre mission. »

Warburton se contenta pour toute réponse de serrer fortement la main de son digne accolyte en descendant de voiture.

Raflard le vit franchir avec un certain serrement de cœur le portail de la Banque de France.

« Hé ! hé ! Raflard, se dit-il, il me semble que tu trembles? et pourquoi refuserais-je d'avouer que je tremble? Un million est une somme assez rondelette pour que l'attente de sa possession produise un certain effet.... Voyons, mon ami, récapitulons notre situation présente. Mme Raflard est à Londres avec quatre cent mille francs. Fort joli denier.... Avec les cinq cent mille francs que Warburton va te rapporter, tu peux aller trouver ton syndic provisoire, te faire délivrer un sauf-conduit, payer tes créanciers, et faire la nique à ce bon commissaire qui court après toi vers Suresnes; et il te reste encore quatre cent soixante à quatre cent quatre-vingt mille francs. Tu achètes de la terre, tu deviens électeur éligible, peut-être député. Hé! hé! c'est tentant.... Oui, mais l'affaire de la Banque peut se découvrir un de ces matins. On saisit les terres et on envoie l'électeur éligible à Rochefort ou à Toulon. Raflard, vous êtes stupide avec vos idées honnêtes; cherchez donc plutôt dans votre cervelle le moyen de reprendre à maître Warburton les cinq cent mille francs que vous lui avez alloués avec un laisser-aller qui peut faire honneur à votre générosité, mais non à votre savoir-faire. »

Il tira sa montre de son gousset.

« Une heure vingt-cinq.... Voilà dix minutes que Warburton est entré.... pas de mouvement à la porte. Tout doit bien aller. Ah! le voici!... Non! je l'aurais pourtant bien juré; du calme, du calme.... Cette fois.... non plus.... il tarde bien. Une heure trente.... L'aurait-on arrêté? Ce ne serait pas bien difficile, car c'est à peine s'il peut mettre un pied l'un devant l'autre.... Ah! décidément, c'est lui.... un garçon de la Banque l'accompagne.... S'il a l'argent, j'avoue que c'est excessivement fort de sa part que de demander un guide ; aux yeux des plus soupçonneux, un homme qui sort aussi tranquillement avec un million ne doit inspirer aucune espèce de défiance... Ce n'est pas possible, il n'a pas le million, on lui aura dit de revenir. C'est une affaire perdue....

— Merci, mon ami, dit l'Anglais lorsqu'il fut arrivé à la portière de sa voiture dans laquelle il monta avec une certaine difficulté, rue Blanche....

— Vous voulez donc nous jeter dans une souricière, lui dit Raflard bas à l'oreille.

— Mais où aller ? lui demanda-t-il du même ton de voix.

— Hôtel Meurice.

— Dites qu'on me conduise hôtel Meurice, mon ami, » dit l'Anglais au garçon de la Banque en lui mettant une pièce dans la main.

La voiture partit au galop dans la direction de la rue de Rivoli. Raflard jeta un regard profond à Warburton.

« J'ai la somme, » dit simplement celui-ci qui faisait tous ses efforts pour rester froid.

Il nous serait difficile de peindre l'émotion à laquelle Raflard fut en proie en entendant cette réponse de l'Anglais.

« Tu as le million ? demanda Raflard.

— Oui.

— Fais-le voir, car il y a de ces choses qu'il faut toucher pour y croire.

— Le voici, dit l'Anglais qui tira de sa poche de côté un portefeuille qu'il avait peine à tenir fermé. Il y avait dedans neuf paquets de billets de mille francs d'égale grosseur et un autre paquet un peu moins épais ; voici les neuf cent mille francs, ceci est l'appoint, » dit-il, en désignant le paquet le plus mince.

Et l'Anglais, après avoir fait contempler un instant à son complice la vue des billets de banque, fit mine de serrer son portefeuille.

« Halte-là ! dit Raflard, les bons comptes font les bons amis ; dans la situation où nous sommes nous pouvons être forcés de descendre encore une fois devant un café du Helder quelconque, et cette seconde fois, moins heureux, ne pas nous réunir. Partageons sur-le-champ.

— Ce doute....

— Mon vieux Warburton, tu dois voir comme je cherche à entrer vivement dans ton estime. Hier soir, je t'appelle milord, et en te donnant ce titre honorifique je riais de toi ; ce matin, je reconnais en toi un homme capable, et je t'appelle simplement cher ; mais le coup que tu viens d'accomplir est tellement grand que je ne te ménage plus mon admiration et je te tutoie. »

L'Anglais, qui, quoique coquin, cherchait à se faire illusion sur sa propre dégradation morale en prenant de grandes manières avec ses complices, essaya bien de réagir contre cette familiarité ; mais avec Raflard il en avait compris l'inutilité :

« Comme je ne tiens pas à ce que tu grandisses encore à mes yeux en m'enlevant mes cinq cent mille francs, je te les demande ici, dans la voiture.

— Et si je me refusais à les donner, » dit Warburton avec hauteur.

Raflard sentit au froid qui lui envahit le visage qu'il devait devenir blanc d'émotion sous son fard.

« Ce n'est pas sérieux ce que vous dites là ? » dit-il lentement.

Mais Warburton, retranché dans sa gourme, ne fit point attention au ton avec lequel étaient prononcées ces paroles ; pourtant il aurait dû suffire à l'homme le moins perspicace pour lui faire comprendre qu'une colère, qui allait devenir terrible, s'allumait dans le cœur de Raflard.

« J'ai bien voulu tolérer depuis ce matin certaines familiarités de mauvais goût, dit l'Anglais d'un ton froid, mais il est temps que chacun de nous rentre dans son rôle....

— J'aimerais mieux vous entendre dire dans sa part, répondit Raflard qui voulait tenter encore une fois de faire prendre à la conversation un tour badin.

— Veuillez ne pas m'interrompre, dit Warburton avec hauteur. Je vous ai dit, il n'y a qu'un instant, que le doute que vous émettiez à mon égard m'offensait ; je le maintiens. J'ai pour habitude de payer à mon heure. Je refuse, — et il accentua ce mot, — je refuse de partager en ce moment.

— C'est votre dernier mot ? dit lentement Raflard.

— Je n'ai rien à ajouter à ce que j'ai dit, » dit Warburton en s'enfonçant dans son coin.

En ce moment Warburton put se croire plus fort que son complice, car celui-ci, la tête baissée, paraissait écrasé de ce qu'il venait d'entendre ; mais ce triomphe devait être de peu de durée, car avant que Warburton ait pu se mettre sur la défensive, Raflard avait tiré rapidement de sa poche une petite bouteille qu'il brisa sur les lèvres de l'Anglais, tandis que de la main droite il lui tenait les poignets.

Warburton ouvrit la bouche pour crier, mais le cri expira dans sa gorge, car en ouvrant la bouche une petite partie du liquide y avait pénétré, et Raflard lui serrait sa cravate avec force. Au bout de quelques secondes, la tête de Warburton s'inclina sur sa poitrine et ses membres se détendirent.

« C'est la deuxième fois qu'il me menaçait, » dit Raflard d'une voix sombre.

Ainsi dans ce moment terrible, l'assassin même avait besoin de s'excuser à ses propres yeux.

Raflard prit dans la poche du mort, car on pouvait considérer Warburton comme tel, la fausse procuration, vida complétement le portefeuille des billets et ne respecta que la bourse de sa victime.

« Nous sommes rue Saint-Honoré, dit-il en soulevant le store ; il n'y a pas un instant à perdre, la voiture sera à l'hôtel Meurice dans dix minutes ; » et il tira le cordon de soie que le cocher tenait à la main. Celui-ci s'arrêta aussitôt ; Raflard ouvrit la portière, descendit vivement au risque de compromettre son déguisement d'octogénaire, et ferma la portière plus vivement encore, tellement il craignait qu'un regard indiscret ne plongeât dans l'intérieur.

« Cocher, dit-il en essayant d'imiter le baragouin d'un Anglais peu au fait de notre langue, voici por vô ; l'ami à moâ a oublié une toute petite chose, cours Vincennes, 17.

— Cours Vincennes, 17, milord, dit le cocher en empochant une pièce d'or.

— Yes ! yes !

— Sufficit. Pardon, milord, rangez-vous, que je fasse tourner mon cheval. »

Raflard resta sur le trottoir jusqu'à ce qu'il eût vu la voiture partir au grand trot. Alors il entra dans le passage Saint-Honoré, passage connu seulement des habitants du quartier, tourna à gauche et se trouva dans une sorte de petite cour sale, formée par deux boutiques, tenues l'une par un savetier, l'autre par une fruiterie borgne. Cette cour débouchait sur un autre passage, circonstance précieuse qui permettait à ceux qui demeuraient dans cette cour de n'y faire que passer s'ils soupçonnaient être suivis et qu'ils tinssent à tenir secret le lieu de leur domicile.

Raflard jeta un coup d'œil investigateur autour de lui et s'engouffra dans une allée sombre ; il monta trois étages, s'arrêta sur le palier, introduisit une clef dans la serrure de la porte de droite, et entra.

C'était un petit appartement de trois pièces, l'obscurité la plus profonde y régnait. A voir toutes les précautions prises par l'habitant de cette demeure pour y cacher sa présence, il était facile de concevoir que Raflard n'avait jamais dû être honnête. Ainsi on ne voyait nulle fenêtre, elles étaient cachées par des contrevents matelassés et tout autour de chaque pièce des tapisseries cachaient les murs. On soupçonnait l'endroit où devient se trouver les fenêtres, mais on eût été très-embarrassé de désigner leur place. Un épais tapis étouffait les pas ; l'ameublement de chacune des pièces était des plus luxueux.

Raflard alluma une petite bougie à une veilleuse qui brûlait dans la cheminée et s'étendit ensuite dans un fauteuil.

« Dieu sait, dit-il, que je voulais partager fidèlement avec lui, pourquoi m'a-t-il tenté ? »

Et en parlant ainsi, il essuyait la sueur qui lui découlait du visage.

« Quelle journée ! J'ai le million que je convoitais, mais en ce moment j'en donnerais bien la moitié pour être transporté de l'autre côté de l'Atlantique ; ce matin encore, je pouvais être en sûreté en Belgique ; maintenant, avec l'affaire de la voiture, il me faut passer en Amérique. Ouf ! J'ai soif, j'ai la langue collée au palais. »

Il ouvrit un petit buffet, en tira une cave à liqueurs et se prépara une sorte de limonade au rhum, dont il but coup sur coup plusieurs grands verres.

« L'effet de cette bouteille de laudanum que j'ai trouvée si à propos chez ce misérable Jérésu a été foudroyant.... peut-être Warburton n'est-il qu'endormi.... Mais la loi ne fait pas de différence entre la tentative et le crime....

« Ça va mieux.... » dit-il en se rasseyant....

Il y avait sur la table à la portée de sa main un code : il était marqué à l'article Banqueroute.

« Ah ! dit-il, maintenant il s'agit bien de ça.... C'est ce qui a rapport au meurtre qu'il faut que je consulte.... Travaux forcés à perpétuité, lut-il, la mort.... le coupable aura la tête tranchée. »

Raflard jeta le livre à terre avec violence.

« Je suis stupide lorsque je me trouve seul, je vois tout en noir ; et cette force de caractère que tous ceux qui m'entourent se sont toujours plu à me reconnaître, et cette énergie, cette volonté.... Quoi ! au moment de toucher au port, je sombrerais ; qu'ai-je à craindre de Warburton, il est mort.... Nul ne saura.... »

En ce moment, il s'arrêta de parler, et se leva droit comme saisi de terreur.

« Et l'homme de la rue Taitbout, et le cocher auquel j'ai donné quarante francs....; tous, s'ils sont interrogés, diront que c'est moi qui ai tué Warburton. Il ne reste plus qu'une planche de salut, c'est que l'homme de la rue Taitbout suivît Warburton ; mais pourtant, Gerlier, le commissaire qui a fait monter cet agent dans sa voiture.... C'est bien moi que l'on poursuivait, que l'on poursuit.... il me semble qu'on monte l'escalier. »

A l'idée que ce pouvait être la justice, sa figure se décomposa et prit une teinte cadavéreuse ; son corps tremblait, ses yeux étaient démesurément ouverts comme s'il eût cru qu'en les ouvrant ainsi il pouvait leur donner plus de puissance et essayer de pénétrer au travers des murs.

Il s'avança en marchant sur la pointe du pied dans le couloir qui conduisait à la porte donnant sur le carré.

« Ils sont deux, dit-il en prêtant l'oreille, si c'est pour moi qu'ils viennent, ils en ont bien pour une heure avant d'enfoncer la porte, et une fois enfoncée.... il lui passa sur les lèvres un sourire sinistre. Ah ! ils montent au-dessus, c'est égal.... je vais tendre la petite machine, dans la situation où je suis, il faut s'attendre à une série de choses désagréables.... »

Et il se baissa, souleva le tapis et mit à nu un piége à loup, les vides étaient remplis par du plâtre ; la porte en s'ouvrant ne pouvait le détendre, mais une fois la distance parcourue par le diamètre de la porte dépassé, n'importe où le pied se posait, le piége se levait et serrait la jambe de l'indiscret, tandis que de chaque côté du mur, deux portes bardées de fer et à doubles panneaux se dédoublaient et enfermait dans le carré le malheureux qui s'aventurait dans ce passage.

L'effet de ces ressorts était terrible. Raflard, en examinant cet ingénieux système de portes, de ressorts, de contre-poids, eut un sourire de satisfaction.

« C'est pourtant moi qui ai construit tout cela, dit-il ; j'aurais mieux fait d'amener Warburton ici, » dit-il après un instant de noires réflexions.

On le voit avec cet esprit d'évolutions propre aux coquins, les terreurs du misérable avaient disparu.

Après avoir mis toute chose en place, il rentra dans la chambre, consulta sa montre : elle marquait deux heures et demie.

« Il fera nuit à sept heures, si je pouvais dormir jusqu'à ce moment-là. » Il s'étendit sur un canapé, mais ce fut en vain qu'il appela le sommeil, c'est-à-dire l'oubli ; le sommeil ne vint pas, et ses terreurs un instant disparues revinrent à son esprit.

Ah ! c'est qu'on ne rompt pas en vain avec les lois sacrées de l'honneur ; le sentiment de l'honneur n'est pas, ainsi que le prétendent les fripons, une loi de convention. Non ! ce sentiment naît avec l'homme, il fait partie de son être : ce sentiment s'appelle la conscience ; à l'idée du crime, la conscience se révolte, mais elle n'abandonne pas le misérable, elle continue de vivre même chez les criminels les plus pervers, et c'est en vain qu'ils cherchent à étouffer ses cris, car leur conscience est un juge implacable qui ne pardonne pas, elle traîne le coupable à son tribunal, bien avant qu'il aille devant celui du juge. Elle est plus terrible dans son arrêt que la justice humaine, et ne cesse de poursuivre le coupable de ses clameurs que le jour où le remords pénètre dans son âme; mais alors par combien d'années de terreur, d'expiation n'a-t-il pas passé avant d'arriver à ce moment suprême.

Raflard avec toute son habileté n'était qu'un histrion ; cette facilité d'élocution qui avait séduit Warburton ; cette série de faits qui leur avait permis en un instant de s'approprier une somme énorme ; ce succès dans le crime l'avait aveuglé : déjà à la porte de la Banque de France, il cherchait dans son esprit fertile en ruses criminelles à s'approprier la part de son complice ; à la même heure peut-être, au moment où Warburton voyait s'étaler devant lui les billets de banque, peut-être lui aussi songeait-il à se débarrasser de Raflard.

CHAPITRE LXXXIV.

La police d'il y a trente ans.

A l'époque où se passe cette histoire, la préfecture de police avait à sa tête un homme qui opéra dans l'organisation de la police les réformes les plus utiles. Et aujourd'hui, le nom de ce préfet n'est connu que pour l'affaire des fusils achetés en Angleterre, fusils auxquels on a fini par donner son nom, et que, par quelques histoires apocryphes, telles que celle d'avoir conduit à Saint-Cloud Vidocq, déguisé en vieille femme, pour divertir le roi.

L'échotier à court de copie qui a écrit cette anecdote, connaissait bien peu le caractère aristocratique de Louis-Philippe, qui eût, sans nul doute, fait jeter dehors le préfet mal appris et l'ancien forçat, si le premier s'était permis une pareille incartade ; il connaissait bien peu ce roi qui disait à un maréchal de France, qui exhalait parfois une odeur de tabac assez prononcée :

« On prétend que je suis un despote, et je ne puis empêcher les valets de fumer dans l'antichambre. »

C'est ce même préfet qui, en 1834, portait avec fierté et justice, aux journalistes démocrates, le défi de nommer un seul agent avoué de la préfecture qui eût subi une peine correctionnelle si minime qu'elle fût ; ce préfet aimait à tout voir par lui-même, sage précaution nécessitée par les nombreux abus que ses prédécesseurs n'avaient osé ou n'avaient pu détruire, et l'on pourra avoir une idée du désordre qui régnait dans le service de la préfecture, et de la nécessité qu'il y avait pour le préfet d'être en communication avec les agents secrets, en lisant seulement le fait suivant :

Un officier de paix avait reçu par les préfets précédents la direction de douze à quinze agents secrets, et, chaque jour, cet employé envoyait à la préfecture leurs rapports copiés de sa main, pour éviter, disait-il, qu'ils puissent être reconnus, affirmant que cette précaution était exigée par ces mêmes hommes, qui, d'après ses dires, n'avaient confiance qu'en lui.

Mais M. Gisquet ayant voulu, dès les premiers temps de son administration, réunir sous sa direction immédiate tous les agents secrets, et connaître ceux qui communiquaient avec ses subordonnés, découvrit que la prétendue brigade de quinze éclaireurs, pour laquelle on payait chaque mois une somme de plus de trois mille francs, se composait de deux hommes, lesquels fabriquaient seuls, en variant le style, les rapports journaliers et les quittances mensuelles de leurs acolytes supposés.

On pense bien que les deux fripons furent chassés, mais il fut aussi impossible de récupérer l'argent qu'ils avaient extorqué que de mettre la main sur leur brigade chimérique.

Ce préfet disait avec raison que tout le monde faisait de la police comme M. Jourdain faisait de la prose sans y penser.

« La police, disait-il, a moins d'agents à ses ordres qu'elle n'en trouve de bénévoles dans toutes les classes de la société. Les indiscrétions inaperçues, les propos en l'air, qui passent dans la rapidité de la conversation, sont des sources fécondes pour la police.

En voici deux exemples :

« Deux jeunes gens avaient loué deux chambres dans une maison du faubourg Saint-Germain, occupée par de nombreux locataires. Quelques-uns de ces derniers apprirent que les jeunes gens introduisaient une assez grande quantité de poudre dans leur local et qu'ils y travaillaient pendant la nuit : les voisins furent épouvantés des chances d'explosion auxquelles ils étaient exposés, et demandèrent le renvoi de ces locataires imprudents ; mais ceux-ci voulurent demeurer jusqu'à l'expiration du terme.

« Ne sachant alors comment échapper aux dangers qui les menaçaient, deux habitants de la maison révélèrent leur inquiétude au commissaire de police de leur quartier, et cette dénonciation motiva la saisie de poudre, de projectiles, d'écrits séditieux et l'arrestation de plusieurs conspirateurs. »

Le second exemple que cite M. Gisquet dans ses *Mémoires* est des plus curieux dans ses résultats :

« Un élève en pharmacie se trouvant avec quelques amis, une discussion s'engagea sur l'étendue de ses connaissances chimiques. On eut l'adresse, en piquant son amour-propre, de lui faire écrire une recette pour fabriquer de la poudre. Ce chiffon de papier auquel on ne semblait attacher aucune importance, fut pris et conservé par un des interlocuteurs.

« Quelques mois plus tard, le confiant élève apprit par les feuilles publiques la saisie opérée par les ordres du préfet de police d'une fabrique clandestine de poudre et de papiers qui compromettait plusieurs personnes. Se rappelant alors les instructions écrites de sa main, et quelques paroles équivoques prononcées devant lui venant confirmer ses craintes, il ne douta point qu'on eût fait usage de sa recette, et qu'elle ne fût au nombre des pièces saisies. Il s'attendait à être arrêté comme complice, à perdre son emploi, et voyait dans un tel événement tout son avenir perdu.

« Pour éviter un pareil dénoûment, pour justifier sa conduite, il alla trouver le préfet et lui raconta tout ce qui s'était passé, et lui donna, sans le vouloir, des indications qui l'amenèrent à connaître l'existence d'une autre fabrique de poudre.

« Le résultat curieux de cette démarche, c'est que le jeune pharmacien était absolument étranger à la fabrique déjà découverte, et qu'en voulant s'excuser d'en être le complice, il révéla au préfet une fabrication beaucoup plus importante, laquelle, cette fois, était réellement organisée par sa faute. »

Nous avons cru devoir entrer dans ces détails pour montrer comment M. Chanoine, propriétaire de l'hôtel de la Reine-Blanche, arriva, sans s'en douter, à devenir un auxiliaire de la préfecture de police.

Jusqu'à ce jour, Warburton ne lui avait donné aucun sujet de plaintes ; il payait avec une exactitude qu'il eût été très-heureux de voir suivie par ses autres locataires ; il ne discutait jamais sur le nombre de bougies qu'on lui réclamait à la fin du mois, et si parfois il entrait à une heure assez avancée de la nuit, le lendemain un large pourboire venait dédommager le garçon de nuit de son dérangement.

Mais l'enlèvement de Warburton, cet enlèvement accompli dans des circonstances étranges, l'avait bouleversé ; son retour avec cet inconnu, le traitement douloureux qu'on lui avait fait subir, traitement qu'il voulait qu'on tînt caché, tout cela avait jeté M. Chanoine dans une profonde perplexité.

Et ici il faut s'incliner devant la perspicacité de Raflard disant à Warburton qu'il avait toujours vécu dans une sainte horreur des hôtels garnis.

Or, vers onze heures, M. Chanoine se rendit chez le commissaire de police de son quartier.

« Monsieur, lui dit-il d'un air fin, j'ai une confidence à vous faire. »

Le commissaire — un ancien capitaine de gendarmerie — avait une tête de boule-dogue sur un cou de taureau ; c'était un de ces hommes dont la teinte chaude du visage et les veines gonflées pronostiquent l'apoplexie ; il avait été debout une partie de la nuit à propos de dispute entre filles et dandys, et par contre avait mal digéré un dîner raisonné qui lui avait été offert par un ancien camarade de sa légion.

Le commissaire jeta un coup d'œil rapide sur Chanoine :

« Qu'est-ce que me veut cet imbécile avec ses airs mystérieux ? dit-il.

— Oui, monsieur, reprit l'hôtelier en élevant la voix, et qui croyait que le commissaire ne l'avait pas entendu, je viens pour vous faire une confidence. »

Et M. Chanoine alla sur la pointe des pieds pour fermer la porte du cabinet du commissaire, porte qui communiquait avec la pièce où se tenaient des employés.

Le commissaire eut un frisson à ce simple mouvement de M. Chanoine, il crut que l'air se raréfiait dans son cabinet.

« Laissez donc cette porte ouverte, dit-il avec violence ; si vous avez froid, moi, j'étouffe. Ouvrez plutôt la fenêtre. Qui êtes-vous ? Que voulez-vous ? »

Une violente quinte de toux sèche l'empêcha de continuer.

« Je suis M. Chanoine, propriétaire de l'hôtel de la Reine-Blanche, et je viens vous faire une confidence.

— Voilà trois fois que vous me dites que vous venez me faire une confidence. Sachez, monsieur, que nous ne sommes pas institués pour recevoir des confidences, mais des dénonciations.... Entendez-vous ? Nous ne sommes pas des confesseurs, mais des agents de l'autorité....

— Pourtant, monsieur le commissaire....

— Allez, je vous écoute, je suis ici pour cela ; faites votre dénonciation.

— Mais, monsieur, dit M. Chanoine qui tâcha de prendre un air digne, ce n'est pas au fonctionnaire que je m'adresse, c'est à l'homme privé. »

M. Chanoine comptait beaucoup sur l'effet que devait produire cette phrase sur l'esprit du commissaire ; aussi qu'on juge de son étonnement quand celui-ci lui répondit brusquement :

« Est-ce que vous êtes venu pour vous.... »

Le brave commissaire qui, ainsi que nous l'avons dit, avait servi, avait conservé de son ancien métier des habitudes de caserne qui s'alliaient peu avec ses fonctions de magistrat ; il rattrapa à temps le malencontreux juron.

« Après ça, dit-il en changeant de ton et en souriant, il est vrai que je suis assez gros pour me dédoubler. Voyons, arrivez au fait, confidence, dénonciation, je vous écoute, j'ai dix minutes à vous donner, c'est mon jour de rapport, et le papa Gisquet aime l'exactitude.

— Monsieur, voici ce dont il s'agit, dit M. Chanoine en donnant à sa voix un ton sourd et mystérieux.

— Parlez plus haut ! cria le commissaire, j'ai des bourdonnements dans les oreilles et je n'entends pas ; et en parlant ainsi, il avait introduit son doigt dans son oreille gauche qu'il secouait rudement.

— Monsieur, dit l'hôtelier sur un ton de fausset.

— A présent il me fend les oreilles ! allez comme vous voudrez ! »

C'est ce que faisait du reste M. Chanoine, qui raconta longuement l'arrestation de Warburton, l'aide qu'il avait cru devoir prêter au faux commissaire de police ; le retour de Warburton avec un docteur inconnu, etc., etc.

Le commissaire comprit de cette histoire qu'elle pouvait se rattacher à quelques faits mystérieux ou politiques, et que dans cette occurrence, la meilleure chose qu'il eût à faire était d'agir avec prudence.

« Il est trop tard pour que j'aille chez vous, dit-il à M. Chanoine, vous allez venir avec moi à la préfecture de police. »

M. Chanoine fut flatté de suivre le commissaire ; à ses propres yeux, il devenait presque un personnage.

A la préfecture, on était encore ému de l'évasion de Raflard.

Le préfet avait jeté feu et flamme.

On ne parlait rien moins dans les bureaux que de la destitution de M. Gerlier, et de l'envoi du gendarme devant un conseil de guerre.

« Conférez avec Gerlier de cette affaire, dit le secrétaire général au commissaire qui venait de lui apprendre l'affaire Warburton, peut-être se lie-t-elle avec l'évasion d'hier. »

A cette époque les sociétés secrètes et les émeutes laissaient peu de loisir au préfet de police.

Chaque matin on découvrait un dépôt d'armes.

La machine infernale de Fieschi, Pepin et Morey, qui venait d'ensanglanter le boulevard du Temple, était encore présente à la mémoire de tous, et un avis adressé au préfet venait d'apprendre qu'une société secrète, formée d'hommes déterminés, tenait ses réunions rue Saint-Honoré, à deux pas de la demeure royale.

Plusieurs avis secrets émanés de bourgeois du quartier étaient arrivés à la préfecture.

Depuis trois jours, la police ne cessait de fouiller le quartier Saint-Honoré.

« Ces imbéciles de bourgeois, disait un des agents qui se trouvaient dans le cabinet du chef de bureau spécialement chargé de cette enquête, sont toujours comme ça, pour soi-disant ne pas se compromettre, ils vous donnent toujours des renseignements incomplets, renseignements qui vous font venir l'eau à la bouche, mais ne vous mettent nullement sur la trace de l'affaire.

— Voyez-vous, Juibraide, dit le second agent, si le bourgeois était intelligent, il ne serait pas bourgeois. »

Celui qui parlait ainsi était un ex-peintre qui pour l'amour de l'art était entré dans la police. Il n'était connu que sous son nom de guerre Rapin, sobriquet qui lui avait été donné en souvenir de son ancienne profession.

Juibraide était un vieil agent, peut-être moins intelligent que Rapin, mais qui avait sur tout le personnel de la préfecture le talent de connaître son Paris topographique et canaille.

Pas un coin de la grande ville ne lui était inconnu, pas un visage de filou qui ne lui fût connu. Cette spécialité l'avait sauvé de la retraite commandée par son intempérance.

« Ainsi dans l'affaire Fieschi, continua Juibraide, dédaignant de répondre à l'observation saugrenue de son interlocuteur, on disait qu'il s'agissait d'un souterrain pratiqué dans quelque cave avancée sous le boulevard et où des tonneaux de poudre avaient été introduits.

— Et puis v'lan, ajouta Rapin, le coup part d'une fenêtre d'un quatrième.

— C'est là qu'est le beau de la dénonciation, observa Juibraide d'un ton railleur, on cherche à terre, on sonde le pavé, pendant ce temps là, crac ! il vous tombe une cheminée sur la tête.

— Voilà la morale des dénonciations, quand on vous dit : faites attention à vos pieds, c'est à la tête qu'il faut veiller. »

Ici la conversation fut interrompue par l'entrée du chef de bureau :

« Que le diable emporte les Carbonari et les sociétés secrètes ! dit-il avec colère, on ne sort de là que pour entrer dans les émeutes.... Eh bien ! Juibraide, vos hommes ont-ils fouillé la rue Saint-Honoré ? »

Juibraide, ainsi interpellé, mit la main droite sur son cœur et s'inclina en essayant de sourire agréablement, mais il ne parvint à faire rendre à son visage couperosé qu'une laide grimace.

« Consciencieusement, monsieur, consciencieusement. Je puis m'en flatter. Et Vidocq lui-même, tant vanté, à tort, n'eût pas mieux fait ; du reste Rapin m'emboitait le pas. C'est assez dire, et nous n'avons pas regardé à la dépense pour produire un joli travail. »

Le chef de bureau jeta un coup d'œil de travers à Juibraide.

« Vous vous serez grisés ! dit-il aux deux agents.

— Grisés ! exclama Juibraide en se redressant. Oh !

— Avant, non, après, oui ! dit Rapin avec impudence.

— Il fallait bien arroser le succès, monsieur, observa Juibraide.

— J'aime mieux la franchise de Rapin ; dit le chef de bureau ; eh bien ! avez-vous découvert quelque chose ?

— Je passe mon tour de parole à Rapin, dit Juibraide d'un ton rogue ; j'ai encore dans le gosier ce que vous venez de dire.... »

Le chef de bureau parut peu s'émouvoir de l'indignation du vieil agent.

« Dans la partie que nous avons eu à *refiler*, dit Rapin, et qui comprenait depuis la rue des Prouvaires jusqu'à la rue de Valois....

— Partie comprenant plus de quarante maisons à cinq étages sans compter les passages, grommela Juibraide.

— Laissez parler votre ami ou parlez vous-même !

— On se tait, c'est bon, dit Juibraide de ce ton traînard propre à cette partie intelligente de la population parisienne, qu'à cette époque on désignait sous le nom de titis, et à laquelle de nos jours on a substitué le nom peu élégant mais significatif de voyous.

— La population de cette partie du quartier Saint-Honoré, continua Rapin, est immaculée ; le portrait de notre bon roi est dans toutes les chambres, son nom dans toutes les bouches et son culte dans tous les cœurs.

— Nom d'un nom ! murmura Juibraide avec admiration, a-t-il une platine, ce gueux-là, a-t-il une platine. »

Satisfait de cet exorde, qui, nous devons dire, ne produisit aucun effet sur le chef de bureau, Rapin continua :

« Quand nous nous fûmes assurés qu'il n'y avait pas de quoi à se fourrer ça de conspirateurs dans l'œil, Juibraide et moi songeâmes à exploiter les passages borgnes....

— A tout seigneur tout honneur, interrompit vivement Juibraide, c'est toi qui as eu cette idée un peu chouette.

— Si j'ai mis ton nom devant, c'est pour obéir aux lois de la grammaire, qui veulent que celui qui parle se mette en second.

— Ah çà, dit le chef de bureau impatienté, est-ce que vous n'allez pas bientôt finir cette lutte de courtoisie ; est-ce que c'est un parti pris de votre part d'exercer ma patience ?

— Nous savons trop ce que nous vous devons, dit avec humilité Rapin.

— Oui, oui, on connaît les distances, ajouta Juibraide ; du reste, vous venez de nous les rappeler assez vertement il n'y a qu'un instant. »

Le haut employé poussa un soupir, s'enfonça dans son fauteuil de cuir, donnant toutes les marques d'une visible impatience.

« Pour lors, dit Rapin, continuant sur le même ton de voix et sans s'émouvoir, nous entrâmes dans le passage, c'est noir, c'est sale, ça pue, mais ça conduit à quelque chose de plus sale encore, ça conduit à une cour qui conduit à un autre passage, lequel conduit dans une cour, qui à son tour conduit rue de Valois, rue Montesquieu et dans deux autres passages.

— Si bien qu'avec tous ces conduits, ajouta Juibraide, un homme tant soit peu fluet et au fait de la boutique vous brûle la politesse avec une aisance, une facilité qui n'a d'égale que la tête ébahie que fait l'agent quand il voit l'homme qu'il a refilé disparaître à ses yeux comme une vision.

— Ce passage est tout bonnement un labyrinthe, dit Rapin, qui parut contrarié d'avoir été interrompu. Ce mot résume tout.

— Va pour labyrinthe, dit Juibraide, mais j'ajoute labyrinthe dont on devrait faire boucher les extrémités.

— C'est pas notre affaire, c'est celle de la ville, dit Rapin.

— C'est vrai ; mais enfin la ville pourrait bien nous aider en mettant à notre disposition quelques moellons ; mais comme cela ferait perdre un impôt de porte cochère, elle préfère nous faire user deux paires de souliers de plus par an, que de perdre huit ou dix francs. »

Le chef de bureau, qui s'était promis de se taire, brisa de colère une règle sur son bureau en entendant tout ce verbiage.

« Pour lors, continua Rapin, auquel l'acte violent de son chef venait de faire faire un soubresaut, je ne sais à quoi cela tint, mais en voyant cette entrée.... Un vrai cloaque, quoi !

— Une sentine ! Montfaucon en petit, moins les équarrisseurs et leur ouvrage, ajouta Juibraide.

— .... Je dis, par où diable ceux qui habitent ici peuvent-ils respirer.... Il n'y a que des conspirateurs qui peuvent vivre ici. Cette exclamation frappa Juibraide. C'est ici, me dit-il, que doivent nicher les oiseaux ; parlons bas, de crainte de les effaroucher, et entrons chez la fruitière. Elle ne vendait que de la goutte.

— J'aurais préféré du vin, dit Juibraide, mais quand on est employé du gouvernement, on doit marcher à deux pieds sur ses goûts.

« Nous étions arrivés à la cinquième tournée et nous n'étions encore qu'à l'histoire des gens du second, lorsque vint à passer un vieux bonhomme, belle tenue, douillette puce, canne à pomme d'or, perruque bouclée, mais des lunettes avec de la toile. Je ne sais, mais ce bonhomme-là me tapa dans l'œil, et à Juibraide également. Ces lunettes me semblèrent louches.

— Quel est donc ce brave monsieur ? demandai-je à la fruitière.

— Ça ? un brave monsieur, me répond cette femme ; après tout c'est possible, car on ne sait pas comment il vit.

— Afin de délier la langue de cette brave femme ; reprit Rapin, je la priais de vouloir bien prendre sa part d'une huitième tournée.

— Et vous teniez encore debout ? demanda le chef.

— Quand on a l'honneur d'être employé du gouvernement, dit Juibraide avec une dignité comique, on ne doit pas ménager sa santé.

— Et les petits verres ; ajouta le chef de bureau.

— C'est au troisième qu'il demeure ? demandai-je à cette virago.

— Oui.

— Où diable va-t-il chercher ses mots ? se demandait Juibraide émerveillé de l'aisance avec laquelle son compagnon s'exprimait.

« — Il y a longtemps ?

« — Un an environ ; quelquefois, on est un mois, deux mois sans le voir.

« — Et il s'appelle ?

« — Bonnard.

« — Reçoit-il des lettres ?

« — Jamais.... »

« Ça devenait louche. Nous en savions assez ; nous allions nous retirer, lorsque Juibraide s'avisa de lui demander si M. Bonnard recevait du monde.

« Il y a des soirs, dit-elle, où c'est comme une procession ; ils ont l'air de sortir par l'autre porte, mais par mon judas qui est là, et qui donne dans le corridor, j'ai compté, il y a cinq jours, jusqu'à trente-deux....

— Nous tenions le nid.

— Ce n'est pas le nid. Ce sont les oiseaux qu'il s'agit de pincer, interrompit le chef de bureau.

— Ce n'est pas plus difficile, dit Juibraide avec assurance.

— Au bout de deux heures en allant aux contributions, nous savions que le propriétaire de la maison habitait le midi et son représentant Chartres ; assurés de ne pas être dérangés dans notre expédition, nous arrivions en couvreurs deux heures après notre sortie de chez la fruitière ; personne ne s'inquiéta pourquoi nous montions sur le toit de la maison. Et pendant que Juibraide veillait, je me laissais glisser dans la cheminée que je supposais communiquer avec la chambre du troisième. Il y en a qui peuvent trouver à redire dans cette façon d'entrer chez le monde, mais quand on n'a pas la clef, vous comprenez qu'on n'a pas le choix des moyens. Dans l'appartement où je suis entré, il y a un véritable arsenal ; j'estime au moins à cinquante le nombre de fusils que j'y ai vus, les fenêtres sont matelassées, enfin cet appartement a la teinte propre aux chambres de conspirateurs. Du bruit que j'ai entendu m'a forcé de me retirer.

— C'est tout ? demanda le chef de bureau.

— Oui, monsieur.

— C'est bien, le reste me regarde. Je vous félicite tous les deux de votre découverte et je vous proposerai pour une gratification.

— Si vous pouviez nous donner un à-compte, dit audacieusement Juibraide. Je connais de longue main les habitudes de la maison, tout pour les gros, rien pour les petits. »

Le chef de bureau, loin de se fâcher, ouvrit sa bourse et en tira cent francs, qu'il aligna sur le coin de son secrétaire.

« Êtes-vous contents ? demanda-t-il.

— Si on n'était pas content après un semblable témoignage, dit Rapin, on serait des ingrats.

— Quand on a l'honneur de servir le gouvernement, dit Juibraide....

— Vous l'avez déjà dit : à ce soir minuit. »

Et il fit signe aux deux agents de se retirer.

« Enfin ! s'écria-t-il, nous tenons donc les fils de cette association ; de la prudence et avant deux

Raflard chez le devin. (Page 408, col. 1.)

jours tout ce monde-là sera bel et bien placé en lieu sûr. »

Seulement le plus singulier quiproquo se préparait pour dame police.

Raflard qui savait parfaitement que MM. de la sûreté, aussi bien que les voleurs, ne dédaignent pas de pénétrer dans les appartements par les tuyaux de cheminée, avait depuis longtemps bouché la sienne à une certaine hauteur, et il lui avait été permis de faire cela avec assez d'habileté pour qu'un agent pût s'y tromper. Il avait été facilité dans cette opération difficile par un second conduit qui se confondait à une certaine hauteur avec celui propre à sa cheminée.

Rapin au lieu de descendre au troisième, s'était arrêté au quatrième; la joie qu'il avait éprouvée en voyant les fusils l'avait empêché de se rendre compte du peu de distance qu'il avait parcouru pour arriver au prétendu troisième étage; sans la précaution de Raflard, il arrivait chez celui-ci et la retraite de la société secrète n'était pas découverte.

On voit que dans cette affaire, le hasard plus que sa perspicacité l'avait fait réussir.

Or pendant que MM. Rapin et Juibraide racontaient leurs prouesses, une scène non moins intéressante se passait dans le cabinet de M. Gerlier :

« Mon cher Vernert, disait-il au commissaire qui avait amené M. Chanoine, il me faut une action d'éclat pour me relever du coup porté hier par ce Raflard.

— Il est de fait, cher collègue, que la gendarmerie et la police ont été drôlement jouées par ce gaillard, et si j'avais encore l'honneur d'être capitaine, voilà un gendarme que j'enverrais pendant huit ou quinze jours à la salle de police.

— Ces animaux de créanciers, s'il faut en croire une note qui a paru ce matin dans la *Tribune*, ne parlent rien moins que d'actionner le préfet de police en garantie de leurs dettes.

— Pas possible.

— C'est imprimé.

Ces mots, *c'est imprimé*, coupèrent court aux observations de M. Vernert.

— La préfecture, continua M. Gerlier, n'aurait que quatre cent mille francs à payer.

— Une misère ! »

« Mais c'est votre affaire qui me renverse; un homme enlevé par un faux commissaire, on lui chauffe les pieds, on le ramène, son sauveur veut demeurer inconnu, et le brûlé pardonne ou a l'air de pardonner à ceux qui l'ont mis en cet état.

— Dites donc, il me vient une idée, dit M. Vernert.

— Laquelle ?

— Si cet inconnu était Raflard.

— Allons donc !

— Pourquoi pas?

— Du reste, comme c'est moi qui suis chargé de l'affaire de ce Warburton, en allant rue Blanche, je verrai bien si ce docteur qui tient à ne pas figurer sur les livres d'hôtels garnis est Raflard. Je vais toujours y envoyer mon gendarme.

— Celui qui l'a laissé échapper?

— Le même; il n'a pas bougé de la préfecture depuis hier.

— Je le croyais arrêté.

— C'est une frime pour rassurer Raflard dans le cas où il lirait le journal.

— C'est très-bien imaginé. Savez-vous à quoi je pense en ce moment? dit M. Vernert.

— Non.

— Je pense que le traitement qu'on a fait subir à ce Warburton, ressemble furieusement à celui employé dans le temps par Pied-de-Fer et sa bande.

— Et vous en concluriez?

— J'en conclus que ce Warburton n'aurait peut-être d'anglais que le nom, et qu'il aura dû voler l'association, où.... ma foi....

— Ce serait facile à vérifier?

— En quoi faisant?

— En arrêtant un individu, qu'on soupçonne d'avoir été un ancien lieutenant de Pied-de-Fer, et qu'on laisse libre espérant que, par ce moyen, on parviendra à découvrir son ancien chef; mais, on n'emploiera pas ce moyen.

— Comment, dit M. Vernert, ce gredin de Pied-de-Fer n'est pas encore crevé?

— On ne sait pas. Mais on a de fortes raisons pour supposer qu'il existe encore. C'est entre nous. Il y a peu de personnes ici qui le savent. »

M. Gerlier sonna.

« Dites au gendarme d'entrer, » dit-il au garçon de bureau qui entra.

M. Vernert fut assez étonné de voir rentrer à la place du gendarme que son collègue avait demandé un individu en paletot. C'était bien le gendarme joué par Raflard, mais transformé en ouvrier.

« Mon ami, lui dit M. Gerlier, il s'agit d'aller rue Blanche, hôtel de la Reine Blanche; au n° 3 de cet hôtel sont logés un Anglais et un individu qui prend le titre de docteur; tous les deux sont louches à la police; il s'agit de les surveiller, s'ils venaient à sortir; suivez-les afin de savoir où ils vont et quand même vous découvririez que l'un d'eux est Raflard.... » ·

Le gendarme à ce nom ferma les poings.

« Oui, oui, mais il faut vous modérer; vous ne l'arrêterez pas, vous vous contenterez de le suivre. Du reste une heure, je vous aurai rejoint. »

Le gendarme arriva à l'hôtel comme Warburton et Raflard en sortaient; malgré son déguisement, il crut reconnaître Raflard dans le vieillard; du reste il avait ordre de suivre Warburton qui venait de lui être désigné par un garçon, aussi se mit-il à suivre la voiture en courant; il commençait à trouver la course un peu fatigante, lorsqu'il se croisa avec la voiture qui conduisait M. Gerlier à l'hôtel de la Reine Blanche, celui-ci l'avait aperçu, il fit signe au gendarme de monter, et mis de suite au fait de la situation, il fit prendre à son cocher la direction suivie par la voiture qu'il croyait contenir Raflard et Warburton.

Le cocher de ces deux derniers qui s'était aperçu que le prétendu garde de commerce était monté dans une voiture pour le suivre plus commodément, fit les choses si consciencieusement, que ce ne fut qu'à cinq heures du soir qu'il se décida à rentrer à sa remise.

Dix secondes après M. Gerlier entrait dans la cour. Il alla droit à la portière, qu'on juge de sa stupéfaction lorsqu'il s'aperçut que la voiture était vide.

Le gendarme manqua de tomber de son haut.

« Nous sommes joués! » s'écria-t-il.

Le commissaire devint blême de colère:

« Où avez-vous descendu les deux individus que vous avez chargés à midi et demi rue Blanche, hôtel de la Reine Blanche?

— Eh bien! dit le cocher en faisant allusion à la Révolution de juillet, et c'te vieille liberté, pourquoi donc qu'on s'est battu dans les trois jours?

— Répondez, où vous couchez ce soir à la préfecture. Je suis commissaire de police.

— Ah! dit le cocher d'un ton plus radouci, c'est différent. Eh bien! ils sont descendus au café du Helder.

— A quelle heure?

— Une heure.

— Si bien que pendant quatre heures nous avons suivi une voiture vide?»

Le cocher garda le silence.

« Combien vous ont-ils donné pour vous faire leur complice?

— Complice? exclama le cocher.

— Oui, complice, dit M. Gerlier. Ce sont deux forçats que vous conduisiez.

— Tonnerre! dit le cocher, qué malheur que j'ai pas d'viné ça; je gagnais deux cents francs en les conduisant tout droit à la préfecture. Les feignants n'm'en ont donné que quarante pour vous faire courir et éreinter mon cheval, respectable magistrat. »

La douleur du cocher était tellement burlesque que M. Gerlier ne se sentit pas la force de le faire arrêter.

« Allons, dit-il, c'est une partie remise. Vous allez changer de cheval, dit-il au cocher, et nous conduire au café du Helder. Il y a deux cents francs pour vous si vous me faites découvrir ces deux individus.

— Ah! mon commissaire, vous êtes trop généreux, aussi vous allez voir comme je vais vous conduire. »

CHAPITRE LXXXV.
Madame de Sainte-Clotilde.

En consultant sa montre, Raflard vit que le soleil devait être couché depuis près d'une demi-heure. Il se leva de dessus le canapé où il avait essayé, mais inutilement, de prendre un peu de repos.

« Il est temps de prendre une résolution, dit-il, ce serait par trop absurde qu'ayant un million à ma disposition, quatre cent mille francs qui m'attendent à Londres, je ne puisse avec tous ces éléments de succès, arriver à sortir de Paris.

« Sortir de Paris, dit-il après un instant de silence consacré à réfléchir, n'est pas le plus difficile, c'est sortir de France, moi qui ne suis allé que jusqu'à Versailles. Je vais avoir, une fois dans la campagne, une de ces têtes qui me désignera à l'attention de la première hirondelle de potence que je vais rencontrer. Pour voyager en poste, il me faut un passe-port.... Tout cela donne matière à réflexion, mais pendant que je réfléchis, le temps se passe et le résultat n'arrive pas. Le plus court serait peut-être de rester ici trois ou quatre mois, le temps de me faire oublier.... Hum! hum! en pleine rue Saint-Honoré, cela me paraît assez difficile, je suis trop près du Palais-Royal.... Ah! décidément, je baisse.... Non! sacredié, je ne baisse pas, c'est la possession de ce million qui m'alourdit l'esprit, malgré cela ne nous en séparons pas. »

En ce disant il se déshabilla rapidement, et entassa les billets de banque dans une ceinture de flanelle qu'il portait, changea de vêtements, se colla de forts favoris postiches avec le plus grand soin, et au bout d'une demi-heure de toilette, grâce au fard, aux pommades, aux essences, il était devenu méconnaissable, on eût dit un riche bourgeois de la banlieue de Paris.

Raflard qui ne tenait pas à être pris dans le piège tendu sur son carré, alla chercher une planche faite *ad hoc* probablement. C'était une sorte de banc faisant l'office de pont, et qui lui permit de passer sans danger sur son traquenard; une planche semblable se trouvait derrière la porte pour quand il voulait rentrer.

Une fois hors de l'atteinte du piège, il se baissa et envoya la planche sur laquelle il était passé au fond de la pièce.

Ceci fait, il ferma sa porte avec le plus grand soin, fit des remarques à l'ouverture de la serrure, et descendit rapidement l'escalier.

« Les chemins sont ouverts, » chantonna-t-il, après avoir jeté un coup d'œil rapide autour de lui, et il passa droit, et faisant tournoyer sa canne devant la boutique de la fruitière :

« Que c'est bon de respirer l'air libre, dit-il en aspirant avec délices les senteurs âcres du ruisseau. Que vais-je bien faire ce soir? Si j'allais souper.... Tiens, c'est une idée. Qu'est-ce que je disais donc tout à l'heure que ce million m'alourdissait l'esprit, mais au contraire; le chocolat que j'ai pris ce matin est déjà loin. Mais aller dîner seul, c'est bien monotone; si ce diable de Warburton.... Allons, voilà que j'y pense encore. »

En ce moment une forte odeur de musc envahit le trottoir où se trouvait Raflard.

Une jeune femme mise avec élégance, trop d'élégance même, car elle servait à déceler son état social passa près de lui.

« Voilà une fort jolie personne, » dit Raflard, assez haut pour être entendu de la dame qui ne parut pas fâchée du compliment.

La façon dont la dame avait accueilli ce compliment fit comprendre à Raflard qu'il pouvait s'avancer.

« Pardon, madame, je suis étranger à Paris. »
La dame ralentit un peu le pas.
« Mais, monsieur, vous vous trompez, je ne suis pas....
— Ce que vous pensez, c'est cela que vous allez me répondre....
— Mais pas du tout, monsieur, je ne suis pas un guide.
— Je le regrette madame, car en votre compagnie, Paris eût eu pour moi plus d'attraits.... Les restaurants surtout....
— Vous êtes un original, dit la dame.
— Je suis un provincial.
— C'est ce que je voulais dire. »

Ce dialogue se tenait sur le trottoir de la rue Saint-Honoré, la dame et Raflard marchaient assez vivement l'un près de l'autre.

« Si vous vouliez accepter mon bras, il y a tant de monde dans cette maudite rue.
— Monsieur....
— En attendant que vous acceptiez à souper chez Véfour ou Véry, je n'ai pas de préférence, je ne connais l'un et l'autre que de réputation.
— Monsieur, dit la dame qui se décida à prendre le bras de Raflard, je vois que vous êtes un homme parfaitement élevé; je ne sais, mais il me semble vous avoir déjà vu.

Raflard eut un certain tressaillement, qui se calma vivement, il ne se rappelait plus que c'était la façon d'entrer en matière de ces petites dames.

« Ah! dit-il à haute voix....
— C'était chez un Américain.
— C'est bien de l'honneur pour moi ; mais cela n'a rien qui ne m'étonne, car j'ai tant le désir

d'aller en Amérique, que je crois que depuis quelque temps, je dois prendre sans m'en apercevoir des manières d'un Yankee. »

Raflard en fut pour ses frais d'esprit.

« Est-il assez bête? le cher homme, se dit la dame.

— Je crois que je la mets un peu à son aise, se dit de son côté Raflard.

— Monsieur, dit la dame après quelques instants de silence, j'ai un scrupule pour accepter votre invitation chez Véfour....

— Ah! c'est Véfour! que vous acceptez, j'en suis fort aise, je ne voulais pas vous le dire, mais j'avais une prédilection pour ce restaurant, pourquoi? je l'ignore; par intuition, sans doute!

— C'est probable, dit la dame.

— Vous avez un scrupule, belle dame, disiez-vous?

— C'est que je ne suis pas seule.

— Est-ce qu'elle va me proposer de venir dîner avec son amant? pensa Raflard.

— J'ai une amie avec laquelle je devais passer la soirée.

— Mais comment donc, dit Raflard, du moment que c'est une dame; allons la chercher; nous serons trois et le nombre impair plaît aux dieux. *Numero Deus impare gaudet*, on connaît ses classiques.... »

La dame le regarda avec des yeux qui achevèrent de porter le trouble dans les idées du misérable.

C'est triste à constater, et les archives de la police fourmillent d'exemples semblables, mais presque toujours après un crime, son auteur ne trouve rien de mieux que de se faire conduire dans quelques maisons infâmes, dans un lieu de plaisir.

Raflard ne pouvait échapper à la loi commune.

« Attendez-moi galerie d'Orléans, je vais chercher mon amie, et je reviens, dit la dame.

— Je vous tiens, je ne vous lâche pas, répondit Raflard.

— Vous avez peur que je ne revienne pas.

— Je suis assez franc pour vous répondre, oui.

— Et si je me fâchais?

— Je trouverais cela très-amusant. Tenez, il y a un moyen de tout arranger.

— Voyons ce moyen.

— C'est de vous accompagner chez votre amie.

— Il y a une difficulté à cela, répondit la dame un peu embarrassée.

— Et quelle est cette difficulté?

— C'est qu'elle n'est pas chez elle.

— Et où est-elle?

— Que vous êtes curieux. Ah! mais je n'aime pas les curieux. »

La petite dame disait cela en donnant à sa voix une inflexion charmante qui porta le trouble chez Raflard.

« Tenez, dit-elle tout à coup avec cette volubilité propre aux Aspasies modernes et en quittant son ton réservé. Mon amie est chez un diseur de bonne aventure, à deux pas, rue Saint-Anne; on dit des choses tellement merveilleuses de ce devin qu'elle a voulu y aller pour savoir si son gros Russe lui achèterait une rivière de diamants qu'il lui a promise il y a cinq mois. Je dois aller la retrouver là. Êtes-vous satisfait? Je pense maintenant que vous ne refuserez plus d'aller m'attendre galerie d'Orléans; il y a à droite, en entrant du côté de chez Chevet, un magasin où l'on vend des choses charmantes; je vous donne le droit en m'attendant de m'y choisir quelque chose à votre goût; il doit être délicieux.

— Je préfère rester avec vous, dit Raflard, je connais ce magasin, on n'y vend que des articles de pacotilles : il n'y a rien là de digne de vous. »

A la moue que fit la petite dame, on était en droit de supposer qu'elle n'était pas tout à fait de l'avis de son cavalier.

« Mais je ne sache pas, dit Raflard après un instant de silence, qu'on ait besoin d'être présenté pour pénétrer chez un magicien. On a qu'à faire pirouetter une pièce d'argent au nez du domestique pour être aussitôt introduit. Tiens, tiens, ça me tente, je veux aller me faire tirer les cartes.

— Ça coûte quarante francs?

— J'en donnerais le double pour qu'il m'apprît que vous m'aimez.

— Ce n'est pas à lui qu'il faut....

— Les donner pour le savoir.... interrompit Raflard d'une façon impertinente.

— Vous êtes un méchant, ce n'est pas cela que je voulais dire, c'est à moi qu'il faut le demander.

— Vous êtes adorable. Décidément, se disait intérieurement Raflard, cette femme est réellement bien. Seulement elle doit avoir des goûts excessivement dispendieux; heureusement que la part de ce vieux Warburton me permet d'être généreux.... encore son souvenir.... »

Le couple arriva au coin de la rue Sainte-Anne en passant par la rue des Moineaux, un rassemblement assez considérable le força de s'arrêter.

Attiré par la curiosité, Raflard, qui depuis un instant avait perdu tout sentiment de crainte, s'approcha; mais à peine eut-il fait un pas en avant qu'il essaya de sortir de cette foule, mais cela lui était humainement impossible, et il se trouva cloué devant une voiture qu'il avait reconnue sur-le-champ, c'était celle qui l'avait conduit à la banque de France avec Warburton.

Un homme chauve, qui n'était autre que le docteur aux poisons que nos lecteurs connaissent, aidé de deux commissionnaires, descendait avec précaution Warburton de la voiture.

« Qu'avez-vous? lui demanda la femme qu'il avait sous le bras, vous tremblez.

— C'est.... c'est.... cet homme, dit Raflard, ce cadavre, il est si jeune.

— Mais il n'est pas mort, dit un ouvrier.

— Comment! il n'est pas mort! exclama Raflard.

— Certainement, puisque ce vieux chauve qui passe pour un médecin un peu chouette dit qu'il n'était qu'endormi. »

Raflard, quelque gangrené qu'il fût, sentit que sa poitrine s'allégeait d'un poids énorme.

« Vous êtes sûr de ce que vous dites? demanda-t-il à l'ouvrier.

— Mais, oui, tenez, voyez, il remue un bras, le voilà qui tourne la tête. »

En effet Warburton porté sous les bras tournait péniblement la tête dans la direction où était Raflard; mais celui-ci eut tellement peur de rencontrer son regard qu'il se jeta en arrière au risque de blesser ceux qui se trouvaient placés derrière lui.

Il y eut un concert d'imprécations, mais Raflard y prit peu garde, et bousculant tous ceux qui se trouvaient sur son passage, il gagna rapidement avec la femme qu'il avait au bras la rue Sainte-Anne.

« Il n'est pas mort, disait-il, je l'ai vu remuer; mais comment se fait-il qu'il ait été conduit rue des Moineaux? C'est au n° 17, demain ou un autre jour je viendrai voir ce qu'il peut être devenu. »

On voit par ses réflexions que Raflard se croyait redevenu libre.

« Vous paraissez triste depuis que vous avez vu ce malheureux, lui dit la dame.

— C'est que ses traits, dit audacieusement Raflard, m'ont rappelé ceux d'un ami que j'ai perdu, il y a cinq ans; mais pardon, comme nous allons entrer dans cette maison, je crois qu'il serait bon que nous ayons été présentés l'un à l'autre, autrement dit que nous sachions mutuellement nos noms. Le mien est des plus roturiers, Jules Bonnard.

— Mme de Sainte-Clotilde.

— C'est une femme entretenue, se dit-il; et pour vos amis?

— Honorine.

— Je préfère ce dernier nom, eh bien! ma chère Honorine, nous voici arrivés chez le sorcier. »

Et voilà comment sur un trottoir du Palais-Royal à la rue Sainte-Anne, c'est-à-dire dans l'espace de dix à quinze minutes, une de ces liaisons parisiennes qui se rompent avec autant de facilité qu'elles se forment, s'était conclue.

CHAPITRE LXXXVI.

Un sorcier moderne.

Lamennais, dans son *Essai sur l'Indifférence en matière de religion*, a parfaitement décrit l'un des caractères saillants de notre époque : la foi est morte et le scepticisme aussi ; il n'y a plus de croyants, mais on ne rencontre plus d'incrédules; l'indifférence a usé la conviction religieuse, et quiconque chercherait à discuter dans un salon soit sur la grâce ou la peine du dam serait regardé avec autant d'étonnement, que les catholiques allemands le furent au congrès de Malines par leurs coreligionnaires étrangers.

Mais, chose étrange, nos contemporains qui sourient lorsqu'on leur parle de la Bible ou des miracles, sont entraînés par l'amour du merveilleux tout comme les terribles inquisiteurs ou les farouches huguenots des temps passés, et tel homme, qui ne croit pas à une religion qui a pour elle une existence d'une vingtaine de siècles et qui a produit des hommes illustres dans toutes les branches, cet homme, disons-nous, sera à la merci du premier jongleur venu.

Qui ne se rappelle la vogue qu'ont eue tour à tour le marc de café, le magnétisme, les tables tournantes, le spiritisme, le somnambulisme?

Toute courtisane fait des *réussites*, ou va consulter quelque vieille édentée qui finit avec les tarots une existence commencée par la prostitution et qui, feignant de lire dans ses cartes, annonce à ses clientes ses propres aventures ; le voleur, constamment en lutte avec la société et rivalisant de ruse et d'habileté avec les plus fins limiers de la police, est pris tout à coup d'une secrète terreur en songeant que sa victime peut aller consulter une somnambule ; il n'y a pas d'exemple de méfaits découverts par ce moyen, néanmoins il tremble : la sibylle lui fait plus peur que le Code pénal avec tous ses articles menaçants.

Raflard en entendant vanter la science du sorcier de la rue Saint-Anne, songea de suite à l'interroger.

« Il me donnera peut-être par ses révélations un moyen de me tirer d'embarras ; ou de me dire si je réussirai. »

C'était absurde, mais il est à remarquer que les gens qui ont maille à partir avec dame justice, sont de piètres esprits. Les rédacteurs de débats judiciaires ont beau faire, jamais un homme habile n'est entré dans la peau d'un coquin ; car un homme habile n'a pour règle de conduite que la ligne droite, ligne peu fréquentée comme on sait par les escrocs et les voleurs.

Lacenaire, Poulmann, et tant d'autres étaient des misérables, et les écrivains qui ont voulu prouver que c'étaient des caractères, n'ont réussi qu'à prouver qu'ils étaient de pauvres écrivains.

L'appartement du magicien était au premier étage, dans l'antichambre se tenait un domestique en livrée qui prit des mains de Raflard son chapeau et sa canne et l'introduisit lui et sa compagne dans un salon où se trouvait l'amie de Mme de Sainte-Clotilde.

« Voilà près d'une demi-heure que j'attends, dit-elle.

— Ma chère Adèle, je te présente M. Bonnard, un ami de mon père, dit Honorine sans répondre aux reproches que lui adressait son amie.

— Monsieur, dit Mme Adèle en faisant une révérence théâtrale.

— Madame, fit Raflard, qui pour ne pas rester en reste de grandes manières, répondit par un plus profond salut.

— Tout ça n'empêche pas que je commençais à me *croûtonner*.... »

Comme Raflard savait à quoi s'en tenir sur l'origine aristocratique de ces dames, cette expression, tant soit peu triviale, le laissa complétement froid.

« Est-ce qu'on parle comme ça ici, dit Mme de Sainte-Clotilde, en s'efforçant de ne pas rire.

— Ah ça! mes petites chattes, dit Raflard, allons-nous rester ici où partons-nous?

— Moi, dit Honorine, je veux me faire faire les cartes. T'a-t-il dit des choses drôles ce magicien? demanda-t-elle à son amie.

— D'abord, il ne se sert pas de cartes. Il vous regarde dans la main, et vous examine le visage, voilà tout.

— Et auras-tu ta rivière?

— Je te dirai ça quand nous serons seules, répondit Mme Adèle, et elle accompagna ses paroles d'un regard qui paraissait chargé de révélations. »

Le domestique qui avait introduit Raflard entra dans le salon.

« M. Carelli fait demander à monsieur et à madame s'ils viennent pour une consultation?

— Oui, dit Raflard. Passez la première, Honorine.

— Je ne sais si je dois vous laisser seul avec Adèle, dit Honorine en minaudant.

— Oh! cette méchanceté.

— Je vous préviens que je suis jalouse, je vous griffe si en sortant de l'antre du sorcier, je vous trouve trop intime avec elle.

— Ce petit air de démon vous donne une mine charmante, dit Raflard. Restez le moins longtemps possible, »

Demeurés seuls, Mme Adèle et Raflard s'enfoncèrent chacun dans une bergère.

« Est-ce que vraiment vous êtes un ami de son père? demanda Mme Adèle à Raflard. »

Celui-ci jeta un coup d'œil de côté et s'aperçut que l'amie de Mme de Sainte-Clotilde était une fort jolie blonde qui devait se donner dix-huit ans quoi qu'elle en eût bien vingt-cinq.

« Vous tenez à le savoir! lui demanda Raflard en lui prenant la main. »

Mme Adèle lui répondit affirmativement en faisant aller sa petite tête de haut en bas.

« Entre nous, je n'ai jamais connu son père.

— C'est comme elle?

— Ah bah! dit Raflard. Charmante petite amie, se dit-il intérieurement. Et ce nom de Sainte-Clotilde ce n'est donc pas le sien?

— Mais d'où sortez-vous, mon cher, pour faire de telles questions?

— De Beaugency.

— Vous faites la bête.

— Je fais la bête?

— Et oui, vous sortez autant de Beaugency que moi.

— Parole.

— Vous soutenez être de Beaugency?

— Certainement.

— Eh bien où est Beaugency? Ah! vous voilà bien embarrassé pour me répondre.

— Beaugency, Beaugency, dit Raflard cherchant, attendez.... C'est sur la route de Paris, la petite Loire y passe, c'est pour ça que le département dans lequel cette petite ville se trouve enclavée prend le nom de Loiret, pour désigner le peu d'importance de cette rivière; de même qu'on dit un roi, un roitelet, on dit Loiret pour Loire. Ah!

— Mon bonhomme, dit familièrement Mme Adèle, vous pateaugez.

— Je pateauge?

— Oui, oui. Vous êtes un homme marié qui fait ses farces.

— Oh! que c'est bête, ce que vous dites là.

— Vous êtes médecin ou avocat.

— J'ai horreur des drogues et plus encore de la chicane.

— Et vous êtes de Pantin.

— Moi, de Pantin!

— Vous avez une bonne figure qui me revient.

— Vous êtes bien bonne.

— Honorine n'est pas la femme qu'il vous faut, dit confidentiellement Mme Adèle, surtout dans la position où vous êtes. »

Raflard quoiqu'il fût assuré de ne pas être reconnu, n'en eut pas moins froid dans le dos en entendant Mme Adèle lui parler ainsi.

Du reste, il avait fait cette remarque, que depuis trois jours le moindre coup de sonnette le faisait tressaillir.

« Ah ! dit-il, Honorine n'est pas la femme qu'il me faut ?

— Non, je vous dis ça dans votre intérêt, gardez-le pour vous.

— Mais, dit Raflard en lui prenant les mains et se penchant vers elle, je la trouve tellement charmante que je ne trouve que vous au-dessus d'elle pour la beauté.

— Vous êtes galant.

— A quoi cela me sert-il, vous n'êtes pas libre ?

— C'est cette mauvaise langue d'Honorine qui vous a dit cela la peste ! Je suis libre comme l'air.

— Elle m'a parlé d'un Russe.

— Quelle atrocité ! figurez-vous un vieillard, un père qui a perdu sa fille, il trouve que je lui ressemble à ce point qu'il veut m'adopter, m'assurer un sort et me faire épouser un de ses neveux. »

Cela était dit avec une telle candeur, que Raflard ne se sentit pas envie de rire.

« Mais, alors, cette liaison est de la dernière innocence, dit-il en tâchant de continuer à garder son sérieux.

— Vous n'y croyez pas ?

— Ne pas y croire quand ce sont vos charmantes lèvres qui me le disent. Oh ! Adèle, vous me connaissez bien peu !

— Vous faites trop de compliments, décidément vous êtes avocat. Je garde cette opinion jusqu'au moment du dîner, à votre façon de faire la carte je me prononcerai, et alors, je vous dirai définitivement si vous êtes avocat ou médecin. Ah ! Honorine vous a parlé de mon Russe, dit Mme Adèle d'un ton colère, et elle, vous a-t-elle parlé de M. Rapin ?

— M. Rapin ? fit Raflard d'un ton dégoûté, qu'est-ce que c'est que ça ?

— Chut !

— C'est donc un être bien mystérieux ?

— La pauvre fille.... dit-elle avec commisération.

— Qui ça ?

— Honorine. C'est son premier amour. Un méchant gringalet qui se donne des manières d'artiste, et qui fait partie de la police. »

Nous devons dire que cette révélation produisit un effet désagréable à Raflard, et Mme de Sainte-Clotilde ne parut plus à ses yeux qu'un affreux vampire.

« Et elle ? demanda-t-il avec anxiété, car en un instant il venait de songer que peut-être cette femme avait découvert qui il était, et n'attendait qu'une occasion favorable pour le livrer à la police.

— Comment elle ?

— Oui, Honorine, fait-elle partie de la police ?

— Oh ! non. Elle fait même tout ce qu'elle peut pour en faire sortir ce mauvais drôle ; mais il dit qu'il travaille à l'arrestation des filous pour amour de l'art. »

Ce non, qui lui parut sincère dans la bouche d'Adèle, rassura Raflard quelque peu.

« Seulement, continua Mme Adèle, avec l'aide de ce sacripant de Rapin, elle s'entend à vous mettre un homme sur la paille que c'est une bénédiction ; en six mois, elle est parvenue à envoyer un milord à Clichy ; l'argent fond dans ses mains ; ce n'est pas Mme de Sainte-Clotilde qu'elle devrait s'appeler : c'est Mme la Ruine.

— Bonne petite amie, pensa Raflard. C'est égal, elle vient de me rendre un fier service, et grâce aux renseignements qu'elle vient de me donner, je vais fuir l'appartement de Mme de Sainte-Clotilde avec le même empressement qu'avant cette confidence j'aurais cherché à y pénétrer. »

L'entrée d'Honorine suspendit la conversation.

— Vous voyez que je n'ai pas été longtemps. Qu'est-ce que vous avez dit tous les deux pendant que je n'étais pas là ?

— Nous avons parlé de toi, ma chère.

— Vous avez une amie charmante, lui dit Raflard bas à l'oreille.

— Vous avez dit du mal de moi.

— Est-elle bête ? dit Mme Adèle qui craignait d'être devinée. » J'ai quelque chose à lui dire, dit-elle en éloignant Raflard. « Tu sais, lui dit-elle, le magicien m'a rendu tes quarante francs. Je lui ai dit de se faire payer par ce muid. C'est autant de gagné.

— Je crois que c'est un homme marié, dit-elle, et sa femme doit être jalouse et doit le faire suivre, car il a de faux favoris.

— Bah !

— Tu ne lui as pas parlé de Rapin, toujours, comme tu as fait la dernière fois pour me souffler Ernest ?

— Oh ! fit Adèle d'un ton indigné.

— C'est que je te connais, mauvaise langue.

— Tu aurais bien mérité que je lui en parlasse pour lui avoir touché deux mots de mon Russe. Mais on vous attend, dit-elle haut à Raflard qu'elle venait de surprendre cherchant à écouter sa conversation avec Honorine.

— Je reviens dans un instant, » dit Raflard mécontent d'avoir été interrompu dans son espionnage.

La pièce dans laquelle se tenait M. Carelli était une sorte de petit salon meublé avec goût ; il y avait au milieu de la pièce une table longue recouverte d'un tapis vert, cette table arrêtait le consultant, il y avait devant un fauteuil dans lequel Raflard prit place.

Dans cette pièce, il n'y avait de curieux que l'éclairage, qui se composait d'une énorme lampe suspendue et entourée d'un fort abat-jour, abat-jour qui projetait ses rayons de façon que le visage de la personne qui venait consulter était parfaitement éclairé tandis que l'opérateur demeurait dans l'ombre.

« On vous a dit, monsieur, le prix de mes consultations, dit M. Carelli avec un accent italien très-prononcé.

— Quarante francs, dit Raflard.

— Oui, monsieur. Cette dame qui sort d'ici m'a dit que vous payeriez pour elle et son amie. »

Raflard, quoique ne s'attendant pas à cette surprise, ne fit aucune objection, il tira un billet de sa poche et le jeta négligemment sur la table, c'est-à-dire en homme qui ne connaît pas le prix de l'argent.

M. Carelli prit le billet, alla fouiller dans un petit meuble, et rendit trois cent quatre-vingts francs à Raflard.

Depuis qu'il était entré dans cette pièce, Raflard, sans s'en rendre compte, subissait l'effet de ce mystérieux qui y régnait et des senteurs qui lui étaient inconnues.

M. Carelli, qu'un instant avant il traitait de charlatan, produisait sur lui un tout autre effet à celui qu'il en avait attendu.

C'était un homme d'une maigreur excessive, au visage osseux, au teint bistré, d'une taille élevée; si son accent lui faisait donner l'Italie pour patrie, son visage bistré, l'éclat de ses yeux, semblait au contraire lui assigner pour lieu de naissance les bords du Gange. Il y avait chez lui quelque chose de fatal.

« Veuillez mettre vos mains sur la table et ne pas bouger, je vous prie, » dit M. Carelli de ce même ton froid dont il paraissait ne devoir jamais se départir.

Alors, il se fit un profond silence dans ce cabinet, silence troublé seulement par le balancier de la pendule.

Ce silence dura cinq minutes environ; ce peu de temps qui parut horriblement long à Raflard, M. Carelli l'employait à étudier les moindres plis du visage de Raflard. Debout à l'extrémité de la table, touchant presque le mur, ses yeux fixes ne quittaient plus le visage de Raflard.

Sa main gauche lui soutenait le menton, tandis que la droite lui maintenait le coude gauche, dans cette attitude.

Raflard, s'il n'eût été retenu par une sorte d'amour-propre, se serait levé et serait parti : vingt fois en cinq minutes cette idée lui revint, et pas une de ces vingt fois, il ne se sentit le courage de se lever et de partir.

« Monsieur, dit M. Carelli, je vais vous poser quelques questions ; je vous prie de me répondre avec la plus grande sincérité, si je vous posais une question embarrassante, au lieu de me répondre par un mensonge, — pardon de l'expression, — dites-moi simplement : je ne puis vous répondre.

— Avant d'aller plus loin, dit Raflard, qui était toujours sur le qui vive, je dois vous dire que je ne répondrai à aucune de vos questions touchant mon nom, ma profession, mon âge....

— Bien, monsieur, dit simplement M. Carelli, que désirez vous savoir?

— Je désire savoir si je surmonterai les obstacles qui m'environnent, et si je ferai un voyage sur mer sous peu.

— C'est tout ce que vous désirez savoir?

— Oui, monsieur. »

Raflard jeta un coup d'œil d'inquisiteur dans l'endroit où se trouvait M. Carelli afin de l'examiner un peu, mais il dut bientôt renoncer à cet innocent espionnage, les rayons de la lampe lui frappant dans les yeux l'empêchaient de voir au delà de la table.

« Monsieur, dit lentement M. Carelli qui laissait en quelque sorte tomber chacun de ses mots, vous êtes en proie à de graves préoccupations; la ruse, qui est chez vous une des qualités dominantes de votre caractère, vous a fait entrer dans des opérations hasardeuses.... tellement hasardeuses que votre honneur a dû plus d'une fois être gravement atteint; chez vous, la soif des jouissances est énorme; les femmes, la bonne chère, le luxe, la paresse, voilà ce que vous aimez et c'est en étudiant les lignes de votre front que je vois que la fausseté domine ; par la teinte de vos yeux, je vois que vous êtes assez enclin à la délation et à la tromperie ; par la finesse de votre peau, je vois que vous aimez les étoffes soyeuses, douces au toucher ; vos mains grassouillettes et potelées témoignent de votre goût pour la bonne chère : si j'entre dans de si longues explications, monsieur, c'est pour vous montrer que je m'appuie sur des faits pour motiver mon jugement. Si vous aviez vingt ans au lieu d'en avoir quarante-cinq à quarante-sept, je vous donnerais les moyens pour changer ce genre de vie ; maintenant il est trop tard. Il y a une chose qui m'étonne, c'est de vous voir ici dans mon cabinet. Toutes mes idées sont déroutées, car je ne m'explique pas comment avec tous ces symptômes révélateurs vous jouissez de votre liberté. »

Raflard, au début de la consultation, avait cherché à dominer son émotion, et un sourire d'incrédulité avait erré sur ses lèvres, mais à mesure que l'homme parlait, il se sentait blêmir; et ses mains serraient le drap de la table convulsivement quoiqu'il fît tout pour pouvoir se contenir.

« Continuez, monsieur, continuez, dit-il en essayant de sourire, mais ses lèvres se crispèrent seulement.

— C'est que ce qui me reste à vous dire est bien grave, et je ne sais....

— Osez, dit-il faiblement.

M. Julbraide. (Page 398, col. 2.)

— En ce moment vous devez être sous le coup d'une poursuite, vous vous cachez sous un faux nom; et vous êtes obligé de recourir à des déguisements pour échapper aux griffes de la police. Maintenant je ne puis continuer, si vous ne venez à mon aide; ici, quoique chez un homme qui vous est étranger et qu'en entrant vous pouviez traiter de charlatan, je dois vous dire que vous êtes aussi en sûreté que dans le cabinet d'un avocat ou dans un confessionnal.

— Je le crois, monsieur, murmura Raflard subjugué par ce qu'il venait d'entendre.

— Répondez-moi franchement. Avez-vous été poursuivi?

— Oui, répondit faiblement Raflard.

— Cela a dû être pour faux.

— Qui vous l'a dit?

— Si je vous disais où, dans quelle partie de votre visage je découvre l'indice accusateur, vous ne pourriez croire. Mais je vois autre chose.

— Quoi!

— Ne répondez pas.... un meurtre!

— Un meurtre, » dit Raflard qui pâlit affreusement et chancela sur sa chaise.

Le magicien ne bougea pas de sa place.

« C'est pour cela que vous êtes déguisé, grimé, c'est pour cela que vous êtes avec deux filles, avec lesquelles vous voulez vous étourdir.... Je ne vous demande pas si j'ai dit vrai. Votre pâleur, votre trouble répondent suffisamment pour vous. Maintenant que je vous ai dit qui vous étiez.... il me reste à vous dire ce que vous réserve l'avenir; malgré les fautes que vous allez commettre, vous sortirez sain et sauf de cette affaire, la chance plus que votre ruse vous en fera sortir. Ouvrez la bouche, dit-il. Il lui examina les dents attentivement. Vous voyagerez sur mer. Voilà tout ce que je puis vous dire. Je n'ai pas le droit de vous dire autre chose.

— Monsieur, dit Raflard, si maintenant je répondais à vos questions, ce que je puis sans crainte puisque vous m'avez donné votre parole d'honneur, et il appuya sur ces mots, qu'ici je pouvais me considérer comme chez un prêtre; pourriez-vous arriver à m'aider à sortir d'embarras? »

La peur seule du châtiment agissait sur le misérable; ainsi à cet homme qui avait su lui inspirer toute confiance, il ne lui demandait pas qu'il lui enseignât à revenir à une meilleure vie! Non! il lui demandait un moyen pour vivre en paix du fruit de ses crimes!

« Dans cette malheureuse affaire, continua-t-il d'un ton patelin dicté par un reste de peur, vous seriez mon conseil, je puis vous assurer que je ne marchanderai pas les honoraires.

— Je ne puis vous adresser aucune question. Je ne puis vous donner aucun conseil.

— Au moins, monsieur, permettez-moi de vous laisser des marques de ma gratitude. »

Et Raflard voulut vider sa bourse sur la table.

« Gardez cet argent, dit Carelli, car il n'est pas à vous et vous n'avez pas le droit d'en disposer. »

Et avant que Raflard eût le temps de répondre, la lampe par un moyen mécanique s'éteignit; la porte qui se trouvait derrière Raflard s'ouvrit brusquement; une lumière qui venait de la pièce voisine éclaira l'entrée de la pièce; et un domestique parut à la porte tenant à la main le chapeau et la canne de Raflard.

Quant à M. Carelli, il avait disparu.

« Mon Dieu! dit Honorine en voyant entrer Raflard, qu'a-t-il pu vous dire? Vous êtes blanc comme un linge.

— Il lui aura dit que sa femme le trompait; dit tout bas Adèle; ou qu'elle a appris qu'il allait dîner au restaurant.

— Vous trouvez que je suis pâle; dit Raflard; c'est la chaleur qui m'aura incommodé..... Cette lampe....

— Allons, partons, dit Adèle. J'ai fait demander une voiture....

— Eh bien, dit Honorine à Raflard; vous ne m'offrez seulement pas votre bras....

— Ah! pardon, je suis ce soir d'une distraction....

— Je m'en aperçois, dit Honorine d'un petit air pincé.

—Fait-elle sa tête, cette Honorine, ce soir, murmura Mlle Adèle, nous verrons bien qui de nous deux l'emportera. »

Et les deux bonnes amies, doublées de l'honnête Raflard, sortirent de la demeure du sorcier de la rue Saint-Anne le cœur agité par des émotions bien différentes.

CHAPITRE LXXXVII.

Un petit souper.

Raflard fut songeur jusqu'au perron du Palais-Royal; là de tout ce que lui avait dit M. Carelli, il ne lui restait plus à la mémoire que ces paroles : *La chance plus que votre ruse vous fera sortir sain et sauf de la mauvaise affaire dans laquelle vous vous êtes mis volontairement.*

Mais la vue des lumières, le fumet des viandes qui passait par les soupiraux du sous-sol, le frou-frou des robes des deux femmes qui l'accompagnaient, les parfums, les senteurs qu'elles exhalaient, tout cela lui entrait par tous les pores; la sensualité qui venait de s'emparer de ses sens lui avait fait oublier le danger.

« Warburton n'est pas mort.... se disait-il, du diable s'il me dénonce; l'homme de la rue Saint-Anne m'a assuré que j'en sortirai, cet homme est très-fort.... C'est fort heureux que je ne lui aie pas dit mon nom; mais il doit être honnête. Maintenant, vive la joie! »

C'est cette facilité, cette mobilité de caractère qui fait l'apparente supériorité des gredins sur les honnêtes gens, et c'est en même temps ce qui cause leur perte, car cet oubli des dangers qu'ils courent leur fait perdre toute prudence et les fait se jeter dans la gueule de la police, alors qu'ils se croient le plus en sûreté.

« Nous voici arrivés, beau ténébreux, » dit Adèle.

Cette expression dans la bouche de son amie pour laquelle Raflard devait être un étranger, parut déplacée à Honorine qui soupçonna avec raison Adèle de vouloir la supplanter, sinon dans le cœur du moins dans les largesses du prétendu M. Bohllard.

Et à ses yeux la possession de celui-ci avait un grand prix.

Un homme qui paye quatre-vingts francs deux consultations chez un devin, et cela sans sourciller, ne pouvait pas assurément être un homme ordinaire. Un homme deux ou trois fois millionnaire pouvait seul se permettre cette largesse.

« Mon Dieu, ma chère, que vous êtes commune, dit-elle d'un ton dont elle ne chercha même pas à dissimuler l'aigreur.

— Mais au contraire, madame est très-distinguée, dit Raflard en descendant de voiture et en portant prudemment son mouchoir à son visage comme s'il était en proie à un mal de dents, mais dans le but réel de se cacher le visage, car il ne se fiait pas trop à ses faux favoris et à ses moustaches postiches.

— Si vous la trouvez si distinguée, dit Honorine d'un air vexé, qui, pour savoir l'empire qu'elle pouvait avoir sur Raflard, essaya d'une rupture, allez seul avec elle, Jules.

— Laissez-la donc aller, cette chipie, dit Adèle, elle est toujours comme ça; elle se fâche pour un mot. »

Cette explication avait lieu sur un ton assez élevé pour être entendu du cocher et du chasseur, mais cette livrée de lousgé était de trop bonne maison pour paraître s'apercevoir de ce petit débat.

« Mes petits anges, dit Raflard, qui ne tenait pas à se faire remarquer, pour Dieu soyez Régence, mais pas canaille, si vous ne taisez pas votre bec l'une et l'autre, je vous laisse le soin de payer le cocher et je vais dîner seul. »

Cette menace de Raflard calma subitement ces dames.

Il offrit son bras à Honorine et monta l'escalier du restaurant, tandis qu'Adèle venait derrière en maugréant.

Un maître d'hôtel en habit noir les précédait.

« Monsieur désire un salon ?
— Je désire quelque chose qui donne sur le jardin.
— Pas à l'entre-sol, surtout, dit Adèle, la dernière fois que j'y suis venue on y étouffait. Tu sais bien, Honorine ?
— Dieu, que cette fille est désagréable, dit Raflard bas à Honorine.
— Et compromettante, c'est la dernière fois que je la conduis quelque part. Si je n'avais pas voulu que vous sachiez que j'étais déjà venue ici..... »
Le maître d'hôtel, à la façon dont Raflard avait parlé, comprit qu'il avait affaire à un de ces consommateurs qui ne marchandent pas, et paraissent se plaindre quand la carte n'atteint pas un chiffre exagéré.
Il fit entrer la compagnie au second dans un petit salon qui paraissait être l'antichambre d'un second plus vaste, présenta des fauteuils aux dames, une chaise à Raflard, ainsi qu'un appuie-main et un crayon pour faire la carte.
« On va allumer dans le grand salon, dit-il, et dresser le couvert. Si monsieur veut faire sa carte.... »
Et il fit mine de vouloir sortir.
« Demeurez, dit Raflard : j'aurai besoin de vous consulter. »
Le maître d'hôtel, un drôle à l'échine pliante, à cravate blanche, et dont l'habit noir qu'il portait avec assez de chic, ma foi, avait été remis à neuf plusieurs fois à grand renfort d'essence et de savon à détacher, parut flatté de ce que M. Raflard l'eût rappelé.
Raflard ouvrit le buvard, prit une feuille de papier à lettre, et écrivit :

« Cher monsieur.

« Vous êtes sur pied, et je ne vous cache pas, vous le croirez si vous le voulez, que cela me cause une grande surprise en même temps qu'une grande joie. Je vous tends une main amie et cinq cents billets de mille.

« Si vous êtes un homme réellement supérieur, vous oublierez l'explication un peu trop rapide de tantôt, vous me tendrez la main et empocherez les billets.

« A vous

« Bonnard.

« De chez Véfour, Palais-Royal. »

Il plia la lettre avec soin, la cacheta, et pour suscription mit : A milord W..., chez le docteur de la rue des Moineaux, 17.
« Faites appeler le chasseur et qu'il porte cette lettre à son adresse.
— Bien, monsieur. »
La lettre, après avoir passé des mains du maître d'hôtel dans celle d'un garçon, arriva au chasseur, qui monta dans la voiture de Raflard et se fit conduire rue des Moineaux.
« Il est convenu, mesdames, dit Raflard, en prenant un air badin et en se tournant vers les deux drôlesses, qui, étendues chacune dans leur fauteuil, cherchaient à singer les grandes manières, il est convenu que nous n'avons pas faim et que nous ne sommes venus ici que pour causer un instant ; seulement comme il faut faire vivre ces pauvres diables de restaurateurs, nous allons tâcher de composer une petite carte....
— Un instant, un instant, dit Adèle, moi j'ai faim. Je n'ai pas honte de le dire.
— Et moi aussi, dit à son tour Honorine. On est au restaurant, c'est pour manger, foin des manières.
— Cette réponse, mesdames, dit Raflard, fait honneur à votre loyauté. Que voulez-vous manger ?
— Je désire quelque chose de bon, dit Adèle.
— Et moi, de bon et de cher.
— Dans le restaurant où nous sommes, mes petites chattes, vous pouvez être certaines qu'un de vos désirs sera satisfait ; je vous ai conduites dans un coupe-gorge, ou plutôt dans la rue vide gousset. Je débute : mangez-vous des huîtres ?
— Oui ! oui ! des huîtres, dirent les deux femmes.
— Vous avez des huîtres, garçon ? demanda Raflard.
— Oui, monsieur, des Ostendes et des Marennes.
— Vous nous donnerez des deux, ces dames choisiront *de visu* celles qui seront le plus à leur goût.
— Combien de douzaines ? demanda le maître d'hôtel.
— Mon ami, dit Raflard, se renversant en arrière, et en lorgnant le malencontreux maître d'hôtel de la façon la plus cavalière pour ne pas dire méprisante, veuillez vous rappeler que vous n'avez pas à faire à un bourgeois, mais à un grand seigneur qui fait ripaille en compagnie de dames charmantes. Vous nous monterez tout ce qui vous plaira en fait d'huîtres ; vous nous mettrez même le chef de l'établissement avec, si cela vous plaît ; ce que nous ne mangerons pas nous le jetterons par la fenêtre. Et si on casse le nez de quelque bourgeois vous le mettrez sur l'addition.
— Oh ! qu'il est drôle ! dirent les deux femmes.
— Vrai ! dit Adèle, tu as de la veine ; mon Russe devant lequel j'étais en adoration, n'est qu'un grigou à côté de lui.
— Il a tué le mandarin ! » dit Honorine.
Ne croyez pas que le maître d'hôtel fût scandalisé de ce langage ; bien au contraire ! du reste, il en avait bien entendu d'autres pendant l'invasion. A ce ton, il comprit qu'il y avait un large pourboire. Raflard lui rappelait ces quelques excentriques

dont il avait entendu raconter les hauts faits par les garçons du dernier siècle.

« Vous nous donnerez ensuite un plat de poisson.

— Nous avons rougets.... truite saumonée.

— Rouget sauce bordelaise; truite saumonée, à l'huile, écrivit Raflard. Comme broche?...

— Monsieur sait que la chasse....

— De quoi, la chasse fermée! demanda-t-il.

— Oui, monsieur, des règlements sévères....

— Vous mettrez l'amende sur la carte, si vous ne la payez pas tant mieux, si vous la payez vous la compterez double! Par la sambleu! plus de gibier! perdreaux truffés, quelques bécasses, qu'il y ait sur le plat un cordon de ces charmants petits oiseaux à graisse fondante.... Aidez-moi donc, sacredié! je vous ai gardé près de moi pour cela.

— Des ortolans....

— C'est ça.... un cordon d'ortolans. Pour le vin faites monter le sommelier que je m'entende avec lui. Vous savez que je me fie à vous pour le reste. Apportez-nous de ces primeurs impossibles, de ces fruits monstrueux, orgueil des serres chaudes, et montrez une fois que vous en avez l'occasion quelles ressources recèlent les restaurants du Palais-Royal! »

Le maître d'hôtel sortit en faisant une profonde révérence.

« Voilà mes colombes, dit Raflard en prenant chacune des femmes par la main pour les faire lever de dessus leurs sièges, voilà comme on commande un dîner quand on a le plaisir de souper avec deux filles charmantes; et entourant leur taille de chacun de ses bras: Honorine, dit-il, j'aime tes yeux bleus, tes lèvres sensuelles et ton cou de cygne; ne sois pas jalouse, j'aime dans ton amie ses blonds cheveux, son front blanc si poli, ses joues de rose et sa taille si fine; j'aime à vous détailler chacune, je voudrais vous posséder toutes deux dans une seule; ce soir je veux vivre, aimer, oublier surtout! »

C'était de l'ivresse, de la folie, jamais ces deux filles ne s'étaient trouvées à pareille fête.

Honorine ne pensa pas à feindre la jalousie, ni Adèle à chercher à supplanter sa camarade, elles pressentaient que la bourse de Raflard était assez large pour qu'elles pussent y puiser toutes deux à leur aise.

« Que vous faut-il pour me faire croire que vous aimez? toi, dit-il à Adèle, ton Russe t'offre une rivière de diamants; je t'en donne une; toi, que veux-tu Honorine? des diamants aussi?

— Ton amour!

— Ah! coquine, dit Raflard, tu me coûteras plus cher; tu auras les deux, amour et diamants.

— Mais, il est fou, dit Adèle.

— Tiens, dit-il en tirant de sa poche un paquet de billets de banque et en le faisant danser aux yeux des deux femmes, est-ce de la folie cela? c'est signé Garat. Voilà ce qui fait la puissance: voilà ce qui fait la noblesse; voilà ce qui remplace l'amour.

— A moi! à moi! dirent les deux femmes.

— Dites que vous m'aimez, que vous mourrez avec moi!

— Vivre! vivre! crièrent-elles en se saisissant chacune d'un billet de banque.

— Non! dit une voix grave, à la porte et qui fit tressaillir Raflard, il a raison.... mourir. »

Cette voix était celle de Warburton qui, chancelant et se soutenant d'une main au chambranle de la porte, venait d'entrer.

Les deux femmes poussèrent un cri de frayeur, et s'enfuirent dans l'autre pièce: la figure pâle de l'Anglais, sans qu'elles s'en rendissent compte, les avait épouvantées.

« Dieu, que c'est bête! s'écria Raflard, qui n'avait pas tardé à dominer son émotion, de venir surprendre les gens d'une façon aussi lugubre, les convenances m'empêchent de dire aussi burlesque! »

CHAPITRE LXXXVIII.

Suites du petit souper.

Quelques mots sont nécessaires pour expliquer comment il se faisait que Warburton était toujours vivant alors que Raflard croyait l'avoir tué, et qu'il se trouvait chez Véfour, quand il avait tout lieu de le supposer à se faire soigner chez le docteur de la rue des Moineaux.

Surpris par la brusque attaque de Raflard, Warburton comprit en une seconde qu'il n'était pas de force à lutter avec son adversaire, c'est à peine s'il lui entra quelques gouttes de laudanum dans la bouche; la veille, dans la maison de Sophie, son apoplexie l'avait sauvé; il simula le mort dans la voiture, se laissa dépouiller; mais bientôt l'émotion qu'il avait ressentie de cette brusque attaque et peut-être aussi la façon dont son adversaire lui avait serré la gorge, fit qu'il s'évanouit après le départ de Raflard et fut longtemps avant de reprendre ses sens.

Ce ne fut qu'à Vincennes que le cocher, qui se croyait au terme de sa course, en descendant de son siège pour ouvrir la portière, s'aperçut du triste état de Warburton, il parvint tant bien que mal à lui faire reprendre ses sens.

Warburton voulut qu'il n'appelât personne; il était assez embarrassé de l'endroit où il pouvait se faire conduire, ne pouvant aller à son hôtel, lorsque, fort heureusement, il se rappela la demeure du docteur aux poisons ; et il dit au cocher de le conduire rue des Moineaux, 17.

Le vieux docteur se trouvait chez lui ; prévenu de l'arrivée d'un malade, il descendit à la hâte, et se faisant aider par un commissionnaire, ils aidèrent l'Anglais à monter les cinq étages du docteur.

« Ce n'est rien, milord, lui dit-il, il ne vous faut que du repos ; c'est une faiblesse qui vous a pris....

— Une faiblesse, dit l'Anglais indigné, j'ai été victime d'une odieuse tentative d'assassinat.

— Grands dieux ! Et moi qui croyais que votre faiblesse provenait de l'ingestion du flacon d'apoplexie d'hier soir.

— Je n'en ai pas seulement été incommodé.

— Ah ! vous me rassurez, dit le vieux savant, avec un soupir de satisfaction, mon honneur est sauf.

— Écoutez, docteur ; il faut que vous me trouviez un logement, je ne tiens pas au luxe, quatre pieds carrés, mais je tiens à être en sûreté.

— Très-bien. J'ai votre affaire.

— Afin que je puisse attendre tranquillement ma guérison et réfléchir à ma vengeance, il y a trois hommes que je veux voir disparaître de la liste des vivants. Ces trois hommes sont Lambert, Birmolan et Raflard. Birmolan m'a trahi ; Lambert m'a joué, m'a torturé et m'a arraché une partie de mon secret, voyez mes pieds dans l'état où ils sont, c'est à Lambert que je dois cela ; Raflard, il y a à peine quatre heures, a tenté de me tuer avec une bouteille de laudanum et m'a volé un million.

— Un million ! exclama l'infortuné docteur ; avec cette somme quel vaste champ n'aurais-je pas pour mes découvertes ; la science n'aurait plus de secrets pour moi ! »

Warburton haussa les épaules de pitié d'entendre parler ainsi le docteur.

« Eh mon Dieu, je sais bien qu'à vos yeux, je puis passer pour un fou, mais sachez, dit-il avec une sorte d'orgueil, que le génie et la folie se donnent la main. »

Warburton arrêta le docteur dans ses effluves d'épanchement pour le prier de l'aider à s'étendre sur son grabat, où il essaya de se reposer tandis que celui-ci courait chez le pharmacien voisin pour faire préparer une potion.

Le vieux docteur soigna Warburton avec tant de zèle et d'habileté, qu'au bout de deux heures celui-ci se sentit presque remis, et si ce n'eût été les traces de brûlures qu'il avait au pied, il se serait senti assez fort pour se mettre à la poursuite de Raflard.

Le vieux docteur, si empressé auprès de Warburton, ne craignait qu'une chose, c'est que celui-ci ne l'interrogeât sur Lambert ; heureusement pour lui que l'Anglais était trop occupé de sa vengeance pour songer au passé.

Le silence le plus profond régnait dans le taudis, lorsque plusieurs coups, frappés d'une façon discrète, réveillèrent Warburton.

« Qui peut venir à cette heure ? lui demanda-t-il inquiet.

— Ce ne peut être qu'un visiteur ordinaire, dit le docteur, la police enfoncerait la porte. »

Cette réponse indiquait assez que l'honorable disciple d'Hippocrate avait dû avoir à faire plus d'une fois aux agents de la rue de Jérusalem.

Le docteur alla ouvrir, c'était le chasseur du restaurant Véfour porteur de la lettre de Raflard.

« Vous êtes le docteur ? demanda-t-il.

— Pourquoi me faites-vous cette question, dit le vieux savant qui avait pour habitude depuis de longues années de ne jamais se compromettre par une première réponse.

— Voici une lettre pour le lord qui est chez vous, dit le chasseur qui prit cette réponse pour une affirmation.

— Le nom est en abrégé, dit le docteur.

— D'où cela vient-il ? demanda Warburton.

— De chez Véfour.

— Un endroit où l'on dîne bien, » dit le docteur en passant sa langue sur ses lèvres.

Warburton prit la lettre des mains du docteur.

« Quelle impudence ! s'écria-t-il en lisant ; vous avez une voiture en bas ? demanda-t-il au chasseur.

— Oui, milord.

— C'est bien, allez m'attendre, je vous suis.

— Mais qu'y a-t-il donc ? demanda le docteur, que vous parlez de partir.

— Ce qu'il y a ? il y a que ce drôle de Raflard, qui, par je ne sais quel moyen, a découvert ma nouvelle demeure, poussant le sans-gêne au dernier point, m'écrit pour me dire qu'il est très-heureux d'apprendre que je suis en bonne santé....

— Et....

— Le reste me regarde, dit brusquement Warburton. Aidez-moi à descendre, vous m'accompagnerez et m'attendrez dans la voiture.

— Dans l'état de faiblesse où vous êtes ? attendez au moins une heure.

— Pas une minute, pas une seconde. »

Depuis longtemps, le vieux savant était habitué aux manières de l'Anglais, il savait qu'il n'aimait pas les observations. Pourtant, à la façon gênée dont il tournait autour de son taudis, Warburton comprit qu'il devait être contrarié d'être forcé de le suivre.

« Eh bien ! qu'avez-vous ? que cherchez-vous ?

— Je réfléchis que vous allez chez Véfour ; car c'est bien chez Véfour qu'il y a sur la lettre ?

— Est-ce que vous avez peur qu'il vous réclame le prix du dernier dîner que nous y avons fait? demanda l'Anglais d'un ton ironique.

— Ce n'est pas cela. Je sais de quelle façon votre seigneurie fait les choses.

— Eh bien alors, je ne vois pas trop ce que vous avez à craindre en m'accompagnant.

— C'est que vous me parlez de vous attendre dans la voiture, dit le docteur timidement.

— Ah! je comprends, vous préféreriez m'attendre à table.

— J'ai oublié de déjeuner ce matin, dit le docteur avec une sorte de modestie navrante, et je craindrais que l'odeur des mets ne me rendît, en vous attendant dans la voiture, les souffrances de la faim plus douloureuses.

— Pauvre docteur, bonne nature, dit Warburton, qui n'osait pas dire qu'il n'avait pas soupé!

— Déjeuné, déjeuné, milord.

— C'est encore pire, vous m'attendrez au rez-de-chaussée devant une table bien garnie, au lieu de m'attendre dans la voiture. »

Warburton, appuyé sur l'épaule du docteur, descendit les cinq étages du bonhomme, s'installa commodément avec lui dans le fond de la voiture, tandis que le chasseur montait sur le siège.

Et voilà comment il se faisait que Warburton avait pu arriver jusqu'à Raflard.

« Par la sembleu! milord, comme on dit au Théâtre-Français, dit Raflard, vous avez fait une entrée un peu abracadabrante, et vous, l'homme le plus favorisé des rives de la Tamise, avez fait fuir avec vos airs de mélodrame deux charmantes femmes.

— Vous aimez à rire, monsieur, dit Warburton en s'avançant d'un air menaçant vers Raflard.

— Oui, monsieur, mais j'aime aussi les situations nettes. Je vous tends la main, comme Louis XVIII aux Français après les Cent-Jours, en vous disant : Oublions! C'est d'autant plus sincère, que je n'ai pas de cours prévôtales en réserve. Voilà ma main, serrez-la et tout est dit.

— Ainsi, vous ne voulez pas d'explications? demanda encore une fois l'Anglais.

— Pourquoi faire, grands dieux! Tenez, mon cher, je suis tellement poursuivi par la chance, que je vous offre ici, séance tenante, de vous jouer en cinq points d'écarté secs vos cinq cent mille francs contre les miens; si je perds, je vous joue ma tête contre la vôtre. Ça vous va-t-il? Tenez, dit-il à voix basse à Warburton en l'emmenant dans l'embrasure de la fenêtre, ne parlons plus de l'affaire de tantôt, mais réunissons-nous donc franchement pour enlever à ce comte de Carabas..... Frokesterre, je ne sais plus prononcer ce nom, les vingt-cinq millions de la succession. C'est ça qui serait bien plus fort, si vous trouvez après ce coup que nous n'en avons pas assez pour vivre chacun de treize millions, j'ai un truc pour vous faire doubler vos capitaux. Ce sera d'aller en Amérique et nous faire voir; les Américains, en apprenant que nous avons volé une aussi belle somme sans faire crier la victime, sont capables de nous faire une ovation. Dînez-vous avec nous?

— Quel homme vous faites, dit Warburton renversé par ce flux de paroles; ma colère n'y tient pas, j'accepte votre main.

— Et les cinq cent mille francs, dit Raflard.

— Et les cinq cent mille francs, cela va sans dire.

— Ah çà, dit Raflard, c'était donc du jus de réglisse qu'il y avait dans cette bouteille?

— C'était bien du laudanum, et du plus violent, dit l'Anglais qui ne tenait pas à dire à son adversaire par quel stratagème il était sorti sain et sauf de sa lutte avec lui, c'était du laudanum de Rousseau.

— Mais on prétend que quelques gouttes foudroient!

— Oui, dit l'Anglais, mais j'ai un docteur qui a trouvé l'antidote du laudanum.

— J'en suis fort aise pour vous et pour moi, j'ai cru que vous vouliez me tromper; j'ai cédé à un mouvement de colère dont je n'ai pas été maître; mais vrai! je suis content de vous voir sur pied, quoiqu'à ce jeu je perde cinq cent mille francs. Veuillez m'entourer avec un des rideaux, car l'endroit où sont cachés les bienheureux fonds est tellement mystérieux, que si ces dames me voyaient fouiller dans cette caisse de nouvelle façon, elles ne pourraient s'empêcher de s'écrier schoking! »

L'Anglais comprit et masqua Raflard. Celui-ci, au bout d'un instant, sortit de derrière les rideaux de la croisée.

« Tenez, lui dit-il, je vous donne là cinq paquets complets, nous compterons plus tard. »

Cette fois, l'Anglais serra la main de Raflard avec effusion, car pendant quelques heures il avait bien craint de ne plus voir les bienheureux billets qu'il avait enlevés si audacieusement six heures avant à la banque de France.

« Je crois, dit Raflard, qu'il commence à être temps de s'occuper de ces dames qui se sont enfuies croyant que nous allions nous couper la gorge. Venez, mesdames, venez; n'ayez plus peur, dit-il en entrant dans le grand salon; le lion s'est transformé en agneau; l'Angleterre vient de donner la main à la France; milord Veston veut bien dîner avec nous. »

Les deux femmes rassurées, car au début elles craignaient pour le moins une rixe entre les deux hommes, s'approchèrent avec un sourire de commande.

« Mme de Sainte-Clotilde, dit-il en présentant Honorine à l'Anglais; Mme Adèle, son amie.

— Mesdames, je suis très-flatté de me trouver en votre compagnie.

— Mais, dit Mme Adèle, il me semble que milord a un nom français.
— Chut! dit Raflard, milord est ici incognito; il est chargé par la cour d'une contre-ambassade.
— Contre-ambassade? demanda Honorine, je ne saisis pas bien. Ah si, fit-elle ingénûment, monsieur est un ambassadeur de contrebande.
— Ah! bravo! dit Raflard, Honorine fait des mots.
— Madame, dit Warburton, ce que vous venez de dire est charmant.
— Seulement ne recommencez plus, dit Raflard en essayant de s'arrêter de rire.
— Quel drôle de monde, se disait Adèle pendant que se passait cette scène. Ce M. Bonnard vous donne des billets de banque comme s'il les fabriquait; si cet affreux Rapin était ici, je crois qu'il trouverait tout cela louche.
— Ah! voici le sommelier, dit Raflard en voyant entrer un nouveau garçon. Je n'ai rien de particulier à vous dire. Vous avez une tête digne de l'emploi que vous remplissez. Je me fie sur vous pour l'ordonnancement des vins; milord Vestoncourt veut bien rompre une lance avec moi; c'est au Bordeaux que je le défie.
— Et le Champagne, dirent les femmes.
— De la tisane! bon pour les femmes et les moutards.
— Monsieur est servi, dit le maître d'hôtel.
— A table! milord. Veuillez offrir votre bras à Mlle Adèle, et tâchons par notre appétit d'être à la hauteur du dîner que nous offrent les mânes de J. Reimloss!
— Taisez-vous donc, malheureux, dit l'Anglais à voix basse.
— Me taire! allons donc, mais mon vieux milord, ce soir ma langue est un fleuve. Tu ne vois donc pas ce luxe que je fais déployer pour célébrer ta résurrection, ce n'est pas assez des lustres qui brûlent, on a mis des candélabres sur la table; eh bien! mon cher, tout ça auprès des chandelles que nous allons faire voir aux engliches c'est de la gnognotte, ce mot se traduit en français par ce n'est rien. Goûtez-moi ces huîtres, mes filles! Ça s'appelle des royales d'Ostende, en 1814, on les appelait impériales, il n'y a pas, vous le voyez, que les hommes qui font leur cour au pouvoir, les huîtres mêmes suivent cet exemple pernicieux. Je bois à Honorine, à Adèle, à la beauté! Veston! c'est avec du vin de France que je te provoque! C'est avec ce vin, qui fait la gloire de mon pays, que je bois à nos futurs succès.
— Ah! Ra.... dit Warburton qui se reprit sur un coup d'œil de Raflard, sachez surtout que les hommes de notre trempe n'ont ni patrie ni patrimoine; vous avez de l'esprit, mais que vous êtes compromettant....
— Il est charmant! dit Honorine.

— Il pétille comme du champagne! dit Adèle.
— Pour toi la blonde, je ne fais que mousser. Eh bien! maintenant peux-tu dire si je suis médecin ou avocat?
— Vous êtes un drôle de corps, voilà tout ce je puis vous dire.
— Tu es une fille d'esprit, et tu auras ta rivière.
— Eh bien! ne vous gênez pas, dit Honorine.
— Honorine, vous avez près de vous, mon ami, milord Vestoncourt.
— Mais vous lui donnez un nom ridicule, dit Honorine.
— Vous l'êtes bien plus, jeune fille, en me le faisant observer.
— Enlevez les huîtres! cria Adèle.
— Poum! Poum! » dit Raflard, qui d'un revers de main débarrassa la table des assiettes sales, des coquilles vides et des huîtres.
Cela tomba à terre avec un grand fracas. Les garçons s'empressèrent de faire disparaître ces traces de désordre.
Rien n'était plus curieux que l'aspect de cette salle de festin, qui aurait pu largement contenir quarante convives.
Deux garçons vieillis dans le service des cabinets servaient à table; ces gens-là devaient appartenir à la maison depuis sa fondation; petits, la figure osseuse, le regard éteint, le crâne dénudé; ils ne marchaient pas, ils glissaient, froids observateurs des formes, on sentait qu'aucune plaisanterie, qu'aucun mot ne pouvait dérider ces visages; quoi qu'eussent pu dire, faire les convives, on pouvait être certain qu'ils se prêteraient à tous leurs caprices. Il n'y a plus que quelques grandes maisons qui possèdent ce genre de domestiques; ils sont d'une autre époque. Pour les convives ces hommes n'existaient pas, les femmes mieux que les hommes le montraient bien dans leurs propos et leurs gestes.
« Entrée des rougets sauce bordelaise! cria Raflard. Si la *gueule* de ceux qui vont en manger ne se dépouille pas, je déclare que le chef est un cuistre. Et, cher Vestoncourt, tu parles avec orgueil de la vieille Angleterre; je la respecte cette vénérable dame aux dents longues, au cou de cygne, tiens, Adèle seule peut poser pour une statue de l'Angleterre, seulement, c'est dommage qu'elle ait des bas et des souliers aux pieds, c'est moins nature.
— Bonnard, vous blasphémez, car il n'y a encore de tel que la vie anglaise, c'est là seulement où l'on respire l'air pur de la liberté.
— En Angleterre, y a-t-il du vin?
— Il y a du gin et du pale ale.
— Ça ne vaut pas le vin. Tu parles de liberté, mais ô pauvre hère! trouve donc quelqu'un de plus libre que le bourgeois de Paris, doublé d'une faillite.
— Mais tais-toi donc, lui cria Warburton.

— Tu ne me feras pas taire ! garçon, versez du vin !

— Côte Saint-Jacques, dit gravement le garçon.

— Verse encore, eh quoi ! personne ne me fait raison ! »

Et en un tour de main il ramassa les verres à pied qui se trouvaient sur la table, et du dos de son couteau il donna un coup sec sur chaque pied qui se détacha aussitôt.

« Voilà qui est régence, vous serez obligés de boire jusqu'à la lie ou de tacher la nappe ; vous avez le choix à passer pour des ivrognes ou des gens mal élevés.

— Mais vous voulez donc nous faire mourir ! dirent les femmes.

— Je veux, dit Raflard en se levant et en prenant la pose d'un orateur, que lorsque le Mont-de-Piété aura dévoré vos dernières loques, lorsque vous serez crottées jusqu'à l'échine et obligées de tremper votre pain dans l'eau du ruisseau pour pouvoir le triturer, car alors vous n'aurez plus de dents, ô chers anges adorés : je veux qu'à ce moment de détresse vous vous rappeliez la date d'aujourd'hui. Mordez dans ces primeurs, qui n'ont de la saveur que parce qu'elles coûtent un prix fou ! Rattrapez-vous sur elles des pommes vertes dont vous n'aviez pas de quoi assouvir votre faim, alors que vous étiez enfants ! buvez de ces vins décantés, décorés de noms ridicules, arrosez-vous de champagne ! tout ça finira comme ces bougies. Ce qui ne m'empêche pas de vous dire que vous êtes charmantes, et que Vestoncourt est un galant homme ; et que je commence à devenir ivre !

— Et à déraisonner ! dit Adèle.

— Ah ! mon cher, dit Honorine, vous n'avez le vin ni poli ni gai.

— *In vino veritas !* dit Raflard en se laissant tomber sur sa chaise. »

Ce qui se passa après ne mérite guère de se raconter ou ne peut s'écrire.

On but, on chanta, on tacha les nappes, on brisa la vaisselle ; puis quand ils furent las du champagne, ils demandèrent du punch ! ils voulurent ensuite n'être éclairés qu'à cette flamme.

Il était minuit quand on apporta l'addition ; avec la casse, elle se montait à onze cents francs.

« A une addition pareille, dit Raflard, il faut un pourboire royal, il mit douze cents francs dans l'assiette ; il n'y a rien à rendre. »

Le garçon ramassa l'argent avec le même flegme que si chaque jour, il eût reçu des pourboires semblables.

Pendant que les deux femmes passaient dans une autre pièce pour rétablir le désordre de leur toilette, Warburton profita de ce qu'il était seul avec Raflard pour s'entendre avec son complice sur le parti à prendre :

« Tu m'as parlé, dit l'Anglais qui s'était mis sur un pied complet d'égalité avec Raflard, et savait, le cher homme, ce qui lui en avait coûté pour se montrer trop collet monté, tu m'as parlé de ton logement.

— Mon ami, je t'arrête, il n'y faut pas songer... Pars plutôt avec Adèle, c'est une bonne fille, tu lui raconteras tout ce que tu veux que l'on sache ; j'emmène Honorine chez moi, je m'en serais bien passé, mais Adèle m'a dit que son amant appartenait à la police, et je préfère la garder avec moi que de la lâcher ou d'aller chez elle.

— Maintenant où nous trouverons-nous demain ?

— C'est assez difficile à dire, et le moyen de correspondre ?

— J'ai une idée, dit l'Anglais.

— Tu n'en as pas souvent, mais quand tu en as, elles sont marquées au coin du génie.

— Je vais faire déposer par mon vieux docteur cinq cents francs à *la Tribune*.

— Au journal ? si ton docteur les déposait dans sa poche, as-tu réfléchi à cet inconvénient ?

— Oui.

— Je n'ai plus rien à objecter sur ce placement ; mais je ne saisis pas très-bien l'idée.

— Attends que je la développe. J'avertirai le directeur qu'il insère chaque fois qu'il recevra une lettre signée W. ou R. la note qui se trouvera incluse dans l'enveloppe, jusqu'au jour où il recevra une autre lettre d'une de ces deux signatures lui annonçant qu'il peut l'effacer. Comprends-tu ?

— Si je comprends. C'est-à-dire que je suis séduit de ton idée, et maintenant que nous avons la presse dans notre jeu, l'autorité n'a qu'à bien se tenir.

— Je vais tâcher, dit l'Anglais, de me procurer deux passe-ports. »

L'entrée des deux femmes suspendit la conversation.

« Eh bien ! messieurs, venez-vous ?

— Que nous sommes inconvenants, dit Raflard, nous avons fait attendre ces dames. »

Au moment où Warburton allait sortir, il se rappela fort heureusement le docteur ; hélas ! pour l'honneur de la science, cela est triste à avouer, il était presque ivre. Un garçon fut chargé de le conduire à son trou ; les deux couples se séparèrent à la porte du restaurant, Warburton monta en voiture avec Adèle ; et Raflard ayant Honorine au bras longea la rue de Valois pour gagner sa demeure mystérieuse.

A cette même heure, il sortait de la rue de Jérusalem un fort peloton d'agents de police, qui avait pour point de ralliement la maison où se dirigeait Raflard avec cette quiétude d'esprit que peut seul avoir un honnête homme.

Rapin venait de découvrir l'endroit où se réunissaient les conjurés. (P. 400.)

CHAPITRE LXXXIX.

Une société secrète.

« Qu'est-ce qu'une société secrète ? »

Cette phrase tombant un jour de la tribune parlementaire de la bouche d'un orateur autorisé, causa sur les bancs de la Chambre des députés un mouvement que le sténographe traduisit par ces mots entre parenthèses (marques d'attention).

Mais il paraît que ces marques d'attention, loin d'encourager l'orateur, ne firent que l'intimider ou le troubler, car il répéta trois fois sa question sans pouvoir y adapter une réponse; peut-être allait-il se l'adresser une quatrième fois, lorsqu'un interrupteur — cette race est sans pitié — lui cria pour le tirer d'embarras :

« C'est une société qu'on ne connaît pas.

— C'est ce que je voulais dire, » dit l'orateur au milieu des fous rires de la Chambre.

La société qu'on supposait exister rue Saint-Honoré, et que Rapin croyait avoir découverte, avait bien tous les caractères de la société secrète : elle n'était pas connue.

Et ce qu'il y avait de plus remarquable, c'est que celui qu'on lui donnait pour chef, Raflard ne la connaissait pas.

Or vers minuit, ainsi que nous l'avons dit, il sortait de la rue de Jérusalem un fort peloton d'agents ayant à sa tête M. Gerlier; il n'y avait avec le commissaire de police que deux hommes dans le secret : Rapin et Juibraide.

Le premier étage d'un marchand de vins fut choisi pour quartier général et comme point de ralliement; trois voitures de la préfecture, dites paniers à salade, étaient attelées en poste et remisées derrière le Louvre. Le poste de la Lingerie, situé en face des Halles, avait reçu un renfort de gardes municipaux et une trentaine d'inspecteurs de garnis s'y tenaient en réserve.

Depuis dix heures, Juibraide était installé chez la fruitière du passage, avec laquelle il paraissait vouloir traiter la vente de son fonds. A minuit moins dix, l'agent avait pu constater par le judas de la boutique, l'entrée de vingt-cinq conjurés, et ne se tenait plus qu'à cent francs avec la fruitière pour l'achat du fonds.

Juibraide, qui ne pouvait pourtant pas passer la nuit dans la boutique, se décida à se retirer à cette heure, paraissant très-vexé de n'avoir pu s'entendre avec la fruitière pour l'achat de son fonds.

Il alla rejoindre Rapin qui était sur le trottoir, fumant philosophiquement sa cigarette.

« Pourquoi as-tu quitté ton poste ? demanda-t-il à Juibraide.

— C'est que je crois que tous les oiseaux sont rentrés, et puis que c'était la troisième fois que la bonne femme me disait qu'elle avait besoin de s'aller coucher.

— Et le chef ?

— Sauf le respectable M. Bonnard, c'est ce que j'allais te dire.

— Tout le monde est là ?

— Oui, M. Gerlier vient d'arriver. On n'attend que l'entrée du susdit Bonnard pour aller dire bonjour aux carbonari.

— Notre entrée va être d'un cocasse à faire rire un mort. Refile à ton poste d'observation, dit Rapin, je crois que voilà M. Gerlier. »

C'était en effet le commissaire qui venait voir si toutes les dispositions étaient bien prises, et si tous les agents étaient à leur poste.

« Cette affaire, lui dit Rapin qui avait son franc-parler avec tout le monde, me paraît d'un facile qui me donne la chair de poule.

— Vous avez peur....

— Ce n'est pas que j'aie peur, dit Rapin ; mais je crains qu'il n'y ait un malentendu au moment de l'entrée en danse, et que ces messieurs se servent de leurs fusils.

— Dame ! fit le commissaire assez gaiement, ce sont les pourboire du métier.

— Drôle de pourboire. Je crois, monsieur le commissaire, que vous ferez bien de me quitter, il est minuit dix; le dernier conjuré, je dis le dernier, parce que le vingt-cinquième vient de passer, et que le chef, ce cher M. Roublard, Pinard, ah ! j'y suis, Bonnard ne va probablement pas tarder à rentrer. »

Le commissaire suivit docilement le conseil de son subordonné, et, en se rendant chez le marchand de vins, où se tenaient les principaux agents, il put voir de ses hommes immobiles comme des statues sous des portes cochères, des auvents, ou couchés au pied d'une borne ; il n'y avait en vue que Rapin.

« Il est au moins minuit un quart, se disait l'agent de la sûreté ; avec ça que c'est agréable de croquer le marmot. Ce diable de Bonnard est bien long à rentrer ce soir ; est-ce que ce vieux polisson s'amuserait à courir la fille ? Après ça, dit-il avec une teinte de mélancolie, l'amour est de tous les âges : témoin le mien pour cette coquine d'Honorine, qui depuis quinze jours me fait consigner la porte ; si encore elle ne me consignait pas sa bourse. Hé ! par ma foi, on dirait que c'est elle qui s'avance au bras d'un bourgeois ; c'est pas possible, Honorine à pied ; Mme de Sainte-Clotilde pataugeant dans la rue Saint-Honoré à minuit passé au bras d'un homme ! »

Rapin s'approcha en cherchant à se dissimuler le long des boutiques ; mais Honorine l'avait aperçu et reconnu ; elle eut peur d'un esclandre, et se serra instinctivement contre Raflard.

« Qu'avez-vous à trembler, ma colombe ? Est-ce que vous auriez froid ? lui demanda Raflard.

— Non, non.... c'est.... »

Raflard en se penchant pour la regarder s'aperçut que son regard était dirigé de côté, il fit comme elle, et vit Rapin.

Rapin ne connaissait pas Raflard ; mais si Raflard ne connaissait pas Rapin, il avait entendu parler de lui : immense avantage.

« Ce doit être le policeman de cœur, se dit-il. Soyez franche, dit-il à Honorine à voix basse. Cet homme qui est là à deux pas de nous, c'est Rapin....

— Oui, dit-elle plus bas. Oh ! j'étais bien certaine qu'Adèle me trahirait.

— Soyez sans crainte, vous êtes avec un galant homme, et qui, de plus, a le poignet solide. »

La situation était grave pour Raflard, devait-il reculer ou avancer ?

Rapin, que venait-il faire là ?

Était-il là posté en amant jaloux ou en agent de police ?

S'il était là en amant jaloux, il n'y avait qu'un esclandre à craindre.

S'il était en agent, une arrestation.

Raflard ne tenait pas à un esclandre, encore moins à une arrestation.

Mais pendant qu'un combat violent se livrait chez Raflard, l'imprudent s'était mis pour ainsi dire à découvert vis-à-vis de Rapin, et celui-ci avec ses yeux de lynx l'observait.

« L'homme qu'Honorine a au bras, se disait-il, a un faux ventre, de faux favoris et une perruque, il doit avoir des jeux de cartes dans ses bottes. C'est lui ! se dit-il, c'est Bonnard ! »

Il hésita pour savoir s'il arrêterait carrément Bonnard au milieu du chemin ou s'il le laisserait rentrer avec Honorine.

« Quoiqu'elle m'ait fermé sa bourse et son cœur depuis quinze jours, dit-il, c'est une bonne fille ; si on l'arrête avec toute la bande, Dieu sait quand elle sortira. »

Cependant Raflard continuait d'avancer, assez bravement, lorsque Rapin pris d'une idée soudaine se mit en travers d'Honorine et de Raflard.

« C'est pas à toi c'te femme, dit-il avec ce ton de voix propre aux habitués de barrière.

— C'est vrai, mon ami, elle est à vous, dit Raflard en saluant humblement Rapin. Rapin, qui ne croyait pas avoir si facilement raison de Raflard, encouragé par la tenue piteuse de celui-ci, reprit :

— Eh bien ! alors, lâche-lui le coude, et va-t'en.

— C'est ce que je fais, cher monsieur, dit Raflard avec le même ton bonhomme ; mais quittant brusquement le bras d'Honorine, d'un coup de tête il envoya Rapin rouler dans la boue.

— A moi ! » hurla le drôle, tandis que Mme de Sainte-Clotilde poussait un cri de terreur.

Raflard voulut retourner sur ses pas, mais il aperçut plusieurs ombres qui se détachaient des murailles ; il n'était qu'à trois pas du bienheureux passage, en deux bonds il l'enfila.

Pendant que cette scène se passait, Mme de Sainte-Clotilde qui était une fille d'esprit ramassait le bas de sa robe avec une vivacité, une promptitude qui, si elle témoignait peu en faveur de son origine aristocratique, indiquait assez que c'était une fille de résolution, et disparaissait dans la rue de Valois en courant à toutes jambes.

Elle avait un billet de mille francs dans sa poche, le souvenir d'un bon dîner, et comme elle ne tenait pas à l'aller digérer à la préfecture, elle avait pris le parti le plus sage, celui de fuir.

Raflard avait passé sans accident la boutique de la fruitière, il allait entrer dans l'allée, lorsqu'il entendit une voix railleuse qui lui disait :

« Vous êtes bien pressé, jeune homme, » et en même temps une main s'abattait sur son épaule.

C'était Juibraide, qui ayant entendu le cri poussé par son ami, s'était douté de ce qui arrivait et se tenait en faction au pied de l'escalier ; mais avant que sa main eût pu tenir le collet de l'habit de Raflard, celui-ci l'avait couché en joue avec un pistolet à deux coups et fait feu sur lui.

Juibraide tomba comme une masse ; Raflard qui croyait l'avoir tué sauta par-dessus le corps de l'agent ; mais celui-ci qui n'avait été foudroyé que par la peur chercha à lui prendre une jambe ; du pied resté libre Raflard lui donnait une vraie ruade, mais cette fois il ne frappa pas dans le vide ; Juibraide poussa un horrible cri, il devait avoir la mâchoire brisée.

Raflard sans s'inquiéter des cris de l'agent monta rapidement ses trois étages, ouvrit sa porte qu'il referma sans s'inquiéter du bruit ; une fois entré, il respira un peu ; il plaça son petit pont et passa dessus, le retira, ferma la seconde porte avec le même soin, poussa les verrous et courut aux croisées en passant derrière la tapisserie. Outre les contrevents solidement fermés et garnis de plaques de tôle il y avait des barreaux.

« Ils ont de quoi s'amuser au moins pendant deux heures, dit-il ; le tout maintenant est d'employer ce temps à combiner une fuite. Mais qui diable a pu leur découvrir ma retraite ? »

Cependant le passage avait été envahi par les agents, dont plusieurs avaient des lanternes. On releva Juibraide, dont la figure était dans le plus piteux état : il fit signe qu'on lui donnât de l'eau pour se laver. Il voulait rester, mais M. Gerlier ne le souffrit pas, et un agent le conduisit chez le marchand de vins où déjà se trouvait son ami Rapin, qui, après avoir bu plusieurs verres de vin pour se remettre de son émotion, se faisait gravement racler son habit couvert de boue.

L'arrivée de Juibraide lui causa une profonde impression ; son entrevue avec Rapin fut touchante.

« Ah ! le gueux, dans quel état il t'a mis ?

— Et toi ! ma vieille, dit Juibraide qui oubliait ses vives souffrances pour ne s'occuper que de son ami.

— Un coup de tête, mon bonhomme.

— Un coup de Breton. Je connais ça.

— Et toi ? demanda Rapin avec intérêt.

— Moi ! je l'attendais avec ma fameuse garde, tu sais en lapin.... »

Et Juibraide essaya de se camper en lutteur.

« Oui, je la connais.

— Mais le lâche me tire un coup de pistolet, j'évite le coup : je tombe avec tant de naturel qu'il me croit mort ; il m'enjambe, je suis assez habile pour lui attraper une *guibole* ; mais j'oublie la parade, et je reçois sur la figure un cachet ; ah ! mon vieux, je ne te dis que ça. Du reste, tu vois le travail. Passe-moi un cinquième. »

Pendant que les deux agents se congratulaient suivant leur habitude, une scène des plus dramatiques se passait dans la maison du passage Saint-Honoré.

Le coup de feu avait mis le quartier en éveil ; mais comme toutes les parties du passage étaient suffisamment gardées, les voisins et les habitants en furent réduits à faire des suppositions.

Le commissaire monta bravement le premier dans l'escalier suivi par les agents. Il s'arrêta à la porte que venait de fermer brusquement Raflard, et frappa fortement avec sa canne.

« De par la loi, roi et justice ! dit-il.

— Est-ce qu'on devrait parlementer avec de pareils bandits ? murmura un agent.

— Silence ! » fit le commissaire en jetant un regard sévère à l'indiscret.

Comme personne ne répondait du dedans, le commissaire réitéra sa demande.

En ce moment, il se fit un certain mouvement dans l'escalier.

« Qu'est-ce qu'il y a ? demanda le commissaire.

— Il y a, dit Juibraide en paraissant une hache à la main et suivi de l'indispensable Rapin, que nous venons vous donner un coup de main.

— De hache ! dit Rapin.

— Ah ! fameux, » fit un agent.

Le commissaire se rangea et Juibraide donna dans la porte un vigoureux coup de hache qui ébranla la porte et fit sauter un copeau.

« C'est pas du bois, c'est du fer ! dit-il, en précipitant ses coups.

— Attention ! dit le commissaire à voix basse ;

rangez-vous sur le côté droit de l'escalier, en cas qu'ils fassent feu. »

On entendit dans le bas de l'escalier les crosses de fusils qui résonnaient sur le pavé.

C'étaient les gardes municipaux qui arrivaient sous le commandement d'un lieutenant.

« Pas de précipitation, » dit M. Gerlier.

En ce moment un des derniers trains de la porte tombait.

Juibraide, Rapin et deux ou trois autres agents s'élancèrent dans le couloir; d'autres allaient les suivre, lorsqu'un cri de terreur se fit entendre : le mécanisme de Raflard venait de produire son effet. Juibraide et Rapin étaient pris chacun par une jambe et enfermés dans les volets-portes, deux autres agents avaient été gravement contusionnés.

Il y eut un instant de tumulte inexprimable. Rapin et Juibraide hurlaient dans leur cabanon comme si on les eût écorchés.

Les agents, qui ne sont pourtant pas des gens faciles à émouvoir, étaient sous l'empire d'une sorte de terreur, beaucoup croyaient que les conjurés égorgeaient leurs camarades.

« Mais il faut les tirer de là ! »

M. Gerlier descendit vers le lieutenant des municipaux, pour s'entendre avec lui sur le moyen à employer pour amener les conjurés à composition.

Or, pendant que Juibraide et Rapin poussaient des cris à fendre le cœur de leur collègue, Raflard, le corps entouré d'un drap pour protéger ses effets de toute souillure, grimpait dans la cheminée afin de gagner les toits; de deux ou trois coups de tête, il démolit la frêle cloison qu'il avait construite quelque temps avant dans le tuyau, et continua son ascension; il était près d'arriver au faîte lorsqu'une vive lumière, qui provenait d'un trou ménagé dans le mur de la cheminée pour y adapter un tuyau de poêle, vint attirer son attention; il s'arc-bouta tant bien que mal, et mettant son œil au trou, voilà ce qu'il vit :

Dans une pièce qui lui parut occuper toute la surface de son appartement, se trouvaient réunis une trentaine d'hommes qui paraissaient appartenir à toutes les classes de la société : car s'il y en avait en blouse, il y en avait également de vêtus avec une certaine élégance; tous avaient le visage caché avec un loup noir.

Devant une table se tenaient assis trois hommes, les chefs probablement; les autres, un fusil à la main, étaient rangés autour de la pièce.

Tous étaient silencieux et graves.

« Que diable est cela ? se demanda Raflard intrigué. Comment, au-dessus de mon logement il se tient de pareilles réunions sans que je n'en sache rien ? »

Celui qui se tenait au milieu de la table et qui paraissait remplir les fonctions de président parlait :

« Nous sommes ici réunis, disait-il, pour conspirer la chute du tyran. Que ceux qui ont le cœur faible se retirent ! »

Et il promena son regard sur tous les conjurés.

« Personne ne répond ; personne ne demande à se retirer : je déclare la séance ouverte.

— Voilà un monsieur qui me paraît bien avisé d'ouvrir ses travaux pendant que la police est en bas, se dit Raflard.

— Frère Gnylicha, dit le président, vous qui êtes à la tête de l'Est, qu'apportez-vous ? »

Un jeune homme à la taille élancée et qui paraissait appartenir à la classe aristocratique sortit des rangs.

« J'apporte la nouvelle que l'homme de Lyon chargé des subsides doit arriver ce soir à Paris.

— Que son nom soit béni ! dirent en chœur les conjurés; que sa route soit agréable, qu'il triomphe des embûches. »

Si Raflard n'eût pas été dans une position aussi gênante, il se serait tordu de rire en entendant cette mélopée.

« A quel titre le reconnaîtrons-nous, puisque nul de nous n'a vu son visage ?

— Les lettres de passe sont dangereuses à porter ; il n'a rien pour se faire reconnaître, dit la lettre du frère de Lyon.

— Mais, fit observer le président, un traître peut se glisser parmi nous.

— Mort aux traîtres, dirent sans enthousiasme les conspirateurs et avec un ensemble qui rappelait assez celui des comparses sur un théâtre.

— Mais tous ces bonshommes-là sont fous ! se disait Raflard auquel l'attrait de la curiosité faisait oublier le danger qui le menaçait.

— Chacun de nous le reconnaîtra, dit le frère Gnylicha; au mot Lyon qu'il dira, on lui répondra Paris. Du reste, ajouta le frère d'un ton assez railleur, les cinquante mille francs qu'il apporte sont un des meilleurs garants de sa personnalité.

— Tiens ! tiens, se dit Raflard, si je me faisais passer pour l'homme de Lyon ; ces braves gens trouveront mieux que Warburton le moyen de me faire sortir de France, ce ne sera pas trop cher d'acheter ce service cinquante mille francs. »

Trois coups frappés à intervalles inégaux suspendirent le colloque.

« Quel est le mortel qui ose frapper lorsque les frères sont réunis ? demanda le membre placé à la droite du président qui se leva et marcha à pas comptés vers la porte.

— Portez armes ! dit le président, apprêtez armes ! »

Ce mouvement se fit avec assez de précision.

« Qui ose troubler les vengeurs du peuple ? redemanda le conspirateur qui paraissait remplir les fonctions de frère introducteur.

— Assez de balançoire comme ça, souffla une

voix du dehors, sans s'inquiéter de ce qu'il y avait d'irrévérencieux dans cette réponse, ouvrez la porte vivement, la police est en bas avec des municipaux. »

La police !

Ce mot jeté dans l'assemblée causa un tumulte inexprimable ; plusieurs conjurés s'allégèrent de leurs fusils avec une vivacité sans pareille, plusieurs masques tombèrent, l'autorité du président fut méconnue.

Rodilardus, paraissant tout à coup au conseil des rats, ne dut pas produire plus d'effet que ce mot de police jeté à travers l'huis de la porte.

« Par où fuir ? dirent quelques-uns.

— Nous sommes trahis ! nous sommes trahis ! disaient d'autres, mort aux traîtres !

— La police ! » disaient les peureux avec accablement.

Et ceux-là, oh honte ! faut-il le dire, formaient une majorité imposante.

« Il faut nous défendre, disaient d'autres conjurés ; mais ceux-là, nous devons l'avouer, étaient peu nombreux.

— Faites moins de bruit, dit le frère Terrible, vous allez signaler l'endroit.

— Ouvrez donc ! sacredié, disait le frère introducteur, ou je crie à la garde.

— Ouvrez à ce misérable, dit le président, il est assez lâche pour tenir parole ; et que chacun reste calme ; la conduite de la plupart d'entre vous est indigne d'hommes libres ; des lièvres pourraient tout au plus leur être comparés. »

Le président ôta son masque, et Raflard crut reconnaître en lui, non pas un lièvre, mais un lapin, qui avait vu les barricades de Charles X, et qui, après avoir combattu pendant les trois jours, avait pris part aux affaires de Saint-Merry.

Sa sortie produisit quelque effet ; le silence se rétablit.

« Mais ouvrez donc la porte à ce braillard ! » dit-il impatienté.

L'entrée d'un lapin dans son terrier, alors qu'il est poursuivi par une meute, peut seule donner une faible idée de l'entrée du frère portier.

« Ils sont en bas ! dit-il d'une voix essoufflée, je les ai entendus, ils enfoncent une porte ! ils commencent le siège de la maison. Nous sommes perdus ! Oh ! Jacinthe, pourquoi ne t'ai-je pas écoutée ! »

Jacinthe était probablement le prénom de la femme du petit homme.

Nous devons dire que tous les conspirateurs, le premier moment de frayeur passé, ne partageaient pas les terreurs du frère introducteur ; le frère Gnylicha, entre autres, s'était de suite placé près du président prêt à opposer une vigoureuse résistance.

« Citoyens, dit le président, avant d'arriver à nous, il y a trois portes à enfoncer, et vous savez qu'à chaque séance nous avons le soin de les arranger de telle façon que pour arriver à les enfoncer il faut au moins une heure ; quatre d'entre nous peuvent protéger la retraite.

— Mais, demanda un timide, par où fuir ?...

— Par où ? dit le président avec un sourire d'ironie, par ici ; et ouvrant une porte de placard : tenez, dit-il en faisant glisser le fond, voyez-vous cette ouverture, elle communique dans la maison voisine ; cette maison donne rue de Valois ; le mari de Jacinthe, ajouta-t-il en souriant d'une façon ironique, a en sa possession la clef de la porte de rue ; comprenez-vous ? »

Un soupir de soulagement sortit de bien des poitrines.

« J'ai dit, continua le président, qu'il fallait que quatre hommes se sacrifiassent pour protéger la sortie des frères, cet honneur appartient au bureau ; mais nous ne sommes que trois. Il en faut un quatrième....

— Je me présente, dit simplement Gnylicha.

— Maintenant, frères, vous pouvez vous retirer ; soyez prudents. »

Tous les conjurés sortirent en silence, et bientôt il ne resta plus dans la pièce que les membres du bureau et le jeune chef de la province de l'Est.

« Je n'attendais pas moins de votre dévouement, dit le président au frère Gnylicha.

— J'ai deux raisons pour agir ainsi, dit gravement le jeune homme : la première, l'honneur ; la seconde, pour recevoir l'homme de Lyon qui doit apporter les cinquante mille francs.

— Mais par où voulez-vous qu'il vienne, puisque toutes les issues du passage sont gardées ? »

Raflard crut que le moment de se montrer était venu ; la vue de la porte masquée l'avait décidé à tenter l'aventure.

« Il n'est pas d'obstacles pour les âmes fortement trempées, » dit-il d'une voix grave.

Les quatre hommes se retournèrent surpris vers la partie du mur d'où partait la voix.

« Je suis l'homme que vous attendez, dit Raflard ; je suis poursuivi par les satellites du tyran : j'ai les cinquante mille francs, mais pour Dieu délivrez-moi. »

Le président monta sur une chaise pour s'approcher du trou où Raflard passait sa tête.

« Mais comment diable vous trouvez-vous là ? demanda-t-il surpris.

— Délivrez-moi d'abord, je vous expliquerai cela ensuite, dit Raflard. Cette cheminée n'est qu'en briques, et je sens qu'au moindre effort vous pouvez la briser. »

Les quatre hommes eurent bientôt, à l'aide de quelques coups de crosses de fusil, démoli quelques briques, et Raflard fut dégagé.

« Ouf! dit-il en entrant au milieu d'un nuage de plâtre et en se secouant.

— Mais comment, dit le président, vous trouvez-vous là?

— Si vous le voulez bien, dit Raflard, nous irons autre part pour causer de cette affaire. Qu'il vous suffise de savoir que quand je suis arrivé, à minuit vingt, pour vous rejoindre, il y a dix minutes de cela, je me suis trouvé pris dans un traquenard; je me suis débarrassé du premier agent qui a voulu m'arrêter par un coup de tête et du second par un coup de feu; j'ai grimpé l'escalier, la retraite m'étant coupée; une porte était ouverte, je suis entré; je l'ai barricadée, et pendant que la police faisait d'inutiles sommations, je grimpais dans la cheminée; vous savez le reste. Écoutez, dit-il; entendez-vous? »

Les cinq hommes prêtèrent l'oreille; on entendait des cris, puis comme des coups de hache ou de bélier.

« Maintenant, si vous voulez m'en croire, partons, notre retraite est découverte; surtout ne laissez rien traîner en fait de liste, dit Raflard.

— Vous êtes prudent, citoyen, dit le président.

— J'unis à la prudence du serpent le courage du lion, frère, dit Raflard avec emphase.

— Je vous admire!

— Il en est de même de moi à votre égard, frères; mais vos hommes, dit Raflard avec dédain, c'est avec cela que vous voulez renverser Philippe, allons donc, vous n'y pensez pas? »

En ce moment on entendit des cris, puis un ébranlement général dans l'escalier.

« Les occupons-nous pendant quelque temps en leur tirant des coups de feu? demanda le président à Raflard.

— Si vous voulez m'en croire, camarade, dit celui-ci en marchant prudemment vers le placard, nous allons nous retirer par le même passage que nos frères.

— C'est peut-être prudent, dit le président; mais ce n'est guère courageux. »

Il jeta un coup d'œil sur les quatre hommes; seul, Guylicha paraissait être pour la résistance; il poussa un soupir de regret, alla au placard qu'il ouvrit, et chacun d'eux ayant ramassé les derniers fusils disparut par la communication qui fut prudemment fermée derrière eux.

« C'est égal, disait Raflard en sortant, ce sorcier de la rue Saint-Anne est un homme bien remarquable, car la chance plus que mon habileté me tire d'un mauvais pas. »

CHAPITRE XC.

La police jouée.

On pense bien que Juibraide et Rapin étaient loin de trouver le traquenard de Raflard de leur goût. Ils étaient bien parvenus à force d'efforts à retirer chacun leur jambe prise dans le piége à loup, mais ils n'avaient pu ouvrir les portes.

« Il faut tout enfoncer! disait un agent.

— Pas de bêtises! nous sommes derrière, cria Rapin.

— Eh oui, nous sommes là, entre deux feux, ajouta Juibraide.

— Ils disent qu'ils vont faire feu, » dit l'agent.

Pendant que cette scène burlesque se passait, M. Gerlier et le lieutenant prenaient des dispositions pour faire le siège de l'appartement de Raflard.

« Il nous faut absolument des échelles, il y a deux fenêtres, c'est par là qu'il faut les attaquer, allumez les torches, que dix hommes se tiennent prêts à faire feu sur les fenêtres au premier signe d'hostilité. »

De longues échelles furent apportées; le lieutenant monta bravement le premier une pince à la main, il l'introduisit entre les deux joints des contrevents; après quelques pesées, il fit sauter une planche avec une partie de la tôle qui y était adhérente.

« Tonnerre! s'écria-t-il en apercevant les barreaux. Passez-moi la torche. »

Un vieux brigadier la lui monta.

Le lieutenant avec sa pince brisa la fenêtre, déchira les tentures, et prenant la torche, il la jeta dans la pièce en s'écriant :

« S'il y a des hommes, qu'ils se montrent! »

Mais personne ne se montra; la lueur de la torche illumina la chambre, et il fut facile au lieutenant de se rendre compte qu'elle était inhabitée.

« Nous sommes joués! criait-il au commissaire, il n'y a personne.

— C'est impossible, dit celui-ci.

— Dame! si vous ne me croyez pas, montez pour vous en rendre compte. »

C'est ce que celui-ci fit.

« C'est vrai! mais, sapristi, avec votre torche, vous allez mettre le feu là dedans, il faut absolument pénétrer dans cette chambre pour empêcher un incendie.

— Allez chercher des pompiers! cria le lieutenant.

— Non! un gamin, » dit le commissaire.

Il paraît que le gamin fut plus tôt trouvé que

les pompiers, car au bout d'un instant on amenait dans la cour un petit chiffonnier.

« Tiens, mon ami, il y a cent sous pour toi si tu peux passer à travers ces barreaux lui dit M. Gerlier.

— Aboulez vos cent sous, dit effrontément le gamin.

— Tu ne veux pas me faire crédit ?

— Y a pas de danger, pour que vous me colliez dix sous dans la main après.

— Tiens, affreux drôle, voilà cinq francs. »

Le gamin, sans s'inquiéter de l'épithète peu flatteuse du commissaire, fit disparaître la pièce de cinq francs dans les profondeurs d'une de ses poches, et se glissa comme une anguille entre les barreaux ; il s'écorcha bien un peu, mais néanmoins il parvint à entrer dans la chambre de Raflard.

Il s'empara de la torche, piétina sur le tapis qui commençait à brûler en étouffant.

Pendant ce temps, on parvenait non sans danger à retirer Juibraide et Rapin de leur prison.

La chambre fut en un instant envahie.

Rapin manqua de tomber de son haut quand il vit où il se trouvait.

« Mais où sommes-nous ? demanda-t-il avec stupéfaction.

— Oui ! hurla Juibraide comme un écho, où sommes-nous ?

— Mais nous sommes où vous nous avez conduits, dit M. Gerlier qui avait peine à se contenir.

— Jamais ! protesta Rapin.

— Jamais ! répéta Juibraide.

— La chambre que j'ai indiquée, est dépourvue de toute espèce de meuble, tandis qu'ici il y a deux pièces ; et c'est luxueux. Mais celui qui m'a assommé et qui a manqué de tuer mon ami, où est-il ?

— Par où a-t-il fui ?

— Cherchez ! dit le commissaire.

— Sondez les murs. »

Juibraide s'approcha de la cheminée et examina le foyer attentivement.

« Que regardez-vous là ? lui demanda le commissaire impatienté.

— Je regarde si votre homme n'a pas oublié sa carte. Mais je ne vois rien, pourtant il a dû fuir par là.

— Et les vingt-cinq conjurés, croyez-vous qu'ils soient tous partis par là ? dit M. Gerlier ; pourtant vous prétendiez les avoir vus passer. Que dites-vous de l'école que vous venez de nous faire faire. Demain les journaux de l'opposition apprenant notre déconvenue, diront que nous avons voulu faire croire à une conspiration, et ils n'auront pas tort. Qu'est-ce que vous dites de tout cela ? »

Juibraide se gratta le nez, ce qui était chez lui le signe d'une profonde préoccupation.

« Je dis, mon commissaire, dit-il avec un calme qui contrastait avec l'emportement de M. Gerlier, que ces hommes sont très-forts. Vous avez demandé des pompiers.

— Ils sont même arrivés. Qu'en voulez-vous faire ?

— Eh bien ! si vous voulez m'en croire, vous les ferez monter sur le toit. Avance ici, Rapin, mon ami, lui dit-il à voix basse ; nous sommes roulés comme des merlans dans la farine, nous avons à faire à plus malin que nous ; ou cette après-midi tu as été victime d'une erreur de ton imagination abusée, ou tu as dénoncé une chose que tu n'as pas vue. Pas de protestations, je ne t'accuse pas, je constate un fait. Il faut nous relever de cet échec par un coup d'éclat. Es-tu de force à monter dans la cheminée jusqu'au toit ?

— Oui.

— Eh bien monte.

— Qu'allez-vous faire ? demanda le commissaire.

— Montrez le chemin du toit aux pompiers ; » et en disant cela, Rapin disparut sous le manteau de la cheminée.

Pendant ce temps, les autres agents regardaient Juibraide d'une façon narquoise.

Le plus profond silence régnait dans la pièce.

Juibraide avait l'oreille au guet.

Tout à coup un grand cri retentit.

C'était Rapin qui venait de découvrir le passage fait pour la sortie de Raflard.

Les derniers conspirateurs en s'éloignant avaient oublié d'éteindre les deux lampes.

Rapin venait de reconnaître parfaitement la pièce ; seulement les fusils avaient disparu.

Il courut aux portes qu'il ouvrit avec assez de peine pour laisser entrer les agents.

« Eh bien ! dit-il au commissaire d'un ton triomphant, avais-je raison ?

— Le nid est encore chaud, dit un agent ; les oiseaux ne doivent pas être loin.

— Voilà, disait Rapin, par où le chef est passé, en montrant la brèche faite au mur.

— C'est lui qui a dû prévenir les conspirateurs de notre arrivée ; seulement, ce qui me confond, c'est de savoir par où ces vingt-cinq hommes ont pu passer.

— Ils ont passé par la fenêtre ou à travers les murs ! dit un brigadier.

— Eh bien ! dit Juibraide d'un air triomphant en s'adressant au commissaire, avions-nous raison de dire qu'il y avait conspiration ?

— Je n'en doute plus, dit le commissaire ; mais où sont les conspirateurs ?

— C'est ce que nous saurons avant peu. »

En ce moment le lieutenant de municipaux rentra.

« Je viens de causer avec les pompiers, dit-il au

commissaire, ils prétendent que personne n'est passé sur le toit; il y a bien un châssis dans le couloir, qui permet de communiquer avec le toit de la maison, mais les nombreuses toiles d'araignée qui le garnissent témoignent assez en sa faveur pour qu'on ne l'accuse pas de complicité dans la fuite des conspirateurs.

— Sondez les murs ! » cria le commissaire aux agents sans répondre au lieutenant.

Bientôt on entendit des coups sourds résonner sur toutes les parties des murs.

« Rien ! rien ! disait M. Gerlier en écoutant. Eh bien ! que faites-vous là, Juibraide ? dit-il à l'agent qui était en contemplation devant le fameux placard par où avaient fui, un instant avant, tous les carbonari.

— J'examine, mon commissaire, j'examine....

— Ah ! vous examinez.

— Oui, répéta-t-il d'une façon distraite.

— Vous examinez les bouteilles que contient ce placard, tout en regrettant qu'elles ne soient pas pleines et à vous.

Juibraide ne daigna pas répondre à cette petite méchanceté du commissaire, qui se plaisait de temps à autre, sans que cela le corrigeât beaucoup, à lui rappeler son intempérance.

« Dis donc, Rapin, approche ici : que dis-tu de ce placard ?

— Et toi ?

— Moi, je dis que ce placard pourrait bien être une porte, d'autant plus que quand je l'ai ouvert, il m'est tombé deux ou trois objets sur les pieds, d'où j'ai fait cette réflexion que c'était bien étrange, et puis.... »

Le commissaire et le lieutenant s'étaient approchés et écoutaient Juibraide : celui-ci s'en aperçut :

« Voici deux de nos supérieurs, dit Juibraide d'un ton quelque peu railleur, qui pourront peut-être nous dire pourquoi il y a un verrou à l'intérieur.

— Drôle de placard, dit Rapin en enlevant rapidement les quelques objets qui s'y trouvaient et composés en partie de bouteilles vides et de mauvaise poterie.

— Je crois, dit M. Gerlier, que nous brûlons... »

On donna un coup de crosse de fusil dans le fond du placard, qui sonna creux comme une cloche ; un deuxième coup plus vigoureusement appliqué enfonça une planche ; on continua l'œuvre de destruction, et bientôt l'ouverture fut assez grande pour livrer passage à un homme.

M. Gerlier allait passer bravement le premier, lorsque Rapin le retint par les pans de sa redingote.

« Que faites-vous ? lui demanda celui-ci en se retournant colère.

— Ce que je dois faire, dit Rapin ; j'ai encore la jambe endolorie du piége à loup, et il peut très-bien y en avoir un semblable ici. »

Ce fut donc avec prudence qu'on s'aventura dans la pièce voisine.

« Voilà l'arsenal ! » s'écria joyeusement le commissaire en apercevant les fusils rangés dans un coin. Un agent courut à la fenêtre et l'ouvrit, elle donnait dans une petite cour ; il était assez difficile de s'orienter, on fit sauter la serrure de la porte et les agents se répandirent dans la maison.

« Amenez-moi le portier, si vous ne trouvez personne. »

Mais au bout d'un instant, un agent vint dire au commissaire que la maison en était dépourvue. Nous renonçons à décrire le réveil des locataires. Il ne leur fut pas difficile de démontrer leur non-complicité dans la réunion clandestine.

« Les drôles sont sortis par la rue de Valois, vint dire un agent qui avait été aux renseignements, et l'imbécile de factionnaire qui est devant les armes a trouvé très-ordinaire de voir sortir de la maison une vingtaine d'individus.

— On va laisser six hommes pour garder ici ; il est deux heures, dit le commissaire en consultant sa montre : demain, il fera jour et on tirera tout cela au clair. »

Les agents se chargèrent des fusils et les placèrent dans les trois voitures au lieu des conspirateurs. La police s'en alla bien un peu l'oreille basse, mais elle avait vingt-cinq fusils, c'était déjà quelque chose.

Juibraide et Rapin se séparèrent des autres agents aussitôt qu'ils le purent, c'est-à-dire au Pont-Neuf.

« Qu'est-ce que tu dis de ça ? demanda Juibraide à son ami lorsqu'il se vit seul avec lui.

— Je dis que je vais aller voir Mme de Sainte-Clotilde, qui pourra peut-être me donner le mot de l'énigme.

— Ah bah ! dit Juibraide.

— Sans elle.... mais motus.... servir pour cent francs vingt-cinq conspirateurs, c'était par trop bon marché.... Va te faire soigner ta mâchoire, et à demain. »

Les deux amis se séparèrent. Juibraide regagna son garni, tandis que Rapin gagnait les hauteurs du quartier Bréda.

Mais qu'on juge de son étonnement quand le concierge d'Honorine lui remit une lettre d'elle.

« Elle est partie il y a une demi-heure avec deux malles qu'elle a fait mettre sur une voiture et m'a dit qu'elle serait de retour dans quinze jours seulement.

— Coquine, dit Rapin ; la lettre est lourde, dit-il : est-ce qu'elle aurait eu la bonne idée de la lester ? Deux jaunets, dit-il en voyant les pièces d'or : « Monsieur, lut-il, votre conduite est celle d'un polisson ; je mets dans cette lettre de quoi

Voilà ce qui remplace l'amour ! (Page 412, col. 2.)

vous acheter du savon pour faire nettoyer vos effets.... » Et elle ne signe pas. Tu me payeras ça, dit-il en empochant l'argent. C'est égal, c'est une bonne fille. Le tout maintenant est de savoir où elle est passée, car je suis persuadé qu'une fois que j'aurai découvert sa trace, je ne tarderai pas à être sur celle de Bonnard.

CHAPITRE XCI.

Un Sauveur.

Raflard poussa un véritable soupir de satisfaction lorsqu'il se trouva rue de Valois.

Pendant un moment, nous devons avouer qu'il avait bien craint pour sa liberté.

Le président de la réunion, Gnylicha et lui, s'enfoncèrent rapidement dans les rues désertes qui entouraient le Louvre à cette époque.

Ils ne commencèrent à reprendre haleine que lorsqu'ils furent arrivés place des Trois-Maries.

« Arrêtons-nous un instant, dit le président, je ne puis plus aller ; du reste, personne ne nous poursuit et notre marche rapide pourrait plutôt nous signaler que nous être utile. »

Ses deux compagnons firent comme lui.

« Où allez-vous coucher? demanda-t-il à Raflard.

— Ma foi! dit celui-ci, je n'en sais rien; je suis arrivé à Paris, il y a une heure seulement, et je dois vous avouer que je comptais un peu sur l'hospitalité des frères.

— Je vous offrirais bien mon gîte, mais il n'est pas assez sûr. Chaque fois qu'il y a quelque chose en l'air, qu'un vent d'émeute souffle sur Paris, on vient m'y enlever. »

Pendant longtemps, nous devons le dire, le gouvernement de juillet usa largement de ce pouvoir discrétionnaire très-contestable. Ainsi aux anniversaires de la prise de la Bastille et des journées de juillet, un certain nombre d'individus connus pour leur caractère remuant ou leurs opinions avancées, étaient enlevés et gardés à la Conciergerie.

Ce moyen extralégal produisait l'effet contraire qu'en attendait l'autorité ; il ne faisait qu'aigrir le caractère de ceux qui en étaient l'objet et en faisait des ennemis irréconciliables. C'est toujours ainsi que cela arrive.

« Mais, dit Gnylicha, je puis offrir une chambre à monsieur.

— Je vais vous gêner, dit Raflard.

— Je ne puis pourtant pas vous laisser dans la rue ; il y a d'abord un motif d'humanité qui s'y oppose ; ensuite, il y a le principe de solidarité qui nous unit qui me fait un devoir de vous loger; et que diraient nos frères de Lyon si l'on agissait autrement?

— Ah! c'est juste, dit Raflard ramené à son rôle par ces dernières paroles, c'est ce que j'allais dire; que diraient nos frères de Lyon, si ceux de Paris ne leur offraient pas l'hospitalité?

— Et maintenant? demanda Gnylicha au président, que comptez-vous faire?

— Je ne sais, je crois que le meilleur est de nous tenir coi. J'ai peur que nous ayons été vendus.

— Vous croyez qu'un traître aurait pu se glisser parmi nous?

— Un traître ou un indiscret.

— Malheur à lui, dit avec un accent terrible Gnylicha, car, comme j'en ai fait le serment, je le tuerais.

— Vous feriez votre devoir, » dit simplement le président.

Ce dialogue entre ces deux fanatiques donna froid à Raflard.

« S'ils pouvaient découvrir que je ne suis pas un des leurs, se dit-il, ils seraient capables de me jeter à la Seine.

— Eh bien! bonsoir, dit le président! Seulement, mon cher Chaligny, si j'ai un conseil à vous donner, c'est de quitter promptement Paris. »

Ce nom de Chaligny avait fait dresser les oreilles à Raflard, et il comprit que Gnylicha n'était autre chose que l'anagramme du nom de son nouveau compagnon.

Les trois hommes se tendirent la main.

« Et mes cinquante mille francs? demanda Raflard qui crut devoir frapper un grand coup pour avoir la confiance des deux conspirateurs.

— Ils sont bien en vos mains, dit le président; comme je crois qu'il n'y aura pas de prise d'armes de sitôt. Du reste, vous avez vu nos hommes à l'œuvre ce soir. Croyez-vous que ce soient des hommes capables d'aller au feu?...

— Au feu de la cuisine, » dit Raflard.

Nous devons dire que cette pointe de gaieté n'obtint aucun succès auprès de ses deux auditeurs.

« Bonsoir, citoyens; Chaligny, croyez-moi, quittez Paris. Je ne sais, j'ai peur pour vous.

— Et moi aussi, dit Raflard avec un visible intérêt.

— Merci, messieurs, de ces témoignages de sympathie, mais je ne crois pas au danger. »

Le président les quitta pour gagner le quartier de l'Arsenal où il habitait, tandis que Raflard et son guide traversaient le pont Neuf et se dirigeaient vers le quartier latin.

Et maintenant que Raflard et Chaligny regagnent les hauteurs du quartier latin, si le lecteur le veut bien, nous allons un peu parler de l'organisation des sociétés secrètes qui pullulaient à cette époque.

Le règne de Louis-Philippe est peut-être un de ceux qui, dans une courte période (1830 à 1841) vit naître le plus de conspirations et se former le plus de sociétés secrètes.

Quand on lit l'histoire des premières années de ce règne, on arrive à se demander comment il ait pu tenir dix-huit ans au milieu de toutes ces secousses.

Mais la police était assez habile pour avoir un mouchard dans chaque société, c'était là l'équilibre. Du reste, la facilité avec laquelle se recrutaient les adhérents aidait considérablement le travail de la préfecture de police.

Dans certaines sociétés la réception se faisait avec apparat.

Nous devons dire que ces sociétés-là étaient en petit nombre.

L'adepte après avoir été soumis à une enquête préliminaire sur sa vie et ses opinions, recevait avis, quand le résultat lui était favorable, de se tenir prêt à l'initiation.

Un homme qui a joué un triste rôle dans les sociétés secrètes de cette époque, raconte de quelle façon se faisait l'installation.

Le sociétaire qui présentait un adepte allait le prendre, le conduisait dans un lieu inconnu, et ne l'introduisait qu'après lui avoir bandé les yeux.

Là, sans savoir à qui il avait affaire et ce qui allait se passer, il attendait.

Trois hommes, généralement, formaient le jury d'examen : un président, un assesseur et l'introducteur.

Le président, prenant la parole, prononçait cette formule :

« Au nom du comité exécutif, les travaux sont ouverts. Citoyen assesseur, dans quel but nous réunissons-nous?

— Pour travailler à la délivrance du peuple et du genre humain, répondait celui-ci.

— Quelles sont les vertus d'un véritable ami du peuple? demandait le président.

— La sobriété, le courage, la force, le dévouement.

— Quelles peines méritent les traîtres?

— La mort.

— Qui doit l'infliger?

— Tout membre de l'association qui en a reçu l'ordre de ses chefs. »

Cette exposition était faite pour frapper l'esprit du récipiendaire.

Après une série de questions posées à l'adepte sur ses idées, sa situation, ses opinions, etc., le président lui adressait un discours dans ce genre:

« Seras-tu avec nous le jour où il faudra renverser un gouvernement traître à la patrie? Réfléchis bien. C'est une entreprise périlleuse : nos ennemis sont puissants, ils ont une armée, des trésors, l'appui des rois étrangers ; ils règnent par la terreur.... Nous autres, pauvres prolétaires, nous n'avons pour nous que notre courage et notre bon droit.... Te sens-tu la force de braver ces dangers? Quand le signal du combat sera donné, es-tu résolu à mourir les armes à la main pour la cause de l'humanité? »

Le récipiendaire, plein de feu comme tout néophyte, répondait qu'il était prêt à tout jurer, et le président prononçait la formule du serment ainsi conçu :

« Je jure de ne révéler à personne, pas même à mes proches parents, ce qui s'est dit ou fait parmi nous. Je jure d'obéir aux lois de l'association, de poursuivre de ma haine et de ma vengeance les traîtres qui se glisseraient dans nos rangs ; d'aimer et de servir mes frères, de sacrifier ma liberté et ma vie. »

Ce serment, nous devons dire que peu le tenaient ; le nombre des adhérents aux sociétés secrètes était peut-être de trente mille, et chaque fois que l'émeute grondait dans la rue, c'est à peine si, avec les chefs, on recruta une centaine d'hommes.

Une fois le serment prêté, le président invitait le nouvel initié à prendre séance, mais sans toutefois permettre que son bandeau lui fût retiré ; alors il reprenait :

« As-tu des armes, des munitions? Chaque associé, en entrant dans cette entreprise, doit avoir une quantité de poudre quelconque, un quart au moins. En outre, il doit s'en procurer deux livres par lui-même. Il n'y a rien d'écrit dans l'association ; tu ne seras connu que par le nom de guerre que tu vas choisir. En cas d'arrestation, il ne faut jamais répondre au juge d'instruction. Le comité est inconnu, mais au moment du combat, il est tenu de se faire connaître. Il y a défense expresse de descendre dans la rue, si le comité ne se met pas à la tête de l'association. Pendant le combat, les membres doivent obéir à leur chef, suivant toute la rigueur de la discipline militaire. Si tu connais des citoyens assez discrets pour être admis parmi nous, tu dois nous les présenter, tout citoyen qui réunit discrétion et bonne volonté, mérite l'entrée dans nos rangs, quel que soit son degré d'instruction ; la société achèvera son éducation. »

Ce speech terminé, on enlevait le bandeau qui cachait les yeux de l'initié.

Raflard était tombé dans une de ces sociétés qui avait des ramifications avec Lyon.

On voit que le rôle qu'il jouait n'était pas sans danger, un mot mal interprété, une réponse mal faite pouvait le perdre.

Heureusement pour lui que son compagnon avait un grade peu élevé dans la société, et quoique le président l'eût qualifié dans la réunion du titre sonore de chef de la province de l'Est, il ignorait non-seulement les noms des membres du comité directeur, mais encore ceux des chefs subalternes de Lyon et de Paris.

Nos lecteurs ont déjà dû reconnaître dans ce jeune homme le fils de Mme de Chaligny et de Pied-de-Fer.

Depuis un an, sa mère avait dû s'en séparer, une sourde inimitié régnait entre lui et son frère aîné, le sang de Pied-de-Fer bouillait dans les veines d'Édouard, on sentait dans ses réactions contre la société, dans ses écarts, le fils de l'ancien chauffeur.

Il était venu à Paris pour étudier la médecine, mais tout en suivant les cours de la faculté, il s'était jeté dans le mouvement insurrectionnel. D'une force herculéenne, Édouard Chaligny, sans toutefois en faire trop parade, avait recruté autour de lui des adhérents, qui disputaient le pavé du quartier latin aux rondes de sergents de villes. Au parterre de l'Odéon il était roi.

L'étoile de Pipe en bois, de fondation nouvelle, eût pâli près de la sienne. Il fallait le voir, un soir de première à l'Odéon, l'habit boutonné jusqu'au dernier bouton, la tête couverte d'un large berret rouge orné d'un gland de soie bleu énorme, un pantalon bouffant de couleur criante, tenant à la main une de ces énormes cannes, sorte de rotin, nommé *Germanicus*, monté sur son banc, semblable à un capitaine commandant la manœuvre, on le voyait injuriant les claqueurs et gourmandant les tièdes.

Au point de vue de la galanterie, Édouard n'avait pas son pareil dans le quartier latin ; à la Chaumière et à la barrière Montparnasse, — en ce temps les étudiants allaient danser à la barrière, — théâtres ordinaires de ses exploits, personne ne savait danser avec plus de chic le cancan, cette danse éminemment française qui fait rougir les gendarmes et indigne les inspecteurs des bals.

Il faut le dire, à la honte du quartier latin, Édouard faisait école ; comme tous les souverains, il avait ses flatteurs ; comme tous les hommes supérieurs, il avait des détracteurs et des envieux qui contestaient l'originalité de sa danse et niaient ses bonnes fortunes.

Édouard eût pu tranquillement faire ses études, c'est-à-dire continuer de se livrer avec passion au noble jeu du billard, et à briller dans les assauts d'armes, sans que dame police eût à se mêler en quoi que ce soit de sa façon de vivre ; mais, pour son malheur, il mordit à la politique. Tant qu'il n'avait tenu qu'école de dévergondage, on l'avait laissé tranquille, mais le jour où il voulut se mêler de discussions politiques, on le surveilla.

Au risque de se faire assommer, il avait illuminé le jour de la mort de Casimir Périer, victime de son dévouement en allant accompagner le duc d'Orléans dans sa visite dans les hôpitaux de cholériques.

Il faisait partie de trois sociétés secrètes où il apportait son concours bruyant.

On le voit, il y avait chez ce garçon un levain de fermentation qu'il devait à son père; mais ses idées de révolte étaient tempérées par un grand fond d'honnêteté.

Voici quel était l'homme en compagnie duquel se trouvait Raflard.

Les deux nouveaux amis venaient d'arriver rue des Cordiers, une petite rue assez sale qui avoisine la Sorbonne, et qui à cette époque n'était habitée que par des étudiants ou des artistes.

« La rue n'est pas belle, dit Édouard, mais elle est honnête, nous avons fait fuir presque tous les portiers; passé onze heures, un sergent de ville n'oserait pas s'y aventurer. »

Ils s'arrêtèrent devant le n° 18.

« Sapristi! dit Édouard, en fouillant dans sa poche, j'ai oublié ma clef.

— Diable, fit Raflard avec une sorte de terreur, nous sommes exposés à passer la nuit à la belle étoile.

— Nini doit être à la maison, dit Édouard en se baissant pour chercher quelque chose.

— Est-ce que vous croyez avoir laissé tomber votre clef à terre?

— Non, c'est une pierre que je cherche....

— Une pierre, pourquoi faire? demanda Raflard.

— Vous allez voir, dit-il, regardez au troisième. »

Raflard leva la tête, presque aussitôt il entendit un bruit de carreau cassé.

C'était Édouard qui exerçait son adresse et s'en servait pour réveiller Mlle Nini dans le cas où elle serait couchée dans son lit.

« Mais que faites-vous?

— J'avertis ma femme que je suis dehors. »

Mais il paraît que Mlle Nini avait le sommeil dur, car ce ne fut qu'au troisième carreau cassé qu'elle donna signe de vie.

Pendant ce temps quelques fenêtres s'étaient ouvertes, et des colloques s'étaient engagés d'une croisée à l'autre.

« C'est Édouard qui rentre, dirent quelques voix d'un ton naturel.

— Bonsoir, Édouard?

— Bonsoir! mes enfants, bonsoir, répondit Chaligny d'un ton protecteur.

— Mais, d'où viens-tu? lui demandèrent quelques voix.

— Ta femme a juré de ne pas t'ouvrir, cria une voix de femme.

— L'écoute pas.

— Si....

— Non....

— Mais on n'est pas dans Paris, ici, fit observer Raflard à Édouard.

— Non, on est dans le quartier latin, dit celui-ci.

— Mais, d'où viens-tu? lui cria un étudiant.

— Je viens du cloître Saint-Honoré. Ça a chauffé.

— Ah bah!

— On a mis la police sur les dents; il y a des détails à pouffer de rire.

— Mais, malheureux! dit Raflard, taisez-vous!

— Il n'y a rien à craindre, dit Édouard avec le plus grand sang-froid; tout le quartier sait que je suis chef de la province de l'Est.

— Eh bien! et le serment?

— Puisque tout le quartier a juré de marcher avec moi à la première prise d'armes.

— Ah! c'est différent, » dit Raflard qui parut convaincu par cet argument.

Cependant le bruit des vitres cassées et des pierres tombant dans la chambre, avait fini par réveiller Mlle Nini, qui parut à la fenêtre dans un déshabillé qui excita les rires des individus postés aux fenêtres, quoiqu'ils fussent tous en chemise.

« Nini, j'ai oublié mon passe.

— C'est toujours comme ça, dit celle-ci d'un ton de voix peu aimable. Tiens, attrape. »

La clef attachée à un mouchoir, vint tomber aux pieds de Raflard.

Édouard étant rentré, tous ceux qui étaient aux fenêtres se retirèrent; la rue redevint calme.

« Ma fille, dit Édouard à sa maîtresse en entrant, je t'amène de la société.

— Sans me prévenir, dit celle-ci.

— Allons! silence, ou nous allons faire un bout de conversation avec Germanicus.

— Mais, dit Raflard....

— Mon cher ami, vous êtes ici chez moi, madame n'est que de passage....

— De quoi! de quoi! dit Nini.

— Je dis, madame n'est que de passage. »

L'indignation étouffa la voix de Mlle Nini.

Cette scène se passait dans une petite pièce éclairée par la lueur douteuse d'une chandelle; le mobilier était composé d'un bois de lit peint et d'une commode en noyer, surmontée d'une étagère simulant une bibliothèque, mais dans laquelle une série de pipes culottées et de pots à tabac remplaçait les livres; sur la cheminée, à la place d'une pendule, une tête de mort grimaçait.

Le tout pouvait bien valoir cinquante francs.

« Je vous demande pardon, cher monsieur, dit Édouard à Raflard avec le plus grand calme, de vous rendre témoin d'une scène d'intérieur, mais l'entêtement de madame seul en est cause. »

Cette scène commençait à amuser Raflard; Mlle Nini, en jupon, n'était pas trop mal. C'était une petite blondinette, au nez retroussé, qui avait un petit air décidé, et il fallait être un sacripant comme Édouard pour avoir le cœur de mettre cette fille à la porte à cette heure avancée de la nuit.

« Tu as une amie, va coucher chez elle.

— Je ne connais qu'Adèle, et elle demeure de l'autre côté des ponts. »

Adèle! ce nom fit dresser l'oreille à maître Raflard, qui se demanda si l'Adèle avec laquelle il avait dîné le soir ne serait pas l'amie de Mlle Nini.

« Va autre part....

— Mais où? Je suis ici, j'y reste! dit-elle d'un ton décidé.

— Tu ne veux pas partir?

— Non! dit intrépidement Nini en se roulant dans un drap.

— Ah! c'est comme ça! »

En un instant Édouard se pencha sur le lit, enleva le premier matelas et la femme qui était dessus.

« Ouvrez la fenêtre, non la porte de cette chambre, » dit-il à Raflard.

Celui-ci fit docilement ce qu'on lui disait de faire, et Édouard, sans s'inquiéter des cris et des soubresauts de sa maîtresse, la posa dans la pièce voisine qui lui servait de cabinet de toilette, et lui jetait un instant après ses objets de toilette, tels que souliers, jupons, robe, etc., et la renfermait à clef.

« Ha! dit-il, maintenant nous allons avoir la paix; cher monsieur, vous êtes ici chez vous, disposez de tout.

— Ah! tu crois avoir la paix, cria Mlle Nini à travers la cloison; eh bien! non, tu ne l'auras pas.

— Cette femme va ameuter le quartier, dit Raflard, vous feriez mieux de la faire sortir et nous attendrions le jour sur une chaise en fumant un cigare.

— C'est un mauvais conseil que vous me donnez, mon cher, vous ne connaissez pas Nini; si je lui cédais, je serais perdu; elle va se calmer.

— Ah! tu crois ça, » dit Nini qui écoutait l'oreille posée sur le trou de la serrure.

Et aussitôt on entendit un bruit de vaisselle qui se brisait.

« Elle me casse mon lavabo; un lavabo qui n'avait que deux fêlures! dit Édouard avec une gravité comique.

— Mais elle va tout briser.

— Il n'y a plus rien en fait d'objet fragile; il ne reste plus qu'une malle et encore elle est en cuir.»

Il est probable que Mlle Nini avait fini par comprendre l'inutilité de ses cris pour amollir le cœur de son amant à son égard, car bientôt le plus grand calme régna dans le cabinet.

Or pendant que cette scène burlesque se passait rue des Cordiers, une autre non moins comique se passait rue Bréda.

Adèle venait de passer sa robe de chambre, et Warburton de se mettre au lit lorsque la sonnette fit entendre un carillon à mettre toute la maison en émoi.

Au même instant la bonne d'Adèle entrait dans sa chambre toute effarée, n'osant aller ouvrir.

« Ah! madame, dit-elle pâle et tremblante.

— Eh bien! qu'avez-vous? demanda Adèle qui tout en voulant paraître brave ne tremblait pas moins que sa bonne, car il est peu de ces petites dames qui n'aient pas quelques peccadilles à se reprocher.

— Entendez-vous comme on sonne?

— Mais certes oui, il faudrait être sourde pour ne pas entendre. »

Il est probable que la personne qui sonnait craignait de ne pas être entendue, car elle se mit à donner des coups de pied dans la porte.

« Mais allez donc voir qui sonne, Marie.

— Ah! madame, je n'oserai jamais.

— Eh bien, je vais y aller, dit Adèle prenant bravement un flambeau.

— Ouvre donc, Adèle, criait une voix du dehors.

— C'est toi, Honorine?

— Mais oui, c'est moi, il y a une heure que je frappe.

— Pourquoi qu'elle ne disait pas que c'était elle?

— C'est vrai, » dit Adèle.

L'entrée d'Honorine fut des plus dramatiques.

« Ah! ma chère, si tu savais....

— Mais qu'as-tu? à quoi penses-tu de sonner de la sorte à trois heures du matin?

— Aide-moi à rentrer mes malles, dit celle-ci sans répondre. Tenez, Marie, voilà cinq francs, allez les porter au cocher. Ah! ma chère.

— Mais qu'y a-t-il?

— Je vais te conter cela; laisse-moi respirer. »

Warburton qui avait entendu une parti du bruit, s'était levé.

« Qu'est-ce qu'il y a? demanda-t-il à Honorine, en essayant de garder son flegme habituel, quoiqu'il se doutât bien qu'il était arrivé quelques mésaventures à Raflard.

— Il y a qu'à l'heure qu'il est, ce pauvre Jules — Honorine aimait à appeler Raflard par ce prénom qu'il s'était donné — est peut-être mort!

— Mort! dirent en même temps Adèle et Warburton.

— Pour le moins, dit Honorine d'un grand sérieux. Voilà l'histoire. Nous tournions le coin de la rue de Valois, il me disait des choses charmantes....

— Passe ces choses charmantes, dit Adèle.
— Lorsque je vois à deux pas de moi, devine qui ?
— Rapin, répondit Adèle.
— Précisément. Le sang ne me fait qu'un tour, il y avait quinze jours que je refusais de le recevoir, je me dis, il va y avoir de la casse ; Jules s'aperçoit que je tremble ; vous avez peur de Rapin, me dit-il ?
— D'où le connaissait-il ? demanda imprudemment Adèle.
— Fais-donc ta mijaurée, dit Honorine d'un ton aigre, pendant que je me faisais dire la bonne aventure par le sorcier de la rue Sainte-Anne, tu essayais de me soulever Jules.
— Ah ! par exemple.... » dit Adèle avec une indignation parfaitement jouée.

Warburton était sur des charbons ardents.

« Qu'est-ce que c'est que M. Rapin ? demanda-t-il, au risque de prolonger les explications entre Adèle et Honorine.

— C'est un petit mauvais sujet, pour lequel Honorine a eu trop de bontés et qui est employé dans la police de sûreté. »

Warburton crut avoir mal entendu et fit répéter Adèle.

« C'est un mouchard, comprenez-vous ?
— Yes !
— C'est pas malheureux.
— Et Ra.... Et Bonnard ? demanda Warburton.
— Si vous m'interrompez à chaque instant, comment voulez-vous que j'achève ?
— C'est juste, dit Warburton, je vous demande pardon, madame, de vous avoir interrompu.
— Nous continuons d'avancer droit sur Rapin. N'a-t-il pas l'audace de se mettre en travers de nous ? Pendant un moment, je crus que Jules allait se conduire comme un pas grand'chose, tout à coup il me lâche le bras, et donne un coup de tête dans l'estomac de Rapin ; ah ! le malheureux ! je le vois encore allant rebondir dix pas plus loin avec un bruit de cloche fêlée.... Ah ! ma pauvre amie ! ce coup m'a été au cœur.
— Hurrah ! pour Bonnard, s'écria Warburton.
— Ah ! si vous connaissiez Rapin, vous ne diriez pas cela, mon cher, dit Honorine.
— Oui, c'est vrai, il a une qualité, dit Adèle, pour la fidélité, il rendrait des points à un caniche.
— J'étais restée plantée au milieu de la rue, lorsque je vois des hommes se lever devant nous ; Jules court dans la direction du cloître Saint-Honoré, tout à coup j'entends deux coups de pistolet, et tous les agents — car ces hommes-là ne pouvaient être que des agents — se précipitent dans le cloître. Tu penses en voyant cela avec quelle vélocité je me suis mise à détaler. Je suis entrée à la maison, j'ai empli trois malles, et j'ai fui au plus vite ; il n'y a que mon concierge qui sait que je suis ici, c'est un homme sérieux, il n'y a pas de danger qu'il donne mon adresse à Rapin. Une journée si bien commencée, ma chère, te serais-tu doutée qu'elle pouvait aboutir à une catastrophe ? »

Warburton en entendant le récit d'Honorine, s'était laissé tomber sur un siège.

« Ah ! pauvre Jules ! dit Honorine, un homme qui m'avait promis de me monter une petite maison à Auteuil ; il y aurait eu une pièce d'eau au milieu.... Oui, il y aurait eu une pièce d'eau avec un jet d'eau, des poissons rouges.... Hi ! hi ! faut-il que je sois malheureuse.

— Ah ! que tu es bête de te faire de la peine pour un homme. Un de perdu, dix de retrouvés, dit la philosophe Adèle.

— Tu es toujours comme cela, grande sans cœur.

— Dame !

— As-tu souvent trouvé des hommes aussi aimables, qui te donnent un billet de mille francs en guise de hors-d'œuvre avant de se mettre à table....

— Non ! c'est vrai.

— Eh bien alors, j'aurais eu mes poissons rouges, et maintenant il est peut-être tué.... Hi ! Hi !

— Qu'est-ce que vous dites de tout ça, milord ? demanda Adèle qui paraissait peut s'émouvoir des larmes de son amie.

— Je dis, dit Warburton accablé, que ce que vient de raconter Adèle me plonge dans une horrible incertitude ; est-il mort ? n'est-il seulement que blessé ? Quelle est votre opinion, Honorine ? Croyez-vous que Rapin obéissait à un mouvement de jalousie en vous arrêtant, ou qu'il était posté là pour son service ?

— Oh ! assurément, mon cher lord, qu'il devait être là par ordre, car la rue était pleine de ses collègues. Jules a été donner dans une vraie souricière, toutes les issues devaient être gardées.

— Qui pourra me donner de ses nouvelles ?

— Moi ! dit intrépidement Adèle.

— Vous ? dit l'Anglais surpris. Mais c'est vous exposer.

— Que ne ferait-on pour l'homme qu'on aime. »

Ceci fut dit avec tant de naturel et d'abandon, que Warburton en fut flatté.

« Voyons, dit Adèle, il faut prendre un parti, il est trois heures et demie, je crois qu'il commence à être temps de se mettre au lit. Ma chère Honorine, tu vas coucher dans le lit de Marie, elle mettra un matelas à terre.

— Je ne veux pas me coucher, dit Warburton ; ce que je viens d'apprendre me cause trop de chagrin. Veuillez me laisser seul. Je veux être seul ! »

Adèle resta quelques instants sans répondre,

comme si elle eût respecté la douleur de Warburton, mais tout à coup, furieuse, elle se tourna vers Honorine.

« Qu'avais-tu besoin de venir ici ! s'écriat-elle, pour nous raconter des histoires de la lune ; avec ton Rapin, il y a longtemps que si ce paltoquet m'avait été quelque chose, il aurait été secoué de la belle façon. Il t'arrive toujours des histoires impossibles ! des coups de pistolet, des enlèvements....

— Mais je t'assure !

— Fiche-moi la paix ! Bonsoir ! je vais me coucher, je vous laisse au salon. Il y a une lampe qui éclaire et de quoi lire ! »

Honorine ne crut pas devoir rester ; du reste elle agit sagement, car son amie était sortie avec l'intention de revenir la souffleter si elle demeurait avec son Anglais.

Ainsi qu'elle le disait, elle était bonne fille, mais elle n'aimait pas qu'on lui enlevât ses amants.

Adèle et Honorine étaient deux anciennes camarades qui, à quinze ans, étaient venues à Paris pour être bonnes. On agit souvent ainsi dans les campagnes, trop souvent même ; une fille est jolie, intelligente, on trouve très-intelligent de l'envoyer à Paris pour se placer. Là, au milieu des séductions de toutes sortes, ne connaissant rien de la vie, n'ayant pour la protéger que son innocence, elle ne tarde pas à succomber.

Chaque année, des messieurs en lunettes d'or font des tartines et prononcent des discours dans les comices où ils tonnent contre la dépopulation des campagnes ; mais cette dépopulation c'est à eux qu'on la doit, car il est rare si chacun de ces discoureurs n'enlève chaque année deux ou trois filles, pour en faire des femmes de chambre pour madame, et quelque gars vigoureux pour s'en faire un laquais.

C'est la domesticité qui dépeuple les campagnes, qui pousse à la débauche ! Jusqu'au jour où l'on crachera au nez de ces statisticiens en goguette ces dures vérités, on les verra continuer de verser des larmes de crocodiles sur le dépeuplement des campagnes.

Les deux pauvres filles, arrivées à Paris, ne trouvèrent pas de place ; elles entrèrent dans un atelier de couture, qui avait la spécialité de piquer les tours de cuirs de chapeaux.

A Paris, tout est spécialité : — c'est spéculation qu'il faut lire, — même celle de faire mourir de faim de malheureuses ouvrières.

Quand Honorine et Adèle avaient travaillé quatorze heures, elles avaient gagné vingt sous.

Des philanthropes ont établi des sociétés pour protéger les animaux, pour sauver les petits Chinois des grouins des cochons qui ne les mangent pas, il y en a même en ce moment qui sont en train de chercher le moyen de rendre l'exécution d'un criminel agréable ; nos philanthropes qui croient avoir songé à tout, n'ont oublié qu'une chose : c'est de fonder une société pour protéger la femme.

Les plus forts d'entre eux n'ont trouvé qu'un moyen, c'est celui de la mettre en antagonisme avec l'homme dans les ateliers.

De temps en temps, on voit des philanthropes qui proposent à des sociétés d'émulation mutuelle de décerner une couronne ou une médaille à quelque virago qui aura servi les maçons !

O philanthropes ! Albéric Second a bien raison de vous écraser de ses sarcasmes, chaque fois qu'il en trouve l'occasion.

« Est-ce là, disaient les pauvres filles en regagnant leur misérable soupente, est-ce là ce qu'on nous avait promis. On disait que Paris était le paradis des femmes.

— Il est bien le paradis, disait Adèle qui était la forte tête de l'association, c'est l'enfer qu'on aurait dû dire. »

Oh ! assurément, pour la femme qui foule aux pieds toute pudeur, qui se joue de la honte ; pour celle qui se prostitue, qui se fait un cœur de pierre. Oh ! pour celle-là Paris sera un paradis, c'est-à-dire que pour elle rien ne sera trop beau, rien ne sera trop cher, elle aura à profusion dentelles, bijoux.... tout ce qui constitue le luxe.... Mais après.... Ah ! oui, après, le mot de la fin comme disent les chroniqueurs....

Le mot de la fin pour ces femmes ce sera l'hôpital, la prostitution dans ce qu'elle a de plus abject, de plus hideux, la mendicité, l'infamie....

Tout concourt à Paris à prostituer les femmes. N'a-t-on pas vu des entrepreneurs, des monteurs de pièces, de metteurs en œuvre de ces grandes machines qu'on appelle des féeries où le dialogue est remplacé par des poses plastiques et des exhibitions de mollets et de gorges nues, ne les a-t-on pas vus, disons-nous, faire distribuer des prospectus dans des ateliers de jeunes filles : il est probable qu'ils devaient choisir ceux où les ouvrières gagnaient moins, ils promettaient à celles qui voudraient monter sur le théâtre dans des costumes plus que décolletés, outre les avantages attachés au métier de figurantes, des prix variant de 2 à 3 fr.

Il faut une vertu bien enracinée pour résister à de telles tentations.

Un de ces prospectus tomba entre les mains des deux filles.

Toutes deux savaient qu'elles étaient belles, des vieillards cyniques et des dons Juans de comptoir le leur avaient dit plus d'une fois, le soir, lorsqu'elles regagnaient leur galetas, et cela dans un langage qui plus d'une fois leur avait fait monter le rouge au visage.

« C'est à peine si avec ce que nous gagnons nous pouvons manger du pain, et les jours de fête des pommes de terres frites, disait Adèle; dans deux mois nos vêtements seront en loques.

— Viens-tu? dit Honorine. Et puis à qui que ça profite de rester honnête, puisqu'on crève de faim tout de même?

— Oui, à qui que ça profite? » dit Adèle comme un écho.

Honorine se rappela fort à propos qu'elle avait entendu dire que d'anciennes camarades d'atelier avaient voiture.

« En somme, dit Honorine, quand ces femmes entrent dans un magasin, on les reçoit avec toutes sortes de prévenance, et c'est à peine si on est poli avec nous quand nous reportons l'ouvrage. »

Et voilà comment peu à peu la femme tombe.

Warburton qui s'était fait faire du feu, s'installa dans un fauteuil au coin de la cheminée et n'en bougea pas.

Depuis vingt-quatre heures seulement il connaissait Raflard, mais dans ce court espace de temps, il lui avait été facile de voir que cet habile coquin était plus fort que tous ceux qu'il avait employés jusqu'à ce jour.

Il le trouvait plus fort que Baldaquin, qui l'avait trahi sottement et avait été mourir misérablement sur un grabat d'hôpital; plus fort que ce matamore de Birmolan, qui s'était lâchement laissé cingler le visage par l'épée de Lambert, et était devenu ensuite son auxiliaire.

« Il ne me reste plus qu'un parti à prendre, dit-il, c'est de fuir au plus vite; une fois à Londres j'aviserai. »

Ce dernier mot dépeint assez l'état d'abattement dans lequel se trouvait Warburton.

Cependant le jour était venu, les deux femmes s'étaient levées, et avaient commencé à apprêter le déjeuner : Warburton était toujours silencieux dans son fauteuil.

« Mon Dieu! dit Adèle, est-il permis de faire une tête comme cela; avec ça qu'un homme aussi intelligent que votre ami Bonnard se sera laissé pincer. Et puis qu'a-t-il à craindre d'une arrestation? Voyons, mon cher Vestoncourt, ne vous attristez pas, sinon je me mets à faire une mine de chien, et je casse tout ici. »

Un coup de sonnette interrompit les élans de douleur de Mlle Adèle.

« Madame, c'est le concierge qui veut vous parler, vint lui dire la bonne.

— Qu'est-ce qu'il veut, ce vieux cerbère? Il est bien capable de m'apporter mon congé à cause du tapage que tu as fait cette nuit, » dit-elle à Honorine.

Elle sortit néanmoins.

« Madame, dit le concierge d'un ton mystérieux; il y a en bas une dame qui est dans une voiture et qui désire vous parler.

— Dites-lui qu'elle monte.

— C'est ce que j'ai eu l'honneur de dire au cocher, mais la dame a persisté à rester dans la voiture.

— Je descends. »

Adèle, tout en descendant l'escalier, se mettait l'esprit à la torture pour savoir quelle était bien la personne qui pouvait la demander; mais son inquiétude fut bien vite dissipée, lorsque se penchant à la portière de la voiture, elle aperçut Raflard....

« Et moi qui vous croyais mort ! s'écria-t-elle. Ah! je disais bien que vous sauriez vous tirer d'affaire. Vous allez monter, dérider ce pauvre Vertoncourt, il a passé la nuit près de la cheminée à vous attendre; je crois qu'il a mouillé trois mouchoirs : c'est-à-dire, c'est pas lui, c'est Honorine.

— Vous savez donc quelque chose? dit Raflard.

— Mais une heure après votre duel avec Rapin, Honorine était ici avec ses malles.

— Je ne monte pas, alors, dit Raflard.

— Vous ne montez pas?...

— Non, car je ne tiens pas à me retrouver en tête-à-tête avec Rapin.

— Il ne sait pas où je demeure.

— Vrai?

— Parole. Il faut bien que vous montiez pour rassurer votre ami, et déjeuner....

— C'est que je n'ai que deux heures à disposer. Vous allez stationner cinq ou six maisons plus haut, dit Raflard au cocher en descendant de voiture, et m'attendre; tenez, voilà pour déjeuner, dit-il en lui mettant une pièce de cinq francs dans la main. »

Le portier, en serviteur bien élevé, ne s'étonna pas de voir sortir un monsieur de la voiture, alors que le cocher lui avait dit que c'était une dame.

« Vous savez que je n'y suis pour personne, dit Adèle en passant près de son concierge. Le voilà!... dit-elle en faisant irruption dans son salon.

— Qui? demandèrent en chœur Honorine et Warburton.

— Mais, lui Bonnard !...

— Sauvé! s'écria Warburton en s'emparant d'une des mains de Raflard.

— Jules! cria Honorine, en lui sautant au cou.

— Tableau, dit Raflard, dernière scène d'un cinquième d'un drame de Pixécourt. Mes enfants, pas trop d'élans dans votre joie; modérez votre joie et ménagez mes forces. Depuis vingt-quatre heures, il se passe dans mon existence de ces choses qui me vident le cerveau et me creusent l'estomac. Honorine, mon enfant, détachez vos adorables bras de mon cou. Warburton, lâchez-moi le coude, j'ai besoin de m'asseoir....

— Racontez-nous votre aventure? dirent les deux femmes.

D'un coup de tête il envoya Rapin rouler dans la boue. (Page 418, col. 2.)

— Y tenez-vous, mes petites chattes?
— Certainement.
— Eh bien! si ça vous est égal, je ne vous en dirai rien.... si ça ne vous est pas égal, j'agirai de même.
— Faites-vous donc de la bile pour un homme, pour qu'une heure après vous l'entendiez vous répondre des choses dans ce goût-là, » dit Adèle.

Les deux femmes virent bien qu'elles ne sauraient rien, et comme après tout malgré leur dépravation, c'étaient des filles d'esprit, elles se retirèrent pour laisser les deux hommes causer à leur aise.

« Qu'est-ce qu'il y a de vrai dans ce que cette fille a raconté, demanda Warburton à Raflard. Ces coups de pistolet?
— Il y a, mon cher Warburton, qu'il s'en est fallu de peu que sir Raflard soit raflé....
— Je ne comprends pas bien, dit l'Anglais, peu au fait des finesses de l'argot parisien.
— Pincé, arrêté.
— Ah! très-bien!
— Rapin et tous les agents qui se trouvaient là étaient-ils postés là pour moi seul? J'ai peine à le croire; toujours est-il qu'après avoir échappé des griffes de celui-ci, je tombe dans les bras d'un autre; c'était aller de Charybde en Scylla; j'avais cinq cent mille francs à défendre, ma liberté à sauvegarder, alors ma foi! j'ai fait feu sur mon homme, ce qui était très-bête. Le gaillard s'était probablement douté du coup, il tombe et fait le mort comme aurait pu le faire le premier chien savant; je saute par-dessus son corps, le drôle me pince une jambe, mais cette fois je lui envoie un coup de pied qui l'étend tout de bon par terre; je grimpe chez moi, et pendant qu'on fait le siége de ma chambre, je gagne les toits; mais dans le trajet de la cheminée, je tombe en pleine société secrète, quelque chose comme une Sainte-Vehme; le bruit que faisait dame police dans l'escalier, leur fait prendre la fuite; il ne reste plus que les membres du bureau auxquels j'ai l'audace de me présenter comme un envoyé lyonnais. Ces braves gens protégent ma fuite, et je me trouve dans la rue tandis que la police me cherche dans la maison : comme c'est ingénieux!
— C'est prodigieux! dit l'Anglais.
— C'est pas tout, il me fallait un domicile : je vais coucher chez le chef de la province de l'Est.
— Qu'est-ce que c'est que ça?
— Je n'en sais rien, et il est probable que celui qui est revêtu de ce titre ne le sait pas plus que moi. Un garçon charmant, qui pour me faire coucher dans son lit, n'a pas hésité à mettre sa maîtresse à la porte, ce qui n'est pas du dernier galant; ce matin, j'apprends par cette fille le domicile d'Adèle, et je viens te chercher.... C'est pas tout.

— Il y a une conclusion?

— M. Chaligny, c'est le nom de l'étudiant chez lequel j'ai passé la nuit, possède dans le département de l'Aisne une propriété ; il y a là sa mère et un frère qu'il n'aime pas beaucoup ; le frère est absent, mais la mère y est, il me propose de nous emmener passer quelques jours ; on chassera, et tout en chassant on arrivera à la frontière de l'Est ; il paraît que c'est très-facile ; de là nous gagnerons la libre Belgique, nous nous embarquerons à Anvers pour Londres, et une fois là, notre étoile fera le reste. Que dis-tu de ce petit plan ?

— Je dis, Raflard, que vous êtes un homme précieux.

— En prenant bien nos mesures, nous pouvons être à Londres vingt-quatre heures avant cette canaille de Birmolan et ce farceur de Lambert.

— De quelle façon?

— Voici sur quoi je me base : lundi, début de nos aventures, on te chauffe les pieds, bien.

— Non, mal, dit l'Anglais.

— C'est ce que je voulais dire ; mardi, c'est-à-dire hier, nous faisons sauter à la Banque notre petit million ; jusque-là notre temps est parfaitement employé. Aujourd'hui mercredi, nous partons pour Marchais où nous arrivons demain matin, nous y passons la journée de jeudi ; vendredi, nous chassons et le soir nous allons à l'affût, c'est-à-dire que nous gagnons les Ardennes où de braves contrebandiers nous aident à franchir la frontière ; samedi, nous sommes en Belgique et mardi au plus tard à Londres.

— Mais Lambert sera là avant nous, fit observer Warburton.

— Je l'en défie. Je reprends pour ce qui concerne Lambert. Lundi, il te chauffe les pieds, bien.

— Non, mal, dit l'Anglais ; mais cette fois d'une façon un peu plus brusque.

— C'est une locution ; bien, dans ma bouche, en cette circonstance, est une affirmation et non pas une approbation de la conduite de ces drôles.

— Ah! yes.

— Tu as compris?

— Yes.

— C'est pas malheureux. Je reprends : mardi, en compagnie de l'inséparable Birmolan, ils ont réfléchi à la conduite à tenir. Du choc des idées de ces deux honorables gentlemen sera sorti cet éclair, c'est qu'il devait aller en Angleterre ; mais pour aller en Angleterre, surtout quand on y va pour hériter de vingt à vingt-cinq millions, il faut des papiers, afin de faire constater son identité, il faut les actes de naissance, etc., un pouvoir, un passe-port ; tout cela demande huit jours ; ils arrivent à mardi, jeudi seulement ils sont à Londres, où nous les attendons avec vingt-quatre ou quarante-huit heures d'avance, et pendant ce laps de temps, nous avons eu celui de réfléchir et de prendre un parti, c'est-à-dire de savoir si nous devons travailler pour notre compte ou celui d'autrui. As-tu compris ?

— Yes! fit l'Anglais en souriant.

— Maintenant, déjeunons ; encore va-t-on bien déjeuner?

— J'ai donné à Adèle suffisamment pour qu'elle envoie chercher à déjeuner chez Chevet.

— Ah! à deux heures nous avons rendez-vous avec M. Chaligny, barrière Saint-Denis, où il nous attend avec un cabriolet.

— Très-bien. »

Tous deux sortirent du salon et passèrent dans la salle à manger où le couvert était dressé.

Ces dames, qui avaient été froissées du manque de confiance que Raflard leur avait témoigné, les accueillirent très-froidement.

Mais n'allez pas croire qu'il y avait quelque chose de vrai dans cette brouille, elle n'était que simulée, mais cela faisait bien et pouvait faire croire à un amour sincère ; il fallut toute la verve de Raflard pour les dérider.

« Puisqu'on ne peut pas savoir, dit Honorine d'un air pincé, de quelle façon monsieur a passé la nuit, peut-être voudra-t-il bien nous dire de quelle façon nous passerons la journée?

— Sans doute, dit Raflard, en tirant sa montre qu'il consulta, dans une demi-heure d'ici nous aurons quitté Paris.

— Quitté Paris! exclama Honorine.

— L'air qu'on y respire ne convient pas à la délicatesse de nos poumons, n'est-ce pas, Vestoncourt?

— Yes! yes!

— Mon Dieu! mon cher Vestoncourt, dit Adèle, que vous êtes impatientant! depuis que votre ami Bonnard est revenu, vous ne parlez plus que par monosyllabes ; est-ce une façon de lui témoigner votre joie ou pour nous prouver que vous êtes réellement Anglais?

— Quel flux de paroles, interrompit Raflard.

— Flux ou reflux, dit Honorine, il faut avouer que vous avez une façon de vous conduire avec les femmes qui n'est pas des plus galantes. Vous étiez charmants hier soir ; aujourd'hui vous êtes comme des conspirateurs.

— Bourre-toi la bouche avec cette truffe, ma fille, dit Raflard ; tu seras plus éloquente quand tu ne pourras rien dire.

— C'est-à-dire que vous me prenez pour une dinde.

— Et moi pour un dindon, » dit une voix railleuse à la porte de la salle à manger.

Tous les convives tournèrent la tête, surpris de l'interruption. Honorine devint blanche de terreur. A la porte de la salle se tenait Rapin, le chapeau à la main.

Nous croyons nécessaire d'expliquer comment il se faisait que Rapin, qui ignorait le domicile d'Adèle, avait pu arriver jusque chez elle.

Il ne douta pas un seul instant qu'Honorine s'était réfugiée chez Adèle, seulement comme il connaissait l'incorruptibilité du portier de Mme de Sainte-Clotilde, il fit porter par un commissionnaire une lettre à l'adresse de sa maîtresse, disant que c'était une communication très-importante, et qu'il fallait que n'importe par quel moyen cette lettre lui arrivât.

Rapin ne craignait qu'une chose, c'est que le portier d'Honorine ne mît la lettre à la poste; caché dans un coin, il attendait; mais bientôt ses anxiétés cessèrent lorsqu'il vit le portier sortir tenant la bienheureuse lettre à la main. Un quart d'heure après le bonhomme arrivait chez Adèle, Rapin lui emboîtant le pas.

Nous laissons à juger de la stupéfaction que produisit sur les convives l'entrée subite de Rapin.

« Que viens-tu faire ici, canaille! dit Adèle en saisissant une bouteille pour la jeter à la tête de l'agent; mais Raflard lui arrêta le bras à temps.

— Pas d'esclandre, dit-il, j'en ai horreur. »

Warburton n'avait pas dit un mot; il considérait Rapin, et se demandait intérieurement comment cela allait finir.

« Je vous demande pardon, dit Rapin, qui croyait trouver les femmes seules; je ne vous savais pas en société, je reviendrai à un autre moment. »

Mais Raflard avait vu le mouvement de retraite; il ne fit qu'un bond de sa place sur Rapin, et le saisit au collet.

« Arrange-toi à faire partir les femmes, » dit-il à Warburton à voix basse en passant près de lui.

« Pardon, jeune homme, » dit-il d'un ton de voix railleuse, en poussant Rapin dans la chambre à coucher d'Adèle qu'il ferma au verrou.

Rapin avait plus de témérité que de courage. Aussi ne put-il s'empêcher de pâlir quand il se vit seul avec Raflard; il essaya néanmoins de donner le change à son adversaire :

« Ah! elle est bonne celle-là! dit-il.

— Qu'est-ce que vous entendez par cette exclamation? » lui demanda froidement Raflard.

Ce ton de voix donna à réfléchir à l'agent, en même temps qu'il lui fit froid dans le dos.

« Décidément, se dit-il, j'aurais bien fait d'amener Juibraide.

— Vous ne répondez pas, dit Raflard.

— Si, si, je réponds. Je dis, elle est bonne celle-là. C'est-à-dire, vous me prenez pour un autre.

— Pas du tout.

— Mais si.

— Mais, non.

— Vous me prenez pour un voleur puisque vous me renfermez; je connais ces dames....

— Et moi, demanda Raflard, me reconnaissez-vous?

— Vous, monsieur, répondit impudemment Rapin, je ne vous ai jamais vu.

— Monsieur Rapin, vous êtes un homme habile; mais si vous aviez voulu gagner ma confiance, vous auriez mieux fait de dire franchement que vous me reconnaissiez. Vous êtes un agent de la sûreté....

— Un bien pauvre agent.

— Je crois le contraire, mais qu'importe; entre les vôtres et moi, il y a guerre à mort.

— Monsieur, nous pouvons nous entendre; tel que vous me voyez, j'ai servi deux gouvernements, et j'espère bien en servir un troisième.

— Vous êtes un homme d'esprit.

— Vous êtes bien bon. »

En ce moment on frappa à la porte de la chambre.

« Qui est là? demanda Raflard.

— Moi, répondit Warburton.

— Ah! très-bien, je vais ouvrir. »

A un clignement d'yeux que lui fit Warburton, Raflard comprit que les femmes et la bonne n'étaient plus là.

« Monsieur Rapin, dit Raflard, vous avez eu un malheur, c'est de venir comme un fou donner tête baissée ici. Le motif qui a pu vous y conduire est des plus louables, mais vous comprenez que dans la situation où je suis, compliqué du coup de pistolet tiré sur votre collègue, je ne puis, dis-je, vous laisser sortir d'ici sans exiger de vous certaines garanties. »

Le pauvre agent, au ton dont lui parlait Raflard, comprit à peu près qu'il était perdu; il voulut s'avancer vers la fenêtre; une résolution folle venait de s'emparer de lui, c'était de se précipiter sur le pavé, mais Raflard l'arrêta court dans sa tentative.

« Pas un cri! lui dit-il, d'une voix basse et avec un accent de voix terrible, ou vous êtes mort.... »

Le malheureux tomba à genoux frappé de terreur : en se retournant, il venait de voir Warburton le bras levé, la main armée d'un poignard.

« Que vous ai-je fait, dit-il d'une voix plaintive, pour vouloir me tuer? »

Warburton eut un éclat de rire diabolique.

« Et nous, que t'avons-nous fait pour t'acharner à nos pas.

— Dieu m'est témoin, dit le malheureux, que je ne vous cherchais pas.

— Tu mens.

— Si près de la mort, à quoi cela me servirait-il? dit-il d'un ton de voix touchant.

— Si tu sors d'ici vivant, dit Warburton, que feras-tu?

— Ah! dit Rapin, je vois bien que vous n'êtes pas des conspirateurs, vous êtes des assassins, je vois que suis perdu; je ne chercherai pas à amollir votre cœur; si je vous disais que sortant d'ici je n'irais pas vous dénoncer, vous n'y croiriez pas.

— Il faut pourtant s'arrêter à quelque chose, dit Raflard.

— C'est tout arrêté, » dit Warburton qui frappa Rapin par derrière d'un coup de poignard.

L'infortuné poussa un cri déchirant :

« Honorine! cria-t-il.... à moi!

— Malheureux! cria Raflard à Warburton, tu nous perds. »

Mais Warburton, sans s'arrêter à cette intervention de Raflard, porta un second coup plus terrible que le premier à Rapin.

L'infortuné agent roula à terre et son sang arrosa le tapis de la chambre à coucher.

« Honorine! Honorine, » murmura-t-il.

Il y eut dans cette pièce un instant de silence terrible.

Raflard la tête entre ses mains n'osait envisager cette scène.

« Il est mort, dit sourdement l'Anglais.

— Ah! qu'as-tu fait là? dit Raflard avec un mouvement d'horreur.

— Assez! dit brutalement Warburton. Cet homme pouvait nous perdre, et toi-même hier.... dans la voiture. »

Raflard, au souvenir de l'attentat qu'il avait commis la veille sur son complice, se tut.

« En somme, ce n'était qu'un agent, dit Warburton.

— C'est vrai; mais il était pauvre, on pouvait acheter son silence. Et les femmes, dans combien de temps doivent-elles revenir? demanda Raflard.

— Elles ne reviendront plus. »

Raflard eut un saisissement; pendant un moment, il crut que Warburton les avait également tuées. Au sentiment d'horreur qui se peignit sur ses traits, Warburton comprit les sentiments qui l'assaillaient.

« Mais non, dit-il; ça a coûté cher. Elles quittent Paris pour deux mois au moins.

— Mais quand elles reviendront?

— C'est leur affaire et non la nôtre. »

Ils parlaient à voix basse.

Rapin leur faisait plus peur couché que debout, mort que vivant.

« Il faut faire disparaître ce corps, dit Raflard.

— J'y ai pensé, dit Warburton : il y a dans le couloir un coffre qui est dans toutes les conditions nécessaires pour recevoir le corps de cet homme; nous allons le mettre dedans, et l'envoyer comme un colis à Marseilles, par exemple, à l'adresse de Parenteau bureau restant; il y en a pour un mois avant que la chose ne soit découverte.

— Et la putréfaction? fit observer Raflard.

— Nous serons à Londres quand cela arrivera. »

Une heure après les deux bandits, après avoir soigneusement cadenassé et fermé les portes de l'appartement, faisaient porter par deux commissionnaires au roulage Bonjour le corps de leur victime. Au moment où le singulier colis était enregistré Raflard et Warburton arrivaient à la barrière Saint-Denis où les attendait le jeune Chaligny.

« Voici le proscrit dont je vous avais parlé, » dit Raflard à Eugène en lui présentant Warburton.

Chaligny échangea une poignée de main avec l'Anglais.

« Ah! mon Dieu! dit-il, vous êtes blessé.

— Blessé! dit Warburton, qui devint affreusement pâle, ainsi que Raflard.

— Votre main a du sang.

— Une petite coupure, dit Warburton en s'enveloppant rapidement la main avec son mouchoir.

— Maladroit, lui dit Raflard bas, tu as manqué de nous trahir. »

CHAPITRE XCII.

A Marchais.

Raflard et Warburton étaient ou du moins se croyaient en sûreté au château de Chaligny; Édouard qui connaissait les opinions politiques de sa mère les lui avait présentés comme deux personnages de distinction que leur attachement à la branche aînée des Bourbons avait rendus suspects au gouvernement de Louis-Philippe, et qui étaient obligés de vivre pendant quelque temps loin de Paris pour se soustraire aux persécutions dirigées contre les défenseurs du roi légitime.

Il n'en avait pas fallu davantage pour qu'ils fussent bien accueillis par la belle châtelaine.

Toutefois Warburton ne perdait pas de vue la succession de lord Barstley, et Raflard n'était pas moins impatient que lui de se rendre en Angleterre où il craignait fort que sa femme ne se consolât un peu trop largement des ennuis de l'absence.

Warburton et Raflard croyaient partir à l'aide d'une chasse organisée dès le lendemain de leur arrivée et gagner la frontière par les Ardennes; aussi quelle ne fut pas leur stupéfaction, lorsque le jeune Chaligny vint leur apprendre qu'il fallait renoncer à ce moyen.

« Je me suis informé, dit-il, à des contrebandiers ; la frontière est tellement bien gardée que vouloir la passer en fraude ce serait se jeter de gaieté de cœur dans les bras de la gendarmerie. Vous pouvez rester ici tant qu'il vous plaira ; vous y êtes aussi en sûreté qu'à l'étranger. »

Ce langage, rassurant pour d'autres, était peu fait pour tranquilliser Warburton et Raflard. Un intérêt des plus grands que nos lecteurs connaissent, les appelait à Londres. Aveuglés par leur premier succès, les deux misérables avaient hâte de se mettre à l'œuvre pour s'emparer de la riche succession.

Nous devons dire cependant que Raflard n'était pas sans redouter les moyens employés par Warburton : il les trouvait trop expéditifs et surtout trop dangereux.

Les deux complices s'observaient le plus qu'il leur était possible.

Ainsi, ils avaient pris l'habitude de ne jamais parler des faits passés que dans les jardins du château dont ils avaient étudié dès le premier jour de leur arrivée toutes les allées.

Le soir était venu ; l'obscurité était complète, et tandis que le jeune Chaligny était demeuré près de sa mère, Raflard et Warburton étaient descendus dans le jardin sous le prétexte de fumer un cigare, mais réellement pour causer librement et tâcher de trouver un expédient qui pût les tirer du mauvais pas où ils se trouvaient engagés.

« Nous ne pouvons, disait Raflard, prolonger notre séjour ici plus de vingt-quatre heures ; car je ne vis plus, j'ai peur qu'à chaque instant nous ne soyons découverts par la police ou que quelque carbonaro vienne nous démasquer pour de faux frères ; par moments, je crois que j'irais me jeter dans les mains de la gendarmerie pour mettre fin à mes terreurs. »

Warburton lui jeta un regard de pitié.

« Et tu te dis un homme fort ? lui dit-il.

— Sans doute, mais cette affaire de Rapin m'a coupé bras et jambes et m'a enlevé toutes mes facultés inventives.

— Pauvre tête !

— Oui, pauvre tête, tu as raison de dire cela, car maintenant, elle n'est plus à moi ; elle appartient à l'exécuteur.

— Savez-vous, monsieur Raflard….

— Ne prononce donc pas ce nom, tu sais bien qu'il est trop connu.

— C'est vrai ; savez-vous, monsieur Bonnard, que vous n'êtes pas gai ?

— Je le sais.

— Et que si vous continuez, vous allez rendre facile la besogne de maître Lambert.

— C'est encore possible.

— Alors vous êtes dégoûté de la vie ?

— Pas tout à fait, mais peu s'en faut.

— Allons, cher ami, il faut secouer ce manteau de glace qui paralyse votre intelligence ; il faut oublier !

— Ah ! c'est facile à dire. Je vois toujours ce malheureux se roulant à terre et appelant cette femme qu'il aimait, car il devait l'aimer puisque c'était elle qu'il invoquait à sa dernière heure.

— Tonnerre ! exclama Warburton, assez de réflexions comme celles-ci, c'est bien à toi à me reprocher ma violence lorsqu'il y a trois jours à peine tu essayais de m'étrangler et de m'empoisonner dans une voiture.

— Brisons là, dit brusquement Raflard ; l'avenir appartient aux audacieux ! si l'échafaud est au bout faisons au moins en sorte d'avoir vécu avant de tomber entre les mains de dame justice.

— A la bonne heure ! dit Warburton, voilà comme j'aime à te voir !

— Je l'avoue, dit Raflard, cette affaire de la rue Bréda m'a causé un froid…. N'en parlons plus ; songeons plutôt à la figure que va faire l'employé des Messageries en ouvrant la malle. »

Cette horrible plaisanterie fit rire Warburton aux éclats.

« Je crois, dit Raflard, que c'est le contact des honnêtes gens qui m'abrutit.

— C'est bien possible. Du reste, je ne sais pourquoi je me tourmente, la police de Paris a trop d'affaires sur les bras pour s'occuper longtemps de nous, dit Warburton.

— Je voudrais partager ton opinion, cher ami ; mais, malheureusement, quel que soit mon désir de te rassurer, je ne le puis ; la police n'a jamais dit son dernier mot que le jour où elle met la main sur le coupable ; elle ne sommeille ni ne dort ; et c'est avec raison que son emblème est représenté sous la figure d'un œil. Nous avons commis une faute immense ; cette faute est d'avoir tué Rapin.

— Encore ! dit Warburton avec colère.

— Oui, encore ; mais, mon cher, vous auriez dû remarquer que cette fois je prenais ma part du meurtre, en disant : nous avons commis une faute immense. Nous nous sommes mis contre nous toute la police, ça va être de l'acharnement après nous ; les agents mis à notre poursuite ne seront plus stimulés par leur zèle ; ils le seront par leur haine ! Comprends-tu ? Il faut nous attendre un matin ou un autre à tomber sous la main de la police. C'est écrit ! Je vois froidement la chose, j'en envisage sans crainte les conséquences. »

Ces paroles, dites avec conviction, avaient fait une profonde impression sur Warburton ; impression tellement profonde qu'il chercha à détourner un instant Raflard de son sujet. Mais cela ne lui fut pas possible ; alors il essaya un autre moyen, celui de combattre par des faits la théorie de Raflard.

« Il y a, dit-il, outre l'Angleterre, l'Amérique ; il y a l'Australie, où l'on parle anglais, il y a….

— Partout où il y aura de la terre pour nous porter, dit Raflard, il y en aura également assez pour porter un agent de la police française attaché à nos pas. C'est l'honneur de la police qui sera en jeu ! »

Le malheureux n'osait dire, ou plutôt, avec l'éducation vicieuse qu'il avait reçue, il ne croyait pas voir ou ne voyait pas cet autre œil, celui de l'Éternel attaché sur ses actions.

Caché dans l'antre le plus profond, le criminel n'est point à l'abri de ce regard auquel rien n'échappe.

Raflard avait été saisi de cette idée, la crainte entrait déjà dans son âme, le remords ne devait pas tarder à y pénétrer.

N'était-ce pas en effet quelque chose d'horrible que ce crime, commis dans cette chambre toute pleine de parfums et de senteurs !

N'était-ce pas un spectacle affreux que ces deux hommes s'emparant de ce malheureux, comme eût pu le faire un bestiaire, le frappant sans colère, sans haine parce qu'ils avaient rompu avec la société !

Rapin, malgré sa qualité infime, la représentait pour eux. Pour eux, Rapin était la société qu'ils frappaient au cœur. Ils croyaient tuer le souvenir de leurs crimes, ils ne faisaient que précipiter leur perte.

Voilà tout ce que sentait Raflard, voilà ce qu'il ne pouvait expliquer.

Voilà pourquoi il tremblait.

« Je crois qu'il est temps de rentrer au salon, dit Warburton.

— Oui, notre absence pourrait éveiller des soupçons. »

Dans une condition ordinaire cette idée ne serait pas venue à Raflard, mais dans les circonstances présentes, pour éviter le péril, il étudiait ses moindres actions.

Au détour d'une allée, ils rencontrèrent Édouard de Chaligny. Depuis son retour Édouard avait quitté ce mauvais ton qui puait l'estaminet ; son costume avait également subi d'importantes modifications.

« Un exprès vient d'apporter une lettre à mon adresse, cher monsieur, dit-il à Raflard ; seulement elle est pour vous. »

Au mot d'exprès Warburton avait craint quelques dangers. Mais en voyant la tranquillité avec laquelle Raflard apprit cette nouvelle, il se rassura bientôt.

On se rappelle les services que l'agence de renseignements avait rendus à Raflard ; aussi en se dirigeant vers la demeure d'Adèle, celui-ci était passé au bureau de police omnibus, et avait formulé sa demande, seulement il craignait tellement d'être reconnu qu'il avait déposé sous enveloppe sa demande et y avait joint un billet de mille francs promettant le double, si les renseignements étaient abondants.

Raflard, sous le nom de Bonnard, devenait un client sérieux.

Une heure après l'arrivée de sa demande, un ancien agent de la préfecture qui avait été renvoyé pour avoir travaillé pour le compte d'un mari trompé, partait en poste pour le village de Marchais, où il arrivait avant Raflard.

Il se fit conduire chez le maire, et avec cet aplomb plein d'impudence qui domine les pauvres diables, il somma le maire de lui donner des renseignements sur Mme de Chaligny.

Le maire qui se croyait en présence d'un fonctionnaire de l'État, ne se fit pas faute de donner un libre cours à son esprit médisant, en racontant tout ce qu'il savait sur Mme de Chaligny, et sur le signor Baillordini, ainsi que sur le legs important fait par celui-ci à cette dame.

« Vous pensez bien, monsieur, qu'un homme qui vous laisse cinq cent mille francs à sa mort, doit vous avoir été quelque chose pendant son vivant.

— Ce que vous dites là, monsieur le maire, me paraît très-judicieux.

— D'autant plus, dit le maire encouragé par cette approbation, et en baissant la voix, que le dernier des Chaligny ressemble diablement à M. Baillordini ; mais comme quand le petit est né, M. le comte de Chaligny était du monde, vous comprenez que l'on n'a rien à voir dans cette affaire.

— Ce M. Baillordini, il y a longtemps qu'il est mort ?

— Est-il bien mort, *seurement*, dit le maire.

— Mais puisque vous venez de me dire qu'il a fait une série de legs, et qu'on les a touchés.

— Ça ne fait rien en tout, dit le maire ; si vous voulez savoir mon opinion, c'est-à-dire le sentiment d'un honnête homme ; d'un homme qui peut marcher *farmement*, et la tête drète, je vas vous la dire.

— J'écoute, dit l'agent.

— Eh ben ! si c'était des frimes.

— Des frimes. Mais dans quel but ?

— Ah ! cher monsieur, si je le savais je serais aussi savant que le prétendu mort.

— Mais quelqu'un l'a-t-il vu ?

— Oui.

— Et quel est-ce quelqu'un ? Peut-on avoir confiance en son dire ?

— C'est Fouinet.

— Fouinet ?

— Oui, Fouinet, le garde champêtre ; il l'a vu le soir au pied d'un arbre.

— Et avez-vous vu Baillordini.

— Je suis arrivé trop tard avec Jean Minet et le père Simon. L'oiseau était déniché ; nous n'avons trouvé qu'un mouchoir de fine toile de Frise. Maintenant si vous voulez plus de détails, il y a le curé qui en sait long; mais celui-ci se taira; il y a aussi un M. Jérôme Lambert qui habite Paris, ainsi que le prince Mafiolini qui était le légataire universel de M. Baillordini.

— Vous êtes sûr que tous ces noms sont exacts.

— J'en mettrai ma tête sur le billot. »

Il n'y avait plus à douter après une manifestation aussi courageuse.

Or, il se trouvait précisément que l'agent de la police omnibus qui *opérait* à Marchais avait été chargé de recopier et de mettre en ordre les différentes informations prises sur les habitants de la villa d'Auteuil.

Pour lui le signor Baillordini ne pouvait être autre que Pied-de-Fer !

Tout en se réservant de tirer parti de cette découverte, il remercia chaleureusement le maire de sa communication.

« On saura en haut lieu, monsieur le maire, eut-il l'impudence de lui dire, avec quel zèle vous vous êtes mis à ma disposition. »

Le drôle, en parlant de la sorte, risquait la police correctionnelle, mais de tels individus s'inquiètent bien peu de cela.

Deux minutes après, il était chez le curé.

« C'est ici, se dit-il en entrant, qu'il faut jouer serré. Monsieur le curé, dit-il, il est des positions qui inspirent, commandent même le respect, la vôtre est de ce nombre; il en est d'autres par contre, qui tout en rendant des services à la société, en la protégeant, n'en sont pas moins vues d'un fort mauvais œil, la mienne par exemple. J'appartiens à la police secrète. »

Le curé fit un mouvement de surprise.

« Les hommes comme moi, monsieur le curé, n'ont jamais de pouvoirs à présenter aux personnes chez lesquelles ils vont; seulement ils ont une façon de se présenter, de parler qui les fait reconnaître de suite.

— Monsieur, dit le curé, je ne sais en quoi je puis vous être utile.

— Voici. Je viens vous demander des renseignements sur M. Jérôme Lambert.

— M. Jérôme Lambert, » dit le curé surpris de cette demande et légèrement troublé.

Ce trouble n'échappa pas à l'agent.

« Vous ne pouvez pas m'en donner ? »

L'agent ne donna pas le temps à l'ecclésiastique de répondre. Il répugnait à l'ancien agent, malgré son cynisme, de mettre un vieillard dans l'obligation de mentir, pour ne pas trahir une confidence.

« Et maintenant pourrez-vous me donner des renseignements sur il signor Baillordini, en français Pied-de-Fer, et sur sa prétendue mort ? »

En entendant cette déclaration, le curé pâlit affreusement et sa tête s'inclina sur le côté.

L'agent en savait assez, il sortit vivement, et s'adressant à la vieille gouvernante qu'il rencontra sur son passage :

« Allez secourir votre maître, il se trouve mal. »

Et il gagnait sa chaise de poste; le soir même il était de retour à Paris où il rédigeait sa note qu'un exprès emportait dans la nuit à Marchais.

Raflard s'enferma dans sa chambre pour lire la dépêche qui lui transmettait tous les renseignements pris par l'agent, et les points de corrélation qui existaient entre le signor Baillordini et Pied-de-Fer.

« Mais, dit Warburton après cette lecture, il me semble que nous sommes au cœur de la place.

— Je reconnais comme toi, dit Raflard, que nous sommes dans le cœur de la place, mais je ne vois pas que nous soyons beaucoup plus avancés.

— Eh bien ! et cette ingéniosité, qu'en fais-tu ?

— Ah ! c'est vrai, dit Raflard. Mais vraiment, je suis renversé de ce que je viens d'apprendre; Pied-de-Fer jouant à l'honnête criminel; volant à droite, à gauche, et se faisant ensuite le dispensateur des produits de ses vols : mais sais-tu, Warburton, que ce rôle est séduisant, et que j'ai presque envie de te proposer de fonder un hôpital pour les gens qui auront eu à souffrir des méfaits des individus de notre sorte.

— Cet hospice, dit Warburton, quel que soit le legs, ne saurait jamais être assez vaste.

— Je suis un peu de cet avis. De tout temps le nombre des dupés a été plus considérable que celui des dupeurs. »

En ce moment ces deux honnêtes personnes furent interrompues dans leur conversation par un bruit de voix. Raflard se pencha à la fenêtre : il avait toujours peur des surprises, et jeta un coup d'œil rapide dans la cour du château; un inconnu venait d'arriver suivi d'un seul domestique, sur le perron se tenaient deux valets de Mme de Chaligny tenant des flambeaux à la main.

Une sorte de pressentiment agita Raflard à la vue de cet inconnu dont il ne pouvait distinguer les traits ; il le vit baiser la main de Mme de Chaligny, et serrer la main d'Édouard avec une grande effusion.

« Quel peut être cet homme ? » se demanda-t-il.

Et il resta songeur un moment.

« Je ne te comprends plus, dit Warburton, voilà un homme qui débarque et de suite tu crois à un danger. Et ce vieux coup d'œil ?

— Ce vieux coup d'œil ne me fait pas défaut, bien au contraire; seulement rappelle-toi que le jour où nous cesserons d'être sur le qui-vive, nous serons perdus.

— Pardon, messieurs, dit Édouard en entrant,

de venir vous déranger, mais je viens au nom de ma mère, vous prier de descendre au salon; un ami intime vient d'arriver, et elle serait très-heureuse de vous le présenter.

— Vous le connaissez? demanda Raflard.

— C'est un ami de famille.

— Mais vous connaissez notre situation; vous savez ce qu'elle a de dangereux.

— N'ayez aucune crainte, messieurs. M. le comte de Santa-Lux est non-seulement un galant homme, mais encore, ce qui peut vous rassurer, un étranger.

— Du moment, cher monsieur, que vous vous portez sa caution, dit Warburton, nous aurions mauvaise grâce en ne tenant pas à lui être présentés. »

Raflard et Warburton descendirent.

Dans le salon, assis dans un fauteuil placé près de la cheminée et faisant face à Mme de Chaligny se tenait M. le comte de Santa-Lux.

Au bruit de la porte qui s'ouvrait, il tourna la tête.

Raflard eut comme une vision. Il venait de reconnaître dans le prétendu comte italien l'ancien prisonnier de la Force, Pied-de-Fer enfin !

Son émotion fut telle qu'il fut obligé de s'appuyer sur le bras de Warburton.

« Monsieur le comte, dit Mme de Chaligny, voici deux serviteurs de la bonne cause que je tenais à vous présenter; je regrette de ne pouvoir vous les présenter que sous leur pseudonyme, mais par un scrupule que votre délicatesse saura apprécier, ces messieurs désirent garder l'incognito : MM. Bonnard et Ramel. (C'était sous ce dernier nom que Warburton s'était fait annoncer au château.) Messieurs, M. le comte de Santa-Lux. »

La présentation était faite, un domestique servit le thé.

Pied-de-Fer était parvenu, à force de soins, à se rendre méconnaissable, surtout au point de vue du savoir-vivre; le gentleman le plus accompli n'aurait pu rien reprocher à sa toilette; mis avec excessivement de goût, il représentait au suprême degré l'homme de bonne compagnie.

Il fut charmant pour tout le monde, plein d'entrain; Raflard se sentait petit près de cet homme, il y avait surtout dans le ton de voix de Pied-de-Fer un certain persiflage qui n'allait pas à Raflard, quoiqu'il fût certain que celui-ci ne l'avait pas reconnu.

Mais toutes les attentions du prétendu comte italien étaient pour Édouard; du reste le jeune homme était plein de prévenances pour lui.

Raflard qui était pétri d'amour-propre fut un peu froissé du succès qu'obtenait Pied-de-Fer.

« Vous parlez le français d'une façon fort remarquable, monsieur le comte. »

Pied-de-Fer qui, en ce moment, était à moitié couché dans son fauteuil et qui faisait pirouetter son lorgnon, tourna négligemment la tête du côté de Raflard.

« Vous êtes bien bon, monsieur. »

Cela était dit d'une façon presque impertinente, mais néanmoins il n'était pas possible à Raflard de s'en formaliser.

« Vous n'avez pas d'accent italien, c'est même extraordinaire.

— C'est très-ordinaire au contraire.

— Vraiment, » dit Raflard.

Pied-de-Fer regarda la comtesse pour lui demander quel était ce monsieur qui avait pénétré dans son salon.

La comtesse eut une façon de jouer avec les plis de sa robe qui fit comprendre à Pied-de-Fer qu'elle l'ignorait complétement.

« Mon père, dit Pied-de-Fer, était attaché à la cour de Napoléon Ier en qualité de chambellan; j'ai été élevé en France.

— J'avais un oncle, dit étourdiment Raflard, qui à cette époque était tailleur de la cour; bien souvent, je suis allé au château avec lui, et je ne me rappelle pas avoir connu un chambellan de l'Empereur portant votre nom. »

Warburton qui avait compris la sottise que venait de dire son ami, lui marcha sur le pied au risque de l'écraser.

Édouard sentit l'insulte qu'on faisait à l'hôte de sa mère; la rougeur lui monta au front.

« Mon père était chambellan honoraire, monsieur, dit Pied-de-fer à Raflard avec la plus exquise politesse.

— Pourquoi diable taquine-t-il ce monsieur? se demandait Warburton; si cela dure longtemps, il va nous faire jeter à la porte avant dix minutes.

— Édouard, dit Pied-de-Fer en se levant, venez fumer un cigare dans le jardin, j'en ai d'excellents; madame la comtesse voudra bien me pardonner en faveur d'une vieille habitude »

Et sans attendre l'assentiment de la comtesse, Pied-de-Fer se leva et passant son bras sous celui d'Édouard il l'entraîna hors du salon.

« Ah çà, mon cher Édouard, dit-il, qu'est-ce que c'est que ces deux messieurs? Où les avez-vous ramassés?

— Je suis désolé de ce qui arrive, dit Édouard.

— Mais pas du tout, cher enfant, ces deux polichinelles m'amusent ; seulement je désirerais savoir de quelles boutiques de jouets vous les avez tirés.

— C'est toute une histoire, dit Édouard.

— Eh bien, racontez-la-moi, j'adore les histoires; j'ai deux heures à vous donner, je ne partirai qu'à dix heures pour Rethel. »

Édouard raconta ce qu'il savait de Raflard, la

Comment diable vous trouvez-vous là? (Page 421, col. 2.)

façon dont il avait fait sa connaissance, et ce qui s'en était suivi.

« Le second, ajouta-t-il, celui qui se fait appeler Ramel, je ne le connais pas du tout. »

— Édouard, dit Pied-de-Fer, vous avez bien fait de ne me rien cacher. Ce Ramel est un Anglais, et M. Bonnard est un Parisien. Ce sont deux histrions, pour ne pas dire plus, qui sont venus jouer ici je ne sais quelle comédie. Vous avez agi comme un enfant.

— Voulez-vous que j'aille les prendre chacun par un bras et les jeter dehors?

— Non! il faut éviter tout ce qui peut ressembler à un esclandre. Vous avez confiance en moi?

— Comme si vous étiez mon père. »

Pied-de-Fer sentit son cœur bondir à ces paroles du jeune homme; les larmes lui vinrent aux yeux.

« Bien, Édouard, bien. Il faut que vous me remettiez la clef du cabinet de toilette de votre mère.

— Quoi! vous avez peur qu'un de ces misérables....

— Je les crois capables de tout; seulement comme il faut leur donner le change, c'est vous qui partirez dans ma voiture, et moi qui resterai.

— Vous laisser seul, dit Édouard, jamais!

— Enfant, j'en ai vu d'autres, » dit Pied-de-Fer d'un ton grave.

Cependant Raflard et Warburton, depuis le départ du comte de Santa-Lux, étaient assez embarrassés de leur maintien.

Mme de Chaligny les mit même fort à leur aise en les congédiant.

« M'expliqueras-tu enfin, dit Warburton lorsqu'il fut seul avec Raflard, quelle mouche t'a piqué?

— Quelle mouche! mais, mon cher ami, la joie m'étouffe.

— La joie! fit Warburton.

— Sans doute. Sais-tu qui j'ai reconnu dans le prétendu comte de Santa-Lux?...

— Parle, je suis sur des charbons.

— Pied-de-Fer! exclama Raflard.

— Pied-de-Fer, répéta Warburton, mais cet homme d'après ce que j'en ai entendu dire, c'est le démon en personne. Quel parti espères-tu en tirer? »

Raflard eut un sourire ironique pour cette question que lui posait son complice.

« C'est un géant, dit-il d'un ton emphatique, je le sais; eh bien! j'ai besoin de me colleter avec lui, d'essayer mes forces; mon avenir est perdu; la situation dans laquelle je viens de voir cet homme dont le passé n'est qu'un composé de boue et de crimes, m'a raffermi, car je commence à croire qu'il est possible de se reconstituer une autre existence.

Et d'abord, il faut que ce soir même, le crédit de cet homme soit miné.

— Tu ferais cela !

— Je ferai plus, dit Raflard ; je le mettrai à rançon, ce sera une façon de nous rattraper de Lambert.

— Mais comment vas-tu t'y prendre ?

— Va dormir. C'est mon secret. »

Pendant que Raflard et Warburton conspiraient la perte de Pied-de-Fer, celui-ci était rentré au salon où se trouvait Mme de Chaligny.

« Dieu merci, dit-elle, les importuns sont partis et nous pouvons causer ; où êtes-vous descendu ?

— A quatre lieues d'ici, mon valet de chambre a loué il y a deux mois un petit château isolé, entouré de jardins et de bois ; il y a une terrasse d'où l'on découvre à vingt lieues aux environs ; aussi je ne crains pas les surprises.

— Si vous aviez été reconnu en venant ici !...

— Mes précautions étaient prises ; maintenant, madame, si vous le voulez bien, nous allons parler de nos affaires, des vôtres surtout.

— Je vous écoute, dit Mme de Chaligny.

— Je ne tiens pas à vous tromper ; les nouvelles que j'apporte sont défavorables.

— Cet appui que vous espériez trouver à Rome ? demanda Mme de Chaligny avec inquiétude.

— Ce serait trop long à raconter, j'ai vu qu'en voulant aller plus loin, je ne pouvais que me perdre. »

Et en effet pouvait-il en être autrement ? Pied-de-Fer revenant à la vertu, c'est-à-dire mangeant tranquillement un bien mal acquis, devait inspirer aux honnêtes gens plus de répulsion que Pied-de-Fer bandit ; qu'avait-il fait en somme ? il avait cessé de voler, de piller ; lui aussi comme plus d'un grand criminel essayait de jeter sur la société la responsabilité de ses crimes.

L'ange des ténèbres ne fait-il pas remonter à l'Éternel la responsabilité de sa chute.

La reconnaissance avait entraîné Mme de Chaligny.

Pied-de-Fer avait été assez habile pour laisser dans l'ombre le Lauricot du Palais-Royal, le chauffeur, le bandit ; il s'était montré à elle comme l'homme qui par amour pour la branche aînée n'avait pas hésité à marcher contre son pays.

Il avait comparé sa conduite à celle des émigrés.

Si Mme de Chaligny eût connu ce passé, elle eût été foudroyée par l'horreur que lui aurait inspirée cet homme.

Les bienfaits qu'elle en avait reçus, nul doute qu'elle n'eût pas voulu en jouir plus longtemps.

« Il m'a été impossible, madame, d'obtenir ce que je désirais, continua Pied-de-Fer ; les chancelleries sont curieuses, je n'avais que de l'or à leur offrir ; l'or ne suffit pas toujours, dit tristement Pied-de-Fer ; Baillordini est mort et bien mort. Pour la société, je n'existe plus. »

Pied-de-Fer considéra un instant Mme de Chaligny pour voir l'effet que ses paroles produisaient sur elle.

Mais celle-ci avait les yeux baissés et considérait attentivement la flamme du foyer ; il était facile de voir que son esprit était autre part.

Ce silence affecta péniblement Pied-de-Fer.

« Voici ce que j'ai à vous proposer, madame, dit-il brusquement. Je suis mort pour tous, sauf pour vous. Voulez-vous donner votre main à un mort ? »

Mme de Chaligny eut un mouvement de frayeur qui n'échappa pas à Pied-de-Fer.

« Est-ce que l'absence, dit Pied-de-Fer, aurait détruit chez vous cet amour dans lequel je croyais comme en ma vie ? C'est à vous que je dois d'être ce que je suis ; si votre main m'abandonne, je retombe dans ce néant d'où vous m'avez tiré.

— Écoutez-moi, mon ami, dit Mme de Chaligny émue ; et quand vous m'aurez entendue, vous vous prononcerez, mais jusque-là, suspendez tout jugement, je vous prie. J'ai plus de quarante ans, et à cet âge, c'est la raison qui doit guider ; la raison doit être plus forte que les mouvements du cœur ; elle doit les comprimer.... Deux choses m'attachent à vous, la reconnaissance d'abord....

— Je n'ai rien fait pour cela, » dit brusquement Pied-de-Fer en interrompant la comtesse.

Mais celle-ci, sans se laisser détourner de son but par cette interruption, continua :

« J'ai dit la reconnaissance, une certaine sympathie ensuite....

— L'amour seulement ! dit Pied-de-Fer. Voilà la seule chose qui doive vous enchaîner.

— Et enfin, dit la comtesse, quand je vois Édouard....

— Assez ! dit Pied-de-Fer en mettant une de ses mains sur la bouche de la comtesse et en tombant à ses pieds ; ne parlez pas de ce passé ; à ce seul souvenir tout mon être frissonne, et je me fais horreur !

— Relevez-vous, dit Mme de Chaligny profondément troublée, si Édouard venait à entrer. »

Ils restèrent quelques instants silencieux.

« Maintenant, dit Mme de Chaligny, croyez-vous qu'il me soit possible de ne suivre que les impulsions de mon cœur ? Non ! je ne le puis pas ; je suis mère, je me dois à mes deux fils ; je suis veuve et je dois à la mémoire de M. de Chaligny de ne faire que ce que les convenances sociales me permettent de faire.

— Ainsi, dit Pied-de-Fer, vous refusez de me suivre ?

— Seule, je n'hésiterais pas ! Mes enfants, ma famille sont un obstacle invincible à notre réunion.

— Vous ne m'avez jamais aimé! dit Pied-de-Fer.

— Ah! dit Mme de Chaligny, ce que vous dites là est bien mal, car vous ne le pensez pas.

— Ah! tenez, savez-vous ce que c'est que l'amour, c'est l'abandon de soi-même; pour la femme qui aime, il n'y a plus de patrie, il n'y a plus de famille; il n'y a plus qu'une passion qui la domine, qui l'étreint; une passion dont elle est l'esclave; si vous m'aimez comme je vous aime, dans une heure nous partons pour le Havre, et nous mettons entre nous et la vieille Europe et ses préjugés trois mille lieues, nous allons vivre en Amérique. Là nous aurons un train princier ou une existence calme, à votre choix. Si vous ne m'aimez pas de cet amour qui fait qu'on foule aux pieds toutes les convenances, eh bien! vous ne m'aimez pas. Vous ne m'avez jamais aimé.

— Vous délirez.

— Oui, parce que je vous aime. Il y a vingt ans, c'est un crime qui vous a mise en ma possession. Vous n'avez donc pas pardonné! »

Pied-de-Fer, en parlant ainsi, s'était transfiguré : il avait vingt ans.

« Je vous répondrai demain, » dit Mme de Chaligny en se levant.

Elle avait compris qu'elle ne pouvait tuer le même soir dans le cœur de cet homme tout retour à l'espérance.

« Demain! dit Pied-de-Fer avec accablement et en la suivant des yeux; elle hésite, et elle ne sait rien de mon passé. Oh! mon Dieu, je le sens, cet amour qui me brûle, qui s'empare de moi et devant lequel se dresse une barrière infranchissable, c'est le châtiment du passé! c'est l'expiation qui commence. »

Comme Mme de Chaligny sortait du salon, elle se croisa dans le vestibule avec sa camériste :

« Madame, il vient de venir un petit paysan de la part du curé vous annoncer qu'il se meurt.

— Ah! mon Dieu!

— Il paraît qu'il a été atteint d'un coup de sang.

« Vite ma pelisse, dit Mme de Chaligny, et dites à Jean de venir avec un falot, il nous accompagnera. »

Mme de Chaligny arriva au presbytère. Sa camériste ne l'avait pas trompée, le pauvre curé était au plus mal; un éclair passa dans les yeux du vénérable ecclésiastique quand il eut vu entrer la châtelaine.

« Ah! madame, dit la vieille servante, depuis hier midi jusqu'à ce soir quatre heures, monsieur n'a pas repris connaissance. Le médecin n'a pas voulu le saigner. Dans quel état il est, miséricorde! »

Le curé fit signe à la bonne femme de se retirer.

Celle-ci obéit à contre-cœur, elle craignait de ne plus le retrouver vivant.

« Écoutez-moi, madame, il est venu hier un homme, quel est-il, je l'ignore ; mais il paraît bien renseigné sur M. Baillordini; on le cherche.... s'il revient, dites-lui qu'il n'est pas en sûreté.... Renoncez aux idées d'alliance avec lui.... Dites-lui, si jamais vous le revoyez, que je prierai au ciel pour lui.... »

A mesure que le curé parlait, sa voix s'affaiblissait.

« Il est ici, dit Mme de Chaligny bas à l'oreille du curé.

— Ici ? dit-il.

— Chez moi, ajouta-t-elle.

— Dites-lui qu'il fuie, il y va de ses jours. »

Ce fut tout; Mme de Chaligny appela la servante ; la respiration chez le malade devenait de plus en plus oppressée; bientôt on n'entendit plus rien, puis il se fit un grand silence : un homme de bien venait de rendre son âme à Dieu.

CHAPITRE XCIII.

Un ami fidèle.

Ce matin-là, c'est-à-dire le lendemain de l'assassinat de Rapin, une certaine animation régnait aux alentours du bureau de M. Gerlier; on s'entretenait avec inquiétude de la disparition de l'agent.

Juibraide avait été mandé à la préfecture pour fournir quelques renseignements :

« Dans l'histoire de Rapin, il y a une femme; ah! monsieur Gerlier, vous m'appelez parfois ivrogne, à tort il est vrai, mais croyez-vous qu'il n'est pas préférable d'avoir une bouteille dans son histoire qu'une femme ; il s'agit de trouver Honorine!

— Honorine! quelque femme perdue.

— En ce moment, oui, mon commissaire, c'est le cas de le dire, sans jeu de mots, que c'est une femme perdue.... C'est ce qui me chiffonne.

— Savez-vous où elle demeure?

— C'est triste à dire, mon commissaire, mais sur cet article Rapin fut toujours vis-à-vis de moi d'une réserve qui fait plus d'honneur à sa discrétion qu'à son amitié.

— Enfin, tout cela ne motive pas une absence de plus de vingt-quatre heures.

— Tenez, je ne sais, mais depuis hier soir, j'ai une série d'idées noires qui me passent par la tête. Je crois qu'il lui est arrivé malheur.

— Je crois plutôt qu'il aura oublié son service près de Mlle Victorine.

— Honorine....

— Ah! Honorine ou Victorine; l'un de ces noms ne lui appartient pas plus que l'autre.

— Avez-vous confiance dans les rêves? demanda tout à coup Juibraide à M. Gerlier.

— Est-ce que vous avez rêvé de Rapin?

— Oui, dit mystérieusement Juibraide. Ne riez pas! rien que d'y penser, je sens ma chair frémir. »

Le visage de Juibraide avait une telle expression de frayeur en parlant ainsi que M. Gerlier demeura sérieux.

« Voulez-vous que je vous raconte mon rêve?

— Oui, racontez.

— Vous vous moquerez de moi?

— Non.

— Enfin, je me risque, dit Juibraide. Ça vous paraîtra peut-être cocasse; mais moi ça m'a fait peur. Dans mon rêve, je venais de quitter Rapin, et je le voyais qui allait, qui allait; je ne sais comment cela se faisait, mais il avait beau tourner des rues, je le suivais toujours des yeux; mon regard pénétrait au travers des maisons; bientôt il disparut. Alors il me sembla que je devenais léger, mon corps fut enlevé de terre et sans que ma volonté y fût pour quelque chose, je fus ballotté quelque temps dans les airs; puis je fus arrêté devant les fenêtres d'une maison; à travers les vitres de la croisée, je voyais Rapin causant avec Honorine, elle était dans un fauteuil et lui à genoux devant elle; puis comme ça se voit dans les tableaux fondants, Honorine disparut tout doucement et à mesure qu'elle se fondait il se formait à sa place un individu bizarre qui finit par prendre un corps. Cet homme avait une figure hideuse, Rapin n'était plus à genoux, il était couché, l'homme qui avait remplacé Honorine dans le fauteuil avait son pied sur le corps de mon pauvre ami, il le pressait et le sang s'échappait à gros bouillons par une large ouverture qu'il avait à la gorge; je voulais m'arracher à ce spectacle, mais une force invincible me tenait aux carreaux; je voulus crier, mais les paroles ne pouvaient sortir de ma bouche. Ah! ce n'était qu'un rêve, mais pourtant je vous assure que je souffrais horriblement; quand je me réveillai j'étais trempé de sueur.... »

— En effet, dit le commissaire, votre rêve est affreux.

— Faites-moi donner un congé pour la journée avec faculté de ne revenir que dans deux jours....

— Ce n'est pas facile à obtenir ce que vous me demandez.

— Je le sais bien, c'est pour cela que je vous prie d'intervenir.

— Qu'est-ce que vous voulez faire pendant ces deux jours?

— Découvrir Rapin.

— Attendez jusqu'à demain.

— Je n'attendrai pas une heure. C'est une idée fixe chez moi, il lui est arrivé malheur, vous m'avez écouté avec attention, j'ai vu ça; eh bien! cela m'a fait autant d'effet que mon rêve. »

Le commissaire n'était pas, en effet, à l'abri de toutes craintes. Il tenait à Rapin qui était un bon agent et qui, après tout, n'avait que les défauts de ses qualités.

« Soit, je me charge de vous faire avoir votre permission, dit-il.

— Merci, monsieur Gerlier, dit Juibraide; vous venez de me rendre un crâne service, et si jamais je suis à même de vous le rendre, vous verrez que je ne suis pas un ingrat.

— Bonne chance, » dit M. Gerlier en saluant Juibraide de la main et qui, ceci fait, se plongea dans l'étude de ses dossiers.

Juibraide en était un peu réduit à aller à l'aventure pour la recherche de son ami.

Il avait certaines habitudes peu respectables, il est vrai; au nombre de ces habitudes était celle de ne pas commencer d'expédition sans avoir auparavant ingurgité plusieurs gouttes.

Sa première préoccupation en sortant du bureau de M. Gerlier, fut de se diriger vers l'endroit où il avait habitude de puiser ses inspirations.

A cette époque, il y avait dans la rue de Jérusalem à droite en entrant, un petit débit de liqueurs assez enfumé, on arrivait à la salle où se tenaient les buveurs par un perron de trois ou quatre marches; la clientèle de cet établissement ne se composait que de sergents de ville, agents de police, etc.

Tout individu entrant par aventure dans cet établissement, risquait fort en en sortant, s'il était vu par quelqu'un de ces amis, d'être rangé parmi les serviteurs du préfet de police.

L'entrée de Juibraide fut saluée par une sorte de hurrah.

« Le voilà le rupin des rupins!

— Le rupin des rupins est embêté, mes enfants! dit Juibraide d'un ton triste.

— Que faut-il servir à M. Juibraide? » demanda le cabaretier accoudé sur ses brocs.

C'était un solide gaillard, aux épaules larges; ses manches de chemises retroussées jusqu'au dessus du coude, montraient des biceps respectables; des favoris taillés en brosse donnaient à sa physionomie un aspect militaire: du reste le bonhomme avait servi dans les grenadiers à cheval de Charles X.

« Vous me donnerez une goutte mêlée.

— Et ton œil? vint lui demander un agent.

— Mon œil, ma tête tu veux dire. Ça va mieux. Quels sont donc ces capitalistes qui sont dans le fond, demanda-t-il en désignant une dizaine de bu-

veurs; des gâteaux, des bouteilles avec des cachets omnicolores. Peste, qu'est-ce qui se paye tout ça?
— C'est Castex!
— Castex! » dit Juibraide étonné.

Et il avait bien le droit d'être étonné. Castex était un agent qui avait voulu, comme on dit, manger à deux râteliers; un mari qui croyait avoir à se plaindre de sa femme l'avait chargé à raison de vingt-cinq francs par jour, d'épier ses démarches.

Castex fut assez habile pour faire constater le flagrant délit; le mari enthousiasmé, — c'était un coquin qui poussait sa femme à la débauche pour pouvoir vivre libre avec une prostituée, — lui donna une prime assez forte; mais toute médaille a son revers, la chose fut connue et l'agent destitué.

Un agent de la sûreté destitué, c'est un homme mort; quand on lui signifie sa démission, autant vaudrait lui donner l'ordre de se jeter à la Seine; si c'est un ancien ouvrier, un atelier ne s'ouvrira que très-difficilement devant lui; si cela a lieu, s'il est assez heureux pour trouver du travail, des épithètes mal sonnantes se feront entendre autour de lui, et le forceront bientôt à déserter l'atelier.

Préjugé! criera-t-on; préjugé, soit! mais l'homme n'en est pas moins obligé de fuir devant les quolibets et le mauvais vouloir, nous allions dire le mépris, de ses anciens camarades.

Castex connut la misère, cette misère hideuse, où l'on sent le froid, la faim; où l'homme qui la subit est sans souliers, sans chemise, où il porte un de ces costumes qui font qu'il inspire le dégoût et aucun sentiment charitable; la femme de Castex se tuait en cherchant à gagner quelques sous; ces malheureux se demandaient avec effroi ce qu'ils allaient devenir, lorsque se créa l'Agence des renseignements.

Celui qui fondait cette agence était un ancien chef à la préfecture; il avait connu Castex, et il savait le parti qu'il y avait à tirer de lui, aussi n'hésita-t-il pas à l'employer.

Ce fut un coup de fortune pour le pauvre ménage. C'était Castex qui avait été chargé de relever toutes les notes demandées par Raflard; et nos lecteurs l'ont vu à l'œuvre à Marchais chez le curé et le maire.

Castex de sa place avait aperçu Juibraide.

« Il y a une place près de moi ! lui cria-t-il.
— Tu n'oublies donc pas les anciens, dit Juibraide.
— T'oublier! allons donc, je me rappelle toujours des services.
— C'est bon, c'est bon ! dit Juibraide d'un ton bourru. Voilà-t-il pas de quoi à me poser un petit manteau bleu ! »

Castex faisait allusion à une collecte que Juibraide avait faite dans la brigade, quelque temps après sa sortie.

« Ah ça, les gratifications dans ton administration sont donc sérieuses, lui dit Juibraide, en venant s'asseoir près de lui; c'est pas comme à la grande maison, où on vous les fait danser comme des polichinelles; crois-tu que pour une conspiration quelque chose de bien.... de corsé, on a eu l'audace de nous compter cent francs à Rapin et à moi.
— Quelle mesquinerie ! dit Castex.
— Aussi sais-tu ce qui est arrivé; on ne leur a livré que les fusils. »

Un rire général retentit dans la salle.

« Mais, dit Castex, la préfecture n'a pas été volée, les fusils représentent hardiment cinq cents francs.
— Il est neuf heures moins cinq, » cria le cabaretier.

C'était l'heure du rapport qu'il annonçait; aussitôt la salle se désemplit comme par enchantement; ceux qui se trouvaient à la table de Castex vidèrent leurs verres, échangèrent une poignée de main avec lui, avec force protestations d'amitiés et se retirèrent, lui laissant le soin de solder la dépense.

« Eh bien ! tu ne pars pas? demanda Castex à Juibraide.
— J'ai la permission de vingt-quatre heures.
— Déjeune avec moi; je suis libre jusqu'à deux heures.
— J'accepte, dit Juibraide. Ce n'est pas pour le déjeuner, car je suis trop triste pour pouvoir manger.
— Et qu'as-tu?
— Je suis assailli de pressentiments funestes, je crois que Rapin a été assassiné.
— Le petit Rapin.... qui était si gentil, un vrai camarade.
— Mais, continua Juibraide, je suis content de t'avoir rencontré, tu vas pouvoir m'aider dans ma besogne : il s'agit de trouver Rapin. »

Juibraide raconta son expédition avec Rapin dans le cloître Saint-Honoré; les mésaventures qui s'en étaient suivies et enfin leur séparation au Pont-Neuf.

« Et quand il t'a quitté, il allait chez sa Mme de Sainte-Clotilde?
— Oui. Il prétendait qu'elle devait lui procurer les moyens de retrouver la trace des conspirateurs.
— Sais-tu où elle demeure.
— Mais, mon bonhomme, dit Juibraide, si je savais l'adresse de cette farceuse, il y a longtemps que je serais chez elle.
— C'est pas un nom ça, Sainte-Clotilde, dit Castex rêveur.
— C'est ce que je me dis depuis ce matin. C'est pas un nom! ah ! Rapin, si je ne te trouve pas vivant, malheur à ceux qui t'auront fait du mal! ceux-là, ma vieille, foi de Juibraide! ou ils auront ma peau ou ils seront rognés barrière Saint-Jacques.... »

Castex se leva, paya les bouteilles bues, et sortit avec Juibraide.

« Vous ne déjeunez pas, demanda le cabaretier, qui avait flairé une dépense plus élevée.

— Ce sera pour une autre fois, dit Castex.

— Au plaisir de vous revoir, messieurs.

— Où me conduis-tu ? demanda Juibraide à son ami.

— Au *Sacrifice d'Abraham* ; on y mange bien, et on n'a pas à redouter les importuns. »

Les deux amis montèrent au premier.

Castex qui n'avait pas les mêmes raisons que Juibraide pour ne pas manger, fit servir un copieux déjeuner où l'abondance des mets suppléait à leur délicatesse.

« Tu sais, mon ami, dit Castex qu'il faut prendre des forces pour la campagne que nous allons entreprendre.

— Je vais tâcher de te donner ma journée entière, mais ne compte pas sur plus ; il faut que d'ici cinq heures nous ayons mis la main sur Rapin ou sur quelqu'un qui puisse nous rassurer sur son compte.

— C'est l'adresse de Mme Sainte-Clotilde, ah ! si je l'avais ? »

Castex réfléchit un instant, puis écrivit quelques mots sur son carnet et sonna le garçon.

« Tenez, mon ami, vous allez porter cela à son adresse.

— Bien monsieur, dit le garçon qui sortit aussitôt.

— Où l'envoies-tu ? lui demanda Juibraide.

— Je l'envoie chercher l'adresse de Mme de Sainte-Clotilde.

— A ce garçon ? demanda Juibraide avec étonnement.

— Qu'est-ce que cela a d'étonnant ? Mon vieil ami, il y a à Paris plusieurs façons de se procurer l'adresse d'une personne ; la plus connue, c'est de consulter l'almanach des cinq cent mille adresses. C'est la plus expéditive ; mais ce n'est pas la meilleure ; il y en une autre, c'est de fouiller, mais c'est la plus difficile, le répertoire des percepteurs de Paris, c'est long et pas du tout facile ; pour des personnes comme Mme de Sainte-Clotilde, c'est de s'adresser à celui de nos confrères qui fréquente les bals publics dans l'intérêt de la morale; si celui-là ne connaît pas son adresse, nous chercherons un autre moyen. »

Le déjeuner continua; on était arrivé au café lorsqu'un individu qu'on aurait pris autant à son costume cossu qu'à sa mine placide pour un bourgeois, entra dans le cabinet où déjeunaient Juibraide et Castex.

« Tiens, dit Castex, voilà l'ami qui va nous procurer l'adresse demandée. »

M. Verchoux, — c'était le nom du personnage qui posait pour le riche bourgeois et qui n'était autre qu'un agent des mœurs, — s'assit sans façon à la table.

« Et ça va toujours bien ? demanda-t-il à Castex.

— Mais oui, mais oui. Vous prendrez le café avec nous.

— Tout de même.

— Dites-moi, cher monsieur, voici M. Juibraide.

— Ah ! ah ! dit M. Verchoux en se tournant vers Juibraide ; c'est vous qui découvrez des conspirateurs et ne rapportez que des fusils; et il se mit à rire bruyamment.

— Si encore je n'avais pas rapporté ça, dit Juibraide en montrant son visage qui portait encore des traces de sa lutte avec Ratlard.

— Et qu'est-ce qu'ils vous ont donné pour ce coup de pied ?

— Un congé de vingt-quatre heures.

— Toujours les mêmes, c'est absolument comme moi, messieurs. Tenez, il faut que je vous raconte ça. »

Nous n'entreprendrons pas de rapporter scrupuleusement l'histoire que raconta M. Verchoux ; elle était assez embrouillée. Toutefois, nous pourrons dire qu'il s'agissait de filles séduites, de maris trompés ; cette série d'événements se compliquait d'une rixe générale, et se terminait par une arrestation en règle, arrestation à laquelle M. Verchoux avait reçu une série de horions qui l'avaient forcé à garder le lit plusieurs jours.

« Voilà ce que j'ai fait ! dit-il orgueilleusement quand il eut terminé son récit passablement embrouillé et en toisant dédaigneusement Juibraide. Qu'a-t-on fait pour moi à la suite de cette affaire ? rien. »

Il y eut un profond silence à la suite de cette sortie virulente.

Ce récit avait animé M. Verchoux au point que par inadvertance probablement, il vida entièrement dans sa tasse le carafon d'eau-de-vie qui se trouvait à sa portée.

« Sapristi ! dit-il quand le carafon fut vidé, et avec toutes les marques d'une véritable douleur, quelle distraction ; enfin c'est égal, c'est versé, faut le boire. »

Castex qui connaissait l'homme, sonna.

« Montez un autre carafon, dit-il.

— Mais, messieurs, je ne suis pas venu seulement ici pour vider les carafons d'eau-de-vie ; vous m'avez fait demander pour avoir un renseignement.

— Le plaisir de voir un vieil ami, un ancien collègue, dit Castex en serrant la main de Verchoux avec toutes les marques de l'amitié la plus vive.

— Je le sais.... Je le sais. »

Juibraide, qui avait les mains libres, profita de

ce moment pour emplir de nouveau les tasses; le second carafon y passa.

« Voici ce dont il s'agit, dit Castex; pouvez-vous nous donner l'adresse de Mme de Sainte-Clotilde?

— Mme de Sainte-Clotilde, dit Verchoux cherchant, attendez; c'est un nom de fille, ça!

— Je ne vous donne pas cette dame pour une rosière.

— Je n'en ai pas la surveillance, c'est l'affaire du garde champêtre de Nanterre.

— Toujours farceur, dit Castex.

— Il faut bien être quelque chose dans ce bas monde, dit mélancoliquement M. Verchoux.

— Vous n'avez aucune souvenance de ce nom?

— Attendez, Mme de Sainte-Clotilde, une grande belle femme, ça a dans les vingt-huit ans. Une habituée du Château-Rouge; elle a pour compagne habituelle Adèle la Raide; qui voit l'une, voit l'autre. Adèle demeure rue Bréda, 20 ou 25, dit-il en consultant son carnet. Dans la maison où elle est, on a découvert, il y a un an ou deux, une maison de jeu.

— Si elle demeure dans l'ancienne maison de jeu, dit Juibraide qui jusqu'alors s'était tenu coi, je vois ça d'ici. J'ai assisté à l'expédition.

— C'est là. Vous pouvez y aller les yeux fermés. »

M. Verchoux continua de feuilleter son petit carnet dressé en forme de répertoire.

« Mme de Sainte-Clotilde, voir Honorine, lut-il.

— C'est bien cela! s'écria Juibraide, elle s'appelle Honorine.

— Je te le disais bien, mon cher, dit Castex, il n'y a que monsieur qui pouvait nous renseigner. »

Cette adroite flatterie plut beaucoup à M. Verchoux.

« Voyez-vous, dit-il en frappant du plat de la main sur son calepin, il y a là dedans plus de renseignements qu'on en trouvera dans le casier judiciaire que le préfet fait dresser. »

Juibraide et Castex n'osèrent pas contredire M. Verchoux : ils ne tenaient pas encore l'adresse d'Honorine.

« Et si le feu prend dans le casier judiciaire. Ah! »

Et par un mouvement machinal, M. Verchoux tendit sa tasse à Castex.

Celui-ci se pendit au cordon de sonnette.

« Montez-nous donc une bouteille de cognac, dit-il, vos carafons sont d'un petit.

— Comment! s'écria M. Verchoux avec les marques les plus évidentes d'une vive indignation, comment, le second carafon est vide! Ah! »

L'arrivée de la bouteille arrêta le cours de ses exclamations.

« Assez! assez! dit-il lorsque sa tasse fut pleine à déborder. Où en étais-je de mon récit?

— A un passage fort intéressant, dit Castex, vous disiez en cas d'incendie.

— J'y suis.... En cas d'incendie.... il y a les pompiers, vous me direz, c'est vrai; mais à cela je vous réponds, les pompiers n'empêchent pas les incendies de se déclarer; tandis que ça, ajouta-t-il en frappant de nouveau sur son portefeuille, ça défie l'incendie et ça se passe des pompiers!

— Quelle brute, se disait Juibraide pendant que M. Verchoux développait sa théorie sur le casier judiciaire.

— Mme Honorine de Sainte-Clotilde, finit par dire M. Verchoux, demeure rue Saint-Georges.

— Eh bien! partons, dit Juibraide en se levant.

— Attends un moment, lui dit Castex, que M. Verchoux ait vidé sa tasse.

— C'est juste, » dit Juibraide rappelé aux sentiments des convenances.

M. Verchoux, qui avait assez de tact et bu assez d'eau-de-vie, vida vivement sa tasse.

« Messieurs, dit-il, jusqu'à l'honneur de vous revoir. »

Et il sortit reconduit par Castex et Juibraide.

« Comment comptes-tu débuter? demanda Castex à son ami, lorsque les pas de l'honorable M. Verchoux se furent éteints dans l'escalier.

— Nous allons aller rue Saint-Georges.

— Et si nous ne trouvons pas cette Honorine? fit observer Castex.

— Nous irons chez Adèle.

— Et si la même réception nous y attend.

— Nous aviserons.

— Bien, j'aime à te voir dans cette disposition; va chercher une voiture pendant que je solde la carte. »

Au bout de quelques minutes, Castex et Juibraide arrivaient rue Saint-Georges.

« Tu vas m'attendre dans la voiture, » dit Castex.

Il entra dans la loge du concierge, le chapeau sur la tête et le cigare aux lèvres, et sans saluer.

« Mme de Sainte-Clotilde, dit-il, est-elle chez elle? »

Le portier regarda de travers l'insolent qui osait lui parler le chapeau sur la tête.

« Bonjour, monsieur, » lui dit-il.

Ce bonjour était dit par le portier d'un ton ironique, c'est-à-dire de façon à faire comprendre à son visiteur qu'il était peu poli avec lui.

« Si c'est une leçon de politesse que vous voulez me donner, mon ami, dit Castex, je vous dirai que je la trouve très-déplacée; quand on a dans sa maison de Mme Sainte-Clotilde, on ne doit pas être à cheval sur l'honnêteté, par l'honnêteté j'entends la morale.

— Mais, monsieur, je ne sais vraiment.

— Assez! dit Castex avec hauteur, gardez vos réflexions pour vous, et contentez-vous de me répondre quand je vous interrogerai. »

Ce langage rendit le portier muet comme une tanche ; et comme mieux que personne, il savait combien il y avait à reprendre sur la conduite de ses locataires, il attendit humblement que Castex voulût bien l'interroger.

« Cette Sainte-Clotilde, autrement dit Honorine, c'est une fille ; elle n'est pas dans ses meubles.

— S'entend, monsieur, elle est bien dans ses meubles, répondit le concierge d'un ton embarrassé ; seulement la location est au nom de Mme Rougife.

— C'est une prêteuse sur gages, cette Mme Rougife.

— Non, monsieur, c'est une marchande à la toilette.

— C'est tout comme. Dans la nuit d'avant-hier, est-elle rentrée tard?

— A une heure du matin.

— A une heure du matin, répéta Castex. Est-ce que vers cette même heure ou une heure plus tard, il n'est pas venu quelqu'un la demander?

— Oui, M. Rapin.

— Attendez, un moment. »

Castex sortit dans la rue et fit signe à Juibraide de venir.

« Le portier, dit-il à Juibraide, reconnaît que Rapin est venu ici à trois heures.

— Il est monté? demanda Juibraide au concierge.

— Non, monsieur. Mme de Sainte-Clotilde....

— N'appelez donc pas cette fille, interrompit brusquement Castex, par un nom qui n'est pas le sien ; dites Honorine, tout simplement....

— Oui, monsieur, dit docilement le concierge, Mme Honorine était partie un instant avant avec ses malles en recommandant surtout de ne pas donner sa nouvelle adresse à M. Rapin.

— Diable, dit Juibraide, voilà ce qui se complique. Elle rentre à une heure du matin, fait ses malles, et prend la poudre d'escampette. C'est louche....

— Je ne trouve pas ça louche, dit Castex. C'est tout naturel.

— Comment cela? » demanda Juibraide surpris.

Par un coup d'œil, Castex lui fit comprendre qu'il ne pouvait s'expliquer devant le concierge.

« Alors M. Rapin est parti, et vous ne l'avez revu....

— Si.... Oh! c'est une fine mouche. »

Ce compliment, quelque grossier qu'il fût, alla au cœur de Juibraide.

« Hier matin, vers neuf heures, il est venu ici un commissionnaire qui m'a remis une lettre pour Mme de Sainte-Clotilde.... Ah ! pardon, fit le concierge, qui se rappelait l'observation de Castex, pour Mme Honorine ; comme j'étais sans défiance je suis allé où elle était....

— Où ça? demanda Juibraide.

— Laisse donc parler monsieur, il nous le dira tout à l'heure.

— Oh! ce n'est plus un secret; puisque vous n'êtes pas M. Rapin, je puis vous le dire, rue Bréda....

— Elle était chez Adèle ?

— Précisément, monsieur ; mais jugez de mon étonnement, quand arrivé à la porte, je trouvai M. Rapin, c'était lui qui avait envoyé le commissionnaire, et il m'avait suivi sans que je le visse. Croyez-vous que cet homme a du vice !

— Et il est probablement monté chez Adèle ?

— Je le crois, car il m'a pris la lettre des mains, en me disant : elle est de moi, je vais la monter moi-même.

— Et depuis hier vous n'avez vu ni Honorine ni Rapin ?

— Ni l'un ni l'autre.

— C'est très-bien ; nous savons tout ce que nous voulions savoir ; maintenant vous ferez bien de dire à cette dame Rougife qu'elle ne s'amuse plus à louer des meubles aux premières venues. »

Le portier, ô prodige de l'intimidation, reconduisit jusqu'à la porte Juibraide et Castex, sans même s'informer de quels droits ils venaient l'interroger.

« Conduisez-nous rue Bréda, dit-il au cocher.

— Pourquoi m'as-tu empêché de continuer, demanda Juibraide lorsqu'il fut dans la voiture, quand je disais que cela me paraissait louche.

— C'est que nous n'avions pas besoin de nous expliquer devant cet homme. Mon opinion est que si Honorine a pris la fuite, c'est qu'il l'avait prise en faute, et il n'y aurait rien d'étonnant qu'il ne l'ait surprise au bras de ce M. Bonnard qui vous a si bien arrangés tous les deux.

— Tu crois.... dit Juibraide.

— J'en suis sûr. »

Cette affirmation de son ami coupa court à tout commentaire.

Le concierge de la rue Bréda ne fit nulles difficultés de répondre aux questions de Castex et de Juibraide. La discrétion n'était pas dans les habitudes du bonhomme.

« Messieurs, dit-il d'un air fin, je vois à qui j'ai affaire, veuillez vous asseoir. Votre visite me rassure ; depuis hier, je suis à me demander quelle conduite je dois tenir. »

Nous devons reconnaître que ce début fit frissonner Juibraide.

« Mardi, c'est-à-dire avant-hier, continua le portier, Mlle Adèle est rentrée à une heure du

Édouard enleva le matelas et la femme qui était dessus. (Page 429, col. 2.)

matin avec un monsieur inconnu; je vous dirai que le contraire m'eût étonné; je venais de me mettre au lit lorsqu'un cri de tous les diables me réveille; je vais ouvrir et je vois qui? Mlle Honorine son amie, la peau et la chemise, quoi! avec ses malles, elle avait l'air inquiète; j'aide à monter les malles, ici s'arrête la scène de la nuit. Le lendemain vers neuf heures, une voiture s'arrête à la porte, le cocher descend de son siége et vient me dire de monter près de Mlle Adèle pour qu'elle veuille bien descendre parler à une dame qui était dans sa voiture; je fais la commission, mais jugez de mon étonnement, quand je vois sortir de la voiture un monsieur parfaitement mis, qui monte avec elle. Jusque-là tout est pour le mieux, on déjeunait en haut d'une façon copieuse, lorsque survint un petit monsieur pas trop bien mis, qui, malgré mes cris, s'introduisait chez Mlle Adèle.

« Je n'étais pas encore revenu de l'émotion dans laquelle m'avait plongé l'introduction de ce mal-appris, lorsque je vis Mlles Adèle et Honorine passer rapidement devant ma loge en me disant :

« Nous partons pour deux mois.

« Il paraît que cela lui avait pris subitement, car elles étaient à peine habillées, et trois commissionnaires que la bonne avait été chercher arrivèrent et descendirent des malles qu'on chargea sur une voiture. Tout cela se fit avec une rapidité qui me confondit.

— Mais, dit Juibraide qui écoutait attentivement, et les trois hommes....

— Les trois hommes, dit le portier, voilà où ça devient louche, dans le premier moment cela me semblait naturel, mais maintenant plus j'y songe, plus je trouve que cela n'est pas ordinaire.

« Une heure après le départ de ces dames, un de ces messieurs descendait, ce devait être celui qui était venu la nuit, et m'envoya chercher deux commissionnaires; je ne sais trop ce qu'ils avaient dans la malle dont ils les chargèrent, mais tout ce que je sais, c'est qu'ils en avaient leur charge. Le monsieur me donna dix francs pour ma course, et celui-ci ainsi que celui qui était venu à dix heures, partirent un instant après.

— Mais.... » demanda Juibraide qui avait écouté ce récit avec la plus vive anxiété.

Castex lui posa la main sur le bras pour lui commander le silence.

« Vous n'avez parlé que de deux hommes, dit-il, et le troisième, celui qui était monté le dernier, à quelle heure est-il parti ?

— Je ne sais pas, dit le concierge, et c'est là ce qui me paraît louche.

— Le troisième, dit Juibraide d'une voix grave, c'est mon ami, et c'est lui que ces deux misérables ont assassiné, et fait descendre dans cette caisse. »

Contre l'attente de Castex le portier ne récria pas contre ce qu'il y avait d'odieux dans cette supposition.

« Ecoutez, dit Castex, nous pouvons vous dire qui nous sommes, nous sommes de la police. Juibraide, montre ta carte à monsieur; c'est un de nos amis que nous cherchons, nous savons qu'il est venu ici, et vous-même venez de reconnaître que vous l'avez vu passer, mais que vous ne l'avez pas vu sortir. Vous êtes un homme d'honneur; pour ne pas signaler la maison inutilement, si vous voulez nous accompagner dans l'appartement de Mlle Adèle, il nous serait bien facile par l'inspection des lieux de voir s'il s'y est passé quelque chose de louche; si tout est en ordre nous chercherons autre part.

— Mais c'est que je n'ai pas les clefs, dit le concierge.

— Il n'y a pas une fenêtre, quelque chose où l'on puisse passer?

— Montez avec moi, dit le concierge, vous verrez. »

L'appartement faisait retour sur la cour, et la fenêtre de la cuisine était proche de celle qui éclairait l'escalier; cette fenêtre, Adèle ou sa bonne avait oublié de la fermer.

« Voilà un passage tout trouvé, » dit Juibraide en escaladant la fenêtre; il se pencha sur le côté, saisit la barre d'appui de la cuisine et disparut dans l'appartement.

Le concierge et Castex restèrent sur le carré attendant; tout à coup Juibraide, le visage livide, les traits bouleversés, parut de nouveau à la fenêtre de la cuisine.

L'agent était entré dans la chambre à coucher d'Adèle et un coup d'œil lui avait suffi pour se rendre compte qu'un crime avait été commis dans cette pièce : la mare de sang figé qui garnissait le parquet s'élevait comme un vivant témoignage.

« On peut enfoncer la porte, leur dit-il d'une voix faible, il y a flagrant délit. »

Le malheureux après avoir prononcé ces paroles chancela, et du carré on entendit un bruit sourd. Ce bruit était causé par le corps de Juibraide tombant sur le parquet.

CHAPITRE XCIV.

L'auberge du Cheval mort.

On se rappelle que Pied-de-Fer avait obtenu d'Édouard qu'il partirait à sa place dans sa voiture et que celui-ci passerait la nuit au château de Mme de Chaligny.

Ce que lui avait dit Pied-de-Fer touchant les deux invités avait un peu ouvert les yeux du jeune homme, et il comprit qu'il s'était un peu engagé imprudemment en amenant deux inconnus chez sa mère; il fut donc très-content de voir le comte de Santa-Lux se charger d'une besogne qui lui aurait profondément déplu, celle de surveiller les actions de deux hommes pour lesquels il ne se sentait aucune sympathie, il est vrai, mais pour lesquels il n'avait aucune antipathie.

Édouard s'enveloppa dans la pelisse du comte, monta dans sa voiture : pour les gens du château, c'était le comte qui partait, pour les domestiques du comte prévenus par leur maître, c'était bien M. Édouard de Chaligny qu'ils conduisaient.

Une fois en voiture, une idée folle passa par la tête du jeune homme; il fit diriger la voiture sur Dormans.

Dormans est un petit pays placé sur la lisière de l'Aisne; mais tout en allant vers Dormans ce n'était pas là où il comptait s'arrêter.

A son départ pour Paris, Édouard avait laissé dans les environs de ce village une petite amourette; en partant il avait fait les plus grandes protestations à son amante, mais une fois à Paris, le frais minois de la petite paysanne s'était envolé, et ce n'était que de temps à autre que son souvenir revenait à sa mémoire; depuis deux jours qu'il était arrivé chez sa mère, il ne lui avait pas été possible d'aller du côté de Dormans. Aussi, nous devons dire que l'espoir de revoir Hortense était pour beaucoup dans la facilité avec laquelle il avait accueilli la proposition du prétendu comte de Santa-Lux.

Il était près de minuit lorsque la voiture du comte arriva à Dormans, il la fit remiser dans une auberge, recommandant aux gens du comte de l'attendre, entra dans le bois et longea la route qui conduit à Courmont.

Après avoir marché près d'une demi-heure, il arriva à une maison construite sur le bord de la route et qui tenait de l'auberge et de la ferme.

Un chien qui veillait sur le bord de la route vint au-devant d'Édouard et malgré l'obscurité le reconnut probablement, car il n'aboya pas et se laissa caresser par le jeune homme.

« Tu m'as reconnu, mon bon Faraud, disait Édouard à voix basse de peur d'être entendu des habitants de l'auberge tout en caressant le chien, tu as reconnu ton ami Édouard quoiqu'il y ait huit grands mois que nous ne nous sommes pas vus, et Hortense où est-elle?

— Elle est là, dit une voix, qui partit de derrière un arbre. »

Quoiqu'il eût parfaitement reconnu la voix de sa maîtresse, Édouard n'en tressaillit pas moins.

« Chère Hortense, tu es là, » dit-il en s'avançant vers l'arbre.

La jeune fille se démasqua et ils tombèrent dans les bras l'un de l'autre.

« Et moi qui croyais te surprendre, dit Édouard.

— Voilà deux jours que je t'attends; chaque soir, je descends de ma chambre et reste jusqu'au jour ici espérant te voir arriver.

— Qu'est-ce qui t'a dit que j'étais au château?

— Je l'ai su par la maîtresse Piletè. Heureusement que chez nous, on n'en a rien su, sans cela on m'aurait surveillée.

— Es-tu plus heureuse maintenant?

— Tu es près de moi, je suis heureuse, dit Hortense évitant de répondre.

— Ton père, tes frères?

— Toujours les mêmes. Je ne sais, mais ici, j'ai peur ; leur présence loin de me rassurer m'épouvante; je ne sais ce que j'éprouve à leur contact, mais ils me font peur.

— Enfant!

— Oh! ne ris pas de mes terreurs, je t'en conjure, par moment, j'ai de sinistres pensées, je cherche à les repousser, mais elles reviennent m'assaillir plus tard.

— Et quelles sont ces pensées?

— Oh! je ne pourrais jamais te les confier. »

Ils étaient entrés sous bois, Édouard avait son bras passé autour de la taille d'Hortense, celle-ci s'appuyait sur son épaule, et à quelques pas derrière eux, furetant et protégeant la marche des amoureux, se tenait Faraud.

« Quand pars-tu, Édouard? dit tout à coup Hortense en l'arrêtant de marcher.

— Dans un mois environ.

— Un mois, c'est trop tard, dit-elle comme si elle eût répondu à une pensée secrète.

— Trop tard; pourquoi?

— Pourquoi? dit-elle; parce que dans un mois je serai morte, ils m'auront tuée.

— Te tuer, qui donc te menace?

— Oh! je suis folle, dit-elle, et pourtant j'ai peur....

— Mais, dit Édouard, je suis là.

— Tu n'y pourras rien. Mieux vaut la mort après tout, dit-elle brusquement, que l'existence que je mène. »

Édouard n'avait jamais vu sa maîtresse aussi agitée : et sans s'en rendre compte, il partageait lui-même ses terreurs.

« Mais que se passe-t-il chez ton père, lui demanda-t-il.

— Ne me le demande jamais; seulement, je voudrais fuir. Édouard, m'aimes-tu? »

Hortense s'était campée devant son amant en lui adressant cette question, presque à brûle-pourpoint.

« Je te l'ai dit cent fois.

— J'ai peut-être eu tort d'y croire, dit-elle mélancoliquement.

— Méchante, fit-il en l'embrassant sur le cou.

— Eh bien! si tu m'aimes emmène-moi de suite, à l'instant, je te suivrai à Paris, je serai ta servante, je te servirai. M'aimes-tu assez pour faire cela? »

Édouard demeura un instant pensif.

En un instant la froide raison lui fit comprendre les conséquences d'un semblable enlèvement; à part les difficultés matérielles, il s'attachait à lui une fille qui à Paris le gênerait et risquerait même de le rendre ridicule; c'était perdre son avenir dans le pays, car le fait serait vivement colporté, sans compter qu'il risquait de se faire du père Vaquier et de ses trois fils, des ennemis irréconciliables.

Nous devons pourtant dire que ce ne fut pas cette dernière considération qui retint Édouard, ce fut la crainte du scandale.

Ce silence méditatif, quelque court qu'il fût, le perdit dans l'esprit d'Hortense.

« Tu ne m'aimes pas, lui dit-elle.

— Je t'aime trop, au contraire, lui dit Édouard, pour faire ce que tu demandes. »

Si le soleil eût éclairé l'horizon au lieu de la nuit qui étendait ses voiles, Édouard eût été épouvanté de l'altération des traits d'Hortense : c'est qu'en un instant, elle venait de s'apercevoir qu'elle avait été le jouet de son cœur; mais sa douleur fut de courte durée; elle eût rougi de montrer un instant de faiblesse devant l'homme auquel elle s'était donnée.

« Vous ne m'avez jamais aimée, lui dit-elle d'une voix brève. Ne m'interrompez pas, monsieur, je comprends les motifs de votre retenue, vous ne voulez pas vous compromettre; vous ne voulez pas vous afficher par une paysanne. »

Il régnait tant d'ironie dans la façon dont furent prononcées ces paroles qu'Édouard en blêmit de colère.

« J'avais cru en vous, dit-elle, je m'étais trompée. »

Édouard voulut la retenir.

« N'avancez pas, lui dit-elle; Faraud saurait me défendre de vos approches, si une seule chose me console, c'est dans mon épanchement de n'avoir rien laissé échapper de mon secret.

— Hortense! Hortense! » balbutia Édouard en avançant et en tendant les bras.

Mais la paysanne avait dit quelques mots à son chien, et celui-ci s'était porté devant le jeune homme, prêt à lui défendre vigoureusement le passage s'il tentait de poursuivre sa maîtresse.

Édouard comprit qu'il n'y avait pas à essayer de convaincre Faraud de la pureté de ses intentions, il s'éloigna à regret, maudissant ses irrésolutions; il allait sortir du bois et gagner la grand' route lorsqu'il aperçut l'ombre de deux hommes qui quittaient à leur tour la route pour s'enfoncer dans le bois; ils portaient chacun sur l'épaule l'extrémité d'un bâton, sur ce bâton se balançait un sac plié par le milieu, celui qui était derrière le maintenait d'une main pour lui conserver son équilibre; celui qui était en avant était en outre armé d'une pelle.

Ces deux hommes marchaient en silence; Édouard sans qu'il pût s'en rendre compte fut saisi d'une certaine frayeur.

Les singuliers porteurs s'avancèrent plus avant dans le bois; Édouard caché derrière les arbres les suivait retenant son souffle; tout à coup, ils s'arrêtèrent dans une sorte de clairière; un bouleau abritait le jeune homme auquel le cœur battait fortement; la lune, qui jusqu'alors avait été cachée par les nuages, éclaira de sa teinte douce le ciel et le bois.

Édouard frémit en reconnaissant dans les deux hommes le frère aîné et le frère cadet d'Hortense.

Que pouvaient-ils venir faire à cette heure dans le bois?

Que pouvait contenir ce sac?

Édouard sentit aux battements précipités de son cœur, à la sueur froide qui lui découlait du front, que ce sac devait contenir un cadavre.

En un instant, il comprit pourquoi Hortense voulait fuir; et il se rappela avec effroi les bruits sinistres qui couraient dans les campagnes environnantes sur les habitants de l'auberge du *Cheval mort*.

Cependant les porteurs, après avoir déposé le sac à terre, se mirent en devoir de débarrasser le sol des branchages et du gazon qui le couvrait; ils eurent bientôt mis à nu une fosse assez profonde.

Cette fosse avait dû être creusée quelques jours avant en prévision d'un crime, et dans le but de recéler la victime.

Tout doute devait disparaître, si Édouard avait pu en avoir quelques-uns, lorsqu'il vit les deux frères d'Hortense ouvrir le sac, en retirer un cadavre complètement nu.

Ils le poussèrent dans la fosse, la recouvrirent de terre, puis piétinèrent dessus, pour effacer toute trace; replacèrent les mottes de gazon, ainsi que les branchages, et lorsqu'ils crurent avoir mis tout en ordre, ils s'éloignèrent.

Toute cette scène s'était accomplie en peu de temps et en silence.

Édouard vit celui des fossoyeurs qui avait la pelle, la mettre sur son épaule avec autant d'indifférence qu'eût pu le faire un paysan qui revient de son travail; l'autre avait roulé méthodiquement le sac qu'il portait sous son bras et s'appuyait sur son bâton dans sa marche comme si c'eût été une canne; puis il les vit sortir du bois.

« Oh! Je comprends, dit-il, les terreurs de cette pauvre Hortense. Je ne puis la laisser ici une heure de plus, » et il se dirigea rapidement vers l'auberge en prenant par les derrières.

Il savait qu'Hortense couchait dans un bâtiment éloigné de l'habitation principale; l'escalade était facile, il l'avait faite maintes fois, un an avant quand elle tardait trop à venir au rendez-vous promis; il y avait là des fagots et des bourrées qui lui permettaient facilement d'arriver à la crête du mur de clôture; à cet endroit du mur se trouvait le toit d'un poulailler; la fenêtre de la chambre d'Hortense y touchait.

Édouard s'affermissant dans sa résolution, s'approcha de la ferme; les fagots étaient bien là, il grimpa vivement dessus; quelques-uns s'éboulèrent, mais ce léger accident ne l'arrêta pas; il arriva facilement à la fenêtre de sa maîtresse, elle était entr'ouverte; il appela à voix basse; mais elle ne répondit pas.

« Dormirait-elle déjà? » se dit-il.

En ce moment et après ce dont il avait été témoin dans le bois, il eut un instant d'hésitation; mais l'idée généreuse de sauver sa maîtresse l'emporta sur le sentiment de sa propre conservation; mais soit qu'il fût agité par un sentiment de frayeur indéfinissable, il poussa brusquement la fenêtre.

Les deux battants allèrent frapper le mur avec fracas; il sauta vivement dans la chambre, alla droit au lit, il était vide. En ce moment, une ombre se dressa devant la fenêtre; Édouard vit cette ombre se dessiner sur le mur, il se tourna vivement, et vit un homme qui le couchait en joue. Au même instant la porte du fond s'ouvrait lentement devant le maître de l'auberge du *Cheval mort*; il avait une lanterne à la main, dans chacun des angles de la chambre se tenaient menaçants les deux autres frères d'Hortense, ceux qu'Édouard avait vus dans la forêt.

Édouard jeta un coup d'œil rapide sur cette scène: il était tombé dans un guet-apens!

En un instant le peu de frayeur qu'il avait pu éprouver avait disparu; il ne se trouvait plus en présence de l'inconnu.

« Que me voulez-vous, dit-il aux fils et au père, je suis tombé dans une souricière, je le vois; mais je ne vous crains pas. »

Les trois frères, semblables à trois statues, ne bougèrent pas.

« Hé! hé! dit le père d'un ton goguenard, vous reconnaîtrez une chose, c'est que vous y êtes venu librement, et que personne n'a été vous chercher; vous êtes entré ici, non pour me voler mon argent, mais l'honneur de ma fille; mes trois fils que voilà sont ici comme moi pour en tirer vengeance.»

Peu à peu le vieux coquin avait perdu son ton railleur, et avait fini par prendre son rôle de père indigné.

Édouard ne fut pas dupe de cette prétendue

indignation, et avec une liberté d'esprit qui eût fait l'admiration de Pied-de-Fer s'il avait pu en être témoin, il tira sa montre de la poche de son gilet et la consulta.

« J'ai cinq minutes à vous donner, dit-il, passé ce délai, mes gens prévenus sont ici. Je pense que vous ne m'avez pas cru assez niais pour venir dans un coupe-gorge sans prendre mes précautions ?

— Un coupe-gorge ! exclama le bonhomme ; qui vous a dit que ma maison est un coupe-gorge ? »

Cette brusque accusation faite d'une voix assez calme avait dérouté l'aubergiste.

Édouard avait eu l'habileté de se faire d'accusé accusateur ; les trois fils à cette accusation avaient dressé les oreilles les deux qui sortaient du bois surtout tremblèrent fort, et quittèrent leur position agressive pour se parler à voix basse.

Aucun de ces petits incidents n'échappait à Édouard.

« Voyons, dit-il, pressons-nous, que voulez-vous, car j'ai hâte d'en finir ? »

Tout en parlant, le jeune homme pour se donner plus d'assurance, plongeait les mains dans les poches de la vaste pelisse de Pied-de-Fer, lorsqu'il sentit sous ses doigts les crosses de deux pistolets.

« Oh ! oh ! se dit-il, voilà qui va changer la question. »

La porte par laquelle le père Vaquier était entré était toujours entre-bâillée, et la clef était même à la serrure.

« Si je suis assez habile, se dit Édouard, pour passer la jambe à ce vieux coquin et gagner la porte, du diable si l'on me rattrape. »

Cependant Vaquier père était un peu revenu de sa surprise.

« Monsieur de Chaligny, dit-il, la loi me donne le droit de vous tuer. Vous êtes ici sans armes, et par conséquent à ma disposition. Que vos gens soient à la porte ou dans le bois, cela ne vous autorise pas à pénétrer chez moi. Charbonnier est maître chez lui ! dit-il avec force, voulez-vous devenir mon gendre ? »

Il répugnait à Édouard de devoir son salut à un mensonge.

« Cette proposition, dit-il au grand ébahissement du père et de ses fils, n'a rien qui me répugne ; seulement ce n'est pas le pistolet sous la gorge qu'elle se fait ordinairement.

— Alors vous voulez bien devenir mon gendre ?

— Vous avez entendu ma réponse, dit Édouard.

— Certes oui.

— Mais, dit l'aîné des frères avec violence, et qui voyait qu'avec le tour que prenait la conversation, l'objet principal du guet-apens, c'est-à-dire la rançon qu'ils espéraient tirer du jeune Chaligny allait leur échapper ; nous ne voulons pas d'un noble dans notre famille ; il y a moyen de tout arranger sans forcer monsieur à épouser notre sœur.

— Oui, oui, » dirent les autres frères, comme un écho.

Chaligny observait tout cela sans mot dire.

Il y avait au milieu de la pièce une table, le bonhomme y posa sa lanterne.

« Silence ! dit-il avec autorité. J'ai par hasard dans ma poche du papier marqué pour billets. M. de Chaligny va mettre dessus au bas : bon pour dix mille francs, et signer de son nom : sinon.... dit-il d'un air terrible, nous allons causer sérieusement. Acceptez-vous, oui ou non ?

— Oui ou non ! répétèrent les fils en frappant le plancher de la crosse de leur fusil.

— Voilà ma réponse, » dit Édouard, qui, tirant vivement de sa poche un pistolet, fit feu sur celui des frères qui se tenait à la fenêtre ; l'homme roula sur le toit et on entendit la chute de son corps dans la cour ; en même temps qu'il faisait feu, Édouard donnait un vigoureux coup de pied dans la table.

La lanterne, la table et le bonhomme qui était appuyé dessus tombèrent avec fracas.

D'un bond Édouard fut à la porte qu'il tira à lui et ferma à double tour.

Ceci fait, il descendit rapidement l'escalier et se trouva dans la cour de la ferme ; sans s'inquiéter de celui des frères qui y était et poussait des cris à fendre l'âme, il avisa une échelle, grimpa rapidement les échelons et se trouva sur la crête du mur ; en ce moment un des frères venait de sortir de la chambre sur le toit.

« Arrête ! cria-t-il à Édouard, ou je te brûle ! » et en même temps, il épaula son fusil, mais il avait mal calculé son équilibre, car il roula à son tour sur le toit et alla tomber dans la cour, tandis que son fusil partait en l'air.

Édouard était déjà hors de la ferme.

Il prit sa course à travers le bois, jeta sa pelisse qui le gênait dans sa course.

Ce ne fut que lorsqu'il fut près du pont de Dormans qu'il s'arrêta pour respirer.

Alors seulement, il eut peur et comprit à quel danger il avait échappé.

Il arriva à l'auberge où se tenaient les gens du comte de Santa-Lux, qui trompaient les ennuis de l'absence, en buvant force bouteilles d'un petit vin de pays.

La voiture revint sur ses pas, et à quatre heures du matin Édouard était installé dans la chambre à coucher de Pied-de-Fer, installé près du feu et réfléchissant aux événements de la nuit ; attendant le jour avec anxiété, et surtout l'arrivée du comte de qui il voulait prendre conseil sur la conduite qu'il avait à tenir.

CHAPITRE XCV.

Confessions de Pied-de-Fer.

Qu'on juge de l'étonnement que dut éprouver Mme de Chaligny, lorsqu'en rentrant dans sa chambre à coucher encore toute émue de l'agonie et de la mort du curé de Marchais, tremblante pour le sort du comte de Santa-Lux, elle trouva sur la tablette de sa cheminée une lettre à son adresse.

L'écriture lui était inconnue ; elle n'aurait pas été femme, si elle eût décacheté cette lettre avant de s'être demandé plusieurs fois qui pouvait lui écrire.

La lettre était de M. Bonnard qui, pour prix de l'hospitalité qu'il avait reçue d'elle, lui demandait sur l'heure la faveur d'un entretien.

Il est probable que si Mme de Chaligny n'avait pas été sous l'empire des révélations que lui avait faites le curé à son lit de mort, elle eût attendu au lendemain pour entendre Raflard ; elle sonna.

« Prévenez M. Bonnard, dit-elle à sa femme de chambre, que je suis prête à le recevoir. »

Elle se tint debout près de la cheminée, le coude posé sur la tablette, et la tête dans sa main ; elle paraissait pensive ; et quand elle entendit les pas de Raflard glisser sur le parquet, elle ne changea pas de position.

La façon dont Mme de Chaligny reçut son visiteur aurait été capable de démonter tout autre homme.

« Vous m'avez fait demander un entretien, monsieur. Je vous écoute. »

Raflard remarqua bien que Mme de Chaligny le recevait debout : à part ses instincts dépravés, Raflard avait autant de tact qu'un gentleman ; alors avec une aisance dont Mme de Chaligny ne l'eût pas cru capable, il avança un fauteuil près d'elle.

« Veuillez vous asseoir, je vous prie, lui dit-il, je ne serai pas plus long, alors que vous serez assise, et vous m'écouterez plus à votre aise. »

Vaincue par cet aplomb, Mme de Chaligny, s'enfonça dans le fauteuil tandis que Raflard, après l'avoir profondément saluée, prenait place sur une simple chaise.

« Madame, lui dit-il après un instant de recueillement, je ne crois pas devoir mieux payer l'hospitalité que vous m'offrez à mon ami et à moi avec tant de courtoisie qu'en venant vous prévenir de l'abîme qui se creuse sous vos pas. »

Nous devons dire que cet exorde fut loin de produire sur Mme de Chaligny l'effet qu'en attendait son auteur, à ce point que Raflard en arriva à se demander si tous les faits qu'il lui racontait n'étaient pas connus d'elle depuis longtemps.

« Madame, dit-il, le hasard m'a mis à même de pénétrer dans des secrets de famille ; secrets que je n'aurais jamais songé à connaître si mon intérêt ne m'avait pas mis dans l'obligation de faire certaines recherches ; ces recherches m'ont poussé plus loin, et de mes investigations, aidé un peu par le hasard, j'ai été à même de faire certaines découvertes qui vous intéressent. Et d'abord, je débuterai par M. le comte de Santa-Lux, qui paraît être dans votre maison sur un pied d'intimité qui me porte à croire qu'il est ici traité comme un ami : je dois vous avouer, madame, qu'en ce moment je sens seulement combien ma tâche est délicate. M. Baillordini, que vous avez beaucoup connu, est mort, et assurément un œil aussi exercé que le vôtre, madame, n'a pu voir sans étonnement M. Baillordini mort se présenter chez vous sous le titre et le nom de comte de Santa-Lux.... »

Raflard s'arrêta, il attendait une interruption, quelque chose qui puisse l'aider à continuer ; Mme de Chaligny continuait de demeurer froide.

« Continuez, monsieur, finit-elle par dire voyant que Raflard se taisait ; je vous écoute avec le plus vif intérêt. »

Il y avait bien quelque peu d'ironie dans cette réponse ; mais Raflard n'y prit point garde.

« Je crois que si les pseudonymes du noble Italien s'arrêtaient à ces deux noms, on se contenterait d'accoler à son nom celle d'homme bizarre, d'original, etc., mais malheureusement, il y a que ces deux noms cachent un troisième pseudonyme, celui-là est synonyme de brigandages, de meurtres, de vols. Ce synonyme est celui de Pied-de-Fer, c'est celui d'un ancien forçat, d'un ancien chef de bande de brigands, qui a clos sa série de crimes par l'assassinat du juge d'instruction chargé de l'interroger.... »

Mme de Chaligny se cacha la tête dans ses mains....

« Cet homme, continua Raflard, par je ne sais quelle imprudence, — c'est plutôt impudence que je devrais dire — ose revenir en France ; or, sachez-le, madame, il y a deux endroits où il est traqué : à Paris et à la villa Mafiolini où se trouve un nommé Lambert, un de ses anciens lieutenants, et chez la belle-sœur de cet homme ; j'ai cru remplir un devoir en vous avertissant de tous ces faits ; je crois l'avoir fait avec assez de convenance pour que vous n'imputiez ma déclaration qu'au seul désir de vous être utile.

— Je vous remercie, monsieur, dit Mme de Chaligny tremblante ; mais pour connaître tous ces faits, il n'est pas possible que vous soyez l'homme que mon fils m'avait dit.

— Non, madame, je l'avoue ; prenez-moi pour

le diable ou pour un ange, je laisse cela à votre appréciation ; mais vous pouvez être assurée de la sincérité de mes intentions à votre égard.

— Monsieur, dit la voix railleuse de Pied-de-Fer qui venait d'ouvrir sans bruit la porte du cabinet de toilette de Mme de Chaligny, n'est ni un ange, ni un démon, c'est tout bonnement un faussaire que Lambert a arraché à l'échafaud !

— Vous étiez là, monsieur, dit Mme de Chaligny indignée en voyant entrer Pied-de-Fer.

— Oui, madame, et j'ai tout entendu. Je soupçonnais ces deux messieurs de mauvaises intentions, et voilà pourquoi je me suis caché dans ce cabinet. »

Raflard s'était promptement remis de sa surprise, c'était, du reste, le propre de cet homme d'accepter avec la plus grande tranquillité d'esprit les situations les plus critiques.

« Vous me rendrez au moins cette justice, monsieur, dit-il, c'est que je n'ai avancé aucun fait qui ne fût vrai.

— Sauf le dernier, monsieur Raflard ! mes mains sont pures du sang du juge d'instruction.

— Monsieur a bonne mémoire, dit Raflard essayant de railler.

— L'âge n'a encore, Dieu merci, abattu chez moi, ni la mémoire, ni la faculté de châtier un insolent.

— Un duel, dit Raflard. Ah ! monsieur, veuillez vous modérer devant madame.

— Vous refuseriez ?

— Vous oubliez, monsieur, dit Raflard, que votre vie ne vous appartient plus.... »

Pied-de-Fer eut un éblouissement.

« Ma vie.... dit-il....

— Mais voilà bientôt quinze ans que M. de Paris vous attend. »

La pantomime que Raflard exécuta avec sa main sur son cou éclaira Mme de Chaligny sur l'horrible sort qui était réservé à Pied-de-Fer.

« Ah ! c'est affreux ! dit-elle.

— Du calme, dit Pied-de-Fer : personne ne peut entrer dans la confidence de semblables faits. Si l'échafaud m'attend, celui sur lequel vous devez expier le crime d'avoir assassiné en compagnie de Warburton, l'agent de police Rapin, se dresse en ce moment. Tenez, lui dit-il, en lui jetant au nez deux portefeuilles, je vous rends vos pièces de conviction. »

Raflard, nous devons le dire, fut ébahi de voir entre les mains de son adversaire le portefeuille de Rapin et le sien.

« Vous avez osé, » dit-il....

Pied-de-Fer eut un lèvement d'épaules plein d'éloquence.

Pour Mme de Chaligny, elle considérait Raflard avec une sorte d'horreur.

« Cet homme est un assassin ! dit Mme de Chaligny ; lui aussi.... »

Ces mots firent comprendre à Pied-de-Fer qu'il était à jamais perdu dans l'esprit de Mme de Chaligny.

« Oh ! je le reconnais bien, dit-il sans s'arrêter aux dernières paroles de la châtelaine, quoique cela date de vingt ans ; c'est à la Force que je l'ai connu ; c'est Lambert qui l'a sauvé, en échangeant ses faux billets contre des valables....

— Il sauvait son beau-frère.

— Eh vous aussi, misérable !

— Eh bien, je marche à pieds joints sur la reconnaissance, voilà tout ! dit Raflard avec cynisme.

— Tenez, sortons, » dit Pied-de-Fer qui voyait que Mme de Chaligny faiblissait à vue d'œil.

Contre son attente, Raflard se dirigea vers la porte.

« Attendez, dit Pied-de-Fer avant de sortir. J'ai quelque chose à dire à Madame. Oh ! vous pouvez rester, dit-il à Raflard. On vous a dit beaucoup de mal de moi, dit-il en s'adressant à Mme de Chaligny ; pourtant on ne pouvait pas tout vous dire. On vous a parlé des fautes, Pied-de-Fer n'osait dire des crimes, mais on ne vous a pas parlé de l'expiation ; vous en savez quelque chose. Je vous dois une confession complète, madame, cette confession il y a longtemps que je l'ai écrite, sans rien déguiser, sans rien atténuer. Je me suis en quelque sorte dédoublé : je me suis fait l'historien de Baillort, de Pied-de-Fer. J'y ai fait largement la part du mal ; à vous, madame, d'y faire la part du bien ; lisez-les, madame, et puisse cette lecture ne pas altérer l'affection dont les témoignages m'ont fait oublier toutes les tortures morales et physiques de ma vie passée. »

En parlant ainsi Pied-de-Fer présenta à Mme de Chaligny un rouleau de papier ; l'émotion de la châtelaine était telle qu'elle ne put le saisir, et le laissa tomber à terre.

Pied-de-Fer le ramassa aussitôt, et le mit respectueusement sur ses genoux.

« Lisez, dit-il doucement.

— Je lirai, dit Mme de Chaligny, ce soir-même ; mais, n'oubliez pas, messieurs, que ma maison doit vous être sacrée. Vous entendez, monsieur Baillordini.

— Oui, madame, tant que monsieur sera votre hôte, je le respecterai. »

Les deux hommes sortirent de la maison et entrèrent dans le jardin.

« J'aurais bien invité votre ami à descendre, dit Pied-de-Fer, mais il a goûté d'un certain narcotique qui ne lui permettra de se réveiller que demain. Vous voyez que je me défiais de vous. Je ne dois vous pas cacher que j'ai la plus profonde antipathie pour votre personne.

— Monsieur, vous êtes bien bon.

— Je vous dis ce que je pense, dit Pied-de-Fer ; seulement vous comprenez qu'il me faut des garanties avant de vous laisser partir d'ici. »

Raflard se prit à rire convulsivement.

« Vous pensez bien, monsieur Raflard, que je ne vais pas vous laisser partir comme cela.

— Décidément je vous croyais plus fort. Quelle garantie voulez-vous que je vous donne ? Ah ça, vous vous croyez donc le maître de ma personne. Notre discrétion mutuelle vous sert de garantie, et le mieux que nous ayons à faire, c'est de sortir au plus vite de la terre de France ; maintenant je vais jouer cartes sur table avec vous ; je ne vous cache pas que je suis en lutte avec les habitants de la villa Mafiolini ; pour une bagatelle, vingt ou vingt-cinq millions ! c'est l'héritage du père du comte Henri ; je vous offre la paix, à condition que nous partagions ensemble, la moitié est déjà un joli denier.

— Pardon, dit Pied-de-Fer, mais je n'y suis pas. Veuillez me mettre plus au courant.

— Je fais peut-être en ce moment une bêtise, n'importe, » dit Raflard qui se mit à raconter à Pied-de-Fer l'histoire de l'héritage de lord Barstley.

Pied-de-Fer réfléchit longuement.

« Monsieur Raflard, dit-il, j'ai fait le serment de vivre honnête ; j'ai fait ce serment il y a dix ans. Je le tiendrai ; au prix d'une mauvaise action je ne chercherai même pas à disputer ma vie. Je refuse votre proposition.

— Vous avez tort.

— C'est mon dernier mot.

— Alors, c'est la guerre, dit Raflard.

— La guerre soit, je préfère vous avoir pour ennemi que pour ami. »

Et sur ce les deux hommes se séparèrent, Pied-de-Fer continua de se promener dans le jardin à la clarté des étoiles, tandis que Raflard remontait dans sa chambre où Warburton victime d'un narcotique dormait à poings fermés.

Pendant que Raflard dressait son plan de campagne, Mme de Chaligny, demeurée seule et encore tremblante de ce qu'elle avait entendu, lisait les pages que Pied-de-Fer lui avait laissées.

CONFESSIONS DE PIED-DE-FER.

« On l'appelait Pied-de-Fer, et ce n'était pas son nom ; mais il appartenait à cette classe de déshérités que l'on appelle comme on veut parce qu'il est tacitement convenu qu'ils ne doivent rien avoir en propre, pas même un nom.

« C'était un de ces enfants de Paris qui sortent tout grouillants de dessous les pavés. Son père, il l'avait quelquefois entrevu ; sa mère, dans ses moments perdus, songeait parfois à lui donner à manger. Comment vivait-il donc ? — Un peu de pitié, beaucoup de rapine, du hasard et de plusieurs petites industries cauteleuses plus ou moins tolérées par l'autorité.

« Pied-de-Fer, à peu près abandonné de son père et de sa mère, n'était pourtant pas seul au monde : il avait pour parrain un ancien sergent au régiment de Champagne, qui avait fait les guerres de Hanovre, lequel lui donnait un peu de pain, quand il en avait, et qui ajoutait, comme supplément à cette nourriture du corps peu substantielle, quelques leçons de lecture, d'écriture et d'arithmétique.

« Cette nourriture de l'esprit n'était guère plus confortable que l'autre ; mais dans l'ère nouvelle qui commençait alors, c'était un viatique suffisant pour aller loin.

« Ce brave soldat s'appelait Bernard ; ses camarades lui avaient donné le nom de Fil-en-Trois. Lors de la réorganisation de l'armée, au commencement de la révolution, Fil-en-Trois avait reçu son congé ; mais il avait conservé, en rentrant dans ses foyers, les mœurs et les habitudes militaires ; il se tenait en expectative, attendant que les choses se dessinassent suffisamment pour lui indiquer la meilleure route à suivre. Telle était sa situation lorsqu'un jour Pied-de-Fer arriva chez lui, traînant à son côté un sabre presque aussi haut que sa personne.

« D'où viens-tu, petit drôle ? fit le sergent, et où as-tu pris cela?

« — Parrain, ne te fâche pas.... J'étais sur la place de Grève.... Dame ! il faut bien qu'on soit quelque part.... On criait vive la nation ! c'était amusant ; mais j'avais faim et ça ne me remplissait pas l'ventre ; alors, pendant que les canons roulaient sur le pavé, vient un grand qui dit :

« — Nous allons manger les Suisses !

« — Dès qu'il s'agissait de manger, ça m'allait... marchons ! Nous arrivons aux Tuileries, les Suisses nous reçoivent à coups de fusil.... ça n'était pas nourrissant.... Pif ! paf. Poum !... La fumée nous aveuglait, mais nous avancions toujours.... Dame ! quand on a faim !... Les Suisses tombaient comme grêle et on prenait leurs armes... moi j'ai pris ce sabre-là.

« — Qui est plus haut que toi !

« — Bon, je le prendrai à deux mains. Mais il ne s'agit pas de cela, on fouille le château depuis les caves jusqu'aux greniers ; il me semble qu'il doit y avoir là pas mal de bonnes choses. Alors sachant bien que nous n'avions plus de pain depuis hier soir, je me suis dit : « Faut conter ça à parrain, et voilà !

« — Triple diable ! on pille les Tuileries, dis-tu ?

« — Dame ! ça m'en a l'air, puisque je suis entré dans les cuisines où j'ai déjeuné et dîné d'un seul coup. J'avais bien mis en outre quelque chose dans

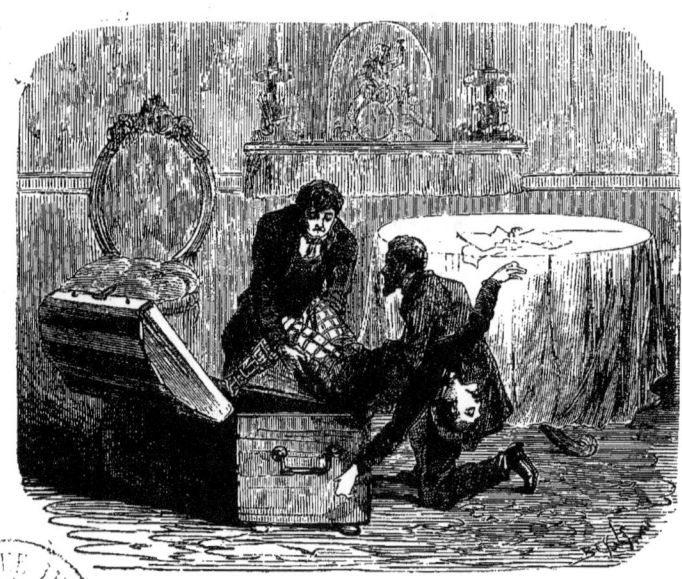

Ils mirent le corps dans une malle. (P. 436, col. 2)

mes poches; mais les grands m'ont arrêté au passage et ne m'ont rien laissé.... C'est égal, il doit en rester, car il y avait au moins cent tonneaux pleins de jambons quand les plus affamés ont dégringolé dans les caves avec des soifs d'enragé. J'y suis descendu aussi; mais arrivé aux dernières marches, j'ai vu que les premiers arrivés avaient du vin jusqu'aux chevilles; j'ai craint de me noyer et me voici.

« — Ouais! Eh bien, par le flanc droit et file à gauche, marche! nous allons voir de quoi il retourne. »

« A ces mots il posa crânement sur sa tête un vieux chapeau qu'il avait conservé, boucla sur ses reins un demi-espadon, et s'élança dans la rue, suivi de Pied-de-Fer dont le long sabre traînait en grinçant sur le pavé.

« — Chien d'enfer! se disait Fil-en-Trois, ça arriverait bien, car je sens la peau du ventre qui me colle au dos!... Pied-de-Fer, tu as eu de la chance, toi, je n'en suis pas jaloux; mais, million de diables! il me semble que je me serais crânement rafraîchi avec le bain de pieds que prennent ces tas de déplumés.... Nous allons voir où ils en sont. »

« Et ils se mirent en marche.

« Pied-de-Fer, depuis quelques heures, se sentait grandi de deux pieds, et ce fut d'un air vainqueur qu'il emboîta le pas à son parrain. Ils étaient déjà arrivés rue Saint-Nicaise, et les derniers coups de fusil retentissaient encore sur la place du Carrousel, quand Fil-en-Trois se trouva tout à coup face à face avec un gentilhomme qui, la figure ensanglantée et l'épée à la main, fuyait de toute la vitesse de ses jambes. Cet homme s'arrêta tout à coup.

« — Fil-en-Trois! s'écria-t-il, oh! c'est le ciel qui t'envoie à mon aide.... Ils allaient me tuer; je leur ai échappé.... mais les voilà.... ils me poursuivent, je les entends....

« — Mon capitaine! s'écria en même temps Fil-en-Trois, le comte de Marjolin, je vous défendrais contre tous ces diables de l'enfer! mais qu'y a-t-il donc, capitaine?

« — Les voilà, te dis-je; ils vont me massacrer; sauve-moi, Fil-en-Trois, sauve ton capitaine qui a toujours été bon pour toi! »

« Fil-en-Trois ne dit plus un mot; il avisa un cabaret dont un garçon barricadait en toute hâte les volets; la porte elle-même se fermait lorsque Fil-en-Trois bondissant le pied en avant, la repoussa, puis saisissant aux reins le capitaine, il l'entraîna dans l'intérieur de cette boutique, où Pied-de-Fer s'était déjà glissé comme une couleuvre, et dont l'entrée fut aussitôt fermée et barricadée à l'intérieur.

« — Allons, du vin! dit le vieux sergent, comme s'il eût été en pays ennemi. »

« Ni maître ni valet ne s'empressant d'obéir, le comte tira de sa poche une longue bourse de soie, et y prit un louis qu'il jeta sur la table autour de laquelle tous trois s'étaient placés, ce qui leva toute difficulté.

« — Que vous est-il donc arrivé, capitaine ? demanda Fil-en-Trois.

« — Mon ami, répondit le comte, j'ai quitté le service depuis un an, le nouveau régime ne pouvant convenir à un homme de mon nom ; mais quand j'ai appris, hier soir, que le roi était en danger, je me suis rendu près de lui. C'était mon devoir de défendre la royauté ; je suis tombé, on m'a cru mort, et on m'a laissé parmi les cadavres étendus autour de moi. Ma blessure étant légère, je me suis relevé pendant que les assaillants pénétraient dans l'intérieur du château, et j'ai pris la fuite ; mais aussitôt dix ou douze furieux, ivres de vin et de sang, se mirent à ma poursuite.... »

« Le comte se tut et prêta l'oreille au bruit du dehors.

« — Les voilà, reprit-il ; s'ils m'ont vu entrer ici, je suis perdu ! »

« Il avait à peine prononcé ces mots que déjà la porte extérieure retentissait sous les coups de crosse du fusil.

« — Ne bougeons pas, dit le sergent ; ils casseront les crosses de leurs fusils avant de pouvoir entrer ; et s'ils arrivent ensuite jusqu'à nous, ils trouveront à qui parler. »

« En effet la porte résista, et les assaillants se retirèrent, mais en menaçant de revenir en force.

« — Fil-en-Trois, dit l'ex-capitaine, tu n'as rien à craindre de ces gens-là, toi ; tu trouveras parmi eux plutôt des amis que des ennemis ; eh bien, changeons d'habits, et je te devrai deux fois la vie.

« — Je le veux bien, capitaine ; mais, sacrebleu ! vous ne gagnerez pas au change.... une vieille veste, une culotte avec des ouvertures malhonnêtes, et un tricorne qui a fait la campagne de Hanovre....

« — Vite, vite ! donne-moi tout cela. »

« Et en parlant ainsi le comte de Marjolin, ex-capitaine au régiment de Royal-Cravate, se dépouillait à la hâte de ses habits ; l'ancien sergent l'imita, et en un clin d'œil la transformation fut opérée.

« — Maintenant je puis sortir, dit le comte ; adieu, Fil-en-Trois ! Quoi qu'il arrive, tu auras toujours en moi un ami, et j'ai l'espoir que nous nous reverrons. »

« On ôta les tables qui barricadaient la porte, et il sortit.

« — Il est sauvé ! dit Fil-en-Trois.

« — Et nous, parrain ? fit Pied-de-Fer.

« — Nous, garçon, nous allons achever de vider la bouteille ; ça me donnera peut-être une idée.... Eh ! eh ! comment me trouves-tu ? Il me semble que cette culotte neuve me va comme un pont.... Tonnerre ! il n'est pas difficile d'avoir bon air là dedans ! »

« Et se redressant d'un air triomphant, il mit les mains dans ses poches.

« — Tiens ! fit-il presque aussitôt, le capitaine a oublié sa bourse !

« — Une fameuse idée qu'il a eue là ! dit Pied-de-Fer.

« — Tu ne comprends donc pas qu'il faudra que je la lui reporte ?

« — Dame ! ça dépend des goûts : moi j'aimerais mieux comprendre qu'il l'a oubliée exprès.

« — Ce qui naturellement nous dispenserait de la rendre.

« — D'autant plus, parrain, qu'il n'a rien eu de plus pressé que de se cacher en attendant qu'il puisse sortir de Paris, ce qui ne sera pas facile d'ici à quelques jours.

« — Jour de Dieu, filleul ! s'écria Fil-en-Trois, tu es un garçon d'esprit ! Le fait est que les habits que j'ai donnés au capitaine valent cent fois plus que ceux que j'en ai reçus en échange et qui pourraient suffire pour me faire accrocher à la première lanterne venue.... Alors encore une bouteille pour attendre la fin du jour. Ensuite nous irons nous coucher, et nous verrons demain à nous retourner. »

« La joie et l'abondance régnaient au pauvre logis de l'ancien sergent du régiment de Champagne, que Pied-de-Fer ne quittait plus, malgré tout le charme qu'avaient pour lui, à cette époque, les aventures de la rue. Malheureusement la bourse du comte de Marjolin n'était pas inépuisable, et Fil-en-Trois ne tarda pas à en voir le fond.

« — Garçon, dit-il un jour à Pied-de-Fer, les toiles se touchent ; il y a encore du pain pour aujourd'hui, mais demain il faudra tirer au mur.

« — Eh bien ! alors, parrain, nous avons de la chance : on tire le canon sur le pont Neuf ; la patrie est en danger, et elle appelle tous ses enfants sous les drapeaux.

« — Et puis après ?

« — Dame ! parrain, si la patrie a besoin de ses enfants, il me semble qu'elle ne doit pas avoir envie de les laisser mourir de faim, ce qui serait un mauvais moyen d'en tirer parti.

« — C'est juste, garçon. Eh bien ! foi de sergent, j'y avais déjà pensé, vu que, à l'heure qu'il est, tous les officiers nobles ont joué des jambes dans la direction de l'étranger, moyennant quoi presque tous les sergents sont devenus officiers. Il n'y a qu'une chose qui me chiffonne, c'est que, quand je ne serai plus ici, personne ne s'occupera de toi.

« — Et alors ça me sera bien égal, car je n'y serai pas non plus.... Crois-tu donc, parrain, que j'aie tant suivi la musique et les tambours sans avoir appris quelque chose ! Mais je sais toutes les marches, toutes les batteries, depuis le pas ordinaire jusqu'à la charge, et les signaux des tambours majors. »

« On était à la fin du mois d'août 1792; les bataillons de volontaires se formaient de toutes parts; les soldats nommaient leurs officiers; il arrivait ainsi que tel citadin n'ayant jamais senti l'odeur de la poudre était fait officier d'emblée; les anciens militaires surtout étaient accueillis avec enthousiasme.

« Fil-en-Trois n'eut qu'à se présenter pour être élu capitaine, en même temps que Pied-de-Fer avait la joie de se voir élevé à la dignité de tambour.

« On se mit en marche, on doubla les étapes, et trois jours après son départ, le bataillon était à la frontière.

« Un an s'écoula.

« Je ne ferai pas l'histoire des marches et contre-marches des armées, des siéges, des batailles, des victoires et revers.

« Pied-de-Fer était un homme maintenant; un changement complet s'était opéré en lui. On mûrit vite dans le métier des armes. Fil-en-Trois était devenu officier supérieur, ce qui ne l'empêchait de toujours réclamer l'honneur de marcher le premier, et on ne l'appelait plus que le commandant Bernard. Toujours à l'avant-garde, son bataillon avait beaucoup souffert.

« Il était aux avant-postes un soir quand on vint donner avis au commandant qu'une compagnie d'émigrés de l'armée de Condé s'était emparée, sans coup férir, vers la fin du jour, d'un village voisin où elle attendait un corps considérable pour attaquer les lignes républicaines. Aussitôt, par son ordre, les mots *aux armes !* sont répétés à demi-voix ; en un instant les hommes sont sur pied. La nuit est noire; les chemins sont affreux; la pluie tombe à torrents. Pied-de-Fer, la caisse au dos, une lanterne à la main, marche en tête du détachement commandé par Bernard qui a laissé le gros de son bataillon pour garder les postes.

« On arrive aux abords du village; le commandant fait éteindre la lanterne; mais il semble que ce soit là une précaution superflue : tout est calme ; le plus profond silence règne dans les habitations; pas un qui-vive ? ne se fait entendre.

« — Voilà de pauvres soldats, dit Bernard; ces gens-là sont habitués à prendre leurs aises; ils dorment, et pas une sentinelle ! »

« Il avait à peine prononcé ces mots qu'une fusillade terrible éclatait sur ses derrières; en même temps toutes les fenêtres s'illuminaient.

« Bernard était tombé dans un piége; en un instant il fut enveloppé de toutes parts. Les républicains se battent comme des lions; mais les émigrés sont six fois plus nombreux qu'eux, et Bernard est fait prisonnier après avoir perdu la moitié de son monde. On le conduit devant l'officier supérieur qui commande les émigrés ; à peine celui-ci l'a-t-il aperçu qu'il s'écrie :

« — Fil-en-Trois ! est-ce possible ! toi parmi les bleus !

« — Et le comte de Marjolin parmi les blancs, dit Bernard; l'un n'est pas plus extraordinaire que l'autre.

« — Pauvre garçon ! te voilà mon prisonnier ; mais je n'oublierai pas que tu m'as deux fois sauvé la vie.... Il me semble encore te voir rue Saint-Nicaise, avec ce jeune homme et son grand sabre....

« — Présent ! citoyen comte, dit Pied-de-Fer qui avait suivi son parrain.

« — Eh bien ! mes enfants, ne nous quittons plus; entrez dans nos rangs; vous y serez bien traités, car j'ai toute la confiance du prince de Condé, notre généralissime....

« — Monsieur le comte, interrompit Bernard, si je vous avais fait prisonnier, je n'aurais peut-être pas pu empêcher que vous fussiez fusillé ; mais je ne vous aurais pas demandé de quitter la cocarde blanche.

« — Ne te fâche pas, mon ami ; j'aurais voulu vous garder tous deux près de moi pour vous témoigner plus amplement ma reconnaissance; cela ne se peut pas ; n'en parlons plus. Il s'agit de vous sauver, et je le puis, car je commande en chef ici ; mon devoir m'oblige à vous imposer la condition de ne point servir contre nous pendant un an à partir de ce jour.

« — C'est un engagement que nous pouvons prendre ; car mon bataillon est un de ceux rappelés à l'intérieur, et nous devons quitter dans deux jours l'armée du Rhin pour aller renforcer celle de la Vendée....

« — Ah ! que ne puis-je vous y suivre ! Là est toute ma famille, là est ma sœur bien-aimée, la vicomtesse de Maineval, une héroïne de vingt ans, qui, après avoir vu tuer son mari à ses côtés, s'est mise à la tête des troupes qu'il commandait. Peut-être la vous rencontrerez-vous sur les champs de bataille ; les hasards de la guerre sont grands ! Il peut se faire qu'à un moment donné, dans une rencontre, elle ait besoin de votre protection ou vous de la sienne. Je vais vous donner pour elle une lettre qui, si vous ne devez pas rencontrer cette bien chère amie, vous restera comme un témoignage de ma profonde gratitude. »

« Et il écrivit :

« Chère sœur, le brave officier à qui je remets cette lettre m'a deux fois sauvé la vie ; il est en ce moment mon prisonnier, et je lui rends la liberté, bien que je sache qu'il va combattre contre les nôtres, contre toi peut-être, ma bien-aimée Julie. Son devoir l'y oblige. S'il lui arrivait malheur, et qu'il pût réclamer ton aide, je t'en conjure, secours-le, sauve-le. J'en dis autant de son filleul qui l'accompagne; ce sont deux hommes qui m'ont sauvé à l'affreuse journée du 10 août.

« Il paraît que vous faites là-bas une terrible guerre ; pourquoi t'exposer ainsi, ma chère Julie? Ah ! j'ai été bien mal inspiré de ne pas me rendre près de toi quand j'ai quitté Paris. Maintenant il faut que je reste où je suis; le prince a ma parole; je ne puis le quitter sans forfaire à l'honneur.

« Encore une fois je te recommande mes deux sauveurs comme je recommande à eux ma bien-aimée sœur. Je suis victorieux aujourd'hui, et pourtant j'ai le cœur navré; c'est que je pense involontairement que peut-être nous ne nous reverrons plus. Adieu, Julie. Dieu te garde ! c'est le cri de mon cœur. »

« Le comte plia cette épître, et il y mit pour souscription :

« A madame la vicomtesse de Maineval, en son château de Maineval près de Cholet (Maine-et-Loire). » Puis il la remit à Bernard qui put, dès qu'il fit jour, regagner avec Pied-de-Fer les avant-postes gardés par le gros de son bataillon.

« La Vendée était en feu lorsque le bataillon de Bernard y arriva. Prise et reprise plusieurs fois, la ville de Cholet était restée au pouvoir des républicains ; mais elle ne devait pas tarder à être de nouveau sérieusement menacée par les Vendéens qui, au nombre de cinq mille sous les ordres de Stofflet, vinrent prendre position sous ses murs. Ce fut dans cette ville que l'on envoya Bernard, pour y renforcer la garnison, commandée par le général Moulin. Les vides du bataillon avaient été remplis; Pied-de-Fer avait quitté la caisse et les baguettes pour prendre le fusil, et les galons de sergent ornaient les manches de son habit.

« Les Vendéens commencèrent l'attaque le 10 février 1794 ; on se battit avec fureur hors la ville et dans la ville. Ce fut une boucherie horrible dès que les Vendéens eurent pénétré dans les rues. Point de prisonniers, tout était impitoyablement massacré, femmes, enfants et vieillards; qu'ils appartinssent aux bleus ou aux blancs, les Vendéens, ivres de sang, n'épargnaient rien.

« Au plus fort de l'action, Bernard aperçut à la tête d'une bande de ces furieux une jeune femme qui, tenant entre ses dents la bride de son cheval, un sabre d'une main, un pistolet de l'autre, renversait tout autour d'elle.

« Pied-de-Fer, qui se trouvait en ce moment près de son parrain, ajusta le cheval de cette terrible amazone, et fit feu. L'amazone et le cheval roulèrent sur un monceau de cadavres.

« Le cheval était mort ; mais la jeune femme se releva promptement, et continua à combattre.

« — Bravo, Maineval ! » cria une voix formidable.

« Cette voix était celle de Stofflet qui, ayant vu tomber l'héroïne, accourait pour la dégager.

« Pied-dé-Fer, qui avait rechargé son fusil, allait faire feu de nouveau dans la même direction lorsque, du plat de son sabre, Bernard détourna l'arme. Lui aussi avait vu la jeune femme, et il avait entendu le nom de Maineval. Il tira de sa poche la lettre du comte de Marjolin, et il s'efforçait d'avancer vers l'amazone, quand une balle le renversa.

« Pied-de-Fer tenta de le relever.

« — Laisse-moi, garçon, dit Bernard d'une voix éteinte : j'ai la poitrine traversée ; dans dix minutes je serai mort, et je veux mourir sur le champ de bataille. Prends cette lettre; Mme de Maineval est là ! »

« Et du doigt il indiquait l'endroit où la jeune femme venait de tomber pour la seconde fois. Comme Pied-de-Fer paraissait vouloir rester près de lui, il ajouta :

« — C'est ma dernière volonté, obéis ! »

« Ce ne fut pas sans péril que Pied-de-Fer parvint jusqu'à la vicomtesse, car c'était elle en effet.

« Les républicains, accablés par le nombre, perdaient du terrain, et le pauvre garçon n'avait plus d'autre arme que son sabre : sa baïonnette était tordue, et la batterie de son fusil, encrassée par la poudre, ne lui permettait plus de faire feu. Il arriva pourtant.

« Mme de Maineval était gravement blessée ; le sang inondait ses vêtements ; mais elle n'était pas évanouie.

« — Madame, dit le jeune sergent, c'est au nom du comte de Marjolin que je viens à vous. »

« Ces paroles firent sur la belle amazone l'effet d'une étincelle électrique; elle fit un effort et parvint à se mettre sur pied ; mais presque aussitôt elle chancela et retomba sur le sol.

« — Madame, reprit Pied-de-Fer, est-il un lieu par ici où vous puissiez être en sûreté?... De grâce, répondez-moi !

« — Là-bas, » fit-elle en tendant la main dans la direction de son château, à peine éloigné d'une lieue de la ville.

« Pied-de-Fer comprit ; il jeta son chapeau, son habit, ne garda que son sabre, prit la comtesse dans ses bras, et commença à courir de toute sa vitesse dans la direction indiquée.

« Le château était un ancien manoir féodal que des fortifications bien entretenues mettaient à l'abri d'un coup de main. Pied-de-Fer eut quelque peine à en obtenir l'entrée ; mais dès que les serviteurs eurent reconnu leur maîtresse, tous s'empressèrent autour d'elle.

« Bien que le canon continuât à gronder, on parvint à trouver et à amener un chirurgien qui tout d'abord déclara que les blessures de Mme de Maineval étaient sans gravité ; la faiblesse qu'elle avait éprouvée n'avait d'autre cause que l'abondance du sang qu'elle avait perdu ; mais cette abondance même ayant été tout extérieure, ne pouvait être que salutaire, et pouvait faire prévoir une prompte guérison.

« Pied-de-Fer était resté près du lit où il l'avait déposée.

« — Madame, lui dit-il dès que le premier appareil fut posé, et qu'elle parut suffisamment calme, je n'ai encore accompli que la moitié de ma mission.

« — Oh ! je me souviens, dit-elle, c'est au nom de mon frère que vous êtes venu à moi et que vous m'avez sauvée. N'est-ce pas là ce que vous m'avez dit ?

« — Et voici qui vous montrera que j'ai dit vrai, » répondit-il en lui présentant la lettre du comte.

« Elle l'ouvrit aussitôt, et après l'avoir lue elle s'écria :

« — Quoi, monsieur ! vous êtes républicain ?

« — Le sort, le hasard, l'entraînement, l'ont voulu ainsi.

« — Vous êtes républicain, et vous avez sauvé mon frère ?

« — J'ai été assez heureux pour rendre service à M. le comte dans un moment difficile.

« — Et vous m'avez sauvée moi-même !

« — Je n'ai fait que mon devoir : on ne frappe pas un ennemi à terre.

« — Allons ! me voilà obligée de reconnaître qu'il y a des gens de cœur parmi ces bleus.... Mais mon frère me parle de deux personnes et vous êtes seul ?

« — L'autre, madame, est mort sur le champ de bataille il y a deux heures ; et moi je suis votre prisonnier, car les républicains battent en retraite, et alors même que vous voudriez bien me le permettre, je ne pourrais rejoindre mon corps maintenant.

« — Eh bien, franchement, je n'en suis pas fâchée. Vous me parlerez de mon frère, et nous tâcherons de vous rendre la captivité aussi douce que possible.... Bleu ou blanc, vous êtes un noble cœur.... »

« Et elle lui tendit une main blanche et mignonne.

« Pied-de-Fer la pressa doucement entre ses doigts noircis par la poudre ; mais il n'osa faire plus, quoiqu'il en eût grande envie.

« A partir de ce moment, ces deux personnages eurent de fréquents et longs entretiens. Ils étaient jeunes tous deux ; tous deux avaient le cœur neuf, et ils étaient libres ! Les jours, pour eux, passaient comme des secondes. La jolie veuve avait entrepris de dégrossir son jeune sauveur, et, sous l'influence de ses leçons, Pied-de-Fer se transformait.

« On ne parlait plus de la guerre au château, et Mme de Maineval ne paraissait pas plus impatiente de reprendre l'épée que son jeune hôte ne l'était de rejoindre son bataillon où il eût pu obtenir un avancement rapide. Tout entiers à l'amour, ils n'avaient plus qu'un cœur et qu'une âme, et sous les frais ombrages de Maineval, ils oubliaient le monde entier.

« Cependant la guerre continuait, guerre horrible, épouvantable, entretenue par un fanatisme hideux qui poussait les prétendus défenseurs du trône et de l'autel aux plus incroyables cruautés.

« Les armées de chouans et des Vendéens avaient été battues et dispersées ; mais il s'était formé de leurs débris de nombreuses bandes que Jambe-d'Argent et Georges Cadoudal parvinrent à réunir sous leur commandement.

« Un jour Jambe-d'Argent, — un chouan qui devait ce nom à son infirmité, — se présenta bien accompagné au château de Maineval. Il fut introduit chez la vicomtesse près de laquelle était Pied-de-Fer.

« — Madame la vicomtesse, dit-il, je viens au nom de tous vous demander si vous avez abandonné pour toujours les braves compagnons qui n'ont jamais cessé d'être prêts à mourir pour Dieu et le roi. Nous avons éprouvé de grands revers ; mais nous ne nous sommes pas laissé abattre, et notre foi, notre persévérance reçoivent aujourd'hui leur récompense : nous sommes, Cadoudal et moi, à la tête de plus de trente mille hommes ; vingt mille fusils vont nous arriver d'Angleterre, et ce n'est pas seulement des armes que nous allons recevoir, c'est le frère du roi, monseigneur le comte d'Artois, qui vient prendre le commandement en chef des légions catholiques qui auront la gloire de relever le trône des Bourbons. Faudra-t-il donc dire au prince que la plus glorieuse, la plus invincible des héroïnes vendéennes a abandonné pour toujours la sainte cause dans la défense de laquelle elle s'est tant illustrée ?... Oh ! non, madame, vous ne ternirez pas cette gloire qui rayonne autour de vous, et comme Jeanne d'Arc, vous aurez l'immense honneur de concourir au rétablissement de la royauté. »

« Mme de Maineval parut profondément émue ; ses yeux si doux dans l'intimité brillèrent tout à coup d'un éclat extraordinaire ; une vive rougeur couvrit son visage ; elle se leva, et paraissant céder à l'inspiration, elle s'écria :

« — Oui, l'heure est venue.... A cheval ! à cheval...! »

« Puis se tournant vers Pied-de-Fer :

« — Et vous, Charles, m'abandonnerez-vous ? Refuserez-vous de partager les dangers de votre amie ? Le hasard de la naissance vous a jeté dans les rangs des républicains : votre noble cœur vous en a tiré.... Oh ! continua-t-elle en lui tendant ses deux jolies mains, n'y retournez pas, je vous en conjure ! Vivez de ma vie, afin que je vive toujours de la vôtre.... »

« Pied-de-Fer était jeune, amoureux ; il n'entendait rien ou peu de chose à cette conflagration qui avait tout à coup embrasé le monde ; que fallait-il de plus pour qu'il fût entraîné ?

« — Que votre volonté soit faite ! vivre et mourir ensemble, c'est mon vœu le plus cher. »

« Ils partirent ; mais l'étoile des insurgés qui, après avoir tant pâli, s'était quelque peu ravivée, ne tarda pas à se voiler tout à fait : la vicomtesse, atteinte en pleine poitrine, dès la première affaire, expira entre les bras de Pied-de-Fer ; ce dernier lui-même n'échappa à la mort que par une sorte de miracle.

« Son cheval venait d'être tué ; lui-même, atteint d'une balle à la jambe, s'était traîné à grand' peine derrière un buisson ; encore quelques instants, et il allait tomber aux mains des républicains que les horribles cruautés des chouans forçaient à user de représailles, et qui, à l'exemple des Vendéens, fusillaient sans pitié leurs prisonniers. En vain il avait demandé aide à plusieurs cavaliers qui étaient passés près de lui en fuyant à toute bride, quand enfin un de ces fuyards s'arrêta et mit pied à terre en s'écriant :

« — Pied-de-Fer !

« — Lambert ! Lambert ! tu ne m'abandonneras pas, toi !

« — Jamais, répond le cavalier en l'aidant à se relever. Allons, vite, en selle. Tu dois connaître le pays mieux que moi qui n'y suis que depuis quelques jours ; c'est moi qui monterai en croupe. »

« Cela fut fait presque aussitôt que dit, et bientôt ils furent hors d'atteinte.

« Lambert était un de ces enfants de Paris qu'on trouve partout où il y a bruit, tumulte, et qui sont en quelque sorte l'insurrection incarnée. C'était sur le pavé de la capitale que Pied-de-Fer et lui avaient fait connaissance et s'étaient liés d'amitié ; plus tard ils s'étaient retrouvés à la frontière.

« Lambert, mécontent du régime républicain qui consistait à manger de deux jours l'un et à se battre tous les jours, avait déserté.

« De retour à Paris, il était entré au service d'un riche personnage qui n'ayant pas pu parvenir à passer en Angleterre pour sauver sa tête, s'était réfugié dans les rangs des insurgés où Lambert l'avait suivi.

« Après avoir gagné au large pendant plusieurs heures, Pied-de-Fer et Lambert se trouvèrent hors d'atteinte ; mais que vont-ils faire ?

« L'armée catholique est anéantie ; la mort est partout. Ce ne fut qu'après plusieurs jours que quelques hommes parvinrent à se réunir et à former des groupes plus ou moins nombreux, mais ils étaient absolument incapables de tenir la campagne, et ce n'était que par le pillage qu'ils pouvaient vivre. Alors dans ces esprits incultes, la haine fermente ; l'instinct de la cruauté se développe en eux : d'abord ils tuent pour manger, puis ils tuent pour tuer, amis ou ennemis, qu'importe ! c'est du sang qu'il leur faut ; leur cruauté devient ingénieuse à trouver des tortures nouvelles. Malheur aux soldats républicains qui tombent aux mains de ces cannibales ; on les pend par les pieds ; on les crucifie ; on leur ouvre le ventre, puis on leur rapproche les mains des intestins qui s'épandent :

« — Tiens, garçon, dit Jambe-d'Argent, récite ton chapelet ; les patenôtres ne te manqueront pas ! »

« A d'autres on arrache également les entrailles ; on leur en fait une cravate, et de hideux loustiers s'écrient :

« — Vous avez dit que *des boyaux du dernier prêtre il fallait étrangler le dernier des rois* ; eh bien, on vous traite à la fois en ministre et en roi, de quoi pourriez-vous vous plaindre ? »

« Mais enfin la paix est faite ; que va devenir cette lie de la chouannerie ? Ces gens-là n'ont ni feu ni lieu, ni profession.

« Alors se forment des bandes de brigands qui quittent la Vendée ruinée par la guerre et vont infester les départements les plus voisins de la capitale : l'Eure, l'Oise, la Marne, Seine-et-Oise, Seine-et-Marne, etc.

« Ces bandes conservèrent d'abord l'organisation à peu près régulière des chouans ; l'élément aristocratique était représenté parmi leurs chefs, par un bâtard du duc de Choiseul, qui se faisait appeler le Petit-Duc, dont Pied-de-Fer devint le lieutenant.

« Ces bandits affectèrent d'abord de ne s'attaquer qu'aux détenteurs des deniers publics ; mais bientôt cet aliment fut insuffisant. Alors on se rabattit sur les fermes et les châteaux. Que d'horribles crimes furent commis alors !

« On égorgeait tout ce qui tentait de résister ; on violait les femmes sur les cadavres de leurs maris ; on brûlait les pieds des survivants pour leur faire dire où était leur argent, puis on les jetait tout entiers dans les flammes pour étouffer leurs cris.

« Dès lors Pied-de-Fer fut perdu ; il s'abrutit dans le crime sous l'influence des femmes qui faisaient partie de ces bandes : la femme du Petit-Duc devint sa maîtresse, atroce Messaline qui, plus tard, devait avoir une si grande influence sur les événements de sa vie, sous le nom de marquise de Gastelar.

« Dans le même temps, la femme d'un riche fournisseur des armées de la république qui devait devenir la baronne de Hersdelberg, lui faisait assassiner son mari. Et combien d'autres actes de férocité incroyable, de monstrueuses dépravations! Les cheveux se dressent à la seule pensée de forfaits si épouvantables qu'on n'y croirait pas s'ils n'avaient été authentiquement constatés comme le prouvent les quelques lignes citées plus bas, extraites du compte rendu du procès fait à vingt-huit de ces misérables qui comparurent devant le premier conseil de guerre de Paris le 4 germinal an VII....

« Il faut tout dire, sans réserve aucune, les crimes et l'expiation; les crimes si nombreux, et l'expiation déjà si longue, et à laquelle la mort seule pourra mettre fin. Voici ces lignes :

« Le 22 ventôse an VI, vers les huit heures du soir, les chauffeurs s'introduisirent dans la ferme de Saint-Remy-l'Abbaye, département de l'Oise, chez un cultivateur nommé Pillon. Ayant pénétré jusqu'à la cuisine, ils trouvèrent Pillon et sa famille soupant avec les serviteurs de la ferme.

« Comme ils étaient vêtus d'uniformes de diverses armes, et qu'ils dirent être à la recherche de déserteurs, on ne conçut pas d'abord une grande inquiétude; mais il en fut bientôt autrement quand on les vit garder toutes les issues, et s'emparer des armes accrochées à la cheminée. Au même instant, plusieurs d'entre eux armés de pistolets, se jetèrent sur Pillon, sa femme et ses gens qui furent solidement garrottés.

« Le fils Pillon tenta de s'évader; mais celui qui gardait la porte l'étendit à ses pieds d'un coup de crosse. Les serviteurs, hommes et femmes, furent traînés dans une pièce voisine, puis un grand feu fut allumé dans la cheminée de la cuisine; on traîna Pillon et sa femme et on leur mit les pieds dans la flamme pour les obliger à dire où était leur argent; le supplice qu'endurèrent ces malheureux était horrible, la peau de leurs pieds, de leurs jambes crépitait sous l'action du feu et se détachait par lambeaux qui tombaient et se tordaient sur les charbons ardents.

« — A boire!... je me meurs! criait l'infortuné Pillon.

« — Oh! tu as du bec pour demander à boire, et tu n'en as pas pour dire où est ton argent, s'écria un des bandits; attends, je vais te rafraîchir. »

« Et tirant un pot de nuit de dessous le lit des malheureux fermiers il en versa le contenu dans la bouche du patient qui expira presque aussitôt. Pendant ce temps, le reste de la bande fouillait la maison et s'emparait de l'argenterie et de tous les objets à sa convenance. Puis ils revinrent dans la cuisine, ils étendirent sur le sol l'infortunée fermière, âgée de soixante-dix ans, et dont les jambes étaient presque entièrement carbonisées, et, dans cet état affreux, elle subit le dernier des outrages par toutes ces bêtes féroces, en présence de deux de ses enfants et du cadavre de son mari.... »

« C'était dans cet horrible milieu que vivait Pied-de-Fer et Lambert lorsque le gouvernement prit enfin des mesures énergiques pour détruire ces bandes dont l'audace augmentait chaque jour. Presque tous ces misérables furent pris; beaucoup moururent sur l'échafaud.

« Pied-de-Fer dédaigna de se cacher; la vie dès lors lui était à charge; car il avait conscience de son abjection et des crimes qu'il avait commis; mais, pour son malheur, sa maîtresse, l'ex-femme du Petit-Duc, veillait sur lui; il resta libre.

« Ce fut alors, que, dans un moment d'exaltation, elle lui dit en parlant de son mari :

« — Eh bien! tue-le.... » et il le tua.

« Ce dernier crime ne demeura pas tout à fait impuni; Pied-de-Fer fut arrêté, jugé, condamné aux travaux forcés et conduit au bagne d'où il ne parvint à s'évader qu'au bout de deux ans.

« De même que son ami, Lambert était parvenu à se soustraire à toutes les recherches de la police, et comme il n'avait pas rencontré de maîtresse qui eût la fantaisie de faire tuer son mari, il avait conservé sa liberté. Sous le costume d'un ouvrier maçon il avait assisté au jugement de Pied-de-Fer, et après le prononcé de l'arrêt, pendant que les gendarmes reconduisant le condamné en prison avaient quelques peines à écarter la foule, il parvint à souffler ces mots à l'oreille de son ami :

« — Hôtel des Trois-Marteaux, rue de la Licorne.

« Or, deux ans après le prononcé de ce jugement, par une des plus froides soirées de décembre, un jeune homme de bonne mine, grand, fort, bien taillé, entrait à Paris par la barrière de l'Étoile que l'on n'avait pas encore songé à embellir de cet énorme tas de pierres qui s'appelle l'arc de Triomphe.

« — Sacredieu! se disait-il, on a beau s'appeler Pied-de-Fer, on ne fait pas trente lieues en quinze heures sans qu'il y paraisse, et mes jambes commencent à être roides comme des pilotis. Heureusement je sais où trouver Lambert, et il me reste encore de quoi payer mon gîte dans la somptueuse habitation où il s'est réfugié.... rue de la Licorne, à l'enseigne des Trois-Marteaux.... Drôle d'idée qu'il a eue d'aller se fourrer là, à quelques pas du Palais de Justice et de la préfecture de police!... Je reconnais bien là l'animal aux fantaisies biscornues.... Heureusement il est facile de lui faire entendre raison; une nuit est bientôt passée, et quand on a trente lieues dans les jarrets, on n'a pas besoin d'un lit de feuilles de roses. »

« Tout en faisant ces réflexions, le voyageur continuait à arpenter de son mieux ; il arriva bientôt rue de la Licorne.

« — Je l'avais deviné, reprit-il en s'arrêtant devant l'*Hôtel* des Trois-Marteaux, ce doit être la maison de plaisance de tous les rats de la Cité. »

« Il entre, et derrière un comptoir vermoulu sur lequel brûle une huile puante dans une vieille lampe du temps des croisades, il aperçoit une femme grande, sèche, plate, aux cheveux incultes, aux mains noires et osseuses. On appelle cette charmante créature *la belle Stamande*, c'est la maîtresse du lieu.

« — Vous avez ici Jérôme Lambert ? demande Pied-de-Fer.

« — Vraiment dà ! répond une voix de crécelle ; un gros cadet pas manchot.... Vous devez être le camarade de lit qu'il attend.... Au cinquième, n° 27.... suivez-moi et prenez la corde, car y a quéques marches qui font la révérence. »

« Et la belle Stamande s'armant de sa lampe infecte fit traverser au nouveau venu une cour de six pieds carrés au fond de laquelle était un escalier étroit et puant. Pied-de-Fer saisit une corde gluante qui tenait lieu de rampe, et grâce à laquelle il arriva sans encombre au cabinet qu'occupait Lambert.

« — Tonnerre ! mon garçon, dit-il en tendant la main à ce dernier, s'il faut s'en rapporter aux apparences, les affaires vont mal.

« — Que veux-tu ! depuis que nous sommes séparés le guignon ne m'a pas quitté. C'est au point que je me suis trouvé dans la nécessité de me faire momentanément honnête homme pour n'être pas pincé par les mouches qui bourdonnent autour de moi.... Oh ! il ne faut pas faire la grimace, la chose a son prix.... Tiens, voici mes outils ; une pelle et une pioche. Avec cela, j'ai obtenu d'excellents certificats des maîtres terrassiers pour lesquels j'ai travaillé, et j'ai maintenant des papiers qui me mettent à l'abri de toutes recherches.

« — A la bonne heure ; mais si tu n'as que cela à m'offrir, il faudra nous coucher sans souper.

« — Hélas ! rien dans les mains, rien dans les poches. Depuis quinze jours, il gèle à pierre fendre, et les terrassiers ont le bec dans l'eau....

« — Ce qui ne doit guère les réchauffer. »

« Cette facétie de Pied-de-Fer ne dérida pas son compagnon.

« — Demain je tâcherai d'obtenir quelque chose de mon patron, et....

« — Oh ! demain, mon garçon, j'espère qu'il fera jour pour tout le monde, et j'irai à la découverte. »

« On dort bien à vingt-deux ans, même quand on n'a pas soupé ; il était tard lorsque les deux compagnons s'éveillèrent.

« — Sacredieu ! fit Pied-de-Fer en ouvrant les yeux, j'ai une faim d'enragé !... Nous allons commencer par manger ta pelle et ta pioche, ça nous donnera peut-être des idées.

« — Manger ma pioche et....

« — Nous commencerons par les vendre bien entendu. Tu peux rester au lit, je me charge de l'opération. Dans une heure je serai de retour. »

« Et comme en parlant ainsi il s'était habillé, il prit la pelle et la pioche, et il sortit. Peu d'instants après il arrivait près de l'Hôtel de ville, dans la rue de la Mortellerie, rue très-bien baptisée alors, que l'on a rognée et débaptisée depuis, mais qui n'en est pas moins restée une des plus sales de Paris. Un marchand de ferraille dérouillait, dans sa boutique, plus sombre qu'une cave, plus triste qu'un cachot, quelques misérables ustensiles.

« — Voulez-vous acheter cela ? demanda Pied-de-Fer en lui montrant les outils.

« — Acheter, acheter.... C'est bien aisé à dire. On ne vend rien ; je n'ai pas encore étrenné.

« — Je serai accommodant : la pelle et la pioche pour trois francs.

« — Trois francs ! c'est plus d'argent que je n'en ai reçu depuis trois jours. Mais vous me paraissez un bon garçon : je vous en donnerai trente sous pour vous obliger.

« — Allons, faites vite, car je suis pressé. »

« L'honnête ferrailleur essuya ses lunettes, compta les sous un à un, et comme Pied-de-Fer s'éloignait, le vieil arabe murmurait en examinant son achat :

« — Ça vaut six francs comme un liard ; mais ça m'a tout l'air de ne lui avoir coûté qu'une peur, et à ce compte-là il ne perd rien. »

« Pied-de-Fer retournait à la rue de la Licorne lorsque, en passant sur le quai Pelletier, il remarqua que plusieurs voitures venaient de s'arrêter à la porte d'une maison de très-belle apparence ; d'autres voitures arrivèrent ensuite ; tous les personnages qu'elles contenaient étaient en grande toilette ; les domestiques avaient des gants blancs et des fleurs à la boutonnière : c'était une noce.

« — Quelles sont donc les personnes qui se marient ? demanda le rusé compagnon à un des domestiques qui passaient près de lui.

« — C'est un avoué, M. Virmont, qui épouse la fille unique de M. Dubois, chef de division au ministère de la guerre.... Un richard qui a des montagnes d'or et plus de vingt maisons à Paris.... Il peut se vanter d'avoir la main heureuse, le marchand de chicane !

« — Aussi l'assemblée est nombreuse.

« — Je crois bien ! plus de deux cents personnes, des parents, des amis, des connaissances,

Mort du curé de Marchais.

puis les amis des amis, les connaissances des connaissances.... C'est à ne pas s'y reconnaître.

« Une pensée subite surgit dans le cerveau de Pied-de-Fer; il retourna sur ses pas jusqu'à la place de Grève où il fit cirer ses souliers et brosser son habit; puis il acheta chez une revendeuse une vieille cravate dont il dissimula adroitement la vétusté, une paire de gants encore à peu près blancs, et ainsi paré, le sourire aux lèvres, il se glissa parmi les invités, entra hardiment avec eux, et pénétra sans difficulté dans les appartements que la foule encombre en un instant. On ne fait pas attention à lui; car le marié a bien assez de sa femme et des grands parents; la mariée se met à la torture pour se faire admirer, et les conversations particulières engagées çà et là absorbent l'attention de presque tous les invités.

« — J'aurai donc raison de la mauvaise fortune! » se dit Pied-de-Fer.

« Et marchant tantôt à droite, tantôt à gauche à travers la foule, il poussa une reconnaissance jusqu'à la chambre nuptiale qui était ouverte comme presque toutes les autres pièces, en vue de livrer à l'admiration la riche corbeille de mariage.

« En ce moment plusieurs voix firent entendre ces bien heureuses paroles :

« — Le dîner est servi!

« — Allons, messieurs, la main aux dames!

« — A table! à table! »

« Et tandis que tout ce monde se précipitait vers la salle à manger, Pied-de-Fer, plus audacieux que jamais, entrait sans trembler dans la chambre mystérieuse.

« La corbeille est là trônant sur un guéridon de laque. Il doit y avoir de l'or là dedans, se dit l'intrépide larron, car, selon l'usage, la jeune mariée doit en trouver demain à son réveil.

« Et sa main implacable pénétrant entre les soyeuses richesses de ce présent nuptial en tire successivement un écrin, un petit portefeuille parfumé et deux rouleaux d'or, qui vont s'engouffrer dans une large poche aux profondeurs inconnues. Cela fait, Pied-de-Fer traverse presque à pas comptés les pièces précédentes.

« — Par ici, monsieur, par ici, lui crie un domestique qui le voit traverser l'antichambre : on est à table, et vous serez bien heureux si vous y trouvez place.

« — Bien! bien! je reviens à l'instant. »

« Et léger comme un chevreuil il franchit l'escalier. Un quart d'heure après, il était près de Lambert.

« — Allons, sur pied! dit-il; nous dînons au Rocher de Cancale.

« — Hein? Est-ce que je rêve?

« — Ne devons-nous pas manger ta pioche et ta pelle?

« — Au Rocher de Cancale?

« — Pourquoi pas ?

« — Dame ! parce qu'il en faudrait au moins une cargaison pour payer la carte.

« — Erreur, mon ami. Tous les outils sont d'or dans les mains qui savent s'en servir.

« — Et tu sais te servir de la pioche ?

« — A preuve ! »

« Et il jeta sur la misérable table du taudis les deux rouleaux d'or qui s'ouvrirent et dont le contenu roula dans tous les sens.

« Lambert se jeta hors du lit, et ils firent ce jour-là un dîner somptueux ; mais ils eurent le champagne triste : Pied-de-Fer, qui pourtant n'en était pas à son coup d'essai, pensait au chagrin de la jeune mariée, et ce chagrin lui pressait quelque peu le cœur ; car lui aussi avait là une passion secrète, profonde, qu'il croyait incurable.... A vingt ans, *jamais* et *toujours* sont invariablement pris au sérieux. Quant à Lambert, né dans ce quartier de la capitale qu'il habitait en ce moment, de parents honnêtes et aisés, il se prenait à regretter sa première et douce jeunesse, et l'étude du procureur maître Thomas Duclosier dans la sombre rue de la Vieille-Draperie.

« Pied-de-Fer se leva de bonne heure, sortit du nouveau domicile où il s'était installé avec son compagnon dans le quartier Latin, et il marcha longtemps sans but. Il hésitait entre la persévérance dans le mal où la fatalité l'entraînait et le retour au bien, qui eût été facile lorsque, en mettant la main dans sa poche, pour en tirer son mouchoir, il sentit l'écrin et le petit portefeuille qu'il avait extraits de la corbeille de la mariée.

« Il voulut en savoir le contenu : des diamants dans l'un, des billets de banque dans l'autre.

« Pied-de-Fer, évadé du bagne, était perdu depuis longtemps, il n'y avait plus dans son cœur aucune pensée pour le bien, et pourtant il eut encore à subir ce jour-là même une épreuve terrible : il venait de passer le Pont-au-Change ; il se disposait à traverser la place du Palais-de-Justice pour rejoindre Lambert, lorsque se forma devant lui une foule tumultueuse qui, grossissant à chaque instant, lui barra le passage. Tout à coup du milieu de cette tourbe s'élèvent les cris : *Les voilà ! les voilà !*

« Pied-de-Fer regarde, se dresse sur ses pointes, et il aperçoit cinq ou six misérables que le bourreau et ses aides attachaient au carcan.

« Il pâlit, se rappelle avec horreur que lui aussi a été attaché au poteau infâme, que le carcan de fer l'a étreint au cou ; l'exécuteur de la justice qui est là impassible, c'est le même qui l'a flétri, il peut être reconnu d'un instant à l'autre ; il veut fuir, mais une horrible curiosité lui tient les pieds cloués au sol.

« Il fallut qu'il bût le calice jusqu'à la lie, qu'il vît chauffer les fers, qu'il sentît l'odeur de la chair brûlée, qu'il entendît les cris des patients et les colloques des gens qui l'entouraient.

« — F'rait-on pas mieux d'pendre tout c'gibier-là ?

« — En v'là encore un de rôti ! bravo ! pas d'pitié pour les voleurs ! »

« Pied-de-Fer endurait un supplice horrible, et ce ne fut qu'au bout d'une heure qu'il parvint à se soustraire à la torture morale que lui faisaient souffrir ces quolibets ignobles ou féroces. . . . .

. . . .

« — Il est clair, disait un jour Lambert à son ami, que puisque tu as plus d'esprit que moi, tu dois toujours avoir raison. Il est clair qu'au commencement du monde la terre n'appartenait à personne, personne n'avait le droit de la vendre, et alors.... mais voilà que je commence à m'embrouiller. Je ne comprends bien que le commencement ; le reste viendra quand il pourra. En attendant tu peux compter sur moi pour t'aider à rétablir l'équilibre.... c'est comme ça que tu appelles la chose ; n'est-ce pas ?

« — Justement, car nous ne prendrons à ceux qui ont trop que pour donner à ceux qui n'auront pas assez.

« — Hum ! m'est avis que ce sera une rude besogne. A quand le commencement ?

« — Demain, mon ami. C'est le jour d'audience de ce chef de division qui mariait sa fille aujourd'hui. Pour beaucoup de raisons, nous pourrons être sûrs de ne pas le trouver chez lui. Je vais acheter un riche uniforme pour moi, une livrée de fantaisie pour toi, et pendant que, dans l'antichambre, tu causeras avec l'unique domestique de ce crasseux qui est bien le type de l'avare le plus sordide, je passerai outre, et j'agirai. Du sang-froid, de l'aplomb, et tout ira bien. »

« Les préparatifs furent bientôt faits ; on prit une voiture, et l'on arriva à deux heures chez le chef de division.

« — Monsieur n'y est pas, dit l'unique domestique de l'avare.

« — Je le sais, dit Pied-de-Fer, puisque je le quitte à l'instant ; mais il sera ici dans dix minutes. Je vais l'attendre dans le salon.

« Et sans attendre qu'on lui en ouvrît la porte, il y entra brusquement, et se jeta dans un fauteuil. Puis il tira de sa poche un énorme morceau de cire, et prit successivent l'empreinte de toutes les serrures des portes et des meubles.

« Pendant ce temps, Lambert se mettait l'esprit à la torture pour soutenir dignement la conversation qu'il avait entamée.

« — Vous êtes donc seul ici ? disait-il au domestique.

« — Mon Dieu, oui.

« — Cependant votre maître doit être riche ; un chef de division ?

« — A qui le dites-vous ! Riche comme un Crésus ; mais ladre !... si le vôtre était de la même pâte, je vous plaindrais.

« — Oh ! le mien est le plus généreux qu'on puisse voir.

« — Alors vous avez du bonheur ; car les maîtres généreux sont presque aussi rares que les veaux à deux têtes.... Ici, la cave est bien garnie ; mais monsieur en a la clef dans son secrétaire.

« — C'est peut-être là qu'il met son argent.

« — Dans son secrétaire ! bast ! il n'y tiendrait pas, en or, la moitié de ce qu'il a.

« — Je veux dire que son argent est peut-être déposé dans la cave.

« — C'est autre chose.... D'autant plus qu'il ne souffre pas qu'on y mette les pieds autrement qu'en sa présence. »

« En ce moment Pied-de-Fer sortit du salon.

« — Puisque M. Dubois ne revient pas, dit-il, je vais l'aller retrouver au ministère où il aura sans doute été retenu plus longtemps qu'il ne le croyait. »

« Ils partirent.

« — Tout va bien, dit Pied-de-Fer, lorsqu'ils furent chez eux ; il ne s'agit plus que de faire faire les clefs d'après ces empreintes.... Il est vrai que ce n'est pas le plus facile. »

« Il se promena de long en large, et il s'écoula un temps assez long avant qu'il eût trouvé un expédient ; mais il était maintenant en trop bon chemin pour être arrêté par une difficulté de cette nature ; et se rappelant tout à coup cet honnête ferrailleur de la rue de la Mortellerie, il résolut de s'adresser à lui.

« — Me reconnaissez-vous ? demanda-t-il au vieux coquin.

« — Comment vous reconnaîtrais-je, puisque je vous vois pour la première fois ?

« — Diable ! compère, vous avez la mémoire ou la vue terriblement courte ! Voyons, ne vous souvient-il plus de cette pelle et de cette pioche qui valaient six francs et que je vous ai données pour trente sous un matin ? »

« Le ferrailleur ôta ses lunettes et les essuya pour avoir le temps de préparer sa réponse, puis regardant attentivement son interlocuteur, il dit :

« — C'est juste ; je me rappelle maintenant que je vous ai acheté quelque chose ; mais je me souviens aussi que je vous ai payé comptant, rubis sur l'ongle.

« — Oh ! soyez tranquille, je ne vous demande rien : je sais vivre avec les vivants.

« — Les temps sont si durs !... On ne vend rien.

« — Eh bien, il ne tient qu'à vous de vendre en ce moment. Vous avez assurément un bon nombre de vieilles clefs, et je vous en achèterai quelques-unes plus cher que des neuves, pourvu que vous me les laissiez choisir.

« — Chut ! ne parlez pas si haut. C'est surtout dans ces affaires-là que les murs ont des oreilles.... Entrez dans le fond ; je suis à vous. »

« Le vieux renard s'approcha de la porte, allongea la tête dans la rue, et regarda soigneusement à droite et à gauche ; puis il rentra, et trouva Pied-de-Fer qui avait posé ses morceaux de cire sur une table, et qui choisissait dans un monceau de clefs celles qui se rapportaient le mieux aux empreintes.

« — J'ai bien vu tout de suite que vous êtes un brave jeune homme, reprit le ferrailleur ; mais vous êtes un peu trop vif : il ne faut pas se livrer comme ça.... En voici trois qui feront parfaitement votre affaire : il ne faut qu'un coup de lime à celle-ci et un coup de marteau à celle-là ; c'est l'affaire d'une minute.... Prenez bien garde ! Parlez bas, marchez vite ; point de clous aux souliers.... n'oubliez jamais qu'il ne faut qu'une envie d'éternuer pour envoyer au bagne le meilleur enfant de Paris.... Celle-là n'est pas forée, en voici une autre.... Je vous vendrai tout ça vingt francs. C'est pour rien ; mais il ne faut pas écorcher les commençants.... et je vous donne trois rossignols par-dessus le marché.

« — Et moi je vous donne quarante francs au lieu de vingt.

« — Ah ! j'aurais bien gagé que vous saviez vivre !... Autrefois, ils étaient tous comme ça.... à quand l'affaire ?... je dirai cinq *Pater* et cinq *Ave* à votre intention ; ça porte bonheur.

« — Songez que je suis homme à vous donner plus d'argent pour vous taire qu'on pourrait vous en offrir pour parler, et que je suis de taille et d'humeur à couper le sifflet aux traîtres.

« — On voit bien que vous ne connaissez pas encore le père Ducroc ! Ça viendra.... j'en ai plus sauvé dans ma vie qu'il n'y en a aujourd'hui sur le pavé de la capitale. Mais il y a des ingrats partout.... A propos, j'ai là deux paires de crucifix à ressorts qui ne sont jamais de trop dans certaines affaires, si ça vous allait....

« — Des crucifix ?

« — Demi-arçon, tout neufs. Je vais vous les faire voir.

« Et il tira de dessous un monceau de ferraille deux paires de pistolets qu'il présenta à Pied-de-Fer, que ce dernier s'empressa de payer, et qu'il emporta.

« — Mon ami, dit-il quand il eut rejoint Lambert, ce sera fête cette nuit, et voici les violons. »

« Et il jeta sur une table clefs, rossignols et pistolets.

« — Alors, dit Lambert, c'est le cas de bien dîner ; on ne sait pas ce qui peut arriver. »

« Ils dînèrent longuement en effet, et ne quittèrent la table, à minuit, que pour se mettre en campagne. Après un quart d'heure de marche, Pied-de-Fer s'arrêta.

« — C'est ici, dit-il ; voilà le mur auquel il faut donner l'assaut.

« — Et pourquoi ne point passer par la porte puisqu'elle est ouverte ? »

« En effet, il avait, en passant, mis la main sur une petite porte pratiquée dans le mur du jardin et garnie de larges barres de fer et il avait reconnu que cette porte était entr'ouverte.

« — C'est incroyable ! fit Pied-de-Fer.

« — C'est tout ce que tu voudras, mais c'est comme cela. »

« Et poussant doucement la porte, il entra résolûment dans le jardin. Pied-de-Fer l'y suivit sans hésiter ; mais après avoir fait quelques pas, il s'arrêta.

« — Je pense, dit-il, que cela pourrait bien être un piége.

« — Eh bien, allons-nous-en.

« — Mille diables ! est-ce à l'école d'où nous sortons qu'on apprend à reculer ! Et puis, si nous reculons aujourd'hui il faudra avancer demain. Ainsi disait le Petit-Duc, notre maître à tous. Arme tes pistolets, j'en vais faire autant, et en avant ! »

« Pied-de-Fer avait projeté de passer par une fenêtre du rez-de-chaussée pour arriver à l'escalier ; cela se trouva inutile : la porte du perron était ouverte comme celle du jardin.

« — Voici qui est extraordinaire, dit Lambert.

« — C'est vrai, on dirait qu'un bon génie ait pris plaisir à nous aplanir les difficultés ; mais il ne faut pas avoir trop de confiance en ce génie-là.... Marchons de front. »

« Ils montèrent ainsi l'escalier jusqu'au premier étage ; là aussi les portes étaient ouvertes, et ils entrèrent sans difficulté dans l'antichambre.

« Lambert s'arrêta.

« — Il me semble que j'entends parler dans la pièce voisine, » dit-il.

« Ils écoutèrent attentivement et entendirent ce singulier dialogue qui semblait se tenir dans la salle à manger.

« — Vous conviendrez, mes enfants, qu'il n'y a pas de ma faute. Une affaire superbe que je filais depuis trois mois, qui avait une apparence superbe....

« — Et qui ne nous rapporte pas à chacun dix louis.

« — Que veux-tu, mon vieux Picard ! il faut prendre le temps comme il vient et les affaires pour ce qu'elles valent. Ça n'est la faute de personne si nous n'avons rien trouvé dans le secrétaire qui, d'après les apparences, devait être si bien garni.

« — Ah ! les apparences, dit une voix, fiez-vous-y.... Nom d'un nom ! je ne suis pas d'humeur à me faire couper le cou pour des apparences, moi !

« — Par le diable ! dit Pied-de-Fer, nous avons des concurrents qui nous ont gagnés de vitesse. Nous allons peut-être nous trouver en pays de connaissances. »

« En parlant ainsi, il s'élança, l'arme au poing, dans la salle à manger où se trouvaient quatre hommes autour d'une table chargée de bouteilles et de comestibles.

« — Nous sommes vendus ! s'écrièrent en même temps les quatre voleurs. »

« Et aussitôt des lames de poignards brillèrent dans leurs mains.

« — Tonnerre ! fit Pied-de-Fer, depuis quand les loups se mangent-ils ?

« — Des amis ! reprit le chef de la bande ; alors on peut s'entendre !.. à votre santé, camarades.... Goûtez-moi ça, ça en vaut la peine.... quant au quibus, absent, éclipse complète. Ça peut vous sembler drôle ; mais c'est comme ça.

« — Vous n'avez donc pas flambé les muets ?

« — Garçon, chacun son goût ; ce rôti-là porte malheur, à preuve que la dernière fournée de ces enfants du feu n'était pas piquée des hannetons : le *Boulanger*, *L'Olivret*, *Sans-Gêne*, le *petit Boucher des chrétiens*, *Toto*, *Sénéchal*.... tous les plus malins de la compagnie y ont passé.

« — Qu'avez-vous donc fait du patron ?

« — Lui et son domestique sont liés et bâillonnés dans leur lit.... Buvez donc, puisque c'est tout ce qu'on peut vous offrir. La plus belle fille du monde ne peut donner que ce qu'elle a, et nous n'avons que du vin. Il est vrai qu'il est ch'nu.... Mais quel est donc ce Pierrot qui ne vide pas son verre ?... On dirait un séminariste !... »

« Et du doigt, en riant, il montrait Lambert.

« — Le séminariste, répondit ce dernier qui venait de se rappeler la conversation de la veille avec le domestique du chef de division, songe à vous faire voir....

« — Tonnerre ! je ne suis pas curieux ; mais je voudrais savoir ce qu'un canard de ton espèce pourrait faire voir à des cadets comme nous !

« — Les cadets comme toi, dit Lambert en se redressant, sont des imbéciles que les canards de mon espèce embrocheraient comme des alouettes, si ça en valait la peine. Vous n'avez trouvé que du vin dans les tonneaux ; eh bien ! moi j'y trouverai de l'or.... La clef de la cave, un marteau, et marchons.

« Tous descendirent à la cave où, d'un bras vigoureux, Lambert défonça successivement plusieurs bariques ; le vin coulait à flots ; les six personnages en avaient jusqu'à la cheville, et déjà quelques-uns commençaient à se croire dupes d'une mystification lorsque, après quelques coups violemment assénés sur les douves d'une pièce de Bordeaux, une lave d'or monnayé se fit jour et s'amoncela aux pieds de Lambert presque aussi surpris que ses compagnons d'un tel résultat.

« — Camarade, s'écria le chef des quatre, je te fais réparation : tu es un rude compère, et tu auras double part.

« — Non, dit Pied-de-Fer, chacun pour soi et le diable pour tous. A l'ouvrage, amis! et tant mieux pour ceux qui ont les mains larges et les poches profondes. »

« Personne ne se le fit répéter, et les six compagnons, chargés d'or, remontèrent dans le jardin d'où ils gagnèrent la rue aussi tranquillement que s'ils eussent accompli la chose la plus simple du monde.

« — Camarades, dit Pied-de-Fer, il me semble que nous nous connaissons trop ou trop peu pour nous quitter si promptement.

« — C'est juste, répondit le chef des quatre qu'on appelait Forge-d'Or, d'autant plus que des compagnons de votre trempe ne sont jamais à dédaigner. Venez chez moi, et nous achèverons de faire connaissance en vidant quelques bouteilles qui peuvent se vanter d'avoir dormi dans une des plus riches caves du monde. »

« La proposition fut acceptée. On marcha en silence, en se tenant à une certaine distance les uns des autres ; et après avoir traversé une partie de la ville, on arriva à une rue déserte, près du Luxembourg, et l'on entra dans une maison qui se trouvait isolée de toutes parts des habitations environnantes.

« — Voici notre couvent, dit Guillaume, et les nonnes n'y manquent pas quand il nous convient d'en recevoir.... Allons, Antoine, du vin.... de celui de l'ambassadeur, tu sais. »

« Antoine était presque un vieillard ; il était aisé de voir que les passions plus que les années avaient usé ce corps courbé, qui se redressait parfois comme un arc dont la corde se rompt ; ses yeux ardents, cachés sous d'épais sourcils, montraient assez que si la force physique lui manquait, sa volonté était encore puissante. Il obéit pourtant, non sans froncer le sourcil en examinant les nouveaux venus, et une table immense dans une fort belle salle, se couvrit en un instant de verres et de bouteilles.

« — Mes amis, dit Forge-d'Or, le maître de cette mystérieuse habitation, ce n'est pas d'aujourd'hui que je sais qu'il ne faut pas se fier aux apparences, et j'avoue cependant que je vous avais mal jugés d'abord. Maintenant nous vous offrons notre amitié et, si vous y consentez, nous marcherons désormais sous vos ordres. Nous étions cinq ; notre chef de file est à Toulon depuis un an, et Dieu sait quand il en reviendra. En son absence, j'ai pris le commandement ; mais le fardeau commence à me sembler lourd. »

« Il parlait encore lorsqu'un certain bruit venant du dehors l'interrompit. Ce bruit était bien connu de Pied-de-Fer ; c'était celui de crosses de fusil qu'on pose sur le pavé.

« — Nous sommes découverts, dit-il en se levant ; l'arme au poing ! »

« Et il tira aussitôt ses pistolets de ses poches.

« — Doucement! dit Forge-d'Or ; ils sont à la porte de la rue, et c'est par là qu'ils vont tâcher d'entrer ; mais la maison a deux autres issues.... Allons, des ailes aux pieds.

« — Marchez, dit Pied-de-Fer ; je soutiendrai la retraite. »

« Tous s'élancèrent sur les traces de Forge-d'Or. Pied-de-Fer sortit le dernier ; il avait pour principe qu'en pareil cas la précipitation est plus dangereuse qu'une lenteur calculée, et il marchait à quelques pas de ses compagnons, lorsqu'il se trouva tout à coup face à face avec un commissaire de police escorté d'agents portant des flambeaux.

« — Au nom de la loi, je vous arrête ! cria le magistrat.

« — Si un de vous fait un pas de plus, répondit Pied-de-Fer, je lui brûle la cervelle. »

« Il y a des gens de cœur partout ; le commissaire en était un ; il brava la menace et leva la main pour saisir son prisonnier ; au même instant Pied-de-Fer fit feu des deux mains, et le magistrat tomba en même temps que ses agents. En entendant cette détonation, les soldats qui gardaient la porte au dehors bondirent dans l'intérieur, et dix baïonnettes se croisèrent contre la poitrine de l'ancien chauffeur. Il aurait voulu mourir, et c'était en effet ce qui eût pu lui arriver de plus heureux ; mais on ne voulut pas le tuer ; il fut pris, jugé par la cour d'assises de Paris et condamné à la peine de mort ; il se pourvut en cassation et son pourvoi fut rejeté.

« Tous ses compagnons le crurent perdu ; Lambert seul conservait quelque espoir ; car il avait employé tout le temps qui s'était écoulé entre la condamnation et le rejet du pourvoi à chercher le moyen d'arracher son ami à l'échafaud.

« — Mon ami, dit-il à Forge-d'Or, lorsque le rejet du pourvoi fut connu, si tu veux m'aider, nous le sauverons.

« — Diable ! il est un peu tard pour y songer, et ça me paraît difficile.

« — J'y ai songé en temps utile, moi. Écoute : le pourvoi étant rejeté, le procureur général donne l'ordre de l'exécution....

« — Mon Dieu oui, c'est comme ça que ça se passe.

« — Mais il peut aussi la suspendre.

« — Oh ! certainement.

« — Il pourrait même ordonner la mise en liberté du condamné, sauf à rendre compte de sa conduite au ministre de la justice. Or le procureur général ce n'est pas le diable.

« — C'est quelque chose de pis.

« — Possible ; mais ce quelque chose on sait où le trouver, et je sais, moi, que ce quelque chose doit aller, la nuit prochaine, au bal de l'ambassadeur d'Autriche.... Un bal magnifique où il y aura des quadrilles de rois. On travaille depuis un mois à convertir en salon le jardin de l'hôtel de l'ambassadeur. Ce sera nécessairement un salon de sapin, capable de prendre feu comme une allumette soufrée des deux bouts. Donc le procureur général sera à ce bal ; mais nous y serons aussi, nous : j'ai payé douze mille francs deux billets d'invitation ; et nous aurons dans nos poches des fioles d'essence de térébenthine. Au moment où le bal est le plus animé, nous arrosons les draperies avec le contenu de nos fioles ; puis nous faisons tomber, comme par accident, une bougie allumée sur ces tentures, et psit !... tout ça flambe comme une chandelle romaine. Chacun veut se sauver ; les portes sont trop étroites ; les plus résolus sautent par les fenêtres ; les moins alertes sont grillés. Mais nous ne voulons pas que le procureur général grille, au contraire : nous le saisissons, nous l'emportons à travers les flammes ; nous le mettons dans une voiture dont un des nôtres sera le cocher, et nous l'emmenons chez le père Ducroc, ce vieux ferrailleur, notre Providence, qui tient boutique dans une cave de la rue de la Mortellerie, et là, le couteau sur la gorge nous lui faisons écrire l'ordre de mise en liberté de Charles Baillord, dit Pied-de-Fer.

« — Ça me paraît fort !

« — Et par conséquent digne d'hommes forts comme nous. Est-ce dit ?

« — C'est dit. »

« Le reste de la journée fut employé en préparatifs ; à dix heures du soir tout était prêt pour l'exécution de cet affreux projet. Lambert et Forge-d'Or se présentèrent hardiment au bal en uniforme de colonel, — il y avait tant de colonels alors ! — Ils découvrirent aisément dans la foule le procureur général, et ils s'attachèrent à ses pas.

« La cour impériale était alors dans toute sa splendeur, et cette cour tout entière assistait au bal du prince de Schwartzemberg. Napoléon lui-même y parut avec Marie-Louise, sa nouvelle épouse. Tant de têtes couronnées, de grands capitaines, d'hommes illustres n'avaient jamais été rassemblés dans un si petit espace ; jamais luxe aussi éblouissant n'avait été étalé. Les choses en furent bientôt au point où les voulait Lambert : tous les salons étaient encombrés ; l'immense salle construite dans le jardin regorgeait de monde, et l'empereur, qui s'y trouvait, avait beaucoup de peine à obtenir que le cercle qui s'était formé autour de lui et de l'impératrice, et qui se rétrécissait à chaque instant, ne disparût pas tout à fait. C'était là que se tenait le procureur général.

« — Y es-tu ? demanda Lambert à son compagnon.

« — Quand tu voudras.

« — Eh bien, marche ! »

« Il n'y avait pas vingt secondes que ces paroles étaient prononcées, que déjà les flammes, serpentant sur les draperies, avaient gagné le plafond construit en bois, et recouvert de toile. Des cris terribles retentissaient de toutes parts, et se mêlaient au pétillement des planches embrasées, au craquement des murailles et des planchers, au cliquetis des vitres à travers lesquelles les flammes se faisaient jour en sifflant. Les issues furent encombrées en un clin d'œil, et ce fut à grand'peine que l'empereur, tenant l'impératrice dans ses bras, put se faire jour.

« Lambert et son compagnon avaient pris leurs mesures ; dès que les cris *au feu !* commencèrent à se faire entendre, ils s'avancèrent hors de la salle en poussant devant eux le procureur général.

« — Par ici, monsieur, » dit Lambert dès qu'ils furent dans la rue.

« Et tous deux prenant sous les bras le magistrat qui ne savait plus où il en était, ils l'entraînèrent, le firent monter dans leur voiture où ils prirent place à ses côtés, et qui partit aussitôt, emportée par deux vigoureux chevaux.

« — Messieurs, disait le procureur général un peu remis de sa frayeur, recevez l'expression de ma reconnaissance ; vous m'avez certainement sauvé la vie. J'espère que vous voudrez bien me dire le nom de mes généreux sauveurs.... Mais j'abuse de votre obligeance ; veuillez, je vous prie, faire arrêter votre voiture, et me permettre de mettre pied à terre ; mon devoir me rappelle sur le théâtre de l'incendie.

« — Désolés de ne pouvoir nous rendre à votre désir, monsieur le procureur ; mais mon ami et moi avons résolu de faire avec vous plus ample connaissance.

« — Qu'est-ce à dire ?... Auriez-vous l'intention d'user de violence ?

« — C'est selon, répondit à son tour Forge-d'Or en faisant briller à la lueur des étoiles la lame du poignard dont il était armé. Nous n'en voulons ni à votre fortune, ni à votre vie, ni à votre liberté ; que cela vous suffise pour le moment.

« — Mais c'est un horrible guet-apens !... Prenez garde !... Un pareil crime ne resterait pas longtemps impuni.

« — Calmez-vous, cher monsieur ; nous voici arrivés, et vous allez savoir ce que nous voulons de vous. »

« On était en effet arrivé à la porte du vieux ferrailleur ; l'ami de tous les voleurs de Paris, lequel, reconnaissant la voix de Forge-d'Or qui, en frappant d'une certaine manière, demandait qu'on ouvrît la porte, n'hésita pas à faire jouer la clef sous la serrure et à tirer les verrous. On fit descendre le magistrat qui, contraint d'obéir, descendit dans la cave du vieux bandit.

« — Maintenant, nous allons nous expliquer, dit Lambert en montrant du doigt au procureur une mauvaise chaise sur laquelle ce dernier s'assit sans oser proférer une plainte. Vous avez signé hier l'ordre d'exécuter Charles Baillord, dit Pied-de-Fer.

« — C'était mon devoir.

« — Je ne dis pas le contraire; seulement je vous prierai d'écrire, de signer à l'instant un ordre de mise en liberté.

« — Me déshonorer !...

« — Ou mourir, » reprit Lambert.

« Et, prenant d'une main le magistrat par les cheveux, il leva l'autre prête à frapper.

« — Oui ou non, dit-il.

« — Oui ou non, répéta Forge-d'Or.... Un mot de moins et je t'éventre.

« — Oui, » dit le magistrat auquel il restait à peine la force de prononcer ce mot.

« L'encre, les plumes, le papier étaient préparés; l'ordre de mise en liberté fut écrit et signé.

« — Maintenant, dit Lambert, il nous faut un ordre pour l'huissier qui doit lever l'écrou. »

« Et cet ordre fut également écrit et signé. Mais à peine le magistrat eut-il déposé la plume, qu'il fut saisi, bâillonné, garrotté et attaché à un énorme anneau scellé dans le mur.

« Dès dix heures du matin, Pied-de-Fer avait été transféré de Bicêtre à la Conciergerie. Il savait à quoi s'en tenir, et il en avait pris courageusement son parti. Il fumait tranquillement ce qu'il croyait être sa dernière pipe lorsqu'un des aides de l'exécuteur s'approcha de lui.

« — Mon camarade, dit-il au condamné, vous me faites l'effet d'une bonne pâte de luron auquel on peut dire les choses sans les mâcher, c'est pourquoi je me fais un plaisir de vous dire que vous n'avez plus qu'un quart d'heure à attendre pour la toilette. »

« Un froid mortel se glissa dans les veines de Pied-de-Fer, qui néanmoins s'efforça de paraître toujours calme et s'assit tranquillement en rechargeant sa pipe. Il fut distrait de cette opération par l'apparition du directeur de la prison accompagné de deux gardiens. Tous trois s'approchèrent de lui, et tandis que les gardiens le débarrassaient de ses liens, le directeur lui dit :

« — Mon ami, vous êtes libre.

« — Pas encore, répondit Pied-de-Fer ; mais il paraît que cela ne tardera pas.... mourir, qu'est-ce autre chose en effet que de recouvrer sa liberté ?

« — Oui, je conçois, vous croyez que c'est une mauvaise plaisanterie, et, ma foi ! il y a bien de quoi douter ; moi-même, si je n'avais vu, de mes propres yeux vu cet ordre ; si la levée de l'écrou n'avait pas été faite par l'huissier Fauchard que je connais depuis quinze ans, je n'y croirais pas plus qu'au grand diable.... Faut croire qu'au dernier moment on aura découvert quelque chose qui vous aura fait accorder grâce pleine et entière, en vous dispensant des formalités d'entérinement ; mais ça ne me regarde pas. Vous êtes libre ; faites-moi le plaisir d'aller chercher un gîte ailleurs. »

« Pied-de-Fer restait immobile, tant sa surprise était grande ; le directeur fut obligé de lui répéter l'ordre de déguerpir. Il croyait rêver en voyant toutes les portes s'ouvrir devant lui, et il arriva dans la cour du Palais de justice avant que l'étourdissement que lui avait causé cet événement fût dissipé. Là un homme le prend par le bras et l'entraîne. C'était Lambert.

« — Tu es sauvé, lui dit ce dernier ; mais il paraît qu'il était temps, car je viens de rencontrer la charrette.... Je n'ai qu'un fiacre qui nous attend à la barrière Saint-Denis ; mais les chevaux sont bons, et je ne manque pas de ce qu'il faut pour les renouveler autant qu'il le faudra. »

« Cependant, dès le matin, il n'était bruit dans Paris que de l'incendie de l'hôtel du prince de Schwartzemberg, et comme il paraissait certain qu'un grand nombre de personnes avaient été brûlées ou ensevelies sous les décombres, les parents et les gens du procureur général ne voyant pas paraître ce dernier, firent d'actives recherches, et grâce à la police ils surent bientôt qu'on avait vu ce magistrat sortir sain et sauf de l'hôtel incendié. Plusieurs agents l'avaient vu monter en voiture ; un autre dit avoir rencontré cette voiture près de la place de Grève. C'en était assez pour tout découvrir : vingt limiers furent lancés dans cette direction, et l'on sut bientôt que cette même voiture s'était arrêtée, vers le milieu de la nuit, à la porte du vieux ferrailleur. La maison fut cernée ; on enfonça la porte de la cave servant de boutique, et le procureur fut délivré ; mais ce fut en vain qu'on chercha les auteurs de ce coup audacieux ; ils avaient disparu, et l'on ne put retrouver leurs traces.

« A quelque temps de là, toute la bande fut obligée de se disperser, Pied-de-Fer n'était plus que l'ombre de lui-même ; la secousse morale qu'il avait éprouvée au moment où du seuil de l'éternité, il s'était senti relancé dans le monde des vivants, avait puissamment agi sur son moral ; son énergie s'était affaiblie considérablement, et ce fut en cet état qu'après de longues pérégrinations, il revint à Paris. Ce n'était plus alors qu'un être entièrement dégradé, se livrant à la plus hideuse débauche. Vivant de l'argent qu'il soutirait aux filles perdues, il assuma toutes les hontes, toutes les infamies, jusqu'à ce qu'un jour ayant volé quarante mille francs à un pauvre commis joaillier, il quitta de nouveau Paris. L'ennemi foulait le sol de la France; Pied-de-Fer, sous le prétexte de former un corps franc, forma une sorte de corps interlope qui, sans cesse voltigeant sur les flancs des armées amies ou ennemies, arrivait toujours le dernier sur les champs de bataille, pillant à droite et à gauche, mettant à sec les caisses de receveurs de deniers publics, rançonnant tout ce qui possédait, tuant tout ce qui résistait, et amassant des capitaux énormes, monstrueux, de quoi acheter un royaume, s'il y en avait eu un à vendre, même après avoir fait une large part aux à chacun de ses compagnons. Cela dura jusqu'au jour où il retrouva sur le champ de bataille le jeune commis qu'il avait dépouillé; une transformation commença à se produire en lui; non-seulement il renonça à cette vie de bandit; mais il résolut d'expier le passé autant qu'il pouvait l'être. Ce malheureux jeune homme dont il avait brisé la carrière, il le fit riche, il le fit prince; il lui rendit la femme aimée dont il avait été forcé de se séparer; puis il supplia le vénérable curé de Marchais de lui être en aide dans cette expiation qu'il voulait complète, absolue ; puis encore il voulait mourir, et la mort ne voulait pas de lui, il alla s'enfermer dans un cloître des plus austères.

« Et maintenant, madame, vous savez le reste : la transformation s'est accomplie : tout le bien qu'a pu faire cet homme frappé de la malédiction dès son enfance, il l'a fait, et le vénérable curé de Marchais est prêt à rendre hommage de son complet retour au bien. Peut-être, madame, en savez-vous quelque chose; devant votre souvenir, vos sentiments, votre volonté, Pied-de-Fer s'incline humblement. »

CHAPITRE XCVI.

Une ancienne connaissance.

Il était près de minuit lorsque la comtesse termina la lecture de ce manuscrit; plus d'une fois pendant cette lecture, elle avait été agitée par un sentiment de dégoût; il faut bien en convenir, Pied-de-Fer en exposant sa vie à la femme qu'il aimait avait pu se croire très-habile, mais il n'était arrivé qu'à se fermer complétement le cœur de Mme de Chaligny.

Pied-de-Fer se promenait toujours dans le jardin, agité par mille pensées confuses partagées entre l'espoir et la crainte.

Quand il entra dans la chambre de Mme de Chaligny, il lui fut facile de s'apercevoir que tout espoir était perdu; elle tenait le manuscrit à la main; elle le jeta dans le feu.

« Pourquoi votre passé, lui dit-elle, ne peut-il être détruit ainsi; il se dresse implacable entre vous et moi, vous avez mon amitié, ne me demandez pas plus. »

Pied-de-Fer resta un instant sans répondre; il était facile de voir à la pâleur qui envahissait son visage qu'une lutte violente se livrait en lui.

« Votre amitié me reste, dit-il à voix basse, merci.... C'est plus que je n'espérais. »

Et il sortit sans ajouter un mot.

« Oh! dit-il, lorsqu'il fut dans la cour du château et en montrant le poing à la fenêtre de la chambre où se trouvaient Raflard et Warburton, je me vengerai ! je me vengerai d'une façon terrible ! Malheur à vous ! »

Et il sortit du château pour gagner sa demeure, l'air froid qui lui frappa au visage ne put dissiper le feu qui lui brûlait la tête ; on peut dire que tous les instincts méchants, endormis chez lui, venaient de se réveiller; le bandit était revenu sur l'eau.

On comprend l'étonnement qu'il dut éprouver lorsqu'en rentrant chez lui dans sa chambre, il trouva Édouard assis près du feu.

« Vous ne vous êtes pas couché, lui demanda-t-il, que vous est-il arrivé?

— Une histoire assez drôle, dit Édouard en grimaçant un sourire, j'ai manqué d'être assassiné.

— Assassiné ! dit Pied-de-Fer.

— Oui, cher monsieur, mais grâce à vos deux pistolets et à la vigueur de mes jambes j'ai pu échapper au sort que me réservaient quatre bandits.

— Et c'est ici, que vous avez failli être tué ? demanda Pied-de-Fer inquiet de ce qu'il entendait quoiqu'il essayât de demeurer calme.

— Non.

— Où alors ?

— A Dormans.

— A Dormans ! exclama Pied-de-Fer.

— C'est toute une histoire, dit Édouard en baissant un peu la tête.

— Vous m'avez dit la même chose, mon cher enfant, il y a cinq ou six heures, à propos de Bonard et Ramel.

— C'est vrai, dit Édouard, j'ai le défaut de me répéter, l'histoire actuelle est plus dramatique que l'autre.

— Ah !

— Et il est même probable qu'elle aura une suite. »

Pied-de-Fer qui essayait de paraître calme s'installa dans un fauteuil, alluma un cigare; mais avant de donner la parole à son hôte il sonna.

« Veillez ! » se contenta-t-il de dire en italien au valet qui se présenta.

Eh! c'est monsieur de Chaligny. (Page 452, col. 1.)

Ce valet avait une de ces figures hâlées par le soleil et jaunies par les fièvres ; il y avait chez lui une certaine fierté native qui s'alliait peu avec les fonctions qu'il paraissait remplir près de Pied-de-Fer.

« Quel beau type d'homme ! mais quel affreux regard, dit Édouard.

— C'est un fidèle, dit Pied-de-Fer. Un jour je vous conterai à mon tour son histoire ; maintenant parlez. »

Alors Édouard raconta son amour pour Hortense ; la visite qu'il lui avait faite, ses propositions d'enlèvement, sa brouille avec elle, et enfin l'enfouissement du cadavre dont il avait été témoin dans le bois.

« Oh ! se disait Pied-de-Fer en écoutant ce récit, ce Vacher est devenu tout à fait un misérable. Mais, dit-il haut, je ne vois pas jusqu'à présent que vous ayez manqué d'être assassiné.

— Un peu de patience, cher comte, cela va venir ; vous pensez bien que lorsque je me fus aperçu que les fils Vacher étaient des fossoyeurs non autorisés, je me hâtai de prendre par les derrières de la ferme pour enlever cette malheureuse Hortense, car je venais de comprendre la cause de ses terreurs. »

Et Édouard fit le récit de cette scène dans laquelle, sans son sang-froid et sa présence d'esprit, il eût risqué fort d'y laisser sa vie.

« Que faire maintenant ? demanda-t-il, lorsqu'il eut fini de parler.

— Aller vous coucher et me laisser agir.

— Ne ferait-on pas mieux de prévenir la justice ? »

Nous devons dire que ce mot sonnait mal aux oreilles de l'ancien chauffeur ; il accueillit cette proposition d'Édouard par un froncement de sourcils très-significatif.

« La justice, dit-il. Croyez-vous que ce soit très-habile de notre part que de la mettre dans la confidence de nos petites opérations. Votre affaire du cloître Saint-Honoré devrait pourtant vous faire comprendre combien son intervention pourrait vous être préjudiciable. »

Édouard, qui sentait ce qu'il y avait de juste dans l'observation de son vieil ami, demeura un instant silencieux.

« Mais Hortense, finit-il par dire, il faut pourtant que la justice soit prévenue ; voilà une fille que j'ai non-seulement compromise, mais encore exposée aux brutalités de toute sa famille : si la justice ne vient à son secours, elle est exposée à périr de mort violente.

— Hortense, dit Pied-de-Fer, ne risque rien, je connais Vacher....

— Vous le connaissez ! interrompit vivement Édouard.

— C'est une façon de parler, dit Pied-de-Fer

en se mordant la lèvre de dépit; je veux dire que les gens de l'espèce du père d'Hortense, comprenant tout le parti qu'ils peuvent tirer d'une situation interlope, se gardent bien de ne rien faire qui soit préjudiciable à leurs intérêts; Hortense aux yeux de son père représente un capital, car il espère vous amener un jour ou l'autre à lui signer quelque reconnaissance, par cette seule raison il se gardera bien de faire le moindre mal à sa fille, soyez-en sûr....

— Mais comment avoir de ses nouvelles? demanda Édouard tourmenté.

— Je me charge de vous en donner cette après-midi. Reposez-vous sur moi pour tout cela. En attendant si vous le voulez bien nous allons déjeuner. »

Ils se firent servir une volaille froide, burent quelques bouteilles, au point qu'Édouard se sentit bientôt la tête lourde, et ne fit nulle difficulté pour aller se coucher; c'était ce que désirait le plus son hôte.

Demeuré seul, Pied-de-Fer passa dans son cabinet de toilette, là se trouvait le même domestique qui s'était présenté tandis qu'il était avec Édouard.

Ce domestique remplissait près de lui les fonctons de valet de chambre.

« Beppo, lui dit-il, nous allons faire un grand voyage.

— Bien, Excellence.

— Il faut que cette après-midi la maison soit vide. »

Beppo consulta sa montre.

« J'ai deux heures de plus qu'il me faut, dit-il.

— Voilà comme j'aime à être servi, maintenant tu peux aller t'occuper des préparatifs de départ. »

Aussitôt qu'il fut seul, Pied-de-Fer qui avait d'assez forts favoris grisonnants, les teignit, puis à ses favoris il ajouta une énorme paire de moustaches, un vrai chef-d'œuvre de postiches; ceci fait il changea de vêtements; puis il se mit à son bureau et écrivit :

« Cher monsieur, j'ai enfin trouvé le moyen de vous faire sortir de France; arrangez-vous pour partir après déjeuner; inutile de prendre congé de votre hôtesse, je vous attends audelà de Dormans à l'auberge du *Cheval mort*; là l'aubergiste qui est de mes amis nous conduira à Courmont, puis à Fismes, Craonne, Sessonne, et enfin à la forêt de Saint-Michel-Hirson, de là il nous sera facile de gagner la Belgique. »

Ce billet, on le comprend, était destiné à Raflard et à Warburton; Pied-de-Fer savait que l'un et l'autre ne connaissaient pas l'écriture d'Édouard, il pouvait donc leur écrire sans exciter leurs soupçons.

Un domestique parfaitement stylé fut chargé de le porter au château de Mme de Chaligny.

« Arrange-toi de façon, dit-il à son valet de chambre, que le jeune homme ne parte pas d'ici avant quatre heures.

— Oui, Excellence.

— Quant à toi, tu te rendras ce soir même à Paris et tu prendras un appartement à l'hôtel du *Prince de Galles*, rue Castiglione, là tu diras que tu attends ton domestique de jour en jour et tu attendras. »

Pied-de-Fer lui donna cinq billets de banque de cinq cents francs.

« Ne ménage pas l'argent, lui dit-il, mais surtout sois prudent. »

Le valet de chambre qui paraissait être au fait de l'existence aventureuse de Pied-de-Fer, ne fit aucune observation : ce que lui avait dit son maître lui paraissait la chose la plus naturelle du monde.

« J'ai encore une lettre à te donner, tu la porteras toi-même, une fois à Paris; cette lettre ne doit être remise qu'à M. Lambert, tu ne dois sous aucun prétexte la remettre à une autre personne; s'il était absent de Paris tu détruirais la lettre. »

Et Pied-de-Fer écrivit rapidement la lettre suivante :

Cher et dévoué ami,

« Si tu ne reconnais pas sur l'heure cette écriture, jette les yeux au bas de la page; et si après avoir lu la signature tu doutes encore, sois samedi prochain à l'hôtel du *Prince de Galles*.

« Je m'étais bien promis de ne plus reparaître, mais quelle que soit mon indignité, il faut encore que par moments je prenne part à la lutte, et que je remplisse le rôle du *Deus ex machina* des anciens.

« Qu'ai-je appris? pour une misérable question d'argent, tu n'hésites pas à remettre en question l'existence de mes enfants, Adrien et Régine; tout cet échafaudage que j'ai édifié si péniblement tu vas le détruire; pourquoi! pour augmenter leur somme de richesse! mais si tu réussis, et tu le peux puisque tu as pour toi le droit, sais-tu ce que tu vas détruire?

« Lord Farterstein et les auxiliaires qu'il emploie, traîneront Régine et Adrien dans la boue; Régine, cette malheureuse femme que j'ai perdue, le sera cette fois tout à fait, et cela par ta faute.

« Non! tu ne feras pas cela, tu n'auras pas, je ne dis pas la cruauté, — mais la folie de courir après cette fortune.

« Je ne sais, mais il me semble que la terre tremble sous nos pas; la moindre faute peut tout perdre; la police de Paris a les yeux fixés sur la maison d'Auteuil! et elle n'ignore pas que je suis encore vivant!

« Partez pour l'Italie. Il le faut, et si ma prière ne suffit pas, j'userai encore une fois de cet ascendant que j'avais sur vous tous autrefois pour vous intimer l'ordre de quitter la France. Par delà les monts, ou au delà les mers seulement est le repos pour vous tous.

« CHARLES BAILLOR. »

Pied-de-Fer plia et cacheta la lettre avec soin, et écrivit sur l'adresse : à M. Lambert, majordome de Son Excellence le prince Mafiolini, en son hôtel à Auteuil près Paris.

« Et maintenant à nous deux, maître Raflard, dit Pied-de-Fer, avec une expression étrange. Ah! vous avez détruit mes dernières espérances; et vous aussi madame de Chaligny, je ne veux pas être seul à souffrir, malheur à vous !

CHAPITRE XCVII.

Retour sur le passé.

Dans un ouvrage comme celui-ci où les événements se succèdent et se multiplient à l'infini, nous croyons qu'il est nécessaire de jeter un coup d'œil sur les événements accomplis, et surtout sur le principal mobile qui mettait en jeu toutes ces intelligences plus ou moins perverses.

Il était écrit que ce qui les avait fait rompre avec les traditions de l'honneur, — la passion de l'or, — devait également causer leur perte !

Cet immense héritage de lord Barsthley était là pour les tenter, pour les faire sortir de cette prudence que commandait leur sûreté.

Lambert, l'ancien lieutenant de Pied-de-Fer, avait cru être très-habile en tâchant de négocier sans le consentement du prince Mafiolini la succession de lord Barsthley; il l'eût été beaucoup plus, croyons-nous, en laissant cette riche succession aller aux héritiers naturels du lord ; mais cet homme avait vu tant de fois son maître et lui-même échapper à l'action de la justice, qu'il ne doutait pas un seul instant de triompher de tous les obstacles; depuis quatre jours, Lambert s'occupait de réunir les pièces qui pouvaient aider à établir les droits du comte Henri; s'il y avait songé un seul instant, si le jugement n'avait pas été faussé depuis longtemps chez lui, il ne se serait pas arrêté un seul moment à l'idée de faire entrer une telle somme entre les mains du comte Henri sans que celui-ci n'en cherchât l'origine, et sans qu'Adrien en eût connaissance.

Et quel coup n'allait-il pas donner au comte Henri lorsqu'il lui apprendrait qu'il n'était autre qu'un bâtard ; la comtesse de Hersdelberg qui éprouvait déjà tant de répugnance pour son mariage avec sa fille, alors qu'elle n'avait rien de fondé pour la lui refuser, ne serait-elle pas bien dans son droit en apprenant la triste origine de son futur gendre; et le prince Adrien qui avait accepté cet enfant des mains de Pied-de-Fer à Florence, et qui l'avait élevé comme son propre fils et qu'il croyait celui de son bienfaiteur, quelle douleur ne serait pas la sienne quand il saurait que cet enfant était celui de Régina, quand il apprendrait quelle conduite elle avait tenue pendant qu'il combattait pour la défense de son pays.

Ce passé de fange allait donc lui être révélé ! ce passé honteux, que Pied-de-Fer avait tout fait pour qu'il l'ignorât, allait donc lui être dévoilé.

Ah ! quel que fût l'amour d'Adrien pour Régina, résisterait-il devant de semblables révélations !

Régina avait bien un peu pensé à tout cela, mais il faut le reconnaître, il y avait encore chez la grande dame d'aujourd'hui un peu de l'ancienne fille d'hier.

On ne jette pas seulement son corps dans la débauche, on y jette aussi son âme.

« Eh bien ! se disait-elle, si Adrien apprend qu'Henri est mon fils, je me jetterai à ses pieds et je lui raconterai tout; s'il me repousse, Henri me restera. »

La pauvre femme oubliait que son fils pouvait également la repousser.

On pouvait dire que dans ce steeple-chase à l'héritage, c'étaient les habitants de la villa d'Auteuil qui avaient le plus de chance pour arriver les premiers.

A Londres, lord Farsterstein, en compagnie de John et Patrick, ses deux bravis, attendait fort tranquillement l'arrivée de Warburton avec l'acte de décès du comte Henri ; il payait grassement et dès lors était en droit de s'attendre à être bien servi.

Mme de Hersdelberg réduite à l'impuissance par la crainte de voir sa complicité dans la mort de son mari découverte ne mettait plus aucun obstacle au mariage de sa fille avec le comte ; on attendait seulement l'anniversaire de la naissance d'Henri pour célébrer le mariage.

Quinze jours seulement le séparaient de ce jour, qui devait voir sceller par des liens éternels son bonheur et celui de sa fiancée, et les deux jeunes gens, ignorant les intrigues qui se jouaient autour d'eux, se livraient tout entier au bonheur d'aimer.

Dans la lutte qui allait s'engager à Londres pour la possession de l'héritage, il y avait donc pour premier champion Lambert, doublé de Birmolan, qui représentait le comte Henri ; le second champion était lord Farsterstein, représenté par Warburton, doublé de Raflard; seulement ce dernier ayant fait envisager à Warburton qu'il leur était possible de s'approprier une partie de cette riche succession, on pouvait, en quelque sorte, considérer ces deux derniers comme des compétiteurs à la succession.

Telle était la situation.

Mais à ces trois champions principaux qui avaient noms Lambert, Warburton et Raflard, venait s'en ajouter un troisième, un vrai gêneur, comme on dit vulgairement, celui-ci s'appelait Juibraide.

L'assassinat de Rapin par Warburton, avait fait naître pour Warburton un ennemi terrible, qui avait juré de venger sa mort.

Ce n'était pas seulement un homme, c'était presque la société qui se mettait contre les partisans de lord Farsterstein, et l'on sait si tous ces honorables personnages tenaient peu à le mettre dans leurs confidences.

Or, tandis que Pied-de-Fer dressait un plan de campagne pour faire tomber Warburton et Raflard dans un piége où ils devaient infailliblement succomber ; que Lambert songeait à passer en Angleterre, Juibraide, secondé par sa haine, arrivait au roulage accompagné d'agents et faisait procéder à l'examen de la caisse qui contenait les restes du malheureux Rapin.

Ce fut un spectacle horrible que celui qui s'offrit aux yeux des agents. Comme le corps de la victime n'avait pu se plier à l'exiguïté de la caisse, les assassins n'avaient pas hésité à désarticuler les jointures des cuisses et des jambes, et une semblable opération avait été faite aux bras.

Pendant qu'on procédait aux constatations, l'enquête se poursuivit activement : on trouva le cocher qui avait conduit Raflard et Warburton à la barrière Saint-Denis ; mais il ne put que dire qu'il les avait vus monter dans un cabriolet ; cette enquête, on le comprend, ne pouvait pas être terminée en vingt-quatre heures. Juibraide trouvait que tout le monde allait trop lentement, et que personne ne mettait assez de zèle dans les recherches. Et il s'ouvrit de cela à son ami Castex.

« Mon vieil ami, dit l'agent, si j'avais l'honneur d'être brigadier de la sûreté ou officier de paix, et que cette affaire me fût confiée, je crois que cela ne serait pas long à être débrouillé.

— Vraiment.

— Je vais te confier un secret ; ce secret, je dois te le dire, c'est ma vie que je te livre, je ne devrais peut-être pas agir ainsi ; mais je te vois si triste depuis quelques jours, que je ne puis hésiter à te confier certains détails qui te mettront sur la voie des assassins, mais jure-moi de ne te servir des renseignements que je vais te donner, que si d'ici deux mois, la préfecture n'est pas sur les traces des assassins de Rapin.

— Je te le jure.

— Et surtout, ajouta Castex, de ne jamais me nommer.

— Parle, et je te promets que je saurai trouver les moyens d'agir sans te compromettre. »

Les deux amis, qui se trouvaient dans le jardin des Tuileries, prirent chacun une chaise, et se placèrent au pied d'un marronnier.

« Il y a quelques jours, dit Castex après avoir jeté un coup d'œil observateur autour de lui, un individu qui paye grassement est venu à notre office, demander une série de renseignements sur des gens qui, quoi qu'occupant des fonctions ou des positions différentes, arrivaient à se relier intimement les uns aux autres ; et tous gravitaient autour d'un nom ; ce nom était celui de Pied-de-Fer.

— Alors tu croirais.... que Pied-de-Fer est l'assassin de Juibraide.

— Laisse-moi aller jusqu'au bout, et ensuite tu tireras de ce que je t'aurai dit telle conclusion qu'il te plaira ; à l'office des renseignements, et c'est là que véritablement je te livre mon gagne-pain, mardi dernier s'est présenté à mon bureau, un vieillard presque octogénaire, vêtu d'une douillette puce, et les yeux cachés par des lunettes vertes, de ces lunettes à toiles, que ne portent que les gens atteints d'amaurose ou ceux qui ont intérêt à ne pas se faire connaître ; cependant, malgré le soin avec lequel il était grimé, il me fut facile de reconnaître que j'avais affaire à un homme de quarante ans, et qui, de plus, ne tenait pas à être connu. Il me demanda des renseignements sur le prince Mafiolini, sur un nommé Lambert que le prince avait à son service en qualité de majordome, sur une femme du nom de Sophie, établie depuis peu à Auteuil, sur un ancien habitué du Palais-Royal, Jérésu, et sur un nommé Warburton ; il demandait ces renseignements pour le jour même et ne marchanda pas les honoraires. Or, je te dirai qu'il nous fut très-facile de nous procurer tous ces renseignements, car une partie, surtout ceux concernant le prince Mafiolini et les gens de sa maison, nous les avions à l'office, de même à l'égard de Jérésu, le plus difficile ce fut de se procurer ceux concernant Sophie. A onze heures et demie, tous les renseignements partaient chez l'individu, rue Blanche, hôtel de la *Reine-Blanche*. Ce qu'il y a de plus curieux, c'est que cet homme qui faisait adresser tous ses renseignements chez lord Warburton, demandait également des notes confidentielles sur ce personnage. Donc, celui qui me parlait n'était pas lord Warburton.

« Le lendemain de cette visite, une voiture s'arrêtait à la porte de l'agence, et le cocher descendait de son siége pour apporter une lettre. J'étais sur le pas de la porte à fumer un cigare, et, croyant qu'il y avait une réponse, je décachetai la lettre et je m'aperçus de suite qu'elle émanait du même individu qui était venu me demander des renseignements sur le prince Mafiolini.

« — Où avez-vous chargé? demandai-je à voix basse au cocher.

« — Rue des Cordiers, 18, » me dit-il, car il m'avait reconnu pour un ancien agent.

« C'était tout ce que je voulais savoir.

« Une heure après, mon directeur m'envoyait à Marchais pour le compte de cet inconnu qui demandait des renseignements sur une sorte de châtelaine, Mme la comtesse de Chaligny. Marchais est un village du département de l'Aisne où Pied-de-Fer a joué, sous le nom de Baillordini, un certain rôle; j'acquis la conviction, en consultant le maire et le curé de ce village, que cet ex-bandit était toujours de ce monde et qu'il avait eu des relations avec Mme de Chaligny, et le bruit courait même que le dernier fils de Mme de Chaligny ressemblait extraordinairement à Pied-de-Fer. Les renseignements que j'allais chercher étaient destinés à être adressés à M. Bonnard au château de Chaligny, sous le couvert de M. de Chaligny.

— Bonnard, dit Juibraide, mais c'est le nom de l'homme qui a tiré sur moi.

— Attends, attends. Je savais que l'homme s'appelait Bonnard. Point important. Quand je fus revenu de Marchais, j'allai rue des Cordiers, 18. Bonnard y était inconnu, mais m'étant avisé de demander à voir le livre de l'hôtel, je vis que M. de Chaligny (Édouard), étudiant, habitait là. Ce fut un éclair. On m'apprit que M. de Chaligny était parti la veille chez sa mère, et qu'il était rentré la nuit qui avait précédé son départ à deux heures du matin en compagnie d'un monsieur répondant au nom de Bonnard. Jusque-là, il n'y avait de louche que les rapports que ce monsieur pouvait avoir avec les membres de la société Pied-de-Fer et Compagnie; il me fut assez facile, par l'entremise d'un surveillant de voiture, de trouver le cocher qui avait conduit Bonnard de la rue des Cordiers à mon office, et sais-tu où il m'apprit qu'il avait descendu M. Bonnard en quittant l'office?... Chez Adèle. Une heure après, il conduisait trois femmes aux messageries de la rue Saint-Honoré.

— Oh! dit Juibraide, je commence à comprendre....

— Je laissai de côté les femmes pour ne m'occuper que du Bonnard; tu m'avais parlé du passage Saint-Honoré, je suis allé voir ta fruitière, et là j'acquis tout à fait la conviction que le bonhomme en douillette de soie puce, qui était venu à mon bureau, était bien le Bonnard que vous avez eu la bonhomie de prendre pour un chef de conspiration.

— Si bien que d'après toi, le hasard seul nous aurait mis en présence des conjurés.

— Parfaitement. Mais ce n'est pas tout, pendant que j'étais en train de faire mon enquête pour le seul plaisir de la faire, je me suis rappelé le dépôt de un million fait par Jérésu Reimloss à la Banque; le dépôt avait été retiré le mardi à une heure par un fondé de pouvoirs, M. Warburton; or, le mardi à midi, Warburton et M. Bonnard étaient suivis par un gendarme déguisé et, par ton supérieur, M. Gerlier.

— Mais alors, ce Bonnard, s'écria Juibraide, n'est autre que Raflard, l'homme qui s'est évadé de la préfecture!

— Enfin, dit Castex, tu as donc deviné!

— Et ce sont ces deux misérables qui ont assassiné ce pauvre Juibraide?

— C'est bien possible. J'ajouterai même que je crois fermement que ce sont eux.

— Mais où les découvrir?

— Où? mais à Marchais, c'est là qu'ils doivent être. Puisque Bonnard est parti le matin de chez Chaligny et que celui-ci est chez sa mère; ce doit être par là; ce jeune homme faisait probablement parti de la société secrète. Raflard se sera donné pour un conjuré ou un sauveur, que sais-je?

— Oh! il faut que je parte.

— Et moi! et ma place, pense donc à l'émoi que cela ferait; dans la clientèle de l'office on serait capable de nous prendre pour une contre-police; tâche de trouver un moyen pour mettre de fins limiers sur les traces de Warburton et de Raflard et cela sans me compromettre.

— J'en fais mon affaire, dit Juibraide émerveillé de ce qu'il venait d'entendre; mais j'ai besoin de repos et d'ici à demain, je te promets d'avoir dressé à l'intention de ces deux misérables un de ces jolis petits pièges qui rendront des points à ceux que le prétendu M. Bonnard avait dressés à notre intention dans sa maison du passage Saint-Honoré. »

Il était près de midi lorsque Pied-de-Fer arriva à l'auberge du *Cheval mort;* le père Vacher, en bonnet de coton, en blouse et en sabots, était sur le seuil de son auberge en train de fumer sa pipe; Rustaut, couché à quelques pas de son maître, levait de temps en temps son museau vers lui comme pour interroger ses désirs.

Pied-de-Fer, qui venait droit devant l'aubergiste, put l'examiner quelque temps à son aise.

L'aubergiste du *Cheval mort* pouvait avoir près de soixante-cinq ans, son visage légèrement bistré, ses lèvres minces et serrées, son nez fin et effilé, ses cheveux grisonnants, son front large et dénudé, son œil mobile et qui s'enfonçait profondément sous l'arcade sourcilière; tout cet ensemble de physionomie sombre, mais non dépourvue d'une certaine intelligence, dénotait plus de finesse et de ruse que de férocité.

Pied-de-Fer, malgré les années écoulées, avait parfaitement reconnu l'homme qui, alors qu'il pillait les campagnes à la suite des alliées, lui servait d'espion.

« Peut-on déjeuner, l'ami? dit-il en entrant dans l'auberge.

— Souper aussi et coucher, dit le bonhomme, en portant la main à son bonnet.

— Je vais toujours déjeuner, nous verrons après, dit Pied-de-Fer.

— Hortense, appela l'aubergiste, apprête à déjeuner à monsieur. »

La jeune fille entra aussitôt, il fut très-facile à Pied-de-Fer de voir qu'elle avait dû pleurer; ses yeux encore rouges en témoignaient suffisamment.

« Le drôle, dit l'ancien chauffeur en pensant à Édouard, a eu bon goût. »

En effet, Hortense, dans son costume de paysanne, était charmante.

Le déjeuner fut vivement apprêté : un poulet sauté dans la poêle en fit les frais; la cuisinière improvisée alla cueillir une salade dans le jardin, tandis que le bonhomme descendait à la cave pour chercher du vin.

— Où faut-il vous servir? demanda-t-il à Pied-de-Fer lorsqu'il fut remonté.

— Dans une chambre où nous puissions nous parler seul à seul, » lui répondit celui-ci à voix basse.

Le paysan lui jeta un regard de travers.

« Préféreriez-vous, lui dit Pied-de-Fer sur le même ton et en lui montrant Hortense occupée aux soins de la cuisine, que je dise devant cette fille ce que j'ai à vous dire. »

La façon dont Pied-de-Fer prononça ces dernières paroles, parurent faire émotion sur l'aubergiste.

« Monte le déjeuner de ce monsieur dans la chambre d'au-dessus.

— Oui, mon père. »

Au bout de quelques instants Pied-de-Fer était installé devant son couvert; le maître de l'auberge debout devant lui attendant en silence qu'il plût au voyageur de lui adresser la parole.

« J'ai pour habitude, dit Pied-de-Fer, d'être carré en affaire, j'ai besoin de ton aide et de celle de tes fils, je viens te la demander. »

Le paysan ouvrit la bouche pour répondre.

« Je ne te demande pas de réponse. Sache une chose, c'est que je puis te perdre. A trente pas d'ici, deux de tes fils ont enterré hier à minuit le cadavre d'un individu.

— Malheur! dit le paysan en sautant sur un long couteau à découper, et dont tous les instincts pervers illuminèrent le visage.

— Bas les armes! dit Pied-de-Fer froidement, je t'ai mené au pillage en 1814 : tu étais mon espion! Reconnais ton maître.

— Vous!

— Oui, moi, faut-il que je te rappelle une histoire, la seule fois, je crois que tu aies voulu faire du bien : c'était à Bar-sur-Aube, après la bataille tu avais été mis en réquisition pour conduire des blessés, mais on ne savait où les placer, alors tu te souviens qu'il y avait aux environs une ferme ; et tu partis à la tête de ce funèbre convoi ; mais quand tu arrivas à la ferme avec tes blessés, tu t'aperçus qu'elle était détruite ; l'ennemi ou les Français avaient passé par là ; tu te rappelles qu'il y avait une cave, on en débarra l'entrée et on étendit de la paille sur le sol, l'on y descendit ceux des soldats qui étaient le plus blessés ; il y avait entre autres un lieutenant qui avait les deux jambes brisées !... On entassa une quarantaine de blessés dans ce trou ; mais en transportant la paille toi et ceux qui t'aidaient en avaient laissé tomber sur les marches ; assurément que vous ne pouviez songer aux tristes conséquences que pouvait avoir, pour ces malheureux, cet acte de négligence. Au-dessus, les hommes moins blessés avaient établi un bivouac, et se chauffaient ; vers le soir, on crut signaler l'ennemi, et tous ces malheureux qui entouraient le bivouac prirent la fuite, sans songer à ceux qui étaient dans la cave ; par malheur, ils ne prirent pas le temps d'éteindre le feu de leur bivouac qui continua de flamber en leur absence ; il gagna la paille et envahit l'escalier.... Les quarante hommes furent asphyxiés, grillés, t'en rappelles-tu ?

— Oh! oui, je me rappelle de cela, et surtout du pauvre lieutenant, il était gros comme un tonneau. Mais qui êtes-vous donc pour connaître cette histoire ?

— Je te l'ai dit, ton chef alors, celui qui descendit avec toi dans la cave.

— Le capitaine des corps francs ?

— Partout! dit Pied-de-Fer, pour enlever tout doute de l'esprit du paysan.

— Toujours! » répondit celui-ci.

Nous devons dire que Vacher qui était un homme prudent parut peu satisfait de la reconnaissance. Il se tint donc sur la défensive, mais sa réserve n'échappa pas à Pied-de-Fer.

« Qu'attendez-vous de moi ? demanda-t-il après un instant de silence qu'il avait employé à examiner consciencieusement son ancien chef.

— Je te l'ai déjà dit, un service.

— Ça dépend, dit le paysan.

— Comment cela dépend ?

— Si c'est de l'argent, je vous préviens que je suis gueux comme Job.

— Qui te dit que j'ai besoin d'argent, brute, et pourtant tu dois en avoir.... »

Le paysan regarda Pied-de-Fer de travers, mais celui-ci parut peu s'émouvoir.

« Le métier que tu fais est pourtant assez lucratif ; tuer les voyageurs.

— Je n'en fais pas mon métier.

— Et pourtant ce cadavre que vous avez enterré hier dans le bois.

— C'est une vengeance.

— Une vengeance, allons donc, dit Pied-de-Fer.

— Cet homme avait insulté ma fille....

— Brave père! fit Pied-de-Fer avec une ironie qui échappa au paysan.

— Alors mes fils n'écoutant que leur indignation l'ont frappé; il s'est défendu pour son malheur, et il a succombé dans une lutte qu'il avait provoquée?

— Et comment s'appelait cet homme.

— J'ignore son nom.

— Maître Vacher, vous êtes un adroit coquin.

— Un adroit coquin, répéta le paysan.

— Non-seulement, vous tuez les gens, mais encore vous cherchez à les déshonorer.

— Je ne comprends pas.

— Celui qui a insulté ta fille est en sûreté; tu n'as nullement songé à venger ce que tu appelles ton honneur, mais à tirer parti de la situation, en essayant de lui faire signer une traite de dix mille francs. Quant au malheureux que tu as tué, c'était sans doute dans l'unique but de le dépouiller. »

Le paysan stupéfait de ce qu'il entendait, demeurait bouche béante devant Pied-de-Fer.

« Tu vois que je suis bien renseigné.

— Ce Chaligny de malheur! dit-il.

— Ne touche pas à un seul des cheveux de ce garçon, ou il t'arrivera malheur!

— Quels rapports pouvez-vous avoir avec lui?

— Que t'importe! dit Pied-de-Fer avec l'accent du commandement, qu'il te suffise de savoir qu'il a ton secret, mais qu'il saura se taire; tu lui as demandé dix mille francs, en voici vingt. »

Et l'ancien chauffeur tira de sa poche quarante billets de banque de cinq cents francs, qu'il étala sur la table.

Les yeux du paysan s'illuminèrent à la vue des billets, et il étendit la main vers le bienheureux paquet.

« Un instant, je mets pour conditions à leur remise, qu'Édouard de Chaligny et ta fille te seront sacrés, et que tu ne tenteras rien contre eux! »

Le paysan étendit le bras avec une vivacité qui témoignait assez de son désir de voir les vingt mille francs en sa possession.

« Ta fille partira aujourd'hui même d'ici, continua Pied-de-Fer; tu l'enverras en condition à Reims ou à Réthel.

— Je ne demande pas mieux.

— La seconde condition, je dois t'en prévenir, n'est pas sans offrir quelques difficultés dans son exécution.

— Ah! ah! voyons la seconde, dit le paysan, dont le front s'était déridé depuis qu'il avait vu les billets de banque.

— Ce soir vers cinq ou six heures, il se présentera ici deux chasseurs qui demanderont M. Édouard de Chaligny....

— Jusque-là, dit le paysan, je ne vois rien de bien difficile à faire.

— Tu leur diras que M. Chaligny ne sera chez toi que vers quatre heures ou cinq heures du matin, qu'il les a attendus inutilement et qu'il est allé en avant contremander les ordres pour leur faire passer la frontière, mais qu'ils peuvent se reposer sur toi pour les réveiller à temps et leur servir de guides pour le lendemain.

— Et M. de Chaligny?

— M. de Chaligny ne viendra pas....

— Hé! hé!

— Et ces deux hommes ne doivent pas sortir d'ici. »

Pied-de-Fer en prononçant ces dernières paroles était devenu livide; depuis le temps qu'il avait rompu avec le crime, ce double assassinat qu'il préparait froidement l'épouvantait.

« C'est pour leur repos, se dit-il à voix basse; du reste, ils me tueraient s'ils en trouvaient l'occasion. »

Le paysan en entendant cette proposition s'assit familièrement devant Pied-de-Fer, se versa un grand verre de vin qu'il avala d'un trait, puis après s'être essuyé la bouche avec le revers de sa main, il dit :

« Quand on fait une proposition semblable à un chrétien, on devrait se faire une idée des difficultés. Vous me prenez donc pour un assassin à gages et mes trois fils pour trois bandits. Voilà deux hommes, vous dites des chasseurs, donc ils seront armés, — que je ne connais pas, il faut que je vous en débarrasse.... Et vous me proposez pour cela le même prix, que pour le déshonneur de ma fille. »

Cette conversation était à soulever le cœur de dégoût; mais Vacher considérait la proposition que lui faisait Pied-de-Fer comme un marché, et il en discutait sérieusement les conditions.

« J'ai dit vingt mille francs, c'est à prendre ou à laisser.

— Et si je n'acceptais pas, dit le paysan.

— Si tu n'acceptais pas, dit Pied-de-Fer, tu ne te rappelles donc plus la façon dont je traitais ceux qui se permettaient de discuter mes ordres. »

Le paysan baissa la tête, et parut réfléchir.

« Nous ne sommes pas en 1814, finit-il par dire, et vous pourriez bien ajouter dix mille francs à la somme.

— Vingt mille ou rien.

— Allons, tapez là, capitaine, dit le paysan en tendant les mains pour recevoir les billets, et vous verrez qu'on ne boudera pas sur l'ouvrage.

— Ainsi c'est bien entendu, les deux hommes ne sortiront pas d'ici.

— Que dans un sac, » dit l'aubergiste avec un affreux sourire.

En ce moment, on entendit un bruit effroyable dans l'escalier, comme la chute d'un corps qui roulait sur les marches.

Les deux complices s'entre-regardèrent effrayés.

« Ah! malheur! dit l'aubergiste qui paraissait affectionner cette expression, et en serrant vivement les billets de banque dans son gousset de pantalon, on nous écoutait! »

Pied-de-Fer, qui s'était levé de table, n'osait bouger.

Vacher ouvrit la porte de la chambre, et au bas des marches, il aperçut sa fille évanouie.

« C'est encore cette coquine! venez me donner un coup de main, capitaine, » dit-il.

Pied-de-Fer descendit l'escalier et aida l'aubergiste à enlever sa fille.

Hortense était complétement évanouie, ils la montèrent dans la chambre qu'ils venaient de quitter, et la placèrent tant bien que mal sur une chaise.

Pied-de-Fer et le père se regardèrent un instant sans prononcer une parole; il passa dans les yeux de celui-ci une expression si terrible que Pied-de-Fer lui saisit le bras éperdu.

Il avait vu le paysan jeter un regard sinistre sur sa fille, et sur le couteau, dont il l'avait menacé au début de sa conversation.

« Oh! ne la tuez pas, dit-il à voix basse.

— Mais elle va nous vendre. »

Pied-de-Fer quoiqu'il pensât comme Vacher reculait devant un crime.

« Ne la tuez pas, répéta-t-il.

— Vous êtes donc devenu bien vertueux, lui dit ironiquement le misérable père.

— Non, mais c'est ta fille.

— Ce n'est pas ma fille, c'est mon ennemie! dit Vacher avec une expression sauvage.

— Vous ne la frapperez pas, moi présent, » dit Pied-de-Fer.

Le paysan comprit probablement qu'une lutte entre lui et Pied-de-Fer pourrait bien être désavantageuse; sur ses trois fils l'un, celui qui était tombé dans la nuit en bas du toit, était couché et les deux autres travaillaient dans la forêt ou à s'enivrer dans quelques cabarets des environs.

« Achetez-moi sa vie, dit-il.

— Misérable, dit Pied-de-Fer avec un éclat de voix terrible, ton bras homicide, levé sur cet enfant, s'arrêterait seulement devant quelques pièces d'or.

— Beaucoup! beaucoup! » dit le paysan.

Hortense, qui venait de reprendre ses sens, arrêta l'explosion de colère à laquelle allait se livrer Pied-de-Fer.

L'aspect de son père et de l'inconnu lui parut si terrible, qu'elle tomba à genoux devant eux.

« Grâce! mon père, dit-elle, protégez-moi. Je ne veux pas mentir; j'ai entendu ce que vous avez dit, mais j'ai tout oublié....

— Voilà un oubli auquel je ne crois guère, » dit le paysan en secouant lentement la tête.

Pied-de-Fer, irrésolu, regardait cette scène avec une certaine épouvante.

Le regard d'Hortense, à genoux, allait de l'un à l'autre.

« Oui! s'écria-t-elle tout à coup en se levant, vous avez raison; mon père, je n'oublierai rien! vous êtes un assassin!

— Malheureuse! s'écria celui-ci, tu dénonces ton père.

— Vous et mes frères vous êtes des monstres; des assassins! Je tiens à vous épargner un nouveau crime. »

Et, sautant sur le couteau laissé sur la table, elle chercha à s'en frapper; mais Pied-de-Fer arrêta son bras.

« Ah! malheur! dit le paysan, fallait la laisser faire. »

En ce moment, du dehors, on entendit la voix du chien qui hurlait à mort, comme on dit dans la Champagne; il avait probablement entendu les cris désespérés de sa maîtresse.

« Sortez! dit brutalement l'aubergiste à Pied-de-Fer.

— Mais cette fille!

— Sortez donc, et ne vous occupez pas tant de cette coquine. »

Pied-de-Fer, qui pourtant ne s'intimidait pas facilement, mais que cette horrible scène avait ému, descendit dans la salle basse, tandis que le paysan restait seul avec sa fille.

Il entendit au-dessus de lui une sorte de lutte; quelques cris étouffés, puis plus rien.

« Le misérable l'a tuée, » se dit Pied-de-Fer tremblant d'émotion, et dont les pieds semblaient cloués au sol.

Au bout d'un instant qui lui parut horriblement long, il vit paraître l'aubergiste.

Il n'osait le regarder; celui-ci était horriblement pâle.

« Elle est morte? » lui demanda Pied-de-Fer.

Le paysan l'envisagea un instant.

« Non, dit-il; seulement elle ne nous gênera plus, elle est solidement attachée, et puis est-ce qu'on peut tuer sa fille? »

Pied-de-Fer respira.

« Les gens de votre sorte, dit Vacher en s'adressant à Pied-de-Fer, ont ordinairement toute leur fortune sur eux. Après ce qui vient de se passer avec Hortense, il faut que je m'attende d'un jour à l'autre à ce qu'une indiscrétion d'elle amène ma perte; je ne puis vivre continuellement

Ces deux hommes marchaient en silence. (Page 452.)

sur le qui-vive; ce qui vient d'arriver est un avertissement pour moi.

— Vous désirez une somme plus forte.

— Je veux cent mille francs.

— Cent mille francs! exclama Pied-de-Fer.

— C'est le prix que j'estime ces deux balles, » et l'aubergiste, tirant de dessous sa blouse un pistolet à deux coups, coucha Pied-de-Fer en joue.

Mais l'ancien chauffeur avait prévu le mouvement du paysan, et tirant brusquement à son tour un pistolet de sa poche de côté, il fit feu des deux coups à la fois; mais Rustaut qui avait vu le mouvement avait sauté au bras de Pied-de-Fer, les deux balles passèrent au-dessus de la tête de Vacher et allèrent briser le cadran d'un coucou.

« Brave chien! dit le paysan. Eh bien! monsieur Pied-de-Fer, dit-il d'un ton railleur, vous vous êtes trop pressé, jetez à terre les cent mille francs ou je vous tue. »

Le bandit fit entendre un rugissement terrible.

« Ne bougez pas! exclama Vacher, l'argent! » Mais Pied-de-Fer était revenu de sa surprise.

« Tu n'auras pas un sou de plus! lui dit-il, tue-moi si tu veux. »

Et tournant brusquement les talons, il sortit de l'auberge sans que le paysan songeât un seul instant à faire usage de ses armes, tellement il était stupéfait du sang-froid de son ancien chef.

La scène à laquelle il avait assisté avait tellement impressionné Pied-de-Fer, qu'il eût été heureux que quelqu'un le débarrassât de la vie.

Ce ne fut que vers les dix heures du matin que Warburton se réveilla.

« Diable! dit-il en voyant que le soleil inondait sa chambre de ses rayons, j'ai dormi plus que d'habitude.

— Grâce à un certain narcotique que vous a fait prendre ce cher M. Pied-de-Fer, lui dit Raflard d'un ton ironique qui attendait avec impatience son réveil.

— Comment! fit Warburton.

— Au lieu de chercher à me retenir ma langue quand je m'amusais à taquiner M. le comte de Santa-Lux, tu aurais bien mieux fait de modérer ton goût pour le thé. Mais tu as été victime de ton patriotisme et de ta gourmandise!

— Et qu'est-il arrivé?

— Oh! une série de choses toutes plus cocasses les unes que les autres; pendant que j'avertissais charitablement cette chère Mme de Chaligny de se tenir sur ses gardes vis-à-vis M. le comte de Santa-Lux, celui-ci sortait d'une armoire comme le Charles-Quint d'*Hernani* et donnait gravement à lire à la chère dame un mémoire justificatif de sa conduite passée.

— Et après? demanda Warburton.

— Après, dit Raflard, il m'a jeté au nez le portefeuille de Rapin !

— Ah ! mon Dieu ! fit Warburton épouvanté.

— Ah ! mon Dieu, quoi ? Il ne fallait pas prendre de thé, voilà tout, et il m'a présenté ensuite dans les règles à la comtesse. Si bien que la brave dame ne savait quelle contenance tenir vis-à-vis de nous.

— Et comment t'es-tu tiré de là ?

— Par une sortie des plus convenables. Ensuite Pied-de-Fer et moi (ne trouves-tu pas que ce nom sonne bien à l'oreille), sommes descendus dans le jardin où nous avons eu une de ces conversations qui font époque dans la vie d'un homme. Je lui ai dit le but que nous poursuivions, c'est-à-dire la possession des millions de lord Barsthley, et je l'ai engagé fortement à user de son influence pour faire tenir tranquille l'honorable M. Lambert. »

Warburton allait probablement poser d'autres questions à Raflard, lorsqu'on frappa à leur porte.

« Madame prie ces messieurs de l'excuser, dit un domestique, mais une affaire urgente l'a forcée de partir dès ce matin, pour Paris ; quand ces messieurs voudront déjeuner, ils auront la bonté de me prévenir.... »

« C'est un congé en bonne forme, mais donné d'une façon courtoise, » se dit Raflard.

Le domestique, qui avait une lettre à la main, la tendit à Raflard :

« De la part de M. Édouard de Chaligny, dit-il, et il sortit.

— Tiens ! tiens ! dit Raflard après avoir lu le billet écrit par Pied-de-Fer, il paraît que la scène d'hier soir a rendu notre hôte ingénieux et qu'il a trouvé les moyens de nous faire sortir de ce beau pays de France sans encombre. »

Et il passa le billet à Warburton. Ils firent aussitôt leurs préparatifs de départ ; malheureusement, ils ne purent partir de suite.

Le cabriolet dans lequel on devait les conduire avait besoin de réparations, et le charron du village était absent.

Il était cinq heures du soir quand ils se mirent en route.

Raflard avait retrouvé son caractère insouciant et Warburton avait quitté son ton gourmé.

« Cette campagne, disait Raflard, exhale un parfum de liberté qui me va au cœur. »

La nuit était depuis longtemps venue lorsqu'ils arrivèrent au pont de Dormans ; suivant les instructions contenues dans le billet, ils congédièrent le domestique et le cabriolet, après toutefois l'avoir indemnisé de son dérangement par une large gratification.

Une chose à remarquer, c'est que les fripons sont généralement très-généreux avec les gens qu'ils emploient.

Il n'était pas venu un seul instant à l'idée de Raflard et de Warburton qu'un piége pouvait leur avoir été tendu.

Édouard leur avait promis de les faire sortir de France, et il n'y avait rien d'étonnant qu'il se fût enquis des moyens pour faire exécuter le projet.

Une lanterne rouge, qui se balançait au-dessus de la porte d'entrée, indiqua aux deux voyageurs l'entrée de l'auberge ; sur la table, placée au milieu de la salle d'entrée, il y avait une chandelle qui éclairait à peine les murs. Assis dans un coin de la cheminée se tenait le maître de l'auberge fumant dans une vieille pipe ; en face de lui, assis sur un escabeau, se tenait un paysan qui pouvait avoir une vingtaine d'années et dont le bras droit était soutenu par un mouchoir passé autour de son cou : ce paysan était celui des fils qui était tombé dans la cour en poursuivant la veille Édouard.

Entre les deux hommes se tenait Rustaut.

Raflard jeta un coup d'œil sur le tableau qu'il avait devant les yeux ; la forêt qu'il venait de traverser, la nuit, et un peu, beaucoup même pourrions-nous dire, l'état de sa conscience, lui firent faire de singulières réflexions ; il se tourna vers Warburton pour le consulter d'un regard, mais celui-ci était fort occupé à fermer la porte d'entrée qui résistait à toutes tentatives.

« Vous êtes en retard, messieurs, dit l'aubergiste en portant la main à son bonnet.

— Vous nous attendiez donc, demanda Raflard d'un ton soupçonneux.

— Il n'y a pas que moi, M. Édouard, — vous connaissez bien. — est venu comme ça ce matin : Mais qu'est-ce que tu fais là, toi grand paresseux, dit-il à son fils en lui envoyant un coup de pied dans les jambes, quand on est malade on va se coucher, allons, au lit ! »

Cette façon de parler à son fils fit une certaine impression sur Raflard.

« Asseyez-vous, messieurs, on parle mieux assis que debout. Voyez-vous, dit-il, en prenant un ton mystérieux, j'ai renvoyé mon fils, parce qu'il ne faut pas se fier à la jeunesse.

— Et M. de Chaligny ? demanda Raflard.

— M. de Chaligny était bien inquiet de ne pas vous voir arriver ; il est venu deux fois, à trois heures et à sept heures.

— C'est cette canaille de charron qui est cause de ce retard, dit Warburton.

— Il m'a dit comme ça : Père Vacher, tu diras à ces messieurs que c'est partie remise.

— Comment ! firent Raflard et Warburton en même temps ; il ne reviendra pas.

— Dame, il a fallu qu'il aille donner contre-ordre sur toute la route à ceux qui vous attendent, et il ne pourra être ici que demain matin à cinq heures.

— Voilà qui dérange tous nos calculs, dit Warburton.

— Vous aurez toujours le temps de vous reposer, dit l'aubergiste ; je vous ai préparé une chambre et à dîner. M. de Chaligny sera ici demain matin à cinq heures, et j'aime autant vous conduire jusqu'à la forêt Hirson de jour que de nuit, c'est plus prudent.

— Nous ne mangerons pas, dit Raflard.

— Quel malheur ! un si bon dîner.

— Vous le mangerez et on vous le payera, dit Warburton d'un ton hautain, ce sera tout bénéfice.

— Où est la chambre que vous nous destinez, » dit Raflard qui semblait avoir pris son parti du retard.

Le paysan prit le chandelier qui était sur la table et fit passer les deux voyageurs dans une sorte de bûcher, où se trouvait un escalier qui conduisait au premier étage de la maison.

« Voilà une petite chambre bien à votre convenance, » dit l'aubergiste en posant le chandelier sur la cheminée.

La petite chambre de l'auberge du *Cheval mort*, aurait bien pu contenir quatre lits semblables avec deux qui se trouvaient là.

C'étaient d'anciens lits à quenouille surmontés d'un baldaquin un peu large et un peu plus long que le lit, lequel était assez large pour que trois personnes pussent y tenir à l'aise; les murs blanchis à la chaux étaient éraillés en bon nombre d'endroits, une petite table dans un coin, une armoire à deux battants en noyer, quelque chose de monumental; des chaises de paille, tout cela éclairé à peine par la lumière tremblante que l'aubergiste tenait à la main.

Cette chambre n'était éclairée du jour que par une unique fenêtre d'un aspect sinistre qui frappa l'Anglais.

Raflard l'ouvrit, autant qu'il put distinguer, elle donnait sur la forêt.

« Vous habitez seul cet auberge ? demanda-t-il au paysan.

— Avec mon fils.

— Cette porte ne ferme pas ? fit observer Raflard.

— N'y a point de serrure, c'est vrai, dit l'aubergiste, mais il y a un verrou. »

Raflard vit le verrou, mais il remarqua qu'il était placé, contre l'habitude, en bas de la porte, et qu'à quelques centimètres de ce verrou, il y avait un trou à chat par lequel un homme pouvait passer facilement le bras et atteindre le verrou.

— Oui, oui, dit-il ; du reste nous sommes ici en sûreté et nous n'avons pas à nous inquiéter des serrures et des verrous.

— Ça c'est vrai, monsieur, dit l'aubergiste. Je vous laisse la lumière, dit-il. Bien le bonsoir, messieurs. Aussitôt que M. de Chaligny arrivera, je vous appellerai. »

Dès que l'aubergiste fut parti, Raflard et Warburton se considérèrent un instant en silence.

Pour la première fois de leur vie peut-être, ces deux hommes avaient peur. De quoi ? ils auraient peut-être été fort en peine de le dire ; mais l'ensemble de ces lieux avait frappé leur imagination.

« Je ne sais, dit Raflard, mais il me semble que nous sommes dans un coupe-gorge.

— Moi j'en suis sûr, dit froidement l'Anglais.

— Que faire?

— Attendre.

— Pourtant il n'est pas possible qu'Édouard de Chaligny nous ait envoyés dans un coupe-gorge, il est encore à cet âge où on recule devant un meurtre.

— Mais, dit Warburton, es-tu sûr que ce soit lui qui nous ait donné rendez-vous ici?

— Ce billet ?

— Connais-tu l'écriture d'Édouard.

— Non.

— Et si le billet était de Pied-de-Fer ? dit Warburton ; si ce paysan avec ses yeux caves et ses lèvres minces, et qui me fait l'effet d'un vieux coquin, était son complice.

— Oh ! nous avons agi bien légèrement, dit Raflard.

— Le plus court, dit Warburton, serait peut-être de sortir d'ici?

— En avant ou en arrière, dit Raflard, il y a une lieue de forêt; un seul homme à cette heure embusqué derrière un arbre peut avoir raison de nous ; ici nous pouvons tenir tête à vingt. »

Ils se parlaient à voix basse, et comme s'ils eussent craint que les murs ne recueillissent leurs paroles.

« Mettons d'abord nos valeurs en sûreté, » dit Raflard qui sortit de son portefeuille une série de billets de banque et qu'il plaça dans la ceinture qu'il portait sur lui.

Or, au moment où il accomplissait cet acte de haute prudence, au-dessus de lui par un trou fait avec une vrille un œil plongeait dans la chambre.

Cet œil était celui de Vacher.

La vue de toutes ces valeurs lui tourna la tête.

Pendant un moment, le misérable s'était demandé, s'il ne ferait pas mieux de garder l'argent que lui avait donné Pied-de-Fer et de laisser partir tranquillement les deux hommes qu'il lui adressait.

Mais la vue des valeurs que portait Raflard le fit promptement revenir aux idées de meurtre.

Toutes les portes de l'auberge étaient fermées;

il descendit dans sa cave où se trouvait ses trois fils : trois bandits ; en attendant l'heure du crime deux de ces misérables jouaient aux cartes; le troisième, le blessé, activait la flamme d'un punch.

« Eh bien! demanda l'aîné en voyant son père, sont-ils couchés?

— Pas encore, mais ça ne tardera pas. A minuit, nous irons voir comment ils vont.

Cependant Raflard, après avoir jeté un coup d'œil sur les lieux, songeait à organiser une résistance contre des ennemis invisibles.

« Voilà d'abord, fit-il observer à Warburton, une armoire qui, mise en travers de la porte, pourra nous être d'une grande utilité.

— Mais, fit observer à son tour Warburton, si nous passions par la fenêtre, elle n'est pas haute et en découpant les draps nous pourrions nous faire d'excellentes cordes; pendant que les drôles nous attendent dans la salle basse.

— C'est une idée, dit Raflard d'un ton presque joyeux, en allant à la fenêtre qu'il ouvrit; elle donne dans une cour.

— Ah! fit Warburton.

— Mais la cour est fermée par un mur.

— Est-il haut?

— Il peut avoir quinze pieds.

— Alors aux draps, dit Warburton.

— Non, à l'armoire d'abord. »

Mais en ce moment un grognement se fit entendre sous les fenêtres, c'était Rustaut qui faisait sa ronde, et venait d'éventer les deux voyageurs.

« Maudit chien! fit l'Anglais.

— Ferme la fenêtre, » dit Raflard d'un ton de commandement.

Dans les circonstances critiques où ils se trouvaient, l'Anglais ne songea pas un seul instant à se blesser de ce ton de commandement.

« Donne-moi ton poignard, lui dit-il, je vais aller à la découverte.

— Tu n'as donc pas tes pistolets?

— Si, mais je préfère un poignard. »

Warburton serra silencieusement la main de Raflard en lui tendant cette arme terrible qui avait servi à trancher les jours du pauvre Rapin.

Raflard ôta ses bottes, ouvrit la porte rapidement et sans bruit et descendit l'escalier.

Il s'engagea dans le bûcher, de là dans la salle basse de l'auberge, et ne vit rien, n'entendit rien.

« Décidément, se dit-il, nous sommes fous et nos terreurs n'ont pas le sens commun; le bonhomme et son fils doivent dormir; » rassuré par cette inspection rapide, il reprit le chemin de la chambre où l'attendait Warburton.

Quand il rentra il fut frappé de la pâleur de l'Anglais.

« Je n'ai rien découvert, lui dit-il.

— Et moi j'ai découvert quelque chose ? dit celui-ci....

— Nous sommes dans un repaire d'assassins.... Regarde! et d'un coup de pied il fit sauter de dessous le lit une chemise et un pantalon ensanglantés....

— Grand Dieu! fit Raflard épouvanté.

— Silence! dit Warburton en lui prenant le bras; regarde à terre. »

Et prenant la chandelle, il fit remarquer sur le parquet de larges taches qu'on avait essayé de faire disparaître par le lavage.

« Ce n'est pas tout, dit Warburton à voix basse, en posant le chandelier sur la table, j'ai fouillé le pantalon.

— Tu as osé.... »

Warburton par un lèvement d'épaules fort significatif fit comprendre à Raflard combien la vue de ces vêtements ensanglantés lui produisait peu d'effet.

« Dans la poche de ce pantalon, dit-il, il y avait une lettre; peut-être les assassins ne l'ont ils pas vue, ou s'ils l'ont vue, l'ont-ils dédaignée; du reste, ils n'auraient pu rien y comprendre, puisqu'elle est écrite en anglais.

— En anglais?

— Elle est datée de Londres et signée Rewcolvent, attorney. Or ce Rewcolvent n'est autre que l'exécuteur testamentaire de lord Barstley.

— Alors, dit Raflard en proie au plus grand trouble, ce seraient les dépouilles de Rewcolvent que nous aurions sous les yeux.

— Non, mais de son principal clerc James Corcley.

— Et comment se fait-il qu'il soit passé ici?

— Je l'ignore; mais dans tous les cas, il paraît que Rewcolvent était sur les traces du comte Henri, puisque dans l'itinéraire tracé dans cette lettre, je vois cette mention : *s'informer auprès du curé de Marchais et dans le canton de Dormans*; il est probable que ce malheureux en venant ici aura montré de l'or.... C'est ce qui aura été la cause de sa perte.

— Il faut prendre un parti, dit Raflard, et ne pas nous laisser saigner comme des poulets : ce serait par trop bête; il faut attendre le jour, une fois le jour arrivé nous serons en sûreté. Les assassins peuvent venir par deux points, la fenêtre et la porte; je vais solidement attacher le verrou de la porte et mettre l'armoire en travers, et du diable si cinq hommes parviennent à l'ouvrir avant au moins une heure ou deux de lutte; reste la fenêtre; nous allons rouler un lit devant et empiler les matelas : je garde la porte; toi la fenêtre. Est-ce entendu?

— Oui.

— Alors à l'ouvrage ! »

La peur avait décuplé leurs forces; en un instant

l'armoire fut enlevée et couchée en travers de la porte ; un des lits fut roulé à petit bruit jusque devant la fenêtre, ils empilèrent les paillasses et les matelas ; Warburton grimpa sur cette éminence en observation, tandis que Raflard étendu sur les couvertures se couchait en travers de la porte ; ce dernier qui avait dans sa poche une provision de bougies, posa la chandelle tout allumée dans la cheminée, et s'arrangea de façon à ce que la lumière fût masquée ; chacun d'eux avait quatre coups de pistolets à tirer et de plus un poignard.

« Maintenant, dit Warburton, il s'agit de ne dormir que l'un après l'autre. »

Il fit sonner sa montre ; il était onze heures trois quarts.

« Comme j'ai beaucoup dormi la nuit passée, dit-il à Raflard, je vais faire la première veille. »

Le plus grand silence régna bientôt dans la chambre.

Qu'elle paraît longue une nuit passée dans de semblables circonstances ! peut-être ces deux hommes armés pour leur propre défense, songeaient-ils alors aux victimes qu'ils avaient faites.

Raflard surtout chez qui tout sentiment d'humanité n'était pas éteint faisait de tristes réflexions sur sa situation présente ; il lui aurait été si facile après la terrible leçon qu'il avait reçue en cour d'assise, de vivre heureux et tranquille ; mais non, il avait préféré suivre la voie du crime, et en ce moment il avait à défendre sa vie, sans qu'il pût songer un seul instant à appeler la société à sa défense.

Mais un bruit léger qui se fit entendre dans le bûcher situé, au-dessous de lui, suspendit le cours de ses funèbres réflexions.

Les gens qui se trouvaient là avaient dû retirer leurs chaussures.

De son côté, Warburton venait d'entendre un mouvement dans la cour.

Il descendit de la barricade de matelas, et vint ramper à côté de Raflard.

« Dors-tu ? lui demanda-t-il à voix basse.
— Non.
— Je crois qu'on va venir nous attaquer par la fenêtre.
— Et moi par la porte ; écoute. »

On entendit les pas étouffés de plusieurs individus qui montaient l'escalier.

Le cœur de Raflard battit avec violence ; il y eut chez ces deux hommes un sentiment d'angoisses inexprimables ; bientôt les pas arrivèrent à la porte, mais les individus continuèrent de monter.

« Ils sont au moins quatre, » dit Warburton.

Ils entendirent ouvrir avec précaution la porte de la chambre placée au-dessus de la leur ; puis il se fit le plus grand silence.

« Qu'est-ce que cela veut dire ? » se demandait Warburton.

Mais leur attente ne devait pas être de longue durée ; car tout à coup ils entendirent un frôlement de cordes, et il leur sembla que quelque chose comme une trappe descendait.

Raflard au risque de se perdre courut vers la cheminée et démasqua la lumière, les deux complices eurent peine à retenir un cri de surprise ; du plafond descendait lentement et en silence les deux ciels de lits probablement chargés de poids.

Dans l'auberge du *Cheval mort*, on ne poignardait pas les voyageurs, on les étouffait !

Le mouvement des cordes s'arrêta ; il est probable que les meurtriers croyaient que les ciels de lit étaient arrivés à leur but.

« Il faut prendre un parti décisif, dit Raflard, ces hommes vont probablement descendre, le moyen qu'ils emploient me montre assez que ce sont des lâches ; il faut les tuer au passage. Aide-moi à débarrasser la porte.... »

L'armoire fut retirée sans bruit.

« Je ne tirerai que quand le dernier sera descendu, » dit Warburton.

Il est probable que ceux qui se trouvaient au-dessus d'eux crurent qu'ils n'avaient plus besoin de se gêner pour marcher, car on les entendit ouvrir la porte bruyamment.

« Voilà une affaire faite, disait la voix de l'aubergiste ; dans un moment faudra faire la seconde besogne, mais surtout qu'on prenne plus de précaution qu'hier soir, au reste j'irai avec vous, mes gars.

— Vous ferez bien, dit une voix, car deux c'est pas assez. »

Les hommes passèrent devant l'escalier le père en tête tenant une lanterne, puis les trois gas suivaient.

« Tiens ! dit le dernier avec une exclamation d'effroi, la porte de la chambre est ouverte !

— La porte est ouverte ? » dit le père en se retournant.

Mais au même instant un coup de feu se faisait entendre et une balle venait de lui fracasser la tête.

Les trois fils poussèrent un cri de terreur, mais deux autres coups de feu tirés coup sur coup, firent tomber un autre des fils.

Celui des fils qui avait été blessé la veille dans sa poursuite après Edouard, se rua dans la chambre ; la porte s'ouvrit toute grande, mais il fut frappé par le poignard de Raflard ; tandis que Warburton abattait le dernier des fils d'un autre coup de pistolet.

Cette scène de meurtre avait demandé dans son accomplissement moins de deux minutes.

Il y avait trois cadavres dans l'escalier ; celui du père Vacher avait roulé jusqu'au bas des marches, celui de son fils aîné avait roulé par-dessus ; c'était un spectacle affreux.

Warburton escalada les corps et arriva à celui du bonhomme, et l'assit le long du mur. Chose curieuse et digne de remarque, la lanterne qu'il avait à la main avait roulé à terre, mais sans s'éteindre. La balle lui avait traversé la tête; celle qui avait tué son fils était entrée en pleine poitrine.

Comme Warburton s'était bien trouvé d'avoir fouillé le pantalon du pauvre clerc de Rewcolvent; il en fit autant envers l'aubergiste.

« Ah! ah! dit-il en découvrant les billets de banque donnés par Pied-de-Fer, voilà le prix de notre sang, » et il mit dans sa poche sans sourciller les vingt billets de banque.

Mais tout à coup un homme bondit au milieu d'eux, ses cheveux étaient hérissés, ses yeux hagards.

« Où est-elle, Hortense? criait-il.

— Monsieur de Chaligny! dirent en même temps les deux hommes.

— Que s'est-il passé ici, dit-il en reconnaissant ses deux hôtes.

— Il s'est passé, monsieur, dit Warburton en lui serrant le bras fortement, que vous nous avez envoyés dans un guet-apens.

— Moi! fit Édouard indigné.

— Oui, vous.

— Lisez, » dit Raflard en lui mettant sous les yeux le billet écrit par Pied-de-Fer.

Mais il suffit à Édouard d'y jeter un coup d'œil pour voir qu'il était l'œuvre d'un faussaire.

« Ce n'est pas mon écriture!

— Alors, si ce n'est pas votre écriture, c'est celle du prétendu comte de Santa-Lux.

— Jamais! s'écria Édouard, quoiqu'il sut parfaitement le contraire.

— Ne jurez pas! dit froidement Raflard, c'est bien lui qui a écrit ce billet, lui seul avait intérêt à vous faire disparaître ; lui seul était assez riche pour donner vingt mille francs aux assassins. »

Édouard vit bien que Raflard et Warburton étaient au fait de tout, et que sa dénégation pour sauver le prétendu comte de Santa-Lux ne servirait à rien; car les deux hommes n'ignoraient pas que Pied-de-Fer avait intérêt à les faire disparaître : il tomba accablé sur une chaise. Mais tout à coup le souvenir d'Hortense lui revint à la mémoire.

« Et elle? dit-il.

— Qui elle?

— Hortense, la fille de cet aubergiste, la sœur des trois hommes que vous avez tués, l'avez-vous tuée aussi?

— Nous n'avons fait que défendre notre vie contre des assassins, dit Raflard avec dignité, nous n'avons point vu de femme!

— Eh! je sais que ces hommes sont des assassins, puisque hier, j'ai manqué de périr ici; et ce jour-là même, ils avaient tué une autre personne.

— C'est la découverte des vêtements de cette victime qui nous a donné l'éveil.

— Ah! messieurs, je vous en prie, dit Édouard, aidez-moi à trouver Hortense.

— De grand cœur! »

Raflard et Warburton laissèrent les autres corps dans la posture où la mort les avait mis et ils se mirent à fouiller la maison; elle leur parut vide.

« Je crois que ce que nous avons de mieux à faire, maintenant, c'est de partir? dit Warburton.

— C'est aussi mon avis, dit Raflard, mais je ne sais vraiment comment nous guider. »

En ce moment un cri qui n'avait rien d'humain retentit dans la direction de la chambre qu'ils venaient de quitter.

Warburton et Raflard se jetèrent un coup d'œil, comme pour se demander quel pouvait être ce nouvel ennemi qui leur arrivait.

« Marchons! dit brusquement Raflard.

— Avez-vous visité la cave? demanda Édouard.

— Non!

— Eh bien! si ces misérables ne l'ont pas tuée, c'est à la cave que nous la trouverons. »

Les trois hommes descendirent, dans la première cave, ils trouvèrent les restes du punch.

« C'était là, dit Warburton, que les assassins se tenaient en attendant l'heure propice.

— Personne! dit Édouard, tout entier à la recherche de sa maîtresse. Ah! voici une autre entrée de cave. »

Il est probable que cette maison avait été bâtie sur les fondations d'un ancien château ou d'une maison importante, car contre l'ordinaire des constructions villageoises, il régnait une série de caves et de caveaux sous la maison; ils en avaient déjà parcouru plusieurs sans rien rencontrer, lorsque le pied d'Édouard butta dans quelque chose ; il se baissa et tâta le sol, un frisson lui parcourut tout le corps, c'était le pied d'un squelette qui sortait de terre; la terre s'était affaissée en cet endroit et avait mis certaines parties du squelette à nu.

La cave de l'auberge du *Cheval mort* avait été transformée en cimetière par les assassins.

Combien ce sol ne devait-il pas recéler de corps pour que les meurtriers se fussent décidés aux dépens de leur sécurité à aller enterrer le corps de leurs nouvelles victimes dans le bois environnant leur maison.

Les trois hommes étaient arrivés devant la porte d'un caveau.

« Elle doit être là, dit Édouard, ou elle est morte. »

Et s'emparant d'un merlin à fendre le bois, qui se trouvait là, il donna un coup violent dans la porte; le cadenas vola jusqu'à la voûte.

Un cri s'échappa de sa poitrine ; sur le sol était étendue sans mouvement Hortense, les pieds et les mains attachés, et la bouche bâillonnée ; il s'agenouilla près d'elle, et la débarrassa de tous ses liens.

« Morte! dit-il, morte ! avec un accent de douleur inexprimable.

— Son cœur bat, mais bien faiblement, » dit Warburton qui souleva le corps de la jeune fille.

Hortense ouvrit faiblement les yeux.

« Ils ne t'ont pas tué, dit-elle, ni vous, messieurs?

— Oh! pourquoi ne l'ai-je pas emmenée quand elle voulait fuir, dit Édouard en sanglotant.

— Oh! mon père n'est pas si coupable que vous paraissez le croire, dit-elle, il est venu un homme qui lui a promis beaucoup d'argent s'il voulait tuer deux voyageurs qui viendraient te demander....

— Avez-vous entendu prononcer le nom de cet homme, mademoiselle? demanda Raflard.

— C'est un nom terrible.

— Pied-de-Fer ? »

Elle fit signe de la tête que oui. Édouard qui suivait tous ses mouvements vit ce signe.

« C'est bien Pied-de-Fer que tu as dit?

— Oui.... Ah! ne m'abandonnez pas, » murmura-t-elle.

Les trois hommes se consultèrent du regard pour savoir s'il fallait la sortir de cet endroit; mais il leur était facile de voir que la mort commençait son œuvre ; la vue seule de son amant avait opéré un prodige, et ce fut dans ses bras qu'elle expira.

« Morte! dit Édouard; morte! Je suis arrivé trop tard pour la sauver. Et c'est lui qui en est cause, » se disait-il sourdement.

Warburton et Raflard considéraient cette grande douleur en silence. Cependant comme un plus long retard dans ces lieux pouvait les perdre, ils tâchèrent d'arracher Édourd à ce funeste spectacle :

« Elle est morte ! dit Raflard, Dieu a eu pitié d'elle.

— Je vous comprends! dit Édouard. Mais soyez sans crainte; fussiez-vous des assassins, que je vous procurerais le moyen de fuir. C'est Pied-de-Fer qui vous a jetés dans ce guet-apens. C'est à son fils à vous en tirer, » dit Édouard avec un éclat de voix indescriptible.

CHAPITRE XCVIII.

Le fils du Bandit.

Pied-de-Fer en quittant sa demeure, et en se voyant forcé, dans l'intérêt de la sûreté, de dire un éternel adieu à la France, avait décoché à Mme de Chaligny la flèche du Parthe.

Cet homme avait les sens trop émoussés pour pouvoir jamais comprendre ce qu'il y avait de sage, de digne, de convenable dans la conduite de cette femme à son égard.

« Tu n'as pas eu pitié de moi, se disait-il avec un accent de rage ; eh bien, il en sera de même de moi à ton égard ; je voulais ton amour, tu me l'as refusé, tu m'as offert ton amitié, c'est-à-dire un peu moins que ton mépris ; tu ne vis que par tes fils, ils sont ton orgueil, ta joie, eh bien! cet orgueil, cette joie, je les détruirai ! Je révélerai à ton fils, à Édouard, la vérité tout entière. Je lui dirai : je suis ton père ! Je me ferai connaître à lui, et comme il est jeune, hardi, aventureux, je lui proposerai tout ce qui peut émouvoir son âme, tout ce qui peut flatter ses goûts, ses passions. Je vivrai en lui, je lui apprendrai à haïr l'humanité, à se rire de ses lois, et qu'il n'y a qu'un seul mobile qui fait agir les hommes, l'or! et que ce mobile il l'a à sa disposition. Je le lui apprendrai jusqu'à la satiété. »

Assurément, c'était quelque chose d'affreux que Pied-de-Fer préparait là dans le silence ; il allait arracher un fils à l'affection de sa mère, et lui faire douter de sa vertu ; il allait arracher une à une froidement et pour le seul plaisir de faire souffrir une pauvre mère, toutes les espérances, toutes les douces joies que pouvait encore recéler le cœur d'Édouard ; il allait lui apprendre à devenir faux, égoïste ; à ne croire ni à l'honneur chez les hommes, ni à l'amour chez les femmes.

Qu'espérait-il, le malheureux, recueillir d'une éducation semblable : il ne le savait ; il ne voyait qu'une basse vengeance à satisfaire, et comme chez lui les années n'avaient fait qu'assoupir les mauvais instincts, le jour où la colère s'éveillait en lui, il leur donnait une libre carrière.

Aussi qu'on juge de la stupéfaction d'Édouard lorsqu'à son réveil, il reçut des mains de Beppo la lettre suivante :

« Édouard,

« Vous êtes arrivé à cet âge où la vie ne doit plus avoir rien de caché pour vous, où il vous faut faire une position.

« Est-ce en suivant les cours de la Faculté de

droit, plus ou moins sérieusement, que vous pouvez arriver à cette position. Je vous dis hardiment non ! Vos goûts, vos instincts vous assignent une autre voie. Je ne m'appesantirai pas davantage sur ce point ; votre intelligence, cette intelligence d'élite que je me plais à reconnaître en vous, a dû vous dessiller les yeux depuis longtemps sur la situation que vous pouvez acquérir dans le monde.

« Pour cela une chose est nécessaire, fouler aux pieds les préjugés. Vous vous êtes déjà mis en révolte contre le pouvoir, il faut vous mettre maintenant en révolte contre la société pour être réellement fort.

« Et c'est ici que je dois arracher le voile qui couvre vos yeux depuis votre naissance. Ne m'accusez pas de l'arracher trop brutalement, car il fallait qu'un jour ou l'autre cela eût lieu, il fallait mieux que le coup partît de votre père que d'un étranger. M. de Chaligny n'est pas votre père ! »

A ce passage de la lettre, Édouard fit un soubresaut ; l'orgueil de la race le mordit au cœur :

« Votre mère, continua-t-il de lire, est une trop sainte femme pour oser me démentir. Vous êtes mon fils.... et Mme de Chaligny est bien votre mère. Si vous voulez tout savoir, trouvez-vous à Paris, *Hôtel du prince de Galles*, rue Castiglione, dimanche prochain.

« PIED-DE-FER.
« dit le comte de Santa-Lux. »

« Cet homme a calomnié ma mère ! s'écria Édouard, c'est un monstre ! malheur à lui si je le retrouve. »

Édouard arriva chez sa mère dans un état impossible à décrire.

« Où est Mme de Chaligny ? demanda-t-il aux domestiques.

— Elle est, dit l'un d'eux, à jeter de l'eau bénite sur le corps du curé....

— Il est donc mort ?..

— Il est mort hier soir dans les bras de madame. »

L'annonce de cette mort causa une profonde impression à Édouard ; le curé avait été son premier précepteur, il éprouvait pour lui une sincère amitié.

« Et messieurs Bonnard et Ramel sont-ils encore ici ? »

Les domestiques s'entre-regardèrent pour se demander si leur jeune maître perdait la tête.

« Qu'avez-vous à me regarder de la sorte ? dit Édouard agacé.

— Mais dame, monsieur, puisque vous leur avez écrit ce matin que vous les attendiez au pont de Dormans....

— Moi !... s'écria Édouard.

— C'est un domestique du monsieur qui était ici hier soir qui a apporté un billet ce matin, il était environ dix heures, et il nous a dit que vous lui aviez donné l'ordre de faire en sorte que ces messieurs ne partent que vers cinq heures, tout en ayant l'air de presser les préparatifs de départ. »

En entendant ce récit, le souvenir que Pied-de-Fer connaissait Vacher lui revint à l'esprit.

« Oh ! se dit-il, ce n'est pas possible, cet homme ne se serait pas servi de mon nom pour faire tomber ces deux malheureux dans un guet-apens.... Ce serait trop affreux.

— Voici madame, qui revient de chez le curé, » dit un domestique qui venait d'apercevoir Mme de Chaligny.

Cette annonce rappela Édouard au sentiment de sa position. Il alla au-devant de sa mère.

« J'ai à te parler, mon fils, lui dit-elle d'une voix grave.

— Et moi aussi, ma mère, » dit Édouard sur le même ton.

Mme de Chaligny lui jeta un regard, un de ces regards qui essayent de pénétrer jusqu'au fond du cœur pour en découvrir les moindres replis et d'y voir toutes les souffrances.

Ils montèrent au premier étage où se trouvait la chambre de Mme de Chaligny.

« Qu'as-tu à me dire, Édouard ?

— Et vous, ma mère ?

— J'ai à te reprocher ton imprudence et ton excès de confiance envers le comte de Santa-Lux, tu lui as remis la clef de mon cabinet de toilette, qui communique avec ma chambre. »

Ce souvenir était sorti de la mémoire d'Édouard.

« Est-ce que ce misérable aurait osé.... il n'acheva pas.

— M. le comte de Santa-Lux, dit Mme de Chaligny, est trop galant homme ; seulement il aurait pu survenir une scène désagréable. Il paraît que ce monsieur et son ami, dit-elle en changeant de ton, sont partis sans prendre congé de moi.... J'aime autant cela ; maintenant, Édouard, parle. »

Édouard était tremblant devant sa mère.

« Tu trembles.... lui dit Mme de Chaligny.

— Oui, ma mère, car ce que j'ai à vous dire va peut-être vous paraître odieux, mais si vous saviez comme je souffre depuis près de trois heures.

— Tu souffres....

— Les tourments de l'enfer. O ma mère, dit-il en s'agenouillant devant la comtesse, vous à qui je dois la vie, pardonnez à l'avance à votre fils pour ce qu'il va vous dire, mais un homme, un infâme a détruit son repos.... Il a essayé de faire entrer le doute dans son esprit. »

A mesure que son fils, à genoux devant elle, parlait, le visage de Mme de Chaligny se couvrait d'une pâleur mortelle.

Elle écoutait haletante, sans oser interroger

Pied-de-Fer était devant la belle Stamande (p. 464, col. 1).

son fils : un pressentiment semblait l'avertir que le coup qui allait la frapper partait de Pied-de-Fer.

« Il m'a écrit, cet homme votre ami, votre hôte, celui que vous m'avez appris à respecter, il m'a écrit : Votre mère est une sainte femme, et M. de Chaligny n'est pas votre père....

— Il t'a écrit cela....

— Oui, ma mère.

— Oh! le malheureux, dit la comtesse.

— Votre mère est une trop sainte femme pour oser vous dire que je ne suis pas votre père. Et cette lettre est signée Pied-de-Fer, dit le comte de Santa-Lux. C'est-à-dire signée par un ancien bandit.

— Où est cette lettre ? s'écria la comtesse en se levant frémissante.

— Ma mère!

— Où est cette lettre?

— Ma mère....

— Cette lettre.... donne-la moi à l'instant, ou je te crois le complice de cet homme.

— La voici, » dit Édouard toujours à genoux.

Il ne fallut à Mme de Chaligny qu'un coup d'œil jeté sur la fatale missive pour être assurée de son malheur.

« Le misérable, dit-elle, ce n'était pas assez de me déshonorer, il cherche à m'enlever l'amour de mon fils....

— Ma mère....

— Relève-toi, mon fils, les coupables doivent se mettre à genoux, et tu es innocent de tout. »

Mme de Chaligny tint son fils quelque temps serré sur son cœur ; des larmes ruisselaient sur les joues du jeune homme :

« C'était au commencement de 1814, lui dit-elle d'une voix fébrile; les armées étrangères couvraient le sol de la France; une nuit, un parti de cosaques, — non, dit Mme de Chaligny se reprenant, — ce n'étaient pas des cosaques, les hommes qui composaient ce détachement étaient un ramassis de brigands, qui n'avaient qu'un but, le pillage. M. de Chaligny se défendit comme un lion, un coup de lance eut raison de son courage, comme le feu eut raison du château. J'étais là avec tes trois frères assistant à cette scène de désolation; tout à coup je suis séparée de mes enfants; un homme, le chef de ces bandits.... Ah! mon enfant, le monstre a mis le comble à ses forfaits en te dévoilant un passé que je croyais enseveli depuis des années, et en ce moment c'est par le fait du coupable, de celui qui accomplit sur moi le dernier des outrages, qu'il faut que j'avoue à mon fils, et ma honte et l'ignominie de celui auquel il doit le jour. »

Les sanglots étouffaient la voix de la comtessse qui se couvrait le visage de ses mains.

« Et c'est cet homme que plus tard vous avez fait asseoir à votre foyer, dit Édouard.

— J'ai cru devoir lui pardonner....
— A ce monstre.
— Hélas! devant Dieu, il est ton père.
— Je le tuerai.
— C'est ton père, dit Mme de Chaligny.
— Vous prenez sa défense.... dit Édouard fou de rage.
— Malheureux enfant, tu maudis ta mère; sache qu'un fils dût-il le jour à un crime ou à une faute doit le respect à sa mère.
— Je n'ai plus de père, je n'ai plus de mère, je suis le fils du bandit Pied-de-Fer.... Aujourd'hui même il m'a pris pour complice et il a dressé un guet-apens où les deux hommes qui étaient ici vont trouver la mort.
— Grands dieux!
— Je vais le rejoindre, celui que vous appelez mon père.
— Édouard, » cria la malheureuse mère.

Mais celui-ci sortit sans vouloir rien entendre, et Mme de Chaligny tomba inanimée sur le parquet; son fils l'avait tuée, l'œuvre de Pied-de-Fer commençait.

CHAPITRE XCIX.

Le marquis de Saint-Estève.

Nous avons laissé Pied-de-Fer sortant de l'auberge du *Cheval mort*, bravant la mort, et dédaignant de se défendre.

Il se jeta à travers bois et marcha à l'aventure; la scène à laquelle il avait assisté l'avait non-seulement effrayé, mais rempli d'une sorte de dégoût; il y avait trop longtemps qu'il avait rompu avec ces scènes de meurtres pour qu'un retour, de quelle cause légitime il voulût le revêtir, ne l'épouvantât pas.

On sait combien dans le silence des bois le moindre son se fait entendre, une feuille qui tombe, un oiseau qui vole de branche en branche ou traverse l'espace, suffit pour que ce bruit soit renouvelé au loin; à plus forte raison la voix humaine s'entend-elle à de grandes distances.

Pied-de-Fer entendit comme un murmure de voix; on eût dit une conversation à deux; il s'arrêta de marcher, et s'aperçut bientôt que les sons devenaient plus distincts, assurément ceux qui causaient devaient s'approcher de lui; seulement comme il n'apercevait point de route, il ne savait trop par où venaient ceux qui parlaient.

Cependant après avoir étudié la direction du vent, il ne tarda pas à se convaincre que les hommes qui parlaient venaient sur sa droite, il se coucha à terre, rampa jusque dans la direction d'où partaient la voix; tout à coup il s'arrêta de ramper, le terrain où il se trouvait s'arrêtait à pic, au-dessous de lui à trois ou quatre mètres en contre-bas était une route.

Pied-de-Fer avança la tête avec précaution; et là s'offrit à ses yeux le spectacle le plus désagréable qui puisse se présenter à un homme dans sa position, deux gendarmes étaient assis sur un de ces tas de cailloux, dans la composition desquels excellent les cantonniers.

Quand nous disons qu'il y avait deux gendarmes, c'est une façon de parler, car un de ces gendarmes était brigadier; tous deux étaient en tenue de campagne, c'est-à-dire que leurs carabines étaient armées de leurs baïonnettes; à la poussière qui couvrait leurs chaussures et leurs vêtements, il était facile de voir qu'ils devaient avoir déjà fourni une assez longue route.

Deux gendarmes sur une route cela n'avait rien d'extraordinaire; Pied-de-Fer n'en fut pas moins vivement contrarié; il se tint coi et attendit.

Ces deux hommes paraissaient harassés de fatigue, le brigadier bourrait philosophiquement sa pipe, tandis que le gendarme faisait tous ses efforts pour allumer un morceau d'amadou.

« Vous verrez, Pinchon, que vous ne parviendrez pas à allumer ce morceau d'amadou.
— Se pourrait bien, brigadier, pourtant je me rappelle avoir eu affaire à du *madou* plus mouillé et en avoir eu raison.
— Savez-vous, gendarme Pinchon, que ce n'est pas gai la besogne qu'on nous fait faire depuis trois jours? »

Le gendarme Pinchon qui, en sa qualité de militaire, n'ignorait pas l'énorme distance qui le séparait, hiérarchiquement parlant, de son chef immédiat, lui jeta un coup d'œil comme pour s'assurer si celui-ci ne tendait pas un piège à sa bonne foi.

« Est-ce que vous la trouvez gaie, par hasard? demanda le brigadier voyant que son subalterne ne lui répondait pas.
— Sauf votre respect, brigadier Lagardère, je partage votre opinion à cet endroit; mais, je ne crois pas qu'il soit permis à un militaire de raisonner sous les armes.... Ah! voilà le *madou* allumé, » dit-il avec une véritable satisfaction.

Le brigadier plaça l'amadou sur sa pipe chargée, recouvrit le tout d'un morceau de papier et aspira vivement quelques bouffées de tabac.

« Il m'est d'autant plus permis de dire mon opinion, continua le brigadier, que dans huit jours j'aurai ma retraite. Eh bien! franchement, ça me vexe d'être occupé à chercher un brave garçon; il a été mon lieutenant aux dragons de la garde. Le savoir condamné à mort par contumace et dénoncé par ce clampin de Vulnar; un polisson qui ne sait pas seulement tenir un cheval entre ses jambes, et tout ça pour une femme....

— C'est vrai, brigadier, tout ça pour une femme.

— Eh bien, Pinchon, voilà ce que je voulais vous dire.

— Parlez, brigadier.

— Vous êtes un vrai gendarme.

— Pour ça, oui.

— Un troupier, quoi. Eh bien! voilà l'idée qui m'est venue et c'est à cette seule fin que je vous ai dit de nous arrêter pour fumer une bouffarde; ça m'embêterait d'arrêter mon ex-lieutenant pour le voir aller à la guillotine.... Un ancien soldat.... Il y a deux moyens de le sauver de là.... Êtes-vous homme à le faire ? »

Pinchon parut réfléchir, peut-être ne réfléchissait-il pas du tout, et son silence n'avait-il qu'un but, celui de pousser le brigadier à s'expliquer....

« Le premier, dit le brigadier, c'est, si on le voit passer à gauche, de regarder à droite....

— Brigadier, ce moyen me paraît hasardé....

— Vous trouvez?

— Sauf votre respect, c'est mon opinion.

— Les opinions sont libres, gendarme Pinchon, c'est même inscrit dans la Charte; en tant toutefois que vous êtes de celle du gouvernement; comme ça, vous trouvez ce moyen, un moyen hasardé?

— Oui, brigadier.

— N'en parlons plus, dit celui-ci avec un soupir. J'en ai un second.

— Voyons le second.

— C'est de lui envoyer une balle et le descendre roide. C'est un moyen énergique, j'en conviens, mais en agissant ainsi nous lui sauverons l'échafaud.

— Ça, c'est différend, brigadier.

— Eh bien alors, en route, et que le bon Dieu nous fasse la grâce de ne pas rencontrer ce pauvre marquis de Saint-Estève. »

Le brigadier et son gendarme jetèrent leur carabine sur l'épaule et se remirent en route.

Pied-de-Fer les suivit des yeux jusqu'à ce que la route, en faisant un coude, les cacha à sa vue.

Cette conversation des deux gendarmes, qu'il avait surprise, ne fut pas sans le plonger dans une certaine perplexité; car il était probable que dans le bois où il se trouvait, un condamné à mort, un proscrit devait y être réfugié; il savait par expérience que ces sortes d'expéditions se font toujours avec un grand luxe de déploiement de troupes, le bois devait être cerné par plusieurs brigades de gendarmerie; il avait bien sur lui un passeport, mais, avec la somme énorme qu'il portait, cela ne pouvait-il pas éveiller les soupçons ? Revenir sur ses pas cela lui était assez difficile, car il ne reconnaissait plus son chemin, il ne savait même pas où conduisait le chemin pris par les deux gendarmes. Il crut donc que ce qu'il avait de mieux à faire était de s'enfoncer dans le bois et de s'en remettre à sa bonne étoile.

A peine avait-il fait cinquante pas dans le bois qu'il lui sembla qu'il était suivi sur sa droite. Il changea de direction sans affectation et de l'air le plus naturel, mais il lui sembla que le bruit de pas étouffés continuait de se faire entendre; il s'arrêta de marcher, le bruit s'arrêta, il reprit sa marche et il entendit distinctement le bruit recommencer.

La nuit commençait à venir.... une vague crainte commençait à s'emparer de lui; lorsque, pris d'une résolution soudaine, il marcha droit dans la direction du bruit.

Mais il ne fut pas longtemps à rester dans l'incertitude sur la cause de ce bruit; une voix d'homme, qui devait avoir l'habitude du commandement, lui cria :

« Halte ! »

Pied-de-Fer, sans s'inquiéter de cet ordre, continua de marcher.

« N'avancez pas ou vous êtes mort, » répéta la voix, et en même temps les branches d'arbres qui masquaient une sorte de fourré sur lequel s'avançait Pied-de-Fer, s'écartèrent, et un homme armé d'une carabine surgit.

Nous devons dire que la tenue de l'homme qui venait d'arrêter Pied-de-Fer, n'avait rien de rassurant; mais nous ajouterons que pourtant elle lui fit plus de plaisir que la rencontre de deux gendarmes.

Ces deux hommes se considérèrent quelques instants en silence.

Pied-de-Fer surtout examinait curieusement les traits de l'homme qu'il avait devant lui; il lui semblait l'avoir déjà rencontré.

C'était un homme jeune encore; à son habit souillé de terre, à sa barbe longue, il était facile de deviner que cet homme était traqué depuis longtemps; la délicatesse de ses mains, l'élévation de son front, une certaine fierté native, disaient assez que cet homme ne pouvait être ni un braconnier ni un voleur.

Pied-de-Fer ne pouvait avoir devant lui que le marquis de Saint-Estève.

« Que faites-vous dans ce bois à cette heure ? lui demanda cet homme avec une certaine hauteur.

— Je me promène, monsieur. Et vous?

— Moi, je me cache.

— Vous vous cachez pour sauver votre tête, dit Pied-de-Fer.

— C'est vrai.

— Vous vous cachez parce que vous êtes le marquis de Saint-Estève, condamné à mort.

— C'est encore vrai, dit le marquis sans manifester la moindre émotion.

— Et c'est sur les indications d'un nommé Vulnar que vous êtes traqué.

— Ah! fit le marquis avec un sourire amer, voilà ce que je ne savais pas, et que je suis heureux d'apprendre. »

Les deux hommes se regardèrent encore une fois en face; le marquis surtout semblait vouloir sonder la conscience de Pied-de-Fer.

« Mais vous-même, monsieur, qui me connaissez si bien, qui êtes-vous?
— Un proscrit.
— Comme moi.
— Comme vous, et qui a de plus un point de ressemblance avec vous, c'est qu'il est condamné à mort. »

Le marquis le considéra d'un œil surpris; nous pourrions même dire soupçonneux.

« Lagardère, murmura-t-il, m'a dit de me défier.... — Monsieur, je voudrais vous croire, dit le marquis, mais cette similitude qui paraît exister entre vous, loin de me toucher, me rend défiant à votre égard. Vous êtes un agent de la police secrète. »

Et en disant cela, il appuya le canon de son fusil sur la poitrine de Pied-de-Fer.

« Monsieur le marquis, dit Pied-de-Fer fort tranquillement, je vous dis comme vous tout à l'heure, halte!... je vous dis la vérité.
— Je voudrais y croire, monsieur.
— Quelles preuves voulez-vous?...
— Marchez devant moi, dit le marquis, car j'ai déjà trop tardé.... Ne cherchez pas à fuir, lui dit-il, car à la première tentative de ce genre, je vous tue....
— Soyez assuré, monsieur le marquis, que je ne vous donnerai pas cette peine. »

Alors pendant vingt minutes eut lieu la plus singulière marche qu'on puisse imaginer; le marquis, qui emboîtait le pas à Pied-de-Fer, lui disait à voix basse à droite, à gauche, le faisant arrêter chaque fois qu'il croyait entendre un bruit un peu insolite.

Enfin ils arrivèrent à une partie du bois où il était plus fourré; la nuit était tout à fait venue. Pied-de-Fer ne voyait plus à se guider, il avait les mains en sang à force d'écarter des branches.

« Attention, dit le marquis, tenez-vous en place, écartez un peu ces branches qui sont à terre; il y a devant vous une sorte de trou, asseyez-vous à terre et laissez-vous aller sans crainte. »

Pied-de-Fer, auquel cette aventure rappelait un peu celles de sa jeunesse, et qui prenait un certain plaisir à tout cela, se laissa glisser, et au bout de quelques secondes, il se trouva dans une sorte de grotte tapissée de branchages; le sol était battu, cinq personnes pouvaient y tenir à l'aise, une lampe fumeuse qui répandait une odeur assez désagréable, éclairait cette sorte de repaire qui avait dû être habité bien longtemps avant le marquis, par des gens qui comme lui avaient intérêt à se cacher.

Le marquis roula plusieurs pierres devant l'entrée, autant pour la masquer que pour la défendre.

« Eh bien! dit-il en s'appuyant sur le canon de son fusil, avez-vous réfléchi, cher monsieur, à trouver le moyen de me prouver que vous n'êtes pas un agent de Philippe*? »

Les légitimistes affectaient à cette époque de ne désigner Louis-Philippe que sous le nom de Philippe; comme quelques années avant, ils désignaient Napoléon par celui de Buonaparte.

Pied-de-Fer qui, pendant cette petite promenade à travers bois, avait eu le temps de se remettre, répondit fort tranquillement:

« Monsieur le marquis, j'ai plusieurs moyens, le premier, c'est un passe-port en règle délivré par la chancellerie napolitaine, à M. le comte Baillordini. Le voici.... »

Et Pied-de-Fer tendit au marquis un passeport visé au dos par une série de légations; ce passe-port, par suite des frais de *visa* et de chancellerie, devait revenir à plus de deux cents francs.

A cette époque, le principal revenu d'une foule de petits États italiens était comme on sait dans le visa des passe-ports.

« Je vois en effet un passe-port au nom du comte Baillordini. *Si parla italiano?* demanda le marquis.
— *Si signor.* »

A partir de ce moment, on peut dire que la glace était rompue entre le marquis et Pied-de-Fer.

« Disposez de moi, monsieur le marquis, comme vous l'entendrez, je suis tout à votre disposition.
— Que pouvez-vous, vous êtes proscrit comme moi.
— C'est vrai; mais je puis vous procurer les moyens de sortir d'ici. Mais avant d'en arriver là, dit Pied-de-Fer, permettez-moi de vous adresser une question : Êtes-vous allié à la famille des Mainneval?
— Est-ce que vous connaissez cette famille vendéenne? demanda le marquis sans répondre à la question que lui posait Pied-de-Fer.
— J'ai beaucoup connu la vicomtesse de Mainneval. »

Nous devons dire qu'au souvenir de ce premier amour, un soupir s'échappa de la poitrine de l'ancien bandit.

« C'était ma tante, dit le marquis.
— Alors, dit Pied-de-Fer, vous êtes allié également au comte de Marjolin.
— C'était mon grand-père. Qu'est-ce qui vous a donné à penser que j'étais allié à la famille de Mainneval?

— C'est votre extrême ressemblance avec la vicomtesse de Mainneval.

— En effet, on m'a toujours dit que je ressemblais beaucoup à ma grand'tante, l'héroïne de la Vendée. Vous avez été assez heureux pour la connaître?

— Oui, j'ai même combattu à ses côtés.

— Mais ce nom italien que vous portez?

— C'est un nom d'emprunt.

— Seriez-vous par hasard, dit le marquis rassemblant ses souvenirs, l'homme qui sauva la vie à mon grand-père dans la journée du 10 août?

— L'homme qui lui sauva la vie est mort en Vendée, après avoir dû à son tour la liberté et la vie à votre grand-père ; mais à la journée du 10 août, il y avait près de Fil-en-Trois un enfant, c'était moi.

— Vous!

— Oui, moi, je devins tambour ; prisonnier avec Fil-en-Trois qui était alors commandant, nous jurâmes de ne pas servir pendant une année contre les troupes allemandes, on dirigea notre bataillon sur la Vendée ; j'étais à l'attaque de Chollet, c'est là que je vis tomber mon infortuné commandant, et que j'eus le bonheur de sauver la vie à votre tante....

— Attendez, dit le marquis, vous avez alors un nom de guerre.... Pied-de-Fer.

— Plus bas, dit celui-ci.

— Que craignez-vous?

— Je crains que ce nom répercuté par cette voûte, ne vous porte malheur.

— C'est le nom d'un brave. »

Et le marquis tendit la main à Pied-de-Fer. Celui-ci, nous devons le dire, eut un mouvement d'hésitation bien naturelle ; le marquis vit ce mouvement.

« Pourquoi ne me tendez-vous pas la main à votre tour? lui demanda-t-il.

— Cet honneur....

— L'honneur est pour moi, dit le marquis. Oh! je connais votre histoire. »

Pied-de-Fer éprouvait une singulière surprise. Cet homme connaissait son histoire, et lui tendait la main. Non! cet homme ne connaissait pas toute l'histoire de Pied-de-Fer, il ne connaissait de sa vie que cette partie héroïque qui commençait à Chollet et finissait au passage de la Loire. L'esprit de parti pouvait-il tellement aveugler ce brave jeune homme, qu'il mît sur le compte de la politique les arrestations de diligences, les attaques sur la grand'route.

Du reste cela n'avait rien qui dût étonner Pied-de-Fer ; n'avait-on pas vu, après les événements de 1814, les voleurs de diligences, et les recéleurs de vols commis sur les grands chemins, obtenir non-seulement des secours du roi, mais encore ne vit-on pas la mère d'une jeune fille qui faisait partie d'une troupe de bandits, habillée en homme, et qui fut condamnée et exécutée à mort avec tous ses complices, reçue par Louis XVIII en audience particulière, en qualité de victime de Buonaparte, et d'otage de Louis XVI?

« Comment se fait-il, lui demanda le marquis, que vous n'ayez pas pris part au dernier soulèvement de la Vendée, lors du débarquement de Madame.

— J'étais absent de France, monsieur le marquis, voici mon excuse. Vous avez été plus heureux que moi.

— Est-ce heureux qu'il faut dire, cher monsieur, je ne sais. Puisque je sais que je parle à un ami, à un coreligionnaire politique, je puis tout lui dire ; je suis orphelin et possesseur d'un assez modique revenu, vous devez savoir que l'émigration loin d'enrichir ceux des nobles qui avaient été assez fous pour se joindre à l'armée de Condé, les fit toujours mal voir de Bonaparte. Mon grand-père qui avait une fille unique la maria à M. le marquis de Saint-Estève. Les deux époux s'apportèrent en dot, amour, beauté, dévouement réciproque, mais pas un sou. C'étaient deux nobles cœurs, mais c'était tout. Mon grand-père mourut sans avoir vu le rétablissement de ses rois légitimes. Bien lui en a pris, car il n'a pas eu la douleur d'être témoin de leur ingratitude! Mon père reçut une pension de 600 fr. sur la cassette royale, c'était tout ce que Louis-Stanislas-Xavier pouvait faire pour le fils de l'homme qui avait entretenu pendant cinq ans un corps de troupes à ses frais ; heureusement que mon père avait appris l'état de relieur dans l'émigration ; mais ce qu'il avait supporté hors de son pays, il ne fut pas assez fort pour le supporter en France, et deux ans après la Restauration, il mourut d'une fluxion de poitrine ; ma mère ne tarda pas à le suivre autant des suites de sa douleur que des privations qu'elle s'était imposées.

« Je dois vous dire que ce triste événement produisit une certaine sensation au château.

« Le prince de Condé, ce prince chasseur, voulut bien se souvenir que mon père et ma mère en mourant avaient laissé un fils ; il m'adopta, c'est-à-dire qu'il m'octroya une bourse.

« A dix-huit ans, par sa protection, j'étais sous-lieutenant. A vingt ans je passai lieutenant aux dragons de la garde.

« Ma nomination fut signée le 29 juillet 1829. Un an après, jour pour jour, le roi, le dernier roi gentilhomme, était renversé ; je fis mon devoir dans ces terribles journées, et pourtant, l'avouerai-je, mon cœur battait pour ce peuple héroïque.

« Mais comme mes ancêtres, j'avais du respect pour la religion du serment, et quand ces trois journées furent finies, quand j'eus vu ce roi, descendant de soixante-douze autres, prendre le chemin de l'exil, je compris que mon avenir était brisé.

« Mes protecteurs ne pouvaient plus rien pour moi.

« Il est un fait dont je ne vous ai pas entretenu, c'est celui d'un amour ébauché à peine pendant les derniers mois que j'avais été au service.

« La protection du prince de Condé m'assurait une assez belle carrière, et quoique sans fortune un brillant mariage se préparait pour moi.

« Clotilde, elle s'appelait Clotilde, car maintenant que je suis mort légalement, ai-je le droit de l'appeler ainsi? mon colonel était heureux qu'un de ses officiers fît un aussi brillant mariage.

« La mère de Clotilde, Mme la vicomtesse d'Héninque, était une de ces femmes qui ne pouvaient pardonner à Philippe d'avoir changé son titre de lieutenant-général du royaume en celui de roi des Français.

« Mon colonel qui était un homme d'esprit avait jugé la situation sainement : il fit comme Philippe, il troqua ses épaulettes de colonel contre celles de général.

« La vicomtesse poussa des cris de paon en apprenant la trahison de mon colonel; elle ne trouvait pas d'autre expression pour flétrir sa conduite.

« — Marquis, me dit-elle, suivrez-vous cet exemple? »

« Il faut se rappeler quelle était ma situation. J'étais sans fortune, la perte de mon grade était pour moi une ruine totale, et ce n'était pas avec le secours de cent cinquante francs par mois que me faisait le gouvernement de Juillet que je pouvais faire une brillante figure, j'hésitai à répondre.

« — Hésiteriez-vous? » me dit la marquise en me lançant un regard presque indigné, regard précurseur d'un violent orage.

« Je voulus un peu biaiser. Elle ne m'en donna pas le temps.

« — Clotilde, mon enfant, dites à monsieur le marquis de Saint-Estève auquel j'ai permis d'aspirer à votre main, que jamais vous ne consentirez à vous unir à un soldat de Philippe. »

« J'aimais Clotilde; ce n'était pas une faute de l'aimer; mais c'en fut une de ma part que de jurer de ne pas reprendre du service.

« Le lendemain, mon ancien colonel me prévenait par une lettre qu'il m'attendait au ministère de la guerre, où il occupait une place importante.

« J'eus la sottise de faire voir ma lettre à la vicomtesse.

« — Cet homme veut vous acheter, me dit-elle. Philippe a besoin de vous. »

« Acheter un pauvre lieutenant, voyez-vous, le nouveau roi ne pouvant se soutenir sans mon concours.

« C'était à pouffer de rire.

« Je fus assez fou pour l'écouter, et je me rendis au ministère de la guerre, décidé à tout refuser.

« La proposition qui fut faite était assez tentante; on m'offrait le grade de capitaine dans un corps de cavalerie.

« Je refusai.

« — Tu es fou? me dit mon ancien colonel.

« — Oui, lui dis-je, je suis fou de Clotilde.

« — Qu'espères-tu?

« — L'épouser.

« — Joseph, me dit-il (l'amitié qu'il avait eue autrefois pour mon père lui permettait de me parler ainsi), je vais te faire une proposition, proposition que je ne ferais à personne, c'est celle de ne te demander une réponse définitive que dans trois mois. Si d'ici ce moment ton mariage n'est pas conclu avec la belle Clotilde, alors tu devras savoir à quoi t'en tenir.... Mon ami, me dit-il, il y a en France un parti qui ne raisonne pas, c'est celui du patriotisme; blanc ou tricolore, rappelle-toi que c'est toujours le drapeau de la France, et que sous ses plis glorieux, il abrite toujours un grand peuple; la noblesse expie encore les fautes de l'émigration, et la Révolution de Juillet n'a pas eu d'autre cause; un homme, un soldat ne doit pas se laisser guider par une vieille femme. Je t'offre, au nom du roi, le grade de capitaine; dans dix ans, tu peux être colonel; l'amour de Clotilde remplacera-t-il ce que de gaieté de cœur tu perds si bénévolement?

« La fille de la vicomtesse est riche, je le sais, ce peut être une raison, mais pour moi qui te connais, je dis que cela ne peut pas en être une.... Non, mon ancien élève, le fils de mon vieil ami ne peut être devenu un homme d'argent.

« Et en supposant que la vicomtesse t'accepte pour son gendre, quelle vie épouvantable ne te crées-tu pas de gaieté de cœur. Pardonne-moi, mon enfant, ma franchise militaire, tu es destiné à vivre aux crochets de ta belle-mère et de ta femme.

« Ta fiancée est un ange (toutes les fiancées sont des anges); la générale elle-même était un ange quand je l'épousai, et maintenant c'est un démon, et pourtant ce n'est pas sa dot qui me fait vivre ! »

« Je dois vous dire que ce langage ébranla quelque peu ma résolution.

« Mais j'avais juré. Je retournai près de la vicomtesse, à laquelle je me gardai bien de raconter toute la conversation que j'avais eue au ministère de la guerre.

« Enfin j'arrivai à lui parler de mon mariage avec sa fille.

« — Eh quoi! monsieur le marquis, me dit-elle, vous songez au mariage, alors que votre roi est dans l'exil, que la royauté légitime est en deuil. La Vendée s'arme, un soulèvement se prépare. C'est par la Vendée qu'il faut passer pour arriver à obtenir la main de Clotilde. »

« J'étais joué, cher monsieur.

« Assurément Clotilde n'était pour rien dans cette conspiration ; il y avait dans le noble faubourg une série de vieilles douairières qui avaient juré de n'accepter pour gendres ou petits-fils que ceux qui iraient recevoir le baptême du feu en Vendée.

« Je ne retournai pas au ministère de la guerre, malgré une lettre pressante de mon ancien colonel ; je me jetai tête baissée dans toutes ces sottes conspirations ; qu'avais-je à espérer si Charles X revenait ? de reprendre mon grade.

« Cela peut vous paraître étrange d'entendre un homme qui est sous le coup d'une condamnation capitale pour avoir défendu la cause légitime, parler ainsi.

« J'étais à l'église Saint-Germain-l'Auxerrois, le 14 février, à ce service du duc de Berry, qui devint l'occasion du sac de l'archevêché.

« Vous pensez qu'après avoir pris part à cet événement, je ne pouvais plus espérer rentrer dans l'armée ; ses rangs m'étaient fermés à jamais.

« J'allais en Vendée. Quelle pauvre guerre ! Nous étions là des fous, des enthousiastes, il ne nous manquait qu'une armée.

« Nous ne sûmes que mourir. La mort ne voulut pas de moi. J'étais signalé depuis longtemps ; il ne fut donc pas difficile aux tribunaux d'accomplir leur œuvre. Je fus condamné à mort par contumace.

« Voilà où m'avaient conduit les conseils de la marquise. Je fus assez heureux pour pouvoir passer à l'étranger ; comme mon père, je fus obligé de chercher un refuge sur la terre étrangère, mais plus heureux que lui, je n'en fus point réduit à porter les armes contre ma patrie.

« J'écrivis à la marquise pour lui rappeler sa promesse, j'étais passé par la Vendée, pour arriver à pouvoir prétendre à la main de sa fille, et en suivant son conseil j'avais perdu tout espoir.

« Il est dur le pain de l'exil, il est dur surtout quand ce n'est point une conviction profonde qui vous a jeté dans les rangs d'un parti, mais un coup de tête.

« Ce fut là que je songeai à me rapprocher de Clotilde.

« Alors je perdis totalement la tête, je résolus de rentrer en France et de venir reprocher à sa mère son ingratitude à mon égard ; mais à peine avais-je franchi la frontière, qu'il me sembla que j'étais épié ; je suis à deux lieues à peine de chez elle et je ne puis m'y rendre.... Depuis près de quinze jours je me cache dans ce bois, et je ne sais vraiment si je pourrai parvenir à en sortir. »

Pied-de-Fer avait écouté ce récit avec la plus grande attention.

« Je puis vous dire qui vous a dénoncé, et je puis même vous apprendre que parmi les gens qui ont intérêt à vous capturer, vous avez des amis. »

Le jeune marquis lui jeta un regard surpris.

Alors Pied-de-Fer le mit au courant de la conversation des deux gendarmes :

« Brave Lagardère, je puis vous le confier, c'est à lui que je dois de ne pas encore être mort de faim ; c'est lui qui en cachette de tous, et au risque de se voir compromis, me fait apporter par des paysans des vivres. Ce qui me peine, c'est de songer que je ne pourrai reconnaître ses services que par des vœux stériles. Quant à ce Vulnar, je ne puis m'expliquer son animosité à mon égard. Je ne le connais pas.

— Qu'est-ce que c'est que cet homme ?

— C'est un riche propriétaire des environs, et qui passe pour fort dévoué à Philippe.

— Et vous croiriez assez que c'est son seul dévouement à la cause de Louis-Philippe, qui est cause de son acharnement après vous ?

— A quelle autre cause de haine croyez-vous qu'il obéit ? demanda le marquis surpris.

— Il n'est pas marié ?

— Non.

— Il possède de plus une assez belle fortune ?

— Oui, continua le jeune homme.

— Ne m'avez-vous pas dit, il n'y a qu'un instant, que Mme la mère de votre Clotilde avait une propriété dans les environs ?

— Sans doute. Que voulez-vous conclure de tout cela ? demanda le marquis qui commençait pourtant à comprendre.

— Je veux conclure que Mme la vicomtesse, qui me fait l'effet d'être une femme pratique par excellence, songe à donner sa fille à M. de Vulnar.

— Et Clotilde consentirait à ce mariage ?

— Rappelez-vous ce que disait votre ancien colonel ?

— Oh ! c'est impossible. Cette femme, qui m'a jeté dans une vie pleine d'aventures, qui est cause en ce moment que je suis proscrit, ne peut prostituer ainsi sa parole ; car j'ai sa parole.... »

Pied-de-Fer ne répondit pas.

« La croyez-vous capable de cette félonie ?

— Je crois tout possible ; mais si réellement Clotilde vous aime....

— En doutez-vous ? interrompit impatiemment le jeune homme.

— Allez-vous me défier en combat singulier ?

— Pardonnez à la violence de mon amour, et laissez-moi toutes mes illusions.

— Gardez vos illusions ! gardez-les longtemps !

gardez-les toujours! Mais ne méprisez pas mes avis.... En souvenir de l'amitié que j'ai eue pour votre grand'tante, permettez-moi de vous traiter un peu en enfant; il faut que vous sortiez de France....

— Sans avoir vu Clotilde ? interrompit le jeune homme.

— Mais, malheureux enfant. Clotilde, pardonnez-moi cette figure, c'est pour la police le miroir qui attire l'alouette; le jour où vous parviendrez à l'approcher, ce jour-là vous êtes perdu! Croyez-en ma vieille expérience.... Il faut sortir de France au plus tôt, et je me charge de négocier votre mariage.

— Vous! fit le jeune homme surpris.

« Oui, moi! dit Pied-de-Fer ; je possède cette clef d'or qui ouvre les cœurs aussi bien que les consciences....

— Mais....

— Il n'y a pas de mais; si je mets à votre disposition une somme de trois ou quatre cent mille francs....

— Vous pouvez faire cela....

— Monsieur le marquis, voici ce que je vous offre.... Si vous voulez recommencer la lutte en Vendée, je mets dix millions à la disposition du parti pour lequel j'ai combattu jadis.

— Vous êtes donc un nabab ?

— Non, je suis tout bonnement Pied-de-Fer! si vous en avez assez de la lutte, je mets, je vous l'ai déjà dit, à votre disposition une somme suffisante pour pouvoir épouser Clotilde, puisque sa mère n'est retenue que par une misérable question d'argent.

— Mais vous êtes donc bien riche? demanda le marquis surpris.

— Je vous l'ai déjà dit, je puis disposer de millions....

— Taisez-vous, dit tout à coup le marquis qui souffla la lampe, il me semble qu'on a marché vis-à-vis de la grotte. »

Le marquis ne s'était pas trompé. On entendit des coups retentir sur une porte.

« Où frappe-t-on ? demanda Pied-de-Fer.

— A la porte de la hutte du cantonnier.

— Nous sommes donc dans une hutte de cantonnier.

— Cette grotte y communique. Restez là, dit le marquis, et surtout ne bougez pas, je vais aller à la découverte, » et il sortit en rampant pour gagner le bois.

Mais Pied-de-Fer n'était pas homme à attendre, et à son tour il se dirigea vers l'endroit d'où partait le bruit; mais qu'on juge de sa surprise quand il distingua clairement la voix de son fils... que pouvait-il venir faire là à cette heure ?

Il fit sonner sa montre, elle sonna trois heures et demie.

Avec qui Édouard pouvait-il être là ? Mais il ne fut pas longtemps dans le doute à cet égard.

Une voix s'éleva dominant toutes les autres :

« Ne vous obstinez pas à frapper, il n'y a personne, disait la voix qui n'était autre que celle de Raflard; remarquez que la porte est fermée non-seulement par une serrure, mais encore par un cadenas : donc le propriétaire ne s'y trouve pas.

— Cette observation est des plus judicieuses, » dit la voix de Warburton.

Nous devons dire que Pied-de-Fer fut heureux en entendant les deux voix de ces hommes qu'il considérait comme ses ennemis.

« Vacher a manqué de parole, dit-il.... Mais Édouard sait-il le triste rôle que j'ai joué dans tout cela ? »

La rentrée du marquis suspendit le cours des réflexions de Pied-de-Fer.

« Ce sont des voyageurs qui cherchaient à se mettre à l'abri, dit-il ; il fait un temps affreux, l'eau tombe à torrents.

— Je ne vous engage pas à dormir, dit-il, car l'eau pourrait peut-être nous envahir. »

Et ce fut avec cette réflexion peu consolante que les deux hommes s'apprêtèrent à passer le reste de la nuit.

CHAPITRE C.

Hommes de loi anglais.

Or pendant que Pied-de-Fer, sous le coup d'une condamnation capitale, promettait sa protection au marquis de Saint-Estève, pendant que Raflard et Warburton, sous la conduite d'Édouard de Chaligny, gagnaient la frontière de Belgique, Lambert préparait son départ; il avait appris que dans cette France tant critiquée, il était possible de se faire rendre justice, mais qu'en Angleterre, cette chose n'était possible qu'autant qu'on pouvait disposer de beaucoup d'argent; il avait entendu raconter avec effroi cette anecdote d'un attorney qui, en mariant son fils, lui donna pour dot outre une somme de cinq cents livres sterlings, un procès en chancellerie et quelques autres petits procès.

Deux ans après, le fils revint voir son père pour lui demander s'il avait d'autres causes à lui confier.

Le bonhomme regarda son fils d'un air fort étonné :

« Et qu'avez-vous fait, lui dit-il, des procès que je vous avais confiés, il y a deux ans ?

— Mon père, je les ai arrangés à la satisfaction des parties.

— Malheureux ! s'écria le père avec toutes les

Il doit y avoir de l'or là dedans! (Page 465, col. 1.)

marques d'une violente indignation. L'un de ces procès était dans ma famille depuis vingt-cinq ans, et il y fût resté encore le même nombre d'années si je ne vous l'eusse pas donné! Allez! je ne ferai certes rien pour un sot tel que vous. »

L'attorney, on le voit, comprenait à merveille son métier.

Les Anglais admirent la façon dont leurs magistrats appliquent la loi; ils ne l'interprètent pas, ils l'appliquent; mais existe-t-il réellement en Angleterre un corps de lois? Veut-on un exemple pris entre mille?

Un arrêt du parlement avait décidé que les voitures à deux ou quatre roues seraient imposées; vite un industriel se mit à fabriquer des voitures en ayant cinq, et il ne se trouva pas un seul juge anglais pour condamner les propriétaires de ces voitures à payer l'impôt.

On comprend si Lambert, en apprenant ces faits qui lui étaient racontés par un vieux jurisconsulte français, et qui connaissait son Londres-attorney sur le bout du doigt, songea à la nécessité de se munir de sommes importantes.

« Mon cher monsieur, lui disait le vieux légiste, vous n'avez pas l'idée du travail herculéen que vous allez entreprendre, les attorneys et les sollicitors, même lorsqu'ils ont de la délicatesse, touchent des sommes tellement fabuleuses pour leurs honoraires, que ce qu'ils vous prendront à titre de provisions, sera énorme! Il en est qui gagnent jusqu'à un million par an; je ne vous parle pas des gradations, ainsi il y a le conveyancer, cette sorte d'avocat est chargé de rédiger certains actes de la vie civile, tels que contrats de vente, de mariage, de société, testaments; mais c'est là qu'il faut avoir soin de choisir son homme: les questions qu'il est chargé de résoudre sont tellement entourées de difficultés de toute sorte, qu'il est rare que chacun des contrats qu'il rédige ne contienne pas cinq ou six procès en germe. Ces actes sont d'une longueur inouïe, aussi Shakespeare a-t-il dit avec raison que les *conveyances* du bien d'un homme auraient peine à tenir dans son cercueil.

Lambert, en entendant ce récit, s'essuyait avec son mouchoir les gouttes de sueur qui lui perlaient sur le front.

« Ce n'est pas tout.

— Ah! fit Lambert.

— Après ce conveyancer, qui, à Londres, équivaut à notre notaire, vient le common-lawyer; celui-ci peut passer pour le véritable avocat, mais il a une doublure; quand je dis une, c'est bien deux, car chez nos voisins d'outre-Manche, on se perd autant dans le texte de leurs lois que dans les fonctions de ceux qui sont chargés de faire rendre la justice.

— Je ne me rappellerai jamais de tout ça.

— Si votre partie met opposition à votre entrée en possession, vous serez obligé d'avoir recours à l'*equity drafsman* et au *special pleader*, je dois vous dire à l'avance que ces deux honorables jurisconsultes n'ont aucun rapport avec le conveyancer. Ce sont ce qu'on est convenu d'appeler des plaideurs spéciaux. »

Le vieux jurisconsulte aurait pu continuer longtemps sur ce ton, sans que Lambert songeât à l'interrompre.

« Mais que me disait donc ce Birmolan, qu'en Angleterre on rendait la justice d'une façon merveilleuse; que c'était un pays libre, et qu'avec peu d'argent on pouvait venir à bout de bien des choses. »

Quand il se présenta devant Régine, celle-ci s'aperçut bien vite qu'il était vivement contrarié.

« Qu'y a-t-il? lui demanda-t-elle; encore du retard?

— Il y a, madame, qu'il paraît que la justice, en Angleterre, est un mythe; les gens riches seuls peuvent se la faire rendre.

— C'est encore très-heureux, dit Régine, que nous soyons riches.

— Le prince, oui, peut disposer de sommes considérables; mais vous?

— Moi! fit la princesse étonnée de ce langage; combien vous faut-il?

— Cinquante mille francs.

— Cinquante mille francs! dit Régine effrayée; mais à qui demander cela? Adrien doit tout ignorer.... Oh! s'il savait, j'en mourrais.... »

Elle resta un instant cherchant dans sa tête.

— J'ai mes diamants.

— C'est vrai, dit Lambert, ils sont même fort beaux, mais à qui vous adresser.

— Le mont-de-piété, dit la princesse, me prêtera bien dessus.

— Vous oubliez, madame, que vous êtes en puissance de mari, et qu'un prêt aussi considérable, en supposant qu'on vous le fît, éveillerait l'attention.

— Mais à qui m'adresser? Revenez à quatre heures, » dit-elle à Lambert.

Celui-ci n'insista pas; demeurée seule, Régine réfléchit, mais involontairement la malheureuse femme se mit à fouiller dans son passé, jusque dans ses plus mauvais jours; et elle se prenait à regretter sa pauvre tante Félicie, si fertile en expédients, qui connaissait tous les financiers interlopes du Palais-Royal et des environs.

Il ne restait même pas à Régine l'espoir de Mme de Bon-Secours.... Pauvre femme, les bonnes mœurs l'avaient ruinée; ce fut alors qu'elle songea au père Carpa; un homme habile celui-là; il passait pour avoir une bourse inépuisable, il prêtait jusqu'à soixante mille francs à la Lévèque.

« Si le père Carpa est encore de ce monde, se dit Régine, nous sommes sauvés; mais il doit vivre, ces gens-là ne peuvent pas mourir tout entiers et j'en retrouverai au moins quelque chose. »

Régine, armée de la résolution de découvrir le père Carpa, s'aventura pédestrement dans les rues de Paris.

Oh! comme elle respirait avec délices cette atmosphère boueuse du centre parisien! Comme ces pavés étaient doux à ses pieds mignons!

Les souvenirs de toute sorte se pressaient dans sa pensée, et les plus amers lui semblaient délicieux : c'est qu'elle se souvenait qu'alors elle avait vingt ans.

La voici dans ce Palais-Royal où se sont écoulées les belles années de sa jeunesse; comme tout cela était vivant alors! et comme tout est morne, éteint maintenant.

Il semble que d'un coup de baguette quelque magicien ait tout pétrifié.

Çà et là quelques cafés déserts ou empuantis par la fumée du tabac, des marchands momifiés derrière leur comptoir, quelques voyous flâneurs, et c'est tout.

Régine a traversé le jardin, la voilà dans cette cour des Fontaines où, pour la première fois, l'amour a fait battre son cœur; elle s'arrête au passage Henri IV; là, autrefois, demeurait le père Carpa. Régine s'informe à la portière, il y demeure bien encore; rien n'est changé de ce côté : à la porte de son petit appartement pend toujours le ruban jaune qui fait jouer la sonnette; il est un peu plus crasseux qu'autrefois, voilà tout.

Régine sonne, un guichet s'ouvre et laisse voir un visage anguleux et parcheminé : c'est le père Carpa lui-même qui est venu s'assurer s'il pouvait ouvrir; la princesse se nomme et est introduite, car le père Carpa est doué d'une mémoire prodigieuse; il n'a oublié ni la petite marchande du Caveau, ni la sultane qui trôna au café des Circassiennes, à laquelle il prêtait quelques écus au taux raisonnable de cinquante pour cent; il ignore ce qu'elle est devenue depuis vingt ans; mais elle est bien vêtue, une riche broche en diamants brille sur son cachemire, cela suffit au vieux cancre qui flaire quelque bonne affaire et qui est presque souriant.

« Mon petit père, dit Régine en reprenant le ton familier des anciens jours, j'ai besoin d'une grosse somme, d'une très-grosse somme, et comme il y a au fond de cela une excellente affaire, j'ai pensé au petit père Carpa plutôt qu'au mont-de-piété. »

On voit que la pauvre femme n'avait pas tout à fait perdu le souvenir de son ancien langage. Nous devons reconnaître pourtant que le père Carpa était peu sensible aux petites flagorneries; pas une ruse de femme ne lui était inconnue; il accepta donc tout ce que lui dit Régine avec la plus complète indifférence.

« Cela irait-il jusqu'au billet de mille ? » demanda-t-il.

Ce n'était donc plus le Carpa des anciens jours qu'elle avait devant elle.

« Mille francs ! dit-elle ; ah çà, croyez-vous que je me serais dérangée pour si peu, mais j'ai toujours mille francs sur moi ; et tirant sa bourse elle fit voir au travers des mailles une série de pièces d'or, qui fit comprendre à l'usurier que Régine était dans une assez belle situation.

« Combien vous faut-il donc ?
— Cinquante mille francs, répondit froidement Régine.
— Chère belle ! parlons sérieusement. Diable ! je n'ai pas la Banque de France dans mes poches.
— Mais alors, on ferme boutique ! observa Régine, qui revenait tout à fait aux anciens jours.
— On ferme boutique, on ferme boutique.... murmura l'usurier.
— Certainement, pouvez-vous, oui ou non, me prêter cinquante mille francs sur une valeur de deux cent mille francs ; il me faut ces cinquante mille francs aujourd'hui même.
— Où est cette valeur ? » demanda froidement le père Carpa.

Régine tira de sa poche trois écrins qu'elle mit devant le bonhomme ; ces écrins contenaient : le premier une rivière de diamants, les deux autres une paire de boucles d'oreilles et une broche.

Le père Carpa, à la vue de ces richesses, ne put contenir un mouvement de convoitise ; il fut ébloui et demeura muet d'admiration.

« Jour de Dieu ! fit-il après quelques instants, vous avez donc mis la main sur les mines de Golconde !
— C'est beaucoup plus simple que cela : la petite marchande est devenue princesse, et la princesse a besoin d'argent, ou, ce qui vaudrait mieux, d'une valeur sur Londres.
— Princesse ! dit le bonhomme ; on sentait dans la façon dont ces paroles étaient prononcées une sorte de persiflage, du doute.
— Oui, répéta Régine, princesse. Il y avait dans sa voix un tel accent de fermeté que tout doute disparut de l'idée de maître Carpa.
— Cinquante mille francs, je vais être obligé d'emprunter de toutes mains.
— Faites pour le mieux ; mais faites vite. Je vais vous attendre chez moi cette après-midi. Voici ma carte.
— C'est pourtant vrai, se disait le vieux prêteur sur gages.... lorsque Régine fut partie ; c'est écrit en toutes lettres : *Princesse Mañolini*, et des diamants magnifiques. »

Quatre heures après, le père Carpa arrivait à Auteuil avec une traite sur Londres.

Une affaire aussi considérable s'était traitée sans l'échange d'aucun papier ; le brave homme se contentait d'une commission de vingt pour cent, pour six mois.

« Maintenant, dit Régine quand elle se trouva en possession de la bienheureuse traite, Lambert peut partir. »

Et elle monta à l'appartement qu'occupait dans l'hôtel l'ancien compagnon de Pied-de-Fer ; celui-ci était absorbé par la lecture d'une lettre qu'il chercha à dissimuler quand il vit entrer Régine.

« Voici la traite sur Londres, » dit-elle.

Lambert tourna et retourna le précieux papier sans répondre.

« Madame, lui dit-il après quelques instants de ce manége, avez-vous réfléchi aux suites de notre entreprise ?
— Pourquoi m'adressez-vous cette question, Lambert ?
— Avez-vous réfléchi, madame, continua Lambert, à ce que votre position a de fragile, pardonnez-moi de vous parler ainsi, mais avant tout je considère votre sûreté, pensez-vous que cette considération qui vous entoure ne peut pas vous faire défaut tout à coup ?
— Oui, j'ai réfléchi à tout cela ; j'ai pensé que je ne pouvais faire perdre à mon fils l'héritage de son père.
— Savez-vous, madame, que ces hommes âpres à la curée, qui ont déjà tenté de faire périr votre fils, ne nous ferons grâce d'aucune humiliation, s'ils sont vaincus dans cette chasse à l'héritage ?
— Je le sais.
— Savez-vous que si le prince apprend, et il devra l'apprendre, que le comte Henri n'est pas votre fils adoptif, mais bien votre fils, son amour-propre, sa dignité se trouveront singulièrement froissés.
— J'ai réfléchi à tout cela, plus que vous ne paraissez le penser, répondit Régine avec la même fermeté dans la voix.
— Ah ! fit Lambert.
— Oui, j'ai réfléchi, et je me suis demandé si tout ce bien-être, tout ce luxe qui nous entourait était bien à nous ; si nous avions le droit de disposer de ces sommes énormes, mises à la disposition du prince par l'ancien amant de ma tante ? Il me semble par moments que je suis l'héroïne d'un conte de fées, et que tout cela va crouler autour de nous, et peut-être nous écraser de leurs décombres ; il n'est pas jusqu'à cette Mme de Hersdelberg qui ne me fasse peur. Adrien n'a pas voulu s'expliquer avec moi, mais je suis certaine qu'il n'est arrivé à arracher son consentement qu'en la menaçant de quelque affreuse révélation ! Oh ! ne défendez pas le prince ! ne défendez pas Mme de Hersdelberg ! Vous parlez de considéra-

tion? qu'ai-je à craindre? qu'on vienne dire que j'ai été la maîtresse de lord Barsthley, et pourquoi en rougirais-je, alors que j'accepte son héritage? Cette fortune qui entrera ici, aura au moins une origine honorable. En pouvez-vous dire autant de celle dont nous jouissons aujourd'hui.... J'en ai assez de cette vie de contrainte et de mensonge, et je ne sais ce qui me retient de tout dévoiler à Adrien. »

Lambert était loin de s'attendre à une telle réponse, et surtout à une attitude aussi ferme de la part de Régine.

« Vous avez été au-devant de ce que je voulais vous dire, madame.

— Comment cela?

— En reconnaissant que votre situation était pleine de périls ; il faut partir.

— Où ?

— En Italie.

— Lambert, dit Régine, vous manquez de franchise avec moi ? »

Lambert fit un geste de négation.

« Vous manquez de franchise, répéta Régine ; comment se fait-il que vous ne pensiez à cela qu'en ce moment ? »

Lambert balbutia quelques mots sans suite, parmi lesquels se trouvaient ceux de dévouement, d'amitié.

« Vous ne savez pas mentir, lui dit la princesse.

— Je ne sais pas mentir ? répéta Lambert en rougissant.

— Non! cette lettre que vous lisiez à mon entrée, et que vous cachez sous votre main, voilà la cause de vos terreurs.

— Madame.

— Dis-je vrai ?

— Ne m'interrogez pas.

— Au contraire.

— Vous voulez tout savoir, cette lettre est d'un mort.

— D'un mort, dit la princesse essayant de sourire.

— Madame, dit gravement Lambert, ce secret que j'ai là n'est pas le mien, je vous demande jusqu'à ce soir pour vous le révéler.

— A ce soir, soit, dit Régine en sortant, ne pouvant dissimuler le dépit causé par la réponse de Lambert.

— Que j'ai hâte d'être à ce soir, dit Lambert ; Pied-de-Fer vivant ! de quelle lourde responsabilité ne va-t-il pas me décharger. »

Il est vrai que si Lambert eût su dans quelle situation se trouvait son ancien complice, il ne se serait pas autant réjoui de sa résurrection.

Il était près de six heures lorsque Lambert se présenta à l'hôtel du *Prince de Galles*. Il fut reçu par Beppo qui, sous un nom d'emprunt, vivait d'une façon assez large.

« Je suis peut-être un peu en avance, dit Lambert.

— Non, répondit Beppo, car la personne que vous devez voir n'est pas ici.

— Devons-nous aller loin? demanda Lambert qui se doutait bien que Pied-de-Fer devait redoubler de précaution pour se mettre à l'abri des recherches de la police.

— C'est assez loin pour vous engager à dîner avant que de partir d'ici.

— J'ai dîné.

— Alors si vous le voulez bien, nous allons nous mettre en route. »

Lambert suivit Beppo ; ils montèrent dans une voiture qui stationnait dans la cour de l'hôtel ; Beppo en homme prudent leva les stores en bois ; nous devons dire que cet excès de précaution à son égard blessa Lambert.

« Est-ce qu'il en est arrivé à se défier de moi?» se dit-il en songeant à Pied-de-Fer.

La voiture traversa la place du Carrousel, puis ensuite les quais jusqu'au Pont-Neuf et se dirigea du côté du Luxembourg. Beppo n'avait point pris garde au trèfle percé au haut des volets, un coup d'œil jeté par là suffisait à Lambert pour s'orienter ; il vit que la voiture prenait la rue d'Enfer, il la vit franchir la barrière de ce nom, là elle suivit pendant quelque temps la grande route, puis tourna à gauche.

« Où diable me conduit-il, » se disait Lambert.

La voiture s'arrêta dans un endroit alors fort désert, connu aujourd'hui sous le nom de rue du Pot-au-Lait, situé en face des prés de la Glacière ; la Bièvre, dans laquelle se dégorge l'égout de Bicêtre, coule sale et infecte non loin de là.

C'était, dans une maison isolée, entourée presque en partie par un immense marais où les grenouilles coassaient tout à leur aise, que Pied-de-Fer avait donné l'ordre de lui amener son fils d'abord, s'il se présentait, Lambert ensuite.

Le visage d'Édouard était bouleversé, quand il entra dans la chambre où se tenait Pied-de-Fer ; celui-ci se leva et lui tendit la main.

Le jeune homme ne vit-il pas ce mouvement, ou refusa-t-il de serrer la main qu'on lui tendait, c'est ce que Pied-de-Fer ne put savoir.

« Asseyez-vous, Édouard, lui dit-il. Vous avez lu ma lettre.

— Oui, je l'ai lue et relue, et je l'ai portée à ma mère.... Ma mère, monsieur, vous l'avez dit, est une sainte et digne femme ; elle pouvait me cacher la vérité ; elle pouvait me dire que moi, le plus jeune de ses enfants, j'étais bien un Chaligny, elle ne l'a pas voulu ; cette femme n'a pas voulu devoir l'amour de son fils à un mensonge, et elle m'a dit, ce que dans votre lettre vous aviez oublié d'écrire, c'est que vous étiez un bien grand misérable, monsieur mon père ! »

Pied-de-Fer, à cette apostrophe, se leva blanc d'émotion ; mais, se ravisant probablement, il se rassit en affectant le plus grand calme.

Nous devons dire qu'Édouard affectait, lui aussi, d'être calme.

« Vous voulez parler, je crois, dit Édouard ; je suis prêt à vous écouter.

— Non.... non.... dit Pied-de-Fer, quand vous aurez fini.

— Ah! il me fallut bien reconnaître que j'étais votre fils, reprit Édouard, puisque vous disposiez de mon honneur comme de votre chose, et vous n'hésitiez pas à vous servir de mon nom, à contrefaire mon écriture, pour écrire à deux hommes et les inviter à se rendre à l'auberge du *Cheval mort*. »

Nous devons dire que Pied-de-Fer, qui savait parfaitement que Raflard et Warburton étaient sortis sains et saufs de l'auberge du *Cheval mort*, puisqu'il les avait entendus passer dans la nuit près de la hutte de cantonnier où il était réfugié, crut qu'il n'avait rien à craindre.

« Qu'avez-vous à me reprocher, ne savais-je pas que votre amour pour Hortense vous ferait aller ce soir même chez Vacher.... Je voulais vous débarrasser de cet homme. »

Édouard lança à Pied-de-Fer un regard tellement écrasant de mépris, que celui-ci, malgré son assurance, se tut subitement.

« Vous mentez, lui dit-il, vous avez précédé de quelques heures ces deux hommes chez Vacher, et vous avez stipulé une somme de vingt mille francs pour qu'il les mît à mort avec l'aide de ses fils.

— C'est faux ! dit Pied-de-Fer ; ces hommes sont deux meurtriers. Comment avez-vous pu croire à leur récit.

— Et ces billets de banque encore teints du sang de Vacher, sont-ils, oui ou non, le prix du crime ?

— Comment, balbutia Pied-de-Fer, qui perdait contenance en se voyant accusé par son fils.

— Ces deux hommes se sont défiés et se sont défendus ! et ils ont tué ceux qui voulaient les assassiner.... Hortense, qui avait été témoin de votre entretien, est morte maintenant ; son témoignage, le récuserez-vous aussi ?

— Morte, elle aussi, dit Pied-de-Fer qui comprit que son fils ne lui pardonnerait jamais d'avoir été la cause indirecte de la mort de cette fille.

— Oui, morte ! ma mère aussi peut-être. Vous niez les billets de banque, vous niez le témoignage d'Hortense, nierez-vous maintenant ce billet écrit par vous, et rédigé dans des termes tellement ambigus, que Bonnard et Ramel crurent qu'il émanait de moi.... »

Pied-de-Fer baissa la tête devant ce témoignage irrécusable.

« Terre ! murmura-t-il, entr'ouvre-toi pour me recevoir.... et cacher la rougeur de mon front à mon fils....

— Le mal que vous m'avez fait, dit Édouard, est irréparable.... Je me fais horreur en pensant que je suis le fils d'un bandit.... Je ne puis ni vous maudire ni vous tuer, puisque vous êtes mon père....

— Pardonne-moi ! » cria Pied-de-Fer, en ouvrant ses bras à son fils.

Mais celui-ci tirant un pistolet de son sein, se l'appuya sur le front, et se fit sauter la cervelle avant que Pied-de-Fer eût pu faire un mouvement pour empêcher cet acte insensé.

Au bruit du coup de feu, Beppo qui n'attendait qu'un signal pour entrer avec Lambert, et qui se tenait à quelques pas de la porte de la petite maison, entra.

« Lambert ! Lambert ! cria-t-il, j'ai tué mon fils ! Édouard !... »

Lambert et Beppo, à ces mots, crurent réellement que Pied-de-Fer avait tué son fils, et ils reculèrent épouvantés ; mais un simple coup d'œil jeté sur le corps du malheureux jeune homme, suffit pour leur faire connaître que c'était Édouard qui avait mis fin à ses jours.

« Voilà donc ! s'écria Pied-de-Fer avec amertume, où m'ont conduit tous mes calculs machiavéliques, à ne pas avoir un ami, à voir repousser mes bienfaits : ils ont du sang, m'a dit Édouard ; votre passé se dresse entre vous et moi ! m'a dit sa mère. Et toi, Lambert, tu viens sans doute m'apprendre que Régine et Adrien connaissent l'origine de leur fortune et qu'ils ont fui de Paris ! Oui, tu viens ici pour me dire que je suis un sujet d'horreur.

— Calmez-vous ! calmez-vous ! dit Lambert effrayé de l'exaltation de son ancien compagnon.

— La mort seule peut mettre fin à mes tourments, » et en disant ces mots il s'empara du pistolet qui se trouvait près du corps de son fils : il y avait encore un coup à tirer.

Beppo, dans un coin de la pièce, regardait cette scène comme un spectateur qui assiste à une représentation théâtrale. Désirait-il la mort de son maître, c'était presque à le supposer en voyant son indifférence.

Mais Lambert avait arrêté le bras de Pied-de-Fer.

« Un lâche seul se tue ! lui dit-il d'une voix sourde.

— Mon fils était donc un lâche ? »

Ainsi Lambert dans son intervention avait plutôt irrité la colère de Pied-de-Fer qu'il ne l'avait calmée.

« Ton fils était un cœur généreux, à Dieu ne

plaise que je veuille insulter le cadavre de ce brave jeune homme étendu à nos pieds; mais il a obéi à un faux sentiment d'honneur. J'ignore dans quelle circonstance tu as dévoilé à ce jeune homme le secret de sa naissance.... c'est ta précipitation peut-être qui a tout perdu.

— C'est tout ce que tu as à me dire? » demanda Pied-de-Fer qui avait écouté Lambert avec le plus grand calme.

Ce calme effraya Lambert.

« J'ai encore à te dire qu'un homme comme toi n'a pas le droit de se tuer.

— C'est vrai! dit l'ancien chauffeur, et se tournant vers Beppo : va m'attendre au bout du chemin à droite avec la voiture. »

Beppo s'inclina et sortit aussitôt.

« Tu as dit vrai, ami, je ne m'appartiens pas, un arrêt de mort est suspendu sur ma tête; j'appartiens à la justice des hommes! Ah! s'écria-t-il tout à coup, j'oubliais qu'il y a quelqu'un qui comme moi est condamné à mort et qui attend son salut de moi. Reviens demain ici, Lambert, à cette même heure.

— Et ce corps....

— Le corps de mon fils, il me suivra partout, » dit-il.

Et, s'agenouillant près du cadavre, il souleva une des mains qu'il baisa pieusement. Lambert comprit qu'il était de trop et que, tant qu'il serait là, cet homme au cœur de bronze, à l'orgueil immense, ne donnerait pas un libre cours à sa douleur.

Au bout de dix minutes, Pied-de-Fer sortit, et, s'appuyant sur le bras de Lambert, il rejoignit sa voiture; ils firent la route sans dire un seul mot. Lambert respecta cette grande douleur; il quitta Pied-de-Fer près du Luxembourg.

« A demain, lui dit celui-ci, à l'hôtel du *Prince de Galles*, si tu n'y trouves personne, rends-toi à la poste, là tu trouveras une lettre à tes initiales qui te dira où je suis.... »

Lambert resta quelques instants sur le trottoir absorbé dans ses réflexions; lorsqu'il leva la tête pour voir la direction prise par la voiture, il vit celle-ci qui allait disparaître au coin de la rue de Tournon : un homme était accroché derrière.

« Aurions-nous été suivi? se dit Lambert. Ce n'est pas possible, se dit-il après un instant de réflexion, j'aurais bien vu cet homme en descendant de voiture.... »

Si Pied-de-Fer eût su quel était l'homme qui était assis tranquillement sur les ressorts de la voiture, il eût frémi et songé à fuir, car cet homme n'était autre que Juibraide.

On doit se rappeler la conversation que l'agent de police avait eue avec Castex à propos de l'assassinat Rapin; celui-ci, on peut le dire, l'avait mis sur la voie des auteurs du crime; après mûres réflexions, il crut que ce qu'il avait de mieux à faire était de prendre conseil de M. Gerlier.

Le commissaire aux délégations écouta Juibraide avec la plus grande attention et fut frappé, comme l'avait été précédemment Juibraide, en entendant Castex, de cet enchaînement de faits.

« Je ne vous demande pas votre secret, dit le commissaire, mais ce n'est pas vous qui avez fait cette découverte. »

Juibraide voulut protester, parler de sa perspicacité, de son savoir-faire. Le commissaire l'arrêta par un mot :

« Si vous causez trop, je saurai votre secret. »

L'agent eut peur et demeura muet.

« Toute l'histoire que vous venez de me raconter est fort curieuse; mais dès que nous voudrons nous mettre en marche sur les renseignements que vous venez de me donner, nous serons arrêtés par une série de difficultés auxquelles vous n'avez pas songé un seul instant. Ainsi, à propos des gens de la maison d'Auteuil, il est certain que cet homme que vous appelez Lambert doit être naturalisé Italien, il a été lieutenant de Pied-de-Fer pendant l'invasion et même avant, c'est possible; mais il est couvert par deux ou trois amnisties. Ainsi pour celui-ci il est inutile de s'en occuper, ce serait une faute de l'inquiéter. Le prince est également Italien, il est renommé par sa charité, la princesse a fait les beaux jours des galeries de bois; mais, mon cher ami, combien y a-t-il de dames de charité qui ont montré leurs jambes à tout Paris sur la scène de l'Opéra : cela ne les empêche pas d'être reçues au château et de quêter à Saint-Roch. Là, nous ne pouvons encore rien; reste Pied-de-Fer, existe-t-il réellement? Vous dites oui, il n'y a pas que vous qui dites oui; mais, depuis le temps écoulé, reste la difficulté de faire constater son identité, ce n'est pas Lambert qui voudra le reconnaître, ce n'est pas la princesse, ce n'est pas le prince! Vous voyez bien que tout ce monde-là doit rester dans l'ombre, de même que Mme de Chaligny; il ne faut croire que le quart de ce que disent les paysans.

— Le maire, dit Juibraide, va jusqu'à prétendre que le dernier des fils de cette dame serait de Pied-de-Fer.

— Mais, mon cher Juibraide, ce maire me fait l'effet d'être un imbécile; y a-t-il un désaveu de la famille du mari.... Laissons tout cela de côté. Reste debout, palpitant d'intérêt, l'assassinat de Rapin. Je comprends que vous preniez à cœur la poursuite des assassins de votre ami, moi j'ai sur le cœur ma course de quatre heures après le Raflard. Je vous avoue pourtant que tout cela ressemble assez à un imbroglio de comédie. Cependant une instruction est ouverte, il est seulement malheureux que vous ne vouliez pas sortir de cette réserve et me dire qui vous a fourni tous ces renseignements.

— Je ne le puis, monsieur, j'ai juré de me taire. »

M. Gerlier demeura un instant à réfléchir :

« Eh bien ! partez pour Marchais, seulement ne vous égarez pas à vouloir mettre une série de personnes en jeu. Contentez-vous de découvrir Raflard et son complice Warburton ; si réellement, comme vous le dites, ils sont parvenus à retirer de la Banque une somme de près d'un million, cet établissement ne sera pas sans vous récompenser si vous parvenez à découvrir les coupables. »

A cinq heures du soir, Juibraide quittait Paris et se dirigeait vers Marchais ; à cette même heure, Raflard et Warburton quittaient le château de Chaligny.

Nous ne suivrons pas Juibraide dans toutes les péripéties de son expédition.

Quand il arriva à Marchais, le village était en deuil de la mort de son curé ; le maire, en voyant entrer Juibraide chez lui, prit un air mystérieux.

L'agent déclina ses qualités.

« Vous êtes le deuxième agent qui venez ici, lui dit-il.

— Je le sais.

— Oui, monsieur, et je dois vous dire que je n'ai pas lieu de me féliciter de lui.

— Comment cela ?

— Il m'avait promis que la conduite digne que j'avais tenue, serait rapportée et j'attends toujours »

Juibraide, peu au courant de ce qu'avait pu promettre Castex, se contenta d'engager le fonctionnaire municipal à un peu de patience.

« La croix de la Légion d'honneur, monsieur.... dit le maire.

— Diable, monsieur le maire.

— Monsieur, j'ai été porté pour la décoration du Lis en 1820, et il s'en est fallu de peu que je l'obtinsse. »

Juibraide pensa que ce qu'il avait de mieux à faire, était d'écouter patiemment toutes les récriminations du maire.

« Monsieur, finit par lui dire celui-ci, il est, en effet, arrivé deux personnes chez Mme de Chaligny, je crois bien que ce sont des messieurs de Paris. Mais ils ont dû partir il y a une heure environ. »

Le cœur de Juibraide battit avec force à cette révélation, nul doute que ces deux hommes ne fussent les assassins de Rapin.

« Savez-vous quelle direction ils ont prise ? demanda-t-il au maire.

— Pour ça non. Seulement nous pourrions peut-être l'apprendre par quelqu'un du château.

— Écoutez, dit Juibraide, je ne tiens pas à me faire remarquer ; pendant que vous allez faire des recherches pour savoir sur quelle localité ont pu se diriger ces deux hommes, je vais me rendre à l'auberge où je me ferai passer pour un voyageur ; là, j'attendrai votre réponse, seulement faîtes diligence, car il ne faut pas laisser à ces deux individus le temps de passer la frontière. »

Mais ce ne fut seulement qu'à onze heures du soir que Juibraide obtint des renseignements sur la direction suivie par Raflard et Warburton, et encore fut-ce plutôt au hasard qu'aux démarches du maire qu'il les dut.

Il était dans l'unique auberge de Marchais, attendant que le maire le fît prévenir, lorsqu'un domestique descendit d'un cabriolet et entra dans la salle de l'auberge.

Juibraide, le dos tourné à la porte, était placé presque entièrement sous le manteau de la haute cheminée.

« Une bouteille, et du chenu, dit le nouveau venu au maître de l'auberge, c'est moi qui régale !

— Oh ! oh ! quoi donc qu'il y a de nouveau, monsieur de Chaligny ? »

A ce nom, Juibraide tourna légèrement la tête et il lui fut facile de reconnaître que le nouvel arrivant était un domestique, à qui l'aubergiste donnait par complaisance le nom du maître.

« Il y a que je viens de conduire deux messieurs, qui vont à la chasse à Hirson, et voilà ce qu'ils m'ont donné chacun pour me boucher un œil ; il montra deux pièces d'or.

— Peste ! quarante francs....

— Et je ne les ai pas conduits à Hirson.

— Où donc tu les as conduits ?

— A Dormans. Je crois que monsieur leur a donné rendez-vous par là, à ce que je leur ai entendu dire. »

L'aubergiste sortit pour aller chercher la bouteille ; le domestique s'approcha de la cheminée où se tenait Juibraide. Il était loin de soupçonner les fonctions de celui-ci et l'intérêt qu'il prenait à la conversation.

« Est-ce qu'il y a loin d'ici Dormans ? demanda Juibraide au domestique.

— Trois petites lieues.

— Merci, monsieur.

— Dis donc, Chaligny, dit l'aubergiste, qui rentrait avec la bouteille, ton maître, M. Édouard, va-t-il toujours du côté de Dormans ?

— Qui donc t'a dit ça ?

— Avec ça qu'on ne sait pas qu'il fait les yeux doux à la fille à Vacher.

— Plus souvent !

— C'est peut-être au *Cheval mort* qu'il a donné rendez-vous à tes deux messieurs pour leur faire faire connaissance avec la petite. Hé ! hé ! fit l'aubergiste avec un gros rire.

— Tais-toi donc, imbécile, et il désigna du doit Juibraide.

— Allons, dit l'aubergiste, tu es un brave garçon, tu ne veux pas dire les secrets de ton maître. A ta santé ! »

Les deux hommes vidèrent la bouteille; le domestique sortit, monta sur son siége, et fit partir son cheval au grand trot.

« Combien vous dois-je? demanda Juibraide lorsque l'aubergiste fut rentré.

— Tiens, vous ne couchez pas ?

— Non, j'ai réfléchi, je préfère continuer ma route. »

L'aubergiste essaya de démontrer à Juibraide le danger qu'il pouvait y avoir en partant à cette heure; mais Juibraide ne tint aucun compte de ses observations, et partit.

Il fit les trois lieues qui le séparaient de Dormans en deux heures; il était minuit quand il arriva dans le village; malgré un brillant clair de lune, il ne put lire les inscriptions qui se trouvaient sur les enseignes des deux auberges; mais en revanche, il lut sur une porte : *Gendarmerie royale;* il y avait au-dessus de la porte d'entrée de cette maison, un drapeau de fer-blanc, qui grinçait sur sa tringle comme eût pu le faire une simple girouette. Juibraide frappa; après quelques minutes d'attente, la tête d'une femme se montra à une fenêtre du premier étage.

« Que demandez-vous ?

— Le brigadier, dit Juibraide.

— Mais il est bien tard. Que vous lui voulez-vous? »

Il faut avouer qu'il était assez difficile à Juibraide de s'expliquer dans la rue, et surtout avec une femme. Mais ce colloque avait été entendu par un gendarme qui vint à son tour à la fenêtre; c'était Pinchon, qui venait voir avec qui sa femme causait.

« Que voulez-vous? vous n'êtes pas de ce pays. »

Il avait suffi d'un coup d'œil au gendarme, pour reconnaître que Juibraide était un étranger à la localité.

« Je l'ai dit à votre femme; je veux parler au brigadier.

— Mais le brigadier, il est rompu; il y a tout au plus une heure qu'il est couché.

— Eh bien, il se lèvera ! dit Juibraide avec impatience.

— Comment! fit Pinchon indigné qu'on parlât d'une façon semblable de son supérieur; qui donc êtes-vous ?

— Descendez, vous le verrez.

— Ça ne va pas-t'être long. »

En effet, au bout de quelques minutes, Pinchon furieux, descendait ouvrir la porte, mais il dut se calmer lorsque Juibraide lui eut dit qui il était.

Le brigadier, en entendant annoncer un agent de la police de Paris, eut peur que celui-ci ne fût chargé d'une mission concernant son protégé, le marquis de Sainte-Estève; mais il fut bientôt rassuré quand Juibraide lui eut expliqué ce qu'il attendait de son concours.

« L'auberge dont vous parlez est en pleine forêt, dit-il; c'est-à-dire qu'il est très-facile à nos deux hommes de fuir à notre approche.

— Peut-être seront-ils couchés, dit Juibraide.

— Des gens comme ça, ça ne dort que d'un œil, » fit observer judicieusement le brigadier.

Or, au moment où Juibraide réclamait le concours de la gendarmerie, Warburton et Raflard quittaient l'auberge du *Cheval mort* sous la conduite d'Edouard.

A trois heures du matin seulement, on arrivait en pleine forêt. Le brigadier fit cerner la maison. Juibraide marcha droit à la porte qu'il trouva ouverte.

« Oh ! oh! dit-il à voix basse, voilà qui est d'un mauvais signe. »

Afin d'être prêt à tout événement, le brigadier arma sa carabine. On alluma une chandelle, et les deux hommes s'avancèrent avec précaution jusqu'au bûcher.

« Tonnerre ! dit le brigadier, en voyant les cadavres de Vacher et de ses fils, nous arrivons trop tard. »

CHAPITRE CI.

Un bal masqué.

Nous avons laissé la voiture qui portait Pied-de-Fer, roulant dans Paris. Beppo, qui était sur le siége, savait probablement où son maître se rendait, car il fit arrêter la voiture rue de Babylone, devant une maison de chétive apparence.

C'était dans cette maison que depuis vingt-quatre heures se tenait caché le marquis de Saint-Estève, que Pied-de-Fer était parvenu à faire sortir du bois de Dormans; il était d'avis de le faire sortir de France; mais le marquis avait juré que puisqu'il était rentré en France pour voir Clotilde, il n'en sortirait pas avant de l'avoir vue; les circonstances paraissaient, du reste, vouloir le favoriser; Pied-de-Fer avait appris que la marquise d'Heningue préparait un grand bal, et que M. de Vulnar avait quitté son château pour venir passer une partie de la mauvaise saison à Paris.

« Il est probable, dit Pied-de-Fer à son protégé, que la marquise profitera de cette occasion pour annoncer le mariage de sa fille. »

Or, le matin même de son arrivée à Paris, il avait appris que la marquise donnait un bal, et que ce bal serait costumé; il avait rendez-vous avec

Mon camarade, dit-il au condamné à mort. (Page 471, col. 1.)

Édouard et Lambert le même soir, il n'avait pas d'invitation, pas de costume, et il ne savait pas trop ce qu'il allait faire là avec le marquis ; mais grâce aux sommes qu'il avait à sa disposition, à quatre heures du soir Beppo avait aplani toutes les difficultés.

Il avait deux billets d'invitation en blanc, deux costumes : un de chef de brigand calabrais pour Pied-de-Fer et un uniforme d'officier aux gardes françaises pour le marquis ; il avait fait plus, il avait acheté le concours de quatre garçons d'extra pour prêter main-forte à ses maîtres en cas d'attaque, ceux-ci avaient pour signe distinctif une épingle noire à leur cravate blanche.

En adoptant ce signe de ralliement, Beppo avait eu probablement à l'esprit le souvenir de la fameuse conspiration de l'Épingle noire qui manqua d'envoyer à l'échafaud l'adjudant Monier.

Il n'était pas jusqu'au concierge de la maison qui ne fût vendu sans s'en douter.

Pied-de-Fer s'était contenté de dire à Beppo, « Arrange-toi de façon que si une demoiselle vient suivre le marquis, on ne puisse nous empêcher de l'emmener. »

Beppo, en valet de chambre italien consommé, avait pris toutes ses mesures en conséquence, et avait su trouver un prétexte pour s'installer à partir de dix heures chez le concierge ; il est vrai qu'il payait le droit de voir les masques trois cents francs.

« Ze souis attaché à la cour du douc de Modène, lui avait-il dit, pour les coustumes de sa maison, et l'on m'a dit que zamais coustumes plus bious n'avaient été vus que ceuse que ze pouis voir ici. »

Comment voulez-vous qu'un concierge puisse refuser à l'envoyé du duc de Modène, le droit de voir les costumes des personnes qui assistaient à la soirée de la marquise d'Henninque surtout lorsqu'il achetait ce droit trois cents francs.

Le marquis était déjà habillé, et brûlait d'impatience de se rendre à ce bal.

Pied-de-Fer passa dans une chambre voisine où se trouvait son costume et s'habilla.

« Ah ! cher maître, vous avez la physionomie de l'emploi, lui dit le marquis, cet air sombre vous sied à merveille, et si vous pouvez le conserver jusqu'à votre entrée dans le bal, je vous prédis un succès écrasant.

— Que ne puis-je m'en débarrasser en sortant d'ici, dit Pied-de-Fer.

— Que voulez-vous dire, comte, est-ce que vous craignez quelque chose ?

— Craindre ! dit Pied-de-Fer, il y a longtemps que ce sentiment est banni de mon âme. Ah ! mon fils ! » dit-il, et à ce souvenir, cet homme qui avait été de bronze jusqu'alors, qui n'avait pas pleuré devant Lambert comme s'il eût rougi de laisser un libre cours à sa douleur, sanglota....

Le marquis garda devant cette grande douleur la seule attitude convenable, celle du silence.

« Merci, marquis, lui dit-il, ne m'interrogez pas ; un jour vous saurez tout. Par un mouvement d'orgueil, j'ai perdu mon espérance, ma joie, j'ai perdu mon fils...

— Vous m'avez tendu la main, dit le marquis, vous m'avez sauvé, alors que je me croyais perdu ; vous m'avez fait espérer la possession de Clotilde ; vous avez mis une fortune princière à ma disposition.... que ne puis-je pour vous remercier de tout ce que vous avez fait pour moi, vous demander la permission de vous aimer.... comme un père. »

Pied-de-Fer en entendant ce jeune homme lui parler ainsi s'était levé et l'écoutait haletant.

« Non ! dit-il tout à coup, cela ne se peut pas ?

— Vous ne me trouvez donc pas digne de remplacer ce fils que vous avez perdu ?

— Loin de moi une telle pensée, dit Pied-de-Fer. Mais savez-vous quel est le passé de cet homme auquel vous demandez d'être son fils ?

— Je sais ce qu'il a fait pour moi, pour mon aïeul, pour les miens, cela me suffit.

— Savez-vous qu'une fois la guerre de Vendée finie, il s'est réuni à ces bandes qui pillaient et rançonnaient voyageurs et fermiers ?

— Je sais que vous m'avez tendu la main.

— Savez-vous qu'une fois ces bandes dispersées, je fus arrêté, jugé et envoyé au bagne.

— Au bagne !

— Ah ! dit Pied-de-Fer, je me doutais bien que votre amitié ne résisterait pas à cette révélation. Je parvins à m'enfuir du bagne, et je repris cette vie de bandit, c'est alors qu'une condamnation à mort me frappa. Un miracle m'arracha à l'échafaud ; depuis cette époque, jusqu'en 1814, époque où je me mis à la tête d'un corps de bandits, c'est de ce moment que date ma fortune.... Et maintenant....

— Maintenant, dit le marquis, comme il y a deux jours, je vous dis : voici ma main, et, comme il n'y a qu'un instant, je vous dis : voulez-vous m'accepter pour votre fils ? »

Pied-de-Fer ne put résister à ces paroles du marquis et tomba dans ses bras. Ainsi son fils l'avait repoussé et un étranger lui ouvrait ses bras et demandait à devenir son fils ; il est vrai qu'à celui-ci, pauvre proscrit, il avait fait entrevoir la richesse, la liberté, le bonheur, et de plus il avait affaire sinon à un fanatique, du moins à un homme qui comprenait qu'on s'armât contre son pays, et qui pensait que tous les moyens étaient bons pour tuer son ennemi.

Les salons étaient déjà remplis d'une société choisie et éminemment aristocratique, quand ils arrivèrent.

Ils allèrent saluer la maîtresse de la maison ; la marquise, en Catherine de Médicis, trônait sur une ottomane ; à ses côtés, en bergère de Watteau, c'est-à-dire noyée dans un flot de dentelles, se tenait Clotilde ; près de ces dames, en costume d'Othello, était M. de Vulnar, qui affichait ainsi ses prétentions à la main de Clotilde. Nous devons dire qu'il n'y avait qu'une voix pour trouver le travestissement de M. de Vulnar de très-mauvais goût.

Clotilde, à la vue de M. de Saint-Estève, devint pâle d'émotion. Quant à la marquise, elle ne pouvait en croire ses yeux, l'ancien prétendant de sa fille, devant elle, en de telles circonstances.

« Madame, lui dit-il, j'ai passé par la Vendée, ainsi que vous me l'avez ordonné ; pardonnez-moi si je viens vous réclamer l'exécution d'une promesse sous un travestissement, mais, dans ma position, il m'est assez difficile de choisir les moments. »

M. de Vulnar était à deux pas de la marquise et de M. de Saint-Estève ; mais il ne pouvait entendre ce qu'ils se disaient. Cependant, il se doutait que cette conversation devait l'intéresser.

En ce moment, l'orchestre fit entendre le prélude d'un quadrille, le marquis s'approcha de Clotilde et lui présenta la main.

« Monsieur, dit M. de Vulnar, ignore probablement que mademoiselle m'a promis de danser avec moi.

— Mes droits à cet honneur, monsieur, sont antérieurs aux vôtres.

— Monsieur.... »

Le chef de brigands calabrais se plaça entre les deux adversaires, pendant ce temps le marquis entraînait Clotilde émue ; la marquise avait été tellement surprise de cette scène qu'elle était restée sans voix.

« M'expliquerez-vous, monsieur, dit M. de Vulnar en s'adressant à Pied-de-Fer, ce que cela signifie ?

— Avec plaisir, seigneur Othello ; et il conduisit son interlocuteur dans l'embrasure d'une fenêtre. L'officier aux gardes françaises qui vient d'inviter Mlle d'Henninque, n'est autre que M. le marquis de Saint-Estève, le même que vous faisiez chercher activement dans les bois de Dormans, il y a deux jours, pour l'envoyer à l'échafaud.

— Monsieur, ce que vous dites là est une infamie !

— Ne criez pas si fort, bel Othello, ou je dénonce votre indigne conduite à haute voix.

— Mais qu'y a-t-il, messieurs ; que se passe-t-il ici ? demanda la marquise en s'approchant de Pied-de-Fer et de M. de Vulnar ; est-ce réellement M. de Saint-Estève qui danse avec ma fille ? je n'y puis croire ; si c'est vrai, cet homme est fou ?

— Assurément, madame, dit Pied de-Fer, il

est fou d'avoir quitté le pays où il était en sûreté pour venir assister à ce bal, au risque de trouver en sortant d'ici un cortége d'agents pour l'arrêter....

— Mais il va nous compromettre, dit imprudemment la marquise.

— Ah! madame, cet aveu échappé de votre bouche est précieux à recueillir; vous ne craigniez pas de le compromettre, ce malheureux jeune homme, lorsque, vous emparant de son amour pour votre fille, vous l'envoyiez froidement en Vendée; lorsque vous vous jetiez en travers de son chemin, exaltant ses sentiments chevaleresques, et cela alors que vous n'aviez nullement l'idée de lui accorder la main de votre fille.

— Vous oubliez, monsieur, que vous parlez à une femme, dit M. de Vulnar avec hauteur.

— Je n'oublie rien, monsieur, et vous prie de me laisser seul avec madame. »

Cependant le bruit avait couru dans le bal que M. de Saint-Estève était là, dansant avec Mlle d'Henninque. Cet acte, qui tenait de la folie, avait causé un certain émoi dans ce public aristocratique; le salon où l'on dansait offrait un spectacle des plus curieux; on s'y portait littéralement.

« C'est bien lui! C'est bien lui! disaient quelques jeunes gens.

— Comme il l'aime, disaient les femmes, pour venir ainsi braver la mort! »

En revanche, si la folle équipée de M. de Saint-Estève arrachait à la foule un murmure approbateur, la conduite de la marquise était vivement critiquée.

« Il vient disputer sa fiancée à M. de Vulnar, au risque de rencontrer l'échafaud pour adversaire....

— C'est splendide!

— C'est chevaleresque.

— Vive Saint-Estève! »

Celui-ci supportait tous ces regards avec une assurance modeste; il était dans son élément, il triomphait, il était heureux, que lui importait d'être arrêté en sortant de cette soirée, il avait vu Clotilde, il était avec elle, elle lui avait dit qu'elle l'aimait, qu'elle n'avait jamais cessé de l'aimer, qu'elle n'avait pas passé un seul jour sans songer à lui.

« Clotilde, lui dit-il, pour vous, pour vous obtenir, j'ai joué mon avenir, ma vie; pour vous voir un instant, j'ai risqué ma tête ; sauriez-vous répondre à tant d'amour?

— Oui, lui dit-elle, ou je serais indigne de devenir votre femme.

— En ce moment, un ami, un second père, tente près de votre mère un effort suprême; s'il échoue.... Clotilde. »

La jeune fille ne répondit pas, mais son regard répondit suffisamment pour elle.

La contredanse était terminée, il reconduisit Clotilde à sa place; sa mère avait quitté le salon pour conduire Pied-de-Fer dans une pièce réservée.

« Non! monsieur, lui disait-elle, quel que soit l'amour de M. de Saint-Estève pour ma fille, je ne puis pourtant lui accorder sa main; oubliez-vous qu'une condamnation à mort pèse sur lui.... que d'un instant à l'autre il peut être arrêté....

— Cette condamnation n'entache pas son honneur; elle l'entache si peu, qu'il vient d'obtenir un grade de commandant en Autriche.

— Mais il est sans fortune.

— Cette observation, madame, que vous faites en ce moment, aurait été beaucoup mieux placée dans votre bouche, il y a trois ans, alors que vous montriez la Vendée à ce jeune homme! Vous avez eu, madame, si je m'en souviens, une phrase fort belle pour exalter l'imagination de M. de Saint-Estève, vous lui avez dit : « C'est par la Vendée qu'il faut passer pour obtenir la main de ma fille. »

— Il se peut, monsieur, dit sèchement le marquise, mais j'ai réfléchi depuis.

— Ah! madame, votre conduite en ce moment est bien triste.

— Mais, monsieur, il me semble que vous vous permettez de me juger, vous, un inconnu.... »

La marquise, en prononçant ces dernières paroles, les scanda d'une façon ironique.

La patience était une des moindres qualités de Pied-de-Fer. Il se leva brusquement.

« Serpent! dit-il, le costume que vous portez, sied bien à votre âme; oui, il y a de la Florentine chez vous; il y a de sa duplicité. L'orgueil et l'avarice vous rendent sourde et aveugle. Vous êtes sans pitié pour ce malheureux jeune homme, je serai sans pitié pour vous.

— Ce langage....

— Et trêve de grandes manières! croyez-vous que nous avons été assez sots pour venir ici sans prendre nos précautions. Vous refusez de donner votre fille à M. de Saint-Estève, nous nous passerons de votre consentement : elle a vingt et un ans!

— Vous armerez une fille contre sa mère! Vous ne ferez pas cela?

— Nous ferons bien autre chose, » dit Pied-de-Fer en éteignant subitement la lampe.

Il avait remarqué avec une certaine satisfaction qu'il se trouvait dans une sorte de cabinet noir, situé à l'extrémité de l'hôtel, et qu'il fallait passer par trois pièces avant d'y arriver ; ce cabinet servait aux pratiques mystiques de la comtesse, qui l'avait disposé en oratoire; sans s'inquiéter des cris poussés par la vieille dame, Pied-de-Fer ferma la porte à double tour.

« Et d'une, dit-il en mettant la clef dans sa poche. » Il passa dans les deux autres pièces où il fit la même besogne.

A la porte se trouvaient deux chevaliers de l'Épingle noire, c'est-à-dire deux des valets vendus, Pied-de-Fer dit quelques mots à l'un deux; celui-ci traversa les salons et avec un aplomb de maître des cérémonies, alla saluer Mlle d'Henninque et lui dit que sa mère la priait de venir; près de Clotilde se trouvaient en ce moment M. Vulnar et Saint-Estève; celui-ci fut plus prompt à offrir sa main à la jeune fille, mais M. de Vulnar eut-il des doutes, ou ne voulut-il pas devant tout ce monde reconnaître qu'il était distancé, il suivit la jeune fille et son cavalier.

Le domestique marchait devant eux pour leur indiquer le chemin.

Tout à coup une porte se ferma derrière eux. Othello fut magnifique, il porta instinctivement la main à son poignard; mais Pied-de-Fer était devant lui.

« Tout beau, seigneur; lui dit-il; voici mon fils qui emmène sa fiancée librement; si vous voulez vous opposer, vous rencontrerez son épée.

— A l'aide! » cria M. de Vulnar.

Mais Pied-de-Fer lui avait fermé la bouche avec la main avant qu'il eût pu donner l'alarme.

« Mon Dieu! dit Clotilde, que se passe-t-il?

— Venez, dit Saint-Estève, nous fuyons.

— Et ma mère?...

— Votre mère, vient; suivez-nous. »

Il y avait là un escalier dérobé, celui qui servait aux domestiques; les deux amoureux s'y engagèrent.

« Je m'opposerai de toutes les forces de mon énergie à cet enlèvement, dit M. de Vulnar.

— Suivez-nous alors, dit Pied-de-Fer; vous pensez bien, monsieur, que je ne puis vous abandonner, pour que vous alliez répandre l'alarme au dehors; si M. de Saint-Estève n'est pas entre les quatre murs d'une prison, ce n'est pas de votre faute.

— Où voulez-vous en venir, monsieur?

— Descendez, je vous expliquerai cela dans la voiture. »

M. de Vulnar voulut essayer d'entrer en explication, espérant qu'une diversion en sa faveur pourrait se produire dans les salons, où leur absence, ainsi que celle de la marquise, ne pouvait manquer de donner l'éveil; mais Pied-de-Fer qui avait deviné ses desseins, le prit sous le bras et le força de le suivre.

« Mais vous usez de violence avec moi? lui dit-il.

— Je le sais bien. »

On était arrivé sous la voûte de l'hôtel, il y avait là deux voitures. Clotilde, le marquis et la femme de chambre de Clotilde y montèrent.

Dans la seconde voiture montèrent M. de Valnar et Pied-de-Fer.

Les voitures sortirent au grand trot. Beppo qui était aux aguets ferma derrière elles les portes de l'hôtel; avec une petite pince, il avait coupé le cordon du portier, afin d'empêcher qu'on ne se mît de suite à leur poursuite. Tout cela avait été fait en quelques minutes.

Les voitures roulèrent dans la direction de Versailles.

« Vous voyez, monsieur, dit Pied-de-Fer à M. de Vulnar, que nous ne sommes pas des gens comme tout le monde; nous enlevons Mlle Clotilde en compagnie de sa femme de chambre, et nous emmenons en même temps avec nous celui duquel nous avons tout à redouter. Voici ce que je vous propose au nom de M. de Saint-Estève. Les voitures vont s'arrêter au bois de Viroflay, il y a dans la voiture des armes. Mon fils vous laisse le droit de vous dire l'offensé, ce qui vous donne le droit du choix des armes.

— Un duel sans témoins!

— Nous avons tout prévu; au lieu du rendez-vous, nous trouverons quatre officiers de la garnison de Versailles....

— Mais alors, c'est un guet-apens.

— Oh! oh! cher Othello, est-ce que vous feriez l'injure à l'armée française de douter de sa loyauté?

— Non, mais tous ces préparatifs de votre part annoncent une préméditation dont j'ai bien le droit de me trouver surpris, sinon offensé.

— Vous verrez une fois arrivé sur le terrain la conduite que vous avez à tenir. »

Le reste de la route se fit en silence. Les voitures prirent à gauche de la route royale et s'engagèrent dans un chemin qui conduisait au bois de Viroflay; on arriva devant une sorte de cahute où l'on s'arrêta; chacun mit pied à terre.

C'était une cabane de cantonnier; là se trouvaient quatre capitaines de hussards en garnison à Versailles. C'étaient quatre anciens camarades du baron de Saint-Estève, aux dragons de la garde.

« Merci, messieurs, leur dit-il, d'avoir bien voulu vous rendre à mon invitation, les opinions politiques peuvent nous diviser, mais il est un terrain sur lequel nous nous rencontrerons toujours, c'est celui de l'honneur. »

Les officiers inclinèrent la tête en signe d'affirmation.

Nous devons dire qu'ils ne parurent nullement étonnés de voir venir ces trois hommes en costumes travestis; il est probable qu'ils étaient au courant de la situation.

« Monsieur de Vulnar, dit Saint-Estève, voulez-vous choisir parmi ces messieurs deux témoins.

— Je n'ai point de préférence, dit celui-ci; ils sont tous honorables.

— Alors, messieurs, c'est le sort qui décidera. »

Le plus ancien des officiers écrivit les noms sur des morceaux de papier, et les plaça au fond de son chapeau, puis présenta le chapeau à M. de Vulnar, pour tirer :

Celui-ci tira deux papiers.

« M. d'Olnic et M. de Mirabel. »

Ces deux messieurs passèrent du côté de Vulnar.

« Messieurs, si vous le voulez bien, dit M. de Saint-Estève, je vais vous dire le sujet qui nous divise, M. de Vulnar et moi. J'aime Mlle Clotilde d'Henninque, et c'est par amour pour elle que j'ai pris les armes contre la royauté actuelle. Vous connaissez, messieurs, les suites de cette détermination, un arrêt rendu par contumace m'a condamné à la peine de mort... Je fus assez heureux pour passer à l'étranger. Là, j'appris avec la plus vive douleur que l'on songeait à marier Mlle Clotilde d'Henninque à M. de Vulnar; je résolus de rentrer en France et de venir m'assurer *de visu* (comme disent MM. les avocats) si mon souvenir était sorti du cœur de celle qui m'avait été solennellement fiancée ou si elle obéissait à une pression, aux exigences d'une mère honorable, mais prudente.... Ce soir même, j'ai pu pénétrer près d'elle sous ce déguisement, et là, de sa bouche, j'ai acquis la preuve que je n'avais pas démérité d'elle.... Je crois que M. de Vulnar est dans l'intention de m'interrompre, dit M. de Saint-Estève, je me tais, prêt à répondre lorsqu'il aura terminé. »

M. de Vulnar, s'il avait perdu un peu de son assurance dans la voiture, l'avait entièrement reprise une fois qu'il avait vu qu'il s'agissait d'un duel dans les règles.

« Je ne mets nullement en doute l'honorabilité de mon adversaire, dit-il, mais je dois dire que la façon toute romanesque....

— Chevaleresque, » interrompit une voix.

C'était celle de Pied-de-Fer.

« N'interrompez pas! dirent en même temps les quatre témoins.

— Loin d'être de votre avis, messieurs, je remercie mon honorable interrupteur, il est venu en aide à ma mémoire, c'est chevaleresque que je voulais dire.... Mlle Clotilde est impressionnable comme l'est toute jeune fille (je ne veux diminuer en rien les dangers affrontés par M. de Saint-Estève), mais il avait un avantage sur moi, celui de se présenter avec la double autorité de l'ancien fiancé, c'est lui qui le dit, et de l'auréole du martyr. M. de Saint-Estève n'a point su en appeler à cette mère prudente, et avec une habileté.... mais cette partie de ce programme revient à monsieur.... »

M. de Vulnar cherchait le nom de Pied-de-Fer.

« Le comte de Baillordini, dit vivement M. de Saint-Estève.

— M. le comte, continua M. de Vulnar, s'est acquitté de cette partie du programme d'une façon supérieure, et, à cette heure, Mlle Clotilde attend ici l'issue du combat, pour savoir auquel elle doit appartenir : M. de Baillordini avait donc raison tout à l'heure de dire que c'était chevaleresque. »

Les témoins se regardèrent étonnés.

« Oui, messieurs, on vous a conviés à un duel et à un enlèvement. »

Il régnait un tel persiflage dans tout ce que venait de dire M. de Vulnar que Pied-de-Fer eut envie de le souffleter.

« Vous avez fini, monsieur? demanda Saint-Estève.

— Oui, monsieur le marquis, dit celui-ci en s'inclinant un peu à la façon des fantoches.

— J'ai à dire, messieurs, qu'à part mon ressentiment comme rival, j'ai pour M. de Vulnar la haine la plus violente; par respect pour vous, messieurs, je ne dirai pas tout le fond de ma pensée.

— Vous avez tort, marquis, nous sommes ici, eh, que diable ! quand on est réuni pour se donner un coup d'épée, il ne faut rien garder sur sa conscience, cela peut la charger, dit M. de Vulnar.

— Vous m'y forcez, monsieur.

— Sortez de votre réserve....

— Ce n'est pas de la haine, monsieur, que j'ai pour vous, c'est du mépris.

— Le mot est dur, marquis, et rend tout arrangement impossible.

— Et puis-je avoir pour vous autre chose que du mépris, dit M. de Saint-Estève, quand j'ai acquis la preuve que c'était vous qui aviez dénoncé à la gendarmerie ma présence dans les bois de Dormans.

— On m'a déjà dit ça quelque part, dit M. de Volnar avec un laisser-aller trop prononcé pour qu'il ne fût pas joué.

— C'est moi dans la voiture qui ai rappelé ce fait, monsieur. Je le tiens du brigadier de gendarmerie de Dormans. »

Cette révélation fut accueillie par un murmure.

« Je ne relèverai point ce propos, dit M. de Vulnar. Je crois qu'il en a été déjà beaucoup trop dit sur ce sujet. Ces messieurs ne sont pas un jury d'honneur, ils sont ici pour régler le combat. Ainsi donc, si l'on veut m'en croire, brisons là.... Nous pourrions nous dire des choses fort désagréables; je suis déjà assez bien accommodé par mon adversaire, il m'a traité de délateur; moi j'aurais pu lui répondre que ce n'est point Mlle d'Henninque qu'il recherche, mais sa fortune.

— M. de Saint-Estève, dit Pied-de-Fer, est au-dessus d'un pareil soupçon, sa fortune est le double de celle de Mlle Clotilde qu'il est prêt à épouser sans dot.

— Qu'on dise donc que l'exil ne sert à rien, voici M. de Saint-Estève, qui en revient avec une fortune colossale.

— Assez, messieurs, dit un des témoins, je crois que notre conscience est suffisamment éclairée, si les deux adversaires veulent se retirer. »

Pied-de-Fer demeura avec les témoins.

MM. de Saint-Estève et de Vulnar sortirent.

« Il fait une très-belle soirée, dit M. de Vulnar.

— Je suis de votre avis, monsieur.

— C'est quelque chose de curieux qu'un duel comme celui que nous allons avoir, moi en Othello, vous en garde française, et un des témoins en brigand calabrais. J'étais loin de m'attendre à l'honneur que vous voulez bien me faire.

— Ni moi non plus, monsieur.

— Une fois les détails de notre rencontre connus, je suis convaincu qu'il y a de quoi défrayer les gazettes pendant huit jours. »

Pendant que les deux adversaires devisaient, Clotilde qui avait trouvé une mante dans la voiture commençait à réfléchir aux suites de sa fuite avec M. de Saint-Estève : c'est seulement quand il n'est plus temps d'y remédier qu'on songe aux conséquences d'un premier mouvement. Elle tremblait d'être arrêtée et surtout de voir arrêter M. de Saint-Estève.

« Mais qu'attend-on ici ? demandait-elle à sa femme de chambre.

— On attend les chevaux de poste, mademoiselle, lui dit Beppo qui se tenait à la portière de la voiture.

— Mais ils sont bien longtemps à venir.

— Par prudence nous ne sommes point entrés en ville.

— Vous me cachez quelque chose.

— Je vous jure que non, mademoiselle.

Si Clotilde avait vu monter au moment de sa fuite M. de Vulnar dans la voiture qui suivait la sienne, assurément que ses craintes auraient été beaucoup plus vives; car elle se fût doutée qu'un duel allait avoir lieu.

La conférence entre les témoins étant terminée :

« Vous pouvez entrer, messieurs, dit l'un d'eux en ouvrant la porte de la cabane.

— Passez devant, monsieur, je vous prie, dit M. de Saint-Estève.

— Je n'en ferai rien.

— Je vous en prie.

— Ce sera pour vous être agréable. »

Et pourtant ces deux hommes qui se disaient toutes ces gracieusetés allaient bientôt s'entr'égorger; on eût dit que pressentant ce moment, chacun tenait à faire assaut de politesses.

« Voici, messieurs, dit l'un des témoins, à quoi nous nous sommes arrêtés d'un commun accord : le combat aura lieu à l'épée et ne pourra durer plus de cinq minutes; il sera arrêté avant ce temps s'il y a blessure; en aucun cas, il n'y aura de reprise. »

Nous devons dire qu'aucune de ces conditions ne satisfit les deux adversaires : ils voulaient un duel à mort.

On sortit : M. de Sainte-Estève avec ses deux témoins et Pied-de-Fer qui avait assisté au conciliabule; M. de Vulnar ensuite avec les deux siens; la marche était ouverte par deux domestiques qui tenaient chacun une lanterne de voiture à la main.

L'un des témoins de M. de Saint-Estève, qui avait probablement reconnu le terrain à l'avance, indiqua l'endroit où les adversaires devaient se placer, et la place que chacun des domestiques devait occuper pour éclairer les acteurs de ce drame.

MM. de Saint-Estève et Vulnar mirent habit bas; on leur remit à chacun une épée :

« Allez ! » dirent les témoins.

M. de Vulnar, était-ce pour ôter de l'esprit des officiers tout soupçon injurieux à son égard, ou pour éviter le duel, salua son adversaire, et mit la pointe de son épée en terre :

« Messieurs, dit-il, je suis prêt à reconnaître ici que dans la conduite de M. le marquis de Saint-Estève, je n'ai trouvé rien à lui reprocher; tout à l'heure, j'ai dit dans un moment d'emportement, que je déplore, qu'il se pouvait fort bien que M. de Saint-Estève recherchât plutôt la dot de Mlle d'Henninque que sa main, je retire ce mot. »

Cette déclaration fut accueillie par un murmure approbateur ; décidément M. Vulnar cherchait à racheter, autant qu'il lui était possible, sa conduite passée vis-à-vis de M. de Saint-Estève.

« Moi, monsieur, dit à son tour le marquis qui ne voulait pas demeurer en reste de générosité avec son adversaire, j'ai de la haine pour vous, et non du mépris. »

Et après avoir ainsi parlé M. de Saint-Estève marcha droit sur son adversaire; à la vue du marquis marchant sur lui, M. de Vulnar comprit qu'il avait en face de lui un homme rompu à l'exercice de l'escrime.

« Il est de première force, se dit-il, j'ai eu tort de me montrer si coulant sur le choix des armes. »

Cette réflexion troubla M. de Vulnar au point qu'il engagea mal son fer. Il eut une seconde de découragement; cet instant fut court, il est vrai. Mais M. de Vulnar commit la faute énorme de ne pas rester maître de lui, il avait perdu son sang-froid ; pour un œil exercé, il n'était pas difficile de prévoir l'issue du combat ; à la troisième minute le marquis avait traversé le bras de son adversaire.

Les témoins s'avancèrent pour faire cesser le combat.

M. de Vulnar voulut dire un bon mot ; mais la douleur l'en empêcha, son épée lui tomba des mains, on l'emmena dans la cabane, où un médecin, qu'était allé quérir le propriétaire de la cabane, venait d'arriver.

Pied-de-Fer mit un billet de banque dans la main du paysan.

M. de Saint-Estève serra la main de ses témoins, ainsi que celles des témoins de M. de Vulnar et se retira.

« Bonne chance ! lui dirent ceux-ci en le voyant s'éloigner. Et ils se retirèrent.

— Bravo ! dit Pied-de-Fer quand il se trouva seul avec le marquis ; je n'ai qu'un regret, c'est que vous n'ayez pas cloué ce misérable le long du chêne devant lequel il était placé.... Maintenant il s'agit de changer de costume. »

Ce ne fut pas très-long ; car dans la seconde voiture se trouvaient leurs effets.

« Et Clotilde, elle ne peut pourtant pas nous suivre en costume de bergère, fit observer M. de Saint-Estève.

— Beppo a dû pourvoir à tout cela. »

Beppo était, il paraît, l'homme universel.

Dix minutes après, les deux amants, Pied-de-Fer, Beppo et la camériste de Clotilde roulaient sur Paris.

La voiture prit par les boulevards extérieurs, et gagna la route de Saint-Denis ; là un relais était préparé, et Clotilde put échanger dans un hôtel son costume de bergère contre un plus convenable.

Beppo avait quitté son maître à Paris, où il y avait encore certaines affaires à régler, et une lettre à remettre à Lambert.

Douze heures après, Pied-de-Fer, le marquis et sa fiancée franchissaient la frontière.

Ce ne fut que vers minuit que Mme d'Henninque fut retirée de sa prison ; il fallut enfoncer les portes ; mais le plus curieux ce fut qu'au moment où les invités voulurent se retirer, ils trouvèrent toutes les issues gardées par des municipaux.

A cette nouvelle la colère de Mme d'Henninque ne connut plus de bornes.

« Est-ce pour protéger l'infâme ravisseur de ma fille qu'ils viennent ? s'écria-t-elle avec véhémence.

— C'est affreux ! disaient des invités, de venir insulter à la douleur d'une mère. »

Le magistrat qui venait d'entrer au milieu de ce tumulte paraissait assez interdit.

« Monsieur, dit un vieillard costumé en polichinelle en s'approchant du commissaire de police, est-ce pour insulter à la douleur de Mme d'Henninque que vous venez ici ? »

Ce commissaire, qui n'était autre que M. Gerlier, regarda froidement le polichinelle.

« J'accomplis un devoir, monsieur le comte, — il avait reconnu dans le polichinelle un pair de France démissionnaire après 1830, — il peut vous paraître rigoureux, mais l'œuvre de la justice ne doit être entravée par aucune considération. Je déplore le malheur arrivé à Mme d'Henninque, mais je n'y puis rien. »

Le salon où se trouvait le commissaire regorgeait de monde.

« Messieurs, dit-il, provisoirement personne ne peut sortir.

— Nous protestons ! crièrent plusieurs voix.

— Vous n'avez pas le droit d'entrer dans cet hôtel, disaient d'autres.

— Et si monsieur n'a pas le droit, dit le polichinelle, il a la force pour lui. »

M. Gerlier qui redoutait, non pour lui, mais pour tous ces personnages, un esclandre, demanda à parler à Mme d'Henninque.

« Elle ne peut vous recevoir, dit le polichinelle.

— Il faut pourtant, messieurs, en finir, et je ne puis dire à tout le monde le sujet qui m'amène.

— Dites ! dites ! » crièrent quelques jeunes gens.

L'ancien pair de France parvint à imposer silence.

« Monsieur le commissaire, dit-il, veuillez me suivre. » M. Gerlier et lui passèrent dans un petit salon, dont il ferma la porte.

Au dehors, on entendait le murmure des voix.

« Monsieur le commissaire, Mme d'Henninque ne peut vous recevoir ; vous ne voulez pas une catastrophe, vous êtes trop galant homme pour cela. Ainsi ne persistez pas dans votre désir de voir la marquise. Vous me connaissez, et je prends sur moi de la représenter ; ma garantie vaut la sienne.

— Ce n'est pas tout à fait légal ce que nous allons faire là, monsieur le comte ; mais enfin je me rends à votre désir, par considération pour une femme honorable et digne de tous les respects, et surtout pour vous être agréable. »

M. Gerlier était un habile homme, il avait vu 1814 et 1830, et comprenait qu'il était de bonne politique d'avoir un pied dans les deux camps ; la police est sceptique, elle voit passer sous ses yeux tant de faits scandaleux ; elle assiste à tant de choses honteuses qu'à la fin ceux qui l'exercent finissent par prendre l'humanité en dégoût; il est vrai que celle-ci, sans avoir les mêmes raisons, professe à son égard le même sentiment.

« Vous avez ici deux hommes que j'ai ordre d'arrêter: M. le marquis Joseph de Saint-Estève, contumax, et le nommé Charles Baillor, dit Pied-de-Fer, également contumax.

— Trop tard! monsieur le commissaire, dit le comte avec un léger sourire.

— Ils sont déjà partis?

— Je ne sais, dit le comte, mais tout ce que je puis vous dire, c'est que ces gens ne sont pas ici.

— En présence de votre réponse, monsieur le comte, je me vois forcé de faire une revue sévère de tous vos invités.

— Vous ne ferez pas cela?

— Je le ferai. »

Cette réponse ferme du commissaire, fit que le comte, pour éviter un scandale, se décida à parler.

« M. le marquis de Saint-Estève était ici, il y a deux heures; quant à ce monsieur Pied... Pied....

— Pied-de-Fer, ajouta le commissaire, venant au secours de la mémoire défaillante du comte.

— Pied-de-Fer, soit! Je ne le connais pas. Qu'est-ce que c'est que cet individu?

— C'est un ancien chef de bande! il a combattu dans les rangs des Vendéens sous la première République. »

Le commissaire de police en parlant ainsi venait, sans s'en douter, de donner un brevet d'honorabilité à l'ancien chauffeur, et il lui fut facile de s'en apercevoir, quand il entendit le comte lui répondre avec dignité:

« Je n'ai pas l'honneur de connaître Pied-de-Fer, autrement dit M. Charles Baillor. Je le regrette sincèrement, car ce ne peut être qu'un galant homme.

— Mais il est sous le coup d'une condamnation à mort....

— Raison de plus pour que j'admire la force de caractère de cet homme qui ose venir ici en compagnie de M. de Saint-Estève, également condamné à mort, braver un danger certain.

— Alors, monsieur, vous avouez?

— Vous dites?... fit le comte avec hauteur.

— Pardon! dit le commissaire, vous reconnaissez que M. de Saint-Estève et M. Charles Baillor sont venus ici?

— Oui, monsieur.

— Et qu'ils sont partis, il y a deux heures environ?

— Parfaitement.

— Et que M. de Saint-Estève en compagnie de M. Charles Baillor a enlevé Mlle d'Henninque?

— Monsieur le commissaire, pour parler votre langage, dit le comte avec une légère teinte de persiflage, je n'avoue pas cela, mais je me contente de vous dire que vous êtes bien renseigné.

— Si vous voulez bien me le permettre, je vais rédiger mon procès-verbal, séance tenante, et dans quelques minutes, vos invités pourront se retirer. Si vous voulez me faire indiquer par un domestique un escalier par où je puisse me retirer sans être obligé de traverser de nouveau les salons....

— Monsieur le commissaire, dit le comte avec une certaine solennité, j'ai rendu la justice, et je sais trop ce que l'on doit au représentant de la loi pour permettre qu'il se retire par un escalier dérobé comme l'a fait tout à l'heure M. de Saint-Estève. Cette façon de sortir d'une maison ne convient qu'aux ravisseurs; c'est par l'escalier d'honneur que vous sortirez, et j'aurai l'honneur de vous accompagner.

— Je n'attendais pas moins de Votre Seigneurie, » dit le commissaire qui, ne voulant pas demeurer en reste de courtoisie avec le comte, lui donnait son ancienne qualité.

M. Gerlier rédigea rapidement son procès-verbal, et ne le présenta pas à la signature du comte, car il savait parfaitement que celui-ci aurait refusé de le signer, et le mit dans son portefeuille.

« Monsieur le comte, je suis à votre disposition. »

Le comte ouvrit la porte toute grande.

« M. le commissaire de police va se retirer, dit-il; il n'a rien trouvé à constater. »

Chacun, dans cette assemblée composée de l'élite de la société, comprit ce que le comte attendait de lui; une large haie se forma, et ce fut sous tous ces regards hostiles, il n'y avait qu'un instant, et maintenant froids et dignes, que le commissaire passa, accompagné du comte.

Rien n'était curieux comme de voir ce diable de polichinelle avec son air de grand seigneur, son chapeau sous le bras, reconduisant gravement ce monsieur en habit noir; il ne prit congé de lui qu'au bas de l'escalier.

Juibraide était là, attendant avec anxiété la sortie du commissaire.

« Eh bien, avez-vous découvert? demanda-t-il.

— Rien.... lui dit M. Gerlier froidement; il faut avouer que vous n'êtes pas heureux, voilà la deuxième fois que nous nous dérangeons pour rien, et à la troisième, nous ferons une croix. »

L'agent pâlit en entendant le commissaire lui parler ainsi.

« Mais, monsieur, lui dit-il, il n'y a rien de ma faute. C'est en sortant de cette auberge de Dormans....

— Où vous êtes arrivé, deux heures trop tard, dit le commissaire; comme toujours, du reste.

— Mais, monsieur, je suis un honnête agent?

— Pourquoi vous défendez-vous, alors que personne ne songe à vous accuser?...

Savez-vous, gendarme Péruchon... (P. 490.)

— Ce que vous venez de me dire.

— Je crois que vous vous permettez de m'interroger! dit le commissaire avec hauteur, et qui, par ces quelques mots, rappelait à son subordonné la distance qui le séparait de lui.

— C'est une fatalité! monsieur.

— Est-ce bien une fatalité? »

Juibraide se sentit mordu au cœur par ce nouveau doute que le commissaire paraissait émettre sur sa fidélité à servir la police.

« Oui, monsieur, c'est une fatalité; c'est une fatalité aussi qui a causé la mort de Rapin; n'ai-je pas donné depuis longtemps assez de preuves de mon dévouement à l'autorité; n'ai-je pas essuyé le feu de ce Raflard dans le passage Saint-Honoré, vous avouerez, que là je suis bien arrivé à temps; à Marchais, n'ai-je pas fait toutes les diligences possibles; au milieu de la nuit, je me mets en route, et j'arrive dans cette auberge à trois heures du matin, j'avais fait quatre lieues; je pense que les assassins ne peuvent être loin, alors seul, sans guide, dans une forêt où j'avais tout à craindre, je me mets en route; il fait un temps affreux, l'eau tombe à torrents, je n'en continue pas moins ma route, seulement de fausses indications, me font perdre la voie de Warburton et de Raflard, et je suis sur celle de Pied-de-Fer, que j'ai parfaitement reconnu; je le suis, lui et ce jeune homme, j'apprends par une indiscrétion que c'est le comte de Saint-Estève, je quitte celui-ci pour m'attacher aux pas de Pied-de-Fer; vous allez peut-être me reprocher ma couardise de ne l'avoir pas arrêté hier soir carrément, alors qu'il entrait dans la petite maison de la rue de Babylone; c'est vrai, monsieur, j'aurais dû faire cela, mais je tiens à la vie en ce moment, j'y tiens, non pour moi, mais pour venger Rapin! Le temps s'écoule vite, on a voulu prendre trop de précautions pour s'assurer de l'arrestation de ces deux hommes. Si, quand je suis arrivé à la préfecture, on m'avait écouté, une escouade d'agents m'aurait emboîté le pas, et maintenant au lieu de nous en aller piteusement, nous aurions avec nous MM. de Saint-Estève et Pied-de-Fer. »

M. Gerlier avait écouté cette longue et diffuse défense de l'agent avec le plus grand calme.

« Tout ce que vous dites peut être très-sensé, très-vrai, mais encore une fois, voilà deux fois que nous faisons déranger la garde municipale pour rien. Vous avez manqué de confiance vis-à-vis de moi, en ne vous expliquant pas sur l'origine des renseignements que vous aviez sur tous ces personnages.

— J'ai juré, monsieur; il y va de l'avenir d'un homme.

— J'en suis fâché pour vous, dit sèchement M. Gerlier, mais la police n'aime pas que ses agents aient des secrets pour elle. » Et il monta dans sa voiture, après avoir donné l'ordre aux municipaux de se retirer.

Le lendemain on lisait dans divers journaux, la note suivante :

« Par suite de faux renseignements donnés par un agent, une descente de justice a eu lieu dans la nuit d'hier dans un des principaux hôtels du faubourg Saint-Germain; ce fut au milieu d'un bal masqué qu'arriva inopinément le commissaire aux délégations judiciaires, chargé de l'arrestation de deux dangereux malfaiteurs qui devaient s'y trouver. Le représentant de la loi fut reçu avec les plus grands égards, et il lui fut facile de s'assurer qu'il avait été trompé par de faux rapports; le bal, un instant interrompu par cet incident, s'est continué ensuite fort avant dans la nuit. Des ordres ont été donnés pour que l'agent, auteur de cette mésaventure, soit immédiatement révoqué. »

Le même jour on lisait dans un journal légitimiste les deux entre-filets suivants.

« Mme la marquise d'Henninque, après le brillant bal travesti donné hier et où tout ce que la noblesse compte d'élevé s'était donné rendezvous, est partie hier pour sa terre de.... accompagnée de sa fille. Mme la marquise d'Henninque bravant les préjugés qui s'attachent injustement, suivant nous, au titre de proscrit, est dans l'intention d'unir sa fille à M. de Saint-Estève, le courageux défenseur de la bonne cause, qui occupe actuellement un grade élevé dans l'armée autrichienne.

« On prétend que le ministère est dans l'intention de présenter à la signature du roi une ordonnance d'amnistie pour tous les délits et crimes politiques commis dans le dernier soulèvement de la Vendée. »

Et enfin quelques jours après on lisait dans un journal satirique.

« La ville de Versailles est encore sous le coup de l'émotion produite par un duel accompli dans des circonstances singulières; comme ce n'est plus un secret pour personne, nous pouvons, croyons-nous, sans compromettre les personnes qui y ont pris part, publier quelques détails :

« Dans la nuit du.... deux voitures après avoir quitté la grand'route de Versailles s'engagèrent dans le chemin qui conduit au bois de Virofley; trois hommes descendirent de voiture; il paraît que l'affaire qui les conduisait là ne souffrait aucun retard, car ces trois messieurs étaient en costumes travestis; ils entrèrent dans une maisonnette, — la maison d'un garde ou d'un cantonnier, nous ne savons pas au juste, — là se trouvaient quatre officiers amis, dit-on, de l'un des trois personnages. Que se passa-t-il dans cette réunion, nous ne le savons pas, car nous n'avons point le don d'ubiquité, comme votre confrère X.... qui n'hésite pas à raconter dans sa feuille des faits qui ne sont point arrivés; — tout ce que nous pouvons dire, c'est qu'après quelques instants de délibérations, tout le monde sortit et se dirigea vers une place reconnue à l'avance par les témoins; deux domestiques éclairaient la marche avec des lanternes enlevées aux voitures. Arrivés à l'endroit où devait avoir lieu le duel, — car c'était bien d'un duel qu'il s'agissait, — le masque portant le costume d'Othello et celui portant le costume d'officier aux gardes françaises, mirent habit bas, et le combat s'engagea : fort heureusement il n'y eut pas mort d'homme; l'officier, qui paraissait être très-fort, perça de part en part le bras d'Othello. Le blessé fut emmené par ses témoins et l'officier et le masque déguisé en brigand calabrais remontèrent en voiture. Voilà tout ce que l'on sait sur cette affaire. On prétend que les quatre officiers seront mis aux arrêts pour avoir servi de témoins, dans un duel accompli dans de telles circonstances. De mieux informés prétendent que l'irritation de l'autorité militaire contre ces officiers provient surtout de ce que l'un des deux adversaires ne serait autre que M. le marquis de.... — allons bon! voilà que nous allions être aussi indiscret que M⁰ X.... qui dans sa dernière plaidoirie a divulgué le nom de l'amant de la dame qu'il avait à défendre pour adultère, il est vrai que c'est plutôt à un manque de réflexion qu'à une indiscrétion que le tribunal a dû de connaître le nom de l'amant de la dame Z.... — Nous nous contenterons de dire que ce marquis a été condamné à mort par contumace.

« Il paraît que la politique est étrangère à l'événement; en est-il de même de l'amour?

« On annonce le mariage de M. le marquis de Saint-Estève avec Mlle Clotilde d'Henninque; nous nous demandons comment ce mariage pourra se conclure, le marquis étant sous le coup d'une condamnation à mort....

« Que nos lecteurs surtout ne s'avisent pas de tirer une conclusion méchante de ce duel et de l'annonce de ce mariage.... On a dit chez nous que tout finissait par des chansons, ici c'est par un mariage.... Après tout que nos lecteurs en prennent ce qu'ils voudront, ceci est écrit sur le coin d'une table sous le coup de l'impression que nous a causée cette histoire étrange.

« C'est égal, il faut reconnaître un mâle courage à M. le marquis de Saint-Estève venant disputer sa fiancée en France, alors que son séjour pouvait tourner pour lui au tragique.

« A propos de mariage nous annonçons également celui du comte Henri de Mafiolini avec Mlle de Hersdelberg; il paraît qu'une fois la bénédiction nuptiale donnée les nouveaux époux et les parents du comte partiront pour l'Italie ; Mme de Hersdelberg retournerait en Belgique où elle possède des propriétés considérables.

« Les pauvres perdront beaucoup au départ du prince et de la princesse, car chacun sait le noble usage qu'ils font de leur fortune. »

Nous renonçons à peindre la stupéfaction de Juibraide lorsqu'on lui signifia sa révocation ; mais il ne demeura pas longtemps atterré sous ce coup qu'il considérait avec raison comme une injustice flagrante ; son parti fut bientôt pris.

« Avec ou sans eux, dit-il, je triompherai ! c'est un duel, j'en accepte toutes les conséquences, ou les meurtriers de Rapin auront ma vie ou j'aurai la leur.... je n'ai rien et ils sont riches.... n'importe, j'ai le bon droit et la justice de mon côté.... C'est à Londres qu'ils sont, c'est là que je vais aller les rejoindre, c'est là que j'aurai raison d'eux ou qu'ils auront raison de moi.... »

Raflard avait bien raison quand il disait à Warburton que l'assassinat de Rapin causerait leur perte.... Ce meurtre leur avait créé un ennemi implacable.... Étaient-ils destinés à succomber dans cette lutte : la ruse de Raflard, la sauvage énergie de Warburton, allaient-elles faillir dans ce duel sans merci.... Le crime allait-il encore une fois triompher? ou cette longue série de crimes allait-elle voir sa fin et était-ce Juibraide, cet infime agent, qui était destiné à y mettre fin ?

C'est donc à Londres que nous allons transporter nos lecteurs, dans cette ville inconnue à la plupart d'entre eux ; dans cette Babylone, à côté de laquelle Paris n'est rien au point de vue de la débauche, où le spectacle des bas-fonds de la société anglaise dépasse en poignante amertume tout ce qui existe sur la terre de plus lamentable et de plus douloureux.

LES
MAISONS INFAMES DE LONDRES

2ᵉ PARTIE DES NUITS DU PALAIS-ROYAL

I

Une Promenade dans Londres.

Il faisait un de ces temps splendides, un de ces temps dont le ciel est avare envers la vieille Angleterre, et le vapeur qui portait Raflard et Warburton, venait de laisser sur sa gauche Gravesend, remarquable par ses jetées et ses villas.

On peut dire que ce ne fut qu'à partir de ce moment que les deux coquins commencèrent à respirer.

Raflard avait quitté la France sous le coup d'une banqueroute frauduleuse, compliquée d'un vol d'un million à la Banque de France accompli en compagnie de Warburton dans des circonstances impossibles d'audace.

Pour leur malheur, et pour le bonheur de la société — dont ces deux honorables gentlemen étaient les plus indignes représentants, — un agent de la police française, ayant voulu voir dans leur jeu, paya de sa vie sa tentative indiscrète ; une de ces chances, comme il n'en arrive qu'aux héros de roman ou aux fripons, leur permit de sortir de France par la frontière du nord, et pendant que les journaux flétrissaient les exploits de ces deux misérables et que le public leur accordait plus d'attention qu'il n'en accorde d'ordinaire à l'honnête ouvrier qui ne fait qu'accomplir son devoir et ne se rend remarquable que par le soin qu'il prend à élever sa famille, eux voguaient tranquillement vers la libre Angleterre, dont ils espéraient devenir le plus bel ornement.

Raflard et Warburton étaient sur ce pied d'intimité qui ne connaît plus de bornes, et où ceux qui en sont l'objet regrettent de n'avoir que le tutoiement à leur disposition pour peindre leur amitié.

« Si tu veux m'en croire, dit Warburton, nous prendrons terre un peu avant d'arriver à Londres ?

— J'aurais pourtant aimé à faire mon entrée dans Londres par la Tamise, répondit Raflard ; je me promettais une série d'impressions dont j'avais déjà un avant-goût par la large étendue du fleuve ; et cependant, ô Warburton ! tout cela est grand, tout cela est beau, mais ainsi comme tout cela est triste ! ce ne sont pas les bords de la Seine. Ces hautes fabriques, à l'aspect sombre et funèbre, me glacent le cœur.... Warburton ! ce n'est pas Paris ! »

Warburton était profondément Anglais, c'est-à-dire qu'il avait la fibre nationale très-sensible.

« Est-ce sur la Seine, répondit-il à son ami, que tu verrais ces navires à l'aspect gigantesque ? C'est par milliers qu'on les compte, et sur la Seine dont tu chantes les bords riants, on n'y voit que quelques bateaux de temps à autre.

— Si tu veux que nous vivions en bonne intelligence, laissons cela de côté ; et pensons à nous, c'est-à-dire à tirer le plus sage parti possible de la situation que nous nous sommes faite.

— C'est parler d'or, dit Warburton, c'est pour cela que je te propose de nous faire descendre à Wolwich.

— Quel drôle de nom ?

— C'est le nom d'une ville de quarante mille habitants.

— C'est possible, mais tu ne m'empêcheras pas de dire que c'est un drôle de nom ; sommes-nous loin de Londres ?

— A neuf milles.

— Encore une drôle de façon de s'exprimer ; tu ne peux pas dire trois lieues ? Qu'y a-t-il à voir dans cette ville ?

— Il y a l'arsenal, dit Warburton ; Wolwich renferme des chantiers et des arsenaux militaires ;

mais si tu veux m'en croire, nous visiterons cela une autre fois.

— C'est aussi mon avis. »

Les deux voyageurs descendirent à terre, et Warburton, qui paraissait connaître ce pays, emmena son ami à travers la ville, qu'ils quittèrent bientôt pour entrer dans les faubourgs.

Ce fut à partir de ce moment que Raflard, quand il eut traversé cette ville de deux mille maisons qui abrite une armée de quarante mille ouvriers, commença à comprendre ce que c'était que la vie industrielle anglaise.

L'endroit choisi par Warburton pour faire halte était peu appétissant à première vue ; c'était une sorte d'auberge d'assez triste apparence placée sous le patronage du Pélican.

De cet oiseau extraordinaire, qui, dit-on, se perce les flancs pour empêcher ses enfants de mourir de faim ; on ne voyait que le nom peint sur l'enseigne en bois, passablement abîmée par les injures du temps ; cette enseigne se balançait mélancoliquement au-dessus de la porte charretière.

La maison, bâtie plus en bois qu'en pierre, par sa teinte rouge semblait rappeler ce phénomène du Pélican se perçant le flanc, phénomène que malheureusement les naturalistes persistent à nier avec cette obstination qui est le propre des savants.

Du reste, si l'âme d'un pélican planait au-dessus de cette auberge de rouliers, il était difficile de s'en rendre compte au premier coup d'œil ; mais Raflard et Warburton ne devaient pas tarder à le savoir par l'addition qui leur serait présentée.

« Où diable m'emmènes-tu ? demanda Raflard, moi qui traitais de gargottes les restaurants du Palais-Royal ; de quel nom veux-tu que je désigne ce bouge ?

— Ce bouge est un endroit que je connais, et où nous serons à l'aise pour causer. »

Mais il faut reconnaître qu'on mettait peu d'empressement à venir au-devant des deux nouveaux venus, et ils étaient loin de recevoir cet accueil empressé que l'on rencontre d'ordinaire chez les restaurants ; la voûte de la porte cochère était complètement vide de domestiques empressés.

« Ah çà ! dit Raflard, où est donc ce pélican qui devrait venir au-devant des voyageurs ? »

Warburton fut un peu blessé du peu d'empressement que l'on témoignait pour lui ; la patience n'était pas sa vertu dominante, et au milieu du silence du soir, il laissa échapper une bordée de jurons à faire reculer une armée de charretiers. Si ce bruit n'eut pas pour résultat de faire sortir le pélican réclamé par Raflard, — en termes vulgaires, un garçon, — il eut celui de faire surgir un chien maigre, qui se mit à jeter l'alarme dans cette maison qui paraissait déserte, et il ouvrait la gueule d'une telle façon que l'on eût pu croire qu'il n'avait pas mangé depuis plusieurs mois, et qu'il convoitait les mollets des deux nouveaux venus pour réparer ce jeûne forcé. Cependant, à ce bruit, une épaisse figure se montra ; c'était celle du maître de l'auberge du Pélican.

« Sir Warburton ! » dit-il avec étonnement.

Warburton, ainsi interpellé, se tourna presque orgueilleusement vers Raflard et ses yeux semblaient lui dire : « Tu vois que je suis connu ici. »

Pendant que Warburton reliait connaissance avec le maître de l'auberge, Raflard examinait la cour où il se trouvait : là, sous des voitures déchargées au milieu de tas de paille, au milieu de monceaux de fumiers qui, par leurs formes pittoresques, rappelaient vaguement la chaîne des Alpes, tout en ne répandant pas un parfum des plus agréable ; non loin, des seaux d'écurie ornés de crasse et de saleté.

« Mais où m'a-t-il conduit ? se demandait Raflard ; c'est là le pays tant vanté par Warburton... »

Cependant, Warburton et le maître de l'auberge, ayant fini de se congratuler, la panse humaine qui avait nom Love, tout en souriant agréablement à Raflard qui ne comprenait pas un mot d'anglais, leur montra l'entrée d'un petit jardinet ; il y avait une table où ils prirent place ; un pommier la couvrait de ses branches tordues, et le soleil sur son déclin éclairait ce tableau de ses rayons rougeâtres ; les insectes bourdonnaient, les oiseaux gazouillaient et semblaient s'inviter d'un jardin à l'autre, à venir se coucher.

On leur servit, pour dîner, un de ces rôtis homériques qui font la gloire de l'Angleterre et un esturgeon accommodé avec une sauce et des piments rouges.

« Mais ce n'est pas de la sauce ! dit Raflard, après avoir goûté à l'esturgeon ; c'est du feu ! »

Master Love souriait gravement en songeant que le mangeur de grenouilles, ainsi que les Anglais se plaisent à nommer les Français, ne pouvait goûter à sa cuisine sans faire la grimace ; au contraire, Warburton, au contact de ces mets nationaux, dévorait avec appétit ; Raflard se rattrapa sur du chester, du stiltan, de l'échec qu'il avait subi avec l'esturgeon.

« Si j'ai tenu à te faire arrêter ici, c'est pour te faire une sorte de cours moral sur le pays que nous sommes destinés à habiter plus ou moins longtemps. Et d'abord tu as ici ta femme. Qu'y a-t-il de vrai dans ce que tu m'as dit à cet égard ?

— Il y a de vrai, répondit Raflard, que ma femme est ou doit être ici, seulement je n'ai pas son adresse, et c'est seulement à la poste de Londres que je dois trouver une lettre d'elle qui me renseignera à ce sujet ; je ne suis pas en peine d'elle, elle possède quatre cent mille francs enlevés à la rapacité de mes créanciers, avec cela elle peut facilement, en m'attendant, faire une assez jolie figure.

— Si tu veux m'en croire, nous laisserons ta femme de côté pendant quelque temps, une femme c'est gênant, vois plutôt ce qui nous est arrivé pour Honorine et Adèle, elles ont été sans le vouloir la cause de la mort de Rapin.

— Laissons Rapin au fond de sa malle, dit Raflard avec un affreux sourire, — depuis qu'il avait senti sous ses pieds la terre d'Angleterre, Raflard était redevenu un peu lui-même, — je me rends à ton observation, et je laisserai ma femme en paix pour quelque temps.

— Cela étant, je puis te donner quelques notions sur le monde que nous allons voir, monde nouveau s'il en fut ; ici il faudra te faire aux minuties de l'étiquette, minuties qui vont jusqu'à limiter le nombre de coups qu'il convient de frapper avec le marteau ; un facteur frappe deux coups, s'il osait se permettre d'en frapper trois, il s'exposerait à une verte réprimande.... Vous avez un auteur qui a su mettre en scène un personnage ridicule qui a pour nom Brid'oison, ce personnage est esclave de la forme, il en est de même chez nous : c'est la forme qui nous gouverne, qui nous régente ; ainsi un homme comme il faut, c'est-à-dire toi ou moi, — Warburton disait cela sans rire, — doit frapper cinq coups, mais cinq coups sérieux, c'est-à-dire à se faire entendre dans les profondeurs de la maison ; un Français, un évaporé, frappe sans s'inquiéter de cela ; sa qualité d'étranger peut faire passer une première fois ce manque d'étiquette, mais il ne saurait s'y soustraire longtemps sans passer pour un homme qui manque de tact.

— C'est sérieux, tout ce que tu me dis là ?

— Si c'est sérieux, mais assurément, et comme je tiens à te présenter dans un certain monde, je t'explique à l'avance la conduite que tu dois tenir pour éviter toute mésaventure désagréable : ta femme, par exemple, si elle va en visite, devra frapper plusieurs petits coups avec rapidité. Et c'est dans la conversation surtout qu'il faut te tenir en garde, si tu tiens à conserver ta respectabilité.

— Qu'est-ce que c'est que ça ?

— La respectabilité, c'est comme qui dirait le savoir-vivre, c'est le *cant* anglais auquel ne voulut jamais s'astreindre lord Byron.

— Mais ton pays est pourri de ridicules....

— C'est possible, mais il faut le prendre tel qu'il est ; ainsi, dans la conversation, garde-toi bien de jamais prononcer le mot pantalon, ou gilet, ou chemise.

— Pourquoi cela ?

— Tu perds ta respectabilité si tu agis autrement.

— Comment ! je ne puis dire à une fille d'hôtel : Apportez-moi mon pantalon, ou mon gilet, ou ma chemise?

— Malheureux! dit Warburton avec une gravité comique, rappelle-toi que si tu tiens absolument à parler de tes vêtements tu n'as le droit de parler que de ton chapeau ou ton habit.

— Mais tes Anglaises sont donc bien prudes?

— Cette pruderie, dit Warburton, est toute de convention. Elle est absurde, j'en conviens, surtout lorsqu'elle va, comme tu pourras t'en convaincre en visitant certaines maisons, à couvrir d'une toile les jambes d'un piano. »

Ici Raflard fut pris d'un tel fou rire, que le chien maigre se mit à hurler.

« Tu ris, c'est inconvenant, dit Warburton.

— Mais, mon cher, ton Angleterre est un pays de malades, de toqués, comme on dit à Paris; avec toutes ces restrictions la conversation doit être d'une aridité désespérante, et je comprends que le spleen s'empare de la plupart de tes compatriotes. L'étiquette vous tue !

— C'est vrai. Chut! » dit tout à coup Warburton qui cessa de parler.

Un homme assez bien couvert et jeune encore, et qu'à première vue on pouvait prendre pour un négociant, venait d'entrer dans le jardin où se tenaient Raflard et Warburton.

Il promena un regard investigateur autour de lui.

« Ou je me trompe fort, dit à voix basse Warburton, ou cet individu n'est autre qu'un de ces paresseux d'Irlandais, la plaie de l'Angleterre. »

A l'époque où se passaient ces faits, les Irlandais, qui n'ont jamais cessé d'essayer de soulever le joug de la Grande-Bretagne, se remuaient beaucoup, ils faisaient de l'agitation; on n'en était pas encore arrivé, il est vrai, aux beaux jours d'O'Connor, mais l'agitation, pour en être sourde, n'en devenait pas moins inquiétante pour le gouvernement anglais.

La révolution de Juillet avait eu son contrecoup en Irlande; le mauvais vouloir de la Chambre haute à l'égard de cette partie du territoire du Royaume-Uni qui ne voulait pas permettre la création de justices de paix et de magistrats de police salariés, amélioration qui, si elle avait été adoptée, eût mis un terme au pouvoir arbitraire dont les propriétaires fonciers étaient investis et dont ils usaient d'une façon arbitraire; et cependant malgré les horreurs d'une affreuse disette, le peuple irlandais demeurait en repos.

A cette époque, on en était seulement à l'agitation, c'est-à-dire essayer de semer l'inquiétude dans les esprits; aujourd'hui les fénians, successeurs des agitateurs, essayent de l'insurrection.

Cependant le maître de l'auberge était venu s'informer de ce que désirait l'étranger.

« Je cherche, lui dit-il, sir Rewcolvent; on m'avait dit que je le trouverais ici.

— On vous a trompé si l'on vous a dit qu'il devait se trouver ici, dit l'aubergiste, car voilà plus d'un grand mois que je ne l'ai vu. »

A ce nom de Rewcolvent, Warburton avait tressailli; Raflard avait bien entendu les quelques mots échangés entre l'aubergiste et l'inconnu, mais peu au fait de la langue, il n'y avait apporté aucune attention.

« Je crois que nous sommes suivis, lui dit à voix basse Warburton.

— Comment?

— Ce damné d'Irlandais vient de prononcer un nom, celui de Rewcolvent.

— L'attorney, l'homme qui détient la succession? demanda Raflard.

— Oui.

— Mais, continua Raflard sur le même ton de voix, il n'est pas possible que Pied-de-Fer ou Lambert soient déjà sur nos traces.

— J'en ai peur.

— Que faire?

— Partir au plus vite; cet Irlandais ne nous connaît pas, car, sans cela, il se serait bien gardé de prononcer le nom de Rewcolvent. Tu vois que j'ai agi sagement en te faisant entrer ici.

— Les dieux sont pour nous, dit Raflard, et il faudra que les millions de la succession se rangent de notre côté, bon gré mal gré. »

Une heure après, Raflard et Warburton étaient à Londres, à l'hôtel Grillon, 7, Albemarle street.

Raflard, comme tous les nouveaux débarqués, brûlait de visiter Londres.

« Il est huit heures du soir, dit Warburton en consultant sa montre, c'est une heure bien mauvaise ici pour l'étranger.

— Mais il n'y a donc pas de théâtres, de cafés où nous puissions aller? demanda Raflard.

— Le théâtre ici ne vaut pas grand'chose.

— Des concerts?

— Londres éprouve une disette d'établissements de ce genre, et quand il s'agit de bons concerts, je dois t'avouer que la disette devient une famine. Tu es gâté par Paris. Veux-tu que je t'emmène pour voir une pièce mal représentée, pour entendre de la musique médiocre et des chanteurs de troisième ordre?

— Mais où sommes-nous ?

— A Londres, et c'est pour cela que je te tiens ce langage.

— Allons au café alors! dit Raflard à bout.

— Encore un genre d'établissement inconnu à Londres; il n'y a pas d'endroits où l'on puisse prendre du café ou du thé, et où on puisse lire les feuilles publiques, où l'on joue aux cartes ou aux dominos, où l'on cause avec des amis ou connaissances.

— Il n'y a même pas de café français?

— Dans Regent-street, si, il y a une sorte de café français.

— Mais que peut-on faire à Londres pour passer sa soirée, quand comme nous on n'a pas de relations?

— Se promener par les rues ou se coucher, dit gravement Warburton.

— Mais les ennemis du mariage ou de la famille, dit Raflard, devraient établir leur domicile à Londres, et au bout de six mois, l'ennui des longues soirées d'automne et d'hiver aurait vaincu leur antipathie.

— C'est vrai, répondit Warburton.

— Sortons, j'étouffe ici, je veux de l'air; je veux voir quelque chose. J'ai entendu parler de l'Alhambra?

— Allons à l'Alhambra, répondit Warburton du ton d'un homme résigné, mais la musique est si mauvaise, la danse si ridicule et les pièces qu'on y donne si dépourvues d'invention, qu'il ne se trouverait pas un seul théâtre en France, en comptant celui du caveau des Aveugles au Palais-Royal, qui voulût les faire jouer : l'entrée, il est vrai, ne coûte qu'un shilling.

— Tu as juré de me faire prendre Londres en horreur.

— Non; seulement je tiens à te bien renseigner sur les déboires qui t'attendent ici. »

Raflard mettait tant d'insistance à visiter Londres à la lumière, que Warburton se décida à sortir; ils prirent une voiture et descendirent le magnifique Regents-street dans la direction d'Haymarket. Les boutiques éclatantes qui occupent le rez-de-chaussée de cette rue, commençaient à se fermer; mais les lanternes publiques jetaient des flots de lumière sur les trottoirs. Les promeneurs étaient assez nombreux; mais à neuf heures, Regents-street n'a pas de physionomie tranchée; elle ne prend cette physionomie qui commence seulement à s'accentuer qu'après minuit.

« Nous repasserons dans cette rue vers deux heures du matin, dit Warburton, et tu verras combien cet endroit aura changé d'aspect. Regents-street a une empreinte toute particulière avant le moment du dîner anglais et après minuit, continua-t-il, cette empreinte varie du tout au tout à ces deux instants. Avant cinq heures, on ne voit que brillants équipages, de superbes chevaux, des domestiques poudrés, et sur les coussins de ces éclatantes voitures, des femmes belles et laides vêtues de satin et de soie, en toilette du meilleur goût et de la mode la plus récente; elles descendent, visitent les magasins, se font montrer les marchandises ou font leurs achats, ou profitant de cette circonstance pour montrer leur toilette ou pour passer les quelques heures qui précèdent le dîner.

— Je m'aperçois qu'à Londres tout le monde distille l'ennui; je le sens par moi, voici cinq heures que j'y suis, et déjà je bâille à me décrocher la mâchoire.

— Après minuit, continua Warburton, les somptueux équipages et les chevaux de race disparaissent, ainsi que les femmes laides et titrées. Toutes les femmes qui vont paraître après minuit, sont belles sans aucune exception; tu les verras vêtues avec plus de luxe et de goût que les femmes des équipages qui stationnaient avant cinq heures sur cette même voie : leurs robes de soie et de satin s'étalent sur de larges trottoirs en répandant ce léger bruit, ce frou-frou qui plaît aux voluptueux.

— Warburton, tu es éloquent quand tu peins la débauche, fit observer Raflard.

— Mais ces dames qu'on pourrait appeler des dames de minuit, continua Warburton.

— Dis donc des belles de nuits....

— Je te concède ce nom : ces belles de nuit n'ont dans leurs armes ni couronne de duc, ni couronne de comte; elles n'habitent point les palais de Hyde-Park ou de Belgravia-Square....

— Je veux revenir ici après minuit, dit vivement Raflard.

— Nous y reviendrons.

— Qu'est-ce que cet endroit devant lequel nous passons?

— C'est Hyde-Park; je ne te propose pas d'y entrer, quoique nous ayons encore une demi-heure devant nous pour satifaire ce caprice, car il ne ferme qu'à dix heures.

— Ce parc me fait l'effet d'avoir une étendue considérable.

— Il est splendide, seulement pour son malheur, il a la Serpentine.

— Impossible d'avoir un bonheur complet, dans Londres, dit Raflard.

— La Serpentine, dit Warburton qui paraissait prendre son rôle de cicerone au sérieux, est une pièce d'eau dont le lit serait assez large pour un fleuve; seulement cette eau est presque toujours assez sale et limoneuse, et pendant les chaleurs de l'été, il s'en dégage une odeur insupportable; cette putréfaction n'empêche pas dans les matinées d'été plus de dix mille personnes de s'y baigner ainsi que le soir à la tombée de la nuit.

— Quel est ce chemin que tu fais prendre à notre cocher? on dirait ce quartier plus animé que Regents-street.

— Nous allons à Leicester-square; je dois t'avouer que ce quartier est loin de jouir d'une bonne réputation; en plein jour un londonien qui se respecte, craint d'être vu aux environs de ce quartier et que l'on croie que sa promenade n'a d'autre but qu'un rendez-vous nullement moral.

— Ainsi, dit Raflard qui devenait moraliste, les maisons de ce quartier se trouvent par ce fait de la pruderie anglaise, déclarées infâmes, et il suffit d'y habiter pour être mis au rang des parias; mais votre prétendue civilisation, votre prétendue liberté, n'existe que dans votre grande charte et et non dans vos mœurs. »

N'était-ce pas un spectacle curieux que de voir deux hommes mis au ban de la société s'élever avec rigueur contre ces coutumes monstrueuses.

« L'Angleterre, dit Warburton qui paraissait ce soir-là avoir mis de côté sa qualité d'Anglais, est le pays de la pruderie et de l'hypocrisie par excellence ; je ne sais si c'est au long séjour que j'ai fait à Paris que je dois d'être revenu sur toutes ces habitudes ; mais je crois que quand je verrai dans un omnibus les hommes vieux et jeunes rivaliser à qui maintiendra le mieux le bas des jupes des dames, afin qu'on ne puisse même pas voir le bout de leurs pieds, je ne pourrai m'empêcher d'éclater de rire. Mais la réputation de chasteté et de pureté des mœurs est très-bien portée en Angleterre, et il en est d'aucuns qui savent en tirer un parti avantageux. C'est pourquoi quand un gentlmann est forcé de passer dans les environs de Leicester-square, il affecte une allure pudibonde.

— Comédie! comédie! »

Raflard avait bien raison de dire comédie, car le soir, ce quartier mal famé est fréquenté par les londoniens ; mais le soir le soleil ne luit pas, et la lueur vacillante des becs de gaz laisse difficilement reconnaître les traits du visage.

Là devant le café chantant se tient le grand laquais avec son habit galonné ; les chanteuses et les danseuses de ce café ne seraient même pas admises sur le boulevard Montparnasse ; ce laquais, qu'on croirait être au service de quelque maison princière, n'est qu'un vulgaire distributeur de prospectus.

Plus loin, s'élèvent les tours fantastiques de l'Alhambra, établissement que l'on visite une fois, mais jamais deux. Des oreilles anglaises sont seules capables de résister à plusieurs éditions de ce spectacle ; et c'est avec enthousiasme qu'ils applaudissent ces donneurs de sérénades nègres.

« Mais tout cela est nauséabond ! cria Raflard, fuyons d'ici ! allons plus loin.

— Veux-tu venir visiter l'Argyll-rooms dans Windmihl-street ou le jardin de Crémorne.

— Va pour le jardin de Crémorne ! c'est plus facile à prononcer, » dit Raflard.

Argyll-rooms où Raflard refusait d'aller était alors dans toute sa splendeur ; ses soirées étaient des plus suivies ; jusqu'à minuit, un orchestre faisait entendre des mélodies dansantes, et dans les salles somptueusement décorées se mouvaient des centaines de jolies filles comme on n'en voit qu'en Angleterre.

« A Crémorne ! dit Warburton au coachman.

— All right, sir ! »

Le cheval partit au grand trot : cette allure et le galop sont les seules marches adoptées dans les rues de Londres. La compagnie des petites voitures de Paris ne pourra jamais, et pour cause, faire adopter cette allure à ses chevaux.

Le véhicule traversa des rues tortueuses et sombres, prit des voies larges et spacieuses éclairées par des milliers de becs de gaz, les trottoirs de ces rues étaient garnis d'une multitude de promeneurs.

Les regards de Raflard étaient attirés par ces constructions qui bordaient les voies qu'ils suivaient ; plusieurs d'entre elles avec leurs attiques supportés par des colonnes, avec leurs escaliers spacieux, leurs hautes fenêtres, ressemblaient à des palais, se sont les clubs de l'aristocratie anglaise ; Raflard entrevoyait en passant de vastes salons richement décorés ; mais bientôt sans transition les âcres senteurs des prairies et l'air parfumé des bois viennent frapper son odorat, et il aperçoit avec étonnement de longs espaces couverts de gazon, des lacs et des étangs, dont la surface polie recevait les rayons de la lune naissante ; puis çà et là des groupes pittoresques d'arbres, et de sombres allées.

Les roues de la voiture roulent sur le macadam sans faire entendre le moindre bruit. Un vent frais vient rider légèrement la surface des pièces d'eau qu'on aperçoit de loin en loin, et ce vent apporte aux promeneurs le parfum des fleurs et la senteur des foins fraîchement coupés.

« Ah ! dit Raflard je reviens sur ce que j'ai dit, Londres est un séjour enchanteur, et n'est-ce pas une chose extraordinaire que de retrouver le parfum des fleurs et l'air des bois dans cette masse énorme de maisons qui compose cette ville immense. »

Le cab traversa un parc ; les parcs sont pour Londres, les poumons qui alimentent la respiration de cette ville gigantesque ; sans ces vastes espaces de gazon, sans ces pièces d'eau et sans ces magnifiques groupes d'arbres, l'air de Londres serait insupportable.

La voiture allait quitter ce quartier champêtre, lorsque Warburton fit arrêter tout à coup le cocher, et descendit rapidement de voiture, il toucha Raflard pour l'engager à en faire autant.

« Qu'y a-t-il ? dit celui-ci.

— Il y a que nous sommes suivis, et que je crois avoir reconnu, malgré la nuit, ce damné d'Irlandais de tantôt.

— Oh ! oh ! » dit Raflard.

Mais il est probable que l'homme s'était aperçu de la manœuvre de Raflard et de Warburton, car il se cacha vivement derrière un arbre. Warburton, qu'un crime n'effrayait pas même dans les rues de Londres, marcha droit sur l'arbre, tenant son poignard à la main. Derrière lui s'avançait Raflard.

Le père Carpa à la vue de ces diamants.... (Page 499, col. 1.)

L'homme qui les épiait, devait être derrière cet arbre.

Raflard fit un bond; mais qu'on juge de sa stupéfaction quand il s'aperçut que l'homme qui l'avait espionné à l'auberge du Pélican et qui paraissait le suivre depuis quelque temps dans les rues de Londres avait disparu.

« Tonnerre! fit-il.

— Qu'est-ce encore?

— Nous sommes joués, et ce damné Irlandais, qui doit appartenir à la police de la métropole ou à nos ennemis de France, nous a encore une fois échappé.

— Diable! fit Raflard pensif, est-ce que le séjour de Londres serait destiné à devenir aussi malsain pour nous que celui de Paris.

— Je ne sais, mais j'ai peur.

— Il n'y a pas pourtant d'extradition à craindre, fit observer Raflard.

— Ce n'est pas cela que je crains.

— Oh! oh! se dit Raflard, est-ce qu'il aurait des états de service dans son pays. Que faisons-nous ici? demanda-t-il haut à son complice.

— Rien.

— Alors, remontons en voiture, notre coachman, comme tu dis, doit commencer à avoir des doutes sur nous. »

Warburton ferma son couteau-poignard et reprit, accompagné de Raflard, le chemin du cab.

« Continuez de rouler, » dit-il d'une voix sombre.

La voiture roula de nouveau sur le pavé, et laissa bientôt derrière elle les parcs; maintenant d'immenses palais construits en pierre de taille s'élevaient de chaque côté de la rue gigantesque que la voiture parcourait, et se groupaient en laissant au milieu d'eux un vaste espace occupé par un square où de charmants parterres, émaillés de mille couleurs, se détachent du vert sombre du gazon qui les entoure. Dans nulle contrée de l'Europe, les fleurs n'ont les couleurs aussi éclatantes qu'en Angleterre : les tons du rouge, du vert, du bleu, du jaune, du violet sont plus accentués dans ce pays que sur le continent : ce phénomène, s'il faut en croire les naturalistes, est dû à l'humidité constante dont l'atmosphère est imprégnée.

« Nous traversons en ce moment Belgravia, dit Warburton qui paraissait avoir oublié les dangers qu'il avait courus, il n'y avait qu'un instant, c'est le quartier aristocratique par excellence de Londres; chaque maison de ce quartier est un palais, et pourrait très-bien trouver place à Florence ou à Venise sans déshonorer ceux qui sont baignés par le *Canal grande* et ceux qui bordent la place du Grand-Duc.... »

Mais le cab eut bientôt franchi ces aristocratiques demeures, et ensuite passa dans des grandes rues sans caractères; du reste, nous devons constater que la plus grande partie de Londres offre un aspect des plus monotones.

Des quartiers entiers semblent avoir été construits sur le même modèle et se ressemblent à un tel point que si l'on n'est pas trop bien familiarisé avec eux, on risque fort souvent de se tromper. On peut très-bien se rendre compte de cet aspect, lorsque l'on est sur le chemin de fer qui traverse la ville.

La raison de ce genre de construction, est que ces rues, ces quartiers ont été élevés par le même entrepreneur qui après a sous-loué les maisons à des particuliers.

En Angleterre, ce pays aristocratique au suprême degré, tout appartient à l'aristocratie, les bois, les prairies, l'eau, l'air!

La plus grande partie de Londres est la propriété de quelques familles; le duc de Bedfort, par exemple, possède des quartiers tout entiers. Les familles ne vendent pas leurs terrains, comme cela se fait dans toutes les contrées du monde, elles se contentent de les affermer pour un certain nombre d'années qui ne dépasse jamais quatre-vingt-dix-neuf ans, et chaque année leurs taxateurs et receveurs, qui habitent toutes les rues de Londres, sont chargés de faire rentrer les loyers.

Après l'expiration du bail, les terrains retournent au propriétaire. Dans l'intervalle d'un siècle ou d'un demi-siècle, la valeur territoriale du pays a bien souvent doublé ou triplé et le propriétaire loue de nouveau son terrain à des prix beaucoup plus élevés que dans le principe, puisqu'il est augmenté des constructions qu'ont dû y laisser les premiers fermiers qui les avaient fait élever.

Le locataire est, en résumé, celui qui paye toutes les pertes que peut subir le spéculateur fermier, et si l'on peut ajouter à cela les impôts formidables qui viennent s'ajouter au prix des loyers, on aura une idée de la misère qui règne en permanence à Londres : un loyer de deux mille quatre cents francs paye mille francs d'impôt....

Raflard était ébahi de tout ce qu'il apprenait :

« Je vois, dit-il, qu'il n'y a que les millionnaires qui soient réellement heureux parmi la population anglaise.

— Ces millionnaires, dit Warburton chez qui les instincts cupides se faisaient jour dans ces paroles, sont les membres des familles aristocratiques et de la riche bourgeoisie, ils sont en possession de tout le territoire anglais, des palais, des châteaux, des maisons dans les villes, des champs, des bois et prairies, des chasses et pêcheries; ils sont en possession de toutes les fabriques, usines et entreprises industrielles; en possession de tous les capitaux, en possession de la flotte commerciale, en possession de toutes les fonctions et places, c'est-à-dire de l'opinion publique; en possession de nommer les membres du parlement, et d'y être nommés, par conséquent en possession du gouvernement! Enfin l'opinion est à eux, parce que tous les organes de la presse leur appartiennent....

— Et c'est ce qu'on nomme la libre Angleterre.

— Maintenant veux-tu savoir quel est le sort de ceux qui n'appartiennent pas à cette caste privilégiée ou qui ne jouissent pas d'un revenu de quelques milliers de livres sterling, la vie n'est plus pour eux qu'un travail opiniâtre qui commence de grand matin pour finir très-tard. En Angleterre le peuple, de même que les esclaves de l'antiquité, n'est créé que pour payer les impôts et faire vivre une aristocratie insolente; vois ces quartiers misérables que notre voiture traverse, et qui servent de refuge à toute la population misérable de Londres; les rues sont plus étroites; on semble y marchander le soleil et la vie; les maisons sont petites et basses, Paris dans ses quartiers les plus pauvres n'a rien d'aussi hideux, d'aussi triste. »

En effet, les brillants magasins avec leurs innombrables becs de gaz et leurs glaces resplendissantes avaient disparu, ces magasins en effet ne pouvaient convenir qu'aux fashionables de la Cité ou de West-End, dans ces quartiers misérables de pauvres maisons avaient pris leur place.... Mais voici la Tamise qui se dessine; les agrès et les mâts d'immenses navires à l'ancre se découpent d'une façon pittoresque dans le ciel éclairé par la lune, çà et là, on entend le bruit cadencé des rames frappant l'eau, ce sont des canots reconduisant à bord des matelots qui viennent d'un bal ou d'une brasserie.

« Nous sommes dans le quartier le plus dangereux de Londres, dit Warburton.

— Des gens comme nous, qu'ont-ils à craindre? repartit Raflard.

— Plus bas, dit Warburton, quand comme nous on porte cinq cent mille francs, on a tout à craindre. »

Ils se turent tous les deux; en ce moment le cab passait sur le pont de Londres.

« Les maisons sont rares dans cette partie de Londres, dit Raflard lorsque leur cab eut traversé le pont; quels sont donc ces murs élevés qui cachent toute perspective et rendent ce chemin si triste?

— Ce sont, répondit Warburton, les murs d'enceinte des Docks.

— Ah! je crois que nous approchons de Cremorne, voici une rangée de cabs et de fiacres qui semblent nous en indiquer l'entrée. »

Cremorne est à Londres ce que Mabille et le Château des Fleurs sont à Paris; seulement l'entrée de Cremorne est plus pittoresque, plus champêtre. Au-dessus de la porte d'entrée, dans le cartouche d'un dessin des plus fantaisistes, on lit aux lueurs de mille becs de gaz, ces mots : CREMORNE GARDEN.

Là, l'espace n'a pas été marchandé comme à Mabille.

Des berceaux silencieux et calmes, d'immenses pièces de gazon, bordées par des parterres en fleurs multicolores; des cascades, des allées sombres et mystérieuses, des kiosques en style mauresque, des minarets turcs, des portiques arabes; un théâtre avec un luxe de décorations qui rappelle les sombres abîmes et les sommets neigeux des Alpes, des labyrinthes avec des grottes artificielles garnies de stalactiques et de stalagmites, un cirque où plus de cent cavaliers peuvent se mouvoir à l'aise, et, au-dessus de tout cela, l'azur céleste éclairé par ses milliers d'étoiles. Voilà Cremorne Garden.

« Voilà Paris! dit Raflard, avec un certain enthousiasme, reste à savoir si les almées qui peuplent ce séjour enchanteur sont aussi faciles que celles qui fréquentent Mabille.

— Elles sont plus belles, plus aimables, plus faciles....

— Et cette pudibondité?

— Ne l'as-tu pas dit tout à l'heure : Comédie! comédie!

— Pourvu que notre damné Irlandais ne vienne pas nous relancer ici.

— Je suis assez tranquille sur ce point, dit Warburton, car, comme il n'a pas de voiture, il ne lui a pas été possible de nous suivre.

— S'il s'était accroché aux ressorts!

— Diable! fit Warburton, tu aurais bien dû penser à cela plus tôt.

— C'est vrai, mais on ne peut songer à tout.

— Tu as raison. Vive le plaisir et les jolies femmes! »

Et Raflard et Warburton, se tenant sous le bras, jouant avec leurs chaînes d'or et cherchant à se donner une désinvolture aisée, s'enfoncèrent dans ce jardin vers la partie où l'on dansait.

Dans l'endroit réservé à la danse, le regard pouvait s'étendre à l'aise sur un vaste espace tellement éclairé que c'était à se croire en plein jour, et il fallut d'abord que leurs yeux s'habituassent à cette lumière éclatante avant de pouvoir distinguer les détails féeriques de la scène qui se déroulait devant eux.

La salle de danse de Cremorne est d'une forme ronde, entourée d'arcades ouvertes, par où les danseurs et les danseuses passent pour se disperser ensuite dans le groupe d'arbres murmurants, autour des lacs tranquilles, des parterres en fleurs.

Tous les arcs et les colonnes sont couverts de verres multicolores; chaque colonne est transformée en une guirlande de fleurs étincelantes, et des guirlandes semblables recouvrent le toit de cette salle de danse féerique, et semblent la transformer en un vaste embrasement; à chaque angle se trouvent des grottes ornées de fleurs où les danseurs et les danseuses trouvent des siéges pour se reposer.

L'orchestre n'est pas visible; la musique semble s'échapper d'un kiosque de verdure, peu distant de là.

« Comme elles sont belles ces danseuses qui se meuvent là-bas d'un pied léger sur le sol uni, faisait observer Raflard.

— Ce sont les filles de l'Angleterre, dit avec orgueil Warburton, c'est-à-dire les plus belles de l'Europe; admire leurs yeux noirs étincelants, leurs cheveux d'or, leurs lèvres roses, les traits réguliers de leur visage qui rappellent les figures classiques des statues de la Grèce antique; quelles formes superbes et voluptueuses! »

Les femmes qui étaient là, et qu'admiraient sans chercher à cacher leur enthousiasme, Raflard et Warburton, étaient en grande toilette de bal, les cheveux ornés de perles et de fleurs; les épaules complètement décolletées; leurs bras nus s'enlaçaient autour du cavalier, s'attachant après lui et suivaient avec une rapidité vertigineuse la mesure de plus en plus précipitée de la valse.

« Ces jolies femmes aux toilettes étincelantes, demandait Raflard qui ne se lassait pas de questionner, habitent-elles les hauts palais de pierre, aux balcons splendides de Belgravia devant lesquels nous avons passé tout à l'heure, ou bien viennent-elles de ces magnifiques rues calmes où les arbres et les gazons de Hyde-Park et Regents-Park s'étalent aux regards? »

Warburton sourit d'entendre Raflard parler ainsi.

« Ne dirait-on pas, continua Raflard, que ces belles filles aux manteaux arabes brodés d'or, aux robes traînantes, sont des duchesses ou tout au moins des femmes de la haute aristocratie anglaise.... »

Les femmes qui se trouvaient là, quoiqu'appartenant à l'école de la débauche, savaient néanmoins se tenir; c'est là leur supériorité, — est-ce bien le mot — sur les filles perdues du continent.

Voyez avec quelle élégance cette femme se repose là-bas sur cette ottomane recouverte de velours rouge, se rafraîchissant le visage avec l'éventail en bois de santal qu'elle tient à la main; son petit pied chaussé d'une bottine d'étoffe grise repose mollement sur le coussin de soie; le bas de sa robe blanche négligemment relevé, laisse apercevoir des jupons brodés et des bas à jour; d'abondantes boucles de cheveux noirs, ombragent un front haut et distingué, de longs cils noirs et soyeux tempèrent l'éclat de ses grands yeux bleus, l'animation de la danse à laquelle elle vient de se livrer fait palpiter sa poitrine découverte, et fait ressortir les plus belles épaules du monde.

Cette blonde qui, là-bas, se pend amoureusement au bras d'un cavalier, un jeune aspirant de marine, et qui s'évente avec son mouchoir blanc parfumé, ses cheveux blonds ne semblent avoir reçu aucun soin du coiffeur et se déroulent en boucles luxuriantes et naturelles sur son cou et sur ses épaules. Ce n'est qu'en Angleterre que l'on voit de ces cheveux dorés.

Ses yeux noirs brillent comme des diamants et rehaussent son teint blanc mat, légèrement animé par l'excitation de la danse.

Ici ces deux jeunes filles en robes de soie rose et bleue qui entrent dans le tourbillon de la danse, présentent un type tout différent, et l'on voit de suite à leur teint ardent que ce ne sont pas des filles de la blonde Albion, mais de la chaude et vigoureuse France.

C'étaient Adèle et Honorine.

Raflard et Warburton les avaient parfaitement reconnues.

« Elles, ici, dans ce lieu!

— Pourquoi pas? fit Raflard.

— Mais elles parlaient, quand je leur ai remis cent mille francs, d'aller planter leurs choux, — ce sont leurs expressions, — dans leur village.

— Adèle et surtout Honorine, renoncer à cette vie de plaisir, allons donc.

— Leur parlons-nous?

— Et Rapin?

— Rapin, fit Warburton; Honorine s'inquiète bien de ce qu'il peut être devenu.

— Attendons qu'elle ait achevé de danser, » dit Raflard pour nous approcher d'elles.

Les deux lorettes se croyant encore à Mabille, prirent l'extrémité de la jupe de leurs robes dans leurs mains, et déployèrent aux regards des Anglais étonnés, les beautés et les grâces de cette danse légère, que l'on appelait, alors, le cancan, qui fait le triomphe de la France chorégraphique, et dont l'illustre Chicard était alors le grand-prêtre.

La danse était terminée et avec elle la fête.

Raflard et Warburton voulurent s'approcher de leurs anciennes connaissances de Paris, mais un flot de monde les en sépara.

« Pas de chance ! » s'écria Raflard, qui tenait à revoir Honorine.

Le misérable ne songeait plus maintenant à l'infortuné Rapin, qui quatre jours avant trouvait la mort dans la chambre de cette fille, et l'appelait à son secours.

Est-ce que les remords ne viendraient aux misérables que lorsqu'ils sont sous la main de la justice ?

« Nous les retrouverons, » dit Warburton, qui tenait également à revoir Adèle.

Mais au milieu de cette cohue que deviennent les danseuses que nous avons admirées il n'y a qu'un instant; beaucoup s'en retournent au bras de ceux qu'elles ont su captiver dans la soirée. Celles qui sont restées seules cherchent à profiter de la sortie, de ce moment suprême pour réparer leur échec de la soirée.

La jeune fille aux cheveux blonds et aux yeux sombres, enveloppée dans une mantille, passe rapide dans l'allée de feuillage qui conduit à la porte principale.

Elle est seule.

Elle a appelé un cab, mais au moment où elle va pour mettre le pied sur le marchepied de la voiture, un homme à la mise sévère, tout de noir habillé, lui met un papier imprimé dans la main.

Sur ce papier est imprimé un verset de la Bible qui rappelle à la nouvelle Ève qu'elle peut encore se sauver.

Il n'y a que l'Angleterre pour faire de ces choses-là.

Sur le continent mettez un prédicateur à la porte d'un lieu de débauche pour essayer de détourner quelques femmes de la voie qu'elles suivent, il ne pourra rester cinq minutes en place!

Là-bas, c'est reçu, c'est admis.

Ce monsieur silencieux, au regard sévère, c'est un des membres de la société qui s'est donné pour mission de sauver les belles pécheresses qui vont danser à Cremorne, et qui, le soir après minuit, se promènent en foule de Haydmarket à Regent's-street.

A Londres on sauve tout le monde par les sociétés.

Sociétés de tempérance.

Sociétés pour les filles repenties.

Sociétés pour les pauvres Irlandais.

Que savons-nous? Par moment, le sérieux avec lequel ces sociétés, qui n'apportent aucun remède au paupérisme et à la prostitution, font leurs rapports touche à la fois à l'odieux et au ridicule.

Ainsi, il s'est trouvé une société qui a mis au concours la question suivante :

« Pourquoi les mendiants irlandais de Saint-Gille sont-ils sans exception si affreusement sales ?

— C'est, répondit l'auteur du mémoire couronné, parce que la crasse uniformément étendue sur tout le corps, bouche les pores de la peau et empêche la transpiration cutanée. Ainsi calfeutré l'Irlandais perd moins de ce qu'il a mangé, et peut économiser sur la nourriture. »

Conclusion, la saleté est donc une chose excellente pour les malheureux.

Que l'on ne croie pas que nous nous sommes livrés à une fantaisie, si le lecteur doute, qu'il lise l'excellent guide à Londres de M. Élisée Reclus, ou les ouvrages sur l'Angleterre d'Alphonse Esquiros.

Dans toutes ces sociétés, il ne manque généralement que des sociétaires.

Les sociétés de tempérance n'empêchent pas les débits d'être garnis de buveurs; celles des filles repenties, de voir la prostitution conserver des proportions effrayantes à Londres.

Et de même des autres.

La belle blonde qui a reçu le papier à la porte de Cremorne, le lira-t-elle seulement, ou bien la retrouverons-nous dans un cabinet particulier d'un Austern-House d'Haymarket, buvant du sherry et du champagne, et jetant en riant sur la table le billet imprimé de l'homme habillé de noir.

Raflard et Warburton étaient restés jusqu'à la fin de la sortie de la foule, espérant revoir Adèle et Honorine, mais ce fut en vain.

Les omnibus et les cabs avaient emporté la brillante et joyeuse société, les becs de gaz qui dessinaient le mot Cremorne, au-dessus de la porte d'entrée étaient éteints, et les deux hommes attendaient toujours.

« Nous ne pouvons pourtant pas passer la nuit ici, fit observer Warburton.

— C'est vrai, fit Raflard; mais j'aurais aimé à revoir ces deux filles.

— Ce sera pour une autre fois, » dit philosophiquement Warburton.

Et avisant un cab inoccupé, il y fit monter Raflard, et se plaça près de lui.

« Maintenant, dit-il, nous allons visiter Regent's-street; peut-être y trouverons-nous ces deux dames.

— Je le désire sans l'espérer. »

Le cab traversa de nouveau les rues sombres qui conduisent à la ville et dont le silence n'est rompu que par le pas cadencé des policemens.

Les rues qui avoisinent la Tamise ont un aspect désert et solitaire qui fait frissonner; le vent de la nuit en se jouant dans les agrès des bâtiments à l'ancre, les fait retentir d'un bruit étrange.

La lune est cachée derrière d'épais nuages, et les étoiles sont voilées; on n'aperçoit plus une seule lumière aux hautes fenêtres de Belgravia; les arbres du parc frémissent et chuchotent avec le vent, et laissent tomber leurs feuilles mortes sur le macadam jaunâtre sur lequel roule sans bruit la voiture.

Ils passèrent de nouveau devant les grandes maisons de Pall-Mall où sont les principaux clubs de l'aristocratie londonienne.

Warburton fit arrêter la voiture à cet endroit, elle était arrivée à l'angle d'Haymarket.

Il fit signe à Raflard de descendre, paya le cocher et prit le bras de son ami.

La scène avait changé complètement d'aspect.

Et sous leurs yeux se déroulait une image éclatante de Londres la nuit.

Aucune ville du continent n'a une pareille promenade, et le boulevard Montmartre à Paris n'en est qu'une pâle copie.

Les arcades de la place Saint-Marc à Venise sont calmes et sombres lorsque minuit sonne des tours pittoresques de ses diverses églises; les cafés et les magasins resplendissants du Palais-Royal sont fermés à cette heure, et la galerie d'Orléans est solitaire et abandonnée.

Mais les larges trottoirs d'Haymarket, depuis les arcades du théâtre de Sa Majesté, jusqu'à celles de Regents'-street sont inondées de flots de lumière qui s'échappent des becs de gaz et des glaces des cafés et des restaurants qui semblent former un long ruban de feu.

Toutes les portes sont ouvertes, toutes les fenêtres sont éclairées; des petits salons tendus en rouge et décorés de baguettes d'or s'échappent de la musique, des rires éclatants et le bruit résultant du choc des verres de champagne; sur leurs doux canapés de velours rouge se célèbrent les orgies nocturnes de Londres.

« Mais, disait Raflard, ici l'on vit! et si l'on n'y prend garde, le petit million de la banque de France ne durera qu'un instant. »

Warburton était fier de voir un Français rendre hommage à la débauche de sa terre natale.

« Paris est une ville de puritains; Londres, à la bonne heure, comprend la vie large et facile. »

Quel tableau pour le penseur! quel contraste entre ces cabinets particuliers somptueusement décorés et la simplicité et le silence des dining Rooms à Chapside, où les commerçants de la Cité, viennent manger leur roastbeef et boire de l'ale et du porter dans des cruches d'étain, le chapeau sur la tête, le *Times* à la main.

Sur les larges dalles du trottoir se pressent de nombreux promeneurs, de belles filles en toilette de bal, étincelantes, les cheveux garnis de perles.

Les promeneurs de toutes les nations, de toutes les villes et de toutes les contrées vont et viennent et disparaissent derrière les portes d'acajou des cafés avec des femmes au bras, causant, chuchotant, riant.

L'aïr de la nuit est imprégné des senteurs du patchouli et de l'eau des mille fleurs.

Les queues de robes de satin bruissent en traînant sur les dalles; les voiles voltigent; les rubans roses flottent au gré des vents, les yeux brillent, ce n'est qu'un éclat de rire lascif sur tout le parcours de ce cortège de la débauche qui rappelle vaguement les Lupercales de l'antique Rome.

La scène devient de plus en plus animée, et il devient très-difficile à Raflard et à Warburton de se frayer un passage à travers les flots pressés de promeneurs et de femmes.

On entend parler toutes les langues de la terre, le français, l'allemand, l'anglais, l'italien, tout comme sous les brillantes arcades de la place Saint-Marc à huit heures du soir.

« Voici toutes les filles que nous avons vues à Cremorne, dit Raflard, voici la grande belle fille à la robe blanche traînante et au manteau arabe broché d'or.... »

Raflard ne se trompait pas, c'était bien elle qui sortait d'un restaurant au bras d'un homme d'une quarantaine d'années.

Le cavalier fit un signe à un cocher, le sien probablement, et le couple monta en voiture.

« Et d'une, fit Raflard ; tu ne vois pas Honorine ?

— Je ne vois que de jolies femmes, répondit Warburton, mais ces jolies femmes ne sont pas Adèle et Honorine.

— Regarde au-dessus de ta tête, tu ne vois rien ? dit Raflard ; en lui désignant la fenêtre d'un premier étage d'un restaurant.

— Pardieu, si ; c'est la jeune fille aux yeux noirs et aux cheveux blonds. »

C'était elle, en effet, qui reposait sur un divan appuyé le long du mur d'un cabinet tapissé en bleu.

Devant elle était assis un homme qui tournait le dos à la fenêtre et qui lui versait du sillery.

La petite table, qui était devant eux, était couverte d'huîtres, d'une salade de homards et de flacons de vins.

Ses yeux étincelants, son teint délicat étaient enluminés par le feu du champagne.

Il y a longtemps qu'elle a dû oublier le papier imprimé qu'on lui a remis à la porte Cremorne, pour venir ici boire du champagne, manger des huîtres et gagner des guinées.

L'a-t-elle seulement lu ?

Raflard et Warburton se promènent toujours sur le trottoir.

« Elles viendront ! » se disent-ils.

Mais les heures s'écoulent sans que les deux femmes qu'ils espèrent paraissent.

Il est bientôt deux heures du matin ; à cette heure, il y a une heure que Paris dort.

Le trottoir de Haymarket devient au contraire de plus en plus animé à mesure qu'on approche de Regents Circus ; sévère et paisible, un policeman traverse ces groupes.

Pour lui, Londres est tranquille, on peut boire du champagne, rire après minuit, cela ne le regarde pas ; la loi anglaise permet tout cela dans ce quartier, ce qu'elle défend, c'est d'entraver la circulation.

La présence du policeman en cet endroit n'a d'autre but que de faire circuler le public.

Une femme vient de s'arrêter au milieu du trottoir, et regarde les passants d'une façon significative : le policeman passe devant elle : elle ne le remarque pas, ou fait semblant de ne pas le remarquer ; le policeman retourne sur ses pas et repasse encore une fois devant elle.

Elle ne l'aperçoit pas encore.

Alors il s'approche tout doucement près d'elle, et la touche rapidement à l'épaule, comme s'il ne voulait pas être aperçu par les passants.

La femme se retourne, elle a compris, et elle s'empresse de quitter sa place.

Un léger attouchement et un regard ont suffi pour que la femme comprit.

Il fait complétement sombre dans Regent's-street. Les reflets de lumière s'échappant des restaurants font absence, et la rue est seulement éclairée par une rangée de becs de gaz, mais elle n'est pas pour cela plus solitaire que Haymarket ; on entend ici également le froissement des robes de soie sur les larges trottoirs, on respire le parfum de l'essence de bouquet, l'on est agacé par des regards étincelants qui ne cachent que des cœurs vides.

Dans Oxfort-street, la nuit devient solitaire et calme. Pour cette rue, deux heures du matin, est une heure indue, on ne rencontre personne ; cependant çà et là quelques rayons de lumière glissent sur la chaussée, ils proviennent de ces public-houses qui sont encore ouverts longtemps après minuit.

On entend à l'intérieur des bruits de voix, de querelles et d'insultes.

Une canaille en haillons se presse devant le comptoir derrière lequel un homme d'une corpulence énorme, à la tête chauve, sert en bras de chemise de l'ale et du porter, du gin et de whisky.

Quelles formes et quels visages, quels habits déchirés et quels vêtements souillés !

Quelles sont ces femmes qui à demi ivres, ingurgitent du gin coupé d'eau ! et cependant ce public-house ouvert après minuit là-bas au coin d'Oxford-street n'est que le pendant des cafés étincelants d'Haymarket, il ne faut pour s'en convaincre que descendre quelques degrés plus bas dans la vie nocturne de Londres. Après quelques années, la jeune fille que nous avons vue tout à l'heure savourant du champagne dans un café d'Haymarket, boira peut-être du gin coupé d'eau et se couchera sur ces bancs infects comme les malheureuses que nous voyons en ce moment.

Les contrastes sont les choses les plus fréquentes que l'on rencontre à Londres.

« Rien.... rien.... disait Raflard dépité, et qui plongeait son regard dans tous les endroits pouvant receler des femmes.

— Nous viendrons chaque soir ici.... dit Warburton, jusqu'à ce que nous puissions rencontrer ces deux femmes....

— Nous n'aurons pas besoin de revenir demain, car j'aperçois Honorine,....

— Mais elle n'est pas seule? fit observer Warburton.
— C'est vrai! elle est au bras d'un homme.... la misérable.
— Mais, idiot, dit Warburton, Honorine, c'est madame Tout-le-Monde; est-ce qu'elle t'a juré fidélité?
— C'est égal, au bout de cinq jours oublier déjà l'homme qui lui a fait une position.
— Songe donc qu'en échange, elle nous a livré la vie de Rapin.
— Plus bas! fit Raflard.
— Crois-tu par hasard que ce nom soit si célèbre pour que, dit sur la voie publique, il puisse nous rendre l'objet de l'attention publique.
— Suivons-nous Honorine et Adèle?...
— A quoi bon, dit Warburton, les deux cavaliers avec lesquels elles sont, car en voici un autre qui vient les rejoindre, me font l'effet d'hommes respectables, nous pourrions peut-être nous faire avoir une mauvaise affaire; si tu veux m'en croire nous attendrons à demain. »

Du reste, il n'était plus temps pour eux de prendre une décision, car Honorine, Adèle et les deux cavaliers venaient de monter dans une voiture.

« Square Nelson, dit Adèle au cocher.
— Nous les retrouverons, » dit Warburton joyeux, qui avait entendu l'adresse donnée au cocher.

Si Warburton avait pu savoir que les deux cavaliers de ces dames étaient Juibraide, l'agent de la police de sûreté de Paris, et M. Verchoux, l'agent des mœurs pour qui le Paris lorette n'avait pas de secret, il est probable qu'il se serait moins réjoui de sa découverte.

II

Sir Rewcolvent.

On ne peut rien se figurer de plus ennuyeux que les brasseries anglaises.

Là les consommateurs sont assis par deux, par trois, quelquefois par quatre sur des bancs étroits, devant des tables non moins étroites, dans des espaces formés par des cloisons hautes d'un mètre cinquante; là le chapeau sur la tête, le journal à la main, silencieux, buvant et mangeant, du roastbeef, encore du roastbeef, avec cela des pommes de terre à la croque-au-sel, ou bien des pois et des haricots nageant dans un liquide qui ne laisse apercevoir à sa surface aucune trace de beurre ou de graisse.

Il faut reconnaître que la cuisine anglaise est peu variée, et à ces mets que nous venons d'énumérer, ajoutez une pâte renfermant des groseilles vertes ou mûres ayant la prétention de remplacer la pâtisserie, un morceau de plum-pudding, du fromage et du pain, voilà le repas que les Anglais font avec l'incommode chapeau cylindre sur la tête, en buvant de l'ale ou du porter dans des cruches d'étain.

L'Anglais comme le Hollandais ne connaît pas la soupe, et ne mange de légumes convenablement préparés qu'aux tables d'hôte du continent.

Sir Rewcolvent, l'attorney, celui que nous avons entendu demander dans l'auberge du *Pélican blanc*, était en ce moment dans son *box* attaquant vigoureusement un morceau de roastbeef.

C'était un homme qui devait avoir passé la cinquantaine; il avait les lèvres minces, de ces lèvres qui indiquent la discrétion, des yeux bleus, un front intelligent; il y avait chez cet homme, malgré son visage froid, un certain air de bienveillance qui inspirait en sa faveur.

Et c'était assurément cette droiture qui avait engagé lord Bartheley à le choisir pour son exécuteur testamentaire; c'était autour de cet homme que se jouait cette terrible partie, dans laquelle déjà plusieurs hommes avaient succombé.

Le plus profond silence régnait dans le restaurant.

« Waiter.
— Yes sir, » étaient les seuls mots qui venaient de temps en temps interrompre ce silence solennel; les ordres se donnaient à voix basse.

On venait d'apporter sur la table de l'attorney un immense fromage de Chester, ce qui indiquait assez qu'il était arrivé à la fin de son détestable dîner, lorsqu'un de ses clercs entra dans le restaurant et se dirigea vers le box occupé par son patron.

L'arrivée du clerc était pour l'attorney un événement, presque un manquement grave aux habitudes de son office.

« Qu'y avait-t-il donc de si pressé que vous veniez jusqu'ici?
— Je vous demande pardon, monsieur, dit le clerc, mais il vient d'arriver au bureau un inconnu qui désire vous parler, en grande hâte. Je n'osais pas venir vous déranger, mais il a tellement insisté que j'ai cru devoir me rendre à son désir.
— Vous avez eu tort, » répondit froidement l'attorney, qui néanmoins se leva de table et suivit son clerc.

« Cet homme vous a-t-il dit son nom?
— Non, monsieur, dit le clerc.
— C'est singulier, disait celui-ci en marchant, une visite à cette heure. »

La maison habitée par l'attorney était située sur la rive gauche de la Tamise à quelques pas seulement du square Nelson, là se trouve une série de petites rues que coupe la magnifique voie de Blackfriars Road, c'est dans une de ces petites rues qu'était la maison de l'attorney; il en occupait le premier étage.

Il entra dans son bureau, mais à la vue de l'homme qui s'y trouvait, il ne put s'empêcher de faire un mouvement, mais ce mouvement avait été vu par le clerc.

« C'est bien O'Mealy, dit-il, je ne m'étais pas trompé. »

L'attorney ferma vivement la porte de son cabinet, il avait devant lui l'homme qui avait causé de si profondes terreurs à Raflard et à Warburton et qui leur avait si heureusement échappé dans le parc.

« Vous ici ! dit-il, alors que traqué de toutes parts, je ne voyais de salut pour vous qu'en demeurant sur le continent, mais c'est de la folie, vous ne savez donc pas que la police vous cherche avec activité.

— Je sais tout cela, dit froidement le jeune homme, et comment pourrais-je l'ignorer, lorsque pour arriver jusqu'ici j'ai été obligé, pour dépister les agents de la tyrannie anglaise, de changer de voiture, de faire souvent à pied une partie de la route : j'étais à l'auberge du *Pélican blanc* à quatre heures, ainsi qu'il avait été convenu avec vous, dans notre lettre.

— Mais vous oubliez qu'il y a deux mois que cette promesse était faite, et quand j'appris que vous étiez sur le continent, je crus que vous seriez assez sage pour y rester.

— Assez lâche, vous voulez dire, sir Rewcolvent ; est-ce qu'il m'était possible de rester sur le continent ? Surtout en apprenant que John était tombé au pouvoir des sicaires du tyran. J'ai fait un vœu solennel à la Vierge, c'est celui de me sacrifier pour l'Irlande, et de la rendre libre ou mourir.

— Mais vous n'avez donc pas reçu mon message ?

— Vous m'avez écrit.

— Oui, dit Rewcolvent; j'avais envoyé James Careley, mon second clerc, en France, pour faire des recherches au sujet de l'héritier de lord Barsthley, et en même temps je l'avais chargé d'un message pour vous.

— Je n'ai pas vu votre clerc, et je n'ai pas reçu le message.

— C'est étrange. »

Hélas ! non ce n'était pas étrange, le malheureux James Careley, qui avait fini par trouver les traces du comte Henri dans le département de l'Aisne, s'était pour son malheur arrêté à l'auberge du *Cheval mort*, et y avait trouvé la mort.

C'était son corps que le jeune Chaligny avait vu transporter la nuit dans le bois de Dormans, et dont les vêtements ensanglantés découverts par Warburton avaient mis celui-ci en garde contre les entreprises de Vacher et de ses fils.

« Sir Rewcolvent, êtes-vous toujours l'homme que j'ai connu, l'homme qui a juré sur le poignard de se dévouer à l'œuvre de rénovation de ses frères ?

— Pourquoi m'adresser cette question ? lui demanda l'attorney avec une certaine hauteur. Qui vous a permis de douter de moi, quoi dans mes actes, dans mes paroles, dans ma conduite a pu faire arriver le soupçon jusqu'à vous ?

— J'aime à vous entendre parler ainsi, sir Rewcolvent; voici ce que j'ai à vous dire; vous êtes détenteur d'une somme énorme, près de vingt millions, ce trésor provient de l'héritage de lord Barsthley, or lord Barsthley a été un des tyrans de ses tenanciers en Irlande.... Me comprenez-vous ?

— Non, répondit froidement Rewcolvent qui avait peur de comprendre.

— Cet or enlevé à la malheureuse Irlande, à l'Irlande faméliaque doit lui revenir. Je viens au nom de l'association demander la remise de ce trésor pour pourvoir aux frais de l'insurrection.

— Savez-vous que ce que vous proposez là, O'Mealy, est tout bonnement une infamie ?

— Je le sais, dit le chef de la Jeune-Irlande; mais aussi quelle gloire vous attend si nous triomphons, et nous triompherons, car, avec une somme semblable, on peut acheter des armes, du pain.... pour nourrir ces soldats improvisés. Nous releverons l'Irlande, cette terre que l'Angleterre voue à la stérilité. Que l'Angleterre ne nous a-t-elle pas fait, elle a retranché à l'Irlandais son clergé, elle lui a interdit l'instruction, les fonctions publiques, la propriété du sol; elle a fait fermer les manufactures irlandaises pour ne pas faire concurrence à celles de l'Angleterre; l'échauffourée du commencement de ce siècle, mal secondée par la France, alors gouvernée par le Directoire, fut cause qu'on enleva à notre malheureux pays son ombre de parlement. C'est à partir de ce moment que l'Irlande fut annexée à l'Angleterre; mais le nombre de députés qu'elle eut le droit d'envoyer au parlement fut dans une proportion dérisoire avec celui des autres parties de l'État et les catholiques en furent exclus. O'Connell est le premier catholique irlandais qui soit venu à bout de se faire entendre. »

En ce moment Rewcolvent s'interrompit ; une altercation assez vive s'était engagée entre son clerc et un homme dont la voix lui était inconnue.

« Vous n'entrerez pas, disait le clerc.

— Auriez-vous été suivi ! demanda à voix basse l'attorney à O'Mealy.

— Je le crains.

— En ce cas, nous sommes perdus, car je crois reconnaître la voix de l'inspecteur de police. »

O'Mealy en se voyant presque perdu ne put malgré son courage s'empêcher de pâlir.

LES NUITS DU PALAIS-ROYAL.   529

...ffard et Warburton avaient devant eux l'aubergiste du Pélican blanc. (P. 516.)

Enfin le bruit causé par les voix se calma. Rewcolvent se décida à sortir de son cabinet; à tout hasard, il avait fait cacher O'Mealy derrière un rideau.

Ce n'était pas le chef de la police, ainsi qu'il l'avait pensé tout d'abord, mais un de ses collègues en chicane, un attorney comme lui.

« Pourquoi tout ce bruit? demanda Rewcolvent encore ému.

— Je vous demande pardon, si j'ai insisté pour vous parler, mais je viens de recevoir de France une dépêche de la plus haute importance.

— Et qui me concerne?

— Sans doute, sans cela je ne serais pas venu vous déranger.

— Et que dit cette dépêche?

— Elle dit, mon cher collègue, que vous seriez bien aimable de me recevoir dans votre cabinet.

— Je ne le puis en ce moment, mais mon clerc peut nous laisser.

— Non, non! dit l'attorney piqué; veuillez continuer votre consultation....

— Mais vous pouvez au moins me donner communication de la dépêche? demanda Rewcolvent.

— Demain, chez moi.

— A votre aise. »

Et sir Rewcolvent salua son collègue et rentra dans son cabinet assez dépité.

« Ce n'est pas un homme de la police comme vous le pensiez? demanda O'Mealy.

— Non, mais c'est un ennemi déclaré de l'Irlande, et s'il apprenait que je vous ai recélé chez moi, il serait capable de me dénoncer.

— Lui, un attorney!

— Vous ne savez donc pas ce qu'enfantent les haines politiques?

— Oh! si.

— Eh bien, alors, ne vous étonnez pas si je puis avoir tout à craindre.

— C'est vrai; je n'avais pas compris, en venant ici, quelle part de danger vous incombait.

— Il ne s'agit pas du péril que je peux courir, mais de vous.

— Ma sûreté m'importe peu. C'est l'Irlande qu'il faut sauver!

— Vous et vos amis, vous êtes des impatients.

— Et vous un trembleur.

— Oui, vous êtes des impatients, répéta Rewcolvent, et l'agitation ne vous suffit pas, il vous faut la lutte, et c'est pour cela que vous venez me demander les vingt millions de lord Barsthley. Ces vingt millions, vous ne les aurez pas.

— Vous trahissez l'association, dit O'Mealy.

— Je ne trahis pas l'association en refusant de commettre une action honteuse.

— Vous approuvez donc le régime sous lequel gémit la nation anglaise elle-même?

— Vous savez bien le contraire, répondit Rewcolvent.

— Que doit-on dire d'un pays, continua O'Mealy, qui s'animait de plus en plus, dont les citoyens vantent pompeusement leurs droits politiques, lorsque sur une population de dix millions d'hommes faits, un million seulement est électeur, et encore sur ce million les trois quarts sont empêchés de jouir de leurs droits par la division ridicule des districts électoraux ; par toutes les intrigues et vexations possibles, par la corruption et par la dépendance sociale ? La richesse, la possession, le capital, la position sociale n'exercent dans aucune contrée de l'Europe, sur l'exercice du droit d'élection, une pression aussi violente qu'en Angleterre ; l'aristocratie a absorbé peu à peu les paysans et en a fait ses fermiers. Et comment le fermier oserait-il voter autrement que le propriétaire foncier, qui peut à sa volonté le ruiner et le transformer en journalier ou en mendiant? le paysan libre et indépendant peut seul avoir un vote sérieux ; le fermier d'un duc ou d'un comte doit forcément sa voix à la disposition de son maître et il n'existe que nominalement sur la liste des électeurs. »

Ce que disait O'Mealy n'était pas dû à la passion ; il faut bien reconnaître que dans aucun pays comme en Angleterre, la corruption existe-t-il à un aussi haut degré. Ainsi la campagne est divisée en un grand nombre de circonscriptions électorales, tandis que les grandes villes ne peuvent envoyer que très-peu de représentants au parlement. L'opposition qui pourrait être produite par l'intelligence et le libéralisme des représentants des villes est étouffée par la supériorité numérique des représentants des campagnes, dont le vote appartient entièrement à l'aristocratie. Et c'est là cette constitution la plus conservatrice de l'Europe, qui fait l'admiration de certains libéraux français et allemands.

« Ainsi, dit O'Mealy, vous vous refusez à venir en aide à la Jeune-Irlande, en mettant à notre disposition la succession de lord Barsthley?

— Oui, avec les moyens que vous me proposez ; non avec mes propres ressources.

— Brisons là, dit O'Mealy d'un ton sombre.

— Comme il vous plaira.

— Maintenant pouvez-vous me cacher?

— Je ne puis vous cacher chez moi, dit l'attorney, je suis soupçonné depuis quelque temps d'entretenir des relations avec le parti de la Jeune-Irlande ; et outre cela, un inspecteur de police loge à l'étage au-dessus du mien. Mais je puis néanmoins vous offrir un asile : il y a à Greenwich une habitation isolée ; cette maison est habitée par la mère de mon second clerc Jones Carley ; la chaumière est petite, aussi ne viendra-t-il jamais à l'idée de la police d'aller vous chercher là.

Je vais vous y faire conduire ; mais avant je veux examiner au dehors si vous pouvez sortir sans crainte. »

La maison de l'attorney avait deux issues ; comme il jetait un regard dans la rue, il aperçut un individu posé sur une borne ; cet homme devait le surveiller.

Appartenait-il à la police?

L'attorney pouvait le supposer, puisque O'Mealy lui avait dit n'avoir échappé qu'avec peine aux poursuites de deux individus ; il est vrai que ces deux hommes étaient Warburton et Raflard.

Il ferma vivement la porte de la rue et monta rapidement dans son cabinet.

« Fuyons, dit-il, je crois que nous sommes épiés, nous n'avons pas une minute à perdre. »

L'Irlandais prit le bras de l'attorney, et passa dans la pièce d'entrée où se tenait son clerc.

« Vous voyez cet homme, lui dit-il avec une certaine solennité ; il s'appelle O'Mealy.

— Je le sais, dit le clerc en s'inclinant.

— Vous le saviez, fit l'Irlandais surpris.

— Oui, et je me suis tu.

— Cette marque de discrétion de votre part ne m'étonne pas, dit Rewcolvent, je n'attendais pas moins de vous ; alors si vous savez qu'il s'appelle O'Mealy, continua-t-il, vous savez qu'il y a mille livres de récompense pour celui qui pourra donner des renseignements sur sa retraite, et trois mille à celui qui le fera arrêter.

— Je sais cela, sir.

— O'Mealy se place sous votre sauvegarde ; je vous le confie ; vous allez le conduire à Greenwich chez la mère de mon second clerc. »

Le jeune homme rougit un peu : depuis quelque temps il courtisait la sœur de l'infortuné Carley qui avait trouvé la mort en France.

« Une retraite lui est préparée. Conduisez-vous en toute chose d'une façon discrète.

— Je me montrerai digne de votre confiance, sir, dit le clerc qui sortit avec O'Mealy.

— Seigneur, dit l'attorney en les voyant partir, que leur voyage s'accomplisse sans encombre et daignez écarter les obstacles et les méchants de leur route ! »

III

Finesses de femme.

L'enlèvement de Clotilde par Pied-de-Fer pouvait être considéré comme un coup de maître ; pendant vingt-quatre heures, Paris ne s'occupa que de cela.

Le surlendemain de cette scène dramatique, Mme d'Henninque partait en poste pour la Belgique, d'où venait cette détermination soudaine? Une lettre de sa fille l'avait dicée :

« Ma chère mère, disait Clotilde dans sa lettre, pourras-tu jamais me pardonner de t'avoir causé tant de chagrin; en suivant M. de Sainte-Estève, j'ai obéi à un sentiment que je ne puis définir, mais que toi, avec ton cœur si aimant, si chevaleresque, tu sauras comprendre.

« Cet homme, qui n'hésitait pas à braver la mort pour venir me dire qu'il m'aimait encore, qu'il m'aimait toujours, m'a transportée, et ce n'est seulement que lorsque le jour est venu, lorsque je me suis vue seule dans une voiture, en compagnie de ma femme de chambre, que j'ai commencé à trembler et à comprendre la folie que j'avais faite.

« N'est-ce pas que tu ne te serais pas opposée à mon mariage avec M. de Sainte-Estève, si je fusse restée?

« Et voilà que pour avoir douté de ton amour à mon égard, je me suis compromise.... aux yeux des gens qui n'ont jamais aimé.

« Tous ceux qui ont un cœur noble, comprendront ma folie et l'excuseront.

« Je suis installée au Sacré-Cœur, à Bruxelles, où j'ai obtenu de garder Julie avec moi.

« Ne me tiens pas rigueur, viens me voir; j'ai juré de ne pardonner à M. de Saint-Estève que le jour où tu m'auras donné le baiser de paix.

« Ne tarde pas trop.

« Je n'ai pas de robes, Julie heureusement a pu m'habiller à peu près; tu n'as pas l'idée du désarroi dans lequel tous ces événements ont jeté ma pauvre tête.

« Ta fille qui t'aime et te demande pardon

« CLOTILDE. »

La marquise réfléchit environ dix minutes sur le parti qu'elle avait à prendre.

« Ma fille, se dit-elle, est majeure, et peut me forcer à donner mon consentement à son mariage, de plus à lui rendre des comptes de tutelle; ce dernier point serait le plus ennuyeux; je puis mettre ordre à tout cela en prenant les devants, et en ayant l'air de me rendre de bonne grâce à ses vœux. »

Excellente mère, qui savait faire marcher de front et ses intérêts et ses devoirs.

Mme d'Henninque avait eu ce que l'on est convenu d'appeler une jeunesse assez orageuse; elle avait figuré à la cour de Napoléon Ier, que depuis elle n'avait cessé d'appeler l'usurpateur; elle croyait, en agissant ainsi, faire oublier son origine plébéienne; son père était un vieux jacobin, — il est à remarquer que cette épithète a toujours été appliquée à tort aux fournisseurs et aux spéculateurs de l'époque conventionnelle; race impudente qui n'avait qu'un mobile : la fraude, la tromperie; et c'est pour effacer probablement ce qu'il y avait de fâcheux dans l'origine de la fortune de son père qu'elle se montrait si réactionnaire.

Le père Ramina avait été pendant quelque temps l'associé de Lieuthraud, un fripon dont personne ne se rappelle plus aujourd'hui.

Lieuthraud, ancien garçon perruquier, était fils d'un pauvre vigneron de Corbigny; il vint à Paris et y fit fortune en soumissionnant une fourniture de canons, pour laquelle il déposa un cautionnement en papier, perdant quatre-vingts pour cent et qu'il fut assez habile de se faire rembourser en numéraire; il poussa l'habileté encore plus loin, en ne fournissant pas les canons à la République et en en touchant le montant.

On ne lui épargna pas les brocards, ils plurent sur lui; Geoffroy, dans sa *feuille du jour*, le cribla d'épigrammes :

« C'est entre Clamecy et la Charité (Nièvre), disait-il, que Lieuthraud exerça pendant quelques années l'utile métier de garçon perruquier.

« Comme cet heureux Figaro savait lire et écrire, il quitta son rasoir et commença à se décrasser dans un petit bureau.

« Bientôt on le vit prendre son vol plus haut, et mon homme se trouva, Dieu sait comment! intéressé dans une fonderie de canons à Moulins. Il obtint des avances de la République, et fit de très-bonnes affaires; car sa manufacture n'a pas rendu un seul canon à nos arsenaux.

« Bientôt Paris et le Palais-Royal le virent déployer de grands talents que Dieu lui donna pour manier les finances et surtout celles d'autrui.

« L'agiotage et les moyens auxquels vous donnerez tels noms qu'il vous plaira, l'ont rendu un des plus honnêtes gens qui se puisse voir; car il est possesseur public de richesses énormes, et le garçon perruquier Lieuthraud est le vrai marquis de Carabas.

« Il a acquis de superbes attelages à douze chevaux; il a acquis l'hôtel de Salm; il a acquis Bagatelle; il est l'amant de Mlle Lange, de la rue Feydeau, à raison de 10 000 livres par jour et d'avance.... »

Entendez-vous? 10 000 livres données par jour à une fille, une fille entretenue à 4 ou 5 millions par an.

Il est vrai qu'à cette époque il y avait un ministre de la guerre, Schérer, qui s'entendait à liquider les effets des soldats.

La Suisse était livrée au beau-frère du directeur Rewbell, qui levait des contributions énormes qu'il mettait dans sa poche.

La république ligurienne était mise à sec par Trouvé.

C'était un pillage général.

Barras, le chef du Directoire, s'offrait à qui voulait l'acheter.

Le père Ramina, en homme pratique, se disait que tout cela ne pourrait durer longtemps ; quand il vit Lieuthraud devenir propriétaire de l'hôtel de Salm, aujourd'hui le palais de la Légion d'honneur, il le considéra comme un homme perdu.

En effet, le succès l'avait grisé; il fut moins heureux dans ses concussions que Schérer, Rewbell et Rapinat; et Lieuthraud, qui avait espéré devenir l'époux d'une des demoiselles de Montholon, fut enlevé au lendemain d'un bal; sa conduite fut passée au crible ; Ramina alla faire un tour en Angleterre pendant que se faisait l'enquête, et il ne revint que quand il fut bien assuré de n'avoir rien à redouter de dame justice. Quant à Lieuthraud, il fut condamné comme faussaire à quatre ans de fer et à la marque; néanmoins le jugement ne fut pas exécuté.

Garçon perruquier il avait été, garçon perruquier il redevint.

Ramina avait gagné ses quatre petits millions pendant la période du Directoire : un million par année; c'était joli. Il se maria et eut de son mariage une fille qui épousa le marquis d'Henninque.

Ce mariage se fit bien contre son gré, car il ne tenait nullement à avoir un noble pour gendre. Aussi dit-il au marquis, en lui accordant la main de sa fille :

« Je vous la donne, quoique vous soyez noble. »

Ce mot devait être parodié après 1830, tellement il est vrai qu'il n'y a rien de nouveau sous le soleil, même pendant les temps de révolution.

La marquise devint veuve; c'était une assez forte tête, elle avait de son père, sinon le génie de la spéculation, du moins celui de la conservation.

Entre ses mains habiles, la fortune que lui avait léguée son père ne périclita pas; le conseil de famille l'avait confirmée dans la tutelle et l'administration des biens de sa fille; pendant dix ans, elle s'amusa à considérer cette fortune comme la sienne propre.

La marquise était non-seulement intéressée, mais encore altière, et elle ne pouvait se faire à l'idée qu'un jour il lui faudrait rendre des comptes à sa fille.

Un cousin de feu son mari, et un peu son ennemi, disait, à propos de M. de Saint-Estève, qu'elle avait envoyé faire tuer le fiancé de sa fille, pour que celle-ci ne songeât jamais à se marier, et, partant de là, à réclamer des comptes de tutelle.

Le propos était méchant, mais il était vrai.

Aussi quelles ne furent pas les terreurs de la marquise, quand elle aperçut que sa fille était partie avec M. de Saint-Estève !

A part la douleur qu'elle ressentit comme mère, elle frémit en songeant que sa fille malgré l'indignité dont elle pouvait être frappée aux yeux du monde, pouvait néanmoins lui réclamer plus de la moitié de sa fortune.

Il s'agissait alors d'une somme de plus de quatre millions à restituer à sa fille.

La lecture de la lettre de Clotilde la rassura un peu sur les suites qu'elle pouvait avoir à craindre, et elle se hâta de partir pour Bruxelles.

A peine prit-elle le temps de descendre à l'hôtel qu'elle courut au couvent du Sacré-Cœur.

Un coup d'œil lui suffit pour voir que sa fille était toujours digne d'elle.

« Ce Saint-Estève est un assez galant homme ; s'il n'avait été conseillé par ce brigand calabrais, il est probable qu'il n'aurait point agi comme il l'a fait. »

La marquise ne pouvait pardonner à Pied-de-Fer le procédé qu'il avait employé à son égard.

Elle emmena sa fille à son hôtel, où elle avait retenu un somptueux appartement.

« Maman, dit Clotilde une fois qu'elle fut seule avec sa mère, je vous préviens que je ne veux pas épouser de M. de Vulnar. Cet homme est d'un mauvais goût.

— C'est vrai, répondit la mère, être venu à notre bal en costume d'Othello; c'est d'un goût plus que douteux, son costume m'a ouvert les yeux sur la conduite future qu'il pourrait tenir vis-à-vis de toi.... Cet homme aurait été un tyran domestique.

— M. de Saint-Estève a été des plus convenables....

— Oui, oui, dit la marquise, mais ne parlons pas de cela. Cette affaire a fait assez de bruit. Tu épouseras M. de Saint-Estève puisque tu le désires.

— Ah ! ma chère maman !

— Tu n'as guère montré pourtant que je t'étais chère.

— Mais, maman, il me disait que si je ne le suivais pas, il resterait dans l'hôtel jusqu'à ce que la justice vînt s'emparer de lui.

— Alors, c'est pour lui sauver la vie que tu t'es laissée enlever.

— Oui, maman.

— On ne peut être plus ingénue. Et c'est lui qui t'a mise au couvent?

— Non. C'est mon père adoptif, M. le comte Baillordini. Tu sais, ce....

— Oui, je sais, » répondit Mme d'Henninque en interrompant sa fille, qui se rappelait que le comte l'avait traîtreusement enfermée dans son oratoire.

Une partie de la journée se passa en bavardages de toute sorte.

Vers le soir, un domestique apporta deux cartes; c'étaient celles de M. le marquis de Sainte-Estève et du comte Baillordini.

« Tu vas les recevoir, maman ?

— Je sais ce que j'ai à faire, » répondit la marquise d'un ton assez sec.

Clotilde fit un peu la moue; mais sa mauvaise humeur disparut quand elle entendit sa mère dire au domestique :

« Dites à ces messieurs que j'aurai l'honneur de les recevoir demain à dix heures.

— Pourquoi pas tout de suite?

— Clotilde, si vous tenez à ce que le passé soit oublié, veuillez me laisser agir à ma guise. »

La jeune fille baissa la tête.

« Je suis encore la maîtresse de ma fille, pensa la marquise, maintenant il s'agit de ne pas perdre cet avantage si péniblement acquis. »

Cependant Pied-de-Fer et le marquis, vêtus selon la dernière mode, étaient sortis de l'hôtel habité par la marquise; sur leur visage, il était facile de lire qu'ils n'étaient pas sous le coup de la même préoccupation.

Pied-de-Fer était pensif; M. de Sainte-Estève un peu décontenancé.

Ils se rendirent au théâtre; on y jouait *Robert le Diable*; tous deux furent assez distraits pendant la représentation; ils occupaient une loge du premier rang; M. de Sainte-Estève s'était placé sur le devant de la loge, Pied-de-Fer était au fond dans l'ombre. Au deuxième acte, alors que le rideau se levait sur le décor de l'intérieur du palais, il se fit un certain mouvement dans une loge d'avant-scène.

Pied-de-Fer qui examinait plus la salle que la scène, vit entrer la marquise et Clotilde.

« La voici, dit-il.

— Qui? demanda M. de Sainte-Estève, sans tourner la tête.

— Mais de qui pourrais-je parler, si ce n'était d'elle?

— Clotilde?

— Sans doute, regardez à votre droite, mais sans affectation.

— En effet.

— Oui, se disait Pied-de-Fer en examinant attentivement la marquise avec sa lorgnette; c'est bien là la femme telle que Beppo me l'a dépeinte, altière, intéressée; cette femme, si je n'y prends garde, m'enlèvera l'affection de cet enfant qu'elle a déjà voulu envoyer une fois à la mort. Mais je saurai y mettre bon ordre. »

Le guichet de la loge glissa silencieusement; et la tête de Beppo parut.

« Excellence, fit-il, une lettre. »

Pied-de-Fer sans se retourner prit la lettre.

Beppo se retira, ferma le guichet, et pendant que M. de Sainte-Estève n'avait des yeux que pour Clotilde, et que, sur le théâtre, Robert était défié par un chevalier et chantait son grand air, Pied-de-Fer lisait la lettre suivante que lui écrivait Lambert :

« Cher ami,

« Nous avons respecté ta volonté, la succession
« Barsthley retournera à ses héritiers naturels;
« la princesse a compris enfin qu'elle ne pouvait
« accepter un tel legs, sans blesser profondément
« le prince, sans être obligée de lui dévoiler le
« passé ; ce passé demeure et demeurera enseveli.

« Nous partons tous pour l'Italie, l'état de
« santé du prince laisse beaucoup à désirer; de-
« puis longtemps, il se ressent de ses blessures,
« et les médecins lui ont conseillé d'habiter Na-
« ples.

« Je dis adieu pour toujours à cette terre de
« France ; seras-tu assez sage pour agir comme
« nous, et venir nous rejoindre sous le ciel clé-
« ment de l'Italie? Là, au sein de l'amitié, tu
« pourras cicatriser la blessure faite à ton cœur
« par la mort de ton fils.... »

La lettre se terminait par quelques phrases affectueuses.

Pendant que Pied-de-Fer lisait cette lettre d'un œil, de l'autre il examinait la marquise qui ne pouvait le voir; il la vit à un moment tourner sa lorgnette dans la direction de leur loge, et s'aperçut qu'elle faisait un petit signe de la main à M. de Sainte-Estève.

« Elle m'a fait signe de venir la voir dans sa loge, dit le marquis.

— Je l'ai bien vu, répondit Pied-de-Fer.

— Mon Dieu, que cet acte est long, dit le jeune homme qui avait hâte d'aller rejoindre la marquise.

— Vous trouvez? dit Pied-de-Fer souriant de l'impatience que témoignait le marquis.

— Ce n'est pas votre avis?

— Non, car je ne suis pas amoureux. »

Enfin la toile baissa sur le cortège du roi, et les portes des loges s'ouvrirent pour recevoir les visiteurs.

« Venez-vous avec moi? » demanda le marquis à Pied-de-Fer.

Cela était dit d'un ton peu engageant.

« Y tenez-vous beaucoup? »

M. de Sainte-Estève rougit un peu.

« Non, n'est-ce pas? je vous gênerais dans votre expansion. Allez, enfant, et soyez heureux, c'est mon plus vif désir. »

Le marquis sortit de la loge, aussi joyeux qu'un

jeune écolier auquel on vient d'accorder un congé.

« Voilà un ingrat de plus, se dit Pied-de-Fer en le voyant sortir. Je lui ai presque sauvé la vie ; je l'ai mis à même d'épouser celle qu'il aime ; je lui ai donné une fortune, et quand il touche au bonheur, lorsqu'il est presque repu, il me repousse. Je suis donc maudit, ajouta-t-il d'une voix sombre. Oh ! qu'ils prennent garde tous d'irriter ma colère : cette espèce de rôle de sauveur que j'ai joué jusqu'alors, je puis le changer ! je puis devenir terrible, l'or est une puissance, et j'ai assez d'or, assez de force pour pouvoir ce que je veux. Lambert, qui me rappelle la mort d'Édouard ! comme si un homme comme moi pouvait s'apitoyer longtemps sur un tel sujet ! Édouard était une montagne d'orgueil joint à un esprit de pygmée ; il jouait au démocrate, et il était profondément royaliste ; il avait comme sa mère tous les préjugés de la caste nobiliaire. Ah ! voici notre homme qui entre dans la loge ; Mlle d'Henninque ne peut cacher sa joie, la mère reçoit trop bien Sainte-Estève pour ne pas lui garder quelque bonne rancune en réserve. »

En effet, la marquise venait de tourner la tête du côté de M. de Sainte-Estève.

« Vous avez agi comme un étourdi, dit la marquise à son futur gendre.

— Madame, j'ai bien des excuses à vous faire ; un pardon à solliciter.

— Ce n'est pas à vous qu'il faut s'en prendre, mais bien à ce monsieur....

— Baillordini, ajouta Sainte-Estève, venant au secours de la mémoire de la marquise.

— On m'a raconté des choses extraordinaires sur cet homme.

— C'est un cœur généreux.

— Si vous voulez que nous soyons amis, ne m'en parlez pas, je vous en prie. Regardez un peu la salle, Clotilde, dit la marquise, il y a des toilettes charmantes. »

Clotide comprit que sa mère avait à parler au marquis en particulier.

« Je vais, dit Mme d'Henninque à M. de Sainte-Estève, vous entretenir avec la plus grande franchise, et j'attends de vous la même confiance.

— Oui, madame.

— Quel rôle joue vis-à-vis de vous ce M. Baillordini ?

— Celui de protecteur.

— Il faut savoir vous en passer.

— Mais c'est à lui que je dois presque la vie.

— Cet homme m'a profondément blessée.

— Il le déplore, j'en suis sûr.

— Je suis certaine du contraire ; cet homme doit avoir des vues cachées sur vous ; en vous conseillant d'enlever Clotilde, il avait un autre but que celui de vous être agréable.

— Il a mis une fortune à ma disposition.

— C'est afin de mieux vous dominer. Aujourd'hui, vous êtes son obligé ; si vous ne rompez avec lui, demain il sera votre maître.

— Mais pourtant, je ne puis rompre sans motif.

— Préférez-vous rompre avec moi ?

— Oh ! madame.

— Je vais vous parler très-nettement : la fortune de Clotilde et la mienne ne font qu'une, ma maison sera la vôtre ; le jour de la signature du contrat, je mets à votre disposition quatre cent mille francs.... Vous me laisserez l'administration de la fortune de ma fille, c'est une fantaisie de vieille femme. Mon notaire pourra vous dire de quelle façon j'ai su jusqu'à ce jour administrer cette immense fortune qui n'a certes pas périclité entre mes mains. »

Sainte-Estève réfléchit ; le résultat de ses réflexions fut peu favorable à Pied-de-Fer.

Pour être aimé de Clotilde, il avait perdu son avenir, risqué sa tête ; pour en devenir l'époux, il n'y avait donc rien d'étonnant qu'il sacrifiât l'homme qui lui avait sauvé la vie.

Il trouva même dans son esprit une quantité de raisons qui militaient en faveur de cette ingratitude.

« C'est un galant homme, c'est vrai, mais il ne me remplacera pas Clotilde. J'accepte vos conditions, madame la marquise.

— Je n'attendais pas moins de vous, » dit celle-ci avec un charmant sourire.

M. de Sainte-Estève voulut se retirer en entendant frapper les trois coups annonçant le lever du rideau.

« Vous nous quittez ! » fit la marquise avec étonnement.

M. de Sainte-Estève, n'osant dire qu'il était avec Pied-de-Fer, demeura sans réponse. Mme d'Henninque, qui soupçonnait bien que Pied-de-Fer était au théâtre, ne tenait pas à ce que son futur gendre revît M. Baillordini.

« Restez, Clotilde le permet ; n'est-ce pas, mon enfant ?

— Oui, maman, dit-elle vivement.

— J'étais sûre de son acquiescement. »

M. de Sainte-Estève n'osa refuser ; c'eût été, du reste, un manquement grave vis-à-vis de la marquise et de sa fille.

Pied-de-Fer resta seul dans sa loge jusqu'à la fin du spectacle ; il vit M. de Sainte-Estève sortir donnant le bras à la marquise ; ils montèrent tous trois dans la même voiture.

Et pourtant, M. de Sainte-Estève avait dû voir Pied-de-Fer debout sous le péristyle du théâtre, et il ne l'avait pas salué.

« Lui aussi ! dit celui-ci ; allons, c'est le comble de l'ingratitude, mais ne devais-je pas m'y attendre ? »

Il rentra à son hôtel ; il avait pourtant encore un espoir : c'était de voir rentrer M. de Sainte-Estève. Mais ce dernier espoir ne se réalisa pas.

M. de Sainte-Estève ne rentra pas de la nuit.

« Oh! oh! la marquise a donc bien peur de mon influence sur son futur gendre qu'elle l'accapare tout entier. Beppo! appela-t-il.

— Excellence !

— Fais nos malles. Dans deux heures nous partons. »

Beppo, qui ne savait pas ce que c'était que de faire des objections, se hâta de serrer les effets.

« M. le marquis, vint-il demander au bout d'un instant, part-il avec Son Excellence ?

— Non. J'attendrai jusqu'à dix heures, se dit-il ; si à dix heures il ne s'est pas présenté pour m'expliquer sa conduite, je devrai reconnaître que j'ai fait un ingrat de plus. »

A dix heures moins dix, Pied-de-Fer, qui se promenait avec agitation dans sa chambre, vit entrer Beppo avec une large enveloppe dans la main.

— Qu'y a-t-il ?

— Une lettre pour Son Excellence.

— Enfin, » dit Pied-de-Fer en brisant le cachet.

Il avait reconnu l'écriture du marquis.

Mais aux premiers mots, il pâlit ; à la lettre était jointe un bon de cinquante mille francs au porteur sur la banque.

« Cette somme n'est qu'un faible dédommagement pour les embarras que je vous ai causés, écrivait le marquis ; si vous ne trouvez pas le chiffre suffisamment rémunérateur, je me tiens à votre disposition. »

« L'insolent ! » fit-il.

En ce moment entra Beppo.

« Excellence, dit-il, la chaise de poste est attelée.

— Je descends. »

Et Pied-de-Fer se mit à son bureau et écrivit :

« Monsieur le bourgmestre, j'ai l'honneur de vous adresser un bon de cinquante mille francs sur la banque, et vous prie de l'employer au soulagement des pauvres de Bruxelles. »

Et il signa.

Puis il écrivit une seconde lettre destinée à M. de Sainte-Estève :

« Monsieur le marquis j'accepte pour les pauvres de la ville la somme que vous m'avez fait l'honneur de m'adresser.

« Vous avez agi comme un enfant.

« Clotilde était à vous et l'influence de sa mère brisée.

« Qu'avez-vous fait, vous vous êtes mis en tutelle ; vous pouviez revendiquer les droits de votre femme, vous avez préféré accepter une aumône ; je ne vous donne pas deux ans de la vie que vous acceptez, pour reconnaître que vous avez été joué.

« L'espoir que ma prophétie se réalisera est la seule vengeance que je veuille tirer de votre ingratitude et de votre manque de cœur.

« Comte BAILLORDINI. »

Cette lettre, destinée au marquis, ne lui arriva pas ; la marquise faisait bonne garde, et ce fut entre ses mains qu'elle tomba.

« J'ai bien fait d'agir avec promptitude, se dit-elle en lisant cette lettre ; si j'avais quelque peu hésité, ou si de Sainte-Estève avait pu voir ce Baillordini, mon influence auprès de ma fille était minée. »

Ceci fait, Pied-de-Fer descendit et remit les deux lettres à l'hôtelier avec le bon, en le priant de les faire remettre à leur adresse ; puis monta en voiture.

« Quelle route ? demanda Beppo avec son laconisme habituel.

— Route d'Espagne. »

Le valet de chambre répéta l'ordre aux postillons, et la voiture, enlevée par quatre vigoureux chevaux, partit avec un bruit de tonnerre et au milieu des claquements de fouets des postillons.

Mme d'Hennique avait facilement triomphé, comme on voit, des résistances de son gendre ; M. de Sainte-Estève eut bien quelques remords au sujet de la lettre que la marquise lui avait dictée ; mais il s'en consola bientôt dans les bras de sa femme, car quelques jours après le départ de Bruxelles de Pied-de-Fer, il épousait Mlle Clotilde d'Henninque.

« C'est égal, se disait-il au sortir de l'église, si je n'avais pas rencontré dans les bois de Dormans le comte Baillordini, il y a fort à parier qu'en ce moment je ne serais pas l'époux de Clotilde. »

IV

Un sauveur et un assassin.

Voici donc Pied-de-Fer complètement isolé dans le monde ; c'est avec une sorte d'amère volupté qu'il savoure cet isolement ; il voudrait plus complet le néant qui l'environne ; l'agitation qui se fait autour de lui l'importune. Cette fois encore il va chercher la solitude, non parmi ces pieux cénobites au milieu desquels il n'a pu trouver la paix et l'oubli qu'il désirait ; c'est dans une de ces contrées désertes où toutes les facultés de l'âme se développent au sein de l'immensité ; c'est dans les Pyrénées, au milieu de cette nature sauvage, où tout révèle les primitives convulsions du globe, qu'il se propose de finir cette vie tant agitée.

Mais en même temps que le vieux routier exécutait ce projet, de nouveaux événements devaient le rejeter fatalement dans ce monde qu'il voulait fuir; événements pour l'intelligence desquels nous devons faire quelques pas en arrière.

Horace de Varambert, qui devait jouer un rôle dans la vie de Pied-de-Fer, était fils d'un de ces gentillâtres d'origine douteuse et de fortune moins que médiocre, qui, aux plus mauvais jours de la Révolution, s'effacèrent si bien que la Terreur leur passa sur le ventre sans leur faire le moindre mal; de ces braves gens qui vivaient de la vie des huîtres, bâillant à la marée basse, et se tenant cois quand la tempête gronde. Rassurés sous le Consulat et sous l'Empire, la Restauration avait achevé de les remettre sur pied, sans pourtant que leur fortune s'en ressentît.

Horace étudiait alors; c'était une intelligence d'élite; aussi, bien jeune encore, prit-il en pitié la fortune, ou plutôt la misère paternelle.

« Je veux savoir, se dit-il alors qu'il n'était encore qu'écolier; car savoir c'est pouvoir, et quand je pourrai je voudrai! »

Et il apprit avec une ardeur dévorante. Envoyé par son père à Paris, avec une pension à peine suffisante pour l'empêcher de mourir de faim, il se fit à la fois étudiant en médecine et en droit, et il obtint le grade de docteur dans ces deux facultés. Il est vrai que cela n'améliora guère d'abord sa position; il déjeunait rarement, dînait de deux jours l'un et ne soupait jamais. Malgré ce régime désastreux, il acquit une force physique des plus remarquables, que le travail excessif auquel il continuait de se livrer ne semblait pouvoir altérer. Il accordait rarement, chaque jour, plus de trois ou quatre heures au sommeil; et le petit réduit qu'il occupait, sous les combles d'un hôtel garni, très-confortable du reste, était toujours éclairé pendant une grande partie de la nuit.

Un soir d'hiver qu'il était rentré à jeun, le trimestre de sa pension se faisant attendre, il se sentit doué tout à coup d'une lucidité d'esprit et d'une pénétration prodigieuse.

« Cela n'est pas étonnant, pensa-t-il en souriant amèrement : les vapeurs de la digestion ne sauraient m'obscurcir le cerveau.... parbleu! ce serait bien le cas de chercher la solution de ce grand problème : *Le développement simultané de miasmes putrides de même nature, dans des lieux divers séparés par de grandes distances....* Il y a là une grande célébrité à conquérir, et je suis sur la voie ! »

Ses yeux commencèrent à briller d'un éclat extraordinaire, les tortures de la faim cessèrent de se faire sentir; il se mit au travail avec une ardeur fiévreuse, et les heures, pour lui, s'écoulaient rapides comme des secondes, lorsqu'il s'aperçut avec douleur que la modeste chandelle qui l'éclairait allait finir.

« Oh! pauvreté!... pauvreté maudite! s'écriat-il, que de trésors dont tu as étouffé le germe dans l'esprit humain!... Honte à vous, philosophes idiots, qui déclamez bêtement contre la richesse!... Mais, imbéciles, la richesse c'est la lumière, c'est la voie de la science, c'est le flambeau qui fait lire dans les ténèbres.... la richesse! n'est-ce pas elle qui féconde le génie?... Vantez donc la pauvreté, crétins! Vantez cette hideuse misère qui étouffe l'esprit et pétrifie le cœur.... Moi, richesse, je te cherche, je t'appelle, tu es l'objet de tous mes vœux.... »

La pauvre chandelle s'éteignait; le dernier fragment de mèche venait de se pencher tristement sur la dernière rondelle de suif liquéfiée, lorsque tout à coup de violentes clameurs retentirent dans le voisinage, puis une vive lumière dissipa les ténèbres extérieures, et les cris : « Au feu! au feu! » sifflèrent dans l'espace.

Varambert s'élança hors de chez lui; mais, arrivé au deuxième étage, il fut arrêté par les flammes qui serpentaient en larges nappes dans la cage de l'escalier.

Sans hésiter, il remonte chez lui, arrache un des draps de son lit, l'inonde de la quantité d'eau qu'il possède, puis, enveloppé dans ce linceul, il s'élance résolûment au milieu des flammes, et il pénètre au premier étage déjà presque entièrement consumé; là, des cris étouffés arrivent jusqu'à lui; c'est le cri suprême d'un étranger de haute distinction qui, depuis la veille, occupe l'appartement dans lequel l'incendie a éclaté; et cet homme va périr de la mort la plus épouvantable; car il semble absolument impossible d'arriver jusqu'à lui.

« Être si riche et mourir ainsi ! s'écrie le maître de l'hôtel avec désespoir.

— Riche? fit Varambert.

— Dix fois millionnaire, monsieur !

— Rassurez-vous, il ne mourra pas. »

A ces mots et toujours couvert de son drap mouillé, il s'élance au milieu des flammes, traverse plusieurs pièces, arrive au lit qui commençait à brûler, et sur lequel l'étranger se tordait de douleur et de désespoir. Prompt comme la foudre, il saisit cet homme à bras le corps, l'emporte comme un enfant, et va le déposer dans une des maisons voisines, ouvertes comme un refuge aux incendiés.

« Mon généreux sauveur, s'écrie l'étranger au moment où Varambert le quittait pour retourner au feu, restez, je vous en conjure!

— Soyez tranquille, monsieur, nous nous reverrons; regardez-moi bien afin de me reconnaître.

L'homme devait être derrière l'arbre. (Page 521, col. 1.)

— Oh! vos traits sont à la fois gravés dans mon cœur et dans mon cerveau.

— C'est bien; au revoir. »

Et il retourna à la maison incendiée; mais déjà les pompiers étaient maîtres du feu, et quelques instants après tout danger avait disparu.

L'homme que le jeune et pauvre docteur avait presque miraculeusement sauvé, au péril de sa vie, était l'unique rejeton d'un des plus riches boyards de la Moldavie qui se faisait appeler prince Molianof. Maître, à vingt-cinq ans, d'une fortune immense, il s'était jeté avec une sorte de frénésie dans l'océan des plaisirs matériels, d'où il avait été ensuite rejeté par la satiété. Énervé, étiolé, l'âme encore plus malade que le corps, il avait essayé de se reprendre à la vie; mais les ressorts en étaient, en lui, sinon brisés, au moins tellement détendus, que la réaction fut presque insensible, et que bientôt se montra le spleen, cette terrible maladie des gens trop heureux.

On conseilla au prince de voyager, et il voyagea absolument comme on prend une médecine ordonnée par le docteur, avec une obéissance passive et une inertie morale que rien ne put vaincre.

Il parcourut ainsi l'Italie, l'Allemagne, une grande partie de la France, et il était à Paris depuis quelques jours seulement lors de l'événement que nous venons de rapporter, et qui avait failli lui coûter la vie.

L'effroi causé par l'horrible danger qu'il avait couru rendit quelque ressort à son âme si profondément engourdie; il se sentit entraîné vers ce jeune homme qui, sans le connaître, avait si généreusement risqué sa vie pour le sauver, et ce fut avec une véritable émotion qu'il le reçut lorsque Varambert vint lui dire que l'on était parvenu à sauver ses malles, et que tout danger ayant disparu, on lui avait préparé un autre appartement.

« Monsieur, répondit Molianof, alors même que cet incendie m'eût enlevé la moitié de ma fortune, je le bénirais encore pour m'avoir fait connaître un homme comme vous. Je vous dois plus que la vie, monsieur; car je sens que l'admiration que me causent votre courage, votre dévouement, doit me tirer du néant qui m'envahissait lentement.... Oui, monsieur; j'avais le spleen, et grâce à vous, je sens que ce hideux compagnon me quitte.... Mais, qui êtes-vous donc, je vous prie, pour avoir ainsi risqué votre vie au profit d'un inconnu?

— Je suis, répondit de Varambert en souriant, un médecin sans malades et un avocat sans causes; mes deux diplômes de docteur sont tout ce que je possède.

— Moi, monsieur, je suis le prince Molianof, un des plus riches boyards de la Moldavie; ma fortune est immense et ma personne inutile; eh bien, monsieur, réunissons tout cela : vos talents et ma nullité, ma fortune et votre pauvreté; soyez un autre moi-même, afin que je tâche de devenir quelque peu ce que vous êtes. A ce marché, je gagnerai plus que vous; et puis je n'avais qu'un véritable ami dans ce monde, et j'en aurai deux désormais. »

Horace de Varambert n'était pas homme à laisser échapper une si belle occasion d'aborder la fortune; mais il pensa que le terrain sur lequel il allait se risquer pouvait être très-mouvant, et il voulut le sonder avant d'y mettre le pied.

« Prince, répondit-il, je suis fier et profondément touché de l'honneur que me fait Votre Excellence; mais il se peut que l'état de votre santé vous oblige à courir le monde pendant un certain temps, et vous sentez que ce n'est pas sur les grands chemins que le médecin ou l'avocat peut trouver la célébrité.

— Que cela ne vous inquiète point : vous serez à la fois, si vous le voulez bien, mon médecin et mon conseil, et je saurai bien forcer la renommée à souffler, en votre honneur, dans ses cent trompettes.... Oui, nous voyagerons, et partout où nous poserons le pied, votre nom retentira et restera comme s'il était empreint sur le granit.... J'ai cinq cent mille roubles de revenu, c'est-à-dire environ deux millions de francs; croyez-vous qu'il y ait beaucoup de difficultés qu'on ne puisse lever avec cela?

— Prince, répliqua de Varambert, vous êtes un grand et noble cœur et vous vous êtes calomnié tout à l'heure en vous taxant de nullité. Prince, dès ce moment, je suis à vous corps et âme; ce jour où vous m'offrez si noblement votre amitié est et restera le plus heureux et le plus beau de ma vie.

— A la bonne heure ! s'écria Molianof en tendant cordialement la main à Horace, allons dîner! »

Et ce fut presque gaiement qu'il entraîna le docteur au Palais-Royal.

On dîna comme dînent les gens de bonne humeur, c'est-à-dire qu'on mangea beaucoup, longtemps, et que l'on passa une revue consciencieuse des vins des meilleurs crus.

De spleen, il n'était plus question; le prince était rayonnant, et ce fut fort avant dans la soirée que les nouveaux amis se séparèrent.

En rentrant chez lui, Horace trouva sur la petite table qui lui servait de bureau deux rouleaux de cent louis chacun, avec un billet ainsi conçu :

« Prière à l'ami d'accepter, et de n'en rien dire au docteur. »

« Décidément, se dit de Varambert, je suis sur la voie !.... Marchons donc, cordieu! »

Il quitta sa mansarde, prit un logement décent, et remonta sa garde-robe, ce dont le prince fut enchanté; car il était de bonne foi, ce brave boyard.

Puis les choses continuant à progresser, le docteur en vint à ne plus douter de rien; n'était-il pas temps, pour lui, de solliciter son admission au conseil d'État?

La tête lui tournait quelque peu à ce pauvre garçon qui, depuis son enfance, n'avait jamais eu dix louis dans sa bourse. Heureusement il fut, en temps utile, ramené au vrai par cette ouverture que lui fit le prince Molianof.

« Docteur, lui dit ce dernier, je vous ai parlé d'un ami unique que je possédais avant d'avoir eu le bonheur de vous rencontrer; eh bien, cet ami, le chevalier Henri de Berjaud, m'écrit des Pyrénées, où il est en ce moment, que les eaux de Bagnères l'ont, en huit jours, presque entièrement métamorphosé : il était mourant, et il est maintenant plein de vie; aussi me presse-t-il de l'aller rejoindre pour achever en moi, docteur, la cure que vous avez si heureusement commencée. — Vous m'accompagnerez, n'est-ce pas?

— Jusqu'en enfer, s'il vous plaît d'y aller.

— J'en étais sûr!... Écoutez-moi donc : je suis fils unique; je n'ai ni ascendants ni descendants; mes seuls héritiers sont des collatéraux au quatrième ou cinquième degré, dont je me soucie peu.... »

Horace écoutait, muet, immobile; chacune des paroles de Molianof semblait pénétrer en lui par tous les pores; il n'osait s'arrêter à l'espoir immense qui lui dilatait le cœur.

— Cependant, reprit le boyard, malgré l'heureuse révolution qui, grâce à vous, s'est opérée en moi, je suis encore chancelant, et je n'ai pas une foi bien grande en la vertu des eaux quelles qu'elles soient. C'est pourquoi, avant d'aller rejoindre Henri, j'ai voulu faire mon testament.... »

Horace suffoquait; il n'osait plus respirer.

« Le voici, reprit le prince en lui présentant une feuille de vélin couverte d'une écriture nette, ferme et régulière; je vous fais mon légataire universel, à la charge par vous de remplir certaines dispositions qui n'absorberont guère que le quart de ma fortune; ainsi, par exemple, vous aurez à compter un million à notre ami Berjaud, ce qui n'est pas tout à fait la moitié de mon revenu d'une année; vous verrez tout cela; car je vous laisse cet acte, afin qu'après l'avoir lu vous en puissiez faire le dépôt où bon vous semblera.... Je vous dois tout; je vous rends ce que je puis. Pas un mot de plus à ce sujet; nous partons demain ; je me sens gai et heureux comme aux premiers jours de ma jeunesse, et....

— Il n'y a à tout cela qu'un petit inconvénient, interrompit de Varambert en s'efforçant de sourire; c'est que je ne puis pas être votre légataire.

— Pourquoi cela, s'il vous plaît?

— Parce que j'ai l'honneur d'être votre médecin, la loi est précise sur ce point.

— N'est-ce que cela?... je prendrai ostensiblement du premier frater venu des ordonnances écrites que je conserverai soigneusement en me gardant bien de les suivre, et je suivrai, au contraire, celles que vous me donnerez verbalement.... J'aurai dix médecins, s'il le faut, afin que ma volonté soit faite. Ne m'affligez pas par d'autres objections, mon cher Horace; j'ai tout prévu.

— Mais, cher ami, vous êtes de six mois plus jeune que moi.

— Ce qui n'empêche pas que j'aie vécu trois fois plus que vous.... Et puis, qu'importe? il ne s'agit que d'une éventualité : si vous mourez avant moi, je me serai montré reconnaissant à peu de frais, voilà tout.

— Qu'il soit donc fait comme vous le voulez; pour rien au monde je ne consentirais à prolonger ce lugubre entretien. »

Dès le lendemain les deux amis partaient pour les Pyrénées, et bientôt ils arrivaient à Bagnères, où ils furent accueillis avec une vive joie par Henri de Berjaud.

Ce dernier était un de ces fils de famille qui, lancés trop tôt et sans guide dans le monde des plaisirs, s'empressent de détruire à la fois, dans les bas-fonds de cet enfer, leur fortune et leur santé.

De son patrimoine il ne lui restait presque rien, et sa santé n'était pas en meilleur état; mais il avait eu le bonheur, lors de ses débuts dans le monde, de se lier intimement avec le prince Molianof, et ce dernier, doué d'une générosité hors ligne, à laquelle son immense fortune lui permettait de satisfaire sans danger, avait eu recours à toutes sortes d'ingénieux moyens pour que son ami se crût toujours riche, et pût continuer à se livrer à ses fantaisies, — ce qui ne semblera pas extraordinaire aux lecteurs, sachant à quelles excentricités peut se livrer un riche seigneur qui cherche des émotions.

Or, une fantaisie d'Henri de Berjaud l'avait conduit aux eaux, où une autre fantaisie de la nature avait en peu de jours réparé sa santé délabrée, ce dont il s'était empressé de faire part au prince, son ami.

Horace de Varambert, malgré les études sérieuses qui avaient occupé toute sa jeunesse, était extrêmement liant; le besoin d'aide, — on pourrait même dire de secours, — qu'il avait si souvent ressenti, avait donné à son esprit, à ses manières, une souplesse séduisante qui charmait tout d'abord, et attirait fatalement à lui les hommes dont l'appui lui était nécessaire.

Henri de Berjaud n'échappa point à cette séduction; à la première vue il tendit la main à Horace comme à un vieil ami, et Varambert répondit chaleureusement à ses avances.

« Cher ami, lui dit le prince, je n'avais pas besoin de vos eaux de Bagnères; car je suis guéri, et voici mon sauveur; mais j'avais besoin de vous revoir, de vous serrer la main, afin que la cure du docteur Varambert fût complète.

— Vrai Dieu! docteur, fit Henri, voilà qui me rend presque fâché de me bien porter; mais j'espère que nous avons du temps devant nous pour réparer le tort que ces eaux merveilleuses ont fait à votre mérite, dont les paroles de notre ami m'ont rendu le plus sincère admirateur.

— Tout va bien! fit Molianof, et je me sens un furieux désir de vivre en vous entendant.... Or, pour vivre il faut manger....

— Et boire, ajouta Henri de Berjaud.... A table donc; le couvert est mis dans l'appartement que je vous ai fait préparer, et vous verrez tout à l'heure qu'on dîne ici aussi bien qu'à Paris. »

La connaissance était faite, et l'intimité fut bientôt complète entre ces trois personnages que le hasard ou la fatalité avait réunis.

Depuis un mois les trois amis menaient cette douce vie des eaux qui retrempe à la fois le physique et le moral : le boyard et le chevalier Henri de Berjaud semblaient avoir reconquis toute la vigueur de leur première jeunesse; ils faisaient de longues promenades ou chassaient dans les montagnes; puis de retour de ces excursions, dont ils eussent été incapables de supporter la fatigue quelques mois auparavant, on les voyait apparaître dans les réunions joyeuses, au charme desquelles concourait puissamment leur bonne humeur.

L'influence de l'atmosphère des Pyrénées sur Horace de Varambert, semblait être toute différente : sous le prétexte d'étudier la flore des montagnes, il fuyait le monde, s'enfonçait dans les solitudes les plus sauvages et ne reparaissait quelquefois qu'après plusieurs jours d'absence.

« Que voulez-vous, disait-il à ses amis lorsqu'ils se plaignaient de cette sauvagerie, je suis né pour l'étude comme vous êtes nés pour le monde et les plaisirs; j'ai besoin du silence comme vous avez besoin du bruit.

— Vous avez raison, docteur, répondirent les deux autres; ce n'est pas trop de votre sagesse pour faire compensation à nos folies. »

Mais Horace ne disait pas vrai : ce n'était pas l'étude qui l'occupait; c'était une pensée terrible qui l'obsédait jour et nuit; c'était la solution d'un affreux problème qu'il cherchait sans relâche.

Un instant il s'était cru dans la voie de la fortune et des honneurs, et maintenant chaque heure qui s'écoulait semblait l'éloigner du but au lieu de l'en rapprocher.

« A quoi me sert, se disait-il, d'être le légataire d'un homme auquel une santé florissante promet encore un demi-siècle de vie?... C'est une amère dérision.... Puisqu'il affecte tant de générosité, que ne fait-il riche dès à présent l'homme à qui il doit la vie ?... Est-ce que j'ai marchandé mon dévouement, moi ? est-ce que j'ai demandé quel âge avait cet étranger pour l'arracher aux flammes ?... J'étais alors maître de la vie de cet homme ? pourquoi ne le serais-je plus ? Pourquoi n'aurais-je pas le droit de défaire ce que j'ai fait ? »

Et toutes ces monstrueuses pensées fermentant incessamment dans son cerveau, il en résultait une surexcitation de plus en plus violente qui le poussait au crime avec une force irrésistible.

Cependant la saison des eaux touchait à sa fin, et déjà le boyard avait parlé à plusieurs reprises de retourner à Paris, lorsqu'un jour, après une longue promenade avec ses deux amis, il se trouva atteint d'une indisposition de la nature la plus grave ; il avait des éblouissements, des vertiges ; la face d'un rouge pourpre annonçait une congestion cérébrale imminente.

« De grâce, mon ami, dit Henri de Berjaud à Horace, hâtez-vous de le secourir.

— Le cas est tellement grave, répondit de Varambert, que je n'ose m'en tenir à mes seules lumières. Allez donc, je vous en prie, chercher un médecin, tandis que je resterai près de notre ami pour pourvoir au plus pressé.

— J'y cours ! dit Henri, dont l'affliction et l'effroi étaient au comble.... mais ne le quittez pas, je vous en conjure. »

Et il partit.

« Maintenant que le premier pas est fait, se dit de Varambert dès qu'il fut seul près du malade, il n'y a plus à reculer : un pas en arrière, et je suis perdu.... Il faut que cette strychnine soit de bien mauvais aloi pour ne l'avoir pas encore tué.... Peut-être ne faudrait-il qu'un réactif bien administré pour le sauver.... C'est ici qu'il faut être fort. »

Il ouvrit sa trousse, en tira un petit flacon bouché à l'émeri et une lancette ; puis il déboucha le flacon et trempa la pointe de la lancette dans la liqueur incolore qu'il contenait. S'approchant ensuite du malade :

« Tendez le bras gauche, mon ami, lui dit-il ; une légère saignée vous soulagera infailliblement. »

Le prince obéit presque machinalement ; car déjà il n'avait plus conscience de ce qui se passait autour de lui ; et le docteur lui piqua la veine si légèrement, qu'à peine une gouttelette de sang parut à la surface de l'épiderme. Cette piqûre néanmoins produisit sur le malade un effet prodigieux ; ses narines se dilatèrent, ses yeux s'ouvrirent démesurément, des mouvements convulsifs agitèrent tout son corps.

« Ah ! fit-il d'une voix stridente, je suis frappé au cœur ! »

En ce moment reparut de Berjaud ; il annonça que le médecin le suivait de près.

« Il arrivera trop tard, s'écria le prince Molianof ; cet infâme m'a tué !

— Le malheureux a le délire, dit Horace ; je ne saurais, je l'avoue, supporter plus longtemps cet affreux spectacle. »

Et il se retira dans une pièce voisine où, en proie à une anxiété fiévreuse, il attendit le résultat de cet événement qui allait décider de son sort. Alors, par un puissant effort de volonté, le boyard, qui se sentait mourir, se dressa sur son séant.

« Henri, dit-il, je le jure à la face du ciel, Horace vient de me tuer.... comment ? je n'en sais rien : un voile couvrait mes yeux et semblait envelopper ma raison.... Malheureusement ce monstre est mon légataire universel, et je n'ai plus trois minutes à vivre.... Tiens, ami, prends ces clefs ; ouvre la cassette d'acier que contient la plus grande de mes malles, et prends toutes les valeurs qui s'y trouvent ; je te les donne.... Point d'hésitation ; je te somme d'obéir à la dernière volonté de ton ami mourant. »

Épuisé par cet effort, le prince Molianof retomba sur son oreiller, et rendit le dernier soupir, tandis que Henri de Berjaud s'emparait des valeurs contenues dans la cassette indiquée, et emplissait sans scrupule ses poches des banknotes qu'il y trouvait.

Sa conscience était rassurée par la dernière volonté de son ami le boyard.

Cependant le médecin requis arriva ; pauvre homme de science arriéré, il constata que la mort de Molianof était due à une congestion cérébrale.

Il approuva la saignée pratiquée par Varambert, et n'hésita pas à déclarer qu'elle eût sauvé le malade, s'il avait pu l'être.

Cela commença à dissiper les soupçons de Berjaud dans l'esprit duquel les dernières paroles de son ami mourant avaient jeté un grand trouble.

Ces soupçons disparurent complétement lors de la production du testament qui le faisait légataire d'un million ; il devint évident pour lui que Molianof avait prévu sa fin prochaine, et que l'accusation qu'il avait proférée en expirant était l'effet du délire.

Toutes les formalités nécessitées par la mort du boyard avaient été remplies ; Varambert affectait une profonde tristesse et ne parlait pas de retourner à Paris, où, aux termes du testament, la situation de chacun des deux légataires devait être régularisée.

Ce fut Berjaud qui prit l'initiative :

« Quand partons-nous ? demanda-t-il à Varambert.

— Quand il vous plaira, mon ami ; aujourd'hui même, si vous le voulez.

— Oh ! aujourd'hui, ce serait faire injure au soleil qui, depuis que nous sommes ici, ne s'était pas encore montré si radieux qu'il nous apparaît en ce moment. Faisons une dernière promenade. J'ai découvert il y a quelques jours, dans les montagnes, une espèce de chalet d'où l'on jouit de la vue la plus magnifique, et je ne veux pas partir sans ressentir encore une fois le plaisir que j'y ai goûté.

— Je le veux bien, dit Varambert de l'air le plus indifférent; ne serait-il pas prudent de prendre un guide?

— Inutile; le chemin m'est parfaitement connu, et nous pourrons être de retour deux heures avant le coucher du soleil. »

Ils se mirent en chemin ; Berjaud, fier de ses connaissances topographiques, marchait le premier, s'arrêtant çà et là pour faire remarquer à son compagnon le contraste de sites gracieux bordés d'effroyables précipices.

« Regardez donc, Varambert, dit-il, en s'approchant d'un des gouffres; la vue se perd dans ces profondeurs.... avec un peu d'imagination, on pourrait se croire aux portes de l'enfer.... »

Varambert s'approcha ; ses yeux s'injectèrent de sang, tous les muscles de son visage se contractèrent, ses bras se tendirent, et saisissant Berjaud, il le lança dans l'espace.

« Varambert! assassin ! » cria l'infortuné en roulant au fond de l'abîme.

Et à ce cri succéda un silence de mort.

Varambert fait quelques pas en arrière, et regarda autour de lui.

« Personne ! » dit-il en essuyant son front couvert de sueur.

Puis, relevant audacieusement la tête, comme satan, il semble braver Dieu.

« Maintenant, dit-il, malheur à qui me fera obstacle !... maintenant je suis seul maître de mon secret, et je veux devenir le maître du monde.... »

Et il s'éloigna convaincu que ce second crime n'avait pas eu plus de témoins que le premier ; mais il se trompait : placé entre deux rochers assez rapprochés l'un de l'autre pour ne laisser entre eux qu'une sorte de meurtrière, un homme avait vu tout ce qui venait de se passer.

Cet homme, c'était Pied-de-Fer !

« Pauvre sot! fit le vieux routier, et moi aussi j'ai cru pouvoir devenir le maître du monde!... et que suis-je aujourd'hui ?... un maudit qui semble condamné à voir le sang couler partout où il pose le pied.... »

Tout en jetant ces paroles au vent, Pied-de-Fer s'était élancé sur les traces du meurtrier; mais ce dernier avait disparu.

« Pourquoi le poursuivre ? se demanda l'ancien chauffeur en s'arrêtant tout à coup. Je sais son nom, car sa victime a crié : « *Varambert! assassin!* » mais est-ce à moi qu'il appartient de punir le crime ? n'ai-je donc pas rompu pour toujours avec cette société à la fois lâche et implacable qui ne tient compte que du mal et repousse l'expiation ?... Et toi aussi, malheureux! tu expieras le crime que tu viens de commettre, car le bras qui tue donne naissance au remords. »

En faisant ces réflexions, Pied-de-Fer était revenu près du précipice dans lequel avait roulé le malheureux Berjaud; il se pencha sur l'abîme et prêta l'oreille; mais ce fut inutilement, pas la plus faible plainte, le moindre gémissement ne se firent entendre.

« Celui qui dort là, reprit-il en se relevant, n'est pas le plus malheureux; qu'il dorme en paix pendant les longues nuits que l'autre va passer sans sommeil. »

Et le front encore plus assombri que de coutume, Pied-de-Fer regagna la silencieuse demeure où il avait résolu de passer le reste de sa vie.

V

Explication.

C'était dans l'appartement qu'occupaient en face le square Nelson, Honorine et Adèle, que se tenait la conversation suivante :

« Je ne sais, mesdames, disait M. Verchoux, l'agent des mœurs, le même qui prétendait rendre avec son carnet plus de services que le casier judiciaire, si vous avez l'une ou l'autre souvenance de moi; mais je dois vous déclarer à l'avance que si vous m'avez pris, ainsi que mon ami, pour des capitalistes français en train de s'amuser à Londres, vous vous êtes fourré le doigt dans l'œil. »

Ces deux femmes avaient vu et entendu de si drôles de choses, que ce langage les surprit peu.

« Nous vous avons pris pour des gentlemen, répondit Adèle, mais il paraît que nous nous sommes trompées.

— Comme tout le monde est plus ou moins gentlemen, ici, dit Juibraide; je ne vois pas pourquoi nous ne le serions pas.

— C'est vrai, » observa Verchoux.

Honorine, qui avait toujours peur, craignit un instant d'avoir mis la main sur deux pick-pockets.

Juibraide se douta de cela à l'effroi qui se peignit sur son visage, après l'explication un peu embrouillée de Verchoux.

« Mon ami, dit-il, s'est fait mal comprendre de vous....

— Alors, je ne sais pas ce que je dis, interrompit impétueusement M. Verchoux.

— Si.... mais la politesse et les convenances

ne me permettent pas de dire à ces dames qu'elles ne vous ont pas compris.

— C'est juste, je m'oubliais, je vous demande pardon. »

On se rappelle que feu Rapin et Juibraide avaient autrefois l'habitude de se congratuler.

Depuis que MM. Juibraide et Verchoux avaient été chargés d'une mission outre-Manche, il en était de même entre eux.

« Nous sommes des agents de la police française....

— Ah! mon Dieu, on vient nous arrêter, interrompit Adèle....

— Dieu, que tu es bête avec tes réflexions, dit Adèle, nous ne sommes pas ici dans la rue Blanche; si ces messieurs font trop de manières, je vais appeler un policeman pour qu'il les jette dehors.

— C'est pas pour rien qu'on vous appelle Adèle la Roide, dit M. Verchoux. Tudieu! quelle colère....

— En somme, que voulez-vous?

— Oui, dit Honorine que les paroles de son amie avaient rassurée.

— Nous venons auprès de vous pour avoir des renseignements sur la mort de Rapin....

— Rapin est mort, dit Honorine en pâlissant.

— Quelle chance, fit Adèle.

— Mais vous ne savez pas dans quelle circonstance il est mort? continua Juibraide.

— Il est mort dans un ruisseau probablement comme un ivrogne, répondit Adèle.

— Non, dit Juibraide, il est mort assassiné.

— Assassiné! dirent les deux femmes en pâlissant.

— Oui, assassiné.

— Et vous savez où?

— Comment voulez-vous que nous le sachions, dit Adèle, puisque nous ignorions même sa mort.

— Il a été assassiné chez vous!

— Chez moi! s'écria Adèle.

— Chez elle! dit à son tour Honorine.

— Alors ce serait Vestoncourt et Bonnard qui auraient fait le coup, dit Adèle.

— Je ne voulais pas partir, dit Honorine. C'est nous qui sommes cause de sa mort.

— Mais pourquoi l'ont-ils assassiné? demanda Adèle.

— Parce qu'il connaissait leur secret; le prétendu Bonnard est un nommé Raflard, banqueroutier frauduleux, qui, le jour où il vous a payé à dîner avec Warburton, car Vestoncourt n'est qu'un nom de guerre, avait volé, avec ce dernier, un million à la Banque de France! Nous l'attendions dans le passage Saint-Honoré avec Rapin, pour le mettre en état d'arrestation.

— Ah! je comprends, dit Honorine, pourquoi Rapin, au lieu de l'arrêter, lui a cherché des raisons. C'était pour me faire fuir.... et m'épargner quelques jours de prison....

— Alors, dit M. Verchoux, vous étiez avec ce Raflard quand Rapin vous a rencontrée rue Saint-Honoré?

— Nous pouvons nous expliquer maintenant cette parole de Rapin nous disant : C'est Honorine qui a la clef de tout cela. En effet, par madame, il pouvait avoir des renseignements sur ce Raflard. Mais comment se fait-il, madame Adèle, que vous ayez cédé votre appartement aussi promptement à ces deux hommes? »

Adèle avait, comme on dit vulgairement, la tête assez près du bonnet.

« Dites donc, le gros Rougeaud, qui posez en négociant de l'entrepôt, est-ce un interrogatoire que vous voulez nous faire subir?

— Non, non, dit Juibraide; ce sont de simples renseignements que nous vous demandons. Libre à vous de répondre si cela vous convient.

— A la bonne heure.

— Nous sommes délégués par la police française, continua Juibraide, pour tâcher de découvrir Raflard et Warburton qu'on suppose être à Londres; maintenant, en attendant que nous soyons assez heureux pour mettre le cap dessus, nous nous livrons à une petite enquête; la police tient à honneur de venger la mort d'un de ses agents; j'avais même été révoqué pour une peccadille, mais, enfin, eu égard à mes anciens services, on m'a réintégré dans ma place; on savait que Rapin avait été mon ami, et on crut bien faire en me donnant le soin de rechercher ses assassins; M. Verchoux, qui a l'honneur de vous connaître, fut chargé de m'accompagner, car on pensait que si nous étions assez heureux pour vous rencontrer vous pourriez nous mettre sur la trace de ces deux misérables.

— Comment! fit Adèle en désignant Verchoux, monsieur nous connaît....

— Inspecteur des bals depuis dix ans.... fit celui-ci modestement; les bosquets d'Idalie et de Mabille n'ont plus pour moi de mystère.

— Ah! très-bien, bien. »

Pendant que cette présentation avait lieu, Honorine sanglotait.

De voir pleurer cette fille, Juibraide ne put retenir ses larmes.

« Ça devient gentil ici, dit Adèle, tout le monde pleure.

— Vous avez raison de pleurer, disait Juibraide à Honorine; Rapin pouvait avoir des défauts, mais c'était un brave cœur.

« Mais comment cela est-il arrivé? demanda Adèle.

— Mais vous-même, vous ne m'avez pas répondu, comment vous vous étiez décidée à laisser votre appartement à ces deux individus?

— C'est à force d'argent. Nous étions en train de déjeuner chez moi avec Vestoncourt et Bonnard, qui n'avait pas voulu nous dire où il avait passé la nuit, lorsque Rapin tomba sur nous comme une bombe ; je fus tellement vexée que je voulais lui envoyer une carafe à la tête, ce fut Bonnard qui arrêta mon bras ; Bonnard et Rapin sortirent d'abord, puis Vestoncourt alla les rejoindre en nous disant de nous tenir tranquilles. Il revint au bout d'un instant et me tirant à part, il me dit : « Il faut que vous partiez sur l'heure, que vous quittiez Paris, nous sommes poursuivis pour une affaire politique ; et vous-mêmes vous êtes désignées comme faisant partie de l'association mystérieuse qui doit assassiner le roi.

« — Mais, lui dis-je, je n'ai pas d'argent. »

« Il m'avait donné mille francs, la veille, c'était tout ce que je possédais.

« — Voulez-vous cinquante mille francs pour
« partir de suite? me demanda-t-il, et me promet-
« tre de ne pas venir à Paris d'un an? »

« J'aurais dû me douter en ce moment que ces deux hommes ne pouvaient avoir que de vilaines idées en tête, mais je ne vis que les cinquante mille francs qu'il m'offrait ; néanmoins, ce chiffre important ne me fit pas perdre la tête.

« — Donnez-m'en cent mille, lui dis-je ; cin-
« quante pour moi et cinquante pour Adèle. »

« Je ne lui vendais rien, les meubles et le linge étaient à la mère Rougiff ; c'était un véritable marché de dupe qu'il faisait, mais j'exploitai sa peur....

— Et, vous fîtes bien, dit M. Verchoux, car sans cela, il est probable que ces deux hommes n'auraient pas hésité à vous faire partager le sort de Rapin.

— Il me remit les cent mille francs, nos paquets furent bientôt faits; Honorine croyait que nous fuyions pour éviter Rapin ; ce ne fut que lorsque nous fûmes à Calais que je lui fis part de l'histoire des cent mille francs. »

Ce fut après ce récit que Juibraide raconta la mort de Rapin, et les circonstances qui avaient fait découvrir son corps.

« Il faut, dit-il en terminant et en s'adressant aux deux femmes, que vous aidiez à les découvrir.

— Oh ! dit Honorine, j'emploierai tout ce qu'il me sera possible de ruses pour y arriver.

— Et moi aussi, dit Adèle, car il faut reconnaître que ces deux hommes sont deux fiers coquins ; nous sommes d'autant plus à l'aise pour agir ainsi avec eux qu'ils ne nous sont rien de rien, pas même ça. »

Adèle, pour peindre d'une façon imagée ce qu'elle venait de dire, introduisit l'ongle rose de son pouce sous une de ses incisives et fit entendre un coup sec.

« Si vous voulez bien nous le permettre, dit Juibraide, l'un de nous viendra dès demain s'entendre avec vous, et afin d'éviter tout soupçon, nous alternerons.

— Ce sera pour moi un jour bien désiré, dit Verchoux, que celui où j'aurai l'honneur de vous voir.

— Allez donc, vieil enjôleur ! on la connaît. Mais c'est égal, vous pouvez compter sur nous. »

Les deux agents se retirèrent ; il était près de trois heures du matin, au moment où Warburton et Raflard commençaient à s'endormir et rêvaient à Honorine et Adèle, et un peu aussi à la riche succession de lord Barsthley.

Mais sur ce dernier point, la journée du lendemain leur réservait un triste mécompte.

A dix heures du matin, Warburton se présentait à l'hôtel du comte de Farsterstein. Le comte était à table.

« Hé ! par ma foi ! c'est M. Warburton.

— Arrivé d'hier seulement, milord. »

Le ton dégagé avec lequel le recevait le comte, produisait un singulier effet sur l'esprit de Warburton ; ce n'était plus cet accueil empressé d'autrefois ; il fit même la remarque que le comte ne lui disait pas de s'asseoir.

« Et quelles nouvelles ?

— De mauvaises, milord.

— Oui, il vous est survenu un nouveau personnage, un rude jouteur. Il faudra probablement tout votre savoir-faire, et probablement bon nombre de banknotes pour triompher.

— Oui, milord, répondit Warburton quoiqu'il ne fût pas dupe du persiflage du comte. J'ai beaucoup souffert ces derniers temps, milord ; je suis tombé entre les mains d'un agent du comte de Mafiolini, qui m'a fait souffrir un traitement odieux....

— Je vous plains sérieusement, mais je ne puis plus rien pour vous.

— Comment cela ? fit Warburton.

— Veuillez le prendre sur un ton plus haut, master Warburton. Je trouve que vous m'avez assez parlé comme cela.

— Milord.

— Un mot de plus, et je vous fait sortir d'ici ; j'ai agi avec vous comme un enfant ; le comte Henri a atteint sa majorité cette semaine, et cette semaine, il a signé son désistement à la succession de mon oncle ; mon attorney a reçu hier soir cette pièce importante, et a dû en donner connaissance à sir Rewcolvent, l'attorney de feu lord Barsthley. A cette heure, ils doivent être en train de faire le recollement de la succession.

— Ce n'est pas possible.

— Vous vous êtes conduit comme un bandit vis-à-vis de ce jeune homme.

— Mais, milord, vos ordres....

— Quels ordres, dit avec impudence le comte, mais, mon cher, vous vous êtes conduit comme un enfant; est-ce moi aussi qui vous ai dit de tuer cet agent de la police française....

— Je suis innocent de ce crime, répondit effrontément Warburton.

— Lisez le *Times* de ce matin, il donne des renseignements très-curieux sur ce crime, ainsi que sur un vol d'un million commis à la Banque de France.... Que diable, pourquoi sur la fausse procuration avez-vous mis votre nom, c'est maladroit; c'est un forçat que vous avez volé; je ne sais.... il y a de la boue dans cette affaire. Vous êtes tombé bien bas.... Patrick! » appela le comte.

Le domestique athlète se présenta.

« Vous voyez cet homme, lui dit-il en désignant Warburton.

— Oui, milord.

— Si jamais il se montre ici, je vous autorise à l'assommer.

— Faut-il commencer aujourd'hui?

— Non, non, » dit le comte.

Warburton sortit la rage dans le cœur.

« Nous sommes joués, dit-il à Raflard qui l'attendait dans une voiture à quelque distance de l'hôtel du comte. Le comte Henri a abandonné la succession, et ce misérable lord m'a presque fait jeter dehors.

— Si bien que nous sommes réduits à nous contenter pour vivre des huit cent soixante-quinze mille francs qui nous restent. C'est un assez joli denier. Si tu veux m'en croire, nous allons consciencieusement dépenser cet argent; il est probable que lorsque nous n'aurons plus un sou, je trouverai bien un moyen pour remplir notre escarcelle.

— Oh! fit Warburton tout entier à son ressentiment, je me vengerai de la façon humiliante dont j'ai été reçu par le comte.

— Oui, je suis de ton avis, mais en attendant cet heureux moment, dis au cocher qu'il nous conduise au square Nelson; il est l'heure de nous présenter chez Honorine et Adèle. »

Il n'était pas possible d'aller à sa perte avec plus de gaieté de cœur.

VI

Puissance de l'or.

Varambert était de retour à Paris; en ce qui le concernait, le testament du boyard Molianof avait eu son entière exécution.

C'était maintenant M. le baron de Varambert; il avait maison montée, des chevaux, des maîtresses, et il faisait dans le grand monde très-belle figure. Il s'en fallait pourtant de beaucoup que son ambition fût satisfaite; n'avait-il pas dit : *je veux devenir le maître du monde?*

C'était à conquérir cette puissance qu'il travaillait maintenant avec ardeur; ses moyens, pour parvenir aux honneurs, à la puissance, semblaient infaillibles, car ils n'étaient connus que de lui seul : ce n'était pas par des chemins battus qu'il marchait pour arriver au but dont chacun de ses pas le rapprochait.

Pourtant il souffrait, et si, grâce à sa jeunesse, à sa forte constitution, il n'avait encore de ces nuits sans sommeil, comme l'avait dit Pied-de-Fer, celles qu'il passait sur sa somptueuse couche n'en étaient pas moins tourmentées.

« Mille diables! s'écriait-il un matin en s'éveillant, que me veulent ces rêves saugrenus?... Est-ce que je ne suis pas mon maître, le maître absolu de mes actions, et de celles des gens qui me servent?... Quoi! je suis fort, doué d'une santé robuste; je sais vivre, je ne manque pas d'esprit; il n'est pas de science qui me soit absolument étrangère; je suis gentilhomme; je possède cent cinquante mille francs de revenu, et je n'ai pas trente ans!... Tout cela est le résultat de ma force de volonté, car je suis vraiment le fils de mes œuvres, moi!... Et voilà que, arrivé à cette position que j'ai si ardemment désirée, je me sens presque chancelant sous le poids de je ne sais quelles chimères, rêves et superstitions de vieille femme.... De quoi s'agit-il donc en ce moment? de mâter l'orgueil d'un diplomate de troisième ordre, et l'insolante suffisance d'un courtisan qui, à force de courber l'échine, est parvenu au conseil d'État. Est-ce donc là, pour moi, chose si difficile?... Au diable les rêves, et qui tenterait de me barrer le chemin!... Tant pis pour vous, M. le comte de Quérens : ce n'est pas ma faute si vous avez, sans vous en douter, une fille charmante que j'aime, et une femme légère que vous négligez. Vous auriez tort d'ailleurs de vous plaindre de cette dernière, car vous lui devez ce que vous êtes. Quant à moi, je suivrai, fût-ce contre vent et marée, le chemin que je me suis tracé. Les renseignements me coûtent, parbleu! bien assez cher.... Voyons de quoi se composent ceux d'aujourd'hui. »

Le baron de Varambert, en achevant ce monologue, étendit la main sur sa table de nuit, et n'y trouvant rien, il sonna violemment; son valet de chambre parut aussitôt.

« Eh bien! qu'est-ce à dire, Carlo; pas une seule note sur mon somno?

— Cela vient de ma scrupuleuse obéissance aux ordres de monsieur le baron.

— Ah! oui, c'est juste : je t'ai défendu de prendre note des choses graves; cela ne doit pas être écrit par toi; une feuille volante s'égare trop

Un dining-room à Londres. (Page 527, col. 2.)

facilement.... Il s'agit donc de choses importantes aujourd'hui?

— Je les crois telles; monsieur le baron en jugera.

— Parle, j'écoute.

— D'abord Mme la comtesse de Quérens est sortie de l'Opéra, hier au soir avant le dernier acte de la *Favorite*, en se plaignant d'une migraine horrible. Rentrée chez elle, elle s'est fait déshabiller sur-le-champ et s'est mise au lit. M. le comte rentra à minuit : il fronçait le sourcil, paraissait de très-mauvaise humeur; il jeta presque à la tête de son valet de chambre ses gants, sa canne, son chapeau, et il alla s'enfermer dans sa chambre en poussant les portes de manière à les briser. On l'entendit ensuite parler seul avec animation, et à quelques-unes de ses paroles entendues distinctement, il fut aisé de comprendre qu'il avait joué, comme de coutume, et perdu sur parole, une somme considérable. Mme la comtesse dut l'entendre parfaitement; car la porte de communication des deux chambres est très-mince; mais cette porte ne s'ouvrit point, et pas une parole ne fut échangée entre les deux époux. Enfin M. le comte se tut; tout dormait ou semblait dormir dans l'hôtel. Alors Mme la comtesse vêtue d'un simple peignoir, enveloppée dans un immense châle, sortit de chez elle, descendit dans le jardin, ouvrit la petite porte donnant sur le boulevard du Maine, et monta lestement dans une voiture qui l'attendait et qui l'emporta rapidement dans la direction des Champs-Élysées....

— J'espère bien qu'on l'a suivie ? interrompit de Darambert.

— Impossible, monsieur le baron : la voiture est partie comme un trait.

— Le diable étrangle les maladroits ! s'écria Darambert dépité.

— Il n'y avait pas de quoi, comme M. le baron va le voir, car une heure à peine s'était écoulée que la voiture reparaissait, et que Mme la comtesse en descendait pour rentrer dans le jardin comme elle en était sortie....

— De sorte que tu es bien fier de savoir qu'elle est sortie et rentrée sans pouvoir dire où elle est allée.... Triple brute !...

— M. le baron voudra bien remarquer que, si on l'avait suivie, on n'aurait pu rentrer dans le jardin en même temps qu'elle.

— Eh qu'importe !

— M. le baron va voir qu'il importait beaucoup de garder position dans le jardin; car Mme la comtesse y était à peine rentrée qu'au détour d'une allée elle se trouvait face à face avec Mlle Ida, sa fille, qui, en compagnie d'un inconnu, se livrait au plaisir d'une promenade sentimentale.

— Tu mens, Carlo !

— Si M. le baron veut qu'il en soit ainsi....
— Que le tonnerre broie ces huîtres qui n'entendent que de travers !... Je te dis qu'Ida est pure comme la lumière du soleil.
— Cela doit être certainement.... pure comme la lumière du soleil.... Mais j'ai eu l'honneur de dire à M. le baron qu'il faisait nuit : on n'y voyait que fort peu, et l'on entendait parfaitement.
— Et qu'entendit-on?
— Ce fut d'abord Mme la comtesse qui, le ciel s'étant un peu éclairci, reconnut sa fille. Elle s'arrêta aussitôt, et dit avec des larmes dans la voix :
— C'est donc bien vrai !
— Madame, répondit le personnage qui accompagnait Mlle Ida, ne vous hâtez pas de juger sur les apparences de peur d'avoir à vous en repentir.
— Une menace ! fit la comtesse.
— Non, madame, une humble prière de vouloir bien m'écouter. Je dois dire d'abord que s'il vous avait été possible de voir mon visage, le soupçon qu'ont exprimé vos premières paroles ne serait pas entré dans votre esprit ; car je suis horriblement défiguré. C'est à cause de cela que je porte le masque que vous me voyez.
— En effet, continua Carlo, la partie supérieure du visage de cet individu était couverte d'une espèce de loup semblable à ceux que portent les dames dans un bal masqué. Cependant Mme la comtesse n'était pas rassurée, et prenant vivement un des bras de Mlle Ida, elle allait l'entraîner, lorsque l'inconnu, saisissant le moment où un rayon de lune glissant entre deux nuages éclairait la partie du jardin où il se trouvait, arracha son masque, et laissa voir un visage, sillonné de profondes cicatrices.
— Vous voyez, reprit-il, que, sans compter mon âge, je ne puis jamais être un séducteur dangereux ; mais je puis être un sauveur, et c'est en effet pour vous sauver que je suis venu; c'est pour cela que j'ai pénétré dans ce jardin où je savais que Mme la comtesse devait venir vers le milieu de la nuit....
— Quoi ! fit Mme de Quérens, vous saviez....
— Tout, madame, et vous n'en serez plus étonnée quand vous aurez appris que je suis près de vous le mandataire de Mme la marquise de Merval, qui a bien voulu me remettre cette lettre de créance, et dont il m'a suffi de prononcer le nom pour calmer, sur mes intentions, Mlle, si justement effrayée par mon apparition.
— Chère maman, dit Mlle Ida, j'avais entendu M. le comte gronder, tempêter, puis, de ma fenêtre, je vous ai vue traverser le jardin, et je suis accourue vers vous ; mais lorsque j'arrivai ici vous aviez disparu....
— Donnez, donnez, monsieur, interrompit la comtesse en saisissant la lettre que lui tendait l'inconnu.... et venez, s'il vous plaît, demain, ici à pareille heure, puisque vous avez les moyens d'y pénétrer.... Nous ne pouvons avoir rien à craindre de celui qui vient à nous au nom de ma bonne sœur. »

Ici Carlo se tut et parut attendre des ordres.

« Et puis? fit Horace de Varambert.

— C'est tout, monsieur le baron : Mme la comtesse et Mlle Ida rentrèrent, et le personnage inconnu disparut sans qu'on pût découvrir par où il avait passé.

— Et tu es toujours sûr de tes hommes ?

— Parfaitement sûr, et cela se conçoit : ils savent tous que je puis les faire retourner aux galères en cas d'indiscrétion ; que, de plus, je joue des poings et du couteau dans la perfection ; en outre ils ignorent dans quels intérêts ils agissent, et la connaissance des choses ne leur arrivant qu'à bâtons rompus, il leur serait impossible d'en faire un ensemble compromettant, sans compter qu'en me trahissant, ils courraient grand risque d'abandonner la proie pour l'ombre ; car il y a tel renseignement que je leur paye un louis, et dont personne au monde ne donnerait un sou ; aussi ma caisse est-elle complétement vide.

— Drôle ! je t'attendais là.... Ouvre mon secrétaire et prends un des rouleaux de cinquante louis qui s'y trouvent. C'est fait?... Bien ; écoute maintenant : il faut que je sache jour par jour le nom des personnes qu'aura reçues le duc de T....

— Ce haut personnage....

— Oui. Cela ne doit pas présenter une grande difficulté ; les valets, en général, ne se piquant pas d'une excessive incorruptibilité, rien n'est plus simple que d'obtenir la liste des personnes reçues ostensiblement ; quant à celles que le duc reçoit dans sa petite maison des Champs-Élysées, ce sera une affaire entre valets de chambre, et les loups ne se mangent pas.

— Certainement ; mais je puis affirmer à M. le baron que la plupart ont terrible appétit.

— Pardieu, drôle ! j'en sais bien quelque chose ; car, pour ta part, tu as dévoré vingt-cinq mille francs depuis dix mois.

— Oh ! M. le baron sait bien que les plus fortes bouchées n'ont pas été pour moi.

— Assez sur ce point, te sens-tu capable de faire ce que je demande ?

— Pour le service de M. le baron, je ne connais rien d'impossible.

— Eh bien, va-t'en et mets-toi à l'œuvre sur-le-champ. Je m'habillerai seul. »

Carlo sortit tout rayonnant de joie ; dès qu'il fut dehors, Horace de Varambert se jeta hors du lit, mit ses pantoufles, passa sa robe de chambre, et alla pousser le verrou de la porte ; puis, se dirigeant vers la partie la plus sombre de sa chambre, il pressa du doigt sur le mur un ressort secret et imperceptible ; aussitôt un panneau de la boiserie tourna sur lui-même et laissa voir une caisse en fer, que le baron ouvrit à l'aide d'une petite clef et de laquelle il tira un registre qu'il porta sur son bureau.

« Voici un livre qui me coûte cher, dit-il, et pourtant on ne l'imprimera jamais.... Que de curieuses et importantes révélations il contient déjà et combien d'autres y seront successivement consignées !... Bienheureux manuscrit, tu seras ma force, ma puissance.... tu seras le levier qui me fera renverser tous les obstacles et soulever le monde ; grâce à toi, je puis prétendre à tout, moi qui ne suis rien encore, et j'y prétendrai, mille diables ! Oui, j'ai soif d'honneurs, de dignités, de domination.... Je veux éblouir les petits et faire trembler les grands.... Arrière, tourbe plus ou moins dorée ; place à votre maître !... Qui osera me résister quand je pourrai dire à ceux qui le voudraient :

« Toi, tu as tué ton père, tu as empoisonné ta femme, tu as prostitué tes filles.... Tel jour, à telle heure, tu t'es rendu coupable d'une trahison indigne, tu as volé en telle circonstance comme le plus vil coquin.... Vous, madame, qu'on croit être la chasteté même, je sais le nombre et les noms des amants que vous avez eus avant votre mariage, et le nombre et les noms de ceux qui vous ont possédée depuis.... Tel jour, à cette heure, vous étiez à.... et voici ce qui s'y passait.... Ne niez pas ; il y a des preuves vivantes, etc., etc....»

Il ouvrit le registre dont un grand nombre de pages étaient couvertes d'une écriture fine et serrée.

« Voyons, reprit-il en appuyant son front sur une de ses mains, n'oublions rien, cela mérite d'être complétement recueilli. Cette scène du jardin est vraiment étrange, et ce personnage mystérieux, dont le visage fait peur aux gens, mérite une mention toute particulière ; nous saurons bientôt qui il est, d'où il vient et ce qu'il nous veut. »

Horace réfléchit encore pendant quelques instants ; puis il écrivit tout le récit que lui avait fait Carlo.

« Maintenant, reprit-il mentalement, je puis faire suivre cela de ce que je sais d'autre part ; ainsi il est certain que Mme de Quérens a reçu hier dans sa loge un billet du duc et que c'est près de lui, à son petit hôtel des Champs-Élysées, qu'elle s'est rendue. Tandis que cela se passait, M. le comte de Quérens perdait à son cercle trois mille francs qu'il avait dans ses poches, et vingt-sept mille francs sur parole que lui a gagnés le chevalier de Curchello.... L'habile grec que ce chevalier ! et quel zèle il met à me servir !... Il est vrai qu'il y trouve son compte, d'abord en dépouillant les sots, puis en m'empruntant de l'argent quand la veine est mauvaise ; car il est trop adroit pour gagner toujours. C'est le coup de grâce pour le comte ; le voilà ruiné complétement, et il est certain que le duc, malgré son immense fortune, commence à se lasser. Évidemment nous approchons du dénoûment.... Alors à moi la charmante Ida à laquelle on ne permettra jamais de refuser cent cinquante mille francs de rente, à moi le crédit de la comtesse dont tous les secrets me sont connus, à moi le duc corps et âme.... A moi toutes les grandeurs, toutes les jouissances ignorées de la plèbe.... N'ai-je pas là, dans ce bienheureux manuscrit, les noms de deux cents auxiliaires qui achèteraient mon silence au prix de la moitié de leur vie ? »

Il écrivit encore pendant quelques instants ; puis il replaça le précieux registre dans sa cachette, et il achevait de remettre toutes choses en ordre, quand il entendit gratter à la porte ; il tira le verrou, et la porte s'étant ouverte, il prit une lettre que son groom lui présentait sur un plateau.

« Écriture grossière et complétement inconnue, dit-il en jetant les yeux sur la suscription ; que diable cela me veut-il ? »

Il brisa le cachet et il lut :

« Monsieur le baron de Varambert, seigneur d'autres lieux plus ou moins imaginaires, ne trouvez-vous pas, en descendant dans votre for intérieur, qu'il serait temps de vous amender, afin de ne pas lasser la fortune, qui vous a traité jusqu'ici en enfant gâté ?

« Je sais que vous vous croyez en sécurité ; pourtant un homme fort comme vous l'êtes ne devrait pas oublier que rien n'est stable en ce monde, et que, si les morts ne reviennent pas, il n'est pas absolument impossible qu'en certains cas ils fassent parler d'eux.

« Vous êtes entré dans une voie difficile et très-dangereuse, et vous succomberez avant d'atteindre le but ; la justice divine, à défaut de la justice humaine, vous barrera le chemin, et les remords ou le bourreau feront le reste.

« Repentez-vous, il en est temps encore ; renoncez aux honneurs et à la puissance que vous convoitez. — Repentez-vous, afin que Dieu vous pardonne, et faites sévère pénitence, afin de mourir en paix.

« Si les avis que l'on vous donne ici ne suffisent pas, relisez le *Code pénal* au titre des prescriptions, et songez à l'épée de Damoclès qui, pendant longtemps encore, restera suspendue sur votre tête, à moins qu'il ne plaise à l'auteur de ces lignes d'en couper le fil demain ou quelque autre jour. »

— Parbleu! fit Varambert après avoir lu cette épître sans signature, voilà un coquin bien outrecuidant!... Et il agit prudemment en restant dans l'ombre; car je me sens disposé à l'écraser comme une chenille, d'autant plus qu'il paraît savoir ou au moins soupçonner ce que j'ai cru jusqu'ici ignoré de tout le monde. *Les morts font parler d'eux....* cela arrive quelquefois, il est vrai; mais ils ne parlent pas.... Quant à la prescription, c'est plus positif; il est dans le vrai, mais que de paroles ainsi jetées au hasard atteignent la vérité sans que les parleurs desquels elles émanent aient conscience de ce qu'ils ont dit?... Règle générale, la tentative d'intimidation annonce la faiblesse; il ne s'agit donc que de se tenir sur ses gardes, et j'y suis toujours. Partant, mon cher correspondant, que vous soyez Dieu ou diable, je m'en moque comme d'une étincelle dans le soleil; vous aurez beau faire, cordieu! Je suis invulnérable, et à moins que vous ne soyez le diable en personne, vous n'entamerez pas ma peau! »

VII

Une femme perdue.

Une journée seulement s'était écoulée depuis la lettre comminatoire dont on connaît le contenu, et que Varambert avait repoussée avec dédain; ce peu d'heures avait suffi à l'audacieux aventurier pour faire de nouvelles découvertes : il savait maintenant, par le grec Curchello, que le comte de Quérens avait été obligé d'implorer un délai pour acquitter sa dette de jeu, ce qui suffit, dans le monde patricien, pour faire tache à l'honneur d'un gentilhomme; il savait, par Carlo, auquel la femme de chambre de la comtesse était vendue, que Mme de Quérens était enceinte depuis trois mois, bien que toute intimité entre elle et son mari eût cessé depuis longtemps. Il lui restait à connaître, pour dresser ses batteries, dans quelle disposition d'esprit se trouvait le duc de T.... à l'égard de la famille de Quérens, lorsque Carlo, sans avoir été appelé, parut tout radieux chez son maître.

« Qu'y a-t-il donc? demanda Varambert en fronçant le sourcil.

— M. le baron va le savoir : d'abord il règne, depuis hier, entre le duc de T.... et Mme de Quérens un grand refroidissement qui annonce une rupture prochaine.

— N'est-ce que cela?

— Pardon : j'ai commencé par le hors-d'œuvre; voici maintenant la pièce de résistance.

— Et beaucoup de paroles de trop.

— Pour faire patienter M. le baron, je lui dirai d'abord que le duc de T.... s'est rendu coupable, il n'y a pas encore très-longtemps, de deux petites étourderies pour lesquelles il se trouve en ce moment à mon entière discrétion.

— A ta discrétion, coquin!

— Pardon.... Il est vrai que c'est M. le baron qui paye; mais c'est Carlo qui agit en risquant seulement sa peau....

— Mais parle donc, misérable! Le duc, dis-tu, est bigame?

— Et assassin, si M. le baron veut bien le permettre.

— Ne vois-tu pas que je t'écoute, maraud?

— C'est que ce n'est plus d'un hors-d'œuvre qu'il s'agit....

— Parle, te dis-je, et conte les choses par le menu; je ne t'interdis que le mensonge.

— Voilà qui me met à l'aise; car j'ai besoin de prendre les choses d'un peu loin; m'y voici : Au commencement de 1792, M. le duc de T.... émigra avec toute sa famille. Cinq ans après, le duc actuel, qui était bien jeune encore, voulut aller chercher fortune dans le nouveau monde, et se rendit à la Martinique où résidaient quelques amis de son père. Tous les biens de la famille de T.... avaient été vendus comme biens nationaux; les faibles ressources du jeune voyageur s'épuisèrent promptement; mais déjà il s'était fait aimer d'une jeune et charmante créole; il l'épousa, et devint l'associé d'un planteur de fortune médiocre dont elle était la fille. Je passe la lune de miel; elle finissait lorsque M. de T.... reçut, datée de Paris, une longue lettre de son père :

« Oui, mon fils, y était-il dit, je me suis rallié au grand homme que son génie met au niveau des plus glorieux monarques. Je suis préfet; j'ai l'espoir d'être bientôt appelé au sénat, car l'empereur sait nous apprécier, nous autres gentilshommes de la vieille roche; il aime à nous montrer pour exemple à la nouvelle noblesse qu'il a créée et qu'il s'efforce d'enter sur l'ancienne. Il résulte de tout cela, mon cher fils, que ton mariage avec la fille d'un maréchal d'empire est arrêté, et que nous n'attendons que ta présence et ton consentement pour mettre dans tes bras une femme charmante, ornée de toutes les vertus et de cent cinquante mille francs de revenu, etc.

« Cette lettre jeta le plus grand trouble dans l'esprit de M. de T.... Qu'allait-il faire? Il songea d'abord à partir seul; mais sa jeune femme ne voulut pas entendre parler de séparation; sa famille se joignit à elle, bien que la véritable cause du départ du jeune mari lui fût tout à fait inconnue; de T.... lui-même comprit qu'en laissant derrière lui une si puissante cause de trouble, il ne ferait qu'augmenter les difficultés de sa situation ; il se résigna, et partit avec sa femme.

« La traversée était dangereuse ; car nous étions alors en guerre avec l'Angleterre ; de plus, on partait en temps d'équinoxe pendant lequel les tempêtes sont si fréquentes dans l'Atlantique. Tout alla bien pendant les premiers jours de navigation ; seulement, M. de T.... était sombre, méditatif, et sa jeune femme faisait de vains efforts pour le distraire ; une préoccupation incessante l'accablait, et la vue seule de cette femme qu'il avait tant aimée suffisait à aggraver le mal secret dont il souffrait : c'est que, dès lors, elle était, pour lui, de trop dans le monde, et qu'il songeait à l'en retrancher.

« Un jour, le temps changea tout à coup : de gros nuages noirs se montrèrent à l'horizon ; le vent commença à souffler avec violence. En même temps la vigie signalait une voile anglaise. Vers le soir, la tempête se déclara ; des vagues énormes commencèrent à se briser sur les flancs du navire. Peu d'instants après, le canon anglais se fit entendre.

« M. de T..., néanmoins, n'avait pas voulu rentrer dans sa cabine, et sa jeune femme était restée près de lui. Tout à coup un violent coup de mer balaye le pont ; de T.... et sa femme se cramponnent aux bastingages ; mais, la secousse à peine passée, le misérable saisit sa compagne et la lance par-dessus le bord. Il crie alors, il appelle au secours, mais ses cris sont emportés par la violence du vent et couverts par le bruit du canon qui se rapproche de plus en plus.

« Bientôt désemparé, faisant eau de toutes parts, le navire est près de couler bas ; on met les embarcations à la mer ; équipage et passagers s'y précipitent ; et le corsaire anglais qui arrive au point du jour au lieu où vient de s'accomplir ce désastre, ne trouve plus surnageant sur les flots que des débris sur l'un desquels une jeune femme se tient cramponnée. Elle est sauvée ; le capitaine du corsaire est frappé de sa jeunesse, de sa beauté ; il est roi à son bord, et dans les conditions où elle se trouve, la jolie créole est peu disposée à la résistance : elle cède ; mais arrivée en Angleterre, elle se montre exigeante, impérieuse, et dans un accès de jalousie furieuse, elle frappe son sauveur de deux coups de couteau, gentillesse pour l'expiation de laquelle on l'envoie passer quinze ans à Botany-Bey.

« Elle en revint ; mais vieillie, enlaidie à la fois par les privations et la débauche. De retour à Londres, elle apprit quelle position occupait à la cour de France son mari qui la croyait morte depuis longtemps.

— Tout cela, monsieur le drôle, dit Varambert en souriant, m'a tout l'air d'un roman enfanté par votre féconde imagination.

— Et M. le baron a tort de prendre cela pour une fable ; car cette malheureuse femme n'a d'autre soutien que le pauvre Carlo, et cela est si vrai que ce serviteur fidèle et dévoué se trouve obligé de demander à son noble maître un nouveau subside, nécessité par cette nouvelle charge qu'il a acceptée sans hésiter.

— Et tu peux m'amener cette femme ?
— Aujourd'hui, si M. le baron le désire.
— Allons, décidément tu es un habile coquin ; le subside est accordé à la condition que le sujet ne t'échappera pas.
— Elle se garderait bien de le tenter, car elle sait que, dans la situation où elle se trouve, sans moyen d'existence, je n'aurais qu'un mot à dire pour la faire coffrer à Saint-Lazare.
— Très-bien. Il me reste maintenant à connaître cet original au masque de velours dont tu m'as parlé, après quoi je pourrai t'accorder un congé de quelques jours. »

Ce jour-là même Varambert fit visite à la comtesse de Quérens qu'il trouva tourmentée de la plus vive anxiété.

« Madame, lui dit-il après les premiers compliments, je viens implorer votre appui. Cette démarche n'est pas très-régulière, et peut-être allez-vous me trouver bien osé ; mais les circonstances ne permettent plus de temporiser.

— Parlez, de grâce, monsieur ; car, je vous l'avoue, ce préambule m'effraye.

— Dieu me garde, madame la comtesse, d'avoir jamais la volonté de vous affliger, vous, la mère d'un ange que j'adore, et dont vous m'aiderez, je l'espère, à obtenir la main lorsque le moment sera venu d'en faire la demande solennelle à M. le comte.

— Malheureusement, monsieur le baron, je ne saurais vous être en cela d'aucun secours. M. le comte a, sur ce point, des projets depuis longtemps arrêtés, et ma fille elle-même....

— Oh ! je sais tout cela, mais une mère est si puissante en pareille matière !

— Monsieur, je ne saurais vous dire toutes les raisons qui s'opposent à ce que je prenne avec vous le moindre engagement.

— Eh bien ! ces raisons, ce sera moi, madame qui les dirai, persuadé que vous pardonnerez à ma franchise, et qu'après m'avoir entendu, vous ne repousserez pas la main amie prête à vous secourir.

— Me secourir ! moi ?

— Écoutez-moi, de grâce, et quelque explicite que soit mon langage, ne vous en offensez pas, je vous en conjure : votre position, madame, est très-difficile, et je puis l'améliorer considérablement : voulez-vous qu'avant huit jours, votre mari obtienne une ambassade ? Voulez-vous que le duc de T.... vous rende toute sa tendresse?..

— Monsieur! monsieur!

— Voulez-vous que vos diamants vous soient rendus dès demain?...

— Mes diamants, dites-vous?

— Vos diamants, madame. Vous vous proposiez de les vendre pour aller aux eaux où une impérieuse nécessité doit vous obliger à séjourner quelques temps, mais M. le comte a été plus pressé que vous, et vos diamants sont vendus.

— Ah! je suis perdue!

— Vous êtes sauvée, madame, si vous le voulez.

— Puisque vous savez tant de choses, vous n'ignorez probablement pas que M. de Barno....

— Est un jeune secrétaire d'ambassade auquel la main de Mlle de Quérens est promise.... C'est un obstacle que je ferai disparaître.

— Oh! ma pauvre enfant en mourra!

— On ne meurt pas de cela, madame; qu'il me soit permis d'ajouter que vous en savez quelque chose. »

Il se fit un assez long silence; ce fut Mme de Quérens qui le rompit la première.

« D'après tout ce que je viens d'entendre, dit-elle, je ne puis me dissimuler que je suis, monsieur, sous votre entière dépendance. Les raisons qui peuvent faire excuser ma conduite ne me manqueraient pas, si je voulais les produire. J'aime mieux me soumettre; Dieu me jugera. Mais je ne puis pourtant vous promettre....

— Soyez-moi favorable; faites que votre chère et charmante enfant ne me trouve pas tout à fait indigne d'elle, et le reste ira de soi.

— Je commencerai dès aujourd'hui.

— Et demain, madame, vous aurez la preuve que mes promesses ne sont pas vaines. »

Ce jour-là même, en effet, la comtesse, les larmes aux yeux, annonça à Ida qu'elle ne devait plus songer à M. de Barno.

« Chère maman, qu'est-il donc arrivé? demanda Ida tremblante.

— Une chose toute simple, mon enfant, qui nous afflige tous et dont pourtant nous devrions nous réjouir : le baron de Varambert nous demande ta main; c'est un homme puissant par sa fortune et ses relations, et que nous avons le plus grand intérêt à ménager.

— Mais M. de Barno a la parole de mon père.

— Le comte la retirera; il le faut; la plus impérieuse nécessité nous y oblige.

— Oh! chère maman, s'écria Ida en se jetant éperdue dans les bras de sa mère, ne me mettez pas à une telle épreuve, je vous en conjure; je sens que je ne la supporterai pas. Je serai à M. de Barno ou je n'appartiendrai jamais à personne.

— Ma bonne Ida, faut-il te le dire? M. de Barno est presque sans fortune, et nous sommes ruinés.

— Oh! mon Dieu!

— Si complètement ruinés, mon enfant, que j'ai dû faire le sacrifice de mes diamants pour que le comte pût acquitter une dette sacrée.

— Mais, chère maman, si M. de Barno manque de fortune, il est bien posé; il a de l'avenir....

— Faudra-t-il donc faire l'aveu de notre détresse, et ne vaut-il pas mieux rompre maintenant que de laisser prendre à ce jeune homme l'initiative d'une rupture que notre position rend inévitable?... Cette mauvaise position, non-seulement M. de Varambert la connaît; mais il peut et il veut la faire changer.... C'est, du reste, un homme du meilleur monde, qui peut prétendre à tout, et dont le plus ardent désir est d'obtenir ton affection.... Songes-y, ma chère Ida, notre avenir à tous est entre tes mains. »

Ida ne put répondre, ses sanglots l'étouffaient; elle s'enfuit dans sa chambre pour se livrer sans contrainte à toute la violence de sa douleur. Quelques heures après cette scène, Varambert recevait de la comtesse ce court billet :

« Je me suis mise à l'œuvre. Espérez. »

« Espérer, fit-il dédaigneusement; je veux! c'est plus sûr. »

Et le soir même, il écrivit au duc de T...., pour lui demander un entretien particulier.

« Je ne suis pas un solliciteur vulgaire, disait-il dans cette lettre, et j'espère que M. le duc s'en apercevra promptement; mais j'aime à rendre service, et sous ce rapport, le hasard me sert souvent à souhait. C'est à lui, monsieur le duc, que je devrai l'honneur de vous être utile dans une circonstance des plus graves, en préservant votre honneur de l'atteinte terrible qu'on se prépare à y porter.

« J'aurai l'honneur de me présenter demain matin à votre hôtel, et j'espère que vous voudrez bien m'entendre. J'ose dire, monsieur le duc, que, de nous deux, je ne serai pas le plus intéressé dans la question qui s'agitera, et dont la prompte solution peut seule détourner l'orage que je puis encore conjurer, mais, un peu plus tard, je ne pourrais l'empêcher d'éclater. »

Ce ne fut pas sans une grande surprise, et sans éprouver une secrète inquiétude que le duc de T.... lut et relut cette singulière épître.

« Baron de Varambert! dit-il en jetant une dernière fois les yeux sur la signature, j'ai rencontré quelquefois ce personnage dans le monde, et jamais il n'a paru s'occuper de moi plus que je ne m'occupais de lui; que diable peut-il me vouloir?... Il veut, dit-il, me rendre service, en dissipant un orage qui se forme.... Cela cache-t-il quelque piége?... ou plutôt serait-ce du chantage? Ce serait un peu tard; depuis longtemps déjà il n'y a plus prise, et cela suffit pour me rassurer. A demain le mot de l'énigme. »

VIII

Un bigame.

« Monsieur le duc, dit Varambert, lorsqu'il fut introduit près du haut personnage, vos instants sont précieux; j'irai donc droit au but, franchement, loyalement, sans circonlocution, et je vous prierai de me dire s'il vous souvient du navire *l'Infatigable*.

— Parfaitement, monsieur; c'était un trois-mâts magnifique, doublé et chevillé en cuivre, ce qui ne l'a pas empêché de faire naufrage alors que j'étais au nombre des passagers qu'il portait.... Oh! ce fut une terrible scène, une de ces catastrophes qu'il est impossible d'oublier. Au moment où *l'Infatigable* coulait, nous sautâmes tous dans les embarcations où nous passâmes quatre jours sans vivres, sans eau, ballottés par les vagues, en attendant qu'elles fissent cesser nos souffrances en nous engloutissant. Par un hasard providentiel, une frégate des États-Unis d'Amérique nous rencontra et nous recueillit.

— Mais vous aviez une compagne à bord de *l'Infatigable*?

— Oui, une jeune et charmante femme qui, au plus fort de la tempête, fut emportée par un coup de mer, ainsi que la déclaration en fut faite à New-York où nous conduisit la frégate.

— Déclaration faite par vous, monsieur le duc; mais que pas un de vos compagnons d'infortune ne put appuyer de son témoignage. »

Ici un léger frémissement agita les lèvres du duc; il se sentit humilié de l'ascendant que semblait prendre sur lui son interlocuteur.

« Est-ce donc un interrogatoire que vous prétendez me faire subir, demanda-t-il en se redressant fièrement.

— Monsieur le duc, répondit Varambert, je me proposais d'aller droit au but, ainsi que je vous l'ai dit d'abord, et j'ai eu tort de dévier quelque peu de ce programme; j'y reviens : ce sont les faits dans toute leur brutalité que je vais énoncer : votre femme n'a pas été emportée par un coup de mer; c'est vous-même qui l'avez jetée par-dessus le bord....

— Vous vous oubliez, monsieur!

— Oh! maintenant il faudra que vous m'entendiez jusqu'au bout. Cela, au reste, vous montrera que je suis beaucoup mieux renseigné que vous sur toute cette affaire. Je continue : vous avez cru votre femme morte, ayant fait consciencieusement tout ce qu'il faut pour qu'il en fût ainsi; mais il en était autrement : recueillie par un corsaire anglais qui vous poursuivait au moment du naufrage, elle raconta toute la vérité, et son récit fut inscrit tout au long sur le livre de bord de l'Anglais qu'il a été très-facile de retrouver, dans ces derniers temps, à l'amirauté....

— Mais c'est tout un acte d'accusation que vous osez dresser contre moi! s'écria le duc.

— Pas du tout : je dis ce que je sais, afin de pouvoir dire ensuite ce que je veux. Je reprends : votre femme, comme vous l'avez dit tout à l'heure, était charmante; le capitaine du corsaire en devint amoureux, et la pauvre femme succomba.... Vous conviendrez, monsieur le duc, que tous les torts n'étaient pas de son côté. Pendant un assez long temps, les amants, retirés à Londres, vécurent dans la meilleure intelligence; mais la belle créole devint jalouse, et l'on sait ce qu'est la jalousie chez ces femmes nées sous l'ardeur d'un soleil tropical : un jour, au milieu d'une fête, elle frappa son amant le capitaine de deux coups de poignard, fut condamnée à quinze années de déportation pour ce fait, et conduite à Botany-Bay d'où elle revint à Londres, à l'expiration de sa peine. Là, démoralisée par son long séjour au milieu des convicts, elle se jeta à corps perdu dans l'abjection la plus complète, et y passa plusieurs années.

— De grâce, monsieur, interrompit de nouveau le duc, abrégez cet insipide roman.

— Ce n'est pas ma faute, monsieur le duc, si ce que vous appelez *roman* n'est qu'une histoire fidèle dans laquelle vous avez eu le malheur de jouer un mauvais rôle. Prenez patience; je touche à la fin : c'est dans ces derniers temps seulement que l'ex-charmante créole apprit, par les journaux, à quelle haute position était arrivé son mari. Alors elle revint en France pour revendiquer ses droits....

— Mais, monsieur; alors que tous ces faits seraient vrais, il y a plus de vingt ans qu'ils sont accomplis, et....

— Très-bien, monsieur; mais en arrivant en France, au retour de la Martinique, vous vous êtes marié....

— Et c'était mon droit; la mort de ma première femme étant judiciairement constatée....

— Puis cette seconde épouse morte, vous en avez épousé une troisième, il y a trois ans environ, laquelle fait aujourd'hui encore les honneurs de votre maison....

— Monsieur! tout cela est infâme; c'est un tissu de mensonges et d'iniquités....

— De grâce, monsieur le duc, n'élevez pas la voix, ou je me croirai autorisé à parler plus haut que vous.

— Chez moi!

— Partout, monsieur. Soyez convaincu que l'intimidation ne vous réussirait point; mes précautions sont prises, et je n'ai rien à redouter. Écoutez-moi plutôt : mes paroles ont été amères, je le sens, mais j'en ai de rassurantes à vous faire entendre.

— Parlez donc, fit le duc dont les dents serrées frénétiquement ne livraient qu'avec peine passage à ses paroles.

— Eh bien! monsieur le duc, cette femme qui fut.... qui est encore votre épouse légitime; cette femme qui vous accuse, preuves en main, d'une tentative d'assassinat et d'une double bigamie; cette femme, qui peut vous faire descendre de cette élévation où vous êtes arrivé en volant de vos propres ailes, cette femme est à ma discrétion. Si telle est ma volonté, elle sera folle demain, folle incurable, et je la ferai admettre à l'hospice de la Salpêtrière d'où elle ne sortira que pour être portée au champ de repos; si je le veux, au contraire, le monde judiciaire retentira de ses plaintes; elle publiera.... ou l'on publiera pour elle des mémoires écrasants pour vous, et en définitive vous succomberez sous le poids d'accusations justifiées. »

Le duc se tenait les bras croisés sur sa poitrine et la tête baissée, comme un criminel devant ses juges; il se leva brusquement, se redressa; son regard brilla dans l'espace ; on eût dit qu'il venait de recouvrer spontanément toute son énergie; mais il n'en était rien : entièrement dominé par Varambert, il ne cherchait qu'à amoindrir les conditions d'une capitulation à laquelle il sentait ne pouvoir se soustraire.

« Concluez donc, monsieur, dit-il froidement.

— Voici, monsieur le duc, une bonne parole à laquelle je répondrai sans ambage : je suis avocat, docteur en droit; je m'appelle le baron de Varambert, et j'ai cent cinquante mille francs de revenu. Je crois, en conséquence, être du bois dont on fait d'excellents conseillers d'État.... Mais il ne s'agit pas de moi seulement, et je serais heureux que vous voulussiez bien m'octroyer le franc parler qui m'est nécessaire pour vous parler d'autrui.

— Vraiment il me semble que vous n'avez besoin pour cela d'aucune espèce de permission. Voyons, monsieur, e tout ceci il s'agit particulièrement d'affaires privées; donc nous pouvons en traiter sur le pied de l'égalité.

— Pas précisément, monsieur le duc; car il me reste à vous demander de bien grosses choses.... N'avez-vous pas promis de faire obtenir une ambassade au comte de Quérens?

— Peut-être; mais....

— Pas de mais, monsieur le duc; il faut sauver Mme de Quérens en éloignant son mari.

— Est-ce tout, monsieur?

— C'est tout, monsieur le duc.

— Vrai Dieu! j'ai cru que vous en viendriez à me demander le royaume de France.

— Oh! monsieur le duc, nous ne sommes pas de taille à avaler de si grosses bouchées; mais nous espérons au moins de vous quelques bonnes paroles pour Mme de Quérens.

— Oui, oui, c'est entendu; il faudra que je la console des chagrins qu'elle me cause. Eh bien tout cela se fera; mais cette autre femme....

— Aura disparu demain, et jamais vous n'entendrez parler d'elle. »

En sortant de l'hôtel du duc, Varambert courut chez la comtesse de Quérens pour lui annoncer le succès de sa négociation.

« Madame, lui dit-il, le duc, que je quitte à l'instant, est impatient de vous voir; vous le trouverez doux, affectueux comme aux plus heureux jours. Une ambassade est vacante; demandez-la pour M. le comte, afin qu'en annonçant à ce dernier sa prochaine nomination, vous le disposiez plus facilement en ma faveur. »

En parlant ainsi, il présenta à la comtesse l'écrin qui contenait ses diamants vendus par son mari, et dont il avait aisément découvert l'acquéreur.

Mme de Quérens marchait, depuis la veille, de surprise en surprise; elle ne pouvait douter maintenant de la puissance de cet homme devant la volonté duquel toutes les difficultés disparaissaient. Heureuse d'avoir trouvé un tel appui, à peine songeait-elle à sa charmante fille accablée de douleur. Depuis la veille la pauvre enfant n'avait cessé de pleurer.

« Ah! se disait-elle, si ma bonne tante de Merval était ici, elle viendrait bien certainement à mon aide, et les choses marcheraient tout autrement.... Si seulement je revoyais ce personnage mystérieux qu'elle a chargé d'une lettre pour ma mère, et qui s'est introduit ici d'une manière si extraordinaire, je pourrais encore espérer; ne m'a-t-il pas dit qu'il veillait sur moi?... »

Cette pensée fit naître dans le cœur d'Ida un rayon d'espoir, et le jour étant près de finir, elle descendit au jardin. Déjà elle l'avait parcouru en tout sens; elle venait de s'arrêter pour la seconde fois à l'endroit où l'homme au masque de velours lui était apparu, lorsqu'un léger bruit se fit entendre dans un massif de lilas, puis elle vit les branches s'écarter et livrer passage au personnage qui, en ce moment, occupait sa pensée.

Cette fois ce fut le visage découvert qu'il vint.

Regent's Street à deux heures du matin. (P. 525.)

« Pauvre enfant, dit-il, vous souffrez, et je viens vous consoler. Séchez vos larmes; le baron de Varambert ne sera pas votre mari.

— Ah! monsieur, soyez béni pour ces bonnes paroles! mais comment ferez-vous pour obtenir de ma mère qu'elle renonce à ce mariage qui semble être à ses yeux notre seule planche de salut?

— Varambert renoncera volontairement à votre main.

— Mais alors il nous retirera son puissant appui?

— Je l'en empêcherai.

— Mais vous êtes donc un envoyé de Dieu? dit Ida, qui sentait la confiance et la joie pénétrer dans son cœur.

— Chère enfant, je n'ai d'autre mission que celle que je me donne : j'ai promis à votre bonne tante de veiller sur vous, et elle sait aujourd'hui que je lui tiens parole.

— Comptez sur ma reconnaissance, monsieur; elle sera éternelle. »

En ce moment un bruit de pas se fit entendre; personne ne parut; mais le mystérieux visiteur n'en jugea pas moins convenable de se retirer.

« A bientôt, » dit-il à voix basse.

En rentrant dans le massif de lilas d'où Ida l'avait vu sortir, il disparut.

Le lendemain matin le chevalier de Curchello assistait au lever de Varambert.

« Qu'avez-vous donc, cher ami! lui demanda ce dernier, est-ce que hier, au cercle, la fortune vous aurait fait la grimace?

— Oh! si ce n'était que cela....

— Peste! c'est bien quelque chose! L'or n'est une chimère que pour ceux qui en manquent; vous êtes, j'en suis sûr, de cet avis.

— Je veux dire que ce n'est pas ce qui m'occupe en ce moment.

— Tant mieux, car j'ai dépensé un argent fou ces jours derniers.

— Vous avez bien fait et vous ferez sagement d'agir toujours ainsi.

— Parce que?

— Parce que l'on ne récolte d'ordinaire que ce que l'on a semé, mais, encore une fois, ce n'est pas là ce qui me tourmente. Puisqu'il faut vous le dire, j'ai fait une mauvaise rencontre hier soir.

— Un créancier peut-être? il n'y a que ces animaux-là pour se trouver toujours, en temps inopportun, sur le chemin des honnêtes gens.

— Baron, croyez bien que je ne suis pas assez sot pour faire des dettes.

— Eh! cher ami, ce n'est pas tant à dédaigner, personne n'en meurt, et je connais beaucoup de gens vivant bien, et ne vivant que de cela. Ceux-là, il est vrai, sont toujours exposés à faire de mauvaises rencontres; mais il paraît, d'après ce que vous dites, qu'il n'est pas indispensable d'avoir des créanciers pour subir ce désagrément.

— Ne plaisantez pas, mon cher Varambert; la chose est beaucoup plus grave que vous ne le pensez.

— Parlez donc, si vous voulez être entendu.

— Je puis affirmer que l'homme que j'ai rencontré hier est un rude jouteur qui, s'il le voulait, jetterait plus d'une mauvaise carte dans mon jeu, et peut-être aussi dans le vôtre.

— Mais je ne joue pas, moi.

— Ce qui n'empêche pas que vous soyez engagé, si je ne me trompe, dans une partie difficile à conduire.

— Allons, Curchello, assez de paraboles; dites-moi nettement quel est cet homme terrible que vous avez rencontré?

— Cet homme, c'est Pied-de-Fer.

— Pied-de-Fer? Qu'est-ce que cela?

— Je vais vous le dire. Vous n'ignorez pas que ma vie a été très-agitée : le hasard m'a fait tour à tour marin, soldat, déserteur, prisonnier, riche, pauvre, etc. En 1814, j'étais cosaque; je servais sous les ordres de Pied-de-Fer, et je lui rendais de grands services, car j'étais le seul dans la compagnie qui parlât le russe.

— Comment! les cosaques ne parlaient pas la langue de leur pays?

— Justement; ils ne parlaient que celle-là. Seulement leur pays c'était la place Maubert et le faubourg Saint-Marceau. — Le métier n'était pas trop mauvais; la paix faite, il fallut y renoncer, et chacun de nous, les poches bien garnies, tira de son côté. Plus tard, je revis Pied-de-Fer; j'étais alors l'homme de confiance d'une certaine marquise avec laquelle il avait de furieux démêlés : c'était un duel à mort dans lequel j'étais le second de la dame, et naturellement je jouais, à l'occasion, du couteau et de plusieurs autres instruments. Bien des fois nous avons été aux prises. La marquise morte, notre adversaire disparut; mais je le connais, et je suis sûr qu'il n'a rien oublié. Eh bien, cet homme, je l'ai vu hier dans le jardin de l'hôtel de Quérens, causant d'une manière très-animée avec la fille du comte.

— Avec Ida?

— Elle-même.

— Curchello, vous êtes bien sûr de ce que vous dites?

— Très-sûr, je ne sais s'il m'a vu; mais moi je l'ai parfaitement reconnu, quoiqu'il soit bien changé. Vous devez comprendre maintenant mon inquiétude en voyant ce vieux pirate croiser dans les mêmes parages que nous. Cet homme-là ne recule devant rien, et s'il s'empare de l'esprit du comte, il en fera ce qu'il voudra.

— Heureusement cela durera peu : M. de Quérens va se rendre en Suède....

— Après avoir laissé pleins pouvoirs à la comtesse?

— C'est ce qu'il peut faire de mieux.

— Entre nous, mon cher baron, j'ai grand'peur que cette fine mouche ne s'attache à vos pas, car ce n'est certainement pas de moi qu'il s'entretenait avec Mlle Ida.

Il parlait encore lorsque Carlo entra et remit une lettre à son maître.

« Pardieu, reprit le grec, vous allez savoir à quoi vous en tenir; je reconnais l'écriture : elle est de Pied-de-Fer. »

Varambert brisa le cachet, et il lut :

« Ceci est un ordre.

« Au nom du boyard Molianof, au nom du chevalier Henri de Berjaud, il vous est enjoint de cesser sur-le-champ toutes relations avec la famille de Quérens.

« Vous avez dit : *Je suis maintenant le seul maître de mon secret, et je serai le maître du monde.* Paroles fatales, qui ont retenti dans l'abîme, et qui seront un jour écrites en lettres de sang. L'heure de l'expiation a sonné; la main qui doit frapper est levée, puisse-t-elle retomber sur une tête repentante! »

Nous l'avons dit, Varambert était fort, et cependant cette lettre échappa de ses mains tremblantes, ses cheveux se dressèrent, et une sueur froide couvrit son visage.

IX

Ticket of leave-men.

Pendant qu'à Paris le baron de Varambert, surveillé par Pied-de-Fer, cherchait les moyens d'échapper aux redoutables serres de l'ancien chauffeur, à Londres, Warburton cherchait les moyens de se venger du persiflage du comte de Farterstein.

Pour des misérables de l'espèce de Warburton, la vengeance, chez eux, ne s'entend que par le meurtre. Mais cette fois, c'était avec des raffinements de barbarie qu'il voulait frapper celui qu'il considérait comme son ennemi.

« Es-tu susceptible de quelque intérêt pour moi? demanda-t-il à Raflard.

— Certes! répondit celui-ci sans hésiter.

— A Paris, alors que tu te sentais sur ton terrain, tu le faisais fort, disais-tu, de dépouiller le comte de Farterstein de sa riche succession; voici le moment d'agir venu; il s'agit de laisser de côté pour quelques jours les belles du square Nelson; je ne sais, mais un pressentiment me dit que ces femmes ne se sont rencontrées sur notre passage que pour notre malheur.

— Foin des idées ridicules! s'écria Raflard; je veux bien me rendre à ton avis, et pendant quelques jours négliger la fréquentation des belles du square Nelson; mais pour ce qui est de frapper l'héritier de lord Barsthley, cela demande réflexion; surtout quand, comme nous, on n'est pas poussé par le besoin; ici, nous sommes en sûreté....

— En es-tu bien certain? » lui demanda Warburton en le regardant fixement.

Cette interrogation donna à réfléchir à Raflard.

« Comment! celui qu'on appelait à Paris lord Warburton ne serait pas en sûreté sur sa terre natale? demanda-t-il.

— Oui et non, répondit Warburton.

— Voici une réponse qui me plonge dans l'incertitude et rien de plus. Dans tous les cas, si tu crains ici les poursuites, c'est très-bête à toi de m'avoir engagé à te suivre à Londres.

— J'étais atteint de nostalgie.

— Et que diable! fit Raflard avec humeur, ce n'est pas une raison pour risquer sa liberté.... et surtout celle d'un ami.

— Je suis un *Ticket of leave-man*. »

Raflard, après cette réponse de Warburton, n'était pas beaucoup plus avancé; alors celui-ci lui expliqua ce que c'était que cette catégorie de voleurs, la plus dangereuse peut-être de Londres, et c'était parmi les misérables connus sous ce nom que Warburton espérait découvrir des complices, ou plutôt les exécuteurs de sa vengeance.

Le système des *ticket of leave* est l'un des plus dangereux qu'ait adopté l'Angleterre, et, malgré les dangers permanents dont il menace la société, on continue néanmoins à l'appliquer.

Voici en quoi consiste ce système :

Les criminels, qui sont condamnés à la déportation dans les colonies, obtiennent, lorsqu'ils se sont bien conduits pendant quelques années, un certificat de libération appelé *ticket of leave*.

Ce certificat de libération leur donne le droit de retourner en Angleterre pour y recommencer une nouvelle existence. Ils sont très-activement surveillés par la police, et la moindre faute les expose à retourner dans la colonie pénitentiaire.

Cependant ce système est très-risqué parce qu'il menace à un très-haut degré la sûreté publique. L'humanité qui sert de base au système pénal de l'Angleterre, mérite de la part du philanthrope les plus grands éloges, mais il faut reconnaître que dans le système dit du *ticket of leave*, elle est poussée jusqu'à l'absurde ; il est facile de comprendre que les criminels s'astreignent facilement dans les colonies pénitentiaires à deux ou trois ans de bonne conduite apparente pour revenir sur le théâtre de leurs exploits, recommencer leurs opérations criminelles, et que bien souvent ils terminent leur carrière par un ou plusieurs assassinats.

L'humanité n'autorise pas à faire des expériences aux dépens de la vie et de la sûreté d'autrui, et le système des certificats de libération est une de ces expériences.

Les garrotteurs qui, il n'y a pas bien longtemps, avaient compromis la sûreté des rues de Londres, ne sont point une invention d'une imagination désordonnée, mais bien une effrayante réalité.

Les voleurs qui apparaissent subitement pendant la nuit dans les maisons de Londres, un masque de crêpe sur le visage, et le poignard à la main, les voleurs de rues, qui bien souvent n'hésitent pas à commettre leurs attentats criminels en plein jour sur les passants, la plupart de ces dangereux individus sont munis de certificats de libération qui, malgré la bonne conduite qu'ils ont tenue dans la colonie pénitentiaire, reprennent aussitôt dans la mère patrie leurs habitudes désordonnées.

« Qui a volé volera, » dit un vieux proverbe qui a mille fois raison dans cette circonstance.

La police anglaise n'ayant pas comme en France le système de la surveillance, il s'ensuit que les criminels libérés sont ceux qui causent le plus d'embarras à la police, et exigent d'elle une surveillance constante.

Cette révélation jeta pour un instant Raflard dans une profonde perplexité, mais cette perplexité ne pouvait être d'une longue durée.

« Je suis entré dans la voie du crime d'une façon trop gaie, dit-il, pour ne pas la continuer. »

Quelle dépravation dans le sens moral !

« Oui, tu as raison, notre honneur est en jeu; il faut enlever au comte de Farterstein une forte partie de sa fortune ; seulement je ne puis venir qu'en second; tu l'as dit, tout à l'heure, avec raison, je ne suis pas sur mon terrain.

— Mon idée n'est pas de nous mettre en avant, mais bien de faire marcher des complices habiles et discrets.

— Sauras-tu en trouver ?

— Je n'aurai que l'embarras du choix. »

Avec cette mobilité d'esprit qui était le propre du caractère de Raflard, la journée se passa en orgie, et il ne fut pas autrement question entre ces deux hommes du crime qu'ils projetaient d'accomplir.

Il était six heures du soir lorsque les deux bandits revêtus de mauvais paletots et de pantalons mangés par le bas, se dirigèrent vers Golden-Lane, l'un des quartiers de voleurs les plus mal famés.

Quoiqu'on fût au mois d'août, et qu'il ne fût que six heures du soir, il commençait à faire sombre et un brouillard épais commençait à envelopper Londres.

Les rues du quartier où venaient de pénétrer les deux complices, étaient pleines de passages, à l'aspect tortueux, étroits, sales, et aboutissant à d'autres rues aussi tristes d'aspect.

Raflard ne put s'empêcher de manifester une certaine répulsion à la vue des ordures répandues dans les cours et dans la rue. Dans ce quartier le balayage semble complétement inconnu, et des débris végétaux jetés des maisons voisines jonchent le sol de la rue sur toute son étendue.

La population de ce quartier avait un aspect non moins étrange que les maisons qui lui servaient de refuge. Une foule d'enfants et de femmes, la plupart en vêtements déguenillés, se croise dans ce réseau de rues : les hommes que l'on y rencontre ont un aspect peu rassurant, et leur présence dans ces quartiers donne un énergique démenti aux écrivains qui contestent l'agglomération des voleurs dans Londres, et pourtant rien n'est plus vrai.

Les perquisitions que la police a si souvent l'occasion de faire ont montré tout à fait le contraire. Golden Lane est un quartier de voleurs, exactement comme le réseau de Seven-hrans et les environs de Ratcliffe-higvhny sur les bords de la Tamise.

Les voleurs payent un loyer très-élevé et cela fort régulièrement pour ne point être expulsés par les propriétaires des maisons qu'ils habitent. Bien souvent les locataires voisins ignorent complétement qu'une société de voleurs s'est établie parmi eux, jusqu'à ce qu'un scandale ou une querelle révèle leur existence aux yeux de la police.

La pluie commençait à tomber fine et serrée.

« Est-ce que nous ne sommes pas bientôt arrivés? demanda Raflard à son compagnon.

— Si, répondit celui-ci en s'arrêtant devant une maison d'un aspect peu rassurant.

— C'est là que nous allons entrer?

— Oui. Aurais-tu peur?

— Ce sentiment est inaccessible à mon âme! répondit Raflard avec emphase; seulement l'endroit où tu me fais entrer ne me va pas, voilà tout?

— Nous n'allons pas chez des membres de la chambre des communes.

— Je le sais très-bien, mais je suis tellement habitué à faire mes affaires moi-même que je ne puis m'arrêter à l'idée que nous allons trouver ici deux coupe-jarrets.

— Silence! rappelle-toi qu'ici tout le monde est gentleman.

— Quel drôle de peuple! J'aime mieux les bords de la Bièvre, ou l'horizon qu'on découvre de la montagne Sainte-Geneviève. »

La maison où entraient Raflard et Warburton n'était point fermée : la porte d'entrée donnait sur un vaste corridor qu'ils enfilèrent et ils se trouvèrent ensuite dans une cour fort sombre. Warburton, qui semblait être sur son terrain, traversa la cour obliquement, et il ouvrit une porte fermée seulement au pêne; il semblait avoir une connaissance parfaite des lieux.

« Ferme la porte, » dit-il à Raflard.

Ils se trouvaient dans une espèce de petit vestibule complétement obscur; Warburton ouvrit une deuxième porte, et le vestibule fut subitement éclairé par la lumière d'un feu de bois qui brûlait joyeusement dans la cheminée de la pièce voisine.

L'aspect de cette pièce était des plus repoussants. Une table était placée au milieu de la chambre seulement éclairée par le feu qui brûlait dans la cheminée. Cette table était couverte de cruches de bière et de flacons d'eau-de-vie, près de ces flacons se trouvaient des débris de viande, de fromage et de pain; des bancs garnissaient les parois de cette pièce dont le sol était de terre battue; les murs étaient complétement dénudés.

Il n'y avait dans cette salle que deux hommes d'aspect sinistre; l'entrée de Raflard et de Warburton ne les rassura qu'à demi; ils les prirent tout d'abord pour des *detectives* (agents de police).

« Eh bien! on ne me reconnaît donc pas? dit Warburton en s'adressant à l'un des individus qui fumait.

— Et qui pouvait se douter, dit le fumeur après quelques secondes d'examen, que sir Warburton pouvait se rappeler de nous; il nous est revenu des amis de France qui nous ont dit que vous meniez un train princier; ça n'a pas duré longtemps, il paraît.

— Trop peu, Golderik, trop peu.

— Et maintenant que comptez-vous faire?

— Vivre ici comme je vivais en France.

— Mais ce costume indique peu l'aisance.

— Ce costume ne signifie rien, Golderik. Quel est ce gentleman qui est avec vous? »

Mais Golderik au lieu de répondre à Warburton le prit familièrement sous le bras et le fit sortir de la pièce sans s'inquiéter de ce que ce procédé pouvait avoir d'irrévérencieux pour le gentleman qui se trouvait là.

« Sir Warburton, lui dit-il, vous avez quelque chose à me proposer.

— J'aime votre façon d'entrer en matière. Je ne vais pas ruser avec vous; il s'agit de mort d'homme.

— Diable!

— Vous reculez, Golderik?

— Je réfléchis. Combien donnez-vous pour cela?

— Mille livres.

— Mille livres, et où les prendrez-vous?

— Cela n'est pas votre affaire, si vous acceptez

mes propositions, elles vous seront comptées, voilà tout ce que je puis vous dire; seulement il vous faut au moins un second.

— J'en ai deux à vous proposer.

— Pouvons-nous les voir ce soir.

— Si vous voulez venir à Victoria-hall, nous les trouverons.

— Je le veux bien. »

Après cette conversation, à laquelle Raflard n'avait rien compris, car elle se tenait en anglais, les trois hommes sortirent.

« C'est un de tes coupe-jarrets.

— Yes, » fit Warburton, qui ne paraissait pas être d'humeur communicative.

Cependant les trois gentlmen ne s'étaient pas aperçus que depuis quelques instants ils étaient suivis.

Trois têtes patibulaires les suivaient avec la plus grande attention, et il aurait fallu un œil bien exercé pour reconnaître sous leurs déguisements le grave M. Verchoux, Juibraide et un detective, que Verchoux avait connu il y avait quelques années, lors de la recherche que fit à Paris la police anglaise pour découvrir les voleurs de la Banque de Londres.

Le detective parlait parfaitement le français, circonstance fort heureuse; car Juibraide et Verchoux, en fait d'anglais, ne connaissaient que le mot *Yes*, ce qui était tout à fait insuffisant pour se faire comprendre; il est vrai qu'il pouvait y suppléer par le langage mimique.

Déjà la veille, Verchoux avait eu un succès fou dans une taverne, car ne sachant comment faire comprendre au garçon qu'il désirait qu'on lui servît un poulet, il avait fini par pousser un *cocorico* si comique que la gravité anglaise n'avait pu y tenir.

« Quel heureux hasard de vous avoir rencontré, cher monsieur, et surtout d'avoir pu mettre la main sur ces deux lapins, Raflard et Warburton.

— Mais où peuvent-ils aller ainsi?

— Je ne sais, répondit le detective; mais je suis presque convaincu qu'ils trament quelque mauvais coup, pour venir déguisés dans des quartiers aussi mal famés. L'homme avec lequel ils viennent de sortir m'est connu depuis longtemps, comme Warburton, c'est un *ticket of leave-man*; mais des plus dangereux.

— Ah! disait Juibraide tout entier à sa vengeance, je donnerais bien quelque chose pour tenir ces deux misérables sur le Pont-Neuf. »

Les deux agents qu'un véritable hasard avait mis sur la trace des assassins de Rapin, ne savaient trop quel parti tenir; leur rôle consistait à découvrir les deux assassins et à en donner avis à la police française; ils les avaient suivis avec le detective, espérant que la soirée ne se passerait pas sans qu'ils commissent un délit qui devait amener leur arrestation.

Tout en suivant les bandits, le detective, autant pour donner le change à ceux qu'il suivait que pour donner une idée du Londres criminel à ses collègues étrangers, leur racontait l'histoire des endroits où ils passaient.

« Ou je me trompe fort, disait le vieux detective, mais je suis presque convaincu que ces trois gaillards vont nous faire aller jusqu'à Victoria-hall.

— Dans quel quartier sommes-nous ici? demanda Juibraide qui ne perdait pas de vue Raflard.

— Nous sommes, répondit l'agent anglais, sur le territoire des pick-pocket de toute espèce, autrement appelés Swellmobsnen; toutes les maisons que vous voyez autour de nous n'ont pas d'autres locataires.

— C'est extraordinaire, dit M. Verchoux; attention à Raflard, je vous prie, il a l'air de s'écarter de ses deux compagnons.... Ce n'est qu'une fausse peur; continuez, cher monsieur, je vous prie.

— Cette catégorie de voleurs se divise en plusieurs classes différentes qui se distinguent par leur façon de procéder. Les Decker forment une classe spéciale; ce ne sont pas des voleurs à proprement parler, ils n'ont d'autre mission que celle de favoriser le vol; ce sont eux qui organisent des poussées dans les foules, qui attirent l'attention de la victime sur un point quelconque pendant que le pick-pocket lui vide ses poches; ils entament des conversations en omnibus qui permettent à leurs compagnons d'exercer leur investigation à leur aise. Souvent ce rôle est joué par des femmes pendant que des enfants sont chargés de commettre les vols: la petitesse des mains de ces derniers rend, on le comprend, leur tâche beaucoup plus facile. Les églises, les théâtres, les marchés sont les scènes principales de leur activité. Les omnibus et les wagons de chemins de fer sont aussi exploités par eux: généralement ils travaillent par deux. Un point caractéristique du pick-pocket, c'est la recherche qu'il apporte à sa toilette; cette recherche a pour but de faire repousser le soupçon qui pourrait tomber sur eux.

« L'art de voler exige des études spéciales et s'inculque dès l'enfance. Dans ces quartiers mal famés, il se trouve une foule d'enfants abandonnés ou appartenant à des voleurs et des criminels qui sont sous les verrous.

« Vous pouvez voir par vous-même la quantité d'enfants qui erre dans ces rues. Eh bien, ces enfants sont initiés, dès à présent, aux finesses de l'art de voler dans les poches, et il n'y a pas longtemps que la police a mis la main dans une cour isolée de Saint-Gilles sur une académie de ce genre. Les premiers essais sont faits sur un mannequin de grandeur naturelle et suspendu au plafond par une ficelle; lorsque les petits voleurs ont acquis assez d'habileté pour vider les poches du mannequin sans lui imprimer aucun mouvement, on leur permet alors d'exercer leur talent sur les passants. Faites attention aux poches de votre paletot, vous n'avez rien au moins dedans.

— Cher monsieur, dit Verchoux, j'ai pris un si vif intérêt à ce que vous venez de me raconter, qu'autant pour ne pas vous interrompre que pour ne pas révéler mon origine française à ces petits polissons, je viens de me laisser voler mon mouchoir.

— J'avais vu le petit drôle, dit Juibraide, introduire sa main dans votre poche, mais je ne croyais pas que vous aviez quelque chose dedans.

— Messieurs, ce que vous venez de faire est très-bien, car en effet, vous pouviez vous trahir en arrêtant le petit voleur. Un véritable Anglais ne met jamais quoi que ce soit dans la poche de derrière de son paletot; mais consolez-vous, il n'y aurait rien d'impossible que, dans la rue voisine, on vous offrit votre mouchoir à acheter.

— C'est donc ici, comme il y a trente ans, sur le boulevard du Temple où l'on vendait presque publiquement, au café de l'*Épi scié*, les objets que les voleurs sortaient de dérober.

— Je ne sais s'il en était ainsi chez vous autrefois, mais cela se rencontre souvent ici. »

Les trois agents venaient d'arriver devant une vieille église, et les églises à Londres à l'exception de Saint-Paul et de l'abbaye de Wetsminster, ne se distinguent pas précisément au point de vue du goût.

« Je ne m'étais pas trompé! dit l'agent anglais, c'est bien à Victoria-hall que vont nos hommes. Le tout, c'est de faire en sorte d'arriver jusqu'à eux sans éveiller leurs soupçons. »

Raflard, Warburton et Golderik venaient d'entrer dans Victoria-hall.

Victoria-hall est le rendez-vous général des voleurs; dans cette maison se trouve une taverne, un restaurant et un théâtre.

Il y a sans dire que la taverne, le restaurant et le théâtre, ne sont fréquentés que par la canaille de Londres.

Cette maison, qui est le seul repaire de voleurs qui subsiste encore, occupe l'angle de la rue et est composée de quatre étages éclairés par une quantité considérable de fenêtres; au rez-de-chaussée, de nombreuses portes donnent accès dans l'intérieur.

L'entrée principale de cette sorte de cité du crime, ressemble assez à la porte d'une écurie; à droite et à gauche sont des affiches de toute espèce; un véritable Anglais ne doit jamais ménager la publicité.

L'espace où conduit cette entrée principale produit une impression pénible; les murs sont garnis de lambris à l'aspect sale et repoussant. Des bancs sont établis tout autour pour la commodité des hôtes de ce lieu; le sol situé en dessous du niveau de la rue, consiste en une sorte de carrelage inégal et à moitié détruit. De cet endroit, un escalier conduit dans des caveaux souterrains, et deux autres escaliers conduisent à des étages supérieurs.

Ce local étrange était éclairé par une méchante lanterne aux carreaux brisés, suspendue au plafond.

M. Verchoux, qui avait l'odorat excessivement délicat, eut besoin de quelques minutes pour se reconnaître, enfin peu à peu les objets finirent par se détacher de la demi-obscurité qui les enveloppait, et les trois agents virent qu'un certain nombre d'individus se trouvaient déjà réunis dans ce bouge; les uns étaient assis, les autres étaient couchés sur les bancs rangés le long des murailles, d'autres allaient et venaient par les divers escaliers aboutissant dans cet endroit; jamais dans leur vie, les agents français n'avaient eu l'occasion de voir une réunion aussi repoussante et aussi dégueniliée.

Cependant la plupart des hommes et des filles assises et couchées çà et là étaient de la plus grande jeunesse. La plus âgée ne dépassait pas la vingtaine, et la plupart ne semblaient n'avoir pas atteint quatorze ans; il y avait là de petites filles de dix à douze ans, et de petits garçons de treize à quatorze ans. Les consommateurs buvaient dans des cruches d'étain et de grands verres l'ale, le porter et le gin. Un grand nombre paraissaient complétement ivres; les conversations se croisaient d'un bout de la salle à l'autre d'une façon tumultueuse.

« Il va sans dire, dit Juibraide en s'adressant au detective, que tous ces enfants que nous voyons là sont de jeunes voleurs et de jeunes voleuses, et qu'à ce dernier titre, les jeunes filles joignent la qualité de prostituées.

— Attention! dit tout à coup le detective.

— Que se passe-t-il? demanda Verchoux.

— Il se passe que voici le comte de Farsterstein qui entre.

— Un lord ici?

— C'est l'homme le plus débauché du Londres aristocratique.

— Quoi, cet homme aux vêtements sordides?

— C'est bien lui; seulement, il ne peut venir que dans de mauvaises intentions. Pendant longtemps Warburton a été son âme damnée, et même on prétend qu'ils ont commis plusieurs meurtres ensemble, il n'y aurait rien d'étonnant qu'il vînt ici pour chercher quelques hardis coquins qui pussent le débarrasser à bon compte de Warburton.

— Cela est d'autant plus intéressant, dit Juibraide, qu'il se peut que Warburton soit venu ici dans la même intention.

— Oh ! oh ! voici le comte qui s'approche de William Lauters, ils se parlent ; plus de doute, il va se passer quelque chose de drôle dans un instant. »

Les trois agents s'étaient assis à une table et avaient demandé une cruche d'ale.

« Il vient de me passer une idée impossible par la tête, dit le detective ; pour moi, d'ici un instant, il va y avoir mort d'homme, car je crois fort que Warburton vient de reconnaître le comte ; si le comte fait tuer Warburton vous n'y pouvez rien, messieurs, mais si c'est le contraire qui arrive, voici le petit moyen que je vous propose, il ne manque pas d'originalité et les lois internationales n'auront rien à y voir. »

Juibraide et Verchoux dressèrent l'oreille.

« C'est, au moment où la bagarre aura lieu, de vous précipiter sur Raflard et Warburton et de leur dire : Suivez-nous ou vous êtes perdus ! on vous épie. Assurément ces deux coquins sont sur le qui vive, et ils suivront votre conseil....

— Je ne saisis pas bien, dit Verchoux.

— Laissez parler, dit Juibraide.

— Or, continua le detective, je vais à votre tête et vous conduis droit à un petit navire français qui doit partir à deux heures.... A cette heure, du diable si vos hommes sont capables de reconnaître s'ils sont sous pavillon français ou sous pavillon anglais, là tout dépend de votre habileté....

— Compris ! compris ! dit Juibraide.

— A cinq lieues en mer, vous exhibez votre mandat ; comprenez-vous ?

— Sans doute, fit M. Verchoux, le tout est de réussir.

— Et nous réussirons ! dit Juibraide.

— Surtout, pas de violence, dit le detective, pas de violence ! car il serait en droit de réclamer, et votre expédition serait alors considérée comme une violation flagrante du droit des gens. »

La conversation des agents fut interrompue par un bruit de sonnette.

« Que signifie ce bruit ? est-ce l'annonce de la clôture du cabaret ! demanda Juibraide.

— Non, c'est l'annonce que le spectacle va commencer, car dans cette maison il y a un théâtre où l'on joue des pièces d'une obscénité révoltante. »

La salle se vidait peu à peu, et bientôt, il ne resta plus que les trois agents qui observaient ; le comte de Farsterstein et William Lauters qui conféraient, et à l'extrémité de la salle Raflard, Warburton et Golderik.

« Ce misérable, disait Golderik à Raflard en désignant le comte, nous enlève notre meilleur auxiliaire, car je regardais Lauters comme mon second.

— Golderik ! dit tout à coup Warburton ; êtes-vous un homme ?

— Pourquoi cette question.

— C'est qu'il s'agit de nous débarrasser du comte, ici, à l'instant même. »

Il est probable que si Raflard avait pu entendre cette proposition, il eût opéré une retraite prudente. Mais, nous l'avons dit, il ne comprenait pas un mot d'anglais.

« C'est trop fort pour moi, ce que vous me proposez là, sir Warburton.

— Parce que vous êtes un lâche.

— Un lâche !... ne répétez pas ce mot-là.

— Me promettez-vous de protéger notre fuite ?

— Oui, répondit Golderik, chez qui le ressentiment ne durait pas longtemps et surtout ne pouvait tenir devant quelques livres que venait de lui remettre Warburton.

— Raflard, nous sommes dans un guêpier, en face de vous est le comte ; il est probable qu'il est venu ici dans la même intention que nous, et qu'en sortant nous allons être obligés de jouer des jambes et du couteau.

— Genre de divertissement, répondit Raflard qui n'est pas agréable, mais si on ne peut pas faire autrement, à la guerre comme à la guerre.

— Nous allons marcher droit sur les deux hommes qui nous font face, continua Warburton, autant que possible tâchons de les assommer avec les cruches d'étain. »

Warburton fit la même recommandation à Golderik, mais celui-ci qui avait en poche tout ce qu'il pouvait espérer, se souvint alors que Warburton l'avait appelé lâche un instant avant, et refusa de nouveau de marcher sur un ami.

Raflard comprit à la mimique ce qui se passait.

« En avant ! » dit-il, et sortant de table, une cruche à la main, il s'élança vers celle où se tenaient le comte et Lauters.

Le choc fut terrible. Raflard avait presque brisé la tête de Lauters avec sa cruche. L'homme tomba à terre, en poussant un juron terrible ; Raflard, sans pitié pour un homme à terre, lui donna un coup de talon dans la poitrine.

Il avait fallu toute l'autorité morale que le detective avait sur les deux agents français pour que ceux-ci ne se fussent pas levés de table aux premiers coups.

Warburton qui suivait Raflard, s'élança sur le comte, mais une table le séparait de lui.

« Vous projetiez ma mort, lui cria-t-il.

— Et vous mon assassinat, » répondit le comte.

Warburton bondit sur la table comme eût pu le faire un tigre, et voulut frapper le comte ; celui-ci évita le coup, puis tirant un long poignard il se mit sur la défensive.

« Au poignard ! soit, » dit Warburton qui tira le sien à son tour.

Les deux combattants étaient serrés entre le mur et la table. Ce combat qui avait presque lieu dans l'obscurité, avait quelque chose de fantastique.

« Touché ! cria le comte.

— Ce n'est rien, » dit Warburton qui porta un coup terrible au comte ; il dut l'atteindre en pleine poitrine, car celui-ci tomba à terre.

Il se cramponna probablement aux jambes de Warburton, car celui-ci tomba également, alors sous la table eut lieu une lutte terrible. Le comte essayait dans un dernier effort d'arracher la vie de son adversaire.

« A moi ! » cria Warburton.

Raflard, qui avait réussi à mettre son homme hors de combat, voulut s'élancer vers les combattants, mais il rencontra devant lui Golderik.

« Laissez faire, » dit celui-ci.

Raflard comprit à peu près que celui-ci voulait l'empêcher d'aller au secours de son ami, il se rappela alors son fameux coup de tête qui avait été si funeste à Rapin, mais cette fois, il accompagna son coup de tête d'un coup de poignard. L'homme alla rouler au loin ; un jet de sang s'échappa de sa poitrine ; sous la table, la lutte avait cessé, Warburton et le comte s'étaient tués.

Ceci s'était passé en moins de temps que nous n'en avons mis pour l'écrire.

« A vous maintenant ! » dit le detective à ces deux agents, ainsi que pourrait le dire un valet de chasse à ses dogues.

Tous deux s'élancèrent de table et coururent à Raflard.

« Fuyez ! lui dirent-ils.
— Mais où ?
— Suivez-nous, dirent les deux agents ; vous avez par un coup de maître sauvé l'honneur de la France. »

Et avant que Raflard ait pu se reconnaître, Juibraide et Verchoux avaient pris chacun sous un bras Raflard, et se mirent à suivre au pas gymnastique le detective qui courait devant eux.

Il était neuf heures et demie, quand ils arrivèrent sur le bord de la Tamise.

La cloche du bord tintait le dernier appel.

Raflard essoufflé tenait à peine debout ; Verchoux suait à grosses gouttes ; seul Juibraide ne paraissait pas fatigué ; ils virent l'agent leur faire un signe d'adieu.

Raflard tomba presque sur le pont ; Juibraide appela un matelot pour l'aider à descendre son nouvel ami dans une cabine ; pendant ce temps, Verchoux était allé trouver le capitaine pour se faire reconnaître.

Juibraide avait peine à se contenir ; le mal de mer qui s'empara de Raflard les aida un peu, en leur permettant de ne donner aucune explication sur la conduite qu'ils avaient tenue.

Enfin vers deux heures du matin, Raflard qui se trouvait mieux demanda à ses prétendus sauveurs où ils le conduisaient.

« Nous allons en France ! dirent ceux-ci.

— En France ! mais je ne tiens pas à y aller ! Vous me tirez d'un guêpier pour me fourrer dans un autre.

— Vous êtes en sûreté avec nous.
— Mais qui êtes-vous ?
— Vos sauveurs. »

Ce fut tout ce que Raflard put tirer des agents, qui tout en paraissant sommeiller ne le perdaient pas de vue.

A huit heures du matin, on signala les côtes de France ; Raflard qui avait une figure des plus renfrognées voulut monter sur le pont ; mais Juibraide se plaça entre lui et la porte de sa cabine.

« La comédie est finie, lui dit-il ; vous êtes ici dans les eaux de France, au nom de la loi, je vous arrête. »

Raflard éprouva un tel saisissement en entendant cette déclaration qu'il manqua de se trouver mal.

Il y avait quarante-huit heures seulement qu'il était parti de France, et cette fois il rentrait en prisonnier. A partir de ce moment, on ne put tirer de lui aucune parole ; deux heures après il partait pour Paris en compagnie des deux agents.

X

Deux hommes aux prises.

Varambert était toujours sous le coup de la lettre qu'il avait reçue ; il se demandait avec terreur si Molianof et Berjaud étaient sortis du tombeau, et pourquoi, s'ils vivaient, leur existence ne se révélait qu'après un si long temps. De même que la précédente, cette lettre n'était pas signée ; mais grâce à Curchello, il en connaissait l'auteur, et il se demandait comment il se faisait que ce Pied-de-Fer, qu'il ne connaissait pas, fût mêlé à toute cette affaire. C'est sans doute ce que se demande également le lecteur, et ce que nous allons expliquer.

Pied-de-Fer, dans sa retraite au pied des Pyrénées, s'était contenté d'abord d'une modeste chaumière dont il avait fait l'acquisition. Dès les premiers jours, dans ses longues promenades, il avait fréquemment rencontré une dame d'un âge avancé, qui accompagnée d'une femme de chambre parcourait d'un pas ferme encore ce sol tourmenté, et semblait rechercher les sites où lui-même se plaisait le plus.

D'abord on avait échangé quelques paroles de simple politesse ; puis l'habitude de se voir avait rendu les deux promeneurs moins réservés, aux entretiens futiles avaient succédé d'agréables conversations, et au bout d'un certain temps l'inti-

Il s'enveloppa d'un drap mouillé.

mité s'était établie. Pied-de-Fer avait plusieurs fois reconduit la dame solitaire jusqu'au château qu'elle habitait; elle-même s'était souvent reposée dans la chaumière de son compagnon de promenade. L'hiver vint; les rencontres furent plus rares et la marquise de Merval, — c'était le nom de la dame solitaire, — s'en affligea.

« Comme moi, vous aimez la solitude, dit-elle un jour à Pied-de-Fer; eh bien, mon cher voisin, soyons seuls à deux. Il y a au château un charmant pavillon; venez l'habiter. Vous y jouirez de la plus entière liberté; vous y vivrez en sybarite ou en anachorète, comme il vous plaira. Chacun de nous conservera l'indépendance la plus absolue. Point d'étiquette, point de gêne. »

Pied-de-Fer avait pu apprécier l'esprit distingué de la marquise. Cette femme avait dû être belle autrefois, et le feu de son regard, quand elle s'animait, les rides profondes qui sillonnaient son visage, annonçaient assez clairement que de violentes passions ou de longs et cuisants chagrins l'avaient fait renoncer au monde. Pourtant il hésita, le vieux routier; il semblait craindre de se rattacher à la vie; mais Mme de Merval insista avec tant de bonne grâce, qu'il finit par se rendre; les liens d'amitié se resserrèrent.

La marquise recevait fréquemment des lettres de Paris; parfois elle se montrait joyeuse de leur contenu; mais le plus souvent elle s'en affligeait; alors elle devenait expansive, et elle disait volontiers les causes de son mécontentement. Pied-de-Fer sut ainsi que la sœur de Mme de Merval, beaucoup plus jeune que cette dernière, avait épousé le comte de Quérens alors ministre de France en Toscane; que les deux époux ne vivaient pas en bonne intelligence; que M. de Quérens était un joueur effréné, et qu'il s'en fallait de beaucoup que la comtesse fût exempte de reproche. Il sut encore que Mlle Ida de Quérens, élevée par la marquise, sa tante, qui la chérissait, était sur le point d'épouser un attaché d'ambassade qu'elle aimait, et que la jeune fille s'effrayait de la faveur dont jouissaient près de ses parents certains personnages qui se posaient en prétendants.

Enfin un jour, après avoir lu une lettre de sa nièce, Mme de Merval s'écria :

« Je ne sais pourquoi ce baron de Varambert m'inspire tant d'aversion.... J'ai le pressentiment que sa liaison avec M. de Quérens sera fatale à ma chère Ida, et j'en mourrai de douleur. »

Ces paroles firent sortir Pied-de-Fer de sa réserve ordinaire.

« Pardonnez-moi une indiscrétion, dit-il; vous avez dit Varambert, je crois?

— Oui, mon cher voisin; c'est le nom d'un jeune médecin naguère pauvre comme Job, et qu'un héritage tout à fait inattendu a fait riche subitement.

— Varambert!... Varambert, répéta Pied-de-Fer : un héritage inattendu.... Oui, ce doit être lui. Rassurez-vous, madame, c'est un serpent dont je puis neutraliser le venin. Donnez-moi, je vous en prie, quelques instructions ; je vais me rendre à Paris, et je jure qu'il ne se fera, chez le comte, votre beau-frère, rien qui puisse vous affliger. »

Mme de Merval fut saisie de surprise ; son hôte si calme d'ordinaire venait de se transformer subitement.

« C'est votre faute, madame, reprit-il en voyant l'effet produit par ses paroles : j'avais conscience de l'inutilité dans laquelle j'étais tombé, de mon impuissance ; et voilà qu'un mot de vous a suffi pour me faire sortir de l'engourdissement moral qui s'était emparé de moi et pour montrer que je puis encore être bon à quelque chose dans ce monde auquel j'avais renoncé.... La haine instinctive que vous ressentez pour ce Varambert, il la mérite, et ce n'est pas sans raison que vous vous êtes effrayée de ses tentatives pour être accueilli dans votre famille. Mais, je le répète, je briserai les liens qu'il y a pu former ; je veillerai sur votre chère nièce, sur tous ceux qui vous sont chers, et en cela je n'obéirai pas seulement à la sympathie que vous avez si généreusement fait naître dans mon cœur ; c'est un devoir que je remplirai.

— Merci, merci, mon cher hôte ! Puisque vous voulez veiller sur ma chère Ida, je vais vous en faciliter le moyen. J'ai longtemps demeuré à Paris, dans l'hôtel de M. de Quérens, mon beau-frère ; mais la bonne intelligence entre lui et moi ayant cessé d'exister pour des raisons qu'il est inutile de mentionner, j'achetai la maison voisine de l'hôtel, et je m'y installai. Je n'avais d'autre but en agissant ainsi que d'être voisine de ma sœur qui avait, hélas ! grand besoin de mon appui, et de ma chère Ida, qui était alors âgée de douze ans, et que je n'avais pas quittée un seul jour depuis qu'elle était née. Les jardins des deux habitations n'étaient séparés que par un mur mitoyen, garni des deux côtés d'une épaisse charmille. Une porte secrète parfaitement dissimulée fut pratiquée dans ce mur, et, ma sœur et moi, nous pûmes continuer à nous voir fréquemment, soit que je me rendisse à certaines heures dans le jardin de l'hôtel, soit qu'elle pénétrât dans le mien. Cette maison, dans laquelle j'ai passé plusieurs années, est maintenant complétement inhabitée, et convenablement meublée. En voici les clefs. Cette habitation est et restera à votre disposition tant que vous le voudrez.... Oh! ne refusez pas, je vous en prie ; je souffrirai moins en vous sachant voisin de ma bonne Ida, qui, dans la dernière lettre, témoignait d'une vive agitation dont je ne devine que trop la cause.... Et si j'osais vous offrir de vous être en aide d'une autre manière....

— Merci, merci, madame, j'accepte cette seconde hospitalité que vous m'offrez, parce qu'elle m'aidera à remplir la mission que je me suis donnée ; soyez, je vous prie, tranquille pour tout le reste. Ce n'est pas la pauvreté qui, deux fois, m'a fait renoncer au monde dans lequel je vais reparaître ; et, sur quelque coin du monde où le hasard puisse me pousser, l'or ne me manquera pas. »

Un geste de surprise échappa à Mme de Merval; Pied-de-Fer sourit, et, sans autres préparatifs, sa valise sous le bras, il se mit en chemin vers Bagnères d'où, deux heures après, une chaise de poste l'emportait vers Paris.

Cependant Varambert s'était promptement remis de la terreur que lui avait causée la lettre qu'il venait de recevoir.

« Vous dites que cet homme-là est fort, mon cher chevalier, dit-il à Curchello, et voilà que tout d'abord il me laisse voir dans son jeu ; c'est à ma bourse qu'il en veut.

— Baron, répondit le grec, vous êtes riche, je le sais ; eh bien, vous lui offririez la moitié de votre fortune qu'il ne se baisserait pas pour la ramasser.

— Et vous avez commis la faute de vous brouiller avec ce Crésus? cela tient du prodige.

— C'est au contraire très-simple : il était riche, et je voulais le devenir, voilà tout le mystère.

— Mais, si la fortune l'a si bien traité, pourquoi se cache-t-il ?

— Cher baron, il y a à ce *pourquoi* une foule de *parce que*....

— Que vous savez?

— Et que je ne veux pas dire.

— Comment ! à moi ?

— Pas plus à vous qu'à tout autre ; mes principes s'y opposent formellement.

— Vous aimez mieux qu'on les devine ; eh bien, nous tâcherons de deviner. En attendant, le meilleur moyen de se faire poursuivre étant de fuir, j'irai trouver ce matamore.... s'il est trouvable.

— Bonne chance, mon cher baron. »

Et rompant ainsi brusquement l'entretien, Curchello prit son chapeau et sortit.

« Voyons, se dit Varambert, il me semble qu'il y a bien longtemps que je n'ai fait visite à notre ami de la rue de Jérusalem ; c'est un tort qu'il faut s'empresser de réparer, car jamais je n'ai eu plus grand besoin d'être bien en cour de ce côté-là. »

Sur ce, le riche docteur poussa les verrous de sa porte, et tira de son armoire secrète le précieux registre dont nous avons déjà parlé.

« Voyons, dit-il en le feuilletant.... Ah ! voici :

« Le caissier du banquier Heurtmann a disparu, en laissant dans sa caisse un déficit de deux millions. Voilà ce que croit l'autorité, qui fait rechercher cet audacieux voleur. La vérité est que ce brave caissier a partagé ces deux millions avec son patron, et qu'il s'est embarqué tranquillement pour le Brésil, pendant que le banquier déposait son bilan. »

— Que ferais-je de cela ? c'est de la pâture de police ; cela ne mérite pas d'être mis en réserve.

Et cet autre :

« Hier, 25 mai, le célèbre docteur Bartenion ayant surpris sa femme en flagrant délit, lui a cassé les deux bras à coups de canne. La malheureuse est morte le lendemain, et l'acte mortuaire porte qu'elle a succombé aux suites d'une fausse couche. L'autopsie prouverait clairement qu'elle n'a jamais été enceinte, et que ses bras sont brisés. »

— Encore de la pâture pour notre ami qui veille avec tant de sollicitude dans l'intérêt des bonnes mœurs.... Ah! s'il pouvait mettre le nez dans ce livre ! que de friands morceaux il happerait !... Cher ami, vous vous contenterez du menu. Les gros crimes ignorés sont ma force, ma puissance. Il n'est pas un danger dont ces précieuses notes ne puissent me tirer, pas une porte qu'elles ne puissent me faire ouvrir. Qu'ai-je à craindre, alors que de tant de personnages je puis faire mes tributaires ? Arrière donc, ce Pied-de-Fer et ses semblables qui se traînent dans de misérables sentiers battus, et que d'un souffle on peut faire disparaître. »

Varambert transcrivit alors sur des feuillets volants les deux faits mentionnés plus haut et plusieurs autres du même genre, puis il sortit de chez lui, sauta dans un coupé non armorié, et se fit conduire à la préfecture de police.

« Que devenez-vous donc, monsieur de Varambert ? dit le personnage auquel il se présenta ; il y a un siècle qu'on ne vous a vu dans nos parages.

— C'est que ce n'est pas chez vous, grands fonctionnaires, qu'il faut venir pour voir et savoir.

— Ah ! voilà une grosse hérésie ; tout le monde ne sait-il pas que nos gens ont des yeux au bout des doigts.

— Il faut croire alors qu'ils mettent bien souvent leurs mains dans leurs poches.

— Trouveriez-vous mieux qu'ils les missent dans celles d'autrui ?

— Cela ne leur ferait pas voir plus clair.

— Tout le monde, baron, ne saurait avoir votre regard d'aigle.... Je parierais que vous apportez quelques bonnes choses, comme toujours.

— Peuh ! des friandises qui ont au moins le mérite d'être toutes fraîches. Lisez.

— Pardieu ! fit le personnage après avoir lu, ce Heurtmann est un habile coquin ! Croiriez-vous qu'il a promis trois mille francs de gratification aux agents du service de sûreté qui arrêteraient son caissier, et qu'il a déposé cette somme au parquet !... Bien joué, n'est-ce pas ?... Bien, bien ! Notre pistolier de la salle Saint-Martin ne va pas manquer de pensionnaires.... Mais de grâce, cher baron, ne vous faites donc pas si rare ; nous n'avons jamais eu plus grand besoin de vous : les grands voleurs vont tête levée ; on tue en plein jour dans les rues de Paris.

— C'est que, comme toujours, quand les chats dorment, les rats dansent. Vous ne vous occupez pas assez des vieux chevaux de retour, qui font école. Ainsi, il y a un certain Pied-de-Fer....

— Il a reparu, nous le savons ; on le cherche.

— Et moi je l'ai trouvé.

— Bonne trouvaille ! Savez-vous qu'on a promis, en haut lieu, dix mille francs à qui le livrerait ?

— Ah fi ! Ce n'est pas à moi qu'il faut parler d'argent. Que votre respectable administration me protége contre mes ennemis, si j'en ai ; et qu'elle m'accorde toujours son appui quand j'en aurai besoin, et qu'elle me laisse opérer à ma manière sans suspecter jamais les moyens que j'emploierai, quelque étranges qu'ils puissent paraître, je n'en demande pas davantage pour me tenir toujours à ses ordres. D'argent, pas un mot, jamais.

— Et vous êtes sûr de tenir ce Pied-de-Fer ?

— Je suis sûr que vos agents le prendront sans difficultés, quand ils sauront que presque tous les soirs il s'introduit, par une porte secrète, dans le jardin de l'hôtel de Quérens.

— Fort bien !... Quant à la protection que vous réclamez, soyez assuré que tout le monde ici est à votre service, et qu'il ne ferait pas bon de s'attaquer à votre personne. »

Varambert se retira très-satisfait.

« Que ce Pied-de-Fer, s'il sait quelque chose, ose donc me dénoncer maintenant, pensait-il ; mais non, il ne sait rien. Il est probable que, passant à Bagnères, le hasard l'aura fait loger dans l'hôtel où j'ai demeuré avec Molianof et Berjaud. La mort du boyard et la disparition de son ami ne pouvaient manquer d'occuper quelque temps les oisifs ; on aura fait de cela une sorte de légende que Pied-de-Fer aura entendu raconter, et dont il tente aujourd'hui de tirer parti. Mais les preuves, les preuves, imbécile, tu les chercherais en vain. »

XI

Projets de fuite.

Varambert venait de rentrer chez lui, lorsque Carlo vint lui remettre les cartes de deux personnes qui demandaient à lui parler. Le baron jeta les yeux sur ces cartes.

« M. de Frangy.... le comte de Julian.... Je ne les connais pas. Fais entrer. »

Aussitôt deux jeunes hommes de bonnes manières parurent et saluèrent courtoisement.

« Monsieur le baron, dit l'un d'eux, M. de Barno, attaché d'ambassade, se tient pour offensé de certaines paroles par vous prononcées lors de votre dernière visite à Mme la comtesse de Quérens, et nous venons de sa part vous prier de nous faire connaître vos témoins, afin que nous puissions nous entendre avec eux à ce sujet.

— Très-bien, messieurs; j'aurai l'honneur de vous envoyer aujourd'hui même deux de mes amis, et il ne tiendra qu'à vous que cette affaire se termine avant la fin du jour. Rien n'est aussi désagréable, selon moi, en pareille matière, que les lenteurs. Nos pères n'y faisaient point tant de façons : on se rencontrait l'épée au côté, et au premier endroit venu on se mettait en garde; c'était vraiment le bon temps. »

Les deux jeunes gens saluèrent de nouveau, et se retirèrent.

Le baron n'était point lâche; loin de lui déplaire, cette affaire lui sourit; il n'y vit que l'occasion de se débarrasser promptement d'un rival dangereux.

« D'abord, se dit-il, parlant à demi-voix en se promenant à pas lents dans sa chambre, quoi qu'il puisse arriver, je n'accepterai pas d'autre arme que l'épée : c'est celle des vrais gentilshommes.... Je ne suis pas très-fort sur l'escrime; ce petit diplomate peut me tuer; mais il lui faudrait pour cela me frapper en pleine poitrine, ce qui est fort difficile quand on a affaire à un homme qui sait s'effacer et tenir à son adversaire la pointe au corps, tandis que pour le tuer, il me suffira, à moi, de lui faire une égratignure.... »

Puis s'animant à la pensée de ce succès, il continua à haute voix :

« Que faut-il, pour cela? un atome de poison à la pointe de mon épée... Vrai Dieu! ces sauvages ont du bon; il n'est pas un de nos plus habiles chimistes qui ait pu trouver un toxique aussi puissant que celui avec lequel ils empoisonnent leurs flèches. Sauvage, l'homme civilisé est ton inférieur; s'il t'enseigne à vivre, tu lui enseignes à tuer; merci! »

Pendant que les témoins du jeune attaché d'ambassade étaient en conférence avec Varambert, Curchello s'était présenté chez le baron, et Carlo l'avait fait entrer dans le cabinet de toilette de son maître, en attendant que les témoins de Barno se fussent retirés. Là, le grec avait entendu tout le monologue du baron, après quoi il sortit par l'escalier de service, et entra familièrement dans la chambre de Varambert, comme il en avait l'habitude.

« Parbleu! chevalier, dit ce dernier, vous arrivez à propos; j'allais me rendre chez vous.

— Qu'y a-t-il donc de nouveau, mon cher baron?

— Oh! mon Dieu, une chose toute simple : je me bats demain, peut-être même aujourd'hui, et j'ai pensé que vous voudriez bien être un de mes témoins. »

Le grec savait parfaitement de quoi il s'agissait, puisqu'il avait entendu tout ce qui venait de se passer, y compris le monologue de son ami le baron.

« Je suis tout à votre disposition, et j'aime à croire que vous n'en avez pas douté un instant.... Est-ce bien grave?

— Assez pour que j'aie le plus grand désir de tuer mon adversaire.

— Qui s'appelle?

— M. de Barno, ce petit diplomate en herbe, qui a la prétention d'épouser Mlle de Quérens.

— Et c'est lui qui demande....

— Réparation par les armes, à propos de je ne sais quelles paroles que j'aurais prononcées chez ma future belle-mère, et dont je ne me souviens pas plus que de mes premières guêtres.

— Hum! il est rageur, le petit : règle générale, il faut jouer serré avec ces pratiques-là.

— Sur mon âme, chevalier, cela ne m'émeut pas le moins du monde; tâtez-moi le pouls. »

Le chevalier lui prit le bras, et compta les pulsations.

« Soixante-cinq, dit-il; c'est parfaitement normal.

— Eh bien! cher ami, il en sera de même sur le terrain; seulement, je dois vous dire que j'accepte toutes les conditions qu'on voudra proposer; mais que je ne veux pas d'autres armes que l'épée.

— Vous avez raison, mon cher baron : la balle est folle et l'épée est sage.

— Sur ce point, vous ne céderez rien.

— C'est entendu.

— Et vous insisterez, je vous en prie, pour que cela ne traîne pas en longueur.

— D'autant mieux que cela me serait aussi désagréable qu'à vous.

— Maintenant, mon cher chevalier, rendez-moi le service de trouver un autre témoin. Tenez, voici les cartes de ceux de mon adversaire. »

Curchillo prit les cartes, et sortit.

« Diable! fit-il quand il fut dehors, il me semble que les cartes se brouillent furieusement.... Et ce cher baron s'imagine que je vais, de gaieté de cœur, me fourrer dans ce guêpier!... Il n'en sera rien, s'il vous plaît. Aller passer un ou deux mois sous les verrous pour avoir assisté à un duel, passe, quoiqu'il soit fort désagréable d'être entre quatre murs, ayant dans ses poches des cartes mirobolantes auxquelles on est contraint de refuser le service; mais un duel frauduleux.... une épée empoisonnée, c'est jouer trop gros jeu sans avoir la certitude de gagner.... Votre second témoin, baron, est tout trouvé; ce sera le petit Émile Berlion qui est si impatient de faire ses premières armes.... Et il ne les fera point, car les épées ne se croiseront pas. — Je serais, pardieu! bien sot de ne pas saisir l'occasion qui se présente de me mettre à l'abri du danger dont je suis menacé. Pied-de-Fer, aussi bien que moi, doit être disposé à jeter au vent toutes ses vieilles rancunes; mais où le trouver?... Ah! si la gentille Ida à laquelle il fait, paraît-il, de mystérieuses visites, voulait me le dire! Essayons. »

Et l'habile grec se dirigea vers l'hôtel de Quérens, où tout était en émoi quand il y arriva : le comte partait pour son ambassade; tout le monde était sur pied, à l'exception de Mme de Quérens, retenue dans sa chambre par une grave indisposition. Il fut facile à Curchello, au milieu du mouvement qui se faisait dans la maison, de s'approcher d'Ida, et de lui souffler ces mots :

« De grâce, un entretien de quelques secondes. M. de Barno est en danger, et vous seule pouvez le sauver. Je vous attends au jardin.

— Au jardin, dans un instant, » dit la jeune fille alarmée.

Cinq minutes après, Ida et Curchello se rencontraient près du bosquet de lilas où Mlle de Quérens se sentait instinctivement plus en sûreté que partout ailleurs.

« Qu'est-il donc arrivé, mon Dieu? demanda la pauvre enfant tremblante.

— Pardon, mademoiselle; je vais vous paraître bien indiscret; mais la gravité des circonstances me fait passer sur cette considération : vous recevez parfois, ici même, à la place où nous sommes en ce moment, la visite d'un personnage auquel, dans votre intérêt, et dans le sien, j'ai à faire des communications de la plus haute importance; dites-moi, de grâce, où je puis le trouver.

— Mais vous me parliez tout à l'heure de M. de Barno?

— C'est, en effet, de lui qu'il s'agit particulièrement; sa vie est sérieusement menacée.

— Oh! mon Dieu!

— Avec mon aide, votre mystérieux ami peut le sauver; mais où le trouver?

— Ici, peut-être.

— Ici? dit Curchello en regardant autour de soi; il sort donc de dessous terre?

— Je ne sais, » répondit Ida qui avait à peine conscience de ce qui se passait autour d'elle, tant les premières paroles du grec l'avaient effrayée.

Et se souvenant subitement d'une recommandation que Pied-de-Fer lui avait faite pour le cas où elle aurait besoin de lui, elle frappa trois fois ses mains l'une contre l'autre. Deux minutes après le feuillage du bosquet s'agita et Pied-de-Fer parut.

« Maître, dit Curchello en se découvrant, me reconnaissez-vous?

— Parfaitement, répondit le vieux routier qui ne put cacher la surprise qu'il éprouvait. Est-ce moi que vous cherchez?

— Vous-même, maître.

— Est-ce que, par hasard, le diable ne voulant pas de votre maîtresse, la marquise de Gastelar, nous l'aurait remise sur les bras?

— Ne parlons pas du passé, je vous en prie; c'est du présent que j'ai à vous entretenir, et, dans un instant, j'en suis sûr, vous vous féliciterez de m'avoir entendu.

— Parlez donc. »

Curchello fit quelques pas vers le fond du jardin; Pied-de-Fer l'y suivit, et tous deux s'arrêtèrent en même temps.

« Monsieur, dit le grec quand ils furent assez éloignés d'Ida pour qu'elle ne pût les entendre, vous êtes ici la providence de deux enfants qui s'aiment; je l'ai deviné.

— Pas de précautions oratoires; au fait.

— M'y voici : M. de Barno, qui était naguère le fiancé de Mlle de Quérens, a provoqué le baron de Varambert; ils doivent se battre ce soir ou demain. Je serai un des témoins du baron....

— C'est peu rassurant; mais que puis-je faire à cela?

— Vous pouvez, maître, empêcher un assassinat, et, le pouvant, vous serez heureux de le faire, car, comme moi, je n'en doute pas, vous avez renoncé à ces luttes sauvages d'un autre temps.

— Tout cela est bien vague, dit Pied-de-Fer en fronçant le sourcil.

— Si vous voulez m'accorder un peu d'attention, je vais être plus explicite.

— Je vous écoute.

— Le sujet de la querelle, je viens de le dire, est Mlle de Quérens, dont la main, promise d'abord à M. de Barno, l'est maintenant au baron de Varambert. L'arme sera l'épée, et l'épée du baron sera empoisonnée.

— Et vous avez consenti à être le témoin de cet homme?

— Maître, si vous vouliez vous souvenir, vous reconnaîtriez qu'il est des besoins de situation....
— Oui, je sais cela. Ensuite?
— J'avais depuis longtemps le désir de vous voir et d'implorer de vous l'oubli du passé ; aujourd'hui, sentant que je puis vous être utile, je n'ai plus hésité, et me voici. Maintenant, quelques détails : le poison choisi est le même, avec lequel certaines peuplades sauvages empoisonnent leurs flèches ; il n'en existe pas de plus violent : la piqûre d'une épingle trempée dans ce toxique suffit pour tuer un homme, de sorte que la moindre égratignure que recevrait M. de Barno serait mortelle ; il faut donc absolument empêcher que les fers se croisent.
— Ils ne se croiseront pas, dit brièvement Pied-de-Fer. Le lieu, l'heure du rendez-vous ?
— Demain matin, à huit heures, combattants et témoins se rendront près de la mare d'Auteuil ; de là, on entrera dans le fourré pour s'arrêter à la première clairière convenable.
— Cela suffit.
— Encore un mot, maître : permettez-moi de ne plus voir en vous un ennemi, et de compter sur mon entier dévouement.
— Je promets de ne pas chercher à vous faire le moindre mal ; le temps pourra faire mieux, et je souhaite qu'il le fasse. C'est assez pour cette fois ; il ne faut pas qu'on nous voie ici. »
Curchello se retira à moitié satisfait : Pied-de-Fer n'avait paru croire que bien médiocrement au retour au bien de cet homme qui, sous le nom de Henri, avait été autrefois l'âme damnée de la marquise de Gastelar. Mais il avait promis de ne pas lui nuire, et cela suffisait à le rassurer ; et ce fut d'un pas allègre qu'il alla remplir la mission dont Varambert l'avait chargé.

Pied-de-Fer rejoignit Ida.

« Ma chère enfant, lui dit-il, j'ai promis de veiller sur vous, de vous défendre ; mais les choses ont tourné de telle sorte que ma présence ici, bien qu'à peu près occulte, est devenue un danger de plus pour vous : avant de partir, M. le comte a donné à madame votre mère pleins pouvoirs de disposer de votre personne, et par malheur Mme la comtesse, par suite de circonstances que je ne puis dire, se trouve être à la discrétion absolue du baron de Varambert ; il n'y a qu'un moyen de vous soustraire aux entreprises de cet homme : consentez à me suivre dans la retraite sûre que je vous ai choisie.
— Sans l'aveu de ma mère ?
— Il faut qu'elle ignore complétement le lieu de votre retraite. Je le répète : Mme de Quérens ne s'appartient plus ; Varambert l'a enlacée dans un réseau d'intrigues inextricables. Je romprai certainement ces liens ; mais il faut un certain temps pour réduire ce misérable à l'impuissance,
et il ne lui faudrait peut-être que la moitié de ce temps pour obliger votre mère à vous jeter dans ses bras.
— Quitter ma mère ; la fuir.... Oh ! non, jamais !
— Une autre mère vous attend près de laquelle vous n'aurez rien à redouter.
— Ma bonne tante de Merval ?
— Elle-même. Mais, je le répète, il faut que Mme la comtesse ignore tout cela ; c'est à cette condition expresse que le succès est assuré, et que les projets de Varambert seront déjoués ; c'est à cette condition que M. de Barno restera votre fiancé, et qu'il sera bientôt votre époux. »

Ida était tremblante, des larmes roulaient sur son visage ; elle se disait que s'enfuir ainsi de la maison paternelle était une faute énorme, presque un crime ; mais fallait-il donc qu'elle fît le sacrifice du bonheur de toute sa vie ? Cet homme qui voulait la sauver n'était-il pas le mandataire de sa tante qui l'avait élevée et qui l'aimait comme son enfant ?

« Et M. de Barno, demanda-t-elle en baissant les yeux et rougissant bien fort, saura-t-il où je serai ?
— Il saura que vous êtes en sûreté, que vous l'aimez toujours, et il vous écrira certainement si, de la part de Mme votre tante, je puis lui en donner la permission.
— Eh bien, le sort en est jeté : je me mets sous votre garde et sous celle de Dieu.
— Merci ! dit Pied-de-Fer. Demain, à la fin du jour, je vous attendrai à l'endroit où nous sommes en ce moment. Ne vous préoccupez de rien : une berline de voyage nous attendra, et dans deux jours vous serez près de Mme de Merval. »

Pied-de-Fer eût bien voulu demeurer près d'Ida, car la résolution de la jeune personne lui semblait encore chancelante ; mais la nuit était venue, et il avait hâte de se préparer au rôle qu'il devait jouer le lendemain dans le duel de Varambert avec le jeune attaché d'ambassade, et il prit congé d'Ida après lui avoir recommandé de nouveau de garder le silence sur tout ce qui venait de se passer entre eux.

XII

L'épée empoisonnée.

Curchello n'avait pas perdu un instant, et les conditions du combat avaient été promptement réglées.

« Maintenant, se disait le grec en se rendant à la mare d'Anteuil, que Varambert se tire de là comme il voudra; quoi qu'il arrive, je ne puis que retomber sur mes pieds. Ce n'est pas ma faute s'il se met les pieds dans un bourbier, car depuis quelque temps le succès semble l'avoir grisé; il s'abstient de me demander conseil, et il se refroidit sensiblement à mon endroit. Pauvre fou! j'en ai tant vu se noyer ainsi!... Pied-de-Fer, lui, ne me repoussera pas; malgré la froideur apparente avec laquelle il a accueilli mes offres de service, je suis sûr qu'il a su m'apprécier autrefois, et la nouvelle preuve que je lui donne aujourd'hui de mon savoir-faire ne sera probablement pas perdue. »

A une portée de fusil de la mare d'Auteuil, il fit arrêter la voiture de place qu'il avait prise, et le cigare aux lèvres, il s'avança pédestrement vers le lieu de rendez-vous, où les cinq autres acteurs du drame qui se préparait arrivèrent presque aussitôt que lui. Les deux partis se saluèrent silencieusement, puis, d'après le programme dressé par Curchello et adopté par tous, on s'enfonça dans les profondeurs du bois.

« Voici un endroit charmant, dit au bout de quelques instants le grec qui ouvrait la marche; l'espace n'est pas grand; mais le terrain est uni, la mousse est sèche et solide au pied. »

Tous s'arrêtèrent; les deux adversaires mirent habit bas; les témoins mesurèrent les épées et les remirent aux combattants qui tombèrent en garde aussitôt; mais une minute auparavant Curchello avait vu le baron qui, de la main droite tenait la garde de son épée dont il passait la lame dans sa main gauche comme pour s'assurer de sa flexibilité.

— Le poison y est! » se dit Curchello.

Prompt comme l'éclair, il bondit vers les deux adversaires, et du bout de sa canne relevant les armes, s'écria :

« Messieurs, nous avons oublié de tirer les places au sort, formalité d'autant plus indispensable que le soleil semble disposé à percer les nuages qui le couvrent. »

Et tirant de sa poche une pièce de cinq francs, il la jeta en l'air.

— Pile! dit Varambert.

— Elle est face, dit le grec en relevant la pièce, à vous le choix, monsieur de Barno.

— Je reste où je suis, répondit le jeune diplomate.

— Et Pied-de-Fer qui ne paraît pas, » se dit mentalement Curchello.

Au même instant un bruissement s'éleva du milieu des broussailles, et un homme s'avança, c'était un gendarme!

« Au nom de la loi, messieurs, cria ce dernier, je vous somme de mettre bas les armes, et je vous déclare procès-verbal, le flagrant délit étant constant.

Le grec laissa échapper un soupir qui le soulagea immensément : dans ce personnage il venait de reconnaître Pied-de-Fer.

« Eh! l'ami, cria Varambert, verbalisez tant que vous voudrez, et laissez-nous tranquilles.

— Doucement, doucement, jeune homme; diable! vous le prenez bien haut avec l'autorité; faut-il donc que j'appelle le brigadier qui n'est qu'à deux pas d'ici?

— Du tout! du tout, mon brave, dit Varambert; faites seulement semblant de ne pas nous avoir vus, et passez tranquillement votre chemin. »

En parlant ainsi, il tira de sa poche une pièce de vingt francs qu'il présenta au gendarme; ce dernier tendit la main comme pour la prendre; mais cette main se détourna subitement et saisit la lame de l'épée.

« Diable! fit-il, voici de l'acier d'une drôle de trempe!... Je n'en ai vu de semblable que chez les sauvages de la Nouvelle-Hollande.... car, tel que vous me voyez, j'ai longtemps parcouru le monde.... ce qui me permet d'affirmer que la lame de cette épée est empoisonnée. »

Ces paroles produisirent le plus grand effet; Varambert faillit s'évanouir, et laissant son épée aux mains du gendarme, il alla en chancelant s'appuyer contre un arbre. Les autres se regardaient, stupéfiés par cette scène étrange.

« Messieurs, reprit le gendarme, je vois que j'ai affaire à des gens honorables, à l'exception d'un; rassurez-vous, je ne ferai point d'esclandre, à condition que nous allons nous rendre à l'endroit le plus prochain pour y rédiger un procès-verbal de tout ce qui vient de se passer, et dont chacun de nous aura une copie signée par tous. »

Cependant Varambert, par un effort suprême de volonté, était parvenu à se remettre de la secousse qu'il avait éprouvée.

« De quoi s'agit-il donc? demanda-t-il en s'approchant du groupe qui s'était formé; *sauvages, flèches empoisonnées*, que diable nous voulent ces contes de bonnes femmes hors de saison.

— Cela veut dire! répondit le gendarme qui ne s'était pas dessaisi de l'épée, que votre arme est empoisonnée. »

Et comme en ce moment un jeune chien appartenant à quelque promeneur venait de pénétrer sous la feuillée, le gendarme s'en approcha.

« Regardez tous, » dit-il.

Et de la pointe de l'épée il piqua légèrement une des pattes du chien, qui tomba aussitôt comme s'il eût été foudroyé, on voulut le relever, il était mort.

« Est-ce clair? demanda le prétendu militaire.

— Ce qui est clair, ce qui est incontestable, dit audacieusement le baron, c'est que ces épées ont été apportées par les témoins de mon adversaire, et c'est là une vérité que je les somme de reconnaître.

— Nous le reconnaissons volontiers, répondirent les amis de M. de Barno ainsi interpellés, mais il faut qu'il soit bien constaté qu'une de ces armes a passé dans vos mains.

— Messieurs, dit Curchello, il est très-possible, il est même certain pour moi, que le hasard est pour beaucoup dans cette affaire, cela s'éclaircira, je n'en doute pas; ce n'est que partie remise. Il n'a, du reste, été commis aucune espèce de délit, il n'a pas été versé une goutte de sang, et j'espère que le brave militaire qui s'est montré si à propos voudra bien ne pas donner d'autre suite à tout cela.

— Soit, dit le gendarme; mais filez vite, car le brigadier n'entendrait pas de cette oreille-là. »

Déjà Varambert avait tourné les talons et regagné sa voiture; tous les autres personnages se retirèrent fortement impressionnés par ce qui venait de se passer. Pied-de-Fer alors s'empressa de regagner l'hôtel de Quérens sans prendre le temps de quitter son déguisement, car la fin du jour était proche, et il sentait qu'Ida devait l'attendre avec impatience. Il arrive, pénètre dans le jardin par le passage secret, mais à peine s'est-il fait jour à travers la cépée de lilas, qu'il aperçoit plusieurs hommes d'assez mauvaise mine, immobiles et l'oreille tendue.

— Diable! fit-il, voici qui sent terriblement les gens de la rue de Jérusalem. »

Il eut d'abord la pensée de retourner sur ses pas; mais déjà ces hommes l'avaient aperçu; il comprit alors qu'il ne pouvait se tirer de ce mauvais pas qu'en payant d'audace, et il alla droit à eux.

« Eh bien! lui dit le premier qu'il aborda, le tenons-nous, enfin?

— Pincé! mon fiston; les pouces serrés, ficelé comme carrotte de tabac, et emballé pour la préfecture. Vous avez de la chance, vous autres; vous avez ce soir votre part de la prime, tandis que nous allons bivouaquer ici.

— Il y a donc une suite?

— C'est l'opinion du brigadier, ce qui fait que nous ne palperons le quibus que demain.

— Ça nous fera une belle jambe!... Mais c'est toujours comme ça dans la gendarmerie; à nous les atouts et aux civils les picaillons. »

Mais déjà les agents à qui il parlait ainsi ne l'entendaient plus; ils couraient tous dans la crainte d'arriver les derniers à la curée, et ils étaient déjà loin, quand Ida parut.

« Par ici, mon enfant, » dit-il en l'entraînant vers le passage secret.

A son aspect, la jeune fille avait fait un mouvement d'effroi.

« N'ayez pas peur, mademoiselle; je n'ai pas eu le temps de me procurer des papiers en règle; mais ce costume d'emprunt est le meilleur des passe-ports. Marchons vite, s'il vous plaît; la voiture nous attend. »

En effet, une berline attelée de chevaux de poste était arrêtée à la porte de l'ancienne demeure de la marquise de Merval; tous deux y prirent place, et le fouet du postillon se fit entendre. Cette fois encore Pied-de-Fer était sauvé.

Cependant les témoins de M. de Barno n'avaient pas voulu qu'on se séparât sans que le procès-verbal dont le gendarme avait parlé fût rédigé et signé, et Curchello, de peur d'éveiller des soupçons, n'osa pas combattre cette résolution; la relation de ce qui venait de se passer fut donc écrite et signée en quintuple expédition, et il fut décidé que si le baron osait faire entendre la moindre plainte, cette relation serait déposée au parquet du procureur du roi.

XIII

Séquestration.

Le duc de T.... s'était d'abord exécuté d'assez bonne grâce : il avait renoué avec la comtesse; M. de Quérens était ambassadeur, et il était à peu près sûr de pouvoir disposer du premier siège vacant au conseil d'État, mais il attendait, pour en donner avis à Varambert, que ce dernier eût rempli sa promesse de faire disparaître pour toujours cette femme dont l'existence et les révélations pouvaient lui être si funestes.

« Mais elle ne doit pas être introuvable, cette femme, se dit-il un matin, après une nuit sans sommeil, et j'ai eu tort de donner si vite satisfaction à ce petit baron qui pourrait bien, après tout, se moquer de moi. S'il est vrai qu'on ne fait bien ses affaires que soi-même, ce doit être surtout dans le cas où je me trouve. Étant donné : une femme reprise sévèrement de justice en Angleterre, quittant ce pays munie de pièces importantes qu'elle n'a pu se procurer qu'à l'amirauté ou dans quelque autre grande administration publique, est-il probable ou même possible que la dite femme ait pu se rendre à Paris sans éveiller l'attention de la police, si chatouilleuse à l'endroit des enfants d'Albion qui nous honorent de leur visite?... Je ne puis pas m'adresser au préfet, cela aurait trop de retentissement; mais il y a un office tenu par un sieur Sainte-Colombe dont j'ai entendu dire des merveilles. Si j'employais cet homme.... il doit aimer l'argent. Or, ma haute position est connue de tous; on me sait une grande

Et de ses deux mains, il le poussa dans le précipice. (Page 541, col. 1.)

fortune, dont la femme se trouvera. Quant à ce que j'en pourrai faire, j'y penserai. »

Là-dessus, le duc se leva, écrivit, et deux heures après, le patron de M. Castex qui tenait ce fameux bureau de renseignements, recevait un billet ainsi conçu :

« Le duc de T.... prie M. Sainte-Colombe, directeur de l'office de renseignements, de vouloir passer chez lui dès qu'il pourra disposer d'un instant. »

Le fonctionnaire occulte relut dix fois ce billet.

« Le duc de T..., se disait-il, un homme aussi puissant réclame nos services, et me demande !... Un moment disponible.... toujours, toujours !... Le temps de faire ma toilette, de prendre une voiture.... Fichtre ! on ne va pas à la cour les pieds crottés. »

En un instant, l'habile homme fut prêt ; le duc fut tout surpris quand on lui annonça son arrivée ; cela le mit de bonne humeur.

« Il est donc venu par le télégraphe, dit-il en riant.

— Monsieur, il est venu en fiacre.

— Pour ceux qui s'en servent, c'est à prendre note du numéro. Faites entrer. »

Et le fonctionnaire fut introduit dans le cabinet du grand seigneur.

« Cher monsieur, dit ce dernier, j'ai ouï dire beaucoup de bien de vous.

— Monsieur le duc est bien bon, dit M. Sainte-Colombe en s'inclinant.

— Je ne suis que juste ; j'aime les hommes qui montrent de la capacité, du dévouement. Asseyez-vous et causons. J'ai aujourd'hui besoin de vos services, et voici de quoi il s'agit : un de mes amis, qui est aux colonies, m'écrit qu'il a le plus grand intérêt, pour terminer d'importantes affaires de famille, de retrouver une femme nommée Julia Berthenon, née à la Martinique, qui a longtemps résidé en Angleterre ou ailleurs, et qui doit être maintenant à Paris. J'aurais pu m'adresser au préfet de police, qui dîne quelquefois chez moi ; mais j'ai mieux aimé avoir affaire à vous directement ; car vous avez intérêt à être discret.

— M. le duc me fait beaucoup d'honneur, et je ferai en sorte de m'en montrer reconnaissant.

— Croyez-vous pouvoir trouver cette femme ?

— Si elle est à Paris, je l'aurai trouvée demain.

— Oh ! je sais que vous êtes un homme habile. Il s'agirait, quand vous l'aurez trouvée, de l'amener, sous un prétexte quelconque, et sans l'effrayer, à mon petit château, près de Rueil, où je vais aller passer quelques jours.... Cela nécessitera certaines dépenses ; permettez-moi d'y pourvoir. »

Et il tira de son portefeuille un billet de mille francs, qu'il tendit négligemment à son interlocuteur, lequel se confondit en protestations de dévouement.

« Ainsi, cher monsieur, reprit le duc, je puis donc compter à la fois sur votre bon vouloir et sur votre haute intelligence ?

— Toujours, toujours, monsieur le duc.

— Et il est bien entendu que cela est exclusivement entre nous ?

— Exclusivement.

— Vous comprenez, des questions d'intérieur.... de famille....

— Oh ! parfaitement : j'ai toujours été de l'avis du grand philosophe qui a dit : « La vie privée doit être murée. »

C'était là, n'en déplaise à l'auteur de cette bourde, une grosse absurdité, une maxime d'hypocrite par excellence; c'était peut-être l'avis du duc; mais il n'en dit rien; au contraire, il appuya la proposition de toute la pesanteur de sa corruption.

« Vous êtes dans le vrai, cher monsieur, dit-il; ne vous départez pas de cela, et faites en sorte que j'aie bientôt le plaisir de vous revoir. »

M. Sainte-Colombe comprit qu'il était temps pour lui de se retirer, et il regagna son bureau les joues gonflées et le cœur allègre, se sentant grandi de dix pieds.

« Ça, messieurs, dit-il à ceux de ses subordonnés qu'il y trouva, — c'était la première fois qu'il disait messieurs, — il s'agit de prendre votre revanche de la boulette d'avant-hier et de ne pas se laisser *refaire au même*[1] comme de *simples pantres*.

— Prendre une revanche avec Pied-de-Fer ? dit un d'eux; merci !...

— Monsieur Pitard, interrompit le chef, je ne vous ai pas permis de prendre la parole; laissez votre *menteuse*[2]. »

Il fit appeler Castex son premier employé.

« Je te fais appeler, mon cher, pour te dire que le grand monde a les yeux fixés sur nous; il s'agit de montrer que nous sommes plus forts que la préfecture de police; une institution surannée, dont les agents se sont laissé rouler.

— Vous faites allusion au tour que Pied-de-Fer leur a joué il y a quelque temps chez la marquise d'Henningue.

— Précisément.

— Peut-on entrer ? » cria du dehors une voix avinée.

Cette voix qui parut causer une sensation désagréable à M. Sainte-Colombe, était celle de Pitard; Pitard était un homme précieux pour aller aux renseignements, mais il avait le défaut de boire.

« Entre, pochard ! cria M. Sainte-Colombe.

1. Duper.
2. Langue.

furieux d'être dérangé; dans quel état oses-tu te présenter devant ton chef ?

— Mon chef ! mon patron ! y a pas de chef ici.

— Comment veux-tu que je te présente au duc de T..., car sache que nous allons travailler pour ce grand seigneur.

— Un grand seigneur ! un grand coquin.

— Monsieur Pitard, interrompit M. Sainte-Colombe; je ne vous ai pas permis de prendre la parole, veuillez m'écouter avec la plus grande attention, si toutefois votre état vous en rend susceptible; il s'agit de découvrir une femme, une simple femme du nom de Julia Berthenon, à l'occasion de laquelle j'ai eu l'avantage d'être appelé en haut lieu.... honneur rendu à mon administration, et que je vous permets de partager.

— L'honneur sans quibus, murmura de nouveau Pitard, ça me fait l'effet de morue sans beurre. »

M. Sainte-Colombe n'entendit pas ces paroles mâchonnées; les éloges qu'il avait reçus de M. le duc résonnaient encore trop voluptueusement à ses oreilles pour permettre qu'autre chose y pénétrât facilement; aussi continua-t-il sur le même ton :

« Il s'agit, dis-je, de découvrir le domicile de la susdite femme, et de l'amener ici sans l'effaroucher, comme une mariée encore ornée de la couronne de fleurs d'oranger.... La gratification subito; je me fends de *dix roues de derrière*[1]. »

Cette fois, Pitard parut secouer son ivresse et donna de la voix sans y mettre de sourdine :

« Vous avez dit Julia Berthenon ? fit-il.

— Je l'ai dit.

— Ça doit être Julia la Crêpue.

— Une femme née aux colonies ?

— Alors, ça n'est pas le cas d'être fier en regardant *la colonne* : une soiffeuse premier numéro, pensionnaire de l'hôtel des Quatre-Saisons, où elle paye son gîte sans qu'on sache comment.

— Pitard, vous avez du bon; je me plais à le reconnaître; mais êtes-vous sûr que la femme dont je parle soit....

— Pardieu ! je vais le savoir tout à l'heure; il n'y a pas si loin d'ici à l'hôtel des Quatre-Saisons; j'y cours. »

Et il sortit.

L'hôtel des Quatre-Saisons n'était autre chose qu'un bureau de placement, doublé d'une immense maison garnie dont l'entrée était rue de la Calandre, et dont le derrière faisait face à la Morgue alors située sur le quai du Marché-Neuf. C'était le rendez-vous de tous les domestiques des deux sexes, étrangers ou repris de justice, qui manquaient de recommandations suffisantes pour être admis dans d'honnêtes maisons se louaient à la journée aux étrangers de passage à Paris.

1. Cinquante francs.

Les cent cinquante numéros de ce garni étaient occupés par les personnages les moins mal famés composant l'immense clientèle de cet étrange établissement, où Carlo, le valet de chambre du baron de Varambert, venait souvent recueillir, pour son maître, de précieux renseignements, et c'était là que ce valet du diable avait rencontré la malheureuse femme du duc de T.... Il avait causé avec elle, et le flair dont il était doué lui ayant fait pressentir qu'il pourrait tirer parti de cette rencontre, il avait payé le gîte de la pauvre femme à laquelle il avait aussi donné quelque argent, en lui promettant de pourvoir à tous ses besoins jusqu'à ce qu'il lui eût trouvé un emploi convenable.

Julia, nous l'avons dit, était perdue de débauche. On ne passe pas, sans qu'il y paraisse, quinze ans dans l'enfer de Botany-Bay.

Ce fut devant le comptoir du marchand de liqueurs dont l'établissement faisait partie de l'hôtel que Pitard la trouva.

« Vous vous appelez Julia Berthenon ? lui demanda-t-il.

— Depuis trente-neuf ans, mon petit, si ça peut vous faire plaisir.

— Et vous êtes née à la Martinique ?

— Comme vous dites, au vrai pays du soleil. Rien que d'y penser, on se sent la bouche sèche. »

Pitard fit un signe au marchand, qui servit aussitôt deux verres d'eau-de-vie. Julia but sans se faire prier, et dit en posant sur le comptoir le verre qu'elle venait de vider d'un trait :

« Vous me connaissez donc, vous ?

— Sans doute, et je connais aussi des gens qui ont le plus grand désir de vous être utiles.

— Bast! des promesses; on m'en a tant fait.

— Mais ce que je vous dis n'est pas une promesse; c'est un fait. Voulez-vous que je vous conduise près des personnes dont je viens de parler ?

— Est-ce loin ?

— A deux pas d'ici.

— Eh bien! encore une goutte, et je suis à vous. »

Les verres furent de nouveau remplis et vidés, puis Pitard offrit son bras à l'ancienne beauté du nouveau monde, et tous deux se dirigèrent chez M. Sainte-Colombe.

« C'est elle, dit Pitard en entrant dans le bureau.

— Très-bien, mon ami.

— Et la gratification ?

— Ne l'ai-je pas promise ? fit le chef de sa plus grosse voix.

— Certainement vous l'avez promise....

— Eh bien! alors, de quoi vous plaignez-vous ?

— Ah! par exemple, c'est trop fort, grommela Pitard; floueur! tu ne me la feras plus celle-là ! »

Mais le chef n'entendit rien de cela, tout occupé qu'il était en ce moment de Julia.

« Vous êtes malheureuse, madame, lui disait-il. Ah! si M. le duc de T.... l'avait su plus tôt !...

— Mon mari ? mais je lui ai écrit cent fois que je mourais de faim.

— C'est de M. le duc de T.... que j'ai l'honneur de parler, madame.

— J'entends bien, et je réponds que, depuis plus de vingt ans, le duc de T.... n'a pas daigné répondre aux nombreuses lettres que je lui ai écrites.

— La malheureuse est folle, pensa M. Sainte-Colombe, ou plutôt elle est ivre, car elle pue l'eau-de-vie d'une lieue. »

Puis, il reprit :

« Entendons-nous, madame; le duc de T.... est un très-haut personnage, qui possède une immense fortune.

— Et qui ne possédait rien lorsque je l'ai épousé à la Martinique.... Est-ce que déjà je n'ai pas produit mon acte de mariage en Angleterre et ailleurs ? Est-ce que je ne pourrais pas encore le produire à l'instant même, s'il n'était en gage à l'hôtel des Quatre-Saisons ?... Dame ! il faut bien que je vive, en attendant qu'on me rende justice.

— Diable ! se dit mentalement M. Sainte-Colombe, il paraît que l'anguille sous roche est plus grosse que je ne croyais. J'aurais dû m'en douter en voyant avec quelle facilité le billet de mille est sorti du portefeuille, et maintenant je commence à croire que ce gentil chiffon sera suivi de plusieurs autres; il est vrai que j'ai tout l'air de me rendre complice d'une petite séquestration.... mais avec un complice comme le duc, on peut se risquer. »

Et s'adressant à Julia :

« Il ne tient qu'à vous, madame, de vous entendre maintenant avec M. le duc, près duquel je puis vous conduire dès à présent. »

La créole accepta avec empressement, et son nouveau conducteur envoya chercher un fiacre.

« A Rueil, » dit-il quand il y eut pris place avec sa compagne.

L'automédon fit la grimace, car il s'agissait d'une longue course; les cochers étaient alors de l'école de M. Scribe, et savaient souffrir et se taire *sans murmurer*.

Pendant le trajet, M. Sainte-Colombe put se convaincre que l'affaire à laquelle il prenait part en ce moment était beaucoup plus importante que le duc de T.... n'avait voulu le lui laisser croire. Il fit causer Julia, et bientôt il ne douta plus qu'elle ne fût bien réellement la femme du duc de T....

On arriva au château indiqué ; il était presque désert; un seul personnage l'habitait, en qualité de régisseur ; ce fut lui qui reçut les visiteurs.

« M. le duc a été obligé de s'absenter, dit-il, et je ne sais à quelle heure il lui sera possible de revenir; mais, par ses ordres, un appartement est préparé pour madame, et il m'a chargé de présenter ses excuses à monsieur, en lui remettant cette lettre. »

Le compagnon de Julia prit la lettre, elle ne contenait que des excuses banales; mais trois nouveaux billets de mille francs y étaient enfermés, ce qui suppléait parfaitement à l'insuffisance du style épistolaire. Ce fut du moins l'opinion de M. Sainte-Colombe, qui revint promptement à Paris où l'appelaient ses travaux ordinaires. Dès qu'il fut parti, le régisseur conduisit Julia à l'appartement dont il avait parlé, et qui se composait de plusieurs petites pièces conduisant à une plus grande confortablement meublée. Ce fut dans cette dernière que le régisseur s'arrêta.

« Si madame a besoin de quelque chose, dit-il, elle voudra bien prendre la peine de sonner, on viendra sur-le-champ prendre ses ordres. »

Julia était enchantée; elle se jeta sur un divan pour savourer son bonheur. Le régisseur se retira; mais à peine eut-il franchi le seuil de la porte de cette dernière pièce, que la joie de la pauvre femme fit place à l'effroi; elle venait d'entendre très-distinctement le bruit de deux tours de clef donnés à la serrure de cette chambre, et de lourds verrous extérieurs violemment poussés. Elle se leva, ou plutôt elle bondit de dessus son siège, et reconnut avec terreur que les fenêtres étaient solidement grillées à l'extérieur, et qu'en agitant les cordons des sonnettes, on n'obtenait aucune espèce de son, enfin qu'elle n'avait aucun moyen de se faire entendre du dehors. Cela acheva de dissiper les fumées alcooliques qui lui troublaient le cerveau, et elle comprit qu'elle était tombée dans un piège abominable. Alors elle se laissa aller au plus affreux désespoir et poussa des cris sauvages; mais l'épaisseur des murs et la disposition des doubles croisées ne permettaient pas à sa voix de se faire entendre au delà de la prison où elle était enfermée.

Vers la fin du jour, le bruit de serrure et de verrous se fit entendre de nouveau, et le régisseur parut; il apportait dans un immense panier un dîner dont le menu n'eût rien laissé à désirer à un gourmet émérite, du vin, des liqueurs, etc., qu'il rangea symétriquement sur une table garnie d'un seul couvert.

« Madame, dit-il à la prisonnière, vous avez grand tort de vous désoler ainsi, car vous aurez ici tout ce que vous pourrez désirer, excepté la liberté qui ne peut vous être rendue que dans un certain temps. Je vais même rétablir les sonnettes que j'ai cru devoir supprimer en voyant à quel état d'exaspération vous étiez arrivée. »

Mais Julia ne voulait rien entendre.

« Oh! le monstre! criait-elle, il va me faire regretter Botany-Bay! Grâce! grâce! qu'il me laisse sortir de cette prison, et je jure que jamais je ne lui demanderai rien. »

Et comme son geôlier se disposait à sortir, elle tomba à genoux devant lui, se cramponna à ses vêtements, et d'une voix entrecoupée de sanglots, elle le conjura de lui rendre la liberté; mais il fut inflexible, et ce fut presque inanimée, qu'après l'avoir repoussée du pied, il la laissa étendue sur le parquet.

XIV

Disgrâce de Carlo.

Du duel de Varambert et de M. de Barno il n'avait plus été question. Le baron avait jugé prudent de laisser assoupir cette affaire, et il voulait aussi laisser passer quelque temps sans se montrer chez Mme de Quérens; mais il n'avait aucune raison pour négliger le duc de T.... et ne pas l'obliger à remplir ses engagements. Il savait parfaitement que ce Céladon qui commençait à blanchir sous le harnais, avait renoué avec la comtesse, et que le comte de Quérens avait obtenu l'ambassade promise; mais cela lui coûtait soixante mille francs pour le rachat des diamants de Mme de Quérens, et du siège au conseil d'État qui eût fait compensation à cette dépense, il n'avait plus entendu parler.

« Cet homme-là, se disait-il en y réfléchissant, machine sûrement quelque chose pour se dégager de mes mains; mais je le tiens bien, et je vais lui faire voir que je ne suis pas disposé à lâcher prise. Qu'il rompe maintenant quand il voudra avec ses maîtresses; qu'il fasse, s'il le veut, rappeler M. de Quérens de son ambassade, je suis très-disposé à en prendre mon parti. Ida est charmante, il est vrai; elle sera certainement présentée à la cour; mais elle n'aura point de dot, et c'est là une considération sur laquelle j'ai peut-être passé trop légèrement, et je laisserai volontiers, de ce côté, aller les choses comme elles pourront. Il en est autrement de ma nomination au conseil d'État; j'y tiens énormément : je veux être conseiller d'État afin de devenir autre chose, et il est bon que M. le duc de T.... sache bien que je ne le tiens pas quitte. »

Ce fut dans cette disposition d'esprit que, pour la seconde fois Varambert se présenta chez le duc, qui le reçut avec une grande froideur qui, dès les premiers mots, devint presque du dédain.

« Qu'il me soit permis, monsieur le duc, dit le baron, de vous rappeler certains arrangements.

— Vraiment, monsieur, répondit le grand personnage, vous avez bien mauvaise grâce à vous plaindre ; j'ai pour vous presque épuisé mon crédit sans que vous ayez seulement songé à m'en remercier. Vous deviez mettre certaine personne dans l'impuissance de me nuire ; l'avez-vous fait ? J'ai tout lieu de croire que vous ne vous en êtes pas occupé, ou plutôt, ce qui me semble être plus près de la vérité, ce n'était là qu'un ingénieux moyen de m'obliger à vous rendre service. J'aurais dû sentir cela tout de suite ; car je n'avais aucune raison de craindre le scandale dont vous sembliez me menacer. »

Varambert sembla un instant anéanti ; c'était la seconde fois depuis quelques jours qu'il subissait une humiliation des plus écrasantes, quelque chose comme la marque d'un fer rouge sur le front.

« Monsieur le duc, répondit-il, pâle, la voix sifflante et les poings serrés, j'ai le malheur en ce moment d'être chez vous, ce qui ne me permet pas de vous répondre comme je le voudrais.... comme je le devrais.

— Et en cela vous avez grand tort : j'aime qu'on s'explique nettement, qu'on ne procède pas par insinuations comme vous l'avez fait avec moi.

— Ah ! vous appelez cela des insinuations. Eh bien ! je vais vous répéter très-nettement ce que déjà je vous ai dit avec une netteté parfaite : monsieur le duc, vous avez voulu tuer votre femme ; vous l'avez déclarée morte, alors qu'un miracle l'avait sauvée. Depuis vous vous êtes rendu coupable une première fois, puis une seconde fois, il y a moins de cinq ans, de deux tentatives semblables. Sont-ce là des insinuations ? Est-ce marchander la vérité que de la dire de ce ton ?

— Monsieur, je vous rappelle à mon tour que vous êtes chez moi.

— Tant pis pour vous, duc ; puisque vous êtes si friand de vérités, vous entendrez pour la seconde fois celles que vous avez si malencontreusement oubliées. J'ai ajouté la première fois, et je répète aujourd'hui, que des circonstances toutes fortuites m'avaient mis en rapport avec votre première femme, et que l'état d'exaltation dans lequel je l'avais trouvée, m'avait fait croire, qu'à moi, médecin, docteur de la faculté de Paris, il serait probablement possible de faire admettre cette femme dans une maison d'aliénés. Et maintenant, cela est-il clair ? Cela peut-il se passer de commentaires ? »

Chose étrange, M. de T.... entendit, pour la seconde fois, ces terribles accusations sans rien perdre de son calme, de sa sérénité, et ce fut presque le sourire aux lèvres qu'il termina le débat par ces paroles :

« Vous affirmez ; je nie ; or, une négation ne se prouve pas ; c'est donc à vous de prouver : si vous ne prouvez pas, vous aurez menti. »

Et il tourna le dos au baron qui sortit furieux, et jurant qu'il tirerait une vengeance éclatante. Lorsqu'il fut chez lui, ce fut avec une sorte de rage qu'il sonna son valet de chambre. Carlo devina qu'il y avait de l'orage dans l'air, et il s'empressa de se rendre à cet appel presque frénétique.

« J'espère, lui dit Varambert, que tu n'as pas manqué de faire garder à vue cette vieille créole de la Martinique, dont tu m'as parlé ?

— Garder à vue, M. le baron comprendra que c'eût été un peu bien rigoureux ; mais je suis sûr de la trouver quand je le voudrai, car elle est absolument sans ressource, et depuis que je l'ai rencontrée elle n'a vécu qu'aux dépens de ma bourse, ce qui, soit dit en passant, m'a été bien lourd.

— Laisse là tes anciennes ordinaires, drôle ! Ne me voles-tu pas assez ? Aurais-tu bien le cœur, pour me dépouiller, d'aller chercher des complices à Botany-Bay ?

— M. le baron sait bien que, n'ayant jamais failli, je ne puis avoir de complices.

— Allons, trêve de verbiage : cette femme, il me la faut aujourd'hui, tout de suite. Y a-t-il longtemps que tu ne l'as vue ?

— Quelques jours seulement.... M. le baron sait que, depuis un certain temps, j'ai tant d'affaires.

— Ose donc te plaindre, coquin ! tu manges à toi seul plus de la moitié de mes revenus.... Partiras-tu, enfin ! »

Carlo n'osa pas se le faire répéter, quoique cet ordre si précis lui causât une assez vive inquiétude ; car il savait que Julia faisait chaque jour un grand nombre de stations dans les caboulots de la Cité, et il ne savait trop où la trouver l'ayant un peu négligée.

Il partit néanmoins, et sa première visite fut tout naturellement pour l'hôtel des Quatre-Saisons, où il était assez connu pour qu'on n'eût pas chassé sa protégée, quand même elle se fût trouvée sans argent ; mais arrivé là, il apprit, à son grand désespoir, qu'elle avait disparu depuis trois jours, et qu'on ignorait ce qu'elle était devenue.

Le malheureux fit des recherches inimaginables ; pas un des bouges de la Cité qui ne reçût sa visite, Dieu sait s'ils étaient nombreux dans le vieux Paris en ce temps-là. Enfin, les forces lui manquèrent, et il rentra exténué chez son maître.

« Et cette femme ? lui cria Varambert en le voyant revenir seul.

— Disparue !... M. le baron me voit au désespoir !

— Comment, misérable ! je mets tous les jours de l'or dans tes poches, et voilà comment tu reconnais mes bienfaits ! Va-t'en ; sors de chez moi ; je te chasse ignominieusement comme un infâme bandit à qui je devrais casser la tête. »

L'orage était trop violent pour que Carlo tentât d'y résister ; il gagna tristement sa chambre, et fit ses paquets ; mais si lentement, qu'à le voir il eût été facile de deviner qu'il conservait l'espoir d'une amélioration très-prochaine.

Et il avait raison de ne pas désespérer, car la colère de Varambert tomba avec plus de rapidité qu'elle ne s'était élevée, et bientôt il fut assez calme pour raisonner. Alors il se dit que Carlo lui était indispensable, que la plus grande partie de ses secrets étaient connus de cet homme, et que certainement il lui serait impossible de le remplacer complètement.

Il sonna ; son groom parut.

« C'est Carlo que j'appelle ; pourquoi ne vient-il pas ?

— C'est que.... monsieur le baron....

— Qu'on le cherche et qu'on me l'amène. »

Peu d'instants après, Carlo paraissait, l'air suffisamment affligé, mais peu disposé à faire amende honorable.

« Coquin ! dit le baron, il ne te manquait plus, après m'avoir mis, par ta négligence ou ta méchanceté, dans le plus grand embarras, de me laisser supporter seul la conséquence de tes méfaits.

— Puisque M. le baron me chasse, il faut bien que je lui obéisse.

— Et tu n'as pas senti combien tu serais coupable d'abandonner ton maître dans un pareil moment ?

— Ah ! si M. le baron savait quel chagrin il m'a fait !

— Eh bien, laisse là ton chagrin, et cherche cette femme que toi seul peux retrouver.... Sème l'or, ne ménage rien.... Tiens, voici cent louis ; tu pourras m'en demander autant demain, ce soir même, si tu as découvert les traces de cette malheureuse.... Oh ! oui, duc de T.... je t'écraserai, car ce que tu nies aujourd'hui, tu l'as avoué quand je t'ai pris au dépourvu ; donc c'est vrai ! .. Carlo ! Carlo ! il me faut cette femme !... »

L'honnête coquin prit le rouleau d'or en essuyant une larme absente.

« Monsieur le baron, dit-il, je la retrouverai, ou je mourrai à la peine. »

Et sans plus tarder, il se mit en campagne.

« Raisonnons, se disait-il en se dirigeant de nouveau vers la rue de la Calandre ; il est possible que, par suite de ma négligence cette femme ait manqué d'argent ; mais il est certain qu'elle n'en avait pas moins soif ; il est même permis de croire qu'elle n'en était que plus altérée ; j'ai donc eu tort de ne pas interroger un peu plus longuement le liquoriste des Quatre-Saisons. La manière brève dont il a répondu à mes questions aurait dû me faire penser qu'il en savait sur ce sujet plus qu'il n'en voulait dire. C'est donc de ce côté que doivent commencer de nouvelles investigations. »

Et ce fut en effet près de ce personnage qu'il se rendit d'abord.

« Pardieu ! fit-il en l'abordant, je suis terriblement étourdi ! j'aurais dû penser, hier en vous demandant quelques renseignements sur la femme Julia, qu'en quittant cette maison elle y avait laissé quelques dettes qui doivent être naturellement à ma charge, puisque c'est à ma recommandation qu'on l'a reçue dans votre établissement. »

Cela sembla délier quelque peu la langue du cabaretier.

« Ah dame ! répondit-il, nous sommes exposés à ça tous les jours ; on a beau afficher sur le mur : *Crédit est mort*, les mauvais payeurs n'en ont pas la vie moins dure. Si j'ai dit qu'elle ne me doit rien, c'était une manière de parler ; pas moins vrai que je ne pourrai pas dire la couleur de sa monnaie pour les derniers verres de camphre qu'elle a sifflés sur le comptoir.

— Et vous l'avez laissée partir sans payer ?

— Faut dire, primo, qu'elle n'avait pas commandé ; quant à la pratique qu'elle a eu tort de pousser à la consommation, zéro ; nous comptons ça dans la casse.

— Dans la casse ?

— Vous comprenez : si on ferme une heure trop tard, nous lâchons le robinet, et ça ferme les yeux. C'est pour ça qu'on appelle la chose *boire à l'œil* ; ça passe dans les faux frais.

— C'est-à-dire qu'elle était en compagnie d'un agent de police ?

— Pas tout à fait ; mais d'un ancien, faut être juste ; c'était en tout bien tout honneur, à preuve qu'ils sont partis gais comme des pinsons. »

Carlo jeta une pièce de cinq francs sur le comptoir, en disant :

« Servez-nous donc quelque chose de soigné, et prenez le tout là-dessus ; j'ai répondu, je paye, rien à dire.

— Bien parlé ! fit le liquoriste en emplissant deux verres d'un liquide qui avait la prétention de venir de Cognac.

— A votre santé.... Alors, vous connaissez l'homme avec lequel Julia est partie ?

— Mon Dieu, je le connais comme on connaît ces particuliers-là. Une fois qu'on a vu leur frimousse, on se dit : *c'est ça*, et voilà tout. Ces particuliers-là, voyez-vous, ça change plus souvent de nom que de chemise.... Je crois pourtant que la dernière fois il s'appelait Pitard. Il travaillait autrefois sous Vidocq, et je crois qu'il manœuvre toujours dans ce genre-là... mais pour le compte d'un particulier.

— Versez donc; je ne veux pas m'en aller sur une jambe.... »

Les verres furent remplis, et Carlo reprit du ton de la plus complète indifférence :

« Et où diable perchent ces oiseaux-là ?

— Ah! ma foi! c'est le cas de dire *partout et nulle part,* vu que ça ne pond jamais deux fois dans le même nid; mais si vous voulez lui parler adressez-vous au commissionnaire du *Sacrifice d'Abraham;* dites-lui votre affaire en deux mots, et mettez-lui vingt sous dans la main. Ce cadet-là est capable de vous le découvrir.

— Et où prenez-vous le *Sacrifice d'Abraham ?*

— C'est l'enseigne du marchand de vin du coin de la rue, en face de la cour de la Sainte-Chapelle. C'est connu de tous les *mariolles* petits et grands.... On voit bien que vous n'êtes pas du pays, vous ! »

Il se trompait ce brave marchand de jus de betterave; Carlo connaissait parfaitement toutes les parties de ce monde-là; mais il ne voulait pas qu'on s'en aperçût, la prudence, dans les opérations auxquelles il se livrait, étant, plus qu'en tout autre cas, la mère de la sûreté. Il lui fut donc très-facile de suivre les instructions qu'il venait d'obtenir, et un quart d'heure après le commissionnaire indiqué lui amenait le Pitard demandé, qui, quoique chassé depuis longtemps de la police pour son inconduite, n'en continuait pas moins de fréquenter les anciens collègues.

« Monsieur Pitard, lui dit Carlo sans autre préambule, vous voyez un homme qui a depuis longtemps le plus grand désir de faire votre connaissance. Voici l'heure du déjeuner, et nous ne sommes qu'à deux pas du café d'Aguesseau ; nous causerons, si vous voulez bien, en avalant quelques douzaines d'huîtres.

— J'ai donc l'honneur d'être connu de monsieur ?

— Parfaitement, cher monsieur Pitard. N'est-ce pas vous qui, il y a quelques années, avez préservé l'archevêché d'une entière destruction ?

— Non; à ce moment-là nous chassions les insurgés de l'église Saint-Germain l'Auxerrois.

— Justement, je faisais erreur : j'étais officier de la garde nationale, et c'est vous qui m'avez dégagé alors que j'étais cerné par les émeutiers.

— Oh! vous avez de la mémoire! répondit Pitard qui ne se rappelait rien de tout cela.

— J'ai la mémoire du cœur, monsieur Pitard ! Allons déjeuner. »

On mangea beaucoup; on but davantage. Carlo se ménagea; Pitard devint expansif; Carlo entama le chapitre si fécond des rencontres fortuites dans Paris. Il raconta à ce sujet des aventures incroyables; puis il dit négligemment :

« Il m'est arrivé récemment à moi-même quelque chose de singulier : je rencontre à Paris une créole des Antilles que j'avais inutilement cherchée pendant plusieurs années; elle était dans le besoin, et elle devait s'estimer d'autant plus heureuse de me revoir que je pouvais la mettre en possession des biens considérables que lui avait légués un parent éloigné; elle accepte avec reconnaissance les secours que je lui offre ; puis elle disparait comme une ombre, et il m'est impossible de la retrouver.

— Une créole? fit Pitard.

— Née à la Martinique.

— Et qui s'appelle ?

— Julia Berthenon.

— Mais j'ai votre affaire, moi.

— Vous, cher monsieur Pitard?... Garçon, une bouteille de champagne.

— Quand je dis que j'ai votre affaire, ce n'est pas tout à fait cela.... Je l'avais il y a quelques jours, elle m'a glissé dans la main comme une anguille.

— Monsieur Pitard, vous êtes un trop habile homme pour ne pas la retrouver quand vous le voudrez.

— Hum! le patron a mis le nez là dedans, et, règle générale, quand il met le nez dans quelque chose il n'en reste rien.

— Que diable ! cette femme n'a pas fondu dans ses mains.

— Si vous voulez que je vous dise tout ce que j'en sais, le voici : le patron avait promis cinquante balles à qui lui amènerait la créole; je la lui ai amenée et les cinquante balles m'ont presque passé devant le bec. C'est écœurant, n'est-ce pas ?

— C'est tout simplement horrible. Mais puisqu'il s'agit d'une personne à laquelle je m'intéresse, je ne souffrirai pas que vous soyez victime de votre zèle. Voici. »

Et il posa trois pièces de vingt francs sur la nappe.

« Continuez, cher monsieur Pitard ; j'ai vraiment le plus grand plaisir à vous entendre, et je veux vous prouver qu'en me rendant service, on n'a pas à craindre de déception.

— Eh bien, à la bonne heure, dit Pitard dont la langue commençait à s'embarrasser sous l'influence du champagne; vous êtes un homme, vous ! un vrai homme; vous avez mon estime, et je vais vous dire tout ce que je sais de l'histoire.

— Je vous écoute avec le plus vif intérêt.

— Me voyant floué de dix monarques, je me mets en observation, et je vois le patron monter en fiacre avec la personnière.... n° 729, un cocher bon enfant que je connais de longue date.... Et allez donc ! ce n'est pas à moi qu'on fait voir de ces couleurs-là ! Par exemple, je ne peux pas vous dire où ils sont allés. Je sais seulement que le patron est resté seul ; mais avec le numéro, et en jouant un peu du pouce avec le cocher bon enfant, on saura tout ce qu'on voudra.

— Jouez donc du pouce, monsieur Pitard, voici l'instrument. »

Et il ajouta en mettant trois autres pièces de vingt francs à côté des premières :

« Je serai ici demain à midi ; amenez-moi ce cocher et vous pourrez compter sur mon amitié à perpétuité. »

Pitard empocha les six pièces d'or avec la dextérité d'un prestidigitateur, puis se levant radieux :

« A demain ! Pitard sera là, solide au poste jusqu'à la mort ! »

Et ce champion si solide s'en alla en battant les murailles ce qui ne l'empêcha pas de se mettre en quête le soir même du fiacre 729, et de tout préparer pour le lendemain, tant il est vrai qu'il y a des grâces d'état.

XV

A corsaire corsaire et demi.

Varambert avait passé une mauvaise nuit ; la disparition de Julia, l'assurance avec laquelle le duc de T... niait maintenant tout ce qu'il avait à peu près avoué précédemment, lui causaient de vives inquiétudes :

« Fortune, disait-il, après m'avoir donné tes faveurs, commencerais-tu à me trahir ?... Mais non, tu ne trahis que les faibles, et je suis fort. J'écraserai, s'il le faut, cet insolent duc, et j'arriverai aux emplois, aux honneurs par un autre chemin. »

Il sonna de bonne heure son valet de chambre, qui était sur pied depuis longtemps, afin de se préparer aux événements de cette journée qu'il prévoyait être décisifs.

« Eh bien, Carlo, où en sommes-nous ? demanda le baron.

— En très-bon chemin, monsieur le baron. Je n'ai pas encore retrouvé Julia, mais je suis si bien sur ses traces qu'elle ne peut m'échapper ; j'ai la certitude de pouvoir l'amener ici avant la fin du jour.

— Ainsi elle n'a fait que changer de place ?

— Ce qui ne serait rien si la police ne se mêlait pas de cette affaire, s'il n'était évident pour moi qu'elle n'a agi qu'à l'incitation du duc de T....

— Ce qui n'est pas rassurant du tout.

— Heureusement, les gens qu'emploie le duc de T... ne sont pas absolument incorruptibles : il suffit, pour obtenir leurs faveurs, d'avoir avec un peu de tact beaucoup d'argent, et de savoir s'en servir. Or, grâce au ciel et à monsieur le baron, je ne suis dépourvu de rien de tout cela, et je m'en suis servi avec succès pour avoir des intelligences dans la place.

— Ce qui est souvent le moyen le plus sûr d'être trahi.

— Que monsieur le baron ne se préoccupe pas de cela : s'il y a danger, il ne peut y en avoir que pour moi.

— Très-bien, Carlo ; je n'ai jamais douté de ton dévouement : hâte-toi donc, et reviens bien vite m'annoncer un entier succès. »

Pitard n'avait garde de manquer au rendez-vous : l'or et le champagne avaient fait merveille, et ce fut d'un air triomphant que l'honnête employé de l'office de renseignements présenta à Carlo le cocher du numéro 729 dont la voiture stationnait en ce moment sur la place du Palais-de-Justice.

« Mon ami, lui demanda Carlo, vous souvient-il que deux personnes, un homme et une femme, soient montés dans votre voiture, à la porte de la préfecture de police ?

— Jour de Dieu ! s'il m'en souvient ! six heures de course et pas un pétard de pourboire ! Est-ce qu'on oublie ça ?

— C'est dur, en effet. Eh bien, mon brave, il ne tient qu'à vous que cela soit réparé aujourd'hui...

— Avec quelque quart-d'œil de la boutique ?... Prenez garde que je m'y fasse mordre !

— Mais je n'en suis pas, moi, mon garçon, et je paye d'avance quand on le désire, pourboire compris... Puisque vous vous souvenez de cette longue course à sec...

— Tonnerre ! j'en ai encore un étranglement dans le gosier.

— Dépêchez-vous donc d'avaler la douleur, » continua Carlo en lui présentant un verre dont le contenu roula comme une avalanche dans des profondeurs inconnues. Le verre rempli et vidé avec la même aisance, Carlo reprit :

« Ainsi vous reconnaîtriez facilement l'endroit où ces deux personnes sont descendues ?

— C'est pas difficile : ils ont mis pied à terre à la grille du château neuf des Tourelles, là ousqu'étaient, du temps jadis, les oubliettes d'un cardinal de la rue Richelieu, ce qui m'a fait penser qu'on se servait peut-être bien encore, à la sourdine, de ces machines-là... Pas moins qu'ils ont sonné, que la grille s'est ouverte et qu'ils sont entrés. La particulière y est restée, et je n'ai ramené à Paris que le quart-d'œil... Voilà ! »

Le cocher avait pris M. de Sainte-Colombe pour un commissaire de police.

« Vous allez donc me conduire à ce château.

Voilà un livre qui me coûte cher et pourtant on ne l'imprimera jamais. (P. 562, col. 2.)

Voici quarante francs; partons sur-le-champ, brûlons le pavé, et si je vous redois quelque chose au retour, vous me le direz. »

Avec des paroles comme celles-là, on ferait prendre le mors aux dents à toutes les haridelles stationnant dans l'enceinte de la capitale. Le cocher vida pour la troisième fois son verre que Carlo venait de remplir; puis il sortit, monta sur son siége tandis que Carlo s'étendait dans l'antique sapin, et les chevaux, vigoureusement stimulés par le fouet de l'automédon, partirent au galop.

Deux heures après Carlo mettait pied à terre près de la grille du château; il fit le tour de cette demeure, en examina avec soin tout l'extérieur; puis il alla sonner à la grille et demanda au régisseur qui se présenta la permission de visiter, en sa qualité de touriste, les ruines de l'ancien château du cardinal de Richelieu, ruines que les nouvelles constructions n'avaient pas entièrement fait disparaître.

« Impossible, répondit le cerbère; personne ne pénètre ici en l'absence de Mgr le duc de T.... »

Et il referma la grille sans attendre de réplique.

« Le duc de T...? se dit Carlo; plus de doute, Julia est ici, et peut-être déjà a-t-elle été lancée dans ces horribles oubliettes dont les chroniques font mention. Qu'importe! pourvu que, morte ou vive, nous puissions la retrouver! Et nous la retrouverons; je n'en doute plus.... Alors, duc, malheur à vous! Sur mon âme! vous payerez cher la mauvaise nuit que vous m'avez fait passer. Que M. le baron vous pardonne s'il veut votre trahison; Carlo ne vous pardonne pas les injures qu'il a subies à cause de vous. »

A la grande satisfaction du cocher, Carlo remonta sur-le-champ en voiture et s'empressa d'aller rendre compte à son maître du résultat de ses recherches.

« Julia est certainement là, dans ce château presque inhabité, dit-il en terminant le compte rendu de ses recherches. Que faudrait-il pour s'en assurer tout à fait et pour l'en faire sortir? Un commissaire de police porteur d'un mandat, accompagné d'un de ses agents et orné de son écharpe. Avec cela on peut pénétrer partout; eh bien, monsieur le baron, l'agent est tout trouvé; le mandat de perquisition, je l'aurai demain; mais tout cela n'est que la queue; il me manque la tête: le commissaire de police.

— Ce sera moi, Carlo, dit sans hésiter Varambert; que me faut-il pour cela? un chiffon tricolore sur les reins, et de l'or au bout des doigts.

— S'il en est ainsi, le succès est assuré; le plus difficile est de se procurer le mandat; mais, cette difficulté, je la vaincrai.

— Pas trop d'audace, Carlo; songe qu'un faux en écriture authentique....

— Monsieur le baron peut se rassurer sur ce point : le mandat, si je l'obtiens, — et j'ai l'espoir de l'obtenir, — sera en bonne forme et revêtu de la signature d'un juge d'instruction.

— Tu pourrais faire cela, Carlo ?

— Je le puis !

— Prouve-le, et je te proclame un homme hors ligne. »

Le lendemain matin, maître Pitard avait avec Carlo un de ces tête-à-tête qui lui plaisaient tant depuis qu'il y avait goûté.

« Monsieur Pitard, lui dit celui-ci, je vais vous demander quelque chose qui vous paraîtra peut-être bien difficile à découvrir. Mais je suis convaincu pourtant que vous pouvez le faire.

— De quoi s'agit-il ?

— De me procurer un mandat de juge d'instruction en blanc. Je mettrais bien cinq cents francs pour en posséder un.

— Vous pensez bien, monsieur, que si je vous procure un chiffon de papier aussi important, il faut au moins que je sache à quoi il peut servir.

— C'est pour pouvoir visiter tout à mon aise un malheureux.

— Hum ! hum !

— Je mets six cents francs pour vaincre vos derniers scrupules. »

M. Pitard sortit du cabaret sans répondre ; une heure après, heure qui parut bien longue à Carlo, il rentrait avec un mandat portant le cachet et la signature d'un juge. Comment dans un aussi court espace de temps avait-il pu se procurer un aussi précieux papier ? C'était son secret, et l'honnête Carlo en lui remettant la somme se garda bien de le lui demander.

On voit, par cet acte, que M. Pitard était indigne de la confiance de M. de Sainte-Colombe.

Cependant la malheureuse Julia, à laquelle on prodiguait à dessein les liqueurs alcooliques de toute nature, était tombée dans un état de marasme déplorable ; elle ne criait plus ; elle n'avait plus de ces colères violentes, de ces accès de frénésie qui s'étaient d'abord fréquemment produits ; elle passait parfois un jour entier accroupie sur le parquet, et ne quittant de temps en temps cette posture, que pour absorber d'un trait un verre de ce poison alcoolique laissé à sa disposition. Le marasme devint promptement de la démence, une démence douce, une sorte de fièvre sénile qui la poussait sans secousse vers la fin. Déjà, à plusieurs reprises, le régisseur, âme damnée du duc de T..., avait été rendre compte à ce dernier de la situation.

« Je crois, monsieur, avait-il dit en dernier lieu, que cette misérable idiote n'a plus que peu de temps à vivre ; qu'en ferai-je le cas échéant ?

— N'avons-nous pas, avait répondu le duc, d'immenses salles souterraines dont le sol est couvert d'une couche d'ossements ? »

Le geôlier avait compris que sa prisonnière devait être inhumée dans cette fosse commune, et il attendait tranquillement que le moment fût venu de procéder à cette lugubre opération.

Tel était l'état des choses lorsque, un matin, on vit s'arrêter devant l'entrée du château une voiture de remise de laquelle descendirent Varambert, ceint d'une large écharpe, et Carlo tenant sous le bras un énorme portefeuille. Une perruque blonde artistement posée sur ses cheveux noirs le rendait tout à fait méconnaissable. Varambert sonna en maître ; le régisseur accourut.

« Je suis commissaire de police, dit le baron ; je viens faire perquisition ici, voici le mandat. Par égard pour M. le duc de T..., je me suis abstenu de requérir la force armée que la loi met à ma disposition, afin que cela se passe à bas bruit ; mais je dois vous prévenir que la brigade de gendarmerie du canton est sur pied, et qu'au premier appel elle accourra ici. »

Ces paroles terrifièrent le misérable complice de M. de T....

« Mais, monsieur, dit-il, pâle et tremblant, il faudrait au moins que j'en pusse référer à mon maître.

— Vous n'avez pas autre chose à faire maintenant que d'obéir à mes ordres.

— Si vous vouliez seulement me dire ce que vous cherchez....

— C'est trop de paroles, » dit sévèrement Varambert.

Et se tournant vers Carlo, il ajouta d'une voix impérative :

« Appelez la brigade.

— Messieurs, je vous prie, écoutez-moi.... »

Déjà Carlo avait tourné les talons ; il revint sur ses pas pour demander le mandat dont, dit-il, le chef de la gendarmerie pourrait demander l'exhibition.

« J'espère au moins, dit le régisseur, que vous me rendrez témoignage devant mon maître.

— Vous n'avez rien à craindre en obéissant à l'autorité.

— Entrez donc, » dit le misérable geôlier.

La perquisition commença ; on avait déjà parcouru presque tous les appartements, lorsque la porte verrouillée frappa les regards de Varambert.

« Pourquoi n'ouvrez-vous pas cette porte ? demanda-t-il au régisseur.

— Monsieur le commissaire, je n'en ai point les clefs ; mais je puis vous assurer....

— Faites mention du refus dans le procès-verbal, » dit Varambert en s'adressant à Carlo.

Puis saisissant résolûment le régisseur au collet en même temps qu'il tirait un des pistolets cachés sous son écharpe, il ajouta :

« Au nom de la loi je vous arrête, et je vais vous mettre aux mains de la gendarmerie. Marchez ou je vous tue..., la loi m'y autorise en cas de résistance.

— Mais je vous jure que cette chambre est vide. »

Il avait à peine prononcé ces paroles, qu'une voix qui semblait être celle d'un enfant fit entendre un chant plaintif. C'était la pauvre folle qui, après d'abondantes libations, croyait entendre des voix d'anges auxquelles elle essayait de mêler la sienne.

« Prenez note de la fausse déclaration, dit aussitôt Varambert. Mon ami, ajouta-t-il en s'adressant au régisseur qu'il tenait toujours en respect, j'ai vraiment pitié de vous, car je vois que vous vous perdez par attachement à votre maître. Rentrez dans la bonne voie; il en est encore temps, et je vous promets que vous ne serez pas inquiété. Il s'agit ici d'une affaire qui vous conduira à l'échafaud, et ce n'est qu'en suivant mon conseil que vous pouvez échapper au dernier supplice. Encore un instant, et il ne sera plus temps. »

Cet homme était bien réellement dévoué au duc de T...; il avait donné mille preuves de ce dévouement; mais c'était une nature grossière, crédule, inintelligente; ces mots supplice, échafaud, retentirent à ses oreilles comme un glas de mort; il eut peur; ses cheveux se dressèrent, ses yeux devinrent hagards; ses genoux fléchirent; il n'eut plus conscience de sa force physique qui eût pu lui suffire pour se dégager, et ce fut sans qu'il opposât la moindre résistance qu'il se laissa arracher le trousseau de clefs qu'il tenait à la main. Carlo et son maître ouvrirent aussitôt cette porte si solidement verrouillée, et ils trouvèrent la pauvre folle accroupie, marmottant des paroles inintelligibles, et qui, en les apercevant, leur fit signe de marcher doucement pour ne pas effrayer les personnages surnaturels dont elle se croyait entourée. Varambert la releva, lui adressa la parole; mais il n'en put obtenir un mot.

« Julia, lui dit Carlo, ne me reconnaissez-vous pas, moi, votre ami de l'hôtel des Quatre-Saisons?»

Les yeux de l'infortunée s'ouvrirent démesurément, et se soutenant à peine, elle dit à voix basse :

« Vous savez bien que les morts ne parlent pas.
— Emmenons-la, » dit Varambert.

Ils la prirent sous les bras et la conduisirent jusqu'à la voiture.

Le régisseur les suivait tremblant, sa casquette à la main.

« Votre obéissance a été bien tardive, lui dit le baron; mais je reconnais que vous êtes un fidèle serviteur, et je vous laisse en liberté. Le duc, votre maître, sera instruit aujourd'hui même de ce qui vient de se passer ici, et il saura qu'il n'a aucun reproche à vous adresser. »

Carlo et son maître montèrent dans la voiture où la pauvre folle s'était laissée placer sans proférer un mot.

« Où allons-nous? demanda le cocher.
— A la Salpêtrière, » répondit le baron.

Et la voiture roula.

Bien que Varambert n'exerçât pas la profession de médecin, il était bien connu de presque toutes les sommités médicales de Paris; les plus célèbres praticiens de cette époque avaient été ses condisciples, et depuis qu'il était riche, la plupart d'entre eux étaient devenus ses amis intimes. Ce fut donc sans difficulté qu'il fit admettre Julia dans ce grand établissement où gisent tant d'infortunées.

Cette affaire terminée, Varambert se rendit chez le duc de T..., auquel il fit remettre, avec sa carte, ce billet écrit au crayon :

« Monsieur le duc, les choses sont maintenant faites comme vous l'avez désiré. La personne à laquelle vous aviez donné l'hospitalité dans votre château de Ruelle est maintenant en sûreté. S'il vous plaît de me recevoir, je vous dirai volontiers comment cela est arrivé. J'attends. — Baron DE VARAMBERT. »

Le duc lut et relut ce billet; il n'en pouvait croire ses yeux.

« Cet homme-là, se dit-il, est bien sûr de lui ou bien impudent. » Et il donna ordre de faire entrer le baron.

« Monsieur le duc, dit ce dernier, cette fois vous l'avez bien réellement tuée. L'état de marasme dans lequel je l'ai trouvée dans la prison où vous l'aviez fait mettre, est tel que, malgré tous les soins qu'on lui prodigue en ce moment par mes ordres, elle n'a pas plus de huit jours à vivre. Maintenant je viens vous dire : Voulez-vous oublier le passé et remplir toutes vos promesses? Dans ce cas, entre nous c'est la paix; si j'arrive par vous où je veux atteindre, il est clair que j'aurai le plus grand intérêt à ce que vous conserviez toujours la haute faveur dont vous jouissez, et qu'il ne tient qu'à moi de détruire en ce moment. Voici ma position : je suis riche; j'ai plus de savoir et de capacité que la plupart des gens en place, et j'ai une immense ambition. Avec cela, vous le savez par expérience, on peut aller vite et loin. Faites que j'arrive, et vous serez fort à la fois de votre position et de la mienne. Je m'explique nettement, avec la plus entière franchise; marchons ensemble sur ce terrain, et pas le moindre nuage ne pourra désormais s'élever entre nous. »

Le duc de T.... n'avait pas manqué d'énergie autrefois, ainsi que le prouvaient suffisamment la haute position à laquelle il était arrivé, et les moyens qu'il avait employés pour y parvenir; mais il avait beaucoup vécu; la lame, chez lui, avait promptement usé le fourreau, et se ressentait elle-même de la rude besogne qu'elle avait faite. Depuis longtemps déjà ce personnage aspirait au repos. Tant qu'il avait cru sa première femme morte, il avait vécu en pleine sécurité, la flexibilité de sa conscience excluant le remords; mais la secousse morale n'en avait été que plus violente lorsque la vérité lui était apparue dans toute sa hideur. L'effet produit sur lui par cette découverte venait de se faire ressentir avec une nouvelle violence en entendant les paroles prononcées sans ménagement par Varambert et que nous venons de rapporter. L'assurance factice qu'il avait montrée s'affaissa tout d'un coup; il comprit qu'il lui fallait se résigner à ne jouer désormais que le second rôle dans le drame qui se déroulait en ce moment.

« Monsieur le baron, dit-il en comprimant à grand'peine le tumulte qui se faisait dans son esprit, vous êtes un homme de haut bord; un homme de ceux que j'aime, car je hais la médiocrité; nous étions adversaires, soyons amis.... Votre nomination au conseil d'État est assurée.

— Merci, monsieur le duc, pour cette bonne parole; et cependant j'ai une dernière requête à vous adresser.... Vous ne pouvez ignorer que je suis auprès de vous le mandataire de Mme la comtesse de Quérens?

— Je le soupçonnais.

— Un homme de votre valeur, monsieur le duc, ne pouvait s'y méprendre.... Eh bien, cette pauvre femme, dangereusement malade des suites d'une fausse couche qu'il faut cacher à tout prix, vous supplie, au bord de la tombe, de lui rendre les lettres qu'elles vous a écrites, alors que.... Vous me comprenez de reste, monsieur le duc, et vous êtes trop gentilhomme pour m'obliger à en dire davantage.

— Alors, c'est une rupture complète qu'elle désire?

— Hélas! oui, monsieur le duc; la pauvre femme a des terreurs religieuses qui troublent ses derniers instants, et elle mourrait en paix, si ces lettres lui étaient remises.

— Oh! qu'à cela ne tienne, » fit M. de T....

Il ouvrit un meuble, en tira un coffret en ivoire dans lequel il prit la pincée de petits papiers qu'il contenait, et les présenta à Varambert.

« Tenez, dit-il, ces chiffons m'ont coûté bien cher, mais ils m'ont fait trop de mal pour que je les regrette.

— C'est l'oraison funèbre ordinaire de ces sortes de choses, dit le baron en souriant, et, à tout prendre, elles n'en méritent pas d'autre.... Maintenant, monsieur le duc, je veux être votre ami le plus fidèle et le plus dévoué, cela vaut bien une maîtresse sur le retour.

— C'est bien tard, » fit M. de T....

Ces dernières paroles et le ton avec lequel elles étaient prononcées avaient une teinte quelque peu lugubre; mais Varambert se sentait trop heureux pour faire grande attention à cela, et il se retira le cœur plein de joie.

XVI

Un nid d'amour.

Depuis le duel avorté dont nous avons parlé, M. de Barno, obligé de se rendre en Allemagne où l'appelaient ses fonctions d'attaché d'ambassade, n'avait pas paru chez Mme de Quérens. De retour à Paris, depuis quelques heures à peine, et impatient de revoir Ida dont il était plus épris que jamais, maintenant qu'on la lui disputait, il allait se rendre près de la comtesse, lorsqu'il reçut la visite d'un homme au visage bronzé, couvert de larges cicatrices.

« Eh! fit-il, c'est notre bon gendarme de la mare d'Auteuil!

— Lui-même, monsieur.

— Mais, mon brave, reprit le jeune homme en remarquant la mise élégante de son visiteur, vous avez donc quitté le service?

— Pas précisément, monsieur; mais ayant quelques petites affaires à régler, je me suis accordé à moi-même un congé illimité.

— Vous vous êtes accordé.... comment diable arrangez-vous cela?

— De la manière la plus simple : j'avais résolu d'enlever une jeune personne qu'on voulait marier malgré elle.... Ça peut vous paraître drôle; mais c'est comme cela.

— Comment, vous! le défenseur de l'ordre, le gardien des bonnes mœurs....

— Et à mon âge, allez-vous dire : ça peut paraître extravagant; mais c'était mon idée. Et puis, entre nous, la jeune personne ne demandait pas mieux.... Il ne faudrait pourtant pas en dire de mal : Mlle Ida de Quérens est fille de bonne maison, et....

— Comment, malheureux! s'écria de Barno, c'est à Mlle de Quérens que vous avez osé faire un tel outrage?

— Je puis vous affirmer qu'elle ne s'est pas trouvée outragée du tout, et qu'elle est, en ce moment, très-impatiente de me revoir....

— Ce malheureux est ivre ou fou! s'écria le jeune homme.

— En attendant, et comme je suis homme de précaution, continua sans s'émouvoir le prétendu gendarme, je l'ai priée de me donner un certificat de bonne conduite, dont vous pouvez prendre lecture. »

En parlant ainsi, il tira de son portefeuille un petit papier soyeux et parfumé. De Barno le prit et lut :

« Cher Jules, Mme la marquise de Merval, ma bonne tante, me permet de vous adresser ces quelques lignes, que j'écris sous ses yeux. La saison est magnifique, et nous sommes bien seules dans ce château de Merval, au pied des Pyrénées. Mme la marquise me charge de vous dire que, si vous avez quelque goût pour la villégiature, elle serait heureuse de vous recevoir dans son ermitage. Faut-il vous dire qui partagerait ce bonheur? J'aime mieux vous le laisser deviner.
— IDA. »

— Oh! merci, merci, mon brave, s'écria Jules de Barno, mais comment donc tout cela est-il arrivé?

— Mon Dieu, c'est arrivé tout naturellement. On voulait marier Mlle de Quérens; moi, connaissant le port d'arme du particulier auquel il était question de donner sa main, je me suis dit : « Tu ne l'auras pas, Nicolas. » Alors, sans faire semblant de rien, je me suis emparé de ladite demoiselle, et je l'ai insérée tout doucement en lieu de sûreté.

— Ce qui prouve tout simplement que vous êtes le plus brave, le plus honnête homme que je connaisse. Nous allons déjeuner ensemble, si vous le voulez bien, et vous direz entre la poire et le fromage, dans quel paradis vous avez déposé ce bel ange, afin que je tâche de m'en faire ouvrir la porte. »

Pied-de-Fer accepta l'invitation, et il raconta comment après le duel qu'il avait si heureusement empêché, il était parvenu à conduire Ida chez sa tante, Mme de Merval, dont il avait l'honneur d'être à la fois l'hôte et l'ami.

« Ainsi, s'écria de Barno avec effusion, je vous devrai tout : vous m'avez sauvé la vie, et voilà que vous faites de moi l'homme le plus heureux du monde.... Quand partons-nous ?

— Je comprends votre impatience : partez aujourd'hui même ; moi, je reste ici, car je n'en ai pas fini avec cet empoisonneur de Varambert.

— Malheureusement ce misérable est bien puissant! aujourd'hui même sa nomination au conseil d'État est insérée au *Moniteur*.

— Tant mieux ; plus il s'élèvera, plus sa chute sera terrible.

— S'il tombe, dit Jules.

— Et il tombera, dit Pied-de-Fer avec l'accent d'un homme qui a conscience de ses forces.

— Quand? hélas!

— Quand je le voudrai! »

Pied-de-Fer n'était plus ce gendarme débonnaire se montrant heureux de rendre service aux gens ; il s'était transformé comme toujours sous l'impression des sentiments qui l'agitaient, et de dessous ses noires arcades sourcilières s'échappaient des étincelles électriques. Le jeune diplomate l'admirait, et il ne doutait plus de la puissance de cet homme qui se révélait à lui.

« Parlons du présent, reprit le vieux routier après un instant de silence. Ce paradis où vous êtes attendu, n'est éloigné que de trois ou quatre kilomètres de la ville de Bagnères où tout le monde pourra vous indiquer le chemin à suivre. Partez ; je vous ferai signe de revenir quand il en sera temps.

— Peut-être, mon généreux protecteur, allez-vous vous exposer à de grands dangers....

— C'est mon élément : je vais continuer la lutte, c'est-à-dire je vais vivre.

— Quoi qu'il arrive, comptez sur mon éternelle reconnaissance. Je n'ai pas le droit d'en demander davantage; mais je puis affirmer que mon cœur et mon bras seront toujours à votre service. »

Ils échangèrent une de ces poignées de main mille fois plus expressives que les plus énergiques protestations.

Le soir même Jules de Barno roulait vers les Pyrénées.

Il est plus facile de comprendre que d'exprimer la joie des deux amants quand ils se revirent : ils allaient passer ensemble de délicieuses journées, respirer le même air, vivre de la même vie en attendant le jour mille fois heureux où ils n'auraient plus à deux qu'un cœur et qu'une âme.

Le château de Merval devint, sous la surveillance de la marquise, un véritable nid d'amour qui ravivait d'un doux reflet le passé de l'indulgente châtelaine; elle se souvenait!...

Pour Jules et la charmante Ida, les jours passaient comme des secondes : pour les gens complétement heureux la durée n'est rien; la souffrance seule a le privilége de marquer les étapes ; et les pauvres enfants jouissaient de leur bonheur présent sans se souvenir des chagrins du passé, non plus que des souffrances probables de l'avenir.

Cependant que se passait-il à Paris?

Varambert avait laissé passer un certain temps sans se présenter à l'hôtel de Quérens, afin de laisser tomber le bruit qu'avait fait dans le monde son duel avorté dans des circonstances si fâcheuses pour lui ; mais devenu conseiller d'État, il n'hésita pas à fouler aux pieds ces considérations qui, dès lors, lui semblaient puériles, et il se présenta chez Mme de Quérens, encore mal remise de la grave indisposition dont lui-même avait dit la cause au duc de T..., mais dont il n'avait eu connaissance jusque-là que par Carlo. Il trouva étendue sur une chaise longue Mme de Quérens encore souffrante.

« Madame la comtesse, dit-il, après les premiers compliments, est trop juste pour ne pas me pardonner la longue absence dont je ne me suis rendu coupable que pour me montrer plus digne de ses bontés. Je suis maintenant conseiller d'État, madame, et plus épris que jamais de votre adorable fille.

— Tout cela est très-fâcheux, monsieur le baron, permettez-moi de vous le dire : d'abord ma fille s'est soustraite, ou on l'a soustraite à mon autorité. Elle est maintenant chez Mme de Merval, ma sœur, qui plaidera contre le ciel et la terre avant de la remettre sous mon autorité. Ce serait un procès scandaleux, il est heureusement impossible : je ne veux ni l'intenter, ni me défendre.

— Madame la comtesse, de grâce, ne vous lancez pas dans ce néant. Je vais, puisque vous m'y forcez, vous montrer où cela peut vous conduire : vous avez souvent écrit au duc de T...

— Monsieur !

— Toute réticence est inutile ici : vous avez écrit.

— S'il en est ainsi, mes lettres ont été, depuis longtemps, livrées aux flammes.

— Oh! madame, cela se promet toujours, je le sais, mais cela ne se fait jamais. Donc, vos lettres existent, le duc se fait vieux ; une attaque d'apoplexie peut l'emporter tout à coup, et déjà il en a ressenti quelques atteintes; s'il succombait, les fonctions éminentes qu'il a remplies nécessiteraient de la part du gouvernement la mise sous scellé immédiate de tous ses papiers. Comprenez-vous maintenant, madame?

— Oh! mon Dieu!

— Eh bien! moi que vous repoussez sans pitié après m'avoir accueilli, moi dont vous déchirez le cœur en rétractant une promesse solennelle, je puis et je veux vous sauver.

— Oh! vous me ferez alors; vous aurez pitié d'une pauvre femme que d'impérieuses circonstances ont lancée dans une mauvaise voie.

— Oui, madame, j'aurai pitié de cette femme si elle a pitié de moi, si elle me remet au cœur l'espérance qu'elle semble vouloir en arracher.... Ces lettres, madame, je les ai, les voici, et vous savez quel terrible usage j'en pourrais faire. »

En parlant ainsi, il tirait de sa poche les lettres que lui avait remises le duc de T..., et il en déplia quelques-unes à une distance respectueuse.

« Varambert, fit la comtesse d'une voix suppliante, ne soyez pas inexorable.

— Faites que votre fille soit à moi, madame, et je n'aurai plus d'autre volonté que la vôtre.

— Eh! ne comprenez-vous pas que je ne puis rien? La marquise de Merval est très-riche; Ida sera son unique héritière ; puis-je me résoudre à priver mon enfant, ma fille unique, de cette fortune, alors qu'il ne nous reste rien? car puisqu'il faut vous l'avouer, nous sommes complétement ruinés, et peut-être le savez-vous aussi bien que moi.

— Je sais, madame, que les créanciers de M. le comte menacent de faire vendre cet hôtel, la seule propriété qui vous reste ; je sais que M. le comte peut être rappelé, disgracié, laissé sans aucune ressource, et il en serait ainsi dès aujourd'hui si je le voulais de même que je puis écarter de vous tous ces périls. Rappelez Mlle de Quérens près de vous ; permettez-moi de la voir souvent, soyez-moi en aide auprès d'elle, et vous n'aurez jamais d'ami plus dévoué que moi.

— Il faudrait pour cela que la marquise consentît à laisser Ida revenir près de moi, et je sais qu'elle n'y consentira pas. Je pourrai, il est vrai, usant des pleins pouvoirs que m'a laissés le comte, en ce qui concerne nos affaires de famille, m'adresser aux tribunaux ; mais je connais ma sœur, elle est femme à ne reculer devant rien et à braver le plus affreux scandale plutôt que de céder. Elle connaît malheureusement les particularités de ma vie qui me rendent vulnérable, et elle n'hésiterait pas à s'en faire une arme; ce serait me perdre sans espoir d'obtenir le résultat que vous désirez.

— Mais que lui ai-je donc fait, à cette Mme de Merval, pour qu'elle me soit tant hostile? Je ne l'ai jamais vue, elle ne me connaît point....

— Que voulez-vous ! Il y a des préventions qu'on ne saurait expliquer; et puis la marquise a été l'amie intime de M. de Barno, ce qui explique son affection pour le fils. »

Varambert réfléchit pendant quelques instants, puis il reprit :

« Eh bien! madame, je ne vous demande plus qu'une chose ; c'est de ne pas désavouer ce que je pourrai dire ou faire pour arriver à l'accomplissement de mon vœu le plus cher.

— C'est du plus profond de mon cœur que je vous le jure.... mais, baron, ne soyez pas généreux à demi : brûlons ces lettres dont le duc a eu la lâcheté de se dessaisir.

— Je vous promets, madame, et je fais le serment solennel que, le jour où vous serez devenue ma mère, nous les brûlerons ensemble. »

Il fallut bien qu'ils se contentassent tous deux de ces promesses réciproques; elles étaient d'ailleurs suffisantes pour rassurer momentanément Mme de Quérens et pour permettre à Varambert de former de nouveaux projets pour atteindre son but.

En rentrant chez lui, ce dernier y trouva Curchello.

« Eh bien, chevalier, lui demanda-t-il, comment menons-nous la vie?

— Assez tristement, baron ; on ne joue nulle part ; tout Paris est aux eaux.

— Que ne faites-vous comme tout Paris.... Tenez, si vous le voulez, nous allons faire une excursion dans les Pyrénées ?

— Si je le veux ! Le pays où j'ai passé les plus belles années de ma vie ! Il n'est pas dans ces montagnes une roche sur laquelle je n'aie mis le pied, un abîme dont je n'aie sondé la profondeur.

— Peste ! ça ne doit pas être facile.

— Aussi cela m'a-t-il rendu le pied sûr, précieux avantage que j'ai conservé jusqu'à ce jour.

— Faites donc vos malles ; nous partirons demain. »

Curchello ne se fit pas prier ; il alla faire ses préparatifs.

Le soir même Pied-de-Fer recevait ce billet écrit au crayon :

« Le baron va aux eaux de Bagnères ; je l'accompagne. »

XVII

Au fond de l'abîme.

Varambert avait obtenu de Mme de Quérens une lettre pour la marquise de Merval qui lui permit de se présenter chez cette dernière ; mais cette visite n'était pas la seule chose qui l'eût déterminé à faire ce voyage : la seconde lettre de Pied-de-Fer, bien qu'il eût l'air d'en rire et de l'attribuer à un fou, lui causait de vives inquiétudes : soit qu'il eût été vu au moment où il précipitait le chevalier de Berjaud dans l'abîme, soit qu'on le soupçonnât seulement d'avoir commis ce crime, il ne pouvait être parfaitement tranquille qu'après avoir fait disparaître le cadavre de la victime ; aussi fut-ce avec une assez vive satisfaction qu'il entendit Curchello se vanter de connaître si bien les Pyrénées, et de pouvoir sonder tous les abîmes de ces montagnes. Dès le lendemain de son arrivée à Bagnères il proposait une promenade à Curchello, et sous prétexte de chercher un point de vue qu'il avait admiré autrefois, il conduisait son compagnon sur le lieu où il avait accompli son second crime.

« Quand vous auriez des pieds de chamois, cher ami, dit-il en montrant l'abîme béant qui avait englouti Berjaud, je vous défierais bien de pénétrer au fond de cette sorte d'entonnoir.

— Du point où nous sommes en ce moment, non, répondit le grec ; mais regardez l'échancrure de l'autre côté ; la paroi n'est à pic qu'après l'espèce de petit entablement que l'on aperçoit à une grande profondeur. Eh bien, quelque difficile que cela puisse vous paraître, je suis sûr de pouvoir arriver jusque-là sans le secours d'aucun instrument, et de l'entablement au fond, je n'aurais besoin que d'un bout de corde de dix à douze brasses.

— Parbleu ! je serais curieux de vous voir faire ce tour de force.

— C'est une satisfaction que je puis vous donner à peu de frais. Revenons ici après le déjeuner, avec la corde, une bougie et des allumettes ; il ne m'en faudra pas davantage pour satisfaire votre curiosité. »

Ils revinrent en effet dans ce lieu vers le milieu du jour, et ce fut sans beaucoup de difficulté que le grec accomplit sa descente. Varambert, penché sur le bord du précipice, suivait du regard, avec une vive anxiété, tous les mouvements de son compagnon.

« Qu'y a-t-il au fond? s'écria-t-il dès qu'il vit scintiller.

— Rien, » répondit Curchello en se servant de ses deux mains comme d'un porte-voix.

Le baron tressaillit.

« Regardez bien ! cria-t-il encore.

— J'y vois parfaitement.... des pierres, des feuilles sèches. »

Varambert trembla ; son cœur battait à lui rompre la poitrine.

« Frappez le sol du pied, » cria-t-il de nouveau.

Curchello frappa le sol qui rendit un son mat.

« Berjaud n'est donc pas mort ! » se dit le baron.

Et frappé de terreur, il fut obligé de s'accrocher à un arbre pour ne pas tomber.

Curchello remonta presque aussi facilement qu'il était descendu.

« Pensiez-vous donc que j'allais trouver un trésor ? demanda-t-il en riant.

— Je ne sais, répondit Varambert ; l'aspect de ces profondeurs a produit sur moi un singulier effet, une sorte de vertige.... Retournons à l'hôtel ; je ne me sens pas bien. »

Il prit le bras de son compagnon, et tous deux se remirent en chemin.

Rentré chez lui, le baron s'efforça de se rassurer.

« Si Berjaud était sorti vivant de ce précipice, se disait-il, il n'aurait pas manqué de m'accuser ; et maintenant je dormirais très-probablement sous la terre. N'est-il pas plus rationnel de penser que son cadavre aura été découvert par quelque montagnard qui l'aura enterré après l'avoir dépouillé de tout ce qu'il portait ? C'est là bien réellement la seule chose possible, par conséquent la seule vraie, et au lieu de m'en effrayer, je devrais m'en réjouir, car, dans cette hypothèse, je puis braver toute accusation, les preuves matérielles manquant absolument. »

Ainsi rassuré, Varambert se disposa à faire visite à Mme de Merval et à sa charmante nièce, dont il était réellement épris, quoiqu'il fût homme à sacrifier à l'ambition qui le dévorait toutes ses autres passions. Il espérait beaucoup des fréquentes visites qu'il se proposait de faire au château où il était bien loin de penser qu'un autre visiteur l'eût devancé.

« Cette pauvre enfant, se disait-il, doit s'ennuyer horriblement dans cette solitude ; or je dessine, je peins, je fais de la musique ; j'ai un fonds inépuisable d'anecdotes de toutes les couleurs; je veux, en moins de huit jours, me faire chérir de la tante, et j'aurais bien du malheur si la nièce échappait tout à fait à la contagion. »

Ce fut sous l'impression favorable de ces pensées qu'il alla sonner à la grille du château de Merval.

En ce moment Jules et Ida revenaient du jardin en effeuillant quelques marguerites ; le bonheur rayonnait sur leurs jeunes visages. Tout, autour d'eux, souriait à l'amour qui débordait de leur cœur, et il leur semblait que ce bonheur devait durer pendant l'éternité. Tout à coup Jules aperçut Varambert. Quittant aussitôt le bras d'Ida, il bondit comme un tigre jusqu'à cet homme qu'il avait aussitôt reconnu.

« Vous ici, monsieur! fit-il les poings serrés et la voix stridente.

— Vous y êtes bien, monsieur, répondit le baron qui se contenait mieux.

— Ma présence ici prouve qu'on y reçoit d'honnêtes gens ; mais si j'avais pensé qu'on pût y rencontrer des empoisonneurs, je n'y serais pas en ce moment.

— Insolent ! vous me ferez raison de cette insulte.

— Je ne devrais peut-être pas vous faire cet honneur ; mais on peut nous entendre ; point de discussion…. Demain matin au bout de cette avenue. »

Et il montrait l'avenue de peupliers qui conduisait du château à la route départementale.

« Je n'ai pas le temps de chercher des témoins, ajouta-t-il ; j'accepte d'avance ceux que vous amènerez.

— Et cette fois, je l'espère, vous n'aurez pas à vos ordres quelque complaisant gendarme pour rendre la rencontre impossible à l'aide de je ne sais quel conte de sauvages et de flèches empoisonnées.

— Je serai seul, vous dis-je, et priez Dieu qu'il vous garde, car je me sens une prodigieuse envie de vous tuer.

— Nous vous calmerons, » dit Varambert en enfonçant violemment son chapeau sur sa tête.

Et il s'éloigna rapidement.

Pendant ce colloque, qui n'avait duré qu'un instant, Ida était rentrée au salon.

« Qu'est-ce donc ? demanda-t-elle lorsque Jules reparut.

— Presque rien, ma chère Ida; un importun que j'ai éloigné. »

Et la jeune fille, qui n'avait pas reconnu Varambert, n'en demanda pas davantage.

Le lendemain, au point du jour, Jules de Barno sortit du château, et gagna rapidement l'extrémité de l'avenue qu'il avait indiquée. Il n'attendit pas longtemps : Varambert, Curchello et une autre personne qui avait consenti à assister le baron, parurent bientôt.

« Messieurs, dit le dernier de ces personnages, cet endroit est bien découvert; des fenêtres du château, il serait très-facile de nous voir.

— Nous serons mieux dans la montagne, dit Jules : marchons. »

Et tous se dirigèrent vers le versant boisé de la montagne.

Cependant Pied-de-Fer, instruit du départ de Varambert pour les Pyrénées, s'était mis aussitôt sur ses traces. Prévoyant qu'il aurait besoin de toute sa liberté d'action, il ne s'était pas présenté chez la marquise de Merval, et il avait tout simplement repris possession de la pauvre chaumière où il avait passé les premiers mois de son séjour dans ce pays. Du point où était située cette chétive demeure le regard planait sur le château de Merval, et de cette espèce d'observatoire, rien n'échappait au vieux routier de ce qui se passait autour du noble manoir. Il avait parfaitement vu, au lever du soleil, quatre personnages se réunir, il ne lui en avait pas fallu davantage pour deviner ce qui se passait, et il avait fait ses préparatifs en conséquence.

Après un quart d'heure de marche, le jeune attaché d'ambassade s'arrêta.

« Inutile d'aller plus loin, dit-il; nous serons bien ici.

— C'est aussi mon avis, dit Varambert, d'autant plus que l'un de nous doit y rester, et qu'il y pourra trouver une prompte sépulture. »

Ils étaient, en effet, à une très-petite distance de l'abîme dans lequel le malheureux Barjaud avait roulé. Tous s'arrêtèrent, et presque aussitôt, sans autres préliminaires, les deux adversaires tombèrent en garde. Alors, comme cela était arrivé près de la mare d'Auteuil, Pied-de-Fer apparut comme s'il fût tombé des nues, et d'un coup de la canne dont il était armé il abaissa vers la terre les épées près de se croiser.

« Messieurs, dit-il en s'adressant aux témoins, le combat ne peut avoir lieu. Ces deux adversaires

Cette fois ce fut le visage découvert qu'il vint. (Page 552.)

se sont déjà rencontrés, et celui-ci (il montrait le baron) empoisonna traîtreusement l'arme qu'il venait de recevoir des mains des témoins. Cette arme, ce fut moi qui la lui arrachai ; la voici ! »

Et de dessous l'ample redingote dont il était vêtu, il tira une épée nue dont il fit remarquer la pointe corrodée par l'action violente du poison ; puis il reprit, sans cesser de montrer du doigt Varambert :

« Cet homme n'est pas seulement un empoisonneur, c'est un assassin de profession. Vous voyez ce gouffre béant à quelques pas de nous ; là dort du sommeil éternel la dernière de ses victimes qu'il y a précipitée. Qu'on explore cet abîme et l'on y trouvera la preuve du crime que je dénonce à la justice. »

Les témoins semblaient pétrifiés par ces paroles.

« Voilà donc, se disait Curchello après le premier moment de stupeur, pourquoi il m'a fait descendre dans ce précipice ; il voulait, sans doute, s'assurer qu'il ne restait pas de traces du crime dont Pied-de-Fer l'avait accusé ; mais Pied-de-Fer accusateur, voilà qui ne peut se comprendre. »

L'autre témoin, homme du meilleur monde, que les manières distinguées du baron avaient séduit, baissait la tête et semblait honteux du rôle qu'il avait accepté ; déjà il faisait mine de se retirer, lorsque Varambert s'écria :

« Au nom de Dieu, messieurs, je vous en conjure, ne me quittez pas, et ne permettez à personne de m'approcher jusqu'à ce que ce misérable imposteur soit confondu. Conduisez-moi devant l'autorité, que les recherches les plus minutieuses soient faites, et si l'on trouve dans ce précipice ou ailleurs la moindre preuve du crime dont cet infâme ose m'accuser, je me reconnaîtrai coupable. »

Il était impossible de s'exprimer plus nettement ; Pied-de-Fer, habitué depuis longues années à ne s'étonner de rien, ne put dissimuler sa stupéfaction. Il pensa d'abord que le baron tentait de payer d'audace ; mais l'autorité étant intervenue, et l'abîme ayant été exploré immédiatement, il fut bien obligé de se rendre à l'évidence, et saisissant un moment favorable, il disparut dans les rochers.

« Je viens de faire une lourde faute, se disait-il en s'éloignant rapidement ; mais, pris au dépourvu, pouvais-je laisser tuer ce jeune homme que j'ai pris l'engagement de protéger ?... Et puis n'ai-je pas vu, de mes yeux vu, ce Varambert lancer d'un coup d'épaule son compagnon dans le vide ?... Comment expliquer cela ? Attendons. »

On comprend, d'après ce que nous venons de rapporter, que le duel ne put avoir lieu.

« C'est partie remise, monsieur, » avait dit à son adversaire le jeune attaché d'ambassade.

Et Varambert avait répondu par un signe d'adhésion. Mais il se sentait maintenant mal à l'aise dans ce pays où ce qui venait de se passer ne pouvait manquer de rappeler au souvenir des oisifs la mort singulière du boyard Molianof et la disparition plus singulière encore du chevalier de Berjaud. Pourtant il ne pouvait encore se résoudre à laisser le champ libre à son rival, lorsqu'une lettre de Carlo fit cesser toute hésitation.

« Il se passe ici des choses étranges, écrivait le digne valet, et qui ne peuvent qu'empirer en l'absence de monsieur le baron. Je crois devoir me dispenser d'entrer dans les détails que cette affaire comporte ; mais j'ose dire que le prompt retour à Paris de monsieur le baron serait pour le mieux de ses intérêts, et qu'en prenant la respectueuse liberté d'émettre ici mon avis, je remplis un devoir auquel monsieur le baron me reprocherait d'avoir failli. »

— Le drôle a du flair, se dit Varambert ; pour qu'il écrive ainsi, il faut que la chose en vaille la peine. Ce petit monsieur qui s'est si malencontreusement constitué mon rival ne m'a-t-il pas dit que notre rencontre était partie remise, et ne puis-je pas toujours compter sur Mme de Quérens, que je tiens si absolument sous ma dépendance ? Je dois aller au plus pressé. »

Et comme Curchello était en ce moment près de lui,

« Cher ami, lui dit-il, nous retournons à Paris.
— Sur mon âme! fit le grec, je n'en suis pas fâché : on ne trouve ici que des cancres qui, dès qu'ils ont gagné dix louis, s'obstinent à ne plus jouer qu'un écu, de sorte qu'à tenter de les mettre en goût, on perd ses amorces.
— Ainsi, vous serez prêt à partir demain matin ?
— Parfaitement. »

Et, en effet, il fit ostensiblement ses malles; mais déjà il pressentait que les affaires du baron ne tarderaient pas à tourner mal.

« Ce garçon-là a trop de confiance en lui-même, pensait-il ; il ne suffit pas d'avoir beau jeu, si l'on ne met un peu l'œil dans celui de son voisin, et il vaut mieux avoir à son arc deux cordes qu'une. Donc, puisque nous partons demain, il ne serait pas mal que je visse Pied-de-Fer. »

Tout en faisant ces réflexions et quelques autres du même genre, l'honnête grec se dirigeait, après le coucher du soleil, vers le château de Merval. Lorsqu'il n'en fut plus qu'à une petite distance, il poussa à plusieurs reprises un cri aigre et strident qui avait été autrefois le signe de ralliement des Enfants-du-Feu au temps de Mme la marquise de Gastelar, et dont il était probable que Pied-de-Fer avait gardé le souvenir. Il s'écoula quelque temps sans qu'il obtînt de réponse ; mais, enfin, un cri semblable se fit entendre dans le lointain. Ces cris continuèrent à vibrer dans l'air en se rapprochant de plus en plus ; quand ils cessèrent, Pied-de-Fer et Curchello étaient en présence.

« Maître, dit le grec, votre défaut de confiance en moi a failli vous être funeste. Ma présence ici vous étant connue, vous auriez beaucoup gagné à me consulter. Il est très-vrai qu'il n'y a ni cadavre ni ossements dans le précipice que vous avez indiqué. Je l'avais exploré deux jours avant les hommes qu'on y a fait descendre en votre présence, et je n'y avais rien trouvé ; mais ce qui n'y est plus peut y avoir été ; il est même certain pour moi que le chevalier de Berjaud y a été jeté, mort ou vivant. Comment en est-il sorti ? Je n'en sais rien ; mais je le saurai.

— Mon garçon, nous avons beaucoup bataillé autrefois, et je dois craindre que vous n'en ayez un peu trop gardé le souvenir.

— Mettez-moi donc à l'épreuve.

— C'est ce que je ferai ; je vous le promets.

— Il faudrait alors savoir comment et par quelle voie nous pourrons correspondre, et où nous pourrons nous rencontrer, si les circonstances nécessitaient une prompte entrevue, car c'est par une espèce de miracle que nous avons pu nous rencontrer ce soir.

— Rien n'est plus simple ; je connais votre demeure, et je puis écrire ; quant à moi, dont la demeure est un peu partout, si vous avez besoin de me voir, allez à l'église Saint-Severin, entrez par la porte principale, prenez de l'eau bénite de la main gauche, et retirez-vous lentement en flânant quelque peu devant les étalages des marchands ; au bout de quelques minutes vous me rencontrerez sur votre chemin.

— Voilà une singulière mode de correspondance, dit le grec en souriant.

— Mon ami, les moins connus sont les plus sûrs.

— Nous partons demain ; j'en ferai l'essai avant huit jours.

— N'oubliez rien : Saint-Severin, porte principale, eau bénite de la main gauche....

— On me prendra pour un païen.

— C'est possible ; mais on ne me prendra pas sans vert. — Adieu ! »

A ces mots, le vieux routier tourna les talons, et il disparut dans les ténèbres.

XVIII

Une confession.

On a vu, dans un chapitre précédent, comment l'intelligence du duc de T.... s'affaiblissait graduellement. A soixante ans on ne s'arrête plus sur ce chemin, et le duc avait passé la soixantaine. A cette faiblesse croissante se joignit bientôt une peur hideuse de la mort, et des terreurs religieuses épouvantables.

Cet homme qui, pendant plus d'un demi-siècle, n'avait cru à rien, passait maintenant des jours entiers en prières. Il avait renvoyé chez ses parents sa troisième femme, jeune encore. Ses serviteurs l'entendaient souvent pousser de longs cris de désespoir qu'il n'interrompait que pour appeler d'une voix suppliante Julia Berthemont, sa première femme, qu'il avait autrefois tenté d'assassiner, et qui était maintenant mourante sur un lit d'hôpital. Enfin, cette démence sénile faisant chaque jour de nouveaux progrès, il en vint bientôt aux extravagances les plus incroyables ; il s'accusait devant ses gens de crimes imaginaires qu'il ajoutait à ceux beaucoup trop réels qu'il avait commis. Il répétait sans cesse qu'il avait mérité cent fois la mort :

« Non, non, criait-il, point de grâce ! Me faire grâce, ce serait agrandir les portes de l'enfer, que je vois s'ouvrir devant moi ! »

Un jour qu'il avait appelé Julia Berthemont avec plus de persistance qu'il ne l'avait fait, il déclara qu'il voulait l'aller voir.

« Je sais où elle est, dit-il ; ce scélérat de Varambert l'a conduite à la Salpêtrière, où elle est inscrite sous son nom de famille. Je saurai bien la trouver, et elle me pardonnera ; oui, j'avouerai tout, et elle me pardonnera d'avoir tenté de la tuer.... de l'avoir laissé transporter dans l'affreux séjour de Botany-Bay où la malheureuse a passé quinze longues années.... Elle me pardonnera d'avoir voulu la faire mourir dans les oubliettes de mon château de Rueil. »

Il se fit habiller, ordonna qu'on mît les chevaux à son coupé, et il partit sans que ses gens osassent l'en empêcher, accoutumés qu'ils étaient à lui obéir aveuglément. Arrivé à l'hôpital, il déclina ses noms, ses titres, et toutes les portes s'ouvrirent devant lui. Il voulut être conduit près de Julia, et on l'y conduisit. Là eut lieu une scène des plus étranges, et qui se produisit un des phénomènes les plus extraordinaires qui puissent résulter d'une violente secousse morale. La pauvre insensée était sur son lit, immobile et les mains jointes, lorsque le duc tomba à genoux, et recommença, à haute voix, la confession qu'il avait faite chez lui :

« Oui, répéta-t-il à plusieurs reprises en se frappant violemment la poitrine, je suis trois fois, trois fois assassin et deux fois bigame. Julia est ma véritable femme ; c'est moi qui l'ai jetée à la mer, moi qui lui ai fait endurer mille tortures, moi qui ai tenté de la faire mourir de la mort la plus épouvantable....Julia! Julia! pardonne-moi ! »

Et il se laissa tomber, la face sur le carreau. Alors la pauvre aliénée parut se transformer : ses yeux cessèrent d'être hagards ; un triste et doux sourire effleura ses lèvres flétries, et d'une voix dont le timbre argentin caressait doucement l'oreille, elle dit :

« Oh ! je me souviens maintenant ; c'est mon mari, nous nous sommes mariés à la Martinique... Comme nous étions heureux alors !... Que je te pardonne ?... Oh ! oui, de tout mon cœur.....Tout à l'heure je serai devant Dieu ; je le prierai pour toi ; et lui aussi te pardonnera. »

A peine l'infortunée avait-elle prononcé ces mots que ses yeux se fermèrent, sa tête retomba sur l'oreiller, et elle expira.

Il fallut emporter le duc, dont l'état donnait les plus vives inquiétudes. On prévint sa famille de ce qui venait de se passer, et elle fit tous ses efforts pour empêcher que le bruit s'en répandît au dehors ; mais cette scène avait eu de trop nombreux témoins pour pouvoir être étouffée : l'autorité judiciaire s'en émut ; un mandat d'arrêt fut lancé contre le duc, qu'on se borna pourtant, à cause de sa position sociale et du déplorable état de sa santé, à faire garder à vue chez lui ; mais il était plus que probable que les choses n'en resteraient pas là : les noms du baron de Varambert, du comte, de la comtesse de Quérens et de plusieurs autres personnages avaient été prononcés, et l'instruction de cette affaire se poursuivait avec activité.

Tel était l'événement auquel Carlo faisait allusion dans la lettre qu'il avait écrite à son maître, et qui avait déterminé ce dernier à revenir promptement à Paris, en compagnie de Curchello qui, en apprenant l'affaire du duc de T.... jugea prudent de s'abstenir, au moins pendant quelque temps, de paraître chez son ami le baron. La première visite de l'honnête grec après son retour dans la capitale, avait été pour l'église Saint-Severin, où il avait pieusement trempé sa main gauche dans un bénitier. Dix minutes après, comme il regardait d'où venait le vent, Pied-de-Fer lui frappait sur l'épaule.

« Eh bien ! fit le vieux routier, comment cela va-t-il?

— Mal, maître, horriblement mal ; ce malheureux Varambert m'a perdu de réputation.

— Diable ! voilà qui est fort.

— C'est à ce point que les meilleures maisons où j'étais si bien accueilli autrefois m'éconduisent presque ouvertement et que, depuis trois jours, je n'ai pas touché une carte. Et vous comprenez que quand on a les poches vides....

— Et qu'on ne peut pas mettre la main dans celle d'autrui, la position devient critique, je sens cela.

— D'autant plus, que d'ici à un assez long temps, je ne puis me montrer chez le baron sans me compromettre.

— Comment cela ?

— N'est-ce pas moi qui l'ai piloté chez le comte de Quérens qui est ruiné ? N'étais-je pas un de ses témoins dans les deux tentatives de duel que vous savez, et ne peut-on découvrir que c'est moi qui suis descendu dans le précipice et croire que j'ai fait disparaître le cadavre de l'homme qu'on l'accuse d'y avoir jeté, ce qui me constituerait son complice avec toute sorte de circonstances aggravantes ?

— Diable ! Diable ! tout cela n'est vraiment pas couleur de rose. Il me semble pourtant que, sans trop vous risquer, vous pourriez continuer à être bien renseigné sur toute cette affaire, ce qui, avec l'aide de Pied-de-Fer, vous permettrait de vous tenir à flot en attendant mieux.

— Ah ! maître, je vous reconnais là !

— Et comme attendre n'est pas jouir, voici un à-compte sur le présent en attendant le mieux.

— Merci, merci, maître ! »

Mais Pied-de-Fer n'aimait pas les phrases, et il était déjà loin.

Ce n'était pas sans raison que le grec craignait pour Varambert : le régisseur du château du duc, près de Rueil, avait parlé, et il était sous les verrous comme prévenu de séquestration ; la nomination de Varambert au Conseil d'État était révoquée et chaque jour cette affaire semblait s'aggraver. Varambert toutefois ne s'effraya pas de ce revers ; et il fit résolument tête à l'orage.

« Après tout, se dit-il, ce n'est qu'une pierre sur mon chemin ; je la briserai ; ce qu'on m'ôte aujourd'hui, on se trouvera un jour trop heureux de me le rendre avec usure. Tout vient à point à qui sait attendre, surtout quand on ne se borne pas à attendre les bras croisés. »

La mort du duc de T... acheva de le rassurer ; le bruit s'apaisa, l'appréciation des faits se modifia, les preuves s'amoindrirent ; les principaux témoins perdirent la mémoire, et tout fut enterré par un arrêt de non-lieu. Tout le reste était demeuré dans le statu quo : Mme de Quérens devenait dévote, ce qui ne pouvait la soustraire à la puissance de Varambert ; mais ce qui pouvait adoucir les torts les plus accentués de son passé ; Jules de Barno et la charmante Ida étaient toujours au château de Merval ; mais ils commençaient à trouver l'attente bien cruelle, et la marquise de Merval se donnait toutes les peines du monde pour empêcher que le feu prît aux poudres.

Quant à Pied-de-Fer, il se tenait sur la brèche, attendant le moment de frapper un coup décisif, et son attente était d'autant plus patiente, qu'il était parfaitement renseigné sur les événements de chaque jour, par Curchello qui ne passait guère vingt-quatre heures sans aller mettre dans l'eau bénite ses doigts de la main gauche. Un jour pourtant, après une visite de ce genre, Pied-de-Fer ne parut pas, et le grec s'en retourna comme il était venu ; mais le soir même l'ancien chauffeur se présenta chez lui.

« Ah ! fit le grec, quelle frayeur vous m'avez causée !... Dix fois aujourd'hui j'ai recommencé l'expérience ; le bénitier était presque à sec, et personne ! toujours personne !

— Et il en sera désormais ainsi mon ami ; ce moyen de correspondance, qui m'a permis d'éviter tant de pièges, n'existe plus : le père Poulot est mourant.

— Le père Poulot ?

— Ah ! c'est juste, vous ne l'avez pas connu, vous ! Le père Poulot était à la fois mon hôte, mon protecteur, mon ange gardien....

— Il était donc bien haut placé ?

— Il était donneur d'eau bénite à Saint-Severin.

— Mais ce n'est pas une position, cela ?

— Il s'en était fait une, le brave compagnon ! il s'était fait à la fois, comme je viens de le dire, mon hôte et mon gardien : je partageais sa modeste demeure au cinquième étage de la maison qui fait face au portail de l'église. La longue lutte que j'ai soutenue et qui dure encore aujourd'hui m'obligeait à me mettre en rapport avec une foule de gens ; mais ma position ne me permettait pas de me montrer à tous. Heureusement le père Poulot était homme de ressource : ce fut lui qui imagina de faire donner de l'eau bénite de la main gauche à tous ceux qui pouvaient avoir affaire à moi furent prévenus qu'ils ne pourraient me voir sans remplir cette formalité. Le père Poulot était là, regardant avec attention les gauchers qui se présentaient. Grand physionomiste, il les examinait, les jugeait et ne se trompait guère : si le visiteur lui semblait être de bon aloi, ou seulement inoffensif, il sortait d'un air indifférent, tirait un morceau de craie de sa poche, et faisait une raie blanche sur le mur de la maison du Seigneur ; si au contraire il jugeait le visiteur dangereux, il faisait, avec un morceau de charbon, une raie noire, et moi, pouvant de mon cinquième étage voir les noires et les blanches, j'agissais en conséquence. Que d'embûches j'ai évitées ainsi !...

Mais j'oublie que le malheureux n'a peut-être plus une heure à vivre.... Venez, venez, Curchello, vous m'aiderez à adoucir les derniers moments de cet infortuné. »

Pied-de-Fer entraîna son compagnon plutôt qu'il ne le conduisit, et tous deux arrivèrent bientôt près du moribond.

« Oh! merci, merci! dit ce dernier; je ne mourrai donc pas sans entendre encore, à ma dernière heure, une voix humaine, et mes dernières paroles ne s'envoleront pas sans qu'une oreille amie les ait recueillies. Écoutez donc l'histoire de ma vie; je crois qu'elle mérite la peine d'être entendue, et puis, ce sera une bonne œuvre ; il me semble que mon âme s'envolera plus légère, quand je lui aurai préparé le chemin en la dégageant des monstruosités de son origine. Tous les hommes procèdent de Dieu, et retournent en Dieu; moi je procède de l'enfer; est-ce donc là que je dois retourner ?... Écoutez et jugez-moi.

« Dans le village de Lamenaye, près la petite ville de La Ferté, vivait, en 1780, un pauvre laboureur du nom de Bersault, qui n'avait d'autres moyens d'existence qu'un travail assidu et le produit de quelques perches de terre attenant à sa chaumière. Cet homme et sa femme jouissaient dans le pays d'une réputation de probité dont rien n'avait jamais terni l'éclat. Travailleur infatigable, sobre, religieux, charitable, malgré sa pauvreté, Bersault était généralement et justement estimé de ses concitoyens. Sa femme, non moins laborieuse, douce, soumise, compatissante, était citée comme le modèle des ménagères; et leur fille, Marie, alors âgée de quinze ans, semblait devoir être la perfection même : douée d'une beauté remarquable, pleine d'intelligence, de sensibilité, elle montrait pour ses parents un amour, un respect, un dévouement au-dessus de tout éloge. Nul n'eût osé suspecter la vertu de cette angélique créature, vertu qui était devenue proverbiale ainsi que sa beauté; on ne l'appelait, dans la contrée, que la belle ou la sage Marie.

« Ces belles qualités parurent une dot suffisante à un riche cultivateur du pays nommé Durnet; il demanda à Bersault la main de sa fille. Marie, consultée par son père, ne dissimula pas la joie que lui causait cette demande.

« — Que je serai heureuse d'être riche, dit-elle. Alors mon bon père pourra se reposer un peu ; la marmite sera tous les jours suspendue à votre crémaillère, et ma chère mère sera aussi bien habillée que les plus riches du pays. Car ce sont là mes conditions; si M. Durnet les accepte, je suis à lui. »

« Le mariage fut conclu ; Marie s'empara facilement de l'esprit de son mari; elle devint dans la maison la maîtresse absolue ; mais on remarqua avec surprise que la position de ses parents ne s'améliorait pas : Marie, dont la conduite était d'ailleurs irréprochable, semblait avoir oublié son bon père, sa digne mère, qui souffraient en silence de cette incroyable ingratitude.

« — Mon enfant, lui dit un jour Bersault, je ne te demande rien pour moi : je suis encore fort; Dieu merci, l'ouvrage ne me manque pas, et nous sommes trop habitués à vivre de peu pour ne pas nous contenter du pain de chaque jour; mais tu ne nous aimes plus, et ça nous fait une grande peine ; car ton cœur était notre bien le plus précieux, et nous n'aurions jamais cru pouvoir le perdre. Ta mère, que tu ne viens pas embrasser une fois dans un mois, mourra bientôt de chagrin si tu ne lui rends ces caresses qui étaient toute sa joie.

« — Mon père, répondit Marie, il serait bien à désirer que je ne fusse pas plus malheureuse que ma mère et vous. Vous ne saurez jamais tout ce que je souffre.

« — Mais ton mari t'adore, il t'obéit comme un enfant; tes moindres volontés sont des ordres auxquels il semble toujours heureux de se soumettre.

« — Oui, oui, tout cela est vrai : le mal ne vient pas de lui; il vient d'une pensée terrible qui m'obsède sans cesse, le jour, la nuit, aux champs, au logis, à l'église.... Oui, à l'église, alors même que je prie.... Mon Dieu! mon Dieu! cela me déchire le cœur; je sens ma cervelle qui bout !... et quand je vous vois, je souffre encore davantage. »

Le moribond parut ici dans un tel état de surexcitation, que Pied-de-Fer crut devoir l'interrompre.

« Mon bon père Poulot, lui dit-il, oubliez donc ces mauvais jours, et songez à vous guérir ; croyez-vous donc que Saint-Severin soit d'humeur à se passer du doyen de ses donneurs d'eau bénite.

— Merci, Pied-de-Fer, merci! mais je veux qu'on sache tout ce qu'a fait un enfant de l'enfer pour arriver à la porte du paradis.... Oh! vous ne pourriez jamais soupçonner d'où je viens, quel horrible démon m'a conçu; il faut donc que je le dise, pour que vous le répétiez dans l'intérêt des générations futures qui ne pourraient croire ce qui me reste à vous dire, si cela n'était authentiquement affirmé.... Oui, vous serez forcés de reconnaître tout à l'heure, je suis l'enfant d'une femme possédée du plus épouvantable démon de l'enfer!

— Pauvre vieux! fit Curchello, la tête n'y est plus!

— La tête est intacte, monsieur, dit le moribond en se soulevant avec effort; on ne se calomnie pas quand on est près de mourir ; donc, laissez-moi continuer. Je sais bien que vous pourrez invoquer la raison contre tout ce qui me reste à dire.... Oh! la belle chose que la raison, qui ne peut pas dire pourquoi il pleut un jour plutôt qu'un autre jour; pourquoi la terre tourne d'occident en orient plutôt que d'orient en occident !.. Allez donc dire aux étoiles qu'elles n'ont pas le droit de briller longtemps après qu'elles sont éteintes; gardez votre raison; laissez-moi la foi, et écoutez. »

Sous l'impression produite par ces vertes paroles, le grec et Pied-de-Fer gardèrent le silence; le père Poulot reprit :

« Le père Bersault était confondu d'étonnement et de douleur; il s'éloigna pour que sa fille ne vît pas ses larmes, et il n'eut garde de raconter à sa femme l'étrange confidence qu'il venait de recevoir.

« Bientôt la santé de Marie s'altéra; ses joues se creusèrent; l'éclat de son teint se ternit. Son mari, l'honnête Durnet, était au désespoir; il s'adressa aux médecins les plus célèbres de la contrée, et aucun d'eux ne put découvrir la cause du mal qui faisait des progrès chaque jour plus rapides.

« — Je sais ce qui la tue, moi, dit un jour Bersault; c'est un chagrin violent, et d'autant plus terrible, qu'elle n'en veut confier la cause à personne. Est-ce que par hasard quelque galantin lui aurait fait tourner la tête ?

« — Mon Dieu ! si ce n'était que cela, répondit le débonnaire mari, je suis si désolé de la voir souffrir, que je lui pardonnerais de tout mon cœur; car je sais bien que je la ramènerai tout doucement, et en supposant que je ne réussisse pas, j'aimerais mieux subir le chagrin de me savoir trompé, que de la voir mourir. »

« Bersault rassuré par ces paroles fit une nouvelle tentative pour la déterminer à lui confier la cause de son mal; il alla même jusqu'à lui rapporter les paroles de Durnet.

« — Non, non! s'écria Marie indignée qu'on pût soupçonner sa chasteté; je n'aime que vous, mon père, ma mère et mon mari.... Je l'aime parce qu'il est bon, parce qu'il s'efforce de me rendre heureuse; mais tout cela ne peut m'empêcher de désirer quelque chose.... une chose affreuse.... Par pitié, ne m'en demandez pas davantage; chacune de vos questions est un coup de poignard qui me perce le cœur.... laissez-moi ! laissez-moi ! »

« On crut qu'elle était menacée de folie; deux célèbres médecins furent appelés en consultation sur ce point; leurs observations durèrent plusieurs jours; ils interrogèrent la malade avec le plus grand soin, et déclarèrent qu'elle était parfaitement saine d'esprit, et que ses facultés mentales n'étaient point menacées.

« Cela dura près d'un an; Marie était devenue méconnaissable; c'était un squelette, et le mal qui l'obsédait semblait ne pouvoir tarder à la tuer, lorsqu'un jour, après avoir vu son père et sa mère à genoux près de son lit de douleur, elle s'écria :

« — Eh bien ! oui, je guérirai ! Ne pleurez plus; je guérirai, vous dis-je !... Ah! c'est terrible pourtant.... Mais si je mourais j'emporterais l'affreuse certitude que vous resteriez inconsolables, mon père, ma bonne mère ! Et je vous ai déjà fait trop souffrir. »

« En effet, à partir de ce moment, sa santé s'améliora rapidement. Tous ceux qui l'aimaient se réjouissaient de cette guérison presque miraculeuse, lorsqu'un soir Durnet, l'excellent mari, en sortant de table où Marie s'était assise avec lui pour la première fois, depuis sa convalescence, tomba à la renverse comme frappé de la foudre. On s'empressa de le secourir; Marie fut la première à lui prodiguer ses soins. Transporté sur son lit, le malheureux recouvra un instant l'usage de ses sens. Alors il regarda autour de lui, et apercevant sa femme dont le regard avait une expression singulière, il dit :

« — Puisque ton bonheur était à ce prix, je ne me plains pas et je te pardonne. »

« Puis ses yeux se fermèrent, et il expira. »

Ici, Pied-de-Fer interrompit le pauvre donneur d'eau bénite.

« Mon bon père Poulot, lui dit-il, vous avez besoin de repos, et ce récit vous fatigue outre mesure. Demain.... dans quelques heures vous pourrez le reprendre....

— Mon ami, fit le moribond en tendant vers son hôte ses mains décharnées, ne vous opposez pas, je vous en conjure, à cette dernière expiation.

— Mais dans tout ce que vous venez de dire, je ne vois rien que vous ayez à expier.

— Raison de plus pour que vous me fassiez la grâce de m'entendre jusqu'au bout; je continue :

« Trois mois après la mort de son mari, Marie qu'il avait faite, par contrat de mariage, son héritière universelle, parut avoir recouvré toutes ses bonnes qualités de jeune fille. Cela dura un peu plus d'un an. Vers le quinzième mois la tristesse reparut sur le visage de la riche et jeune veuve, alors qu'elle était entourée de nombreux adorateurs.

« — Pauvre enfant, lui dit sa mère, tu as fait une assez triste épreuve du mariage, pour que ta liberté te soit précieuse; garde-la.

« — Ma bonne mère, répondit-elle, nul ne peut échapper à sa destinée : je dois souffrir encore, je le sens; je me remarierai. »

« Parmi les prétendants à sa main, elle distingua bientôt un nommé Mourgue, ami de son premier mari; elle reçut ostensiblement ses visites, et lui montra une faveur particulière. Mourgue enchanté, et craignant qu'un caprice ne lui fît perdre ses avantages, pressa la conclusion du mariage qui se fit avec le plus grand éclat.

« Tout alla bien pendant la lune de miel ; mais vers la fin du second mois, l'espèce de maladie morale dont Marie avait été atteinte une première fois reparut, et acquit, en peu de jours, la plus grande intensité ; elle devint sombre ; sa fraîcheur et sa gaieté disparurent en même temps.

« — Ne m'interrogez pas, et laissez-moi mourir, répondait-elle à son père et à sa mère, qui la conjuraient de revenir à la santé par un effort de volonté semblable à celui qui l'avait sauvée dix-huit mois auparavant; laissez-moi résister jusqu'au bout à l'effroyable tentation qui me tue. »

« A défaut de la science, la voix populaire se chargea d'expliquer ce mal singulier : on dit que la belle Marie était possédée, et le curé de Lamenay, pressé par ses paroissiens, se présenta pour l'exorciser.

« — Mon père, lui dit-elle, pendant que le charitable pasteur procédait à cette cérémonie, et sommait le démon de se retirer, soit que je succombe ou que je guérisse, priez pour moi, car dans l'un comme dans l'autre cas, j'aurai beaucoup à me faire pardonner.

« — Mon enfant, dit le curé, Dieu veut que vous viviez.

« — Je vivrai donc ; mais il vaudrait mieux qu'il en fût autrement. »

« Près d'une année s'écoula ainsi ; la santé de Marie parut s'améliorer. Un jour que son père l'en félicitait, elle lui dit :

« — On me croit guérie ; la vérité est que je cesserai bientôt de souffrir, car je vais mourir. »

« L'honnête Bersault et sa femme s'efforcèrent d'écarter de son esprit cette pensée lugubre. Tout à coup son visage parut s'illuminer d'une sorte de joie sauvage.

« — Mon père, lui dit-elle, vous m'aimez ; eh bien, pour me guérir, vous n'avez qu'à vouloir.

« — Que dis-tu, mon enfant ?

« — Tenez, reprit-elle en indiquant du doigt un vieux fusil accroché au manteau de la cheminée, voici une chose qui peut être l'instrument de ma guérison.... Mettez une bonne charge dans cet arme et faites en sorte que les balles que vous y glisserez rencontrent le cœur de mon mari sur la route de La Ferté où il doit se rendre demain. »

« Bersault ne douta pas, en entendant cette horrible proposition, que sa fille fût atteinte de folie.

« — Reviens à toi, ma chère fille, ma bonne Marie, lui dit-il ; tes souffrances t'ôtent la raison.

« — Vous voyez bien que j'aurais dû me taire, et qu'il faut que je meure, » répliqua-t-elle froidement.

« Et elle sortit. Comme elle retournait chez elle, elle rencontra un jeune berger du village qui, lui aussi, avait été séduit par les charmes de Marie, avant son premier mariage. Depuis, il était entré au service de Mourgue ; il y était encore en ce moment, et il avait conservé pour Marie, devenue la femme de son maître, un amour qui, plus d'une fois, s'était révélé à la jeune femme par des regards passionnés. Il se nommait Jousseaume, et il n'avait que vingt ans.

« — Jousseaume, lui dit Marie en s'arrêtant complaisamment près de lui, je suis sûre que tu me crois bien heureuse ?

« — Vous devez l'être, répondit le jeune homme, puisque votre mari ne vous laisse rien à désirer.

« — Et pourtant, mon ami, je suis bien malheureuse !... Je te confie cela parce que je sais que tu m'aimes véritablement, toi ! »

« Le visage du jeune homme devint resplendissant, la joie rayonna dans ses yeux.

« — Eh bien ! reprit-elle, je veux te mettre à l'épreuve, et si ton dévouement est aussi grand, aussi complet que je le veux, et moi aussi je t'aimerai. »

« Le pauvre garçon se crut transporté au cinquième ciel ; il prit la main que lui présentait Marie, et il dit avec effusion :

« — Je jure sur ma part du paradis de vous obéir aveuglément quand même il irait de mon salut.

« — Jousseaume, reprit Marie en serrant fortement la main du jeune pâtre, tu as un fusil dans ta cabane ?

« — Il le faut bien, car messieurs de La Ferté ne chassent plus depuis trois ans, et les loups sont devenus si nombreux dans le pays, qu'on ne saurait être trop sur ses gardes.

« — Et ce fusil est chargé ?

« — D'une balle et de trois chevrotines.

« — Eh bien ! Si ces balles que tu destines aux loups, je t'ordonnais de les passer au travers du corps d'un homme ? »

« Le pâtre demeura pendant quelques instants immobile et muet d'épouvante ; puis il pensa que Marie lui tendait un piége, et il se remit un peu.

« — Je vois bien que vous ne parlez pas sérieusement, dit-il ; tout le monde sait bien que vous n'aviez pas besoin de la fortune de M. Mourgue, et que vous ne l'auriez pas épousé s'il n'avait été à votre gré.

« — Alors tout le monde se trompe, Jousseaume. Un plus long entretien est inutile. Demain, mon mari ira à Saint-Calais ; il en reviendra probablement vers la fin du jour, selon sa coutume, et comme il a, à la ville, bon nombre d'amis, il aura vidé plus d'une bouteille. Caché derrière la haie qui borde la route, tu l'attendras, tu le tueras. A ce prix je suis à toi.

« — Vous ne voudrez pas vous donner à un assassin ?

« — Je me donnerai à l'homme que j'aime, et qui sera devenu mon sauveur.

« — Mais la justice?

« — Tu trembles, et tout à l'heure tu parlais de me sacrifier ton salut!

« — Eh bien! s'écria le malheureux pâtre hors de lui, j'obéirai.

« — Tu le jures?

« — Sur mon âme! mais vous serez à moi?

« — Sans réserve. »

« Cette nuit fut pour le malheureux pâtre un siècle de tortures; la journée qui suivit ne fut pas moins terrible; il fut cent fois tenté d'aller trouver Marie et de retirer sa parole; mais la promesse que lui avait faite sa maîtresse finissait toujours par l'emporter sur toute autre considération. Un peu avant la fin du jour, il prit son fusil et alla se mettre en embuscade, en se disant qu'il pourrait toujours s'abstenir. Enfin, la nuit vint; bientôt il entendit le bruit des pas d'un cheval, et à la lueur du crépuscule, il reconnut parfaitement son maître qui s'avançait. Alors, pour remonter son courage, il se dit que cet homme était le seul obstacle à son bonheur; que les plus douces faveurs de l'amour et de la fortune seraient la récompense de son dévouement. Le canon de son fusil s'abaissa; il ajusta longtemps le malheureux Mourgue, puis il fit feu au moment où celui-ci passait à la hauteur du point où il s'était embusqué. Presque au même instant une voix de femme fit entendre ces mots:

« — Est-il mort? »

« L'assassin se retourna, et reconnut Marie qui venait à lui les bras ouverts.

« — Bien mort, répondit-il. Et maintenant j'attends ma récompense.

« — Tu ne l'attendras pas longtemps! »

Ici le donneur d'eau bénite s'arrêta un instant pour recueillir ses forces, puis il reprit d'une voix brisée par un violent tremblement convulsif :

« Et je suis le fruit de cet épouvantable adultère!... Ce monstre, cette furie ne s'en tint pas là: elle accusa son père et sa mère de l'avoir aidée à empoisonner son premier mari; elle s'accusa elle-même d'être la complice de l'assassin qu'elle avait séduit. Les deux vieillards furent pendus; le pâtre mourut sur la roue, et l'horrible démon, auteur de tant de crimes, fut condamnée à être brûlée vive. Ce fut le sourire aux lèvres qu'elle monta sur le bûcher où les flammes la dévorèrent sans qu'elle fît entendre la moindre plainte [1]. »

Ici le père Poulot fit une nouvelle pause; mais, malgré le conseil de Pied-de-Fer, il ne voulut pas remettre au lendemain la suite de son histoire.

---

1. Cet épisode est entièrement historique. Quelques noms seulement ont été changés.

Quelques instants lui suffirent pour reprendre des forces suffisantes, après quoi il continua ainsi :

« Je suis né en prison; on me mit aux Enfants-Trouvés le jour même où l'horrible hyène qui fut ma mère mourut dans les flammes. A seize ans, je me fis soldat; puis j'entrai au service du marquis de Merval....

— Du marquis de Merval? interrompit Pied-de-Fer.

— Oui, répondit le donneur d'eau bénite, l'auriez-vous connu?

— Pas précisément.... Était-il marié à l'époque dont vous parlez?

— Hélas! oui, pour son malheur et le mien. J'avais vingt-cinq ans alors; les passions les plus violentes commençaient à se développer en moi; Mme de Merval était coquette, légère, peut-être un peu plus ou un peu moins que cela, comme vous voudrez. Bien que déjà vieux, M. de Merval n'était pas facile à tromper; c'était un ancien chef d'escadre, un de ces vieux loups de mer qui rouleraient pendant cent ans sur le globe, sans que les rugosités de leur esprit en fussent émoussées; il fallait à la marquise un confident dévoué; je fus cet homme; mais bientôt la faveur dont je jouissais augmenta mon audace naturelle; j'osai mettre mes services à un prix dont Mme de Merval s'indigna d'abord, et qu'elle accorda ensuite sans beaucoup de difficulté.... Ah! il ne faut pas oublier que je n'avais que vingt-cinq ans alors, et que je n'étais pas donneur d'eau bénite. »

Ces dernières paroles firent sourire Curchello et Pied-de-Fer.

« Mon bon père Poulot, dit ce dernier, pourquoi vous fatiguer ainsi? Nous comprenons que ces souvenirs puissent avoir quelque charme pour vous; mais....

— Quelque charme! dites plutôt qu'ils rouvrent toutes les plaies de mon âme.... Vous aussi, Pied-de-Fer, vous vous êtes repenti, et vous avez eu ce bonheur que votre vigoureuse nature soit parvenue à dominer les remords; je ne suis pas d'une aussi forte trempe, et je me repentirai jusqu'à mon dernier souffle.

— Par grâce, mon vieil ami, ne vous animez pas ainsi; nous vous écouterons tant que vous voudrez. Je ne vous cacherai même pas que votre récit a, pour moi, un intérêt tout particulier; car cette Mme de Merval est de ma connaissance intime.

— Elle est donc encore de ce monde?

— Je puis même vous assurer qu'elle jouit d'une excellente santé.

— Après tout, elle a bien le droit de dire : « Que celle qui n'a jamais péché me jette la première pierre; mais cela ne suffit pas pour m'empêcher de regretter que, dans le cours de ma vie, elle se soit trouvée sur mon chemin.... Je vous

C'est là que nous allons entrer. (Page 556.)

disais donc qu'elle fut à moi cette femme.... Je ne pourrais me rétracter sans mentir, et je sens qu'il est impossible de mentir quand on a un pied dans la tombe. Et puis un si long temps s'est écoulé depuis que les événements dont je parle se sont accomplis, que ces révélations ne peuvent avoir aucune conséquence fâcheuse.... En l'absence du marquis j'étais, au château de Merval, maître absolu, et, comme tous les usurpateurs, j'étais jaloux de ma domination contre laquelle cependant la fierté de Mme de Merval s'élevait souvent.

« Un jour qu'elle se plaignait du peu de discrétion que j'apportais dans mes relations, je lui dis avec emportement : « Eh! madame, il me faut « bien vous rappeler que vous m'appartenez, puis- « que vous l'oubliez si souvent! » Le marquis, revenant de la chasse, entrait en ce moment dans la salle à manger où cela se passait; il arma son fusil dont le canon s'abaissait sur moi; mais avant qu'il mît le doigt sur la détente, je saisis une bouteille avec laquelle je lui fendis le crâne; éperdu, je m'élançai vers la porte; la marquise m'arrêta.

« Ne voyez-vous pas, me dit-elle avec un incroyable sangfroid, qu'en fuyant, vous nous perdez tous deux?

— Que faire, mon Dieu?

— Être calme. Dans deux heures, tout le monde dormira ici, excepté nous.... Il n'y a pas loin d'ici à l'entrée du parc, et la terre est muette. »

Je compris, et dans le silence de la nuit, je remplis les fonctions de fossoyeur. Entré dans cette voie lugubre, je devais y persévérer : ne voulant plus partager les faveurs de ma maîtresse avec l'amant qu'elle avait conservé, je le tuai, et son cadavre alla rejoindre celui qui reposait dans le parc; un autre eut le même sort. Mme de Merval s'effraya de cette soif de sang, à ce point que sa raison en fut altérée, et elle parla de me livrer à la justice. Alors je m'enfuis dans les montagnes. Là, marchant au hasard dans les ténèbres, au milieu du silence solennel qui régnait autour de moi, j'eus peur pour la première fois de ma vie, mais ce n'était pas pour rien que j'avais été porté dans les entrailles d'une damnée; mon infernale nature reprit promptement le dessus : dès que je pus me reconnaître, je me dirigeai sur Paris où j'arrivai vers le milieu de 1813. Ce fut alors, Pied-de-Fer, que je fis votre connaissance, dans un de ces enfers de fange où nous cherchions tous deux à cacher notre vie. Votre énergie nous en tira; je fus une de vos premières recrues pour la légion interlope que vous formâtes alors. Je porte encore sur la poitrine le signe de reconnaissance que vous-même y avez imprimé, et que je vais emporter dans la tombe. Comme vous, mon ami, je me suis repenti; je n'ai pas gardé une obole de la part de butin qui m'est échue. Si mon instruction n'eût été insuffisante, je me serais fait prêtre. Ne pouvant aspirer à cette position, j'ai voulu m'en rapprocher autant que possible, et depuis vingt-cinq ans, je tends de l'eau bénite au nom de Dieu, à tous ceux qui franchissent le seuil du temple où j'ai passé la meilleure partie de ma vie. »

Le pauvre donneur d'eau bénite se tut ; les forces lui manquaient ; il tendit à Pied-de-Fer sa main décharnée et il balbutia encore quelques mots qui expirèrent sur ses lèvres ; puis un profond soupir s'échappa de sa poitrine. C'était le dernier.

« Les hasards de la vie sont parfois bien étranges, se dit Pied-de-Fer, pourquoi tant s'agiter pour changer la nature des choses, qui ne sont, en définitive, que ce qu'elles doivent être ? »

Il se disait cela, le vieux routier, et cependant il se disposait à travailler avec plus d'ardeur que jamais, au bonheur des deux amants qu'il avait pris sous sa protection, et à se faire, près de la marquise de Merval, une position qui leur permît de ne plus avoir l'un pour l'autre de ces lourds secrets si difficiles à garder.

XIX

Un chemin dangereux.

« Sur mon âme, se disait Varambert, je crois que j'ai fait fausse route. L'argent n'est une puissance qu'à la condition de savoir s'en servir, et c'est s'en servir mal que de le jeter aux trente-deux airs de vent comme je l'ai fait jusqu'ici. J'aurais dû commencer par doubler, tripler, centupler ma fortune, et voilà que, depuis deux ans, mon budget se solde par cinquante mille francs de déficit.... La science, appuyée sur la fortune m'eût fait faire des miracles, et j'ai fait la double sottise de négliger la science et d'amoindrir mes capitaux ; j'ai perdu de vue cet axiome que *tout se vend parce que tout s'achète*, et *vice versâ*. Ce ne sont pas les gens les plus chargés d'honneurs qui sont les plus puissants ; il en est des finances comme de la guerre, la victoire reste toujours aux plus gros bataillons et aux caisses les mieux garnies. Pourquoi ne reprendrais-je pas mon étude du magnétisme animal qui m'avait donné déjà de si beaux résultats ?... Quoi qu'en puissent dire les arriérés et les sots, il s'en faut de beaucoup que cette belle découverte ait dit son dernier mot, et il y a là dedans tout un monde ; et puis ma grande idée du télégraphe oral dont le service ne pourrait être interrompu ni par le brouillard ni par la nuit, comme cela arrive si souvent au télégraphe aérien.... A propos de ce dernier, je me suis toujours demandé si les employés chargés de faire mouvoir cette machine étaient réellement incorruptibles, et s'ils ne le sont pas, comment il se faisait qu'ils ne fussent pas tous millionnaires ; car il est certain que la connaissance d'une dépêche télégraphique une heure avant sa publication peut faire gagner aux financiers des sommes énormes ; or il y a, ou il doit y avoir aux principales stations un registre explicatif des signaux... Tout bien considéré, c'est encore là, pour le moment, la route la plus praticable. »

A cette époque, le télégraphe électrique n'était pas inventé ; le télégraphe aérien ne fonctionnait que pour le gouvernement, et les dépêches qu'il transmettait étaient essentiellement secrètes ; mais il est incontestable que des moyens de correspondance plus rapides avaient été déjà découverts, et ce qui le prouve, c'est que le résultat de la bataille de Waterloo était connu à Paris moins de deux heures après les derniers coups de canon, et que le lendemain, avant que le télégraphe eût annoncé ce grand désastre, les fonds publics montaient de un franc : c'était peu patriotique ; mais c'était de la logique financière. Il se fit dans ce temps, à la Bourse de Paris, des fortunes prodigieuses, et cela avait fortement éveillé l'attention de Varambert, quoiqu'il fût encore bien jeune alors, et lui avait fait faire des rêves d'or, rêves dont il voulait maintenant faire des réalités.

« Carlo, dit-il un jour à son valet de chambre, je crois que nous nous rouillons ; et que nous ferions bien de travailler à rétablir l'équilibre dans nos finances quelque peu délabrées par les derniers événements.

— Alors, répondit Carlo, devenu familier comme tous les gens qui se sentent nécessaires, nous faisons trêve aux amours ?

— Pas du tout : nous restons sous les armes, et nous gardons nos positions. Seulement, en attendant la reprise des hostilités, je tâcherai de faire envoyer le jeune attaché d'ambassade en mission à Katchamka, ou aux îles Marquises ou dans quelque autre paradis du même genre, ce qui simplifiera singulièrement les choses. Pour le moment, il s'agit d'autres choses : combien y a-t-il de télégraphes à Paris ?

— Dame ! je crois que monsieur le baron le sait aussi bien que moi : un sur la butte Montmartre, un sur l'église Saint-Eustache, un troisième sur une des tours de Saint-Sulpice....

— Halte ! ce dernier est notre voisin ?

— Si voisin que je me rencontre presque chaque jour avec le gardien des tours.

— De sorte que si nous voulions pénétrer dans cette forteresse, il ne nous serait pas impossible d'avoir des intelligences dans la place ?

— Je crois qu'en graissant suffisamment les serrures, les portes qui s'ouvrent pendant le jour à peu près à tout le monde, seraient toujours ouvertes à deux battants pour monsieur le baron.

— Eh bien! Carlo, mets-toi en campagne, et pousse une reconnaissance complète. Si nous parvenons à prendre pied sur ce terrain, la fortune ne nous refusera plus rien.... Remarque, Carlo, que je dis *nous*.

— Oh! monsieur le baron sait bien que je n'ai pas besoin de stimulant pour lui être dévoué. »

Dès le lendemain, Varambert savait que chaque soir, après le coucher du soleil, les clefs du bureau télégraphique étaient déposées chez le gardien qui les accrochait à un clou fiché dans la muraille, où un garçon de bureau les reprenait le matin au point du jour. Il fut donc facile à Carlo, après avoir lié connaissance avec le gardien, de les garder pendant le temps nécessaire pour en prendre l'empreinte, et, dans une seconde visite, le même soir, de les remettre à leur place ordinaire.

Varambert pouvait donc désormais, se glissant derrière son valet de chambre dans l'obscurité, arriver sans encombre sur la plate-forme de la tour méridionale, entrer dans le bureau, y copier le registre des signaux. Une difficulté restait à vaincre; mais elle n'était pas insurmontable : il fallait sortir de ce lieu. Varambert, avant le jour, descendit jusqu'au bas de l'escalier aboutissant dans une salle basse voûtée; là, il se blottit derrière un pilier, et profitant d'un moment favorable, pendant l'allée et la venue du gardien, du sonneur, des employés, il gagna la rue sans être remarqué.

Cela se répéta bien des fois, car c'était une longue et minutieuse besogne que de copier exactement tous les signaux afin de se familiariser avec le langage télégraphique; mais Carlo avait eu bien vite ses coudées franches chez le gardien, et les moyens ne lui manquaient pas pour favoriser la retraite de son maître.

Le succès de cette audacieuse entreprise fut complet; Varambert prit si habilement ses mesures, que bientôt pas une dépêche ne lui échappa; il gagnait à la Bourse des sommes folles; jamais les agents de change n'avaient opéré pour un spéculateur aussi heureux, sans que pourtant l'autorité routinière de cette époque soupçonnât la fraude; telle était sa confiance que, depuis la création des télégraphes, le registre des signaux n'avait pas été changé, et qu'il ne le fut que longtemps après les événements que nous rapportons.

La fortune du baron devint fabuleuse; Carlo fut promu à la dignité d'intendant. Jules de Barno avait été envoyé à Vénézuéla avec le titre de ministre plénipotentiaire, et la comtesse de Quérens insistait vivement près de sa sœur pour obtenir qu'Ida revînt près d'elle.

De son côté, Pied-de-Fer, après la mort du donneur d'eau bénite, avait de nouveau quitté Paris pour retourner au château de Merval.

« Eh bien, mon ami, lui demanda la marquise, sommes-nous enfin à l'abri des persécutions de ce méchant homme?

— Malheureusement non, madame; car il est maintenant plus puissant que jamais, et j'ai grand peur qu'un fatal hasard lui ait donné à l'heure où je parle de nouvelles armes contre vous.

— Contre moi!

— Hélas! les événements s'enchaînent parfois d'une manière si extraordinaire, et le passé, dans certains cas, peut avoir tant d'influence sur le présent.

— Mon ami, je devine à ces précautions oratoires que vous avez quelque mauvaise nouvelle à m'apprendre.

— J'ai en effet à vous parler de choses fâcheuses, mon amie... Notre vie à tous deux a été si cruellement agitée qu'il doit nous en rester d'amers souvenirs. Pardonnez-moi de vous affliger.... c'est de votre mari que je dois vous parler. »

La marquise changea de couleur.

« Ne vous ai-je pas dit que c'était un chef d'escadre aux rudes allures, à l'humeur quelque peu farouche, ne se trouvant bien qu'à la mer? Cette habitation ne lui plaisait point. Un jour il disparut; j'appris plus tard qu'il était retourné dans l'Inde où il possédait de grands biens, et où il est peut-être encore....

— Pardon, madame, il n'est pas si loin de vous que cela.... De grâce, aidez-moi un peu. Ai-je besoin de vous dire que je n'ai d'autre intention que d'éloigner un danger qui vous menace? Que pouvez-vous craindre d'un homme qui ne consent à vivre depuis si longtemps que pour expier les crimes dont il s'est rendu coupable? »

Mme de Merval se couvrit le visage de ses mains.

« Et moi aussi, dit-elle en pleurant amèrement, et moi aussi j'ai cruellement expié.

— Votre mari n'est pas seul dans le funèbre lieu où il repose....

— Mon Dieu! est-ce assez de torture! Ah! que le misérable qui m'a entraînée....

— Il est mort, madame, et vous n'auriez plus rien à craindre de lui s'il avait gardé le secret de ses crimes: mais il a parlé hautement; il n'a rien omis; j'ai tout entendu, et par malheur, je n'étais pas seul...

— N'hésitez plus, mon ami, le coup est porté; j'en mourrai peut-être.... que la volonté de Dieu s'accomplisse.

— Par un hasard fatal, continua Pied-de-Fer, l'homme qui, comme moi, a entendu les confidences dont je parle a été longtemps une des âmes damnées de ce Varambert qui mérite votre haine, de sorte qu'il est possible, qu'il est probable même que ce vampire insatiable, instruit des événements dont nous venons de parler, songe à s'en faire une arme pour vous imposer sa volonté.

— Eh! que faire, mon ami, pour éviter ce péril?.... Oh! je vous en prie, ne m'abandonnez pas dans un si terrible moment.

— Je viens tout exprès pour vous être en aide. Cette nuit vous m'indiquerez l'endroit où sont déposés les restes de ces victimes ; je n'y retrouverai certainement que des ossements, après un si long temps écoulé, et je leur donnerai, pour nouvelle sépulture, un des précipices les plus voisins de la chaumière qui fut ma demeure. »

La nuit qui s'écoula fut une des plus douloureuses que la marquise de Merval eût passée depuis longtemps ; quand le jour parut, elle sembla vieillie de dix ans ; mais son énergie n'en souffrit point, et n'ayant plus à redouter l'affreux scandale dont elle avait été un instant menacée, elle se prépara résolûment à la lutte.

Pied-de-Fer ne passa que vingt-quatre heures au château, et à peine de retour à Paris, il put se convaincre qu'il n'avait que trop bien prévu le rapprochement prochain de Curchello et de Varambert. Le grec à bout de ressource se repentit bientôt d'avoir négligé un homme aussi habile, qui avait rebondi si haut après un revers momentané ; ce fut l'air humble et l'oreille basse qu'il se présenta chez le baron dont le faste et les allures de grand seigneur se faisaient déjà remarquer.

« Je vous croyais mort, chevalier, lui dit Varambert; il est vrai que de votre côté vous m'avez cru bien malade.

— Ah! cher ami, est-ce bien vous qui me jugez si mal ?

— Je n'avais pourtant pas la peste, continua le baron ; mais j'étais menacé de pauvreté ce qui est pire.

— Cher baron, répliqua Curchello, je n'aurais qu'un mot à dire pour vous prouver que vous n'êtes pas un ingrat.

— Ça me paraît fort !

— C'est pourtant comme cela.

— Eh bien, dites-le, ce mot.

— Ce serait peut-être trop tôt. Je puis seulement vous assurer que depuis que nous ne nous sommes vus, j'ai travaillé avec succès à la réalisation de votre vœu le plus cher.

— Paroles pompeuses qui ne disent rien.

— De peur de trop dire.

— C'est donc un secret ?

— Vous l'avez dit.

— Alors je vous l'achète.

— Vous devinez que j'ai besoin d'argent et vous voulez me tenter....

— Combien vous faut-il?

— Tentateur ! comme vous connaissez bien mon côté vulnérable !

— Dix louis pour le premier mot, cinq pour chacun des autres.

— Et les monosyllabes compteront ?

— Sans doute.... Est-ce marché fait ?

— Avant de commencer, j'ai besoin de savoir si vous aimez toujours la charmante Ida de Quérens.

— Plus que jamais, cher ami. Sur mon âme, cette petite fille m'a tout à fait ensorcelé.

— Alors je commence : que diriez-vous si je vous donnais à l'instant le moyen infaillible de lever toutes les difficultés qui vous ont empêché jusqu'ici d'obtenir sa main?

— Sans délai?

— Sans délai.

— Alors c'est que la tante est morte.

— La tante se porte aussi bien que vous.

— Et elle ne fera pas d'opposition ?

— Elle s'estimera heureuse de vous donner son consentement, toujours à cause des moyens que je vous aurai enseignés.

— Voyons donc ce moyen ; je donne cinquante louis du tout.

— Madame, direz-vous en vous arrangeant de manière à n'être entendu que d'elle, il y a à l'entrée de votre parc un certain endroit que M. le procureur du roi a le plus grand désir de visiter. Je n'ai qu'un mot à dire pour l'en empêcher. Ce mot je ne le dirai que si vous consentez formellement à devenir ma tante.

— Mais je ne puis pas aller ainsi le nez au vent sans savoir le mot de l'énigme ; car il y a un mot ?

— Un mot composé de trois hommes.

— Êtes-vous fou, Curchello ?

— Trois hommes enterrés entre deux noyers de la plus belle venue.... Ah ! dame ! c'est qu'elle n'y allait pas de main morte, la chère marquise, et elle eût fort bien tenu sa place près de Marguerite de Bourgogne de galante et funèbre mémoire.

— Mais êtes-vous bien sûr de ce que vous dites, mon ami?... C'est qu'autrement je pourrais me mettre sur les bras une fort mauvaise affaire.

— Je tiens le fait de l'homme qui les a couchés là. C'était le fils d'une espèce de démon femelle qui avait fait égorger son père, sa mère, ses deux maris, son amant et elle-même. Ce champion s'appelait Poulot.

— Voilà un bien doux nom pour un si rude coquin !

— Ce mot pourra vous servir de pierre de touche, prononcez-le devant la marquise et vous en verrez l'effet. »

Varambert mit sa bourse dans la main du grec, et la réconciliation fut ainsi scellée.

XX

Un homme qui revient de loin.

« Est-ce que je baisserais? se demandait assez tristement Pied-de-Fer. Voilà deux fautes capitales que je n'aurais certainement pas faites autrefois : d'abord celle de n'avoir pas tué ce misérable Varambert alors que je tenais l'épée empoisonnée que je venais de lui arracher de la main; puis celle d'avoir conduit Curchello près du donneur d'eau bénite. Ce coquin de grec a changé de domicile, et je ne puis le retrouver : se cacherait-il s'il ne me trahissait? Heureusement cela n'est pas irréparable : la marquise de Merval n'a plus rien à redouter de l'indiscrétion de Curchello; quant à Varambert qui mène aujourd'hui un train de prince, il me sera facile, à cause de cela même, de trouver chez lui le défaut de la cuirasse : l'année dernière au dire de Curchello, alors son confident, il n'avait guère plus de cent mille francs de revenus, et depuis six mois il a dépensé plus d'un million. Où a-t-il pris cela? C'est ce qu'il faut découvrir pour arracher la gentille Ida aux griffes de ce drôle. C'est la dernière tâche que je me suis donnée, et je veux la remplir. »

Dès ce moment le vieux routier s'attacha aux pas du baron ; il sut ainsi que cet audacieux coquin fréquentait les agents de change, et que parfois il apparaissait un instant à la Bourse ; mais cela n'expliquait rien : les agents de change ne font pas métier d'enrichir les gens ; les opérations de Bourse ruinent le plus souvent, et le faste qu'étalait le baron continuait à dépasser toutes les bornes.

Enfin un jour que, pour la centième fois, Pied-de-Fer passait sous les fenêtres de Varambert, il vit ce dernier qui, se levant sur son balcon, et les yeux fixés sur le télégraphe, transcrivait rapidement sur un carnet tous les signaux qu'il saisissait au vol avec une facilité incroyable, et qui annonçait une grande habitude de cet exercice. Puis le baron ayant quitté le balcon, les regards de Pied-de-Fer s'abaissèrent, et s'arrêtèrent machinalement sur un pauvre diable couvert de haillons et achevant de dévorer une croûte de pain tout en lançant vers le balcon des regards menaçants.

L'ancien chauffeur était physionomiste; les traits des gens avec lesquels il avait été en rapport ne lui sortaient pas de mémoire.

« J'ai vu ce visage-là quelque part, se dit-il ; c'est sans doute un de mes anciens compagnons ; ces gaillards-là ont été si vite, qu'ils en sont tous là aujourd'hui une croûte de pain de temps en temps et les pieds nus toute l'année ; la pénitence est rude! Celui-ci pourra au moins s'y soustraire pendant quelques jours. »

Et tirant sa bourse, il s'approcha de ce malheureux.

« Vous souvenez-vous du Petit-Duc? lui demanda-il.

— Je n'ai jamais connu personne de ce nom.

— Et du Boucher des Chrétiens, de Pied-de-Fer, de Lambert?

— Je les entends nommer pour la première fois.

— C'est étonnant! je suis pourtant sûr de vous avoir rencontré quelque part.

— Et moi je puis affirmer que je vous vois pour la première fois.

— Attendez donc.... »

Et regardant plus attentivement le pauvre diable il reprit :

« Pardieu! ce serait vraiment miraculeux!... n'avez-vous pas fait un voyage dans les Pyrénées?

— J'en ai fait plusieurs.

— C'est possible ; mais il en est un que vous ne pouvez avoir oublié. »

Les yeux de l'inconnu s'ouvrirent démesurément.

« C'est vrai, » dit-il en témoignant la plus grande surprise.

Pied-de-Fer continua :

« Et maintenant je sais votre nom : vous êtes le chevalier de Berjaud. »

Le pauvre diable jeta un rapide coup d'œil sur ses vêtements en lambeaux, et un rouge de pourpre couvrit son visage. Pied-de-Fer n'eut pas l'air de s'en apercevoir, et du ton le plus courtois il ajouta :

« Chevalier de Berjaud, je vous prie d'accepter l'hospitalité que je vous offre de grand cœur ; nous avons beaucoup à causer. »

Le pauvre diable jeta encore un regard vers le balcon :

« De lui? fit-il.

— De lui et de plusieurs autres. L'heure de la réparation sonnera bientôt. Venez! venez! »

Et il entraîna le malheureux Berjaud. Un quart d'heure après, ils étaient à table devant un déjeuner confortable. Au dessert vinrent les explications.

« J'ignore, dit Berjaud, comment il peut se faire que vous me connaissiez et que vous soyez instruit de ce qui s'est passé entre moi et le misérable assassin que nous avons vu tout à l'heure ; mais plus je vous regarde, et plus je suis convaincu que je ne vous avais jamais vu quand vous m'avez adressé la parole il y a une heure.

— Vous ne m'aviez jamais vu, il est vrai ; mais

moi je vous avais vu tomber sous les coups d'un assassin, et je suis impatient de savoir par quel miracle vous avez échappé à la mort. »

Berjaud ne se fit pas prier; car la plus entière confiance s'était établie tout de suite entre ces deux hommes. Il dit comment étant tombé évanoui dans le précipice où l'avait jeté Varambert, il n'avait pu d'abord faire entendre la moindre plainte. Ce ne fut qu'après un certain temps dont il ne put apprécier la durée, qu'il reprit connaissance; brisé, moulu, ne pouvant faire le moindre mouvement, il se crut d'abord enterré vivant; mais bientôt le souvenir de ce qui s'était passé lui revint; il rassembla ses forces et poussa de grands cris; ils furent entendus par des contrebandiers espagnols qui, connaissant parfaitement tous les accidents de terrain de ces parages, parvinrent à le tirer de l'abîme, le hissèrent le moins mal possible sur le dos d'une mule, et le déposèrent, le lendemain, dans la première auberge qu'ils rencontrèrent sur le territoire espagnol.

Berjaud ne manquait pas d'argent; car on doit se rappeler qu'obéissant à la dernière volonté de son ami le boïard, il avait rempli ses poches des bank-notes contenues dans une cassette d'acier, précieux chiffons que les contrebandiers avaient dédaignés, n'en connaissant pas la valeur. Dès qu'il fut suffisamment rétabli, il se fit transporter à Barcelone où il avait pour ami intime un inspecteur des domaines, nommé de Barlès qui le reçut avec tous les témoignages de la joie la plus vive.

Riche et marié nouvellement, ce fonctionnaire vivait avec éclat, et sa femme, jeune et jolie, faisait les honneurs de sa maison avec autant de grâce que d'esprit et de bon goût; aussi Mme de Barlès était-elle l'objet de tous les hommages, et le mari, qui aimait tendrement sa femme, était heureux de ses succès dans le monde.

« Puisque tu es resté garçon, mon cher Berjaud, dit Barlès, il ne tiendra qu'à toi que nous ne nous quittions plus; tu seras notre pensionnaire, et nous ne négligerons rien pour te faire oublier les mauvais jours que tu viens de passer, et je suis sûr que cela te sera plus doux que la vengeance que tu pourrais exercer sur ton misérable assassin. »

Berjaud accepta. Doué d'un esprit agréable sans prétention, d'un caractère doux, bien fait, élégant, il ne tarda pas à s'apercevoir de la vive impression qu'il avait faite tout d'abord sur la femme de son ami, et lui-même commença bientôt à ressentir les premières atteintes d'une passion qui fit chaque jour de rapides progrès.

Cependant tous deux s'efforcèrent de résister au penchant qui les entraînait; Mme de Barlès se montrait froide et réservée; elle évitait de se trouver seule avec Berjaud, qui fut vivement affligé de ce changement de conduite, bien qu'il se fût promis lui-même de ne pas succomber.

« Cet état de choses ne peut durer, se dit-il, un jour il arrivera quelque catastrophe, si je ne quitte cette maison. Partons donc, afin de demeurer honnête homme. »

Le jour même où il prit cette résolution, il remit à la jeune femme ce billet :

« Madame, je ne puis vivre sans vous, et je
« vous quitte pour toujours; mais avant l'accom-
« plissement de ce douloureux sacrifice, il faut que
« vous m'accordiez une entrevue de quelques in-
« stants. Je passerai toute la nuit prochaine à écrire.
« La résolution violente que je prends, doit vous
« convaincre que j'ai, avant tout, la ferme résolu-
« tion de respecter la femme de mon ami. Je vous
« attendrai donc; venez, je vous en conjure, don-
« ner ce témoignage de confiance à un malheu-
« reux.... à un mourant. »

La nuit vint; Mme Barlès lutta longtemps contre l'entraînement de son cœur; une fièvre brûlante la dévorait, pendant que son mari dormait paisiblement près d'elle.

« A un mourant, se disait-elle ; il veut donc mourir?... Oh! qu'il vive! qu'il vive! »

Puis les sentiments de l'honneur reprenaient le dessus.

« Eh bien! reprenait-elle, je mourrai aussi et nous serons réunis. »

Enfin, la vertu céda; la jeune femme se glissa doucement hors du lit, passa un peignoir, jeta un long châle sur ses épaules, et, les pieds nus, retenant son haleine, elle se dirigea vers la chambre de Berjaud.

« Oh! merci! merci! s'écria ce dernier; vous avez cru en moi! »

Mme de Barlès était pâle et tremblante; elle ne put répondre, et se sentant défaillir, elle s'assit.

En ce moment, Barlès venait de s'éveiller; surpris de ne pas trouver sa femme près de lui, il l'appelle; n'obtenant pas de réponse, il se lève, parcourt avec inquiétude toutes les pièces de son appartement; puis enfin il va frapper à la porte de son ami.

« Mon cher Berjaud, dit-il, lève-toi, je t'en prie, et viens me seconder dans mes recherches : ma femme qui était couchée près de moi a disparu; je la cherche vainement depuis un quart d'heure. »

Effrayé de ce qui arrive, Berjaud saisit la jeune femme, pour l'entraîner derrière les rideaux de l'alcôve; mais elle s'était évanouie. Alors, éperdu, ne sachant plus ce qu'il fait, il la prend dans ses bras, la porte sur son lit; dans son trouble, il lui jette un oreiller sur le visage, puis il va ouvrir la porte au mari.

« Mon ami, dit ce dernier, en proie à la plus vive anxiété, c'est affreux, horrible! ma femme dormait paisiblement près de moi, je m'endors moi-même ; puis je me réveille, j'étends les bras.... je suis seul ; la place où elle dormait est froide.... Marie a disparu ! Je m'élance hors du lit ; j'allume les bougies, je regarde autour de moi, personne ! Je l'appelle.... point de réponse ! Je parcours toute la maison.... personne ! toujours rien ; pas le moindre indice qui puisse me faire soupçonner ce qu'elle est devenue.... oh ! c'est affreux ! »

Le malheureux était réellement hors de lui. Quoiqu'il fût presque entièrement nu, la sueur ruisselait sur son corps, ses cheveux se dressaient, ses yeux semblaient près de sortir de leur orbite, et il donnait tous les signes du plus violent désespoir.

« Tu t'effrayes probablement à tort, mon ami, lui dit Berjaud ; peut-être sera-t-elle montée à l'étage supérieur pour appeler un domestique ; je vais y voir ; de ton côté descends dans le jardin ; le temps est magnifique, l'air tiède.... peut-être aura-t-elle cédé au désir d'aller respirer cet air balsamique qui se fait sentir jusqu'ici !

— Tu as raison ; la nuit est si belle, si pure.... je cours au jardin. »

Pendant que le mari descend l'escalier, Berjaud court à son lit ; il s'empresse de prodiguer des secours à la jeune femme, qu'il croit toujours évanouie ; mais ses efforts sont vains : madame Barlès demeure immobile ; ses yeux à demi ouverts semblent vitrés, et ses lèvres blanchies ne reprennent point leur couleur purpurine. Berjaud est hors de lui-même, il sent que sa raison l'abandonne ; mais, se roidissant contre l'évidence, il tombe à genoux ; il prie, il supplie, il implore la pitié de la malheureuse jeune femme dont l'âme s'est envolée ; mais enfin il ne peut plus douter qu'elle ait cessé de vivre : l'oreiller jeté sur son visage, alors qu'elle était évanouie, a déterminé l'asphyxie, et, depuis quelques instants, ce n'est plus qu'un cadavre.

Rien ne saurait donner une juste idée de l'effroi et du désespoir de Berjaud ; il voudrait mourir, disparaître pour toujours dans les entrailles de la terre ; mais rien ne peut le soustraire aux regards de Barlès qui est descendu au jardin, et qui ne peut tarder à reparaître. En effet ses pas se font entendre dans l'escalier. Berjaud court à la porte.

« Eh bien ? fait-il.

— Rien, mon ami, toujours rien ! »

L'imminence du danger élucide en ce moment les pensées de Berjaud ; il sent qu'il faut à tout prix éloigner cet homme qui peut l'accuser d'assassinat.

« Mais, j'y pense, dit-il ; ne nous a-t-elle pas parlé hier d'une de ses amies atteinte subitement d'une maladie grave ?

— Je crois m'en souvenir, dit l'infortuné mari saisissant avidement cette lueur d'espoir.... Fais bonne garde, mon cher Berjaud ; mets tous les domestiques sur pied ; moi, je cours.... où ? Je n'en sais rien ; mais j'espère encore. »

Il s'éloigne et Berjaud demeure anéanti ; puis, enfin, l'instinct de la conservation lui rend quelque énergie : cette femme qui lui avait inspiré un si violent amour, pour laquelle il avait voulu mourir, qu'il voudrait encore pouvoir, au prix de tout son sang, rappeler à la vie, cette infortunée victime d'une passion effrénée, il la saisit, la charge sur ses épaules, l'emporte à travers les rues silencieuses de la ville, et, protégé par les ténèbres, il va la jeter à la mer.

Au point du jour, des pêcheurs trouvèrent le cadavre sur la grève.

A cette jeune femme, qui fut promptement reconnue, on ne connaissait aucun motif de chagrin pouvant faire présumer un suicide ; la veille encore elle avait été vue brillante de santé et de grâce ; et rien, depuis, ne s'était produit qui pût faire croire à une mort volontaire. La singularité du costume de cette infortunée finit pourtant par faire croire qu'elle avait été atteinte d'un accès de fièvre chaude. Ce fut à cette conjecture que le malheureux Barlès s'arrêta, et, profondément affligé de la mort de cette femme qu'il n'avait cessé d'aimer de toute la puissance de son âme, il quitta le pays où il venait de perdre tout ce qui lui faisait chérir la vie.

Berjaud resta seul ; un grand refroidissement s'était opéré entre les deux amis, sans cause connue ; c'était instinctivement qu'ils s'évitaient ; il semblait qu'ils ne pussent plus respirer le même air.

Bientôt Berjaud sentit ses facultés intellectuelles s'affaiblir ; il parcourut le monde sans but, sans désir, sans souci du présent non plus que de l'avenir ; les ressorts de son âme semblaient être brisés ; il n'y avait plus pour lui ni douleurs ni joies.

L'argent ne tarda pas à lui manquer ; enfin, l'excès de la misère amena une réaction ; il sollicita de la légation française, à Madrid, son rapatriement ; mais les secours qu'il obtint étaient tellement exigus, que ce fut presque mourant d'inanition qu'il arriva à Paris. Là, sa raison s'altéra de plus en plus ; quelques-uns des parents éloignés qui lui restaient furent avertis par l'autorité de la triste position de ce malheureux ; par respect pour le nom de la famille, ils se cotisèrent et placèrent le pauvre insensé dans une maison d'aliénés.

Barlès l'avait presque entièrement oublié, et il vivait très-retiré dans une maison de campagne qu'il avait acquise près de Saint-Mandé, lorsqu'un jour il reçut d'un médecin aliéniste la lettre que voici :

« Monsieur, un malheureux insensé, mon pensionnaire depuis quelques jours, est gravement malade. L'affaiblissement de ses facultés physiques a produit un effet tout contraire à celui qu'on remarque le plus ordinairement, et depuis quelques heures, cet infortuné a complétement recouvré la raison. Dans un entretien que je viens d'avoir avec lui, il m'a supplié de faire tous mes efforts pour savoir si vous êtes à Paris, et pour vous engager, le cas échéant, à le venir voir. Je m'empresse de me rendre au désir de ce malheureux, sur la santé duquel votre visite peut avoir une grande influence. »

« Berjaud! s'écria Barlès après avoir lu, il était fou!... Pauvre garçon! Il y a si longtemps que nous ne nous sommes vus.... Depuis l'affreuse catastrophe qui m'a ravi ma bonne Marie.... Je l'avais oublié, et lui se souvient de moi.... Pauvre ami, tu ne m'attendras pas plus longtemps. »

Une heure après, Barlès était au chevet de son ancien ami.

« Me voici, lui dit-il, et je te remercie de t'être souvenu de moi après m'avoir tant oublié.

— Moi, t'oublier, s'écria Berjaud en se dressant sur son séant, comme s'il eût obéi à l'action d'une pile galvanique, jamais! jamais! Depuis notre séparation, il ne s'est pas passé une heure, pas une minute sans que tu fusses présent à ma pensée.... J'étais fou, mais je n'avais pas perdu la mémoire; j'entendais sans cesse me demander ta femme, et je la voyais, elle, comme je l'ai vue pendant cette nuit terrible, évanouie d'abord, puis morte!... morte, et c'est moi qui l'ai tuée! »

En prononçant ces mots, Berjaud retomba sur son oreiller; il sembla qu'il allait rendre le dernier soupir.

L'anxiété de Barlès était extrême.

« Tuée! se disait-il; il l'aurait tuée! »

Il étendit la main vers le moribond, et saisissant l'un de ces bras décharnés.

« Ah! c'est impossible! dit-il, tu n'as pas tué Marie.... ma femme bien-aimée, l'âme de mon âme.... Pourquoi l'aurais-tu tuée? »

Berjaud se dressa de nouveau.

« Parce que j'étais fou, répondit-il d'une voix éclatante.... Elle était là, près de moi, mais pure et sans tache; tu es venu; elle s'est évanouie; je l'ai cachée dans mon lit, et lorsque tu es parti, elle était morte!... Alors je me suis senti le courage d'une bête féroce; je l'ai prise sur mes épaules, et je suis allé la jeter à la mer....

— Non, non! ta raison s'égare de nouveau; tu n'as pas commis un si horrible crime....

— Je l'ai commis te dis-je!... J'ai été fou, c'est vrai; mais je ne le suis plus... Je l'ai étouffée, dans mon lit, et j'ai voulu effacer les traces de mon crime en jetant son cadavre à la mer.... Oh! cet aveu me soulage, il me semble que le remords cesse de me dévorer les entrailles.... Barlès, encore un mot.... »

Mais Barlès ne l'entendait plus: frappé subitement d'apoplexie foudroyante, il était tombé, et il expirait sur le parquet. Berjaud, au contraire, non-seulement conserva la raison qu'il avait recouvrée d'une manière si extraordinaire; mais en même de temps sa santé se rétablit complétement; tant sont insondables les mystères de notre organisation. Dès ce moment la maison où il avait vécu insensé pendant un si long temps lui fit horreur; rien ne put l'y retenir, et ses parents qui ne l'avaient secouru qu'à leur corps défendant, cessèrent de s'occuper de lui. Alors la misère la plus affreuse l'assaillit de nouveau, et il se mit à la recherche de Varambert, dans l'espoir de l'obliger à acheter son silence. D'abord ses recherches avaient été infructueuses, sa triste position ne lui permettant pas de pousser bien avant ses investigations dans le monde où vivait le riche baron; mais enfin, comme on l'a vu, il était parvenu à découvrir son domicile.

Tel est le résumé des faits racontés à Pied-de-Fer par ce personnage à l'issue du déjeuner qui avait, pour quelques instants, soulagé ses souffrances.

Pied-de-Fer avait compris tout d'abord le parti qu'il pouvait tirer de ce personnage.

« Qu'alliez-vous faire lorsque nous nous sommes rencontrés? lui demanda-t-il.

— J'allais me rendre au Palais-de-Justice pour dénoncer cet infâme assassin.

— Mauvais moyen pour en obtenir quelque chose. Vous n'avez point de preuves et vous manquez d'argent.

— Hélas! c'est trop vrai.

— Il ne faut pas perdre de vue que cet homme-là remue des millions.

— Qu'il a volés....

— Cela est sans portée : il les possède, et il sait s'en servir. Rationnellement cette considération domine toutes les autres.

— Mais la justice?

— La justice, cher monsieur, marche lentement et elle n'arrive pas toujours.

— Aidez-moi donc de vos conseils, vous que la Providence a mis sur mon chemin.

— Vous dites vrai; notre rencontre est deux fois providentielle; mais cela ne doit pas nous empêcher de voir froidement les choses. Récapitulons : j'ai vu aux Pyrénées ce misérable vous précipiter dans un abîme....

— Vous avez vu....

— J'étais là debout entre deux rochers tellement rapprochés qu'il n'existe entre eux que la place nécessaire pour laisser passer le regard.

— Et vous n'avez pas tenté alors de me secourir?

Par ici, mon enfant, dit-il, en l'entraînant vers le passage secret. (Page 552.)

— C'était dangereux, et, selon toutes les probabilités, tout à fait inutile : une fois au fond du gouffre, vous n'avez fait entendre ni cris, ni gémissements ; j'ai dû vous croire mort. De puissantes raisons m'obligeaient, d'ailleurs, à cette époque à garder le plus strict incognito. Les choses ont quelque peu changé depuis, et je puis maintenant vous venir en aide.

— Oh! soyez béni pour cette bonne parole !

— J'y mets la condition que vous me laisserez conduire toute cette affaire, et je prends l'engagement de ne vous laisser manquer de rien ne attendant que nous ayons obtenu un résultat satisfaisant.

— Je m'estimerai heureux de suivre aveuglément vos conseils.

— Comptez donc sur moi, et regardez-vous ici comme chez vous. Dès demain nous nous mettrons à l'œuvre. »

XXI

La chasse aux millions.

Le lendemain du jour où Berjaud et Pied-de-Fer s'étaient si providentiellement rencontrés fut consacré à certains préliminaires indispensables au succès des projets que l'ancien chauffeur avait conçus et à l'exécution desquels il se trouvait en grande partie préparé.

« Chevalier, dit ce dernier à son hôte, nos intérêts se trouvent dès à présent si intimement liés qu'il ne doit plus y avoir de secrets entre nous, au moins en ce qui concerne le misérable auquel il s'agit de faire rendre gorge.

— J'accepte tout ce que vous voudrez, mon généreux sauveur ; je ne saurais oublier qu'aujourd'hui même je serais mort d'inanition si vous n'étiez venu hier à mon aide.

— Il est donc convenu que dans le drame qui va commencer, je serai à la fois le directeur et le metteur en scène ?

— Et que je resterai soumis à votre volonté.

— Maintenant, en prévision de cas fortuits, d'incidents imprévus qui pourraient nous prendre au dépourvu, je dois vous faire connaître mon... c'est-à-dire *notre* arsenal. »

A ces mots, il s'avança vers le fond de la chambre, et frappa du pied sur le parquet; aussitôt un large panneau glissa sur la muraille et laissa voir un cabinet garni de porte manteaux auxquels étaient accrochés des costumes de toute espèce : des uniformes, des habits de ville élégants, des blouses, des chapeaux, des casquettes, des perruques et des barbes de couleurs variées.

« A partir d'aujourd'hui, reprit Pied-de-Fer, il faut que nous puissions épier toutes les démarches de Varambert, que son intérieur nous soit connu; que nous pénétrions partout où il sera, et que, en quelque sorte, nous puissions l'avoir toujours sous la main.

— Afin de le saisir quand il en sera temps ?

— Le saisir ? jamais ; il est très-important qu'il reste libre et qu'il continue à grossir sa fortune jusqu'au moment où il viendra nous supplier de la partager. Vous comprenez, mon cher hôte, qu'afin de pouvoir nous attacher à ses pas comme je viens de le dire, il est nécessaire de ne pas porter le même costume deux jours de suite. C'est ainsi que nous pourrons connaître ses habitudes, ses goûts, son entourage, et prendre note de tout cela. Il faudra aussi qu'il puisse, en certaines occasions, vous voir sans déguisement; mais nous parlerons de cela quand il en sera temps.

— Qu'il soit fait comme vous le voulez, mon cher monsieur ; j'avoue que je ne comprends rien à tout ce que vous venez de me dire; mais vous ne devez pas moins compter sur mon obéissance absolue. »

Cependant Varambert se disposait à faire un nouveau voyage aux Pyrénées; il se rendit près de Mme de Quérens pour l'instruire de cette nouvelle démarche.

« Cette fois, madame la comtesse, dit-il, j'ai la ferme volonté de vaincre la résistance de Mme votre sœur.

— Le moment est favorable, dit la comtesse; M. de Barno est en Amérique, et son absence peut, à la rigueur, rendre la résolution de la marquise moins inébranlable; mais il serait de bon vous hâter, car j'ai la certitude que le jeune diplomate n'est parti qu'à regret pour l'Amérique, et de l'humeur dont je le connais, il serait homme à tout braver pour revenir s'il apprenait que ma sœur se disposât à manquer aux engagements qu'elle a pris envers lui. Allez donc, mes vœux vous accompagnent, bien que votre succès puisse me faire perdre l'amitié de ma sœur ; ce qui serait un double malheur, à cause de la position de fortune à laquelle les folies, les prodigalités de M. de Quérens nous ont réduits.

— Je crois pouvoir vous rassurer sur ce point : si Mme de Merval a fait des dispositions en votre faveur, elle n'y changera rien; si elle n'en a pas fait encore, elle les fera telles que vous n'ayez pas à vous en plaindre; je n'aurai pour cela qu'à lui témoigner le désir qu'il en soit ainsi.

— Quel est donc, demanda la comtesse en souriant, le bon génie qui vous a si subitement doué d'une si grande influence?

— Le même, madame, qui vous a déterminée à m'accorder votre appui.

— Oh! j'étais vulnérable, moi; mais ma sœur!...

— Je crois vous avoir prouvé, madame, que je sais beaucoup de choses qu'on croit ignorées de tout le monde; mais je ne suis indiscret qu'en cas de nécessité; souffrez donc que je n'en dise pas davantage. »

La comtesse lui tendit une main encore fort belle qu'il effleura des lèvres, et il sortit. Il faisait nuit lorsqu'il arriva près de son coupé qui l'attendait au bas du perron; comme la portière s'ouvrait, une voix lui souffla dans l'oreille ces deux mots :

« *Varambert, assassin!* »

Le baron regarda autour de lui, et il ne vit personne, bien que la porte cochère ne fût pas ouverte; vivement ému, il retourna sur ses pas jusqu'à l'appartement de Mme de Quérens. Ne rencontrant personne, il revint à sa voiture; il n'en était qu'à deux pas lorsque la même voix mystérieuse répéta :

« *Varambert, assassin!* »

Cette fois il crut apercevoir une ombre qui se glissait dans le jardin.

Nous l'avons dit, le baron était brave.

« Qui que tu sois, maraud, dit-il en s'élançant vers le point où l'ombre avait disparu, je veux te couper les oreilles. »

Il entra dans le jardin et le parcourut à grands pas. Tout à coup une lumière apparut à l'intérieur d'un kiosque sur une des vitres duquel le baron lut ces mêmes mots deux fois répétés à son oreille. D'un coup de pied Varambert enfonça la porte du kiosque ; mais déjà la lumière avait disparu, et il étendit les bras en tous sens sans rencontrer personne. Furieux, Varambert retourna vers la comtesse, et lui raconta ce qui venait de se passer.

Mme de Quérens se montra surprise, effrayée; cependant en l'observant avec un peu d'attention, on eût pu s'apercevoir que son effroi était plus affecté que réel. Elle ordonna néanmoins qu'on fît des recherches; mais toutes les investigations furent vaines.

« Voilà qui est bien étrange, se dit Varambert en retournant chez lui. Si ce Berjaud n'était pas mort, il m'aurait dénoncé depuis longtemps.... Il est malheureux que je n'aie pas encore atteint la prescription.... »

En faisant cette dernière réflexion, il se sentit froid, et il leva une des glaces de sa voiture, sur laquelle il put lire aussitôt, à la lumière des lanternes, ces mêmes mots qui depuis une heure semblaient le poursuivre partout. Il arracha le papier sur lequel ils étaient écrits, le mit en pièces et le jeta au vent ; mais cela ne diminua pas la terrible inquiétude qui le tourmentait.

Rentré chez lui, le baron se mit au lit avec la fièvre ; il passa une mauvaise nuit ; ces mots terribles : *Varambert, assassin!* retentissaient incessamment à ses oreilles ; ce ne fut qu'au jour qu'il parvint à s'endormir. A son réveil, il trouva sur son sommo une lettre qu'y avait déposée son valet de chambre ; il s'empressa de l'ouvrir : elle ne contenait rien autre chose qu'un dessin à la plume avec cette légende : *Intérieur de la chambre où a été assassiné Molianof, boyard de Moldavie.*

Tout, dans ce dessin, était de la plus parfaite exactitude : le boyard y était représenté au moment où il tendait le bras, tandis que Varambert tenait d'une main le flacon de poison, et, de l'autre main, trempait sa lancette dans le contenu du flacon.

« Qu'ils osent donc dire ce qu'ils veulent ! » s'écria-t-il en froissant violemment le dessin.

Il ouvrit une des fenêtres, se mit au balcon, et regarda pendant quelques instants le télégraphe qui était en ce moment en pleine activité ; mais il ne songea même pas à en transcrire les signaux ; Varambert se souvint en ce moment qu'il devait assister aux funérailles d'un personnage avec lequel il avait été en relation, et cela l'assombrit encore ; il se rendit pourtant à la maison mortuaire. Il s'était opéré en lui un tel changement, que les personnes qui se trouvaient là et qui le voyaient presque chaque jour, avaient peine à le reconnaître. Ce fut le dos voûté, les yeux baissés vers la terre qu'il suivit le char funèbre. A l'église il eut des vertiges ; il lui semblait voir en lettres de feu, sur les vitraux : *Varambert, assassin !*

Le service religieux terminé, le cercueil fut porté selon l'usage à l'entrée de l'église pour y être béni successivement par tous les assistants qui se passent le goupillon ; Varambert le reçut donc des mains de la personne qui le précédait, et quand il eut fait l'aspersion, il se tourna vers celui des assistants qui marchait après lui pour lui présenter ce même goupillon ; mais à peine eut-il levé les yeux sur ce personnage, qu'il poussa un cri d'effroi ; l'instrument s'échappa de ses mains, et lui-même serait tombé, si un voisin ne l'eût soutenu : dans la personne à laquelle il venait de faire face, il venait de reconnaître Berjaud ! Berjaud, revêtu des mêmes habits qu'il portait quand lui, Varambert, l'avait précipité dans l'abîme!

Honteux et effrayé en même temps de sa faiblesse, le baron fit un effort suprême pour se remettre, et il chercha des yeux l'homme dont l'apparition avait failli le renverser : il avait disparu.

L'émotion de Varambert fut attribuée à l'impression qu'avait faite sur lui la cérémonie funèbre ; on le reconduisit chez lui, et chacun des assistants crut que cela n'aurait pas de suite ; Varambert toutefois se sentait plus fortement atteint, et il fit appeler un médecin, un prince de la science auquel les effets suffisaient pour deviner les causes.

« Votre imagination a été fortement ébranlée, dit-il au baron ; il faudrait changer d'air, faire beaucoup d'exercice, vous occuper le moins possible du passé.

— Le passé, docteur, n'a rien dont le souvenir puisse causer le moindre trouble dans mon esprit.

— Mon cher malade, ne faisons pas comme les augures de Rome qui ne pouvaient se regarder sans rire. Comme moi vous êtes médecin, et vous connaissez parfaitement la cause du dérangement intellectuel que vous éprouvez. Pour que cela ait été jusqu'au vertige, il faut bien que cette cause ait quelque gravité, et quand on est sur cette pente, vous savez combien la descente est rapide.

— Oui, docteur, vous avez raison, c'est à la cause qu'il faut s'attaquer, et c'est ce que je vais faire : demain, je quitte Paris ; je vole où l'amour m'appelle.... Ne riez pas ! je dirais à mon tour : vous savez aussi bien que moi que cette folie-là est de tous les âges, et qu'elle n'est pas la moins redoutable. C'est, du reste, à mon avis, le seul cas où l'homœopathie soit applicable. »

« Voici deux bonnes journées, disait de son côté Pied-de-Fer au chevalier de Berjaud : le baron est touché, boutonné en pleine poitrine : il a tremblé ; il a failli s'évanouir ; il a commandé des chevaux de poste ; je sais où il va, et nous y serons avant lui. »

Varambert en effet se proposait de tirer parti des révélations que Curchello lui avait vendues. Il y avait là pour lui, en expectative, une triple satisfaction : satisfaction de cœur, car il était plus épris que jamais de la charmante Ida : le fruit défendu étant naturellement celui qu'on recherche avec le plus d'avidité ; satisfaction d'amour-propre en forçant Mme de Merval à se rendre et obligeant Jules de Barno à se tenir pour battu. Mais ce qu'il désirait par-dessus tout, c'était que la source de son immense fortune, à lui maintenant riche de plus de vingt millions, ne pût être connue de personne. Or ce secret n'appartenait pas qu'à lui seul ; il lui fallait, sur ce point, compter avec Carlo, son ancien valet de chambre, maintenant son intendant, qui avait pris goût à la chasse aux millions, et qui, après récolte, trouvait encore de bons champs où faire glane.

« Mon ami, lui dit le baron, je crois qu'il serait temps de laisser le télégraphe se livrer à ses fantaisies sans nous en occuper.

— Monsieur le baron est bien bon, répondit ironiquement le valet ; maintenant qu'il pourrait acheter un royaume, s'il y en avait à vendre, il pense que son fidèle serviteur pourrait bien se contenter d'un colombier.

— Mais tu es riche, drôle !

— Peuh ! trois cent mille francs au plus ; encore m'a-t-il fallu, pour en arriver là, gratter la terre avec les ongles.

— C'est déjà quelque chose d'assez gentil ; il faut t'en contenter. Sais-tu bien que des soupçons se sont éveillés, et qu'on jase de nous à la Bourse ?

— Ce que je sais le mieux, monsieur le baron, c'est que je puis et je veux devenir riche.

— Malheureux ! tu ne veux pas songer au revers de la médaille.

— Il me semble que monsieur le baron y songe un peu trop ; cela fait compensation.

— Insolent ! je te chasse !

— Monsieur le baron en est bien le maître ; seulement je pensais qu'il avait déjà un assez gentil noyau d'ennemis pour ne pas chercher à le grossir.

— Une menace, coquin !... Je ne sais à quoi il tient que je te fasse mourir sous ce bâton !...

— Oh ! monsieur le baron, cela est d'un autre temps.

— Va-t-en ! va-t-en, drôle ! »

Carlo se retira en levant les épaules.

« Cet homme-là baisse sensiblement, se disait-il ; mais le moment d'éventrer la poule aux œufs d'or n'est pas encore venu.... On ne chasse pas un intendant sans qu'il rende ses comptes, et le baron part demain. J'ai le temps de réfléchir à cela. »

De son côté Varambert se disait :

« Ce gaillard-là est audacieux ; il faut le ménager pendant quelque temps. Cela n'est pas de la faiblesse ; mais de la prudence.... Des faiblesses, mille diables ! je n'en veux plus avoir.... Je me remets en selle, et gare devant !... Ah ! malandrins, parce que quelques bribes de ma vie vous sont tombées dans l'œil ou dans l'oreille, vous avez cru cela suffisant pour vous faire mes maîtres !... ».

Grâce à cette surexcitation soutenue par une grande force de volonté, le baron parvint à secouer l'espèce de torpeur qui l'avait atteint, et ce fut dans un état parfaitement normal qu'il quitta Paris le lendemain pour expérimenter le moyen homœopathique dont il avait parlé.

Le voyage se fit sans encombre.

« Postillon, dit Varambert en arrivant à l'avant-dernière poste, vous arrêterez en ville à un hôtel quelconque de votre choix, excepté à la *Couronne d'Or*.

— Suffit, monseigneur : nous avons en premier le *Grand-Monarque*, premier numéro, avec des petites Espagnoles hautes comme ma botte, que c'est à croquer tout cru.

— Va pour le *Grand-Monarque*. »

Varambert payait largement ; le fouet du postillon en entrant en ville, fit entendre toutes les fantaisies du genre, et recommença sa ritournelle en arrivant devant le *Grand-Monarque* ; mais au lieu de l'empressement qu'aurait dû produire cette bruyante annonce, il ne parut sur le seuil qu'une grosse servante qui annonça qu'il ne restait pas une seule chambre de libre.

« En route ! fit le postillon ; il n'y a pas cent pas d'ici à la *Boule-Blanche*, un vrai paradis.... Tonnerre ! c'est par là que j'aurais dû commencer. »

Mais à la *Boule-Blanche* comme au *Grand-Monarque*, toutes les chambres étaient retenues.

« Force majeure ! cria le postillon ; à la *Couronne d'Or* ou à la belle étoile.... Après ça faut dire que la *Couronne d'Or* est un endroit distingué, pas du tout piqué des hannetons, et où Son Excellence sera traitée comme un roi....

— Allons, fit le baron, il faut se résigner. »

Il mit pied à terre, et entra dans l'hôtel en tenant son mouchoir sur sa bouche ; il lui sembla en ce moment qu'un manteau de glace lui tombait sur les épaules ; il sentit ses genoux fléchir en montant l'escalier ; mais ce fut bien pis lorsque le domestique, qui le conduisait un flambeau à la main, s'arrêta devant la porte de l'appartement dans lequel était mort le malheureux Molianof.

« Non, non ! pas ici, s'écria-t-il en saisissant la clef que le domestique se disposait à mettre dans la serrure.

— Ah dame ! fit le domestique, c'est que nous n'en avons plus d'autres.... Mais vous allez voir : un amour de chambre dans laquelle ont logé des milords anglais, des princes russes, des boy....

— C'est bien, c'est bien, interrompit le baron en dissimulant de son mieux le trouble dont il ne pouvait se défendre ; puisqu'il ne reste que celle-ci, je m'en contenterai. »

Il entra et se laissa tomber dans un fauteuil ; ses forces l'abandonnaient.

XXII

Les morts vont vite.

Brisé par la violente émotion qu'il éprouvait, bien plus que par les fatigues du voyage, Varambert demeura quelques instants comme anéanti; mais se roidissant tout à coup contre la terreur secrète qui l'obsédait, il parvint à recouvrer toute son énergie.

« Non, non! s'écria-t-il tout à coup en bondissant sur son siége, je ne me laisserai pas dominer par ces terreurs puériles.... Ces hommes sont morts; n'est-ce pas la destinée de tous? Si les morts vont vite, comme le dit la ballade allemande, ils sont déjà bien loin dans l'éternité. Soyons donc fort! N'ai-je pas dit un jour : *Je serai le maître du monde?* Des obstacles se sont dressés devant moi, et je les ai brisés ; c'est le droit des dominateurs ; c'est ainsi que s'affirme la puissance. »

En parlant ainsi, il marchait à grands pas dans cette chambre où il avait commis son premier crime.

Plusieurs fois, il s'était approché du lit; mais quelle que fût sa force de volonté, il n'avait pas eu le courage de s'étendre sur cette couche où il avait assassiné son bienfaiteur; il était retombé dans son fauteuil, et bientôt à la violente agitation qu'il venait de subir succéda cette sorte de somnolence qui se produit à la suite d'une vive émotion, et qui n'est ni le sommeil, ni la veille.

Cependant l'unique bougie qui éclairait la chambre, tirait à sa fin ; la dernière parcelle de mèche se pencha sur le bord du flambeau ; alimentée par un reste de cire liquéfiée, elle ne donnait plus qu'une lueur douteuse lorsque la porte s'ouvrit. Un homme entra, s'avança lentement vers Varambert qui semblait cloué sur son siége par une force invincible, bien qu'il parût avoir conscience de ce qui se passait autour de lui.

L'homme s'arrêta, et les bras croisés sur la poitrine, il dit d'une voix sépulcrale :

« Vampire, viens-tu te repaître du sang d'une nouvelle victime ? »

Le baron, pour se lever, fit un violent effort qui ébranla le meuble sur lequel était posé le flambeau, et la bougie s'éteignit.

« Jongleur! dit-il, tu cherches vainement à m'effrayer; je suis inaccessible à la peur, et j'aurai raison de toi. »

Et il s'élança pour saisir le personnage qui venait de parler; mais cette fois encore ses bras s'agitèrent dans le vide.

Le reste de la nuit fut pour Varambert un véritable supplice ; il venait de se dire inaccessible à la peur, et son visage était baigné de sueur, et il commençait à douter de sa raison.

« Suis-je donc fou ? se demandait-il ; ou bien n'est-ce qu'un rêve, qu'une hallucination ?.... Mais non ; c'était bien le même personnage que j'ai vu il y a trois jours à l'église Saint-Sulpice, et ce personnage, c'est Berjaud ! Je sens bien que cela est impossible, et pourtant cela est. Quel démon s'acharne après moi, alors que la fortune m'accable de ses faveurs et que mon plus doux rêve est si près de se réaliser? Tout cela est vraiment incompréhensible! Il est vrai que jusqu'à présent je n'ai pris aucune mesure pour obtenir quelque éclaircissement. Il faut que je m'occupe sérieusement de cela dès que je serai de retour à Paris. Ne suis-je donc plus l'homme fort? le fils de mes œuvres? un grain de sable suffira-t-il pour faire chanceler le géant ? »

Le jour vint ; Varambert était brisé ; mais pour rien au monde, il n'aurait consenti à se mettre au lit. Il s'abstint aussi d'interroger l'hôtelier et ses domestiques sur ce qui s'était passé dans sa chambre, de peur de raviver les bruits qui avaient couru lors de la mort subite de Molianof et la disparition du chevalier de Berjaud. Impatient de quitter cet hôtel, il s'habilla et prit le chemin du château de Merval.

Bien que la marquise eût une entière confiance en Pied-de-Fer, et que les faits qu'on eût pu lui imputer fussent couverts par la prescription, elle n'en était pas moins affligée de savoir Varambert en possession de son secret; car Pied-de-Fer avait acquis la certitude que Curchello le trahissait, et il n'avait rien caché de cela à Mme de Merval. Aussi cette dernière se tenait-elle sur ses gardes, et la visite du baron parut ne lui causer ni mécontentement ni surprise.

« Madame, lui dit-il, je ne viens pas me plaindre que vous m'ayez été hostile, et que vous soyez opposée à la réalisation de mon vœu le plus cher. L'espoir de vous voir changer aujourd'hui de résolution me fait oublier tout ce que j'ai souffert à cause de vous, et je viens vous rendre le bien pour le mal.

— C'est d'un bon chrétien, monsieur, répondit Mme de Merval ; mais la reconnaissance m'est un trop lourd fardeau pour que j'accepte des services dont je puis me passer.

— Oh! quand Mme la marquise saura de quoi il s'agit... Je n'ai d'ailleurs que peu de mots à dire pour le lui apprendre ; les voici : M. le procureur du roi a le plus grand désir de visiter ce château...

— Il y sera le bien venu, monsieur ; mais j'ai droit de m'étonner que cet honorable magistrat vous ait chargé de m'annoncer sa visite.

— Je ne suis chargé de rien, madame; seulement si cette visite s'effectuait, ma présence serait nécessaire.... Je me hâte d'ajouter que j'ai l'espoir qu'elle n'aura pas lieu, attendu que cela dépend absolument de ma volonté.... qu'il me soit permis d'être un peu plus explicite : on s'est ému dans le monde de la longue absence de M. le marquis, votre mari.

— Que m'importe!

— Très-bien ; mais il se pourrait que cela importât aux gardiens vigilants de la loi....

— Si je comprends bien, monsieur, vous faites en ce moment un vilain métier....

— Prenez garde, madame la marquise, tout le monde ignore en ce moment où est votre mari... Tout le monde, excepté vous et *moi*.... oui, *moi*, madame. »

Mme de Merval eut un sourire de dédain. Varambert ne se contenait qu'à grand'peine.

« Madame, dit-il en ce redressant fièrement, il m'est bien douloureux d'être reçu en ennemi alors que je me présentais en ami dévoué. Votre sécurité apparente ne peut reposer que sur une erreur : Poulot n'est pas mort, madame!

— Poulot? fit la marquise; qu'est-ce que cela?... Oh! je me rappelle : un valet insolent que j'ai ignominieusement chassé.... Triste recommandation ! Finissons, monsieur; que me voulez-vous?

— Je veux vous dire que cet homme, chassé ou non, a emporté des secrets terribles qui m'ont été révélés.... Et maintenant, entre nous, madame la marquise, est-ce la guerre ou la paix ?

— Ce sera ce que vous voudrez, excepté l'alliance que vous désirez et à laquelle vous avez sottement espéré me faire consentir par intimidation.... mauvais moyen; je vous jure.

— M. le procureur du roi pourrait être appelé à un juger.

— Et il jugerait certainement que vous êtes un fou ou quelque chose de pire.

— Songez qu'à l'entrée de votre parc sont deux noyers qui ont été témoins de terribles choses !

— C'est assez, monsieur ! » fit la marquise avec dignité.

Et elle tourna le dos au baron qui se retira la mort dans le cœur.

« Ne dois-je donc plus rencontrer sur mon chemin que des ennemis et des traîtres ? se disait-il en retournant à l'hôtel où il avait passé une si cruelle nuit. Avec quel accent de vérité Curchello m'a raconté les détails de faits qui dès les premiers mots eussent dû faire trembler cette femme! et voilà qu'au contraire elle me brave et me défie ! Il me trahit donc aussi, ce misérable grec qui croupirait au bagne si je ne l'avais arrêté vingt fois sur le chemin qui y mène !... Oui, oui, je suis fort ! que tous les démons de l'enfer m'attaquent, et je leur ferai face ; mais qu'ils se montrent au moins! que mes forces ne s'épuisent pas dans le vide.... Que faire maintenant? partir, m'avouer vaincu ? c'est aller au-devant de nouvelles tortures; et pourtant c'est le parti le plus sage : tout ce qui se passe autour de moi ne montre-t-il pas que je suis environné d'ennemis puissants ? Il se peut que mon imagination ait été surexcitée ; que j'aie eu des vertiges, des hallucinations; mais c'est une raison de plus pour renoncer à cette vie trop active, fiévreuse. Mon médecin me l'a dit, et je n'ai pas oublié mes travaux scientifiques pour ne pas le savoir aussi bien que lui, il me faut du repos, du calme, une grande tranquillité de cœur et d'esprit.... Mais, malheureux! j'aime cette femme que j'ai été si près de posséder ; je l'adore; sans elle il ne peut être de bonheur pour moi.... Ce Barno que je suis parvenu à faire envoyer en Amérique, est-il donc encore redoutable?... Je le tuerai alors!... Mais, malheureux que je suis, la fièvre me tue moi-même, et je ne puis secouer cette robe de Nessus qui me dévore. »

Ce fut dans cette situation d'esprit que le baron retourna à l'hôtel de la *Couronne d'Or* et qu'il rentra dans cette chambre où il n'avait pu goûter le moindre repos, et dont l'air semblait lui brûler les entrailles ; à peine y eut-il mis le pied qu'il aperçut une lettre attachée à la glace de la cheminée ; il la prit en tremblant, l'ouvrit et lut :

« Varambert, ta fortune n'est autre chose que le produit de tes crimes; si tu pouvais l'oublier, la justice divine ne manquerait pas de te le rappeler. Que cela soit toujours l'objet de tes méditations. Cherche le chemin du pardon, et peut-être le trouveras-tu. »

Il sentit son sang refluer vers le cœur, et ses mains crispées froissèrent violemment le papier; mais après ce mouvement involontaire il voulut relire ces lignes menaçantes, et il rétablit autant que possible le papier dans son état primitif; inutile ; ce n'était plus que du papier blanc, ne portant pas la moindre trace d'encre ou de crayon.

« Évidemment, se dit-il, je suis beaucoup plus malade que je ne croyais : ces hallucinations (car ce ne peut être que cela) sont les symptômes ordinaires de l'aliénation mentale ; n'attendons pas que le mal ait fait de plus grands progrès.... J'ai heureusement pour médecin et pour ami un des princes de la science ; ses lumières raviveront les miennes, et ma bonne fortune ordinaire fera le reste. »

Le soir même il reprenait le chemin de la capitale. Il avait réellement l'esprit malade, et ce rapide voyage pendant lequel le sommeil ne lui avait pas fermé les yeux un seul instant, avait aggravé le mal sans pourtant lui ôter le sentiment de la situation. Son premier soin, dès qu'il fut chez lui, fut de faire appeler le médecin dont nous avons déjà parlé.

« Docteur, lui dit-il, je deviens réellement fou; je vois des choses qui n'existent pas; j'entends des paroles que personne ne prononce. Je sais ce que cela annonce; aidez-moi à chasser l'ennemi. »

Le docteur lui palpa le crâne, regarda attentivement les yeux, consulta la poitrine et compta les pulsations.

« Baron, dit-il ensuite, le fourreau est solide, mais la lame, quelque peu fantaisiste, a une certaine tendance à courir les champs. Il y a là quelque grande passion ou quelque chagrin profond, ou bien encore la crainte de quelque désastreux événement. Faites votre confession.

— J'avoue la passion, répondit Varambert; j'adore une jeune personne charmante; mais je n'ai pas perdu tout espoir de la posséder; de chagrin, je n'en ai point, et je ne crains rien.

— Alors vous n'avez besoin que de repos d'esprit et d'émotions douces. Je savais déjà, par expérience, l'effet prodigieux que peut avoir le moindre événement sur l'intellect; un de mes amis, le docteur Descloseaux, en a donné, il y a quelque temps, une nouvelle preuve.

— Quelque cure miraculeuse?

— Ou au moins fort étrange, puisqu'il s'agit d'un médecin guéri par sa servante. Vous allez voir: le docteur Descloseaux était un excellent homme, âgé de cinquante-cinq ans environ, il y en avait vingt qu'il était arrivé au premier rang des membres de la Faculté de médecine de Paris. Son nom était devenu dans la science une autorité. Il avait acquis une fortune considérable. Napoléon Ier lui avait donné la croix d'honneur; Louis XVIII l'avait fait chevalier de Saint-Louis. Sa santé était excellente; sa constitution robuste lui promettait une longue vie et une vieillesse exempte d'infirmités. Il habitait, à Paris, dans la rue Saint-Georges, un charmant petit hôtel dont il avait fait l'acquisition; son domestique était peu nombreux, mais suffisant; chaque jour, une bonne et douce voiture, attelée d'excellents chevaux, le transportait sur tous les points de la capitale.

Et cependant cet homme que la fortune semblait traiter en enfant gâté, était sombre ; la vie était pour lui un fardeau pesant, un présent funeste que lui avait fait le créateur, et qu'il ne gardait qu'à force de résignation. Son front était sillonné de rides profondes creusées bien plus par la douleur que par l'étude et la méditation. Il y avait dans son regard une expression de tristesse indicible, et jamais le plus-léger sourire n'apparaissait sur ses lèvres. Il ne parlait à ses domestiques que pour leur demander ce qui lui était nécessaire, et il ne recevait personne excepté les gens qui venaient réclamer les secours de son art.

Ainsi, au milieu de Paris, qu'il parcourait chaque jour dans tous les sens, il vivait dans l'isolement le plus complet. Il avait des confrères envieux, des clients plus ou moins reconnaissants, mais pas un ami! Un seul être humain avait le pouvoir de fondre parfois quelque peu la glace de ce cœur fermé à toutes les joies du monde ; c'était la vieille Berthe, sa nourrice, qui ne l'avait jamais quitté.

« Berthe avait près de soixante-quinze ans, mais elle était encore pleine de vigueur et de santé. C'était une de ces natures patriarcales devenues si rares, que le souffle de la corruption a respectées, et qui ont conservé les mœurs et les vertus d'un autre âge.

« Berthe était maîtresse absolue chez le docteur; mais elle n'usait de sa toute-puissance que pour veiller, avec toute la sollicitude d'une mère, sur son cher enfant, sur son bien-aimé *Tiénot*, comme elle l'appelait par abréviation d'Étienne, qui était le prénom du docteur. Bien que vivant à Paris depuis quarante ans, elle avait conservé toute la simplicité villageoise; jamais son long bonnet de paysanne normande n'avait été remplacé par un chapeau de citadine, et le reste de son costume n'avait subi de changements qu'autant qu'il lui avait été impossible de lui conserver toute la modestie de ses formes primitives.

« Une nuit, vers le milieu de l'été, Berthe veillait; minuit avait sonné depuis longtemps, et le docteur n'était point rentré. Cela arrivait souvent; mais, cette fois, il eût été facile de reconnaître à l'agitation de la bonne femme, à l'inquiète tristesse qui se peignait sur son visage, que cette longue absence de M. Descloseaux avait un motif autre que les exigences de sa profession.

« De temps en temps, elle allait s'appuyer sur la balustrade d'une des fenêtres de sa chambre; elle prêtait l'oreille au moindre bruit, et ses regards s'efforçaient de percer l'obscurité ; puis elle revenait se mettre à genoux près de son lit, et elle priait avec ferveur.

« — Mon Dieu, disait-elle, détournez de lui ce nouveau malheur; le *pauvre enfant* n'y survivrait pas! »

« Car pour elle, l'homme, le savant docteur touchant à la vieillesse, n'était toujours que l'enfant qu'elle avait nourri, dont elle avait eu le premier sourire, dont elle avait essuyé la première larme, qui avait été et qui était demeuré l'objet de toutes ses affections.

« Enfin, vers deux heures du matin, le bruit d'une voiture se fit entendre; un éclair d'espérance arriva au cœur de Berthe; elle courut de nouveau à la fenêtre; la voiture s'arrêta.

« — C'est lui, dit-elle, en joignant les mains, c'est mon Tiénot! »

« C'était en effet le docteur; son pas résonna

bientôt dans l'escalier; la bonne femme accourut au-devant de lui :

« — Eh bien, mon Tiénot? dit-elle avec anxiété en lui prenant les mains.

« — Eh bien, Berthe, dit-il en se laissant tomber sur son siége, le poignard m'a frappé au cœur; la plaie ne se fermera plus.... Ah ! je suis un maudit !

« — Toi, mon cher enfant ! toi à qui le bon Dieu a donné une si belle âme, un si grand génie, un si noble cœur ! Oh ! ne dis pas cela ; c'est un blasphème....

« — Ce qu'il m'a donné, Berthe, je vais bientôt le lui rendre.

« — Tiénot, Tiénot ! je t'en conjure, ne parle pas ainsi ! »

« Elle se mit à genoux devant lui, et appuya sa tête vénérable sur les genoux du docteur qu'elle mouilla de ses larmes.

« — Eh ! ma bonne Berthe, dit-il en s'efforçant de la relever, est-ce que la mesure n'est pas comblée ?... Est-ce qu'il n'est pas permis de chercher le repos après plus de cinquante ans de tortures morales ?... Est-ce qu'il n'est pas temps, pour ce pauvre paria, de sortir du monde où il n'a trouvé personne pour l'aimer ?

« — Ah ! mon cher enfant, dit-elle en le prenant dans ses bras, est-ce bien à moi que tu parles ainsi ?

« Pardon, pardon, ma bonne Berthe !... Oui, tu m'as toujours aimé, toi ! mais de combien de maux ce bien a-t-il été accompagné ?... Repoussé par ma mère, mon enfance s'est écoulée sans joie; jeune homme, je n'ai trouvé, dès mes premiers pas dans le monde, que trahisons et déceptions. A vingt ans, j'avais perdu toutes ces douces illusions qui font aimer la vie : je voyais déjà les hommes dans toute leur hideur; je soupirais après un monde meilleur, et peut-être y serais-je allé par le suicide si tu n'avais pas été là, toi, ma bonne Berthe, ma véritable mère. Je consentis à vivre, c'est-à-dire à continuer de souffrir pour l'amour de toi. L'étude diminua quelque peu l'amertume de mon cœur; mes succès me rendirent un peu d'enthousiasme qui fit taire ma raison ; je crus de nouveau aux douceurs des liens de famille, et je me mariai. J'aimais l'étude, la solitude, et il fallait à ma femme du luxe, de l'éclat, du bruit. Alors, sous une enveloppe gracieuse, je ne trouvai qu'un cœur sec, inaccessible aux plus nobles sentiments : elle paya ma tendresse par de la haine, du mépris. Une fille m'était née; je cherchai un refuge dans l'amour paternel; mais bientôt, pour éviter le scandale d'un procès, je dus consentir à une séparation volontaire. Ma femme quitta la France, et m'enleva mon enfant. Il me restait encore un rayon d'espérance : je pouvais découvrir leur retraite, obliger cette femme sans cœur à me rendre mon enfant. Je n'eus pas cette peine : ma Louise chérie fut ramenée à Paris; mais elle y rapportait le germe de la maladie qui devait l'emporter....

« — Elle est morte? s'écria Berthe.

« — Oui, morte ! reprit le docteur, morte sans que j'aie pu une seule fois l'embrasser, la presser contre mon cœur !... car pour arriver jusqu'à elle, il eût fallu forcer la consigne, braver la colère, les cris de ma femme, et je savais que la moindre émotion était, pour mon enfant, un pas de plus fait vers la tombe.... Alors je m'établis en quelque sorte chez celui de mes confrères qui la traitait ; je pus suivre les phases de la maladie, joindre mes lumières à celles de ce collègue. Depuis douze heures, il était près de ma Louise mourante, et moi j'étais à sa porte, dans ma voiture, attendant un mot d'espérance. D'heure en heure les bulletins m'étaient apportés ; j'assistai ainsi à l'agonie de mon enfant. Enfin mon collègue vint me trouver : « Partez, Descloseaux, me dit-il froidement; vous deviez vous y attendre : tout est fini ! » Et maintenant qui peut me retenir dans un monde qui me fait horreur ? »

« Le docteur ne pleurait pas ; mais son visage portait l'empreinte de la plus poignante douleur; sa respiration était difficile ; ses yeux, si vifs d'ordinaire, étaient devenus ternes, vitreux, et il ressentait une telle pesanteur au cerveau qu'il ne parvenait qu'avec effort à soulever sa tête penchée sur sa poitrine. Berthe le tenait toujours embrassé. Il s'écoula ainsi quelques instants sans qu'ils échangeassent une parole. Enfin la vieille nourrice dit avec un accent dans lequel se peignait toute la tendresse maternelle :

« — Tiénot, c'est à ta mère Berthe que tu demandes ce qui peut te retenir dans ce monde?

« — C'est vrai, répondit-il, je suis un insensé; la douleur m'égare. Rassure-toi, mère Berthe.... Et pourtant il est bien affreux, ce monde ! Je ne vois partout que vices, crimes, bassesses. Les hommes me font horreur !... mais, bonne Berthe, la solitude ne t'effraie pas, toi? tu ne tiens pas au bruit, au mouvement, au luxe?

— Tiénot, ne sais-tu pas que je n'ai jamais aimé que le bon Dieu, mon pauvre brave homme que la mort m'a enlevé après deux ans de mariage, mon cher enfant Claude, qui n'a survécu qu'un an à son père, et toi, mon Tiénot ! toi, qui m'a fait la vie si douce et si bonne ?... Souffrir avec toi, pleurer quand tu pleures, est-ce que je peux désirer autre chose ? Est-ce que ma vie n'est pas ta vie? Est-ce que les chagrins que tu éprouves ne déchirent pas mon cœur en même temps que le tien ?... Nous irons où tu voudras, mon enfant; je suis prête ; que je reste près de toi, que tu me fermes les yeux et que le bon Dieu soit béni !

Elle tomba à genoux devant lui. (Page 572, col. 2.)

— Tu as raison, ma bonne mère, et j'ai tort de me plaindre, car il y a en ce monde un cœur qui comprend le mien, le tien, ma vieille Berthe... On n'a pas le droit de se plaindre quand on possède un pareil trésor... Tiens, Berthe, il me semble que je ne souffrirai plus quand nous serons dans quelque solitude où nous n'entendrons que de loin le bruit du monde, alors que tu n'auras pour te seconder dans les soins du ménage qu'une modeste servante; alors que je m'occuperai de la science pour la science et non pour des honneurs et de l'argent; alors je ne sortirai de mon cabinet que pour entrer dans mon laboratoire, ou venir près de toi te faire des contes ou te parler de mes découvertes... car j'en ferai, Berthe. »

Le docteur s'animait, son sang circulait plus librement; on eût dit qu'il avait oublié tout à coup les chagrins si cuisants qu'il énumérait avec tant d'amertume un instant auparavant, tant est faible cette pauvre nature humaine, alors même que son intelligence se trouve contenue dans la plus solide enveloppe.

« Mais c'est le paradis que tu m'offres là, mon pauvre Tiénot, s'écria la bonne Berthe. Tiens, mon cher enfant, ne remettons pas ça à demain. Dans deux heures il fera jour; nous irons ensemble chercher une petite maison bien loin!

— Oui, très-loin; au delà du jardin du Luxembourg.

— Mais c'est encore Paris par là?

— Oui, Berthe, c'est encore Paris; mais il y a des déserts à Paris... aux environs de l'Observatoire, par exemple... Tu comprends bien, ma bonne mère, que pour s'occuper de science, il ne faut pas trop s'éloigner du centre des lumières. Paris c'est l'enfer, je le sais; mais la science c'est la vie, et c'est dans cet enfer qu'elle réside. »

La résolution du docteur Descloseaux était bien prise. A neuf heures du matin, Berthe et lui montaient en voiture et se faisaient conduire dans les régions presque inconnues des Parisiens du centre, qui s'étendent entre la rue d'Enfer et les fortifications de la capitale. A midi, le docteur Descloseaux avait loué une simple et charmante petite maison, derrière laquelle s'étendait un jardin magnifique; et comme rien n'est impossible à qui a beaucoup d'or et sait s'en servir, cette petite maison fut meublée le même jour, et dès le lendemain le docteur était installé avec sa vieille nourrice dans cette charmante retraite perdue au milieu d'un quartier de Paris comme une oasis au milieu du désert.

Dès lors le docteur Descloseaux renonça à sa riche clientèle pour vivre de la vie d'un sage; mais ce remède appliqué à la misanthropie dont le docteur était atteint ne fit que l'augmenter. A partir de ce moment, un affaiblissement considérable, une prostration des forces physiques et morales se manifesta en lui. Il comprit qu'il avait fait fausse route et il essaya d'en changer; mais les ressources de l'art sont étroites : la situation du docteur empira, il fut bientôt obligé de garder le lit.

Berthe était au désespoir, car son Tiénot refusait obstinément de faire appeler quelqu'un de ses confrères; elle lui dit un jour :

« Mon cher enfant, je ne suis pas savante, moi, mais je crois m'apercevoir que cet isolement auquel tu t'es condamné t'est contraire. Tu as peut-être tort d'oublier que tu as encore des parents...

— Peut-être, mère Berthe, mais ils avaient donné toute leur tendresse à mon frère puîné que je ne connais pas, et à qui j'ai abandonné ma part de l'héritage paternel afin de n'avoir plus rien à démêler avec toute cette famille qui m'avait repoussé comme un paria.

— Mais il ne t'a pas repoussé, lui, ce frère dont tu parles, et je me rappelle même qu'à l'occasion de la mort de ton père il t'écrivit plusieurs fois et manifesta le plus vif désir de te voir. Je sais combien ton cœur a été froissé; mais peut-être lui, ce frère, n'a-t-il jamais été pour rien dans les maux que tu as soufferts.

— Ma bonne Berthe, ne parlons plus de cela. »

Berthe ne se tint pas pour battue sur ce terrain; elle revint plusieurs fois à la charge, et elle crut s'apercevoir que la résolution du docteur s'affaiblissait. Alors la bonne femme se décida à frapper un coup d'autorité, et elle écrivit au frère du docteur qui résidait au Havre, ville natale de toute la famille Descloseaux.

Cependant le mal faisait des progrès de plus en plus rapides. Un jour que le docteur paraissait considérablement affaibli, Berthe s'approcha de son lit qu'il ne quittait plus.

« Tiénot, lui dit-elle, tu as besoin de distractions, il ne faut pas être un savant docteur pour voir cela; eh bien, en voici une qui t'arrive à propos.

— De quoi parles-tu, mère Berthe?

— Oh! tu vas te fâcher.... c'est-à-dire, non, tu ne te fâcheras pas tout de suite, parce que ce serait mal séant; mais après.... peut-être que.... Dame! tu me gronderas si tu veux, mais la chose est faite : ton frère Joseph est ici. »

Descloseaux, malgré sa faiblesse, se leva sur son séant avec autant de promptitude que si sa santé eût été parfaite; son visage se colora, une larme brilla dans ses yeux.

« Mon frère, dis-tu? mon frère, » s'écria-t-il d'une voix émue.

Au même instant un homme, jeune encore, entra dans la chambre et dit en s'élançant vers le lit :

« Oui, votre frère!... votre frère qui vous aime, Étienne!... votre frère qui eût volontiers donné dix années de sa vie pour cet instant de bonheur. »

Le docteur lui tendit les bras; sa misanthropie, ou plutôt cette hypocondrie qui lui pétrifiait le cœur et ôtait tout ressort à son âme, ce mal terrible qui tue si sûrement était vaincu. Il n'avait fallu, pour opérer ce miracle, que réveiller un doux sentiment dans ce cœur engourdi.

— Eh bien! baron, que dites-vous de mon Descloseaux?

— Je dis, docteur, que vous êtes un conteur charmant; mais, en vérité, je ne vois aucune similitude entre votre misanthrope et moi.

— Et cependant c'est ce même mal dont il est guéri qui vous tourmente; vous avez le cœur vide, votre âme manque d'aliments.

— Ne vous ai-je pas dit que j'adore une femme charmante?

— Oui; mais c'est là une passion violente, isolée, qui augmente le mal au lieu de l'amoindrir. Ce sont des affections douces qu'il vous faut pour assouplir des ressorts trop tendus. A votre âge, est-ce donc là un remède difficile à trouver?

— Que voulez-vous, docteur : j'ai eu des amis qui m'ont indignement trahi, des maîtresses qui m'ont trompé....

— Eh! mon cher baron, n'est-ce pas précisément pour être trompé qu'on a des maîtresses? Quand on l'ignore ce n'est rien; quand on le sait c'est peu de chose. La brouille, le raccommodement, les petites fautes, les grands pardons, les perfidies anodines, sont d'excellentes choses qui entretiennent parfaitement l'agitation normale; les grandes passions tuent, les petites font vivre.

— Pardieu! docteur, les gens que vous prêchez doivent être promptement convertis; vos malades doivent se soumettre sans peine au régime que vous leur imposez, et je veux être un des plus dociles à vos conseils.

— Je vous laisse dans ces bonnes dispositions, baron; restez-y, et la guérison est assurée.

XXIII

Deux larrons.

Varambert avait rompu complètement avec Curchello; mais celui-ci était maintenant dans les meilleurs termes avec Carlo, devenu une sorte de personnage indépendant, bien qu'il fût toujours l'intendant du baron. Suivant les conseils de son maître, Carlo avait renoncé aux opérations de finances interlopes, devenues dangereuses dans ces derniers temps, et il s'en dédommageait de son mieux en faisant habilement entrer dans sa caisse particulière la plus grande partie de ce qui, par ses soins, sortait de celle de son maître. Il avait, pour cela, souvent besoin d'aide, et le grec lui avait été fort utile en plusieurs circonstances.

Ces deux coquins travaillaient en ce moment avec le plus grand zèle à assiéger l'immense fortune que Varambert avait acquise si rapidement. La singulière affection dont le baron était atteint devait naturellement favoriser les deux complices dans l'exécution de leurs projets; ils l'avaient compris, et s'étaient fait un appui du docteur Farguet, médecin de Varambert. Le docteur était joueur, et il avait appris de Curchello, qu'il connaissait de longue date, divers procédés pour corriger la fortune, procédés dont il usait sans scrupule : ce qui ne paraîtra pas étrange si l'on veut bien se rappeler le laisser-aller de la morale qu'il professait.

De retour chez lui après la visite à Varambert, le docteur y trouva Curchello qui l'attendait.

« Eh bien, docteur? fit ce dernier.

— Tout va bien, répondit joyeusement Farguet; l'hameçon est jeté, et le goujon y mordra pourvu que les amorces ne manquent pas.

— Soyez tranquille; j'en ai une qui est, à elle seule, capable de faire toute la besogne.

— Tout, c'est beaucoup de besogne; Carlo ne dit-il pas que sa fortune s'élève à près de vingt millions?

— Bast! Léontine n'a que vingt-deux ans, et en a déjà croqué autant que cela.

— C'est peu rassurant pour nous.

— La sagesse des nations ne dit-elle pas que ce qui vient de la flûte retourne au tambour?

— Belle consolation!

— Le tambour ici, c'est nous.

— A la bonne heure.

— C'est une fille qui a le cœur sur la main. C'est moi qui l'ai formée; j'en fais tout ce que je veux. Grand ton, parole facile, de l'esprit jusqu'au bout des ongles, et jolie à damner les saints.

— Et vous avez songé à l'entrée en matière?

— Elle sera facile, si vous nous aidez à faire une préface. Il y a demain une première représentation au Théâtre-Français. Varambert y sera: il n'en manque pas une. Priez-le de vous recevoir dans sa loge avec une dame votre cliente, qui a le plus vif désir d'assister à cette représentation. S'il y consent c'est chose faite. Après le spectacle il offrira très-certainement sa voiture, et il vous reconduira lui et la dame....

— Chez une lorette?

— Chez Mme Dikson, veuve d'un sénateur des États-Unis d'Amérique.

— Mais les apparences....

— Parfaites : un délicieux entre-sol rue Saint-Georges.

— Et quand nous serons là?...

— Le reste me regarde. On viendra vous appeler en toute hâte, Mme la présidente ou la maréchale étant à l'extrémité. Vu l'urgence, vous prierez le baron de vous prêter sa voiture avec laquelle vous vous promènerez une heure ou deux, puis vous rentrerez chez vous après avoir ordonné au cocher, de la part de son maître, de rentrer à l'hôtel.

— Mais Varambert sera furieux!

— Il sera enchanté. Les soirées commencent à être froides, et une douce causerie au coin du feu peut et doit mener loin. Vous comprenez, mon cher docteur, que Mme Dikson est naturellement très-hospitalière; la voiture ne revenant pas, on ne peut avoir la cruauté de jeter sur le pavé un galant homme à deux heures du matin. La femme de chambre tombant de sommeil, madame lui ordonnera de s'aller mettre au lit. On se dira qu'une nuit est bientôt passée; on la passera en effet, et ma foi, le reste à la grâce de Dieu.... Il faut bien laisser quelque chose au hasard. »

Tout se passa comme l'adroit coquin l'avait prévu; trois jours après, Léontine ou Mme Dikson avait des diamants magnifiques; en moins d'un mois elle eut des chevaux pur sang, des voitures princières, un hôtel splendide. Carlo avait ordre de pourvoir à toutes ses dépenses dont il grossissait honnêtement le chiffre de cinquante pour cent. Curchello et le docteur Farguet jouaient au jeu d'enfer, et ils avaient toujours de l'or plein leurs poches. On jouait chez Léontine, et la belle pêcheresse perdait souvent des sommes folles qui grossissaient encore celles que perdait Varambert, car la passion du jeu est essentiellement contagieuse, et c'était avec frénésie qu'il s'y livrait, car la possession de la belle Dikson ne suffisait plus à l'étourdir; l'abus des liqueurs fortes ne lui réussit pas mieux; il n'en obtenait qu'une ivresse lugubre qui enfantait dans son imagination les rêves les plus monstrueux.

« Messieurs, dit un jour Carlo à ses deux complices, il faudrait tâcher d'enrayer pendant quelque temps; savez-vous bien qu'en moins de six mois la fortune du baron a diminué de plus de trois millions. Je viens de faire vendre la forêt d'Anet et trois de nos plus belles terres de la Touraine.

— Alors, dit le docteur, votre caisse est bien garnie?

— Elle ne le sera plus dans trois jours, car j'ai, d'ici là, plus de quinze cent mille francs à payer.

— Vous savez bien, cher ami, dit Curchello, que ce n'est pas à nous qu'il faut demander un temps d'arrêt, mais bien à la charmante Danaé qui fait les délices de votre maître.

— C'est justement pour cela que je vous prie d'exiger un peu moins d'elle pendant un certain temps. Le baron, depuis qu'elle lui a tourné la tête, n'a jeté qu'un coup d'œil distrait sur les comptes que je lui ai présentés; mais il peut lui prendre la fantaisie d'y regarder de plus près, et il ne faut pas risquer d'éventrer la poule aux œufs d'or. »

Le colloque n'alla pas plus loin en ce moment; mais le grec et le docteur le reprirent quand ils furent seuls.

« S'il paye quinze cent mille francs dans trois jours, observa Curchello, c'est qu'il a au moins le double de cette somme dans sa caisse.

— Et dire, ajouta le docteur, qu'une toute gentille apoplexie pourrait lui faire faire la révérence devant ses liasses de billets de banque.

— Cela s'est vu, dit le grec.

— Et cela pourrait se voir. »

Tous deux se regardèrent sans ajouter un mot; i!s s'étaient compris; mais chacun fit aussi en même temps cette réflexion : *on n'a pas besoin d'être deux pour cela.* Il faisait nuit; ils marchaient l'un près de l'autre. En passant sous un bec de gaz, Curchello vit briller un flacon dans la main du docteur, et il entendit grincer le bouchon de cristal. Aussitôt il tira de sa poche un couteau catalan.

« Tu veux m'empoisonner, » dit-il.

Et il frappa Farguet en pleine poitrine. Le docteur chancela, mais avant de tomber il lança avec force au visage de son adversaire le contenu de son flacon; c'était de l'acide prussique concentré dont la presque totalité atteignit les yeux, les narines, les lèvres; le grec tomba foudroyé. Quelques instants après, les deux cadavres étaient relevés par une patrouille et transportés à la morgue.

Cependant, dans un moment lucide, Varambert voulut connaître sa situation financière.

« Combien me reste-t-il? demanda-t-il à Carlo.

— Environ dix millions, monsieur le baron.

— C'est-à-dire que je puis encore compter sur cinq cent mille francs de revenu?

— Monsieur le baron oublie que l'argent ne rapporte plus cinq pour cent, mais seulement trois.

— Ce qui fait trois cent mille francs de revenu? Eh bien! on peut encore faire figure avec cela.... Ah! si seulement au prix de moitié de cette fortune.... Mais non : ce brave docteur Farguet y a échoué; et toi aussi, ma belle Léontine, toi dont les baisers feraient de l'enfer un paradis, toi aussi tu es impuissante à m'arracher des entrailles cette flèche empoisonnée, cause des tortures inouïes qui troublent ma raison.... Et l'on jalouse dans le monde ce qu'on appelle mon bonheur! »

Et comme toujours après ces crises morales il se rejetait à corps perdu dans toutes les jouissances matérielles qui pouvaient l'étourdir. Léontine, dès les premiers jours, lui avait inoculé une soif inextinguible de toutes les voluptés. Cette femme n'était plus seulement sa maîtresse, c'était maintenant son maître absolu, son Dieu; ses moindres désirs étaient pour lui des ordres pour l'exécution desquels il eût bravé toutes les puissances humaines; c'était avec une sorte de frénésie que, par la seule joie de lui obéir, il marchait d'un pas rapide à la ruine. « *C'est moi qui l'ai formée,* avait dit Curchello, *et j'en fais ce que je veux.* » Cela était vrai alors; mais la mort de cet homme l'avait dégagée de tous liens. Tel était son présent; son passé, le voici.

XXIV

Une Parisienne.

Née au centre de cette capitale qu'on appelle *le paradis des femmes*, probablement parce que de là sortent les démons femelles les plus redoutables, Léontine était fille d'un honnête fabricant de bijoux de la rue des Cinq-Diamants, nommé Michelin.

Le père Michelin avait pour apprenti Félicien Dubrard, un grand garçon bien taillé, un peu gauche et passablement timide, mais bon, franc, gai, insouciant par-dessus tout, excepté sur les choses qui regardaient Mlle Léontine, qu'il aimait de toutes les forces de son âme, et de son cœur vierge encore de toute souillure.

Félicien était orphelin, il était majeur, et il possédait un patrimoine de vingt mille francs. A cet âge, et dans cette position, il avait couru grand risque de se perdre; mais l'amour lui était venu en aide, et il s'était fait l'apprenti de Michelin entre les mains duquel il avait déposé son patrimoine, dans l'unique but de vivre près de Léontine qu'il adorait, et soutenu par l'espoir d'obtenir quelque retour, à force de dévouement et de persévérance.

« Voyons, mon garçon, disait le père Michelin à son apprenti, de quoi pourrais-tu te plaindre ici? D'abord je te paye quatre pour cent de l'argent que tu as déposé entre mes mains.

— C'est vrai, monsieur Michelin, quatre pour cent, c'est-à-dire un cinquième de moins de ce que paye le gouvernement.

— Mais le gouvernement se ruine, Félicien;

et où en serais-tu, si je me ruinais, moi ?... D'ailleurs, ce n'est pas tout : je te donne la table, le logement et de bons conseils.

— C'est encore vrai ; et même, par-ci par-là, vous y ajoutez quelque chose.

— Bien, mon ami, je vois avec plaisir que tu as la mémoire du cœur.

— Du cœur ? vous appelez ça du cœur ? Dame ! après tout, c'est peut-être une manière honnête de dire les choses. Ce qui est certain, c'est que je ne peux pas m'asseoir sans me souvenir de ce que vous m'avez donné, il y a deux jours, pendant que je regardais dans la chambre de Mlle Léontine, par le trou de la serrure.

— Léontine ! ma fille unique, mon enfant chéri !... Mais tu ne sais donc pas, maître drôle, que c'est mon bien le plus précieux, la joie de toute ma vie ?... Léontine !... mais j'étranglerais de mes propres mains le misérable qui oserait lui faire le moindre outrage....

— Mon Dieu, monsieur Michelin, ce n'est pas que je vous garde rancune.... au contraire.

— Eh bien ! à la bonne heure.... Je sais que tu es un brave garçon, que tu m'es attaché, et en vérité je le mérite bien, car je t'enseigne un état d'or.

— D'or, d'or! murmura Félicien en tournant les talons ; il y a bien là un peu plus d'alliage que l'ordonnance ne le permet ; mais quand il s'agirait de cuivre brut, je ne quitterais pas la partie.... Pauvre père Michelin! il s'imagine que je suis entré chez lui, et que je l'ai fait dépositaire de tout ce que je possède pour l'unique plaisir de souffler ses fourneaux et de nettoyer ses creusets.... Merci du divertissement.... Mais je vois ici Léontine tous les jours ; je lui parle ; je touche quelquefois les plis de sa robe.... et même l'autre jour j'ai bu dans son verre.... Voilà mon bonheur à moi !... Après cela viennent les attaques pédestres dans les régions boréennes, je m'en fiche comme la trompette du jugement dernier ! »

C'est qu'en effet Léontine était une admirable brune au type asiatique, dont les grands yeux noirs pleins de flamme eussent suffi à incendier un cœur de glace.

Léontine, comme nous l'avons dit, était l'orgueil et la joie de son père ; mais quelque ardent que fût cet amour paternel, l'amour de l'or dominait dans le cœur du vieillard, et chaque matin Léontine, avec l'assentiment de son père, et munie d'une boîte élégante remplie de bijoux, visitait quelques-uns des plus riches hôtels garnis de Paris où, grâce à sa beauté, plus qu'au mérite des bijoux qu'elle offrait aux riches voyageurs, elle faisait d'abondantes recettes. L'heure à laquelle elle sortait d'ordinaire était toujours celle que Félicien choisissait pour faire, en sa qualité d'apprenti, les courses de l'atelier. Alors il osait solliciter, et il obtenait souvent la faveur de porter la boîte. Malgré sa timidité, il échangeait alors avec Léontine quelques douces paroles, quelques-uns de ces riens que l'amour rend si éloquents ; et après avoir ainsi fait provision de bonheur pour toute sa journée, il revenait se mettre au travail.

Cela durait depuis six mois, et ces six mois s'étaient envolés pour Félicien comme une seconde, lorsqu'il s'opéra tout à coup une révolution complète dans la conduite de Léontine à son égard : elle refusa d'abord de lui laisser porter la boîte ; puis, un jour, elle lui défendit de l'accompagner, prétendant que cela pouvait la compromettre.

Le dépit, la jalousie, la colère firent alors irruption dans le cœur du jeune homme.

« Il est clair qu'elle ne m'aime pas, se dit-il, et si elle ne m'aime pas c'est qu'elle en aime un autre.... Mais, sacredieu ! je le verrai cet autre ! je lui parlerai ; je.... »

Au premier mot de ce monologue, Félicien avait, d'un coup de poing, enfoncé sa casquette jusque sur ses sourcils ; à la première exclamation, il l'avait prise à la main ; à la seconde, il la tordait de manière à la réduire à sa plus simple expression ; à la troisième, l'infortuné couvre-chef ne ressemblait pas mal à un chausson admis à faire valoir ses droits à la retraite. Et le pauvre garçon marchait toujours, les regards fixés sur l'élégant bonnet de Léontine, que le vent faisait flotter les brides sur les épaules de la jeune fille. Il la suivait de loin, bien résolu à ne pas la perdre de vue, malgré la défense qu'elle lui avait faite. Bientôt il la vit arriver à la porte de l'hôtel Meurice. Il doubla le pas ; mais, presque au même instant, il vit un brillant cavalier, portant moustache et royale, gants jaunes, etc., lequel offrit la main à Léontine et l'aida à monter dans sa voiture qui attendait à la porte. Puis l'élégant personnage s'élança auprès de la jeune fille, et les chevaux partirent comme un trait.

« Oh ! c'est affreux ! c'est abominable ! » s'écria Félicien en lançant de toutes ses forces les débris de sa casquette dans la direction de la voiture qui emportait toutes ses espérances. »

A cet accès de colère, succéda bientôt une tristesse profonde.

« L'ingrate ! pensait-il en retournant à l'atelier le cœur navré et les yeux pleins de larmes ; moi qui aurais donné ma vie et la dernière goutte de mon sang pour être aimé d'elle !... Il lui faut un homme à la mode, un milord, un lion, comme on les appelle ces grands benêts qui se mettent un lorgnon dans l'œil de peur d'y voir trop clair.... Mais qu'est-ce qui m'empêche de me faire lion, moi aussi ?... Une canne à pomme ciselée, des bottes vernies et des gants jaunes, ça ne coûte pas vingt mille francs.... Malheureusement il est probable que le père Michelin ne voudra pas me rendre mon argent; il invoquera la foi des traités; mais comme je connais le côté sensible, c'est par là que je l'attaquerai. »

Ce fut dans ces dispositions que Félicien rentra chez son patron.

« Diable! garçon, dit ce dernier, il paraît que nous nous dérangeons.... Dix heures et quart! ça ne peut pas durer comme ça.

— C'est aussi mon idée, papa Michelin; c'est pourquoi je crois que nous ferions bien d'en finir tout de suite.

— Qu'est-ce que ça signifie?

— Ça signifie que le bijou n'est plus mon élément; c'est une découverte que j'ai faite tout à l'heure.

— As-tu perdu l'esprit?

— Au contraire, papa Michelin, je n'ai jamais eu autant d'esprit qu'aujourd'hui; et vous m'en croirez si vous voulez, mais la vérité est que j'en suis fâché pour vous.... et pour Mlle Léontine.

— Hein? » fit le vieillard qui se redressa vivement en entendant le nom de sa fille.

Félicien n'osa pas aller plus avant; bien que le désir de se venger lui tordît le cœur, il s'empressa de revenir sur ses pas.

« Tenez, papa Michelin, dit-il, on a une vocation ou on n'en a pas : il est très-fâcheux de ne pas en avoir; mais ce n'est pas mon cas, à moi, car il y a vingt-cinq minutes que j'en suis à ma sixième, ce qui fait que si vous consentiez à me rendre les vingt mille francs....

— Décidément le drôle est fou!... Vingt mille francs, où voudrais-tu que je les prisse, maître sot? Crois-tu que c'est en dormant dans ma caisse que tes fonds produisent quelque chose?... D'ailleurs nous avons un traité.

— C'est vrai; et nous avons stipulé que le dédit, de part ou d'autre, serait de douze cents francs. Eh bien! je me dédis, et j'en offre deux mille, au lieu de douze cents, si vous voulez terminer tout de suite. »

C'était, ainsi que l'avait prévu Félicien, attaquer le vieux bijoutier par son côté faible. Gagner deux mille francs en un instant et d'un trait de plume, c'était bien tentant. Le vieillard fit encore quelque difficulté, mais on pouvait voir que c'était pour la forme seulement; enfin, il se rendit, et il fut convenu que l'on terminerait cette affaire le soir même.

Léontine rentra, selon son usage, un peu avant l'heure du dîner. A peine Félicien l'eut-il aperçue, qu'il lui lança des regards terribles : le pauvre garçon tremblait, et pourtant la sueur ruisselait sur son visage d'un rouge de pourpre.

« Qu'avez-vous donc à me regarder ainsi ? demanda Léontine.

— Mademoiselle, j'admire le talent avec lequel vous marchez dans les rues de Paris. On dirait que vous sortez d'un salon; il n'y a pas une mouche à votre chaussure.... ».

La jeune fille baissa les yeux devant l'apprenti, qui se sentit un peu soulagé, tant la vengeance est une douce chose.

« Il est vrai, dit Michelin, que cela doit te surprendre, toi qui ne peux pas faire une course de dix minutes sans te crotter jusqu'aux oreilles.

— Ah! dame! moi, répliqua Félicien, je n'ai pas à mes ordres deux beaux chevaux gris pommelé. »

Léontine partit; elle eut l'air de chercher quelques bijoux dans sa boîte pour que son père ne s'aperçût pas de son trouble.

« Ah! ah! fit le père Michelin, qui n'avait rien compris aux paroles du jeune homme, tant il était loin de soupçonner la vérité; c'est probablement pour avoir des chevaux que tu veux retirer ton patrimoine de mes mains? »

Et en disant cela, le vieillard laissait errer sur ses lèvres un sourire sardonique. Mais Félicien était lancé; il sentait qu'il avait beau jeu, et il ne baissa pas le ton.

« Vous l'avez dit, maître! répondit-il sans hésiter; je veux avoir des chevaux, et j'aurai aussi des gants jaunes, des cannes à pomme ciselée.... Et je déjeunerai à trente-deux sous; je déjeunerai même à quarante-cinq sous si ça me fait plaisir. J'irai au spectacle tous les jours, ni plus ni moins qu'un prince russe de l'hôtel Meurice.... Et s'il y a quelqu'un de ces milords panés à qui ça ne convienne point, il viendra me le dire en face.

— Mon pauvre garçon, tu m'as tout l'air d'être dans les meilleures dispositions pour devenir un franc vaurien.

— Ah! c'est que, voyez-vous, papa Michelin, il est passé le temps des calottes, des coups de pied quelque part, des pichenettes et des croquignoles.... le temps où je me serais laissé couper en quatre comme une pomme de reinette pour le seul plaisir de.... »

En ce moment Léontine, qui avait quitté sa boîte, marcha sur le pied de l'apprenti, en appuyant de toutes ses forces.

« Aïe! ouf!... fit-il en s'interrompant; mademoiselle, vous m'avez fait un mal!...

— C'est que je suis lasse de vous entendre débiter des sottises, tandis que le potage refroidit : mettons-nous à table, s'il vous plaît. »

Les paroles de Léontine étaient des ordres auxquels on avait l'habitude d'obéir. Pendant le repas, les grands yeux noirs de la jeune fille se levèrent plusieurs fois vers Félicien, qui crut lire de tendres reproches dans ses regards; mais son cœur était trop profondément ulcéré, pour qu'il se laissât aller à ce qu'il ne regardait que comme des semblants de tendresse. Il persista donc dans la résolution de quitter la maison de Michelin, et malgré l'horrible torture que lui faisait éprouver la pensée de s'éloigner de Léontine, il partit le soir même, emportant dans son portefeuille, avec un certificat de bonne conduite, les dix-huit mille francs que lui avait comptés le vieux bijoutier.

Depuis vingt-quatre heures, Félicien occupait, rue du Helder, un petit appartement frais et coquet. Il était encore au lit lorsqu'on frappa discrètement à sa porte, qu'il alla ouvrir lui-même, faute de valet. Un monsieur de bonne mine, élégamment vêtu, entra aussitôt.

« Monsieur, c'est vous qui demandez un valet de chambre.

— Moi-même.... mais il me faut quelque chose de bien.... de soigné; un valet de chambre de la bonne école. Je ne regarderai pas au prix, pourvu que l'individu soit capable de m'enseigner ce que je veux savoir.... Mon intention est de me lancer dans les bonnes manières.

— S'il en est ainsi, monsieur, je suis à votre service.

— Vous ?

— Moi.

— Alors vous êtes ferré sur la partie en question ?

— Ferré à glace. Lord Hyampour, mon dernier maître, a tué trois de ses maîtresses, deux de ses amis, et mangé cent mille livres sterling dans ses derniers huit mois.

— Voilà un gaillard bien heureux !

— C'était moi qui l'avais formé.... Il y a huit jours qu'il s'est brûlé la cervelle.

— Diable ! c'est excessivement encourageant.

— J'avais réussi à en faire un lion pur sang, et c'est aussi ce que je ferai de vous, monsieur; dans huit jours vous ne vous reconnaîtrez plus.

— Huit jours ! c'est bien long. Voyez-vous, mon ami, je suis excessivement pressé ; je payerai les leçons double, s'il le faut, mais je tiens à commencer tout de suite.

— Je suis aux ordres de monsieur.

— Eh bien ! je vous ordonne de m'habiller.... Tenez, voici mes malles ; elles sont bien garnies, choisissez ce qu'il y a de mieux. »

Le valet de chambre ouvrit les malles que lui montrait Félicien ; mais à peine en eut-il examiné le contenu qu'il recula comme épouvanté.

« Qu'est-ce que cela? s'écria-t-il, des habits de l'année dernière, du linge qui n'a pas le sens commun, des cravates de portefaix, des bottes ferrées!... Monsieur, si je touchais à cela seulement du bout du doigt, je serais perdu de réputation !

— Diable ! ça serait désagréable ; je ne puis pourtant pas rester en robe de chambre.

— Laissez-moi faire. Je sors, je me jette dans la première voiture de remise que j'aperçois, et avant une heure, je vous amène tailleur et bottier de choix, munis tous deux des objets qui vous manquent.

— Je ne suis qu'un sot, et ce garçon-là est plein de bon sens, se disait Félicien pendant que son valet de chambre brûlait le pavé. Il est clair que, pour se faire lion, la première chose est de changer de peau. Dans une heure, je serai ravissant. »

Le tailleur fut introduit le premier.

« Monsieur, disait Félicien à l'artiste qui venait de le faire entrer de vive force dans un costume complet, je ne pourrai jamais boutonner cet habit-là.

— Monsieur, un homme qui se respecte ne boutonne pas son habit.

— Bien, je comprends ; on a des boutons pour ne pas boutonner.... C'est excessivement ingénieux.... Mais ces sous-pieds me forcent à me tenir roide comme un échalas.... je ferai certainement craquer le pantalon.

— Monsieur, un homme qui se respecte n'use pas ses pantalons.

— Il n'y a rien à redire à ça. Le système peut avoir certains inconvénients ; mais on n'est pas lion pour rien. »

Le bottier vint ensuite, et notre ex-apprenti chaussa des bottes vernies du meilleur goût.

« C'est parfait, dit-il ; mais je crains bien qu'en touchant le pavé....

— Le pavé !... Est-ce que par hasard monsieur marcherait?

— Eh ! il me semble que c'est une habitude assez généralement répandue.

— Moi, monsieur, je ne chausse que les gens qui ne marchent point.

— Mais alors comment use-t-on vos bottes ?

— Monsieur, un homme qui se respecte n'use pas ses bottes. »

Félicien se le tint pour dit : il paya sans marchander. Le reste de la toilette léonine fut bientôt trouvé, grâce à l'intelligence de Lajorie, le valet de chambre destiné à faire l'éducation du fashionable de fraîche date.

« Qu'allons-nous faire maintenant ? dit Félicien.

— J'imagine que nous allons monter à cheval et faire une promenade au Bois : c'est de règle.

— Bien ! voilà qui me rassure : toute règle souffre exception, alors....

— Monsieur, il n'y a pas d'exception pour le lion.

— Mais si le lion ne sait pas....

— Monsieur, le lion sait tout ; il enseigne et n'apprend jamais. D'ailleurs, Crémieux a des chevaux parfaits. Vous serez, sur Pulchérie, comme dans un fauteuil d'opéra ; quelques pièces d'or, et vingt minutes, je ne vous demande que cela. »

Félicien jeta dix louis à son savant professeur, et une demi-heure après il enfourchait, tant bien que mal, une fort belle jument baie, tandis que Lajorie sautait en amateur sur un alezan pour suivre son docile élève. Tout alla bien jusqu'au rond-point des Champs-Élysées ; là, Lajorie fit un temps de galop pour accoster son nouveau maître.

« Monsieur, monsieur ! piquez votre monture.... Ne voyez-vous pas ces deux étoiles en calèche !... Étoiles de première grandeur depuis huit jours.... Galopez à la portière ; c'est un coup décisif : si vous parvenez à échanger dix paroles avec ces astres, votre réputation est faite.

— Mais, Lajorie, c'est que....

— Piquez ! piquez donc ! »

Félicien fit un violent effort, et, moitié colère, moitié obéissance, il enfonça les éperons dans les flancs de Pulchérie, qui, peu accoutumée à être traitée si rudement, partit comme un trait, franchit une barrière, et lança du même temps l'infortuné cavalier à dix pas de là.

« Diable ! disait Félicien en retournant chez lui dans une voiture de place, tandis que son valet de chambre reconduisait les deux chevaux chez le loueur. Diable ! la journée a été rude, mais j'ai fait un grand pas, et j'en suis quitte pour un pantalon déchiré, une bosse au front, et quelques petites choses du côté des antipodes.... Après tout, on ne change pas de nature sans qu'il en coûte un peu. »

Lajorie vint confirmer le jeune homme dans cette bonne opinion qu'il avait de lui-même.

« Voyons, sans flatterie, comment m'as-tu trouvé ? demanda Félicien.

— Monsieur, vous avez été parfait.

— C'est bien dommage que cette maudite jument se soit avisée de faire un saut de mouton.

— Au contraire !... Vous êtes tombé avec une grâce.... Vous vous êtes relevé avec une vigueur.... Ces dames étaient enchantées. Voici une journée qui vous fait le plus grand honneur. Lord Hyampour n'avait pas aussi bien débuté, et pourtant quel succès ! »

Félicien fit une légère grimace, malgré le dépit, et le désir de se venger qui le tourmentait ; le sort d'un homme qui s'était brûlé la cervelle après avoir tué ses maîtresses, ses amis, et mangé plus d'un million en quelques mois, ce sort lui semblait peu. Se battre, à la bonne heure, pourvu que ce fût contre son rival de l'hôtel Meurice ; se ruiner, passe encore, il en avait pris son parti ; mais il était bien résolu à ne pas pousser plus loin ses escapades léonines.

« Bast ! se dit-il en s'efforçant de reprendre sa gaieté, je m'arrêterai toujours bien quand je le voudrai. En avant, donc ! et qui vivra verra. »

Au bout de huit jours, Félicien avait dépensé quatre mille francs ; mais il s'était formé avec une rapidité prodigieuse. Il dînait maintenant au café Anglais ou au café de Paris, comme s'il n'eût fait que cela toute sa vie, et il avait paru plusieurs fois au foyer de l'Opéra, où, grâce au jargon que lui avait enseigné Lajorie, on l'avait trouvé charmant, son défaut de formes étant attribué à une excentricité toute nouvelle.

Tout cela, néanmoins, ne pouvait l'étourdir au point de lui faire oublier Léontine, cette fille aux yeux de flamme, dont le souvenir suffisait pour lui brûler le cœur. Mais jusqu'alors il n'avait pu trouver l'occasion d'accoster son heureux rival, dont il ignorait même le nom ; lorsque, une après-midi, parcourant à cheval une partie des boulevards, ses regards furent attirés par la foule qui se pressait aux portes du théâtre de l'Ambigu-Comique, où le drame d'*Héloïse et Abeilard* attirait alors tout Paris. Que l'on juge de sa surprise, de sa joie et de sa colère tout à la fois, lorsqu'au premier rang de cette foule qui faisait queue, il reconnut Léontine ayant à sa droite l'homme de l'hôtel Meurice, et à sa gauche Mme Mitolan, sœur du papa Michelin, sans laquelle, excepté pour les courses commerciales du matin, Léontine ne pouvait que très-difficilement s'absenter de la maison maternelle.

Le parti de Félicien fut bientôt pris : il mit pied à terre, remit son cheval à Lajorie, en lui ordonnant de s'en aller, puis il alla grossir la queue, qui attendait l'ouverture des bureaux, afin de prendre une stalle, d'où il pût explorer du regard toutes les parties de la salle. Il arrive, mais c'est en vain qu'armé de son lorgnon il cherche les trois personnes qui l'intéressent. L'orchestre se garnit, les musiciens se mettent d'accord, et bientôt la toile se lève. Félicien est forcé de suspendre ses recherches. Déjà près de deux heures s'étaient écoulées, et l'infortuné lion de nouvelle fabrique n'en était pas plus avancé. Enfin, dans un entr'acte, ses regards se dirigèrent vers le paradis, où ondulait une forêt de têtes plébéiennes, et, à sa grande surprise, il aperçut dans un coin de cette région la belle Léontine, siégeant entre sa bonne tante et le monsieur de l'hôtel Meurice.

Quitter sa place, s'élancer vers ces régions élevées, fut pour Félicien l'affaire d'un instant. Il arrive à l'entrée de cet Éden, d'où s'exhalent des vapeurs d'ail, de tabac et de vin bleu. Toutes les places sont prises ; mais ce n'est pas là un obstacle capable d'arrêter l'ex-apprenti : il monte sur les banquettes, enjambe par-dessus les épaules, et, contre vent et marée, il avance au milieu des cris, des réclamations, des clameurs, des plaintes de toute espèce qui s'élèvent sur son passage.

« En v'là un sauteur !... Dites donc, l'efflanqué, est-ce que vous prenez les genoux de mon épouse pour une corde roide ? — Excusez ! les gants jaunes !... et le jonc mâle pour balancier !... Gage que c'est un échappé des Funambules ! — Tu n'y arriveras pas, Nicolas ! — Silence ! silence !... —

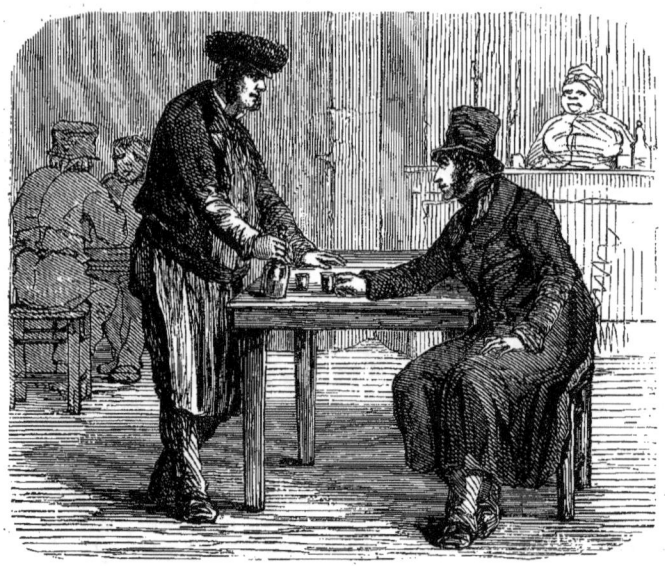

Versez donc, je ne veux pas m'en aller sur une jambe. (P. 575, col. I.)

La Marseillaise ! — Laissez passer le melon demandé ! — Dis donc, Lauriot, en v'là-t-y une d'entr'acte ! — C'est les décors qu'en est cause.... — Ah! oui, pour l'histoire de l'accident.... C'est ça encore une fameuse traîtrise !.... — Monsieur, vous perdez quéque chose.... — Ah bon ! v'là la musique. — Mais, monsieur, lui dit une vieille femme, devant laquelle, faute de siége, il se tenait droit comme un cierge, vous ne pouvez pas rester là.

— Vous voyez bien que si, puisque j'y suis.

— Merci de la lorgnette ! Dis donc, Fifi, comment trouves-tu la jumelle ? — Tapez sur les verres, m'ame Durand. — Monsieur Fifi, dit Félicien, soyez bon enfant, et vous ne vous en repentirez pas ; appuyez un peu à gauche, Mme Durand va appuyer à droite, et je suis sûr qu'il y aura encore entre nous assez de place pour les rafraîchissements que je vais faire apporter. »

C'était une excellente manière de calmer l'orage élevé par l'arrivée de cet intrus.

« Mais aussi, disait le lion de l'hôtel Meurice, quelle singulière fantaisie de venir au paradis quand je vous offrais une loge !

— Je vous avais prévenu que ma tante ne consentirait pas à se placer ailleurs. C'est un parti pris, une vieille habitude dont rien ne la ferait démordre ; elle prétend que c'est le meilleur point de vue, et comme elle a le malheur d'être sourde, peu lui importe que la voix des acteurs lui arrive ou non jusqu'ici. C'est une nécessité que je dois subir. »

Ces paroles firent sur Félicien l'effet de la pile galvanique sur un homme en léthargie.

« Ainsi, plus de doute, se dit-il presque fou de douleur ; la malheureuse est perdue ! »

Puis s'adressant à son voisin :

« Monsieur Fifi, si vous voulez vous servir de mon lorgnon, le voici. C'est tout ce qu'il y a de mieux.... Cela sort de la maison de M. Michelin.... »

A ces mots le fashionable de l'hôtel Meurice et Léontine bondirent sur leur banquette. Léontine était pâle et tremblante ; Félicien mourait d'envie de casser sa canne sur le visage de son rival. La tante, sourde comme une borne, semblait prendre le plus grand intérêt à la pantomime des acteurs, et l'on arriva ainsi à la fin de l'acte commencé. Félicien, qui attendait ce moment avec impatience, se lève vivement ; mais au même instant, deux poignets vigoureux s'appuyant sur ses épaules le forcent à s'asseoir. C'était M. Fifi, qui n'avait fait qu'un bond du paradis au boulevard, d'où il venait les poches bourrées de flan, de galette, de chaussons aux pommes, et qui, n'étant pas d'humeur à manger sans boire, prit la liberté de faire observer à son voisin que les bouteilles étaient vides. Félicien se hâta de lui glisser quelque monnaie dans la main ; puis se penchant vers son rival :

« Monsieur, lui dit-il, n'éprouvez-vous pas le besoin de prendre l'air?

— J'éprouve le besoin de vous dire que vous êtes un sot.

— Et moi je commence à croire que vous n'êtes qu'un lâche. »

L'homme de l'hôtel Meurice leva la main ; mais Fifi arrivant en ce moment avec deux bouteilles allongea le bras pour parer le coup destiné à son voisin ; la secousse détermina une des bouteilles qu'il tenait horizontalement à faire explosion et le bouchon alla frapper violemment le fashionable au milieu du visage, en même temps que les flots de bière inondaient sa poitrine, et que, suivant la loi de l'attraction, le liquide allait se perdre dans ses bottes vernies.

« Tiens ! s'écria Fifi, ce monsieur qui se rafraîchit tout du long ! »

Un éclat de rire colossal retentit dans le paradis ; les principaux personnages de cette scène furent les seuls qui ne prirent point part à l'hilarité générale ; les deux rivaux continuèrent à se mesurer du regard ; Léontine, redoutant une catastrophe qui lui semblait inévitable, se tourna vers sa tante qu'elle serra dans ses bras, en même temps qu'elle cachait son joli visage sur la poitrine de la vieille.

« Monsieur, dit Félicien, vous avez levé la main sur moi ; je tiens le soufflet pour reçu. Demain matin, à neuf heures, je vous attendrai à la barrière de l'Étoile, où nos témoins s'entendront pour régler cette affaire.

— J'y serai, monsieur. »

Ils échangèrent leur carte, et Félicien lut sur celle qui lui fut remise : *chevalier de Curchello.*

Félicien était enchanté de sa soirée ; il rentra chez lui tout radieux.

« Lajorie, dit-il à son valet de chambre, je suis content de toi.... c'est-à-dire que je suis enchanté de tes services.... Tu es un homme précieux, Lajorie.... un professeur modèle.... C'est au point que je ne me reconnais plus moi-même.... Si je suis tué demain, tu seras mon légataire universel.

— Monsieur, c'est trop de bonté.

— Mais non, il ne me tuera pas, car je suis sûr qu'il tremble.... Est-ce que les lions sont lâches, Lajorie ?

— Ça peut se rencontrer, monsieur ; mais c'est toujours sans qu'il y paraisse.

— Maintenant, écoute : demain, à huit heures du matin, il me faut deux témoins et des pistolets.

— Qui monsieur a-t-il choisi pour témoins ?

— Je n'ai choisi personne ; ça te regarde : ils seront toujours bons pourvu qu'ils ne cherchent pas à arranger l'affaire. Règle-toi là-dessus et laisse-moi dormir, car il y a longtemps que je ne me suis couché si content. »

Curchello, à cette époque, était déjà usé par la débauche, et ne vivait qu'en faisant des dettes et des dupes. Une de ces dernières était le père Michelin qui, après avoir vendu quelques bijoux à ce chevalier d'industrie, lui avait escompté à cinquante pour cent de leur valeur nominale des lettres de change acceptées par des compères de ce grec adroit et audacieux. Curchello n'avait négligé aucun moyen pour s'emparer de l'esprit du vieil avare ; tout en lui empruntant, le plus souvent possible, de l'argent à cinquante pour cent, il continuait à lui acheter des bijoux au comptant. Il s'était fait en même temps un puissant auxiliaire près du bonhomme en s'efforçant de gagner les bonnes grâces de la jeune fille. Léontine d'ailleurs n'en était pas à son coup d'essai ; mais elle était maintenant d'humeur à dédaigner les petits sentiers pour entrer dans les chemins largement ouverts afin de marcher au but avec sécurité. Curchello qui avait pressenti les tendances de cette vertu peu farouche, était facilement parvenu à la réduire, et c'est ainsi qu'à force de condescendance, il avait pu se résoudre à passer une soirée au paradis de l'Ambigu-Comique, ce qu'il regrettait fort maintenant.

Tel était exactement l'état des choses, lorsque, vers sept heures du matin, au moment où il se rendait à son atelier, le papa Michelin vit entrer chez lui le domestique de Curchello.

« Oh oh ! vous voici en campagne de bon matin, ami Germain, dit le bonhomme. Qu'y a-t-il de nouveau ?

— Ma foi, mon cher monsieur Michelin, il n'y a rien de bon pour nous. »

Le vieil avare se redressa ; ses épais sourcils se contractèrent sur ses petits yeux qui commencèrent à briller comme deux tisons incandescents dans l'obscurité.

« Pas de mauvaises plaisanteries, monsieur Germain, dit-il d'une voix émue.

— La plaisanterie serait en effet fort peu de saison ; car à l'heure où je parle, mon maître est en train de se faire tuer. »

Le père Michelin, en entendant ces derniers mots, bondit comme s'il eût mis le pied sur un serpent ; son visage terreux passa, en un clin d'œil, par toutes les nuances du blanc sale au vert livide.

« Se faire tuer ! s'écria-t-il lorsque la voix lui fut revenue ; mais il veut donc me voler mon argent, me ruiner, m'écorcher vif, me faire mourir dans les tortures, votre scélérat de maître ? Car enfin je sais à quoi m'en tenir maintenant : il n'a pas un pouce de bien, et il me doit dix-sept mille cinq cents livres qu'il ne peut me payer qu'en faisant quelqu'un des riches héritages qui l'attendent.... Se faire tuer quand on est dans ce cas-là !... Mais c'est un vol.... un vol avec toutes les circonstances aggravantes! C'est une banqueroute frauduleuse.... Mais, sacredieu ! il ne sera pas dit que je me serai laissé dépouiller comme un sot.... Je ne veux pas qu'il se fasse tuer, moi !... Qu'il me paye d'abord.... dix-sept mille cinq cents livres, le plus pur de mon sang !... Je vous dis qu'on ne le tuera pas, Germain ! ou il faudra qu'on me passe sur le corps, qu'on me hache, qu'on me broie auparavant.

— Monsieur Michelin, je suis vraiment enchanté de vous voir dans ces sentiments.

— Comment, coquin ! tu es enchanté de voir qu'on m'égorge.., qu'on me saigne des quatre membres !... Ah ! mille millions de diables ! c'est trop fort! Je vais crier *à la garde!* Je vais te faire empoigner.... te faire pendre !... Oui dà, mon drôle, tu iras aux galères ; c'est le moins qui puisse te revenir.... avec une estampille sur l'épaule, entends-tu ?... Ah ! mon Dieu ! je n'en puis plus !...

— Mais, monsieur Michelin, dit le rusé valet, en souriant des tortures qu'il infligeait au vieil avare, calmez-vous donc un peu : je ne vous ai pas dit que mon maître fût mort; au moment où je vous parle, il est, au contraire, plein de vie et de santé; mais....

— Ah ! le ciel soit loué, Germain ! mon bon Germain, conduisez-moi vers lui.... Il ne faut pas qu'il altère cette chère santé.... Dix-sept mille cinq cents livres !.... Je lui ferai entendre raison.... il suivra un régime.... Allons, allons, ce n'est peut-être qu'une fausse alerte !...

— Écoutez-moi donc, si vous voulez savoir la vérité ; car le temps presse, et vos cris ne font qu'aggraver le cas. Mon maître n'a pas le moins du monde envie de mourir; mais il a été insulté hier, et il se tient ce matin....

— Il ne se battra pas, vrai Dieu ! s'écria le père Michelin en recouvrant toute son énergie.... De quel droit irait-il se battre ?...

— Or, reprit Germain, M. le chevalier de Curchello est très-malheureux dans les affaires de ce genre : deux fois déjà il a été blessé, et l'on ne pourrait m'ôter de l'idée que la troisième.... Mais il se pourrait que votre présence, vos excellentes raisons, arrangeassent l'affaire ; c'est pour cela que je viens vous prévenir ; car enfin, comme vous disiez très-bien, M. de Curchello n'est pas libre de....

— Non, de par tous les diables ! il ne l'est pas, Germain !... Partons, mon ami.... Sur-le-champ, à l'instant même. Quand je serai là, quand je le tiendrai dans mes bras, ce cher M. de Curchello.... nous verrons qui osera, qui pourra me l'arracher !... Ah ! c'est que c'est mon bien.... la chair de ma chair.... les os de mes os ... Je vous demande une minute pour me préparer. »

Puis il alla frapper à la porte de la chambre de sa fille.

« Léontine ! Léontine !... Allons, mon enfant, ce n'est pas le cas de faire la grasse matinée, quand on menace notre bien, notre vie.... Léontine, le plus clair de ta dot! Pauvre enfant ! »

Léontine se leva précipitamment, et accourut à demi vêtue aux cris de son père.

« Viens, mon enfant ! maintenant je m'en vais ; je vais empêcher ce fou de Curchello de se faire tuer.... C'est moi que l'on tuerait, Léontine.... Moi et toi.... Car qu'est-ce qu'une fille sans dot ?... Où allons-nous, mon ami ?

— A la barrière de l'Étoile ; c'est là qu'est le rendez-vous ; mais il faut nous hâter, car l'heure avance.

— Nous prendrons l'omnibus....

— Un cabriolet plutôt.

— Oui, c'est cela.... Mais un cabriolet à la minute. Il ne faut pas se laisser écorcher par tout le monde. »

Ils sortaient, et cinq minutes après ils roulaient vers la barrière de l'Étoile.

A huit heures du matin Félicien était au rendez-vous, attendant avec impatience Lajorie qui s'était mis en campagne pour trouver des témoins, chose assez difficile, attendu que l'homme du monde de nouvelle date n'avait pas encore eu le temps de se faire des amis dans la sphère nouvelle où il vivait. Enfin le domestique arriva.

« Ma foi, monsieur, dit-il avec la meilleure volonté, je n'ai pu me procurer ce que vous m'aviez demandé, et je crois que vous ferez bien de remettre la partie.

— Remettre !... Laisser échapper une si belle occasion !... Passer pour un lâche !... Non ! de par tous les diables ! je ne remettrai rien !.... Pour qui me prenez-vous, Lajorie ? Savez-vous bien, mon drôle, qu'en attendant la succession que je vous ai promise, il pourrait me prendre la fantaisie de vous casser les reins pour vous apprendre à vivre et faire ce qui vous est ordonné ?

— Est-ce ma faute, si monsieur demande l'impossible ? j'ai frappé à vingt portes pour trouver des témoins, et partout néant à la requête : le jeune peintre, votre voisin, était en grande conférence avec son modèle.... Vous savez, cette jolie brune qui est venue deux fois chez vous, sous prétexte qu'elle s'était trompée de porte. Le capitaine, celui qui vous a emprunté dix louis la seconde fois qu'il vous a vu, est atteint d'un rhumatisme aigu qui le cloue chez lui ; un troisième est invité à déjeuner chez Véfour ; un quatrième prétend qu'il ne vous connaît pas. C'est une véritable calamité. Quant aux pistolets, c'est différent ; on trouve toujours ces choses-là quand on a de l'argent, et vous allez voir que j'ai fait bon usage des cinquante francs que vous m'avez remis à cette intention.... Examinez cela, je vous prie.... une boîte du meilleur goût.... des balles d'un poli.... canons cannelés, système Lefaucheux.... on tuerait avec cela des hirondelles au vol. »

En effet, les pistolets étaient irréprochables; les yeux de Félicien flamboyaient pendant qu'il les examinait.

« C'est décidé, dit-il tout à coup, je me passerai de témoins, ou, s'il le faut, je prendrai les premières personnes que je rencontrerai. Qu'importe, après tout? ce n'est pas une chose si difficile que de mesurer dix ou quinze pas.... Il faut que cela finisse aujourd'hui.... »

Puis il ajouta en forme d'à parte :

« D'autant plus qu'au train dont vont les choses, je serai sur la paille avant trois mois.... Ce qui doit être fort désagréable, quand on n'y est pas habitué. »

Et bien résolu à n'en pas démordre, il recommença à se promener de long en large. Cela durait depuis quelques minutes, lorsqu'il remarqua deux jeunes gens en blouse neuve, en casquette de parade, qui se promenaient comme lui, et semblaient épier ses mouvements. Il s'arrêta; les jeunes gens vinrent à lui, et il reconnut alors Lauriot et Fifi, ces habitués du paradis avec lesquels il avait fait connaissance la veille au soir. Fifi, en avalant le dernier verre de bière, avait parfaitement entendu les paroles que Félicien et Curchello avaient échangées, et après le spectacle il en avait fait part à son ami Lauriot, en vantant fort les bonnes manières de Félicien qui avait si bien fait les choses.

« Alors, avait dit Lauriot, y paraîtrait que c'est un duel? J'en ai jamais vu, mais je suis sûr que ça doit être crânement amusant!... Faut voir ça, Fifi.

— Ça va, avait répondu Fifi.... D'autant plus que le particulier qui m'a fait une honnêteté n'a pas l'air de canner sur l'article, et qu'il pourrait bien y avoir un bout de noce par là. »

Les deux amis avaient donc, le lendemain, endossé la blouse neuve, et à huit heures, ils flânaient autour de l'arc de Triomphe ; mais bientôt Fifi, ayant remarqué que Félicien le regardait, s'était décidé à renoncer à l'incognito.

« Bourgeois, dit Fifi en portant la main à sa casquette sans pourtant la soulever, de peur probablement de déranger l'économie de sa coiffure, n'ayant pas l'inconvénient de mettre mes oreilles dans ma poche, j'ai arquepincé hier au passage quelques paroles qui m'ont fait comprendre la finition de la chose.... Alors j'ai dit à Lauriot.... fameux celui-là! un ami fini!... J'y ai donc dit qu'entre vous et l'autre ç'm'avait fait l'effet d'être à toi z'à moi la paille de fer. Lui qu'est un malin m'a répondu : « Faut voir ça, » et nous v'là.

— Parbleu! se dit Félicien, le ciel me sert à souhait! Ce sera une punition de plus pour ce faquin de l'hôtel Meurice. »

Puis, répondant à Fifi :

« Mon ami, c'est ma bonne étoile qui vous envoie ici ; justement je n'ai point de témoins : vous m'en servirez. »

Lauriot devint rayonnant; Fifi avait envie de sauter au cou de son ami de la veille.

« Nom d'un nom! s'écria-t-il, un peu qu'on vous en servira !... Dis donc, Lauriot, en v'là-t-il une de chance !... plus qu'ça de rencontre !... Excusez.... Ah çà, ousqu'il est donc l'autre à qui vous voulez dire deux mots sans remuer les lèvres?

— La vérité est qu'il se fait un peu attendre.... mais j'aperçois une voiture qui s'arrête.... un, deux, trois!... justement, c'est lui avec ses deux témoins.

— Alors nous allons rire, dit Lauriot.

— Non pas, mes amis; la chose est au contraire très-sérieuse, et si je supposais que vous fussiez le moins du monde disposés à entrer en arrangements, je vous retirerais à l'instant ma confiance.

— Laissez donc tranquille ! s'écria Fifi, si ça s'arrangeait, alors y aurait plus de plaisir. Vous allez voir comme je vais vous mener ça ! »

Et courant aussitôt vers les nouveaux venus :

« Allons donc ! vous autres, s'écria-t-il; on dirait que vous avez peur de faire un pas! Est-ce que par hasard vous auriez des cors, des *oignons* ou des *durillons*?

— Que veulent ces gens? demanda Curchello.

— Ce sont mes témoins, répondit Félicien qui s'était avancé : nous sommes ici pour nous battre, et non pour nous faire des phrases, et je suis sûr que ces braves garçons-là n'écriront pas dans les journaux; mais en revanche, ils feront leur devoir.

— Un peu, mon neveu! dit Lauriot; à preuve que je vas vous conduire sur un amour de terrain ousque j'allais autrefois à la chasse aux z'hannetons.... »

Curchello consulta de l'œil ses témoins, qui paraissaient fort incertains de ce qu'ils devaient faire. Félicien crut un instant que sa proie allait lui échapper.

« Pas d'hésitation, s'écria-t-il, et surtout pas d'échappatoire. Je vous déclare que si vous refusez de mettre les armes à la main, moi et mes deux amis nous sommes décidés à vous traiter en laquais!... Et, sacredieu! vous pouvez voir que nous avons des poignets solides, et que les souliers ferrés de mes amis ne se trouveraient pas impunément en contact avec vos bottes fines.

— Que signifient ces façons de fier à bras? dit

Curchello en pâlissant; avons-nous affaire à des portefaix?

— Faut-y taper? » demanda Fifi en s'alignant. Curchello sentit la rage lui mordre le cœur.

« Finissons-en bien vite, s'écria-t-il.

— A la bonne heure donc! dit Lauriot; vous allez voir mon terrain! tout ce qu'il y a de plus chicard!... »

Les six personnages s'avancèrent vers le bois de Boulogne, et Lauriot, qui marchait en tête, conduisit effectivement les cinq autres dans un endroit découvert et entièrement entouré de futaies, de telle sorte qu'il semblait avoir été préparé tout exprès pour s'y couper la gorge en toute sécurité. D'abord on chargea les armes, puis l'un des témoins de Curchello jeta une pièce de monnaie en l'air pour savoir lequel des combattants fixerait la distance.

« Face! dit Félicien.

— Ça y est! s'écria Fifi; face en plein.

— Nous nous placerons à dix pas, dit gravement Félicien.

— A mon tour pour le premier coup, dit Lauriot en faisant voler une pièce de deux sous à vingt pieds au-dessus de la tête.

— Pile! » dit Curchello d'une voix stridente. La pièce tomba la face en dehors.

« Plus qu'ça de chance! s'écria Fifi.... m'est avis à présent que la cérémonie sera bientôt faite.... Une, deux, trois.... »

Il compta ainsi jusqu'à dix en marchant, et jeta sa casquette à ses pieds, pour marquer le point où devait se placer Curchello. Une pâleur mortelle couvrait les joues de ce dernier, et malgré les efforts qu'il faisait pour paraître calme, il ne pouvait dissimuler le tremblement convulsif qui l'agitait. Ses amis l'aidèrent à se placer.

— Effacez-vous, lui disait l'un en lui faisant poser le coude droit sur la hanche.... encore.... encore.... Tenez votre arme à la hauteur du visage....

— J'espère, messieurs, dit Félicien, que cela ne va pas durer jusqu'à demain. Voulez-vous donner aux gardes le temps de nous surprendre?

— C'est vrai, s'écria Fifi : cré coquin! ça serait-y embêtant de se voir couper la satisfaction au plus beau moment! »

Cependant Germain et le vieil usurier étaient arrivés à la barrière.

« Diable! dit le premier, j'ai bien peur que nous soyons arrivés trop tard!

— Ah! mon Dieu! mon Dieu! fit le père Michelin en se prenant les cheveux à deux mains.... Mais non! c'est impossible!... La Providence ne serait pas juste.... Enlever dix-sept mille cinq cents livres à un pauvre homme qui a passé toute sa vie à gagner quelques sous à la sueur de son front!... Mais il y aurait de quoi se débaptiser, de quoi prendre en grippe le Père éternel et tous les saints.... Mais, scélérat, tu vois bien que tu me forces à blasphémer.... que tu m'induis à mal... *Pater noster*.... Ah! si j'étais gouvernement!... *qui est in cœlo*... je ferais pendre tous ces chiens de ferrailleurs.... Oui pendre.... haut et court.... dès qu'ils auraient payé leurs dettes.... Ah! ma tête! ma tête!.... Il y a là un brasier qui me consume, qui me calcine, qui me tue!..... »

Pendant que le bonhomme divaguait, Germain, ayant reconnu la voiture qui avait amené son maître, prenait des informations près du cocher.

« Hâtons-nous, monsieur, dit-il ensuite, tout n'est peut-être pas perdu.

— Merci, Germain, merci, mon ami; que le ciel te rende le bien que me font ces paroles!.... Il y a de l'espoir, n'est-ce pas? Mon Dieu! moi, je ne suis pas un Arabe; s'il ne s'agissait que de rabattre quelques pistoles....

— Marchons, marchons; ce n'est pas le moment de calculer. »

Ils entrèrent dans le bois, et là, ils marchèrent d'abord au hasard; mais des éclats de voix arrivèrent bientôt jusqu'à eux, et ils doublèrent le pas en se dirigeant vers le lieu du combat.

Malgré tout le soin que les témoins de Curchello avaient mis à faire prendre à leur ami la position la moins défavorable, la distance était si rapprochée qu'il paraissait impossible que le premier coup ne portât point. Enfin les témoins s'éloignèrent, Félicien leva lentement son arme; il allait faire feu lorsque le père de Léontine tomba comme une bombe au milieu des combattants.

« Qu'est-ce que ça signifie? s'écria-t-il d'une voix de tonnerre, en lançant à son apprenti des regards menaçants.

— Ça signifie, papa Michelin, que je vais me donner le plaisir de trouer la peau à ce monsieur.... Vous n'êtes pas de trop; on ne paie pas les places.

— Toi! tu ferais cela?... Mais, misérable bandit, tu ne sais donc pas que s'il t'arrivait seulement de lui faire tomber un cheveu de la tête, je t'étranglerais de mes propres mains!

— Bon, bon; ce sera une affaire à régler après; en attendant, je vous prie de vous éloigner un peu de peur des éclaboussures.

— Mais, scélérat, tu as donc juré ma ruine, ma mort?... Tu veux donc t'abreuver de mon sang? »

A l'aspect du père Michelin, Curchello avait cessé de trembler; il commençait à espérer que l'affaire s'arrangerait, et ses témoins commençaient aussi à reprendre quelque assurance; mais ce n'était pas là le compte de Lauriot et de Fifi.

« Allons, vieux, dit ce dernier, ne vous faites pas de mal, et donnez-vous de l'air.

— Messieurs, dit à son tour Félicien, c'est à

vous qu'il appartient de me maintenir dans l'exercice de mon droit; j'ai joué loyalement ma vie contre celle de cet homme ; si j'avais perdu, je serais déjà mort.... Arrière donc les opposants, car sa dernière heure est venue !

— Non, non, tu ne le tueras pas ! s'écria de toute la force de ses poumons le père Michelin, sur le visage duquel la sueur ruisselait.... Ah ! monstre ! vampire !... affreux serpent !... Mais il n'y a donc plus de gendarmerie en France ?... Il n'y a donc plus que des assassins, des mangeurs de chair humaine ?

— Messieurs ! s'écria Félicien en s'adressant aux témoins de son adversaire, si vous n'éloignez cet homme sur-le-champ, vous me forcerez à croire que cette ignoble comédie était par vous préparée à l'avance, et alors j'aurai le droit de vous considérer comme des lâches. »

Les témoins de Curchello, honteux de cette scène, s'avancèrent vers le bonhomme pour l'obliger à faire quelques pas en arrière. Alors le père Michelin se tourna vers Félicien en joignant les mains ; et changeant de ton :

« Je t'en prie, mon garçon, lui dit-il, ne me réduis pas au désespoir.... Tiens, veux-tu que je te rende les deux mille francs que....

— Vous ne me devez rien, papa Michelin ; mais lui, ce misérable, dont la vie m'appartient maintenant, m'a enlevé mon bien le plus précieux; il m'a broyé le cœur ; il m'a fait endurer toutes les tortures de l'enfer.... Et si vous saviez ce qu'il vous a fait à vous-même !... Arrière donc ! c'est vous autant que moi que je vais venger !...

— Mon Dieu ! mon pauvre ami, je sais bien qu'il a le plus grand tort du monde de m'avoir emprunté de l'argent.

— Oh ! s'il ne s'agissait que d'argent !... Mais il m'a enlevé le cœur de votre fille, à moi !... car elle m'aimait, Léontine, et moi je l'adorais, entendez-vous, papa Michelin ?... Et je l'adore encore aujourd'hui... Et pour cesser de l'aimer de toutes les forces de mon âme, il faudra que je cesse de vivre. Vous voyez bien que je dois le tuer !... Témoins, faites votre devoir, ou je jure par l'enfer que j'aurai raison de vous tous !

— C'est vrai, dit Fifi, que ça commence à être un peu bassinant.... On dirait un dénoûment de Bouchardy ! »

Et s'approchant du père Michelin.

« Allons, mon ancien, continua-t-il, faut vous faire une raison.

Et comme il l'entraînait doucement.

« Sur vos gardes, monsieur, » dit loyalement Félicien.

Et il fit feu. Curchello tourna sur lui-même, et il tomba. On le crut mort. Le père Michelin au désespoir s'élança vers lui et le prit dans ses bras.

« Ah ! malheureux ! s'écria-t-il en montrant le poing à son ex-apprenti, il ne te manquait plus que de te faire assassin !... Et dire que j'ai réchauffé dans mon sein ce serpent qui m'enlève dix-sept mille cinq cents livres.... Mort, mort ! lui qui pouvait compter sur de si beaux héritages !...

— Ne vous faites donc pas tant de bile, papa, dit Lauriot qui aidait les autres témoins à relever le chevalier grec. »

Mais ces paroles étaient insuffisantes pour rassurer le vieil avare qui ne voulut pas souffrir que le blessé fût emmené par ses témoins.

« Je vous en prie, monsieur le chevalier, disait-il les mains jointes, dites donc que vous voulez venir chez moi.... où vous serez soigné, dorloté comme l'enfant de la maison ; ma fille.... une brave enfant... sera votre garde.... »

Et comme Curchello venait de s'évanouir sous la force de la longue émotion qu'il avait subie, le père Michelin reprit en tombant à genoux :

« Pour l'amour de Dieu! monsieur le chevalier, ne fermez pas ainsi les yeux.... vous êtes témoin de mon désespoir.... faudra-t-il qu'on nous enterre en même temps?... Ah ! voilà qu'il respire ; portons-le dans la voiture.... Je me charge de tout. »

Ces dernières paroles eussent suffi pour témoigner de l'exaspération du bonhomme, alors même qu'il n'eût pas murmuré entre ses dents :

« Dix-sept mille cinq cents livres ! miséricorde ! »

Puis il reprit à haute voix et de l'air d'un homme décidé à ne céder à aucune considération :

« Chevalier de Curchello, je ne vous quitte plus. Nous allons chez moi ; là je réponds de vous ; mais vous me répondez de....

— Dix-sept mille cinq cents livres, interrompit le blessé qui venait d'être installé sur les coussins de la voiture ; mon Dieu ! c'est entendu, et pour peu que je vive encore quelques mois ce sera vous qui serez mon débiteur....

— A la bonne heure donc !... Demain nous pourrons faire venir un notaire?...

— Un notaire et son collègue.... il ne faut pas négliger les formalités....

— Ah! chevalier, vous êtes un vrai gentilhomme ! »

Et comme pendant ce colloque le fiacre roulait, il arriva bientôt à la rue des Cinq-Diamants. Le père Michelin mit tout sens dessus dessous chez lui pour installer son précieux hôte, à la grande joie de Léontine, peu émue par le récit du duel que lui fit son père; mais rayonnant de joie à la nouvelle que l'homme auquel elle appartenait déjà corps et âme allait demeurer près d'elle et qu'elle pourrait le voir à toutes les heures.

Car c'est toujours par une passion vraie que débutent dans la voie de corruption ces natures ardentes que, un peu plus tard, rien ne doit arrêter.

Pendant que cela se passait, Félicien rentrait chez lui fort mécontent de sa journée, se demandant à quoi lui servait d'avoir cassé l'épaule à un homme pour lui disputer le cœur d'une fille dont il n'eût plus voulu maintenant quand on l'eût prié à mains jointes de la prendre pour femme. Le lendemain, au point du jour, il sonnait son valet de chambre.

« Est-ce que monsieur a encore une affaire aujourd'hui? demanda Lajorie en se frottant les yeux.

— Oui, mon ami ; mais pour celle-ci je n'ai pas besoin de témoins.

— Monsieur veut-il que je l'habille?

— Certainement. Tiens, voici vingt francs, va m'acheter une blouse et une casquette, et une paire de souliers lacés.

— Pour qui cela? grand Dieu!

— Pour moi... pour moi-même, Lajorie.

— Ah! je comprends.... une aventure.... monsieur a besoin de se déguiser.

— Au contraire, mon ami, je suis las de me déguiser en imbécile depuis dix jours, et je veux reprendre mon costume ordinaire.

— Mais, monsieur, cela est impossible!

— Pourquoi cela, s'il vous plaît?

— C'est que.... il est impossible que monsieur songe à se présenter en blouse dans quelque lieu décent.

— C'est que, au contraire, je ne veux plus désormais me montrer que dans des lieux décents, Lajorie.... Allez, mon ami, et apportez-moi promptement ce que je vous demande. »

Lajorie n'était pas éloigné de croire que son maître fût devenu fou ; il obéit néanmoins, et revint bientôt avec la blouse, la casquette et les souliers ferrés. Félicien se jeta lestement hors du lit et procéda à sa toilette d'ouvrier, après quoi il tira sa bourse et dit à Lajorie :

« Voici trois mois de gages, dès aujourd'hui je n'ai plus besoin de vos services.

— Aurais-je eu le malheur de déplaire à monsieur?

— Pas du tout, mon garçon; vous avez fait votre métier en conscience : je me sentais déjà lion jusqu'au bout des ongles; mais tout bien considéré, j'aime mieux rester homme : c'est moins bête. »

Lajorie ramassa tristement les quelques louis que son maître lui avait comptés.

« Et maintenant, mon garçon, demanda Félicien, qu'allez-vous faire?

— Dame! puisque monsieur me congédie, je vais chercher un maître.

— Eh bien! et moi aussi, mon garçon ; ici les lions empaillés ne vous manqueront pas ; moi je vais au pays des vrais lions, et ceux-là n'ont pas besoin de valet de chambre. »

Et ce jour-là même Félicien s'engageait dans les chasseurs d'Afrique.

Cependant si le père Michelin avait mis le loup dans la bergerie, il n'était pas homme à l'y laisser longtemps, et à payer ainsi les frais de l'aventure. Bientôt rassuré sur les suites de la blessure de son hôte, il se repentit de s'être si fort effrayé, et il tenta de revenir sur ses pas, ce qui était assez difficile, maintenant que la place était prise et que l'ennemi s'y était fortifié.

XXV

La pente fatale.

« Mon enfant, disait un matin le père Michelin à sa fille, cet homme-là me coûte les yeux de la tête, sans compter que tes fonctions de garde-malade ne te rapportent rien, et qu'elles te font négliger tes visites dans les hôtels où tu faisais tous les jours de bonnes petites recettes. Il faudrait dire un mot de cela au chevalier.

— Mon bon père, ne vous a-t-il pas dit qu'il avait écrit en Grèce d'où il attendait une traite sur son banquier?

— Oui, mais il y a déjà longtemps de cela ; et puis ne pourrait-il pas attendre à son hôtel?

— Il est encore si faible !

— Faible? mais il mange comme un ogre !... Ce n'est pas que je m'en plaigne, car si nous avions eu le malheur de le perdre j'aurais été obligé de faire un long voyage par terre et par mer pour aller prendre hypothèque sur ses biens. Sais-tu qu'il me doit gros, le chevalier!... Dix-sept mille cinq cents livres.... près de la moitié de ta dot.... et ça augmente tous les jours.

— Je lui en parlerai, mon père ; mais je crois qu'il ne serait pas prudent de trop se presser. »

Et en effet elle parla le jour même à Curchello de cette traite qu'on attendait depuis si longtemps, et qui n'arrivait point. Le chevalier avait prévu ce moment; son plan était fait.

« Je vois bien, dit-il en faisant précéder ses paroles d'un long soupir, qu'il faut que je me rende en Grèce.

— Nous séparer! fit Léontine en pleurant.

— Que veux-tu, mon bel ange! j'ai fait, dans ces derniers temps, de grosses dépenses ; il faut me résoudre à vendre une partie de mes biens.... pour deux ou trois cent mille francs.... Ce n'est pas ce qui m'afflige ; mais j'aurai des formalités à remplir; cela peut être long.... Et vivre loin de toi, ma Léontine! passer sans te voir, sans te presser sur mon cœur, des semaines, des mois.... une année peut-être!...

— Oh! mon Dieu! j'en mourrais!

— Et je ne te survivrais pas, ma Léontine chérie!... Ah! mon cœur se brise à la seule pensée de cette séparation!... Nous sommes si bien ainsi! »

Et il prit dans ses bras la jeune fille qu'il accabla des plus douces caresses.

« Non, non! pas de séparation.... jamais! jamais!

— Il le faut, mon ange aimé!... Mes fermiers profitent de mon absence pour ne point payer, et je ne puis rester sans argent.

— Mon père t'en prêtera.

— Je doute qu'il y consente; et puis ce ne serait que retarder un peu l'heure de la souffrance.... Il faut que je parte.... Ah! ce n'est pas seulement la moitié de moi-même que je laisserai ici.... mon cœur, mon âme resteront avec toi!... »

L'imagination de la jeune fille se montait; elle arriva bientôt au degré d'exaltation où l'adroit coquin voulait l'amener.

« Eh bien! s'écria-t-elle, je partirai avec toi!

— Impossible! Ce n'est pas la bourse vide qu'on fait à deux huit cents lieues.

— De l'argent, de l'argent! la hideuse chose!... Mais il le faut!... De l'argent, j'en aurai, ami, et nous ne nous quitterons plus!

— Mon ange sauveur!... ma Léontine bien-aimée!... »

L'exaltation de la jeune fille était au comble.

« Viens! viens! suis-moi.... Mon père est dans son comptoir qu'il ne peut quitter en mon absence; voici la clef de sa chambre, et je sais où il met celle de son secrétaire; nous sortirons par l'allée, et avant une heure, nous pouvons être hors de Paris. »

Curchello n'eut garde de laisser refroidir cette ardeur; il prit Léontine dans ses bras et la porta amoureusement jusque dans la chambre où le crime allait s'accomplir.

Le père Michelin était riche; les deux coupables trouvèrent dans le secrétaire non-seulement de l'or, des billets de banque, mais des actions industrielles au porteur et d'autres valeurs réalisables sur-le-champ, le tout s'élevant à près de quarante mille francs.

« Voilà un assez joli coup de filet, se disait le grec en roulant vers Marseille avec sa maîtresse; quarante mille francs, c'est gentil, et la fille vaut mieux que ça.

Trois jours après les amants s'embarquaient pour Naples.

La lune de miel fut de courte durée sur la terre d'Italie; il est vrai qu'elle avait commencé à Paris, et que, depuis, on avait fait bien du chemin; et puis on vit si vite sous ce beau ciel où les passions sont vives et les amours faciles, que de la possession à la satiété, il n'y a bien souvent qu'un pas. Curchello connaissait depuis longtemps ces parages; c'était là qu'il avait débuté dans cette carrière difficile qui consiste à maîtriser le hasard; l'Italie avait été le premier théâtre de ses succès, et aussi de ses premiers revers; il connaissait donc le terrain, ce qui est un grand avantage non-seulement en guerre et en amour, mais aussi en opérations plus ou moins hasardeuses.

Donc Curchello jouait, et Léontine s'ennuyait; or, une femme de cette trempe ne peut s'ennuyer longtemps, aussi lui arriva-t-il des distractions des quatre points cardinaux : ce fut d'abord un pair de la Grande-Bretagne, puis un énorme Hollandais ne comptant que par tonnes d'or, un grand d'Espagne.... Nous en passons, et enfin un fringant colonel envoyé sous ce délicieux climat pour y guérir des blessures de la guerre auxquelles succédèrent celles de l'amour. Les premiers étaient riches; ils durèrent peu, soumis comme ils l'étaient à une double action dissolvante; car ce qui s'échappait à la prestidigitation du grec venait nécessairement s'évanouir au sourire de la Parisienne. Le colonel, lui, n'était pas riche, mais il était jeune, beau, brave, taillé en Antinoüs. Pour lui, la belle Parisienne eût ruiné le monde entier.

« Chère belle, lui dit un jour Curchello, nous sommes restés trop longtemps sur cette terre volcanique; un coup de foudre vient de m'y atteindre. Partons.

— Pourquoi partirais-je?

— Mon Dieu, à cause d'un accident très-commun, mais assez grave.... J'avais quelques jeux de cartes très-innocents que de mauvaises têtes ont incriminées.... Il m'a fallu vider ma bourse et mon portefeuille pour apaiser l'affaire. Heureusement, ma Léontine, tu es en fonds....

— En fonds?... fit dédaigneusement Léontine; qui vous l'a dit?

— Diable! pensa Curchello, la fauvette s'est métamorphosée, et voici la vipère qui siffle. »

Et il reprit du ton des premiers jours :

« Voyons, ma chère mimi, mon bel ange, je sais bien que j'ai eu des torts, des torts graves; mais il faut avouer, ma chère mignonne, que vous n'en avez guère souffert. Tiens, Léontine, faisons la paix, et retournons à Paris.

— Avec vous?»

Curchello avait beaucoup d'expérience; il comprit que son temps était passé.

« Mon enfant, dit-il avec le plus grand calme, l'amant est usé, mais l'ami reste; et cet ami vous prie de lui prêter deux cents louis qu'il vous rendra à la première rencontre.... car nous nous

Ils trouvèrent la pauvre folle. (Page 579.)

rencontrerons encore, ma chère belle, destinés que nous sommes à nager dans les mêmes eaux. »

Léontine était déjà ce qu'elle devait être toujours ; elle avait conscience de la position qu'elle s'était faite, elle n'hésita pas à en subir les conséquences, et le grec partit lesté des deux cents louis qu'elle lui avait remis.

Malheureusement le beau colonel jouait, lui aussi, mais avec moins de bonheur que Curchello dont le talent de prestidigitation lui était tout à fait étranger. Or, l'amour et le jeu étaient des remèdes peu favorables au rétablissement de sa santé. La température italienne fut impuissante à vaincre de si terribles adversaires : le beau colonel mourut.

Léontine était en proie à la douleur la plus vive et la plus vraie.... car ces femmes-là aiment d'un amour terrible, qui les tuerait s'il pouvait durer ; mais il ne dure pas. Quinze jours après, l'amante inconsolable arrivait à Paris, où elle apprenait la mort de son père.

Le pauvre vieil avare n'avait pu survivre au coup terrible dont l'avait frappé la triple disparition de sa fille chérie, de son noble débiteur et des quarante mille francs qui s'étaient envolés avec eux.

Cette fois Léontine ne pleura pas : elle avait bien autre chose à faire ; le père Michelin ne laissait pas un sou de dettes ; mais il laissait bon nombre de débiteurs. Léontine parvint à faire rentrer des sommes considérables, et elle était fille unique.

Or une courtisane riche est le démon le plus exécrable que l'enfer puisse jeter sur cette pauvre terre déjà si féconde en fléaux de tout genre. C'était dans ces conditions que Léontine avait rencontré de nouveau le grec Curchello, et l'on sait comment ce dernier était parvenu à en faire la maîtresse de Varambert.

Maintenant les complices de ce guet-apens étaient morts ; mais Léontine était toujours d'une beauté divine : Varambert était encore immensément riche, et Carlo était plus dévoué que jamais à cette grande pécheresse entre les jolis doigts de laquelle l'or fluait avec un charme inexprimable.

Carlo, toutefois, peu enthousiaste de sa nature, n'était pas homme à sacrifier le présent à l'avenir ; il voulait bien semer pour récolter, mais à la condition d'être assuré contre tous les fléaux possibles et impossibles. Maintenant qu'il nageait en pleine eau, sans le secours de ses deux complices qui avaient si singulièrement disparu, il prenait ses aises comme un homme qui marche à petits pas, sûr qu'il est d'arriver au but en temps utile.

« Mon cher intendant, lui dit un jour Léontine, il y a, pour toutes les vocations, des grâces d'état, je le sais, et j'en accepte les conséquences. Donc, passez-moi la rhubarbe, et je vous passerai le séné.

— Je le veux bien, belle dame, pourvu que la rhubarbe n'absorbe pas le séné.

— Bon! vous êtes compteur; c'est votre métier; mais je reçois toujours, et je ne compte jamais. Maintenant je ne vous demande pas sur quel tapis nous marchons; seulement il faudra me prévenir avant que l'étoffe manque, ce qui, je crois, n'est pas près d'arriver.

— Madame, la rhubarbe et le séné aidant, il y en a encore pour deux années.

— Deux ans! Mais c'est l'éternité.... Traité conclu, n'est-ce pas?

— Mille fois heureux, madame, de pouvoir vous seconder de toutes mes forces,... mais, pas trop de rhubarbe!

— Et pas trop de séné! »

XXVI

Un bal masqué.

« Madame, disait Carlo à Mme Dikson, un soir, dans l'intimité, je crois que nous allons un peu trop vite.

— Qu'y a-t-il donc de nouveau? demanda Léontine.

— Rien, belle dame; seulement, comme je le disais, nous allons trop vite.

— Oh! si ce n'est que cela....

— Madame, nous n'avons plus que trois millions, encore sont-ils entamés.

— Hum! maître Carlo, c'est encore un gâteau qui permet de grignoter.

— Ah! si madame se contentait de grignoter!...

— Moi! je mords, Carlo!

— C'est ce que je voulais dire, et madame me permettra d'ajouter que la dernière bouchée était un peu trop forte : deux cent mille francs d'un coup de dent! M. le baron en a froncé le sourcil.

— J'espère pourtant que cela ne changera rien au programme de notre fête de demain?

— Absolument rien. M. le baron est enchanté à l'avance de ce bal masqué, et il a déjà essayé ses costumes; mais la médaille aura son revers.

— Qu'est-ce à dire?

— C'est-à-dire que la caisse sera vide, et qu'il faudra vendre pour la regarnir.

— Et bien, vous vendrez.

— Eh! eh!... Je vois d'ici le jour très-prochain où nos revenus ne dépasseront pas cent mille francs.

— Oh! quand nous en serons là....

— Nous enrayerons?

— Au contraire, Carlo, nous tâcherons d'aller un peu plus vite.... Franchement, mon garçon, est-ce que la chaîne ne commence pas à vous sembler lourde?

— Comme madame devine!

— Je ne devine pas, mon ami; j'ouvre les yeux, et je vois : vous êtes déjà riche, Carlo.

— Oh! madame....

— Vingt-cinq mille francs de rente environ.... Est-ce que cela ne se lit pas dans les yeux?... Nous voulons doubler cela, n'est-ce pas? C'est tout naturel : suivez votre chemin, et ne semez pas de pierres dans le mien.

— Madame douterait-elle de mon dévouement?

— Je n'en saurais douter, mon ami, car vous avez besoin de moi. Donc vous ferez en sorte que rien ne manque à notre fête.

— Madame peut compter sur mon zèle.

— C'est un premier anneau que nous brisons ensemble.... La liberté est une si douce chose! c'est aussi votre avis, n'est-ce pas? »

Carlo s'inclina en souriant; le pacte était fait. Mais ces deux personnages n'étaient pas les seuls qui s'occupassent en ce moment du baron de Varambert : Pied-de-Fer ne l'avait pas perdu de vue, et il attendait le moment de frapper un coup décisif.

« Mon ami, dit-il un jour à Berjaud, nous allons au bal ce soir.

— Au bal?

— Une soirée magnifique, donnée par une des plus jolies femmes de Paris.... Bal masqué, et tous les plaisirs qui peuvent résulter de rencontres inattendues.... Je suis parvenu, non sans peine, à me procurer deux billets d'invitation, et mon costume est prêt.

— Quoi! vous, la sagesse même, vous vous laissez entraîner à ces futilités!

— J'entraîne quand il le faut, mon ami; mais je ne me laisse jamais entraîner. Écoutez-moi : Varambert se ruine; son esprit s'affaiblit, et nous sommes pour quelque chose dans ce résultat.

— C'est vrai! j'ai eu la satisfaction de lui faire dans certains cas une terrible peur....

— Malheureusement tout s'use, mon ami; j'ai certaines raisons de croire qu'il commence à se rassurer, et c'est un danger qu'il faut conjurer à tout prix : cet homme n'a encore que des craintes vagues; il faut le terrifier. Il croit avoir vu Berjaud; il faut aujourd'hui qu'il le voie, qu'il l'entende, qu'il lui obéisse....

— Le malheur est, mon cher maître, que je suis fort peu terrifiant de ma nature.

— Vous le deviendrez en temps utile, Berjaud. Dans les circonstances où nous allons nous trouver c'est surtout et par-dessus tout l'inconnu qui doit nous servir de guide, en le saisissant au passage.

Écoutez-moi avec attention : je serai au bal en costume de franc juge ; c'est-à-dire que je porterai le costume que l'on attribue généralement à ces magistrats mystérieux.

— Et moi ?

— Vous, mon ami, vous serez le plus exactement possible habillé comme vous l'étiez lorsque ce misérable Varambert vous a précipité dans l'abîme. Quant à lui, il sera très-facile à reconnaître : on achève en ce moment, pour lui, sur l'ordre de sa maîtresse, une robe de magicien toute constellée d'étoiles en diamants. Dès que vous l'aurez aperçu, il faudra vous attacher à ses pas, et faire en sorte de ne pas le perdre de vue : s'il danse, vous tâcherez de figurer au même quadrille ; s'il prend place à une table de jeu vous lui ferez face ; s'il va au buffet, vous l'y suivrez ; s'il fait mine de se retirer, vous vous dresserez devant lui comme pour l'arrêter au passage. Ainsi obsédé, il faudra bien qu'il parle. Alors, soit qu'il menace ou qu'il prie, vous demeurerez impassible, et vous lui soufflerez à l'oreille ces seuls mots : *Aujourd'hui le prix du sang ou demain la mort; signer cela ou mourir !* Et vous lui présenterez ce papier. »

Berjaud prit le papier des mains de Pied-de-Fer, et il lut :

« En réparation de la mort du boyard Malianof,
« que j'ai assassiné, je m'engage à restituer au
« chevalier de Berjaud, miraculeusement échappé
« à la mort que j'ai tenté de lui donner, la fortune
« entière dudit boyard, qui lui était destinée, et
« dont je suis frauduleusement entré en posses-
« sion. »

« Mais ! s'écria Berjaud, il ne sera jamais assez fou pour signer cela !

— Peut-être mon ami : l'énergie de cet homme est usée à ce point, qu'il se laisse dépouiller par une fille, sans oser lui résister ; il ferme les yeux de peur de voir la pauvreté ; osera-t-il les ouvrir pour voir la mort en face, lui qui, à votre seul aspect, a failli s'évanouir ? Croyez-en ma vieille expérience, la mise en scène est pour beaucoup dans le succès des affaires de ce genre, et, dans ma vie, j'en ai mené à bonne fin, par ce moyen, de beaucoup plus difficiles. Je ne dis pas que le succès soit absolument certain ; mais il faut vous pénétrer de cette vérité, qu'on ne gagne jamais rien sans risquer quelque chose. D'ailleurs je serai là, près de vous, bien armé, et prêt à vous être en aide au moindre signe de danger.

— Eh ! mon généreux ami, qu'avez-vous besoin de me rassurer ? n'ai-je pas, depuis longtemps, vidé jusqu'à la lie la coupe de l'adversité ? Sans vous, je serais mort de misère sans qu'il restât la moindre trace de mon passage dans ce monde, puisque, à la suite de la maladie mentale dont j'ai été atteint à plusieurs reprises et de mes longues pérégrinations, je n'ai pu faire constater mon identité.... Que peut craindre un homme qui n'a plus même de nom ?... Il sera donc fait comme vous le voulez, et cependant, à ne vous rien céler, j'ai le pressentiment que la frayeur que ma vue cause à cet homme, me sera fatale.

— Allons donc ! fit Pied-de-Fer en riant ; c'est quelque réminiscence du saut périlleux qu'il vous a fait faire, c'est une raison de plus pour en obtenir réparation.

— Peut-être ! Dans tous les cas, je suis à vos ordres. »

La fête donnée par Léontine était vraiment splendide, et une foule des plus élégantes se pressait dans ses salons ; car elle avait lancé bon nombre d'invitations dans le demi-monde, et les plus belles pécheresses avaient entraîné une longue suite de viveurs, empressés de sacrifier aux amours faciles et aux buffets bien garnis. Entourée d'une foule d'adorateurs, la maîtresse du lieu faisait les honneurs de chez elle avec une grâce parfaite.

Personne, autour d'elle, ne se souvenait de la petite marchande de bijoux de la rue des Cinq-Diamants ; elle n'était pour tous que la belle Léontine Dikson, la reine des reines du monde interlope.

La musique, la danse, l'éclat des lumières, les costumes riches ou bizarres, le buffet princier, les propos galants, les voluptueuses épaules, tout cela était étourdissant.

Et pourtant bientôt, de tout cela, Léontine ne vit et n'entendit plus rien, toute son attention étant absorbée par un jeune et brillant officier aux formes les plus élégantes, autour duquel gravitaient les plus charmantes houris de ce palais enchanté.

« Est-ce possible ? se disait-elle.... Non, non, c'est un rêve ! Quelles manières distinguées.... C'est évidemment un homme du meilleur monde.... Et comme toutes ces pécores semblent s'arracher ses regards !... mais je reconnais sa voix... plus de doute, c'est Félicien ! »

Et dans son trouble elle prononça tout haut ces deux derniers mots.

Alors le jeune officier s'approcha d'elle, et s'inclinant gracieusement, il s'excusa dans les meilleurs termes de n'avoir pu présenter ses hommages à la reine de la fête, à laquelle il avait été amené par quelques amis sans qu'ils lui eussent dit où ils le conduisaient.

« Quoi ! Félicien, c'est vous ! Quelle métamorphose !

— Oui, madame, c'est bien moi, l'apprenti bijoutier de la rue des Cinq-Diamants.... Quant à la métamorphose, il n'y a pas lieu de s'en étonner puisque c'est vous qui l'avez opérée.

— Soyez généreux, Félicien, et retirez bien vite cet ironique compliment.

— Avec votre permission, ma charmante patronne, je ne retire rien : je vous aimais de toute mon âme ; ce n'est pas votre faute si je n'ai pas su me faire aimer. Ce que je ne savais alors, j'ai tâché de l'apprendre.

— Et de plus heureuses que moi vous l'ont enseigné. »

Elle lui prit le bras et l'entraîna dans le jardin.

« Léontine, dit-il, je le jure, je n'ai jamais cessé de....

— De ?...

— De penser à vous....

— J'attendais un autre mot.

— De.... vous aimer....

— Oh ! si cela était, j'aurais beaucoup à me faire pardonner ; mais je crois que j'y parviendrais, à force....

— A force de ?

— D'amitié.... de dévouement....

— J'attendais aussi un autre mot.

— Eh bien ! oui, à force d'amour.... Tenez, mon ami, vous voyez quelle est ma position de fortune, je suis riche, très-riche. Et sur un mot, un seul mot de vous, je serai prête à renoncer à tout cela... à redevenir, si vous le vouliez, la bijoutière de la rue des Cinq-Diamants....

— Mais non, mais non.... l'hôtel Meurice me ferait trembler....

— Paix aux morts, mon ami ; Corchello n'est plus de ce monde. »

Félicien comprit qu'il venait de toucher une mauvaise corde. Il se fit un instant de silence ; ce fut Léontine qui le rompit :

« Il me semble que nous avons tant de choses à nous dire ! fit-elle en soupirant. Mais nous sommes entourés de trop de monde.... Venez demain, mon ami ; je n'y serai que pour vous.... me promettez-vous cela, Félicien ?

— Il faudrait que je fusse mort pour manquer à ce rendez-vous. »

Le bruit d'un baiser se fit doucement entendre, et les deux interlocuteurs se séparèrent, car les invités, chassés des salons par la chaleur, commençaient à envahir le jardin. Léontine se retira dans son boudoir pour se livrer sans contrainte aux pensées d'amour dont elle se sentait embrasée, car chez les femmes de cette espèce, il n'y a bien souvent qu'un pas de la fantaisie à la passion la plus violente, et ce pas, la belle courtisane venait de le franchir. Félicien, quoique beaucoup plus calme, éprouvait pourtant également le besoin de se recueillir, et de songer à l'avenir presque merveilleux qui s'offrait à lui : jeune, brave, ne manquant pas d'instruction, il avait rapidement conquis l'épaulette de sous-lieutenant ; mais cela, sans l'enrichir, avait fait naître en lui une ambition ardente, démesurée, à la satisfaction de laquelle sa pauvreté semblait être un obstacle insurmontable. Léontine n'était qu'une courtisane ; il le savait maintenant ; mais il savait aussi qu'elle était immensément riche ; il sentait que cette femme pouvait être pour lui un marchepied capable de lui faire vaincre tous les obstacles. Et il rentra chez lui le cœur plein des plus brillantes espérances.

Cependant Pied-de-Fer et Berjaud suivaient le programme arrêté par eux : déjà, par deux fois, le chevalier s'était trouvé, dans la foule, face à face avec Varambert qui, par la magnificence de son costume, attirait sur lui tous les regards. Une première fois le baron avait tourné le dos pour échapper au regard scrutateur et menaçant de sa victime ; peu d'instants après, tout en frémissant et en pâlissant sous son masque, il s'était senti assez fort pour rendre à cette espèce d'ombre menaçante, regard pour regard, geste pour geste, et déjà, sous sa riche robe de magicien, il caressait d'une main crispée le manche d'un poignard, en cherchant comment il pourrait frapper dans l'ombre cet être fantastique dont les apparitions le faisaient si cruellement souffrir. En proie à une agitation fébrile, il venait de se laisser tomber dans un fauteuil, devant une table de jeu encore inoccupée, lorsque Berjaud vint d'un pas solennel s'asseoir devant lui.

« Oh ! c'en est trop ! » dit Varambert en se levant brusquement.

Berjaud imita ce mouvement, et étendant lentement vers le baron une main décharnée qui semblait celle d'un spectre :

« Obéir aujourd'hui ou mourir demain, dit-il sans ajouter une syllabe à la menace formulée par Pied-de-Fer.

— Encore, reprit le baron en s'efforçant de dissimuler son émotion, faudrait-il savoir ce que vous voulez de moi. »

Sans répondre un mot, le chevalier tira d'une de ses poches la déclaration écrite par Pied-de-Fer, et la présenta à son interlocuteur, puis il dit :

« Datez et signez. »

Varambert eut un mouvement d'épaules très-prononcé, et il se disposait à déchirer le papier, lorsque ces mots arrivèrent comme un souffle à son oreille :

« L'arrêt est rendu, et l'exécuteur est là ! »

Il se retourna vivement, et se trouva face à face avec un franc juge debout, et n'attendant en apparence qu'un signal pour frapper le condamné. L'aspect de cet homme le terrifia.

« Mais vous voyez bien, dit-il en faisant de nouveau face au chevalier, que nous n'avons ici rien de ce qu'il faut pour écrire.... De tout point, le lieu est mal choisi pour une explication de ce genre, et pourtant il est temps que tout cela finisse. Voulez-vous me suivre ? »

Et il se dirigea vers les appartements réservés. Berjaud le suivit sans hésiter; il y avait dans cet hôtel une foule nombreuse, si joyeuse, si bruyante, que tout acte de violence semblait impossible. Berjaud n'hésita pas; Varambert ouvrit une porte dont il avait la clef, et le chevalier entra. Pied-de-Fer les suivait de près; mais avant qu'il fût arrivé à la porte qui venait de s'ouvrir, elle se referma violemment. Obligé de s'arrêter, Pied-de-Fer appliqua l'oreille sur le trou de la serrure, et il écouta. D'abord il n'entendit qu'un bruit confus de voix ; mais peu après un cri aigu arriva jusqu'à lui, et fut immédiatement suivi du bruit causé par la chute d'un corps pesant sur le parquet.

« Le misérable l'a assassiné, » pensa-t-il.

Et reculant de quelques pas, il prenait son élan pour se ruer contre cette porte et la briser, quand elle s'ouvrit de nouveau et livra passage à Varambert qui, pâle, tête nue, les yeux hagards, les cheveux hérissés, apparut tenant un poignard à la main. Le vieux routier n'était pas homme à reculer devant une apparition de cette nature; sans donner au baron le temps de se reconnaître, il le saisit par la cravate qu'il tordit d'un poignet vigoureux, en même temps qu'il lui arrachait son poignard ensanglanté. Varambert suffoqué recula en chancelant et alla tomber près de Berjaud qu'il avait frappé au cœur. Pied-de-Fer referma promptement la porte, puis il bondit vers l'assassin qui essayait de se relever.

« Que me voulez-vous? dit-il d'une voix profondément altérée. J'étais menacé, et je n'ai frappé qu'en état de légitime défense. »

Pied-de-Fer l'avait saisi de nouveau ; il levait le bras et allait frapper.

« Laissez-moi la vie, dit le baron d'une voix suppliante, et peut-être pourrai-je sauver cet homme qui m'a si imprudemment provoqué. »

Pied-de-Fer savait depuis longtemps que, bien qu'il n'exerçât pas la médecine, cet homme était un très-habile médecin; il comprit qu'il se pouvait qu'en effet Berjaud ne fût que blessé, et sans cesser de tenir son arme levée, il lâcha Varambert.

« A l'œuvre donc, dit-il, en indiquant du doigt le malheureux qui se tordait dans les convulsions de l'agonie. »

Varambert se mit à genoux, près du mourant; il écarta ses vêtements sur la poitrine, et sonda la plaie.

« Tout serait inutile, dit-il d'une voix presque éteinte : le cœur est atteint; dans deux secondes il aura cessé de battre. »

Et voyant que son terrible adversaire semblait réfléchir à ce qu'il devait faire, il reprit un peu rassuré :

« Songez, je vous prie, à la gravité de la situation dans laquelle nous nous trouvons, situation que je subis, et que je n'ai point faite : vous pouvez me tuer ; mais alors la justice interviendra et elle trouvera ici deux cadavres et un meurtrier, ce qui sera d'autant plus grave pour ce dernier, qu'il s'appelle Pied-de-Fer, et que la police est, depuis longtemps, édifiée sur son savoir-faire.

— Levez-vous, » dit l'ancien chauffeur de cette voix impérative que les années n'avaient point affaiblie.

Le baron se leva.

« Mettez-vous là, continua Pied-de-Fer en indiquant du doigt un bureau près duquel il alla lui-même se placer.... Vous allez écrire sous ma dictée, et n'oubliez pas qu'au moindre geste suspect je vous tue comme un chien, sans plus me soucier de ce qui pourra en résulter que des drôles auxquels vous demanderiez assistance. »

Varambert obéit sans oser risquer une observation, et Pied-de-Fer dicta :

« Je, soussigné, déclare à la face du ciel, devant
« Dieu et les hommes, et pour l'expiation de mes
« crimes, que ce cadavre est celui du chevalier de
« Berjaud à la vie duquel j'ai attenté une première
« fois dans les Pyrénées, près de Bagnères, et
« que je viens de poignarder en vue de m'assurer
« l'immense fortune du boyard Malianof, assassiné
« par moi dans cette même ville de Bagnères, à
« l'hôtel de la *Couronne-d'Or.*

« Fait à Paris, rue Saint-Georges, dans l'hôtel
« de ma maîtresse, Léontine Michelin, dite femme
« Dikson, le.... »

« Datez et signez.

— Mais c'est mon arrêt de mort que vous me faites écrire !

— C'est au contraire ce qui va vous sauver en m'assurant de votre part obéissance absolue à mes volontés.... Est-ce fait?

— L'important, pensa Varambert, est que j'aie la vie sauve ; nous verrons après à rétablir la partie. »

Et il signa.

Pied-de-Fer prit le papier, le lut attentivement, et le mit dans son portefeuille; puis il se leva, s'approcha de Berjaud, tira d'une de ses mains crispées le billet cause de sa mort, et l'approchant de la flamme d'une bougie, il l'anéantit.

« Maintenant, dit-il au baron, vous allez descendre avec moi, et mettre, pour quelques heures, votre voiture à ma disposition. »

En parlant ainsi, il se dépouilla de sa robe de franc juge, roula dedans le cadavre de Berjaud, et le chargea sur son épaule. Tout cela s'exécuta sans que Varambert osât faire la moindre objection.

Une demi-heure après la voiture, dans laquelle était Pied-de-Fer et le corps de Berjaud, s'arrêtait devant la demeure de notre ancienne connaissance le docteur Bianco, se savant chimiste qui vendait des maladies toutes faites au plus juste prix. Pied-de-Fer descendit et leva les yeux vers les mansardes.

« Bon, se dit-il, il y a de la lumière ; le docteur travaille. Tout ira bien. »

Il mit de nouveau le cadavre sur son épaule, renvoya la voiture, monta à l'étage le plus élevé de la maison, et frappa d'une certaine manière à la porte de Bianco, qui s'ouvrit aussitôt. Pied-de-Fer entra et déposa son mort sur le carreau.

« Qu'est-ce que cela ? demanda le vieux chimiste.

— Cela, docteur, était, il y a deux heures à peine, un brave garçon qui a eu le malheur de se heurter, à l'endroit du cœur, contre la pointe d'un poignard trop bien emmanché.

— Et que diable voulez-vous que j'en fasse ? J'ai cherché le moyen de ressusciter les morts, il est vrai ; mais je ne l'ai pas trouvé, et le moyen le plus ordinaire de s'en débarrasser est toujours de leur mettre quatre ou cinq pieds de terre sur le corps.

— Cependant les anciens Égyptiens en savaient faire autre chose.

— Ah oui ! des momies.... la belle trouvaille !... On a prétendu que ce *grand art* de la conservation avait été perdu, et de nos jours quelques charlatans se sont vantés de l'avoir retrouvé !... comme s'il y avait de quoi se vanter ! Je fais mieux que cela, et je ne me vante pas.

— Ainsi vous pourriez momifier ce brave garçon ?

— Parfaitement, et je ne fais pas mystère du procédé : il s'agit tout simplement d'injecter les veines, les artères d'une préparation arsenicale pour conserver aux chairs, aux muscles, à la peau, toute leur souplesse.

— Et cela peut durer ?

— Des siècles.

— Ah ! docteur Bianco, quel habile homme vous êtes !

— Tout juste assez habile pour mourir de faim.

— Mais comme vous allez prendre votre revanche quand vous serez parvenu à faire des diamants !

— Malheureusement pour faire des diamants, il faut manger du pain et brûler du charbon, deux choses que l'on devrait trouver partout pour rien, et qu'on vendra bientôt au poids de l'or.

— Ne vous découragez pas, mon cher Bianco ; momifiez-moi ce garçon-là le plus promptement possible, et le charbon ne vous manquera plus.

— Ça ! vous retravaillez donc ? Je vous croyais retiré des affaires comme lord Warburton ?

— Je l'ai tenté, Bianco ; j'ai voulu me faire homme de bien, et cela n'a servi qu'à me convaincre qu'il faut hurler avec les loups ou se laisser manger par eux.

— Et vous ne voulez pas être mangé ?

— Je ne veux l'être que le moins possible ; et puis il est bon de s'entretenir la main ; on ne sait pas ce qui peut arriver. »

Tout en causant de la sorte le docteur manipulait et mélangeait diverses substances ; puis, avec l'aide de l'ancien chauffeur, il étendit sur une table le cadavre de Berjaud ; il en ouvrit les veines, les artères ; il mouilla avec une certaine liqueur les paupières qui, presque aussitôt, s'ouvrirent d'elles-mêmes et laissèrent voir des prunelles aussi vives qu'elles l'avaient été pendant la vie ; il arrosa, avec la même liqueur, les lèvres qui devinrent roses et semblèrent sourire.

« Vrai Dieu ! fit Pied-de-Fer, on dirait qu'il va parler !

— Croyez-vous donc que je voudrais me mettre à l'œuvre pour ne produire qu'une momie semblable à celles que l'on voit dans nos musées ? Je veux que dans trente ans tous ceux qui auront connu cet homme puissent le reconnaître.

— Et combien vous faudra-t-il de temps pour accomplir cette merveille ?

— Quarante-huit heures, si le pain et le charbon ne manquent pas. »

Pied-de-Fer comprit ; il vida sa bourse sur la table et partit. Deux jours après il avait dans une armoire la momie la plus extraordinaire qu'on eût jamais vue.

« Maintenant, maître Varambert, se disait-il, nous compterons, s'il vous plaît. Vous m'avez coûté beaucoup d'argent dans ces derniers temps ; je commence à m'apercevoir qu'il n'est pas de fortune inépuisable, et ce n'est pas aux victorieux à payer les frais de la guerre. Si mes renseignements sont exacts, vous avez encore, mon drôle, plus de cent mille francs de revenu. C'est trop pour aller aux galères, vous n'y resteriez pas. Il est donc prudent de vous couper les ailes le plutôt possible, et c'est à cela que nous allons aviser sans retard. »

XXVII

A Rochefort.

Des trois bagnes existant alors en France, Brest, Toulon et Rochefort, le dernier était celui qui avait la plus triste renommée, tant au point de vue de l'insalubrité du pays que par la sévérité qui y était déployée contre les condamnés. C'est à Rochefort, dans ce séjour de honte et de misère, que nous allons conduire nos lecteurs.

C'était par une de ces belles journées d'été ; les rayons d'un soleil torride dardaient sur le port et la ville, des étincelles paraissaient s'élever des pavés blancs, les forçats s'étaient mis au frais sous les cales des navires en chantier, au-dessus les ouvriers charpentiers, sans s'inquiéter de la chaleur, frappaient à coups redoublés.

Nous partageons un peu l'avis d'Albéric Second, quand il dit qu'au bagne les véritables condamnés aux travaux forcés étaient les ouvriers de l'arsenal.

A cette époque, un ouvrier entrait à l'arsenal à six heures du matin et en sortait à sept heures du soir, et beaucoup pour le travail qu'ils y accomplissaient étaient payés vingt-deux et trente-deux sous, salaire bien insuffisant, comme on le pense, pour des ouvriers chargés de famille.

Les véritables travaux forcés pour les condamnés ne commençaient qu'à l'époque du curage du canal.

C'est à Rochefort que nous retrouvons Raflard. Nos lecteurs doivent se rappeler son enlèvement à Londres, enlèvement opéré d'une façon si remarquable par Juibraide et Verchoux ; Raflard passa devant les assises de la Seine. Ce procès fut des plus curieux ; près de dix audiences y furent consacrées ; l'enquête avait été longue, minutieuse, elle prenait Raflard depuis son évasion de la préfecture de police jusqu'à son retour en France. Le magistrat instructeur vit dès le début que s'il mettait en ligne l'histoire de la société secrète, le coup de pistolet tiré sur Juibraide dans le passage Saint-Honoré, la scène de meurtre dans l'auberge de Dormans, l'affaire, grâce à toutes ces complications, deviendrait un véritable dédale dans lequel le jury risquait de se perdre. La justice s'en tint donc au seul meurtre de Rapin et au vol accompli à la Banque de France.

Déclaré coupable sur ces deux points, mais avec admission de circonstances atténuantes, Raflard fut condamné aux travaux forcés à perpétuité. En entendant prononcer contre lui cette terrible condamnation, le malheureux versa d'abondantes larmes, car cette fois il comprenait qu'il était à jamais perdu.

Vingt ans avant la condamnation qui le frappait, un acquittement, dû à une série de circonstances étranges et indépendantes de sa volonté, l'avait sauvé de l'échafaud ; il pouvait, à partir de ce moment, rentrer dans la vie honnête ; le danger qu'il avait couru aurait dû faire sur lui une salutaire impression ; il n'en fut rien. Raflard prit un masque d'honnête homme, mais son esprit perverti ne se modifia pas, et, pendant vingt ans, il fit de nombreuses dupes, jusqu'au jour où, en compagnie de Warburton, il devint assassin.

Ah ! si alors Henriette et Adèle étaient entrées au bagne, il leur aurait été difficile de reconnaître sous la livrée infâme du galérien le brillant convive du Palais-Royal, pour qui le palais blasé duquel il n'y avait rien de trop cher, ni trop fin, où les primeurs les plus recherchées n'obtenaient de lui qu'un coup d'œil distrait ; maintenant il lui fallait se contenter de fèves et de haricots bouillis et légèrement avariés.

L'évasion de Raflard de la préfecture de police et la ruse de son caractère avaient été une des causes de son envoi à Rochefort, il avait été classé parmi les individus dangereux, et mis, à son entrée au port, sous la surveillance immédiate du Domestique du diable.

Ce valet de Lucifer n'était autre qu'un garde chiourme, au teint bistre, aux yeux petits, sec et nerveux, cet homme était la terreur des forçats qui lui avaient donné ce sobriquet infernal.

Ladirée, c'était le véritable nom du garde chiourme, avait fait deux congés dans la ligne, sans jamais pouvoir franchir le grade de sergent.

« Mon manquement d'inducation, disait-il parfois aux forçats, a toujours été une des causes *majores* de mon isolement dans ce grade. Mon camarade de lit est aujourd'hui général inspecteur. Mais dame ! pour ce qui était de savoir commander un peloton de chasse à moi le pompon. »

— Avec de si belles capacités, disait Raflard, qui n'avait pas tardé à reprendre son caractère insouciant, en être réduit au simple titre de garde chiourme.

— Toi, le Parisien, marche droit, je ne te dis que ça, mon garçon ; et si tu as un air de mécaniser ton surveillant, tu feras connaissance avec ma miche de bord. »

C'était le nom d'amitié de son énorme gourdin.

L'escouade de dix hommes placée sous la surveillance de Ladirée se composait de ce que le bagne avait de plus remarquable. A distance, on les aurait pris pour des travestis, car, sauf Raflard et son compagnon, tous avaient qui une manche, qui deux manches jaunes, ce qui indiquait que ces hommes avaient cherché à jouir de la villégiature sans la permission de l'autorité du bagne, en d'autres termes qu'ils s'étaient évadés, et le commissaire du bagne n'avait cru faire mieux que de placer ces indisciplinés sous l'œil sévère de Ladirée.

Le compagnon de chaîne de Raflard était un grand gaillard bâti en hercule, que les privations du bagne n'avaient pu dompter.

Un assassinat horrible dans ses détails l'avait envoyé au bagne pour la vie ; il avait attendu sur un pont un de ses amis qu'il savait devoir passer là avec un portefeuille bien garni, et l'avait jeté à l'eau ; mais le malheureux, cramponné au garde-fou du pont, poussait des cris déchirants, le désespoir avait décuplé ses forces, et l'assassin ne pouvait le jeter à l'eau; comme il s'était fié sur sa grande vigueur pour accomplir son crime, il était dépourvu d'armes, et ne possédait qu'un mauvais couteau à la lame ébréchée, et ce fut avec cet instrument qu'il scia les deux mains de sa victime.

Ce fut un petit pâtre qui, caché derrière une haie, avait été témoin du crime qui le fit découvrir. L'assassin fut condamné à mort, mais les démarches de sa famille, qui était des plus honorables, fit que la clémence royale s'étendit sur lui, et sa peine fut commuée en celle des travaux forcés à vie.

Ce fut avec cet homme que Raflard fut enchaîné; ils s'observèrent tous les deux pendant près de six mois, et ce ne fut que lorsqu'ils se crurent l'un et l'autre incapables de se trahir qu'ils entrèrent dans la voie des confidences.

Ce jour-là, couchée sous la cale de *la Ville de Paris*, l'escouade du père Laridée s'était étendue sur le ventre, quelques-uns sommeillaient, d'autres lisaient des romans de Paul de Kock ou de Pigault-Lebrun, un seul esprit plus sérieux feuilletait un volume du *Magasin pittoresque*

Ladirée, qui ne sommeillait que d'un œil, jetait, de temps en temps, un regard sur ses enfants pour voir si quelques-uns ne cherchaient pas à s'affranchir de sa surveillance.

Quant à Raflard et André son compagnon de chaîne, ils se tenaient à distance de leurs compagnons, et, de temps à autre, ils faisaient entendre des exclamations comme si le sujet dont ils s'entretenaient eût été des plus futiles. Cette manœuvre ne manquait pas d'une certaine habileté, et le vieux Laridée, si fort sur les ruses des forçats, avait été le premier pris à ce manége.

« Ces Parisiens, disait-il lorsqu'un éclat de rire de Raflard ou de son compagnon le faisait sauter sur la pièce de bois qui lui servait de siége, on les dit malins, et ça se laisse mener comme des moutons. En voilà un, ce Raflard, à entendre le commissaire du bagne, c'était un malin des malins! Moi, je l'avais jugé tout différemment au premier coup d'œil, je m'étais dit, il marchera droit, et il a marché. »

Il est probable que si Ladirée avait entendu la conversation des deux forçats, cette quiétude à laquelle il se laissait aller n'aurait pas tardé à disparaître.

« Voilà cinq ans que je suis ici, disait André, et depuis cinq ans j'étudie les moyens de quitter cet enfer, près de cent évasions ont eu lieu depuis deux ans et pas une n'a réussi, et pourtant tous ceux qui se sont évadés étaient de fiers lapins! mais à tous, ce qui leur a manqué pour réussir, ce sont des intelligences avec le dehors. Ris bien fort! dit-il à Raflard, j'aperçois cette canaille de Ladirée qui tourne vers nous son œil glauque. »

Raflard fit ce que son compagnon venait de lui dire, et celui-ci voyant Ladirée fermer les yeux, reprit son récit :

« La grande affaire est donc de se ménager des intelligences avec le dehors.

— Ça ne me paraît pas facile, dit Raflard; tous les visiteurs qui viennent ici sont accompagnés d'un gendarme, et aussitôt qu'on aperçoit un condamné parler trop longtemps à un visiteur, on s'approche.

— C'est vrai. Je sais cela comme toi; aussi me suis-je créé des intelligences avec un ouvrier de l'arsenal.

— Pour qu'il te dénonce au moment de l'évasion ou attende que tu sois hors des portes de la ville pour t'arrêter et toucher la prime.

— Je ne t'ai pas dit que je voulais me servir de cet ouvrier pour fuir.

— Si tu n'avais pas la mauvaise habitude de m'interrompre à chaque instant, tu serais déjà renseigné. Tu sauras qu'ici tous les voleurs ne sont pas au bagne, et grâce à cet ouvrier que j'ai su faire causer, il m'a été facile, à la suite d'observations concluantes, et surtout avec l'aide de Ladirée qui est bien la personnification de la bêtise humaine, de découvrir qu'ici dans cet arsenal, il se commettait des vols nombreux.

— Il y a longtemps que je me doutais de cela, dit Raflard.

— Si, quelquefois, les gardiens arrêtent un chaudronnier parce qu'il emporte une casserole en cuivre dans le fond de son pantalon, ils laissent passer des charrettes chargées pour le compte des gros bonnets; il faut donc savoir tirer parti de cette observation.

— De quelle façon?

— J'ai consigné toutes mes observations sous la forme d'une sorte de mémoire. Ce travail a été copié en quintuple expédition par un vieil écrivain de la marine qui se figure travailler pour le compte d'une commission secrète, et espère avoir la croix à la fin de son travail.

— Mais ce sont des histoires de la lune que tu me racontes là. Un écrivain qui travaille pour le compte d'un forçat dans l'espoir que celui-ci lui fera avoir la croix. Mais ce bonhomme est fou.

— C'est bien pour cela que je l'ai choisi. Voici mon plan. Les vols commis dans l'arsenal commencent au magasin des vivres et se terminent au magasin général; pour ne te citer qu'un fait, il y a ici dans l'arsenal un maître qui, avec ses appointements de douze cents francs, a économisé en cinq ans de temps près de cent vingt mille francs, représentés par des maisons, des terres. Crois-tu que ce maître entretenu n'est pas plus fou que cet écrivain de la marine? Crois-tu que du jour où

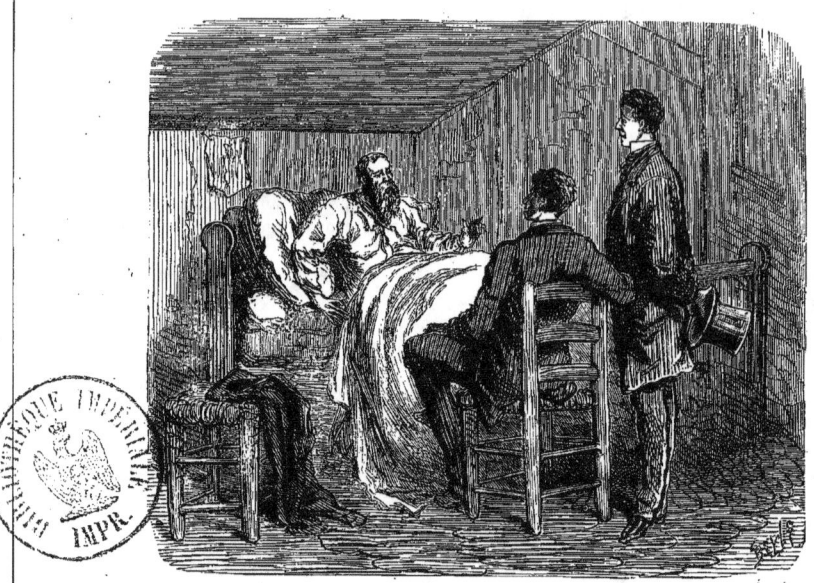

La tête est intacte, dit le moribond. (Page 589.)

une enquête sera faite, il ne sera pas de suite arrêté? Or, sais-tu quel est l'homme qui sert de complice à ce maître?

— C'est Ladirée, répondit Raflard.

— Tu l'as deviné. Or, c'est par l'entremise de notre garde-chiourme et de ce maître que j'entends sortir d'ici.

— Et quand comptes-tu faire cette suprême tentative?

— Aujourd'hui même! j'ai là sous une pièce de bois un pli cacheté. C'est une dénonciation en règle qu'il faut que je fasse parvenir à maître Garnic, l'honnête homme.

— Et par qui feras-tu porter ce paquet? tu sais bien que pas un de nous ne peut fourrer le nez au magasin général.

— Par Ladirée, et cela pas plus tard que tout de suite. »

Les deux forçats se levèrent, et se dirigèrent vers le garde-chiourme.

« Où allez-vous donc, mes enfants, dit Ladirée en voyant Raflard et André faire mine de s'éloigner de la cale de *la Ville de Paris*.

— Pas bien loin, si vous voulez venir avec nous, dit André, cela nous fera plaisir, car nous avons justement à vous parler.

— A me parler?... fit Ladirée qui parut assez étonné de la grande liberté, que ces deux forçats prenaient avec lui.

— Mon Dieu! oui, fit Raflard, nous avons à causer avec vous; je sais bien qu'avec un homme de votre importance, ça ne serait pas trop que de demander une audience, mais vous ne nous en voudrez pas de nous être affranchis de cette règle vis-à-vis de vous.

— Ah! ça, Parisien, est-ce que tu as envie de faire connaissance avec ma canne?

— Assez causé sur ce ton, interrompit brusquement André; Ladirée, allez vers la pile de bois qui est à gauche, et vous y prendrez une lettre assez épaisse qui s'y trouve; elle est à l'adresse de maître Garnic, votre complice dans les vols commis à l'arsenal. »

Le garde-chiourme pâlit affreusement devant cette accusation, c'est-à-dire que son teint bistré passa au jaune.

« Failli chien, dit-il quand il fut un peu revenu de son émotion, tu oses accuser un honnête homme?

— Un honnête homme et toi, ça fait deux, répondit André avec l'accent du commandement, si ce soir avant la débauchée, je n'ai pas une réponse favorable, cinq lettres semblables partent dans des directions différentes: la première à Paris chez le ministre de la marine, et les autres seront adressées au procureur général, au procureur du roi, à l'amiral et à un journal de Paris. Mes mesures sont bien prises pour mettre le feu aux poudres, pas un de vous n'échappera à l'action de la justice. »

Ladirée était atterré de ce qu'il venait d'entendre.

« Je ne pourrai porter cette lettre qu'à deux heures.

— Tu la porteras à l'heure que tu voudras, pourvu que tu t'arranges à ce que je puisse parler à Garnic avant la rentrée.

— C'est bon, on s'arrangera pour ça, » grommela Ladirée.

Deux heures après cette conversation, Ladirée arrivait tout effaré au bureau du maître; il faut connaître la vie maritime pour se faire une idée de l'énorme différence qui sépare un garde-chiourme d'un maître; Garnic faisait sa sieste, aussi ce fut avec assez de difficultés que Ladirée parvint auprès de lui; le magasinier et le distributeur n'osaient s'aventurer dans la pièce où reposait cet important personnage.

« Qu'y a-t-il? demanda-t-il en voyant le garde-chiourme.

— Il y a, maître Garnic, que ça va mal.

— Qu'est-ce qui va mal?

— Nos affaires.

— Nos affaires, répéta, avec un froncement de sourcils, maître Garnic; tu as donc causé, dit des bêtises, quand tu étais ivre! Quoi! voyons, réponds, sacrebleu!

— Ne vous emportez pas, maître Garnic, ne vous emportez pas; c'est André! vous savez bien, cet homme de mon escouade, le Scieur de mains, ce grand, celui qui est accouplé avec Raflard le Parisien, il m'a chargé de vous remettre cette lettre et avec des recommandations qui ne m'ont que trop fait voir qu'il est au courant de tout. »

Et le garde-chiourme tira de la poche de sa houppelande, une large enveloppe.

« Le pauvre garçon, dit maître Garnic, qui crut un instant en voyant le paquet cacheté, que c'était une pétition, il m'accorde plus d'importance que je n'en ai réellement, enfin, donne toujours, je tâcherai de la faire parvenir à son adresse.... »

Mais à peine eut-il jeté les yeux sur l'enveloppe qu'il devint pâle d'émotion.

Et il y avait bien de quoi pâlir, en lisant la suscription de l'enveloppe : *A maître Garnic, voleur du magasin général*, aux bons soins de son complice *Ladirée*, y était-il écrit.

« Tu n'as donc pas lu l'adresse? demanda-t-il au garde-chiourme.

— Mais, maître Garnic, vous savez bien que je ne sais pas lire, sans cela je serais peut-être général inspecteur, tout comme mon camarade de lit. »

Maître Garnic n'écoutait plus le garde-chiourme, il venait de rompre l'enveloppe et il lui fut facile de comprendre, en lisant l'espèce de mémoire que le forçat avait rédigé, que tous ses vols étaient connus, et que la moindre enquête ordonnée par l'autorité, amènerait son arrestation immédiate, ainsi que celles de bon nombre d'employés de l'arsenal.

« La trace de vos détournements, disait André dans sa lettre, est facile à constater par les maisons que vous avez eu la sottise d'acheter ou de faire construire, par les dépenses exagérées que vous faites; je sais parfaitement que vous n'êtes pas le seul voleur de l'arsenal, que vous avez des complices plus élevés en grade.... Si vous tenez, vous et vos complices, à ce que cette affaire soit étouffée, vous mettrez à ma disposition deux passe-ports et des effets; comme le temps presse, je ne vous donne que jusqu'à ce soir cinq heures, pour prendre une résolution. »

Maître Garnic était un rusé coquin; la terreur que lui avait fait éprouver la suscription de la lettre, et un peu son contenu, ne tarda pas à se dissiper.

« Ce garçon-là, se dit-il, va un peu trop vite en besogne. Où conduis-tu ton escouade cet après-midi, Ladirée? demanda-t-il au garde-chiourme.

— A la fosse aux mâts.

— J'y serai à trois heures, tu feras en sorte d'occuper tes hommes à une certaine distance les uns des autres, de façon que je puisse parler au scieur de mains. »

André n'était connu au bagne que sous le sobriquet qui rappelait le crime pour lequel il avait été condamné.

Deux heures après cet entretien, maître Garnic arrivait à la fosse aux mâts.

Cet endroit, situé dans une partie éloignée du port, lui permettait de pouvoir s'entretenir avec le forçat sans avoir à craindre les indiscrétions.

« Nos affaires vont bien, dit André à Raflard, en voyant arriver Garnic qui cherchait à se donner un air indifférent.

— C'est toi, dit-il en s'adressant à André, qui as osé m'écrire la lettre que Ladirée m'a remise ? »

Garnic cherchait à débuter par l'intimidation, sauf à modérer son ton suivant la tournure que prendrait la conversation.

« Oui, c'est moi, futur collègue. »

Cette réponse fit un terrible effet sur le maître, d'un mot le forçat venait de le flétrir, peut-être plus cruellement que ne l'aurait pu faire un arrêt de cour d'assises.

« Tâche de prendre un autre ton avec moi, répondit-il tout tremblant d'émotion, car malgré toutes tes rodomontades, je puis te faire donner une volée de coups de corde et t'envoyer à l'hôpital crever comme un chien.

— Si, dès le début, dit Raflard qui crut devoir intervenir, la conversation prend une tournure acrimonieuse, que sera-ce à la fin? si vous le voulez bien, messieurs, je vais diriger la discussion; en ce moment, il faut aux deux parties beaucoup de sang-froid. N'oubliez pas que nous sommes en plein air, et que nous pouvons être observés, une conversation assez vive entre un maître et un forçat pourrait donner lieu à pas mal de conjectures.

— Ce que dit mon camarade est fort sensé, reprit André, et maître Garnic est trop homme d'esprit pour ne pas comprendre ce langage.

— Vous me faites l'effet de deux fiers coquins.

— Il y a longtemps que d'autres l'ont dit avant vous, cher maître, dit Raflard en portant la main à son bonnet.

— Vous me demandez les moyens de vous faire sortir, que m'offrez-vous en échange?

— Notre silence absolu sur les détournements commis par vous.

— Ça ne suffit pas cela, pour moi ce n'est pas une garantie assez forte.

— Comment, ça ne suffit pas, et notre parole? répondit Raflard avec une dignité qui, malgré la gravité de sa situation, n'en arracha pas moins un sourire à maître Garnic.

— Pensez donc, cher maître, que nous avons tout intérêt à vous ménager, ajouta André, car si nous avons le malheur d'être repris plus tard, en revenant ici, nous retrouverons notre providence, pour une seconde évasion. »

Maître Garnic eut un certain frisson en entendant cette réflexion d'André; il comprit qu'il était pour toute la vie à la disposition des deux forçats.

Il demeura un instant silencieux, les yeux baissés vers la terre.

« C'est bien, dit-il enfin, comme un homme qui vient de prendre son parti. Je me mets à votre disposition pour votre fuite ; il passa la main dans la poche de son pantalon, et deux limes et une clef glissèrent de sa jambe droite à terre. Voilà de quoi, dit-il, vous débarrasser de vos fers. La clef est celle de la cabine du chef gardien des pontons qui est absent en ce moment. Vous aurez le soin d'emporter la clef et de briser la serrure, pour que l'on puisse croire que vous l'avez forcée ; dans la cabine vous trouverez des effets et cent francs dans une des poches.

— Très-bien!

— A sept heures, il faut que vous sortiez avec les ouvriers.

— Voilà qui est entendu.

— En sortant de la ville, prenez, par la porte de La Rochelle, la direction du Verjeroux et marchez tranquillement jusqu'à ce que vous trouviez un homme qui vous dira : « On vous attend. »

— Et que lui répondrons-nous? dit Raflard.

— Nous sommes prêts.

— Maître Garnic, dit Raflard, c'est entre nous à la vie à la mort. »

Le maître s'éloigna sans daigner répondre à ce sentiment qui paraissait partir du cœur, et se dirigea vers Ladirée.

« Je ne sais ce que tes hommes ont toujours à réclamer, dit-il, en voilà encore deux qui disent qu'ils ne peuvent tenir à la fatigue, si l'on voulait écouter tous ces va-nu-pieds, on n'en aurait pas fini.

— Si je leur administrais quelques coups de trique, peut-être que ça leur dégourdirait les membres.

— Non, non, moralisons, ne brutalisons pas, dit maître Garnic. Qu'avez-vous à me regarder, dit-il en s'adressant aux autres forçats, chargez un chariot, et amenez-le au pont de la cloche. »

Les forçats se retirèrent pour exécuter l'ordre qui venait de leur être donné d'une façon si courtoise.

« Ladirée, dit Garnic au garde-chiourme, lorsque les condamnés furent hors de la portée de sa voix, il s'agit de fermer les yeux et de ne pas s'occuper ce soir du Scieur de mains et du Parisien.

— Vous voulez donc me faire passer devant le conseil de guerre?

— J'ai un plan dans la tête qui te permettra au contraire de te signaler et te fera peut-être avoir la croix.

— Possible, mais songez donc, cette vieille réputation de renard? tout le monde rira de moi dans l'Arsenal, quand on saura que le Domestique du Diable a été refait par deux forçats de son escouade, et qu'il les a laissés partir comme un conscrit.

— Préfères-tu que, dans quelques jours, nous soyons arrêtés et passions aux assises?

— Diable! et il n'y a pas moyen d'arranger ça?

— Trouve-toi ce soir à huit heures à ma maisonnette du Verjeroux. Voilà tout ce que je puis te dire pour le moment. »

Et le maître, pour éviter les soupçons, s'éloigna.

André, depuis qu'il avait entre les mains les limes et la clef de la cabine du maître pontonnier, ne se possédait plus de joie; il avait peine à se modérer.

« Calme-toi, je t'en prie ; calme-toi ou tu vas nous faire découvrir, lui disait Raflard, tout en tirant le moins possible sur le chariot que les forçats conduisaient au pont de la cloche. Je ne sais, mais il me semble qu'il y a du louche dans cette facilité avec lequel ce digne maître met à notre disposition, des limes, des clefs, des effets et de l'argent.

— C'est qu'il a compris qu'il avait affaire à un plus malin que lui. C'est un homme supérieur, il a vu ça d'un coup d'œil.

— Mon ami, à une certaine époque, je me suis

cru un malin. Je croyais avoir donné des preuves de ma force en maintes circonstances, et c'est cette force en moi-même qui a été la cause de ma perte et de mon envoi dans ce délicieux séjour.

— Hé! là-bas! cria Ladirée, est-ce que vous êtes dans l'intention de demeurer en route?

— On n'est pas de fer! dit Raflard.

— Tu raisonnes! je crois, fit Ladirée, en s'avançant le bâton levé sur Raflard.

— Mais non; mais, non.

— Avec quel plaisir, grommela André, j'étranglerais cette vieille canaille. »

Le garde-chiourme s'étant éloigné de quelques pas :

« Que conclus-tu de tout ce qui nous arrive? demanda André à Raflard.

— Je conclus qu'un homme qui ne recule pas devant le vol, ne reculera pas devant un meurtre, surtout lorsqu'il s'agit de deux forçats. Cette évasion me paraît arrangée comme une comédie du boulevard du crime.

— Allons donc!

— Un inconnu qui vient au-devant de nous, mot d'ordre, mot de ralliement; tout cela me paraît louche.

— Mais enfin, il faut pourtant que cet homme nous donne un moyen de reconnaître son envoyé, cet homme ne peut pas aller dire à ceux qui vont passer à partir de sept heures sur la route de Verjeroux : « Pardon, messieurs, êtes-vous les deux forçats qui se sont évadés du bagne ce soir ? »

— J'avoue que cette demande, fût-elle faite la casquette à la main, serait reçue d'une façon peu courtoise par ceux auxquels on l'adresserait.

— Tu vois bien, fit André, avec un accent triomphant, qu'un mot d'ordre est nécessaire.

— Ce n'est pas mon avis; enfin j'y vois trouble, et puis un autre point, c'est la route qu'il nous engage à prendre.

— La route?

— Certainement elle ne conduit à rien.

— Elle conduit au Verjeroux.

— Et le Verjeroux conduit à la côte. Crois-tu que ce digne Garnic nous attend là avec un navire pour nous conduire en Angleterre ou en Amérique?

— Je ne crois pas que son dévouement pour nous aille jusque-là, mais enfin cet homme a une idée, en nous engageant à suivre cette route plutôt qu'une autre, car s'il nous trahissait est-ce qu'une fois ramenés au bagne, nous ne pouvons pas le dénoncer?

— Ah! tu espères donc revenir ici, mais sache donc que cet homme a trop d'intérêt de nous voir disparaître. Lui, Ladirée ou un autre, doivent nous attendre par là et nous saluer à notre arrivée par des coups de carabine, jusqu'à ce que mort s'ensuive, car ces braves gens doivent connaître cet axiome : que les morts seuls ne parlent pas.

— Que faire alors ? demanda André qui commençait à craindre.

— Suivre la route qu'il a indiquée et tâcher d'être les plus forts.

— Et des armes ?

— Des armes, dit Raflard avec un sourire de pitié; tu crois donc que pendant que tu travaillais de ton côté, je restais inactif. Une femme, un ange, veillait pour moi.

« Tu crois donc que je pouvais accepter tranquillement cette expiation que m'imposait la société, mes mains sont pures du sang de celui pour le meurtre duquel j'ai été condamné; mais aussitôt qu'un homme a mis le pied dans cet enfer, il n'a plus qu'une idée c'est celle de s'enfuir. Cette idée ne m'a jamais abandonné un instant; sur le banc de la chiourme, sur le chantier, elle me poursuivait toujours, elle était là présente à mon esprit; et à cent lieues de là, une femme agitée par la même idée veillait.

— Ta femme? demanda André.

— Ma femme! dit Raflard, elle a été ma complice dans ma banqueroute, elle avait dès lors peu d'intérêt à me ménager. Une maîtresse seule pouvait faire ce que ma femme n'a pas fait; bien involontairement, elle a été la cause de mon arrestation en Angleterre, et c'est lorsqu'elle a eu acquis la preuve que bien loin de frapper son amant, l'agent de police Rapin, j'avais essayé de le défendre contre Warburton, qu'elle se prit d'amour pour moi, et qu'elle jura de me sauver; du reste, je m'étais assez montré généreux envers elle, en lui donnant les moyens de recueillir dans l'hôtel où j'habitais à Londres une somme de près de quatre cent mille francs.

— Et où est cette femme? »

La voix de Ladirée, qui venait de crier halte! empêcha Raflard de continuer.

Les forçats s'arrêtèrent, ils étaient arrivés au point où ils étaient le matin, c'est-à-dire sous la cale du vaisseau *la Ville de Paris*.

« Il n'y a plus besoin d'être dix pour traîner ce chariot, dit Ladirée en s'approchant; huit vont revenir avec moi, le Parisien et le Scieur vont rester pour ranger les bois, et que tout le monde soit sage. En route. »

Et Ladirée partit avec ses huit hommes, sans jeter un simple coup d'œil à Raflard et à son compagnon.

« Dépêchons-nous, dit André ; nous n'avons que le temps pour scier nos fers. Le plus difficile ce sera d'entrer dans la cabane du pontonnier.

— Ne t'ai-je pas dit que quelqu'un veillait, » dit Raflard qui se mit à limer fiévreusement ses fers; son camarade l'imita ; à cette époque la manille des forçats était un simple morceau de fer, ce n'était pas de l'acier trempé comme elles le furent depuis.

Quand ces deux hommes se sentirent débarrassés de la chaîne d'infamie qui les rivait l'un à l'autre, il se produisit chez eux une sensation de bien-être qui ne peut se traduire.

Cette chaîne brisée, c'était pour eux le commencement de la liberté.

« Maintenant, dit André, à la cabane du pontonnier!

— Gardons-nous bien d'aller là, dit Raflard. Suis-moi.

— Mais ou m'emmènes-tu?

— Viens toujours, dit Raflard qui avait presque disparu sous la cale du vaisseau et qui comptait fort consciencieusement les pièces de bois. Vingt-sept! finit-il par dire. C'est ici. Et débarrassant les copeaux qui masquaient l'entrée d'une sorte de chambre, ils se glissèrent tous les deux dans le carré formé par l'entrecroisement des poutres.

— Trahi! dit tout à coup André qui venait d'apercevoir un homme tapi dans un coin. »

Raflard n'eut que le temps d'arrêter le bras d'André qui allait faire un mauvais parti à l'homme qui se trouvait là.

« C'est un ami, dit-il.

— Ah çà ! il en pleut donc aujourd'hui.

— Oui, il en pleut. »

C'était un ouvrier calfat que probablement Honorine avait acheté à prix d'or.

Il avait deux habillements complets, rien ne manquait pour opérer la transformation des deux hommes ; il y avait jusqu'à des perruques. Ces différentes pièces d'habillement avaient dû être apportées une à une, pour éviter les soupçons. L'ouvrier leur servit de valet de chambre. Au bout de quelques instants passés dans une anxiété fiévreuse, le déguisement était opéré; des moustaches postiches avaient achevé de les transformer.

« Ce n'est pas le plus difficile que nous venons de faire, dit Raflard, il s'agit de sortir de l'Arsenal.

— Il y a dans la poche d'un gilet, dit l'ouvrier, un billet pour deux visiteurs ; le billet a été pris à midi, vous n'avez qu'à le présenter ouvert en sortant au portier-consigne ; seulement de l'aplomb, et surtout, messieurs, faites en sorte de ne pas traîner la jambe, surtout vous, monsieur André, qui êtes un ancien.

L'observation que venait de faire l'ouvrier, était des plus importantes, et c'est en voyant marcher un individu que les gardes-chiourmes reconnaissent si l'individu a servi dans le régiment de deux-à-deux, autrement dit, s'il a été enchaîné. Dans l'argot des bagnes, on appelle cela traîner la râle.

« C'est toutes les observations qu'on vous a dit de nous faire ?

— Toutes, dit l'ouvrier, seulement j'ai une lettre à vous remettre ; vous pouvez, m'a-t-on dit, vous dispenser de l'ouvrir maintenant, quand vous serez sorti des portes....

— Merci, mon ami. »

Le calfat se glissa entre les piles de bois et laissa les deux forçats seuls.

« Voilà le moment ou jamais de se montrer ! dit André en caressant dans sa poche de côté la crosse d'un pistolet.

— Pas d'imprudence! dit Raflard, je t'ai laissé faire avec Ladirée et Garnic, sans vouloir te contrarier ?

— Pourquoi cela ?

— Pour te montrer que j'étais plus fort que toi; maintenant je prends le commandement de l'expédition. Attention à la jambe, surtout, et ne prononce pas un mot. »

Après cette recommandation, les deux forçats, à qui le cœur battait fortement, après s'être assurés que nul œil indiscret ne les observait, sortirent de la cale et se dirigèrent en droite ligne vers la porte de l'arsenal dont ils n'étaient séparés que par une courte distance.

C'était là qu'était la plus grande difficulté : briser ses fers, changer de costume, cela se faisait assez communément plus ou moins bien, il est vrai, enfin cela avait lieu ; mais sortir, c'était là où gisait la plus grande difficulté ; car à cette porte de l'arsenal veillaient continuellement outre le portier consigne, des gendarmes de la marine et un préposé de la chiourme ; un homme qui avait vieilli sous le harnais et connaissait son bagne sur le bout du doigt ; que de fois il avait arrêté des forçats au passage, découvert des costumes, mis à néant bien des espérances de fuite, c'était à n'y pas croire. Pour cet homme, tout individu qui passait, qu'il fût revêtu de la vareuse de l'ouvrier ou de l'uniforme d'un capitaine de vaisseau, du moment qu'il ne le connaissait pas de nom, c'était un homme suspect.

Raflard avait entendu parler de ce cerbère, et il lui fut facile de le reconnaître lorsqu'il ne fut plus qu'à quelques pas de la porte du Soleil ; il était à cheval sur une chaise, et examinait attentivement le soldat d'infanterie de marine de faction à la porte, qui essayait avec le bout de sa baïonnette, de chasser un chien qui voulait, sans respect pour la consigne, pénétrer dans l'Arsenal.

Raflard, en ce moment, fut magnifique d'audace ; il marcha droit sur le sergent de chiourme, son billet de visiteur à la main. C'était hardi, mais il faut le reconnaître, c'était le seul moyen qu'il pût employer pour dérouter les soupçons, si cet homme pouvait en avoir.

« Ce n'est pas à moi, messieurs, qu'il faut remettre votre billet, c'est au portier-consigne, le sergent qui est là debout, dit-il en montrant du doigt le sous-officier.

— Je vous demande pardon, monsieur.

— Il n'y a pas de quoi.

— Voilà un chien, dit Raflard qui s'était dirigé vers le portier ayant au bras son compagnon de chaîne, qui tient bien à entrer à l'arsenal.

— Oui, dit le portier, lorsqu'il y en a tant qui aimeraient à pouvoir en sortir.

— Surtout ces pauvres diables de forçats! c'est un bien triste spectacle.

— Que voulez-vous, répondit le portier qui paraissait être un philosophe, s'ils sont là, c'est qu'ils l'ont voulu! comme on fait son lit, on se couche.

— C'est vrai, monsieur! c'est vrai, » dit Raflard.

En ce moment le chien, à la suite d'une feinte habile, venait d'éviter la baïonnette du factionnaire et entrait en courant dans l'arsenal. Le sergent de chiourme fit un bond et envoya sa chaise dans sa direction; le chien put l'éviter, mais il n'en fut pas de même de maître Garnic qui, profitant des immunités attachées à son grade de maître entretenu, sortait de l'Arsenal. Il reçut la chaise sur les jambes, et poussa un cri de douleur. Il y eut dans l'empressement qui se fit autour du blessé un mouvement de bagarre dont Raflard et André profitèrent pour s'en aller sans attirer l'attention; ils prirent la première rue qu'ils trouvèrent à la gauche et marchèrent rapidement; ils n'avaient pas de temps à perdre, car ils avaient encore à franchir la ligne du rempart.

A peine étaient-ils dans la rue Saint-Louis, que Raflard se hâta de décacheter la lettre que lui avait remis l'ouvrier calfat; il n'y avait que ces mots :

« Route du Verjeroux, prendre par la porte de la Rochelle, on vous attend; mais tâcher de se cacher jusqu'à ce que la nuit soit venue. »

« Pas de chance, dit Raflard, Honorine a pris la même route que Garnic. »

André ne répondit pas, depuis qu'il était sorti de l'Arsenal, il avait perdu cette assurance qui faisait de lui la terreur du bagne; il ne fit aucune réponse à cette observation; dix minutes après leur sortie de l'arsenal, les deux forçats s'arrêtaient dans un cabinet du faubourg et se faisaient servir à boire et à manger.

« Surtout à boire! dit André, car par ce temps-ci, on a plutôt soif que faim. »

Pendant qu'André, installé à table, préparait une boisson rafraîchissante, Raflard passait dans le jardin, soi-disant pour examiner la façon dont il était entretenu, mais réellement pour examiner la localité et voir si, en cas d'alerte, il lui serait facile de pouvoir fuir. Rassuré sur ce point, il revint dans la salle basse du cabaret.

« Dépêchons-nous de boire, dit-il, et mets du pain dans tes poches, on ne sait pas ce qui peut arriver. Il y a par là-bas des champs de blé où il nous sera facile de nous glisser et d'attendre la nuit. »

XXVIII

Le canon d'alarme.

Les environs de Rochefort sont peu propices pour les évasions. Le pays est plat, peu de côtes, de la plaine partout. Aussi n'était-ce qu'à l'époque où le blé était en pleine maturité que les forçats songeaient à s'évader.

Ladirée, qui s'était complaisamment prêté à l'évasion des deux forçats, n'était pas sans trembler sur les suites de sa coopération. Aussi pour cacher son trouble, ne faisait-il que multiplier ses ordres aux forçats.

« Dépêchons-nous, mes enfants; un peu plus d'activité à la besogne. Hé toi, là-bas, la manche jaune, est-ce que tu as les bras paralysés? Il n'y a pas trois jours le maître me disait : « Je ne sais comment tu t'y prends, avec tes hommes, mais ce sont bien ceux qui font le moins de travail dans le port. » Il faut enlever cette mauvaise opinion de l'esprit de nos supérieurs. Un peu de vigueur !

— Qu'est-ce qu'il a donc aujourd'hui, notre garde, se disaient les forçats entre eux, il est d'une loquacité; est-ce qu'il aurait bu outre mesure à son déjeuner?

— Et cet ordre donné au Parisien et au Scieur de mains de rester seuls à décharger; si ces deux gaillards-là ne profitent pas de la permission pour jouer des jambes, ce ne sont pas des hommes. »

Cependant le chariot avait fini par être chargé, et le triste équipage se mit en route au milieu du cliquetis de chaînes. A mesure que l'on approchait du pont de la cloche, la figure de Ladirée se rembrunissait.

De même qu'au théâtre les acteurs se font une tête avant leur entrée en scène, de même Ladirée se demandait quelle sorte d'exclamation il allait pousser, alors qu'il allait s'apercevoir de la disparition de ses deux forçats.

De loin, il vit le chariot que le Parisien et le Scieur de mains devaient décharger; il était dans le même état qu'à son départ.

« Voilà deux carognes, dit-il à haute voix, qui auront préféré dormir que de travailler. Nous allons voir comment cela va se passer. »

Quant aux forçats, ils s'étaient poussés du coude, riant entre eux, un peu bas, il est vrai, et ne doutant pas que leurs deux camarades se fussent évadés.

Le chariot arrêté, Ladirée s'élança d'un air terrible et en brandissant sa trique dans la direction de la cale de *la Ville de Paris.*

« Où vas-tu donc? lui cria un autre garde-chiourme, tu as un air féroce à faire trembler un trois-ponts.

— J'ai que je vais administrer quelques coups de trique à deux faillis chiens, qui, au lieu de décharger un chariot, sont allés dormir.

— Tu prends une mauvaise direction, mon vieux, il n'y a pas de forçats sous la cale, j'en sors!

— Mais où sont-ils alors? dit Ladirée qui s'arrêta court et prit la pose d'un homme pensif.

— Évadés probablement.

— Mille noms d'un tonnerre ! ne dis pas ça ! s'écria Ladirée, j'ai deux congés, quatorze ans de service dans la chiourme ; j'ai fait trois campagnes et je suis incapable de laisser évader des hommes.

— Mais je ne te dis pas que tu les a aidés à s'évader.

— Mille mille noms d'un tonnerre, il ne manquerait plus que cela. Je suis déshonoré. »

Et Ladirée jeta son bonnet de police à terre, trépigna dessus, et essaya de casser sa canne ; mais la canne résista à ses efforts désespérés, elle était en bois de gaïac, et Ladirée se serait cassé le genou avant d'avoir fait plier le bois; il ne persista pas dans cette idée; mais sa pantomime avait été vue, et bientôt il se forma autour de lui un rassemblement tumultueux de forçats et de gardes-chiourmes.

Ladirée avait cela de particulier, c'est que la rigidité de ses principes le faisait cordialement détester de ses collègues et des forçats, ses subordonnés. Quand ceux-ci apprirent que deux hommes de son escouade s'étaient enfuis, ce fut un hourrah! des cris de joie, un tumulte, au point que des chantiers voisins, on crut un instant à une révolte.

Les autres gardes-chiourmes finirent par craindre des évasions dans leur escouade. Chacun d'eux appela son monde et le fit mettre en ligne, et se hâta de les faire rentrer au bagne.

A cinq heures, on savait dans le port que deux forçats s'étaient évadés et que ces deux forçats appartenaient à l'escouade du Domestique du Diable.

Le sergent de chiourme de garde à la porte de l'arsenal et Ladirée furent appelés dans le bureau du commissaire ; il était impossible de calmer Ladirée qui ne cessait de crier qu'il était déshonoré.

« Fichez-nous la paix, finit par dire le commissaire impatienté, ou je finirai par croire que vous étiez de connivence avec les deux évadés. »

Cette réflexion fit pâlir le garde-chiourme.

« Un pareil soupçon, mon commissaire....

— Eh ! bien alors, taisez-vous.

— Oui, mon commissaire. »

Le sergent jeta un coup d'œil de côté à Ladirée.

« Voilà un gaillard, se dit-il, dont la colère tombe bien vite; est-ce que le commissaire aurait dit juste sans s'en douter. »

Le commissaire dressa le procès-verbal constatant l'évasion ; le sergent affirmait n'avoir vu passer personne de suspect devant lui pendant tout le temps qu'il avait été à la porte de l'arsenal.

« C'est tout ce que je voulais savoir, dit le commissaire, vous pouvez vous retirer tous les deux.

— Mon commissaire, dit Ladirée au moment de sortir, je vous jure que je vais me mettre à la poursuite de ces deux gaillards et qu'ils auront ma peau ou j'aurai la leur.

— Vous ferez ce que vous voudrez, dit celui-ci, dans tous les cas vous vous êtes conduit comme un conscrit. »

Ladirée reçut sans mot dire cette bourrade, et il sortit assez satisfait de lui-même, et croyant avoir détruit tous les soupçons du commissaire, si celui-ci avait pu en avoir un instant en avoir. Quant au sergent, il s'en allait tout pensif ; le souvenir des deux visiteurs qui étaient passés devant lui au moment de la bagarre du chien lui trottait dans la tête ; il voulut éclaircir ses doutes sur-le-champ ; il entra dans la loge du concierge où se trouvaient les permis de visiter l'arsenal, délivrés par l'aide de camp du major de la Marine : il y en avait cinq portant la date du jour; or, au poste de gendarmerie, quatre gendarmes seulement lui déclarèrent avoir conduit des visiteurs. Pour lui, il n'y avait plus de doute possible, les deux hommes qui lui avaient présenté le billet étaient bien le Parisien et le Scieur de mains.

« Allons, dit-il, il faut reconnaître qu'ils ont été plus fins que moi; seulement reste à savoir qui a fait délivrer le billet. Mais ceci n'est pas mon affaire. »

Ainsi, le seul homme qui pouvait faire mettre sur les traces des deux évadés, se taisait; lui aussi avait sa réputation à garder, il ne voulait pas qu'il fût dit que deux forçats lui avaient parlé et qu'il ne les avait pas reconnus.

Raflard et son compagnon étaient sortis du cabaret et avaient gagné la campagne, ils prirent par une pièce de blé qui devait les conduire sur la route du Verjeroux, après avoir bien observé les environs, ils se glissèrent à plat ventre dans le blé, et se mirent à ramper dans la direction de la route. De temps en temps l'un d'eux levait la tête pour examiner s'il ne se montrait aucun visage suspect. Ils mirent près d'une heure à arriver ainsi jusqu'au bord de la route.

Le soleil arrivait alors à son déclin, un air frais commençait à souffler, on sentait que la nature allait bientôt se livrer au repos. Mais les deux évadés étaient agités par trop de craintes pour admirer le coucher du soleil.

« A cette heure, dit André, on doit s'apercevoir que nous manquons à l'appel, et Ladirée est en train de donner des explications sur notre fuite.

— Écoute, dit tout à coup Raflard en prêtant l'oreille. »

Un coup sourd venait de retentir.

« C'est le canon d'alarme, dit André, qui annonce notre fuite. »

Ils comptèrent dix coups; puis tout rentra dans le silence.

« A ce signal, dit Raflard, les paysans vont décrocher leurs fusils et lâcher les chiens; la pièce de blé pourrait devenir funeste pour nous; le meilleur est de sortir d'ici et de descendre tranquillement la route dans la direction de la mer.

— Nous sommes deux, dit André, et l'on sait que deux forçats se sont évadés, nous avons beau être vêtus d'une façon convenable, cela n'empêche pas les réflexions, je suis donc d'avis que nous allions à dix minutes l'un de l'autre.

— Qui ira devant ?

— Ce sera moi, si tu veux, dit André; si Garnic a comploté quelques mauvais coups, je te promets de lui casser la tête avant qu'il ait eu le temps de se mettre en garde.

— Tu es un brave, dit Raflard toujours prudent. Je te laisse la place d'honneur.

— A la vie à la mort ! dit André en lui secouant la main.

— A la vie ! dit Raflard. »

André se secoua un peu pour faire tomber les brins de paille qui pouvaient se trouver sur son habit et franchit le fossé qui le séparait de la route, mit son chapeau à la main, et se mit à marcher à petits pas, espérant voir poindre devant lui, d'un moment à l'autre, l'homme que devait lui envoyer Garnic; mais il ne voyait personne venir.

« Ce misérable ! finit-il par se dire, se serait-il joué de moi ? Cette route ne conduit nulle part; un instant il eut l'idée de retourner sur ses pas; mais il craignit d'être accusé de lâcheté par son compagnon, il continua donc d'avancer, mais cette fois avec prudence, la nuit était tout à fait venue; une nuit noire, le vent avait fraîchi tout à coup, on sentait comme l'approche d'une tourmente si terrible dans ces parages; la poussière de la route s'élevait en tourbillon et par moment menaçait d'aveugler le forçat. »

Un cabriolet passa en ce moment près de lui; celui qui le conduisait arrêta son cheval.

« Monsieur le voyageur, dit le cocher qui paraissait un tout jeune homme, vous ne pourriez pas me dire l'heure.

— Neuf heures environ, répondit André.

— Hue ! cria le jeune homme avant d'avoir entendu la réponse.

— Malheur ! s'écria le forçat en voyant le cabriolet s'éloigner au galop, j'ai manqué mon affaire, je devais sauter à la gorge de ce petit bonhomme et me servir de son cabriolet pour fuir. »

Si le forçat avait su que ce cabriolet était conduit par Honorine, la maîtresse de Raflard, assurément qu'il n'aurait eu aucune hésitation à l'arrêter. C'était le deuxième voyageur que la jeune femme interrogeait depuis son départ du Verjeroux, le premier était Ladirée qui se rendait à la maison de campagne de maître Garnic; à tout hasard, le digne homme avait glissé une carabine sous sa capote et ruminait en chemin à la prime de deux cents francs, qu'il pourrait gagner s'il parvenait à tuer les deux évadés de son escouade.

Il ne connaissait pas les idées de maître Garnic à ce sujet, mais quant à lui, son opinion bien arrêtée était qu'il fallait se défaire de ces deux bavards pour éviter toutes les indiscrétions possibles.

Le cabriolet continuait de rouler sur la grande route, et Honorine commençait à craindre d'avoir dépassé son amant; alors, elle eut une idée, ce fut d'appeler, et elle se mit à pousser ce cri aigu que les peintres en bâtiment ont mis en usage, et qui est connu de tous les Parisiens.

« Si Raflard est par ici, dit-elle, il reconnaîtra bien le signal. »

La réponse ne se fit pas attendre.

« Prrrrrit ! Prrrrrit ! » répondit une voix à sa droite.

Et un instant après, Raflard qui, depuis le départ d'André, s'était prudemment tenu caché, sautait à son tour sur la route.

« Est-ce toi, Honorine ? demanda-t-il, car l'obscurité de la nuit l'empêchait de distinguer les objets.

— Monte ! lui dit-elle. »

Si ce n'eût été le son de sa voix, il eût été impossible à Raflard de reconnaître son ancienne maîtresse sous les habits d'homme, qu'elle portait avec une certaine crânerie. Raflard ne se fit pas répéter cette invitation; il sauta dans le cabriolet.

« Mets-toi sur la banquette de derrière, lui dit-elle, en répondant d'une façon fiévreuse à ses embrassements, et elle fit reprendre au cheval son temps de galop; en ce moment le vent leur apporta le bruit d'un coup de feu.

— C'est André qui vient d'être découvert, dit Raflard en frissonnant, ou Garnic qui le fait assassiner.

— Raison de plus pour fuir au plus vite, » dit Honorine.

Vous êtes le chevalier Berjaud, dit-il au mendiant. (Page 597, col. 2.)

Le cabriolet gagna rapidement le faubourg, qu'il traversa comme une flèche, tourna une partie des remparts, et s'engagea sur la route de la Rochelle. Ce trajet se fit sans qu'un mot fût échangé entre les amants ; le coup de feu que Raflard avait entendu l'avait comme atterré.

Il était près de minuit lorsque Honorine fit tourner sa voiture à droite de la route et l'engagea dans un petit chemin ; en ce moment la pluie tombait avec violence, et l'on entendait le mugissement de la mer en fureur dont les lames venaient se briser sur la côte. Les voyageurs se trouvaient devant une petite grille ; Honorine en avait la clef, elle l'ouvrit à deux battants et fit entrer le cabriolet.

L'endroit choisi par Honorine pour cacher son amant, était une sorte d'oasis perdue dans la plaine ; il y avait là une petite maison à deux étages que l'on ne pouvait voir de la route, cachée qu'elle était, autant par les hauts peupliers qui la dominaient que par le mur d'enceinte ; le sol était garni de hautes herbes. On eût dit que ce petit réduit avait été négligé depuis longtemps par la main de l'homme ; cette maison avait dans le pays son histoire : on l'appelait la maison des revenants.

Depuis près de quarante ans, elle n'avait pas été habitée ; on prétendait qu'à certains moments, on voyait des flammes danser au-dessus des arbres, puis des cris aigus s'élever de cette demeure.

Le propriétaire, un vieil avare, prit tellement peur de cela, qu'il jura de ne plus mettre les pieds à sa maison de campagne ; cependant, il avait pour fils, deux gars vigoureux qui se seraient chargés bien volontiers de mettre tous les revenants possibles en fuite ; mais le père, disait-on, n'avait jamais voulu leur permettre d'aller y passer la nuit ; il éconduisit de la même façon divers individus qui avaient demandé la faveur d'aller présenter leurs civilités au diable.

Au fond qu'y avait-il ?

Nul ne le sut jamais.

Cependant tout porte à croire que le vieil avare, qui s'occupait de la vente du blé, avait, dans les temps de disette, converti sa maison de la route de la Rochelle en magasin de grains ; d'autres prétendaient qu'on devait s'y occuper de contrebande.

Le bonhomme mourut emportant son secret.

Ses fils, qui étaient demeurés célibataires, se partagèrent sa fortune qui était assez considérable ; la maison des revenants échut à l'aîné qui la mit inutilement en location pendant deux ans ; peut-être ne serait-il jamais parvenu à la louer lorsque Henriette arriva à Rochefort, avec l'idée de faire évader Raflard du bagne ; elle loua la maison, pensant avec raison que sa situation isolée lui permettrait de mieux cacher son amant si elle parvenait à réussir dans sa tentative.

C'était une singulière fille, qu'Honorine ; aussitôt qu'elle eut appris l'enlèvement de Raflard de Londres, elle se reprocha la part qu'elle y avait prise ; Adèle avait beau chercher à la réconforter, à lui mettre sous les yeux l'assassinat de Rapin, tout cela était inutile.

« Ce n'est pas lui, répondait-elle, qui a pu tuer Rapin ; c'est ton grand rouge, celui qu'il appelait si plaisamment Vestoncourt ; cet homme était trop drôle pour devenir un assassin. »

La lettre suivante qu'elle reçut de Raflard dix jours après son arrivée en France, acheva de lui tourner la tête :

« Chère Honorine,

« Je suis dans les fers, et je suis innocent du crime que l'on m'impute, mais les présomptions qui s'élèvent contre moi sont trop fortes pour que je puisse sortir sain et sauf de cette accusation de meurtre.

« Vous pouvez considérer cette lettre comme mon testament ; c'est à vous que je n'ai vue que quelques heures, mais dont le souvenir restera toujours gravé dans mon cœur, que je lègue tout ce que je possède ; je vous autorise donc par la présente à vous faire délivrer par le maître de l'hôtel où j'étais descendu à Londres, une petite malle en cuir ; dans la doublure il doit s'y trouver une somme de quatre cent mille francs environ, ils sont à vous ; je ne vous demande rien en échange.

« RAFLARD, dit BONNARD. »

A cette lettre étaient jointes toutes les indications nécessaires pour faciliter à Honorine le retrait de l'argent ; elle ne dit rien à Adèle de la lettre qu'elle avait reçue de Raflard, du reste Adèle devait la quitter pour accomplir, en compagnie d'un riche gentleman dont elle avait su faire la conquête, un voyage en Écosse. Honorine était donc libre de ce côté, riche par la somme qu'elle avait trouvée dans la valise de Raflard, elle revint en France ; mais elle fut assez habile pour ne pas venir habiter Paris où elle était trop connue ; elle loua un appartement à Étampes, où elle demeura jusqu'au moment du procès.

Les journaux judiciaires la mirent au courant des débats, elle ne douta pas un seul instant à leur lecture de l'innocence de son amant ; il y avait bien le vol du million à la Banque de France, mais Honorine n'était pas sans avoir le jugement un peu faussé, et, de même que maître Garnic et Ladirée se figuraient ne pas être des voleurs, parce qu'ils dérobaient des marchandises à l'État, de même Honorine excusait Raflard d'avoir volé la Banque.

« Après tout, disait-elle, puisque c'était l'argent de Jérésu, si Raflard ne l'avait pas enlevé ç'aurait été l'État qui en aurait profité, l'État est bien assez riche pour se passer de cette somme. »

Avec des théories comme celles-là on va loin dans la voie du progrès.

Ce ne fut que lorsqu'elle eut appris que son amant avait été transporté au bagne de Rochefort qu'Honorine commença à s'occuper des moyens de le sauver. Les annales de la Révolution nous ont montré l'habileté d'amantes pour arracher celui qu'elles aimaient à la hache révolutionnaire ou aux lois de proscription. Honorine résolut de les dépasser en habileté et au besoin en héroïsme.

Elle vint se fixer à deux lieues de Rochefort dans cette demeure isolée où elle venait de conduire Raflard ; elle avait pour unique domestique un vieux paysan qu'elle avait ramené d'Étampes ; elle n'avait pas voulu prendre de femme, craignant les indiscrétions ; chaque jour, elle venait à la ville et tournait autour de l'arsenal, cherchant dans sa tête les moyens de fuite, lorsque le hasard la servit mieux que toutes les combinaisons qu'elle eût pu imaginer. Un jour, après une de ses promenades quotidiennes au mur d'enceinte de l'arsenal et, alors qu'elle reprenait pensive le chemin de sa demeure, elle fit la rencontre d'une petite fille pauvrement vêtue, à l'aspect chétif, au teint jaune ; on sentait que cette enfant avait dû être doublement atteinte et par la misère et la maladie.

Elle ne tendait pas la main, mais ses yeux imploraient la charité.

« Tu es malheureuse ? lui dit Honorine qui, par un mouvement de compassion, porta la main à sa bourse.

— Oh ! oui, madame, nous sommes cinq petits enfants à la maison, c'est moi qui suis l'aînée, et maman est bien malade ; et souvent nous nous couchons sans souper ; papa nous dit que de cette façon nous verrons les anges du bon Dieu.

— Pauvres gens ! Et où demeurent tes parents ?

— Derrière l'hôpital de la marine.

— Veux-tu m'y conduire ? » demanda Honorine.

La petite fille parut réfléchir un moment.

« Maman me grondera peut-être ; mais vous paraissez si bonne...

— Oui, conduis-moi, je vous viendrai en aide. »

Honorine, comme toutes les vierges folles, avait peu de religion, mais elle croyait en la bienfaisance. Les mendiants de Paris connaissent bien cette religion des filles perdues, et c'est dans les quartiers où elles habitent qu'ils se portent de préférence, certains qu'ils sont d'y faire d'abondantes récoltes.

L'aspect de l'intérieur du pauvre ménage était

des plus pénibles, le sol était dépourvu de toute espèce de plancher ou de carrelage, on marchait sur la terre nue; dans un coin, sur un mauvais lit en bois peint, une jeune femme grelottait en proie à une fièvre violente, une de ces fièvres dont le climat de Rochefort a la triste spécialité.

Honorine s'approcha du lit et s'informa de la santé de la jeune mère avec un tendre intérêt, c'était la première fois qu'une semblable visite était faite à la malade, elle crut à une grande dame venant à son secours; la malheureuse femme n'était pas forcée de reconnaître une lorette dans Honorine.

La malade raconta à la jolie visiteuse son histoire, histoire des plus lamentables; il lui fallait vivre, elle son mari et cinq enfants, avec un salaire qui s'élevait au plus à deux francs par jour; c'était de quoi acheter du pain et payer le loyer de leur pauvre demeure. Honorine tressaillit quand elle eut appris que le mari était employé à l'arsenal.

« C'est la Providence qui m'a envoyée ici, se dit-elle, le mari de cette femme peut m'aider dans l'accomplissement de mon dessein. »

Honorine faisait intervenir la Providence dans ses petites affaires avec la même facilité que s'il se fût agi d'un fournisseur.

« Gardez-moi le secret, lui dit-elle, et je vous viendrai en aide, il y a beaucoup d'infortunes à secourir, et si l'on venait à connaître ma charité à votre égard, les demandes afflueraient chez moi. »

Les pauvres sont naturellement égoïstes, et la femme de l'ouvrier du port n'avait pas besoin de cette recommandation sur ce point pour se taire. Bientôt l'aisance succéda à la gêne; la santé revint à la malade, et les enfants n'eurent plus cet aspect hâve et chétif qu'ils avaient lorsque Honorine les vit pour la première fois.

Le pauvre ménage ne savait comment témoigner sa reconnaissance à sa bienfaitrice; les deux époux étaient loin de songer au service que l'on attendait d'eux. Ce qui les contrariait le plus, c'était d'ignorer le nom et la demeure de leur bienfaitrice. Quoique le pauvre ménage habitât dans un endroit retiré, Honorine ne venait jamais chez eux que lorsqu'il faisait nuit et qu'elle savait les enfants couchés.

« Je ne pourrai jamais vous rendre ce que vous nous avez donné, dit l'homme un jour où il vit sa femme sur pied, mais, madame, vous pouvez disposer de moi comme de vous-même.

— Savez-vous à quoi vous vous engagez en me parlant ainsi?

— Oui, je sais, » dit l'ouvrier calfat d'une voix ferme.

Honorine parut se recueillir un instant.

« J'ai rendu la santé à votre femme, dit-elle, la vie aux enfants, je puis faire plus encore, je puis écarter pour toute votre vie le fantôme de la misère de votre demeure. »

Roglet, — c'était le nom de l'ouvrier, — eut presque peur en entendant cette femme lui parler ainsi. Honorine remarqua son hésitation.

« Il est encore temps de retirer la parole que vous m'avez donnée, lui dit-elle. Je ne vous demandais rien, c'est vous qui m'avez demandé à vous acquitter envers moi

— Peux-tu hésiter un seul instant? lui dit sa femme.

— Je suis tout à vous, parlez sans crainte, finit par dire l'ouvrier.

— Il faut que vous m'aidiez à faire sortir du bagne mon amant. Vous connaissez l'arsenal depuis longtemps; il doit vous être facile d'approcher des condamnés sans exciter les soupçons; il n'en est pas de même de moi, si je le voyais sous cette livrée infâme, je serais capable de me trahir. Voilà le service que j'attends de vous, le jour de son évasion, il y a dix mille francs pour vous.

— La somme est belle, dit l'ouvrier, mais je ne puis l'accepter; je veux répondre à vos bienfaits d'une autre façon; mais avez-vous bien réfléchi aux difficultés que présente une évasion. Il faut si votre amant est accouplé assurer l'évasion de son compagnon, mettre en défaut la surveillance des gardes, trouver un costume, des papiers, c'est bien plus difficile que vous ne pouvez vous l'imaginer.

— J'ai réfléchi à tout cela, dit Honorine, et si vous voulez m'aider rien n'est plus facile. »

Alors, elle développa à l'ouvrier calfat le plan qu'elle avait conçu, faire entrer des effets à l'arsenal, les cacher dans quelque endroit où l'on n'avait pas à craindre les curieux. Ce fut ainsi que fut conclu ce pacte qui devait donner la liberté à Raflard et à son compagnon. Honorine n'avait voulu laisser à personne le soin de mettre son amant en sûreté, elle craignait les indiscrétions; le cabriolet avait été loué à Saint-Jean-d'Angely depuis près de huit jours, et chaque jour, elle faisait accomplir au cheval la route qu'elle devait suivre avec Raflard le jour de l'évasion; elle avait songé que s'il était suivi, elle dérouterait bien mieux les soupçons, en le faisant revenir sur ses pas, car nul ne pouvait songer qu'un forçat assez heureux pour fuir le bagne, songeât à revenir sur le lieu de sa détention. On sait comment Honorine réussit dans sa tentative.

Elle conduisit Raflard dans une petite chambre, une table était dressée et un souper, composé de viandes froides, avait été servi à l'avance, et elle le laissa un instant et revint habillée comme au jour où Raflard la conduisit au Palais-Royal, dans cette fameuse soirée où en compagnie de

Warburton et d'Adèle, ils avaient fait un dîner si somptueux.

« Et c'est à toi que je dois la liberté, dit-il avec passion; ce bien suprême dont on ne comprend les bienfaits, que lorsque l'on en a été privé comme moi pendant près d'une année. Ah! tu ne sauras jamais la grandeur du service que tu m'as rendu! Ma vie ne saurait te le payer; pourquoi faut il qu'en ce moment, je songe à ce malheureux qui m'accompagnait; sans nul doute que ce coup de feu que nous avons entendu lui était destiné.

— Peut-être l'a-t-on manqué, dit Honorine; dans tous les cas, je tenais peu à l'amener ici.

— Tu as raison, il pouvait nous perdre; je veux près de toi me livrer tout entier au plaisir d'aimer, vienne la mort après cette nuit de délices, qui me rappelle notre soirée du Palais-Royal; et je ne me plaindrai pas; que de fois couché sur ce lit de camp du bagne, j'évoquais ton souvenir avant de m'endormir, espérant que ton image m'apparaîtrait dans un songe, et pendant toute cette longue année où je voyais succéder les prisons aux prisons, alors que même je vis se fermer sur moi cette grille funèbre du bagne, qui semblait une barrière jetée entre moi et les vivants je ne désespérais pas encore, et je me disais, elle veille pour moi.... et mes prévisions ne devaient pas me tromper.

— Ainsi tu n'as pas eu une seule heure de découragement?

— Pas une; j'aurais attendu dix ans, vingt ans, au lit de mort, j'aurais attendu encore, et si je n'avais pas vu à mon chevet ton image protectrice, je ne m'en serais pas moins endormi pour le sommeil éternel avec ton nom sur les lèvres et dans le cœur.

— C'est ainsi que je voulais être aimée! dit Honorine.

— Et c'est ainsi que je t'aimerai toujours; et en échange de ton amour, pourquoi ne puis-je t'offrir que le nom d'un homme frappé par la loi, d'un homme mort civilement.

— Qu'importe! tu m'aimes, cela suffit. Il est d'autres pays que la France; par-delà les mers, nous pourrons trouver le bonheur et la tranquillité.

— Rêves dorés, durez toujours, disait Raflard. »

Et les bougies ne jetaient plus qu'une faible lueur, et tout entiers au bonheur de se revoir, ils oubliaient et le ciel et la terre et les hommes.

XXVIII

Une enquête.

Nous avons laissé le planton de chiourme préposé à la surveillance des personnes qui sortaient de l'arsenal un peu indécis sur le parti qu'il devait prendre; il tenait à sa réputation, et cela lui coûtait beaucoup d'avouer à ses supérieurs que deux forçats étaient sorti de l'arsenal en lui adressant la parole, et que leur audace avait eu raison de ses vingt-cinq années de pratique.

« Allons, finit-il par se dire, la meilleure façon de montrer que je n'ai pas baissé au point de vue du coup d'œil, c'est de tâcher de remettre la main sur ces deux oiseaux; il faut qu'ils aient des intelligences dans la place pour avoir pu sortir sous un costume semblable. Ladirée était trop en colère pour que sa colère fût réelle, et puis comme il s'est subitement calmé quand le commissaire lui a dit que s'il ne se taisait pas, il finirait par croire qu'il était complice de l'évasion. Hum! hum! Ladirée a dû se laisser influencer par quelque chiffon de papier de la Banque ou par pas mal de pièces d'or. »

Partant de cette idée que Ladirée avait dû prêter la main à l'évasion, le sergent de chiourme, avec ce flair propre aux hommes appartenant à la police, se mit à faire des déductions, et de déduction en déduction, il finit par croire qu'il tenait la preuve de sa complicité.

Sa première visite fut chez le major général, il eut de la peine à arriver jusqu'à l'officier de service, auquel il fit part de ses doutes, et surtout de cette particularité, que quatre gendarmes seulement avaient conduit des visiteurs, et que le portier avait reçu cinq billets.

« Mais, dit le lieutenant de vaisseau, je n'ai donné que quatre permissions aujourd'hui.

— Vous en êtes sûr, mon lieutenant?

— Parfaitement; montrez-moi les billets. »

Le sergent courut chez le portier, et revint un instant après avec les cinq billets.

« Vous et le portier, vous êtes deux imbéciles, dit le lieutenant qui était peu parlementaire, après un instant d'examen des papiers qui lui avaient été remis. L'un des billets a été signé il y a quinze jours; ce n'est pas ma signature, c'est celle de l'officier de garde que j'ai remplacé. La date a été lavée au moyen d'une liqueur chimique, de l'eau seconde, ou de l'huile de vitriol; voilà comme vous faites votre service! vous mériteriez tous les deux d'aller coucher ce soir à Saint-Maurice. »

Saint-Maurice est le nom que porte la prison où

sont détenus les ouvriers de l'arsenal et les soldats de la marine.

Méloc, le sergent de chiourme, était renversé de ce qu'il venait d'apprendre; il avait été joué d'une façon grossière, et il n'y avait rien vu; si encore il s'était tenu coi, la chose restait ignorée, car on n'eût jamais songé à faire à l'amirauté le récollement des billets d'entrée. Son amour-propre n'en eut pas souffert.

« C'est vrai, mon lieutenant, dit-il, maudissant d'être revenu sur sa première idée, je ne suis qu'un imbécile. Mais si vous aviez vu comme ces deux individus étaient mis, vous y auriez été pris tout comme moi, on aurait dit des capitaines de vaisseau en bourgeois. »

La douleur du pauvre homme était si navrante et si comique à la fois, que le lieutenant ne crut pas devoir l'augmenter en continuant ses récriminations.

« Ah! Ladirée! Ladirée! disait le sergent Méloc en sortant de chez le major général, gare à toi si tu as trempé dans la chose. »

Ladirée demeurait dans une petite maison de la rue du Faubourg; Méloc s'y rendit au plus vite pour tâcher d'avoir quelques explications avec son subordonné; mais il arriva trop tard, le garde-chiourme venait de partir.

« Savez-vous quelle direction il a prise? demanda le sergent à un voisin.

— Il a monté la rue; il ne m'a point dit où il allait; tout ce que je sais, c'est qu'il avait sa carabine.

— Est-ce qu'il avait des dispositions pour aller à la chasse?

— A la chasse aux forçats, peut-être, » dit le voisin avec un gros rire.

Méloc était trop préoccupé pour répondre à cette plaisanterie du voisin; il suivit la route qu'avait dû prendre un instant avant Ladirée, et aidé un peu par les indications des personnes qu'il rencontra, il ne tarda pas à le distinguer à travers champ et gagnant la route du Verjeroux.

« Que diable va-t-il faire par là? se demanda le sergent, d'autant plus qu'il évite de prendre la grand'route, tout cela n'est pas clair. »

Au bout d'un instant, il vit un homme sortir d'un champ de blé, et Ladirée marcha droit sur lui, puis les deux hommes partirent ensemble.

« Mes yeux ne me trompent pas, c'est bien maître Garnic. Maître Garnic auquel je croyais avoir cassé les deux jambes cette après-midi; que peuvent-ils avoir à se dire? »

Le sergent se fit le plus petit possible; il était loin de se douter en ce moment que dans cette même plaine où il se trouvait étaient couchés Raflard et son compagnon; il était tellement intrigué de la conduite du garde-chiourme que peut-être s'il avait vu se lever les deux forçats, il aurait été capable de les laisser fuir plutôt que de renoncer au plaisir d'épier son garde-chiourme.

Quoiqu'il sentît parfaitement qu'avant peu un orage allait fondre sur la campagne, il n'en continua pas moins sa route; maintenant il avait un objectif, c'était la maison de campagne de Garnic où il venait de voir entrer les deux hommes qu'il épiait; il savait qu'elle était construite en plein champ, et qu'on pouvait y arriver de tous les points. Il attendit que la nuit fût tout à fait venue pour s'approcher, ce qui, grâce à la tempête qui se préparait, ne pourrait tarder à arriver. La maison de Garnic était élevée au milieu d'un champ planté de maïs; il vit de la lumière dans la pièce du bas, il se traîna à terre jusqu'à la fenêtre et se coucha; la fenêtre était demeurée entr'ouverte à cause de la chaleur qui était excessive, mais à son grand étonnement, par les bruits de voix qu'il entendit, il comprit que Garnic et Ladirée n'étaient pas seuls dans cette pièce; il devait y avoir cinq ou six personnes de réunies.

« Vous avez agi sagement, Garnic, disait une voix, il était préférable de prêter la main à une évasion que de risquer la suite d'une dénonciation en règle; voilà ce vieil ami Ladirée qui a toujours le coup d'œil sûr malgré ses cinquante ans, et qui va se charger de descendre nos deux hommes.

— Quoiqu'il fasse nuit, répondit Ladirée, je me charge de leur affaire.

— Puis après tout ce ne sont que des forçats, dit une autre voix, c'est-à-dire moins que des chiens.

— Sans doute! sans doute.

— Qu'avaient-ils besoin de se mêler de nos affaires.

— Cela, messieurs, doit néanmoins nous engager à être plus prudents, fit observer un timide. »

Personne ne releva cette observation.

« Mais, maître Garnic, avez-vous pensé à l'histoire que nous devons faire.

— Elle est des plus simples, répondit le maître; je vous ai invités à venir manger un lapin, et le hasard a conduit les forçats par ici; Ladirée qui avait des doutes, est venu s'embusquer en face de chez moi, et a été assez heureux pour arrêter ces deux malfaiteurs; seulement comme ils faisaient mine de résister, il a fait feu dessus. Au bruit de la détonation, nous sommes sortis, etc., etc. Voilà l'histoire, elle est sincère, puisque la table est dressée et le lapin cuit à point, et que voici Ladirée appuyé sur sa carabine.

— Bravo! bravo!

— Que diable! se passe-t-il ici, et quelle est cette association d'un nouveau genre, se demandait le sergent de chiourme, des gens qui prêtent la main aux évasions pour attirer ensuite les évadés dans un guet-apens? ».

Méloc fut arrêté dans ses réflexions par la voix

d'un nouvel individu, qui entra en courant dans la salle basse, et jeta ces mots d'une voix essoufflée :

« Les voilà ! dit-il.

— A vous Ladirée ! » dit Garnic ; il y eut un instant de silence ; puis Méloc entendit des pas qui s'éloignaient, il sentit de larges gouttes de pluie qui commençaient à tomber. « Cela m'a tout à fait l'air d'un assassinat, dit-il ; ils espèrent peut-être que l'eau qui va tomber lavera le sang qu'ils vont répandre sur la route. »

Le plus profond silence régnait dans la salle un instant si tumultueuse, le sergent crut d'abord que tout le monde était sorti, il n'en leva pas moins la tête avec prudence, bien lui en prit, car personne autre que Ladirée n'était sorti, autour d'une table abondamment servie se tenaient silencieux et le visage recueilli, les hommes naguère si turbulents ; Méloc les connaissait tous, c'étaient des individus occupant une position importante soit comme fournisseurs, soit comme employés dans l'arsenal.

« Qui vive ? » cria la voix de Ladirée dans le silence du soir, et aussitôt deux coups de feu partirent simultanément.

Raflard, en ce moment, montait en cabriolet.

« A moi ! » cria la voix de Ladirée.

Il y eut un instant d'hésitation parmi les hommes qui se trouvaient dans la salle basse.

« Sortons ! s'écria Garnic, nous ne pouvons le laisser assassiner. » On entendit courir devant la maison.

« Le voici qui revient, » dirent les hommes qui s'étaient levés, mais tous poussèrent un cri de surprise, presque d'effroi en voyant entrer André le forçat, il avait à la main la carabine de Ladirée ; sans nul doute que s'il eût pensé trouver une si nombreuse compagnie, il se serait hâté de gagner le large ; mais à la vue de tous ces visages terrifiés il comprit qu'il pouvait tirer parti de la situation.

« Que pas un de vous n'essaye de sortir ! dit-il d'une voix terrible, mes hommes sont au dehors et ils ont ordre de tuer quiconque sortira d'ici ! Asseyez-vous ! »

Il y eut comme un moment d'hésitation.

« Tonnerre ! asseyez-vous, dit-il en frappant le sol de la crosse de sa carabine. Et vous autres attention ! cria-t-il au dehors, comme s'il eût parlé à ses hommes. Nous avons un petit compte à régler ensemble, surtout avec maître Garnic qui m'a attiré dans une petite embuscade après avoir facilité mon évasion du bagne. Il est probable que vous tous, messieurs, qui êtes réunis ici, vous faites partie de cette honorable association qui pille l'arsenal sans vergogne, et vous n'avez trouvé rien de mieux que de vous réunir dans un petit banquet, en attendant que vos assassins à gages eussent tué les deux hommes dont les révélations pouvaient vous perdre. Eh bien ! le sort en a disposé autrement. C'est le forçat qui a tué Ladirée. Maintenant, je vous donne cinq minutes pour trouver le moyen de me faire continuer ma route sans encombre, sinon demain matin, vous serez tous arrêtés comme voleurs ! et vous viendrez me tenir compagnie au bagne. »

André aurait pu encore parler longtemps sur ce ton, les individus auxquels il s'adressait, étaient muets de surprise et d'effroi ; ils étaient à la discrétion d'un homme qu'ils avaient essayé de faire assassiner, que l'échafaud attendait ; les accommodements paraissaient assez difficiles avec lui ; invoquer sa générosité, c'était peine inutile.

Cependant, Garnic crut pouvoir employer ce dernier moyen.

« Mon cher ami, dit-il, dans tout cela, il n'y a qu'un malentendu. »

Comme le visage du forçat demeurait impassible, les convives de Garnic interprétèrent cette impassibilité d'une façon favorable.

« Sans doute ! sans doute ! dirent-ils.

— Puisque Ladirée est mort ou du moins à peu près, continua Garnic....

— Oh ! il est bien mort, interrompit André, car après l'avoir tué avec mon pistolet, je lui ai défoncé l'estomac avec la crosse de sa carabine. »

Il y eut dans l'assemblée un certain frémissement.

« Eh bien ! puisqu'il est mort, faites enlever son corps par vos hommes, dit Garnic, qui croyait à la bande de voleurs, et faites-le jeter à la mer, et ensuite, nous nous occuperons de votre affaire.

— C'est juste ! c'est juste !

— Ah ! ça vous paraît juste, ce n'est pas tout à fait mon opinion, c'est vous qui vous chargerez de cette besogne, et j'exige que l'un de vous m'accompagne jusqu'à Rochefort, et me cache chez lui en attendant mieux.

— Mais il fait un temps horrible ? objecta Garnic.

— Ce n'est pas de ma faute, dit le forçat, je ne puis rester dans l'indécision, il faut que je quitte le pays, c'est à vous de trouver le moyen ; si vous ne m'aviez pas attiré dans ce guêpier, tout cela ne serait pas arrivé. »

Méloc, qui commençait à trouver sa faction des plus longues, et qui était ruisselant de pluie, crut qu'il était temps de se montrer. Il se leva vivement et enjambant la fenêtre, il saisit André au collet, avant que celui-ci eût songé de se mettre sur la défensive.

« Au nom de la loi ! je vous arrête, et vous messieurs, je vous somme de me prêter main-forte ! »

Toutes les personnes qui étaient là connaissaient le sergent Méloc ; il y eut bien un peu d'hésitation; mais enfin, plusieurs hommes s'élancèrent sur le forçat, il fut terrassé, on lui lia les jambes et les bras; il écumait de rage.

« Comment! s'écriait-il, en s'adressant aux convives de Garnic, vous êtes assez naïfs pour prêter la main à mon arrestation, mais vous voyez bien que vous vous perdez tous.

— Te tairas-tu, misérable! s'écria Garnic.

— Me taire? sergent, je vous prie de recevoir ma déclaration, le Parisien et moi sommes sortis du bagne avec l'aide et la coopération des personnes ici présentes; maître Garnic nous avait donné rendez-vous ici, afin de nous faire assassiner par Ladirée, seulement, c'est le contraire qui est arrivé....

— Ladirée est mort. Un si brave serviteur! dit Méloc, quoiqu'il sût à quoi s'en tenir sur la moralité du garde-chiourme.

— Oui, dit Garnic, ce misérable vient de l'assassiner, et il nous menaçait de nous faire éprouver le même sort, avec sa bande qui cerne la maison.

— Ils racontent tous la même histoire, seulement vous avez eu tort d'y croire. Messieurs, vous allez garder le prisonnier, et je reviens avec du renfort. Ton affaire est claire, dit-il au forçat en sortant, dans deux jours, tu auras le cou coupé....

— Je le sais bien, dit le forçat, mais ces messieurs iront me remplacer au bagne. »

Cependant, tous ceux qui se trouvaient là tremblaient plus que le forçat couché à terre; ils craignaient ses révélations, il y avait bien un moyen de mettre fin à ces terreurs, c'était de tuer le forçat et de dire, pour excuser le meurtre, qu'il avait voulu se révolter; mais tous reculaient devant un meurtre, et puis, dans des moments aussi critiques, les coquins sont peu inventifs. Le temps se passait sans qu'ils pussent prendre aucune décision.

A dix heures, c'est-à-dire, une heure après son départ, Méloc arrivait avec deux brigades de gendarmerie.

« Pourquoi avez-vous amené tout ce monde? demanda maître Garnic, un peu inquiet.

— Vous allez le savoir, dit-il, que tout le monde montre ses pouces, et maître Garnic en tête, sinon.... »

Ce dernier mot était dit sur un tel ton, que tous ceux qui se trouvaient là tremblèrent et crurent voir braquer sur leur poitrine les carabines des gendarmes.

« Oh! oh! dit André, le sergent est plus fin que je ne l'avais pensé; eh bien! vrai, ce qu'il vient de faire là me réconcilie avec lui.

— M'expliquerez-vous enfin! s'écria Garnic, blême de honte et de rage, ce que signifient ces violences, chez moi.... dans mon domicile.

— Oui, oui! crièrent les autres, expliquez-vous? »

Le sergent de chiourme promena un regard tranquille sur toutes ces têtes échauffées par la colère.

« On vous arrête, parce que non-seulement vous vous êtes rendus coupables d'une tentative de meurtre sur le forçat André, mais encore comme voleurs.... Je suis resté près d'une bonne heure caché sous cette fenêtre; maintenant croyez-vous que je sois bien renseigné ? »

Tous en entendant cette déclaration, ils demeurèrent sans voix.

« C'est égal, disait le lendemain matin le sergent de chiourme en se rendant à son poste ordinaire, il en reste encore un à faire rentrer. La capture de celui-là sera peut-être plus difficile; mais avec l'aide d'André, en excitant son ressentiment, en lui disant que Raflard l'a fait aller devant pour l'exposer à une mort certaine, je parviendrai peut-être à le faire jaser et arriver à découvrir sa retraite. La haine est une si mauvaise conseillère.

XXIX

Douleurs et joies d'une fille perdue.

Varambert avait employé une partie de la nuit à réparer le désordre de la pièce dans laquelle s'était passée la scène sanglante que nous avons rapportée, et à faire disparaître les traces du sang répandu sur le parquet. Quelques heures suffirent pour qu'il se rassurât un peu, sinon complétement.

« Qui connaît aujourd'hui, se disait-il, ce Berjaud disparu depuis si longtemps et que tout le monde croit mort?... Pied-de-Fer peut me dénoncer; mais n'est-il pas mille fois plus vulnérable que moi? Et à supposer que tous ses crimes soient couverts par la prescription, ce qui n'est pas certain du tout, quelle créance accordera-t-on aux paroles d'un homme vingt fois frappé par la justice et accusant un citoyen honorable connu dans le meilleur monde? Trois hommes étaient ici; un d'eux a été assassiné par un des deux autres, contre lequel de ces derniers s'élèveront les plus graves présomptions? Sera-ce contre celui qui est pur de tous antécédents judiciaires, ou contre celui qui s'est tant de fois évadé du bagne et des prisons? Cette déclaration écrite de ma main, qu'il possède, ne m'a-t-elle pas été arrachée le couteau sur la gorge?... Cet homme prétend, m'a-t-il dit, m'imposer toutes ses volontés, me réduire à une obéissance aveugle; eh bien, nous le verrons venir. »

Un peu rassuré par ces réflexions, comme nous venons de le dire, Varambert entra, vers midi, chez Léontine que, à sa grande surprise, il trouva levée et le visage baigné de larmes.

« Qu'y a-t-il donc, belle amie ? lui demanda-t-il ; que vous est-il arrivé ? »

Et il s'approcha d'elle la main tendue ; mais elle recula en faisant un geste d'horreur et en s'écriant :

« Ne m'approchez pas, retirez-vous !... Ne me touchez pas !... Je vois encore sur vos mains le sang du malheureux que vous avez assassiné ! »

Varambert demeura comme pétrifié. Elle reprit en se réfugiant dans l'embrasure d'une fenêtre :

« J'ai tout vu, tout entendu, vous dis-je ! la porte de ma chambre était entr'ouverte lorsque vous êtes entré dans la vôtre, car j'avais quitté le bal avant vous.... Je vous ai vu lever le bras... ; j'ai vu briller comme un éclair la lame de votre poignard ; j'ai entendu le cri de la victime et vu jaillir son sang.... Et moi aussi je voulais crier ; mais la terreur me paralysait ; j'étais sans voix et comme clouée au parquet.... Maintenant encore vous me faites peur.... Varambert, de grâce ! ne m'approchez pas !...

— Mais entendez-moi au moins ! fit le baron pâle et tremblant ; puisque vous avez été témoin de ce malheur, vous savez que j'ai été provoqué, que je n'ai frappé qu'à mon corps défendant.... Léontine, je t'en conjure....

— Non, non !... ne m'approchez pas, vous dis-je.... Ne voyez-vous pas que j'ai les nerfs dans un état affreux,... que votre présence me tue ?... »

Soit qu'il devinât que cette surexcitation ne fût que simulée, soit qu'il comprît qu'une rupture était inévitable, Varambert parut recouvrer subitement toute son énergie, tant affaiblie depuis le jour où Berjaud lui était apparu sous les voûtes de l'église Saint-Sulpice ; il cessa de trembler, de supplier, et se relevant fièrement :

« Léontine, dit-il, je croyais avoir payé vos faveurs assez cher pour n'avoir pas à subir vos caprices. J'étais fou ; la raison me revient. Vous êtes chez vous ici, et de tout le reste je vous ai fait une large part ; gardez-la ; mais n'oubliez pas que la moindre indiscrétion de votre part sur ce qui s'est passé ici cette nuit, serait pour vous un double arrêt de ruine et de mort. J'ai pu fléchir un instant ; mais l'arc, trop tendu ne va pas tarder à rompre la corde qui l'a courbé. »

La courtisane ne répondit que par un sourire strident, et le baron s'éloigna gravement comme un homme fort qui vient de prendre une résolution irrévocable. A peine fut-il sorti qu'un changement subit s'opéra chez Léontine ; sa grande frayeur se calma, ses larmes se séchèrent, ses beaux yeux reprirent tout leur éclat, et de toute la terrible scène de la nuit elle sembla avoir perdu le souvenir. Elle se mit à sa toilette et se fit habiller. On n'expliquera jamais les mystères de cœur de ces femmes.... si cœur il y a. Celle-ci était réellement en proie à une passion violente ; elle était dominée par un amour d'autant plus vrai, d'autant plus ardent qu'il était né depuis quelques heures seulement. Elle bondit sur son fauteuil lorsqu'un valet vint annoncer M. le lieutenant Félicien Dubruard.

« Lui ! lui ! » fit-elle en se dégageant brusquement des mains de sa femme de chambre.

Et elle courut affolée ouvrir la porte de son cabinet de toilette. Félicien parut, et impuissante à se contenir, elle lui tendit les bras....

Tandis que cela se passait, Varambert rentrait chez lui avec la résolution bien arrêtée de faire tête à l'orage de quelque côté qu'il vînt ; on eût dit que, comme Anthée, il venait de recouvrer toutes ses forces en touchant la terre. Il était parvenu à bannir toute crainte, à se dégager de tous liens, et se sentait capable de tout braver.

Il était dans ces dispositions d'esprit quand on lui remit une lettre, dont il reconnut sur-le-champ l'écriture.

« Pied-de-Fer ! fit-il, oui c'est bien là l'écriture de cet homme infernal que ma mauvaise étoile a mis sur mon chemin.... Curchello me l'avait dit : « Cet homme-là pourrait bien mettre « des mauvaises cartes dans mon jeu et même « dans le vôtre. » Il avait du bon, ce grec, et j'ai eu grand tort de ne pas lui laisser la lesse plus longue.... »

Tout en faisant ces réflexions, le baron ouvrait la lettre, et lisait : « OBÉISSANCE ! Ordre de remettre immédiatement à leur auteur les lettres adressées directement ou de toute autre manière au duc de T.... et extorquées à ce dernier peu de temps avant sa mort. »

« Je m'en doutais, se dit Varambert, le nœud est toujours là. C'est là qu'est le champ de bataille, et c'est là qu'il faut vaincre. Le succès m'a étourdi, et j'ai été désarmé ; mais l'imminence du danger va me rendre fort. A la rescousse, mes vaillants partenaires.... ! l'événement de cette nuit pouvait me perdre, c'est lui qui me sauvera ! Il a brisé le bienfait qui m'attachait à cette femme, et je sens revenir toute ma force de volonté ; mon cerveau s'élargit ; je n'ai plus peur, et toutes mes bonnes idées vont renaître.... Commençons par ce drôle de Carlo ; il est temps, je crois, de le relever du péché de paresse. »

Et il fit appeler son intendant qui arriva bientôt.

« Çà, maître drôle, fit le baron, il paraît qu'en vous enrichissant j'ai tiré sur mes troupes ; car maintenant vous vous endormez dans les délices du *far niente*, ce dont mes intérêts souffrent horriblement.

Au point du jour on découvrit le cadavre. (Page 599.)

Carlo comprit :

« Il me revient, se dit-il, donc il a grand besoin de moi, et j'ai été sage en me tenant sur mes gardes. »

Et prenant un ton d'autant plus humble qu'il se sentait fort, il répondit :

« Je prie monsieur le baron de me permettre de respectueuses observations : d'abord ce n'est pas monsieur le baron qui m'a enrichi ; nous nous sommes enrichis ensemble ; j'ai fait le plus gros de la besogne, comme il convient à un honnête serviteur, et je me suis contenté des miettes du festin ; je comptais par mille à peine alors que monsieur le baron comptait par millions. Depuis monsieur le baron a été vite, très-vite ; j'oserais même dire trop vite, ce qui n'empêche pas qu'il soit encore plus de trois fois millionnaire, alors que son serviteur n'est qu'un modeste petit rentier.

— Ne parlons plus de cela : tu as fait tes orges, cela devait être : on n'est pas intendant sans ruiner quelque peu son maître ; c'est de règle, et tu n'es pas un gaillard à faire exception. Je serais donc très-disposé à te pardonner cela, si tu mettais à me servir le même zèle qu'autrefois. Tu me coûtais cher aussi dans ce temps ; mais au moins l'or qui te passait par les mains, auxquelles il en restait naturellement une bonne partie, servait à quelque chose : j'étais parfaitement renseigné sur tout ce qui se passait autour de moi, et je n'ignorais rien de ce qu'il m'importait de savoir.

— Et s'il en est autrement aujourd'hui, c'est que, depuis longtemps, monsieur le baron ne daigne plus me consulter. J'ai toujours eu le même zèle ; rien n'a pu me décourager : non-seulement, dans ces derniers temps j'ai continué à me tenir au courant de ce qui peut intéresser monsieur le baron, mais c'est de mes deniers que j'ai payé les renseignements, attendant respectueusement les temps meilleurs où ils pourraient être utiles. Je me disais que l'accès de fièvre qui emportait monsieur le baron à la dérive, ne pouvait durer bien longtemps, et je semais comme par le passé partout où je pouvais espérer de récolter....

— Tu aurais fait cela, Carlo !

— Monsieur le baron en veut-il la preuve ?... Je sais que depuis quelque temps l'homme au masque de velours fait de fréquentes apparitions chez Mme la comtesse de Quérens, que M. le comte est malade à Stockholm ; que M. de Barno, rappelé d'Amérique, est attendu à Paris, où il arrivera très-prochainement.

— Carlo, je te rends toute mon estime !

— Ce n'est pas tout : sachant que l'homme au masque de velours et la comtesse s'entretenaient souvent de la marquise de Merval qui garde chez elle Mlle Ida, j'ai voulu savoir ce qui se passait par là; et j'ai fait un voyage dans les Pyrénées où j'ai fait connaissance avec un vieux garde-chasse, ivrogne, dont j'ai obtenu des confidences du plus haut intérêt.

— Carlo, je te proclame le modèle des serviteurs! Je te donne.... tout ce que tu m'as volé.

— Ah! monsieur le baron....

— Ne fais donc pas la petite bouche. Il n'y a que les sots qui discutent les faits accomplis. Non-seulement ce que tu as pris est à toi; mais je t'en donnerai le double dès que, avec ton aide, je serai parvenu à débrouiller mes affaires.... J'ai été fou, Carlo; une drôlesse m'avait tourné la tête, mais la raison m'est revenue; reprends ton activité d'autrefois, et tout ira bien.

— Est-ce que je ne viens pas de prouver à monsieur le baron que cette activité n'a jamais cessé d'être la même.... Puisqu'il est question de cette femme, je puis ajouter à tout ce que j'ai dit que je sais son histoire aussi bien qu'elle-même; je pourrais même dire ce qu'elle fait en ce moment....

— Mon ami, tu es un véritable homme fort!

— Ce qui explique comment il se fait qu'ayant manié des millions je ne sois encore qu'un petit rentier; tout cela me coûte si cher!

— Bon, je comprends; parle, parle, mon ami; nous compterons ensuite, et tu pourras mettre des queues aux zéros. Tu disais donc?...

— Voyant monsieur épris de cette....

— Marche, je te passe le mot quel qu'il soit.

— Je dirai donc de cette *fille;* car elle n'est pas plus dame Dikson que je ne suis roi de Macédoine; lorsque je vis, dis-je, monsieur le baron épris de cette fille, j'éprouvai le besoin de savoir ce qu'elle avait été, ce qu'elle était, afin de prévoir ce qu'elle pourrait devenir.... J'espère que monsieur le baron ne m'en voudra pas pour cela: dans ma position, c'était tout à fait élémentaire.

— Élémentaire, soit. Continue.

— Ce que je voulais savoir, monsieur le baron le sait peut-être maintenant aussi bien que moi; mais je l'ai su avant lui: c'était tout simplement la fille d'un modeste industriel, séduite par le chevalier de Curchello, dressée et lancée par lui dans le monde interlope pour lequel elle avait d'ailleurs une vocation toute particulière. Aimée d'un jeune homme, apprenti chez son père, qui voulait l'épouser, elle se moqua de lui. Le jeune homme, désespéré, se fit soldat et partit pour l'Afrique; il en revint avec l'épaulette de sous-lieutenant, et je le vois maintenant fort occupé à prendre sa revanche.

— Que veux-tu dire?

— Je veux dire que, devenu l'ami de cœur de la femme qui l'avait dédaigné, et qui l'adore aujourd'hui, il commence à croquer gentiment les riches bonbons que monsieur le baron a prodigués à cette belle pécheresse.

— Diable! Carlo, il ne faut pas perdre cela de vue! Il peut y avoir par là quelque chose à sauver du naufrage. Mets-toi en campagne; je te donne carte blanche. »

Carlo était trop habile pour ne s'être pas ménagé des intelligences dans la place dès qu'il avait vu le baron complètement dans les filets de Léontine: la femme de chambre de cette dernière, son valet de pied, son cocher, étaient promptement devenus gens à lui, par la grâce de la caisse de son maître dans laquelle il puisait alors à pleines mains, douce habitude qu'il se promettait bien de ne pas perdre de sitôt. Il savait donc tout ce qui se passait à l'hôtel de la rue Saint-Georges où Varambert avait eu, dès les premiers jours, un appartement particulier. Et si l'adroit intendant ignorait le meurtre de Berjaud, c'est que ce crime n'avait eu pour témoin aucun des serviteurs de la maison.

Ce qu'il savait parfaitement, l'honnête Carlo, c'est que Félicien, sous autre fortune avouable que ses appointements de onze cents francs, avait des chevaux, jouait gros jeu, et menait la vie à grandes guides. Ce qui était venu de la flûte continuait donc à retourner au tambour; seulement la flûte ne donnait plus rien, et le tambour recevait toujours avec un nouveau plaisir, ce qui pouvait faire prévoir que la chose aurait une fin prochaine.

« Maintenant, se dit Varambert enchanté des dispositions dans lesquelles il avait trouvé Carlo, et de tout ce qu'il en avait appris, il s'agit de donner une apparence de satisfaction à ce fier-à-bras de Pied-de-Fer. Elle veut ses lettres, cette pauvre comtesse! mais sait-elle seulement combien elle en a écrit? Non, bien certainement elle ne le sait point, car c'est chose prodigieuse que la rage d'écrire qui saisit les femmes mariées quand elles commencent à tromper leur mari. D'ailleurs le duc de T.... ne peut-il pas en avoir détruit quelques-unes? Ce Pied-de-Fer ne s'est même pas demandé cela, le pauvre homme! »

Ce fut à la suite de ces réflexions qu'il se rendit chez Mme de Quérens, qui attendait sa visite.

« Madame, dit-il, ne suis-je donc plus assez de vos amis pour que vous doutiez de mon empressement à vous être agréable? Je comprends votre désir de rentrer en possession de ces lettres que les raisons les plus graves m'ont obligé à garder jusqu'à ce jour; mais pourquoi avoir employé ce hideux messager que la justice aurait dû depuis longtemps retrancher du nombre des vivants?

— Ah! baron, retirez bien vite ces paroles qui sont presque un blasphème.... Un cœur d'or, dévoué, désintéressé....

— Voilà ce que je n'accepte pas. On peut être

dévoué, avoir un cœur d'or, comme vous dites, madame; mais il faut qu'un intérêt quelconque fasse mouvoir cela. Donc cet homme a un intérêt quelconque à faire ce qu'il fait.

— Il n'en a aucun, je vous jure : il est déjà vieux; son visage, sillonné de profondes cicatrices, l'oblige parfois à se couvrir d'un masque; il est toujours prêt à donner, et il ne demande jamais rien.

— Mais son but, enfin?

— C'est un mystère; mais ce qui prouve que sa volonté est puissante, permettez-moi de vous le dire, c'est, en ce moment, votre présence ici.

— Qu'il me soit permis de vous désabuser, madame; je suis ici de ma propre et seule volonté; je n'y serais pas si l'on avait tenté de m'y faire venir. J'ai appris la maladie de M. le comte, vos inquiétudes, et me voici; libre de tout engagement, je viens vous dire : « Soyez rassurée; l'existence de ces lettres vous tourmente; brûlons-les.... Tenez, les voici. »

Et il les présenta à la comtesse, qui les saisit convulsivement, puis il reprit :

« Et maintenant, je viens vous dire à genoux : Au nom de Dieu, madame, donnez-moi votre fille que j'adore, et dont je me sens capable de faire le bonheur. La maladie de M. de Quérens justifierait outre mesure l'usage que vous feriez des pleins pouvoirs dont il vous a investie, et j'ai la certitude que ma soumission aux volontés de Mme la marquise de Merval, votre sœur, parviendrait à faire disparaître ses injustes préventions contre moi.

— S'il en est ainsi, baron, commencez par elle; partez; tâchez de faire disparaître la mauvaise impression qu'ont produite vos deux premières visites à Merval, et ce résultat obtenu vous me trouverez tout à vous.

— Je retiens cette parole, madame : elle me comble de joie.... Oh! nous touchons au but; si vous restez avec moi, je l'atteindrai. »

Et le misérable était presque de bonne foi en disant cela; car en rapprochant le dire de Carlo sur les révélations d'un vieux garde de chasse, des phrases embarrassées de la marquise sur la disparition de son mari, il se croyait sur la voie d'une découverte importante; mais ce n'étaient là que des conjectures dont il pouvait être très-difficile de faire des certitudes.

XXX

Révélations.

« Carlo, disait Varambert à son intendant qu'il avait fait appeler dès le matin, tu m'as parlé d'un vieux garde-chasse qui peut donner sur la marquise de Merval de précieux renseignements.

— Que j'ai payés bien cher, comme monsieur le baron pourra s'en convaincre en jetant les yeux sur....

— Garde tes paperasses; il s'agit pardieu bien de cela!... Tu sais où retrouver cet homme?

— Rien n'est plus facile, il habite un gentil petit cottage à une des extrémités du parc du château de Merval, et là il est roi, car d'après ce qu'il m'a dit, et ce que j'ai deviné, la marquise elle-même n'oserait lui imposer sa volonté.

— Eh bien, mon ami, nous allons partir tout à l'heure pour aller faire visite à ce brave homme.... Ne faites donc pas la grimace, maître Carlo ; je vous convie à une villégiature d'autant plus charmante qu'elle durera peu. Nous emporterons deux paniers de champagne, douze bouteilles de cognac; croyez-vous que ce soient des munitions suffisantes?

— Eh! eh! c'est un vieux renard qui flaire de loin; mais une fois la veine ouverte, cela coule de source.

— Et tu crois, mon garçon, que cet homme-là sait beaucoup de choses à l'endroit de....

— Des choses qui le font blêmir quand on l'amène à y toucher seulement du bout de la langue.

— Partons donc, mon garçon. Il est fâcheux que tu n'aies pas fouillé un peu plus avant ce terrain-là; c'est un tort que j'ai hâte de réparer. »

Deux jours après, une berline de voyage s'arrêtait à Bagnères, devant l'hôtel de la Couronne-d'Or.

« Encore là! fit Varambert en mettant la tête à la portière; on dirait que tous ces animaux de postillons se donnent le mot pour me torturer.

— Qu'y a-t-il donc, monsieur le baron? demanda Carlo.

— Rien, mon ami; seulement, comme il nous reste encore au moins quatre heures de jour, et que nous sommes grassement pourvus de victuailles, il me semble que nous ferions bien de ne mettre pied à terre qu'à la porte de ton ami, le garde-chasse.

— Rien de plus simple, » dit Carlo.

Et s'adressant au postillon :

« Double pourboire si, dans une demi-heure,

nous sommes derrière le parc du château de Merval.

— Ah! oui, à la maison du père Berchon.... Un fameux lapin, celui-là!

— Vous le connaissez donc, mon ami, demanda Varambert.

— Tiens! qui est-ce dans le pays, qui ne connaît pas ce malin-là qui, sans avoir l'air d'y toucher, fait la pluie et le beau temps au château?... Hue! la blonde!... Clic, clac! nous y serons dans un quart d'heure, ou je perds mon nom! »

Et un quart d'heure après, les deux voyageurs mettaient pied à terre devant la confortable chaumière du père Berchon.

« Tiens! fit le garde-chasse en reconnaissant Carlo, voilà donc que nous revenez?

— Mon Dieu oui; j'ai fait à monsieur le baron un si beau tableau de ce pays, qu'il a voulu le voir, et nous voici.

— Nous venons, dit Varambert en riant, manger votre soupe et goûter votre vin, à condition que vous nous permettrez d'ajouter quelque chose à l'ordinaire. »

Et pendant qu'il parlait, Carlo tira de la voiture les bourriches et les paniers de vin.

« Hum! fit le garde-chasse dont le visage bourgeonné devint rayonnant; feu partout, Mathurine! Il y a encore là un quartier de chevreuil, une demi-douzaine de perdreaux.... Ah mais! on ne le prend pas sans vert, le père Berchon! »

Mathurine fit merveille; on avait à peine entamé une bouteille, que déjà la broche tournait devant le fagot qui pétillait dans l'âtre, en même temps que la ménagère mettait la nappe.

« Il paraît, dit Varambert en trinquant avec le garde, que vous êtes un des anciens du pays?

— Dame! c'est facile à compter : j'ai soixante-cinq ans, et j'en avais quinze quand je suis entré au service de M. le marquis de Merval, ce qui fait juste cinquante ans de bricole. C'est rude, hein?

— Heureusement c'était un bon maître?

— Lui?.... un chien fini! mais avec moi, n'y avait pas à mordre.. . motus là-dessus.. ».

En ce moment, Mathurine mettait sur la table le quartier de chevreuil et les perdreaux dont le fumet dilatait délicieusement les nerfs olfactifs de nos personnages. On mangea beaucoup; on but davantage.

« Sur ma foi! disait le garde, voilà un petit vin pelure d'oignon qu'est gentil comme tout!

— Disons-lui un mot, père Berchon. »

Et le verre du garde se remplissait et se vidait avec une facilité merveilleuse, en même temps que la langue du bonhomme se déliait de plus en plus.

« Vous disiez donc, papa Berchon, fit Varambert en trinquant pour la dixième fois, que le marquis de Merval n'était pas toujours doux avec son monde?

— C'est le vrai du vrai; mais avec moi n'y avait pas à faire la grosse voix. Je n'avais pour le radoucir, qu'à dire : *Le petit livre de mon parrain est là!*

— Ah! vous aviez un petit livre?...

— Et je l'ai toujours, cordieu!

— A votre santé, papa Berchon....

— Faut vous dire que mon parrain, Joseph Carard, avait été, pendant trente-cinq ans, commis-greffier au parlement de Toulouse.... Ah! il en savait, celui-là! mais ça serait trop long....

— Du tout, du tout! monsieur Berchon.... Tenez, laissons là la pelure d'oignon, et goûtons du mousseux.

— Psit!... fameux aussi celui-là!

— Ah! votre parrain était greffier au parlement de Toulouse!...

— Le brave homme! père de six enfants, il ne pouvait pas faire grand'chose pour moi; seulement quand j'entrai au service du marquis de Merval, il me dit : « Tiens, voici un cahier dont je te défends, à moins d'événements très-graves, de lire le contenu; mais si parfois le marquis se montrait trop sévère, je te permets de lui dire ces seuls mots : *J'ai le petit livre de mon parrain.* »

— Et vous avez dit cela quelquefois?

— Ah! fichtre! il ne fallait pas le dire deux fois !

— Et il n'a pas cherché à s'emparer de ce livre?

— Bast! je le lui aurais vendu au poids de l'or, si je l'avais voulu; mais c'est mon talisman; ces choses-là ne se vendent pas.

— C'est très-bien ce que vous dites là, papa Berchon; ce sont des choses sacrées qu'on ne doit pas vendre; mais puisque cela est écrit, il est naturellement permis de le lire.

— C'est juste, c'est parfaitement juste!... nous allons lire. »

Et il alla tirer d'une armoire un dossier poudreux qu'il remit à Varambert.

« Mettons-nous en voix, dit ce dernier en remplissant les verres.

— Oui.... oui..., » fit le garde qui commençait à s'endormir sur la table.

Varambert ouvrit le dossier et il lut :

« Fils d'un pauvre serrurier, Jean Verson était né dans le hameau de Saint-Léonard, près de Rhodez. Il n'avait que cinq ans lorsqu'il perdit sa mère. La mort de cette femme augmenta encore la misère du serrurier, qui n'avait pas, dans tout le cours de l'année, autant d'ouvrage qu'il en aurait pu faire en un mois.

« L'enfant grandissait néanmoins, et son intelligence se développait de manière à faire croire qu'il parviendrait un jour à vaincre la pauvreté.

Il apprit presque seul le métier de son père. A huit ans, il ne savait pas lire, mais il dessinait sans jamais avoir eu de maître; il faisait parfaitement et de toutes pièces une serrure, et il fabriquait de petites mécaniques fort ingénieuses, que son père allait vendre à la ville.

« Au nombre des amateurs de ce petit prodige était le curé de Saint-Léonard, respectable prêtre, une de ces belles âmes dignes d'un monde meilleur, et qui sont en exil sur la terre.

« Cet excellent homme, bien qu'étant fort pauvre lui-même, prit le petit Verson, le logea dans son presbytère, l'habilla, le nourrit convenablement, et lui enseigna tout ce qu'il savait, c'est-à-dire le latin, un peu de grec, d'histoire et de mathématiques. En moins de deux ans, l'enfant apprit tout ce que le bon curé pouvait lui enseigner; mais, par une bizarrerie inexplicable, son cœur se corrompit à mesure que son esprit acquérait de nouvelles connaissances. Cet enfant si intelligent était en même temps doué des plus mauvais instincts : tous les soins imaginables lui étaient prodigués; il ne manquait de rien, et il volait !

« Déjà, à plusieurs reprises, le bon curé s'était aperçu de la disparition de certains objets : un jour, à son lever, il ne trouva plus sa montre; il pensa l'avoir perdue la veille, et il s'en consola.

« Mais des pertes successives et plus importantes attirèrent bientôt toute son attention : un jour, un petit crucifix en argent, placé sur le maître autel, au pied de la croix, disparut; puis un matin le bon curé trouva la statue de la Vierge dépouillée de ses ornements; puis enfin ayant voulu ouvrir le tronc des pauvres pour en distribuer le contenu aux nécessiteux de sa paroisse, il le trouva vide, bien qu'il ne portât aucune trace d'effraction, et que la serrure dont il était garni fût en bon état.

« Cette dernière circonstance fut pour l'homme de Dieu un trait de lumière : il se rappela le talent précoce et presque prodigieux que son élève avait d'abord montré pour la mécanique. On s'était servi, pour ouvrir le tronc, d'une fausse clef, et Jean Verson était la seule personne du village capable de la fabriquer.

« — Jean, dit l'excellent homme d'un ton sévère, tu as commis un crime !

« — Moi ! monsieur le curé ?

« — Tu as volé, malheureux enfant; tu as volé les pauvres ; c'est affreux.... Avoue, mon enfant, avoue ta faute, afin que Dieu te pardonne; et puis dis-moi ce que tu as fait de cet argent destiné à donner du pain à de pauvres gens qui peut-être mourraient de faim si ce secours leur manquait. »

« Verson avait d'abord paru ému, mais il se remit promptement, et il dit avec le plus grand sang-froid :

« — Je n'ai rien volé. Si vous avez l'intention de me renvoyer, il vaut mieux me le dire franchement que de chercher des prétextes.

« — Mais c'est horrible ce que tu dis là, malheureux ! cela prouve que tu n'as pas de cœur. Quoi ! tu me vois au désespoir de te trouver coupable, et au lieu d'avouer ta faute ou de prouver ton innocence, tu me manques de respect ! Va, je ne doute plus maintenant : celui qui outrage son bienfaiteur, son père adoptif, est bien capable de voler les pauvres. Sors d'ici, car si je te gardais plus longtemps, je croirais être ton complice. »

« Verson ne répliqua pas; il ne versa pas une larme; ce fut de l'air le plus calme, avec la plus grande tranquillité d'esprit qu'il alla faire un paquet des vêtements à son usage; puis, sans adresser un mot à son bienfaiteur qui pleurait, il sortit du presbytère, et prit la route de Rhodez, où il arriva bientôt.

« Verson, pendant son séjour chez le bon curé, avait souvent entendu parler d'une dame très-riche, très-pieuse et bienfaisante, nommée de Ferbela, qui habitait Rhodez où elle était vénérée comme une sainte; il se présenta hardiment chez elle.

« — Madame, lui dit-il d'un air inspiré et parfaitement approprié à la circonstance, je suis l'enfant de la Providence; m'être en aide, c'est servir Dieu et marcher dans la voie du paradis.

« — Que puis-je faire pour vous, mon enfant ? demanda la dame fort surprise de ce langage.

« — Dieu m'appelle à l'apostolat, répondit le rusé Verson; mais c'est par l'aumône que j'y dois arriver : un prêtre charitable m'a fait faire la plus grande partie des études nécessaires; un an passé dans un collége suffirait pour achever mon éducation. »

« Mme de Ferbela, de plus en plus surprise, fit asseoir le jeune garçon; puis elle envoya chercher son directeur, afin de le consulter.

« Ce dernier interrogea Verson; et, surpris de trouver dans cette enveloppe d'enfant des connaissances étendues, il déclara que ce serait une bonne action que d'achever l'œuvre si bien commencée par le curé de Saint-Léonard.

« Il n'en fallait pas davantage pour déterminer la charitable dame, et dès le lendemain, Jean Verson fut placé au collége de Rhodez. Là, il fit tout d'abord l'admiration de ses maîtres et de ses condisciples.

« C'est qu'il y avait réellement quelque chose de merveilleux dans l'intelligence si vive, la mémoire prodigieuse et la rapide conception de ce jeune garçon.

« Quelques jours après son entrée au collège, Verson s'était procuré une lime, un trousseau de vieilles clefs; dès lors rien ne fut à l'abri de ses mains. Chaque jour quelque nouveau vol était commis au préjudice soit des élèves, soit des professeurs, voire même les domestiques. On se perdait en conjectures sur la disparition d'objets de toute sorte; la surveillance la plus active fut exercée; mais le voleur ne laissait point de traces, et ne pouvait être découvert.

« Pendant ce temps-là, le jeune homme avait fait sa rhétorique; il avait acquis de nouvelles connaissances en mathématiques. Dès qu'il jugea son instruction suffisante pour lui ouvrir toutes les carrières, il songea à quitter le collége; mais il ne voulait pas partir les mains vides.

« Il y avait, dans le réfectoire du collége, une grande armoire dans laquelle on serrait les couverts et les timbales en argent des pensionnaires. Un nuit, Verson, qui avait dressé ses plans, se lève doucement, sort à tâtons du dortoir, et pénètre, à l'aide de fausses clefs, dans le réfectoire. L'armoire étant élevée à une certaine hauteur au-dessus du sol, il place deux chaises l'une sur l'autre, atteint la serrure, la fait jouer à l'aide d'un crochet, et entasse dans une chemise, qu'il a préalablement transformée en sac, toute l'argenterie de l'établissement. Il veut descendre ensuite; mais la seconde chaise, mal affermie sous la première, glisse sous ses pieds, et Verson, avec son sac, va tomber sur une fenêtre donnant sur le jardin, et dont les vitres volent en éclats.

« Au bruit de cette chute l'alarme se répand dans toute la maison; au bout de quelques instants toutes les chambres sont illuminées; les habitants du collége s'arment des premiers objets qui leur tombent sous la main, et, en criant au voleur, ils se dirigent vers le lieu d'où ce bruit était parti.

« Mais Verson avait eu le temps de se reconnaître; n'étant blessé que légèrement, il s'élança dans le jardin à travers les vitres brisées, et se cacha si bien qu'il parvint à échapper à toutes les recherches.

« Deux heures après, les recherches ayant cessé, Verson gagna, à pas de loup, l'escalier du principal corps de logis; et comme les êtres lui étaient parfaitement connus, il parvint à se réfugier sur les toits où, blotti entre deux cheminées, il attendit le jour.

« Six heures sonnent, et presque en même temps la cloche qui appelle les élèves dans les classes se fait entendre.

« Verson sort avec précaution de sa retraite; toujours muni de son sac et de ses fausses clefs, il rentre dans la maison par une lucarne, et arrive bientôt près de la chambre d'un de ses professeurs, dont il parvient aisément à ouvrir la porte. Là, après avoir fait main-basse sur tous les objets à sa convenance, il s'affuble d'une ample soutane sous laquelle il cache son sac rempli d'argenterie et d'objets précieux; il se couvre la tête d'une énorme perruque qui lui cache la moitié du visage; puis, déguisé de la sorte, il sort tranquillement et à pas comptés du collége, sans que le portier, qui lui-même avait été volé plusieurs fois, songe seulement à lui refuser le passage.

« Une fois dans la rue, Verson gagne la campagne, et y cache avec soin son trésor, puis il revient vers la ville dans laquelle il ne rentre que vers la fin du jour. Il arrive chez Mme de Ferbela, et grâce à la connaissance toute particulière qu'il a des localités, il pénètre, sans être vu, jusque dans la chambre à coucher de cette dame qui était allée passer la soirée chez une de ses amies. Là, il se cache sous le lit, et il attend.

« Entre dix et onze heures, Mme de Ferbela rentre, se retire dans son appartement, renvoie sa femme de chambre, et n'éprouvant pas le besoin de se livrer au sommeil, elle s'assied devant la cheminée où un grand feu était allumé, et elle commence une lecture pieuse.

« Cela servait les projets de Verson, qui demeura caché sous le lit jusqu'à ce que la pendule de la chambre à coucher eût sonné minuit. Alors il sortit avec précaution de sa retraite, s'avança, sans faire le moindre bruit, vers la pieuse dame, tout occupée de sa lecture, et la saisissant à la hauteur de la poitrine avec son bras gauche, il lui plaça la main droite sur la bouche pour étouffer ses cris, dans le cas où elle tenterait de se faire entendre.

« — Madame, dit-il d'un ton résolu, ne prononcez pas un mot si vous tenez à votre réputation. Il me faut cent louis que vous allez me donner.... Écoutez! j'ai un peu plus de seize ans. Depuis plus d'une année vous m'avez placé au collége, et vous avez payé ma pension; je suis chez vous, dans votre chambre à coucher, et il est plus de minuit.... Comprenez-vous ce qui peut résulter de cet ensemble de faits? Si vous faites du bruit, si des témoins sont appelés, je déclare sans hésiter que vous m'avez attiré ici secrètement; et je parlerai de telle sorte qu'il vous sera impossible de faire croire à votre innocence. »

« La pieuse dame fut d'abord frappée de stupeur; puis elle se remit, et se sentant enlacée par ce serpent qu'elle avait réchauffé dans son sein, elle se résigna.

« — C'est de l'or que vous voulez, misérable! dit-elle d'une voix étouffée; laissez-moi la liberté de faire quelques pas, et je vais vous en donner. »

« Verson ayant permis à sa victime de marcher, elle s'approcha d'un meuble qu'elle ouvrit, et dans lequel elle prit un sac qu'elle lui livra.

« — Enfant, dit-elle en le lui remettant entre les mains, j'aurais dû deviner que tu étais un envoyé du démon; Dieu procède autrement aux miracles qu'il veut opérer.... Va, malheureux! et puisses-tu faire pénitence. »

« Verson prit l'argent et s'éloigna en riant.

« Le curé de Saint-Léonard l'avait bien dit : cet homme n'avait pas de cœur.

« A quelque temps de là, Verson qui avait fait argent du produit de ses vols, s'installait à Bordeaux comme professeur de belles-lettres. C'était un assez mauvais métier; mais Verson savait les moyens de corriger la mauvaise fortune, et il en usa à Bordeaux comme il avait fait à Rhodez et à Saint-Léonard ; son talent de mécanicien s'accrut de telle sorte, qu'il n'était pas une porte, pas une serrure de coffre-fort qui pussent lui résister : il fabriquait des fausses clefs avec tant de perfection, que la vue seule de la garde d'une serrure lui suffisait pour qu'il fît, en moins d'une heure, une clef capable de l'ouvrir sans difficulté ; et comme son esprit, son éducation, lui donnaient accès dans les meilleures maisons, il se passait peu de jours sans que sa fortune ne grossît du produit des vols qu'il commettait avec autant d'audace que d'adresse.

« Cependant il arriva, au bout de deux ans, que des soupçons s'élevèrent contre lui : les vols si souvent répétés dans les maisons où il était reçu firent ouvrir les yeux à plusieurs personnes ; on se dit qu'il était bien étrange qu'un jeune homme de mérite vécût ainsi, faisant bonne figure et dépensant beaucoup d'argent, sans que l'on connût ni sa famille, ni son pays, ni de quoi se composait sa fortune. Quelques questions à ce sujet lui ayant été publiquement adressées, Verson prit un air mystérieux ; il dit que si on ne le croyait pas d'assez bonne famille pour être admis dans les maisons où on l'avait accueilli jusque-là, on pouvait lui en interdire l'entrée ; mais qu'il ne reconnaissait à personne le droit de l'obliger à livrer un secret qui n'était pas à lui seul.

« Il n'en fallut pas davantage pour imposer au public : le bruit se répandit promptement que le jeune savant était de haute lignée ; que des raisons d'État l'empêchaient de faire connaître son véritable nom et ses titres. Chacun broda sur ce texte, et peu s'en fallut bientôt que le fils du pauvre serrurier de Saint-Léonard fût considéré comme un prince. »

Varambert en était là de sa lecture lorsque le vieux garde-chasse se réveilla.

« Père Berchon, lui dit le baron, ce que je vois de clair dans le livre de votre parrain c'est que cet honnête commis greffier au parlement de Toulouse aimait à raconter des histoires ; mais je ne trouve rien là dedans qui ait pu intimider le marquis de Merval.

— C'est que vous n'êtes pas encore arrivé au fin fond de la finition où il est dit que le marquis n'était pas le marquis, à preuve qu'il était mort là-bas plus de dix ans avant de se marier ici ; c'est clair ?... D'ailleurs la chose est expliquée à la finale, comme vous allez voir.

— Alors voyons la fin finale. »

Et il reprit sa lecture.

« Mais Verson ne se fit pas illusion : il comprit que cet engouement sur sa personne se passerait rapidement, et qu'il ferait bien de quitter Bordeaux avant que cela arrivât.

« Il possédait alors plus de cinquante mille écus ; c'était un commencement de fortune qui lui permettait d'aller sur quelque point du globe qui lui plût. Après avoir mûrement réfléchi, il résolut de faire un voyage aux Indes. Il avait entendu parler plusieurs fois de l'adresse prodigieuse de certains jongleurs de ce pays ; et cela suffit pour le déterminer : il eût fait le tour du monde pour augmenter les facultés dont il faisait un si déplorable usage.

« Au mois de mars 1780, Verson s'embarqua sur le vaisseau *le Saint-Charles*, commandé par le marquis de Merson, chef d'escadre, chargé de porter des subsides aux insurgés des colonies anglaises avec lesquels la France faisait alors cause commune. Après quelques jours de navigation, le secrétaire du marquis étant mort du mal de mer, Verson se proposa pour le remplacer et fut accepté avec empressement, ayant toutes les qualités nécessaires pour bien remplir cet emploi.

« Après avoir fait bonne route pendant près de deux mois, *le Saint-Charles*, quoique fort vieux et assez mauvais voilier, se trouvait à deux cent cinquante lieues environ de la Nouvelle-Orléans, quand un coup de vent vint l'assaillir. Trop lourd pour manœuvrer convenablement sous la violence de la tourmente, *le Saint-Charles* ne tarda pas à se détraquer de toutes parts. On mit toutes les embarcations à la mer ; mais la tempête se déchaîna avec tant de fureur qu'elles furent toutes submergées en même temps.

« Verson seul était resté à bord du vaisseau qui s'enfonçait rapidement. Enfermé dans la chambre du commandant, il fouillait les coffres, les meubles, les cartons avec ardeur, au risque d'être enseveli dans l'abîme avec les précieuses épaves qu'il recueillait. Il venait de reparaître sur le pont quand le vaisseau disparut pour toujours. L'intrépide larron ne perdit pas un instant sa présence d'esprit : portant en sautoir une espèce de carnassière remplie de papiers, et les poches bourrées d'objets, il parvint à saisir un tonneau vide, à l'aide duquel il se soutint pendant quelques instants, puis la mer étant couverte de débris, il réussit à en réunir quelques-uns pour en faire une sorte de radeau.

« La position toutefois n'en était guère améliorée, mais cet homme-là semblait né pour les aventures extraordinaires : après trente-six heures de tortures, il fut recueilli par un bâtiment marchand, faisant voile pour la Rochelle, où il arriva après une heureuse traversée.

« Verson se rendit alors à Toulouse; là, il changea de nom, et se fit étudiant en médecine. Ses progrès dans cette science ne pouvaient manquer d'être rapides; en moins de deux ans, il fut en état de subir tous les examens nécessaires, et il reçut le diplôme de docteur aux acclamations de la Faculté tout entière.

« Dès lors, la fortune de Verson prit un accroissement rapide : sa clientèle devenant chaque jour plus nombreuse, il lui fut plus facile que jamais de mettre en usage le déplorable talent avec lequel il fabriquait de fausses clefs; il vola partout, à toute heure, et avec une adresse si étonnante, que pas un soupçon ne s'éleva contre lui, alors même qu'on le vit acheter et payer comptant la maison dans laquelle il demeurait, rue des Jacobins, et en faire bâtir une autre rue Saint-Rome, laquelle ne lui coûta pas moins de cinquante mille francs.

« Au nombre des clients de Verson était un riche marchand nommé Daniel Bruas; des vols nombreux et considérables avaient été commis chez ce marchand, qui était loin d'en soupçonner l'auteur.

« Un jour on lui avait volé pour dix mille francs de diamants non montés; une autre fois quinze mille francs avaient été enlevés de sa caisse sans que l'on pût découvrir ni par qui, ni comment.

« Depuis lors, Bruas gardait les diamants, dont il faisait un grand commerce, et son argent, dans un coffre en fer qu'il avait fait placer près de son lit, et dont il avait toujours les clefs sur lui. Verson avait vu plusieurs fois ce coffre pendant une maladie dont le marchand avait été atteint; il savait qu'il contenait des valeurs considérables, et sa convoitise en était violemment surexcitée; mais Bruas ne sortait jamais de chez lui, et il ne permettait à personne de pénétrer dans sa chambre à coucher, à moins qu'il n'y fût lui-même.

« Verson conçut alors un projet effroyable : un soir le feu éclata en même temps dans les deux maisons voisines de celle du marchand. Bruas s'empressa, comme tous les autres habitants du quartier, de porter secours aux incendiés; puis, les flammes faisant des progrès rapides, et commençant à atteindre son domicile, il songea à sauver son coffre-fort, et il rentra précipitamment chez lui. Arrivé près de sa chambre, il s'aperçoit avec effroi que la porte en est ouverte, et à peine a-t-il fait quelques pas dans l'intérieur, qu'il voit Verson puisant à pleines mains dans le coffre, qu'il avait ouvert sans la moindre difficulté. Furieux, Bruas saisit ses pistolets placés sur sa table de nuit, et s'élance vers le voleur.

« — Grâce! grâce! s'écrie Verson en voyant les deux canons dirigés contre sa poitrine.

« — Non, non! répond le marchand; je devine tout maintenant : c'est toi, infâme, qui m'as volé; c'est toi qui as incendié le quartier, afin de pouvoir, à la faveur du tumulte, pénétrer ici pour me dépouiller, et consommer ma ruine…. Recommande ton âme à Dieu!… tu vas mourir! »

« Verson tomba à genoux, et dit en joignant les mains :

« — Je suis coupable, je l'avoue; mais laissez-moi la vie, et je vous rendrai tout ce que je vous ai pris.

« — C'est une ruse? mais tu ne m'échapperas pas….

« — Eh bien! tuez-moi; mais alors vous aurez commis un meurtre dont la justice vous demandera compte, et vous ne recouvrerez rien de ce que vous avez perdu. »

« Bruas s'efforça de reprendre un peu de calme; il comprit qu'en effet le meurtre de Verson le compromettrait sans réparer les pertes qu'il avait faites.

« — Eh bien! reprit-il, assieds-toi devant ce bureau, et écris un acte par lequel tu reconnaîtras m'avoir vendu tous tes biens, meubles et immeubles, et en avoir reçu le prix…. mais hâte-toi, ou tu es mort! »

« Verson obéit, et le marchand, sans cesser de le tenir en joue, lui dicta l'acte de vente.

« Cependant les flammes commençaient à envelopper la maison de Bruas; mais ce dernier, tout entier à sa vengeance, semblait ne pas songer à ce qui le menaçait.

« — Nous allons mourir tous deux, s'écria Verson qui sentait sous ses pieds le plancher brûler.

« — Écris toujours!

« — Mais cet acte, aussi bien que nous, sera dévoré par cette fournaise qui va nous engloutir!

« — Écris, écris!

« — Le plancher craque!… Entendez-vous?

« — Écris ou meurs, misérable! »

« Et Verson, le visage ruisselant de sueur, les cheveux hérissés, sentant la mort la plus affreuse près de l'atteindre, obéissait à cet homme implacable.

« Cependant le feu gagnait sans cesse; bientôt les flammes s'élancèrent en sifflant jusqu'aux fenêtres de la chambre; les vitres se brisèrent. Verson laissa tomber la plume; mais au même instant, il sentit le froid du fer appliqué sur l'une de ses tempes; c'était le canon d'un des pistolets avec lequel Bruas s'apprêtait à lui faire sauter la cervelle.

« Verson se résigna; il reprit la plume, et il signa l'acte qui le ruinait. Bruas prit cet acte, puis il mit dans ses poches la plus riche partie de ce que contenait son coffre-fort, et il s'empressa de sortir; mais à peine était-il arrivé au seuil de la porte extérieure, qu'il tombait frappé de deux coups de poignard par Verson qui l'avait suivi de près. Presque au même instant ce dernier était saisi par

Le misérable recula effrayé. (Page 602, col. 2.)

deux poignets vigoureux. C'était ceux d'un des habitants de la maison que les flammes dévoraient et qui venait de voir tomber Bruas sous les coups de son assassin.

Mis en prison, Verson sembla avoir perdu en un instant toute son énergie; non-seulement il s'avoua coupable du crime dont il était accusé, mais il s'accusa lui-même de beaucoup d'autres qui étaient complétement ignorés. On lui fit son procès, et moi Jean Carard, commis greffier au parlement de Toulouse, et tenant la plume au dit procès, j'écrivis l'arrêt qui le condamnait à être pendu, et le jour même je lui donnai lecture de cet arrêt qui devait être exécuté le lendemain.

Il parut très-résigné, et il accueillit avec reconnaissance le prêtre qui vint lui donner les consolations de la religion. Tout semblait fini pour lui; mais le lendemain, quand on vint pour le prendre et le conduire au supplice, le cachot où on l'avait enfermé était vide ! On fit les recherches les plus actives, toute la force armée de la province fut mise sur pied à son intention; mais il fut impossible de trouver ses traces.

Sept ans s'étaient écoulés; on avait oublié cette affaire comme l'on oublie toute chose, lorsque le greffier en chef, homme nouveau au parlement, me chargea, moi Jean Carard, de la recherche de certains dossiers concernant le marquis de Merval et sa famille. Voici de quoi il s'agissait. Le marquis de Merval, chef d'escadre, commandait le vaisseau *le Saint-Charles* lorsque ce bâtiment périt corps et biens à cent cinquante lieues au large de la Nouvelle-Orléans. La mort du marquis avait été constatée, et ses héritiers naturels s'étaient partagé ses biens. Mais voilà qu'au bout de sept ans le marquis reparaissait. Lors du naufrage du *Saint-Charles*, disait-il, il avait été recueilli presque mourant sur la plage, par une tribu d'Indiens qui l'avaient retenu prisonnier. Au reste il paraissait être parfaitement en règle; il présentait des titres, des actes dont l'authenticité était incontestable. Plaidant pour rentrer en possession de ses biens, le marquis se présenta plusieurs fois au greffe du parlement pour obtenir l'expédition de quelques actes; un jour ce fut à moi qu'il s'adressa; je le reconnus sur-le-champ, et mon regard sembla le terrifier.... Ce n'était pas le baron de Merval; c'était Verson !

Lorsqu'il se retira, je le suivis jusque sur les marches du palais; me sentant sur ses pas il se retourna brusquement.

« Monsieur, me dit-il, je ne veux pas tenter de lutter avec vous : vous pouvez me sauver ou me perdre; je le reconnais franchement; mais à me perdre vous ne gagneriez rien, et en me sauvant vous vous assurez une petite fortune.... Mon Dieu ! je ne suis pas un grand séducteur; et je vous avouerai franchement que fatigué de la vie comme je le suis, je renoncerais à la défendre s'il fallait, pour cela, me donner beaucoup de mouvement. Eh bien, dans cette situation, je ne vous demande que le silence. Taisez-vous; laissez les choses s'accomplir; et vous recevrez une pension de quinze cents francs par an. Cela m'assurera de votre silence, et ce silence fera ma sécurité. Or, se taire ne saurait être un crime; parler trop, au contraire, est souvent funeste. Quel est votre avis là-dessus, maître Carard?

« J'ai demandé le temps de réfléchir, et j'ai fini par consentir à me taire, et j'ai accepté la pension.... Que Dieu me pardonne!

— Eh bien! s'écria le père Berchon, qui s'était tenu éveillé et qui avait entendu la lecture faite à haute voix par Varambert du dernier fragment du petit livre de son parrain, eh bien! ça y est-il? Vous voyez bien que le marquis, qui s'était marié depuis, et qui a disparu sans qu'on sache ce qu'il est devenu, n'était pas le vrai marquis de Merval. Donc les os déterrés entre les deux noyers du parc, une nuit que j'étais à l'affût.... Et puis, il y a encore une fin finale dont vous n'avez rien dit.

— C'est juste, fit Varambert. »

Et tournant l'avant-dernier feuillet, il lut:

« Tout ce qui précède a été écrit par moi, pour mon acquit de conscience. Tout cela est écrit aux registres du parlement de Toulouse, et j'en affirme la vérité sous serment.

« signé: JEAN CARARD,

« Commis-Greffier au parlement de Toulouse. »

— Hein! fit le garde-chasse à moitié dégrisé, pas bête le père Berchon d'avoir gardé ça!

— Mon Dieu, dit Varambert en affectant un air indifférent, cela aurait bien pu avoir quelque valeur autrefois; mais aujourd'hui que tous les personnages dont il s'agit sont morts....

— Pas tout à fait, dà! interrompit Berchon: madame la marquise de Merval a été, par contrat de mariage, héritière universelle de son mari; mais si son mari n'était pas le marquis de Merval, il ne possédait rien, il ne pouvait rien léguer. Donc madame la marquise, qui n'est pas marquise, ne possède rien! pas même le nom qu'elle porte!... Car il n'y a pas encore trente ans de cela, et il n'y a pas de prescription civile, comme me l'a parfaitement expliqué mon parrain six mois avant sa mort.... Oh! oh! le père Berchon n'est pas de la Saint-Jean!

— Je ne sais de quel saint vous êtes, mon ami, dit froidement Varambert; mais je suis sûr que, pour votre propre compte, vous ne pourrez jamais rien tirer; que la marquise soit dépouillée de ses biens, cela ne vous enrichira pas; bien au contraire, puisque cela la mettra dans l'impossibilité de vous payer votre pension.

— C'est ma foi vrai! mais ça pourrait faire du train tout de même.

— Eh bien, père Berchon, renoncez à faire ce train qui ne pourrait que vous appauvrir, et laissez-moi ce petit livre qui n'est plus maintenant d'histoire ancienne. En échange, je vous laisserai un panier de ce mousseux qui tape si bien sur l'oreille, et je vais vous compter vingt-cinq beaux louis neufs et luisants.

— C'est gentil, je ne dis pas non, et je respecte le mousseux; mais, en pareil cas, je ne sais pas trop ce qu'aurait fait mon parrain.

— Papa Berchon, dit Carlo en remplissant les verres, il est certain qu'en vous contemplant du haut des cieux en ce moment, il se dit: « Mon filleul, qui n'est pas bête, va joliment tirer son épingle du jeu en palpant les jaunets; c'est pourquoi je lui donne ma bénédiction; »

— Vous croyez?

— C'est incontestable. Maître Carard, en son vivant, commis-greffier assermenté au parlement de Toulouse, ne pouvait pas être un sot; et ce n'était certainement pas pour en faire des cigarettes qu'il donnait ces feuillets à son filleul; il se disait que tôt ou tard sa prose serait appréciée par un amateur.... Et voilà que ça arrive aujourd'hui.... Ce qui prouve, papa Berchon, que tout vient à point à qui sait attendre, mais aussi il faut savoir saisir le moment favorable, et ne pas donner à l'anguille le temps de vous glisser dans la main. »

Pendant que Carlo parlait, Varambert rangeait sur la table les vingt-cinq louis que le vieux garde-chasse guignait d'un œil de convoitise. Par prudence il n'avait pas vidé son verre, ce qui lui permettait de raisonner quelque peu.

« Après tout, se dit-il, qu'est-ce que ça me fait que le marquis soit mort avant de se marier ou après s'être marié.... S'il est mort deux fois, il a fait comme tout le monde, et alors il n'y a rien à dire. »

Et le résultat de ce raisonnement fut qu'il fit rafle des vingt-cinq louis.

« A quand le mousseux? dit-il après avoir triomphalement vidé son verre.

— Tout de suite, père Berchon. »

Et Carlo alla tirer de la voiture un second panier de champagne, qu'il déposa chez le vieux garde.

Une heure après la conclusion de ce marché, Varambert et Carlo étaient à Bagnères, et ils causaient familièrement; car les derniers événements avaient singulièrement rapproché la distance entre le maître et le valet.

« Voilà un assez joli coup, disait le baron; mais ce ne peut être qu'une introduction à l'histoire pour laquelle nous allons avoir besoin de collaborateurs qui se montreront probablement plus exigeants que le garde-chasse.

— Monsieur le baron me croit-il donc assez sot pour avoir entamé cette affaire comme une corneille qui abat des noix ? J'ai sondé le terrain sur tous les points. Des deux collatéraux, héritiers du marquis de Merval, il ne reste plus qu'un. C'est un petit gentillâtre, du nom de Fretteville, beaucoup trop pauvre pour intenter contre la marquise une nouvelle action en justice, celle qu'il a soutenue lors du prétendu retour du marquis l'ayant complétement ruiné. Ce que vous offrirez pour être à ses droits, sera pour lui la manne céleste du désert.

— Tu connais cet homme ?

— Je l'ai tâté, je l'ai jaugé ; quoique déjà bien vieux, il ne manque pas encore d'une certaine étoffe, et ne demanderait pas mieux que de recommencer la lutte ; mais le nerf de la guerre lui manque absolument, et j'ai la certitude que la négociation sera facile. C'est ce dont monsieur le baron pourra s'assurer dès demain matin ; car le petit manoir où il vit n'est pas à plus de deux portées de fusil du château de Merval.

— Tout cela est pour le mieux ; mais il ne faut pas perdre de vue que la marquise se défendra à outrance, et qu'elle est énormément riche. Je sais en outre, par expérience, qu'elle n'est pas facile à effrayer.

— Quand nous serons sur le pré, il sera temps de chercher le défaut de la cuirasse, et je répondrais sur ma tête que nous le trouverons.

— Carlo, tu vaux ton pesant d'or !

— Malheureusement je ne suis pas lourd.

— Eh bien, nous emplirons tes poches de manière à faire de toi un homme de poids.... A demain la visite de Fretteville. »

Le lendemain, en effet, ils se présentèrent chez ce gentilhomme campagnard, qu'ils trouvèrent déjeunant d'une soupe à l'ail et d'un oignon cru.

« Monsieur, dit Carlo qui, comme on l'a vu, avait déjà fait connaissance avec ce personnage, monsieur le baron de Varambert, mon très-honoré maître que voici, a été tellement touché de vos infortunes, dont j'ai pris la liberté de lui faire le récit, qu'il a résolu d'employer, s'il le faut, la moitié de sa fortune à vous faire rendre justice.

— C'est là un sentiment de vrai gentilhomme, répondit le hobereau ; mais quelque certain que je sois de mon bon droit, je ne dois pas dissimuler que l'entreprise est difficile.

— Nous ferons en sorte d'aplanir les difficultés, monsieur, dit Varambert ; mais pour cela, il faudrait que je pusse agir en toute liberté. Je vais donc droit au but : par acte notarié, je m'engagerai à faire toutes les dépenses nécessaires pour suivre l'instance, et en cas de succès je vous assurerai six mille francs de revenu ; trois mille francs seulement, si nous échouons, à partir de ce jour ; chaque année payable d'avance, et la première aujourd'hui même. »

Le brave campagnard croyait rêver ; son visage s'illumina ; la joie brilla dans ses yeux.

« Vous êtes donc un envoyé de Dieu ! fit-il en levant les bras vers le ciel.

— Peut-être, répondit le baron. Je crois obéir en ce moment à une bonne inspiration. Si vous acceptez, ma voiture va nous transporter chez le notaire le plus voisin, et je vous compterai la première année. »

Le vieux Fretteville avait lâché son oignon et sa croûte de pain ; il prit sa canne et son chapeau.

« Allons, dit-il. »

Deux heures après, l'acte était signé et l'argent compté.

« Marquise de Merval, se disait Varambert, à nous deux maintenant ! »

XXXI

Un trouble-fête.

M. de Barno était revenu d'Amérique ; le comte de Quérens était mort à Stockholm ; devenue veuve, madame de Quérens n'ayant plus rien à redouter de Varambert, avait consenti à l'union de sa fille avec le jeune diplomate. Il y avait fête au château de Merval ; toute la famille de Quérens y était réunie. Il s'agissait de la signature du contrat de mariage, et l'on n'attendait plus que le notaire qui, à la grande joie de tous, ne tarda pas à arriver. Le bonheur des deux fiancés se reflétait sur le visage de tous ; les cœurs se dilataient, et ceux mêmes dont les années avaient durci l'enveloppe s'ouvraient aux plus doux sentiments.

Le garde-notes se mit à l'œuvre, et après un assez long préambule, dont de joyeuses causeries à demi-voix tempéraient l'aridité, il dit :

« Article.... — Madame la marquise de Merval, intervenant au présent contrat, déclare faire donation, à titre d'avancement d'hoirie, à la demoiselle Ida de Quérens, sa nièce, de son château de Merval et de ses dépendances, dont les titres sont annexés au présent acte ; plus de sa terre de.... »

Ici le notaire fut interrompu par un bruit qui se fit tout à coup dans l'antichambre.

« Maître Quiriot est ici, disait une voix aigre, criarde qui dominait celle des domestiques ; je le sais, je l'ai fait constater, et c'est au nom de la loi, que.... parlant à sa personne, que, à la requête de.... moi, Bernard Palu, huissier patenté....

— Qu'est-ce donc ? s'écria le notaire en laissant tomber sa plume, c'est à moi qu'on en veut !... »

Au même instant la porte s'ouvrit, et l'huissier, — car c'était bien un huissier qui se présentait, — entra dans le salon et, son exploit à la main, alla droit au garde-notes, en répétant :

« Parlant à sa personne.

— Eh bien ! Palu, fit le notaire, que lui voulez-vous à ma personne ?

— Lisez, lisez, maître Quiriot ; ma cédule est en bonne forme, sans crainte de nullité.... Ce n'est pas Bernard Palu qu'on pince là-dessus. »

Et l'honnête notaire, craignant qu'on le crût coupable de quelque méfait, lut à haute voix :

« L'an, etc., à la requête de M. le baron de Varambert, comme étant aux droits du sieur de Fretteville, propriétaire, etc., j'ai, Bernard Palu, huissier patenté, etc..., fait à maître Quiriot, notaire, parlant à sa personne,

« Attendu que la prétendue marquise de Merval n'a aucun droit à ces nom et qualité, ainsi que le requérant le prouvera en temps utile ; qu'en conséquence elle ne peut disposer légalement des biens, meubles ou immeubles, ayant appartenu au marquis de Merval, et indûment retenus par ladite dame, se disant faussement veuve dudit marquis de Merval, comme il sera démontré et prouvé, j'ai, huissier sus-nommé, partant comme il est dit, fait sommation à maître Quiriot, notaire, de ne procéder à aucun acte de son ministère tendant à l'aliénation desdits biens, meubles ou immeubles, lui déclarant que faute par lui d'obtempérer à la présente sommation, le requérant se réserve de le prendre à partie, et lui demander tous dommages-intérêts en réparation du préjudice, résultat des actes dudit maître Quiriot.

« Et j'ai, parlant comme dessus, laissé copie, etc. »

Il serait difficile de se faire une juste idée de l'effet produit sur l'assemblée par ce discours : la marquise bondit comme une lionne vers l'huissier comme pour l'étrangler ; la jeune fiancée s'enfuit en pleurant ; le fiancé, Jules de Barnot, saisit l'huissier au collet, et sans plus de façon le jeta à la porte ; les invités s'éclipsaient l'un après l'autre. Quant au notaire, il était resté debout, immobile, ne sachant ce qu'il devait faire.

« Certainement, disait-il, tout cela est complètement illégal ; on ne procède pas ainsi.... Pourtant, en fin de compte, il y a sommation, réserve de dommages-intérêts, et une sommation quelle qu'elle soit mérite d'être méditée.

En ce moment parut à l'entrée du salon un homme de haute taille, à l'air grave, au teint bronzé. C'était Pied-de-Fer.

« Rassurez-vous, madame, dit-il en s'approchant de la marquise ; l'homme qui a osé jeter le trouble chez vous n'est plus à craindre, et ses menaces n'auront aucune suite. Il roule maintenant vers Paris où il va avoir trop à se défendre pour songer à attaquer.

— Merci, merci, mon vieil ami ; j'avais besoin de ces bonnes paroles. Cet homme est riche, m'a-t-on dit, et par conséquent redoutable.

— Et malgré ses richesses, madame, il ira au bagne s'il me plaît de l'y jeter.

— Quoi ! vous pourriez....

— Même le livrer au bourreau, si je le voulais.

— Mais c'est effrayant, tout cela.

— Je crois au contraire que cela est rassurant. Je pars à l'instant pour Paris où je serai en même temps que lui et où on lui prépare en ce moment une réception à laquelle il ne s'attend pas.

— Monsieur, dit Jules de Barno en tendant la main au vieux routier, bien des fois déjà vous m'êtes venu en aide, et je veux vous dire que toute ma reconnaissance vous est acquise, »

Puis, s'adressant au notaire qui ne savait trop quelle contenance faire :

« Quant à vous, monsieur, lui dit-il, votre conduite est ridicule. Avec la permission de madame la marquise, je veux vous dire que votre ministère nous est désormais inutile, et qu'ayant l'honneur d'être officier ministériel, vous devriez savoir qu'une sommation n'est qu'un acte extra-judiciaire qui n'oblige à rien. Voici vos honoraires pour le contrat que vous auriez dû faire, que vous n'avez pas fait, et que vous ne ferez point. Vous pouvez vous retirer. »

En parlant ainsi, il lui mit quelques louis dans la main, et le garde-notes se retira honteux et confus. Mais dès qu'il fut dehors, il reprit de l'assurance.

« Ah ! se dit-il, c'est ainsi que l'on me traite ! Eh bien, nous allons voir.... Est-ce que ce n'est pas moi qui ai fait le partage des biens du marquis de Merval entre les frères de Fretteville, ses cousins au troisième degré ? Est-ce que je n'ai pas puissamment concouru à la faire rentrer en possession de ces biens alors qu'il est revenu d'Amérique, et qu'on le croyait mort depuis près de dix ans ? En consultant mes dossiers, certaines pièces du procès que j'ai conservées.... Eh ! eh ! il pourrait bien y avoir quelque chose là-dedans.... Ma foi, madame la marquise, tant pis pour vous, le sort en est jeté ; *alea jacta est !* nous verrons bien ! »

Pendant que cela se passait, Varambert et Carlo, emportés vers Paris, raisonnaient la situation.

« Voyons, disait le baron ; résumons-nous : je t'ai dit ce que j'ai à craindre de Pied-de-Fer ;

c'est très-grave; mais sa position personnelle le rend beaucoup moins dangereux qu'il le serait sans ses antécédents. Et puis, ne m'as-tu pas dit que le domicile de ce vieux bandit t'était connu?

— J'ai dit les domiciles; je lui en connais quatre : 1° la maison voisine de l'hôtel de Quérens, où il demeure seul quand il y demeure; 2° sa mansarde du cloître Saint-Séverin, gardée par un vieux cerbère qui n'y laisse pénétrer personne; 3° son pavillon au château de Merval, et enfin, sa chaumière dans les montagnes.... Cela doit suffire à M. le baron pour reconnaître que pendant qu'il semait l'or sous les pas de la belle Léontine, je ne perdais pas les miens.

— Carlo, ne parlons plus de cette femme.

— Je crois, au contraire, qu'il faut en parler, car, au train qu'elle mène, il ne se passera pas trois mois sans que monsieur le baron l'ait de nouveau sur les bras.

— Ne sais-tu pas que nous avons sérieusement rompu?

— Je sais parfaitement; mais il paraît que, de son côté, elle sait quelque chose de non moins sérieux.

— T'aurait-elle fait des confidences?

— Mon Dieu! il est si facile de faire parler une femme qui en meurt d'envie!

— Et tu ne m'as encore rien dit de cela?

— Pourquoi aurais-je tourmenté monsieur le baron? L'heure n'était pas venue; mais, à parler franchement, je crois qu'elle approche : la jolie personne a besoin d'argent.

— Quoi! après m'avoir coûté plus de deux millions!...

— Eh! mon Dieu, oui.... Il paraît que les chasseurs d'Afrique sont hors de prix depuis quelque temps.... Si bien, que l'hôtel de la rue Saint-Georges a été vendu, qu'il ne reste rien de ce qu'il a produit, et que si monsieur le baron avait eu une vingtaine de mille francs au service de son ex-amie....

— Non, de par tous les diables! Carlo; je l'ai bien résolu : on ne me fera plus chanter sur ce ton.

— La résolution est sage certainement; mais s'il est facile de faire parler une femme, il est si difficile de la faire taire!

— Quelle importance peut avoir l'unique témoignage d'une femme de cette espèce?... Carlo, je suis fixé sur ce point : que je parvienne à me débarrasser de Pied-de-Fer, et je n'aurai plus rien à redouter : j'épouserai Ida; ma fortune et la tienne seront plus que doublées. Tu seras toujours mon serviteur, si tu le veux, et quoi qu'il arrive, tu resteras mon ami. Cette perspective est-elle de ton goût?

— J'espère que monsieur le baron n'en doute pas. »

Il se fit un assez long silence; Carlo semblait craindre de trop dire en poussant plus loin l'entretien, et pourtant il était aisé de voir, à certaine hésitation, qu'il s'en fallait de beaucoup que, pour lui, le sujet fût épuisé. Enfin, il reprit :

« Se débarrasser de Pied-de-Fer, tout est là, sans doute; j'y ai pensé plus d'une fois, et s'il ne s'agissait pour cela que de le faire mettre à l'ombre, la chose serait bientôt faite, puisque je connais tous les asiles où il se réfugie; mais à l'ombre comme au soleil, il pourrait parler et appuyer ses paroles de preuves accablantes.... Ah! cette malheureuse affaire du bal masqué a rendu la situation bien difficile.

— Tu sais donc....

— N'ai-je pas dit tout à l'heure que Léontine avait besoin d'argent?... J'ajoute maintenant que je lui en ai donné....

— Malheureux! si tu te laisses prendre dans ces belles griffes, tu es perdu; tout ce que tu possèdes y passera.

— Mais je ne fais pas l'amour, moi; je fais des affaires.

— Des affaires avec Léontine?

— Je prie monsieur le baron de croire que j'en ferais avec le diable, s'il y avait, pour moi, certitude de bénéfice.

— Tu lui as donc acheté quelque chose?

— Je lui ai acheté des paroles.

— Alors tu sais....

— Tout, ainsi que monsieur le baron a déjà pu s'en apercevoir, et c'est ce qui me fait dire que cette affaire du bal masqué est extrêmement fâcheuse. Il y a d'abord cette déclaration que vous avez écrite et signée....

— Et puis....

— Un peu de sang sur le parquet peut-être.

— Et le cadavre duquel ce sang était sorti?

— Pied-de-Fer lui-même s'est chargé de le faire disparaître. Qu'en a-t-il fait? je n'en sais rien; mais ce cadavre n'avait point de nom, et il n'en doit guère rester aujourd'hui que les ossements.

— Voilà où *vous êtes* dans l'erreur. »

Varambert remarqua ici que Carlo cessait de lui parler à la troisième personne, et qu'il se mettait sur le pied de l'égalité.

« Comment dis-tu, Carlo, fit-il en fronçant le sourcil.

— Je dis que vous êtes dans une erreur profonde, et qu'aujourd'hui même, peut-être, vous seriez perdu si je n'avais pris la résolution de vous sauver.

— Mais parle donc, malheureux! ne vois-tu pas que tu me tiens sur des charbons ardents?

— Et moi donc! étais-je sur un lit de roses lorsque vous me disiez : *je te donne tout ce que tu m'as volé?*

— Propos en l'air, et dont tu ne devrais plus te souvenir, puisque tu as pris, dis-tu, la résolution de me sauver. Mais quelle est donc cette erreur dans laquelle tu me crois plongé?

— La voici : vous croyez que du chevalier Berjaud il ne reste plus que les ossements, et ce personnage est en ce moment tout entier en chair et en os, il a le regard limpide et les lèvres vermeilles.

— Impossible! je l'ai frappé au cœur; moins de cinq minutes après j'ai sondé la blessure; il était mort.

— Je ne dis pas non plus qu'il soit vivant : le cœur ne bat plus; la respiration manque; mais le reste du corps n'a pas subi la moindre altération.

— Tu l'as donc vu?

— Comme je vous vois; et j'affirme que ceux qui l'ont connu ne pourraient le voir sans le reconnaître à l'instant. J'ajoute maintenant que si ce cadavre disparaissait, Pied-de-Fer n'ayant plus contre vous que cette déclaration obtenue par violence, et qui pourrait être l'œuvre d'un faussaire, vous n'auriez que bien peu de chose à craindre de lui.

— Carlo, je l'ai déjà dit : tu es fort, très-fort!

— Ah! cela me coûte cher! tous les soirs ma brigade volante est sur les dents; en huit jours ces gens-là mangeraient la moitié de Paris et en videraient toutes les caves.

— Je te l'ai dit, mon ami, que Mlle de Quérens soit à moi avec la moitié seulement de la fortune de sa tante, et je doublerai ce que tu possèdes. Mais comment as-tu pu pénétrer chez ce vieux bandit que l'enfer confonde?

— Mes hommes ne le perdent pas de vue, et la maison du cloître Saint-Séverin où il réside le plus ordinairement étant à vendre, j'ai pu m'y présenter avec la certitude de ne l'y point rencontrer, et en visiter tous les appartements. Cette fois, je n'ai fait aucune découverte, trop occupé que j'étais à détourner l'attention du concierge pour prendre lestement l'empreinte des serrures. Trois jours après j'avais des clefs parfaites, et pendant qu'un de mes hommes entraînait le concierge chez le marchand de vin du coin, ce qui n'était pas difficile, je faisais une perquisition complète au cinquième étage; j'ouvrais les meubles, je fouillais les papiers, espérant trouver cette fameuse déclaration qui vous a été arrachée. Elle n'y était pas; mais, en la cherchant, je trouvai ce que je ne cherchais point, ce dont je ne soupçonnais même pas l'existence : une superbe momie portant ces mots écrits sur la poitrine : *Le chevalier de Berjaud.* J'aurais peut-être pu m'en emparer; mais c'eût été trop risquer; car déjà mes hommes m'avaient donné le signal de descendre. — Voilà ce que j'ai fait, monsieur, sans vous en rien dire et dans la seule intention de vous servir loyalement comme je l'ai toujours fait. En ce moment, Pied-de-Fer étant au château de Merval, il ne peut nous être difficile d'enlever cette momie, de la brûler, de jeter ses cendres au vent.

— L'idée est excellente, dit Varambert. Nous arriverons à Paris vers la fin du jour. D'ici là, il faut trouver un moyen pour en finir avec cet imbécile de chevalier dont il est si difficile de se débarrasser après l'avoir tué deux fois.

XXXII

Le brocanteur Nickel.

C'était dans la rue du Faubourg, située dans la banlieue de Rochefort, que s'élevait le magasin de M. Nickel, un digne homme, s'il en fut, craignant et respectant le bien de son prochain.

D'où venait-il? Peu le savaient.

Les plus âgés dans la ville prétendaient l'avoir vu, en sabots et en veste de velours, stationnant à la porte du pharmacien de la place Colbert, et portant les fardeaux les plus lourds, pour quelques sous.

Était-il Limousin, Auvergnat ou Alsacien, nul ne le savait.

Les renseignements qu'il donnait à cet égard étaient des plus vagues.

« Je suis parti à douze ans de mon pays avec douze sous dans ma pochette, disait-il à ceux qui l'interrogeaient à cet égard. »

Et si un interlocuteur lui demandait où était son pays,

« Oh! bien loin, disait-il; ce n'est pas ici. »

Les soupçonneux arrivaient à se demander si le père Nickel n'avait pas laissé dans son pays quelque fâcheux souvenir.

Peu à peu, à force de faire des commissions, il était parvenu à amasser une certaine somme, qui lui permit de s'acheter une petite voiture qu'il chargea de tasses, d'assiettes, et il s'en allait par la ville échangeant ces menus objets contre du fer, du cuivre.

Au bout de deux ans, il avait renoncé aux échanges et avait loué une petite boutique dans la rue du Faubourg, et achetait cette fois à denier comptant le vieux fer et le cuivre au rebut; il achetait aussi de la toile dans l'occasion.... Son commerce prit de l'accroissement.

« Le bon Dieu, disait le vieux ferrailleur, bénit toujours ceux qui mettent leur confiance en lui, et vont leur droit chemin. »

Le père Nickel était-il riche? Tout portait à le croire, car il s'était rendu soumissionnaire de plusieurs marchés importants, et où les cautionnements variaient entre cinquante et cent mille francs.

Était-il honnête? Là, les sentiments se partageaient.

Un jour même, à la suite d'une adjudication de clous, qu'il avait soumissionnée à un prix inférieur, un de ces prix impossibles au cours où étaient les fers, un concurrent évincé s'écria qu'à moins de voler la matière première, il n'était pas possible de prendre une fourniture à ce prix.

« Si le préfet maritime se donnait la peine d'envoyer chez toi, dit-il à haute voix, il trouverait plus d'objets appartenant à l'État qu'à toi. »

Le père Nickel, qui était un homme froid, c'est-à-dire qui s'émouvait difficilement, se contenta de promener un regard tranquille sur les personnes qui se trouvaient présentes à cette apostrophe.

« Si je voulais pourtant lui faire arriver du mal, dit-il, ça ne tiendrait qu'à moi, car c'est un diffamateur. Mais que le bon Dieu lui pardonne ses mauvaises paroles comme je les lui pardonne! »

Cette mansuétude du père Nickel ne produisit pas l'effet qu'en attendait son auteur.

Depuis le jour où il s'était trouvé un homme assez hardi pour dire tout haut ce qui se disait tout bas, les bruits injurieux prirent de la consistance. On rappelait que le soir, à la nuit tombante, on avait vu des hommes s'engouffrer chez le père Nickel; ces hommes ne pouvaient avoir assurément que des relations qu'il tenait peu à faire connaître. Mais les choses en restèrent là, et le ferrailleur continua paisiblement son commerce.

C'était au lendemain de l'évasion d'André; le père Nickel était occupé dans son arrière-boutique à trier du cuivre, c'est-à-dire qu'il mettait le rouge d'un côté et le jaune de l'autre, lorsqu'un individu revêtu d'une de ces grandes redingotes, dites à la propriétaire, mais aux basques légèrement effrangés et la tête couverte d'un énorme chapeau tromblon, entra dans la boutique.

Le visage de cet homme avait quelque chose de repoussant; les stigmates de la débauche étaient inscrits sur son front; la paresse, le libertinage, les passions les plus viles, en un mot, semblaient être son apanage.

« Déjà à la besogne, père Nickel, dit-il.

— Mais oui, mon garçon, c'est pas comme toi.

— Mon Dieu, non, je n'ai pas entendu le canon, ce matin, et ma foi, je perds ma demi-journée. »

C'est une habitude dans les ports de mer de tirer le canon une heure au moins avant l'entrée des ouvriers dans l'arsenal.

« Ce n'est pas le moyen de mettre de l'argent de côté.

— C'est vrai. Vous êtes tout seul, dit l'individu changeant subitement de ton.

— Oui; est-ce que tu as quelque chose?

— Heu! fit celui-ci, et ôtant son chapeau avec précaution, il le posa sur une petite table; mais la table mal assujettie bascula.

— Ton chapeau est bien lourd, Volnier?

— C'est qu'il y a quelque chose dans le fond. »

Et Volnier, relevant et la table et le chapeau, sortit des flancs de ce chapeau phénoménal et dont la forme ancienne prêtait à rire, deux plateaux de balance en cuivre.

« Toujours du cuivre, dit le père Nickel en faisant la moue.

— Quel triste paroissien tu fais, dit Volnier qui depuis qu'il savait que le brocanteur était seul, s'était mis à le tutoyer, tu voudrais peut-être que je t'apporte un tombereau de fonte dans mon chapeau ou une pièce de toile, qui sait?

— Mais, non; mais, non; seulement vois ce que j'ai en fait de cuivre.... J'en regorge....

— Attends, je vais m'attendrir sur ton sort.... J'aurais bien pu t'apporter ces plateaux hier soir, mais la dernière fois tu m'as dit que tu ne voulais plus recevoir le soir. Pour me conformer à cet ordre, il a fallu que je perde ce matin une demi-journée d'un franc; avec les dix francs que tu vas me donner....

— Dix francs! exclama le brocanteur sans laisser achever Volnier.

— Aurais-tu l'indélicatesse de ne vouloir me donner que six francs comme tu as fait la dernière fois; tu n'as pas eu honte d'abuser de mon innocence et de mon inexpérience.

— Je donnerai six francs, et pas un rouge liard de plus....

— Papa Nickel....

— Je suis ruiné, six francs.... Si tu veux attendre le payement un mois, je ne dis pas.... »

Nickel, en proposant cet arrangement à Volnier, savait bien que celui-ci n'accepterait pas.

« Mais tu sais bien, vieux marsouin, que c'est tout de suite qu'il me faut cet argent. Je ne sais qui m'a mis un bouchon de sel dans le gosier, mais j'ai une de ces soifs qui font époque dans la vie d'un homme. Ajoute une bouteille de vin blanc aux six francs.

— Je n'ajouterai rien.

— Tu n'es qu'un cancre. Des plateaux qui valent vingt francs comme un liard. Un honnête marchand rougirait de m'offrir ce que tu m'offres.

— Va chez un autre!

— Tu sais bien que ça ne se peut pas; qu'un autre me demanderait la lettre de provenance de la marchandise.... Enfin donne les six francs. »

Le brocanteur tira un sac de toile de sa poche pour fouiller dedans et payer l'ouvrier, mais au moment où il allait y plonger la main, Volnier lui enleva prestement le sac des mains et le fit passer dans sa poche.

« Voilà un tour bien exécuté, dit-il. Bosco n'aurait pas fait mieux. Qu'est-ce qui peut y avoir dans cette laide bourse?

— Pas de bêtises, Volnier, dit le brocanteur blême d'émotion, rends-moi mon sac.

— Te rendre ton sac, vieux coquin, il y a trop longtemps que tu me voles ainsi que les camarades. Si nous établissions nos comptes, je suis convaincu que je serais encore en retour.

— Je puis te faire arrêter, hasarda le brocanteur.

— Ah! ah! me faire arrêter. Nous faire arrêter, tu veux dire ; je ne crains pas cela de toi ; tu as trop d'esprit pour introduire la gendarmerie dans ton domicile. Je te fais une proposition, c'est de payer une bouteille de vin blanc....

— Rends-moi mon sac, répéta Nickel qui chercha à lui prendre le bras. »

Mais il vit qu'il ne serait pas le maître à ce jeu, car d'une main, Volnier enleva le bonhomme de terre et le coucha sur ses cuivres :

« Faut pas faire le méchant avec moi, vieux coquin, dit-il ; j'ai mis la main sur ton sac, parce que ton commerce va devenir mort.... Comprends-tu? non. Tu ne comprends que ton sac, tu manques de variété dans la conversation à toujours répéter la même chose.... Je vois que tu ne sais rien sur les événements d'hier. Bénis le ciel, si toutefois un vieux singe comme toi est capable de croire en quelque chose. C'est égal, bénis le ciel tout de même, que je sois venu ici, et quand je t'aurai mis au courant de ce qui arrive, tu seras le premier à reconnaître que je ne me suis pas taxé à un prix trop élevé.

— Parle, dit le bonhomme, mais avant laisse-moi relever.

— Très-bien ! Seulement comme je te connais un peu traître, tiens-toi toujours à longueur de gaffe de moi..... »

Nickel fit docilement ce que lui disait Volnier, c'est-à-dire qu'il se recula de quelques pas ; cette docilité n'était qu'apparente, le vieux renard devait méditer un coup pour se remettre en possession de son bienheureux sac.

« Et d'abord, je débute en t'apprenant la mort d'un de tes fidèles fournisseurs, le brave Ladirée, l'honneur de la chiourme, la terreur des forçats!

— Ladirée est mort ; hier soir, je l'ai aperçu qui passait rapidement....

— Il n'en est pas moins mort d'une balle d'un forçat, à une lieue d'ici.

— C'est un de ceux qui se sont évadés hier soir qui l'ont tué ? demanda Nickel.

— Précisément.

— Mais le plus beau de l'affaire, c'est qu'il paraît que c'est Ladirée qui avait facilité l'évasion de ces deux forçats, s'il faut en croire les on dit ; l'un d'eux avait découvert que Garnic et consorts volaient à l'arsenal, et il avait menacé d'une dénonciation en règle toute la bande que tu dois connaître.... On prétend que Garnic qui est un malin.... »

Ici le père Nickel ne put s'empêcher d'interrompre Volnier.

« Un sot! dit-il vivement, il y a longtemps que je lui ai dit qu'il faisait des sottises ; il faut être fou pour acheter maisons à la ville et à la campagne, lorsque tout le monde sait pertinemment qu'il n'a pour vivre qu'un traitement de douze cents francs. C'était tenter Dieu et la justice que d'agir ainsi....

— C'est pas toi qui agirais de même, tu préfères garder tes gros sous...

— Possible ; mais achève ton histoire.

— Garnic avait, il paraît, dit aux forçats de venir souper chez lui avec cinq ou six autres maîtres et fournisseurs ; les deux évadés ont été assez stupides pour accepter, seulement à la place d'un lapin ils ont trouvé Ladirée qui a fait feu dessus ; l'un s'est enfui, mais l'autre qui était un brave, et qui n'était pas même blessé, a tué Ladirée....

— Voilà une drôle d'histoire....

— Le dénoûment est bien plus drôle ; le sergent de consigne de la chiourme qui avait emboîté le pas aux forçats arrêta le meurtrier après le meurtre de Ladirée et le mit entre les mains de Garnic et de ses amis, en attendant qu'il aille chercher du renfort ; mais il paraît que le forçat avait jasé, toujours est-il qu'en revenant avec les gendarmes, le sergent a fait mettre les poucettes non-seulement au forçat, mais encore à Garnic et à ses convives. Ainsi tiens-toi sur tes gardes.... Cette histoire vaut bien ton sac. »

Le père Nickel avait écouté le récit de Volnier avec le plus grand calme ; on eût cru que c'était pour lui une chose tout à fait indifférente, et cependant il avait acheté pour plus de deux cent mille francs de cuivre, d'huile, de toile aux différents individus dont on venait de lui dénoncer l'arrestation.

« Tu tiens toujours à garder ma bourse? demanda-t-il à Volnier.

— Plus que jamais.

— C'est un vol ce que tu fais là.

— Et toi, en m'achetant six francs des balances qui en valent au moins vingt ne commets-tu pas également un vol.

— Cela s'appelle un marché, puisque je te laisse libre de les remporter.

— Des bêtises, » et le bandit chez lequel les arguments paraissaient faire défaut prit son chapeau vide des balances et sortit.

Comment, coquin, tu es enchanté de voir qu'on m'égorge! (Page 619, col. 1.)

Ce calme du père Nickel aurait dû faire réfléchir Volcier : pour qu'il l'eût laissé sortir si tranquillement, il fallait que le brocanteur eût dans la tête une bonne vengeance.

« Ah! gueux! dit-il sourdement, lorsqu'il fut seul, tu ne sais pas le service que tu viens de me rendre en t'emparant de mon sac ; c'est toi qui vas m'aider à sortir du guêpier où les Garnic ne vont pas manquer de vouloir me fourrer, car aussitôt qu'un homme est sous les verrous, il a la sotte habitude de chercher à y faire mettre le plus de monde possible : mais c'est le bon Dieu qui m'a envoyé ce gibier de potence ; sans lui je continuais de dormir sur mes deux oreilles ; quel réveil m'attendait : ils peuvent venir, Messieurs de la justice, tout est en ordre, et s'ils trouvent un clou, une cheville appartenant au gouvernement, ils seront bien malins. »

Et tout en parlant, le père Nickel se hâtait de s'habiller ; c'est-à-dire qu'il passait la manche de sa veste sur son vieux chapeau aux poils rougis par le temps : ce devoir de propreté accompli, il fit disparaître les deux plateaux dans une des poches de côté de sa veste.

Eh bien ! telle était la coupe de la veste du père Nickel que ce surcroît de chargement ne lui donna pas plus mauvaise grâce qu'avant.

Il ferma soigneusement sa porte, et se dirigea vers l'hôtel de ville.

Une fois arrivé, il demanda à parler au commissaire de police.

L'entrée du bonhomme fit sensation : on connaissait déjà à la police l'histoire de l'arrestation de Garnic et de ses complices présumés ; tout d'abord, le commissaire crut que le père Nickel venait se constituer prisonnier et qu'il allait se dénoncer comme recéleur.

Il connaissait bien peu l'homme qui venait lui rendre visite.

« Monsieur le commissaire, j'ai deux mots à vous dire ; je viens me jeter dans vos bras pour vous demander justice ; j'ai été la victime d'un coquin, d'un brigand.

— Innocente victime.... dit celui-ci en souriant.

— Vous paraissez vouloir rire, monsieur le commissaire, et moi je n'en ai pas la moindre envie, et d'abord tenez! que je me décharge.... »

Et Nickel tira de sa poche les deux plateaux de balance....

« Voici de bien belles balances, dit le commissaire.

— Ah! voilà où il faut du coup d'œil, car vous-même qui êtes un magistrat, vous dites de suite, voilà de bien belles balances, et vous les acheteriez si on vous les offrait ; mais Nickel qui n'est pas né d'hier, ça se voit à ses cheveux blancs, s'est dit en voyant ces balances : elles sont belles et ne peuvent appartenir à celui qui veut les vendre ; et il a refusé de les acheter....

— Mais comment se fait-il qu'elles soient en votre possession ?

— Patience, patience, cela va venir. Quand le voleur, car ce ne pouvait être que cela, a vu que je ne voulais pas lui acheter ses balances, il me les a jetées dans ma boutique, et a sauté sur un sac d'argent qui était sur une petite table en me disant : « Je me paye. » Alors quand j'ai vu cela, j'ai mis les balances dans ma poche et je suis venu ici, vous demander justice.

— Vous connaissez l'homme qui vous a volé ?

— Si je le connais ! Seigneur Dieu, et vous aussi, respectable magistrat, vous le connaissez. C'est le grand Volnier, un pilier de cabaret, un homme sans foi ni loi, un gredin de la pire espèce.

— Vous avez fait beaucoup d'affaires avec lui ? » demanda le commissaire.

Le père Nickel vit le piége que le commissaire lui tendait et évita prudemment de lui répondre.

« Mais mon sac que vous oubliez, cher commissaire du bon Dieu.

— Nous y viendrons tout à l'heure, et surtout n'évitez pas de répondre à mes questions.

— Vous oubliez que je viens dénoncer un voleur... Je suis une victime, et vous paraissez vouloir faire de moi un accusé ; les rôles sont changés ; si vous ne me croyez pas, envoyez un des gagés du maire à la recherche de ce mauvais drôle qui mange peut-être mon argent dans des orgies, mais vous devez me protéger, monsieur le commissaire.... Je demande justice ! c'est pour cela que je suis venu....

— Pourquoi cette persistance à ne pas me répondre sur une question aussi simple, dit le commissaire, c'est que votre conscience n'est pas des plus tranquilles.... et qu'il est très-probable que vous avez eu avec ce Volnier des rapports d'intérêt.

— Mais, monsieur le commissaire, tout mon argent sera dépensé quand vos agents iront arrêter ce gueux. »

Cette habileté de Nickel ne pouvait que lui devenir fatale, et assurément qu'en présence de cette obstination du commissaire à savoir s'il avait eu des relations avec Volnier, il en vint à regretter sa démarche. Le commissaire ayant l'intime persuasion qu'il ne tirerait rien de Nickel, avant une confrontation avec Volnier, appela deux de ses agents et leur ordonna de tâcher de découvrir cet individu.

Les deux agents eurent bientôt trouvé le voleur du père Nickel ; il était installé à l'hôtel du Mouton couronné et avait devant lui un plat de raie qui avait un aspect des plus appétissants.

La police en province n'est pas collet monté comme à Paris. Dans une petite ville, tout le monde se connaît ; les agents entrent carrément dans les cabarets et les auberges et acceptent assez souvent à boire des consommateurs.

Volnier était connu des agents du maire ; il passait pour un homme dangereux. Cela est triste à dire, mais il y a une vingtaine d'années, il y avait encore dans les villes de province de ces hommes qui étaient la terreur des honnêtes gens ; à force de rester dans la légalité avec eux, on avait fini par leur accorder une certaine impunité ; on eût facilement fait une souscription pour leur donner les moyens de quitter la ville. Mais généralement ces messieurs tenaient à rester dans la localité dont ils étaient l'effroi.

Les deux agents crurent donc devoir user de diplomatie pour s'emparer de Volnier.

« Vous avez là un plat qui a bonne mine, dit l'un d'eux.

— A votre service, dit Volnier.

— Moi, j'ai dit ça pour parler, répondit l'agent.

— Et moi pour vous engager à vous mettre à table.

— Nous pouvons bien nous mettre à table, dit le second agent, d'autant plus que nous avons à parler à monsieur.

— Vous avez à me parler, dit Volnier, qu'est-ce qu'il y a encore ? Quelques lâches qui se seront plaints que je les ai un peu trop rudement secoués....

— Ma foi, je n'en sais rien : le commissaire ne nous a rien dit.

— Vous savez, les chefs, ça ne prend pas généralement les subordonnés pour confidents....

— A qui le dites-vous, mes enfants, répondit Volnier d'un ton protecteur, à qui le dites-vous ? Mais le commissaire attendra que j'aie fini de déjeuner ; dans une petite heure, je vous emboîte le pas. Apportez deux couverts ! » cria-t-il.

Cependant le maître de l'auberge n'était pas sans inquiétude sur la façon dont lui serait payé le déjeuner que s'était fait servir Volnier, et la présence des deux nouveaux invités, si elle lui assurait que dans le cas où au moment de solder l'addition, Volnier s'y refusât, il avait sous la main sinon les éléments pour l'y contraindre, du moins pour le faire conduire au violon, n'était pas sans lui causer quelque inquiétude.

Volnier remarqua cette hésitation, et il eut un froncement de sourcils olympien.

« Hé la fille ! est-ce qu'on a peur que lorsque j'aurai fini, je fasse demander la garde pour payer mon déjeuner, que vous mettez si peu d'empressement à nous servir ; voulez-vous être payé d'avance ? »

La servante était une rude fille de la campagne à laquelle les circonlocutions étaient inconnues.

« On ne paye pas deux fois ici, dit-elle ; si vous payez avant, vous ne payerez pas après. »

Volnier tira négligemment de sa poche une pièce de quarante francs qu'il jeta sur la table. La vue de cette pièce d'or produisit un singulier effet sur les deux agents. Ils se jetèrent un coup d'œil d'intelligence.

« Nous ne pouvons accepter à déjeuner, dirent-ils.

— Et pourquoi cela, s'il vous plaît, est-ce que ce n'est pas offert de bonne amitié ?

— Si vraiment.

— Eh bien, alors ! »

Ce *eh bien ! alors !* était tellement gros de menaces, que les deux agents crurent devoir capituler.

« Nous accepterons un verre de vin, dit le plus jeune.

— Oui, c'est ça, j'ai affaire au marché, et je reviens, » dit l'autre.

Le second agent revint en effet, mais accompagné de cinq soldats ; il avait sagement pensé que ce renfort était nécessaire pour s'assurer d'un homme aussi dangereux.

La vue de ce renfort parut produire peu d'effet sur Volnier.

« Apportez cinq bouteilles ! cria-t-il, une bouteille par homme, c'est moi qui paye ; et toi, dit-il en s'adressant à l'agent, tu me payeras cela plus tard. »

Celui-ci pâlit devant cette menace ; mais ce moment d'effroi passé, il marcha bravement sur Volnier.

« Je vous somme de nous suivre, dit-il.

— Des navets ! J'ai pour habitude de ne jamais interrompre mon repas. Ton commissaire attendra.

— Puisque vous ne voulez pas venir de bonne volonté, on vous enlèvera de force.

— A d'autres ! » dit le bandit essayant de rire, et en serrant fortement le manche de son couteau.

Jusqu'à ce moment les soldats étaient demeurés spectateurs paisibles, mais en voyant l'attitude de Volnier, le caporal crut devoir prendre part au dialogue.

« Bourgeois, lui dit-il, vous avez tort de vous révolter. On vous demande chez le commissaire, allez-y de bonne volonté ; si vous vous révoltez, on vous y conduira tout de même....

— Est-ce toi, soldat de deux sous, qui le chargeras de cela ? »

Le caporal qui était un Basque, bondit sur la table comme un chat tigre et sauta sur Volnier qui surpris par cette attaque exécutée en dehors de toutes les règles reçues, se laissa arrêter sans oser opposer la moindre résistance. Ce ne fut que lorsqu'il se trouva devant le commissaire qu'il reprit ses esprits.

« Du diable ! dit-il, si je sais comment il se fait que je me sois laissé conduire ici ; enfin puisque j'y suis, que me veut-on ?

— On veut savoir, dit le commissaire, où vous avez pris ces balances.

— Oui, dit Nickel qui s'était démasqué, où as-tu pris ces balances ? réponds, voleur ; et mon sac, qu'en as-tu fait ?

— Quel sac ? quelles balances ?

— Il est inutile, dit le commissaire, de chercher à nous tromper, voici M. Nickel, un homme honorable chez lequel vous vous êtes présenté ce matin avec ces deux plateaux de balances, et auquel vous avez offert de les lui vendre ; M. Nickel s'est refusé à vous les acheter ; alors changeant subitement et de ton et de langage, vous lui avez jeté les deux plateaux dans sa boutique tandis que vous lui enleviez prestement un sac contenant une somme d'argent importante. Qu'avez-vous à répondre ?

Nickel croyait rêver en entendant le commissaire le traiter d'homme honorable. Quel mobile pouvait donc faire agir ainsi le commissaire ? Un bien simple, il voulait endormir dans une fausse sécurité Nickel, et tâcher d'arriver à découvrir l'endroit où il recélait les marchandises volées.

« Depuis quand, dit Volnier, les loups se mangent-ils entre eux ! Comment, Nickel, tu as la petitesse de venir me réclamer ton sac d'écus.... Il est encore temps, lui dit-il en lui lançant un regard gros de révélations....

— Tu es un voleur ! lui dit Nickel.... Je n'ai pas de ménagement à garder avec un misérable tel que toi, rends-moi mon argent et je retire ma plainte.

— Fouillez-le, dit le commissaire.

— Oh ! ce n'est pas la peine, voici la bourse ; il n'y manque que la pièce de quarante francs que j'ai donnée à l'aubergiste du Mouton couronné.

— C'est bien là votre bourse ? demanda le commissaire.

— Oui, monsieur. Et maintenant, vous pouvez le mettre en liberté.

— Il reste les plateaux, dit le commissaire. Ceci sera l'objet d'un plus ample informé. »

Volnier voulut élever la voix ; mais le commissaire lui imposa silence et ordonna de l'enfermer et surtout de ne le pas perdre de vue.

« Maintenant, vous pouvez vous retirer, monsieur Nickel, » dit le commissaire.

Le brocanteur sortit radieux de l'hôtel de ville. Il était loin de se douter que ce facile triomphe serait une des causes de sa perte.

Une heure après sa sortie, il se dirigeait vers la route de Rochelle et se dirigeait vers la maison des Revenants, celle qui recélait en ce moment Raflard et Honorine.

Que pouvait-il aller faire de ce côté ?

XXXIII

Pérégrinations d'une momie.

Le jour finissait lorsque Carlo, qui avait pris toutes ses précautions, pénétra dans la maison du Cloître-Saint-Séverin, et se glissa furtivement dans l'escalier, sans être aperçu du concierge dont la lampe n'était pas encore allumée. Il monta rapidement au cinquième étage, et entra sans difficulté, grâce à ses fausses clefs, dans le logement que Pied-de-Fer avait habité avec le donneur d'eau bénite, un de ses anciens compagnons, et qui était un des quatre domiciles qu'il occupait alternativement. Varambert, dont la voiture stationnait à quelque distance, se promenait dans la rue attendant le signal convenu.

Il s'écoula plusieurs heures sans que Carlo donnât ce signal, car il fallait attendre que la rue fût déserte. Enfin un petit coup de sifflet arriva jusqu'au baron qui se plaça aussitôt devant la maison. Bientôt une forme humaine parut à une des fenêtres du cinquième étage, et, se balançant dans les airs, descendit lentement sur le sol. C'était le cadavre momifié du chevalier de Berjaud attaché à l'extrémité d'une corde dont l'autre extrémité était aux mains de Carlo. Dès qu'il fut à sa portée, Varambert le saisit, en ôta la corde, et il l'emportait pour le mettre dans sa voiture, lorsqu'il se trouva subitement face à face avec un personnage qui le saisit au collet. C'était Pied-de-Fer.

« Halte là ! fit ce dernier.... Vol avec effraction, la nuit, dans une maison habitée.... Il paraît, mon gentilhomme, que vous pratiquez en grand... mais vous oubliez que

Celui qui met un frein à la fureur des flots,
Peut aussi des méchants arrêter....

— Oh ! fit Varambert, un ex-chauffeur qui invoque la justice divine !

— Oui, répliqua Pied-de-Fer, j'invoque le Dieu de miséricorde qui fit du repentir la vertu du coupable. Tu ne te repens pas, toi, misérable ! qui voles le cadavre de l'homme que tu as assassiné ! »

En parlant ainsi, il s'efforçait de lui arracher le cadavre momifié de Berjaud.

Pendant que cela se passait, débouchait par la rue de la Parcheminerie une *patrouille grise*.

— On appelait ainsi alors un groupe de cinq ou six individus, vêtus d'habits couleur de muraille, armés de cannes plombées, qui parcouraient Paris depuis onze heures du soir jusqu'au jour, faisant la chasse aux vagabonds, aux filles attardées et aux malfaiteurs de toute sorte. Donc une de ces patrouilles débouchait dans la rue du Cloître-Saint-Séverin.

« Regarde donc, Patoulet, dit le brigadier au plus madré de ses hommes, il me semble que voilà un individu qui s'envole par la fenêtre.

— Dame ! s'il a besoin d'air....

— Je croirais plutôt que c'est des locataires mauvais cuir qui déménagent à l'œil.... Allons-y ! »

En un clin d'œil Varambert et Pied-de-Fer furent enveloppés par la patrouille.

« Qu'est-ce que cela ? demanda le brigadier en étendant le bras vers la momie.

— Ça, monsieur, répondit gravement Pied-de-Fer, c'est une œuvre d'art.

— C'est possible tout de même, l'ayant vu de mes yeux danser à une hauteur agréable. Mais ce n'est pas à l'heure qu'il est qu'on fait de ces postiches-là devant le portail d'une église.... Et puis votre œuvre d'art m'a l'air de ressembler pas mal à un polichinelle en chair et en os.

— La nuit, répliqua Pied-de-Fer sans rien perdre de sa gravité, ça peut faire cet effet-là ; mais au grand jour....

— Au grand jour, il me semble que ça pourrait être un particulier que vous alliez jeter à la rivière après l'avoir escoffié.

— Je vous dis que c'est une momie que nous ne donnerions pas pour dix mille francs. N'est-il pas vrai, baron ? »

Varambert comprit que Pied-de-Fer n'était pas plus charmé que lui de voir l'autorité intervenir dans cette affaire, et il s'empressa de se prononcer dans le même sens.

— Si ces messieurs veulent venir jusque chez moi, dit-il, ils reconnaîtront que nous sommes des gens parfaitement honorables.

— Pas de ça ! les règlements s'y opposent. Ce qui est certain c'est que vous voici trois, dont un mort ; donc il y a du louche. En conséquence, nous allons vous insérer au poste du Petit-Pont où vous jouirez d'un lit de camp magnifique, en vrai cœur de chêne, jusqu'à l'heure où l'on vous conduira chez M. le commissaire.

— Ma foi, baron, dit Pied-de-Fer, je crois, à tout prendre, que l'idée de M. le brigadier n'est pas mauvaise : une nuit est bientôt passée ; nous causerons pour passer le temps ; qu'en dites-vous ?

— Vous parlez d'or, répondit Varambert, surpris et enchanté de la tournure que prenaient les choses : allons au poste.

— Eh bien, à la bonne heure ! fit le brigadier ; j'aime les particuliers de ce calibre-là. Marchons. »

La distance était courte : quelques centaines de

pas à peine. Dix minutes après cette rencontre, le baron et Pied-de-Fer causaient à demi-voix dans le violon, ayant entre eux, sur le lit de camp, le cadavre momifié du malheureux Berjaud.

« Vous savez, disait le vieux chauffeur, que je puis vous envoyer à l'échafaud ?

— Je vous y entraînerais alors.

— Erreur! la prescription m'est acquise.... C'est une illusion que je vous ôte, je le sais bien : vous avez pensé que je ne pourrais recourir à l'autorité sans me compromettre, mais il n'en est rien : dès ce moment vous êtes perdu, si je le veux.

— Oh! je me défendrai!

— Quelques instants peut-être ; vous vous défendrez contre l'agonie; mais il faudra mourir. »

Varambert frissonna; puis après quelques instants de silence, il reprit :

« Mais que vous ai-je donc fait, à vous, pour que vous vous montriez si altéré de mon sang?

— A moi, vous n'avez rien fait.... ou peu de chose, c'est vrai ; mais avouez que si vous aviez pu me traiter comme ce pauvre Berjaud....

— Ai-je été vous chercher?... Pourquoi vous jeter ainsi dans mon chemin?

— Pour vous arrêter dans cette voie infernale où vous a jeté l'amour de l'or; pour vous empêcher de nuire à ceux que j'aime....

— Pied-de-Fer, un saint.... c'est dommage qu'il n'y ait plus de place au calendrier !

— Je vous ferai bien changer de ton dans quelques heures, si vous n'en changez sur-le-champ.

— Eh bien! voyons, que voulez-vous de moi?... Ma position est mauvaise, je le reconnais; mais la vôtre ne vaut guère mieux....

— C'est une erreur, vous dis-je; on ne peut rien contre moi, et je puis tout en ce qui vous regarde.

— Oh !

— Oui tout! même vous empêcher de tomber dans l'abîme sur le bord duquel vous chancelez en ce moment.

— Hein?... que dites-vous? fit Varambert en se levant comme pour saisir cette planche de salut.

— Je dis que je puis vous sauver, et je vous sauverai, si vous acceptez les conditions que je poserai. »

Varambert sentit ses nerfs se détendre ; la contraction de cœur qui lui permettait à peine de respirer se dissipa quelque peu.

« Pardieu! dit-il, il faut que je sois bien sot pour n'avoir pas deviné l'homme caché sous cette rude enveloppe! Pied-de-Fer, je vous reconnais pour mon maître; je me soumets.

— Alors nous pourrons nous entendre.

— Je vous écoute.

— Vous savez sans doute que nous ne sortirons d'ici que pour être conduits devant le commissaire de police ?

— C'est la marche ordinaire.

— Il s'agira donc tout simplement de convaincre ce respectable magistrat que nous sommes d'honorables citoyens ayant feu et lieu, payant nos impôts, etc., ce qui ne sera pas difficile. Dans ce cas, aucune espèce de plainte ne s'élevant contre nous, notre mise en liberté ne saurait être douteuse.

— Malheureusement, il y a ce cadavre.

— N'ai-je pas déclaré déjà que c'était une œuvre d'art?

— C'est vrai.

— Et vous, qui êtes un savant docteur, ne pourrez-vous pas démontrer facilement et victorieusement qu'ayant étudié en Égypte le grand art de momifier les corps, vous en avez rapporté ce spécimen des merveilles que vous pouvez opérer ?

— Ah ! Pied-de-Fer, si je vous avais connu plus tôt !

— Nous aurions fait de vilaine besogne.... Ne parlons pas de cela.

— J'espère pourtant que vous venez de parler sérieusement?

— Très-sérieusement; mais je n'ai pas tout dit; il me reste à formuler mes conditions; et sur ce point, je vous en préviens, je serai inexorable. »

Varambert baissa la tête en signe de soumission, et Pied-de-Fer reprit :

« D'abord vous renoncerez à la main de Mlle Ida de Quérens, et vous donnerez quittance à la comtesse de toutes les sommes que, à quelque titre que ce soit, le comte, son mari, pouvait vous devoir lors de sa mort.

— Mais, c'est énorme. Le comte était un joueur endiablé, et il puisait sans relâche dans ma caisse.

— C'est peut-être vrai ; mais je n'admets aucune modification. Oui ou non? Vous pouvez opter ; mais alors rien ne m'arrêtera, et la justice vous demandera compte de tous vos actes, depuis la mort du boyard Molianof jusqu'à l'assassinat de cet homme qui est là près de nous.

— Après tout, dit Varambert, ce n'est qu'une perte d'argent ; passons.

— Vous renoncerez par acte authentique à toute poursuite contre Mme la marquise de Merval.

— Mais ce serait ma ruine !

— Votre ruine, soit; que m'importe?

— Pied-de-Fer, contrairement aux hommes de votre trempe, vous n'êtes pas généreux. Savez-vous bien que c'est une fortune de deux millions que vous voulez m'enlever? Votre prétendue marquise de Merval n'est autre chose que la veuve d'un aventurier. Le marquis était mort depuis plusieurs années quand un chevalier d'industrie est parvenu, à force d'audace, à dépouiller ses héritiers de toute la fortune qui leur était échue. J'ai de tout cela les preuves les plus incontestables.... Encore s'il s'agissait d'une transaction acceptable....

— Songez-y, Varambert ; il fera jour bientôt, et lorsque nous serons chez le commissaire, il ne sera plus temps de revenir sur ce qui aura été décidé ici.

— Dans tous les cas, je ne puis vous faire que des promesses.

— Je le sais bien ; mais ce qu'il faut que vous sachiez vous, c'est qu'à la moindre hésitation de votre part à remplir ces promesses que vous m'aurez faites, je vous livre à la justice pieds et poings liés. Les preuves de vos crimes sont formidables : les maîtres de l'hôtel de la Couronne-d'Or, à Bagnères, sont convaincus que vous avez assassiné le boyard ; s'ils se sont tus lorsque cela est arrivé, c'est qu'ils craignaient que cet événement ne leur fît perdre une partie de leur clientèle ; mais ils sont rassurés maintenant, et ils parleront quand je le voudrai.... Et l'histoire de l'épée empoisonnée ; le procès-verbal de cet attentat dressé par les témoins.... Et votre complicité dans les horribles méfaits du duc de T...; la mort à l'hôpital de la Salpêtrière de la malheureuse Julia. Et le vol des registres télégraphiques.... Et enfin l'assassinat du chevalier de Berjaud à la vie duquel vous aviez attenté une première fois.... Eh bien ! les preuves de tous ces crimes, je les ai ; sur un mot de moi, un seul mot, elles se grouperont pour vous écraser, de même qu'elles seront lettres mortes, et qu'il n'en sera jamais question si je veux qu'il en soit ainsi. Maintenant, docteur Varambert, réfléchissez ; je vous accorde cinq minutes ; pas une seconde de plus. »

Et il tira sa montre qu'il garda dans sa main.

« Mais, dit Varambert saisi d'effroi, les sacrifices que vous voulez m'imposer ne m'empêcheront pas d'être toujours à votre discrétion.

— Mille diables ! je l'entends bien ainsi ! seulement, tant que je n'aurai pas à me plaindre de vous, vous n'aurez pas à craindre de moi la moindre indiscrétion.... Vous avez encore deux minutes et demie pour vous décider. Vous comprenez que la discussion ne doit pas se prolonger jusqu'au moment où l'on nous fera sortir d'ici. »

Varambert réfléchit encore quelques instants, puis il dit avec une apparente résignation :

« Il faut bien que je le reconnaisse, vous êtes plus fort que moi.

— Et vous acceptez mes conditions ?

— Je les accepte.

— Et vous les remplirez à la première réquisition ?

— C'est entendu.

— Vous savez que je n'admets aucune restriction ?

— Je n'en fais aucune.

— Alors préparez-vous à faire devant le commissaire quelque savante dissertation sur les momies égyptiennes en général, et en particulier sur celle-ci que vous avez rapportée des bords du Nil. Faites en sorte que le digne magistrat n'y comprenne rien, et tout sera pour le mieux. »

On a deviné sans doute que Pied-de-Fer n'était pas assez niais pour croire qu'une fois hors de ses mains, le baron remplirait les conditions qu'il lui avait imposées. La vérité est que le vieux routier n'était pas plus désireux que Varambert de mettre l'autorité dans la confidence de toute cette affaire, au moins pour le moment.

« Que je lui fasse peur, pensait-il, et qu'il m'aide à sortir de ce mauvais pas, et nous verrons ensuite. »

Bientôt la patrouille grise qui les avait consignés au poste vint les y chercher pour les conduire au commissariat du quartier. Le magistrat avait mal dormi ; il était de fort mauvaise humeur.

« Qu'est-ce que c'est que ça ? dit-il en fronçant le sourcil... quelque chien d'ivrogne ramassé dans le ruisseau... pouah ! traînez-moi çà au dépôt. »

Et il montrait le cadavre de Berjaud que le brigadier venait de poser sur une chaise.

« Inutile, monsieur le commissaire, répondit ce dernier, vu que le particulier a perdu depuis longtemps le goût du pain.

— Un cadavre !... Et vous apportez cela ici ! Mais ces animaux-là veulent nous donner la peste !... A la morgue, drôle ! »

Varambert prit aussitôt la parole.

« Monsieur, dit-il, ceci n'est pas une chose vulgaire, comme vous semblez le croire ; c'est une momie égyptienne ; c'est la vraie momie du grand Pharaon III, roi d'Égypte en son vivant, et trouvé par moi dans le temple de Memphis à une profondeur de sept cents pieds au-dessous du niveau de la mer. Vous n'ignorez pas, respectable magistrat, que les Égyptiens conservaient pendant un grand nombre de siècles les rois sous lesquels ils avaient le bonheur de vivre....

— Mais celui-ci à l'air d'être mort d'hier, interrompit le commissaire en regardant de plus près les yeux brillants et les joues fraîches de Berjaud.

— C'est là justement ce qui en fait un objet du plus grand prix ; c'est ce qui a fait dire à un poëte illustre :

> Trois mille ans ont passé sur les cendres d'Homère,
> Et depuis trois mille ans, Homère respecté,
> Est jeune encor de gloire et d'immortalité !

Eh bien, Homère avec ses trois mille ans n'est

qu'un bambin en comparaison de Pharaon III qui ne compte pas moins aujourd'hui de quatre mille sept cent vingt-huit ans, ainsi que le prouve le Zodiaque de Denderah....

— Mais ce n'était pas une raison pour faire passer votre Pharaon par une fenêtre du cinquième étage.

— Simple précaution pour ne pas effrayer les gens de la maison qui auraient pu croire que nous emportions un cadavre pour l'enterrer clandestinement. »

Le commissaire était dans une grande perplexité ; l'affaire ne lui paraissait pas claire. Cependant comme Pied-de-Fer et le baron exhibaient des papiers suffisants, il leur rendit la liberté, déclarant seulement que par mesure de prudence le roi Pharaon III serait déposé au greffe où il resterait jusqu'à ce que la justice en eût autrement ordonné.

XXXIV

Guet-apens.

De retour chez lui, Varembert y retrouva Carlo très-inquiet sur le résultat de leur opération. Après avoir retiré à lui la corde avec laquelle il avait descendu dans la rue le cadavre momifié de Berjaud, il avait refermé la fenêtre, puis il était descendu résolûment et avait demandé *le cordon, s'il vous plaît* ; le concierge, à moitié endormi, avait obéi, et l'audacieux intendant était sorti sans difficulté. Fort surpris de trouver vide la voiture de son maître il l'avait attendu pendant un certain temps, et ne comprenant rien à cette disparition, il s'était fait reconduire chez le baron où, comme nous l'avons dit, il attendait avec la plus vive inquiétude. Il avait passé ainsi toute la nuit, et le jour venu, il allait prendre un parti et se mettre à la recherche de Varambert lorsqu'enfin ce dernier parut.

« Ah ! monsieur le baron, dit-il, quelle mauvaise nuit vous m'avez fait passer !

— Crois-tu qu'elle ait été meilleure pour moi ?

— Qu'est-il donc arrivé ?

— Tout ce qui pouvait arriver de pis. »

Et il raconta comment il avait rencontré Pied-de-Fer et ce qui s'en était suivi.

« Houm ! fit Carlo, l'horizon se rembrunit considérablement ! J'imagine pourtant que vous avez fait ces promesses avec la ferme résolution de ne les pas tenir ?

— Sans doute ; mais il faudra jouer serré ; car ce diable d'homme est bien fort, et s'il parle, tout est perdu. Je suis maintenant à sa discrétion absolue.

— Peuh ! il me semble, à voir froidement les choses, que vous n'y êtes ni plus ni moins qu'auparavant.

— C'est ce que je me suis dit d'abord, avec d'autant plus de raison, peut-être, qu'évidemment il redoutait autant que moi l'intervention de la justice. Mais c'est cette diable de momie qui va tout gâter. Tout le monde ne se laissera pas mystifier comme un commissaire ignorant et à moitié endormi. On voudra savoir d'où cela vient, où se fabriquent de telles merveilles, — car c'est une vraie merveille, cette momie de Berjaud. Certes j'ai acquis autrefois d'immenses connaissances en anatomie, en chimie ; je connaissais toutes les substances conservatrices ; j'ai même fait des embaumements de cadavres humains, et je n'ai jamais rien obtenu d'aussi parfait.

— Et cette merveille, dites-vous, est au greffe ?

— Cela doit être d'après la décison du commissaire.

— Et ce greffe est celui de...?

— De la cour royale nécessairement, où il aura été envoyé en même temps que le procès-verbal du commissaire allait au parquet.

— Eh bien ! ce n'est probablement que partie remise. Ce serait bien le diable si parmi mes hommes il ne s'en trouvait pas quelqu'un qui eût navigué dans ces parages-là.... Il est vrai que ces coquins, pour peu que j'aie besoin d'eux, font des brèches énormes à ma caisse.

— Tu veux dire à la mienne.

— Naturellement. Et pourtant il m'est arrivé bien souvent de guerroyer sans subsides pour votre compte.

— Pas un mot de plus là-dessus, mon ami ; je sais mieux que jamais ce que tu vaux et je t'autorise à t'ouvrir à toi-même un crédit illimité.

— Alors encore une fois je réponds de tout. Nous verrons si ce terrible Pied-de-Fer a la peau aussi dure qu'elle en a l'air.

— Quoi ! tu serais assez résolu pour....

— Monsieur le baron, au point où en sont les choses, hors du couteau point de salut. C'est une vérité qu'il faut avoir le courage de regarder en face.

— Tu sais que je ne suis pas homme à reculer ; mais avec *tes hommes*, comme tu les appelles, j'ai grand'peur que nos secrets soient abrités sous un trop grand nombre de bonnets.

— Cela dépend de la manière de les faire manœuvrer, et puisque vous me laissez la bride sur le cou....

— Absolument, Carlo. Ce serait mourir tous les jours que de vivre ainsi. Il faut enfin sortir de cet enfer.

— Et monsieur le baron sait-il ce qui me reste en caisse ?

— Euh ! euh !

— Soixante-dix mille francs environ.... Et les couteaux sont hors de prix en ce moment.
— Eh bien, arrange-toi, fais des revirements, vends des actions, presse mes fermiers.
— Restez dans ces dispositions, et nous vaincrons sur toute la ligne.
— Va donc, et fais que cela soit prompt.... Chaque seconde va me sembler un siècle.
— Dans vingt minutes je serai à l'œuvre. »

Carlo rentra chez lui ; il endossa une blouse de grosse toile, se couvrit la tête d'une casquette tachée de plâtre, plongea ses ongles dans l'encre pour les *mettre en deuil*, secoua sur son visage une poussière grisâtre, et les mains dans ses poches il sortit de chez lui avec la complète apparence d'un ouvrier maçon qui va chercher de l'ouvrage.

C'était vers la fin d'une des plus belles journées de juin ; le soleil dorait de ses derniers rayons le dôme du Palais de Justice et les combles de la Sainte-Chapelle, à Paris. Mais déjà dans les sombres ruelles de la vieille Lutèce, les lueurs rougeâtres des *quinquets* commençaient à se montrer dans les noires salles des nombreuses tavernes qui s'y trouvaient en quelque sorte entassées, lieux de réunion d'une population exceptionnelle, dont l'aspect sordide, les murailles visqueuses, les plafonds enfumés, l'air épais et nauséabond datent du moyen âge, et ont vu naître et mourir plus de vingt générations sans avoir subi de modification sensible.

C'est vers une de ces tanières séculaires, hantées par les mauvais garçons de tous les temps, que se dirigea Carlo.

Plusieurs des tables, couvertes de nappes maculées, étaient occupées par des groupes d'hommes diversement vêtus. La blouse du travailleur y dominait ; mais çà et là se montrait un costume tout autre, plus ou moins délabré, mais n'en dénonçant que mieux son origine bourgeoise ou fashionable. Des bottes vernies apparaissaient sous des pantalons dont les extrémités rongées par la boue et l'usage de la brosse, présentaient les franges les plus fantastiques. Des casquettes éculées tombaient sur des collets d'habits encore de mode. C'était un mélange singulier de misère et de souffrances physiques et morales plus ou moins accentuées. Ajoutons que tous ces hommes, même ceux dont les mains blanches et les ongles bien taillés annonçaient une profession libérale, avaient un langage étrange, mélangé de locutions ordinaires aux gens du monde, et d'un grand nombre d'expressions bizarres, empruntées aux plus basses classes de la société.

Une des tables de l'établissement était occupée par trois de ces personnages dont les paroles véhémentes annonçaient une querelle prochaine des plus vives.

« Taupin, disait un d'eux à celui qui venait de cesser de parler, tu as la langue trop longue et mal pendue, à preuve que tu veux débiner le meilleur garçon qui ait jamais mis les pieds au *Lapin-Blanc*.... Ah ! mais oui ! ça y est ; quand ça devrait vous faire loucher tous des deux yeux, ça ne m'empêcherait pas de dire ce que je pense à son endroit. Oui, Carlo est un garçon d'esprit, capable de vous enterrer tous si ça pouvait lui faire plaisir.... Mais non, au contraire, doux comme une linotte qui donne la becquée à ses petits !... Jamais fier, toujours bon zigue au superlatif de la chose.... Ce n'est pas toi, Guisard, qui oserais dire le contraire ?

— Non, répondit le troisième personnage ainsi interpellé, non, je ne dis pas le contraire pour ce qui est des apparences ; mais les apparences sont pour les jobards ; moi, j'aime à savoir les choses à fond, et je ne me laisserai jamais éblouir par les couleurs. Voyons, Japitain, qu'est-ce qu'il fait ton Carlo ? D'où vient-il, où va-t-il ? De temps en temps il a l'air de filer une affaire, et quand on lui rend service, il joue du pouce, c'est vrai ; mais tantôt on le rencontre dans les trente-deux aires de vent ; puis tout à coup il disparaît comme une étoile filante, et quand il revient, il ne dit jamais d'où....

— Sans compter qu'il n'a pas tort de tenir sa langue au chaud, interrompit le premier interlocuteur. Nous parlons trop, nous autres ; et nous oublions toujours que les murs ont des oreilles.

— Mais chez nous, au moins, reprit Guisard, il n'y a pas de filicroche : on a eu des raisons avec le code pénal, qui a l'esprit mal fait, à la bonne heure ; qui est-ce qui n'a pas ses faiblesses dans le monde ? mais ça ne nous empêche pas d'être francs du collier, et ce n'est pas avec les amis que nous nous tenons boutonnés jusqu'au menton. Est-ce vrai, ça, Taupin ?

— Tonnerre ! fit Taupin en frappant violemment sur la table, c'est la vraie vérité des vérités ! Quoi donc ! voilà un copin qui vient de temps en temps béquiller son ordinaire au *Lapin-Blanc*; il avale ça sans faire la grimace, et ça entre comme s'il avait passé quarante jours dans le désert, ce qui ne l'empêche pas de payer un litre aux camaros, et de faire filer tout bas une face de monarque dans la profonde de ceux qui sont à sec. Ça c'est gentil, je ne dis pas le contraire ; mais pas moins je me sentais chiffonné à son endroit, et je me disais l'autre jour, après avoir trinqué avec lui : « En voici un à ne pas perdre de vue. » Pas plus tard que le même jour dans l'après-midi, je l'aperçois dans une calèche superbe, à côté d'une femme mise comme une duchesse, chevaux pur sang, laquais derrière ; tout le tremblement. Il n'avait plus ni blouse ni casquette ;

Un cabriolet passa près de lui. (Page 640, col. 2.)

mais il était habillé à la dernière mode, gants jaunes et bottes vernies.... Eh bien! qu'est-ce que tu dis de ça, Japitain?

— Je dis que probablement il travaille dans *la haute*, et que ce n'est pas sa faute si nous sommes dans la dèche.

— Et dire que deux heures auparavant il avait avalé son ordinaire comme un dévorant.

— Ce qui prouve tout simplement qu'il est plus fort que nous.

— Plus fort que toi, dit Luisard en se redressant, je ne dis pas; mais je ne veux pas qu'on me mesure à l'aune de ceux qui cannent.

— Ni moi non plus, dit Taupin....

— Mille diables d'enfer! s'écria Japitain en se levant furieux, qui est-ce qui canne ici?... Taisez vos menteuses ou je les décroche pour les donner aux chiens! »

En ce moment un nouveau personnage entra, blouse au dos, casquette en tête, mains plâtrées, l'air souriant et bon garçon des pieds à la tête; c'était Carlo.

« Ça tombe bien, copin! s'écria Japitain en l'apercevant; tu vas m'aider à régaler d'une tripotée ces deux canardiers qui tout à l'heure se permettaient de t'écorner dru comme mouche.

— Calmons-nous! calmons-nous! dit Carlo toujours souriant; est-ce que nous ne sommes plus ensemble donc? »

Et il serra la main successivement aux trois personnages.

« Ah! si tu savais! fit Japitain.

— Ce que je sais le mieux, camaro, c'est que j'ai une soif d'enfer.... Allons, tourne à gauche, donne-nous du cacheté, vivement! »

Tous trinquèrent.

« Ah! reprit Japitain toujours dominé par la colère, si tu savais ce qu'ils disaient de toi tout à l'heure!

— La paix, la paix, mes amis! quand les poches sont vides, on a des idées noires; on parle trop, et la langue fourche. Je sais cela, et je n'en veux pas savoir davantage, ayant à vous parler de choses plus intéressantes.... A votre santé. »

Ils trinquèrent de nouveau à plusieurs reprises, puis Carlo reprit :

« Vous savez qu'on peut embaumer les morts, et les conserver ainsi pendant très-longtemps?

— Parbleu! fit Japitain qui était quelque peu lettré; est-ce qu'il n'y a pas, au Louvre, le musée égyptien où se trouvent des momies de toutes les tailles?

— Tu y es, garçon; c'est d'une momie qu'il s'agit; non d'une momie égyptienne, noire, ratatinée, ressemblant à un chat empaillé; mais d'une momie parisienne, belle, fraîche, un vrai chef-d'œuvre. Il s'agirait d'enlever cette merveille du greffe où elle a été déposée par suite de circontances particulières ; il y a cent jaunets à gagner. Peut-être parviendrait-on à se la faire remettre sous prétexte que c'est un cadavre dont l'inhumation est ordonnée pour cause de salubrité, et d'autant plus facilement que le nouveau garde-magasin du greffe est bête à manger du foin.

— Diable ! fit Taupin, toi Luisard, qui as été dans la partie des pompes funèbres.

— J'ai mon idée ! s'écria Luisard triomphant, mais ça demandera une certaine mise en scène : trois costumes de croque-morts, un cercueil, un ordre d'inhumation gratuite. Quant au corbillard, mon cousin Jodelet qui est cocher dans la section des pauvres, fera ce que je voudrai. »

Carlo mit vingt louis sur la table.

— Voici un à-compte, dit-il ; l'affaire faite, je payerai le reste comptant. Demain, de neuf heures à midi vous me trouverez dans la salle des Pas-Perdus. »

C'est une croyance populaire que ce qui entre au greffe n'en sort plus. La vérité est que beaucoup de choses n'en sortent pas facilement, les formalités à remplir étant telles que beaucoup de gens y renoncent ; mais il s'agissait ici d'une chose tout à fait exceptionnelle. Le garde-magasin n'avait reçu qu'avec une répugnance très-prononcée le cadavre momifié de Berjaud.

« S'ils se mettent sur le pied de déposer au greffe les morts ramassés sur le pavé de Paris, grommelait-il, il n'y aura bientôt plus moyen d'y tenir. L'autre jour c'était un crocodile empaillé ; hier c'était un cochon à six pattes volé à la foire aux jambons ; voici maintenant qu'on nous apporte des hommes ; puis on s'étonnera que le choléra fasse des ravages dans la cité. »

Il était dans ces dispositions, lorsque trois croque-morts se présentèrent ; le premier portait sur l'épaule un cercueil vide, et tenait à la main un ordre d'inhumation. Le corbillard attendait à la porte du palais.

« Pardine ! fit le garde-magasin, ce n'est pas dommage ! Emballez-moi ça bien vite, et filez ! rien que d'y penser ça me coupe la respiration. »

Luisard qui était au courant de la besogne dont il s'était chargé, mit prestement, avec l'aide de ses deux compagnons, la momie entre les planches et remit sur ses épaules le cercueil ainsi garni, puis il gagna la salle des Pas-Perdus où Carlo attendait. Il descendit ensuite dans la rue, rendit à son cousin, le cocher du corbillard, l'ordre d'inhumation, afin qu'il allât prendre le vrai mort qu'il devait transporter, et portant toujours le cercueil comme s'il eût été vide, il suivit Carlo et arriva chez Varambert où se présentèrent en même temps Taupin et Japitain.

« Carlo, disait Varambert après que les trois habitués du Lapin-Blanc se furent retirés avec la somme promise, tu es un homme précieux, et je suis content de toi ; mais tant que Pied-de-Fer sera sur pied, je ne pourrai être tranquille. Ah ! tu es ma providence, et je n'espère qu'en toi.

— Approuvez mes comptes, monsieur le baron, et ne vous occupez pas du reste.

— Je les approuve des deux mains, mon ami ; mais voyons quelle est ma situation présente.

— Environ cent cinquante mille francs de rentes qui seront plus que doublées si nous épousons Mlle Ida....

— Ah ! c'est là la difficulté !...

— Et nous l'épouserons, monsieur le baron ! Carlo, croyez-le bien, n'a pas dit son dernier mot : il pourra mourir sur la brèche ; mais il ne reculera pas d'une semelle. »

Carlo était rayonnant ; il se voyait emporté sur les ailes de la fortune, et il semblait que rien ne fût capable de l'arrêter. Ce vol du cadavre de Berjaud était un véritable triomphe pour ces deux hommes, et ils oubliaient encore une fois que la Roche tarpéienne est près du Capitole.

XXXV

Ce qu'on peut faire pour de l'argent.

Léontine était fort triste. Après l'avoir à peu près ruinée, Félicien ne reparaissait que fort rarement chez elle, et quoiqu'elle fût toujours une des plus jolies femmes de Paris, elle avait considérablement baissé à la bourse galante. Seule chez elle un matin, elle pleurait de dépit.

« Quelle sotte fantaisie, se disait-elle ; pourquoi me suis-je ainsi affolée de ce paltoquet?... Et maintenant il me dédaigne, l'imbécile ! et il se vautre dans le fretin ! »

Félicien prenait en effet une terrible revanche contre cette femme qui avait été son premier amour : admis, par sa protection, dans les bureaux du ministère de la guerre, sa mauvaise conduite l'avait bientôt obligé de donner sa démission, et il vivait à l'ombre de ces camélias de bas étage qui sont la Providence des chevaliers d'industrie.

Donc Léontine pleurait, et les larmes de rage qui sortaient de ses yeux lui brûlaient le visage lorsque sa femme de chambre, — elle n'avait plus de laquais, — vint lui annoncer la visite d'un personnage déjà vieux, dit-elle ; mais de verte allure, qui demandait à être reçu sur-le-champ.

— Son nom ? demanda Léontine.

— Mon Dieu ! madame, il a un air si terrible que je n'ai pas osé le lui demander.

— Qui sait ! pensa Léontine, c'est peut-être un envoyé de la Providence. »

Et elle ordonna de faire entrer le visiteur. Or ce visiteur, c'était Pied-de-Fer. Léontine le reconnut sur-le-champ pour l'homme qui avait terrassé Varambert lors de l'assassinat de Berjaud, et elle parut saisie d'effroi.

« Madame, dit Pied-de-Fer en la voyant reculer de deux pas, voilà un mouvement qui confirme mon opinion....

— Que voulez-vous dire, monsieur?

— Mon Dieu ! c'est bien simple ; il me semblait que nous nous étions entrevus dans une circonstance grave.... très-grave.

— C'est possible, dit Léontine tremblante.

— Oh ! je ne veux pas faire les choses plus grosses qu'elles ne sont : il n'y eut, dans cette circonstance, qu'un homme égorgé : l'égorgeur était Varambert, et l'homme qui lui fit avouer son crime, c'était moi !

— Oh ! je vous reconnais tout à fait maintenant ; et puisque vous êtes cet homme, vous devez savoir que je ne suis pas la complice de ce meurtrier.

— Soyez complètement rassurée; non-seulement vous êtes étrangère au crime, mais c'est à cause de ce forfait que vous avez rompu avec Varambert.... à cause de cela, et de quelque autre chose pourtant.

— Oh ! oui, j'étais folle; mais puisque vous savez tout cela, vous devez savoir aussi que la faute a été rudement expiée.

— Oui; le jeune officier a mal tourné.... mais la fantaisie est passée, n'est-ce pas?

— Oh ! pour toujours !...

— Toujours, c'est trop ; on ne gagne rien à brûler ses vaisseaux. Voyons, je viens me poser en médiateur; voulez-vous me permettre de m'occuper quelque peu de vos affaires ?

— Vraiment, je ne sais où j'en suis.

— Eh bien ! remettez-vous, et causons tranquillement en mettant les points sur les *i*.

— Je le veux bien.... car, en ce moment, j'ai un énorme besoin d'expansion.

— Bien ! je puis donc vous dire ce que je sais : vous avez besoin d'argent.

— Oh ! permettez....

— Tout est permis à une jolie femme, même cela ; mais il faudrait être un mal appris pour la laisser dans cette situation. Parlons sérieusement ; il s'agit de choses très-graves : vous avez vu Varambert poignarder Berjaud ?

— Berjaud?

— Vous ne connaissiez pas la victime, c'est vrai; mais vous auriez pu crier, faire saisir l'assassin....

— J'étais éperdue, sans voix.... Oh ! vous ne m'accuserez pas, vous qui savez la vérité.

— Jamais, si vous voulez suivre mes conseils.

— Je vous jure obéissance !

— Eh bien ! je vous la ferai douce. Commençons par le plus pressé. Vous avez besoin d'argent, n'est-ce pas ? »

Léontine se redressa.

« Ah ! monsieur !...

— Je dis peut-être la chose trop crûment; mais j'aime à me faire comprendre. Vous vous êtes adressée au baron, et il n'a voulu rien entendre, le sot; Carlo, plus habile, vous est venu en aide; aujourd'hui je veux les mettre tous deux à votre discrétion. Mais je demande service pour service ; c'est-à-dire que, si, la justice se mêlait jamais de cette affaire, vous diriez toute la vérité.

— Je l'aurais déjà fait, si je n'avais été retenue par la crainte des ennuis que cela pourrait me causer.

— Et peut-être aussi par votre attachement à Varambert.

— Oh ! retirez cela : il me payait !

— C'est vrai, dit Pied-de-Fer en souriant, est-ce qu'on aime ces gens-là !

— Écoutez, monsieur; je ne sais pas encore ce que vous voulez de moi ; mais j'entrevois entre nous une liaison d'intérêts, et votre franchise me plaît. Dites-moi donc, sans plus de précautions oratoires, le but de votre visite.

— Belle dame, je n'en avais point d'autre que de vous être agréable et de me faire votre ami.... Non pas à la façon de Varambert ni du beau lieutenant Félicien ; je ne puis avoir cette prétention, cela se devine et se voit, n'est-ce pas ? »

Léontine baissa les yeux et tâcha de rougir. Pied-de-Fer reprit :

« Le passé de cet homme est horrible, mais je ne devrais ni ne pourrais m'en occuper s'il ne s'était attaqué aux objets de toutes mes affections. A mon âge, madame, on est peu accessible à l'amour ; mais les amitiés sont sincères et profondes, et c'est à ce sentiment que j'obéis en faisant de toute ma puissance obstacle aux projets de l'infâme dont nous parlons. »

Léontine se sentit charmée par ces franches paroles.

« Et moi aussi je veux être votre amie, dit-elle en tendant à Pied-de-Fer une de ses jolies mains. Oh ! je suis une grande pécheresse ; mais en vous écoutant il me semble qu'il y a encore pour moi de la bonne et pure joie. »

Pied-de-Fer sourit ; il ne s'était jamais cru un si puissant convertisseur. Pour son coup d'essai, il faisait un miracle ; mais il faut dire à sa louange qu'il n'y croyait pas. Il se souvint à propos de ce royal distique :

> Souvent femme varie ;
> Bien fol est qui s'y fie.

« N'ayons pas une confiance illimitée, pensa-t-il; qui a bu boira; qui a aimé aimera.... Pourtant il y a du bon dans cette femme.... Un peu d'or au fond du creuset ; c'est beaucoup, et je n'en demande pas davantage. »

Léontine était demeurée silencieuse ; Pied-de-Fer reprit sans quitter la jolie main qu'il tenait :

« Voyons, revenons à cette vilaine question d'argent. C'est affreux, mais on ne fait rien sans cela : personne ne le sait mieux que moi. Vous avez vendu votre hôtel ?

— A réméré seulement.

— Et il faudrait pour le racheter ?

— Cent mille francs, hélas ! »

Pied-de-Fer réfléchit pendant un instant.

« Diable ! se dit-il, cette première bouchée sera forte ; mais il est trop adroit pour ne pas l'avaler, et pour l'y obliger d'ailleurs, nous sommes armés de toutes pièces. »

Puis s'adressant à sa belle interlocutrice :

« Je ne puis vous compter cette somme ; mais faites-moi donner ce qu'il faut pour écrire, et aujourd'hui même Varambert vous la remettra.

— Varambert ! fit Léontine épouvantée.

— Lui-même, chère belle. Je sais qu'il s'est montré rétif ; mais je sais le moyen de l'humaniser. »

Et prenant la plume, il écrivit :

« A vue de la présente vous payerez à madame Léontine Michelin la somme de cent mille francs, prix de l'objet d'art enlevé du greffe de la cour royale par vos agents, et vous vous mettrez sur-le-champ en mesure de remplir les conditions par vous acceptées, sinon.... vous savez le reste. »

Et il signa : « PIED-DE-FER. »

« Mais il ne payera pas, dit Léontine, après avoir lu ce mandat.

— S'il ne payait pas, je payerais, moi. Mais il est bien entendu que c'est un pacte que vous faites avec moi, belle dame, en tant cependant que je ne vous demanderai que de dire la vérité.

— Pourrais-je ne pas être votre reconnaissante débitrice ?

Le visage bronzé de Pied-de-Fer s'épanouit.

« Ah ! fit-il, si j'avais trente ans de moins !... votre amitié, belle dame.

— C'est plus solide, dit en riant la belle pécheresse, et cela peut durer toujours.

— A demain donc, chère belle ; j'ai hâte de vous revoir contente. »

Et il se retira. Cette visite avait rendu Léontine resplendissante. Le bonheur embellit, et elle se sentait heureuse ; car cet homme lui semblait une puissance : elle l'avait vu terrasser Varambert, lui dicter cette déclaration terrible que nous connaissons.

« Cet homme-là est puissant, se dit-elle ; il doit pouvoir ce qu'il veut. Évidemment Varambert est sous sa domination.... et un peu de la mienne,

si je le veux ; eh ! pourquoi ne le voudrais-je pas ? Qu'est-ce que ce Varambert, sinon un sac d'argent trop plein qui s'est trouvé trop heureux de s'alléger quelque peu près de moi ?... Mais il a du sang aux mains maintenant ; malheur à lui ! »

Elle se montait la tête, la folle fille ; et ce fut sous cette impression qu'elle se rendit chez Varambert. Ce dernier l'accueillit avec empressement.

« Charmante amie, dit-il, vous avez donc voulu me rendre heureux aujourd'hui ?

— Oh ! fit-elle de sa plus douce voix, vous savez bien que notre bonheur n'est plus là.

— Parce que vous ne le voulez plus, méchante.

— Écoutez, Varambert, il s'agit entre nous de choses plus importantes : lisez ceci, et répondez-moi sérieusement. »

Et elle lui présenta la lettre de Pied-de-Fer.

Le baron la prit, et à peine l'eut-il ouverte qu'il bondit sur lui-même.

« Mais, ma charmante, dit-il après un instant d'hésitation, quelque riche qu'on soit, on n'a pas toujours cent mille francs à sa disposition.

— Je n'en demande pas davantage, répliqua Léontine. Demain, il fera lui-même les fonds. »

Et elle tendit la main pour reprendre le mandat que Varambert tenait entre ses doigts crispés.

« Ma belle tigresse, dit-il en s'efforçant vainement de cacher son émotion, me permettrez-vous au moins de réfléchir pendant quelques instants ?... Soyez franche, Léontine ; ce ne sont pas vos charmes seulement que le signataire de cet écrit a voulu conquérir ?

— Je n'ai pas à vous faire de confidences de ce genre, et vous n'avez pas le droit d'en exiger.

— Exiger, belle amie ! Ah ! je ne le sais que trop : mes droits, de ce côté, sont depuis longtemps périmés. Je n'exige donc rien, mais je prie.

— En affaires, monsieur le baron, la prière est de trop. Est-ce donc à vous qu'il faut dire cela ?

— Eh bien ! Léontine, abordons la chose carrément et regardons-nous en face.

— Soit ! fit joyeusement Léontine ; en amour comme en guerre, les voiles sont de trop.

— Oh ! séduisante enfant ! » dit le baron en étendant les bras.

Mais Léontine recula de deux pas.

« J'ai dit *comme en guerre*, reprit-elle, et je n'ai pas proposé la paix.

— Alors c'est moi qui la demande, belle amie, et comme les torts sont naturellement de mon côté, — il n'en peut être autrement, — je payerai les frais de la guerre.... Est-ce bien *la guerre* qu'il faut dire ?

— Mon Dieu, Varambert, fit Léontine avec une

petite moue charmante, ne changeons pas la nature des choses : il s'agit d'une affaire d'argent.

— Hélas! oui; c'est le fond de tout, et j'y arrive. Tenez, chère belle, je vous rends cet étrange mandat, et je m'engage à vous en compter deux fois le montant, si vous le conservez seulement pendant quarante-huit heures.

— Sans autre condition? demanda la rusée courtisane.

— Sans autre, sinon que vous serez bonne pour qui vous aime. N'ai-je donc pas conservé une petite place dans ce cœur que j'ai tant cru à moi....

— N'allons plus nous perdre dans ces sentiers où l'on trouve plus d'épines que de fleurs, interrompit Léontine. Nous disons *deux cent mille francs?* »

Varambert se sentit vaincu par ce positivisme; mais il n'en parut pas ému.

« Oui, mon enfant, répondit-il d'un air paterne, nous disons cela, et nous dirons mieux si vous voulez redevenir mon amie. »

Léontine, on le sait, était facile à émouvoir : deux cent mille francs en courte perspective, et *peut-être* mieux que cela ! elle avait senti bien des fois son cœur battre à moindre prix. Au fond pourtant, c'était une bonne nature : fille d'Ève, comme Ève, elle avait succombé à la tentation, et puis, loin de cette île escarpée et sans bords où l'on ne peut rentrer quand on est dehors, elle était restée sur le continent. Permis à celles qui sont restées dans l'île de lui jeter la pierre; elle n'en souffrira pas beaucoup.

Donc au contact de cette proposition, Léontine s'assouplit; il lui semblait bien encore que cet homme avait du sang aux mains; mais elle voyait l'or lui fluer entre les doigts.

« Eh bien, dit-elle, je garderai cette lettre.

— Pendant deux jours?

— C'est bien long!... mais enfin!

— Et votre porte m'est ouverte?

— Sans doute; en affaires!...

— Oh! le vilain mot!

— Il faut pourtant parler pour s'entendre.

— Léontine, nous nous entendions si bien autrefois!

— Mais, cher, c'est de l'histoire ancienne.

— Eh bien! refaisons-la nouvelle, voulez-vous?

— Laissez-moi, je ne promets rien; j'attends. »

Et, comme pendant ce colloque Varambert avait reconduit la jolie visiteuse jusqu'à sa voiture, elle s'élança sur les coussins, et les chevaux partirent.

« Mille diables! disait Varambert réfléchissant, la chose se complique! Comment Pied-de-Fer a-t-il découvert l'affaire du greffe?... Mais il ne s'agit pas de chercher, il faut parer. »

Il fit appeler Carlo, et lui raconta ce qui venait de se passer.

« Tes hommes auront parlé, lui dit-il; nous sommes vendus!

— Eh bien! reprit tranquillement l'intendant, nous nous rachèterons : les choses ne sont jamais trop chères quand on peut y mettre le prix.

— C'est vrai, mon ami; mais j'ai peur qu'on ne puisse aller bien loin sur ce chemin-là. J'achète Léontine, c'est entendu et chose à moitié faite; mais Pied-de-Fer?

— Cher maître, tout est dans tout : Pied-de-Fer est dans Léontine comme l'œuf est dans la poule.

— Voilà qui nous avance bien!

— Eh! à qui tient la poule, il semble que l'œuf ne peut guère échapper.

— Parlons sérieusement, Carlo.

— C'est toujours sérieusement que je parle à monsieur le baron. Nous avons maintenant deux jours devant nous, n'est-ce pas?

— Pas davantage.

— C'est assez.

— Carlo, si nous sortons de ce mauvais pas, je te proclame le plus habile homme du monde.

— Oh! c'est un titre que je n'ambitionne pas.

— Parce que?

— Parce que quand on est au sommet on ne peut que descendre.

— Et tu veux monter?

— Toujours, cher maître.

— Je crois, de par le diable! qu'il te pousse des ailes.

— Tant mieux pour vous, monsieur le baron.... Mais ce n'est pas le moment de se perdre dans les nuages. Pied à terre, s'il vous plaît, et tenons-nous ferme. C'est une bataille décisive que nous allons livrer.

— Hum!... je crois, le diable m'emporte! que tu veux me faire peur!

— Allons donc! la peur ne mène à rien, et nous voulons aller à quelque chose.

— C'est vrai, et pour cela, il faut d'abord sortir de cette impasse.

— Nous en sortirons, monsieur le baron.... J'ai toujours carte blanche, n'est-ce pas?

— Toujours, Carlo; mais ne perds pas de vue que j'ai promis deux cent mille francs.

— Oh! il y a loin de la coupe aux lèvres : vous les avez promis; vous ne les donnerez pas.

— Tu pourrais faire cela?

— Résumons, mon cher maître : cette femme a sur vous un mandat de cent mille francs?

— Hélas! oui.

— Signé par Pied-de-Fer?

— Et que je ne puis refuser de payer sans courir les plus grands risques.

— Et pourtant si vous ne payiez pas, vous croyez que Pied-de-Fer payerait?

— Il est bien trop habile pour faire autrement.

— Très-bien. Maintenant mon plan est fait.

— Il payera ; mais Léontine sera contre nous, ce qui est énorme dans la situation présente.

— Il payera, et elle sera avec nous. Seulement je vais faire un peu crier le sac.

— Mais puisque ce n'est pas nous qui payerons !

— Sans doute : mais monsieur le baron pense bien qu'il ne suffira pas de lui faire la révérence pour qu'il se décide à montrer ses espèces. En tout il faut considérer la fin ; car la fin ici, c'est de faire payer Pied-de-Fer, et de n'avoir plus à nous occuper de lui.

— Oh ! si nous pouvions en arriver là !

— Monsieur le baron m'a donné carte blanche ; qu'il dorme donc sur les deux oreilles.

— Mais au moins tu me diras un mot de ce plan ?

— Oui, et ce sera peut-être un mot de trop ; voyez ce qui nous arrive : Je suis sûr de mes hommes ; je répondrais sur ma tête qu'ils n'ont dit à personne un seul mot de l'affaire du greffe, et voilà qu'elle nous retombe sur les bras ! Oh ! ce Pied-de-Fer est bien servi !

— Tu ne suspectes pas ma sincérité, j'imagine.

— Non sans doute, mais on peut être sincère et indiscret, deux défauts qui ne s'excluent pas, et marchent souvent de pair... Enfin puisque vous voulez savoir !... Cela se passera dans ma maison de campagne, à Clignancourt....

— Oh ! oh ! vous avez maison de campagne, seigneur Carlo ?

— Mon Dieu ! presque rien ; une bicoque, une toute petite villa que je préparais pour mes vieux jours.

— Diable ! tu t'y prends de loin !... C'est d'un bon exemple d'ailleurs ; je ne dis pas le contraire.

— Hélas ! l'homme propose, et Dieu dispose : je me proposais d'aller mourir là, et ce n'est pas à moi que cette terre doit être légère.

— Pourquoi donc ?

— Parce que, monsieur le baron, dans deux jours, nous y enterrerons Pied-de-Fer. »

En prononçant ces dernières paroles, Carlo sembla se transformer ; ses yeux s'injectèrent de sang, sa main se leva comme pour frapper : en une seconde, il se révéla tout entier.

« Carlo, mon garçon, dit Varambert effrayé, n'est-ce pas aller un peu vite?

— Arrêtons-nous, si vous avez peur : mais ce n'est pas en marchant à reculons qu'on arrive.

— Sans doute. Pourtant quand je songe aux tourments que m'a déjà fait subir la mort de ce misérable Berjaud....

— Monsieur le baron, chacun a son tableau noir sur lequel s'allongent des lignes de toutes les couleurs ; il ne s'agit que de savoir y passer l'éponge : c'est là tout le mérite des hommes forts.

— Soyons donc forts, Carlo.... Nous parlions, je crois, de ta maison de campagne ?...

— Oui. C'est là qu'il faut faire venir Pied-de-Fer.

— Et qui l'y amènera ?

— Léontine.

— Elle ! mais elle nous perdra.

— Non ; elle se taira.

— A quel prix, bon Dieu ?

— Sans frais : les morts ne parlent pas. »

Varambert parut terrifié par ces paroles ; mais il se remit promptement à la hauteur des circonstances.

« Ce sont là, dit-il, des affirmations qui ne m'expliquent rien.

— Je ne saurais pourtant en dire davantage ; mais souffrez que je sorte me mettre à l'œuvre, et demain sans doute je pourrai être plus explicite.

— Mille diables ! se disait Varambert demeuré seul, il me semble que je baisse énormément ! Après tout, c'est peut-être de l'habileté que de laisser faire ce maître drôle ; c'est un excellent plastron dont j'aurais grand tort de ne pas me servir. »

Et il se résigna à n'occuper que le second rôle dans ce drame qui était son œuvre, laissant à Carlo le soin de tout arranger.

« Mais sera-t-il assez habile pour réussir ? »

XXXVI

Tentatives de corruption.

Nous avons laissé le père Nickel sortant de chez le commissaire de police, son bienheureux sac à la main et se dirigeant vers la Maison des Revenants ; laissons-le continuer son chemin qu'il accomplit, sans s'en douter, sous l'œil de la police, et revenons au forçat André, ramené au bagne le soir même de son évasion.

André le Scieur était devenu le héros du jour, aussi bien dans la ville que dans l'arsenal ; et il y avait de quoi, en effet : n'était-ce pas à lui qu'on devait l'arrestation de Garnic et de ses complices ? les ouvriers du port surtout s'étaient déclarés ses partisans.

« En voilà un, disaient-ils, qui est plus malin que nos chefs ; jusqu'à ce jour ils n'avaient pu parvenir à découvrir les auteurs des vols, et il a fallu qu'un simple forçat leur ouvrit les yeux. »

Dans le bagne, lorsqu'il fit son entrée, André fut salué par un hourra que ne purent réprimer les avis paternels des gardes-chiourmes, accompagnés de quelques coups de triques intelligemment distribués.

C'était une triste ovation que celle que l'on faisait au pauvre forçat, car à part les trois années de double chaîne que lui valait son évasion, il devait encore recevoir la bastonnade, mais le fait du meurtre de Ladirée fit qu'on se contenta de le mettre au cachot.

Il faut avoir vu les cachots du bagne pour se faire une idée de ces horribles séjours, la plume ne saurait les décrire; mais pendant qu'on instruisait son procès, procès sommaire, comme tous ceux qui s'instruisent au bagne, il y avait un homme qui songeait au parti qu'il y avait à tirer de l'arrestation d'André: cet homme était le sergent de chiourme qui comptait amener le forçat à trahir l'endroit où s'était réfugié son camarade d'évasion.

Quand Méloc entra dans le cachot où était le forçat, il trouva celui-ci la tête appuyée dans ses mains; le malheureux cherchait à trouver dans un sommeil réparateur un soulagement à ses souffrances.

Il souleva à demi la tête.

« Ah! c'est vous, sergent, dit-il; voyez dans quel état on m'a mis, et pourtant vous savez bien que je n'ai pas opposé de résistance quand vous m'avez arrêté; à quoi bon me torturer ainsi, si ma tête est réservée à la guillotine, qu'on la fasse tomber de suite; mais qu'on ne me torture pas maintenant.

— Il est de fait, mon pauvre garçon, qu'on t'a mis dans un drôle d'état, et je te promets qu'en sortant d'ici, j'irai trouver le commissaire pour qu'il t'allége de tous ces fers qui sont pour le moins inutiles. »

André savait parfaitement que le sergent de chiourme était peu sensible à l'endroit des forçats; aussi cette communication, ces marques d'intérêt l'étonnèrent.

« Il a besoin de moi, se dit-il; dans la situation où je suis, je n'ai rien à ménager, le tout est de tirer le meilleur parti possible de la situation que de prétendus aveux peuvent me faire.

Le sergent de chiourme s'assit sur une grosse pierre qui se trouvait dans le cachot, à une distance respectueuse du forçat; la porte du cachot était restée entr'ouverte et en haut des marches on voyait passant et repassant, le soldat d'infanterie de marine placé en sentinelle; un petit rayon de soleil éclairait quelques marches, mais la distance était trop longue pour qu'il pût arriver jusqu'à l'endroit où était le prisonnier.

« Tu ne sais pas pourquoi je suis venu ici? dit tout à coup le sergent.

— Quand vous me l'aurez dit, je pourrai vous répondre.

— C'est pour te faire part des doutes qui se sont élevés dans mon esprit, relativement à ton évasion.

— Ah! il s'est élevé des doutes dans votre esprit, dit le forçat d'un ton narquois, est-ce que vous n'y croyez pas? Je vous avoue que si telle était votre opinion, je ne serais pas fâché de la voir partager par le commissaire du bagne.

— Tu plaisantes, ta●●●que je parle sérieusement.

— Que voulez-vous? ●●● à croire à l'intérêt que vous me portez, ●● en ce moment je ne songe qu'à une chose, c'est aux souffrances que j'endure.

— Puisque je l'ai promis, qu'en sortant d'ici, j'irai trouver le commissaire du bagne.

— Bien sûr?

— Bien sûr. »

Le forçat parut satisfait, et le sergent reprit :

« Je me suis dit, voilà un brave forçat qui ne se doute pas un seul instant, qu'il a servi de plastron à son camarade....

— Qu'est-ce que vous dites? demanda le forçat jouant l'étonnement à ravir.

— Une chose bien simple : pour vous sauver vous étiez deux, et à l'heure du danger vous n'étiez plus qu'un! Comprends-tu? Pour moi, j'ai la conviction que Raflard avait dû combiner son affaire avec Ladirée à l'avance. »

André à ces paroles du sergent se cacha le visage dans ses mains, comme s'il eût voulu réfléchir sur ce qu'il venait d'entendre, mais c'était pour ne pas laisser voir le sourire qui errait sur ses lèvres. Le malheureux trouvait le sergent si lourd, si maladroit dans le rôle machiavélique qu'il cherchait à jouer avec lui, que pendant un instant il avait oublié ses souffrances.

« Il veut me faire moutonner sur Raflard, et indiquer la retraite où il se cache; brave sergent, qui croit trouver en moi l'étoffe d'un mouchard.

— Eh bien! tu ne me réponds pas.

— Je réfléchis, sergent; je réfléchis, et je me dis que si cela était, c'est-à-dire si on pouvait me prouver que Raflard s'est conduit comme un faux frère, alors je n'hésiterais pas un seul instant à sortir du mutisme que je me suis imposé, car en présence d'une semblable conduite, il serait de mon devoir de ne plus garder de ménagement vis-à-vis de lui.

— Et tu ferais bien.

— Seulement, il y a une chose que je demanderai avant d'entrer dans la voie des aveux. Mais vous ne l'accorderez pas....

— Dis, toujours.

— Ce serait que l'on me retirât mes fers.... »

Dans la précipitation de sa réintégration au bagne, on n'avait pas eu le temps de remettre au forçat sa manille, on s'était contenté de lui passer des chaînes aux poignets et aux pieds, lesquelles étaient fixées par des anneaux à simples clavettes.

« C'est grave ce que tu me demandes là ?

— Demandez-le toujours, mon vieux sergent ; ce n'est pas vous qui auriez peur d'un forçat en liberté ! la preuve, c'est qu'hier soir vous m'avez enlevé de terre comme un enfant ; vous avez une poigne avec laquelle il ne fait pas bon d'entrer en lutte.

— Il est de fai... sergent flatté de ce que venait de lui dir... ..., que je me porte assez bien. Pour lors, ... nc que tu veux être débarrassé de tes fers.

— Oui.

— Ensuite ?

— Comment, mon brave sergent, je puis encore demander autre chose ?

— Demande toujours, ça ne coûte rien, si on te le refuse, tu le verras bien.

— Votre bonté m'encourage à multiplier mes demandes, je voudrais manger une côtelette et boire un verre de vin.

— Ça je te l'offre, mais aussi au dessert, tu me diras où est Raflard.

— Je vous le dirai.

— C'est bien, je fais mon affaire du reste ; » et le sergent sortit du cachot, dont il monta rapidement les marches.

Demeuré seul, un sinistre sourire courut sur les lèvres du forçat ; ah ! si le sergent eût pu le voir, il eût compris tout ce qu'il pouvait avoir à craindre de cet homme.

« Il me prend donc pour quelque chose de plus vil qu'un chien, pour venir me proposer de trahir mon camarade de chaîne ; sans lui, sans cet odieux sergent, je serais libre, en sûreté comme Raflard ; non, c'était un vrai camarade, il ne m'a pas trahi, peut-être même en ce moment travaille-t-il à ma délivrance ? Mais pour cela il faut que je l'aide. Quand j'étais enfant, je me rappelle d'avoir vu sur un théâtre de marionnettes le patient pendre le bourreau, je riais à me tordre ; mon Dieu ! si je pouvais en faire autant à ce sergent du diable, je crois que je rirais bien, et les camarades donc ! Mais le tout, c'est de sortir d'ici. De là-haut, on ne peut voir qu'en se baissant presqu'au niveau de la première marche, ce qui se passe ici, et encore, je crois que tout au fond, on ne peut rien voir, le seul homme qui puisse me gêner est le factionnaire.... »

Il s'arrêta pour songer.

« Dire que dans trois ou quatre jours pour avoir défendu ma vie je porterai peut-être ma tête sur l'échafaud ; non, cela ne sera pas ; ou je sortirai de cet enfer ou je me ferai tuer. Je ne veux pas mourir par la guillotine. »

Le forçat fut interrompu dans ces réflexions par une voix qui criait au-dessus de lui.

« Mon pain ! mon pain ! »

Et un pain de munition roulant les marches de l'escalier alla tomber près d'André.

Aussitôt un forçat, sans s'inquiéter des cris du factionnaire, s'était laissé couler le long des marches, soi-disant pour ramasser son pain.

Il ne fit qu'un bond près du prisonnier :

« Raflard est dans le jardin public près de la grille de l'amirauté : si tu veux fuir, route de la Rochelle, maison des Revenants. »

Le forçat avait dit ces mots rapidement, il reprit son pain et remonta les marches avec la plus grande rapidité, si bien que le factionnaire ne put croire qu'il avait eu le temps de causer à l'homme qui était dans le cachot.

« J'ai tout de même rattrapé ma boule de son, dit-il au soldat, je la croyais bien perdue.

— Passez au large ! dit le factionnaire qui était un jeune soldat.

— Il ne dira rien, se dit le forçat en s'éloignant, il aurait peur d'être puni. »

Cependant André avait avidement recueilli ce que lui avait dit le vieux forçat. Cette audace de Raflard revenant à deux pas du bagne s'exposer pour le sauver avait profondément ému André, en même temps qu'elle avait fomenté dans son cœur des sentiments de haine plus terrible contre le sergent qu'il considérait comme le principal auteur de sa réintégration au bagne.

Et qu'on ne croie pas que le fait de Raflard venant à quelques pas du bagne braver en quelque sorte l'autorité soit une exagération. Un forçat fit plus : déguisé en officier de marine (c'était l'uniforme d'un malheureux qu'il avait assassiné quelques jours avant) il osa se présenter dans les salles du bagne et les parcourir, se faisant reconnaître de quelques forçats et communiquant avec eux.

Raflard dès le lendemain de son évasion n'avait rien eu de plus pressé que d'envoyer sa maîtresse aux informations ; en apprenant qu'André avait été réintégré au bagne, il se promit de le sauver.

En vain Honorine s'était jetée presque à ses pieds pour le faire renoncer à cette idée, Raflard avait été inébranlable dans sa résolution.

« Il s'est sacrifié pour moi, dit-il ; je le sauverai ou je périrai avec lui.

— Tu ne m'aimes donc plus ! lui cria Honorine.

— Ne me parle pas ainsi, car tu me rendrais lâche ! »

Honorine vit que c'était une idée bien arrêtée chez son amant et que rien ne pouvait l'en faire départir.

Il se traîna jusqu'à la fenêtre. (Page 645, col. 2.)

« Va, lui dit-elle, rappelle-toi que si tu es assez malheureux pour succomber dans l'entreprise que tu tentes, je mourrai de douleur, car l'effort que j'ai fait pour te sauver, on ne le renouvelle pas. »

Deux heures après sa conversation avec Honorine, Raflard parfaitement déguisé arrivait à Rochefort; cette fois il avait son aisance des grands jours. Ce n'était plus le forçat fugitif, c'était l'homme du monde, le gentleman; il entra au Café-Français sur la place d'Armes, se fit servir une tasse de chocolat et lut les journaux; une fois qu'il crut avoir reconquis son aplomb, il sortit du café et se dirigea vers le jardin public, il savait que là se trouvaient des forçats chargés de son entretien.

A cette époque, à Rochefort, les forçats avaient la corvée de balayer les rues, et par les grandes chaleurs d'assommer les chiens errants; il y en avait même qui étaient chargés de faire fonctionner la pompe de la fontaine de la place Colbert.

Mais ces différentes immunités furent retirées successivement aux condamnés; l'enlèvement des boues facilitait les évasions; on renonça à leur faire assommer les chiens depuis que l'un d'eux avait eu la figure mangée par un boule-dogue; il ne leur restait plus que la pompe, mais un beau jour, un forçat se prit de querelle avec un Auvergnat; l'enfant de l'Auvergne prétendait qu'il ne pompait pas assez fort; de la discussion on en vint aux injures, et des injures aux coups; l'Auvergnat se défendait avec son bâton, le forçat, une cruche à la main, parait les coups; le combat finit à l'avantage du forçat qui d'un coup de cruche fendit la tête au porteur d'eau. Il ne restait donc plus aux forçats, une fois qu'on leur eut retiré le droit de pomper à la place Colbert, que le titre d'aides jardiniers au jardin public, et celui d'infirmiers à l'hôpital de la marine.

Quand Raflard entra dans le jardin, il était presque désert; il pouvait apercevoir, par la grille qui se trouve près de la préfecture maritime, une partie du port et des forçats, et des ouvriers allant et venant; à trente pas de la grille environ, il y avait un factionnaire.

« Dire que j'étais là hier, » dit-il; il ne lui vint pas un seul instant à l'idée que sa folle tentative pouvait le faire réintégrer au bagne.

Il se promena quelque temps dans le jardin, et avisa un forçat qui ratissait une allée avec cette sage lenteur qui est le propre des condamnés.

« Il y a longtemps que vous êtes ici, mon ami, » lui dit Raflard avec bonté.

Le forçat leva la tête, et voyant que celui qui lui adressait la parole était bien couvert, presque un personnage, il porta main à son bonnet.

« Oui, monsieur, lui dit-il; mais je n'ai plus que six mois à faire; une erreur de jeunesse m'avait envoyé au bagne pour vingt ans. »

C'était alors le mot consacré; nous nous rappelons qu'un individu condamné aux travaux forcés à perpétuité pour assassinat suivi d'incendie, et qui était parvenu à instruire des petites souris à tourner dans un cylindre comme les écureuils, avait placé au-dessus de sa boîte, à laquelle était adapté un petit tronc, l'étiquette suivante :

« Baptiste, que des erreurs de jeunesse ont conduit au bagne pour de longues années, se recommande aux âmes sensibles et généreuses. »

Raflard, en entendant la réponse du forçat, avait paru saisi d'un sentiment de pitié.

« Pauvre homme, dit-il; ainsi il y a près de vingt ans que vous êtes ici?

— Oui, monsieur, car malgré ma bonne conduite, je n'ai pu obtenir de réduction de peine, parce que six mois après mon entrée au bagne, j'avais tenté de m'évader.

— Remets-toi à ratisser ton allée, comme si de rien n'était, ne lève pas la tête surtout, on peut nous observer, » dit rapidement Raflard.

Le forçat avait docilement fait ce qu'on lui recommandait :

« Je suis seul, lui dit-il, vous pouvez parler sans crainte.

— Néanmoins soyons prudents; es-tu assez habile pour pouvoir faire parvenir à André le Scieur un avis, que Raflard l'attendra tous les jours, route de la Rochelle, maison des Revenants?

— Vous savez qu'il est au cachot, fit observer le forçat.

— Je m'en doute, mais vous êtes des hommes habiles, et ce n'est pas cela qui doit vous arrêter. »

En ce moment un bourgeois parut à l'extrémité de l'allée où se trouvait Raflard.

« Ce jardin est bien entretenu, dit Raflard; (bas) tu te rappelleras, route de la Rochelle, maison des Revenants; (haut) j'ai rarement vu une promenade publique aussi belle.

— Cela est vrai, monsieur, dit le bourgeois qui entendant faire l'éloge du jardin de sa ville natale par un monsieur qui lui paraissait étranger à la localité, crut devoir se ranger de son avis. Quel contraste, monsieur, les fleurs ici, les fleurs! dit le bonhomme s'enthousiasmant, c'est-à-dire ce qu'il y a de plus suave, de plus délicat, cultivées par des mains souillées de sang; ah! monsieur, quel contraste ! y avez-vous songé? »

Le forçat s'interrompit dans son travail pour regarder le bourgeois.

« Ce n'est pas pour vous que je dis cela, mon ami, non! non! Je sais vous apprécier depuis le temps que je viens ici. Tenez, voilà dix centimes pour avoir du tabac. »

Le forçat tendit la main.

» Je croyais, dit Raflard, qu'il était interdit de donner de l'argent à ces infortunés.

— Du tout, monsieur, du tout.

— Alors, mon ami, prenez ceci pour boire un verre de vin à ma santé, » et il mit deux louis dans la main du forçat.

Le bourgeois crut qu'il lui remettait deux sous. Raflard continua sa promenade. Deux heures après, André savait au fond de son cachot que son ancien compagnon de chaîne veillait.

Cependant le sergent Melac était parvenu à obtenir pour son protégé que ses fers lui seraient retirés, et qu'il pourrait lui offrir à déjeuner, et une demi-heure après son départ, Melac revenait avec un plat de côtelettes, et tout ce qu'il fallait pour faire un repas passable.

« J'ai obtenu de te débarrasser de tes fers, j'espère que tu vas te montrer gentil? lui dit le sergent.

— Comme une petite fille. »

Le déferrement ne fut pas long à accomplir. Une fois ceci fait, le sergent mit une côtelette sur un morceau de pain qu'il offrit au forçat en oubliant de lui remettre un couteau, et lui versa à boire dans une tasse.

« Ce que vous faites là, sergent, est digne d'admiration; après ça, ma capture vous a fait gagner cent francs hier soir, vous me devez bien à déjeuner. »

La prime que l'autorité donne à ceux qui arrêtent un forçat, varie suivant l'endroit où l'arrestation a eu lieu; ainsi dans l'arsenal, elle est de vingt-cinq francs, dans la ville de cinquante francs, et hors de la ville de cent francs.

L'arrestation d'André par le sergent ayant eu lieu dans la campagne, c'était donc une somme de cent francs qu'il avait gagnée la veille; mis en goût par cette somme, il songeait à en gagner autant en amenant André à lui découvrir la retraite de Raflard.

« Mange, mon garçon, mange, disait l'honnête sergent d'un ton paternel; tu trouves bon ?

— Oh ! oui, sergent; il y avait longtemps que j'avais fait un aussi bon repas. »

En ce moment André, qui paraissait préoccupé, s'aperçut qu'on relevait la sentinelle placée au-dessus de lui; il devait être deux heures de l'après-midi, c'était le moment où les forçats allaient sortir des salles pour rentrer dans les chantiers; déjà au-dessus de sa tête, il entendait le bruit des chaînes.

« Allons, se dit-il, au petit bonheur; si j'ai le dessous, que peut-il m'arriver? la chose qui m'attend : la mort. »

Affermi par cette idée que le coup qu'il allait tenter pouvait le sauver de l'échafaud, il demanda à boire à son échanson improvisé; celui-ci assis sur sa pierre, tenant la bouteille d'une main et la tasse d'une autre, se hâta de se rendre au désir de son commensal.

Mais au moment où ses deux mains étaient embarrassées, le forçat qui depuis un instant transformait une énorme mie de pain en boule, se levait rapide et la lui posait sur la bouche ; le sergent ouvrit la bouche pour crier, c'était ce qu'avait prévu André ; la boule s'enfonça plus avant, en quelques secondes, le sergent était bâillonné et attiré à l'extrémité du cachot.

Le factionnaire n'avait rien entendu, grâce au bruit des chaînes des forçats qui passaient.

« Je n'ai que cinq minutes pour le déshabiller, » se dit André.

Cette opération était la plus difficile ; cependant, il ne mit pas plus de quatre minutes à cela ; ceci fait, il passa le pantalon du sergent, son gilet, endossa sa capote, dont il fit sauter les galons : c'était un homme de précaution qu'André, il savait parfaitement qu'un sergent serait plutôt reconnu qu'un garde-chiourme ; il n'oublia ni le col, ni la trique ; ceci fait, il jeta un coup d'œil sur le sergent étendu à terre sans mouvement.

« Je ne crois pas qu'il en revienne, se dit-il ; après tout.... »

Et il monta rapidement l'escalier devant lequel continuaient de passer les forçats. Il fendit leurs rangs pressés et sortit rapidement.

Cinq minutes après, il était hors de l'arsenal ; et avisant à l'étalage d'une fripière un habillement complet, il l'enlevait en un tour de main, entrait dans un corridor désert et changeait ce nouveau costume contre son uniforme de garde-chiourme.

Ceci fait, il jetait les effets du sergent dans le soupirail d'une cave, sortait de la maison du pas le plus paisible. Dix minutes après il était hors des murs et gagnait la route de la Rochelle.

« Ce diable de Raflard ! va-t-il rire, se disait-il, quand il apprendra l'histoire du sergent. »

XXXVII

Carlo se démasque.

Mais il nous faut revenir à Paris où nous avons laissé Varambert se demandant si son domestique serait assez habile pour réussir ; tandis que son maître, dont l'esprit d'initiative avait singulièrement baissé, était en proie à la crainte, Carlo agissait et se présentait hardiment chez Léontine.

« Hélas ! oui, disait-il, je ne suis qu'un modeste intendant, mais j'ai le cœur bien placé, et vous savez, belle dame, que ma caisse s'ouvre facilement.

— Il me semblait, dit Léontine, que ce n'était pas d'argent que vous veniez me parler.

— Oh ! je ne suis pas si osé.... Si cependant j'avais les coudées franches.... Mais non, ce serait le risque de tout gâter. Je venais vous proposer une entente cordiale.

— Eh bien, j'écoute.

— Je dois vous dire d'abord que mon honoré patron, le baron de Varambert, est ruiné.

— Vous croyez ?

— J'en suis sûr.

— D'autant plus que vous l'avez sans doute aidé quelque peu à en venir là. Cela va sans dire ; un intendant !...

— Oh ! madame, soyez bonne pour ce pauvre intendant qui s'est trouvé si heureux de vous rendre un léger service.

— Vous m'y faites penser. C'est vrai : je vous dois....

— Vous ne me devez rien, madame.

— Vrai ? Vous êtes donc bien riche, monsieur l'intendant ?

— Oh ! si je l'étais assez, je vous ferais reine pour avoir le droit de vous servir à genoux.

— Tiens !... Ce n'est pas trop mal cela !... mais parlons raison. Vous disiez que Varambert est ruiné ?

— Complètement.

— Alors il ne payera pas le mandat que je lui ai présenté ?

— Je le mettrais au défi de trouver la moitié de la somme.

— Il m'a pourtant offert de la doubler.

— Parce qu'il est fou.

— Au reste cela m'inquiète peu.

— Je comprends ; vous comptez sur Pied-de-Fer ; eh bien, c'est de cet homme que je venais vous parler.

— Quoi ! vous savez donc....

— Belle dame, je suis de ceux qui savent un peu tout ce qu'ils veulent savoir. Pied-de-Fer est bien riche. D'où lui vient cette immense fortune ? de quoi se compose-t-elle ? tout le monde l'ignore. Ce qui est certain, c'est que, si vous le voulez, ce n'est pas cent mille francs qu'il vous donnera ; c'est un million. »

Léontine qui, jusque-là, n'avait prêté qu'une médiocre attention aux paroles de Carlo, devint tout à coup attentive.

« Un million ! fit-elle comme si elle se réveillait.

— Et peut-être trois fois autant, si l'affaire est bien conduite, » reprit Carlo.

La belle fille de marbre s'anima comme si ces paroles lui eussent insufflé du sang dans les veines.

« Carlo, dit-elle en tendant familièrement la

main à l'intendant, j'avais déjà pressenti que vous n'êtes pas un homme ordinaire.

— Nous pouvons donc entrer dans le vif de la question ?

— Parfaitement.

— Eh bien, m'y voici : je possède à Clignancourt une maison de campagne ; c'est une mignonne petite villa. Je vous l'offre.

— Oh ! fit Léontine en accompagnant son exclamation d'un regard provocateur, et vous ne demandez rien ?

— Je fais toutes réserves, si vous le permettez ; mais nous parlons affaires. C'est dans cette demeure qu'il faudrait recevoir Pied-de-Fer. »

Léontine frissonna ; elle crut deviner, et elle eut peur.

— Pourquoi là plutôt qu'ici ? » demanda-t-elle.

Carlo parut embarrassé ; ce ne fut qu'après un instant d'hésitation qu'il dit :

« Je croyais que nous nous entendions. S'il en est autrement, je n'ai plus rien à ajouter, sinon que vous auriez grand tort d'attendre quelque chose de Pied-de-Fer.

— Ne disiez-vous pas tout à l'heure qu'il est immensément riche ?

— J'ai dit aussi qu'on ne connaît pas la cause de cette richesse ; j'ajoute maintenant qu'il n'y a rien à espérer de lui, si l'on ne joue serré. »

Léontine était dans une grande perplexité ; c'était une courtisane, il est vrai ; mais ce n'était pas une misérable de la pire espèce, comme Carlo l'avait pensé ; elle se serait parfaitement arrangée des cent mille francs de Pied-de-Fer ; mais elle n'eût pas voulu d'un million au prix que l'intendant de Varambert semblait vouloir y mettre. Heureusement pour elles, les femmes ont toujours l'esprit du moment, et la belle pécheresse était femme jusqu'au bout des ongles.

« Carlo, dit-elle en souriant de manière à laisser voir deux rangs de perles enchâssées dans du corail, vous êtes un habile séducteur.... Je parierais que cette petite villa dont vous parlez est une habitation délicieuse. »

L'intendant se rassura.

« Je la voudrais plus digne de vous, dit-il ; mais telle qu'elle est, on y respire un air si pur !... Tenez, belle dame, soyez tout à fait bonne pour moi, et venez la voir, afin que j'aie la joie d'en remettre les clefs dans vos belles mains.

— Mais c'est un cadeau princier que vous me voulez faire !

— Oh ! si j'étais prince, c'est une couronne que je vous offrirais.

— Eh bien, allons voir cette retraite.

— Je n'aurais pas osé vous le proposer. Ma voiture est à votre porte.

— Vous avez voiture, Carlo ?

— Celle du baron ; un débris de cette grande fortune que je veux reconstituer.

— Vous êtes certainement un habile homme, monsieur l'intendant. Mais peut-être ne tenez-vous pas assez compte des obstacles.

— Les obstacles ? je les brise, et c'est pour cela que je suis près de vous.

— Suis-je donc aussi un obstacle, moi ?

— Vous êtes ce qu'il faut pour les vaincre tous. »

Il se leva et lui tendit la main. Ce ne fut pas sans éprouver une visible contraction nerveuse qu'elle se résigna à ce contact inévitable. Cette femme, nous l'avons dit, était de mœurs faciles, beaucoup trop faciles ; mais il y a loin de là au crime qu'elle entrevoyait. Par malheur, elle avait sa fortune à refaire, et cela peut mener loin.

Ils partirent, et arrivèrent bientôt à la villa de maître Carlo, qui fit de son mieux les honneurs de sa maison des champs, assez bien meublée, mais entièrement déserte.

— Quelle solitude ! fit Valentine en traversant les appartements du premier étage.... Pas un serviteur !

— Je serai toujours pour vous le plus humble et le plus dévoué ; c'est un titre que je ne veux céder à personne.... mais venez donc voir comment cela est disposé.

Léontine se laissa conduire dans le rez-de-chaussée, puis dans le sous-sol. Là, dans une salle assez vaste, était une table sur laquelle étaient disposées deux bougies dans leurs flambeaux ; un encrier, des plumes, une corde d'un mètre de longueur, et un lacet de soie. A deux pieds de la table était un poteau de quatre pieds de hauteur sur six pouces d'écarrissage, enfoncé dans le sol à deux pieds de profondeur. Une chaise était adossée à ce poteau ; une chaîne y était fixée avec cadenas à l'extrémité. Sur une tablette était une paire de pistolets.

« Tout cela n'est-il pas bien disposé ? » demanda Carlo.

Léontine ne put répondre ; elle était sans voix et près de défaillir. C'est que maintenant il ne lui était plus permis de douter : c'était bien d'un crime, d'un assassinat qu'il s'agissait. Et c'était elle qui devait attirer la victime et la livrer à l'égorgeur.

« Comprenez-vous ? dit Carlo. On lui fera écrire tout ce qu'on voudra. Oh ! cela ne sera pas long ! puis il n'y aura que le lacet à serrer. »

Léontine était tremblante. Carlo s'en aperçut.

« Il va sans dire, reprit-il, que vous pourrez parfaitement vous dispenser d'assister à l'opération. Que vous ameniez Pied-de-Fer pour lui faire visiter l'habitation qu'il doit croire que l'on veut vous vendre, opération devant se confondre, en apparence, avec le rachat de votre hôtel, et pour lequel il s'est engagé à fournir cent mille francs, ainsi qu'il résulte du mandat que vous avez présenté au baron de Varambert : cela fait, cette simple introduction du vieux pirate dans cette maison, vous pourrez vous retirer, emportant les titres de propriété parfaitement en règle, plus les cent mille francs, cette gentille plume tirée de l'aile du vautour.

— Et cela doit être fait demain ?

— N'est-ce pas demain qu'il doit faire les fonds du mandat ? »

Léontine réfléchit profondément : elle était maintenant presque pauvre, ce qui rendait la tentation d'autant plus dangereuse. Laisserait-elle lui échapper cette planche de salut ? Ne se sentant pas le courage de résoudre la question, elle songea à gagner du temps, pensant qu'elle pourrait toujours se dédire au dernier moment.

« Eh bien ! à demain, fit-elle.

— Ce soir, les clefs seront chez vous. Demain vous pourrez dégager votre charmant hôtel, et reprendre votre joyeuse vie, si mal assombrie depuis quelque temps. »

Il lui prit la main.

« Pourquoi tremblez-vous ? dit-il…. Nous ne ferons que soustraire à l'échafaud ce misérable qui, depuis plus de trente ans, a échappé au châtiment qu'il a tant mérité. »

Léontine s'efforça de paraître tout à fait résolue.

« Eh bien, oui ! dit-elle ; à demain ! »

Et elle rentra chez elle en proie à la plus vive anxiété.

XXXVIII

Une Conversion.

Le soir était venu. Déjà, à plusieurs reprises, Léontine avait été prévenue par sa femme de chambre que son dîner était servi ; et elle n'avait pas quitté la chaise longue sur laquelle elle était étendue, quand la camériste revint une dernière fois.

« Madame, dit-elle, c'est M. Félicien Dubruard qui demande à vous parler.

— Félicien ! s'écria la belle pécheresse, oh ! c'est un coup du ciel !... Vite ! des bougies, et faites entrer. »

Félicien parut. Ce n'était plus le sémillant officier, ni le jeune bureaucrate qui avait succombé à toutes les séductions ; on eût dit que plusieurs hivers avaient, depuis quelques mois, passé sur sa tête.

« Qu'avez-vous donc, mon ami, s'écria Léontine ; on dirait que vous sortez d'un tombeau !

— C'est qu'en effet, chère amie, il s'agit d'une quasi résurrection : Léontine, je veux redevenir honnête homme. »

Dans tout autre moment, la jolie femme eût accueilli ces paroles par un éclat de rire ; mais, à cause de la disposition dans laquelle elle se trouvait, elles firent sur elle une impression profonde.

— *Redevenir*, dites-vous ? Auriez-vous donc commis quelque crime ? »

Et peu s'en fallut qu'elle ne s'évanouît, elle qui, en ce moment même, se sentait si près de se laisser glisser dans le sang.

« Mieux que personne, Léontine, vous savez combien de fois je me suis écarté de l'étroit sentier de l'honneur, pour me lancer sur la grande voie du plaisir, qui mène si vite à celle des remords ; heureusement, je suis jeune encore ; je puis revenir sur mes pas, et je me sens assez fort de volonté pour persévérer dans cette résolution.

— Comment s'est donc faite cette belle conversion ?

— Tout simplement, comme se font les choses bonnes et durables : le spectacle d'un heureux ménage a suffi pour me faire regretter de m'être si facilement laissé entraîner aux erreurs, aux fautes que j'ai commises, et auxquelles je veux renoncer. Vous souvient-il de Balthasar Campois, un de mes amis d'enfance, apprenti comme moi, et qui venait souvent me voir dans l'atelier de votre père ?

— Parfaitement. Qu'est-il devenu ?

— Il est aujourd'hui l'homme le plus heureux que je connaisse. Lui aussi pourtant a fait des folies. C'est toute une histoire, dont le récit a fait sur moi une trop vive impression pour que j'en puisse oublier la moindre partie.

— Eh bien, mon ami, passez avec moi le reste du jour ; nous dînerons ensemble, si le tête-à-tête ne vous effraye pas trop, et vous me direz cette édifiante histoire…. Moi aussi, j'aurai à vous faire de graves confidences, et peut-être vos conseils me seront-ils en ce moment d'un grand secours. »

Félicien accepta, et tous deux se mirent à table ; mais, ni l'un ni l'autre ne songea à évoquer les joyeux souvenirs d'un autre temps ; il semblait qu'il y eût de la tristesse dans l'air. Au dessert, Félicien se hâta de commencer son récit pour rompre quelque peu cette monotonie.

« C'était un dimanche matin, Balthasar venait d'étaler sur une vieille table quelques écus, et une certaine quantité de billon.

« — J'ai beau compter, disait-il, il n'y a toujours que trente-trois francs soixante centimes…. Et dire que mon brave oncle Maligaud a travaillé pendant plus de quarante ans pour me laisser ce brillant héritage ! Celui-là n'était pas un oncle d'Amérique comme on en voit dans les comédies.... Il est vrai qu'il m'a encore légué en toute propriété ce fastueux mobilier : une table, trois chaises, une armoire et un lit.... Ah çà ! Balthazar qu'est-ce que vous dites donc là, sans cœur que vous êtes ?... Il a travaillé toute sa vie, ce brave homme. Eh bien, mon garçon, vous ferez comme lui : vous avez des bras ; vous savez un métier.... métier de chien à la vérité : pousser le rabot douze heures sur vingt-quatre, à l'instar d'un caniche condamné au tourne-broche !... Mais il ne s'agit pas de ça pour le moment : c'est aujourd'hui dimanche, jour de jubilation, de danse folichonne et de vin à douze.... Les amis m'attendent au Grand-Vainqueur.... En avant l'habit noir et la botte fine !... C'est que, sans se vanter, on a un certain chic, sous le rapport de la pelure !

« Et Balthasar commença à procéder à sa toilette des dimanches. C'était, comme vous le savez, un brave garçon assez mal dégrossi ; mais dont les instincts étaient bons. Déjà il avait quitté sa chemise de travail, chaussé ses bottes vernies, et il venait d'enfourcher son pantalon de casimir. »

« — Allons v'lan ! s'écria-t-il tout à coup, voilà encore un bouton de bretelle parti.... Et ni fil ni aiguille.... Si j'osais prier ma voisine, Mme de Bléris.... Pourquoi pas ? Elle a l'air si doux, si bonne personne, qu'elle ne me refusera pas.... Allons, un peu de toupet ! il n'y a que ça pour réussir près du beau sexe. »

« Mme de Bléris était une jeune veuve qui vivait seule ; on la disait riche, et elle se montrait très-bienfaisante, et cependant elle n'avait point de domestiques, et elle vivait très-modestement.

« Le charmant visage de la jeune veuve se couvrit d'une vive rougeur lorsque Balthasar se présenta chez elle ; pourtant elle se mit en devoir de lui rendre le service qu'il demandait ; mais son trouble augmentant, elle fut quelques instants sans pouvoir enfiler son aiguille.

« — Vous tremblez, madame, dit le jeune ouvrier ; seriez-vous indisposée ?

« — Pas du tout.... c'est que le fil est un peu gros....

« — Il m'avait semblé que vous pâlissiez.... C'est comme moi quand je puis apercevoir Mlle Laure de Blanas, dont les fenêtres font face à la boutique où je travaille : je rougis, je pâlis, je ne peux plus chanter, le cœur me bat ; il me semble que je suis bête comme un panier dépourvu de sa partie inférieure, et ça me vexe au point que je serais capable de m'administrer de grandissimes coups de pied quelque part, si la position des choses le permettait.... Mais voilà que ça se passe ; l'aiguille est enfilée. »

« Les dernières paroles de Balthasar venaient en effet de calmer Mme de Bléris, comme par enchantement.

« — Quoi, monsieur Balthasar, dit-elle en s'efforçant de sourire, vous avez des affaires de cœur dans une région aussi élevée ?

« — Ma foi ! ça m'est échappé.... Après tout, ça ne fait de mal à personne, et ce n'est pas sa faute si elle est si jolie et si je suis si fou ; car il faut que je sois fou, moi, pauvre ouvrier, d'aimer la fille d'un comte qui a cinquante mille francs de rente.

« — Mais vous êtes jeune ; vous pouvez faire fortune ; qui sait ?

« — Ah ! ouiche ! laissez donc ! ça ne se voit que dans les livres ces choses-là.

« — En attendant que ce bonheur vous arrive, je puis vous procurer un grand plaisir : un bal se donne aujourd'hui au bénéfice des pauvres de notre arrondissement, et j'ai voulu prendre un billet, bien que je n'aille pas dans ces sortes de réunions ; ce billet, je vous l'offre, et grâce à lui vous pourrez passer quelques heures près de Mlle de Blanas, qui sera certainement au bal, Mme la comtesse, sa mère, étant une des dames patronesses. »

« En parlant ainsi, elle tira un billet de sa boîte à ouvrage, et le présenta au jeune ouvrier.

« — Quoi ! s'écria-t-il, je pourrai aller au bal avec tout ce beau monde-là ?... Oh ! ma voisine, que vous êtes aimable ! Tonnerre ! si j'osais, je....

« — Monsieur Balthasar, interrompit la jeune veuve en se levant, vos boutons sont cousus, et je vous souhaite beaucoup de plaisir. »

« Ces paroles furent dites de manière à ne pas permettre de réplique. Balthasar balbutia un remercîment ; ce fut à son tour de rougir et de trembler, et il gagna la porte sans trop savoir ce qu'il faisait. Le plaisir qu'il éprouvait en se voyant en possession du bienheureux billet, fut bientôt mélangé de quelque inquiétude ; il craignit de se montrer gauche dans cette brillante réunion, de faire rire à ses dépens, et une telle humiliation devant la belle Laure lui semblait en perspective un supplice affreux. Il acheva pourtant de s'habiller, passa une heure à mettre sa cravate ; puis il emprisonna ses larges et dures mains dans des gants de coton, et il sortit.

« — Bast ! se dit-il en cherchant à se rassurer, une fois que j'entendrai la musique, je serai gai, en train, et je n'aurai plus peur de rien. C'est justement l'effet que ça m'a produit, la première fois que j'ai dansé au Grand-Vainqueur.... Et puis, que je suis bête ! le fil en trois n'est pas fait pour les quadrupèdes ; un verre de tonique chicard, et je serai hardi comme un page d'avant la première révolution. »

« Sur ce, Balthasar entra dans le premier cabaret qui se trouva sur son passage, avala trois verres d'eau-de-vie en cinq minutes, et ainsi lesté, l'air assuré et radieux, il fit son entrée au bal. Déjà l'orchestre était garni, mais il n'y avait que fort peu de monde dans la salle. Bientôt pourtant des flots de jolies femmes et de brillants cavaliers arrivèrent ; enfin la belle Laure parut. Balthasar, qui n'avait encore rien perdu de cette assurance artificielle puisée au cabaret, fendit aussitôt la foule de papillons qui voltigeaient autour d'elle, et d'un ton qui, malgré tous ses efforts, sentait quelque peu la barrière et le vin au litre, il invita la jolie Laure à danser.

« — Désolée, monsieur, répondit la dédaigneuse jeune fille en regardant de bas en haut le pauvre garçon, je suis engagée.

« — Ce sera donc pour la seconde? dit Balthasar dont un rouge de pourpre couvrait subitement le visage.

« — Pardon, monsieur, je suis engagée pour la soirée entière. »

« Il n'en fallut pas davantage pour achever de faire perdre contenance au jeune homme ; il lui sembla que tout tournait autour de lui, et il s'éloigna en chancelant sans pouvoir répliquer un mot. Mais bientôt le dépit lui rendit quelque aplomb ; seul dans l'embrasure d'une fenêtre, il se prit à serrer les poings.

« — Il est clair qu'elle ne veut pas danser avec moi, se dit-il ; elle m'a reconnu sans doute ; elle me dédaigne, me méprise. Eh bien ! mille dieux ! si je ne danse pas avec elle, je danserai au même quadrille avec une autre, et quand on sera au *chassez-huit* elle sera bien obligée de me faire face ! Il me semble que la main me démange quand je regarde ce grand flandrin qui lui parle en ricanant.... Décidément j'ai une soif de damné, ce qui est d'autant plus avantageux que les rafraîchissements se délivrent gratis. »

« Là-dessus Balthasar se rendit au buffet et il avala un verre de vin de Madère, puis un second, puis un troisième, et cœtera ; au sixième il s'arrêta, attendu que la bouteille était vide ; mais alors il était radieux, et se sentait capable des plus audacieuses entreprises. Le visage animé, les mains dans les poches, il circule dans les salons d'un air de sultan qui se dispose à jeter le mouchoir ; ses yeux, quelque peu ternis par les fumées du vin, se promènent avec une sorte de complaisance sur les banquettes qui ne sont occupées que par quelques-unes de ces femmes infortunées sur le visage desquelles on croit lire : *J'ai quarante ans passés ; faites-moi danser, pour l'amour de Dieu !*

« Puis il balbutia une invitation en offrant la main à l'objet de son choix qui bondit comme une balle élastique, et se laissa conduire au quadrille où déjà la belle Laure venait de prendre place avec le grand jeune homme que Campois ne pouvait regarder sans serrer les poings.

« Le vin, la colère, la chaleur, l'état des bougies, tout cela avait monté l'imagination à Balthasar ; il se tira des premières figures tant bien que mal, car ses pas étaient peu assurés ; puis le naturel surgissant tout à coup, l'honnête garçon oublia le lieu où il se trouvait, et il se lança dans les écarts chorégraphiques d'une cachucha infiniment trop hasardée. Un léger murmure, puis un bruit confus s'élevèrent dans la salle ; la pudeur de quelques mamans édentées se prit à jeter les hauts cris ; il se forma un groupe de vieilles filles se jetant le mouchoir sur les yeux, et ce fut un concert de : — C'est affreux ! fi ! quelle monstruosité ! quel est cet homme ? c'est un démon ! c'est un monstre ! c'est un satyre !

« Cela fut dit, déclamé, chanté, bêlé sur tous les tons ; mais Balthasar n'entendait rien, et il allait toujours, entraînant, fascinant sa danseuse, vierge immaculée de quarante-cinq ans, laide comme le péché, qui ne s'était jamais trouvée à pareille fête, et qui transportée, éperdue, ne se sentait ni force ni volonté de résister.

« Tous les danseurs s'arrêtèrent ; l'orchestre se tut ; Balthasar allait toujours. Enfin un des commissaires du bal s'élança vers lui et s'écria : — Je vous arrête.

« Campois, qui finissait une glissade par deux appels du pied droit, fait brusquement demi-tour et son bras gauche se trouvant tendu horizontalement, ses doigts s'engagent dans la perruque blonde de M. le commissaire qui se trouve lancée à dix pas de là, et va prendre un bain glacé dans le punch à la romaine qu'un lion éreinté offrait à deux douairières. Les jeunes gens rient comme des fous ; M. le commissaire crie comme un aveugle ; les musiciens tentent de reprendre le quadrille où ils l'ont laissé, et Balthasar prenant gracieusement sa danseuse par la taille essaye de terminer ses évolutions par un temps de galop ; mais à peine au tiers de sa course, il est subitement arrêté par deux gardes municipaux que l'on avait fait appeler et qui l'entraînent jusqu'au vestibule.

« — Ah çà, est-ce que vous êtes tous d'un pays où l'on va au bal uniquement pour se regarder le blanc des yeux ?

« — Monsieur, lui répondit un jeune homme pincé, frisé, musqué, gourmé, et roide comme un échalas, qui l'avait suivi jusqu'à la porte, nous sommes d'un pays où l'on sait mettre les insolents et les rustres à la raison.

« — Y a pas de quoi se vanter, mon mignon ; on fait ça partout, à preuve que si vous étiez à quelques pas d'ici, je me ferais un vrai plaisir de vous donner une leçon de politesse.

« — Voici ma carte, monsieur, » répliqua le fashionable.

« Balthasar tendit la main et prit cette carte qu'on lui présentait ; mais au même instant un soufflet résonna sur sa joue. Le jeune ouvrier bondit, rugit comme un lion ; mais il ne put parvenir à se dégager des mains des gardes municipaux qui l'entraînèrent jusque dans la rue, le menaçant de l'aller consigner au prochain corps de garde s'il ne se retirait sur-le-champ.

« Balthasar était hors de lui, il pleurait de rage en se frappant la tête de ses deux poings.

« — Heureusement j'ai son nom et son adresse, » se dit-il lorsque cet accès fut un peu calmé.

« Et s'étant arrêté sous un réverbère, il lut sur la carte : M. Jules de Brovelle.

« — Justement, c'est le cousin de Laure... l'homme qu'elle doit épouser peut-être !... Oh ! maintenant je ne donnerais pas pour cent louis le soufflet que j'ai sur la joue. Ah ! capon, tu souffiètes un homme pendant que deux gendarmes le tiennent au collet !... Je n'aurai pas besoin de gendarmes pour te corriger, moi ! Et je te ferai voir et sentir que mes mains sont un peu mieux ferrées que les tiennes. Tu n'aimes pas le cancan, fiston, eh bien, je te ferai danser autre chose ! En voilà de drôles de particuliers ! des rangées de frimousses passées à la teinture ! qui sentent toutes sortes de choses, font la bouche en cœur, et ont l'air de ne pas oser remuer de peur de se casser en deux comme des verres à patte.... Ah ! c'est là le grand monde !... Eh bien, merci ! je ne suis pas dégoûté, mais j'aime mieux l'autre. »

« Et comme pendant ce monologue, Balthasar marchait rapidement, il arriva bientôt à son domicile, et se mit au lit. Le lendemain, comme d'habitude, il s'éveilla au point du jour. Bien qu'il eût la tête lourde, il se souvenait parfaitement de ce qui lui était arrivé la veille ; aussi, au lieu de prendre ses habits de travail, il endossa de nouveau l'habit noir et chaussa la botte fine. Il n'était pas encore six heures lorsqu'il se présenta chez M. Jules de Brovelle. Tout le monde dormait ; mais au bruit qu'il fit à la porte de l'appartement où il sonnait et frappait tour à tour, le valet de chambre vint ouvrir, et Balthasar lui ayant dit qu'il fallait qu'il parlât à l'instant même à M. Jules, et qu'il y allait de l'honneur et peut-être même de la vie de ce dernier, le domestique se décida à éveiller son maître.

Balthasar, au lieu d'attendre dans l'antichambre, suivit le valet à pas de loup, et entra en même temps que lui dans la chambre de M. de Brovelle qui, en ouvrant les yeux, aperçut tout d'abord l'homme qu'il avait souffleté la veille.

« — Eh ! monsieur, dit-il en se retournant sur son oreiller, quel démon vous pousse ? il n'y a pas deux heures que je suis couché. Ne faut-il pas d'ailleurs que vos témoins s'entendent avec mes....

« — Je ne sais pas ce qu'il vous faut, à vous, répondit Balthasar ; mais ce qu'il me faut, à moi, c'est de perdre le moins de temps possible pour laver le soufflet qui me brûle la joue. Avec un brave garçon, pas boudeur, et jouissant d'une paire de tampons superlatifs au bout des bras, ça irait tout seul, et ça serait bientôt fini.... Mais il vous faut des manières à vous ! des giries, des postiches.... le tout à seule fin de faire mettre dans les journaux que vous avez eu le courage de tirer un coup de pistolet chargé à poudre, ou de vous faire égratigner avec la pointe d'un fleuret.

« — Sortez de chez moi ! s'écria Jules en se levant sur son séant ; sortez vite, ou je vous fais jeter par les fenêtres !...

« — Ne vous faites donc pas de mal, pauvre agneau, dit Balthasar en se croisant les bras ; pour faire ce que vous dites, il vous faudrait des gendarmes, et cette fois ce ne serait pas assez de deux.

« — Partons donc, puisque vous êtes si pressé de vous faire tuer, dit Jules en se jetant hors de son lit ; chemin faisant, je trouverai des témoins ; les vôtres sont-ils prêts ?

« — C'est assez de moi ; je ne veux déranger personne.

« — Mais encore, faut-il que je sache qui vous êtes.

« — C'était avant le soufflet, qu'il fallait vous en informer. Je suis l'homme au soufflet ; est-ce que ça n'est pas suffisant ?... Finissons-en, mille dieux ! car autrement quelqu'un va passer par la fenêtre, et ce ne sera pas moi.

« — Pas un mot de plus, monsieur ! Dans vingt minutes je serai à la barrière du Trône.

« — Je vais vous y attendre. »

« Deux heures après, Balthasar, Jules et les deux témoins de ce dernier étaient réunis au bois de Vincennes. L'arme choisie fut le pistolet. On plaça les champions à cinquante pas l'un de l'autre, avec la faculté de faire chacun dix pas. A peine en place Balthasar franchit cette distance, et fit feu.... La colère ne lui avait pas permis d'ajuster. Jules au contraire était arrivé à pas comptés jusqu'à la limite, et à peine eut-il pressé la détente, que Balthasar tomba. Les témoins le relevèrent, et on le pansa comme on put, puis on le mit dans une voiture qui le ramena à sa demeure.

« Pâle, défait, les vêtements ensanglantés, le blessé montait péniblement, soutenu d'un côté par le cocher qui l'avait conduit, et de l'autre par le concierge de la maison, lorsque Mme de Bléris, qui de sa fenêtre l'avait vu descendre de voiture, accourut vers lui.

« — Qu'y a-t-il donc ? demanda-t-elle effrayée.

« Écris ou meurs, misérable. (Page 656, col. 2.) »

« — Rien, presque rien, madame, répondit le jeune homme, en s'efforçant de sourire; seulement, le grand monde est une laide et sale chose que j'ai eu la fantaisie de voir de près, et mal m'en a pris, comme vous le voyez.

« — Oh! mon Dieu, s'écria la veuve, c'est moi qui suis cause de ce malheur!

« — Vous! belle voisine, si bonne, si douce, si indulgente? Allons donc!... D'ailleurs ce n'est rien, presque rien.... un méchant morceau de plomb qui m'est entré entre les côtes.... Je vous.... le chirurgien pourra.... Je crois que j'ai monté trop vite.... J'étouffe.

« Le pauvre garçon s'évanouit dans les bras des deux hommes qui le soutenaient, et qui se hâtèrent de le porter sur son lit, près duquel Mme de Bléris, le visage baigné de larmes, s'installa aussitôt, en priant le concierge d'aller promptement chercher un médecin.

« La jeune veuve, dès qu'elle fut seule, tomba à genoux.

« Mon Dieu, dit-elle en levant les mains vers le ciel, que je sois seule punie, car je suis seule coupable!... Accablée de douleur, j'avais juré de fermer mon cœur à l'amour, et voici que je suis devenue parjure!... Il est écrit : *Tu ne jureras point*; j'ai juré, et je suis doublement coupable! Que votre colère se tourne vers moi, Seigneur! et qu'elle épargne cet enfant. »

« Le médecin arriva; une large saignée rendit à Balthasar l'usage de ses sens. Son premier mouvement en voyant Mme de Bléris à son chevet, fut de lui tendre la main.

« Ah! dit-il d'une voix affaiblie, j'étais un grand sot d'aller chercher le bonheur si loin et si haut!... D'autant plus que je ne pourrais jamais me résoudre à épouser une femme plus riche que moi.

« — A votre âge, monsieur Campois, répondit la jeune veuve, on est riche d'avenir : la fortune est toujours disposée à sourire aux gens qui ont le cœur bon et l'amour du travail.

« — Ah! oui, je sais, *l'amour du travail*, c'est un grand mot; mais quand il serait encore plus grand, il ne représenterait toujours, pour moi, que quatre francs vingt-cinq par jour, dimanche et fêtes non compris.... Faites donc fortune avec ça!

« — Mais le commerce ne vous est pas interdit.

« — Le commerce, à la bonne heure! Parlez-moi du commerce! Il n'y a que ça pour arriver. Aussi, j'ai toujours regretté que mon oncle ne m'eût pas lancé dans cette carrière....

« — C'est trop parler, monsieur Balthasar; le docteur vous a recommandé le silence et le repos.

« — Et vous allez me quitter?

« — Je resterai, si vous voulez bien m'accepter pour votre garde. »

« Balthasar ne put répondre, tant il était ému ; mais sa main chercha de nouveau celle de Mme de Bléris, et l'ayant rencontrée, il la serra tendrement. »

Ici Félicien interrompit son récit ; il venait, lui aussi, de sentir une petite main se poser sur la sienne, en même temps qu'une douce voix murmurait :

« Comme cela ?...

— Oui, Léontine, répondit-il.... Comme nous la première fois.... Que dites-vous de cette histoire !

— Je dis, Félicien, que vous êtes un gentil conteur. C'est un talent que je ne vous connaissais pas. »

Tous deux se turent pendant quelques instants, puis Félicien reprit :

XXXIX

Comment on devient un homme de génie.

« Le traitement devait être long, car la blessure était grave. Dès les premiers jours, une sorte d'intimité honnête s'était établie entre le blessé et la jeune et jolie garde. Les heures de la journée s'envolaient comme des secondes ; les nuits, quoique plus silencieuses, n'étaient pas moins douces. Mme de Bléris était là, au chevet du jeune homme, assise dans une vaste bergère qu'elle avait fait apporter de chez elle ; on causait longtemps, et à voix basse, comme si l'on eût craint d'être entendu, et l'on se faisait une foule de demi-confidences charmantes ; enfin on s'aimait, on se le disait de toutes les manières possibles, excepté en termes clairs et positifs ; peut-être, dans la vie de l'homme, n'est-il pas d'instants plus délicieux que ceux-là.

« Bientôt pourtant un léger nuage vint obscurcir ce beau ciel : tant que Balthasar avait pu croire que ce qu'il possédait suffisait aux dépenses nécessitées par sa position, il s'était efforcé de ne pas songer à ce chapitre misérable, qui se trouve dans toutes les histoires, dans tous les drames, dans toutes les fables, partout et toujours.... *l'argent !* Mais un certain temps s'étant écoulé, et les dépenses grossissaient chaque jour, sans que la jolie veuve en dît un mot, Balthasar résolut de prendre l'initiative.

« Mon bel ange gardien, dit-il un jour, le temps s'écoule, et la guérison vient lentement. Cela ne peut durer : il faut que je vous quitte.

« — Que dites-vous ? s'écria madame de Bléris dont les joues se couvrirent d'une pâleur mortelle.

« — Je dis que je ne dois plus avoir d'argent ; que je suis encore trop faible pour travailler, et que, pour rien au monde, je ne consentirais à....

« — Enfant ! si c'est là tout ce qui vous tourmente, rassurez-vous ; vous êtes plus riche que vous ne pensez : votre brave oncle ne vous avait pas tout dit ; il était intéressé dans certaines affaires qui ont assez bien tourné.

« — Mon oncle Maligaud ! lui ? Allons donc ! le digne homme n'entendait rien aux affaires.

« — Le temps n'est pas venu de vous occuper de tout cela ; je ferai appeler, si vous le voulez, un homme d'affaires auquel vous donnerez votre procuration, et je suis sûre que tout ira bien. »

« La douce habitude de n'avoir d'autre volonté que celle de sa charmante garde avait déjà si bien pris racine chez Balthasar, qu'il ne songea pas à faire la moindre objection. L'homme d'affaires vint ; la procuration fut signée, et dès lors, le domicile du jeune homme subit une sorte de métamorphose : quelques meubles propres et commodes comblèrent les vides de ce galetas ; il y eut des rideaux au lit, doubles rideaux aux fenêtres, des glaces, une causeuse. Balthasar se trouvait si heureux, qu'il eût voulu que sa convalescence ne finît jamais ; car il sentait bien que son complet rétablissement serait pour Mme de Bléris le signal de la retraite, et cette pensée était la seule chose qui le désolât. Un jour qu'il songeait à cette séparation inévitable, un homme se présenta chez lui, et lui dit :

« Monsieur, vous avez fait une belle découverte.

« — Moi ?

« — Sans doute : votre encaustique pour donner aux meubles un poli et un luisant inaltérables, est, sans contredit, une des inventions les plus utiles.

« — Vous croyez que j'ai inventé cela ?

« — Mais apparemment, puisque vous avez pris un brevet d'invention.... Vous êtes bien monsieur Balthasar Campois ?

« — Incontestablement.

« — En ce cas, monsieur, vous avez inventé l'encaustique en question, ou bien vous trompez le public par des annonces mensongères. »

« Et tirant un journal de sa poche l'inconnu fit voir au jeune homme une large annonce en lettres grasses, ombrées, anglaises, etc., ainsi conçue : *Balthasar Campois, breveté du roi. — Un brevet d'invention vient d'être accordé à M. Balthasar Campois pour sa belle découverte d'un* ENCAUSTIQUE LUCIDONIQUE *donnant aux meubles un brillant et un poli inaltérables. Incessamment la mise en vente de cette précieuse composition.*

« Ah ça ! s'écria Balthasar après s'être frotté

les yeux, est-ce que je rêve? suis-je fou? ou bien ai-je perdu la mémoire?

« — Je venais, reprit l'inconnu, vous proposer une association ; l'entreprise me paraît bonne, et j'y aurais volontiers employé une vingtaine de mille francs.

« — Le diable m'emporte! si je sais ce que ça veut dire.... Il faut qu'il y ait quelque chose là-dessous.... D'abord il n'est pas naturel que....

« — Mon ami, dit la jeune veuve qui venait d'entrer, c'est encore là sans doute une des surprises que vous avait ménagées votre bon oncle.

« — Brave homme, va!... En voilà un philanthrope entièrement désintéressé... Sois tranquille, quand les forces me seront revenues je vais te *chiquer* un entourage en cœur de chêne capable de faire sensation au Père-Lachaise, et puis des messes à discrétion et prières dans toutes les églises de France et Navarre.... quand je serai assez riche. En attendant, mon cher monsieur, comme je ne sais pas au juste de quoi il s'agit, je vous invite à repasser un autre jour. »

« Le capitaliste se retira fort surpris de ce qu'il venait d'entendre. C'était la première fois qu'il voyait un industriel refuser de l'argent.

« Chargé d'éclaircir ce mystère, l'homme d'affaires dont Mme de Bléris avait fait choix pour son jeune ami, revint bientôt dire qu'en effet l'oncle Maligaud avait pris un brevet au nom de son neveu pour une composition dont il avait déposé la recette au ministère.

« Ainsi, je serai riche! s'écria Balthasar dont le visage rayonnait de joie.... peut-être aussi riche que vous, Laure de Blanas, et nous nous reverrons peut-être. »

« La jeune veuve frissonna et elle s'empressa d'essuyer, à la dérobée, deux larmes qui de ses longs cils venaient de tomber sur ses joues brûlantes.

« Grâce à son homme d'affaires, que rien n'embarrassait, Balthasar eut bientôt un magasin et tous les moyens d'exploitation nécessaires. En dépit de tout cela, et malgré l'utilité de la découverte, l'encaustique lucidonique eût pu demeurer ignoré et laisser mourir de faim son prétendu inventeur, absolument comme s'il eût été un homme de génie; mais grâce à la publicité, ce levier puissant qui remue le monde, le mérite de cette composition fut bientôt connu et apprécié de toutes parts; la vogue s'en mêla; l'encaustique lucidonique fit fureur. Chaque jour c'était une annonce plus retentissante, plus éblouissante, qui venait éclater comme une bombe, sans que Balthasar pût découvrir par quelle main elle était lancée.

« Bien certainement, disait-il, il y a quelque part un ange ou un diable qui se mêle de mes affaires; mais, ange ou démon, il fait bien les choses, et, ma foi, vogue la galère ! »

« C'est qu'en effet l'argent pleuvait dans la caisse de maître Campois. Mais, par malheur, le pauvre garçon était faible ; il manquait d'expérience ; lancé dans le commerce, il ne voyait plus que rarement la douce et charmante veuve près de laquelle il s'était trouvé si heureux ; en revanche il faisait de nouveaux et nombreux amis; puis cette abondance à laquelle il n'était pas habitué le rendit prodigue. C'était tous les jours quelque nouvelle partie de plaisir dans laquelle il jetait l'argent par les fenêtres.

« Le pauvre enfant se perd, disait tristement Mme de Bléris à l'homme d'affaires qui avait sa confiance.

« — Laissez faire, madame, répondit ce dernier, c'est un jeune cheval qui jette sa gourme. Quand il en sera temps je l'arrêterai avec un seul mot. »

« En attendant, les désordres de Balthasar allaient croissant et multipliant et l'efficacité des annonces devenait insuffisante pour combler les vides qu'il faisait chaque jour à sa caisse. Parfois cependant de tristes réflexions venaient l'assaillir ; il se reprochait son ingratitude envers la belle et tendre veuve qu'il négligeait de plus en plus : mais elle passait vite et ne laissait que de faibles traces.

« Balthasar d'ailleurs n'était plus cet ouvrier aux formes rudes, au langage trivial; c'était presque un homme du monde, se montrant aux foyers des théâtres, dînant au café Anglais et montant à cheval.

« A cette époque la fièvre de l'industrialisme commençait à s'emparer de tous les esprits; un des premiers, le comte de Blanas, dont la fortune était embarrassée, s'était lancé dans une foule d'opérations hasardeuses. De faibles succès furent suivis d'écrasants revers : le comte fut ruiné ; une attaque d'apoplexie foudroyante l'emportait le jour même où le tribunal consulaire prononçait sa mise en faillite, et la comtesse ne tarda pas à le suivre dans la tombe.

« On n'apprend pas la résignation à l'école où Laure avait été élevée ; devenue pauvre, l'orgueilleuse jeune fille ne se sentit capable d'aucun sacrifice : comme autrefois, elle était avide de plaisir; comme autrefois, il lui fallait bijoux, cachemires, voitures, chose de si difficile acquisition pour tout le monde, à l'exception des millionnaires, des voleurs et des jolies filles. Arrivée au bord de l'abîme, Laure ferma les yeux et s'y précipita, puis, ange déchu, elle releva la tête, et comme Satan elle s'écria:

« A moi toutes les joies et les pompes de ce monde ! »

Ici Félicien s'interrompit de nouveau ; une

main de Léontine venait de s'appuyer sur ses lèvres.

« Oh! passez cela, méchant! dit la jolie pécheresse; c'est affreux ce que vous venez de dire.

— Oui, c'est affreux, belle amie; car la malheureuse ne devait jamais se relever; elle eut des amants, et pas un ami pour l'aider à sortir du gouffre où elle était tombée.... Oh! si vous vouliez, vous, Léontine!...

— Mon Dieu, je veux, je veux; mais je puis si peu.

— Seule, sans doute; mais à deux!... D'abord, nous ferions table rase du passé; je pourrais être bientôt aussi heureux que Balthasar, et vous n'auriez rien à envier à Mme de Bléris.

— Ils furent donc heureux?... Alors continuez afin que je sache bien en quoi vous faites consister le bonheur. »

Le narrateur reprit de nouveau son récit.

XL

Un dîner d'amis.

« Un matin, Balthasar était encore au lit lorsque son caissier vint le trouver.

« Monsieur, lui dit-il, depuis quelque temps l'annonce ne produit plus; la réclame est lettre morte; la vente baisse horriblement; les placements sont d'une difficulté prodigieuse; enfin, la caisse est vide.

« Diable! fit Campois, il paraît que l'ange ou le démon qui me faisait prospérer s'est lassé de se mêler de mes affaires. Il est vrai que j'ai quelque peu négligé de mettre en pratique la maxime *Aide-toi, le ciel t'aidera;* mais il ne faut désespérer de rien, cela reviendra.

« — C'est possible; mais en attendant nous avons dix mille francs à payer demain, et je n'ai pas un sou.

« — Et rien à négocier?

« — Le portefeuille est vide comme la caisse.

« — Ah! s'écria Balthasar, je suis perdu!...

« — Ce n'est pas le cas de s'effrayer.

« — Vous avez donc un moyen de me tirer de ce mauvais pas?

« — Un moyen tout simple, anodin, bénin; un moyen de conciliation entre le plus et le moins, basé sur certains articles du code de commerce, que j'ai l'avantage de posséder à fond.

« — Ah! vous me rendez la vie.

« — Mon Dieu! est-ce que je ne suis pas habitué à ces choses-là? Donc, en prévision de ce qui devait arriver, j'ai dressé votre bilan; il en résulte que votre actif est de soixante mille francs, et que votre passif s'élève à un peu plus de cent mille.

« — Quarante mille francs de déficit!... comment combler ce gouffre?

« — Voici le remède, avec la manière de s'en servir : En donnant à vos créanciers les soixante mille francs qui composent votre actif, vous resteriez leur débiteur, et vous n'auriez pas le sou.... Il y a encore quelques sots par ci par là qui n'en font pas d'autres: des crétins, des hommes sans aplomb, sans énergie. Dans votre position, un homme qui se respecte, qui a la conscience de sa force, de sa capacité, paye cent mille francs avec trente mille, et garde les trente mille autres pour recommencer.

« — Mais c'est impossible!

« — Rien de si facile au contraire; cela dépend uniquement de la manière de grouper les chiffres.

« — Mais c'est une banqueroute que vous me proposez!

« — Banqueroute!... allons donc!... Faillite, simple faillite... Trente pour cent en deux ans, c'est superbe. Vos créanciers crieront le premier jour; le second ils seront enchantés, et quand vous aurez obtenu votre concordat, ils ne vous parleront que chapeau bas.... Je vais aller déposer votre bilan. »

« L'âme honnête de Balthasar se révoltait à la pensée de l'action qu'on lui proposait.

« Non, non! s'écria-t-il, je ne serai pas un voleur! Restez ici et n'agissez que par mon ordre,... D'ailleurs tout n'est pas désespéré... J'ai des amis, de bons amis, que j'ai souvent tirés d'embarras, et qui se réuniront pour me rendre service. Quarante mille francs, c'est énorme sans doute; mais désormais j'aurai de l'ordre, de l'économie.... Je suis jeune; l'avenir est à moi. »

« Balthasar se mit à son bureau, et il écrivit une sorte de circulaire ainsi conçue :

« Mon cher N.... Soyez assez bon pour venir dîner avec moi aujourd'hui, au café de Paris; j'ai quelque chose de la plus haute importance à vous communiquer. »

« Tout le monde fut exact; on se mit à table gaîment. Balthasar seul avait dans la physionomie une teinte de tristesse qui faisait ombre au tableau; mais ses amis comptaient sur le champagne pour le mettre à leur diapason. Le champagne vint en effet; avant d'y toucher Balthasar se leva.

« Messieurs, dit-il, je me trouve en ce moment dans une affreuse position, et j'ai compté sur vous pour m'en tirer.

« — Vous avez bien fait, vrai Dieu! s'écria un de ces vieillards de trente ans, qui achèvent d'user leur vie et leurs dernières bottes sur l'asphalte des boulevards et dans les salons rances du quartier Bréda.... L'amitié est un bien sacré.... Nous sommes à vous corps et âme.... n'est-il pas vrai, messieurs? »

« Tous les convives répondirent par un hourra d'assentiment

« En conséquence, reprit le lion édenté, je propose un toast à l'amitié qui nous lie. »

« Les bouchons volèrent; le champagne jaillit; on en but six bouteilles avant que Balthasar pût de nouveau parvenir à se faire entendre. Enfin le silence s'étant rétabli, il dit :

« Je suis heureux de cette unanimité de sentiments. Voici de quoi il s'agit : j'ai le plus grand besoin de dix mille francs, et....

« — Et, sur mon âme, vous les aurez, interrompit le lion éreinté. Misère que cela! Quand je devrais engager ma villa Bellini ou mon palais à Florence.... Garçon, faites frapper six autres bouteilles ! »

« Cette fois les verres se remplirent et se vidèrent avec une rapidité prodigieuse, et quelques-uns des convives commencèrent à avoir la parole difficile; seul, l'orateur de la bande avait conservé son calme :

« Eh bien ! soit : il vous faut cela sur-le-champ; faites frapper quelques autres bouteilles, et je me charge du reste. »

« Balthasar se sentit débarrassé d'un poids immense : il allait avoir la somme qui lui manquait ; il ne serait plus question de bilan, de faillite !....

« Buvons, messieurs, s'écria-t-il ; vous êtes de bons amis, de nobles cœurs ! »

« La réunion devint très-bruyante; tous les convives parlaient en même temps; on versait plus de vin sur la nappe que dans les verres, et une certaine quantité de bouteilles roulaient sur le parquet. Alors le lion, qui avait promis merveille, sortit en faisant à l'amphitryon un signe d'intelligence.

« Brave ami! pensa Balthasar; il va chercher la somme.

« Il attendit patiemment; mais trois heures s'écoulèrent, et le drôle ne reparut pas. Tous les autres convives dormaient, les uns sur la table, les autres dessous. Enfin minuit sonna, et Balthasar après avoir vidé sa bourse pour payer la carte, se retira le désespoir dans le cœur.

« Oh! se disait-il, c'est quelque chose de bien hideux que le monde ! Fange, lâcheté, égoïsme partout.... Partout et toujours la honte et l'infamie.... Pourquoi ne suis-je pas resté dans la sphère où le hasard m'avait jeté ? Là au moins se trouvent encore quelques restes de loyauté.... Maudit soit le jour où j'ai levé les yeux sur cette fille de grand seigneur dont je voulais faire mon idole.... Ah! mon bel ange gardien, c'est maintenant que j'aurais besoin d'entendre votre douce voix.... Car elle m'aimait elle ! »

« Ce fut dans cette déplorable situation d'esprit qu'il rentra chez lui. Pendant plusieurs heures, il se promena dans sa chambre cherchant un expédient qui pût au moins lui faire gagner du temps et n'en trouvant point.

« L'heure de l'échéance avançait, comme la mort, d'un pas égal et sûr, et Balthasar comprit qu'il n'avait plus qu'à opter entre la faillite et le suicide. Enfin, vaincu par la fatigue, il se jeta sur son lit; mais le sommeil refusa d'engourdir ses souffrances; et ce fut en vain qu'il tenta d'éloigner la main du remords qui lui broyait le cœur.

« Balthasar passa une nuit affreuse. Au point du jour il se leva; un mince rayon d'espérance venait de surgir dans son cœur; il n'avait pas fait part de sa position à cet homme d'affaires dont l'aide lui avait été si utile autrefois, peut-être cet homme, qui avait fait preuve de capacité, lui prêterait-il un secours efficace ; il courut le trouver, et sans détour il lui fit sa confession. L'autre l'écouta attentivement, puis il dit :

« Tout cela est fâcheux, monsieur ; mais je n'y puis rien; votre position était belle, votre avenir assuré; vous avez tout gâté. Une femme.... ou plutôt une divinité tutélaire, vous avait pris sous sa protection ; vous étiez mourant, elle vous a sauvé; vous étiez pauvre, elle a voulu vous enrichir. Elle avait ouvert pour vous tous les trésors de son cœur et de son ingénieux esprit de bienfaisance. Vous l'avez payée de tout cela par le dédain et l'ingratitude....

« — Ah! ne m'accablez pas! mes yeux s'ouvrent à la lumière maintenant.... Comment ai-je pu ne pas reconnaître sur-le-champ la main qui me comblait de biens !

« — Tenez, monsieur, voici votre procuration, grâce à laquelle nous étions parvenus, à votre insu, à vous lancer sur le chemin de la fortune. Pour vous faire accepter ses bienfaits, Mme de Bléris avait imaginé de les attribuer à votre brave oncle. Vous aviez déclaré que, pauvre, vous ne consentiriez jamais à épouser une femme plus favorisée que vous de la fortune, et elle se dit: je l'enrichirai. Voilà toute l'histoire de ce brevet d'invention qui semblait vous être tombé du ciel ; voilà la source de ces brillantes annonces qui faisaient retentir votre nom dans le monde, donnait la vogue à vos produits, et vous poussait à la fortune. Mais, dès les premiers jours, le succès vous a enivré ; il vous a fallu des plaisirs d'un autre ordre, et vous avez en quelque sorte rompu avec les gens honnêtes qui vous aimaient, pour vous jeter dans les bras de quelques misérables, flétris et usés par la débauche. Alors la main qui vous soutenait s'est retirée, et vous êtes tombé.

« — Oui, oui ! tout cela est vrai ! s'écria Balthasar.... Et pourtant je l'aimais, et aujourd'hui encore je l'aime de toutes les forces de mon âme.... Quelle est donc la cause de cet inconcevable aveuglement !... Oui, vous avez raison, monsieur, je me suis montré ingrat, méprisable : je n'avais pas mérité tant de bienfaits, et je n'ai pas su les reconnaître. J'ai mérité ce qui m'arrive aujourd'hui, et je ne m'en plaindrai pas. »

« Il se leva et sortit. Quelques instants après il était chez lui, retiré dans sa chambre, et il écrivait :

« Madame, je vais mourir ; ne me plaignez
« pas, car j'ai été un monstre d'ingratitude. Vos
« bienfaits n'avaient fait de moi qu'un insensé....
« Et pourtant tous les bons sentiments n'étaient
« pas hors de mon cœur ; ils y sommeillaient près
« de votre image, et je les retrouvais ensemble
« dans les rares instants que je parvenais à sous-
« traire à l'entraînement des plaisirs.... Mais j'é-
« tais pur, et je me suis souillé ; je pouvais espérer
« le bonheur, et je m'en suis rendu indigne. J'é-
« tais un honnête homme, et je vais mourir ban-
« queroutier !... »

« Ici Balthazar s'arrêta ; de grosses larmes qui roulaient dans ses yeux tombèrent sur le papier.

« Oui, banqueroutier ! dit-il en se couvrant le visage de ses deux mains.... Mon Dieu, tant de tortures me feront-elles trouver grâce devant vous ! »

« Il demeura quelques instants comme anéanti ; puis il reprit la plume qui était tombée de ses mains, et il écrivit :

« Vous, que j'appelais mon ange gardien, et
« qui étiez quelque chose de plus que cela, recevez
« mes adieux, et pardonnez-moi.... La vie m'eût
« été si douce près de vous !... Tant de bonheur
« ne m'était pas réservé ; mais au moins, par pi-
« tié, ne maudissez pas la mémoire du malheu-
« reux que vous avez aimé, et qui, même en mou-
« rant, vous place, par la pensée, à côté de la di-
« vinité.... »

« Il s'arrêta de nouveau, et parut s'enfoncer dans une profonde et pieuse méditation. Cela dura longtemps ; enfin il releva la tête, et parut sortir comme d'un profond sommeil. Ses larmes ne coulaient plus, et il se dit froidement :

« Finissons ! le temps s'écoule ; dans quelques heures, ma déconfiture sera connue de tout le monde ; eh bien, que l'on apprenne à la fois la faute et le châtiment. »

« Et reprenant encore la plume, il écrivit :

« Adieu ! Priez pour le trop coupable.... »

« En ce moment, une petite main blanche vint arrêter la sienne.

« Non, monsieur, dit une douce voix, vous n'êtes pas un monstre, vous n'êtes pas un infâme, mais vous êtes un fou. »

« Balthasar se leva, jeta un cri de surprise, et tomba aux pieds de Mme de Bléris.

« Oui, reprit-elle en s'asseyant dans le fauteuil que le jeune homme venait de quitter, et essuyant les larmes qu'il versait plus abondantes, vous êtes un fou que l'on devrait haïr, et que l'on aime pourtant....

« — Merci ! oh ! merci ! s'écria le jeune homme.

« — Ainsi vous renoncez, j'espère, à votre horrible projet ?

« — Il est trop tard : la ruine, la banqueroute sont là, à ma porte.... Vous pourriez retarder ma chute ; mais mon établissement ne saurait redevenir florissant ; ma perte ne serait qu'ajournée. Merci donc pour votre dévouement, et que ma destinée s'accomplisse. »

« En ce moment l'homme d'affaires entra :

« Madame, dit-il, voici les annonces que, par votre ordre, j'ai fait insérer dans tous les journaux d'aujourd'hui. »

« Et il présenta à la jeune veuve une douzaine de journaux ; elle les prit, en déplia quelques-uns, et les plaçant sous les yeux de Balthasar :

« Lisez, monsieur, lui dit-elle, et après cela, osez encore parler de vous tuer. »

« Et le jeune homme lut :

« *Brevet d'invention. — Balthasar Campois, breveté du roi pour son encaustique lucidonique, continue à justifier la confiance du public par ses constants efforts pour s'en rendre digne. — Le prochain mariage du chef de cette maison avec Mme veuve de Bléris ne peut manquer de faire prendre à cet établissement un développement tel qu'il pourra désormais expédier sur-le-champ toutes les commandes qui lui seront faites.* »

« Campois se releva, regarda autour de lui comme pour s'assurer qu'il n'était pas dupe de quelque fantastique illusion ; puis retombant aux pieds de la jolie veuve :

« Ah ! s'écria-t-il, voici la plus belle annonce du monde ! »

« Des larmes de joie le suffoquaient, et pour les cacher, il appuyait son visage sur les genoux de Mme de Bléris, ce que voyant l'homme d'affaires, il jugea sa présence inutile, et il se retira discrètement.

« Balthasar avait fait en peu de temps un rude apprentissage de la vie ; c'était désormais un homme d'expérience, sachant qu'il n'est pas sage de remettre à demain ce que l'on peut faire aujourd'hui ; aussi s'occupa-t-il sur-le-champ des préparatifs de son mariage, si singulièrement annoncé, et comme les gens les plus impressionnables sont aussi ceux qui oublient le plus promptement ce qu'ils ont souffert, le jeune industriel eut bientôt recouvré toute sa bonne humeur.

« Belle amie, dit-il à la jeune veuve, nous ne pourrions traiter convenablement nos invités chez nous, et le temps est bien loin où le *Grand-Vainqueur* me semblait un lieu de délices; que ferons-nous donc? »

« Mme de Bléris aurait bien voulu que tout se passât à huis clos; le bruit, le monde lui étaient importuns, car il n'y a pas de véritable amour sans égoïsme; mais elle comprit la nécessité de sacrifier à l'usage.

« Nous ferons comme vous l'aurez décidé, mon ami, répondit-elle en souriant; ne savez-vous pas, monsieur, que, dans deux jours, il me sera interdit de par les lois divine et humaine, d'avoir d'autre volonté que la vôtre?

« — Eh bien, mon bel ange gardien, ma volonté sera toujours d'être votre esclave soumis. »

« Ils étaient assis bien près l'un de l'autre ; un bras du jeune homme s'était arrondi sur la taille de Mme de Bléris, et sa tête s'appuyait doucement sur la blanche épaule de la charmante femme. De tendres folies furent ainsi échangées; puis enfin, revenus de ce monde imaginaire où les amoureux aiment tant à voyager, ils s'occupèrent un peu de la vie réelle, et il fut convenu que les noces se feraient au restaurant des *Vendanges de Bourgogne*.

« Vint enfin le grand jour, ce jour qui est, quoi qu'en disent les frondeurs, *le plus beau de la vie*. Tout semblait sourire autour des jeunes époux ; pour eux, l'univers était radieux. Un banquet joyeux avait succédé à la cérémonie religieuse ; on dansait gaiement, lorsque, tout à coup, une violente rumeur, partant du rez-de-chaussée se fit entendre jusque dans la salle de bal. Les quadrilles se rompent ; on court aux fenêtres, et de là on aperçoit un homme et une femme se débattant au milieu d'un cercle de marmitons.

« Ah! s'écriait un des garçons, vous oubliez de payer la carte, et vous emportez les couverts par-dessus le marché! il paraît que vous n'êtes pas dégoûtés!

« — Distraction, mon cher ami, pure distraction, répondait, sans paraître ému, l'homme que l'on accusait de vol.... Les voici ces maudits couverts!... foi de gentilhomme, je suis tenté de croire que c'est le diable qui les a fourrés dans mes poches.... Il y a des exemples de cela.... Il y en a, jeune homme! je vous en donne ma parole d'honneur! »

« Un immense concert d'éclats de rire fit retentir l'air et couvrit la voix de l'orateur, qui ne parut pas décontenancé, et qui reprit, avec beaucoup de calme :

« Quant au montant de la carte, l'absence momentanée de toute espèce de numéraire me met dans la nécessité de vous offrir des valeurs représentatives.... Que dites-vous de ce cachemire français.... éminemment français? Il vaut bien treize francs cinquante, n'est-ce pas? Eh bien, gardez-le, et qu'il n'en soit plus question. »

« Et sans plus de façons, il arracha le châle qui couvrait les épaules de sa compagne, et le jeta au nez du chef de l'établissement; puis il fit demi-tour, et chercha à gagner au large; mais en ce moment la garde que l'on avait été chercher arriva, et le saisit.

« Ah! lâche! misérable lâche! s'écria la femme, tu voulais m'abandonner dans un pareil moment!... Eh bien! je dirai qui tu es.... Oui, messieurs, c'est un voleur de profession, un ancien laquais qui, à sa sortie des galères, où l'avaient envoyé ses bons services, s'est fait chevalier de son autorité privée, lui qui n'a jamais reçu l'accolade que du bourreau.

« — Je le reconnais, dit Balthasar qui tenait sa femme dans ses bras, ce misérable qui devait vendre sa villa Bellini ou son palais à Florence pour me venir en aide.... Bénie soit la main qui m'a aidé à sortir de cette fange où j'ai été si près de m'engloutir! »

« Et il pressait sur son cœur une des mains de la jolie mariée.

« Et cette malheureuse, ami, ne la reconnaissez-vous point? »

« Le jeune homme avait parfaitement reconnu Laure de Blanas ; mais il n'avait osé la nommer, et il ne répondit qu'en pressant plus fort la jolie main qu'il tenait.

« Partons, belle amie, dit-il à voix basse; profitons de ce tumulte pour nous éloigner et n'être qu'à nous.... Car maintenant je suis et ne veux être qu'à toi, mon bel ange gardien ! »

« Une demi-heure après deux voitures roulaient l'une près de l'autre sur le boulevard. Dans l'une étaient, entre deux soldats, deux êtres dégradés qu'on allait jeter sur la paille d'une prison, et dont la justice devait bientôt purger la société ; dans l'autre, un jeune couple auquel semblaient promises toutes les joies de la terre et du ciel. D'un côté la honte, la prison, l'infamie; l'échafaud peut-être!... de l'autre, amour, fortune, bonheur! »

« Et maintenant, ma chère Léontine, dit Félicien après avoir terminé son récit, c'est ce bonheur que j'envie; c'est l'exemple de Balthasar que je voudrais suivre.... Nous ne sommes pas dans les mêmes conditions, il est vrai; mais tous deux nous sommes jeunes encore, et le véritable amour peut nous transformer.

— Mon Félicien, voici une tentative de séduction à laquelle j'étais bien loin de m'attendre de votre part.... Et moi aussi, mon ami, j'ai d'amers regrets ! et moi aussi je voudrais pouvoir remonter ce fleuve noir qui m'a emportée si loin. Être votre femme, Félicien, devenir bonne mère de famille, c'est mon plus délicieux rêve ; mais, au réveil il me semble qu'entre ce rêve et sa réalisation s'élève un mur d'airain.

— Oh ! si vous vouliez, Léontine, je me sentirais la force de le renverser.

— Parlons raisonnablement, Félicien : vous revenez à moi, et j'avoue que j'en suis heureuse ; car je vous aime. Vous venez de me parler franchement ; je veux être aussi franche que vous. Je suis pauvre, mon ami ; pauvre, entendez-vous ; mais d'ici à vingt-quatre heures je puis être riche ; mais à quel prix !... Je veux te le dire, mon Félicien, car ce terrible secret m'étouffe ! »

Et elle raconta la proposition que lui avait faite Carlo, et dit quelle devait être la récompense.

« Et vous avez promis votre concours à cet horrible crime ? s'écria Félicien en se levant.

— Mon ami, j'avais peur ; je voulais gagner un peu de temps, espérant que la Providence m'enverrait un bon conseil ; et elle ne m'a pas abandonnée puisque vous voici.

— Ah ! je respire, » fit Félicien.

Pendant que cela se passait, Pied-de-Fer était venu sonner discrètement chez la belle impure. La caméristé lui ouvrit.

« Chut ! fit-elle en mettant un doigt sur ses lèvres. Madame est là, mais elle n'est pas seule. »

Pied-de-Fer s'assit silencieusement, et il prêta l'oreille.

« Diable, dit-il à demi-voix après quelques instants, il y a là un monsieur qui parle avec bien de l'animation !

— C'est une histoire qu'il raconte à Madame.

— Vrai ? Et moi qui raffole des histoires ! »

A ces mots il se leva, prit dans une de ses poches une jolie petite montre, dont il passa la chaîne au cou de la femme de chambre, en ajoutant :

« Comme vous seriez aimable de faire en sorte que j'entende cette histoire ! »

La caméristé ouvrit la porte d'une armoire pratiquée dans la muraille.

« Mettez-vous là bien doucement, dit-elle, et vous ne serez séparé de celui qui parle que par une page très mince. »

Le vieux routier se glissa lestement dans cette embrasure, et il écouta attentivement.

« Non, non, Léontine, répétait Félicien, vous ne ferez pas cela ! Je ne connais pas cet homme ; mais je le défendrais au besoin contre les misérables qui veulent l'assassiner. Et puis ce personnage mystérieux ne s'est-il pas fait en quelque sorte votre bienfaiteur ?

— Il m'a donné, cela est vrai, et tout à fait gratuitement, un mandat de cent mille francs sur le baron de Varambert ; mais ce dernier n'a pas payé ; il s'est borné à me faire des promesses conditionnelles qu'il ne tiendra pas ; car son intendant m'affirmait aujourd'hui même qu'il était complétement ruiné.

— Et l'homme si généreux de qui vous tenez ce mandat n'a-t-il pas promis de le reprendre contre espèces, dans le cas où il ne serait pas payé à sa présentation ?

— Sans doute ; mais ce n'est là qu'une promesse peu rassurante, car s'il ne revenait volontairement ici, je ne saurais où le trouver.... Vous me parliez tout à l'heure, Félicien, d'un avenir délicieux, d'une vie douce, honnête, d'un retour dans le milieu où nous sommes nés tous deux.... Oui, j'en conviens c'est là une perspective séduisante. Comme vous, mon ami, plus que vous peut-être, je suis altérée de réhabilitation ; mais encore ne pourrait-on entrer dans cette voie les mains vides. Or je ne possède presque plus rien. Ce mandat de cent mille francs est le plus clair de ce qui me reste, et cela ne repose sur rien.

— Eh bien, ma Léontine, nous travaillerons ! votre père ne m'a-t-il pas proclamé cent fois le meilleur de ses apprentis ? Il n'y a pas encore si longtemps de cela. Et puis mon ami Balthasar est un noble cœur ; il nous aidera. Allons, ma belle Léontine, promettez bien sincèrement à votre fiancé que vous n'irez pas à cette maison de Clignancourt.

— Je n'irai pas, mon Félicien, je...., te le jure. Je suis si heureuse de tout ce que je viens d'entendre ! Il me semble que je commence à entrer dans un nouveau monde !... mais que dirai-je à Pied-de-Fer ?

— Toute la vérité ; on ne court aucun risque à se tenir dans le vrai. Et puis, belle amie, si tu ne te sens pas le courage de tout dire, je parlerai, moi.

— Vous me restez donc aujourd'hui, mon bel ingrat ?

— Aujourd'hui et toujours. Est-ce que nous pourrions vivre séparés maintenant ? »

Il se fit un long silence et Pied-de-Fer se retira discrètement.

« Pas un mot de ma visite de ce soir, dit-il à la femme de chambre. Je reviendrai demain. »

Peu d'instants après, le vieux routier entrait dans un café pour songer à son aise à ce qu'il devait faire d'après ce qu'il avait entendu. Qu'on en voulût à sa vie, ce n'était pas chose nouvelle ; c'était au contraire à peu près son état normal ; mais il fallait pourtant prendre une résolution, soit pour se soustraire au danger, soit pour le braver carrément, et prendre résolûment. Ce fut à ce dernier parti qu'il s'arrêta, et il ne lui res-

Déjà à la besogne, père Mickel ? (Page 663, col. 2.)

tait plus qu'à trouver de bons compagnons pour le seconder ; car, en tout état de cause, il ne voulait pas que l'autorité se mêlât de ses affaires. Il réfléchissait donc sur ce dernier point, quand un personnage qui, depuis quelques instants, le regardait attentivement, se leva tout à coup, et l'aborda en disant :

« Ma foi, il en sera ce qui pourra, mais je ne m'en dédirai pas : vous êtes Pied-de-Fer ou vous êtes le diable!

— Voilà une singulière manière d'interpeller les gens! dit le vieux routier ; mais j'aime autant celle-là qu'une autre. En supposant que je sois l'homme dont vous parlez, que lui voudriez-vous ? et d'abord qui êtes-vous vous-même?

— Oh! ce n'est pas difficile à dire : je suis le fils d'une bonne femme que vous avez bien connue, la concierge du passage des Bons-Enfants, près du Palais-Royal.

— Je crois me souvenir en effet; une amie de ce vieux coquin de Jérésu?

— Une amie, non ; une concurrente, à la bonne heure. Dame ! elle faisait ce qu'elle pouvait, la pauvre vieille.... C'était encore le bon temps ! On pouvait encore se retourner dans ce Palais-Royal où l'on s'amuse maintenant comme au fond d'un puits....

— Je me souviens parfaitement maintenant : vous étiez aux gages de la marquise de Gastelar, et vous faisiez partie des *Enfants du feu* ?

— Justement. On peut dire ça aujourd'hui que l'hiver et l'été ont tant de fois passé là-dessus.... J'étais le plus jeune de la société, et j'y étais entré de force ; je n'avais pas encore dix-sept ans, et j'avais eu des malheurs politiques....

— Comment! à dix-sept ans?

— Mon Dieu, oui.... C'est drôle, n'est-ce pas ? eh bien, c'est la pure vérité. Vous allez voir. A quatorze ans j'étais entré au service du comte de Croustol, en qualité de jockey. C'était du temps de la Restauration. Un soir, mon maître et moi nous arrivons en cabriolet dans la cour des Tuileries. Il faisait un froid épouvantable.

— Tu vas m'attendre ici, me dit le comte en mettant pied à terre. N'en bouge pas, car en sortant de chez le roi, je n'aurai pas une minute à perdre.

— Monsieur peut-être tranquille, répondis-je, je connais mon devoir.

— Oui, je sais que tu es un brave garçon. Tu vas avoir bien froid ; mais il faut apprendre à souffrir; car, à la manière dont vont les choses, il se peut que nous soyons obligés de reprendre encore une fois le chemin de l'exil. »

En parlant ainsi, il jeta sa pelisse dans le cabriolet, et s'élança dans l'escalier qui conduisait aux appartements de Louis XVIII. Le vent soufflait avec violence ; la veille, deux factionnaires avaient été gelés dans cette même cour où je battais la semelle pour n'avoir pas le même sort. Au bout d'une demi-heure d'attente, je commençai à souffrir horriblement ; mes pieds étaient complétement engourdis, une onglée douloureuse paralysait et crispait mes mains, et mes dents claquaient avec tant de force les unes contre les autres, qu'il semblait qu'elles allaient se briser. C'était en vain que je battais la semelle, et que je plaçais de temps en temps mes mains sous le ventre du cheval dont la garde m'était confiée ; l'intensité du froid, qui augmentait à chaque instant, rendait ces moyens inefficaces, et le mal que j'endurais devenait intolérable. Je murmurais en continuant à frapper de mes pieds le sol glacé :

« Je suis bien sûr, disais-je à demi-voix, que ce n'est pas la faute de M. le comte ; il est trop bon, trop humain pour me laisser ainsi mourir de froid.... C'est bien certainement le roi qui le retient.... Qu'est-ce que ça lui fait à celui-là qu'un honnête garçon gèle sous ses fenêtres ! Il n'en mangera pas une bonne bouchée de moins, le gros gourmand.... Et on l'appelle *le désiré*, ce vieux sans cœur.... Ah ! si je tenais dans un coin ce roi de hasard, je lui ferais bien payer mon onglée.... Oui, il me la payerait ! »

Et comme ma colère augmentait à mesure que je souffrais, je continuai, sans m'apercevoir que j'élevais beaucoup trop la voix :

« Je lui dirais, à ce roi poussah qui ne tient pas seulement sur les jambes.... »

Ici je fus interrompu par une voix qui semblait partir de derrière le cabriolet :

« Que lui diriez-vous ? » fit cette voix.

En même temps, je me sentis saisi au bras par un poignet vigoureux. Comme je ne manquais pas de résolution, je me retournai vivement, et me trouvai face à face avec un homme de moyenne taille, enveloppé dans un ample manteau, et dont je ne pus distinguer les traits, à cause de l'obscurité.

« Ma foi, répondis-je, de plus en plus tourmenté par le froid, je lui dirais, à ce rongeur, qui a probablement, à cette heure, le dos au feu et le ventre à table, que s'il avait eu le bon esprit de rester en Angleterre au lieu de venir gruger des gens qui ne songeaient pas à lui, je ne serais pas en ce moment aux trois quarts mort de froid.

— Oh ! oh ! dit l'inconnu, vous êtes bien raisonneur pour un laquais !

— Dame ! c'est l'avis de tout le monde, et M. le comte disait encore hier : « Soutenus par les Bourbons, les jésuites perdront la France ! Rien ne pourra donc tirer ces gens de leur aveuglement !... Aye ! aye.... je crois que j'ai les oreilles gelées.... Et mes pieds ! c'est comme si je n'en avais plus.... Oui, c'est la faute du roi qui retient peut-être M. le comte pour son plaisir, sans songer aux malheureux que le froid tue.

— Et n'ai-je pas entendu que vous seriez aise de lui dire tout cela en face ?

— Certainement ; j'ai si froid !... Il me semble que cela me réchaufferait.

— Eh bien ! je vais vous donner cette satisfaction ; suivez-moi.

— C'est impossible, répondis-je ; M. le comte de Crustol, mon maître, m'a ordonné de l'attendre, et quand je devrais mourir à mon poste, je ne le quitterais pas. »

L'inconnu ne répliqua pas ; mais il frappa du pied d'une certaine manière ; aussitôt, deux individus qui se tenaient à l'écart s'avancèrent, et sur un signe de l'inconnu, ils me saisirent et m'entraînèrent dans les Tuileries. Peu d'instants après, le comte, qui avait longtemps attendu, fut introduit dans le cabinet de Louis XVIII.

« Monsieur, lui dit le roi d'une voix altérée par la colère, je vous avais fait appeler pour vous charger d'une mission importante ; j'ignorais alors que vous me trahissiez.

— Moi, sire !

— Vous-même, comte.... Vous êtes, à ce qu'il paraît, un de ces misérables que j'ai comblés de biens qu'ils méritaient si peu ; un de ces reptiles qui rampent à mes pieds, attendant que la fortune m'abandonne pour se dresser contre moi. *Je perdrai la France*, avez-vous dit ; s'il en était ainsi, votre devoir est de tomber avec moi.... moi, votre maître, votre souverain, votre bienfaiteur.

— Sire, quel que soit le sort qui m'est réservé, je ne me déshonorerai pas par un mensonge. J'ai pu blâmer quelques-uns des actes de Votre Majesté ; mais la trahir, jamais !

— C'est sans doute en vue de me servir que vous mettez vos laquais dans la confidence de vos bons sentiments pour ma personne.... Encore une fois, vous êtes un traître !

— Oui, oui !... un traître et un lâche ! s'écria l'homme au manteau qui apparut tout à coup dans le lieu où l'on m'avait placé. »

Il me saisit et m'entraîna jusque dans le cabinet du roi.

Ce personnage, c'était le duc de Berri ! C'était au duc de Berri que j'avais parlé dans la cour ; c'était au neveu du roi que j'avais fait un si gentil panégyrique de son oncle. Je compris alors toute la gravité de ma faute, et mon désespoir fut si violent, que je tombai comme foudroyé.

« Tuez-moi ! tuez-moi ! m'écriai-je en me roulant sur le parquet.... faites-moi fusiller.... envoyez-moi aux galères ! C'est moi qui ai trahi mon maître.... Mais j'avais si froid ! je souffrais tant !... mon Dieu ! que ne suis-je mort avant d'avoir fait entendre une plainte. »

Cette scène parut faire quelque impression sur le roi; il passa la main sur son front comme pour écarter une pensée importune, et il dit d'une voix plus calme :

« Vous êtes mieux servi que moi, comte. »

Puis il fit signe à M. de Crustol de se retirer.

« Malheureux, me dit mon maître, me voyant fondre en larmes, tu m'as perdu. »

Je voulus le suivre; mais à peine eut-il fait quelques pas, que deux officiers lui signifièrent l'ordre qu'ils avaient reçu de l'arrêter, et malgré mes prières, je ne pus obtenir la faveur de partager sa captivité, qui dura jusqu'à la fin de la Restauration. Cet événement devait avoir sur ma vie la plus déplorable influence. Il ne pouvait y avoir, à Paris, la moindre agitation sans que je fusse aussitôt arrêté préventivement. Je ne pouvais trouver aucun emploi; on eût dit que je portais au front un signe de réprobation. Il fallait vivre pourtant, et ma pauvre mère, peu douce de son naturel, n'était pas disposée à me garder indéfiniment à sa charge. C'est alors que je me fis admettre dans les rangs des *Enfants du feu*. J'étais là quand on vous a apporté dans le caveau d'où nous devions nous diriger vers la banque.... Une jolie affaire tout de même! Eh bien, vous me croirez si vous voulez, ça ne m'allait pas de vous voir garrotter, et s'il y en avait eu deux ou trois de mon sentiment.... Mais Mme de Gastelar était là, et ils tremblaient tous devant cette marquise enragée....

« Ne parlons plus de cela, mon garçon; c'est de l'histoire ancienne, et il peut être malsain de remuer les vieilles aventures et les vieilles défroques. Que faites-vous maintenant?

— Hum! on fait ce que l'on peut; il est si difficile de trouver de l'emploi.... Ce n'est pourtant pas que je fasse le dégoûté, oh! non! on m'en a tant fait à propos de cette aventure, avec le duc de Berri!... Croiriez-vous que lorsque ce prince a été assassiné par Louvel, à sa sortie de l'Opéra, j'en ai eu pour six mois de prison, au secret, dans un trou où je ne pouvais ni me tenir debout, ni me coucher, au pain et à l'eau.... six mois passés sur un mauvais escabeau; on ne peut pas se faire une juste idée de cette torture.

— Je comprends qu'après tout cela on n'aime guère l'autorité.

— Juste! vous y êtes; je l'exècre, l'autorité. Ce n'est pas moi qui lui demanderai jamais aide ou protection.

— Pourtant si vous étiez lésé dans vos intérêts, menacé?...

— Dans ce cas-là, chacun pour soi et le bon Dieu pour tous. Au diable la justice! ma justice à moi est au bout de mes bras, voilà!... Maintenant, si vous aviez besoin de mes services.... dans le bon chemin bien entendu. J'exècre l'autorité; mais à cause de cela même, je ne veux pas lui donner raison contre moi.

— Eh bien, vous êtes mon homme.

— Vrai?

— Soyez ici demain à midi; vous m'y trouverez, et je vous dirai de quoi il s'agit. Je dois vous dire dès à présent qu'il y aura peut-être quelque danger à courir; mais ce sera pour une cause juste.

— Et pas d'autorité?

— Je ne veux pas plus que vous de son intervention.

— Alors ça me va, et je n'ai peur de rien. »

Là-dessus, ils se séparèrent.

« Ah çà! se disait Pied-de-Fer, il a donc raison ce proverbe qui dit que quand le diable devient vieux, il se fait ermite? Je ne vois, depuis quelque temps, que gens fourvoyés et aspirant à rentrer dans le bon chemin.... à l'exception de Varambert et de Carlo pourtant. Ceux-là probablement mourront dans l'impénitence finale. »

XLI

A qui mal veut mal arrive.

Varambert et Carlo travaillaient ardemment; armés de pioches, ils creusaient une fosse dans le caveau attenant à la salle voûtée de la maison de Clignancourt.

« Crois-tu qu'il ne sera pas armé? demandait Varambert en essuyant la sueur qui ruisselait sur son visage.

— Il n'est guère probable qu'on mette des armes dans ses poches pour aller en bonne fortune avec une femme de cette espèce, répondit l'intendant. D'ailleurs dès qu'il aura mis le pied sur la première marche, nous pourrons d'ici observer tous ses mouvements, et nous avons douze coups à tirer sans nous découvrir. Il serait dommage pourtant de le tuer tout de suite; car, à la manière dont il vit, il est permis de croire qu'il a quelque part une mine d'or tout monnayé, et il ne serait pas désagréable de lui tirer quelques riches plumes de l'aile avant de le mettre à l'ombre.

— Et tu es sûr que des coups de feu ne seraient pas entendus du voisinage?

— J'en ai fait l'expérience : on tirerait le canon ici, sans se faire entendre du reste du village.

— Eh bien, vrai, tout cela ne me rassure que médiocrement.

— Quoi! monsieur le baron, faibliriez-vous au moment décisif? Vous avez une belle fortune, vous pouvez la doubler en épousant la femme de votre choix, et vous hésiteriez à briser l'unique obstacle qui s'oppose à la réalisation de vos vœux, quand vous n'avez, pour cela, qu'à étendre la main !

— Tout cela est vrai, et pourtant j'éprouve une anxiété indicible.

— Il y a une autre considération, c'est qu'entre cet homme et vous c'est un duel à mort, et que si vous le ménagez il ne vous ménagera pas. Dans votre position respective, vous ne pouvez que lui nuire, et lui peut vous perdre.

— Oh ! je suis fou d'hésiter. A l'œuvre donc ! Il fait à peine jour, et au soleil levant, sa dernière demeure sera prête à le recevoir. »

Si l'attaque se préparait de ce côté, la défense de l'autre n'était pas moins active : au point du jour, Pied-de-Fer achevait de remplir une grande caisse d'objets divers avec laquelle il se fit conduire à la porte de Léontine, qui le reçut presque aussitôt ; car elle était maintenant impatiente de retirer la parole qu'elle avait donnée, et de se dégager entièrement de cette affaire dont Félicien lui avait fait sentir toute la laideur.

« Monsieur, j'ai renoncé à l'acquisition de cette propriété que nous devions visiter ensemble. Vous ne me deviez rien, et vous m'avez remis ce mandat d'une somme considérable : le voici ; recevez mes excuses pour le manque de parole dont je me rends coupable. Si jamais vous savez quel motif me fait agir en ce moment, vous m'approuverez sans réserve.

— Mon Dieu, ma chère enfant, est-ce que je ne sais pas toujours un peu ce que je veux savoir, moi ? Vous aviez accepté avec répugnance un mauvais rôle dans un drame mal charpenté, et vous renoncez spontanément à ce rôle, je n'ai pas le droit de m'en plaindre.... Je dis *spontanément*, cela n'est pas tout à fait exact, et j'entrevois là dedans un bon conseil donné par un bon et intelligent ami. »

La belle pécheresse était tremblante.

« Évidemment il sait tout, pensa-t-elle. Oh ! mon Félicien que je te remercie de m'avoir si courageusement arrêtée au bord de cet abîme.

— Ainsi, reprit Pied-de-Fer, sans reprendre le mandat que Léontine lui présentait d'une main tremblante, vous ne voulez plus me conduire à cette petite villa de Clignancourt?

— Pour rien au monde je n'y consentirais. »

Et elle présentait toujours de ses jolis doigts effilés le mandat que son interlocuteur affectait de ne point voir.

« Cela est fâcheux, reprit-il ; car il faut absolument que je pénètre dans cette maison aujourd'hui.

— Oh ! n'y allez pas, je vous en conjure !

— Il le faut absolument.

— Mais ils vous tueront ! s'écria-t-elle éperdue. »

Puis aussitôt regrettant ce mot qui venait de lui être arraché par sa frayeur, elle se couvrit le visage de ses deux mains.

« Bien, bien ! dit Pied-de-Fer en souriant, il y a du bon, beaucoup de bon dans ce gentil petit cœur-là. Rassurez-vous, ma belle enfant ; il n'est pas aussi facile de me tuer que le pensent ces gens-là. Et maintenant, parlons à cœur ouvert, voulez-vous me présenter à votre jeune et brave ami ?

— Jeune et brave, vous le connaissez donc ? »

Avant que Pied-de-Fer eût répondu, Félicien qui se tenait dans une pièce voisine dont la porte était entr'ouverte apparut tout à coup.

« La présentation est faite, monsieur, dit-il d'un air résolu. Je m'appelle Félicien Bruart, ex-officier aux chasseurs d'Afrique.

— Et maintenant aspirant à la main de la charmante personne que voici, ajouta Pied-de-Fer en riant.... Oh ! que cela ne vous étonne pas outre mesure : on devine facilement quand on a autant vécu que moi. Maintenant, entendons-nous, monsieur Bruart : j'ai pensé que vous seriez homme à m'accompagner dans la visite que je veux faire à la maison de Clignancourt. Nous serons trois, bien armés, non que je veuille tuer, mais je ne veux pas non plus me laisser égorger comme un mouton. Il y a autre chose que je veux éviter, c'est que l'autorité intervienne dans cette affaire. Il me serait facile d'envoyer aux galères ou même à l'échafaud ces misérables qui veulent m'assassiner ; mais j'ai des raisons pour n'en rien faire. Je veux seulement les mettre pendant un certain temps dans l'impossibilité de nuire. Je ne dis pas que le procédé soit légal ; mais à coup sûr il n'est pas coupable aux yeux de la raison. Maintenant, entrerai-je dans de plus grands détails?

— Puisqu'il ne s'agit que d'empêcher un crime, répondit Félicien, il me semble que tous les moyens sont bons. J'ai foi en vous, et vous pouvez compter sur moi.

— Voilà une bonne parole, monsieur Félicien, merci ! »

Puis s'adressant à Léontine qui tenait toujours le mandat du bout des doigts :

« A nous deux, maintenant, belle dame. Je ne crois pas que nous ayons à courir un grand danger dans l'expédition que nous allons faire ; mais il est bon de tout prévoir. Brûlons ce mandat afin qu'il ne reste plus trace de cela : en voici le montant. »

Et il posa sur une table près de laquelle il se trouvait une liasse de billets de banque.

« Je n'entends pas vendre un service, dit Félicien en repoussant dédaigneusement les billets.

— Et je n'offre pas de le payer, répondit Pied-de-Fer. N'entrons pas, s'il vous plaît, plus avant dans cette question. Bientôt, mes enfants, vous serez unis, et vous avez l'intention d'entrer dans la carrière industrielle ; eh bien, je vous commandite de cette somme, à la condition de ne pas vous demander de comptes avant dix ans révolus. Ainsi vous ne vendez rien, vous n'empruntez même pas ; vous consentez seulement à faire valoir mon argent, et, de toutes manières, je suis votre obligé. Acceptez-vous cette proposition ? »

Pour toute réponse, Félicien prit la main que lui tendait le vieux routier, et la serra cordialement ; Léontine avait grande envie de lui sauter au cou ; mais elle se contint.

« Maintenant, reprit Pied-de-Fer, voici comment les choses doivent se passer : j'ai, dans la voiture qui m'a amené et qui attend à votre porte, trois superbes uniformes de gendarmes, des armes, et tous les accessoires nécessaires. Des armes, il doit être bien entendu que nous n'en ferons usage qu'à la dernière extrémité, si notre vie était en danger ; nous ne voulons que mettre de mauvais coquins dans l'impuissance de nuire, les obliger à renoncer à leurs projets et à payer les frais de la guerre, puis les envoyer se faire pendre ailleurs.

— Vous dites *trois*, fit observer Félicien, mais nous ne sommes que deux.

— Je vais aller chercher le troisième ; car c'est ici, si vous le voulez bien, que doivent se faire les préparatifs.... »

Et s'adressant à Léontine :

« C'est le dernier embarras que je vous causerai, belle dame, souffrez-le, je vous en prie.

— Mais, fit la pauvre femme surprise, je ne dois donc pas vous accompagner ?

— C'est un déplaisir que je veux vous éviter.

— Qui donc alors pourra vous conduire à cette maison isolée ?

— Ne vous ai-je pas dit, ma belle associée, que je sais toujours un peu ce qu'il m'importe de savoir ?... Vous resterez, belle dame, et vous aurez bientôt de mes nouvelles : dans une heure, nous serons en chemin. »

Il sortit, et se rendit au café où l'attendait Jourdet, ce pauvre jockey du comte de Crustol, auquel son aventure avec le duc de Berri avait causé de si terribles tribulations.

« Déjeunons vite et bien, dit Pied-de-Fer ; nous n'avons que juste le temps en mettant les bouchées doubles.

— C'est que.... fit Jourdet en mettant les mains sur ses poches d'une manière significative.

— Entendu, reprit Pied-de-Fer en lui glissant quelques louis dans la main ; tout cela me regarde. N'oubliez pas, seulement, qu'il ne faudra vous servir des armes dont vous serez porteur qu'à la dernière extrémité. »

Ils déjeunèrent rapidement. Une heure après, il y avait dans le salon de Léontine, trois superbes gendarmes qui ne pouvaient guère se regarder sans rire. Pied-de-Fer, qui portait les galons de brigadier, avait une paire de moustaches qui suffisaient à le rendre tout à fait méconnaissable. Ses deux acolytes n'étant pas connus des gens auxquels ils allaient avoir affaire, n'avaient d'autre déguisement que leur uniforme.

Ils partirent.

Carlo et Varambert étaient dans une attente fébrile.

« Crois-tu que le trou soit assez grand ? demandait le baron.

— Parfait, répondit l'intendant ; il en contiendrait deux comme lui. Seulement, il me semble qu'ils tardent bien.... J'ai si grande hâte d'en finir !

— Et tu crois, Carlo, qu'il se laissera conduire sans rien soupçonner ?

— Que voulez-vous qu'il soupçonne ? Une charmante femme le conduit à sa maison de campagne ; ils sont seuls, elle veut lui faire voir la maison de fond en comble, pour avoir son opinion sur la valeur de l'immeuble. Le pis qu'il puisse arriver, c'est qu'elle ne parvienne pas à l'amener jusqu'ici....

— Silence, fit Varambert ; je crois entendre le roulement d'une voiture.

— Je l'entends aussi.... »

Et ils se blottirent dans le caveau, armés chacun de deux pistolets, les autres armes étant posées, comme nous l'avons dit, sur une table où, pour les prendre, ils n'avaient qu'à étendre la main.

« Carlo, fit Varambert, la voiture s'arrête.

— Mais il le faut bien.

— Il va venir.... Triple diable ! il me semble que je fléchis....

— Allons donc, monsieur le baron ; ce mauvais drôle, s'il vous tenait comme nous allons le tenir, ne vous ferait pas grâce d'un fil.

— Cela est certain.

— Il n'y a donc pas lieu d'hésiter. Nous sommes les maîtres ici ; dès qu'il aura descendu les marches pour visiter cette salle basse, il sera à nous.... A la condition pourtant que nous ne faiblirons pas.... A vrai dire, monsieur le baron, j'ai peur que ce soit là la pierre d'achoppement.

— Que veux-tu dire, Carlo ?

— Dame ! c'est qu'il me semble que M. le baron a des scrupules.... Comme si ce vieux bandit, que nous nous disputons à mettre à l'ombre n'avait pas mérité cent fois d'être pendu.

— Et nous, Carlo ?...

— Ah ! si M. le baron retourne contre nous les hallebardes.

— Mais non, mon ami ; je voudrais seulement que nous fussions hors d'atteinte.

— Et c'est justement là que nous arrivons.

Que pourra désormais cette fille contre nous ? Si elle parle, elle est perdue.... sans compter qu'il y a un moyen suprême pour l'empêcher de parler.

— Écoute, écoute !.... ne dirait-on pas des fourreaux de sabres traînant sur le pavé de la cour ?

— C'est vrai.... les portes s'ouvrent....

— Et les crosses de fusils résonnent au-dessus de nous....

— Oh ! cette fille nous a trahis !

— Que faire, mon Dieu ?

— Nous défendre, parbleu !

— Contre une brigade de gendarmerie ?... Ah ! nous sommes perdus ! »

Tout à coup une voix grave et brève se fit entendre :

« Halte ! que l'on garde toutes les issues.

— Perdus ! perdus ! » disait Varambert en se tordant les bras.

Des pas pesants retentissaient au-dessus d'eux, puis la voix qui s'était déjà fait entendre reprit :

« C'est ici ; l'arme au poing ! »

Et les bottes éperonnées résonnèrent sur les premières marches de l'escalier conduisant à la salle voûtée en même temps que le bruit des crosses de fusils se posant lourdement sur le sol.

« Pas de résistance, ou vous êtes morts ! » cria Félicien en arrivant aux dernières marches.

Jourdet le suivait de près, et les lames de sabres brillèrent aux yeux de Carlo et de son maître, tandis que Pied-de-Fer, resté hors de vue, continuait à frapper sur le sol avec la crosse d'une carabine. L'imminence du danger rendit à Varambert toute son audace ; il fit quelques pas au-devant des deux gendarmes.

« Que demandez-vous ? dit-il gravement.

— Parbleu ! fit Jourdet, ce n'est pas le roi de Prusse.

— Envoyez quatre hommes ! cria Félicien en se tournant vers l'escalier.

— C'est inutile, dit Varambert ; nous ne voulons pas faire de résistance.

— Bon ! dit Jourdet, il ne manquerait plus que cela pour nous faire rire.

— Eh, là haut ! cria Félicien, apportez-les outils. »

Alors apparut Pied-de-Fer, le sabre nu d'une main, et tenant de l'autre un paquet de cordes.

« Je suis ici chez moi, dit Carlo, et je ne sais ce qu'on me veut.

— D'abord, dit Jourdet en s'emparant des pistolets posés sur une tablette, nous voulons vous débarrasser de ces joujoux-là.... Dieu me pardonne, ils sont tout armés, c'est une attention délicate à notre endroit.

— Au moins, dit Varambert pendant qu'on lui liait les bras, j'espère, brigadier, que vous constaterez notre soumission d'autant plus méritoire que nous ignorons ce qu'on nous veut, et que nous avions le droit et les moyens de nous défendre.

— Allons donc ! fit Pied-de-Fer en arrachant ses moustaches postiches, est-ce qu'on se défend contre moi ?... Vous êtes trop jeunes, mes agneaux. »

Carlo bondit sur lui-même en reconnaissant le vieux routier ; mais déjà Jourdet l'avait saisi et Félicien achevait de lui lier les poignets.

« Maintenant, dit Pied-de-Fer quand cette opération fut terminée, j'espère que vous vous conduirez gentiment, et que vous ne nous obligerez pas à vous faire faire la grimace.

— Monsieur, répondit Varambert, j'espère que vous serez assez courtois pour ne pas battre les gens à terre. Nous sommes à votre discrétion ; vous pouvez nous tuer sans courir de grands risques, je le reconnais. Pourtant il pourrait se faire que notre disparition fît ouvrir les yeux à bien des gens.

— Oh ! monsieur le baron, le moment est mal choisi pour faire des phrases. Je ne veux pas de discussion ; que cela soit bien entendu. On va vous délier les mains et vous allez écrire une renonciation formelle à tous les droits par vous acquis à la succession du marquis de Merval.

— Mais ces droits je les ai loyalement acquis.

— *Légalement*, oui, *loyalement*, non.

— Et les trois mille francs de rente à M. de Fretteville ?

— Vous les payerez. Écoutez, vous savez ce que je puis faire de vous. Le vol de la momie déposée au greffe n'est qu'un jeu d'enfants qui laisse intactes les preuves de l'assassinat de Berjaud, et en partant de là, il sera facile de remonter à l'origine de votre fortune. Donc, vous êtes perdu, si je le veux. »

Varambert comprenait que tout cela était vrai, et Carlo, assis pieds et poings liés, se disait que tout était perdu, quand, après quelques instants de silence, Pied-de-Fer reprit :

« Écrivez la renonciation que je demande ; puis un bon de cent mille francs au porteur.

— Oh ! oh ! fit le baron.

— Me faudrait-il donc payer les frais de la guerre ? Vrai Dieu ! j'y mets trop de courtoisie.... quand il me serait si facile..... N'y a-t-il pas là une jolie fosse où vous tiendrez parfaitement tous les deux.... Tenez, ne me donnez pas de ces démangeaisons-là....

— Monsieur le baron, dit Carlo, soumettons-nous à la force.

— Soit, dit Varambert. »

Et Pied-de-Fer lui ayant fait délier les mains, il écrivit la renonciation et le bon au porteur.

XLII

Prison.

Un proverbe dit : quand les chats sont absents, les rats dansent. Varambert était absent de chez lui, les rats dansaient à son domicile. La bande se composait d'un valet de chambre, qui avait succédé à Carlo, passé intendant, plus un cuisinier, un cocher, un valet de pied.

« M. le baron ne devant pas rentrer aujourd'hui, disait le valet de chambre dans la salle à manger où tous étaient réunis, ce n'est pas une raison pour faire pénitence; au contraire.

— D'autant plus, dit le cuisinier, que nous avons une volaille truffée qui pourrait s'enrhumer si on ne lui chauffait pas les côtes aujourd'hui.

— Sans compter, dit le cocher, que Bertholin a la clef de la cave.

— Oui, fit le valet de pied, et je me lâche d'une douzaine sur le bon tas; mais il ne faudrait pas passer ça.

— Bon! dit le cocher; nous sommes quatre, et trois fois quatre font douze; c'est un ordinaire décent. »

Une heure après tous étaient à table et mordaient à belles dents dans le fruit défendu. La poularde truffée fut engloutie; on y ajouta toutes les fioritures possibles, et le tout étant amplement arrosé, on commença à médire du maître de la maison, chose toute naturelle d'ailleurs, mais qui, ici, prit bientôt un caractère particulier.

« Oui, disait le valet de chambre le visage empourpré par le chambertin à large dose, il y a ici quelque mystère d'iniquité !

— Ah! ah! firent les autres.

— Vous n'avez donc pas des yeux pour voir, vous autres?

— Des yeux pour voir, et des oreilles pour entendre, dit le valet de pied; ah! mais oui !

— Eh bien alors qu'est-ce que vous avez pensé de ces croquemorts qui ont apporté un cercueil ici ?

— Moi, répondit le cuisinier, j'ai pensé que c'était de la contrebande, vu que Monsieur aime les sauces anglaises, le caviar, la choucroute et autres *éléments* qui ont pénétré en fraude dans la cuisine française.

— A moins, dit le cocher, que ce soit cette petite dame que j'ai tant brouettée ici, et que son mari cherche partout depuis ce temps-là.

— Enfants! reprit le valet de chambre; ils ont des yeux, et ils ne voient pas! ils ont des oreilles et ils n'entendent point.... Ce qu'il y avait là dedans....

— Quoi, quoi, quoi?
— C'est un trésor !...
— Ah !...
— S'il s'agissait d'autre chose, est-ce qu'on aurait pris tant de précautions? n'avez-vous pas remarqué que ces hommes noirs sont partis sans parler à personne ?
— C'est vrai !
— Et après leur départ qu'avaient-ils laissé dans le cabinet de M. le baron? Rien, n'est-ce pas? Et pourtant ils y étaient entrés avec quelque chose. Eh bien ce quelque chose est enfermé dans la grande armoire du cabinet.
— Et vous dites que c'est un trésor ?
— A moins que ce ne soit quelque chose de mieux; M. le baron est si secret qu'il n'est pas facile de savoir les choses au juste.... Il y aurait pourtant un moyen de tout savoir....
— Ah! ah! ah! firent les trois autres interlocuteurs.
— Un moyen bien simple; ce serait d'ouvrir la grande armoire.
— C'est vrai ! firent les convives en se levant comme un seul homme.
— En avant! reprit le valet de chambre ; nous allons découvrir le pot aux roses.... mais les clefs? ajouta-t-il quand tous eurent pénétré dans le cabinet.
— Ça! fit le valet de pied après avoir regardé la garde de la serrure, je l'ouvrirais avec une épingle. »

Il regarda autour de lui, arracha la tringle d'un des rideaux de fenêtres, en plia, d'un coup de botte, une des extrémités, et à l'aide de cet outil il ouvrit l'armoire aussi facilement qu'il eût pu le faire avec la clef. Un cri d'effroi retentit aussitôt, et les quatre personnages reculèrent épouvantés : ils avaient sous les yeux le cadavre d'un homme dont les lèvres vermeilles semblaient près de s'ouvrir pour demander du secours ; sur sa poitrine découverte se voyait une plaie béante au-dessous de laquelle serpentaient des filets de sang.

« Bon Dieu ! fit le valet de chambre, notre maître est un assassin !

— Ça paraît clair, dit le cocher; pas moins que c'est une drôle de fantaisie de garder des gens morts dans une armoire !

— D'autant, fit le cuisinier, que le particulier n'a pas l'air trop faisandé.

— Nous voici tout de même avec une vilaine affaire sur les bras, dit le valet de pied : un homme poignardé, et M. le baron absent !... ça nous arrive droit comme une balle.

— Fichtre! mais ça n'est pas drôle du tout, dit

le valet de chambre, et je serais le premier compromis, moi qui suis nécessairement le plus avant dans l'intimité de M. le baron. Je vais faire ma déclaration chez le commissaire.

— Il ne manquerait plus que cela! s'écria celui qui avait crocheté la serrure; vol domestique, à l'aide d'effraction! tu veux donc que nous allions tous aux galères?

— Ne te fâche pas, garçon; va plutôt nous chercher quelques bouteilles; nous causerons en nous rafraîchissant : il n'y a que le bon vin pour donner de bonnes idées. »

La proposition étant adoptée à l'unanimité, tous retournèrent dans la salle à manger où la délibération devait avoir lieu.

« Écoutez, disait peu d'instants après le valet de chambre qui était l'orateur de la bande, il y a là toute une grosse affaire. Que M. le baron s'en tire comme il voudra ou comme il pourra; l'important pour nous, c'est de n'être pas compromis là dedans, et nous le serions infailliblement si nous n'avions recours à l'autorité.... M. le baron a du bon.... beaucoup de bon!...

— Oui, oui, oui!

— A sa santé!... nous lui devons bien ça.... Moi d'abord je suis très-reconnaissant; mais ça ne va pas jusqu'à me précipiter dans le crime pour sauver le vrai coupable. Nous avons ouvert l'armoire sans clef, c'est vrai; mais qui est-ce qui prouve qu'elle ne s'est pas ouverte toute seule, M. le baron l'ayant mal fermée, comme il arrive aux grands coupables, qui se décèlent toujours par quelque endroit.... Germain, encore deux doigts de madère.... Sauvons l'honneur, ne nous occupons pas du reste! Nous sommes d'honnêtes gens; ne sortons pas de là.... Et moi qui croyais qu'il y avait un monceau d'or là dedans!... Allons, le coup de l'étrier, et je vais chez le commissaire. »

Cette fois il n'eut pas de contradicteur; on vida les verres, et il partit.

Nous respectons profondément MM. les commissaires; mais cela ne doit pas nous empêcher de reconnaître que MM. leurs secrétaires ne sont pas du bois dont on fait des merveilles. Ce fut à un de ces derniers que le valet de chambre s'adressa.

« Monsieur, je m'appelle Aurélien Bertonet, natif de Concarneau, domicilié à Paris chez M. le baron de Varambert....

— Qu'est-ce que ça me fait? interrompit le représentant du magistrat.

— Il est certain, reprit Aurélien, que si j'étais de Pontoise au lieu d'être de Concarneau, M. le secrétaire ne s'en porterait pas plus mal; mais ce n'est pas la question : j'ai la douleur de vous dénoncer un crime.

— Il fallait donc commencer par là.... Le crime n'étant pas dans mes attributions, je vais en référer. »

Et il en référa. Sur quoi M. le commissaire, qui digérait en ce moment, apparut en faisant une assez laide grimace.

« Qu'y a-t-il? demanda le magistrat en secouant la tête en Jupiter Olympien.

— Monsieur le commissaire, il s'agit de la découverte d'un cadavre.

— Pouah! ces animaux-là n'ont que cela dans le bec! et toujours après déjeuner!... Vous prenez donc les magistrats pour des fossoyeurs?... Il faudra mettre ordre à cela.... Voyons qu'est-ce qu'il chante ce cadavre?

— Monsieur le commissaire, il a peut-être chanté autrefois; mais je n'oserais l'affirmer. Ce qui est certain, c'est qu'il repose dans une armoire, avec un coup de poignard au cœur.

— Pouah! ça ne doit pas sentir bon!

— Cela nous ayant fait supposer qu'il y avait eu assassinat, je viens vous requérir pour la constatation des faits.

— Joli dessert!... Allons, Michel, mon écharpe, ma canne et mon chapeau. »

Et le magistrat, escorté de son secrétaire, arriva dans le cabinet de Varambert où l'attendaient les trois autres serviteurs du baron.

« Oh! oh! fit-il à l'aspect de la momie, voilà un gaillard joliment conservé.

— Et celui qui lui a troué la peau n'y allait pas de main morte, ajouta le secrétaire.

— Maintenant, reprit le magistrat, dites-nous comment le crime a été découvert, dans quelles circonstances et à quel propos cette armoire a été ouverte.

— Mais, hasarda le secrétaire, il n'y a peut-être pas crime.

— Alors, dit le magistrat, il faudrait supposer que c'est une caresse qu'on lui a faite là, sous le sein gauche?... Michel, je vois avec peine que vous ne serez jamais dans le vrai. Règle générale, il faut toujours prendre les affaires par le gros bout, autrement neuf fois sur dix elles vous glissent dans la main.... Maintenant qu'y a-t-il? Nous sommes ici chez le baron de Varambert, dans son cabinet; là nous trouvons un cadavre orné d'un coup de poignard dans la région du cœur. Ayant été requis par les gens dudit baron, il ne peut y avoir suspicion contre eux; mais il n'en est pas de même de M. de Varambert, leur maître : où est-il? Nul ne le sait. Il est en fuite, sans doute, et le remords galope avec lui, tandis que sa victime dort du sommeil éternel.... Quel beau procès-verbal! Allons, Michel, écrivez. »

Le secrétaire ouvrit son buvard, et il écrivit docilement.

Tandis que cela se passait, Pied-de-Fer et Va-

Elle lui prit le bras et l'entraîna dans le jardin. (Page 628, col. 2.)

rambert étaient toujours en présence dans la salle basse de la petite villa de Clignancourt.

« Vous voyez bien, baron, disait le vieux routier, que je ne suis pas aussi diable que je suis noir : je pourrais vous dépouiller, vous réduire à la plus hideuse misère, ou bien je pourrais vous jeter là, dans cette fosse que vous avez creusée à mon intention.... et je ne sais, en vérité, à quoi il tient que je ne vous fasse sauter la cervelle.

— Ce serait un crime inutile, et vous tueriez pour le plaisir de tuer, puisque ma soumission est complète.

— Et vous seriez-vous contenté de la mienne, si vous aviez été le plus fort ou le plus habile ? »

Varambert se tut; une pâleur mortelle couvrait son visage. Carlo aussi était muet. Solidement garrotté et étendu sur le sol, il attendait son arrêt de mort; car il lui paraissait impossible que Pied-de-Fer ne voulût pas se débarrasser pour toujours de deux ennemis redoutables qu'il tenait en son pouvoir, et qu'il pouvait anéantir sans courir le moindre risque. Mais Pied-de-Fer, maintenant, avait horreur du sang; sa vie était toute d'expiation. Pourtant il avait parfois des retours de colère; le sang remontait alors à ce front grisonnant, et un frémissement général l'agitait; mais il se contenait, et sa haute raison reprenait promptement le dessus.

« Eh bien, non ! reprit-il en s'arrêtant, les bras croisés, devant le baron, je ne vous tuerai pas, et je vais vous rendre la liberté.

— Vous êtes généreux, je le sais, et j'en tiendrai compte.

— En ce qui me concerne, je vous en dispense; est-ce que vous ne savez pas maintenant qu'on ne me prend pas sans vert, et que quand on fait un trou pour m'enterrer, on court grand risque d'y tomber la tête la première ? Usez envers moi comme vous le voudrez de la liberté que je vais vous rendre; mais n'oubliez pas que si vous vous attaquez désormais à ceux que j'aime, je vous écraserai comme on fait d'un insecte venimeux dont le bourdonnement importune. »

En parlant ainsi, il tira de sa poche un couteau qu'il ouvrit, et dont la lame étincela dans sa main. Varambert se crut mort lorsqu'il vit cette terrible lame se diriger contre sa poitrine; mais elle ne fit rien autre chose que de couper les liens qui le tenaient enserré. En même temps, sur l'invitation de l'ancien chauffeur, Félicien et Jourdet débarrassaient également Carlo de ses liens.

« Tenez, lui dit Félicien en tirant de sa poche un rouleau de papier, voici les titres de propriété; j'y joins la promesse de vous tuer comme un chien, si jamais vous osez adresser la parole à la personne qui m'a chargé de vous les remettre.

— Maintenant, partons, dit Pied-de-Fer; ces

messieurs sont chez eux; ils en sortiront quand ils voudront. »

Et tous trois regagnèrent la voiture qui les attendait.

« Nous sommes battus, dit le baron à son intendant quand ils furent seuls.

— Que voulez-vous, mon cher maître! le meilleur général peut perdre une bataille. Cette fille nous a trahis; je lui en témoignerai ma satisfaction.

— Comment tu songerais....

— A quoi voulez-vous donc que songe un battu, si ce n'est prendre sa revanche?

— C'est jouer gros jeu, Carlo.

— Ma foi, monsieur le baron, je vais être franc: il me semble que vous faiblissez énormément.

— Ne sens-tu pas que la fortune nous abandonne?

— La fortune est une catin qui demande à être corrigée.

— Avoue pourtant que nous avons affaire à forte partie.

— Peuh! cela dépend du point de vue.

— Et tu veux reprendre l'offensive?

— Moi! je ne veux rien du tout.

— Pourtant....

— Rien, rien!...

— Ne disais-tu pas....

— Mon Dieu! que voulez-vous que je dise? M. le baron est battu; il paye l'amende, et il est content.... Il n'y a rien à redire à cela.

— Mais, drôle, songe donc....

— A quoi voulez-vous que je songe? On vous enlève la femme que vous aimez; on vous chipe une jolie fortune sur laquelle vous étiez tout près de mettre la main, et vous trouvez que tout est pour le mieux dans le meilleur des mondes possibles. Que puis-je faire à cela?

— Je crois que le drôle se moque de moi!

— Est-ce donc moi qui vous enlève Mlle Ida et la fortune de sa vieille tante?

— Ainsi tu aurais mieux aimé nous laisser égorger?

— Brrr.... on ne tue pas les gens comme cela, et la preuve est que nous sommes encore sur nos jambes.

— Voyons, explique-toi; que devais-je faire?

— Tout ce que vous avez fait; mais maintenant c'est autre chose.

— Tu as donc un moyen de réparer cet échec?

— Peut-être.

— Parle donc alors! Est-ce que tu n'as pas les coudées franches?

— Dame! il me semble que cet original n'est pas invulnérable, et qu'il n'est pas bien difficile de pénétrer chez lui; nous en avons fait l'expérience.

— C'est vrai; mais tu sais qu'il est homme à se défendre.

— Sans doute : il peut y avoir des pierres dans le chemin; mais il y a deux millions au bout.

— Nous en reparlerons, Carlo. La secousse a été assez rude aujourd'hui; reposons-nous. »

Ils partirent; mais l'intendant ne retourna pas chez lui : il avait hâte de se mettre en campagne et de venger sa défaite.

XLIII

Secours inattendu.

En arrivant chez lui, Varambert fut très-surpris de trouver son appartement envahi par une escouade d'agents de police, et le commissaire, assisté de son secrétaire, verbalisant dans son cabinet.

« Que diable font tous ces gens-là? s'écria-t-il.

— Ces gens-là font leur devoir, répondit le commissaire, comme vous allez faire le vôtre en répondant à mes questions. Quel est ce malheureux que vous avez caché dans cette armoire après l'avoir assassiné?

— Ça? fit le baron, c'est une œuvre d'art que je destine au musée égyptien. N'y touchez qu'avec précaution, je vous en prie, et prenez garde de lui rien casser, car cela me coûte horriblement cher.

— Espérez-vous tromper la justice par un si grossier mensonge? et avez-vous pris tant de précaution envers ce malheureux quand vous lui avez plongé un poignard dans le cœur.

— Dans le cœur? mais c'est un cœur de coton; vous allez voir.... »

Et il tendit la main vers la momie, mais le commissaire repoussa cette main avec indignation.

« Oseriez-vous donc profaner les restes de cet infortuné en lui arrachant les entrailles? s'écria-t-il. Écrivez, Michel. »

Et le secrétaire écrivit : « Ledit sieur baron de Varambert s'étant présenté, et le flagrant délit étant constant, nous l'avons mis sur-le-champ en état d'arrestation. »

« Mais, monsieur le commissaire, je vous dis que c'est une œuvre d'art, une momie magnifique....

— Nous croyez-vous ignorant à ce point? Nous avons vu des momies de tous les âges, et nous savons à quoi nous en tenir. M. le procureur du roi en jugera. En attendant, nous allons faire transporter ce cadavre à la morgue, où il sera procédé à l'autopsie.

— Oh! c'est une mauvaise plaisanterie, fit Varambert.

— Vous vous expliquerez devant M. le procureur du roi.... Un cadavre sanglant.... presque chaud encore.... la poitrine transpercée.... caché dans une armoire.... vous appelez cela une plaisanterie!... Je veux bien vous permettre d'envoyer chercher une voiture de place.... Il est clair que le malheureux a dû être tué aujourd'hui même, car il n'a pas encore la roideur cadavérique.... et vous osez appeler cela une plaisanterie! En vérité, c'est un cynisme.... Jusqu'où cela ira-t-il, bon Dieu? »

Le baron fit encore quelques tentatives pour se justifier; mais le commissaire ne voulut rien entendre : sa digestion avait été troublée et il voyait tout en noir. Il tira de son portefeuille un mandat qu'il remplit et qu'il remit à un de ses agents, et ces derniers emmenèrent Varambert qui fut bien forcé de prendre la chose au sérieux. Il recommença à trembler. N'avait-il donc échappé à la vengeance de Pied-de-Fer que pour venir échouer sur ce misérable écueil? Son arrestation était une porte ouverte à toutes les recherches, et jusqu'où les investigations pouvaient-elles aller? Le champ était vaste et le danger immense. Comme il montait en voiture, précédé par un agent et suivi par un autre, il aperçut Carlo qui se disposait à rentrer.

« Pas aujourd'hui! » lui cria-t-il.

L'intendant regarda, vit les agents, comprit à peu près et rebroussa chemin; mais il s'arrêta à peu de distance et put voir le commissaire et son secrétaire se retirer en même temps que deux hommes emportaient un cadavre sur une civière. Carlo alors devina ce qui s'était passé, et osa rentrer pour en avoir une explication complète.

« Coquins! s'écria-t-il quand on lui eut raconté à peu près ce qui s'était passé, vous avez trahi votre maître; je vous chasse tous. »

Il paya les gages dus et demeura ainsi seul maître de la maison et sans éprouver beaucoup d'inquiétude, car il sentait que Varambert avait le plus grand intérêt à ne pas le compromettre.

Cependant le baron arrivait à la salle Saint-Martin, qui était encore à cette époque la pistole du dépôt de la préfecture de police. Fort ému d'abord, il ne tarda pas à se remettre.

« Parbleu! se dit-il, j'ai obéi à une bonne inspiration en vendant la plus grande partie de mes biens. Carlo va probablement tenter de sauver le reste, et peut-être y parviendra-t-il; en attendant, récapitulons : cinq cent mille francs dans les fonds hollandais; cela rapporte peu, mais c'est solide; autant dans les fonds anglais; six cent mille francs d'actions industrielles : chemins de fer du Nord, du Midi, de l'Est, de l'Ouest.... je m'appuie sur les quatre points cardinaux.... Et tout cela déposé dans les maisons de banque les plus solides de l'Europe! La situation n'est donc pas désespérée. Le pis c'est d'être sous les verrous. Attendons! la patience est maintenant la vertu nécessaire, et j'ai dans mes poches de quoi payer largement tous les services que voudront bien me rendre mes gardiens. »

Cependant Pied-de-Fer n'avait pas tardé à apprendre l'arrestation de cet homme dont il s'était fait l'antagoniste le plus ardent.

« S'il parle de moi, pensait-il, s'il dit quelque chose de l'histoire de cette momie, tous les journaux qui mâchent si souvent à vide vont s'en emparer; pendant huit jours on ne parlera dans Paris que de la résurrection du fameux Pied-de-Fer, et tous les limiers de la rue de Jérusalem seront encore une fois à mes trousses; hâtons-nous de parer le coup s'il en est temps encore. »

Et il se mit en campagne.

Moins de deux heures après, Varambert recevait la visite du geôlier. Ce dernier, comme tous ses pareils, avait le flair subtil : la chaîne d'or qui serpentait sur le gilet de son nouveau pensionnaire, un gros diamant qu'il portait à l'index, disaient assez d'ailleurs qu'il y avait là étoffe à rançon.

« Monsieur le baron, dit ce fonctionnaire, un respectable frère de la doctrine chrétienne est au guichet et demande instamment à vous parler. Je pourrais, à la rigueur, lui refuser l'entrée de votre chambre; mais d'ordinaire toutes les portes s'ouvrent devant cette robe, et d'ailleurs M. le baron n'étant pas encore au secret....

— *Pas encore!* fit Varambert; vous pensez donc que cela ne tardera pas?

— C'est assez l'ordinaire dans les affaires du genre de celle.... Mais M. le baron peut être tranquille; on sait à qui l'on a affaire, et le secret, s'il vient, ne sera toujours que ce que nous voudrons qu'il soit.

— Un frère de la doctrine chrétienne, se disait Varambert, qui diable cela peut-il être? »

Il pensa à Carlo.

« Ça serait bien osé, se dit-il; mais le drôle ne manque ni d'esprit ni d'audace; voyons. »

Et s'adressant au geôlier :

« Je serai charmé de recevoir le respectable frère, et je vous remercie de votre bonne volonté. J'ai la louable habitude de ne jamais oublier les services qu'on me rend. »

Deux minutes après, le frère arrivait près du prisonnier; son tricorne enfoncé jusque sur les yeux, son rabat empesé qui semblait accidentellement monter jusqu'à ses lèvres ne permettaient de voir qu'une faible partie de son visage; mais dès que le geôlier fut sorti de la chambre, il ôta son tricorne et secoua son rabat.

« Pied-de-Fer! fit le baron.

— Lui-même, et cette fois ce n'est pas en ennemi qu'il vient à vous. Ne perdons pas de temps en discours inutiles et surtout parlons bas et tâchons de nous entendre à demi-mot. Sans moi vous seriez perdu, je veux vous sauver.

— Vous?

— Moi.

— Si vous faites cela, je me sens capable de redevenir homme de bien.

— Hum, la route serait peut-être un peu longue, mais enfin on revient de plus loin.

— Ce qui est certain, c'est que vous n'auriez plus rien à craindre de moi.

— Assez. Avez-vous déjà été interrogé?

— Par le commissaire seulement.

— Et vous avez parlé de moi?

— Je n'ai même pas prononcé votre nom. Mais je n'ai pu empêcher l'envoi à la morgue de cette maudite momie qui m'a déjà causé tant d'ennuis.

— Nous la ferons disparaître.

— C'est quelque chose, mais ce n'est pas tout.

— Ne vous inquiétez pas du reste; vous serez informé en temps utile de ce qu'il faudra faire.

— Mais je ne puis empêcher Léontine de parler, et si elle disait ce qu'elle sait....

— Elle se taira. L'important est que vous ne vous laissiez pas arracher l'ombre d'un aveu, et que vous renonciez à toutes prétentions sur la famille de Quérens et Mme de Merval.

— C'est déjà fait. Cela me coûte cher, mais j'éprouve un grand besoin de repos, et je l'achèterai à tout prix. L'esprit s'affaisse vite dans cette terrible lutte de chaque jour, et je sens qu'il est grandement temps de laisser *vivre la bête*. Nous nous sommes mesurés, et je m'avoue vaincu. Si vous m'imposez quelque autre chose, je m'y soumets d'avance; mais, en tout état de cause, je retiens votre promesse : la vie et la liberté.

— Et la fortune par-dessus le marché. Ayez confiance, et surtout suivez sans hésiter la ligne qui vous sera tracée.

— Je le promets. »

Le respectable frère se retira comme il était venu, l'air paterne, onctueux, résigné d'un homme qui a depuis longtemps renoncé à toutes les joies de ce monde. Une fois hors de ces limbes, il eut bientôt changé de costume et repris l'air allègre qui lui était habituel.

Sa première visite avait été pour la prison, la seconde fut pour la morgue, qui était alors située au Marché-Neuf, près du pont Saint-Michel.

« Tiens! fit-il à haute voix en jetant un regard étonné sur les tables funèbres qui étaient vides, personne aujourd'hui! Je n'ai pas de chance; moi qui venais exprès pour voir ça!

— Dame! fit le concierge, qui achevait de laver les dalles, ce n'est pas tous les jours fête. Mais pas moins nous en avons un là, dans la salle des autopsies, qui est plus curieux à lui tout seul que ne pourraient l'être dix noyés et autant de pendus.... on payerait pour le voir, vrai, qu'on ne regretterait pas son argent.

— Est-ce qu'on ne peut pas entrer là?

— Ça n'est pas le côté du public; mais, comme je vous disais : on payerait pour le voir que....

— C'est donc un phénomène?

— Je crois bien; un particulier mort depuis des centaines d'années, à ce qu'on dit, et qui est frais comme vous et moi. Naturellement la justice s'en est inquiétée, d'autant plus qu'il a la poitrine percée à l'endroit du cœur, ce qui fait qu'on doit l'examiner à l'intérieur vers la fin du jour.

— Mais d'ici-là?

— D'ici-là, comme je vous disais.... on payerait pour le voir, que....

— Eh bien, je paye pour deux, dit Pied-de-Fer en mettant deux pièces de cinq francs dans la main du concierge, et je ne vous demande pas une séance de plus de vingt minutes.

— A la bonne heure! vous entendez le français, vous! Je vous donne jusqu'à cinq heures du soir. Passé cela, on baisse la toile, et il n'y a pas de seconde représentation. »

Pied-de-Fer quitta le lugubre établissement, et il courut chez le docteur Bianco.

XLIV

Curieuse expérience.

« Eh bien, docteur, dit le vieux routier, comment vont vos précieux travaux?

— Toujours de la même manière, mon cher client : je trouve tout ce que je ne cherche pas, et presque rien de ce que je cherche.

— Marche ordinaire des choses dans cette vallée de misère : c'est à tâtons que l'on cherche la lumière; mais votre part en est assez belle pour que vous ne regrettiez pas trop amèrement votre temps.

— Je ne dirais pas le contraire, s'il n'y avait toujours là cette terrible pierre d'achoppement : l'argent!

— C'est juste; l'argent n'est pas seulement le nerf de l'amour et de la guerre, comme on le dit sottement; c'est aussi et surtout le nerf des grandes découvertes. Heureusement, docteur, vous avez des amis, des admirateurs qui n'en sont pas trop dépourvus, et je m'honore de compter parmi eux.

— Oui, il me reste quelques fidèles; mais l'argent s'épuise, et le charbon, si abondant dans toute la nature, ne diminue pas d'un liard.... Tenez, il y a certains moments où cela seul me met au désespoir!... Voilà une opération magnifique, qui marche avec un succès, un bonheur inouïs. Tout à coup le charbon manque, l'opération est arrêtée.... Tout est à recommencer!... Voilà pourtant ce qui m'arrive cent fois dans le cours d'une année!...

— Mais vous êtes un homme fort entre les forts, et vous ne vous laissez pas décourager.

— Autrefois, c'est vrai; mais maintenant le découragement vient plus fréquemment que l'espoir.... Voyez donc! mes cheveux ont blanchi d'abord, puis ils sont tombés; maintenant mes dents tombent; il m'arrive si souvent de n'avoir rien à leur donner à broyer!... Mes chairs se fondent, mes os ne sont plus que de la chaux que le moindre choc réduirait en poudre; les nerfs seuls résistent encore...

— Et votre large cerveau reste intact.

— Je le crois; mais d'autres peuvent en douter, et pourtant!...

— J'espère, docteur, que vous ne me faites pas l'injure de me ranger parmi ces derniers! Vous manquez d'argent; en voici; et j'en aurai toujours à votre service. Mais j'avoue que, si intéressante que soit cette question, je venais aussi pour vous parler d'autre chose.

— Parlez, cher ami, dit Bianco en ramassant les quelques louis posés sur son fourneau par le visiteur.

— Vous souvenez-vous de ce cadavre que vous avez si merveilleusement momifié ?

— Parfaitement; qu'est-il devenu ?

— Il a eu à subir quelques tribulations, et il les a vaillamment supportées. Aujourd'hui la momie est à la Morgue où, le croiriez-vous, il est question d'en faire l'autopsie de par l'autorité judiciaire ?

— Cela ne me surprend point ; je ne doute même pas qu'on trouve quelque âne bâté d'un diplôme qui se chargera de faire l'opération. Pardieu ! je serais curieux de voir la mine qu'il fera quand, après avoir ouvert le ventre à cette pauvre momie, il cherchera les viscères absents.

— C'est une satisfaction que je ne puis vous procurer, cher docteur; il ne faudrait pas, pour des raisons que je vous dirai plus tard, que cette sotte opération fût tentée, et il serait même, pour moi, de la plus grande importance que la momie fût anéantie.

— Cela serait possible si l'on pouvait en approcher, mais elle est à la Morgue, dites-vous ?

— C'est vrai; mais j'ai pris mes mesures pour que nous puissions pénétrer ensemble dans ce triste lieu ; seulement il faudrait que je susse comment les choses doivent se passer quand nous y serons, afin de m'assurer si elles peuvent s'accorder avec les faits ultérieurs.

— D'abord, demanda Bianco, pourrai-je toucher à cette pauvre momie ?

— Parfaitement : il n'y aura là que vous, moi, et le concierge, et certes ce dernier ne nous soupçonnera pas de vouloir avaler ce *sujet* qu'il a lui-même qualifié de phénomène.

— Alors, je pourrais lui entr'ouvrir les lèvres ?

— Au concierge ?

— Fou ! à la momie ?

— Oh ! sans difficulté.

— Partons alors avant que je rallume mon fourneau.

— Docteur, je vous promets qu'ensuite il ne s'éteindra plus que lorsque vous le voudrez.

— Partons donc, et faisons vite.... Je suis si près d'une merveille ! sera-t-il temps encore !

— Oh ! vous êtes bien trop habile pour ne pas rattraper le temps perdu. »

Et il entraîna le vieux savant.

XLV

Une opération délicate.

Le docteur et Pied-de-Fer arrivèrent bientôt à la Morgue, où le concierge les reçut la casquette à la main, et ils furent introduits dans la salle réservée aux autopsies.

« Bon ! voici le sujet, dit Bianco.

— Ah ! monsieur, fit le concierge, un fameux sujet, celui-là !... Ça n'est pas comme ces grosses masses verdâtres qu'on retire de la rivière, gonflées comme des ballons, et dont la peau vous reste dans la main quand on s'avise d'y toucher.... Ah! mais non ! c'est quelque chose de solide qu'on n'entamerait pas facilement.

— C'est vrai, dit Bianco en s'approchant de la momie tandis que Pied-de-Fer se tenait devant le concierge pour l'empêcher de voir. »

En parlant ainsi, il entr'ouvrit les lèvres du sujet et lui versa dans la bouche le contenu d'un tout petit flacon caché dans le creux de sa main. Presque aussitôt une petite flamme bleue apparut sur les lèvres de la momie, puis ses yeux si vifs s'éteignirent graduellement, ses traits s'effacèrent, la peau se crispa, et il se fit à l'intérieur du corps une certaine crépitation.

« Partons, maintenant, dit Bianco.

— Nous laissons donc la momie entière?

— Dans quelques instants il n'en restera plus qu'un petit monceau de cendres. Venez. »

Ils partirent. Pied-de-Fer n'était pas rassuré.

« Mon cher Bianco, dit-il, la momie change d'aspect, c'est vrai; mais elle est toujours là, et *ils* vont venir.

— Qu'ils viennent quand ils voudront ; au moment où je parle, elle est aux trois quarts consumée, et dans dix minutes il n'en restera rien, sinon, comme je viens de le dire, un peu de cendres que le moindre vent emportera.

— Merci ! oh merci !... Mais docteur il me semble que je vous ai interrompu à l'heure du déjeuner.

— Moi ! je n'ai pas d'heure pour cela, et il se passe souvent tout un jour sans que j'y songe.

— Tout un jour !

— Quelquefois deux : l'idée me nourrit pendant ce temps-là, ce n'est guère que le troisième jour que je donne à manger à la bête.

— Et peut-être est-ce aujourd'hui le troisième ?

— Je crois que oui.... Mais mon fourneau va s'éteindre.

— Nous le rallumerons, cordieu ! Allons nous mettre à table. J'ai encore à vous parler d'autre chose, et le proverbe dit : *ventre creux n'a pas d'oreilles*.

— Le proverbe a tort, mon ami ; c'est quand l'estomac est vide que la tête est souveraine ; la faim aiguise la pensée.... Ah ! si l'homme qui pense pouvait vivre sans manger, il serait presque Dieu !

— C'est superbe cela, docteur ; mais il me semble qu'une aile de poulet et une bouteille de bordeaux ne nuiraient pas à cette belle théorie.

— Oh ! tentateur ! fit le savant. »

Une heure après, ils achevaient de déjeuner confortablement au Palais-Royal.

« Docteur, disait Pied-de-Fer entre la poire et le fromage, vous, l'homme aux miracles, si vous étiez dans un lieu clos, au milieu de gens intéressés à ce que vous ne pussiez leur échapper, auriez-vous un moyen de vous tirer de là ?

— Peut-être oui, si j'y étais préparé ; autrement non : on n'a pas un laboratoire dans sa poche. Quelques rêveurs ont cherché le moyen de se rendre invisibles ; c'est une sottise : la matière est et ne peut pas instantanément cesser d'être tangible ; mais il y a un moyen d'empêcher les gens de vous voir; c'est de les endormir.

— Et cela est facile ?

— Ce qu'il y a de plus facile au monde ; je vous montrerai cela tantôt chez moi.... Voilà du madère délicieux !

— A votre santé, docteur !... En vérité je l'admire cette santé qui semble inaltérable, malgré les privations que vous vous imposez.... Il faut que vous ayez été initié de bonne heure à tous les grands mystères de la vie. »

Bianco, qui venait de vider son verre, eut un sourire plein d'éloquence.

« En effet, dit-il, les fumées du vin le rendant de plus en plus expansif, en effet cela date de loin : mon père fut mon premier professeur ; il s'appelait le comte de Cagliostro. »

Peu s'en fallut que Pied-de-Fer tombât à la renverse.

« Le fils de Cagliostro ! fit-il tout effaré.

— Eh ! mon cher ami, on est toujours le fils de quelqu'un ; ce quelqu'un pour moi fut Cagliostro, nom auquel j'ai renoncé à cause du trop grand retentissement qu'il avait eu ; on a fait tant de contes absurdes sur cet homme de génie !

— Mais son histoire *vraie* doit être merveilleuse !

— Voudriez-vous la savoir ? »

Pied-de-Fer remplit les verres.

« J'avoue, dit-il, que je serais charmé de savoir à quoi m'en tenir sur ce grand personnage dont j'ai l'insigne honneur de connaître intimement le fils.

— Eh bie , écoutez ! »

XLVI

Histoire vraie de Cagliostro.

Quelque savant qu'il fût, Bianco n'était pas, à beaucoup près, exempt des faiblesses humaines.

Quand il était dans le feu du travail, d'un ognon, une croûte de pain et un verre d'eau, il faisait sa nourriture pour vingt-quatre heures ; mais une fois lancé, il devenait viveur, et il acceptait cet axiome que les bonnes choses sont faites pour les bonnes gens, et, dans cette disposition d'esprit, il devenait très-expansif ; il vida donc joyeusement son verre, puis il se recueillit pendant un instant, puis, d'une voix bien accentuée malgré les vapeurs du vin qui lui montaient au cerveau, il commença son récit.

« Le vrai nom de Cagliostro, est Joseph Balsamo. Mon père ne se connaissait ni parents ni patrie. A l'âge de quatre ans, il demeurait à Médine ; on l'appelait *Acharat* ; il logeait dans le palais du muphti Salaahym, où il était servi par trois eunuques.

« Le savant Altotas fut son précepteur ; ce fut lui qui lui révéla que ses parents étaient nobles et chrétiens. Il l'éleva dans la religion de ses pères ; il lui enseigna la botanique, la médecine, toutes les langues orientales, et il l'initia aux mystères des pyramides d'Égypte qui sont et qui demeureront éternellement le dépôt des connaissances humaines les plus précieuses.

« A l'âge de douze ans, Altotas l'emmena à la Mecque où il fut logé chez le chérif, qui le traita en prince, et où lui et son précepteur demeurèrent trois ans ; puis ils parcoururent les principaux empires de l'Afrique et de l'Asie, et pendant ses voyages, sous la direction d'Altotas, ses connaissances s'agrandirent ; elles devinrent immenses.

« Sur ces deux hommes le temps passait sans laisser aucune empreinte ; leur vie avait déjà duré plus que celle des anciens patriarches, et pourtant ils n'avaient pas vieilli, du moins en apparence, lorsqu'ils arrivèrent à Malte, où ils furent reçus dans le palais du grand maître Pinto.

« Alors Altotas, se dépouillant de ses habits musulmans, se montra ce qu'il était, catholique, prêtre et chevalier de Malte, et, dans le même temps, Balsamo fut déclaré comte de Cagliostro. Peu de temps après, Altotas mourut, laissant à son élève des secrets précieux.

« Cagliostro, continuant à voyager, arriva à Palerme, où il fit connaissance du père général des *Benfratelli* qui l'emmena avec lui au couvent de cet ordre, à Cartagirone.

« Là, Joseph, qui était toujours jeune, eut la fantaisie de se faire religieux, et il prit l'habit de novice.

« — Ça, lui dit le père général, qui avait vu le monde autrefois, et n'était pas homme à s'en laisser imposer par un semblant de conversion, il s'agit de bien employer votre temps ici : la prière n'exclut pas le travail, et il faut que les connaissances que vous possédez servent à quelque chose. En conséquence, vous serez dès aujourd'hui attaché au frère Joachimo, l'apothicaire de la maison ; lui aussi est un savant, et j'espère qu'ensemble vous ferez merveille.

« Le frère Joachimo était un excellent homme, fort versé dans les connaissances naturelles, et parfaitement convaincu de la possibilité de la transmutation des métaux.... »

« — Le fou ! s'écria Pied-de-Fer.

« — Pourquoi fou, mon ami ; moi je veux faire des diamants, et j'ai déjà fait des rubis, pourquoi serait-il impossible de faire de l'or ?

« — Pardon, docteur ; j'ai dit une sottise, car vous êtes la preuve vivante que rien n'est impossible. »

Bianco reprit :

« A l'exemple du frère Joachimo, Balsamo, travaillant avec ardeur, rêva bientôt la possibilité de prendre la nature sur le fait et d'enfanter des merveilles, et, en effet, il se passait peu de jours sans qu'il fît quelque nouvelle et importante découverte; aussi le couvent des *Benfratelli* de Cartagirone fut-il bientôt en grande réputation dans toute la Sicile pour toutes sortes de cosmétiques et d'élixirs auxquels on attribuait des vertus merveilleuses, et dont quelques-unes avaient réellement un mérite incontestable. Cela rapportait beaucoup d'argent à la communauté, et permettait au frère Joachimo de consacrer des sommes assez considérables à ses expériences, particulièrement à la recherche de ce qu'on appelait alors la pierre philosophale.

« Balsamo continuait à le seconder avec ardeur ; mais en même temps que son amour pour la science se développait, le novice sentait s'accroître son aversion pour la vie monastique ; aussi n'était-il pas en odeur de sainteté auprès des religieux de l'ordre.

« Un jour que Balsamo était dans le laboratoire, le frère Joachimo arriva ; la joie éclatait sur son visage.

« — Joseph, mon cher Joseph ! s'écria-t-il après avoir fermé la porte, je le tiens enfin ce secret qui doit changer la face du monde !... Réjouis-toi, mon fils ; cette nuit le grand œuvre s'accomplira ici, et tu seras présent.... Oui, je veux t'associer à ma gloire, toi qui m'as secondé avec tant d'ardeur dans mes travaux.

« — Mais, demanda Balsamo, êtes-vous bien sûr de ne pas vous être laissé séduire par de trompeuses apparences ?

« — Je ne conserve pas l'ombre d'un doute, mon ami ; je puis faire de l'or, et j'en ferai cette nuit même sous tes yeux. Jusqu'ici, je n'avais pas eu la matière première en quantité suffisante, car il n'est pas indifférent d'opérer sur une quantité plus ou moins grande. Pour faire de l'or, c'est de l'or qu'il faut d'abord, et la transmutation des métaux qu'on y joint ne s'opère que dans certaines proportions ; mais à présent, j'ai tout ce qu'il me faut : tiens, regarde !

« A ces mots, le frère Joachimo tira de dessous sa robe un sac de cuir, en dénoua les cordons, et fit rouler sur la table près de laquelle il se trouvait une quantité considérable de pièces d'or.

« Et maintenant un creuset, Joseph ! je veux commencer l'opération sur-le-champ, car cela demande du temps, et comme il suffira de toi pour activer le feu pendant les deux ou trois premières heures, je pourrai prendre un peu de repos. »

« Les pièces d'or furent jetées dans un immense creuset ; le frère Joachimo y joignit d'autres substances, puis le creuset fut mis au feu, et le bon religieux se retira dans un cabinet où il avait coutume de se reposer.

« Dès que Balsamo fut seul près de ce monceau d'or qui allait bientôt entrer en fusion, il se sentit tourmenté d'une terrible tentation.

« Déjà plus de vingt fois, pensa-t-il, le frère Joachimo a été sur le point d'opérer le grand œuvre, et il a toujours échoué. Peut-être, probablement même, il en sera encore ainsi cette fois, et il y a dans ce creuset de quoi vivre indépendant.... Que puis-je craindre? le frère Joachimo ne pourra m'accuser, car il n'oserait avouer qu'il a possédé une si grosse somme....

« En raisonnant ainsi, Balsamo, au lieu d'activer le feu, avait retiré le creuset du fourneau ; il prit le sac de cuir que le frère avait laissé sur la table, remit dedans les pièces d'or, et à l'aide d'une corde, il l'attacha sous ses vêtements.

« Ainsi lesté, il ouvrit une fenêtre qui donnait sur le jardin et en secoua les barreaux ; tous étaient solides, mais plusieurs étaient scellés seulement dans le plâtre, et il parvint aisément à en détacher deux. Sauter dans le jardin, gagner le mur de clôture, et l'escalader à l'aide des espaliers qui s'élevaient presque jusqu'au sommet, fut, pour le novice, l'affaire de quelques minutes; le frère Joachimo dormait encore profondément, que Balsamo était déjà loin ; il acheta des vêtements, et retourna à Palerme, bien résolu de ne plus renoncer à sa liberté.

« Balsamo était vif, ardent, doué de beaucoup de finesse et d'adresse ; et puis il dépensait sans compter, ce qui eût suffi pour lui faire trouver bon nombre de compagnons de plaisir; indépendamment des connaissances qu'il possédait et qui lui donnaient à la fois les moyens d'être bien accueilli partout et de gagner de l'argent. Sa réputation s'étendit donc en peu de temps dans Palerme, et, en passant de bouche en bouche, son mérite se grossit prodigieusement.

« On attribua aux cosmétiques qu'il composait une efficacité merveilleuse; le bruit courut qu'il possédait le secret d'un élixir capable, non-seulement d'empêcher de vieillir, mais encore de rajeunir les vieillards les plus décrépis.... Et ce que je puis affirmer, c'est que cela était vrai!

« Vrai, docteur? fit Pied-de-Fer qui bondissait d'étonnement.

« — Parfaitement vrai, dit tranquillement Bianco.

« — Mais c'est l'immortalité, cela !

« — Pas tout à fait, mais cela en approche. Vous comprenez qu'il doit y avoir des prédispositions; mais quand elles existent, tout est possible.

« — Docteur, je l'ai pressenti depuis longtemps, vous êtes presque un Dieu !

« — Non, mon ami, rien ne m'est venu par intuition ; mais je suis le fils d'un homme qui a beaucoup cherché et beaucoup trouvé, et j'ai moi-même cherché beaucoup et trouvé quelque peu.

« — Permettez-moi une observation : pourquoi, à l'âge où vous êtes arrivé, n'usez-vous pas de ce miraculeux procédé ?

« — Il n'est pas temps, enfant, répondit Bianco accompagnant ces paroles d'un sourire significatif; quand l'heure sera venue, nous verrons.

« — Et ce divin secret, docteur, vous le gardez pour vous seul? Vous seriez donc l'égoïsme personnifié?... Je ne puis le croire.

« — Enfant que vous êtes ! Vous ne voyez donc pas où cela nous conduirait ?

« — Non.

« — A l'anéantissement de notre espèce. Nous sommes déjà trop sur ce petit globe terrestre qui n'a que neuf mille lieues de circonférence ; que serait-ce donc si, pendant soixante ans seulement, on ne mourrait pas ?

« — Oh ! c'est effrayant !

« — Et c'est pour cela que je garde mon secret.

« — Oh! merci, maître ; je comprends. Mais la suite de l'histoire de Cagliostro !

« — Oui, j'ai promis de vous la dire tout entière, et j'y reviens. »

« Balsamo, vif, ardent, comme je l'ai dit, ne tarda pas à se lier avec la jeunesse la plus dissolue de la ville ; il était de toutes les mauvaises querelles, et se trouvait lié avec les jeunes gens les plus débauchés qui se ruinaient en escomptant l'avenir. Un matin qu'il venait de se lever, il vit entrer chez lui un de ses compagnons de plaisir, le marquis de Maurigi, jeune seigneur qui, à peine âgé de vingt-quatre ans, avait déjà dissipé une fortune immense.

« — Mon cher Balsamo, dit le jeune marquis, un grand malheur me menace en ce moment ; mon oncle, le comte de Formeffirido, est sur le point de mourir; les médecins l'ont abandonné.

« — Eh! fit Balsamo, est-ce donc là un malheur? Le comte de Formeffirido a-t-il des enfants?

« — Pas un ; mais il est irrité contre moi à cause de ce qu'il appelle ma mauvaise conduite, bien qu'il ait lui-même mené une vie dissipée dans sa jeunesse, et je viens d'apprendre que, par testament, il a légué tous ses biens au couvent des Chartreux, dont le supérieur est son petit cousin au quatrième ou cinquième degré.

« — Diable ! le cas est grave ! Le comte a-t-il toute sa tête?

« — Ses facultés intellectuelles sont très-affaiblies, comme ses facultés physiques ; c'est un homme usé, une lampe qui s'éteint, faute d'huile, voilà tout. Mais il n'y a rien de si implacable que ces libertins à demi convertis par une décrépitude précoce.

« — S'il en est ainsi, mon cher marquis, répondit Balsamo, nous pourrons vous rendre le service de le ramener à de meilleurs sentiments.

« — Serait-il possible?

« — Je vais faire quelques préparatifs; revenez me prendre dans la journée pour me présenter à votre oncle; je crois pouvoir vous répondre du succès. »

« Quelques heures après, Joseph Balsamo était

Le petit père Étienne empocha les deux louis. (Page 721, col. 2.)

introduit par son ami le marquis, dans l'appartement du moribond.

« Mon cher oncle, dit Maurigi, je vous amène un médecin, d'une science, d'un talent prodigieux, lequel se flatte de vous rendre non-seulement la santé, mais même toutes les forces et les facultés de la jeunesse. »

« Le comte, qui était étendu sur une chaise longue, leva péniblement la tête, jeta un regard terne sur Balsamo, et articula à grand'peine quelques paroles de politesse, puis sa tête retomba sur l'oreiller.

« Monsieur le comte, dit à son tour Joseph, quelque extraordinaires que vous paraissent mes paroles, j'espère que vous voudrez y ajouter la plus entière confiance; les actes d'ailleurs justifieront les promesses. Au moyen de la découverte que j'ai faite, je pourrais jeter la plus terrible perturbation dans le monde; en domptant la mort, j'y ferais naître les maux les plus affreux; aussi ai-je fait le serment solennel de n'employer ma découverte qu'en faveur de six personnes. J'en ai fait usage le premier, et vous pouvez voir ce qui en est résulté, car il y a bientôt un siècle que que cela est arrivé, et j'avais déjà plus de cinquante ans. »

« Le comte leva de nouveau la tête, et regarda plus attentivement le personnage qui lui tenait ce langage extraordinaire.

« Cédant aux sollicitations de M. le marquis, votre neveu, continua Balsamo, qui tira une petite fiole de sa poche, j'ai consenti à vous admettre au nombre de mes six élus. »

« Le teint plombé du vieillard parut s'animer légèrement : c'était un naufragé n'ayant plus qu'un souffle de vie auquel apparaît tout à coup une planche de salut. Balsamo versa dans un verre quelques gouttes du contenu de sa fiole.

« Buvez, dit-il, et à l'instant même l'effet se fera sentir; mais il ne sera pas durable; il faudra vous en administrer ensuite de nouvelles doses. »

« Le moribond avala sans hésiter le breuvage. Trois ou quatre minutes après, il leva la tête sans effort, son regard se vivifia, une douce chaleur se répandit dans ses veines glacées; son pouls battit avec plus de force, et la voix lui revint.... »

Pied-de-Fer étonné interrompit de nouveau le docteur.

« Cagliostro, demanda-t-il, avait-il donc réellement découvert le moyen de prolonger indéfiniment la vie?

— Oui.

— Et ce secret, docteur, vous le possédez?

— Je le possède; mais comme, en toute chose, le succès est conditionnel : tant que les organes essentiels n'ont fait que vieillir ou s'affaiblir, leur vigueur première peut être rétablie; mais s'ils ont subi une atteinte violente, il faut mourir. On peut à une glace ternie rendre tout son éclat, mais, si elle est brisée, il est absolument impossible de lui rendre sa première forme.

— Mais alors, mon cher Bianco, pourquoi n'usez-vous vous-même de ce procédé, puisque vous vous plaignez de l'affaiblissement de vos facultés physiques?

— Parce que le moment n'est pas venu. Pourquoi me donnerais-je maintenant cent ans de vie, si ce doit être cent ans de misère? Il sera temps de songer à cela quand j'aurai trouvé ce que je cherche.... Je reviens au comte de Mefferido.

« Mon Dieu! s'écria-t-il après avoir bu quelques gouttes d'élixir, ne suis-je pas abusé par un songe?... Il me semble que je ne suis plus malade.... »

« Puis il se leva; ses jambes, qui depuis longtemps ne pouvaient plus le soutenir, avaient subitement repris assez de force et d'élasticité pour lui permettre de marcher.

« Non, non! ce n'est pas un rêve, reprit-il, la force et la jeunesse me reviennent.... Ah! seigneur, que pourrai-je faire pour vous témoigner ma gratitude? Parlez, je vous en conjure!... Je suis riche, très-riche.... »

« Balsamo ne répondit pas; il s'inclina et sortit en annonçant qu'il reviendrait au bout de quelques heures. Il revint en effet. Quand il reparut dans la chambre de Mefferido, un sourire affectueux anima la figure du malade qui, bien qu'il eût déjà perdu la plus grande partie de forces que l'élixir lui avait rendues, n'en était pas moins rayonnant d'espoir. Mais Balsamo reçut froidement cette marque de bienveillance.

« Monsieur le comte, dit-il d'un ton sévère, je viens d'apprendre une chose qui, si je l'eusse sue plus tôt, m'eût certainement empêché de vous rendre la santé, car les choses morales et physiques sont beaucoup plus intimement liées qu'on ne le pense communément. Deux moines m'ont assuré que vous avez fait un testament qui déshérite votre neveu au profit de leur couvent. S'il en est ainsi, je ne puis que me retirer, car un tel acte est une injure faite à mon meilleur ami.

« — Cet acte existe en effet, seigneur, répondit le vieillard effrayé; mais il n'est point irrévocable, et je suis prêt à l'annuler. Toutefois, si vous rendez complètement la santé, si votre élixir a la puissance que vous lui attribuez, je ne vois pas que mon neveu puisse profiter de l'anéantissement de ce titre. Il vaudrait mieux que je lui donnasse une partie de mes biens de mon vivant, et j'y suis disposé.

« — Mon élixir, monsieur le comte, peut préserver de la mort que causerait infailliblement l'affaiblissement des organes; mais un accident, tel qu'une chute, un coup de feu ou un coup d'épée peut vous ôter la vie. Votre neveu ne songe pas à vous dépouiller des biens dont vous pouvez jouir encore pendant tant de longues années; mais votre testament est une faute devant laquelle je ne puis que me retirer. »

« Et il fit mine de sortir.

« Seigneur! seigneur! s'écria le vieillard, ne m'abandonnez pas. Je reconnais que j'ai eu tort de déshériter mon neveu alors qu'il ne songeait qu'à m'assurer une longue et heureuse vie. Je vais annuler ce testament; je vous le promets.

« — Si telle est votre sincère résolution, monsieur le comte, mettez-la sans délai à exécution. Je reviendrai demain matin; mais n'oubliez pas qu'elle ne doit pas être changée quand je vous aurai rendu la jeunesse et la santé; car celui qui donne la vie peut aussi la retirer. »

« Cela dit, Balsamo sortit.

« Lorsqu'il revint le lendemain, tout avait été fait comme il l'avait voulu. Il se montra satisfait, et présenta la fiole au vieillard, qui en avala le contenu d'un seul trait. Cette préparation énergique et vivifiante produisit un effet encore plus grand qu'elle n'avait fait la première fois; mais les organes essentiels n'étaient pas intacts; le cœur était atrophié; les poumons achevaient de se dissoudre. La réaction fut terrible, et le soir même du jour où il avait cru conquérir l'immortalité, le comte rendait le dernier soupir.

« A cette même époque, un nommé Marano, qui était le plus riche orfèvre de Palerme, vint trouver Balsamo. Cet homme avait acquis de grandes connaissances, et, comme beaucoup d'autres savants, il cherchait la transmutation des métaux. On lui avait dit que ce grand secret, qu'il cherchait avec tant d'ardeur, Joseph Balsamo l'avait trouvé, et il venait lui proposer une association. Joseph avait-il fait réellement cette découverte? Je le crois, bien que je n'aie rien trouvé dans ses papiers qui pût me confirmer dans cette croyance. Ce qui est certain, c'est qu'il fit quelque difficulté pour accepter l'offre d'association; il dit entre autres choses à l'orfèvre qu'il craindrait de l'effrayer par la somme considérable qu'exigeraient les travaux préliminaires.

« Parlez, dit Marano, grâce au ciel je suis riche, et en état de faire toutes les avances nécessaires. »

« Balsamo demanda d'abord deux cents onces d'or, indispensables pour la composition d'une certaine liqueur de la perfection de laquelle tout le reste dépendait. Marano compta la somme sans difficulté.

« Si Balsamo n'avait pas encore trouvé, à cette époque, le grand secret de la transmutation, il est au moins hors de doute qu'en le cherchant, il avait fait de grandes et belles découvertes, entre autres celle de l'élixir vivifiant dont j'ai déjà parlé, et d'un grand nombre de cosmétiques d'un effet prodigieux dont seul je possède la recette aujourd'hui.

« Mais c'est une fortune cela! interrompit encore une fois Pied-de-Fer.

« — Ah! ah! sans doute; mais on ne peut pas tout faire en même temps : croyez-vous que je vais me baisser pour ramasser une épingle quand je vois un diamant prêt de me tomber dans la main?... Je reviens à l'histoire de mon père.

« La mort du comte de Mefferido et les circonstances dans lesquelles elle s'était produite avaient fait sensation dans la ville; la justice s'en émut, et la liberté de Joseph fut menacée. D'un autre côté Marano qui, indépendamment des deux cents premières onces d'or, en avait remis cent cinquante autres à son associé, commençait à trouver que les préliminaires du grand œuvre marchaient bien lentement. Il se plaignit d'abord, puis il menaça, et Balsamo ne se croyant plus en sûreté à Palerme, quitta cette ville et se rendit secrètement à Messine, puis à Malte, où il obtint du grand maître des lettres de recommandation avec lesquelles il put, sans danger, se rendre à Naples, et de là à Rome, où il fut protégé par le bailli de Breteuil, qui représentait l'ordre de Saint-Jean de Jérusalem près du saint-siège; puis il alla à Venise.

« Ce fut là qu'il rencontra la belle Lorenza qui devint sa femme et fut ma mère. La vivacité d'esprit et les grâces de cette femme devaient être d'un grand secours à son mari pour l'exécution de ses projets. Les deux époux quittèrent l'Italie, et après avoir parcouru successivement l'Allemagne, la Pologne, la Russie; après avoir visité, dans le Holstein, le comte de Saint-Germain qui, lui aussi, avait trouvé l'élixir vivifiant, et qui se disait alors âgé de près de dix-huit cents ans; ils arrivèrent à Strasbourg. Là, Balsamo reprit son nom de Cagliostro.

« Le bruit se répandit bientôt qu'il avait fait des miracles en Pologne, qu'il possédait le secret de rajeunir et de rendre immortel. Quelques cures vraiment merveilleuses qu'il opéra dans cette ville portèrent à son comble l'enthousiasme du public strasbourgeois. Il se signalait en outre par de nombreux actes de bienfaisance; on le voyait parcourir les hôpitaux, panser les malades pauvres, leur fournir des médicaments, et leur faire d'abondantes aumônes.

« Cette conduite valut à Cagliostro de puissantes protections, et l'amitié de personnages illustres : le prince de Rohan, cardinal et archevêque de Strasbourg, voulut voir cet homme dont les cent voix de la renommée publiaient les bienfaits et les cures miraculeuses; il alla lui faire visite en grande cérémonie, et bientôt tous deux furent liés de la plus étroite amitié. Ils travaillèrent ensemble, firent de nouvelles découvertes, et ils étaient parvenus, à l'aide du magnétisme animal, à opérer de véritables prodiges, lorsque les médecins de la Faculté, effrayés des succès de cet homme, lui intentèrent un procès. Fatigué de ces tracasseries, Cagliostro quitta Strasbourg et retourna à Naples....

« Le départ subit de cet homme extraordinaire fit, à Strasbourg, la plus vive sensation; on cria à la persécution, et cette affaire fit bientôt tant de bruit, que M. de Vergennes, alors ministre du roi Louis XVI, crut devoir s'en occuper : il fit écrire à Cagliostro qu'il pourrait sans crainte revenir en France où le souvenir de ses bonnes actions était vivant dans tous les cœurs.

« Le comte revint à Paris où il fut accueilli avec de grandes démonstrations de joie.

« Après un assez long séjour en France, Cagliostro se rendit en Angleterre, d'où il revint à Paris en 1785. Là, il renoua avec le cardinal de Rohan, et il dut à cette circonstance d'être impliqué dans la fameuse affaire du collier de la reine. Bien que gravement compromis par les aveux de Mme de La Motte, il refusa de prendre la fuite, ce qui lui eût été facile.

« Arrêté et enfermé à la Bastille, il se justifia par un mémoire d'avoir participé au vol du collier; il nomma les banquiers des diverses places de l'Europe des mains desquels il avait, à différentes époques, retiré des sommes considérables, fruit de ses travaux et de ses découvertes.

« L'opinion publique lui était favorable; ses nombreux partisans le regardaient, avec raison, comme une victime du pouvoir; on admirait son courage, et l'on disait tout haut, dans les salons de Paris, que le parlement n'oserait pas le condamner. Il fut en effet mis en liberté.

« L'arrestation de Cagliostro avait été considérée comme une calamité publique; sa délivrance causa une joie extraordinaire : on le porta en triomphe aux cris de *vive Cagliostro! vive à jamais le bienfaiteur de l'humanité!*

« Il y eut des fêtes, des illuminations; on frappa des médailles pour perpétuer le souvenir de ce grand événement. On trouvait partout le portrait du comte de Cagliostro, accompagné de ces quatre vers :

De l'ami des humains reconnaissez les traits.
Tous ses jours sont marqués par de nouveaux bienfaits :
Il prolonge la vie, il secourt l'indigence ;
Le plaisir d'être utile est seul sa récompense.

« Cagliostro s'était retiré à Passy près de Paris, où pendant plusieurs jours, une longue file de voitures armoriées, stationnant sous ses fenêtres, témoigna des nombreuses et importantes visites qu'il recevait. En même temps, la multitude se pressait devant sa maison, en faisant entendre des cris de joie. Le héros de cette ovation fut obligé de se montrer plusieurs fois au balcon. Les choses allèrent si loin, que le gouvernement s'en alarma. Cagliostro reçut l'ordre de quitter la France, et il retourna en Angleterre.

« A peine arrivé à Londres, il écrivit au roi Louis XVI une lettre qu'il rendit publique, et dans laquelle il accusa le commissaire Chenon, et le marquis de Launay, gouverneur de la Bastille, de lui avoir soustrait une grande partie de ses effets les plus précieux.

« L'affaire parut assez grave pour être portée au conseil du roi ; mais elle fut bientôt étouffée, et n'eut pas d'autres suites. Ce fut aussi à cette époque que Cagliostro publia une brochure intitulée : *Lettre au peuple français*. Dans cet écrit, qui porte la date du 20 juin 1786, il annonce en termes positifs que « avant cinq ans, la Bastille « sera détruite ; que la place où elle s'élève de- « viendra une promenade publique ; que le roi « convoquera les états généraux, et que les lettres « de cachet seront abolies. »

« On ne peut nier que cette prédiction soit vraiment extraordinaire ; elle fut connue du monde entier, et le monde entier sait aussi comment elle s'accomplit.

« Mais si Cagliostro avait de nombreux partisans, il ne manquait pas non plus d'ennemis, et le ministère français ne négligeait rien pour lui en susciter de nouveaux. Malgré des tracasseries incessantes, il vivait dans l'abondance ; il faisait à ses amis de riches présents, et il n'en voulait rien recevoir ; il offrait aux dames des diamants et toute sorte de pierres précieuses, comme on offre des bonbons, et on ne lui connaissait aucune propriété en Europe. On ne saurait douter qu'il avait trouvé dans ce temps-là, ce que je cherche encore aujourd'hui, ce que je trouverai, j'en ai maintenant la certitude.

« Malheureusement, il eut la fantaisie de revoir l'Italie. Il arriva à Rome avec ma mère, vers la fin de mai 1789, et se logea dans un hôtel garni, sur la place d'Espagne, puis il prit une maison sur la place Farnèse. Sachant combien le gouvernement romain était ombrageux, il vécut alors avec la plus grande circonspection. Toutefois, il ne refusait à personne les secours que l'on réclamait de lui comme medecin, et quelques cures brillantes firent de nouveau retentir son nom dans la capitale du monde chrétien. Cet éclat lui attira de nouvelles persécutions.

« Averti par quelques-uns de ses amis, dont plusieurs étaient haut placés, du danger qu'il courait, Cagliostro songea à chercher un asile, et il adressa aux états généraux français une pétition pour obtenir la permission de revenir à Paris. Il rappelait, dans cet écrit, sa *Lettre au peuple fran-* *çais*, publiée trois ans auparavant, et dans laquelle étaient prédits de la manière la plus formelle, les grands événements qui venaient de s'accomplir.

« Le temps s'écoulait et Cagliostro n'obtenait pas de réponse. Ses amis le pressaient chaque jour de prendre la fuite ; il s'y refusa constamment.

« Enfin, il fut arrêté dans la soirée du 27 décembre 1789, et le pape lui fit faire son procès, comme coupable de franc-maçonnerie. Emprisonné au château Saint-Ange, il s'affaiblit, et, comme Galilée, il se rétracta. Cela ne put le sauver : il fut condamné à mort.

« Le pape commua cette peine en une détention perpétuelle, et le condamné fut transféré au château Saint-Léon, où il mourut peu de temps après. Ma mère, accablée de douleur, ne lui survécut que pendant quelques jours : elle mourut dans un couvent de filles repenties, où le pape l'avait fait enfermer. »

« Je voyageais alors, dit Bianco, après avoir terminé son récit ; j'étais dans les Indes, d'où je me rendis en Chine ; ce ne fut que trois ans après que je revins en Europe. Je reçus alors, des mains d'un fidèle dépositaire, tous les papiers que mon père avait jugé utile de conserver ; mais je n'y trouvai rien touchant ses merveilleuses découvertes. Sans doute il avait craint qu'elles fussent divulguées avant d'arriver jusqu'à moi, ce qui, sans me servir, eût jeté une grande perturbation dans le monde entier ; car dès lors, l'or et les diamants eussent été presque sans valeur.

— Cela arrivera pourtant un jour, dit Pied-de-Fer, puisque vous avez maintenant la certitude de retrouver ce grand secret.

— Oui, dit le docteur, je le trouverai ; mais, comme mon père, je l'emporterai dans la tombe. Seulement, j'aurai, en plus de lui, le temps d'en jouir, car il se peut que je passe sur cette terre un peu plus de cinq mille cinq cents ans. »

Pied-de-Fer bondit sur son siége ; il crut à un accès de folie, ou bien que le brave chimiste avait un peu trop fêté le madère. Bianco devina ce qu'il pensait, et il dit gravement :

« Mon ami, je parle très-sérieusement, et il ne tiendra peut-être qu'à vous de vivre aussi longtemps que moi ; je puis vous faire profiter de cette découverte, en vous donnant quelques grains de *matière première* avec la manière de s'en servir ; mais vous ne reconnaîtrez pas la composition de cette matière ; car je ne vous la dirai point, et je ne l'écrirai jamais.

— J'avais autre chose à vous demander, docteur.

— Eh bien, retournons chez moi, on est mal ici pour causer de ces choses-là.... »

XLVII

Un endormeur.

De retour près de ses chers fourneaux, qu'il quittait rarement, et animé de cette belle humeur que donne toujours un bon déjeuner accompagné d'une longue causerie, Bianco se sentit dans son élément et devint de plus en plus communicatif.

« Ça, mon ami, dit-il à Pied-de-Fer, ne m'avez-vous point parlé de quelque autre chose que vous aviez à me demander? vous pouvez vous expliquer maintenant. Vous savez que je suis tout à votre service.

— Ce que je vais dire est peut-être insensé, répondit le vieux chauffeur; mais il y a tant de choses extraordinaires dans votre merveilleux cerveau, que vous habituez les gens à croire à l'impossible.

— Trouveriez-vous par hasard que les cinq mille cinq cents cinquante-sept années de vie que je vous ai promises ne constituent pas une immortalité suffisante, ou bien seriez-vous effrayé de rester si longtemps sur pied?

— Non, mon cher docteur; j'accepte avec reconnaissance ce magnifique présent; mais c'est d'autre chose qu'il s'agit.

— Alors je vous écoute.

— Encore une fois je suis honteux à l'avance de ce que je vais dire.

— Bon! si c'est une folie nous rirons, et le rire aujourd'hui me semble une aimable chose.

— Eh bien! je me risque.

— Voyons!

— Pouvez-vous faire qu'un homme se rende invisible pendant un temps plus ou moins long?

— Pardieu! fit Bianco en riant, il n'aurait qu'à fermer les yeux et à prier les gens qui seraient près de lui d'en faire autant.

— Docteur, vous vous moquez de moi; mais j'avoue que je le mérite bien, et je retire mes paroles.

— Non pas, s'il vous plaît. Seulement il faudrait être plus explicite, et me dire dans quelles conditions vous voudriez que ce phénomène s'accomplît.

— Puisque vous m'encouragez, j'irai jusqu'au bout.

— C'est ce qu'on doit faire toujours. En général le succès ne s'obtient qu'à ce prix. Pour moi, je n'abandonne jamais une question sans l'avoir tournée et retournée de toutes les manières.

— Voici donc la situation : un homme est accusé d'un crime ; deux gendarmes le conduisent dans le cabinet du juge chargé de l'instruction de son affaire. Ils sont donc là cinq personnes, y compris le commis greffier qui assiste le juge. L'accusé est mal à son aise ; il voudrait bien s'en aller....

— Cela se comprend parfaitement.

— Mais entouré comme il l'est, que peut-il faire? Il faudrait qu'il devînt invisible pour se glisser doucement jusqu'à la porte, et prendre la clef des champs sans en demander la permission à personne.

— N'est-ce que cela?

— Pas davantage.

— Alors j'ai votre affaire. Vous voyez qu'il est bon de s'expliquer nettement. L'important n'est-il pas que votre homme puisse sortir du cabinet du juge sans que les gens qui le gardent s'y opposent?

— C'est cela même.

— Alors il ne suffirait pas qu'il fût invisible ; il faudrait encore qu'on ne pût l'entendre.

— C'est vrai.

— Eh bien! il ne sera pas invisible ; mais pourra néanmoins sortir du cabinet sans être vu ni entendu.

— Docteur, vous êtes un Dieu!

— Un Dieu qui loge le diable en sa bourse.

— Mon cher Bianco, s'écria Pied-de-Fer, en jetant sa bourse sur le fourneau ; voici tout ce que j'ai sur moi ; mais quand cela sera épuisé, il vous suffira de faire flotter à une de vos fenêtres un chiffon blanc pour recevoir ma visite, et je ne viendrai pas les mains vides.

— Ah! fit le vieux chimiste, si j'avais connu plus tôt un homme de votre trempe! Heureusement j'ai encore de la marche.

— Je le crois bien! quand on a devant soi cinq mille cinq cents ans!

— Soyez tranquille, mon ami, je n'oublie pas que j'ai promis de vous faire jouir du même avantage. Terminons d'abord l'autre affaire. »

Il se mit à chercher parmi les nombreuses fioles dont son laboratoire était rempli, et il en prit une qu'il présenta au vieux routier.

« Tenez, dit-il, votre homme, pendant qu'on l'interrogera, n'aura qu'à déboucher ce flacon, et pourvu que l'interrogatoire dure au moins vingt minutes, gendarmes, juge et greffier dormiront à poings fermés avant qu'il soit terminé.

— Mais, lui-même ne subira-t-il pas la même influence?

— Il s'en préservera en mettant dans sa bouche, dès que le flacon sera débouché, la large pastille que voici.

Et il ajouta au flacon la pastille dont il parlait.

« Maintenant, reprit-il, parlons de nos cinq mille cinq cent cinquante-sept ans. Voici d'abord un flacon de mon élixir vivifiant, et une petite boîte contenant cent grains de *matière première*. Cette matière est celle que Dieu avait créée pour rendre l'homme immortel, dont l'homme a perdu la connaissance à cause du mauvais usage qu'il faisait de son libre arbitre, et qui a été retrouvée par mon père, le comte de Cagliostro. Je vais maintenant vous dire la manière de vous servir de cette précieuse substance. »

Pied-de-Fer s'assit devant une petite table vermoulue qui servait de bureau au docteur, et, sous la dictée de ce dernier il écrivit :

« *Procédé pour opérer la régénération physique,*
« *et pour arriver à la spiritualité de* 5557 *ans.*

« Celui qui aspire à cette perfection doit, tous
« les cinquante ans, se retirer, dans la pleine
« lune de mai, à la campagne, et là souffrir, pen-
« dant quarante jours, la diète la plus austère,
« ne mangeant que quelques herbes tendres, et
« ne buvant que de l'eau distillée.

« Au dix-septième jour, il se tirera un peu de
« sang en se piquant la veine, puis prendra six
« gouttes de l'élixir vivifiant, et il continuera ainsi
« jusqu'au trente-deuxième jour. Alors il se met-
« tra au lit, et il avalera un grain de *matière*
« *première*. Celui qui doit être rajeuni éprouvera
« alors de violentes convulsions.

« Le trente-quatrième jour, il prendra un se-
« cond grain de *matière première*, qui lui fera
« perdre la peau, tomber les dents et les cheveux.
« Le trente-cinquième jour, il prendra un bain
« tiède, et le trente-sixième, il prendra un troi-
« sième grain qui le fera tomber dans un profond
« sommeil. Alors les cheveux commenceront à
« repousser, les dents à germer, la peau à se ré-
« tablir, et le quarantième jour, la régénération
« sera complète.

« A partir de ce moment et pendant six mois au
« moins il faudra observer une grande sobriété,
« ne boire que peu de vin et s'abstenir de li-
« queurs ; après ce temps, on pourra, sans dan-
« ger, reprendre sa vie habituelle[1] »

Pied-de-fer se retira très-satisfait, non pas d'avoir en perspective une longue vie, — peut-être ne croyait-il que très-modérément à l'efficacité du procédé ; — mais il s'estimait heureux de pouvoir empêcher l'interrogatoire de Varambert qui pouvait gravement le compromettre, et ramener sur lui l'attention de l'autorité. Il s'empressa donc d'aller reprendre son costume de religieux, et de retourner à la salle Saint-Martin où le baron l'attendait avec impatience. Il remit à ce dernier le flacon et la pastille et lui donna toutes les explications nécessaires.

---

1. Cette formule a été retrouvée dans les papiers du cardinal de Rohan, à qui Cagliostro l'avait vendue cinquante mille écus. Il est probable qu'il y avait l'élixir vivifiant et les grains de matière première ; mais on ignore complètement si le cardinal en fit l'essai.

« Vous comprenez, lui dit-il, qu'une fois hors d'ici, vous n'avez rien de mieux à faire que de quitter la France. Le cadavre de Berjaud n'existant plus, et l'instruction de cette affaire étant à peine entamée, on l'oubliera promptement, et vous pourrez revenir au bout d'un certain temps. Mais surtout plus d'antagonisme entre nous. Je ne vous menace pas ; mais vous devez être convaincu maintenant que cela ne vous réussirait pas. »

Cependant, d'après le procès-verbal du commissaire, un médecin avait été commis pour faire l'autopsie du cadavre momifié. Ce docteur se rendit à la morgue, en compagnie du juge d'instruction et d'un substitut du procureur du roi, qui devaient assister à l'opération.

« Où est le sujet ? demanda le médecin.

— Le voici, répondit le concierge en montrant la table sur laquelle la momie avait été déposée.

— Mais, je ne vois là qu'un tas de cendres et des débris de vêtements.

— Dame ! si M. le docteur ne voit que cela, c'est qu'il n'y a pas autre chose. Ce sujet, comme vous appelez ça, était bien entier quand on l'a apporté ici ; il ne lui manquait absolument rien ; mais voilà que tout d'un coup, il a mal tourné : ça lui pétillait dans le ventre, comme s'il avait une colique de miséréré ; il fermait les yeux et faisait des grimaces qu'on aurait cru qu'il avait le diable au corps. Finalement, il est tombé en biaule, et voilà tout ce qu'il en reste.

— Tout cela est bien extraordinaire, dirent les magistrats.

— Ce serait donc un cas de combustion spontanée, reprit le médecin. Ces cas sont très-rares, et l'ancienne école n'y croyait pas ; mais nous avons fait bien du chemin depuis ce temps-là. »

Là-dessus nouveau procès-verbal. Jamais ce pauvre Berjaud n'avait eu à subir autant de tracasserie. Pour lui la *paix du tombeau* n'existait pas. Il est vrai qu'on ne l'avait pas enterré.

Cette disparition de pièces à conviction fit penser au juge d'instruction qu'il était urgent d'interroger sur-le-champ le prévenu, et de retour à son cabinet, il se fit amener Varambert.

A peine entré, le baron ouvrit son flacon, et mit la pastille sur sa langue. Cinq minutes après, le juge s'embrouillait ; une sorte de voile s'étendait sur ses yeux, qu'il fermait malgré lui ; il confondait les diverses affaires dont il avait eu à s'occuper dans le cours de la journée, et bientôt, le menton appuyé sur la poitrine, il commença à ronfler. De son côté, le greffier avait laissé tomber sa plume, et la tête cachée dans ses deux mains, il se livrait, comme son chef, aux douceurs d'un sommeil réparateur.

Les gendarmes résistaient encore ; mais après quelques instants, un d'eux dit à demi-voix :

« Qu'est qu'on sent donc ici? on dirait que ça vous tourne sur le cœur.

— C'est la chaleur, » dit l'autre.

Et il alla ouvrir la porte pour changer l'air; mais quand il revint prendre sa place, son camarade dormait à poings fermés, et tous deux ne tardèrent pas à ronfler à l'unisson. Varambert alors se leva doucement; arrivé à la porte, il fit un grand salut en disant à haute voix :

« Messieurs, j'ai bien l'honneur de vous saluer. »

Et il fila dans la salle des Pas-Perdus. Il était libre!

XLVIII

Nouveau complot.

La joie régnait au château de Merval, où Pied-de-Fer venait d'arriver, apportant la renonciation de Varambert à tous les droits qu'il avait achetés de Fretteville à la succession du marquis. La marquise et sa sœur, la comtesse de Quérens, l'embrassèrent chaleureusement; M. de Barno et la charmante Ida ne lui firent pas une réception moins affectueuse. C'était l'ange sauveur; il ramenait la paix, le bonheur dans toute la famille.

On ne parla, tout ce jour-là, que de mariages et de fêtes. Il fut décidé que l'on retournerait à Paris, où les fêtes pourraient se faire avec plus d'éclat, et l'on reviendrait ensuite au château pour y passer la lune de miel.

Varambert, en recouvrant la liberté, était bien disposé à suivre les conseils de Pied-de-Fer, et à quitter la France au plus vite; mais on dort mal en prison, les premières nuits surtout. Le baron se sentait fatigué; il lui fallait avant tout un peu de repos.

« Eh! se dit-il, après un instant de réflexion, pourquoi n'irai-je point passer cette nuit chez moi? On n'imaginera pas qu'un homme qui vient de s'évader de prison aille aussitôt se réfugier dans son gîte ordinaire. Et puis, peut-être y trouverai-je Carlo, à qui j'ai besoin de donner des instructions. »

Tout cela arriva comme le baron l'avait prévu, et Carlo ne fut pas peu surpris de le voir arriver.

« Comment, monsieur le baron, s'écria l'intendant, vous osez....

— Tu oses bien, toi!

— C'est vrai; mais c'était mon devoir, et je l'ai rempli complétement en chassant vos gens, comme mon titre d'intendant m'en donnait le droit.

— Pauvre droit, maintenant que je n'ai pas dix arpents de terre au soleil. Me croiras-tu assez fou, pour changer ma fortune de place, maintenant que, quoi qu'il arrive, elle est en sûreté?

— Ce n'est pas ce que je veux dire. Seulement je ne puis imaginer que vous renonciez réellement à la si belle succession du prétendu marquis.

— Et la cession que j'en ai faite?

— Elle est très-contestable : vous avez acheté par acte notarié, en bonne forme; vous avez cédé par acte sous seing privé qui pèche par la forme et par le fond.... Et puis, s'il faut tout dire, je suis convaincu que le père Berchon, le garde-chasse, ne nous a pas tout dit : c'est un vieux renard, parfaitement capable de garder une poire pour la soif... Et vous-même, monsieur le baron, n'avez-vous pas mis de côté quelques-unes des lettres de Mme de Quérens au duc de G....?

— Tout cela est vrai, Carlo, et puisque tu as tant de perspicacité, je t'avouerai que, une de ces lettres qui me restent, suffirait à terrifier la comtesse de Quérens et à rendre à peu près impossible le mariage d'Ida avec M. de Barno. Tu vas en juger. »

Il ouvrit le tiroir secret de l'armoire invisible où était enfermé son fameux registre biographique. Il en tira d'abord ce registre qu'il consulta, puis plusieurs lettres parmi lesquelles il en choisit une qu'il ouvrit. Il la lut et la relut, et la présentant à Carlo :

« Lis, » lui dit-il.

Et l'intendant lut :

« Bien aimé, je vais être mère; notre enfant me cause dans les entrailles un doux frémissement. Si c'est un fils, on lui donnera les prénoms du comte, mon mari.... C'est, hélas! la volonté de cet homme si peu digne des joies de la famille; si c'est une fille, elle s'appellera Ida, comme tu m'en as tant de fois témoigné le désir. J'attends ta venue qui fera, plus que jamais, de mon désert une oasis, car toi seul peux me faire supporter le séjour de cet hôtel de Quérens qui m'est odieux.... Mille baisers sur tes lèvres.

« GERMINIE, comtesse de Quérens.

« Paris, le.... »

« Eh bien! reprit Varambert, que dis-tu de cela?

— Je dis qu'il n'en faut pas davantage pour changer complètement la face des choses.... M. de Barno voudra-t-il épouser un enfant adultérin? D'un autre côté, Pied-de-Fer est vieux et cassé; il m'a tout l'air d'avoir achevé, dans ces dernières passes d'armes, ce qui lui restait d'énergie. Enfin, comme je le disais tout à l'heure, le vieux garde-chasse, qui a si bien connu le personnel du château de Merval, a certainement mis quelque chose en réserve. Et c'est ainsi, monsieur le baron, qu'armé de toutes pièces, vous vous laisseriez faire la loi ? »

Varambert savait parfaitement que ces chaleureuses paroles de Carlo n'avaient pas pour unique cause son dévouement à sa personne. Cela était naturel d'ailleurs, puisqu'il avait promis naguère de faire à l'avide intendant une large part dans la fortune qu'ils convoitaient tous deux; mais il sentait l'impossibilité de se passer de cet homme qui avait tant de ressources dans l'esprit.

« Mais si nous ne quittons pas Paris aujourd'hui, dit-il, il faudra le quitter demain, car notre disparition pendant quelque temps est indispensable, et pour partir il nous faudrait des passe-ports sous d'autres noms que les nôtres.

— Peuh ! des passe-ports ! j'en aurai dès ce soir plein mes poches. Que M. le baron dorme tranquille; qu'il repose en paix, et je réponds de tout, non pour sortir de France, mais pour y rester, ce qui est infiniment plus sûr et plus facile.

— Ma foi, Carlo, je crois que, dans la situation où nous sommes, et avec la confiance que tu as en toi-même, je n'ai rien de mieux à faire que de te laisser la bride sur le cou. Marche donc comme tu l'entendras, puisque tu es aussi intéressé que moi au résultat. »

Et, accablé de fatigue, il alla se mettre au lit.

Le soir même, Carlo apparaissait dans les salles du *Lapin-Blanc*, ou plutôt dans les caveaux aux murs visqueux qui constituaient ce repaire, éclairé par la flamme douteuse et lugubre des quinquets. Il y fut accueilli comme toujours, car il était là l'ami de tous, et un cercle se forma immédiatement autour de lui. Les poignées de main se multiplièrent; puis, sur un signe du nouveau venu, des brocs pleins furent apportés sur la plus large table.

« Buvons, enfants, dit-il gaiement; c'est le coup de l'étrier, car je pars ce soir de Paris pour un voyage de quelques jours…. Les faces ne manquent pas, vous savez; mais il y a une chose qui me taquine : je n'ai pas de ces paperasses que les chapeaux bordés ont la mauvaise habitude de demander aux gens, sur les grands chemins, et impossible d'en aller demander à cette heure : les bureaux sont fermés. Qui est-ce qui en a à mon service ? Quatre roues de derrière pour un chiffon. »

Aussitôt dix mains se tendirent, tenant chacune une de ces feuilles de deux centimes que l'autorité vend deux francs.

« Je les prends tous ! fit Carlo; pas de préférence entre les amis. »

Et il étala vingt pièces de cinq francs sur la table.

« Mais, dit un des vendeurs, et les noms ?

— C'est l'affaire du petit père Étienne. Je vais aller causer avec lui…. Garçon, deux autres brocs ! »

Et il sortit accompagné des houras qui saluaient sa générosité.

Le petit père Étienne dont venait de parler Carlo, était un écrivain public; sa femme, dont la vie avait été très-accidentée, avait conservé certaines relations avec le bureau des mœurs, et lui-même rendait d'assez nombreux services à messieurs du service de sûreté, ce qui n'empêchait pas qu'il en rendît aussi, dans le sens contraire, aux gens qui le payaient assez bien pour cela. Il excellait surtout dans l'art de laver les passe-ports pour en faire disparaître l'écriture, en conservant l'imprimé et les timbres, après quoi, par un procédé à lui, il leur rendait toute leur fraîcheur primitive et les remplissait à l'entière satisfaction des requérants. Ce n'était pas la première fois que Carlo avait recours au talent de l'habile calligraphe; aussi en fut-il accueilli comme une vieille connaissance dont on a gardé le meilleur souvenir.

« Papa Étienne, lui dit l'intendant, il s'agit de me faire immédiatement une dizaine de petits chefs-d'œuvre de votre plus belle main et de mettre, de l'autre main, dix beaux louis dans votre boursicot.

— Diable ! fit l'écrivain, dix c'est beaucoup ! Les vieux papiers sont hors de prix; on n'en trouve presque plus sur la place.

— On en trouve quand on veut, cher ami; il ne s'agit que d'y mettre le prix. C'est pour cela que, prévoyant le cas où la matière première vous manquerait, je m'en suis muni. »

En parlant ainsi, il mit sur le bureau les dix passe-ports plus ou moins crasseux qu'il avait récoltés au *Lapin-Blanc*.

« Hum ! fit Étienne en les examinant, il faut qu'ils aient terriblement couru, car ils sont bien fatigués.

— Ils ont couru sans doute. Est-ce que ces choses-là sont faites pour autre chose ? j'espère d'ailleurs que, lorsqu'ils auront passé par vos habiles mains, ils auront recouvré toute leur virginité. »

Le petit père Étienne ayant ramassé et empoché les dix louis, parla avec plus d'assurance, et dit :

« L'opération n'est pas impossible; mais elle sera difficile. Je vais leur faire prendre un premier bain, et j'espère que, dans vingt-quatre heures, ils auront changé de mine. »

Ces paroles firent naître un soupçon dans l'esprit de Carlo.

« Le vieux gueux, pensa-t-il, songe peut-être à tirer deux moutures du même sac. Halte-là !

— Cher ami, dit-il, si les dix louis ne suffisent pas, nous ferons un supplément; mais la

Tout cela n'est-il pas bien disposé? demanda Carlo. (Page 684, col. 2.)

chose presse si fort, que je ne puis, en vérité, sortir d'ici sans remporter ces chiffons. Qu'importe que j'assiste à l'opération? Vous ne craignez pas probablement que j'aie la pensée de vous faire concurrence? »

Et il ajouta deux louis aux dix qu'il avait déjà donnés.

Cet appoint rendit à Étienne la pillule moins amère, et il se mit à l'œuvre : les papiers crasseux furent soumis à un premier bain, puis à un deuxième, après quoi le calligraphe les plongea dans un bocal plein d'une composition particulière d'où, au bout d'une heure, ils sortirent immaculés.

Alors Étienne les étendit sur un tapis, et les couvrit d'un linge mouillé sur lequel il passa et repassa un fer rougi au feu.

« Maintenant, dit-il, les noms, professions, lieux de naissance et signalements.... C'est dix plumes différentes que je dois employer.... Diable ! il faut songer à tout ! »

Tout cela dura longtemps : le rusé calligraphe écrivait très-lentement, dans l'espoir peut-être de fatiguer son client et l'obliger à remettre la suite au lendemain, ce qui lui eût donné le temps d'effectuer la trahison qu'il méditait. Mais Carlo demeura impassible, et il ne quitta l'échoppe de l'écrivain qu'en emportant les dix passe-ports parfaitement conditionnés.

Le lendemain, au point du jour, l'intendant pénétrait dans la chambre de son maître.

« M. le baron n'a plus de valet de chambre, dit-il, puisque j'ai chassé toute cette canaille; mais heureusement je n'ai pas oublié mon ancien métier, et me voici.

— Eh bien ! quoi de nouveau, mon ami? demanda Varambert; as-tu songé à quelque chose? Pour moi, j'étais si fatigué que j'ai dormi comme une huître qui attend la marée.

— J'ai fait mieux que de songer, maître; j'ai agi, et nous pouvons désormais être tout ce que nous voudrons. »

En parlant ainsi, il tira de sa poche et étendit sur le lit les dix passe-ports.

« C'est superbe, dit Varambert émerveillé.

— Malheureusement cela coûte cher.

— Ne t'ai-je pas autorisé à t'ouvrir à toi-même, sur ma caisse, un crédit illimité?

— C'est vrai, mais comme il n'entre rien dans cette caisse depuis la vente des biens et le placement des fonds, le crédit illimité se réduit à zéro.

— Fichtre ! fit Varambert, je n'ai pas pensé à cela.

— Et c'est d'autant plus fâcheux, que je venais vous proposer de quitter Paris aujourd'hui même, pour nous rendre dans les Pyrénées où, d'après mes prévisions, nous aurons besoin d'avoir les poches bien garnies.

— Ainsi tu es d'avis de recommencer la lutte ?

— Oui, si comme je l'espère, nous parvenons à faire de nouvelles découvertes.

— Malheureusement, pendant que nous chercherons, la marquise, étant complétement rassurée, s'empressera de conclure le mariage de sa nièce avec son protégé.... Il est vrai que j'ai le moyen de jeter un peu d'eau sur ce grand feu. Va donc pour les Pyrénées. Je vais te donner un mandat sur un de mes banquiers; pendant que tu iras en toucher le montant, je ferai mes préparatifs et....

— Et dans deux heures, des chevaux de poste seront à votre porte. »

Deux heures après en effet le baron et Carlo roulaient de nouveau vers Bagnères. Comme lors de ses précédents voyages, Varambert se sentit mal à l'aise dans cette cité ; aussi ne firent-ils que la traverser pour se rendre chez Berchon, le vieux garde-chasse que Carlo soupçonnait de n'avoir pas tout dit, et d'avoir fait d'importantes réserves pour le cas où l'on aurait de nouveau recours à lui. Le madré compère sourit malignement en voyant la voiture du baron s'arrêter à sa porte.

« Par ma foi ! dit-il en saluant jusqu'à terre, je ne pouvais manquer de revoir bientôt ces messieurs, car j'en ai rêvé ces jours passés.

— Vous avez rêvé de nous, mon brave, demanda Varambert.

— Faut dire aussi que j'en avais entendu parler, et que ça me trottait un tantinet dans la tête.

— Vous avez entendu parler de nous ? Et qu'en disait-on ?

— Ah dame ! vous savez, on n'est pas louis d'or, et on ne plaît pas à tout le monde.

— Ce qui veut dire que nous ne plaisons guère aux gens qui parlaient de nous.

— Écoutez donc, ça a fait du bruit dans le pays, et, en conscience de Dieu, y avait ben d'quoi ! J'avais porté un chevreuil au château, où la famille de Mme la marquise était réunie. On était dans la joie, toutes les broches tournaient ; les fiancés se mangeaient des yeux, et le notaire commençait à gazouiller gentiment, quand tout d'un coup arrive un huissier qui crie comme un sourd : *A la requête de M. le baron de Varambert!*... Ça fait un effet du diable ; tout le monde est en l'air ; les broches s'arrêtent, le rôti brûle, la fiancée pleure, et moi qui étais à l'office, je suis obligé de m'en aller sans dîner.

— Ce n'est rien, papa Berchon ; nous réparerons tout cela.

— Pardine ! c'est tout réparé. Pas moins, ça m'a fait un drôle d'effet, vu que j'ai bien compris que j'étais pour quelque chose dans cette affaire-là, et que le petit livre de mon parrain Garard vous avait servi à mettre les fers au feu.

— Ils y sont en effet, mon ami, et vous n'aurez pas à vous en plaindre, car nous vous destinons une bonne part du gâteau, à la condition pourtant que vous nous aiderez à mettre dedans le plus de beurre possible.

— Qu'est-ce que je pourrais donc bien faire pour ça ?

— Je vais vous le dire, fit Carlo ; mais il fait une chaleur d'enfer, et ma langue se colle à mon palais.

— Tonnerre ! et ma dernière bouteille est sifflée !

— Il n'y a pas grand mal à cela ; M. le baron a prévu le cas, et, par son ordre, j'en ai mis un nouveau panier dans la voiture.

— Ce qui fait qu'avec un cuissot de chevreuil que je puis vous offrir....

— On causera, père Berchon. »

Et tous trois se mirent à table sans plus de façon que la première fois. Après les premiers verres les langues se délièrent tout à fait, et le vieux garde fut bientôt dans les meilleures dispositions pour ce qu'on attendait de lui.

« Il est bien certain maintenant, dit Carlo, que la personne qu'on appelle à tort Mme la marquise n'a jamais été la femme du personnage dont elle porte le nom ; mais la chose serait encore bien plus facile à constater si ce Verson, qui avait usurpé le nom et le titre du véritable marquis de Merval, n'avait pas disparu d'une manière si extraordinaire. Ne savez-vous donc rien, papa Berchon, touchant cette disparition ?

— Hum ! il se peut bien tout de même que j'en sache plus qu'on n'a voulu m'en dire.

— Je crois, dit Varambert, que si l'on cherchait dans le parc, on pourrait trouver entre deux noyers....

— Vous savez cela, vous, monsieur le baron ? s'écria le garde, qui ne put dissimuler son étonnement ; alors, je n'ai plus besoin de garder ma langue dans ma poche ; mais j'ai grande chance de n'y plus mettre les trimestres de ma pension.

— Parlez donc sans crainte, mon ami, nous vous la conservons cette pension, et même je me ferai un vrai plaisir d'y ajouter quelque chose, et de vous en compter un trimestre d'avance.

— Eh bien, ça n'est pas de refus ; ça pourra me rafraîchir la mémoire. »

Le baron compta la somme, pendant que Carlo remplissait les verres. Berchon regardait alternativement et amoureusement les pièces d'or qui brillaient et le vin qui pétillait ; il reprit, après s'être quelque peu raccordé :

« Verson, après être parvenu à se faire marquis de Merval, parut avoir changé, il ne volait plus, mais il était dur avec tout le monde. Je sentais bien qu'il aurait voulu me voir à tous les diables, après m'avoir fait passer l'arme à gauche, et je me tenais sur mes gardes ; mon fusil ne me quittait pas, et j'étais toujours prêt à glisser dans les canons, deux balles plutôt qu'une. Un jour il disparut; ça ne surprit personne, car il faisait de temps à autre de longues absences. Pourtant, je ne sais pas trop pourquoi; seulement, je m'étais aperçu que le valet de chambre, qu'on appelait Poutot, avait été pris en grande faveur par la marquise, et que plus d'une fois je l'avais entendu lui manquer de respect, sans qu'elle osât s'en plaindre.

— C'est bien cela, murmura Varambert; c'est bien l'histoire du donneur d'eau bénite que m'a racontée Curchello.

— Vous dites? demanda le garde en l'interrompant.

— Rien, mon ami. Continuez, nous sommes sur la voie.

— Pardieu! je le crois bien; moi j'irai là les yeux fermés.

— Où cela, mon bon Berchon?

— Entre ces deux noyers du parc dont vous avez parlé.

— Et dont vous allez sans doute parler vous-même.

— M'y voici. Quand le marquis s'absentait, les braconniers me faisaient une guerre de bandits, espérant peut-être qu'en l'absence du maître les chiens s'endormiraient. C'était terrible, car ça m'obligeait de redoubler de surveillance, et je passais des nuits entières à l'affût. Le soir de la dernière disparition du marquis, j'étais à l'affût dans le parc, assis au pied d'un arbre et caché par un buisson, à vingt-cinq pas des noyers en question.

« Le temps était couvert; la lumière de la lune n'apparaissait qu'à de longs intervalles. J'allais tirer un lapin qui gambadait sous les noyers, quand j'aperçus un homme qui en portait un autre sur son dos, et tenait une pelle et une pioche. Il jeta son fardeau par terre, et se mit à creuser une fosse. L'homme jeté sur le sol était mort; un rayon de lune étant venu éclairer son visage, je reconnus Verson, le faux marquis; l'autre c'était Poutot, le valet de chambre. Je le laissai, ne sachant à quel parti m'arrêter; je ne quittai ma cachette qu'après que ce singulier fossoyeur, ayant fini sa besogne, fut rentré au château. Je retournai chez moi, où je pus réfléchir avec plus de sang-froid. Alors je résolus de ne rien dire jusqu'à ce que j'eusse vu comment les choses tourneraient. Vous sentez bien que je ne pouvais aller, comme un papillon, me brûler les ailes à la chandelle. J'avais ma place à garder, et je ne voulais pas perdre ma pension. Personne ne me cherchant noise, ce n'était pas le cas d'aller, comme un étourneau, faire la guerre à mes dépens.

— Pas bête! le père Berchon, dit Carlo en remplissant à pleins bords le verre que le garde-chasse venait de vider.

— Donc! je me disais : « C'est l'affaire des gendarmes, et ce gibier-là n'est pas de ma compétence. Quant au lapin qu'il a effarouché, on lui trouvera un remplaçant. » Je me suis donc tu; mais j'avais l'oreille au guet, et je ne passais pas une nuit sans faire ma tournée du côté des deux noyers.... Voilà que nous arrivons au plus gros de l'affaire.

— Ah! ah! il y a autre chose? dit Varambert qui, après avoir compté le premier trimestre de la pension, tenait toujours sa bourse dans sa main.

— Il y a plusieurs autres choses, répliqua Berchon; mais si on mettait tout ça au grand jour, ça ferait une affaire de tous les diables, et le plus malin renard pourrait bien y laisser sa queue.

— Eh bien! fit le baron, on payera la queue aussi cher que la tête; cela vous va-t-il?

— Tout d'même!... Le père Berchon n'est pas taquin. Toujours bon homme avec les bonnes gens. »

Varambert compta un second trimestre; Carlo versa un nouveau verre, et le vieux renard reprit :

« Poulot avait enterré le marquis ; il en enterra deux autres de la même manière. Qu'est-ce qu'ils étaient ceux-là? je n'en sais rien. C'étaient deux beaux garçons, et je crois qu'ils étaient de Paris où Mme la marquise faisait de fréquents voyages. Dans ce temps-là, voyez-vous, j'étais capable d'affronter le diable, et de le prendre par les cornes ; mais à partir de ce moment, je ne fus plus si hardi; quand j'approchais des noyers, il me passait un frisson sur le dos ; mais j'y allais tout de même, voulant découvrir le fin fond de la chose. Ce qui m'étonnait, c'est que la justice ne s'occupât point de tout cela; mais, en somme, cela ne prouvait qu'une chose, c'est qu'elle n'avait pas le moindre vent de cette affaire. Ah! j'ai attendu longtemps! les années passaient, et à chaque printemps l'herbe poussait drue entre les deux noyers. Je ne disais rien; mais je ne perdais pas la chose de vue. Ça est resté dans cet état jusqu'au moment où une espèce d'ermite, que nous appelions l'homme noir, et qui habitait une chaumière dans les montagnes, soit venu demeurer dans le pavillon qui forme l'extrémité de l'aile droite du château. Mme la marquise, qui était triste depuis bien longtemps, reprit tout doucement ses habitudes d'autrefois. Elle était bien changée; ses cheveux avaient blanchi; mais elle avait repris l'air souriant qu'elle avait du temps de son mari. Puis, l'homme noir lui amena sa nièce, à elle, Mlle Ida de Quérens, qui est encore au château aujourd'hui. Alors elle redevint tout à fait gaie; mais cela ne dura pas longtemps. Moi, toujours solide au poste, je ne cessais pas de veiller au grain. Je ne passais pas une nuit sans aller jeter un coup d'œil entre les deux noyers. Eh bien, ça m'a réussi.

— Voyons, voyons! firent en même temps le baron et Carlo.

— Ah! dame! reprit Berchon, c'est que c'est le bouquet, ça! Un bouquet qui vaut gros à lui tout seul.... C'est la clef de tout, quoi!

— Bon, fit Varambert qui s'attendait à quelque chose de semblable. Et vous voudriez que cette clef ouvrît ma bourse encore une fois? Eh bien, soit! je vais vous compter un troisième trimestre de la pension. Bien entendu que, cette fois, vous irez jusqu'au bout.

— Naturellement. »

Et le baron compta le troisième trimestre de la pension.

« J'espère, au moins, fit-il en comptant les pièces d'or, qu'après cela, vous nous direz tout?

— Sur ma foi de Dieu! je le dirai, et vous verrez que, vu la peine que ça m'a coûté, je ne vous vends pas ça trop cher.

— Continuez donc. »

Et le vieux garde continua :

« Je faisais toujours bonne garde ; ça me tourmentait bien un peu quand je passais aux environs des deux noyers; mais il se passa tant de temps sans qu'il parût personne, que je finis par ne plus m'en occuper. Pourtant, malgré moi, la nuit, sans m'en apercevoir, je revenais toujours de ce côté. Il me semblait que j'avais encore quelque chose à y voir, et c'était vrai. Une nuit, blotti dans ma cachette, je vis arriver à grands pas un personnage ; il était bien reconnaissable, c'était l'homme noir.

— Pied-de-Fer! exclama Varambert.

— Au château on l'appelait Baillord ; mais ce n'était peut-être pas son vrai nom. Ce qu'il y a de certain, c'est que c'était l'homme noir qui, lui aussi, avait à la main une pioche, et une belle, plus un grand sac vide sur l'épaule. Le feuillage était suffisamment épais pour me cacher, et il me suffisait de me dresser sur la pointe du pied pour bien voir. Cette fois, ça dura longtemps, et pourtant il piochait rudement. C'est que la terre était durcie, depuis si longtemps. Enfin il ouvrit la fosse ; il ramassa tous les ossements, que j'entendais claquer les uns contre les autres, et il les mit dans son sac; puis, après avoir été cacher ses outils dans une des serres du jardin, il revint, mit le sac sur son dos, et il se dirigea vers la petite porte du midi. L'allée qui conduit à cette porte est couverte par de grands arbres; je pus donc le suivre sans qu'il me vît. Il arriva à la porte et voulut l'ouvrir à l'aide d'une clef qu'il tira de sa poche; mais la rouille ayant envahi l'intérieur de la serrure, il fut obligé de mettre son sac à terre pour employer ses deux mains à vaincre la résistance qu'il éprouvait. Le terrain était en pente ; le sac se renversa, et il en sortit un objet qui roula à quelque distance, sans qu'il s'en aperçût. Enfin la porte s'ouvrit ; il vint reprendre son sac et sortit. Je pus alors aller ramasser l'objet qui avait roulé sur le sol.... C'était une tête de mort!... Cela ne me surprit pas; je savais où venaient d'être pris les matériaux qui emplissaient le sac; mais je jugeai prudent d'en garder cet échantillon....

— Et vous l'avez ? interrompit Varambert.

— Pardieu, est-ce qu'on lâche ces choses-là quand on les tient?

« Je me suis dit: c'est bon à garder, d'autant plus que les dents qui restent ne mangent pas. Vous pensez bien que je n'en suis pas resté là : je retournai au nid, c'est-à-dire entre les deux noyers. Cette fois, j'avais une lanterne. La fosse était comblée; mais la terre, fraîchement remuée, était peu résistante ; je pus la retirer sans autre instrument que mes mains, de manière à ce que rien de ce qui s'y trouvait mêlé ne pût m'échapper ; j'y trouvai des lambeaux d'étoffe et de cuir, des boutons de métal, portant une ancre en relief, ce qui ne me surprit pas, le faux marq... portant ordinairement des boutons semblables sur ses habits ordinaires, ce que toutes les personnes qui l'ont connu peuvent affirmer; je les pris, et je les ai encore ; c'était une mince chaîne d'or à laquelle était attaché un médaillon contenant un portrait : c'était celui de Mme la marquise.

— Et vous l'avez conservé ? demanda Varambert.

— Bien sûr que Mme de Merval m'en aurait donné un bon prix ; mais je ne suis jamais pressé, moi ; j'attends les occasions, et je n'ai pas tort ; car aujourd'hui la chère dame me le payerait bien le double et même le triple de ce qu'elle m'en aurait offert à cette époque.

— J'espère, mon père Berchon, que vous allez nous montrer ce bijou?

— Je ne dis pas.... mais M. le baron sent bien qu'il est juste que chacun tire parti de ce qu'il a.... ça m'a coûté tant de peines cette affaire-là!

— Mon vieux camarade, dit Carlo en faisant sauter le bouchon d'une nouvelle bouteille, est-ce que nous ne sommes plus ensemble? M. le baron va se lâcher d'un quatrième trimestre, ce qui vous fera l'année entière, et vous allez nous montrer le médaillon sans plus vous faire tirer l'oreille.

— C'est vrai, reprit le vieux renard, que vous avez du fier vin, et que vous connaissez la bonne manière d'enjôler votre monde.... N'y a pas à dire, on ne peut rien vous refuser. »

En parlant ainsi, il se levait lentement ; mais il ne quitta la table qu'après avoir ramassé l'argent qui formait le complément d'une année de sa pension qui allait être ainsi provisoirement doublée. Il ouvrit une de ces grandes armoires qui sont le meuble principal des maisons villageoises, et il en tira, soigneusement enveloppés, la chaîne et le médaillon dont il avait parlé, et il présenta le tout à Varambert, qui se hâta d'en ôter l'enveloppe pour voir le portrait. C'était celui de la marquise à trente ans, alors que de violentes passions n'avaient pas encore creusé de rides sur son front, et donné à son visage l'accent d'une vieillesse précoce ; malgré les modifications subies par le modèle, il était impossible de ne pas le reconnaître au premier coup d'œil jeté sur le portrait. Varambert ouvrit le médaillon, et il lut au revers de ce portrait ces quatre mots tracés par la marquise elle-même : *Elle à Lui toujours*.

« Voyons, mon vieux père, dit-il au garde, je veux aujourd'hui vous faire riche comme Crésus ; je vous achète la chaîne et le médaillon. Combien en demandez-vous ?

— Dame ! fit Berchon en clignant malignement les yeux, m'est avis que ça vaudrait bien une deuxième année.

— Eh bien, je vais vous la compter, à condition que vous me donnerez la tête de mort et les boutons par-dessus le marché.

— C'est affaire faite, » dit le garde.

Et il tira de son armoire les funèbres débris enfermés dans une boîte qu'il remit au baron contre la somme convenue.

Cela terminé, les deux voyageurs se remirent en route. Il fallut bien, cette fois encore, qu'ils allassent prendre gîte à Bagnères ; mais dès le lendemain ils partirent pour Paris.

XLIX

Tristesse.

Ainsi que nous l'avons dit, la joie régnait au château de Merval où l'on faisait gaiement des préparatifs de départ, le mariage des deux fiancés devant avoir lieu à Paris. La marquise, parfaitement rassurée, ne songeait plus à Varambert qu'elle croyait, d'après les lettres de Pied-de-Fer, dans l'impossibilité de lui nuire désormais, lorsqu'un matin, alors qu'on venait de se mettre à table pour déjeuner, un facteur de messagerie apporta une boîte soigneusement ficelée et cachetée, adressée à Mme de Merval.

« C'est peut-être un présent de noces, une surprise, dit-elle en riant ; nous verrons cela au dessert.

— Oh ! ma bonne tante, dit Ida ; pourquoi nous faire languir jusque là ? l'impatience va nous ôter l'appétit.

— Allons, folle, on va vous satisfaire. »

Elle coupa les cordes, leva le couvercle, et trouva d'abord une lettre à son adresse qu'elle s'empressa d'ouvrir. A peine en eut-elle lu quelques lignes que son visage pâlit, ses mains tremblèrent ; elle voulut saisir la boîte pour y remettre le couvercle ; mais cette boîte échappa à ses mains convulsivement agitées, et en tombant sur le côté il en sortit une tête de mort qui roula sur la table. Tous les convives se levèrent en jetant un cri d'effroi. La marquise s'évanouit ; il fallut l'emporter dans sa chambre alors qu'elle tenait encore entre ses doigts crispés cette lettre dont la lecture venait de lui porter un coup si terrible. Voici ce qu'elle contenait :

« Madame, vous me mettez au désespoir en
« persistant à me refuser la main de la femme que
« j'aime, et qui m'a été solennellement promise.
« J'ai longtemps hésité à user de représailles ; j'es-
« pérais toujours, à force de soumission, de bons
« procédés, vous ramener à de meilleurs senti-
« ments ; mais aujourd'hui que vous vous préparez
« à me porter le dernier coup, je dois me défen-
« dre ; je le dois et je le puis, ainsi que vous le
« verrez par l'échantillon des objets précieux
« trouvés entre deux noyers à l'entrée de votre
« parc.

« Vous avez, madame, un défenseur à la fois
« puissant et maladroit, ce qui le rend peu redou-
« table ; bientôt sera anéanti tout ce qu'il a obtenu
« de moi, par la plus coupable violence, et je
« n'aurai pour rien à craindre de lui. Dès ce mo-
« ment, vous serez perdue, car je ne pourrai, alors
« même que je le voudrais, revenir sur mes pas,
« et ce ne sera pas votre ruine seule, qui satisfera
« la vindicte publique ; il lui faudra encore votre
« liberté, et peut-être votre vie. Un mot de vous
« peut faire changer les choses de face ; je l'at-
« tendrai jusqu'à la fin de ce mois, poste restante
« à Paris, sous les initiales D. V. »

La joie avait fait place à la consternation : que voulait dire cet envoi d'une tête de mort ? La marquise seule le savait. Son premier soin, quand elle eut repris l'usage de ses sens, fut de brûler cette lettre qu'elle n'avait pas quittée ; sa sœur et les deux fiancés étaient près d'elle.

« Ma bonne sœur, mes chers enfants, dit-elle, c'est encore une nouvelle infamie de Varambert. Je ne sais quelle machination il prépare contre nous, ni comment nous mettre à l'abri de ses coups, et malheureusement notre ami Baillord est absent. »

Elle disait Baillord parce que Pied-de-Fer avait repris son véritable nom, lorsqu'il était venu demeurer au château ; mais M. de Barno savait depuis longtemps son nom de guerre, et il aimait cet homme audacieux, qui deux fois lui avait sauvé la vie.

« S'il est à Paris, dit-il, je le trouverai, et alors malheur à ce misérable Varambert! nous le chercherons et je le tuerai comme une bête malfaisante.

— Prenez garde, mon cher neveu, dit la marquise qui l'appelait ainsi, depuis les fiançailles, c'est un homme bien dangereux et capable de tout.

— Raison de plus, chère tante, pour le traiter le plus tôt possible comme il le mérite. Je partirai aujourd'hui même, et bientôt, j'en suis sûr, vous recevrez de moi de bonnes nouvelles. »

Mme de Merval fit encore quelques objections, mais pour la forme seulement ; car au fond, elle ne désirait pas que les choses tournassent autrement. De cette manière, le mariage se trouvait naturellement remis, ce qui allait permettre à cette douairière, trop peu épurée, de réfléchir, et de chercher les moyens de faire tête à l'orage, en même temps que le baron serait aux prises avec l'astucieux ennemi qui la menaçait.

Ida pleurait ; sa mère, la comtesse de Quérens, était dans la plus grande anxiété ; car ce qui arrivait à sa sœur lui faisait craindre pour elle-même. Ce pressentiment ne la trompait pas : le jeune diplomate avait fait ses adieux ; il allait monter à cheval, lorsque le facteur de la poste apparut à la grille du château.

Barno prit la lettre et l'ouvrit ; elle portait en tête :

« *Copie textuelle d'une lettre de Mme de Quérens à M. le duc de T...., dans laquelle la comtesse déclare que sa fille Ida est le fruit de l'adultère.* »

Et au-dessous de cet en-tête, était en effet le texte de la lettre gardée par Varambert, lettre que nous connaissons déjà, dans laquelle Mme de Quérens disait formellement que l'enfant qui était dans son sein, et qui devait s'appeler Ida, était le fruit de ses amours avec le duc. Au bas était écrit :

« L'original de cette lettre est déposé chez maître Sombret, notaire à Paris, qui est autorisé à le montrer à quiconque en fera la demande. »

Barno sentit un froid glacial lui passer dans les veines.

« Quelle est donc, se demanda-t-il, cette famille contre laquelle s'élèvent tant de monstrueuses accusations ! »

Et il sentait les larmes qu'il s'efforçait de comprimer lui retomber sur le cœur, car il adorait Ida. En proie à cette douleur poignante, il laissa son cheval aux mains du palefrenier, et il se rendit près de Mme de Quérens, encore tout attristée de la scène du matin.

« Madame, lui dit-il, je regrette amèrement d'être obligé d'ajouter à vos souffrances, vous que j'ai tant de bonheur à appeler ma mère ; mais le mauvais génie qui plane sur nous en ce moment, m'oblige à ne rien cacher de ce qui nous regarde mutuellement.

— Mon Dieu ! s'écria la comtesse, sommes-nous menacés de quelque nouveau malheur ?

— Lisez, madame, et vous en saurez plus que moi sur ce point. »

Mme de Quérens prit la lettre qu'il lui présentait, et la lut tout entière, non sans éprouver la plus vive émotion ; puis, en proie à une sorte d'exaltation fébrile, elle s'écria :

« Au nom de Dieu, ne soyez pas impitoyable, et je vous dirai toute la vérité. »

Barno recula épouvanté :

« C'est donc vrai ? » dit-il avec l'accent du désespoir.

La pauvre femme tomba à genoux.

« Oh ! non, non, répondit-elle. Je suis coupable ! mais avant de me condamner, écoutez-moi. »

A la vue de cette femme, belle encore, le visage baigné de larmes et agenouillée sur le parquet, le jeune diplomate se sentit ému de compassion ; il lui prit les mains, qui étaient jointes, et l'entraîna affectueusement jusqu'au fauteuil qu'elle avait quitté.

« Non, non, dit-il, je ne veux pas condamner, ni même accuser la mère de la femme que j'adore. Je ne demandais qu'une explication ; maintenant je ne demande rien.

— Mais ce que vous ne demandez plus, je veux vous le dire. Écoutez-moi, de grâce. J'ai failli, je l'avoue ; mais cette lettre est un mensonge ; le comte de Quérens, mon mari, avait dissipé sa fortune et la mienne ; nous étions ruinés. Le comte sollicitait une ambassade, et le duc de T.... pouvait la lui faire obtenir. J'avais appartenu à cet homme ; j'allais être mère, et je pleurais sur l'avenir de l'enfant qui allait naître. Ce fut alors que j'écrivis une lettre mensongère.... non ! Ida, ma chère enfant, n'est pas le fruit de l'adultère, je le jure devant Dieu.

— Oh ! je vous crois, madame.... J'ai tant besoin de vous croire !... Dans tous les cas, cet homme est un infâme dont les crimes doivent être punis. Deux fois déjà il a attenté à ma vie ; je ne veux pas qu'il puisse attenter à mon honneur, à l'honneur de la femme qui sera bientôt la moitié de moi-même.

— Merci, mon cher Jules ! vous êtes généreux ; mais cette générosité est encore pour moi une cause d'alarmes.... Qu'allez-vous faire ? mon Dieu !

— Rien qui soit indigne de moi. Quoi qu'il arrive, je marcherai droit ; que Dieu me soit en aide ! »

Il baisa la main de la comtesse, toujours belle, bien qu'elle fût sur le retour, et quelques instants après, il galoppait vers Bagnères, où il devait prendre la poste.

La route lui parut bien longue ; il avait tant hâte d'arriver ! Enfin le voici dans la capitale ; c'est là qu'il espère trouver l'implacable ennemi qu'il cherche ; c'est là aussi qu'il doit chercher d'abord l'ami dévoué qui doit lui être en aide. Bien renseigné par la marquise de Merval, il savait que Pied-de-Fer devait habiter la maison dont elle lui avait cédé la jouissance, et qui, voisine de l'hôtel de Quérens, y communiquait par un passage secret. Ce fut vers cette demeure silencieuse qu'il se dirigea.

Cette maison avait un aspect désolé ; inhabitée depuis longtemps si ce n'était par Pied-de-Fer, qui n'y faisait que de courtes apparitions, elle semblait presque un tombeau : il n'y avait point de sonnette à la porte, et le marteau destiné à en tenir lieu se rouillait dans ses alvéoles ; le vent sifflait à travers les vitres brisées des étages supérieurs, et les fenêtres plus voisines du sol étaient couvertes de lourds volets qui semblaient n'avoir pas roulé sur leurs gonds depuis plus d'un demi-siècle.

Jules de Barno frappa d'abord résolûment ; mais aux coups retentissants du marteau rien ne répondit.

« Que faire ? se demanda le jeune diplomate ; l'escalade est impossible, et quand même j'arriverais à l'intérieur, il est à peu près certain que je n'y trouverais personne. Attendons. »

La nuit était venue, et Barno se promenait lentement devant cette maison de sinistre apparence, lorsqu'il aperçut dans la contre-allée un homme de haute taille qui vint droit à lui.

« Barno !
— Pied-de-Fer ! »

Ces deux exclamations partirent en même temps.

« Que diable faites-vous ici ? demanda le vieux routier.

— Je vous attendais avec grande impatience. »

Et il raconta en peu de mots comment, au château de Merval, les larmes avaient tout à coup succédé à la plus douce joie, par le fait de Varambert devenu plus menaçant que jamais.

« Le misérable ! s'écria Pied-de-Fer, que ne l'ai-je mis pour toujours dans l'impossibilité de nuire, alors que je le tenais si bien dans la salle souterraine de la maison de Clignancourt ! mais ce n'est que partie remise, et cette fois il n'y aura pas de grâce quand Dieu lui-même la demanderait.... Entrons ; j'attends un bon garçon qui pourra nous aider à mettre la main sur cette bête venimeuse. »

Ils entrèrent. Pied-de-Fer tira d'un buffet une volaille froide, du pain et une bouteille de bordeaux.

« Vie de garçon ! dit-il. Quoique vous soyez près d'y renoncer, j'espère pourtant que vous voudrez bien me faire raison. »

M. de Barno ne se fit pas prier, car s'étant embarqué sans biscuit, il s'était à peine arrêté en route, et il avait les dents longues.

Ils venaient de se mettre à table, lorsqu'un coup de marteau retentit.

« Voilà notre homme, » dit Pied-de-Fer.

Et il alla ouvrir la porte : aussitôt apparut un grand gaillard taillé en hercule qui semblait n'avoir pas les dents moins longues que le diplomate.

« Prenez un siége, mon brave Jourdet, dit Pied-de-Fer, et faites comme nous.... avec votre permission, monsieur de Barno. »

Ce dernier s'inclina courtoisement.

« A la guerre comme à la guerre, reprit l'amphitryon ; j'ai encore là une moitié de gigot et quelques bouteilles à votre service.... Ça, mon garçon, comment vont les affaires ?

— Mal, maître, horriblement mal.... Je vous l'ai déjà dit, ce brutal de duc de Berri, m'a enguignonné. J'ai bon pied, bon œil, des bras et des poignets solides, et rien de tout cela ne peut trouver d'emploi.... Étonnez-vous donc, après cela, qu'il y ait tant de gens de mauvaise humeur !... Il y a des moments où je me sens capable de faire une révolution à moi tout seul.

— Calmez-vous, mon garçon, dit Pied-de-Fer en lui servant une large tranche de gigot. Mangez, buvez, et parlons raison.

— Ça n'est pas difficile, répondit Jourdet la bouche pleine.

— Alors je commence. Ne m'avez-vous pas dit que vous aviez reconnu un de ces deux coquins que nous avons si bien ficelés à Clignancourt ?

— Oui, je l'ai dit, et c'est la vérité. Moi, voyez-vous, je ne suis pas dégoûté, et je vais volontiers pitancher aux salons des grinches, vu que l'ordinaire y est toujours un peu meilleur que dans les autres gargotes, ce qui fait que le *Lapin-Blanc* est un établissement de mon choix. De temps en temps on s'y poche bien un peu les yeux ; mais le bouillon en a d'autres qui font avaler la douleur. C'est là que j'avais vu ce particulier avant que vous m'ayez chargé de le ficeler comme une carotte de tabac. Eh bien, on peut dire qu'il n'a pas de rancune, car voilà trois jours de suite que je le rencontre à ce même *Lapin-Blanc*, et il n'a pas seulement l'air de me reconnaître.

— Trois jours de suite.... alors il est probable qu'on l'y trouverait encore le quatrième ?

— Je ne dirais pas non, vu qu'il m'avait la mine de filer une affaire avec trois zigues qui n'ont pas mal aux dents.

— Écoutez-moi, Jourdet, c'est cet homme-là qu'il faudrait amener ici.

— Diable! ça ne serait pas facile. Pourtant si l'on pouvait lui fermer le bec et le mettre dans une voiture à bras, moi aux brancards et vous poussant derrière, ça pourrait encore aller bon pas. Voilà justement son heure.

— Partons, dit Pied-de-Fer en se levant. Monsieur de Barno, je ne crois pas avoir besoin de vous dire que vous êtes ici chez vous.

— Ne puis-je donc vous accompagner?

— Il ne faut pas que votre nom soit compromis. A bientôt ! »

Ils échangèrent une cordiale poignée de main, et Pied-de-Fer, accompagné de Jourdet, prit le chemin de la Cité.

L

Imbroglio.

Au milieu de cet imbroglio d'événements où Varambert, Carlo et Pied-de-Fer jouent à chaque instant leur vie et leur liberté, il est quelques personnages que nous avons perdus de vue et auxquels nous croyons devoir revenir.

On n'a pas oublié le forçat André assez habile pour s'enfuir du cachot où on l'avait jeté après sa réintégration au bagne, cachot duquel il ne devait sortir que pour passer devant le tribunal maritime et de là, selon toute probabilité, à l'échafaud.

Quel parti le forçat évadé allait-il prendre?

Raflard lui avait bien fait dire qu'il l'attendait route de la Rochelle à la maison des Revenants; mais à qui pouvait-il se fier pour demander sa route? son aventure de la veille l'avait rendu circonspect; il était bien hors des murs de la ville, c'était déjà quelque chose, mais de là à être en sûreté, il y avait loin.

Tandis qu'il réfléchissait sur ce qu'il devait faire, un homme vint à passer près de lui : c'était un ouvrier du port; il le reconnut facilement à son costume de travail.

André tourna la tête d'un autre côté, et se prit à examiner fort attentivement les murs d'enceinte de la ville; à le voir si attentif à cet examen, on eût pu le prendre pour un architecte ou un ingénieur chargé de lever un plan.

Ce qui avait augmenté l'embarras du forçat, c'est qu'il lui avait semblé que cet homme, qui avait paru le regarder si attentivement, devait travailler sur le vaisseau la *Ville-de-Paris*.

L'homme avait suspendu sa marche.

André n'osait se retourner pour voir s'il était l'objet de son attention; pendant un moment, il éprouva une sensation des plus désagréables.

Dans l'endroit où il se trouvait, il lui était impossible de se cacher et de se dérober par la fuite aux regards inquisiteurs de l'ouvrier.

Il était dans le cours d'Ablois, qui est une promenade publique des plus spacieuses, devant lui s'étendait la ligne des remparts qui lui offrait peu d'abri; tenter de fuir, c'était se signaler à l'attention et amener son arrestation sur l'heure.

« Allons! se dit-il, n'entendant pas l'ouvrier reprendre sa marche, ce n'est pas le nom d'André que mon parrain eût dû me donner, mais celui de Pas-de-Chance; après une évasion si hardie, en arriver à être réintégré au bagne comme un mouton.... »

Ici il fut arrêté dans son monologue, par la voix de l'ouvrier qui appelait d'une voix timide :

« André! André!

— Je suis reconnu, » dit-il sans toutefois retourner la tête.

Mais il se douta que cette tactique ne lui servirait pas, car il entendit les pas de l'ouvrier qui s'approchait de lui.

Tout à coup il eut une idée, celle d'acheter cet homme qui venait de le reconnaître.

Il se retourna rapidement vers lui, au moment où il allait presque le toucher :

« Tu peux gagner cent francs en m'arrêtant, lui dit-il, je t'en donne mille si tu me laisses passer.... »

André n'avait pas un sou sur lui, mais il comptait par ses paroles éblouir l'ouvrier et l'amener à composition.

« Vous ne me reconnaissez donc pas? lui demanda celui-ci.

— Non. Ou plutôt si, je crois vous reconnaître. Vous êtes ouvrier calfat.

— Je suis celui qui, hier, vous ai fourni des effets pour fuir.

— Ce n'est pas un piège que vous me tendez là?

— Dans quel but?

— Eh! dans le but de gagner la prime de cent francs.

— On m'a plus offert d'argent pour contribuer à votre délivrance et à celle de votre compagnon de chaîne que ne saurait m'offrir l'amirauté pour vous faire prisonnier; mais j'aperçois, là-bas, des curieux, suivez-moi à distance, sans affectation. »

Le forçat se demandait s'il rêvait. Assurément cet homme devait être un agent de Raflard ou de sa maîtresse.

Il ne se trompait pas dans ses prévisions, c'était l'ouvrier calfat dont Honorine avait tiré la famille de la misère.

La jeune veuve, dès quelle fut seule, tomba à genoux. (Page 689, col. 2.)

André et son guide arrivèrent bientôt à la petite maison qu'occupait celui-ci derrière l'hôpital maritime.

« J'ai envoyé les enfants au dehors, lui dit-il, ainsi que ma femme; vous êtes ici en sûreté, personne ne viendra vous y chercher....

— Et Raflard? demanda André qui s'inquiétait de son camarade de chaîne.

— Il est en sûreté; seulement ce matin, pour arriver à vous sauver, il a joué gros jeu, et a risqué sa liberté; madame était dans un état à faire pitié.... »

André était un homme prudent et discret; il ne s'informa pas de ce que pouvait être madame, il était dehors et paraissait être en sûreté; cela lui était plus que suffisant.

L'ouvrier avait pris toutes les précautions possibles, pour qu'en cas d'alarme, l'évadé pût fuir; il lui avait même indiqué la route à prendre pour gagner la grand'route; et la maison des Revenants, vers laquelle il devait se diriger et trouver un abri, lui avait été parfaitement indiquée. Là seulement, il devait apprendre de quel côté, on pensait pouvoir le diriger, pour éviter la justice et les gendarmes.

Mais André, tout en étant à l'abri d'une surprise, ne paraissait pas moins inquiet, l'ouvrier calfat s'aperçut de son trouble.

« Que craignez-vous ici? lui demanda-t-il.

— Rien! seulement je suis inquiet de ce que peut être devenu le sergent; je l'ai quitté ficelé comme une andouille....

— Il est au frais, fit observer le calfat, par ce temps-ci, il fait bon d'être à l'ombre.

— Oh! pour être au frais, il y est; seulement en le quittant, je lui ai mastiqué la bouche, et cela d'une telle façon, que j'ai bien peur que quand on voudra l'enlever de sa faction forcée, on ne trouve plus mon homme.

— Comment? fit l'ouvrier étonné.

— Sans doute, il se pourrait très-bien qu'il fût étouffé. »

L'ouvrier ne put réprimer un geste d'horreur.

« Ah! vous ne comprenez pas cela? je sais tout ce que vous allez me répondre sur ce sujet; mais si vous saviez ce que c'est que la vie, la liberté; songez que dans ce cachot, je n'avais plus nul espoir de revoir le soleil; je n'en devais sortir que pour être conduit dans la cour du bagne.... pour y subir la mort....

— Aussi, dit l'ouvrier, pourquoi vous êtes-vous mis dans le cas de venir au bagne une première fois.

— Ah! fit André, ceci est de l'histoire ancienne...: et pourtant croyez-vous que les maîtres que j'ai dénoncés ne sont pas plus coquins que moi; si quelqu'un eût dû avoir envie de bien faire, assûrement ç'aurait dû être ces hommes, qui chaque jour avaient devant leurs yeux le spectacle de criminels chargés de fer, pour les mêmes crimes dont ils se rendaient coupables de gaieté de cœur. Hé! mais, j'y pense, ce sont eux qui vont être contents de mon évasion, et surtout de la mort de ce brave sergent de chiourme, car il doit être mort.

— Comment cela?

— Mais ils n'auront plus de témoins à craindre.

— Et l'enquête que vous oubliez?

— Quelle enquête?

— Celle qu'a prescrite la préfecture maritime. On a commencé les recherches chez toutes les personnes arrêtées ce matin ; il est vrai qu'elles n'ont amené aucun résultat. Mais il paraît que l'on compte, cette après-midi, découvrir chez le père Nickel, un brocanteur du faubourg, une grande quantité d'objets dérobés à l'État....

— D'où tenez-vous tous ces renseignements ? demanda André.

— De la direction générale, où j'étais allé ce matin porter un ordre, j'étais dans l'antichambre et ceux qui étaient dans la pièce voisine ne se gênaient pas pour causer.

— C'est tout de même singulier, fit observer André toujours préoccupé de son évasion, que l'on n'ait pas encore tiré le canon d'alarme.

— Soyez satisfait, » dit le calfat.

Une explosion venait de se faire entendre, le bruit de la détonation emporté par le vent, passa au-dessus de la maison où se tenait caché le fugitif; il en succéda bientôt deux autres, puis tout se tut.

« Je voudrais bien savoir, dit André, comment mon évasion s'est découverte.

— Cela me paraît assez difficile, » fit observer l'ouvrier.

Mais ce qu'André ne pouvait savoir, nous pouvons le dire à nos lecteurs.

Le commissaire du bagne, qui commençait à trouver que, pour obtenir des révélations, le sergent demeurait bien longtemps dans le cachot, en compagnie du prisonnier, envoya un garde-chiourme.

Celui-ci, voyant la porte du cachot ouverte, crut que son supérieur s'y trouvait encore, et sans daigner descendre pour s'assurer s'il y était, il revint vers le commissaire :

« Ils continuent de déjeuner, dit-il en souriant.

— Grand bien leur fasse, répondit le commissaire. Je vais aller en faire autant. »

Et il sortit de son bureau. Ce ne fut que vers trois heures, quand il rentra, qu'il s'occupa du sergent de chiourme; il s'informa s'il était venu le demander.

« Ce n'est pas possible qu'il soit encore dans le cachot avec le prisonnier, dit-il. Qu'on le cherche. »

Ce fut le même garde-chiourme de planton qui fut chargé d'aller prévenir Méloc que le commissaire commençait à trouver fastidieuses les confidences que pouvait lui faire le forçat.

Le garde-chiourme se rendit au cachot. La porte en était encore ouverte.

« Avez-vous vu sortir le sergent? » demanda-t-il au factionnaire.

Celui-ci répondit qu'il n'avait vu entrer ni sortir personne depuis qu'il était en faction, cela n'avait rien d'étonnant qu'il fît une telle réponse, car c'était la troisième sentinelle que l'on relevait depuis que le sergent Méloc était entré dans le cachot.

Un vague sentiment de crainte s'empara du garde-chiourme.

« Sergent! le commissaire vous demande, » cria le garde-chiourme à l'entrée du cachot.

Mais personne ne répondit.

« Diable ! » fit-il; il se baissa un peu pour voir s'il ne l'apercevait pas, mais sa vue ne put plonger jusqu'au fond du cachot.

« Est-ce qu'il serait arrivé un malheur ? » se demanda-t-il.

Il voulut descendre, mais il fut arrêté par le factionnaire.

« On ne descend pas, lui dit-il, j'ai pour consigne de ne laisser entrer personne et de laisser sortir un garde-chiourme. »

Il n'y avait rien à dire à cette observation, le garde-chiourme lui-même était soldat, et il savait qu'une consigne ne se discute pas ; il courut au bureau du commissaire auquel il fit part de ses craintes et de la consigne donnée.

« Nous sommes joués! dit celui-ci; le forçat aura tué Méloc et se sera sauvé à l'aide de son uniforme; cours au poste, que le caporal vienne relever son factionnaire qui doit, c'est certain, faire une faction inutile depuis longtemps. »

Cet ordre fut rapidement exécuté.

Le commissaire voulut lui-même descendre dans le cachot. Du premier coup d'œil, il put s'assurer qu'il avait deviné juste; le forçat avait fui laissant sa casaque en moui rouge.

Quant au sergent, il était mort suffoqué autant par la rage qu'il avait dû éprouver de se voir tomber aux mains d'André que par la sorte de poire d'angoisse en mie de pain qu'il lui avait enfoncée dans la bouche.

« Voilà du propre, dit le commissaire, comme on va rire de nous! »

Il est de fait que lorsque l'évasion fut connue dans l'Arsenal, on oublia la mort de l'infortuné sergent pour exalter l'audace du forçat.

Dans le public, on est assez disposé à applaudir à l'audace du coquin; du reste, voyez les journaux; dans notre pauvre humanité, les actes de bienfaisance et de vertu sont assurément plus nombreux que les crimes, cela n'empêche pas qu'une plus large place est réservée aux récits des derniers; et les criminels trouvent généralement plutôt un historien que les honnêtes gens.

Le public de l'Arsenal ne pouvait donc déroger à cette règle.

Il se trouva même des gens pour affirmer que le forçat André était un caractère et Méloc un crétin.

Pendant que tout le monde exaltait l'habileté du forçat, celui-ci, tapi au fond de la petite maison de l'ouvrier calfat, voyait venir la nuit avec plaisir; à neuf heures, il osait enfin sortir; il faisait une de ces nuits sombres, une de ces nuits sans lune et sans étoiles; mais grâce aux indications que lui avait données l'ouvrier, il était certain de ne pouvoir s'égarer.

A cette heure de la nuit, et surtout dans la campagne, on sait avec quelle facilité l'oreille recueille le moindre son; en sa qualité de fugitif, le forçat prêtait une attention extraordinaire au moindre bruit. Tout paraissait calme autour de lui, et cependant il n'était pas sans crainte, car les paysans, mis sur pied par le canon d'alarme, devaient se tenir en éveil.

En ce moment le calme qui régnait dans la nature fut troublé par les sons graves d'une cloche : c'était l'annonce de la fermeture des portes de la ville.

Ce son de cloche rappela au forçat son village et les journées heureuses qu'il y avait passées : un soupir brûlant s'échappa de sa poitrine.

« A quoi va pouvoir me servir cette liberté à laquelle j'aspire avec tant d'ardeur, se dit-il en s'arrêtant au milieu de la route, que n'ai-je pas fait pour la ravoir. J'ai tué, encore une fois.... Qui me dit que pour la conserver je ne tuerai pas encore; mieux aurait valu pour moi de tomber sous les coups de Ladirée. C'est cette mort par la guillotine qui m'a fait horreur.... Ah! je ne sais si je dois continuer ma route, ou achever ici une vie perdue à jamais. »

Il reprit sa marche un instant interrompue; mais cette ardeur qu'il possédait le matin avait disparu pour faire place à un profond abattement; le malheureux avait compris qu'il ne pouvait plus trouver de chance de salut que dans le crime, et c'est ce qui l'épouvantait.

« Enfin! finit-il par se dire, il ne pourra pas m'arriver autre chose que ce qui m'attendait; voici une lumière que j'aperçois sur ma droite, ce doit être là que se trouve Raflard. »

Il hâta le pas.... Mais tout à coup, il s'arrêta, il lui avait semblé qu'on causait tout près de lui, avec des précautions infinies il marcha dans la direction où il avait entendu les voix.

« La maison des Revenants serait-elle cernée ? » se demanda-t-il.

Sans le savoir, il venait de dire vrai; un agent déguisé en bourgeois avait été assez habile pour suivre le vieux Nickel, qu'on soupçonnait depuis longtemps d'avoir, hors des murs de la ville, un immense magasin connu de lui seul et de quelques affiliés, et dans lequel il devait recéler une partie des marchandises volées à l'arsenal.

L'agent avait vu Nickel disparaître au beau milieu des terres, ce qui lui parut étrange, car, il n'y avait là aucune espèce d'abri. Le vieux brocanteur s'était-il douté qu'il était suivi, et pour dépister l'agent s'était-il jeté dans les blés, et avait-il gagné un autre point en rampant, c'est ce que l'agent ne put dire.

Cependant il n'avait pas perdu de vue le point où s'était enfoncé Nickel. Ce ne fut que vers six heures du soir que d'autres agents vinrent le relever, c'est à partir de ce moment qu'on avait décidé de ne pas abandonner l'endroit, jusqu'à ce qu'on pût mettre la main sur le brocanteur.

Au bout de dix minutes d'allées et venues accomplies en silence, André fut convaincu que la maison des Revenants était l'objet d'une surveillance attentive et qu'on n'attendait qu'un signal pour fondre dessus et la fouiller de fond en comble. Du reste, s'il avait pu en douter, la conversation que tenaient librement à quelques pas de lui deux gendarmes, ne pouvait laisser subsister aucun doute dans son esprit.

« Pendant que nos chefs s'évertuent l'esprit à chercher où peut être passé ce vieux voleur, il m'est avis qu'on ferait bien de fouiller la maison des Revenants, disait l'un d'eux à son camarade.

— Tu crois que c'est là que sont renfermées les marchandises volées.

— Un peu, seulement, je suis convaincu qu'il doit y avoir dans cette maison des caves profondes qui doivent communiquer par des boyaux, soit avec la mer, soit au loin dans la campagne, voilà pour moi ce qui explique la disparition de Nickel au milieu des terres.

— Mais tu sais bien qu'on a fait fouiller toute la plaine avec soin.

— Est-ce que c'est possible avec le peu de monde que la justice a à sa disposition. Je suis convaincu que c'est seulement dans cette maison qu'on trouvera la solution demandée. Rappelle-toi qu'elle a longtemps appartenu à un avare qu'on soupçonnait de spéculer sur les blés, sans qu'on lui connût de magasin....

— Je me rappelle parfaitement cela, même que tout le monde s'étonnait qu'il refusât de louer cette maison.

— Il avait ses raisons secrètes pour cela; et ses raisons n'étaient autres que l'existence d'immenses magasins de grains dans les caves de sa maison.

— Mais les héritiers auraient dû savoir cela....

— Ce n'est pas certain; le père Nickel était bien avec l'ancien propriétaire, et peut-être lui a-t-il vendu le sous-sol de sa maison et le secret. »

André en savait assez; il n'y avait plus de doute possible pour lui. C'était Nickel que l'on cherchait et d'un moment à l'autre les gendarmes pouvaient pénétrer dans la maison où se tenait caché Raflard.

« Et ils ignorent cela! dit-il en se tordant les mains de désespoir. La male chance nous poursuit.... c'est écrit là haut, nous ne pourrons pas nous tirer de leurs griffes, mais qu'avons-nous fait à ces gendarmes, à ces gardes-chiourmes pour qu'ils nous poursuivent comme des bêtes fauves, de quel droit agissent-ils? Que m'avait fait ce malheureux auquel j'ai scié les mains?... se dit-il après un instant de réflexions. Allons puisque je suis une bête fauve, je vais me faire donner la chasse, peut-être serai-je assez habile, après tout, pour les dépister. »

Il marcha bravement vers le chemin qui conduisait à la maison des Revenants, mais à l'entrée, il vit une ombre, il devait y avoir là un gendarme ou un soldat qui faisait sentinelle.

Il s'éloigna du sentier et chercha à gagner le mur qui entourait la propriété, mais le vent avait fait tomber un grand nombre de feuilles sèches, et malgré les précautions qu'il prenait, il ne pouvait amortir complétement le bruit de ses pas.

« Qui vive! » cria une sentinelle.

L'éveil était donné, le forçat avait pu franchir la première ligne des factionnaires, mais il comprit de suite qu'il ne pourrait en être de même de la seconde.

« Il faut que je franchisse ce mur, dit-il, avant qu'ils n'arrivent jusqu'à moi, peut-être aurai-je le temps de les prévenir.... »

André n'avait plus qu'une préoccupation, sauver Raflard. Il se jeta le long du mur, se cramponna aux aspérités, et essaya de grimper le long.

« Qui vive! » cria de nouveau la sentinelle.

André venait d'atteindre le haut du mur; mais il ne put retenir un cri de douleur, la crête du mur était garnie de tessons de bouteilles; mais sa force de volonté était telle, qu'il ne resta pas moins sur ce mur, se déchirant les mains pour en arracher les morceaux de verres.

« Qui vive! » cria encore une fois la sentinelle, mais, cette fois, ce cri d'alarme fut accompagné d'un coup de feu, le forçat, atteint d'une balle au bras, roula de l'autre côté du mur; il était dans le jardin. »

C'était tout ce qu'il voulait; il courut à la maison, on avait dû l'entendre, car il vit la lumière courir le long des fenêtres.

Il tomba presque sur les marches du perron. Honorine était là; en voyant un homme couvert de sang, elle poussa un cri de terreur.

« Je viens le sauver! » dit-il.

Elle se tut aussitôt, car elle avait compris quel était cet homme.

« Venez, lui dit-elle.

— Non! laissez-moi là; sauvez-le! dit-il, entendez-vous leurs cris, ils ont découvert ma piste; les voilà! ils arrivent, la maison est cernée, cachez-le si vous le pouvez....

— Il est en sûreté, dit Honorine, ils peuvent venir....

— Fuyez! s'écria-t-il, car je veux me défendre, pour leur donner l'occasion de me fusiller, dans l'état où je suis, je ne puis que vous embarrasser. »

Mais Honorine refusa de se retirer.

Le forçat ne s'était pas trompé, les gendarmes venaient de parvenir à ouvrir la grille; l'un d'eux, un impétueux, qui avait aperçu André, courut sur lui la baïonnette croisée.

« Rends-toi! lui cria-t-il, ou tu es mort! »

Le gendarme ne savait pas trop à qui il avait à faire, mais un homme qui n'avait pas répondu à trois qui-vive successifs ne pouvait être, dans son opinion, qu'un homme dangereux.

Le forçat, sans arme, se jeta droit sur lui, et du bras gauche, le seul dont il pût se servir, il leva droit le fusil du gendarme, le fit tourner et le lui arracha par un mouvement énergique; les autres gendarmes, dont deux avaient des torches, accoururent au secours de leurs camarades.

« Je suis André! le forçat qui s'est évadé cette après-midi, s'il y en a un parmi vous qui a envie de mourir, qu'il s'approche! »

Et en parlant ainsi, il brandissait au-dessus de sa tête, le fusil qu'il avait arraché des mains du gendarme.

Trois coups de feu se firent entendre, le forçat roula à terre! Honorine avait fui précipitamment :

« Merci! gendarmes, dit André, vous m'avez donné la mort d'un soldat, ça me réconcilie avec vous. »

Un jet de sang l'empêcha de continuer; il fit quelques soubresauts, puis ce fut tout. André était mort.

« Si encore pareille affaire était arrivée ce matin, dit le brigadier, ce pauvre Méloc serait encore de ce monde. Mais avec tout ça, ce gibier-là nous a fait perdre la piste de l'autre, et rien ne dit que pendant cette bagarre, Nickel, dont nous cherchons la trace, n'aura pas profité de cela pour fuir! »

LI

Revanche.

C'était un lundi; toutes les tables étaient garnies au *Lapin-Blanc*, car à la clientèle ordinaire se joignaient, ces jours-là, les ouvriers loupeurs, et ceux qui, mangeant à deux râteliers, venaient là prendre langue et respirer l'air du bureau.

Jourdet s'approcha d'une fenêtre dont les rideaux rouges n'étaient qu'à demi fermés.

« Je l'aurais parié, dit-il à demi-voix; Carlo est là. Mettez-vous en faction pendant que je vais aller louer une voiture à bras. Que nous le tenions là dedans, et je fais mon affaire du reste. »

Il partit comme un trait.

Pied-de-Fer avait grande envie d'aller prendre au collet l'audacieux valet, qu'il voyait distinctement au milieu d'un groupe de mauvais garnements; mais il se dit qu'en agissant ainsi, il se mettrait probablement sur les bras bon nombre de ces mauvais drôles, et il se contint.

Dix minutes après, Jourdet était de retour avec la voiture.

Il se débarrassa aussitôt de sa bricole, et, les mains dans les poches, il entra dans le cabaret de l'air d'un flâneur, qui cherche une bonne âme disposée à le désaltérer.

Il arriva ainsi, sans éveiller l'attention, tout près de Carlo qui lui tournait le dos, et auquel il souffla dans l'oreille ces quelques mots :

« Monsieur le baron vous attend. »

L'intendant se leva vivement pour voir de qui lui venaient ces paroles; mais déjà Jourdet s'était perdu dans la foule des buveurs qui entouraient le comptoir.

« Le baron viendrait me chercher ici! se dit-il, ce n'est pas croyable. Pourtant j'ai bien entendu. Évidemment, si ce n'est lui, c'est quelqu'un qui sait les relations qui existent entre nous; voyons. »

Et il sortit.

L'établissement du *Lapin-Blanc* était situé dans la rue aux Fèves, une de ces ruelles sombres, sales et puantes dont se composait la presque totalité du vieux Paris, et dans lesquelles il n'était pas prudent de s'aventurer après le coucher du soleil.

A peine Carlo eut-il franchi le seuil de la porte, que Pied-de-Fer, de son poignet vigoureux, le saisit à la gorge, tandis que Jourdet lui enfonçait dans la bouche une poire d'angoisse, qui lui ôta à l'instant même toute possibilité de crier.

« Sois docile, drôle! lui dit Pied-de-Fer, ou tu vas tout à l'heure aller faire un plongeon sous l'arche du Diable, dont nous ne sommes qu'à deux pas. »

Carlo avait les meilleures raisons du monde pour ne pas répondre, car il lui était impossible de remuer la langue, comprimée de manière à lui permettre à peine de respirer. De plus, il avait reconnu Pied-de-Fer, et sachant aux mains de quel terrible adversaire il se trouvait, il jugea prudent de ne pas aggraver sa position par une défense inutile.

Il se laissa donc lier pieds et poings, et porter dans la voiture à bras, comme une masse inerte. Jourdet reprit sa bricole ; Pied-de-Fer poussa derrière, et ils partirent à toutes jambes.

« Maintenant, drôle, dit le vieux routier, quand ils furent arrivés à la sombre demeure où il avait élu domicile, maintenant, le diable et sa séquelle ne te tireraient pas de mes mains, et tu y resteras jusqu'à ce que j'aie eu raison de toi et de l'autre, et que je vous aie mis tous deux dans la plus complète impossibilité de relever la crête. »

Ils l'emportèrent dans la maison, et le déposèrent sur le parquet, dans la pièce où M. Barno attendait ; puis Pied-de-Fer lui ôta la poire d'angoisse, réminiscence de son ancien métier ; il lui versa un cordial dans la bouche, et l'intendant pouvant enfin parler, supplia qu'on lui ôtât les liens qui lui serraient les jambes et les bras, et qui, entrant dans les chairs, lui causaient une douleur intolérable.

« Mauvais coquin, lui répondit Pied-de-Fer, qu'as-tu à espérer de moi, qui t'ai laissé la vie, alors que je pouvais te livrer au bourreau ou t'écraser comme une chenille?

— Hélas! j'avais un maître!

— Oui, un lâche et un traître comme toi, suppliant devant le danger; insolent et capable de tout, dès qu'il croit n'avoir plus rien à craindre.... Eh bien! où est-il ce lâche assassin?... Parle; ton salut est à ce prix. »

Carlo, comme on a pu le voir, était d'une audace peu commune, et il avait dans l'esprit des ressources presque inépuisables.

« Quoi! dit-il d'une voix dolente, vous fulminez contre les traîtres, et vous m'exhortez à trahir mon maître? cela n'est....

— Je crois, s'écria le vieux routier en lui coupant la parole, que ce gibier de guillotine ose raisonner!... Allons, parle! c'est mon dernier mot! »

Et il tira de dessous ses vêtements un long couteau catalan, dont la lame brilla comme un éclair.

« Quand vous m'aurez tué, dit froidement Carlo, croyez-vous que je parlerai plus facilement?

— Tu parleras, parce que je le veux. »

Carlo ne répliqua point.

« Maître, dit Jourdet à Pied-de-Fer, les soirées

commencent à être froides, et on n'a pas été *enfant du feu* pour rien.

— Nous y viendrons s'il le faut, mon ami : il y a dans l'antichambre tout ce qu'il faut pour cela. »

Jourdet comprit ; il alla dans l'antichambre, et en rapporta une brassée de menu bois, qu'il jeta dans l'âtre.

M. de Barno ne disait rien ; il était immobile et muet ; tous les muscles de son visage étaient contractés ; il pressentait qu'il allait se passer quelque chose d'horrible, et son âme honnête se révoltait à cette pensée.

Pied-de-Fer s'aperçut facilement de ce qui se passait en lui.

« Monsieur, dit-il au fiancé d'Ida, peut-être que quand vous aurez autant vécu que moi, vous comprendrez qu'il y a des nécessités de situation qu'il faut savoir subir. Ce misérable est couvert, comme son maître, des crimes les plus monstrueux ; ils ont attenté à votre vie, à la mienne ; à la fortune, à l'honneur de ceux que vous aimez et que j'aime. Plusieurs fois depuis, ils ont été à ma discrétion ; j'aurais pu les livrer au bourreau ou les écraser sous mon talon comme des vipères, sans craindre que jamais la justice des hommes pût m'en demander compte. Et pourtant, j'ai eu la générosité.... je devrais dire la coupable faiblesse de leur faire grâce.... Oui, je leur ai fait grâce pleine et entière, alors qu'ils m'avaient attiré dans une cave, où ils avaient une fosse pour moi, et dans laquelle j'aurais pu les faire enterrer tout vifs, si je l'avais voulu. Et aujourd'hui, que font-ils ? Ils mettent tout en œuvre pour vous enlever la femme que vous aimez, et pour la dépouiller de la fortune qui doit être sa dot. Quant à moi, ils n'attendent qu'une occasion favorable pour m'égorger au premier coin.... Non, non ! plus de grâce ! je serai, moi seul s'il le faut, le juge et l'exécuteur.... Prépare-toi, misérable, avant le lever du soleil tu auras cessé de vivre.

— S'il doit en être ainsi, dit Carlo, quel intérêt puis-je avoir à répondre à vos questions ?

— Écoute, répondit le vieux routier, depuis plus de trente ans, je n'ai pas manqué une seule fois à ma parole ; eh bien ! si tu parles, si, par tes indications, je puis mettre la main sur ce monstrueux coquin, que tu appelles ton maître, je te ferai grâce de la vie ; mais seulement quand j'aurai acquis la certitude que tu ne m'auras pas trompé. Maintenant, je te donne cinq minutes pour réfléchir. »

Jourdet activait le feu qu'il avait allumé dans l'âtre.

M. de Barno souffrait horriblement : la sueur ruisselait sur son visage ; son cœur bondissait, ses cheveux se dressaient.

« J'étouffe ! dit-il à Pied-de-Fer ; par grâce, souffrez que je me retire.

— Pardon, dit l'ancien chauffeur, j'aurais dû y songer : vous n'êtes point ici dans votre milieu. Je n'ai ni le droit, ni la volonté, ni le désir de vous retenir. Vous êtes donc parfaitement libre, et vous pouvez sortir d'ici, quand il vous plaira ; mais rien ne m'empêchera cette fois de faire justice.... J'ai dit cinq minutes ; aucune puissance ne pourrait faire que j'en accordasse une de plus. Mais il est juste, il est bien, monsieur, que vous ne soyez pour rien dans cette affaire, et vous êtes parfaitement libre d'en user comme vous le voudrez. »

M. de Barno se hâta de sortir. Peut-être en ce moment, en proie à une sorte de terreur, regrettait-il amèrement d'être mêlé dans toute cette affaire, qui pouvait compromettre sa dignité ; mais l'amour reprit bien vite tous ses droits.

« Ida ! Ida ! se disait-il mentalement ; posséder Ida ou mourir ! »

Cette fièvre du cœur, qui s'était affaiblie un instant, le raviva tout à coup, et la réaction la rendit invincible.

Il eut pourtant assez d'empire sur lui-même, pour rester chez lui, pour y attendre que Pied-de-Fer lui fît connaître la fin du drame, au dénoûment duquel il ne s'était pas senti la force d'assister.

Pied-de-Fer tenait toujours sa montre.

« Il te reste une demi-minute, dit-il à Carlo, et pour rien au monde, je ne t'accorderais une seconde de plus. »

Et levant le bras sans cesser d'avoir les yeux sur l'aiguille, il se tint prêt à frapper. Carlo ayant perdu tout espoir d'être secouru, et d'échapper à la juste vengeance de son ennemi, se décida à capituler.

« Je voudrais, dit-il, vous faire connaître le lieu où le baron de Varambert se trouve en ce moment ; mais, en vérité, je n'en sais rien.

— Tu mens ; des gens de votre sorte ne se quittent pas sans savoir où se retrouver. »

Carlo eut l'air de réfléchir un instant.

« Parleras-tu ! s'écria Pied-de-Fer presque furieux.

— Maître, dit Jourdet, qui était demeuré près du feu, pourquoi vous faire tant de bile ? Voici une flamme azurée qui ferait parler des pierres.

— Vous avez raison, mon ami, répondit l'ancien chauffeur, en détournant ses regards de cette flamme, qui réveillait en lui de lugubres souvenirs.... Allons pourtant, puisqu'il le faut. »

Et il prit le patient par les épaules ; Jourdet lui saisit les jambes, et ils le portèrent devant l'âtre.

— Assez ! fit Carlo ; mes jambes et mes bras dont vous n'avez pas voulu ôter les liens, sont, je le sens, entièrement paralysés : que gagneriez-vous à me faire souffrir davantage, alors que je consens à vous dire tout ce que je sais ?

— Hâte-toi donc.

— Oh! c'est simple, et ce sera court. Vous n'ignorez pas que le baron a fait là-bas, dans les Pyrénées, certaines découvertes importantes....

— Je devine tout maintenant! s'écria Pied-de-Fer en se rappelant la scène de la tête de mort que lui avait racontée de Barno; il va tenter de profiter de la terreur de ces pauvres femmes isolées en ce moment, pour leur imposer des conditions.... Oh! je le trouverai; et malheur à lui, car son arrêt est cette fois sans appel.... Voyons, ami Jourdet, nous avons ici une cave magnifique où ce drôle-là sera beaucoup mieux logé qu'il ne le mérite; la trappe par laquelle on y pénètre défierait les efforts d'Hercule s'il y était logé, et les barreaux de l'unique soupirail offrent juste entre eux une ouverture suffisante pour y passer la main. C'est tout ce qu'il faut pour qu'on n'y meure pas de faim. Nous allons mettre ce mauvais gueux au frais, et, en attendant mon retour vous lui descendrez sa nourriture par l'ouverture dont je viens de parler. Du reste la maison est bien pourvue de provisions de toute espèce: il y a, dans un coin de la cuisine, une cinquantaine de bouteilles de vin, et le garde-manger est plein de salaisons de toute sorte. Vous allez être roi ici; il est vrai que vous n'aurez qu'un sujet; mais en cas de révolte de sa part, je vous donne droit de vie et de mort. Vous savez du reste comment je récompense les services qu'on me rend. Est-ce chose convenue?

— Mettons-le où vous dites, répondit Jourdet, et je réponds de lui sur ma tête. »

Carlo ne protesta pas contre le traitement qu'on se disposait à lui faire subir, de peur que Pied-de-Fer, se ravisant, ne trouvât plus sûr de lui trouer la peau avec son couteau catalan: il se borna à demander en grâce que l'on lui coupât les cordes qui le faisaient horriblement souffrir.

« Bon! dit Jourdet, quand nous serons là-bas je me chargerai de cela si vous êtes gentil. »

Tous deux portèrent alors le prisonnier dans la cave, où ils le laissèrent étendu sur le sol après avoir coupé ses liens. Les choses ayant été arrangées du reste comme il avait été dit, Pied-de-Fer donna au geôlier improvisé par lui une paire de pistolets, et il reprit le chemin du château de Merval.

LII

Secours inespéré.

Après le départ de Carlo, ses amis du *Lapin-Blanc* continuèrent à fêter les brocs qu'il leur avait fait servir; un seul d'entre eux, Guisard, l'ancien croque-mort, s'étonna de cette fugue subite. Voulant savoir de quoi il s'agissait, il sortit presque aussitôt, et il arriva dans la rue au moment où la voiture à bras partait emportée par deux hommes courant à toutes jambes.

« Que diable emportent-ils là? se demanda-t-il; on n'est jamais si pressé de livrer de la marchandise payée.... Ils trottent bien, mais je n'ai pas non plus mes jambes dans mes poches.... Il y a peut-être là quelque chose à faire. Faut voir ça. »

Il se mit au même instant au pas gymnastique, et, se tenant à distance, sans perdre pourtant de vue la petite voiture, il arriva presque en même temps qu'elle devant la maison de l'avenue du Maine, qui était en ce moment le domicile de Pied-de-Fer.

Là il se blottit derrière un arbre, et il vit bientôt les deux hommes qui avaient traîné la charette en enlever un troisième de l'intérieur de ce singulier équipage et l'emporter dans la maison, et comme, au moment où les deux porteurs franchissaient le seuil de la porte avec leur fardeau, un rayon de lumières partant de l'intérieur vint frapper sur eux, il reconnut parfaitement Carlo.

« Diable! se dit-il, voilà une drôle d'affaire! Il est clair que le *camaro de la haute*, — c'est ainsi qu'ils appelaient Carlo, — ne vient pas ici en plein gré. Il doit y avoir là une affaire de femme.... Si c'est ça, il pourrait bien ne pas être très-difficile de faire chanter à la fauvette un petit air avec accompagnement de sonnettes.... on a vu plus fort que ça! »

La porte s'étant refermée, il s'en approcha et prêta l'oreille; mais les voix de l'intérieur n'arrivaient pas jusqu'à lui, et les volets des fenêtres étaient si hermétiquement fermés qu'ils ne laissaient point voir le plus mince filet de lumière.

Il examina toute la façade et s'assura que le seul moyen de pénétrer à l'intérieur autrement que par la porte était d'arriver aux fenêtres des étages supérieurs qui n'avaient pas de volets. Comment, sans aide, arriver jusque-là?

« J'ai bien mon eustache dans ma poche, et une fois là dedans ça pourrait servir à quelque chose; mais ça pourrait être une rude besogne, car je me trouverais probablement entre les deux cadets qui ont mené si bon train la petite voiture que voilà rangée près de la muraille, et ils n'ont pas l'air d'être manchots. Il n'est pas tard encore; nous allons voir ce qu'en diront les amis. »

Et il reprit le chemin du *Lapin-Blanc* où il retrouva ses deux amis, formant avec lui un trio dont, presque toujours, les membres marchaient du même pas et dont bien souvent Carlo avait été la providence.

« Ah! fit-il en sondant le dernier broc, heureusement qu'il en reste une goutte ; ça va me remettre. »

Il prit le broc et avala d'un trait tout ce qu'il contenait.

« D'où diable sors-tu donc, toi ? lui demanda Taupin en le voyant couvert de sueur ; est-ce qu'on t'aurait fait la conduite de Grenoble ?

— Écoutez, répondit-il à demi-voix, je viens de filer une drôle d'affaire ; il n'y a que Carlo pour avoir de ces aventures-là.

— Est-ce qu'il s'agirait d'un enterrement sans *De profundis?* demanda Jupitain, ça m'irait, car mes derniers monacos ont filé et les toiles se touchent.

— S'il s'agissait d'un convoi, cette fois, répondit Guisard, ce serait le sien, car les malandrins qui le tiennent ne l'ont sûrement pas mis où il est pour lui donner des douceurs.

— Parle donc ! fit Taupin impatient.

— Eh ! je ne viens que pour ça, et on peut voir à mon front si j'ai joué des jambes. »

Il raconta alors en peu de mots tout ce qu'il avait vu pendant la courte absence qu'il venait de faire, puis il ajouta :

« Est-ce que nous laisserons là le camaro de la haute qui avait ce soir les poches si bien garnies ? Sans compter que l'intérieur de la maison que j'ai entrevu quand la porte s'est ouverte ne m'a pas eu l'air d'être piqué des hannetons.

— Et tu crois qu'ils ne sont que deux là dedans ? demanda Jupitain.

— Ça me fait assez cet effet-là, puisque celui qui avait poussé derrière tout le long du chemin a tiré de sa poche une clef avec laquelle il a eu quelque peine à ouvrir. Il est clair qu'au lieu de s'impatienter et de jurer comme il l'a fait, il aurait frappé s'il y avait eu quelqu'un pour lui ouvrir, la porte étant garnie d'un marteau capable de se faire entendre d'une lieue. D'ailleurs la maison n'a ni porte cochère, ni allée, et il est aisé de voir que les deux étages au-dessus du premier ne sont pas habités.

— Eh bien ! à cheval ! dit Jupitain en se levant, je cours chercher mes rossignols et ma corde à crochet.

— Moi, dit Taupin, je vais mettre sous ma blouse une paire de crucifix à ressort qui sont à deux pas d'ici.

— Pas de ça, Guisard, ça fait toujours plus de bruit que de besogne. Il n'en faudrait pas davantage pour nous mettre sur les bras tous les valets de l'hôtel voisin de la maison dont il s'agit. Les eustaches ne parlent pas si haut, et ils travaillent mieux. Pour mon compte j'ai assez du mien. »

Ce qu'il appelait un eustache était un honnête couteau dont la lame, parfaitement emmanchée, n'avait pas moins de huit pouces de long.

En quelques minutes tous trois furent prêts ; un quart d'heure de marche leur suffit pour arriver à la maison indiquée. Ils s'arrêtèrent un instant pour se consulter. Le plus grand silence régnait autour d'eux, car les valets de l'hôtel de Quérens étaient peu nombreux depuis le mort du comte et l'absence de la comtesse, et passé dix heures du soir les piétons ne s'aventurent guère dans ces parages.

« Attention ! dit Jupitain en déroulant sa corde, j'attaque ! »

Et il lança le crochet avec tant d'adresse, qu'après avoir passé par une vitre à demi brisée, il alla tomber sur le parquet du deuxième étage, de sorte qu'il suffit ensuite de tirer doucement la corde pour qu'il s'accrochât solidement au châssis de la fenêtre. Aussitôt Jupitain, qu'on avait fait embarquer comme mousse dans sa jeunesse, grimpa comme un écureuil, fit jouer l'espagnolette, et son couteau entre les dents, il sauta légèrement dans l'intérieur. Ses deux compagnons n'éprouvèrent plus de difficulté, et tous trois furent bientôt réunis.

« Si les portes n'ont pas de verrous à l'extérieur, dit Taupin, nous sommes maîtres de la place. »

Guisard alluma un rat-de-cave, et tous trois s'engagèrent dans l'escalier intérieur qui aboutissait à l'appartement du rez-de-chaussée. Là ils s'arrêtèrent pour écouter. Ils n'entendirent rien autre chose d'abord que les pas de Jourdet qui, demeuré seul, passait en revue les provisions que Pied-de-Fer lui avait indiquées ; puis ils entendirent l'explosion sonore d'une bouteille dextrement débouchée, et le *glou-glou* qui suit le plus ordinairement cette opération.

« Ma foi ! pensait Jourdet en vidant un premier verre, ce Pied-de-Fer, qu'autrefois Mme de Gastelar était si pressée de faire tuer, est vraiment un brave homme, et c'est de tout mon cœur que je bois à sa santé. »

Puis il versa un second verre, et le monologue commencé par la pensée se continua par des phrases à demi-voix, et enfin les choses allant crescendo sous l'influence de la dive bouteille, il ne songea plus à se contenir, la chose d'ailleurs n'était plus nécessaire, puisqu'il se croyait absolument seul.

« Quant à celui qui est au frais, disait-il à haute voix, ça ne m'inquiète pas pour le moment. Mais qu'est-ce qu'on en fera ? Nous avions si beau jeu à Clignancourt ! Une fosse toute faite, il n'y avait plus qu'à les mettre dedans. On ne m'ôtera pas de l'idée que c'est là une faiblesse de Pied-de-Fer.... Après ça, quand on commence à vieillir le toupet diminue, c'est physique ça.... Et puis il se sera dit que la cave d'ici est aussi bonne que celle de Clignancourt pour imposer silence aux mauvaises langues.... Je crois, le diable m'emporte ! que

Varembert et Carlo travaillaient ardemment. (Page 699, col. 2.)

c'est du vrai bourgogne.... Il faut que je m'en assure.... »

A ces paroles succéda une nouvelle explosion de bouchon. Dans l'escalier, les trois habitués du *Lapin-Blanc* tenaient conseil.

« Moi, disait Guisard, je suis pour les moyens doux; il en est à sa deuxième bouteille, laissons-lui absorber la troisième. Nous savons maintenant où est le camaro; c'est l'important : une cave, ça se trouve toujours. »

Cependant le monologue de Jourdet continuait.

« Me voilà geôlier en chef, disait-il; où ça va-t-il me mener?... Ma foi! au diable les affaires, et vive le bon vin. »

Et le bouchon d'une troisième bouteille sauta.

« Voilà le bon moment, dit Guisard à ses compagnons; tombons en masse sur la porte. »

Tous trois en effet se ruèrent sur la porte qui fermait le bas de l'escalier et qui céda sous leur poids. Jourdet, déjà gris, tira de sa ceinture les pistolets que Pied-de-Fer lui avait remis, et s'avançant vers les assaillants, il fit feu. Mais sa vue troublée par les fumées du vin, ne lui permit pas d'ajuster; il n'atteignit personne, et en un instant il fut terrassé.

« Ah! fit-il, c'est ce gueux de vin qui m'a trahi ! »

Taupin le releva, et le poussant contre la muraille, il lui dit en appuyant son couteau sur la poitrine :

« Ne bouge pas, ou je vais te clouer là ! »

Jourdet fut aussitôt dégrisé, ce qui est ordinairement l'effet de la peur; mais il ne fit aucune résistance, sentant bien qu'elle ne ferait qu'aggraver sa situation. Il avait d'ailleurs, malgré son ivresse, reconnu tout d'abord les hommes avec lesquels Carlo buvait au *Lapin-Blanc* quand il avait été attiré dans la rue, et il ne lui avait pas fallu une bien grande perspicacité pour deviner ce qui était arrivé.

« Garçons, dit-il, vous devez savoir qu'on ne gagne pas toujours à ce jeu-là. Je sais ce que vous voulez; cherchez, je ne m'y oppose pas. »

Guisard et Jupitain n'avaient pas attendu cette permission : en un tour de main ils eurent ouvert et fouillé les meubles; mais le butin fut mince, cette maison, comme nous l'avons dit, n'étant habitée que par Pied-de-Fer.

« Tonnerre ! fit Guisard, après avoir tout mis sens dessus dessous, il n'y a pas gras, et ça ne vaut guère la peine de s'amuser aux bagatelles de la porte. »

Ils ne laissèrent pas toutefois d'emplir leurs poches, tandis que Taupin vidait celles de Jourdet.

« Puisque tu sais ce que nous cherchons, dit ensuite Guisard, tu vas nous montrer où il se trouve. En avant, et pas de gestes ou gare à la peau. »

En parlant ainsi il mit dans la main du pauvre diable une des deux bougies qui brûlaient sur la table, et il s'empara de l'autre pour éclairer la marche. Il fallut bien encore que Jourdet obéît, il conduisit les trois bandits à la cave où Carlo, assis sur une futaille, commençait à se remettre des souffrances qu'il avait endurées. Sa joie fut grande en reconnaissant ses amis du *Lapin-Blanc*.

« Ah! s'écria-t-il, je savais bien que vous êtes des braves!

— Ne perdons pas de temps, dit Taupin; il ne faudrait qu'une patrouille un peu trop curieuse pour tout gâter. Voyons d'abord ce que nous allons faire de ce mauvais gas qui nous a fait siffler des balles aux oreilles.

— Il mériterait bien, dit Carlo, qu'on lui fît passer le goût du pain, car c'est pour la seconde fois que lui et son patron enragé me mettent dans l'état où vous venez de me trouver. Mais comme on ne sait pas ce qui peut arriver, et qu'il serait bête de s'exposer à payer ce triste à pattes plus cher qu'il ne vaut, je me contenterai de l'inviter à prendre ma place où il pourra se serrer le ventre, et siffler la linotte pour voir si le printemps s'avance.

— Ah! fit Jourdet effrayé, vous oubliez donc que vous avez été deux fois en mon pouvoir comme je suis au vôtre en ce moment?

— Si je pouvais l'oublier, ma peau coupée aux poignets et aux jambes m'en ferait souvenir. Assez causé; on respire mal ici, donnons-nous de l'air. »

Tous quatre se dirigèrent vers l'escalier. Jourdet, épouvanté de l'horrible supplice dont il était menacé se jeta à genoux en demandant grâce. Taupin le renversa d'un coup de pied.

« Imbécile! dit-il, j'ai sondé les barriques; il y en a deux de pleines; te voilà bien à plaindre! »

Et tous sortirent de la cave sans plus s'occuper du pauvre diable qu'ils venaient de condamner à mourir de faim; la trappe fut soigneusement refermée, puis ils gagnèrent la porte extérieure dont ils eurent facilement raison, et ils s'éloignèrent rapidement; puis, quand ils furent arrivés au boulevard, Carlo vida ses poches dans les mains de ses libérateurs.

« Au revoir, et à bientôt, » leur dit-il.

Et ils se séparèrent.

Cependant le malheureux Jourdet était en proie au plus violent désespoir.

Pied-de-Fer devait être absent pendant plusieurs jours, une semaine, et peut-être davantage. Que faire?

« Ah! pensait-il, j'aurais été mieux avisé de me faire sauter la cervelle que de brûler ma poudre contre ces coquins que j'ai si sottement manqués. »

Il s'assit sur la dernière marche de l'escalier, et le visage appuyé sur ses mains, il demeura comme anéanti. Quand il quitta cette position, le jour avait paru, et un faible rayon arriva jusqu'à lui à travers les solides barreaux du soupirail. Cela suffit pour relever quelque peu son courage. Il monta l'escalier, et s'arcboutant sur les marches, il essaya de soulever la trappe; mais la barre de fer avait été remise, et ses efforts furent complètement impuissants; il alla ensuite près du soupirail, et poussa de grands cris, dans l'espoir d'être entendu du voisinage. Malheureusement cette ouverture donnait sur une cour entourée de hautes murailles au delà desquelles il était impossible que la voix se fît entendre. Il roula ensuite une futaille sous cette ouverture, et se cramponnant aux barreaux il les secoua violemment, sans pouvoir les ébranler.

Ses dernières lueurs d'espoir s'éteignirent ainsi une à une. Il était certain maintenant qu'il ne pourrait être secouru que par Pied-de-Fer; mais en supposant que ce dernier arrivât assez tôt pour le soustraire à la mort, que de souffrances il devait endurer jusque-là!

Bientôt la faim se fit sentir: Jourdet songea alors à ce que lui avait dit un des bandits, et il sonda les tonneaux. Taupin avait dit vrai: deux étaient pleins. Autre difficulté: comment le prisonnier en obtiendra-t-il le contenu, dépourvu qu'il est de toute espèce d'instruments? En laissant le tonneau couché, dans cette position horizontale il était possible de le défoncer d'un coup de talon de botte; mais alors le liquide se répandait dans la cave, entrait dans le sol, et il n'en restait rien. Après y avoir réfléchi, Jourdet usa d'un autre moyen: il parvint, non sans peine, à mettre les deux pièces debout, puis il monta sur l'une, il défonça l'autre à coups de talon. Hélas! ce n'était encore là que du liquide, et déjà Jourdet était à jeun depuis un peu plus de vingt-quatre heures.

Pendant trois jours ce régime liquide suffit à soutenir les forces du prisonnier; mais ensuite d'insupportables douleurs d'estomac se firent sentir. Le huitième jour, ses jambes le soutenaient à peine; le dixième, il resta étendu sur le sol, et Pied-de-Fer n'arrivait pas!

LIII

Souvenirs de jeunesse.

Rendu à la liberté par le secours de Pied-de-Fer et les merveilleuses découvertes du docteur Bianco, Varambert, après avoir mobilisé toute sa fortune pour aller vivre à l'étranger, avait, sur les instances de Carlo, renoncé à ce projet, et s'était décidé à continuer la lutte, en vue d'obtenir, en définitive, la main d'Ida de Quérens, dotée par la marquise de Merval, sa tante, de presque toute la fortune de cette dernière.

Cette fois, comme la précédente, il n'avait pas voulu prendre gîte à Bagnères dont le séjour aiguisait ses remords. C'était au vieux garde Berchon qu'il avait demandé asile, ce qui le mettait en outre en position de profiter de tous les souvenirs de ce vieillard qui était le plus ancien des serviteurs du château de Merval. Berchon lui avait gracieusement cédé, moyennant finances, la moitié de sa modeste demeure, et il était doublement heureux de pouvoir raconter certains faits du temps passé, en stimulant avec le bon vin de son hôte sa loquacité campagnarde. C'était là que le baron avait lancé sa tête de mort, et la lettre de Mme de Quérens, au duc de T..., en vue d'allumer, avec ces deux brandons, un incendie pour l'extinction duquel les deux sœurs ne pussent reculer devant toutes sortes de sacrifices.

On a vu quel avait été le premier résultat de cette nouvelle tentative. Très-effrayées d'abord, la marquise et sa sœur avaient été quelque peu rassurées par M. de Barno, et elles n'avaient fait aucune réponse à l'audacieux baron qui après être retourné à Paris et ayant attendu vainement une réponse, était revenu de nouveau chez le vieux garde d'où, cette fois, il se proposait de ne plus sortir qu'il n'eût obtenu le résultat qu'il espérait.

« Papa Berchon, dit-il un matin au vieux garde, vous devez être au moins aussi âgé que Mme de Merval?

— Voire! je suis son aîné de dix ans.

— Alors vous devez connaître l'histoire de sa jeunesse qui, d'après le peu que j'en sais, a dû être très-accidentée?

— Ah dame! j'étais bien placé pour ça, ayant été élevé chez mon parrain le greffier au parlement de Toulouse.... vous savez, maître Carard qui a écrit l'histoire du prétendu marquis de Merval, que je vous ai donnée....

— Que vous m'avez *vendue*, Berchon.

— Et m'est avis que vous n'avez pas perdu au marché.

— Je ne m'en plains pas, mon vieux père, et si vous en aviez quelque autre du même genre....

— Naturellement, puisque le brave homme, vers sa fin, avait toujours le nez fourré dans les registres du parlement, et que le carton où il entassait tout ça, s'est trouvé dans la part qu'il m'avait faite de son mobilier. Vous dites du même genre? foi de Berchon, j'ai mieux que ça.

— Touchant la marquise?

— Touchant la marquise qui, à l'âge de dix-sept ou dix-huit ans, est arrivée à Toulouse, venant on ne sait d'où.... Ah! dame! c'est une affaire du diable, qui a fait un bruit d'enfer. Je m'en souviens comme si ça s'était passé hier; mais mon parrain a aligné ça sur le papier mieux que je ne pourrais le dire.

— Voulez-vous me faire lire ça, Berchon? » demanda Varambert en mettant deux louis dans la main du vieux cancre.

Le vieux garde alla chercher un carton poudreux, d'où il tira après un instant de recherches un cahier de papier jauni par le temps qu'il présenta au baron, et qui portait en tête :
Extrait des registres du parlement de Toulouse.

« Vers la fin de 1720, Pierre-Arias Burdens était reçu au couvent des Augustins à Barcelonne en qualité de novice. C'était un beau et grand jeune homme de dix-neuf ans; sa mâle et brune figure portait l'empreinte d'une profonde mélancolie; sa tenue était modeste et décente; mais pour qui eût fait quelque étude du cœur humain, il eût été facile de reconnaître que cette douceur, cette quiétude apparente, n'était que de la résignation. C'est qu'en effet ce jeune cœur avait été déchiré par la plus ardente des passions : l'amour; un amour immense, impétueux, l'avait embrasé, et cet amour il était parvenu à le faire partager à la jeune fille qui le lui avait inspiré. Mais Burdens était pauvre, la jeune fille qu'il aimait était issue d'une famille riche et puissante.

« Dès qu'il connut les sentiments qui agitaient le cœur de son enfant, le chef de cette famille éclata en imprécations et en menaces, et en même temps que sa puissance et son emportement répandaient la terreur chez les parents de Burdens, il se hâtait d'envoyer sa fille en France, chez une de ses tantes qui demeurait à Toulouse, espérant que cette mesure serait suffisante pour couper le mal dans sa racine.

« Elle suffit en effet : loin de l'homme qu'elle aimait, la pauvre enfant s'affaissa comme une jeune plante privée d'air et de soleil, puis elle s'éteignit.

« Dès lors, Burdens n'opposa plus de résistance à sa famille qui le poussait à la vie monastique; mais en même temps, comme il fallait un aliment à ce feu dévorant qu'il s'efforçait vainement de comprimer, il se jeta à corps perdu dans l'étude;

en quelques années, il acquit des connaissances immenses ; sa réputation s'étendit au loin, et comme il excellait surtout dans l'art oratoire, il lui fut permis de faire de lointaines missions.

« Il alla donc évangéliser les peuples, et les âmes qu'il remit dans la voie du salut furent nombreuses.

« Trente ans s'écoulèrent ainsi ; un demi-siècle avait passé sur la tête de Burdens ; sa piété si vraie, si profonde, lui avait attiré le respect et l'admiration de tous les membres de son ordre. Aussi, nul ne manifesta la moindre opposition à sa volonté, lorsqu'il demanda la permission de quitter l'Espagne pour aller finir ses jours à Toulouse. Il partit ; mais ce n'était pas la paix, le calme et le repos de l'âme qu'il allait chercher sous un ciel étranger : trente ans de jeûne, de prière, de mortification, trente années d'une vie irréprochable n'avaient pu éteindre cette fatale passion qui, après l'avoir fait renoncer au monde, brûlait vive et ardente au fond de son cœur comme le premier jour : pleurer, prier, sur la tombe de cette femme qu'il avait tant aimée, était le bonheur auquel il aspirait.

« Il partit ; mais la tombe de la jeune fille était maintenant ignorée ; le niveau des ans avait passé sur cette terre refroidie ; elle avait disparu. Burdens demeura néanmoins à Toulouse, où bientôt il fut reçu docteur en théologie à l'Université. Son mérite incontestable le fit promptement rechercher par les personnages les plus éminents, et il se lia tout particulièrement avec un conseiller au présidial de la sénéchaussée de cette ville, nommé Guillaume de Gayraud.

« Douze ans s'écoulèrent encore ; Burdens, alors plus que sexagénaire, continuait à combattre la chair par l'esprit, et l'esprit par la chair ; et malgré son âge avancé ces combats n'étaient pas moins terribles que ceux de sa jeunesse ; ils étaient même plus fréquents que jamais. Ses passions, incessamment refoulées, avaient grossi comme un torrent auquel on essaye d'opposer une barrière ; la nature, si longtemps vaincue par la raison, la morale, une résignation admirable et une volonté des plus énergiques, menaçait de prendre une revanche terrible.

« Par une conformité singulière, le conseiller Gayraud était tout à fait dans le même cas que Burdens ; comme lui, il avait aimé ardemment dans sa jeunesse, sans être jamais arrivé à la possession de l'objet aimé. Il y avait cette autre ressemblance entre ces deux hommes, que tous deux avaient conservé, au moral comme au physique, la vigueur et la vivacité de la jeunesse : le théologien était grand, bien fait, droit et leste comme à vingt-cinq ans ; son visage était frais et sans rides, et sa voix forte et pure avait conservé toute sa sonorité.

« Le conseiller était plus petit, moins bien fait ; mais sous ses sourcils demeurés noirs, ses grands yeux flamboyaient ; un sourire tout juvénil errait encore fréquemment sur ses lèvres encore vermeilles ; il montait à cheval avec l'adresse et la vigueur d'un sous-lieutenant de dragons.

« C'était un ami sûr, un gai et aimable convive, et un magistrat intègre. Certes, à le voir, personne n'eût pu croire aux tortures morales qu'il endurait ; personne n'eût soupçonné ses longues nuits sans sommeil, ses larmes brûlantes, dont cinquante années n'avaient pu tarir la source, ses regrets éternels, et ses désirs aiguisés chaque jour par le souvenir.

« Telle était la situation de ces deux hommes, lorsqu'arriva à Toulouse une jeune demoiselle, sous la conduite d'une espèce de duègne. Cette jeune personne était Portugaise, disait venir de Lisbonne, et prenait le nom de Violante du Château, qui n'avait rien de portugais ; mais c'était là une particularité à laquelle ne pouvaient s'arrêter les personnes admises dans l'intimité de la jeune étrangère. Violante était une brune charmante, dont les grands yeux noirs et veloutés avaient un charme inexprimable.

« Elle avait dix-sept ans à peine ; elle était douée d'un esprit remarquable, que rehaussait une éducation distinguée, et d'un grand air de noblesse que ne démentaient ni ses paroles ni ses actions.

« Que venait-elle faire à Toulouse ? nul ne le savait, ni ne cherchait à le savoir : il suffisait de la voir, de l'entendre surtout, pour l'admirer, l'aimer, et quand on en était là, on avait assez à faire pour ne pas songer à autre chose.

« Les adorateurs, comme on le devine aisément, ne manquèrent pas à la belle Portugaise.

« Il fallait à Violante un directeur ; ce fut le père Burdens qu'elle choisit, puis bientôt une affaire de peu d'importance la mit en relation avec le conseiller Gayraud. Le malheureux théologien reconnut dès lors qu'il était des tourments bien plus terribles encore que ceux qu'il avait endurés pendant plus de quarante ans ; Violante avait fait sur lui tout d'abord l'impression la plus vive ; il lui sembla revoir en elle la femme qu'il avait tant aimée ; il tremblait en l'abordant ; la parole lui manquait pour répondre aux questions qu'elle lui adressait, et ce n'était qu'avec effort qu'il comprimait les soupirs toujours prêts de lui échapper.

« Un jour, la jeune portugaise était seule chez elle, lorsque son directeur arriva. Elle était triste, pensive.

« — Qu'avez-vous, mon enfant ? lui demanda le religieux.

« — Mon père, je pensais à vous. »

« Burdens ressentit une commotion terrible, et une violente tempête s'éleva aussitôt dans son cœur.

« — J'occupais votre pensée, ma fille ! dit-il en lui prenant la main ; et moi, Violante, je ne puis penser qu'à vous.... »

« Puis effrayé de ce qu'il venait de dire, il quitta cette main qu'il venait de serrer convulsivement, et il s'éloigna de quelques pas. Violante le regarda sans paraître surprise, et lui dit, avec un sourire dans lequel se peignait une indicible mélancolie :

« — Pourquoi vous éloignez-vous, mon père ? il n'est pas naturel de fuir les gens qu'on aime. »

« L'infortuné religieux sentit qu'il était perdu ; en vain fit-il appel à son courage ; en vain, se dit-il que ses soixante années de vertu allaient être ternies ; sa tête était en feu ; il sentait que la raison lui échappait. Pourtant il tenta un dernier effort.

« — Violante, dit-il avec une agitation toujours croissante, il y a deux manières d'aimer : l'une est coupable, et c'est ainsi que je vous aime.... Vous voyez bien que je dois vous fuir.... »

« La jeune fille à son tour s'avança vers lui ; elle lui prit la main qu'elle posa sur son cœur.

« — Dom Burdens, dit-elle avec un frémissement étrange, et moi aussi je vous aime de cette manière.... Au milieu des hommages dont je suis l'objet, je ne vois et n'entends que vous. Comme vous, j'ai combattu ; à cet amour qui me brûle le cœur, j'ai voulu opposer un autre amour ; tous mes efforts ont été impuissants.

« — Ah ! fit-il, je suis perdu ! »

« Ce fut le dernier cri de cette vertu aux abois.

« A partir de ce jour, Burdens sembla pour ainsi dire remonter le cours des ans. Son austérité s'adoucit ; il devint tolérant outre mesure ; le séjour du couvent lui parut insupportable, et il n'y demeurait qu'autant que cela était indispensable.

« — Mon vieil ami, lui dit un jour le conseiller, je crois, en vérité, que vous rajeunissez.

« — Oui, répondit Burdens, dont le visage s'assombrit en entendant ces paroles qui lui rappelaient l'abîme dans lequel il était tombé ; oui, je rajeunis.... pour et par l'enfer....

« — Que voulez-vous dire, Burdens ? Que signifient ces paroles terribles à propos d'une remarque toute simple, et que d'autres ont faite aussi bien que moi ?

« — Écoutez-moi, Gayraud, je veux vous révéler un affreux secret. Vous savez tout ce que j'ai souffert dans ma vie ; combien de combats j'ai soutenus contre les passions qui ont envahi mon cœur.... Vous savez tout cela, et vous le comprenez, vous qui avez enduré presque les mêmes souffrances. Eh bien ! mon ami, après une si longue et si terrible lutte, alors que la victoire me paraissait certaine, j'ai succombé.... Oui, cette vie pure dont j'étais si fier, je l'ai souillée.... Une femme, un ange, ou plutôt un démon m'a vaincu. J'ai senti se raviver ce feu mal éteint qui depuis si longtemps me brûlait le cœur, et de nouveau j'ai combattu ; mais elle aussi m'aimait ! Oui, mon ami, ce n'est pas une illusion ; elle m'aime de l'amour le plus tendre, le plus vrai. L'épreuve était trop rude ; je n'ai pu la supporter. Oh ! je suis bien méprisable, n'est-ce pas, mon vieil ami ? Pleurez sur ma faiblesse et ne me maudissez pas.

« — Burdens, dit le conseiller après un assez long silence, notre destinée est étrange. Et moi aussi j'ai succombé ! et moi aussi j'aime et je suis aimé. Oui, mon ami, Violante du Château, si jeune, si belle, qui est l'objet de tant d'hommages, dont les beaux yeux font battre tant de jeunes cœurs....

« — Violante, dites-vous ?... C'est Violante que vous aimez ?

« — C'est elle, elle qui m'a donné les plus douces preuves d'amour....

« — Gayraud, vous mentez ! »

« Le conseiller bondit ; ses yeux étincelèrent.

« — Burdens ! s'écria-t-il, rends grâce à ton habit !

« — Non, non, je ne veux point de grâce, car je ne t'en ferai pas. Nous sommes seuls. A défaut de poignards, il y a ici des couteaux.... Violante ! ma vie, mon âme, tu seras vengée !

« — Quoi, reprit le conseiller dont la surprise diminuait la colère, c'est aussi de Violante que vous me parliez ?... Elle nous tromperait tous deux ?... Burdens, n'éprouvez-vous pas le désir d'éclaircir ce mystère ? Je jure sur mon salut que j'ai dit vrai.

« — Oui ! oui ! c'est sous l'empire de la plus ardente passion qu'elle m'a donné son cœur.... Encore aujourd'hui, il n'y a pas deux heures, elle a renouvelé les serments qui nous lient. O rage, enfer ! je sens que la punition de mon crime commence !... »

« Et ce malheureux, en proie à la plus violente exaltation, se meurtrissait le visage et s'arrachait les cheveux. Le conseiller était plus calme, non que sa passion fût moins vive et sa douleur moins grande ; mais à ses sentiments ne se mêlaient point de remords. Il eut pitié de son ami, et lui tendit la main.

« — Burdens, lui dit-il, nous avons bien souffert ; de grands chagrins nous sont peut-être encore réservés. Jurons de rester amis quoi qu'il puisse arriver.

« — Oh ! mon ami, vous êtes plus grand, plus généreux que moi. Mais aussi vous n'avez pas payé d'un sacrilége l'amour de cette femme. »

« Il parlait encore lorsque Violante parut ; les traits bouleversés de ces deux hommes lui firent promptement deviner ce qui venait de se passer. Elle n'en parut point effrayée ; et comme le conseiller commençait à l'interpeller, elle lui fit signe de se taire, et dit avec calme :

« — Je sais tout ce que vous pourriez dire, et c'est vainement que vous me demanderiez l'explication de ce qui est arrivé : on n'explique pas ce qui renverse les lois de la nature. Burdens, je ne t'ai point trompé, car je t'aime de toute la force de mon âme, et cet immense amour, je le ressens également pour toi, Gayraud. Vous savez tous deux qu'aucun autre intérêt n'a pu être le mobile de ma conduite envers vous. D'autre part, cette double liaison n'est pas chez moi un simple caprice ; car, pour vous, j'ai dédaigné des hommes beaux, jeunes et riches. Et maintenant je ne sais que vous dire, sinon que s'il me fallait renoncer à l'amour d'un de vous, je mourrais.... Et peut-être la mort serait-elle préférable aux tourments qui me sont réservés. »

« Elle disait vrai.... Je l'ai connue, moi, Canrard, qui écris ces lignes, je l'ai particulièrement connue, et je l'affirme ; c'était alors l'âme la plus droite que j'eusse jamais rencontrée. Certes, tout cela est étrange ; mais ici, je ne suis qu'historien, et je jure que tout ce qui précède et tout ce qui va suivre, est authentique et consigné dans les registres du parlement de Toulouse. Je n'ai rien omis, rien ajouté, rien changé.

« Il serait difficile de se faire une idée de ce qui se passait dans le cœur de ces trois personnages.

« Violante avait cessé de parler ; elle s'était jetée sur un siége, et ses regards pleins de tendresse se promenaient alternativement sur ses deux amants. Burdens semblait anéanti ; il était immobile et muet. Le conseiller s'efforçait de paraître calme ; mais, à son regard sombre, à la contraction de ses traits, il était aisé de voir qu'un combat terrible se livrait dans son cœur. Tout à coup il se leva.

« — Écoutez, dit-il, d'une voix tremblante d'émotion, l'heure du sacrifice est venue pour vous ; il ne s'agit plus que de le rendre le moins douloureux possible....

« — Oui, oui, mourons ! interrompit le religieux.

« — Nous mourrons assez tôt, trop tôt, reprit le conseiller ; vivons autant que nous le pourrons pour assurer le bonheur de cette femme, pour veiller sur elle, et en écarter les chagrins. Violante se mariera ; nous lui choisirons un mari capable de la rendre aussi heureuse que possible. Elle a peu de fortune ; ce pourrait être un obstacle ; nous lui trouverons une dot, et nous demeurerons ses amis ; nous la visiterons quelquefois ensemble, et jamais en l'absence de son mari. Ainsi s'épureront les liens qui nous unissent. Acceptons la souffrance, puisque nous sommes nés pour souffrir.

« — Ami, je le répète, dit Burdens, tu es généreux ; que ta volonté soit faite. »

« De grosses larmes roulaient sur le visage de Violante ; le conseiller se leva et lui prit la main.

« — Mon enfant, lui dit-il, nous savons que le cœur de la femme est un mystère impénétrable, et nous vous pardonnons bien sincèrement le mal que vous nous avez fait ; ne voulez-vous pas le réparer autant que cela est possible ?

« — Je vous appartiens, répondit-elle ; disposez de moi. »

« Et les sanglots étouffèrent sa voix.

« Un mois après, on célébrait à Toulouse les noces de maître Romain, jeune avocat, et de Violante du Château, que l'on appelait dans la ville *la belle Portugaise*.

« Les choses se passèrent d'abord comme le conseiller l'avait dit ; mais, au bout de quelques mois, un nouveau chagrin vint atteindre ces trois personnages auxquels l'amour avait fait une position si bizarre. Romain, le mari de Violante, conçut le projet de s'établir à Gimont, sa ville natale, située à dix lieues de Toulouse, et il ordonna à sa femme de faire ses préparatifs en conséquence. En vain le conseiller et le religieux employèrent tous les moyens que put leur suggérer leur esprit, pour obtenir de Romain, qu'il renonçât à son projet ; l'avocat était entêté, et bien qu'il ne conçût aucun soupçon sur la fidélité de sa femme, il voulut qu'elle quittât Toulouse en même temps que lui. Il fallut bien se soumettre à cette volonté inébranlable. On convint que le conseiller, en sa qualité d'ami des jeunes époux, les accompagnerait et passerait quelques jours avec eux à leur nouvelle résidence : c'était déjà déroger aux conventions faites entre Violante et ses deux protecteurs ; mais tous avaient consenti à cette infraction dans l'intérêt commun.

« Quinze jours s'étaient à peine écoulés lorsque Gayraud revint ; sa première visite fut pour Burdens.

« — Mon ami, lui dit-il, je suis désespéré, et vous allez partager ma douleur : Violante est la plus malheureuse des femmes, elle m'a déclaré qu'elle ne se sentait pas le courage de vivre loin de nous. Un profonde tristesse l'accable ; elle ne cesse de pleurer, et, pour comble d'infortune, son mari est un brutal qui ne se donne plus la peine de se contenir, et qui lui fait souffrir toute sorte de mauvais traitements.

« — L'infâme ! s'écria le religieux.

« — Oui, c'est affreux ; c'est horrible ! nous avons jeté la pauvre enfant en pâture à un tigre. Que faire maintenant pour l'arracher à cette bête féroce ?

« — Il n'y a pas à hésiter entre le loup et l'agneau, s'écria Burdens dans les yeux duquel la colère étincelait, meure le loup !

« — Oui, reprit le conseiller, le sort en est jeté, il mourra ! »

« Cette terrible résolution étant prise, les deux amis délibérèrent sur le choix des moyens, et il fut convenu que l'on attirerait Romain à Toulouse, où on le ferait assassiner. Le même jour, Gayraud fit appeler chez lui deux écoliers de l'université, nommés Candolas et Esbaldi, mauvais garnements qui avaient eu de nombreux démêlés avec la justice, et passaient pour être les deux plus intrépides spadassins du pays.

« — Çà, mes drôles, leur dit le conseiller, vous savez qu'il n'a pas tenu à moi que vous fussiez pendus. Ce que je n'ai pu obtenir un jour, je l'obtiendrai l'autre, car vous sentez le chanvre d'une lieue.

« — Mordieu ! interrompit Esbaldi, est-ce uniquement pour nous conter de semblables gentillesses que vous nous avez fait venir céans.

« — Doucement, mauvais garçot, reprit le conseiller, je voulais vous indiquer un moyen pour n'être pas pendus à Toulouse ; c'est de quitter cette ville et de n'y jamais reparaître.

« — Monsieur Gayraud, dit Candolas, vous êtes malade ; je vous conseille de vous faire tirer quelques palettes de sang.

« — Pendard ! n'aimerais-tu pas mieux tirer quelques louis de ma bourse ?... Ah ! ah ! voici l'eau qui vous vient à la bouche, eh bien ! mes fils, écoutez-moi. S'il vous convient de passer les Pyrénées et de faire une promenade en Espagne, je suis d'humeur à vous compter deux cents pistoles pour vos frais de voyage.

« — Voici qui devient un peu plus clair, dit Candolas ; nos lames sont à votre service ; car je devine qu'elles doivent sortir du fourreau afin que les pistoles sortent de votre bourse.

« — Ah ! j'étais bien sûr que vous prendriez la chose en bonne part, car vous êtes gens d'esprit. Vous saurez donc qu'il y a par le monde certain avocat à l'enterrement duquel j'ai le désir d'assister le plus tôt possible. Vous le verrez chez moi dès qu'il sera arrivé dans cette ville. Le reste vous regarde, et voici cent pistoles pour vous mettre en verve. »

« Les misérables auraient vendu leur âme pour la dixième partie de cette somme ; aussi acceptèrent-ils sans hésiter cette horrible proposition.

« Dès le lendemain, Gayraud écrivait à l'avocat Romain qu'il voulait le faire charger d'une affaire importante qui devait se juger prochainement à Toulouse, et qui était de nature à faire sa réputation en même temps qu'elle lui vaudrait de gros honoraires. Romain accourut, et fut reçu avec le plus vif empressement ; le jour même de son arrivée, le conseiller fit préparer un grand souper, auquel assistèrent Burdens et les deux écoliers. Après le repas, qui fut très-gai, et où le vin ne fut pas épargné, le religieux se retira ; Candolas et Esbaldi le suivirent de près.

« — Puisque nous voilà seuls, dit alors Gayraud à son hôte, nous allons faire un tour de promenade, et nous causerons en même temps de l'affaire au sujet de laquelle je vous ai écrit. »

« Quelques instants après, ils traversèrent la cour de la maison ; le conseiller ouvrit une petite porte qui donnait dans l'enclos du couvent des Cordeliers. Romain sortit le premier, et à peine eut-il franchi le seuil que la porte se referma. Presque aussitôt Candolas et Esbaldi, qui étaient en embuscade, se jetèrent sur le malheureux avocat, et le frappèrent de dix coups de poignard. Il tomba sans pousser un cri, et il expira sur-le-champ. Les écoliers prirent la fuite, et dès que le conseiller crut qu'ils étaient assez loin, il se mit à pousser des cris perçants en appelant du secours. Plusieurs personnes accoururent.

« — Nous sortions de chez moi, leur dit Gayraud, lorsque des voleurs nous ont attaqués ; je me suis empressé de leur donner ma bourse ; mais mon pauvre ami Romain a voulu leur résister, et ils l'ont poignardé ! »

« Bientôt les magistrats et la force armée arrivèrent sur le lieu de cette horrible scène ; procès-verbal fut dressé, et les recherches les plus actives commencèrent pour découvrir les assassins.

« Cependant le conseiller montrait sur les suites de cette affaire la plus grande sécurité ; il fut interrogé, ainsi que Burdens, que l'on sut avoir dîné avec lui ce jour-là, et il supporta cette épreuve de manière à faire croire à son innocence ; mais le religieux ne montra pas, à beaucoup près, la même présence d'esprit ; il s'embarrassa dans ses réponses, et finit par avouer que deux écoliers avaient assisté à ce dîner, circonstance qui tirait sa gravité du silence que Gayraud avait gardé sur ce point. A la suite de cet interrogatoire, Burdens parut frappé de terreur. Bourrelé de remords, n'osant plus affronter la justice, il réunit autant d'argent qu'il le put, s'affubla d'un costume de paysan, et prit la fuite. Ce fut la cause de sa perte : sa fuite, après un premier interrogatoire, fut considérée avec raison comme un aveu tacite de culpabilité ; on se mit à sa poursuite, et l'on parvint à l'atteindre à Nîmes d'où, après de nombreux conflits entre les autorités de Toulouse et celles de Nîmes, il fut ramené dans la ville où le crime avait été commis. L'imminence du danger rendit à Burdens toute son énergie et sa sagacité ; il se défendit d'abord avec beaucoup d'adresse ; il prouva qu'à l'heure où le crime avait été commis, il était rentré au couvent ; mais bientôt une révolution subite s'opéra en lui. Il était en prison depuis deux mois, lorsque, une nuit, réveillé en sursaut par un orage terrible qui grondait sur la ville, il poussa tout à coup des cris affreux en frappant à coups redoublés à la porte de la chambre dans laquelle il était enfermé. Les guichetiers accoururent.

« — Que l'on me conduise devant le juge, s'écria-t-il; l'enfer est ouvert pour me recevoir. Je l'ai vu.... J'ai vu Satan; j'ai entendu son rire infernal qui m'entrait dans les oreilles comme un stylet de fer..... Ah! pardon, pardon, mon Dieu!... le purgatoire, le purgatoire pendant mille ans.... pendant dix mille ans!... Mais l'éternité, des souffrances sans fin.... Oh! c'est horrible!... Miséricorde! l'absolution, qu'on me donne l'absolution... Ah! je brûle! et ces souffrances ne doivent jamais finir!... »

« On alla réveiller le juge instructeur, qui se rendit à la geôle, où le prisonnier fut amené devant lui; mais comme il s'était écoulé quelque temps, et que Burdens avait dû traverser la cour de la prison, alors que la pluie tombait par torrents, son exaltation s'était un peu calmée. Pourtant, il avoua que l'assassinat de Romain avait eu lieu de son aveu; qu'il était instruit de la manière dont on devait le tuer, et qu'il avait donné une partie de l'argent destiné à solder les assassins; mais il soutint ne pas connaître ces derniers.

« Par arrêt du parlement, Burdens fut condamné à la peine de mort. Au jour fixé pour l'exécution, le condamné fut conduit au supplice. Comme il passait avec son funèbre cortége devant la porte du couvent où il avait passé de si longues années, il demanda à s'arrêter un instant, ce qui lui fut accordé; alors, tombant à genoux, et se prosternant le visage contre terre, il s'écria :

« — Je demande pardon à Dieu, aux hommes en général, et à vous, mes frères en particulier, du crime épouvantable que j'ai commis, et de l'horrible scandale que je cause!... Il est temps de le dire, je ne suis pas le seul coupable : le crime a été conçu par Gayraud; les deux écoliers, Candolas et Esbaldi l'ont exécuté.... Et maintenant que justice soit faite, et que Dieu me reçoive dans sa miséricorde!...

Quelques instants après, il fut décapité.

« Les écoliers qui, au lieu de passer en Espagne, avaient employé en orgies le prix du sang qu'ils avaient versé, furent mis sous la main de la justice, ainsi que le conseiller Gayraud, qui, jusque-là, s'était efforcé de faire tête à l'orage. Cet homme si énergique en apparence s'affaiblit tout à coup, et, dans un dernier interrogatoire, il raconta tous les détails du crime. Huit jours après, lui et les deux écoliers furent exécutés.

« Violante était alors dans tout l'éclat de sa beauté. Cette terrible affaire n'eut pour elle aucune suite fâcheuse; elle était si jolie! On la plaignit même, et de retour à Toulouse, elle reçut les hommages de tous ses adorateurs que son départ de cette ville avait désolés, et ils devinrent bientôt d'autant plus nombreux, qu'une jeune sœur de la belle veuve, sortant du couvent, et non moins jolie que son aînée, vint demeurer près de cette dernière.

« C'est à cette époque que reparut à Toulouse l'intrigant Verson dont j'ai écrit la véritable histoire; il venait alors revendiquer le nom et le titre de marquis de Merval.... J'aurais pu, j'aurais dû le démasquer, moi qui l'avais reconnu. Il offrit d'acheter mon silence, et j'eus la faiblesse de le lui vendre.... Que Dieu me pardonne! En attendant l'issue de l'instance, il vivait en grand seigneur; la belle Violante étant en quelque sorte la merveille du jour; il se montra très-assidu près d'elle, et il en fut bientôt tellement épris, qu'après le succès de sa revendication, il l'épousa, en même temps que le comte de Quérens prenait pour femme la jeune sœur de la veuve Romain, devenue marquise de Merval.

« C'est une histoire bien étrange que celle de cette famille; c'est pourquoi j'ai voulu qu'elle ne pérît point. Et moi, Canrard, ancien commis-greffier assermenté au parlement de Toulouse, j'affirme, sur mon honneur et ma conscience, n'avoir écrit ici que la vérité la plus pure. »

« Papa Berchon, dit Varambert, il me semble que vous pourriez, sans que cela vous gêne, me laisser ces chiffons de papier, bons tout au plus à allumer des cigares.

— Voire! monsieur le baron; songez donc que c'est la fine fleur de mon héritage. Il n'était pas riche, ce cher parrain, et il a cru me faire un fier cadeau, allez! et peut-être bien qu'il ne se trompait guère; car, si Mme la marquise avait pu deviner, ou si j'avais osé lui en parler, elle n'aurait pas reculé à me faire une bonne petite pelotte.

— A moins, Berchon, qu'elle eût trouvé plus commode de vous envoyer dormir entre les deux noyers. Quant à la *petite pelotte* il me semble que je ne l'ai pas trop mal arrondie; ajoutez-y ces quelques louis d'or, et qu'il n'en soit plus question. »

En parlant ainsi, il mit de nouveau dix louis dans la main du vieux renard qui se garda bien de refuser, et il mit dans sa poche cette autre œuvre du greffier Canrard, dont il se proposait de tirer parti.

« Comment la marquise me résisterait-elle maintenant? se disait-il. Est-ce qu'un mémoire publié avec ces pièces à l'appui, ne suffirait pas pour l'écraser en entraînant dans sa chute la comtesse sa sœur, deux aventurières qui n'ont échappé aux sévérités de la justice que par un hasard inouï! Il faudrait qu'elles fussent folles à lier pour me résister maintenant, et leur résistance ne pourrait m'empêcher d'arriver au but. Le pis aller sera qu'Ida persiste à me refuser sa main....

C'était le cadavre momifié du chevalier de Berjaud (Page 668, col. 2.)

Fantaisie de pensionnaire que l'aspect d'une riche corbeille suffit à faire disparaître.... Qu'importe, après tout cela, la ridicule affaire de cette momie tombée en poussière?... Je me suis évadé; mais sans rien décider on me laisse libre. J'accepte cette liberté qui m'est tacitement rendue; où est le mal?... Pourtant, il faut le reconnaître, ce Pied-de-Fer est terriblement fort!... La manière dont il m'a tiré des griffes de la justice est vraiment merveilleuse; mais, comme le disait Carlo, il est évident qu'il a le plus grand intérêt à ce que l'autorité ne se mêle pas de ses affaires, et puis s'il est vrai qu'il y ait avec le ciel des accommodements, il doit y en avoir avec le diable, et en résumé ce vieux reître n'est peut-être pas si diable qu'il le paraît.... marchons! »

LIV

Rencontre.

Le départ de M. de Barno avait laissé au château de Merval des cœurs remplis de tristesse. Ida ne cessait de pleurer; ses craintes étaient d'autant plus vives, qu'elle ignorait absolument les causes de l'agitation dont elle avait souffert depuis que Pied-de-Fer l'avait enlevée pour la mettre sous la garde de Mme de Merval, sa tante. Les deux sœurs, la marquise et la comtesse n'étaient pas plus rassurées. Elles étaient toujours pleines de confiance en Pied-de-Fer, qui jamais ne leur avait fait de vaines promesses; mais M. de Barno le trouverait-il? et s'il le trouvait, serait-ce en temps utile pour qu'il pût écarter les dangers dont elles étaient menacées?

La marquise, aguerrie par les terribles événements de sa vie passée, avait encore toute l'énergie nécessaire pour soutenir la lutte; mais Mme de Quérens faiblissait et elle était près de demander grâce. La situation était donc énormément tendue, lorsqu'un matin Varambert arriva au château, et suivant de près le valet qui allait l'annoncer, il entra en même temps que lui dans le salon où les deux sœurs s'entretenaient douloureusement de leur passé.

« Chères dames, dit-il en apparaissant tout à coup, je viens à vous, une branche d'olivier à la main. Vous m'avez sévèrement jugé; vous me croyez méchant, et pourtant je ne le suis pas N'est-il donc pas naturel qu'un homme à qui l'on veut broyer le cœur se défende comme il peut? Ayez quelque pitié, je vous en conjure, et écoutez-moi *sans haine et sans crainte.* »

Cette audace paralysa la marquise elle-même,

toujours prête à la riposte; elle se tut, et Varambert continua, en s'adressant à Mme de Quérens :

« J'adore votre charmante fille, madame la comtesse, vous le savez depuis longtemps. J'ai agi, dans cette circonstance, loyalement, et, loin de me repousser, vous m'avez d'abord donné des espérances; puis vous m'avez fait des promesses conditionnelles, puis encore des promesses solennelles.... Peut-être alors étiez-vous de bonne foi; mais qu'ai-je fait pour que vous vous soyez rétractée?

— Et cette lettre par vous produite ici, alors que vous aviez renoncé à toutes vos prétentions, n'est-ce pas une horrible trahison.

— Pardon, madame la comtesse, c'est vous qui me trahissiez : je n'ai fait que me défendre. N'avais-je pas tenu toutes mes promesses? Le comte avait des dettes de jeu qui pouvaient le perdre de réputation; je les ai payées; il avait vendu vos diamants, je vous les ai rendus. N'est-ce pas moi qui ai ramené à vos pieds le duc de T.... alors que son éloignement vous mettait au désespoir? moi, aussi qui ai éloigné M. de Quérens en temps utile en lui faisant obtenir une ambassade? Je n'ai pas cessé un instant de vous être dévoué; ce dévouement a été de tous les jours, de tous les instants, et ce n'est pas seulement de l'indifférence que j'en ai recueillie, c'est de la trahison; vous vous êtes liguée avec cet homme étrange qui s'est fait mon ennemi sans que je sache pourquoi; vous lui avez fourni des armes contre moi; vous l'avez aidé à m'enlever la femme de mes rêves, la femme que j'aimais et que j'aime de toute la puissance de mon âme.... que pourriez-vous dire pour vous justifier? Ne suis-je pas de noble race? N'ai-je pas une fortune qui me permet de prétendre à tout?... Eh bien! dédain, ingratitude, trahisons, je veux oublier tout cela; que votre fille que j'aime soit à moi, et je ne cesserai jamais d'être à vous. »

Mme de Quérens ne savait que répondre : tout ce que venait de dire Varambert était vrai; la médaille pourtant avait bien son revers; mais étourdie, écrasée par toutes les vérités qu'elle venait d'entendre, elle était incapable de se défendre; elle n'osa même pas invoquer la volonté d'Ida qui était pourtant chose importante en cette affaire, de peur d'irriter cet homme qui avait tous ses secrets.

La marquise aussi se taisait; mais au froncement de ses noirs sourcils parsemés de quelques fils argentés, aux éclairs que lançaient ses yeux menaçants, il était aisé de voir que, chez elle, l'orage était près d'éclater. Le baron ne s'en effraya pas; il se sentait si bien armé! Ne voulant pas, toutefois, laisser prendre l'offensive à cette femme si bien aguerrie, et dont la résolution, le caractère altier lui étaient connus, il reprit après un instant de silence :

« Maintenant, madame la marquise voudra-t-elle me permettre.... »

Ces paroles d'une apparente soumission suffirent néanmoins pour mettre le feu aux poudres.

« Je ne permets rien, monsieur! s'écria Mme de Merval; c'est déjà trop de condescendance de ne pas vous faire jeter à la porte après la manière dont vous vous êtes présenté ici.

— J'en suis désolé pour Mme la marquise, dont l'honneur et la fortune ne tiennent qu'à un fil que je puis couper dans un instant.

— Mon honneur!... vos dents de serpent s'useront sur cette lime. Quant à la fortune dont vous avez tenté de me dépouiller, elle est maintenant à l'abri de vos griffes.

— Ces griffes sont sans doute beaucoup moins bien aiguisées que celles de Mme la marquise; ce qui n'empêche qu'il en soit émané un mémoire plein d'intérêt, avec pièces à l'appui, de tout quoi il appert, comme on dit au palais, qu'un honorable avocat, appelé Romain, a été assassiné par les amants de sa femme, venant d'on ne sait où, et qui se faisait appeler Violante du Château, et qui, grâce aux immunités qu'elle devait à ses charmes, ne fut pas poursuivie pour ce fait; que ladite veuve Romain épousa en secondes noces un misérable aventurier du nom de Verson, qui était parvenu à se faire passer pour le marquis de Merval, officier supérieur de marine, mort dans le naufrage que fit le vaisseau qu'il commandait, sur les côtes de l'Amérique du Sud; que ledit Verson, second mari de Violante du Château, fut assassiné par un valet de chambre nommé Poulot, que Violante admettait aux plaisirs de sa couche, lequel était devenu donneur d'eau bénite à l'église Saint-Séverin de Paris, lorsqu'il mourut, après avoir, à haute voix, confessé ses crimes. Ce misérable avoua qu'il n'avait pas seulement assassiné le prétendu marquis, mais aussi deux amants de la marquise, et qu'il les avait enterrés tous trois à l'entrée du parc du château de Merval, entre deux noyers. Et puisque j'ai parlé de pièces à l'appui, en voici une que Mme la marquise ne pourra méconnaître. »

Et tirant de son portefeuille le médaillon qu'il avait acheté au garde-chasse, il le mit sous les yeux de Mme de Merval qui poussa un cri terrible et s'évanouit.

Cependant Pied-de-Fer, après avoir laissé Carlo à la garde de Jourdet, avait repris en toute hâte le chemin du château de Merval, non qu'il espérât y trouver Varambert; mais d'après les aveux arrachés à Carlo, il ne doutait pas que ce misérable ne se décelât bientôt par quelque nouvelle tentative, en vue de s'assurer l'héritage qu'il convoitait, et la main de la charmante Ida, dont il se sentait plus épris à mesure que grandissaient les difficultés à vaincre pour la posséder.

Pied-de-Fer était par excellence l'homme de la lutte ; il ne se décourageait jamais. Depuis sa régénération, depuis qu'il avait complétement rompu avec son passé, il n'avait eu d'autre défaillance que son amour insensé pour Mme de Chaligny. Complétement dégagé maintenant des passions qui avaient tant agité sa vie, il aspirait au repos absolu ; mais il voulait, avant d'y arriver, assurer le bonheur de ses nouveaux amis, comme il avait fait de ceux qui, sous le beau ciel de l'Italie, bénissaient son nom.

« Pourquoi, se demandait-il, aurais-je maintenant pitié de ce misérable incorrigible ? On pourrait dire que je n'ai pas le droit de le juger, moi qui ai si longtemps marché dans la même voie que lui ; mais je me suis repenti et je me repens moi, et j'ai employé la seconde moitié de ma vie à effacer les fautes de la première, et je n'ai jamais manqué de reconnaissance envers ceux qui, dans la détresse, m'ont tendu une main amie. Lui ne se repentira jamais ; c'est un cœur gangrené. Je ne veux pas le livrer à la justice ; mais je n'empêcherai plus que sa main s'appesantisse sur lui, dussé-je moi-même avoir à répondre de mes actes. N'est-il pas temps d'en finir ? »

Ce fut dans cette disposition d'esprit, que le vieux routier arriva au château. Ayant là les coudées franches, il entra sans se faire annoncer. Il traversait l'antichambre, lorsque le cri jeté par la marquise se fit entendre. D'un bond Pied-de-Fer s'élança dans le salon, et saisissant Varambert à la gorge, il le renversa sur le parquet.

« Misérable ! s'écria-t-il, tu n'échapperas pas plus longtemps au châtiment que tu mérites. »

Et de ses larges et puissantes mains, il l'étranglait, quand un homme sautant du dehors par une fenêtre restée ouverte, se jeta sur Pied-de-Fer, et d'un coup de poignard l'étendit à ses pieds.

C'était Carlo.

Délivré par ses amis du *Lapin-Blanc*, l'intendant s'était souvenu des conseils qu'il avait donnés à son maître, et il ne douta pas que ce dernier eût repris le chemin des Pyrénées ; et comme il avait, dans toute cette affaire, à sauvegarder ses propres intérêts, il était parti à franc étrier pour rejoindre son maître.

« Pas d'explication, pas de phrases, monsieur le baron, dit-il, après avoir dégagé son maître ; la fenêtre est ouverte, partons !

— Ah ! dit Varambert, j'avais si beau jeu !... mais la partie n'est pas perdue ; nous y reviendrons. »

Ils coururent vers la grille ; un instant après, ils avaient disparu.

Cependant Pied-de-Fer s'était relevé, en même temps que la marquise reprenait l'usage de ses sens.

« Point d'éclat, point de bruit, dit-il ; je n'ai rien, presque rien ; une égratignure que je vais panser moi-même, et dont il ne sera plus question demain.... Oui, demain, car il ne faut pas que ces mauvais coquins puissent m'échapper.

— Malheureusement, dit la marquise accablée, ce Varambert a de terribles armes contre moi, et s'il publie le mémoire dont il parlait tout à l'heure, ma sœur et moi nous sommes perdues ! »

Pied-de-Fer savait déjà que de nombreux points noirs obscurcissaient la vie de la marquise ; mais il ne savait pas tout ; effrayée du danger qui la menaçait, Mme de Merval dit toute la vérité ; elle fit une confession générale pleine et entière.

« Voilà toute la vérité, dit-elle en terminant ; il n'y a rien à y ajouter, rien à en retrancher ; mais comment ce hideux baron a-t-il pu découvrir ce qui est ignoré ou oublié de tout le monde ? Je ne veux pas chercher à me disculper devant vous, mon excellent ami : l'amour m'a fait commettre de grandes, d'immenses fautes ; mais je n'ai jamais été criminelle dans la sévère acception de ce mot ; si le sang a parfois coulé autour de moi, je n'ai jamais été la complice de ceux qui l'ont versé, et voilà pourtant que ce sang est près de retomber sur moi.... Oui, j'ai manqué à mes devoirs d'épouse ; mais je puis dire, comme la femme de l'Évangile : « que celle qui n'a jamais péché me jette la première pierre. » Oh ! ce mémoire, s'il le publie !...

— Il ne le publiera pas, dit Pied-de-Fer, en sorte que tout le monde ignore ce qui vient de se passer ici. J'ai besoin d'un repos de vingt-quatre heure, après quoi, je me remettrai en campagne, et bientôt vous n'aurez plus rien à redouter. »

Cela dit, le vieux routier se retira dans le pavillon qui était sa demeure habituelle. Là il pansa sa blessure, fort légère, la lame ayant à peine atteint les côtes, et il ne songea plus qu'à prendre le repos qui lui était nécessaire.

LV

La faim.

Que devenait, pendant ce temps, le malheureux Jourdet enfermé dans la cave d'une maison déserte ? Le premier jour se passa assez bien ; le vin était bon, généreux, et le prisonnier eut la sagesse de n'en boire que modérément. Le soir la température douce de ce lieu lui permit de s'endormir sur le sol ; mais, le lendemain, des tiraillements d'estomac commencèrent à se faire sentir. Le vin put encore les apaiser, et le second jour se passa sans trop de souffrance; mais quand le jour reparut pour la troisième fois, l'infortuné se sentit considérablement affaibli : il eut des hallucinations; il lui semblait entendre des voix lointaines; il sentait le doux parfum des mets les plus succulents, puis il retombait dans une somnolence qu'il ne pouvait vaincre. Le vin devint tout à fait impuissant à soulager les douleurs d'entrailles qu'il ressentait. Par un dernier effort, il parvint à grimper de nouveau sur la futaille qu'il avait placée sous le soupirail, et emplissant ses poumons de tout l'air qu'ils pouvaient contenir, il essaya de pousser des cris; mais, comme la première fois, sa voix, très-affaiblie par le jeûne, ne put franchir l'enceinte de la cour. De ses bras sans force il tenta encore de secouer les barreaux, et de ses ongles il se mit à gratter avec une sorte de frénésie le plâtre qui les scellait dans les pierres de taille; vains efforts! ses ongles s'usèrent, et le sang coula de ses doigts. Affolé par les tortures qu'il endurait, il tenta de se repaître de ce sang, et cela lui rendit comme un éclair de vigueur; il but alors avec avidité jusqu'à ce que les vapeurs alcooliques ne lui permirent plus de se tenir debout, et le cinquième jour le trouva endormi sur le sol.

Pied-de-Fer, lui, ne s'endormait pas; ne comprenant point comment Carlo avait pu recouvrer la liberté, il avait hâte de retourner à Paris; et bien que sa blessure fût à peine fermée, il quitta le château en promettant de donner promptement de ses nouvelles.

« Décidément, se disait-il en roulant vers la capitale, il faut en finir avec ces deux enragés. Peut-être cela m'obligera-t-il moi-même à régler mes comptes avec la justice humaine; eh bien, soit! Qu'importe où s'achèveront mes derniers jours! Je ne veux même pas disputer ma vie. N'ai-je pas assez vécu pour reconnaître tout le néant des choses de ce monde? N'ai-je pas lu à livre ouvert dans le cœur humain? Oui, je lis couramment dans ce livre, et j'y vois qu'il n'est pas un être humain qui vaille mieux que moi : le crime que vous n'avez pas mis en action, tartuffes, vous l'avez commis par la pensée, et, comme moi, vous avez besoin de vous retremper dans l'éternité. Évidemment notre monde, et tous les autres mondes qui roulent dans l'espace ne sont qu'un essai, un point de départ vers la perfection.... Que peut-on craindre quand on a cette foi ? »

Et Pied-de-Fer joignait l'exemple au précepte, car il ne craignait rien. Son premier soin, en arrivant à Paris, fut de se rendre à son domicile de l'avenue du Maine, dont il avait prudemment gardé la clef. Il entre; il parcourt l'appartement du rez-de-chaussée qu'il trouve désert.

« Qu'ont-ils fait de ce pauvre Jourdet? se demanda-t-il; ils l'ont tué sans doute.... Nous avons sûrement été suivis en partant du *Lapin-Blanc*, et j'ai manqué de prudence : on ne s'avise jamais de tout.... Pourtant ce garçon-là ne manquait pas de cœur, et il avait de quoi se défendre. »

Et il examina les choses de plus près.

« Ah! ah! fit-il, ils ont fouillé les meubles; plus de doute, voilà qui sent le *Lapin-Blanc* d'une lieue. »

Il alluma une bougie, et se dirigea vers la cave. Il s'étonna d'abord de trouver la trappe soigneusement fermée par la barre de fer transversale; mais il lui suffit d'un instant de réflexion pour deviner la vérité.

« Jourdet est là, se dit-il; les bandits l'auront enterré vif.... »

Il s'empressa d'enlever la barre, de soulever la trappe, et il descendit rapidement.

« Jourdet! Jourdet! cria-t-il, c'est moi, Pied-de-Fer! »

Un faible gémissement répondit à cet appel. Le vieux routier s'avança du côté où il s'était fait entendre, et bientôt il aperçut une masse noire étendue sur le sol. C'était Jourdet dont les forces étaient complètement épuisées, et qui n'avait pu, depuis vingt-quatre heures, puiser au tonneau défoncé dont le contenu avait, jusque-là, prolongé son agonie. Pied-de-Fer le releva, l'assit sur la dernière marche de l'escalier, et parvint à lui faire reprendre connaissance, puis l'enveloppant de ses bras toujours vigoureux, il l'emporta au rez-de-chaussée, et l'étendit sur un lit.

« Restez là, mon brave, lui dit-il; je serai de retour dans quelques minutes, et j'apporterai tout ce qui vous est nécessaire. »

Il sortit, et bien qu'il fît nuit, et que ce quartier soit un peu désert, il revint bientôt, apportant un cordial composé sur ses indications, du bouillon, du pain, et une volaille froide. Le cordial fit merveille : à peine Jourdet en eut-il avalé quelques gouttes, qu'il se ranima comme s'il sortait d'un rêve; ses yeux à demi fermés s'ouvrirent complètement; il regarda autour de lui, et reconnut Pied-de-Fer.

« J'ai bien faim, dit-il.

— Nous allons nous occuper de cela, garçon; mais il faut opérer prudemment, et ne pas forcer les ressorts. »

Il lui présenta quelques cuillerées de bouillon que le pauvre affamé avala avec avidité. Au bout de quelques instants, il doubla la dose. L'organisme se rétablit promptement, et dès le lendemain Jourdet put se lever et manger. Alors il raconta sans détour tout ce qui s'était passé.

« Il est vrai que j'avais goûté le vin, dit-il en terminant; mais je n'étais pas gris.... Et puis ils étaient trois!... Oh! je les retrouverai ceux-là.

— Ce qu'il faut retrouver maintenant, Jourdet,

ce sont ces gredins que nous avions si bien ficelés dans la maison de Clignancourt, et que j'ai eu grand tort de ne pas enterrer dans la fosse qu'ils avaient creusée pour moi.

— Nous les retrouverons, maître ; qui a bu boira, et quand on boit au *Lapin-Blanc*, ce n'est pas pour une fois seulement. »

Mais Varambert, bien qu'il n'abandonnât point la partie, sentait trop le besoin de se tenir à l'écart pendant quelque temps pour qu'il fût facile de le rencontrer, et Carlo, son âme damnée, n'était pas disposé à se montrer de si tôt dans le bouge de la rue aux Fèves. Après avoir fait table rase chez son maître, et avec l'autorisation de ce dernier, vendu son riche mobilier, il s'était retiré à Saint-Mandé, dans une maisonnette dont il avait fait l'acquisition. Dans cette retraite, Varambert venait de temps en temps passer quelques jours ; mais le séjour de Paris lui convenait mieux, et comme il parlait plusieurs langues, et que, grâce à l'habileté du petit père Étienne, il pouvait s'attribuer une nationalité de son choix, il vivait au milieu de la population parisienne sans que personne songeât à l'inquiéter, bien qu'il fréquentât tous les lieux de plaisir. Ce fut dans un de ces lieux qu'un jour, au moment où les rayons du soleil allaient faire place aux feux du gaz, une jolie femme s'accrocha à son bras.

« Baron, lui dit-elle, je cherche un cavalier, la Providence vous envoie ; je lui dis merci. »

En parlant ainsi, elle releva sa voilette ; mais avant d'avoir vu son visage, au seul son de sa voix, Varambert avait reconnu Léontine.

— Quoi ! c'est vous, chère belle ? répondit-il. Nous sommes donc devenue raisonnable, et nous n'avons plus peur des vieux amis ?

— Soyez généreux, baron, et je serai franche. Après vous être conduit en prince charmant, vous étiez devenu maussade. De mon côté j'avais une fantaisie.... dame ! votre humeur m'y poussait. Puis nous avons voulu faire de la morale en action, et nous sommes devenus vos ennemis sans le savoir.

— Et qu'est-il advenu de tout cela ?

— Oh ! des choses mirobolantes !

— Vraiment ?

— Presque incroyables.

— Voyons donc.

— On a revêtu une nouvelle robe d'innocence.

— Diable ! c'est sérieux cela.

— Non ; mais c'est drôle. Nous nous étions promis de devenir vertueux...

— Hum ! j'entrevois la difficulté.

— Eh bien ! là, cher baron, ça n'est pas amusant la vertu....

— A qui le dites-vous, ma charmante !

— Mais on s'était marié ; il n'y avait plus à s'en dédire.

— Vous êtes allée jusque-là, Léontine ?

— Que voulez-vous ? quand on se met à faire des folies, il n'y a plus moyen de s'arrêter.... Et puis nous avions un vieux protecteur...

— Oh ! Oh !

— En tout bien, tout honneur ; il nous commanditait de cent mille francs, avec lesquels nous devions fabriquer des bijoux.

— Mais c'était merveilleux cela ! quel était donc ce candide personnage ?

— Un homme de votre connaissance, qui s'appelle Pied-de-Fer.

— Oh ! je devine le reste : c'est alors, mon infante, que vous nous avez si gentiment trahis alors que nous vous attendions à Clignancourt.

— Oh ! pas moi ; je me suis tenue à l'écart : j'avais déjà le pressentiment que la vertu courait grand risque de chavirer, mais la barque était lancée. Enfin on se maria.... Il faut bien goûter un peu de tout pour savoir à quoi s'en tenir. Huit jours après j'avais reconnu que le mariage n'était pas mon élément. Que vous dirai-je de plus ? On fabriqua peu de bijoux ; on en vendit moins encore. Malheureusement mon mari.. vous savez, ce brave Félicien....

— Un viveur qui voulait faire une fin.

— Malheureusement, il avait pris la chose au sérieux, et quand le dernier papillon de mille se fut envolé, le pauvre garçon se fit sauter la cervelle.

— De sorte, chère belle, que vous êtes en ce moment une des plus charmantes veuves du monde ?

— Hélas !

— Et peu désolée de l'être.

— La liberté est une si douce chose !

— Et le cœur libre !

— Complétement.

— Oh ! c'est trop de chance, je me serais contenté d'y reprendre une petite place.

— Flatteur !

— Je parle en toute vérité, chère amie. Tenez, si vous voulez, nous allons faire table rase du passé, et nous recommencerons une gentille lune de miel.

— Cher baron, je m'en étais aperçue, vous n'êtes qu'un séducteur.

— Vrai ?

— Vous le savez bien, mauvais sujet.

— Léontine, charmant démon, il est si doux de se damner avec toi !

— Eh bien, allons souper.

— Soit, dit Varambert. J'ai un projet en tête qui trouvera sa place au dessert. »

Ces deux personnages étaient à la même hauteur et pouvaient sans circonlocution aucune, aborder toute sorte de questions; leur épiderme moral étant depuis longtemps à l'épreuve de la bombe. Le souper fut gai; on dit force folies; mais les femmes de la trempe de Léontine sont beaucoup plus positives qu'on ne le pense ordinairement : le plaisir ne leur fait jamais oublier les affaires, et l'amour ne tient chez elles que le dernier rang.

« Baron, dit la belle après un premier verre de champagne, voici l'heure des confidences; voyons ce beau projet dont vous m'avez parlé.

— Chère amie, c'est très-sérieux.

— Alors, ça doit être peu amusant. Enfin, je me dévoue; parlez.

— Si vous voulez bien le permettre, nous allons parler mariage.

— N'avais-je pas deviné que ce ne serait pas gai!

— Ma toute belle, vous avez mal deviné, et puis il ne faut pas oublier qu'en général les choses sont ce qu'on les fait. J'entre de plein pied dans la question : vous êtes belle, jeune, veuve, séduisante par excellence, et il n'est pas impossible, qu'il vous reste quelque chose de la dot que vous avez apportée à ce pauvre fou qui s'est tué quand, avec une femme comme vous, il eût pu remuer le monde....

— Passons la question d'argent.

— Bien. Nous y reviendrons. Voulez-vous être ambassadrice?

— Quelle folie!

— Je n'ai jamais parlé plus sérieusement. Il s'agit d'un diplomate, jeune, charmant garçon, qui a été ministre plénipotentiaire dans les républiques de l'Amérique du Sud, et qui sera, dans peu de temps, premier secrétaire d'ambassade à Vienne ou à Saint-Pétersbourg.

— Et ce grand personnage voudrait m'épouser?

— Je ne dis pas qu'il le veut; je dis qu'il le voudra si vous le voulez, et le proverbe sera justifié. Ce que femme veut, Dieu le veut... Il ne s'agirait que de le rencontrer, à peu près comme nous nous sommes rencontrés.... Il m'en souvient de cette belle nuit!

— C'est déjà bien vieux !

— Mais le bonheur rajeunit....

— Baron, voilà que nous nous écartons de la question.

— J'y reviens, et afin de vous donner un bon exemple, je prends les choses de très-haut : Mahomet ayant dit à ses disciples qu'il ferait arriver une montagne jusqu'à lui, et, malgré ses exhortations, la montagne ne bougeant pas, il dit : puisque la montagne ne vient pas à Mahomet, Mahomet ira à la montagne.

— Oh! cher, faites-nous grâce des paraboles.

— Je passe à l'application : le diplomate ne venant pas à Léontine qu'il ne connaît point, Léontine ira au diplomate....

— Ah! Varambert!...

— Mais, ma belle amie, rien n'est plus simple; vous allez voir : aux beaux jours de notre première lune de miel, si je m'en souviens bien, on vous appelait Mme Dikson, un nom américain par excellence....

— Hélas! celui-là aussi est mort!

— Deux fois veuve! heureuse femme!... Poursuivons : veuve d'un Américain qui avait des intérêts dans les républiques du Sud, vous pouvez avoir des renseignements à demander à M. de Barno, récemment revenu de Vénézuéla, où il était ministre plénipotentiaire; vous lui écrivez pour demander une audience, qu'on vous accorde sans difficulté.... vous êtes plus belle, plus séduisante que jamais.... Et, ma foi, chère amie, le diable aidant, il y aurait bien du malheur, si....

— Varambert, vous êtes un profond scélérat!

— Chère belle, c'est ainsi qu'on arrive à quelque chose.... Bien entendu que vous résisterez?

— Résistance héroïque s'il le faut.

— Je ne dois pas vous taire que vous aurez une rivale jeune, jolie, et que sa fortune rendait redoutable, alors que le jeune diplomate était pauvre; mais il a fait récemment un riche héritage, et certaines circonstances l'ont beaucoup refroidi à l'endroit de la jeune personne dont la main lui était promise.... Bref, il faut vaincre.

— Et nous vaincrons, baron!

— Bien entendu que, dans cette belle affaire, je n'abandonne pas ma commission.

— Mauvais sujet!

— Léontine, vous êtes adorable!

— Au travers du champagne?

— Partout, toujours!

— Varambert, je ne paye pas d'avance.

— Vous me permettrez au moins de vous reconduire?

— Jusqu'à ma porte, sans un pas de plus. »

Il fallut bien que le baron se résignât, ce qui, toutefois, ne l'affligea que médiocrement, satisfait qu'il était de s'être fait de cette femme un puissant auxiliaire.

LVI

Un dérivatif.

Léontine était bien réellement une femme séduisante, dont le regard et le sourire provocateur eussent fait le désespoir d'un saint. Sous le feu de ces beaux yeux noirs veloutés dont les éclairs frappaient au cœur, M. de Barno se sentit promptement ému. Il fit à la charmante veuve un accueil des plus gracieux, et parut affligé de ne pouvoir lui donner les renseignements qu'elle demandait touchant quelques affaires financières internationales où elle n'avait en réalité rien à voir.

Le jeune diplomate était d'autant plus vulnérable en ce moment que, ainsi que nous l'avons dit, il avait fait récemment un riche héritage, ce qui l'avait disposé à faire de graves réflexions sur son entrée prochaine dans la famille de Quérens. Il aimait toujours Ida; mais son amour était maintenant tempéré par la raison, et l'amour qui raisonne n'est déjà plus de l'amour. L'impression que fit sur lui Léontine augmenta encore le refroidissement qu'il ressentait. Il fit à la jolie veuve les plus chaleureuses promesses.

« Je vais écrire sur-le-champ à nos diverses légations en Amérique, dit-il après un long entretien, et je serai heureux de vous porter moi-même les réponses que j'aurai obtenues. » Léontine le remercia avec effusion, et elle posa sa carte sur le bureau près duquel Barno l'avait fait asseoir. Les choses en étaient déjà à ce point que le jeune diplomate cherchait un prétexte pour qu'elles n'en restassent pas là; il trouva.

« J'aurai peut-être besoin de quelques notes précises, dit-il; me sera-t-il permis, madame, de les aller prendre près de vous?

— Je ne puis être, monsieur, répondit Léontine, que très-honorée de votre visite. »

Et ces paroles furent accompagnées d'un sourire capable de mettre le feu à un cœur de glace. La joie du succès embellissait encore la charmante courtisane; elle était ravissante.

« Eh bien? fit Varambert qui l'attendait chez elle.

— Eh bien, cher, je crois que j'ai fait brèche.

— Tenez bon, et la place ne tardera pas à se rendre.

— Je l'espère bien ainsi.

— Et vous iriez jusqu'au *conjungo*?

— Pourquoi non? un mari n'est pas un animal aussi difficile à apprivoiser qu'on le croit communément. Je ne parle pas de ce pauvre Félicien qui avait mangé son pain blanc le premier, et qui avait la prétention de ressusciter l'âge d'or en amour, comme si cet oiseau-là pouvait loger deux fois dans le même nid.

— Léontine, vous êtes une maîtresse femme. Persévérez, et je vous donne ma bénédiction....

— Homme généreux!

— Je dis ma bénédiction, accompagnée de dix billets de mille francs, que je laisserai tomber dans la corbeille, après la signature du contrat.

— Alors, vous feriez bien de me donner un àcompte afin que je reçoive convenablement mon futur mari.

— Vous en êtes déjà là?

— Baron, vous avez la mémoire courte. Je crois que, lors de notre première rencontre, nous avons été plus vite que cela.

— Oh! je m'en souviens, et je serais tout prêt à marcher du même pas.

— Point de folie! laissons luire notre soleil; les nuages viendront assez tôt.... Vous disiez donc dix mille.... soit cinq mille pour la première moitié, l'affaire étant sérieusement entamée. »

Varambert comprit que c'était une condition *sine qua non*, et il s'exécuta, afin de conserver ce précieux auxiliaire qui pouvait le débarrasser du dangereux rival, que jusqu'alors il n'avait pu écarter.

Sur ces entrefaites, Pied-de-Fer reçut une lettre de Mme de Merval.

« Venez, mon vieil ami, écrivait la marquise,
« au nom de Dieu venez! vous êtes mon seul ap« pui, et je n'ai de confiance et d'espoir qu'en
« vous. Le misérable Varambert met ses menaces
« à exécution; l'action est intentée, et j'ai reçu
« une copie manuscrite du mémoire qu'il va pu« blier contre moi. C'est affreux! Si cela est im« primé, je n'y survivrai pas. Et pourtant je vous
« l'ai dit et je le répète, je n'ai été que légère;
« jamais une goutte de sang n'a été versée avec
« mon assentiment; mais, il faut bien le recon« naître, toutes les apparences sont contre moi.
« Ma sœur est au désespoir; ma pauvre Ida sèche
« sur pied, elle est méconnaissable.

« Faudra-t-il donc que je m'incline devant ce
« misérable baron; que je lui jette en pâture la
« proie qu'il convoite? J'ai consulté mon avoué
« qui ne m'a pas du tout rassurée : « l'affaire est
« mauvaise, m'a-t-il dit; les souvenirs qu'elle ré« veillera vous écraseront; les registres du parle« ment de Toulouse seront compulsés, et si les
« faits allégués par votre adversaire y sont consi« gnés.... Heureusement, un procès de ce genre
« peut être très-long; nous pouvons, en usant de
« toutes les ressources judiciaires, le faire durer
« plusieurs années avant qu'un arrêt exécutoire
« soit rendu, mais le résultat fâcheux est inévi« table. Venez donc, mon ami; il nous semble à
« toutes que votre présence écartera le danger qui
« nous menace. »

Pied-de-Fer partit, après avoir donné à Jourdet l'argent et les instructions nécessaires, pour qu'il pût se livrer à la recherche du baron et de Carlo.

« Tonnerre! se disait Jourdet, il faut qu'ils soient cachés sous terre. Il y aurait peut-être un moyen de se renseigner; ce serait de faire quelques longues stations au *Lapin-Blanc;* mais ça serait dangereux, et il ne serait pas sain de retomber dans les pattes des trois grinches qui m'ont si bien mis à l'abri du soleil... Après tout, il faut bien risquer quelque chose : une blessure n'empêche pas le soldat de retourner au feu... Il ne faut pas que Pied-de-Fer puisse me reprocher d'avoir canné. Et puis il n'est pas défendu de prendre ses précautions : deux pistolets doubles, douze cartouches, et une bonne lame dans sa gaîne; avec cela on se fait faire place partout. Autre avantage! je parle charabia dans la perfection, quand cela me plaît. C'est un don de famille, mon père étant né dans les merveilleuses montagnes du Cantal.... Une veste de velours râpé, pantalon idem, les cheveux mal peignés, de la poussière de charbon sur le visage, et en avant; le jour va bientôt finir, et le *Lapin-Blanc* me tend les bras ! »

Et le brave garçon se mit courageusement en campagne ; le voici attablé dans ce paradis des voleurs où des houris crottées apparaissent çà et là.

Ces anges-là, il faut le reconnaître, ne sont pas richement partagés sous le rapport des charmes; mais ils ont généralement la langue bien pendue, et ils usent largement de cet avantage.

Ce fut à une table voisine de celle où de ces deux princesses causaient sentimentalement en achevant un demi-litre d'eau-de-vie, que Jourdet alla prendre place.

Le hasard l'avait admirablement servi.

« Oui, camaro, disait l'une d'elle, il y a huit jours que nous piquons dans le mur. On est devenu chien à mon endroit.

— Vrai ! ça crie vengeance ! On ne fera donc pas une révolution contre ces gueux-là ! Et dire qu'il y a encore des infirmes qui croient à la liberté !

— Tu comprends alors que les pains de quatre livres ne poussent pas dans notre garni, avec ça que Luisard se trouve dans une dèche passagère infiniment trop prolongée....

— Tiens ! je croyais qu'il avait trouvé un biberon.

— Oui, c'est la vérité; avec Taupin et Jupitain, ils avaient amarré quelque chose de soigné; un camaro qui travaillait en amateur, et qui lâchait les faces à volonté. Malheureusement il s'est retiré des affaires....

— Dame ! s'il a le sac c' t'homme !

— Il l'a, ma fille, et je te dis ça en confidence, Guisard l'a retrouvé.

— Alors les beaux jours vont revenir ?

— Il y a chance, Guisard y est, et je l'attends ici.

— Ça n'est donc pas loin ?

— A Saint-Mandé, ma chatte ; à deux pas de la barrière. Il sera ici dans un quart d'heure....

— Et il aura besoin de se rafraîchir.

— Est-ce qu'on n'a pas toujours besoin de ça... Tiens, vois-tu, on en dira tout ce qu'on voudra, Guisard a été dans les croque-morts; mais c'est tout de même un homme, un vrai homme !... Tiens ! le voici ! »

Guisard en effet entrait en ce moment; il vint prendre place à la table des deux commères.

« Eh bien ? lui dit celle qui avait tant parlé.

— Eh bien ! ça marche; le grand camaro a besoin de nous.

— Quelle chance !

— Oh ! ce n'est pas tout sucre; la besogne sera rude.

— Et bien payée ?

— Belle avance ! si l'on perd sa peau avant de toucher le quibus.

— Allons donc ! est-ce qu'on *supprime* des gens comme toi ?... Guisard, je le disais tout à l'heure, tu es un vrai homme !... Quand dois-tu y retourner ?

— Demain soir, avec les camaros. Il y a chance pour le gras. Assez causé. »

Jourdet remit sur son épaule le sac à charbon vide qu'il avait déposé sur un banc, et il sortit tranquillement sans avoir été reconnu.

« A Saint-Mandé, pensait-il en se retirant, j'y serai en même temps que vous, mes gas ! et si, cette fois, vous vous montrez disposés à jouer du couteau à mon endroit, je ne vous manquerai pas. »

Le lendemain, en effet, longtemps avant la fin du jour, ses pistolets dans ses poches, et son sac à charbon sur l'épaule, il s'installait dans un cabaret de l'avenue du Bel-Air, d'où, par la fenêtre près de laquelle il s'était placé, il pouvait voir la rue sans qu'un seul passant pût échapper à ses regards.

« Maintenant, mes lapins, se dit-il, je vous attends, et il y aura bien du malheur si je ne vous fais pas payer ma faction. »

Deux heures s'écoulèrent; le soleil était près de se coucher, lorsqu'enfin les trois habitants du *Lapin-Blanc* parurent, marchant d'un pas modéré, comme des gens peu pressés d'arriver.

Jourdet comprit qu'ils ne voulaient pas se montrer au lieu où ils se rendaient avant qu'il fît nuit fermée, et il en fut content, cela lui permettait de les suivre de plus près jusqu'au lieu où ils devaient s'arrêter.

Le crépuscule allait faire place à la nuit, lorsqu'ils firent halte près d'une jolie maisonnette d'un seul étage, bâtie à l'italienne, et ayant un toit plat en terrasse.

C'était au mois de novembre ; le froid était vif, et la noire colonne de fumée qui s'échappait de la cheminée faisait pressentir un intérieur confortable malgré son peu d'étendue.

« C'est ici, » dit Guisard à demi-voix.

Il tira le bouton d'une sonnette ; la porte s'ou-

Il se cramponna aux aspérités. (Page 752, col. 2.)

vrit, et se renferma sans bruit dès qu'ils furent entrés.

Jourdet, qui s'était remisé derrière une charrette arrêtée devant une auberge voisine, s'avança alors près de la porte qui venait de se fermer, il prêta l'oreille.

Il put entendre le son de plusieurs voix ; mais pas une parole ne pouvait arriver nettement jusqu'à lui. Jourdet, en sa qualité d'ex-gamin de Paris, était leste, agile, nerveux ; plus d'une fois il s'était distingué à l'escalade des mâts de cocagne, dans les fêtes publiques.

Il tâtait les murs pour reconnaître s'il ne s'y trouvait pas quelque saillie ou anfractuosité qui lui permît de s'accrocher et d'atteindre les gouttières, lorsqu'à un des angles de la maison il mit la main sur un tuyau de fonte destiné à l'écoulement des eaux pluviales ; il s'y cramponna aussitôt, et en quelques secondes il arriva sur la terrasse.

La cheminée ne donnait plus passage qu'à une mince colonne de fumée ; mais à la chaleur qui s'en exhalait, et à l'odeur prononcée du charbon de terre, il était aisé de reconnaître qu'il devait y avoir dans l'âtre un brasier très-ardent. Jourdet s'approcha de l'orifice et aussitôt toutes les paroles prononcées en bas arrivèrent distinctement jusqu'à lui.

« Vous savez que l'argent ne manque pas, disait Carlo ; mais il ne faudrait pas s'aviser, au dernier moment, de souffler dans la manche. La chose d'ailleurs est tout à fait dans votre intérêt ; si vous ne tuez pas le diable, il vous tuera. Celui qui a pris ma place dans la cave où l'on m'avait mis au frais, avait la plus belle chance d'y laisser ses os, pourtant il en est sorti, et il est presque certain qu'il vous reconnaîtra quelque jour, si vous ne lui faites pas passer gentiment l'arme à gauche. Quant à Pied-de-Fer, la chose est sans danger, car la police, pendant longtemps, a promis une forte prime à qui s'en emparerait mort ou vif. Il n'est pas à Paris en ce moment ; mais il ne peut tarder à y revenir.

— M'est avis, dit Guisard, que nous serions bien simples de l'attendre quand nous pourrions faire tout de suite la moitié de la besogne.

— Ça serait d'autant plus avantageux, fit observer Taupin que la moitié de l'affaire faite, nous n'aurions plus à nous déranger pour l'autre moitié ; nous n'aurions plus qu'à attendre, et vous savez qu'il ne manque pas là de provisions pour lui faire prendre patience.... »

Jourdet cessa d'écouter ; une idée venait de lui traverser la cervelle.

Il descendit plus lestement encore qu'il n'était monté, et alla à l'auberge voisine chercher une botte de foin qu'il trempa en passant dans l'auge de pierre destinée à faire boire les chevaux, et que, avec son mouchoir, il attacha sur son dos; puis il remonta sur la terrasse.

La cheminée ne donnait plus issue qu'à une légère vapeur blanche; mais la chaleur qui en sortait était des plus intenses.

« Mes lapins, dit-il mentalement, pour peu que vous restiez là encore une demi-heure, vous allez faire un drôle de somme. Je viens d'entendre le bruit des verres..., à votre santé! ça aidera à la chose. »

Et avec sa botte de foin mouillé il boucha la cheminée le plus hermétiquement possible. Le bruit des verres et des voix se fit encore entendre pendant quelques instants, puis il cessa complétement.

« J'ai dans l'idée, mauvais coquins, pensait Jourdet, que ce n'est pas encore aujourd'hui que vous me ferez passer l'arme à gauche, comme vous vous en vantiez tout à l'heure.... Ma foi, tant pis; c'est vous qui l'avez dit: il vaut mieux tuer le diable que de se laisser tuer par lui. Seul contre quatre, je n'ai pas le choix des moyens, et si jamais ruse de guerre fut légitime c'est dans le cas où je me trouve. »

Il resta encore pendant une demi-heure près de la cheminée, puis, ne voulant pas qu'on pût découvrir la cause de ce qui serait arrivé, il lança la botte de foin dans la cour de l'auberge, et il descendit dans la rue.

Il y était à peine arrivé, que les pas de plusieurs chevaux se firent entendre.

C'était la brigade de gendarmerie du lieu qui faisait sa ronde ordinaire.

A la lueur d'un réverbère, balancé par le vent, Jourdet vit briller les chapeaux bordés.

Son parti fut pris sur-le-champ: il alla droit au brigadier.

« Monsieur, lui dit-il; j'allais requérir votre autorité à propos d'un événement singulier: comme je passais près de la maison que voici, j'ai entendu de violentes clameurs, puis des plaintes, des gémissements. J'ai frappé à la porte avec l'intention de porter secours s'il était nécessaire; mais je n'ai pas obtenu de réponse. Cependant les gémissements continuaient à se faire entendre, puis ils cessèrent et le plus profond silence régna. Il est évident qu'il s'est passé dans cette maison quelque chose d'étrange, un crime peut-être. Mais vous voici; la vérité va être connue. »

Les gendarmes mirent pied à terre, et allèrent frapper à la porte qui leur était indiquée.

Ils n'obtinrent pas de réponse, bien qu'à travers les persiennes on pût voir qu'il y avait de la lumière à l'intérieur.

« Au nom de la loi, ouvrez! cria le brigadier. »
Même silence.

« Heureusement, dit un des gendarmes, que le commissaire n'est pas loin; il n'est que neuf heures, et il y a une boutique de serrurier à dix pas d'ici.

— Je sais où elle est, dit Jourdet; j'y vais. »

Il s'éloigna, et, à dix pas de là, il cacha derrière une borne ses pistolets et son couteau catalan, après quoi il remplit la mission qu'il s'était donnée lui-même, et il revint accompagné du serrurier. Un des gendarmes qui était parti au galop reparut bientôt avec le commissaire.

La porte fut ouverte, et tous pénétrèrent dans l'intérieur. Arrivés dans un petit salon, la seule pièce où il y eût une cheminée, un spectacle étrange s'offrit aux regards des visiteurs: quatre hommes étaient étendus sans mouvement, trois sur le parquet où ils semblaient être tombés de dessus leurs chaises placées à une très-petite distance l'une de l'autre et le quatrième sur un fauteuil, la tête renversée sur le dossier. Ce dernier était Carlo; on sait quels étaient les trois autres.

Dans l'âtre de la houille à l'état de coke qui venait de se raviver lors de l'ouverture de la porte, et sur une table des bouteilles, des verres et une lampe près de s'éteindre que l'air revivifia graduellement.

Sur l'invitation du commissaire, le brigadier palpa ces hommes.

« Ils sont encore chauds, dit-il; mais je crois que leur affaire est faite.

— Tout annonce l'asphyxie, dit le commissaire; l'odeur du gaz carbonique, cette lampe près de s'éteindre et ravivée tout à coup.... Le cas est des plus graves; qu'on aille en toute hâte requérir un médecin.... Ouvrez la porte, les fenêtres. Bien.... Je crois que celui du fauteuil vient de faire un léger mouvement.... »

Les gendarmes, sur l'ordre du magistrat avaient relevé les trois corps et les avaient remis sur les chaises d'où ils étaient tombés.

« Hum! fit un des membres de la force publique, en voici un qui a les poches garnies de mauvaises provisions. »

C'était de Taupin qu'il parlait, et il tirait en même temps des poches de ce bandit des pistolets et un couteau-poignard.

Les trois autres furent successivement fouillés; on trouva sur Guisard et Jupitain des couteaux catalans du plus terrible format; mais sur aucun des trois on ne put découvrir le moindre papier qui pût les faire reconnaître.

Par compensation, on trouva sur Carlo trois passe-ports sous des noms différents.

« Évidemment, dit le commissaire, nous sommes dans un repaire de voleurs.... Gendarmes, gardez les issues!... Comment a-t-on découvert ce nid de bandits?

— C'est moi, répondit Jourdet, qui, passant près de cette maison, ai entendu des gémissements; j'ai frappé à la porte dans l'intention de porter secours, et n'obtenant pas de réponse, j'ai été avertir la gendarmerie.

— Très-bien! reprit le magistrat; cela sera consigné au procès-verbal. »

Enfin le médecin arriva; il pratiqua des frictions sur les asphyxiés, et ne négligea aucun des moyens usités en pareil cas.

Il était un peu tard; mais enfin il parvint à ramener, sur les quatre sujets un peu de chaleur à la peau, et tous, presque en même temps, donnèrent signe de vie.

« Malheureusement, dit le docteur, je n'ai sous la main rien de ce qu'il faudrait pour achever la cure; mais ils sont tous, dès à présent, en état de supporter le transport. Le mieux serait donc de requérir une voiture, et de les faire conduire à l'hôtel-Dieu....

— Où nous les consignerons sévèrement, ajouta le commissaire.... Ce n'est pas là une affaire ordinaire, et il ne faut pas que ces drôles-là nous glissent dans la main. »

La voiture fut requise; on y étendit les quatre asphyxiés, et, sous l'escorte des gendarmes et du commissaire, elle se mit en marche.

Une heure après tous quatre, étendus dans de bons lits, recevaient des soins qui achevaient de les rappeler à la vie; mais les portes de la salle qu'ils occupaient étaient bien gardées.

« Je crois, se disait Jourdet en regagnant la maison de l'avenue du Maine dont Pied-de-Fer lui avait confié la garde, je crois que je puis dormir cette nuit sur les deux oreilles. Demain, si je ne vois rien venir, j'écrirai à Pied-de-Fer, et j'espère qu'il sera content de la revanche que je viens de prendre.

LVII

Comme on gâte sa vie.

Nous avons dit avec quel art Léontine avait séduit Jules de Barno; le démon femelle tenait maintenant dans ses griffes le jeune diplomate, riche proie qu'elle se proposait de dévorer à son aise.

M. de Barno était fort inexpérimenté en amour : élevé très-sévèrement, sa jeunesse tout entière avait été consacrée à l'étude d'abord, puis aux affaires, qui avaient absorbé toute l'activité de son esprit, et l'esprit, ainsi tenu sous le joug, avait fait taire la chair.

Ida de Quérens avait été sa première passion, passion vraie, mais honnête dans toute l'acception du mot; mais que cet amour que lui avait inspiré la jeune fille était différent de celui qu'il ressentait pour Léontine! Cette dernière avait tant de feu dans le regard! le contact de ses belles mains frémissantes était si délicieux, et c'était avec un si doux abandon qu'elle semblait se laisser entraîner!

On avait d'abord parlé de mariage, et l'on en parlait encore; mais seulement comme d'un complément nécessaire aux yeux du monde, comme de la consécration d'un fait accompli.

Varambert était enchanté de la tournure que prenaient les choses : si de Barno était entraîné jusqu'au mariage, il n'y avait plus d'obstacle au succès de ses projets, à lui Varambert; si le mariage du diplomate avec la courtisane ne se faisait point, de Barno n'en restait pas moins enchaîné à cette sirène dont les moyens de séduction étaient tout-puissants.

Le baron toutefois ne se laissait pas éblouir par la perspective du succès, et il ne négligeait rien de ce qui pouvait le rendre plus assuré.

Cependant la plus profonde tristesse continuait à régner au château de Merval.

M. de Barno n'avait pas écrit une seule fois depuis son départ, et après ce qui s'était passé, ce silence semblait significatif.

La comtesse de Quérens et la marquise, sa sœur, étaient au désespoir; Ida dépérissait. Pour comble, Varambert envoya aux deux sœurs une épreuve du mémoire qu'il faisait imprimer, et dans lequel étaient relatés tous les faits que nous avons fait connaître, et qui, ainsi réunis, étaient écrasants.

On tint conseil.

Pied-de-Fer, sous le poids des accusations formulées contre ses amies, ne semblait plus aussi sûr de lui-même.

Sans doute, il pouvait continuer la lutte; livrer Varambert et Carlo à la justice ne pouvait pas être pour lui chose bien difficile; mais cela ramenait infailliblement sur lui-même, l'attention de l'autorité qui semblait l'avoir oublié, et c'était là ce qu'il voulait éviter à tout prix.

« Mesdames, disait Varambert dans une lettre jointe à l'épreuve de son mémoire, vous voyez comment je suis armé; quels que soient vos champions, votre défaite est certaine. Je puis, madame la marquise, vous chasser de cette somptueuse demeure où existent encore tant de traces de vos *faiblesses* (j'adoucis le mot). Eh bien, il ne tient qu'à vous que je n'en fasse rien; que je vous laisse le nom et le titre que vous portez, les biens dont vous jouissez : faites de Mlle de Quérens votre légataire, et accordez-moi la main de cet ange que j'adore, et dont la possession m'a été solennellement promise.

« J'ai mis, vous devez le reconnaître, beaucoup de longanimité dans cette affaire; j'ai longtemps espéré que vous reviendriez à de meilleurs sentiments envers moi; mais j'ai trop souffert, et je ne veux plus souffrir seul.

« J'attends toujours votre réponse poste restante à Paris, où j'attends de pied ferme certains misérables dont je suis en mesure de déjouer les complots. »

Ces menaces, accompagnées d'un commencement d'exécution, achevèrent de mettre le désespoir au cœur des deux sœurs; Pied-de-Fer lui-même était visiblement inquiet, et il cherchait le moyen de parer ce dernier coup, lorsqu'il lui arriva une lettre de Jourdet.

« Maître, disait le brave garçon, je viens de faire un coup de quatre superbe; arrivez vite pour en profiter. Carlo et ses compagnons du *Lapin-Blanc* sont sous les verrous.

« Le baron de Varambert fait en ce moment ménage avec cette dame Léontine, qui nous a conduits à la maison de Clignancourt; mais ça m'a tout l'air d'être un ménage à trois, vu qu'ayant filé la dame pour savoir à quoi m'en tenir sur son compte, je l'ai vue tous les matins se rendre chez ce M. de Barno qui vous accompagnait le soir où nous avons si bien pincé Carlo.

« Aujourd'hui, c'est l'autorité qui tient ce mauvais gueux, et elle ne tient pas grand'chose, car lui et ses compagnons ne sont plus guère bons qu'à se faire enterrer. Venez donc vite; le Varambert tout seul ce n'est pas la mer à boire, et je l'aurais peut-être déjà balancé, si j'avais pu vous en demander la permission. Venez ; la besogne est taillée ; il n'y a plus qu'à y mettre le fil. »

Après la lecture de cette lettre, Pied-de-Fer s'empressa de rassurer les trois affligées.

« J'ai de bonnes nouvelles, leur dit-il; je sais maintenant où trouver Varambert, et dussé-je l'envoyer aux galères, ce qui ne me serait pas difficile, je suis décidé à en finir avec lui. Je retourne donc à Paris pour la dernière fois. Puissé-je désormais ne plus quitter cette retraite que j'aime, et que votre amitié me rend si douce ! »

Il ne dit rien de M. de Barno; car il avait peine à croire ce que lui disait Jourdet, et il se serait gardé d'ajouter à la douleur d'Ida déjà si profondément affligée; mais il se proposait bien de ne pas perdre un instant pour éclaircir ce mystère, et il partit en promettant de donner promptement de ses nouvelles. Arrivé à la maison de l'avenue du Maine, il y trouva Jourdet, qui l'attendait avec impatience, et qui lui raconta par le menu ses prouesses de Saint-Mandé.

« Le médecin est arrivé un quart d'heure trop tôt, dit-il en terminant, sans cela c'était une affaire enterrée; mais au dire du docteur lui-même, ils ne valent guère mieux que s'ils avaient perdu le goût du pain.

— Je comprends l'avantage remporté de ce côté; mais parlez-moi donc de vos découvertes en ce qui concerne Varambert et M. de Barno.

— De ce côté-là, ça s'est fait presque tout seul : je flânais le nez au vent, c'est une habitude d'enfance dont je ne puis pas me corriger. Je passais devant la maison où demeure M. de Barno, voilà que tout à coup une voiture s'arrête devant cette maison; moi, naturellement je m'arrête à trois pas plus loin pour voir le personnage qui allait mettre pied à terre, et ma surprise fut grande quand je reconnus cette Mme Dikson.

« La voiture s'en va à vide, et je me pose en planton. Je voulais savoir où demeurait maintenant cette belle dame. La faction a été longue; mais je suis tenace : la jolie personne n'est sortie que le lendemain matin, à dix heures.

« La chose était claire. J'ai suivi la dame, et je l'ai vue entrer dans une maison d'où sortait en même temps le baron de Varembert. Ils se sont rencontrés sur le seuil, et après quelques paroles échangées entre eux, Varambert dit : *je reviens dans un instant.*

« Bref, étant sur la voie, je n'ai rien négligé pour savoir le fin mot, et le voici : Varambert pilote la dame, et la dame est en train de ruiner M. de Barno. Il est même question de mariage, s'il faut en croire une concierge bavarde dont j'ai fait la conquête.... Ça m'a coûté pas mal; mais quand on est dévoué.

— Merci, ami Jourdet ! mille fois merci ! Grâce à vous nous allons être maîtres du terrain.... Ce pauvre Barno ! elle le rongerait jusqu'aux os ! Heureusement c'est un homme de haute intelligence, et quand il saura la vérité.... »

Comprenant bien qu'il fallait se hâter, Pied-de-Fer ne prit que le temps de changer de vêtements, et il se rendit chez M. de Barno. Comme on l'annonçait, une voix de femme se fit entendre; il la reconnut; c'était celle de Léontine. Alors, de la main écartant le valet, il pénétra dans le salon où, sur une causeuse, siégeaient le diplomate et la courtisane.

« Pardon, monsieur, dit-il au diplomate, pardon de ma brusquerie, de mon manque de savoir-vivre; mais je me sens trop sur mon terrain pour l'abandonner. »

Léontine jeta un cri de surprise, et elle se leva pour sortir; mais Pied-de-Fer s'était adossé aux deux battants de la porte, avec l'intention manifeste de ne laisser passer personne.

« Restez, madame, dit-il; il importe que vous entendiez ce que je vais vous dire. »

Léontine effrayée se jeta sur un fauteuil, et Pied-de-Fer reprit :

« Monsieur de Barno, vous êtes tombé dans un piége ignoble, et je viens vous en tirer. Écoutez, et que cette femme me démente si elle l'ose:

Fille d'un honorable industriel, elle a tué son père.... »

Léontine bondit sur son siége.

« Vous l'avez tué et vous l'avez volé, madame, de complicité avec un misérable auquel vous vous étiez donnée, et qui s'appelait Curchello; puis ensuite vous avez appartenu un peu à tout le monde, et en dernier lieu au baron de Varambert. Dans l'hôtel que vous avait donné à ce dernier s'est commis un assassinat monstrueux dont vous avez été témoin, et c'est avec l'assassin, ce Varambert, que vous vivez maintenant, et dont, en ce moment même, vous exploitez la complaisance.... Osez contester tout cela; osez braver l'autorité que je puis appeler à mon aide! n'ai-je pas été moi même votre dupe, alors que croyant à votre retour au bien, j'ai commandité de cent mille francs votre mari?... Que Dieu fasse paix à celui-là! il s'est tué du regret d'avoir pris pour femme une infâme.... J'ai fini, madame, et je vous laisse la parole. »

Ne sachant que faire, que répondre, Léontine prit le parti de s'évanouir; mais Pied-de-Fer était à l'épreuve de ces mièvreries, et comme M. de Barno se levait pour la secourir:

« Restez, monsieur, lui dit-il; madame soyez en sûr, n'a pas perdu l'usage de ses sens, et l'on peut lui permettre de se retirer. »

Léontine bondit comme une hyène blessée, et s'élançant vers la porte, que Pied-de-Fer venait de laisser libre, elle disparut.

« Maintenant, monsieur, dit Pied-de-Fer, j'ai l'heureuse certitude que cette sirène ne parviendra pas à vous entraîner dans l'abîme où vous étiez si près de tomber, et j'espère que vous me pardonnerez l'excentricité du moyen employé. Un ange pleure et se meurt là-bas; votre présence seule peut lui rendre la vie; l'abandonnerez-vous?

— Ah! s'écria Jules de Barno, grâce à vous, mes yeux s'ouvrent à la lumière; malheureusement il est trop tard: ce démon s'était emparé de moi et m'avait fait perdre la raison; je lui ai souscrit des lettres de change pour une somme énorme.... supérieure même à tout ce que je possède. Je lui aurais donné mon sang, mon âme, si elle l'eût voulu.... Maintenant je n'ai plus qu'à mourir; car je ne saurais me relever de cette chute.

— Ne désespérons de rien; le charme est rompu, c'est déjà quelque chose; le reste du mal n'est pas irréparable. Ne vous occupez plus que du bonheur qui vous attend, et reposez-vous sur moi du soin d'arranger cette affaire, qui doit rester un secret entre nous.

— Ah! je suis bien coupable! cette faute est la première de ce genre que j'aie commise, et je ne me la pardonnerai jamais.

— Il ne faut dire ni jamais ni toujours; ces mots appliqués aux faiblesses humaines n'ont pas de sens; l'absolu n'est pas de notre nature. Partez aujourd'hui même, et que votre visage ne porte pas la moindre trace de la douleur que vous éprouvez en ce moment.... Que diable! monsieur, on n'est pas diplomate pour rien.

— Ah! les femmes!... Voilà pourtant comme on gâte sa vie!...

— N'y pensez plus, et songez au bonheur promis; je me charge du reste. »

M. de Barno était trop ému pour pouvoir répondre; il tendit la main à ce généreux sauveur qui l'arrachait à la fois à la ruine, au déshonneur et au désespoir, et deux heures après, il partait pour le château de Merval.

« Maintenant, se dit le vieux routier, à nous deux, Varambert; vous aurez du bonheur, maître coquin, si je ne vous envoie pas faire un tour à Toulon ou à Brest. Quant à votre complice, nous lui ferons faire probablement une retraite forcée à Saint-Lazare. A chacun selon ses œuvres. »

LVIII

Piété filiale.

Carlo et ses trois acolytes étaient toujours à l'hôpital; mais leur convalescence commençait, et ils ne pouvaient tarder à être transférés à la prison de la Force, lorsque, un soir, un peu avant que les lampes fussent allumées, une religieuse s'approcha de Taupin, et lui dit:

« Je vous sauverai en souvenir de lui! »

Taupin tressaillit; cette voix l'avait frappé au cœur.

C'est que cette voix lui rappelait un événement terrible qui avait brisé sa carrière et avait frappé d'indignité toute sa famille.

Taupin n'était pas le nom de cet homme; il s'appelait Pierre Carpa. Pendant plus de deux siècles ses ancêtres avaient été maîtres potiers d'étain rue de la Vannerie, à Paris. Lui-même avait succédé à son père dans cette profession, bien qu'il fût assez aisé pour renoncer au travail.

C'était aux beaux jours du premier empire, alors que Napoléon Ier venait de signer avec le pape un concordat qui rétablissait en France la religion dans toute sa splendeur.

Carpa avait un fils de seize ans, qui venait de terminer ses humanités, et l'idée lui vint d'en faire un prêtre que, à raison de sa fortune, et de la rareté des sujets, il espérait pousser promptement à l'épiscopat. Arnolphe, c'était le nom de ce fils, devint donc étudiant en théologie.

C'était un beau garçon de dix-huit ans ; son air ouvert et spirituel, sa démarche noble, sa parole douce, son regard pénétrant, en faisaient un jeune homme accompli auquel on pouvait hardiment prédire des succès de plus d'un genre.

« Bon courage ! garçon, lui disait parfois son père ; les clercs de ta sorte sont graines d'évêque.

— Mon cher père, disait Arnolphe, ne serait-ce pas folie à moi de viser si haut?

— Enfant, la mitre et la crosse sont choses sacrées, mais non si chères que Pierre Carpa, le potier, n'y puisse atteindre. Avant deux ans, tu seras diacre, et à partir de là tu feras rondement ton chemin. »

Tels étaient le projet et les espérances du riche industriel : il avait reconnu dans Arnolphe toutes les qualités nécessaires pour arriver aux plus hautes dignités ecclésiastiques, et il avait résolu de sacrifier une partie de sa fortune pour lui en aplanir le chemin.

Le jeune homme ne rêvait pas d'autre avenir ; aucune passion n'avait encore fait irruption dans son cœur ; sa jeunesse s'écoulait dans une espèce de douce quiétude.

Ce ne fut qu'aux vacances de Pâques, alors qu'Arnolphe touchait à son dix-huitième printemps, qu'il se manifesta quelque changement dans son humeur ; il devint triste, rêveur, et bientôt il ne répondit aux encouragements de son père que par des soupirs à demi étouffés.

« Qu'as-tu donc, garçon? lui dit un jour son père ; d'où vient ce chagrin qui te fait soupirer et te creuse les joues? N'as-tu la bourse suffisamment garnie? Y aurait-il chez notre compère le chasublier quelques mirifiques chappes ou soutanelles qui te fassent envie? Parle, afin que je mette vite le remède à ton mal.

— La chose que je désire, mon cher père, est celle sans laquelle je ne me sens plus la force de vivre. C'est en effet votre ami Hardoux le chasublier qui la possède ; mais j'ai peur qu'il ne vous plaise de m'accorder ce bien précieux.

— Comment le ferais-je, si tu ne me dis pas quel il est ?

— Cher père, reprit Arnolphe en rougissant et baissant timidement les yeux, ce trésor que je brûle de posséder, c'est votre filleule Madeleine, la fille du chasublier. »

La foudre serait tombée aux pieds du potier d'étain qu'il n'eût pas été frappé de plus de stupeur ; pendant quelques instants, il lui fut impossible de parler.

Enfin la parole lui revint, et il put donner essor à la fureur qui l'étouffait ; il n'épargna ni les reproches, ni les menaces ; vingt fois il adjura le jeune homme de se rétracter, mais il ne put rien obtenir.

« Mon père, répondit Arnolphe, quand vous devriez me tuer, vous ne me ferez pas consentir maintenant à entrer dans les ordres, car la vie éternelle est préférable à celle de ce monde, et je sens que je me damnerais si je gardais le célibat. »

Ce premier orage fut suivi de plusieurs autres ; le potier mettait tout en œuvre pour que son fils changeât de sentiment ; mais Arnolphe était inébranlable ; il aimait Madeleine, il en était aimé, et les deux amoureux se voyaient fréquemment, en dépit des précautions prises par Carpa pour que son fils ne pût aller chez le chasublier.

Le soir, l'amoureux clerc sortait furtivement de sa chambre, tirait les verrous de la porte de la boutique, qu'il fermait ensuite tant bien que mal, et il allait doucement aux lourds volets du chasublier. Madeleine qui l'attendait, lui ouvrait aussitôt, et à la faible lueur d'une petite lampe cachée derrière le comptoir les amants passaient quelques heures à s'entretenir.

Pierre Carpa était au désespoir ; son rêve le plus doux allait être détruit. Arrivé aux dignités ecclésiastiques, Arnolphe eût pu facilement faire oublier la médiocrité de sa condition, et marcher rapidement dans les sentiers de la faveur. Maintenant tout cet échafaudage séduisant était sur le point de s'écrouler.

Tel fut le chagrin que le potier en conçut qu'il en eut le cerveau troublé.

Un soir, quelques instants après qu'il se fut mis au lit, Carpa, que le chagrin tenait éveillé, crut entendre quelque bruit venant de la boutique ; il se lève, s'habille à la hâte, s'arme d'un long couteau, et sort doucement de sa chambre.

De la boutique dont il trouve la porte entr'ouverte, il sort dans la rue, et à la faveur de la lune, il aperçoit Arnolphe qui se glisse dans l'ombre, le long des maisons.

Une fureur aveugle s'empare de ce malheureux ; il suit son fils, et pénètre en même temps que lui dans la boutique du chasublier.

La vue de Madeleine augmente encore la fureur de cet insensé.

« C'est toi qui damnes mon fils, s'écrie-t-il ; c'est ta malice qui l'entretient dans sa désobéissance ; meurs donc, fille du démon ! et que ton âme retourne dans l'enfer d'où elle est sans doute sortie. »

En parlant ainsi, il s'élança vers la jeune fille, et, du couteau dont il était armé, il la frappa en pleine poitrine, puis il s'enfuit. Arnolphe épouvanté court à Madeleine pour la secourir ; aux cris de désespoir qu'il pousse, le chasublier Bardoux et ses voisins accourent effrayés. Arnolphe est couvert de sang : le couteau qui a servi à consommer le crime est à ses pieds ; on s'empare de lui, et il est jeté en prison. Son père, dont la fureur est calmée, va le voir dans son cachot.

« Père, lui dit le jeune homme d'un ton calme et résolu, vivez, et laissez-moi mourir.

— Non, non, tu ne mourras pas, enfant! Je veux faire connaître la vérité et prendre ta place.

— Si vous faites cela, père, il y aura trois victimes au lieu de deux, car j'ai résolu de mourir. Souffrez donc que ma mort serve à quelque chose en vous laissant à ceux qui vous aiment et ont besoin de vous. Quant à moi, que ferais-je en ce monde, maintenant que j'ai perdu tout ce qui pouvait me faire aimer la vie? Au nom du ciel, gardez le silence; ne persistez pas à vouloir accomplir un sacrifice inutile. Je vois dans tout ceci le doigt de Dieu, qui a voulu punir ma désobéissance. Retirez-vous, vivez, et soyez sûr qu'en mourant je bénirai votre nom. »

Le potier finit par se laisser persuader; il embrassa son fils et le quitta en pleurant.

L'instruction du procès dura peu de temps. On accusait Arnolphe d'avoir voulu assassiner Madeleine, et il avouait être l'auteur de ce crime : il fut condamné à la peine de mort.

Lorsque le jour de l'exécution fut arrivé, le jeune homme monta sur l'échafaud d'un air résigné, et regarda sans en paraître ému les apprêts du supplice qu'il allait subir, et il pria le bourreau de lui accorder un instant; puis, d'une voix ferme, il dit :

« Je meurs sans crainte, car j'ai la ferme espérance que Dieu me pardonnera; que son saint nom soit béni! Ma bien-aimée Madeleine, nous nous reverrons là-haut. »

Puis, s'adressant de nouveau à l'exécuteur :

« Allons! maître, lui dit-il, ouvrez-moi les portes du paradis! »

Et il commença à réciter à haute et intelligible voix les prières des agonisants. Le peuple, toujours ami du merveilleux, était sur le point de crier au prodige.

« C'est un saint martyr, se disait-on; Dieu le protége : il ne mourra pas. »

Tout à coup un homme, écartant la foule, arrive au pied de l'échafaud en criant :

« Grâce! grâce! ne le tuez pas! ne tuez pas mon enfant, mon fils bien aimé! C'est moi qui suis l'assassin! c'est moi qui ai frappé Madeleine! »

Arnolphe ne pouvait voir l'homme qui parlait ainsi; mais, ayant reconnu la voix de son père, il interrompit sa prière et dit au bourreau :

« Hâtez-vous maintenant, par pitié pour mon pauvre père auquel la douleur a troublé le cerveau, et aussi pour que votre sûreté ne soit pas compromise. »

L'exécuteur le lia sur la planche fatale, et il allait le lancer dans l'éternité, lorsque le potier, hors de lui, s'élança sur l'échafaud sans que rien pût le retenir, et arrêta le bras du bourreau en s'écriant de nouveau :

« C'est moi qui suis le coupable! c'est moi qui ai frappé Madeleine! N'allez pas plus loin, et attendez que j'en appelle à l'Empereur!

— Mon père, dit Arnolphe, que votre nom soit béni! Vous voyez que je tiens ma promesse; par grâce, ne manquez pas à la vôtre. Allons! ajouta-t-il en s'adressant encore à l'exécuteur, j'entrevois les portes du ciel; ne me laissez pas en chemin. »

Le bourreau, qui avait rudement repoussé le père du patient, poussa ce dernier sous le couteau. Un coup sourd et confus se fit entendre : Arnolphe avait vécu.

Pierre Carpa, qui était demeuré sur l'échafaud, leva alors les mains vers le ciel, et, d'une voix tonnante, il dit :

« Par le saint nom de Dieu, devant qui je vais comparaître tout à l'heure, je jure que moi seul suis l'auteur du crime commis sur Madeleine Hardoux. Je mérite la mort, et je vais me faire justice, puisqu'on me la refuse... Saint Arnolphe, prie pour moi! »

A ces mots, il se précipite la tête la première, du haut de l'échafaud, pour se briser le crâne sur le pavé. Aussitôt de violentes rumeurs se font entendre dans la foule; le peuple, exaspéré par la scène qui vient de se passer sous ses yeux, se rue contre l'échafaud qu'il brise en mille pièces, en même temps que le malheureux Carpa, relevé tout sanglant, et reconnu par quelques-uns de ses voisins, est transporté chez lui. Il guérit assez promptement des blessures qu'il s'était faites en tombant; mais dès lors, il ne fut plus que l'ombre de lui-même : il négligea ses affaires, cherchant à s'étourdir, il se livra à l'ivrognerie et ne quitta plus les cabarets. Bientôt à l'aisance dans laquelle il avait vécu jusque-là, succéda la plus profonde misère; habitué des plus mauvais lieux, il s'y lia avec des gens de la pire espèce, et devint leur complice, quand les moyens de vivre lui manquèrent. C'est ainsi qu'il était devenu le compagnon de Lausardet, de Jupitain, et un des accolytes dévoués de Carlo.

Cependant Madeleine Hardoux n'était pas morte; mais en revenant à la vie, elle avait perdu la raison, qu'elle ne recouvra qu'après un séjour de plusieurs années dans une maison d'aliénés, séjour pendant lequel elle avait perdu son père et sa mère.

Seule au monde désormais; accablée d'une profonde et incurable tristesse, elle se consacra à Dieu, et se fit sœur de charité. C'est en cette qualité que depuis bien longtemps elle était à l'hôtel-Dieu, lorsque Carpa, que de fréquents démêlés avec la justice avaient obligé à changer de nom, et que les habitués du *Lapin-Blanc* ne connaissaient que sous celui de Taupin, avait été arrêté à Saint-Mandé, transporté avec ses complices à l'hôpital, et reconnu par l'infortunée à la vie de laquelle il avait attenté.

Abruti par le désordre dans lequel il vivait depuis longues années, Taupin n'avait rien compris à ces paroles murmurées par la sainte fille : *en mémoire de lui, je vous sauverai;* il doutait même que ce fût à lui qu'elles eussent été adressées, lorsque la même sœur revint, apportant divers médicaments.

« Numéro 28, dit-elle, en s'approchant du lit portant ce numéro et occupé par cet homme, dont la vue devait raviver en elle de si cruels souvenirs, voici les pilules qui vous sont ordonnées. »

Et d'une main tremblante, elle lui tendit les pilules contenues dans un cornet de papier, en ajoutant bien bas :

« Lisez l'enveloppe. »

Cette fois Taupin crut reconnaître la voix de la religieuse; la mémoire lui revint.

« C'est Madeleine, se dit-il; c'est l'infortunée que j'ai voulu tuer, et elle veut me sauver ! Ah! c'est trop tard; on ne sort pas du bourbier où je suis tombé! Bonne et sainte fille, tu es bien vengée, et j'expie cruellement le mal que je t'ai fait! »

Il déroula le cornet et il lut :

« Ce soir, un peu avant que les lampes soient
« allumées, une échelle sera dressée dans le jar-
« din, sous la deuxième fenêtre de droite. »

Taupin et ses trois complices étaient consignés, comme nous l'avons dit; mais ils n'étaient pas l'objet d'une surveillance bien rigoureuse, aucun crime ou délit ne pouvant être articulé contre eux, sinon celui d'être porteurs d'armes prohibées. De son côté Madeleine jouissait d'une grande liberté dans ce vaste établissement où elle résidait depuis plus de dix ans. Favorisée par elle, l'évasion devait être très-facile. Taupin avertit ses compagnons, et bien que tous fussent encore très-faibles, ils se préparèrent à prendre la clef des champs. A l'heure indiquée, la sœur revint et s'entretint avec le gardien, sous prétexte de lui donner certaines instructions, en se tenant de manière à lui dérober la vue de la fenêtre par laquelle les prisonniers devaient passer. Lorsqu'elle quitta la position qu'elle avait prise, ils étaient libres. Tous montèrent dans le premier fiacre vide qu'ils rencontrèrent, et qui, un quart d'heure après, s'arrêtait à la porte de l'hôtel où Varambert avait, depuis quelque temps, élu domicile, et où demeurait aussi la belle Léontine.

« Attendez-moi ici, » dit Carlo à ses compagnons.

Et il monta chez le baron qui, fort inquiet de sa longue absence, avait été inutilement sonner à la porte de la maisonnette de Saint-Mandé.

« D'où viens-tu donc ? demanda Varambert, et dans quel diable d'accoutrement es-tu là ?

— Ne vous déplaise, cher maître, je sors de l'hôpital où j'ai passé huit jours en compagnie des trois lurons du *Lapin-Blanc* que vous savez. »

Et il raconta comment tous quatre avaient été trouvés presque morts, et ce qui s'en était suivi.

« En vérité, dit-il en terminant, il faut que le diable en personne se soit mêlé de cela. Nous en reparlerons si vous voulez bien, car cela aggrave singulièrement la situation déjà si tendue. Pour le moment il faudrait me donner un de vos passe-ports et l'argent nécessaire pour que nous quittions au plus vite les habits de l'hôpital, car nous devons être en ce moment l'objet des plus actives recherches, et je ne pourrais sans danger rentrer chez moi, ce qui me contrarie fort.

— Mais enfin de quoi t'accuse-t-on? cet état d'asphyxie dans lequel on vous a trouvés tous quatre ne peut être le fait d'aucun de vous.

— Ce sera chose à examiner. Le plus pressé est de se débarrasser des trois compagnons qui m'attendent. »

Varambert donna tout l'argent qu'il avait sur lui; il y joignit un des trois passe-ports qu'il possédait. Une heure après les quatre évadés avaient subi une métamorphose complète, et Carlo prenait gîte dans un hôtel du quartier latin.

LIX

D'anciennes connaissances.

Il était onze heures du soir, et le café qui avait l'honneur de compter au nombre de ses clients les plus sérieux messieurs du service de sûreté, était plein à refuser du monde, lorsque M. Verchoux, le visage épanoui et le ventre étalé orgueilleusement, entra.

M. Verchoux était, comme l'on sait, un homme qui avait le sentiment de sa dignité, ce sentiment n'avait fait que croître depuis son voyage en Angleterre. Il n'avait joué qu'un rôle excessivement passif, il est vrai, mais sa campagne en compagnie de Juibraïde avait été couronnée d'un plein succès, et leur arrivée à Paris ramenant Raflard les avait fait considérer comme des gens habiles.

L'orgueil de l'honorable M. Verchoux avait pris de telles proportions que de mauvais plaisants prétendirent qu'il avait fait faire des cartes sur lesquelles on lisait :

VERCHOUX

Agent de mœurs international.

M. Verchoux promena son regard autour de la

Docteur, vous vous moquez de moi. (Page 717, col. 2.)

salle, il cherchait son ami Juibraide, car depuis son voyage à Londres, Juibraide était devenu son ami.

Mais Juibraide n'était pas là. Castex qui, quoique étranger aux habitants de la rue de Jérusalem depuis qu'il était devenu principal employé de l'agence de renseignements, n'en venait pas moins assez souvent au café de la police, avisa M. Verchou.

« C'est Juibraide que vous cherchez, monsieur Verchou. »

L'agent des mœurs quoiqu'il eût parfaitement reconnu Castex, n'en mit pas moins sa main au-dessus de ses yeux en manière d'abat-jour, afin de distinguer la personne qui venait de lui adresser la parole.

M. Verchou aimait un peu la pose, ça et le culte de l'eau-de-vie étaient ses principaux défauts.

« Monsieur Castex! finit-il par s'écrier, ce n'est pas vous que je cherche, mais je n'en suis pas moins fort aise de vous rencontrer. Pardon, messieurs, que j'aille rejoindre mon ami.

— Place! au ventre de l'agent international, » dit un plaisant.

M. Verchou avait trop le sentiment de sa valeur pour relever ce qu'il y avait de railleur dans ce propos.

« Et comment se porte Mme Castex, dit-il en serrant avec effusion les mains de l'ancien agent, et la petite famille, elle grandit en beauté, en sagesse, cela va sans dire, car les ans s'écoulent sans toucher le frais visage de votre dame, embellissent vos enfants, et sous l'œil d'un homme aussi distingué et aussi probe que vous, la sagesse ne peut manquer de se fixer sous votre toit. »

La vue d'un punch que s'était fait servir Castex, avait suffi pour faire naître un tel lyrisme chez M. Verchou.

« Prenez-vous un verre de punch?

— Si j'en prends, dit M. Verchou presque scandalisé qu'on pût émettre l'idée qu'il n'aimait pas le punch, mais plutôt deux fois qu'une.... Le punch, mais c'est le feu à l'état de liquide; j'ai toujours soupçonné que c'était cette liqueur que Ganymède devait verser au maître des dieux. C'est un point obscur de la mythologie sur lequel l'attention des littérateurs aurait dû se porter depuis longtemps.... Si j'étais riche, mais là riche à pouvoir fonder des prix (non pas des prix de vertu, je n'y crois pas à la vertu), je laisserais à l'institut vinicole d'Argenteuil une somme assez ronde dont les intérêts seraient versés chaque année à l'auteur de la meilleure recette pour faire du punch.... et une somme égale à une société savante, dont les intérêts devraient être également remis à l'auteur du mémoire qui arriverait à prouver que l'ambroisie n'est autre chose que du punch ! Voilà ce que je ferais.

— Vous feriez un sage usage de votre fortune, répondit sérieusement Castex.

— Eh bien ! monsieur, je n'ai jamais songé à faire un autre usage de ma fortune. A votre santé. »

Plusieurs verres de punch furent vidés fort lestement par M. Verchou, sous différents prétextes, si bien que quand Juibraide arriva, on fut obligé de faire venir un second punch.

La figure de Juibraide était des plus sérieuses.

« On dirait que des nuages obscurcissent votre front, cher ami, dit M. Verchou d'un ton déclamatoire ; avez-vous quelques peines, et sans indiscrétion pouvez-vous les déposer dans notre sein ?

— C'est pour cela que je vous ai prié de venir, répondit Juibraide.

— Je ne suis pas de trop ? répondit Castex.

— Au contraire, je suis fort aise de t'avoir rencontré, car tes conseils pourront nous être fort utiles.

— Messieurs, permettez-moi d'activer quelque peu la flamme du punch avant que notre ami ne commence le récit de son odyssée : un punch trop tôt éteint ne valant jamais rien. »

Cette sollicitude de M. Verchou pour le bol d'eau-de-vie fit sourire Juibraide.

« Ne riez pas, cher ami, rien ne doit être fait à la légère. Voici qui est parfait. Maintenant, cher ami, nous sommes tout à vous.

— J'ai à vous apprendre que Raflard s'est évadé du bagne de Rochefort ! dit Juibraide.

— Le même que nous fûmes chercher en Angleterre ? demanda M. Verchou dont la langue commençait à s'épaissir ; celui qui la fit voir d'un million à la banque de France ?

— Oui.

— Et c'est cette évasion qui te rend si sérieux ? demanda Castex.

— Que voulez-vous, j'ai peur !

— Peur ! s'écria M. Verchou en se levant et en brandissant la longue cuiller qui lui avait servi à remuer le punch ! Quel est ce mot qui vient de frapper mes oreilles ? L'ai-je entendu ? Mais, oui, Juibraide le Rupin des Rupins, a dit qu'il avait peur ; ce mot qui, jusqu'à ce jour, lui avait été complétement inconnu, il l'a prononcé sans effort ! sans crainte, il a dit qu'il avait peur, du ton d'un homme qui ne craint rien.... Donc, il n'a pas peur, je bois à la fausse peur de Juibraide ! »

Ce flux de paroles avait été écouté avec le plus grand calme par Castex et Juibraide.

« Vous ne me répondez pas ? dit M. Verchou mécontent de ce silence. Nous sommes ici assemblés pour discuter, discutons, que diable ! Afin de mettre de l'ordre dans nos débats, je m'arroge le titre de président, mon âge et ma rotondité m'autorisent à me revêtir de ces fonctions, le premier qui interrompt sera sévèrement rappelé à l'ordre, c'est-à-dire que le président prendra un verre de punch avec l'orateur. C'est dit, c'est entendu, la parole est à Juibraide. »

C'est triste à dire, mais M. Verchou était complétement ivre ; comme d'aucuns prétendaient que jamais ses qualités n'étaient plus vives que dans ces moments-là, Juibraide n'en prit pas moins la parole :

« On a été avisé, aujourd'hui même à la préfecture, de l'évasion de Raflard, évasion accomplie dans des circonstances très-dramatiques ; j'ai là le rapport, c'est très-long, et il s'y trouve un grand nombre de faits qu'il vous importe peu de connaître. On croit, et ici, remarquez-le bien, messieurs, ce mot, on croit, n'est pas dit dans le sens de l'affirmation, mais bien plutôt du doute, qu'une femme a dû contribuer à l'évasion de Raflard....

— Je comprends pourquoi vous m'avez fait demander, interrompit M. Verchou, il s'agit de trouver une femme et vous vous êtes dit, il n'y a que le papa Verchou qui puisse la trouver. Bien dit ! je la trouverai.

— Je ferai remarquer à l'honorable président, dit Castex avec le plus grand sérieux, qu'il a été le premier à transgresser un règlement qu'il nous avait imposé....

— C'est vrai ! fit Juibraide, car je n'ai pas fini.

— Messieurs, je m'exécute de bonne grâce, seulement comme le président ne peut se dispenser de boire, je vais verser dans les verres, et je paye le troisième bol de punch....

— Très-bien ! très-bien ! » firent Castex et Juibraide comme on eût pu le faire à la chambre des députés.

Les verres furent vidés à la ronde.

« J'ai dit, reprit Juibraide qu'une femme avait aidé à l'évasion de Raflard, et je dois ajouter que l'on suppose que cette femme et Raflard ont dû prendre séparément, bien entendu, la route de Paris ; aussi la chiourme de Rochefort compte-t-elle sur l'intelligence de la police de Paris pour faire réintégrer au plus vite dans le bagne de Rochefort, le nommé Raflard dont il était le plus bel ornement....

— Tout cela est des plus simples, dit Verchou, il ne s'agit que de chercher la femme, pour découvrir l'homme, ceci rentre dans ma spécialité. Maintenant quelle est cette femme. Monsieur Castex, votre opinion ?

— Avant de la dire, je désirerais savoir pourquoi Juibraide nous a dit au début de la conversation qu'il avait peur.

— L'observation de M. Castex est excessivement sensée. Juibraide, qu'avez-vous à répondre ?

— J'ai à répondre qu'une première fois en me trouvant en présence de Raflard, j'ai dû à un hasard heureux de ne pas être tué par lui, et je crains bien de n'être pas aussi heureux la seconde fois....

— Mais rien ne dit que tu parviendras à arrêter cet homme....

— J'ai le pressentiment du contraire.

— Mets-toi sur tes gardes!

— C'est bien ce que je compte faire, et pourtant j'ai le pressentiment qu'il m'arrivera quelque malheur.

— Brisons là, dit Castex, il est probable que ton honneur est engagé à découvrir l'assassin de Rapin; et tu ne peux éviter la corvée.

— Tu as dit vrai.

— Si M. Verchou le veut bien, malgré que ce ne soit pas sa spécialité, nous allons nous arranger de façon à te mâcher la besogne. M. Verchou fera cela en ami et moi en amateur.

— Voilà ce qui s'appelle parler.

— Acceptes-tu?

— J'accepte de grand cœur, répondit Juibraide.

— Comment allons-nous débuter? demanda Castex.

— C'est là le grand point, dit M. Verchou, toujours solennel; une femme, dit le rapport de la chiourme de Rochefort, a joué un rôle dans l'évasion de Raflard. Quelle est cette femme? Voilà la question nettement posée. Je demande à formuler mon opinion le dernier.

— Cet homme était-il marié? demanda Castex.

— Oui, répondit Juibraide, mais après le vol de la banque de France, il a fait la connaissance d'une nommée Honorine....

— Je sais, je sais, interrompit Castex. L'argent volé on ne l'a pas retrouvé?

— Il a été retrouvé quatre cent mille francs sur Warburton, mais pour ce qui est de Raflard, il est rentré en France avec une somme de mille francs tout au plus, même que cela nous a fait du tort pour la gratification.... »

Castex demeura un instant pensif.

« C'est Honorine qui a dû le faire évader, finit-il par dire.

— Ce n'est pas possible! s'écria Juibraide. Honorine tenait à Rapin, et elle avait à cœur de venger sa mort.... Je crois que tu fais fausse route.... et vous, monsieur Verchou, quelle est votre opinion?

— Je pense comme M. Castex, répondit M. Verchou, c'est Honorine qui a dû aider à l'évasion de Raflard. Pourquoi? je l'ignore. Le cœur de la femme est quelque chose d'inexplicable. Pourquoi cette fille a-t-elle agi ainsi? je n'en sais rien, je dirai même plus, je ne cherche pas à le savoir, car je perdrais mon temps et peut-être finirais-je par trouver une série de raisons qui me feraient revenir sur une idée que je crois très-sérieuse?

— Alors, dit Juibraide, tous nos efforts doivent tendre à découvrir cette Honorine....

— Sans doute, dit Castex, seulement où la trouver.

— Permettez, permettez fit M. Verchou qui venait, sans respect pour le décorum, de vider le fond du bol dans son verre, chercher Honorine serait trop difficile, il faut faire causer son amie Adèle et établir à sa suite une filature.

— Adèle est donc de retour à Paris? demanda Juibraide, que ne le disiez-vous plutôt?

— Je tenais à produire mon petit effet. Elle a fait son entrée ce soir à Mabile, elle était en compagnie d'un Anglais de la plus belle venue; il est très-probable que si Honorine vient à Paris, elle ne manquera pas d'aller lui rendre visite, c'est là où je l'attends.

— Mais Adèle où demeure-t-elle?

— Je le saurai demain; en sortant de Mabile, elle est montée avec son Anglais dans une voiture de remise, qui stationne rue Tournon; demain vers sept heures, en interrogeant le cocher, j'apprendrai tout ce que j'ai besoin de savoir. Si vous le voulez bien, demain soir nous nous réunirons de nouveau dans ce café où nous arrêterons la marche à suivre, pour arriver à mettre la main sur Raflard. »

Cette proposition ayant reçu l'approbation de Juibraide et de Castex, ces messieurs se séparèrent; mais arrivé à la porte du café, M. Verchou fut obligé de s'appuyer sur le bras de Juibraide, non pas qu'il fût gris, il eût repoussé avec indignation une semblable imputation si Juibraide s'était hasardé à l'émettre! mais le grand air s'il fallait l'en croire, lui avait causé des éblouissements, qui rendaient sa marche vacillante. Ce qui n'empêcha pas M. Verchou de s'écrier:

« Voyez-vous, monsieur, c'est nous qui sommes les colonnes de l'ordre social.... Aussi, soignons notre tenue et prenons garde à notre maintien. »

LX

Qui veut la fin veut les moyens.

« Ami Jourdet, disait Pied-de-Fer, vous aviez fait un coup de maître. Malheureusement, vous avez trop hâté le dénoûment; la cage s'est ouverte, et les oiseaux se sont envolés.

— Quoi! à moitié morts.... bien et dûment consignés....

— Justement, c'est parce qu'ils n'étaient morts

qu'à moitié qu'ils ont pu forcer la consigne. Enfin, à chose faite conseil est pris. Nous ferons en sorte de leur serrer un peu mieux les pouces une autre fois. En attendant, nous pouvons nous occuper d'autre chose. Vous savez que, voulant m'attacher Léontine qui pouvait me servir contre cet infâme Varambert, j'avais commandité son mari, Félicien Dubrard, d'une somme de cent mille francs? La majeure partie de cette somme ayant été croquée par cette mauvaise drôlesse, qui mangerait en vingt-quatre heures le revenu d'une province, le pauvre garçon s'est tué; mais il restait à la veuve d'assez beaux débris; le magasin de bijoux était richement garni, et la plupart des créanciers auraient pu être désintéressés; la mauvaise fille a trouvé mieux de vendre tout et de ne payer personne. La mise en faillite a été prononcée, ce dont la donzelle se moque comme de Colin Tampon; mais nous pouvons la faire chanter sur un autre ton. C'est pourquoi, mon garçon, vous allez me faire le plaisir de porter contre elle une plainte en banqueroute frauduleuse.

— Mais elle ne me doit rien, à moi.

— Je vous donne ma créance, donc elle vous doit cent mille francs, plus les intérêts.

— Malheureusement, elle n'a plus de quoi payer.

— Elle possède, au contraire, d'excellentes valeurs pour une somme bien supérieure à ce qu'elle doit, et quand vous l'aurez fait coffrer à Saint-Lazare, nous verrons ce qui adviendra. Commençons par le commencement : je vous vends ma créance pour moitié de sa valeur nominale, que vous me compterez devant le notaire qui va rédiger l'acte de vente, afin qu'il ne puisse être élevé à ce sujet la moindre contestation.

— Eh! mon cher maître, je n'ai jamais possédé la centième partie de cette somme!

— Vous la possédez maintenant. »

Et tirant un portefeuille de sa poche, il compta cinquante billets de banque de mille francs chacun.

« Il est bien entendu, reprit-il ensuite, que vous me remettrez cette somme devant le notaire, afin qu'il puisse écrire au contrat : laquelle somme a été payée devant nous par l'acquéreur, lequel se déclare satisfait sans aucune espèce de réserve. »

Jourdet, dont le visage s'était illuminé à l'aspect des billets soyeux, se refroidit sensiblement. Pied-de-Fer s'en aperçut :

« Vous n'y perdrez rien, ami Jourdet, ajouta-t-il, car je vous abandonne tout ce qu'on pourra tirer de ce démon femelle; de plus, je ferai l'avance des frais nécessaires, et si nous n'obtenons la restitution des lettres de change souscrites par M. de Barno, les cinquante mille francs vous seront acquis. »

L'acte fut passé devant notaire le même jour, et dès le lendemain Jourdet déposait au parquet du procureur du roi une plainte en banqueroute frauduleuse contre Léontine Michelin, veuve Dubrard, plainte basée particulièrement sur la disparition, en moins d'une année, d'une somme de cent mille francs, versée dans l'établissement des deux époux, à titre de commandite.

Carlo n'était que très-imparfaitement remis de l'alarme que lui avait causée l'aventure de Saint-Mandé.

Il ne pouvait deviner d'où était parti ce coup qui avait failli l'anéantir; mais il ne doutait pas que l'influence ne fût pour quelque chose dans ce mystérieux événement aux conséquences duquel un autre événement non moins inexplicable venait de le soustraire.

« Au *Lapin-Blanc* toujours, » avait-il dit à ses trois compagnons, après avoir suffisamment garni leurs poches.

C'est que Carlo était depuis longtemps au sommet de l'aristocratie de ce lieu.

Là, d'un coup d'œil, il commandait au maître et à ses gens.

Il était toujours prévenu à temps des fâcheuses visites des gens de la rue de Jérusalem, et s'il avait été si bien happé par Pied-de-Fer et Jourdet, c'est qu'il avait manqué de prudence en quittant la salle sans avoir jeté un regard interrogatif sur le comptoir où siégeait une charmante Bordelaise, dont les yeux d'un noir velouté lui avaient cent fois révélé la prodigieuse sensibilité.

Pour le moment, il n'avait rien de mieux à faire que de se consulter avec Varambert, et ce fut près de ce dernier qu'il revint après un repos de vingt-quatre heures et un changement complet de costume.

Cette fois Varambert apprit par le menu tout ce qui s'était passé à Saint-Mandé; c'est-à-dire tout ce que put lui en dire son ancien intendant qui, à demi mort, s'était trouvé tout à coup au milieu des agents de l'autorité sans savoir pourquoi ni comment.

« Cela, dit le baron, après quelques instants de réflexion, cela sent son Pied-de-Fer d'une lieue; s'il n'a pas paru dans cette circonstance, c'est que, comme je l'ai déjà remarqué, il tient essentiellement à ne pas se mettre en contact avec l'autorité, ce qui doit nous rassurer jusqu'à un certain point. Du reste, les choses marchent assez bien : je lance dans deux jours mon mémoire contre la marquise, ce qui va faire un tapage du diable; d'autre part, Léontine achève de ruiner Barno qui, probablement, sera trop heureux de l'épouser quand elle lui aura tout pris. Il faudrait que cette Mme de Merval fût folle à lier pour qu'elle n'offrît pas de transiger en me donnant sa nièce; qu'aurons-nous à craindre alors? Aucune des choses graves dont on pourrait nous accuser ne peut être prouvée. Le reste n'est que peccadille, comme l'affaire de la momie par exemple, et ma sortie du cabinet du juge d'instruction : est-ce que je pouvais empêcher es braves gens de s'endormir de compagnie? Je sais bien qu'il pourrait rester à Pied-de-Fer la fantaisie de nous taquiner, et ce n'est pas peu de chose, car ce diable d'homme a des trucs redoutables; mais est-il donc absolument impossible d'en avoir raison en lui trouant la peau? Ce n'est pas pour rien que j'ai étudié la médecine et la chimie, et si j'avais été pourvu de la chose nécessaire alors que nous étions étendus côte à côte sur le lit de camp du poste, il ne se serait plus réveillé. Peut-être y reviendrons-nous. Il faut bien faire une fin. En devenant le mari d'Ida, je double ma fortune ; je n'en demande plus davantage. Au diable l'ambition, les honneurs! Je me contente d'être un grand propriétaire ; et retiré dans mes terres, je laisse vivre la bête en donnant satisfaction à tous ses appétits, ce qui est en réalité le seul but qu'un sage puisse se proposer.... N'est-ce pas ton avis, maître Carlo?

— Parfaitement ; seulement il me semble que, dans ce programme, il n'est question que de monsieur le baron.

— Sois-donc tranquille : *aide-moi*, et le ciel t'aidera. »

Carlo ne répliqua pas ; mais ces dernières paroles étaient loin de lui paraître satisfaisantes.

« Je crois, pensa-t-il, que je ferais bien dès à présent de prendre mes précautions. Heureusement nous n'en sommes qu'à la première partie du programme, et il est encore temps d'y intercaler quelque chose. »

Comme il faisait cette réflexion, Léontine parut ; elle était pâle, tremblante, des larmes de rage roulaient dans ses yeux.

« Tout est perdu! dit-elle en se laissant tomber dans un fauteuil ; ce vieux bandit de Pied-de-Fer n'a eu qu'à souffler sur mon rêve pour l'effacer. »

Et elle raconta ce qui venait de se passer chez Barno.

« Bast ! dit Varambert, vous le teniez trop bien pour que le dernier mot soit dit.

— Il l'est, baron ; la rupture est complète ; il m'a honteusement chassée.... Le pis de tout cela, c'est que je me suis laissé prendre à mon propre piège.... Je l'aime, moi, l'ingrat ! je l'aime comme je n'ai jamais aimé !...

— Voilà une bien mauvaise plaisanterie ! s'écria Varambert.

— Non, non ! reprit la belle pécheresse en fondant en larmes ; ce n'est que trop vrai.... Je n'avais eu jusque-là que des fantaisies, ou bien j'avais cédé à la nécessité ; mais, lui, c'est un véritable amour qu'il m'a inspiré.... Un amour qui me brûle le cœur.

— Heureusement, chère belle, vous avez en portefeuille, je crois, d'assez douces consolations ?

— Cinq cent mille francs environ.... la belle happe !... je serais capable de les lui rendre pour un baiser....

— Peste ! mon infante, n'allez pas faire de ces folies-là.... Tout le monde sait aujourd'hui que M. de Barno a fait dernièrement un héritage considérable, et qu'il est en bon chemin pour obtenir une ambassade. Des lettres de change acceptées par lui doivent être faciles à escompter, et je suis sûr que Carlo, moyennant une commission convenable, en ferait volontiers son affaire.

— Endossez-les, monsieur le baron, répondit Carlo, et dans deux jours, elles seront négociées. »

Varambert réfléchit un instant.

Il se dit que toute sa fortune étant maintenant à l'abri, il ne pouvait courir de grands risques, et que c'était peut-être un moyen de recouvrer une partie des sommes folles que cette femme lui avait coûtées autrefois ; et il endossa les lettres de change que Léontine venait de tirer de son portefeuille, et qui furent remises à Carlo.

« Maintenant, se dit l'ex-intendant quand il fut sorti de chez son maître, il s'agit de tirer son épingle du jeu, et de plumer cette jolie poulette sans la faire crier, ce qui ne sera probablement pas difficile, grâce au petit père Étienne, qui possède un si joli talent d'imitation. »

Le soir venu, il se rendit à la cour de la Sainte-Chapelle où siégeait l'écrivain avec lequel nous avons déjà fait connaissance.

« Papa Étienne, lui dit-il, vous savez que je suis rond en affaires : il y a, cette fois, vingt louis à gagner ; il s'agit de calquer avec le plus grand soin le contenu de ces chiffons. »

Et il montra les acceptations.

« Vrai Dieu ! fit l'écrivain, un demi-million !...

— Oui ; un demi-million qui doit partir demain pour la Chine où il n'arrivera jamais. Nous ne voulons que faire constater son départ.

— On est donc sûr que le navire fera naufrage?

— Avec l'aide de Dieu et d'un brave charpentier, il coulera au large ; l'équipage sera sauvé ; la compagnie d'assurance payera, et il n'en sera plus question. »

Le père Étienne prit sa loupe, et examina avec soin l'écriture, les pleins, les déliés, les lettres plus ou moins défectueuses, et après un travail de plusieurs heures, il livra des copies parfaitement ressemblantes aux originaux.

Le endemain Carlo négocia les véritables lettres de change, puis il se présenta chez Léontine avec celles sorties de la fabrique du père Étienne.

« Mes tentatives ont été vaines, lui dit-il ; il

paraît que la position de fortune de M. de Barno est beaucoup moins connue que ne le pensait M. de Varambert. Je suis désolé d'avoir échoué. Voici vos valeurs; je vous les rends meilleures qu'elles n'étaient, M. le baron les ayant endossées, et je ne doute pas que, après la crise financière qui rend les transactions difficiles en ce moment, vous ne parveniez facilement à les négocier. »

Léontine les prit et les remit dans son portefeuille ; d'autres préoccupations l'attendaient ce jour-là.

Les banqueroutes frauduleuses ayant été très-fréquentes depuis quelque temps, la plainte de Jourdet avait été prise en sérieuse considération ; la veuve Dubrard fut mandée au parquet.

Léontine fut d'abord fort émue de l'accusation portée contre elle; mais, comme toutes les femmes, et particulièrement les femmes de mœurs faciles, elle avait l'esprit du moment, et elle fut bientôt remise.

« Il est malheureusement vrai, dit-elle, répondant au magistrat qui l'interrogeait, il est malheureusemeent vrai que nous avons fait de mauvaises affaires; mais notre inexpérience en a été la seule cause; si nous avons été imprudents, notre bonne foi ne peut être contestée. J'ai mis tout en œuvre pour désintéresser mes créanciers, et j'ai maintenant de quoi les satisfaire. Je ne demande que le temps nécessaire pour négocier ces valeurs. »

Et elle montra ses lettres de change acceptées.

Dans de telles conditions, le magistrat ne pouvait se montrer bien sévère.

« Hâtez-vous donc de faire retirer la plainte, lui dit-il, et il n'y sera pas donné suite. »

Léontine résolut d'en finir sur-le-champ, peut-être aussi avait-elle l'espoir d'une réconciliation, et elle se rendit chez M. de Barno où le hasard voulut qu'elle rencontrât de nouveau Pied-de-Fer.

« Monsieur, dit-elle avec assurance à ce dernier, nous ne vous avons rien demandé quand il vous a plu de nous commanditer de cent mille francs ; pourquoi donc cette plainte déposée au parquet du procureur du roi ? Est-ce pour me récompenser de vous avoir sauvé la vie ? car, vous ne pouvez le nier, vous étiez perdu si je ne vous avais pas fait connaître le danger que vous alliez courir, et que je vous ai aidé à éviter. »

Ces paroles si fermes émurent quelque peu Pied-de-Fer.

« Oui, répondit-il, ce que vous dites est vrai. »

Le visage de la dame resplendit tout à coup ; elle jeta sur Barno un regard enflammé qui semblait dire : « Suis-je donc si méprisable ? »

Mais le jeune diplomate avait fait un complet retour à la vie honnête ; il resta froid sous ce regard.

« Oui, reprit Pied-de-Fer, ce que vous venez de dire est vrai, vrai comme ce que j'ai dit ici il y a trois jours.

— Donc, reprit la belle pécheresse, si je vous rends la somme dont vous nous avez commandités, c'est vous qui resterez mon obligé ? »

Et elle lui jeta avec dédain une des lettres de change acceptées par Barno.

« Madame, répondit le vieux routier en repoussant du pied le billet, j'ai résolu de sauver l'homme que vous vouliez perdre. Ce n'est pas une partie de ce que vous avez extorqué que je veux, c'est tout. Et vous allez voir qu'on vous fera encore la part assez belle ; car vous recevrez immédiatement quittance de la somme dont vous avez été commanditée, et nous prendrons l'engagement de désintéresser tous vos autres créanciers. »

Léontine jeta un nouveau regard sur l'homme qu'elle aimait, mais le malheureux Barno avait détourné la tête ; honteux qu'il était du rôle qu'il jouait en ce moment.

Il fallut bien qu'elle acceptât la transaction ; elle rendit les lettres de change.

« Je vous remercie, madame, lui dit le diplomate sans oser lever les yeux, et j'ai là dix mille francs que je serais heureux de vous faire accepter. »

La jolie veuve mourait d'envie de lui arracher les yeux ; mais elle se ravisa tout à coup.

« Au fait, dit-elle, j'ai mes pauvres. Donnez ! »

LXI

Suites d'une mauvaise affaire.

Les difficultés semblaient s'aplanir : toujours docile aux volontés de Pied-de-Fer, Jourdet avait retiré sa plainte contre Léontine, et M. de Barno l'en avait généreusement récompensé; Ida, sa mère et sa tante avaient quitté le château de Merval, et elles habitaient maintenant l'hôtel de Quérens. Contrairement à l'attente de Varambert, son mémoire contre la marquise faisait peu de bruit, et un savant jurisconsulte, chargé des affaires de Mme de Merval y avait répondu d'autant plus victorieusement, qu'aucune des allégations résultant des souvenirs écrits par le commis greffier Canrard ne se trouvait justifiée. On voyait bien, dans les registres du parlement de Toulouse, fort mal tenus et incomplets, qu'à son retour, après une longue absence, le marquis de Merval avait eu quelque peine à faire constater son identité; mais il n'apparaissait nulle part qu'il y eût jamais entre ce personnage, honorable à tous égards, et le nommé Verson, espèce de contrefaçon de Cartouche, la moindre ressemblance. De plus, plusieurs vieillards, qui avaient connu ce Verson, disaient qu'il avait été pendu en Espagne où il s'était réfugié, et que son histoire, écrite par le commis greffier Canrard, n'était que la reproduction des bruits populaires de ce temps-là, lesquels ne méritaient aucune créance. Il était en outre démontré, dans cette victorieuse réponse, que l'avocat Romain, mari de Violante du Château, depuis marquise de Merval, avait été tué en duel par le conseiller au parlement, et que l'innocence du prêtre espagnol, impliqué dans cette affaire, avait été reconnue après sa mort. Quant à la seconde disparition du marquis de Merval, à la triple inhumation dans le parc entre deux noyers et à la tête de mort ramassée et conservée par le garde-chasse, il était démontré que le père Berchon appartenait à cette fine fleur de gascons qui bâtissent avec la plus grande facilité une cathédrale sur la pointe d'une aiguille, et que le vieux renard avait abusé de la prodigieuse crédulité de son hôte passager.

On était donc dans une sécurité à peu près complète à l'hôtel de Quérens; M. de Barno s'était promptement guéri, près d'Ida, de cette surprise des sens qui avait failli le perdre en le livrant pieds et poings liés à une courtisane; et sa jeune fiancée avait repris toute sa fraîcheur et sa beauté.

On comprend bien qu'en s'emparant, comme nous l'avons vu, d'un demi-million, Carlo ne se dissimulait pas les suites que cela devait avoir; aussi n'avait-il pas perdu de temps pour se mettre à l'abri de l'orage qui ne pouvait manquer d'éclater.

« Ma foi! s'était-il dit, qu'ils s'arrangent maintenant comme ils voudront; avec un million en poche, on peut aller dans tous les pays du monde planter des choux sans craindre la gelée. Ce million, dont je n'avais que la moitié, est complet aujourd'hui.... Voyons donc de quel côté le printemps s'avance.... L'Amérique du Sud par exemple; j'aurai des esclaves, et ce n'est que juste : n'ai-je pas moi-même assez longtemps vécu dans l'esclavage?... C'est dommage pourtant! j'aurais voulu voir, au moment du coup de théâtre, la mine de Varambert, ce cher maître qui m'a si longtemps mené la cravache à la main.... et celle aussi du naïf diplomate qui se laisse si facilement tourner la tête par un gentil minois.... Bast! après tout, je ne manquerai pas de distractions là-bas. »

Et l'honnête garçon, après avoir fait pelote de tout ce qu'il avait volé, s'embarqua bravement pour la Nouvelle-Orléans.

Telle était la situation des choses lorsqu'un matin les lettres de change furent présentées à M. de Barno par un garçon de recette de la Banque de France. Grande fut la surprise du diplomate.

« Ces billets sont l'œuvre d'un faussaire! s'écria-t-il tout d'abord. Il est vrai que j'en ai souscrit de semblables; mais ils m'ont été rendus par la personne au profit de laquelle ils avaient été faits, et en voici la preuve. »

En parlant ainsi il alla prendre dans un secrétaire les lettres de change restituées par Léontine, et les étendit sur son bureau; mais à peine les eut-il comparés aux véritables dont on demandait le payement, qu'il reconnut la fraude.

« La misérable! reprit-il; ce sont celles qu'elle m'a rendues qui sont fausses!... Oh! cette fois, elle n'échappera pas au châtiment qu'elle mérite!

— Cela ne me regarde pas, dit le garçon de recette, en remettant dans son large portefeuille les effets qu'il en avait tirés; vous avez jusqu'à quatre heures de l'après-midi pour venir les payer à la banque. Si elles ne sont pas payées aujourd'hui, elles seront protestées demain. »

Et il partit laissant le diplomate terrifié.

M. de Barno eut d'abord la pensée de se rendre sur-le-champ près du procureur du roi; mais il se dit ensuite qu'il serait mieux de voir avant tout Pied-de-Fer, l'homme aux ressources par excellence. En effet, il ne fallut pas deux minutes au vieux routier pour deviner toute la vérité.

« Varambert n'est pas le faussaire, dit-il; dans la situation où il est, il n'aurait pas osé jouer si gros jeu. Voici probablement, et même certainement ce qui est arrivé : Varambert a réellement endossé les lettres de change vraies, en vue d'en partager le produit, et Carlo les a contrefaites pour en garder le tout. Léontine n'est pas leur complice; c'est elle au contraire qui a été volée; mais elle peut puissamment contribuer à l'entière découverte de la vérité. Il faudrait donc que ces trois personnages fussent arrêtés simultanément. Varambert est riche; mais il a vendu toutes ses propriétés, et s'il avait vent de cette affaire, il aurait bientôt levé le pied et franchi la frontière. Si au contraire on le tient, non-seulement il étouffera cette affaire à tout prix; mais peut-être cela pourrait-il l'amener à renoncer à ses prétentions sur les biens de Mme de Merval, et cette fois ce ne serait pas une renonciation en l'air, arrachée violemment; mais confirmée par acte authentique, avec toutes les formalités les plus minutieuses.

— Ainsi vous pensez qu'il n'y a pas à hésiter pour le faire mettre sous les verrous?

— Le plus promptement possible. Et cela, monsieur, à raison de vos relations, doit vous être facile.

— Ce sera, je l'espère, chose faite aujourd'hui.

— Qu'il en soit ainsi, et je vous promets pour demain satisfaction.

— Malheureusement, dit M. de Barno en baissant les yeux comme un écolier pris en flagrant délit, cette pauvre Léontine va nécessairement se trouver compromise.

— Monsieur le ministre plénipotentiaire, fit Pied-de-Fer en souriant, est-ce que le feu couverait sous la cendre?

— Non, non, je vous le jure. Grâce à vous la plaie est complétement cicatrisée; mais vous devez comprendre que certains ménagements me soient moralement imposés....

— La première démarche ne peut être faite que par vous; je me charge de tout le reste. Moi non plus je ne veux pas écraser cette femme qui m'a réellement sauvé la vie comme elle l'a dit devant vous; mais on ne meurt pas de quelques jours passés à l'ombre, et nous pourrons toujours la montrer quand nous le voudrons, et revêtue de la robe d'innocence la plus immaculée. Il n'y a donc plus à hésiter, là est l'ancre de salut.... De mon salut, à moi, je ne parle pas; ma destinée est écrite et doit s'accomplir; mais de la vôtre, à vous qui n'êtes pas encore arrivé au tiers de votre carrière, de celui de cette céleste enfant qui vous aime et qui a déjà tant souffert. »

M. de Barno partit.

Jeune encore, ce personnage, comme nous l'avons vu, n'était pas exempt des faiblesses humaines; mais il avait le cœur haut placé, et s'il cédait à l'ascendant de Pied-de-Fer en cette circonstance, c'est qu'il croyait être sûr de la loyauté de cet homme qui lui avait déjà donné des preuves d'un dévouement absolu, sans qu'il sût au juste à quoi attribuer cette conduite si généreuse dont la conséquence était une confiance illimitée de lui, de Barno, en ce singulier homme qui s'était imposé à lui comme mentor, et qui l'avait souvent couvert du bouclier de son expérience. Il suivit donc ponctuellement les conseils de ce guide qu'il croyait infaillible, et deux heures après, Varambert, arrêté, était conduit à la salle Saint-Martin.

Quant à Léontine, il lui fut un peu plus difficile de la trouver. Voici ce qui lui était arrivé: On se souvient de ses dernières paroles à M. de Barno: *Après tout, j'ai mes pauvres, donnez!* et elle avait reçu les dix mille francs que le loyal garçon lui offrait, et elle s'était retirée la tête en feu, le cœur broyé; car, comme elle l'avait dit, elle s'était prise à son propre piége, et elle l'aimait cet homme qu'elle s'était proposé de dépouiller.

Ces exemples ne sont pas rares: les courtisanes se vendent le plus souvent et le plus cher possible, mais il arrive aussi qu'elles se donnent, et alors, dominées par un amour immense, inconnu à la plupart des autres femmes, elles se transforment et deviennent des prodiges d'amour. Explique qui pourra cette contradiction; mais nul ne pourra l'expliquer; car le cœur de la femme est un mystère, et les mystères ne s'expliquent point.

Elle marchait donc la pauvre femme, sans savoir où elle allait; sa vie ne tenait qu'à un fil, et si la Seine s'était trouvée sur son passage, elle s'y fût précipitée sans hésiter. Elle arriva ainsi sur ce qu'on appelle les *grands boulevards;* elle était arrivée à peu de distance de la place de la Bastille; il faisait nuit, et les passants devenaient rares, quand un homme sortant d'une des petites rues latérales à cette grande voie, vint droit à elle et lui dit:

« Madame, je veux bien mourir, même de la mort la plus terrible.... je tombe d'inanition; mais il y a là sous les toits.... — et il montrait du doigt une maison dont le sommet se perdait dans l'ombre, — il y a trois infortunés rares, quand un homme sortant d'une des petites Vous qui êtes si belle, ne refusez pas de les secourir.... Pour moi rien, mais eux!... eux qui vont mourir.... »

Dans l'état d'exaspération où se trouvait Léontine, on ne s'effraye pas facilement, elle regarda cet homme jeune encore, dont les rayons du gaz permettaient de voir le visage pâle, décomposé; la taille grêle, les bras nus, et le reste du corps couvert de hardes sordides.

Le cœur de Léontine était en ce moment ouvert à tous les sentiments généreux.

« Mon ami, dit-elle, conduisez-moi près des personnes dont vous parlez. »

Le malheureux chancelait; il arriva néanmoins jusqu'au milieu de la rue latérale qu'il avait indiquée; il entra dans une allée sombre et humide, et il arriva au pied d'un escalier délabré, mais là les forces lui manquèrent, et il se laissa tomber sur la première marche.

« Au cinquième, dit-il, il m'est impossible d'aller jusque-là. »

Léontine lui mit son flacon entre les mains.

« Attendez-moi, dit-elle, je reviens à l'instant. »

Elle reparut au bout de quelques minutes; elle s'était munie d'une bougie.

« Tenez, dit-elle en présentant une bouteille au moribond. Buvez un peu de vin.... lentement.... bien.... Pouvez-vous monter maintenant?

— Je crois que oui, » répondit-il.

Tous deux montèrent jusque sous les combles, et bientôt le spectacle le plus navrant s'offrit aux regards de Léontine. Dans un grenier, sur quelques brins de paille pourrie, gisaient une femme, un enfant et un vieillard. La femme essaya vaine-

La pauvre femme tomba à genoux. (Page 726, col. 2.)

ment de se lever; l'enfant broyait de la paille entre ses dents; quant au vieillard, roulé dans un lambeau de couverture, il était immobile. Ce fut de lui que s'occupa d'abord Léontine; mais comme elle s'approchait de lui, la jeune femme fit un effort, et dit :

« Il est mort! Il y a déjà longtemps que je lui ai entendu rendre le dernier soupir. Dieu a eu pitié de lui.

— Mon père! s'écria le jeune homme avec désespoir; mon père est mort de faim! »

Léontine devint sublime en ce moment; elle prit la main à cet homme, elle lui montra son enfant qui achevait de dévorer un morceau de pain et de la volaille froide qu'elle avait apportée, et la jeune femme dont les larmes arrosaient le pain qu'elle portait avidement à sa bouche.

« Ils veulent vivre, eux, lui dit-elle, et c'est pour eux qu'il faut vivre. »

Le jeune père tomba sur une mauvaise chaise, qui était la pièce la plus importante du misérable mobilier, et des larmes abondantes coulèrent sur son visage.

Ce ne fut que quelques instants après qu'il put prendre un peu de nourriture et apaiser la faim qui lui déchirait les entrailles.

Léontine voulut savoir ce qui avait plongé cette famille dans cette si épouvantable misère.

« Je suis ouvrier ébéniste, lui dit le jeune homme; je travaillais, et avec les trois francs par jour que je gagnais, nous vivions très-passablement, ma femme, mon enfant et moi, et je pouvais encore secourir mon père devenu bien vieux; mais, il y a six mois, je tombai malade; il fallut aller à l'hôpital. Ma femme, qui relevait de couches, ne pouvait travailler; on s'en prit au mobilier : tout ce qu'on put enlever fut vendu; le propriétaire de la maison s'empara du reste pour garantie de deux termes, et il mit ma femme et mon enfant sur le pavé. Mon père les recueillit; il s'était fait commissionnaire et l'on vivotait; mais, au bout de quelques jours, le commissaire du quartier lui fit défendre d'exercer cette profession. C'est que, pour être commissionnaire, il faut une permission de l'autorité; pour obtenir cette permission, il faut pétitionner, et cela coûte cher; il faut obtenir une médaille que la préfecture fait payer douze francs. Le pauvre homme se mit en quatre; il battit le pavé pendant plusieurs jours, et il ne put parvenir à remplir les formalités exigées. Ce fut dans ce moment-là que je sortis de l'hôtel-Dieu; mais on était dans la mauvaise saison; l'ouvrage manquait, et quand je parvins à en trouver, j'étais si faible, que je ne pouvais presque rien faire. On me renvoya.

« Oh! c'est depuis ce moment surtout que nous avons souffert! Que de jours sans pain, et de nuits sans sommeil! Quelques voisins, presque aussi pauvres que nous, venaient de temps en temps à notre aide ; mais cela était à peine suffisant pour nous empêcher de mourir de faim. Enfin il y avait deux jours que je n'avais pas mangé lorsque, hors de moi, n'ayant plus la faculté de penser, je me suis présenté à vous ! »

Léontine mit dans la main de ce malheureux sa bourse qui contenait une douzaine de louis.

« Mes amis, dit-elle, employez cela à reprendre des forces ; je reviendrai vous voir, et vous n'aurez plus à craindre de mourir de faim. »

Et cette singulière bienfaitrice se retira emportant les bénédictions de la pauvre famille.

LXII

Les battus payent l'amende.

Ainsi que nous l'avons dit, Varambert, arrêté sur la plainte de M. de Barno, était à la salle Saint-Martin, triste lieu qu'il connaissait déjà pour y avoir séjourné malgré lui. Il n'était réellement coupable que d'intention de vol ; mais cette intention étant démontrée par l'endos des lettres de change, on avait cru devoir s'assurer de sa personne, bien qu'il apparût à peu près clairement qu'il n'était pour rien dans la fabrication ou l'usage des lettres fausses.

Arrêtée presque en même temps que lui, Léontine était encore moins coupable puisque, en réalité, c'était elle que le faussaire avait dépouillée ; mais déjà plusieurs fois elle avait été signalée à la police comme femme galante ; elle était donc hors du droit commun, elle était de bonne prise sans l'intervention de la justice, et tout simplement par mesure administrative.

Dès que Pied-de-Fer fut instruit de l'arrestation de Varambert, il s'affubla de nouveau de son costume de frère ignorantin, et comme la première fois les portes de la prison s'ouvrirent sans difficulté devant lui.

Cette fois Varambert occupait la *pièce d'honneur* du lieu. — Où l'honneur va-t-il se nicher !
— Le geôlier l'avait parfaitement reconnu ; le baron s'étant montré généreux avait été mis par le porte-clefs reconnaissant au nombre de ses meilleures pratiques.

« Baron, dit le vieux chauffeur, ce n'est pas l'olivier à la main que je viens cette fois. Je ne veux pas vous *donner* la liberté, libérali é dont vous vous êtes montré si peu reconnaissant ; mais je puis consentir à vous la vendre.

— Je n'achète pas, répondit sèchement le prisonnier.

— Non, vous aimez mieux *prendre* ; mais, comme vous en avez déjà fait l'expérience, cela peut avoir de graves inconvénients. Parlons plus sérieusement : si vous ne transigez pas avec Mme la marquise de Merval, vous perdrez infailliblement votre procès.... Oh ! ne vous récriez pas ; je vous offre la preuve immédiate de ce que j'avance.

— Ne vous donnez pas cette peine : de ce que nous alléguons nous avons les preuves authentiques contre lesquelles viendront se briser les plus éloquentes réfutations.

— Heureusement il y a quelque chose qui domine ces actes.

— Je dis des actes *authentiques*, répéta le baron en appuyant sur le dernier mot.

— J'entends bien, répondit négligemment Pied-de-Fer.

— Et vous avez plus fort que cela ?

— Beaucoup plus fort.

— Oh ! fit le baron en levant dédaigneusement les épaules.

— Il faudra pourtant en prendre votre parti.

— Entendons-nous : vous prétendez avoir quelque chose de supérieur, en fait de preuves, à des actes authentiques ?

— Je prétends cela.

— Et ce quelque chose, c'est ?...

— La prescription. »

Varambert pâlit.

« La prescription trentenaire, reprit Pied-de-Fer, la plus implacable des prescriptions dans l'espèce : il y a trois semaines que vous avez intenté action contre Mme la marquise de Merval, et il y en a quatre qu'expirait la trentième année de sa mise en possession des biens de son mari. Vous n'aviez pas pensé à cela, n'est-ce pas ? »

Le baron parut anéanti.

« Maintenant, reprit Pied-de-Fer, voulez-vous abandonner le procès ? »

Varambert réfléchit pendant quelques instants, puis il dit :

« Que m'offre-t-on ?

— Nous pourrions demander avec plus de raison *que nous offrez-vous ?* Mais nous voulons être de bonne composition, et nous ne vous demandons qu'une renonciation complète, mais authentique cette fois à toutes les prétentions que vous pourriez élever sur les biens dont Mme de Merval est maintenant en possession, et en échange de cette renonciation nous vous offrons la liberté ; c'est-à-dire que M. de Barno retirera sa plainte en ce qui vous concerne, et qu'il se chargera d'obtenir une ordonnance de non lieu du magistrat que vous avez si bien endormi, ce qui ne constitue, après tout, ni crime ni délit. »

Tant de condescendance éveilla les soupçons de Varambert.

« Pourquoi donc cette démarche s'ils sont si sûrs du succès ? » se demanda-t-il.

Et s'adressant à Pied-de-Fer, il dit :

« Vous avez, je n'en doute pas, un excellent avocat ; mais j'ai la certitude que le mien ne lui cède pas en capacité. Ne serait-il pas juste qu'avant de conclure je pusse consulter le mien comme vous avez consulté le vôtre ? »

Pied-de-Fer se borna à faire cette observation :

« Vous savez qu'une accusation, même mal fondée est une plaie qui s'envenime rapidement. Je ne saurais répondre que ce qui est faisable aujourd'hui le sera demain. »

Ces paroles ne firent que confirmer Varambert dans son opinion ; il se dit que si ses adversaires étaient sûrs de gagner leur procès ils ne se montreraient pas si conciliants, et il refusa la transaction. Pied-de-Fer n'insista pas ; il craignait un piège à son tour, et il se retira.

Quant à Léontine, nul ne s'en occupait : mais elle non plus n'avait pas perdu la tête dans ce désastre.

Fort troublée d'abord lorsque les agents se présentèrent chez elle pour l'arrêter, elle se remit promptement.

« Je suis à vos ordres, messieurs, leur dit-elle, et je n'ai aucune crainte, car je n'ai fait à personne le moindre mal, et j'espère que vous voudrez bien me permettre de quitter mon costume du matin pour en revêtir un plus convenable. »

Cette demande lui fut accordée, après qu'on se fut assuré que sa chambre à coucher n'avait aucune issue secrète.

Aussitôt elle se mit à sa toilette pendant que les agents gardaient la porte, et dans les tresses de ses magnifiques cheveux elle cacha habilement les dix billets de mille francs qu'elle avait reçus de M. de Barno. Le reste de la toilette ne dura qu'un instant, après quoi elle se déclara prête à partir, et elle se laissa docilement conduire à la prison de Saint-Lazare.

Nous ne ferons pas le tableau de cet enfer.

Léontine ne manquait pas d'énergie ; elle supporta avec héroïsme, dès les premiers jours, les dégoûts inhérents à sa nouvelle position. Comme tous les captifs, d'ailleurs, elle se berçait de l'espoir d'une prochaine délivrance, et cet espoir était d'autant plus vif qu'elle possédait une somme relativement considérable, et qui pouvait aplanir bien des difficultés ; sa douceur, sa résignation un peu affectées peut-être, l'avaient fait remarquer dès les premiers jours de la sœur surveillante aux ordres de laquelle elle était immédiatement soumise.

Ces deux femmes, de conditions si différentes, s'étaient senties sympathiques à la première vue ; la sœur traita tout d'abord avec une grande bonté la nouvelle prisonnière, et Léontine l'en récompensa par une soumission exemplaire, et en montrant pour la sainte fille une vive et sincère affection.

« Avec les bons sentiments qui se manifestent en vous, demanda un jour la religieuse à la captive, comment est-il possible que vous ayez mérité la punition qui vous est infligée ?

— Chère sœur, répondit Léontine, je suis une grande pécheresse, et je n'hésite pas à l'avouer ; mais, je vous le jure, je n'ai commis aucun des méfaits qui me sont imputés. Des lettres de change fausses ont, il est vrai, passé par mes mains ; mais j'ignorais qu'elles fussent fausses et qu'un misérable les avait substituées à celles de bon aloi, que je lui avais confiées ; c'est moi, dans cette vilaine affaire, qui ai été la première dépouillée, et pourtant, selon toute apparence, je serai condamnée, car le vrai coupable est maintenant hors d'atteinte, et toutes les apparences sont contre moi. »

Et elle raconta toute l'histoire vraie de ces lettres de change.

« Oui, ajouta-t-elle en terminant, j'ai vendu mon corps ; j'ai fait commerce des quelques charmes qu'on trouvait en moi ; mais je ne suis jamais tombée à ce degré d'abjection qui rend les courtisanes tributaires de la police. Telle est la vérité que je confesse à Dieu et à vous, chère sœur…. Ah ! combien je regrette de n'être pas entrée dans la sainte voie où vous marchez, pour arriver au ciel.

— Oh ! ne regrettez pas cela, mon enfant ! peut-être est-il plus difficile de faire son salut dans cette voie que dans toute autre.

— Quoi ! chère sœur, vous ne seriez pas contente de votre condition ?

— C'est une punition que je subis.

— Mais vos vœux ne sont pas éternels ?

— Eh ! que ferais-je maintenant dans le monde ?... Vous m'avez dit votre histoire ; voici la mienne :

« Je me nomme Madeleine Hardoux ; je suis la fille d'un riche marchand d'ornements d'église que la révolution avait ruiné, et qui refit rapidement sa fortune, lorsque, à la suite du concordat, les églises se rouvrirent de toutes parts. Je vivais heureuse chez mon père ; j'aimais et j'étais aimée. Arnulphe Carpa….

— Pardon, ma sœur, interrompit Léontine, j'ai lu toute cette histoire dans les journaux du temps. J'étais encore bien jeune alors, et l'impression que fit sur moi cette lecture fut si grande, que je n'en ai pas oublié un mot. Pendant longtemps on ne parla que de cela ; la scène de la place de Grève était l'objet de toute sorte de commentaires.

— Oui, on en parla beaucoup ; mais personne ne sut la vérité ; la voici : ce fut le père de l'homme que j'aimais qui me poignarda; Arnulphe, le saint martyr, me crut morte, et il voulut sauver son père, et quand, après une longue et douloureuse maladie, je recouvrai l'usage de la parole, le sacrifice était consommé : la tête d'Arnulphe, mon bien aimé, était tombée sur l'échafaud. Ce fut alors que, dans un accès de désespoir, j'entrai en religion. »

La bonne sœur raconta ensuite, comment étant, depuis plusieurs années, employée à l'hôtel-Dieu, elle avait voulu suivre l'exemple de l'homme qu'elle pleurait, et sauver celui qui l'avait frappée.

« Ils étaient quatre, dit-elle encore ; je n'en voulais sauver qu'un, Carpa, qui, tombé au dernier degré d'abjection, avait pri le nom de Taupin; mais un d'eux, nommé Carlo, qui semblait être le chef des trois autres, imposa sa volonté, et....

— Carlo! fit Léontine ; c'est lui, c'est le faussaire qui m'a volée, et qui est cause de mon emprisonnement.

— C'est aussi à lui, reprit la sœur, que je dois d'être ici où, après l'évasion de ces quatre hommes, j'ai été envoyée par mesure disciplinaire. Mes fonctions à l'hôtel-Dieu étaient beaucoup plus douces que celles que je remplis ici; mais on a voulu me punir, et je dois reconnaître qu'on l'a fait sans trop de sévérité. »

Il se fit entre les deux interlocutrices un silence de quelques instants. Un projet avait surgi dans le cerveau de Léontine, et elle hésitait à en dire le premier mot; il fallait arriver là doucement par des voies détournées.

« Ainsi, chère sœur, reprit-elle, vous regrettez votre liberté?

— Je ne suis pas prisonnière, répondit Madeleine; avec l'habit que je porte, il eût été scandaleux de m'écrouer. On m'a donc donné la qualité de surveillante; mais la vérité est que je suis moi-même surveillée.

— Néanmoins vous pouvez sortir?

— Quelquefois, avec la permission de ma supérieure.

— Et vous vous proposez de renouveler vos vœux?

— A vrai dire, je lutte contre la tentation. »

Léontine eut un rayon d'espoir; mais il était encore trop faible pour qu'elle osât aborder nettement la question.

« Oui, reprit la sœur Madeleine, je lutte contre la tentation de rentrer dans le monde, et j'ai besoin, pour la vaincre, de me rappeler sans cesse que ma position y serait misérable. Mon père est mort; mon frère, qui lui a succédé, s'est jeté dans le désordre, et il est complétement ruiné. Je ne possède rien; je suis sans ressources.... Encore si j'étais sûre de pouvoir, à la sueur de mon front, gagner le pain de chaque jour! mais non, je ne puis avoir cet espoir, et pourtant, je me contenterais de si peu, pour n'appartenir qu'à moi-même ! »

Et de grosses larmes roulèrent sur son pâle visage. Léontine sentait son secret lui échapper. Mais tout cela se passant dans sa cellule, elle eut peur qu'il n'y eût à droite ou à gauche quelques oreilles indiscrètes.

« Chère sœur, demanda-t-elle, croyez-vous que l'on puisse parler ici, sans être entendu?

— Tout le monde est au travail; vous seule, sur votre demande, en avez été dispensée aujourd'hui. »

La pauvre religieuse était tremblante en faisant cette réponse, car elle pressentait vaguement quelque grave confidence. Léontine tomba à genoux.

« Ma sœur, dit-elle, il ne me reste qu'une planche de salut, et peut-être allez-vous la briser par un refus.... Mais non; vous avez un trop noble cœur pour me repousser dans l'abîme dont je veux sortir.... Chère sœur, ne renouvelez pas vos vœux, recouvrez votre liberté; aidez-moi à reconquérir la mienne, et vous ne manquerez de rien. Il me reste quelques riches débris de la fortune que j'ai possédée, et peut-être même ce que vous allez voir suffirait pour que nous pussions fonder quelque petit établissement d'un produit qui pourrait nous faire vivre. »

A ces mots, elle ôta son bonnet et son peigne, secoua la tête, et ses longs cheveux, en se déroulant sur ses épaules, laissèrent voir les dix billets de banque qu'elle y avait cachés. A la vue de ce trésor, la religieuse devint encore plus tremblante qu'elle n'était.

« Mon Dieu, dit-elle en joignant les mains, est-ce Satan qui me tente?

— Non, non, fit Léontine; c'est une amie qui vous sera dévouée jusqu'à la mort ! »

Madeleine eut une espèce d'extase qui dura quelques secondes, puis tout à coup prenant les mains de la pécheresse, et la relevant :

« Venez, dit-elle : Dieu le veut! »

Et l'entraînant hors de la cellule, elle la conduisit dans la petite chambre qu'elle occupait.

« Voyez, dit-elle en montrant les vêtements de bure accrochés au modeste porte-manteau, j'ai deux robes, deux coiffes; j'ai même deux permissions de sortie, en ayant demandé une seconde après avoir égaré la première, que j'ai retrouvée depuis. Emportez la moitié de tout cela, et cachez-le sous votre matelas. Le moment est favorable : il arrivera ici aujourd'hui de nouvelles sœurs. C'est une sorte de roulement qui s'opère de temps en temps; les gardiens n'auront pas eu le temps de les connaître quand nous nous présenterons au guichet, et vous pourrez facilement passer pour une des nouvelles venues. »

Et elle se hâta de faire un paquet de tous les vêtements nécessaires. Elle ne tremblait plus maintenant; c'était avec une sorte d'impatience fébrile qu'elle allait attendre le moment d'agir.

De son côté Léontine attendait avec une vive inquiétude l'heure de la délivrance. Sa dispense de travail avait été obtenue sans difficulté; tout était prêt; mais que fallait-il pour renverser toutes ses espérances?

Le moindre événement : que les sœurs nouvelles n'arrivassent pas en temps utile; qu'un gardien plus soupçonneux que les autres la regardât de trop près; que dans le trajet de la cellule au guichet elle fût reconnue par quelqu'une de ses compagnes de captivité, et tout était perdu, car les mauvaises passions s'exaltent facilement sous les verrous, et la moindre faveur d'une autorité, même la plus infime, est un crime qu'on ne pardonne pas.

Les deux complices ne dormirent pas de toute la nuit; elles comptaient les secondes aux battements de leur cœur.

Quand la cloche du lever se fit entendre, elles étaient prêtes; mais l'heure de sortie n'était pas arrivée. Il fallait que sœur Madeleine fit son service du matin, qu'elle parût à l'atelier soumis à sa surveillance. Que ces quelques dernières heures leur parurent longues à toutes deux!

Enfin, le moment est arrivé; les deux fugitives se recueillent un instant et font une courte prière. Car c'est surtout au moment du danger que vient la pensée de Dieu.

« Partons, » dit Madeleine.

Elles se mettent en marche; le guichet intérieur est franchi sans difficulté; l'autre, celui qui donne sur la rue, est moins sombre; le jour y pénètre plus abondamment. Le gardien-chef jette un regard sur la nouvelle sœur.

« Déjà en sortie? dit-il.

— Il faut bien obéir aux ordres de la mère, » répond Madeleine sans se décontenancer.

Le gardien ne répliqua pas; la clef tourne; elles sont dehors. Que vont-elles faire?

LXIII

Un refuge.

Arrivées dans la rue, les deux fugitives marchèrent d'abord lentement, puis quand elles eurent perdu de vue les murs de la prison, elles doublèrent le pas, mais sans but : il ne s'agissait pour elles, en ce moment, que de s'éloigner le plus promptement possible; l'émotion qu'elles éprouvaient ne leur permettait pas de songer à autre chose. Enfin, hors d'haleine, elles s'arrêtèrent.

« Ah! fit Madeleine, nous sommes folles! Avec nos vêtements religieux où trouverons-nous un gîte sans éveiller des soupçons? »

Pas plus que sa compagne, Léontine n'avait pensé à cela.

L'amour de la liberté les avait étourdies, fascinées; maintenant l'heure de la réflexion était venue.

C'était un peu tard; mais Léontine n'était pas femme à s'effrayer beaucoup pour si peu; en un instant elle eut mentalement passé en revue toutes ses connaissances, et comme elle venait de lire à l'angle d'une rue : boulevard Saint-Antoine, elle se souvint de la pauvre famille qu'elle avait secourue peu de temps auparavant.

« Venez, venez, ma sœur, dit-elle vivement; nous sommes sauvées; à cent pas d'ici nous allons trouver une retraite sûre où rien ne nous manquera. »

Ces paroles rassurèrent un peu la pauvre religieuse qui, depuis un instant, regardait autour d'elle avec effroi. Elle suivit sa compagne. Toutes deux entrèrent dans la sombre maison où Léontine avait été témoin d'un si douloureux spectacle. Arrivée au dernier étage, cette dernière frappa à la porte de la mansarde qui s'ouvrit aussitôt, une jeune femme parut, qui, après une exclamation de joie, s'écria en se tournant vers son mari :

« Casimir! Casimir! c'est l'ange qui nous a sauvés. »

L'ouvrier s'avança, et ne put dissimuler sa surprise à la vue des deux religieuses.

« Mon ami, lui dit Léontine, que notre costume ne vous étonne pas outre mesure : des circonstances particulières nous ont obligées à le revêtir, et le besoin d'en changer est en partie la cause de la visite que nous vous faisons. Tenez, mon ami, ajouta-t-elle en lui présentant un de ses billets de banque, obligez-moi d'aller changer cela chez le plus prochain changeur, puis je prierai madame Casimir de faire pour nous quelques emplettes. »

Tout cela se fit sans difficulté, et lorsque les vêtements eurent été remplacés par des costumes de ville, les fugitives transformées commencèrent à respirer librement. La mansarde des pauvres gens avait changé d'aspect; elle était garnie des meubles les plus indispensables. C'était encore la pauvreté; mais ce n'était plus cette misère navrante que ne soupçonnent pas les heureux de ce monde.

« Mes amis, dit Léontine en posant sur l'unique table du lieu la moitié de l'or que Casimir lui avait rapporté, j'espère que vous voudrez bien nous donner l'hospitalité pendant quelques jours.

Disposez de cela comme vous l'entendrez, et commencez, je vous en prie, par nous faire déjeuner. »

La belle impure avait recouvré toute sa bonne humeur, et comme rien n'est contagieux comme le sentiment du bien-être, entre gens qui se comprennent, le cœur de la bonne religieuse s'épanouit en écoutant son amie.

On déjeuna gaiement, beaucoup et longtemps; la belle pécheresse avait tout à réparer et son exemple était si entraînant! On s'occupa ensuite du logement; la mansarde fut divisée en deux par un immense rideau, et dans l'une des moitiés, Casimir installa pour les deux amies, un lit confortable.

Toute cette journée fut charmante. Vers le soir, on parla de l'avenir.

« Ici, dit Léontine, il faut de la franchise afin de ne pas se mettre en chemin, sans savoir où l'on pourra aller. Ma chère libératrice, vous ne possédez rien?

— Hélas! fit la bonne sœur.

— Monsieur et madame sont dans le même cas, mais tous trois vous êtes patients, courageux, accoutumés à vous contenter de peu, trois vertus que je ne connais guère que de nom ; mais j'ai dix mille francs que voici, plus quelques effets précieux, des bijoux qui valent au moins le double de cette somme, et qui sont déposés dans des mains honnêtes. Avec cela, ami Casimir, croyez-vous que nous puissions faire quelque chose?

— Ah! si je pouvais disposer seulement de la moitié, j'aurais bientôt un atelier, une boutique. Fabricant moi-même, avec l'aide de bons et consciencieux ouvriers, je serais sûr de prospérer, tout en payant de bons intérêts.

— Eh bien, mon ami, ce n'est pas seulement de la moitié que vous allez pouvoir disposer, mais du tout, et vous n'aurez point d'intérêts à payer. Voici, je crois, comment on pourrait arranger les choses : Mme Casimir et la bonne sœur Madeleine tiendront le comptoir; moi je m'occuperai des soins du ménage. Tous les six mois on partagera les bénéfices : moitié pour vous, un quart à ma sœur Madeleine et l'autre quart pour moi. En rémunération de notre travail, vous nous logerez, et nous mangerons à votre table. Cela vous convient-il?

— Oh! s'écria l'honnête ouvrier, je ne puis croire à tant de bonheur.

— Eh bien! prenez et croyez. »

Et elle lui remit les neuf billets de mille francs qui lui restaient, en ajoutant :

« Demain j'irai chercher les objets dont j'ai parlé ; on les vendra, et peut-être produiront-ils une somme beaucoup plus élevée que celle que j'ai dite, car ils ont coûté certainement plus de cinq fois autant.

— Chère fille! s'écria sœur Madeleine en se levant, vous êtes un ange!

— Un ange tombé, ma sœur, qui, pour la seconde fois, va tenter de se relever, ce qui prouve qu'il peut y avoir quelques parcelles de bon au fond des plus mauvaises choses, et qu'il ne faut désespérer de rien. »

Dès le lendemain, on se mit à l'œuvre.

Léontine ne s'était pas trompée : le maître de l'hôtel où elle avait demeuré en dernier lieu était un honnête homme qui n'hésita pas à lui rendre tous les objets qu'elle lui avait confiés lors de son arrestation ; ils produisirent, comme elle l'avait prévu, plus de vingt mille francs, dont elle ne garda qu'une légère partie pour subvenir aux besoins courants ou imprévus, de sorte que le brave ouvrier se trouva en possession d'une somme de trente mille francs.

On ne peut se faire une idée de sa joie. Toutefois cette idée ne le grisa point ; il voulut que les choses fussent régulièrement et authentiquement réglées, après quoi toutes choses semblèrent marcher d'elles-mêmes; et bientôt dans le comptoir d'un des plus beaux magasins de meubles du faubourg Saint-Antoine, siégèrent la bonne sœur Madeleine, et la douce compagne de Casimir.

Cependant M. de Barno était parvenu à découvrir vers quel point du globe Carlo s'était dirigé après le vol audacieux qu'il avait commis, et il obtint sans peine un ordre d'extradition ; mais l'exécution de tels ordres coûtent beaucoup d'argent, surtout quand il s'agit d'aller chercher le prévenu dans les pays d'outre-mer, et M. de Barno, obligé d'acquitter les lettres de change véritables, était dans l'impossibilité de faire cette dépense, situation qu'il lui répugnait de confesser, quoique cette réserve pût compromettre tout son avenir.

Il était donc à peu près certain que la quiétude dont jouissait Carlo ne serait point troublée, lorsque M. de Barno reçut du baron de Varambert la lettre suivante:

« Monsieur, un prisonnier, qui doit être demain mis en liberté, veut bien se charger de cette lettre, et j'ai tout lieu de croire qu'elle vous sera fidèlement remise.

« Oubliez, je vous en prie, tout ce qui a pu se passer entre nous, afin d'accorder toute votre attention à ce qui va suivre.

« Pied-de-Fer m'avait offert la paix, et je l'ai refusée, fort que je croyais être d'un droit acheté à beaux deniers comptants et que des pièces de la plus haute importance semblaient rendre incontestable. Malheureusement il n'y a rien de certain sous le soleil.

« L'enquête ordonnée par le tribunal m'est tout à fait défavorable, et il me paraît à peu près certain que je perdrai mon procès contre Mme la marquise de Merval.

« Je m'en consolerais facilement en toute autre circonstance ; mais la perte de ce procès peut avoir une grande influence sur le résultat de celui qui m'est intenté en cour d'assises pour crime de faux. Vous me croyez innocent de ce crime, je le pense, mais cela n'est qu'une appréciation qui ne s'appuie sur rien de positif.

« Si le vrai coupable était mis sous la main de la justice, je serais sauvé : hors de là, point de salut. Or, j'ai appris que vous savez où s'est réfugié ce misérable Carlo et que vous avez obtenu un ordre d'extradition. Vous pouvez donc me sauver en usant de ce moyen.

« La dépense que cela peut entraîner est considérable, je le sais ; c'est pourquoi je joins ici une traite de vingt mille francs sur le banquier Van Broen, à Rotterdam, somme dont je fais volontiers le sacrifice pour arriver à la découverte de la vérité, et peut-être au recouvrement de la somme volée, car Carlo était déjà riche quand il a fait ce coup.

« Je ne demande rien autre chose que la manifestation complète de la vérité et l'extinction complète des différends qui ont existé entre nous. J'ai eu de grands torts ; oubliez-les. C'est aux forts qu'il appartient de se montrer généreux.

« S'il vous plaît de transiger avant l'issue du procès pendant entre Mme la marquise de Merval et moi, j'accepte à l'avance toutes les conditions qu'il vous plaira de stipuler, vous estimant trop homme d'honneur pour aller au delà des bornes de la probité.

« J'ai su me faire des amis des gens préposés à ma garde, et vous pourrez pénétrer jusqu'à moi sans la moindre difficulté.

« Inutile de vous dire, monsieur, que j'attends avec impatience votre décision, mon désir le plus ardent étant de quitter la France et de me faire oublier de tous. »

Cette lettre causa une grande joie à M. de Barno. Il était fort disposé à se rendre immédiatement près de Varambert ; mais il voulut auparavant avoir l'avis de Pied-de-Fer, le meilleur à suivre en de telles conjonctures, et le soir de ce même jour il alla frapper à la porte de cette maison de l'avenue du Maine, voisine de l'hôtel de Quérens.

Le vieux routier, bien fatigué de sa longue et orageuse vie, s'était définitivement établi dans cette demeure que lui avait cédée Mme de Merval, et qui, on se le rappelle, communiquait par un passage secret à l'hôtel de Quérens.

Il n'avait là d'autre compagnon que Jourdet, toujours dévoué, mais dont il n'avait plus l'occasion d'éprouver le dévouement, les adversaires qu'il avait eu à combattre étant maintenant en fuite ou sous les verrous.

« Vous ! monsieur, dit Pied-de-Fer qui ouvrit lui-même la porte au visiteur.

— Ne sais-je pas que vous êtes à toute heure prêt à rendre service à vos amis ? Je viens vous demander conseil.

— Il y a donc quelque chose de nouveau ?

— Quelque chose de tout à fait inattendu : lisez. »

Et il lui remit la lettre de Varambert. Pied-de-Fer la lut et la relut attentivement.

« Ah ! dit-il ensuite, si j'avais dix ans de moins, je voudrais accompagner l'agent chargé de mettre à exécution l'ordre d'extradition ; mais j'ai bien vieilli dans ces derniers temps ! je ne puis plus vous dire comme je l'aurais fait : Donnez-moi cet ordre, ces vingt mille francs, et je réponds sur ma tête de ramener le voleur. J'aurais peur maintenant que les forces ne vinssent à me manquer. Toutefois je pense qu'il n'y a pas à hésiter. Alors même que Varambert ne serait pas sincère, cette lettre suffirait pour l'accabler.

— Et vous estimez qu'on peut sans scrupule user de l'argent qu'il offre ?

— Sans le moindre scrupule : il demande justice et il offre de la payer ; c'est le meilleur moyen de l'obtenir. Tout le monde sait que la justice se rend gratuitement en France ; mais les plaideurs, eux, savent ce qu'il en coûte pour obliger cette noble dame à parler, et quel déluge de papier timbré doit tomber à ses pieds avant qu'elle daigne soulever le bandeau qui lui couvre les yeux. N'hésitez donc pas à mettre des agents en campagne ; on va loin avec vingt mille francs, et Varambert, je n'en doute pas, doublerait la somme, si cela était nécessaire. Marchez d'un pas ferme au-devant du bonheur qui vous attend, et pressez les apprêts de votre union avec votre charmante fiancée, pauvre fleur qui s'étiole en attendant la rosée qui doit la faire revivre.

— Oh ! c'est sûrement mon plus ardent désir ; mais comment avouer à Mme de Merval qu'un accès de folie m'a fait perdre la majeure partie de ce que je possédais ? Dire toute la vérité à ce sujet, ne serait-ce pas provoquer une rupture sans retour ?

— Rassurez-vous ; ce sera moi, dans cette circonstance, qui ferai de la diplomatie, et j'espère vous montrer que j'entends assez bien cela. J'ai quelque prétention à la connaissance du cœur humain, — qui est, à vrai dire, une assez laide chose, — et de cette connaissance j'userai de mon mieux à votre intention.

— Mon cher protecteur, je vous dois déjà tant !

— Que cela ne vous inquiète pas ; nous ferons nos comptes quelque jour. Entre nous, j'espère bien que vous me redevrez quelque chose; mais je serai un créancier bénin, bien résolu à ne jamais donner un os à ronger aux huissiers.

— Ah! mon vieil ami, vous êtes l'homme de bien par excellence!

— Je ne sais; dans tous les cas, cela ne prouverait qu'une chose, c'est qu'il y a moins loin qu'on ne le croit communément de l'enfer au paradis. »

L'entretien se prolongea jusqu'à une heure assez avancée; il durait encore, lorsque le bruit d'une vitre brisée se fit entendre.

« Qu'est-ce cela? demanda M. de Barno.

— Nous allons peut-être le savoir, répondit Pied-de-Fer. En attendant, prenons nos précautions. »

En parlant ainsi, il tira du tiroir d'un meuble deux paires de pistolets doubles. Il en mit un dans chacune des mains du diplomate, et s'arma des deux autres, puis à demi-voix il appela Jourdet qui, comme son patron, était toujours armé, et tous écoutèrent.

LXIV

La fin d'une triste existence.

C'était au lendemain de la fameuse soirée passée par Juibraide, Castex et Verchoux dans le café fréquenté par la police, chacun d'eux avait tenu parole et s'était acquitté avec la plus grande activité de la tâche qu'il s'était imposée.

M. Verchoux était arrivé le premier et, fidèle à sa vieille habitude, s'était fait servir un petit cognac.

Juibraide et Castex ne tardèrent pas à arriver.

Juibraide avoua qu'il n'avait rien découvert. Castex ne savait qu'une chose, c'est qu'Honorine, la maîtresse de Raflard, était à Paris; seulement il ignorait complètement où elle habitait.

« C'est réellement fâcheux que vous ne connaissiez pas son adresse, fit observer M. Verchoux, cela nous eût épargné beaucoup de temps, et vous savez que les instants sont précieux; les voleurs aussi bien que les honnêtes gens ont à leur disposition des moyens de locomotion fort rapides, et en vingt-quatre heures, notre homme peut être de l'autre côté du détroit. Une fois là, je défie bien qu'on remette la main dessus. Honorine, qui a vécu quelque temps en Angleterre, trouvera le moyen de dépister tous les agents de police possibles....

— Pour ce qui est de quitter la France en ce moment, répondit Juibraide, je ne crois pas que ce soit une chose si facile. Le signalement de notre homme a été donné sur toute les lignes qui aboutissent aux frontières les plus proches, c'est-à-dire celle par où l'on suppose qu'il peut fuir.

— Toujours les mêmes! dit Castex qui, en sa qualité d'ancien policier, aimait assez à critiquer les mesures prises par ses anciens chefs, et s'il plaisait à cet homme de prendre la route la plus longue, car pour vous, on ne peut fuir que par la frontière de la Belgique ou par le Havre; s'il lui prenait la fantaisie de gagner la Suisse ou l'Espagne?

— L'Espagne! fit M. Verchoux avec un certain dédain et qui était d'une ignorance crasse en fait de géographie, et où irait-il une fois en Espagne, puisque c'est une péninsule?... »

Ce dernier mot avait été dit par M. Verchoux avec un enflement dans la voix qui fit sourire Castex et Juibraide, qui se doutaient bien que M. Verchoux ne connaissait pas la signification de ce nom.

« Mais, monsieur Castex, vous ne me répondez pas, où passerait cet homme une fois en Espagne?

— Mais il pourrait gagner un port d'embarquement et se diriger, à l'aide des paquebots, vers quelques-unes des républiques espagnoles de l'Amérique du Sud.

— Tout cela c'est bien du chemin, monsieur, avouez-le un peu.

— Cela ne me coûte rien de partager votre avis à cet égard. Mais je crois que nous nous sommes bien écartés de notre sujet.

— J'y reviens, messieurs; ainsi que je vous l'avais dit la dernière fois, j'ai fini par découvrir, avec plus de difficultés que je l'avais imaginé tout d'abord, le cocher de la rue de Tournon, vous savez bien, ce cocher qui avait conduit Adèle et son Anglais; le drôle — M. Verchoux affectionnait ces expressions régence — s'est fait tirer l'oreille, et il m'en a coûté deux bouteilles pour connaître la fameuse adresse, je vous la donne en mille!... »

Et M. Verchoux se posa en point interrogateur.

« Nous nous rendons, dit Juibraide.

— Oui, nous nous déclarons incapables de découvrir cette adresse.

— Hôtel Meurice!

— Mais ce n'est pas une adresse.

— C'est ce que je me suis dit de suite. Le manant — autre expression que M. Verchoux affectionnait — m'avait volé comme dans un bois.

— Êtes-vous allé hôtel Meurice? demanda Juibraide.

— Attendez! attendez! jeune homme, ne nous pressons pas. Je ne pouvais aller hôtel Meurice demander à parler à Adèle! Adèle, qui? Vous savez bien que ces dames changent aussi souvent

Et tous trois s'engagèrent dans l'escalier. (Page 736 col. 2.)

de nom que de chemise ; mais j'allais trouver la mère Rougif.

— Il n'y a que vous pour connaître tout ce monde interlope, » crut devoir dire Castex.

M. Verchoux sourit et se caressa amoureusement le menton, quoiqu'il l'eût totalement dépourvu de tout appendice de barbe.

« La mère Rougif est une honnête femme qu'une petite vérole prématurée a forcée de rentrer dans la vie pratique ; son visage qui était des plus gracieux et des plus beaux, il y a une vingtaine d'années, s'est couvert de trous, de sinuosités. Elle a monté dans le quartier Breda un grand nombre d'appartements garnis. C'est chez elle que demeurait Honorine à l'époque où Rapin fut tué.

— J'y suis, j'y suis maintenant ! dit Castex ; Juibraide et moi avons été là quand nous cherchions Rapin, demander Honorine sous le nom de Mme de Sainte-Clotilde.

— C'est bien cela ! c'est bien cela ! dit M. Verchoux, qui en même temps frappa sur la table pour appeler le garçon ; il venait de s'apercevoir que les verres étaient vides.

« La mère Rougif me reçut avec des témoignages de sympathie peu équivoques ; il me fut facile de voir dès le premier abord que cette brave femme avait la mémoire du cœur, et me confirma ce que M. Castex nous a dit tout à l'heure, qu'Honorine était à Paris.

« — Une fille sans cœur, me dit-elle, après tout ce que j'ai fait pour elle, car c'est moi, cher monsieur, alors qu'elle n'était encore que petite ouvrière, qui l'ai lancée dans le quartier ; sans moi, elle serait encore avec son amie Adèle à tirer l'aiguille dans quelque atelier de couture....

« — Ça aurait bien mieux valu pour elle, murmura Castex.

« — Ce n'est pas comme Adèle, reprit la mère Rougif. Voilà une fille mal nommée, on lui a donné le nom de la Raide, et pourtant elle a le cœur sur la main. C'est à elle que vous avez affaire ?

« — Oui, lui répondis-je, Honorine, je ne tiens pas du tout à la voir. »

« C'était le contraire que je désirais, mais vous devez savoir, messieurs, qu'avec les femmes, il faut toujours agir ainsi.

« Je dois vous dire que la mère Rougif m'a fait jurer de ne révéler la chose à personne, aussi vous voyez avec quelle rigueur je tiens mon serment, Adèle demeure rue de l'Empereur à Montmartre.

— Votre cocher de remise vous avait trompé.

— Pas le moins du monde. Cet homme m'avait bien dit la vérité; seulement la mère Rougif qui avait une dent contre Honorine pour ce qu'elle appelait ses grands airs, me divulgua un petit secret qui doit nous mettre sans aucun doute sur la trace de ce cher M. Raflard.

— Il se pourrait! dit Juibraide.

— Qu'on dise après cela que la haine ne sert à rien? dit Juibraide.

« — Il y a dix jours environ, me dit la Rougif, Adèle vint me trouver me demandant si je n'avais pas un appartement de libre dans quelques-unes de mes maisons retirées, qu'elle ne regarderait pas au prix.

« — Mais je te croyais tout à fait installée à l'hôtel Meurice avec ton milord anglais.

« — Oui et non, la mère.

« — Pourtant tu m'avais assuré la dernière fois que c'était un homme charmant.

« — C'est vrai, mais comme nous allons aller en Italie passer une saison ou deux, je veux prendre des leçons d'italien.... et comme mon professeur est un réfugié politique, j'ai voulu l'installer....

« On ne pouvait exprimer en des termes plus délicats et plus choisis, l'intention de tromper son Anglais.

« C'est toujours la mère Rougif qui parle.

« — Ma fille, lui dis-je, j'ai rue de l'Empereur à Montmartre accolé presqu'aux buttes, un amour de logement avec deux entrées, ce qui facilite singulièrement les sorties. Je te louerai ça pour rien, cinq cents francs par mois....

« C'est ici, messieurs, que j'appelle votre attention : dans la chambre à coucher, une merveille, se trouve un placard avec un plancher-trappe qui communique dans un petit cabinet du rez-de-chaussée, un homme peut rester là tant qu'il veut s'il craint quelque chose du dehors, ou sortir si ceux ou celui qu'il craint se trouve en haut occupé à autre chose qu'à regarder aux fenêtres....

« Adèle loua sans difficulté. C'est une justice à rendre à cette fille, elle ne marchanda pas.

« Deux jours après, je fus de ce côté me placer en observation pour voir un peu la tête du prétendu maître italien, jugez de mon étonnement en apercevant Honorine, feu Mme de Sainte-Clotilde, installée chez moi.

« Je n'avais rien à dire, j'étais payée. Mais, ajouta-t-elle en manière de conclusion, que pensez-vous de cela?

« — Je pense, répondis-je à la Rougiff, que ça ne me dit pas où je pourrai voir Adèle.... » J'en savais plus que j'en voulais savoir, je quittai cette vieille bavarde l'esprit content. J'avais peur de me trahir. Maintenant il ne s'agit plus que d'arrêter notre homme. Allons-nous chercher un commissaire de police ou faisons-nous ça en amateurs?

— Je suis pour que nous fassions ceci en amateurs, dit Juibraide, deux fois j'ai dérangé le commissaire pour rien. Vous devez même vous rappeler que la dernière fois, dans le faubourg Saint-Germain, je fus mis à pied pour quelque temps.

— Eh bien, comment allons-nous procéder? demanda Castex.

— Vous en êtes, malgré que vous n'apparteniez plus à la boutique.

— Parfaitement, n'avons-nous pas dit que nous ferions ça en amis et en amateurs. Voici comment je propose de procéder. M. Verchoux entrera carrément et demandera à Honorine des nouvelles de sa santé... Il est probable que Raflard, car il doit se trouver là, profitera de cette entrée pour disparaître dans le placard. Juibraide et moi l'attendrons au rez-de-chaussée.

— C'est cela.... c'est cela.... dit Juibraide d'une voix fébrile, marchons....

— Un instant, dit M. Verchoux; et pour colorer d'un semblant de vérité aux yeux de nos chefs notre rencontre sur un même point....

— Ah! oui, j'oubliais cela, dit Juibraide; rien de plus simple, nous sortons du café tous les trois, nous nous faisons un pas de conduite qui nous conduit jusqu'à la rue de l'Empereur.

— Très-bien! dit Castex, ensuite....

— Ensuite, M. Verchoux nous raconte que dans cette rue habite une nommée Honorine; et comme c'est moi auquel doit revenir tout l'honneur de l'arrestation, je vous fais observer qu'Honorine a été la maîtresse de Raflard à une certaine époque, qu'il s'est évadé du bagne et qu'il n'y aurait rien d'étonnant qu'Honorine ne le tînt caché.

— C'est cela.... c'est cela....

— Là-dessus, vous me proposez de me donner un coup de main pour vérifier la chose, ce que je me hâte d'accepter....

— De mieux en mieux, payons et partons.... »

Pendant que ceci se passait au café du quai des Orfèvres, Raflard et Honorine cachés dans le petit appartement de la rue de l'Empereur, faisaient leurs derniers préparatifs pour fuir.

Adèle faisait partie du complot, et son Anglais sans s'en douter devenait le complice d'un forçat.

Elle lui avait dit qu'une de ses amies voulait faire fuir son amant compromis dans une conspiration, cela avait suffi à l'Anglais pour s'intéresser en faveur de Raflard qu'il n'avait jamais vu.

« Je le sauverai pour l'amour de vous, avait répondu le jeune lord, qui adorait Adèle.

— C'est un charmant garçon, milord.

— Cela m'était totalement indifférent; je fais ceci pour vous faire plaisir et non pour procurer du plaisir à lui, » avait répondu froidement le lord.

Il avait dit cela dans ce jargon que Levassor avait le talent d'imiter à la grande jubilation du parterre du théâtre du Palais-Royal; mais Adèle n'en avait point ri, au contraire; cette confiance que lui témoignait son insulaire amant, l'avait mise mal à son aise. Elle n'avait pas songé sans terreur à la profonde humiliation qui pourrait en résulter pour celui qu'elle appelait son cher lord, si Raflard venait à être découvert en sa compagnie. Honorine devait passer pour la femme de chambre de milady et Raflard pour le valet de chambre de milord. Les passe-ports visés à l'ambassade d'Angleterre étaient prêts, et le lendemain à cinq heures le chemin de fer les conduirait jusqu'à Besançon, le reste du voyage devait se faire en chaise de poste.

C'était la dernière nuit que Raflard et Honorine devaient passer dans l'appartement de la rue de l'Empereur; un fiacre prévenu devait venir les prendre à quatre heures et les transporter à la porte de l'hôtel Meurice où Adèle et le lord les attendaient.

Tout était donc parfaitement disposé pour réussir, et pourtant Raflard ne pouvait se figurer qu'il parviendrait à sortir libre de Paris; il paraissait en proie aux plus sombres préoccupations; Honorine elle-même, si courageuse, si forte, avait fini par ressentir une partie des craintes qui assaillaient l'esprit de son amant.

Ce n'était qu'au dernier moment que ces craintes s'étaient fait jour, mais depuis ce moment, elle n'avait pu les chasser.

La nuit précédente Raflard avait été agité par un rêve affreux : rêve qui n'avait fait qu'accroître ses terreurs : il avait vu se dresser devant lui le spectre de Rapin, il l'avait vu couvert de sang, les plaies béantes, et enveloppé dans un linceul; sous son pied droit était le corps de Warburton, la face tournée contre terre; le spectre avait étendu le bras vers lui, et lui avait dit :

« Tu n'iras pas plus loin! »

Et alors Rapin l'avait touché du doigt. Au contact de ce doigt, Raflard poussa un cri terrible, il lui avait semblé que le spectre lui enfonçait un fer brûlant dans la poitrine.

L'émotion qu'il ressentit fut telle qu'il se réveilla; son corps était agité par un tremblement nerveux et était couvert d'une sueur froide; il lui semblait, quoique réveillé, entendre encore à son oreille la voix de Rapin, lui disant :

« Tu n'iras pas plus loin ! »

Aussi le lendemain, quelles que fussent les instances d'Honorine, il refusa de se coucher :

« Honorine, lui dit-il, tu as fait pour moi ce qu'aucune femme n'aurait fait; je suis agité par de sinistres pressentiments, je ne crois pas que je sortirai de France, si tu veux me faire plaisir, va coucher ce soir à l'hôtel Meurice.

— Te laisser seul ici.

— Oui, il le faut. En demeurant avec moi tu te compromettras sans nécessité aucune; en cas de lutte, tu m'embarrasserais; va-t-en d'ici, il le faut, dans notre intérêt à tous les deux, il le faut, je l'exige !

— Jamais ! répondit Honorine. J'ai juré de te sauver, je te sauverai. »

Elle se boucha les oreilles pour ne pas entendre les raisons que voulait lui faire entendre Raflard pour l'engager à se rendre à ses désirs; enfin après un débat mélangé de larmes, de protestations, Honorine se décida à partir; sur le seuil de la porte, elle revint encore une fois se jeter dans ses bras.

Demeuré seul, Raflard hésita un instant sur le parti qu'il avait à prendre. Devait-il passer la nuit dans ce logement qui lui offrait toute sécurité ou passer une partie de la nuit à rôder dehors en attendant l'heure désignée pour son départ en compagnie de l'Anglais.

« A quoi bon? finit-il par dire, je sens que je ne sortirai pas de Paris. La nuit dernière, j'ai vu le spectre sanglant de Rapin qui m'a dit qu'il m'attendait, et pourtant mes mains sont pures de ce sang versé.... Je suis trop poursuivi par la crainte pour pouvoir opposer aux malheurs qui m'accablent, cette insouciance et cette audace qui faisaient autrefois ma force, à quoi tout cela m'a-t-il servi? J'ai vécu sans amis, sans famille; ma femme, qui est devenue ma complice dans mes vols, m'a abandonné, et c'est une fille perdue qui m'a tendu la main pour me tirer de l'abîme. Allons ! je le vois bien, tout est mort chez moi, même l'espérance, que ferai-je sur terre? Dans quel but continuerai-je de vivre?... Que la mort fasse son œuvre.... Rapin a dit qu'il m'attendait, je vais aller le rejoindre, et puisqu'on dit que dans l'autre monde les consciences sont à nu, il saura bien que je ne suis pour rien dans sa mort. C'est cette pauvre Honorine ! Ah bah! elle a vingt-quatre ans, son argent est bien placé, elle me pleurera pendant trois mois, peut-être six, puis elle pourra se créer une existence paisible, et de temps en temps m'accorder un souvenir. »

Ceci dit, Raflard tira de sa poche une paire de pistolets à deux coups, qu'il déposa sur une toilette, et se mit à marcher dans la chambre qui n'était éclairée que par une bougie.

Dans cette marche de long en large, il passa plusieurs fois devant les fenêtres, et aperçut au bas de la maison trois hommes qui paraissaient se consulter.

Raflard courut à la bougie qu'il souffla, puis revint près de la fenêtre se mettre en observation. Il était minuit et demi.

Dans la disposition d'esprit où était Raflard, trois hommes stationnant à quelques pas de sa demeure, il y avait de quoi le faire réfléchir.

La première chose qui lui vint à l'idée, fut qu'on venait pour l'arrêter.

La maison où il habitait, se trouvait élevée au milieu d'une cour, une porte cochère donnait rue de l'Empereur, et une petite porte bâtarde sur une ruelle; elle n'avait qu'un seul étage, et n'était habitée que par Raflard.

Les trois hommes causaient toujours à voix basse; enfin ils s'approchèrent du mur de l'endroit où Raflard était en observation, il ne pouvait plus les voir; tout à coup, il vit surgir une tête sur la crête du mur, l'homme s'aidant de ses mains, finit bientôt par pouvoir l'enjamber, mais au lieu de se laisser glisser dans la cour, il demeura à cheval sur le mur, et jetant l'extrémité d'une corde à terre, il attendit; au bout d'un instant, il se mit à tirer de toutes ses forces, une seconde tête parut, puis le corps entier d'un homme, celui-ci ne demeura pas comme le premier sur la crête du mur, il se glissa dans la cour, puis un troisième homme surgit, qui fit comme le second, enfin l'homme qui était sur la crête du mur se laissa à son tour tomber dans la cour.

Tout cela s'était accompli dans le plus grand silence; ces trois hommes n'avaient rien eu de précipité dans leurs mouvements, comme s'ils avaient eu à craindre une surprise du dehors.

« Sont-ce des confrères, se demanda Raflard avec le plus grand flegme, ou ma retraite est-elle vendue, et les trois hommes qui viennent d'entrer, sont-ils trois agents de police? »

Il y avait cinq minutes, Raflard paraissait vouloir en finir avec la vie, mais maintenant qu'on paraissait vouloir la lui ravir, il était décidé à la défendre.

Cependant les trois hommes n'étaient plus dans la cour.

« Toutes les portes sont solidement fermées à clef, dit-il, les serrures que j'ai visitées avec soin, défient tous les rossignols possibles, ils seront bien forcés, si ce sont des agents, de décliner leurs qualités, et si ce sont des voleurs, de se retirer honteusement. »

Mais qu'on juge de sa stupéfaction et de son effroi quand il crut entendre les marches de l'escalier gémir sous le poids de plusieurs hommes.

« Je suis pourtant certain d'avoir fermé la porte! se dit-il. Plus de doute, la Rougif m'a vendu! C'est la police, les agents ont des clefs doubles. »

Il courut au placard qui communiquait avec le plancher, il voulut soulever la planche, mais il éprouva une telle résistance en voulant tirer l'anneau qu'il comprit que là aussi toute issue lui était fermée. Raflard malgré son énergie sentit une sueur froide lui inonder le front. C'était quelque chose de terrible que cette lutte silencieuse contre des ennemis invisibles.

« Allons! dit-il avec rage, Rapin doit rire et se frotter les mains d'aise. »

Il mit la main sur sa paire de pistolets. En ce moment la porte de la chambre s'ouvrait avec rapidité, et deux ombres couraient dans la direction du lit.

« Voici! » s'écria le bandit avec un éclat de rire nerveux, et qui au dernier moment redevenait sarcastique, et il fit feu des deux mains à la fois.

Deux cris, l'un de douleur, l'autre de surprise, répondirent aux deux coups de feu.

Le cri de douleur avait été poussé par Juibraide; la balle du pistolet lui avait traversé l'épine dorsale.

Le second cri avait été poussé par Castex; il courut droit sur Raflard, qu'il avait aperçu dans l'illumination causée par le coup de feu, mais celui-ci le coucha en joue.

« Si tu avances, tu es mort, » lui dit-il.

Et profitant du mouvement d'hésitation de l'agent, il se plaça le canon du pistolet qu'il tenait à la main droite sur les dents et se fit sauter la cervelle.

On voit que ni Raflard ni Juibraide ne s'étaient trompés dans leurs pressentiments.

LXV

Les assommoirs.

Il existe, dans certains quartiers de Paris, des bouges immondes auxquels le peuple a donné, non sans raison, le nom d'assommoirs. Les plus connus sont ceux des environs de la place Maubert, de la rue Galande et des ruelles environnantes. Là, moyennant cinq centimes, on obtient un grand verre de prétendue eau-de-vie, composée d'esprit de betterave et de poivre distillé. Deux ou trois verres de cet affreux breuvage suffisent pour mettre un homme hors de raison.

L'autorité connaît ces lieux hideux; elle les tolère, et elle a raison : ce sont des exutoires, des égouts ouverts aux plus sales passions qui empesteraient le milieu dans lequel elles se produiraient, si l'on supprimait ces sortes de lazarets où elles viennent expirer dans la fange.

C'est dans un de ces bouges qu'un matin se trouvait réuni le trio du *Lapin-Blanc* que nous connaissons :

« Camaros, disait Guisard, le plus avisé des trois, vous croyez que Carlo nous abandonne....

— Dame! fit Taupin, il me semble que c'est à toucher au doigt et à l'œil. Il sait bien où nous perchons, et il pourrait nous faire signe.... *Nix d'Auber !* pas un pétard ! C'est pas gentil ; voilà mon opinion.

— N'allons pas si vite, dit Jupitain, le plus réservé des trois ; nous voyons bien qu'il ne vient pas ; mais nous ne savons pas ce qu'il a au pied.

— C'est ce que je voulais dire, reprit Guisard. Vous devez vous rappeler que, bien avant l'affaire de Saint-Mandé, nous l'avions tiré d'une cave où il ne s'amusait guère....

— Justement, dit Taupin, il ne devrait pas oublier ça. Nous lui avons montré que nous sommes de vrais amis, et lui nous laisse là comme des loques oubliées dans un coin.

— Taupin ! cria Guisard, tu n'as pas la parole. Il ne faut pas écorner les amis sans savoir de quoi il retourne. Qu'est-ce qui te dit qu'on ne l'ait pas remis à l'ombre dans le même appartement ?

— C'est ce que je voulais dire, accentua Jupitain.

— Et tu étais peut-être dans le vrai, reprit Guisard en avalant le reste de son verre d'alcool poivré. Tenez, voilà que nous avons le coup ; allons dormir au sable[1], et ce soir, je vous dirai mon idée.

— Non ! dit énergiquement Taupin ; le sommeil abrutit. Parle tout de suite, et s'il faut marcher, marchons !

— Dirait-on pas, fit Jupitain, qu'il va avaler une armée !

— Dame ! je suis vieux, moi ; je n'ai pas le temps d'attendre.

— Tant mieux pour toi, camaro.

— Pourquoi ça ?

Quand on attend sa belle,
L'attente est bien cruelle....

Et notre belle à nous, tu la connais, car déjà tu l'as vue de près.

— La guillotine, oui ; mais elle n'a pas voulu de moi. Voyons, Guisard, dis-nous ton idée.

— Eh bien, voici la chose : il s'agirait de faire une seconde visite à cette maison de l'avenue du Maine. Peut-être n'y trouverons-nous personne ; mais il y aura toujours de quoi payer la course et se rafraîchir. Si, au contraire, Carlo s'est laissé remettre au même clou, il faudra peut-être jouer du *surin* cette fois, pour le tirer de là ; eh bien ! on en jouera, puis, après une râfle en chic, on flambera la cassine.

— Hum ! fit Jupitain, j'aimerais mieux autre chose.

[1]. Sur le quai des Bernardins, voisin de la Cité, se trouvaient des dépôts de sable de rivière qui, exposés pendant tout le jour à la chaleur du soleil, servaient de lit à un grand nombre de vagabonds. *Aller coucher au sable* était alors, parmi ces gens-là, la chose la plus naturelle.

— Le voilà bien, lui ! dit Taupin en levant les épaules, toujours peur de porter sa sorbonne à Charlot ! ça n'est pourtant pas quelque chose de rare. »

Jupitain se leva et serra les poings.

« La paix ! dit-il en étendant les bras pour empêcher les deux autres de s'approcher. Toi, vieux, tiens ta menteuse au chaud, et toi, Jupitain, garde tes tampons pour une meilleure occasion ; nous en aurons peut-être besoin tantôt.... Voyons, ça va-t-il ?

— Toujours prêt pour aller de l'avant ! dit l'ancien potier d'étain.

— Et toi, Jupitain ?

— Dame ! quand les toiles se touchent, il faut bien faire quelque chose.

— Alors, rendez-vous de dix à onze devant la maison en question. J'aurai les outils. Pas de plomb ; le pied leste et le poignet garni. »

Les trois bandits se séparèrent, et le soir venu chacun d'eux fut exact au rendez-vous.

« Diable ! fit Guisard en déroulant sa corde à crochet, on a fait remettre des vitres aux fenêtres du second. Ça va faire du bruit ; mais nous saurons à quoi nous en tenir, et si quelqu'un se montre, il sera toujours temps de gagner au large. Attention ! »

Il lança son crochet, et ce fut en ce moment que le bruit d'une vitre brisée vint interrompre l'entretien de Pied-de-Fer avec M. de Barno.

On se rappelle que ces derniers s'armèrent aussitôt ; mais ils ne sortirent pas.

« Ceci, dit Pied-de-Fer à demi-voix, m'a tout l'air d'être quelque nouvelle ruse de Varambert, qui ne nous aurait écrit que pour que nous soyons sans défiance. »

On sait qu'en cela le vieux routier se trompait ; mais cette erreur ne pouvait que le mieux faire tenir sur ses gardes.

« Mais c'est de sa prison qu'il m'écrit, fit observer le diplomate.

— En apparence, oui.

— Il aurait donc été mis en liberté ?

— Ou il s'y serait mis lui-même. C'est toujours de la même façon qu'on entre en prison ; mais il y a tant de manières d'en sortir ! »

Aussitôt après le bris de la vitre, les trois bandits s'étaient réfugiés chacun derrière un des arbres de l'avenue, prêts à s'enfuir si quelqu'un sortait de la maison.

Dix minutes s'étant écoulées sans que rien troublât le silence de la nuit, ils se réunirent.

« Allons, dit Guisard, la lame aux dents, et à l'assaut. »

Joignant l'action aux paroles, il saisit la corde, et atteignit bientôt la fenêtre ; les autres le suivirent, et tous pénétrèrent dans la maison, sans plus de difficulté que la première fois.

Se rappelant que deux balles leur avaient sifflé aux oreilles, lors de leur première visite, ce fut sans bruit et avec la plus grande précaution qu'ils descendirent l'escalier donnant dans l'appartement du rez-de-chaussée, afin d'y pénétrer tous en même temps.

A peine la porte fut-elle ouverte, que M. de Barno et Pied-de-Fer firent feu.

Taupin tomba ; Jupitain, quoique blessé, s'élança vers la porte de la rue qui venait de s'ouvrir ; mais en y arrivant, il se trouva face à face avec Jourdet, qui rentrait en ce moment, et qui le terrassa sans peine, tandis qu'une patrouille, attirée par les coups de feu, s'emparait de Guisard, qui avait remonté l'escalier et se laissait glisser sur la corde restée accrochée à la fenêtre.

« Camarade, dit le caporal en lui mettant la main sur le collet, m'est avis que vous avez une drôle de manière de prendre l'air.

— Ne le lâchez pas, cria Jourdet, et venez m'aider ; j'en tiens un autre. »

Deux soldats vinrent saisir Jupitain étendu sur le sol, puis tous entrèrent dans la maison.

M. de Barno et Pied-de-Fer s'expliquèrent ; on releva Taupin grièvement blessé, et les trois bandits furent conduits au poste de la barrière, et mis à la disposition de la justice.

« Je me trompais, dit Pied-de-Fer après toute cette scène, Varambert n'est pour rien là dedans, et selon toute apparence, ces mauvais coquins agissaient pour leur propre compte.

— Ainsi, demanda M. de Barno, vous êtes toujours d'avis d'accepter la proposition de Varambert ?

— Cela me paraît sans danger, et peut avoir un bon résultat. Si Carlo est riche, comme l'affirme son ancien maître, il sera facile de lui faire rendre gorge. Seulement, il serait prudent de toucher, avant tout, le montant du mandat. »

Les choses ainsi convenues, M. de Barno se mit à l'œuvre : le mandat fut payé, et l'on obtint l'ordre d'extradition.

Pendant que cela se passait, Carlo arrivait à la Nouvelle-Orléans, où après avoir pris langue dans le pays, il se disposait à faire valoir son argent de la manière la plus productive, lorsqu'il fit la connaissance d'un jeune Français, un peu plus récemment débarqué que lui.

C'était un homme de bonnes manières ayant les habitudes et les usages du meilleur monde.

La liaison devint promptement intime, cela se fait si vite sur la terre étrangère ; on est si heureux, au milieu d'un peuple dont on n'entend pas la langue, de parler et d'entendre parler sa langue maternelle.

On s'entretenait de Paris, des lieux de plaisir, des paradis si nombreux de cette reine du monde, mais ce n'était guère qu'un soupir de regret qui s'éteignait presque aussitôt dans le confortable américain.

Un jour, ils déjeunaient ensemble, ils riaient et disaient des folies.

Tout à coup deux hommes s'approchèrent de Carlo, et l'invitèrent à les suivre.

« Que me voulez-vous ? demanda-t-il fort surpris.

— Vous demander, ou vous donner des nouvelles de votre pays.

— Ne suis-je pas ici un citoyen du monde ?

— Oui.... autrefois il en était ainsi ; mais les États-Unis comptent maintenant avec les puissances de l'Europe.

— Mon ami, s'écria Carlo en s'adressant au fashionable qui l'accompagnait, savez-vous ce que ces hommes me veulent ?

— Parfaitement, répondit l'interprète avec le plus grand calme ; ils ont la prétention de vous mettre en sûreté jusqu'au prochain départ du paquebot. Nous ferons la traversée ensemble, cher, et pourvu que vous vous montriez traitable, j'aurai pour vous tous les égards que comporte la situation.

— Comment, scélérat, c'est vous qui me vendez !

— Cher ami, c'est mon métier ; le vôtre est plus facile ; mais il est moins sûr.... Ne tourmentez donc pas ainsi ce couteau. »

Et d'un coup vigoureusement appliqué, il fit tomber de la main de Carlo le couteau dont celui-ci s'apprêtait à le frapper.

« Soyons calme, monsieur, dit-il fort tranquillement. De quoi pourriez-vous vous plaindre ? Vous êtes parti de France avec un million, et on ne m'en donne pas la centième partie pour vous ramener au point de départ. »

Carlo comprit qu'il n'avait rien à gagner par la violence, et il changea d'allure immédiatement.

« Je me soumets, dit-il ; mais je fais mes réserves.

— Peine inutile, cher ami ; nous n'en tiendrons pas compte, et vous allez, s'il vous plaît, nous permettre de fouiller vos poches....

— Suis-je donc entre les mains d'une bande de voleurs.

— Du tout. Au contraire nous allons vous alléger de tout cela pour le mettre à l'abri des voleurs. »

En parlant ainsi, l'agent qui avait bec et ongles, maintenait d'une main vigoureuse son prisonnier assis sur sa chaise, tandis que de l'autre main, il explorait les poches richement garnies de l'habile faussaire.

Carlo était au désespoir ; mais il y avait force majeure et il fallut s'y soumettre.

Cinq jours après, le paquebot le *Cosmopolite* l'emportait vers la France, sous la surveillance des personnages qui avaient si inopportunément interrompu ses pérégrinations dans le nouveau monde.

Ramené à Paris, son identité constatée, Carlo fut enfermé à la prison de La Force, où se trouvaient déjà son ancien maître Varambert, aux frais duquel il venait d'être ramené en France, et ses compagnons du *Lapin-Blanc*, dont deux étaient à peine guéris de leurs blessures.

Le premier avec lequel il se rencontra sur le préau fut le baron. La rencontre fut fulgurante.

« Vous! s'écria Carlo en s'arrêtant devant le baron.

— Moi, fit Varambert, en reprenant envers son ancien valet son air de supériorité : Maître drôle, faut-il que je vous rappelle au respect que vous me devez!

— Oh! fit Carlo, ils sont passés ces jours de fête. Nous sommes ici sur le terrain de l'égalité.

— Tu m'as trahi, misérable!

— Et vous m'avez vendu, infâme! »

Ils disaient vrai tous les deux; mais Carlo qui s'était senti si près de devenir une sorte de pacha avec un harem de vingt ou trente négresses, était le plus exaspéré. Varambert se calma le premier.

« Voyons, Carlo, dit-il, ne nous emportons pas; tâchons plutôt de nous entendre.

— Jamais, jamais! fit l'ex-intendant. Grâce à vous l'on m'a tout pris, et je sais bien qu'on ne me rendra rien; mais je me vengerai. Je sais où j'irai, et je sais aussi que vous y viendrez avec moi.... Ah! maître, vous vous êtes ligué avec vos ennemis contre votre seul ami véritable; c'est avec l'argent que j'ai fait entrer dans vos coffres que vous m'avez ouvert le chemin de Toulon; eh bien, nous ferons route ensemble pour cette destination,... A moins que le destin ne vous réserve quelque chose de mieux, ce à quoi j'aiderai de toutes mes forces.... Oh! la jolie petite série de révélations à broder, festonner, arran er, caresser.... Quel charmant volume cela fera!... Il y aura là plus d'un mois de pain sur la planche pour la *Gazette des Tribunaux*.

— Malheureux! tu ne comprends donc pas qu'en agissant ainsi tu te suicides?

— Je comprends que je me venge.

— Ecoute-moi, Carlo, malgré tous mes revers je suis encore riche.

— Belle consolation pour moi qui, grâce à vous, ne possède plus rien. On m'a tout pris, et bien certainement on ne me rendra pas un sou.... Et dire que j'étais arrivé au million!... la réalisation du rêve de toute ma vie!

— Tu perds un million, mais j'en conserve deux que je partagerai avec toi, si tu te comportes de manière à me faire rendre la liberté, ce qui ne sera que justice puisque je suis tout à fait étranger à l'affaire des lettres de change.

— Promesses en l'air.... On n'est jamais chiche de cette monnaie-là.

— Mais, mauvaise tête que tu es, si, après avoir recouvré la liberté, je ne te tiens pas parole, ne conserveras-tu pas le moyen de te venger que tu as aujourd'hui?

— Il sera bientôt temps, quand vous serez au diable!

— On en revient, Carlo; ta présence ici en est la meilleure preuve. Crois-tu donc qu'avant d'agir comme je l'ai fait, je n'aie pas songé à toutes les conséquences que cela pouvait avoir? Je me suis dit : Carlo sera pris infailliblement ; les relations diplomatiques de M. de Barno rendront l'extradition facile. Il est possible que le jeune diplomate n'ait pas d'argent; mais, dans ce cas, Pied-de-Fer ne manquera pas de lui venir en aide. En attendant que cela arrive, on me jugera, et si Pied-de-Fer s'en mêle, il y va de ma tête. Si, au contraire, j'aplanis les voies pour M. de Barno, il proclamera mon innocence dans l'affaire des lettres de change ; Pied-de-Fer se taira et je serai libre. De toute manière Carlo perd ce qu'il possède; mais en ayant l'air de me tourner contre lui, je conserve tous les moyens de favoriser son évasion, et de lui rendre ce qu'il a perdu.

— Ah! si vous disiez vrai!

— Encore une fois, tu conserveras tous tes moyens d'action contre moi. En résumé, en me perdant tu ne te sauves pas; en me servant, tu gardes une planche de salut prête à te servir partout et toujours. Il me semble que le choix ne saurait être douteux. »

Carlo était considérablement radouci.

« Je vois bien qu'il faut se résigner, dit-il. Encore s'ils ne m'avaient pas tout pris!

— Quoi! on ne t'a rien laissé?

— Absolument rien. Croyez-vous qu'il soit permis d'avoir de l'humeur quand on sent vides des poches qui ont été si bien garnies?

— Heureusement nous pouvons remédier à cela. Tiens, prends ce rouleau ; après lui, il y en aura d'autres. »

Carlo se dérida tout à fait, et ce fut le sourire aux lèvres qu'il prit le rouleau de vingt-cinq louis que son ancien maître lui offrait.

Ce jour-là même l'instruction fut reprise. M. de Barno se montrant favorable à Varambert, et Carlo s'avouant le seul coupable, le résultat ne pouvait se faire attendre : une ordonnance de non lieu rendit la liberté au baron. Quinze jours plus tard, un arrêt de la cour d'assises condamnait Carlo aux travaux forcés, et M. de Barno recouvrait les cinq cent mille francs qu'il avait couru si grand risque de perdre.

Ces derniers événements rendirent Varambert très-circonspect; il résolut de renoncer en apparence à la lutte qu'il avait si longtemps soutenue, et il alla faire visite à M. de Barno pour le remercier de lui avoir été favorable, et tenter de se faire pardonner sa conduite passée dont il n'avait en réalité aucun regret; mais dont les suites pouvaient encore être désastreuses.

« Monsieur, lui dit-il, vous savez maintenant jusqu'où peut mener une folle passion. Cette excuse nous est applicable à tous deux. Je ne suis le plus coupable que par ma plus longue persévérance; mais par cela même je rendais hommage à la personne qui me troublait la raison. Vous avez eu le bonheur de comprendre plus vite que moi que les folies les plus courtes sont les meilleures, et je vous en félicite sincèrement. Maintenant que nul antagonisme n'a raison d'être entre nous, je viens vous prier d'oublier le passé, et d'obtenir pour moi de Mme la marquise de Merval le pardon des ennuis que j'ai pu lui causer. Je viens d'écrire à mon avoué d'abandonner l'action intentée ; réparation tardive, mais sincère, qui me méritera, je l'espère, quelque indulgence. Soyez heureux puisque vous êtes aimé, et que rien désormais ne trouble ce bonheur. »

Bien qu'il doutât fort de la sincérité du baron, M. de Barno l'accueillit poliment. Il aurait bien voulu lui demander des nouvelles de Léontine; mais il craignit de laisser voir que la blessure, de ce côté, n'était encore que mal fermée; il s'en tint aux généralités à l'usage des gens qui n'ont rien à se dire, et Varambert se retira assez peu satisfait en somme de la démarche qu'il venait de faire.

LVI

Le mal de la joie.

L'émotion fut vive à l'hôtel de Quérens, où se trouvait en ce moment Pied-de-Fer, lorsque Jules de Barno y raconta ce qui venait de se passer entre lui et Varambert. Malheureusement la marquise s'était fort affaiblie dans ces derniers temps; les craintes, les inquiétudes incessantes avaient profondément altéré sa santé déjà ébranlée par les passions ardentes, et les violentes agitations de sa vie.

La joie qu'elle éprouva en apprenant la fin de tant de tribulations, lui devint plus funeste que les chagrins qu'elles lui avaient causés. Cette dernière secousse fut terrible, et le mal qu'elle causa fit en quelques heures des progrès si rapides, qu'un prêtre dut être appelé presque en même temps que le médecin.

Elle se sentait près de sa fin.

« Mes chers enfants, dit-elle à Ida et à Barno qui étaient à son chevet avec Mme de Quérens et Pied-de-Fer, je n'aurai pas la joie de votre union, mais ce m'est une bien grande consolation de m'en aller de ce monde avec la certitude que vous serez heureux. Mes dispositions sont faites, et vous êtes mes légataires universels.... A vous, mon vieil ami, ajouta-t-elle en se tournant vers Pied-de-Fer, à vous dont je connais le sublime désintéressement, je ne laisse qu'un souvenir, la bague que je porte à l'annulaire de la main gauche depuis l'âge de quinze ans. Il y a là un mystère que vous découvrirez quelque jour : ne le divulguez jamais... A toi, bonne sœur, je laisse de quoi réparer les folies du baron, et aussi un peu les tiennes.... Mais je ne te gronde pas; je n'en ai pas le droit, car les miennes sont plus grandes. »

Ces derniers mots furent à peine entendus. La mort était là qui attendait sa proie. La moribonde se tut, les yeux se fermèrent, un léger souffle s'échappa de ses lèvres : elle était morte.

Pied-de-Fer n'avait plus rien à faire dans cette maison en deuil; il se retira.

« Et à moi aussi ma fin est proche, pensa-t-il, et vraiment ce n'est pas trop tôt. Je commence à m'apercevoir que de la vie le Créateur me fait trop bonne mesure. Ce doit être si doux le repos éternel ! »

Cette pensée lui remit en mémoire la fameuse recette de Bianco pour rajeunir tous les cinquante ans et fournir une carrière de cinq mille cinq cent cinquante-sept ans.

« Parbleu ! reprit-il mentalement, il faut que je sache ce qu'il devient, ce bon docteur. »

Et il se dirigea vers le domicile du vieux savant, à une des fenêtres duquel il aperçut un chiffon blanc agité par le vent.

« Ah ! fit-il, le pauvre vieux manque de charbon, et je ne lui ai pas tenu parole. »

Il monta rapidement et trouva Bianco accablé de tristesse.

« Ah ! fit ce dernier d'un air découragé, c'était il y a quinze jours qu'il fallait venir. Je touchais au but, la cristallisation commençait ; mais encore une fois le charbon m'a manqué, et je n'ai pu obtenir que des parcelles à peine appréciables. Voyez. »

En parlant ainsi, il montrait à Pied-de-Fer une sorte de poussière brillante dans le fond d'un creuset.

« Maintenant, reprit-il avec amertume, tout est à recommencer.

— Peut-être.

— Que faisons-nous donc de nos cinq mille cinq cent cinquante-sept ans?

— Croyez-vous donc que je sois le seul qui cherche la solution de ce problème?.... Et si j'étais devancé....

— Vous n'en auriez pas moins fait d'admirables découvertes.

Arnolphe devint triste et rêveur. (Page 758.)

— Oui, des choses admirables, avec lesquelles on meurt admirablement de faim quand on n'a pas la chance de rencontrer de temps en temps quelque brave compagnon de votre trempe.
— Ne parlons pas de cela, docteur. Voici pour le charbon. Maintenant allons dîner, et nous parlerons régénération. En ce qui me regarde, je crois qu'il est temps d'y penser.
— Nous en parlerons tant que vous voudrez; mais, s'il vous plaît, nous n'en userons pas avant que l'heure soit venue. »
Ces paroles furent prononcées avec un ton d'autorité dont Pied-de-Fer fut surpris.
« Quand cette heure viendra-t-elle? demanda-t-il.
— Immédiatement après l'accomplissement du grand œuvre.... Oh! oh! le mot vous étonne; il est vieux sans doute, mais il n'y a pas de merveilles jeunes : toutes sont endormies, il ne s'agit que de les réveiller à propos. Eh bien! cher néophyte, quel moment mieux choisi pour redevenir jeunes que celui où s'ouvriront devant nous des trésors qui nous permettront d'acheter des royaumes! »
Le vieux savant s'animait comme toujours en parlant des merveilles de la chimie. Pied-de-Fer l'entraîna, et ils allèrent se mettre à table. Quelques verres d'un vin généreux rendirent Bianco de plus en plus expansif.

« Cher maître, dit Pied-de-Fer pour le mettre en verve et provoquer des révélations, vous avez véritablement un regard d'aigle, et je ne répondrais pas qu'au moyen âge on ne vous eût accusé d'avoir le mauvais œil.
— Ce n'eût été, cher ami, que la moitié de la vérité : j'ai le mauvais et j'ai le bon. »
Pied-de-Fer fit un soubresaut.
« Voyons, reprit Bianco, que pensez-vous du contact des corps? l'un ne peut-il pas communiquer à l'autre quelques-unes de ses propriétés?
— C'est incontestable.
— Eh bien! pourquoi le regard qui part de mon cerveau et qui pénètre dans le vôtre ne pourrait-il, s'il est puissant, produire certaines modifications? »
Pied-de-Fer demeura muet.
« Ah! ah! reprit Bianco en riant, ce sont jeux d'enfant cela; que le grand œuvre s'accomplisse, et vous en verrez d'autres.
— Sans compter, dit le vieux routier, que nous aurons tout le temps de bien voir.... Cinq mille cinq cent cinquante-sept ans!... avec faculté d'abréger, bien entendu.
— En réalité, mon ami, la durée et l'espace ne sont rien, et ne peuvent se mesurer que par l'usage qu'on en fait. Ce n'est pas trop de cette période pour chercher.
— Mais, objecta Pied-de-Fer en souriant, pour-

quoi se donner tant de peine à faire des choses que l'on peut trouver toutes faites?
— Afin de se rapprocher le plus possible de celui qui les a faites, mon ami. Je sais parfaitement que nous ne pouvons rien créer; mais nous pouvons acquérir la connaissance de toutes choses et les combiner pour notre plus grande satisfaction. L'intelligence humaine n'a pas d'autre raison d'être : changer les choses d'aspect, là se borne la toute-puissance de l'homme; mais que de jouissances dans cette faculté! là est le principe de la domination. « Ce que je sais le mieux, c'est que je ne sais rien, » a dit un prétendu sage; moi je dis : « Ce que je sais parfaitement, c'est que je puis tout savoir. » Il ne s'agit que de vivre.

— Vivons donc! dit Pied-de-Fer en faisant pétiller le champagne dans les verres.

— Oui, vivons et cherchons! Grâce à vous, cher ami, je vais faire un grand pas cette nuit, et je crois pouvoir dire demain : Erêka! je l'ai trouvé!

— Et vous serez, dès lors, l'homme le plus riche du monde.

— Dites *nous serons*, mon ami; vous m'aurez été trop en aide pour que je ne sois pas reconnaissant. Venez me voir demain, et j'aurai probablement le plaisir de vous offrir quelques beaux échantillons. »

Pied-de-Fer, malgré les preuves nombreuses qu'il avait eues de la science prodigieuse du vieux chimiste, n'avait qu'une foi très-faible dans le succès de l'opération dont Bianco parlait presque comme d'une chose accomplie.

« Nous verrons bien! se disait-il en souriant dans sa barbe. Vraiment, cela viendrait à temps; j'ai tant donné sans compter, qu'à force de puiser aux mêmes sources, je ne puis guère tarder à les mettre à sec. Toutefois, je ferai plus sagement de m'arrêter alors qu'il en est temps encore, que de compter sur un miracle.

— Je vois que vous doutez, reprit Bianco.

— Et comment voyez-vous cela, cher maître?

— Ne vous ai-je pas dit que j'ai le bon et le mauvais œil?

— Et cela vous permet de lire dans la pensée?

— A livre ouvert, cher ami, si bien que je puis traduire la vôtre en ce moment dans les termes les plus précis.

— Voyons! dit gaiement le vieux routier.

— Vous vous dites : cet homme-là sait beaucoup; mais je le crois encore un peu plus fou que savant.

— Est-ce tout?

— Vous ajoutez qu'une grosse poignée de gros diamants viendrait à point pour ravitailler votre coffre-fort; mais qu'il ne serait pas sage de compter là-dessus. »

Pied-de-Fer ne riait plus.

« Ma foi! docteur, dit-il, je veux être franc : la traduction est de la plus parfaite exactitude, et en faveur de ma franchise, j'espère que vous me pardonnerez.

— C'est déjà fait. J'ai trop souvent douté moi-même, pour qu'en pareille matière le doute puisse m'offenser.... Maintenant, il est temps d'aller commencer l'opération; je vous attendrai demain. »

Ils se séparèrent.

Pied-de-Fer ne pouvait revenir de sa surprise.

« Cet homme est vraiment prodigieux, se disait-il, et après ce que j'ai vu, il est permis de tout croire; et plus qu'à personne, il lui était permis de dire que peut-être un jour il changerait la face du monde. »

Le lendemain, il ne manqua pas au rendez-vous. Quoiqu'une grande fatigue se peignît sur ses traits et dans ses mouvements, Bianco était radieux.

« Voici ma première fournée, dit-il au visiteur en lui présentant une petite sébile dans laquelle étincelaient des diamants de la plus belle eau. Vous pouvez prendre sans compter; demain j'en aurai deux fois autant. Toutefois, il ne serait pas prudent d'écouler trop promptement cette marchandise; cela ne manquerait pas d'en faire baisser le prix. »

Pied-de-Fer ne pouvait se lasser d'admirer.

« Puisque vous le permettez, » dit-il....

Et il prit quelques-uns de ces diamants parmi les plus gros.

« Ne vous gênez pas, reprit Bianco; désormais il y en aura toujours ici à votre service. Seulement, je le répète, n'écoulons pas trop rapidement. »

Le vieux routier se connaissait assez bien en pierres précieuses : il lui en avait tant passé par les mains au temps des Chauffeurs et de l'invasion de 1814! mais il voulut être confirmé dans son appréciation, et ce jour-là même il les vendit à un bijoutier qui en donna un prix convenable.

Peu de jours après on lisait dans les journaux de Paris les plus répandus :

« Un bien singulier événement vient de se produire : un individu se présente chez M. X..., bijoutier, et lui vend, au prix de six mille francs, de très-beaux diamants. M. X.... les serre dans un coffret en bronze à ce destiné, et dont il garde toujours la clef sur lui. Le lendemain, voulant montrer ces diamants à un amateur, le bijoutier prend son coffret et l'ouvre. Aussitôt une forte odeur de gaz acide carbonique s'en dégage; mais c'est vainement qu'on y cherche les diamants; ils avaient disparu. Il est pourtant certain que, dans l'intervalle, le coffret n'avait été touché par personne; il ne portait d'ailleurs aucune trace d'effraction, et d'autres bijoux précieux qu'il renfermait y ont été retrouvés intacts. On se perd en conjectures sur cette singulière disparition. »

Pied-de-Fer, après avoir lu cet article, courut chez Bianco.

« Je sais ce qui est arrivé, lui dit ce dernier ; la compression n'a pas été assez forte ; la cohésion des atomes n'était pas complète. Heureusement, je puis remédier à cela ; l'évaporation ne se fera plus, et vous pourrez indemniser le bijoutier en lui donnant de ces diamants une quantité égale à celle de ceux qui ont disparu.

— Non, dit Pied-de-Fer, j'aime mieux rendre l'argent.

— Si vous le faites, vous compromettez tout notre avenir. Rendre l'argent n'est-ce pas dire ce que les diamants sont devenus ? et qui désormais voudra acheter des diamants qui peuvent s'évaporer comme une goutte d'eau ? On me cherchera, on me trouvera ; on m'accusera de tromperie, et le fruit de cinquante ans de travaux sera perdu. Au nom de Dieu, ne faites pas cela ; laissez croire à un vol. Vous pourrez ensuite envoyer des diamants absolument semblables à ceux dont il s'agit ; on croira au repentir du voleur supposé, et tout sera sauvé. »

Pied-de-Fer comprit la justesse de ce raisonnement, et il garda l'argent.

LXVII

Une visite compromettante.

Varambert, comme on l'a vu, avait été peu satisfait de l'accueil que lui avait fait M. de Barno. Aussi ne s'empressa-t-il pas de renoncer à l'instance pendante entre lui et Mme de Merval. La mort de cette dernière avait quelque peu ravivé les espérances du baron. A l'axiome : *on doit des égards aux vivants ; on ne doit que la vérité aux morts*, il avait fait une variante, et il pensait que cette vérité n'était pas tellement inviolable qu'on ne pût, au besoin, l'allonger ou la réduire de quelque chose, et puis, il y avait encore le témoignage du garde-chasse Berchon, qui pouvait être écrasant, maintenant qu'il n'y avait plus à craindre de contradicteur.

Certes, pour lui, Pied-de-Fer était encore redoutable ; mais il l'était beaucoup moins maintenant qu'une ordonnance de non-lieu l'avait innocenté dans l'affaire des faux billets. Il pouvait donc laisser les choses suivre leur cours naturel, sauf à aviser en cas de circonstances imprévues, et il se berçait dans une assez douce quiétude, lorsqu'un matin, par la fenêtre ouverte de son cabinet de travail, un homme bondit et vint tomber à ses pieds.

C'était Carlo.

« Toi ! malheureux ! s'écria le baron ; tu veux donc me perdre ?

— Je veux me sauver, et vous rappeler les promesses que vous oubliez.... Assez, assez pour le moment ; on est sur mes traces.... un gîte, une cachette.... Ils me suivent, vous dis-je.... J'entends les pas des chevaux. »

En effet, plusieurs gendarmes parurent dans la rue. Carlo regarda autour de lui ; n'apercevant d'autre refuge que la cheminée, il s'y élança, et la terreur lui donnant des ailes, il en atteignit promptement le sommet, puis rampant sur les toits, il s'éloigna le plus possible, pénétra dans un grenier, s'y tint blotti jusqu'au soir, et eut le bonheur d'échapper à toutes les recherches. Ce ne fut qu'au milieu de la nuit que, revenant par le dangereux chemin qu'il avait suivi dans sa fuite, il se trouva de nouveau près de son ancien maître.

« Eh bien, dit-il avec une indignation mal contenue, n'avais-je pas raison de ne pas croire à l'exécution de vos promesses ? Je me suis sacrifié pour vous sauver, et vous m'abandonnez !

— Tu es fou, Carlo ; fou et ingrat, car j'ai dépensé un argent fou à ton intention ; mais il faut bien que je m'occupe aussi de mes affaires qui sont fort embrouillées en ce moment.

— Monsieur le baron, soyez assuré que si vous ne les débrouillez promptement, je les débrouillerai moi-même. Nous saurons alors ce qu'il en est de cette fortune de deux millions, que vous deviez partager avec moi.

— Perdue, mon pauvre ami, presque entièrement perdue !... Des banquiers hollandais qui vont manger mes capitaux au Japon ; des actions qui tombent à quatre-vingts pour cent au-dessus du pair.... Comprends-tu ça, Carlo, toi qui as travaillé dans la finance ?

— Ce que je comprends parfaitement, c'est que vous ne voulez pas mettre un sou à mon service. A votre aise, monsieur le baron ; nous compterons plus tard. Je ne me fais pas illusion : n'étant pas secouru, j'irai certainement à Toulon, mais vous m'y suivrez de près ; j'y trouverai des amis qui se sont dévoués aujourd'hui pour me sauver, et que vous trouverez, vous, parfaitement disposés à se servir de leurs fers pour vous casser la tête.

— Carlo, Carlo ! voilà qui est indigne de toi. De ma fortune passée, je n'ai plus que des débris, et je suis toujours prêt à les partager avec toi. Pour toi, j'ai fait rédiger et apostiller une demande en grâce d'un style magnifique, que ton évasion va faire mettre à néant. Enfin, je me proposais de quitter Paris en même temps que toi, afin que nous puissions, autant que possible, rester en communication de pensée, d'action et même de fortune ; de cette manière, ta délivrance serait peut-être venue un peu plus lentement, mais aussi plus sûrement.

— Voilà de bonnes paroles ; mais cette belle succession du marquis de Merval ?

— Que veux-tu ! la justice est si capricieuse ! On a fait une enquête dont le résultat est écrasant pour moi. Et puis, j'étais si fatigué de la lutte, j'éprouvais un si grand besoin de repos !...

— Ah ! je disais bien : vous faiblissez, mon cher maître ! vous faiblissez énormément ! Mais je ne faiblis pas, moi ; au contraire, je ne me suis jamais senti plus fort que depuis que l'on m'a cru vaincu, terrassé. Jugez-en : j'avais retrouvé à Bicêtre mes hommes du Lapin-Blanc. Quoique grièvement blessés, Luisard et Taupin avaient pu supporter les débats ; mais ils n'étaient pas guéris, et à peine arrivés à Bicêtre, il avait fallu les mettre à l'infirmerie, ce que m'apprit le troisième, Jupitain, condamné avec eux. Or, on jouit, à l'infirmerie, d'une liberté relative ; la surveillance y est beaucoup moins active. Je le savais, et j'étais parvenu à soustraire à toutes les investigations faites sur ma personne, une miraculeuse petite lime anglaise, renfermée dans un étui dont le volume n'excédait pas celui d'un œuf de moineau. Il ne s'agissait plus, pour en user, que de se faire admettre à l'infirmerie où je savais trouver de l'aide. Le choléra venait d'éclater dans la prison, et je faisais des vœux sincères pour en être atteint. Le mal pouvait m'emporter ; mais il pouvait aussi me sauver : c'était une chance de salut sur deux. J'attendais ; mais la contagion s'obstinait à me respecter. Il me vint une idée : on m'avait laissé, après s'être assuré en le coupant en deux, qu'il ne contenait rien de suspect, un morceau de savon de toilette ; je le fis fondre dans un peu d'eau, et immédiatement après avoir pris mon repas ordinaire, j'avalai ce nauséabond breuvage. Ainsi provoqués, les vomissements arrivèrent, et, ma volonté aidant, j'eus tous les symptômes du mal qui ne voulait pas m'atteindre. L'infirmerie s'ouvrit enfin pour moi ; j'y trouvai mes deux compagnons, et l'on me croyait encore mourant que déjà, avec leur aide, j'avais scié un barreau. L'escalade du mur de ronde ne nous présenta pas de grandes difficultés. Libres vers le milieu de la nuit, nous nous séparâmes. Au point du jour, j'arrivais sur le bord de la Seine, lorsque j'entendis le galop de plusieurs chevaux. Les gendarmes étaient sur mes traces ; ils allaient m'atteindre ; je me jetai à la nage. Obligés de faire un long détour pour trouver un pont, les gendarmes perdirent la piste ; mais ils la retrouvèrent, et ils allaient m'atteindre, lorsque j'arrivai près de vous. Vous savez le reste. — Et maintenant ne parlez plus de fatigue et de repos : il faut combattre, il faut vaincre ; et je ne quitterai pas le champ de bataille, dussé-je y rester seul contre tous. Si je pouvais seulement retrouver Léontine qui, selon toutes les apparences, s'est cachée pour n'être pas obligée de venir déposer contre moi.... mais pour la trouver, il faudrait la chercher, se montrer dans certains lieux publics, et, dès demain, tous les limiers de la police seront pourvus de mon signalement. »

Ce récit de Carlo, cette énergie puissante que les plus terribles revers ne pouvaient abattre, ravivèrent les mauvaises passions de Varambert que, depuis quelque temps, une sorte de torpeur semblait envahir.

« S'il ne s'agit que de te rendre méconnaissable, dit-il à Carlo, je puis te satisfaire.

— C'est ce que j'ai pensé ; vos études en médecine doivent vous rendre la chose facile.

— Je puis changer la couleur de tes cheveux, de tes sourcils, de ta barbe ; je puis, avec l'aide du vaccin, te couvrir le visage de boutons de petite vérole qui, pour être bénigne, ne laissera pas moins des traces profondes. J'ajouterai à cela, si tu le veux, des taches de rousseur ineffaçables, et je changerai, pour un temps limité, le timbre de la voix.

— Avec cela, dit résolûment Carlo, un passeport au nom de M. de Saint-Charles, que je sais où trouver, et un peu d'or dans mes poches, je me remets en campagne et je ne connais plus d'obstacle.... A la condition pourtant que vous me serez toujours en aide au besoin. Quel sera donc, après Pied-de-Fer, mon plus redoutable adversaire ? M. de Barno ? Je l'ai jaugé, ce pauvre diplomate ; c'est un timide libertin qui regrette, j'en suis sûr, de ne pouvoir plus pécher dans l'ombre ; qu'on lui rende cette belle pécheresse, qui s'était si bien mise à son diapason, et de nouveau elle lui fera faire ce qu'elle voudra. Ainsi, monsieur le baron, je suis prêt ; mettez-vous à l'œuvre, et la fortune reviendra sous nos drapeaux. »

Varambert se remit promptement à la hauteur de son ancien intendant, et bientôt Carlo transformé, et sûr maintenant de l'impunité de ses fautes passées, put dresser son plan de campagne.

LXVIII

Une rechute.

L'établissement de Casimir, monté avec l'argent de Léontine, continuait à prospérer. Sœur Madeleine était heureuse de la position que lui avait faite son amie ; mais cette dernière n'avait pas tardé à reconnaître qu'elle s'était fait illusion ;

le calme, la monotonie de cette vie honnête la lui rendirent insupportable. Elle combattit d'abord avec courage ses velléités de retour aux désordres de sa vie passée ; mais la victoire lui était d'autant plus difficile, qu'un germe de passion lui était resté au cœur.

Ainsi que nous l'avons dit, la belle courtisane, en séduisant M. de Barno, s'était prise à son propre piége ; le ton, les belles manières du jeune diplomate, sa douceur, tout jusqu'à sa timidité et son ingénuité en affaires galantes l'avaient charmée, et ses efforts pour oublier tout cela avaient été impuissants. Les choses en vinrent à ce point, qu'elle songea aux moyens de revoir cet homme qui, dans une dernière entrevue, l'avait si brusquement dédaignée.

Le calme qui régnait autour d'elle, ne faisait que ranimer de plus en plus cette passion mal éteinte, et la raison s'affaiblissait à mesure que les désirs devenaient plus impérieux, elle résolut de revoir, à quelque prix que ce fût, le jeune diplomate.

« Sans doute, se disait-elle, il est près de cette Ida que je hais.... Il passe là ses jours.... ses nuits peut-être ! »

Et ces pensées fiévreuses la dévoraient.

En peu de temps elle devint méconnaissable : la beauté de son teint s'altéra ; il devint hâve ; ses yeux perdirent leur éclat ; ses joues, son front se ridèrent, ses dents jaunirent et ses cheveux commencèrent à tomber.

La malheureuse se sentait mourir ; lorsque, dans un moment d'exaltation suprême, elle voulut revoir cet homme, et haletante, la tête en feu, le cœur broyé, elle sortit sans avoir conscience de ce qu'elle faisait.

Elle descendit vers la Seine, passa les ponts en regardant avec une sorte d'ivresse les eaux du fleuve qui avaient, en cet instant, pour elle, une sorte d'impitoyable attraction, et elle arriva sans trop savoir comment, devant l'hôtel de Quérens.

Là, une violente commotion l'obligea à s'arrêter. Devant cet hôtel stationnaient de nombreux équipages, dont les cochers étaient gantés de blanc ; les habitants du voisinage se pressaient près de ces voitures.

« Qu'est-ce donc ? que se passe-t-il ici ? demanda-t-elle à une femme qui, pour mieux voir, se dressait sur ses pointes.

— Ah ! c'est un beau mariage allez ! un ambassadeur et la fille d'un comte, rien que ça !

— La fille du comte de Quérens ?

— Justement. C'est de la grande noblesse. On dit qu'ils vont se marier à la chapelle de la chambre des pairs. »

Léontine faillit tomber, elle ne voyait plus ; ses tempes battaient avec violence, ses genoux fléchissaient.

Pied-de-Fer, qui sortait de l'hôtel, l'aperçut et vint à elle ; effrayé de l'état dans lequel elle était, il lui prit affectueusement la main et l'entraîna loin du spectacle que cette malheureuse semblait contempler avec une joie sinistre.

« Venez, mon enfant, dit-il ; ne voyez en moi qu'un ami. Je ne veux que vous rendre à la raison. Je n'ai pas oublié ; je n'oublierai jamais que vous m'avez sauvé la vie.... Je ne vous demande pas quels sont vos chagrins, vos douleurs ; je les devine ; mais je sais aussi que cela s'oublie.

— Non, non ! dit Léontine.... J'ai beaucoup oublié, sans doute ; mais cette fois, le souvenir s'est réfugié là !... »

Elle porta la main sur son cœur.

« Cette fois, ajouta-t-elle, la mort seule pourra l'en arracher.

— Permettez au moins que je vous reconduise chez vous. »

Elle y consentit, et donna son adresse.

Toute crainte pour elle avait cessé comme toute joie ; elle n'aspirait plus qu'au néant. Lorsqu'elle reparut au domicile commun, sœur Madeleine (on lui avait conservé cette appellation), effrayée de l'état dans lequel elle voyait son amie, lui prodigua les plus douces consolations ; mais cela devait être inutile : le cœur était atteint.

Le cœur ! dira-t-on. Eh bien, oui ! C'est là un mystère psychologique.... Que d'autres mystères resteront à jamais inexplicables !

Le mal fit des progrès rapides, et trois jours après, Léontine expirait entourée des amis qui lui devaient tout, et qui la chérissaient.

Mme la comtesse de Quérens, dont la vie avait été tant agitée, avait été prise tout à coup, après le mariage de sa fille, d'une sorte de terreur religieuse, et s'était retirée, à titre de pensionnaire, dans un couvent de l'ordre le plus sévère.

La pauvre femme avait beaucoup à expier, et elle le sentait, ce qui n'est pas le plus ordinaire.

Cependant Carlo, rendu méconnaissable, pouvant se mouvoir en liberté dans les trente-deux aires de vent, cherchait à renouer les fils de cette longue trame ourdie par Varambert et lui. Pour cela, il lui fallait Léontine, et il ne la trouvait point.

Le mariage de M. de Barno avec Ida de Quérens fut pour lui un coup de foudre ; mais il s'en releva promptement.

« Après tout, se dit-il, cette mort n'est qu'un moyen de plus pour éterniser le procès, et pour obliger les adversaires du baron à transiger. Nous avons le temps de penser à cela. Que je remette la main sur Léontine, tout est là : M. de Barno est marié ; tant mieux ! La lune de miel n'est pas interminable, et c'est surtout vers sa fin, que le besoin de changement se fait sentir. »

Et il s'évertuait à chercher la belle pécheresse, lorsqu'un matin, déjeunant au café, en jetant un regard distrait sur un journal, il lut à l'article des décès :

« Mlle Léontine Michelin, 28 ans, faubourg Saint-Antoine, 137. »

« Elle ! fit-il ; elle morte ! Oh non ! c'est impossible ! »

Et il courut à la maison indiquée.

« Monsieur, lui dit sœur Madeleine, à qui il s'adressa, notre bien chère amie Léontine est morte ; la cause de sa mort, je la sais, mais ce n'est pas à vous que j'ai mission de la dire. »

Et Carlo ayant hasardé quelques autres questions, sœur Madeleine ne répondit plus.

L'audacieux coquin vit ses remparts démantelés.

« Décidément, se dit-il, il n'y a qu'un grand coup qui puisse nous relever ; eh bien, frappons ! »

Et il alla trouver Varambert.

« Monsieur le baron, lui dit-il, décidément nos affaires tournent mal.

— C'est justement en prévision de cela que je ne voulais plus avoir d'affaires.

— Mais il m'en faut, à moi, et je n'en puis faire sans vous.

— Carlo, tu deviens par trop exigeant ; ne t'ai-je pas, dans ces derniers temps, donné des preuves du plus sincère attachement ?

— C'est vrai : vous m'avez rendu hideux.

— Sur ta demande.

— Qui n'était que l'expression de mon dévouement.

— Carlo, pas de sentiment hébété, pas de phrases niaises ; notre mise au jeu est à peu près égale ; ne songeons plus qu'à la retirer.

— Oh ! je comprends, monsieur le baron ; ce que vous appelez vos débris de fortune sont des morceaux confortables auxquels vous voulez mordre seul. Libre à vous ; mais libre à moi aussi d'ouvrir la main que j'ai pleine de vérités.

— Mon ami, tu es injuste. De plus tu devrais savoir que l'intimidation a peu de prise sur moi. Crois-tu donc qu'il soit si aisé de réveiller des vieilleries qui dorment sous la cendre ?

— Cela veut dire que vous êtes riche, que je suis pauvre, et qu'au premier pas je me casserai le nez sur votre coffre-fort.

— Eh ! malheureux, depuis que tu es ici, il n'a cessé d'être ouvert pour toi.

— Je ne dis pas non ; mais il m'a tout l'air maintenant de vouloir se fermer.... Tenez, monsieur le baron, votre énergie périclite ; un instant j'ai cru l'avoir relevée ; mais je crois m'apercevoir aujourd'hui que les ressorts sont usés et même que l'espérance est morte chez vous.

— Carlo ! dit Varambert avec autorité, je ne souffrirai pas que vous manquiez au respect que vous me devez ; si vous êtes si bien armé, tâchez donc de m'atteindre sans vous perforer en même temps. »

Carlo comprit qu'il était allé trop loin, et que la force étant toujours du côté des bourses les mieux rebondies et des gros bataillons, la lutte avec son ancien maître ne pouvait lui être que fatale ; il en rabattit de beaucoup.

« Hélas ! monsieur le baron, dit-il, ce n'est pas seulement sur ma ruine que je pleure, mais sur la vôtre qui heureusement n'est encore que menaçante et que vous pouvez éviter.

— A la bonne heure, Carlo, j'aime à t'entendre parler ainsi. Tu as eu quelquefois de bonnes idées, je le reconnais. Eh bien, parle, je t'écoute.

— D'abord votre procès contre Mme la marquise de Merval n'est pas perdu ?

— Il est toujours pendant ; mais les chances sont contre moi.

— Oh ! les chances, ça tourne.

— Que diable veux-tu dire ?

— Mon Dieu ! une chose toute simple, c'est que, en fait de chicane, ce qui est noir aujourd'hui peut être blanc demain.

— Explique-toi clairement.

— C'est bien simple : on a fait une enquête ; mais le père Berchon, le garde-chasse, n'a pas été interrogé ; il est resté en dehors. Et Berchon est une puissance ici. Et qui nous dit que ce vieux roué n'a pas quelque réserve dans son sac ?

— Je conviens que cela n'est pas impossible.

— Autre chose. N'avez-vous pas toujours à montrer cette tête de mort, déterrée dans le parc de Merval, avec d'autres débris humains ?

— C'est vrai.

— Et c'est ainsi armé que vous refuseriez de combattre ? Tenez, je suis convaincu qu'il ne nous faudrait qu'une visite à Berchon, le garde-chasse, pour changer la face des choses.... Et quand je pense qu'il y a là deux millions mignons ! Admettons que l'on transige pour moitié. Eh ! je retrouverai là au moins les cinq cent mille francs qui m'ont glissé dans les mains. »

Tout d'abord Varambert éprouva une grande répugnance pour un nouveau voyage aux Pyrénées ; il était réellement las des agitations de son aventureuse carrière.

Malgré les tourments qu'elle avait subis, sa fortune s'élevait encore à près de cent mille francs de rente, fortune parfaitement dissimulée, mise à l'abri de tout accident, et dont il avait hâte de jouir en paix, en étouffant, comme il l'avait fait jusqu'alors, le cri de sa conscience sous les jouissances physiques.

Il n'avait plus d'autre désir ; mais ce désir s'était grossi de sa renonciation à tous ceux qu'il n'avait pu satisfaire. Cette répugnance, toutefois, il se garda bien de la laisser soupçonner à son complice, sentant bien que Carlo tenait toujours suspendue sur sa tête l'épée de Damoclès, et le sachant capable de couper le fil dans un moment de dépit.

« Ainsi, dit-il à Carlo, tu ne désespères pas du gain du procès ?

— Du gain, je ne dis rien, quoiqu'il soit possible ; mais j'ai la conviction qu'à force d'incidents on peut le rendre interminable. On a fait une enquête ; nous en provoquerons une nouvelle, et, je le répète, le vieux Berchon peut encore nous être très-utile. Jusqu'à ce moment nous n'avons vu que la surface des choses. Il me paraît impossible que ce Canrard, commis-greffier au parlement de Toulouse, et si grand écrivailleur, n'ait pas mis sur le papier autre chose que ce que le vieux garde nous a vendu si cher. D'autre part les Fretteville qui se tiennent dans un si doux *farniente*, en mangeant les trois mille francs de rente que vous leur faites, les Fretteville, dis-je, peuvent être mis en cause; on démontrera que l'action par vous intentée n'est que la continuation de celle par eux commencée en temps utile, ce qui met toute prescription à néant. M. de Barno aura peur; il se lassera, et il transigera.

— Peste ! maître Carlo, où as-tu donc fait de si fortes études en droit ?

— M. le baron n'ignore pas que j'ai longtemps couru le monde ; j'ai beaucoup vu, beaucoup entendu, et je me souviens.

— Il faudra donc, dit-il lorsqu'il reprit la parole, que nous nous rendions encore une fois chez le vieux Berchon ?

— Je crois même que nous ferions bien d'y demeurer pendant quelque temps pour activer les choses. Il vous serait certainement très-utile d'être bien posé dans le pays : l'opinion publique est si puissante en province ! Nous partirons demain, si vous le voulez.

— Non, répondit le baron ; j'ai repris mes études sur la chimie, et je fais en ce moment des expériences qui ne peuvent être interrompues. Dans deux jours nous nous mettrons en route. »

Carlo n'en demanda pas davantage.

Varambert ne disait pas vrai.

Depuis longtemps il ne s'occupait plus des sciences qu'il avait si ardemment cultivées autrefois ; mais ce jour-là même il prépara ses appareils de distillation, et pendant trente heures il travailla sans relâche pour obtenir un produit de bien peu de volume, car il put être contenu dans un flacon gros comme le doigt.

C'était de la nicotine, un des poisons connus les plus violents, et qui laissent le moins de traces.

LXIX

Un dernier crime.

Ce dernier voyage semblait devoir être agréable.

Carlo avait bourré les coffres et les poches de la voiture de succulents comestibles et de vins fins qui ne pouvaient manquer de faire bien accueillir les deux voyageurs par le vieux garde-chasse, grand amateur, comme on le sait, de la dive bouteille, bien que ce fût, au fond, un vieux renard qu'il était difficile de prendre sans vert.

« Papa Berchon, dit Carlo en mettant pied à terre à la porte de la maisonnette sur le seuil de laquelle se tenait le garde, je parierais que vous ne me reconnaissez pas.

— Ma foi ! sauf votre respect, c'est la vraie vérité, d'autant plus que je n'ai jamais eu le plaisir de vous voir.

— Erreur, mon vieil ami ; nous avons plus d'une fois trinqué et j'espère que nous allons trinquer de nouveau, si le cœur vous en dit. »

Varambert ayant à son tour mis pied à terre, Berchon poussa un joyeux éclat de rire.

« A présent, dit-il, je vous reconnais à la mine de votre patron.... Mais qui est-ce qui vous a donc maquillonné comme ça ?

— La camarde, mon vieux garçon ; la camarde qui a voulu me mettre la main sur le collet. Heureusement elle en a été pour ses frais.

— Tonnerre ! faut qu'elle vous ait bien étrillé tout de même !

— Bast ! je n'y pense déjà plus, et nous allons tâcher d'oublier tout cela. Donnez-moi un coup de main pour vider les coffres, et allez mettre le couvert. »

Varambert était déjà entré dans la maison du garde, et à la manière dont il passait la main sur son front, il eût été aisé de voir qu'il tentait d'éloigner une pensée importune ; mais il s'était déjà complétement remis lorsque Berchon et Carlo parurent chargés des comestibles dont nous avons parlé.

« J'ai faim ! dit-il en souriant pour qu'on ne s'aperçût pas de sa préoccupation.

— Vrai Dieu ! fit le garde, qui est-ce qui n'aurait pas envie de manger avec arrosement de ce petit vineau qui a pâli à l'ombre ? »

Et il montrait les bouteilles que Carlo rangeait

dans un coin. Ils se mirent à table ; on entama un pâté magnifique, et les bouchons commencèrent à sauter.

« Voyons, papa Berchon, dit Carlo, est-ce que des chiffons que vous a légués le parrain Canrard, vous n'auriez pas gardé quelque chose pour la bonne bouche ?

— Ma fine ! répondit le garde, s'il m'en reste qui vous conviennent, je vous les donne au même prix que les autres. Vous allez voir. »

Il se leva, et alla prendre un monceau de paperasses qu'il posa sur la table.

« Cherchez votre vie là dedans, » dit-il en riant.

Ces paroles si simples : *chercher votre vie*, firent un effet singulier sur le baron, qui se dit mentalement :

« C'est la mort qu'il y va chercher. »

Déjà il avait tiré d'une de ses poches le flacon de nicotine que son exiguité lui permettait de tenir dans la main sans qu'on pût le voir, et comme son ancien intendant, penché sur les papiers, les examinait attentivement, il versa dans son verre une partie du terrible poison qu'il avait fabriqué.

« Diable ! fit tout à coup Carlo, voici déjà quelque chose de bon à produire. »

Ce quelque chose était deux lettres du marquis de Merval, attachées l'une à l'autre par un tiret de parchemin, à la manière des clercs du temps : l'une avait été écrite avant le dernier voyage du marquis, l'autre après son retour inespéré, et il était aisé de voir qu'elles étaient d'une écriture différente, pièces précieuses qui avaient probablement produites par les collatéraux, lors du retour ou du prétendu retour de M. de Merval.

« Voyez ! dit Carlo en présentant ces lettres à son ancien maître.

— Buvons, pour y mieux voir, fit le baron ; la poussière de la route m'a altéré en diable. »

Les verres se choquèrent, car Carlo s'était mis, avec son ancien maître sur le pied de l'égalité la plus complète, ce qui était, contre lui, un des griefs de Varambert. On but ; presque aussitôt, les yeux de Carlo s'ouvrirent démesurément ; il se leva, poussa un cri terrible et retomba sur sa chaise sans s'articuler un mot ; les muscles de la face se contractèrent ; un tremblement violent agita ses membres ; puis sa tête se renversa sur le dossier de sa chaise, et il demeura immobile. Il était mort !

« De l'eau fraîche ! de l'eau fraîche ! criait Varambert, c'est une attaque d'apoplexie.... Il fait si chaud ! et puis ce vin est très-capiteux. »

Et il ouvrait le gilet et ôtait la cravate de Carlo, tandis que Berchon lui versait de l'eau fraîche sur le visage ; mais déjà Carlo était mort ; la nicotine l'avait foudroyé.

« Mon Dieu, dit Varambert, quand il ne fut plus possible de douter de la mort, voici, cher papa Berchon, qui va nous causer de grands tracas. On sait que vous avez fait à ce pauvre garçon d'importantes confidences touchant les crimes qui ont été commis au château, confidences qui pouvaient vous compromettre ; et voilà qu'il meurt chez vous, où il est entré, il n'y a pas deux heures, sain de corps et d'esprit.

— Que voulez-vous ! fit le garde ; n'avons-nous pas fait ce que nous pouvions pour l'empêcher de mourir ?

— Eh ! je le sais bien, mon vieil ami ; mais, en attendant, il va y avoir ici descente de justice ; nous serons interrogés, arrêtés peut-être.... ça n'est pas amusant, hein ? »

Ces paroles parurent étranges à Berchon ; un soupçon venait de naître dans l'esprit de ce vieux renard.

« Dam ! fit-il après un moment de réflexion, s'il a été empoisonné, on le verra bien.

— Mais, mon ami, vous ne comprenez donc pas tous les ennuis d'une pareille affaire ?

— Dam ! fit Berchon sur le ton benoît qu'il savait prendre au besoin, puisque c'est comme ça !...

— Sans doute ; mais il pourrait en être autrement.

— Bien sûr, que je ne demanderais pas mieux.

— Alors, écoutez-moi : ce pauvre garçon n'a point de famille ; jamais personne ne demandera ce qu'il est devenu. Vous comprenez ?

— Je comprends qu'on ne le cherchera pas.

— Donc, il doit être très-facile de le cacher.

— Comment entendez-vous ça ?

— C'est simple comme *bonjour*.... Dans le parc, entre ces deux noyers que vous savez.... la place est presque toute faite.

— C'est ma foi vrai !

— Alors, c'est chose convenue ?

— Convenue.... mais attendez un brin : nous avons encore quatre heures de jour, et nous sommes en pleine lune ; pas moyen de se risquer avant deux heures du matin. D'un autre côté, j'ai des procès-verbaux à affirmer, ce qui m'oblige à me présenter chez M. le maire avant le coucher du soleil.... Avez-vous peur des morts, vous ?

— Peur, moi ?... Allons donc !

— Eh bien ! restez près de celui-ci.... Il ne faut jamais laisser les morts seul ; ça porte malheur. Moi, je vais faire mon service. Quand je serai revenu, nous viderons encore une fiole, et puis, à deux heures.... *Ni ni*, ni vu ni connu.

— C'est entendu, papa Berchon. Et faites le plus vite possible, car nous aurons encore à nous entendre sur le prix de ce reste de paperasses que je veux vous acheter. »

Le vieux garde décrocha son fusil, mit sa carnassière sur son dos, et il partit.

« Ouais ! se disait-il chemin faisant, tu crois

Déjà en sortie ? dit-il. (Page 773, col. 1).

donc, malin, que je n'ai pas flairé la chose.... Cet homme-là en savait trop long sur ton compte ; ça te gênait ; tu l'as mis à l'ombre, et tu crois que le père Berchon va donner dans le panneau !... Allons donc ! Je sais bien que ça va faire une affaire conséquente ; eh bien ! tant mieux : je serai premier témoin ; et ça me rapportera encore quelque chose. »

Et il arriva chez le maire, bien résolu à lui faire part de tout ce qu'il savait ou soupçonnait. Le maire était un simple villageois, chez lequel la culture de l'esprit laissait beaucoup à désirer, mais dont le bon sens était parfait : il écouta attentivement le vieux garde, et comprit tout ce qu'il y avait de grave dans cette affaire ; il agit en conséquence, et fit les réquisitions nécessaires.

Cependant Varambert n'était pas parfaitement tranquille ; il avait remarqué chez Berchon une sorte d'hésitation qui l'inquiétait : mais il n'était plus possible de reculer, et il attendait, lorsque, un peu avant la nuit, apparurent M. le maire, escorté d'un médecin et d'une brigade de gendarmerie. Le père Berchon fermait la marche.

« Le vieux renard m'a trahi, » pensa le baron. Et il se prépara à faire tête à l'orage.

« Monsieur, dit-il au maire qui avait solennellement ceint son écharpe, vous eussiez pu vous dispenser de ce formidable appareil ; il est arrivé ici un malheur, un accident déplorable dont je suis navré. Appelés dans ce pays, par une affaire importante, M. de Saint-Charles et moi, il y a quelques heures seulement que nous y sommes arrivés, et nous achevions de dîner des provisions que nous avions apportées lorsque mon compagnon de voyage se trouva subitement indisposé, et avant que nous eussions pu le secourir, il s'est affaissé sur lui-même, et il a expiré, frappé, je crois, d'apoplexie.

— Veuillez faire votre office, docteur, » dit le maire au médecin.

Ce dernier examina le cadavre, lui souleva les paupières et lui entr'ouvrit les lèvres ; une forte odeur de tabac se produisit aussitôt. Il examina la langue qui était noircie et tuméfiée.

« Voici de graves indices, dit-il ; je ne puis encore rien affirmer positivement ; mais il y a des symptômes d'empoisonnement. »

Et il se fit remettre les débris du pâté et les bouteilles qui avaient été vidées.

Varambert commença à trembler ; il porta la main à une des poches de son habit, et il l'en retirait lorsque le brigadier, qui ne perdait pas un de ses mouvements, saisit cette main, l'ouvrit, s'empara d'un flacon qu'il venait de prendre dans sa poche et le remit aussitôt au médecin.

Ce fut une sorte de coup de théâtre.

Sur un signe du maire, les gendarmes se rangèrent devant la porte, et le maire s'adressant à

Varambert lui déclara que son devoir l'obligeait à le mettre en état d'arrestation.

Le baron, qui tremblait tout à l'heure, sembla recouvrer toute son audace ; il redressa son front couvert de sueur, et le magistrat villageois lui ayant demandé s'il voudrait répondre à ses questions, il dit :

« Je devrais me renfermer dans ma dignité, et ne point répondre, car aucun de vous ici n'a qualité pour m'interroger ; mais je veux bien faire de la condescendance. Veuillez, monsieur le maire, prendre note de ce que je vais dire :

« Je m'aperçois en ce moment que je suis tombé dans un piége infâme. Je soutiens, depuis longtemps déjà, un procès des plus importants contre la marquise de Merval. Cet homme, — il montrait le vieux garde, — cet homme m'avait, non pas *donné*, comme il aurait dû le faire pour rendre hommage à la justice et à la vérité, mais *vendu* des renseignements utiles ; mais je le vois aujourd'hui, le misérable s'est vendu à mes adversaires. Il y a là une combinaison atroce : on savait que je devais revenir, avec mon ami, M. de Saint-Charles...., l'infortuné que voici.... pour recueillir de nouveaux renseignements, et les batteries furent dressées en conséquence : on se dit qu'en m'empoisonnant, on se mettait sur les bras mes ayants-droit, tandis qu'en s'arrangeant de manière à me faire passer pour empoisonneur, on portait un coup terrible à mon honorabilité, et en même temps à mes prétentions à la succession de Merval. On s'est servi de l'homme chez lequel nous sommes en ce moment. Ce flacon que l'on vient de saisir dans ma main, je l'ai trouvé sur cette table ; il a éveillé en moi des soupçons, et je m'en suis emparé dans l'espoir qu'il pourrait aider à la découverte de la vérité.

— Doucement ! doucement ! fit le père Berchon. D'abord ce M. de Saint-Charles, comme vous l'appelez aujourd'hui, se nommait autrefois Carlo ; il était tout simplement votre domestique, et m'est avis qu'il en savait long sur votre compte.... Ah mais ! s'il s'agit de dire la vérité, on la dira tout entière et sans baragouiner.... Berchon sera toujours là, franc du collier.

— Tout cela s'éclaircira, dit le maire ; pour le moment les constatations sont suffisantes. Brigadier, faites votre devoir.

— Le devoir, voilà ! » répondit ce dernier.

Et il tira de sa poche des menottes dont il orna les mains de Varambert qui n'opposa pas la moindre résistance, et fut conduit à la prison de Bagnères, d'où on le transféra à Tarbes, chef-lieu du département, et siége de la cour d'assises.

L'instruction du procès fut longue ; l'arrestation de ce personnage avait réveillé dans le pays le souvenir de la mort singulière du boyard de Moldavie et de la disparition plus singulière encore du chevalier Berjaud.

Cette instruction amena la découverte d'une foule de faits de la plus haute gravité : on sut que ce soi-disant M. de Saint-Charles n'était qu'un faussaire couvert de crimes, condamné, par la cour d'assises de la Seine, aux travaux forcés, et qui s'était évadé de la prison de Bicêtre.

Une commission rogatoire envoyée à Paris acheva d'éclairer la justice : on trouva et l'on saisit, au domicile du baron de Varambert, les instruments qui avaient servi à la fabrication du poison, et qui contenaient encore les résidus des matières employées.

Écrasé par tant de preuves, Varambert ne laissa pas de se défendre ; il soutint que tous les faits allégués contre lui n'étaient que le résultat des machinations pour lui faire perdre le procès qu'il soutenait contre les héritiers de la marquise de Merval ; il invoqua le témoignage de Berchon lui-même, au sujet des cadavres enterrés dans le parc, et le vieux garde répéta tout ce qu'il avait dit à ce sujet ; mais sur tous ces faits la prescription était acquise, et ne l'eût-elle pas été, cela ne pouvait faire que Carlo n'eût pas été empoisonné par son maître.

« Quel intérêt, disait le baron, pouvais-je avoir à tuer cet homme qui ne possédait rien ?

— Vous ne l'avez pas tué pour vous approprier ce qu'il pouvait posséder, répondait l'accusation ; mais parce qu'il y avait entre vous des mystères d'iniquité dont vous avez craint la divulgation. »

Là était le vrai ; les jurés ne s'y trompèrent pas, et sur leur verdict, le baron de Varambert fut condamné aux travaux forcés à perpétuité.

Le prononcé de l'arrêt produisit sur lui un effet terrible ; complétement isolé désormais, il se sentit perdu sans retour.

Le sang lui monta violemment au cerveau, puis, avec non moins de violence, il reflua vers le cœur ; la respiration cessa, les muscles et les nerfs, tendus outre mesure, se détendirent subitement ; il voulut parler, et sa langue embarrassée ne put articuler un mot ; il cessa de voir, de sentir et d'entendre, et ne pouvant se soutenir il tomba lourdement sur le banc fatal où sa place était marquée depuis si longtemps.

Sur l'ordre du président, un médecin fut appelé pour examiner le condamné qu'il déclara atteint d'une paralysie générale.

Le misérable ne put donc être transporté au bagne ; ce fut dans l'infirmerie d'une maison de réclusion qu'on le transféra. Bien qu'il fût encore dans la force de l'âge, plusieurs mois s'écoulèrent sans qu'il se produisît d'amélioration dans son état, et il expira sans qu'il eût pu donner le moindre signe de remords.

Depuis le jour de sa condamnation, son cerveau ne fonctionnait plus.

LXX

Régénération.

Pied-de-Fer venait d'apprendre par les journaux la mort de Carlo et la condamnation de Varambert, lorsque M. de Barno vint lui apprendre le gain du procès que, comme mari de l'héritière universelle, il avait continué contre Varambert, cessionnaire de Fretteville, héritier naturel du marquis de Merval.

« Tout est bien qui finit bien, lui dit le vieux routier. Comment va le ménage ?

— J'ai épousé un ange, que j'adore.

— Alors, vous n'avez plus rien à craindre, rien à désirer.

— Rien à craindre, mon vieil ami, c'est beaucoup dire ; vous savez les folies que j'ai faites ; les suites terribles qu'elles ont failli avoir, et celles qu'elles peuvent avoir encore. Ah ! si jamais ma chère Ida apprenait quelque chose de cela !...

— Pour qu'elle l'apprît, mon cher diplomate, il faudrait que l'un de nous deux le lui dît.

— Mais ce Carlo, ce Varambert ?...

— Morts !... Moins heureux que beaucoup d'autres, ils ont subi les conséquences de leur conduite. »

Au moment où il prononçait ces mots, Pied-de-Fer se sentit envahi par une tristesse profonde : c'est qu'il ne pouvait se dissimuler qu'il était un de ceux qui avaient jusqu'alors évité par miracle le châtiment cent fois par eux mérité.

« Et puis, dit M. de Barno d'une voix tremblante et les yeux baissés, cette pauvre femme ?... »

Il n'osait la nommer.

« Léontine ? dit Pied-de-Fer.

— Elle, répondit de Barno.

— Morte aussi.... Morte d'amour et de regrets.

— Mon Dieu ! il est donc vrai qu'il n'y a pas de soleil sans tache ! Celle-ci jettera son ombre sur toute ma vie.

— Croyez-moi, ne revenez pas sur le passé ; votre bagage de ce côté n'est pas bien lourd, et l'avenir pourra facilement le faire oublier. »

M. de Barno se retira, et Pied-de-Fer demeura seul et accablé de tristesse : il voyait le néant se faire autour de lui, lorsque tout à coup sa pensée se porta sur Bianco qu'il n'avait pas revu depuis l'affaire des diamants.

« Que fait-il, ce bon vieux savant ? » se demanda-t-il.

Et pour le savoir, il se rendit chez le docteur. Il trouva ce dernier triste, abattu, presque découragé.

« Qu'est-il donc arrivé, docteur ? lui demanda-t-il.

— Rien que je n'aie prévu, mon vieil ami. Malheureusement il ne suffit pas de prévoir pour empêcher. Nous aurons beau faire et beau chercher, mon vieil ami, nous ne serons jamais que des hommes, c'est-à-dire des êtres aux facultés essentiellement limitées et écourtées. C'est triste, c'est profondément triste....

— Oh ! oh ! fit Pied-de-Fer, voilà qui est bien amer, et qui annonce un grand désappointement.

— Il n'y a rien que vous ne sachiez déjà, répliqua le chimiste. Vous avez vu comment la réalité peut vous échapper alors qu'on croit la tenir à pleine main.

— Comme nous tenions les diamants par exemple ?

— Justement ; c'est de cela qu'il s'agit.

— Auriez-vous éprouvé quelque nouveau déboire ?

— En thèse générale, non : mes premiers diamants s'étaient évanouis ; les autres ont pris le même chemin ; cela pouvait se prévoir ; mais il me restait l'espoir, sinon la certitude de trouver une force compressible suffisante pour accomplir l'œuvre.

— Eh ! cher Bianco, vous ne l'avez pas trouvée ?

— Je n'ai pas même eu besoin de la chercher, car elle était déjà connue sous diverses formes, dont la principale est l'électricité ; ce n'est donc pas la chose qu'il s'agit de découvrir ; mais la manière de s'en servir.

— Il n'y a alors rien de perdu ?

— Non ; et la manière de s'en servir serait bien vite trouvée, si l'on pouvait se faire tuer dix ou douze fois par jour sans qu'il y paraisse.

— Je comprends : là est la difficulté.

— Hélas oui ! mais tout se modifie avec le temps, et c'est ici le cas de répéter que tout vient à temps à qui sait attendre.

— Et vous attendrez, docteur ?

— Dieu sait que ce n'est pas sans chagrin que je m'y résigne ; mais, comme je vous le disais l'autre jour, qu'est-ce qu'un siècle ou deux ? pas même un point dans l'éternité.

— Avec votre permission j'ajouterai que ce n'est même que fort peu de chose quand on a la certitude de fournir une carrière d'un peu plus de cinq mille cinq cent cinquante ans.

— Ne plaisantez pas là-dessus, Pied-de-Fer ; car le temps est proche où ce grand mystère doit s'accomplir.

— Par vous ?
— Et par vous aussi, si vous le voulez. Ne sommes-nous pas près de la lune de mai ?
— Nous y serons dans huit jours.
— Eh bien ! si vous voulez vous soumettre avec moi à cette grande transformation, préparez-vous : dégagez-vous des liens du vieux monde, des folles passions, des désirs et des plaisirs charnels ; concentrez votre pensée dans l'infini, afin de participer à la puissance divine ; jetez-vous tout entier dans le sein de Dieu ; puis, revenez aux purs éléments employés par le Créateur, nous commencerons cette grande œuvre de la régénération humaine dont nous avons le sentiment inné. »

Pied-de-Fer fut presque effrayé de ce mysticisme ; les choses de la vie ne lui étaient jamais apparues sous de si imposantes formes.

« Docteur, dit-il, vous parlez en homme convaincu ; vous avez la foi....

— Je l'ai, interrompit Bianco en souriant, mais je ne l'impose pas.

— Mais au moins vous admettez comme possible l'insuccès ?

— D'autant mieux que je n'admets l'impossible en rien.

— Et, en cas d'insuccès, qu'adviendra-t-il ?

— Que peut-il arriver de pis que nous restions dans le misérable état où nous sommes ? Je n'ai certainement perdu aucune de mes facultés morales ; mais, il faut bien l'avouer, sous le rapport physique, je touche à la décrépitude.... Et vous, mon ami, ne ressentez-vous pas cette faiblesse envahissante ; ces yeux qui s'éteignent, ces dents qui ne broient plus, ne vous annoncent-ils pas une fin prochaine et inévitable ? »

Pied-de-Fer se palpa la pensée.

« Oui, fit-il, vous dites vrai : la mort est proche.
— Et la mort est effrayante, n'est-ce pas ?
— Pour moi, non.
— Mon vieil ami, vous répondez sans avoir consulté votre conscience : la mort est affreuse, même pour qui se la donne volontairement. Ne mourons donc pas, mon ami ; restons le plus longtemps possible sur cette terre où l'on se purifie par la souffrance.... »

Pied-de-Fer se sentit un instant entraîné dans cette région d'idées ; mais la réaction se fit bien vite dans son esprit.

« Diable ! se dit-il, je n'aperçois pas dans tout cela une soupape de sûreté. En définitive *être ou n'être pas*, voilà la question. Être ou n'être pas pour moi qui ai tant de fois jeté ma vie à tous les vents, cela ne vaut pas même la peine qu'on y pense ; mais abondonner des gens dévoués, qui ne comptent que sur moi, ce serait abominable.

— Docteur, dit-il, ne serait-il pas possible de donner à vos idées un sens moins absolu ?

— J'écoute, dit Bianco.

— Je demande, reprit Pied-de-Fer, si la régénération accomplie, nous ne pourrions pas reprendre la vie où nous l'aurions laissée ?

— Nous le pourrions si nous le voulions, mon ami ; de mes sentiments d'aujourd'hui, la régénération fera table rase. Ce que vous désirez à présent, vous ne le désirerez plus ; la transformation sera complète.

— Cela étant, docteur, j'ai besoin d'un délai pour mettre en ordre certaines affaires.

— Vous êtes parfaitement libre ; mais je dois vous prévenir que je ne saurais vous attendre bien longtemps : je flaire les infirmités ; elles peuvent arriver comme une bombe, et, je vous l'ai dit, pour que la grande opération réussisse, il faut que les organes soient complets et intacts au moment où elle commence.

— Mais vous-même, docteur, n'avez-vous pas quelques dispositions à faire ? Avez-vous trouvé, pour cette grande expérience, trouvé un lieu convenable où se trouvent tous les objets nécessaires ?

— J'ai compté sur vous pour cela. Ne m'avez-vous pas dit que vous possédiez, dans les Pyrénées, une chaumière isolée ?

— Cela est vrai ; mais je dois avouer que c'est un séjour peu agréable, où il ne faut pas s'attendre à trouver toutes les commodités de la vie. J'ai vécu là en véritable anachorète.

— C'est précisément la vie que nous devons mener pendant quarante jours à partir de la pleine lune de mai. N'oubliez pas la formule afin de pouvoir, au besoin, vous passer de moi : on ne sait pas ce qui peut arriver. Cette lune commencera dans huit jours.

— Soyez tranquille et comptez sur moi, mon cher Bianco ; avant huit jours j'aurai fait tout le nécessaire, et nous serons installés dans les Pyrénées de manière à remplir toutes les conditions formulées par votre père.

— Partez donc ; je vous attendrai. »

Ils se quittèrent, et Pied-de-Fer se dirigea vers l'hôtel de Quérens pour y prendre congé de ses amis, M. de Barno et la charmante Ida dont le mariage semblait avoir développé toute la beauté.

« C'est peut-être un acte de folie que je vais faire, pensait-il chemin faisant ; mais il n'est plus temps de revenir sur mes pas. C'est plus que jamais le cas de dire : Que ma destinée s'accomplisse ! »

Le départ de leur ami fut pour les jeunes époux une véritable douleur ; Pied-de-Fer ne leur dit pas où il allait, et ils n'osèrent le lui demander. Ida demanda seulement s'ils pouvaient espérer de le revoir bientôt.

« Je ne sais, chère madame, répondit-il ; l'affaire qui m'appelle est tellement bizarre qu'il m'est impossible d'en prévoir ni la durée, ni le résultat. Seulement, si vous allez passer la belle saison au château de Merval, peut-être serai-je assez heureux pour vous y revoir. »

Jourdet, bien qu'il fût réellement attaché et dévoué à Pied-de-Fer, prit la chose assez philosophiquement. Il n'eût pas mieux demandé sans doute que d'accompagner son protecteur devenu son ami; seulement, comme il avait maintenant, disait-il, du foin dans ses bottes, et que, d'accord avec Pied-de-Fer, M. de Barno lui laissait la jouissance de la maison voisine de son hôtel, cela, pour lui, adoucit beaucoup le chagrin de la séparation.

Quatre jours avant la pleine lune de mai, Pied-de-Fer reparut chez Bianco. Contrairement à l'ordinaire tout était rangé avec le plus grand ordre dans la demeure du vieux savant.

« Je vois, lui dit son ami, que vous prévoyez un retour prochain.

— J'oserais même dire que j'en suis sûr, répondit Bianco, si nous étions plus vieux de quatre jours seulement; mais il peut arriver tant de choses en quatre jours!

— Partons donc, mon ami; une voiture nous attend à votre porte. »

Le docteur jeta un dernier regard d'amour sur ses fourneaux, sur ses instruments de chimie, fidèles compagnons qui avaient vieilli avec lui; puis, le cœur gonflé, la tête basse, il sortit lentement; on eût dit qu'il laissait dans cette mansarde la moitié de sa vie.

Une heure après, lui et Pied-de-Fer étaient hors de Paris, et jamais depuis nul ne les revit ni n'en entendit parler.

M. et Mme de Barno passèrent tout l'été à Merval. Vers le mois d'octobre, ne voyant pas venir leur vieil ami, et ne recevant de lui aucune nouvelle, ils voulurent visiter sa chaumière. Un simple loquet en fermait la porte, ils entrèrent. Deux lits étaient dressés à quelque distance l'un de l'autre. L'état d'un alambic, dressé près de la cheminée, annonçait qu'il avait fonctionné là pendant un certain temps; une baignoire, reléguée dans un coin, était pleine d'une eau pure et limpide; la table était couverte de flacons et de débris de légumes; puis.... rien!

De nouveaux pèlerinages à cette chaumière n'eurent pas d'autre résultat; ses derniers habitants avaient disparu, et ce fut vainement qu'on chercha leurs traces. Qu'étaient-ils devenus? C'est ce que nous dirons peut-être un jour.

FIN.

TABLE DES NUITS DU PALAIS-ROYAL.

I.	L'orgie. — Un prince au violon	2
II.	Un protecteur	7
III.	Modistes et bourgeoises.—Les cabinets noirs du café de l'Empire	9
IV.	Un petit ménage. — Une femme pendue	13
V.	Préjean. — Le café des Variétés. — La brigade de sûreté	16
VI.	Mme de Bon-Secours. — Le bal sentimental ou incroyable	21
VII.	Le Palais-Royal à la fin de l'Empire	26
VIII.	Une fantaisie du Prince	29
IX.	Trahison. — Une prise d'assaut	31
X.	Les serviteurs de la bonne cause. — Une expédition de la police	35
XI.	La prison. — L'importance d'un espion	38
XII.	Une apparition	40
XIII.	Un champ de bataille	45
XIV.	Un coin du cœur humain	48
XV.	Une séduction	52
XVI.	Le droit du plus fort	55
XVII.	Demi-confidence	60
XVIII.	Les enfants du feu	64
XIX.	Au bord de l'Arno	69
XX.	Recherches	71
XXI.	Opérations souterraines	76
XXII.	Deux amours	80
XXIII.	Un sauveur	84
XXIV.	A quoi servent les philanthropes	90
XXV.	Deux ennemis en présence	98
XXVI.	Le spleen	105
XXVII.	L'amour à l'anglaise	110
XXVIII.	Mort et résurrection	114
XXIX.	Revanche	121
XXX.	Retour au centre	127
XXXI.	Découvertes	131
XXXII.	Résignation	141
XXXIII.	Une halte	144
XXXIV.	Un fou	149
XXXV.	Meurtre	151
XXXVI.	A l'ennemi	153
XXXVII.	Expiation	158
XXXVIII.	Une vieille connaissance	163
XXXIX.	La peur	167
XL.	Une réparation	171
XLI.	Recherches	179
XLII.	Charité municipale	181
XLIII.	Deux rivaux	182
XLIV.	Opérations souterraines	184
XLV.	Un vampire	190
XLVI.	L'homme fort	195
XLVII.	Mme de Chaligny	200
XLVIII.	Une résurrection	203
XLIX.	Dernières volontés	207
L.	Retour au Palais-Royal	211
LI.	Découvertes	214
LII.	Intérieur d'artistes	218
LIII.	Fragment des confessions de Pied-dè-Fer	222
LIV.	Orgueil et remords	228
LV.	Un loup dans la bergerie	230
LVI.	Surprise	236
LVII.	Corsaires contre corsaires	240
LVIII.	A corsaire corsaire et demi	244
LIX.	Résurrection	251
LX.	Une scène d'hôpital	256
LXI.	Un tueur	260
LXII.	Un philtre	271
LXIII.	Amour et mort	275
LXIV.	Au nord	282
LXV.	Guet-apens	288
LXVI.	Un ange d'Israël	297
LXVII.	L'embarras des richesses	302
LXVIII.	Une vieille connaissance	315
LXIX.	La rançon	322
LXX.	Délivrance	325
LXXI.	Découvertes. — Changement de front	336
LXXII.	Une résurrection	340
LXXIII.	L'homme aux poisons	344
LXXIV.	Une arrestation arbitraire	352
LXXV.	Catherine Hamel	355
LXXVI.	Une scène de chauffeurs	361
LXXVII.	Une confession	365
LXXVIII.	Malheurs de Jérésu	368
LXXIX.	La chaîne. — Le bagne	371
LXXX.	Mort de Jérésu	378
LXXXI.	Un nouveau personnage	381

LXXXII.	Une succursale de la préfecture de police.	388	XCII.	A Marchais.................................... 436
LXXXIII.	Deux coquins à l'œuvre...............	391	XCIII.	Un ami fidèle................................. 443
LXXXIV.	La police d'il y a trente ans...........	396	XCIV.	L'auberge du cheval mort.................. 450
LXXXV.	Mme de Sainte-Clotilde................	403	XCV.	Confessions de Pied-de-Fer................ 454
LXXXVI.	Un sorcier moderne.....................	405	XCVI.	Une ancienne connaissance................ 472
LXXXVII.	Un petit souper...........................	410	XCVII.	Retour sur le passé......................... 475
LXXXVIII.	Suites du petit souper...................	412	XCVIII.	Le fils du bandit............................. 487
LXXXIX.	Une société secrète.......................	417	XCIX.	Le marquis de Saint-Estève................ 490
XC.	La police jouée............................	422	C.	Hommes de loi anglais..................... 496
XCI.	Un sauveur.................................	425	CI.	Un bal masqué............................... 504

DEUXIÈME PARTIE.

I.	Une promenade dans Londres.......	515	XXXVI.	Tentatives de corruption................... 678
II.	Sir Rewcolvent............................	527	XXXVII.	Carlo se démasque.......................... 680
III.	Finesses de femme.......................	530	XXXVIII.	Une conversion.............................. 685
IV.	Un sauveur et un assassin.............	535	XXXIX.	Comment on devient un homme de génie... 690
V.	Explication.................................	541	XL.	Un dîner d'amis.............................. 692
VI.	Puissance de l'or.........................	544	XLI.	A qui mal veut mal arrive................. 699
VII.	Une femme perdue.......................	548	XLII.	Prison.. 703
VIII.	Un bigame..................................	551	XLIII.	Secours inattendus.......................... 706
IX.	Ticket of leave-men......................	554	XLIV.	Curieuse expérience........................ 708
X.	Deux hommes aux prises...............	560	XLV.	Une opération délicate..................... 709
XI.	Projets de fuite............................	564	XLVI.	Histoire vraie de Cagliostro............... 710
XII.	L'épée empoisonnée......................	566	XLVII.	Un endormeur................................ 717
XIII.	Séquestration..............................	568	XLVIII.	Nouveau complot............................ 719
XIV.	Disgrâce de Carlo........................	572	XLIX.	Tristesse....................................... 725
XV.	A corsaire corsaire et demi.............	576	L.	Imbroglio...................................... 728
XVI.	Un nid d'amour...........................	580	LI.	Revanche...................................... 733
XVII.	Au fond de l'abîme.......................	583	LII.	Secours inespéré............................. 735
XVIII.	Une confession............................	587	LIII.	Souvenirs de jeunesse...................... 739
XIX.	Un chemin dangereux...................	594	LIV.	Rencontre..................................... 745
XX.	Un homme qui revient de loin........	597	LV.	La faim.. 747
XXI.	La chasse aux millions..................	601	LVI.	Un dérivatif................................... 750
XXII.	Les morts vont vite.......................	605	LVII.	Comme on gâte sa vie...................... 755
XXIII.	Deux larrons...............................	610	LVIII.	Piété filiale.................................... 757
XXIV.	Une Parisienne............................	612	LIX.	D'anciennes connaissances................. 760
XXV.	La pente fatale............................	623	LX.	Qui veut la fin veut les moyens........... 763
XXVI.	Un bal masqué.............................	626	LXI.	Suites d'une mauvaise affaire............. 766
XXVII.	A Rochefort................................	630	LXII.	Les battus payent l'amende................ 770
XXVIII.	Le canon d'alarme........................	638	LXIII.	Un refuge...................................... 773
XXVIII.	Une enquête................................	644	LXIV.	La fin d'une triste existence............... 776
XXIX.	Douleurs et joies d'une fille perdue.	647	LXV.	Les assommoirs.............................. 780
XXX.	Révélations.................................	651	LXVI.	Le mal des aïeux............................ 784
XXXI.	Un trouble-fête............................	659	LXVII.	Une visite providentielle................... 787
XXXII.	Le brocanteur Nickel....................	662	LXVIII.	Une rechute................................... 788
XXXIII.	Pérégrinations d'une momie..........	668	LXIX.	Un dernier crime............................ 791
XXXIV.	Guet-apens.................................	671	LXX.	Régénération................................. 795
XXXV.	Ce qu'on peut faire pour de l'argent.	674		

Imprimerie générale de Ch. Lahure, rue de Fleurus, 9, à Paris.

ADMINISTRATION DES OUVRAGES DE MM. DÉCEMBRE-ALONNIER
20, RUE SUGER, PRÈS LA PLACE SAINT-ANDRÉ-DES-ARTS, A PARIS.

LES SCANDALES DE PARIS
Par DREIMANNER
Illustrations par Lix. — Gravures de Trichon

LES PRUSSIENS EN FRANCE (1792-1814-1815)
Récit patriotique par DÉCEMBRE ALONNIER.
Illustrations de TOBB

Les Prussiens en France formeront 60 livraisons magnifiquement illustrées sur beau papier, au prix de 10 centimes, ou 12 séries à 50 centimes. — Il paraît une livraison le mardi et le vendredi de chaque semaine.

LES NUITS DU PALAIS-ROYAL
Par sir Paul ROBERT, continuées par Louis DE VALLIÈRES. — 80 livraisons magnifiquement illustrées, sur beau papier, 10 centimes. — La série de 5 livraisons, brochées, 50 centimes.
Illustrations de Gilbert. — Gravures de Trichon. — Il paraît une livraison le mardi et le vendredi de chaque semaine.

LES BOURGEOIS DE MOLINCHARD	LES OIES DE NOEL
PAR CHAMFLEURY	PAR CHAMFLEURY
17 dessins par Lix, gravés par Trichon. — 1 fr. 60	7 dessins de Lix, gravés par Trichon. — 75 c.

DICTIONNAIRE DE LA RÉVOLUTION FRANÇAISE
Par DÉCEMBRE-ALONNIER

Illustration d'après des dessins originaux et des gravures du temps, gravées sur bois par Trichon.

Le Dictionnaire de la Révolution française formera 200 livraisons grand in-4°, ornées de magnifiques gravures par nos principaux artistes, au prix de 10 centimes la livraison. — Le fascicule de 5 livraisons brochées, 50 cent. — Il paraît deux livraisons par semaine, le mardi et le vendredi. — Dix-huit fascicules sont en vente.

DICTIONNAIRE D'HISTOIRE NATURELLE
COMPRENANT LA BOTANIQUE, LA ZOOLOGIE, LA MINÉRALOGIE, LA GÉOLOGIE
Par DÉCEMBRE-ALONNIER

Illustrations de Yan' d'Argent, de Bérard, A. de Bar, Delannoy, Lanson, Lehnert, Riou, Maubert.
1 beau volume de 800 pages. 10 francs. — Avec belle demi-reliure riche, 14 francs.

DICTIONNAIRE POPULAIRE ILLUSTRÉ
d'Histoire, de Géographie, de Biographie, de Technologie, de Mythologie, d'Antiquités, d'Art militaire, de Droit usuel, des Beaux-Arts, de Littérature
Par DÉCEMBRE-ALONNIER

500 illustrations inédites par Bertall, Castelli, Clerget, Gerlier, Lix, Thorigny, Philippoteaux, Yan' d'Argent, etc., gravées par TRICHON.
3 beaux volumes de 2400 pages à 3 colonnes, brochés. 16 fr. 50. — Belle reliure, 20 fr.
On peut aussi se procurer cet ouvrage par livraisons à 10 cent.

LES MERVEILLES DU NOUVEAU PARIS
Contenant l'Histoire de Paris et la description de ses Palais, Églises, Théâtres, Monuments divers, etc. Ouvrage illustrés de 100 magnifiques vues de Paris, par Lix, Delannoy, Thorigny, Clerget, Royer et les principaux artistes ; plus une Vue à deux teintes de l'Exposition universelle, de M. Duruy, et un magnifique plan. — Gravures de Trichon. — 1 magnifique volume in-8 cavalier. 6 francs.

CE QU'IL Y A DERRIÈRE UN TESTAMENT	LA BOHÈME LITTÉRAIRE
In-18 jésus, 2 fr.	3ᵉ éd., in-18 jésus, 2 fr.

TYPOGRAPHES ET GENS DE LETTRES
In-18 jésus, 3 francs.

Paris — E. DE SOYE, imprimeur, 2, place du Panthéon.

www.ingramcontent.com/pod-product-compliance
Lightning Source LLC
Chambersburg PA
CBHW070715020526
44115CB00031B/1119